MAX WEBER • RELIGION UND GESELLSCHAFT

Gott

Transzendenz

Ekstase

Ver-rücken

Intensität

Leidenschaft

Hingabe

Für Helmuth Wagner

Alexander Ulfig

Max Weber

Religion und Gesellschaft

Gesammelte Aufsätze zur Religionssoziologie

Zweitausendeins

Lizenzausgabe mit freundlicher Genehmigung der
Melzer Verlag GmbH, Neu-Isenburg 2006
für Zweitausendeins, Postfach, D-60381 Frankfurt am Main

Umschlaggestaltung: Sabine Kauf, PubliContor, Hamburg
Satz & Layout: Karsten Bittner, Bittner Dokumedia, Wöllstadt
Herstellung: GGP Media GmbH, Pößneck

Printed in Germany.

Dieses Buch gibt es nur bei Zweitausendeins im Versand, Postfach, D-60381 Frankfurt am Main, Telefon 069-420 8000, Fax 069-415 003. Internet: www.Zweitausendeins.de, E-Mail: Info@Zweitausendeins.de. Oder in den Zweitausendeins-Läden in Berlin, Düsseldorf, Frankfurt am Main, Freiburg, 2 x in Hamburg, in Hannover, Köln, Mannheim, München, Nürnberg, Stuttgart.

In der Schweiz über buch 2000, Postfach 89, CH-8910 Affoltern a. A.

ISBN-10: 3-86150-769-2
ISBN-13: 978-3-86150-769-7

Inhalt

Teil 1

Teil 2

Teil 3

Teil 1

Vorbemerkung

Universalgeschichtliche Probleme wird der Sohn der modernen europäischen Kulturwelt unvermeidlicher- und berechtigterweise unter der Fragestellung behandeln: welche Verkettung von Umständen hat dazu geführt, daß gerade auf dem Boden des Okzidents, und nur hier, Kulturerscheinungen auftraten, welche doch – wie wenigstens wir uns gern vorstellen – in einer Entwicklungsrichtung von universeller Bedeutung und Gültigkeit lagen?

Nur im Okzident gibt es Wissenschaft in dem Entwicklungsstadium, welches wir heute als gültig anerkennen. Empirische Kenntnisse, Nachdenken über Welt- und Lebensprobleme, philosophische und auch – obwohl die Vollentwicklung einer systematischen Theologie dem hellenistisch beeinflußten Christentum eignet (Ansätze nur im Islam und bei einigen indischen Sekten) – theologische Lebensweisheit tiefster Art, Wissen und Beobachtung von außerordentlicher Sublimierung hat es auch anderwärts, vor allem: in Indien, China, Babylon, Ägypten, gegeben. Aber: der babylonischen und jeder anderen Astronomie fehlte – was ja die Entwicklung namentlich der babylonischen Sternkunde nur um so erstaunlicher macht – die mathematische Fundamentierung, die erst die Hellenen ihr gaben. Der indischen Geometrie fehlte der rationale *Beweis:* wiederum ein Produkt hellenischen Geistes, der auch die Mechanik und Physik zuerst geschaffen hat. Den nach der Seite der Beobachtung überaus entwickelten indischen Naturwissenschaften fehlte das rationale Experiment: nach antiken Ansätzen wesentlich ein Produkt der Renaissance, und das moderne Laboratorium, daher der namentlich in Indien empirisch-technisch hochentwickelten Medizin die biologische und insbesondere biochemische Grundlage. Eine rationale Chemie fehlt allen Kulturgebieten außer dem Okzident. Der hochentwickelten chinesischen Geschichtsschreibung fehlt das thukydideische Pragma. Macchiavelli hat Vorläufer in Indien. Aber aller asiatischen Staatslehre fehlt eine der aristotelischen gleichartigen Systematik und die rationalen Begriffe überhaupt. Für eine rationale Rechtslehre fehlen anderwärts trotz aller Ansätze in Indien (Mimamsa-Schule), trotz umfassender Kodifikationen besonders in Vorderasien und trotz aller indischen und sonstigen Rechtsbücher, die streng juristischen Schemata und Denkformen des römischen des daran geschulten okzidentalen Rechtes. Ein Gebilde ferner wie das kanonische Recht kennt nur der Okzident.

Ähnlich in der Kunst. Das musikalische Gehör war bei anderen Völkern anscheinend eher feiner entwickelt als heute bei uns; jedenfalls nicht minder fein. Polyphonie verschiedener Art war weithin über die Erde verbreitet, Zusammenwirken einer Mehrheit von Instrumenten und auch das Diskantieren findet sich anderwärts. Alle unsere rationalen Tonintervalle waren auch anderwärts berechnet und bekannt. Aber rationale harmonische Musik: – sowohl Kontrapunktik wie Akkordharmonik, – Bildung des Tonmaterials auf der Basis der drei Dreiklänge mit der harmonischen Terz, unsre, nicht distanzmäßig, sondern in rationaler Form seit der Renaissance harmonisch gedeutete Chromatik und Enharmonik, unser Orchester mit seinem Streichquartett als Kern der Organisation des Ensembles der Bläser, der Generalbaß, unsre Notenschrift (die erst das Komponieren und Üben moderner Tonwerke, also ihre ganze Dauerexistenz überhaupt, ermöglicht), unsre Sonaten, Symphonien, Opern, – obwohl es Programmusik, Tonmalerei, Tonalteration und Chromatik als Ausdrucksmittel in den verschiedensten Musiken gab, – und als Mittel zu dem alle unsre Grundinstrumente: Orgel, Klavier, Violine: dies alles gab es nur im Okzident.

Spitzbogen hat es als Dekorationsmittel auch anderwärts, in der Antike und in Asien, gegeben; angeblich war auch das Spitzbogen-Kreuzgewölbe im Orient nicht unbekannt. Aber die rationale Verwendung des gotischen Gewölbes als Mittel der Schubverteilung und der Überwölbung beliebig geformter Räume und, vor allem, als konstruktives Prinzip großer Monumentalbauten und Grundlage eines die Skulptur und Malerei einbeziehenden Stils, wie sie das Mittelalter schuf, fehlen anderweitig. Ebenso aber fehlt, obwohl die technischen Grundlagen dem Orient entnommen waren, jene Lösung des Kuppelproblems jene Art von *klassischer* Rationalisierung der gesamten Kunst – in der Malerei durch rationale Verwendung der Linear- und Luftperspektive – welche die Renaissance bei uns schuf. Produkte der Druckerkunst gab es in China. Aber eine gedruckte: eine nur für den Druck berechnete, nur durch ihn lebensmögliche Literatur: *Presse* und *Zeitschriften* vor allem, sind nur im Okzident entstanden. Hochschulen aller möglichen Art, auch solche, die unsern Universitäten oder doch unsern Akademien äußerlich ähnlich sahen, gab es auch anderwärts (China, Islam). Aber rationalen und systematischen Fachbetrieb der Wissenschaft: das eingeschulte Fachmenschentum, gab es in irgendeinem an seine heutige kulturbeherrschende Bedeutung heranreichenden Sinn nur im Okzident. Vor allem: den Fachbeamten, den Eckpfeiler des modernen Staats und der modernen Wirtschaft des Okzidents. Für ihn finden sich nur Ansätze, die nirgends in irgendeinem Sinn so konstitutiv für die soziale Ordnung wurden wie im Okzident. Natürlich ist der *Beamte,* auch der arbeitsteilig spezialisierte Beamte, eine uralte Erscheinung der verschiedensten Kulturen. Aber die absolut unentrinnbare Gebanntheit unserer ganzen Existenz, der politischen, technischen und wirtschaftlichen Grundbedingungen unseres Daseins, in das Gehäuse einer fachgeschulten Beamtenorganisation, den technischen, kaufmännischen, vor allem aber den juristisch geschulten staatlichen Beamten als Träger der wichtigsten Alltagsfunktionen des sozialen Lebens, hat kein Land und keine Zeit in dem Sinn gekannt, wie der moderne Okzident. Ständische Organisation der politischen und sozialen Verbände ist weit verbreitet gewesen. Aber schon den Ständestaat: *rex et regnum;* kannte im okzidentalen Sinn nur der Okzident. Und vollends Parlamente von periodisch gewählten *Volksvertretern,* den Demagogen und die Herrschaft von Parteiführern als parlamentarisch verantwortliche *Minister* hat – obwohl es natürlich *Parteien* im Sinn von Organisationen zur Eroberung und Beeinflussung der politischen Macht in aller Welt gegeben hat – nur der Okzident hervorgebracht. Der *Staat* überhaupt im Sinn einer politischen Anstalt, mit rational gesatzter *Verfassung,* rational gesatztem Recht und einer an rationalen, gesatzten Regeln: *Gesetzen,* orientierten Verwaltung durch Fachbeamte, kennt, in dieser für ihn wesentlichen Kombination der entscheidenden Merkmale, ungeachtet aller anderweitigen Ansätze dazu, nur der Okzident.

Und so steht es nun auch mit der schicksalsvollsten Macht unsres modernen Lebens: dem Kapitalismus.

Erwerbstrieb, Streben nach Gewinn, nach Geldgewinn, nach möglichst hohem Geldgewinn hat an sich mit Kapitalismus gar nichts zu schaffen. Dies Streben fand und findet sich bei Kellnern, Ärzten, Kutschern, Künstlern, Kokotten, bestechlichen Beamten, Soldaten, Räubern, Kreuzfahrern, Spielhöllenbesuchern, Bettlern: – man kann sagen: bei *all sorts and conditions of men,* zu allen Epochen aller Länder der Erde, wo die objektive Möglichkeit dafür irgendwie gegeben war und ist. Es gehört in die kulturgeschichtliche Kinderstube, daß man diese naive Begriffsbestimmung ein für allemal aufgibt. Schrankenloseste Erwerbsgier ist nicht im mindesten gleich Kapitalismus, noch weniger gleich dessen *Geist.* Kapitalismus kann geradezu identisch sein mit Bändigung, mindestens mit rationaler Temperierung, dieses irrationalen Triebes. Allerdings ist Kapitalismus identisch mit dem Streben nach Gewinn, im kontinuierlichen, rationalen kapitalistischen Betrieb: nach immer erneutem Gewinn: nach Rentabilität. Denn er muß es sein. Innerhalb einer kapitalistischen Ordnung der gesamten Wirtschaft würde ein kapitalistischer Einzelbetrieb, der sich nicht an der Chance der Erzielung von Rentabilität orientierte, zum Untergang verurteilt sein. – Definieren wir zunächst einmal etwas genauer als es oft geschieht. Ein kapitalistischer Wirtschaftsakt soll uns heißen zunächst ein solcher, der auf Erwartung von Gewinn durch Ausnützung von Tausch-Chancen ruht: auf (formell) friedlichen Erwerbschancen also. Der (formell und aktuell) gewaltsame Erwerb folgt seinen besonderen Gesetzen und es ist nicht zweckmäßig (so wenig man es jemand verbieten kann) ihn mit dem (letztlich) an Tauschgewinn-Chancen orientierten Handeln unter die gleiche Kategorie zu stellen.[1] Wo kapitalistischer Erwerb rational erstrebt wird, da ist

[1] Hier wie in einigen anderen Punkten scheide ich mich auch von unserem verehrten Meister Lujo Brentano (in dessen später zu zitierenden Werk). Und zwar zunächst terminologisch. Weiterhin aber auch sachlich. Es scheint mir nicht zweckmäßig, so heterogene Dinge, wie den Beuteerwerb und den Erwerb durch Leitung einer Fabrik unter dieselbe Kategorie zu bringen, noch weniger: als *Geist* des Kapitalismus – im Gegensatz zu anderen Erwerbsformen – jedes Streben nach Erwerb von Geld zu bezeichnen, weil mit dem

das entsprechende Handeln orientiert an Kapitalrechnung. Das heißt: es ist eingeordnet in eine planmäßige Verwendung von sachlichen oder persönlichen Nutzleistungen als Erwerbsmittel derart: daß der bilanzmäßig errechnete Schlußertrag der Einzelunternehmung an geldwertem Güterbesitz (oder der periodisch bilanzmäßig errechnete Schätzungswert des geldwerten Güterbesitzes eines kontinuierlichen Unternehmungsbetriebs) beim Rechnungsabschluß das *Kapital:* d. h. den bilanzmäßigen Schätzungswert der für den Erwerb durch Tausch verwendeten sachlichen Erwerbsmittel übersteigen (bei der Dauerunternehmung also: immer wieder übersteigen) soll. Einerlei ob es sich um einen Komplex von in natura einem reisenden Kaufmann in Kommenda gegebenen Waren handelt, deren Schlußertrag wiederum in erhandelten anderen Waren in natura bestehen kann, oder: um ein Fabrikanwesen, dessen Bestandteile Gebäude, Maschinen, Vorräte an Geld, Rohstoffen, Halb- und Fertigprodukten, Forderungen darstellen, denen Verbindlichkeiten gegenüberstehen: – stets ist das Entscheidende: daß eine Kapitalrechnung in Geld aufgemacht wird, sei es nun in modern buchmäßiger oder in noch so primitiver und oberflächlicher Art. Sowohl bei Beginn des Unternehmens: Anfangsbilanz, wie vor jeder einzelnen Handlung: Kalkulation, wie bei der Kontrolle und Überprüfung der Zweckmäßigkeit: Nachkalkulation, wie beim Abschluß behufs Feststellung: was als *Gewinn* entstanden ist: Abschlußbilanz. Die Anfangsbilanz einer Kommenda ist z. B. die Feststellung des zwischen den Parteien gelten sollenden Geldwertes der hingegebenen Güter, – soweit sie nicht schon Geldform haben –, ihre Abschlußbilanz die der Verteilung von Gewinn oder Verlust am Schluß zugrunde gelegte Abschätzung; Kalkulation liegt – im Rationalitätsfall – jeder einzelnen Handlung des Kommendanehmers zugrunde. Daß eine wirklich genaue Rechnung und Schätzung ganz unterbleibt: rein schätzungsmäßig oder einfach traditionell und konventionell verfahren wird, kommt in jeder Form von kapitalistischer Unternehmung bis heute vor, wo immer die Umstände nicht zu genauer Rechnung drängen. Aber das sind Punkte, die nur den Grad der Rationalität des kapitalistischen Erwerbs betreffen.

Es kommt für den Begriff nur darauf an: daß die tatsächliche Orientierung an einer Vergleichung des Geldschätzungserfolges mit dem Geldschätzungseinsatz, in wie primitiver Form auch immer, das wirtschaftliche Handeln entscheidend bestimmt. In diesem Sinne nun hat es *Kapitalismus* und *kapitalistische* Unter-

zweiten m. E. alle Präzision der Begriffe, mit dem ersten vor allem die Möglichkeit: das Spezifische des okzidentalen Kapitalismus gegenüber anderen Formen herauszuarbeiten, verloren wird. Auch in G. Simmels *Philosophie des Geldes* ist *Geldwirtschaft ,und' Kapitalismus* viel zu sehr gleichgesetzt, zum Schaden auch der sachlichen Darlegungen. In W. Sombarts Schriften, vor allem auch der neuesten Auflage seines schönen Hauptwerks über den Kapitalismus, tritt – wenigstens von meinem Problem aus gesehen – das Spezifische des Okzidentes: die rationale Arbeitsorganisation, sehr stark zugunsten von Entwicklungsfaktoren zurück, welche überall in der Welt wirksam waren.

nehmungen, auch mit leidlicher Rationalisierung der Kapitalrechnung, in allen Kulturländern der Erde gegeben, soweit die ökonomischen Dokumente zurückreichen. In China, Indien, Babylon, Ägypten, der mittelländischen Antike, dem Mittelalter so gut wie in der Neuzeit. Nicht nur ganz isolierte Einzelunternehmungen, sondern auch Wirtschaften, welche gänzlich auf immer neue kapitalistische Einzelunternehmungen eingestellt waren auch kontinuierliche *Betriebe,* – obwohl gerade der Handel lange Zeit nicht den Charakter unsrer Dauerbetriebe, sondern wesentlich den einer Serie von Einzelunternehmungen an sich trug und erst allmählich innerer *(branchenmäßig* orientierter) Zusammenhang in das Verhalten gerade der Großhändler hineinkam. Jedenfalls: die kapitalistische Unternehmung und auch der kapitalistische Unternehmer, nicht nur als Gelegenheits-, sondern auch als Dauerunternehmer, sind uralt und waren höchst universell verbreitet.

Nun hat aber der Okzident ein Maß von Bedeutung und, was dafür den Grund abgibt: Arten, Formen und Richtungen von Kapitalismus hervorgebracht, die anderwärts niemals bestanden haben. Es hat in aller Welt Händler: Groß- und Detailhändler, Platz- und Fernhändler, es hat Darlehensgeschäfte aller Art, es hat Banken mit höchst verschiedenen, aber doch denjenigen wenigstens etwa unsres 16. Jahrhunderts im Wesen ähnlichen Funktionen gegeben; Seedarlehen, Kommenden und kommanditeartige Geschäfte und Assoziationen sind auch betriebsmäßig, weit verbreitet gewesen. Wo immer Geldfinanzen der öffentlichen Körperschaften bestanden, da erschien der Geldgeber: in Babylon, Hellas, Indien, China, Rom: für die Finanzierung vor allem der Kriege und des Seeraubes, für Lieferungen und Bauten aller Art, bei überseeischer Politik als Kolonialunternehmer, als Plantagenerwerber und -betreiber mit Sklaven oder direkt oder indirekt gepreßten Arbeitern, für Domänen-, Amts- und vor allem: für Steuerpacht, für die Finanzierung von Parteichefs zum Zwecke von Wahlen von Kondottieren zum Zweck von Bürgerkriegen und schließlich: als *Spekulant* in geldwerten Chancen aller Art. Diese Art von Unternehmerfiguren: die kapitalistischen Abenteurer, hat es in aller Welt gegeben. Ihre Chancen waren – mit Ausnahme des Handels und der Kredit- und Bankgeschäfte – dem Schwerpunkt nach entweder rein irrational-spekulativen Charakters oder aber sie waren an dem Erwerb durch Gewaltsamkeit, vor allem dem Beuteerwerb: aktuell-kriegerischer oder chronisch-fiskalischer Beute (Untertanen-Ausplünderung), orientiert.

Der Gründer-, Großspekulanten-, Kolonial- und der moderne Finanzierungskapitalismus schon im Frieden, vor allem aber aller spezifisch kriegsorientierte Kapitalismus tragen auch in der okzidentalen Gegenwart noch oft dies Gepräge und einzelne – nur: einzelne – Teile des internationalen Großhandels stehen ihm, heute wie von jeher, nahe. Aber der Okzident kennt in der Neuzeit daneben eine ganz andere und nirgends sonst auf der Erde entwickelte Art des Kapitalismus: die rational-kapitalistische Organisation von (formell) freier Arbeit.

Nur Vorstufen dafür finden sich anderwärts. Selbst die Organisation unfreier Arbeit hat ja nur in den Plantagen und, in sehr begrenztem Maß, in den Ergasterien der Antike eine gewisse Rationalitätsstufe erreicht, eine eher noch geringere in den Fronhöfen und Gutsfabriken oder grundherrlichen Hausindustrien mit Leibeigenen- oder Hörigenarbeit in der beginnenden Neuzeit. Für freie Arbeit finden sich selbst eigentliche *Hausindustrien* außerhalb des Okzidents nur vereinzelt sicher bezeugt und die natürlich überall sich findende Taglöhnerverwendung hat mit sehr wenigen und sehr besonders, jedenfalls aber: sehr abweichend von modernen Betriebsorganisationen gearteten Ausnahmen (besonders: Staatsmonopolbetrieben) nicht zu Manufakturen und nicht einmal zu einer rationalen Lehrorganisation des Handwerks vom Gepräge des okzidentalen Mittelalters geführt. Die an den Chancen des Gütermarktes, nicht an gewaltpolitischen oder an irrationalen Spekulationschancen, orientierte, rationale Betriebsorganisation ist aber nicht die einzige Sondererscheinung des okzidentalen Kapitalismus. Die moderne rationale Organisation des kapitalistischen Betriebs wäre nicht möglich gewesen ohne zwei weitere wichtige Entwicklungselemente: die Trennung von Haushalt und Betrieb, welche das heutige Wirtschaftsleben schlechthin beherrscht und, damit eng zusammenhängend, die rationale Buchführung. Örtliche Trennung der Werk- oder Verkaufsstätten von der Behausung findet sich auch sonst (im orientalischen Bazar und in den Ergasterien anderer Kulturgebiete). Und auch die Schaffung von kapitalistischen Assoziationen mit gesonderter Betriebsrechnung findet sich in Ostasien wie im Orient und in der Antike. Aber: gegenüber der modernen Verselbständigung der Erwerbsbetriebe sind das doch nur Ansätze. Vor allem aus dem Grunde, weil die inneren Mittel dieser Selbständigkeit: sowohl unsre rationale Betriebsbuchführung wie unsre rechtliche Sonderung von Betriebsvermögen und persönlichem Vermögen ganz fehlen oder nur in Anfängen entwickelt sind.[2] Die Entwicklung

[2] Natürlich darf der Gegensatz nicht absolut gefaßt werden. Aus dem politisch orientierten (vor allem: dem Steuerpacht-) Kapitalismus sind schon in der mittelländischen und orientalischen Antike, aber wohl auch in China und Indien, rationale Dauerbetriebe erwachsen, deren Buchführung – uns nur in kümmerlichen Bruchstücken bekannt – rationalen Charakter gehabt haben dürfte. Auf das engste berührt sich ferner der politisch orientierte Abenteuer-Kapitalismus mit dem rationalen Betriebskapitalismus in der Entstehungsgeschichte der zumeist aus politischen, kriegerisch motivierten, Geschäften entstandenen modernen Banken, auch noch der Bank von England. Der Gegensatz der Individualität Patersons z. B. – eines typischen promoter – zu jenen Mitgliedern des Direktoriums, welche den Ausschlag für dessen dauernde Haltung gaben und sehr bald als The Puritan usurers of Grocers' Hall charakterisiert wurden, ist dafür bezeichnend, ebenso die Entgleisung der Bankpolitik dieser solidesten Bank noch gelegentlich der South Sea-Gründung. Also: der Gegensatz ist, natürlich, ganz flüssig. Aber er ist da. Rationale Arbeitsorganisationen haben die großen promoters und financiers ebensowenig geschaffen wie – wiederum: im allgemeinen und mit Einzelausnahmen – die typischen Träger des Finanz- und politischen Kapitalismus: die Juden. Sondern das taten (als Typus!) ganz andere Leute.

hat überall sonst dazu geneigt, Erwerbsbetriebe als Teile eines fürstlichen oder grundherrlichen Großhaushalts (des *Oikos)* entstehen zu lassen: eine, wie schon Rodbertus erkannt hatte, bei mancher scheinbaren Verwandtschaft doch höchst abweichende, geradezu entgegengesetzte, Entwicklung.

Ihre heutige Bedeutung aber haben alle diese Besonderheiten des abendländischen Kapitalismus letztlich erst durch den Zusammenhang mit der kapitalistischen Arbeitsorganisation erhalten. Auch das, was man die *Kommerzialisierung* zu nennen pflegt: die Wertpapierentwicklung und die Rationalisierung der Spekulation: die Börse, steht damit im Zusammenhang. Denn ohne kapitalistisch-rationale Arbeitsorganisation wäre dies alles, auch die Entwicklung zur *Kommerzialisierung,* soweit überhaupt möglich, nicht entfernt von der gleichen Tragweite. Vor allem für die soziale Struktur und alle mit ihr zusammenhängenden spezifisch modern-okzidentalen Probleme. Eine exakte Kalkulation: – die Grundlage alles andern, – ist eben nur auf dem Boden freier Arbeit möglich. Und wie – und weil – keine rationale Arbeitsorganisation, so – und deshalb – hat die Welt außerhalb des modernen Okzidents auch keinen rationalen Sozialismus gekannt. Gewiß: ebenso wie Stadtwirtschaft, städtische Nahrungspolitik, Merkantilismus und Wohlfahrtspolitik der Fürsten, Rationierungen, regulierte Wirtschaft, Protektionismus und Laissez-faire-Theorien (in China), so hat die Welt auch kommunistische und sozialistische Wirtschaften sehr verschiedener Gepräge gekannt: familiär, religiös oder militaristisch bedingten Kommunismus, staatssozialistische (in Ägypten), monopolkartellistische und auch Konsumentenorganisationen verschiedenster Art. Aber ebenso wie – trotzdem es doch überall einmal städtische Marktprivilegien, Zünfte, Gilden und allerhand rechtliche Scheidungen zwischen Stadt und Land in der verschiedensten Form gab, – doch der Begriff des *Bürgers* überall außer im Okzident und der Begriff der *Bourgeoisie* überall außer im modernen Okzident fehlte, so fehlte auch das *Proletariat* als Klasse und mußte fehlen, weil eben die rationale Organisation freier Arbeit als Betrieb fehlte. *Klassenkämpfe* zwischen Gläubiger- und Schuldnerschichten, Grundbesitzern und Besitzlosen oder Fronknechten oder Pächtern, Handelsinteressenten und Konsumenten oder Grundbesitzern, hat es in verschiedener Konstellation überall längst gegeben. Aber schon die okzidental-mittelalterlichen Kämpfe zwischen Verlegern und Verlegten finden sich anderwärts nur in Ansätzen. Vollends fehlt der moderne Gegensatz: großindustrieller Unternehmer und freier Lohnarbeiter. Und daher konnte es auch eine Problematik von der Art, wie sie der moderne Sozialismus kennt, nicht geben.

In einer Universalgeschichte der Kultur ist also für uns, rein wirtschaftlich, das zentrale Problem letztlich nicht die überall nur in der Form wechselnde Entfaltung kapitalistischer Betätigung als solcher: des Abenteurertypus oder des händlerischen oder des an Krieg, Politik, Verwaltung und ihren Gewinnchancen orientierten Kapitalismus. Sondern vielmehr die Entstehung des bürgerlichen Betriebskapitalismus mit seiner rationalen Organisation der freien Arbeit. Oder, kulturgeschichtlich gewendet: die Entstehung des abendländischen Bürgertums und seiner Eigenart, die freilich mit der Entstehung kapitalistischer Arbeitsorganisation zwar im nahen Zusammenhang steht, aber natürlich doch nicht einfach identisch ist. Denn *Bürger* im ständischen Sinn gab es schon vor der Entwicklung des spezifisch abendländischen Kapitalismus. Aber freilich: nur im Abendlande. Der spezifisch moderne okzidentale Kapitalismus nun ist zunächst offenkundig in starkem Maße durch Entwicklungen von technischen Möglichkeiten mitbestimmt. Seine Rationalität ist heute wesenhaft bedingt durch Berechenbarkeit der technisch entscheidenden Faktoren: der Unterlagen exakter Kalkulation. Das heißt aber in Wahrheit: durch die Eigenart der abendländischen Wissenschaft, insbesondere der mathematisch und experimentell exakt und rational fundamentierten Naturwissenschaften. Die Entwicklung dieser Wissenschaften und der auf ihnen beruhenden Technik erhielt und erhält nun andererseits ihrerseits entscheidende Impulse von den kapitalistischen. Chancen, die sich an ihre wirtschaftliche Verwertbarkeit als Prämien knüpfen. Zwar nicht die Entstehung der abendländischen Wissenschaft ist durch solche Chancen bestimmt worden. Gerechnet, mit Stellenzahlen gerechnet, Algebra betrieben haben auch die Inder, die Erfinder des Positionszahlensystems, welches erst in den Dienst des sich entwickelnden Kapitalismus im Abendland trat, in Indien aber keine moderne Kalkulation und Bilanzierung schuf. Auch die Entstehung der Mathematik und Mechanik war nicht durch kapitalistische Interessen bedingt. Wohl aber wurde die technische Verwendung wissenschaftlicher Erkenntnisse: dies für die Lebensordnung unsrer Massen Entscheidende, durch ökonomische Prämien bedingt, welche im Okzident gerade darauf gesetzt waren. Diese Prämien aber flossen aus der Eigenart der Sozialordnung des Okzidents. Es wird also gefragt werden müssen: aus welchen Bestandteilen dieser Eigenart, da zweifellos nicht alle gleich wichtig gewesen sein werden. Zu den unzweifelhaft wichtigen gehört die rationale Struktur des Rechts und der Verwaltung. Denn der moderne rationale Betriebskapitalismus bedarf, wie der berechenbaren technischen Arbeitsmittel, so auch des berechenbaren Rechts und der Verwaltung nach formalen Regeln, ohne welche zwar Abenteurer- und spekulativer Händlerkapitalismus und alle möglichen Arten von politisch bedingtem Kapitalismus, aber kein rationaler privatwirtschaftlicher Betrieb mit stehendem Kapital und sicherer Kalkulation möglich ist. Ein solches Recht und eine solche Verwaltung nun stellte der Wirtschaftsführung in dieser rechtstechnischen und formalistischen Vollendung nur der Okzident zur Verfügung. Woher hat er jenes Recht? wird man also fragen müssen. Es haben, neben anderen Umständen, auch kapitalistische Interessen ihrerseits unzweifelhaft der Herrschaft des an rationalem Recht fachgeschultem Juristenstandes in Rechtspflege und Verwaltung die Wege geebnet, wie jede Untersuchung zeigt. Aber keineswegs nur oder vornehmlich sie. Und nicht sie haben jenes Recht aus sich geschaffen. Sondern noch ganz andre Mächte waren bei dieser Entwicklung tätig. Und warum taten die kapitalistischen Interessen das gleiche nicht in China oder Indien? Warum lenkten dort überhaupt weder die wissenschaftliche noch die künstlerische noch die staatliche noch die wirtschaftliche Entwicklung in diejenigen Bahnen der Rationalisierung ein, welche dem Okzident eigen sind?

Denn es handelt sich ja in all den angeführten Fällen von Eigenart offenbar um einen spezifisch gearteten *Rationalismus* der okzidentalen Kultur. Nun kann unter diesem Wort höchst Verschiedenes verstanden werden, – wie die späteren Darlegungen wiederholt verdeutlichen werden. Es gibt z. B. *Rationalisierungen* der mystischen Kontemplation, also: von einem Verhalten, welches, von anderen Lebensgebieten her gesehen, spezifisch *irrational* ist, ganz ebenso gut wie Rationalisierungen der Wirtschaft, der Technik, des wissenschaftlichen Arbeitens, der Erziehung, des Krieges, der Rechtspflege und Verwaltung. Man kann ferner jedes dieser Gebiete unter höchst verschiedenen letzten Gesichtspunkten und Zielrichtungen *rationalisieren* und was von einem aus *rational* ist, kann, vom andern aus betrachtet, *irrational* sein. Rationalisierungen hat es daher auf den verschiedenen Lebensgebieten in höchst verschiedener Art in allen Kulturkreisen gegeben. Charakteristisch für deren kulturgeschichtlichen Unterschied ist erst: welche Sphären und in welcher Richtung sie rationalisiert wurden. Es kommt also zunächst wieder darauf an: die besondere Eigenart des okzidentalen und, innerhalb dieses, des modernen okzidentalen, Rationalismus zu erkennen und in ihrer Entstehung zu erklären. Jeder solche Erklärungsversuch muß, der fundamentalen Bedeutung der Wirtschaft entsprechend, vor allem die ökonomischen Bedingungen berücksichtigen. Aber es darf auch der umgekehrte Kausalzusammenhang darüber nicht unbeachtet bleiben. Denn wie von rationaler Technik und rationalem Recht, so ist der ökonomische Rationalismus in seiner Entstehung auch von der Fähigkeit und Disposition der Menschen zu bestimmten Arten praktisch-rationaler Lebensführung überhaupt abhängig. Wo diese durch Hemmungen seelischer Art obstruiert war, da stieß auch die Entwicklung einer wirtschaftlich rationalen Lebensführung auf schwere innere Widerstände. Zu den wichtigsten formenden Elementen der Lebensführung nun gehörten in der Vergangenheit überall die magischen und religiösen Mächte und die am Glauben an sie verankerten ethischen Pflichtvorstellungen. Von diesen ist in den nachstehend gesammelten und ergänzten Aufsätzen die Rede.

Es sind dabei zwei ältere Aufsätze an die Spitze gestellt, welche versuchen, in einem wichtigen Einzelpunkt der meist am schwierigsten zu fassenden Seite des Problems näher zu kommen: der Bedingtheit der Entstehung einer *Wirtschaftsgesinnung:* des *Ethos,* einer Wirtschaftsform, durch bestimmte religiöse Glaubensinhalte, und zwar an dem Beispiel der Zusammenhänge des modernen Wirtschaftsethos mit der rationalen Ethik des asketischen

Protestantismus. Hier wird also nur der einen Seite der Kausalbeziehung nachgegangen. Die späteren Aufsätze über die *Wirtschaftsethik der Weltreligionen* versuchen, in einem Überblick über die Beziehungen der wichtigsten Kulturreligionen zur Wirtschaft und sozialen Schichtung ihrer Umwelt, beiden Kausalbeziehungen soweit nachzugehen, als notwendig ist, um die Vergleichspunkte mit der weiterhin zu analysierenden okzidentalen Entwicklung zu finden. Denn nur so läßt sich ja die einigermaßen eindeutige kausale Zurechnung derjenigen Elemente der okzidentalen religiösen Wirtschaftsethik, welche ihr im Gegensatz zu andern eigentümlich sind, überhaupt in Angriff nehmen. Diese Aufsätze wollen also nicht etwa als – sei es auch noch so gedrängte – umfassende Kulturanalysen gelten. Sondern sie betonen in jedem Kulturgebiet ganz geflissentlich das, was im Gegensatz stand und steht zur okzidentalen Kulturentwicklung. Sie sind also durchaus orientiert an dem, was unter diesem Gesichtspunkt bei Gelegenheit der Darstellung der okzidentalen Entwicklung wichtig erscheint. Ein anderes Verfahren schien bei dem gegebenen Zweck nicht wohl möglich. Aber es muß zur Vermeidung von Mißverständnissen hier auf diese Begrenztheit des Zweckes ausdrücklich hingewiesen werden. Und noch in einer anderen Hinsicht muß wenigstens der Unorientierte vor einer Überschätzung der Bedeutung dieser Darstellungen gewarnt werden. Der Sinologe, Indologe, Semitist, Ägyptologe wird in ihnen natürlich nichts ihm sachlich Neues finden. Wünschenswert wäre nur: daß er nichts zur Sache Wesentliches findet, was er als sachlich falsch beurteilen muß. Wie weit es gelungen ist, diesem Ideal wenigstens so nahezukommen, wie ein Nichtfachmann dazu überhaupt imstande ist, kann der Verfasser nicht wissen. Es ist ja ganz klar, daß jemand, der auf die Benützung von Übersetzungen und im übrigen darauf angewiesen ist, über die Art der Benutzung und Bewertung der monumentalen, dokumentarischen oder literarischen Quellen sich in der häufig sehr kontroversen Fachliteratur zu orientieren, die er seinerseits in ihrem Wert nicht selbständig beurteilen kann, allen Grund hat, über den Wert seiner Leistung sehr bescheiden zu denken. Um so mehr, als das Maß der vorliegenden Übersetzungen wirklicher *Quellen (d.h.* von Inschriften und Urkunden) teilweise (besonders für China) noch sehr klein ist im Verhältnis zu dem, was vorhanden und wichtig ist. Aus alledem folgt der vollkommen provisorische Charakter dieser Aufsätze, insbesondere der auf Asien sich beziehenden Teile.[3] Nur den Fachmännern steht ein endgültiges Urteil zu. Und nur weil, begreiflicherweise, fachmännische Darstellungen mit diesem besonderen Ziel und unter diesen besonderen Gesichtspunkten bisher nicht vorlagen, sind sie überhaupt geschrieben worden. Sie sind in einem ungleich stärkerem Maß und Sinn dazu bestimmt, bald *überholt* zu werden, als dies letztlich von aller wissenschaftlicher Arbeit gilt. Es läßt sich nun einmal, bei derartigen Arbeiten, ein solches vergleichendes Übergreifen auf andere Fachgebiete, so bedenklich es ist, nicht

[3] Auch die Reste meiner hebräischen Kenntnisse sind ganz unzulänglich.

vermeiden; aber man hat dann eben die Konsequenz einer sehr starken Resignation in bezug auf das Maß des Gelingens zu ziehen. Mode oder Literatensehnsucht glaubt heute gern den Fachmann entbehren oder zum Subalternarbeiter für den *Schauenden* degradieren zu können. Fast alle Wissenschaften verdanken Dilettanten irgend etwas, oft sehr wertvolle Gesichtspunkte. Aber der Dilettantismus als Prinzip der Wissenschaft wäre das Ende. Wer *Schau* wünscht, gehe ins Lichtspiel: – es wird ihm heut massenhaft auch in literarischer Form auf eben diesem Problemfeld geboten.[4] Nichts liegt den überaus nüchternen Darlegungen dieser der Absicht nach streng empirischen Studien ferner als diese Gesinnung. Und – möchte ich hinzusetzen – wer *Predigt* wünscht, gehe ins Konventikel. Welches Wertverhältnis zwischen den hier vergleichend behandelten Kulturen besteht, wird hier mit keinem Wort erörtert. Daß der Gang von Menschheitsschicksalen dem, der einen Ausschnitt daraus überblickt, erschütternd an die Brust brandet, ist wahr. Aber er wird gut tun, seine kleinen persönlichen Kommentare für sich zu behalten, wie man es vor dem Anblick des Meeres und des Hochgebirges auch tut, – es sei denn, daß er sich zu künstlerischer Formung oder zu prophetischer Forderung berufen und begabt weiß. In den meisten andern Fällen verhüllt das viele Reden von *Intuition* nichts anders als eine Distanzlosigkeit zum Objekt, die ebenso zu beurteilen ist wie die gleiche Haltung zum Menschen.

Der Begründung bedarf es, daß für die hier verfolgten Ziele die ethnographische Forschung entfernt nicht so herangezogen ist, wie es bei deren heutigem Stand für eine wirklich eindringende Darstellung insbesondere der asiatischen Religiosität natürlich unumgänglich wäre. Es geschah dies nicht nur deshalb, weil menschliche Arbeitskraft ihre Grenzen hat. Sondern vornehmlich schien es deshalb erlaubt, weil es hier gerade auf die Zusammenhänge der religiös bestimmten Ethik jener Schichten ankommen mußte, welche *Kulturträger* des betreffenden Gebiets waren. Um die Einflüsse, welche deren Lebensführung geübt hat, handelt es sich ja. Es ist nun völlig richtig, daß auch diese in ihrer Eigenart nur wirklich zutreffend zu erfassen sind, wenn man den ethnographisch-volkskundlichen Tatbestand damit konfrontiert. Es sei also nachdrücklich zugestanden und betont: daß hier eine Lücke besteht, welche der Ethnograph mit gutem Recht beanstanden muß. Einiges zu ihrer Ausfüllung hoffe ich bei einer systematischen Bearbeitung der Religionssoziologie tun zu können. Den Rahmen dieser Darstellung mit ihren begrenzten Zwecken hätte ein solches Unternehmen aber überschritten. Sie mußte sich mit dem Versuch begnügen, die Vergleichspunkte zu unseren okzidentalen Kulturreligionen tunlichst aufzudecken.

[4] Ich brauche nicht zu sagen, daß darunter nicht etwa Versuche wie die von K. Jaspers (in seinem Buch über *Psychologie der Weltanschauungen* 1919) oder andererseits Klages (in der *Charakterologie)* und ähnliche Studien fallen, die sich von dem hier Versuchten durch die Art des Ausgangspunktes unterscheiden. Zu einer Auseinandersetzung wäre hier nicht der Raum.

Schließlich sei auch der anthropologischen Seite der Probleme gedacht. Wenn wir immer wieder – auch auf (scheinbar) unabhängig voneinander sich entwickelnden Gebieten der Lebensführung – im Okzident, und nur dort, bestimmte Arten von Rationalisierungen sich entwickeln finden, so liegt die Annahme: daß hier Erbqualitäten die entscheidende Unterlage boten, natürlich nahe. Der Verfasser bekennt: daß er persönlich und subjektiv die Bedeutung des biologischen Erbgutes hoch einzuschätzen geneigt ist. Nur sehe ich, trotz der bedeutenden Leistungen der anthropologischen Arbeit, z. Z. noch keinerlei Weg, seinen Anteil an der hier untersuchten Entwicklung nach Maß und – vor allem – nach Art und Einsatzpunkten irgendwie exakt zu erfassen oder auch nur vermutungsweise anzudeuten. Es wird gerade eine der Aufgaben soziologischer und historischer Arbeit sein müssen, zunächst möglichst alle jene Einflüsse und Kausalketten aufzudecken, welche durch Reaktionen auf Schicksale und Umwelt befriedigend erklärbar sind. Dann erst, und wenn außerdem die vergleichende Rassen-Neurologie und -Psychologie über ihre heute vorliegenden, im einzelnen vielversprechenden, Anfänge weiter hinausgekommen sind, wird man vielleicht befriedigende Resultate auch für jenes Problem erhoffen dürfen.[5] Vorerst scheint mir jene Voraussetzung zu fehlen und wäre die Verweisung auf *Erbgut* ein voreiliger Verzicht auf das heute vielleicht mögliche Maß der Erkenntnis und eine Verschiebung des Problems auf (derzeit noch) unbekannte Faktoren.

[5] Die gleiche Absicht sprach mir vor Jahren ein sehr hervorragender Psychiater aus.

Die Protestantische Ethik und der Geist des Kapitalismus[1]

I. Das Problem

1. Konfession und soziale Schichtung

[1] Veröffentlicht im Jafféschen *Archiv für Sozialwissenschaft und Sozialpolitik* (J. C. B. Mohr, Tübingen) Band XX, XXI (1904 bzw. 1905). Aus der umfangreichen Literatur darüber hebe ich nur die ausführlichsten Kritiken hervor: F. Rachfahl, Kalvinismus und Kapitalismus, Internationale Wochenschrift für Wissenschaft, Kunst und Technik, 1909, Nr. 39–43. Dazu meinen Artikel: Antikritisches zum *Geist* des Kapitalismus, *Archiv* Band XXX, 1910. Hiergegen wieder Rachfahl a. a. O. (Nochmals Kalvinismus und Kapitalismus.) 1910, Nr. 22–25 und dazu mein *Antikritisches Schlußwort Archiv* Band XXXI (Brentano in der gleich zu zitierenden Kritik hat anscheinend diese letzteren Darlegungen nicht gekannt, da er sie nicht mit zitiert). Ich habe von der unvermeidlich ziemlich ertraglosen Polemik gegen Rachfahl, der, – ein sonst auch von mir geschätzter Gelehrter, – sich hier auf ein von ihm nicht wirklich beherrschtes Gebiet begeben hatte, nichts in diese Ausgabe aufgenommen, sondern lediglich die (sehr wenigen) ergänzenden Zitate aus meiner Antikritik nachgetragen und durch eingeschobene Sätze oder Anmerkungen alle denkbaren Mißverständnisse für künftig auszuschließen gesucht. – Ferner: W. Sombart in seinem Buch *Der Bourgeois* (München und Leipzig 1913), auf das ich in Anmerkungen unten zurückkomme. Endlich: Lujo Brentano in Exkurs II im Anhang zu seiner Münchener Festrede (in der Akademie der Wissenschaften 1913) über: Die Anfänge des modernen Kapitalismus (München 1916 gesondert und durch Exkurse erweitert erschienen). Auch auf diese Kritik komme ich in besonderen Anmerkungen bei gegebenem Anlaß zurück. – Ich stelle jedem, der (wider Erwarten) daran Interesse nehmen sollte, anheim, sich durch Vergleichung davon zu überzeugen: daß ich nicht einen einzigen Satz meines Aufsatzes, der irgendeine sachlich wesentliche Behauptung enthielt, gestrichen, umgedeutet, abgeschwächt oder sachlich abweichende Behauptungen hinzugefügt habe. Es bestand dazu keinerlei Anlaß und der Fortgang der Darlegung wird die noch immer Zweifelnden nötigen, sich davon schließlich zu überzeugen. – Die letztgenannten beiden Gelehrten sind untereinander in noch schärferem Streit als mit mir. Brentanos Kritik gegen W. Sombarts Werk: Die Juden und das Wirtschaftsleben halte ich in der Sache in Vielem für begründet, dennoch aber für vielfach sehr ungerecht, abgesehen davon, daß auch bei Brentano das Entscheidende an dem hier vorerst ganz ausgeschalteten Judenproblem (wovon später) wohl nicht erkannt ist. Von theologischer Seite waren zahlreiche wertvolle Einzelanregungen anläßlich dieser Arbeit zu verzeichnen und war die Aufnahme im ganzen eine freundliche und auch bei im einzelnen abweichenden Ansichten sehr sachliche – was mir um so wertvoller ist, als ich mich über eine gewisse Antipathie gegen die Art der hier unvermeidlichen Behandlung dieser Dinge nicht gewundert hätte. Das, was dem seiner Religion anhänglichen Theologen daran das Wertvolle ist, kann ja hier naturgemäß nicht zu seinem Recht kommen. Wir haben es mit – religiös gewertet – oft recht äußerlichen und groben Seiten des Lebens der Religionen zu tun, die aber freilich eben auch da waren und oft, eben weil sie grob und äußerlich waren, äußerlich auch am stärksten wirkten. – Als auf eine, neben seinem reichen sonstigen Inhalt, auch für unser Problem höchst willkommene Ergänzung und, Bestätigung sei auch hier nochmals kurz – statt öfteren Zitierens zu allen Einzelpunkten – auf das große Buch von E. Troeltsch, Die Soziallehren

Ein Blick in die Berufsstatistik eines konfessionell gemischten Landes pflegt mit auffallender Häufigkeit[2] eine Erscheinung zu zeigen, welche mehrfach in der katholischen Presse und Literatur[3] und auf den Katholikentagen Deutschlands lebhaft erörtert worden ist: den ganz vorwiegend protestantischen Charakter des Kapitalbesitzes und Unternehmertums sowohl, wie der oberen gelernten Schichten der Arbeiterschaft, namentlich aber des höheren technisch oder kaufmännisch vorgebildeten Personals der modernen Unternehmungen.[4] Nicht nur da, wo die Differenz der Konfession mit einem Unterschied der Nationalität und damit des Grades der Kulturentwicklung zusammenfällt, wie im deutschen Osten zwischen Deutschen und Polen, sondern fast überall da, wo überhaupt die kapitalistische Entwicklung in der Zeit ihres Aufblühens freie Hand hatte, die Bevölkerung nach ihren Bedürfnissen sozial umzuschichten und beruflich zu gliedern, – und je mehr dies der Fall war, desto deutlicher, – finden wir jene Erscheinung in den Zahlen der Konfessionsstatistik ausgeprägt. Nun ist freilich die relativ weit stärkere, d. h. ihren Prozentanteil an der Gesamtbevölkerung überragende Beteiligung der Protestanten am Kapitalbesitz[5], an der Leitung und den oberen Stufen der

der christlichen Kirchen und Gruppen (Tübingen 1912) verwiesen, welches von eignen und sehr weit gespannten Gesichtspunkten die Universalgeschichte der Ethik des okzidentalen Christentums behandelt. Dem Verf. kommt es dabei mehr auf die Lehre, mir mehr auf die praktische Wirkung der Religion an.

[2] Die abweichenden Fälle erklären sich – nicht immer, aber häufig – daraus, daß natürlich die Konfessionalität der Arbeiterschaft einer Industrie in erster Linie von der Konfession ihres Standorts bzw. des Rekrutierungsgebiets ihrer Arbeiterschaft abhängt. Dieser Umstand verschiebt oft auf den ersten Blick das Bild, welches manche Konfessionsstatistiken – etwa der Rheinprovinz – bieten. Überdies sind natürlich nur bei weitgehender Spezialisierung und Auszählung der einzelnen Berufe die Zahlen schlüssig. Sonst werden unter Umständen ganz große Unternehmer mit alleinarbeitenden *Meistern* in der Kategorie *Betriebsleiter* zusammengeworfen. Vor allem aber ist der heutige *Hochkapitalismus* überhaupt, namentlich bezüglich der breiten ungelernten Unterschicht seiner Arbeiterschaft, von denjenigen Einflüssen, welche die Konfession in der Vergangenheit haben konnte, unabhängig geworden. Darüber später.

[3] Vgl. z. B. Schell, Der Katholizismus als Prinzip des Fortschrittes. Würzburg 1897, S. 31. – v. Hertling, Das Prinzip des Katholizismus und die Wissenschaft. Freiburg 1899, S. 58.

[4] Einer meiner Schüler hat s. Z. das eingehendste statistische Material, welches wir über diese Dinge besitzen: die badische Konfessionsstatistik, durchgearbeitet. Vgl. Martin Offenbacher, Konfession und soziale Schichtung. Eine Studie über die wirtschaftliche Lage der Katholiken und Protestanten in Baden. Tübingen und Leipzig 1901 (Bd. IV, Heft 5 der volkswirtschaftlichen Abhandlungen der badischen Hochschulen). Die Tatsachen und Zahlen, die nachstehend zur Illustration vorgeführt werden, entstammen alle dieser Arbeit.

[5] Es kam z. B. im Jahre 1895 in Baden auf je 1000 Evangelische ein Kapitalrentensteuerkapital von 954060 Mk., auf je 1000 Katholiken ein Kapitalrentensteuerkapital von 589000 Mk. Die Juden mit über 4 Millionen auf 1000 marschieren freilich weit an der Spitze. (Die Zahlen nach Offenbacher a. a. O. S. 21.)

Arbeit in den großen modernen gewerblichen und Handelsunternehmungen[6], zum Teil auf historische Gründe zurückzuführen[7], die weit in der Vergangenheit liegen und bei denen die konfesionelle Zugehörigkeit nicht als Ursache ökonomischer Erscheinungen, sondern, bis zu einem gewissen Grade, als Folge von solchen erscheint. Die Beteiligung an jenen ökonomischen Funktionen setzt teils Kapitalbesitz, teils kostspielige Erziehung, teils, und meist, beides voraus, ist heute an den Besitz ererbten Reichtums oder doch einer gewissen Wohlhabenheit gebunden. Gerade eine große Zahl der reichsten, durch Natur oder Verkehrslage begünstigten und wirtschaftlich entwickeltsten Gebiete des Reiches, insbesondere aber die Mehrzahl der reichen Städte, hatten sich aber im 16. Jahrhundert dem Protestantismus zugewendet und die Nachwirkungen davon kommen den Protestanten noch heute im Ökonomischen Kampf ums Dasein zugute. Es entsteht aber alsdann die historische Frage: welchen Grund hatte diese besonders starke Prädisposition der ökonomisch entwickeltsten Gebiete für eine kirchliche Revolution? Und da ist die Antwort keineswegs so einfach wie man zunächst glauben könnte. Gewiß erscheint die Abstreifung des ökonomischen Traditionalismus als ein Moment, welches die Neigung zum Zweifel auch an der religiösen Tradition und zur Auflehnung gegen die traditionellen Autoritäten überhaupt ganz wesentlich unterstützen mußte. Aber dabei ist zu berücksichtigen, was heute oft vergessen wird: daß die Reformation ja nicht sowohl die Beseitigung der kirchlichen Herrschaft über das Leben überhaupt, als vielmehr die Ersetzung der bisherigen Form derselben durch eine andere bedeutete. Und zwar die Ersetzung einer höchst bequemen, praktisch damals wenig fühlbaren, vielfach fast nur noch formalen Herrschaft durch eine im denkbar weitgehendsten Maße in alle Sphären des häuslichen und öffentlichen Lebens eindringende, unendlich lästige und ernstgemeinte Reglementierung der ganzen Lebensführung. Die Herrschaft der katholischen Kirche, – *die Ketzer strafend, doch den Sündern mild,* wie sie früher noch mehr als heute war, – ertragen in der Gegenwart auch Völker von durchaus moderner wirtschaftlicher Physiognomie und ebenso ertrugen sie die reichsten, ökonomisch entwickelsten Gebiete, welche um die Wende des 15. Jahrhunderts die Erde kannte. Die Herrschaft des Calvinismus, so wie sie im 16. Jahrhundert in Genf und Schottland, um die Wende des 16. und 17. in großen Teilen der Niederlande, im 17. in Neuengland und zeitweise in England selbst in Kraft stand, wäre für uns die schlechthin unerträglichste Form der kirchlichen Kontrolle des einzelnen, die es geben könnte. Ganz ebenso wurde sie auch von breiten Schichten des alten Patriziats der damaligen Zeit, in Genf sowohl wie in Holland und England, empfunden. Nicht ein Zuviel,

[6] Hierüber sind die gesamten Ausführungen der Offenbacherschen Arbeit zu vergleichen.

[7] Auch hierfür nähere Darlegungen für Baden in den beiden ersten Kapiteln der Offenbacherschen Arbeit.

sondern ein Zuwenig von kirchlich-religiöser Beherrschung des Lebens war es ja, was gerade diejenigen Reformatoren, welche in den ökonomisch entwickeltsten Ländern erstanden, zu tadeln fanden. Wie kommt es nun, daß damals gerade diese ökonomisch entwickeltsten Länder, und, wie wir noch sehen werden, innerhalb ihrer grade die damals ökonomisch aufsteigenden *bürgerlichen* Mittelklassen jene ihnen bis dahin unbekannte puritanische Tyrannei nicht etwa nur über sich ergehen ließen, sondern in ihrer Verteidigung ein Heldentum entwickelten, wie gerade bürgerliche Klassen als solche es selten vorher und niemals nachher gekannt haben: *the last of our heroisms*, wie Carlyle nicht ohne Grund sagt?

Aber weiter und namentlich: mag, wie gesagt, die stärkere Beteiligung der Protestanten am Kapitalbesitz und den leitenden Stellungen innerhalb der modernen Wirtschaft heute zum Teil einfach als Folge ihrer geschichtlich überkommenen durchschnittlich besseren Vermögensausstattung zu verstehen sein, so zeigen sich andererseits Erscheinungen, bei welchen das Kausalverhältnis unzweifelhaft so nicht liegt. Dahin gehören, um nur einiges anzuführen, u. a. die folgenden: Zunächst der ganz allgemein, in Baden ebenso wie in Bayern und z. B. in Ungarn, nachweisbare Unterschied in der Art des höheren Unterrichts, den katholische Eltern im Gegensatz zu protestantischen ihren Kindern zuzuwenden pflegen. Daß der Prozentsatz der Katholiken unter den Schülern und Abiturienten der *höheren* Lehranstalten im ganzen hinter ihrem Gesamtanteil an der Bevölkerung beträchtlich zurückbleibt[8], wird man zwar zum erheblichen Teile den erwähnten überkommenen Vermögensunterschieden zurechnen. Daß aber auch innerhalb der katholischen Abiturienten der Prozentsatz derjenigen, welche aus den modernen, speziell für die Vorbereitung zu technischen Studien und gewerblich-kaufmännischen Berufen, überhaupt für ein bürgerliches Erwerbsleben bestimmten und geeigneten Anstalten: Realgymnasien, Realschulen, höheren Bürgerschulen usw. hervorgehen, wiederum auffallend stärker hinter dem der Protestanten zurückbleibt[9], während diejenige Vorbildung, welche die

[8] Von der Bevölkerung Badens waren 1895: 37,0 Proz. Protestanten, 61,3 Proz. Katholiken, 1,5 Proz. Juden. Die Konfessionalität der Schüler aber stellte sich 1885/91 auf den über die Volksschulen hinausgehenden und nicht obligatorisch zu besuchenden Schulen wie folgt (nach Offenbacher a. a. O., S. 16):

	Protestanten	Katholiken	Juden
Gymnasien	43 Proz.	46 Proz.	9,5 Proz.
Realgymnasien	69 Proz.	31 Proz.	9 Proz.
Oberrealschulen	52 Proz.	41 Proz.	7 Proz.
Realschulen	49 Proz.	40 Proz.	11 Proz.
höhere Bürgerschulen	51 Proz.	37 Proz.	12 Proz.
Durchschnitt	48 Proz.	42 Proz.	10 Proz.

Genau die gleichen Erscheinungen in Preußen, Bayern, Württemberg, den Reichslanden, Ungarn (s. die Zahlen bei Offenbacher a. a. O., S. 18f.).

[9] S. die Ziffern in voriger Note, wonach die hinter der katholischen Bevölkerungsquote

humanistischen Gymnasien bieten, von ihnen bevorzugt wird, – das ist eine Erscheinung, die damit nicht erklärt ist, die vielmehr umgekehrt ihrerseits zur Erklärung der geringen Anteilnahme der Katholiken am kapitalistischen Erwerb herangezogen werden muß. Noch auffallender aber ist eine Beobachtung, welche die geringere Anteilnahme der Katholiken an der gelernten Arbeiterschaft der modernen Großindustrie verstehen hilft. Die bekannte Erscheinung, daß die Fabrik ihre gelernten Arbeitskräfte in starkem Maße dem Nachwuchs des Handwerks entnimmt, diesem also die Vorbildung ihrer Arbeitskräfte überläßt und sie ihm nach vollendeter Vorbildung entzieht, zeigt sich in wesentlich stärkerem Maße bei den protestantischen als bei den katholischen Handwerksgesellen. Von den Handwerksgesellen zeigen m. a. W. die Katholiken die stärkere Neigung zum Verbleiben im Handwerk, werden also relativ häufiger Handwerksmeister, während die Protestanten in relativ stärkerem Maße in die Fabriken abströmen, um hier die oberen Staffeln der gelernten Arbeiterschaft und des gewerblichen Beamtentums zu füllen.[10] In diesen Fällen liegt zweifellos das Kausalverhältnis so, daß die anerzogene geistige Eigenart, und zwar hier die durch die religiöse Atmosphäre der Heimat und des Elternhauses bedingte Richtung der Erziehung, die Berufswahl und die weiteren beruflichen Schicksale bestimmt hat.

Die geringere Beteiligung der Katholiken am modernen Erwerbsleben in Deutschland ist nun aber um so auffallender, als sie der sonst von jeher[11] und auch in der Gegenwart gemachten Erfahrung zuwiderläuft: daß nationale oder religiöse Minderheiten, welche als *Beherrschte* einer anderen Gruppe als der *herrschenden* gegenüberstehen, durch ihren freiwilligen oder unfreiwilligen Ausschluß von politisch einflußreichen Stellungen gerade in besonders starkem Maße auf die Bahn des Erwerbes getrieben zu werden pflegen, daß ihre begabtesten Angehörigen hier den Ehrgeiz, der auf dem Boden des Staatsdienstes keine Verwertung finden kann, zu befriedigen suchen. So verhielt es sich unverkennbar mit den in zweifellosem ökonomischen Fortschreiten begriffenen Polen in Rußland und im östlichen Preußen – im Gegensatz zu dem von ihnen beherrschten Galizien –, so früher mit den Hugenotten in Frankreich unter Ludwig XIV., den Nonkonformisten und Quäkern in England und – last not least – mit den Juden seit zwei Jahrtausenden. Aber bei den Katholiken in

um ein Drittel zurückbleibende katholische Gesamtfrequenz der mittleren Lehranstalten nur in den Gymnasien (wesentlich behufs Vorbildung zum theologischen Studium) um einige Prozente überschritten wird. Als charakteristisch sei mit Rücksicht auf spätere Ausführungen noch herausgehoben, daß in Ungarn die Reformierten die typischen Erscheinungen der protestantischen Mittelschulfrequenz in noch gesteigertem Maß aufweisen (Offenbacher a. a. O., S. 19 Anm. a. E.).

10 S. die Nachweise bei Offenbacher a. a. O., S. 54 und die Tabellen am Schluß der Arbeit.

11 Besonders gut an den später mehrfach zu zitierenden Stellen in Sir. W. Petty's Schriften.

Deutschland sehen wir von einer solchen Wirkung nichts oder wenigstens nichts in die Augen Fallendes, und auch in der Vergangenheit hatten sie im Gegensatz zu den Protestanten weder in Holland noch in England in den Zeiten, wo sie entweder verfolgt oder nur toleriert waren, irgendeine besonders hervortretende ökonomische Entwicklung aufzuweisen. Vielmehr besteht die Tatsache, daß die Protestanten (insbesondere gewisse später besonders zu behandelnde Richtungen unter ihnen) sowohl als herrschende wie als beherrschte Schicht, sowohl als Majorität wie als Minorität eine spezifische Neigung zum ökonomischen Rationalismus gezeigt haben, welche bei den Katholiken weder in der einen noch in der anderen Lage in gleicher Weise zu beobachten war und ist.[12] Der Grund des verschiedenen Verhaltens muß also der Hauptsache nach in der dauernden inneren Eigenart und nicht nur in der jeweiligen äußeren historisch-politischen Lage der Konfessionen gesucht werden.[13]

Es würde also darauf ankommen, zunächst einmal zu untersuchen, welches diejenigen Elemente jener Eigenart der Konfessionen sind oder waren, die in der vorstehend geschilderten Richtung gewirkt haben und teilweise noch wirken. Man könnte nun bei oberflächlicher Betrachtung und aus gewissen modernen Eindrücken heraus versucht sein, den Gegensatz so zu formulieren: daß die größere *Weltfremdheit* des Katholizismus, die asketischen Züge, welche seine höchsten Ideale aufweisen, seine Bekenner zu einer größeren Indif-

[12] Denn die gelegentliche Exemplifikation Petty's auf Irland hat den sehr einfachen Grund: daß dort die protestantische Schicht nur als absentistische Landlords saß. Würde sie mehr behaupten, so wäre sie (bekanntlich) irrig gewesen, wie die Stellung der *Scotch-Irish* beweist. Die typische Beziehung zwischen Kapitalismus und Protestantismus bestand in Irland ebenso wie anderwärts. (Über die *Scotch-Irish* in Irland, s. C. A. Hanna, The Scotch-Irish, 2 Bände, New-York, Putnam).

[13] Das schließt natürlich nicht aus, daß auch die letztere höchst wichtige Konsequenzen gehabt hat und steht namentlich damit nicht im Widerspruch, daß es, wie späterhin zu erörtern, für die Entwicklung der ganzen Lebensatmosphäre mancher protestantischer Sekten von ausschlaggebender, auch auf ihre Beteiligung am Wirtschaftsleben zurückwirkender Bedeutung war, daß sie kleine und deshalb homogene Minoritäten repräsentierten, wie dies z. B. bei den strengen Calvinisten außerhalb von Genf und Neu-England eigentlich überall, selbst da wo sie politisch herrschten, der Fall war. – Daß Emigranten aller Konfessionen der Erde: indische, arabische, chinesische, syrische, phönikische, griechische, lombardische, *cawerzische* als Träger kaufmännischer Schulung hochentwickelter Länder in andere übersiedelten, war eine ganz universelle Erscheinung und hat mit unserem Problem nichts zu tun. (Brentano in dem öfter zu zitierenden Aufsatz über *Die Anfänge des modernen Kapitalismus* verweist auf seine eigene Familie. Aber: Bankiers fremder Provenienz als vorzugsweise Träger kaufmännischer Erfahrung und Beziehungen hat es zu allen Zeiten in allen Ländern gegeben. Sie sind kein Spezifikum des modernen Kapitalismus und wurden – s. später – von den Protestanten mit ethischem Mißtrauen beachtet. Anders stand es mit den nach Zürich gewanderten Locarneser Protestantenfamilien Muralt, Pestalozzi usw., welche in Zürich sehr bald zu den Trägern einer spezifisch modernen kapitalistischen (industriellen) Entwicklung gehörten).

ferenz gegenüber den Gütern dieser Welt erziehen müßten. Diese Begründung entspricht denn auch in der Tat dem heute üblichen populären Schema der Beurteilung beider Konfessionen. Von protestantischer Seite benutzt man diese Auffassung zur Kritik jener (wirklichen oder angeblichen) asketischen Ideale der katholischen Lebensführung, von katholischer antwortet man mit dem Vorwurf des *Materialismus,* welcher die Folge der Säkularisation aller Lebensinhalte durch den Protestantismus sei. Auch ein moderner Schriftsteller glaubte den Gegensatz, wie er in dem Verhalten beider Konfessionen gegenüber dem Erwerbsleben zutage tritt, dahin formulieren zu sollen: *Der Katholik ... ist ruhiger; mit geringerem Erwerbstrieb ausgestattet, gibt er auf einen möglichst gesicherten Lebenslauf, wenn auch mit kleinerem Einkommen, mehr, als auf ein gefährdetes, aufregendes, aber eventuell Ehren und Reichtümer bringendes Leben. Der Volksmund meint scherzhaft: entweder gut essen, oder ruhig schlafen. Im vorliegenden Fall ißt der Protestant gern gut, während der Katholik ruhig schlafen will.*[14] In der Tat mag mit dem *gut essen wollen* die Motivation für den kirchlich indifferenteren Teil der Protestanten in Deutschland und für die Gegenwart, zwar unvollständig, aber doch wenigstens teilweise richtig charakterisiert sein. Aber nicht nur lagen die Dinge in der Vergangenheit sehr anders: für die englischen, holländischen und amerikanischen Puritaner war bekanntlich das gerade Gegenteil von *Weltfreude* charakteristisch und zwar, wie wir noch sehen werden, grade einer ihrer für uns wichtigsten Charakterzüge. Sondern z. B. der französische Protestantismus hat den Charakter, der den calvinistischen Kirchen überhaupt und zumal denen *unter dem Kreuz* in der Zeit der Glaubenskämpfe überall aufgeprägt wurde, sehr lange und in gewissem Maße bis heute bewahrt. Er ist dennoch – oder, so werden wir weiterhin zu fragen haben: vielleicht gerade deshalb? – bekanntlich einer der wichtigsten Träger der gewerblichen und kapitalistischen Entwicklung Frankreichs gewesen und in dem kleinen Maßstabe, in welchem die Verfolgung es zuließ, geblieben. Wenn man diesen Ernst und das starke Vorwalten religiöser Interessen in der Lebensführung *Weltfremdheit* nennen will, dann waren und sind die französischen Calvinisten mindestens ebenso weltfremd wie z. B. die norddeutschen Katholiken, denen ihr Katholizismus unzweifelhaft in einem Maße Herzenssache ist, wie keinem anderen Volke der Erde. Und beide unterscheiden sich dann nach der gleichen Richtung von der vorherrschenden Religionspartei: den in ihren unteren Schichten höchst lebensfrohen, in ihren oberen direkt religionsfeindlichen Katholiken Frankreichs und den heute im weltlichen Erwerbsleben aufgehenden und in ihren oberen Schichten vorwiegend religiös indifferenten Protestanten Deutschlands.[15] Kaum etwas zeigt so

[14] Dr. Offenbacher, a. a. O., S. 68.

[15] Ungemein feine Bemerkungen über die charakteristische Eigenart der Konfessionen in Deutschland und Frankreich und die Kreuzung dieser Gegensätze mit den sonstigen Kulturelementen im elsässischen Nationalitätenkampf in der vortrefflichen Schrift von

deutlich, wie diese Parallele, daß mit so vagen Vorstellungen, wie der (angeblichen!) *Weltfremdheit* des Katholizismus, der (angeblichen!) materialistischen *Weltfreude* des Protestantismus und vielen ähnlichen hier nichts anzufangen ist, schon weil sie in dieser Allgemeinheit teils auch heute noch, teils wenigstens für die Vergangenheit gar nicht zutreffen. Wollte man aber mit ihnen operieren, dann müßten außer den schon gemachten Bemerkungen noch manche andere Beobachtungen, die sich ohne weiteres aufdrängen, sogar den Gedanken nahelegen, ob nicht der ganze Gegensatz zwischen Weltfremdheit, Askese und kirchlicher Frömmigkeit auf der einen Seite, Beteiligung am kapitalistischen Erwerbsleben auf der anderen Seite geradezu in eine innere Verwandtschaft umzukehren sei.

In der Tat ist nun schon auffallend – um mit einigen ganz äußerlichen Momenten zu beginnen – wie groß die Zahl der Vertreter gerade der innerlichsten Formen christlicher Frömmigkeit gewesen ist, die aus kaufmännischen Kreisen stammen. Speziell der Pietismus verdankt eine auffallend große Zahl seiner ernstesten Bekenner dieser Abstammung. Man könnte da an eine Art Kontrastwirkung des *Mammonismus* auf innerliche und dem Kaufmannsberuf nicht angepaßte Naturen denken, und sicherlich hat, wie bei Franz von Assisi, so auch bei vielen jener Pietisten, sich der Hergang der *Bekehrung* subjektiv dem Bekehrten selbst sehr oft so dargestellt. Und ähnlich könnte man dann die gleichfalls – bis auf Cecil Rhodes herab – so auffallend häufige Erscheinung, daß aus Pfarrhäusern kapitalistische Unternehmer größten Stils hervorgehen, als eine Reaktion gegen asketische Jugenderziehung zu erklären suchen. Indessen diese Erklärungsweise versagt da, wo ein virtuoser kapitalistischer Geschäftssinn mit den intensivsten Formen einer das ganze Leben durchdringenden und regelnden Frömmigkeit in denselben Personen und Menschengruppen zusammentrifft, und diese Fälle sind nicht etwa vereinzelt, sondern sie sind geradezu bezeichnendes Merkmal für ganze Gruppen der historisch wichtigsten protestantischen Kirchen und Sekten. Speziell der Calvinismus zeigt, wo immer er aufgetreten ist[16], diese Kombination. So wenig er in der Zeit der Ausbreitung der Reformation in irgendeinem Lande (wie überhaupt irgendeine der protestantischen Konfessionen) an eine bestimmte einzelne Klasse gebunden war, so charakteristisch und in gewissem Sinn *typisch* ist es doch z.B., daß in französischen Hugenottenkirchen alsbald Mönche und Industrielle (Kaufleute, Handwerker) numerisch besonders stark unter den Proselyten vertreten waren und, namentlich in den Zeiten der Verfolgung, vertreten blieben.[17] Schon die Spanier wußten, daß *die Ketzerei* (d.h. der Calvinismus der Nieder-

W. Wittich, Deutsche und französische Kultur im Elsaß (Illustrierte Elsäß. Rundschau, 1900, auch als Sonderabdruck erschienen).

[16] Dann natürlich, soll das heißen: wenn die Möglichkeit kapitalistischer Entwicklung in dem betreffenden Gebiet überhaupt gegeben war.

[17] S. darüber z.B.: Dupin de St. André, L'ancienne église réformée de Tours. Les membres de l'église (Bull. de la soc. de l'hist. du Protest. 4. s. t. 10). Man könnte auch hier wieder – und namentlich katholischen Beurteilern wird dieser Gedanke naheliegen – die

länder) *den Handelsgeist befördere* und dies entspricht durchaus den Ansichten, welche Sir W. Petty in seiner Erörterung über die Gründe des kapitalistischen Aufschwungs der Niederlande vortrug. Gothein[18] bezeichnet die calvinistische Diaspora mit Recht als die *Pflanzschule der Kapitalwirtschaft.*[19] Man könnte ja hier die Überlegenheit der französischen und holländischen wirtschaftlichen Kultur, welcher diese Diaspora überwiegend entstammte, für das Entscheidende ansehen, oder auch den gewaltigen Einfluß des Exils und der Herausreißung aus den traditionellen Lebensbeziehungen.[20] Allein in Frankreich selbst stand,

Sucht nach Emanzipation von der klösterlichen oder überhaupt kirchlichen Kontrolle als das treibende Motiv ansehen. Aber dem steht nicht nur das Urteil auch gegnerischer Zeitgenossen (einschließlich Rabelais) entgegen, sondern es zeigen z. B. die Gewissensbedenken der ersten Nationalsynoden der Hugenotten (z. B. 1. Synode, C. partic., qu. 10 bei Aymon, Synod. Nat. p. 10), ob ein Bankier Ältester einer Kirche werden dürfe und die, trotz Calvins unzweideutiger Stellungnahme, auf den Nationalsynoden stets wiederkehrende Erörterung der Erlaubtheit des Zinsennehmens anläßlich der Anfrage bedenklicher Gemeindeglieder zwar die starke Beteiligung der hieran interessierten Kreise, zugleich aber doch wohl auch: daß der Wunsch, die *usuraria pravitas* ohne Beichtkontrolle ausüben zu können, nicht maßgebend gewesen sein kann. (Das gleiche – s. u. – in Holland. Das kanonische Zinsverbot spielt, um dies ausdrücklich zu sagen, in diesen Untersuchungen überhaupt keinerlei Rolle.)

18 W. G. des Schwarzwalds I, 67.

19 Daran anschließend die kurzen Bemerkungen Sombarts, Der moderne Kapitalismus, 1. Aufl. S. 380. Später hat Sombart leider, in dem in diesen Partien m. E. weitaus schwächsten seiner größeren Werke (Der Bourgeois, München 1913), unter der Einwirkung einer ebenfalls, trotz vieler guter (aber in dieser Hinsicht nicht neuer) Bemerkungen, unter dem Niveau anderer modern-apologetisch katholischer Arbeiten bleibenden Schrift von F. Keller (Unternehmung und Mehrwert, Schriften der Görres-Gesellschaft, 12. Heft) eine völlig verfehlte *These* verfochten, auf die gelegentlich zurückzukommen ist.

20 Denn daß die bloße Tatsache des Heimatwechsels bei der Arbeit zu den mächtigsten Mitteln ihrer Intensivierung gehört, steht durchaus fest (vgl. auch S. 30 Anm. 13). – Dasselbe polnische Mädchen, welches in der Heimat durch keine noch so günstigen Verdienstchancen aus seiner traditionalistischen Trägheit herauszubringen war, wandelt scheinbar seine ganze Natur und ist ungemessener Ausnutzung fähig, wenn es als Sachsengängerin in der Fremde arbeitet. Bei den italienischen Wanderarbeitern zeigte sich genau die gleiche Erscheinung. Daß hier keineswegs nur der erziehende Einfluß des Eintrittes in ein höheres *Kulturmilieu* das Entscheidende ist – so sehr er natürlich mitspielt, – zeigt sich darin, daß die gleiche Erscheinung eintritt, auch wo – wie in der Landwirtschaft – die Art der Beschäftigung genau die gleiche ist wie in der Heimat und die Unterbringung in Wanderarbeiterkasernen usw. sogar ein temporäres Herabsteigen auf ein Niveau der Lebenshaltung bedingt, wie es in der Heimat nie ertragen werden würde. Die bloße Tatsache des Arbeitens in ganz anderen Umgebungen als den gewohnten bricht hier den Traditionalismus und ist das *Erziehliche.* Es braucht kaum angedeutet zu werden, wieviel von der amerikanischen ökonomischen Entwicklung auf solchen Wirkungen ruht. Für das Altertum ist die ganz ähnliche Bedeutung des babylonischen Exils für die Juden, man möchte sagen, mit Händen in den Inschriften zu greifen und trifft das Gleiche z. B. für die Parsen zu. – Aber für die Protestanten spielt, wie schon der unverkennbare Unterschied in der ökonomischen Eigenart der puritanischen Neu-

wie aus Colberts Kämpfen bekannt ist, im 17. Jahrhundert die Sache ganz ebenso. Selbst Österreich hat – von anderen Ländern zu schweigen – protestantische Fabrikanten gelegentlich direkt importiert. Nicht alle protestantischen Denominationen scheinen aber gleich stark in dieser Richtung zu wirken. Der Calvinismus tat dies anscheinend auch in Deutschland; die *reformierte* Konfession[21] scheint, im Wuppertal ebenso wie anderwärts, im Vergleich mit anderen Bekenntnissen der Entwicklung kapitalistischen Geistes förderlich gewesen zu sein. Förderlicher als z.B. das Luthertum, wie der Vergleich im großen ebenso wie im einzelnen, insbesondere im Wuppertal, zu lehren scheint.[22] Für Schottland haben Buckle und von den englischen Dichtern namentlich Keats diese Beziehungen betont.[23] Noch eklatanter ist, woran ebenfalls nur erinnert zu werden braucht, der Zusammenhang religiöser Lebensreglementierung mit intensivster Entwicklung des geschäftlichen Sinnes bei einer ganzen Anzahl gerade derjenigen Sekten, deren *Lebensfremdheit* ebenso sprichwörtlich geworden ist, wie ihr Reichtum: insbesondere den Quäkern und Mennoniten. Die Rolle, welche die ersteren in England und Nordamerika spielten, fiel den letzteren in den Niederlanden und Deutschland zu. Daß in Ostpreußen selbst Friedrich Wilhelm I. die Mennoniten trotz ihrer absoluten Weigerung, Militärdienst zu tun, als unentbehrliche Träger der Industrie gewähren ließ, ist nur eine, aber allerdings bei der Eigenart dieses Königs wohl eine der stärksten, von den zahlreichen wohlbekannten Tatsachen, die das illustrieren. Daß endlich für die Pietisten die Kombination von intensiver Frömmigkeit mit ebenso stark entwickeltem geschäftlichen Sinn und Erfolg ebenfalls galt[24], ist bekannt genug; – man braucht nur an rheinische Verhältnisse und an Calw zu erinnern –; es mögen daher in diesen ja nur ganz

England-Kolonien gegenüber dem katholischen Maryland, dem episkopalistischen Süden und dem interkonfessionellen Rhode Island zeigt, der Einfluß ihrer religiösen Eigenart ganz offenbar als selbständiger Faktor eine Rolle, ähnlich wie in Indien etwa bei den Jaina.

21 Sie ist bekanntlich in den meisten ihrer Formen ein mehr oder minder temperierter Calvinismus oder Zwinglianismus.

22 In dem fast rein lutherischen Hamburg ist das einzige bis in das 17. Jahrhundert zurückreichende Vermögen dasjenige einer bekannten reformierten Familie (freundlicher Hinweis von Prof. A. Wahl).

23 *Neu* ist also nicht, daß hier dieser Zusammenhang behauptet wird über den schon Lavaleye, Matthew Arnold u. a. gehandelt haben, sondern umgekehrt seine ganz unbegründete Anzweiflung. Es gilt ihn zu erklären.

24 Das schließt natürlich nicht aus, daß der offizielle Pietismus, ebenso wie auch andere religiöse Richtungen, sich gewissen *Fortschritten* kapitalistischer Wirtschaftsverfassung – z. B. dem Übergang aus der Hausindustrie zum Fabriksystem – aus patriarchalistischen Stimmungen heraus später widersetzt haben. Es ist eben das, was eine religiöse Richtung als Ideal erstrebte und das, was ihr Einfluß auf die Lebensführung ihrer Anhänger faktisch bewirkte, scharf zu scheiden, wie wir noch oft sehen werden. (Über die spezifische Arbeitseignung pietistischer Arbeitskräfte finden sich von mir errechnete Beispiele aus einer westfälischen Fabrik in dem Aufsatz: *Zur Psychophysik der gewerblichen Arbeit,* Archiv f. Soz. Band XXVIII, S. 263 und öfter).

provisorischen Ausführungen die Beispiele nicht weiter gehäuft werden. Denn schon diese wenigen zeigen alle das eine: der *Geist der Arbeit,* des *Fortschritts* oder wie er sonst bezeichnet wird, dessen Weckung man dem Protestantismus zuzuschreiben neigt, darf nicht, wie es heute zu geschehen pflegt, als *Weltfreude* oder irgendwie sonst im *aufklärerischen* Sinn verstanden werden. Der alte Protestantismus der Luther, Calvin, Knox, Voët hatte mit dem, was man heute *Fortschritt* nennt, herzlich wenig zu schaffen. Zu ganzen Seiten des modernen Lebens, die heute der extremste Konfessionelle nicht mehr entbehren möchte, stand er direkt feindlich. Soll also überhaupt eine innere Verwandtschaft bestimmter Ausprägungen des altprotestantischen Geistes und moderner kapitalistischer Kultur gefunden werden, so müssen wir wohl oder übel versuchen, sie nicht in dessen (angeblicher) mehr oder minder materialistischer oder doch antiasketischer *Weltfreude,* sondern vielmehr in seinen rein religiösen Zügen zu suchen. – Montesquieu sagt (Esprit des lois Buch XX cap. 7) von den Engländern, sie hätten es *in drei wichtigen Dingen von allen Völkern der Welt am weitesten gebracht: in der Frömmigkeit, im Handel und in der Freiheit.* Sollte ihre Überlegenheit auf dem Gebiet des Erwerbs – und, was in einen anderen Zusammenhang gehört, ihre Eignung für freiheitliche politische Institutionen – vielleicht mit jenem Frömmigkeitsrekord, den Montesquieu ihnen zuerkennt, zusammenhängen?

Eine ganze Anzahl möglicher Beziehungen steigen, dunkel empfunden, alsbald vor uns auf, wenn wir die Frage so stellen. Es wird nun eben die Aufgabe sein müssen, das, was uns hier undeutlich vorschwebt, so deutlich zu formulieren, als dies bei der unausschöpfbaren Mannigfaltigkeit, die in jeder historischen Erscheinung steckt, überhaupt möglich ist. Um dies aber zu können, muß das Gebiet der vagen Allgemeinvorstellungen, mit dem wir bisher operiert haben, notgedrungen verlassen und in die charakteristische Eigenart und die Unterschiede jener großen religiösen Gedankenwelten einzudringen versucht werden, die in den verschiedenen Ausprägungen der christlichen Religion uns geschichtlich gegeben sind.

Vorher aber sind noch einige Bemerkungen erforderlich: zunächst über die Eigenart des Objektes, um dessen geschichtliche Erklärung es sich handelt; dann über den Sinn, in welchem eine solche Erklärung überhaupt im Rahmen dieser Untersuchungen möglich ist.

2. Der „Geist“ des Kapitalismus

In der Überschrift dieser Studie ist der etwas anspruchsvoll klingende Begriff: *Geist des Kapitalismus* verwendet. Was soll darunter verstanden werden? Bei dem Versuch, so etwas wie eine *Definition* davon zu geben, zeigen sich sofort gewisse, im Wesen des Untersuchungszwecks liegende Schwierigkeiten.

Wenn überhaupt ein Objekt auffindbar ist, für welches der Verwendung jener Bezeichnung irgendein Sinn zukommen kann, so kann es nur ein historisches Individuum sein, d.h. ein Komplex von Zusammenhängen in der geschichtlichen Wirklichkeit, die wir unter dem Gesichtspunkte ihrer Kulturbedeutung begrifflich zu einem Ganzen zusammenschließen.

Ein solcher historischer Begriff aber kann, da er inhaltlich sich auf eine in ihrer individuellen Eigenart bedeutungsvolle Erscheinung bezieht, nicht nach dem Schema: *genus proximum, differentia specifica* definiert (zu deutsch: *abgegrenzt),* sondern er muß aus seinen einzelnen, der geschichtlichen Wirklichkeit zu entnehmenden Bestandteilen, allmählich komponiert werden. Die endgültige begriffliche Erfassung kann daher nicht am Anfang, sondern muß am Schluß der Untersuchung stehen: Es wird sich m. a. W. erst im Lauf der Erörterung und als deren wesentliches Ergebnis zu zeigen haben, wie das, was wir hier unter dem *Geist* des Kapitalismus verstehen, am besten – d. h. für die uns hier interessierenden Gesichtspunkte adäquatesten – zu formulieren sei. Diese Gesichtspunkte wiederum (von denen noch zu reden sein wird) sind nun nicht etwa die einzig möglichen, unter denen jene historischen Erscheinungen, die wir betrachten, analysiert werden können. Andere Gesichtspunkte der Betrachtung würden hier, wie bei jeder historischen Erscheinung, andere Züge als die *wesentlichen* ergeben: – woraus ohne weiteres folgt, daß man unter dem *Geist* des Kapitalismus durchaus nicht notwendig nur das verstehen könne oder müsse, was sich uns als das für unsere Auffassung Wesentliche daran darstellen wird. Das liegt eben im Wesen der historischen Begriffsbildung, welche für ihre methodischen Zwecke die Wirklichkeit nicht in abstrakte Gattungsbegriffe einzuschachteln, sondern in konkrete genetische Zusammenhänge von stets und unvermeidlich spezifisch individueller Färbung einzugliedern strebt.

Soll gleichwohl eine Feststellung des Objektes, um dessen Analyse und historische Erklärung es sich handelt, erfolgen, so kann es sich also nicht um eine begriffliche Definition, sondern vorerst wenigstens nur um eine provisorische Veranschaulichung dessen handeln, was hier mit dem *Geist* des Kapitalismus gemeint ist. Eine solche ist nun in der Tat zum Zwecke einer Verständigung über den Gegenstand der Untersuchung unentbehrlich, und wir halten uns zu diesem Behufe an ein Dokument jenes *Geistes,* welches das, worauf es hier zunächst ankommt, in nahezu klassischer Reinheit enthält und doch zugleich den Vorteil bietet, von aller direkten Beziehung zum Religiösen losgelöst, also – für unser Thema – *voraussetzungslos* zu sein:

Bedenke, daß die Zeit Geld *ist; wer täglich zehn Schillinge durch seine Arbeit erwerben könnte und den halben Tag spazieren geht, oder auf seinem Zimmer faulenzt, der darf, auch wenn er nur sechs Pence für sein Vergnügen ausgibt, nicht dies allein berechnen, er hat nebendem noch fünf Schillinge ausgegeben oder vielmehr weggeworfen.*

Bedenke, daß Kredit Geld *ist. Läßt jemand sein Geld, nachdem es zahlbar ist, bei mir stehen, so schenkt er mir die Interessen, oder so viel als ich während dieser Zeit damit anfangen kann. Dies beläuft sich auf eine beträchtliche Summe, wenn ein Mann guten und großen Kredit hat und guten Gebrauch davon macht.*

Bedenke, daß Geld von einer zeugungskräftigen und fruchtbaren Natur *ist. Geld kann Geld erzeugen und die Sprößlinge können noch mehr erzeugen und so fort. Fünf Schillinge umgeschlagen sind sechs, wieder umgetrieben sieben Schilling drei Pence und so fort bis es hundert Pfund Sterling sind. Je mehr davon vorhanden ist, desto mehr erzeugt das Geld beim Umschlag, so daß der Nutzen schneller und immer schneller steigt. Wer ein Mutterschwein tötet, vernichtet dessen ganze Nachkommenschaft bis ins tausendste Glied. Wer ein Fünfschillingstück umbringt,* mordet*(!) alles, was damit hätte produziert werden können: ganze Kolonnen von Pfunden Sterling.*

Bedenke, daß – nach dem Sprichwort – ein guter Zahler *der Herr von jedermanns Beutel ist. Wer dafür bekannt ist, pünktlich zur versprochenen Zeit zu zahlen, der kann zu jeder Zeit alles Geld entlehnen, was seine Freunde gerade nicht brauchen.*

Dies ist bisweilen von großem Nutzen. Neben Fleiß und Mäßigkeit trägt nichts so sehr dazu bei, einen jungen Mann in der Welt vorwärts zu bringen, *als Pünktlichkeit und Gerechtigkeit bei allen seinen Geschäften. Deshalb behalte niemals geborgtes Geld eine Stunde länger als du versprachst, damit nicht der Ärger darüber deines Freundes Börse dir auf immer verschließe.*

Die unbedeutendsten Handlungen, die den Kredit *eines Mannes beeinflussen, müssen von ihm beachtet werden. Der Schlag deines Hammers, den dein Gläubiger um 5 Uhr morgens oder um 8 Uhr abends vernimmt, stellt ihn auf sechs Monate zufrieden; sieht er dich aber am Billardtisch oder hört er deine Stimme im Wirtshause, wenn du bei der Arbeit sein solltest, so läßt er dich am nächsten Morgen um die Zahlung mahnen, und fordert sein Geld, bevor du es zur Verfügung hast.*

Außerdem zeigt dies, daß du ein Gedächtnis für deine Schulden hast, es läßt dich als einen ebenso sorgfältigen wie ehrlichen Mann erscheinen *und das vermehrt deinen* Kredit.

Hüte dich, daß du alles was du besitzt, für dein Eigentum hältst und demgemäß lebst. In diese Täuschung geraten viele Leute, die Kredit haben. Um dies zu verhüten, halte eine genaue Rechnung über deine Ausgaben und dein Einkommen. Machst du dir die Mühe, einmal auf die Einzelheiten zu achten, so hat das folgende gute Wirkung: Du entdeckst, was für wunderbar kleine Ausgaben zu großen Summen anschwellen und du wirst bemerken, was hätte gespart werden können und was in Zukunft gespart werden kann ...

Für 6 £ jährlich kannst du den Gebrauch von 100 £ haben, vorausgesetzt, daß du ein Mann von bekannter Klugheit und Ehrlichkeit bist. Wer täglich einen Groschen nutzlos ausgibt, gibt an 6 £ jährlich nutzlos aus, und das ist der Preis für den Gebrauch von 100 £. Wer täglich einen Teil seiner Zeit zum Werte eines Groschen verschwendet (und das mögen nur ein paar Minuten sein), verliert, einen Tag in den andern gerechnet, das Vorrecht 100 £ jährlich zu gebrauchen. Wer nutzlos Zeit im Wert von 5 Schillingen vergeudet, verliert 5 Schillinge und könnte ebensogut 5 Schillinge ins Meer werfen. Wer 5 Schillinge verliert, verliert nicht nur die Summe, sondern alles, was damit bei Verwendung im Gewerbe hätte verdient werden können, – was, wenn ein junger Mann ein höheres Alter erreicht, zu einer ganz bedeutenden Summe aufläuft.

Es ist Benjamin Franklin[1], der in diesen Sätzen – den gleichen, die Ferdinand Kürnberger in seinem geist- und giftsprühenden *amerikanischen Kulturbilde*[2] als angebliches Glaubensbekenntnis des Yankeetums verhöhnt – zu uns predigt. Daß es *Geist des Kapitalismus* ist, der aus ihm in charakteristischer Weise redet, wird niemand bezweifeln, so wenig etwa behauptet werden soll, daß nun alles, was man unter diesem *Geist* verstehen kann, darin enthalten sei. Verweilen wir noch etwas bei dieser Stelle, deren Lebensweisheit Kürnbergers *Amerikamüder* dahin zusammenfaßt: *Aus Rindern macht man Talg, aus Menschen Geld,* so fällt als das Eigentümliche in dieser *Philosophie des Geizes* das Ideal des kreditwürdigen Ehrenmannes und vor allem: der Gedanke der Verpflichtung des einzelnen gegenüber dem als Selbstzweck vorausgesetzten Interesse an der Vergrößerung seines Kapitals auf. In der Tat: daß hier nicht einfach Lebenstechnik, sondern eine eigentümliche *Ethik* gepredigt wird, deren Verletzung nicht nur als Torheit, sondern als eine Art von Pflichtvergessenheit behandelt wird: dies vor Allem gehört zum Wesen der Sache. Es ist nicht nur *Geschäftsklugheit,* was da gelehrt wird – dergleichen findet sich auch sonst oft genug: – es ist ein Ethos, welches sich äußert, und in eben dieser Qualität interessiert es uns.

[1] Der Schlußpassus aus: Necessary hints to those that would be rich (geschrieben 1736) das übrige aus: Advice to a young tradesman (1748), Works ed. Sparks Vol. II p. 87.

[2] *Der Amerikamüde* (Frankfurt 1835), bekanntlich eine dichterische Paraphrase der amerikanischen Eindrücke Lenaus. Das Buch wäre als Kunstwerk heute etwas schwer genießbar, aber es ist als Dokument der (heute längst verblaßten) Gegensätze deutschen und amerikanischen Empfindens, man kann auch sagen: jenes Innenlebens, wie es seit der deutschen Mystik des Mittelalters den deutschen Katholiken und Protestanten trotz alledem gemeinsam geblieben ist, gegen puritanisch-kapitalistische Tatkraft schlechthin unübertroffen. – Kürnbergers etwas freie Übersetzung der Franklinschen Traktate ist hier nach dem Original korrigiert.

Wenn Jakob Fugger einem Geschäftskollegen, der sich zur Ruhe gesetzt hat und ihm zuredet, das gleiche zu tun, da er nun doch genug gewonnen habe und andere auch gewinnen lassen solle, dies als *Kleinmut verweist und antwortet: er (Fugger) hätte viel einen andern Sinn, wollte gewinnen dieweil er könnte*[3], so unterscheidet sich der *Geist* dieser Äußerung offensichtlich von Franklin: was dort als Ausfluß kaufmännischen Wagemuts und einer persönlichen, sittlich indifferenten, Neigung geäußert wird[4], nimmt hier den Charakter einer ethisch gefärbten Maxime der Lebensführung an. In diesem spezifischen Sinne wird hier der Begriff *Geist des Kapitalismus* gebraucht.[5] Natürlich: des modernen Kapitalismus. Denn daß hier nur von diesem westeuropäisch-amerikanischen Kapitalismus die Rede ist, versteht sich angesichts der Fragestellung von selbst. *Kapitalismus* hat es in China, Indien, Babylon, in der Antike und im Mittelalter gegeben. Aber eben jenes eigentümliche Ethos fehlte ihm, wie wir sehen werden.

Allerdings sind nun alle moralischen Vorhaltungen Franklins utilitarisch gewendet: die Ehrlichkeit ist nützlich, weil sie Kredit bringt, die Pünktlichkeit, der Fleiß, die Mäßigkeit ebenso, und deshalb sind sie Tugenden: – woraus u. a. folgen würde, daß, wo z. B. der Schein der Ehrlichkeit den gleichen Dienst tut, dieser genügen und ein unnötiges Surplus an dieser Tugend als unproduktive Verschwendung in den Augen Franklins verwerflich erscheinen müßte. Und in der Tat: Wer in seiner Selbstbiographie die Erzählung von seiner *Bekehrung* zu jenen Tugenden[6] oder vollends die Ausführungen über den Nutzen, den die

[3] Sombart hat dies Zitat dem Abschnitt über die *Genesis des Kapitalismus* (Der moderne Kapitalismus 1. Aufl. Band I, S. 193 cf. das. S. 390) als Motto vorgesetzt.

[4] Was selbstverständlich weder bedeutet, daß Jakob Fugger ein sittlich indifferenter oder irreligiöser Mann gewesen sei, noch, daß Benjamin Franklins Ethik überhaupt sich in jenen Sätzen erschöpfe. Es hätte wohl nicht der Zitate Brentanos (Die Anfänge des modernen Kapitalismus, München 1916, S. 150f) bedurft, um diesen wohlbekannten Philanthropen dagegen zu schützen, so verkannt zu werden, wie Brentano es mir zuzutrauen scheint. Das Problem ist umgekehrt ja gerade: Wie konnte ein solcher Philanthrop eben diese Sätze (deren besonders charakteristische Formung Brentano wiederzugeben unterlassen hat) im Stil eines Moralisten vortragen?

[5] Darauf beruht die gegenüber Sombart andere Problemstellung hier. Die sehr erhebliche praktische Bedeutung des Unterschieds wird später hervortreten. Es sei schon hier bemerkt, daß Sombart diese ethische Seite des kapitalistischen Unternehmers keineswegs unbeachtet gelassen hat. Nur erscheint sie in seinem Gedankenzusammenhang als das vom Kapitalismus Bewirkte, während wir für unsere Zwecke hier die umgekehrte Hypothese in Betracht ziehen müssen. Endgültig kann erst am Abschluß der Untersuchung Stellung genommen werden. Für Sombarts Auffassung cf. a. a. O. I S. 357, 380 usw. Seine Gedankengänge knüpfen hier an die glänzenden Bilder in Simmels *Philosophie des Geldes* (letztes Kapitel) an. Auf die von ihm in seinem *Bourgeois* vorgetragene Polemik gegen mich komme ich weiterhin zu sprechen. An dieser Stelle muß zunächst jede eingehende Auseinandersetzung zurückgestellt werden.

[6] In deutscher Übersetzung: *Ich überzeugte mich endlich, daß* Wahrheit, Ehrlichkeit *und* Aufrichtigkeit *im Verkehr zwischen Mensch und Mensch von höchster Wichtigkeit* für unser Lebensglück *seien, und entschloß mich von jenem Augenblick an, und* schrieb

strikte Aufrechterhaltung des Scheines der Bescheidenheit, des geflissentlichen Zurückstellens der eigenen Verdienste für die Erreichung allgemeiner Anerkennung[7] habe, liest, muß notwendig zu dem Schluß kommen, daß nach Franklin jene wie alle Tugenden auch nur soweit Tugenden sind, als sie in concreto dem einzelnen nützlich sind und das Surrogat des bloßen Scheins überall da genügt, wo es den gleichen Dienst leistet: – eine für den strikten Utilitarismus in der Tat unentrinnbare Konsequenz. Das, was Deutsche an den Tugenden des Amerikanismus als *Heuchelei* zu empfinden gewohnt sind, scheint hier in flagranti zu ertappen. – Allein so einfach liegen die Dinge in Wahrheit keineswegs. Nicht nur Benjamin Franklins eigener Charakter, wie er gerade in der immerhin seltenen Ehrlichkeit seiner Selbstbiographie zutage tritt, und der Umstand, daß er die Tatsache selbst, daß ihm die *Nützlichkeit* der Tugend aufgegangen sei, auf eine Offenbarung Gottes zurückführt, der ihn dadurch zur Tugend bestimmen wollte, zeigen, daß hier doch noch etwas anderes als eine Verbrämung rein egozentrischer Maximen vorliegt. Sondern vor allem ist das *summum bonum* dieser *Ethik:* der Erwerb von Geld und immer mehr Geld, unter strengster Vermeidung alles unbefangenen Genießens, so gänzlich aller eudämonistischen oder gar hedonistischen Gesichtspunkte entkleidet, so rein als Selbstzweck gedacht, daß es als etwas gegenüber dem *Glück* oder dem *Nutzen* des einzelnen Individuums jedenfalls gänzlich Transzendentes und schlechthin Irrationales[8] erscheint. Der Mensch ist auf das Erwerben als Zweck seines Lebens, nicht mehr das Erwerben auf den Menschen als Mittel zum

auch den Entschluß in mein Tagebuch, *sie mein Lebenlang zu üben. Die Offenbarung als solche hatte jedoch in der Tat kein Gewicht bei mir, sondern ich war der Meinung, daß, obschon gewisse Handlungen nicht schlecht, bloß weil die offenbarte Lehre sie verbietet, oder gut deshalb seien, weil sie selbige vorschreibt, doch – in Anbetracht aller Umstände – jene Handlungen uns wahrscheinlich nur, weil sie ihrer Natur nach schädlich sind, verboten) oder weil sie wohltätig sind, uns anbefohlen worden seien.*

7 *Ich rückte mich soviel wie möglich aus den Augen und gab es – nämlich die von ihm angeregte Schöpfung einer Bibliothek – für ein Unternehmen einer „Anzahl von Freunden" aus, welche mich gebeten hätten, herumzugehen und es denjenigen Leuten vorzuschlagen, welche sie für Freunde des Lesens hielten. Auf diese Weise ging mein Geschäft glatter vonstatten, und ich bediente mich dieses Verfahrens hernach immer bei derartigen Gelegenheiten und kann es nach meinen häufigen Erfolgen aufrichtig empfehlen. Das augenblickliche kleine Opfer der Eigenliebe, welches man dabei bringt, wird später reichlich vergolten werden.* Wenn es eine Zeitlang *unbekannt bleibt, wem das eigentliche Verdienst gebührt, wird irgend jemand, der eitler als der betreffende ist, ermutigt werden, das Verdienst zu beanspruchen, und dann wird der Neid selbst geneigt sein, dem erstem Gerechtigkeit widerfahren zu lassen, indem er jene angemaßten Federn ausreißt und sie ihrem rechtmäßigen Eigentümer zurückgibt.*

8 Brentano (S. 125, 127 Anm. 1) nimmt diese Bemerkung zum Anlaß, um die späteren Ausführungen über jene *Rationalisierung und Disziplinierung,* welche die innerweltliche Askese an dem Menschen vorgenommen habe, zu kritisieren: das sei also eine *Rationalisierung* zu einer *irrationalen Lebensführung.* In der Tat ist dem so. *Irrational* ist etwas stets nicht an sich, sondern von einem bestimmten *rationalen* Gesichtspunkte

Zweck der Befriedigung seiner materiellen Lebensbedürfnisse bezogen. Diese für das unbefangene Empfinden schlechthin sinnlose Umkehrung des, wie wir sagen würden, *natürlichen* Sachverhalts ist nun ganz offenbar ebenso unbedingt ein Leitmotiv des Kapitalismus, wie sie dem von seinem Hauche nicht berührten Menschen fremd ist. Aber sie enthält zugleich eine Empfindungsreihe, welche sich mit gewissen religiösen Vorstellungen eng berührt. Fragt man nämlich: warum denn *aus Menschen Geld gemacht* werden soll, so antwortet Benjamin Franklin, obwohl selbst konfessionell farbloser Deist, in seiner Autobiographie darauf mit einem Bibelspruch, den, wie er sagt, sein streng calvinistischer Vater ihm in der Jugend immer wieder eingeprägt habe: *Siehst du einen Mann rüstig* in seinem Beruf, *so soll er vor Königen stehen.*[9] Der Gelderwerb ist – sofern er in legaler Weise erfolgt – innerhalb der modernen Wirtschaftsordnung das Resultat und der Ausdruck der Tüchtigkeit im Beruf und diese Tüchtigkeit ist, wie nun unschwer zu erkennen ist, das wirkliche A und O der Moral Franklins, wie sie in der zitierten Stelle ebenso wie in allen seinen Schriften ohne Ausnahme uns entgegentritt.[10]

In der Tat: jener eigentümliche, uns heute so geläufige und in Wahrheit doch so wenig selbstverständliche Gedanke der Berufspflicht: einer Verpflichtung, die der einzelne empfinden soll und empfindet gegenüber dem Inhalt seiner *beruflichen* Tätigkeit, gleichviel worin sie besteht, gleichviel insbesondere ob sie dem unbefangenen Empfinden als reine Verwertung seiner Arbeitskraft oder gar nur seines Sachgüterbesitzes (als *Kapital)* erscheinen muß: – dieser Gedanke ist es, welcher der *Sozialethik* der kapitalistischen Kultur charakteristisch, ja in gewissem Sinne für sie von konstitutiver Bedeutung ist. Nicht als ob er nur auf dem Boden des Kapitalismus gewachsen wäre: wir werden ihn vielmehr später in die Vergangenheit zurückzuverfolgen suchen. Und noch weniger soll natürlich behauptet werden, daß für den heutigen Kapitalismus die subjektive Aneignung dieser ethischen Maxime durch seine einzelnen Träger, etwa die Unternehmer oder die Arbeiter der modernen kapitalistischen Betriebe, Bedingung der Fortexistenz sei. Die heutige kapitalistische Wirtschaftsordnung ist ein ungeheurer Kosmos, in den der einzelne hineingeboren wird und der für ihn, wenigstens als einzelnen, als faktisch unabänderliches Gehäuse, in dem er

aus. Für den Irreligiösen ist jede religiöse, für den Hedoniker jede asketische Lebensführung *irrational,* mag sie auch, an ihrem letzten Wert gemessen, eine *Rationalisierung* sein. Wenn zu irgend etwas, so möchte dieser Aufsatz dazu beitragen, den nur scheinbar eindeutigen Begriff des *Rationalen* in seiner Vielseitigkeit aufzudecken.

[9] Spr. Sal. c. 22 v. 29. Luther übersetzt: *in seinem Geschäft,* die älteren englischen Bibelübersetzungen *business.* S. darüber S. 63 Anm. 1.

[10] Gegenüber Brentanos (a.a. O. S. 150 f.) ausführlicher aber etwas unpräziser Apologie des vermeintlich von mir in seinen ethischen Qualitäten verkannten Franklin verweise ich lediglich auf diese Bemerkung, welche m. E. hätte genügen dürfen, jene Apologie unnötig zu machen.

zu leben hat, gegeben ist. Er zwingt dem einzelnen, soweit er in den Zusammenhang des Marktes verflochten ist, die Normen seines wirtschaftlichen Handelns auf. Der Fabrikant, welcher diesen Normen dauernd entgegenhandelt, wird ökonomisch ebenso unfehlbar eliminiert, wie der Arbeiter, der sich ihnen nicht anpassen kann oder will, als Arbeitsloser auf die Straße gesetzt wird.

Der heutige, zur Herrschaft im Wirtschaftsleben gelangte Kapitalismus also erzieht und schafft sich im Wege der ökonomischen Auslese die Wirtschaftssubjekte – Unternehmer und Arbeiter – deren er bedarf. Allein gerade hier kann man die Schranken des *Auslese-Begriffes* als Mittel der Erklärung historischer Erscheinungen mit Händen greifen. Damit jene der Eigenart des Kapitalismus angepaßte Art der Lebensführung und Berufsauffassung *ausgelesen* werden, d. h.: über andere den Sieg davontragen konnte, mußte sie offenbar zunächst entstanden sein, und zwar nicht in einzelnen isolierten Individuen, sondern als eine Anschauungsweise, die von Menschengruppen getragen wurde. Diese Entstehung ist also das eigentlich zu Erklärende. Auf die Vorstellung des naiven Geschichtsmaterialismus, daß derartige *Ideen* als *Wiederspiegelung* oder *Überbau* ökonomischer Situationen ins Leben treten, werden wir eingehender erst später zu sprechen kommen. An dieser Stelle genügt es für unseren Zweck wohl, darauf hinzuweisen, daß jedenfalls ohne Zweifel im Geburtslande Benjamin Franklins (Massachusetts) der kapitalistische Geist (in unserem hier angenommenen Sinn) vor der kapitalistischen Entwicklung da war (es wird über die spezifischen Erscheinungen profitsüchtiger Rechenhaftigkeit in Neuengland – im Gegensatz zu anderen Gebieten Amerikas – schon 1632 geklagt), daß er z. B. in den Nachbarkolonien – den späteren Südstaaten der Union – ungleich unentwickelter geblieben war, und zwar trotzdem diese letzteren von großen Kapitalisten zu Geschäftszwecken, die Neuengland-Kolonien aber von Predigern und Graduates in Verbindung mit Kleinbürgern, Handwerkern und Yeomen aus religiösen Gründen ins Leben gerufen wurden. In diesem Falle liegt also das Kausalverhältnis jedenfalls umgekehrt als vom *materialistischen* Standpunkt aus zu postulieren wäre. Aber die Jugend solcher Ideen ist überhaupt dornenvoller, als die Theoretiker des *Überbaues* annehmen und ihre Entwicklung vollzieht sich nicht wie die einer Blume. Der kapitalistische Geist in dem Sinne, den wir für diesen Begriff bisher gewonnen haben, hat sich in schwerem Kampf gegen eine Welt feindlicher Mächte durchzusetzen gehabt. Eine Gesinnung wie sie in den zitierten Ausführungen Benjamin Franklins zum Ausdruck kam und den Beifall eines ganzen Volkes fand, wäre im Altertum wie im Mittelalter[11] ebenso als Ausdruck des schmutzigsten Geizes und einer schlechthin würdelosen Ge-

[11] Ich benutze diese Gelegenheit, einige *antikritische* Bemerkungen schon hier vorweg einzuflechten. – Es ist eine unhaltbare Behauptung, wenn Sombart (Der Bourgeois, München und Leipzig 1913) gelegentlich versichert: diese *Ethik* Franklins sei die *wort-*

sinnung proskribiert worden, wie dies noch heute von allen denjenigen sozialen Gruppen regelmäßig geschieht, welche in die spezifisch moderne kapitalistische Wirtschaft am wenigsten verflochten oder ihr am wenigsten angepaßt sind. Nicht etwa deshalb, weil *der Erwerbstrieb* in den präkapitalistischen

wörtliche Wiederholung von Ausführungen des großen Universalgenies der Renaissance: Leon Battista Albertis, der neben theoretischen Schriften über Mathematik, Plastik, Malerei, (vor allem:) Architektur und über die Liebe (er war persönlich Frauenfeind) auch über den Haushalt (della famiglia) eine Schrift in 4 Büchern verfaßte (von der mir im Augenblick der Niederschrift leider nicht die Ausgabe von Mancini, sondern nur die ältere von Bonucci vorliegt). – Die Stelle Franklins steht ja wörtlich abgedruckt oben, – wo finden sich denn nun entsprechende Stellen aus Albertis Werken, insbesondere die Maxime, die an der Spitze steht: *Zeit ist Geld* und die anschließenden Vermahnungen? Die einzige daran auch nur aus weitester Distanz erinnernde Stelle steht m. W. gegen Schluß des 1. Buchs della famiglia (Ausg. v. Bonucci Vol. II, p. 353) wo ganz allgemein von dem Gelde als dem Nervus rerum des Haushalts die Rede ist, mit dem daher ganz besonders gut gewirtschaftet werden müsse – ganz wie schon bei Cato de re rustica. Die Behandlung Albertis, der allen Nachdruck darauf legt, aus einer der vornehmsten Kavaliersfamilien von Florenz zu stammen *(nobilissimi cavalieri:* della famiglia p. 213, 228, 247 in der Ausgabe von Bonucci), als eines Mannes mit *verpantschtem Blut,* eines mit Ressentiment gegen die Geschlechter erfüllten, weil – wegen seiner (ihn nicht im mindesten deklassierenden) außerehelichen Erzeugung – von den Signorengeschlechtern ausgeschlossenen Bürgerlichen, ist grundverkehrt. Für Alberti charakteristisch ist gewiß seine Empfehlung großer Geschäfte, die allein einer nobile e onesta famiglia und eines libero e nobile animo würdig seien (das. p. 209) und: weniger Arbeit kosten (vgl. del governo della famiglia IV, p. 55, ebenso in der Redaktion für die Pandolfini p. 116: darum am besten Verlagsgeschäft in Wolle und Seide!), ferner einer geordneten und strengen Haushaltung, d. h. der Bemessung der Ausgaben nach den Einnahmen. Dies, also: primär ein Prinzip der Haushaltsführung, nicht aber: des Erwerbs (wie gerade Sombart recht gut hätte erkennen können) – ganz ebenso wie es sich bei der Diskussion über das Wesen des Geldes (a. a. O.) primär um Vermögensanlage (Geld oder possessioni) handelt, nicht um Kapitalverwertung – ist die *santa masserizia,* deren Vertretung dem Gianozzo in den Mund gelegt wird. Empfohlen wird, – als Selbstschutz gegen die Unsicherheit der *Fortuna,* – die frühe Gewohnung an stete, übrigens auch (della famiglia p. 73–74) allein dauernd gesund erhaltende, Tätigkeit in cose magnifiche e ample (p. 192) und Meidung des stets für die Erhaltung der eigenen Stellung gefährlichen Müßiggangs, daher auch fürsorgliches Lernen eines standesgemäßen Metiers für den Fall von Wechselfällen (aber: jede Opera mercenaria ist unstandesgemäß: della famiglia l. I p. 209 das.). Sein Ideal der *tranquillità dell' animo* und seine starke Hinneigung zum epikureischen λαυε βιωσαζ (vivere a sè stesso – das. p. 262), insbesondere die Abneigung gegen jedes Amt – das. p. 258 – als Quelle von Unruhe, Feindschaft, Verwicklung in schmutzige Geschäfte, das Ideal des Lebens auf der ländlichen Villa, seine Speisung des Selbstgefühls durch den Gedanken an die Ahnen, und die Behandlung der Ehre der Familie (die deshalb auch ihr Vermögen nach Florentiner Art zusammenhalten, nicht teilen, soll) als des entscheidenden Maßstabs und Zieles: dies alles wäre in den Augen jedes Puritaners eine sündhafte *Kreaturvergötterung,* in Benjamin Franklins Augen aber eine diesem unbekannte aristokratische Pathetik gewesen. Man beachte noch die hohe Schätzung des Literatentums (denn auf literarisch-wissenschaftliche Arbeit ist die *industria* vor allem gerichtet, sie ist das eigentlich Menschenwürdige und wesentlich nur dem Illiteraten Gianozzo wird die Vertretung der masserizia – im Sinn von nationalem Haushalt als dem Mittel, von Andern unabhängig zu leben und nicht ins Elend zu kommen – als gleichwertig in den Mund gelegt und dabei der Ursprung des der Mönchsethik (s. u.) entstammenden Begriffs auf einen alten Priester zurückgeführt p. 249). Man stelle dies alles neben die Ethik und Lebensführung Benjamin Franklins und, vollends, seiner puritanischen Ahnen, die an die humanistischen Patriziate sich wendenden Schriften des Renaissanceliteraten neben die an die Massen des bürgerlichen Mittelstandes – ausdrücklich: der Commis – gerichteten Schriften Franklins und neben die Traktate und Predigten der Puritaner, um die Tiefe des Unterschieds zu ermessen. Der ökonomische Rationalismus Albertis, überall durch Zitate von antiken Schriftstellern gestützt, ist am wesensähnlichsten der Behandlung ökonomischer Stoffe in den Schriften Xenophons (den er nicht kannte), Catos, Varros und Columellas (die er zitiert), – nur daß insbesondere bei Cato und Varro das Erwerben als solches ganz anders als bei Alberti im Vordergrund steht. Im übrigen wirken die freilich nur sehr gelegentlichen Ausführungen Albertis über die Verwendung der fattori, ihre Arbeitsteilung und Disziplin, über die Unverläßlichkeit der Bauern usw. in der Tat ganz wie eine Übertragung catonischer Lebensklugheit aus dem Gebiet des Sklavenfronhofs auf das der freien Arbeit in Hausindustrie und Teilbau. Wenn Sombart (dessen Bezugnahme auf die Ethik der Stoa entschieden verfehlt ist) den ökonomischen Rationalismus schon bei Cato *zu äußerster Konsequenz entwickelt* findet, so ist das, richtig verstanden, nicht geradezu unrichtig. Man wird den *diligens pater familias* der Römer mit dem Ideal des *massajo* bei Alberti in der Tat unter die gleiche Kategorie bringen können. Charakteristisch ist bei Cato vor allem: daß das Landgut als Objekt einer Vermögens-Anlage gewertet und beurteilt wird. Der Begriff der *industria* ist allerdings anders gefärbt infolge christlichen Einflusses. Und da zeigt sich eben der Unterschied. In der Konzeption der *industria,* die aus der Mönchsaskese stammt und von Mönchsschriftstellern entwickelt ist, liegt der Keim eines *Ethos,* der in der protestantischen ausschließlich innerweltlichen *Askese* (s. später!) voll entwickelt wurde (daher, wie noch oft zu betonen sein wird, die Verwandtschaft beider, die übrigens zur offiziellen Kirchenlehre des Thomismus geringer ist als zu den Florentiner und Sieneser Mendikanten-Ethikern). Bei Cato und auch in den eignen Darlegungen von Alberti fehlt dieses Ethos: um Lebensklugheitslehre handelt es sich bei beiden, nicht um Ethik. Um Utilitarismus handelt es sich auch bei Franklin. Aber die ethische Pathetik der Predigt an die jungen Kaufleute ist ganz unverkennbar und ist – worauf es ankommt – das Charakteristische. Mangel an Sorgfalt mit dem Gelde bedeutet ihm, daß man – sozusagen – Kapital-Embryonen *mordet* und ist deshalb auch ein ethischer Defekt.

Eine innere Verwandtschaft beider (Albertis und Franklins) liegt dabei lediglich insofern tatsächlich vor, als bei Alberti – den Sombart *fromm* nennt, der aber in Wahrheit zwar die Weihen und eine römische Pfründe hatte, wie so viele Humanisten, aber seinerseits religiöse Motive (von zwei gänzlich farblosen Stellen abgesehen) überhaupt nicht als Orientierungspunkt für die von ihm empfohlene Lebensführung verwertet – noch nicht, bei Franklin nicht mehr religiöse Konzeptionen mit der Empfehlung der *Wirtschaftlichkeit* in Beziehung gesetzt sind. Der Utilitarismus, – bei Albertis Empfehlung des Wolle- und Seide-Verlagsbetriebs auch der merkantilistische Sozialutilitarismus (daß *viele Menschen in Arbeit gesetzt werden* a. a. O. p. 292) – führt auf diesem Gebiete, formell wenigstens, allein das Wort, bei dem einen wie bei dem andern. Die hierhergehörigen Ausführungen Albertis sind ein sehr geeignetes Paradigma für diejenige Art von – sozusagen – immanentem ökonomischem *Rationalismus,* wie er als, in der Tat, *Widerspiegelung* ökonomischer Zustände, bei rein *an der Sache selbst* interessierten Schriftstellern sich überall und zu allen Zeiten, im chinesischen Klassizismus und in der Antike nicht minder als in der Renaissance und in der Aufklärungszeit, gefunden hat. Gewiß ist, wie in der Antike bei Cato, Varro, Columella, so hier bei Alberti und seinesgleichen, namentlich in der Lehre von der *industria,* wirtschaftliche ratio weitgehend entwickelt. Aber wie kann man nur glauben, daß eine solche Literatenlehre eine lebenumwälzende Macht entwickeln könne von der Art, wie ein religiöser Glaube, der Heilsprämien auf eine bestimmte (in diesem Fall: methodisch-rationale) Lebensführung setzt? Wie demgegenüber eine religiös orientierte *Rationalisierung* der Lebensführung (und damit eventuell auch: der Wirtschaftsgebarung) aussieht, kann man ausser an den Puritanern aller Denominationen, in unter sich höchst verschiedenem Sinn an den Beispielen der Jaina, der Juden, gewisser asketischer Sekten des Mittelalters, an Wyclif, den böhmischen Brüdern (einem Nachklang der Hussitenbewegung), den Skopzen und Stundisten in Rußland und zahlreichen Mönchsorden ersehen. Das Entscheidende des Unterschiedes ist (um das vorwegzunehmen): daß eine religiös verankerte Ethik auf das von ihr hervorgerufene Verhalten ganz bestimmte, und, so lange der religiöse Glaube lebendig bleibt, höchst wirksame psychologische Prämien (nicht ökonomischen Charakters) setzt, welche eine bloße Lebenskunstlehre wie die Albertis eben nicht zur Verfügung hat. Nur soweit diese Prämien wirken und – vor allem – in derjenigen, oft (das ist das Entscheidende) von der Theologen-Lehre (die ihrerseits ja auch nur *Lehre* ist) weit abweichenden Richtung, in der sie wirken, gewinnt sie einen eigengesetzlichen Einfluß auf die Lebensführung und dadurch auf die Wirtschaft: dies ist, um es deutlich zu sagen, ja die Pointe dieses ganzen Aufsatzes, von der ich nicht erwartet hätte, daß sie so völlig übersehen werden würde. Auf die freilich von Sombart ebenfalls sehr stark mißverstandenen relativ *kapitalfreundlichen* theologischen Ethiker des Spätmittelalters (Antonin von Florenz und Bernhardin von Siena insbesondere) komme ich an andrem Ort zu sprechen. Jedenfalls gehörte L. B. Alberti absolut nicht in diesen Kreis. Nur den Begriff der *industria* hat er mönchischen Gedankengängen, gleichviel durch welche Mittelhände, entnommen. Alberti, Pandolfini und ihresgleichen sind Repräsentanten jener, trotz alleroffiziellen Obedienz, doch innerlich von dem überlieferten Kirchentum schon emanzipierten, und bei aller Gebundenheit an die geltende christliche Ethik weitgehend antik-*heidnisch* orientierten Gesinnung, welche, wie Brentano meint, ich in ihrer Bedeutung für die Entwicklung der modernen Wirtschaftslehre (und auch: der modernen Wirtschaftspolitik) *ignoriert* habe. Die Tatsache, daß ich diese Kausalreihe hier nicht behandle, ist nun zwar völlig richtig: In eine Abhandlung über die protestantische Ethik *und den Geist des Kapitalismus* gehört sie eben nicht hinein. Weit entfernt, – wie sich bei anderer Gelegenheit wohl zeigen wird, – ihre Bedeutung zu leugnen, war und bin ich aber allerdings, aus guten Gründen, der Ansicht: daß ihre Wirkungssphäre und Wirkungsrichtung durchaus andere waren als die der protestantischen Ethik (deren praktisch keineswegs ganz unwichtige Vorläufer die Sekten und die Wyclifisch-hussitische Ethik gewesen sind). Nicht die Lebensführung (des entstehenden Bürgertums), sondern: Die Politik der Staatsmänner und Fürsten hat sie beeinflußt, und diese beiden zwar teilweise, aber keineswegs überall konvergierenden Kausalreihen wollen zunächst einmal sauber auseinandergehalten werden. Was Benjamin Franklin anlangt, so gehören seine – s. Z. als Schullektüre in Amerika verwerteten – privatwirtschaftlichen Traktate in diesem Punkt, im Gegensatz zu Albertis kaum über die Gelehrtenkreise hinaus bekannt gewordenem umfangreichem Werke, in der Tat der für die Lebenspraxis einflußreichen Kategorie an. Aber ausdrücklich ist er von mir hier als ein Mann zitiert, der ganz ebenso schon jenseits der inzwischen verblaßten puritanischen Lebensreglementierung stand, wie die englische *Aufklärung* überhaupt, deren Beziehungen zum Puritanismus ja öfter dargestellt worden sind.

Epochen noch etwas Unbekanntes oder Unentwickeltes gewesen wäre – wie man so oft gesagt hat – oder weil die *auri sacra fames,* die Geldgier, damals – oder auch heute – außerhalb des bürgerlichen Kapitalismus geringer wäre als innerhalb der spezifisch kapitalistischen Sphäre, wie die Illusion moderner Romantiker sich die Sache vorstellt. An diesem Punkt liegt der Unterschied kapitalistischen und präkapitalistischen *Geistes* nicht: Die Habgier des chinesischen Mandarins, des altrömischen Aristokraten, des modernen Agrariers hält jeden Vergleich aus. Und die *auri sacra fames* des neapolitanischen Kutschers oder Barcajuolo oder vollends des asiatischen Vertreters ähnlicher Gewerbe, ebenso aber auch des Handwerkers südeuropäischer oder asiatischer Länder äußert sich, wie jeder an sich erfahren kann, sogar außerordentlich viel penetranter, und insbesondere: skrupelloser, als diejenige etwa eines Engländers im gleichen Falle.[12] Die universelle Herrschaft absoluter Skrupellosigkeit der Geltendmachung des Eigeninteresses beim Gelderwerb war gerade ein ganz spezifisches Charakteristikum solcher Länder, deren bürgerlich-kapitalistische Entfaltung – an den Maßstäben der okzidentalen Entwicklung gemessen – *rückständig* geblieben war. Wie jeder Fabrikant weiß, ist die mangelnde *coscienziosità* der Arbeiter[13] solcher Länder, etwa Italiens im Gegensatz zu Deutschland, eines der Haupthemmnisse ihrer kapitalistischen Entfaltung gewesen und ist es in gewissem Maße noch immer. Der Kapitalismus kann den praktischen Vertreter des undisziplinierten *liberum arbitrium* als Arbeiter nicht brauchen, so wenig er, wie wir schon von Franklin lernen konnten, den in seiner äußern Gebarung schlechthin skrupellosen Geschäftsmann brauchen kann. In der verschieden starken Entwicklung irgendeines *Triebes* nach dem Gelde also liegt der Unterschied nicht. Die auri sacra fames ist so alt wie die uns bekannte Geschichte der Menschheit; wir werden aber sehen, daß diejenigen, die ihr als Trieb sich vorbehaltlos hingaben – wie etwa jener holländische

12 Leider hat auch Brentano a. a. O. zunächst jede Art von Streben nach Erwerb (einerlei ob kriegerisch oder friedlich) in einen Topf geworfen und dann als Spezifikum des *kapitalistischen* (im Gegensatz z. B. zum feudalen) Erwerbsstreben nur die Richtung auf Geld (statt auf Land) hingestellt, jede weitere Scheidung aber – die überhaupt erst zu klaren Begriffen führen könnte – nicht nur abgelehnt, sondern (S. 131) auch von dem hier, für die Zwecke dieser Untersuchung, gebildeten Begriff *Geist* des (modernen!) Kapitalismus die mir unverständliche Behauptung aufgestellt: er nehme schon in seine Voraussetzungen das auf, was bewiesen werden solle.

13 Vgl. die in jeder Hinsicht treffenden Bemerkungen Sombarts, die deutsche Volkswirtschaft im neunzehnten Jahrhundert S. 123 oben. Überhaupt brauche ich – obwohl die nachfolgenden Studien in ihren sämtlichen entscheidenden Gesichtspunkten auf viel ältere Arbeiten zurückgehen – wohl nicht besonders zu betonen, wieviel sie in ihrer Formulierung der bloßen Tatsache, daß Sombarts große Arbeiten mit ihren scharfen Formulierungen vorliegen, verdanken, auch – und gerade – da, wo sie andere Wege gehen. Auch wer durch Sombarts Meinungen sich immer wieder zu entschiedenstem Widerspruch angeregt fühlt und manche Thesen direkt ablehnt, hat die Pflicht, sich dessen bewußt zu sein.

Kapitän, der *Gewinnes halber durch die Hölle fahren wollte, und wenn er sich die Segel ansengte* – keineswegs die Vertreter derjenigen Gesinnung waren, aus welcher der spezifisch moderne kapitalistische *Geist* als Massenerscheinung – und darauf kommt es an – hervorbrach. Den rücksichtslosen, an keine Norm innerlich sich bindenden Erwerb hat es zu allen Zeiten der Geschichte gegeben, wo und wie immer er tatsächlich überhaupt möglich war. Wie Krieg und Seeraub, so war auch der freie, nicht normgebundene Handel in den Beziehungen zu Stammfremden, Ungenossen, unbehindert; es gestattete die *Außenmoral* hier, was im Verhältnis *unter Brüdern* verpönt war. Und wie, äußerlich, der kapitalistische Erwerb als *Abenteuer* in allen Wirtschaftsverfassungen heimisch war, welche geldartige Vermögensobjekte kannten und Chancen boten, sie gewinnbringend zu verwerten: – durch Kommenda, Abgabenpacht, Staatsdarlehen, Finanzierung von Kriegen, Fürstenhöfen, Beamten, – so fand sich auch jene innerliche Abenteurer-Gesinnung, welche der Schranken der Ethik spottet, überall. Die absolute und bewußte Rücksichtslosigkeit des Gewinnstrebens stand oft ganz hart gerade neben strengster Traditionsgebundenheit. Und mit dem Zerbröckeln der Tradition und dem mehr oder minder durchgreifenden Eindringen des freien Erwerbes auch in das Innere der sozialen Verbände pflegte nicht eine ethische Bejahung und Prägung dieses Neuen zu erfolgen, sondern es pflegte nur faktisch toleriert, entweder als ethisch indifferent oder als zwar unerfreulich, aber leider unvermeidlich, behandelt zu werden. Dies war nicht nur die normale Stellungnahme aller ethischen Lehre, sondern – worauf es wesentlich mehr ankommt – auch des praktischen Verhaltens der Durchschnittsmenschen der präkapitalistischen Epoche: – *präkapitalistisch* in dem Sinn: daß die rationale betriebsmäßige Kapitalverwertung und die rationale kapitalistische Arbeitsorganisation noch nicht beherrschende Mächte für die Orientierung des wirtschaftlichen Handelns geworden waren. Eben dies Verhalten aber war eines der stärksten innerlichen Hemmnisse, auf welche die Anpassung der Menschen an die Voraussetzungen geordneter bürgerlich-kapitalistischer Wirtschaft überall stieß.

Der Gegner, mit welchem der *Geist* des Kapitalismus im Sinne eines bestimmten, im Gewande einer *Ethik* auftretenden, normgebundenen Lebensstils in erster Linie zu ringen hatte, blieb jene Art des Empfindens und der Gebarung, die man als Traditionalismus bezeichnen kann. Auch hier muß jeder Versuch einer abschließenden *Definition* suspendiert werden, vielmehr machen wir uns – natürlich auch hier lediglich provisorisch – an einigen Spezialfällen deutlich, was damit gemeint ist, dabei von unten: bei den Arbeitern, beginnend.

Eins der technischen Mittel, welches der moderne Unternehmer anzuwenden pflegt, um von *seinen* Arbeitern ein möglichstes Maximum von Arbeitsleistung zu erlangen, die Intensität der Arbeit zu steigern, ist der Akkordlohn. In der

Landwirtschaft z. B. pflegt ein Fall, der die möglichste Steigerung der Arbeitsintensität gebieterisch fordert, die Einbringung der Ernte zu sein, da, zumal bei unsicherem Wetter, an der denkbar größten Beschleunigung derselben oft ganz außerordentlich hohe Gewinn- oder Verlustchancen hängen. Demgemäß pflegt hier durchweg das Akkordlohnsystem verwendet zu werden. Und da mit Steigerung der Erträge und der Betriebsintensität das Interesse des Unternehmers an Beschleunigung der Ernte im allgemeinen immer größer zu werden pflegt, so hat man natürlich immer wieder versucht, durch Erhöhung der Akkordsätze die Arbeiter, denen sich so Gelegenheit bot, innerhalb einer kurzen Zeitspanne einen – für sie außergewöhnlich hohen Verdienst zu machen, an der Steigerung ihrer Arbeitsleistung zu interessieren. Allein hier zeigten sich nun eigentümliche Schwierigkeiten: Die Heraufsetzung der Akkordsätze bewirkte auffallend oft nicht etwa, daß mehr, sondern: daß weniger an Arbeitsleistung in der gleichen Zeitspanne erzielt wurde, weil die Arbeiter die Akkorderhöhung nicht mit Herauf-, sondern mit Herabsetzung der Tagesleistung beantworteten. Der Mann, der z. B. bei 1 Mark für den Morgen Getreidemähen bisher 2½ Morgen täglich gemäht und so 2½ Mk. am Tag verdient hatte, mähte nach Erhöhung des Akkordsatzes für den Morgen um 25 Pfg. nicht wie gehofft wurde, angesichts der hohen Verdienstgelegenheit etwa 3 Morgen, um so 3,75 Mk. zu verdienen – wie dies sehr wohl möglich gewesen wäre – sondern nur noch 2 Morgen am Tag, weil er so ebenfalls 2½ Mk., wie bisher, verdiente und damit, nach biblischem Wort, *ihm genügen* ließ. Der Mehrverdienst reizte ihn weniger als die Minderarbeit; er fragte nicht: wieviel kann ich am Tag verdienen, wenn ich das mögliche Maximum an Arbeit leiste, sondern: wieviel muß ich arbeiten, um denjenigen Betrag – 2½ Mk. – zu verdienen, den ich bisher einnahm und der meine traditionellen Bedürfnisse deckt? Dies ist eben ein Beispiel desjenigen Verhaltens, welches als *Traditionalismus* bezeichnet werden soll: Der Mensch will *von Natur* nicht Geld und mehr Geld verdienen, sondern einfach leben, so leben wie er zu leben gewohnt ist und soviel erwerben, wie dazu erforderlich ist. Überall, wo der moderne Kapitalismus sein Werk der Steigerung der *Produktivität* der menschlichen Arbeit durch Steigerung ihrer Intensität begann, stieß er auf den unendlich zähen Widerstand dieses Leitmotivs präkapitalistischer wirtschaftlicher Arbeit, und er stößt noch heute überall um so mehr darauf, je *rückständiger* (vom kapitalistischen Standpunkt aus) die Arbeiterschaft ist, auf die er sich angewiesen sieht. Es lag nun – um wieder zu unserem Beispiel zurückzukehren – sehr nahe, da der Appell an den *Erwerbsinn* durch höhere Lohnsätze versagte, es mit dem gerade umgekehrten Mittel zu versuchen: durch Herabsetzung der Lohnsätze den Arbeiter zu zwingen, zur Erhaltung seines bisherigen Verdienstes mehr zu leisten als bisher. Ohnehin schien ja und scheint noch heute der unbefangenen Betrachtung niederer Lohn und hoher Profit in Korrelation zu stehen, alles, was an Lohn mehr gezahlt wurde, eine entsprechende Minderung des Profits bedeuten zu müssen. Jenen Weg hat denn auch der Kapitalismus von Anfang an wieder und immer wieder beschritten, und Jahrhunderte lang galt es als Glaubenssatz, daß niedere Löhne *produktiv* seien, d. h. daß sie die Arbeitsleistung steigerten, daß, wie schon Pieter de la Cour – in diesem Punkte, wie wir sehen werden, ganz im Geist des alten Calvinismus denkend – gesagt hatte, das Volk nur arbeitet, weil und so lange es arm ist.

Allein die Wirksamkeit dieses anscheinend so probaten Mittels hat Schranken.[14] Gewiß verlangt der Kapitalismus zu seiner Entfaltung das Vorhandensein von Bevölkerungsüberschüssen, die er zu billigem Preis auf dem Arbeitsmarkt mieten kann. Allein ein Zuviel von *Reservearmee* begünstigt zwar unter Umständen sein quantitatives Umsichgreifen, hemmt aber seine qualitative Entwicklung, namentlich den Übergang zu Betriebsformen, welche die Arbeit intensiv ausnützen. Niederer Lohn ist mit billiger Arbeit keineswegs identisch. Schon rein quantitativ betrachtet, sinkt die Arbeitsleistung unter allen Umständen mit physiologisch ungenügendem Lohn und bedeutet ein solcher auf die Dauer oft geradezu eine *Auslese der Untauglichsten.* Der heutige durchschnittliche Schlesier mäht bei voller Anstrengung wenig mehr als zwei Drittel soviel Land in der gleichen Zeit wie der besser gelohnte und genährte Pommer oder Mecklenburger, der Pole leistet physisch, je weiter östlich er her ist, desto weniger im Vergleich zum Deutschen. Und auch rein geschäftlich versagt der niedere Lohn als Stütze kapitalistischer Entwicklung überall da, wo es sich um die Herstellung von Produkten handelt, welche irgendwelche qualifizierte (gelernte) Arbeit oder etwa die Bedienung kostspieliger und leicht zu beschädigender Maschinen oder überhaupt ein irgend erhebliches Maß scharfer Aufmerksamkeit und Initiative erfordern. Hier rentiert der niedere Lohn nicht und schlägt in seiner Wirkung in das Gegenteil des Beabsichtigten um. Denn hier ist nicht nur ein entwickeltes Verantwortlichkeitsgefühl schlechthin unentbehrlich, sondern überhaupt eine Gesinnung, welche mindestens während der Arbeit von der steten Frage: wie bei einem Maximum von Bequemlichkeit und einem Minimum von Leistung dennoch der gewohnte Lohn zu gewinnen sei, sich loslöst und die Arbeit so betreibt, als ob sie absoluter Selbstzweck – *Beruf* – wäre. Eine solche Gesinnung aber ist nichts

[14] Auf die Frage, wo diese Schranken liegen, gehen wir hier natürlich so wenig ein wie auf eine Stellungnahme zu der bekannten von Brassey zuerst aufgestellten, von Brentano theoretisch, von Schulze-Gävernitz historisch und konstruktiv zugleich, formulierten und vertretenen Theorie vom Zusammenhang zwischen hohem Lohn und hoher Arbeitsleistung. Die Diskussion wurde durch Hasbachs eindringende Studien (Schmollers Jahrbuch 1903, S. 385–391 und 417f.) wieder eröffnet und ist nicht endgültig erledigt. Für uns genügt hier die von niemand bezweifelte und auch nicht bezweifelbare Tatsache, daß niederer Lohn und hoher Profit, niederer Lohn und günstige Chancen industrieller Entwicklung jedenfalls nicht einfach zusammenfallen, – daß überhaupt nicht einfach mechanische Geldoperationen die *Erziehung* zur kapitalistischen Kultur, und damit die Möglichkeit kapitalistischer Wirtschaft herbeiführen. Alle gewählten Beispiele sind rein illustrativ.

Naturgegebenes. Sie kann auch weder durch hohe noch durch niedere Löhne unmittelbar hervorgebracht werden, sondern nur das Produkt eines lang andauernden Erziehungsprozesses sein. Heute gelingt dem einmal im Sattel sitzenden Kapitalismus die Rekrutierung seiner Arbeiter in allen Industrieländern und innerhalb der einzelnen Länder, in allen Industriegebieten verhältnismäßig leicht. In der Vergangenheit war sie in jedem einzelnen Fall ein äußerst schwieriges Problem.[15] Und selbst heute kommt er wenigstens nicht immer ohne die Unterstützung eines mächtigen Helfers zum Ziele, der, wie wir weiter sehen werden, ihm in der Zeit seines Werdens zur Seite stand. Was gemeint ist, kann man sich wieder an einem Beispiel klar machen. Ein Bild rückständiger traditionalistischer Form der Arbeit bieten heute besonders oft die Arbeiterinnen, besonders die unverheirateten. Insbesondere ihr absoluter Mangel an Fähigkeit und Willigkeit, überkommene und einmal erlernte Arten des Arbeitens zugunsten anderer, praktischerer, aufzugeben, sich neuen Arbeitsformen anzupassen, zu lernen und den Verstand zu konzentrieren oder nur überhaupt zu brauchen, ist eine fast allgemeine Klage von Arbeitgebern, die Mädchen, zumal deutsche Mädchen, beschäftigen. Auseinandersetzungen über die Möglichkeit, sich die Arbeit leichter, vor allem einträglicher, zu gestalten, pflegen bei ihnen auf völliges Unverständnis zu stoßen, Erhöhung der Akkordsätze prallt wirkungslos an der Mauer der Gewöhnung ab. Anders – und das ist ein für unsere Betrachtung nicht unwichtiger Punkt – pflegt es regelmäßig nur mit spezifisch religiös erzogenen, namentlich mit Mädchen pietistischer Provenienz zu stehen. Man kann es oft hören, und gelegentliche rechnerische Nachprüfungen bestätigen es[16], daß weitaus die günstigsten Chancen wirtschaftlicher Erziehung sich bei dieser Kategorie eröffnen. Die Fähigkeit der Konzentration der Gedanken sowohl als die absolut zentrale Haltung: sich *der Arbeit gegenüber verpflichtet* zu fühlen, finden sich hier besonders oft vereinigt mit strenger Wirtschaftlichkeit, die mit dem Verdienst und seiner Höhe überhaupt rechnet und mit einer nüchternen Selbstbeherrschung und Mäßigkeit, welche die

[15] Die Einbürgerung auch kapitalistischer Gewerbe ist deshalb oft nicht ohne umfassende Zuwanderungsbewegungen aus Gebieten älterer Kultur möglich gewesen. So richtig Sombarts Bemerkungen über den Gegensatz der an die Person gebundenen *Fertigkeiten* und Gewerbegeheimnisse des Handwerkers gegenüber der wissenschaftlich objektivierten modernen Technik sind: Für die Zeit der Entstehung des Kapitalismus ist der Unterschied kaum vorhanden, – ja, die (sozusagen) ethischen Qualitäten des kapitalistischen Arbeiters (und in gewissem Umfang auch: Unternehmers) standen an *Seltenheitswert* oft höher als die in jahrhundertelangem Traditionalismus erstarrten Fertigkeiten des Handwerkers. Und selbst die heutige Industrie ist von solchen durch lange Tradition und Erziehung zur intensiven Arbeit erworbenen Eigenschaften der Bevölkerung in der Wahl ihrer Standorte durchaus noch nicht schlechthin unabhängig. Es entspricht dem heutigen wissenschaftlichen Gesamtvorstellungskreis, daß, wo diese Abhängigkeit einmal beobachtet wird, man sie gern auf ererbte Rassenqualität, statt auf die Tradition und Erziehung schiebt, m. E. mit sehr zweifelhaftem Recht.

[16] S. die oben S. 34 Anm. 24 zitierte Arbeit.

Leistungsfähigkeit ungemein steigert. Der Boden für jene Auffassung der Arbeit als Selbstzweck, als *Beruf,* wie sie der Kapitalismus fordert, ist hier am günstigsten, die Chance, den traditionalistischen Schlendrian zu überwinden, infolge der religiösen Erziehung am größten. Schon diese Betrachtung aus der Gegenwart des Kapitalismus[17] zeigt uns wieder, daß es sich jedenfalls verlohnt, einmal zu fragen, wie diese Zusammenhänge kapitalistischer Anpassungsfähigkeit mit religiösen Momenten sich denn in der Zeit seiner Jugend gestaltet haben mögen. Denn daß sie auch damals in ähnlicher Art bestanden, ist aus vielen Einzelerscheinungen zu schließen. Der Abscheu und die Verfolgung, welchen z. B. die methodistischen Arbeiter im 18. Jahrhundert von seiten ihrer Arbeitsgenossen begegneten, bezog sich, wie schon die in den Berichten so oft wiederkehrende Zerstörung ihres Handwerkszeuges andeutet, keineswegs nur oder vorwiegend auf ihre religiösen Exzentrizitäten: – davon hatte England viel, und Auffallenderes, gesehen –, sondern auf ihre spezifische *Arbeitswilligkeit,* wie man heute sagen würde.

Doch wenden wir uns zunächst wieder der Gegenwart und zwar nunmehr den Unternehmern zu, um auch hier die Bedeutung des *Traditionalismus* uns zu verdeutlichen.

Sombart hat in seinen Erörterungen über die Genesis des Kapitalismus[18] als die beiden großen *Leitmotive,* zwischen denen sich die ökonomische Geschichte bewegt habe, *Bedarfsdeckung* und *Erwerb* geschieden, je nachdem das Ausmaß des persönlichen Bedarfs oder das von den Schranken des letzteren unabhängige Streben nach Gewinn und die Möglichkeit der Gewinnerzielung für die Art und Richtung der wirtschaftlichen Tätigkeit maßgebend werden. Was er als *System der Bedarfsdeckungswirtschaft* bezeichnet, scheint sich auf den ersten Blick mit dem, was hier als *ökonomischer Traditionalismus* umschrieben wurde, zu decken. Das ist dann in der Tat der Fall, wenn man den Begriff *Bedarf* mit traditionellem Bedarf gleichsetzt. Wenn aber nicht, dann fallen breite Massen von Wirtschaften, welche nach der Form ihrer Organisation als *kapitalistische* auch im Sinne der von Sombart an einer anderen Stelle seines Werkes[19] gegebenen Definition des *Kapitals* zu betrachten sind, aus dem Bereich der *Erwerbs*-Wirtschaften heraus und gehören zum

[17] Die vorstehenden Bemerkungen könnten mißverstanden werden. Die Neigung eines bekannten Typus von Geschäftsleuten, den Satz: *Dem Volke muß die Religion erhalten bleiben* in ihrer Weise zu fruktifizieren und die früher nicht seltene Neigung breiter Kreise speziell der lutherischen Geistlichkeit, aus einer allgemeinen Sympathie für das Autoritäre heraus sich ihnen als *schwarze Polizei* zur Verfügung zu stellen, wo es galt, den Streik als Sünde, die Gewerkvereine als Förderer der *Begehrlichkeit* zu brandmarken usw., – das sind Dinge, womit die Erscheinungen, von denen hier die Rede ist, nichts zu tun haben. Es handelt sich bei den im Text berührten Momenten um nicht vereinzelte, sondern sehr häufige, und wie wir sehen werden, in typischer Art wiederkehrende Tatsachen.

[18] Der moderne Kapitalismus Band I, 1. Aufl. S. 62.

[19] S. 195 a. a. O.

Bereich der *Bedarfsdeckungswirtschaften.* Auch Wirtschaften nämlich, die von privaten Unternehmern in der Form eines Umschlags von Kapital (= Geld oder geldwerten Gütern) zu Gewinnzwecken durch Ankauf von Produktionsmitteln und Verkauf der Produkte, also zweifellos als *kapitalistische Unternehmungen* geleitet werden, können gleichwohl *traditionalistischen* Charakter an sich tragen. Dies ist im Lauf auch der neueren Wirtschaftsgeschichte nicht nur ausnahmsweise, sondern – mit stets wiederkehrenden Unterbrechungen durch immer neue und immer gewaltigere Einbrüche des *kapitalistischen Geistes* – geradezu regelmäßig der Fall gewesen. Die *kapitalistische* Form einer Wirtschaft und der Geist, in dem sie geführt wird, stehen zwar generell im Verhältnis *adäquater* Beziehung, nicht aber in dem einer *gesetzlichen* Abhängigkeit voneinander. Und wenn wir trotzdem für diejenige Gesinnung, welche berufsmäßig systematisch und rational legitimen Gewinn in der Art, wie dies an dem Beispiel Benjamin Franklins verdeutlicht wurde, erstrebt, hier provisorisch den Ausdruck *Geist des (modernen) Kapitalismus*[20] gebrauchen, so geschieht dies aus dem historischen Grunde, weil jene Gesinnung in der modernen kapitalistischen Unternehmung ihre adäquateste Form, die kapitalistische Unternehmung andererseits in ihr die adäquateste geistige Triebkraft gefunden hat.

Aber an sich kann beides sehr wohl auseinanderfallen. Benjamin Franklin war mit *kapitalistischem Geist* erfüllt zu einer Zeit, wo sein Buchdruckereibetrieb der Form nach sich in nichts von irgendeinem Handwerkerbetrieb unterschied. Und wir werden sehen, daß überhaupt an der Schwelle der Neuzeit keineswegs allein oder vorwiegend die kapitalistischen Unternehmer des Handelspatriziates, sondern weit mehr die aufstrebenden Schichten des gewerblichen Mittelstandes die Träger derjenigen Gesinnung waren, die wir hier als *Geist des Kapitalismus* bezeichnet haben.[21] Auch im 19. Jahrhundert sind nicht die vornehmen Gentlemen von Liverpool und Hamburg mit ihrem altererbten Kaufmannsvermögen, sondern die aus oft recht kleinen Verhältnissen aufsteigenden Parvenüs von Manchester oder Rheinland-Westfalen ihre klassischen Repräsentanten. Und ähnlich stand es schon im 16. Jahr-

[20] Natürlich des dem Okzident spezifischen modernen rationalen Betriebs, nicht des seit 3 Jahrtausenden in der Welt, von China, Indien, Babylon, Hellas, Rom, Florenz bis in die Gegenwart verbreiteten Kapitalismus der Wucherer, Kriegslieferanten, Amts- und Steuerpächter, großen Handelsunternehmer und Finanzmagnaten. S. die Einleitung.

[21] Es ist eben – nur das soll hier hervorgehoben werden – a priori durchaus nicht die Annahme geboten, daß einerseits die Technik des kapitalistischen Unternehmens und andererseits der Geist der *Berufsarbeit,* der dem Kapitalismus seine expansive Energie zu verleihen pflegt, in denselben sozialen Schichten ihren ursprünglichen Nährboden finden mußten. Entsprechend liegt es mit den sozialen Beziehungen religiöser Bewußtseinsinhalte. Der Calvinismus war historisch einer der Träger der Erziehung zum *kapitalistischen Geist.* Aber gerade die großen Geldbesitzer waren, in den Niederlanden z. B., aus Gründen, die später zu erörtern sein werden, überwiegend nicht Anhänger des Calvinismus strengster Observanz, sondern Arminianer. Das zum Unternehmer aufstei-

hundert: Die damals neu entstehenden Industrien sind meist dem Schwerpunkt nach von Parvenüs geschaffen.[22]

Der Betrieb etwa einer Bank, oder des Exportgroßhandels, oder auch eines größeren Detailgeschäfts, oder endlich eines großen Verlages hausindustriell hergestellter Waren ist zwar sicherlich nur in der Form der kapitalistischen Unternehmung möglich. Gleichwohl können sie alle in streng traditionalistischem Geiste geführt werden: Die Geschäfte der großen Notenbanken dürfen gar nicht anders betrieben werden; der überseeische Handel ganzer Epochen hat auf der Basis von Monopolen und Reglements streng traditionellen Charakters geruht; im Detailhandel – und es ist hier nicht von den kleinen kapitallosen Tagedieben die Rede, welche heute nach Staatshilfe schreien – ist die Revolutionierung, welche dem alten Traditionalismus ein Ende macht, noch in vollem Gange: – dieselbe Umwälzung, welche die alten Formen des Verlagssystems gesprengt hat, mit dem ja die moderne Heimarbeit nur der Form nach Verwandtschaft besitzt. Wie diese Revolutionierung verläuft und was sie bedeutet, mag – so bekannt ja diese Dinge sind – wiederum an einem Spezialfall veranschaulicht werden.

Bis gegen die Mitte des vorigen Jahrhunderts war das Leben eines Verlegers wenigstens in manchen Branchen der kontinentalen Textilindustrie[23] ein für unsere heutigen Begriffe ziemlich gemächliches. Man mag sich seinen Verlauf etwa so vorstellen: Die Bauern kamen mit ihren Geweben – oft (bei Leinen) noch vorwiegend oder ganz aus selbstproduziertem Rohstoff hergestellt – in die Stadt, in der die Verleger wohnten und erhielten nach sorgsamer, oft amtlicher, Prüfung der Qualität die üblichen Preise dafür gezahlt. Die Kunden der Verleger waren für den Absatz auf alle weiteren Entfernungen Zwischenhändler, die ebenfalls hergereist kamen, meist noch nicht nach Mustern, sondern nach herkömmlichen Qualitäten und vom Lager kauften oder, und dann lange vorher, bestellten, woraufhin dann eventuell weiter bei den Bauern bestellt wurde. Eigenes Bereisen der Kundschaft geschah, wenn überhaupt, dann selten einmal in großen Perioden, sonst genügte Korrespondenz und, langsam zunehmend, Musterversendung. Mäßiger Umfang der Kontorstunden – vielleicht 5-6 am Tage, zeitweise erheblich weniger, in der Kampagnezeit, wo es eine solche gab, mehr, – leidlicher, zur anständigen Lebensführung und in

gende Mittel- und Kleinbürgertum war hier und sonst *typischer* Träger kapitalistischer Ethik und calvinistischen Kirchentums. Aber eben das stimmt recht gut mit dem hier Vorgetragenen überein: Große Geldbesitzer und Händler hat es zu allen Zeiten gegeben. Eine rationale kapitalistische Organisation der gewerblichen bürgerlichen Arbeit aber hat erst die Entwicklung vom Mittelalter zur Neuzeit gekannt.

22 S. darüber die gute Züricher Dissertation von J. Maliniak (1913).

23 Das nachstehende Bild ist aus den Verhältnissen verschiedener Einzelbranchen an verschiedenen Orten *idealtypisch* kompiliert; es ist für den illustrativen Zweck, dem es hier dient, natürlich gleichgültig, daß der Vorgang in keinem der Beispiele, an die gedacht ist, sich gerade ganz genau in der geschilderten Art abgespielt hat.

guten Zeiten zur Rücklage eines kleinen Vermögens ausreichender Verdienst, im ganzen relativ große Verträglichkeit der Konkurrenten untereinander bei großer Übereinstimmung der Geschäftsgrundsätze, ausgiebiger täglicher Besuch der *Ressource,* daneben je nachdem noch Dämmerschoppen, Kränzchen und gemächliches Lebenstempo überhaupt.

Es war eine in jeder Hinsicht *kapitalistische* Form der Organisation, wenn man auf den rein kaufmännisch-geschäftlichen Charakter der Unternehmer, ebenso wenn man auf die Tatsache der Unentbehrlichkeit des Dazwischentretens von Kapitalien, welche in dem Geschäft umgeschlagen wurden, ebenso endlich, wenn man auf die objektive Seite des ökonomischen Hergangs oder auf die Art der Buchführung sieht. Aber es war *traditionalistische* Wirtschaft, wenn man auf den Geist sieht, der die Unternehmer beseelte: Die traditionelle Lebenshaltung, die traditionelle Höhe des Profits, das traditionelle Maß von Arbeit, die traditionelle Art der Geschäftsführung und der Beziehungen zu den Arbeitern und dem wesentlich traditionellen Kundenkreise, der Art der Kundengewinnung und des Absatzes beherrschten den Geschäftsbetrieb, lagen – so kann man geradezu sagen – dem *Ethos* dieses Kreises von Unternehmern zugrunde.

Irgendwann nun wurde diese Behaglichkeit plötzlich gestört, und zwar oft ganz ohne daß dabei irgendeine prinzipielle Änderung der Organisationsform – etwa Übergang zum geschlossenen Betrieb, zum Maschinenstuhl und dgl. – stattgefunden hätte. Was geschah, war vielmehr oft lediglich dies: daß irgendein junger Mann aus einer der beteiligten Verlegerfamilien aus der Stadt auf das Land zog, die Weber für seinen Bedarf sorgfältig auswählte, ihre Abhängigkeit und Kontrolle zunehmend verschärfte, sie so aus Bauern zu Arbeitern erzog, andererseits aber den Absatz durch möglichst direktes Herangehen an die letzten Abnehmer: die Detailgeschäfte, ganz in die eigene Hand nahm, Kunden persönlich warb, sie regelmäßig jährlich bereiste, vor allem aber die Qualität der Produkte ausschließlich ihren Bedürfnissen und Wünschen anzupassen, ihnen *mundgerecht* zu machen wußte und zugleich den Grundsatz *billiger Preis, großer Umsatz* durchzuführen begann. Alsdann nun wiederholte sich, was immer und überall die Folge eines solchen *Rationalisierungs-Prozesses* ist: wer nicht hinaufstieg, mußte hinabsteigen. Die Idylle brach unter dem beginnenden erbitterten Konkurrenzkampf zusammen, ansehnliche Vermögen wurden gewonnen und nicht auf Zinsen gelegt, sondern immer wieder im Geschäft investiert, die alte behäbige und behagliche Lebenshaltung wich harter Nüchternheit, bei denen, die mitmachten und hochkamen, weil sie nicht verbrauchen, sondern erwerben wollten, bei denen, die bei der alten Art blieben, weil sie sich einschränken mußten.[24] Und – worauf es hier vor allem ankommt – es war in solchen Fällen in der Regel nicht etwa ein Zustrom neuen Geldes,

24 Es ist auch aus diesem Grunde kein Zufall, daß diese erste Periode des beginnenden Rationalismus, der ersten Flügelschläge der deutschen Industrie z. B., mit einem gänzlichen Verfall des Stils der Bedarfsgegenstände des Alltagslebens Hand in Hand geht.

welcher diese Umwälzung hervorbrachte – mit wenigen Tausenden von Verwandten hergeliehenen Kapitals wurde in manchen mir bekannten Fällen der ganze Revolutionierungs-Prozeß ins Werk gesetzt –, sondern der neue Geist, eben der *Geist des modernen Kapitalismus,* der eingezogen war. Die Frage nach den Triebkräften der Expansion des modernen Kapitalismus ist nicht in erster Linie eine Frage nach der Herkunft der kapitalistisch verwertbaren Geldvorräte, sondern vor allem nach der Entwicklung des kapitalistischen Geistes. Wo er auflebt und sich auszuwirken vermag, verschafft er sich die Geldvorräte als Mittel seines Wirkens, nicht aber umgekehrt.[25] Aber sein Einzug pflegte kein friedlicher zu sein. Eine Flut von Mißtrauen, gelegentlich von Haß, vor allem von moralischer Entrüstung stemmte sich regelmäßig dem ersten Neuerer entgegen, oft – mir sind mehrere Fälle derart bekannt – begann eine förmliche Legendenbildung über geheimnisvolle Schatten in seinem Vorleben. Es ist so leicht niemand unbefangen genug zu bemerken, daß gerade einen solchen Unternehmer *neuen Stils* nur ein ungewöhnlich fester Charakter vor dem Verlust der nüchternen Selbstbeherrschung und vor moralischem wie ökonomischem Schiffbruch bewahren können, daß, neben Klarheit des Blickes und Tatkraft, vor allem doch auch ganz bestimmte und sehr ausgeprägte *ethische* Qualitäten es sind, welche bei solchen Neuerungen ihm das schlechthin unentbehrliche Vertrauen der Kunden und der Arbeiter gewinnen und ihm die Spannkraft zur Überwindung der ungezählten Widerstände erhalten, vor allem aber die so unendlich viel intensivere Arbeitsleistung, welche nunmehr von dem Unternehmer gefordert wird und die mit bequemem Lebensgenuß unvereinbar ist, überhaupt ermöglicht haben: – nur eben ethische Qualitäten spezifisch anderer Art als die dem Traditionalismus der Vergangenheit adäquaten.

Und ebenso waren es in der Regel nicht waghalsige und skrupellose Spekulanten, ökonomische Abenteurernaturen, wie sie in allen Epochen der Wirtschaftsgeschichte begegnen, oder einfach *große Geldleute,* welche diese äußerlich unscheinbare und doch für die Durchsetzung des ökonomischen Lebens mit diesem neuen Geist entscheidende Wendung schufen, sondern in harter Lebensschule aufgewachsene, wägend und wagend zugleich, vor allem aber nüchtern und stetig, scharf und völlig der Sache hingegebene Männer mit streng bürgerlichen Anschauungen und *Grundsätzen.*

Man wird zu glauben geneigt sein, daß diese persönlichen moralischen Qualitäten mit irgendwelchen ethischen Maximen oder gar religiösen Gedanken an sich nicht das geringste zu schaffen haben, daß nach dieser Richtung wesentlich etwas Negatives: die Fähigkeit, sich der überkommenen Tradition zu entziehen, also am ehesten liberale *Aufklärung* die adäquate Grundlage einer solchen geschäftlichen Lebensführung sei. Und in der Tat ist dies heute im allgemeinen durchaus der Fall. Nicht nur fehlt regelmäßig eine

25 Damit soll die Bewegung des Edelmetallbestandes nicht etwa als ökonomisch gleichgültig bezeichnet werden.

Beziehung der Lebensführung auf religiöse Ausgangspunkte, sondern wo eine Beziehung besteht, pflegt sie wenigstens in Deutschland negativer Art zu sein. Solche vom *kapitalistischen Geist* erfüllte Naturen pflegen heute, wenn nicht gerade kirchenfeindlich, so doch indifferent zu sein. Der Gedanke an die fromme Langeweile des Paradieses hat für ihre tatenfrohe Natur wenig Verlockendes, die Religion erscheint ihnen als ein Mittel, die Menschen vom Arbeiten auf dem Boden dieser Erde abzuziehen. Würde man sie selbst nach dem *Sinn* ihres rastlosen Jagens fragen, welches des eigenen Besitzes niemals froh wird, und deshalb gerade bei rein diesseitiger Orientierung des Lebens so sinnlos erscheinen muß, so würden sie, falls sie überhaupt eine Antwort wissen, zuweilen antworten: *die Sorge für Kinder und Enkel,* häufiger aber und – da jenes Motiv ja offenbar kein ihnen eigentümliches ist, sondern bei den *traditionalistischen* Menschen ganz ebenso wirkte, – richtiger ganz einfach: daß ihnen das Geschäft mit seiner steten Arbeit *zum Leben unentbehrlich* geworden sei. Das ist in der Tat die einzig zutreffende Motivierung und sie bringt zugleich das, vom persönlichen Glücksstandpunkt aus angesehen, so Irrationale dieser Lebensführung, bei welcher der Mensch für sein Geschäft da ist, nicht umgekehrt, zum Ausdruck. Selbstverständlich spielt die Empfindung für die Macht und das Ansehen, welches die bloße Tatsache des Besitzes gewährt, dabei ihre Rolle: Wo einmal die Phantasie eines ganzen Volkes in der Richtung auf das rein quantitativ Große gelenkt ist, wie in den Vereinigten Staaten, da wirkt diese Zahlenromantik mit unwiderstehlichem Zauber auf die *Dichter* unter den Kaufleuten. Aber sonst sind es im ganzen nicht die eigentlich führenden und namentlich nicht die dauernd erfolgreichen Unternehmer, die sich davon einnehmen lassen. Und vollends das Einlaufen in den Hafen des Fideikommißbesitzes und Briefadels mit Söhnen, deren Gebaren auf der Universität und im Offizierkorps ihre Abstammung vergessen zu machen sucht, wie es der übliche Lebenslauf deutscher kapitalistischer Parvenü-Familien war, stellt ein epigonenhaftes Décadenceprodukt dar. Der *Idealtypus* des kapitalistischen Unternehmers[26], wie er auch bei uns in einzelnen hervorragenden Beispielen vertreten war, hat mit solcher gröberen oder feineren Protzerei nichts Verwandtes. Er scheut die Ostentation und den unnötigen Aufwand ebenso wie den bewußten Genuß seiner Macht und die ihm eher unbequeme Entgegennahme von äußeren Zeichen der gesellschaftlichen Achtung, die er genießt. Seine Lebensführung trägt m. a. W. oft – und es wird gerade auf die geschichtliche Bedeutung dieser für uns wichtigen Erscheinung einzugehen sein – einen gewissen asketischen Zug an sich, wie er ja in der früher zitierten *Predigt* Franklins deutlich zutage tritt. Es ist namentlich keineswegs selten, sondern recht häufig bei ihm ein Maß von kühler Bescheidenheit zu finden, wel-

[26] Das soll nur heißen: derjenige Unternehmertypus, den wir hier zum Gegenstand unserer Betrachtung machen, nicht irgendein empirischer Durchschnitt (über den Begriff *Idealtypus* s. m. Ausf. im Archiv f. Sozialwissensch. Bd. XIX Heft 1).

ches wesentlich aufrichtiger ist als jene Reserve, die Benjamin Franklin so klug zu empfehlen weiß. Er *hat nichts* von seinem Reichtum für seine Person, – außer: der irrationalen Empfindung guter *Berufserfüllung*.

Das aber ist es eben, was dem präkapitalistischen Menschen so unfaßlich und rätselhaft, so schmutzig und verächtlich erscheint. Daß jemand zum Zweck seiner Lebensarbeit ausschließlich den Gedanken machen könne, dereinst mit hohem materiellen Gewicht an Geld und Gut belastet ins Grab zu sinken, scheint ihm nur als Produkt perverser Triebe: der *auri sacra fames,* erklärlich.

In der Gegenwart, unter unseren politischen, privatrechtlichen und Verkehrsinstitutionen, bei den Betriebsformen und der Struktur, die unserer Wirtschaft eigen ist, könnte nun dieser *Geist* des Kapitalismus, wie gesagt, als ein reines Anpassungsprodukt verständlich sein. Die kapitalistische Wirtschaftsordnung braucht diese Hingabe an den *Beruf* des Geldverdienens: Sie ist eine Art des Sichverhaltens zu den äußeren Gütern, welche jener Struktur so sehr adäquat, so sehr mit den Bedingungen des Sieges im ökonomischen Daseinskampfe verknüpft ist, daß von einem notwendigen Zusammenhange jener *chrematistischen* Lebensführung mit irgendeiner einheitlichen *Weltanschauung* heute in der Tat gar keine Rede mehr sein kann. Sie hat es namentlich nicht mehr nötig, sich von der Billigung irgendwelcher religiöser Potenzen tragen zu lassen und empfindet die Beeinflussung des Wirtschaftslebens durch die kirchlichen Normen, soweit sie überhaupt noch fühlbar ist, ebenso als Hemmnis, wie dessen staatliche Reglementierung. Die handelspolitische und sozialpolitische Interessenlagen pflegen dann die *Weltanschauung* zu bestimmen. Wer sich in seiner Lebensführung den Bedingungen kapitalistischen Erfolges nicht anpaßt, geht unter oder kommt nicht hoch. Aber das sind Erscheinungen einer Zeit, in welcher der moderne Kapitalismus, zum Siege gelangt, sich von den alten Stützen emanzipiert hat. Wie er dereinst nur im Bunde mit der werdenden modernen Staatsgewalt die alten Formen mittelalterlicher Wirtschaftsregulierung sprengte, so könnte – wollen wir vorläufig sagen – das gleiche auch für seine Beziehungen zu den religiösen Mächten der Fall gewesen sein. Ob und in welchem Sinne es etwa der Fall gewesen ist, das eben soll hier untersucht werden. Denn daß jene Auffassung des Gelderwerbs als eines den Menschen sich verpflichtenden Selbstzweckes, als *Beruf,* dem sittlichen Empfinden ganzer Epochen zuwiderlief, bedarf kaum des Beweises. In dem in das kanonische Recht übergegangenen, damals (ebenso wie die Stelle des Evangeliums vom Zins)[27] für echt gehaltenen Satz *Deo placere vix potest,* der von der Tätigkeit des Kaufmanns gebraucht wurde, in der Bezeichnung des Gewinnstrebens durch Thomas als turpitudo (mit dem selbst das unvermeidli-

[27] Es ist hier vielleicht der geeignete Ort, ganz kurz auf die Bemerkungen in der schon zitierten Schrift von F. Keller (Heft 12 der Schriften der Görres-Ges.) und die daran anknüpfenden Bemerkungen Sombarts (im *Bourgeois)* einzugehen, soweit sie hergehö-

ren. Daß ein Schriftsteller eine Abhandlung, in der das kanonische Zinsverbot (außer in einer beiläufigen Bemerkung und ohne jede Beziehung zu der ganzen Argumentation) überhaupt nicht erwähnt ist, unter der Voraussetzung kritisiert, daß eben dies Zinsverbot – welches doch fast in allen religiösen Ethiken der Erde Parallelen findet! – es sei, was hier als Unterscheidungsmerkmal der katholischen von der reformatorischen Ethik in Anspruch genommen wurde, ist eigentlich ein starkes Stück: Man darf doch Arbeiten nur kritisieren, die man wirklich gelesen oder deren Darlegungen, wenn man sie gelesen, man noch nicht wieder vergessen hat. Der Kampf gegen die usuraria pravitas durchzieht die hugenottische ebenso wie die niederländische Kirchengeschichte des 16. Jahrhunderts. *Lombarden,* also Bankiers, wurden oft als solche vom Abendmahl ausgeschlossen (s. S. 30 Anm. 13). Die freiere Auffassung Calvins (die übrigens nicht hinderte, daß im ersten Entwurf der Ordonnanzen noch Wucherbestimmungen vorgesehen waren) ist erst durch Salmasius zum Siege gelangt. Also hier lag der Gegensatz nicht: im Gegenteil. – Aber noch übler sind die eignen hierher gehörigen Argumentationen des Verfs., die gegenüber den (m. E. übrigens auch keineswegs nach Verdienst von ihm zitierten) Schriften von Funck und andren katholischen Gelehrten und gegenüber den heute im einzelnen veralteten, aber noch immer grundlegenden Untersuchungen von Endemann peinlich durch ihre Oberflächlichkeit auffallen. Zwar von Exzessen, wie den Bemerkungen Sombarts (a. a. O. p. 321): daß man den *frommen Männern* (Bernhardin v. Siena und Antonin von Florenz sind die im wesentlichen gemeinten) förmlich anmerke, *wie sie auf alle Weise den Unternehmungsgeist anstacheln möchten* – indem sie nämlich, ganz ähnlich, wie das in aller Welt mit den Zinsverboten geschehen ist, das Wucherverbot so interpretierten, daß die (in unserer Terminologie) *produktive* Kapitalanlage unberührt blieb – hat sich K. freigehalten. (Daß bei Sombart einerseits die Römer zu den *Heldenvölkern* gehören, andererseits – bei ihm sonst ein unversöhnlicher Gegensatz – angeblich der ökonomische Rationalismus schon bei Cato *zur äußersten Konsequenz* entwickelt war – S. 267 –, sei nur nebenher als Symptom dafür notiert: daß hier eben ein *Thesenbuch* im schlechten Sinn des Wortes vorliegt). Aber die (hier nicht im einzelnen darzustellende, früher zunächst oft überschätzte, dann stark unterschätzte, jetzt, in der Ära auch katholischer Multimillionäre – zu apologetischen Zwecken – geradezu auf den Kopf gestellte) Bedeutung des Zinsverbots, (welches bekanntlich – trotz biblischer Fundamentierung! – erst im letzten Jahrhundert durch Instruktion der Congregatio S. Officii außer Kraft gesetzt wurde, und zwar nur temporum ratione habita und indirekt, nämlich: durch Verbot, die Beichtkinder, wenn man sich ihres Gehorsams auch für den Fall der Wiederinkraftsetzung versehen könne, fernerhin durch Recherchen nach usuraria pravitas zu beunruhigen), hat auch er völlig verzerrt. Denn jemand, der irgendwelche eingehenderen Studien über die höchst verwickelte Geschichte der kirchlichen Wucherdoktrin gemacht hat, darf, angesichts der endlosen Kontroversen z. B. über die Erlaubtheit des Rentenkaufes, des Wechseldiskonts und der verschiedensten andern Verträge (angesichts vor allem dessen, daß die oben erwähnte Verfügung der Congregatio S. Officii anläßlich einer Stadtanleihe erging) nicht (S. 24) behaupten, das Darlehenszinsverbot habe sich nur auf den Notkredit bezogen, es habe den Zweck der *Kapitalerhaltung* verfolgt, ja es sei der *kapitalistischen Unternehmung förderlich* gewesen (S. 25). Die Wahrheit ist, daß die Kirche sich erst ziemlich spät auf das Zinsverbot erneut besann, daß, als dies geschah, die üblichen rein geschäftlichen Kapitalanlageformen nicht festverzinsliche Darlehenshingaben, sondern foenus nauticum, commenda, societas maris und das dare ad proficuum de mari (nach der Risikoklasse in der Höhe der Gewinn- und Verlustanteile tarifierte Darlehen) waren (und bei dem Charakter des Unternehmerleihzinses sein mußten), die alle nicht (oder doch nur nach einzelnen rigorosen Kanonisten) betroffen wurden, daß aber dann, als festverzinsliche Kapitalanlagen sowohl als Diskontierungen möglich und üblich wurden, diesen (auch später) recht fühlbare Schwierigkeiten von seiten des Zinsverbotes erwuchsen: Schwierigkeiten, welche zu allerhand scharfen Maßregeln der Kaufmannsgilden (schwarze Listen!) führten, daß aber dabei die Behandlung des Zinsverbots durch die Kanonisten normalerweise rein juristisch-formal war, jedenfalls ohne alle und jede von K. ihnen unterstellte *kapitalschützende* Tendenz, daß endlich, soweit sich überhaupt einmal Stellungnahmen zum Kapitalismus als solchem feststellen lassen, einerseits traditionalistische, meist mehr dumpf empfundene, Abneigung gegen die um sich greifende unpersönliche, daher der Ethisierung schwer zugängliche, Macht des Kapitals (wie sie ja noch Luthers Äußerung über die Fugger und über das Geldgeschäft widerspiegeln), andererseits die Notwendigkeit der Akkommodation bestimmend einwirkte. – Doch das gehört nicht hierher, denn, wie gesagt: das Zinsverbot und sein Schicksal haben für uns höchstens symptomatische Bedeutung und auch diese nur begrenzt.

Die Wirtschaftsethik der scotistischen und besonders gewisser quattrocentistischer mendikantischer Theologen, vor allem des Bernhardin von Siena und Antonin von Florenz: spezifisch rational asketisch gerichteter Mönchsschriftsteller also, verdient unzweifelhaft ein besonderes Blatt und kann in unserem Zusammenhang nicht nebenher erledigt werden. Ich müßte sonst hier in einer Antikritik das vorwegnehmen, was ich erst bei der Darstellung der katholischen Wirtschaftsethik in ihrer positiven Beziehung zum Kapitalismus zu sagen habe. Diese Schriftsteller bemühen sich – und sind darin Vorläufer mancher Jesuiten – den Unternehmergewinn des Kaufmanns als Entgelt für dessen *industria* ethisch als erlaubt (mehr kann auch K. selbstverständlich nicht behaupten) zu rechtfertigen.

Der Begriff und die Schätzung der *industria* ist selbstverständlich letztlich der Mönchsaskese entnommen, wohl auch der nach eigener, dem Gianozzo in den Mund gelegter, Angabe, aus dem priesterlichen in den Sprachgebrauch Albertis übernommene Begriff der masserizia. Über die Mönchsethik als Vorläuferin der innerweltlich asketischen Denominationen des Protestantismus ist eingehender erst später zu reden (in der Antike finden sich bei den Kynikern, auf späthellenistischen Grabschriften und – aus ganz andern Bedingungen heraus – in Ägypten Ansätze ähnlicher Konzeptionen). Was vollkommen fehlt (ebenso wie bei Alberti), ist gerade das für uns Entscheidende: die, wie wir später sehen werden, für den asketischen Protestantismus charakteristische Konzeption der Bewährung des eigenen Heils, der certitudo salutis, im Beruf: die psychischen Prämien also, welche diese Religiosität auf die *industria* setzte und welche dem Katholizismus notwendig fehlen mußten, da seine Heilsmittel eben andere waren. Es handelt sich bei diesen Schriftstellern dem Effekte nach um ethische Lehre, nicht um praktische durch Heilsinteressen bedingte individuelle Antriebe, und überdies um Akkommodation (wie sehr leicht zu sehen ist), nicht, wie bei der innerweltlichen Askese, um Argumentationen aus zentralen religiösen Positionen heraus. (Antonin und Bernhardin haben übrigens schon längst bessere Bearbeitungen erfahren als durch F. Keller.) Und selbst diese Akkommodationen blieben bis in die Gegenwart hinein bestritten. Trotzdem ist die Bedeutung dieser mönchischen ethischen Konzeptionen symptomatisch keineswegs gleich Null zu schätzen. Die wirklichen *Ansätze* aber einer in den modernen Berufsbegriff einmündenden religiösen Ethik lagen bei den Sekten und bei der Heterodoxie, vor allem bei Wyclif, wenn auch allerdings dessen Bedeutung von Brodnitz (Engl. Wirtschaftsgeschichte), der meint: sein Einfluß habe so stark gewirkt, daß der Puritanismus nichts mehr zu tun gefunden habe, doch sehr stark überschätzt ist. Auf all das kann (und soll) hier nicht eingegangen werden. Denn hier kann nicht nebenher auseinandergesetzt werden, daß und inwiefern die christliche Ethik des Mittelalters tatsächlich bereits mit an der Schaffung der Vorbedingungen kapitalistischen Geistes gearbeitet hat.

che und daher ethisch erlaubte Gewinnmachen belegt wurde), lag, gegenüber den radikal antichrematistischen Ansichten ziemlich breiter Kreise, schon ein hoher Grad von Entgegenkommen der katholischen Doktrin gegenüber den Interessen der mit der Kirche politisch so eng liierten Geldmächte der italienischen Städte.[28] Und auch wo die Doktrin noch mehr sich akkommodierte, wie namentlich etwa bei Antonin von Florenz, schwand doch die Empfindung niemals ganz, daß es sich bei der auf Erwerb als Selbstzweck gerichteten Tätigkeit im Grunde um ein pudendum handle, welches nur die einmal vorhandenen Ordnungen des Lebens zu tolerieren nötigten. Einzelne damalige Ethiker vor allem der nominalistischen Schule nahmen die entwickelten Ansätze kapitalistischer Geschäftsformen als gegeben hin, und suchten sie als statthaft, vor allem den Handel als nötig, die darin entwickelte *industria* als legitime Gewinnquelle und ethisch unanstößig zu erweisen: – nicht ohne Widerspruch, – aber den *Geist* des kapitalistischen Erwerbes lehnte die herrschende Lehre als turpitudo ab oder konnte ihn mindestens nicht positiv ethisch werten. Eine *sittliche* Anschauung wie die Benjamin Franklins wäre einfach undenkbar gewesen. Dies war vor allem die Auffassung der beteiligten kapitalistischen Kreise selbst: ihre Lebensarbeit war, wenn sie auf dem Boden der kirchlichen Tradition standen, günstigenfalls, etwas sittlich Indifferentes, Toleriertes, aber immerhin schon wegen der steten Gefahr, mit dem kirchlichen Wucherverbot zu kollidieren, für die Seligkeit Bedenkliches: ganz erhebliche Summen flossen, wie die Quellen zeigen, beim Tode reicher Leute als *Gewissensgelder* an kirchliche Institute, unter Umständen auch zurück an frühere Schuldner als zu Unrecht ihnen abgenommene *usura*. Anders standen – neben häretischen oder als bedenklich angesehenen Richtungen – nur die innerlich von der Tradition schon losgelösten patrizischen Kreise. Aber auch skeptische und unkirchliche Naturen pflegten, weil es zur Versicherung gegen die Ungewißheiten des Zustandes nach dem Tode immerhin besser so war und weil ja (wenigstens nach der sehr verbreiteten laxeren Auffassung) die äußere Unterwerfung unter die Gebote der Kirche zur Seligkeit genügte, sich durch Pauschsummen mit ihr für alle Fälle abzufinden.[29] Gerade hierin tritt das entweder Außersittliche oder geradezu Widersittliche, welches nach der eigenen Auffassung der Beteiligten ihrem Tun anhaftete, deutlich zutage. Wie ist nun aus diesem, im günstigen

28 Die Worte μηδεν απελιζοντες (Luk. 6, 35) und die Übersetzung der Vulgata *nihil inde sperantes* sind vermutlich (nach A. Merx) aus μηδενα απελπιζοντες (= neminem desperantes) entstellt, geboten also das Darlehen an jeden, auch den armen, Bruder, ohne überhaupt von Zins zu reden. Dem Satz Deo placere vix potest wird jetzt arianischer Ursprung nachgesagt (was sachlich für uns gleichgültig ist).

29 Wie man sich dabei mit dem Wucherverbot abfand, lehrt: z. B. Buch I c. 65 des Statuts der Arte di Calimala (mir liegt augenblicklich nur die italienische Redaktion bei Emiliani-Giudici, Stor. dei Com. Ital. Bd. III S. 246 vor): Procurino i consoli con quelli frati, che parrà loro, che perdono si faccia e come fare si possa il meglio per l'amore di ciascuno, del dono, merito o guiderdono, ovvero interesse per l'anno presente e secon-

Fall, sittlich tolerierten Gebaren ein *Beruf* im Sinne Benjamin Franklins geworden? Wie ist es historisch erklärlich, daß im Zentrum der kapitalistischen Entwicklung der damaligen Welt, in Florenz im 14. und 15. Jahrhundert, dem Geld- und Kapitalmarkt aller politischen Großmächte, als sittlich bedenklich oder allenfalls tolerabel galt, was in den hinterwäldlerisch-kleinbürgerlichen Verhältnissen von Pennsylvanien im 18. Jahrhundert, wo die Wirtschaft aus purem Geldmangel stets in Naturaltausch zu kollabieren drohte, von größeren gewerblichen Unternehmungen kaum eine Spur, von Banken nur die ersten Anfänge zu bemerken waren, als Inhalt einer sittlich löblichen, ja gebotenen Lebensführung gelten konnte? – Hier von einer *Widerspiegelung der materiellen* Verhältnisse in dem *ideellen Überbau* reden zu wollen, wäre ja barer Unsinn. – Welchem Gedankenkreise entstammte also die Einordnung einer äußerlich rein auf Gewinn gerichteten Tätigkeit unter die Kategorie des *Berufs*, demgegenüber sich der einzelne verpflichtet fühlte? Denn dieser Gedanke war es, welcher der Lebensführung des Unternehmers *neuen Stils* den ethischen Unterbau und Halt gewährte.

Man hat – so namentlich Sombart in oft glücklichen und wirkungsvollen Ausführungen – als das Grundmotiv der modernen Wirtschaft überhaupt den *ökonomischen Rationalismus* bezeichnet. Mit unzweifelhaftem Recht, wenn darunter jene Ausweitung der Produktivität der Arbeit verstanden wird, welche durch die Gliederung des Produktionsprozesses unter wissenschaftlichen Gesichtspunkten dessen Gebundenheit an die natürlich gegebenen *organischen* Schranken der menschlichen Person beseitigt hat. Dieser Rationalisierungsprozeß auf dem Gebiete der Technik und Ökonomik bedingt nun unzweifelhaft auch einen wichtigen Teil der *Lebensideale* der modernen bürgerlichen Gesellschaft: Die Arbeit im Dienste einer rationalen Gestaltung der materiellen Güterversorgung der Menschheit hat den Vertretern des *kapitalistischen Geistes* zweifellos immer auch als einer der richtungweisenden Zwecke ihrer Lebensarbeit vorgeschwebt. Man braucht z. B. Franklins Schilderung seiner Bestrebungen im Dienst der kommunalen improvements von Philadelphia nur zu lesen, um diese sehr selbstverständliche Wahrheit mit Händen zu greifen. Und die Freude und der Stolz, zahlreichen Menschen *Arbeit gegeben*, mitgeschaffen zu haben am ökonomischen *Aufblühen* der Heimatsstadt in jenem, an Volks- und Handelszahlen orientierten, Sinn des Worts, den der Kapitalismus nun einmal damit verbindet, – dies alles gehört selbstverständlich zu der spezifischen und unzweifelhaft *idealistisch* gemeinten Lebensfreude des moder-

do che altra volta fatto fue. Also eine Art Beschaffung des Ablasses von seiten der Zunft für ihre Mitglieder von Amts wegen und im Submissionswege. Höchst charakteristisch für den außersittlichen Charakter des Kapitalgewinns sind auch die weiter folgenden Anweisungen, ebenso z. B. das unmittelbar vorhergehende Gebot (c. 63), alle Zinsen und Profite als *Geschenk* zu buchen. Den heutigen schwarzen Listen der Börse gegen solche, die den Differenzeinwand erheben, entsprach oft der Verruf gegen solche, die das geistliche Gericht mit der exceptio usurariae pravitatis angingen.

nen Unternehmertums. Und ebenso ist es natürlich eine der fundamentalen Eigenschaften der kapitalistischen Privatwirtschaft, daß sie auf der Basis streng rechnerischen Kalküls rationalisiert, planvoll und nüchtern auf den erstrebten wirtschaftlichen Erfolg ausgerichtet ist, im Gegensatz zu dem von der Hand in den Mund Leben des Bauern, dem privilegierten Schlendrian des alten Zunfthandwerkers und dem *Abenteuerkapitalismus,* der an politischer Chance und irrationaler Spekulation orientiert war.

Es scheint also, als sei die Entwicklung des *kapitalistischen Geistes* am einfachsten als Teilerscheinung in der Gesamtentwicklung des Rationalismus zu verstehen und müsse aus dessen prinzipieller Stellung zu den letzten Lebensproblemen ableitbar sein. Dabei käme also der Protestantismus nur insoweit historisch in Betracht, als er etwa als *Vorfrucht* rein rationalistischer Lebensanschauungen eine Rolle gespielt hätte. Allein sobald man ernstlich den Versuch macht, zeigt sich, daß eine so einfache Problemstellung schon um deswillen nicht angeht, weil die Geschichte des Rationalismus keineswegs eine auf den einzelnen Lebensgebieten parallel fortschreitende Entwicklung zeigt. Die Rationalisierung des Privatrechts z. B. ist, wenn man sie als begriffliche Vereinfachung und Gliederung des Rechtsstoffes auffaßt, in ihrer bisher höchsten Form im römischen Recht des späteren Altertums erreicht, sie blieb am rückständigsten in einigen der ökonomisch am meisten rationalisierten Länder, speziell in England, wo die Renaissance des römischen Rechts seinerzeit an der Macht der großen Juristenzünfte scheiterte, während seine Herrschaft in den katholischen Gebieten Südeuropas stets fortbestanden hat. Die rein diesseitige rationale Philosophie hat im 18. Jahrhundert ihre Stätte durchaus nicht allein oder auch nur vorzugsweise in den kapitalistisch höchstentwickelten Ländern gefunden. Der Voltairianismus ist noch heute Gemeingut breiter oberer und – was praktisch wichtiger ist – mittlerer Schichten gerade in den romanisch-katholischen Ländern. Versteht man vollends unter *praktischem Rationalismus* jene Art Lebensführung, welche die Welt bewußt auf die diesseitigen Interessen des einzelnen Ich bezieht und von hier aus beurteilt, so war und ist noch heute dieser Lebensstil erst recht typische Eigenart der Völker des *liberum arbitrium,* wie es dem Italiener und Franzosen in Fleisch und Blut steckt; und wir konnten uns bereits überzeugen, daß dies keineswegs der Boden ist, auf welchem jene Beziehung des Menschen auf seinen *Beruf* als Aufgabe, wie sie der Kapitalismus braucht, vorzugsweise gediehen ist. Man kann eben – dieser einfache Satz, der oft vergessen wird, sollte an der Spitze jeder Studie stehen, die sich mit *Rationalismus* befaßt – das Leben unter höchst verschiedenen letzten Gesichtspunkten und nach sehr verschiedenen Richtungen hin *rationalisieren.* Der *Rationalismus* ist ein historischer Begriff, der eine Welt von Gegensätzen in sich schließt, und wir werden gerade zu untersuchen haben, wes Geistes Kind diejenige konkrete Form *rationalen* Denkens und Lebens war, aus welcher jener *Berufs*-Gedanke und jenes, – wie wir sahen, vom Standpunkt der rein eudämonistischen Eigeninteressen aus so irrationale – Sichhingeben an die Berufsarbeit erwachsen ist, welches einer der charakteristischsten Bestandteile unserer kapitalistischen Kultur war und noch immer ist. Uns interessiert hier gerade die Herkunft jenes irrationalen Elements, welches in diesem wie in jedem *Berufs-Begriff liegt.*

3. Luthers Berufskonzeption. Aufgabe der Untersuchung

Nun ist unverkennbar, daß schon in dem deutschen Worte *Beruf* ebenso wie in vielleicht noch deutlicherer Weise in dem englischen *calling,* eine religiöse Vorstellung: – die einer von Gott gestellten Aufgabe – wenigstens mitklingt und, je nachdrücklicher wir auf das Wort im konkreten Fall den Ton legen, desto fühlbarer wird. Und verfolgen wir nun das Wort geschichtlich und durch die Kultursprachen hindurch, so zeigt sich zunächst, daß die vorwiegend katholischen Völker für das, was wir *Beruf* (im Sinne von Lebensstellung, umgrenztes Arbeitsgebiet) nennen, einen Ausdruck ähnlicher Färbung ebensowenig kennen wie das klassische Altertum[1], während es bei allen vorwiegend protestantischen Völkern existiert. Es zeigt sich ferner, daß nicht irgendeine ethnisch bedingte Eigenart der betreffenden Sprachen, etwa der Ausdruck eines *germanischen Volksgeistes* dabei beteiligt ist, sondern daß das Wort in seinem heutigen Sinn aus den

[1] Von den antiken Sprachen hat nur die hebräische Ausdrücke ähnlicher Färbung. Zunächst in dem Wort מְלָאכָה: Es wird gebraucht für priesterliche Funktionen (Ex. 35, 21; Neh. 11, 22; 1 Chr. 9, 13; 23, 4; 26, 30) für Geschäfte im Dienst des Königs (insbesondre 1 Sam. 8, 16, 1 Chr. 4, 23; 29, 6), Dienst eines königlichen Beamten (Esth. 3, 9; 9, 3), eines Arbeitsaufsehers (2. Reg. 12, 12), eines Sklaven (Ger. 39, 11), von Feldarbeit (1. Chr. 27, 26), von Handwerkern (Ex. 31, 5; 35, 21; 1 Reg. 7, 14), Händlern (Ps. 107, 23) und für jede *Berufsarbeit* in der zu besprechenden Stelle Sir. 11, 20. Das Wort ist vom Stamm לאך = senden, schicken, abgeleitet, bedeutete also ursprünglich *Aufgabe.* Seine Herkunft aus der Fron- und Leiturgie-bürokratischen Begriffswelt des ägyptischen und nach ägyptischen Mustern angelegten salomonischen Fronstaates scheint nach den vorstehenden Zitaten evident. Gedanklich war, wie A. Merx mich s. Z. belehrte, schon im Altertum dieser Stammbegriff völlig verloren gegangen, das Wort wurde für jede *Arbeit* gebraucht und war in der Tat ganz so farblos geworden wie unser *Beruf,* mit dem es auch das Schicksal teilte, primär von geistlichen Funktionen gebraucht zu werden. Der Ausdruck חק = das *Bestimmte, Zugewiesene,* Pensum, welcher ebenfalls in Sirach 11, 20 vorkommt und dort von der LXX mit διαθηκη übersetzt wird, entstammt ebenso der Sprache der Fron-Bürokratie, wie דְּבַר־יוֹם (Ex. 5, 13, vgl. Ex. 5, 14, wo die LXX ebenfalls διαθηκη für *Pensum* hat. Sirach 43, 10 ist es in der LXX mit חק μα übersetzt). Es wird in Sirach 11, 20 offenbar von der Erfüllung von Gottes Geboten gebraucht, – also ebenfalls eine Verwandtschaft mit unserem *Beruf.* Über die Sirach-Stelle sei hier auf Smends bekanntes Buch über Jesus Sirach zu diesen Versen und auf dessen *Index zur Weisheit des Jesus*

Sirach, Berlin 1907 zu den Worten διαϑηκη, επγον, πονοζ verwiesen. (Bekanntlich war der hebräische Text des Sirach-Buchs verloren, ist aber von Schechter wiederentdeckt und z. T. aus talmudischen Zitaten ergänzt. Luther lag er nicht vor und auf seinen Sprachgebrauch haben die beiden hebräischen Begriffe keine Wirkung ausgeübt: s. u. über Spr. Sal. 22, 29). – Im Griechischen fehlt eine dem deutschen Wort in der ethischen Färbung entsprechende Bezeichnung überhaupt. Wo Luther unserem heutigen Sprachgebrauch schon ganz entsprechend (s. u.) bei Jesus Sirach 11, 20 u. 21: *bleibe in deinem Beruf* übersetzt, hat die LXX das eine Mal: εργον, das andere Mal in einer allerdings, scheint es, völlig verderbten Stelle (im hebräischen Original ist vom Aufleuchten der göttlichen Hilfe die Rede!): πονοζ. Sonst wird im Altertum τα προζηκοντα in dem allgemeinen Sinn von *Pflichten* verwendet. In der Sprache der Stoa trägt gelegentlich καυατοζ (auf welches mich s. Z. Alb. Dieterich aufmerksam machte) eine ähnliche gedankliche Färbung bei sprachlich indifferenter Provenienz. Alle anderen Ausdrücke (wie ταξιζ usw.) sind nicht ethisch gefärbt. – Im Lateinischen drückt man das, was wir mit *Beruf* übersetzen: die arbeitsteilige dauernde Tätigkeit eines Menschen, welche (normalerweise) zugleich für ihn Einkommensquelle und damit dauernde ökonomische Existenzgrundlage ist, neben dem farblosen *opus,* mit einer dem ethischen Gehalt des deutschen Wortes wenigstens verwandten Färbung entweder durch officium (aus opificium, also ursprünglich ethisch farblos, später, so besonders bei Seneca de benef. IV, 18 = Beruf) oder durch munus – von den Fronden der alten Bürgergemeinde abgeleitet, – oder endlich durch professio aus, welch letzteres Wort in dieser Bedeutung charakteristischerweise ebenfalls von öffentlich-rechtlichen Pflichten, nämlich den alten Steuerdeklarationen der Bürger abstammen dürfte, später speziell für die im modernen Sinn *liberalen Berufe* (so: professio bene dicendi) verwendet wird und auf diesem engeren Gebiete eine unserem Wort *Beruf* in jeder Hinsicht ziemlich ähnliche Gesamtbedeutung annimmt (auch im mehr innerlichen Sinn des Wortes; so wenn es bei Cicero von jemand heißt: non intelligit quid profiteatur, in dem Sinn von: *er erkennt seinen eigentlichen Beruf nicht),* – nur daß es eben natürlich durchaus diesseitig, ohne jede religiöse Färbung gedacht ist. Dies ist bei *ars,* welches in der Kaiserzeit für *Handwerk* verwendet wird, natürlich erst recht der Fall. – Die Vulgata übersetzt die obigen Stellen bei Jesus Sirach das eine Mal mit *opus,* das andere Mal (v. 21) mit *locus,* was in diesem Fall etwa *soziale Stellung* bedeuten würde. Von einem Asketen wie Hieronymus stammt der Zusatz *mandaturam tuorum,* was Brentano ganz richtig hervorhebt, ohne hier – wie auch sonst – zu bemerken: daß eben dies charakteristisch für die asketische – vor der Reformation außerweltliche, nachher innerweltliche – Provenienz des Begriffs ist. Es ist im übrigen unsicher, nach welchem Text die hieronymische Übersetzung gemacht wurde; eine Einwirkung der alten leiturgischen Namensbedeutung von מְלָאכָה scheint nicht ausgeschlossen. – In den romanischen Sprachen hat nur das spanische *vocación* im Sinne des inneren *Berufes* zu etwas: vom geistlichen Amt übertragen, eine dem deutschen Wortsinn teilweise entsprechende Färbung, wird aber nie vom *Beruf* im äußerlichen Sinn gebraucht. In den romanischen Bibelübersetzungen wird das spanische vocación, das italienische vocazione und chiamamento sonst in einer dem gleich zu erörternden lutherischen und calvinistischen Sprachgebrauch teilweise entsprechenden Bedeutung nur zur Übersetzung des neutestamentlichen κλεδιζ der Berufung durch das Evangelium zum ewigen Heil, verwendet, wo die Vulgata *vocatio* hat. (Seltsamerweise meint Brentano a. a. O., dieser von mir selbst für meine Ansicht angeführte Umstand spreche für die Existenz des *Berufs*-Begriffs in seiner nachreformatorischen Bedeutung auch schon vorher. Aber davon ist doch gar keine Rede: κλεδιζ mußte ja durch *vocatio* übersetzt werden, – aber wo und wann wäre es im Mittelalter in unserem heutigen Sinne gebraucht? Die Tatsache dieser Übersetzung und das Fehlen der innerweltlichen Wortbedeutung trotz ihrer sind ja gerade das

Bibelübersetzungen stammt und zwar aus dem Geist der Übersetzer, nicht aus dem Geist des Originals.[2] Es scheint in der lutherischen Bibelübersetzung zuerst an einer Stelle des Jesus Sirach (11, 20 u. 21) ganz in unserem heutigen Sinn verwendet zu sein.[3] Es hat dann sehr bald in der Profansprache aller protestantischen Völker seine heutige Bedeutung angenommen, während vorher in der profanen Literatur keines derselben irgendein Ansatz zu einem derartigen Wortsinn zu bemerken war und auch in der

Beweisende). *Chiamamento* verwendet in dieser Art z. B. die italienische Bibelübersetzung aus dem 15. Jahrhundert, die in der Collezione di opere inedite e rare, Bologna 1887 abgedruckt ist, neben *vocazione,* welches die modernen italienischen Bibelübersetzungen benutzen. Die für *Beruf* im äußerlichen, innerweltlichen Sinn von regelmäßiger Erwerbstätigkeit verwendeten Worte in den romanischen Sprachen tragen dagegen, wie aus dem lexikalischen Material und aus einer freundlichen eingehenden Darlegung meines verehrten Freundes Professor Baist (Freiburg) hervorgeht, durchweg keinerlei religiöse Prägung an sich, mögen sie nun, wie die von ministerium oder officium, abgeleiteten, ursprünglich eine gewisse ethische Färbung gehabt haben oder wie das von ars, professio und implicare (impiego) abgeleiteten auch dieser von Anfang an völlig entbehren. Die eingangs erwähnten Stellen bei Jesus Sirach, wo Luther *Beruf* hat, werden übersetzt: französisch v. 20 Office, v. 21 labeur (calvinistische Übersetzung), spanisch v. 20 obra, v. 21 lugar (nach der Vulgata), neue Übersetzungen: *posto* (protestantisch). Den Protestanten der romanischen Länder ist es, infolge ihrer Minderzahl, nicht gelungen, resp. sie haben gar nicht versucht, einen solchen sprachschöpferischen Einfluß zu üben wie Luther ihn auf die noch weniger akademisch rationalisierte deutsche Kanzleisprache ausüben konnte.

[2] Dagegen enthält die Augsburger Konfession den Begriff nur teilweise entwickelt und implicite. Wenn Art. XVI (s. die Ausg. v. Kolde S. 43) lehrt: *Denn das Evangelium ... stößt nicht um weltlich Regiment, Polizei und Ehestand, sondern will, daß man solches alles halte als Gottes Ordnung und in solchen Ständen christliche Liebe und rechte gute Werke, ein jeder* nach seinem Beruf, *beweise* (lateinisch heißt es nur: et in talibus ordinationibus exercere caritatem eod. S. 42), so zeigt die daraus gezogene Konsequenz: daß man der Obrigkeit gehorchen müsse, daß hier, wenigstens in erster Linie, an *Beruf* als objektive Ordnung im Sinn der Stelle 1 Kor. 7, 20 gedacht ist. Und Art. XXVII spricht (bei Kolde S. 83 unten) von *Beruf* (lateinisch: in vocatione sua) nur in Verbindung mit den von Gott geordneten Ständen: Pfarrer, Obrigkeit, Fürsten- und Herrenstand u. dgl., und auch dies im Deutschen nur in der Fassung des Konkordienbuches, während in der deutschen Ed. princeps der betreffende Satz fehlt. Nur Art. XXVI (Kolde S. 81) wird in der Wendung ... *daß Kasteiung dienen soll nicht damit Gnade zu verdienen, sondern den Leib geschickt zu halten, daß er nicht verhindere, was einem nach seinem Beruf (lateinisch: juxta vocationem suam) zu schaffen befohlen ist,* – das Wort in einem unseren heutigen Begriff wenigstens mitumfassenden Sinn gebraucht.

[3] Vor den lutherischen Bibelübersetzungen kommt, wie die Lexika ergeben und die Herren Kollegen Braune und Hoops mir freundlichst bestätigten, das Wort *Beruf,* holländisch: *beroep,* englisch: *calling,* dänisch: *kald,* schwedisch: *kallelse* in keiner der Sprachen, die es jetzt enthalten, in seinem heutigen weltlich gemeinten Sinn vor. Die mit *Beruf* gleichlautenden mittelhochdeutschen, mittelniederdeutschen und mittelniederländischen Worte bedeuten sämtlich *Ruf* in dessen heutiger deutscher Bedeutung, einschließlich insbesondere auch – in spätmittelalterlicher Zeit – der *Berufung* (= Vokation) eines Kandidaten zu einer geistlichen Pfründe durch den Anstellungsberechtigten – ein

Spezialfall, der auch bei den skandinavischen Sprachen in den Wörterbüchern hervorgehoben zu werden pflegt. In dieser letzteren Bedeutung braucht auch Luther das Wort gelegentlich. Allein, mag später diese Spezialverwendung des Wortes seiner Umdeutung ebenfalls zugute gekommen sein, so geht doch die Schöpfung des modernen *Berufs*-Begriffs auch sprachlich auf die Bibelübersetzungen, und zwar die protestantischen, zurück und nur bei Tauler († 1361) finden sich später zu erwähnende Ansätze dazu. Alle Sprachen, welche durch die protestantischen Bibelübersetzungen beherrschend beeinflußt sind, haben das Wort gebildet, alle, bei denen dies nicht der Fall ist (wie die romanischen) nicht oder nicht in der heutigen Bedeutung. —

Luther übersetzt zweierlei zunächst ganz verschiedene Begriffe mit *Beruf.* Einmal die paulinische κλεδιζ im Sinne der Berufung zum ewigen Heil durch Gott. Dahin gehören: 1 Kor. 1, 26; Eph. 1,18:4, 1, 4, 2 Thess. 1, 11; Hebr. 3, 1; 2. Petri 1, 10. In allen diesen Fällen handelt es sich um den rein religiösen Begriff jener Berufung, die durch Gott vermittelst des durch den Apostel verkündeten Evangeliums erfolgt ist, und hat der Begriff κλεδιζ nicht das Mindeste mit weltlichen *Berufen* im heutigen Sinne zu tun. Die deutschen Bibeln vor Luther schreiben in diesem Fall: *ruffunge* (so sämtliche Inkunabeln der Heidelberger Bibliothek), brauchen auch wohl statt *von Gott geruffet: von Gott gefordert.* – Zweitens aber übersetzt er – wie schon früher erwähnt – die in der vorigen Note wiedergegebenen Worte Jesus Sirachs: in der Übertragung der LXX εν εργψ σον παλαιωθετι und και εμμενε τψ πονψ mit: *beharre in deinem* Beruf und *bleibe in deinem* Beruf, statt: bleibe bei deiner Arbeit, und die späteren (autorisierten) katholischen Bibelübersetzungen (z. B. die von Fleischütz, Fulda 1781) haben sich hier (wie in den neutestamentlichen Stellen) ihm einfach angeschlossen. Die lutherische Übersetzung bei dieser Sirachstelle ist, soviel ich sehe, der erste Fall, in welchem das deutsche Wort *Beruf* ganz in seinem heutigen rein weltlichen Sinn gebraucht wird. (Die vorhergehende Mahnung – v. 20: – στεθι εν διαθηκη übersetzt er mit *bleibe in Gottes Wort,* obwohl Sirach 14, 1 und 43, 10 zeigen, daß – dem hebräischen Ausdruck חק, den (nach Talmud-Zitaten) Sirach gebraucht hatte, entsprechend – σταθηκη in der Tat etwas unserem *Beruf* Ähnliches, nämlich das *Schicksal* oder die *zugewiesene Arbeit* bedeuten sollte.) Im späteren und heutigen Sinne existierte das Wort *Beruf* vorher, wie oben erwähnt, in der deutschen Sprache nicht, auch – soviel ich sehe – nicht im Munde der älteren Bibelübersetzer oder Prediger. Die deutschen Bibeln vor Luther übersetzen in der Sirachstelle *Werk.* Berthold von Regensburg gebraucht in Predigten da, wo wir von *Beruf* sprechen würden, das Wort *Arbeit.* Der Sprachgebrauch ist hier also derselbe wie derjenige der Antike. Die erste mir bisher bekannte Stelle, wo zwar nicht *Beruf,* aber Ruf (als Übersetzung von κλεδιζ) auf rein weltliche Arbeit angewendet wird, findet sich in der schönen Predigt Taulers über Ephes. 4 (Basler Ausg. f. 117 v): von Bauern die *misten* gehen: sie fahren oft besser, *so sie folgen einfeltiglich irem Ruff denn die geistlichen Menschen, die auf ihren Ruf nicht Acht haben.* Dies Wort ist in diesem Sinne in die Profansprache nicht eingedrungen. Und trotzdem Luthers Sprachgebrauch anfangs (s. Werke, Erl. Ausg. 51, S. 51) zwischen *Ruf* und *Beruf* schwankt, ist eine direkte Beeinflussung durch Tauler durchaus nicht sicher, obwohl manche Anklänge gerade an diese Predigt Taulers sich z. B. in der *Freiheit eines Christenmenschen* finden. Denn in dem rein weltlichen Sinn wie Tauler l. c. hat Luther das Wort zunächst nicht verwendet (dies gegen Denifle, Luther, S. 163).

Offenbar nun enthält der Ratschlag bei Sirach, von der allgemeinen Mahnung zum Gottvertrauen abgesehen, in der Fassung der LXX keine Beziehung auf eine spezifische religiöse Wertung der weltlichen *Berufs*-Arbeit (der Ausdruck πονοζ, Mühsal, in der verdorbenen zweiten Stelle wäre eher das Gegenteil einer solchen, wenn er nicht verderbt wäre). Was Jesus Sirach sagt, entspricht einfach der Mahnung des Psalmisten (Ps.

37, 3): bleibe im Lande und nähre dich redlich, wie auch die Zusammenstellung mit der Mahnung (v. 21), sich nicht von den Werken der Gottlosen blenden zu lassen, da Gott es. leicht falle, einen Armen reich zu machen, auf das deutlichste ergibt. Nur die Anfangsmahnung: in der חק zu bleiben (v. 20), hat eine gewisse Verwandtschaft mit der evangelischen κλεδιζ, aber gerade hier verwendete Luther (für das griechische διαϑηκη) das Wort *Beruf* nicht. Die Brücke zwischen jenen beiden anscheinend ganz heterogenen Verwendungen des Wortes Beruf bei Luther schlägt die Stelle im ersten Korintherbrief und ihre Übersetzung.
Bei Luther (in den üblichen modernen Ausgaben) lautet der ganze Zusammenhang, in dem diese Stelle steht, wie folgt: 1 Kor. 7, v. 17: – *ein jeglicher, wie ihn der Herr berufen hat, also wandle er ... (18) Ist jemand beschnitten berufen, der zeuge keine Vorhaut. Ist jemand berufen in der Vorhaut, der lasse sich nicht beschneiden. (19) Die Beschneidung ist nichts und die Vorhaut ist nichts; sondern Gottes Gebot halten. (20) Ein jeglicher bleibe in dem Beruf, in dem er berufen ist* (εν τε κλησει η εκληϑη, – wie Geheimrat A. Merx mir sagt, ein zweifelloser Hebräismus, – Vulgata: *in qua vocatione vocatus est). (21) Bist du ein Knecht berufen, sorge des nicht; doch kannst du frei werden, so brauche des viel lieber. (22) Denn wer ein Knecht berufen ist, der ist ein Gefreiter des Herrn; desgleichen wer ein Freier berufen ist, der ist ein Knecht Christi. (23) Ihr seid teuer erkauft; werdet nicht der Menschen Knechte. (24) Ein jeglicher, lieben Brüder, worinnen er berufen ist, darinnen bleibe er bei Gott.* V. 29 folgt dann der Hinweis darauf, daß die Zeit *kurz* sei, worauf die bekannten, durch eschatologische Erwartungen (v. 31) motivierten Anweisungen folgen, die Weiber zu haben, als hätte man sie nicht, zu kaufen, als besitze man das Gekaufte nicht usw. In v. 20 hatte Luther im Anschluß an die älteren deutschen Übertragungen noch 1523 in seiner Exegese dieses Kapitels κλεδιζ mit *Ruf* übersetzt (Erl. Ausgabe, Bd. 51 S. 51) und damals mit Stand interpretiert.
In der Tat ist offenbar, daß das Wort κλεδιζ an dieser – und nur an dieser – Stelle so ziemlich dem lateinischen *status* und unserem *Stand* (Ehestand, Stand des Knechtes, usw.) entspricht. (Aber doch gewiß nicht, wie Brentano a. a. O. p. 137 annimmt, im Sinn von *Beruf* im heutigen Sinne. Br. hat sowohl die Stelle selbst, wie was ich darüber sage, schwerlich genau gelesen.) In einer wenigstens daran erinnernden Bedeutung findet sich dieses Wort – der Wurzel nach mit εκκλησια, *berufene Versammlung,* verwandt – in der griechischen Literatur, soweit das lexikalische Material reicht, nur einmal in einer Stelle des Dionysius von Halikarnaß, wo es dem lateinischen classis – einem griechischen Lehnworte = die *einberufene,* aufgebotene Bürgerabteilung – entspricht. Theophylaktos (11/12. Jahrh.) interpretiert 1 Kor. 7, 20: εν οιψ βιψκαι εν οιψ ταγματι και πολιτευματι ων επιστευσεν (Herr Kollege Deißmann machte mich auf die Stelle aufmerksam). – Unserem heutigen *Beruf* entspricht κλησιζ auch in unserer Stelle jedenfalls nicht. Aber Luther, der in der eschatologisch motivierten Mahnung, daß jeder in seinem gegenwärtigen Stande bleiben sollte, κλησιζ mit *Beruf* übersetzt hatte, hat dann, als er später die Apokryphen übersetzte, in dem traditionalistisch und antichrematistisch motivierten Rat des Jesus Sirach, daß jeder bei seiner Hantierung bleiben möge, schon wegen der sachlichen Ähnlichkeit des Ratschlages πονοζ ebenfalls mit *Beruf* übersetzt. (Das ist das Entscheidende und Charakteristische. Die Stelle 1 Kor. 7, 17 gebraucht κλησιζ, wie gesagt, überhaupt nicht im Sinn von *Beruf* = abgegrenztes Gebiet von Leistungen). Inzwischen (oder etwa gleichzeitig) war 1530 in der Augsburger Konfession das protestantische Dogma über die Nutzlosigkeit der katholischen Überbietung der innerweltlichen Sittlichkeit festgelegt und dabei die Wendung *einem jeglichen nach seinem Beruf* gebraucht worden (s. vor. Anm.). Dies und jene gerade Anfang der 30er Jahre sich wesentlich steigernde Schätzung der Heiligkeit der

Predigtliteratur, soweit ersichtlich, nur bei einem der deutschen Mystiker, deren Einfluß auf Luther bekannt ist.

Und wie die Wortbedeutung so ist auch – das dürfte im ganzen ja bekannt sein – der Gedanke neu und ein Produkt der Reformation. Nicht als ob gewisse Ansätze zu jener Schätzung der weltlichen Alltagsarbeit, welche in diesem Berufsbegriff vorliegt, nicht schon im Mittelalter, ja selbst im (späthellenisti-

Ordnung, in die der einzelne gestellt ist, die ein Ausfluß seines immer schärfer präzisierten Glaubens an die ganz spezielle göttliche Fügung auch in den Einzelheiten des Lebens war, zugleich aber seine sich steigernde Neigung zur Hinnahme der weltlichen Ordnungen als von Gott unabänderlich gewollt, treten hier in Luthers Übersetzung hervor. *Vocatio* war eben im überlieferten Latein = göttliche Berufung zu einem heiligen Leben, insbesondere im Kloster oder als Geistlicher, gebraucht und diese Färbung nahm nun, unter dem Druck jenes Dogmas, für Luther die innerweltliche *Berufs*-Arbeit an. Denn während er jetzt πονος und εργον bei Jesus Sirach mit *Beruf* übersetzt, wofür vorher nur die aus der Mönchsübersetzung stammende (lateinische) Analogie vorlag, hatte er einige Jahre vorher noch in Sprüche Salomon. 22, 29 das hebräische מְלָאכָה., welches dem εργον des griechischen Textes von Jesus Sirach zugrunde lag und – ganz wie das deutsche Beruf, und das nordische kald, kallelse, – insbesondere vom geistlichen *Beruf* ausgeht, ebenso wie an anderen Stellen (Gen. 39, 11) mit Geschäft übertragen (LXX: εργον, Vulg.: opus, englische Bibeln: business, entsprechend auch die nordischen und alle sonstigen mir vorliegenden Übersetzungen). Die nunmehr von ihm vollzogene Schöpfung des Worts *Beruf* in unserem heutigen Sinne blieb zunächst durchaus lutherisch. Den Calvinisten galten die Apokryphen als unkanonisch. Sie haben erst im Gefolge jener Entwicklung, welche das *Bewährungs*-Interesse in den Vordergrund schob, den lutherischen Berufs-Begriff akzeptiert und nun scharf betont; in den ersten (romanischen) Übersetzungen aber hatten sie ein entsprechendes Wort nicht zur Verfügung und nicht die Macht, es in der schon stereotypierten Sprache sprachgebräuchlich zu schaffen.

Schon im 16. Jahrhundert ist dann der Begriff *Beruf* in der außerkirchlichen Literatur im heutigen Sinne eingebürgert. Die Bibelübersetzer vor Luther hatten für κλεσις das Wort *Berufung* gebraucht (so z. B. in den Heidelberger Inkunabeln von 1462/66, 1485), die Ecksche Ingolstädter Übersetzung von 1537 sagt: *in dem Ruf, worin er beruft ist.* Die späteren katholischen Übersetzungen folgen meist direkt Luther. In England hat – als erste von allen – die Wyclifsche Bibelübersetzung (1382) hier *cleping* (das altenglische Wort, welches später durch das Lehnwort *calling* ersetzt wurde), – also, was bei der Art der Lollarden-Ethik gewiß charakteristisch ist: ein dem späteren reformatorischen Sprachgebrauch schon entsprechendes Wort, – die Tindalsche von 1534 wendet dagegen den Gedanken ständisch: *in the same* state *wherein he was called,* ebenso die Geneva von 1557. Die offizielle Cranmersche Übersetzung von 1539 ersetzte *state* durch *calling,* während die (katholische) Rheimser Bibel von 1582 ebenso wie die höfischen anglikanischen Bibeln der elisabethanischen Zeit charakteristischerweise wieder zu *vocation* in Anlehnung an die Vulgata zurückkehren. Daß für England die Cranmersche Bibelübersetzung die Quelle des puritanischen Begriffes *calling* im Sinn von Beruf = trade ist, hat schon Murray s. v. calling zutreffend erkannt. Schon Mitte des 16. Jahrh. findet sich calling in jenem Sinn gebraucht, schon 1588 sprach man von *unlawful callings,* 1603 von *greater callings* im Sinne von *höhere* Berufe usw. (s. Murray a. a. O.). (Höchst merkwürdig ist Brentanos Vorstellung – a. a. O. p. 139 –, daß man im Mittelalter *vocatio* nicht als *Beruf* übersetzt und diesen Begriff nicht gekannt habe, weil nur Freie einem *Beruf* folgen konnten und freie Leute damals – in den bürgerlichen

schen) Altertum, vorhanden gewesen wären: – davon wird später zu reden sein. Unbedingt neu war jedenfalls zunächst eins: die Schätzung der Pflichterfüllung innerhalb der weltlichen Berufe als des höchsten Inhaltes, den die sittliche Selbstbetätigung überhaupt annehmen könne. Dies war es, was die Vorstellung von der religiösen Bedeutung der weltlichen Alltagsarbeit zur unvermeidlichen Folge hatte und den Berufsbegriff in diesem Sinn erstmalig erzeugte. Es kommt also in dem Begriff *Beruf* jenes Zentraldogma aller protestantischen Denominationen zum Ausdruck, welches die katholische Unterscheidung der christlichen Sittlichkeitsgebote in *praecepta* und *consilia* verwirft und als das einzige Mittel, Gott wohlgefällig zu leben, nicht eine Überbietung der innerweltlichen Sittlichkeit durch mönchische Askese, sondern ausschließlich die Erfüllung der innerweltlichen Pflichten kennt, wie sie sich aus der Lebensstellung des einzelnen ergeben, die dadurch eben sein *Beruf* wird.

Bei Luther[4] entwickelt dieser Gedanke sich im Laufe des ersten Jahrzehntes seiner reformatorischen Tätigkeit. Anfangs gehört ihm, durchaus im Sinne der vorwiegenden mittelalterlichen Tradition, wie sie z.B. Thomas von Aquino repräsentiert[5] die weltliche Arbeit, obwohl von Gott gewollt, zum Kreatürlichen,

Berufen: – gefehlt hätten. Da die ganze gesellschaftliche Gliederung des mittelalterlichen Gewerbes im Gegensatz zur Antike auf freier Arbeit ruhte und die Kaufleute vor allem fast durchweg Freie waren, verstehe ich diese Behauptung nicht recht.)

[4] Vgl. zum folgenden die lehrreiche Darstellung bei K. Eger, *Die Anschauung Luthers vom Beruf* (Gießen 1900), deren vielleicht einzige Lücke in der bei ihm, wie bei fast allen anderen theologischen Schriftstellern, noch nicht genügend klaren Analyse des Begriffes der *lex naturae* bestehen dürfte (s. dazu E. Tröltsch in der Besprechung von Seebergs Dogmengeschichte, Gött. Gel. Anz. 1902 und nunmehr vor allem in den betreffenden Partien seiner *Soziallehren* der christlichen Kirchen).

[5] Denn wenn Thomas von Aquin die ständische und berufliche Gliederung der Menschen als Werk der göttlichen Vorsehung hinstellt, so ist damit der objektive Kosmos der Gesellschaft gemeint. Daß der einzelne aber sich einem bestimmten konkreten *Beruf* (wie wir sagen würden, Thomas sagt: ministerium oder officium) zuwendet, hat seinen Grund in *causae naturales*. Quaest. quodlibetal. VII art. 17 c: *Haec autem diversificatio hominum in diversis officiis contingit primo ex divina providentia, quae ita hominum* status distribuit, ... *secundo etiam ex* causis naturalibus, *ex quibus* contingit, *quod in diversis hominibus sunt diversae inclinationes ad diversa officia* ... Ganz ebenso geht z. B. Pascals Bewertung des *Berufs* von dem Satz aus, daß der Zufall es sei, der über die Berufswahl entscheide (vgl. über Pascal: A. Köster, Die Ethik Pascals, 1907). Von den *organischen* religiösen Ethiken steht in dieser Hinsicht nur die geschlossenste von ihnen allen: die indische, anders. Der Gegensatz des thomistischen gegen den protestantischen (auch den sonst, namentlich in der Betonung des Providenziellen, nahe verwandten späteren lutherischen) Berufsbegriff liegt so klar zutage, daß es vorläufig bei dem obigen Zitat bewenden kann, da auf die Würdigung der katholischen Anschauungsweise später zurückzukommen ist. S. über Thomas: Maurenbrecher, Th. v. Aquinos Stellung zum Wirtschaftsleben seiner Zeit, 1898. Wo übrigens in Einzelheiten Luther mit Thomas übereinzustimmen scheint, ist es wohl mehr die allgemeine Lehre der Scholastik überhaupt, als Thomas speziell, was ihn beeinflußt hat. Denn Thomas scheint er, nach Denifles Nachweisungen, tatsächlich nur unzulänglich gekannt zu haben (s. Denifle, Luther und Luthertum, 1903, S. 501 und dazu Köhler, Ein Wort zu Denifles Luther, 1904, S. 25 f.).

sie ist die unentbehrliche Naturgrundlage des Glaubenslebens, sittlich an sich indifferent wie Essen und Trinken.[6] Aber mit der klareren Durchführung des *sola-fide*-Gedankens in seinen Konsequenzen und mit dem dadurch gegebenen, mit steigender Schärfe betonten Gegensatz gegen die *vom Teufel diktierten* katholischen *evangelischen Ratschläge* des Mönchtums steigt die Bedeutung des Berufs. Die mönchische Lebensführung ist nun nicht nur zur Rechtfertigung vor Gott selbstverständlich gänzlich wertlos, sondern sie gilt ihm auch als Produkt egoistischer, den Weltpflichten sich entziehender Lieblosigkeit. Im Kontrast dazu erscheint die weltliche Berufsarbeit als äußerer Ausdruck der Nächstenliebe und dies wird in allerdings höchst weltfremder Art und in einem fast grotesken Gegensatz zu Adam Smiths bekannten Sätzen[7] insbesondere durch den Hinweis darauf begründet, daß die Arbeitsteilung jeden einzelnen zwinge, für andere zu arbeiten. Indessen diese, wie man sieht, wesentlich scholastische Begründung verschwindet bald wieder und es bleibt, mit steigendem Nachdruck betont, der Hinweis darauf, daß die Erfüllung der innerweltlichen Pflichten unter allen Umständen der einzige Weg sei, Gott wohlzugefallen, daß sie und nur sie Gottes Wille sei und daß deshalb jeder erlaubte Beruf vor Gott schlechterdings gleich viel gelte.[8]

[6] In *Von der Freiheit eines Christenmenschen* wird zunächst 1. die *zweierlei Natur* des Menschen für die Konstruktion der innerweltlichen Pflichten im Sinne der lex naturae (hier = natürliche Ordnung der Welt) verwendet, die daraus folgt, daß (Erl. Ausg. 27, S. 188) der Mensch faktisch an seinen Leib und die soziale Gemeinschaft gebunden ist. – 2. In dieser Situation wird er (S. 196), – das ist eine daran angeknüpfte zweite Begründung, – wenn er ein gläubiger Christ ist, den Entschluß fassen, Gottes aus reiner Liebe gefaßten Gnadenentschluß durch Nächstenliebe zu vergelten. Mit dieser sehr lockeren Verknüpfung von *Glaube* und *Liebe* kreuzt sich 3. (S. 190) die alte asketische Begründung der Arbeit als eines Mittels, dem *inneren* Menschen die Herrschaft über den Leib zu verleihen. – 4. Das Arbeiten sei daher, – so heißt es in Verbindung damit weiter und hier kommt wieder der Gedanke der *lex naturae* (hier = natürliche Sittlichkeit) in anderer Wendung zur Geltung, – ein schon dem Adam (vor dem Fall) eigener, von Gott ihm eingepflanzter Trieb gewesen, dem er *allein Gott zu gefallen* nachgegangen sei. – Endlich 5. (S. 161 und 199) erscheint im Anschluß an Matth. 7, 18 f. der Gedanke, daß tüchtige Arbeit im Berufe Folge des durch den Glauben gewirkten neuen Lebens sei und sein müsse, ohne daß jedoch daraus der entscheidende calvinistische Gedanke der *Bewährung* entwickelt würde. – Die mächtige Stimmung, von welcher die Schrift getragen ist, erklärt die Verwertung heterogener begrifflicher Elemente.

[7] *Nicht vom Wohlwollen des Fleischers, Bäckers oder Bauers erwarten wir unser Mittagessen, sondern von ihrer Rücksicht auf ihren eigenen Vorteil; wir wenden uns nicht an ihre Nächstenliebe, sondern an ihre Selbstsucht, und sprechen ihnen nie von unseren Bedürfnissen, sondern stets nur von ihrem Vorteil.* (W. of N. I, 2.)

[8] Omnia enim per te operabitur (Deus), mulgebit per te vaccam et servilissima quaeque opera faciet, ac maxima pariter et minima ipsi grata erunt. (Exegese der Genesis, Op. lat. exeg. ed. Elsperger VII, 213.) Der Gedanke findet sich vor Luther bei Tauler, der geistlichen und weltlichen *Ruf* dem Wert nach prinzipiell gleichstellt. Der Gegensatz gegen den Thomismus ist der deutschen Mystik und Luther gemeinsam. In den Formulierungen kommt er darin zum Ausdruck, daß Thomas – namentlich um den sitt-

Daß diese sittliche Qualifizierung des weltlichen Berufslebens eine der folgenschwersten Leistungen der Reformation und also speziell Luthers war, ist in der Tat zweifellos und darf nachgerade als ein Gemeinplatz gelten.[9] Weltenfern steht diese Auffassung dem tiefen Haß, mit welchem Pascals kontemplative Stimmung die, nach seiner tiefsten Überzeugung, nur aus Eitelkeit oder Schlauheit überhaupt erklärbare, Schätzung des Wirkens in der Welt von sich wies[10], – noch ferner freilich der weitherzigen utilitarischen Anpassung an die Welt, welche der jesuitische Probabilismus vollzog. Aber wie nun im einzelnen die praktische Bedeutung jener Leistung des Protestantismus vorzustellen sei, das wird im allgemeinen wohl mehr dunkel empfunden als klar erkannt.

Zunächst ist kaum nötig zu konstatieren, daß nicht etwa Luther als mit dem *kapitalistischen Geist* in dem Sinne, den wir hier bisher mit diesem Wort verbunden haben, – oder, übrigens: in irgendeinem Sinn überhaupt – innerlich verwandt angesprochen werden darf. Schon diejenigen kirchlichen Kreise, welche jene *Tat* der Reformation am eifrigsten zu rühmen pflegen, sind im ganzen heute keineswegs Freunde des Kapitalismus in irgendeinem Sinne. Erst recht aber würde Luther selbst ohne allen Zweifel jede Verwandtschaft mit einer Gesinnung, wie sie bei Franklin zutage tritt, schroff abgelehnt haben. Natürlich darf man hier nicht seine Klagen über die großen Kaufleute, die Fugger[11] u.

lichen Wert der Kontemplation festhalten zu können, aber auch vom Standpunkt des Bettelmönches aus – sich genötigt fand, den paulinischen Satz: *Wer nicht arbeitet, soll nicht essen.* so zu deuten, daß den Menschen als Gattung, nicht aber allen einzelnen die Arbeit, die ja lege naturae unentbehrlich ist, auferlegt sei. Die Gradation in der Schätzung der Arbeit, von den *opera servilia* der Bauern aufwärts, ist etwas, was mit dem spezifischen Charakter des aus materiellen Gründen an die Stadt als Domizil gebundenen Bettelmönchtums zusammenhängt und den deutschen Mystikern wie dem Bauernsohn Luther, welche bei unter sich gleicher Schätzung der Berufe die ständische Gliederung als gottgewollt betonten, gleich fernlag. – Die entscheidenden Stellen des Thomas s. bei Maurenbrecher, Th. v. Aquins Stellung zum Wirtschaftsleben seiner Zeit (Leipzig 1898, S. 65 f.).

9 Um so erstaunlicher ist, daß einzelne Forscher glauben: eine solche Neuschöpfung könne am Handeln der Menschen spurlos vorübergehen. Ich gestehe; das nicht zu verstehen.

10 *Die Eitelkeit wurzelt so tief im menschlichen Herzen, daß ein Troßknecht, ein Küchenjunge, ein Lastträger sich rühmt und seine Bewunderer haben will ...* (Faugères Ausgabe I, 208, vgl. Köster a. a. O. S. 17, S. 136 ff.) Über die prinzipielle Stellung von Port Royal und des Jansenismus zum *Beruf,* auf die später noch kurz zurückzukommen ist, vgl. jetzt die vorzügliche Schrift von Dr. Paul Honigsheim, *Die Staats- und Soziallehren der französischen Jansenisten im 17. Jahrhundert* (Heidelberger historische Dissertation 1914, Teildruck aus einem umfassenden Werke über die *Vorgeschichte der französischen Aufklärung* vgl. insbes. p. 138 ff. des Teildruckes).

11 Bezüglich der Fugger meint er: es könne *nicht recht und göttlich zugehen, wenn bei eines Menschen Leben sollte so großes und königliches Gut auf einen Haufen gebracht werden.* Das ist also wesentlich Bauernmißtrauen gegen das Kapital. Ebenso ist ihm (Gr. Sermon v. Wucher, Erl. Ausg. 20 S. 109) der Rentenkauf sittlich bedenklich, weil er *ein neues, behendes erfunden Ding ist,* – also weil er ihm ökonomisch undurchsichtig ist, ähnlich wie dem modernen Geistlichen etwa der Terminhandel.

dgl. als Symptom heranziehen. Denn der Kampf gegen die rechtlich oder faktisch privilegierte Stellung einzelner großer Handelskompagnien im 16. und 17. Jahrhundert kann am ehesten dem modernen Feldzug gegen die Trusts verglichen werden und ist ebensowenig wie dieser schon an sich Ausdruck traditionalistischer Gesinnung. Gegen diese, gegen die Lombarden, die *Trapeziten*, die vom Anglikanismus, den Königen und Parlamenten in England und Frankreich begünstigten Monopolisten, Großspekulanten und Bankiers führten auch die Puritaner ebenso wie die Hugenotten einen erbitterten Kampf.[12] Cromwell schrieb nach der Schlacht von Dunbar (Sept. 1650) an das Lange Parlament: *Bitte stellt die Mißbräuche aller Berufe ab, und gibt es einen, der viele arm macht, um wenige reich zu machen: das frommt einem Gemeinwesen nicht,* – dagegen wird man ihn andererseits von ganz spezifisch *kapitalistischer* Denkweise erfüllt finden.[13] Unzweideutig tritt dagegen in Luthers zahlreichen Äußerungen gegen den Wucher und das Zinsennehmen überhaupt seine, gegenüber der Spätscholastik, direkt (vom kapitalistischen Standpunkt aus) *rückständige* Vorstellungsweise vom Wesen des kapitalistischen Erwerbes hervor.[14]

[12] Der Gegensatz ist von H. Levy (in seiner Schrift über *Die Grundlagen des ökonomischen Liberalismus in der Geschichte der englischen Volkswirtschaft* Jena 1912) zutreffend entwickelt. Vgl. auch z. B. die Petition der Leveller in Cromwells Heer gegen Monopole und Kompagnien von 1633 bei Gardiner, Commonwealth II, S. 179. Das Laudsche Regime erstrebte dagegen eine von König und Kirche geleitete *christlich-soziale* Wirtschaftsorganisation – von welcher der König politische und fiskalisch-monopolistische Vorteile erwartete. Eben hiergegen richtete sich der Kampf der Puritaner.

[13] Was hier darunter verstanden wird, mag an dem Beispiel des Manifestes an die Iren erläutert werden, mit dem Cromwell im Januar 1630 seinen Vernichtungskrieg gegen sie eröffnete und welches die Entgegnung auf die Manifeste des irischen (katholischen) Klerus von Clonmacnoise vom 4. und 13. Dezember 1649 darstellte. Die Kernsätze lauten: *Englishmen had good inheritances (in Irland nämlich) which many of them* purchased with their money ... *they had good leases from Irishmen for long time to come, great stocks thereupon, houses and plantations erected at their cost and charge . ... You broke the union ... at a time when Ireland was in perfect peace and when through the example of English industry, through commerce and traffic, that which was in the nations hands was better to them than if all Ireland had been in their possession ... Is God, will God be with you? I am confident he will not.* Dies, an englische Leitartikel zur Zeit des Burenkrieges erinnernde, Manifest ist nicht deshalb charakteristisch, weil hier das kapitalistische *Interesse* der Engländer als Rechtsgrund des Krieges hingestellt wird, – das hätte natürlich bei einer Verhandlung etwa zwischen Venedig und Genua über den Umfang ihrer Interessensphäre im Orient, als Argument sehr wohl ebenfalls gebraucht werden können (was – obwohl ich es hier hervorhob – seltsamerweise Brentano a.a.O. p. 142 mir entgegenhält). Sondern das Spezifische des Schriftstücks liegt eben darin, daß Cromwell – wie jeder, der seinen Charakter kennt, weiß, mit tiefster subjektiver Überzeugtheit – den Iren selbst gegenüber die sittliche Berechtigung ihrer Unterjochung unter Anrufung Gottes auf den Umstand, gründet, daß englisches Kapital die Iren zur Arbeit erzogen habe. – (Das Manifest ist, außer bei Carlyle, im Auszug in Gardiners Hist. of the Commonw. I, S. 163 f. abgedruckt und analysiert und in deutscher Übersetzung auch in Hönigs Cromwell zu finden.)

[14] Dies näher auszuführen ist hier noch nicht der Ort. Vgl. die in der zweitfolgenden Note zit. Schriftsteller.

Speziell das z. B. bei Antonin von Florenz bereits überwundene Argument von der Unproduktivität des Geldes gehört natürlich dahin. Doch brauchen wir hier in Einzelheiten gar nicht darauf einzugehen, – denn vor allem: der Gedanke des *Berufes* im religiösen Sinn war in seinen Konsequenzen für die innerweltliche Lebensführung sehr verschiedener Gestaltung fähig. – Die Leistung der Reformation als solcher war zunächst nur, daß, im Kontrast gegen die katholische Auffassung, der sittliche Akzent und die religiöse Prämie für die innerweltliche, beruflich geordnete Arbeit mächtig schwoll. Wie der *Berufs*-Gedanke, der dies zum Ausdruck brachte, weiter entwickelt wurde, das hing von der näheren Ausprägung der Frömmigkeit ab, wie sie nunmehr in den einzelnen Reformationskirchen sich entfaltete. Die Autorität der Bibel, aus der Luther den Berufsgedanken zu entnehmen glaubte, war nun an sich im ganzen einer traditionalistischen Wendung günstiger. Speziell das Alte Testament, welches eine Überbietung der innerweltlichen Sittlichkeit in der genuinen Prophetie gar nicht und auch sonst nur in ganz vereinzelten Rudimenten und Ansätzen kannte, hat einen ganz ähnlichen religiösen Gedanken streng in diesem Sinn gestaltet: Ein jeder bleibe bei seiner *Nahrung* und lasse die Gottlosen nach Gewinn streben: Das ist der Sinn aller der Stellen, welche direkt von weltlicher Hantierung handeln. Erst der Talmud steht darin teilweise – aber auch nicht grundsätzlich – auf anderem Boden. Die persönliche Stellung von Jesus ist mit der typisch antik-orientalischen Bitte: *Unser täglich Brot gib uns heute* in klassischer Reinheit gekennzeichnet und der Einschlag von radikaler Welt-Ablehnung, wie er in dem μαμψναζ τηζ αδικιαζ zum Ausdruck gelangt, schloß jede direkte Anknüpfung des modernen Berufsgedankens an ihn persönlich aus.[15] Das im Neuen Testament zum Wort gelangende apostolische Zeitalter des Christentums, speziell auch Paulus, steht dem weltlichen Berufsleben, infolge der eschatologischen Erwartungen, die jene ersten Generationen von Christen erfüllten, entweder indifferent oder ebenfalls wesentlich traditionalistisch gegenüber: Da alles auf das Kommen des Herrn wartet, so mag jeder in dem Stande und in der weltlichen Hantierung bleiben, in der ihn der *Ruf* des Herrn gefunden hat und arbeiten, wie bisher: So fällt er den Brüdern nicht als Armer lästig, – und es ist ja nur noch eine kurze Weile. Luther las die Bibel durch die Brille seiner jeweiligen Gesamtstimmung und diese ist im Lauf seiner Entwicklung zwischen etwa 1518 und etwa 1530 nicht nur traditionalistisch geblieben, sondern immer traditionalistischer geworden.[16]

[15] S. die Bemerkungen in Jülichers schönem Buch über die *Gleichnisreden Jesu* Band II S. 636, S. 108 f.

[16] Zum folgenden vgl: wiederum vor allem die Darstellung bei Eger a. a. O. Schon hier mag auch auf Schneckenburgers noch heute nicht veraltetes schönes Werk (Vergleichende Darstellung des lutherischen und reformierten Lehrbegriffes, herausgegeben von Güder, Stuttgart 1855) verwiesen werden. (Luthardts Ethik Luthers, S. 84 der ersten Auflage, die mir allein vorlag, gibt keine wirkliche Darstellung der Entwicklung.) Vgl. ferner Seebergs Dogmengeschichte Bd. II, S. 262 unten. – Wertlos ist der Artikel

In den ersten Jahren seiner reformatorischen Tätigkeit herrschte bei ihm, infolge der wesentlich kreatürlichen Schätzung des Berufes, in bezug auf die Art der innerweltlichen Tätigkeit eine der paulinischen eschatologischen Indifferenz, wie sie 1 Kor. 7 zum Ausdruck kommt[17], innerlich verwandte Anschauung vor: Man kann in jedem Stande selig werden, es ist auf der kurzen Pilgerfahrt des Lebens sinnlos, auf die Art des Berufes Gewicht zu legen. Und das Streben nach materiellem Gewinn, der den eigenen Bedarf übersteigt, muß deshalb als Symptom mangelnden Gnadenstandes und, da es ja nur auf Kosten anderer möglich erscheint, direkt als verwerflich gelten.[18] Mit steigender Verflechtung in die Händel der Welt geht steigende Schätzung der Bedeutung der Berufsarbeit Hand in Hand. Damit zugleich wird ihm aber nun der konkrete Beruf des einzelnen zunehmend zu einem speziellen Befehl Gottes an ihn, diese konkrete Stellung, in die ihn göttliche Fügung gewiesen hat, zu erfüllen. Und als nach den Kämpfen mit den *Schwarmgeistern* und den Bauernunruhen die objektive historische Ordnung, in die der einzelne von Gott hineingestellt ist, für Luther immer mehr zum direkten Ausfluß göttlichen Willens wird[19], führt die nunmehr immer stärkere Betonung des Provi-

Beruf in der Realenzyklopädie f. prot. Theol. u. Kirche, der statt einer wissenschaftlichen Analyse des Begriffes und seiner Genesis allerhand ziemlich seichte Bemerkungen über alles mögliche, Frauenfrage u. dgl. enthält. – Aus der nationalökonomischen Literatur über Luther seien hier nur die Arbeiten Schmollers (Gesch. der nationalökon. Ansichten in Deutschland während der Reformationszeit, Z. f. Staatswiss. XVI, 1860), Wiskemanns Preisschrift (1861) und die Arbeit von Frank G. Ward (Darstellung und Würdigung von Luthers Ansichten vom Staat und seinen wirtschaftlichen Aufgaben, Conrads Abh. XXI, Jena 1898) genannt. Die z. T. ausgezeichnete Lutherliteratur anläßlich der Jahrhundertwende der Reformation hat, so viel ich sehe, über diesen besonderen Punkt nichts entscheidend Neues gebracht. Über Luthers (und die lutherische) Sozialethik sind natürlich die betreffenden Partien in Troeltschs' *Soziallehren* vor allem zu vergleichen.

17 Auslegung des 7. Kap. des ersten Korintherbriefes 1523 Erl. Ausg. 51 S. 1 f. Hier wendet Luther den Gedanken der Freiheit *allen Berufs* vor Gott im Sinn dieser Stelle noch so, daß damit 1. Menschen-Satzung habe verworfen werden sollen (Mönchsgelübde, Verbot der gemischten Ehen usw.) 2. die (vor Gott an sich indifferente) Erfüllung der übernommenen, innerweltlichen Verpflichtungen gegen den Nächsten als Gebot der Nächstenliebe eingeschärft werde. In Wahrheit handelt es sich freilich bei den charakteristischen Ausführungen z. B. S. 55, 56 um den Dualismus der lex naturae gegenüber der Gerechtigkeit vor Gott.

18 Vgl. die von Sombart mit Recht als Motto vor seine Darstellung des *Handwerksgeistes* (= Traditionalismus) gesetzte Stelle aus: *Von Kaufhandlung und Wucher (1524): Darum mußt du dir fürsetzen, nichts denn deine ziemliche Nahrung zu suchen in solchem Handel, danach Kost, Mühe, Arbeit und Gefahr rechnen und überschlagen und also dann die Ware selbst setzen, steigern oder niedern, daß du solcher Arbeit und Mühe Lohn davon hast.* Der Grundsatz ist durchaus in thomistischem Sinn formuliert.

19 Schon in dem Brief an H. v. Sternberg, mit dem er ihm 1530 die Exegese des 117. Psalms dediziert, gilt der *Stand* des (niederen) Adels trotz seiner sittlichen Verkommenheit als von Gott gestiftet (Erl. Ausg. 40, S. 282 unten). Die entscheidende Bedeutung, welche die

denziellen auch in den Einzelvorgängen des Lebens zunehmend zu einer dem *Schickungs-Gedanken* entsprechenden traditionalistischen Färbung: Der einzelne soll grundsätzlich in dem Beruf und Stand bleiben, in den ihn Gott einmal gestellt hat, und sein irdisches Streben in den Schranken dieser seiner gegebenen Lebensstellung halten. War der ökonomische Traditionalismus anfangs Ergebnis paulinischer Indifferenz, so ist er also später Ausfluß des immer intensiver gewordenen Vorsehungsglaubens[20], der den bedingungslosen Gehorsam gegen Gott[21] mit der bedingungslosen Fügung in die gegebene Lage identifiziert. Zu einer auf grundsätzlich neuer oder überhaupt prinzipieller Grundlage ruhenden Verknüpfung der Berufsarbeit mit religiösen Prinzipien ist Luther auf diese Art überhaupt nicht gelangt.[22] Die Reinheit der Lehre als einzig unfehlbares Kriterium der Kirche, wie sie nach den Kämpfen der 20er Jahre bei ihm immer unverrückbarer feststand, hemmte an sich schon die Entwicklung neuer Gesichtspunkte auf dem ethischen Gebiet.

So blieb also bei Luther der Berufsbegriff traditionalistisch gebunden.[23] Der Beruf ist das, was der Mensch als göttliche Fügung hinzunehmen, worein er sich *zu*

Münzerschen Unruhen für die Entwicklung dieser Auffassung gehabt hatten, geht aus dem Brief (S. 282 oben) deutlich hervor. Vgl. auch Eger a. a. O. S. 150.

[20] Auch in der Auslegung des 111. Psalms v. 5 und 6 (Erl. Ausg. 40, S. 215 und 216) wird 1530 von der Polemik gegen die Überbietung der weltlichen Ordnung durch Klöster usw. ausgegangen. Aber jetzt ist die lex naturae (im Gegensatz zum positiven Recht, wie es die Kaiser und Juristen fabrizieren) direkt mit *Gottes Gerechtigkeit* identisch: Sie ist Stiftung Gottes, und umfaßt insbesondere die ständische Gliederung des Volks (S. 215 Abs. 2 a. E.), wobei nur die Gleichwertigkeit der Stände vor Gott scharf betont wird.

[21] Wie er insbesondere in den Schriften ›*Von Konzilien und Kirchen*‹ (1539) und ›*Kurzes Bekenntnis vom heiligen Sakrament*‹ (1545) gelehrt wird.

[22] Wie sehr namentlich der für uns so wichtige, den Calvinismus beherrschende Gedanke der Bewährung des Christen in seiner Berufsarbeit und Lebensführung bei Luther im Hintergrunde bleibt, zeigt die Stelle in ›Von Konzilien und Kirchen‹ (1539. Erl. Ausg. 25 S. 376 unten): *Über diese sieben Hauptstücke (an denen man die rechte Kirche erkennt) sind nun* mehr äußerliche Zeichen, *dabei man die heilige christliche Kirche erkennt, ... wenn wir nicht unzüchtig und Säufer, stolz, hoffärtig, prächtig; sondern keusch, züchtig, nüchtern ... sind.* Diese Zeichen sind nach L. deshalb nicht so gewiß als *die droben* (reine Lehre, Gebet usw.) *weil auch etliche Heiden sich in solchen Werken geübt und wohl zuweilen heiliger scheinen als Christen.* – Calvin persönlich stand, wie weiterhin zu erörtern sein wird, nur wenig anders, wohl aber der Puritanismus. Jedenfalls dient der Christ bei Luther Gott nur *in vocatione,* nicht per *vocationem* (Eger S. 117 ff.). – Gerade für den Bewährungsgedanken (allerdings mehr in seiner pietistischen als in calvinistischer Wendung) finden sich dagegen bei den deutschen Mystikern wenigstens einzelne Ansätze (s. z. B. die bei Seeberg, Dogmengesch. S. 195 oben zitierte Stelle aus Suso, ebenso die früher zit. Äußerungen Taulers), wenn schon rein psychologisch gewendet.

[23] Sein endgültiger Standpunkt ist dann wohl in einigen Ausführungen der Genesisexegese (in den Op. lat. exeget. ed. Elsperger) niedergelegt: Vol. IV p. 109: Neque haec fuit levis tentatio, intentum esse suae vocationi et de aliis non esse curiosum ... Paucissimi sunt, qui sua sorte vivant contenti ... (p. III eod.) Nostrum autem est, ut

schicken hat: – diese Färbung übertönt den auch vorhandenen anderen Gedanken, daß die Berufsarbeit eine oder vielmehr die von Gott gestellte Aufgabe sei.[24] Und die Entwicklung des orthodoxen Luthertums unterstrich diesen Zug noch weiter. Etwas Negatives: Wegfall der Überbietung der innerweltlichen durch asketische Pflichten, verbunden aber mit Predigt des Gehorsams gegen die Obrigkeit und der Schickung in die gegebene Lebenslage, war hier also zunächst der einzige ethische Ertrag.[25] – Es war, wie bei Besprechung der mittelalterlichen religiösen Ethik noch zu erörtern sein wird, dem Berufsgedanken in dieser lutherischen Prägung bei den deutschen Mystikern schon weitgehend vorgearbeitet, namentlich durch die prinzipielle Gleichwertung geistlicher und weltlicher Berufe bei Tauler und die geringere Bewertung der überlieferten Formen asketischen Werkverdienstes[26] infolge der

vocanti Deo pareamus ... (p. 112) Regula igitur haec servanda est, ut unusquisque maneat in sua vocatione et suo dono contentus vivat, de aliis autem non sit curiosus. Das entspricht im Ergebnis durchaus der Formulierung des Traditionalismus bei Thomas v. Aquin (Th. V, 2 gen. 118 art. I c): Unde necesse est, quod bonum hominis circa ea consistat in quadam mensura, dum scilicet homo ... quaerit habere exteriores divitias, prout sunt necessariae ad vitam ejus secundum suam conditionem. Et ideo in excessu hujus mensurae consistit peccatum, dum scilicet aliquis supra debitum modum vult eas vel acquirere vel retinere, quod pertinet ad avaritiam. Das Sündliche der Überschreitung des durch den eigenen standesgemäßen Bedarf gegebenen Ausmaßes im Erwerbstrieb begründet Thomas aus der lex naturae, wie sie im Zweck (ratio) der äußeren Güter zutage trete, Luther aus Gottes Fügung. Über die Beziehung von Glaube und Beruf bei Luther s. noch vol. VII p. 225: ... quando es fidelis, tum placent Deo etiam physica, carnalia, animalia, officia, sive edas, sive bibas, sive vigiles, sive dormias, quae mere corporalia et animalia sunt. Tanta res est fides ... Verum est quidem, placere Deo etiam in impiis sedulitatem et industriam in officio (diese Aktivität im Berufsleben ist eine Tugend lege naturae). Sed obstat incredulitas et vana gloria, ne possint opera sua referre ad gloriam Dei (an calvinistische Wendungen anklingend) ... Merentur igitur etiam impiorum bona opera in hac quidem vita praemia sua (Gegensatz gegen Augustins *vitia specie virtutum palliata)* sed non numerantur, non colliguntur in altero.

[24] In der Kirchenpostille (Erl. Ausg. 10, S. 233, 235/6 heißt es: Jeder *ist in irgendeinen Beruf berufen.* Dieses Berufes (S. 236 heißt es geradezu *Befehl)* soll er warten und darin Gott dienen. Nicht an der Leistung, sondern an dem darin liegenden Gehorsam hat Gott Freude.

[25] Dem entspricht es, wenn – ein Gegenbild gegen das, was oben über die Wirkung des Pietismus auf die Wirtschaftlichkeit der Arbeiterinnen gesagt wurde – von modernen Unternehmern zuweilen behauptet wird, daß z. B. streng lutherisch-kirchliche Hausindustrielle heute nicht selten, z. B. in Westfalen, in besonders hohem Maß traditionalistisch denken, Umgestaltungen der Arbeitsweise – auch ohne Übergang zum Fabriksystem – trotz des winkenden Mehrverdienstes abgeneigt seien und zur Begründung auf das Jenseits verwiesen, wo ja doch alles sich ausgleichen werde. Es zeigt sich, daß die bloße Tatsache der Kirchlichkeit und Gläubigkeit für die Gesamtlebensführung noch nicht von irgend wesentlicher Bedeutung ist: Es sind viel konkretere religiöse Lebensinhalte, deren Wirkung in der Zeit des Werdens des Kapitalismus ihre Rolle gespielt haben und – in beschränkterem Maße – noch spielen.

[26] Vgl. Tauler, Basler Ausg. Bl. 161f.

allein entscheidenden Bedeutung der ekstatisch-kontemplativen Aufnahme des göttlichen Geistes durch die Seele. Das Luthertum bedeutet sogar in einem bestimmten Sinne gegenüber den Mystikern einen Rückschritt, insofern bei Luther – und mehr noch bei seiner Kirche – die psychologischen Unterlagen für eine rationale Berufsethik gegenüber den Mystikern (deren Anschauungen über diesen Punkt mehrfach teils an die pietistische, teils an die quäkerische Glaubenspsychologie erinnern)[27] ziemlich unsichere geworden sind und zwar, wie noch zu zeigen sein wird, gerade weil der Zug zur asketischen Selbstdisziplinierung ihm als Werkheiligkeit verdächtig war und daher in seiner Kirche immer mehr in den Hintergrund treten mußte.

Der bloße Gedanke des *Berufes* im lutherischen Sinn also – das allein sollte schon hier festgestellt werden[28] – war, soviel wir bisher sehen können, von jedenfalls nur problematischer Tragweite für das, was wir suchen. Damit ist nun nicht im mindesten gesagt, daß eine praktische Bedeutung auch der lutherischen Form der Neuordnung des religiösen Lebens für die Gegenstände unserer Betrachtung nicht bestanden hätte. Ganz im Gegenteil. Nur ist sie offenbar nicht unmittelbar aus der Stellung Luthers und seiner Kirche zum weltlichen Beruf ableitbar und überhaupt nicht so leicht greifbar wie dies vielleicht bei anderen Ausprägungen des Protestantismus der Fall sein könnte. Es empfiehlt sich daher für uns, zunächst solche Formen desselben zu betrachten, bei denen ein Zusammenhang der Lebenspraxis mit dem religiösen Ausgangspunkt leichter als beim Luthertum zu ermitteln ist. Schon früher wurde nun die auffällige Rolle des Calvinismus und der protestantischen Sekten in der Geschichte der kapitalistischen Entwicklung erwähnt. Wie Luther in Zwingli einen *anderen Geist* lebendig fand als bei sich selbst, so seine geistigen Nachfahren speziell im Calvinismus. Und erst recht hat der Katholizismus von jeher, und bis in die Gegenwart, den Calvinismus als den eigentlichen Gegner betrachtet. Zunächst hat das ja nun rein politische Gründe: Wenn die Reformation ohne Luthers ganz persönliche religiöse Entwicklung nicht vorstellbar und geistig dauernd von seiner Persönlichkeit bestimmt worden ist, so wäre ohne den Calvinismus doch sein Werk nicht von äußerer Dauer gewesen. – Aber der Grund des, Katholiken und Lutheranern gemeinsamen, Abscheues liegt doch auch in der ethischen Eigenart des Calvinismus begründet. Schon der oberflächlichste Blick lehrt, daß hier eine ganz andersartige Beziehung zwischen religiösem Leben und irdischem Handeln hergestellt ist, als sowohl im Katholizismus wie im Luthertum. Selbst in der nur spezifisch religiöse Motive verwendenden Literatur tritt das hervor. Man nehme etwa den Schluß der Divina Commedia, wo dem Dichter im Paradiese im wunschlosen Schauen der Geheimnisse Gottes

[27] Vgl. die eigentümlich stimmungsvolle Predigt Taulers a. a. O. und Fol. 17. 18 v. 20.
[28] Weil dies an dieser Stelle der alleinige Zweck dieser Bemerkungen über Luther ist, begnügen sie sich mit einer so dürftigen vorläufigen Skizze, die natürlich vom Standpunkt einer Würdigung Luthers aus in keiner Art befriedigen kann.

die Sprache versagt, und halte daneben den Schluß jenes Gedichtes, welches man die *Göttliche Komödie des Puritanismus* zu nennen sich gewöhnt hat. Milton schließt den letzten Gesang des *Paradise lost* nach der Schilderung der Ausstoßung aus dem Paradiese wie folgt:

Sie wandten sich und sah'n des Paradieses
Östlichen Teil, – noch jüngst ihr sel'ger Sitz –
Von Flammengluten furchtbar überwallt,
Die Pforte selbst von riesigen Gestalten,
Mit Feuerwaffen in der Hand, umschart.
Sie fühlten langsam Tränen niederperlen, –
Jedoch sie trockneten die Wangen bald:
Vor ihnen lag die große weite Welt,
Wo sie den Ruheplatz sich wählen konnten,
Die Vorsehung des Herrn als Führerin.
Sie wanderten mit langsam zagem Schritt
Und Hand in Hand aus Eden ihres Weges.

Und wenig vorher hatte Michael zu Adam gesagt:

Nur füge zu dem Wissen auch die Tat;
Dann füge Glauben, Tugend und Geduld
Und Mäßigkeit hinzu und jene Liebe,
Die einst als christliche gepriesen wird,
Und Seele wird von allen Tugenden.
Dann läßt du ungern nicht dies Paradies.
Du trägst in dir ja ein viel sel'geres.

Jeder empfindet sofort, daß dieser mächtigste Ausdruck der ernsten puritanischen Weltzugewandtheit, das heißt: Wertung des innerweltlichen Lebens als Aufgabe, im Munde eines mittelalterlichen Schriftstellers unmöglich gewesen wäre. Aber auch dem Luthertum, wie es etwa in Luthers und Paul Gerhards Chorälen sich gibt, ist er ganz ebenso wenig kongenial. An die Stelle dieser unbestimmten Empfindung gilt es nun hier eine etwas genauere gedankliche Formulierung zu setzen und nach den inneren Gründen dieser Unterschiede zu fragen. Die Berufung auf den *Volkscharakter* ist nicht nur überhaupt lediglich das Bekenntnis des Nichtwissens, sondern in unserem Fall auch gänzlich hinfällig. Den Engländern des 17. Jahrhunderts einen einheitlichen *Volkscharakter* zuzuschreiben wäre einfach historisch unrichtig. *Kavaliere* und *Rundköpfe* empfanden sich nicht einfach als zwei Parteien, sondern als radikal verschiedene Menschengattungen, und wer aufmerksam zusieht, muß ihnen darin recht geben.[29] Und andrerseits: Ein charakterologischer Gegensatz der englischen merchant adventurers gegen die alten Hanseaten ist ebensowenig auffindbar, wie überhaupt ein anderer tiefergehender Unterschied englischer von deutscher Eigenart am Ende des Mittelalters zu konstatieren ist, als er sich durch die verschiedenen politischen Schicksale unmittelbar erklären läßt.[30] Erst die Macht religiöser Bewegungen – nicht sie allein, aber sie zuerst – hat hier jene Unterschiede geschaffen, die wir heute empfinden.[31]

Wenn wir demgemäß bei der Untersuchung der Beziehungen zwischen der altprotestantischen Ethik und der Entwicklung des kapitalistischen Geistes von den Schöpfungen Calvins, des Calvinismus und der andern *puritanischen* Sekten ausgehen, so darf das nun aber nicht dahin verstanden werden, als erwarteten wir, daß bei einem der Gründer oder Vertreter dieser Religionsgemeinschaften die Erweckung dessen, was wir hier *kapitalistischen Geist* nennen, in irgendeinem Sinn als Ziel seiner Lebensarbeit vorzufinden. Daß das Streben nach weltlichen Gütern, als Selbstzweck gedacht, irgendeinem von ihnen geradezu als ethischer Wert gegolten hätte, werden wir nicht wohl glauben können. Und es ist überhaupt vor allem eins ein für allemal festzuhalten: Ethische Reformprogramme sind bei keinem der Reformatoren – zu denen wir für unsere Betrachtung auch Männer wie Menno, George Fox, Wesley zu rechnen haben – jemals der zentrale Gesichtspunkt gewesen. Sie waren keine Gründer von Gesellschaften für *ethische Kultur* oder Vertreter humanitärer sozialer Reformbestrebungen oder Kulturideale. Das Seelenheil und dies allein war der Angelpunkt ihres Lebens und Wirkens. Ihre ethischen Ziele und die praktischen Wirkungen ihrer Lehre waren alle hier verankert und nur Konsequenzen rein religiöser Motive. Und wir werden deshalb darauf gefaßt

29 Wer freilich die Geschichtskonstruktion der Leveller teilte, wäre in der glücklichen Lage, auch dies wieder auf Rassendifferenzen zu reduzieren: Sie glaubten als Vertreter der Angelsachsen ihr *birthright* gegen die Nachfahren Wilhelms des Eroberers und der Normannen zu verfechten. Erstaunlich genug, daß uns bisher noch niemand die plebejischen *Roundheads* als *Rundköpfe* im anthropometrischen Sinn gedeutet hat!

30 Insbesondere der englische Nationalstolz, eine Folge der Magna Charta und der großen Kriege. Die heute so typische Äußerung: *She looks like an English girl* beim Anblick ausländischer Mädchenschönheit wird ebenso schon aus dem 15. Jahrhundert berichtet.

31 Diese Unterschiede sind natürlich auch in England bestehen geblieben. Namentlich die *Squirearchie* blieb Träger des *merry old England* bis in die Gegenwart hinein und die ganze Zeit seit der Reformation kann als ein Kampf der beiden Typen des Engländertums miteinander aufgefaßt werden. In diesem Punkt gebe ich den Bemerkungen M. J. Bonns (in der *Frankf. Zeitung)* zu der schönen Schrift von v. Schulze-Gävernitz über den britischen Imperialismus recht. Vgl. H. Levy im A. f. Soz.-Wiss. 46, 3.

sein müssen, daß die Kulturwirkungen der Reformation zum guten Teil – vielleicht sogar für unsere speziellen Gesichtspunkte überwiegend – unvorhergesehene und geradezu ungewollte Folgen der Arbeit der Reformatoren waren, oft weit abliegend oder geradezu im Gegensatz stehend zu allem, was ihnen selbst vorschwebte.

So könnte die nachfolgende Studie an ihrem freilich bescheidenen Teil vielleicht auch einen Beitrag bilden zur Veranschaulichung der Art, in der überhaupt die *Ideen* in der Geschichte wirksam werden. Damit aber nicht schon von vornherein Mißverständnisse über den Sinn, in dem hier ein solches Wirksamwerden rein ideeller Motive überhaupt behauptet wird, entstehen, mögen darüber als Abschluß dieser einleitenden Erörterungen noch einige wenige Andeutungen gestattet sein.

Es handelt sich bei solchen Studien – wie vor allem ausdrücklich bemerkt sein mag – in keiner Weise um den Versuch, den Gedankengehalt der Reformation in irgendeinem Sinn, sei es sozialpolitisch, sei es religiös, zu werten. Wir haben es für unsere Zwecke stets mit Seiten der Reformation zu tun, welche dem eigentlich religiösen Bewußtsein als peripherisch und geradezu äußerlich erscheinen müssen. Denn es soll ja lediglich unternommen werden, den Einschlag, welchen religiöse Motive in das Gewebe der Entwicklung unserer aus zahllosen historischen Einzelmotiven erwachsenen modernen spezifisch *diesseitig* gerichteten Kultur geliefert haben, etwas deutlicher zu machen. Wir fragen also lediglich, was von gewissen charakteristischen Inhalten dieser Kultur dem Einfluß der Reformation als historischer Ursache etwa zuzurechnen sein möchte. Dabei müssen wir uns freilich von der Ansicht emanzipieren: man könne aus ökonomischen Verschiebungen die Reformation als *entwicklungsgeschichtlich notwendig* deduzieren. Ungezählte historische Konstellationen, die nicht nur in kein *ökonomisches Gesetz,* sondern überhaupt in keinen ökonomischen Gesichtspunkt irgendwelcher Art sich einfügen, namentlich rein politische Vorgänge, mußten zusammenwirken, damit die neu geschaffenen Kirchen überhaupt fortzubestehen vermochten. Aber andererseits soll ganz und gar nicht eine so töricht-doktrinäre These[32] verfochten werden wie etwa die: daß der *kapitalistische Geist* (immer in dem provisorisch hier verwendeten Sinn dieses Wortes) nur als Ausfluß bestimmter Einflüsse der Reformation habe entstehen können oder wohl gar: daß der Kapitalismus als Wirtschaftssystem ein Erzeugnis der Reformation sei. Schon daß gewisse wichtige Formen kapitalistischen Geschäftsbetriebs notorisch erheblich älter sind als die Reformation, stände einer solchen Ansicht ein für allemal im Wege. Sondern es soll nur festgestellt werden: ob und wieweit religiöse Einflüsse bei der qualitativen Prägung und quantitativen Expansion jenes *Geistes* über die Welt hin mit

[32] Eben diese ist mir – trotz dieser und der folgenden, unverändert stehengebliebenen m. E. hinlänglich deutlichen Bemerkungen – seltsamerweise immer wieder unterstellt worden.

beteiligt gewesen sind und welche konkreten Seiten der auf kapitalistischer Basis ruhenden Kultur auf sie zurückgehen. Dabei kann nun angesichts des ungeheuren Gewirrs gegenseitiger Beeinflussungen zwischen den materiellen Unterlagen, den sozialen und politischen Organisationsformen und dem geistigen Gehalte der reformatorischen Kulturepochen nur so verfahren werden, daß zunächst untersucht wird, ob und in welchen Punkten bestimmte *Wahlverwandtschaften* zwischen gewissen Formen des religiösen Glaubens und der Berufsethik erkennbar sind. Damit wird zugleich die Art und allgemeine Richtung, in welcher infolge solcher Wahlverwandtschaften die religiöse Bewegung auf die Entwicklung der materiellen Kultur einwirkte, nach Möglichkeit verdeutlicht. Alsdann erst, wenn dies leidlich eindeutig feststeht, könnte der Versuch gemacht werden, abzuschätzen, in welchem Maße moderne Kulturinhalte in ihrer geschichtlichen Entstehung jenen religiösen Motiven und inwieweit anderen zuzurechnen sind.

II. Die Berufsethik des asketischen Protestantismus

1. Die religiösen Grundlagen der innerweltlichen Askese

Die geschichtlichen Träger des asketischen Protestantismus (im hier gebrauchten Sinn des Ausdrucks) sind in der Hauptsache viererlei: 1. der Calvinismus in der Gestalt, welche er in den westeuropäischen Hauptgebieten seiner Herrschaft im Lauf insbesondere des 17. Jahrhunderts annahm; 2. der Pietismus; 3. der Methodismus; 4. die aus der täuferischen Bewegung hervorgewachsenen Sekten.[1] Keine dieser Bewegungen stand der anderen absolut gesondert gegenüber und auch die Absonderung von den nicht asketischen Reformationskirchen ist keine streng durchgeführte. Der Methodismus ist erst in der Mitte des 18. Jahrhunderts innerhalb der englischen Staatskirche entstanden, wollte nach der Absicht seiner Begründer nicht sowohl eine neue Kirche, als eine Neuerweckung des asketischen Geistes innerhalb der alten sein, und wurde erst im Lauf seiner Entwicklung, insbesondere beim Übergreifen nach Amerika, von der anglikanischen Kirche getrennt. Der Pietismus ist auf dem Boden des Calvinismus in England und besonders in Holland zuerst erwachsen, blieb durch ganz unmerkliche Übergänge mit der Orthodoxie verknüpft, und vollzog dann gegen Ende des 17. Jahrhunderts in der Wirksamkeit Speners seinen Eintritt in das Luthertum, teilweise dogmatisch umfundamentiert. Er blieb eine Bewegung innerhalb der Kirche und nur die an Zinzendorf anknüpfende, durch Nachklänge hussitischer und calvinistischer Einflüsse in der mährischen Brüdergemeinde mitbestimmte Richtung (Herrnhuter) wurde, wie der Methodismus, gegen ihren Willen zu einer eigentümlichen Art von Sektenbildung gedrängt. Calvinismus und Täufertum standen im Anfang ihrer Entwicklung sich schroff getrennt gegenüber, aber im Baptismus des späteren 17. Jahrhunderts berührten sie einander dicht, und schon in den independentischen Sekten Englands und Hollands zu Anfang desselben war der Übergang ein stufenweiser. Wie der Pietismus zeigt, ist auch der Übergang zum Luthertum ein allmählicher, und ebenso steht es zwischen dem Calvinismus

[1] Den Zwinglianismus behandeln wir nicht gesondert, da er nach kurzer großer Machtstellung schnell an Bedeutung zurückging. – Der *Arminianismus*, dessen dogmatische Eigenart in der Ablehnung des Prädestinationsdogmas in seiner schroffen Formulierung bestand und der die *innerweltliche Askese* ablehnte, ist als Sekte nur in Holland (und den Ver. Staaten) konstituiert und in diesem Kapitel für uns ohne Interesse bzw. nur von dem negativen Interesse: daß er die Konfession des kaufmännischen Patriziats in Holland war (s. darüber später). Seine Dogmatik galt in der anglikanischen Kirche und in den meisten methodistischen Denominationen. Seine *erastianische* (d. h. die Souveränität des Staates auch in Kirchensachen vertretende) Haltung war aber die aller rein politisch interessierten Instanzen, des Langen Parlaments in England ganz ebenso wie der Elisabeths und der niederländischen Generalstaaten, vor allem: Oldenbarneveldts.

und der in ihrem äußeren Charakter und dem Geist ihrer konsequentesten Bekenner dem Katholizismus verwandten anglikanischen Kirche. Jene asketische Bewegung, welche im weitesten Sinn dieses vieldeutigen Wortes als *Puritanismus* bezeichnet wurde[2], griff zwar in der Masse ihrer Anhänger und namentlich in ihren konsequenten Verfechtern die Grundlagen des Anglikanismus an, aber auch hier verschärften sich die Gegensätze erst allmählich im Kampf. Und auch wenn wir die hier zunächst nicht interessierenden Fragen der Verfassung und Organisation vorerst gänzlich beiseite lassen – ja dann erst recht – bleibt der Sachverhalt der gleiche. Die dogmatischen Differenzen, selbst die wichtigsten, wie die über die Prädestinations- und Rechtfertigungslehre, gingen in den mannigfaltigsten Kombinationen ineinander über und hinderten schon zu Anfang des 17. Jahrhunderts die Aufrechterhaltung kirchlicher Gemeinschaft zwar regelmäßig, aber doch nicht ausnahmslos. Und vor allem: Die für uns wichtigen Erscheinungen der sittlichen Lebensführung finden sich bei den Anhängern der verschiedensten, aus einer der oben verzeichneten vier Quellen oder einer Kombination mehrerer aus ihnen hervorgegangenen Denominationen in gleichartiger Weise. Wir werden sehen, daß ähnliche ethische Maximen mit verschiedenen dogmatischen Unterlagen verknüpft sein konnten. Auch die für den Betrieb der Seelsorge bestimmten einflußreichen literarischen Hilfsmittel, vor allem die casuistischen Kompendien der verschiedenen Konfessionen, beeinflußten sich im Lauf der Zeit gegenseitig, und man findet in ihnen große Ähnlichkeiten trotz notorisch sehr verschiedener Praxis der Lebensführung. Es könnte also fast scheinen, als täten wir am besten, die dogmatischen Unterlagen ebenso wie die ethische Theorie ganz zu ignorieren und uns rein an die sittliche Praxis zu halten, soweit sie feststellbar ist. – Allein dem ist eben dennoch nicht so. Die untereinander verschiedenen dogmatischen Wurzeln der asketischen Sittlichkeit starben freilich, nach fürchterlichen Kämpfen, ab. Aber die ursprüngliche Verankerung an jenen Dogmen hat nicht nur in der *undogmatischen* späteren Ethik mächtige Spuren hinterlassen, sondern nur die Kenntnis des ursprünglichen Gedankengehalts lehrt verstehen, wie jene Sittlichkeit mit dem die innerlichsten Menschen jener Zeit absolut beherrschenden Gedanken an das Jenseits verknüpft war, ohne dessen alles überragende Macht damals keinerlei die Lebenspraxis ernstlich beeinflussende sittliche Erneuerung ins Werk gesetzt worden ist. Denn selbstverständlich nicht auf das, was etwa in ethischen Kompendien der Zeit theoretisch und offiziell gelehrt wurde, – so gewiß auch

2 Über die Entwicklung des Begriffs *Puritanismus* s. statt Andrer Sanford in den *Studies and Reflections of the Great Rebellion* S. 65 f. Wir brauchen hier den Ausdruck, wo wir ihn überhaupt anwenden, stets in dem Sinn, den er in der populären Sprache des 17. Jahrhunderts angenommen hatte: die asketisch gerichteten religiösen Bewegungen in Holland und England, ohne Unterschied der Kirchenverfassungsprogramme und Dogmen, also mit Einschluß der *Independenten,* Kongregationalisten, Baptisten, Mennoniten und Quäker.

dies durch den Einfluß von Kirchenzucht, Seelsorge und Predigt praktische Bedeutung hatte, – kommt es für uns an[3], sondern auf etwas ganz anderes: auf die Ermittlung derjenigen durch den religiösen Glauben und die Praxis des religiösen Lebens geschaffenen psychologischen Antriebe, welche der Lebensführung die Richtung wiesen und das Individuum in ihr festhielten. Diese Antriebe aber entsprangen nun einmal in hohem Maß auch der Eigenart der religiösen Glaubensvorstellungen. Der damalige Mensch grübelte über scheinbar abstrakte Dogmen in einem Maße, welches seinerseits wieder nur verständlich wird, wenn wir deren Zusammenhang mit praktisch-religiösen Interessen durchschauen. Der Weg durch einige dogmatische Betrachtungen[4],

[3] Das ist in den Erörterungen dieser Fragen sehr arg verkannt worden. Namentlich Sombart, aber auch Brentano, zitieren stets die ethischen Schriftsteller (meist solche, die sie bei mir kennen lernten) wie Kodifikationen von Lebensregeln, ohne je zu fragen, für welche von diesen denn die psychologisch allein wirksamen Heilsprämien gegeben waren.

[4] Ich brauche kaum besonders zu betonen, daß diese Skizze, soweit sie sich auf rein dogmatischem Gebiet bewegt, überall an die Formulierungen der kirchen- und dogmengeschichtlichen Literatur, also an die *zweite Hand* angelehnt ist und insoweit schlechterdings keinerlei *Originalität* beansprucht. Selbstverständlich habe ich mich nach Vermögen in die Quellen der Reformationsgeschichte zu vertiefen gesucht. Aber dabei die intensive und feinsinnige theologische Arbeit vieler Jahrzehnte ignorieren zu wollen, statt sich – wie das ganz unvermeidlich ist – von ihr zum Verständnis der Quellen leiten zu lassen, wäre eine starke Anmaßung gewesen. Ich muß hoffen, daß die notgedrungene Kürze der Skizze nicht zu inkorrekten Formulierungen geführt hat, und daß ich wenigstens sachlich erhebliche Mißverständnisse vermieden habe. *Neues* enthält die Darstellung für jeden mit der wichtigsten theologischen Literatur Vertrauten sicherlich nur insofern, als natürlich Alles auf die für uns wichtigen Gesichtspunkte abgestellt ist, von denen manche gerade entscheidend bedeutsame, – wie z. B. der rationale Charakter der Askese und ihre Bedeutung für den modernen *Lebensstil,* – theologischen Darstellern naturgemäß ferner lagen. Auf diese und überhaupt auf die soziologische Seite der Sache ist, seit dieser Aufsatz erschien, durch das schon oben zitierte Werk von E. Tröltsch – dessen *Gerhard und Melanchthon* sowie zahlreiche Rezensionen in den Gött. Gel. Anz. bereits manche Vorläufer seiner großen Arbeit enthalten, – systematisch eingegangen worden. – Zitiert ist, schon aus Raumgründen, nicht alles Mitbenutzte, sondern jeweils nur diejenigen Arbeiten, denen der betreffende Teil des Textes folgt oder an die er anknüpft. Dies sind nicht selten gerade ältere Autoren, wenn ihnen die hier interessierenden Gesichtspunkte näher lagen. Die ganz ungenügende pekuniäre Ausstattung der deutschen Bibliotheken bringt es mit sich, daß man in der *Provinz* die allerwichtigsten Quellenschriften und Arbeiten nur auf kurze Wochen leihweise von Berlin oder anderen großen Bibliotheken erhalten kann. So etwa Voët, Baxter, Tyermans Wesley, alle methodistischen, baptistischen und Quäker-Schriftsteller und viele nicht im Corpus Reformatorum enthaltenen Schriftsteller der ersten Zeit überhaupt. Vielfach ist der Besuch englischer und namentlich amerikanischer Bibliotheken für jedes eingehende Studium unerläßlich. Für die nachstehende Skizze mußte (und konnte auch) natürlich im allgemeinen genügen, was in Deutschland erhältlich war. – In Amerika führt seit einiger Zeit die charakteristische geflissentliche Verleugnung der eigenen *sektiererischen* Vergangenheit durch die Universitäten dazu, daß die Bibliotheken wenig oder oft geradezu nichts Neues an derartiger Literatur anschaffen, – ein Einzelzug aus jener allge-

welcher dem nicht theologischen Leser ebenso mühsam wie dem theologisch Gebildeten hastig und oberflächlich erscheinen muß, ist unvermeidlich. Dabei können wir freilich nur so verfahren, daß wir die religiösen Gedanken in einer *idealtypisch* kompilierten Konsequenz vorführen, wie sie in der historischen Realität nur selten anzutreffen war. Denn gerade wegen der Unmöglichkeit, in der historischen Wirklichkeit scharfe Grenzen zu ziehen, können wir nur bei Untersuchung ihrer konsequentesten Formen hoffen, auf ihre spezifischen Wirkungen zu stoßen. –

Der Glaube[5] nun, um welchen in den kapitalistisch höchst entwickelten Kulturländern: den Niederlanden, England, Frankreich im 16. und 17. Jahrhundert die großen politischen und Kulturkämpfe geführt worden sind und dem wir uns deshalb zuerst zuwenden, war der Calvinismus.[6] Als sein am

meinen Tendenz zur *Säkularisation* des amerikanischen Lebens, welche in nicht langer Zeit den historisch überkommenen Volkscharakter aufgelöst und den Sinn mancher grundlegenden Institutionen des Landes völlig und endgültig verändert haben wird. Man muß zu den orthodoxen kleinen Sekten-Colleges auf das Land gehen.

[5] Wir interessieren uns nachstehend zunächst in keiner Weise für Herkunft, Antezedentien und Entwicklungsgeschichte der asketischen Richtungen, sondern nehmen ihren Gedankengehalt so, wie er, voll entwickelt, war, als gegebene Größe hin.

[6] Über Calvin und den Calvinismus im allgemeinen unterrichtet neben der grundlegenden Arbeit von Kampschulte mit am besten die Darstellung von Erich Marcks (in seinem *Coligny)*. Nicht überall kritisch und tendenzfrei ist Campbell, The Puritans in Holland, England und Amerika (2 Bde.). Eine stark anticalvinistische Parteischrift sind Piersons Studien over Johan Calvijn. Für die holländische Entwicklung sind neben Motley die niederländischen Klassiker, speziell Groen van Prinsterer, Geschied. v. h. Vaderland; – La Hollande et l'influence de Calvin (1864); – Le parti antirévolutionnaire et confessionnel dans l'église des P. B. (1860: Für das moderne Holland); – ferner vor allem Fruin's Tien jaren uit den tachtigjarigen oorlog und besonders Naber's Calvinist of Libertijnsch zu vergleichen, daneben W. J. F. Nuyens, Gesch. der kerkel. an pol. geschillen in de Rep. de Ver. Prov. (Amst. 1886): A. Köhler, Die niederl. ref. Kirche (Erlangen 1856) für das 19. Jahrhundert, für Frankreich neben Polenz jetzt Baird, Rise of the Huguenots, für England neben Carlyle, Macaulay, Masson und – last not least – Ranke jetzt vor allem die verschiedenen später zu zitierenden Arbeiten von Gardiner und Firth, ferner z. B. Taylor, A retrospect of the religious life in England (1854) und das vortreffliche Buch von Weingarten über *Die englischen Revolutions-Kirchen,* dazu der Aufsatz über die englischen *Moralisten* von E. Tröltsch in der Realenzyklopädie für Protest. Theol. u. Kirche 3. Aufl., ferner – selbstverständlich – dessen *Soziallehren der christlichen Kirchen und Gruppen* und Ed. Bernsteins ausgezeichneter Essay in der *Geschichte des Sozialismus* (Stuttgart 1895, Bd. I S. 506 f.). Beste Bibliographie (über 7000 Nummern) bei Dexter, Congregationalism of the last 300 years (freilich vornehmlich – aber doch nicht ausschließlich – Kirchenverfassungsfragen). Das Buch steht ganz wesentlich höher als Price (Hist. of Nonconformism), Skeats und andere Darstellungen. Für Schottland z. B. Sack, K. von Schottland (1844) und die Literatur über John Knox. Für die amerikanischen Kolonien ragt aus der zahlreichen Einzelliteratur das Werk von Doyle, The English in Amerika hervor. Ferner: Daniel Wait Howe, The Puritan Republic (Indianapolis, The Bowen-Merrill-Cy publishers), J. Brown, The pilgrim fathers of New England and their

meisten charakteristisches Dogma galt damals und gilt im allgemeinen auch heute die Lehre von der Gnadenwahl. Man hat zwar darüber gestritten, ob sie *das wesentlichste* Dogma der reformierten Kirche oder ein *Anhängsel* sei. Urteile über die Wesentlichkeit einer historischen Erscheinung sind nun aber entweder Wert- und Glaubensurteile – dann nämlich, wenn das an ihr allein *Interessierende* oder allein dauernd *Wertvolle* damit gemeint ist. Oder es ist das wegen seines Einflusses auf andere historische Hergänge kausal Bedeutsame gemeint: Dann handelt es sich um historische Zurechnungsurteile. Geht man nun, wie dies hier zu geschehen hat, von diesem letzteren Gesichtspunkt aus und fragt also nach der Bedeutung, welche jenem Dogma nach seinen kulturgeschichtlichen Wirkungen zuzumessen ist, so müssen diese sicherlich hoch angeschlagen werden.[7] Der Kulturkampf, den Oldenbarneveldt führte, zerschellte an ihm, die Spaltung in der englischen Kirche wurde unter Jakob I. unüberbrückbar, seit Krone und Puritanismus auch dogmatisch – eben über diese Lehre – differierten, und überhaupt wurde sie in erster Linie als das Staatsgefährliche am Calvinismus aufgefaßt und obrigkeitlich bekämpft.[8] Die

Puritan successors (3d ed. Revell). Weitere Zitate am gegebenen Ort. Für die Lehrunterschiede ist die nachfolgende Darstellung ganz besonders Schneckenburgers schon früher zitiertem Vorlesungszyklus verpflichtet. - Ritschls grundlegendes Werk: Die christliche Lehre von der Rechtfertigung und Versöhnung (3 Bde. hier nach der 3. Auflage zitiert) zeigt in der starken Untermischung der historischen Darstellung mit Werturteilen die ausgeprägte Eigenart des Verfassers, welche bei aller Großartigkeit der gedanklichen Schärfe dem Benutzer nicht immer die volle Sicherheit der *Objektivität* gibt. Wo er z. B. Schneckenburgers Darstellung ablehnt, ist mir das Recht dazu oft zweifelhaft geblieben, so wenig ich mir im übrigen ein eigenes Urteil anmaße. Was ferner z. B. für ihn aus der großen Mannigfaltigkeit der religiösen Gedanken und Stimmungen, schon bei Luther selbst, als *lutherische* Lehre gilt, scheint oft durch Werturteile festgestellt: es ist das, was für Ritschl dauernd wertvoll am Luthertum ist. Es ist Luthertum, wie es (nach R.) sein sollte, nicht immer, wie es war. Daß die Werke von Karl Müller, Seeberg u. ä. überall benutzt sind, bedarf wohl nicht der besonderen Erwähnung. – Wenn ich nachstehend dem Leser ebenso wie mir selbst die Pönitenz einer bösen Fußnotengeschwulst auferlegt habe, so war dafür eben die Nötigung entscheidend, eine wenigstens vorläufige Nachprüfung der Gedanken dieser Skizze, auch durch Andeutung mancher weiter daran sich anschließenden Gesichtspunkte, speziell den nicht theologischen Lesern zu ermöglichen.

[7] Zu der folgenden Skizze mag von vornherein nachdrücklich darauf hingewiesen werden, daß wir hier nicht die persönlichen Ansichten Calvins, sondern den Calvinismus betrachten, und auch diesen in derjenigen Gestalt, zu welcher er sich Ende des 16. und im 17. Jahrhundert in den großen Gebieten seines beherrschenden Einflusses, die zugleich Träger kapitalistischer Kultur waren, entwickelt hat. Deutschland bleibt vorerst ganz beiseite, da der reine Calvinismus hier nirgends große Gebiete beherrscht hat. *Reformiert* ist natürlich keineswegs identisch mit *calvinistisch.*

[8] Schon die von der Universität Cambridge mit dem Erzbischof von Canterbury vereinbarte Deklaration des 17. Artikels des anglikanischen Bekenntnisses, der sog. Lambeth-Artikel von 1595, welcher (im Gegensatz zur offiziellen Fassung) ausdrücklich auch die Prädestination zum Tode lehrten, wurde von der Königin nicht ratifiziert. Auf die ausdrückliche Prädestination zum Tode (nicht nur: die *Zulassung* der Verdammnis, wie die

großen Synoden des 17. Jahrhunderts, vor allem Dordrecht und Westminster, daneben zahlreiche kleinere, stellten ihre Erhebung zu kanonischer Gültigkeit in den Mittelpunkt ihrer Arbeit; unzähligen der Helden der *ecclesia militans* hat sie als fester Halt gedient und im 18. ebenso wie im 19. Jahrhundert hat sie Kirchenspaltungen hervorgerufen und bei großen Neuerweckungen das Schlachtgeschrei abgegeben. Wir können an ihr nicht vorbeigehen und lernen zunächst ihren Inhalt, – da er heute nicht mehr als jedem Gebildeten bekannt gelten darf, – authentisch aus den Sätzen der *Westminster confession* von 1647 kennen, welche in diesem Punkt sowohl von independentischen als von baptistischen Glaubensbekenntnissen einfach wiederholt worden ist:[9]

Kapitel 9. (Vom freien Willen.) Nr. 3: Der Mensch hat durch seinen Fall in den Stand der Sünde gänzlich alle Fähigkeit seines Willens zu irgend etwas geistlich Gutem und die Seligkeit mit sich Führendem verloren, so sehr, daß ein natürlicher Mensch, als gänzlich abgewandt vom Guten und tot in Sünde, nicht fähig ist sich zu bekehren oder sich auch nur dafür vorzubereiten.

Kapitel 3. (Von Gottes ewigem Ratschluß.) Nr. 3: Gott hat zur Offenbarung seiner Herrlichkeit durch seinen Beschluß einige Menschen ... bestimmt (predestinated) zu ewigem Leben und andere verordnet (foreordained) zu ewigem Tode. Nr. 5: Diejenigen aus dem Menschengeschlecht, welche bestimmt sind zum Leben, hat Gott, bevor der Grund der Welt gelegt wurde, nach seinem ewigen und unveränderlichen Vorsatz und dem geheimen Ratschluß und der Willkür seines Willens erwählt in Christus zu ewiger Herrlichkeit, und dies aus reiner freier Gnade und Liebe, nicht etwa so, daß die Voraussicht von Glauben oder guten Werken oder Beharrlichkeit in einem von beiden, oder irgend etwas anderes in den Geschöpfen, als Bedingung oder Ursache, ihn dazu bewogen hätten, sondern alles zum Preise seiner herrlichen Gnade. Nr. 7: Es gefiel Gott, die übrigen des Menschengeschlechts gemäß dem unerforschlichen Rat seines Willens, wonach er Gnade erteilt oder vorenthält, wie es ihm gefällt, zur Verherrlichung seiner unumschränkten Macht über seine Geschöpfe zu übergehen und sie zu ordnen zu Unehre und Zorn für ihre Sünde, zum Preise seiner herrlichen Gerechtigkeit.

Kapitel 10. (Von wirksamer Berufung.) Nr. 1: Es gefällt Gott, alle die, welche er bestimmt hat zum Leben, und nur sie, zu der von ihm festgesetzten und passenden Zeit durch sein Wort und seinen Geist wirksam zu berufen ... indem er hinwegnimmt ihr steinernes Herz und ihnen gibt ein fleischernes Herz, indem er ihren Willen erneuert und durch seine allmächtige Kraft sie für das, was gut ist, entscheidet...

mildere Lehre wollte), legten gerade die Radikalen entscheidendes Gewicht (so die Hanserd Knollys Confession).

[9] Den Wortlaut der hier und weiterhin zitierten calvinistischen Symbole s. bei Karl Müller, Die Bekenntnisschriften der reformierten Kirche. Leipzig 1903. Weitere Zitate am gegebenen Ort.

Kapitel 5. (Von der Vorsehung.) Nr. 6: Was die bösen und gottlosen Menschen betrifft, welche Gott als ein gerechter Richter um früherer Sünden willen verblendet und verhärtet, so entzieht er ihnen nicht allein seine Gnade, durch welche ihr Verstand hätte erleuchtet und ihre Herzen ergriffen werden können, sondern zuweilen entzieht er ihnen auch die Gaben, die sie hatten, und bringt sie mit solchen Gegenständen in Beziehung, aus welchen ihr Verderbnis eine Gelegenheit zur Sünde macht, und übergibt sie außerdem ihren eigenen Lüsten, den Versuchungen der Welt und der Macht Satans, wodurch es geschieht, daß sie sich selbst verhärten, sogar durch dieselben Mittel, deren Gott sich zur Erweichung anderer bedient.[10]

Mag ich zur Hölle fahren, aber solch ein Gott wird niemals meine Achtung erzwingen – war bekanntlich Miltons Urteil über die Lehre.[11] Aber nicht auf eine Wertung, sondern auf die geschichtliche Stellung des Dogmas kommt es für uns hier an. Nur kurz können wir bei der Frage verweilen: wie diese Lehre entstand und welchen Gedankenzusammenhängen in der calvinistischen Theologie sie sich einfügte. Zwei Wege zu ihr waren möglich. Das Phänomen des religiösen Erlösungsgefühls verknüpft sich gerade bei den aktivsten und leidenschaftlichsten jener großen Beter, wie sie die Geschichte des Christentums seit Augustin immer wieder gesehen hat, mit der sicheren Empfindung, alles der ausschließlichen Wirksamkeit einer objektiven Macht, nicht das geringste dem eigenen Wert zu danken zu haben: Die mächtige Stimmung froher Sicherheit, in welche sich der ungeheure Krampf des Sündengefühls bei ihnen entlädt, bricht scheinbar gänzlich unvermittelt über sie herein und vernichtet jede Möglichkeit der Vorstellung, daß dieses unerhörte Gnadengeschenk irgendwelcher eigenen Mitwirkung verdankt werden oder mit Leistungen oder Qualitäten des eigenen Glaubens und Wollens verknüpft sein könnte. In jenen Zeiten seiner höchsten religiösen Genialität, in welcher Luther seine *Freiheit eines Christenmenschen* zu schreiben fähig war, stand auch ihm der *heimliche*

[10] Vgl. die Savoy und die (amerikanische) Hanserd Knollys Declaration, Über den Prädestinatianismus der Hugenotten s. u. a. Polenz I 545 ff.

[11] Über Miltons Theologie s. den Aufsatz von Eibach in den Theol. Studien und Kritiken 1879 (oberflächlich ist darüber Macaulays Essay anläßlich der Sumnerschen Übersetzung der 1823 wiedergefundenen *Doctrina Christiana,* Tauchnitz Ed. 185 S. 1 f.), für alles Nähere natürlich das, etwas allzu schematisch gegliederte, sechsbändige englische Hauptwerk von Masson und die auf ihm ruhende deutsche Biographie Miltons von Stern. – Milton begann früh über die Prädestinationslehre in der Form des doppelten Dekrets herauszuwachsen bis zu der schließlich ganz freien Christlichkeit seines Greisenalters. In seiner Loslösung von aller Gebundenheit an die eigene Zeit läßt er sich in gewissem Sinn mit Sebastian Franck vergleichen. Nur war Milton eine praktisch-positive, Franck eine wesentlich kritische Natur. Milton ist *Puritaner* nur in jenem weitem Sinn rationaler Orientierung des Lebens innerhalb der Welt am göttlichen Willen, welche die dauernde Erbschaft des Calvinismus für die Nachwelt dargestellt hat. In ganz ähnlichem Sinne könnte man Franck einen *Puritaner* nennen. Beide bleiben, als *Einspänner,* für uns im einzelnen außer Betracht.

Ratschluß Gottes als absolut alleinige grundlose Quelle seines religiösen Gnadenbestandes am festesten.[12] Er gab ihn auch später nicht förmlich auf, – aber nicht nur gewann der Gedanke keine zentrale Stellung bei ihm, sondern er tritt immer mehr in den Hintergrund, je *realpolitischer* er als verantwortlicher Kirchenpolitiker notgedrungen wurde. Melanchthon vermied es ganz absichtlich, die *gefährliche und dunkle* Lehre in die Augsburger Konfession aufzunehmen und für die Kirchenväter des Luthertums stand es dogmatisch fest, daß die Gnade verlierbar (amissibilis) ist und durch bußfertige Demut und gläubiges Vertrauen auf Gottes Wort und die Sakramente neu gewonnen werden kann. Gerade umgekehrt verlief der Prozeß bei Calvin[13] in einer fühlbaren Steigerung der Bedeutung der Lehre im Verlauf seiner polemischen Auseinandersetzung mit dogmatischen Gegnern. Sie ist erst in der dritten Auflage seiner *Institutio* voll entfaltet und gewinnt ihre zentrale Stellung erst posthum in den großen Kulturkämpfen, welche die Synoden von Dordrecht und Westminster abzuschließen suchten. Bei Calvin ist eben das *decretum horribile* nicht wie bei Luther erlebt, sondern erdacht, und deshalb in seiner Bedeutung gesteigert mit jeder weiteren Steigerung der gedanklichen Konsequenz in der Richtung seines lediglich Gott, nicht den Menschen, zugewendeten religiösen Interesses.[14] Nicht Gott ist um der Menschen, sondern die Menschen sind um Gottes willen da, und alles Geschehen – also auch die für Calvin zweifellose Tatsache, daß nur ein kleiner Teil der Menschen zur Seligkeit berufen ist – kann seinen Sinn ausschließlich als Mittel zum Zweck der Selbstverherrlichung von Gottes Majestät haben. Maßstäbe irdischer *Gerechtigkeit* an seine souveränen Verfügungen anzulegen, ist sinnlos und eine Verletzung seiner Majestät[15], da er, und er allein, frei, d.h. keinem Gesetz unterstellt ist, und seine Ratschlüsse uns nur soweit verständlich und überhaupt bekannt sein können, als er es für gut befand, sie uns mitzuteilen. An diese Fragmente der ewigen Wahrheit allein

[12] *Hic est fidei summus gradus: credere Deum esse clementem, qui tam paucos salvat, – justum, qui sua voluntate nos damnabiles facit* – lautet die berühmte Stelle in der Schrift de servo arbitrio.

[13] Beide, Luther und Calvin, kannten eben im Grunde – s. Ritschls Bemerkungen in der Geschichte des Pietismus und Köstlin s. v. *Gott* R. f. Prot. Theol. und K. 3. Aufl. – einen doppelten Gott: den geoffenbarten gnädigen und gütigen Vater des N. T., – denn dieser beherrscht die ersten Bücher der Institutio Christiana, – und dahinter den *Deus absconditus* als willkürlich schaltenden Despoten. Bei Luther behielt der Gott des Neuen Testaments ganz die Oberhand, weil er die Reflexion über das Metaphysische, als nutzlos und gefährlich, zunehmend mied, bei Calvin gewann der Gedanke an die transzendente Gottheit Macht über das Leben. In der populären Entwicklung des Calvinismus freilich konnte sie sich nicht halten, – aber nicht der himmlische Vater des Neuen Testaments, sondern der Jehova des Alten trat nunmehr an ihre Stelle.

[14] Vgl. zum Folgenden: Scheibe, Calvins Prädestinationslehre, Halle 1897. Zur calvinistischen Theologie überhaupt: Heppe, Dogmatik der evangelisch-reformierten Kirche. Elberfeld 1861.

[15] Corpus Reformatorum Vol. 77 p. 186 ff.

können wir uns halten, alles andere: – der Sinn unseres individuellen Schicksals, – ist von dunklen Geheimnissen umgeben, die zu ergründen unmöglich und vermessen ist. Wenn etwa die Verworfenen über das ihrige als unverdient klagen wollten, so wäre das ähnlich, als wenn die Tiere sich beschweren würden, nicht als Menschen geboren zu sein. Denn alle Kreatur ist durch eine unüberbrückbare Kluft von Gott geschieden und verdient vor ihm, soweit er nicht zur Verherrlichung seiner Majestät ein anderes beschlossen hat, lediglich den ewigen Tod. Was wir wissen, ist nur: daß ein Teil der Menschen selig wird, ein anderer verdammt bleibt. Anzunehmen, daß menschliches Verdienst oder Verschulden dieses Schicksal mitbestimme, hieße Gottes absolut freie Entschlüsse, die von Ewigkeit her feststehen, als durch menschliche Einwirkung wandelbar ansehen: ein unmöglicher Gedanke. Aus dem menschlich verständlichen *Vater im Himmel* des Neuen Testaments, der sich über die Wiederkehr des Sünders freut, wie ein Weib über den wiedergefundenen Groschen, ist hier ein jedem menschlichen Verständnis entzogenes transzendentes Wesen geworden, welches von Ewigkeit her nach gänzlich unerforschlichen Ratschlüssen jedem einzelnen sein Geschick zugeteilt und über alles Kleinste im Kosmos verfügt hat.[16] Gottes Gnade ist, da seine Ratschlüsse unwandelbar feststehen, ebenso unverlierbar für die, welchen er sie zuwendet, wie unerreichbar für die, welchen er sie versagt.

In ihrer pathetischen Unmenschlichkeit mußte diese Lehre nun für die Stimmung einer Generation, die sich ihrer grandiosen Konsequenz ergab, vor allem eine Folge haben: ein Gefühl einer unerhörten inneren Vereinsamung des einzelnen Individuums.[17] In der für die Menschen der Reformationszeit entscheidendsten Angelegenheit des Lebens: der ewigen Seligkeit, war der Mensch darauf verwiesen, seine Straße einsam zu ziehen, einem von Ewigkeit her feststehenden Schicksal entgegen. Niemand konnte ihm helfen. Kein Prediger: – denn nur der Erwählte kann das Gotteswort spiritualiter verstehen. Kein Sakrament: – denn die Sakramente sind zwar von Gott zur Mehrung seines Ruhms verordnet und deshalb unverbrüchlich zu halten, aber kein Mittel,

[16] Man kann die vorstehende Darstellung des calvinistischen Lehrbegriffes ziemlich in der hier gegebenen Form z. B. in Hoornbeeks Theologia practica (Utrecht 1663) L. II c. 1: de praedestinatione – der Abschnitt steht charakteristischerweise direkt hinter dem Titel: De Deo – nachlesen. Schriftgrundlage ist bei H. hauptsächlich das erste Kapitel des Epheserbriefes. – Die verschiedenen inkonsequenten Versuche, mit der Prädestination und Vorsehung Gottes die Verantwortlichkeit des Individuums zu kombinieren und die empirische *Freiheit* des Willens zu retten, – wie sie schon beim ersten Ausbau der Lehre bei Augustin begannen –, haben wir hier nicht nötig zu analysieren.

[17] *The deepest community (mit Gott) is found not in institutions or corporations or churches, but in the secrets of a solitary heart,* formuliert Dowden in seinem schönen Buch: Puritan and Anglican (S. 234) den entscheidenden Punkt. Diese tiefe innere Vereinsamung des einzelnen ist ganz ebenso auch bei den Jansenisten von Port Royal eingetreten, welche Prädestinatianer waren.

Gottes Gnade zu erlangen, sondern subjektiv nur *externa subsidia* des Glaubens. Keine Kirche: – denn es gilt zwar der Satz *extra ecclesiam nulla salus* in dem Sinne, daß, wer sich von der wahren Kirche fernhält, nimmermehr zu den von Gott Erwählten gehören kann[18]; aber zur (äußeren) Kirche gehören auch die Reprobierten, ja sie sollen dazu gehören und ihren Zuchtmitteln unterworfen werden, nicht um dadurch zur Seligkeit zu gelangen, – das ist unmöglich, – sondern weil auch sie zu Gottes Ruhm zur Innehaltung seiner Gebote gezwungen werden müssen. Endlich auch: – kein Gott: denn auch Christus ist nur für die Erwählten gestorben[19] denen Gott seinen Opfertod zuzurechnen von Ewigkeit her beschlossen hatte. Dies: der absolute (im Luthertum noch keineswegs in allen Konsequenzen vollzogene) Fortfall kirchlich-sakramentalen Heils, war gegenüber dem Katholizismus das absolut Entscheidende. Jener große religionsgeschichtliche Prozeß der Entzauberung der Welt[20], welcher mit der altjüdischen Prophetie einsetzte und, im Verein mit dem hellenischen wissenschaftlichen Denken, alle magischen Mittel der Heilssuche als Aberglaube und Frevel verwarf, fand hier seinen Abschluß. Der echte Puritaner verwarf ja sogar jede Spur von religiösen Zeremonien am Grabe und begrub die ihm Nächststehenden sang- und klanglos, um nur ja keinerlei *superstition:* kein Vertrauen auf Heilswirkungen magisch-sakramentaler Art, aufkommen zu lassen.[21] Es gab nicht nur kein magisches, sondern überhaupt kein Mittel, die Gnade Gottes dem zuzuwenden, dem Gott sie zu versagen sich entschlossen hatte. Verbunden mit der schroffen Lehre von der unbedingten Gottferne und Wertlosigkeit alles rein Kreatürlichen enthält diese inne-

[18] Contra qui hujusmodi coetum (nämlich eine Kirche, in der reine Lehre, Sakramente und Kirchenzucht bestehen) contemnunt ... salutis suae certi esse non possunt; et qui in illo contemtu perseverat electus non est. Olevian, de subst. foed. p. 222.

[19] *Man sagt wohl, daß Gott seinen Sohn gesandt habe, um das Menschengeschlecht zu erlösen, – aber das war sein Zweck nicht, er wollte nur einigen aus dem Fall aufhelfen .... und ich sage euch, daß Gott nur für die Auserlesenen gestorben ist* ... (Predigt, gehalten 1609 zu Broek bei Rogge, Wtenbogaert II p. 9. Vgl. Nuyens a. a. O. II S. 232.) Verwickelt ist auch die Begründung der Mittlerschaft Christi in der Hanserd Knollys Confession. Daß Gott dieses Mittels eigentlich gar nicht bedurft hätte, wird eigentlich überall vorausgesetzt.

[20] Über diesen Prozeß s. die Aufsätze über die *Wirtschaftsethik der Weltreligionen.* Schon die Sonderstellung der altisraelitischen Ethik gegenüber der ihr inhaltlich nahe verwandten ägyptischen und babylonischen und ihre Entwicklung seit der Prophetenzeit beruhte, wie sich dort zeigen wird, ganz und gar auf diesem Grundsachverhalt: der Ablehnung der sakramentalen Magie als Heilsweg.

[21] Ebenso war nach der konsequentesten Ansicht die Taufe nur kraft positiver Vorschrift verbindlich, aber nichts heilsnotwendiges. Deshalb vermochten ja die streng puritanischen schottischen und englischen Independenten den Grundsatz durchzuführen: daß Kinder von offenbar Reprobierten nicht getauft werden sollten (z. B. Kinder von Trunkenbolden). Einen Erwachsenen, der die Taufe begehrte, aber noch nicht *reif* zum Abendmahl ist, empfahl die Synode von Edam 1586 (Art. 32, 1) nur dann zu taufen, wenn sein Wandel tadellos sei und er das Begehren *sonder superstitie* stelle.

re Isolierung des Menschen einerseits den Grund für die absolut negative Stellung des Puritanismus zu allen sinnlich-gefühlsmäßigen Elementen in der Kultur und subjektiven Religiosität – weil sie für das Heil unnütz und Förderer sentimentaler Illusionen und des kreaturvergötternden Aberglaubens sind – und damit zur grundsätzlichen Abwendung von aller Sinnenkultur überhaupt.[22] Andrerseits aber bildet sie eine der Wurzeln jenes illusionslosen und pessimistisch gefärbten Individualismus[23], wie er in dem *Volkscharakter* und den Institutionen der Völker mit puritanischer Vergangenheit sich noch heute auswirkt, – in so auffälligem Gegensatz zu der ganz andersartigen Brille, durch welche später die *Aufklärung* die Menschen ansah.[24] Wir finden die Spuren dieses Einflusses der Gnadenwahllehre in der uns beschäftigenden Zeit deutlich in elementaren Erscheinungen der Lebensführung und Lebensanschauung wieder, und zwar auch da, wo ihre Geltung als Dogma schon im Schwinden war: sie war ja eben auch nur die extremste Form jener Exklusivität des Gottvertrauens, auf deren Analyse es hier ankommt. So z.B. in der auffallend oft wiederkehrenden Warnung namentlich der englischen puritanischen Literatur vor jedem Vertrauen auf Menschenhilfe und Menschenfreundschaft.[25] Tiefes Mißtrauen auch gegen den nächsten Freund rät selbst der milde Baxter an, und Bailey empfiehlt direkt, niemandem zu trauen und niemanden etwas Kompromittierendes wissen zu lassen: nur Gott soll der Vertrauensmann sein.[26] Im auffälligsten Gegensatz gegen das Luthertum ist denn auch im

22 Dies negative Verhältnis zur *Sinnenkultur* ist, wie Dowden a. a. O. schön ausgeführt hat, geradezu ein konstitutives Element des Puritanismus.

23 Der Ausdruck *Individualismus* umfaßt das denkbar Heterogenste. Was hier darunter verstanden ist, wird hoffentlich durch die weiter folgenden Andeutungen klar. Man hat – in einem anderen Sinne des Wortes – das Luthertum *individualistisch* genannt, weil es eine asketische Lebensreglementierung nicht kennt. Wieder in einem ganz anderen Sinne braucht z. B. Dietrich Schäfer das Wort, wenn er in seiner Schrift: Zur Beurteilung des Wormser Konkordats (Abh. d. Berl. Akad. 1905) das Mittelalter die Zeit *ausgeprägter Individualität* nennt, weil für das für den Historiker relevante Geschehen irrationale Momente damals von einer Bedeutung gewesen seien, wie heute nicht mehr. Er hat Recht, aber diejenigen, denen er seine Beobachtungen entgegenhält, vielleicht auch, denn beide meinen etwas ganz Verschiedenes, wenn sie von *Individualität* und *Individualismus* sprechen. – Jakob Burckhardts geniale Formulierungen sind heute teilweise überholt und eine gründliche, historisch orientierte Begriffsanalyse wäre gerade jetzt wieder wissenschaftlich höchst wertvoll. Das gerade Gegenteil davon ist es natürlich, wenn der Spieltrieb gewisse Historiker veranlaßt, den Begriff, nur um eine Geschichtsepoche mit ihm als Etikette bekleben zu können, im Plakatstil zu *definieren.*

24 Und ebenso in – natürlich weniger scharfem – Gegensatz gegen die spätere katholische Lehre. Der tiefe, gleichfalls auf der Gnadenwahllehre ruhende, Pessimismus Pascals dagegen ist jansenistischer Provenienz und sein daraus hervorgehender weltflüchtiger Individualismus stimmt mit der offiziellen katholischen Stellungnahme keineswegs zusammen. S. darüber die S. 71 Anm. 10 zitierte Schrift von Honigsheim über die französischen Jansenisten.

25 Ganz ebenso die Jansenisten.

26 Bailey, Praxis pietatis (deutsche Ausg., Leipzig 1724) S. 187. Auch Ph. J. Spener in

Zusammenhang mit dieser Lebensstimmung in den Gebieten des voll entwikkelten Calvinismus die Privatbeichte, gegen welche Calvin selbst nur der möglichen sakramentalen Mißdeutung wegen Bedenken hatte, stillschweigend verschwunden: ein Vorgang von größter Tragweite. Zunächst als Symptom für die Art der Wirkung dieser Religiosität. Dann aber auch als psychologischer Entwicklungsreiz für ihre ethische Haltung. Das Mittel zum periodischen *Abreagieren* des affektbetonten Schuldbewußtseins[27] wurde beseitigt. Von den Konsequenzen für die sittliche Alltagspraxis wird noch zu reden sein. Auf der Hand aber liegen die Folgen für die religiöse Gesamtlage der Menschen. In tiefer innerlicher Isolierung vollzog sich, trotz der Heilsnotwendigkeit der Zugehörigkeit zur wahren Kirche[28], der Verkehr des Calvinisten mit seinem Gott. Wer die spezifischen Wirkungen[29] dieser eigentümlichen Luft empfinden will, der sehe in dem weitaus gelesensten Buch der ganzen puritanischen

seinen *Theologischen Bedenken* (hier nach der 3. Ausgabe, Halle 1712 zitiert) steht auf ähnlichem Standpunkt: Der Freund gibt seinen Rat selten mit Rücksicht auf die Ehre Gottes, sondern meist aus fleischlichen (nicht notwendig egoistischen) Absichten. – *He – the knowing man – is blind in no man's cause, but best sighted in his own. He confines himself to the circle of his own affairs, and thrusts not his fingers in needless fires ... He sees the falseness of it (der Welt) and therefore learns to trust himself ever, others so far, as not to be damaged by their disappointment,* philosophiert Th. Adams (Works of the Puritan Divines p. LI.) – Bailey (Praxis pietatis, a.a.O., S. 176) empfiehlt ferner, sich jeden Morgen vor dem Ausgehen unter die Leute vorzustellen, man gehe in einen wilden Wald voller Gefahren und Gott um den *Mantel der* Vorsicht *und Gerechtigkeit* zu bitten. – Die Empfindung geht schlechterdings durch in allen asketischen Denominationen und führte bei manchen Pietisten direkt zu einer Art Einsiedlerleben innerhalb der Welt. Selbst Spangenberg in der (herrnhuterischen) Idea fidei fratrum p. 382 erinnert nachdrücklich an Jer. 17, 5: *Verflucht ist der Mann, der sich auf Menschen verläßt.* – Man beachte, um die eigentümliche Menschenfeindlichkeit dieser Lebensanschauung zu ermessen, auch etwa die Erläuterungen Hoornbeeks Theol. pract. I p. 882 über die Pflicht der Feindesliebe: Denique hoc magis nos ulciscimur, quo proximum, inultum nobis, tradimus ultori Deo ... Quo quis plus se uiciscitur, eo minus id pro ipso agit Deus: die gleiche *Verschiebung der Rache* wie sie sich in den nachexilischen Teilen des A.T. findet: eine raffinierte Steigerung und Verinnerlichung des Rachegefühls gegenüber dem alten: *Auge um Auge.* Über die *Nächstenliebe* s. auch weiter unten S. 96 Anm. 35.

27 Freilich hat der Beichtstuhl durchaus nicht nur als ein solches gewirkt. Die Formulierungen z.B. von Muthmann, Z. f. Rel. Psych. I, Heft 2 S. 65 sind allzu einfach für das höchst komplizierte psychologische Problem der Beichte.

28 Gerade diese Kombination ist für die Beurteilung der psychologischen Unterlagen der calvinistischen sozialen Organisationen so wichtig. Sie ruhen alle auf innerlich *individualistischen, zweck-* oder *wertrationalen* Motiven. Nie geht das Individium gefühlsmäßig in sie ein. *Gottes Ruhm* und das eigene Heil bleiben stets über der *Bewußtseinsschwelle.* Das prägt der Eigenart der sozialen Organisation bei Völkern mit puritanischer Vergangenheit noch heute bestimmte charakteristische Züge auf.

29 Der antiautoritäre Grundzug der Lehre, der ja im Grunde alle und jede kirchliche und staatliche Fürsorge für Ethik und Seelenheil als zwecklos entwertete, führte stets erneut zu ihrem Verbot, so namentlich durch die niederländischen Generalstaaten. Die Folge war stets: Konventikelbildung (so nach 1614).

Literatur: Bunyans *Pilgrim's progress*[30], die Schilderung von *Christians* Verhalten an, nachdem ihm das Bewußtsein, in der *Stadt des Verderbens* zu weilen, aufgegangen ist und ihn der Ruf, die Pilgerfahrt zur himmlischen Stadt unverweilt anzutreten, ereilt hat. Weib und Kinder hängen sich an ihn, – aber querfeldein, die Finger in die Ohren steckend, mit dem Rufe: *Life, eternal life!* stürzt er fort, und kein Raffinement könnte besser, als die naive Empfindung des in seinem Gefängnis dichtenden Kesselflickers, der dabei den Beifall einer gläubigen Welt fand, die Stimmung des im Grunde allein mit sich selbst beschäftigten, allein an sein eigenes Heil denkenden puritanischen Gläubigen wiedergeben, wie sie zum Ausdruck kommt in den etwas an Gottfried Kellers *Gerechte Kammacher* erinnernden salbungsvollen Gesprächen, die er mit Gleichstrebenden unterwegs führt. Erst als er selbst geborgen ist, erwacht der Gedanke, daß es schön wäre, nun auch die Familie bei sich zu haben. Es ist dieselbe qualvolle Angst vor dem Tode und dem Nachher, die wir bei Alfons von Liguori, wie Döllinger ihn uns geschildert hat, so penetrant überall empfinden, – weltweit entfernt von jenem Geist stolzer Diesseitigkeit, dem Macchiavelli in dem Ruhm jener Florentiner Bürger Ausdruck gibt, denen – im Kampf gegen Papst und Interdikt – *die Liebe zur Vaterstadt höher stand, als die Angst um das Heil ihrer Seelen* und, freilich, noch weiter entfernt von Empfindungen, wie sie Richard Wagner Siegmund vor dem Todesgefecht in den Mund legt: *Grüße mir Wotan, grüße mir Wallhall ... Doch von Wallhall' s spröden Wonnen sprich du wahrlich mir nicht.* Nur freilich sind eben die Wirkungen dieser Angst bei Bunyan und Liguori so charakteristisch verschieden: Dieselbe Angst, welche diesen zu jeder erdenklichen Selbsterniedrigung treibt, spornt jenen zu rastlosem und systematischem Kampf mit dem Leben. Woher dieser Unterschied?

Es scheint zunächst ein Rätsel, wie mit jener Tendenz zur innerlichen Lösung des Individuums aus den engsten Banden, mit denen es die Welt umfangen hält, die unbezweifelbare Überlegenheit des Calvinismus in der sozialen Organisation sich verknüpfen konnte.[31] Allein gerade sie folgt, so seltsam es zunächst scheint, aus der spezifischen Färbung, welche die christliche

[30] Über Bunyan vgl. die Biographie von Froude in der Morleyschen Sammlung (English Men of Letters), ferner Macaulays (oberflächliche) Skizze (Miscell. Works II p. 227) – B. ist indifferent gegenüber den denominationellen Differenzen innerhalb des Calvinismus, seinerseits jedoch strikter calvinistischer Baptist.

[31] Der Hinweis auf die unzweifelhaft große Wichtigkeit des calvinistischen Gedankens von der aus dem Erfordernis der *Einverleibung in Christi Körper* (Calvin. Instit. III, 11, 10) folgenden Heilsnotwendigkeit der Aufnahme in eine den göttlichen Vorschriften entsprechende Gemeinschaft für den sozialen Charakter des reformierten Christentums liegt nahe. Für unsere speziellen Gesichtspunkte liegt aber der Schwerpunkt des Problems etwas anders. Jener dogmatische Gedanke hätte auch bei einem rein anstaltsmäßigen Charakter der Kirche sich ausbilden können und hat dies, wie bekannt, getan. Er hat an sich nicht die psychologische Kraft, gemeinschaftsbildende Initiative zu wecken und ihr vollends eine solche Kraft zu verleihen, wie der Calvinismus sie besaß. Gerade auch außerhalb der göttlich vorgeschriebenen, kirchlichen Gemeindeschemata in der *Welt*

Nächstenliebe unter dem Druck der inneren Isolierung des einzelnen durch den calvinistischen Glauben annehmen mußte. Sie folgt daraus zunächst dogmatisch.[32] Die Welt ist dazu – und nur dazu – bestimmt: der Selbstverherrlichung Gottes zu dienen, der erwählte Christ ist dazu – und nur dazu – da, den Ruhm Gottes in der Welt durch Vollstreckung seiner Gebote an seinem Teil zu mehren. Gott aber will die soziale Leistung des Christen, denn er will, daß die soziale Gestaltung des Lebens seinen Geboten gemäß und so eingerichtet werde,

wirkte sich diese seine gemeinschaftsbildende Tendenz aus. Hier ist eben der Glaube: daß der Christ durch Wirken *in majorem Dei gloriam* seinen Gnadenstand bewähre (s. u.), maßgebend, und die scharfe Perhorreszierung der Kreaturvergötterung und alles Haftens an den persönlichen Beziehungen zu Menschen mußte diese Energie unvermerkt in die Bahnen sachlichen (unpersönlichen) Wirkens lenken. Der Christ, dem die Bewährung seines Gnadenstandes am Herzen liegt, wirkt für die Zwecke Gottes und diese können nur unpersönliche sein. Jede rein gefühlsmäßige – also: nicht rational bedingte – persönliche Beziehung von Mensch zu Mensch verfällt eben in der puritanischen, wie in jeder asketischen, Ethik sehr leicht dem Verdacht, Kreaturvergötterung zu sein. Für die Freundschaft zeigt dies – neben dem früher schon Gesagten – z. B. folgende Warnung deutlich genug: It is an irrational act and not fit for a rational creature to love any one farther than reason will allow us ... It very often taketh up mens minds so as to hinder their love of God. (Baxter, Christian Directory IV p. 253). Wir werden solchen Argumenten immer wieder begegnen. Den Calvinisten begeistert der Gedanke: daß Gott in der Weltgestaltung, auch der sozialen Ordnung, das sachlich Zweckvolle als Mittel der Verherrlichung seines Ruhms wollen müsse: nicht die Kreatur um ihrer selbst willen, aber die Ordnung des Kreatürlichen unter seinem Willen. Der durch die Gnadenwahllehre entbundene Tatendrang der Heiligen strömt daher ganz in das Streben nach Rationalisierung der Welt ein. Namentlich auch der Gedanke, daß der öffentliche Nutzen, oder auch *the good* of the many, wie Baxter (Christian Directory IV p. 262 mit dem etwas gezwungenen Citat Röm. 9, 3) es ganz im Sinne des späteren liberalen Rationalismus formuliert, allem *persönlichen* oder *privaten* Wohl Einzelner voranzustellen sei, folgte – so wenig es an sich neu war – für den Puritanismus aus der Ablehnung der Kreaturvergötterung. – Die traditionelle amerikanische Perhorreszierung persönlicher Dienstleistungen hängt neben anderen massiven Gründen, die aus *demokratischen* Empfindungen folgen, immerhin (in indirekter Art) wohl auch mit jener Tradition zusammen. Ebenso aber die relativ große Immunität puritanisch gewesener Völker gegen den Cäsarismus, und überhaupt die innerlich freiere, einerseits mehr zum *Geltenlassen* der Großen geneigte, andererseits aber alle hysterische Verliebtheit in sie und den naiven Gedanken: man könne jemanden zu politischer Obödienz aus *Dankbarkeit* verpflichtet sein, ablehnende Stellung der Engländer zu ihren großen Staatsmännern, – gegenüber manchen, was wir davon von 1878 an in Deutschland, positiv und negativ, erlebten. – Über die Sündhaftigkeit des Autoritätsglaubens, – der eben nur als unpersönlicher, auf den Inhalt der Schrift gerichteter zulässig ist, – und ebenso der übermäßigen Schätzung selbst der heiligsten und hervorragendsten Menschen, – weil dadurch eventuell der Gehorsam gegen Gott gefährdet wird, – s. Baxter, Christian Directory (2. Aufl. 1678) I p. 56. – Was die Ablehnung der *Kreaturvergötterung* und das Prinzip, daß, zunächst in der Kirche, letztlich aber im Leben überhaupt, nur Gott *herrschen* solle, politisch bedeutete, gehört nicht in unseren Zusammenhang.

32 Über das Verhältnis dogmatischer und praktisch-psychologischer *Konsequenzen* wird noch oft zu reden sein. Daß beides nicht identisch ist, bedarf wohl kaum der Bemerkung.

daß sie jenem Zweck entspreche. Die soziale[33] Arbeit des Calvinisten in der Welt ist lediglich Arbeit *in majorem gloriam* Dei. Diesen Charakter trägt daher auch die Berufsarbeit, welche im Dienste des diesseitigen Lebens der Gesamtheit steht. Schon bei Luther fanden wir die Ableitung der arbeitsteiligen Berufsarbeit aus der *Nächstenliebe*. Aber was bei ihm ein unsicherer, rein konstruktiv-gedanklicher Ansatz blieb, wurde nun bei den Calvinisten ein charakteristischer Teil ihres ethischen Systems. Die *Nächstenliebe* äußert sich – da sie ja nur Dienst am Ruhme Gottes[34], nicht: der Kreatur, sein darf[35] – in erster Linie in Erfüllung der durch die lex naturae gegebenen Berufsaufgaben, und sie nimmt dabei einen eigentümlich sachlich-unpersönlichen Charakter an: den eines Dienstes an der rationalen Gestaltung des uns umgebenden gesellschaft-

33 *Sozial* natürlich ohne jeden Anklang an den modernen Sinn des Wortes, lediglich im Sinn der Betätigung innerhalb der politischen, kirchlichen und anderer Gemeinschafts-Organisationen.

34 Gute Werke, die zu irgendeinem andern Zweck, als der Ehre Gottes willen, getan werden, sind sündhaft, Hanserd Knollys Confession ch. XVI.

35 Was eine solche durch die alleinige Beziehung des Lebens auf Gott *bedingte Unpersönlichkeit* der *Nächstenliebe* auf dem eignen Gebiet des religiösen Gemeinschaftslebens bedeutet, kann man sich recht gut etwa an dem Gebahren der *China Inland Mission* und der *International Missionaries' Alliance* verdeutlichen (s. hierüber Warneck, Gesch. d. prot. Mission 5. Aufl. S. 99, 111). Mit riesigen Kosten wurden gewaltige Scharen von Missionaren ausgerüstet, z.B. an die 1000 für China allein, um durch Wanderpredigt das Evangelium allen Heiden im strikt wörtlichen Sinne *anzubieten,* weil Christus dies geboten und seine Wiederkunft davon abhängig gemacht hat. Ob die dergestalt Angepredigten dem Christentum gewonnen und also der Seligkeit teilhaftig werden, ja ob sie selbst die Sprache des Missionars auch nur grammatisch verstehen, – das ist prinzipiell durchaus nebensächlich und Angelegenheit Gottes, der ja darüber allein verfügt. China habe, meint Hudson Taylor (s. Warneck a. a. O.) ca. 30 Millionen Familien. 1000 Missionare könnten 50 Familien täglich (!) *erreichen* und so das Evangelium in 1000 Tagen oder weniger als 3 Jahren allen Chinesen *angeboten* sein. – Es ist genau das Schema, nach welchem der Calvinismus z. B. seine Kirchenzucht betrieb: nicht das Seelenheil der Zensurierten – welches lediglich Gottes (und in praxi: ihre eigene) Sache war und durch kirchliche Zuchtmittel ja in gar keiner Weise beeinflußt werden konnte –, sondern die Mehrung des Ruhmes Gottes war der Zweck. – Für jene modernen Missionsleistungen ist, da sie auf interdenominationeller Grundlage ruhen, nicht der Calvinismus als solcher verantwortlich. (Calvin selbst lehnt die Pflicht zur Heidenmission ab, da die weitere Ausbreitung der Kirche *unius Dei opus* sei.) Aber allerdings entstammen sie offensichtlich jenem durch die puritanische Ethik sich hinziehenden Vorstellungskreis, wonach man der Nächstenliebe Genüge leistet, wenn man Gottes Gebote zu dessen Ruhme erfüllt. Damit ist auch dem Nächsten gegeben, was ihm gebührt, und das weitere ist nun Gottes eigene Angelegenheit. – Die *Menschlichkeit* der Beziehungen zum *Nächsten* ist sozusagen abgestorben. Das äußert sich in den verschiedensten Verhältnissen. So etwa, — um noch ein solches Rudiment jener Lebensluft anzuführen, – auf dem Gebiet der in gewisser Beziehung mit Recht berühmten reformierten charitas: Die Amsterdamer Waisen, mit ihren noch im 20. Jahrhundert senkrecht in eine schwarze und rote, oder rote und grüne Hälfte gespaltenen Röcken und Hosen – einer Art Narrenkleidung – angetan und in Parade zur Kirche geführt, waren für die

lichen Kosmos. Denn die wunderbar zweckvolle Gestaltung und Einrichtung dieses Kosmos, welcher ja nach der Offenbarung der Bibel und ebenso nach der natürlichen Einsicht augenscheinlich darauf zugeschnitten ist, dem Nutzen des Menschengeschlechtes zu dienen, läßt die Arbeit im Dienst dieses unpersönlichen gesellschaftlichen Nutzens als Gottes Ruhm fördernd und also gottgewollt erkennen. Die völlige Ausschaltung des Theodizeeproblems und aller jener Fragen nach dem *Sinn* der Welt und des Lebens, an welcher sich andere zerrieben, verstand sich für den Puritaner ganz von selbst wie – aus ganz andern Gründen – für den Juden. Und übrigens in gewissem Sinn für die nichtmystische christliche Religiosität überhaupt. Zu dieser Kräfteökonomie trat beim Calvinismus noch ein weiterer in gleicher Richtung wirkender Zug hinzu. Der Zwiespalt zwischen dem *Einzelnen* und der *Ethik* (in Sören Kierkegaards Sinn) existierte für den Calvinismus nicht, obwohl er den einzelnen in religiösen Dingen ganz auf sich selbst stellte. Die Gründe dafür und die Bedeutung dieser Gesichtspunkte für den politischen und Ökonomischen Rationalismus des Calvinismus zu analysieren ist hier nicht der Ort. Die Quelle des utilitarischen Charakters der calvinistischen Ethik liegt darin, und ebenso gingen wichtige Eigentümlichkeiten der calvinistischen Berufskonzeption daraus hervor.[36] – Hier kehren wir aber zunächst noch einmal zur Betrachtung speziell der Prädestinationslehre zurück.

Denn das für uns entscheidende Problem ist erst: Wie wurde diese Lehre ertragen[37] in einer Zeit, welcher das Jenseits nicht nur wichtiger, sondern in

Empfindung der Vergangenheit sicher ein höchst erbauliches Schauspiel und sie dienten in eben dem Grade zum Ruhme Gottes, als alle persönlich-*menschliche* Empfindung dabei sich hätte beleidigt fühlen müssen. Und so – wir werden das noch sehen – bis in alle Einzelheiten der privaten Berufstätigkeit. – Natürlich bezeichnet das alles nur eine Tendenz und wir werden später selbst bestimmte Einschränkungen zu machen haben. Aber als eine – und zwar sehr wichtige – Tendenz dieser asketischen Religiosität mußte sie hier festgestellt werden.

[36] In all diesen Hinsichten ganz anders steht die prädestinatianisch determinierte Ethik von Port Royal infolge ihrer mystischen und außerweltlichen, insoweit also: katholischen, Orientiertheit (s. Honigsheim a. a. O.).

[37] Hundeshagen (Beitr. z. Kirchenverfassungsgesch. u. Kirchenpolitik, 1864 I S. 37) vertritt den – seitdem oft wiederholten – Standpunkt, daß das Prädestinationsdogma Theologenlehre, nicht Volkslehre gewesen sei. Das ist doch nur richtig, wenn man den Begriff *Volk* mit der Masse der bildungslosen unteren Schichten identifiziert. Und selbst da trifft es nur höchst begrenzt zu. Köhler (a. a. O.) fand in den 40er Jahren des 19. Jahrhunderts gerade die *Massen* (gemeint ist: das Kleinbürgertum in Holland) streng prädestinatianisch gesonnen; jeder, der das doppelte Dekret leugnete, war ihnen ein Ketzer und Verworfener. Er selbst wurde nach dem Zeitpunkt seiner (prädestinatianisch gefaßten) Wiedergeburt gefragt. Da Costa und die de Kocksche Separation waren dadurch mitbedingt. Nicht nur Cromwell, – an dem schon Zeller (Das theologische System Zwinglis S. 17) als an einem Paradigma die Wirkung des Dogmas exemplifiziert hatte, – sondern auch seine Heiligen wußten alle sehr wohl, um was es sich handelte und die Canones der Synoden von Dordrecht und Westminster über die Lehre waren natio-

vieler Hinsicht auch sicherer war, als alle Interessen des diesseitigen Lebens.[38] Die eine Frage mußte ja alsbald für jeden einzelnen Gläubigen entstehen und alle anderen Interessen in den Hintergrund drängen: Bin ich denn erwählt? Und wie kann ich dieser Erwählung sicher werden?[39] – Für Calvin

nale Angelegenheit großen Stils. Cromwells tryers und ejectors ließen nur Prädestinatianer zu und Baxter (Life I p. 72) beurteilt, obwohl sonst Gegner, ihre Wirkung auf die Qualität des Klerus als erheblich. Daß die reformierten Pietisten, die Teilnehmer der englischen und holländischen Konventikel, über die Lehre im Unklaren gewesen wären, ist ganz ausgeschlossen; eben sie war es ja, die sie zusammentrieb, um die certitudo salutis zu suchen. Was die Prädestination bedeutete resp. nicht bedeutete, wo sie Theologenlehre war, kann der kirchlich korrekte Katholizismus, dem sie ja als esoterische Lehre und in schwankender Form keineswegs fremd geblieben ist, zeigen. (Das Entscheidende war dabei, daß die Ansicht: der Einzelne habe sich für erwählt zu halten und zu bewähren, stets verworfen wurde. Vgl. die katholische Lehre z. B. bei Ad. van Wyck, Tract. de praedestinatione Cöln 1708. Inwieweit Pascals Prädestinationsglaube korrekt war, ist hier nicht zu untersuchen.) – H., dem die Lehre unsympathisch ist, schöpft seine Eindrücke offenbar vorwiegend aus deutschen Zuständen. Jene seine Antipathie hat ihren Grund in der rein deduktiv gewonnenen Meinung, sie müsse zum sittlichen Fatalismus und Antinomismus führen. Diese Meinung hat schon Zeller a.a.O. widerlegt. Daß eine solche Wendung möglich war, ist andererseits nicht zu leugnen, Melanchthon wie Wesley sprechen von ihr: aber es ist charakteristisch, daß es sich in beiden Fällen um eine Kombination mit der gefühlsmäßigen *Glaubens*-Religiosität handelte. Für diese, welcher der rationale Bewährungsgedanke fehlte, lag diese Folge in der Tat im Wesen der Sache. – Im Islam sind diese fatalistischen Konsequenzen eingetreten. Aber weshalb? Weil die islamische Vorherbestimmung prädeterministisch, nicht prädestinatianisch, auf die Schicksale im Diesseits, nicht auf das jenseitige Heil bezogen war, weil infolgedessen das ethisch Entscheidende: die *Bewährung* als Prädestinierter, im Islam keine Rolle spielte, also nur die kriegerische Furchtlosigkeit (wie bei der *Moira),* nicht aber lebensmethodische Konsequenzen daraus folgen konnten, für die ja die religiöse *Prämie* fehlte. S. die (Heidelberger) theol. Diss. von F. Ullrich, Die Vorherbest. L. im Isl. und Chr., 1912). – Die Abschwächungen der Lehre, welche die Praxis – z. B. Baxter – brachte, traten ihrem Wesen so lange nicht zu nahe, als der Gedanke des auf das konkrete Einzelindividuum bezüglichen Erwählungsentschlusses Gottes und dessen Erprobung nicht berührt wurde. – Vor allem sind endlich aber doch alle großen Gestalten des Puritanismus (im weitesten Sinne des Wortes) von dieser Lehre, deren finsterer Ernst ihre Jugendentwicklung beeinflußte, ausgegangen: Milton ebenso wie – in freilich zunehmend sich abschwächendem Maße – Baxter und noch der später sehr freidenkende Franklin. Ihre spätere Emanzipation von ihrer strikten Interpretation entspricht im einzelnen ganz der Entwicklung, welche in gleicher Richtung auch die religiöse Bewegung als Ganzes durchmachte. Alle großen kirchlichen Revivals mindestens in Holland und die meisten auch in England knüpften aber stets wieder gerade an sie an.

38 Wie dies wiederum in so überwältigender Weise noch in Bunyans: The Pilgrim's progress die Grundstimmung bildet.

39 Diese Frage schon lag dem Lutheraner der Epigonenzeit, auch abgesehen vom Prädestinationsdogma, ferner als dem Calvinisten, nicht weil er sich weniger für sein Seelenheil interessiert hätte, sondern weil bei der Entwicklung, die das lutherische Kirchentum genommen hatte, der Heilsanstaltscharakter der Kirche in den Vordergrund trat, der einzelne also sich als Objekt ihrer Tätigkeit und in ihr geborgen fühlte. Erst der Pietismus erweckte – charakteristischerweise – auch im Luthertum das Problem. Die Frage der certitudo salutis

selbst war dies kein Problem. Er fühlte sich als *Rüstzeug* und war seines Gnadenstandes sicher. Demgemäß hat er auf die Frage, wodurch der einzelne seiner eigenen Erwählung gewiß werden könne, im Grunde genommen nur die Antwort: daß wir uns an der Kenntnis des Beschlusses Gottes und an dem durch den wahren Glauben bewirkten beharrlichen Zutrauen auf Christus genügen lassen sollen. Er verwirft prinzipiell die Annahme: man könne bei anderen aus ihrem Verhalten erkennen, ob sie erwählt oder verworfen seien, als einen vermessenen Versuch, in die Geheimnisse Gottes einzudringen. Die Erwählten unterscheiden sich in diesem Leben äußerlich in nichts von den Verworfenen[40] und auch alle subjektiven Erfahrungen der Erwählten sind – als *ludibria Spiritus sancti* – auch bei den Verworfenen möglich, mit einziger Ausnahme jenes finaliter beharrenden gläubigen Vertrauens. Die Erwählten sind und bleiben also Gottes unsichtbare Kirche. Anders ganz naturgemäß die Epigonen – schon Beza – und vor allem die breite Schicht der Alltagsmenschen. Für sie mußte die *certitudo salutis* im Sinn der Erkennbarkeit des Gnadenstandes zu absolut überragender Bedeutung aufsteigen[41] und so ist denn auch überall da, wo die Prädestinationslehre festgehalten wurde, die Frage nicht ausgeblieben, ob es sichere Merkmale gebe, an denen man die Zugehörigkeit zu den *electi* erkennen könne. Nicht nur in der Entwicklung des auf dem Boden der reformierten Kirche zuerst erwachsenen Pietismus hat diese Frage dauernd eine zentrale Bedeutung gehabt, ist in gewissem Sinne für ihn zeitweise geradezu konstitutiv gewesen, sondern wir werden, wenn wir die politisch und sozial so weittragende Bedeutung der reformierten Abendmahlslehre und Abendmahlspraxis betrachten, noch davon zu reden haben, welche Rolle auch außerhalb des Pietismus die Feststellbarkeit des Gnadenstandes des einzelnen z. B. für die Frage seiner Zulassung zum Abendmahl, d. h. zu der zentralen, für die soziale Stellung der Teilnehmer entscheidenden Kulthandlung, während des ganzen 17. Jahrhunderts gespielt hat.

Es war zum mindesten, soweit die Frage des eigenen Gnadenstandes auftauchte, unmöglich, bei Calvins von der orthodoxen Doktrin wenigstens im Prinzip nie förmlich aufgegebener[42] Verweisung auf das Selbstzeugnis des

selbst aber war für jegliche nicht sakramentale Erlösungsreligion – mochte sie Buddhismus, Jainismus oder was immer sein – schlechthin zentral; das möge man nicht verkennen. Hier entsprangen alle psychologischen Antriebe rein religiösen Charakters.

[40] So ausdrücklich in dem Brief an Bucer Corp. Ref. 29, 883 f. Vgl. dazu wiederum Scheibe a. a. O. S. 30.

[41] Die Westminster Confession stellt denn auch (XVIII, 2) den Erwählten die untrügliche Gnadengewißheit in Aussicht, obwohl wir mit allem unserm Tun *unnütze Knechte* bleiben (XVI, 2) und der Kampf gegen das Böse lebenslang dauert (XVIII, 3). Nur hat auch der Erwählte oft lange zu ringen, um die certitudo zu erlangen, die das Bewußtsein der Pflichterfüllung ihm gibt, deren der Gläubige nie völlig beraubt sein wird.

[42] S. z. B. Olevian, De substantia foederis gratuiti inter Deum et electos (1585) 257. – Heidegger, Corpus Theologiae XXIV, 87 f. und andere Stellen bei Heppe, Dogmatik

beharrenden Glaubens, den die Gnade im Menschen wirkt, stehenzubleiben.[43] Vor allem die Praxis der Seelsorge, welche auf Schritt und Tritt mit den durch die Lehre geschaffenen Qualen zu tun hatte, konnte es nicht. Sie fand sich mit diesen Schwierigkeiten in verschiedener Art ab.[44] Soweit dabei nicht die Gnadenwahl uminterpretiert, gemildert und im Grunde aufgegeben wurde[45], treten namentlich zwei miteinander verknüpfte Typen seelsorgerischer Ratschläge als charakteristisch hervor. Es wird einerseits schlechthin zur Pflicht gemacht, sich für erwählt zu halten, und jeden Zweifel als Anfechtung des Teufels abzuweisen[46], da ja mangelnde Selbstgewißheit Folge unzulänglichen Glaubens, also unzulänglicher Wirkung der Gnade sei. Die Mahnung des Apostels zum *Festmachen* der eigenen Berufung wird also hier als Pflicht, im täglichen Kampf sich die subjektive Gewißheit der eigenen Erwähltheit und Rechtfertigung zu erringen, gedeutet. An Stelle der demütigen Sünder, denen Luther, wenn sie in reuigem Glauben sich Gott anvertrauen, die Gnade verheißt, werden so jene selbstgewissen *Heiligen* gezüchtet[47], die wir in den stahlharten puritanischen Kaufleuten jenes heroischen Zeitalters des Kapitalismus und in einzelnen Exemplaren bis in die Gegenwart wiederfinden. Und andererseits wurde, um jene Selbstgewißheit zu erlangen, als hervorragendstes Mittel rastlose Berufsarbeit eingeschärft.[48] Sie und sie allein verscheuche den religiösen Zweifel und gebe die Sicherheit des Gnadenstandes.

der ev. ref. Kirche (1861) p. 425.

[43] Die genuine calvinistische Lehre verwies auf den Glauben und das Bewußtsein der Gemeinschaft mit Gott in den Sakramenten und erwähnte die *anderen Früchte des Geistes* nur nebenher. S. die Stellen bei Heppe, Dogmatik d. ev. reform. Kirche p. 425. Mit großem Nachdruck hat Calvin selbst die Werke, obwohl sie ihm, wie den Lutheranern, Früchte des Glaubens sind, als Merkmale der Geltung vor Gott abgelehnt (Instit. III, 2, 37, 38). Die praktische Wendung zu der Bewährung des Glaubens in den Werken, welche eben die Askese charakterisiert, geht parallel mit der allmählichen Abwandlung der Lehre Calvins, wonach (wie bei Luther) in erster Linie reine Lehre und Sakramente die wahre Kirche kennzeichnen, zur Gleichstellung der *disciplina* als Merkmal mit jenen beiden. Diese Entwicklung mag man etwa in den Stellen bei Heppe a. a. O., p. 194/195 verfolgen, ebenso auch in der Art, wie schon Ende des 16. Jahrhs. in den Niederlanden die Gemeindemitgliedschaft erworben wurde (ausdrückliche vertragsmäßige Unterwerfung unter die Disziplin als zentrale Bedingung).

[44] S. darüber u. a. die Bemerkungen Schneckenburgers a. a. O., S. 48.

[45] So tritt bei Baxter z. B. der Unterschied zwischen *mortal* und *venial sin* wieder – ganz in katholischer Art – hervor. Erstere ist Zeichen fehlenden bzw. nicht aktuellen Gnadenstandes und nur eine *conversion* des ganzen Menschen kann alsdann die Gewähr seines Besitzes geben. Letztere ist mit dem Gnadenstand nicht unvereinbar.

[46] So – in mannigfacher Abschattierung – Baxter, Bailey, Sedgwick, Hoornbeek. S. ferner die Beispiele bei Schneckenburger a. a. O., S. 262.

[47] Die Auffassung des *Gnadenstandes* als einer Art von ständischer Qualität (so etwa wie die des Asketenstandes in der alten Kirche) findet sich oft, u. a. noch bei Schortinghuis (Het innige Christendom, 1740, – von den Generalstaaten verboten!).

[48] So – wie später zu erörtern sein wird – in zahllosen Stellen des Baxterschen Christian Directory und in dessen Schlußpassus. – Diese Empfehlung der Berufsarbeit zur

Daß die weltliche Berufsarbeit zu dieser Leistung für fähig galt, – daß sie, sozusagen, als das geeignete Mittel zum Abreagieren der religiösen Angstaffekte behandelt werden konnte – hat nun aber seinen Grund in tiefliegenden Eigentümlichkeiten des in der reformierten Kirche gepflegten religiösen Empfindens, welche in ihrem Gegensatz gegen das Luthertum am deutlichsten in der Lehre von der Natur des rechtfertigenden Glaubens zutage treten. Diese Unterschiede sind in Schneckenburgers schönem Vorlesungszyklus so fein und mit einer solchen Zurückstellung aller Werturteile rein sachlich analysiert[49], daß die nachfolgenden kurzen Bemerkungen im wesentlichen einfach an seine Darstellung anknüpfen können.

Das höchste religiöse Erlebnis, welchem die lutherische Frömmigkeit, wie sie sich im Verlauf namentlich des 17. Jahrhunderts entwickelte, zustrebt, ist die *Unio mystica* mit der Gottheit.[50] Wie schon die Bezeichnung, die in dieser

Ablenkung von der Angst vor der eignen sittlichen Minderwertigkeit erinnert an Pascals psychologische Interpretation des Geldtriebes und der Berufsaskese als zur Hinwegtäuschung über die eigne sittliche Nichtigkeit erfundener Mittel. Bei ihm ist eben der Prädestinationsglaube zusammen mit der Überzeugung von der erbsündlichen Nichtigkeit alles Kreatürlichen ganz in den Dienst der Absage an die Welt und der Empfehlung der Kontemplation gestellt, als des einzigen Mittels der Entlastung vom Sündendruck und der Erlangung der Heilsgewißheit. – Über die korrekt katholische und die jansenistische Ausprägung des Berufsbegriffs hat Dr. Paul Honigsheim in seiner schon zitierten Dissertation (Teil einer größeren, hoffentlich fortgesetzten Arbeit) eindringliche Bemerkungen gemacht. Es fehlt bei den Jansenisten jede Spur einer Verknüpfung der Heilsgewißheit mit innerweltlichem Handeln. Ihre *Berufs*-Konzeption hat noch weit stärker als die lutherische und selbst die genuin katholische durchaus den Sinn eines Sich-Schickens in die gegebene Lebenslage, geboten nicht nur, wie im Katholizismus, durch die soziale Ordnung, sondern durch die eigene Stimme des Gewissens (Honigsheim a. a. O. S. 139 f.).

49 An seine Gesichtspunkte knüpft auch die sehr durchsichtig geschriebene Skizze Lobsteins in der Festgabe für H. Holtzmann an, die zum Folgenden ebenfalls zu vergleichen ist. Man hat ihr die zu scharfe Betonung des Leitmotives der *certitudo salutis* vorgeworfen. Allein hier ist eben Calvins Theologie von dem Calvinismus und das theologische System von den Bedürfnissen der Seelsorge zu unterscheiden. Von der Frage *wie kann ich meiner Seligkeit* gewiß *werden?* gingen alle religiösen Bewegungen aus, welche breitere Schichten erfaßten. Sie spielt, wie gesagt, nicht nur in diesem Falle, sondern in der Religionsgeschichte überhaupt, z. B. auch in der indischen, eine zentrale Rolle. Und wie könnte es auch anders sein?

50 Es ist allerdings wohl nicht zu leugnen, daß die Vollentwicklung dieses Begriffes erst in spätlutherischer Zeit (Praetorius, Nicolai, Meisner) erfolgt ist. (Vorhanden ist er auch bei Johannes Gerhard und zwar ganz in dem hier erörterten Sinne.) Ritschl im vierten Buch seiner *Geschichte des Pietismus* (Bd. II S. 3 f.) nimmt daher die Einführung dieses Begriffs in die lutherische Religiosität als Wiederaufleben bzw. Übernahme katholischer Frömmigkeit in Anspruch. Er bestreitet nicht (S. 10), daß das Problem der individuellen Heilsgewißheit bei Luther und den katholischen Mystikern das gleiche gewesen sei, glaubt aber, daß die Losung auf beiden Seiten die gerade entgegengesetzte sei. Ich darf mir sicherlich kein eignes Urteil darüber zutrauen. Daß die Luft, welche in der *Freiheit eines Christenmenschen* weht, eine andere ist, als einerseits das süßliche Tändeln mit

Fassung der reformierten Lehre unbekannt ist, andeutet, handelt es sich um ein substantielles Gottesgefühl: die Empfindung eines realen Eingehens des Göttlichen in die gläubige Seele, welches qualitativ mit den Wirkungen der Kontemplation der deutschen Mystiker gleichartig ist, und durch seinen passiven, auf die Erfüllung der Sehnsucht nach Ruhe in Gott ausgerichteten Charakter und seine rein stimmungsmäßige Innerlichkeit gekennzeichnet ist. Nun ist an sich eine mystisch gewendete Religiosität nicht nur, – wie aus der Geschichte der Philosophie bekannt, – mit ausgeprägt realistischem Wirklichkeitssinn auf dem Gebiet des empirisch Gegebenen sehr gut vereinbar, ja, zufolge der Ablehnung dialektischer Doktrinen oft seine direkte Stütze. Sondern ebenso kann die Mystik auch indirekt der rationalen Lebensführung geradezu zugute kommen. Immerhin mangelt ihrer Beziehung zur Welt naturgemäß die positive Wertung äußerer Aktivität. Nun war aber im Luthertum überdies die *unio mystica* kombiniert mit jenem tiefen Gefühl erbsündlicher Unwürdigkeit, welches die auf Erhaltung der für die Sündenvergebung unentbehrlichen Demut und Einfalt gerichtete *poenitentia quotidiana* des lutherischen Gläubigen sorgsam bewahren sollte. Die spezifisch reformierte Religiosität dagegen stand der quietistischen Weltflucht Pascals wie dieser lutherischen rein nach innen gerichteten Stimmungsfrömmigkeit von Anfang an ablehnend gegenüber. Das reale Eingehen des Göttlichen in die Menschenseele war durch die absolute Transzendenz Gottes gegenüber allem Kreatürlichen ausgeschlossen: *finitum non est capax infiniti.* Die Gemeinschaft Gottes mit seinen Begnadeten konnte vielmehr nur so stattfinden und zum

dem *lieben Jesulein* in der späteren Literatur, und andererseits auch als Taulers religiöse Stimmung, empfindet natürlich jeder. Und ebenso hat das Festhalten des mystisch-magischen Elementes in der lutherischen Abendmahlslehre gewiß andere religiöse Motive als jene *bernhardinische* Frömmigkeit – die *Hohe-Lied-Stimmung* – auf welche Ritschl immer wieder als Quelle der Züchtung des *bräutlichen* Verkehrs mit Christus zurückgreift. Aber sollte nicht dennoch u. a. auch jene Abendmahlslehre das Wiedererwachen mystischer Stimmungsreligiosität mitbegünstigt haben? – Es ist ferner, um dies gleich hier zu bemerken, keinesfalls zutreffend, daß (S. 11 a. a. O.) die Freiheit des Mystikers schlechthin in der Abgezogenheit von der Welt bestanden habe. Speziell Tauler hat in religions-psychologisch sehr interessanten Ausführungen als praktischen Effekt jener nächtlichen Kontemplationen, die er u.a. bei Schlaflosigkeit empfiehlt, die Ordnung, welche dadurch auch in die der weltlichen Berufsarbeit zugewandten Gedanken gebracht werde, hingestellt: *Nur hierdurch (durch die mystische Vereinigung mit Gott in der Nacht vor dem Schlafen) wird die* Vernunft geläutert und das Hirn wird dadurch gestärkt *und der Mensch allen den Tag desto friedlicher und göttlicher gefaßt von der innerlichen Übung, daß er sich wahrlich mit Gott vereint hat: dann werden alle seine Werke* geordnet. *Und darum wenn der Mensch sich also vorgewarnet (= vorbereitet) hat seiner Werk und sich also auf die* Tugend *hat gestiftet, – wenn er dann zu der Wirklichkeit kommt, so werden die Werke* tugendlich und göttlich. (Predigten Fol. 318). Man sieht jedenfalls und wir werden darauf noch zurückkommen: Mystische Kontemplation und rationale Berufsauffassung schließen sich an sich nicht aus. Das Gegenteil tritt erst da ein, wo die Religiosität direkt hysterischen Charakter annimmt, was weder bei allen Mystikern noch gar bei allen Pietisten der Fall war.

Bewußtsein kommen, daß Gott in ihnen wirkte *(operatur)* und daß sie sich dessen bewußt wurden, – daß also ihr Handeln aus dem durch Gottes Gnade gewirkten Glauben entsprang und dieser Glaube wiederum sich durch die Qualität jenes Handelns als von Gott gewirkt legitimierte. Tiefgehende, für die Klassifikation aller praktischen Religiosität überhaupt geltende Unterschiede der entscheidenden Heilszuständlichkeiten[51] kommen darin zum Ausdruck: Der religiöse Virtuose kann seines Gnadenstandes sich versichern entweder, indem er sich als Gefäß, oder, indem er sich als Werkzeug göttlicher Macht fühlt. Im ersten Fall neigt sein religiöses Leben zu mystischer Gefühlskultur, im letzteren zu asketischem Handeln. Dem ersten Typus stand Luther näher, dem letzteren gehörte der Calvinismus an. *Sola fide* wollte auch der Reformierte selig werden. Aber da schon nach Calvins Ansicht alle bloßen Gefühle und Stimmungen, mögen sie noch so erhaben zu sein scheinen, trügerisch sind[52], muß der Glaube sich in seinen objektiven Wirkungen bewähren, um der certitudo salutis als sichere Unterlage dienen zu können: er muß eine *fides efficax*[53],

[51] Darüber die folgenden Aufsätze über die *Wirtschaftsethik der Weltreligionen*, Einleitung.

[52] In dieser Voraussetzung, berührt sich der Calvinismus mit dem offiziellen Katholizismus. Aber für die Katholiken ergab sich daraus die Notwendigkeit des Bußsakramentes, für die Reformierten die der praktischen Bewährung durch Wirken innerhalb der Welt.

[53] S. z. B. schon Beza: (De praedestinat. doct. ex praelect. in Rom. 9. a. Raph. Eglino exc. 1584) p. 133: ... *sicut ex operibus vere bonis ad sanctificationis donum, a sanctificatione ad fidem ... ascendimus: ita ex certis illis effectis non quamvis vocationen, sed efficacem illam, et ex hac vocatione electionem et ex electione donum praedestinationis in Christo tam firmam quam immotus est Dei thronus certissima connexione effectorum et causarum colligimus* ... Nur bezüglich der Zeichen der Verwerfung müsse man, da es auf den Finalzustand ankomme, vorsichtig sein. (Hierin dachte erst der Puritanismus anders.) – S. ferner darüber die eingehenden Erörterungen Schneckenburgers a. a. O., der freilich nur eine begrenzte Kategorie von Literatur zitiert. In der ganzen puritanischen Literatur tritt dieser Zug immer wieder hervor. *It will not be said: did you believe? – but: were you Doers, or Talkers only?* sagt Bunyan. Der Glaube ist nach Baxter (The saints' everlasting rest, Kap. XII), der die mildeste Form der Prädestination lehrt, die Unterwerfung unter Christus von Herzen und mit der Tat. *Do what you are able first, and then complain of God for denying you grace if you have cause* antwortete er auf den Einwand, daß der Wille unfrei und Gott allein es sei, der die Fähigkeit zur Heiligung vorenthalte. (Works of the Puritan Divines IV. p. 155.) Die Examination Fullers (des Kirchenhistorikers) beschränkte sich auf die eine Frage nach der praktischen Bewährung und den Selbstzeugnissen seines Gnadenstandes im Wandel. Nicht anders Howe in der anderwärts schon zitierten Stelle. Jede Durchmusterung der Works of the Puritan Divines ergibt auf Schritt und Tritt Belege. Nicht selten waren es direkt katholische asketische Schriften, welche die *Bekehrung* zum Puritanismus zur Folge hatten, – so bei Baxter ein jesuitischer Traktat. – Eine völlige Neuerung waren diese Konzeptionen gegenüber Calvins eigner Lehre nicht (cf. Inst. Christ. c. I, Orig. Ausg. v. 1536 p. 97, 112). Nur war die Gnadengewißheit bei Calvin selbst auch auf diesem Wege nicht sicher zu erlangen (147 das.). Üblicherweise berief man sich auf 1. Joh. 3, 5 und ähnliche Stellen. Das Verlangen der fides efficax ist – um dies hier vorwegzu-

die Berufung zum Heil ein *effectual calling* (Ausdruck der Savoy declaration) sein. Stellt man nun weiter die Frage, an welchen Früchten der Reformierte denn den rechten Glauben unzweifelhaft zu erkennen vermöge, so wird darauf geantwortet: an einer Lebensführung des Christen, die zur Mehrung von Gottes Ruhm dient. Was dazu dient, ist aus seinem, direkt in der Bibel offenbarten oder indirekt aus den von ihm geschaffenen zweckvollen Ordnungen der Welt (lex naturae)[54] ersichtlichen, Willen zu entnehmen. Speziell durch Vergleichung des eigenen Seelenzustandes mit dem, welcher nach der Bibel den Erwählten, z. B. den Erzvätern eignete, kann man seinen eigenen Gnadenstand kontrollieren.[55] Nur ein Erwählter hat wirklich die fides efficax[56], nur er ist fähig, vermöge der Wiedergeburt (regeneratio) und der aus dieser folgenden Heiligung (sanctificatio) seines ganzen Lebens Gottes Ruhm durch wirklich, nicht nur scheinbar, gute Werke zu mehren. Und indem er sich dessen bewußt ist, daß sein Wandel – wenigstens dem Grundcharakter und konstanten Vorsatz (propositum oboedientiae) nach – auf einer in ihm lebenden Kraft[57] zur Mehrung des Ruhmes Gottes ruht, also nicht nur gottgewollt, sondern vor allem gottgewirkt ist[58], erlangt er jenes höchste Gut, nach dem diese Religiosität strebte: die Gnadengewißheit[59]; daß sie zu erlangen sei, wurde aus 2. Kor. 13, 5 erhärtet.[60] So absolut ungeeignet also gute Werke sind, als Mittel zur Erlangung der Seligkeit zu dienen – denn auch der Erwählte bleibt Kreatur,

nehmen – nicht auf die Calvinisten i. e. S. beschränkt. Baptistische Glaubensbekenntnisse behandeln im Artikel über die Prädestination ganz ebenso die Früchte des Glaubens *(and that its* – der Regeneration – *proper evidence appears in the holy fruits of repentance and faith and* newness of life: – Art. 7 des in The Baptist Church Manual by J. N. Brown D D. Philadelphia, Am. Bapt. Publ. Soc. abgedruckten Bekenntnisses.) Ebenso beginnt der mennonitisch beeinflußte Traktat: Olijf-Tacxken, den die Harlemer Synode 1649 annahm, S. 1 mit der Frage: woran erkennt man die Kinder Gottes, und antwortet (p. 10): Nu al is't dat dasdanigh vruchtbare ghelove alleene zii het seker fondamentale kennteeken ... om de conscientien der gelovigen in het nieuwe verbondt der genade Gods te versekeren.

54 Über die Bedeutung dieser für den materiellen Inhalt der sozialen Ethik wurde schon oben einiges angedeutet. Hier kommt es uns nicht auf den Inhalt, sondern auf den Antrieb zum sittlichen Handeln an.

55 Wie diese Vorstellung das Eindringen alttestamentlich-jüdischen Geistes in den Puritanismus befördern mußte, liegt auf der Hand.

56) So sagt die Savoy Declaration von den members der ecclesia pura: sie seien *saints by* effectual *calling,* visibly manifested *by their profession* and walking.

57 *A principle of goodness* Charnock in den Works of the Pur. Div., p. 175.

58 Die Bekehrung ist, wie Sedgwick es gelegentlich ausdrückt, eine gleichlautende Abschrift des Gnadenwahldekretes. – Und: wer erwählt ist, der ist auch zum Gehorsam berufen und befähigt, lehrt Bailey. – Nur diejenigen, welche Gott zum (im Wandel zum Ausdruck kommenden) Glauben beruft, sind wirkliche Gläubige, nicht bloße *temporary believers,* lehrt die (baptistische) Hanserd Knollys confession.

59 Man vergleiche etwa den Schluß von Baxters Christian Directory.

60 So z. B. bei Charnock, Self-examination p. 183, zur Widerlegung der katholischen Doktrin von der *dubitatio.*

und alles was er tut bleibt in unendlichem Abstand hinter Gottes Anforderungen zurück, – so unentbehrlich sind sie als Zeichen der Erwählung.[61] Sie sind das technische Mittel, nicht die Seligkeit zu erkaufen, sondern: die Angst um die Seligkeit loszuwerden. In diesem Sinn werden sie gelegentlich direkt als *zur Seligkeit unentbehrlich* bezeichnet[62] oder die *possessio salutis* an sie geknüpft.[63] Das bedeutet nun aber praktisch, im Grunde: daß Gott dem hilft, der sich selber hilft[64], daß also der Calvinist, wie es auch gelegentlich ausgedrückt wird, seine Seligkeit – korrekt müßte es heißen: die Gewißheit von derselben – selbst schafft[65], daß aber dieses Schaffen nicht wie im Katholizismus in einem allmählichen Aufspeichern verdienstlicher Einzelleistungen bestehen kann, sondern in einer zu jeder Zeit vor der Alternative: erwählt oder verworfen? stehenden systematischen Selbstkontrolle. Damit gelangen wir zu einem sehr wichtigen Punkt unserer Betrachtungen.

Immer wieder ist bekanntlich jenem in den reformierten Kirchen und Sekten mit steigender Deutlichkeit[66] sich herausarbeitenden Gedankengang von lutherischer Seite der Vorwurf der *Werkheiligkeit* gemacht worden.[67] Und, – so

[61] Diese Argumentation kehrt z. B. bei Joh. Hoornbeek, Theologia practica immer wieder, z. B. II p. 70, 72, 182 I p. 160.
[62] Z. B. sagt Conf. Helvet. 16 *et improprie his (den Werken)* salus adtribuitur.
[63] S. zu allem Vorstehenden Schneckenburger S. 80 f.
[64] *Si non es praedestinatus fac ut praedestineris* sollte angeblich schon Augustin gesagt haben.
[65] Man wird an Goethes dem Wesen nach gleichbedeutenden Spruch erinnert: *Wie kann man sich selbst kennen lernen? Durch Betrachten niemals, wohl aber durch Handeln. Versuche, deine Pflicht zu tun, und du weißt gleich, was an dir ist. – Was aber ist deine Pflicht? Die Forderung des Tages.*
[66] Denn bei Calvin selbst steht zwar fest, daß die *Heiligkeit* auch in die Erscheinung treten muß (Instit. IV, 1, § 2, 7, 9), aber die Grenze zwischen Heiligen und Unheiligen bleibt für menschliches Wissen unerforschlich. Wir haben zu glauben, daß da, wo Gottes Wort in einer nach seinen Gesetz organisierten und verwalteten Kirche rein verkündet wird, auch Erwählte – wenn auch für uns unerkennbar – vorhanden sind.
[67] Die calvinistische Frömmigkeit ist eines der vielen in der Religionsgeschichte sich findenden Beispiele für das Verhältnis logisch und psychologisch vermittelter Konsequenzen aus bestimmten religiösen Gedanken für das praktisch-religiöse Sichverhalten. Logisch wäre natürlich der Fatalismus als Konsequenz der Prädestination deduzierbar. Die psychologische Wirkung war aber infolge der Einschaltung des *Bewährungs*-Gedankens die gerade umgekehrte. (Aus prinzipiell gleichartigem Grunde nehmen bekanntlich die Anhänger Nietzsches für den Gedanken der ewigen Wiederkehr positive ethische Bedeutung in Anspruch. Nur handelt es sich hier um die Verantwortlichkeit für ein mit dem Handelnden durch keinerlei Bewußtseinskontinuität verbundenes Zukunftsleben, – während es bei dem Puritaner hieß: Tua res agitur.) Hübsch setzt das Verhältnis von Gnadenwahl und Handeln schon – in der Sprache der Zeit – Hoornbeek (Theol. pract. Vol. I p. 159) auseinander: Die electi sind eben kraft ihrer Erwählung dem Fatalismus unzugänglich, gerade in ihrer Abweisung der fatalistischen Konsequenzen bewähren sie sich, quos ipsa electio *sollicitos reddit et diligentes officiorum.* Die praktische Interessenverschlingung zerschneidet die logisch zu erschließenden (übrigens trotz allem gelegentlich auch faktisch eingetretenen) fatalistischen Konsequenzen. – Andererseits aber

berechtigt der Widerspruch der Angegriffenen gegen die Identifikation ihrer dogmatischen Stellung mit der katholischen Lehre war, – sicherlich mit Recht, sobald die praktischen Konsequenzen für das Alltagsleben der reformierten Durchschnittschristen damit gemeint sind.[68] Denn es hat vielleicht nie eine intensivere Form religiöser Schätzung des sittlichen Handelns gegeben, als die, welche der Calvinismus in seinen Anhängern erzeugte. Aber entscheidend für

ist der Gedankengehalt einer Religion – wie gerade der Calvinismus zeigt – von weitaus größerer Bedeutung, als z. B. William James (The varieties of religious experience, 1902, p. 444 f.) zuzugestehen geneigt ist. Gerade die Bedeutung des Rationalen in der religiösen Metaphysik zeigt sich in klassischer Weise in den grandiosen Wirkungen, welche speziell die gedankliche Struktur des calvinistischen Gottesbegriffs auf das Leben geübt hat. Wenn der Gott der Puritaner in der Geschichte gewirkt hat wie nur irgendein anderer vor oder nach ihm, so haben ihn dazu vornehmlich jene Attribute befähigt, mit denen die Macht des Gedankens ihn ausgestattet hatte. (James' *pragmatische* Wertung der Bedeutung religiöser Ideen nach dem Maß ihrer Bewährung im Leben ist übrigens ja selbst ein echtes Kind jener Gedankenwelt der puritanischen Heimat dieses hervorragenden Gelehrten.) Das religiöse Erlebnis als solches ist selbstverständlich irrational wie jedes Erlebnis. In seiner höchsten, mystischen Form ist es geradezu das Erlebnis κατ εξοχην und – wie James sehr schön ausgeführt hat – durch seine absolute Inkommunikabilität ausgezeichnet: Es hat spezifischen Charakter und tritt als Erkenntnis auf, läßt sich aber nicht adäquat mit den Mitteln unseres Sprach- und Begriffsapparates reproduzieren. Und es ist ferner richtig: daß jedes religiöse Erlebnis bei dem Versuch rationaler Formulierung alsbald an Gehalt einbüßt, um so mehr, je weiter die begriffliche Formulierung vorschreitet. Darin liegt der Grund zu tragischen Konflikten aller rationalen Theologie, wie bereits im 17. Jahrhundert die täuferischen Sekten wußten. – Aber jene Irrationalität, – welche ja übrigens keineswegs nur dem religiösen *Erlebnis* eignet, sondern (in verschiedenem Sinn und Maße) jedem – hindert nicht, daß es gerade praktisch von der allerhöchsten Wichtigkeit ist, von welcher Art das Gedankensystem ist, welches das unmittelbar religiös *Erlebte* nun für sich, sozusagen, konfisziert und in seine Bahnen lenkt; denn darnach entwickeln sich in Zeiten intensiver Beeinflussung des Lebens durch die Kirche und starker Entwicklung dogmatischer Interessen in der letzteren die meisten jener praktisch so wichtigen Unterschiede in den ethischen Konsequenzen, wie sie zwischen den verschiedenen Religionen der Erde bestehen. Wie ganz unglaublich intensiv – mit heutigem Maßstab gemessen – das dogmatische Interesse auch des Laien im Zeitalter der großen Religionskämpfe war, weiß jeder, der die historischen Quellen kennt. Man kann damit nur die im Grunde auch abergläubische Vorstellung des heutigen Proletariats von dem, was *die Wissenschaft* leisten und beweisen könne, in Parallele stellen.

68 Baxter, The Saints' Everlasting rest I, 6, antwortet auf die Frage: *Whether to make salvation our end be not mercenary or legal? – It is properly mercenary when we expect it as wages for work done ... Otherwise it is only such a mercenarism as Christ commandeth ... and if seeking Christ be mercenary, I desire to be so mercenary ...* Übrigens fehlt bei manchen als orthodox geltenden Calvinisten auch der Collaps in ganz krasse Werkheiligkeit nicht. Nach Bailey, Praxis pietatis, p. 262 sind Almosen ein Mittel zur Abwendung zeitlicher Strafe. Andere Theologen empfahlen den Verworfenen gute Werke mit der Motivierung, daß die Verdammnis dann doch vielleicht erträglicher würde, den Erwählten aber, weil Gott sie dann nicht nur grundlos, sondern ob causam lieben würde, was irgendwie schon seinen Lohn finden werde. Gewisse leise Konzessionen an die Bedeutung guter Werke für den Grad der Seligkeit hatte doch auch die Apologie gemacht (Schneckenburger a. a. O., S. 101).

die praktische Bedeutung dieser Art *Werkheiligkeit* ist erst die Erkenntnis der Qualitäten, welche die ihr entsprechende Lebensführung charakterisierten und sie von dem Alltagsleben eines mittelalterlichen Durchschnittschristen unterschieden. Man kann sie wohl etwa so zu formulieren versuchen: Der normale mittelalterliche katholische Laie[69] lebte in ethischer Hinsicht gewissermaßen *von der Hand in den Mund*. Er erfüllte zunächst gewissenhaft die traditionellen Pflichten. Seine darüber hinausgehenden *guten Werke* aber blieben normalerweise eine nicht notwendig zusammenhängende, zum wenigsten eine nicht notwendigerweise zu einem Lebenssystem rationalisierte Reihe einzelner Handlungen, die er je nach Gelegenheit, etwa zur Ausgleichung konkreter Sünden oder unter dem Einfluß der Seelsorge oder gegen Ende seines Lebens gewissermaßen als Versicherungsprämie vollzog. Natürlich war die katholische Ethik *Gesinnungs*ethik. Aber die konkrete *intentio* der einzelnen Handlung entschied über deren Wert. Und die einzelne – gute oder schlechte – Handlung wurde den Handelnden angerechnet, beeinflußte sein zeitliches und ewiges Schicksal. Ganz realistisch rechnete die Kirche damit, daß der Mensch keine absolut eindeutig determinierte und zu bewertende Einheit, sondern daß sein sittliches Leben (normalerweise) ein durch streitende Motive beeinflußtes oft sehr widerspruchvolles Sichverhalten sei. Gewiß forderte auch sie von ihm als Ideal prinzipielle Wandlung des Lebens. Aber eben diese Forderung schwächte sie (für den Durchschnitt) durch eines ihrer allerwichtigsten Macht- und Erziehungsmittel wieder ab: durch das Bußsakrament, dessen Funktion tief mit der innersten Eigenart der katholischen Religiosität verknüpft war.

Die *Entzauberung* der Welt: die Ausschaltung der Magie als Heilsmittel[70], war in der katholischen Frömmigkeit nicht zu den Konsequenzen durchgeführt, wie in der puritanischen (und vor ihr nur in der jüdischen) Religiosität. Dem Katholiken[71] stand die Sakramentsgnade seiner Kirche als Ausgleichsmittel eigner Unzulänglichkeit zur Verfügung: Der Priester war ein Magier, der

[69] Auch hier muß, um zunächst die charakteristischen Differenzen herauszuheben, notgedrungen in einer *idealtypischen* Begriffssprache geredet werden, welche der historischen Realität im gewissen Sinn Gewalt antut, – aber ohne dies wäre vor lauter Verklausulierung eine klare Formulierung überhaupt ausgeschlossen. Inwieweit die hier möglichst scharf gezeichneten Gegensätze nur relative sind, wäre gesondert zu erörtern. Es versteht sich von selbst, daß die katholische offizielle Lehre schon im Mittelalter auch ihrerseits das Ideal der systematischen Heiligung des gesamten Lebens aufstellte. Aber ebenso zweifellos ist es, daß 1. die kirchliche Alltagspraxis, gerade durch ihr wirksamstes Zuchtmittel: die Beichte, die im Text angezogene *unsystematische* Lebensführung erleichterte, ferner daß 2. der grundlegende rigoristisch kalte Stimmungsgehalt und die gänzlich auf sich selbst gestellte Isoliertheit der Calvinisten dem mittelalterlichen Laienkatholizismus dauernd fehlen mußten.

[70] Die absolut zentrale Bedeutung dieses Moments wird, wie schon einmal erwähnt, erst in den Aufsätzen über die *Wirtschaftsethik der Weltreligionen* allmählich hervortreten.

[71] Und, in gewissem Maß, auch dem Lutheraner. Luther wollte diesen letzten Rest von sakramentaler Magie nicht ausrotten.

das Wunder der Wandlung vollbrachte und in dessen Hand die Schlüsselgewalt gelegt war. Man konnte sich in Reue und Bußfertigkeit an ihn wenden, er spendete Sühne, Gnadenhoffnung, Gewißheit der Vergebung und gewährte damit die Entlastung von jener ungeheuren Spannung, in welcher zu leben das unentrinnbare und durch nichts zu lindernde Schicksal des Calvinisten war. Für diesen gab es jene freundlichen und menschlichen Tröstungen nicht und er konnte auch nicht hoffen, Stunden der Schwäche und des Leichtsinns durch erhöhten guten Willen in andern Stunden wettzumachen, wie der Katholik und auch der Lutheraner. Der Gott des Calvinismus verlangte von den Seinigen nicht einzelne *gute Werke*, sondern eine zum System gesteigerte Werkheiligkeit.[72] Von dem katholischen, echt menschlichen Auf und Ab zwischen Sünde, Reue, Buße, Entlastung, neuer Sünde oder von einem durch zeitliche Strafen abzubüßenden, durch kirchliche Gnadenmittel zu begleichenden Saldo des Gesamtlebens war keine Rede. Die ethische Praxis des Alltagsmenschen wurde so ihrer Plan- und Systemlosigkeit entkleidet und zu einer konsequenten Methode der ganzen Lebensführung ausgestaltet. Es ist ja kein Zufall, daß der Name der *Methodisten* ebenso an den Trägern der letzten großen Wiederbelebung puritanischer Gedanken im 18. Jahrhundert haften geblieben ist, wie die dem Sinne nach durchaus gleichwertige Bezeichnung *Präzisisten* auf ihre geistigen Vorfahren im 17. Jahrhundert angewendet worden war.[73] Denn nur in einer fundamentalen Umwandlung des Sinnes des ganzen Lebens in jeder Stunde und jeder Handlung[74] konnte sich das Wirken der Gnade als einer Enthebung des

[72] Vgl. z.B. Sedgwick, Buß- und Gnadenlehre (deutsch v. Röscher 1689): Der Bußfertige hat eine feste Regel, an die er sich genau hält und wonach er sein ganzes Leben einrichtet und wandelt (S. 591). Er lebt, – klug, wachsam und vorsichtig, – nach dem Gesetze (S. 596). Nur eine dauernde Veränderung des ganzen Menschen kann, weil Folge der Gnadenwahl, dies bewirken (S. 852). Wirkliche Buße drückt sich stets im Wandel aus (S. 361). – Der Unterschied der nur *moralisch* guten Werke und der *opera spiritualia* liegt, wie z.B. Hoornbeek, a.a.O. l. IX c. 2 ausführt, eben darin, daß diese Folge eines wiedergeborenen Lebens sind, daß (a. a. O. Vol. I S. 160) ein stetiger Fortschritt darin wahrnehmbar ist, wie er nur durch die übernatürliche Einwirkung der Gnade Gottes (a.a.O., S. 150) erzielt werden kann. Die Heiligkeit ist Verwandlung des ganzen Menschen durch Gottes Gnade (das. S. 190 f.), – Gedanken, die ja dem ganzen Protestantismus gemeinsam sind, die sich natürlich ebenso auch in den höchsten Idealen des Katholizismus finden; aber eben in den auf innerweltliche Askese abgesteckten puritanischen Richtungen erst ihre Konsequenzen für die Welt zeigen konnten und, vor allem, nur dort hinlänglich stark psychologisch prämiert waren.

[73] Der letztere Name ist in Holland allerdings speziell von dem präzise nach den Vorschriften der Bibel geführten Leben der *Feinen* abgeleitet (so bei Voët). – Übrigens kommt auch für die Puritaner im 17. Jahrh. vereinzelt der Name *Methodisten* vor.

[74] Denn – wie die puritanischen Prediger (z.B. Bunyan in *The Pharisee and the Publican, W. of Pur. Div. S. 126)* hervorheben: – jede einzelne Sünde vernichtet alles, was im Lauf eines ganzen Lebens an *Verdienst* durch *gute Werke* aufgehäuft sein könnte, wenn – undenkbarerweise – der Mensch überhaupt von sich aus dazu fähig wäre, etwas zu leisten, was Gott ihm als Verdienst anrechnen müßte, oder gar dauernd vollkommen

Menschen aus dem status naturae in den status gratiae bewähren. Das Leben des *Heiligen* war ausschließlich auf ein transzendentes Ziel: die Seligkeit, ausgerichtet, aber ebendeshalb in seinem diesseitigen Verlauf durchweg rationalisiert und beherrscht von dem ausschließlichen Gesichtspunkt: Gottes Ruhm auf Erden zu mehren; – und niemals ist mit dem Gesichtspunkt *omnia in majorem dei gloriam* so bitterer Ernst gemacht worden.[75] Nur ein durch konstante Reflexion geleitetes Leben aber konnte als Überwindung des Status naturalis gelten: Descartes' *cogito ergo sum* wurde in dieser ethischen Umdeutung von den zeitgenössischen Puritanern übernommen.[76] Diese Rationalisierung nun gab der reformierten Frömmigkeit ihren spezifisch asketischen Zug und begründete ebenso ihre innere Verwandtschaft[77] wie ihren spezifischen Gegensatz zum Katholizismus. Denn natürlich war ähnliches dem Katholizismus nicht etwa fremd.

Die christliche Askese enthielt in sich zweifellos sowohl der äußeren Erscheinung wie dem Sinn nach höchst Verschiedenartiges. Im Okzident aber trug sie in ihren höchsten Erscheinungsformen bereits im Mittelalter durchaus und in manchen Erscheinungen schon in der Antike einen rationalen Charakter. Die welthistorische Bedeutung der mönchischen Lebensführung im Okzident in ihrem Gegensatz zum orientalischen Mönchtum – nicht: seiner Gesamtheit, aber seinem allgemeinen Typus – beruht darauf. Sie war im Prinzip schon in der Regel des heiligen Benedikt, noch mehr bei den Cluniazensern, wiederum mehr bei den Zisterziensern, am entschiedensten endlich bei den Jesuiten, emanzipiert von planloser Weltflucht und virtuosenhafter Selbstquälerei. Sie war zu einer systematisch durchgebildeten Methode rationaler Lebensführung geworden, mit dem Ziel, den Status naturae zu überwinden, den Menschen der Macht der irrationalen Triebe und der Abhängigkeit von Welt und Natur zu entziehen, der Suprematie des planvollen Wollens zu unterwerfen[78], seine

leben könnte. Es findet eben nicht, wie im Katholizismus, eine Art Kontokorrent mit Saldo-Abrechnung statt, – ein Bild, das schon dem Altertum geläufig war – sondern für das ganze Leben gilt das schroffe Entweder – Oder: Gnadenstand oder Verwerfung. – Anklänge an die Kontokorrent-Auffassung s. Anm. 103 S. 114.

[75] Darin liegt der Unterschied gegen die bloße *Legality* und *Civility*, welche bei Bunyan als Genossen des Mr. *Worldly-Wiseman* in der City, welche *Morality* genannt ist, hausen.

[76] Charnock, Self-examination (Works of the Pur. Div. S. 172): Reflection and knowledge of self is a prerogative of a rational nature. Dazu die Fußnote: Cogito, ergo sum, is the first principle of the new philosophy.

[77] Es ist hier noch nicht der Ort, die Verwandtschaft der – nie zur Herrschaft gelangten, stets nur geduldeten, zuweilen nur verketzerten – Theologie des Duns Scotus mit gewissen Gedankengängen des asketischen Protestantismus zu erörtern. Die spätere spezifische Abneigung der Pietisten gegen die aristotelische Philosophie teilte, wie – in etwas anderem Sinn – Luther, auch Calvin in bewußtem Gegensatz gegen den Katholizismus (cf. Inst. Chr. II c. 2, s. 4, IV c. 17, s. 24). Der *Primat des Willens,* – wie Kahl das genannt hat, – ist allen diesen Richtungen gemeinsam.

[78] Ganz so definiert z. B. der Artikel *Ascese* des katholischen *Kirchenlexikons* ihren

Handlungen beständiger Selbstkontrolle und der Erwägung ihrer ethischen Tragweite zu unterstellen und so den Mönch – objektiv – zu einem Arbeiter im Dienst des Reiches Gottes zu erziehen, und dadurch wiederum – subjektiv – seines Seelenheils zu versichern. Diese – aktive – Selbstbeherrschung war, wie das Ziel der exercitia des heiligen Ignatius und der höchsten Formen rationaler mönchischer Tugenden überhaupt[79], so auch das entscheidende praktische Lebensideal des Puritanismus.[80] Schon in der tiefen Verachtung, mit der in den Berichten über die Verhöre seiner Märtyrer das fassungslose Poltern der adligen Prälaten und Beamten der kühlen reservierten Ruhe seiner Bekenner entgegengehalten wird[81], tritt jene in den besten Typen noch des heutigen englischen und angloamerikanischen *gentleman* vertretene Schätzung reservierter Selbstkontrolle hervor.[82] In der uns geläufigen Sprache:[83] Die puritanische – wie jede *rationale* – Askese arbeitete daran, den Menschen zu befähigen, seine konstanten Motive, insbesondere diejenigen, welche sie selbst ihm *einübte,* gegenüber den *Affekten* zu behaupten und zur Geltung zu bringen: – daran also, ihn zu einer *Persönlichkeit* in diesem, formal-psychologischen Sinne des

Sinn, durchaus in Übereinstimmung mit ihren höchsten historischen Erscheinungsformen. Ebenso Seeberg in der R. E. f. Prot. Th. u. K. Es muß gestattet sein, für die Zwecke dieser Abhandlung den Begriff so zu verwenden, wie es hier geschieht. Daß man ihn anders – weiter sowohl wie enger – fassen kann und meist zu fassen pflegt, ist mir wohl bekannt.

79 Im Hudibras wurden die Puritaner (1: Gesang 18. 19) mit den Barfüßern verglichen. Ein Bericht des genuesischen Gesandten Fieschi nennt Cromwells Heer eine Versammlung von *Mönchen.*

80 Angesichts dieser ganz ausgesprochenermaßen von mir behaupteten innerlichen Kontinuität zwischen außerweltlicher Mönchsaskese und innerweltlicher Berufsaskese bin ich überrascht, von Brentano (a. a. O. p. 134 und sonst) die Arbeitsaskese der Mönche und ihre Empfehlung gegen mich angeführt zu finden! Sein ganzer *Exkurs* gegen mich kulminiert darin. Eben jene Kontinuität ist aber, wie jeder sehen kann, eine Grundvoraussetzung meiner ganzen Aufstellung: Die Reformation trug die rationale christliche Askese und Lebensmethodik aus den Klöstern hinaus in das weltliche Berufsleben. Vgl. die folgenden, unverändert stehen gebliebenen Ausführungen.

81 So in den vielen in Neal's *History of the Puritans* und in Crosby's *English Baptists* wiedergegebenen Berichten über die Verhöre der puritanischen Häretiker.

82 Schon Sanford a. a. O. (und vor wie nach ihm viele andere) haben die Entstehung des Ideals der *reserve* aus dem Puritanismus abgeleitet. Vgl. über jenes Ideal etwa auch die Bemerkungen von James Bryce über das amerikanische College in Bd. II seiner *American Commonwealth.* – Das asketische Prinzip der *Selbstbeherrschung* machte den Puritanismus auch mit zum Vater der modernen militärischen Disziplin. (S. über Moritz von Oranien als Schöpfer moderner Heeresinstitutionen: Roloff in den Preuß. Jahrb. 1903 Bd. III S. 255) Cromwells *Ironsides,* mit der gespannten Pistole in der Hand, ohne Schuß, in scharfem Trabe an den Feind geführt, waren nicht durch derwischartige Leidenschaft, sondern umgekehrt durch ihre nüchterne Selbstbeherrschung, welche sie stets in der Hand des Führers bleiben ließ, den *Cavalieren* überlegen, deren ritterlich-stürmische Attacke jedesmal die eigene Truppe in Atome auflöste. Manches darüber bei Firth, Cromwells Army.

83 S. dafür besonders: Windelband, Über Willensfreiheit, S. 77 f.

Worts zu erziehen. Ein waches, bewußtes, helles Leben führen zu können, war, im Gegensatz zu manchen populären Vorstellungen, das Ziel, – die Vernichtung der Unbefangenheit des triebhaften Lebensgenusses die dringendste Aufgabe, – Ordnung in die Lebensführung derer, die ihr anhingen, zu bringen, das wichtigste Mittel der Askese. Alle diese entscheidenden Gesichtspunkte finden sich in den Regeln des katholischen Mönchtums ganz ebenso[84] ausgeprägt wie in den Grundsätzen der Lebensführung der Calvinisten.[85] Auf dieser methodischen Erfassung des ganzen Menschen beruht bei beiden ihre ungeheure weltüberwindende Macht, speziell beim Calvinismus gegenüber dem Luthertum seine Fähigkeit, als *ecclesia militans* den Bestand des Protestantismus zu sichern.

Worin andererseits der Gegensatz der calvinistischen gegen die mittelalterliche Askese bestand, liegt auf der Hand: es war der Wegfall der *consilia evangelica* und damit die Umgestaltung der Askese zu einer rein innerweltlichen. Nicht als ob innerhalb des Katholizismus das *methodische* Leben auf die Klosterzellen beschränkt geblieben wäre. Das war theoretisch keineswegs und auch in der Praxis nicht der Fall. Es ist vielmehr schon hervorgehoben, daß trotz der größeren moralischen Genügsamkeit des Katholizismus ein ethisch systemloses Leben nicht an die höchsten Ideale heranreicht, welche er – auch für das innerweltliche Leben – gezeitigt hat.[86] Der Tertiarierorden des heiligen

84 Nur nicht so unvermischt. Kontemplationen, gelegentlich mit Gefühlsmäßigkeit verbunden, sind mit diesen rationalen Elementen mehrfach gekreuzt. Aber dafür ist wiederum auch die Kontemplation methodisch reglementiert.

85 Sündig ist nach Richard Baxter alles, was gegen die von Gott als normgebend uns anerschaffene *reason* ist: nicht etwa nur inhaltlich sündige Leidenschaften, sondern alle irgendwie sinn- oder maßlosen Affekte als solche, weil sie die *countenance* vernichten und als rein kreatürliche Vorgänge uns von der rationalen Beziehung alles Handelns und Empfindens auf Gott abziehen und ihn beleidigen. Vgl. z. B. was über die Sündlichkeit des Ärgers gesagt ist (Christian Directory 2. Aufl. 1678 I S. 285. Dazu wird S. 287 Tauler zitiert). Über die Sündlichkeit der Angst ebenda S. 287 Sp. 2. Daß es Kreaturvergötterung (idolatry) ist, wenn unser Appetit die *rule or measure of eating* ist, wird sehr nachdrücklich das. I S. 310, 316 Sp. 1 und öfter auseinandergesetzt. Zitiert werden bei Gelegenheit solcher Ausführungen neben den überall in erster Reihe stehenden Sprüchen Salomos auch Plutarchs de tranquillitate animi, nicht selten aber auch die asketischen Schriften des Mittelalters, S. Bernhard, Bonaventura u. a. – Der Gegensatz gegen das *Wer nicht liebt Wein, Weib und Gesang* ... konnte kaum schärfer formuliert werden als durch die Ausdehnung des Begriffes der idolatry auf alle Sinnenfreuden, soweit sie sich nicht durch hygienische Gründe rechtfertigen, in welchem Fall sie (wie, innerhalb dieser Grenzen, der Sport, aber auch andere *recreations)*, statthaft sind (darüber noch weiter unten). Man wolle beachten, daß die hier und sonst zitierten Quellen weder dogmatische noch erbauliche Werke, sondern aus der Praxis der Seelsorge erwachsen und also ein gutes Bild der Richtung sind, in welcher diese wirkte.

86 Ich würde es, beiläufig gesagt, bedauern, wenn aus der Darstellung irgendwelche Bewertung, es sei der einen oder der anderen Form von Religiosität, herausgelesen würde. Sie liegt hier ganz fern. Es kommt nur auf die Wirkung bestimmter, vielleicht für die rein religiöse Bewertung relativ peripherischer, für das praktische Verhalten aber wichtiger, Züge an.

Franz war z. B. ein mächtiger Versuch in der Richtung asketischer Durchdringung des Alltagslebens, und bekanntlich nicht etwa der einzige. Werke freilich, wie die *Nachfolge Christi,* zeigen gerade durch die Art ihrer starken Wirkung, wie die in ihnen gepredigte Weise der Lebensführung als ein Höheres gegenüber der als Minimum genügenden Alltagssittlichkeit empfunden wurde, und daß diese letztere eben nicht an Maßstäben, wie sie der Puritanismus bereit hielt, gemessen wurde. Und die Praxis gewisser kirchlicher Institutionen, vor allem des Ablasses, der auch deshalb in der Reformationszeit nicht als ein peripherischer Mißbrauch, sondern als der entscheidende Grundschaden schlechthin empfunden wurde, mußte immer wieder die Ansätze systematischer innerweltlicher Askese kreuzen. Das Entscheidende aber war: daß der im religiösen Sinn methodisch lebende Mensch par excellence eben doch allein der Mönch war und blieb, daß also die Askese, je intensiver sie den einzelnen erfaßte, desto mehr ihn aus dem Alltagsleben heraus drängte, weil eben in der Überbietung der innerweltlichen Sittlichkeit[87] das spezifisch heilige Leben lag. Das hatte zunächst, – und zwar nicht als Vollstrecker irgendeiner Entwicklungstendenz, sondern aus ganz persönlichen Erfahrungen heraus, anfänglich übrigens in den praktischen Konsequenzen noch schwankend, dann durch die politische Situation weitergedrängt, – Luther beseitigt und der Calvinismus hat dies von ihm einfach übernommen.[88] Es traf für dessen Art von Religiosität in der Tat den Kern der Sache, wenn schon Sebastian Franck die Bedeutung der Reformation darin fand, daß nun jeder Christ ein Mönch sein müsse sein Leben lang. Dem Herausfluten der Askese aus dem weltlichen Alltagsleben war ein Damm vorgebaut und jene leidenschaftlich ernsten innerlichen Naturen, die bisher dem Mönchtum seine besten Repräsentanten geliefert hatten, waren nun darauf hingewiesen, innerhalb des weltlichen Berufslebens asketischen Idealen nachzugehen. Der Calvinismus fügte aber im Verlauf seiner Entwicklung etwas Positives: den Gedanken der Notwendigkeit der Bewährung des Glaubens im weltlichen Berufsleben[89] hinzu. Er gab damit den breiteren Schichten der religiös orientierten Naturen den positiven Antrieb zur Askese, und mit der

[87] S. hierzu namentlich den Artikel *Moralisten, englische,* von E. Tröltsch in der R. E. f. Prot. Th. u. K. 3. Aufl.

[88] Wie sehr ganz konkrete religiöse Bewußtseinsinhalte und Situationen, die als *historische Zufälligkeit* erscheinen, gewirkt haben, zeigt sich besonders deutlich darin, daß in den Kreisen des auf reformierter Grundlage entstandenen Pietismus z. B. das Fehlen der Klöster gelegentlich direkt bedauert wurde und daß die *kommunistischen* Experimente Labadies u. a. ja lediglich ein Surrogat für das Klosterleben waren.

[89] Und zwar schon in manchen Bekenntnissen des Reformationszeitalters selbst. Auch Ritschl (Pietismus I S. 258 f.) bestreitet, trotzdem er die spätere Entwicklung als Entartung der reformatorischen Gedanken ansieht, dennoch nicht, daß z. B. Conf. Gall. 25, 26, Conf. Belg. 29, Conf. Helv. post. 17 *die reformierte Partikularkirche mit ganz empirischen Merkmalen umschrieben und daß zu dieser wahren Kirche die Gläubigen* nicht ohne das Merkmal sittlicher Aktivität *gerechnet werden.* (S. dazu S. 100 Anm. 43.)

Verankerung seiner Ethik an der Prädestinationslehre trat so an die Stelle der geistlichen Aristokratie der Mönche außer und über der Welt die geistliche Aristokratie der durch Gott von Ewigkeit her prädestinierten Heiligen in der Welt[90], eine Aristokratie, die mit ihrem character indelebilis von der übrigen von Ewigkeit her verworfenen Menschheit durch eine prinzipiell unüberbrückbarere und in ihrer Unsichtbarkeit unheimlichere Kluft getrennt war[91], als der äußerlich von der Welt abgeschiedene Mönch des Mittelalters, – eine Kluft, die in harter Schärfe in alle sozialen Empfindungen einschnitt. Denn diesem Gottesgnadentum der Erwählten und deshalb Heiligen war angesichts der Sünde des Nächsten nicht nachsichtige Hilfsbereitschaft im Bewußtsein der eigenen Schwäche, sondern der Haß und die Verachtung gegen ihn als einen Feind Gottes, der das Zeichen ewiger Verwerfung an sich trägt, adäquat.[92] Diese Empfindungsweise war einer solchen Steigerung fähig, daß sie unter Umständen in Sektenbildung ausmünden konnte. Dies war dann der Fall, wenn – wie bei den *independentischen* Richtungen des 17. Jahrhunderts – der genuin calvinistische Glaube: daß Gottes Ruhm es erfordere, die Verworfenen durch die Kirche unter das Gesetz zu beugen, überwogen wurde durch die Überzeugung: daß es Gott zur Schmach gereiche, wenn in seiner Herde ein Unwiedergeborener sich befinde und an den Sakramenten teilnehme oder sie gar – als angestellter Prediger – verwalte.[93] Wenn also, mit einem Wort, der

[90] Bless God that we are not of the many (Th. Adams, W. of the Pur. Div. p. 138).

[91] Der historisch so wichtige *birthright*-Gedanke erfuhr dadurch in England eine erhebliche Unterstützung: *The first born which are written in heaven ... As the first born is not to be defeated in his inheritance and the enrolled names are never to be oblitterated, so certainly shall they inherit eternal life* (Th. Adams, W. of Pur Div. p. XIV).

[92] Das lutherische Gefühl bußfertiger Reue ist dem asketisch entwickelten Calvinismus zwar nicht in der Theorie, wohl aber in der Praxis innerlich fremd: Es ist ja für ihn ethisch wertlos, nutzt den Verworfenen nichts, und für den seiner Erwählung Sicheren ist die eigene Sünde, die er sich etwa eingesteht, Symptom rückständiger Entwicklung und unvollständiger Heiligung, die er, statt sie zu bereuen, zu Gottes Ruhme durch die Tat zu überwinden trachtet und haßt. Vgl. die Ausführungen Howes (Cromwells Kaplan 1656-58) in *Of men's enemity against God and of reconciliation between God and Man,* Works of the English Puritan Divines p. 237: *The carnal mind is* enemity *against God. It is the mind, therefore, not as speculative merely, but as practical and active, that must be renewed.* (eod. p. 246): *Reconciliation . . . must begin in 1) a deep conviction ... of your former* enemity ... *I have been* alienated *from God ... 2) (p. 251) a clear and lively apprehension ... of the monstrous iniquity and wickedness thereof.* Hier wird nur von Haß gegen die Sünde, nicht den Sünder, gesprochen. Aber schon der berühmte Brief der Herzogin Renata von Este *(Leonorens* Mutter) an Calvin, – worin sie u. a. von dem Haß spricht, den sie gegen Vater und Gatten hegen würde, falls sie überzeugt sein müßte, daß sie zu den Reprobierten gehörten, – zeigt die Übertragung auf die Person und ist zugleich ein Beispiel für das, was oben (S. 97) von der inneren Loslösung des Individuums aus den Banden der durch das *natürliche* Gefühl geknüpften Gemeinschaften durch die Gnadenwahllehre gesagt wurde.

[93] *None but those who give evidence of being regenerated or holy persons, ought to be received or counted fit members of visible churches. Where this is wanting, the very*

donatistische Kirchenbegriff als Konsequenz des Bewährungsgedankens auftauchte, wie dies bei den calvinistischen Baptisten der Fall war. Und auch wo die volle Konsequenz der Forderung der *reinen* Kirche als der Gemeinschaft der als wiedergeboren Bewährten: die Sektenbildung, nicht gezogen wurde, gingen mannigfache Ausgestaltungen der Kirchenverfassung aus dem Versuch hervor, wiedergeborene und unwiedergeborene, zum Sakrament nicht reife, Christen zu scheiden, den ersteren das Kirchenregiment vorzubehalten oder ihnen sonst eine Sonderstellung vorzubehalten, und nur wiedergeborene Prediger zuzulassen.[94] –

Ihre feste Norm, an der sie sich stetig orientieren konnte und deren sie ja offensichtlich bedurfte, empfing nun diese asketische Lebensführung natürlich durch die Bibel. Und zwar ist an der oft geschilderten *Bibliokratie* des Calvinismus für uns das Wichtige: daß das Alte Testament, weil ebenso inspiriert wie das Neue, in seinen Moralvorschriften, soweit sie nicht ersichtlich nur für die historischen Verhältnisse des Judentums bestimmt oder durch Christus ausdrücklich abrogiert waren, an Dignität dem Neuen durchaus gleich stand. Gerade für die Gläubigen war das Gesetz als ideale, nie ganz erreichbare, aber doch geltende Norm gegeben[95], während Luther umgekehrt – ursprünglich – die Freiheit von der Gesetzesknechtschaft als göttliches Privileg der Gläubigen gepriesen hatte.[96] Die Wirkung gottinniger und doch völlig nüchterner hebräischer Lebensweisheit, welche in den von den Puritanern am meisten gelesenen Büchern: den Sprüchen Salomos und manchen Psalmen, niedergelegt ist, fühlt man in ihrer ganzen Lebensstimmung. Speziell der rationale Charakter: Die Unterbindung der mystischen, überhaupt der Gefühlsseite der Religiosität ist schon von Sanford[97] mit Recht auf die Einwirkung des Alten Testamentes zurückgeführt worden. Immerhin war an sich dieser alttestamentliche Rationalismus als solcher wesentlich kleinbürgerlich-traditionalistischen Charakters, und nicht nur das mächtige Pathos der Propheten und vieler Psalmen stand daneben, sondern auch Bestandteile, welche für die Entwicklung spezifischer Gefühlsreligiosität schon im Mittelalter die Anknüpfungspunkte gegeben hat-

essence of a church is lost, formuliert Owen, der independentisch-calvinistische Vize-Kanzler von Oxford unter Cromwell, den Grundsatz (Inv. into the origin of Ev. Ch.). S. ferner den folgenden Artikel.

94 S. den folgenden Artikel.

95 Cat..Genev. 149. Bailey, Praxis pietatis S. 125: *Im Leben sollen wir tun, als ob niemand als Moses über uns zu gebieten habe.*

96 *Den Reformierten schwebt das Gesetz als ideale Norm vor, den Lutheraner schlägt es als unerreichbare Norm nieder.* Im lutherischen Katechismus steht es, um die nötige Demut zu erwecken, vor, in den reformierten Katechismen regelmäßig hinter dem Evangelium. Den Lutheranern warfen die Reformierten vor, daß sie eine *wahre Scheu vor dem Heiligwerden haben* (Möhler), die Lutheraner den Reformierten *unfreie Gesetzesknechtschaft* und Hochmut.

97 Studies and reflections of the Great Rebellion p. 79 f.

ten.[98] Es war also letztlich doch wieder der eigene, und zwar eben: der asketische, Grundcharakter des Calvinismus selbst, welcher die ihm kongenialen Bestandteile alttestamentlicher Frömmigkeit auslas und sich assimilierte. –

Jene Systematisierung der ethischen Lebensführung nun, welche die Askese des calvinistischen Protestantismus mit den rationalen Formen des katholischen Ordenslebens gemeinsam hat, tritt schon rein äußerlich in der Art zutage, wie der *präzise* puritanische Christ seinen Gnadenstand fortlaufend kontrollierte.[99] Zwar war das religiöse Tagebuch, in welches Sünden, Anfechtungen und die in der Gnade gemachten Fortschritte fortlaufend oder auch tabellarisch eingetragen wurden, der, in erster Linie von den Jesuiten geschaffenen, modernkatholischen Frömmigkeit (namentlich Frankreichs) mit derjenigen der kirchlich eifrigsten reformierten Kreise[100] gemeinsam. Aber während es im Katholizismus dem Zweck der Vollständigkeit der Beichte diente oder dem *directeur de l'âme* die Unterlage zu seiner autoritären Leitung des Christen bzw. (meist) der Christin bot, *fühlte sich* der reformierte Christ mit seiner Hilfe selbst *den Puls*. Von allen bedeutenden Moraltheologen wird es erwähnt, noch Benjamin Franklins tabellarisch-statistische Buchführung über seine Fortschritte in den einzelnen Tugenden gibt ein klassisches Beispiel dafür.[101] Und andererseits wurde das alte mittelalterliche (und schon antike) Bild von der Buchführung Gottes bei Bunyan bis zu der charakteristischen Geschmacklosigkeit gesteigert, daß das Verhältnis des Sünders zu Gott mit dem eines Kunden zum shopkeeper verglichen wird: Wer einmal in die Kreide geraten ist, wird mit dem Ertrag all seiner eigenen Verdienste allenfalls die auflaufenden Zinsen, niemals aber die Hauptsumme abtragen können.[102] Wie sein eigenes Verhalten, so kontrollierte aber der spätere Puritaner auch dasjenige Gottes und sah in allen Einzelfügungen des Lebens seinen Finger. Und, im Gegensatz zu Calvins genuiner Lehre, wußte er daher, warum Gott diese oder jene Verfügung traf. Die Heiligung des Lebens konnte so fast den Charakter eines Geschäftsbetriebs annehmen.[103] Eine pene-

[98] Von solchen ist dabei namentlich das – von den Puritanern meist einfach ignorierte – Hohe Lied nicht zu vergessen, dessen orientalische Erotik ja z. B. die Entwicklung des Frömmigkeitstypus des hl. Bernhard mitbestimmt hat.

[99] Über die Notwendigkeit dieser Selbst-Kontrolle s. z. B. die schon zitierte Predigt Charnocks über 2. Cor. 13, 5 Works of the Pur. Div., p. 161 f.

[100] Die meisten Moraltheologen raten es an. So Baxter, Christ. Directory II, p. 77 ff., der jedoch die *Gefahren* nicht verhehlt.

[101] Die sittliche Buchführung ist natürlich auch sonst weit verbreitet gewesen. Aber der Akzent, der darauf lag: alleiniges Erkenntnismittel der von Ewigkeit her beschlossenen Erwählung oder Verwerfung zu sein, fehlte und damit die entscheidende psychologische Prämie auf die Sorgfalt und Beachtung dieser *Kalkulation*.

[102] Dies war der entscheidende Unterschied gegenüber anderen äußerlich ähnlichen Verhaltungsweisen.

[103] Auch Baxter (Saints' everlasting rest c. XII) erläutert Gottes Unsichtbarkeit durch die Bemerkung: wie man im Wege der Korrespondenz gewinnbringenden Handel mit einem nicht gesehenen Fremden treiben könne, so könne man auch durch einen *seligen*

trante Christianisierung des ganzen Daseins war die Konsequenz dieser Methodik der ethischen Lebensführung, welche der Calvinismus im Gegensatz zum Luthertum erzwang. Daß diese Methodik für die Beeinflussung des Lebens das Entscheidende war, hat man sich zum richtigen Verständnis der Art der Wirkung des Calvinismus stets vor Augen zu halten. Einerseits ergibt sich daraus, daß eben erst diese Ausprägung jenen Einfluß üben konnte, andererseits aber: daß auch andere Bekenntnisse, wenn ihre ethischen Antriebe in diesem entscheidenden Punkt: dem Bewährungsgedanken, die gleichen waren, in der gleichen Richtung wirken mußten.

Wir haben bisher uns auf dem Boden der calvinistischen Religiosität bewegt und demgemäß die Prädestinationslehre als dogmatischen Hintergrund der puritanischen Sittlichkeit im Sinn methodisch rationalisierter ethischer Lebensführung vorausgesetzt. Dies geschah deshalb, weil jenes Dogma tatsächlich auch weit über die Kreise derjenigen religiösen Partei, welche in jeder Hinsicht streng auf dem Boden Calvins sich gehalten hat: der *Presbyterianer*, als Eckstein der reformierten Lehre festgehalten wurde: nicht nur die independentische Savoydeklaration von 1658, sondern ebenso die baptistische Hanserd Knollys confession von 1689 enthielten sie, und auch innerhalb des Methodismus war zwar John Wesley, das große organisatorische Talent seiner Bewegung, Anhänger der Universalität der Gnade, der große Agitator der ersten methodistischen Generation und ihr konsequentester Denker, aber: Whitefield, ebenso wie der um Lady Huntingdon gescharte, zeitweise doch recht einflußreiche Kreis Anhänger des *Gnadenpartikularismus*. In ihrer grandiosen Geschlossenheit war es diese Lehre, welche in der schicksalsvollsten Epoche des 17. Jahrhunderts den Gedanken: Rüstzeug Gottes und Vollstrecker seiner providenziellen Fügungen zu sein[104], in den kämpfenden Vertretern des *heiligen Lebens* aufrecht erhielt und den vorzeitigen Kollaps in eine rein utilitarische Werkheiligkeit mit nur diesseitiger Orientierung verhinderte, die ja zu so unerhörten Opfern um irrationaler und idealer Ziele willen niemals fähig gewesen wäre. Und die Verbindung des Glaubens an unbedingt geltende Normen mit absolutem Determinismus und völliger Transzendenz des Übersinnlichen, welche sie in einer in ihrer Art genialen Form herstellte, war ja gleichzeitig – im Prinzip – außerordentlich viel moderner, als die dem Gefühl

Handel mit dem unsichtbaren Gott die *eine köstliche Perle* erwerben. – Diese kommerziellen anstatt der bei den älteren Moralisten und im Luthertum üblichen forensischen Gleichnisse sind recht charakteristisch für den Puritanismus, der im Effekt eben den Menschen selbst seine Seligkeit *erhandeln* läßt. – Vgl. ferner etwa folgende Predigtstelle: *We reckon the value of a thing by that which a wise man will give for it, who is not ignorant of it nor under necessity. Christ, the Wisdom of God, gave himself, his own precious blood, to redeem souls and he knew what they were and had no need of them.* (Matthew Henry, The worth of the soul, Works of the Pur. Div., p. 313).

104 Demgegenüber sagte schon Luther selbst: *Weinen geht vor Wirken und Leiden übertrifft alles Tun.*

mehr zusagende mildere Lehre, welche auch Gott dem Sittengesetz unterstellte. Vor allem aber war der, wie sich immer wieder zeigen wird, für unsere Betrachtungen fundamentale Bewährungsgedanke als psychologischer Ausgangspunkt der methodischen Sittlichkeit gerade an der Gnadenwahllehre und ihrer Bedeutung für das Alltagsleben so sehr in *Reinkultur* zu studieren, daß wir, da dieser Gedanke als Schema der Verknüpfung von Glauben und Sittlichkeit bei den weiterhin zu betrachtenden Denominationen sehr gleichmäßig wiederkehrt, von jener Lehre als der konsequentesten Form auszugehen hatten. Innerhalb des Protestantismus bildeten die Konsequenzen, welche sie bei ihren ersten Anhängern für die asketische Gestaltung der Lebensführung haben mußte, die prinzipiellste Antithese der (relativen) sittlichen Ohnmacht des Luthertums. Die lutherische *gratia amissibilis,* welche durch bußfertige Reue jederzeit wiedergewonnen werden konnte, enthielt an sich offenbar keinerlei Antrieb zu dem, was für uns hier als Produkt des asketischen Protestantismus wichtig ist: zu einer systematischen rationalen Gestaltung des ethischen Gesamtlebens.[105] Die lutherische Frömmigkeit ließ demgemäß die unbefange-

[105] Auch in der Entwicklung der ethischen Theorie des Luthertums zeigt sich dies aufs deutlichste. Über diese siehe Hoennicke, Studien zur altprotestantischen Ethik, Berlin 1902 und dazu die lehrreiche Besprechung von E. Tröltsch, Gött. Gel. Anz. 1902 Nr. 8. Die Annäherung der lutherischen Doktrin namentlich an die ältere orthodox-calvinistische war dabei in der Fassung oft sehr weitgehend. Aber die andersartige religiöse Orientierung brach sich immer wieder Bahn. Durch Melanchthon war, um für die Anknüpfung der Sittlichkeit an den Glauben eine Handhabe zu gewinnen, der Bußbegriff in den Vordergrund gestellt worden. Die durch das Gesetz gewirkte Buße muß dem Glauben vorangehen, gute Werke aber ihm nachfolgen, sonst kann er – fast puritanisch formuliert – nicht der wahre rechtfertigende Glaube sein. Ein gewisses Maß relativer Vollkommenheit galt ihm auch auf Erden für erreichbar, ja Melanchthon hat ursprünglich sogar gelehrt: die Rechtfertigung erfolge, um den Menschen zu guten Werken tüchtig zu machen, und in der steigenden Vervollkommnung liege wenigstens dasjenige Maß schon diesseitiger Seligkeit, welches der Glaube gewähren könne. Und auch bei den späteren lutherischen Dogmatikern wurde der Gedanke, daß gute Werke die notwendigen Früchte des Glaubens sind, daß der Glaube ein neues Leben wirke, äußerlich ganz ähnlich wie bei den Reformierten ausgeführt. Die Frage, was *gute Werke* seien, beantwortete schon Melanchthon, noch mehr aber die späteren Lutheraner, zunehmend durch Verweisung auf das Gesetz. Als Reminiszenz an Luthers ursprüngliche Gedanken blieb nunmehr nur der geringere Ernst, der mit der Bibliokratie, speziell mit der Orientierung an den Einzelnormen des alten Testaments gemacht wurde. Wesentlich der Dekalog blieb, – als Kodifikation der wichtigsten Grundsätze des natürlichen Sittengesetzes, – Norm für das menschliche Handeln. – Aber: Es führte keine sichere Brücke von seiner statutarischen Geltung hinüber zu der immer wieder eingeschärften ausschließlichen Bedeutung des Glaubens für die Rechtfertigung, schon weil dieser Glaube eben – s. o. – einen ganz anderen psychologischen Charakter hatte als der calvinistische. Der genuine lutherische Standpunkt der ersten Zeit war verlassen, und mußte von einer Kirche, die sich als Heilsanstalt betrachtete, verlassen werden, ein anderer wurde aber nicht gewonnen. Speziell konnte man, schon aus Scheu, die dogmatische Grundlage *(sola fide!)* zu verlieren, nicht zur asketischen Rationalisierung des Gesamtlebens als sittlicher Aufgabe des einzelnen kommen. Denn es fehlte eben ein

ne Vitalität triebmäßigen Handelns und naiven Gefühlslebens ungebrochener: es fehlte jener Antrieb zur konstanten Selbstkontrolle und damit überhaupt zur planmäßigen Reglementierung des eigenen Lebens, wie ihn die unheimliche Lehre des Calvinismus enthielt. Der religiöse Genius, wie Luther, lebte in dieser Luft freier Weltoffenheit unbefangen und – solange die Kraft seiner Schwingen reichte! – ohne Gefahr des Versinkens in den *status naturalis.* Und jene schlichte, feine und eigentümlich stimmungsvolle Form der Frömmigkeit, welche manche der höchsten Typen des Luthertums geschmückt hat, findet, ebenso wie ihre gesetzesfreie Sittlichkeit, auf dem Boden des genuinen Puritanismus selten, weit eher dagegen z.B. innerhalb des milden Anglikanismus der Hooker, Chillingsworth u.a., ihre Parallele. Aber für den lutherischen Alltagsmenschen, auch den tüchtigen, war nichts sicherer als daß er aus dem status naturalis nur temporär – solange der Einfluß der einzelnen Beichte oder Predigt reichte – herausgehoben wurde. Bekannt ist ja der den Zeitgenossen so auffällige Unterschied zwischen dem ethischen Standard der reformierten

Antrieb, den Bewährungs-Gedanken zu einer solchen Bedeutung aufwachsen zu lassen, wie dies im Calvinismus die Gnadenwahllehren bewirken. Auch die – mit dem Ausfallen dieser Lehre zusammenstimmende – magische Deutung der Sakramente, namentlich die Verlegung der regeneratio – oder doch ihres Anfanges – in die Taufe mußte, bei Annahme des Gnadenuniversalismus, der Entwicklung methodischer Sittlichkeit entgegen wirken, weil sie den Abstand des status naturalis vom Gnadenstand, zumal bei der starken lutherischen Betonung der Erbsünde, für das Empfinden abschwächte. Nicht minder die ausschließlich forensische Deutung des Rechtfertigungsakts, welche die Wandelbarkeit der Entschlüsse Gottes durch die Einwirkung des konkreten Bußaktes des bekehrten Sünders voraussetzte. Gerade sie aber wurde von Melanchthon zunehmend betont. Jene ganze Wandlung seiner Lehre, welche in dem zunehmenden Gewicht der Buße hervortritt, hing eben auch mit seinem Bekenntnis zur *Willensfreiheit* innerlich zusammen. All das entschied den unmethodischen Charakter der lutherischen Lebensführung. Konkrete Gnadenakte für konkrete Sünden mußten in der Vorstellung des Durchschnittslutheraners – schon infolge des Fortbestandes der Beichte – den Inhalt des Heils ausmachen, nicht die Entwicklung einer ihre Heilsgewißheit sich selbst schaffenden Heiligenaristokratie. So konnte es weder zu einer gesetzesfreien Sittlichkeit noch zu einer am Gesetz orientierten rationalen Askese kommen, sondern das Gesetz blieb unorganisch neben dem *Glauben* als Statut und ideale Forderung bestehen, überdies, da man die strikte Bibliokratie als Werkheiligkeit scheute, recht unsicher und unpräzis, vor allem unsystematisch in seinem näheren Inhalt. – Das Leben aber blieb, ebenso wie Tröltsch (a.a.O.) es von der ethischen Theorie gesagt hat, eine *Summe bloßer niemals ganz gelingender Anläufe, welche in der Zerstückelung einzelner unsicherer Anweisungen festgehalten, nicht auf Auswirkung in einem zusammenhängenden Lebensganzen* gerichtet waren, sondern im wesentlichen, gemäß der Entwicklung, die schon Luther selbst (s.o.) genommen hatte, ein Sich-Schicken in die gegebene Lebenslage im Kleinen wie im Großen darstellten. – Das so viel beklagte *Sich-Schicken* des Deutschen in fremde Kulturen, ihr schneller Nationalitätswechsel ist, – neben bestimmten politischen Schicksalen der Nation, – auch recht wesentlich auf Rechnung dieser, in allen unseren Lebensbeziehungen noch heute nachwirkenden Entwicklung zu setzen. Die subjektive Aneignung der Kultur blieb schwach, weil sie wesentlich auf dem Wege passiver Entgegennahme des *autoritär* Dargebotenen erfolgte.

Fürstenhöfe gegenüber den so oft in Trunk und Rohheit versunkenen lutherischen[106], ebenso die Hilflosigkeit der lutherischen Geistlichkeit mit ihrer reinen Glaubenspredigt gegenüber der asketischen Bewegung des Täufertums. Was man an den Deutschen als *Gemütlichkeit* und *Natürlichkeit* empfindet, im Gegensatz zu der – bis auf die Physiognomie der Menschen – noch heute unter der Nachwirkung jener gründlichen Vernichtung der Unbefangenheit des *status naturalis* stehenden angloamerikanischen Lebensluft, und was Deutsche an dieser letzteren regelmäßig als Enge, Unfreiheit und innerliche Gebundenheit zu befremden pflegt, – das sind Gegensätze der Lebensführung, welche ganz wesentlich auch jener geringeren asketischen Durchdringung des Lebens durch das Luthertum im Gegensatz zum Calvinismus entstammen. Die Antipathie des unbefangenen *Weltkindes* gegen das Asketische spricht sich in jenen Empfindungen aus. Dem Luthertum fehlte eben, und zwar infolge seiner Gnadenlehre, der psychologische Antrieb zum Systematischen in der Lebensführung, der ihre methodische Rationalisierung erzwingt. Dieser Antrieb, der den asketischen Charakter der Frömmigkeit bedingt, konnte an sich zweifellos durch verschieden geartete religiöse Motive erzeugt werden, wie wir bald sehen werden: Die Prädestinationslehre des Calvinismus war nur eine von verschiedenen Möglichkeiten. Aber allerdings überzeugten wir uns, daß sie in ihrer Art nicht nur von ganz einzigartiger Konsequenz war, sondern auch von ganz eminenter psychologischer Wirksamkeit.[107] Die nichtcalvinistischen asketischen Bewegungen erscheinen danach, rein unter dem Gesichtspunkt der religiösen Motivierung ihrer Askese betrachtet, als Abschwächungen der inneren Konsequenz des Calvinismus.

Aber auch in der Wirklichkeit der geschichtlichen Entwicklung lagen die Dinge, zwar nicht durchweg, aber doch meist, so, daß die reformierte Form der Askese von den übrigen asketischen Bewegungen entweder nachgeahmt oder bei der Entwicklung der eigenen davon abweichenden oder darüber hinausgehenden Grundsätze vergleichend und ergänzend herangezogen wurde. Wo trotz andersartiger Glaubensfundamentierung dennoch die gleiche asketische Konsequenz auftrat, war dies regelmäßig Folge der Kirchenverfassung, von der in anderm Zusammenhang zu reden ist.[108]

Historisch ist der Gedanke der Gnadenwahl jedenfalls der Ausgangspunkt für die üblicherweise als Pietismus bezeichnete asketische Richtung gewesen. Es ist, soweit sich diese Bewegung innerhalb der reformierten Kirche gehalten hat, nahezu unmöglich, eine bestimmte Grenze zwischen pietistischen und nicht-

[106] S. über diese Dinge etwa das Plauderbuch von Tholuck: Vorgeschichte des Rationalismus.

[107] Über die ganz andersartige Wirkung der islamischen Prädestinations- (richtiger: Prädeterminations-) Lehre und ihre Gründe s. die früher zitierte (Heidelberger theologische) Dissertation von F. Ulrich: Die Vorherbestimmungslehre im Islam und Christentum, 1912. Über die Prädestinationslehre der Jansenisten s. P. Honigsheim a. a. O.

[108] S. darüber den folgenden Artikel dieser Sammlung.

pietistischen Calvinisten zu ziehen.[109] Fast alle prononcierten Vertreter des Puritanismus sind gelegentlich unter die Pietisten gerechnet worden, und es ist eine Auffassung durchaus statthaft, welche alle jene Zusammenhänge zwischen Prädestination und Bewährungsgedanken, mit dem ihnen zugrunde liegenden Interesse an der Gewinnung der subjektiven *certitudo salutis,* wie sie oben dargestellt wurden, bereits als pietistische Fortbildung der genuinen Lehre Calvins

109 Ritschl, Geschichte des Pietismus I, S. 132 sucht sie für die Zeit vor Labadie (übrigens nur auf Grund niederländischer specimina) darin, daß bei den Pietisten I. Konventikel gebildet, – II. der Gedanke der *Nichtigkeit des geschöpflichen Daseins* in einer *dem evangelischen Seligkeitsinteresse widersprechenden Weise* gepflegt – III. *die Versicherung der Gnade in dem zärtlichen Umgang mit dem Herrn Jesus* in unreformatorischer Weise gesucht worden sei. Das letzte Merkmal trifft für diese Frühzeit nur auf einen der von ihm behandelten Vertreter zu, der Gedanke der *Nichtigkeit der Kreatur* war an sich echtes Kind calvinistischen Geistes und erst wo er zur praktischen Weltflucht führte, lenkte er aus den Bahnen des normalen Protestantismus heraus. Die Konventikel endlich hatte die Synode von Dordrecht in bestimmtem Umfang (insbesondere zu katechetischen Zwecken) selbst angeordnet. – Von den in Ritschls vorangehender Darstellung analysierten Merkmalen pietistischer Frömmigkeit kämen etwa in Betracht: 1. der *Präzisismus* in dem in allen Äußerlichkeiten des Lebens stärker dem Bibelbuchstaben verknechteten Sinn, den Gisbert Voët zuweilen vertritt; – 2. die Behandlung der Rechtfertigung und Versöhnung mit Gott nicht als Selbstzweck, sondern als bloßes Mittel zum asketisch heiligen Leben, wie sie bei Lodensteyn vielleicht zu finden, aber bei Melanchthon z. B. auch angedeutet (S. 125 A. 2) ist; – 3. die hohe Schätzung des *Bußkampfes* als Merkmal echter Wiedergeburt, wie sie als erster W. Teellinck lehrte; – 4. die Abstinenz vom Abendmahl bei Teilnahme unwiedergeborener Personen daran (von der in anderem Zusammenhang noch zu reden sein wird) und die damit zusammenhängende, nicht in den Schranken der Dordrechter canones sich haltende Konventikelbildung mit Wiederbelebung der *Prophetie,* d. h. der Schriftauslegung auch durch Nichttheologen, selbst durch Frauen (Anna Maria Schürmann). Alles das sind Dinge, die Abweichungen, zum Teil erheblicher Art, von der Lehre und Praxis der Reformatoren darstellen. Aber gegenüber den von Ritschl in seine Darstellung nicht einbezogenen Richtungen, besonders der englischen Puritaner, stellen sie, außer Nr. III, doch nur eine Steigerung von Tendenzen dar, welche in der ganzen Entwicklung dieser Frömmigkeit lagen. Die Unbefangenheit von Ritschls Darstellung leidet daran, daß der große Gelehrte seine kirchen- oder vielleicht besser gesagt: religionspolitisch orientierten Werturteile hineinträgt und in seiner Antipathie gegen alle spezifisch asketische Religiosität überall da, wo die Wendung zu dieser hin sich vollzieht, Rückfälle in den *Katholizismus* hineininterpretiert. Aber wie der Katholizismus, so schließt auch der alte Protestantismus an sich *all sorts and conditions of men* ein, und doch hat den Rigorismus der innerweltlichen Askese die katholische Kirche in Gestalt des Jansenismus ebenso abgelehnt, wie der Pietismus den spezifisch katholischen Quietismus des 17. Jahrhunderts zurückwies. – Für unsere speziellen Betrachtungen schlägt jedenfalls der Pietismus erst da in etwas nicht graduell, sondern qualitativ anders Wirkendes um, wo die gesteigerte Angst vor der *Welt* zur Flucht aus dem privatwirtschaftlichen Berufsleben, also zur Konventikelbildung auf klösterlich-kommunistischer Grundlage (Labadie), oder – wie dies einzelnen extremen Pietisten von den Zeitgenossen nachgesagt wurde – zur absichtlichen Vernachlässigung der weltlichen Berufsarbeit zugunsten der Kontemplation führte. Diese Folge trat naturgemäß besonders häufig da ein, wo die Kontemplation jenen Zug anzunehmen begann, den Ritschl als *Bernhar-*

ansieht. Die Entstehung asketischer revivals innerhalb der reformierten Gemeinschaften ist, namentlich in Holland, ganz regelmäßig mit einem Wiederaufflammen der zeitweilig in Vergessenheit geratenen oder abgeschwächten Gnadenwahllehre verbunden gewesen. Für England pflegt man deshalb den Begriff *Pietismus* meist gar nicht zu brauchen.[110] Aber auch der kontinentale reformierte (niederländisch-niederrheinische) Pietismus war wenigstens dem Schwerpunkt nach ganz ebenso wie etwa die Religiosität Baileys zunächst einfach Steigerung der reformierten Askese. Auf die *praxis pietatis* rückte der entscheidende Nachdruck so stark, daß darüber die dogmatische Rechtgläubigkeit in den Hintergrund trat, zuweilen direkt indifferent erschien. Dogmatische Irrtümer konnten die Prädestinierten ja gelegentlich ebenso befallen wie andere Sünden, und es lehrte die Erfahrung, daß zahlreiche, über die Schultheologie gänzlich unorientierte Christen, die offenbarsten Früchte des Glaubens zeitigten, während sich auf der anderen Seite zeigte, daß das bloße theologische Wissen keineswegs die Sicherheit der Bewährung des Glaubens im Wandel mit sich führte.[111] Am theologischen Wissen konnte also die Erwählung überhaupt

dinismus bezeichnet, weil er in der Auslegung des *Hohen Liedes* durch den hl. Bernhard zuerst anklingt: eine mystische Stimmungsreligiosität, welche die krypto-sexuell gefärbte *unio mystica* erstrebt. Sie stellt schon rein religions-psychologisch gegenüber der reformierten Frömmigkeit, aber auch gegenüber deren asketischer Ausprägung bei Männern wie Voët, unzweifelhaft ein *aliud* dar.
Ritschl sucht nun aber überall diesen Quietismus mit der pietistischen Askese zu kopulieren und so die letztere in die gleiche Verdammnis zu bringen, und er legt den Finger auf jedes Zitat aus der katholischen Mystik oder Asketik, welches er in der pietistischen Literatur findet. Allein auch ganz unverdächtige englische und niederländische Moraltheologen zitieren Bernhard, Bonaventura, Thomas a Kempis. – Das Verhältnis zu der katholischen Vergangenheit war bei allen Reformationskirchen ein sehr komplexes und je nach dem Gesichtspunkt, den man in den Vordergrund stellt, erscheint hier die eine, dort die andere als die dem Katholizismus – resp. bestimmten Seiten desselben – näherstehende.

110 Der recht lehrreiche Artikel *Pietismus* von Mirbt in der 3. Aufl. der Realenz. f. Prot. Theol. u. K. behandelt unter gänzlicher Beiseitelassung der reformierten Antezedenzien die Entstehung des Pietismus lediglich als ein persönliches religiöses Erlebnis Speners, was doch etwas befremdend wirkt. – Lesenswert ist zur Einführung in den Pietismus noch immer Gustav Freytags Schilderung in den *Bildern aus der deutschen Vergangenheit*. Für die Anfänge des englischen Pietismus in der zeitgenössischen Literatur zu vgl. etwa: W. Whitaker, Prima institutio disciplinaque pietatis (1570).

111 Diese Anschauung hat den Pietismus bekanntlich befähigt, einer der Hauptträger des Toleranzgedankens zu sein. Über diesen sei bei dieser Gelegenheit einiges eingeschaltet. Historisch entsprang er im Okzident, wenn wir die humanistisch-aufklärerische Indifferenz hier einmal beiseite lassen: – für sich allein hat sie nirgends große praktische Wirkungen geübt, – folgenden Hauptquellen: 1. rein politischer Staatsraison (Archetypos: Wilhelm von Oranien) – 2. dem Merkantilismus (so z. B. besonders deutlich bei der Stadt Amsterdam und bei den zahlreichen Städten, Grundherren und Potentaten, welche die Sektirer als schätzenswerte Träger des ökonomischen Fortschrittes aufnahmen) – 3. der radikalen Wendung calvinistischer Frömmigkeit. Die Prädestination schloß es ja im Grunde aus, daß der Staat durch Intoleranz die Religion wirklich för-

derte. Er vermochte ja dadurch doch keine Seelen zu retten; nur der Gedanke an Gottes Ehre veranlaßte die Kirche, seinen Beistand zur Unterdrückung der Häresie zu beanspruchen. Je größerer Nachdruck nun aber auf die Zugehörigkeit des Predigers und aller Abendmahlsgenossen zu den Erwählten gelegt wurde, desto unerträglicher wurde jede staatliche Einmischung in die Besetzung des Predigtamts und jede Vergebung der Pfarrstellen als Pfründen an vielleicht unwiedergeborne Zöglinge der Universitäten, nur weil sie theologisch gebildet waren, überhaupt jede Einmischung der oft in ihrem Wandel anfechtbaren politischen Machthaber in die Gemeindeangelegenheiten. Der reformierte Pietismus stärkte diesen Gesichtspunkt durch Entwertung der dogmatischen Korrektheit und allmähliche Durchlöcherung des Satzes *Extra ecclesiam nulla salus.* Calvin hatte die Unterwerfung auch der Verworfenen unter die göttliche Stiftung der Kirche als allein mit Gottes Ruhm verträglich erachtet; in Neu-England suchte man die Kirche als Aristokratie der bewährten Heiligen zu konstituieren; schon die radikalen Independenten aber lehnten jede Einmischung der bürgerlichen und ebenso irgendwelcher hierarchischer Gewalten in die nur innerhalb der Einzelgemeinde mögliche Prüfung der *Bewährung* ab. Der Gedanke, daß Gottes Ruhm es erfordere, auch die Reprobierten unter die Zucht der Kirche zu bringen, wurde durch den – von Anfang an ebenfalls vorhandenen aber allmählich immer leidenschaftlicher betonten – Gedanken verdrängt, daß es Gottes Ruhm verletze, mit einem von Gott Verworfenen das Abendmahl zu teilen. Das mußte zum Voluntarismus führen, denn es führte zur *believers' Church,* der nur die Wiedergeborenen umfassenden religiösen Gemeinschaft. Der calvinistische Baptismus, dem z. B. der Leiter des *Parlamentes der Heiligen,* Praisegod Barebone, angehörte, zog die Konsequenzen aus dieser Gedankenreihe am entschlossensten. Cromwells Heer trat für die Gewissensfreiheit, und das Parlament der *Heiligen* sogar für Trennung von Staat und Kirche ein, weil seine Angehörigen fromme Pietisten waren, also aus positiv-religiösen Gründen. – 4. Die nachher zu erörternden täuferischen Sekten, und sie weitaus am stärksten und innerlich konsequentesten, haben von Beginn ihres Bestehens an stets an dem Grundsatz festgehalten: daß nur persönlich Wiedergeborene in die Gemeinschaft der Kirche aufgenommen werden können und daher jeden *Anstalts*-Charakter der Kirche und jede Einmischung der weltlichen Macht perhorresziert. Auch hier war es also ein positiv-religiöser Grund, der die Forderung unbedingter Toleranz erzeugte. – Der erste, der aus solchen Gründen, fast eine Generation vor den Baptisten, zwei Generationen vor Roger Williams, für unbedingte Toleranz und Trennung von Staat und Kirche eintrat, war wohl John Browne. Die erste Erklärung einer Kirchengemeinschaft in diesem Sinne scheint die Resolution der englischen Baptisten in Amsterdam von 1612 oder 1613 zu sein: *the magistrate is not to middle with religion or matters of conscience ... because Christ is the King and lawgiver of the Church and conscience.* Das erste offizielle Dokument einer Kirchengemeinschaft, welches den positiven Schutz der Gewissensfreiheit durch den Staat als Recht forderte, war wohl Art. 44 der Confession der (Particular) Baptists von 1644. – Nachdrücklich sei nochmals bemerkt: daß die gelegentlich vertretene Ansicht: die Toleranz als solche sei dem Kapitalismus zugute gekommen, natürlich völlig irrig ist. Religiöse Toleranz ist nichts spezifisch Modernes oder Okzidentales. Sie hat in China, in Indien, in den großen vorderasiatischen Reichen im Zeitalter des Hellenismus, im Römerreich, in den islamischen Reichen, während langer Zeiträume in einem nur durch Gründe der Staatsraison (die auch heute die Schranke bilden!) begrenzten so weiten Umfang geherrscht, wie nirgends auf der Welt im 16. und 17. Jahrhundert, am allerwenigsten aber in den Gebieten, wo der Puritanismus herrschte, wie z. B. in Holland und Seeland in der Zeit des politisch-ökonomischen Aufstieges, oder im puritanischen Alt- oder Neuengland. Dem Okzident war gerade – nach wie vor der Reformation – ähnlich wie z. B. dem Sas-

nicht bewährt werden.[112] Daher begann der Pietismus in tiefem Mißtrauen gegen die Theologenkirche[113], welcher er – das gehört zu seinen Merkmalen – offiziell dennoch angehörig blieb, die Anhänger der *praxis pietatis* in Absonderung von der Welt in *Konventikel* zu sammeln.[114] Er wollte die unsichtbare Kirche der Heiligen sichtbar auf die Erde herabziehen und, ohne doch die Konsequenz der Sektenbildung zu ziehen, in dieser Gemeinschaft geborgen ein den Einflüssen der Welt abgestorbenes, in allen Einzelheiten an Gottes Willen orientiertes Leben führen und dadurch der eigenen Wiedergeburt auch in täglichen äußeren Merkmalen der Lebensführung sicher bleiben. Die *ecclesiola* der wahrhaft Bekehrten möchte so – das war ebenfalls allem spezifischen Pietismus gemeinsam – in gesteigerter Askese schon im Diesseits die Gemeinschaft mit Gott in ihrer Seligkeit kosten. Dies letztere Bestreben hatte nun etwas mit der lutherischen *unio mystica* innerlich Verwandtes und führte sehr oft zu einer stärkeren Pflege der Gefühlsseite der Religion, als sie dem reformierten Durchschnittschristentum normalerweise eignete. Dies wäre dann auf dem Boden der reformierten Kirche als das entscheidende Merkmal des *Pietismus* anzusprechen, soweit unsere Gesichtspunkte in Betracht kommen. Denn jenes der calvinistischen Frömmigkeit im ganzen ursprünglich fremde, dagegen gewissen Formen mittelalterlicher Religiosität innerlich verwandte Gefühlsmoment, lenkte die praktische Religiosität in die Bahn diesseitigen Genusses der Seligkeit, statt des asketischen Kampfes um ihre Sicherung für die jenseitige Zukunft. Und das Gefühl konnte dabei eine solche Steigerung erfah-

sanidenreich die konfessionelle Intoleranz charakteristisch, wie sie auch in China, Japan, Indien während einzelner Epochen, aber meist aus politischen Gründen, geherrscht hat. Folglich hat Toleranz als solche mit Kapitalismus gewiß nicht das geringste zu tun. Es kam darauf an: wem sie zugute kam. – Über die Konsequenzen bei Forderung der *believers* Church ist in dem folgenden Artikel weiter zu reden.

112 In seiner praktischen Anwendung tritt dieser Gedanke z. B. bei den Cromwellschen *tryers*, den Examinatoren der Predigtamts-Kandidaten, zutage. Sie suchten nicht sowohl die fachlich-theologische Bildung, als den subjektiven Gnadenstand des Kandidaten festzustellen. S. auch den folgenden Artikel.

113 Das für den Pietismus charakteristische Mißtrauen gegen Aristoteles und die klassische Philosophie überhaupt findet sich schon bei Calvin vorgebildet (vgl. Instit. II c. 2 S. 4; III c. 23 S. 5; IV c. 17 S. 24). Bei Luther war es in seinen Anfängen bekanntlich nicht geringer, ist aber dann durch den humanistischen Einfluß (vor allem Melanchthons) und zwingende Bedürfnisse der Schulung und Apologetik wieder zurückgedrängt worden. Daß das zur Seligkeit Nötige auch für Ungelehrte deutlich genug in der Schrift enthalten sei, lehrte natürlich auch die Westminster Confession (c. I, 7) in Übereinstimmung mit den protestantischen Traditionen.

114 Hiergegen wendete sich der Protest der offiziellen Kirchen, z. B. auch noch der (kürzere) Katechismus der schottischen presbyterianischen Kirche von 1648, S. VII: Teilnahme von nicht derselben Familie angehörigen Personen an den Hausandachten wird, als Eingriff in die Befugnisse des Amtes, verpönt. Auch der Pietismus löste, wie jede asketische Gemeindebildung, das Individuum aus den Banden des mit dem Interesse des Amtsprestiges verbündeten Hauspatriarchalismus.

ren, daß die Religiosität direkt hysterischen Charakter annahm und dann durch jene aus zahllosen Beispielen bekannte, neuropathisch begründete, Abwechslung von halbsinnlichen Zuständen religiöser Verzückung mit Perioden nervöser Erschlaffung, die als *Gottferne* empfunden wurden, im Effekt das direkte Gegenteil der nüchternen und strengen Zucht, in welche das systematisierte heilige Leben des Puritaners den Menschen nahm, erzielt wurde: eine Schwächung jener *Hemmungen,* welche die rationale Persönlichkeit des Calvinisten gegenüber den *Affekten* stützten.[115] Ebenso konnte dabei der calvinistische Gedanke an die Verworfenheit des Kreatürlichen, gefühlsmäßig – z. B. in der Form des sog. *Wurmgefühls* – erfaßt, zu einer Abtötung der Tatkraft im Berufsleben führen.[116] Und auch der Prädestinationsgedanke konnte zum Fatalismus werden, wenn er – im Gegensatz zu den genuinen Tendenzen der calvinistischen rationalen Religiosität – Gegenstand stimmungs- und gefühlsmäßiger Aneignung wurde.[117] Und endlich der Trieb zur Abgeschiedenheit der Heiligen von der Welt konnte bei starker gefühlsmäßiger Steigerung zu einer Art von klösterlicher Gemeinschaftsorganisation halb kommunistischen Charakters führen, wie sie der Pietismus immer wieder und auch in der reformierten Kirche gezeitigt hat.[118] Aber solange dieser extreme, eben durch jene Pflege der Gefühlsmäßigkeit bedingte Effekt nicht erzielt wurde, der reformierte Pietismus also innerhalb des weltlichen Berufslebens seiner Seligkeit sich zu versichern strebte, war der praktische

115 Es wird hier aus guten Gründen absichtlich unterlassen, auf die – im fachwissenschaftlichen Sinn des Wortes – *psychologischen* Beziehungen dieser religiösen Bewußtseinsinhalte einzugehen, und selbst die Verwendung der entsprechenden Terminologie ist möglichst vermieden worden. Der wirklich gesicherte Begriffsvorrat der Psychologie, einschließlich der Psychiatrie, reicht vorerst noch nicht aus, um für die Zwecke der historischen Forschung auf dem Gebiet unserer Probleme unmittelbar nutzbar gemacht zu werden, ohne die Unbefangenheit des historischen Urteils zu trüben. Die Verwendung ihrer Terminologie würde lediglich die Versuchung schaffen, unmittelbar verständlichen und oft geradezu trivialen Tatbeständen einen Schleier dilettantischer Fremdwörtergelehrsamkeit umzuhängen und so den falschen Anschein erhöhter begrifflicher Exaktheit zu erzeugen, wie dies z. B. für Lamprecht leider typisch gewesen ist. – Ernster zu nehmende Ansätze zur Verwertung psychopathologischer Begriffe für die Deutung gewisser historischer Massenerscheinungen s. bei W. Hellpach, Grundlinien zu einer Psychologie der Hysterie, 12. Kapitel, sowie dessen *Nervosität und Kultur.* Ich kann hier nicht versuchen auseinanderzusetzen, daß m. E. auch diesen sehr vielseitig orientierten Schriftsteller die Beeinflussung durch gewisse Theorien Lamprechts geschädigt hat. – Wie völlig wertlos, gegenüber der älteren Literatur, Lamprechts schematische Bemerkungen über den Pietismus (im 7. Band der Deutschen Geschichte) sind, weiß wohl jeder, der auch nur die gangbare Literatur kennt.

116 So etwa bei den Anhängern des Schortinghuis'schen *Innigen Christendom' s.* – Religionsgeschichtlich geht das zurück auf die deuterojesajanische Gottesknechts-Perikope und den 22. Psalm.

117 Dies trat bei holländischen Pietisten vereinzelt, und dann unter spinozistischen Einflüssen, auf.

118 Labadie, Tersteegen u. a.

Effekt pietistischer Grundsätze lediglich eine noch striktere asketische Kontrolle der Lebensführung im Beruf und eine noch festere religiöse Verankerung der Berufssittlichkeit, als sie die von den *feinen* Pietisten als Christentum zweiten Ranges angesehene bloße weltliche *Ehrbarkeit* der normalen reformierten Christen zu entwickeln vermochte. Die religiöse Aristokratie der Heiligen, die ja in der Entwicklung aller reformierten Askese, je ernster sie genommen wurde, um so sicherer hervortrat, wurde alsdann – wie dies in Holland geschah – innerhalb der Kirche voluntaristisch in der Form der Konventikelbildung organisiert, während sie im englischen Puritanismus teils zur förmlichen Unterscheidung von Aktiv- und Passivchristen in der Verfassung der Kirche, teils – entsprechend dem schon früher Gesagten – zur Sektenbildung drängte.

Die Entwicklung des mit den Namen Spener, Francke, Zinzendorf verknüpften, auf dem Boden des Luthertums stehenden deutschen Pietismus führt uns nun vom Boden der Prädestinationslehre weg. Aber damit keineswegs notwendig aus dem Bereich jener Gedankengänge, deren konsequente Krönung sie bildete, wie denn speziell Speners Beeinflussung durch den englisch-niederländischen Pietismus von ihm selbst bezeugt ist und z.B. in der Lektüre von Bailey in seinen ersten Konventikeln zutage trat.[119] Für unsere speziellen Gesichtspunkte jedenfalls bedeutet der Pietismus lediglich das Eindringen methodisch gepflegter und kontrollierter, d.h. also asketischer Lebensführung auch in die Gebiete der nicht calvinistischen Religiosität.[120] Das Luthertum mußte aber diese rationale

119 Am deutlichsten tritt sie vielleicht hervor, wenn er – man denke: Spener! – die Kompetenz der Obrigkeit zur Kontrolle der Konventikel, außer bei Unordnungen und Mißbräuchen, bestreitet, weil es sich um ein durch die apostolische Ordnung garantiertes Grundrecht der Christen handle (Theologische Bedenken II S. 81 f.). Das ist – prinzipiell – genau der puritanische Standpunkt bezüglich des Verhältnisses und Geltungsbereichs der ex jure divino folgenden und daher unveräußerlichen Rechte des einzelnen. Ritschl ist denn auch weder diese (Pietismus II S. 157) noch die weiterhin im Text erwähnte Ketzerei (das. S. 115) entgangen. So unhistorisch namentlich die positivistische (um nicht zu sagen: philiströse) Kritik ist, die er an dem *Grundrechts-Gedanken* übt, dem wir schließlich doch nicht viel weniger als Alles verdanken, was heute auch dem *Reaktionärsten* als Minimum seiner individuellen Freiheitssphäre vorschwebt, – so ist ihm natürlich darin ganz beizustimmen, daß in beiden Fällen eine organische Einfügung in Speners lutherischen Standpunkt fehlt. – Die Konventikel (collegia pietatis) selbst, die Speners berühmte *Pia desideria* theoretisch begründeten und die er praktisch ins Leben rief, entsprachen im Wesen durchaus den englischen *prophesyings*, wie sie sich zuerst in Joh. v. Lasco's Londoner Bibelstunden (1547) fanden und seitdem zum stehenden Inventar der als Auflehnung gegen die kirchliche Autorität verfolgten Formen puritanischer Frömmigkeit gehörten. Die Ablehnung der Genfer Kirchenzucht endlich wird bei ihm bekanntlich damit begründet, daß ihr berufener Träger, der *dritte Stand* (Status oeconomicus: die christlichen Laien), in der lutherischen Kirche nicht in die Kirchenorganisation eingefügt sei. Schwächlich lutherisch ist andrerseits – bei Erörterung der Exkommunikation – die Anerkennung der landesherrlich deputierten weltlichen Mitglieder des Konsistoriums als Repräsentanten des *dritten Standes*.

120 Schon der in den Gebieten des Luthertums zuerst aufgekommene Name *Pietismus*

Askese als Fremdkörper empfinden und die mangelnde Konsequenz der deutschen pietistischen Doktrin war Folge der daraus erwachsenden Schwierigkeiten. Für die dogmatische Fundamentierung der systematischen religiösen Lebensführung sind bei Spener lutherische Gedankengänge kombiniert mit dem spezifisch reformierten Merkmal der guten Werke als solcher, die mit der *Absicht auf die* Ehre *Gottes* unternommen sind[121] und mit dem ebenfalls reformiert anklingenden Glauben an die Möglichkeit für die Wiedergeborenen, zu einem relativen Maße christlicher Vollkommenheit zu gelangen.[122] Nur fehlte eben die Konsequenz der Theorie: der systematische Charakter der christlichen Lebensführung, der auch für seinen Pietismus wesentlich ist, wurde bei dem stark durch die Mystiker beeinflußten[123] Spener in ziemlich unbestimmter, aber wesentlich lutherischer Weise mehr zu beschreiben als zu begründen versucht, die certitudo salutis nicht aus der Heiligung abgeleitet, sondern für sie statt des Bewährungsgedankens die früher erwähnte lockere lutherische Verknüpfung mit dem Glauben gewählt.[124] Aber immer wieder erzwangen sich, so weit das rationalasketische Element im Pietismus über die Gefühlsseite die Oberhand behielt, die für unsere Gesichtspunkte entscheidenden Vorstellungen ihr Recht: daß nämlich 1. methodische Entwicklung der eigenen Heiligkeit zu immer höherer, am Gesetz zu kontrollierender Befestigung und Vollkommenheit Zeichen des Gnadenstandes sei[125] und daß 2. Gottes Vorsehung es sei, welche in den so Vervollkommneten wirke, indem er bei geduldigem Harren und methodischer

besagt ja, daß nach der Auffassung der Zeitgenossen es das Charakteristische war, daß aus der *pietas* hier ein methodischer Betrieb gemacht wird.

121 Zuzugeben ist freilich, daß diese Motivierung zwar vorzugsweise, aber nicht nur dem Calvinismus eignet. Gerade in den ältesten lutherischen Kirchenordnungen findet sie sich auch besonders oft.

122 Im Sinn von Hebr. 5, 13. 14. Vgl. Spener, Theol. Bedenken I 306.

123 Neben Bailey und Baxter (s. Consilia theologica III, 6, 1, dist. 1, 47, das. dist. 3, 6) schätzte Spener speziell Thomas a Kempis und vor allem Tauler (von dem er nicht alles verstand: Consilia theologica III, 6, 1 dist. 1, 1). Eingehend über den letzteren speziell Cons. theol. I, 1, 1 Nr. 7. Luther ist für ihn aus Tauler hervorgegangen.

124 S. bei Ritschl a. a. O. II, S. 113. Den *Bußkampf* der spätern Pietisten (und Luthers) lehnte er als allein maßgebendes Kennzeichen wahrer Bekehrung ab (Theol. Bedenken III S. 476). Über die Heiligung als Frucht der Dankbarkeit aus dem Versöhnungsglauben: – eine spezifisch lutherische (s. Anm. 6 S. 70) Formulierung – s. die bei Ritschl a.a.O., S. 109 Anm. 74 angeführten Stellen. Über die Certitudo salutis einerseits Theol. Bedenken I, 324: der wahre Glaube werde nicht sowohl gefühlsmäßig empfunden, als an seinen Früchten (Liebe und Gehorsam gegen Gott) erkannt, – andrerseits Theol. Bedenken I S. 335 f.: *Was aber die Sorge betrifft, worüber Sie ihres Heils- und Gnadenstandes versichert sein sollen, wird sicherer* – als aus den *englischen Skribenten – aus unsern* – den lutherischen – *Büchern geschöpft.* Über das Wesen der Heiligung stimmte er aber den Engländern bei.

125 Die religiösen Tagebücher, welche A. H. Francke empfahl, waren auch hier das äußere Zeichen dafür. – Die methodische Übung und Gewohnheit der Heiligung soll das Wachstum derselben und die Scheidung der Guten von den Bösen erzeugen: – Dies etwa ist das Grundthema von Franckes Buch *Von des Christen Vollkommenheit.*

Überlegung ihnen seine Winke gebe.[126] Die Berufsarbeit war auch für A. H. Francke das asketische Mittel par excellence[127]; daß Gott selbst es sei, der durch den Erfolg der Arbeit die Seinen segne, stand ihm ebenso fest, wie wir dies bei den Puritanern sehen werden. Und als Surrogat des *doppelten Dekrets* schuf sich der Pietismus Vorstellungen, welche in wesentlich gleicher, nur matterer Weise wie jene Lehre eine auf Gottes besonderer Gnade beruhende Aristokratie der Wiedergeborenen[128] mit all den oben für den Calvinismus geschilderten psychologischen Konsequenzen etablierten. Dazu gehört z. B. der von den Gegnern des Pietismus diesem (freilich zu Unrecht) generell imputierte sog. *Terminismus*[129], d. h. die Annahme, daß zwar die Gnade universell angeboten werde, aber für jeden entweder nur einmal in einem ganz bestimmten Moment im Leben oder doch irgendwann ein letztes Mal.[130] Wer diesen Moment verpaßt hatte, dem half also der Gnadenuniversalismus nicht mehr: er war in der Lage des von Gott Übergangenen in der calvinistischen Lehre. Im Effekt kam dieser Theorie auch die z. B. von Francke aus persönlichen Erlebnissen abstrahierte

126 In charakteristischer Weise trat die Abweichung dieses rationalen pietistischen Vorsehungsglaubens von dessen orthodoxer Deutung bei dem berühmten Streit zwischen den Hallenser Pietisten und dem Vertreter der lutherischen Orthodoxie Löscher hervor. Löscher geht in seinem *Timotheus Verinus* so weit, alles was durch menschliches Tun erreicht wird, den Fügungen der Vorsehung entgegenzusetzen. Franckes immer festgehaltener Standpunkt war dagegen: jenes Aufblitzen der Klarheit über das, was zu geschehen hat, welches das Ergebnis ruhigen Wartens auf den Entschluß ist, als *Gottes Wink* anzusehen: – ganz analog der quäkerischen Psychologie und entsprechend der allgemein asketischen Vorstellung, daß rationale Methodik der Weg sei, Gott näher zu kommen. – Zinzendorf freilich, der in einem der entscheidendsten Entschlüsse das Schicksal seiner Gemeindebildung dem Los anheimstellte, steht der Franckeschen Form des Vorsehungsglaubens fern. – Spener, Theol. Bedenken I S. 314 hatte sich für die Charakteristik der christlichen *Gelassenheit,* in welcher man sich den göttlichen Wirkungen überlassen, sie nicht durch hastiges eigenmächtiges Handeln kreuzen sollte – im wesentlichen auch der Standpunkt Franckes – auf Tauler bezogen. Die gegenüber dem Puritanismus doch wesentlich abgeschwächte, den (diesseitigen) Frieden suchende, Aktivität der pietistischen Frömmigkeit tritt überall deutlich hervor. *First righteousness, than peace,* formulierte im Gegensatz dazu noch 1904 ein leitender Baptist (G. White in einer noch weiterhin zu zitierenden Adresse) das ethische Programm seiner Denomination (Baptist Handbook 1904, p. 107).

127 Lect. paraenet. IV. S. 271.

128 Gegen diese immer wiederkehrende Vorstellung richtet sich vornehmlich Ritschls Kritik. – S. Franckes in der drittletzten Anmerkung zitierte Schrift, welche die Lehre enthält.

129 Er findet sich auch bei englischen nicht prädestinatianischen Pietisten, z. B. Goodwin. Vgl. über ihn und andere Heppe, Gesch. des Pietismus in der reformierten Kirche, Leiden 1879, ein Buch, welches, auch nach dem Ritschlschen standard work, für England, und hie und da auch für die Niederlande, noch nicht entbehrlich geworden ist. Noch im 19. Jahrhundert wurde Köhler (nach seinem zum folgenden Artikel zu zitierenden Buch) in den Niederlanden oft nach dem Zeitpunkt seiner Wiedergeburt gefragt.

130 Man suchte dadurch die laxe Konsequenz der lutherischen Lehre von der Wiedererlangbarkeit der Gnade (speziell die übliche *Bekehrung* in extremis) zu bekämpfen. –

und im Pietismus sehr weit verbreitete – man kann wohl sagen: vorherrschende – Annahme, daß die Gnade nur unter spezifischen einmaligen und einzigartigen Erscheinungen, nämlich nach vorherigem *Bußkampf* zum *Durchbruch* gelangen könne, ziemlich nahe.[131] Da zu jenem Erlebnis nach der eigenen Ansicht der Pietisten nicht jeder disponiert war, blieb derjenige, welcher es trotz der nach pietistischer Anweisung auf seine Herbeiführung zu verwendenden asketischen Methode nicht an sich erfuhr, in den Augen der Wiedergeborenen eine Art passiver Christ. Andererseits wurde durch die Schaffung einer Methode für die Herbeiführung des *Bußkampfs* im Effekt auch die Erlangung der göttlichen Gnade Objekt rationaler menschlicher Veranstaltung. Auch die nicht von allen – z.B. von Francke nicht – aber doch von vielen Pietisten, namentlich aber, wie die immer wiederkehrenden Anfragen bei Spener zeigen, gerade von pietistischen Seelsorgern gehegten Bedenken gegen die Privatbeichte, welche dazu beitrugen, auch im Luthertum ihr die Wurzeln abzugraben, gingen aus diesem Gnadenaristokratismus hervor: Die sichtbare Wirkung der durch Buße erlangten Gnade im heiligen Wandel mußte ja über die Zulässigkeit der Absolution entscheiden, und es war also unmöglich, sich für deren Erteilung mit der bloßen *contritio* zu begnügen.[132]

Zinzendorfs religiöse Selbstbeurteilung mündete, wenn schon schwankend gegenüber den Angriffen der Orthodoxie, immer wieder in die *Rüstzeug* Vorstellung ein. Aber im übrigen freilich scheint der gedankliche Standpunkt dieses merkwürdigen *religiösen Dilettanten* wie Ritschl ihn nennt, in den für uns wichtigen Punkten kaum eindeutig erfaßbar.[133] Er selbst hat sich wiederholt als Vertreter des *paulinisch-lutherischen Tropus* gegen den *pietistisch-jakobischen*, der am Gesetz hafte, bezeichnet. Die Brüdergemeinde selbst aber und ihre Praxis, die er trotz seines stets betonten Luthertums[134] zuließ und förderte, stand schon in ihrem notariellen Protokoll vom 12. August 1729 auf einem Standpunkt, wel-

131 Gegen die damit verbundene Notwendigkeit, Tag und Stunde der *Bekehrung* zu wissen, als unbedingtes Merkmal ihrer Echtheit Spener Theol. Bed. II, 6, 1 p. 197. Ihm war eben der *Bußkampf* ebenso unbekannt, wie Melanchthon Luthers terrores conscientiae.

132 Daneben spielte natürlich auch die aller Askese eigentümliche antiautoritative Deutung des *allgemeinen Priestertums* mit. – Gelegentlich wurde dem Pfarrer Aufschiebung der Absolution bis zur *Bewährung* der echten Reue empfohlen, was Ritschl mit Recht als im Prinzip calvinistisch bezeichnet.

133 Die für uns wesentlichen Punkte finden sich am bequemsten bei Plitt, Zinzendorfs Theologie (3 Bände, Gotha 1869 f.) Bd. I S. 325, 345, 381, 412, 429, 433 f., 444, 448, Bd. II S. 372, 381, 385, 409 f., Bd. III S. 131, 167, 176. – Vgl. auch Bernh. Becker, Zinzendorf und sein Christentum (Leipzig 1900) 3. Buch, Kap. III. –

134 Freilich hielt er die Augsburger Konfession nur dann für eine geeignete Urkunde lutherisch-christlichen Glaubenslebens, wenn man, – wie er in seiner ekelhaften Terminologie es ausdrückt, – eine *Wundbrühe* darüber ausgegossen habe. Ihn zu lesen ist eine Pönitenz, weil seine Sprache in der weichlichen Zerflossenheit der Gedanken noch übler wirkt, als jenes *Christoterpentinöl*, welches F.Th. Vischer (bei seiner Polemik mit der Münchener *Christoterpe*) so fürchterlich war.

cher dem der calvinistischen Heiligenaristokratie in vieler Hinsicht durchaus entsprach.[135] Die viel erörterte Übertragung des Ältestenamts auf Christus am 12. November 1741 brachte etwas Ähnliches auch äußerlich zum Ausdruck. Von den drei *Tropen* der Brüdergemeinde war überdies der calvinistische und der mährische von Anfang an im wesentlichen an der reformierten Berufsethik orientiert. Auch Zinzendorf sprach ganz nach puritanischer Art John Wesley gegenüber die Ansicht aus, daß, wenn auch nicht immer der Gerechtfertigte selbst, so doch andere an der Art seines Wandels seine Rechtfertigung erkennen könnten.[136] Aber andererseits tritt in der spezifisch herrnhuterischen Frömmigkeit das Gefühlsmoment sehr stark in den Vordergrund und suchte speziell Zinzendorf persönlich die Tendenz zur asketischen Heiligung in puritanischem Sinn in seiner Gemeinde immer wieder geradezu zu durchkreuzen[137] und die Werkheiligkeit lutherisch umzubiegen.[138] Auch entwickelte sich, unter dem Einfluß der Verwerfung der Konventikel und der Beibehaltung der Beichtpraxis, eine wesentlich lutherisch gedachte Gebundenheit an die sakramentale Heilsvermittlung. Dann wirkte auch der spezifisch Zinzendorfsche Grundsatz: daß die Kindlichkeit des religiösen Empfindens Merkmal seiner Echtheit sei, ebenso z. B. der Gebrauch des Loses als Mittels der Offenbarung von Gottes Willen, doch dem Rationalismus der Lebensführung so stark entgegen, daß im ganzen, soweit der Einfluß des Grafen reichte[139], die antirationalen, gefühlsmäßigen Elemente in der

[135] *Wir erkennen in keiner Religion einige für Brüder, die nicht durch die Besprengung des Blutes Christi gewaschen und* durchaus verändert *in der Heiligung des Geistes* fortfahren. *Wir erkennen keine offenbare (= sichtbare) Gemeinde Christi, als wo das Wort Gottes rein und lauter gelehrt wird und sie* auch heilig *als die Kinder Gottes* danach leben. – Der letzte Satz ist zwar Luthers kleinem Katechismus entnommen; aber – wie schon Ritschl hervorhebt – dient er dort der Antwort auf die Frage, wie der Name Gottes geheiligt werde, hier dagegen der Abgrenzung der Kirche der Heiligen.

[136] S. Plitt I p. 346. – Noch entschiedener die bei Plitt I p. 381 zitierte Antwort auf die Frage: *ob die guten Werke nötig zur Seligkeit? – Unnötig und schädlich zur Erlangung der Seligkeit, nach erlangter Seligkeit aber so nötig, daß wer sie nicht tut, auch nicht selig ist.* Also auch hier: nicht Realgrund, aber – einziger! – Erkenntnisgrund.

[137] Z. B. durch jene Karikaturen der *christlichen Freiheit* welche Ritschl a. a. O., III, S. 381 geißelt.

[138] Vor allem durch verschärfte Betonung des Strafsatisfaktionsgedankens in der Heilslehre, den er, nach der Ablehnung seiner missionierenden Annäherungsversuche durch die amerikanischen Sekten, auch zur Grundlage der Heiligungsmethode machte. Die Erhaltung der Kindlichkeit und der Tugenden des demütigen Sich-Bescheidens wird von ihm seitdem als Ziel der herrnhutischen Askese in den Vordergrund gestellt, in scharfen Gegensatz gegen die durchaus der puritanischen Askese analogen Tendenzen in der Gemeinde.

[139] Der aber eben seine Grenzen hatte. Es ist schon aus diesem Grunde verfehlt, Z.s Religiosität in eine sozial*psychische* Entwicklungsstufe einschachteln zu wollen, wie es bei Lamprecht geschieht. Überdies aber ist seine ganze Religiosität durch nichts stärker beeinflußt, als durch den Umstand: daß er ein Graf mit im Grunde feudalen Instinkten war. Grade die Gefühlsseite derselben würde ferner *sozialpsychisch* in die Zeit der sentimentalen Decadence des Rittertums ganz ebensogut wie in die der *Empfindsamkeit* passen. Sie ist in ihrem Gegensatz gegen den westeuropäischen Rationalismus, wenn

Frömmigkeit der Herrnhuter weit mehr als sonst im Pietismus überwogen.[140] Die Verknüpfung von Sittlichkeit und Sündenvergebung in Spangenbergs *Idea fidei fratrum* ist ebenso locker[141] wie im Luthertum überhaupt. Zinzendorfs Ablehnung des methodistischen Vollkommenheitsstrebens entspricht – hier wie überall – seinem im Grunde eudämonistischen Ideal, die Menschen schon in der Gegenwart[142] die Seligkeit (er sagt: *Glückseligkeit)* gefühlsmäßig empfinden zu lassen, statt sie anzuleiten, ihrer durch rationales Arbeiten an sich für das Jenseits sicher zu werden.[143] Andererseits ist der Gedanke, daß der entscheidende Wert der Brüdergemeinde im Gegensatz zu anderen Kirchen in der Aktivität des christlichen Lebens, in Mission und – was damit in Verbindung gebracht wurde – Berufsarbeit[144] liege, auch hier lebendig geblieben. Zudem war doch die praktische Rationalisierung des Lebens unter dem Gesichtspunkt der Nützlichkeit ein ganz wesentlicher Bestandteil auch von Zinzendorfs Lebensanschauung.[145] Sie folgte für ihn – wie für andere Vertreter des Pietismus – einerseits aus der entschiedenen Abneigung gegen die dem Glauben gefährlichen

überhaupt *sozialpsychisch,* dann am ehesten durch die patriarchale Gebundenheit des deutschen Ostens verständlich zu machen.

140 Zinzendorfs Kontroversen mit Dippel ergeben dies ebenso, wie – nach seinem Tode – die Äußerungen der Synode von 1764 den Heilsanstalts-Charakter der Herrnhutergemeinde deutlich zum Ausdruck bringen. S. Ritschls Kritik daran a. a. O., III, S. 443 f.

141 Vgl. z. B. § 151, 153, 160. Daß das Ausbleiben der Heiligung trotz wahrer Reue und Sündenvergebung möglich ist, geht speziell aus den Bemerkungen S. 311 hervor und entspricht der lutherischen Heilslehre ebenso, wie es der calvinistischen (und methodistischen) widerspricht.

142 Vgl. Zinzendorfs bei Plitt II S. 345 zitierte Äußerungen. Ebenso Spangenberg, Idea fidei p. 325.

143 Vgl. z. B. die bei Plitt III S. 131 zitierte Äußerung Z.s zu Matth. 20, 28 *Wenn ich einen Menschen sehe, dem Gott eine feine Gabe gegeben hat, so freue ich mich und bediene mich der Gabe mit Vergnügen. Wenn ich aber merke, er ist mit dem Seinen nicht zufrieden, sondern will es noch feiner herausbringen, so halte ich das für den Anfang des Ruins einer solchen Person.* – Z. leugnete eben – insbesondere bei seinem Gespräch mit John Wesley 1743 – den Fortschritt in der Heiligung, weil er diese mit der Rechtfertigung identifizierte und allein in dem gefühlsmäßig gewonnenen Verhältnis zu Christus fand. Plitt I S. 413. An Stelle des *Werkzeug*-Gefühls tritt das *Haben* des Göttlichen: Mystik, nicht Askese (in dem in der Einleitung zu den späteren Aufsätzen zu besprechenden Sinn). – Natürlich ist (wie ebendort erörtert wird) auch für den Puritaner der gegenwärtige, diesseitige, Habitus das, was er wirklich erstrebt. Aber dieser als certitudo salutis gedeutete Habitus ist bei ihm das aktive Werkzeugsgefühl.

144 Die aber eben wegen dieser Ableitung nicht konsequent ethisch begründet wurde. Z. lehnt Luthers Idee vom *Gottesdienst* im Beruf als dem maßgebenden Gesichtspunkte für die Berufstreue ab. Dieselbe sei vielmehr Entgelt für des *Heilands Handwerkstreue.* (Plitt II S. 411).

145 Bekannt ist sein Ausspruch: *Ein vernünftiger Mensch soll nicht ungläubig und ein gläubiger Mensch nicht unvernünftig sein in seinem Sokrates, d. i. Aufrichtige Anzeige verschiedener nicht sowohl unbekannter als vielmehr in Abfall geratener Hauptwahrheiten* (1725), ferner seine Vorliebe für Schriftsteller wie Bayle.

philosophischen Spekulationen und der dementsprechenden Vorliebe für das empirische Einzelwissen[146], andererseits aus dem weltklugen Sinn des berufsmäßigen Missionars. Die Brüdergemeinde war als Missionsmittelpunkt zugleich Geschäftsunternehmen und leitete so ihre Glieder in die Bahnen der innerweltlichen Askese, welche auch im Leben überall zuerst nach *Aufgaben* fragt und es im Hinblick auf diese nüchtern und planmäßig gestaltet. Nur steht als Hemmnis wieder die aus dem Vorbild des Missionslebens der Apostel hergeleitete Glorifizierung des Charisma der apostolischen Besitzlosigkeit bei den von Gott durch *Gnadenwahl* erwählten *Jüngern*[147] da, welches eben doch im

146 Die ausgeprägte Vorliebe der protestantischen Askese für den durch mathematische Fundamentierung rationalisierten Empirismus ist bekannt und hier noch nicht näher zu erörtern. Vgl. über die Wendung der Wissenschaften zur mathematisch-rationalisierten *exakten* Forschung, die philosophischen Motive dazu, und deren Gegensatz gegen die Gesichtspunkte Bacons: Windelband, Gesch. d. Philos. S. 305-307, speziell die Bemerkungen S. 305 unten, welche den Gedanken, die moderne Naturwissenschaft sei als Produkt materiell-technologischer Interessen zu begreifen, treffend ablehnt. Höchst wichtige Beziehungen sind natürlich vorhanden, aber weit komplizierter. S. ferner Windelband, Neuere Philos. I S. 40. f. – Der für die Stellungnahme der protestantischen Askese entscheidende Gesichtspunkt, wie er wohl am deutlichsten in Speners Theol. Bedenken I S. 232, III S. 260 hervortritt, war ja: daß, wie man den Christen an den Früchten seines Glaubens erkennt, so auch die Erkenntnis Gottes und seiner Absichten nur aus der Erkenntnis seiner Werke heraus gefördert werden könne. Die bevorzugte Disziplin alles puritanischen, täuferischen und pietistischen Christentums war demgemäß die Physik und demnächst andere mit gleichartiger Methode arbeitende mathematisch-naturwissenschaftliche Disziplinen. Man glaubte eben, aus der empirischen Erfassung der göttlichen Gesetze in der Natur zur Kenntnis des *Sinnes* der Welt emporsteigen zu können, der auf dem Wege begrifflicher Spekulationen bei dem fragmentarischen Charakter der göttlichen Offenbarung: – ein calvinistischer Gedanke, – doch nie zu erfassen sein werde. Der Empirismus des 17. Jahrhunderts war der Askese das Mittel, *Gott in der Natur* zu suchen. Er schien zu Gott hin-, die philosophische Spekulation von Gott abzuführen. Speziell die aristotelische Philosophie ist nach Spener der Grundschaden für das Christentum gewesen. Jede andere sei besser, insbesondere die platonische: Cons. Theol. III, 6, 1, Dist. 2, Nr. 13. Vgl. ferner folgende charakteristische Stelle: *Unde pro Cartesio quid dicam non habeo* (er hat ihn nicht gelesen), *semper tamen optavi et opto, ut Deus viros excitet, qui veram philosophiam vel tandem oculis sisterent, in qua nullius hominis attenderetur auctoritas, sed sana tantum magistri nescia ratio*, Spener Cons. Theol. II, 5, Nr. 2. – Welche Bedeutung jene Auffassungen des asketischen Protestantismus für die Entwicklung der Erziehung, speziell des Realunterrichts, gehabt haben, ist bekannt. Kombiniert mit der Stellung zur *fides implicita* ergaben sie sein pädagogisches Programm.

147 *Es ist das eine Art Menschen, die ihre Glückseligkeit ohngefähr in vier Stücke setzen: 1. gering, verachtet, geschmäht ... zu werden ... 2. alle Sinne, die sie nicht brauchen zum Dienst ihres Herrn, ... zu vernachlässigen ... 3. entweder nichts zu haben oder, was sie bekommen, wieder wegzugeben ... 4.* tagelöhner*mäßig zu arbeiten, nicht um Verdienstes,* sondern um des Berufes *und um der Sache des Herrn willen und ihres Nächsten... (Rel. Reden II, S. 180, Plitt I S. 445.)* Nicht alle *können und dürfen Jünger* werden, sondern nur die, welche der Herr beruft, – aber nach Zinzendorfs eigenem Eingeständnis (Plitt I S. 449) bleiben dann doch Schwierigkeiten, da die Bergpredigt sich

Effekt eine teilweise Repristination der *consilia evangelica* bedeutete. Die Schaffung einer rationalen Berufsethik nach Art der calvinistischen wurde dadurch immerhin hintangehalten, wenn schon – wie das Beispiel der Umwandlung der Täuferbewegung zeigt – nicht ausgeschlossen, vielmehr durch den Gedanken der Arbeit lediglich *um des Berufes willen,* innerlich stark vorbereitet.

Alles in allem werden wir, wenn wir den deutschen Pietismus unter den für uns hier in Betracht kommenden Gesichtspunkten betrachten, in der religiösen Verankerung seiner Askese ein Schwanken und eine Unsicherheit zu konstatieren haben, welche gegen die eherne Konsequenz des Calvinismus erheblich abfällt und teils durch lutherische Einflüsse, teils durch den Gefühlscharakter seiner Religiosität bedingt ist. Denn es ist zwar eine große Einseitigkeit, dieses gefühlsmäßige Element als das dem Pietismus im Gegensatz zum Luthertum Spezifische hinzustellen.[148] Aber im Vergleich mit dem Calvinismus mußte allerdings die Intensität der Rationalisierung des Lebens notwendig geringer sein, weil der innere Antrieb des Gedankens an den stets von neuem zu bewährenden Gnadenstand, der die ewige Zukunft verbürgt, gefühlsmäßig auf die Gegenwart abgelenkt und an Stelle der Selbstgewißheit, welche der Prädestinierte in rastloser und erfolgreicher Berufsarbeit stets neu zu erwerben trachtete, jene Demut und Gebrochenheit[149] des Wesens gesetzt wurde, welche teils die Folge der rein auf innere Erlebnisse gerichteten Gefühlserregung, teils des vom Pietismus zwar vielfach mit schweren Bedenken betrachteten, aber doch meist geduldeten lutherischen Beichtinstituts war.[150] Denn in alledem manifestiert sich eben jene spezifisch lutherische Art, das Heil zu suchen, für welche die *Vergebung der Sünden,* nicht: die praktische *Heiligung,* das Entscheidende ist. An Stelle des planmäßigen rationalen Strebens darnach: das sichere Wissen von der künftigen (jenseitigen) Seligkeit zu erlangen und festzuhalten, steht hier das Bedürfnis, die Versöhnung und Gemeinschaft mit Gott jetzt (diesseitig) zu fühlen. Wie aber im ökonomischen Leben die Neigung zum Gegenwartsgenuß, streitet gegen die rationale Gestaltung der *Wirtschaft,* die ja

formell an alle wendet. Die Verwandtschaft dieses *freien Akosmismus der Liebe* mit den alten täuferischen Idealen fällt in die Augen.

148 Denn die gefühlsmäßige Verinnerlichung der Frömmigkeit war dem Luthertum, auch der Epigonenzeit, keineswegs einfach fremd. Das Asketische: Die in den Augen der Lutheraner nach *Werkheiligkeit* schmeckende Lebensreglementierung, war hier vielmehr der konstitutive Unterschied.

149 Eine *herzliche Angst* sei ein besseres Zeichen der Gnade als die *Sicherheit,* meint Spener Theol. Bedenken I, 324. Auch bei puritanischen Schriftstellern finden wir natürlich nachdrückliche Warnungen vor *falscher Sicherheit,* aber wenigstens die Prädestinationslehre wirkte, soweit ihr Einfluß die Seelsorge bestimmte, stets in der entgegengesetzten Richtung.

150 Denn der psychologische Effekt des Bestehens der Beichte war überall Entlastung der Eigenverantwortung des Subjekts für seinen Wandel: – deshalb wurde sie ja gesucht – und damit der rigoristischen Konsequenz der asketischen Anforderungen.

eben an der Fürsorge für die Zukunft verankert ist, – so verhält es sich, in gewissem Sinne, auch auf dem Gebiet des religiösen Lebens. Ganz offenbar enthielt also die Ausrichtung des religiösen Bedürfnisses auf eine gegenwärtige innerliche Gefühlsaffektion ein Minus an Antrieb zur Rationalisierung des innerweltlichen Handelns gegenüber dem nur auf das Jenseits ausgerichteten Bewährungsbedürfnis der reformierten *Heiligen,* während sie freilich gegenüber der traditionalistisch an Wort und Sakrament haftenden Gläubigkeit des orthodoxen Lutheraners immerhin ein Mehr an methodischer religiöser Durchdringung der Lebensführung zu entwickeln geeignet war. Im ganzen bewegte sich der Pietismus von Francke und Spener zu Zinzendorf hin in zunehmender Betonung des Gefühlscharakters. Es war aber nicht irgendeine ihm immanente *Entwicklungstendenz,* welche sich darin äußerte. Sondern jene Unterschiede folgten aus Gegensätzlichkeiten des religiösen (und: sozialen) Milieus, dem ihre führenden Vertreter entstammten. Darauf kann an dieser Stelle nicht eingegangen, ebenso auch nicht davon gesprochen werden: wie die Eigenart des deutschen Pietismus in seiner sozialen und geographischen Verbreitung zum Ausdruck kommt.[151] Hier haben wir uns noch einmal daran zu erinnern, daß natürlich die Abschattierung dieses Gefühlspietismus gegenüber der religiösen Lebensführung der puritanischen Heiligen sich in ganz allmählichen Übergängen vollzieht. Wenn eine praktische Konsequenz des Unterschiedes wenigstens provisorisch charakterisiert werden soll, so kann man die Tugenden, welche der Pietismus züchtete, mehr als solche bezeichnen, wie sie einerseits der *berufstreue* Beamte, Angestellte, Arbeiter und Hausindustrielle[152] und andererseits vorwiegend patriarchal gestimmte Arbeitgeber in Gott wohlgefälliger Herablassung (nach Zinzendorfs Art) entfalten konnten. Der Calvinismus erscheint im Vergleich damit dem harten rechtlichen und aktiven Sinn bürgerlich-kapitalistischer Unternehmer wahlverwandter.[153] Der reine Gefühlspietismus endlich ist – wie schon Ritschl[154] her-

[151] Wie stark dabei – auch für die Art der pietistischen Frömmigkeit – rein politische Momente mitspielten, hat schon Ritschl in seiner Darstellung des württembergischen Pietismus (Bd. III des oft zit. Werkes) angedeutet.

[152] S. den S. 132 Anm. 147 zitierten Ausspruch Zinzendorfs.

[153] Selbstverständlich ist auch der Calvinismus, jedenfalls der genuine, *patriarchalisch.* Und der Zusammenhang des Erfolges z. B. von Baxters Tätigkeit mit dem hausindustriellen Charakter des Gewerbes in Kidderminster tritt in seiner Autobiographie deutlich hervor. S. die in den Works of the Pur. Divines p. XXXVIII zit. Stelle: *The town liveth upon the weaving of Kidderminster stuffs, and as they stand in their loom, they can set a book before them, or edify each other* ... Indessen ist doch der Patriarchalismus auf dem Boden der reformierten und erst recht der täuferischen Ethik anders geartet als auf dem Boden des Pietismus. Dies Problem kann nur in anderem Zusammenhang erörtert werden.

[154] Lehre von der Rechtfertigung und Versöhnung, 3. Aufl., I S. 598. – Wenn Friedrich Wilhelm I. den Pietismus überhaupt als eine für Rentiers geeignete Angelegenheit bezeichnete, so ist das freilich mehr für diesen König als für den Pietismus der Spener

vorgehoben hat – eine religiöse Spielerei für *leisure classes*. So wenig erschöpfend diese Charakterisierung ist, so entsprechen ihr doch noch heute gewisse Unterschiede auch in der ökonomischen Eigenart der Völker, die unter dem Einfluß der einen oder anderen dieser beiden asketischen Richtungen gestanden haben. –

Die Verbindung gefühlsmäßiger und dabei doch asketischer Religiosität mit zunehmender Indifferenz oder Ablehnung der dogmatischen Fundamente der calvinistischen Askese charakterisiert nun auch das englisch-amerikanische Seitenstück des kontinentalen Pietismus: den Methodismus.[155] Schon sein Name zeigt, was den Zeitgenossen als Eigenart seiner Anhänger auffiel: die *methodische* Systematik der Lebensführung zum Zweck der Erreichung der certitudo salutis: denn um diese handelt es sich von Anfang an auch hier und sie blieb Mittelpunkt des religiösen Strebens. Die trotz aller Unterschiede unbezweifelbare Verwandtschaft mit gewissen Richtungen des deutschen Pietismus[156] zeigt sich nun vor allem darin, daß diese Methodik speziell auch auf die Herbeiführung des gefühlsmäßigen Aktes der *Bekehrung* übertragen wurde. Und zwar nahm hier die – bei John Wesley durch herrnhuterisch-lutherische Einflüsse erweckte – Gefühlsmäßigkeit, da der Methodismus von Anfang an auf Mission unter den Massen abgestellt war, einen stark emotionellen Charakter an, speziell auf amerikanischem Boden. Ein unter Umständen bis zu den fürchterlichsten Ekstasen gesteigerter Bußkampf, in Amerika mit Vorliebe auf der *Angstbank* vollzogen, führte zum Glauben an Gottes unverdiente Gnade und zugleich damit unmittelbar zum Bewußtsein der Rechtfertigung und Versöhnung. Diese emotionelle Religiosität ging nun, unter nicht geringen

und Francke bezeichnend, und auch der König wußte wohl, warum er ihm durch sein Toleranzedikt seine Staaten öffnete.

155 Zur orientierenden Einführung in die Kenntnis des Methodismus ist der vorzügliche Artikel *Methodismus* von Loofs in der Real-Encykl. f. Prot. Theol. u. K. 3. Aufl. ganz besonders geeignet. Auch die Arbeiten von Jacoby (speziell das *Handbuch des Methodismus),* Kolde, Jüngst, Southey sind brauchbar. Über Wesley: Tyerman, life and times of John W. London 1870 f. Das Buch von Watson (Life of W., auch in Übersetzung) ist populär. – Eine der besten Bibliotheken zur Geschichte des Methodismus hat die Northwestern University in Evanston bei Chicago. Eine Art von Kette vom klassischen Puritanismus zum Methodismus bildete der religiöse Dichter Isaac Watts, ein Freund des Kaplans Oliver Cromwells (Howe), dann Richard Cromwells, dessen Rat Whitefield gesucht haben soll (cf. Skeats p. 254 f.).

156 Sie ist – wenn man von den persönlichen Beeinflussungen der Wesleys absieht – historisch durch das Absterben des Prädestinationsdogmas einerseits und durch das wuchtige Wiedererwachen des *sola fide* bei den Gründern des Methodismus andererseits bedingt, vor allem aber durch dessen spezifischen Missionscharakter motiviert, der eine (umbildende) Repristination gewisser mittelalterlicher Methoden der *Erweckungs*-Predigt herbeiführte und diese mit pietistischen Formen kombinierte. In eine allgemeine Entwicklungslinie zum *Subjektivismus* gehört die Erscheinung – die in dieser Hinsicht nicht nur hinter dem Pietismus, sondern auch hinter der bernhardinischen Frömmigkeit des Mittelalters zurückstand – sicherlich nicht hinein.

inneren Schwierigkeiten, mit der durch den Puritanismus ein für allemal rational abgestempelten asketischen Ethik eine eigentümliche Verbindung ein. Zunächst wurde im Gegensatz zum Calvinismus, der alles nur Gefühlsmäßige für der Täuschung verdächtig hielt, prinzipiell eine rein gefühlte, aus der Unmittelbarkeit des Geisteszeugnisses fließende, absolute Sicherheit des Begnadeten – deren Entstehung wenigstens normalerweise auf Tag und Stunde feststehen sollte – als das einzig zweifellose Fundament der certitudo salutis angesehen. Ein dergestalt Wiedergeborener kann nun nach der Lehre Wesleys, die eine konsequente Steigerung der Heiligungsdoktrin, aber eine entschiedene Abweichung von der orthodoxen Fassung derselben darstellt, schon in diesem Leben kraft des Wirkens der Gnade in ihm durch einen zweiten, regelmäßig gesondert eintretenden und ebenfalls oft plötzlichen inneren Vorgang, die *Heiligung,* zum Bewußtsein der Vollkommenheit im Sinne der Sündlosigkeit gelangen. So schwer dies Ziel erreicht wird – meist erst gegen Ende des Lebens –, so unbedingt ist danach – weil es die certitudo salutis endgültig verbürgt und frohe Sicherheit an die Stelle der *mürrischen* Sorge der Calvinisten setzt[157] – zu streben, und es muß jedenfalls der wirklich Bekehrte sich als solcher vor sich selbst und anderen dadurch ausweisen, daß zum mindesten die Sünde *keine Macht mehr über ihn hat.* Trotz der entscheidenden Bedeutung des Selbstzeugnisses des Gefühls wurde daher natürlich doch der am Gesetz orientierte heilige Wandel festgehalten. Wo Wesley gegen die Werkgerechtigkeit seiner Zeit kämpfte, belebte er lediglich den altpuritanischen Gedanken wieder, daß die Werke nicht Realgrund, sondern nur Erkenntnisgrund des Gnadenstandes sind, und auch dies nur dann, wenn sie ausschließlich zu Gottes Ruhm getan werden. Der korrekte Wandel allein tat es nicht – wie er an sich selbst erfahren hatte –: Das Gefühl des Gnadenstandes mußte dazu treten. Er selbst bezeichnete gelegentlich die Werke als *Bedingung* der Gnade und betonte auch in der Deklaration vom 9. August 1771[158], daß wer keine guten Werke tue, kein wahrer Gläubiger sei, und stets ist von den Methodisten betont worden, daß sie sich nicht in der Lehre, sondern durch die Art der Frömmigkeit von der offiziellen Kirche unterscheiden. Die Bedeutung der *Frucht* des Glaubens wurde meist aus 1. Joh. 3, 9 begründet und der Wandel als deutliches Zeichen der Wiedergeburt hingestellt. Trotz alledem ergaben sich Schwierigkeiten.[159] Für diejenigen Methodisten, welche Anhänger der Prädestinationslehre waren, bedeutete die Verlegung der certitudo salutis statt in das aus der asketischen Lebensführung selbst in stets neuer Bewährung folgende Gnadenbewußtsein in das unmittelbare Gnaden- und Vollkommenheitsgefühl[160] – weil ja dann an

[157] So hat Wesley selbst gelegentlich den Effekt des methodistischen Glaubens gekennzeichnet. Die Verwandtschaft mit der Zinzendorfschen *Glückseligkeit* liegt zutage.

[158] S. dieselbe z. B. in Watsons Leben Wesleys (deutsche Ausg.), S. 331.

[159] J. Schneckenburger, Vorlesungen über die Lehrbegriffe der kleinen protestantischen Kirchenparteien. Herausgeg. von Hundeshagen. Frankfurt 1863, S. 147.

[160] Whitefield, der Führer der prädestinatianischen Gruppe, welche nach seinem Tode,

den einmaligen Bußkampf sich die Sicherheit der *perseverantia* knüpfte –, eins von zwei Dingen: entweder, bei schwachen Naturen, antinomistische Deutung der *christlichen Freiheit,* also Kollaps der methodischen Lebensführung, – oder, wo diese Konsequenz abgelehnt wurde, eine zu schwindelnder Höhe sich aufgipfelnde Selbstgewißheit des Heiligen:[161] eine gefühlsmäßige Steigerung des puritanischen Typus. Diesen Folgen suchte man, angesichts der Angriffe der Gegner, einerseits durch gesteigerte Betonung der normativen Geltung der Bibel und der Unentbehrlichkeit der Bewährung entgegenzutreten[162], andererseits aber führten sie im Erfolg zu einer Verstärkung der anticalvinistischen, die Verlierbarkeit der Gnade lehrenden Richtung Wesleys innerhalb der Bewegung. Die starken lutherischen Einflüsse, denen, unter Vermittlung der Brüdergemeinde, Wesley ausgesetzt gewesen war[163] verstärkten diese Entwicklung und vermehrten die Unbestimmtheit der religiösen Orientierung der methodistischen Sittlichkeit.[164] Im Ergebnis wurde schließlich wesentlich nur der Begriff der *regeneration:* – einer unmittelbar als Frucht des Glaubens auftretenden gefühlsmäßigen Sicherheit der Errettung – als unentbehrlichen Fundaments und der Heiligung mit ihrer Konsequenz der (wenigstens virtuellen) Freiheit von der Macht der Sünde als des aus jener folgenden Erweises des Gnadenstandes konsequent festgehalten und die Bedeutung der äußeren Gnadenmittel, insbesondere der Sakramente, entsprechend entwertet. Und jedenfalls bezeichnet das *general awakening* im Gefolge des Methodismus überall, auch z. B. in Neu-England, eine Steigerung der Lehre von Gnade und Erwählung.[165]

Der Methodismus erscheint danach für unsere Betrachtung als ein in seiner Ethik ähnlich schwankend fundamentiertes Gebilde wie der Pietismus.

weil unorganisiert, zerfiel, lehnte Wesleys *Vollkommenheits*Lehre im wesentlichen ab. In der Tat ist dieselbe ja nur ein Surrogat des Bewährungsgedankens der Calvinisten.

161 Schneckenburger a. a. O., S. 145. Etwas anders Loofs a. a. O. Beide Konsequenzen sind aller ähnlich gearteten Religiosität typisch.

162 So die Konferenz von 1770 – Schon die erste Konferenz von 1744 hatte anerkannt, daß die Bibelworte *bis auf Haaresbreite* den Calvinismus einerseits, den Antinomismus andererseits streiften. Bei ihrer Dunkelheit solle man um doktrineller Differenzen willen sich nicht voneinander scheiden, solange die Geltung der Bibel als praktischer Norm festgehalten bleibe.

163 Von den Herrnhutern schied die Methodisten ihre Lehre von der Möglichkeit sündloser Vollkommenheit, welche speziell auch Zinzendorf ablehnte, während andererseits Wesley das Gefühlsmäßige der herrnhuterischen Religiosität als *Mystik* empfand und Luthers Ansichten über das *Gesetz* als *blasphemisch* bezeichnete. Hier zeigt sich die Schranke, welche zwischen jeder Art von rationaler religiöser Lebensführung und dem Luthertum unvermeidlich fortbestand.

164 John Wesley hebt gelegentlich hervor, daß man überall: bei Quäkern, Presbyterianern und Hochkirchlern, Dogmen glauben müsse, nur bei den Methodisten nicht. – Vgl. zu dem Vorstehenden auch die freilich summarische Darstellung bei Skeats, History of the free churches of England 1688-1851.

165 Vgl. z. B. Dexter, Congregationalism, p. 455 f.

Aber auch ihm diente das Streben nach dem *higher life,* dem *zweiten Segen,* als eine Art Surrogat der Prädestinationslehre und, auf dem Boden Englands erwachsen, orientierte sich die Praxis seiner Ethik durchaus an derjenigen des dortigen reformierten Christentums, dessen *revival* er ja sein wollte. Methodisch wurde der emotionelle Akt der Bekehrung herbeigeführt. Und, nachdem er erzielt war, fand nicht ein frommes Genießen der Gemeinschaft mit Gott nach Art des gefühlsmäßigen Pietismus Zinzendorfs statt, sondern alsbald wurde das erweckte Gefühl in die Bahn rationalen Vollkommenheitsstrebens geleitet. Der emotionelle Charakter der Religiosität führte daher nicht zu einem innerlichen Gefühlschristentum nach Art des deutschen Pietismus. Daß dies mit der (zum Teil gerade infolge des emotionellen Ablaufs der Bekehrung) geringeren Entwicklung des Sündengefühls zusammenhing, hat schon Schneckenburger gezeigt und ist ein stehender Punkt in der Kritik des Methodismus geblieben. Hier blieb der reformierte Grundcharakter des religiösen Empfindens maßgebend. Die Gefühlserregung nahm den Charakter eines nur gelegentlich, dann aber *korybantenartig* geschürten Enthusiasmus an, der den rationalen Charakter der Lebensführung im übrigen keineswegs beeinträchtigte.[166] Die *regeneration* des Methodismus schuf so lediglich eine Ergänzung der reinen Werkheiligkeit: eine religiöse Verankerung der asketischen Lebensführung, nachdem die Prädestination aufgegeben worden war. Die Kennzeichen des Wandels, unentbehrlich als Kontrolle der wahren Bekehrung, als ihre *Bedingung,* wie Wesley gelegentlich sagt, waren in der Sache ganz die gleichen wie im Calvinismus. Als einen Spätling[167] können wir den Methodismus im folgenden bei der Erörterung der Berufsidee, zu deren Entfaltung er nichts Neues beisteuerte[168], im wesentlichen beiseite lassen.

166 Natürlich aber beeinträchtigen kann, wie er dies heute bei den amerikanischen Negern tut. – Im übrigen hängt der oft ausgeprägt pathologische Charakter der methodistischen Emotion im Gegensatz zu der relativ milden Gefühlsmäßigkeit des Pietismus wohl – neben rein historischen Gründen und der Publizität des Vorgangs – vielleicht auch mit stärkerer asketischer Durchdringung des Lebens in den Verbreitungsgebieten des Methodismus näher zusammen. Das zu entscheiden wäre aber nur Sache der Neurologen.

167 Loofs a. a. O., S. 750 hebt nachdrücklich hervor, daß der Methodismus sich von anderen asketischen Bewegungen dadurch unterscheidet, daß er nach der englischen Aufklärungsepoche liegt und stellt ihn zu der (freilich sehr viel schwächlicheren) Renaissance des Pietismus im ersten Drittel dieses Jahrhunderts bei uns in Parallele. – Aber immerhin wird, im Anschluß an Ritschl, Lehre von der Rechtfertigung und Versöhnung. Bd. I 568 f., doch wohl auch die Parallelisierung mit der Zinzendorfschen Spielart des Pietismus, die ja – im Gegensatz zu Spener und Francke – auch schon Reaktion gegen die Aufklärung war, erlaubt bleiben. Nur nimmt eben diese Reaktion im Methodismus, wie wir sahen, eine sehr andere Richtung als im Herrnhutertum, wenigstens soweit es von Zinzendorf beeinflußt war.

168 Die er aber, wie die Stelle aus John Wesley (unten S. 196) zeigt, ganz ebenso und mit genau gleicher Wirkung entwickelte, wie die andern asketischen Denominationen.

Der Pietismus des europäischen Kontinents und der Methodismus der angelsächsischen Völker sind nach ihrem Gedankengehalt sowohl als nach ihrer geschichtlichen Entwicklung betrachtet, sekundäre Erscheinungen.[169] Dagegen steht als zweiter selbständiger Träger protestantischer Askese neben dem Calvinismus das Täufertum und die aus ihm im Laufe des 16. und 17. Jahrhunderts direkt oder durch Aufnahme seiner religiösen Denkformen hervorgegangenen Sekten[170] der Baptisten, Mennoniten und, vor allem, der Quäker.[171] Mit ihnen gelangen wir zu religiösen Gemeinschaften, deren Ethik

[169] Und – wie sich zeigte – Abschwächungen der konsequenten asketischen Ethik des Puritanismus: während, wenn man, nach beliebter Art, diese religiösen Konzeptionen nur als *Exponenten* oder *Wiederspiegelungen* der kapitalistischen Entwicklung deuten wollte, ja doch das gerade Umgekehrte eingetreten sein müßte.

[170] Von den Baptisten gehen nur die sog. *General Baptists* auf die alten Täufer zurück. Die *Particular Baptists* waren – wie schon früher gesagt – Calvinisten, welche die Kirchenzugehörigkeit prinzipiell auf die Wiedergeborenen oder doch auf persönliche Bekenner beschränkten, daher prinzipielle Voluntaristen und Gegner aller Staatskirchen blieben, – in der Praxis freilich unter Cromwell nicht immer konsequent. Sie, aber auch die General Baptists, so historisch wichtig sie als Träger der täuferischen Tradition sind, bieten für uns hier keinen Anlaß zu besonderer dogmatischer Analyse. Daß die Quäker, formell eine Neustiftung von George Fox und seinen Genossen, in ihren Grundgedanken lediglich Fortsetzer täuferischer Tradition waren, ist fraglos. Die beste Einführung in ihre Geschichte, zugleich unter Veranschaulichung ihrer Beziehung zu Baptisten und Mennoniten, gibt Robert Barclay, The inner life of the religious societies of the Commonwealth, 1876. Zur Geschichte der Baptisten vgl. u. a.: H. M. Dexter, The true story of John Smyth, the Se-Baptist, as told by himself and his contemporaries, Boston 1881 (dazu J. C. Lang in Bapt. Quart. R. 1883, P. 1 f.). J. Murch, A hist. of the Presb. and Gen. Bapt. Ch. in the W. of Engl., London 1835. A. H. Newman, Hist. of the Bapt. Ch. in the U. S., New York 1894 (Am. Church Hist. Ser. Vol. 2); Vedder, A short hist. of the Baptists, London 1897; E. B. Bax, Rise and fall of the Anabaptists, New York 1902; G. Lorimer, Baptists in history, 1902; J. A. Seiss, Baptist system examined Luth. Publ. S. 1902; ferneres Material in Baptist Handbook, London 1896 ff.; Baptist Manuals, Paris 1891/3; der Baptist Quart. Review; der Bibliotheca sacra (Oberlin 1900). Die beste Baptisten-Bibliothek scheint sich in Colgate College im Staat New York zu befinden. Für die Quäkergeschichte gilt als beste Sammlung die in Devonshire House in London (von mir nicht benutzt). Das moderne offizielle Organ der Orthodoxie ist der von Prof. Jones herausgegebene *American Friend,* die beste Quäkergeschichte die von Rowntree. Im übrigen: Rufus B. Jones, George Fox, an autobiography, Phil. 1903; Alton C. Thomas, A Hist. of the S. of Friends in America, Phil. 1895; Eduard Grubb, Social Aspects of Quaker Faith, London 1899. Dazu die große und sehr gute biographische Literatur.

[171] Es ist eins der vielen Verdienste von Karl Müllers Kirchengeschichte, der in ihrer Art großartigen, wennschon äußerlich unscheinbaren, Täuferbewegung die verdiente Stellung innerhalb der Darstellung eingeräumt zu haben. Wie keine andere hat sie unter der erbarmungslosen Verfolgung von seiten aller Kirchen gelitten, – weil sie eben Sekte im spezifischen Sinn des Worts sein wollte. Sie war durch die Katastrophe der aus ihr hervorgegangenen eschatologischen Richtung in Münster noch nach 5 Generationen in der ganzen Welt (England z. B.) diskreditiert. Und sie ist, immer wieder zerdrückt und in die Winkel gescheucht, vor allem erst lange nach ihrem Entstehen zu einer

auf einer prinzipiell gegenüber der reformierten Lehre heterogenen Grundlage ruht. Die nachfolgende Skizze, die ja nur das für uns hier Wichtige heraushebt, vermag von der Vielgestalt dieser Bewegung keinen Begriff zu geben. Wir legen natürlich wieder das Hauptgewicht auf die Entwicklung in den altkapitalistischen Ländern. – Der historisch und prinzipiell wichtigste Gedanke aller dieser Gemeinschaften, dessen Tragweite für die Kulturentwicklung freilich erst in einem anderen Zusammenhang ganz deutlich werden kann, ist uns in Ansätzen

zusammenhängenden Formulierung ihres religiösen Gedankengehalts gelangt. So hat sie noch weniger *Theologie* produziert als mit ihren an sich dem fachmäßigen Betrieb des Glaubens an Gott als einer *Wissenschaft* feindseligen Grundsätzen vereinbar gewesen wäre. Das berührte die ältere Fachtheologie – schon ihrer eigenen Zeit – wenig sympathisch und imponierte ihr auch sehr wenig. Aber selbst bei manchen Neueren steht es nicht anders. Bei Ritschl, Pietismus I, S. 22 f., z. B. sind die *Wiedertäufer* wenig unbefangen, ja in geradezu schnöder Weise behandelt: Man fühlt sich versucht, von einem theologischen *Bourgeoisstandpunkt* zu sprechen. Dabei lag das schöne Werk von Cornelius (Geschichte des Münsterschen Aufruhrs) seit Jahrzehnten vor. Ritschl konstruiert auch hier überall einen Kollaps – von seinem Standpunkt aus – ins *Katholische* und wittert direkte Einflüsse der Spiritualen und Franziskaner-Observanten. Wären solche vereinzelt nachweisbar, so wären diese Fäden doch sehr dünn. Und vor allem ist der historische Sachverhalt doch wohl der, daß die offizielle katholische Kirche die innerweltliche Askese der Laien: wo immer sie es bis zur Konventikelbildung brachte, mit äußerstem Mißtrauen behandelte und in die Bahn der Ordensbildung – also aus der Welt heraus – zu lenken suchte, oder doch geflissentlich als Askese zweiten Grades den Vollorden angliederte und ihrer Kontrolle unterordnete. Wo dies nicht gelang, witterte sie ganz ebenso die Gefahr, daß die Pflege subjektivistischer asketischer Sittlichkeit zur Autoritätsverneinung und Häresie führe, wie dies – mit gleichem Recht – die Kirche Elisabeths gegenüber den *prophesyings*, den halbpietistischen Bibelkonventikeln, auch wo sie in bezug auf *conformism* durchaus korrekt waren, tat und wie es die Stuarts in ihrem Book of Sports – worüber später – zum Ausdruck brachten. Die Geschichte zahlreicher Ketzerbewegungen, aber auch z. B. der Humiliaten und Beghinen, und ebenso das Schicksal des heiligen Franz sind Belege dafür. Die Predigt der Bettelmönche, zumal der Franziskaner, hat für die asketische Laiensittlichkeit des reformiert-täuferischen Protestantismus wohl mehrfach den Boden bereiten helfen. Aber die massenhaften Züge von Verwandtschaft zwischen der Askese innerhalb des Mönchtums des Okzidentes und der asketischen Lebensführung innerhalb des Protestantismus – die gerade in unserem Zusammenhang, als höchst lehrreich, immer wieder zu betonen sein werden – haben ihren schließlichen Grund doch darin: daß natürlich jede auf dem Boden des biblischen Christentums stehende Askese eben notwendig gewisse wichtige gemeinsame Züge haben muß, – und weiterhin darin, daß überhaupt jede Askese irgendwelchen Bekenntnisses bestimmte probate Mittel zur *Abtötung* des Fleisches benötigt. – Zu der folgenden Skizze ist noch zu bemerken, daß ihre Kürze dem Umstand zuzuschreiben ist, daß für das in dieser Abhandlung speziell zu erörternde Problem: die Entwicklung der religiösen Grundlagen der *bürgerlichen* Berufsidee, die täuferische Ethik nur von sehr begrenzter Bedeutung ist. Sie hat ihr nichts unbedingt Neues hinzugefügt. Die weit wichtigere soziale Seite der Bewegung wird hier vorerst noch beiseite gelassen. Infolge der Problemstellung kann von dem historischen Gehalt der älteren Täuferbewegung auch nur das hier zur Darstellung gelangen, was nachher auf die Eigenart der für uns im Vordergrunde stehenden Sekten: Baptisten, Quäker und (mehr nebenher) Mennoniten, eingewirkt hat.

bereits begegnet: die *believers' church.*[172] Das heißt: daß die religiöse Gemeinschaft, die *sichtbare Kirche* nach dem Sprachgebrauch der Reformationskirchen[173], nicht mehr aufgefaßt wurde als eine Art Fideikommisstiftung zu überirdischen Zwecken, eine, notwendig Gerechte und Ungerechte umfassende, Anstalt – sei es zur Mehrung des Ruhmes Gottes (calvinistisch), sei es zur Vermittlung von Heilsgütern an die Menschen (katholisch und lutherisch) –, sondern ausschließlich als eine Gemeinschaft der persönlich Gläubigen und Wiedergeborenen und nur dieser: mit anderen Worten nicht als eine *Kirche,* sondern als eine *Sekte.*[174] Nur dies sollte ja auch das an sich rein äußerliche Prinzip, ausschließlich Erwachsene, die persönlich den Glauben sich innerlich erworben und bekannt haben, zu taufen, symbolisieren.[175] Die *Rechtfertigung* durch diesen Glauben war nun bei den Täufern, wie sie bei allen Religionsgesprächen beharrlich wiederholt haben, radikal verschieden von dem Gedanken einer *forensischen* Zurechnung des Verdienstes Christi, wie er die orthodoxe Dogmatik des alten Protestantismus beherrschte.[176] Sie bestand

[172] S. oben Anmerkung 1, S. 121.

[173] Über dessen Ursprung und Wechsel s. A. Ritschl in seinen *Gesammelten Aufsätzen* S. 69 f.

[174] Natürlich haben die Täufer die Bezeichnung als *Sekte* stets abgelehnt. Sie sind die Kirche im Sinne des Epheserbriefes (5, 27). Aber sie sind für unsere Terminologie *Sekte* nicht nur, weil sie jeder Beziehung zum Staat entbehren. Das Verhältnis zwischen Kirche und Staat in der ersten Zeit des Christentums war freilich, noch bei den Quäkern (Barclay), ihr Ideal, da ihnen, wie manchen Pietisten (Tersteegen), nur die Reinheit der Kirchen unter dem Kreuz unverdächtig war. Aber unter einem ungläubigen Staat, oder gar unter dem Kreuz, mußten auch die Calvinisten, faut de mieux – ähnlich wie im gleichen Fall selbst die katholische Kirche – für Trennung von Staat und Kirche sein. Auch nicht deshalb sind sie eine *Sekte,* weil die Aufnahme in die Kirchenmitgliedschaft de facto durch einen Aufnahmevertrag zwischen Gemeinde und Katechumenen erfolgte. Denn das war formell z. B. auch in den niederländischen reformierten Gemeinden (als Folge der ursprünglichen politischen Lage) nach der alten Kirchenverfassung der Fall (s. darüber v. Hoffmann, Kirchenverfassungsrecht der niederl. Reformierten, Leipzig 1902). – Sondern deshalb, weil die religiöse Gemeinschaft überhaupt nur voluntaristisch: als Sekte, nicht anstaltsmäßig: als Kirche, organisiert sein durfte, sollte sie nicht Unwiedergeborene in sich schließen und also von dem altchristlichen Vorbild abweichen. Bei den täuferischen Gemeinschaften lag das im Begriff der *Kirche,* was bei den Reformierten als faktischer Zustand vorkam. Daß freilich auch bei diesen ganz bestimmte religiöse Motive zur *believers' church* drängten, wurde schon angedeutet. S. über *Kirche* und *Sekte* näher den folgenden Aufsatz. Den hier verwendeten Begriff der *Sekte* hat etwa gleichzeitig mit und – ich nehme an – unabhängig von mir auch Kattenbusch in der R. E. f. Pr. Th. u. K. (Art. *Sekte)* verwendet. Troeltsch in seinen *Soziallehren der christlichen Kirche* akzeptiert ihn und spricht eingehender darüber. S. auch unten die Einleitung in die Aufsätze über *Wirtschaftsethik der Weltreligionen.*

[175] Wie wichtig das Symbol geschichtlich für die Konservierung der Gemeinschaft der Kirchen war, – weil es für diese ein unzweideutiges und unverkennbares Merkmal schuf –, hat Cornelius a. a. O. sehr klar ausgeführt.

[176] Gewisse Annäherungen daran in der Rechtfertigungslehre der Mennoniten können hier außer Betracht bleiben.

vielmehr in der innerlichen Aneignung seines Erlösungswerkes. Diese aber erfolgte durch individuelle Offenbarung: durch die Wirkung des göttlichen Geistes im einzelnen, und nur durch diese. Sie wurde jedem angeboten und es genügte, auf den Geist zu harren und nicht durch sündliches Kleben an der Welt seinem Kommen zu widerstreben. Die Bedeutung des Glaubens im Sinn der Kenntnis der Kirchenlehre, ebenso aber auch im Sinn bußfertigen Ergreifens der göttlichen Gnade, trat demgegenüber folglich ganz zurück und es fand eine – natürlich stark umbildende – Renaissance urchristlicher pneumatisch-religiöser Gedanken statt. Die Sekte z. B., welcher Menno Simons in seinem Fondamentboek (1539) als erster eine leidlich geschlossene Lehre schuf, wollte ebenso wie die anderen täuferischen Sekten die wahre unsträfliche Kirche Christi sein: wie die Urgemeinde ausschließlich aus persönlich von Gott Erweckten und Berufenen bestehend. Die Wiedergeborenen und nur sie sind Christi Brüder, weil, wie er, von Gott geistig direkt gezeugt.[177] Strenge Meidung der *Welt,* d. h. alles nicht unbedingt nötigen Verkehrs mit den Weltleuten, in Verbindung mit striktester Bibliokratie im Sinn der Vorbildlichkeit des Lebens der ersten Christengeneration ergaben sich daraus für die ersten Täufergemeinschaften, und dieser Grundsatz der Weltmeidung ist, solange der alte Geist lebendig blieb, nie ganz verschwunden.[178] Als bleibenden Besitz nahmen die täuferischen Sekten aus diesen ihre Anfänge beherrschenden Motiven jenes Prinzip mit, welches wir – etwas anders begründet – schon beim Calvinismus kennen lernten und dessen fundamentale Wichtigkeit immer wieder hervortreten wird: die unbedingte Verwerfung aller „Kreaturvergötterung" als einer Entwertung der Gott allein geschuldeten Ehrfurcht.[179] Die biblische Lebens-

177 Auf diesem Gedanken beruht vielleicht das religiöse Interesse an den Erörterungen der Fragen, wie die Inkarnation Christi und seine Beziehung zur Jungfrau Maria zu denken sei, welche, oft als einziger rein dogmatischer Bestandteil, sich so seltsam schon in den ältesten Dokumenten der Täufer (z. B. den bei Cornelius, Appendix zu Band, II, a. a. O. abgedruckten *Bekenntnissen)* ausnimmt (s. darüber u. a. K. Müller, K. G. II, 1, S. 330). Der Differenz in der Christologie der Reformierten und der Lutheraner (in der Lehre von der sog. communicatio idiomatum) lagen ja ähnliche religiöse Interessen zugrunde.

178 Er drückte sich namentlich in der ursprünglich strengen Meidung der Exkommunizierten auch im bürgerlichen Verkehr aus, – ein Punkt, in welchem selbst die Calvinisten der Auffassung, daß die bürgerlichen Verhältnisse grundsätzlich von den geistlichen Zensuren nicht berührt werden, starke Konzessionen machten. S. den folgenden Aufsatz.

179 Wie sich dieser Grundsatz in den scheinbaren unwichtigen Äußerlichkeiten bei den Quäkern äußerte (Ablehnung des Hutabnehmens, Knieens, Sich-Verbeugens und ebenso der Pluralaranrede) ist bekannt. Aber der Grundgedanke ist an sich jeder Askese in gewissem Umfang eigen, die deshalb in ihrer genuinen Gestalt stets *autoritätsfeindlich* ist. Im Calvinismus äußerte er sich in dem Prinzip, daß in der Kirche nur Christus herrschen solle. Was den Pietismus anlangt, so denke man an Speners Mühe, die Titulaturen biblisch zu rechtfertigen. – Die katholische Askese hat diesen Zug, soweit die kirchliche Obrigkeit in Betracht kommt, durch das Gehorsamsgelübde gebrochen, indem sie den Gehorsam selbst asketisch deutete. Jene *Umstülpung* dieses Prinzips in der protestanti-

führung war bei der ersten schweizerisch-oberdeutschen Täufergeneration ähnlich radikal gedacht, wie ursprünglich beim heiligen Franz: als ein schroffer Bruch mit aller Weltfreude und ein Leben strikt nach dem Vorbild der Apostel. Und wirklich erinnert das Leben vieler ihrer ersten Vertreter an dasjenige des heiligen Ägidius. Aber diese strikteste Bibelobservanz[180] stand gegenüber dem pneumatischen Charakter der Religiosität auf nicht allzu festen Füßen. Was Gott den Propheten und Aposteln offenbart hatte, war ja nicht alles, was er offenbaren konnte und wollte. Im Gegenteil: die Fortdauer des Worts, nicht als einer geschriebenen Urkunde, sondern als einer im täglichen Leben der Gläubigen wirkenden Kraft des Heiligen Geistes, der direkt zu dem einzelnen, der ihn hören will, spricht, war – wie schon Schwenckfeld gegen Luther und später Fox gegen die Presbyterianer lehrte – nach dem Zeugnis der Urgemeinden das alleinige Kennzeichen der wahren Kirche. Es hat sich aus diesem Gedanken der fortdauernden Offenbarung die bekannte, später bei den Quäkern konsequent entwickelte Lehre von der in letzter Instanz entscheidenden Bedeutung des innerlichen Zeugnisses des Geistes in Vernunft und Gewissen ergeben. Damit war nicht die Geltung, wohl aber die Alleinherrschaft der Bibel beseitigt und zugleich eine Entwicklung eingeleitet, welche mit allen Resten der kirchlichen Heilslehre, schließlich, bei den Quäkern, auch mit Taufe und Abendmahl, radikal aufräumte.[181] Die täuferischen Denominationen vollzogen, neben den Prädestinatianern, vor allem den strengen Calvinisten, die radikalste Entwertung aller Sakramente als Heilsmittel und führten so die religiöse *Entzauberung* der Welt in ihren letzten Konsequenzen durch. Nur das *innere Licht* der fortdauernden Offenbarung befähigte überhaupt zum wahren Verständnis auch der biblischen Offenbarungen Gottes.[182] Seine Wirkung

schen Askese ist die historische Grundlage der Eigenart noch der heutigen Demokratie puritanisch beeinflußter Völker und ihres Unterschiedes von derjenigen des *lateinischen Geistes*. Sie ist es auch, welche jener *Respektlosigkeit* der Amerikaner historisch zugrunde liegt, die – je nachdem – den einen abstoßend, den andern erfrischend berührt.

180 Freilich galt diese bei den Täufern von Anfang an wesentlich nur dem Neuen, nicht in gleicher Weise dem Alten Testament. Speziell die Bergpredigt erfreute sich bei allen Denominationen einer spezifischen Schätzung als sozialethisches Programm.

181 Schon Schwenckfeld hatte die äußere Verrichtung der Sakramente für ein Adiaphoron gehalten, während die *General Baptists* und die Mennoniten an Taufe und Abendmahl, die Mennoniten daneben an der Fußwaschung, strikt festhielten. Sehr stark war aber die Entwertung, ja man kann für alle mit Ausnahme des Abendmahls geradezu sagen: – die Verdächtigkeit, der Sakramente wie bei den Prädestinatianern. S. den folgenden Aufsatz.

182 Hierfür beriefen sich die täuferischen Denominationen, speziell die Quäker (Barclay, Apology for the true Christian Divinity, 4. Aufl. London 1701 – mir durch Ed. Bernsteins Liebenswürdigkeit zur Verfügung gestellt), auf Calvins Äußerung in der Inst. Christ. Theol. III, 2, wo sich in der Tat ganz unverkennbare Annäherungen an die täuferische Lehre finden. Auch die ältere Unterscheidung der Dignität des *Wort Gottes* – als dessen, was Gott den Patriarchen, Propheten, Aposteln geoffenbart hat – und der *Heiligen Schrift* als dessen, was sie davon aufgezeichnet haben, berührte sich, wohl ohne

konnte sich andererseits, wenigstens nach der Lehre der Quäker, welche hier die volle Konsequenz zogen, erstrecken auf Menschen, die niemals die biblische Form der Offenbarung kennengelernt hatten. Der Satz: *extra ecclesiam nulla salus* galt nur für diese unsichtbare Kirche der vom Geist Erleuchteten. Ohne das innere Licht blieb der natürliche, auch der von der natürlichen Vernunft geleitete[183], Mensch rein kreatürliches Wesen, dessen Gottferne die Täufer, auch die Quäker, fast noch schroffer empfanden als der Calvinismus. Die Wiedergeburt andererseits, welche der Geist, wenn wir auf ihn harren und uns ihm innerlich hingeben, herbeiführt, kann, weil gottgewirkt, zu einem Zustand so völliger Überwindung der Macht der Sünde führen[184], daß Rückfälle oder gar der Verlust des Gnadenstandes faktisch unmöglich werden, obwohl, wie später im Methodismus, das Erreichen jenes Zustandes nicht als die Regel, der Grad der Vollkommenheit des einzelnen vielmehr als der Entwicklung unterworfen galt. Alle täuferischen Gemeinschaften wollten aber reine Gemeinden im Sinn des tadellosen Wandels ihrer Mitglieder sein. Die innere Abscheidung

daß ein geschichtlicher Zusammenhang stattfände, doch innerlich mit der Auffassung der Täufer vom Wesen der Offenbarung. Die mechanische Inspirationslehre und damit die strikte Bibliokratie bei den Calvinisten war ebenso erst Produkt einer im Lauf des 16. Jahrhunderts eingetretenen Entwicklung in der einen Richtung, wie die Lehre vom *inneren Licht* in der auf täuferischer Grundlage ruhenden Lehre der Quäker das Resultat einer gerade entgegengesetzt verlaufenden Entwicklung war. Die scharfe Scheidung war hier zum Teil wohl auch Folge konstanter Auseinandersetzung.

183 Dies wurde scharf gegen gewisse Tendenzen der Sozinianer betont. Die *natürliche* Vernunft weiß gar nichts von Gott (Barclay a. a. O., p. 102). Damit war die Stellung, welche die *lex naturae* sonst im Protestantismus einnimmt, wiederum verschoben. Es konnte prinzipiell keine *general rules*, keinen Moralkodex geben, denn den *Beruf*, den jeder hat, und der für jeden ein individueller ist, zeigte ihm Gott durch das Gewissen. Nicht *das Gute* – im generalisierenden Begriffe der *natürlichen* Vernunft –, sondern Gottes Willen sollen wir tun, wie er uns im neuen Bund in die Herzen geschrieben ist und im Gewissen sich äußert (Barclay p. 73 f., 76). Diese – aus der gesteigerten Gegensätzlichkeit des Göttlichen und Kreatürlichen folgende – Irrationalität des Sittlichen spricht sich in den für die Quäkerethik grundlegenden Sätzen aus: *what a man does contrary to his faith, though his faith may be wrong, is no ways acceptable to God ... though the thing might have been lawful to another* (Barclay p. 487). Sie war in der Praxis natürlich nicht festzuhalten. Die *moral and perpetual Statutes acknowledged by all Christians* sind z. B. bei Barclay sogar die Schranke der Toleranz. Praktisch haben die Zeitgenossen ihre Ethik als – mit einigen Besonderheiten – derjenigen der reformierten Pietisten gleichartig empfunden. *Alles Gute in der Kirche werde als Quäkertum verdächtigt,* hebt Spener wiederholt hervor. Sp. möchte daher die Quäker um diesen Ruf beneiden. Cas. Theol. III, 6, 1, Dist. 2 (N. 64). – Die Ablehnung des Eides wegen eines Bibelworts zeigt schon, wie wenig weit die wirkliche Emanzipation vom Schriftwort ging. Die sozialethische Bedeutung des von manchen Quäkern als Inbegriff der ganzen christlichen Ethik angesehenen Satzes: *Tut anderen nur, was ihr wollt, daß sie euch tun* hat uns hier nicht zu beschäftigen.

184 Die Notwendigkeit der Annahme dieser Möglichkeit begründet Barclay damit, weil ohne sie *there should never be a place known by the Saints wherein they might be free of doubting and despair, which* ... is most absurd. Man sieht: die certitudo salutis hängt daran. So Barclay a. a. O., p. 20.

von der Welt und ihren Interessen und die unbedingte Unterstellung unter die Herrschaft des im Gewissen zu uns redenden Gottes war auch allein untrügliches Merkmal wirklicher Wiedergeburt und der dementsprechende Wandel also Erfordernis der Seligkeit. Sie konnte nicht verdient werden, sondern war Gnadengeschenk Gottes, aber nur der nach seinem Gewissen Lebende durfte sich als wiedergeboren ansehen. Die *guten Werke* in diesem Sinn waren *causa sine qua non.* Man sieht: Diese letzteren Gedankenreihen Barclays, an den wir uns gehalten haben, kamen der reformierten Lehre praktisch doch wieder gleich und waren sicherlich, noch unter dem Einfluß der calvinistischen Askese entwickelt, welche die täuferischen Sekten in England und den Niederlanden vorfanden und deren ernstliche und innerliche Aneignung zu predigen die ganze erste Zeit der Missionstätigkeit von G. Fox ausfüllte.

Psychologisch ruhte aber – da die Prädestination verworfen wurde – der spezifisch methodische Charakter der täuferischen Sittlichkeit vor allem auf dem Gedanken des Harrens auf die Wirkung des Geistes, welcher noch heute dem quäkerischen *meeting* seinen Charakter aufprägt und von Barclay schön analysiert ist: Zweck dieses schweigenden Harrens ist die Überwindung des Triebhaften und Irrationalen, der Leidenschaften und Subjektivitäten des *natürlichen* Menschen: Er soll schweigen, um so jene tiefe Stille in der Seele zu schaffen, in welcher allein Gott zu Worte kommen kann. Freilich konnte die Wirkung dieses *Harrens* in hysterische Zustände, Prophetie und, solange eschatologische Hoffnungen bestanden, unter Umständen selbst in einen Ausbruch von enthusiastischem Chiliasmus ausmünden, wie dies bei allen ähnlich fundamentierten Arten von Frömmigkeit möglich ist und bei der in Münster vernichteten Richtung tatsächlich eintrat. Aber mit dem Einströmen des Täufertums in das normale weltliche Berufsleben bedeutete der Gedanke: daß Gott nur redet, wo die Kreatur schweigt, offenbar eine Erziehung zur ruhigen Erwägung des Handelns und zu dessen Orientierung an sorgsamer individueller Gewissenserforschung.[185] Diesen ruhigen, nüchternen, hervorragend gewissenhaften Charakter hat denn auch die Lebenspraxis der späteren täuferischen Gemeinschaften, in ganz spezifischem Maße die der Quäker, sich zu eigen gemacht. Die radikale Entzauberung der Welt ließ einen anderen Weg als die innerweltliche Askese innerlich nicht zu. Für Gemeinschaften, welche mit den politischen Gewalten und ihrem Tun nichts zu schaffen haben wollten, folgte daraus auch äußerlich das Einströmen dieser asketischen Tugenden in die Berufsarbeit. Während die Führer der ältesten Täuferbewegung in ihrer Weltabgewandtheit rücksichtslos radikal gewesen waren, war natürlich doch

[185] Es bleibt also eine Differenz in der Tonart zwischen der calvinistischen und der quäkerischen Rationalisierung des Lebens bestehen. Aber wenn Baxter diesen dahin formuliert, daß der *Geist* bei den Quäkern auf die Seele wirken solle wie auf einen Kadaver, während der (charakteristisch formulierte) reformierte Grundsatz sei: *reason and spirit are conjunct principles* (Christ. Dir. II S. 76), so galt der Gegensatz in dieser Art für seine Zeit praktisch nicht mehr.

schon in der ersten Generation die strikt apostolische Lebensführung nicht unbedingt bei allen als erforderlich für den Erweis der Wiedergeburt festgehalten worden. Schon dieser Generation gehörten wohlhabende bürgerliche Elemente an, und schon vor Menno, der durchaus auf dem Boden der innerweltlichen Berufstugend und der Privateigentumsordnung stand, hatte die ernste Sittenstrenge der Täufer sich diesem durch die reformierte Ethik gegrabenen Bette praktisch zugewendet[186] weil eben die Entwicklung zur außerweltlichen, mönchischen Form der Askese seit Luther, dem hierin auch die Täufer folgten, als unbiblisch und werkheilig ausgeschlossen war. Immerhin hat – von den hier nicht zu erörternden halbkommunistischen Gemeinschaften der Frühzeit abgesehen – nicht nur bis in die Gegenwart eine täuferische Sekte – die sog. *Tunker* (dompelaers, dunckards) – an der Verwerfung der Bildung und jedes das zur Lebensfristung Unentbehrliche übersteigenden Besitzes festgehalten, sondern es ist z. B. auch bei Barclay die Berufstreue nicht in calvinistischer oder auch nur lutherischer, sondern eher in thomistischer Art als *naturali ratione* unvermeidliche Konsequenz der Verflochtenheit des Gläubigen in die Welt aufgefaßt.[187] Lag in diesen Anschauungen eine ähnliche Abschwächung der calvinistischen Berufskonzeption, wie in vielen Äußerungen Speners und der deutschen Pietisten, so wurde andererseits die Intensität des ökonomischen Berufsinteresses bei den täuferischen Sekten durch verschiedene Momente wesentlich gesteigert. Einmal durch die, ursprünglich als eine aus der Abscheidung von der Welt folgende religiöse Pflicht aufgefaßte, Ablehnung der Übernahme von Staatsämtern, welche, auch nach der Aufgabe als Prinzip, doch wenigstens bei Mennoniten und Quäkern praktisch fortbestand infolge der strikten Ablehnung des Waffengebrauchs und Eides, da hieraus die Disqualifikation für öffentliche Ämter sich ergab. Mit ihr ging die bei allen täuferischen Denominationen unüberwindliche Gegnerschaft gegen jede Art aristokrati-

[186] S. die sehr sorgfältigen Artikel *Menno* und *Mennoniten* von Cramer in der R. E. f. Pr. Th. u. K., speziell S. 604. So gut diese eben genannten Artikel sind, so wenig eindringend und z. T. direkt ungenau ist der Art. *Baptisten* daselbst. Sein Verf. kennt z. B. die für die Geschichte des Baptismus unentbehrlichen *Publications of the Hanserd Knollys Society* nicht.

[187] So wird von Barclay a. a. O., S. 404 ausgeführt, daß Essen, Trinken und Erwerb natural, nicht spiritual, acts seien, welche auch ohne Gottes speziellen Ruf getan werden können. – Die Ausführung ist die Antwort auf den (charakteristischen) Einwand, daß, wenn man, wie die Quäker lehren, nicht ohne spezielle *motion of the spirit* beten dürfe, *man* auch nicht ohne solchen speziellen Antrieb Gottes würde pflügen dürfen. – Daß auch in modernen Resolutionen von Quäkersynoden der Rat vorkommt, sich nach Erwerb genügenden Vermögens vom Erwerbsleben zurückzuziehen, um in der Ruhe vor den Getrieben der Welt ganz dem Reiche Gottes leben zu können, ist natürlich auch bezeichnend, wennschon solche Gedanken sich sicherlich auch in andern Denominationen, auch der calvinistischen, gelegentlich finden. Es kommt auch darin zum Ausdruck, daß die Annahme der bürgerlichen Berufsethik seitens ihrer Träger die innerweltliche Wendung einer ursprünglich weltflüchtigen Askese war.

schen Lebensstils Hand in Hand, teils, wie bei den Calvinisten, eine Folge des Verbotes der Kreaturverherrlichung, teils ebenfalls Konsequenz jener unpolitischen oder geradezu antipolitischen Grundsätze. Die ganze nüchterne und gewissenhafte Methodik der täuferischen Lebensführung wurde dadurch in die Bahn des unpolitischen Berufslebens gedrängt. Dabei prägte nun die ungeheure Bedeutung, welche die täuferische Heilslehre auf die Kontrolle durch das Gewissen, als die individuelle Offenbarung Gottes, legte, ihrer Gebarung im Berufsleben einen Charakter auf, dessen große Bedeutung für die Entfaltung wichtiger Seiten des kapitalistischen Geistes wir erst weiterhin näher und auch dann nur soweit kennen lernen werden, als dies ohne Erörterung der gesamten politischen und Sozialethik der protestantischen Askese hier möglich ist. Wir werden dann – um wenigstens dies vorwegzunehmen – sehen, daß die spezifische Form, welche jene innerweltliche Askese bei den Täufern, speziell den Quäkern, annahm[188], schon nach dem Urteil des 17. Jahrhunderts in der praktischen Bewährung jenes wichtigen Prinzips der kapitalistischen *Ethik* sich äußerte, welches man dahin zu formulieren pflegt: *honesty is the best policy*[189], und welches ja auch in Franklins früher zitiertem Traktat sein klassisches Dokument gefunden hat. Dagegen werden wir die Wirkungen des Calvinismus mehr in der Richtung der Entfesselung der privatwirtschaftlichen Energie des Erwerbs vermuten: denn trotz aller formalen Legalität des *Heiligen* galt im Ergebnis doch oft genug auch für den Calvinisten der Goethesche Satz: *Der Handelnde ist immer gewissenlos, es hat niemand Gewissen als der Betrachtende.*[190]

Ein weiteres wichtiges Element, welches der Intensität der innerweltlichen Askese der täuferischen Denominationen zugute kam, kann in seiner vollen Bedeutung ebenfalls nur in anderem Zusammenhang zur Erörterung gelangen.

188 Es sei schon hier nochmals nachdrücklich auf die vortrefflichen Ausführungen E. Bernsteins a. a. O. hingewiesen. Auf Kautskys äußerst schematische Darstellung der wiedertäuferischen Bewegung und seine Theorie des *ketzerischen Kommunismus* überhaupt (im ersten Bande des gleichen Werkes) wird bei anderer Gelegenheit einmal einzugehen sein.

189 Veblen (Chicago), in seinem anregenden Buch: Theory of business enterprise, ist der Meinung, daß diese Parole lediglich *frühkapitalistisch* sei. Allein wirtschaftliche *Übermenschen,* die, wie die heutigen *captains of industry,* jenseits von Gut und Böse stehen, hat es immer gegeben, und in der breiten darunterliegenden Schicht kapitalistischen Gebahrens gilt jener Satz noch heute.

190 *In civil actions it is good to be as the many, in religious, to be as the best,* meint z. B. Th. Adams (Works of the Pur. Div. p. 138). – Das klingt freilich etwas weittragender als es gemeint ist. Es bedeutet, daß die puritanische Redlichkeit formalistische Legalität ist, ebenso wie die von den puritanisch gewesenen Völkern gern als Nationaltugend in Anspruch genommene *Wahrhaftigkeit* oder *uprightness* etwas spezifisch Anderes, formalistisch und reflexiv Umgemodeltes gegenüber der deutschen *Ehrlichkeit* ist. Gute Bemerkungen darüber von seiten eines Pädagogen in den Preuß. Jahrb. Bd. 112 (1903) S. 226. Der Formalismus der puritanischen Ethik ist seinerseits die ganz adäquate Folge der Bindung an das Gesetz.

Immerhin seien auch darüber einige Bemerkungen, zugleich zur Rechtfertigung des hier gewählten Ganges der Darstellung, vorangeschickt. Es ist hier ganz absichtlich vorläufig nicht von den objektiven sozialen Institutionen der altprotestantischen Kirchen und deren ethischen Einflüssen ausgegangen worden, insbesondere nicht von der so wichtigen Kirchenzucht, sondern von den Wirkungen, welche die subjektive Aneignung der asketischen Religiosität seitens der einzelnen auf die Lebensführung hervorzubringen geeignet war. Dies nicht nur deshalb, weil diese Seite der Sache bisher die weitaus weniger beachtete ist. Sondern auch, weil die Wirkung der Kirchenzucht keineswegs immer in der gleichen Richtung lag. Die kirchenpolizeiliche Kontrolle des Lebens des einzelnen, wie sie in den Gebieten der calvinistischen Staatskirchen bis dicht an die Grenze der Inquisition getrieben wurde, konnte vielmehr jener Entbindung der individuellen Kräfte, welche durch das asketische Streben nach methodischer Heilsaneignung bedingt war, geradezu entgegenwirken und hat dies unter Umständen tatsächlich getan. Genau wie die merkantilistische Reglementierung des Staats zwar Industrien züchten konnte, aber, wenigstens für sich allein, nicht den kapitalistischen *Geist* – den sie vielmehr, wo sie polizeilich-autoritären Charakter annahm, vielfach direkt lähmte –, so konnte die gleiche Wirkung auch von der kirchlichen Reglementierung der Askese ausgehen, wenn sie sich allzu überwiegend polizeilich entwickelte: Sie erzwang dann ein bestimmtes äußeres Verhalten, lähmte aber unter Umständen die subjektiven Antriebe zur methodischen Lebensführung. Jede Erörterung dieses Punktes[191] muß den großen Unterschied beachten, welcher zwischen der Wirkung der autoritären Sittenpolizei der Staatskirchen und der auf freiwilliger Unterwerfung ruhenden Sittenpolizei der Sekten bestand. Daß die Täuferbewegung in allen ihren Denominationen grundsätzlich *Sekten,* nicht *Kirchen* schuf, kam jedenfalls der Intensität ihrer Askese ebenso zustatten, wie dies – in verschieden starkem Maße – auch bei jenen calvinistischen, pietistischen, methodistischen Gemeinschaften der Fall war, die faktisch auf die Bahn der voluntaristischen Gemeinschaftsbildung gedrängt wurden.[192]

Wir haben nunmehr die puritanische Berufsidee in ihrer Wirkung auf das Erwerbsleben zu verfolgen, nachdem die vorstehende Skizze ihre religiöse Fundamentierung zu entwickeln versucht hat. Bei allen Abweichungen im einzelnen und bei aller Verschiedenheit in dem Nachdruck, welcher bei den verschiedenen asketischen Religionsgemeinschaften auf den für uns entscheidenden Gesichtspunkten liegt, zeigten sich diese letzteren doch bei ihnen allen vorhanden und wirksam.[193] Entscheidend aber für unsere Betrachtung war immer

[191] Einiges darüber in der nächstfolgenden Abhandlung.

[192] Hier liegt der Grund für die penetrante ökonomische Wirkung (asketisch-) protestantischer, nicht aber katholischer, Minoritäten.

[193] Daß die Verschiedenheit der dogmatischen Fundamentierung mit der Einfügung des entscheidenden *Bewährungs*-Interesses vereinbar war, hat seinen letzten, hier noch nicht

wieder, um es zu rekapitulieren, die bei allen Denominationen wiederkehrende Auffassung des religiösen *Gnadenstandes* eben als eines Standes (status), welcher den Menschen von der Verworfenheit des Kreatürlichen, von der *Welt*, abscheidet[194], dessen Besitz aber – wie immer er nach der Dogmatik der betreffenden Denomination erlangt wurde – nicht durch irgendwelche magisch-sakramentalen Mittel oder durch Entlastung in der Beichte oder durch einzelne fromme Leistungen garantiert werden konnte, sondern nur durch die Bewährung in einem spezifisch gearteten von dem Lebensstil des *natürlichen* Menschen unzweideutig verschiedenen Wandel. Daraus folgte für den einzelnen der Antrieb zur methodischen Kontrolle seines Gnadenstandes in der Lebensführung und damit zu deren asketischer Durchdringung. Dieser asketische Lebensstil aber bedeutete eben, wie wir sahen, eine an Gottes Willen orientierte rationale Gestaltung des ganzen Daseins. Und diese Askese war nicht mehr ein opus supererogationis, sondern eine Leistung, die jedem zugemutet wurde, der seiner Seligkeit gewiß sein wollte. Jenes religiös geforderte, vom *natürlichen* Leben verschiedene Sonderleben der Heiligen spielte sich – das ist das Entscheidende – nicht mehr außerhalb der Welt in Mönchsgemeinschaften, sondern innerhalb der Welt und ihrer Ordnungen ab. Diese Rationalisierung der Lebensführung innerhalb der Welt im Hinblick auf das Jenseits war die Wirkurg der Berufskonzeption des asketischen Protestantismus. –

Die christliche Askese, anfangs aus der Welt in die Einsamkeit flüchtend, hatte bereits aus dem Kloster heraus, indem sie der Welt entsagte, die Welt kirchlich beherrscht. Aber dabei hatte sie im ganzen dem weltlichen Alltagsleben seinen natürlich unbefangenen Charakter gelassen. Jetzt trat sie auf den Markt des Lebens, schlug die Türe des Klosters hinter sich zu und unternahm es, gerade das weltliche Alltagsleben mit ihrer Methodik zu durchtränken, es zu einem rationalen Leben in der Welt und doch nicht von dieser Welt oder für diese Welt umzugestalten. Mit welchem Ergebnis, wollen unsere weiteren Darlegungen zu zeigen versuchen.

zu erörternden Grund in der religionsgeschichtlichen Eigenart des Christentums überhaupt.

[194] *Since God hath gathered us to be a people* ... sagt z.B. auch Barclay a.a.O., S. 357 und ich selbst hörte noch eine Quäkerpredigt in Haverford College, welche den ganzen Nachdruck auf die Interpretation von *saints* = separati legte.

2. Askese und kapitalistischer Geist

Um die Zusammenhänge der religiösen Grundvorstellungen des asketischen Protestantismus mit den Maximen des ökonomischen Alltagslebens zu durchschauen, ist es nötig, vor allem solche theologischen Schriften heranzuziehen, die sich als aus der seelsorgerischen Praxis herausgewachsen erkennen lassen. Denn in einer Zeit, in welcher das Jenseits alles war, an der Zulassung zum Abendmahl die soziale Position des Christen hing, die Einwirkung des Geistlichen in Seelsorge, Kirchenzucht und Predigt einen Einfluß übte, von dem – wie jeder Blick in die gesammelten *consilia, casus conscientiae* usw. ergibt – wir modernen Menschen uns einfach keine Vorstellung mehr zu machen vermögen, sind die in dieser Praxis sich geltend machenden religiösen Mächte die entscheidenden Bildner des *Volkscharakters.* –

Wir können nun für die Erörterungen dieses Abschnittes, im Gegensatz zu späteren Erörterungen, den asketischen Protestantismus als eine Gesamtmasse behandeln. Da aber der aus dem Calvinismus hervorgegangene englische Puritanismus die konsequenteste Fundamentierung der Berufsidee bietet, stellen wir unserem Prinzip gemäß einen seiner Vertreter in den Mittelpunkt. Richard Baxter zeichnet sich vor vielen anderen literarischen Vertretern der puritanischen Ethik durch seine eminent praktische und irenische Stellung, zugleich auch durch die universelle Anerkennung seiner immer wieder neu aufgelegten und übersetzten Arbeiten aus. Presbyterianer und Apologet der Westminster-Synode, dabei aber – wie so viele der besten Geister der Zeit – dogmatisch allmählich dem Hochcalvinismus entwachsend, innerlich ein Gegner der Usurpation Cromwells, weil jeder Revolution, dem Sektentum und zumal dem fanatischen Eifer der *Heiligen* abhold, aber von großer Weitherzigkeit gegenüber äußerlichen Sonderheiten und objektiv gegenüber dem Gegner, suchte er sein Arbeitsfeld ganz wesentlich in der Richtung der praktischen Förderung des kirchlich-sittlichen Lebens, und hat sich – einer der erfolgreichsten Seelsorger, welche die Geschichte kennt – im Dienst dieser Arbeit der Parlamentsregierung ebenso wie Cromwell und der Restauration zur Verfügung gestellt[1], bis er unter der letzteren – schon vor dem *Bartholomäustage* – aus dem Amte wich. Sein *Christian Directory* ist das umfassendste Kompendium der puritanischen Moraltheologie und dabei überall an den

[1] S. die schöne Charakteristik bei Dowden a. a. O. – Über Baxters Theologie, nachdem er von dem strikten Glauben an das *doppelte Dekret* allmählich abgekommen war, orientiert leidlich die Einleitung zu seinen verschiedenen in den *Works of the Puritan Divines* abgedruckten Arbeiten (von Jenkyn). – Sein Versuch, *universal redemption* und *personal election* zu kombinieren, hat niemand befriedigt. Für uns ist lediglich wesentlich, daß er eben doch auch damals an der personal election festhielt, d. h. an dem ethisch entscheidenden Punkte der Prädestinationslehre. Wichtig ist andererseits seine Abschwächung der forensischen Auffassung der Rechtfertigung, als eine gewisse Annäherung an die Täufer.

praktischen Erfahrungen der eigenen Seelsorge orientiert. – Als Repräsentant des deutschen Pietismus werden Speners *Theologische Bedenken*, für das Quäkertum Barclays *Apology* und daneben andere Vertreter der asketischen Ethik[2], der Raumersparnis halber möglichst unter dem Strich, vergleichend herangezogen.[3]

Nimmt man nun Baxters *Ewige Ruhe der Heiligen* und sein *Christian Directory* oder auch verwandte Arbeiten anderer[4] zur Hand, so fällt auf den ersten Blick in den Urteilen über den Reichtum[5] und seinen Erwerb die Betonung gerade der ebionitischen Elemente der neutestamentlichen Verkündigung auf.[6] Der Reichtum als solcher ist eine schwere Gefahr, seine

2 Traktate und Predigten von Th. Adams, John Howe, Matthew Henry, J. Janeway, St. Charnock, Baxter, Bunyan sind in den 10 Bänden der *Works of the Puritan Divines* (London 1845–48) in einer oft etwas willkürlichen Auswahl gesammelt. Die Ausgaben der Arbeiten von Bailey, Sedgwick, Hoornbeck sind bereits oben je beim erstmaligen Zitieren angegeben.

3 Ebensogut hätten Voët oder andere kontinentale Vertreter der innerweltlichen Askese herangezogen werden können. Die Ansicht Brentanos, daß diese Entwicklung *nur angelsächsisch* gewesen sei, ist gänzlich irrig. Die Auswahl beruht auf dem Wunsch: nicht ausschließlich, aber doch möglichst die asketische Bewegung der zweiten Hälfte des 17. Jahrhunderts, unmittelbar vor dem Umschlag in den Utilitarismus, zu Wort kommen zu lassen. Auf die reizvolle Aufgabe, den Lebensstil des asketischen Protestantismus auch aus der biographischen Literatur anschaulich zu machen – namentlich die quäkerische wäre hier, als bei uns noch relativ unbekannt, heranzuziehen –, hat im Rahmen dieser Skizze leider verzichtet werden müssen.

4 Denn man könnte ebensowohl die Schriften des Gisbert Voët oder Verhandlungen der Hugenottensynoden oder die holländische Baptistenliteratur zur Hand nehmen. In höchst unglücklicher Art haben Sombart und Brentano gerade jene von mir selbst stark hervorgehobenen *ebionitischen* Bestandteile aus Baxter herausgegriffen, um die zweifellose (kapitalistische) *Rückständigkeit* seiner Lehre mir entgegenzuhalten. Man muß aber 1. diese ganze Literatur wirklich gründlich kennen, um sie richtig zu benutzen, 2. nicht übersehen, daß ich ja gerade nachzuweisen trachte: wie trotz der *antimammonistischen* Lehre doch der Geist dieser asketischen Religiosität, ganz ebenso wie in den Klosterwirtschaften, den ökonomischen Rationalismus geboren hat, weil sie das Entscheidende: die, asketisch bedingten, rationalen Antriebe prämiierte. Darauf ganz allein kommt es ja an und eben dies ist ja doch die Pointe des hier Vorgetragenen.

5 Ebenso bei Calvin, der durchaus kein Liebhaber bürgerlichen Reichtums war (s. die heftigen Angriffe auf Venedig und Antwerpen Comm. in Jes. Opp. III 140 a, 308 a).

6 Saints' everlasting rest cap. X, XII. – Vgl. Bailey, Praxis pietatis p. 182, oder etwa Matthew Henry (The worth of the soul, Works of Pur. Div., p. 319: *Those that are eager in pursuit of worldly wealth despise their soul, not only because the soul is neglected and the body preferred before it, but because it is employed in these pursuits:* Psalm 127, 2. (Auf derselben Seite aber steht die später zu zitierende Bemerkung über die Sündhaftigkeit der Zeitvergeudung aller Art und besonders derjenigen durch recreations.) Ebenso wohl in der ganzen religiösen Literatur des englisch-holländischen Puritanismus. S. z. B. Hoornbecks (a. a. O. l. X c. 18 u. 18) Philippika gegen die avaritia. (Bei diesem Schriftsteller wirken übrigens sentimental-pietistische Einflüsse mit ein: s. das Lob der Gott wohlgefälligen tranquillitas animi gegenüber der *sollicitudo* dieser Welt.) *Ein Reicher wird nicht leicht selig,* meint – in Anlehnung an eine bekannte

Versuchungen sind unausgesetzte, das Streben[7] danach nicht nur sinnlos gegenüber der überragenden Bedeutung des Gottesreichs, sondern auch sittlich bedenklich. Weit schärfer als bei Calvin, der in dem Reichtum der Geistlichen kein Hindernis für ihre Wirksamkeit, im Gegenteil eine durchaus erwünschte Steigerung ihres Ansehens erblickte, ihnen gestattete, ihr Vermögen gewinnbringend anzulegen, nur unter Vermeidung von Ärgernis, scheint hier die Askese gegen jedes Streben nach Erwerb zeitlicher Güter gerichtet. Man kann die Beispiele der Verdammung des Strebens nach Geld und Gut aus puritanischen Schriften ganz beliebig häufen und mit der darin viel unbefangeneren spätmittelalterlichen ethischen Literatur kontrastieren. Und es ist mit diesen Bedenken auch durchaus ernst gemeint, – nur bedarf es etwas näheren Zusehens, um ihren entscheidenden ethischen Sinn und Zusammenhang zu bemerken. Das sittlich wirklich Verwerfliche ist nämlich das Ausruhen auf dem Besitz[8], der Genuß des Reichtums mit seiner Konsequenz von Müßigkeit und Fleischeslust, vor allem von Ablenkung von dem Streben nach *heiligem* Leben. Und nur weil der Besitz die Gefahr dieses Ausruhens mit sich bringt, ist er bedenklich. Denn die *ewige Ruhe der Heiligen* liegt im Jenseits, auf Erden aber muß auch der Mensch, um seines Gnadenstands sicher zu werden, *wirken die Werke dessen, der ihn gesandt hat, solange es Tag ist.* Nicht Muße und Genuß,

Bibelstelle – auch Bailey (a.a.O., S. 182). Auch die methodistischen Katechismen mahnen davon ab, *sich Schätze auf Erden zu sammeln.* Beim Pietismus versteht sich dies vollends von selbst. Und bei den Quäkern stand es nicht anders. Vgl. Barclay a.a.O., S. 517: . . . *and therefore beware of such temptation as to use their callings and engine to be richer.*

[7] Denn nicht nur der Reichtum, sondern auch das triebhafte Gewinnstreben (oder was dafür galt) wurde ähnlich scharf verurteilt. In den Niederlanden wurde von der südholländischen Synode 1574 auf eine Anfrage erklärt: daß *Lombardierer,* obwohl das Geschäft ja gesetzlich gestattet sei, nicht zum Abendmahl zuzulassen seien; die Provinzialsynode Deventer von 1598 (Art. 24) erstreckte dies auf die Angestellten von *Lombarden,* die Synode zu Gorichem von 1606 statuierte scharfe und erniedrigende Bedingungen, unter denen Frauen von *Wucherern* zugelassen werden durften und es wurde noch 1644 und 1657 erörtert, ob Lombarden zum Abendmahl zugelassen werden dürfen (dies gegenüber namentlich Brentano, der seine katholischen Vorfahren zitiert – obwohl es doch in der ganzen europäisch-asiatischen Welt seit Jahrtausenden fremdbürtige Händler und Bankiers gegeben hat) und noch Gisbert Voët (Disp. theol. IV Anst. 1667 de usuris S. 665) möchte die *Trapeziten* (Lombarden, Piemontesen) von der Kommunion ausschließen. In den Hugenottensynoden stand es nicht anders. Diese Arten von kapitalistischen Schichten waren durchaus nicht die typischen Träger der Gesinnung und Lebensführung, um die es sich hier handelt. Sie waren auch, gegenüber der Antike und dem Mittelalter, nichts Neues.

[8] Eingehend entwickelt im 10. Kapitel der Saints' everlasting rest: *Wer in der Herberge, als welche Gott den Besitz gibt, dauernd ausruhen wollte, den schlägt Gott auch in diesem Leben. Fast stets ist satte Ruhe auf dem erworbenen Reichtum Vorbote des Zusammenbruchs.* – Hätten wir alles, was wir in der Welt haben könnten, würde dies auch schon alles sein, was wir zu haben hofften? Wunschlosigkeit ist auf Erden nicht zu erreichen, – weil sie eben nach Gottes Willen nicht sein soll.

sondern nur Handeln dient nach dem unzweideutig geoffenbarten Willen Gottes zur Mehrung seines Ruhms.[9] Zeitvergeudung ist also die erste und prinzipiell schwerste aller Sünden. Die Zeitspanne des Lebens ist unendlich kurz und kostbar, um die eigene Berufung *festzumachen.* Zeitverlust durch Geselligkeit, *faules Gerede*[10], Luxus[11], selbst durch mehr als der Gesundheit nötigen Schlaf[12] – 6 bis höchstens 8 Stunden – ist sittlich absolut verwerflich.[13] Es heißt noch nicht wie bei Franklin: *Zeit ist Geld,* aber der Satz gilt gewissermaßen im spirituellen Sinn: Sie ist unendlich wertvoll, weil jede verlorene Stunde der Arbeit im Dienst des Ruhmes Gottes entzogen ist.[14] Wertlos und eventuell direkt verwerflich ist daher auch untätige Kontemplation, mindestens

9 Christ. Dir. I, S. 375/6: *It is for action that God maintaineth us and our activities: work is the moral as well as the natural end of power ... It is action that God is most served and honoured by ... The public welfare or the good of many is to be valued above our own.* Hier zeigt sich der Ansatzpunkt für den Umschlag aus dem Willen Gottes zu den rein utilitarischen Gesichtspunkten der späteren liberalen Theorie. Über die religiösen Quellen des Utilitarismus siehe weiter unten im Text und schon oben S. 185 Anm. 6.

10 Das Gebot zu schweigen ist ja – ausgehend von der biblischen Strafandrohung für *jedes unnütze Wort* – namentlich seit den Cluniazensern ein bewährtes asketisches Mittel der Erziehung zur Selbstkontrolle. Auch Baxter verbreitet sich eingehend über die Sünde des unnützen Redens. Die charakterologische Bedeutung hat schon Sanford a. a. O., S. 90 f. gewürdigt. Die von den Zeitgenossen so tief empfundene *melancholy* und *moroseness* der Puritaner war eben Folge der Brechung der Unbefangenheit des *status naturalis,* und im Dienst dieser Zwecke stand auch die Verpönung gedankenlosen Redens. – Wenn Washington Irving *(Bracebridge Hall* cap. XXX) den Grund teils in dem *calculating spirit* des Kapitalismus, teils in der Wirkung der politischen Freiheit, welche zur Selbstverantwortlichkeit führe, sucht, so ist dazu zu sagen, daß für die romanischen Völker der gleiche Effekt ausblieb und für England die Dinge wohl so lagen: 1. Der Puritanismus befähigte seine Bekenner, freie Institutionen zu schaffen und doch eine Weltmacht zu werden und 2. er verwandelte jene *Rechenhaftigkeit* (wie Sombart jenen *spirit* nennt), die in der Tat für den Kapitalismus konstitutiv ist, aus einem Mittel der Wirtschaft in ein Prinzip der ganzen Lebensführung.

11 A. a. O. I, S. 111.

12 A. a. O. I, S. 383 f.

13 Ähnlich über die Kostbarkeit der Zeit Barclay a. a. O., S. 14.

14 Baxter a. a. O., S. 79: *Keep up a high esteem of time and be every day more careful that you lose none of your time, then you are that you lose none of your gold and silver. And if vain recreation, dressings, feastings, idle talk, unprofitable company, or sleep, be any of them temptations to rob you of any of your time, accordingly heighten your watchfulness. – Those that are prodigal of their time despise their own souls* meint Matthew Henry (Worth of the soul, W. of Pur. Div., p. 315). Auch hier bewegt sich die protestantische Askese in altbewährten Bahnen. Wir sind gewohnt, als dem modernen Berufsmenschen spezifisch anzusehen, daß er *keine Zeit hat,* und messen z. B. etwa – so schon Goethe in den *Wanderjahren* – das Maß der kapitalistischen Entwicklung daran, daß die Uhren die Viertelstunden schlagen (so auch Sombart in seinem *Kapitalismus).* – Wir wollen aber doch nicht vergessen, daß der erste Mensch, der (im Mittelalter) mit eingeteilter Zeit lebte, der Mönch war, und daß die Kirchenglocken seinem Bedürfnis der Zeiteinteilung zuerst zu dienen hatten.

wenn sie auf Kosten der Berufsarbeit erfolgt.[15] Denn sie ist Gott minder wohlgefällig als das aktive Tun seines Willens im Beruf.[16] Überdies ist für sie der Sonntag da, und es sind nach Baxter immer diejenigen, die in ihrem Berufe müßig sind, welche auch für Gott keine Zeit haben, wenn die Stunde dafür da ist.[17]

Demgemäß zieht sich eine immer wiederholte, zuweilen fast leidenschaftliche Predigt harter, stetiger, körperlicher oder geistiger Arbeit durch Baxters Hauptwerk.[18] Zwei Motive wirken hier zusammen.[19] Die Arbeit ist zunächst

[15] Vgl. Baxters Erörterungen des Berufes a. a. O. I, p. 108 f. Darin folgende Stelle: *Question: But may I not cast off the world that I may only think of my salvation? – Answer: You may cast off all such excess of worldly cares or business as unnecessarily hinder you in spiritual things. But you may not cast off all bodily employment and mental labour in which you may serve the common good. Every one as a member of Church or Commonwealth must employ their parts to the utmost for the good of the Church and the Commonwealth. To neglect this and say: I will pray and meditate, is as if your servant should refuse your greatest work and tye himself to some lesser easier part. And God hath commandeth you some way or other to labour for your daily bread and not to live as drones of the sweat of others only.* Gottes Gebot an Adam: *Im Schweiße deines Angesichtes ...* und Paulus' Anweisung: *Wer nicht arbeitet, soll nicht essen,* werden dazu zitiert. Von den Quäkern war von jeher bekannt, daß auch ihre wohlhabendsten Kreise ihre Söhne zur Erlernung von Berufen anhielten (aus ethischen, nicht – wie dies Alberti empfiehlt – aus utilitarischen Gründen).

[16] Hier liegen Punkte, in denen der Pietismus seines Gefühlscharakters wegen abweicht. Für Spener (s. Theol. Bedenken III p. 445) steht es, trotzdem er ganz im lutherischen Sinn betont, daß die Berufsarbeit Gottesdienst sei, doch – und auch das ist lutherisch – fest, daß die Unruhe der Berufsgeschäfte von Gott abziehe, – eine höchst charakteristische Antithese gegen den Puritanismus.

[17] A. a. O., p. 242: *It's they that are lazy in their callings that can find no time for holy duties.* Daher die Ansicht, daß vorzugsweise die Städte – der Sitz des rationalem Erwerbe zugewendeten Bürgertums – Sitze der asketischen Tugenden seien. So sagt Baxter von seinen Handwebern in Kidderminster: *And their constant converse and traffic with London doth much to promote civility and piety among tradesmen* in seiner Autobiographie (Excerpt in den W. of the Pur. Div., p. XXXVIII.) Daß die Nähe der Hauptstadt tugendstärkend sein soll, wird heutige – wenigstens deutsche – Geistliche in Erstaunen setzen. Aber auch der Pietismus zeigt ähnliche Anschauungen. So schreibt Spener gelegentlich einem jungen Amtsbruder: *Aufs wenigste wird sich zeigen, daß unter der starken Zahl in Städten, da zwar das Meiste ganz verrucht ist, doch immer noch einige gute Seelen sich hinwieder finden, an denen Gutes auszurichten; da besorglich in Dörfern zuweilen kaum etwas rechtschaffen gutes in einer ganzen Gemeinde sich findet.* (Theol. Bed. I, 66 p. 303.) – Der Bauer qualifiziert sich eben wenig für die asketische rationale Lebensführung. Seine ethische Glorifizierung ist sehr modern. Auf die Bedeutung dieser und ähnlicher Äußerungen für die Frage der Klassenbedingtheit der Askese gehen wir hier nicht ein.

[18] Man nehme etwa folgende Stellen (a. a. O., p. 336 f.): *Be wholly taken up in diligent business of your lawful callings when you are not exercised in the more immediate service of God. – Labour hard in your callings – See that you have a calling which will find you employment for all the time which Gods immediate service spareth.*

[19] Daß die spezifische ethische Schätzung der Arbeit und ihrer *Würde* nicht etwa ein dem

das alterprobte asketische Mittel, als welches sie in der Kirche des Abendlandes, in scharfem Gegensatz nicht nur gegen den Orient, sondern gegen fast alle Mönchsregeln der ganzen Welt[20], von jeher geschätzt war.[21] Sie ist namentlich das spezifische Präventiv gegen alle jene Anfechtungen, welche der Puritanismus unter dem Begriff *unclean life* zusammenfaßt, – und deren Rolle ist keine geringe. Die sexuelle Askese ist ja im Puritanismus nur dem Grade, nicht dem zugrundeliegenden Prinzip nach von der mönchischen verschieden und infolge der Erfassung auch des ehelichen Lebens weitreichender als jene. Denn der Geschlechtsverkehr ist auch in der Ehe nur als das von Gott gewollte Mittel zur Mehrung seines Ruhmes, entsprechend dem Gebot: *Seid fruchtbar und mehret euch,* zulässig.[22]

Christentum ursprünglich eigener, oder gar eigentümlicher, Gedanke war, hat noch kürzlich wieder Harnack scharf betónt (Mitt. des Ev.-Soz. Kongr., 14. Folge, 1905, NR. 3/4, S. 48).

[20] Worauf dieser wichtige Gegensatz, der seit der Benediktinerregel offensichtlich vorliegt, beruht, kann erst eine viel umfassendere Betrachtung lehren.

[21] So auch im Pietismus (Spener a. a. O. III, p. 429, 430). Die charakteristisch pietistische Wendung ist: daß die Berufstreue, die uns wegen des Sündenfalls als Strafe auferlegt ist, der Ertötung des eignen Willens dient. Die Berufsarbeit ist als Liebesdienst am Nächsten eine Pflicht der Dankbarkeit für Gottes Gnade (lutherische Vorstellung!) und es ist daher Gott nicht wohlgefällig, wenn sie widerwillig und mit Verdruß getan wild (a. a. O. III, p. 272). Der Christ wird sich also *so fleißig in seiner Arbeit erzeigen wie ein Weltmensch* (III p. 278). Das bleibt offensichtlich hinter der puritanischen Anschauungsweise zurück.

[22] *A sober procreation of children* ist ihr Zweck nach Baxter. Ähnlich Spener, indessen mit Konzessionen an die grobe lutherische Ansicht, wonach Vermeidung der – sonst ununterdrückbaren – Unsittlichkeit Nebenzweck ist. Die Konkupiszenz ist als Begleiterscheinung der Begattung auch in der Ehe sündlich nach der Auffassung z. B. Speners erst Folge des Sündenfalles, der so einen natürlichen und gottgewollten Vorgang in etwas unvermeidlich mit sündlichen Empfindungen Verknüpftes, und damit in ein pudendum, verwandelte. Nach der Auffassung auch mancher pietistischer Richtungen ist die höchste Form der christlichen Ehe diejenige mit Bewahrung der Virginität, die nächsthöchste diejenige, in welcher der Geschlechtsverkehr ausschließlich der Kindererzeugung dient und so fort bis zu denen, die aus rein erotischen oder rein äußeren Gründen geschlossen werden und ethisch betrachtet als Konkubinate gelten. Dabei wird in diesen unteren Stufen die aus rein äußerlichen Gründen geschlossene Ehe (weil immerhin rationaler Erwägung entspringend) der erotisch bedingten vorgezogen. Die Herrnhuter Theorie und Praxis mag hier außer Betracht bleiben. Die rationalistische Philosophie (Chr. Wolff) übernahm die asketische Theorie in der Fassung: daß, was als Mittel zum Zweck verordnet sei: die Konkupiszenz und ihre Stillung, nicht zum Selbstzweck gemacht werden dürfe. – Der Umschlag in den reinen hygienisch orientierten Utilitarismus ist schon bei Franklin vollzogen, der etwa auf dem ethischen Standpunkt moderner Ärzte steht, unter *Keuschheit* die Einschränkung des geschlechtlichen Verkehrs auf das gesundheitlich Wünschenswerte versteht und sich über das Wie? bekanntlich auch theoretisch geäußert hat. Es ist, sobald diese Dinge überhaupt zum Gegenstand rein rationaler Erwägungen gemacht werden, diese Entwicklung noch überall eingetreten. Der puritanische und der hygienische Sexualrationalist gehen sehr verschiedene Wege, nur hier *verstehen sie sich gleich:* In einem Vortrage motivierte ein eifriger Vertreter der *hygienischen Prostitution – es* handelte sich um Bordell- und Reglementierungseinrichtungen – die sittliche Statthaftigkeit des (als hygienisch nützlich angesehenen)

Wie gegen religiöse Zweifel und skrupulöse Selbstquälerei so wird auch gegen alle sexuellen Anfechtungen – neben nüchterner Diät, Pflanzenkost und kalten Bädern – verschrieben: *Arbeite hart in deinem Beruf.*[23]

Aber die Arbeit ist darüber hinaus, und vor allem, von Gott vorgeschriebener Selbstzweck des Lebens überhaupt.[24] Der paulinische Satz: *Wer nicht arbeitet, soll nicht essen,* gilt bedingungslos und für jedermann.[25] Die Arbeitsunlust ist Symptom fehlenden Gnadenstandes.[26]

Deutlich zeigt sich hier die Abweichung von der mittelalterlichen Haltung.

außerehelichen Geschlechtsverkehrs durch Bezugnahme auf seine dichterische Verklärung durch Faust und Gretchen. Die Behandlung Gretchens als einer Prostituierten und die Gleichwertung des mächtigen Waltens menschlicher Leidenschaften mit dem Geschlechtsverkehr gesundheitshalber, – dies beides entspricht durchaus dem puritanischen Standpunkt, ebenso z. B. die von sehr hervorragenden Ärzten gelegentlich vertretene echt fachmenschliche Auffassung, daß eine so in die subtilsten Persönlichkeits- und Kulturprobleme eingreifende Frage, wie die Bedeutung der sexuellen Abstinenz, *ausschließlich* vor das Forum des Arztes (als des Fachmannes) gehöre: Bei den Puritanern ist der *Fachmann* der moralistische, hier der hygienische Theoretiker, dagegen ist das uns leicht banausisch anmutende Prinzip der *Kompetenz* zur Erledigung der Frage – mit umgekehrtem Vorzeichen natürlich – dasselbe. Der mächtige Idealismus der puritanischen Anschauung mit allen ihren Prüderien hatte aber auch unter rassenkonservierenden Gesichtspunkten und rein *hygienisch* betrachtet, positive Erfolge aufzuweisen, während die moderne Sexualhygiene wegen des für sie nun einmal unvermeidlichen Appells an die Vorurteilslosigkeit in Gefahr gerät, dem Faß, in welches sie schöpft, gleichzeitig den Boden auszuschlagen. – Wie bei jener rationalen Deutung der geschlechtlichen Beziehungen bei den puritanisch beeinflußten Völkern schließlich doch jene Verfeinerung und geistig-ethische Durchdringung der ehelichen Beziehungen und jene Blüten ehelicher Ritterlichkeit erwachsen sind – im Gegensatz zu dem patriarchalen Brodem, der bei uns bis in die Kreise der Geistesaristokratie noch in oft sehr fühlbaren Rückständen vorhanden ist –, das bleibt hier natürlich außer Erörterung. (Täuferische Einflüsse sind bei der *Emanzipation* der Frau mit beteiligt; der Schutz der Gewissensfreiheit der Frau und die Ausdehnung des Gedankens des *allgemeinen Priestertums* auf sie waren auch hier die ersten Breschen im Patriarchalismus.)

23 Kehrt bei Baxter immer wieder. Biblische Unterlage ist regelmäßig entweder die uns von Franklin her bekannte (Sprüche Sal. 22, 29) oder der Ruhm der Arbeit in Sprüche Sal. 31, 16. Cf. a. a. O. I, S. 382, S. 377 usw.

24 Selbst Zinzendorf sagt gelegentlich: *Man arbeitet nicht allein, daß man lebt, sondern man lebt um der Arbeit willen, und wenn man nichts mehr zu arbeiten hat, so leidet man oder entschläft* (Plitt I S. 428).

25 Auch ein Symbol der Mormonen schließt (nach Zitaten) mit den Worten: *Aber ein Träger oder Fauler kann kein Christ sein und selig werden. Er ist bestimmt, totgestochen und aus dem Bienenkorb herausgeworfen zu werden.* Indeß hier war es doch vorwiegend die grandiose, zwischen Kloster und Manufaktur die Mitte haltende Disziplin, welche den einzelnen vor die Wahl: Arbeit oder Ausmerzung, stellte und – verbunden freilich mit religiösem Enthusiasmus und nur durch ihn ermöglicht – die erstaunlichen ökonomischen Leistungen dieser Sekte hervorgebracht hat.

26 Sie wird daher a. a. O. I, S. 380 sorgsam in ihren Symptomen analysiert. – *Sloth* und *idleness* sind deshalb so eminent schwere Sünden, weil sie kontinuierlichen Charakter haben. Sie werden von Baxter geradezu als *Zerstörer des Gnadenstandes* angesehen (a. a. O. I, S. 279/80). Sie sind eben die Antithese des methodischen Lebens.

Auch Thomas von Aquin hatte jenen Satz interpretiert. Aber nach ihm[27] ist die Arbeit nur naturali ratione notwendig zur Erhaltung des Lebens des einzelnen und der Gesamtheit. Wo dieser Zweck wegfällt, zessiert auch die Geltung der Vorschrift. Sie trifft nur die Gattung, nicht jeden einzelnen. Wer ohne Arbeit von seinem Besitz leben kann, auf den bezieht sie sich nicht, und ebenso steht natürlich die Kontemplation als eine geistliche Form des Wirkens im Gottesreich über dem Gebot in seiner wörtlichen Auslegung. Für die Populartheologie vollends lag ja die höchste Form mönchischer Produktivität in der Mehrung des *thesaurus ecclesiae* durch Gebet und Chordienst. Nicht nur diese Durchbrechungen der ethischen Arbeitspflicht aber fallen bei Baxter selbstverständlich fort, sondern mit größtem Nachdruck schärft er den Grundsatz ein, daß auch der Reichtum von jener bedingungslosen Vorschrift nicht entbinde.[28] Auch der Besitzende soll nicht essen ohne zu arbeiten, denn wenn er auch zur Deckung seines Bedarfs der Arbeit nicht benötigt, so besteht doch Gottes Gebot, dem er ebenso zu gehorchen hat wie der Arme.[29] Denn für jeden ohne Unterschied hält Gottes Vorsehung einen Beruf (calling) bereit, den er erkennen und in dem er arbeiten soll, und dieser Beruf ist nicht wie im Luthertum[30] eine Schickung, in die man sich zu fügen und mit der man sich zu bescheiden hat, sondern ein Befehl Gottes an den einzelnen, zu seiner Ehre zu wirken. Diese scheinbar leichte Nuance hatte weittragende psychologische Konsequenzen und hing mit einer Weiterbildung jener providentiellen Deutung des ökonomischen Kosmos zusammen, welche schon der Scholastik geläufig war.

Das Phänomen der Arbeitsteilung und Berufsgliederung der Gesellschaft hatte, wie andere, schon Thomas von Aquin, an den wir wieder am bequemsten anknüpfen, als direkten Ausfluß des göttlichen Weltplanes aufgefaßt. Aber die Eingliederung der Menschen in diesen Kosmos erfolgt ex causis naturalibus und ist zufällig *(contingent,* nach dem scholastischen Sprachgebrauch). Für Luther wurde, wie wir sahen, die aus der objektiven historischen Ordnung folgende Eingliederung der Menschen in die gegebenen Stände und Berufe

[27] S. oben S. 69 Anm. 5.

[28] Baxter a. a. O. I, p. 108 ff. Speziell fallen folgende Stellen ins Auge: *Question: But will not wealth excuse us? – Answer: It may excuse you from some sordid sort of work, by making you more serviceable to another, but you are no more excused from service of work … then the poorest man …* Dazu a. a. O. I, p. 376: *Though they* (die Reichen) *have no outward want to urge them, they have as great a necessity to obey God … God had strictly commandeth it* (die Arbeit) *to all.* S. Anm. 49 f. S. 101.

[29] Ebenso Spener (a. a. O. III, 338, 425), der aus diesem Grunde namentlich die Neigung, vorzeitig in Pension zu gehen, als sittlich bedenklich bekämpft und – in Abwehr eines Einwands gegen die Rechtmäßigkeit des Zinsennehmens: der Zinsgenuß führe zur Faulheit – betont, daß wer von seinen Zinsen leben könne, nach Gottes Befehl dennoch zur Arbeit verpflichtet sei.

[30] Einschließlich des Pietismus. Spener operiert, wo es sich um die Frage des Berufswechsels handelt, stets damit, daß, nachdem einmal ein bestimmter Beruf ergriffen sei, das Verbleiben und Sich-schicken in diesem Pflicht des Gehorsams gegen Gottes Vorsehung sei.

zum direkten Ausfluß göttlichen Willens und also das Verharren des einzelnen in der Stellung und in den Schranken, die Gott ihm zugewiesen hat, religiöse Pflicht.[31] Dies um so mehr, als eben die Beziehungen der lutherischen Frömmigkeit zur *Welt* überhaupt von Anfang an unsichere waren und blieben. Ethische Prinzipien waren von Luthers, die paulinische Weltindifferenz niemals ganz abstreifenden, Gedankenkreisen aus für die Gestaltung der Welt nicht zu gewinnen und man mußte sie deshalb eben nehmen wie sie war und konnte nur dies zur religiösen Pflicht stempeln. – Wiederum anders nuanciert sich der providenzielle Charakter des Ineinanderspielens der privatwirtschaftlichen Interessen in der puritanischen Anschauung. Welches der providenzielle Zweck der Berufsgliederung ist, erkennt man, getreu dem puritanischen Schema pragmatischer Deutung, an ihren Früchten. Über diese nun läßt sich Baxter in Ausführungen aus, welche in mehr als einem Punkte direkt an Adam Smiths bekannte Apotheose der Arbeitsteilung erinnern.[32] Die Spezialisierung der Berufe führt, weil sie die Übung (skill) des Arbeiters ermöglicht, zur quantitativen und qualitativen Steigerung der Arbeitsleistung und dient also dem allgemeinen Wohl (common best), welches mit dem Wohl möglichst vieler identisch ist. Ist soweit die Motivierung rein utilitarisch und durchaus verwandt mit manchen in der weltlichen Literatur der Zeit bereits üblichen Gesichtspunkten[33], so tritt der charakteristisch puritanische Einschlag alsbald

[31] Mit welcher die ganze Lebensführung beherrschenden höchsten Pathetik die indische Heilslehre den Berufstraditionalismus mit den Wiedergeburtschancen verknüpft, ist in den Aufsätzen über die *Wirtschaftsethik der Weltreligionen* ausgeführt. Gerade daran kann man den Unterschied bloßer ethischer Lehrbegriffe von der Schaffung psychologischer Antriebe bestimmter Art durch die Religion kennen lernen. Der fromme Hindu konnte günstige Wiedergeburtschancen nur durch streng traditionelle Erfüllung der Pflichten seiner Geburtskaste erlangen: die denkbar festeste religiöse Verankerung des Traditionalismus. Die indische Ethik ist tatsächlich in diesem Punkt die konsequenteste Antithese der puritanischen, ebenso wie sie in anderer Hinsicht (ständischer Traditionalismus) die konsequenteste Antithese des Judentums ist.

[32] Baxter a. a. O. I, S. 377.

[33] Aber deshalb nicht etwa aus ihnen historisch ableitbar. Vielmehr wirkt sich die ganz genuine calvinistische Vorstellung, daß der Kosmos der *Welt* dem Ruhme Gottes, seiner Selbstverherrlichung, diene, darin aus. Die utilitarische Wendung, daß der ökonomische Kosmos den Zweck der Lebensfristung aller (good of the many, common good etc.) dienen sollte, war Konsequenz des Gedankens, daß jede andere Deutung zur (aristokratischen) Kreaturvergötterung führe, oder doch nicht Gottes Ruhm, sondern kreatürlichen *Kulturzwecken* diene. Gottes Wille aber, wie er sich (s. o. Anm. 35, S. 96) in der zweckvollen Gestaltung des ökonomischen Kosmos ausdrückt, kann eben, soweit diesseitige Zwecke dabei überhaupt in Betracht kommen, nur das Wohl der *Gesamtheit:* die unpersönliche *Nützlichkeit* sein. Der Utilitarismus ist also, wie früher gesagt, Konsequenz der unpersönlichen Gestaltung der *Nächstenliebe* und der Ablehnung aller Weltverherrlichung durch die Exklusivität des puritanischen *in majorem Dei gloriam.* Denn wie intensiv dieser Gedanke: daß jede Kreaturverherrlichung Gottes Ruhm Abbruch tue und daher unbedingt verwerflich sei, den ganzen asketischen Protestantismus beherrschte, zeigt sich deutlich in den Bedenken und der Mühe, die es selbst den doch wahrlich nicht

hervor, wenn Baxter an die Spitze seiner Auseinandersetzungen das Motiv stellt: *Außerhalb eines festen Berufs sind die Arbeitsleistungen eines Menschen nur unstete Gelegenheitsarbeit und er verbringt mehr Zeit in Faulheit als in Arbeit, und wenn er sie folgendermaßen beschließt: Und er (der Berufsarbeiter) wird seine Arbeit* in Ordnung *vollbringen, während ein anderer in ewiger Verwirrung steckt und sein Geschäft nicht Ort noch Zeit kennt*[34] *darum ist ein fester Beruf (certain calling, an anderen Stellen heißt es stated calling) für jedermann das beste.* Die unstete Arbeit, zu welcher der gewöhnliche Tagelöhner gezwungen ist, ist ein oft unvermeidlicher, aber stets unerwünschter Zwischenzustand. Es fehlt eben dem Leben des *Beruflosen* der systematisch-methodische Charakter, den, wie wir sahen, die innerweltliche Askese verlangt. Auch nach der Quäkerethik soll das Berufsleben des Menschen eine konsequente asketische Tugendübung, eine Bewährung seines Gnadenstandes an seiner Gewissenhaftigkeit sein, die in der Sorgfalt[35] und Methode, mit welcher er seinem Beruf nachgeht, sich auswirkt. Nicht Arbeit an sich, sondern rationale Berufsarbeit ist eben das von Gott Verlangte. Auf diesem methodischen Charakter der Berufsaskese liegt bei der puritanischen Berufsidee stets der Nachdruck, nicht, wie bei Luther, auf dem Sichbescheiden mit dem einmal von Gott zugemessenen Los.[36] Daher wird nicht nur die Frage, ob jemand mehrere callings kombinieren dürfe, unbedingt bejaht – wenn es für das allgemeine Wohl oder das eigene[37] zuträglich und niemandem sonst abträglich ist und wenn es nicht dazu führt, daß man in einem der kombinierten Berufe ungewissenhaft *(unfaithful)* wird. Sondern es wird auch der Wechsel des Berufs als keineswegs an sich verwerflich angesehen, wenn er nicht leichtfertig, sondern um einen Gott wohlgefälligeren[38] und das heißt

demokratisch angehauchten Spener kostete, gegenüber den zahlreichen Anfragen den Gebrauch der Titel als αδιαφορον aufrecht zu erhalten. Er beruhigt sich schließlich damit, daß selbst in der Bibel der Prätor Festus vom Apostel mit κρατιστοζ tituliert werde. – Die politische Seite der Sache gehört nicht in diesen Zusammenhang.

34 The inconstant *man is a stranger in his own house sagt auch Th. Adams (Works of the Pur. Div. p. 77).*

35 S. speziell darüber George Fox' Äußerungen in The Friends' Library (ed. W. & Th. Evans Philadelphia 1837 ff.) Vol. I, p. 130.

36 Vollends kann natürlich diese Wendung der religiösen Ethik nicht als Reflex der tatsächlichen ökonomischen Verhältnisse angesehen werden. Die Berufsspezialisierung war im italienischen Mittelaller natürlich eher weitergehend als in England in jener Periode.

37 Denn Gott hat – wie in der puritanischen Literatur sehr oft hervorgehoben wird – nirgends befohlen, daß man den Nächsten mehr lieben sollte als sich selbst, sondern wie sich selbst. Man hat also auch die Pflicht der Selbstliebe. Wer z. B. weiß, daß er selbst seinen Besitz zweckmäßiger und also mehr zu Gottes Ehre verwendet als der Nächste es könnte, ist durch die Nächstenliebe nicht verpflichtet, diesem davon abzugeben.

38 Auch Spener kommt diesem Standpunkt nahe. Aber er bleibt doch selbst in dem Fall, daß es sich um den Übertritt aus dem (sittlich besonders gefährlichen) Kaufmannsberuf zur Theologie handelt, höchst zurückhaltend und eher abmahnend (III S. 435, 443, I S. 524). Die häufige Wiederkehr der Beantwortung gerade dieser Frage (nach der

dem allgemeinen Prinzip entsprechend: nützlicheren Beruf zu ergreifen erfolgt. Und vor allem: Die Nützlichkeit eines Berufs und seine entsprechende Gottwohlgefälligkeit richtet sich zwar in erster Linie nach sittlichen und demnächst nach Maßstäben der Wichtigkeit der darin zu produzierenden Güter für die *Gesamtheit,* aber alsdann folgt als dritter und natürlich praktisch wichtigster Gesichtspunkt: die privatwirtschaftliche Profitlichkeit.[39] Denn wenn jener Gott, den der Puritaner in allen Fügungen des Lebens wirksam sieht, einem der Seinigen eine Gewinnchance zeigt, so hat er seine Absichten dabei. Und mithin hat der gläubige Christ diesem Rufe zu folgen, indem er sie sich zunutze macht.[40] *Wenn Gott Euch einen Weg zeigt, auf dem Ihr ohne Schaden für Eure Seele oder für andere in gesetzmäßiger Weise* mehr gewinnen könnt *als auf einem anderen Wege und Ihr dies zurückweist und den minder gewinnbringenden Weg verfolgt, dann* kreuzt Ihr einen der Zwecke Eurer Berufung *(calling),* Ihr weigert Euch, Gottes Verwalter *(stewart) zu sein und seine Gaben anzunehmen, um sie für ihn gebrauchen zu können, wenn er es verlangen sollte. Nicht freilich für Zwecke der Fleischeslust und Sünde,* wohl aber für Gott dürft Ihr arbeiten, um reich zu sein.[41] Der Reichtum ist eben nur

Erlaubtheit des Berufswechsels) in Speners naturgemäß stark gesichteten Gutachten zeigt, beiläufig bemerkt, wie eminent praktisch im Alltagsleben die verschiedene Art der Deutung von 1. Kor. 7 war.

39 Derartiges findet sich wenigstens in den Schriften der führenden kontinentalen Pietisten nicht. Speners Stellung zum *Gewinn* schwankt zwischen Luthertum (*Nahrungs*-Standpunkt) und merkantilistischen Argumentationen von der Nützlichkeit des *Flors der Commerzien* u. dgl. (a. a. O. III, S. 330, 332, vgl. I S. 418: Der Tabakbau bringt Geld ins Land und ist daher nützlich, also nicht sündlich!) hin und her (vgl. III S. 426, 427, 429, 434), verfehlt aber nicht darauf hinzuweisen, daß, wie das Beispiel der Quäker und Mennoniten zeige, man Profit machen und doch fromm bleiben könne, ja daß besonders hoher Profit sogar ... worüber wir später noch zu reden haben werden – direktes Produkt frommer Redlichkeit sein könne (a. a. O., S. 435).

40 Diese Ansichten sind bei Baxter nicht etwa eine Widerspiegelung des ökonomischen Milieus, in dem er lebte. Im Gegenteil hebt seine Autobiographie hervor, daß für die Erfolge seiner inneren Missionsarbeit mit entscheidend gewesen sei, daß diejenigen Händler, welche in Kidderminster angesessen waren, nicht reich gewesen seien, sondern nur *food and raiment* verdient und daß die Handwerksmeister nicht besser als ihre Arbeiter, *from hand to mouth,* zu leben gehabt hätten. *It is* the poor *that receive the glad tidings of the Gospel.* ... Th. Adams bemerkt über das Streben nach Gewinn: *He (the knowing man) knows ... that money may make a man richer, not better, and thereupon chooseth rather to sleep with a good conscience than a full pure ... therefore desires no more wealth* than an honest man may bear away – aber soviel will er eben doch auch (Th. Adams, Works of Pur. Div. LI.), und das heißt: daß jeder formal redliche Verdienst auch legitim ist.

41 So Baxter a. a. O. I, ch. X tit. 1 Dis. 9 (§ 24) Vol. I S. 378 Spalte 2. Sprüche Sal. 23, 4: *Arbeite nicht, um reich zu sein* bedeute nur: *riches for our fleshly ends must not ultimately be intended.* Der Besitz in der feudal-seigneurialen Form seiner Verwendung ist eben das Odiöse (cf. die Bemerkung a. a. O. I, p. 380 über den debauched part of the gentry), nicht Besitz an sich. – Milton in der ersten defensio pro populo Anglicano hat die bekannte Theorie, daß nur der *Mittelstand* Träger der Tugend sein könne – wobei

als Versuchung zu faulem Ausruhen und sündlichem Lebensgenuß bedenklich und das Streben danach nur dann, wenn es geschieht, um später sorglos und lustig leben zu können. Als Ausübung der Berufspflicht aber ist es sittlich nicht nur gestattet, sondern geradezu geboten.[42] Das Gleichnis von jenem Knecht, der verworfen wurde, weil er mit dem ihm anvertrauten Pfunde nicht gewuchert hatte, schien das ja auch direkt auszusprechen.[43] Arm sein wollen hieße, wie häufig argumentiert wurde, dasselbe wie krank sein wollen[44], es wäre als Werkheiligkeit verwerflich und Gottes Ruhm abträglich. Und vollends das Betteln eines zur Arbeit Befähigten ist nicht nur als Trägheit sündlich, sondern auch nach des Apostels Wort gegen die Nächstenliebe.[45]

Mittelstand als bürgerliche Klasse im Gegensatze gegen *Aristokratie* gedacht ist, wie die Begründung zeigt, daß sowohl *Luxus* als *Not* die Tugendübung hindere.

42 Dies ist das Entscheidende. – Dazu nochmals die allgemeine Bemerkung: Es kommt natürlich hier für uns nicht sowohl darauf an, was die theologische ethische Theorie begrifflich entwickelte, sondern darauf, was im praktischen Leben der Gläubigen geltende Moral war, wie also die religiöse Orientierung der Berufsethik praktisch wirkte. Man kann wenigstens gelegentlich in der kasuistischen Literatur des Katholizismus, namentlich des jesuitischen, Erörterungen lesen, welche – z. B. über die Frage der Erlaubtheit des Zinses, auf welche wir hier nicht eingehen – derjenigen vieler protestantischen Kasuisten ähnlich klingen, ja in dem, was für *erlaubt* oder für *probabel* gilt, darüber hinauszugehen scheinen (den Puritanern ist später oft genug die jesuitische Ethik als im Grunde der ihrigen ganz gleichartig entgegengehalten worden). Wie die Calvinisten katholische Moraltheologen, nicht nur Thomas von Aquin, Bernhard v. Clairvaux, Bonaventura, sondern auch zeitgenössische zu zitieren pflegen, so nahmen – was wir hier nicht näher erörtern – die katholischen Kasuisten von der häretischen Ethik regelmäßig Notiz. Von dem entscheidenden Umstande der religiösen Prämiierung des asketischen Lebens für den Laien ganz abgesehen aber ist der gewaltige Unterschied schon in der Theorie eben der: daß diese latitudinarischen Ansichten im Katholizismus von der kirchlichen Autorität nicht sanktionierte Produkte spezifisch laxer ethischer Theorien waren, denen gerade die ernstesten und strengsten Anhänger der Kirche fernstanden, während umgekehrt die protestantische Berufsidee gerade die ernstesten Anhänger asketischen Lebens dem Erfolg nach in den Dienst des kapitalistischen Erwerbslebens stellte. Das, was dort bedingungsweise erlaubt sein konnte, erschien hier als etwas positiv sittlich Gutes. Die praktisch sehr wichtigen grundlegenden Differenzen der beiderseitigen Ethik waren auch für die Neuzeit seit dem Jansenistenstreit und der Bulle *Unigenitus* endgültig festgelegt.

43 *You may labour in that manner as tendeth most to your success and lawful gain. You are bound to improve all your talents* ... Folgt die oben im Text übersetzte Stelle. – Direkte Parallelisierung des Strebens nach Reichtum im Gottesreich mit dem Streben nach Erfolg im irdischen Beruf z. B. bei Janeway, Heaven upon earth (in den Works of the Pur. Div., p. 275 unten).

44 Schon in der (lutherischen) Konfession Herzog Christophs von Württemberg, die dem Konzil von Trient eingereicht wurde, wird gegen das Gelübde der Armut geltend gemacht: Wer nach seinem Stand arm ist, solle es tragen, aber wenn er gelobt es zu bleiben, so ist dies dasselbe, als ob er gelobte, dauernd krank zu sein oder üblen Leumund zu haben.

45 So bei Baxter und z. B. in der Konfession Herzog Christophs. Vgl. ferner Stellen wie: ... *the vagrant rogues whose lives are nothing but an exorbitant course: the main beg-*

Wie die Einschärfung der asketischen Bedeutung des festen Berufs das moderne Fachmenschentum ethisch verklärt, so die providenzielle Deutung der Profitchancen den Geschäftsmenschen.[46] Die vornehme Läßlichkeit des Seigneurs und die parvenumäßige Ostentation des Protzen sind der Askese gleichermaßen verhaßt. Dagegen trifft ein voller Strahl ethischer Billigung den nüchternen bürgerlichen Selfmademan:[47] *God blesseth his trade* ist eine stehende Wendung für diejenigen Heiligen[48], welche mit Erfolg jenen göttlichen Fügungen gefolgt waren, und die ganze Wucht des alttestamentlichen Gottes, der den Seinen gerade in diesem Leben ihre Frömmigkeit entgilt[49], mußte ja

ging etc. (Th. Adams, W. of Pur. Div., p. 259). Schon Calvin hatte das Betteln strikt verboten und die holländischen Synoden eifern gegen die Bettelbriefe und Attestationen für Zwecke des Bettels. Während die Epoche der Stuarts, insbesondere das Regime Lauds unter Karl I. das Prinzip der behördlichen Armenunterstützung und Arbeitszuweisung an Arbeitslose systematisch ausgebildet hatte, war das Feldgeschrei der Puritaner: *Giving alms is no charity* (Titel der späteren bekannten Schrift Defoes) und begann gegen Ende des 17. Jahrhunderts das Abschreckungssystem der *Workhouses* für Arbeitslose (vgl. Leonard, Early History of English poor relief, Cambridge 1900 und H. Levy, Die Grundlagen des ökonomischen Liberalismus in der Gesch. d. engl. Volksw., Jena 1912, S. 69 ff.).

[46] Mit Nachdruck sagte der Präsident der Baptist Union of Great Britain and Ireland, G. White, in seiner Inauguraladresse für die Assembly in London 1903 (Baptist Handbook 1904, S. 104): *The best men on the roll of our Puritan churches were* men of affairs, *who believed, that religion should permeate the whole of life.*

[47] Eben hierin liegt der charakteristische Gegensatz gegen alle feudale Auffassung. Nach dieser kann erst dem Nachkommen des (politischen oder sozialen) Parvenus dessen Erfolg und die Weihe des Blutes zugute kommen. (Charakteristisch im spanischen Hidalgo = hijo d'algo – filius de aliquo: – Die protestantische Ethik, Seite(n): 178 – 179 wobei das *aliquid* eben ein von Vorfahren ererbtes Vermögen ist – ausgedrückt.) So sehr diese Unterschiede heute bei der rapiden Umwandlung und Europäisierung des amerikanischen *Volkscharakters* im Verblassen sind, so ist die gerade entgegengesetzte spezifisch bürgerliche Anschauung, welche den geschäftlichen Erfolg und Erwerb als Symptom der geistigen Leistung glorifiziert, dem bloßen (ererbten) Besitz dagegen keinerlei Respekt entgegenbringt, doch noch heute dort gelegentlich vertreten, während in Europa (wie schon James Bryce einmal bemerkt hat) für Geld im Effekt ziemlich jede soziale Ehre käuflich ist, – wenn nur der Besitzer nicht selbst hinter dem Ladentisch gestanden hat und die nötigen Metamorphosen seines Besitzes (Fideikommißstiftung usw.) vollzieht. – S. gegen die Ehre des Blutes z. B. Th. Adams, Works of the Pur. Div. , p. 216.

[48] So z. B. schon für den Gründer der Familistensekte Hendrik Niklaes, der Kaufmann war. (Barclay, Inner life of the religious communities of the Commonwealth, p. 34.)

[49] Dies steht z. B. für Hoornbeek durchaus fest, da auch Matth. 5, 5 und 1. Tim. 4, 8 rein irdische Versprechungen für die Heiligen gemacht seien (a. a. O. Vol. I, p. 193). Alles ist Produkt von Gottes Providenz, speziell aber sorgt er für die Seinen: a. a. O., p. 192: *Super alios autem summa cura et modis singularissimis versatur Dei providentia circa fideles.* Es folgt dann die Erörterung, woran man erkennen könne, daß ein Glücksfall nicht der *communis providentia* sondern jener Spezialfürsorge entstamme. Auch Bailey (a. a. O., S. 191) verweist auf Gottes Vorsehung für den Erfolg der Berufsarbeit. Daß prosperity *oft* der Lohn des gottseligen Lebens sei, ist in den Schriften der Quäker

für den Puritaner, der, nach Baxters Rat, den eigenen Gnadenstand durch Vergleich mit der Seelenverfassung der biblischen Helden kontrollierte[50] und dabei die Aussprüche der Bibel *wie die Paragraphen eines Gesetzbuches* interpretierte, in der gleichen Richtung wirken. – Ganz eindeutig waren die Aussprüche des Alten Testaments an sich ja nicht. Wir sahen, daß Luther sprachlich den Begriff *Beruf* im weltlichen Sinn zuerst bei der Übersetzung einer Sirachstelle anwendete. Das Buch Jesus Sirach gehört aber nach der ganzen Stimmung, die darin lebt, trotz seiner hellenistischen Beeinflussung doch zu den traditionalistisch wirkenden Bestandteilen des (erweiterten) Alten Testaments. Es ist charakteristisch, daß bei den lutherischen deutschen Bauern noch bis in die Gegenwart dies Buch sich oft besonderer Beliebtheit zu erfreuen scheint[51], wie auch der lutherisch gebundene Charakter breiter Strömungen im deutschen Pietismus sich in der Vorliebe für Jesus Sirach zu äußern pflegte.[52] Die Puritaner verwarfen die Apokryphen als nicht inspiriert, gemäß ihrem schroffen Entweder-Oder zwischen Göttlichem und Kreatürlichem.[53] Um so stärker wirkte unter den kanonischen Büchern das

durchaus stehende Wendung (s. z.B. eine solche Äußerung noch aus dem Jahre 1848 in Selection from the Christian Advices issued by the general meeting of the S. of Fr. in London VIth Ed. London 1831, S. 209). Auf den Zusammenhang mit der Quäkerethik kommen wir noch zurück.

[50] Als ein Beispiel dieser Orientierung an den Erzvätern – welches zugleich für die puritanische Lebensauffassung charakteristisch ist – kann Thomas Adams' Analyse des Streites zwischen Jacob und Esau gelten. (Works of the Pur. Div., p. 235): *His (Esaus) folly may be argued from the base estimation of the birthright* (die Stelle ist auch für die Entwicklung des birthright-Gedankens wichtig, wovon später), *that he would so lightely pass from it and on* so easy condition *as a pottage*. Perfide aber war es, daß er dann wegen Übervorteilung den Kauf nicht gelten lassen wollte. Er ist eben ein *cunning hunter, aman of the fields:* die irrational lebende Unkultur, – während Jakob, *a plain man, dwelling in tents,* den *man of grace* repräsentiert. Das Gefühl einer inneren Verwandtschaft mit dem Judentum, wie es sich noch in dem bekannten Schreiben Roosevelts aussprach, fand Köhler (a. a. O.) auch in Holland bei den Bauern weitgehend verbreitet. – Auf der anderen Seite aber war sich der Puritanismus des Gegensatzes der jüdischen Ethik in ihrer praktischen Dogmatik wohl bewußt, wie Prynnes Schrift gegen die Juden (anläßlich der Cromwellschen Toleranzpläne) deutlich zeigt. S. unten S. 164 A. 58 a. E.

[51] Zur bäuerlichen Glaubens- und Sittenlehre. Von einem thüringischen Landpfarrer. 2. Aufl. Gotha 1890. S. 16. Die Bauern, welche hier geschildert werden, sind in charakteristischer Weise Produkte lutherischen Kirchentums. Ich habe mir wieder und wieder *lutherisch* an den Rand geschrieben, wo der vortreffliche Verfasser allgemein-*bäuerliche* Religiosität vermutet.

[52] Vgl. z. B. das Zitat bei Ritschl, Pietismus II, S. 158. Spener gründet seine Bedenken gegen Berufswechsel und Gewinnstreben ebenfalls mit auf Aussprüche Jesus Sirachs. Theol. Bd. III, S. 426.

[53] Freilich empfiehlt z. B. Bailey trotzdem ihre Lektüre und es kommen Zitate aus den Apokryphen wenigstens hie und da vor, aber naturgemäß doch selten. Ich erinnere mich (vielleicht zufällig) keines solchen aus Jesus Sirach.

Buch Hiob mit seiner Kombination einerseits einer großartigen Verherrlichung von Gottes absolut souveräner, menschlichen Maßstäben entzogener Majestät, die ja calvinistischen Anschauungen so höchst kongenial war, mit der im Schluß doch wieder hervorbrechenden, für Calvin ebenso nebensächlichen, wie für den Puritanismus wichtigen, Gewißheit, daß Gott die Seinigen auch und gerade – im Buch Hiob: nur! – in diesem Leben und auch in materieller Hinsicht zu segnen pflege.[54] Der orientalische Quietismus, welcher in manchen der stimmungsvollsten Verse der Psalmen und der Sprüche Salomos hervortritt, wurde ebenso weggedeutet, wie Baxter dies mit der traditionalistischen Färbung der für den Berufsbegriff konstitutiven Stelle des 1. Korintherbriefes tat. Dafür legte man um so mehr den Nachdruck auf jene Stellen des Alten Testaments, welche die formale Rechtlichkeit als Kennzeichen gottwohlgefälligen Wandels rühmen. Die Theorie, daß das mosaische Gesetz durch den neuen Bund nur soweit seiner Geltung entkleidet sei, als es zeremonielle oder geschichtlich bedingte Vorschriften für das jüdische Volk enthalte, im übrigen aber als Ausdruck der *lex naturae* seine Geltung von jeher besessen und daher auch behalten habe[55], ermöglichte einerseits die Eliminierung solcher Vorschriften, welche in das moderne Leben schlechterdings nicht einzufügen waren, und ließ doch der mächtigen Verstärkung jenes Geistes selbstgerechter und nüchterner Legalität, welcher der innerweltlichen Askese dieses Protestantismus eigen war, durch die zahlreichen verwandten Züge der alttestamentlichen Sittlichkeit freie Bahn.[56] Wenn also, wie mehrfach schon die Zeitgenossen, so auch neuere Schriftsteller die ethische Grundstimmung speziell des englischen Puritanismus als *English Hebraism* bezeichnen[57], so ist dies, richtig verstanden, durchaus zutreffend. Man darf dabei nur nicht an das palästinensische Judentum aus der Zeit der Entstehung der altestamentlichen Schriften, sondern an das Judentum, wie es unter dem Einfluß der vielen Jahrhunderte formalistisch-gesetzlicher und talmudischer Erziehung allmählich wurde, denken und muß auch dann äußerst vorsichtig mit Parallelen sein. Die im ganzen der unbefangenen Schätzung des Lebens als solchen zugewendete Stimmung des alten Judentums lag weit ab von der spezifischen Eigenart des Puritanismus.

[54] Wo den offenbar Verworfenen äußerlicher Erfolg beschieden ist, beruhigt sich der Calvinist (so z.B. Hoornbeeck) gemäß der *Verstockungstheorie* mit der Gewißheit, daß Gott ihnen denselben zuteil werden lasse, um sie zu verhärten und so desto sicherer zu verderben.

[55] Eingehender kommen wir auf diesen Punkt in diesem Zusammenhang nicht zu sprechen. Hier interessiert nur der formalistische Charakter der *Rechtlichkeit*. Über die Bedeutung der alttestamentlichen Ethik für die lex naturae vieles in Tröltschs *Soziallehren.*

[56] Die Verbindlichkeit der ethischen Normen der Schrift reicht nach Baxter (Christian Directory III, p. 173 f.) so weit, als sie 1. nur ein *transcript* des Law of nature sind oder 2. den *express character of universality and perpetuity* an sich tragen.

[57] Z.B. Dowden (mit Bezug auf Bunyan) a.a.O., p. 39.

Ebenso fern lag ihm – und auch das darf nicht übersehen werden – die Wirtschaftsethik des mittelalterlichen und neuzeitlichen Judentums in den Zügen, welche für die Stellung beider innerhalb der Entwicklung des kapitalistischen Ethos entscheidend waren. Das Judentum stand auf der Seite des politisch oder spekulativ orientierten *Abenteurer*-Kapitalismus: Sein Ethos war, mit einem Wort, das des Paria-Kapitalismus, – der Puritanismus trug das Ethos des rationalen bürgerlichen Betriebs und der rationalen Organisation der Arbeit. Er entnahm der jüdischen Ethik nur, was in diesen Rahmen paßte.

Die charakterologischen Folgen der Durchdringung des Lebens mit alttestamentlichen Normen aufzuzeigen – eine reizvolle Aufgabe, die aber bisher nicht einmal für das Judentum selbst wirklich gelöst ist[58] – wäre im Rahmen

[58] Näheres darüber in den Aufsätzen über die *Wirtschaftsethik der Weltreligionen*. Der ungeheure Einfluß z.B., den auf die charakterologische Entwicklung des Judentums, seinen rationalen, der Sinnenkultur fremden Charakter, speziell das zweite Gebot *(Du sollst dir kein Bildnis* usw.) gehabt hat, kann hier nicht analysiert werden. Als charakteristisch darf vielleicht immerhin erwähnt werden, daß mir einer der Leiter der *Educational Alliance* in den Vereinigten Staaten, einer Organisation, welche mit erstaunlichem Erfolg und großartigen Mitteln die Amerikanisierung der jüdischen Immigranten betreibt, als erstes Ziel der Kulturmenschwerdung, welches durch alle Arten künstlerischen und geselligen Unterrichts erstrebt wird, die *Emanzipation vom zweiten Gebot* bezeichnete. – Beim Puritanismus entspricht der israelitischen Verpönung jeder Gottvermenschlichung (s. v. v.!) das etwas anders, aber doch in verwandter Richtung wirkende Verbot der Kreaturvergötterung. – Was das talmudische Judentum anlangt, so sind gewiß auch prinzipielle Züge der puritanischen Sittlichkeit ihm verwandt. Wenn z. B. im Talmud (bei Wünsche, Babyl. Talmud II, S. 34) eingeschärft wird: Es ist besser und wird von Gott reicher belohnt, wenn man aus Pflicht etwas Gutes tut, als eine gute Tat, zu der man durch das Gesetz nicht verpflichtet ist, – m. a. W.: Lieblose Pflichterfüllung steht ethisch höher als gefühlsmäßige Philanthropie, so würde die puritanische Ethik das dem Wesen nach ebenso akzeptieren, wie Kant, der von Abkunft Schotte und in seiner Erziehung stark pietistisch beeinflußt war, im Ergebnis dem Satze nahe kommt (wie denn, was hier nicht erörtert werden kann, manche seiner Formulierungen direkt an Gedanken des asketischen Protestantismus anknüpfen). Aber einmal ist die talmudische Ethik tief in orientalischen Traditionalismus getaucht: *R. Tanchum ben Chanilai hat gesagt: Niemals ändere der Mensch einen Brauch* (Gemara zu Mischna VII, 1 Fol. 86 b, Nr. 93 bei Wünsche: es handelt sich um Kost der Tagelöhner), nur den Fremden gegenüber gilt diese Bindung nicht. – Dann aber ergab die puritanische Auffassung der *Gesetzlichkeit* als Bewährung, gegenüber der jüdischen als Gebotserfüllung schlechthin, offenbar weit stärkere Motive zum positiven Handeln. Der Gedanke, daß der Erfolg Gottes Segen offenbare, ist dem Judentum natürlich nicht etwa fremd. Die grundstürzend abweichende religiös-ethische Bedeutung aber, die er zufolge der doppelten (Innen- und Außen-) Ethik im Judentum gewann, schloß jede Verwandtschaft der Wirkung gerade in diesem entscheidenden Punkt aus. Dem *Fremden* gegenüber war erlaubt, was dem *Bruder* gegenüber verboten war. Unmöglich konnte (schon deshalb) der Erfolg auf dem Gebiet dieses nicht *Gebotenen* sondern *Erlaubten* Merkmal religiöser Bewährung und Antrieb methodischer Lebensgestaltung in jenem Sinn sein, wie beim Puritaner. Über dies ganze, von Sombart in seinem Buch *Die Juden und das Wirtschaftsleben* vielfach nicht richtig behandelte Problem s. die oben zitierten Aufsätze. Das einzelne gehört nicht hierher. Die jüdische

dieser Skizze unmöglich. Neben den angedeuteten Beziehungen kommt für den inneren Gesamthabitus des Puritaners vor allem auch in Betracht, daß der Glaube, das auserwählte Volk Gottes zu sein, in ihm eine grandiose Renaissance erlebte.[59] Wie selbst der milde Baxter Gott dafür dankt, daß er ihn in England und in der wahren Kirche habe zur Welt kommen lassen und nicht anderswo, so durchdrang dieser Dank für die eigene durch Gottes Gnade gewirkte Tadellosigkeit die Lebensstimmung[60] des puritanischen Bürgertums und bedingte jenen formalistisch korrekten harten Charakter, wie er den Vertretern jener heroischen Epoche des Kapitalismus eigen war.

Wir suchen uns nun noch speziell die Punkte zu verdeutlichen, in welchen die puritanische Auffassung des Berufs und die Forderung asketischer Lebensführung direkt die Entwicklung des kapitalistischen Lebensstils beeinflussen mußte. Mit voller Gewalt wendet sich die Askese, wie wir sahen, vor allem gegen eins: das unbefangene Genießen des Daseins und dessen, was es an Freuden zu bieten hat. Am charakteristischsten kommt dieser Zug wohl in dem

Ethik, so befremdlich es zunächst klingt, blieb sehr stark traditionalistisch. Auf die gewaltige Verschiebung, welche die innere Stellung zur Welt durch die in eigentümlicher Art stets den Keim neuer Entwicklungsmöglichkeiten in sich bergende christliche Fassung der Gedanken von *Gnade* und *Erlösung* erlitt, ist hier ebenfalls noch nicht einzugehen. Über die alttestamentliche *Gesetzlichkeit* vgl. auch z. B. Ritschl, Rechtf. und Vers. II, S. 265. Den englischen Puritanern waren die Juden ihrer Zeit Vertreter jenes an Krieg, Staatslieferungen, Staatsmonopolen, Gründungsspekulationen und fürstlichen Bau- und Finanzprojekten orientierten Kapitalismus, den sie selbst perhorreszierten. In der Tat läßt sich der Gegensatz im ganzen, mit den stets unvermeidlichen Vorbehalten, wohl so formulieren: daß der jüdische Kapitalismus spekulativer Paria-Kapitalismus war, der puritanische: bürgerliche Arbeitsorganisation. Die protestantische Ethik, Seite(n): 182–184

59 Die Wahrheit der Heiligen Schrift folgt für Baxter in letzter Instanz aus der *wonderful difference of the godly and ungodly*, der absoluten Verschiedenheit des *renewed man* von anderen und der offensichtlichen ganz speziellen Fürsorge Gottes für das Seelenheil der Seinen (welche sich natürlich auch in Prüfungen äußern kann). Christ. Dir. I p. 165, Sp. 2 marg.

60 Man braucht als Charakteristikum dafür nur zu lesen, wie gewunden sich selbst Bunyan – bei dem immerhin gelegentlich eine Annäherung an die Stimmung von Luthers *Freiheit eines Christenmenschen* zu finden ist (z. B. in Of the Law and a Christian, W. of Pur. Div., p. 254 unten) – mit dem Gleichnis vom Pharisäer und Zöllner abfindet (s. die Predigt The Pharisee and the Publican, a. a. O., p. 100 f.). Warum wird der Pharisäer verworfen? – Er hält in Wahrheit Gottes Gebote nicht, denn – er ist offenbar ein Sektierer, der nur auf äußere Kleinigkeiten und Zeremonien bedacht ist (p. 107); vor allem aber schreibt er sich selbst das Verdienst zu und dankt dennoch, *wie die Quäker es tun,* unter Mißbrauch des Namens Gottes diesem für seine Tugend, auf deren Wert er (p. 126) in sündhafter Weise baut und dadurch implizit Gottes Gnadenwahl bestreitet (p. 139 f.). Sein Gebet ist also Kreaturvergötterung und das ist das Sündhafte daran. – Dagegen ist der Zöllner, wie die Aufrichtigkeit seines Bekenntnisses zeigt, innerlich wiedergeboren, denn – wie es in charakteristisch puritanischer Abschwächung des lutherischen Sündengefühles heißt – *to a right and sincere conviction of sin there must be a conviction of the probability of mercy* (p. 209).

Kampf um das *Book of Sports*[61], welches Jacob I. und Karl I. zu dem ausgesprochenen Zweck der Bekämpfung des Puritanismus zum Gesetz erhoben und dessen Verlesung von allen Kanzeln der letztere anbefahl, zum Ausdruck. Wenn die Puritaner die Verfügung des Königs; daß am Sonntag gewisse volkstümliche Vergnügungen außerhalb der Kirchzeit gesetzlich erlaubt sein sollten, wie rasend bekämpften, so war es nicht nur die Störung der Sabbatruhe; sondern die ganze geflissentliche Ablenkung von der geordneten Lebensführung des Heiligen, was sie aufbrachte. Und wenn der König jeden Angriff auf die Gesetzlichkeit jener Sports mit schwerer Strafe bedrohte, so war der Zweck gerade, jenen dem Staat gefährlichen, weil antiautoritären asketischen Zug zu brechen. Die monarchisch-feudale Gesellschaft schützte die *Vergnügungswilligen* gegen die entstehende bürgerliche Moral und das autoritätsfeindliche asketische Konventikel ebenso, wie heute die kapitalistische Gesellschaft die *Arbeitswilligen* gegen die Klassenmoral der Arbeiter und den autoritätsfeindlichen Gewerkverein zu schützen pflegt. Die Puritaner vertraten demgegenüber ihre entscheidendste Eigenart: das Prinzip asketischer Lebensführung. Denn im übrigen war die Abneigung des Puritanismus gegen den Sport, selbst bei den Quäkern, keine schlechthin grundsätzliche. Nur mußte er einem rationalen Zweck: der für die physische Leistungsfähigkeit erforderlichen Erholung, dienen. Als Mittel rein unbefangenen Sich-Auslebens ungebändigter Triebe dagegen war er ihm verdächtig, und soweit er zum reinen Genußmittel wurde oder gar den agonalen Ehrgeiz, rohe Instinkte oder die irrationale Lust zum Wetten weckte, war er selbstverständlich schlechthin verwerflich. Der triebhafte Lebensgenuß, der von der Berufsarbeit wie von der Frömmigkeit gleichermaßen abzieht, war eben als solcher der Feind der rationalen Askese, mochte er sich als *seigneurialer* Sport oder als Tanzboden und Kneipenbesuch des gemeinen Mannes darstellen.[62]

Mißtrauisch und vielfach feindlich ist demgemäß auch die Stellung zu den nicht direkt religiös zu wertenden Kulturgütern. Nicht als ob ein düsteres kulturverachtendes Banausentum im Lebensideal des Puritanismus enthalten gewesen wäre. Das gerade Gegenteil ist wenigstens für die Wissenschaft – mit

61 Abgedruckt z. B. in Gardiners *Constitutional Documents*. Man kann diesen Kampf gegen die (autoritätsfeindliche) Askese etwa mit Ludwigs XIV. Verfolgung von Port Royal und der Jansenisten in Parallele setzen.

62 Der Standpunkt Calvins war darin noch wesentlich milder, wenigstens soweit die feineren aristokratischen Formen des Lebensgenusses in Betracht kamen. Nur die Bibel ist Schranke; wer sich an sie hält und sich ein gutes Gewissen erhält, ist nicht genötigt, mit Ängstlichkeit jede Regung zum Lebensgenuß in sich zu beargwöhnen. Die hierher gehörigen Ausführungen in Kap. X der Inst. Christ. Rel. (z. B.: nec fugere ea quoque possumus quae videntur oblecttationi magis quam necessitati inservire) hätten an sich einer sehr laxen Praxis Tür und Tor öffnen können. Hier machte sich eben neben der steigenden Angst um die certitudo salutis bei den Epigonen auch der Umstand geltend – den wir andernorts würdigen werden –, daß in dem Gebiete der *ecclesia militans* die Kleinbürger es waren, welche Träger der ethischen Entwicklung des Calvinismus wurden.

Ausnahme der verabscheuten Scholastik – richtig. Und die größten Vertreter der puritanischen Bewegung sind überdies tief in die Bildung der Renaissance getaucht: Die Predigten des presbyterianischen Flügels der Bewegung triefen von Klassizismen[63] und selbst diejenigen der Radikalen verschmähen, trotzdem sie allerdings gerade daran Anstoß nahmen, derartige Gelehrsamkeit doch in der theologischen Polemik nicht. Nie vielleicht ist ein Land so überreich an *graduates* gewesen, wie Neu-England in der ersten Generation seines Bestehens. Die Satire der Gegner, wie z. B. Butlers *Hudibras,* setzt ebenfalls gerade bei der Stubengelehrsamkeit und geschulten Dialektik der Puritaner ein: Dies hängt teilweise mit der religiösen Schätzung des Wissens zusammen, welche aus der Stellung zur katholischen *fides implicita* folgte. – Schon anders steht es, sobald man das Gebiet der nicht wissenschaftlichen Literatur[64] und weiterhin der Sinnenkunst betritt. Hier freilich legte sich die Askese wie ein Reif auf das Leben des fröhlichen alten England. Und nicht nur die weltlichen Feste wurden davon betroffen. Der zornige Haß der Puritaner gegen alles, was nach *superstition* roch, gegen alle Reminiszenzen von magischer oder hierurgischer Gnadenspendung verfolgte das christliche Weihnachtsfest ganz ebenso wie den Maibaum[65] und die unbefangene kirchliche Kunstübung. Daß in Holland für die Entwicklung einer großen, oft derb realistischen, Kunst Raum blieb[66], beweist lediglich, wie wenig exklusiv die dortige autoritär gehand-

[63] Th. Adams (Works of the Pur. Div., p. 3) z. B. beginnt eine Predigt über *the three divine sisters (Die Liebe aber ist die größte unter ihnen)* mit dem Hinweis: – daß auch Paris der Aphrodite den Apfel gereicht habe!

[64] Romane u. dgl. sollen als *wastetimes* nicht gelesen werden (Baxter, Christ. Dir. I, p. 51, Sp. 2). – Das Eintrocknen der Lyrik und des Volksliedes, nicht nur des Dramas, nach dem elisabethanischen Zeitalter in England ist bekannt. An bildender Kunst hat der Puritanismus vielleicht nicht allzuviel zu unterdrücken vorgefunden. Auffallend ist aber der Absturz von einer anscheinend ganz guten musikalischen Veranlagung (die Rolle Englands in der Musikgeschichte war nicht unbedeutend) zu jenem absoluten Nichts, welches wir bei den angelsächsischen Völkern später und noch heute in dieser Hinsicht bemerken. Außer in den Negerkirchen – und seitens jener Berufssänger, die sich jetzt die Kirchen als *attractions* (Trinity Church in Boston 1904 für 8000 $ pro Jahr) engagieren – hört man auch in Amerika meist nur ein für deutsche Ohren unerträgliches Gekreisch als *Gemeindegesang.* (Teilweise analoge Vorgänge auch in Holland.)

[65] In Holland ganz ebenso, wie die Verhandlungen der Synoden erkennen lassen. (S. die Beschlüsse über den Maibaum in der Reitsma'schen Sammlung VI, 78. 139 u. ö.)

[66] Daß die *Renaissance des Alten Testaments* und die pietistische Orientierung an gewissen, letztlich auf Deuterojesaja und den 22. Psalm zurückgehenden schönheitsfeindlichen christlichen Empfindungen in der Kunst dazu beigetragen haben muß, das Häßliche als künstlerisches Objekt möglicher zu machen und daß auch die puritanische Ablehnung der Kreaturvergötterung dabei mitspielte, liegt nahe. Aber alles Einzelne scheint noch unsicher. In der römischen Kirche führten ganz andere (demagogische) Motive äußerlich verwandte Erscheinungen herbei, – aber allerdings mit künstlerisch ganz anderem Resultat. Wer vor Rembrandts *Saul und David* (im Mauritshuis) steht, glaubt die mächtige Wirkung puritanischen Empfindens direkt zu spüren. Die geistvolle Analyse der holländischen

habte Sittenreglementierung nach diesen Richtungen gegenüber dem Einfluß des Hofes und des Regentenstandes (einer Rentnerschicht), aber auch der Lebenslust reich gewordener Kleinbürger zu wirken vermochte, nachdem die kurze Herrschaft der calvinistischen Theokratie sich in ein nüchternes Staatskirchentum aufgelöst und damit der Calvinismus an asketischer Werbekraft merklich verloren hatte.[67] Das Theater war dem Puritaner ver-

Kultureinflüsse in Carl Neumanns *Rembrandt* dürfte wohl das Maß dessen bezeichnen, was man zur Zeit darüber wissen kann, inwieweit dem asketischen Protestantismus positive, die Kunst befruchtende, Wirkungen zuzuschreiben sind.

67 Für das relativ geringere Eindringen der calvinistischen Ethik in die Lebenspraxis und die Abschwächung des asketischen Geistes in Holland schon Anfang des 17. Jahrhunderts (den 1608 nach Holland geflüchteten englischen Kongregationalisten war die unzulängliche holländische Sabbatruhe anstößig), vollends aber unter dem Statthalter Friedrich Heinrich, und für die geringere Expansionskraft des holländischen Puritanismus überhaupt waren die mannigfachsten, hier unmöglich aufzuführenden Ursachen maßgebend. Sie lagen zum Teil auch in der politischen Verfassung (partikularistischer Städte- und Länderbund) und in der weit geringeren Wehrhaftigkeit (der Freiheitskrieg wurde bald in der Hauptsache mit dem Gelde von Amsterdam und mit Soldheeren geführt: Die englischen Prediger illustrierten die babylonische Sprachverwirrung durch Verweisung auf das holländische Heer). Dadurch war der Ernst des Glaubenskampfes zum guten Teil auf andere abgewälzt, damit aber auch die Teilnahme an der politischen Macht verscherzt. Dagegen fühlte sich Cromwells Heer – obwohl teilweise gepreßt - als Bürgerheer. (Umso charakteristischer ist dabei freilich, daß eben dies Heer die Beseitigung der Wehrpflicht in sein Programm aufnahm, – weil man eben nur zu Gottes Ruhm für eine im Gewissen gut erkannte Sache, nicht aber für die Laune der Fürsten kämpfen darf. Die nach traditionellen deutschen Begriffen *unsittliche* englische Heeresverfassung hatte historisch anfänglich sehr *sittliche* Motive und war eine Forderung niemals besiegter Soldaten, welche erst nach der Restauration in den Dienst der Interessen der Krone gestellt wurde.) Die holländischen schutterijen, die Träger des Calvinismus in der Periode des großen Krieges, sieht man schon eine halbe Generation nach der Dordrechter Synode auf den Halsschen Bildern sich recht wenig *asketisch* gebärden. Proteste der Synoden gegen ihre Lebensführung finden sich immer wieder. Der holländische Begriff der *Deftigkeit* ist ein Gemisch von bürgerlich-rationaler *Ehrbarkeit* und patrizischem Standesbewußtsein. Die Klassenabstufung der Kirchenplätze in den holländischen Kirchen zeigt den aristokratischen Charakter dieses Kirchentums noch heute. Der Fortbestand der Stadtwirtschaft hemmte die Industrie. Sie nahm fast nur durch Refugiés und daher stets nur zeitweilig einen Aufschwung. Wirksam gewesen war aber auch in Holland, in ganz gleicher Richtung wie anderwärts, die innerweltliche Askese des Calvinismus und Pietismus (auch in dem gleich zu erwähnenden Sinn *asketischen Sparzwangs*, wie Groen van Prinsterer an der Anm. 86, S. 174 zitierten Stelle bezeugt. Das fast völlige Fehlen schöner Literatur im calvinistischen Holland ist natürlich kein Zufall. S. über Holland z. B.: Busken-Huët, Het land van Rembrandt, auch deutsch herausgegeben durch von der Ropp). Die Bedeutung der holländischen Religiosität als *asketischer Sparzwang* tritt noch im 18. Jahrhundert, z. B. in den Aufzeichnungen von Albertus Haller, deutlich hervor. Für die charakteristischen Eigenarten holländischen Kunsturteils und deren Motive zu vergleichen z. B. die autobiographischen Aufzeichnungen von Const. Huyghens (1629-31 geschrieben) in Oud Holland 1891. (Die schon zitierte Arbeit von Groen van Prinsterer, La Hollande et l'influence de Calvin (1864) bietet für unsre Probleme nichts Entscheidendes.) – Die

werflich[68], und bei der strikten Ausscheidung des Erotischen und der Nuditäten aus dem Kreise des Möglichen blieb in Literatur wie Kunst die radikalere Auffassung nicht stehen. Die Begriffe des *idle talk,* der *superfluities*[69], der *vain ostentation* – alles Bezeichnungen eines irrationalen, ziellosen, daher nicht asketischen und überdies nicht zum Ruhme Gottes, sondern des Menschen dienenden Gebarens – waren schnell bei der Hand, um gegen jede Verwendung künstlerischer Motive die nüchterne Zweckmäßigkeit entschieden zu begünstigen. Vollends galt dies da, wo es sich um den direkten Schmuck der Person, z. B. die Tracht[70], handelte. Jene mächtige Tendenz zur Uniformierung des Lebensstils, welcher heute das kapitalistische Interesse an der *standardization* der Produktion[71] zur Seite steht, hatte in der Ablehnung der *Kreaturvergötterung* ihre ideelle Grundlage.[72] Gewiß darf man dabei nicht vergessen, daß der Puritanismus eine Welt von Gegensätzen in sich schloß, daß der instinktive Sinn für das zeitlos Große in der Kunst bei seinen Führern sicher höher stand

Nieuw-Nederland-Kolonie in Amerika war sozial eine halbfeudale Herrschaft von *Patronen:* – Händlern, die das Kapital vorschossen – und im Gegensatz zu Neu-England hielt es schwer, *kleine Leute* zur Übersiedelung dorthin zu bewegen.

68 Es sei daran erinnert: Wie die puritanische Stadtbehörde das Theater in Stratford-on-Avon noch bei Shakespeares Lebzeiten und Aufenthalt dort in seiner letzten Lebenszeit schloß. (Shakespeares Haß und Verachtung gegen die Puritaner tritt ja bei jeder Gelegenheit hervor.) Noch 1777 lehnte die Stadt Birmingham die Zulassung eines Theaters als der *Faulheit* förderlich und daher dem Handel abträglich ab (Ashley am S. 177 Anm. 95, a. O., S. 7. 8).

69 Entscheidend ist auch hier, daß es für den Puritaner nur das Entweder-oder gab: göttlicher Wille oder kreatürliche Eitelkeit. Deshalb konnten für ihn keine *Adiaphora* existieren. Anders stand in dieser Beziehung, wie schon gesagt, Calvin: Was man ißt, was man anzieht u. dgl. ist – wenn nur keine Verknechtung der Seele unter die Macht der Begierde die Folge ist – gleichgültig. Die Freiheit von der *Welt* soll sich – wie bei den Jesuiten – in Indifferenz, d. h. aber bei Calvin: in unterschiedslosem, begierdelosem Gebrauch der Güter, welche die Erde bietet, äußern (p. 409 ff. der Originalausgabe der Institutio Christianae Relig.), – ein Standpunkt, der dem lutherischen offensichtlich im Effekt näher stand als der Präzisismus der Epigonen.

70 Das Verhalten der Quäker in dieser Hinsicht ist bekannt. Aber schon Anfang des 17. Jahrhunderts durchtobten die Exulantengemeinde in Amsterdam ein Jahrzehnt lang die schwersten Stürme wegen der modischen Hüte und Trachten einer Pfarrersfrau. (Ergötzlich geschildert in Dexters Congregationalism of the last 300 years). – Schon Sanford a. a. O. hat darauf hingewiesen, daß die heutige männliche *Haartour* diejenige der vielverspotteten *Roundheads* ist und daß die ebenfalls verspottete männliche Tracht der Puritaner der heutigen jedenfalls in dem zugrunde liegenden Prinzip wesensgleich ist.

71 Darüber s. wiederum Veblens schon zitiertes Buch: The theory of business enterprise.

72 Auf diesen Gesichtspunkt kommen wir stets zurück. Aus ihm erklären sich Aussprüche wie diese: *Every penny, which is paid upon yourselves and children and friends must be done as by Gods own appointment and to serve and please him. Watch narrowly, or else that thievish carnal self will leave God nothing.* (Baxter a. a. O. I, S. 108 unten rechts.) Das ist das Entscheidende: Was man persönlichen Zwecken zuwendet, wird dem Dienst zu Gottes Ruhm entzogen.

als in der Lebensluft der *Kavaliere*[73], und daß ein einzigartiger Genius wie Rembrandt, so wenig sein *Wandel* durchweg vor den Augen des puritanischen Gottes Gnade gefunden hätte, doch in der Richtung seines Schaffens durch sein sektiererisches Milieu ganz wesentlich mitbestimmt wurde.[74] Aber am Gesamtbild ändert das insofern nichts, als die mächtige Verinnerlichung der Persönlichkeit, welche die weitere Fortbildung der puritanischen Lebensluft mit sich bringen konnte und tatsächlich mitbestimmt hat, doch vorwiegend der Literatur und auch da erst späteren Geschlechtern zugute gekommen ist.

Ohne auf die Erörterung der Einflüsse des Puritanismus nach all diesen Richtungen hier näher eingehen zu können, vergegenwärtigen wir uns nur, daß die Statthaftigkeit der Freude an den rein dem ästhetischen oder sportlichen Genuß dienenden Kulturgütern jedenfalls immer eine charakteristische Schranke findet: Sie dürfen nichts kosten. Der Mensch ist ja nur Verwalter der durch Gottes Gnade ihm zugewendeten Güter, er hat, wie der Knecht der Bibel, von jedem anvertrauten Pfennig Rechenschaft abzulegen[75], und es ist zum mindesten bedenklich, davon etwas zu verausgaben zu einem Zweck, der nicht Gottes Ruhm, sondern dem eigenen Genuß gilt.[76] Wem, der die Augen offen

73 Mit Recht pflegt man z. B. daran zu erinnern (so Dowden a. a. O.), daß Cromwell Raffaels Cartons und Mantegnas Triumph Caesars vor dem Untergang rettete, Carl II sie zu verkaufen suchte. Zur englischen Nationalliteratur stand die Gesellschaft der Restauration bekanntlich ebenfalls durchaus kühl oder direkt ablehnend. An den Höfen war der Einfluß von Versailles eben überall allmächtig. – Die Ablenkung von den unreflektierten Genüssen des Alltagslebens in ihren Einfluß auf den Geist der höchsten Typen des Puritanismus und der durch seine Schule gegangenen Menschen im einzelnen zu analysieren ist eine Aufgabe, die jedenfalls im Rahmen dieser Skizze nicht gelöst werden könnte. Washington Irving (Bracebridge Hall a. a. O.) formuliert in der üblichen englischen Terminologie die Wirkung dahin: *it (die politische Freiheit, meint er, – der Puritanismus, sagen wir) evinces less play of the* fancy, *but more power of* imagination. Man braucht nur an die Stellung der Schotten in Wissenschaft, Literatur, technischen Erfindungen und auch im Geschäftsleben Englands zu denken, um zu empfinden, daß diese etwas zu eng formulierte Bemerkung an das Richtige streift. – Auf die Bedeutung für die Entwicklung der Technik und der empirischen Wissenschaften kommen wir hier nicht zu sprechen. Die Beziehung selbst tritt auch im Alltagsleben überall hervor: Für den Quäker z. B. sind erlaubte *recreations* (nach Barclay): Besuch von Freunden, Lektüre historischer Werke, mathematische und physikalische Experimente, Gärtnerei, Besprechung der geschäftlichen und sonstigen Vorgänge in der Welt u. dgl. – Der Grund ist der früher erörterte.

74 Hervorragend schön analysiert in Carl Neumanns *Rembrandt,* der überhaupt zu den obigen Bemerkungen zu vergleichen ist.

75 So Baxter in der oben zitierten Stelle I S. 108 unten.

76 Vgl. z. B. die bekannte Schilderung des Colonel Hutchinson (oft zitiert, z. B. bei Sanford a. a. O., S. 57) in der von seiner Witwe verfaßten Biographie. Nach Darlegung aller seiner ritterlichen Tugenden und seiner zu heiterer Lebensfreude neigenden Natur heißt es: *He was wonderfully neat, cleanly and genteel in his habit, and had a very good fancy in it; but* he left off *very early the wearing of* anything that was costly ... ganz ähnlich ist das Ideal der weltoffenen und feingebildeten Puritanerin, die aber mit zwei

hat, wären Repräsentanten dieser Auffassung nicht bis in die Gegenwart hinein begegnet?[77] Der Gedanke der Verpflichtung des Menschen gegenüber seinem anvertrauten Besitz, dem er sich als dienender Verwalter oder geradezu als *Erwerbsmaschine* unterordnet, legt sich mit seiner erkältenden Schwere auf das Leben. Je größer der Besitz wird, desto schwerer wird – wenn die asketische Lebensstimmung die Probe besteht – das Gefühl der Verantwortung dafür, ihn zu Gottes Ruhm ungeschmälert zu erhalten und durch rastlose Arbeit zu vermehren. Auch die Genesis dieses Lebensstils reicht in einzelnen Wurzeln, wie so viele Bestandteile des modernen kapitalistischen Geistes, in das Mittelalter zurück[78], aber erst in der Ethik des asketischen Protestantismus fand er seine konsequente ethische Unterlage. Seine Bedeutung für die Entwicklung des Kapitalismus liegt auf der Hand.[79]

Die innerweltliche protestantische Askese – so können wir das bisher Gesagte wohl zusammenfassen – wirkte also mit voller Wucht gegen den unbefangenen Genuß des Besitzes, sie schnürte die Konsumtion, speziell die Luxuskonsumtion, ein. Dagegen entlastete sie im psychologischen Effekt den Gütererwerb von den Hemmungen der traditionalistischen Ethik, sie sprengt die Fesseln des Gewinnstrebens, indem sie es nicht nur legalisierte, sondern (in dem dargestellten Sinn) direkt als gottgewollt ansah. Der Kampf gegen Fleischeslust und das Hängen an äußeren Gütern war, wie neben den Puritanern auch der große Apologet des Quäkertums, Barclay, ausdrücklich bezeugt, kein Kampf

Dingen: 1. Zeit und 2. Ausgaben für *Pomp* und Vergnügen, kargt, in Baxters Leichenrede auf Mary Hammer (Works of the Pur. Div., p. 533) gezeichnet.

77 Ich erinnere mich – neben vielen anderen Beispielen – speziell eines in seinem Geschäftsleben ungewöhnlich erfolgreichen und in seinem Alter sehr begüterten Fabrikanten, der, als ihm ärztlicherseits bei einer hartnäckigen Verdauungsschwäche der Genuß von einigen Austern täglich angeraten wurde, dazu nur mit der größten Schwierigkeit zu bewegen war. Sehr erhebliche Stiftungen zu wohltätigen Zwecken, die er schon bei Lebzeiten vornahm, und eine *offene Hand* zeigten andererseits, daß es sich dabei lediglich um einen Rückstand jenes *asketischen* Empfindens handelte, welches den eigenen Genuß des Besitzes für sittlich bedenklich hält, nicht etwa um irgend etwas mit *Geiz* Verwandtes.

78 Die Trennung von Werkstatt, Kontor, überhaupt *Geschäft,* und Privatwohnung – von Firma und Name –, von Geschäftskapital und Privatvermögen, die Tendenz, das *Geschäft* zu einem *corpus mysticum* zu machen (zunächst wenigstens das Gesellschaftsvermögen), lagen alle in dieser Richtung. S. darüber meine *Handelsgesellschaften im Mittelalter.*

79 Zutreffend hatte schon Sombart in seinem *Kapitalismus* (1. Aufl.) gelegentlich auf dies charakteristische Phänomen hingewiesen. Zu beachten ist nur, daß Vermögensakkumulation aus zwei sehr verschiedenen psychologischen Quellen stammt. Die eine reicht in ihrer Wirksamkeit weit in das graueste Altertum zurück und kommt in Stiftungen, Stammgütern, Fideikommissen usw. ganz ebenso oder vielmehr sehr viel reiner und deutlicher zum Ausdruck wie in dem gleichartigen Streben, dereinst mit hohem materiellem Eigengewicht belastet zu sterben und, vor allem, den Bestand des *Geschäftes* zu sichern, sei es auch unter Verletzung der persönlichen Interessen der Mehrzahl der miterbenden Kinder. Es handelt sich in diesen Fällen neben dem Wunsch, in der eigenen

gegen rationalen Erwerb, sondern gegen irrationale Verwendung des Besitzes. Diese aber lag vor allem in der Wertschätzung der als Kreaturvergötterung[80] verdammlichen ostensiblen Formen des Luxus, wie sie dem feudalen Empfinden so nahe lagen, anstatt der von Gott gewollten rationalen und utilitarischen Verwendung für die Lebenszwecke des einzelnen und der Gesamtheit. Nicht Kasteiung[81] wollte sie dem Besitzenden aufzwingen, sondern Gebrauch seines Besitzes für notwendige und praktisch nützliche Dinge. Der Begriff des comfort umspannt in charakteristischer Weise den Kreis der ethisch statthaften Verwendungszwecke, und es ist natürlich kein Zufall, daß man die Entwicklung des Lebensstils, der sich an jenen Begriff heftet, gerade bei den konsequentesten Vertretern dieser ganzen Lebensanschauung: den Quäkern, am frühesten und deutlichsten beobachtet hat. Dem Flitter und Schein chevaleresken Prunkes, der, auf unsolider ökonomischer Basis ruhend, die schäbige Eleganz der nüchternen Einfachheit vorzieht, setzten sie die saubere und solide Bequemlichkeit des bürgerlichen *home* als Ideal entgegen.[82]

Schöpfung ein ideelles Leben über den Tod hinaus zu führen, darum, den *splendor familiae* zu erhalten, also um eine Eitelkeit, die sozusagen der erweiterten Persönlichkeit des Stifters sich zuwendet, in jedem Fall um im Grunde egozentrische Ziele. Nicht so liegt es bei jenem *bürgerlichen* Motiv, mit welchem wir es hier zu tun haben: Da steht der Satz der Askese: *Entsagen sollst du, sollst entsagen,* ins Positiv-kapitalistische gewendet: *Erwerben sollst du, sollst erwerben,* in seiner Irrationalität schlicht und rein als eine Art kategorischer Imperativ vor uns. Nur Gottes Ruhm und die eigene Pflicht, nicht die Eitelkeit des Menschen, ist hier bei den Puritanern das Motiv, und heute: nur die Pflicht gegen den *Beruf.* Wer Freude daran hat, sich einen Gedanken an seinen extremen Konsequenzen zu illustrieren, erinnere sich etwa jener Theorie gewisser amerikanischer Milliardäre, daß man die erworbenen Milliarden nicht den Kindern hinterlassen solle, damit diesen die sittliche Wohltat, selbst arbeiten und erwerben zu müssen, nicht entzogen werde: heute freilich eine wohl nur noch *theoretische* Seifenblase.

80 Dies ist – wie immer wieder hervorzuheben ist – das letzte entscheidende religiöse Motiv (neben den rein asketischen Gesichtspunkten der Fleischabtötung), was ganz besonders deutlich bei den Quäkern hervortritt.

81 Diese lehnt Baxter (Saints' everl. rest 12) ganz mit den bei den Jesuiten üblichen Motiven ab: Dem Leib soll gewährt werden, was er bedarf, sonst wird man sein Knecht.

82 Dies Ideal ist speziell im Quäkertum schon in der ersten Epoche seiner Entwicklung klar vorhanden, wie dies in wichtigen Punkten schon Weingarten in seinen *Englischen Revolutionskirchen* entwickelt hat. Auch die eingehenden Auseinandersetzungen Barclays a. a. O. S. 519 ff., 533 veranschaulichen dies aufs deutlichste. Zu meiden ist: 1. kreatürliche Eitelkeit, also alle Ostentation, Flitterkram und Verwendung von Dingen, die keinen praktischen Zweck haben oder nur um ihrer Seltenheit wegen (also aus Eitelkeit) geschätzt werden – 2. ungewissenhafte Verwendung des Besitzes, wie sie in einer gegenüber den notwendigen Lebensbedürfnissen und der Vorsorge für die Zukunft unverhältnismäßigen Ausgabe für minder notwendige Bedürfnisse liegt: Der Quäker war also sozusagen das wandelnde *Grenznutzgesetz. Moderate use of the creature* ist durchaus statthaft, namentlich aber durfte man auf Qualität und Solidität der Stoffe usw. Gewicht legen, soweit dies nicht zur *vanity* führte. Vgl. über all dies: Morgenblatt für gebildete Leser 1846 Nr. 216 ff. (Insbesondere: Komfort und Solidität der Stoffe bei den Quäkern, vgl. Schneckenburger, Vorlesungen S. 96 f.).

Auf der Seite der Produktion des privatwirtschaftlichen Reichtums kämpfte die Askese gegen Unrechtlichkeit ebenso wie gegen rein triebhafte Habgier, – denn diese war es, welche sie als *covetousness,* als *Mammonismus* usw. verwarf: das Streben nach Reichtum zu dem Endzweck, reich zu sein. Denn der Besitz als solcher war Versuchung. Aber hier war nun die Askese die Kraft, *die stets das Gute will und stets das Böse* – das in ihrem Sinn Böse: den Besitz und seine Versuchungen – *schafft.* Denn nicht nur sah sie, mit dem Alten Testament und in voller Analogie zu der ethischen Wertung der *guten Werke,* zwar in dem Streben nach Reichtum als Zweck den Gipfel des Verwerflichen, in der Erlangung des Reichtums als Frucht der Berufsarbeit aber den Segen Gottes. Sondern, was noch wichtiger war: Die religiöse Wertung der rastlosen, stetigen, systematischen, weltlichen Berufsarbeit als schlechthin höchsten asketischen Mittels und zugleich sicherster und sichtbarster Bewährung des wiedergeborenen Menschen und seiner Glaubensechtheit mußte ja der denkbar mächtigste Hebel der Expansion jener Lebensauffassung sein, die wir hier als *Geist* des Kapitalismus bezeichnet haben.[83] Und halten wir nun noch jene Einschnürung der Konsumtion mit dieser Entfesselung des Erwerbsstrebens zusammen, so ist das äußere Ergebnis naheliegend: Kapitalbildung durch asketischen Sparzwang.[84] Die Hemmungen, welche dem konsumtiven Verbrauch des

[83] Es ist schon früher gesagt, daß wir auf die Frage der Klassenbedingtheit der religiösen Bewegungen hier nicht eingehen (darüber s. die Aufsätze über die *Wirtschaftsethik der Weltreligionen).* Um aber zu sehen, daß z. B. Baxter, der hier vornehmlich benutzt ist, nicht etwa durch die Brille der *Bourgeoisie* der damaligen Zeit blickte, genügt es, sich gegenwärtig zu halten, daß auch bei ihm in der Reihenfolge der Gottgefälligkeit der Berufe nach den gelehrten Berufen zuerst der husbandman kommt, dann erst mariners, clothiers, booksellers, tailors usw. in buntem Gewimmel. Auch die (charakteristisch genug) erwähnten *mariners* sind vielleicht mindestens ebenso als Fischer wie als Schiffer gedacht. – Anders stehen in dieser Hinsicht schon manche Aussprüche des Talmud. Vgl. z. B. bei Wünsche, babyl. Talmud II, S. 20, 21, die, freilich nicht unwidersprochenen, Aussprüche Rabbi Eleasars, alle mit dem Sinn: Geschäftsverkehr ist besser als Ackerbau. (Vermittelnder II 2 S. 68 über ratsame Kapitalanlage: 1/3 in Grund und Boden, 1/3 in Waren, 1/3 als Barschaft). Für diejenigen, deren kausales Gewissen ohne ökonomische *(materialistische,* wie man leider noch immer sagt) Deutung nicht beruhigt ist, sei hiermit bemerkt: daß ich den Einfluß der wirtschaftlichen Entwicklung auf das Schicksal der religiösen Gedankenbildungen für sehr bedeutend halte und später darzulegen suchen werde, wie in unserem Falle die gegenseitigen Anpassungsvorgänge und Beziehungen beider sich gestaltet haben. Nur lassen sich jene religiösen Gedankeninhalte nun einmal schlechterdings nicht *ökonomisch* deduzieren, sie sind – daran läßt sich nichts ändern – eben ihrerseits die mächtigsten plastischen Elemente der *Volkscharaktere* und tragen ihre Eigengesetzlichkeit und zwingende Macht auch rein in sich. Und die wichtigsten Differenzen – die zwischen Luthertum und Calvinismus – sind überdies vorwiegend politisch bedingt, soweit außerreligiöse Momente hineinspielen.

[84] Daran denkt Ed. Bernstein, wenn er in seinem schon früher zitierten Aufsatz (S. 681 und S. 625) sagt: *Die Askese ist eine bürgerliche Tugend.* Seine Ausführungen a. a. O. sind die ersten, die diese wichtigen Zusammenhänge überhaupt angedeutet haben. Nur ist der Zusammenhang ein viel umfassenderer, als er vermutet. Denn nicht die bloße

Erworbenen entgegenstanden, mußten ja seiner produktiven Verwendung: als Anlagekapital; zugute kommen. Wie stark diese Wirkung gewesen ist, entzieht sich ziffernmäßig naturgemäß jeder exakten Bestimmung. In Neu-England tritt der Zusammenhang so greifbar hervor, daß er bereits dem Auge eines so vortrefflichen Historikers wie Doyle nicht entgangen ist.[85] Aber auch in dem vom strikten Calvinismus nur 7 Jahre wirklich beherrschten Holland führte die in den religiös ernsteren Kreisen herrschende größere Einfachheit des Lebens bei enormen Reichtümern zu einer exzessiven Kapitalaufsammlungssucht.[86] Daß ferner die zu allen Zeiten und überall vorhanden gewesene, auch bei uns heute recht wirksame, Tendenz zur *Veradligung* bürgerlicher Vermögen durch die Antipathie des Puritanismus gegen feudale Lebensformen fühlbar gehemmt werden mußte, liegt auf der Hand. Englische merkantilistische Schriftsteller des 17. Jahrhunderts führten die Überlegenheit der holländischen Kapitalmacht gegenüber England darauf zurück, daß dort nicht wie hier neu erworbene Vermögen regelmäßig durch Anlage in Land und – denn darauf, nicht auf den Landankauf allein kommt es an – den Übergang zu feudalen Lebensgewohnheiten Nobilitierung suchten und dadurch der kapitalistischen Verwertung entzogen würden.[87] Die auch bei den Puritanern nicht fehlende Schätzung der

Kapitalakkumulation, sondern die asketische Rationalisierung des gesamten Berufslebens war das Entscheidende. – Für die amerikanischen Kolonien ist der Gegensatz des puritanischen Nordens, wo infolge des *asketischen Sparzwangs* stets anlagebedürftiges Kapital vorhanden war, gegen die Verhältnisse des Südens schon bei Doyle klar betont.

85 Doyle, The English in America Vol. II, ch. 1. Die Existenz von Eisenwerks-Gesellschaften (1643), Tuchweberei (1659) für den Markt (und übrigens auch die hohe Blüte des Handwerks) in Neu-England in der ersten Generation nach der Gründung der Kolonie sind, rein ökonomisch betrachtet, Anachronismen und stehen zu den Verhältnissen im Süden sowohl als auch zu dem nicht calvinistischen, sondern volle Gewissensfreiheit genießenden Rhode Island in auffallendstem Gegensatz, wo trotz des vorzüglichen Hafens noch 1686 der Bericht von Governor und Council sagte: *The great obstruction concerning trade is the want of merchants and men of considerable Estates amongst us* (Arnold, Hist. of the State of R. I., p. 490). Daß der Zwang, erspartes Kapital immer wieder neu anzulegen, den die puritanische Einschränkung des Konsums übte, dabei mitspielte, ist in der Tat kaum zu bezweifeln. Dazu trat die hier noch nicht zu erörternde Rolle der Kirchenzucht.

86 Daß diese Kreise freilich in den Niederlanden rasch abnahmen, zeigt Busken-Huëts Darstellung (a.a.O. Bd. II, K. III und IV). Immerhin sagt Groen van Prinsterer (Handb. d. Gesch. v. h. V. 3. Aufl., § 303 Anm., S. 254): *De Nederlanders verkoopen veel en verbruiken wenig,* noch von der Zeit nach dem westfälischen Frieden.

87 Für England befürwortete eine z. B. von Ranke, Englische Geschichte IV, S. 197, zitierte Eingabe eines adligen Royalisten nach dem Einzug Carls II. in London ein gesetzliches Verbot des Erwerbs von Landgütern durch das bürgerliche Kapital, welches dadurch gezwungen werden sollte, sich nur dem Handel zuzuwenden. – Der Stand der holländischen *Regenten* sonderte sich als *Stand* aus dem bürgerlichen Patriziat der Städte durch den Aufkauf der alten Rittergüter aus. (S. darüber die bei Fruin, Tien jaren uit den tachtigjarigen oorlog zitierte Klage aus dem Jahre 1652, daß die Regenten

Landwirtschaft als eines besonders wichtigen, auch der Frömmigkeit besonders zuträglichen Erwerbszweigs galt (z.B. bei Baxter) nicht dem Landlord, sondern dem Yeoman und Farmer, und im 18. Jahrhundert nicht dem Junker, sondern dem *rationellen* Landwirt.[88] Durch die englische Gesellschaft der Zeit seit dem 17. Jahrhundert zieht sich der Zwiespalt zwischen der *Squirearchie,* der Trägerin des *fröhlichen alten England,* und den in ihrer gesellschaftlichen Macht stark schwankenden puritanischen Kreisen.[89] Beide Züge: der einer ungebrochenen naiven Lebensfreude und der einer streng geregelten und reservierten Selbstbeherrschung und konventionellen ethischen Bindung stehen noch heute im Bilde des englischen *Volkscharakters* nebeneinander.[90] Und ebenso zieht sich durch die älteste Geschichte der nordamerikanischen Kolonisation der scharfe Gegensatz der *adventurers,* die mit der Arbeitskraft von indented servants Plantagen einrichten und seigneurial leben wollten, gegen die spezifisch bürgerliche Gesinnung der Puritaner.[91]

Soweit die Macht puritanischer Lebensauffassung reichte, kam sie unter allen Umständen – und dies ist natürlich weit wichtiger als die bloße Begünstigung der Kapitalbildung – der Tendenz zu bürgerlicher, ökonomisch rationaler Lebensführung zugute; sie war ihr wesentlichster und vor allem: ihr ein-

Rentiers und keine Kaufleute mehr seien.) Diese Kreise sind freilich nie innerlich ernstlich calvinistisch gesinnt gewesen. Und die notorische Adels- und Titelsucht in breiten Kreisen des holländischen Bürgertums in der zweiten Hälfte des 17. Jahrhunderts zeigt allein schon, daß man jedenfalls für diese Periode jene Entgegensetzung der englischen gegen die holländischen Verhältnisse nur mit Vorsicht zu akzeptieren hat. Die Übermacht des ererbten Geldbesitzes brach hier den asketischen Geist.

88 Auf den starken Aufkauf der englischen Landgüter durch bürgerliches Kapital folgte die große Epoche der englischen Landwirtschaft.

89 Anglikanische Landlords haben sich noch bis in dieses Jahrhundert nicht selten geweigert, Nonconformisten als Pächter anzunehmen. (Zur Zeit sind beide kirchlichen Parteien an Zahl annähernd gleich stark, früher waren die Nonconformisten stets die Minderheit.)

90 Mit Recht macht H. Levy (in dem soeben erschienenen Aufsatz im Archiv f. Sozialwiss. 46, S. 605 f.) darauf aufmerksam, daß nach der aus zahlreichen Zügen zu erschließenden *Charakteranlage* des englischen Volkes dies für die Rezeption eines asketischen Ethos und bürgerlicher Tugenden wohl eher weniger disponiert war, als andere Völker: Derbe und rohe Lebenslust war (und ist) ein Grundzug seines Wesens. Die Macht der puritanischen Askese in der Zeit ihrer Herrschaft zeigt sich gerade in dem erstaunlichen Grade, in welchem dieser Charakterzug bei ihren Anhängern temperiert wurde.

91 Kehrt auch in der Darstellung Doyles immer wieder. Stets wirkte in der Stellungnahme der Puritaner das religiöse Motiv entscheidend (nicht immer natürlich: allein entscheidend) mit. Die Übersiedelung von Gentlemen nach Massachusetts, selbst ein Oberhaus mit Erbadel, war die Kolonie (unter Winthrops Führung) geneigt, zuzulassen, wenn nur die Gentlemen der Kirche beitreten würden. Um der Kirchenzucht willen wurde auf geschlossene Siedlung gehalten. (Die Kolonisation von New-Hampshire und Maine erfolgte durch anglikanische große Kaufleute, welche große Viehplantagen anlegten. Hier bestand sehr geringer sozialer Zusammenhang.) Über die starke *Profitgier* der Neuengländer wurde schon 1632 geklagt (s. z.B. Weedens Economic and social history of New England I, p. 125).

zig konsequenter Träger. Sie stand an der Wiege des modernen *Wirtschaftsmenschen.* Gewiß: Diese puritanischen Lebensideale versagten bei einer allzu starken Belastungsprobe durch die den Puritanern selbst ja sehr wohlbekannten *Versuchungen* des Reichtums. Sehr regelmäßig finden wir die genuinsten Anhänger puritanischen Geistes in den Reihen der erst im Aufsteigen begriffenen Schichten[92] der Kleinbürger und Farmer und die *beati possidentes,* selbst bei den Quäkern, recht oft zur Verleugnung der alten Ideale bereit.[93] Es war das ja das gleiche Schicksal, welchem die Vorgängerin der innerweltlichen Askese: die klösterliche Askese des Mittelalters, immer wieder erlag: Wenn die rationelle Wirtschaftsführung hier, an der Stätte streng geregelten Lebens und gehemmter Konsumtion, ihre Wirkung voll entfaltet hatte, so verfiel der gewonnene Besitz entweder direkt – wie in der Zeit vor der Glaubensspaltung – der Veradligung oder es drohte doch die klösterliche Zucht in die Brüche zu gehen und eine der zahlreichen *Reformationen* mußte eingreifen. Ist doch die ganze Geschichte der Ordensregeln in gewissem Sinne ein stets erneutes Ringen mit dem Problem der säkularisierenden Wirkung des Besitzes. Das gleiche gilt in grandiosem Maßstabe auch für die innerweltliche Askese des Puritanismus. Der mächtige *revival* des Methodismus, welcher dem Aufblühen der englischen Industrie gegen Ende des 18. Jahrhunderts vorangeht, kann mit einer solchen Klosterreformation recht wohl verglichen werden. Von John Wesley selbst möge nun hier eine Stelle[94] Platz finden, welche wohl geeignet wäre, als Motto über allem bisher Gesagten zu stehen. Denn sie zeigt, wie die Häupter der asketischen Richtungen selbst sich über die hier dargelegten scheinbar so paradoxen Zusammenhänge vollkommen, und zwar durchaus in dem hier entwickelten Sinn klar waren.[95] Er schreibt:

92 Dies betont schon Petty a. a. O., und alle zeitgenössischen Quellen ohne Ausnahme sprechen insbesondere von den puritanischen Sektierern: Baptisten, Quäkern, Mennoniten, als von einer teils mittellosen, teils kleinkapitalistischen Schicht und stellen sie in Gegensatz sowohl zu der Großhändler-Aristokratie wie zu den Finanz-Abenteurern. Aus eben dieser kleinkapitalistischen Schicht aber, und nicht etwa aus den Händen der großen Finanzleute: Monopolisten, Staatslieferanten, Staatsgeldgeber, Kolonialunternehmer, promoters usw. ging das hervor, was dem Kapitalismus des Okzidents charakteristisch war: die bürgerlich-privatwirtschaftliche Organisation der gewerblichen Arbeit. (S. z. B. Unwin, Industrial Organization in the 16th and 17th centuries, London 1914 S. 196 ff.) Daß dieser Gegensatz schon den Zeitgenossen selbst genau bekannt war, dafür vgl. Parkers Discourse concerning Puritans von 1641, wo gleichfalls der Gegensatz gegen Projektenmacher und Höflinge betont ist.

93 S. über die Art, wie sich dies in der Politik Pennsylvaniens im 18. Jahrhundert, speziell auch im Unabhängigkeitskrieg, äußerte: Sharpless, A Quaker experiment in Government Philadelphia, 1902.

94 S. dieselbe in Southeys Leben Wesleys, Kap. 29. Den Hinweis – ich kannte sie nicht – erhielt ich durch einen Brief Prof. Ashleys (1913). E. Troeltsch (dem ich sie zu diesem Zweck mitteilte) hat sie gelegentlich schon zitiert.

95 Die Stelle sei allen denen zur Lektüre empfohlen, welche heute über diese Dinge informierter und klüger sein wollen als die Führer und Zeitgenossen jener Bewegungen

Ich fürchte: Wo immer der Reichtum sich vermehrt hat, da hat der Gehalt an Religion in gleichem Maße abgenommen. Daher sehe ich nicht, wie es, nach der Natur der Dinge, möglich sein soll, daß irgendeine Wiedererweckung echter Religiosität lange Dauer haben kann. Denn Religion muß notwendig sowohl Arbeitsamkeit (industry) als Sparsamkeit (frugality) erzeugen, und diese können nichts anderes als Reichtum hervorbringen. Aber wenn Reichtum zunimmt, so nimmt Stolz, Leidenschaft und Weltliebe in all ihren Formen zu. Wie soll es also möglich sein, daß der Methodismus, das heißt eine Religion des Herzens, mag sie jetzt auch wie ein grünender Baum blühen, in diesem Zustand verharrt? Die Methodisten werden überall fleißig und sparsam; folglich vermehrt sich ihr Güterbesitz. Daher wachsen sie entsprechend an Stolz, Leidenschaft, an fleischlichen und weltlichen Gelüsten und Lebenshochmut. So bleibt zwar die Form der Religion, der Geist aber schwindet allmählich. Gibt es keinen Weg, diesen fortgesetzten Verfall der reinen Religion zu hindern? Wir dürfen die Leute nicht hindern, fleißig und sparsam zu sein. Wir müssen alle Christen ermahnen, zu gewinnen was sie können und zu sparen was sie können, das heißt im Ergebnis: reich zu werden. (Folgt die Ermahnung, daß die, die alles gewinnen was sie können und alles sparen was sie können auch alles was sie können, geben sollen, um so in der Gnade zu wachsen und einen Schatz im Himmel zu sammeln.) – Man sieht, es ist das bis in alle Einzelheiten der hier beleuchtete Zusammenhang.[96]

Ihre volle ökonomische Wirkung entfalteten, ganz wie es hier Wesley sagt, jene mächtigen religiösen Bewegungen, deren Bedeutung für die wirtschaftliche Entwicklung ja in erster Linie in ihren asketischen Erziehungswirkungen lag, regelmäßig erst, nachdem die Akme des rein religiösen Enthusiasmus bereits überstiegen war, der Krampf des Suchens nach dem Gottesreich sich allmählich in nüchterne Berufstugend aufzulösen begann, die religiöse Wurzel langsam abstarb

selbst, die, wie man sieht, sehr genau wußten, was sie taten und – gefährdeten. Es geht wirklich nicht an, so, wie einzelne meiner Kritiker, ganz unbestreitbare und bisher auch von niemand bestritten gewesene, von mir lediglich etwas mehr auf ihre inneren Triebkräfte untersuchte, Tatbestände so leichthin zu bestreiten, wie dies leider geschehen ist. Kein Mensch hat im 17. Jahrhundert diese Zusammenhänge je bezweifelt (vgl. noch: Manley, Usurry of 6% examined, 1669 S. 137). Außer den schon früher zitierten modernen Schriftstellern haben Dichter wie H. Heine und Keats ganz ebenso wie Vertreter der Wissenschaft wie Macaulay, Cunningham, Rogers oder Schriftsteller wie Mathew Arnold sie als selbstverständlich behandelt. Aus der neuesten Literatur s. Ashley, Birmingham Industry and Commerce (1913), der mir s. Z. auch brieflich sein völliges Einverständnis aussprach. Vgl. zu dem ganzen Problem jetzt den Anm. 90 S. 175 zitierten Aufsatz von H. Levy.

96 Daß genau die gleichen Zusammenhänge schon den Puritanern der klassischen Zeit selbstverständlich waren, wird vielleicht durch nichts deutlicher belegt als dadurch, daß bei Bunyan, *Mr. Money-Love* geradezu argumentiert: *man dürfe religiös werden,* um reich zu werden, *z. B. um seine Kundschaft zu vermehren,* denn: weshalb man religiös geworden sei, sei gleichgültig (S. 114 der Tauchnitz Ed.).

und utilitarischer Diesseitigkeit Platz machte, – wenn, um mit Dowden zu reden, in der populären Phantasie *Robinson Crusoë*, der isolierte Wirtschaftsmensch, welcher nebenher Missionsarbeit treibt[97], an die Stelle des in innerlich einsamem Streben nach dem Himmelreich durch den *Jahrmarkt der Eitelkeit* eilenden Bunyanschen *Pilgers* getreten war. Wenn dann weiterhin der Grundsatz herrschend wurde: *to make the best of* both *worlds*, so mußte schließlich – wie ebenfalls schon Dowden bemerkt hat – das gute Gewissen einfach in die Reihe der Mittel komfortablen bürgerlichen Lebens eingereiht werden, wie dies ja auch das deutsche Sprichwort vom *sanften Ruhekissen* recht hübsch zum Ausdruck bringt. Was jene religiös lebendige Epoche des 17. Jahrhunderts ihrer utilitarischen Erbin vermachte, war aber eben vor allem ein ungeheuer gutes – sagen wir getrost: ein pharisäisch gutes – Gewissen beim Gelderwerb, wenn anders er sich nur in legalen Formen vollzog. Jeder Rest des *Deo placere vix potest* war verschwunden.[98] Ein spezifisch bürgerliches Berufsethos war entstanden. Mit dem Bewußtsein, in Gottes voller Gnade zu stehen und von ihm sichtbar gesegnet zu werden, vermochte der bürgerliche Unternehmer, wenn er sich innerhalb der Schranken formaler Korrektheit hielt, sein sittlicher Wandel untadelig und der Gebrauch, den er von seinem Reichtum machte, kein anstößiger war, seinen Erwerbsinteressen zu folgen und sollte dies tun. Die Macht der religiösen Askese stellte ihm überdies nüchterne, gewissenhafte, ungemein arbeitsfähige und an der Arbeit als gottgewolltem Lebenszweck klebende Arbeiter zur Verfügung.[99] Sie gab ihm dazu die

[97] Defoe war eifriger Nonkonformist.

[98] Auch Spener (Theol. Bedenken a. a. O., S. 426 f., 429, 432 ff.) hält zwar den Beruf des Kaufmanns für voll von Versuchungen und Fallstricken, aber er erklärt doch auf eine Anfrage: *Mir ist lieb, daß ich sehe, daß der liebe Freund, was die Kaufmannschaft selbst anlangt, keine Skrupel kennt, sondern sie für eine Lebensart erkennt, wie sie auch ist, damit dem menschlichen Geschlecht vieles genützt und also nach Gottes Willen* die Liebe *geübt wird.* Dies wird an verschiedenen anderen Stellen durch merkantilistische Argumente näher motiviert. Wenn Spener gelegentlich ganz lutherisch die Begierde reich zu werden, gemäß 1. Tim. 6, 8 und 9 und mit Berufung auf Jesus Sirach – s. o.! – als den Hauptfallstrick und unbedingt abzulegen bezeichnet und den *Nahrungsstandpunkt* einnimmt (Theol. Bd. III, S. 435 oben), so schwächt er dies andererseits durch den Hinweis auf die prosperierenden und doch gottselig lebenden Sektierer (S. 159 A. 39) wieder ab. Als Effekt fleißiger Berufsarbeit ist auch ihm der Reichtum unbedenklich. Der Standpunkt ist infolge des lutherischen Einschusses weniger konsequent als der Baxters.

[99] Baxter a.a.O. II, S. 16 warnt vor der Anstellung von *heavy, flegmatik, sluggish, fleshly, slothful persons* als *servants* und empfiehlt die Bevorzugung von *godly* servants, nicht nur weil *ungodly* servants bloße *eye-servants* sein würden, sondern vor allem weil *a truly godly servant will do all your service in obedience to God, as if God himself had bid him do it.* Andere dagegen seien geneigt, *to make no great matter of conscience of it.* Und umgekehrt sei beim Arbeiter nicht das äußere Bekennen der Religion, die *conscience to do their duty* das Merkmal der Heiligkeit. Man sieht, das Interesse Gottes und dasjenige des Arbeitgebers gehen hier bedenklich ineinander über: auch Spener (Theol. Bed. III, S. 272), der sonst dringend mahnt, sich Zeit zum Denken an Gott zu lassen, setzt als selbstverständlich voraus, daß die Arbeiter sich mit dem äußersten Mindestmaß freier Zeit (selbst Sonntags) zufrieden geben müssen. – Mit Recht nannten englische

beruhigende Versicherung, daß die ungleiche Verteilung der Güter dieser Welt ganz spezielles Werk von Gottes Vorsehung sei, der mit diesen Unterschieden ebenso wie mit der nur partikulären Gnade seine geheimen, uns unbekannten Ziele verfolge.[100] Schon Calvin hatte den oft zitierten Ausspruch getan, daß nur wenn das *Volk*, d.h. die Masse der Arbeiter und Handwerker, arm erhalten werde, es Gott gehorsam bleibe.[101] Die Niederländer (Pieter de la Court und andere) hatten dies dahin *säkularisiert:* daß die Masse der Menschen nur arbeite, wenn die Not sie dazu treibe, und diese Formulierung eines Leitmotivs kapitalistischer Wirtschaft mündete dann weiterhin in den Strom der Theorie von der *Produktivität* niederer Löhne. Auch hier schob sich die utilitarische Wendung dem Gedanken unvermerkt mit dem Absterben seiner religiösen Wurzel unter, ganz nach dem Entwicklungsschema, welches wir immer wieder beobachtet haben. Die mittelalterliche Ethik hatte den Bettel nicht nur geduldet, sondern in den Bettelorden geradezu glorifiziert. Auch die weltlichen Bettler wurden, da sie ja dem Besitzenden Gelegenheit zu guten Werken durch Almosen gaben, gelegentlich geradezu als *Stand* bezeichnet und gewertet. Noch die anglikanische Sozialethik der Stuarts stand dieser Haltung innerlich sehr nahe. Es war der puritanischen Askese vorbehalten, an jener harten englischen Armengesetzgebung mitzuarbeiten, welche hierin grundsätzlichen Wandel schuf. Und sie konnte das, weil die protestantischen Sekten und die streng puritanischen Gemeinschaften überhaupt in ihrer eigenen Mitte den Bettel tatsächlich nicht kannten.[102]

Denn andererseits: Von der anderen Seite, derjenigen der Arbeiter, gesehen, glorifizierte z. B. die Zinzendorfsche Spielart des Pietismus den berufstreuen Arbeiter, der nicht nach Erwerb trachtet, als nach dem Vorbild der Apostel lebend und also mit dem Charisma der Jüngerschaft begabt.[103] Noch radikaler waren ähnliche Anschauungen anfangs bei den Täufern verbreitet gewesen. Nun ist natürlich die gesamte asketische Literatur fast aller Konfessionen von

Schriftsteller die protestantischen Immigranten die *Pioniere der gelernten Arbeit.* S. auch die Nachweise bei H. Levy, Die Grundl. des ökonom. Liberalismus, S. 53.

100 Die Analogie zwischen der nach menschlichem Maßstab *ungerechten* Prädestination nur einiger und der ebenso ungerechten, aber ebenso gottgewollten Güterverteilung – die ja unendlich nahe lag –, z.B. bei Hoornbeek a.a.O. Vol. I, S. 153. Überdies ist ja – so Baxter a. a. O. I, S. 380 – die Armut sehr oft Symptom der sündlichen Faulheit.

101 Gott läßt – meint auch Th. Adams (Works of the Pur. Div., p. 158) – insbesondere vermutlich deshalb so viele arm bleiben, weil sie nach seiner Kenntnis den Versuchungen, welche der Reichtum mit sich bringt, nicht gewachsen wären. Denn der Reichtum treibt nur allzuoft die Religion aus dem Menschen.

102 S. oben Anm. 45, S. 161 und die dort zitierte Arbeit von H. Levy. Ganz das Gleiche wird von allen Schilderungen hervorgehoben (so durch Manley für die Hugenotten).

103 Ähnliches hat auch in England nicht gefehlt. Dorthin gehört z. B. auch jener Pietismus, welcher, anknüpfend an Laws *Serious call* (1728) Armut, Keuschheit und – ursprünglich – auch Isolierung von der Welt predigte. Die protestantische Ethik, Seite(n): 200–201

dem Gesichtspunkt durchtränkt, daß treue Arbeit auch bei niederen Löhnen seitens dessen, dem das Leben sonst keine Chancen zugeteilt hat, etwas Gott höchst Wohlgefälliges sei. Darin brachte die protestantische Askese an sich keine Neuerung. Aber: Sie vertiefte nicht nur diesen Gesichtspunkt aufs mächtigste, sondern sie erschuf jener Norm das, worauf es ja schließlich doch für deren Wirkung allein ankam: den psychologischen Antrieb durch die Auffassung dieser Arbeit als Beruf, als vorzüglichsten, ja letztlich oft als einzigen Mittels, des Gnadenstandes sicher zu werden.[104] Und sie legalisierte auf der anderen Seite die Ausbeutung dieser spezifischen Arbeitswilligkeit, indem sie auch den Gelderwerb des Unternehmers als *Beruf* deutete.[105] Es liegt auf der Hand, wie mächtig das ausschließliche Streben nach dem Gottesreich durch Erfüllung der Arbeitspflicht als Beruf und die strenge Askese, welche die Kirchenzucht naturgemäß gerade den besitzlosen Klassen aufnötigte, die *Produktivität* der Arbeit im kapitalistischen Sinn des Wortes fördern mußte. Die Behandlung der Arbeit als *Beruf* wurde für den modernen Arbeiter ebenso charakteristisch wie für den Unternehmer die entsprechende Auffassung des Erwerbes. Es war eine Wiedergabe dieses damals neuen Tatbestandes, wenn ein so scharfer anglikanischer Beobachter wie Sir William Petty die holländische Wirtschaftsmacht des 17. Jahrhunderts darauf zurückführte, daß die dort besonders zahlreichen *Dissenters* (Calvinisten und Baptisten) Leute seien, welche Arbeit und Gewerbfleiß für ihre Pflicht gegen Gott ansahen. Der *organischen* Sozialverfassung in jener fiskalisch-monopolistischen Wendung, welche sie im Anglikanismus unter den Stuarts, namentlich in den Konzeptionen Lauds annahm: – Diesem Bündnis von Staat und Kirche mit den *Monopolisten* auf dem Boden eines christlich-sozialen Unterbaus stellte der Puritanismus,

[104] Baxters Tätigkeit in der bei seiner Hinkunft absolut verlotterten Gemeinde Kidderminster, in dem Grade ihres Erfolges fast beispiellos in der Geschichte der Seelsorge, ist zugleich ein typisches Beispiel dafür, wie die Askese die Massen zur Arbeit, marxistisch gesprochen: zur *Mehrwert*-Produktion, erzog und so ihre Verwertung im kapitalistischen Arbeitsverhältnis (Hausindustrie, Weberei) überhaupt erst möglich machte. So liegt das Kausalverhältnis ganz allgemein. – Von Baxters Seite aus gesehen, nahm er die Einfügung seiner Pfleglinge in das Getriebe des Kapitalismus in den Dienst seiner religiös-ethischen Interessen. Von der Seite der Entwicklung des Kapitalismus aus gesehen, traten die letzteren in den Dienst der Entwicklung kapitalistischen *Geistes.*

[105] Und noch eins: Man kann ja zweifeln, wie stark die *Freude* des mittelalterlichen Handwerkers an dem *von ihm Geschaffenen,* mit der so viel operiert wird, als psychologisches Agens ins Gewicht gefallen ist. Etwas war immerhin zweifellos daran. Jedenfalls aber entkleidete nun die Askese die Arbeit dieses – heute durch den Kapitalismus für immer vernichteten – diesseitigen weltlichen Reizes und richtete sie auf das Jenseits aus. Die berufliche Arbeit als solche ist gottgewollt. Die Unpersönlichkeit der heutigen Arbeit: ihre, vom Standpunkte des einzelnen aus betrachtet, freudenarme Sinnlosigkeit, ist hier noch religiös verklärt. Der Kapitalismus in der Zeit seiner Entstehung brauchte Arbeiter, die um des Gewissens willen der ökonomischen Ausnutzung zur Verfügung standen. Heute sitzt er im Sattel und vermag ihre Arbeitswilligkeit ohne jenseitige Prämien zu erzwingen.

dessen Vertreter durchweg zu den leidenschaftlichen Gegnern dieser Art von staatlich privilegiertem Händler-, Verleger- und Kolonialkapitalismus gehörten, die individualistischen Antriebe des rationalen legalen Erwerbs kraft eigener Tüchtigkeit und Initiative gegenüber, welche – während die staatlich privilegierten Monopolindustrien in England bald sämtlich wieder verschwanden – am Aufbau der ohne, zum Teil trotz und gegen die obrigkeitlichen Gewalten entstehenden Industrien entscheidend mitbeteiligt waren.[106] Die Puritaner (Prynne, Parker) lehnten jede Gemeinschaft mit den *Höflingen und Projektenmachern* großkapitalistischen Gepräges als mit einer ethisch verdächtigen Klasse ab, im Stolz auf ihre eigne überlegene bürgerliche Geschäftsmoral, welche den wahren Grund der Verfolgungen bilde, denen sie von jenen Kreisen ausgesetzt seien. Den Kampf gegen den Dissent schlug noch Defoe vor, durch Boykott gegen die Bankwechsel und durch Depotkündigungen zu gewinnen. Der Gegensatz der beiden Arten kapitalistischer Gebarung ging sehr weitgehend mit den religiösen Gegensätzen Hand in Hand. Die Gegner der Nonkonformisten haben auch im 18. Jahrhundert immer wieder diese als die Träger des *spirit of shopkeepers* verhöhnt und als den Verderb der altenglischen Ideale verfolgt. Hier lag auch der Gegensatz des puritanischen gegen das jüdische Wirtschaftsethos verankert und schon die Zeitgenossen (Prynne) wußten, daß das erstere, nicht das letztere, das bürgerliche Wirtschaftsethos war.[107]

Einer der konstitutiven Bestandteile des modernen kapitalistischen Geistes, und nicht nur dieses, sondern der modernen Kultur: Die rationale Lebensführung auf Grundlage der Berufsidee, ist – das sollten diese Darlegungen erweisen – geboren aus dem Geist der christlichen Askese. Man lese jetzt noch einmal den im Eingang dieses Aufsatzes zitierten Traktat Franklins nach, um zu sehen, daß die wesentlichen Elemente der dort als *Geist des Kapitalismus* bezeichneten Gesinnung eben die sind, die wir vorstehend als Inhalt der puritanischen Berufsaskese ermittelten[108], nur ohne die religiöse Fundamen-

106 S. über diese Gegensätze und Entwicklungen H. Levy in dem früher zitierten Buch. Die für England charakteristische und sehr mächtige monopolfeindliche Haltung der öffentlichen Meinung ist geschichtlich aus einer Verbindung politischen Machtkampfes gegen die Krone – das Lange Parlament schloß die Monopolisten vom Parlament aus – mit ethischen Motiven des Puritanismus und mit den ökonomischen Interessen des bürgerlichen Klein- und Mittelkapitalismus gegen die Finanzmagnaten im 17. Jahrhundert entstanden. Die Declaration of the Army vom 2. Aug. 1652 und ebenso die Petition der Leveller vom 28. Jan. 1653 fordern neben Beseitigung der Akzisen, Zölle, indirekten Steuern und der Einführung einer Single tax auf estates vor allem: *free trade,* d. h. die Beseitigung aller monopolistischen Schranken des Erwerbs (trade) nach innen und außen als von Verletzungen der Menschenrechte. Ähnlich schon die *große Remonstranz.*

107 Vgl. dazu H. Levy, Ökon. Liberal., S. 51 f.

108 Daß auch die hier noch nicht auf ihre religiösen Wurzeln zurückgeführten Bestandteile, namentlich der Satz: *honesty is the best policy* (Franklin's Erörterungen über den Kredit) puritanischen Ursprungs sind, gehört in einen etwas anderen

tierung, die eben bei Franklin schon abgestorben war. – Der Gedanke, daß die moderne Berufsarbeit ein asketisches Gepräge trage, ist ja auch nicht neu. Daß die Beschränkung auf Facharbeit, mit dem Verzicht auf die faustische Allseitigkeit des Menschentums, welchen sie bedingt, in der heutigen Welt Voraussetzung wertvollen Handelns überhaupt ist, daß also *Tat* und *Entsagung* einander heute unabwendbar bedingen: Dies asketische Grundmotiv des bürgerlichen Lebensstils – wenn er eben Stil und nicht Stillosigkeit sein will – hat auf der Höhe seiner Lebensweisheit, in den *Wanderjahren* und in dem Lebensabschluß, den er seinem Faust gab, auch Goethe uns lehren wollen.[109] Für ihn bedeutete diese Erkenntnis einen entsagenden Abschied von einer Zeit vollen und schönen Menschentums, welche im Verlauf unserer Kulturentwicklung ebensowenig sich wiederholen wird, wie die Zeit der Hochblüte Athens im Altertum. Der Puritaner wollte Berufsmensch sein, – wir müssen es sein. Denn indem die Askese aus den Mönchszellen heraus in das Berufsleben übertragen wurde und die innerweltliche Sittlichkeit zu beherrschen begann, half sie an ihrem Teile mit daran, jenen mächtigen Kosmos der modernen, an die technischen und ökonomischen Voraussetzungen mechanisch-maschineller Produktion gebundenen, Wirtschaftsordnung erbauen, der heute den Lebensstil aller einzelnen, die in dies Triebwerk hineingeboren werden – nicht nur der direkt ökonomisch Erwerbstätigen –, mit überwältigendem Zwange bestimmt und vielleicht bestimmen wird, bis der letzte Zentner fossilen Brennstoffs verglüht ist. Nur wie *ein dünner Mantel, den man jederzeit abwerfen könnte,* sollte nach Baxters Ansicht die Sorge um die äußeren Güter um die Schultern seiner Heiligen liegen.[110] Aber aus dem Mantel ließ das Verhängnis ein stahlhartes Gehäuse werden. Indem die Askese die Welt umzubauen und in der Welt sich auszuwirken unternahm, gewannen die äußeren Güter dieser Welt zunehmen-

Zusammenhang. (S. dazu den folgenden Aufsatz). Hier möge darüber nur folgende Bemerkung J. A. Rowntree's (Quakerism, past and present, p. 95/6, auf die mich Ed. Bernstein aufmerksam machte, wiedergegeben werden: *Is it merely a* coincidence, *or is it a* consequence, *that the lofty profession of spirituality made by the Friends has gone hand in hand with shrewdness and tact in the transaction of mundane affairs? Real piety favours the success of a trader by insuring his integrity, and fostering habits of prudence and forethought: – important items in obtaining that standing and credit in the commercial world, which are requisite for the steady accumulation of wealth. (S. den folgenden Aufsatz.) Ehrlich wie ein Hugenotte* war im 17. Jahrhundert ebenso sprichwörtlich wie die Rechtlichkeit der Holländer, die Sir W. Temple bewunderte und – ein Jahrhundert später – die der Engländer, verglichen mit Kontinentalen, welche diese ethische Schule nicht durchgemacht hatten.

[109] Gut analysiert in Bielschowskys Goethe, Bd. II Kap. 18. – Für die Entwicklung des wissenschaftlichen *Kosmos* hat einem verwandten Gedanken z. B. auch Windelband am Schlusse seiner *Blütezeit der deutschen Philosophie* (II. Bd. der *Gesch. d. neueren Philosophie)* Ausdruck gegeben.

[110] Saints' everlasting rest., cap. XII.

de und schließlich unentrinnbare Macht über den Menschen, wie niemals zuvor in der Geschichte. Heute ist ihr Geist – ob endgültig, wer weiß es? – aus diesem Gehäuse entwichen. Der siegreiche Kapitalismus jedenfalls bedarf, seit er auf mechanischer Grundlage ruht, dieser Stütze nicht mehr. Auch die rosige Stimmung ihrer lachenden Erbin: der Aufklärung, scheint endgültig im Verbleichen und als ein Gespenst ehemals religiöser Glaubensinhalte geht der Gedanke der *Berufspflicht* in unserm Leben um. Wo die *Berufserfüllung* nicht direkt zu den höchsten geistigen Kulturwerten in Beziehung gesetzt werden kann – oder wo nicht umgekehrt sie auch subjektiv einfach als ökonomischer Zwang empfunden werden muß –, da verzichtet der einzelne heute meist auf ihre Ausdeutung überhaupt. Auf dem Gebiet seiner höchsten Entfesselung, in den Vereinigten Staaten, neigt das seines religiös-ethischen Sinnes entkleidete Erwerbsstreben heute dazu, sich mit rein agonalen Leidenschaften zu assoziieren, die ihm nicht selten geradezu den Charakter des Sports aufprägen.[111] Niemand weiß noch, wer künftig in jenem Gehäuse wohnen wird und ob am Ende dieser ungeheuren Entwicklung ganz neue Propheten oder eine mächtige Wiedergeburt alter Gedanken und Ideale stehen werden, oder aber – wenn keins von beiden – mechanisierte Versteinerung, mit einer Art von krampfhaftem Sich-wichtig-nehmen verbrämt. Dann allerdings könnte für die *letzten Menschen* dieser Kulturentwicklung das Wort zur Wahrheit werden: *Fachmenschen ohne Geist, Genußmenschen ohne Herz: dies Nichts bildet sich ein, eine nie vorher erreichte Stufe des Menschentums erstiegen zu haben.* –

Doch wir geraten damit auf das Gebiet der Wert- und Glaubensurteile, mit welchen diese rein historische Darstellung nicht belastet werden soll. Die Aufgabe wäre vielmehr: Die in der vorstehenden Skizze ja nur angeschnittene Bedeutung des asketischen Rationalismus nun auch für den Inhalt der sozialpolitischen Ethik, also für die Art der Organisation und der Funktionen der sozialen Gemeinschaften vom Konventikel bis zum Staat aufzuzeigen. Alsdann müßte seine Beziehung zu dem humanistischen Rationalismus[112] und dessen Lebensidealen und Kultureinflüssen, ferner zur Entwicklung des philosophischen und wissenschaftlichen Empirismus, zu der technischen Entwicklung und

111 *Könnte der Alte nicht mit seinen 75000 $ jährlich sich zur Ruhe setzen? – Nein! die Warenhausfront muß nun auf 400 Fuß verbreitert werden. Warum? – That beats everything, meint er. – Abends, wenn Frau und Töchter gemeinschaftlich lesen, sehnt er sich nach dem Bett, Sonntags sieht er alle 3 Minuten nach der Uhr, wann der Tag zu Ende sein wird: – so eine verfehlte Existenz!* – dergestalt faßte der (aus Deutschland eingewanderte) Schwiegersohn des führenden dry-good-man aus einer Stadt am Ohio sein Urteil über den letzteren zusammen, – ein Urteil, welches dem *Alten* seinerseits wiederum zweifellos als gänzlich unbegreiflich und ein Symptom deutscher Energielosigkeit erschienen wäre.

112 Schon diese (hier unverändert stehengebliebene) Bemerkung hätte Brentano (a.a.O.) zeigen können, daß ich dessen selbständige Bedeutung nie bezweifelt habe. Daß auch der Humanismus nicht reiner *Rationalismus* war, betont neuerdings wieder stark Borinski in den Abhandl. der Münchener Ak. der Wiss. 1919.

zu den geistigen Kulturgütern analysiert werden. Dann endlich wäre sein geschichtliches Werden von den mittelalterlichen Ansätzen einer innerweltlichen Askese aus und seine Auflösung in den reinen Utilitarismus historisch und durch die einzelnen Verbreitungsgebiete der asketischen Religiosität hindurch zu verfolgen. Daraus erst könnte sich das Maß der Kulturbedeutung des asketischen Protestantismus im Verhältnis zu anderen plastischen Elementen der modernen Kultur ergeben. Hier ist ja erst Tatsache und Art seiner Einwirkung in einem, wenn auch wichtigen, Punkt auf ihre Motive zurückzuführen versucht worden. Weiter aber müßte dann auch die Art, wie die protestantische Askese ihrerseits durch die Gesamtheit der gesellschaftlichen Kulturbedingungen, insbesondere auch der ökonomischen, in ihrem Werden und ihrer Eigenart beeinflußt worden ist, zutage treten.[113] Denn obwohl der moderne Mensch im ganzen selbst beim besten Willen nicht imstande zu sein pflegt, sich die Bedeutung, welche religiöse Bewußtseinsinhalte auf die Lebensführung, die Kultur und die Volkscharaktere gehabt haben, so groß vorzustellen, wie sie tatsächlich gewesen ist, – so kann es dennoch natürlich nicht die Absicht sein, an Stelle einer einseitig *materialistischen* eine ebenso einseitig spiritualistische kausale Kultur- und Geschichtsdeutung zu setzen. Beide sind gleich möglich[114] aber mit beiden

[113] Nicht mit diesem Problem, sondern mit dem der Reformation überhaupt, insbesondere Luthers, befaßt sich die Akademische Rede v. Belows: Die Ursachen der Reformation (Freiburg 1916). Für das hier behandelte Thema, insbesondere die Kontroversen, die sich an diese Studie anschlossen, sei schließlich auf die Schrift von Hermelink, Reformation und Gegenreformation, verwiesen, die allerdings in erster Linie anderen Problemen zugewendet ist.

[114] Denn die vorstehende Skizze hat mit Bedacht nur die Beziehungen aufgenommen, in welchen eine Einwirkung religiöser Bewußtseinsinhalte auf das *materielle* Kulturleben wirklich zweifellos ist. Es wäre ein Leichtes gewesen, darüber hinaus zu einer förmlichen *Konstruktion,* die alles an der modernen Kultur *Charakteristische* aus dem protestantischen Rationalismus logisch deduzierte, fortzuschreiten. Aber derartiges bleibt besser jenem Typus von Dilettanten überlassen, die an die *Einheitlichkeit* der *Sozialpsyche* und ihre Reduzierbarkeit auf eine Formel glauben. – Bemerkt sei nur noch, daß natürlich die vor der von uns betrachteten Entwicklung liegende Periode der kapitalistischen Entwicklung überall mitbedingt war durch christliche Einflüsse, hemmende ebenso wie fördernde. Welcher Art diese waren, gehört in ein späteres Kapitel. Ob übrigens von den oben umrissenen weiteren Problemen das eine oder das andere noch im Rahmen dieser Zeitschrift erörtert werden kann, ist bei dem Aufgabenkreis derselben nicht sicher. Dem Schreiben dicker Bücher aber, die so stark, wie es hier der Fall sein würde, an fremde (theologische und historische) Arbeiten angelehnt werden müßten, bin ich nicht sehr zugetan. (Ich lasse diese Sätze hier unverändert stehen.) – Für die Spannung zwischen Lebensideal und Realität in der *frühkapitalistischen* Zeit vor der Reformation jetzt Strieder, Studien zur Geschichte der kapitalist. Organisationsformen (1914) Buch II (auch gegen die früher zitierte von Sombart benutzte Schrift von Keller).

[115] Ich finde, daß dieser Satz und die unmittelbar vorausgehenden Be- und Anmerkungen wohl hätten genügen dürfen, um jedes Mißverständnis dessen, was diese Abhandlung leisten wollte, auszuschließen und finde keinen Anlaß zu irgendeinem Zusatz. Statt der ursprünglich beabsichtigten unmittelbaren Fortsetzung im Sinn des

ist, wenn sie nicht Vorarbeit, sondern Abschluß der Untersuchung zu sein beanspruchen, der historischen Wahrheit gleich wenig gedient.[115]

weiter oben stehenden Programms habe ich mich, teils aus zufälligen Gründen, insbesondere wegen des Erscheinens von E. Troeltschs *Soziallehren der christlichen Kirchen* (der manches von mir zu Erörternde in einer Art erledigte, wie ich als Nicht-Theologe es nicht gekonnt hätte), teils aber auch, um diese Ausführungen ihrer Isoliertheit zu entkleiden und in die Gesamtheit der Kulturentwicklung hineinzustellen, seinerzeit entschlossen, zunächst die Resultate vergleichender Studien über die universalgeschichtlichen Zusammenhänge von Religion und Gesellschaft niederzuschreiben. Diese folgen hier. Ihnen vorangestellt ist nur ein kurzer Gelegenheitsaufsatz zur Klärung des oben verwendeten *Sekten*-Begriffs und zugleich zur Darlegung der Bedeutung der puritanischen Kirchen-Konzeption für den kapitalistischen Geist der Neuzeit.

Die protestantischen Sekten und der Geist des Kapitalismus[1]

Die Vereinigten Staaten haben seit geraumer Zeit das Prinzip der *Trennung von Staat und Kirche.* So streng wird es durchgeführt, daß selbst eine amtliche Statistik der Konfessionalität nicht existiert, weil es als gesetzwidrig gelten würde, den Bürger von Staats wegen nach seiner Konfession auch nur zu fragen. Die praktische Bedeutung dieses Grundsatzes für die Stellung der Kirchengemeinschaften zum Staat[2] soll hier nicht erörtert werden. Vielmehr interessiert uns zunächst der Umstand, daß noch vor etwa 2 1/2 Jahrzehnten trotz der absoluten Ignorierung der Konfessionen durch den Staat und trotz des Fehlens aller jener höchst wirksamen Prämien, welche damals die meisten europäischen Staaten auf die Zugehörigkeit zu gewissen privilegierten Kirchen setzten, die (damalige) Zahl der *Konfessionslosen* in den Vereinigten Staaten trotz ihrer ungeheuren Einwanderung nur auf etwa 6% geschätzt wurde.[3] Dabei bedeutete nun aber die Zugehörigkeit zu einer kirchlichen Gemeinschaft dort ganz ungleich höhere Lasten, namentlich für die Minderbemittelten, als irgendwo bei uns. Publizierte Haushaltsbudgets beweisen es, und mir persönlich wurde u. a. eine fast ganz aus eingewanderten deutschen ungelernten Holzarbeitern in einer Stadt am Erie-See bestehende Gemeinde bekannt, in welcher bei einem Durchschnittsverdienst der Arbeiter von gegen 1000 $ im Jahr deren regelmäßige Abgaben für kirchliche Zwecke fast 80 $ betrugen, – während jedermann weiß, daß schon ein kleiner Bruchteil dieser finanziellen Zumutung bei uns Massenaustritte aus der Kirche zur Folge gehabt haben würde. Aber davon ganz abgesehen, konnte niemandem, der vor 15-20 Jahren, ehe die letzte akute Europäisierung der Vereinigten Staaten einsetzte, das Land besuchte, die selbst damals noch sehr intensive Kirchlichkeit, welche in allen nicht ganz unmittelbar von europäischen Immigranten über-

[1] Neue und stark erweiterte Niederschrift eines in der *Frankfurter Zeitung,* Osternummer 1906, dann, etwas erweitert, in der *Christlichen Welt* 1906, S. 558 ff., 577 ff. unter dem Titel *Kirchen und Sekten* veröffentlichten Aufsatzes, auf den ich als Ergänzung des vorstehenden wiederholt Bezug genommen habe. Die Umarbeitung ist dadurch motiviert, daß der von mir entwickelte Sektenbegriff (als Gegensatz zum Begriff der *Kirche)* inzwischen von Tröltsch in seinen *Soziallehren der christlichen Kirchen* zu meiner Freude übernommen und eingehend behandelt worden ist, so daß diese begrifflichen Erörterungen hier um so mehr fortfallen können, als schon in dem vorstehenden Aufsatz S. 140 Anm. 174 das Nötige gesagt ist. Der Aufsatz enthält nur die notdürftigsten Daten als Ergänzung des vorstehenden.

[2] In dieser Hinsicht steht der Satz vielfach – aus Gründen der Bedeutung der Katholiken als Wähler – nur auf dem Papier (Subventionen an Konfessionsschulen kommen vor).

[3] Alles Nähere interessiert hier nicht. Es sei auf die Einzelbände der American Church History Series verwiesen (freilich recht verschiedenwertig!).

schwemmten Gebieten herrschte, entgehen.[4] Sie war, wie jeder ältere Reisebericht ergibt, früher noch viel stärker und selbstverständlicher als in den letzten Jahrzehnten. Uns interessiert hier nun vor allem eine Seite dieses Tatbestandes. Selbst in Brooklyn, der Schwesterstadt von New York, aber bis vor kurzem mit einer fühlbar stärkeren Erhaltung älterer Tradition, erst recht aber in anderen, weniger dem Einfluß der Immigration ausgesetzten Orten, pflegte es vor kaum einem Menschenalter Geschäftsleuten, die sich neu einführten, stets zu widerfahren, daß bei Anknüpfung gesellschaftlicher Beziehungen unauffällig und scheinbar gelegentlich, aber ersichtlich nie zufällig, die Frage gestellt wurde: *To what church do you belong?* – ähnlich wie etwa an einer typischen schottischen Table d'hôte noch vor einem Vierteljahrhundert dem Kontinentalen sonntags fast immer die Frage einer Dame drohte: *What service did you attend to-day?*[5] Und bei näherem Zusehen konnte man sich leicht überzeugen, daß, während die amerikanische Behörde als solche die Frage nach der Konfessionszugehörigkeit, wie gesagt, nie stellte, der private, gesellschaftliche und auch der auf Dauer und Kreditgewährung abgestellte geschäftliche Verkehr sie – man durfte annähernd sagen: – immer stellte. Warum? – Eine Reihe kleiner, persönlicher Beobachtungen (1904) mag das zunächst zu veranschaulichen suchen.

Der Schreiber dieser Zeilen fuhr im (damaligen) Indian Territory eine lange Fahrt mit einem Handlungsreisenden in *Undertakers hardware* (eisernen Leichensteinaufschriften) zusammen im Abteil und erhielt, als er (beiläufig) die Tatsache der immer noch auffällig starken Kirchlichkeit erwähnte, von jenem die Bemerkung gemacht: *Herr, meinethalben mag jedermann glauben oder nicht glauben was immer ihm paßt; aber: Wenn ich einen Farmer oder Kaufmann sehe, der überhaupt keiner Kirche angehört, so ist er mir nicht für 50 Cts gut:* – Was kann ihn veranlassen, mich zu bezahlen, wenn er an gar nichts glaubt? (Why pay me, if he doesn't believe in anything?) Das war nun eine immerhin etwas vage Motivierung. Etwas deutlicher wurde der Sachverhalt schon aus der Erzählung eines deutschgeborenen Nasen- und Rachen-Spezialisten, der sich in einer großen Stadt am Ohio niedergelassen hatte und von dem Besuch seines ersten Patienten erzählte. Sich auf Aufforderung des Arztes auf dem Sofa niederstreckend, um mit dem Nasenspiegel

[4] Daß nicht nur jede Sitzung des Supreme Court of the U. St., sondern auch jede Partei-*Convention* mit Gebet eröffnet wurde, war freilich längst zur lästigen Floskel geworden.
[5] Oder, wenn er zufällig als ältester Gast oben am Tisch saß, das Ersuchen des Kellners beim Auftragen der Suppe: *Sir, the prayer, please.* – Auf die im Text genannte typische Frage wußte ich mir in Portree (Skye) an einem herrlichen Sonntag nicht anders zu helfen als durch die Bemerkung: *ich sei Mitglied der badischen Landeskirche und hätte keine Chapel dieser Kirche in Portree auffinden können,* – was von den Damen ernst und gut aufgenommen wurde *(Oh, he doesn't attend any service except of his own denomination!).*

untersucht zu werden, habe dieser sich erst noch einmal aufgerichtet und mit Würde und Nachdruck bemerkt: *Herr, ich bin Mitglied der ... Baptist Church in der ... Street.* Ratlos, was diese Tatsache wohl für das Nasenleiden und dessen Behandlung für eine Bedeutung haben könne, habe er (der Arzt) einen ihm bekannten amerikanischen Kollegen vertraulich darüber befragt und die lächelnde Auskunft erhalten: das bedeute nur: *Seien Sie wegen des* Honorars *ohne Sorgen.* – Warum bedeutete es nun aber eben dies? Das wird vielleicht aus einem dritten Vorgang klarer.

An einem schönen klaren Sonntag Nachmittag Anfang Oktober wohnte ich mit einigen Verwandten – Farmern im Buschwald einige Meilen von M. (Hauptort einer County) in North Carolina – an einem Tümpel, durch den ein von den in der Ferne sichtbaren Blue Ridge Mountains kommender Bach floß, einer Baptistentaufe bei. Es war kalt und hatte die Nacht etwas gefroren. Ringsum an den Hängen der Hügel standen massenhaft Farmerfamilien, die in ihren leichten zweiräderigen Wagen aus der Nachbarschaft, teilweise aber auch von weither, gekommen waren. In dem Tümpel stand, bis an den Leib, in schwarzer Kleidung, der Prediger. In den Tümpel hinein traten – nach Vorbereitungen verschiedener Art – nacheinander ca. 10 Personen beiderlei Geschlechts in gesellschaftlicher Kleidung, wurden auf den Glauben verpflichtet, tauchten dann, die Frauen im Arm des Predigers, gänzlich unter das Wasser, kamen prustend hoch, schlotterten mit angeklatschter Kleidung aus dem Teich, wurden allseitig *beglückwünscht,* dabei schleunigst in dicke Plaids gehüllt und von dannen nach Hause gefahren.[6] Ein Verwandter, der neben mir stand und, deutschen Traditionen gemäß unkirchlich, verächtlich über die Achsel spuckend zusah[7], wurde beim Eintauchen eines der jungen Männer aufmerksam: *Look at him, – I told you so!* – Auf die Frage (nach Beendigung der Zeremonie): Warum hast Du Dir das, wie Du sagst, vorausgedacht? kam die Antwort: *Weil er eine Bank in M. aufmachen will.* – Sind denn so viele Baptisten in der Gegend, um davon zu leben? – *Durchaus nicht, aber er bekommt ja, nun er getauft ist, die Kundschaft der ganzen Umgegend und wird alles niederkonkurrieren.* Die Rückfragen, warum? und wodurch?, ergaben: daß die Rezeption in die dortige, noch streng an der religiösen Tradition haftende, Baptistengemeinde, welche erst nach sorgsamster *Erprobung* und nach peinlichsten, sich bis in die frühe Kindheit zurückerstreckenden Recherchen über den *Wandel (disorderly conduct?* Wirtshausbesuch? Tanz? Theater? Kartenspiel? unpünktliche Zahlung von Verbindlichkeiten? sonstige Leichtfertigkeiten?) erfolgte, als eine derart absolute Garantie der ethischen Qualitäten eines Gentleman, vor allem: der geschäftlichen, gelte, daß dem Betreffenden die Depots der gesamten Umgegend und schrankenloser Kredit konkurrenzlos sicher seien. Er sei ein

[6] *Faith* schütze unfehlbar gegen Schnupfen, bemerkte ein Verwandter.
[7] Er sprach einen Getauften an: *Hallo, Bill, wasn't the water pretty cool?* und erhielt die sehr ernste Antwort: *Jeff, I thought of some pretty hot place (die Hölle!), and so I didn't care for the cool water.*

gemachter Mann. Weitere Beobachtung ergab, daß diese oder doch sehr ähnliche Erscheinungen sich in den verschiedensten Gegenden ähnlich wiederholten. Es kamen diejenigen (und im allgemeinen nur diejenigen) geschäftlich hoch, welche methodistischen oder baptistischen oder anderen Sekten (oder sektenartigen Konventikeln) angehörten. Verzog ein Sektenmitglied in einen anderen Ort oder war er Handlungsreisender, so führte er das certificate seiner Gemeinde mit sich und hatte dadurch nicht nur Anschluß bei Sektengenossen, sondern vor allem: Kredit bei aller Welt. Geriet er (unverschuldet) in ökonomische Schwierigkeiten, so arrangierte die Sekte seine Verhältnisse, sicherte die Gläubiger und half ihm in jeder Art, oft noch nach dem biblischen Prinzip *mutuum date nihil inde sperantes.* Aber nicht diese Erwartung der Gläubiger, daß die Sekte um ihres Prestiges willen sie nicht zu Schaden kommen lassen werde, war das letztlich für seine Chancen Ausschlaggebende, sondern die Tatsache, daß in eine einigermaßen reputierliche Sekte nur aufgenommen wurde, wessen *Wandel* ihn als zweifelsfrei ethisch qualifiziert erscheinen ließ. Daß also die Sektenmitgliedschaft – im Gegensatz zur Mitgliedschaft einer *Kirche,* in die man *hineingeboren* wird und die ihre Gnade über Gerechte und Ungerechte scheinen läßt – ein ethisches, insbesondere auch ein geschäftsethisches, Qualifikationsattest für die Persönlichkeit bedeutete. Eine *Kirche* ist eben eine Gnadenanstalt, welche religiöse Heilsgüter wie eine Fideikommißstiftung verwaltet und zu welcher die Zugehörigkeit (der Idee nach!) obligatorisch, daher für die Qualitäten des Zugehörigen nichts beweisend, ist, eine *Sekte* dagegen ein voluntaristischer Verband ausschließlich (der Idee nach) religiös-ethisch Qualifizierter, in den man freiwillig eintritt, wenn man freiwillig kraft religiöser Bewährung Aufnahme findet.[8] Ausschluß aus der Sekte wegen ethischer Verstöße bedeutete wirtschaftlich Verlust der Kreditwürdigkeit und soziale Deklassierung. Vielfache Beobachtungen in den folgenden Monaten bestätigten nicht nur die zwar anscheinend schnell absterbende, aber (damals) noch immer recht wichtige Bedeutung der Kirchlichkeit als solcher[9], sondern auch gerade dieses besonders wichtigen Zuges. Die Art

[8] Daß der konkurrierende Seelenfang der Sekten – stark durch materielle Interessen der Prediger mitbedingt – dieser Auslese oft sehr stark entgegenwirkte, gerade in Amerika, steht natürlich fest. Vielfach waren daher Kartelle zwischen den konkurrierenden Denominationen üblich, um diesen Seelenfang zu begrenzen (so z. B. zur Ausschließung der eine starke Anziehungskraft ausübenden leichtfertigen Trauung eines ohne – nach religiösen Grundsätzen – zureichenden Grund Geschiedenen. Hier sollten, angeblich, einige Baptistengemeinschaften zeitweise lax gewesen sein, während sowohl der katholischen wie der lutherischen (Missouri-) Kirche korrekte Strenge nachgerühmt wurde, die aber bei beiden den Mitgliederbestand (angeblich) schmälerte.

[9] In mehreren Fällen in Großstädten wurde mir (spontan) erzählt, daß ein Bauterrainspekulant regelmäßig zuerst ein (oft äußerst bescheidenes) *Kirchengebäude* herzustellen, dann einen Zögling eines der verschiedenen theologischen Seminare mit 5-600 $ Gehalt zu engagieren und ihm eine glänzende Lebensstellung als Prediger in Aussicht zu stellen pflege, falls er eine Gemeinde um sich sammle und ihm den Bauplatz *voll predige.* Es wurden verfallene kirchenartige Baulichkeiten gezeigt, welche

des Glaubensbekenntnisses war heute ziemlich gleichgültig.[10] Ob Freimaurer[11] ob Christian Science, ob Adventist, Quäker oder was immer, war einerlei. Wenn nur das Entscheidende vorlag: die Aufnahme nur durch *ballot* nach vorheriger Prüfung und ethischer Bewährung im Sinn jener Tugenden, welche die innerweltliche Askese des Protestantismus, also: die alte puritanische Tradition, prämiierte, dann war die gleiche Wirkung zu beobachten. Näheres Zusehen ergab dann das stetige Fortschreiten jenes charakteristischen *Säkularisations*-Prozesses, dem solche aus religiösen Konzeptionen geborene Erscheinungen in moderner Zeit überall verfallen. Nicht nur mehr religiöse Verbände: Sekten also, waren es, welche diese Wirkung entfalteten. Vielmehr diese in stetig abnehmendem Anteil. Bei einiger Aufmerksamkeit fiel (noch vor 15 Jahren) in die Augen: daß im amerikanischen bürgerlichen Mittelstand (immer: außerhalb der ganz modernen Großstädte und Immigrationszentren) auffällig viele Männer im Knopfloch ein kleines Abzeichen (verschiedener Färbung) trugen, welches am ehesten etwa an eine Ehrenlegionsrosette erinnerte. Auf Befragen: was das sei? wurde regelmäßig ein Verband mit einem zuweilen abenteuerlichen Phantasienamen genannt. Und als dessen Sinn und Zweck stellte sich heraus: daß er fast stets die Funktion einer Sterbekasse, daneben sehr verschiedene andere Leistungen darbot, oft aber auch, und zwar gerade in den Gebieten, die von der modernen Zersetzung am unberührtesten waren, dem Mitglied den (ethischen) Anspruch auf brüderliche Nothilfe seitens jedes bemittelten Verbandsbruders bei unverschuldeter ökonomischer Gefährdung gab, und zwar in mehreren mir damals bekannt gewordenen Fällen wiederum geradezu noch nach dem Grundsatz: mutuum date nihil inde sperantes oder doch zu einem sehr niedrigen Zinssatz. Ein Anspruch, der anscheinend auch

Mißerfolge kennzeichneten. Meist aber hätten sie Erfolg. Der nachbarschaftliche Anschluß, Sunday School usw., wären eben dort dem Neusiedler unentbehrlich, vor allem aber: der Anschluß an *ethisch* verläßliche Nachbarn.

[10] Die Sekten stehen untereinander trotz der – auch durch die Art der materiellen und geistigen Darbietungen bei den Gemeinde-Thee-Abenden, in vornehmen Kirchen auch der Gesangsdarbietungen (ein Tenor in Trinity Church, Boston, der angeblich nur sonntags zu singen hatte, erhielt damals 8000 $) – scharfen Konkurrenz oft in recht guten Beziehungen. Auf jene Baptistentaufe z. B. wurde in der Methodistenkirche im Gottesdienst, dem ich beiwohnte, als auf ein für jedermann erbauliches Schauspiel hingewiesen. *Unterscheidungslehren,* überhaupt Dogmatik, anzuhören, lehnten die Gemeinden meist völlig ab. Nur Ethik durfte gebracht werden. Diese war in den Fällen, wo ich Predigten für den Mittelstand hörte, die typische bürgerlich anständige und tüchtige Moral, freilich von der hausbackensten und nüchternsten Art, aber mit sichtlicher innerlicher Überzeugung, oft: Bewegtheit, vorgetragen.

[11] Ein *assistant* der semitischen Sprache einer östlichen Universität sagte mir: Er bedaure, nicht *Meister vom Stuhl* geworden zu sein, denn dann würde er in das Geschäftsleben zurückgehen. Auf die Rückfrage: was ihm denn das nützen könne, wurde geantwortet: Wenn er als Handlungsreisender oder Verkäufer sich als solcher ausweisen könne, schlage er, als notorisch reell, jede Konkurrenz und werde mit Gold aufgewogen.

willig von den Verbandsbrüdern erfüllt wurde. Überdies aber, – und dies war auch hier die Hauptsache: – beruhte eben die Mitgliedschaft wiederum auf Ballotage nach vorheriger Recherche und Feststellung der ethischen Bewährung. Und die Rosette im Knopfloch bedeutete also: *Ich bin ein nach Recherche und Bewährung patentierter und kraft meiner Mitgliedschaft garantierter Gentleman:* – vor allem wieder in dem geschäftlichen Sinn der erprobten Kreditwürdigkeit. Auch hier konnte festgestellt werden, daß die geschäftlichen Chancen durch diese Legitimierung oft völlig entscheidend beeinflußt wurden.

Alle diese Erscheinungen, die – zum mindesten die religiösen – in ziemlich schnellem Verfall zu sein schienen[12], waren wesentlich auf den bürgerlichen Mittelstand beschränkt. Sie waren insbesondere das typische Vehikel des Aufstiegs in den Kreis des mittleren bürgerlichen Unternehmertums und der Verbreitung und Erhaltung des bürgerlichen kapitalistischen Geschäftsethos innerhalb der breiten Kreise dieses mittleren Bürgerstandes (mit Einschluß der Farmer). Zwar gehörten bekanntlich nicht ganz wenige (wohl: die Mehrzahl der älteren Generation) der amerikanischen *promoters, captains of industry,* der Multimillionäre und auch der Trustmagnaten formell Sekten, besonders den Baptisten, an. Diese indessen naturgemäß oft nur aus konventionellen Gründen, wie bei uns, und nur zur persönlich-gesellschaftlichen, nicht aber zur geschäftlichen, Legitimation. Denn wie schon in der Zeit der Puritaner bedurften naturgemäß solche *ökonomischen Übermenschen* einer derartigen Krücke nicht und ihre *Religiosität* war natürlich oft von mehr als zweifelhafter Aufrichtigkeit. Der Mittelstand: die in und aus ihm aufsteigenden Schichten vor allem, waren ebenso wie im 17. und 18. Jahrhundert Träger jener spezifisch religiösen Orientierung, die man sich sehr hüten muß, bei ihnen als nur opportunistisch bedingt anzusehen.[13] Aber es darf eben nie übersehen werden, daß ohne diese universelle Verbreitung jener Qualitäten und Prinzipien methodischer Lebensführung, welche durch diese religiösen Gemeinschaften gestützt wurden, der Kapitalismus noch heute sogar in Amerika nicht das wäre, was er ist. Es gibt keine nicht ganz streng feudal oder patrimonial gebundene Epoche der Geschichte irgendeines Wirtschaftsgebiets der Erde, in welcher kapitalisti-

12 Von manchen gebildeten Amerikanern wurden diese Tatbestände oft mit einer gewissen ärgerlichen Verachtung als *Humbug* oder Rückständigkeit kurz abgetan oder geradezu geleugnet; vielen waren sie auch – wie mir William James bestätigte – wirklich völlig unbekannt. Auf den verschiedensten Gebieten aber waren diese Rudimente noch in zuweilen grotesk wirkenden Formen lebendig.

13 *Heuchelei* und konventioneller Opportunismus war in diesen Dingen drüben schwerlich stärker entwickelt als bei uns, – wo schließlich der *konfessionslose* Offizier oder Beamte auch eine Unmöglichkeit war und ein Berliner *(arischer!)* Bürgermeister nicht bestätigt wurde, weil er ein Kind nicht taufen ließ. Nur die Richtung, in der sich diese konventionelle *Heuchelei* bewegte, war verschieden: Beamtenavancement bei uns, Geschäftschancen dort.

sche Figuren von der Art Pierpont Morgans, Rockefellers, Jay Goulds usw. gefehlt hätten, und nur die erwerbstechnischen Mittel, deren sie sich bedienten, haben (natürlich!) gewechselt. Sie standen und stehen *jenseits von Gut und Böse*, – aber: Nicht sie, so hoch man ihre wirtschaftsumwälzende Bedeutung sonst anschlagen mag, haben jemals den Ausschlag dafür gegeben: welcher Wirtschaftsgeist in einer Epoche und einem Gebiet herrschend war. Nicht sie, vor allem, waren die Schöpfer und nicht sie wurden die Träger des spezifisch okzidentalen bürgerlichen *Geistes*.

Es soll nun hier nicht auf die politische und soziale Bedeutung dieser und der zahlreichen ähnlichen exklusiven, sich durch Ballotage ergänzenden Verbände und Klubs in Amerika eingegangen werden. Vom Boys' Club auf der Schule angefangen zum Athletic Club oder zur Greek Letter Society oder zu einem anderen studentischen Klub gleichviel welcher Art und dann zu einem der zahlreichen Honoratioren-Klubs der Geschäftsleute und des Bürgertums oder schließlich zu den Klubs der Plutokratie in den Großstädten geleitete den typischen Yankee noch der letzten Generation eine Serie von solchen exklusiven Gesellschaften durch das Leben. Zu ihnen Zutritt zu erlangen war gleichbedeutend mit einem Billet zum Aufstieg, vor allem mit der Bescheinigung vor dem Forum seines eigenen Selbstgefühls: sich *bewährt* zu haben. Ein Student, der im College in keinem Klub (oder klubartiger Gesellschaft) irgendwelcher Art Eintritt fand, war in der Regel eine Art von Paria (es sind mir Selbstmorde wegen Nichtrezeption bekannt geworden), ein Geschäftsmann, Commis, Techniker, Arzt, der das gleiche Schicksal hatte, war meist von fragwürdiger Verwendungsfähigkeit. Heute sind zahlreiche derartige Klubs Träger jener ständischen Aristokratisierungstendenzen, welche, neben und – was wohl zu beachten ist – zum Teil im Gegensatz zur nackten Plutokratie, der amerikanischen Entwicklung der Gegenwart charakteristisch sind.[14] Aber in der Vergangenheit und bis in die Gegenwart hinein war es ein Merkmal gerade der spezifisch amerikanischen Demokratie: daß sie nicht ein formloser Sandhaufen

[14] Das bloße *Geld* kauft auch in Amerika an sich zwar Macht, aber nicht: soziale Ehre. Natürlich ist es ein Mittel dazu. Ebenso bei uns und überall. Nur war bei uns der gewiesene Weg: Ankauf eines Rittergutes, Fideikommißstiftung, Briefadel, der dann die Rezeption der Enkel in die adlige *Gesellschaft* ermöglichte. Drüben achtete die alte Tradition den Mann, der selbst erworben hatte, höher als den Erben, und war der Weg zu sozialer Ehre: vornehme Verbindung in vornehmem College, früher: vornehme Sekte (z. B. Presbyterianer, in deren Kirchen in New York man auf den Kirchenstühlen weiche Pfühle und Fächer finden konnte), jetzt vor allem: vornehmer Klub. Daneben jetzt die Art der Wohnung (in *der* Street, die in Mittelstädten fast nie fehlt), der Kleidung, des Sports. Erst neuerdings: Abstammung von den Pilgrim Fathers, von den Pocahontas oder anderen indianischen Damen u. dgl. Näher kann hier darauf nicht eingegangen werden. Massenhaft sind die mit der Ergründung von pedigrees der Plutokratie befaßten Dolmetschbüros und Agenturen aller Art. Alle diese oft höchst grotesken Erscheinungen gehören in das weite Gebiet der Europäisierung der amerikanischen *Gesellschaft*.

von Individuen, sondern ein Gewirr streng exklusiver, aber voluntaristischer, Verbände war. Wenn sie, bis vor nicht langer Zeit, das Prestige der Geburt und des ererbten Reichtums, des Amts und der diplomierten Erziehung nicht oder doch nur in einem so geringen Grade anerkannten, wie dies sonst in der Welt nur sehr selten der Fall war und ist, so war sie doch weit davon entfernt, jeden Beliebigen mit offenen Armen als gleichgestellt zu rezipieren. Gewiß: Ein amerikanischer Farmer hätte (noch vor 1½ Jahrzehnten) seinen Gast nicht über sein Feld an einem pflügenden (eingeborenen!) Arbeiter vorübergeführt, ohne ihn mit diesem nach förmlicher Vorstellung *die Hände schütteln* zu machen. Gewiß: In einem typischen amerikanischen Klub hörte früher jegliche Erinnerung daran, daß z. B. die beiden Mitglieder, welche Billard miteinander spielten, etwa im Verhältnis von Chef und Commis standen, absolut auf: Hier herrschte die Gleichheit des Gentleman.[15] Gewiß: Die Frau des amerikanischen Arbeiters, welche der Gewerkschaftler, mit dem man luncht, mitbrachte, hatte – etwas einfacher und linkischer – sich gänzlich der Kleidung und dem Benehmen der bürgerlichen Lady angepaßt. Aber wer, es sei in welcher Stellung immer, in dieser Demokratie als vollwertig gelten wollte, mußte nicht nur sich den Konventionen der bürgerlichen society fügen, einschließlich der sehr strengen Herrenmode, sondern er mußte auch, in aller Regel, sich darüber ausweisen können, daß es ihm gelungen war, in eine der als ausreichend legitimiert anerkannten Sekten, Klubs oder Gesellschaften gleichviel welcher Art hineinballotiert zu werden und sich darin, durch Bewährung als Gentleman, zu behaupten.[16] Wem das nicht gelang, der war kein Gentleman, wer es verschmähte – wie die Deutschen meist[17] –, der hatte einen schweren Weg, vor allem auch: geschäftlich.

Indessen, wie gesagt, die soziale Bedeutung dieser jetzt in tiefgreifender Umbildung begriffenen Zustände soll hier nicht untersucht werden. Uns interessiert zunächst: daß die moderne Stellung der weltlichen, durch Ballotage sich ergänzenden Klubs und Gesellschaften weitgehend Produkt eines Säkularisationsprozesses von der ehemaligen weit ausschließlicheren Bedeutung des Prototyps dieser voluntaristischen Verbände: der Sekten, ist. Und zwar gerade

15 Nicht immer so in den deutschamerikanischen Klubs. Auf die Frage an New Yorker junge deutsche Kaufleute (mit den besten hanseatischen Namen): warum sie alle die Aufnahme in einen amerikanischen – statt den recht hübsch eingerichteten deutschen – Klub erstrebten, war die Antwort: daß zwar auch ihre (deutsch-amerikanischen) Chefs gelegentlich mit ihnen Billard spielten, aber nicht ohne daß man fühle, daß sie dies von sich selbst *recht nett* fänden.

16 Parallele bei uns: die Bedeutung der Couleuren und des Reserveoffizierpatents für communium und connubium und die hohe ständische Bedeutung der *Satisfaktionsfähigkeit*. Die Sache ist die gleiche: aber die Richtung und materielle Wirkung sind charakteristisch verschieden.

17 S. aber die vorige Anmerkung. Das Einpassieren in einen amerikanischen Klub (auf der Schule oder später) ist stets der entscheidende Augenblick für den Verlust des Deutschtums.

im Heimatsgebiet des echten Yankeetums: in den nordatlantischen Staaten. Erinnern wir uns doch zunächst einmal: daß innerhalb der amerikanischen Demokratie das allgemeine gleiche Wahlrecht (der Nicht-Farbigen! denn für Neger und alle Mischlinge besteht es ja auch heute de facto nicht) und ebenso die *Trennung von Staat und Kirche* erst Errungenschaft einer jungen Vergangenheit, im wesentlichen Anfang des 19. Jahrhunderts beginnend, sind, und daß in der Kolonialzeit in den Zentralgebieten Neu-Englands, vor allem in Massachusetts, Voraussetzung des Vollbürgerrechts im Staat (neben einigen anderen Bedingungen vor allem:), das Vollbürgerrecht in der Kirchengemeinde war, die ihrerseits über Zulassung oder Nichtzulassung verfügte.[18] Und zwar verfügten sie darüber je nach der Bewährung der religiösen Qualität durch den Wandel, wie alle – im weiten Sinne des Worts – puritanischen Sekten. Nicht minder waren in Pennsylvanien bis einige Zeit vor dem Unabhängigkeitskrieg die Quäker Herren des Staats, wenn auch nicht formell allein politische Vollbürger (sondern nur noch kraft einer weitgehenden Wahlkreisgeometrie). Die ungeheure soziale Bedeutung der Zulassung zum Vollgenuß der Sektengemeinderechte, insbesondere: zum Abendmahl, wirkte bei den Sekten in der Richtung der Züchtung jener asketischen Berufsethik, welche dem modernen Kapitalismus in der Zeit seiner Entstehung adäquat war. Denn genau so, wie dies an der Hand jener persönlichen Erlebnisse für Amerika veranschaulicht wurde, hat die Religiosität der asketischen Sekten mehrere Jahrhunderte lang nachweislich überall, auch in Europa, gewirkt.

[18] Die Bildung der Kirchengemeinde ging bei der Einwanderung nach Neu-England oft der politischen Vergesellschaftung (nach Art des bekannten Pakts der Pilgerväter) voran. So schlossen die Dorchesterer Immigranten von 1619 sich zunächst – ehe sie auswanderten – zu einer Kirchengemeinde zusammen und wählten Pastor und Lehrer. In der Kolonie Massachusetts war die Kirche eine formell völlig selbständige Korporation, die freilich nur Bürger als Mitglieder rezipierte und deren Mitgliedschaft andererseits Voraussetzung des Bürgerrechts war. Ebenso war anfänglich in New Haven (vor der gegen Widerstand erfolgten Einverleibung in Connecticut) die Kirchenmitgliedschaft und guter Wandel (= Zulassung zum Abendmahl) Vorbedingung des Bürgerrechts. In Connecticut war dagegen (1650) die township verpflichtet, die Kirche zu erhalten (ein Abfall von den strengen Prinzipien des Independentismus ins Presbyterianische). Das bedeutete sofort eine etwas laxere Praxis: Nach Einverleibung von New Haven wurde dort die Kirche auf die Erteilung von Zertifikaten darüber beschränkt, daß der Betreffende religiös unanstößig und hinlänglich bemittelt sei. Massachusetts mußte schon im 17. Jahrhundert gelegentlich der Einverleibung von Maine und New Hampshire von der vollen Strenge der religiösen Qualifikation für die politischen Rechte abgehen. Und auch in der Frage der Kirchenmitgliedschaft mußten Kompromisse geschlossen werden, deren berühmtester der Halfway-Covenant von 1657 ist. Auch die nicht nachweislich Wiedergeborenen wurden zur membership zugelassen, aber – bis Anfang des 18. Jahrhunderts – nicht zur Kommunion.

Blicken wir nämlich in die kirchliche Vorgeschichte dieser protestantischen Sekten zurück[19], so finden wir in deren Dokumenten, vor allen bei den Quäkern und Baptisten, bis in das 17. Jahrhundert hindurch (und gerade damals) immer wieder den Jubel darüber, daß die sündigen *Kinder der Welt* einander gegenseitig selbst geschäftlich mißtrauen, daß sie dagegen der religiös bedingten Rechtlichkeit der Frommen vertrauen[20], deshalb ihnen und nur ihnen Kredit und ihr Geld ins Depot geben, in ihren Läden ihre Einkäufe machen, weil sie dort und nur dort reell und zu festen Preisen bedient werden, – was zuerst zum Prinzip erhoben zu haben die Baptisten bekanntlich von jeher für sich in Anspruch nahmen.[21] Daß die Götter den, der ihnen wohlgefällig ist, sei es

[19] Einiges aus der in Deutschland nicht sehr bekannten älteren Literatur sei noch angeführt: Einen Abriß der Baptisten-Geschichte gibt: Vedder, A short history of the Baptists (2. Aufl. 1897, London). Über Hanserd Knollys: Culross: H. Kn. Vol. II der Baptist Manuals und by P. Gould (London 1891). Zur Täufergeschichte: E. B. Bax, Rise and fall of the Anabaptists, New York 1902. Über Smyth: Henry M. Dexter, The true story of John Smyth, the Se-Baptist, as told by himself and his contemporains, Boston 1881. Die wichtigen Publications der Hanserd Knollys Society (printed for the Society by J. Hadden, Castle Street, Finsbury 1846-1854) wurden schon zitiert. Weitere offizielle Dokumente in The Baptist Church Manual by J. Newton Brown D. D. Philadelphia, American Baptist Pub. Soc. S. 30 Arch Street. Über die Quäker außer dem früher zitierten Werk von Sharpless: A. C. Applegarth, The Quakers in Pennsylvania X Ser. Vol. VIII, IX der Johns Hopkins University Studies in History and political Science. G. Lorimer, Baptists in history, New York 1902. J. A. Seiss, Baptist system examined (Lutheran Public. S. 1902). Über Neu-England (außer Doyle): die Massachusetts Historical Collections, ferner: Weeden, Economic and social history of New-England 1620-1789 (2 Bde.) Daniel W. Howe, The Puritan Republic (Indianapolis, Bowen Merrill Cy Publ.). – Für die Entwicklung der *Covenant*-Idee im älteren Presbyterianismus, seine Kirchenzucht und sein Verhältnis zur offiziellen Kirche einerseits, den Congregationalisten und Sektierern anderseits: Burrage, The Church Covenant Idea 1904; ders. The early English Dissenters 1912, ferner: W. M. Macphail, The Presbyterian Church 1918; J. Brown, The English Puritans 1910; wichtige Dokumente bei: Usher, The Presbyterian movement 1584-89. Com. Soc. 1905. Hier wird nur eine äußerst provisorische Feststellung des für uns Wesentlichen geboten.

[20] Für so völlig selbstverständlich galt dies im 17. Jahrhundert, daß – wie schon früher erwähnt – Bunyan (Pilgrims Progress, Tauchnitz Ed. S. 114) den *Mr. Money-love* geradezu argumentieren läßt, daß man fromm werden dürfe, um reich zu werden, insbesondere um seine Kundschaft zu vermehren; denn weshalb man fromm geworden sei, müsse ja gleichgültig sein.

[21] Außer ihnen auch die Quäker, wie folgende mir s. Z. von Herrn E. Bernstein nachgewiesene Stelle belegt: *But it was not only in matters which related to the law of the land where the primitive members held their words and engagements sacred. This trait was remarked to be true of them in their concerns in trade. On their first appearance as a society they suffered as tradesmen, because others, displeased with the peculiarity of their manners, withdrew their custom from their shops. But in a little time the great outcry against them was, that they got the trade of the country into their hands. This outcry arose in part from a strict exemtion of all commercial agreements between them and other, and because they never asked two prices for the commodities they sold.* Thomas Clarkson, A Portraiture of the Christian Profession and Practice of the Society of Friends. 3d ed. London 1867, p. 276. (Die erste Auflage erschien um 1830.)

durch Opfer, sei es durch die Art seiner Lebensführung, mit Reichtum segnen, war nun freilich eine über die ganze Welt verbreitete Vorstellung. Daß dies jedoch mit dieser Art der religiösen Lebensführung, gemäß dem frühkapitalistischen Prinzip: *honesty is the best policy,* bewußt in Verbindung gebracht wird, findet sich zwar nicht absolut ausschließlich, allerdings aber in dieser Kontinuität und Konsequenz nur bei diesen protestantischen Sekten.[22] Aber nicht nur diese Ethik, von der ja schon im vorigen Aufsatz näher die Rede war, sondern vor allem die sozialen Prämien und Zuchtmittel und überhaupt die gesamte organisatorische Grundlage des protestantischen Sektentums mit allen ihren Wirkungen reichen in die Anfänge der asketischen Sektenbildung zurück. Jene heutigen Rudimente in Amerika sind die Ausläufer einer einstmals überaus penetrant wirkenden Organisation kirchlicher Lebensreglementierung. Machen wir uns deren Art, Wirkungsweise und Wirkungsrichtung in kurzem Überblick klar.

Innerhalb des Protestantismus tauchte das Prinzip der *believers church:* der streng auf *wahre* Christen beschränkten, daher voluntaristischen, von der Welt abgeschiedenen Gemeinschaft eines wirklich heiligen Volkes zuerst deutlich bei den Täufern in Zürich 1523/4 auf[23], welche 1525 im Anschluß an Th. Münzer – der die Kindertaufe verworfen, aber nicht die letzte Konsequenz: die nochmalige Taufe von als Kindern getauften Erwachsenen (Wiedertaufe) gefordert hatte – die Erwachsenentaufe (einschließlich der – eventuellen – Wiedertaufe) einführten. Wandernde Handwerksburschen, die Hauptträger der Täuferbewegung, trugen sie nach jeder Unterdrückung in neue Gebiete. Es soll nun hier nicht auf die Ausprägungen dieser voluntaristischen innerweltlichen Askese: die alten Täufer, die Mennoniten, die Baptisten, die

[22] Die gesamte, typisch bürgerliche Ethik war bei allen asketischen Sekten und Konventikeln von Anfang an gemeinsam und identisch mit der, welche sie noch bis in die Gegenwart in Amerika pflegten. Als verboten galt z. B. den Methodisten: 1. viel Worte beim Kaufen und Verkaufen machen *(feilschen),* – 2. Handel mit unverzollten Waren, – 3. höhere Zinsen als das Landesgesetz erlaubte, – 4. *sich Schätze auf Erden zu sammeln* (= Verwandlung von Kapital in Vermögen), – 5. Kreditnehmen ohne Sicherheit, zurückzahlen zu können, – 6. Aufwand jeder Art.

[23] Quellen sind Zwinglis Aussagen (Füßli I, 228, vgl. 243, 253, 263) und sein Elenchus contra catabaptistas (Werke III, 357, 362). Zwingli hatte in seiner eigenen Gemeinde charakteristischerweise sehr viel mit Antipädobaptisten zu schaffen, welche ihrerseits in der täuferischen *Separation,* also im Voluntarismus, das nach der Schrift Verwerfliche erblickten. Den Ausschluß aller *wicked liars* von der Kirche und die Zulassung nur der *faithful* und ihrer Kinder forderte eine brownistische Eingabe an König Jacob I. von 1603. Aber auch das (presbyterianische) Directory of Church Government von (wahrscheinlich) 1584 (nach dem Original erstmalig publ. in der Heidelb. Dissertation von A. f. Scott Pearson 1912) Art. 37. fordert Zulassung nur von Leuten, die sich der Disziplin unterworfen hatten oder *literas testimoniales idoneas aliunde attuleriut,* zum Abendmahl.

Quäker, einzeln eingegangen werden und auch nicht erneut dargelegt werden, wie jede asketische Denomination, auch der Calvinismus[24] und Methodismus, immer wieder in die gleiche Bahn gedrängt wurde: Entweder das Konventikel

[24] Die Problematik des aus der Forderung der ecclesia pura logisch folgenden sektiererisch-voluntaristischen Prinzips für die reformierte (calvinistische), das Sektenprinzip ablehnende Kirche tritt in moderner Zeit dogmatisch besonders deutlich hervor bei A. Kuyper (dem bekannten späteren Ministerpräsidenten). Vor allem in seiner abschließenden Programmschrift: Separatie en doleantie (Amsterdam 1890). Das Problem gilt ihm als Konsequenz des Fehlens des unfehlbaren Lehramts in der nichtkatholischen Christenheit, welches bedinge, daß der *Körper* der sichtbaren Kirche nicht das *Corpus Christi* im Sinn der alten Reformierten sein könne, sondern notwendig nach Raum und Zeit geteilt und mit menschlichen Mängeln behaftet bleiben müsse. Eine sichtbare Kirche entstehe lediglich durch Willensakt der Gläubigen kraft der von Christus ihnen gegebenen Befugnis und die potestas ecclesiastica liege daher weder bei Christus selbst, noch bei den ministri, sondern nur bei der gläubigen Gemeinde (Anknüpfung an Voët). Durch rechtlich freiwilligen Zusammentritt von Gemeinden – der aber eine religiöse Pflicht sei – entstehe die größere Gemeinschaft. Der römische Grundsatz: daß, wer Kirchenglied sei, dadurch eo ipso auch Gemeindeglied seines Wohnortes sei, sei abzulehnen. Die Taufe mache nur zum passiven *membrum incompletum* und gebe keine Rechte. Nicht schon die Taufe, sondern erst *belijdenis en stipulatie* machen zum aktiven Gemeindemitglied im Rechtssinne, und die Gemeindemitgliedschaft (und nur sie) sei identisch mit der Unterstellung unter die disciplina ecclesiae (wiederum Anknüpfung an Voët). Das Kirchenrecht behandle eben die von Menschen geschaffenen, zwar an Gottes Ordnungen gebundenen, aber nicht diese selbst darstellenden Satzungen der sichtbaren Kirche (cf. Voët, Pol. eccles. Vol. I, p. 1 und 11). All das sind independentische Abwandlungen des genuinen reformierten Kirchenverfassungsrechts (wie es besonders gut von Rieker dargestellt worden ist) im Sinn einer aktiven Mitwirkung der Gemeinde, also: der Laien, bei der Aufnahme. Diese Mitwirkung der ganzen Gemeinde war auch in Neu-England ein immer wieder in stetem Kampf gegen die erfolgreich eindringende *johnsonistische,* die Kirchenherrschaft der *ruling elders* vertretende Richtung festgehaltenes Programm zuerst der brownistischen Independenten. Daß nur *regenerates* aufgenommen werden sollten *(von 40 nur Einen* nach Baillie), verstand sich von selbst. Ähnlich im 19. Jahrh. auch die Kirchentheorie der schottischen Independenten (Sack a. a. O.), die auch den besonderen Aufnahmebeschluß forderten. Die Kuypersche Kirchentheorie selbst ist aber im übrigen natürlich nicht *kongregationalistisch.* Die von ihm statuierte religiöse Verpflichtung der Einzelgemeinden, der Gesamtkirche beizutreten und anzugehören, fällt nur dann fort, und die Verpflichtung zur *separatie* tritt – da es an einem Ort nur eine rechtmäßige Kirche geben kann – erst dann ein, wenn die *doleantie:* der Versuch, durch aktiven Protest und passive Obstruktion die verderbte Gesamtkirche zu bessern (doleeren = protestieren kommt als Terminus schon im 17. Jahrh. vor), endgültig nach Erschöpfung aller Mittel vergeblich geblieben ist und der Gewalt gewichen werden muß. Dann freilich ist, da es in der Kirche *Untertanen* nicht gibt, sondern die Gläubigen als solche ein gottgegebenes Amt verwalten, die selbständige Konstituierung Pflicht. Denn: Revolutionen können Pflicht gegen Gott sein (Kuyper, De conflict gekomen S. 30/1) – Auch Kuyper steht (wie Voet) auf dem alten independentischen Standpunkt: daß nur die am Abendmahl kraft Zulassung Beteiligten Vollglieder der Kirche sind und nur sie imstande sind, für ihre Kinder in der Taufe die Bürgschaft zu übernehmen: Gläubig im geistlichen Sinn ist der innerlich Bekehrte, im rechtlichen Sinn nur der zum Abendmahl Zugelassene.

der exemplarischen Christen in der Kirche (Pietismus), oder aber die Gemeinschaft der als tadellos legitimierten kirchlichen Vollbürger als Herrn über die Kirche, der die andern nur als ein passiver, der Zucht unterworfener Stand von Minderchristen angehören (Independentismus). Der äußere und innere Konflikt der beiden Strukturprinzipien: *Kirche* als Gnadenanstalt, oder *Sekte*, als Verein der religiös Qualifizierten, geht im Protestantismus durch die Jahrhunderte von Zwingli bis zu Kuyper und Stöcker. Hier aber wollen wir lediglich die für die Beeinflussung der Lebensführung praktisch wichtigen Konsequenzen des voluntaristischen Prinzips uns vor Augen führen. Wir erinnern uns nur noch: daß der entscheidende Gedanke der Reinhaltung des Abendmahls – dessen zentrale soziale Bedeutung für die christlichen Gemeinschaften darin hervortritt – von der Teilnahme Unheiliger zwar auch in den nicht die Konsequenz der Sektenbildung ziehenden Denominationen, besonders bei den prädestinatianischen Puritanern, zu einer Art der Behandlung der Kirchenzucht führte, welche im Effekt der Zucht der Sekten nahe kam[25], daß er aber bei den Sekten selbst gerade in der ersten Zeit ihres Entstehens unmittelbar ausschlag-

[25] Auch für Kuyper (Dreigend conflict, 1886) ist die Grundvoraussetzung: daß es Sünde sei, das Abendmahl nicht von Ungläubigen rein zu erhalten (S. 41; Berufung auf 1. Kor 11, 26. 27. 29; 1. Tim. 5, 22; Apoc. 18, 4). Zwar über den Gnadenstand *vor Gott* habe die Kirche – im Gegensatz zu den *Labadisten* (radikalen Pietisten) – nie geurteilt. Aber für die Zulassung zum Abendmahl entscheide nur Glaube und Wandel. Die Verhandlungen der niederländischen Synoden des 16. und 17. Jahrhunderts sind angefüllt mit Erörterungen der Vorbedingungen der Zulassung zum Abendmahl: Südholl. Syn. v. 1574: keine Verabreichung des Abendmahls da, wo keine organisierte Gemeinde besteht, deren Älteste und Diakone Sorge tragen, daß kein Unwürdiger zugelassen wird; Synode von Rotterdam 1575: Nichtzulassung all derer, die ein offenbar ärgerliches Leben führen (die Zulassung erfolgte durch die Ältesten der Gemeinde, nicht einseitig durch den Prediger, und fast stets ist es die Gemeinde, welche – oft gegen die laxere Behandlung durch den Prediger – solche Bedenken erhebt: vgl. z. B. den Fall bei Reitsma II, S. 231); Frage, ob ein Mann, der eine Anabaptistin zur Frau hat, zum Abendmahl zugelassen werden dürfe: Syn. zu Leiden 1619 Art. 114; ob der Knecht eines *Lombarden* zuzulassen sei: Prov. Syn. zu Deventer 1595 Art. 24; ob *Bankrotteure* (Syn. v. Alkmaar 1599 Art. 11, das. von 1605 Art. 28) und Leute, die einen Akkord geschlossen haben (Nordholl. Syn. v. Enkhuizen 1618 Grav. Class. Amstel. Nr. 16) zuzulassen sind. Die letztere Frage wird bejaht für den Fall, daß das Konsistorium das Vermögensverzeichnis ausreichend und den dabei gemachten Vorbehalt von Nahrung und Kleidung für den Schuldner selbst und die Familie angemessen findet, insbesondere aber dann, wenn die Gläubiger erklären, mit dem Akkord zufrieden zu sein, und er ein Schuldbekenntnis ablegt. Über die Nichtzulassung von *Lombardierern* s. früher. Ausschluß von Ehegatten bei Unverträglichkeit: Reitsma III, S. 91, Erfordernis der Versöhnung der Prozeßgegner vor der Zulassung, Fernhaltung so lange der Streit dauert, bedingte Zulassung eines im Injurienprozeß Unterlegenen, der appelliert hat das. III S. 176. – Den Ausschluß vom Abendmahl in Ermangelung eines befriedigenden Ergebnisses der Prüfung der Würdigkeit (aber damals noch: durch den Seelsorger, nicht: die Gemeinde) hatte Calvin wohl zuerst in der Straßburger französischen Emigrantengemeinde durchgesetzt. Die Exkommunikation hätte nach seiner genuinen Lehre (Inst. Chr. Rel. IV. c. 12 S. 4, wo sie als Promulgation der göttlichen Sentenz bezeichnet wird) rechtmäßig eigentlich nur

gebend war.[26] Gleich der erste konsequente Voluntarist, Browne, hebt in seinem Treatise of Reformation without tarying for anie (vermutlich 1582) als Hauptmotiv für die Ablehnung des Episkopalismus und Presbyterianismus den Zwang zur Abendmahlsgemeinschaft mit *wicked men* hervor.[27] In der presbyterianischen Kirche bemühte man sich vergeblich, mit dem Problem fertig zu werden. Schon unter Elisabeth (Konferenz von Wandsworth) war dies der entscheidende Punkt.[28] Die Frage, wer vom Abendmahl ausschließen dürfe, spielte dann im englischen Revolutionsparlament immer erneut eine Rolle. Zuerst

über Reprobierte verhängt werden sollen, wird aber (S. 5 das.) doch auch als Mittel der *Besserung* behandelt. In Amerika ist förmliche Exkommunikation heute bei den Baptisten mindestens in den großen Städten sehr selten und wird in der Praxis durch *dropping:* einfaches, stillschweigendes Streichen, ersetzt. Immer waren bei den Sekten und Independenten die Laien die typischen Träger der Kirchenzucht, während die ursprünglich calvinistisch-presbyterianische Kirchenzucht eine ausgesprochen planvolle Herrschaft über Staat und Kirche erstrebte. Immerhin zog schon das *Directory* der englischen Presbyterianer von 1584 (Anm. 23 S. 196) die Laienältesten in gleicher Zahl wie die Geistlichen zur classis und den oberen Instanzen des Kirchenregiments zu. Verschieden aber war dabei zuweilen die Stellung der Ältesten und der Gemeinde zueinander geregelt. Wie das (presbyterianische) Lange Parlament 1645 die Ausschließung vom Lords Supper in die Hand der (Laien-) Ältesten legte, so die *Cambridge Platform* um 1647 in Neu-England. Die schottischen Independenten aber pflegten noch Mitte des 19. Jahrh. Anzeige wegen schlechten Lebenswandels an eine Kommission zu leiten, auf deren Bericht hin die ganze Gemeinde über den Ausschluß beschloß, entsprechend der strengeren Auffassung der solidarischen Verantwortung aller Einzelnen. Dies entsprach durchaus dem schon oben zitierten brownistischen, an König Jakob I. 1603 eingereichten Bekenntnis (Dexter a. a. O., S. 308), während die *Johnsonisten* die Souveränität der (gewählten) elders als biblisch ansahen, die auch entgegen dem Gemeindebeschluß sollten exkommunizieren können (Anlaß der Sezession Ainsworths). Über die entsprechenden Verhältnisse bei den frühenglischen Presbyterianern s. die in Anm. 19 S. 195 a. E. zitierte Literatur und die in Anm. 23 S. 196 zit. Dissertation von Pearson.

[26] Den gleichen Grundsatz vertraten übrigens auch die niederländischen Pietisten. Lodensteijn z. B. stand auf dem Standpunkt, daß man mit Nichtwiedergeborenen, und das sind bei ihm ausdrücklich: solche, die nicht die Zeichen der Wiedergeburt an sich tragen, nicht kommunizieren dürfe, ja er ging soweit, zu widerraten, daß man mit Kindern zusammen das Vaterunser bete, da sie doch noch nicht *Kinder Gottes* geworden seien. Noch Köhler fand in den Niederlanden gelegentlich die Ansicht vertreten: der Wiedergeborene sündige überhaupt nicht. Calvinistische Orthodoxie und erstaunliche Bibelfestigkeit war gerade in den kleinbürgerlichen Massen vertreten. Gerade die Orthodoxie war es auch hier, welche – der theologischen Bildung mißtrauend – noch gegenüber dem 1852er Kirchenreglement (neben dem Fehlen einer hinlänglich strengen *Censura morum)* die zu geringe Vertretung von Laien in der Synode beklagte, – was damals gewiß keiner lutherisch orthodoxen Kirchenpartei in Deutschland eingefallen wäre.

[27] Zitiert bei Dexter, Congregat. of the last three hundred years as seen in its litt. (Now York 1880) p. 97.

[28] Die 39 Artikel der Kirche von England wollten (mit Vorbehalten bezüglich der – hier nicht interessierenden – Art. 34-36) die englischen Presbyterianer unter Elisabeth anerkennen.

(1645) sollten minister und elders (also: Laien) darüber frei verfügen. Dabei versuchte das Parlament, die Fälle, in denen der Ausschluß zulässig sein sollte, festzustellen und alle anderen an den Konsens des Parlaments zu knüpfen: – ein *Erastianismus*, gegen den die Westminster-Versammlung scharf protestierte. Die Partei der Independenten zeichnete sich dadurch aus, daß sie außer ortsansässigen und als religiös vollwertig anerkannten Gemeindemitgliedern nur Personen mit Ausweisen (tickets) zur Kommunion zuließ; Auswärtigen wurden tickets nur bei Empfehlung durch Qualifizierte verabfolgt. Die beim Umzug in andre Orte und für Reisen ausgestellten Qualifikationszeugnisse (letters of recommandation) gehören ebenfalls schon dem 17. Jahrhundert an.[29] Innerhalb der offiziellen Kirche versuchten Baxters Konventikel (Associations), die 1657 in 16 counties eingeführt waren, sich als eine Art freiwilliger Zensurbehörde zu etablieren, die dem Pfarrer bei der Feststellung der Qualifikation und dem Ausschluß von *scandalous persons* vom Abendmahl zur Seite stehen wollte.[30] Ähnliches hatten schon die *5 dissenting brethren* der Westminster Versammlung – in Holland gewesenen Refugiés aus den oberen Klassen – mit ihrem Vorschlag bezweckt, neben der parish voluntaristische Kongregationen zu gestatten und auch ihnen das Wahlrecht zur Synode zu geben. In Neu-England ist die ganze Kirchengeschichte mit Kämpfen um die Frage: wer zu den Sakramenten (auch z. B. als Pate) zuzulassen sei, ob die Kinder der nicht Zugelassenen getauft werden dürfen[31] und unter welchen Kautelen und dergleichen, ausgefüllt. Die Schwierigkeit lag ja darin: daß einmal nur der Würdige das Abendmahl empfangen durfte, dieser aber es auch empfangen mußte[32], beim Zweifel an der eigenen Würdigkeit also die Fernhaltung nicht sündlos machte[33], und daß andererseits die Gemeinde für die Reinhaltung des Abendmahls von Unwürdigen, insbesondere

[29] Für die Zulassung von Nichtmitgliedern der lokalen Baptistengemeinde zum Abendmahl waren im 17. Jahrhundert bei auswärtigen Baptisten letters of recommandation nötig; Nichtbaptisten konnten nur nach Prüfung und Beschluß der Gemeinde zugelassen werden (Anhang zur Ausgabe der Hanserd Knollys Confession von 1689, West Church Pa. 1817). Für den Qualifizierten bestand auch bei ihnen dogmatischer Abendmahlszwang: Sich einer gültig konstituierten Gemeinde seines Wohnorts nicht anzuschließen war Schisma. Bezüglich der pflichtmäßigen Gemeinschaft mit andern Gemeinden war der Standpunkt zwar ähnlich wie bei Kuyper (s. o. Anm. 24 S. 197); jedoch wurde jegliche Jurisdiktion über der einzelnen Kirche abgelehnt. Über die litterae testimoniales bei den Covenanters und frühenglischen Presbyterianern s. oben Anm. 23 S. 196 und in der Anm. 19 S. 194 zit. Literatur.

[30] Shaw: Church Hist. under the Commonwealth II, 152-165; Gardiner Commonwealth III, p. 231.

[31] Hiergegen protestiert schon die Eingabe der Brownisten an König Jakob I. von 1603.

[32] Diesen Grundsatz sprachen z. B. Entschließungen wie die der Synode zu Edam 1585 (in der Sammlung von Reitsma S. 139) aus.

[33] Die Abendmahlsscheu zweifelnder Gemeindeglieder (wegen des 25. Artikels der Ch. of E.) ist bei Baxter, Eccles. Dir. II, p. 108 eingehend erörtert.

Reprobierten[34], Gott gegenüber solidarisch haftete. Vor allem also haftete sie für die Spendung durch einen würdigen, d.h. in der Gnade stehenden, minister. Damit tauchten uralte Kirchenverfassungsprobleme wieder empor. Vergebens versuchte Baxters Kompromißvorschlag: daß wenigstens im Notfall auch der Empfang durch einen unwürdigen, d.h. im Wandel anfechtbaren, minister zulässig sein sollte[35], zu vermitteln: Das alte donatistische Prinzip des persönlichen Charisma und das in der katholischen Kirche durch den Character indelebilis des Priesters radikal etablierte, aber auch die offiziellen Reformationskirchen beherrschende Prinzip der Anstaltsgnade stießen unbarmherzig aufeinander[36], wie in den Zeiten des Frühchristentums. Hierauf: Auf der religiösen Verantwortlichkeit der Gemeinde für die Würdigkeit sowohl des minister wie der Abendmahlsgenossen beruhte der kompromißlose Radikalismus der independentischen Gedankenwelt. Und dabei ist es im Prinzip geblieben. Bekanntlich ist noch in den letzten Jahrzehnten das Kuypersche Schisma in Holland mit seinen weittragenden politischen Folgen dadurch entstanden: daß, entgegen den Ansprüchen des synodalen Kirchenregiments der Herformde Kerk der Nederlanden, die Gemeindeältesten einer Kirche in Amsterdam: – Laien, mit dem späteren Ministerpräsidenten Kuyper, der auch ein einfacher Laienältester war, an der Spitze – sich weigerten, die Konfirmationsscheine auswärtiger, von ihrem Standpunkt aus unwürdiger oder ungläubiger, Prediger für die Zulassung zum Abendmahl als zulänglich anzuerkennen.[37] Im Wesen genau dies war der Gegensatz von Presbyterianern

[34] Wie sehr die Prädestinationslehre auch hier den reinsten Typus darstellt und wie groß ihre sehr zu Unrecht immer wieder angezweifelte praktische Bedeutung war, zeigt nichts so deutlich wie der erbitterte Streit darüber: ob die Kinder von – nach Ausweis ihres Lebenswandels – Reprobierten zur Taufe zugelassen werden dürften. Drei von den vier Amsterdamer Refugiésgemeinden (Anfang des 17. Jahrhunderts) waren dafür; aber in Neu-England kam erst der *Half-Way-Covenant* von 1657 darin entgegen. Für Holland s. auch Anm. 25 S. 198.

[35] A.a.O. II, p. 110.

[36] Schon Anfang des 17. Jahrhunderts erregte das Verbot der Konventikel (Slijkgeuzen) in Holland einen allgemeinen Kulturkampf. Mit furchtbarer Schärfe (1593 mit Androhung von Todesstrafe) ging Elisabeth gegen die Konventikel vor. Der antiautoritäre Charakter der asketischen Religiosität oder in diesem Fall richtiger: Das Konkurrenzverhältnis der geistlichen gegen die weltliche Autorität (Cartwright hatte ausdrücklich die Zulässigkeit der Exkommunikation auch gegen die Fürsten verlangt) war der Grund. In der Tat mußte das Beispiel Schottlands, des klassischen Bodens presbyterianischer Kirchenzucht und klerikaler Herrschaft gegen den König, abschreckend wirken.

[37] Liberale Amsterdamer Bürger hatten ihre Kinder, um dem Glaubensdruck der orthodoxen Prediger zu entgehen, zu liberalen Predigern in Nachbargemeinden zum Konfirmationsunterricht geschickt. Der Kerkraad der betreffenden Amsterdamer Gemeinde weigerte sich (1886), die Atteste über die von solchen Geistlichen ausgestellte sittliche Führung von Kommunikanten anzuerkennen und schloß diese vom Abendmahl aus, da dieses rein bleiben und man Gott mehr gehorchen müsse als den

und Independenten im 16. Jahrhundert. Denn aus jener Verantwortlichkeit der Gemeinde folgten entscheidend wichtige Konsequenzen. Nächst dem voluntaristischen Prinzip: freie Zulassung Würdiger und nur solcher als Gemeindemitglieder, das Prinzip der Souveränität der lokalen einzelnen Abendmahlsgemeinde. Nur sie konnte ja kraft persönlicher Bekanntschaft und Prüfung beurteilen, ob ein Mitglied qualifiziert sei, nicht aber ein sei es auch noch so frei gewähltes Kirchenregiment einer interlokalen Gemeinschaft. Und sie konnte das nur bei beschränkter Mitgliederzahl: relativ kleine Gemeinden allein waren dem Prinzip angemessen.[38] Wo die Gemeinschaften dafür zu groß waren, erfolgte daher entweder, wie im Pietismus, Konventikelbildung oder aber es wurden, wie im Methodismus, die Mitglieder zu Gruppen zusammengefaßt, welche Träger der Kirchenzucht waren.[39] Denn dies: Die

Menschen. Als der Beschwerde gegen diese Abweichung von der Synodenkommission Recht gegeben wurde, nahm der Kirchenrat, unter Verweigerung des Gehorsams, ein neues Reglement an, welches für den Fall der Suspension dem bestehenden Kirchenrat allein die Verfügung über die Kirche gab, verweigerte die Gemeinschaft, und die nunmehr suspendierten (Laien-) Ältesten Rutgers und Kuyper bemächtigten sich durch List, trotz angestellter Wächter, der Nieuwe Kerk (vgl. Hogerfeil, De kerkelijke strijd te Amsterdam 1886 und Kuypers zitierte Schriften). Schon in den 20er Jahren hatte unter Führung Bilderdijks und seiner Schüler Isaak da Costa und Abraham Capadose (zweier getaufter Juden) die prädestinatianische (deshalb z. B. auch die Abschaffung der Negersklaverei als *Eingriff in die Vorsehung* ebenso wie die Impfung ablehnende!) und gegen die mangelnde Kirchenzucht und Austeilung der Sakramente an Unwürdige eifernde Bewegung eingesetzt und zu Separationen geführt. Die Synode der *Afgeschiedenen gereformeerten Gemeente* zu Amsterdam 1840 verwarf unter Annahme der Dordrechter Canouns jegliche Art von Herrschaft (gezag) *in oder über der Kirche.* – Zu Bilderdijks Schülern gehörte Groen van Prinsterer.

38 Klassische Formulierung schon in der *Amsterdam Confession* von 1611 (in den Publ. of the Hanserd Knollys Society Vol. 10) Art. 16: That the members of every church and congregation ought to know one another, ... therefore a church ought not to consist of such a multitude as cannot have practical knowledge one of another. Jedes Synodalregiment und jede Schaffung zentraler Kirchenbehörden galt daher als, letztlich, schon ein Abfall vom Prinzip. So in Massachusetts, ebenso in England unter Cromwell, wo seinerzeit die Parlamentsordnung von 1641, welche jeder einzelnen Gemeinde gestattete, sich einen orthodoxen Minister zu beschaffen und lectures einzurichten, das Signal zum Einströmen der Baptisten und radikalen Independenten gegeben hatte. Die Einzelgemeinde (damals wohl noch der Tatsache nach: der Einzelgeistliche) als Träger der Kirchenzucht ist auch in den von Usher publizierten früh-presbyterianischen Dedhamer Protokollen vorausgesetzt. Ballot für die Zulassung: Protokoll vom 22. X. 1582: *That none be brougth in as one of this company without the general consent of the whole.* Aber schon 1586 erklärten diese Puritaner ihren Gegensatz gegen die Brownisten, welche die kongregationalistischen Konsequenzen zogen.

39 Die *Klassen* der Methodisten waren als Grundlage ihrer genossenschaftlichen Seelsorge geradezu das Rückgrat der ganzen Organisation. Je 12 Personen sollten zu einer *class* zusammengefaßt sein, der Klassenführer jedes Mitglied wöchentlich sehen, entweder im Hause oder dem class meeting, in welchem vor allem ein allgemeines Sündenbeichten üblich war. Er hatte über den Wandel des Mitglieds Buch zu führen. Diese Buchführung diente u. a. auch als Grundlage der Ausstellung der Zertifikate beim

außerordentlich straffe Sittenzucht[40], und zwar durch Selbstverwaltung der Gemeinde, war das dritte unvermeidliche, durch das Interesse an der Reinhaltung der Abendmahls- (oder, bei den Quäkern, Gebets-) Gemeinschaft geforderte Prinzip. Die Zucht der asketischen Sekten war in der Tat – auch darin der Klosterzucht analog – weit rigoroser als die irgendeiner Kirche. Sie stellte den Grundsatz des Noviziats auf.[41] Im Gegensatz zu den Grundsätzen der offiziellen protestantischen Kirchen versagte sie oft den wegen ethischer

Umzug von Mitgliedern. – Diese Organisation ist jetzt wohl in allen Gebieten, auch in den Vereinigten Staaten, längst im Verfall. In welcher Art die Kirchenzucht im früheren Puritanismus funktionierte, mag man aus der Bemerkung in dem früher zitierten Dedhamer Protokoll ermessen, wonach die *admonition* im Konventikel erteilt werden sollte: *if any things have bene observed* or espied *by the brethren.*

[40] Die Kirchenzucht war in den lutherischen Gebieten, Deutschlands zumal, notorisch sehr unentwickelt bzw. früh in völligem Verfall. Unter dem Einfluß dieser Umgebung und der überall bestehenden, in Deutschland aber übermächtig gebliebenen Eifersucht der Staatsgewalt gegen die Konkurrenz autonomer hierokratischer Mächte war sie auch in den reformierten deutschen Kirchen, außer in Jülich-Cleve und anderen Rheingebieten, wenig wirksam (immerhin finden sich Spuren der Zucht bis ins 19. Jahrhundert: Die letzte Exkommunikation in der Pfalz – wo die K. O. von 1563 freilich schon früh in praxi erastianisch gehandhabt wurde – fand 1855 statt). Nur die Mennoniten und später die Pietisten schufen wirksame Zuchtmittel und Zuchtorganisationen. (Für Menno existierte eine *sichtbare Kirche* nur da, wo Kirchendisziplin bestand, und Exkommunikation wegen üblen Wandels und Mischehe war selbstverständlicher Bestandteil. Die Rynsburger Kollegianten waren völlig dogmenlos und ließen allein den *Wandel* gelten.) Bei den Hugenotten wurde die an sich sehr straffe Kirchenzucht gelegentlich immer wieder gelähmt durch unvermeidliche Rücksichten auf den politisch dort unentbehrlichen Adel. Anhänger der puritanischen Kirchenzucht war in England vor allem der bürgerlich-kapitalistische Mittelstand, so z. B. die City von London. Sie fürchtete die Herrschaft des Klerus nicht, gedachte dagegen die Kirchenzucht zu einem Mittel der Massendomestikation zu machen. Aber auch die Handwerkerschichten waren der Kirchenzucht sehr anhänglich. Relativ weniger natürlich Adel und Bauern. Gegner waren die politischen Gewalten, in England daher auch das Parlament. Aber nicht *Klasseninteressen,* sondern, wie jeder Blick in die Dokumente zeigt: religiöse und, neben ihnen, politische Interessen und Überzeugungen waren primär bei diesen Fragen im Spiel. Die Härte der neuenglischen, aber auch der genuin puritanischen Kirchenzucht in Europa ist bekannt. Bei den major generals und commissioners Cromwells, die dessen Organe für Kirchenzucht waren, taucht der Vorschlag einer Verbannung aller *idle, debauched and profane persons* wiederholt auf. – Bei den Methodisten war die Streichung von Novizen während der Probezeit wegen schlechten Wandels ohne weiteres, bei Vollmitgliedern nach Kommissions-Untersuchung, zulässig. Für die Kirchenzucht der Hugenotten (welche ja faktisch lange Zeit die Existenz einer *Sekte* führten) zeigen die Synodalprotokolle u. a. Zensuren gegen Warenfälschung und Unreellität: 6. Synode (Avert. Gén. XIV); Kleiderordnungen sind häufig; Sklavenbesitz und Handel sind erlaubt: 27. Synode; ziemlich laxe Praxis gegenüber den fiskalischen Anforderungen (der Fiskus ist Tyrann) 6. Synode, cas de conc. déc. XIV; Wucher das. XV (vgl. 2. Syn. Gen. 17, 11. Syn. Gen. 42). Die frühenglischen Presbyterianer wurden in den offiziellen Korrespondenzen gegen Ende des 16. Jahrhunderts als *disciplinarians* bezeichnet. (Zitate bei Pearson a. a. O.).

[41] Wohl bei allen Sekten bestand eine Probezeit, bei den Methodisten z. B. von 6 Monaten.

Verstöße Ausgestoßenen jeden Verkehr mit den Gemeindegliedern, verhängte also in diesem Fall über ihn, auch geschäftlich, den absoluten Boykott und mied bisweilen jede Beziehung mit Nichtbrüdern, außer im Fall unbedingter Notwendigkeit.[42] Und sie legte ihre Zucht dem Schwerpunkt nach in die Hände der Laien. Keine geistliche Autorität konnte ja der Gemeinde ihre solidarische Verantwortlichkeit vor Gott abnehmen. Schon bei den Presbyterianern war das Gewicht der Laien-Ältesten sehr groß. Der Independentismus aber und erst recht der Baptismus bedeutete geradezu einen Kampf gegen die theologische Beherrschung der Gemeinde[43], – und natürlich, genau entsprechend, eine Klerikalisierung des nunmehr in die Funktionen der Sittenkontrolle durch Selbstverwaltung, Vermahnung und eventuell Exkommunikation einrückenden Laientums.[44] Die Laienherrschaft in der Kirche fand ihren Ausdruck teils in dem nicht nur dem Amtsbegriff des Luthertums, sondern auch der göttlichen Ordnung des Presbyterianismus höchst anstößigen Verlangen nach Freiheit der Laienpredigt (liberty of prophesying):[45] – wofür auf die Zustände der Urchri-

[42] In der *Apologetical Narration* der 5 (independentischen) *dissenting brethren* der Westminster Synode wird die Abscheidung von den *casuall and formall Christians* in den Vordergrund gerückt. Das bedeutete zunächst nur den voluntaristischen Separatismus, nicht die Absage des commercium. Aber die ursprüngliche, später gemilderte, Meinung Robinsons, eines strikten Calvinisten und Verfechters der Dordrechter Synode (s. über ihn Dexter, Congregationalism p. 402), war allerdings dahin gegangen: daß die independentischen Separatisten mit den andern – selbst wenn sie (was als denkbar galt) electi seien – nicht verkehren dürften. Sich offen zu diesem Grundsatz zu bekennen haben allerdings die meisten Sekten vermieden, manche ihn – als Grundsatz wenigstens – ausdrücklich abgelehnt. Baxter (Chr. Dir. II p. 100 Sp. 2 unten) meint sogar, man könne sich, falls der Hausvater oder Pastor und also nicht man selbst die Verantwortung dafür trage, darüber beruhigen, mit einem ungodly zusammen beten zu müssen. Dies ist indessen unpuritanisch. Die *mijdinge* spielte bei den radikalen täuferischen Sekten im 17. Jahrhundert in Holland eine sehr bedeutende Rolle.

[43] Dies trat in den Erörterungen und Kämpfen schon innerhalb der Amsterdamer Refugiés-Gemeinde Anfang des 17. Jahrhunderts mit der größten Schärfe hervor. Ebenso war in Lancashire die Ablehnung der geistlichen Kirchenzucht und das Verlangen nach Laienregierung in der Kirche und Kirchenzucht durch Laien für die Stellungnahme in den innerkirchlichen Kämpfen der Cromwellschen Zeit entscheidend.

[44] Die Bestellung der Ältesten war innerhalb der independentischen und baptistischen Gemeinschaften Gegenstand langdauernder Kontroversen, die uns hier nicht interessieren sollen.

[45] Hiergegen richtete sich die Ordonnanz des Langen Parlaments vom 31. XII. 1646, die ein Schlag gegen die Independenten sein wollte. Andererseits war der Grundsatz der liberty of prophesying schon von Robinson auch literarisch verfochten worden. Vom episkopalistischen Standpunkt machte ihr Jeremy Taylor (The liberty of prophesying 1647) Konzessionen. Cromwells *tryers* verlangten die Bescheinigung von 6 zugelassenen Gemeindegliedern, darunter 4 Laien, für die Erlaubnis. In der Frühzeit der englischen Reformation waren die *exercises* und prophesyings vielfach von eifrigen anglikanischen Bischöfen nicht nur geduldet, sondern ermutigt worden. In Schottland waren sie (1560) verfassungsmäßiger Bestandteil der kirchlichen Tätigkeit, 1571 wurden sie in Northampton, bald darauf in andern Orten eingeführt. Aber Elisabeth beharrte auf ihrer Unterdrückung, in Konsequenz ihrer Proklamation von 1573 gegen Cartwight.

stengemeinde Bezug genommen wurde –, teils auch in der Opposition gegen ein theologisches Berufspredigertum überhaupt: nur das Charisma, nicht Schulung und Amt, sollte gelten.[46] So radikale Konsequenzen wie die Quäker mit ihrem Grundsatz: daß in der gottesdienstlichen Versammlung jeder, aber auch nur der sprechen solle, über den der *Geist* gerade kommt, daß es also einen Berufsgeistlichen überhaupt nicht gibt[47], haben andere Sekten freilich nicht oder doch nicht dauernd gezogen. Aber entweder ist der Geistliche grundsätzlich nicht als *Mietling*[48] sondern nur im Ehrenamt oder gegen freiwillige Ehrengaben[49] oder nur im Nebenberuf und nur gegen Kostenersatz tätig[50], oder er ist jederzeit entlaßbar oder es herrscht eine Art von Missionsorganisation mit nur jeweilig im gleichen *circuit* arbeitenden Wanderpredigern[51] wie im Methodismus.[52] Wo

46 Schon Smyth stellte in Amsterdam die Forderung auf, daß der Wiedergeborene beim Predigen auch nicht einmal die Bibel vor sich haben dürfe.

47 Freilich ist dies heute wohl nirgends mehr radikal durchgeführt. Die offizielle *Legende* ist: daß die nach den Erfahrungen der Gemeinde besonders dem Geist zugänglichen Glieder im Gottesdienst auf einer besonderen Bank der Gemeinde gegenüber sitzen und in tiefem Schweigen gewartet wird, daß der Geist über einen von ihnen kommt (oder auch über ein anderes Gemeindeglied). Aber in einem Gottesdienst in einem pennsylvanischen College fuhr der Geist leider nicht, wie ich gehofft hatte, in die in der schönen einfachen Tracht auf der Bank sitzende alte Lady, deren Charisma hoch gerühmt wurde, sondern – zweifellos nach Abrede – in einen wackeren College-Bibliothekar, der eine sehr gelehrte Rede über den Begriff *saint* hielt.

48 Die charismatischen Revolutionen der Sektierer (vom Typus der Fox und ähnlicher) in den Gemeinden begannen stets mit dem Kampf gegen den beamteten Pfründner, als *Mietling,* und für das apostolische Prinzip der entgeltlosen freien Predigt des vom Geist Getriebenen. Heftige Auseinandersetzungen zwischen Goodwin, dem Kongregationalisten, und Prynne, der ihm vorwarf, er habe entgegen seinen angeblichen Prinzipien ein *living* angenommen, während Goodwin erklärte, nur anzunehmen, was freiwillig gegeben werde, fanden im Parlament statt. Der Grundsatz: daß nur freiwillige Gaben zum Unterhalt der Prediger zulässig seien, in der Eingabe der Brownisten an Jakob I. von 1603 (Punkt 71: daher Protest gegen *popish livings* und *jewish tithes).*

49 Dies letztere wurde im Agreement of the People vom 1. Mai 1649 für alle Prediger gefordert.

50 So die local preachers der Methodisten.

51 1793 wurde im Methodismus jeder Unterschied ordinierter und nicht ordinierter Prediger abgeschafft, mithin die nicht ordinierten Reiseprediger (travelling preachers): Missionare also, die charakteristischen Träger des Methodismus, den noch anglikanisch ordinierten gleichgestellt. Zugleich aber erhielten die Reiseprediger das Monopol, im ganzen circuit zu predigen und wurde ihnen allein die Spendung der Sakramente vorbehalten (die eigene Sakramentsspendung wurde erst damals grundsätzlich durchgeführt, aber immer noch zu anderen Stunden als denen der offiziellen Kirche, zu der man nach wie vor zu gehören prätendierte). Da schon seit 1768 für sie die bürgerliche Nebenbeschäftigung verboten war, so entstand damit ein neuer *Klerus.* Seit 1836 fand eine förmliche Ordination statt. Ihnen standen die aus Laien rekrutierten nebenberuflichen local preachers, ohne Sakramentsspendungsrecht und nur lokal zuständig, gegenüber. Amtskleidung führte keine von beiden Kategorien.

52 Faktisch sind, in England wenigstens, die meisten *circuits* kleine Parochien geworden und das Reisen der Prediger eine Fiktion. Immerhin wurde bis in die Gegenwart hinein

das Amt (im überlieferten Sinn) und also die theologische Qualifikation aufrecht erhalten wurde[53], da galt diese doch nur als eine fachtechnische Vorbedingung, als eigentlich entscheidende Qualität aber das Charisma des Gnadenstandes: Auf dessen Feststellung richteten sich die Ermittlungen derjenigen Instanzen, welche – wie die Cromwellschen triers (lokale Körperschaften für die Ausstellung von Qualifikationsattesten) und ejectors (geistliche Disziplinarinstanz)[54] – die Eignung der Geistlichen zu prüfen hatten. Man sieht: Der charismatische Charakter der Autorität wurde ebenso gewahrt wie der charismatische Charakter der Gemeindemitgliedschaft selbst. Wie das Cromwellsche Heer der Heiligen nur vom religiös Qualifizierten sich das Abendmahl reichen ließ, so weigerte sich der Cromwellsche Soldat, unter einem Offizier in die Schlacht zu ziehen, der nicht mit ihm der Abendmahlsgemeinschaft der Qualifizierten angehörte.[55]

Im Innern, unter den Sektenmitgliedern, herrschte, wenigstens bei den Täufern und ihren Derivaten, der Anforderung nach, der altchristliche Brudergeist.[56] Es galt bei manchen von ihnen als verpönt, die staatlichen Gerichte anzurufen[57] und es bestand die Nothilfspflicht.[58] Es war zwar natürlich (außer gelegentlich bei

daran festgehalten, daß der gleiche minister nicht länger als 3 Jahre den gleichen circuit versehen solle. Sie waren Berufsprediger. Die *local preachers,* aus denen die Reiseprediger rekrutiert wurden, waren dagegen Leute mit bürgerlichem Beruf und Predigtlizenz auf (ursprünglich) 1 Jahr jedesmal. Ihre Existenz war schon wegen der Überzahl der Gottesdienste und Kapellen nötig. Vor allem aber waren sie das Rückgrat der *Klassen*organisation und ihrer Seelsorge, also das eigentlich zentrale Organ der Kirchenzucht.

53 Cromwells Gegensatz gegen das *Parlament der Heiligen* spitzte sich unter anderem auch bei der Frage der Universitäten (die ja mit der radikalen Beseitigung aller Zehnten und Präbenden dahingefallen wären) zu. Zur Vernichtung dieser Kulturstätten – die aber eben damals dem Sinn nach vor allem Stätten der Vorbildung von Theologen waren – konnte sich Cromwell nicht entschließen.

54 So nach dem Vorschlag von 1652 und im wesentlichen auch nach der Kirchenkonstitution von 1654.

55 Beispiel bei Gardiner, Fall of the Monarchy I p. 380.

56 Auch die Westminster Confession stellt (XXVI, 1) den Grundsatz der gegenseitigen, inneren und äußeren, Hilfspflicht auf. Zahlreich sind entsprechende Bestimmungen bei allen Sekten.

57 Die Methodisten haben vielfach versucht, die Anrufung des weltlichen Richters durch Ausschluß zu ahnden. Andererseits schufen sie mehrfach Instanzen, welche man gegen säumige Schuldner anrufen konnte.

58 Jeder Fall von Zahlungseinstellung wurde im alten Methodismus von einer Kommission von Brüdern untersucht. Schuldenmachen ohne die sichere Aussicht, sie zurückzahlen zu können, bedingte Ausschluß: daher die Kreditwürdigkeit. Vgl. die A. 1 S. 222 zitierten Beschlüsse der holländischen Synoden. Die Nothilfspflicht unter Brüdern ist z. B. in der baptistischen Hanserd Knollys Confession (c. 28) unter dem charakteristischen Vorbehalt: daß dadurch der Heiligkeit des Eigentums kein Präjudiz entstehen solle, festgelegt. Mit großer Schärfe wird gelegentlich (so in der Cambridge Platform von 1647, Ausg. v. 1653, 7, Nr. VI) die Pflicht der Ältesten eingeschärft, gegen

ganz radikalen Gemeinschaften) wenigstens der Geschäftsverkehr mit den Nichtbrüdern nicht verboten. Aber es verstand sich von selbst, daß man die Brüder bevorzugte.[59] Das System der Bescheinigungen (über Zugehörigkeit und Wandel)[60] für nach auswärts verziehende Brüder findet sich von Anfang an. Das Unterstützungswesen der Quäker war so hoch entwickelt, daß eben infolge der dadurch entstehenden Lasten die Propagandaneigung schließlich gelähmt wurde. Die Kohäsion der Gemeinden war so stark, daß sie mit gutem Grund als eins der Motive für die durchweg geschlossene und von Anfang an stark städtische Siedlung in Neu-England angeführt wird[61], – im Gegensatz zum Süden. In allen diesen Punkten zeigen sich, wie man sieht, die eingangs dieser Skizze an Beispielen veranschaulichten modernen Funktionen amerikanischer Sekten und sektenartiger Verbände als gradlinige Ausläufer, Rudimente und Überlebsel jener einstmals in allen asketischen Sekten und Konventikeln herrschenden Verhältnisse, die heute im Verfall sind. Der ungeheure exklusive *Kastenstolz* der Sektierer ist von Anfang an bezeugt.[62]

Was war – und ist – nun eigentlich das für unser Problem Entscheidende an dieser ganzen Entwicklung? Politische und bürgerliche Folgen hatte die Exkommunikation auch im Mittelalter, formell sogar schärfere als da, wo Sektenfreiheit bestand. Auch im Mittelalter konnte nur der Christ Vollbürger sein. Auch im Mittelalter bewirkte, wie Aloys Schulte schön gezeigt hat, die Möglichkeit, gegen einen Bischof, der seine Schulden nicht zahlte, mit den Disziplinarmitteln der Kirche vorzugehen, daß dieser kreditwürdiger war als ein weltlicher Fürst. Auch für den preußischen Leutnant bedeutete der Umstand, daß er unter dem Druck der Entlassung Schulden halber stand, eine erhöhte Kreditwürdigkeit. Vollends galt das gleiche für den deutschen Couleurstudenten. Endlich: Auch im Mittelalter gaben die Beichte und die

Mitglieder vorzugehen, welche *without a calling* leben oder *idlely in their calling* sich verhalten.

59 Bei den Methodisten auch ausdrücklich vorgeschrieben.

60 Bei den Methodisten ursprünglich vierteljährlich zu erneuern. Die alten Independenten gaben das Abendmahl, wie oben bemerkt, nur an Inhaber von tickets. Bei den Baptisten galt für die Zulassung eines Zuziehenden zur Gemeinde der Besitz einer letter of recommandation der bisherigen Gemeinde für unentbehrlich: s. den Anhang zu der Ausgabe der Hanserd Knollys Confession von 1689 (West Chester Pa. 1827). Schon die drei Amsterdamer Täufergemeinden zu Anfang des 16. Jahrhunderts hatten das gleiche System, welches seitdem überall wiederkehrt. In Massachusetts war seit 1669 (statt der ursprünglichen Zulassung zum Abendmahl) ein Zertifikat der Prediger und select men über Orthodoxie und Wandel das Qualifikationsattest zur Erlangung des politischen Bürgerrechts.

61 So von Doyle in dem öfter angeführten Werk, der darauf den stark gewerblichen Charakter von Neu-England im Gegensatz zu den Ackerbaukolonien zurückführt.

62 S. z. B. Doyles Bemerkungen über die ständischen Verhältnisse in Neu-England, wo die Familien mit alter religiös-literarischer Tradition, nicht aber Besitzerklassen, die *Aristokratie* bildeten.

kirchliche Strafgewalt die Mittel an die Hand, wirksame Kirchenzucht zu üben, und es ist dies auch der Fall gewesen. Vor allem nutzte man damals die durch den Eid zu schaffende Möglichkeit, gegen Schuldner die Exkommunikation zu erreichen, als Sicherung von Forderungen aus.

Gewiß. Nicht nur aber waren in all diesen Fällen diejenigen Arten des Verhaltens, welche durch jene Umstände und Mittel begünstigt oder verpönt wurden, ganz andere als diejenigen, welche die protestantische Askese züchtete oder unterdrückte. Beim Leutnant z. B. oder Couleurstudenten und wohl auch beim Bischof ruhte jene gesteigerte Kreditwürdigkeit gewiß nicht auf der Züchtung geschäftlicher persönlicher Qualitäten. Und, – was an diese letzte Bemerkung unmittelbar anknüpft: – auch soweit die Wirkungsrichtung der Absicht nach die gleiche war, mußte die Wirkungsart eine grundverschiedene sein. Die mittelalterliche ebenso wie die lutherische Kirchenzucht lagen 1. in den Händen des geistlichen Amts, 2. wirkten sie, soweit sie überhaupt wirksam wurden, durch autoritäre Mittel und 3. straften oder prämierten sie einzelne konkrete Handlungen. Die Kirchenzucht der Puritaner und der Sekten lag 1. mindestens mit, oft ganz und gar in den Händen von Laien, 2. wirkte sie durch das Mittel der Notwendigkeit der Selbstbehauptung und 3. züchtete sie Qualitäten oder – wenn man will: – las sie aus. Dies letzte ist das Wichtigste. Das Sekten- (oder Konventikel-) Mitglied mußte, um in den Kreis der Gemeinschaft einzutreten, Qualitäten bestimmter Art haben, deren Besitz – wie in dem ersten Aufsatz dargetan wurde – für die Entwicklung des rationalen modernen Kapitalismus wichtig war. Und es mußte, um sich in diesem Kreise zu behaupten, den Besitz dieser Qualitäten dauernd bewähren: sie wurden in ihm konstant und kontinuierlich gezüchtet. Denn wie – nach den Ausführungen des vorigen Artikels – seine jenseitige Seligkeit, so stand und fiel auch seine diesseitige ganze soziale Existenz damit, daß es sie *bewährte*.[63] Ein stärkeres Anzüchtungsmittel als eine solche Notwendigkeit der sozialen Selbstbehauptung im Kreise der Genossen gibt es nach aller Erfahrung nicht, und die kontinuierliche und unauffällige ethische Zucht der Sekten verhielt sich deshalb zur autoritären Kirchenzucht wie rationale Züchtung und Auslese zu Befehl und Arrest. In dieser wie in fast jeder anderen Hinsicht sind die puritanischen Sekten, als die spezifischsten Träger der innerweltlichen Askese, die konsequenteste, in gewissem Sinn die einzig konsequente Antithese zur universalistischen katholischen Gnadenanstalt. Die allerstärksten individuellen Interessen der sozialen Selbstachtung wurden von ihnen in den Dienst jener Anzüchtung, also auch diese individuellen Motive und persönlichen Eigen-

63 Die katholische Beichte war, um es zu wiederholen, demgegenüber ein Mittel der Entlastung von dem gewaltigen inneren Druck, unter dem das Sektenmitglied in seiner Lebensführung fortwährend gehalten war. – Inwieweit gewisse, orthodoxe und heterodoxe, religiöse Gemeinschaftsbildungen des Mittelalters die Vorläufer dieser asketischen Denominationen des Protestantismus waren, ist hier noch nicht zu besprechen.

interessen, in den Dienst der Erhaltung und Propagierung der *bürgerlichen* puritanischen Ethik mit ihren Konsequenzen gestellt. Dies ist das absolut Entscheidende für die Penetranz und Wucht der Wirkung. Denn – um es zu wiederholen:[64] – nicht die ethische Lehre einer Religion, sondern dasjenige ethische Verhalten, auf welches durch die Art und Bedingtheit ihrer Heilsgüter Prämien gesetzt sind, ist im soziologischen Sinn des Wortes *ihr* spezifisches *Ethos*. Jenes Verhalten war beim Puritanismus eine bestimmte methodisch-rationale Art der Lebensführung, welche – unter gegebenen Bedingungen – dem *Geist* des modernen Kapitalismus die Wege ebnete; die Prämien waren gesetzt auf *Bewährung* vor Gott im Sinn der Versicherung des Heils: bei allen puritanischen Denominationen, vor den Menschen im Sinn der sozialen Selbstbehauptung: innerhalb der puritanischen Sekten. Beides ergänzte einander in der gleichen Wirkungsrichtung: es half den *Geist* des modernen Kapitalismus, sein spezifisches Ethos, heißt das: das Ethos des modernen Bürgertums, entbinden. Die asketische Konventikel- und Sektenbildung insbesondere, mit ihrer radikalen Sprengung der patriarchalen und autoritären Gebundenheit[65] und ihrer Art der Wendung des Satzes: daß man Gott mehr gehorchen müsse als den Menschen, bildete eine der wichtigsten geschichtlichen Grundlagen des modernen *Individualismus*.

Denn es bedarf schließlich, um die Art dieser ethischen Wirkungen zu verstehen, noch einer letzten vergleichenden Bemerkung. Auch in den Zünften des Mittelalters fand sich nicht selten eine ähnliche Kontrolle des allgemeinen ethischen Standard der Mitglieder, wie sie die Kirchenzucht der asketischen protestantischen Sekten übte.[66] Aber der unvermeidliche Unterschied in der Wirkung auf das wirtschaftliche Verhalten des Einzelnen liegt auf der Hand. Die Zunft vereinigte Berufsgenossen, also: Konkurrenten, in sich, und zwar zum Zweck der Begrenzung der Konkurrenz und des in ihr wirkenden rationalen Erwerbsstrebens. Sie erzog zu *bürgerlichen* Tugenden und war in einem bestimmten (hier nicht näher zu erörternden) Sinn Trägerin von bürgerlichem *Rationalismus*. Aber im Sinn der *Nahrungspolitik* und des Traditionalismus, – mit den bekannten praktischen Konsequenzen, soweit ihre Wirtschaftsregulierung Macht gewann. Die Sekten aber, die nicht durch Lehrgang oder

64 Auf diese ganz entscheidende Pointierung des ersten dieser beiden Aufsätze sei erneut mit Nachdruck hingewiesen. Es war der Grundfehler meiner Kritiker, gerade dies nicht beachtet zu haben. Wir werden bei Gelegenheit der Besprechung der altisraelitischen Ethik im Verhältnis zu den in der Lehre sehr ähnlichen ägyptischen, phönikischen, babylonischen Ethiken auf einen ganz ähnlichen Sachverhalt stoßen.

65 Hierzu vgl. u. A. das oben S. 183 f. Gesagte. Die antike jüdische ebenso wie die altchristliche Gemeindebildung wirkten, jede in anderer Art, in der gleichen Richtung (bei den Juden ist das Schwinden der sozialen Bedeutung der Sippe, wie wir sehen werden, dadurch bedingt und das Christentum hat im frühen Mittelalter ähnlich gewirkt).

66 Statt anderer Beispiele vgl. das Pariser Livre des métiers des Prévôt Étienne de Boileau von 1268 (éd. Lespinasse und Bonnardot in der Hist. générale de Paris) p. 211, 8; 215, 4.

Familienbeziehung einbezogene, technisch qualifizierte Berufs-, sondern ethisch qualifizierte Glaubensgenossen durch Auslese und Züchtung in sich vereinigten, kontrollierten und reglementierten deren Lebensführung ausschließlich im Sinne formaler Rechtlichkeit und methodischer Askese, ohne jenen die Expansion des rationalen Erwerbsstrebens hemmenden materialen nahrungspolitischen Zweck. Kapitalistischer Erfolg eines Zunftgenossen zersetzte den Zunftgeist – wie es in England und Frankreich geschah – und war perhorresziert. Kapitalistischer Erfolg eines Sektenbruders war – wenn rechtlich errungen – ein Beweis von dessen Bewährung und Begnadung, hob das Prestige und die Propagandachancen der Sekte und war deshalb gern gesehen, wie die mehrfach zitierten Äußerungen beweisen. Die Organisation der freien Arbeit in den Zünften in ihrer okzidentalen mittelalterlichen Form ist gewiß – sehr entgegen ihrer Absicht – nicht nur ein Hemmnis, sondern auch eine Vorstufe der kapitalistischen Arbeitsorganisation gewesen, die vielleicht nicht hätte entbehrt werden können.[67] Aber das moderne bürgerlich-kapitalistische Ethos hat sie natürlich nicht aus sich gebären können. Denn dessen ökonomisch *individualistische* Antriebe konnte nicht sie, sondern nur die Lebensmethodik der asketischen Sekten legitimieren und verklären.

67 Die Analyse dieser ziemlich verschlungenen Kausalbeziehungen kann hier nicht nebenher unternommen werden.

Antikritisches zum „Geist des Kapitalismus"
Von Max Weber

In der Internationalen Wochenschrift (3. Jahrgang, No. 39–43, 25. Sept. – 23. Okt. 1909) veröffentlicht Professor Rachfahl eine Kritik meiner Aufsätze über die protestantische Ethik und den *Geist des Kapitalismus* (Bd. XX, XXI dieser Zeitschrift, dazu ferner Bd. XXV, XXVI und den Artikel in der *Christl. Welt* 1906, S.558 ff., 577 ff.[1], auf welche, soweit sie sich (nebenher) auch gegen meinen Freund E. Tröltsch richtete, dieser am gleichen Ort antworten wird. Meinerseits ebenfalls – wie es das Natürlichste und für mich Zweckmäßigste gewesen wäre, – an der gleichen Stelle zu antworten, fühlte und fühle ich mich leider, trotz aller Schätzung des namentlich als Leiter der *Deutschen Literaturzeitung* verdienstvollen Herausgebers, behindert. Darüber, daß die von F. Althoff begründete Internationale Wochenschrift gewisse redaktionelle Gewohnheiten hat, denen ich mich nicht anzupassen geneigt sein würde, hätte ich hier, wo es sich um bloße Polemik handelt, natürlich ebenso, wie E. Tröltsch es tut, hinweggesehen. Aber die Redaktion hat es vorgezogen, gegenüber diesem fast ganz gegen mich gerichteten Artikel lediglich meinem nur nebenher betroffenen Kollegen Tröltsch anheimzustellen, ob eine Antwort beliebt werde. Auch diese Unhöflichkeit – denn das ist sie unter den gegebenen Umständen – würde ich natürlich ignorieren. Allein auch mein Herr Kritiker hat die Gepflogenheit angenommen, uns beide als Kollektivität zu behandeln, um uns für einander verantwortlich machen zu können, – was den Vorteil bot, daß wirkliche oder angebliche Irrtümer des Einen den Andren mitzutreffen scheinen. Und er hat sich dabei andrerseits doch auch den weiteren Vorteil nicht entgehen lassen, je nach Bedarf auch wieder den Einen von uns gegen den Andern auszuspielen, so daß nun jene Kollektivität *Weber-Tröltsch,* welche als Träger der Ansichten sowohl des Einen wie des Andern hingestellt ist, sich in offenbarem innerem Widerspruch zu befinden scheint. Angesichts dieser, beiläufig bemerkt, wenig loyalen, Praxis scheint es mir zweckmäßig, auch äußerlich meine eignen Wege zu gehen und überdies ausdrücklich, ebenso wie Tröltsch dies zweifellos seinerseits tun würde, jede Verantwortung für das, was nicht ich gesagt habe, abzulehnen. Es sei gestattet, noch Folgendes hinzuzufügen. Wer unsre beiderseitigen Aufsätze wirklich gelesen hat, weiß, daß Tröltsch für seine Zwecke und Aufstellungen meine Resultate (abgesehen von dem von Rachfahl gar nicht miterörterten Sektenbegriff – vgl. Archiv XXI S. 63, 64 Anm. 1, und den zit. Artikel in der *Christl. Welt)* überhaupt nicht benötigt. Seine Resultate könnten richtig sein, auch wenn die meinigen falsch wären und umgekehrt. Er entwickelt den historischen Prozeß des Aufbaues der Soziallehren der christlichen Kirchen, – ich habe bisher nur ein bestimmtes

[1] Diesen, von Tröltsch zitierten, Aufsatz läßt R. bequemlichkeitshalber ganz bei Seite.

Phänomen der Lebensführung in seiner (ursprünglich) religiösen Bedingtheit verständlich zu machen gesucht. Wenn er gelegentlich sich auf Darlegungen von mir bezogen hat[2], so handelte es sich (außer in jenem hier gar nicht zur Debatte stehenden einen Falle: Kirche und Sekte) stets um für sein Problem peripherisch liegende Berührungen seiner Resultate mit den meinigen. Und es scheint mir am Platze, hier auch sehr nachdrücklich festzustellen, daß überhaupt keinerlei, auch keine latente, Kollektiv-Arbeit vorliegt. Meine Arbeiten über diese Dinge, die ich z. T. schon vor 12 Jahren im Kolleg vortrug, sind nicht (wie Rachfahl nach Tröltsch annimmt) erst durch Sombarts *Kapitalismus* veranlaßt worden (s. darüber meine ausdrückliche Bemerkung Archiv XX, S. 19 Anm. 1). Es mag schon sein, daß Tröltsch, der auf völlig eignen Wegen ebenfalls schon lange vorher dem ihn interessierenden Thema nachging, wie durch andre Schriftsteller, so auch durch einzelne Bemerkungen meiner Aufsätze zum Überdenken mancher seiner Probleme unter ökonomisch-soziologischen Gesichtspunkten mit angeregt wurde, wie er dies gelegentlich ausgesprochen hat. Aber keinerlei *Übernahme* einer *Theorie* des Einen durch den Andern, sondern einfach die Sache: Der Umstand, daß Jeder, der diese Zusammenhänge überhaupt einmal sieht, zu einer ähnlichen Betrachtungsweise gelangen muß, ist es, welcher dazu geführt hat, daß allerdings die Resultate Tröltschs auf seinem weit umfassenderen Problemgebiete derartige sind, daß die wesentlichen Züge dessen, was ich für mein Problem ausgeführt habe, sich recht gut als Ergänzung einfügen lassen. Hätte ich meinen Aufsatz fortgesetzt, so würde ich die Aufgabe gehabt haben, große Teile des jetzt von Tröltsch bearbeiteten Gebiets mitzubehandeln. Ich würde das, als Nicht-Theologe, sicherlich niemals in der Art haben durchführen können, wie es durch Tröltsch geschehen ist. Soweit aber meine eignen früheren Studien mir ein Urteil gestatten, sehe ich keine irgendwie entscheidenden Punkte, wo ich einen Grund zum Widerspruch gegen seine Darstellung hätte. Am allerwenigsten kann ich einen solchen aus den Trivialitäten entnehmen, die Rachfahl ihm entgegenhält. Aber die wissenschaftliche Verantwortlichkeit für das von ihm Gesagte gegenüber der Kritik wird Tröltsch natürlich ebenso ausschließlich zu tragen haben, wie, für meine Ausführungen, ich. Ich habe die vorhergehende Bemerkung über Tröltschs Artikel nur um deswillen gemacht, damit Kritiker von der Eigenart Rachfahls nun aus dieser Trennung der Verantwortungen nicht eine Ablehnung der Tröltschschen Resultate durch mich herauslesen. Damit zur Sache.

Die Schiefheiten der Rachfahlschen Polemik beginnen schon mit dem ersten

2 Dabei sind Tröltsch wohl in einigen wenigen (für sein Thema gänzlich irrelevanten) Punkten Formulierungen untergelaufen, die, – wie es bei solchen, notgedrungen stark verkürzten, Wiedergaben fremder Ansichten kaum vermeidlich ist, – nicht ganz meinen Aufsätzen entsprechen. Es blieb der illoyalen Kleinlichkeit einer *historischen* Kritik vorbehalten, diesen Umstand zu fruktifizieren: Rachfahl war über jenen Sachverhalt in keinem Punkt im Zweifel.

Worte der Überschrift seines Aufsatzes: Kalvinismus *und Kapitalismus.* Bei mir ist vom ersten Male an[3], daß der Calvinismus überhaupt (im Gegensatz gegen Katholizismus und Luthertum) genannt wird, von ihm in vollster Gleichstellung mit denjenigen Sekten (oder sektenartigen Bildungen innerhalb der Kirche) die Rede, welche ich in der Überschrift zum zweiten Kapitel meines Aufsatzes und durchweg innerhalb desselben als asketischen *Protestantismus* zusammengefaßt habe. In denkbar größter Breite polemisiert nun (um dies vorweg abzumachen) Rachfahl – es ist dies eigentlich das Einzige, was er selbst am Schluß seiner seltsamen *Kritik* von dieser letzteren unbedingt aufrechterhält – gegen den Namen *Askese* für diejenige Art der Lebensführung, die ich zu analysieren versucht habe. Zwar hat er selbst am Beginn seiner Artikel (S. 1217 Zeile 7) nicht wohl umhin gekonnt, den gleichen Ausdruck für die gleiche Sache zu gebrauchen.[4] Allein wir werden sehen, daß diese sich in seiner *Kritik* stetig wiederholende Verschiedenheit des Maßstabes für sich und Andre ihn niemals stört, – und es ist ja schließlich auch ein Unterschied, ob der historische *Fachmann* oder der outsider, der die Geschichte *konstruiert,* ein und dasselbe sagen! Askese ist nach ihm *Weltflucht,* und da die Puritaner (im weiten, alle *asketischen* Sekten einschließenden Sinn) keine Mönche oder ähnliche kontemplative Existenzen gewesen sind, so ist eben das, was ich *innerweltliche Askese* nenne, schon an sich ein *falscher* Begriff, der vor allem eine Verwandtschaft mit der katholischen Askese irrtümlich voraussetzt. Ich kann mir nun schwer eine sterilere Polemik denken, als eine solche um Namen. Der Name ist mir für jeden andern feil, der besser paßt. So lange wir uns aber nicht entschließen, jedesmal ad hoc gänzlich neue Worte zu prägen oder aber, nach Art der Chemie oder der Avenariusschen Philosophie mit Buchstabenbezeichnungen zu operieren[5], müssen wir für einen Sachverhalt, der noch keine

[3] Dieses Archiv XX, S. 10, 50 unten, 52 unten. Auf S. 10 ist hervorgehoben, daß wenigstens der direkte Zusammenhang zwischen *Askese* und bürgerlicher Reichtumsbildung bei den asketischen Sekten (Quäkern, Mennoniten usw.) oft noch *eklatanter sei* als beim Calvinismus. Warum weiterhin der Calvinismus zuerst und in besonderer Ausführlichkeit (XXI, S. 5–38) behandelt wurde, ist (XXI S. 36) eingehend motiviert: weil er in Bezug auf die Antriebe zur methodischen Lebensgestaltung, welche seine Dogmatik enthält, mir, als die *konsequenteste* Antithese zum (Katholizismus und) Luthertum, dazu am geeignetsten erschien. Den 33 Seiten, welche den Calvinismus analysieren, folgen aber alsdann immerhin grade ebensoviele (XXI S. 39–72) über die übrigen asketischen Denominationen.

[4] Die Abweichung mir gegenüber besteht lediglich in den dem Wort *asketisch* hinzugefügten Gänsefüßchen. (Um ein Zitat handelt es sich nicht.)

[5] Ob wenigstens das Erstere nicht oft nützlich wäre, steht dahin. Ich halte es für ein Verdienst von Knapp, daß er den Mut hatte, es umfassend zu tun; ebenso geschieht es z. B. mit augenfälligem Erfolg für die Unzweideutigkeit in Alfred Webers Buch über die Standorte der Industrie. Allein bei unsren Lesern begegnet es heute noch allzu oft einem ablehnenden Kopfschütteln und vor allem widerstrebt die Professoreneitelkeit grundsätzlich der Akzeptierung irgend einer nicht von dem betreffenden selbst geprägten Bezeichnung.

Bezeichnung trägt, die möglichst nächstliegenden und bezeichnendsten Worte der traditionellen Sprache nehmen und nur besorgt sein, sie – wie ich es bezüglich der *innerweltlichen Askese* m. E. genugsam getan habe – unzweideutig zu definieren. Was aber die Sache – die innere Verwandtschaft mit der katholischen Askese – anlangt, so erinnere ich nur beiläufig daran, daß ein Mann wie Ritschl in der Identifikation der (in meinem Sinn) asketischen Züge des *Pietismus* (bei ihm weit gefaßt), mit *katholischen* Resten im Protestantismus so weit gegangen ist, daß ich seine Darstellung in dieser Hinsicht ausdrücklich einzuschränken versuchte. Und wenn schon unter den Zeitgenossen der Reformation ein Mann wie der von Tröltsch mit Recht zitierte Sebastian Frank geradezu eine ihrer Leistungen darin erblickte, daß fortan nicht mehr nur die Berufsmönche, sondern jeder Mensch sein Leben lang eine Art Mönch sein müsse, – so meinte er damit in der Sache durchaus das Gleiche wie ich und verdient also von Rachfahl ebenso wie ich die ernste Mahnung, doch zu bedenken, daß ein Mönch ja keine Frau haben, kein Geld erwerben, überhaupt nicht sich an die Dinge dieser Welt hängen dürfe, also jener Ausdruck höchst unpassend sei. Nun weiß aber doch jeder, daß, wenn wir heute von *Askese,* sei es nun speziell auf sexuellem Gebiet oder dem des *Lebensgenusses* überhaupt, sei es hinsichtlich des Verhaltens etwa zu ästhetischen oder sonstigen, nicht *ethischen* Werten reden, wir ja damit eine, dem Wesen der Sache nach ganz ebensolche Lebensführung meinen, wie sie der gesamte Puritanismus (nicht eben nur: der Calvinismus, sondern erst recht: das Täufertum und was ihm nahe stand) zur Pflicht machte. Ein Lebensideal also, welches, nur eben mit dem Unterschiede, daß die *Askese* sich innerhalb der Ordnungen der Welt: Familie, Erwerbsleben, soziale Gemeinschaft zu bewegen hat, und folglich in ihren materiellen Anforderungen entsprechend modifiziert ist, – in der Tat jenen protestantischen Richtungen mit den rationalen Formen der als Lebensmethodik geregelten mönchischen Askese dem *Geiste* nach gemeinsam war: Ich habe das ja für verschiedene auch außerhalb des *Erwerbs* liegende Lebenssphären skizzenhaft, aber doch immerhin wohl soweit unmißverständlich dargelegt, daß ich hier auf eine Wiederholung verzichten darf.[6] Selbst die Mittel, mit denen die protestan-

[6] Wenn Rachfahl Sp. 1249 sagt: *Dem reichen Geschäftsmann, von dem Weber erzählt, daß er nur mit Mühe zu dem ihm ärztlich verordneten Austerngenuß zu bewegen war, kann wohl jedermann ... mehr als einen Kapitalisten entgegenstellen, an dessen „kapitalistischem Geist“* im üblichen Sinn (NB!) ... *nicht zu zweifeln ist, ... der sich aber ... die köstlichen Schaltierchen sehr wohl munden läßt ... Fast möchte ich glauben, daß die Delikateßhändler, falls in der Sphäre des kapitalistischen Geistes plötzlich asketische Lebensgewohnheiten einzögen, aus Mangel an Kundschaft ihre Läden schließen könnten,* – so ist dies Niveau einer *Kritik* wohl nicht sehr hoch gegriffen. Was der *übliche Sinn* des *kapitalistischen Geistes* ist, kümmerte mich nicht, auch nicht, ob das *Tiergartenviertel* oder die *Agrarier* oder Leutnants und andre junge Leute mit üppigem Geldbeutel die meisten Austern konsumieren. Sondern es kam mir bei jenem (gänzlich beiläufig erwähnten!) Beispiel an auf die Illustration einer sehr spezifischen innerlichen Beziehung zum Erwerb und Besitz: des Gefühls der *Verantwortung* gegenüber dem eige-

tische Askese arbeitet, gehen, wie ich (XXI S. 77 ff.) bemerkt habe, gänzlich parallel. Ich habe andrerseits erinnert, daß gerade die Askese der Klöster es war, welche sie zu ihren ökonomisch so erheblichen Leistungen befähigte: – ich hätte noch hinzufügen können, daß die rational-asketischen Sekten oder sektenartigen Gebilde des Mittelalters in der Eigenart ihrer bürgerlichen Gebahrung sehr regelmäßig schon ganz ähnliche Züge aufweisen, wie (namentlich) die täuferischen Sekten später und wie die entsprechende Kategorie der russischen Sekten (nicht alle gehören dazu!) bis in die letzte Zeit. Daß der *Altprotestantismus* als Ganzes die Askese *vom mittelalterlichen Katholizismus übernommen* habe (Sp. 1263) ist eine der zahlreichen törichten Behauptungen, die Rachfahl mir unterschiebt. Es steht bei mir ausführlich zu lesen, wie scharf und rücksichtslos von seiten des lutherischen, anglikanischen und sonstigen (in meinem Sinn) nicht *asketischen* Alt-Protestantismus jene von mir analysierten Züge als *Werkheiligkeit* – genau wie das Mönchtum des Katholizismus – angegriffen wurden. Der Protestantismus ist sehr weit davon entfernt gewesen, in der Stellung zur Askese (in meinem Sinn) eine Einheit zu bilden. Ich weise vorerst zur gemeinsamen Charakterisierung der von mir behandelten Gruppen gegenüber dem Luthertum, dem Anglikanismus und den abgeblaßteren Spielarten der reformierten Konfession kein besseres Wort als *asketisch*. Jene gemeinsamen Unterschiede aber sind vorhanden. Und die Entwicklung, welche jene *asketischen* Gruppen nahmen, ist genau ebenso ein Produkt der unter dem Namen der *Reformation* zusammengefaßten Vorgänge, wie etwa das *Gnesioluthertum* – dessen *Geist* sich übrigens von dem des Luther der 1520er Jahre weiss Gott nicht weniger unterschied, wie – was ich selbst nachdrücklich hervorgehoben habe[7] und, wie fast immer, trotzdem (oder auch: eben deshalb) von Rachfahl belehrend entgegengehalten bekomme – der mich interessierende *Calvinismus* von den persönlichen Ansichten Calvins selbst. Was aber ist das für eine Art von *Historiker*, der, weil eine Erscheinung (die puritanische Erwerbsethik) von immerhin (wie er selbst zugibt) mächtiger Tragweite ihm, als nicht *ethisch* (Sp. 1250, 1324) und antipathisch, nicht in das – begriffliche – Schema hineinpaßt, welches er sich von dem Gang der Entwicklung der protestantischen Ethikgemacht hat, wie er – eigentlich hätte sein sollen (denn darum handelt es sich hier in Wahrheit), nun jene Erscheinung (NB.! die Erscheinung selbst, nicht etwa meine Darstellung derselben) mit Werturteilen wie: *Verzerrung* u. dgl. bewirft?[8] Was ist das für ein Methodiker, der (Sp. 1294)

nen Vermögen, welches *irrationale* Ausgaben nicht nur ablehnt, sondern wie eine eigentümliche Art von *Versündigung* ansieht (was mit gewöhnlichem Geiz, von dem Rachfahl an andrer Stelle redet, nichts zu schaffen hat). Es ist ein asketisches Bedenken gegen den Genuß als solchen.

7 XXI, S. 6. Anm. 5.

8 Wie überhaupt, so kommt es auch hier Rachfahl nicht darauf an, nur zum Zweck effektvoller Polemik jeweils das gerade Gegenteil voneinander zu sagen. Das gleiche Streben nach dem Gewinn um des Gewinnes willen, welches auf S. 1320 (bei Fugger)

die sonderbare These aufstellt: in England sei die Existenz des kapitalistischen Geistes *auch ohne dies* (das religiöse) *Moment zu* begreifen, obschon *wir* keineswegs *seinen Einfluß leugnen wollen.* Also: ein *Moment,* welches kausal wichtig war für einen bestimmten Zusammenhang, welches aber dennoch der *Historiker* auch als irrelevant bei Seite lassen kann, wenn er jenen Zusammenhang *begreifen* will. Statt *begreifen* dürfen wir hier doch wohl *konstruieren* sagen, und finden so bei Rachfahl, mit seinem ressortpatriotischen Eifer gegen die nicht zünftigen *Geschichtskonstrukteure,* einen *Idealtypus* jenes so häufigen Verfahrens, welches Historikern zu passieren pflegt, wenn sie ungeklärte, mit Vorurteilen und Werturteilen durchsetzte Begriffe verwenden, ohne dies zu bemerken.

Einen abgestempelten *Askese*-Begriff gibt es nicht.[9] Daß man den Begriff sehr viel weiter fassen kann als ich es getan habe, wo ich die von mir als inner*weltliche* Askese bezeichnete Art der Lebensführung mit der *außerweltlichen* Askese des Mönchtums verglich, ist einigermaßen selbstverständlich und von mir selbst zugegeben: Ich spreche bei der katholischen Askese ausdrücklich von der rationalisierten Askese (wie sie in höchster Potenz der Jesuitenorden aufweist), im Gegensatz z. B. zu *planloser Weltflucht* (auf katholischer Seite) und bloßer Gefühls-*Askese* (auf protestantischer Seite). Mein Begriff ist daher z. B. ein von dem Tröltschschen ausdrücklich abweichender, wie jedermann, bei irgendwelchem gutem Willen, sehen muß – auch Rachfahl. Dieser hat es auch *gesehen.* Er redet[10] sogar von fundamentalen Gegensätzen unsrer beiderseitigen Auffassung. Trotzdem aber, wo es ihm grade paßt, schlägt er sich mit einem *Tröltsch-Weberschen* Begriff der Askese herum, und trägt zu dessen *Widerlegung* allerlei unter einander verschiedene *Askese*-Begriffe anderer Schriftsteller zusammen, die für deren Zwecke passend sein mögen, nicht aber für die meinigen. Daß man ferner die *Rationalisierung* des Lebens unter sehr verschiedenen Gesichtspunkten vornehmen, also darunter auch sehr Verschiedenes verstehen kann, steht ausführlich am Anfang meiner Erörterungen (XX, S. 35) und ist zum Überfluß auch später (XXVI S. 278) scharf hervorgehoben worden. – Trotzdem (oder vielmehr eben deshalb) hält mir Rachfahl (Sp. 1263) auch dies als *Einwand* entgegen, – obwohl auch hier, wie ihm genau bekannt ist, alles, was ich für meine Zwecke darunter verstehe, hinlänglich deutlich gesagt war. Ich gestehe, daß ich eine solche Art der Diskussion für ziemlich wertlos halte und es ein etwas starkes Stück finde, wenn ein Schriftsteller, der in solchem Maße von der durch bloße Wort-*Kritik* künstlich und absichtsvoll angerichteten Konfusion lebt, die Befürchtung äußert, mein bestimmter, deutlich ad hoc geschaffener Sprachgebrauch könne *grundlegende Unterschiede*

sehr wohl einer *ethischen Maxime der Lebensführung* entsprungen sein kann, kann auf Sp. 1250, 1255 überhaupt nicht *ethisch* genannt werden, weil es R. verwerflich findet.

9 Man vergleiche nur die ganzen Ausführungen Sp. 1250, 1251.

10 Sp. 1257. Freilich töricht genug: Es handelt sich einfach um Unterschiede der Terminologie, nicht aber der Sache.

verwischen. Man versuche doch, das Positive aus dem Rachfahlschen verschwommenen Plädoyers herauszuschälen und frage sich dann: wo denn hier noch *grundlegende* Unterschiede zu finden sind?

Doch kehren wir zum Ausgangspunkt zurück. Rachfahls ganz willkürliche Beschränkung des Themas auf den *Calvinismus* bleibt fast für die gesamte Argumentation gegen mich maßgebend.[11] Gleich das eigentliche Thema der Polemik wird (S. 1217) darauf abgestellt und an zahlreichen Stellen der Aufsätze kehrt die gleiche Verdrehung des Diskussionsobjekts wieder, wie sie denn auch für die einzige ernsthafte These, die mir entgegengehalten wird, überhaupt erst die Möglichkeit bietet.

Diese These möge zunächst erledigt werden. R. ist überzeugt von der überragenden Rolle, welche die Toleranz als solche für die ökonomische Entwicklung besessen habe. Nun befinde ich mich, wie jeder Leser meiner Aufsätze weiß, in dieser Hinsicht keineswegs im Gegensatz zu ihm, habe vielmehr selbst diese – in meine Darstellung, soweit sie bisher reicht, im Einzelnen noch nicht hineingehörigen – Zusammenhänge erwähnt (XXI, S. 42 Anm. 1). Aber dabei liegt der für mich entscheidende Punkt darin: daß zwar ganz gewiß jede Art von Toleranz unter den damaligen Verhältnissen dazu beitragen mußte, *das Land zu peuplieren,* auswärtige Vermögen, auswärtige Gewerbe zu importieren, – daß mich aber diese Seite der Sache nicht interessiert. Für die Entwicklung desjenigen Habitus, den ich (ad hoc und lediglich für meine Zwecke) *kapitalistischen Geist* getauft habe, kam es ganz offenbar darauf an, wem die Toleranz im konkreten Falle zugute kam. Waren dies z. B. Juden, oder (in dem von mir – XXI. S. 28 f., – gebrauchten Sinn des Wortes) *asketische* christliche Denominationen, dann wirkte sie regelmäßig im Sinn der Verbreitung dieses *Geistes* – aber natürlich war dann diese Wirkung nicht einfach Folge der *Toleranz* als solcher. Und vollends ist ganz generell der Grad der *Toleranz* sehr weit davon entfernt gewesen, maßgebend zu sein für den Grad der Entwicklung *kapitalistischen Geistes* (immer: in meinem Sinn). Denn es ist ja gerade umgekehrt bekannt (vgl. XX, S. 5), daß unvollständige Toleranz, namentlich: der systematische Ausschluß konfessioneller Minoritäten von der staatlichen und sozialen Gleichberechtigung, die Deklassierten sehr häufig in besonders starkem Maße auf die Bahn des ökonomischen Erwerbes zu treiben sich geeignet zeigte, und dem entspricht es, daß die *Kirchen unter dem Kreuz* am meisten daran beteiligt erscheinen. Grade diese Tatsache hebt denn auch der von Rachfahl zitierte Sir William Petty (Political Arithmetick, Ausgabe London 1691, S. 26) nachdrücklich hervor: überall seien es die Heterodoxen, welche das *Geschäft* in der Hand haben, insbesondere seien in den von der römischen Kirche beherrschten Ländern *drei Viertel* des Geschäfts in ketzerischer Hand. Nun

[11] Obwohl er bei der Inhaltsangabe meines Aufsatzes (S. 1228) und ganz gelegentlich auch späterhin einmal nicht umhin kann, meine entsprechenden Ausführungen selbst wiederzugeben.

aber stehen wir – und diese Ergänzung gibt der Situation erst die Pointe – vor der Tatsache, daß entrechtete oder doch zurückgesetzte katholische Minoritäten – wie ich sofort hervorgehoben hatte (XX, S. 6) – diese Erscheinung in irgend unzweideutiger Weise nirgends gezeigt haben, bis heute nicht[12], daß ferner jene Erscheinung auch bei lutherischen Minderheiten in solcher Weise wie bei den *asketischen* Denominationen nirgends zu konstatieren gewesen ist, – während andrerseits keineswegs nur in der Minorität befindliche, sondern ganz ebenso auch herrschende calvinistische, quäkerische, baptistische Schichten die sonst für ihre ökonomische Gebahrung und Lebensführung charakteristischen Eigentümlichkeiten aufzuweisen pflegen. Und wo *asketische* protestantische mit andern christlichen Denominationen gleichberechtigt konkurrieren, war die Regel, daß die ersteren die Träger des Geschäftslebens sind. Noch bis in die letzte Generation hinein war auf dem klassischen alten Industrieboden des Wuppertals die Art der Lebensführung der *Reformierten* einerseits, der Nichtreformierten andrerseits grundverschieden, und zwar gerade in den hier entscheidenden Zügen. Die geschäftliche Aktivität des *Berufsmenschen,* verbunden mit dem, was ich (ad hoc) *asketischen Sparzwang* genannt hatte, stach bei den reformierten und pietistischen Kreisen – der Pietismus ist reformierter Provenienz – trotz aller von Rachfahl ad hoc erfundenen *gemeinchristlichen Sittlichkeit* stark und auffällig ab, wie jeder, der dort heimisch war, bestätigen muß. Der ganze Inhalt jener Lebensführung entsprach, so unvollkommen zweifellos mein Versuch geblieben ist, doch immerhin so weit dem, was ich darüber sagte, daß mir aus der Mitte jener Kreise selbst heraus – und zwar nicht etwa nur von einer Seite, – direkt versichert wurde: sie verständen die spezifische Eigenart ihrer eigenen Traditionen aus diese Antezedenzien erst jetzt vollständig. Und wenn mir z. B. von Rachfahl das lutherische Hamburg entgegengehalten worden ist als eine Stätte, wo der *kapitalistische Geist* ohne Mitwirkung *asketisch*-protestantischer Einflüsse geblüht habe und blühe, so darf ich für jetzt mich begnügen, von einer freundlichen brieflichen Mitteilung des Herrn Kollegen Adalbert Wahl in Hamburg Gebrauch zu machen: darnach reicht, in charakteristischstem Gegensatz zu den ihm von früher bekannten Verhältnissen in dem reformierten Basel mit seinem sparsam festgehaltenen Reichtum des alten Patriziates, in Hamburg keines der jetzt bedeutenden Familienvermögen, auch der als altererbt geltenden, in das 17. Jahrhundert zurück, – mit einer einzigen Ausnahme: und diese bildet eine bekannte reformierte Familie. Doch genug von solchen Einzelheiten, die ich durch manche ähnliche persönliche Mitteilungen von anderen Seiten über die Stellung der Baptisten usw. ergänzen könnte. Meine entscheidende *These* über die Bedeutung des *Berufes* enthielt – wie ich nachdrücklich betonen möchte – nur in der Art der Durchführung *Neues.* In der Sache selbst wird es, denke ich, doch wohl bei dem bleiben, was der gleiche hervorragende Zeitgenosse: Sir W. Petty,

[12] Denn die ökonomische Reaktion des Polentums, (die ich selbst zitiert habe), ruht auf nationaler Basis.

den Rachfahl recht gut kennt, und den er als Autorität anerkennt, wo er seine Äußerungen über den ökonomischen Segen der Toleranz – wie man sieht, sehr verkehrter Weise – gegen mich verwenden zu können glaubt, nur 2 Seiten vorher (S. 23, 24) über die Gründe gesagt hat, aus denen die Toleranz (speziell in Holland, mit dem er sich dort beschäftigt) so günstig auf das *Geschäft* wirke: *I now come to the first policy of the Dutch, viz.: liberty of Conscience Dissenters of this kind* – gemeint sind: die Träger des holländischen Freiheitskampfes, in erster Linie: Calvinisten – are for the most part thinking, sober and patient Men, and such as believe that Labour and Industry is their Duty towards God (How erroneous soever their Opinions be).[13] Mir scheint fast, daß die Stelle so sehr geeignet ist, eine der Grundthesen meines Aufsatzes zu einem, leider unbewußten, Plagiat an Petty[14] zu stempeln, daß ich dem Leser die Wahl zwischen der Autorität Pettys und derjenigen moderner Kritiker überlassen darf[15], und scheide also meinerseits aus dieser Diskussion aus. – Dies um so lieber, als ich überdies noch eingestehen muß, daß auch Groen van Prinsterer, ein Schriftsteller, dem man, bei aller sonstigen Schätzung Rachfahls, denn doch eine wesentlich gründlichere und originalere Beschäftigung mit der Eigenart seines holländischen Heimatlandes zutrauen wird, gelegentlich über die Gründe der Reichtumsbildung dort (Verhältnis des – relativ! – geringen Verbrauches zum Verdienst) der Sache nach schon ganz dasselbe gesagt hat, wie ich.

13 Shakespeare – ein Kenner des Puritanismus mit den scharfen Augen des Hasses – wußte also offenbar recht gut, weshalb er die karrikierten *Mittelklassen* ihr karrikiertes Programm auch aus dem Grundsatz: *It is written: work in your calling* ableiten läßt.

14 Ich hatte seit den Zeiten, wo ich Handelsgeschichte trieb, Petty nicht mehr in der Hand gehabt und bin Herrn Kollege H. Levy dafür dankbar, daß er mich auf diese mir gar nicht mehr erinnerliche Stelle aufmerksam machte.

15 Ich darf nur noch – ein Nebenpunkt – bemerken, daß ich selbstredend, wenn ich das streng intolerant calvinistische Neuengland dem in Bezug auf die Entwicklung *kapitalistischen Geistes* (s. u.) anscheinend minder entwickelten toleranten Rhode-Island gegenübergestellt habe, dies ersichtlich in dem Sinne geschah, daß trotz der Intoleranz dort und trotz der Toleranz hier dieser Unterschied zu Gunsten des (von der Natur weit ungünstiger ausgestatteten) intoleranten Gebietes bestanden zu haben scheint, nach meiner Ansicht, weil in ihm in stärkerem Maße der *Geist* der protestantischen Askese herrschte. Im übrigen ist dies nur gänzlich beiläufig ausgesprochen worden in Form einer Vermutung, die ich zwar vielleicht noch durch einige Hinweise mehr als die von mir angegebenen stützen könnte, ohne jedoch dadurch – wie ich gern wiederholt bekenne – zu dem Anspruch gelangen zu können, etwas *bewiesen* zu haben. – Um bei dieser Gelegenheit einige der faktischen *Einwände* Rachfahls zu erledigen, so scheint ihm die innere Entwicklung Pennsylvaniens, die tragischen Konflikte der Quäkerethik mit der *Welt* und ebenso die – auch für New York (obwohl Manhattan schon seit geraumer Zeit als Einwanderungszentrum an Kirchlichkeit weit hinter Brooklyn zurückstand) bis an die Schwelle der Gegenwart reichende – Intensität der aus Askese und Rationalismus gemischten Lebensluft dort, die allein schon jede gute ältere Schilderung europäischer Reisender bezeugt und deren Reste man selbst heute noch überall spüren kann, in ihrer Rolle für Lebensstil und Berufsauffassung völlig unbekannt zu sein, ebenso die Geschichte und die noch in Resten bis heute nachwirkende Eigenart der Neuengländer.

Ich verweise auf meinen (natürlich sehr skizzenhaften) Aufsatz in der Christl. Welt. Der landwirtschaftliche *Kapitalismus* der episkopalistischen Südstaaten unterschied sich in den für mein Problem relevanten Punkten in nichts von der *kapitalistischen* Wirtschaft des Altertums. Ich habe – abgesehen von der bekannten, zum Teil ausgezeichneten Literatur – aus eigner Anschauung bei südstaatlichen Verwandten, die in alten Pflanzerhäusern leben, ein auch in den Äußerlichkeiten leidlich deutliches Bild gewonnen von der, im striktesten Gegensatz zu dem *Geist* des puritanischen Yankeetums stehenden, *seigneurialen* Mischung von powerer Liederlichkeit und aristokratischer Ostentation in Wirtschaft und Leben, welche diese spezifisch unbürgerliche Gesellschaft beherrschten. Es hing bekanntlich an einem Haar, so wäre auch Neuengland in die Hände eines der zahlreichen Hof-Günstlinge geraten, welche koloniale Landkonzessionen zu erlangen und zu verwerten suchten, – und wenn auch freilich dort keine Baumwollplantagen hätten entstehen können, so weiß doch niemand, welche Physiognomie Nordamerika dann, also: ohne die Siedlungen der Pilgerväter, denen weiter südlich diejenigen der Baptisten, der Holländer, der Quäker zur Seite traten, angenommen hätte. Jedenfalls nicht die, welche durch den *Geist* dieser Schichten bestimmt wurde und welche in immerhin sehr bedeutsamen Resten bis in die Gegenwart hinein fortgedauert hat. Daß eine *kapitalistische,* ja selbst eine gewerbliche Entwicklung in Neuengland im 17. Jahrhundert nicht nur ein Anachronismus, sondern auch geographisch damals wie später so gut wie unmöglich war, – dies ist freilich kein Zweifel und von mir nie bestritten. Ich selbst habe die dort, nach der puritanischen Einwanderung, trotzdem entstandenen Ansätze gewerblicher Entwicklung als eben deshalb bemerkenswert zitiert. Da ich sofort am Eingang meiner Arbeit Franklin als Repräsentanten des *kapitalistischen Geistes* zitiere, da ferner jedermann weiß, daß dieser kleine Drucker denn doch sehr weit davon entfernt war, ein *Großkapitalist* à la Fugger zu sein, und da ich zum Überfluß meinerseits nachdrücklichst auf die für meine Argumentation wichtige Tatsache hingewiesen habe, daß jener *Geist* sich hier in einem Gebiet, dessen Wirtschaft noch in den Kinderschuhen halber Naturalwirtschaft steckte, entwickelt hat (XX, S. 33), – so hätte selbst eine Kritik von der Art der Rachfahlschen darauf verzichten dürfen, mir diese und ähnliche Dinge als *Einwände* entgegenzuhalten. Daß ferner ein Historiker kein Unterscheidungsvermögen für die ökonomischen Existenzbedingungen des Gewerbes in einem Kolonialland, wie das alte Neuengland es war, und im europäischen Mittelalter hat – wie die höhnische, aber m. E. etwas lächerliche Bemerkung Sp. 1294 unten zeigt – ist schlimm genug. Noch schlimmer freilich, daß er von der Bedeutung des Hugenottentums und seinen Beziehungen zur Industrie in Frankreich einfach gar nichts weiß. – Daß der Calvinismus auf der ungarischen Pußta im 17. und 18. Jahrhundert keine kapitalistische Wirtschaft schaffen konnte, muß ich nun schon zum zweiten Mal *zugeben,* ebenso aber betonen, daß er auch dort (in der Art der Berufswahl der Reformierten) seine typischen Begleiterscheinungen zeigt, wie gleich eingangs meines Aufsatzes zu lesen steht. – Sogar zu dem ihm eigentlich naheliegenden, höchst verwickelten und interessanten Problem der Eigenart des holländischen Kapitalismus und des inneren Verhaltens der Bevölkerung dazu entwickelt R., dessen Auge stets nur an den, in nichts Wesentlichem von den Erscheinungen aller Zeiten und Länder unterschiedenen großen Geldleuten haftet, nur ganz oberflächliche Sentiments. Ich bezweifle auf Grund derselben, daß er hier mehr weiß, als – nach seiner dankenswerten Versicherung – ich, der ich in der Tat mit diesen Problemen noch entfernt nicht im Reinen bin. Alles freilich, was er über den Arminianismus der Kaufmannschaft mir entgegenhält, habe ich – wie fast immer – selbst gesagt, ebenso auf ganz die gleichen kunsthistorischen Erscheinungen hingewiesen, die Rachfahl gegen mich heranzieht. Aber damit sind erst die äußersten Peripherien des Problems – welches ich ja gar nicht verfolgen wollte – gestreift. Um nur ein Moment zu erwähnen, welches tiefer führt, so ist die Eigenart des holländischen *Geistes* damals sicherlich auch dadurch mitbestimmt worden, daß das Einpoldern von Neuland eines der allerrentabelsten Geschäfte war, daß hier die Städte das platte Land – mit einiger Übertreibung gesagt – zum großen Teil aus sich geschaffen haben. Die Kapitalverwertung wurde, neben dem, allem Puritanismus leicht verdächtigen, Kolonialgeschäft sehr stark in diese Bahn der Schaffung von Bauernexistenzen gelenkt, – was für die *Physiognomie* des Landes auch im innerlichen Sinn seine Konsequenzen haben mußte und hatte, speziell in der Richtung, daß die als vorhanden durchaus hinlänglich bezeugte Tendenz des *asketischen* Protestantismus, in seiner Art zu wirken, in wichtigen – aber nicht: in allen – Punkten immer wieder gebrochen wurde. Denn daß diese Bauern, welche sogar für den Kunstmarkt ihre Bedeutung hatten: – es kommen bei ihnen Anlagen von Summen in Gemälden vor, welche damals ein kleines Vermögen darstellten (und sicher oft spekulativen Charakters waren), – zwar etwas sehr Anderes waren als die traditionelle Bauernschaft des Kontinents, aber auch etwas anders als die Bauern Neuenglands, begreift sich. Die Rückwirkung des halbgebrochenen Puritanismus Hollands auf seine Kunst ist ein sehr verwickeltes Problem und meine hingeworfenen Bemerkungen darüber prätendieren schlechterdings nichts. Immerhin: Der Gegensatz von Rubens und Rembrandt – man erinnere sich der freilich bezüglich Rembrandts zur Karikatur übertreibenden, aber für die Grundstimmung doch charakteristischen Verse Baudelaires – ist zwar ebensowenig wie ihre Lebensführung einfach identisch mit den Unterschieden des Milieus beider, aber freilich sehr weit entfernt davon, Zufall zu sein. – Daß ein Historiker von den Dordrechter Dekreten als von etwas historisch für Holland fast Irrelevantem reden kann, ist nur verständlich, wenn er von der modernen holländischen Kirchen- und politischen Geschichte keine Ahnung hat. Der Neo-Calvinismus in Holland ist gewiß ein Gebilde mit sehr modernen Einschüssen, – aber wenn man sieht, wie das für die ganze derzeitige politische Konstellation in Holland noch immer maßgebende Kuypersche Schisma, eingeleitet durch das echt *puritanische* Verlangen, daß die Abendmahlsgemeinde zur Ehre Gottes sich müsse *rein* erhalten dürfen, in allen seinen Stadien sich auf Rechtsbegriffe und Glaubenslehren stützt, welche vor, in und nach Dortrecht geschaffen wurden, wird man jene Behauptung ziemlich seltsam finden. Ebenso, wenn man auch nur die gedruckt vorliegenden Aktenstücke zur holländischen Kirchenzuchtsgeschichte jener alten Zeit und die ungeheure Autorität der *sacrosancta synodus* kennt, welche Jahrhunderte lang von ihren Getreuen nur mit Entblößung des Kopfs genannt wurde. Daß die neucalvinistische Kirchenbildung Kuypers just in dem *ungläubigen* Amsterdam ihren Anfang nahm, könnte ja wieder ein *Zufall* sein, wie, nach Rachfahl, die Abschwenkung von Amsterdam auf die Seite der calvinistischen Partei gegen Oldenbarnevelt, – aber es könnte dieser eigentümliche moderne *Zufall* doch vielleicht manchem Anlaß geben, darüber nachzudenken, ob nicht auch jener Vorgang von 1618 in etwas mehr als der bloßen Tageskonstellation verschiedener *Cliquen* in der Vroedshap, wie sie überall bestanden, seinen Grund hatte. (In der Minorität hat sich das Asketentum in der Welt fast immer und überall befunden: in Holland damals und unter Kuyper, in England unter Cromwell, in Pennsylvanien schon unmittelbar nach Penn, in Frankreich von Anfang an und ebenso in der Zeit des Pietismus bei uns.) Die Rolle, welche der puritanische Dissent in England noch in der Cobdenschen Anti-Kornzoll-Agitation gespielt hat, ist Rachfahl – nach seinen Bemerkungen zu schließen – wohl kaum bekannt. – Die interessante Erscheinung, welche in der Beziehung zwischen den Klassen und dem religiösen Leben zu beobachten wäre – fast in allen Ländern – ist die allmähliche Wandlung der anfänglich (oft sogar mit Einschluss des Täufertums) vertikal durch die soziale Schichtung gehenden Risse in horizontale: Hier setzt dann das Recht der geschichtsmaterialistischen *Deutung* ein.

Die Fortsetzung der Stelle bei Petty erläutert dann noch einen ferneren Punkt, den Rachfahl zum Gegenstand einer jener vielen Scheinkontroversen mit mir gemacht hat, von denen sein Aufsatz fast gänzlich lebt: *These people* (nämlich die puritanischen Dissenter) *believing the Justice of God, and seeing the most Licentious persons to enjoy most of the world and its best things, will never venture to be of the same religion and profession with voluptuaries and Men of extreme Wealth and Power, who they think have their portion in this World.* Es sind eben nicht die, in allen Zeitaltern kommerzieller oder kolonialer Expansion immer wiederkehrenden ganz großen Konzessionäre und Monopolisten: ökonomische *Übermenschen,* sondern deren Gegner: die wesentlich breiteren Schichten bürgerlicher aufsteigender Mittelstände, welche typische Träger der puritanischen Lebensauffassung waren – wie ich das meinerseits recht nachdrücklich hervorgehoben habe und, obwohl Rachfahl dies weiß (denn er zitiert es), von ihm, wie immer, wo es ihm paßt, als *Einwand* entgegengehalten bekomme.[16] Die Bemerkungen Pettys, im Zusammenhalt mit der früher zitierten Stelle, sind aber offensichtlich auch geeignet, um, durchaus entsprechend dem, was ich andern Quellen, und vor allem den in ihren Ausläufern bis auf die Gegenwart fortwirkenden Prinzipien der asketischen Denominationen entnommen hatte, die (scheinbar!) so paradoxe Attitüde der *protestantischen Askese* (in meinem Sinn des Worts) zum Reichtum zu illustrieren. Der Reichtum als solcher ist, als Quelle der Genuß- und Machtgier, nicht nur eine, sondern die Gefahr schlechthin, das Streben nach den Gütern dieser Welt ist – ich könnte die von mir zitierten Stellen beliebig vermehren – an sich schlechthin verwerflich: das besagt auch Petty. Und doch hatte Petty selbst soeben erst die *industry* dieser den reichen Leuten und dem Reichtum so feindselig gesonnenen Elemente als eine besonders wichtige Quelle der Reichtumsbildung hingestellt und ihren überwältigenden Anteil am Unternehmertum betont, – wiederum schon eben so, wie ich es auch getan habe. Wie einfach sich die scheinbare Paradoxie lösen läßt, ist jedem, der meine Aufsätze wirklich gelesen hat, erinnerlich. Auch Rachfahl weiß es, wenn auch die Form, in der er in diesem Punkte meine Darstellung wiedergibt, mehr als seltsam ist.[17] Denn er ist gut bekannt mit meinen doch ziemlich ausführlichen

[16] Wenn Rachfahl übrigens (Sp. 1320) schließlich auch noch fragt, woher ich denn wisse, daß der von ihm (nach mir) zitierte Ausspruch Jacob Fuggers Ausdruck einer anderen (als der puritanischen) *Berufsethik* sei, – so antworte ich: weil jeder, der weiß, wie ein Puritaner sich im gleichen Falle ausdrücken würde, auch weiß, daß er – und zwar mit voller subjektiver Wahrhaftigkeit – sich anders ausgesprochen haben würde. Bereits auf Sp. 1324 weiß denn auch Rachfahl selbst, – ohne zu sagen: woher? –, daß die Berufsethik der Calvinisten sich von dem Fuggerschen Lebensstil dadurch unterscheide, daß bei jenen Gewinn und Reichtum – ganz wie ich es dargelegt habe – *nur Faktoren von akzessorischer Bedeutung waren!*

[17] S. 1231: Allerdings, so gibt Weber zu, zeigte sich schließlich die calvinistische Ethik als eine Kraft, die zwar das Gute wollte, aber das Böse schuf, den Reichtum mit allen

Erörterungen über das gewiß eigentümliche, für uns heutige Menschen schwer ohne den Verdacht von Heuchelei und Selbstbetrug vorstellbare, aber für Menschen, die zwischen Diesseits und Jenseits eine Brücke finden mußten, keineswegs so besonders *komplizierte* Verhältnis der Puritaner (im weiten Wortsinn) zum Erwerb. Er kennt ferner auch die von mir vorgenommene ausdrückliche Scheidung gegenüber dem Habitus, welcher in der von Sombart zitierten Äußerung Fuggers zum Ausdruck kommt.[18] Ebenso kennt er meine ausdrückliche Erinnerung daran, daß der ganze Typus, wie ihn die großen italienischen, deutschen, englischen, holländischen und überseeischen Finanziers darstellen, eben ein Typus ist, den es, wie ich notgedrungen abermals wiederhole[19], gegeben hat, so lange wir überhaupt eine Geschichte kennen, der in seiner Eigenart schlechterdings gar nichts dem *Frühkapitalismus* der Neuzeit irgendwie Charakteristisches ist, der vielmehr gerade im entschiedensten Gegensatz steht zu denjenigen Zügen in dessen Antlitz, deren Aufdeckung mir nun einmal am Herzen lag, weil sie sich dem Auge leichter entziehen und doch zu den allerwichtigsten zählen. Aber diese seine genaue Kenntnis meiner Ansichten hindert Rachfahl nicht, mir jenen, wie auch er wissen könnte, schon seit der Pharaonenzeit bekannten Typus von Kapitalisten, dem der von mir als *asketisch* bezeichnete Zug fehlt, als Argument gegen mich vorzuhalten. Obwohl bei mir mit größter Deutlichkeit zu lesen steht, daß ich mich mit ihm nicht beschäftige, also z. B. in Holland[20] nicht mit jenem mir so gut wie jedermann bekannten Typus *erwerbsgieriger* Händler, die – ich hatte dies wohlgemerkt selbst zitiert:[21] – *um Gewinns willen durch die Hölle fahren würden, auch wenn ihnen dabei die Segel ansengten,* wird mir die Frage entgegengehalten: ob das denn nicht der *eigentliche* kapitalistische Geist sei? Für einen Leser meiner Aufsätze darf ich die Antwort wohl schuldig bleiben. Ähnlich steht es, wenn sich Rachfahls Eifer auf die Suche nach allerhand Gebieten mit kräftiger Entwicklung kapitalistischer Wirtschaft begibt, in denen die *protestantische Askese* eine entscheidende Rolle (wirklich oder angeblich) nicht spielte oder in dem sie umgekehrt eine solche spielte, ohne daß, als Resultat, großkapitalistische Wirtschaft sich eingestellt hätte. Über die Einzelheiten dieser Kritik ist schon oben geredet worden. Prinzipiell hatte ich mich zwar auch darüber

seinen Versuchungen. Von einem Schriftsteller zu sagen, daß er eine seiner eigenen, fast wörtlich zitierten Grundthesen zugibt, ist eine für den Leser mindestens reichlich mißverständliche Umschreibung des Sachverhaltes.

18 XX. S. 15.

19 Vgl. Archiv XXV, S. 247 bei Anm. 10. Rachfahl kennt auch diesen Aufsatz, da er ihn selbst gelegentlich zitiert.

20 Über den Arminianismus in den führenden Schichten des holländischen Großbürgertums habe ich geredet, im übrigen auf Busken-Huët verwiesen. Es ist ein starkes Stück, wenn Rachfahl, der nichts Neues von Belang darüber beibringt, glaubt behaupten zu dürfen, ich *wisse* von diesen Verhältnissen nichts.

21 XX. S. 20.

schon, und zwar wiederholt, hinlänglich deutlich ausgesprochen, will aber gern nochmals darauf eingehen. Denn vielleicht sind wir damit bei einem Punkte angelangt, wo der Versuch einer Konfrontierung der beiderseitigen Standpunkte möglich zu werden scheint?

Ich sage: scheint: Denn in Wahrheit hat leider Rachfahl einen eignen Standpunkt, mit dem man sich auseinandersetzen könnte, überhaupt nicht. Man kaut bei ihm auf Sand. Vergebens fragt man sich vor allem, was denn eigentlich seine durch fünf Artikel dauernde wunderliche Kanonade gegen mich bezweckt hat, wenn er selbst schließlich als Ergebnis erklärt, man werde den von mir erörterten religiösen Momenten (S. 1349) *für die Entwicklung der ökonomischen Verhältnisse gewiß eine große Bedeutung zugestehen müssen. Nur, heißt es weiter, nicht gerade in derselben Richtung,* oder – was dann sofort doch wiederzugegeben wird: – wenn in derselben Richtung, dann in dieser wenigstens nicht so ausschließlich, wie ich es – ich wüßte beim besten Willen nicht: wo? – getan hätte. Überdies aber heißt es dann noch: Zu den die ökonomische Entwicklung fördernden Elementen (und gleich darauf gradezu: zu deren *Triebkräften)* gehörte unzweifelhaft *die Berufsethik der Reformation,* wobei sogar (irrtümlicherweise: s.o.) behauptet wird, daß ich sie zuerst in dieser ihrer Bedeutung analysiert hätte. Sein einziger substanziierter Vorbehalt betrifft die von ihm in seinen Artikeln breit kritisierte Bezeichnung dieser Berufsethik als *asketisch* – wovon schon oben die Rede war. Ich könnte mich mit diesen Zugeständnissen meines Herrn Zensors durchaus zufrieden geben, denn ich selbst hatte so nachdrücklich, wie wohl überhaupt nur möglich, hervorgehoben, daß es mir nicht in den Sinn komme, mehr als eben das Vorhandensein dieser Triebkraft anzunehmen.

In welchem Maße sie, verglichen mit anderen Komponenten, faktisch in der ihr adäquaten Richtung gewirkt hat, habe ich in der Tat nicht versucht, *im Einzelnen* (wie Rachfahl es wünscht) zu ermitteln, so gewiß auch das eine wichtige, aber nur für die einzelnen Länder je besonders in Angriff zu nehmende und schwerlich leicht lösbare[22] Aufgabe ist. Rachfahls Zumutung vollends, hier eine Art Statistik zu treiben, halte ich meinerseits und muß jeder, der aus einiger Erfahrung weiß, welche unerhörten Schwierigkeiten sich heute, am noch lebenden Objekt, dem Versuch, die Tragweite eines bestimmten, noch so zweifellos vorhandenen und wirksamen *weltanschauungsmäßigen* Motivs zu messen, entgegentürmen, für etwas reichlich harmlos halten.[23] Die von mir gewählte Aufgabe war – sie ist als solche in meinem Aufsatz so deutlich wie nur möglich umschrieben worden: – zunächst einmal festzustellen, nicht wo und wie stark, sondern wie, durch welche seelischen Motivationsverknüpfungen,

[22] Denn auf die Verteilung des Kapitals u. dgl. käme es dabei natürlich absolut nicht in erster Linie an.

[23] Vgl. z.B. meine Bemerkungen in dieser Zeitschrift XXVIII, S. 263, XXIX, S. 529.

bestimmte Formungen des protestantischen Glaubens in den Stand gesetzt wurden, so zu wirken, wie sie dies – auch nach Rachfahls Ansicht – taten. Daß sie so wirkten, wurde natürlich zunächst einmal an einer Anzahl von Beispielen illustriert, im übrigen aber – weil es ja gar keine *Neuigkeit* war –, als bekannt vorausgesetzt. Auch Rachfahl setzt es (Sp. 1265 oben)[24] genau wie ich ausdrücklich als zweifellos feststehend voraus, – wozu sich freilich (wohl nicht nur für den Nichthistoriker!) der alsbald folgende Nachsatz seltsam genug ausnimmt[25] in dem es heißt: es gelte nun erst, den Nachweis der Existenz dieser Zusammenhänge – über die doch, hörten wir, *kein Zweifel* besteht – zu führen. Von dieser *Aufgabe,* – die ich mir, wie gesagt, gar nicht gestellt hatte, – erklärt dann Rachfahl: ich hätte sie mir *leicht* gemacht. Ich muß abwarten, ob andere Leser den Eindruck haben, daß ich die mir wirklich vorschwebende Leistung allzu *leicht* genommen habe. Aber man fragt angesichts solcher immerhin recht anmaßenden Bemerkungen nun auch weiter: wie *schwer* sich denn der anspruchsvolle Kritiker seinerseits jene von mir – nach seiner Erklärung – nicht gelöste Aufgabe gemacht habe? Und angesichts des Umstandes, daß über die Beziehung auch nur zwischen Calvinismus (von dem R. allein spricht) und Kapitalismus in seinen gesamten fünf Aufsätzen nichts, schlechterdings nichts, beigebracht wird – oder bitte: was? – das nicht schon genau ebenso in meinem Aufsatz stände, darf ich mich wohl einer Replik enthalten. Es bleibt mir in dieser Hinsicht natürlich in der Hauptsache nichts andres übrig, als die einfache, aber freilich anspruchsvolle Bitte an etwaige Interessenten, sie möchten nach der Rachfahlschen *Kritik* meine Aufsätze erneut vornehmen und – hierin liegt die hauptsächlichste Unbescheidenheit – vollständig lesen. Sie werden dann finden, nicht nur 1) daß ich die Unterstellung, man könne das kapitalistische Wirtschaftssystem aus religiösen Motiven überhaupt, oder aus der Berufsethik des von mir so genannten *asketischen* Protestantismus ableiten, in meinem Aufsatz selbst *töricht* genannt habe und dabei selbst auf das Ausführlichste, ja geradezu zur Begründung meiner Problemstellung hervorhob, daß es sowohl *kapitalistischen Geist* ohne kapitalistische Wirtschaft (Franklin) wie auch das Umgekehrte gegeben hat (was alles Rachfahl zwar selbst zitiert, aber, sobald es ihm paßt, alsbald wieder vergißt und dann als *Einwand* gegen mich vorbringt)[26], – 2) daß es mir nicht eingefallen ist,

[24] Es kann kein Zweifel *darüber obwalten, daß zwischen Kalvinismus* (über diese ganz falsche Begrenzung s. o.) *und Kapitalismus innere Beziehungen bestehen.*

[25] Und natürlich erst recht die von ihm immer wieder unterstrichene Behauptung, daß es die *gemeinchristliche* Reformationssittlichkeit (also doch auch die nicht- und anticalvinistische) gewesen sei, die fortbestanden habe.

[26] Ich habe aus dem Auftauchen des *kapitalistischen* Geistes (in meinem Sinne!) an einer Stelle, wo die ökonomischen Bedingungen dafür (damals noch?) so ungünstig wie möglich waren, gerade geschlossen, daß die Methodik der Lebensführung, welche (damals) Neuengland und Pennsylvanien beherrschte, von sich aus die Antriebe dazu in sich barg. Daß ein solcher Keim dann der erforderlichen *Bedingungen* bedurfte, um zur Entstehung eines kapitalistischen *Wirtschaftssystems* mitwirken (mitwirken!) zu können, – diese Selbstverständlichkeit habe ich zwar der Sicherheit halber auch noch

jene, nach meiner Ansicht ursprünglich religiös bedingten Motive *asketischen Charakters* mit dem kapitalistischen *Geist* zu identifizieren (wie es bei Rachfahl von A bis Z – schon in dem Resumé meiner Aufsätze, Sp. 1219 – seinen Lesern vorgetäuscht wird), sondern daß ich sie (XXI, S. 107) nur als einen konstitutiven Bestandteil dieses *Geistes* (und übrigens daneben, ausdrücklich, noch weiterer moderner Kultureigenarten!) neben andern in Anspruch nehme (was Rachfahl nach endlosem Hin- und Herreden schließlich, wie gesagt, selbst als richtig zugibt), – 3) daß ich über das Verhältnis des sogenannten Erwerbstriebs zum *kapitalistischen Geist* so eindeutig mich ausgesprochen habe, daß die Bemerkungen Rachfahls über diesen Punkt nur ein weiterer Beweis dafür sind, daß er entweder nicht dazu neigt, polemische Auseinandersetzungen mit dem guten Willen zu führen, bei dem Gegner – ich will nicht einmal sagen: den möglichst vernünftigen Sinn, sondern: – überhaupt irgend einen vernünftigen Sinn seiner Äußerungen vorauszusetzen, – oder daß er im Moment der Niederschrift seiner *Kritik* sich nicht mehr erinnerte, was in der kritisierten Arbeit gesagt war.

Ob man die höchst heterogenen psychischen Tatbestände, welche dem Streben nach Geld und Gut zu Grunde liegen können, überhaupt mit dem, einer sonst längst überwundenen Art der *Psychologie* entnommenen einheitlichen Namen *Erwerb*strieb bezeichnen sollte, bleibe unerörtert. Ganz entbehrlich ist er wohl nicht. Daß dieser sogenannte *Trieb* sich, und zwar gerade recht eigentlich in triebhafter: irrationaler, ungezügelter Form, in allen Stadien der Kulturentwicklung und in allen möglichen sozialen Schichten: beim neapolitanischen barcajuolo, beim antiken und modernen orientalischen Krämer, beim *biederen* kleinen Tiroler Gastwirt, beim *notleidenden* Agrarier, beim afrikanischen Häuptling in kolossalstem Maßstab findet, – dagegen grade in dieser naiv triebhaften Form beim *Typus* des Puritaners oder bei einem so streng *respektabel* denkenden Mann wie dem von mir zitierten B. Franklin nicht, – dies ist einer der ausgesprochensten Ausgangspunkte meiner Darstellung und ich durfte erwarten, daß wenigstens dies einem Mann, der sie *kritisieren* wollte, nicht aus dem Gedächtnis kommen würde. Und, um es nun noch einmal zu wiederholen: Wo immer großkapitalistische Entwicklung sich je gefunden hat, im fernen Altertum sowohl wie in unseren Tagen, da hat es selbstverständlich jenen Typus von skrupellosem money-maker gegeben, welcher in der Exploitierung der römischen Provinzen ebenso wie in den Raubkolonien der italienischen Seestädte und den weltumspannenden Spekulationen der Florentiner *Geldgeber*, in den Plantagen der Sklavenhalter und den Goldfeldern aller Erdteile ebenso wie in den amerikanischen Eisenbahnen oder den großfürstlichen Praktiken im fernen Osten oder den ebenfalls weltumspannenden Spekulationen der *Imperialisten* der City sich auswirkt. In den technischen

(XX, S. 53, 54; XXI, S. 110) gesagt, aber allerdings in der (wie ich sehe, irrigen!) Meinung, daß dies eigentlich überflüssig sei.

Möglichkeiten und Mitteln, nicht aber in der Erwerbs-Psychologie ist hier ein Unterschied. Solche erstaunlichen Wahrheiten allerdings, wie: daß das Streben nach *Glück*, nach *Nutzen*, nach *Genuß, Ehre, Macht, Zukunft der Nachkommen* und dergleichen bei der Auslösung des Strebens nach dem Höchstmaß von Gewinn immer und überall in sehr verschiedenen Kombinationen mitbeteiligt waren und sind, hätte Rachfahl, glaube ich, sich sparen können, da schwerlich jemand zu finden sein wird, der sie bestreitet.[27] Ich habe jene Motive nur dann (dann aber ausdrücklich) erwähnt[28], wo sie in ihrer Tragweite in Spannung gegenüber der mich interessierenden asketischen *Berufsethik* traten. Von einer ebenso erstaunlichen Richtigkeit ist das breite Plädoyer Rachfahls dafür, daß es von allen den verschiedenen Arten von innerlichen Beziehungen zum Erwerb zu derjenigen, mit welcher ich mich befaßt habe, psychologische Übergänge gebe, daß ferner das von mir *isoliert* dargestellte[29] Motiv in der Realität *nicht rein abzulösen*, meist *mit andern kombiniert, selbst heute nicht*[30] erschöpfend usw. sei. Dies dürfte für alle nur irgend erdenklichen Motive menschlichen Handelns zutreffen und hat noch niemand gehindert, wenn es sich um den Versuch, die spezifischen Wirkungen eines bestimmten Motivs handelt, dieses in möglichster *Isoliertheit* und innerer Konsequenz zu analysieren. Wen nun diese ganze *Psychologie* nicht interessiert, sondern nur die äußeren Formen der Wirtschaftssysteme, den darf ich bitten, meine Versuche ungelesen zu lassen, ebenso aber auch, mir dann gefälligst anheimzustellen, ob ich meinerseits mich grade für diese seelische Seite der modernen Wirtschaftsentwicklung interessieren will, welche im Puritanismus die großen inneren

[27] Wo ich von einer absoluten Herrschaft des Puritanismus im englischen Wirtschaftsleben gesprochen haben soll, ist mir unverständlich. Der Kampf der bürgerlich-kapitalistischen Mittelklassen hatte zwei Fronten: Gegen die *Squirearchie* beginnt er als ein ganz ausdrücklicher Kampf der *Askese* mit dem fröhlichen alten England, ein Kampf, in welchen die Krone durch das book of sports eingriff; – gegen die (im 17. Jahrhund. höfischen) Monopolisten und Groß-Finanziers auf der andren (vergl. die bekannten Schritte des langen Parlements in dieser Richtung) war er – das würde ich bei Fortsetzung meiner Artikel zu zeigen gehabt haben – von einer sehr bestimmten Theorie des *justum pretium* getragen, welche die puritanische Ethik erfüllte.

[28] Vgl. z. B. XXI, S. 98 Anm. 65.

[29] Aber doch weiß Gott nicht, wie Sp. 1249 behauptet wird, als in jedem oder auch nur den meisten Trägern von *kapitalistischem Geist* (in meinem Sinn) in absoluter Einzigkeit wirkend hingestellte.

[30] Da doch sogar Rachfahl nachweislich bekannt ist, daß ich ausführlich das Geschwundensein jener in den Zeiten der Blüte des asketischen Protestantismus wirksamen Motivationsverknüpfung zu erklären gesucht habe – er polemisiert ja gegen meine Art der Erklärung –, so ist dies *selbst heute* wiederum ein Beispiel für die Art seiner, keinerlei möglicherweise eindrucksvolle Wendung verschmähenden, *Kritik*. Dazu tritt, um das Bild zu vervollständigen, noch, daß er selbst Sp. 1324 oben den heutigen Großkapitalismus in seinem Lebensstil in Gegensatz stellt zu dem calvinistischen, – und zwar genau in dem Sinn, in dem er es bei mir gelesen hat, nur mit etwas anders gesetzten Worten.

Spannungen und Konflikte zwischen *Beruf, Leben* (wie wir uns heute gern ausdrücken), *Ethik,* im Stadium eines eigentümlichen Ausgleichs zeigen, wie er in dieser Art weder vorher noch nachher bestanden hat. Und zwar auf einem Gebiet, wo die Traditionen der Antike und des Mittelalters andre Wege wiesen, und wo wir heute mitten in erneuten Spannungen leben, die – weit über den Kreis der von mir herausgegriffenen Sphäre hinaus – sich zu Kulturproblemen ersten Ranges auswachsen, wie sie, in dieser Art, nur unsere *bürgerliche* Welt kennt. Es ist eben einfach nicht richtig, wenn Rachfahl ins Blaue hinein – und überdies ebenso wie in seiner ganzen Polemik im schreiendsten Widerspruch gegen seine eigenen früher zitierten Zugeständnisse am Schlusse seiner *Kritik* – behauptet, die *Berufsethik,* wie sie die (in meinem Sinn) *asketischen* Richtungen des Protestantismus kannten, sei ebenso schon im Mittelalter herrschend gewesen. Bei dem Gegensatz gegen das Mittelalter sind solche mehr äußerlichen Punkte, wie die Stellung der kirchlichen Doktrin zum *Wucher* für mich keineswegs das Entscheidende, wie jeder Leser meines Aufsatzes weiß, während allerdings die Bemerkungen Rachfahls grade hierüber zu den klassischen Zeugnissen seiner völligen Verständnislosigkeit für das gehören, worum es sich bei diesen Problemen handelt. Hören wir ihn: *Und wenn sich ein Kapitalist dadurch (durch das Zinsverbot) wirklich so weit geniert fühlte, daß er durch fromme Stiftungen sein Gewissen* beschwichtigen *zu müssen meinte – ist das nicht gerade ein Beweis dafür, daß seine* Grundanschauung *eine antitraditionalistische war? Denn der* Erwerbstrieb *war in ihm so mächtig,* daß er nicht einmal ein Vehikel religiöser Ethik, wie später in den protestantischen Asketen brauchte, um sich zum Geldverdienen getrieben zu fühlen ... (Sp. 1300).[31] Der *Erwerbstrieb* aller jener Gründer und Spekulanten, die *mit dem Ärmel an das Zuchthaus streifen,* um die Millionen zu verdienen, der *Erwerbstrieb* des in den Reisezentren der Riviera zur Schamlosigkeit erzogenen Kellners, der die Gäste gewohnheitsmäßig mit der Rechnung betrügt, braucht noch weit weniger *Ethik* als *Vehikel,* – und käme es auf die Konstruktion einer Stärke-Skala des *Erwerbs*triebs an, so würde der Puritanismus ganz gewiß nicht an der Spitze marschieren, auch nicht jener Typus von Rationalisten des Gelderwerbes, als den ich Benjamin Franklin gewählt hatte.[32] Aber nicht um die triebmäßige Gier nach Geld, nach Glück, nach dem splendor familiae usw. handelt es sich – alles

[31] Die Hervorhebungen hier und – wie nachträglich bemerkt sei – auch früher bei Zitaten aus den R.schen Artikeln rühren von mir her.

[32] Sombart (XXIX, S. 701) eignet sich ganz mit Recht die Äußerung eines Großunternehmers wie Rathenau (in dessen *Reflexionen)* an, der *noch niemals einen wahrhaft großen Geschäftsmann und Unternehmer gekannt haben will, dem das Verdienen die Hauptsache seines Berufs war und ich möchte behaupten, daß, wer am persönlichen Geldgewinn hängt, ein großer Geschäftsmann überhaupt nicht sein kann.* (Ganz dies würde auch Franklin, ganz unbeschadet seiner *Predigt,* gesagt haben und erst recht die Puritaner. Der Reichtumsgewinn ist ihnen allen – mit Rachfahl zu reden – *etwas Akzessorisches.*

Dinge, die den ernsten Puritanern grade ferner liegen als andern: ihrer Weltabgewandtheit zum Trotz werden sie reich, – sondern darum, daß der *asketische* Protestantismus für den Kapitalismus auch die entsprechende *Seele* schafft, die Seele des *Berufsmenschen,* der solche Mittel wie der Mensch des Mittelalters nicht braucht, um sich einig zu fühlen mit seinem Tun. – Das war der Kaufmann der Florentiner Frührenaissance nicht. Es ist hier nicht der Ort, die tiefe Zerrissenheit, welche bei aller strotzenden Kraft und scheinbaren Geschlossenheit durch die Ernstesten unter den Menschen jener Tage ging, zu analysieren. Nur eine, und gewiß eine mehr an der Oberfläche liegende, Erscheinung, die sich diesem Bilde einfügt, sind jene Restitutionen *wucherisch* erworbenen Gutes. Aber allerdings gehört sie in dieses Bild. Ich – und wohl eigentlich jeder einigermaßen Unbefangene – kann in jenen *Beschwichtigungsmitteln* nur eines der zahlreichen Symptome für die Spannung zwischen *Gewissen* und *Handeln,* für die Unvereinbarkeit des auch von Luther nicht überwundenen *Deo placere non potest,* der Ideale grade der ernstlich katholisch gestimmten Menschen mit dem *kaufmännischen* Gewinnstreben auffassen, und die zahllosen praktischen und theoretischen *Kompromisse*[33] – eben als *Kompromisse.* Es ist eben nicht richtig, daß eine jede Art der Tätigkeit sich ihre *Berufsethik* einfach – wie Rachfahl behauptet und wie es ja das *Nächstliegende* zu sein scheint – zu allen Zeiten in gleicher Art geschaffen habe. Meine Aufsätze hätten grade einen Beitrag zur Erkenntnis liefern mögen, in wieweit diese (im Wesen *geschichtsmaterialistische)* Auffassung, deren triviales Recht an sich selbstverständlich kein Mensch, am allerwenigsten ich, anficht, in der historischen Entwicklung ihre Schranken hat.[34]

[33] Ich habe dafür weit drastischere Beispiele angeführt als *fromme Stiftungen,* die – nur aus gänzlich andern, in charakteristischer Art andern, Motiven! – grade z. B. auf dem Boden des Calvinismus und des Reformiertentums überhaupt in mindestens gleichem Maße gang und gebe waren.

[34] Ich hatte sehr nachdrücklich betont, daß ich im Fall einer Vollendung meiner Aufsätze, wo dann die umgekehrte Kausalbeziehung: – Bedingtheit des Religiösen durch die ökonomischen Verhältnisse – zur Geltung gelangen müßte, wahrscheinlich der *Kapitulation vor dem Geschichtsmaterialismus* ganz ebenso geziehen werden würde, wie, nach dem was vorliegt, der *Übertreibung des Einflusses religiöser Momente,* – bei R. (Sp. 1325) findet sich für meine angebliche *These* sogar der Ausdruck *ungeheuerlich,* freilich nicht gerade im Einklang damit, daß R. den Inhalt derselben, wie schon bemerkt, selbst sich aneignet. – Beiläufig: Jener Einfluß ist denn doch auch auf politischem Gebiet von ganz anderer, fundamentalerer, Bedeutung, als nach dem Eindruck der *Nichts-als-Politiker* unter den Historikern, die unter den *großen Mächten* nur die großen Bataillone verstehen, mit denen freilich der liebe Gott auf dem Schlachtfelde zu gehen pflegt. Noch so viele *Mächte* dieser Art haben z. B. den einen Satz der Bibel: *Man soll Gott mehr gehorchen als den Menschen,* – solange er den Glauben entschlossener Männer, und seien es auch kleine Minderheiten, wie die Puritaner fast überall es waren, beherrschte, – nicht außer Gefecht zu setzen vermocht. An ihm scheiterten die *Kulturkämpfer* des 17. wie des 19. Jahrhunderts und beide Male hatte ihre Niederlage Konsequenzen von einer in Generationen nicht zu überwindenden Tragweite. Er ist

Um das Gesagte zusammenzufassen: Bei meinen Ausführungen handelte es sich darum, eine bestimmte, konstitutive Komponente des Lebensstils, der an der Wiege des modernen Kapitalismus stand, an dem sie – mit zahlreichen andren Mächten – mit gebaut, zu analysieren und in ihren Wandlungen und ihrem Schwinden zu verfolgen. Ein solcher Versuch kann sich nicht die Aufgabe stellen, zu ermitteln, was zu allen Zeiten und überall, wo Kapitalismus existierte, vorhanden war, sondern sie hat grade umgekehrt das Spezifische der einmaligen Entwicklung zu ermitteln.[35] Dafür verantwortlich zu sein, wenn andere die von mir ausdrücklich und mit denkbar größtem Nachdruck als eine Einzelkomponente bezeichneten religiösen Momente verabsolutieren und mit dem *Geist* des Kapitalismus überhaupt identifizieren oder gar den Kapitalismus daraus ableiten, habe ich schon einmal mit aller Schärfe abgelehnt, – ohne daß Rachfahl die Pflicht fühlte, dies, obwohl er es weiß, zu berücksichtigen. Mein Versuch mag nun geglückt oder auch mißglückt sein. Wenn aber ein Historiker ihm nichts Besseres entgegenzuhalten weiß, als die Aufzählung einer Reihe anderer Komponenten, die – wie kein Mensch bezweifelt – zu jeder Zeit kapitalistische Expansionen begleitet haben, so dient er den Aufgaben und Interessen seiner Disziplin wenig: Wozu sich denn eigentlich für *Geschichte* interessieren, wenn diese nur den Finger drauf legt, daß im Grunde *Alles schon dagewesen* sei? – Genug davon und nur noch einige Bemerkungen über die Beziehungen zwischen dem *Geist* des Kapitalismus und dem kapitalistischen Wirtschaftssystem.

Werner Sombart hat diesem Thema (im vorigen Bande dieses Archivs S. 689 ff.) eine Studie gewidmet, welche mich bei der großen, namentlich methodischen, Übereinstimmung[36] in allen wesentlichen Punkten der Pflicht überhebt,

selbstredend sehr weit davon entfernt, das einzige Fundament des politischen Individualismus (ich nehme an, daß dieser Ausdruck in diesem Fall unzweideutig ist) gewesen zu sein. Aber der Umstand, daß dem heutigen politischen Individualismus dieser Einschlag fehlt und fehlen muß, in Deutschland, dank unter anderem auch dem Luthertum, von jeher teils gefehlt hat, teils nur mit passiven Konsequenzen ausgestattet wurde, ist für weit mehr verantwortlich, als jene klugen Leute sich träumen lassen.

[35] Schier unglaublich ist es, wenn Rachfahl (Sp. 1251) die *agonalen Triebe,* von denen ich hervorgehoben habe, daß sie heute vielfach an die Stelle des erloschenen asketischen *Geistes* getreten sind, mir als einen von mir übersehenen Bestandteil im Begriff vom *Geist* des Kapitalismus entgegenhält. Was das Wesen dieser *agonalen* Triebe ist – denn hier kann man von *Trieben* sprechen – das veranschaulicht ebenso wie das von mir XXI, S. 109 Anm.) zitierte Beispiel sehr gut Rockefellers Aussage vor der Industrial Commission (cf. die Bemerkungen von Sombart dazu: XXIX, S. 710).

[36] Denn daß Sombart (S. 709) die aus dem Zwang der Sache: der Situation, entspringenden, typischen *Tendenzen* im zweckbewußten Handeln der Unternehmer zur *Psychologie* des Unternehmertums rechnet, während ich alle derartigen kausalen Komponenten als *pragmatische* oder *rationale* (weil aus dem unvermeidlichen Mittel zum Zweck: ökonomische Selbstbehauptung, ableitbar) bezeichne, ist ein rein terminologischer Unterschied, da in der Sache grade Sombarts Darstellung die entscheidenden Punkte sehr schön hervorhebt. Warum ich meinerseits gewisse terminologische

ausführlich zu werden. Sowohl der Begriff: *Kapitalismus* wie, erst recht, der andere: *Geist des Kapitalismus* sind nur als *idealtypische*[37] Denkgebilde konstruierbar. Und zwar beide entweder abstrakt, so, daß das dauernd Gleichartige in begrifflicher Reinheit herausdestilliert wird: alsdann wird der zweite der beiden Begriffe ziemlich inhaltsleer und fast reine Funktion des ersten. Oder historisch: so also, daß *idealtypische* gedankliche Bilder der für eine bestimmte Epoche im Gegensatz zu andern spezifischen Züge gebildet, die generell vor-

Bedenken gegen den Ausdruck *Psychologie* für jene Art von Analyse des Handelns habe, ist in diesem Archiv (XXVII, S. 546) entwickelt. Man pflegt z. B., wenn man von *Börsenpsychologie* redet, grade an *irrationale,* aus der geschäftlichen Lage nicht rational ableitbare Erscheinungen zu denken.

In der Sache lassen sich natürlich zu Sombarts Ausführungen noch eine Fülle von Erläuterungen und Beispielen geben. Z. B. über die *pragmatisch* bedingten Schranken der *Rechenhaftigkeit:* Mir wurden zufällig einmal die inneren Verhältnisse eines allergrößten, aus einem Familienkonzern erwachsenen Geschäfts bekannt, welches in drei großen Handelsplätzen Europas und zwei ausländischen fast alle denkbaren Formen des Großhandels betrieb. Die einzelnen *Sitze* hatten sehr verschieden intensiv zu arbeiten – fast unglaublich verschieden nach Quantität und Intensität – und ihr Beitrag zum Gesamtprofit, der, wie im Mittelalter, in eine Kasse ging, war ebenfalls höchst verschieden, ebenso der Kapitalbedarf. Einer der Verwandten, der genialste Kaufmann, hatte überdies das Contor satt bekommen und wohnte in Paris, von wo er jeweilig, wenn etwas wichtiges vorlag, zur Konferenz an den betreffenden Ort fuhr. Gleichwohl ging der sehr hoch in die großen Zahlen laufende Gewinn einfach in Kopfteile, so zwar, daß nur der eine Unterschied: doppelte oder einfache Teilquote, gemacht wurde. Doppelten Anteil erhielten: der Chef der größten, mit einem wahren Monster-Kontor arbeitenden Filiale, und ein andrer, der an einem spezifisch antipathischen überseeischen Ort zu residieren hatte, einfache alle andern, auch der in Paris residierende *Gelegenheits*-Arbeiter. Eine Verteilung auf Grund genauerer Verrechnung wurde zwar als durchaus möglich, aber schon wegen der Höhe des Gewinns zu *unbequem, kleinlich* und *unnötig* bezeichnet. Dagegen einem nahen, sehr geschätzten und intim befreundeten, dabei für das Geschäft fast unentbehrlichen Verwandten der Chefs, dessen kleinerer Geschäftsanteil in einer Krise durch Zubußen verloren war und der nun als *Angestellter* (Prokurist) *diente,* den Gehalt besonders hoch, höher als üblich und für ihn anderweit erlangbar, anzusetzen, galt als gegen alle *Geschäftsgrundsätze* und schon deshalb unmöglich, weil die andern Angestellten Ähnliches fordern könnten. Vor allem: er habe eben *nichts andres zu erwarten.* Sein Gehalt war eben Teil der Kosten und daher von rein ökonomischen, *rechenhaften* Gesichtspunkten beherrscht. Der einmal über die Schwelle des Bilanzstriches entkommene *Gewinn* dagegen nicht. Bei ihm erreichte die Rechenhaftigkeit ihr Ende, weil sie *pragmatisch,* für die Existenz des Geschäfts, nicht unentbehrlich war. Solche Erscheinungen, deren es viele gibt, lassen sich aus dem *Wesen des Kapitalismus* ohne alle und jede *Psychologie* rational mit Hilfe der Kategorien *Mittel* und Zweck erklären. Aber für die historische Betrachtung reicht diese rationale Abteilung allein nicht aus, denn es vermählen sich solche aus dem Wirtschaftssystem als solchem erklärbaren Bestandteile mit anderen von heterogenster Provenienz und schaffen an dem *Geist,* der es jeweils beseelt. – *Erwerbstrieb, Profitwut* u. dgl. vollends sind jedenfalls – das hat grade auch Sombart sehr zutreffend hervorgehoben, – keinerlei ausreichende Kategorien für die Analyse des kapitalistischen Geistes – wie immer man diesen Begriff fasse.

[37] Über den Begriff *Idealtypus* s. meinen Aufsatz im XIX. Bande dieses Archivs.

handenen dabei also als ebenfalls gegeben und bekannt vorausgesetzt werden. Dann kommt es natürlich gerade auf die, in dieser Art in den andren Lebensepochen des Gebildes nicht oder dem Grade nach spezifisch verschieden vorhanden gewesenen Züge an. Für den *Kapitalismus* des Altertums als Wirtschaftssystem habe ich dies in einer übrigens sicherlich noch sehr unvollkommenen Art (im Handwb. d. Staatswiss. Artikel *Agrargeschichte des Altertums)* zu tun versucht[38]; – für das, was ich Geist des modernen Kapitalismus nennen wollte, hatte mein Aufsatz den Anfang[39] einer Ausführung darstellen sollen, welche zunächst die neuen, durch die Reformationszeit eingewebten Fäden verfolgen wollte.

Und nun die Frage: Was kann man unter dem *Geist* des Kapitalismus im Verhältnis zum *Kapitalismus* selbst verstehen? Was den *Kapitalismus* selbst anlangt, so kann darunter nur ein bestimmtes *Wirtschafts*system, d.h. eine Art des *ökonomischen* Verhaltens zu Menschen und Sachgütern gelten, welches *Verwertung von Kapital* ist und welches in seiner Gebahrung von uns *pragmatisch,* d.h. durch Feststellung des nach der typisch gegebenen Sachlage *unvermeidlichen* oder *besten* Mittels, analysiert wird, – wie gesagt, entweder: Alles, was solchen Wirtschaftssystemen zu allen Zeiten gemeinsam war, oder aber: die Spezifika eines bestimmten historischen Systems dieser Art. Hier geht uns der letztere Fall allein an. Eine historisch gegebene Form des *Kapitalismus* kann sich mit sehr verschiedenen Arten von *Geist* erfüllen; sie kann aber auch – und wird meist – zu bestimmten historischen Typen desselben in, sehr verschieden abgestuften, *Wahlverwandtschaftsverhältnissen* stehen: – der *Geist* kann der *Form* mehr oder minder oder: gar nicht *adäquat* sein. Kein Zweifel, daß der Grad dieser Adäquanz auf den Gang der historischen Entwicklung nicht einflußlos bleibt, daß auch *Form* und *Geist* sich – wie ich das s. Z. schon

38 Ich habe dabei gegen früher insofern eine Änderung der Terminologie vorgenommen, als ich s. Z nicht geneigt war, mehr als vereinzelte Erscheinungen der antiken Wirtschaft als *kapitalistisch* zu bezeichnen, daher Bedenken trug, von antikem *Kapitalismus* zu reden. Darüber denke ich jetzt anders, wie dies aus einem Artikel *Agrargesch. im Altertum* im H.W. B. d. St. W. III. Aufl. hervorgeht.

39 Ich habe (dieses Archiv XXVI S. 279 Anm. 3) selbst hervorgehoben, daß ich durch die Nichtvollendung in den Nachteil versetzt bin, daß *flüchtige Leser diese Artikel leicht als etwas in sich Abgeschlossenes ansehen können.* Ein *Kritiker* hat aber nicht das Recht, ein solcher flüchtiger Leser zu sein. Schon die bloße Berücksichtigung meiner kleinen Skizze in der *Christl. Welt* muß jedem zeigen, daß das Problem in meinen Aufsätzen im Archiv absichtlich zuerst von der am schwersten greifbaren und *beweisbaren,* den inneren Habitus angehenden Seite angeschnitten war und der mächtige Einfluß der Erziehung, der Zucht in den Sekten usw. – noch bis zur Schwelle der Gegenwart – noch gar nicht erörtert, sondern nur angedeutet war. Wenn Rachfahl seinerseits die Bedeutung der Erziehung betont, so gehört nur wenig Kenntnis von der Rolle, welche speziell die pietistischen Erziehungsgrundsätze in diesem Zusammenhang gespielt haben, dazu, um zu wissen, daß auch hier ganz spezifische Einflüsse des *asketischen* Protestantismus im Sinn der von mir geschilderten Entwicklung im Spiel waren.

gesagt hatte – aneinander anzugleichen trachten, daß endlich, wo ein System und ein *Geist* von untereinander besonders hohem *Adäquanzgrade* aufeinanderstoßen, eine Entwicklung von auch innerlich ungebrochener Einheitlichkeit einsetzt, von der Art, wie diejenige, die ich zu analysieren begonnen hatte.

Da es sich mithin bei dem entscheidenden Begriff *Geist* des (in meinem Fall: des neuzeitlichen)[40] Kapitalismus um ein historisches, ungemein komplexes Gebilde handelt, so ist so etwas wie eine Definition dieses Begriffes, wie bei allen im höchsten Sinne *historischen* Begriffen, nicht etwa als Anfang, sondern als Abschluß der Untersuchung, als Resultat der Schritt für Schritt vorzunehmenden Synthese möglich, – wie ich selbst am Beginn meiner Aufsätze nachdrücklich hervorgehoben habe. In den Anfang einer solchen Untersuchung kann man nur ein möglichst drastisches Veranschaulichungsmittel stellen, und dazu hatte ich ein Beispiel aus halb naturalwirtschaftlichem, jedenfalls (relativ!) sehr unkapitalistischem Milieu, B. Franklin, verwertet: ausgesprochenermaßen in der Absicht, das Eigenleben des kapitalistischen *Geistes* gegenüber dem ihm adäquaten kapitalistischen *Wirtschaftssystem* zu zeigen. Ich hatte vorher bereits an die Tatsache, daß der *Geist* auf die Entfaltung des *Wirtschaftssystems* nicht einflußlos sei, illustrativ erinnert, und ausdrücklich die Erörterung der umgekehrten Kausalrelation der Fortsetzung der ausdrücklich als unabgeschlossen bezeichneten Aufsätze überwiesen. Zu einem *Abschluß* sind nun – und das ist, wie schon gesagt, mein dauernder Nachteil, – jene Aufsätze aus Gründen, die ich deutlich (auch oben) gesagt habe und die an Gewicht seither nur gewonnen haben, nicht gelangt: es ist in ihnen wesentlich erst ein Teil der historischen Entwicklung der *Berufs*-Idee und ihrer Erstreckung auf den Erwerb als solchen dargestellt. Weiter konnten und wollten sie nichts für sich in Anspruch nehmen. Es blieb einem *kritisierenden* Historiker vorbehalten, das Resultat der gesuchten Synthese durch eine *Definition* vorwegnehmen zu wollen. Was dabei herausgekommen ist, mag man Sp. 1236 unten nachlesen: daß der *kapitalistische Geist* (d.h. nach Rachfahl – Sp. 1238 –, diejenige Triebfeder, welche für die Provenienz eines bestimmten Kapitals entscheidend ist) aus einer Mischung von *Erwerbstrieb* mit *noch andern Motiven: Rücksicht auf Glück* und *Nutzen,* eignen oder fremden, *zumal* der Familie, Streben nach Genüssen, Ehren, Macht, glänzender Stellung der Nachkommen usw. besteht. In dem *usw.* stecken selbstredend alle denkbaren andern Motive, insbesondre z.B. auch – um einen praktisch recht wichtigen *Zweck* der *Kapitalaufsammlung* zu nennen – karitative. Und da nun Rachfahl überdies den (subjektiven) *Geist* des Kapitalismus von dem (objekti-

[40] Denn nur von diesem ist ja bei mir die Rede. Ich hätte natürlich klug getan, dies auch in der Überschrift und im Text überall in der Nomenklatur ausdrücklich anzudeuten, tat dies bei Abfassung der Aufsätz aber nicht aus dem oben Anm. 32 angegebenen Grunde.

ven) Wirtschaftssystem nicht zu scheiden weiß und beides mit dem *Erwerbstrieb* in Eins setzt, so hat er natürlich über meine Feststellung, was denn eigentlich das A und O des *Evangeliums des Geizes* bei meinem Beispiel: Franklin, sei (XX, S. 17), ebenso hinweggelesen, wie über das, was (auf der gleichen Seite) über den Gegensatz von Erwerbsgier und Berufspflicht gesagt ist und dann den andern Gegensatz von *traditionalistischer* und *Erwerbs*-Wirtschaft trotz meinen ausdrücklichen Vorbehalten zum Angelpunkt meiner Auseinandersetzungen gemacht. Allein: Kommt es nur auf den Erwerb von mehr als dem *Bedarf* an, dann ist der Wilde, in seiner durch keinerlei rationalistische Erwägungen getrübten Unersättlichkeit nach Weibern und Schätzen, der Gipfelpunkt des Erwerbsmenschentums, – der Puritaner aber steht so ziemlich am andern Ende der Reihe. Ein vom *Geist des Kapitalismus* (in meinem Sinn) getragenes Wirtschaften ist zwar dem Traditionalismus direkt entgegengesetzt – und dies hatte ich zunächst festzustellen –; aber es ist sehr weit entfernt davon, mit dem Streben nach dem möglichsten Überschuß über den Bedarf identisch zu sein. Es bildet daher zwar einen Gegensatz, aber keinen erschöpfenden, gegenüber der *traditionalistischen* Wirtschaft, – dies umso mehr, als es auch mit einer der Form nach kapitalistischen Wirtschaft, wie ich ausdrücklich gesagt (XX, 23) und an einem Beispiel (XX, 27 f.) erläutert habe, nicht zusammenfällt. Diejenige Komponente des kapitalistischen *Geistes* der Neuzeit endlich, welche ich speziell analysierte: – der Gedanke der *Berufspflicht* mit allem, was an ihm hängt, – findet sich innerhalb des vom *Geist* des Kapitalismus (im generellen Sinn des Ausdrucks) getragenen Wirtschaftens wiederum nur in einem bestimmten historischen Ausschnitt und ragt andrerseits über das Gebiet des Ökonomischen hinaus in ganz heterogene Sphären menschlichen Handelns. Die Entwicklung des Berufsmenschentums in seiner Bedeutung als Komponente des kapitalistischen *Geistes,* – auf dies Thema haben sich meine Auseinandersetzungen zunächst ausdrücklich und absichtsvoll beschränkt. Ich kann absolut nichts dafür, wenn liederliche Leser dies zu ignorieren für gut befinden.

Es muß mit diesen Bemerkungen hier genug sein. Denn irgendwelche Teile und Gesichtspunkte meiner Aufsätze, etwa die Ausführungen über die Bedeutung des Sektentums – die Sekte ist in einem wichtigen Sinn für die werdende Neuzeit der Archetypos jener gesellschaftlichen Gruppenbildungen, welche heute die *öffentliche Meinung,* die *Kulturwerte* und die *Individualitäten* prägen – bei dieser Gelegenheit weiter auszubauen oder näher auf die weiten Verzweigungen, welche vom puritanischen Lebensstil zu dem der Gegenwart führen, einzugehen[41], ist bei diesem Anlaß nicht möglich. Es ist bedauerlich,

41 Recht subaltern – man kann es kaum anders nennen – ist die Art, wie Rachfahl an meinen kurzen Bemerkungen über die Entwicklung des bürgerlichen *Comfort* im Gegensatz zum seigneurialen Lebensstil herumkrittelt. Die Existenz dieses Gegensatzes kennt jeder kulturhistorische Anfänger. Daß die *Grenzen* zwischen historischen

daß die Antwort auf eine ganz sterile, mit dem höhnischen Ton, den sie anschlägt, wie mit ihrem Nichtverstehenwollen einen üblen professoralen Typus darstellende Kritik auch ihrerseits so steril ausfallen mußte, wie es die Umstände bedingten und dem Archiv Raum kostet. Alles, was hier gesagt wurde, steht bereits in meinen Aufsätzen, – alles (mit gänzlich irrelevanten Ausnahmen), was Rachfahl gesagt hat, hat er ihnen entnommen und *verballhornt.* Wer es nach den vorstehenden Ausführungen noch nicht glaubt, den verweise ich wiederholt darauf, nach der Rachfahlschen Kritik meine Ausführungen unbefangen zu lesen, an denen ich, gegenüber dieser Kritik, nicht ein einziges Wort zu ändern habe.

Erscheinungen von noch so großer Gegensätzlichkeit überall flüssige sind, ist gewisslich wahr. Daß man eben deshalb Begriffe scheiden muß, scheint einzelnen Historikern durchaus nicht einzugehen. Ich verweise auf das, was ich im Handwörterbuch der Staatswissenschaften, 3. Auflage S. 183, rechte Spalte, darüber gesagt habe.

Kritische Bemerkungen zu den vorstehenden „Kritischen Beiträgen“ Von Max Weber

Ich bin meinen beiden Herren Mitherausgebern dankbar, daß sie dem Abdruck der vorstehenden Ausführungen zustimmten. Denn eine Kritik mag noch so mißverständlich sein – und ich glaube, daß die vorstehende dies ist –, sie zeigt dennoch immer, an welchen Punkten der kritisierten Erörterung Mißverständnisse entstehen können, welchen der Autor, sei es nun mit oder ohne eigene Schuld, nicht genügend vorgebeugt hat.

Freilich: Für nahezu alle der von meinem Herrn Kritiker gemachten Einwendungen muß ich irgend ein Verschulden meinerseits, für manche auch jede Möglichkeit eines Mißverständnisses für einen aufmerksamen Leser ablehnen. – Während ich (XX, S. 15) grade mit dem Gegensatz zwischen dem *Geiste,* der in den von meinem Kritiker zitierten Aussprüchen Jakob Fuggers einerseits, Franklins andererseits sich äußert, operiere, läßt er mich jenen *Geist* in beiden gleichmäßig finden.[1] Während ich Franklin (XX S. 26) als eines der verschiedenen Beispiele[2] dafür brauche, daß das, was ich ad hoc *Geist des Kapitalismus* getauft habe, nicht einfach an der Form des Wirtschaftsbetriebes hängt, läßt der Kritiker mich Franklins Gesinnung das eine Mal als vom kapitalistischen *Geist* verschieden, das andere Mal mit ihm identisch behandeln. Während ich es mich (XX S. 36) ziemlich erhebliche Mühe habe kosten lassen, nachzuweisen, daß der allen protestantischen Völkern seit den Bibelübersetzungen gemeinsame, allen andern fehlende ethisch gefärbte Begriff des *Berufes* (und also auch die entsprechende Wortbedeutung) in dem für meine Untersuchung entscheidenden Punkt eine Neuschöpfung der Reformation ist, meint mein Herr Kritiker, Luther werde sich bei dieser Neuschöpfung dem *im Volk geläufigen Ausdruck* angeschlossen haben, – ohne natürlich versuchen zu können, für diese *Geläufigkeit* irgendeine Tatsache anzuführen. Selbstredend können philologische Funde meine Ergebnisse jederzeit berichtigen. Mit dem bloßen Behaupten des Gegenteils ist es aber doch gegenüber dem derzeitigen Stand des Materials nicht getan.

Während ich ferner selbst in ausführlicher Weise zu begründen versucht habe, daß und warum der *Berufs*-Gedanke in der Form der lutherischen Religiosität spezifisch verschieden blieb von derjenigen Ausprägung, welche jene Vorstellung innerhalb der *asketischen* Formen des Protestantismus als integrierender Bestandteil des kapitalistischen *Geistes* annahm, – hält mir mein Herr Kritiker dies mein eigenes Resultat, welches doch einen Grundgedanken mei-

[1] Und überdies nur in diesen beiden Aussprüchen. Man wird mir wohl zugestehen müssen, daß auf S. 18-35 a. a. O. noch einiges mehr zur (freilich trotz allem nur provisorischen) Erläuterung des Begriffes beigebracht ist.

[2] S. den gerade umgekehrten Fall, z. B. die Bemerkungen XX. S. 28.

ner Aufsätze bildet, als Einwand gegen meine – wie er sich ausdrückt - *idealistische Geschichtsdeutung,* die den Kapitalismus aus Luther ableiten wolle, entgegen. Während ich (XX. S. 54) nachdrücklich die Möglichkeit der *törichten* These ablehne, daß die Reformation allein den kapitalistischen Geist oder wohl gar den Kapitalismus selbst (als Wirtschaftssystem) geschaffen habe, da ja wichtige Formen kapitalistischen Geschäftsbetriebes erheblich älter als sie seien – entgehe ich dennoch nicht dem Schicksal, diese letztere, gänzlich unbezweifelbare Tatsache, unter Berufung auf meinen Freund Sombart, von meinem Kritiker gegen mich zitiert zu sehen. Und während ich in unzweideutigster Weise mich gegen die Benützung der von mir angenommenen historischen Zusammenhänge zur Konstruktion irgend einer *idealistischen* (ich sagte XXI. S. 110: *spiritualistischen)* Geschichtsdeutung verwahrt habe, wird mir eine solche von meinem Herrn Kritiker nicht nur in den eben angeführten Bemerkungen dennoch imputiert, sondern er wirft an anderer Stelle sogar die Frage auf, ob ich mir die Wandlung der täuferischen Ethik als einen *logischen Prozeß im Sinne Hegels* vorstelle[3], und hält mir als seine Auffassung wiederum Dinge entgegen, die ich selbst an der betreffenden Stelle (XXI. S. 69) doch wohl für jedermann deutlich genug gesagt habe. Ich fühle mich nicht schuldig, wenn die dort (und öfter) von mir gegebene Erklärung für das Einmünden der täuferischen Lebensstimmung in die *Welt,* welche bekanntlich der Erfahrung bei anderen ihnen hierin ähnlichen Sekten, z. B. manchen russischen, die im übrigen unter gänzlich anderen ökonomischen Bedingungen lebten, durchaus entspricht, ihm nicht einleuchtend erscheint.[4]

Ich glaube auch nicht dafür verantwortlich zu sein, wenn mein Herr Kritiker annimmt, ich hätte meine Aufsätze nur zur Erklärung der heute noch bemerkbaren Zusammenhänge konfessionellen Verhältnisse mit ökonomischen und sozialen Schichtungen geschrieben. Ich habe (XX. S. 23 und öfter) grade sehr

[3] Selbstredend ist, nach meinem eignen Ausdruck, die Umgestaltung der ursprünglichen, teils eschatologischen, teils enthusiastischen, teils antipolitischen Ethik des Täufertums *Anpassung an die Welt,* genau wie beim Urchristentum. Das ist längst bekannt, und ich selbst bin darauf deutlich genug zu sprechen gekommen. Aber doch nicht: Anpassung an den Kapitalismus. Die entscheidende erste *Anpassung* des Täufertums an die *Welt* ging ja dem Schwerpunkt nach in Gebieten vor sich, welche, wie z. B. Friesland, an kapitalistischer Entwicklung tief unter der Umwelt standen.

[4] Nur in einem Einzelpunkt hat wohl ein – freilich sehr leicht als solcher erkennbarer – Druckfehler wenigstens mitgespielt. S. 69 a. a. O. heißt es von den Wiedertäufern: *Freilich kann die Wirkung dieses „Harrens" in hysterische Zustände, Prophetie und ... unter Umständen selbst in einen Ausbruch von enthusiastischem Reformeifer ausmünden, wie dies bei der in Münster vernichteten Richtung der Fall war. Aus hysterische Zustände hat ein Druckfehler hysterischen Zuständen* gemacht. Daß es ein Druckfehler ist, ergibt allerdings m. E. der Sinn des Satzes selbst, und die weiterfolgenden Ausführungen erst recht, auf den ersten Blick: – was sollte man sich auch unter einem Harren *in hysterischen Zuständen* denken, – welches, wie mir der Verf. entgegenhält, im Gegensatz zur nüchternen Berufsarbeit stehe?

nachdrücklich hervorgehoben, daß der heutige, auf mechanischer Grundlage ruhende Kapitalismus, welcher polnische Arbeiter nach Westfalen, Kulis nach Kalifornien importiert, absolut anders zu jenem Problem steht als der Kapitalismus der Frühzeit. Der Umstand, daß trotz alle dem selbst heute noch Unterschiede des ökonomischen Verhaltens der Konfessionen zu bemerken sind und gelegentlich öffentlich erörtert wurden, gab mir ausgesprochenermaßen (a. a. O., S. 25) lediglich den Anknüpfungspunkt und den Anlaß, die Frage als berechtigt hinzustellen, wie sich wohl Konfession und wirtschaftliches Gebahren in der Frühzeit des Kapitalismus zu einander gestellt haben möchten.

Daß nun diese beiden Kulturkomponenten auch damals nicht in einem Verhältnis *gesetzlicher* Abhängigkeit voneinander standen, – dergestalt, daß wo x (asketischer Protestantismus) ist, auch schlechthin ausnahmslos y (kapitalistischer *Geist)* bestand, – dies ist bei der Art der ursächlichen Verkettung historisch komplexer Erscheinungen miteinander a priori selbstverständlich.[5] Die Bemerkungen meines Herrn Kritikers über die holländischen Kapitalisten aber treffen schon der Sache nach gar nicht zu: Der Vorgang des Aufkaufes von Rittergütern durch bestimmte Schichten des städtischen Patriziates war auch dort typisch (s. XXI, S. 103), und über die (im weiteren Verlauf der Untersuchung noch näher zu besprechenden) Determinanten der Entwicklung Hollands habe ich XX S. 26, XXI S. 85, 86 einige (allerdings nur gänzlich provisorische) Bemerkungen gemacht, – die mir mein Herr Kritiker nun ebenfalls teilweise als Einwand entgegenhält. Über die Bedeutung bestimmter religiöser Gruppen für die Entwicklung des niederrheinischen Gebiets in der frühkapitalistischen Zeit[6] wird wohl noch bei Fortsetzung meiner Darstellung zu sprechen sein. Im übrigen darf ich daran erinnern, daß *reformiert* nicht einfach mit *calvinistisch* identisch ist und daß auch der *Calvinismus* erst in seiner – mit der genuinen Lehre Calvins, wie ich mehrfach betont habe, keineswegs identischen – Entwicklung zum asketischen Puritanismus in vollem Umfang die Züge aufweist, welche für die von mir erörterten Zusammenhänge in Betracht kommen. Ich verweise dabei nochmals nachdrücklich auf meine Ausführungen XXI S. 103, 104. Daß die bloße Tatsache der konfessionellen Zugehörigkeit eine bestimmte Entwicklung ökonomischer Art derart rein aus dem Boden stamp-

[5] Man könnte mir als einzige unvorsichtige Formulierung die Bemerkung (XX. S. 8.) entgegenhalten: daß der Calvinismus das Zusammentreffen intensiver Frömmigkeit mit kapitalistischem Erwerbssinn zeige, *wo immer er aufgetreten ist.* Ich hatte bei jenem Satze den Diaspora-Calvinismus im Auge, von dem auch Gothein an der von mir alsbald dazu zitierten Stelle spricht.

[6] Denn für die jetzige gilt natürlich das, was ich über den heutigen Kapitalismus gesagt habe. So namentlich für das heutige Belgien. Dagegen ist die allmähliche Abwanderung der (anfänglich, im 16. Jahrhundert, gerade zuerst in die belgischen Südgebiete eingedrungenen, aber dort in der Minorität befindlichen) Calvinisten nach Norden (Holland) sowohl politisch wie ökonomisch von größter Tragweite gewesen, wie aus jeder Geschichte des 30jährigen Krieges zu ersehen ist.

fen könnte, daß baptistische Sibirier unvermeidlich zu Großhändlern, calvinistische Bewohner der Sahara zu Fabrikanten würden, – diese Meinung wird man mir schließlich kaum imputieren wollen. Für ein Land mit den geographischen und kulturlichen Bedingungen Ungarns z. B. in der Zeit seiner kontinuierlichen Unterjochungen und Wiederbefreiungen von den Türken wäre die Annahme, der Calvinismus hätte hier kapitalistische Betriebsformen schaffen müssen, ähnlich seltsam, als die, seine Herrschaft hätte im Boden Hollands Kohlenflöze entstehen lassen müssen. Gewirkt hat er, beiläufig bemerkt, in der ihm spezifischen Art auch in Ungarn, nur auf anderem Gebiet, und übrigens habe ich (XX S. 4 Anm. 1 und 2) nebenher auf Zahlen verwiesen, die zeigen, daß trotz allem auch dort jene charakteristischen Erscheinungen in der Berufswahl der Reformierten sich zu zeigen scheinen, von denen, als Anknüpfungspunkten, ich ausging. Über meine Ansichten bezüglich der Beziehungen zwischen religiösen und ökonomischen Bedingungen überhaupt glaube ich mich u. a. XXI S. 101 Anm. 69 bei aller Kürze vorerst hinlänglich deutlich geäußert zu haben. Ich kann meinerseits nichts dafür, wenn derartige und zahlreiche ähnliche Äußerungen, insbesondere auch die Schlußbemerkungen des ganzen Aufsatzes, einfach nicht beachtet werden. –

Ich lehne also die Verantwortung für die Mißverständnisse, welche m. E. der vorstehenden *Kritik* zugrunde liegen, ab, werde aber bei der aus verlagstechnischen Gründen doch nicht länger zu umgehenden Separatausgabe der Aufsätze nochmals versuchen, jede Wendung, die im Sinn einer von mir nie behaupteten Ableitung von Wirtschaftsformen aus religiösen Motiven auch nur verstanden werden könnte, zu beseitigen und womöglich noch deutlicher zu machen, daß es der Geist *methodischer* Lebensführung ist, welcher aus der *Askese* in ihrer protestantischen Umbildung *abgeleitet* werden sollte, und welcher zu den Wirtschaftsformen nur in einem, allerdings kulturgeschichtlich m. E. sehr wichtigen, *Adäquanz*-Verhältnis steht. Für die Anregung dazu bin ich meinem Herrn Kritiker dankbar, obwohl eine sachlich fruchtbare Kritik auf diesem Gebiet unendlich verschlungener Kausalzusammenhänge nur bei Beherrschung des Quellenstoffes möglich gewesen wäre, die ihm abgeht.[7]

Gar nichts kann ich dagegen, zu meinem Leidwesen, mit seinen positiven, *psychologischen,* Erörterungen anfangen. Wenn ich (XXI, S. 45 Anm.) den heutigen gesicherten Begriffsvorrat der *Psychologie* für unzulänglich erklärt habe, um für ein konkretes religionshistorisches Problem: die Bedeutung bestimmter Hysterisierungsvorgänge im alten Pietismus, mit Sicherheit verwertet zu werden, so sprach ich dabei ersichtlich nicht von Versuchen, wie die, welche mein Herr Kritiker benutzt hat, sondern von den exakten Forschungen auf dem Gebiet der Hysterie. Nur von solcher verspreche ich mir eventuell neue, für jenes Problem wertvolle Einsichten.[8] Wie unbrauchbar dagegen das, was

[7] Eine solche Kritik erwarte ich, – was manchem vielleicht höchst *rückständig* erscheint, – von theologischer Seite als der kompetentesten.

mir in der vorstehenden Kritik als *Psychologie* entgegengehalten wird, für die historische Erklärung von Phänomena wie die, mit welchen ich zu tun hatte, bleibt, zeigen m. E. grade die Darlegungen meines Herrn Kritikers. *Bringen wir sagt er – das Erwerben von Geld ..., rein als Selbstzweck, auf einen psychologischen Ausdruck, so können wir es auffassen als die Freude des Individuums an seiner kraftvollen Betätigung.*[9] Schon dieser allererste Schritt ins Gebiet dieser *Psychologie* ist, historisch betrachtet, ein Fehltritt. Jene *Freude an der kraftvollen Betätigung* mag ein zutreffendes Wort sein für eine Begleiterscheinung des Gelderwerbens bei vielen Typen moderner Geschäftsleute und ebenso in der Vergangenheit bei Typen wie Jakob Fugger und ähnliche ökonomische *Übermenschen*, von denen ich auch meinerseits gesprochen habe, – Typen, die es seit dem babylonischen Altertum überall gegeben hat, wo man irgendwie Geld erwerben konnte[10], die aber ja grade nicht charakteristisch sind für jenen Geist nüchterner Lebensmethodik, um dessen Analyse es sich für mich handelte. Die *kraftvolle Betätigung des Individuums* und seine *Freude* daran mag man bei den sogen. *Renaissance-Menschen* studieren – wenn man den gleichen Ausdruck auf asketisch nach Art der Mönche gezügelte Puritaner anwendet, dann versteht man jedenfalls – wie bei so unpräzisen Abstraktionen nicht wunderbar – beide Male Grundverschiedenes darunter. Die weiter folgenden Auseinandersetzungen über die Frage, unter welches Schema von psychologischen Erscheinungen jene *Freude* falle, ob eine bestimmte Art von *Übertragung von Gefühlszuständen* ein *allgemeines psychisches Geschehen* sei und was daraus theoretisch folge, welche historischen Vorgänge infolgedessen *denkmöglich* seien und welche nicht, wann die *hohe Schätzung des Geldes* (die, wie ich nochmals betone, bekanntlich unter sich gänzlich heterogene *psychische* Erscheinungen umfaßt, von Molières *Avare* bis zu Carnegie einerseits, dem indischen Rajah andrerseits, und die an sich mit der puritanischen Lebensmethodik einfach nichts zu schaffen hat)[11] entstanden sein könne und wann nicht, daß, ferner, das *Pflichtgefühl* ein abstrakter Begriff sei und wie seine Entstehung zu denken sei, wie man speziell die Entstehung der Berufspflicht *ungezwungener* (als ich) erklären könne u. s. w., – dies alles zeigt m. E. nur, daß

8 Von hier aus könnte namentlich auch der Einfluß religiöser Institutionen und Anschauungen auf all das, was man heute mit dem nichtigen Begriff *Volkscharakter* überdeckt, aufgehellt werden. Auch darüber bei Gelegenheit in der Separatausgabe.

9 Dazu wird wieder jener Ausspruch Fuggers zitiert, den ich, wie schon gesagt, in Gegensatz zu dem gestellt hatte, was ich *kapitalistischen Geist* genannt hatte. Diese Bezeichnung ist mir natürlich für jede andere, geeignetere, feil. – Weiterhin wird auf den *kapitalistischen Geist* in Florenz u. s. w. Bezug genommen, obwohl ich (XX, S. 32) die Unterschiede der mittelalterlichen Attitude zu dem, was ich nun einmal ad hoc *kapitalistischen Geist* nenne, auseinandersetze. Ignoriert man diese spezifischen Unterschiede, dann hört freilich der Sinn des Begriffs auf.

10 Ich habe davon meinerseits öfter, z. B. XXI, S. 109, gehandelt. Es versteht sich, daß dieser Typus nicht nur in dieser amerikanischen Reinheit existiert, dass vielmehr heute etwas davon in breiten Schichten des Unternehmertums steckt.

11 S. XX S. 19 und die ganze letzte Partie des zweiten Aufsatzes.

generalisierende Doktrinen dieser Art den Erscheinungen der historischen Wirklichkeit eben weltenfern stehen. Auf welchen methodischen Grundirrtümern dies beruht, habe ich bei andern Gelegenheiten so oft erörtert, daß ich mir die Wiederholung hier ersparen darf.

Es wäre ja sicherlich wesentlich bequemer für die Auffindung des historischen kausalen Regressus, wenn wir das Entstehen bestimmter eigenartiger Lebensstilisierungen einfach aus Abstraktionen einer *Psychologie* deduzieren könnten. Allein die historische Wirklichkeit läßt sich schlechterdings nicht kommandieren und fragt nichts danach, ob es J. St. Mill, H. Spencer[12] oder auch meinem Herrn Kritiker für ihre psychologischen Schemata lästig ist, daß die Menschen jener Vergangenheit nun einmal sehr konkrete Vorstellungen von dem, was ihrer nach dem Tode harre, und von den Mitteln, ihre Chancen in dieser Hinsicht zu verbessern, besaßen, daß sie danach ihr Handeln einrichteten, und daß es für die Kulturentwicklung wichtig wurde, in welcher verschiedenen Art sie es einrichteten, je nach den verschiedenen Ansichten über die Voraussetzungen, deren Erfüllung ihnen die Seligkeit garantierte, – so schwierig uns modernen Menschen es ist, uns in die qualvolle Macht jener metaphysischen Vorstellungen zu versetzen.

Mein Herr Kritiker gibt nach all seinen verschiedenen *psychologischen* Überlegungen schließlich dennoch den offenkundigen Zusammenhang der Entwicklung kapitalistischen *Geistes* in Frankreich mit dem Hugenottentum zu. Ich bin so unbescheiden, zu glauben, diesen, nach seiner Ansicht vorerst ganz unerklärlichen *Parallelismus* 1) auch für eine Anzahl anderer Gebiete wahrscheinlich gemacht und 2) einen leidlich plausiblen Versuch zu seiner Erklärung gegeben und durch eine Reihe immerhin beachtenswerter Tatsachen gestützt zu haben. Ob nun die Abstraktion irgend einer *Psychologie* zu den Tatsachen, die ich beigebracht habe, passen oder nicht, – das ist mir, offen gestanden, ziemlich gleichgültig: Die Theorie hat sich nach den Tatsachen zu richten, nicht umgekehrt. Mir ist jede Psychologie als Helferin hochwillkommen, deren Begriffe mir bei der Zurechnung konkreter historischer Erscheinungen zu ihren konkreten Ursachen irgendwie von Nutzen ist. Für mein Problem aber kann ich aus dem, was ich an *psychologischer* Literatur kenne, einschließlich der von meinem Herrn Kritiker zitierten Arbeiten, nichts von Belang zur Befriedigung meines kausalen Bedürfnisses entnehmen. Die exakte wissenschaftliche religionspathologische Arbeit aber steckt, soweit die in meinem Fall interessierenden Fragen in Betracht kommen, bekanntlich leider noch in den Anfängen.

12 Die zitierten *Erklärungsweisen* der beiden genannten bedeutenden Gelehrten sind spezifisch englisch und teilweise selbst Spätlinge jener Art der *natürlichen* Lebensbetrachtung, die wir auch bei Franklin finden, – die aber das Gegenteil historischer Empirie darstellt. – Was an solchen Konstruktionen richtig – bleibt, sind einige Trivialitäten aus der Alltagserfahrung, mit denen jeder Wirtschaftshistoriker auch ohne Kenntnis Mills und Spencers ständig operiert.

Bemerkungen zu der vorstehenden „Replik“

Von Max Weber

Ein Leser, der sich in dieser (wenig fruchtbaren) Erörterung orientieren wollte, müßte nicht nur *nachdenklich*, sondern vor allem geduldig genug sein, um bei jedem Punkt sich an der Hand meiner Aufsätze über das, was ich gesagt und zu sagen unterlassen habe, zu informieren. Er würde dann vermutlich über die Behauptung erstaunen: ich hätte die vorstehend in belehrendem Ton vorgetragenen, jedem Anfänger geläufigen, *methodischen* Prinzipien und Probleme der historischen Kausalbetrachtung nicht *gesehen* und hätte deshalb an Überlegungen über die entscheidenden kausalen Fragen meiner Untersuchung *nichts geboten*. Sie wirkt vollends erstaunlich, wenn man damit die rein aprioristische Art vergleicht, wie mit diesen Problemen mein Herr Kritiker selbst umgehen zu können glaubt, der ja von *unserem* hier in Betracht kommenden Material schlechthin nichts kennt, – nicht einmal die allgemeinsten literarischen Eigentümlichkeiten der Quellen. Er nennt sie in seinen angeblich *methodologischen* Darbietungen *religiöse Erbauungsbücher* und verwechselt diese dann wieder mit *dogmatischen Systemen*. – Hier fehlt die Sachkunde. Er weiß einfach nicht, daß die für meine Darstellung der Beeinflussung der Lebensführung entscheidenden Quellen – neben denen andre nur da zur Verwendung gelangten, wo die Natur der konkreten Fragestellung dazu Anlaß gab – aus Responsensammlungen entstanden sind, die direkt auf ganz konkrete praktische Anfragen an den Geistlichen (damals den schlechthin universellsten Ratgeber, den irgendeine geschichtliche Epoche gekannt hat!) zurückgehen und mit *Erbauungs-* oder *dogmatischen* Zwecken gar nichts, umsomehr aber mit den Problemen der alltäglichen Lebensgestaltung zu tun haben, die sie uns daher illustrieren, wie wenig andere Quellen dies tun. Seine *methodologischen* Ansichten über das, was eine ihm gänzlich unbekannte Literatur *höchstens* beweisen könne, und was nicht, dürften also von geringem Belang sein. Und wenn er meine Bemerkung über die Schwierigkeit für den modernen Menschen, sich in die damalige Behandlung praktischer Lebensfragen und deren Beeinflussung durch religiöse Motive zu versetzen, ihrer *Allgemeinheit* wegen für belanglos erklärt, so will ich sie gern näher dahin präzisieren: daß ihm jene Fähigkeit zweifellos fehlt. Ich wage auch kaum zu hoffen, ihn wenigstens künftig noch für meine Ansichten zu gewinnen. Denn seine Frage: weshalb *man* denn sich trotz plausibler Gründe sträuben sollte, einen solchen Einfluß (wie ich ihn behauptet habe) anzuerkennen, – ist für ihn persönlich sehr einfach zu beantworten. Die feste Überzeugung, welche er hegt: selbst ein unendlich einfaches Mittel zur Feststellung historischer *Psychogenesen* in der Hand zu haben – in

Gestalt dessen, was er *Psychologie* nennt –, konnte der Unbefangenheit seines Urteils über die (nach seiner Ansicht) allzu komplizierten und mühsamen Versuche anderer sehr begreiflicherweise nicht zuträglich sein. Um dies zu sehen, bedarf es keiner Hilfe der *Psychologie.*

Eine nicht auf irgend welcher Sachkenntnis ruhende Besprechung kann aber überhaupt, auch bei den schönsten *methodologischen* Vorsätzen, nicht wohl mit der Prätention auftreten, eine *Nachprüfung* historischer Untersuchungen darzustellen. Denn statt der angeblichen *methodologischen* erhalten wir fortwährend sachliche, und zwar durchweg aufs Geratewohl hingeworfene und auf Unkenntnis beruhende Behauptungen vorgeführt. Eine Redewendung wie die: daß eine *Anpassung* der religiösen Vorstellungswelt an den vorhandenen wirtschaftlichen Zustand *vermutet* werden müsse, und alle ähnlichen sind doch sachlicher Art. Sie stehen freilich – nachdem diese Fragen, grade unter diesem Gesichtspunkt, bereits in einer nicht ganz unbeträchtlichen Literatur (darunter so verschiedenartige Schriftsteller, wie Kautsky einerseits, Dilthey andrerseits) erörtert worden sind, – denn doch allzu tief unter der heutigen historischen Fragestellung, von der ich ausgehen durfte, sind überdies auch gänzlich inhaltsleer.[1] Und – worauf es hier, gegenüber der eingangs erwähnten Behauptung meines Herrn Kritikers vor allem ankommt: – sie ignorieren einfach, daß ich meinerseits, nach meinen ausdrücklichen Erklärungen und nach der ganzen Anlage meiner Untersuchung, die Frage der Beeinflussung der religiösen Bewegungen durch die ökonomischen Prozesse keineswegs als schon durch meine bisherigen Feststellungen über die Richtung, in der sich die umgekehrt gerichtete Beeinflussung bewegt hat, erledigt betrachte. Jene meine Erklärungen glaubt freilich mein Herr Kritiker jetzt als einfach irrelevant beiseite schieben zu können mit der Begründung: ich hätte eben dennoch nicht (und zwar: nirgends) ihnen entsprechend gehandelt. Den Versuch, diese ziemlich starke Behauptung nicht nur aufzustellen, sondern durch Analyse meiner Beweisführungen zu erhärten, hatte er nun freilich in seinen *Kritischen Beiträgen* nirgends gemacht. Statt dessen *hält* – sagen wir richtiger: *klammert*

[1] *Angepaßt* aneinander ist im historischen Leben, wenn jener Begriff nicht genau erläutert wird, alles oder – nichts. *Angepaßt* ist an die ökonomischen *Bedingungen* von Utah der Mormonismus ebenso wie es die Lebensformen der andern Felsengebirgsstaaten wären; der Jesuitenstaat in Paraguay war es an den dortigen Urwald ebenso wie das Leben der Indianer vor und nach ihm es war; die ökonomische Lebensführung der Skopzen, Stundisten und andrer Sektierer in Rußland ist es an die dortigen Existenzbedingungen, ebenso wie die Lebensweise der benachbarten orthodoxen Muschiks, trotz der in allen drei Fällen recht starken Differenzen. Nicht angepaßt an die ökonomischen Bedingungen von Genf war Calvins Theokratie, als sie geschaffen wurde, wenn man den ökonomischen Rückgang (oder die auffällige, aber leicht erklärliche, Stagnation) in ihrem Gefolge in Betracht zieht. U. s. w. u. s. w. Das Thema meiner Untersuchungen könnte ich direkt dahin formulieren: in welchem Sinne man allenfalls von *Anpassung* (der verschiedenen Kulturelemente aneinander) in diesen Zusammenhängen reden könne?

– er sich jetzt an Worte. Was insbesondere mit dem (von mir nicht unabsichtlich in Anführungsstriche gesetzten) *Ausdruck*: *ableiten* (scil.: der Berufsethik aus der protestantischen Form der Askese und gewisser ökonomisch relevanter Komponenten des modernen Lebensstils aus der *Berufsethik)* gemeint ist, – dies ergibt jedem Leser meines Aufsatzes dessen Inhalt. Aber auch für den Nichtleser geht schon aus den von meinem Herrn Kritiker selbst drei Zeilen nachher zitierten Worten (Einwirkung religiöser Bewußtseinsinhalte auf das Kulturleben) wahrhaftig zur Genüge hervor, daß es mir nicht beigekommen ist, *den treibenden Faktor* des *geschichtlichen Geschehens* irgend einer Epoche oder irgendwelche wahrhaft *treibenden Kräfte* zu finden: – denn derartige Gespenster gibt es für mich nicht in der Geschichte, – sondern daß ich vielmehr, genau entsprechend meinem erklärten Vorsatz, untersuchte: in welcher Richtung die durch grundlegende metaphysische Voraussetzungen entscheidend mitbestimmten religiösen Eigenarten der verschiedenen asketischen Richtungen des Protestantismus die Lebensführung beeinflußt haben, da, wo ein solcher Einfluß überhaupt stattfand. Für seine etwas kühne Annahme, daß ich gleichwohl eine idealistische Geschichtskonstruktion unternommen habe, war mein Herr Kritiker, diesem einfachen Tatbestand gegenüber, denn auch jeden Anfang von Beweis schuldig geblieben. Gegen die beweislose Unterstellung aber, daß ich meinen eigenen Erklärungen entgegen handelte, wendete sich mein *temperamentvoller* Protest. – Habe ich es nötig, Lesern meiner Aufsätze gegenüber die fast noch kühnere Behauptung: ich hätte überhaupt keinerlei Erwägungen über die Möglichkeit der Einwirkung anderer, speziell ökonomischer, Motive angestellt, noch ausdrücklich als das zu kennzeichnen, was sie ist? Ich erinnere nur an folgendes: Das Maß jener Beeinflussung durch religiöse Motive war nach meiner a. a. O. begründeten Ansicht oft ein sehr großes; daß es aber überall ein gleich großes gewesen sei, daß es nicht durch andere Umstände habe abgeschwächt oder völlig überwogen werden können, das habe ich nicht bewiesen, – aber allerdings auch nirgends behauptet. Dagegen habe ich den Beweis für das angetreten, worauf es für mich allein ankam: daß die Richtung, in welcher jener Einfluß sich bewegte, in protestantischen Ländern mit den denkbar verschiedensten politischen, ökonomischen, geographischen und ethnischen Bedingungen – Neu-England, deutsche Diaspora, Südfrankreich, Holland, England (die irischen *Scotsh-Irish*, Friesland, zahlreiche andere deutsche Gebiete hätten hinzugefügt werden können) – in den entscheidenden Punkten die gleiche war, und insbesondere: daß diese Richtung unabhängig bestand von dem Maß der Entwicklung des Kapitalismus als Wirtschaftssystem. Ich habe andrerseits konstatiert, daß auch in dem Gebiete der Höchstentwicklung der kapitalistischen Wirtschaft vor der Reformation: in Italien (ebenso ist es in Flandern) – der *kapitalistische* Geist (in meinem Sinn des Wortes!) fehlte, – nicht ohne daß (wie ich jetzt nur andeutend hinzufügen will) gerade dies die allertiefgehendsten Folgen für den

Lebensstil gehabt hat.[2] Man mag nun jenen von mir angetretenen Beweis einer aus der religiösen Eigenart des asketischen Protestantismus folgende Gleichheit jener *Einwirkungstendenz* für noch so unvollständig oder für nur bis zu einer gewissen Wahrscheinlichkeitsstufe geführt erachten, oder er mag von sachkundiger (insbesondere theologischer) Seite überhaupt angegriffen werden. Jedenfalls aber wird man es angesichts 1) meiner Argumentation und 2) meiner damit verbundenen wiederholten Feststellungen über den Sinn meiner These, 3) meiner Angaben über die Richtung der künftig weiter folgenden Untersuchungen zur Ergänzung, Interpretation und weiteren Prüfung derselben[3] – ich sage: Man wird es nach alledem begreiflich finden, daß die jetzt

[2] Für die in ihrer Art unsterbliche Eigenart des Florentiner Bürgertums z. B. ist die Konsequenz eben jener Spannung zwischen Wirtschaftsform und ethischem Lebensstil, welche aus dem Fehlen der *Berufsethik* (in meinem Sinn des Wortes) resultierte, von einem feinsinnigen Kunsthistoriker bis in die Eigenart der künstlerischen Motive hinein verfolgt worden. – Man muß diese (und noch recht viele andere) historischen Probleme und Tatbestände eben kennen, ehe man, wie mein Herr Kritiker, es unternimmt, so beiläufig Sätze (NB! wiederum sachlichen Inhalts) aus dem Ärmel zu schütteln, wie den: daß methodische Lebensführung *natürlich (!)* auch schon vor dem Auftreten des Puritanismus *im Menschengeschlecht aufgetreten* sei. – Bitte: wo? – und: was für eine? Denn ich spreche selbstredend ein für alle Mal von *methodischer Lebensführung* in dem auf vielen Dutzenden von Seiten meiner Aufsätze analysierten Sinn, in welchem sie als Bestandteil der modernen *Berufsethik* das Leben beeinflußt hat, nicht von der *Methodik* etwa der japanischen Samurai, oder des *Cortigiano,* oder des ritterlichen Ehrbegriffs des Mittelalters, oder der Stoa, oder der *objektiven Behandlung* des Lebens in den Anschauungen der Renaissance in dem Sinn, wie Burckhardt diesen Begriff geprägt hat, und selbst nicht gewisser (hierin dem Puritanismus angenäherten) Gedanken Bacons, der zwischen den Einflüssen der Renaissance und der Reformation in der Mitte steht, oder endlich der Gegenreformation. Alle diese hatten ja ihre eigenartige spezifische *Methodik,* und von ihnen allen sind eben deshalb Bestandteile in den Lebensstil führender moderner Nationen eingegangen (von manchen derselben werde ich s. Z. zu reden haben). Aber sie sind – ich habe dies für einen meinem Thema naheliegenden Fall ausdrücklich schon in meinem Aufsatz hervorgehoben – Lebensrationalisierungen in ganz anderer Richtung und andrem Sinn, als die, mit der ich zu tun hatte.

[3] Daß ich sie noch nicht vorlegen kann, hat seinen Grund nicht etwa in sachlichen Schwierigkeiten, sondern teils in hier nicht interessierenden persönlichen Umständen, teils in einigen – wie jeder, der das *Archiv* eines Blickes gewürdigt hat, weiß – weit abliegenden anderen Arbeiten, teils endlich darin, daß mein Kollege und Freund E. Tröltsch inzwischen eine ganze Reihe von Problemen, die auf meiner Route lagen, in glücklichster Weise von seinem Gedankenkreis aus aufgegriffen hatte, und ich ein unnützes Parallelarbeiten (bei dem ihm die weitaus größere Sachkunde zu Gebote stände) zu vermeiden wünschte. Ich hoffe aber im laufenden Jahr wieder an diese Arbeit zu gelangen und einstweilen bis zum Frühling wenigstens die Aufsätze für eine Separatausgabe durchsehen zu können. Gewiß: Die Verzögerung hatte und hat den Nachteil, daß flüchtige Leser diese Artikel leicht als etwas in sich Abgeschlossenes ansehen können. Für die Art der *Kritik,* mit der ich mich hier befasse, ist dies natürlich keinerlei Entschuldigung. Mein Herr Kritiker hatte das volle Recht, zu sagen: Die Gegenprobe und nähere Interpretation, die versprochen ist, fehlt bisher. Aber mir eine *idealistische* Geschichtskonstruktion zu imputieren, gegen die ich mich mit Grund verwahrt habe, und jetzt gar

auch ausdrücklich ausgesprochene Meinung meines Herrn Kritikers: ich hätte jene wirklich etwas simplen *methodischen* Prinzipien, von denen er redet, nicht *gesehen* und meine Arbeit lasse keinerlei methodische Überlegungen dieser Art erkennen, mir etwas leichtfertig erscheinen mußte und erscheint, und daß dies mich, wie er es nennt: *temperamentvoll*, d.h.: ohne besonderes Entgegenkommen, antworten ließ.[4] Ich vermißte und vermisse eben hier nicht nur Sachkunde, sondern auch den *guten Willen*, erst einmal deutlich hinzusehen, ehe man abspricht. Wenn freilich der heilige (und in diesem Fall zugleich so *billige) methodologische* Eifer meines Herrn Kritikers jetzt sagt: man hätte verlangen müssen, daß durch mich jede Möglichkeit einer andren Kausalverknüpfung *ausgeschlossen*, gar keinerlei andre Interpretation überhaupt als zulässig und denkbar übriggelassen sei, als eben einzig und allein die, die ich versuchte, – so wird der Historiker leider, aus bekannten Gründen, eine solche Beweislast für eine negative Tatsache wohl kaum als allgemeine *Norm* seines Verhaltens anerkennen können. Er wird, normalerweise, umgekehrt positiv die andern, als kausale Komponenten in Betracht kommenden Momente auf die Art ihrer Wirkung hin untersuchen, und dergestalt zu einem stets umfassenderen (aber kaum je ganz abgeschlossenen) kausalen Regressus gelangen, – ganz wie ich dies (ich wiederhole es nochmals) ausdrücklich als meine Absicht ausgesprochen und auszuführen übrigens schon in den bisher vorliegenden Artikeln begonnen habe.

Vor allem aber bildet nun jener ideale Maßstab, den mein Herr Kritiker für die Beweiskraft der Ausführungen anderer bereit hält, denn doch einen allzu starken Kontrast mit seiner Bescheidenheit in seinen Ansprüchen an die eigene Argumentation. Man erwäge: Er hat, nach seiner Erklärung, zu zeigen (!) gesucht, welches die *Psychogenesis* der *Berufspflicht*, des *kapitalistischen Geistes*, des *Geistes methodischer Lebensführung*, ist. Wie ist ihm (auf 10 Seiten) dieser, nach seiner eigenen Versicherung, so überaus schwierige und mir

ausdrücklich zu behaupten, ich sähe diese Probleme nicht, das ist mehr, als ich mir, noch dazu von einem sachlich ganz Inkompetenten, bieten lasse.

[4] Ich empfahl den Mitherausgebern die Annahme der *Kritik*, obwohl ich die Quellenunkenntnis ihres Verfassers sofort erkannte, weil eine Anzahl von Einzelbemerkungen und scheinbarer Schwierigkeiten darin berührt waren, mit denen ich mich sehr wohl erinnerte, s. Z. mich innerlich auseinandergesetzt zu haben, um die Gelegenheit zu deren Erörterung zu benutzen, da ich glaubte, eine solche in die Aufsätze selbst noch nicht aufgenommen zu haben. Ich war dann nicht wenig erstaunt, aber sehr wenig erfreut, beim Wiederdurchlesen meiner Aufsätze zu finden, daß alle jene Dinge in ihnen schon recht ausdrücklich enthalten und in ihren Zusammenhang gestellt waren, aus dem sie dann der *Kritiker* kritiklos und mißverstehend, weil sachunkundig, herausgerissen hatte, um sie mir als *Einwände* entgegenzuhalten. Ich bedaure, dem *Archiv* und seinen Lesern die Belastung mit dieser wertlosen Erörterung nicht erspart zu haben, die mich – einmal aufgenommen – nun schließlich dennoch zu einer langwierigen Beleuchtung der angerichteten Konfusion genötigt hat. Wäre die *Kritik* an einer anderen Stelle erschienen, so hätte ich sie einer Antwort nicht für wert gehalten.

gänzlich mißlungene Versuch geglückt? Man muß es in seinen *Kritischen Beiträgen* nachlesen: Indem er (S. 238) – über Sombart[5] und mich *hinaus* – zur höheren Synthese, d.h. bei ihm: *zur psychologischen Erklärung* jener Vorgänge *fortschritt.* Wie diese aussieht, erinnere man sich: *Bringen wir (S. 239) das Erwerben von Geld ... rein als Selbstzweck,* auf einen psychologischen Ausdruck, *so können wir es auffassen als die Freude des Individuums an seiner kraftvollen Betätigung ... Die Freude an der kraftvollen Betätigung ist in keiner Weise religiös bedingt, sie verbindet sich mit der kraftvollen Betätigung unmittelbar.* (Seine der Qualität nach ganz entsprechenden Entdeckungen über die *Psychogenese* des Pflichtgefühls und speziell des Berufspflichtgefühls, – welches, nach ihm, entstand, weil *die Vorstellung der Berufserfüllung höhere Geltung besaß als die Vorstellung der Unterlassung der Berufstätigkeit,* also ziemlich genau so, wie die Armut aus der *Powerteh* – mag man S. 240 a.a.O. selbst nachlesen). Mein Herr Kritiker hat Recht: diese Dikta verdienen den Namen von *Abstraktionen* und *psychologischen Schemata,* die ich ihnen beilegte, nicht: Sie sind eine harmlose Spielerei mit Definitionen, aus denen dann

[5] Denn auch Sombarts Darstellung sei *angefochten* worden, – Beweis: Zitat einer von jenen, nach Inhalt und Form gleich bedenklichen, Rezensionen, mit denen Sombart von H. Delbrück in den *Pr. Jahrb.* bedacht zu werden pflegt. Nun ist grade dieser Teil der Sombartschen Darstellung – die Darlegung der Bedeutung der *Rechenhaftigkeit* und ihrer Technik – gewiß der relativ am wenigsten umstrittene, und ich halte ihn meinerseits, bei der Sombartschen Fragestellung: – woher die moderne ökonomische Bedeutung der kapitalistischen Wirtschaftsformen? – für in den entscheidenden Punkten ganz und gar zutreffend. Natürlich: Ein gewisses Maß von *Rationalisierung* des Wirtschaftens bringt schon das voll entwickelte Handwerk, ein gewisses Maß von *Rechenhaftigkeit* bringen schon die in die fernsten uns bekannten Jahrtausende zurückreichenden antiken Formen kapitalistischer Geschäfte mit sich. Warum die *Rechenhaftigkeit* in jenen quantitativ gelegentlich ganz kolossal entwickelten kapitalistischen Wirtschaftsformen des Altertums so tief unter denjenigen der beginnenden Neuzeit blieb, daß Sombart im Recht ist, wenn er erst für die Neuzeit nicht nur vom Vorhandensein einzelner – schon vor 4000 Jahren nachweislicher – kapitalistischer Betriebe, sondern von *Kapitalis*mus als Wirtschaftsstufe spricht, – davon an anderer Stelle. Daß Sombart für seine Fragestellung, die technische *Rechenhaftigkeit* als entscheidendes Merkmal des *Geistes des Kapitalismus* bezeichnet, ist selbstredend. Für meine Fragestellung, die sich mit der Entstehung desjenigen ethischen *Lebensstils* befaßt, welcher der Wirtschaftsstufe des *Kapitalismus* geistig *adäquat* war, seinen Sieg in der *Seele* der Menschen bedeutete, ist meine Terminologie die (nach meiner Ansicht) berechtigte. Denn für mich kommen notwendig andre Merkmale der von uns beiden nach verschiedenen Seiten hin untersuchten Erscheinungen in Betracht. Es handelt sich hierbei also um terminologische Unterschiede, nicht – jedenfalls von meiner Seite nicht – um sachliche Differenzen. Gar keine solche besteht insbesondere, soweit ich sehen kann, bezüglich der Stellung zum historischen Materialismus. Wenn etwa seitens andrer die Tragweite meiner Ausführungen für die Würdigung *ideologischer* kausaler Momente überschätzt worden ist, – so ist dies nicht meine Schuld. Es ist sehr gut möglich, daß, wenn meine Untersuchungen einmal zu Ende kommen sollten, ich zur Abwechslung ganz ebenso entrüstet der Kapitulation vor dem historischen Materialismus geziehen werde, wie jetzt der Ideologie.

deduziert wird, gleichviel ob die Pointe des dergestalt *definierten* Phänomens dabei unter den Tisch fällt, – wie ich dies in meiner Replik, soweit es nötig schien, gezeigt habe. Wenn er nun jetzt gar allen Ernstes derartige Generalisationen von unpräzis wiedergegebenen Alltagstrivialitäten als *historische* Psychologie hinstellt, so werden alle ernst zu nehmenden Psychologen darüber heute wohl ebenso lächeln, wie wir heutigen Nationalökonomen über das Zitat der seinerzeit ganz gewiß *trefflichen,* heute aber doch wohl etwas überholten Ausführungen von J. St. Mill über die historische Entstehung der Schätzung des Geldes (aus der vermeintlich ursprünglichen Vorstellung seiner als eines *Mittels zur Glückseligkeit),* – die ich sträflicherweise freilich zu *widerlegen* weder versucht habe, noch jetzt mich versucht fühle. Wenn ich im Schlußsatz meiner Replik speziell von der exakten religionspathologischen Forschung – aber doch nicht einfach, wie der Kritiker es wiedergibt: der Hysterie-Forschung[6] – als für bestimmte Probleme vielleicht künftig mal bedeutsam gesprochen habe, so war damit etwas angedeutet, was jeder Kundige weiß: – daß nämlich jene *Religionspsychologie,* welche das *Erlebnismäßige,* Irrationale, des religiösen Vorgangs als *pathologischen Prozeß* behandelt, trotz aller ihrer Unvollkommenheiten und Voreiligkeiten doch diejenige ist, welche für die Aufklärung der hier in Betracht kommenden charakterologischen Wirkungen bestimmter Arten von Frömmigkeit eventuell künftig mehr zu leisten verspricht und gelegentlich schon geleistet hat, als die Arbeit *ganz gewöhnlicher* Theologen leisten kann. Für meine Probleme kommt es aber natürlich gerade auf diese Fragen an. Der wirklichen exakten *Normalpsychologie* soll damit selbstredend sonst ganz und gar nicht zu nahe getreten sein. Für eine *Psychologie* von dem Typus, den die Ausführungen meines Herrn Kritikers darstellen, scheint mir dagegen auf diesem Gebiet nur allenfalls Gelegenheit gegeben zu sein, – sich nach Verdienst bloßzustellen. –

Ich hätte bei all diesen Dingen schwerlich so lange verweilt, wenn nicht doch auch hier wieder sich zeigte, wie der Aberglaube an eine ganz spezifische Bedeutung der *Psychologie* für die Geschichte, der heute erfreulicherweise von

[6] Von der in ganz anderem Zusammenhang (bez. bestimmter Erscheinungen im Pietismus) die Rede war! Die betreffende Polemik gegen mich ist eigentlich ein starkes Stück. Nachdem ich meinen Herrn Kritiker darauf aufmerksam gemacht habe, daß seine Bemerkungen über die *hysterischen Zustände* bei den Täufern einem ganz offenbaren Mißverständnis entsprangen, – kehrt jetzt dennoch die Behauptung wieder: ich *gäbe zu,* für die Erscheinungen des Täufertums Aufklärung von der Hysterieforschung zu erwarten, mit der *witzigen* Frage: ob etwa diese Forschungen Hilfsmittel zur Erklärung der Entstehung *methodischer Lebensführung* darbieten sollten? 1) habe ich schlechthin nichts *zugegeben,* was nicht in meinem Aufsatz deutlich zu lesen stand, – 2) hat sich mein Herr Kritiker nicht die Mühe genommen, auch nur nachzusehen, was ich eigentlich von der Hysterieforschung im speziellen zu erwarten (und nicht zu erwarten) erklärt habe. Man sieht, die *Kette unglückseliger Mißverständnisse* reißt auch jetzt nicht ab,– auch jetzt aber aus dem gleichen Grunde wie früher.

einem Teil gerade der hervorragendsten Psychologen selbst nicht mehr geteilt wird, geeignet ist, einerseits die Unbefangenheit der historischen Forschung zu beeinträchtigen, andrerseits die wissenschaftliche Psychologie vor deren Leistungen auf dem Gebiet ihrer Fragestellungen ich den höchsten Respekt habe, gradezu zu diskreditieren und den Historiker auch da, wo er allen Anlaß hat, sich von ihr beraten zu lassen – wie dies zweifellos nicht selten vorkommt – gegen ihre Hilfe mißtrauisch zu machen. Auch ich bin genötigt gewesen, mich z. B. über die vermeintlich *psychologisch* fundamentierten *historischen Gesetze* eines auf seinem eignen Fachgebiet so hochverdienten Mannes wie Wundt einfach lustig zu machen, – wie ich glaube mit Grund und Erfolg. Und was daraus geworden ist, als ein Schriftsteller, der uns einst das *Deutsche Wirtschaftsleben im Mittelalter* geschenkt hatte, den Versuch unternahm, diese sogenannte *Psychologie* (und nach ihr noch beliebige andere verschiedenster Provenienz) für die Geschichte nutzbar zu machen, – das wissen wir leider, und ich komme darauf an andrer Stelle zurück. Die Erkenntnisse der Fachpsychologie kommen für die Geschichte in genau dem gleichen Sinn gelegentlich in Betracht, wie diejenigen der Astronomie, Soziologie, Chemie, juristischen Dogmatik, Theologie, Maschinenbaukunde, Anthropologie u. s. w. u. s. w. Der Laienglaube: weil die Geschichte es mit *geistigen Vorgängen* zu tun habe, also – wie man glaubt und sich im heute modischen Vulgärsprachgebrauch ausdrückt: – *von psychologischen Voraussetzungen ausgehe,* so müsse sie sich in besonders einzigartigem Maße auf *Psychologie* im Sinne irgend einer Fachdisziplin stützen, – ist ganz genau so begründet, wie die Annahme: weil die Großtaten der *historischen Persönlichkeiten* heute ausnahmslos an das *Medium* von Schallwellen oder Tinte gebunden sind, so seien die Akustik und die Physik der tropfbaren Flüssigkeiten ihre Grundwissenschaften, oder: weil die Geschichte sich auf dem Planeten Erde abspielt, müsse dies die Astronomie, oder, weil sie vom Menschen handelt, die Anthropologie sein. Die Geschichte macht – *es tut mir leid – allgemeine psychologische Voraussetzungen* nur im gleichen Sinne wie sie z. B. allgemeine *astronomische Voraussetzungen* macht. Wer diese Serie scheinbarer *Paradoxien* nicht wenigstens einmal durchdacht hat, hat keine Legitimation, sich auf das hohe Pferd *erkenntnistheoretischer* oder *methodologischer* Schulmeisterei zu setzen. Und wenn mein Herr Kritiker von einer ähnlichen Höhe herunter meint, die *höheren Ansprüche* betonen zu dürfen, die er an seine *Kritik* (gegenüber den niederen, die ich an die Methodik meiner Arbeiten) gestellt habe, – so bedaure ich, ihm unter Hinweis auf meine früheren Bemerkungen entgegnen zu müssen, daß jene seine *Ansprüche* an sich selbst, auch in methodischer Hinsicht, doch hinter dem zurückbleiben, was jeder kritisierte Schriftsteller von einer *Kritik* verlangen muß. Möchte er uns in seinem angekündigten Buche mit Ausführungen beschenken, die sich wirklich auf einem Gebiet halten, welches er beherrscht, statt andern auf Gebieten, die er nicht genügend kennt, auf die Finger klopfen zu wollen, – dann kann er der unbefangensten und, selbst im Fall noch so großer Meinungsverschiedenheit, einer respektvolleren Aufnahme sicher sein, als sie in diesem Fall, zu meinem Bedauern, nach der Art seines Argumentierens, möglich war. Formelle *Höflichkeit* schließt sachliche Anmaßung nicht immer aus. Und eine solche lag, beiläufig bemerkt, auch in den guten Zensuren, die mein Herr Kritiker in seine *Kritik* einzuflechten für gut fand.[7] Von einem Inkompetenten lasse ich mir auch diese nicht gefallen (im Übrigen halte ich es darin mit einem Ausspruch unseres Meisters G. F. Knapp, der mir bei ähnlichem Anlaß einmal sagte: *Ich lese gewiß nicht gern gedruckt: ich sei ein Esel. Aber ich freue mich auch nicht, wenn jemand glaubt drucken lassen zu müssen: ich sei* kein *Esel).*

[7] Daß, beiläufig, solche Prädikate, wie *gründlich* etc. – *damals!* – einem Aufsatz erteilt wurden, der – *jetzt!* – die simpelsten Kausalprobleme nicht *gesehen* hat, spricht wohl weder für die Sachkunde, noch, leider, für die Sachlichkeit des Verfassers.

Antikritisches Schlusswort zum „Geist des Kapitalismus“

Von Max Weber

Professor Rachfahl antwortet in wiederum vier Nummern der Internationalen Wochenschrift (4. Jahrgang Nr. 22–25) auf meine *Antikritik.* Statt eines ehrlichen Eingeständnisses seiner durch oberflächliche Lektüre verschuldeten groben Irrtümer enthält seine Antwort teils eine andere Wendung, teils eine noch krampfhaftere Übersteigerung der meisten von ihnen und bewegt sich übrigens in ganz der gleichen Art von Diskussionsführung, die ich zu kennzeichnen genötigt war. Zum Schluß findet man die auffallend an die Gepflogenheit amerikanischer Parteiorgane im Wahlkampf erinnernde Versicherung: er habe den *Zweck* seiner Kritik *erreicht: die Seifenblase am Neckar sei geplatzt.* Und an anderer Stelle glaubt er gar, er (Rachfahl) müsse mir vorkommen *wie der Geier, der sich vom Aase des Gegners nährt.* Dieses *Aas* ist nun aber, wie sich zeigen wird, noch recht lebendig, und ihm erscheint Rachfahl seinerseits ganz und gar nicht als ein Adler oder irgendetwas dem ähnliches. Sondern: so, wie er sich in dieser *Kritik* und *Replik* präsentiert, nach wie vor als ein etwas sehr leicht gefiederter und dabei dennoch allzu stark schulmeisterisch veranlagter Schriftsteller, dem man übrigens trotz allen Kopfschüttelns doch nicht recht gram werden kann, weil sein allerdings oft schier unglaublicher Mangel an Bedürfnis nach literarischer Aufrichtigkeit durch die schiefe Lage, in die er sich begab, verschuldet ist und durch die Naivität seiner offenbar – so schwer es zuweilen fällt, das zu glauben – ganz von sich überzeugten Rechthaberei überboten wird.[1] Nachdem ich einmal, dem Wunsch (unbeteiligter) Freunde ent-

[1] Ich möchte sehr nachdrücklich erklären, daß die absolute Wertlosigkeit von R.s *kritischen* Leistungen mich nicht im mindesten hindert, andere Arbeiten von ihm sehr zu schätzen, bei denen er sich nicht auf ein für seine Eigenart nun einmal ungünstiges Gebiet begeben hatte. *Ungünstig* nicht nur, weil er sachlich nun einmal schlecht informiert ist, sondern auch deshalb, weil seine Freude an der gelehrten *Mensur* rein als solcher mit einer steten Gefahr, sich zu *incommentmäßigen* (man sagte früher im Studentenjargon: *Sau-)* Hieben hinreißen zu lassen, gepaart ist und jene Mensurfreude auch an sich so ungezügelt wuchert, daß die *Sache* darüber notwendig zu kurz kommt. R. beschwert sich über die rücksichtslose Form meiner Antwort an ihn. Allein die in der Form und in der Sache absichtsvoll generöse und entgegenkommende Art, wie Troeltsch ihm entgegengetreten ist, hat nur den Erfolg gehabt, daß, wie man sich leicht überzeugt, R. von diesem Entgegenkommen in recht wenig loyaler Art *taktisch* zu profitieren sucht, und daß überhaupt seine Ausfälle gegen Troeltsch sich durch ein Maß von Animosität auszeichnen, welches das was er davon gegen mich aufbringt, noch übersteigt. Er wird eben, wo er *kritisiert,* anscheinend unvermeidlich zum bloßen Klopffechter und mit einem solchen spricht man, wenn überhaupt, in unverblümtem Deutsch. Ich hoffe niemals wieder mit einem *Kritiker* dieser Art abrechnen zu müssen. Eine loyalere Art der Polemik würde mir, auch wenn sie formal scharf wäre, darin ganz andere Rücksichten

sprechend, das sterile und lästige Geschäft der Auseinandersetzung mit seiner rein an Worten haftenden Rabulistik, welche den offen zutage liegenden Sachverhalt verschleiert, auf mich genommen habe, muß ich es durchführen. Im Folgenden werde ich also 1. den *Geist* von R.s Polemik notgedrungen nochmals feststellen – eine nach Lage der Dinge leider, um R. in alle Schlupfwinkel zu folgen, unvermeidlich ziemlich langwierige Auseinandersetzung, die ich aber jedem Leser, der nicht speziell daran interessiert ist, zu überschlagen anheimstelle – und dann 2. meinerseits – gegenüber der von Rachfahl angerichteten und jetzt, zur Vermeidung des Eingeständnisses seines Unrechts, noch vermehrten Konfusion – einige von R. hartnäckig ignorierte Züge meiner wirklichen *These* nochmals auf wenigen Seiten zusammenfassen, lediglich für diejenigen, die meine Aufsätze nicht jetzt nochmals genau gelesen haben. Für die anderen ist es überflüssig, aber sie sind naturgemäß eine verschwindende Minderheit.

1. Antikritisches

Da ich Rachfahls Polemik *professoral* genannt habe, so behauptet er, daß ich seine Qualität als *Professor* herabsetze, also wohl meinerseits irgendetwas *Besseres* zu sein beanspruche. Ein innerhalb unserer sonst so gänzlich sterilen Diskussion immerhin noch lehrreicher Irrtum, der zugleich auch für Rachfahls Verständnislosigkeit in der verhandelten Sache typisch ist. Denn es trifft sich zwar bei ihm so, daß er zugleich *Professor* ist und einen (m. E.) ungewöhnlich *professoralen* Aufsatz geschrieben hat. Jedermann weiß aber: Es hat ebensowenig alles, was ein Professor (Gott sei Dank: auch Rachfahl selbst) schreibt, schon um deswillen den wohlbekannten Beigeschmack jener gewissen kleinlichen rechthaberischen Wortklauberei und besserwissenden Süffisance, welche das Wesen des *Professoralen* ausmacht, wie etwa allen Arbeiten eines Redakteurs der ebenso wohlbekannte Beigeschmack des *Journalistischen* (in Gänsefüßen!) anhaftet, oder wie jedes in bürokratischen Formen funktionierende Staatswesen schon um deswillen vom *Geist des Bürokratismus* beherrscht ist, oder jede noch so sehr nach deutschem oder französischem Muster organisierte Armee und der Staat, dem sie dient, von *militaristischem Geiste* beseelt sein muß (man denke an Italien im Gegensatz zu Deutschland und

auferlegen und, selbst wenn ich sie sachlich noch so scharf bekämpfen müßte, vor allem nicht so viel – deutlich gesagt: – Geringschätzung einflößen. Welche andere als diese, gewiß unerfreuliche, Empfindung aber soll ich gegenüber einem *Kritiker* haben, der, ohne die geringsten Leistungen zu bieten, seine *Auseinandersetzung* mit mir mit der Versicherung glaubte beginnen zu dürfen: ich hätte mir meine Aufgabe *leicht* gemacht, und der sie jetzt mit der Mahnung zur Vorsicht vor *Weberschen Entdeckungen* glaubt abschließen zu können?

Frankreich), oder etwa jeder Gewerkverein (französisch: *syndicat,* englisch: *trade union)* bei ganz gleicher Organisation, vom Geist entweder des *Tradesunionismus* oder des *Syndikalismus* (zwischen denen hier ja die Wahl freistünde), oder ein Land mit kolonialem Imperium stets vom *Geist des Imperialismus,* – oder endlich: jede kapitalistisch organisierte Wirtschaft vom *Geist des Kapitalismus* (erst recht nicht natürlich: von jener spezifischen Allsprägung dieses Geistes, die ich als eine dem modernen Kapitalismus im Gegensatze zum Altertum und Mittelalter, und zwar am stärksten in der Zeit seines frühkapitalistischen Heroenzeitalters, eignende in Anspruch genommen habe). Daß wir nun trotzdem von einem solchen *Geist* mit Beisetzung des jenen Systemen entlehnten Adjektivs sprechen, hat – um es zu wiederholen –, seinen Grund darin, daß allerdings diejenige oder diejenigen mehreren möglichen Attitüden, welche wir so bezeichnen, uns eben jenen Organisationsformen als irgendwie spezifisch *adäquat:* aus inneren Gründen ihnen *wahlverwandt* erscheinen, ohne daß sie doch deshalb in jedem einzelnen Falle, ja auch nur in der Mehrzahl oder dem Durchschnitt der Fälle notwendig daran gebunden wären. Es ist ja z. B. ein typischer Vorgang in aller Geschichte, daß eine (staatliche oder andere soziale) Institution in ganz den gleichen Formen weiterbesteht, aber in ihrem *Sinn* für das geschichtliche Leben, ihrer kulturhistorischen *Bedeutung* verändert erscheint. Wenn wir in solchen Fällen von einer Änderung ihres *Geistes* sprechen – und wir pflegen es zu tun – so haben wir natürlich die unbedingte Pflicht, jeweils zu verdeutlichen, was darunter verstanden sein soll und welche konkreten Ursachen diese Änderung bedingten. Dazu in meinem Fall durch die Aufdeckung einer – allerdings m. E. einer ganz besonders wichtigen – Ursachenreihe beizutragen, welche die Herausbildung einer (wiederum: einer besonders wichtigen) konstitutiven Komponente des *Geistes* der modernen kapitalistischen Wirtschaft bedingte: einer Färbung desselben also, welche vom Altertum und Mittelalter in wichtigen Punkten spezifisch verschieden war, – dies war die Aufgabe, welche ich mir ausgesprochenermaßen gestellt hatte. Wenn Rachfahl, im Vertrauen darauf, daß sein Publikum zu 99 Hundertstel sicher weder meine Aufsätze, noch meine Antikritik gelesen hat oder lesen wird, – sich jetzt so gebärdet, als sei diese sorgfältig erwogene Begrenzung meiner Aufgabe erst ex post (natürlich womöglich: auf Grund seiner *Kritik)* hineininterpretiert, so erinnere ich zur Beurteilung dessen hier nur nochmals daran: daß ich als Ergebnis meiner Untersuchungen (die Stellen waren auch in meiner Antikritik zitiert!) hingestellt hatte: daß (XXI S. 107) *ein (NB.!) konstitutiver* Bestandteil des *kapitalistischen Geistes* den von mir behaupteten Ursprung habe: die spezifisch *bürgerliche Berufsethik* (XXI S. 105) und speziell der *asketische* Zug, welcher ihr anhaftete und seine Bedeutung, gegenüber den gewaltigen seelischen Widerständen der Tradition, behielt, bis der auf rein mechanischer Basis ruhende Kapitalismus unserer Gegenwart dieser Stütze entbehren konnte (XXI S. 108), daß ich ferner die *Ableitung* (nicht etwa nur: des kapitalistischen Wirtschaftssystems, sondern ausdrücklich auch:) des kapitalistischen Geistes (ausdrücklich ferner in meinem Sinne des Wortes, auf den ich unten zurückkomme) aus der Reformation allein *töricht* genannt habe (XX S. 54), und überdies (XXI S.4 Anm.1 und 2, XXV S.246) die Selbstverständlichkeit, daß jene religionspsychologischen Bedingungen nur unter Voraussetzung zahlreicher anderer, insbesondere auch natürlich-geographischer *Bedingungen* die Entfaltung des Kapitalismus direkt mit herbeiführen konnten, auch noch ausdrücklich ausgesprochen hatte; – daß ich aber endlich und vor allem schon 1908, in Erwiderung (XXVI S.275) auf eine der Rachfahlschen geistesverwandte Kritik, zum Überflusse auch noch, um jeder *Verabsolutierung* des von mir erörterten Kausalzusammenhanges vorzubeugen, nochmals feststellte: es handle sich bei meinen Untersuchungen um die Analyse der Entwicklung eines dem entstehenden Kapitalismus der Neuzeit adäquaten ethischen *Lebensstils* und nur um diese: wenn also seitens anderer *die Tragweite meiner Ausführungen ... überschätzt worden* sei, so sei dies nicht meine Schuld; es sei, fügte ich noch bei, sogar recht wohl möglich, daß nach Beendigung meiner Aufsätze ich *der Kapitulation vor dem historischen Materialismus geziehen* werde. Auch den polemischen kleinen Aufsatz, in welchem diese letzten Bemerkungen stehen, hatte Rachfahl in seiner *Kritik* (III, Sp. 1288, Anm.) zitiert. Auf meinen, mit den vorstehenden Zitaten belegten Vorhalt aber, daß er trotz alledem nicht die Pflicht gefühlt habe, dies alles, obwohl er es wisse, zu berücksichtigen, hat er jetzt die erstaunliche Keckheit, dem Publikum der *Intern. Wochenschr.* zu versichern: ihm sei von jenen meinen Ausführungen nichts bekannt gewesen, ja: er *habe sie auch heute noch nicht zu finden vermocht* (Sp. 790). Ich stelle jedem anheim, welchen Ausdruck für dieses *Nichtkönnen* ich gebrauchen müßte, wollte ich einen anderen Standpunkt einnehmen, als den des Achselzuckens über einen von der Manie des Rechtbehaltens um jeden Preis, auch den der literarischen Aufrichtigkeit, Befallenen. Ich konstatiere nur, daß Rachfahl überdies auch jetzt noch, wo immer es ihm gerade in den Zweck seiner Polemik hineinpaßt, auf der *von Weber vertretenen Ansicht von dem calvinistischen* (sic, – nach allen seinen Beteuerungen, daß er meine Ansichten *richtig* wiedergebe!) *Monopol* (sic) *für die* (sic) *kapitalistische Entwicklung* (Sp. 757 unten) herumreitet, obwohl er auf der andern Seite auch wieder versichert: *er* habe *mir ja gar nicht unterstellt, daß ich das kapitalistische Wirtschaftssystem aus religiösen Ursachen abgeleitet habe* (Sp. 759). Demgegenüber ist es natürlich völlig gleichgültig, daß R. ein *Exzerpt* aus meinen Aufsätzen an die Spitze seiner Kritik gestellt hatte und aus deren Inhalt dort zwar keineswegs überall, aber wenigstens überwiegend auch richtiges wiedergab. Denn auch wo dies der Fall war, vergaß er selbst diese Reproduktion schon auf den nächsten Spalten, wie ich ihm wieder und wieder nachwies und nachweisen werde. Er war und ist eben in einer Zwangslage: Da er nun einmal einen Festartikel über Calvin schreiben wollte und es ihm reizvoll erschien, bei dieser

Gelegenheit einem *Outsider* seine kritische Überlegenheit als historischer *Fachmann* zu zeigen, auf einem Gebiet, für welches er sich erst ad hoc *Material* beschaffen mußte, so fiel seine *Kritik* eben so aus, wie sie nun vorliegt, – jetzt aber muß er schon aus ressortpatriotischen Gründen *Recht behalten,* und, damit dies möglich sei, muß meine *These* so aussehen, wie sie zu seiner *Kritik* paßt. Man tut eben nicht gut, in diesem *Geiste* an eine literarische Aufgabe zu gehen.

Zur Charakteristik des daraus sich ergebenden Niveaus seiner Polemik mache ich hier nur noch darauf aufmerksam, wie gütig Rachfahl meine (offenbar recht bedauernswerten) *Freunde und Anhänger* darauf hinweist, daß ich jetzt (vermutlich um mich vor seiner Polemik zu retten?) sie *rauh abschüttle.*[1] Scheinbar hält er solche (in einer ernsten Arbeit doch eigentlich recht läppische!) Mätzchen, von denen leider seine Kritik und Replik wimmeln, für *geistreiche Bosheiten?* – Indessen: zur Sache selbst.

Die Replik Rachfahls beginnt mit einem längeren Ausfall gegen Troeltschs

[1] Damit übrigens kein Zweifel obwaltet, wen ich mit jenen *anderen* seinerzeit gemeint habe, deren Verwertung meiner Ansichten mir (hie und da) einseitig erschien, bemerke ich: Vor allem hat Hans Delbrück m. E. in der Tat viel zu sehr in die Trompete gestoßen, wie denn einzelne Historiker noch immer darauf aus sind, vor allem *Widerlegungen* der materialistischen Geschichtsauffassung geliefert zu erhalten. Auch kann ich die (übrigens mit viel Geist unternommenen) Ideenkonstruktionen von F. J. Schmidt (ebenfalls in den Preuß. Jahrbüchern), die, scheint mir, gleichfalls etwas zu viel aus dem schließen, was ich bisher allein näher ausführen konnte, nur als *Konstruktion* gelten lassen, ohne sie damit übrigens an sich niedrig werten zu wollen. Der *britische Imperialismus* meines Freundes v. Schulze-Gävernitz ist sicherlich sehr weit davon entfernt, eine einfache Konstruktion, und vollends eine solche an der Hand nur meiner Ansichten zu sein, wie R. behauptet hat. Soweit er diese überhaupt verwertet, hat er sie überdies seinerseits in sehr glücklicher Weise ergänzt und erweitert. Daß er die Kausalreihen *einseitig,* nach der spiritualistischen Richtung hin verfolgt, wird er freilich selbst nicht in Abrede stellen: es ist dies zugleich seine Stärke und, wenn man will, seine Schwäche; ich trete insbesondere in dem Punkt: daß der Dualismus der Squirearchie und der bürgerlichen, immer wieder, noch in der Cobdenschen Bewegung in charakteristischer Art an den Dissent angelehnten Mittelklassen durch die ganze englische Geschichte der letzten 300 Jahre geht, natürlich den Bemerkungen von Bonn durchaus bei. Auch Schulze-Gävernitz wird aber diesen Sachverhalt nicht bestreiten. – Mit Übertreibungen, wie sie speziell Delbrück vornahm, war dem Zweck, den mein, ein fest umrissenes Thema, und zwar, wie ich denn doch wohl behaupten darf: in schlichter und prätensionsloser Sachlichkeit, behandelnder Aufsatz verfolgte, in der Tat nicht gedient. Aber ich war dafür nach meinem ausdrücklichen Vorbehalten einerseits nicht verantwortlich und habe überdies, wie Rachfahl genau wußte, – denn wie gesagt: er zitiert die betreffende Abhandlung – bei der ersten gegebenen Gelegenheit das meinige getan, sie gar nicht erst aufkommen zu lassen, so daß es der nachträglichen freundlichen Nachhilfe R.s wohl kaum bedurfte. Wenn er trotzdem solche Übertreibungen gegen mich ausspielt, so mag er das mit seinem literarischen Anstandsgefühl abmachen.
Die Wiedergabe meiner Ansichten durch Troeltsch, bei dem einige wenige Sätze allenfalls der Beflissenheit eines *Kritikers,* der solche Zitate nach Art der talmudischen Exegese von Thorastellen auspreßt (und dies jetzt gar noch für das Wesen der *historischen Kritik* erklärt!), Anlaß zu einer Fruktifikation in Rachfahls Art geben konnten, –

und vollends die kurze Bemerkung v. Schuberts gehören natürlich überhaupt nicht hierher. Was aber gar den ebenfalls genannten E. Gothein anlangt, so weiß Rachfahl nicht oder hat, da er es bei mir hätte zitiert lesen können, wieder einmal einfach vergessen, daß dessen hierher gehörige Bemerkungen über ein Jahrzehnt vor Erscheinen meines Aufsatzes gedruckt waren. Gothein hat natürlich seinen Standpunkt seitdem nicht geändert. – Wo ich gegenüber Schriftstellern, die sich in ihren Ergebnissen mit mir berühren, wirklich Differenzen zu haben glaube, pflege ich dies natürlich nicht zu verschweigen. So hat sich jetzt Troeltsch durch die kecke Sicherheit von Rachfahls Auftreten den Eindruck beibringen lassen, als hätte ich doch wohl irgend etwas zur Begründung meiner Ansichten erst *nachgeholt*. Sehr zur Wonne Rachfahls, versteht sich, der sich, ganz nach seiner Manier, natürlich nunmehr statt anderen Beweises auf ihn als Kronzeugen beruft. Ich meinerseits kann nur erneut bitten, sich durch Lektüre meines Aufsatzes davon zu überzeugen: daß alles, was in meiner Antikritik gesagt ist, ganz ebenso deutlich schon in meinen Aufsätzen gestanden hat. In meiner Antikritik ist lediglich auf den Einwurf betreffend Hamburgs und der holländischen Entwicklung mit zwei Einzelheiten geantwortet und sind – was ich, da schon Gothein die These von der Bedeutung speziell des Calvinismus für Deutschland begründet hatte, nicht für nötig hielt, – die Verhältnisse des Wuppertals zitiert (ich hätte für den Pietismus noch Calw hinzufügen können). Das ist alles! Was aber besagen diese winzigen *Neuheiten* gegenüber dem, was in meinen Aufsätzen für alle großen Hauptgebiete der Ausbreitung des asketischen Protestantismus (England, Frankreich, Niederlande, Amerika) gesagt war? – Daß Troeltsch, der lediglich für sich antwortete und mich nur nebenher erwähnte, nicht noch einmal ad hoc für eine Polemik über seine Thesen, meinen Aufsatz von A bis Z durchsah, versteht sich in der Tat leicht. Er hielt eben Rachfahl für wenigstens partiell zuverlässig. Aber jemand, der diese Aufsätze von Grund aus *kritisiert* zu haben behauptet, und dabei noch, wie wir sehen werden, mit der *Exaktheit* seiner *historischen Kritik* (ausdrücklich im Gegensatz zu Troeltsch!) prunken will?

Eine besonders charakteristische Leistung bietet dann Sp. 792/93, wo in der bei Rachfahl beliebten breiten Art, unter Verwendung von Fettdruck für die einzelnen Worte, an die er sich klammern möchte, den Lesern vorgeführt wird, daß, weil ich einmal davon rede, daß *der asketische Protestantismus für den Kapitalismus* – der Zusammenhang ergibt natürlich: für die jener Zeit, von der ich rede, spezifische Art von bürgerlich-kapitalistischer Entwicklung – auch die entsprechende *Seele* schaffe: die Seele des *Berufsmenschen*, – eben doch schließlich nach meiner These der von mir analysierte *Habitus* allein und an und für sich alles in sich enthalte, was an Motiven im heutigen(!) Kapitalismus wirke (soweit er nicht jüdischen Ursprungs sei, wird mir hier freundlichst noch untergeschoben, weil ich mit einem einzigen Worte an einer gänzlich anderen Stelle gelegentlich auch die Bedeutung des Verhaltens der Staaten gegenüber den Juden erwähnt hatte, als eines Falles, wo Toleranz oder Intoleranz in der Tat – s.u. – ökonomisch relevant werden konnte). Und das schönste ist, daß R. auf Grund dieser kläglichen Wortklauberei es einerseits (Sp. 793) *mindestens verzeihlich* findet, daß andere auf Grund jener von ihm zusammengetragenen Worte zu einer *Verabsolutierung* jenes einen Motivs gelangt seien, andererseits (Sp. 792) als solche, denen dies passiert sei, neben Troeltsch auch Gothein (der wie gesagt, über ein Jahrzehnt vor mir schrieb) und v. Schubert nennt, nachdem er vorher (Sp. 791) versichert hatte, er selbst sei nicht in diesen, von ihm, wie wir sahen, sowohl in seiner Kritik wie, je nach Bedarf, noch jetzt vertretenen Irrtum über meine Ansichten verfallen. Ich finde das alles in der Tat lediglich *subaltern*. – Und in welchem Tone soll man eigentlich einem *Kritiker* antworten, der davon redet, ich hätte neuerdings in einer *Antikritik* Versuche gemacht, Aufgaben zu lösen, an die ich mich vorher *nicht gewagt* hätte?

Antikritik in der Intern. Wochenschr. (Jahrgang IV Nr. 15 und 16). Ob Troeltsch es der Mühe wert findet, darauf zu antworten, weiß ich nicht. Ich meinerseits habe, da ich nun einmal überhaupt antworte, ein Interesse daran, aus dieser Diskussion auf folgendes hinzuweisen: in der *Kritik* Rachfahls (Jahrg. III Sp. 1329) hieß es (nach Anführung von Beispielen, in welchen, wirklich oder angeblich, keine Einwirkung religiöser Tatbestände auf politische Geschehnisse stattgefunden haben sollte): *aus allem dem erhellt doch eins: wie wenig sich die politische, wirtschaftliche und weltliche Entwicklung überhaupt (sic) durch religiöse Lehren binden läßt, wenn diese das rein religiöse Gebiet überschreiten.*[2] Jetzt heißt es (Sp. 718): *ich (Rachfahl) habe bestimmte konkrete Fälle vorgebracht, in denen Übertreibungen des Einflusses religiöser*

[2] Diese Formulierung allein schon ist für einen Historiker doch eigentlich allzu naiv. Ob etwas *das religiöse Gebiet überschreitet,* – eben dies ist bekanntlich in allen Kulturkämpfen aller Geschichte und bis heute der unerledigte Streitpunkt, um den sich alles dreht. R. behauptet: ihm falle es nicht schwer, die Grenzlinie anzugeben, – daß er es gleichwohl unterläßt, dies zu versuchen, scheint mir kein Verlust für uns. Denn er äußert weiterhin die wunderliche Ansicht, daß für diesen Punkt, *die handelnden Personen der Geschichte oft einen merkwürdig feinen Instinkt bewiesen* haben. Nun: dieser *feine Instinkt* gestattete z. B. manchen hugenottischen Heerführern die Piraterie, derselbe Instinkt aber veranlaßte die hugenottische Kaufmannschaft nicht nur, sondern auch die ökonomisch uninteressierten Teilnehmer der Hugenottensynoden (die doch auch *handelnde* Personen waren) zu dem Versuch, sie dieserhalb zur Rechenschaft zu ziehen. Der gleiche *Instinkt* veranlaßte die Stuarts zum Kampf gegen die asketische Sonntagsruhe der Puritaner und die radikalen Schichten dieser zum Kampf gegen die Zehnten, auf denen z. B. die Existenz der Universitäten ruhte, und dies wieder Cromwell zum Bruch mit ihnen. Eben dieser angeblich eindeutige Instinkt inspirierte einerseits Bismarcks Maigesetze, andererseits die Anordnungen des Papstes über das politische Verhalten der Katholiken in Italien und Deutschland und endlich die Opposition der Zentrumspartei einerseits gegen die Maigesetze, andererseits (gelegentlich) gegen den Papst. Alle Schwierigkeiten, denen das vatikanische Dogma ausgesetzt ist und sein wird und alle Schwierigkeiten der Trennung von Kirche und Staat, resultieren aus der in der Sache liegenden Unmöglichkeit, eine Grenze des religiös Relevanten eindeutig zu bestimmen. Daß also nur *moderne Theologen* über jene Grenze im Zweifel sein könnten (Sp. 719), gehört wohl in die politische Kinderstube. Solche Dinge sind ja allbekannt und es ist mir wirklich nicht eingefallen, sie, wie R. mir in hämischer Form vorhält, für *originell* auszugeben. Und wenn ich deshalb auch wahrhaftig nicht der Ansicht war, daß *ganze Generationen von Historikern* sich mit der Ausschöpfung jener palpablen Dinge noch befassen müßten, – denn jeder sachlich ernst diskutierende Historiker vergißt dergleichen eben auch nicht, wie Rachfahl, in der Polemik zum Zweck des Rechtbehaltens, – so glaube ich doch nach wie vor, daß sie R. selbst und seinesgleichen gelegentlich nachdrücklich in die Erinnerung zurückgerufen werden müssen. – Rachfahl hat sich eben den Kampf gegen eine vermeintliche *Heidelberger* Spezialität zur speziellen Aufgabe gemacht. Eine mir vorliegende Dissertation, mit der bei ihm promoviert wurde, die sich u. a. mit den Arbeiten von G. Jellinek, über die religiöse Mitbedingtheit der *Menschenrechte* beschäftigt, zeigt, wie ich mich überzeugen konnte, die gleiche Manier bei der Wiedergabe bekämpfter Ansichten und dem Aufspüren angeblicher *Widersprüche* u. dergl. wie R.s eigene *kritische* Leistung. Nun ist gewiß niemand geneigt und verpflichtet, die Verantwortung für alles zu übernehmen, was in Dissertationen, auf

Momente . . . begangen worden sind; daraus habe ich aber keinen (sic) allgemeinen Schluß nach der von Troeltsch behaupteten Richtung hin[3] *gezogen, und wenn er mir einen solchen unterschiebt (sic), so ist das ein Verfahren, das ich hier lieber nicht charakterisieren will, da ich dann sehr bittere Worte (sic) wählen müßte.* – So ist R. s Replik durchweg beschaffen, wie sich zeigen wird. Aber soll man da nun selbst *bittere Worte brauchen?* Ich meinerseits stehe erheitert und bereue es im Gegenteil aufrichtig, einen verworrenen Kritiker[4], dem es solche Kümmernisse verursacht, wenn man ihm seine eigenen Behauptungen vorhält, jemals so ernst genommen zu haben, wie es, immerhin, geschah. Ein anderer Zweck einer Polemik, als der, dem *Publikum* gegenüber im Recht zu scheinen, ist R. offenbar unfaßbar.

Weiter: In meiner Antikritik (Archiv XXX S. 177 Zeile 23) verweise ich (unter Angabe des Orts, nämlich: Archiv XX S. 19 Anm. 1) gegenüber den irrtümlichen Angaben Rachfahls über die Beziehungen von Sombarts Arbeiten zu den meinigen auf meine ausdrücklichen und erschöpfenden Bemerkungen über diesen Punkt, die bereits in meinem, von R. *kritisierten,* Aufsatz stehen. Die Replik Rachfahls hierzu lautet: *daß Sombarts Kapitalismus Einfluß auf Webers These ausgeübt hätte, berichtet Troeltsch (sic.), – wie (sic) hätte ich auf die Vermutung kommen sollen, daß er (Troeltsch!) falsch orientiert wäre?*

Was ferner die Beziehungen zwischen den Arbeiten von Troeltsch und mir anlangt, so haben Troeltsch sowohl wie ich erklärt, 1. daß und warum keiner

die hin er promoviert, steht, – ich meinerseits würde das wenigstens ablehnen. Aber die *Manier* ist im vorliegenden Falle schwerlich zufällig. – Wenn übrigens R. seinerseits gegenüber Troeltsch seine Ansicht über die Entwicklung der amerikanischen Demokratie dahin resumiert, (III Sp. 1358), dieselbe habe sich *im wesentlichen* von selbst entwickelt, – so dürfte diese originelle Lösung des Problems den Vorzug einer für alle historischen Fragen empfehlenswerten Einfachheit an sich tragen. Im Ernst gesprochen: Die völlige Selbstverständlichkeit der religiösen Basis des Lebens war in dem formal streng neutralen amerikanischen Staat gerade das, was ihn am wesentlichsten von europäischen und anderen Demokratien unterschied und was, – wie gerade Troeltsch vortrefflich herausgearbeitet hat, – auch der *Trennung von Staat und Kirche* dort ein so völlig anderes Cachet gab als bei uns. Man kann ernstlich fragen: ob ohne diese (wie auch ich in der Christl. Welt hervorhob) im Leben überall vorausgesetzte Selbstverständlichkeit die amerikanische Demokratie in ihrer alten Eigenart möglich gewesen wäre. Heute schwindet das und ist natürlich z. B. das Gebet, mit dem der höchste Gerichtshof so gut wie auch jede Parteiversammlung eröffnet wurde, ebenso wie der *chapel record* (sic), von dem als Erfordernis für die Anrechnung des Semesters die Statuten vieler Universitäten reden, zu einer Farce geworden wie etwa der Gottesdienst vor *der* Reichstagseröffnung bei uns. Aber das war früher sehr anders!

[3] Troeltsch sagt (und Rachfahl zitiert dies): Rachfahl habe durch seine Beispiele *die Unwirksamkeit des religiösen Moments gegenüber dem allgemeinen Leben veranschaulichen* wollen.

[4] Rachfahl selbst führt für sich an, er sei durch meine Darlegungen konfus geworden. Dafür darf ich die Verantwortung ablehnen, wie Rachfahls Kritik und Replik jedem zeigen, der es sehen will.

von uns für die Leistung des anderen verantwortlich ist; – 2. daß für die *Thesen,* welche Troeltsch vertritt, meine *These* kein Beweisgrund ist und umgekehrt: jeder von uns könnte für seine Aufstellungen völlig Recht haben, auch wenn der andere mit den seinigen gänzlich fehlgehen sollte; – ferner 3. daß die Resultate meiner Arbeiten aber allerdings eine mit Troeltsch's Ergebnissen sehr gut zusammenstimmende Ergänzung dieser letzteren darstellen, von welcher demgemäß 4. Troeltsch referierend Notiz genommen hat, wobei ihm 5. in einigen für ihn gänzlich unwesentlichen Einzelpunkten kleine Irrtümer untergelaufen sind (die dann Rachfahl, wie ich hervorhob, in überaus kleinlicher Weise zu *fruktifizieren* versucht hat).[5] Ich hatte es nun *illoyal* genannt, daß ein angeblicher *Kritiker* Unterschiede zwischen Troeltsch und mir, welche für jedermann offensichtlich Unterschiede in der Terminologie sind (kombiniert mit jenen an sich gänzlich gleichgültigen Irrtümern in der Wiedergabe einiger weniger meiner Formulierungen), dazu benutzt, um seinem Publikum gar nicht vorhandene Differenzen in der Sache vorzutäuschen und dabei auf der anderen Seite doch von *Troeltsch-Weberschen Begriffen* gerade an denjenigen Punkten *(Askese)* spricht, wo jene von ihm selbst zu Zwecken *effektvoller* Polemik ausgenutzten, wie jedermann sehen mußte: rein terminologischen Differenzen zwischen uns bestehen.[6] Dies Geschäft betreibt R. auch jetzt noch gelegentlich in gleicher Art weiter.[7] Wenn er aber dabei nunmehr sogar (Sp. 731) sagt: sowohl Troeltsch als ich *erkennen an (sic), daß sie mit dem Wort Askese verschiedenartige Vorstellungen verbinden,* so wird der Versuch, dieses *Anerkenntnis* als Verdienst seiner *Kritik* in Anspruch zu nehmen, nur den täuschen, der weder Troeltschs noch meine Arbeiten gelesen hat. Denn da Troeltsch ganz ausdrücklich von der Askese im Luthertum sprach, ich ganz ausdrücklich meinen ganz andersartigen Askesebegriff als auf das

[5] Damit übrigens auch hier kein Zweifel bleibe: Es handelt sich um solche Kleinigkeiten, wie die Irrtümer Troeltschs über mein Verhältnis zu Sombart, ferner über das, was in meinem Aufsatz über die Reformierten in Ungarn schon gesagt war und ähnliches, um Dinge also, welche Rachfahl noch jetzt, nachdem ich ihn auf die Irrtümlichkeit seiner aus Troeltsch entnommenen Behauptungen in meiner Antikritik hingewiesen habe, seinem Publikum auftischt, – was ihn ergötzlicherweise nicht hindert, Troeltsch, der diese Dinge mit Recht für herzlich gleichgültig hält, darauf hinzuweisen, daß die historische Kritik solchen Sünden gegenüber *nicht den Mut haben wird, sich zu diesem ebenso erhabenen wie angenehmen Standpunkt emporzuschwingen* (sic).

[6] Jahrgang III, Sp. 1257: *Damit gelangen wir zur* fundamentalen *Differenz (zwischen Troeltsch und mir) . . . . der Auffassung (sic) von der altprotestantischen Askese,* – diese besteht darin (Sp. 1258): *daß er (ich) von einer gesamtaltprotestantischen Ethik (sic) im Sinn von Troeltsch* nichts weiß (sic). Damit zu vergleichen: Sp. 1260: der *Weber-Troeltsch'sche* Askesebegriff (ebenso noch jetzt in seiner Replik ausdrücklich: *die Weber-Troeltsch'sche These),* ferner: Sp. 1259: die Versicherung, daß das, was ich über den *asketischen Lebensstil* sage, *auf dasselbe hinauslaufe,* wie die Troeltsch'sche *Definition* des Askesebegriffs und überhaupt die ganze gegen uns beide kollektiv gerichtete Polemik über diese von Rachfahl erst zu polemischen Zwecken geschaffene *Frage.*

[7] Vergl. Sp. 755, 782, 786 Anm. und öfter.

Luthertum (und noch andere protestantische Gemeinschaften) nicht nur nicht zutreffend, sondern in schärfstem Gegensatz zu ihm stehend bezeichnet hatte, so brauchte für die Feststellung dieses terminologischen Unterschiedes in der Tat *kein Geist aus dem Grabe* – vielmehr: aus einem Tintenfasse – *aufzusteigen*. Auch der denkbar flüchtigste Leser mußte vielmehr sehen (und Rachfahl hatte es gesehen), daß es sich eben um terminologische Verschiedenheiten handelt und nicht um sachliche. Ohne noch ein Wort zu verlieren, überlasse ich es daher jedem, der dafür Zeit hat, mit diesem klaren Tatbestand die kleinen Kunststücke zu vergleichen, mittels deren Rachfahl trotz allem auch jetzt noch, also nachdem zum Überfluß Troeltsch wie ich dies noch ausdrücklich erklärt hatten, die Sache *besser wissen* möchte.[8]

Und um endlich mit dieser doch wirklich etwas läppischen Kontroverse über die Terminologie ein Ende zu machen: Ich hatte, wie erinnerlich, erklärt und, da Rachfahl dies seinen Lesern, wie üblich, verschweigt, und mir in seinem

[8] Der kleine – ich kann nur sagen: – Klopffechterkunstgriff: die Bemerkung von Troeltsch, daß er meine Resultate einfach *übernommen* (d. h. in diesem Fall für jedermann ersichtlich: referierend und zustimmend wiedergegeben) habe, da wo sie eine Ergänzung der seinigen darstelle – und meine Bemerkung: daß keine *Übernahme* meiner Theorien durch Troeltsch (für jedermann ersichtlich: als wissenschaftliche Begründung seiner eigenen, ganz andere und weitere Ziele verfolgenden Forschungen) erfolgt sei, durch Fettdruck des Wortes *Übernahme* als *Widerspruch* erscheinen zu lassen, – entspricht durchaus dem Gesamtniveau dieser sogenannten *Kritik*. – Jetzt (Sp. 689) sucht R. seine Leser sogar glauben zu machen, Troeltschs Arbeiten seien *der einzige zusammenhängende Versuch, das Webersche Schema dem historischen Verlauf als zugrundeliegend aufzudecken* (sic, – ein *chemisch reiner* Unsinn, über welchen wohl Troeltsch ebenso erheitert sein dürfte wie jeder, der weiß, womit sich eigentlich dessen Arbeiten in Wahrheit beschäftigen, auf den aber freilich der Unorientierte, auf den R. hier wie überall spekuliert, vielleicht hineinfällt). An anderer Stelle (in seiner ersten *Kritik)* waren u. a. v. Schulze-Gävernitz und v. Schubert in der gleichen Lage, eigentlich nur Apostel meiner *Lehren* zu sein. Und die *Juden* habe ich (nach Rachfahl) *bekanntlich* Sombart *überlassen*. Es scheint also, daß ich ein wahres Vasallenheer der allerhervorragendsten Gelehrten nach meiner Pfeife tanzen lasse. Vermutlich gehört jetzt auch Professor H. Levy, den – nachdem ich mich auf eine freundliche Notiz von ihm bezogen hatte – R. in ebenso hämischer wie (m. E.) kindlicher Form als Mitverschworenen der nach ihm bestehenden *Arbeitsgemeinschaft* begrüßt, und schließlich doch wohl auch Professor A. Wahl dazu, dem ich durch Wiedergabe einer Bemerkung von ihm (nach R.) *schwerlich einen Gefallen erwiesen* habe. – Ein ähnliches Niveau zeigt es auch, wenn Rachfahl, genau wissend, daß Troeltsch da, wo er mir ausdrücklich zustimmt, teils ausgesprochenermaßen, teils selbstverständlich die in meinen Aufsätzen allein eingehender behandelten theologisch-religionspsychologischen Ausführungen im Auge hat, die er als Fachmann zu beurteilen sicher vielfach besser als ich berufen ist, dagegen da, wo er sich als Nichtfachmann für inkompetent erklärt, selbstverständlich nicht jene in sein Fachgebiet schlagenden, sondern die von mir illustrativ, für die ohnedies bekannte Tatsache der ökonomischen Vormachtstellung des asketischen Protestantismus angeführten wirtschaftshistorischen Angaben, dennoch seinem Publikum vortäuscht: hierin liege ein Widerspruch oder sogar: ein *Widerruf* von Troeltschs ausdrücklich auch jetzt wiederholter Zustimmung zu jenen meinen religionspsychologischen Thesen.

üblichen, nicht anders als *hämisch* zu nennenden, Ton *Vaterfreude* an meiner (von mir eingehend aus sachlichen Gründen motivierten) Ausdrucksweise zuschreibt, so erkläre ich hier sehr gern erneut, daß mir selbstverständlich der Ausdruck *innerweltliche Askese* für jeden beliebigen anderen feil ist. – Sehr anders freilich steht es mit dem sachlichen Tatbestand. Von diesem nachher im Zusammenhang meines positiven Resümés (Abschnitt II). Hier muß notgedrungen zunächst noch weiter rein negativ gezeigt werden, daß die gleiche liederliche und sich um das ehrliche Eingeständnis seiner Oberflächlichkeiten herumwindende Art der Polemik durch die gesamte Replik R.s sich hindurchzieht.

R. versichert, die Toleranz nicht nur nicht als Trägerin kapitalistischen Geistes, sondern auch nicht als wirkende Ursache kapitalistischer Entwicklung hingestellt zu haben, – obwohl er doch (von den Ausführungen in seiner Kritik, die ich völlig korrekt wiedergegeben habe, ganz abgesehen) auch jetzt schon auf derselben Spalte (756 unten) wieder versichert: *Sie (die Toleranz) war der Boden, dessen der kapitalistische Geist* bedurfte, *um feste Wurzeln zu fassen und nicht der Verkümmerung ausgesetzt zu sein, und das ist nicht Konstruktion, sondern historische Tatsache.*[9] Nein, das ist, mag man nun hier, um Rachfahls Wortklauberei entgegenzukommen, etwa statt *Ursache: Bedingung* setzen, weder Tatsache noch (sinnvolle!) Konstruktion, sondern eine recht oberflächliche Behauptung, die von mangelndem Durchdenken der wirklichen Probleme zeugt. Der kapitalistische Geist (in jenem Sinne des Worts, den Rachfahl nach seinen eigenen Äußerungen damit verbindet), hat in Venedig, Genua, Florenz, Flandern, großen Teilen Frankreichs im ausgehenden Mittelalter und – beispielsweise – auch in Sevilla im 16./17. Jahrhundert wahre Orgien gefeiert, ohne daß die dort und damals selbstverständliche Intoleranz als solche ihm irgend Schaden getan hätte. Wo zum Beispiel die Quellen der Verkümmerung Sevillas (wohlgemerkt: soweit daran die Eigenart des Katholizismus mitbeteiligt war, – und sie war es in immerhin erheblichem Grade –) wirklich lagen, das zeigen die jedem Kenner der spanischen Wirtschaftsgeschichte bekannten Konflikte der streng katholischen Stadt mit Kirche und Staat deutlich genug. Die Intoleranz hat insbesondere den, von Rachfahl als die eigentlichen *Träger* des kapitalistischen Geistes herausgehobenen *ökonomischen Übermenschen,* also den ganz großen Bankiers und Monopolisten (die sich damit bekanntlich von Anbeginn der Geschichte her immer ziemlich leicht abgefunden haben), auch hier nichts zu leide getan. Die Fugger und ebenso z.B. die Großkapitalisten in Sevilla und sonst haben im 16. Jahrhundert aller Intoleranz ungeachtet ganz ebenso glänzende Geschäfte gemacht wie einerseits etwa die Peruzzi und Bardi und ihresgleichen im intoleranten Mittelalter und wie andrerseits die englischen und holländischen

[9] Worin ich über die Rolle der Toleranz mit Rachfahl übereinstimme, geht aus meinen Aufsätzen hervor, auf die ich in meiner Antikritik verwiesen hatte. Neues hat Rachfahl schlechterdings nicht hinzugefügt.

Großkapitalisten ähnlichen Gepräges in intoleranten sowohl wie in toleranten Ländern. Und: Die lange Zeit praktisch äußerst weitgehende *Toleranz* des Normannenstaates hat ihrerseits den Schwerpunkt des mittelalterlichen Mittelmeerkapitalismus ebensowenig von den damals mit Leib und Seele kirchlichen und *intoleranten* oberitalienischen Städten in die sizilianischen Städte hinwegzuziehen vermocht, wie das (innerhalb der Grenzen der *Staatsräson)* praktisch so gut wie völlig tolerante Verhalten des Römerreichs dem Verfall des spezifisch antiken kapitalistischen *Geistes* und des antiken Kapitalismus selbst vorgebeugt hat. Und endlich hat der (wieder einmal von Rachfahls Eifer einfach vergessene) Umstand, daß ja das protestantische, anglikanische wie presbyterianische, England (und ebenso: Neu-England) prinzipiell so intolerant war wie ein katholischer Staat[10], dem Entstehen des kapitalistischen Geistes (in jenem generellen, unhistorischen Sinne Rachfahls) durchaus nichts in den Weg gelegt.

10 Ein *Geschichts*konstrukteur könnte sehr wohl darauf verfallen, die Eigenart der holländischen Entwicklung daraus abzuleiten, daß hier der Calvinismus auf seine Intoleranz in besonders weitgehendem Maße (übrigens gerade z. B. in der Provinz Holland bekanntlich am wenigsten) hat verzichten müssen. Und ein Körnchen Wahrheit (aber freilich nur ein kleines) würde sogar in der Tat darin stecken können. – Da übrigens hier gerade von Holland die Rede ist, so erledige ich bei dieser Gelegenheit einige dahin gehörende *kritische* Leistungen Rachfahls: Ich habe darauf verwiesen, daß Groen van Prinsterer (dessen zum sehr erheblichen Teil religiös motivierte politische Sonderstellung gegenüber dem preußischen Konservatismus namentlich in den Korrespondenzen und Auseinandersetzungen mit dem Stahlschen Kreise, der ihm nahe stand und von ihm beeinflußt wurde, plastisch hervortritt) ganz ebenso wie ich die Kombination von starkem Verdienst mit begrenzten Ausgaben als ein Spezifikum der holländischen ökonomischen Entwicklung erwähnt. Rachfahl, der die Stelle nicht kennt (er mag sie zur Vertiefung seiner Lektüre nur suchen!), bezweifelt, daß ich die Arbeiten dieses Gelehrten gelesen habe. Bei jedem anderen Schriftsteller von minder leichtem Geblüt müßte ich dies wohl eine *Unverschämtheit* nennen. Bei Rachfahl, der, auf Grund seiner eigenen Gepflogenheiten, dabei natürlich gar nichts oder doch sehr wenig findet, liegt mir dies selbstverständlich fern. (Wenn Busken-Huet gelegentlich von Erasmus als einem Vater der holländischen Kultur redet, so dürfte das für die Dinge, von denen er dort spricht und in dem Sinne, in welchem es geschieht, schon seinen guten Sinn haben. Für die religiöse Eigenart Hollands hat Rachfahl seinerseits jenes Wort äußerst bedenklich *verabsolutiert.* Aber Erasmus nun gar als Vater ökonomischer Eigentümlichkeiten Hollands? Groen van Prinsterer und auch Busken-Huet würden, wie ich es tat, gelacht haben. – Wer immer sich mit der holländischen Geschichte des 16. und, vor allem, 17. Jahrhunderts unvoreingenommen befaßt, weiß, daß angesichts desjenigen weiteren *Kultur*-Begriffs, der hier in Frage steht, es töricht wäre, so von *der* holländischen Kultur zu sprechen, wie Rachfahl es Busken-Huet nachspricht, daß vielmehr innerhalb der holländischen Geschichte und zwar im wesentlichen bis heute, die schroffsten Gegensätze nebeneinander standen und sich auslebten.) Daß nun jene von Groen nur als Tatsache erwähnte Eigenart der Holländer sehr wesentlich mit der scharfen Zucht ihrer religiösen Gemeinschaften zusammenhing, sieht jeder, der sich in die internen Auseinandersetzungen innerhalb dieser Gemeinschaften überhaupt irgendwie vertieft. Es sind durchaus typische Probleme der Lebensführung, die in Holland ebenso wie bei den Hugenotten, in Amerika und bei den kontinentalen Pietisten auftauchen und von all die-

Die, sei es offiziell tolerierte, sei es nichttolerierte, wenn nur faktisch nicht ausgerottete Existenz der Puritaner dagegen hat, ganz ebenso wie ihre Herrschaft, mochte diese ihrerseits intolerant sein oder tolerant, gerade jene *Nuance* (mit R. zu reden) des kapitalistischen Geistes allgemein gefördert, auf die ich das entscheidende Gewicht lege. Gerade diese *Nuance*, nicht aber die Existenz jener Rachfahlschen großen Finanzleute, hat umgekehrt der intolerante katholische Staat, z. B. Frankreich, in der Aufhebung des Ediktes von Nantes, in ihrer Entwicklung geknickt, wie dies die Zeitgenossen überhaupt, und speziell bekanntlich Colbert, am besten gewußt haben. Mit einem Wort: Der Protestantismus und speziell der asketische, hat, gleichviel ob toleriert, tolerant oder intolerant, dem kapitalistischen Geist sowohl in seiner generellen (Rachfahlschen) wie in seiner (in meinem Sinn) spezifischen Ausprägung, Wurzel schlagen helfen. Der tolerierte oder herrschende Katholizismus dagegen

sen asketischen Gemeinschaften zwar im einzelnen gelegentlich sehr charakteristisch nach dem Kulturmilieu differenziert, dennoch aber im Grundton streng einheitlich erledigt werden. Rachfahl, der sich durch seine gesamte Polemik hin die Attitüde des Kenners gibt, möchte ich über seinen geistigen Besitz auf diesem Gebiet lieber keinen Offenbarungseid zuschieben. Jeder, der darüber gearbeitet hat, sieht: Er kennt nichts davon, kennt größtenteils nicht einmal den literarischen Charakter auch nur des von mir in dem *kritisierten* Aufsatz zitierten kleinen Bruchteils der gedruckten Literatur darüber. Vielleicht holt er wenigstens dies nach. Freilich: Um einen wirklichen Überblick zu erhalten, dazu würde immerhin mehr gehören als das, was er hier bis jetzt geleistet hat: ein kleiner Spaziergang durch fremde Arbeiten mit dem Stöckchen des Fachschulmeisters in der Hand, um vielleicht den unberufenen Nichthistorikern irgendwo auf die Finger klopfen zu können. – Ich meinerseits gebe die Hoffnung, gerade diese Partien meiner Arbeit fortführen (und dabei sehr viel weiter vertiefen) zu können, nicht auf, was freilich einen erneuten Aufenthalt in Amerika voraussetzt. Denn sowohl für die Quäker-, wie für die Baptistengeschichte sind manche Dinge nur dort zu haben. Auf dem europäischen Kontinent, auch in den holländischen Bibliotheken, fehlt manches, was in den alten Sekten-Kolleges dort und sonst nur (ich bin nicht ganz sicher, ob vollständig) in England zu haben ist. –

In Holland stand auf der anderen Seite: jenen pietistischen Kreisen und asketischen Sekten gegenüber, zweifellos viel Protzentum und Gefräßigkeit von Parvenus, dann naive derbe Lebensfreude jener Marschenbauern, welche die Kapitalverwertung der Städte geschaffen hatte und denen es im ganzen, asketisch bewertet, *zu gut* ging und ebenso eines teilweise ähnlich gestimmten Kleinbürgertums; etwas künstlerische Bohême und endlich die feine ästhetische, literarische, wissenschaftliche Geschmacks- und Urteilsrichtung der humanistisch durchbildeten Schichten. Diese Gegensätze lagen übrigens schon, in etwas anderer Wendung, in der Zusammensetzung der südniederländischen Emigration nach dem Norden beschlossen: Sie umfaßte bekanntlich, neben politischen Flüchtlingen ohne religiöses Pathos, einerseits zahlreiche Calvinisten, andererseits z. B. auch solche Künstler, die der Inkorrektheit ihrer persönlichen oder auch künstlerischen Ansichten wegen von der Kirche Verfolgung oder doch Zurücksetzung zu gewärtigen hatten, – deren typischer Lebensstil aber sich derartig gestaltete, daß man, und zwar ernstlich, behaupten konnte: die Liederlichkeit wäre von ihnen *aus Prinzip* methodisch gepflegt, – als eine Art Berufsethik mit, gegenüber der innerweltlichen Askese, negativem Vorzeichen also. Schon diese Behauptung ist übrigens charakteristisch – für die, von welchen sie ausging.

hat ihn nirgends – oder bitte: wo? und wie? – befördert. Die Toleranz tat dies, nach Rachfahls jetzigem eigenem Zugeständnis, nur da, wo sie, als solche, dem *Wurzelschlagen* kapitalistischen Geistes zugute kam. Das aber konnte doch nur da der Fall sein, wo Bevölkerungsgruppen eben aus religiösen, von einer etwaigen Intoleranz betroffenen Gründen, Träger jenes (spezifischen) Geistes waren, – und nach R.s eignen Ausführungen ist dies ja bei jenen großen Finanzleuten, die es doch in intoleranten ebenso wie in toleranten Zeitaltern und Staaten gegeben hat, eben nicht der Fall gewesen. Um die Kette zu schließen: – der intolerante Katholizismus wurde für den kapitalistischen *Geist* tödlich in der Neuzeit nur da, wo er 1. die häretischen Träger bürgerlichen Geschäftsgeistes ausrottete, – und, um es zu wiederholen: Es ist eben kein Zufall, wie schon die Zeitgenossen (Petty) wußten, daß asketische Häretiker oder doch der Häresie Verdächtige (übrigens schon im Mittelalter: siehe die von mir schon zitierten Humiliaten und ähnliche – erst recht aber in der Reformations- und Gegenreformationszeit) κατ εξοχην dessen Träger waren, ferner 2. wo er durch Forcierung von Klostergründungen die (auch in den Klöstern, wie mein Aufsatz hervorhob, durch die Lebensmethodik der Askese bedingte) Akkumulation von erworbenem Besitz aus dem privaten Erwerbsleben ausschaltete und in einen, privatkapitalistisch angesehen, *toten Kanal* leitete und wo er, was uns hier speziell angeht, damit zugleich jene Menschen, welche ihrer, durch Anlage und Erziehung bedingten, rational-asketischen Eigenart nach aus der *gottgewollten* Arbeit einen *Beruf* zu machen spezifisch prädisponiert gewesen wären, aus der Welt sozusagen heraus sog und in die Zellen des Klosters versetzte. Also: was die Toleranz, rein als solche, d.h. unabhängig von der Frage, welcher Art von Religiosität sie zugute kam, tatsächlich für die Entwicklung der kapitalistischen Wirtschaft bedeuten konnte und mehrfach bedeutet hat, war genau das, was ich seinerzeit in meinen Aufsätzen schon gesagt hatte und was Rachfahl mir nachzusprechen versuchte, ohne es auch nur jetzt korrekt fertig zu bringen, nämlich: 1. sie erhielt unter Umständen dem Lande Einwohner und – eventuell – Vermögensbestände, welche die Intoleranz verscheucht hätte[11], — 2. dem kapitalistischen *Geist* (gleichviel wie man ihn definiert) ist sie da, aber auch natürlich nur da, zugute gekommen, wo sie es war, die spezifische Träger desselben dem Lande erhielt: Leute also, die als solche, d.h., wie schon gesagt: weil dieser „Geist“ mit der Eigenart ihrer Religiosität zusammenhing, von der Intoleranz nicht geduldet worden wären. Dies eben war mit den Repräsentanten des asketischen Protestantismus der Fall. – 3. Unsinn ist es dagegen zu behaupten,

[11] Derartige Schmälerungen des Vermögens- und Bevölkerungsbestandes sind natürlich des öfteren Folge der Intoleranz gewesen, sowohl katholischer wie protestantischer (z.B. auch in Genf, wie ich seinerzeit hervorhob). Aber: Vermögen ist nicht gleich: Erwerbskapital, und Bevölkerung nicht gleich: nach ihrer psychischen Disposition für die kapitalistische Verwertung qualifizierte Bevölkerung. Das Entscheidende blieb der *Geist,* der die tolerierte oder nicht tolerierte Bevölkerung und damit das Wirtschaftsleben beherrschte.

die religiöse Intoleranz habe, als solche, irgend einem nicht derartig religiös verankerten *Geist des Kapitalismus* den Boden abgraben können, wie R. behaupten muß, um *Recht zu behalten.* Wo hat sie das getan? Wie hätte sie es eigentlich machen sollen? Und warum hätte sie es versuchen sollen? Sie hat ja die Florentiner und alle späteren Großkapitalisten jederzeit ganz ruhig ihre Geschäfte machen lassen, wenn sie der Kirche die verlangte Obödienz bewiesen. Ja, die Kirche hat mit ihnen Geschäfte gemacht, an denen sie ganz kolossal viel Geld verdienten. – Damit wohl genug hiervon. –

Da ich Rachfahl, nach Möglichkeit, auch keine irgend wesentlichen Einzelheiten seiner durch und durch vom *Geist* einer peinlich wirkenden Nichtaufrichtigkeit getragenen Polemik durchgehen zu lassen beabsichtige (denn es ist, so unwahrscheinlich ein solches Maß von Leichtfertigkeit erscheinen mag, tatsächlich nicht eine von ihnen, die nicht auf Verzerrung, oberflächlicher Lektüre – oder Üblerem – beruhte), – so verweise ich eine Anzahl solcher Einzelpunkte unter den Strich[12] und bringe zum Schluß dieser polemischen Partie des Aufsatzes nur noch einige besonders charaktervolle Beispiele dessen, was er sich gestatten zu dürfen glaubt.

[12] Dahin gehört 1. das *gut lutherische Hamburg.* Rachfahl wendet gegen das, was ich, unter Berufung auf eine Mitteilung Adalbert Wahls, darüber gesagt hatte, ein: Kaufmännische Vermögen seien labiler als industrielle (daher der Unterschied zwischen Basel und Hamburg). Die generelle Richtigkeit dieser These einmal vorausgesetzt (die ihm ein *geschätzter auswärtiger Kollege* mitgeteilt hat, vermutlich derselbe auch von mir sehr hoch geachtete Historiker, der auch mir diese Bemerkung machte), so wird dadurch natürlich die Beweiskraft des Umstandes nur noch größer, um dessentwillen ich den Fall überhaupt zitierte: daß nämlich das anscheinend einzige große kaufmännische Vermögen, welches seit dem 17. Jahrhundert in derselben Familie als Kapital arbeitet und also ebenso stabil geblieben ist wie die Baseler industriellen Vermögen, der reformierten Konfession zugehört hat. Denn darauf kommt es ja für die Wirkung konfessioneller Unterschiede gerade an. Übrigens, der Sicherheit halber, nochmals: Ich kann diese Einzeltatsache jetzt persönlich in ihren ursächlichen Zusammenhängen nicht im einzelnen nachprüfen und sie kann selbstverständlich zahlreichen *Zufällen* zuzurechnen sein, – nur daß sich eben auch die *Zufälle* doch recht stark häufen, von den großen, von mir angeführten Entwicklungszusammenhängen zwischen Kapitalismus und Protestantismus ganzer Länder ganz abgesehen. Ich habe sie nur zitiert, weil mir die von mir selbst als ganz selbstverständlich bezeichnete Tatsache, daß es zu jener Zeit auch Orte mit kapitalistischer Entwicklung und ohne asketischen Protestantismus gab, trotzdem als *Einwand* entgegengehalten wurde. 2. Petty – den Rachfahl zuerst zitiert hatte, natürlich ganz unvollständig, d. h. nur soweit es ihm in seine *Kritik* paßte – soll nach ihm bei den von mir zitierten Bemerkungen an Kapitalisten *nicht gedacht* haben, obwohl doch seine ganzen Auseinandersetzungen von der Tatsache ausgehen, daß das Geschäft in allen katholischen Ländern wesentlich in ketzerischen Händen sei, und obwohl spezieller Gegenstand der Untersuchung bei ihm (wie in so vielen Schriften der damaligen Zeit) die Frage ist, warum dies so sei und insbesondere woher eigentlich die internationale ökonomische Machtstellung Hollands stamme: seine *kapitalistische* Blüte, die ja der Merkantilismus an dem Maße des Geldzustroms in die einzelnen Länder messen wollte. Und das Paradoxe seiner (Pettys) Erklärung liegt an genau dem gleichen Punkte, wo ich

es, ohne damals diese Stelle beachtet zu haben, als Problem fand und zu erklären suchte: daß nämlich die breiten Schichten des aufsteigenden bürgerlichen Mittelstandes, obwohl und gerade weil sie Feinde des in sündhaftem Genuß verzehrten Reichtums und seiner Besitzer waren (siehe die Stelle aus Petty bei mir XXX, 188) und mit diesen deshalb keine religiöse Gemeinschaft hielten, aus der Art ihrer eigenen, religiös orientierten Berufsethik heraus (siehe daselbst), Träger des *Geistes* jenes nicht mehr wie im Mittelalter auf ethischer Laxheit ruhenden modernen Früh-Kapitalismus wurden, von dem ich gehandelt habe. Daß Petty die holländischen Freiheitskämpfer im Auge hatte, was mir R. einwendet, habe ich, wie immer, selbst (S. 184) gesagt; daß er sie nicht als Historiker, sondern mit den Augen seiner Zeit (des 17. Jahrhunderts) interpretierte (was R. Anlaß gibt, jetzt die Bedeutung der Äußerungen dieses von ihm selbst herangezogenen Schriftstellers zur Abwechslung wieder einmal zu bezweifeln), zeigt ja gerade, wie damals, also: als nach Rachfahls eigner These Holland schon nicht mehr von jenen religiösen Motiven beherrscht war, dennoch die Dinge sich für einen geschäftlich gut unterrichteten Mann ausnahmen. Daß mir das *Mißgeschick* passiert sei, die holländischen Freiheitskämpfer mit jenen englischen Dissenters zu identifizieren, welche Petty in der Nähe hatte, wird wohl selbst von Rachfahls Lesern nicht jeder ihm glauben. Daß aber, wie R. behauptet, die holländische Ketzerei zur Zeit des Bruchs mit Spanien mit den späteren englischen Dissenters *nichts zu tun* habe, kann nur jemand behaupten, der nichts von diesen Dingen weiß. Der puritanische Dissent in England ist, wie nicht nur die religiösen Prozesse schon unter Elisabeth, sondern überhaupt alle Quellen der Zeit beweisen, kontinuierlich aufs allerstärkste von Holland aus und (wie Holland selbst) durch südniederländische Flüchtlinge gespeist und geistig gestützt. In letzter Linie auf holländische Einflüsse rückführbar ist nicht nur die spezifisch asketische Wendung des Calvinismus, sondern ebenso die Entwicklung des für das Independententum so wichtigen Baptismus (dessen Literatur von jeher für sich den Ruhm, Träger spezifisch moderner politischer und wirtschaftlicher Grundsätze gewesen zu sein, in Anspruch genommen hat und noch nimmt), des Mennonitentums (dessen *merkantilistische* Verwertbarkeit selbst preußische Soldatenkönige veranlaßte, seine Anhänger unter Dispens vom Kriegsdienst anzusiedeln), ferner, indirekt, auch der letzten Renaissance des Täufertums: des aus baptistischen Prädispositionen englischer Independentenkreise hervorgegangenen Quäkertums (dessen Tradition ebenfalls seit dem 17. Jahrhundert konstant für sich den Ruhm, Träger moderner Geschäftsethik zu sein und deshalb *von Gott mit Gütern gesegnet zu werden,* in Anspruch nimmt), und endlich: des Pietismus. Wie in Neuengland und Pennsylvanien, so hat sich auch in den Niederlanden das Grundschema der praktischen Berufsethik zunächst auf relativ sehr wenig kapitalistischem Boden entwickeln müssen (Ostfriesland), ist also nicht etwa eine Folge kapitalistischer Entwicklung; dann aber wurden Amsterdam und Leyden die Brutstätten, von denen aus z. B. spezifisch sektenmäßige Prinzipien des Gemeindelebens, nachdem sie dort ihre Vollendung erlangt hatten, ihre Fäden nach England spannen; und daß auch der Anstoß zur Fahrt der Pilgerväter von Holland ausging, könnte schließlich dieser Historiker ebenfalls wissen, wenn man von ihm auch nicht verlangen wird, daß er über die Positionen orientiert sei, welche das schottische und englisch-quäkerische Element, der englische Dissent überhaupt, bis an die Schwelle der Gegenwart heran in England eingenommen hat. 3. Daß nach R. Calvin (Sp. 730) den Lebensgenuß *in sinnlicher Hinsicht* geboten hat (eine immerhin recht schiefe Interpretation der von mir zitierten Äußerung, welcher übrigens noch einige andere zur Seite zu stellen wären), hindert ihn nicht, an anderer Stelle zu behaupten, daß schon Calvin selbst dieselben Prinzipien vertreten habe, die dem asketisch gewendeten Calvinismus charakteristisch und für die Entwicklung des kapitalistischen Geistes wichtig sind.

In langen, ebenso wortklauberischen wie (m. E.) trivialen Ausführungen (Sp. 777 ff.) versucht Rachfahl seinem Publikum – trotz seiner ausdrücklichen Ableugnung dieser Absicht, die er, ebenso wie seine eigenen Zitate aus meinem Aufsatz, schon in der nächsten Spalte wieder vergißt – die Meinung beizubringen: daß ich die Bedeutung derjenigen Züge des kapitalistischen Geistes, welche zu allen Zeiten den Trägern des Kapitalismus eigen gewesen sind, entweder geleugnet oder doch von kapitalistischem Geist nur da gesprochen habe, wo die von mir als bei der Geburt des modernen kapitalistischen Geistes beteiligt bezeichneten asketischen Züge vorhanden seien.[13] Daß dies nicht richtig ist, daß ich in meinen Aufsätzen genau so meine Aufgabe begrenzt hatte, wie dies in meiner *Antikritik* angegeben ist, habe ich Rachfahl schon in dieser letzteren nachgewiesen. R.s Publikum aber bekommt diese nun einmal jetzt selbst für ihn nicht mehr abzustreitende Tatsache in der Form zu hören (Sp. 779): Ich gäbe jetzt – offenbar: infolge der R.schen Kritik! – zu, daß die von mir analysierte Komponente *nicht entfernt ausreicht, das kapitalistische System (sic) der Neuzeit zu erklären.* Diese Leistung, angesichts der schon oben wiedergegebenen Stellen aus meinen Aufsätzen an sich schon ein starkes Stück, wird aber noch überboten durch den gleich folgenden Satz: Ich hätte *zugestanden: der kapitalistische Geist, mit dem ich mich beschäftige,* beziehe sich gar *nicht auf die großkapitalistische Entwicklung.* Was ich wirklich gesagt habe, ist Lesern meiner Aufsätze, auf die ja freilich seine *Kritik* und *Replik* nicht berechnet sind, wohl erinnerlich: Gerade eine durch spezifisch *asketische* Lebensführung bedingte Anhäufung von Reichtum tendiert, – wie die immer wieder erforderlich werdenden *Reformationen* der Klöster im Mittelalter (auf die ich als Parallele verwiesen hatte) zeigen, und wie auch die Puritaner, Quäker, Baptisten, Mennoniten, Pietisten recht wohl aus eigenen nur zu verständlichen Erfahrungen wußten, – immer wieder dahin, die Macht der Askese zu brechen: Wenn nicht der aufgestiegene selfmade man selbst, so seine Söhne oder Enkel widerstehen eben von sich aus der *Versuchung,* der *Welt* (in diesem Fall: dem genußfrohen Gebrauch des erworbenen Gutes) zu leben, an sich noch seltener wie reichgewordene Klöster des Mittelalters dies taten. Es ist nun eben eine der Leistungen des asketischen Protestantismus, daß er dieser Tendenz entgegenwirkt, daß er insbesondere den von ihm als *Kreaturvergötterung* abgelehnten Tendenzen, den *splendor familiae* durch Immobilisierung des Besitzes als rentenbringenden Vermögens zu sichern, wie der *seigneurialen* Freude am *high life,* dem schönheitstrunkenen Rausch im ästhetischen Genießen und

[13] Vergl. Sp. 776 Zeile 10 ff.: Man muß ja bei einem Wortrabulisten wie Rachfahl nach Art von Handschriften zitieren, sonst kann er – siehe oben – seine eigenen Behauptungen nicht mehr finden. Vergl. ferner Sp. 777 Zeile 22, wo man darüber belehrt wird, meine Ansicht sei eine bloße *Redefigur, die man schulgemäß (sic) pars pro toto nennt.* Rachfahl seinerseits hat dagegen vergessen, daß er selbst bezweifelt hatte (III Sp. 1322), daß die *kapitalistische Ethik,* in welchem Sinne man sie auch fassen mag, im Sinne calvinistischer Berufsethik lag.

Sichausleben, wie dem protzenhaften Bedürfnis nach ostensiblem Prunk gleichmäßig widerstrebt. Und diese, vom asketischen Protestantismus perhorreszierten Tendenzen sind es ja doch, welche ihrerseits die Gefahr *kapitalistischer Erschlaffung:* die Neigung zur Verwendung des Vermögens für andere Zwecke denn als *Erwerbskapital,* immer wieder heraufbeschwören, welche also dem kapitalistischen *Geist* (in jedem Sinn, den man mit dem Wort verbinden kann) entgegenwirken; denn jeder einzelne dieser Züge ist, wo immer er sich bei großen Unternehmern findet, eine Hemmung seiner vollen Entfaltung und tut der *Kapitalbildung* Abbruch. Und zugleich sind gerade diese Züge solche, welche allen Arten von großen Vermögens- oder Einkommensbesitzern: feudalen Rentengrundherren so gut wie Kuponschneidern und wie hochsalarierten Staats- und Hofbeamten ganz ebenso sich anzuheften pflegen, wie den ganz großen Kapitalisten. Oder vielmehr diesen letzteren, wenn sie überhaupt *Kapitalisten* im präzisen erwerbswirtschaftlichen Sinn des Wortes bleiben wollen, notwendig weniger als allen andern: – denn ihr Vermögen wird ja eben parallel mit dem Wachsen des (wie man heute in unklarer Terminologie zu sagen pflegt) *unproduktiven* Verbrauchs seiner kapitalistischen Zeugungskraft beraubt. Auf der anderen Seite: Das, was an privatkapitalistisch relevanten Motiven einem solchen Großkapitalisten, der nicht unter der Macht jener von mir analysierten asketischen Lebensmethodik steht, verbleibt, insbesondere also, ganz allgemein gesprochen: Das bewußte planvolle Streben nach Erweiterung seiner ökonomischen Leistungssphäre, darnach, also: *etwas in der Welt fertig zu bringen* mit seinen ökonomischen Machtmitteln, – dieses durch die Natur des unvermeidlichen Mittels innerhalb der Sphäre der Erwerbswirtschaft in seiner Richtung determinierte Streben teilt der von allen religiösen Bestimmungsgründen emanzipierte Lebensstil mit demjenigen, den ich analysiert habe. Nur fehlt ihm das entscheidende Fundament im persönlichen Leben. Denn der seit der Aufklärung übliche Optimismus, wie er später in *Liberalismus* gipfelte, war nur ein Surrogat nach der sozial gewendeten Seite: Er ersetzt das *in majorem Dei gloriam.* Nicht aber die persönliche Bedeutung der *Bewährung,* welche, rein diesseitig gewendet, vielmehr die Neigung zeigt, ins lediglich *Agonale* umzuschlagen oder aber unter die verschiedenen Komponenten trivial-bürgerlicher Selbstzufriedenheit sich einzureihen (s. m. Aufs.). Alle jene spezifischen Züge, welche einem von irgend etwas, was man *Geist* des Kapitalismus nennen kann, wirklich ganz durchtränkten Leben eignen: die kühle und menschlichkeitsfremde *Sachlichkeit,* die *Rechenhaftigkeit,* die rationale Konsequenz, der aller Lebensnaivität entkleidete Ernst der Arbeit und die fachmenschliche Verengung, alle diese Züge, welche den pathetischen antichrematistischen Widerspruch vom künstlerisch orientierten sowohl wie vom ethischen und vor allem vom rein menschlichen Standpunkt aus herausgefordert haben und herausfordern, entbehren eben dann bei ernsten Menschen ihrerseits einer geschlossenen Einheit der ethischen

Selbstrechtfertigung, welche dabei vielmehr, – ich habe das ja angedeutet, – wenn überhaupt, durch allerhand leicht als solche kenntliche Surrogate ersetzt wird. Dabei kann selbstredend der Kapitalismus recht bequem existieren, aber entweder, wie heute zunehmend, als eine fatalistisch hingenommene Unvermeidlichkeit, oder, wie in der Aufklärungsperiode einschließlich des Liberalismus modernen Stils, legitimiert als irgendwie relativ optimales Mittel, aus der (im Sinn etwa der Leibnizschen Theodizee) relativ besten der Welten das relativ Beste zu machen. Aber er erscheint gerade den ernstesten Menschen nicht leicht mehr als äußerer Ausdruck eines in einer letzten, geschlossenen und angebbaren, Einheit der Persönlichkeit fundamentierten Lebensstils. Und es wäre ein erheblicher Irrtum, zu glauben, daß dieser Umstand für die Stellung des Kapitalismus innerhalb der Gesamtkultur: seine Kulturwirkungen zunächst, ebenso aber: sein eigenes inneres Wesen und schließlich auch: sein Schicksal, gleichgültig bleiben müsse.

Was ich über die nicht von der protestantischen Askese mitbedingten Züge des *kapitalistischen Geistes* gesagt habe, war also in der Tat nicht solcher Rachfahlscher Unfug, wie: daß gerade die großen Kapitalisten *nicht in die moderne Wirtschaftsgeschichte hineingehören* und dergleichen, sondern: 1. daß ökonomischen *Übermenschen* (um der Kürze halber den Ausdruck beizubehalten) die asketischen Züge der kapitalistischen Berufsethik auch in der Reformationszeit weit weniger spezifisch sind, daher an ihnen weit weniger studiert werden können, als (damals) an den aufsteigenden bürgerlichen Mittelklassen. Dies erklärt sich neben den schon erwähnten spezifischen *Versuchungen,* welchen gerade sie ausgesetzt sind, natürlich u.a.[14] einfach daraus, daß Leute, die einmal in dieser Machtstellung sich befinden, mit der Möglichkeit eines solchen politischen und ästhetischen Horizonts, wie sie ihn gewährt, die innere Situation des *Jenseits von Gut und Böse:* die Losgerissenheit von den ethischen und kirchlichen Gewissensbindungen, weit leichter ertragen können, als, nach allen Erfahrungen der Geschichte, das eben damals in den modernen Staatenverbänden mächtig erwachende Bürgertum dies konnte, wenn es innerlich in den *Geist* des Kapitalismus hineinwachsen, und seinen Lebensstil so gestalten sollte, wie er es erheischt. Ferner habe ich 2. gesagt: Die bloße *auri sacra fames,* das Streben nach Geld, ist nicht nur zu allen Zeiten der Geschichte vorhanden gewesen, es ist auch nicht einmal der *Kapitalistenklasse* irgendwie eigentümlich, es ist außerhalb ihrer mindestens ebenso verbreitet gewesen und noch heute verbreitet, als innerhalb ihrer, ja der orientalische kleine

[14] Ich kann hier im übrigen für die amerikanische Gegenwart z. B. auf Veblens vortreffliches Buch: *Theory of business enterprise* verweisen, dessen Betrachtungen u. a. gerade die allmähliche Emanzipation des allermodernsten Milliardärtums von der dem neuzeitlichen Kapitalismus bisher charakteristischen bürgerlichen Denkweise: *Honesty ist the best policy* herausheben. Ich habe in meinen Aufsätzen im Archiv und in dem von Rachfahl ignorierten in der Christlichen Welt die Genesis dieser Devise beleuchtet und komme unten darauf zurück.

Krämer, der barcajaolo, Kutscher, Kellner, Portier des heutigen Italien und ebenso anderer Länder (mit Ausschluß vornehmlich gerade der puritanisch beeinflußt gewesenen), ebenso der *notleidende Agrarier* usw. – sie alle haben es noch weit mehr als der Typus des *Kapitalisten*, dem, wo er da dauernd erfolgreich sein soll, immer zum mindesten ein Zug von 1. Hingabe an die *Sache* und 2. rationaler Beherrschtheit zu eignen pflegt. Die Leistung der *innerweltlichen Askese* war die Schaffung einheitlicher Grundmotive für die Pflege dieser Qualitäten. Rachfahl behauptet jetzt gegenüber meinem Hinweis auf seine kenntnislose Vergröberung der Probleme, um die es sich hier handelt, mit der ihm eigenen kecken Sicherheit: *die Schwäche der psychologischen Position (sic) des* Erwerbstriebs *sei ihm sehr wohl bekannt*. Mit Verlaub: er wußte gar nichts davon, denn sonst hätte er mir nicht die Stärke eben dieses *Triebes* (bei andern als den Puritanern) in seiner *Kritik* in jener breiten und flachen Weise entgegengehalten, die ich zurückwies. Aber freilich: *Er weiß es besser*, trotzdem und – eben deswegen. Er hat sich jetzt aus dem, was ich ihm entgegnet habe und was er, bei leidlich sorgsamer Lektüre, in meinem Aufsatz ausführlich erörtert finden konnte, einiges darüber angeeignet: nicht genug freilich, um nicht noch jetzt an verschiedenen Stellen seiner *Replik* ganz dieselben Platitüden wiederum vorzutragen. Aber es genügt ihm, um ganz munter, man möchte sagen: *altklug*, davon zu fabulieren: daß die Erhebung dieses *Triebes* aus dem Gebiet des *Naivtriebhaften* auf das Niveau des *Rationalen* keineswegs *lediglich* das Werk der reformierten Berufsethik (auf die ich mich bekanntlich keineswegs beschränkte!) sei, – nähere Erläuterung oder Andeutung, wessen Werk denn nun sonst: – *vacat*.[15]

Auf ähnlichem Niveau stehen seine hierzu parallel laufenden Erörterungen über das, was ich *asketischen Sparzwang* genannt habe und dessen ethische Einschärfung die negativ gewendete Ergänzung zu jener Rationalisierung und ethischen Verklärung des Gewinnstrebens als Beruf durch die innerweltliche Askese bildet. Rachfahl entdeckt jetzt die erstaunliche Wahrheit, daß zur Akkumulation von Kapital (die übrigens, was ihm offensichtlich keineswegs klar ist, was aber jeder nationalökonomische Anfänger weiß, mit der Aufsammlung von großen *Vermögen*, von der er redet, ganz und gar nicht identisch ist), daß zum Sparen also – der *Geist der Sparsamkeit* gehört. Und da man ja zu allen Zeiten *sparen* mußte, um Kapital zu akkumulieren, so ist – ganz nach dem Muster des zu allen Zeiten vorhanden gewesenen *Erwerbstriebs* (der, wie erinnerlich, deshalb einer *Stütze* durch die von mir analysierte Berufsethik gar nicht bedurfte) – offenbar die innerweltliche Askese auch in dieser ihrer Funktion gar nichts *Neues*. Ich will dem Tiefsinn dieser Argumentation nichts hinzufügen. Daß freilich gegenüber dem: *Ihr sollt euch*

[15] In welchen seiner Ausführungen ich vollends eine *Auseinandersetzung* R.s mit mir über die Beziehung zwischen irrationalem *Trieb* und rationalem *Geist* hätte erblicken können (Sp. 779 Anm.), ist mir gänzlich dunkel. Ich verweise auf meine Antikritik und empfehle R., doch etwas höhere Anforderungen an sich selbst zu stellen.

nicht Schätze sammeln auf Erden und also: *Deo placere non potest* des mittelalterlichen Katholizismus es die eigentümliche, wenn man will: paradoxe, Leistung der Askese gewesen ist, eben jenen gegen das Sparen gerichteten Bibelsatz zu predigen, gleichzeitig aber durch die Art der von ihr geschaffenen Lebensführung erst recht jene von ihr perhorreszierten *Schätze* mit noch nie dagewesener Wucht und Kontinuität immer von neuem zu schaffen und vor naiv genußfrohem Verbrauch zu schützen (solange ihr *Geist* die Oberhand über die *Versuchung* behielt[16], also: das Sparen und ebenso die Verwendungsweise des Gesparten zu anderen als persönlichen Genußzwecken zu rationalisieren und zu verklären, – dieser einfache, aber wie ich ausgeführt habe, grundlegend wichtige Tatbestand ist wahrscheinlich für die etwas *groben Pfoten,* mit welchen diese sogen. *historische Kritik* hantiert, nicht zu fassen.

Man mag nach alledem ermessen, was man davon zu halten hat, wenn R. auf der einen Seite versichert, er habe in seiner Kritik *ganz wie ich,* geschieden *zwischen den zu allen Zeiten im Kapitalismus wirksam gewesenen geistigen Triebkräften und dem kapitalistischen Geist im Weberschen Sinn,* auf der anderen aber sagt: die Züge des kapitalistischen Geistes der Neuzeit seien *dieselben, die sie zu allen Zeiten waren* (Sp. 786), oder auf der einen Seite: die von mir hervorgehobenen Züge seien nur eine *Nuance* jenes *Geistes,* die *auch* (sic) der Neuzeit (welchen Epochen noch?) angehöre, insbesondere sei die *Mitwirkung der Methodik der Lebensführung recht bescheiden* (Sp. 762), ja bei vielen kapitalistischen Phänomenen (sic) sei die Wirkung der von mir analysierten Motive *ausgeschlossen* (Sp. 787: – es wird natürlich in keiner Weise auch nur im entferntesten anzudeuten versucht, bei welchen Phänomenen denn nun das letztere der Fall sein möchte), – auf der anderen Seite: Kein Mensch bezweifle ja – und also, heißt das doch, habe ich damit gar nichts Neues gesagt, – das Bestehen einer *inneren Beziehung zwischen Calvinismus (was wie gesagt, wieder zu eng ist) und Kapitalismus* und, wie es jetzt heißt: Erst recht bezwei-

16 Rachfahl beschwert sich, daß ich die dem Tone nach hämische und in der Sache kleinliche Art niedriger hängte, mit der er jenes – wohlgemerkt: von mir in einer Fußnote in wenigen Zeilen illustrativ erwähnte – Beispiel eines sehr erfolgreichen Kaufmannes, der gegen gewisse luxuriöse Genüsse (Austern) auch bei ärztlicher Verordnung seine Antipathie beibehielt, weil ihm jener, m. E. für ganze Generationen allerdings sehr charakteristische *asketische* Zug eignete: daß Genuß und Luxus als solche ein *Unrecht* gegenüber der berufs- und bestimmungsmäßigen Verwendung des Besitzes (als Kapital) sei, breittrat, um den Anschein zu erwecken, als spiele derartiges bei mir als Beweis eine entscheidende Rolle. Ich stelle fest, daß trotz meiner entsprechenden Bemerkungen noch jetzt in seiner Replik dies Beispiel die gleiche Rolle spielt, ja daß R. – obwohl er weiß, daß ich so weitfassend und mit so viel Beispielen, wie es mir eben die Gelegenheit gestattete, die Gesamtattitüde charakterisiert habe, in welche, neben zahlreichen anderen, eben auch jener kleine Zug hineingehört, – sich nicht schämt, nunmehr seinen Lesern den Satz vorzusetzen: *Ich (Rachfahl) habe wenigstens nicht damit angefangen, die Modalitäten des Austerngenusses für die Erkenntnis ... zu verwerten.* Dies ist in der Tat äußerst *effektvoll.*

fle niemand die maßgebende Rolle des Puritanismus für den amerikanischen Lebensstil, – die aber R. in seiner *Kritik* so entschieden wie möglich bezweifelt hatte, soweit das in diesem Zusammenhang Spezifische dieses Lebensstils: die Bedeutung der puritanischen Berufsethik für das Geschäftsleben, in Betracht kam: Er bestreitet ja noch jetzt diese Einwirkung, – womit er freilich wohl allein stehen dürfte, auch ganz abgesehen von meinen speziellen Nachweisen in dem schon mehrfach zitierten, aber von R. nach wie vor geflissentlich ignorierten Aufsatz in der *Christlichen Welt.*

Ganz das gleiche gilt natürlich, wenn er, ohne den Schatten einer Begründung, ja selbst einer Erläuterung, einfach wie immer: ins Blaue hinein, seinem Publikum mit der Geste des *Kenners* versichert: der Kapitalist sei schon ohne die Einwirkung der von mir analysierten Motive *Berufsmensch* gewesen (Sp. 786), keineswegs bestünden in der calvinistischen Ethik Bedenken gegen den Genuß (Sp. 710), die *ethische Auffassung des Berufs sei nicht erst Produkt der reformierten (sic) Sittlichkeit* (Sp. 783), asketische Bedenken gegen den Genuß seien *nicht der neuzeitlichen Kapitalistenklasse,* speziell auch in meinem Sinn, wie ausdrücklich hinzugefügt wird, irgendwie typisch (Sp. 728, 748), *Berufsethik, und sogar mit religiöser Färbung* habe schon vor der Reformation bestanden, während ich 1. nachgewiesen habe, daß selbst der Name *Beruf* erst ein sehr spezifisches Produkt der Bibelübersetzung war und, aus rein religiösen Bedeutungen herstammend, weiterhin der Säkularisation verfallen ist, – 2. auch mehrfach die Unterschiede der thomistischen und ebenso der lutherischen Stellung zu dem, was man seit der Reformation *Beruf* nannte, gegenüber dem asketischen Protestantismus analysiert habe, ohne daß R. natürlich auch nur den leisesten Anfang eines Versuchs gemacht hätte, daran zu rütteln. Er hat stattdessen die Unbefangenheit, einfach zu versichern: es handle sich bei mir um *eine bloße Behauptung.*

Oder wenn (Sp. 779 und öfter) der Anschein erweckt wird, als sei das, was ich über die spezifische Bedeutung des asketischen Protestantismus des 17. Jahrhunderts[17] für die eben damals und gerade in den Gebieten desselben aufsteigenden bürgerlichen Mittelklassen gesagt habe, nicht schon ganz ebenso größtenteils wörtlich, in meinem Aufsatz gesagt, wobei überdies jetzt diese

[17] Bei Rachfahl ist – je nach Bedarf – bald das 16., bald das 18. Jahrhundert der Zeitraum, *auf den es ankommt.* Da sowohl die spezifisch asketische Wendung des Calvinismus, wie die Ausgestaltung des bis dahin durch den Münsterschen Aufruhr diskreditierten Täufertums zum Anabaptismus, Generalbaptismus, Partikularbaptismus, wie die Entstehung des Quäkertums und des Pietismus (den Methodismus habe ich selbst als Nachzügler und *revival* geschildert) gerade im 17. Jahrhundert und nur in den diesem unmittelbar benachbarten Jahren liegen, ebenso aber auf der andern Seite auch die erste großzügige und systematische Entfaltung bewußt bürgerlich-kapitalistischer moderner Staatenpolitik und Literatur, so kennzeichnen jene zeitlichen Fixierungen sich selbst als Produkte der sehr begreiflichen Verlegenheit, eine falsche, polemisch eingenommene, Position rechthaberisch à tout prix zu halten.

Bemerkung dahin zu wenden versucht wird, als ob es sich bei *bürgerlichen Mittelklasse* nach meiner Ansicht um *Flickschuster* handle.[18] Ich denke mit der Erwähnung dieser Leistung können wir die Analyse beschließen.

Vermerkt sei nur noch, daß R. meint: wenn ich einen Aufsatz über den *Geist des Kapitalismus* schreibe und dabei nur eine spezifische *Nuance* desselben behandle, so sei das, wie wenn ein Schriftsteller in einer Arbeit über *das Pferd* erklärte: nur vom *Schimmel* handeln zu wollen. Ich verweise den ebenso geistreichen (wie man sieht) als vergeßlichen (wie man gesehen hat) *Kritiker* auf die Überschrift meines Aufsatzes, lautend: Die protestantische Ethik und der Geist des Kapitalismus. Natürlich also doch nicht: die Totalität beider (R. hätte mich ja sonst auch anklagen können, daß ich nur vom *Schimmel* rede, weil ich bezüglich der Ethik z.B. die Sexualethik Luthers oder dergl. nicht behandelt

[18] In Wahrheit entspräche dies letztere speziell doch wohl eher der Ansicht, die Rachfahl selbst in seiner *Kritik* vertritt, – wenn man überhaupt von *Vertreten einer Ansicht* in einem Fall, wo es sich schließlich ja lediglich um Klopffechterei um ihrer selbst willen handelt, reden könnte. Nach R. ist es (III Sp. 1329) der Calvinismus *(ausgerechnet* gerade er), welcher unter anderem die Tendenz hat, (neben den *Kapitalisten)* nicht nur den *mittleren und kleineren Kaufleuten und Handwerkern,* sondern speziell auch dem Angestelltenpersonal (sic) und der *Arbeiterschaft* (sic) zu *dienen* (sic) – ein Dictum, von dem man sich vergebens fragt, wie selbst eine blind um sich schlagende Gedankenlosigkeit es hat entstehen lassen können. Wie völlig gedankenlos freilich Rachfahl überhaupt, wenn er sich *auf der Mensur stehend* fühlt, sich gebahrt, möge ein Fall illustrieren, über den er selbst ein derartiges Triumphgeschrei veranstaltet, daß ich ihm (nach so zahlreichen, wenig ehrenvollen Blößen, auf die ich hinweisen mußte) es wirklich gern auch einmal gönnen würde, er hätte Recht, – könnte dies auch nur der oberflächlichsten Nachprüfung standhalten. Es sei mir, versichert er sein Publikum, offenbar äußerst *unangenehm,* von ihm darauf *festgenagelt* zu sein, daß ich bei Erwähnung Neu-Englands – wie er in seiner Kritik behauptet hatte – das Handwerk als Beweis des kapitalistischen Geistes hingestellt hätte. Würden sich seine Leser diese *festgenagelte* Stelle ansehen, so fänden sie dort: *Die Existenz von* Eisenhüttenwerksgesellschaften *(1643),* Tuchweberei für den Markt *(1659)* und *die hohe Blüte des Handwerks in Neu-England in der ersten Generation nach der Gründung der Kolonie sind, rein ökonomisch betrachtet,* Anachronismen *und stehen zu den Verhältnissen im Süden ... in auffallendstem Gegensatze ...* An dieser Bemerkung habe ich natürlich kein Wort zu ändern, ebensowenig an der Begründung, welche diese, teils kapitalistischen, teils (in einem Kolonialgebiet auf – wie ja Rachfahl bei mir gelesen hat und mir gelegentlich als eigenen Gedanken entgegenhält – vielfach noch naturalwirtschaftlicher Entwicklungsstufe) immerhin auffallenden Erscheinungen eines selbständigen kräftigen Kleingewerbes als mit durch den in penetranter Weise religiös durchdrungenen Lebensstil der Einwanderer bedingt hinstellte, – wie dies übrigens vor mir von Amerikanern geschehen war. Ganz absehend von der wohl nicht zweifelhaften Antwort auf die Frage: wer und was denn nun hier für den konkreten Fall *festgenagelt* ist, *nagele* ich meinerseits nur wiederum ganz generell die Frage *fest:* wes Geistes Kind eine *Kritik* sein kann, die ihr Geschäft durchweg in nichts besserem als dem (überdies auch noch immer wieder mißglückenden) Versuche sieht, den *kritisierten* Schriftsteller auf einzelne Worte und Einzelsätze *festzunageln.* Und nichts anderes enthalten Rachfahls *Kritik* und *Replik* von A bis Z.

habe), – sondern eben die Relationen zwischen beiden, woraus doch selbstredend folgt, daß nur das, was beiderseits, als causierend, oder causiert, in Betracht kommt, behandelt wird. Um eine Polemik pflegt es nach meiner Erfahrung immer übel zu stehen, wenn der Polemiker, um wenigstens dem Schein nach *Recht* zubehalten, zudem Mittel gezwungen ist: sich noch törichter zu stellen, als er (im vorliegenden Fall) ist.

2. Positives Resumé

Doch, nach so viel Polemik, nun endlich genug. Ich vergesse ja ganz, daß R. die große Freundlichkeit hat, mir auch eine gute Lehre zu geben, wie ich es besser hätte machen können. Nämlich (Sp. 780 unten, 781 oben): ich hätte sagen sollen: *Es hat sich unter dem Einfluß reformierter Berufsethik eine bestimmte Abart kapitalistischen Geistes im Lauf der Neuzeit entwickelt; ich will ihren Ursprung, die Grenzen ihrer Expansion feststellen, sowie der Frage der qualitativen Prägung nachgehen, d. h. zu ermitteln trachten, ob der kapitalistische Geist, der das kapitalistische Wirtschaftssystem der Gegenwart geschaffen hat (sic), aus dieser Quelle bestimmte Züge empfangen hat, die für sein Wesen von konstitutiver Bedeutung geworden sind.* – Mit anderen Worten: Ich hätte 1. zunächst eine Voraussetzung machen müssen, die R. an anderen Stellen selbst perhorresziert: daß irgendein *kapitalistischer Geist* (gleichviel wie definiert) das kapitalistische Wirtschaftssystem allein aus sich geschaffen habe – eine rein spiritualistische Konstruktion, die ich in meinen Aufsätzen ausdrücklich abgelehnt habe. Ich hätte ferner 2., wenn ich recht verstehe, das, was ich ja unter anderem gerade erst beweisen wollte: daß nämlich die reformierte Berufsethik (lassen wir R. diese *pars pro toto* hier durchgehen) die Bildung einer *Abart des kapitalistischen Geistes* (lassen wir auch diesen Ausdruck durchgehen) maßgebend beeinflußt habe, voraussetzen müssen, und dann hätte ich 3. das, was ich in diesem Aufsatz ausgesprochenermaßen und nach seiner ganzen Anlage teils gar nicht, teils noch nicht (nämlich in den bisher allein erschienenen Partien nicht) verfolgen konnte: die Grenzen ihrer Expansion, ermitteln sollen, worauf ich dann endlich 4. die (vergl. Nr. 1), schief gestellte Frage nach der *qualitativen Prägung* hätte erörtern dürfen. Damit hätte ich 5. mein Problem in einer Weise orientiert, die meinen Absichten nun einmal nicht entsprach: Denn nicht die Förderung des Kapitalismus in seiner Expansion war das, was mich zentral interessierte, sondern die Entwicklung des Menschentums, welches durch das Zusammentreffen religiös und ökonomisch bedingter Komponenten geschaffen wurde: Das war am Schluß meiner Aufsätze deutlich gesagt. Wie aber schließlich ersichtlich, hätte ich überdies, um dieses Programm, soweit es sinnvoll ist, ausführen zu können, gleich an die Spitze der Erörterung vor allem eine Definition dessen stellen müssen, was alles der komplexe Begriff: *Geist des*

Kapitalismus enthalten kann. Denn ohne dies ist die Feststellung der Existenz einer *Abart* ja gar nicht möglich. Ich habe aber in meinem Aufsatz gesagt, warum dies nicht geschehen ist und, sollte ich nicht von vornherein die Geschichte vergewaltigen, nicht geschehen konnte. Ein spezifisch historisches Gebilde, wie das, was wir unter jenem Namen, zunächst ganz ungeklärt, vorstellen, kann zu begrifflicher Deutlichkeit eben nur – ich vermisse jeden Versuch einer Widerlegung dieser Ausführungen – durch Synthese seiner einzelnen Komponenten, wie sie die Realität der Geschichte darbietet, erhoben werden. So zwar, daß wir aus der Realität des historisch Gegebenen jene Einzelzüge, die wir dort in vielfach vermittelter, gebrochener, mehr oder minder folgerichtiger und vollständiger Art, mehr oder minder vermischt mit anderen, heterogenen, sich auswirkend finden, in ihrer schärfsten, konsequentesten Ausprägung auslesen, nach ihrer Zusammengehörigkeit kombinieren und so einen *ideal-typischen* Begriff, ein Gedankengebilde, herstellen, dem sich die faktischen Durchschnittsinhalte des Historischen in sehr verschiedenem Grade annähern. In Wahrheit verwendet ja jeder Historiker, bewußt oder (meist) unbewußt, kontinuierlich Begriffe dieser Art, wo er überhaupt scharfe *Begriffe* verwendet. Darüber habe ich mich ja, ohne bisher Widerspruch zu erfahren, auch außerhalb jener Aufsätze wiederholt ausgesprochen (ohne übrigens irgendwie mir einzubilden, daß durch jene methodologischen Versuche dieses gar nicht einfache Problem irgendwie endgültig *erledigt* sei, – ich habe vielmehr gewiß dringlichen Anlaß, über meine bisherigen Arbeiten in dieser Richtung sehr bescheiden zu denken –). Jedenfalls aber konnte in vorliegendem Fall, bei einer sehr komplexen historischen Erscheinung, zunächst nur von dem anschaulich Gegebenen ausgegangen werden und allmählich, durch Ausscheiden des für den notwendig isolierend und abstrahierend gebildeten Begriff *Unwesentlichen,* dieser zu gewinnen versucht werden. Demgemäß verfuhr ich so, daß ich zunächst 1. die von niemandem bisher bezweifelte Tatsache der auffällig starken Kongruenz von Protestantismus und modernem Kapitalismus: kapitalistisch orientierter Berufswahl, kapitalistischer *Blüte,* durch Beispiele in die Erinnerung rief, sodann 2. illustrativ einige Beispiele vorführte für solche ethische Lebensmaximen (Franklin), die wir unzweifelhaft als von *kapitalistischem Geiste* zeugend beurteilen, und die Frage stellte, wodurch sich diese ethischen Lebensmaximen von abweichenden, speziell von den Lebensmaximen des Mittelalters, unterscheiden, und dann 3. die Art, wie solche seelische Attitüden sich zu dem Wirtschaftssystem des modernen Kapitalismus kausal verhalten, wiederum durch Beispiele zu illustrieren suchte, wobei ich 4. auf den *Berufs*-Gedanken stieß, dabei an die längst (insbesondere durch Gothein) festgestellte ganz spezifische Wahlverwandtschaft des Calvinismus (und daneben des Quäkertums und ähnlicher Sekten) zum Kapitalismus erinnerte, und gleichzeitig 5. aufzuzeigen suchte, daß unser heutiger Begriff des Berufs irgendwie religiös fundamentiert sei. Damit ergab sich dann das Problem, nicht für die ganze ursprünglich beabsichtigte Aufsatzreihe (wie ausdrücklich an deren Schluß gesagt ist), wohl aber für die zunächst folgenden Ausführungen in den seinerzeit in diesem Archiv veröffentlichten Studien, dahin: Wie verhält sich der Protestantismus in seinen einzelnen Abschattierungen zur Entwickelung des Berufsgedankens in seiner spezifischen Bedeutung für die Entwickelung derjenigen ethischen Qualitäten des Einzelnen, welche seine Eignung für den Kapitalismus beeinflussen. Die Frage hatte natürlich nur Sinn, wenn es überhaupt solche religiös bedingten, spezifischen ethischen Qualitäten gab. Welcher Art diese sein könnten, war vorerst nur an Beispielen allgemein erläuterbar. In Verbindung mit der Erörterung des Problems selbst mußte also in immer weiterer Vertiefung der Nachweis erbracht werden (in Ergänzung zu dem schon bei der Entwicklung des Problems Gesagten), daß es solche Qualitäten in der Tat in bestimmten Bestandteilen protestantischer Ethik gab, welche dies seien, welche Arten von Protestantismus sie in spezifisch hohem Grade entwickeln konnten, und worin sie sich von den durch die mittelalterliche Kirche und von anderen Spielarten der Protestantismus teils anerzogenen, teils geduldeten Qualitäten unterschieden. Die eigentliche Behandlung des Problems selbst mußte dabei 1. nach Möglichkeit (d.h. soweit dies ein theologischer Laie leisten kann) zunächst die theoretisch-dogmatische Verankerung der Ethik bei den einzelnen Schattierungen des Protestantismus aufzufinden suchen, um zu zeigen, daß es sich nicht um rein akzessorische, mit dem Gedankengehalt der Religiosität außer Verbindung stehende Dinge handelte, – 2. aber, was ja davon sehr verschieden ist: erörtern, welche praktisch-psychologischen Motive die Eigenart der Religiosität einer jeden von ihnen für das reale ethische Verhalten enthielt. Von allen seinen anderen Schiefheiten und Oberflächlichkeiten abgesehen, hat nun Rachfahl noch nicht einmal das zu begreifen vermocht: daß diese eben genannten beiden Fragen untereinander ganz verschiedene Dinge betreffen. Daß es also zwar eine gewiß auch praktisch recht wichtige und interessante Frage ist, was an ethischen Idealen die kirchliche Doktrin des Katholizismus, Luthers, Calvins und anderer in ihren Übereinstimmungen und Gegensätzen untereinander enthielt, ob gewisse, durch den asketischen Protestantismus praktisch-psychologisch gezüchteten, Arten des Verhaltens von der kirchlichen Theorie etwa, wie Rachfahl verträgt, *auch vom katholischen Laien* (nicht nur vom Mönch) *gefordert* wurden oder für ihn *galten* – daß aber mit dieser Feststellung ja schlechterdings gar nichts darüber ausgemacht ist, ob der betreffende Typus von Religiosität denn nun auch in seinen Bekennern die psychologischen Vehikel schuf, welche ein jener kirchlichen Doktrin entsprechendes (oder etwa ein faktisch ganz anderes, oder etwa ein die Doktrin nach bestimmten einseitigen Richtungen hin noch übersteigerndes) typisches Verhalten zu erzeugen geeignet war. Wie ich selbst ausgeführt habe, findet sich z.B. Lob und Empfehlung gewissenhafter Arbeit für den in der Welt stehenden Laien selbstredend zu allen Zeiten, sowohl bei den Theoretikern der Ethik wie bei den Predigern im Mittelalter (Berthold von Regensburg und ganz ebenso auch anderen) sehr regelmäßig (wogegen allerdings das Urchristentum – worauf schon Harnack gelegentlich in einem kleinen Aufsatz hinwies – inbetreff der *Arbeit* wesentlich den antiken Standpunkt teilte.[1] Die Aussprüche Luthers nach gleicher Richtung sind bekannt. An der Lehre vom Segen auch weltlicher Arbeit hat es außerhalb des asketischen Protestantismus gewiß nicht gefehlt. Aber was hilft sie, wenn (wie im Luthertum) keine – in diesem Fall: psychischen – Prämien darauf gesetzt sind, daß diesen theoretischen Lehren methodisch konsequent nachgelebt wird? Oder wenn (wie im Katholizismus) die weitaus größeren Prämien auf ganz andere Arten des Verhaltens gesetzt sind? Und überdies in Gestalt der Beichte ein Mittel gegeben ist, welches dem einzelnen immer aufs neue ermöglicht, sich von schlechthin allen Arten von Verfehlungen gegen die Postulate der Kirche an das Leben seelisch zu entlasten?[2] – Während umgekehrt der Calvinismus in seiner Entwicklung seit der letzten Zeit des 16. Jahrhunderts (und ähnlich das Täufertum) in dem Gedanken von der Notwendigkeit asketischer Bewährung, im Leben überhaupt,

[1] Denn das: *Wer nicht arbeitet, soll nicht essen* wendet sich gegen ein gewisses Schmarotzer-Missionartum, wie es zu jeder Zeit vorkam und wie es noch heut in klassischer Form der von Booker Washington ergötzlich geschilderte göttliche *Call* repräsentiert, der den Neger zu befallen pflegt, wenn er die Existenz als Heiliger derjenigen als Arbeiter vorzieht. Die anderen Stellen sind teils Bestandteile von Gleichnissen, teils eschatologisch bedingt. Die Arbeit mit positivem Vorzeichen findet sich weit stärker als im Urchristentum bei den Kynikern und in einigen heidnisch-hellenistischen Grabschriften aus Kleinbürgerkreisen. Angesichts der Ausführungen, welche ich in meinen Aufsätzen über die Einflüsse alttestamentlichen Geistes auf die puritanische Berufsethik gemacht habe, wirkt es etwas grotesk, wenn R., der davon nach Ausweis des Inhalts seiner hingeworfenen, nichtssagenden Bemerkung doch nur aus eben diesen Ausführungen etwas weiß, mir diese selben Dinge jetzt entgegenhält. Ich habe übrigens auch daran erinnert, in welcher Art bekanntlich diese Renaissance des alten Testamentes mit den von mir besprochenen spezifischen Eigenschaften puritanischer Religiosität zusammenhing, – was R. vergessen hat.

[2] Das soll über den möglichen pädagogischen Wert der Beichte gar nichts Allgemeines aussagen. Aber man nehme die Beichtanweisungen zur Hand oder informiere sich anderweit, nach was denn eigentlich in der Beichte gefragt wurde: Es waren und sind ganz andere Dinge als solche, worauf es hier für uns ankommt. – Übrigens: Ein hübsches Beispiel, wie sich in der Praxis die katholische Doktrin zum wirtschaftlichen Leben verhalten hat, bietet die Geschichte des Wucherverbots. Es ist bekanntlich auch heute nicht *aufgehoben,* konnte es auch, nach der feststehenden Maxime katholischen Kirchenregiments, nicht werden, da es in den Dekretalen ausdrücklich enthalten ist, bekanntlich auf Grund einer auf falscher Lesart (μηδεν statt μηδενα απελπιζονιεζ) beruhenden und daher ganz schiefen Übersetzung in der (inspirierten!) Vulgata. Aber es ist praktisch außer Kraft gesetzt, definitiv erst seit weniger als einem Jahrhundert, durch Anweisungen der Kongregation des heiligen Offiziums, dahingehend: daß fortan die Beichtiger nicht mehr nach usuraria pravitas durch Eingehung von Zinsgeschäften inquirieren sollen, vorausgesetzt, daß es als verbürgt gelten könne, daß das Beichtkind sich in Gehorsam fügen würde, falls etwa die Kirche es wieder opportun finden sollte, auf der Innehaltung des Verbots zu bestehen. (Ganz ähnlich also, wie gewisse, m. W. bis-

und speziell auch im Berufsleben, als subjektiver Verbürgung der certitudo salutis (also nicht als Real-, sondern als eines der wichtigsten Erkenntnisgründe der eigenen Bestimmung zur Seligkeit) eine sehr spezifische und in ihrer Wirksamkeit auf diesem Gebiet nicht leicht zu überbietende, psychische Prämie für die asketische Lebensmethodik, die er forderte, schuf.

Diesen Sachverhalt habe ich in meinen Aufsätzen aufzuklären und die daraus folgende Lebensmethodik, und zwar, dem Zweck einer derartigen Analyse entsprechend, zunächst in ihren spezifischen Zügen und also in einer inneren Konsequenz darlegen müssen, wie sie in solcher absoluter Ungebrochenheit und vollends: in so voller Durchreflektiertheit dieses Zusammenhangs, ganz gewiß nicht als ein bewußter Besitz in jedem einzelnen lebte, welcher in der Luft, die diese religiösen Mächte erzeugten, aufwuchs.

Daß, und welche mächtigen Stützen jene Motive aber des weiteren auch in den kirchlichen und von den Kirchen und Sekten beeinflußten sozialen Institutionen fanden, suchte ich teils schon in meinem Aufsatze in diesem Archiv kurz anzudeuten, teils in der mehrfach erwähnten Skizze in der Christlichen Welt etwas anschaulicher zu beleuchten. Ich rekapituliere das. Zunächst: Die zentrale Kulthandlung des Abendmahls gewann gerade im *asketischen* Protestantismus einen sehr spezifischen Akzent. Der Gedanke, daß, wer nicht zu Gottes unsichtbarer Kirche gehört und dennoch an diesem Akt teilnimmt, *ißt und trinkt ihm selber zum Gericht,* dieser Gedanke ist ja an sich von einem pathetischen Gehalt, dessen Wucht uns heute, auch den meisten *Christen* unter uns, fast gänzlich abhanden gekommen ist, der aber doch auch für uns noch recht wohl aus den Jugendreminiszenzen der absterbenden Generation und aus den (für unseren Blick) sozusagen in die Winkel gescheuchten Resten kirchlich gebundener Lebensschwere lebendig rekonstruierbar ist. Im asketischen Protestantismus fehlt nun (und keineswegs etwa zufälligerweise) das Institut der Beichte, welches dem Katholiken eine Entlastung von dem Druck solcher an den Einzelnen ergehenden pathetischen Fragen nach seiner Qualifikation gewährte. Und auch hier, wie überall, beantwortete sich das Problem, ob er zu den Qualifizierten gehöre, dem Protestanten nicht nach mittelalterlich-katholischer Art durch eine Summierung und Gegeneinanderrechnung von Schuld und Verdienst mit dem Resultat eines Mehr oder Minder von approximativer

her von der kirchlichen Zensur unangefochten gelassene öffentliche Erörterungen in katholischen Kreisen Frankreichs den Wunsch aussprechen, die Beichtväter möchten nach dem *Onanismus matrimonialis,* der sterilisierten Begattung zum Zweck des Zweikindersystems, in der Beichte nicht mehr inquirieren, – trotz des biblischen Fluchs über den *Coitus interruptus).* Die Art des Vorgehens ist durchaus der katholischen Kirche spezifisch: Sie duldet, temporum ratione habita, wie im Mittelalter die faktische Existenz des von ihr in keiner Form positiv gebilligten kapitalistischen Getriebes, vorbehaltlich der Ahndung gewisser Formen, deren es sich bediente, so jetzt auch den Gebrauch dieser Formen. Die protestantische Askese dagegen schuf ihm die positive Ethik, die *Seele,* deren jenes Getriebe bedurfte, damit *Geist* und *Form* einig seien.

Zulänglichkeit, welches dann durch den Gebrauch kirchlicher Gnadenmittel ergänzt werden konnte, sondern, und zwar, wie ich darlegte, ganz speziell im asketischen Protestantismus: durch ein starres Entweder-Oder der ganzen, in der Gesamtheit ihrer ethischen Lebensführung sich manifestierenden Persönlichkeit. Der Einzelne ist erst hier, und wiederum auf dem Boden des asketischen Protestantismus, unendlich schroffer als auf dem Boden des Luthertums (wie ebenfalls näher begründet wurde) einzig auf sich selbst: auf seinen Gnadenstand, der nur an seiner gesamten Lebensführung spürbar werden kann, seinem Gott gegenübergestellt. Auf der anderen Seite aber wieder untersteht nun seine äußere Lebensgestaltung auf diesem Boden sehr viel mehr der Kontrolle durch seinesgleichen: durch die Gemeindeglieder. Im Katholizismus und auch im Luthertum ist es letztlich doch allein der Vertreter des *Amts,* welcher es mit sich und mit dem einzelnen Kommunikanten abzumachen hat, ob er zum Abendmahl reif ist. Im Calvinismus trifft die Verantwortung dafür, daß nicht *Gottes Ruhm* – auf dessen Verherrlichung ja das ganze soziale Leben eindeutig in einer in dieser Art den anderen großen Kirchen fremden Wucht bezogen ist – geschändet werde durch die Teilnahme eines offensichtlich die Zeichen der Verwerfung an sich tragenden, jedes einzelne Mitglied der ganzen Gemeinde. Gerade die Laien haben vor einem knappen Menschenalter das Kuypersche Schisma gemacht (Kuyper war Laienältester) durch das Verlangen der Zurückweisung ihrer Ansicht nach nicht qualifizierter, von auswärtigen Prädikanten geprüfter Konfirmanden vom Abendmahl: – in letzter Linie stand dahinter der prinzipielle Protest dagegen, daß überhaupt eine nicht der konkreten, ihre Korrektheit selbst kontrollierenden Abendmahlsgemeinde zugehörige Instanz, welche immer sie sei, sich in diese jedes einzelne Gemeindemitglied direkt berührende Frage einmische. Die gewaltige soziale Bedeutung dieser Gedankengänge trat s. Z. wohl am schärfsten zutage in den neuenglischen Kirchen, wo das Verlangen nach der ecclesia pura und der Reinheit speziell der Abendmahlsgemeinschaft direkt *Klassenunterschiede* im eigentlichsten Sinn stiftete, Kämpfe und Kompromisse über die Stellung der *Auch-Christen,* deren Berechtigung z.B. ihre Kinder zur Taufe zu bringen und dort zu vertreten und ähnliches hervorgerufen hat. Wenn man die Kirchenordnungen des Protestantismus durchsieht, ihre Entwicklung und, soweit dies möglich, ihre praktische Handhabung verfolgt und in ihren Konsequenzen durchdenkt, so fällt zunächst auf, wie hier sehr erhebliche Teile jener sittlichen Lebensreglementierung, die wir in der Karolingerzeit im Sendgericht, im ausgehenden Mittelalter vielfach in der Hand der Städte, in der Zeit der Territorialstaaten in der Hand der fürstlichen Polizei finden, von den Kirchen in die Hand genommen werden, in sehr verschiedenem Grade freilich und im ganzen natürlich in den calvinistischen Gebieten (wo die ausdrückliche Unterwerfung unter die Kirchenzucht bei der Aufnahme in die Gemeinde, wie ich seinerzeit schon andeutete, gerade erst nach Calvin in ihrer Bedeutunggesteigert wurde) wesentlich stärker als in den lutherischen. Aber – wie ich schon hervorhob – noch ganz ungleich stärker und wirksamer war (und ist in Resten bis auf die Gegenwart) jene Art des ethischen *training*, welches die asketischen Sekten ihren Mitgliedern oktroyierten. Ich habe davon auf Grund heutiger Beobachtungen in den Vereinigten Staaten seinerzeit in dem zitierten Aufsatz in der *Christlichen Welt* einiges erzählt. Der gegenwärtige Säkularisationsprozeß des amerikanischen Lebens und die ungeheuere Einwanderung heterogener Elemente schwemmt derartige Reste schnell hinweg, und der rücksichtslose *Seelenfang* der konkurrierenden Denominationen schwächt überdies die Intensität ihrer Erziehungsleistung. Gleichwohl genügt schon ein geringes Maß von Aufmerksamkeit auf diese Dinge, um noch jetzt die Reste der für ihre Wirksamkeit charakteristischen Erscheinungen in ihrer einstigen Bedeutung lebendig vor sich zu sehen. Ich erinnere an das, was ich a. a. O. über die Funktion der Sekten im Wirtschaftsleben (die ihnen heute von allerhand rein weltlichen Organisationen allmählich abgenommen wird), gesagt habe. Speziell z. B. (statt zahlreicher ähnlicher Erlebnisse) daran, wie mir der Eintritt eines jungen Mannes in eine Baptistengemeinde in North Carolina damit motiviert wurde, daß er eine Bank aufzumachen gedenke, und sich bei näherer Nachfrage herausstellte, daß dabei nicht etwa speziell auf Baptistenkundschaft, sondern gerade auf diejenige der in jenem Gebiet weitaus überwiegenden Nichtsektierer gerechnet wurde, – Grund: Wer dort zur Taufe zugelassen werden wollte, hatte während seines *Katechumenats* ein ganz erstaunlich systematisches Inquirieren der Gemeinde nach seinem Wandel (Wirtshausbesuch? überhaupt jemals Trunk? jemals Karten? jemals *unclean life?* Verschwendung? nicht pünktlich bezahlte Schecks? oder andere Schulden? überhaupt Spuren geschäftlicher Unzuverlässigkeit irgendwelcher Art? usw. usw.) mit Erkundungen an allen früheren Orten seines Aufenthalts zu gewärtigen. Wurde er dann rezipiert – nun so war damit seine Kreditwürdigkeit und geschäftliche Qualifikation derart verbürgt, daß er jeden nicht so legitimierten Konkurrenten schlagen konnte, zumal ein etwaiger Ausschluß wegen schlechten Verhaltens, wie von jeher bei den Sekten, seine soziale Exkommunikation bedeutete.[3] Genau dies finden wir vor zwei Jahrhunderten schon ebenso entwickelt. Ferner z. B.: Die Quäker rühmen sich von jeher, das kapitalistisch sehr wichtige System der

[3] Ich habe s. Zt. die so geschaffene Kreditwürdigkeit mit der spezifischen *Pumpfähigkeit* eines deutschen Verbindungsstudenten (zu meiner Zeit konnte man in Heidelberg fast *gratis* leben, nachdem man *das Band erhalten* hatte, – beim Fuchs wurde von den Kreditoren die Matrikel belegt) und der ebenso spezifischen Kreditfähigkeit des Klerus im Mittelalter (weil über ihm der Kirchenbann als Zwangsmittel schwebte), verglichen und auch die oft bedenkliche Kreditfähigkeit des modernen jungen Offiziers, über dem die Entlassung schwebt, gehört hierher. Allein der soziologisch sehr wesentliche Unterschied liegt darin, daß in all diesen Fällen nicht, wie bei der Sekte, die Kreditwürdigkeit als subjektive Qualität der Persönlichkeit (durch Auslese bei der Aufnahme nach entsprechender Erziehung) gefordert, sondern nur (was bei den Sekten nebenher auch noch

festen Preise anstelle des Feilschens nach orientalischer Art geschaffen zu haben. In der Tat ergibt die historische Zurückverfolgung, daß vor 200 Jahren die Blüte des quäkerischen Detaillistentums damit motiviert wurde, daß sich die Kundschaft der Festhaltung dieses Grundsatzes bei ihnen sicher fühlte, sicherer als irgendwelche mittelalterliche oder moderne Preisordnungen dies zu erreichen vermochten. Die Quäkergemeinde schritt auch ein, wenn jemand ein Geschäft begann, zu dessen Führung ihm das nötige Kapital oder Kenntnisse fehlten usw. usw. Und in der Literatur aller dieser Sekten kann man, schon bald nach der Zeit ihres Entstehens, den Jubel darüber finden, daß der Herr sie sichtbar segne, indem die *Kinder der Welt* ihr Geld (als Depot, als Kommanditgut oder wie immer) zu ihnen trügen und nicht zu ihren eigenen Glaubens- oder Unglaubensgenossen, weil sie bei ihnen der erforderlichen persönlichen ethischen Garantien sicher seien. Ich verweise für ähnliche Einzelbeispiele auf jene Skizze und bemerke nur noch: Jedermann weiß, daß es bis in die letzten Jahrzehnte hinein der Yankee von einigermaßen altem Schlage, und zwar gerade der Geschäftsmann, einfach nicht verstand, zuweilen noch heute nicht versteht, daß jemand gar keiner *denomination* angehört (diese möge nun sonst übrigens sein, welche immer: Darin ist er absolut *tolerant):* Ein solcher religiöser outlaw war ihm gesellschaftlich und geschäftlich verdächtig, weil ethisch nicht *legitimiert.* Daß ähnliches auch in Schottland und in englischen bürgerlichen Kreisen sich noch immer hie und da äußert, daran konnte wenigstens bis vor 15 Jahren sogar der Tourist, besonders Sonntags, erinnert werden. Der Geschäftsmann des amerikanischen Mittelstandes nun, wo er sich diesem früher überwältigenden Zwang zur religiösen Legitimation entzieht, hat heute statt dessen beliebige andere, sich zunehmend bildende Organisationen zur Verfügung und trägt auch oft zur Legitimation, daß er die Qualitäten eines *gentleman* durch Hineinballotierung nachgewiesen habe, noch immer im Knopfloch deren *badge* (man sieht solche, an die Ehrenlegionsrosette erinnernde, Abzeichen massenhaft, wenn man nur darauf achtet).

Soweit und solange der echte Yankee-Geist noch herrschte, war die amerikanische Demokratie, auch ohne alle Trusts und Gewerkschaften, niemals ein einfacher Sandhaufen isolierter Individuen, sondern in starkem Maße ein Gewirr exklusiver Vereine, deren Urtypus die Sekte ist und welche alle bei ihren Mitgliedern diejenigen Qualitäten als selbstverständliche Bedingung der Zugehörigkeit stellen und züchten, welche den geschäftlichen Gentleman ausmachen, wie ihn der Kapitalismus braucht. Gewiß: Jemand in der Lage von Mr.

der Fall war) die objektive Garantie für die Gläubiger erhöht ist. – Die charakteristische Institution des methodistischen Jugend-*training* und der ebenso charakteristische Usus des Zusammenschlusses zu kleinen Gruppen zwecks regelmäßiger gegenseitiger Darlegung des Seelenstandes, zu einer beschränkt öffentlichen Beichte also, – die natürlich, da sie, im Gegensatz zu der katholischen Beichte hinter dem vergitterten Fenster, sich an eine Mehrheit persönlich Gleichstehender richtete, eine psychologisch ganz andere Situation bedeutete als jene, ist verfallen, bedeutete aber früher sehr viel.

Pierpont Morgan bedarf für sich dieser Legitimation nicht, um seine ökonomische Position einzunehmen. Und auch sonst liegen die Dinge heute schon sehr anders. Aber die Durchdringung des gesamten Lebens mit jenem spezifischen *Geist,* wie ihn diese Verbande förderten, war allerdings eine äußerst wichtige Voraussetzung dafür, daß der moderne Kapitalismus *Wurzel schlug,* d.h. in der breiten Schicht der bürgerlichen Mittelklassen sowohl wie schließlich auch in den von ihm in seinen Mechanismus einzufügenden Massen einen ihm adäquaten *Lebensstil* vorfand und dadurch das Leben so in seine Gewalt bekommen konnte, wie es geschehen ist. Begreiflicherweise haben Historiker vom Schlage Rachfahls keine Ahnung, welches Maß von Erziehungsarbeit zu tun war, um das zu ermöglichen.[4] Wenn aber jemand auf die, für eben jenen Typus von *gesundem Menschenverstand,* dessen R. sich so laut rühmt, so sehr *naheliegende* Vermutung käme: ob denn jene Qualifikation des religiösen trainings, Geschäftsleute heranzubilden, und ob dieser ganze Zusammenhang von spezifisch geschäftlichen und von religiösen Qualifikationsmerkmalen überhaupt nicht etwa erst Folge davon sei, daß jene religiösen Gemeinschaften sich eben, in einem bereits kapitalistischen *Milieu,* entwickelten – so frage ich: Warum entwickelte denn wohl die katholische Kirche solche Kombinationen und eine derartig auf den Kapitalismus abgestellte Erziehungsrichtung nicht? Weder in den großen Zentren des Mittelalters, die, wie Florenz, denn doch weiß Gott in ganz anderem Grade kapitalistisch *entwickelt* waren, als z. B. das noch dünn besiedelte Bauerngebiet im westlichen North Carolina, aus dem ich erzählte, oder wie die noch wesentlich naturalwirtschaftlichen Gebiete der amerikanischen Kolonien, in denen sich bereits vor 200 Jahren das gleiche abspielte? Warum nicht das Luthertum? – Es vermählte sich eben ein Strang von psychischen Inhalten, der aus sehr spezifischen sittlich-religiösen Wurzeln entsprang, mit kapitalistischen Entwickelungsmöglichkeiten. Wahr ist dagegen gewiß: daß

[4] Die Erziehung zu dem vorwaltenden Interesse für die *Realien* ist ein alter, in sehr bestimmter Art (wie ich angedeutet hatte) religiös verankerter Grundsatz der pietistischen Pädagogik; bei den Quäkern und Baptisten findet sich ganz Ähnliches von Anfang an; bei den Reformierten tritt es nicht selten noch heute, z. B. in der Art der Verteilung auf Real- und andere Schulen und in der Berufswahl, hervor. – Diese Spezifika sind unzweifelhaft sehr wichtig für die Zusammenhänge dieser Religiositätsformen mit der Entwicklung des modernen Kapitalismus. Ebenso sind die wohlbekannten Leistungen der Reformation überhaupt auf dem Gebiet des Volksschulwesens ganz sicher von Bedeutung. Aber diese letzteren ganz allgemeinen Zusammenhänge hatten ihre Grenzen: Die Leistungen des preußischen Staats auf dem Gebiet der Volksschule fehlten in dem kapitalistisch höchstentwickelten Lande: England, bekanntlich: Die *gute Volksschule* als solche und die kapitalistische Entwicklung gingen nicht parallel. – Daß übrigens im Protestantismus keine Besorgnis vor zunehmender Volksbildung herrsche resp. geherrscht habe, wie R. sich (III S. 1331) ausdrückt, ist auch eine sehr bedenkliche Übertreibung, speziell für unsere gut protestantischen Ostelbier. In meinem Aufsatz hatte ich auf den Zusammenhang gewisser konfessionell bedingter Schultendenzen mit der Stellung zur *fides implicita* hingewiesen.

jener mit so gewaltiger Energie gezüchtete Lebensstil der asketischen Gemeinschaften in konfessionell gemischten Gebieten, trotz aller heftigen Gegensätze[5] doch von Anfang an und steigend mit zunehmender Durchtränkung des Wirtschaftslebens mit kapitalistischem Geiste, auch auf den Lebensstil anderer, mit ihnen konkurrierender Denominationen *abfärbte:* so sehr früh auf das holländische und amerikanische Luthertum, und auch auf den amerikanischen Katholizismus (während für das deutsche Luthertum bekanntlich der ältere Pietismus eine Form war, in der sich das Gleiche vollzog). Natürlich geschah dies so, daß die Unterschiede auf dem Wege dieser *Angleichung* nur gradweise verringert, nie aber voll verwischt wurden.[6] Aber allerdings: Eine Angleichung an die konsequentesten Ausprägungen der protestantischen Askese (die calvinistische speziell) fand in der Tat, zum mindesten bei den mit ihnen gemischten Protestanten, nach allem, was wir heute davon erkennen können, fast immer statt, und schon deshalb allein könnte eine bloße Statistik der Zahl der eigentlichen Calvinisten z. B. unter den protestantischen Emigranten noch keinerlei Argument gegen die Bedeutung jener asketischen Lebensformen sein. Die heutigen Erörterungen im Katholizismus, wie man sich wohl am besten die Überlegenheit der ökonomischen Qualifikation der Protestanten zueignen könne, finden, der Sache, wenn auch nicht der Form nach, in manchen Bemerkungen Speners über das gute Fortkommen der Quäker durchaus ihr Gegenbild, und unausgesprochen wirkte das gleiche Motiv natürlich von jeher und überall ebenso wie noch jetzt in Amerika.

Und wenn man nun schließlich fragt, ob es – den Ausdruck: *innerweltliche Askese* einmal gänzlich bei Seite[7] – berechtigt ist, das was ich so genannt habe, mit der katholischen Mönchsaskese sachlich in Parallele zu stellen, so will ich ganz davon absehen, daß von den hierher gehörigen protestantischen Ethikern,

[5] In den konfessionell gemischten westfälischen Gebieten war noch vor 30 Jahren, unter den beiderseitigen Konfirmanden zumal, die ewige Plänkelei zwischen den Lutheranern, die *den Heiland durch die Gosse* (des Darmkanals nämlich: wegen des: hoc *est* corpus meum) *zogen* und den reformierten *heuchlerischen Werkheiligen* an der Tagesordnung.

[6] Die Sonderart der lutherischen Missouri-Kirche den anderen Denominationen gegenüber ist eine sehr starke geblieben.

[7] Es gehört zu R.s Eigenart, einerseits die größten Anstrengungen zu machen, um diesen Ausdruck nicht nur, sondern, wie er ja selbst behauptet, auch die entsprechende sachliche These: die innere Verwandtschaft mit der katholischen rationalen Mönchsaskese, zu *diskreditieren* (denn darauf läuft seine Art des sogen. *Kritisierens* ja überall hinaus), – andererseits mich darauf hinzuweisen, daß, nach Ansicht geachteter Kirchenhistoriker, jene Spezifika asketisch-protestantischer Religiosität eine *noch nicht* volle Überwindung des Katholizismus bedeuten. In dem *noch* liegt aber eine Entwicklungskonstruktion an der Hand einer (subjektiv natürlich unangreifbaren) Wertung vor, welche z. B. etwa das, jede Werkheiligkeit ablehnende, Luthertum als die schlechthin *höchste* Ausprägung des Protestantismus ansieht und von da aus Stufenfolgen bildet. Historisch aber ist die Entwicklung der innerweltlichen Askese ein Produkt der nachreformatorischen Zeit, also eher ein Wiedererwachen von religiösen Motiven, welche auch der Katholizismus pflegte, nur eben in ganz anderer Art und mit anderer Wirkung.

speziell Englands, die mittelalterliche Erbauungsliteratur mönchischen Ursprungs (Bonaventura u. A.) sehr regelmäßig zitiert wird, wo es sich um jene Forderungen handelt, die ich *asketisch* nannte. Aber man vergleiche doch einfach: die Mönchsaskese verlangt: Keuschheit. Die protestantische Askese (in meinem Sinn des Worts) Keuschheit auch in der Ehe, im Sinne der Ausschaltung der *Begierde* und der Begrenzung des sittlich zu billigenden Geschlechtsverkehrs auf den rationalen *Naturzweck* der Fortpflanzung. Und diese Reglementierungen waren hier immerhin mehr als bloßes Theoretisieren. Gewisse asketisch-protestantische (pietistische, herrenhuterische) uns heute teilweise als direkt widernatürlich sich darstellende Lebensregeln auf diesem Gebiet sind ja bekannt. Die Art der Behandlung der Frau überhaupt aber ist von der Ausschaltung ihrer Betrachtung vornehmlich als Geschlechtswesen, gegenüber z. B. Luthers ungebrochener Bauernauffassung, aufs allertiefste beeinflußt. – Die Mönchsaskese verlangt: Armut, – man weiß, mit welchem faktisch paradoxen Erfolge: Das ökonomische Prosperieren der Klöster hat, außer bei einigen strikt spirituellen, von den Päpsten bekanntlich als durchweg höchst verdächtig behandelten Denominationen, überall als Folge göttlichen Segens gegolten und war – neben den Stiftungen – in stärkstem Maße Folge ihrer rationalen Wirtschaft. Die protestantische Askese verwirft ihrerseits nicht nur das genußfrohe *Ausruhen* auf dem Besitz, sondern ebenso sein Erstreben *um seiner selbst willen.* Ich habe ausgeführt, mit welchem faktischen ganz ebenso paradoxen Erfolge. Die Mönchsaskese verlangt Unabhängigkeit von der *Welt* und verwirft insbesondere naiven Genuß. Die protestantische tut genau das gleiche, und beide finden sich auch in den Mitteln der *Übung* (denn dies bedeutet ja das Wort *Askese)* zusammen: streng eingeteilte Zeit, Arbeit, Schweigen als Mittel der Bändigung alles Trieblebens, ferner Loslösung von allen allzu starken Bindungen an das Kreatürliche (Bedenklichkeit zu intensiver persönlicher Freundschaft u. dgl.), Verzicht auf den Genuß als solchen, sei er im engsten Sinn *sinnlicher,* sei er ästhetisch-literarischer Art, überhaupt auf den nicht rational, z. B. hygienisch, zu rechtfertigenden Gebrauch der Güter dieses Lebens. Ausführlich habe ich auch daran erinnert, wie, bis in Einzelheiten hinein, sich der Umstand geltend macht, daß im Mittelalter der spezifisch von Berufs wegen *methodisch* lebende Mensch eben der Mönch war, – und also zeigt Sebastian Franks Äußerung (auf die R. jetzt mit gewohnter Loyalität meine wissenschaftliche These *begründet sein* läßt, obwohl ich erst in meiner Antikritik von ihr als Beispiel der Ansicht von Zeitgenossen sprach) doch wohl etwas mehr Verständnis von diesen Dingen als mein *Kritiker.* Was die rationale protestantische Askese (in meinem Wortsinn) von der Mönchsaskese scheidet, ist: 1. die Ablehnung aller irrationalen asketischen Mittel, welche übrigens ganz ebenso von gewissen, gerade besonders bedeutsamen katholischen Orden, in spezifischer Art auch von den Jesuiten, abgelehnt oder beschränkt werden, – 2. die Ablehnung der Kontemplation, – 3. endlich und hauptsächlich: die

Wendung der Askese ins Innerweltliche, ihr Sich-auswirken in Familie und (asketisch gedeutetem) Beruf, aus der sich die schon erwähnten Unterschiede und alle anderen von selbst ergeben. Aber wenn der *Geist,* der in den beiderseitigen Grundsätzen der Lebensmethodik dort und hier sich zeigt, nicht als im innersten Wesen parallel und miteinander verwandt zu beurteilen ist, – dann weiß ich nicht, wann man noch von einer *Verwandtschaft* sprechen soll. Wie stark aus pietistischen Kreisen heraus bekanntlich gelegentlich geradezu das Verschwinden der Klöster bedauert worden ist, erwähne ich nur nebenbei, ebenso die klosterartigen Organisationen, welche grade aus diesen Kreisen heraus immer wieder einmal geschaffen wurden, und verweise ferner auf das, was in meinen Aufsätzen z.B. über Bunyan gesagt ist. Innere Spannung und innere Verwandtschaft beider Seiten bezüglich der Stellung asketischer Ideale im Gesamtsystem des religiös orientierten Lebens keimen schließlich aus dem schon erwähnten Grunde hervor: daß, was bei den Mönchen als Realgrund der Anwartschaft auf die Seligkeit wichtig war, im asketischen Protestantismus als ein (ein – nicht: der absolut einzige, aber allerdings wohl der wichtigste) Erkenntnisgrund ihrer seine Bedeutsamkeit besaß. Und daselbst moderne *Methodologen* (gerade auch auf dem Gebiet der Geschichtsmethodik, wie ich gelegentlich festzustellen hatte) diese beiden Sachverhalte nicht immer auseinanderhalten können, so ist es ganz gewiß wenig wunderbar, daß diese Entwicklung protestantischer *Werkheiligkeit* in der Praxis katholischen Eigentümlichkeiten oft wie ein Ei dem andern zu gleichen schien. Nur stammten eben die Keime in jedem von beiden Eiern von einem anderen geistigen Vater und entwickelten sich daher auch die Früchte zu einer sehr verschiedenen inneren Struktur. Die dogmatische Fundamentierung der innerweltlichen Askese hier noch einmal zu rekapitulieren, führte nun wirklich zu weit: Dafür muß ich den Leser gänzlich auf meinen Aufsatz verweisen, wo auch, wenigstens provisorisch und daher sehr skizzenhaft, angedeutet ist, daß die Frage: ob die Prädestinationslehre der Calvinisten oder die untheologische Dogmatik des Täufertums jene Basis bildeten, natürlich trotz aller Angleichung nicht schlechthin irrelevant für die praktische Lebensorientierung war. Diese, in vielem sehr fühlbaren, Unterschiede traten nur in diesem Teil meiner Ausführungen (der bis jetzt allein vorliegt) notwendig vor dem Gemeinsamen zurück. Näheres führte hier zu weit. Ich muß aber auch hier noch einmal nachdrücklich darauf hinweisen, daß für die empirische Nachprüfung der Frage: ob denn nun für die Praxis der Lebensführung jene religionspsychologischen Grundverhältnisse wirklich gerade in dieser ihrer von mir behaupteten spezifischen Wirkungsrichtung zur Geltung kamen, in meinen Aufsätzen nicht etwa Lehrbücher der Dogmatik, oder theoretische Abhandlungen über Ethik zugrunde gelegt sind, sondern ein ganz anderes Quellenmaterial: Baxters und Speners Publikationen insbesondere, die ich heraushob, beruhen auf der Seelsorge, und zwar ganz wesentlich auf Antworten gelegentlich von Anfragen der Seelsorgebefohlenen über konkrete praktische Fragen ihres Lebens. Und sie gerade stellen also in dem Maße der Widerspiegelung des praktischen Lebens einen Typus dar, der ungefähr den responsa der römischen Juristen für die Geschäfts- und Gerichtspraxis ihrer Zeiten entspricht. Gewiß enthalten diese und ihnen ähnliche Werke daneben auch kasuistische Spekulationen ihrer Urheber, wie dies auch bei den römischen Juristen der Fall ist, und wie es in einem weder mit diesen noch mit jenen vergleichbaren ganz ungeheuerlichen Maße für den Talmud zutrifft, der aber ebenfalls an direkt praktisch gewesenes Responsenmaterial anknüpfte. Aber schon die Form und der Zusammenhang machen es, natürlich nicht immer, aber glücklicherweise hinlänglich oft, kenntlich, wo aus dem Leben geschöpft ist. Und wo dies der Fall ist, da gibt es, außer Briefwechseln und allenfalls Autobiographien, keine Quelle, die an Authentizität und Lebendigkeit dieser gleichkäme. Weder populäre Pamphlete und Traktätchen, noch Predigten, – die man aber natürlich daneben, als Ergänzung, sehr wohl berechtigt ist, ausgiebig zu benutzen –, noch vollends irgendwelche Erzeugnisse der zeitgenössischen Literatur (so wichtig als Nebenquelle auch sie werden können), oder gar endlich die ganz am Äußerlichen haften bleibenden Feststellungen der Konfessionalität einzelner Kapitalistengruppen, zumal wenn man ihre Beeinflussung durch die von der protestantischen Askese geschaffene *Lebensluft* außer Betracht läßt. Recht selten leider sind wir in der glücklichen Lage, so genau das Ineinandergreifen religiöser und kapitalistischer Interessen an der Arbeit sehen zu können, wie z. B. bei den von mir zitierten Webern von Kidderminster. – Damit soll nun nicht im mindesten die Wichtigkeit von Arbeiten, wie sie Rachfahl wünscht, herabgesetzt werden. Aber: Die spezifische Richtung, in welcher eine bestimmte gefärbte Religiosität wirken konnte, war m. E. nur auf dem Wege zu erschließen, den ich einschlug, – und darauf eben kam es mir ausgesprochenermaßen an. Diese Richtung war nun aber nicht eine bloße *Förderung* einer an sich schon ganz ebenso vorhandenen psychischen Disposition, sondern sie bedeutete, innerhalb der weltlichen Sphäre wenigstens, einen neuen Geist: aus ihrem eigenen religiösen Leben, aus ihrer religiös bedingten Familientradition, aus dem religiös beeinflußten Lebensstil ihrer Umwelt heraus erwuchs hier in den Menschen ein Habitus, der sie in ganz spezifischer Weise geeignet machte, den spezifischen Anforderungen des modernen Frühkapitalismus zu entsprechen. Schematisch ausgedrückt: An Stelle des Unternehmers, der sich in seinem *Chrematismus* von Gott höchstens *toleriert* fühlen konnte, der, wie etwa noch heute der einheimische indische Händler, seine *usuraria pravitas* abzubüßen oder wett zu machen hatte, trat der Unternehmer mit dem ungebrochen guten Gewissen, von dem Bewußtsein erfüllt, daß die Vorsehung ihm nicht ohne bestimmte Absicht den Weg zum Gewinn zeige, damit er ihn zu Gottes Ruhm beschreite, daß Gott in der Vermehrung seines Gewinns und Besitzes ihn sichtbar segne, daß er vor allem am Erfolge in seinem Beruf, wenn dieser mit legalen Mitteln erreicht sei, seinen

Wert nicht nur vor den Menschen, sondern vor Gott messen könne, daß Gott seine Absichten habe, indem er gerade ihn zum ökonomischen Aufstiege auserlesen und mit den Mitteln dazu ausgerüstet habe, – im Gegensatz zu andern, die er aus guten, freilich unerforschlichen, Gründen zur Armut und zur harten Arbeit bestimmt habe, – der in *pharisäischer* Sicherheit seinen Weg geht in strenger formaler Legalität, die ihm die höchste und, da es eine *Zulänglichkeit* vor Gott überhaupt nicht gibt, auch die einzige in ihrer Bedeutung sicher greifbare Tugend ist. Und auf der andern Seite, als hausindustrieller Handwerker oder als Arbeiter, steht der Mann der spezifischen *Arbeitswilligkeit,* dem die Gewissenhaftigkeit im gottgewollten *Berufe* das Bewußtsein seines religiösen Gnadenstandes gibt. Und die Perhorreszierung des spezifischen Frevels: Die Vergötterung des Kreatürlichen durch Ausruhen auf dem Besitz, durch Genußfreude, durch Geld- und Zeitvergeuden für Nichtberufliches, drängt die Verwendung des im Beruf erworbenen Besitzes immer wieder in die *berufsmäßige* Bahn der Kapitalverwertung (beim Unternehmer) oder des *Sparens* und dadurch: des möglichsten Aufsteigens (bei den *ethisch* qualifizierten Besitzlosen). Beruf und innerster ethischer Kern der Persönlichkeit – das ist das Entscheidende – sind hier eine ungebrochene Einheit. Noch soviele Einzelansätze zu einer praktischen Berufsethik dieser Art, die sich im Mittelalter finden – ich habe ausdrücklich mir vorbehalten, darauf zu sprechen zu kommen[8] –, ändern nichts daran, daß solch ein *geistiges Band* eben damals fehlte. Und in der Gegenwart, welche so sehr mit dem Begriff des *Lebens, Erlebens* usw. als mit einem spezifischen Wert operiert, ist die innere Lösung jener Einheit, die Verfehmung des *Berufsmenschen,* mit Händen zu greifen. Der moderne Kapitalismus aber, gegen dessen Getriebe ja jene moderne Empfindungsweise, welche eben angedeutet wurde, nicht nur aus sozialpolitischen Gründen, sondern jetzt erst recht wegen seiner Verknüpftheit mit dem Geist des Berufsmenschentums, sich auflehnt, bedarf dieser Stütze längst nicht mehr. Zwar finden wir die Reste der einstigen Bedeutsamkeit der religiösen Lebensinhalte für die kapitalistische Entwicklung, wie ich innerhalb und außerhalb meiner Aufsätze wiederholt gezeigt habe, sogar bis heute. Wo die Industrie noch jetzt auf diejenigen Qualitäten ihres Personals, die aus jenem Lebensstil folgten, angewiesen ist, da äußert sich dies auch noch jetzt oft genug in der konfessionellen Zusammensetzung z. B. ihrer von unten her aufgestiegenen Werkmeister und Angestellten im Gegensatz zu den einfachen Arbeitern, und ebenso im

[8] Daß ferner der Entstehung des *homo oeconomicus* ganz bestimmte objektive Bedingungen, unter denen die Kultur des Mittelalters im Gegensatz zu der des Altertums aus geographischen, politischen, sozialen und anderen Bedingungen stand, entgegenkamen, habe ich an anderer Stelle (Hwb. d. St.-W. 3. Aufl., Art.: *Agrargeschichte im Altertum),* soweit es die Gelegenheit erlaubte, angedeutet. Daß und wodurch ferner die Einbeziehung der modernen Wissenschaft in den Kreis der *Bedingungen* des ökonomischen Fortschritts, in diese Ursachenreihe gehört, ist von Sombart eingehend ausgeführt worden.

Unternehmertum, – dies alles statistisch erkennbar natürlich nur, wenn man jene Zufälligkeiten, die durch den Standort, (wie er durch das Vorhandensein des unentbehrlichen Rohmaterials oft eindeutig bestimmt wird) und ferner durch die in der Statistik nicht geschiedene Einbeziehung handwerksmäßiger Betriebe einfließen, ausscheidet. Aber im Ganzen ist allerdings der heutige Kapitalismus, wie ich wiederhole, von der Bedeutsamkeit solcher Momente in weitgehendstem Maße emanzipiert. Was aber die Zeit des modernen Frühkapitalismus anlangt, so war es bisher noch niemandem eingefallen, zu bezweifeln, daß der Hugenottismus auf das engste mit der französischen bürgerlich-kapitalistischen Entwicklung verknüpft war, daß er, wohin er auch Ende des 18. Jahrh. nach der Aufhebung des Edikts von Nantes emigrierte, nicht etwa nur nach Ländern minder entwickelter Wirtschaft, sondern nachweislich gerade auch nach Holland, wo die Kapitalverwertung, wie ich schon bemerkt habe, teils anders instradiert, teils, wenn auch nur in bestimmten Schichten, zugunsten von Rentengenuß, sozialer Ostentation und einem dementsprechenden Verbrauch erschlafft war, seine typischen gewerblichen Qualitäten exportierte. Daß in den Nordstaaten der Vereinigten Staaten die Art der bürgerlich-kapitalistischen Entwicklung nicht in ganz spezifischer Weise auf ihrem ebenfalls ganz spezifisch puritanisch bedingten Lebensstil beruht habe, dies zu behaupten ist R.s *Kritik* (anders: seine Replik) vorbehalten geblieben. Die gleiche Erscheinung in England gab er selbst, in der bei ihm üblichen verschwommenen Form, zu. Für Schottland haben schon die englischen Romantiker ganz den gleichen Zusammenhang erkannt.[9] Für Deutschland hatte Gothein diese Dinge bereits festgestellt, einige Beispiele habe ich hinzugefügt. Für Holland habe ich Gründe dafür angeführt, warum hier die, ich wiederhole: in ganz derselben Richtung wirkenden Kräfte des asketischen Protestantismus durch ein Knäuel von teilweise vorstehend erwähnten Ursachen, von denen ich mir übrigens nicht im entferntesten schmeichle, bisher auch nur die wesentlichsten angedeutet zu haben, in einem Maße gebrochen wurden[10], welches ungefähr der ja auch ziemlich bald eintretenden auffallen-

[9] Vergleiche z.B. den Brief von John Keats an seinen Bruder Thomas (3. Juli 1818): *Diese Kirchenmänner* haben Schottland in *Colonnen von Sparern und Gewinnern formiert* (Gegensatz gegen Irland, von wo aus er schreibt).

[10] Aber natürlich nicht durch die von mir in meinem Aufsatz erwähnte überwiegende Zugehörigkeit gewisser politischer Oberschichten zum Arminianismus oder doch zur Indifferenz. Denn entsprechendes findet sich anderwärts ganz ebenso und auch in Holland sind es diese Oberschichten, welche durch *Veradligung* ihres Vermögens (Ankäufe von Rittergütern, wie in England) aus dem kapitalistischen Getriebe (mindestens partiell) am meisten auszuscheiden trachteten. Daß übrigens R. angesichts meiner ausdrücklichen Bemerkung über den Arminianismus in meinem Aufsatz zu behaupten sich gestattete: diese allbekannten Dinge seien mir unbekannt gewesen und ähnliches noch jetzt, nachdem ich darauf hingewiesen habe, seinem Publikum zu wiederholen, angemessen findet, entspricht nur allem dem, – was ich nicht immer wieder über ihn sagen mag.

den Stagnation seiner kapitalistischen (ich spreche nicht etwa speziell von der kolonialen) Expansion entsprach.[11] All dies (entsprechend der ökonomischen Qualifikation bestimmter Sekten schon im Mittelalter) waren zum großen Teil schon seit dem 17. Jahrhundert bekannte, und von niemandem, der sich damit überhaupt befaßte, bisher bezweifelte Dinge. Und sie sind in der Tat auch auf keine Weise, am allerwenigsten – aus den schon oben erwähnten Gründen, – durch an sich natürlich eventuell historisch durchaus wertvolle Feststellungen wie die: daß es in Frankfurt, neben den calvinistischen, auch lutherische holländische Immigranten gab und dergleichen, zu erschüttern. Ich habe deshalb, wie ich schon bemerkte, an diese Dinge in meinem Aufsatz lediglich erinnert. Ich erinnere ebenso nochmals daran, daß die, ihrem inneren Wesen nach überhaupt asketisch-rationale Züge an sich tragenden russischen Schismatiker und Sektierer (das sind aber nicht etwa alle russischen Sekten), ganz ähnliche ökonomische Züge aufweisen, sobald ihre erste weltfremde Jugend überwunden ist. Das äußerste Extrem von Kombination geschäftlicher Qualifiziertheit mit ethischer *Weltablehnung* bildet – die Kastratensekte.

Bei dieser illustrativen Verwendung ganz bekannter Dinge mußte es (und muß es auch hier trotz R.s Schulmeisterei) bleiben. Und so nützlich und nötig für die historische Spezialanalyse der Entwicklung der einzelnen Gebiete die weitere Einzelforschung über das Kräftemaß der einzelnen Konfessionen ist, so nötig (vielmehr: wesentlich nötiger) die Vergleichung der Eigenart der Entwicklung der einzelnen vom asketischen Protestantismus beeinflußten Länder ist (welche ja erst über die Gründe des hervortretenden Unterschieds ihrer Entwicklung Aufschluß geben kann), – die wirklich dringendsten Fragen liegen, wenigstens für mich, anderswo. Zunächst natürlich in der sehr viel tiefer ins einzelne zu verfolgenden Differenzierung der Wirkungen calvinistischer, täuferischer, pietistischer Ethik auf den Lebensstil. Ferner in der eingehenden Untersuchung der Ansätze ähnlicher Entwicklungen im Mittelalter und im antiken Christentum, soweit die Arbeiten von Troeltsch hier noch Raum lassen. Dafür bedarf es aber der intensivsten Mitarbeit von Fachtheologen.[12]

[11] Damit kein Mißverständnis entstehe: Diese Stagnation hatte sicherlich sehr wesentlich politische (äußere und innere) Ursachen. Damit ist aber andererseits natürlich die Mitwirkung jener Gebrochenheit der asketischen Züge durchaus nicht ausgeschaltet. Ich kann diese Frage z. Zt. meinerseits in keinerlei Weise abschließend beantworten wollen, – und andere wohl auch nicht.

[12] Daß meine Versuche von einer Anzahl angesehener theologischer Kollegen nicht schlechthin interesselos und prinzipiell unfreundlich aufgenommen wurden, ist mir an sich schon eine reichliche Genugtuung im Interesse der Sache. Denn ich verstehe natürlich vollkommen, daß ihnen diese Art der Inbeziehungsetzung gewisser religiöser Motivationsreihen, welche ja das, religiös gewertet, Grobe und Äußerliche, gerade für innerlich religiös gestimmte Naturen an der Peripherie liegende, der eigentlich religiösen Inhalte sind, zu ihren Konsequenzen für das bürgerliche Leben als etwas erscheinen muß, was dem letzten Wertgehalt der betreffenden Religiositätsformen nicht gerecht wird. Das ist in der Tat so. Aber diese lediglich *soziologische* Arbeit (wie sie unter den

Dann in der Untersuchung, wie, von der ökonomischen Seite her gesehen, jene immer wieder sich zeigende, in stets anders gewendeter, aber doch offenbar immer ähnlich fundamentierter Art, hervortretende Wahlverwandtschaft des Bürgertums zu bestimmten Lebensstilen, darunter auch (nicht etwa: nur) zu gewissen Einzelbestandteilen religiöser Lebensstilisierungen, wie sie am konsequentesten der asketische Protestantismus bot, zu erklären ist. Sehr vieles einzelne ist von sehr vielen Seiten zu jenem allgemeineren Problem schon gesagt, aber sehr vieles und, wie ich glaube, gerade auch Grundsätzliches, bleibt zu sagen übrig.

Um wenigstens auf eine Frage, mit der R. mir gegenüber in der hilflosesten Weise herumhantiert, noch eine kurze Antwort zu geben: darauf nämlich, welche Figuren im Gesamtbilde des modernen Kapitalismus denn nun unbedingt nicht von der *innerweltlichen Askese* aus verstanden werden können und sollen, so bemerke ich: die Abenteurer der kapitalistischen Entwicklung, – den Begriff des *Abenteuers* hier im gleichen Sinn genommen, wie ihn G. Simmel kürzlich in einem hübschen kleinen Essay präzisiert hat. Ihre wirtschaftsgeschichtliche Bedeutung ist innerhalb der Geschichte gerade auch (aber nicht nur) des Frühkapitalismus bekanntlich äußerst bedeutend, – und dennoch kann man die Entwicklung zur zunehmenden Herrschaft des Kapitalismus über das gesamte Wirtschaftsleben in gewissem Sinn und cum grano salis annähernd gleichsetzen der Entwicklung vom ökonomischen Gelegenheitsprofit zu einem ökonomischen System; und die Genesis des kapitalistischen *Geistes*, in meinem Sinne des Wortes, der Entwicklung von der Romantik des ökonomischen Abenteuers zur rationalen ökonomischen Lebensmethodik.[13]

Und wenn schließlich jemand auch noch von mir zu wissen begehrte: welches denn das vermutliche Schicksal der kapitalistischen Entwicklung (als Wirtschaftssystem) gewesen wäre, wenn wir uns die Entfaltung der spezifisch modernen Elemente des kapitalistischen *Geistes* fortdenken, – wie er innerlich, hat auch darüber Rachfahl einige m. E. recht leichtfertige Bemerkungen hingeworfen – so kann man gewissenhafterweise darauf natürlich in summa nur antworten: Das wissen wir nicht. Aber es darf an die großen Züge der Entwick-

Theologen selbst vornehmlich Troeltsch betreibt) muß eben auch geleistet werden. Am besten gewiß durch die Fachleute selbst, denen wir Außenstehende nur vielleicht auf unserem Wege und mit unserer Betrachtungsweise hie und da einige auch sie interessierende Möglichkeiten von Problemstellungen nahebringen können, mögen sie sich nun zu unseren eigenen Versuchen zustimmend oder kritisch verhalten. Dies tun zu können war meine Hoffnung und von jenen Seiten, nicht aber von solchen gelegentlich dilettantisch hineinpfuschenden Klopffechtern wie R., erwarte ich fruchtbare und belehrende Kritik.

[13] Dies bedürfte natürlich der näheren Interpretation, die ich hier beiläufig nicht geben kann. Ein, rein objektiv betrachtet, noch so waghalsiges Unternehmer-Risiko bedeutet, wenn es ein durch die *Sache* gegebener Bestandteil eines rational kalkulierten Geschäftes ist, durchaus kein *Abenteuer*.

lung erinnert werden, für solche Nichtfachleute wenigstens, welche von dem populären Irrtum, daß bestimmte technische *Errungenschaften* die eindeutige Ursache der kapitalistischen Entwicklung gewesen seien, meist nicht ganz loskommen: Der Kapitalismus des Altertums entfaltete sich ohne technischen *Fortschritt,* ja man kann geradezu sagen: gleichzeitig mit dem Aufhören technischer Fortschritte. Die technischen Mehrleistungen des kontinentalen Mittelalters sind an Bedeutung für die Möglichkeit der modernen kapitalistischen Entwicklung nicht gering, aber freilich kein entscheidender *Entwicklungsreiz.* An objektiven Faktoren zählen letztlich bestimmte klimatische, die Lebensführung und die Arbeitskosten beeinflussende Momente, daneben solche, welche durch die zum erheblichen Teil durch den Binnen-Kultur-Charakter des Mittelalters (relativ, im Verhältnis zum Altertum, gesprochen) bedingte politisch-soziale Organisation der mittelalterlichen Gesellschaft und den daraus folgenden spezifischen Charakter der mittelalterlichen, speziell der binnenländischen Stadt und ihres Bürgertums erzeugt wurden, zu den wichtigsten der historischen Vorbedingungen (s. meinen schon zitierten Artikel im H. W. B. d. St. W.). Dazu treten gewisse, gegenüber dem Altertum zwar vielleicht nicht absolut, aber doch der Struktur, Verbreitung und Bedeutung nach neue Organisationsformen im Gewerbe (Hausindustrie) als spezifisch ökonomisches Moment. Der große Entwicklungsprozeß, der zwischen den spätmittelalterlichen, noch immer höchst labilen, kapitalistischen Entwicklungsvorgängen und der, für den heutigen Kapitalismus entscheidenden, Mechanisierung der Technik liegt, ist durch die Schaffung gewisser wichtiger objektiv-politischer und objektiv-ökonomischer Vorbedingungen für diese letztere ausgefüllt, vor allem aber durch die Schaffung und Vorbereitung des rationalistischen und antitraditionalistischen *Geistes* und des ganzen Menschentums, welches ihn praktisch in sich aufnahm: Die Geschichte der modernen Wissenschaft und ihrer erst in der Neuzeit entwickelten praktischen Beziehungen zur Wirtschaft einerseits, die Geschichte der modernen Lebensführung in ihrer praktischen Bedeutung für dieselbe anderseits, haben darüber die Hauptaufschlüsse zu geben. Von der letzteren Komponente ist in meinen Aufsätzen die Rede gewesen und sollte noch weiter die Rede sein. Die Entwicklung der praktisch-rationalen Methodik der Lebensführung ist selbstverständlich etwas von der Entwicklung des wissenschaftlichen Rationalismus grundverschiedenes, mit ihm durchaus nicht einfach gegebenes: die ersten Grundlagen der modernen Naturwissenschaft sind katholischen Gebieten und Köpfen entsprungen, und erst die methodische Inbeziehungsetzung der Wissenschaft zu praktischen Zwecken ist vornehmlich *protestantisch,* ebenso wie gewisse spezifische, für die Methodik wichtige Denkprinzipien, eine Art von Verwandtschaft mit protestantischer Denkweise gehabt zu haben scheinen (das Nähere führt zu weit). – Daß es gänzlich irrig wäre, die – noch so strenge – *Gläubigkeit* als solche, in der damaligen Zeit ebenso wie später, als Hindernis der Entwicklung der empirischen Wissenschaften anzusehen, beweisen insbesondere die meisten englischen Heroen der Naturwissenschaft, vom 17. Jahrhundert bis zu Faraday und Maxwell, (von denen einer bekanntlich noch im 19. Jahrhundert in der Kirche seiner Sekte gepredigt hat). Die praktische, und zwar nicht nur gelegentliche, sondern methodische Einbeziehung der Naturwissenschaft in den Dienst der Wirtschaft ist einer der Schlußsteine jener Entwicklung der *Lebensmethodik* überhaupt, zu welcher sowohl bestimmte Einflüsse der Renaissance, wie der Reformation, insbesondere in der von mir (bruchstückweise) beschriebenen Wendung, entscheidend beigetragen haben. Fragt man mich nun aufs Gewissen, wie hoch ich denn nun die Bedeutung, speziell dieses letzteren Momentes veranschlage, so antworte ich, nach stets aufs Neue wiederholter, gewissenhafter Überlegung lediglich: nach meiner Ansicht sehr hoch. Daß es *ziffernmäßige* Teilungsschlüssel bei der historischen Zurechnung nicht gibt, liegt nicht an mir. – Genug und übergenug. Vor der Masse des *Publikums,* welchem ja wirklich nicht zugemutet werden kann, weil es eine schlechthin verständnislose und der Sache nach illoyale *Kritik* gelesen hat, nun auch die *kritisierte* Arbeit selbst eingehend zu lesen, behalten jene Art von Klopffechter-Naturen, zu denen Rachfahl als *Kritiker* gehört (dies wenigstens habe ich, denke ich, nachgewiesen) stets recht. Daß einem Ordinarius der Geschichte es passiert sein könne, zumal bei dieser Sicherheit des Auftretens, die ganze Frage, um die es sich handelt, infolge einer maßlos oberflächlichen Lektüre de parti pris fundamental mißzuverstehen und daß er dann nicht die geeigneten Qualitäten in sich aufbringen sollte, um dies *einzugestehen*, wenn man es ihm zeigt, – dies wird sicher von Leuten, welche den Gegenstand nicht genau kennen, schwer geglaubt werden. Das ändert freilich nichts daran, daß dem eben leider doch so ist, und daß ich dies habe beweisen können[14], zu meinem Bedauern auf Kosten des Raumes dieser Zeitschrift, welcher für notwendig – durch die ausschließliche Schuld des *Kritikers* – sterile Polemiken nicht so im Überfluß bereitstehen kann, wie, anscheinend, derjenige der *Internationalen Wochenschrift.*

[14] Wenn man seine früheren Äußerungen mit seinen jetzigen vergleicht, wird man freilich wohl auf die Vermutung kommen, daß die letzteren mehr eine Art *Strafe* für mein freilich sehr respektwidriges Verhalten bedeuten, als irgend etwas anderes.

Wirtschaftsethik der Weltreligionen I[1]

Einleitung

Unter *Weltreligionen* werden hier, in ganz wertfreier Art, jene fünf religiösen oder religiös bedingten Systeme der Lebensreglementierung verstanden, welche besonders große Mengen von Bekennern um sich zu scharen gewußt haben: die konfuzianische, hinduistische, buddhistische, christliche, islamitische religiöse Ethik. Ihr tritt als sechste mitzubehandelnde Religion das Judentum hinzu, sowohl weil es für jedes Verständnis der beiden zuletzt genannten Weltreligionen entscheidende geschichtliche Voraussetzungen enthält, als wegen seiner teils wirklichen, teils angeblichen historischen Eigenbedeutung für die Entfaltung der modernen Wirtschaftsethik des Okzidentes, die in neuester Zeit mehrfach erörtert wurde. Andere Religionen werden nur soweit herangezogen, als für den historischen Zusammenhang unentbehrlich ist. Für das Christentum wird zunächst auf die früher erschienenen, in dieser Sammlung vorangestellten, Aufsätze Bezug genommen, deren Kenntnis vorausgesetzt werden muß.

Was unter *Wirtschaftsethik* einer Religion verstanden ist, ergibt hoffentlich die Darstellung selbst in ihrem Verlaufe zunehmend deutlich. Nicht die ethische

[1] Erschienen im Jafféschen Archiv für Sozialwissenschaft Bd. 41-46 (1915-19) in Einzelteilen; die ersten Partien unverändert so, wie sie zwei Jahre vorher niedergeschrieben und Freunden vorgelesen waren. Einziehung zum Dienst machte es damals unmöglich, den wissenschaftlichen *Apparat*, wie beabsichtigt, beizufügen; an seiner Stelle wurden kurze Hinweise auf die Literatur bei Beginn jedes Abschnittes beigegeben. Daher auch die verschieden eingehende Behandlung der einzelnen Gebiete. Wenn die Aufsätze trotzdem damals gedruckt wurden, so lag der Grund darin, daß es unmöglich schien, nach dem Ende des Krieges, der für jeden eine Lebensepoche bedeutete, auf Gedankenreihen früherer Zeit zurückzukommen. Die Aufsätze waren nebenbei auch bestimmt, gleichzeitig mit der im *Grundriß* der Sozialökonomik enthaltenen Abhandlung über *Wirtschaft und Gesellschaft* zu erscheinen, den religionssoziologischen Abschnitt zu interpretieren und zu ergänzen (allerdings auch in vielen Punkten durch ihn interpretiert zu werden). Dieser Aufgabe aber schienen sie auch in ihrem damaligen Zustand dienen zu können. Was ihnen infolge ihres notgedrungen skizzenhaften Charakters und der ungleichmäßigen Ausführlichkeit der Darstellungen an Eigenwert abging, werden sicherlich künftig die Arbeiten anderer wesentlich besser bringen, als es mir möglich gewesen wäre. Denn in irgendeinem Sinn ein *Abschluß* zu sein, hätten ja auch in ihrer fertigen Form solche Abhandlungen nie beanspruchen dürfen, bei welchen der Verfasser auf übersetzte Quellen angewiesen ist. Auch in ihrer jetzigen Form können sie aber vielleicht zur Ergänzung der Problemstellungen der Religions-, und hie und da wohl auch der Wirtschafts-Soziologie, in einigen Punkten nützlich sein. Ich habe bei der jetzigen gesammelten Herausgabe gesucht, neben der Beseitigung einiger kleinerer Versehen auch die starken Unvollkommenheiten der Darstellung, namentlich der chinesischen Verhältnisse, soweit zu bessern, als es dem Nichtfachmann nach Lage des ihm zugänglichen Materials möglich ist, und die Quellenzitate etwas vervollständigt.

Theorie theologischer Kompendien, die nur als ein (unter Umständen allerdings wichtiges) Erkenntnismittel dient, sondern die in den psychologischen und pragmatischen Zusammenhängen der Religionen gegründeten praktischen Antriebe zum Handeln sind das, was in Betracht kommt. So skizzenhaft die nachfolgende Darstellung ist, so wird sie doch erkennen lassen, welch ein kompliziertes Gebilde eine konkrete Wirtschaftsethik und wie überaus vielseitig sie bedingt zu sein pflegt. Es wird sich ferner auch hier zeigen, daß äußerlich ähnliche ökonomische Organisationsformen mit einer sehr verschiedenen Wirtschaftsethik vereinbar sind und je nach deren Eigenart dann sehr verschiedene historische Wirkungen zeitigen. Eine Wirtschaftsethik ist keine einfache *Funktion* wirtschaftlicher Organisationsformen, ebensowenig wie sie umgekehrt diese eindeutig aus sich heraus prägt.

Keine Wirtschaftsethik ist jemals nur religiös determiniert gewesen. Sie besitzt selbstverständlich ein im höchsten Maß durch wirtschaftsgeographische und geschichtliche Gegebenheiten bestimmtes Maß von reiner Eigengesetzlichkeit gegenüber allen durch religiöse oder andere (in diesem Sinn:) *innerliche* Momente bedingten Einstellungen des Menschen zur Welt. Aber allerdings: Zu den Determinanten der Wirtschaftsethik gehört als eine – wohlgemerkt: nur eine – auch die religiöse Bestimmtheit der Lebensführung. Diese selbst aber ist natürlich wiederum innerhalb gegebener geographischer, politischer, sozialer, nationaler Grenzen durch ökonomische und politische Momente tief beeinflußt. Es wäre ein Steuern ins Uferlose, wollte man diese Abhängigkeiten in allen ihren Einzelheiten vorführen. In diesen Darlegungen kann es sich daher nur um den Versuch handeln, jeweils die richtunggebenden Elemente der Lebensführung derjenigen sozialen Schichten herauszuschälen, welche die praktische Ethik der betreffenden Religion am stärksten bestimmend beeinflußt und ihr die charakteristischen – d.h. hier: die sie von anderen unterscheidenden und zugleich für die Wirtschaftsethik wichtigen – Züge aufgeprägt haben. Das muß nun durchaus nicht immer eine Schicht allein sein. Auch können im Lauf der Geschichte die, in jenem Sinne: maßgebenden Schichten wechseln. Und nie ist dieser Einfluß einer einzelnen Schicht ein exklusiver. Aber es lassen sich für die einzelnen gegebenen Religionen doch meist Schichten angeben, deren Lebensführung wenigstens vornehmlich bestimmend gewesen ist. Um einige solche Beispiele vorwegzunehmen, so war der Konfuzianismus die Standesethik einer literarisch gebildeten, weltlich-rationalistischen Pfründnerschaft. Wer nicht zu dieser Bildungsschicht gehörte, zählte nicht mit. Die religiöse (oder wenn man will: irreligiöse) Standesethik dieser Schicht hat die chinesische Lebensführung weit über jene selbst hinaus bestimmt. – Der ältere Hinduismus wurde dagegen getragen von einer erblichen Kaste literarisch Gebildeter, die, jedem Amt fremd, als eine Art ritualistischer Seelsorger der Einzelnen und der Gemeinschaften fungierten und, als fester Orientierungsmittelpunkt der ständischen Gliederung, die soziale

Ordnung prägten. Nur vedisch gebildete Brahmanen waren als Träger der Tradition der vollwertige religiöse Stand. Erst später trat ein nicht brahmanischer Asketenstand ihnen konkurrierend zur Seite, und noch später, im indischen Mittelalter, trat im Hinduismus die inbrünstige sakramentale Heilands-Religiosität der unteren Schichten mit plebejischen Mystagogen auf den Plan. – Der Buddhismus wurde von heimatlos wandernden, streng kontemplativen und weltablehnenden Bettelmönchen propagiert. Im vollen Sinne waren nur sie Zugehörige der Gemeinde, alle andern blieben religiös minderwertige Laien: Objekte, nicht Subjekte der Religiosität. – Der Islam war in seiner ersten Zeit eine Religion welterobernder Krieger, eines Ritterordens von disziplinierten Glaubenskämpfern, nur ohne die sexuelle Askese der christlichen Nachbildungen in der Kreuzzugszeit. Im islamischen Mittelalter aber erlangte der kontemplativ-mystische Sufismus, und aus ihm hervorwachsend das Bruderschaftswesen des Kleinbürgertums nach Art der christlichen Tertiarier, nur weit universeller entwickelt, eine mindestens ebenbürtige Rolle, unter der Führung von plebejischen Technikern der Orgiastik. – Das Judentum war, seit dem Exil, die Religion eines bürgerlichen *Pariavolkes* – wir werden die prägnante Bedeutung des Ausdruckes seinerzeit kennen lernen – und geriet im Mittelalter unter die Führung einer ihm eigentümlichen literarisch-ritualistisch geschulten Intellektuellenschicht, welche eine zunehmend proletaroide, rationalistische Kleinbürgerintelligenz repräsentierte. – Das Christentum endlich begann seinen Lauf als eine Lehre wandernder Handwerksburschen. Es war und blieb eine ganz spezifisch städtische, vor allem: bürgerliche, Religion in allen Zeiten seines äußeren und inneren Aufschwungs, in der Antike ebenso wie im Mittelalter und im Puritanismus. Die Stadt des Okzidentes in ihrer Einzigartigkeit gegenüber allen andern Städten und das Bürgertum in dem Sinne, in welchem es überhaupt nur dort in der Welt entstanden ist, war sein Hauptschauplatz, für die antike pneumatische Gemeindefrömmigkeit ebenso wie für die Bettelorden des hohen Mittelalters und für die Sekten der Reformationszeit bis zum Pietismus und Methodismus hin.

Nun ist es in gar keiner Weise etwa die These der nachfolgenden Darlegungen: daß die Eigenart einer Religiosität eine einfache Funktion der sozialen Lage derjenigen Schicht sei, welche als ihr charakteristischer Träger erscheine, etwa nur deren *Ideologie* oder eine *Widerspiegelung* ihrer materiellen oder ideellen Interessenlage darstelle. Im Gegenteil wäre ein gründlicheres Mißverständnis des Standpunktes dieser Erörterungen kaum möglich als gerade eine solche Deutung. Wie tiefgreifend auch immer die ökonomisch und politisch bedingten sozialen Einflüsse auf eine religiöse Ethik im Einzelfalle waren, – primär empfing diese ihr Gepräge doch aus religiösen Quellen. Zunächst: aus dem Inhalt ihrer Verkündigung und Verheißung. Und wenn diese nicht selten schon in der nächsten Generation grundstürzend umgedeutet, weil den Bedürfnissen der Gemeinde angepaßt wurden, so doch eben in aller Regel wiederum zunächst: deren religiösen Bedürfnissen. Erst sekundär konnten andere Interessensphären, oft freilich recht nachdrücklich und zuweilen ausschlaggebend, einwirken. Wir werden uns überzeugen, daß zwar für jede Religion der Wandel der sozial ausschlaggebenden Schichten tiefgreifende Bedeutung zu haben pflegte, daß aber andrerseits der einmal geprägte Typus einer Religion seinen Einfluß ziemlich weitgehend auch auf die Lebensführung sehr heterogener Schichten auszuüben pflegte.

Man hat die Zusammenhänge zwischen religiöser Ethik und Interessenlage in verschiedener Art so zu interpretieren gesucht, daß die erstere nur als eine *Funktion* der letzteren erschien. Nicht nur im Sinn des sog. historischen Materialismus, – was wir hier nicht erörtern, – sondern auch rein psychologisch.

Eine ganz allgemeine, gewissermaßen abstrakte, Klassengebundenheit der religiösen Ethik könnte aus der seit Fr. Nietzsches glänzendem Essay bekannten, seitdem auch von Psychologen mit Geist behandelten Theorie vom *Ressentiment* abgeleitet werden. Wenn die ethische Verklärung des Erbarmens und der Brüderlichkeit ein ethischer *Sklavenaufstand* der, sei es in ihren natürlichen Anlagen, sei es in ihren schicksalsbedingten Lebenschancen, Benachteiligten war, und also die Ethik der *Pflicht* ein Produkt *verdrängter,* weil ohnmächtiger, Rache-Empfindungen des zu Arbeit und Gelderwerb verdammten Banausen gegen die Lebensführung des pflichtfrei lebenden Herrenstandes, – dann ergäbe dies offensichtlich für die wichtigsten Probleme in der Typologie der religiösen Ethik eine sehr einfache Lösung. Allein so glücklich und fruchtbar die Aufdeckung der psychologischen Bedeutung des Ressentiment an sich war, so große Vorsicht ist bei der Abschätzung seiner sozialethischen Tragweite geboten.

Über die Motive, welche die verschiedenen Arten ethischer *Rationalisierung* der Lebensführung rein als solche bestimmten, wird später oft zu sprechen sein. Sie hat mit Ressentiment meist durchaus nichts zu tun.

Was aber die Wertung des Leidens in der religiösen Ethik betrifft, so ist diese unzweifelhaft einem typischen Wandel unterworfen gewesen, der, richtig verstanden, ein gewisses Recht jener von Nietzsche zuerst durchgeführten Theorie bedeutet. Die urwüchsige Stellungnahme zum Leiden äußerte sich plastisch vor allem in der Behandlung derer, die durch Krankheit oder andere hartnäckige Unglücksfälle verfolgt waren, bei den religiösen Feiern der Gemeinschaft. Der dauernd Leidende, Trauernde, Kranke oder sonst Unglückliche war, je nach der Art seines Leidens, entweder von einem Dämon besessen oder mit dem Zorn eines Gottes belastet, den er beleidigt hatte. Ihn in ihrer Mitte zu dulden konnte für die kultische Gemeinschaft Nachteile zur Folge haben. Jedenfalls durfte er an den Kultmahlen und Opfern nicht teilnehmen. Denn sein Anblick erfreute die Götter nicht und konnte ihren Zorn erregen. Die Opfermahle waren Stätten der Fröhlichen – selbst in Jerusalem in der Zeit der Belagerung.

Mit dieser Behandlung des Leidens als eines Symptoms des Gottverhaßtseins und geheimer Schuld kam die Religion psychologisch einem sehr allgemeinen Bedürfnis entgegen. Der Glückliche begnügt sich selten mit der Tatsache des Besitzes seines Glückes. Er hat darüber hinaus das Bedürfnis: auch noch ein Recht darauf zu haben. Er will überzeugt sein, daß er es auch *verdiene;* vor allem: im Vergleich mit andern verdiene. Und er will also auch glauben dürfen: daß dem minder Glücklichen durch den Nichtbesitz des gleichen Glückes ebenfalls nur geschehe, was ihm zukommt. Das Glück will *legitim* sein. Wenn man unter dem allgemeinen Ausdruck: *Glück* alle Güter der Ehre, der Macht, des Besitzes und Genusses begreift, so ist dies die allgemeinste Formel für jenen Dienst der Legitimierung, welchen die Religion dem äußeren und inneren Interesse aller Herrschenden, Besitzenden, Siegenden, Gesunden, kurz: Glücklichen, zu leisten hatte: die Theodizee des Glückes. Sie ist in höchst massiven *(pharisäischen)* Bedürfnissen der Menschen verankert und daher leicht verständlich, wenn auch in ihrer Wirkung oft nicht genügend beachtet.

Verschlungener sind dagegen die Wege, welche zur Umkehrung dieses Standpunktes: zur religiösen Verklärung des Leidens also, führten. Primär wirkte die Erfahrung, daß das Charisma ekstatischer, visionärer, hysterischer, kurz: aller jener außeralltäglichen Zuständlichkeiten, welche als *heilig* gewertet wurden und deren Hervorrufung deshalb Gegenstand der magischen Askese bildete, geweckt oder doch begünstigt wurde durch zahlreiche Arten von Kasteiungen und Enthaltungen sowohl von der normalen Ernährung und vom Schlaf wie vom Sexualverkehr. Das Prestige dieser Kasteiungen war Folge der Vorstellung, daß gewisse Arten von Leiden und durch Kasteiung provozierten abnormen Zuständen, Wege zur Erlangung übermenschlicher: magischer, Kräfte seien. Die alten Tabu-Vorschriften und die Enthaltungen im Interesse kultischer Reinheit: Konsequenzen des Dämonenglaubens, wirkten in gleicher Richtung. Dazu trat aber dann als selbständiges und neues die Entwicklung der *Erlösungs*-Kulte, welche dem individuellen Leiden gegenüber eine prinzipiell neue Stellung einnahmen. Der urwüchsige Gemeinschaftskult, vor allem derjenige der politischen Verbände, ließ alle individuellen Interessen aus dem Spiel. Der Stammesgott, Lokalgott, Stadtgott, Reichsgott kümmerte sich nur um Interessen, welche die Gesamtheit angingen: Regen und Sonnenschein, Jagdbeute, Sieg über die Feinde. An ihn wendete sich also die Gesamtheit als solche im Gemeinschaftskult. Zur Abwendung oder Beseitigung von Übeln, die den Einzelnen betrafen, – vor allem: Krankheit –, wendete dieser sich nicht an den Kult der Gemeinschaft, sondern als Einzelner an den Zauberer, den ältesten individuellen *Seelsorger*. Das Prestige einzelner Magier und jener Geister oder Götter, in deren Namen sie ihre Wunder taten, schuf ihnen Zulauf ohne Rücksicht auf die lokale oder Stammeszugehörigkeit und dies führte unter günstigen Umständen zu einer von den ethnischen Verbänden unabhängigen *Gemeinde*-Bildung. Manche – nicht: alle – *Mysterien* lenkten in diese Bahn ein. Errettung der Einzelnen als Einzelner aus

Krankheit, Armut und allen Arten von Not und Gefahr war ihre Verheißung. Der Magier wandelte sich so zum Mystagogen: Erbliche Dynastien von solchen oder aber eine Organisation geschulten Personals mit einem nach irgendwelchen Regeln bestimmten Haupt entwickelten sich, wobei dieses Haupt entweder selbst als Inkarnation eines übermenschlichen Wesens oder nur als Verkünder und Vollstrecker seines Gottes: als Prophet, gelten konnte. Damit war eine religiöse Gemeinschaftsveranstaltung für individuelles *Leiden* als solches und für *Erlösung* davon entstanden. Die Verkündigung und Verheißung wendete sich nun naturgemäß an die Massen derjenigen, welche der Erlösung bedurften. Sie und ihre Interessen traten in den Mittelpunkt des berufsmäßigen Betriebes der *Seelsorge,* welche erst damit recht eigentlich entstand. Feststellung, wodurch das Leiden verschuldet sei: Beichten von *Sünden,* d. h. zunächst: Verstößen gegen rituelle Gebote, und Beratung: durch welches Verhalten es beseitigt werden könne, wurden jetzt die typische Leistung von Magiern und Priestern. Ihre materiellen und ideellen Interessen konnten damit in der Tat zunehmend in den Dienst spezifisch plebejischer Motive treten. Einen weiteren Schritt auf dieser Bahn bedeutete es, wenn daraus unter dem Druck typischer und immer wiederkehrender Not eine *Heilands*-Religiosität sich entwickelte. Sie setzte einen Erlöser-Mythos, also eine (mindestens: relativ) rationale Weltbetrachtung voraus, zu deren wichtigstem Gegenstand wiederum das Leiden wurde. Ansatzpunkte dazu bot sehr häufig die primitive Naturmythologie. Die Geister, welche das Kommen und Gehen der Vegetation und den Gang der für die Jahreszeiten wichtigen Gestirne beherrschten, wurden die bevorzugten Träger der Mythen vom leidenden, sterbenden, wiederauferstehenden Gott, welcher nun auch den Menschen in der Not die Wiederkehr diesseitigen oder die Sicherheit jenseitigen Glückes verbürgte. Oder eine volkstümlich gewordene Gestalt aus der Heldensage – wie Krischna in Indien – wurde, ausgestattet mit Kindheits-, Liebes- und Kampfmythen, zum Gegenstand eines brünstigen Heilandskultes. Bei einem politisch bedrängten Volk, wie den Israeliten, haftete der Heilands(Moschuach-) Name zuerst an den von der Heldensage überlieferten Rettern aus politischer Not (Gideon, Jephtah), und bestimmte von da aus die *messianischen* Verheißungen. Bei diesem Volk, und in dieser Konsequenz nur hier, wurde – unter sehr besonderen Bedingungen – das Leiden einer Volksgemeinschaft, nicht das des Einzelnen, Gegenstand religiöser Erlösungshoffnungen. Die Regel war: daß der Heiland zugleich individuellen und universellen Charakter trug: das Heil für den Einzelnen und für jeden Einzelnen, der sich an ihn wendete, zu verbürgen bereit war. – Die Gestalt des Heilands konnte verschiedener Prägung sein. In der Spätform der zarathustrischen Religion, mit ihren zahlreichen Abstraktionen, übernahm eine rein konstruierte Figur in der Heilsökonomie die Rolle des Mittlers und Retters. Oder gerade umgekehrt: Eine durch Wunder und visionäres Wiedererscheinen legitimierte historische Person stieg zum Heiland auf. Für die Realisierung der sehr verschiedenen Möglichkeiten waren rein historische Momente maßgebend.

Fast immer entstand aber aus den Erlösungshoffnungen irgend eine Theodizee des Leidens.

Die Verheißungen der Erlösungsreligionen blieben zwar zunächst nicht an ethische, sondern an rituelle Vorbedingungen geknüpft, wie etwa die diesseitigen und jenseitigen Vorteile der eleusinischen Mysten an rituelle Reinheit und das Anhören der eleusinischen Messe. Aber die zunehmende Rolle, welche jene Spezialgötter, in deren Obhut der Rechtsgang stand, mit zunehmender Bedeutung des Rechts spielten, verlieh diesen die Aufgabe des Schutzes der überlieferten Ordnung: der Bestrafung des Unrechtes und Belohnung des Gerechten. Und wo eine Prophetie die religiöse Entwicklung bestimmend beeinflußte, trat naturgemäß stets die *Sünde,* nicht mehr nur als magischer Verstoß, sondern vor allem als: Unglaube gegen den Propheten und seine Gebote, in der Rolle des Grundes von Unglück aller Art auf. Nun war der Prophet selbst zwar keineswegs regelmäßig ein Sprößling oder ein Repräsentant gedrückter Klassen. Wir werden sehen, daß das Gegenteil nahezu die Regel bildete. Und auch der Inhalt seiner Lehre entstammte keineswegs überwiegend ihrem Vorstellungskreis. Aber allerdings waren es in der Regel nicht die Glücklichen, Besitzenden, Herrschenden, welche eines Erlösers und Propheten bedurften, sondern die Bedrückten oder mindestens die von Not Bedrohten. Eine prophetisch verkündete Heilands-Religiosität hatte daher in der großen Mehrzahl der Fälle ihre dauernde Stätte vorzugsweise in den minder begünstigten sozialen Schichten, welchen sie die Magie entweder ganz ersetzte oder doch rational ergänzte. Und wo die Verheißungen des Propheten oder Heilandes selbst den Bedürfnissen der sozial minder Begünstigten nicht hinlänglich entgegenkamen, da entwickelte sich aus ihnen mit großer Regelmäßigkeit eine sekundäre Erlösungsreligiosität der Massen unterhalb der offiziellen Lehre. Der im Heilandsmythos im Keime vorgebildeten rationalen Weltbetrachtung aber fiel eben deshalb in aller Regel die Aufgabe zu, eine rationale Theodizee des Unglücks zu schaffen. Zugleich aber versah sie das Leiden als solches nicht selten mit einem ihm ursprünglich ganz fremden positiven Wertvorzeichen.

Das freiwillig, durch Selbstkasteiung, geschaffene Leid hatte bereits mit der Entwicklung der ethischen, strafenden und belohnenden, Gottheiten seinen Sinn gewechselt. Wenn ursprünglich der magische Geisterzwang der Gebetsformel durch die Selbstkasteiung – als Quelle charismatischer Zustände – gesteigert wurde, so blieb dies in den Gebetskasteiungen und den kultischen Abstinenzvorschriften erhalten, auch nachdem aus der magischen Geisterzwangsformel eine Bitte an einen Gott um Erhörung geworden war. Dazu trat nun die Bußkasteiung als ein Mittel, durch Reue den Zorn der Götter zu beschwichtigen und die verwirkten Strafen durch Selbstbestrafung abzuwenden. Auch jene zahlreichen Abstinenzen, welche der Totentrauer, anfänglich (besonders klar in China) zur Abwendung des Neides und Zornes des Toten, anhafteten, übertrugen sich nun leicht auf die Beziehungen zu den betreffenden Göttern überhaupt, und ließen Selbstkasteiung und schließlich auch die Tatsache des ungewollten Entbehrens rein als solche als gottwohlgefälliger erscheinen, als den unbefangenen Genuß der Güter der Erde, der die Genießenden dem Einfluß des Propheten oder Priesters unzugänglicher machte.

Eine gewaltige Steigerung aber erfuhr die Macht dieser Einzelmomente unter Umständen durch das mit zunehmender Rationalität der Weltbetrachtung zunehmende Bedürfnis nach einem ethischen *Sinn* der Verteilung der Glücksgüter unter den Menschen. Die Theodizee stieß dabei mit zunehmender Rationalisierung der religiös-ethischen Betrachtung und Ausschaltung der primitiven magischen Vorstellungen auf steigende Schwierigkeiten. Allzu häufig war individuell *unverdientes* Leid. Und keineswegs nur nach einer *Sklavenmoral,* sondern auch an den eigenen Maßstäben der Herrenschicht gemessen, waren es allzu oft nicht die Besten, sondern die *Schlechten,* denen es am besten geriet. Vorgetane individuelle Sünde des Einzelnen in einem früheren Leben (Seelenwanderung), oder Schuld der Vorfahren, die bis ins dritte und vierte Glied gerächt wird, oder – am prinzipiellsten – die Verderbtheit alles Kreatürlichen als solchen standen als Erklärungen des Leidens und der Ungerechtigkeit, Hoffnungen auf ein künftiges besseres Leben innerhalb der Welt für den Einzelnen (Seelenwanderung) oder für die Nachfahren (messianisches Reich) oder im Jenseits (Paradies) als Verheißungen zum Ausgleich zu Gebote. Die metaphysische Vorstellung über Gott und Welt, welche das unausrottbare Bedürfnis nach der Theodizee hervorrief, vermochte gleichfalls nur wenige, – im ganzen, wie wir sehen werden, nur drei – Gedankensysteme zu erzeugen, welche rational befriedigende Antworten auf die Frage nach dem Grunde der Inkongruenz zwischen Schicksal und Verdienst gaben: die indische Karmanlehre, den zarathustrischen Dualismus und das Prädestinationsdekret des Deus absconditus. Diese rational geschlossensten Lösungen aber traten nur ganz ausnahmsweise in reiner Form auf.

Das rationale Bedürfnis nach der Theodizee des Leidens – und: des Sterbens – hat außerordentlich stark gewirkt. Es hat Religionen wie den Hinduismus, den Zarathustrismus, das Judentum, in gewissem Umfang auch das paulinische und spätere Christentum in wichtigen Charakterzügen geradezu geprägt. Noch 1906 antwortete von einer gegebenen (recht beträchtlichen) Zahl Proletarier auf die Frage nach dem Grunde ihres Unglaubens nur die Minderzahl mit Folgerungen aus modernen naturwissenschaftlichen Theorien, die Mehrzahl aber mit dem Hinweis auf die *Ungerechtigkeit* der diesseitigen Weltordnung, – freilich wohl wesentlich deshalb, weil sie an den innerweltlichen revolutionären Ausgleich glaubten.

Die Theodizee des Leidens konnte durch Ressentiment gefärbt sein. Aber das Bedürfnis nach dem Ausgleich der Unzulänglichkeit des Diesseits-Schicksales nahm nicht nur nicht immer, sondern nicht einmal der Regel nach die Färbung des Ressentiments als maßgebenden Grundzug an. Der Glaube, daß es dem Ungerechten gerade deshalb gut in der diesseitigen Welt gehe, weil ihm die Hölle, den Frommen aber die ewige Seligkeit vorbehalten sei, und daß deshalb die immerhin auch von diesen gelegentlich begangenen Sünden im Diesseits abgebüßt werden müßten, lag gewiß dem Rache-Bedürfnis besonders nahe. Aber man kann sich leicht überzeugen, daß selbst diese zuweilen auftretende Vorstellungsweise durchaus nicht immer durch Ressentiment bedingt, und daß sie vor allem keineswegs immer das Produkt sozial bedrückter Schichten war. Wir werden sehen, daß es nur wenige, darunter nur ein voll ausgeprägtes Beispiel einer wirklich durch Ressentiment in wesentlichen Zügen mitbestimmten Religiosität gegeben hat. Richtig ist nur, daß allerdings das Ressentiment als ein Einschlag (neben anderen) in dem religiös bestimmten Rationalismus der sozial minder begünstigten Schichten überall Bedeutung gewinnen konnte und oft gewonnen hat. Aber auch das, je nach der Natur der Verheißungen der einzelnen Religion, in höchst verschiedenem, oft nur in verschwindendem, Grade. Gänzlich unrichtig wäre es jedenfalls, die *Askese* allgemein aus diesen Quellen ableiten zu wollen. Das in den eigentlichen Erlösungsreligionen in aller Regel vorhandene Mißtrauen gegen Reichtum und Macht hatte seinen natürlichen Grund vor allem in der Erfahrung der Heilande, Propheten und Priester: daß die in dieser Welt begünstigten und *satten* Schichten das Bedürfnis nach einer Erlösung – gleichviel welchen Charakters – im allgemeinen nur in geringem Maße besaßen, und daher minder *fromm* im Sinne jener Religionen waren. Und die Entwicklung rationaler religiöser Ethik gerade auf dem Boden der sozial minder gewerteten Schichten hatte ebenfalls zunächst positive Wurzeln in deren innerer Lage. Schichten im festbegründeten Besitz sozialer Ehre und Macht pflegen ihre ständische Legende in der Richtung einer ihnen innewohnenden besonderen Qualität, meist einer solchen des Blutes, zu bilden: Ihr (wirkliches oder angebliches) Sein ist das, was ihrem Würdegefühl die Nahrung gibt. Sozial gedrückte oder ständisch negativ (oder doch: nicht positiv) gewertete Schichten speisen dagegen ihr Würdegefühl am leichtesten aus dem Glauben an eine ihnen anvertraute besondere *Mission:* ihr Sollen oder ihre (funktionale) Leistung verbürgt oder konstituiert ihnen den eignen Wert, der damit in ein Jenseits ihrer selbst, in eine ihnen von Gott gestellte *Aufgabe,* rückt. Schon in diesem Sachverhalt als solchem lag eine Quelle der ideellen Macht ethischer Prophetien zuerst bei den sozial minder Begünstigten, ohne daß es dabei des Ressentiment als eines Hebels bedurfte. Das rationale Interesse an materiellem und ideellem Ausgleich an sich genügte vollkommen. Daß die Propaganda der Propheten und Priester daneben, absichtlich oder nicht, auch das Ressentiment der Massen in ihren Dienst gestellt hat, ist nicht zu bezweifeln, aber keineswegs universell zutreffend. Vor allem war diese wesentlich negative Macht nirgends, soviel bekannt, die Quelle jener dem Wesen nach metaphysischen Konzeptionen, welche einer jeden Erlösungsreligion ihre Eigenart verliehen. Und vor allem war die Art einer religiösen Verheißung, allgemein gesprochen, keineswegs notwendig oder auch nur überwiegend, lediglich Sprachrohr eines Klasseninteresses, sei es äußerlicher oder innerlicher Art. Von sich aus blieben die Massen, wie wir sehen werden, überall in der massiven Urwüchsigkeit der Magie befangen, wo nicht eine Prophetie sie, mit bestimmten Verheißungen, in eine religiöse Bewegung ethischen Charakters hineinriß. Im übrigen aber war die Eigenart der großen religiös-ethischen Systeme durch weit individuellere gesellschaftliche Bedingungen als durch den bloßen Gegensatz von herrschenden und beherrschten Schichten bestimmt.

Es mögen, zur Ersparnis mehrfacher Wiederholungen, hier über diese Verhältnisse noch einige Bemerkungen vorangeschickt werden. Die untereinander verschiedenen Heilsgüter, welche die Religionen verhießen und boten, sind für den empirischen Forscher keineswegs nur und nicht einmal vorzugsweise als *jenseitige* zu verstehen. Ganz abgesehen davon, daß ja durchaus nicht jede Religion, auch nicht jede Weltreligion, ein Jenseits als Stätte bestimmter Verheißungen überhaupt kannte. Mit der nur teilweisen Ausnahme des Christentums und weniger anderer spezifisch asketischer Bekenntnisse waren vielmehr die Heilsgüter aller, der urwüchsigen wie der kultivierten, prophetischen oder nicht prophetischen, Religionen zunächst ganz massiv diesseitige: Gesundheit, langes Leben, Reichtum waren Verheißungen der chinesischen, vedischen, zarathustrischen, altjüdischen, islamischen ganz in gleicher Art wie der phönikischen, ägyptischen, babylonischen und altgermanischen Religion und wie die Verheißungen für die frommen Laien des Hinduismus und Buddhismus. Nur der religiöse Virtuose: Asket, Mönch, Sufi, Derwisch erstrebte ein, an jenen massivsten Diesseitsgütern gemessen, *außerweltliches* Heilsgut. Auch dieses außerweltliche Heilsgut war nun aber keineswegs ein nur jenseitiges. Auch da nicht, wo es sich selbst als solches verstand. Vielmehr war, psychologisch betrachtet, gerade der gegenwärtige, diesseitige, Habitus dasjenige, worum es den Heilsuchenden primär zu tun war. Die puritanische certitudo salutis: Der unverlierbare Gnadenstand in dem Gefühl der *Bewährung* war das psychologisch allein Greifbare an den Heilsgütern dieser asketischen Religiosität. Das akosmistische Liebesgefühl des seines Eingangs in Nirwana sicheren buddhistischen Mönches, das Bhakti (gottinnige Liebesglut) oder die apathische Ekstase der hinduistischen Frommen, die orgiastische Ekstase bei der Radjenie des Chlüsten und beim tanzenden Derwisch, die Gottbesessenheit und der Gottbesitz, die Marien- und Heilandsminne, der jesuitische Herz-Jesu-Kult, die quietistische Andacht, die pietistische Zärtlichkeit für das Jesulein und dessen *Wundbrühe*, die sexuellen und halbsexuellen Orgien bei der Krischnaminne, die raffinierten Kultdiners der Vallabhacharis, die gnostischen onanistischen Kulthandlungen, die verschiedenen Formen der unio mystica und des kontemplativen Untergehens im All-einen: – alle diese Zustände wurden ja doch unzweifelhaft zunächst einmal um dessen willen gesucht, was sie selbst an Gefühlswert dem Gläubigen unmittelbar boten. Sie standen in dieser Hinsicht durchaus dem dionysischen oder im Somakult erzeugten religiösen Alkoholrausch, den totemistischen Fleischorgien, den kannibalistischen Mahlzeiten, dem alten religiös geweihten Haschisch-, Opium- und Nikotingebrauch und überhaupt allen Arten magischen Rausches gleich. Um der psychischen Außeralltäglichkeit und des dadurch bedingten Eigenwertes der betreffenden Zuständlichkeit halber galten sie als spezifisch geweiht und göttlich. Und wenn auch erst die rationalisierten Religionen in jene spezifisch-religiösen Handlungen neben der umittelbaren Aneignung des Heilsgutes eine metaphysische Bedeutung hineinlegten und so die Orgie zum *Sakrament* sublimierten, so fehlte doch schon der primitivsten Orgie eine Sinndeutung keineswegs gänzlich. Nur war sie rein magisch-animistischen Charakters und enthielt nicht oder nur in leisen Ansätzen die allem religiösen Rationalismus eigene Einbeziehung in eine universelle kosmische Heilspragmatik. Jedoch blieb es, auch nachdem dies geschehen, natürlich dabei, daß das Heilsgut für den Frommen zunächst und vor allem psychologischen Gegenwartscharakter hatte. Das heißt: daß es vor allem in jenem Zustand, dem Gefühlshabitus rein als solchem, bestand, welchen der spezifisch religiöse (oder magische) Akt oder die methodische Askese oder Kontemplation unmittelbar hervorrief.

Dieser Zustand konnte seinem Sinn nach ebenso, wie er es äußerlich war, ein außeralltäglicher Habitus nur vorübergehenden Charakters sein. So ursprünglich naturgemäß durchweg. Es gibt keinerlei Scheidung von *religiösen* und *profanen* Zuständlichkeiten anders als durch die Außeralltäglichkeit der ersteren. Aber: Ein durch religiöse Mittel erreichter Sonderzustand konnte auch als ein in seinen Folgen bleibender, als ein den ganzen Menschen und sein Schicksal erfassender *Heilszustand* erstrebt werden. Der Übergang war flüssig. Von den beiden höchsten Konzeptionen der sublimierten religiösen Heilslehre: *Wiedergeburt* und *Erlösung*, war die Wiedergeburt uraltes magisches Gut. Sie bedeutete die Erwerbung einer neuen Seele durch den orgiastischen Akt oder durch planvolle Askese. Man erwarb sie vorübergehend in der Ekstase, aber sie konnte auch als dauernder Habitus gesucht und durch die Mittel der magischen Askese erreicht werden. Eine neue Seele mußte der Jüngling haben, der als ein Held in die Gemeinschaft der Krieger treten oder als Mitglied der Kultgemeinschaft an deren magischen Tänzen oder Orgien teilnehmen oder im Kultmahl mit Göttern Gemeinschaft haben wollte. Uralt sind daher die Helden- und Magier-Askese, die Jünglingsweihe und die sakramentalen Wiedergeburts-Bräuche bei wichtigen Abschnitten des privaten und Gemeinschaftslebens. Verschieden aber waren außer den angewandten Mitteln vor allem die Zwecke dieser Handlungen, die Antwort auf die Frage also: *zu was* man wiedergeboren werden sollte.

Es lassen sich die verschiedenen religiös (oder magisch) gewerteten Zuständlichkeiten, welche einer Religion ihr psychologisches Gepräge gaben, unter sehr verschiedenen Gesichtspunkten systematisieren. Ein solcher Versuch soll an dieser Stelle nicht unternommen werden. Hier kommt es nur darauf an, in Anknüpfung an das oben Gesagte ganz allgemein anzudeuten: daß die Art des in einer Religion als höchstes Gut erstrebten (diesseitigen) Seligkeits- oder Wiedergeburtszustandes offenbar notwendig verschieden sein mußte je nach dem Charakter der Schicht, welche der wichtigste Träger der betreffenden Religiosität war. Kriegerische Ritterklassen, Bauern, Gewerbetreibende, literarisch geschulte Intellektuelle hatten darin naturgemäß verschiedene Tendenzen, welche zwar für sich allein – wie sich zeigen wird – weit davon entfernt waren, eindeutig den psychologischen Charakter der Religion zu determinieren, ihn aber doch höchst nachhaltig beeinflußten. Und zwar war namentlich der Gegensatz der beiden ersten gegenüber den beiden letzten Schichten überaus wichtig. Denn von diesen letzteren waren die Intellektuellen stets, die Gewerbetreibenden (Kaufleute, Handwerker) wenigstens möglicherweise, Träger eines im ersten Fall mehr theoretischen, im anderen mehr praktischen Rationalismus, der sehr verschiedenartiges Gepräge tragen konnte, stets aber auf die religiöse Haltung bedeutende Wirkung zu haben pflegte. Vor allem die Eigenart der Intellektuellenschichten war dabei von der größten Tragweite. So überaus gleichgültig es für die religiöse Entwicklung der Gegenwart ist, ob unsere modernen Intellektuellen das Bedürfnis empfinden, neben allerlei andern Sensationen auch die eines *religiösen* Zustandes als *Erlebnis* zu genießen, gewissermaßen um ihr inneres Ameublement stilvoll mit garantiert echten alten Gerätschaften auszustatten: – aus solcher Quelle ist noch nirgends eine religiöse Erneuerung erwachsen –, so überaus wichtig war die Eigenart der Intellektuellenschichten in der Vergangenheit für die Religionen. Ihr Werk vornehmlich war die Sublimierung des religiösen Heilsbesitzes zum *Erlösungs*-Glauben. Die Konzeption der Erlösungs-Idee war an sich uralt, wenn man die Befreiung von Not, Hunger, Dürre, Krankheit und – letztlich – Leid und Tod mit darunter begreift. Aber eine spezifische Bedeutung erlangte die Erlösung doch erst, wo sie Ausdruck eines systematisch-rationalisierten *Weltbildes* und der Stellungnahme dazu war. Denn was sie ihrem Sinn und ihrer psychologischen Qualität nach bedeuten wollte und konnte, hing dann eben von jenem Weltbild und dieser Stellungnahme ab. Interessen (materielle und ideelle), nicht: Ideen, beherrschen unmittelbar das Handeln der Menschen. Aber: die *Weltbilder,* welche durch *Ideen* geschaffen wurden, haben sehr oft als Weichensteller die Bahnen bestimmt, in denen die Dynamik der Interessen das Handeln fortbewegte. Nach dem Weltbild richtete es sich ja: *wovon* und *wozu* man *erlöst* sein wollte und – nicht zu vergessen: – konnte. Ob von politischer und sozialer Knechtschaft zu einem diesseitigen messianischen Zukunftsreich. Oder von der Befleckung durch das rituell Unreine oder von der Unreinheit der Einkerkerung in den Körper überhaupt zur Reinheit eines seelisch-leiblich-schönen oder eines rein geistigen Seins. Oder von dem ewigen sinnlosen Spiel menschlicher Leidenschaften und Begehrungen zur stillen Ruhe des reinen Schauens des Göttlichen. Oder von einem radikal Bösen und von der Knechtschaft unter der Sünde zur ewigen freien Güte im Schoß eines väterlichen Gottes. Oder von der Verknechtung unter die astrologisch gedachte Determiniertheit durch die Gestirnkonstellationen zur Würde der Freiheit und Teilhaftigkeit am Wesen der verborgenen Gottheit. Oder von den in Leiden, Not und Tod sich äußernden Schranken der Endlichkeit und den drohenden Höllenstrafen zu einer ewigen Seligkeit in einem, irdischen oder paradiesischen, künftigen Dasein. Oder von dem Kreislauf der Wiedergeburten mit ihrer unerbittlichen Vergeltung von Handlungen abgelebter Zeiten zur ewigen Ruhe. Oder von der Sinnlosigkeit des Grübelns und Geschehens zum traumlosen Schlaf. Der Möglichkeiten gab es noch weit mehr. Stets steckte dahinter eine Stellungnahme zu etwas, was an der realen Welt als spezifisch *sinnlos* empfunden wurde und also die Forderung: daß das Weltgefüge in seiner Gesamtheit ein irgendwie sinnvoller *Kosmos* sei oder: werden könne und solle. Dies Verlangen aber, das Kernprodukt des eigentlich religiösen Rationalismus, wurde durchaus von Intellektuellenschichten getragen. Wege und Ergebnisse dieses metaphysischen Bedürfnisses und auch das Maß seiner Wirksamkeit waren dabei sehr verschieden. Immerhin läßt sich einiges Allgemeine darüber sagen.

Die moderne Form der zugleich theoretischen und praktischen intellektuellen und zweckhaften Durchrationalisierung des Weltbildes und der Lebensführung hat die allgemeine Folge gehabt: daß die Religion, je weiter diese besondere Art von Rationalisierungsfortschritt, desto mehr ihrerseits in das – vom Standpunkt einer intellektuellen Formung des Weltbildes aus gesehen: – Irrationale geschoben wurde. Aus mehrfachen Gründen. Einerseits wollte die Rechnung des konsequenten Rationalismus nicht leicht glatt aufgehen. Wie in der Musik das pythagoreische *Komma* der restlosen tonphysikalisch orientierten Rationalisierung sich widersetzte und wie daher die einzelnen großen Musiksysteme aller Völker und Zeiten sich vor allem durch die Art und Weise unterschieden, wie sie diese unentfliehbare Irrationalität entweder zu überdecken und zu umgehen oder umgekehrt in den Dienst des Reichtums der Tonalitäten zu stellen wußten, so schien es dem theoretischen Weltbild, noch weit mehr aber und vor allem der praktischen Lebensrationalisierung, zu ergehen. Auch hier wurden die einzelnen großen Typen der rational methodischen Lebensführung vor allem durch diejenigen irrationalen, als schlechthin gegeben hingenommenen, Voraussetzungen charakterisiert, die sie in sich aufgenommen hatten. Welches diese waren, das gerade ist es nun, was in zum mindesten sehr starkem Maße rein historisch und sozial bestimmt wurde durch die Eigenart, das heißt aber hier: die äußere, sozial, und die innere, psychologisch, bedingte Interessenlage derjenigen Schichten, welche Träger der betreffenden Lebensmethodik in der entscheidenden Zeit ihrer Prägung waren.

Die irrationalen Einschläge in die Rationalisierung des Wirklichen waren ferner die Stätten, in welche das schwer unterdrückbare Bedürfnis des Intellektualismus nach dem Besitz überwirklicher Werte zurückzuziehen sich gezwungen sah, je mehr ihm die Welt von ihnen entkleidet erschien. Die Einheitlichkeit des primitiven Weltbildes, in welchem alles konkrete Magie war, zeigte dann die Tendenz zur Spaltung in ein rationales Erkennen und eine rationale Beherrschung der Natur einerseits, und andererseits *mystische* Erlebnisse, deren unaussagbare Inhalte als einziges neben dem entgotteten Mechanismus der Welt noch mögliches Jenseits: in Wahrheit als ein ungreifbares, hinterweltliches Reich gottinnigen, individuellen Heilsbesitzes, übrig bleiben. Der Einzelne kann sein Heil, wo diese Konsequenz restlos gezogen ist, nur als Einzelner suchen. Diese mit fortschreitendem intellektualistischem Rationalismus sich in irgendeiner Form einstellende Erscheinung trat irgendwie überall da auf, wo Menschen die Rationalisierung des Weltbildes als eines von unpersönlichen Regeln beherrschten Kosmos unternahmen. Am stärksten aber naturgemäß in solchen Religionen und religiösen Ethiken, welche besonders stark durch vornehme, der rein denkenden Erfassung der Welt und ihres *Sinnes* hingegebene Intellektuellenschichten bestimmt wurden, wie die asiatischen, vor allem die indischen, Weltreligionen. Ihnen allen wurde die Kontemplation: das Eingehen in die tiefe selige Ruhe und Unbewegtheit der Alleinheit, welche sie bietet, das höchste und letzte dem Menschen zugängliche religiöse Gut, alle anderen Formen religiöser Zuständlichkeiten aber ein höchstens relativ wertvolles Surrogat dafür. Für die Beziehung der Religion zum Leben, einschließlich der Wirtschaft, hatte dies, wie wir immer wieder sehen werden, weittragende Folgen. Diese ergaben sich aus dem allgemeinen Charakter der in diesem, kontemplativen, Sinne *mystischen* Erlebnisse und aus psychologischen Vorbedingungen des Strebens nach ihnen.

Ganz anders, wo die für die Entwicklung einer Religion ausschlaggebenden Schichten praktisch handelnd im Leben standen, ritterliche Kriegshelden oder politische Beamte oder wirtschaftlich erwerbende Klassen waren, oder endlich, wo die Religion von einer organisierten Hierokratie beherrscht wurde.

Der aus der berufsmäßigen Befassung mit Kult und Mythos oder und in noch weit höherem Grade: mit Seelsorge, das heißt: Beichte und Beratung von Sündern, erwachsende Rationalismus der Hierokratie suchte überall die Gewährung des religiösen Heilsgutes für sich zu monopolisieren, und also in die Form der nur von ihr rituell zu spendenden, nicht vom Einzelnen erreichbaren, *Sakramentsgnade* oder *Anstaltsgnade* zu bringen, und entsprechend zu temperieren. Die individuelle Heilssuche des Einzelnen oder freier Gemeinschaften durch Kontemplation, orgiastische oder asketische Mittel, war ihr, vom Standpunkt ihrer Machtinteressen aus ganz naturgemäß, höchst verdächtig und mußte rituell reglementiert und vor allem hierokratisch kontrolliert werden. – Jedes politische Beamtentum andrerseits mißtraute allen Arten von individueller Heilssuche oder freier Gemeinschaftsbildung als Quellen der Emanzipation von der Domestikation durch die Staatsanstalt, mißtraute ebenso auch der konkurrierenden priesterlichen Gnadenanstalt, verachtete aber, vor allem, im letzten Grunde das Streben nach diesen unpraktischen Gütern jenseits von utilitarischen innerweltlichen Zwecken überhaupt. Religiöse Pflichten waren jeder Beamtenschaft letztlich einfach amtliche oder soziale Staatsbürger- und Standespflichten: Das Ritual entsprach dem Reglement, und alle Religiosität nahm daher ritualistischen Charakter an, wo eine Bürokratie diesen bestimmte. – Auch eine ritterliche Kriegerschicht pflegte in ihren Interessen durchaus diesseitig gewendet und aller *Mystik* fremd zu sein. Doch fehlte ihr, wie dem Heldentum überhaupt, in aller Regel sowohl Bedürfnis wie Befähigung zu rationalistischer Bewältigung der Wirklichkeit: Die Irrationalität des *Schicksals,* unter Umständen der Gedanke eines unbestimmt deterministisch gedachten *Verhängnisses* (der homerischen *Moira),* stand hinter und über den als leidenschaftliche, starke Helden gedachten Göttern und Dämonen, von welchen den menschlichen Helden Beistand und Feindschaft, Ruhm und Beute oder Tod zuteil wird. – Den Bauern lag, spezifisch naturgebunden und von den Elementargewalten abhängig, wie ihre ganze ökonomische Existenz war, die Magie: der zwingende Zauber gegen die über in den Naturkräften waltenden Geister, oder das einfache Erkaufen göttlichen Wohlwollens, so nahe, daß nur gewaltige, von anderen Schichten oder von mächtigen als Zauberer durch die Macht des Wunders legitimierten Propheten ausgehende, Umwälzungen der Lebensorientierung sie aus dem Verharren in dieser überall urwüchsigen Form von Religiosität herauszureißen vermochten. Orgiastische und ekstatische *Besessenheits*-Zustände, durch toxische Rauschmittel oder durch Tanz erzeugt, – dem Standesgefühl des Rittertums, als würdelos, fremd, – vertraten bei ihnen die Stelle der *Mystik* der Intellektuellen. – Endlich die im westeuropäischen Sinne bürgerlichen Schichten und was diesen anderwärts entsprach: Handwerker, Händler, hausindustrielle Unternehmer und ihre nur im modernen Okzident heimischen Derivate – waren das ist für uns ganz besonders wichtig – die in den Möglichkeiten ihrer religiösen Stellungnahme scheinbar vieldeutigste Schicht. Die sakramentale Anstaltsgnade der römischen Kirche in den mittelalterlichen Städten, den Stützen der Päpste, die mystagogische Sakramentsgnade in den antiken Städten – in Indien, die orgiastische und kontemplative Sufi- und Derwisch-Religiosität des vorderasiatischen Orients, die taoistische Magie, die buddhistische Kontemplation und die ritualistische Gnadenaneignung unter der Seelendirektion von Mystagogen in Asien, alle Formen der Heilandsliebe und des Erlöserglaubens vom Krischna- bis zum Christuskult in der ganzen Welt, der rationale Gesetzesritualismus und die von aller Magie entblößte Synagogenpredigt der Juden, die pneumatischen antiken und die asketischen mittelalterlichen Sekten, die Prädestinationsgnade und ethische Wiedergeburt der Puritaner und Methodisten und alle Arten individueller Heilssuche wurzelten sämtlich besonders stark, stärker als in allen anderen, gerade in diesen Schichten. Gewiß war die Religiosität auch aller anderen Schichten natürlich sehr weit entfernt davon, eindeutig auf denjenigen Charakter angewiesen zu sein, der vorstehend als ihnen besonders wahlverwandt hingestellt wurde. Aber die *Bürgerschicht* scheint auf den ersten Blick in dieser Hinsicht im ganzen doch noch weit vielseitiger bestimmbar. Und dennoch treten Wahlverwandtschaften zu bestimmten Typen der Religiosität gerade bei ihr hervor. Gemeinsam und durch die Natur ihrer von der ökonomischen Naturgebundenheit stärker losgelösten Lebensführung bedingt war ihnen ja die Tendenz zum praktischen Rationalismus der Lebensführung. Auf technischer oder ökonomischer Berechnung und Beherrschung von Natur und Menschen – mit wie primitiven Mitteln auch immer – ruhte ihre ganze Existenz. Die überkommene Art der Lebenstechnik konnte auch bei ihr im Traditionalismus erstarren, – wie es überall stets wieder geschehen ist. Aber immer bestand, wenn auch in sehr verschiedenem Maße, gerade bei ihr die Möglichkeit, an die Tendenz zum technischen und ökonomischen Rationalismus anknüpfend, eine ethisch rationale Lebensreglementierung erstehen zu lassen. Nicht überall vermochte sie sich gegen die (meist) magisch stereotypierte Tradition durchzusetzen. Wo ihr aber durch Prophetie ein religiöser Unterbau geschaffen wurde, da konnte dieser jedem der beiden öfter zu besprechenden Grundtypen des Prophetentums angehören: der *exemplarischen* Prophetie: – einer Prophetie, welche das zum Heil führende Leben, regelmäßig ein kontemplatives und apathisch-ekstatisches Leben, vorlebte, – oder der *Sendungs*-Prophetie, welche im Namen eines Gottes Forderungen, naturgemäß: ethischen und oft: aktiv asketischen Charakters, an die Welt richtete. Die letztere, zum aktiven Handeln innerhalb der Welt auffordernde Art fand begreiflicherweise gerade hier, und je mehr die bürgerlichen Schichten als solche sozial ins Gewicht fielen, je mehr sie ferner tabuistischer Gebundenheit und Gespaltenheit in Sippen und Kasten entrissen wurden, desto mehr einen spezifisch günstigen Boden. Die aktive Askese: nicht Gottesbesitz oder gottinnige kontemplative Hingegebenheit, wie sie den von vornehmen Intellektuellenschichten beeinflußten Religionen als höchstes Gut erschien, sondern: gottgewolltes Handeln mit dem Gefühl, Gottes *Werkzeug* zu sein, konnte hier der bevorzugte religiöse Habitus werden, wie er im Okzident immer wieder, gegenüber der dort ebenfalls wohlbekannten kontemplativen Mystik und orgiastischen oder apathischen Ekstase, das Übergewicht behielt. Nicht daß er auf diese Schichten beschränkt gewesen wäre. Eine solche eindeutige soziale Determiniertheit bestand auch hier in keiner Weise. Auch die an Adel und Bauern sich wendende zarathustrische und die an Krieger sich wendende islamische Prophetie hatten ganz ebenso wie die israelitische und altchristliche Prophetie und Predigt diesen aktiven Charakter im Gegensatz zu der buddhistischen, taoistischen, neupythagoreischen, gnostischen, sufistischen Propaganda. Aber gewisse spezifische Konsequenzen der Sendungs-Prophetie sind allerdings, wie wir sehen werden, gerade auf *bürgerlichem* Boden gezogen worden.

Die Sendungs-Prophetie, bei welcher die Frommen sich nicht als Gefäß des Göttlichen, sondern als Werkzeug des Gottes fühlten, hatte nun eine tiefe Wahlverwandtschaft zu einer bestimmten Gotteskonzeption: dem überweltlichen, persönlichen, zürnenden, vergebenden, liebenden, fordernden, strafenden Schöpfergott, im Gegensatz zu dem – keineswegs ausnahmslos, allerdings aber der Regel nach – unpersönlichen, weil nur kontemplativ, als Zuständlichkeit, zugänglichen höchsten Wesen der exemplarischen Prophetie. Die erste Konzeption beherrschte die iranische und vorderasiatische und die aus dieser abgeleitete okzidentale, die zweite die indische und chinesische Religiosität.

Diese Unterschiede waren nichts Primitives. Im Gegenteil läßt sich erkennen, daß sie erst bei weitgehender Sublimierung der überall sehr ähnlichen primitiven animistischen Geister- und heroistischen Götter-Vorstellungen sich eingestellt haben. Sicherlich unter starker Mitwirkung des eben erwähnten Zusammenhangs mit den als Heilsgut gewerteten und begehrten religiösen Zuständlichkeiten. Diese wurden eben in der Richtung einer verschiedenen Gotteskonzeption interpretiert, je nachdem das kontemplative mystische Erlebnis oder die apathische Ekstase oder der orgiastische Gottesbesitz oder visionäre Eingebungen und *Aufträge* die höchstgewerteten Heilszustände waren. Von dem heute verbreiteten und, natürlich, auch weitgehend berechtigten Standpunkt aus: daß die Gefühlsinhalte das allein Primäre und die Gedanken nur ihre sekundären Ausformungen seien, könnte man nun geneigt sein, dieses Kausalverhältnis: Primat der *psychologischem gegenüber den rationalen* Zusammenhängen, als ausschließlich maßgebend, diese also nur als Deutung jener anzusehen. Indessen, das wäre nach Ausweis der Tatsachen viel zu weit gegangen. Die folgenschwere Entwicklung zur überweltlichen oder zur immanenten Gotteskonzeption wurde durch eine ganze Reihe auch rein historischer Motive bestimmt, und sie hat ihrerseits auf die Art der Gestaltung der Heilserlebnisse höchst nachhaltig eingewirkt. Vor allem, wie wir stets erneut sehen werden: der überweltliche Gott. Wenn selbst Meister Eckhart gelegentlich ausdrücklich *Martha* über *Maria* stellte, so letztlich deshalb: weil für ihn das dem Mystiker eigene pantheistische Erlebnis Gottes unvollziehbar war ohne gänzliche Aufgabe aller entscheidenden Bestandteile des abendländischen Schöpfungs- und Gottesglaubens. Die rationalen Elemente einer Religion, ihre *Lehre,* – so die indische Karmanlehre, der calvinistische Prädestinationsglaube, die lutherische Rechtfertigung durch den Glauben, die katholische Sakramentslehre –, haben eben auch ihre Eigengesetzlichkeiten, und die aus der Art der Gottesvorstellungen und des *Weltbildes* folgende rationale religiöse Heilspragmatik hat unter Umständen weittragende Folgen für die Gestaltung der praktischen Lebensführung gewonnen. –

Wenn, wie in den bisherigen Bemerkungen vorausgesetzt wurde, die Art der erstrebten Heilsgüter stark beeinflußt war durch die Art der äußeren Interessenlage und der ihr adäquaten Lebensführung der herrschenden Schichten und also durch die soziale Schichtung selbst, so war umgekehrt auch die Richtung der ganzen Lebensführung, wo immer sie planmäßig rationalisiert wurde, auf das tiefgreifendste bestimmt durch die letzten Werte, an denen sich diese Rationalisierung orientierte. Dies waren, gewiß nicht immer und noch weit weniger ausschließlich, aber allerdings, soweit eine ethische Rationalisierung eintrat und soweit ihr Einfluß reichte, in aller Regel auch, und oft ganz entscheidend, religiös bedingte Wertungen und Stellungnahmen.

Für die Art dieser gegenseitigen Zusammenhänge zwischen äußerer und innerer Interessenlage war nun eines sehr wichtig. Die bisher aufgeführten *höchsten,* von einer Religion verheißenen Heilsgüter, waren nicht auch die universellsten. Der Eingang ins Nirwana, die kontemplative Vereinigung mit dem Göttlichen, die orgiastisch oder asketisch gewonnene Gottbesessenheit waren keineswegs jedermann zugänglich. Und auch in der abgeschwächten Form, in welcher die Versetzung in den religiösen Rausch- oder Traum-Zustand Gegenstand eines universellen Volkskultes werden konnte, waren sie wenigstens nicht Bestandteile des Alltagslebens. Gleich am Beginn aller Religionsgeschichte steht für uns die wichtige Erfahrungstatsache der ungleichen religiösen Qualifikation der Menschen, wie sie in schroffster rationalistischer Fassung der *Gnadenpartikularismus* der Prädestinationslehre der Calvinisten dogmatisierte. Die höchstgewerteten religiösen Heilsgüter – die ekstatischen und visionären Fähigkeiten der Schamanen, Zauberer, Asketen und Pneumatiker aller Art – waren nicht jedem erreichbar, ihr Besitz war ein *Charisma,* welches zwar bei manchen, aber nicht bei allen geweckt werden konnte. Daraus ergab sich die Tendenz aller intensiven Religiosität zu einer Art von ständischer Gliederung gemäß den charismatischen Qualifikationsunterschieden. *Heroistische* oder *Virtuosen*-Religiosität[2] stand gegen *Massen*-Religiosität, – wobei hier unter *Masse* natürlich keineswegs die in der weltlichen Ständeordnung sozial niedriger Gestellten verstanden sind, sondern die religiös *Unmusikalischen.* Die Bünde der Zauberer und heiligen Tänzer, der religiöse Stand der indischen Sramana, die ausdrücklich als besonderer *Stand* in der Gemeinde anerkannten altchristlichen *Asketen,* die paulinischen und erst recht die gnostischen *Pneumatiker,* die pietistische *ecclesiola,* alle eigentlichen *Sekten,* das heißt soziologisch: Verbände, welche nur die religiös Qualifizierten in sich aufnahmen, endlich alle Mönchsgemeinschaften der ganzen Erde waren in diesem Sinne ständische Träger einer Virtuosen-Religiosität. Jede Virtuosen-Religiosität wird nun in ihrer eigengesetzlichen Entfaltung grundsätzlich bekämpft von jeder hierokratischen Amtsgewalt einer *Kirche,* das heißt einer

2 Aus dem Begriff des *Virtuosentums* muß in diesen Zusammenhängen jeder ihm heute anklebende Wertbeigeschmack entfernt werden. Ich würde um jener Belastung willen den Ausdruck *heroistische* Religiosität vorziehen, wenn er nicht für manche hierhergehörige Erscheinungen allzuwenig adäquat wäre.

anstaltsmäßig mit Beamten organisierten gnadenspendenden Gemeinschaft. Denn als die Trägerin der Anstaltsgnade strebt diese die Massenreligiosität zu organisieren und ihre eigenen amtlich monopolisierten und vermittelten Heilsgüter an Stelle der religiös-ständischen Eigen-Qualifikation der religiösen Virtuosen zu setzen. Sie muß ihrer Natur, d.h. der Interessenlage ihrer Amtsträger nach, in diesem Sinne der allgemeinen Zugänglichkeit der Heilsgüter *demokratisch* sein: d.h. Anhängerin des Gnadenuniversalismus und der ethischen Zulänglichkeit aller derer, die sich ihrer Anstaltsgewalt einordnen. Der Vorgang bildet soziologisch eine volle Parallele zu dem auf politischem Gebiet sich vollziehenden Kampf der Bürokratie gegen die politischen Eigenrechte der ständischen Aristokratie. Auch jede voll entwickelte politische Bürokratie ist ebenso notwendig und in einem ganz ähnlichen Sinne *demokratisch* im Sinne der Nivellierung und der ständischen, von ihr als Machtkonkurrenten bekämpften, Privilegien orientiert wie die Hierokratie. Die mannigfachsten Kompromisse entstanden als Resultat dieses nicht immer offiziellen, stets aber latent vorhandenen Kampfes (der Ulema- gegen die Derwisch-Religiosität, der altchristlichen Bischöfe gegen die Pneumatiker und heroistischen Sektierer und gegen die Schlüsselgewalt des asketischen Charisma, des lutherischen Predigeramts und der anglikanischen Priesterkirche gegen die Askese überhaupt, der russischen Staatskirche gegen die Sekten, der konfuzianischen amtlichen Kultversorgung gegen die buddhistische, taoistische und sektiererische Heilssuche aller Art). Wie nun diejenigen Konzessionen an die Möglichkeiten der Alltagsreligiosität aussahen, zu denen sich die Anforderungen des Virtuosentums genötigt fanden, um sich, ideell und materiell, die Massenkundschaft zu erwerben und zu erhalten, – dies wurde naturgemäß in erster Linie entscheidend für die Art der religiösen Beeinflussung des Alltags. Ließ sie die Massen in der magischen Tradition stecken, – wie in fast allen orientalischen Religionen, – so war ihr Einfluß unendlich viel geringer als wenn sie, mit noch so vielen Abstrichen von ihren idealen Forderungen, doch eine ethische Rationalisierung des Alltages vornahm und allgemein, auch oder gerade nur für die Massen, durchführte. Neben jenem Verhältnis von Virtuosen- und Massenreligiosität nun, welches sich schließlich als Ergebnis dieses Kampfes einstellte, war aber eben deshalb auch die Eigenart der konkreten Virtuosenreligiosität selbst von einschneidender Bedeutung für die Entwicklung der Lebensführung auch der *Massen,* und damit auch für die Wirtschaftsethik der betreffenden Religion. Denn nicht nur war sie die eigentlich *exemplarische* praktische Religiosität, sondern, je nach der Lebensführung, die sie den Virtuosen vorschrieb, waren die Möglichkeiten, überhaupt eine rationale Alltagsethik zu schaffen, sehr verschieden große.

Das Verhältnis der Virtuosen-Religiosität zum Alltag, der Stätte der Wirtschaft, war insbesondere je nach der Eigenart des von ihr erstrebten Heilsgutes sehr verschieden.

Wo die Heilsgüter und Erlösungsmittel der Virtuosen-Religiosität kontemplativen oder orgiastisch-ekstatischen Charakter trugen, führte von ihr keine Brücke zum praktischen Alltagshandeln innerhalb der Welt. Nicht nur war dann die Wirtschaft, wie alles Handeln in der Welt, etwas religiös Minderwertiges. Sondern es ließen sich auch indirekt keinerlei psychologische Motive dafür aus dem als höchstes Gut geschätzten Habitus entnehmen. Vielmehr war die kontemplative und die ekstatische Religiosität im innersten Wesen spezifisch wirtschaftsfeindlich. Das mystische, orgiastische, ekstatische Erleben ist ja das spezifisch Außeralltägliche, vom Alltag und von allem rationalen Zweckhandeln Abführende, eben deshalb als *heilig* Geachtete. Eine tiefe Kluft schied daher bei derart orientierten Religionen die Lebensführung der *Laien* von jener der Virtuosen-Gemeinschaft. Die Herrschaft des religiösen Virtuosenstandes innerhalb der religiösen Gemeinschaft glitt dann gern in die Bahnen einer magischen Anthropolatrie: Der Virtuose wurde als Heiliger direkt angebetet, oder es wurden doch sein Segen und seine magischen Kräfte von den Laien als Mittel zur Förderung weltlichen oder religiösen Heils erkauft. Wie der Bauer für den Grundherrn, so war der Laie für den buddhistischen und jainistischen bhikkschu letztlich doch lediglich die Tributquelle, welche ihm ermöglichte, ohne eigene, stets heilsgefährdende, weltliche Arbeit ganz dem Heil zu leben. Auch die Lebensführung der Laien selbst mochte dabei trotzdem eine gewisse ethische Reglementierung erfahren. Denn der Virtuose war der gegebene Seelsorger: Beichtvater und Directeur de l'âme, des Laien, also von oft mächtigem Einfluß. Aber er beeinflußte ihn, den religiös *Unmusikalischen,* entweder gar nicht oder nur in zeremonialen, rituellen und konventionellen Einzelheiten im Sinne seiner (des Virtuosen) religiöser Lebensführung. Denn immer blieb doch das Wirken innerhalb der Welt im Prinzip religiös unbedeutsam, lag gegenüber dem Streben nach dem religiösen Ziel in der gerade entgegengesetzten Richtung. Das Charisma des reinen *Mystikers* vollends diente nur ihm selbst, nicht, wie das des genuinen Magiers, Andern. – Ganz anders da, wo das Virtuosentum der religiös Qualifizierten sich zu einer asketischen, die Formung des Lebens in der Welt nach dem Willen eines Gottes erstrebenden Sekte zusammenschloß. Damit dies im eigentlichsten Sinne geschehen konnte, war freilich zweierlei nötig. Einmal durfte das höchste Heilsgut nicht kontemplativen Charakters sein, also nicht in einer Vereinigung mit einem im Gegensatz zur Welt ewig währenden überweltlichen Sein oder in einer orgiastisch oder apathisch-ekstatisch zu erfassenden unio mystica bestehen. Denn diese liegt stets abseits des Alltagswirkens und jenseits der realen Welt, führt von ihr ab. Und ferner mußte die Religiosität den rein magischen oder sakramentalen Charakter der Gnadenmittel möglichst abgestreift haben. Denn auch diese entwerten stets das Handeln in der Welt als religiös höchstens relativ bedeutsam und knüpfen die Entscheidung über das Heil an den Erfolg nicht alltags-rationaler Vorgänge. Voll erreicht wurde beides: Entzauberung der Welt und Verlegung des Weges zum Heil von der kontemplativen *Weltflucht* hinweg in die aktiv asketische *Weltbearbeitung*, – wenn man von einigen kleinen rationalistischen Sekten, wie sie sich in aller Welt fanden, absieht, – nur in den großen Kirchen- und Sektenbildungen des asketischen Protestantismus im Okzident. Dabei haben ganz bestimmte, rein historisch bedingte Schicksale der okzidentalen Religiosität zusammengewirkt. Teils der Einfluß ihrer sozialen Umwelt, vor allen Dingen: der für ihre Entwicklung entscheidenden Schicht. Teils aber, und ebenso stark ihr genuiner Charakter: der überweltliche Gott und die historisch erstmalig durch die israelitische Prophetie und Thoralehre bestimmte Besonderheit der Heilsmittel und Heilswege. Dies ist teils in den Ausführungen der vorhergehenden Aufsätze dargelegt worden, teils später noch näher darzulegen. Wo der religiöse Virtuose als *Werkzeug* eines Gottes in die Welt gestellt und dabei von allen magischen Heilsmitteln abgeschnitten war, mit der Forderung, sich durch die ethische Qualität seines Handelns in ihren Ordnungen, und nur dadurch, als zum Heil berufen vor Gott – und das hieß der Sache nach: vor sich selbst – zu *bewähren*, da mochte die *Welt* als solche religiös noch so sehr: als kreatürlich und Gefäß der Sünde, entwertet und abgelehnt werden: Sie wurde dadurch psychologisch nur um so mehr als Schauplatz des gottgewollten Wirkens im weltlichen *Beruf* bejaht. Denn dies innerweltliche Asketentum war zwar weltablehnend in dem Sinne, daß es die Güter der Würde und Schönheit, des schönen Rausches und Traumes, der rein weltlichen Macht und des rein weltlichen Heldenstolzes verachtete und verfehmte als Konkurrenten des Gottesreiches. Aber sie war eben deshalb nicht weltflüchtig wie die Kontemplation, sondern wollte nach Gottes Gebot die Welt ethisch rationalisieren und blieb daher in einem spezifisch penetranteren Sinne weltzugewendet als die naive *Weltbejahung* des ungebrochenen Menschentums etwa in der Antike und im Laien-Katholizismus. Gerade im Alltag bewährte sich die Gnade und Erwähltheit des religiös Qualifizierten. Freilich nicht im Alltag, wie er war, sondern in dem im Dienste Gottes methodisch rationalisierten Alltagshandeln. Das rational zum Beruf gesteigerte Alltagshandeln wurde Bewährung des Heils. Die Sekten der religiösen Virtuosen bildeten im Okzident die Fermente für die methodische Rationalisierung der Lebensführung einschließlich auch des Wirtschaftshandelns, nicht aber, wie die Gemeinschaften der kontemplativen oder orgiastischen oder apathischen Ekstatiker Asiens, Ventile für die Sehnsucht hinweg aus der Sinnlosigkeit des innerweltlichen Wirkens.

Zwischen diesen äußersten Gegenpolen bewegten sich nun die mannigfachsten Übergänge und Kombinationen. Denn die Religionen so wenig wie die Menschen waren ausgeklügelte Bücher. Sie waren historische, nicht logisch oder auch nur psychologisch widerspruchslos konstruierte, Gebilde. Sie ertrugen sehr oft in sich Motivenreihen, die, jede für sich konsequent verfolgt, den andern hätte in den Weg treten, oft ihnen schnurstracks zuwiderlaufen müssen. Die *Konsequenz* war hier die Ausnahme, und nicht die Regel. Die Heilswege und Heilsgüter waren aber auch in sich regelmäßig psychologisch nicht eindeutig. Auch der altchristliche Mönch und auch der Quäker hatten einen sehr starken kontemplativen Einschlag in ihrer Gottsuche: – aber der Gesamtinhalt ihrer Religiosität, vor allem der überweltliche Schöpfergott und die Art der Versicherung der Gnadengewißheit, wies sie immer wieder auf den Weg des Handelns. Und andrerseits: auch der buddhistische Mönch handelte: – nur wurde dies Handeln jeder konsequenten innerweltlichen Rationalisierung entzogen durch die letzte Orientierung des Heilsstrebens an der Flucht aus dem *Rad* der Wiedergeburten. Die Sektierer und andere Bruderschaften des okzidentalen Mittelalters: Träger der religiösen Durchdringung des Alltagslebens, fanden ihr Gegenbild in den eher noch universeller entwickelten Bruderschaften des Islam; auch die dafür typische Schicht: Kleinbürger und namentlich Handwerker, war beiderseits die gleiche, – aber der Geist der beiderseitigen Religiosität war sehr verschieden. Äußerlich betrachtet, erscheinen zahlreiche hinduistische religiöse Gemeinschaften als *Sekten* ebensogut wie die des Okzidents, – aber das Heilsgut und die Art der Heilsvermittlung lagen nach radikal entgegengesetzter Richtung. – Die Beispiele sollen hier nicht weiter gehäuft werden, da wir ja die wichtigsten der großen Religionen individuell betrachten wollen. Diese sind untereinander weder in dieser noch in anderer Hinsicht einfach in eine Kette von Typen, deren jeder gegenüber dem andern eine neue *Stufe* bedeutet, einzugliedern. Sondern sie sind sämtlich historische Individuen höchst komplexer Art und erschöpfen, alle zusammen genommen, nur einen Bruchteil derjenigen möglichen Kombinationen, welche aus den sehr zahlreichen einzelnen dabei in Betracht kommenden Faktoren denkbarerweise gebildet werden könnten.

Es handelt sich bei den nachfolgenden Darlegungen also in keiner Art um eine systematische *Typologie* der Religionen. Andererseits freilich auch nicht um eine rein historische Arbeit. Sondern *typologisch* ist die nachstehende Darstellung in dem Sinne, daß sie das für den Zusammenhang mit den großen Gegensätzen der Wirtschaftsgesinnung in typischer Art Wichtige an den historischen Realitäten der religiösen Ethiken betrachtet, und anderes vernachlässigt. Nirgends beansprucht sie also ein voll abgerundetes Bild der dargestellten Religionen zu bieten. Sie muß diejenigen Züge, welche der einzelnen Religion im Gegensatz zu anderen eigen und zugleich für unsere Zusammenhänge wichtig sind, sehr stark herausheben. Eine von jenen besonderen Wichtigkeitsakzenten absehende Darstellung müßte diese gegenüber dem hier gezeichneten Bild oft mildern, fast immer aber noch andere hinzufügen und gelegentlich auch wohl nachdrücklicher, als es hier möglich wäre, zum Ausdruck bringen, daß – natürlich – alle qualitativen Gegensätze in der Realität letztlich sich irgendwie als rein quantitative Unterschiede der Mischungsverhältnisse von Einzelfaktoren auffassen lassen. Für uns hier wäre es aber höchst unfruchtbar, diese Selbstverständlichkeit immer neu betonen zu wollen.

Auch die für die Wirtschaftsethik wichtigen Züge der Religionen aber sollen uns hier wesentlich unter einem bestimmten Gesichtspunkt interessieren: in der Art ihrer Beziehung zum ökonomischen Rationalismus, und zwar – da auch dies noch nicht eindeutig ist – zum ökonomischen Rationalismus von demjenigen Typus, der den Okzident als eine Teilerscheinung der dort heimisch gewordenen Art der bürgerlichen Lebensrationalisierung seit dem 16. und 17. Jahrhundert zu beherrschen begann. Denn es ist hier vorweg noch einmal daran zu erinnern: daß *Rationalismus* etwas sehr Verschiedenes bedeuten kann. So schon: je nachdem dabei entweder an jene Art von Rationalisierung gedacht wird, wie sie etwa der denkende Systematiker mit dem Weltbild vornimmt: zunehmende theoretische Beherrschung der Realität durch zunehmend präzise abstrakte Begriffe, – oder vielmehr an die Rationalisierung im Sinne der methodischen Erreichung eines bestimmten, gegebenen praktischen Zieles durch immer präzisere Berechnung der adäquaten Mittel. Beides sind sehr verschiedene Dinge trotz der letztlich untrennbaren Zusammengehörigkeit. Selbst innerhalb der denkenden Erfassung des Wirklichen scheiden sich ähnliche Typen: Man hat die Unterschiede der englischen gegenüber der kontinentalen Physik auf sie zurückzuführen versucht. Jene Rationalisierung der Lebensführung aber, mit der wir es hier zu tun haben, kann ungemein verschiedene Formen annehmen. Der Konfuzianismus ist im Sinne des Fehlens jeder Metaphysik und fast aller Reste religiöser Verankerung: – so weitgehend, daß er an der äußersten Grenze dessen steht, was man überhaupt allenfalls noch eine *religiöse* Ethik nennen kann, – so rationalistisch und zugleich, im Sinne des Fehlens und der Verwerfung aller nicht utilitarischen Maßstäbe, so nüchtern, wie kein anderes der ethischen Systeme außer etwa demjenigen J. Benthams. Aber er ist von diesem und von allen okzidentalen Typen des praktischen Rationalismus ganz außerordentlich verschieden, trotz fortwährender wirklicher und scheinbarer Analogien. *Rational* im Sinn des Glaubens an einen geltenden *Kanon* war das höchste Kunstideal der Renaissance, rationalistisch im Sinn der Ablehnung traditionaler Bindungen und des Glaubens an die Macht der naturalis ratio, auch ihre Lebensbetrachtung trotz der Einschläge platonisierender Mystik. *Rational* in einem wieder ganz anderen Sinn: dem der *Planmäßigkeit,* war aber auch die Methode der Abtötungs- oder der magischen Askese oder Kontemplation in deren konsequentesten Formen, etwa im Yoga oder in den spätbuddhistischen Manipulationen mit Gebetsmaschinen. *Rational* teils im gleichen Sinn: der formalen Methodik, teils aber im Sinn der Unterscheidung von normativ *Geltendem* und empirisch Gegebenem, waren überhaupt alle Arten von praktischer Ethik, die systematisch und eindeutig an festen Heilszielen orientiert wurden. Diese, letztgenannte, Art von Rationalisierungsprozessen nun interessiert uns im folgenden. Der Versuch, ihre Kasuistik hier vorwegzunehmen, hätte keinen Sinn, da ja gerade diese Darstellung selbst einen Beitrag zu ihr liefern möchte.

Um dies zu können, muß sie sich aber eine Freiheit herausnehmen: *unhisto-*

risch in dem Sinne zu sein, daß die Ethik der einzelnen Religionen systematisch wesentlich einheitlicher dargestellt wird, als sie es im Fluß der Entwicklung jemals war. Es müssen hier eine Fülle von Gegensätzen, die innerhalb der einzelnen Religionen lebten, von Entwicklungsansätzen und Zweigentwicklungen beiseite gelassen, und also die für uns wichtigen Züge oft in einer größeren logischen Geschlossenheit und Entwicklungslosigkeit vorgeführt werden, als sie in der Realität sich vorfanden. Diese Vereinfachung würde historisch *Falsches* dann ergeben, wenn sie willkürlich vorgenommen würde. Das aber ist, wenigstens der Absicht nach, nicht der Fall. Es sind vielmehr stets diejenigen Züge im Gesamtbilde einer Religion unterstrichen, welche für die Gestaltung der praktischen Lebensführung in ihren Unterschieden gegen andere Religionen die entscheidenden waren.[3]

Schließlich, ehe zur Sache gekommen wird, noch einige Vorbemerkungen zur Erklärung häufig wiederkehrender terminologischer Besonderheiten der Darstellung.

Die religiösen Vergesellschaftungen und Gemeinschaften gehören bei voller Entwicklung zum Typus der Herrschaftsverbände: Sie stellen *hierokratische* Verbände, d.h. solche dar, bei welchen die Herrschaftsgewalt durch das Monopol der Spendung oder Versagung von Heilsgütern gestützt wird. Alle Herrschaftsgewalten, profane wie religiöse, politische wie unpolitische, lassen sich als Abwandlungen von oder Annäherungen an einige reine Typen ansehen, welche gebildet werden durch die Frage: welche Legitimitätsgrundlage die Herrschaft für sich in Anspruch nimmt. Unsere heutigen Verbände, vor allem die politischen, haben den Typus *legaler* Herrschaften. Das heißt: Die Legitimität zu befehlen ruht für den Inhaber der Befehlsgewalt auf rational gesatzter, paktierter oder oktroyierter, Regel, und die Legitimation zur Satzung dieser Regeln wiederum auf rational gesatzter oder interpretierter *Verfassung.* Im Namen nicht einer persönlichen Autorität, sondern im Namen der unpersönlichen Norm wird befohlen und der Erlaß des Befehls selbst ist auch seinerseits Gehorsam gegenüber einer Norm, nicht freie Willkür oder Gnade oder Privileg. Der *Beamte* ist der Träger der Befehlsgewalt, und niemals übt er sie zu eigenem Recht aus, sondern stets trägt er sie zu Lehen von der unpersönlichen *Anstalt,* dem durch gesatzte Regeln normativ beherrschten spezifischen Zusammenleben bestimmter oder unbestimmter, aber nach regelhaften Merkmalen angebbaren Menschen. Die *Kompetenz,* ein sachlich abgegrenzter Bereich von möglichen Befehlsobjekten, umgrenzt den Bereich seiner legitimen Gewalt. Eine Hierarchie von *Vorgesetzten,* die er im *Instanzenzuge* beschwerdeführend anrufen kann, steht dem *Bürger* oder *Mitglied* des Verbandes gegen-

[3] Die Reihenfolge der Betrachtung ist – um auch das zu bemerken – nur zufällig geographisch, von Ost nach West gehend. In Wahrheit ist nicht diese äußere örtliche Verteilung, sondern sind, wie sich vielleicht bei näherer Betrachtung zeigt, innere Zweckmäßigkeitsgründe der Darstellung dafür maßgebend gewesen.

über. So auch im heutigen hierokratischen Verband: der Kirche. Der Pfarrer oder Priester hat seine bestimmt abgegrenzte *Kompetenz:* die durch Regeln festgelegt ist. Auch für das höchste Kirchenhaupt gilt das: Die heutige *Infallibilität* ist ein Kompetenzbegriff: dem inneren Sinn nach verschieden von dem, was ihr voranging (noch zur Zeit Innocenz' III.). Die Scheidung von *Amtssphäre* (bei der Infallibilität: dem Definieren *ex cathedra)* und *Privatsphäre* ist ganz ebenso durchgeführt wie beim politischen (oder sonstigen) Beamten. Die rechtliche *Trennung* des Beamten von den Verwaltungsmitteln (in Natur- oder Geldform) ist in der Sphäre der politischen und hierokratischen Verbände genau so durchgeführt, wie die *Trennung* des Arbeiters von den Produktionsmitteln in der kapitalistischen Wirtschaft: Sie ist deren völlige Parallele.

Dies alles aber ist, soviel Ansätze dazu sich schon in der frühesten Vergangenheit finden, in seiner Vollentwicklung spezifisch modern. Die Vergangenheit kannte andere Grundlagen der legitimen Herrschaft, die übrigens auf Schritt und Tritt in ihren Rudimenten auch in die Gegenwart hineinreichen. Wir wollen sie wenigstens terminologisch kurz umschreiben.

1. Es soll bei den nachfolgenden Erörterungen unter dem Ausdruck: Charisma, eine (ganz einerlei: ob wirkliche oder angebliche oder vermeintliche) außeralltägliche Qualität eines Menschen verstanden werden. Unter *charismatischer Autorität* also eine (sei es mehr äußerliche oder mehr innerliche) Herrschaft über Menschen, welcher sich die Beherrschten kraft des Glaubens an diese Qualität dieser bestimmten Person fügen. Der magische Zauberer, der Prophet, der Führer auf Jagd- und Beutezügen, der Kriegshäuptling, der sog. *cäsaristische* Herrscher, unter Umständen das persönliche Parteihaupt, sind gegenüber seinen Jüngern, seiner Gefolgschaft, der von ihm geworbenen Truppe, der Partei usw. solche Herrschertypen. Die Legitimität ihrer Herrschaft beruht auf dem Glauben und der Hingabe an das Außergewöhnliche, über normale Menschenqualitäten Hinausgehende und deshalb (ursprünglich: als übernatürlich) Gewertete. Also: auf magischem oder auf Offenbarungs- und Heldenglauben, dessen Quelle *Bewährung* der charismatischen Qualität durch Wunder, durch Siege und andere Erfolge: durch Wohlergehen der Beherrschten, ist, und der deshalb nebst der in Anspruch genommenen Autorität schwindet oder doch zu schwinden droht sobald die Bewährung ausbleibt, und der charismatisch Qualifizierte sich von seiner magischen Kraft oder von seinem Gott verlassen zeigt. Die Herrschaft wird nicht nach generellen Normen, weder traditionellen, noch rationalen, sondern – im Prinzip – nach konkreten Offenbarungen und Eingebungen gehandhabt und ist in diesem Sinne *irrational.* Sie ist *revolutionär* im Sinne der Ungebundenheit an alles Bestehende: *Es steht geschrieben – ich aber sage euch . . .!*

2. Es soll im nachfolgenden: Traditionalismus die seelische Eingestelltheit auf und der Glaube an das alltäglich Gewohnte als unverbrüchliche Norm für

das Handeln heißen, und daher ein Herrschaftsverhältnis, welches auf dieser Unterlage, also: auf der Pietät gegen das (wirklich oder angeblich oder vermeintlich) immer Gewesene ruht, als traditionalistische *Autorität* bezeichnet werden. Die weitaus wichtigste Art der auf traditionalistischer Autorität beruhenden, ihre Legitimität auf Tradition stützenden Herrschaft ist der Patriarchalismus: die Herrschaft des Hausvaters, Ehemannes, Hausältesten, Sippenältesten über die Haus- und Sippengenossen, des Herren und Patrons über die Leibeigenen, Hörigen, Freigelassenen, des Herren über Hausdiener, Hausbeamte, des Fürsten über Haus- und Hofbeamte, Ministerialen, Klienten, Vasallen, des Patrimonialherren und des Fürsten *(Landesvaters)* über die *Untertanen.* Es ist der patriarchalen (und der als Spielart ihr zugehörigen patrimonialen) Herrschaft eigentümlich: daß sie neben einem System unverbrüchlicher, weil als absolut heilig geltender, Normen, deren Verletzung magische oder religiöse Übel im Gefolge hat, ein Reich frei schaltender Willkür und Gnade des Herrn kennt, welche im Prinzip nur nach *persönlichen,* nicht nach *sachlichen* Beziehungen wertet und in diesem Sinne *irrational* ist.

3. Die charismatische Herrschaft, die auf dem Glauben an die Heiligkeit oder den Wert von Außeralltäglichem ruht, und die traditionalistische (patriarchale) Herrschaft, die auf den Glauben an die Heiligkeit des Alltäglichen sich stützt, teilten in früher Vergangenheit die wichtigsten Arten aller Herrschaftsbeziehungen unter sich auf. *Neues* Recht konnte in den Kreis des kraft Tradition Geltenden nur durch Charismaträger: Orakel von Propheten oder Verfügungen von charismatischen Kriegsfürsten, eingefügt werden. Offenbarung und Schwert, die beiden außeralltäglichen Mächte, waren auch die beiden typischen Neuerer. Aber beide verfielen, sobald sie ihr Werk verrichtet hatten, in typische Art der Veralltäglichung. Mit dem Tode des Propheten oder Kriegsfürsten entstand die Nachfolgerfrage. Mochte sie durch Kürung (ursprünglich nicht eine *Wahl,* sondern eine Auslese nach Charisma), oder durch sakramentale Versachlichung des Charisma (Nachfolgerdesignation durch Weihe: hierokratische oder apostolische *Sukzession),* oder durch den Glauben an die charismatische Qualifikation der Sippe (Erbcharisma: Erbkönigtum und Erbhierokratie) gelöst werden: stets begann damit in irgendeiner Art die Herrschaft von Regeln. Nicht mehr kraft rein persönlicher, sondern kraft erworbener oder ererbter Qualitäten oder kraft Legitimation durch einen Kürungsakt herrschte der Fürst oder Hierokrat. Der Prozeß der Veralltäglichung und das hieß: Traditionalisierung, hatte eingesetzt. Und, was vielleicht noch wichtiger war: Mit dauernder Organisation der Herrschaft veralltäglichte sich der Menschenstab, auf den sich der charismatische Herrscher stützte: seine Jünger, Apostel, Gefolgen, – zu Priestern, Lehenvasallen, vor allem: Beamten. Aus der ursprünglich spezifisch wirtschaftsfremd: von Geschenken, Almosen, Kriegsbeute, kommunistisch lebenden charismatischen Gemeinschaft wurde eine durch Landnutzung, Sporteln, Deputate, Gehälter:

durch Pfründen also, unterhaltene Schicht von Hilfspersonen des Herren, die ihre legitime Gewalt nunmehr – in sehr verschiedenen Stadien der Appropriation – von Belehnung, Verleihung, Anstellung herleiteten. In aller Regel bedeutete das eine Patrimonialisierung der Herrengewalten, wie sie auch aus dem reinen Patriarchalismus sich durch Zerfall der straffen Gewalt des Herren entwickeln konnte. Der mit dem Amt beliehene Pfründner oder Lehensmann hat kraft der Beleihung in aller Regel ein eigenes Recht daran. Er ist im Besitz der Verwaltungsmittel, ähnlich wie der Handwerker in dem der ökonomischen Produktionsmittel. Er hat aus seinen Sporteln oder sonstigen Einnahmen die Kosten der Verwaltung zu tragen, oder er führt, von den beigetriebenen Leistungen der Untertanen nur einen Teil an den Herren ab, der Rest verbleibt ihm. Er kann – im Grenzfall – sein Amt vererben und veräußern wie anderen Besitz. Wir wollen von ständischem Patrimonialismus sprechen, wo die Entwicklung, sei es aus einem charismatischen, sei es aus einem patriarchalen, Anfangszustand her, durch Appropriation von Herrengewalten dieses Stadium erreicht hat.

Aber bei diesem Stadium ist die Entwicklung selten stehen geblieben. Überall finden wir den Kampf des (politischen oder hierokratischen) Herren mit den Inhabern oder Usurpatoren ständisch appropriierter Herrenrechte. Er versucht: sie, sie: ihn zu expropriieren. Je nachdem es ihm gelingt, sich in den Besitz eines eigenen Stabes von ihm allein anhängenden, an sein Interesse geknüpften Beamten und – damit zusammenhängend – eigener, fest in der eigenen Hand behaltener Verwaltungsmittel zu setzen (eigene Finanzen bei politischen und – im Okzident seit Innocenz III. bis Johann XXII. fortschreitend – hierokratischen Herren, eigene Magazine und Arsenale für die Verpflegung von Heer und Beamten beim profanen Herrscher), desto mehr entscheidet sich dieser Kampf zu seinen Gunsten und gegen die allmählich expropriierten ständischen Privilegieninhaber. Geschichtlich sehr verschieden war der Charakter jener Beamtenschicht, auf deren Hilfe sich der Herr im Kampf um die Expropriation der ständischen Herrengewalten stützte: Kleriker (typisch in Asien und im frühmittelalterlichen Okzident), Sklaven und Klienten (typisch im vorderasiatischen Orient), Freigelassene (im begrenzten Maß typisch für den römischen Prinzipat), humanistische Literaten (typisch in China), endlich: Juristen (typisch im Okzident der Neuzeit, sowohl in der Kirche wie in den politischen Verbänden). Überall bedeutete der Sieg der Fürstenmacht und die Expropriation der partikularen Herrenrechte mindestens die Möglichkeit, oft auch das tatsächliche Eintreten einer Rationalisierung der Verwaltung. Aber in höchst verschiedenem Grade und Sinn, wie wir sehen werden. Vor allem ist zwischen der materialen Rationalisierung der Verwaltung und Rechtspflege durch einen Patrimonialfürsten, der seine Untertanen utilitarisch und sozialethisch beglückt so, wie ein großer Hausherr seine Hausangehörigen, und der formalen Rationalisierung durch die von geschulten Juristen geschaffene

Durchführung der Herrschaft allgemeinverbindlicher Rechtsnormen für alle *Staatsbürger* zu scheiden. So flüssig (etwa in Babylon, Byzanz, dem hohenstaufischen Sizilien, dem stuartischen England, dem bourbonischen Frankreich) der Unterschied war, letztlich bestand er doch. Und die Geburt des modernen okzidentalen *Staats* ebenso wie der okzidentalen *Kirchen* ist zum wesentlichsten Teil Juristenwerk gewesen. Woher sie die Kraft und den Ideengehalt zu dieser Arbeit und die technischen Mittel dafür nahmen, ist hier noch nicht zu erörtern.

Mit dem Siege des formalistischen juristischen Rationalismus trat im Okzident neben die überkommenen Typen der Herrschaften der legale Typus der Herrschaft, dessen nicht einzige, aber reinste Spielart die bürokratische Herrschaft war und ist. Das Verhältnis der modernen Staats- und Kommunalbeamten, der modernen katholischen Priester und Kapläne, der Beamten und Angestellten der modernen Banken und kapitalistischen Großbetriebe stellt, wie schon erwähnt, den wichtigsten Typus dieser Herrschaftsstruktur dar. Als das für unsere Terminologie entscheidende Merkmal muß dabei das vorhin Erwähnte gelten: Die Unterwerfung nicht kraft Glaubens und Hingabe an charismatisch begnadete Personen: Propheten und Helden, auch nicht kraft heiliger Tradition und der Pietät gegen den durch Traditionsordnung bestimmten persönlichen Herren und – eventuell – seine durch Privileg und Verleihung zu eigenem Recht legitimierten Amtslehen- oder Amtspfründeninhaber, sondern die unpersönliche Bindung an die generell bezeichnete sachliche *Amtspflicht,* welche ebenso wie das korrespondierende Herrschaftsrecht: – die *Kompetenz* – durch rational gesatzte Normen (Gesetze, Verordnungen, Reglements) fest und derart bestimmt sind, daß die Legitimität der Herrschaft zur Legalität der generellen, zweckvoll erdachten, formell korrekt gesatzten und verkündeten Regel wird.

Die Unterschiede der vorstehend skizzierten Typen reichen bis in alle Einzelheiten ihrer sozialen Struktur und ökonomischen Bedeutung.

Es könnte nur in einer systematischen Darstellung erhärtet werden, inwiefern die hier gewählte Art der Unterscheidung und Terminologie zweckmäßig ist. Hier sei nur betont: daß sie mitnichten den Anspruch erhebt, die einzig mögliche zu sein, noch vollends: daß alle empirischen Herrschaftsgebilde einem dieser Typen *rein* entsprechen müßten. Im geraden Gegenteil stellt die überwiegende Mehrzahl von ihnen eine Kombination oder einen Übergangszustand zwischen mehreren von ihnen dar. Wir werden immer wieder gezwungen sein, z. B. durch Wortbildungen wie: *Patrimonialbürokratie* zum Ausdruck zu bringen: daß die betreffende Erscheinung mit einem Teil ihrer charakteristischen Merkmale der rationalen, mit einem anderen der traditionalistischen – in diesem Fall: ständischen – Herrschaftsform angehört. Dazu treten aber höchst wichtige Formen, welche – wie die feudale Herrschaftsstruktur – historisch universell verbreitet waren, aber mit wichtigen Zügen gar nicht glatt unter eine der drei oben unterschiedenen Formen einzuordnen sind, sondern nur durch eine Kombination mit anderen Begriffen (in diesem Fall: dem des *Standes* und der *Standesehre)* verständlich werden. Oder welche, wie die Funktionäre der reinen Demokratie (Turnus-Ehrenamt und ähnliche Formen auf der einen, plebiszitäre Herrschaft auf der anderen Seite) oder wie gewisse Arten der Honoratiorenherrschaft (einer Sonderform der traditionalistischen Herrschaft), teils aus andern als *Herrschafts-Prinzipien*, teils aus eigentümlichen Abwandlungen des Charismabegriffes zu verstehen sind, aber ihrerseits gerade zu den historisch allerwichtigsten Fermenten der Entbindung des politischen Rationalismus gehört haben. Die hier vorgeschlagene Terminologie will also nicht die unendliche Mannigfaltigkeit des Historischen schematisch vergewaltigen, sondern sie möchte nur, für bestimmte Zwecke, brauchbare begriffliche Orientierungspunkte schaffen.

Das gleiche gilt für eine letzte terminologische Unterscheidung. Wir verstehen unter ständischer Lage eine primär durch Unterschiede in der Art der Lebensführung bestimmter Menschengruppen (und also meist: ihrer Erziehung), bedingte Chance positiver oder negativer sozialer Ehre für sie. Sekundär – und damit wird an die vorstehende Terminologie der Herrschaftsformen angeknüpft – pflegt diese sehr häufig und typisch zusammenzuhängen mit einem der betreffenden Schicht rechtlich gesicherten Monopol entweder auf Herrenrechte oder auf Einkommens- und Erwerbschancen bestimmter Alt. Ein *Stand* ist also im (natürlich nicht immer vorliegenden) Fall der Erfüllung aller dieser Merkmale eine durch die Art der Lebensführung, die konventionalen spezifischen Ehrbegriffe und die rechtlich monopolisierten ökonomischen Chancen (nicht immer verbandsmäßig organisierte, stets aber irgendwie vergesellschaftete) Menschengruppe. Commercium (im Sinn von *gesellschaftlichem* Verkehr) und connubium von Gruppen untereinander sind die typischen Merkmale der ständischen Gleichschätzung; ihr Fehlen bedeutet ständische Unterschiede. Unter *Klassenlage* sollen im Gegensatz dazu die primär durch typische ökonomisch relevante Lagen, also: Besitz bestimmter Art oder Gelerntheit in der Ausübung begehrter Leistungen, bedingten Versorgungs- und Erwerbschancen einerseits, die daraus folgenden allgemeinen typischen Lebensbedingungen (z. B. die Notwendigkeit, sich der Werkstattdisziplin eines Kapitalbesitzers zu fügen) genannt werden. Eine *ständische Lage* kann sowohl Ursache wie Folge einer *Klassenlage* sein, ist aber keines von beiden notwendig. Klassenlagen können ihrerseits primär marktbedingt sein (arbeits- und gütermarktbedingt) – und sind es heute in den der Gegenwart spezifischen typischen Fällen. Aber dies ist nicht absolut notwendig der Fall. Grundherr und Kleinbauer sind es im Fall geringer Marktverflochtenheit fast gar nicht, die verschiedenen Kategorien der *Rentner* (Boden-, Menschen-, Staats-, Wertpapierrentner) in sehr verschiedenem Sinn und Maß. *Besitzklassen* und (primär marktbedingte) *Erwerbsklassen* sind also zu scheiden. Die heutige

Gesellschaft ist vorwiegend klassengegliedert, und zwar in spezifisch hohem Maße in Erwerbsklassen. Sie enthält aber in dem spezifisch ständischen Prestige der *Bildungs*-Schichten ein (äußerlich durch die ökonomischen Monopole und gesellschaftlichen Vorzugschancen der Diplominhaber am deutlichsten verkörpertes) höchst fühlbares ständisches Gliederungselement. In der Vergangenheit war die Bedeutung der ständischen Gliederung weit ausschlaggebender, vor allem auch für die ökonomische Struktur der Gesellschaften. Denn auf diese wirkt sie einerseits durch die Schranken oder Reglementierungen des Konsums und durch die Bedeutung der ständischen – vom Standpunkt der ökonomischen Rationalität aus: irrationalen – Monopole, andererseits durch die Tragweite der beispielgebenden ständischen Konventionen der betreffenden Herrenschichten außerordentlich stark ein. Diese Konventionen konnten ihrerseits den Charakter ritueller Stereotypierung tragen, und dies war in hohem Maße der Fall bei den asiatischen ständischen Gliederungen, denen wir uns nunmehr zuerst zuwenden.

Konfuzianismus und Taoismus[1]

I. Soziologische Grundlagen: A. Stadt, Fürst und Gott

Geldwesen – Städte und Gilden – Fürstenverwaltung und Gotteskonzeption im Verlgeich mit Vorderasien – Charismatische und pontifikale Stellung des Zentralmonarchen

China war, in scharfem Gegensatz zu Japan, schon seit einer für uns vorhistorischen Zeit ein Land der großen ummauerten Städte. Nur Städte hatten einen kanonisierten Ortspatron mit Kult. Der Fürst war vornehmlich Stadtherr. Die Bezeichnung für *Staat* blieb in offiziellen Dokumenten auch der großen Teilstaaten: *Eure Hauptstadt* bzw. *Meine bescheidene Stadt.* Noch im letzten

1 Zur Literatur: Die weiterhin nicht zu den einzelnen Stellen jedesmal besonders zitierten großen Zentralwerke der klassischen chinesischen Literatur hat J. Legge in den *Chinese Classics* übersetzt, mit textkritischen Anmerkungen, herausgegeben. Einige davon sind auch in Max Müllers Sacred Books of the East aufgenommen. In die persönlichen (oder, was für uns hier ganz dasselbe ist: als persönlich geltenden) Ansichten des Konfuzius und seiner maßgeblichsten Schüler führen wohl am bequemsten die in einem kleinen Bande (The Life and Teachings of Confuzius, London 1867) von Legge mit Einleitung herausgegebenen drei Schriften: das Lun Yü (als *Confucian Analects* übersetzt), das Ta Hio (The Great Learning) und das Tschung Yung *(Doctrine of the Mean)*, ein. Dazu die berühmten Annalen von Lu (Tschun Tsiu = *Frühling und Herbst)*. Übersetzungen von Mencius: in den Sacred B. of the East und bei Faber, The Mind of Mencius. Das dem Laotse zugeschriebene Tao-te-king ist überaus oft übersetzt worden, deutsch (genial) von v. Strauß 1870, englisch von Carus 1913. Inzwischen ist bei Diederichs, Jena, eine gute Auslese chinesischer Mystiker und Philosophen erschienen (hrsg. v. Wilhelm). Die Beschäftigung mit Taoismus war neuerdings fast Mode. Über die staatlichen und sozialen Verhältnisse ist, neben Richthofens großartigem, vorwiegend geographischem, aber nebenbei auch diese Dinge berücksichtigenden Werk, zur Einführung noch immer die popularisierende ältere Arbeit von Williams *The Midden Empire* nützlich. Vorzügliche Skizze (mit Literatur) von Otto Franke in der *Kultur der Gegenwart* (II, II, 1). Über die Städte: Plath in den Abh. der bayer. Akad. der Wiss. X. Die beste Arbeit über die Ökonomik einer (modernen) chinesischen Stadt ist bisher von einem Schüler K. Büchers, Dr. Nyok Ching Tsur, geliefert worden (Die gewerbl. Betriebsformen der Stadt Ningpo, Erg.-Heft 30 der Zeitschr. f. d. ges. Staatsw., Tübingen 1909). Über die altchinesische Religion (den sog. *Sinismus)* E. Chavannes in Revue de l'hist. des Relig. 34 S. 125 ff. Für die Religion und Ethik des Konfuzianismus und Taoismus sind empfehlenswert, weil tunlichst im Anschluß an wörtliche Zitate gearbeitet, die beiden Arbeiten von Dvorak in den *Darstellungen aus dem Gebiet der nichtchristlichen Rel.-Geschichte.* Im übrigen die Darstellungen in den verschiedenen Lehrbüchern der Religionsgeschichte (bei Bertolet, Tübingen 1908, ist der Abschnitt von Wilhelm Grube, bei Chantepie de la Saussaye von E. Buckley). Im übrigen stehen über die offizielle Religion die großen Arbeiten von de Groot zurzeit allen voran. Hauptwerk: The Religious System of China (in den bisher erschienenen Bänden wesentlich das Ritual, vor allem das Totenritual, behandelnd). Eine Gesamtübersicht über die in China bestehenden Religionssysteme von ihm in der Kultur der Gegenwart. Über die

Drittel des 19. Jahrhunderts wurde die endgültige Unterwerfung der Miao (1872) durch einen zwangsweisen Synoikismos, eine Zusammensiedlung in Städte, besiegelt, ganz wie im römischen Altertum bis gegen das 3. Jahrhundert. Im Effekt kam vor allem die Steuerpolitik der chinesischen Verwaltung auf eine sehr starke Begünstigung der Stadtinsassen auf Kosten des platten Landes hinaus.[2] Ebenso war China von jeher die Stätte eines für die Bedarfsdeckung großer Gebiete unentbehrlichen Binnenhandels. Dennoch aber war, entsprechend

Toleranz des Konfuzianismus seine temperamentvolle Streitschrift: Sectarianism and religious persecution in China (Verh. der Kon. Ak. van Wetensch. te Amsterdam, Afd. letterk. N. Reeks IV, 1, 2). Zur Geschichte der Religionsverhältnisse sein Aufsatz in Bd. VII des Archivs f. Rel.-Wissensch. (1904). Zu vgl. die Besprechung von Pelliot Bull. de l'Ec. fr. de l'Ext. Or. III, 1903, S. 549 ff. Darstellung der konfuzianischen Lehre vom Standpunkt der modernen Reformpartei Kang Yu Wei's: Chen Huan Chang, The economic principles of Confucius and his school (Dissertation der New Yorker Columbia University, New York 1911). – Sehr anschaulich spiegeln sich die Wirkungen der verschiedenen Religionssysteme auf die Lebensformen in Wilhelm Grubes schönem Aufsatz: Zur Pekinger Volkskunde (in der Veröff. aus dem Kgl. Mus. f. Völkerk., Berlin VII, 1901). Vgl. von demselben: Religion und Kultur der Chinesen. Über chinesische Philosophie: W. Grube in der *Kultur der Gegenwart* I, 5. Derselbe: Geschichte der chinesischen Literatur (Leipzig 1902). Aus der Missionarliteratur ist recht wertvoll, weil zahlreiche Gespräche reproduzierend, Jos. Edkins, Religion in China (3. Aufl., 1884). Manches Gute enthält auch Douglas, Society in China. Für weitere Literatur sind die bekannten großen englischen, französischen und deutschen Zeitschriften, ferner die Zeitschr. f. vergl. Rechtswissenschaft und das Archiv f. Rel.-Wissensch. durchzusehen. – Zur anschaulichen Einführung in moderne chinesische Verhältnisse: F. v. Richthofens Tagebücher, ferner die Bücher von Lauterer, Lyall, Navarra u. a. Zum Taoismus s. auch bei VII.

Eine moderne Entwicklungsgeschichte Chinas (alte Zeit), bringt E. Conrady in Band III der *Weltgeschichte* (1911) von v. Pflugk-Harttung. Erst während dieses Drucks kam mir das neue Werk von de Groot: *Universismus*. Die Grundl. d. Rel. u. Ethik, des Staatsw. u. der Wiss. Chinas (Berlin 1918) zur Hand. Von kurzen einführenden Skizzen sei ganz besonders auf die kleine Broschüre eines der besten Fachkenner verwiesen: Frhr. v. Rosthorn, Das soziale Leben der Chinesen (1919), aus der älteren Literatur gleicher Art etwa auf J. Singer, Über soziale Verhältnisse in Ostasien (1888).

Belehrender als viele Darstellungen ist das Durcharbeiten der von den englischen Interessenten jahrzehntelang unter dem Namen *Peking Gazette* übersetzten Sammlung der (ursprünglich nur zum internen Gebrauch bestimmten) kaiserlichen Verfügungen an die Reichsbeamten. Die sonstige Literatur und die übersetzten Quellenschriften sind zu den Einzeldarlegungen zitiert. Für den Nichtfachmann ist sehr erschwerend der Umstand, daß die dokumentarischen und monumentalen Quellen nur zum kleinsten Teil übersetzt sind. Ein sinologischer Fachmann stand mir zur Kontrolle leider nicht zur Seite. Nur mit schweren Bedenken und unter den größten Vorbehalten wird daher hier dieser Teil mit abgedruckt.

[2] Dahin resumiert seine Ansicht auch H. B. Morse, The Trade and Administration of the Chinese, New York 1908, p. 74. In der Tat: das Fehlen der Akzise und jeder Steuer von beweglichem Einkommen, bis in die Neuzeit sehr niedrige Zölle, die Getreidepolitik nur unter den Gesichtspunkt des Konsums gestellt, – schon diese Grundtatsachen rechtfertigen das Urteil. Vor allem aber war für den bemittelten Händler für Geld bei der Eigenart des Beamtentums praktisch alles durchzusetzen, was in seinem Interesse lag.

der überragenden Bedeutung der agrarischen Produktion, bis in die Neuzeit hinein die Geldwirtschaft schwerlich je so entwickelt wie etwa im ptolemäischen Ägypten. Dafür ist schon das – allerdings teilweise nur als Verfallsprodukt zu verstehende – Geldsystem mit seinem fortwährend zeitlich und überdies von Ort zu Ort wechselnden Kursverhältnis des Kupferkurants zum Barrensilber – dessen Stempelung in den Händen der Gilden lag –, Beweis genug.[3] Das chinesische Geldwesen[4] bewahrt Züge äußerster Archaistik in Verbindung mit scheinbar modernen Bestandteilen. Das Zeichen für *Reichtum* bewahrt noch jetzt die alte Bedeutung *Muschel* (pei). Es scheint, daß noch 1578 Muschelgeldtribute aus Yünnan (einer Minenprovinz!) vorkamen. Für *Münzen* findet sich ein Zeichen, welches *Schildkrötenschale* bedeutet[5], *Pu pe: Seidengeld,* soll unter den Tschou existiert haben und die Leistung von Seide als Steuer hat sich in den verschiedensten Jahrhunderten gefunden. Perlen, Edelsteine, Zinn werden daneben als alte Träger von Geldfunktion genannt und noch der Usurpator Wang Mang (seit 7 n. Chr.) versuchte – vergeblich – eine Geldskala herzustellen, in welcher neben Gold, Silber, Kupfer auch Schildkrötenschalen und Muscheln als Zahlmittel fungierten, während umgekehrt der rationalistische Einiger des Reiches, Schi Hoang Ti, nur *runde* Münzen, aber – nach einer freilich nicht sehr verläßlichen Angabe – außer Kupfer- auch Goldmünzen (Y und Tsien) hatte schlagen lassen, alle andern Tausch- und Zahlmittel aber – vergeblich – verboten hatte. Silber scheint als Münzmetall erst spät (unter Wu-ti, Ende 2. Jahrhunderts vor Chr.) überhaupt aufzutreten, als Steuer (der Südprovinzen) erst 1035. Zweifellos zunächst aus technischen Gründen. Das Gold war Waschgold, die Kupfergewinnung ursprünglich technisch relativ leicht, Silber dagegen nur durch eigentlichen Bergbau zu gewinnen. Sowohl die Bergbautechnik aber als

3 Der Übergang zu diesem unseren *Banko*-Währungen entsprechenden (für die Hamburger Bank auch vorbildlich gewesenen) System wurde allerdings erst durch die Münzverschlechterungen und Papiergeldemissionen der Kaiser herbeigeführt, ist also sekundär. Welche Verwirrung aber die an einem Ort plötzlich eintretende Knappheit des Kupferkurants, die infolgedessen vermehrte Emission lokaler Banknoten und die durch beides erzeugten Agiounterschiede und Spekulationen in Silberbarren noch in neuester Zeit hervorrufen konnten und mit wie unbeholfenen Maßnahmen die Regierung dann eingriff, zeigt z. B. der nebst dem kaiserlichen Dekret in der *Peking Gazette* vom 2. 6. 96 veröffentlichte Bericht. Beste Darstellung der Währungsverhältnisse bei H. B. Morse, Trade and Administration of the Chinese Empire, New York 1908, Kap. V, p. 119 ff. Im übrigen zu vergleichen: J. Edkins, Banking and prices in China (1905). Aus der alten chinesischen Literatur Se Ma Tsien ed. Chavannes, Vol. III, Kap. XXX.

4 Die Bezeichnung für *Geld* ist im übrigen *hwo, Tauschmittel* (puo hwo = wertvolles Tauschmittel).

5 S. darüber außer dem betreffenden Kapitel von Morse, Trade and administration of China, und Jos. Edkins, Chinese Currency, London 1913, die alte, noch immer brauchbare Arbeit von Biot im N. Journ. Asiat. 3. Ser. 3, 1837, welche sich im wesentlichen auf Ma Tuan Lin als Gewährsmann stützt. Erst während der Korrektur kam mir die New-Yorker Diss. v. W. P. Wei, The currency problem in China (Stud. in Hist. Ec. etc. 59, New York 1914) zu Gesicht, deren erstes Kapitel einiges enthält.

die Münztechnik der Chinesen ist auf ganz primitiver Stufe stehen geblieben. Die angeblich seit dem 12., wahrscheinlich seit dem 9. Jahrhundert vor Chr. geschaffenen Münzen – erst seit etwa 200 vor Chr. mit Schriftzeichen versehen – wurden gegossen, nicht geprägt. Sie waren daher sehr leicht nachahmbar und an Gehalt sehr verschieden – noch weit verschiedener als, bis zum 17. Jahrhundert, die europäischen Münzen (fast 10% bei englischen Kronen). 18 Stücke der gleichen Emission des 11. Jahrhunderts schwankten nach Biots Wägung zwischen 2,70 und 4,08 g, 6 Stücke der Emission von 620 nach Chr. gar zwischen 2,50 und 4,39 g Kupfer. Schon deshalb allein waren sie kein eindeutig brauchbarer Standard für den Verkehr. Die Goldvorräte wurden wesentlich durch Tatarenbeutegold plötzlich vermehrt, um schnell wieder zu sinken. Gold und Silber wurden daher früh sehr selten, – das Silber, trotzdem die Bergwerke an sich, bei entsprechender Technik, abbauwürdig geblieben wären.[6] Kupfer blieb das Kurantgeld des Alltagsverkehrs. Der weit größere Edelmetallumlauf des Okzidents war den Annalisten insbesondere der Han-Zeit sehr wohl bekannt. Die großen, aus den Naturaltributen gespeisten Seidenkarawanen (jährlich eine große Zahl) brachten zwar okzidentales Gold in das Land. (Römische Münzen werden gefunden.) Doch das hörte mit dem Ende des Römerreichs auf und erst die Zeit des Mongolenreichs brachte wieder Besserung.

Die Wendung brachte erst der Verkehr mit den Abendländern in der Zeit nach der Eröffnung der mexikanisch-peruanischen Silberminen, von deren Ertrag ein erheblicher Teil als Gegenwert gegen Seide, Porzellan, Tee nach China floß. Die Silberentwertung im Verhältnis zu Gold (1368 = 4:1, 1574 = 8:1, 1635 = 10:1, 1737 = 20:1, 1840 = 18:1, 1850 = 14:1, 1882 = 18:1) hinderte nicht, daß die infolge des zunehmenden geldwirtschaftlichen Silberbedarfs steigende Schätzung des Silbers das Kupfer im Preis gegen Silber sinken ließ. Wie die Bergwerke, so war auch die Münzschaffung Regal der politischen Macht: schon unter den 9 halblegendären Behörden des Tschou-li findet sich der Münzmeister. Die Bergwerke wurden teils in Eigenregie mit Fronden[7], teils durch Private, aber

[6] Geomantische, später zu besprechende, Superstitionen führten stets erneut (bei jedem Erdbeben) zur Unterdrückung des Abbaus. Allerdings ist es aber eine lächerliche Übertreibung, wenn Biot a. a. O. die Minen mit denen von Potosi vergleicht. Das steht seit Richthofen endgültig fest. Die Bergwerke in Yünnan sollen von 1811 bis gegen 1890 nur ca. 13 Mill. Taëls Ausbeute ergeben haben (trotz der relativ niedrigen Royalty von 15%). Schon im 16. Jahrhundert (1556) kam es vor, daß eine Silbermine mit 30000 Taëls Kosten eröffnet wurde und dann rund 28500 Taëls Ausbeute gab. Die mehrfachen Verbote des Bleiabbaus hinderten die Gewinnung des Silbers als Nebenprodukt. Nur während der Herrschaft der Chinesen über Hinterindien (Kambodscha, Annam), wo namentlich Birma ein Silberland war, stieg die (Dauer-) Zufuhr von Silber stark; außerdem durch den Handel mit dem Westen über Buchara, besonders im 13. Jahrhundert, als Gegenwert gegen Seide, dann (s. gleich) seit dem 16. Jahrhundert durch den Außenhandel mit Europäern. Die große Unsicherheit war, nach der Annalistik zu schließen, neben der mangelhaften Technik ein wichtiger Grund der meist geringen Rentabilität der Silberbergwerke.

unter Ankaufsmonopol der Regierung für die Ausbeute, betrieben[8]; die hohen Transportkosten des Kupfers zur Münze in Peking – welche den Überschuß über den Staatsmünzbedarf verkaufte – verteuerten die Münzherstellung beträchtlich. Diese Kosten waren auch an sich gewaltig. Im 8. Jahrhundert (752 nach Matuan-lin) produzierten 99 damals existierende Münzstätten angeblich jede jährlich 3300 Min (à 1000 Stück) Kupfermünzen. Jede bedurfte dazu 30 Arbeiter und verwendete 21200 Kin (à 550 g) Kupfer, 3700 Blei, 500 Zinn. Der Kostenaufwand betrug auf 1000 Stück davon 750, also: 75%. Dazu trat der exorbitante Münzgewinn, welchen die (monopolisierte) Münze beanspruchte:[9] nominell 25%, welcher allein schon den unausgesetzt durch alle Jahrhunderte laufenden Kampf gegen die überaus gewinnbringende Nachprägung hoffnungslos machte. Die Bergwerksdistrikte waren von feindlicher Invasion bedroht. Nicht selten kaufte die Regierung Kupfer für Münzzwecke vom Ausland (Japan) oder konfiszierte private Kupfervorräte, um den hohen Prägebedarf zu sichern. Zeitweilig wurden Regal und Eigenbetrieb auf alle Metallbergwerke überhaupt erstreckt. Die Silberminen zahlten eine sehr bedeutende Royalty (in Kwantung Mitte des 19. Jahrhunderts 20–33 1/3%, bei Verbindung mit Blei 55%) an die betreffenden Mandarinen, deren Haupteinnahmequellen dort diese – gegen eine Pauschalsumme an die Regierung ihnen überlassenen – Einkünfte bildeten. Die Goldminen (besonders in der Provinz Yünnan vorhanden) waren, ganz ebenso wie alle anderen, in kleinen Feldern für den Kleinbetrieb an Minenmeister (Handwerker) vergeben und zahlten je nach Ergiebigkeit bis zu 40% Royalty. Daß alle Minen technisch schlecht ausgebeutet wurden, wird noch aus dem 17. Jahrhundert berichtet: Der Grund war – neben den Schwierigkeiten, welche die später zu erwähnende Geomantik machte[10] – der allgemeine, später zu erörternde, in der politischen, ökonomischen und geistigen Struktur Chinas liegende Traditionalismus, der auch jede ernsthafte Münzreform immer wieder scheitern ließ. Von Münzverschlechterungen hören wir in der Annalistik schon in alter Zeit (Tschuang Wang und Tsu), auch davon, daß die Oktroyierung der verschlechterten Münzen für den Verkehr scheiterte. Die erste Goldmünzenverschlechterung – seitdem oft wiederholt – wird bereits von King Ti berichtet und auch von den starken Störungen des Handels, die sie herbeiführte, erzählt.

[7] Riesenhafte Fronden für die Ausbeutung von Goldminen berichtet die von Kaiser Kian Lung geschriebene Geschichte der Ming-Dynastie (Yu tsiuan tung kian kang mu übers. v. Delamarre, Paris 1861, p. 362) noch für das Jahr 1474: 550000 (?) Menschen seien dazu gepreßt worden.

[8] Das Mißverhältnis zwischen Ankaufspreis und Kosten erklärt die ganz ungenügende Ausbeute hinlänglich.

[9] Nach Weil a. a. O., S. 17 sei ein Münzgewinn der älteren Münzpolitik Chinas unbekannt gewesen. Aber das ist unglaubwürdig, da sonst die notorisch riesige Nachprägung nicht rentiert hätte. Auch berichtet die Annalistik ausdrücklich (s. u.) das Gegenteil.

[10] Über diese Wirkung des Fung schui s. Variétés Sinolog. Nr. 2 (H. Havret La prov. de Ngan Hei, 1893) p. 39.

Das Grundübel aber waren offenbar die schwankenden Münzmetall-Vorräte[11], unter der gerade der Norden, wo die Verteidigung gegen die Barbaren der Steppe zu führen war, ganz ungleich stärker litt als der mit metallenen Umlaufsmitteln von jeher weit reicher ausgestattete Süden, der Sitz des Handels. Die Finanzierung jedes Kriegs bedingte gewaltsame Münzreformen und Verwendung der Kupfer-Münzen für die Waffenfabrikation (wie bei uns im Kriege der Nickelmünzen). Herstellung des Friedens bedeutete Überschwemmung des Landes mit Kupfer durch die willkürliche Verwertung des Heeresguts seitens der *demobilisierten* Soldaten. Jede politische Unruhe konnte die Bergwerke sperren, erstaunliche – selbst nach Abzug der wahrscheinlichen Übertreibungen sehr bedeutende – Preisschwankungen als Folge der Münzknappheit und des Münzüberschusses werden berichtet. Massenhafte private, zweifellos von den Beamten geduldete, Nachmünzstätten entstanden stets aufs neue und auch die einzelnen Satrapien spotteten des Monopols immer wieder. In der Verzweiflung über die Mißerfolge aller Versuche der Durchführung des staatlichen Münzmonopols ist man wiederholt (zuerst unter Wen-ti 175 v. Chr.) zur Freigabe der Münzschaffung für jeden Privaten nach gegebenen Modellen übergegangen. Völlige Verwirrung des Münzwesens war die natürliche Folge. Zwar gelang es nach dem ersten solchen Experiment Wu-ti ziemlich schnell, das Münzmonopol herzustellen und die privaten Prägestätten auszurotten, auch durch Verbesserung der Münztechnik (Münzen mit festem Rand) das Prestige der staatlichen Münzen wieder zu heben. Aber die Notwendigkeit, zur Finanzierung des (in alle Münzwirren aller Zeiten als Ursache hineinragenden) Hiung Nu-(Hunnen-) Kriegs Kreditgeld (aus weißen Hirschfellen) auszugeben und die leichte Nachahmbarkeit seiner Silbermünzen ließ auch diesen Versuch schließlich scheitern. Die Münzmetallknappheit war unter Yuan-ti (ca. 40 vor Chr.) so groß wie je[12], – wohl eine Folge politischer Wirren, in deren Gefolge der Usurpator Wang Mang seine vergeblichen Geldskalenexperimente (28 Münzsorten!) vornahm. Eine Herstellung von Gold- und Silbermünzen durch die Regierung, – an sich nur als Gelegenheitserscheinung auftauchend, – scheint seitdem nicht mehr zu verzeichnen. Die 807 zuerst vorgenommene Emission staatlicher[13] Um-

[11] Nach einer von Biot (N. J. As. III Ser. 6, 1838, p. 278) wiedergegebenen Notiz aus dem Wen hian tong kao wären unter Yuan Ti (48–30 v. Chr.) die Münzvorräte des ganzen Landes auf 730000 Uan à 10000 tsien (Kupfermünzen), davon 330000 im Fiskalbesitz (!), geschätzt worden, was Ma tuan lin als einen niedrigen Vorrat ansieht.

[12] Die Annalistik (Ma tuan lin) gibt an, daß Kupfer, nach dem Gewicht, damals 1840 mal so viel wert gewesen sei als Getreide (andere Quellen sprechen von 507 mal so viel), während unter den Han Kupfer 1–8 mal so viel wert gewesen sein soll als Reis (auch in Rom im letzten Jahrhundert der Republik, gab es für Weizen eine erstaunliche Relation).

[13] Das *pien-tschen* Papiergeld des 10. Jahrhunderts wurde von staatlichen Kassen eingelöst.

laufsmittel in Nachahmung der Bankumlaufsmittel[14] aber – besonders unter den Mongolen blühend – ist nur zuerst, später immer weniger, mit bankmäßiger Metalldeckung erfolgt, und die Entwertung der Assignaten in Verbindung mit der Erinnerung an die Münzverschlechterungen hat seitdem die Banko-Währung (deponierte Silberbarren als Unterlage des Großhandelszahlungsverkehrs in *Taël*-Einheiten) unerschütterlich etabliert. Die Kupferwährung aber bedeutete trotz der sehr niedrigen Preise doch nicht nur jene ungeheure Teuerung der Münzherstellung, sondern auch eine, durch die Höhe der Geldtransportkosten, für den Verkehr und die Entwicklung der Geldwirtschaft überhaupt sehr unbequeme Geldform: Eine Schnur mit 1000 aufgereihten Kupfermünzen (tsien) wurde anfangs = 1 Unze Silber tarifiert, später = ½ Unze Silber. Dabei blieben die Schwankungen der verfügbaren Kupfermengen auch im Frieden infolge der industriellen und künstlerischen Verwendung (Buddhastatuen) außerordentlich bedeutend und in den Preisen sowohl wie namentlich bei der Steuerbelastung fühlbar. Die sehr starken Schwankungen des Münzwerts mit ihren Folgen für die Preise sind es denn auch gewesen, welche den immer wieder gemachten Versuch, ein einheitliches Budget auf der Grundlage reiner (oder annähernd reiner) Geldsteuern zu schaffen, ebenso regelmäßig wieder zum Scheitern brachten: stets erneut mußte zur (mindestens teilweisen) Naturalbesteuerung mit ihren selbstverständlichen, die Wirtschaft stereotypierenden Konsequenzen zurückgegangen werden.[15]

[14] Das schwere Eisengeld in Setschuan hatte dort schon im 1. Jahrh. im kaufmännischen Verkehr Zertifikate (tschiao-tse) der Gilde der 16ner, also: Bankgeld entstehen lassen, die später durch Zahlungsunfähigkeit uneinlöslich wurden.

[15] Eine chinesische Staatseinkünfteaufstellung älterer Zeit sah nach der Annalistik (Ma tuan lin) so aus:

	997	v. Chr.	1021 n.	Chr.
Getreide	21 707 00	schi	22 782 000	schi
Kupfermünzen	4 656 000	kuan (à 1000 tsien)	7 364 000	kuan
Starke Seidenstoffe	1 625 000	py (Stück)	1 615 000	py
Feine Seidenstoffe	273 000	py	182 000	py
Seidengarn	410 000	Unzen	905 000	Unzen
Gaze (feinste Seide)	5 170 000	Unzen	3 995 000	Unzen
Tee	490 000	Pfund	1 668 000	Pfund
Heu, frisch und gedörrt	30 000 000	schi	28 995 000	schi
Brennholz	280 000	scho	?	
Kohlen (Erdkohle)	530 000	tsching	26 000	tsching
Eisen	300 000	Pfund	–	

Dazu 997 noch: Posten für Pfeilholz, Gänsefedern (für die Pfeile) und Vegetabilien,
1021 aber: Posten für Leder (816000 tsching), Hanf (370000 Pfund), Salz (577000 schi), Papier (123000 tsching),
1077 (geldwirtschaftliche und handelsmonopolistische Reform Wang-An-Schis, von der zu reden sein wird):

Für die Zentralregierung kam bei ihren Beziehungen zum Geldwesen neben unmittelbarem Kriegsbedarf und andern rein fiskalischen Motiven auch die Preispolitik sehr stark beherrschend in Betracht. Inflationistische Neigungen – Freigabe der Prägung, um die Kupfergeldproduktion anzuregen – wechselten mit Maßregeln gegen die Wirkung der Inflation: Schließung eines Teils der Münzstätten.[16] Vor allem aber war das Verbot und die Kontrolle des Außenhandels valutapolitisch mitbestimmt: teils durch Angst vor dem Abströmen des Geldes bei freier Einfuhr, teils durch die Sorge vor Überschwemmung mit fremdem Geld bei freier Ausfuhr[17] von Waren. Ebenso war die Verfolgung der Buddhisten und Taoisten zwar zum sehr wesentlichen Teil religionspolitisch, daneben aber oft rein münzfiskalisch bedingt: Die Buddhastatuen, Vasen,

Silber . . . . 60137 Unzen
Kupfer . . . . 5586819 kuan
Getreide . . . . 18202287 schi
Starke Seidenstoffe . . . . 2672323 py
Seidengarn und leichte Stoffe . . . . 5847358 Unzen
Heu . . . . 16714844 scho.

Dazu tritt ein Durcheinander von Abgaben an Tee, Salz, Käse, Kleie, Wachs, Öl, Papier, Eisen, Kohle, Saflor, Leder, Hanf u. a., welches sinnloserweise vom Annalisten nach dem Gesamtgewicht (3200253 Pfund) angegeben ist. Was die Getreidequantitäten anlangt, so rechnete man, wie andern Orts erwähnt, als Monatsbedarf einer Person 1 1/2 schi (doch wechselte die Größe des schi erheblich). Die Silbereinnahme der letzten Rechnung, die in den beiden ersten fehlt, ist entweder aus dem Handelsmonopol oder durch Einführung der noch heute bestehenden Umrechnung des Kupferkurants in Silber durch die Steuereinheber zu erklären, oder dadurch, daß die letzte Rechnung eine Ist-Rechnung, die ersten Sollbudgets (?) sind.

Die erste Abrechnung der Ming-Dynastie von 1360 weist demgegenüber nur 3 Posten auf:

Getreide	29433350 schi,
Geld (in Kupfer und Papiergeld)	450000 Unzen (Silber),
Seidenstoffe	288546 Stück.

Also ein erheblicher Fortschritt der Silbervermehrung und ein Fortfall der zahlreichen spezifizierten Naturalien, die damals offenbar nur in den Bezirkshaushalten erschienen, wo sie verbraucht wurden. Sehr viel ist mit den Zahlen eben deshalb nicht anzufangen, weil man nicht sicher weiß, was vorabgezogen wurde.

1795-1810 flossen der Zentralregierung zu: 4,21 Mill. schi Getreide (à 120 chines. Pfund), dagegen eine sehr starke relative und absolute Vermehrung der Silbereinkünfte, ermöglicht durch die sehr stark aktive Zahlungsbilanz Chinas im Außenhandel mit den Abendländern seit dem amerikanischen Silbersegen. (Die neuere Entwicklung hat uns hier nicht zu interessieren.)

Übung der alten Zeit war, nach der Annalistik, die der Hauptstadt nahe gelegenen Bezirke die geringwertigen Naturalien, die Außenbezirke mit steigender Entfernung zunehmend hochwertige Güter, liefern zu lassen. Über die Steuern und ihre Wirkung siehe weiter unten.

[16] So 689 n. Chr. nach Ma Tuan Lin.

[17] So 683 n. Chr. der Verkauf von Getreide nach Japan (wo damals Kupferprägung herrschte).

Paramente, überhaupt die durch die Klosterkunst angeregte künstlerische Verwendung des Geldstoffs wurde der Währung stets erneut gefährlich: Die massenhaften Einschmelzungen führten zu scharfer Geldknappheit, Kupferthesaurierungen, Preissenkungen und im Gefolge davon zur Naturalwirtschaft.[18] Systematische Plünderungen der Klöster durch den Fiskus, Tarifierungen der Kupferwaren[19] und schließlich[20] der Versuch, ein staatliches Monopol der Fabrikation von Bronze- und Kupferwaren durchzuführen, dem später ein Monopol der Fabrikation aller Metallwaren (um der privaten Münzverfälschungen Herr zu werden) folgte – was beides nicht dauernd durchführbar war. Das später zu besprechende, mit wechselnder Wirksamkeit eingeschärfte Verbot der Bodenakkumulation durch Beamte führte immer wieder zu sehr bedeutenden Anhäufungen von Kupfer in deren Händen, und neben sehr hohen Geldbesitzsteuern häuften die preispolitischen und fiskalisch motivierten Geldbesitzmaxima[21] sich in Zeiten der Geldknappheit. Der wiederholt versuchte Übergang zum Eisengeld, welches längere Zeit neben Kupfer als Münzmetall herging, führte zu keiner Verbesserung der Lage. Die unter Schitong (10. Jahrhundert) erwähnte amtliche Eingabe, welche Verzicht auf den Münzgewinn und Freigabe der Metallverwertung (um Monopolpreise der Metallprodukte und dadurch Anreiz zur industriellen Verwertung zu vermeiden) forderte, blieb unausgeführt.

Die Papiergeldpolitik stand unter ähnlichen Gesichtspunkten. Die Emissionen der Banken, welche offenbar zunächst Zertifikat-Charakter hatten: – die übliche Sicherung des Großhandels gegen Münzverwirrung, – und später Umlaufsmittelcharakter, insbesondre zu interlokalen Remittierungszwecken, annahmen, waren der Anreiz zur Nachahmung gewesen. Technische Voraussetzung war die Entstehung der seit dem 2. Jahrhundert nach Chr. importierten Papierindustrie und ein geeignetes Holzschnitt-Druckverfahren[22], insbesondere der Reliefschnitt statt des ursprünglichen intaglio-Verfahrens. Zuerst Anfang des 9. Jahrhunderts begann der Fiskus, den Kaufleuten ihre Wechsel-Verdienstgelegenheit aus der Hand zu nehmen. Zunächst hatte man auch das Prinzip des Einlösungsfonds (von 1/4–1/3) übernommen. Und auch später findet sich die Notenemission mehrfach auf Grund eines Bankdepositenmonopols des Fiskus. Aber selbstverständlich blieb es dabei nicht. Die Noten, anfangs durch Holzschnitt, dann in Kupferstich hergestellt, nutzten sich infol-

18 So 702 nach der Annalistik.

19 Erstmalig 780 n. Chr.

20 Im 8. Jahrhundert argumentierten die Münzmeister damit: daß 1000 Einheiten Kupfer, zu Kunstwerken (Vasen) veredelt, so viel wert wären wie 3600 Einheiten, also die industrielle Verwertung des Kupfers vorteilhafter sei als die monetäre.

21 817 und seitdem oft: nicht mehr als 5000 kuan (à 1000 tsien). Je nach Höhe des Kupfergeldbesitzes wurden verschiedene Fristen für dessen Veräußerung gestellt.

22 Zuerst verwendet scheint es für die Amtssiegel der Beamten, die seit Schi Hoang-Ti den Übergang vom Feudalismus zum Patrimonialstaat äußerlich markierten.

ge der schlechten Papierqualität schnell ab. Mindestens wurden sie infolge der Kriege und Münzmetallknappheiten unleserlich. Verkleinerung der Appoints bis auf die winzigsten Einheiten, Repudiation mindestens der bis zur Unleserlichkeit abgenutzten Zettel, Erhebung eines Druckkostenbetrags bei Ersatz durch neue[23], vor allem aber die Beseitigung des Metallschatzes[24] oder doch erschwerte Einlösbarkeit durch Verlegung der Einlösungsstelle in das Innere[25], oder eine zunächst relativ kurzfristige, dann auf mehrfach verlängerte Fristen (22–25 Jahre) verteilte Einziehung[26], die aber dann meist gegen neue Zettel, oft unter Herabsetzung des Nennbetrages[27] erfolgte, immer erneut auch mindestens teilweise Ablehnung der Annahme der Zettel als Steuerzahlungsmittel, diskreditierten das Papiergeld stets erneut, ohne daß natürlich der oft wiederholte Befehl, daß jede große Zahlung in bestimmten Proportionen in Papier zu leisten sei[28] oder das gelegentliche völlige Verbot der Metallzahlung daran etwas geändert hätte. Andrerseits führte die mehrfache völlige Einziehung aller papierenen Zahlungsmittel zur Geldknappheit und Preissenkung und eine planvolle Vermehrung der Umlaufsmittel, wie sie wiederholt versucht wurde, scheiterte an der dann sofort einsetzenden Versuchung zur hemmungslosen Inflation aus fiskalischen Gründen. Unter normalen Verhältnissen hielt sich das Verhältnis von Papier- zur Metallzirkulation etwa in der Grenze wie in England im 18. Jahrhundert (1:10 oder noch weniger). Kriege, Verlust der Minendistrikte an Barbaren und – in wesentlich geringerem Umfang – industrielle (genauer: kunstgewerbliche) Verwertung des Metalls in Zeiten großer Besitzakkumulation und buddhistischer Klosterstiftungen führten zur Inflation, der Krieg in seinen Folgeerscheinungen wiederholt zum Assignatenbankerott. Die Mongolen (Kublai Khan) hatten eine skalierte Emission von Metallzertifikaten(?) versucht, die von Marco Polo bekanntlich sehr bewundert wurde.[29] Aber es erfolgte eine ungeheure Papierinflation. Schon 1288 fand eine Devalvation um 80% statt. Der große Silberzufluß aber brachte wieder Silber in Umlauf. Nun wurde versucht, Gold, Silber und Kupfer in ein tarifarisches Verhältnis zu setzen (Gold zu Silber 10,

23 So 1155: 1½%, durch die tatarischen Beherrscher Nordchinas.

24 So noch 1107. Die Zettel entwerteten sich assignatenartig (bis auf 1/100).

25 So 1111, wo Papier für den Grenzkrieg emittiert wurde.

26 Dies war die regelmäßige Form, anfänglich auch von den Handelsinteressenten empfohlen. Diese Noten hatten also insoweit Schatzwechselcharakter.

27 Alte oder abgenutzte Emissionen wurden zuweilen nur mit 1/10–1/3 des Betrags eingelöst.

28 Noch 1107, infolge des Tatarenkriegs, jede Zahlung über 10000 tsien zur Hälfte in Papier. Ähnlich öfter.

29 Seine Schilderung ist unannehmbar. 3% Abzug für Einlösung abgenützter Scheine gegen neue (Scheine!) dagegen auf Verlangen Hergabe des *Goldes* und *Silbers* gegen Scheine an jeden, der es braucht, ist nicht möglich, – selbst dann nicht, wenn man Marco Polo – was nach dem Wortlaut wenigstens möglich wäre – dahin versteht: daß ein industrieller Zweck habe angegeben werden müssen. Zwangsverkäufe von Edelmetall gegen Noten berichtet auch er.

faktisch 10, 25:1, die Silber-Unze = 2005 tsien: also Kupferentwertung auf die Hälfte). Aller private Besitz von Gold- und Silberbarren wurde verboten: Die Edelmetalle sollten nur den Deckungsfonds für die Zertifikate darstellen. Die Edelmetall- und Kupfer-Industrie wurden verstaatlicht und Metallgeld überhaupt nicht mehr geprägt. Faktisch führte das aber zur reinen Papierwährung, mit dem Sturz der Dynastie: zur Repudiation.

Die Ming gingen zwar wieder zur geordneten Metallprägung über (wobei, charakteristisch für die Unstetheit der Preisrelation der Edelmetalle, Gold zu Silber wie 4:1 gerechnet worden sein soll), um jedoch sehr bald zunächst (1375) Gold und Silber, dann (1450) auch Kupfer als Geld zu verbieten, weil das daneben zugelassene Papiergeld sich entwertete. Die reine Papierwährung schien damit das endgültige Geldsystem zu werden. Indessen 1489 ist das letzte Jahr, aus welchem die Annalistik das Papiergeld erwähnt, und das 16. Jahrhundert sah Versuche forcierter Kupferprägung, die indessen gleichfalls mißlangen. Erträgliche Zustände schuf erst das Einströmen europäischen Silbers durch den im 16. Jahrhundert beginnenden direkten Verkehr. Ende des Jahrhunderts bürgerte sich die pensatorische Silberwährung (Barren-, in Wahrheit: Banko-Währung) für den Großverkehr ein, die Kupferprägung kam wieder in Gang und die Relation von Kupfer zu Silber veränderte sich zwar wieder sehr bedeutend zuungunsten des Kupfers[30], aber das Papiergeld (jeder Art) blieb seit dem Verbot der Ming von 1620, das die Mandschus aufrecht erhielten, vollständig unterdrückt und der seitdem langsam aber bedeutend gestiegene monetäre Metallvorrat drückte sich in der gesteigerten geldwirtschaftlichen Struktur der Staatsabrechnungen aus. Die Emission von Staatsnoten in der zweiten Taiping-Rebellion endete mit assignatenartiger Entwertung und Repudiation.

Immerhin bedeutete der Umlauf des Silbers in Barren starke Schwierigkeiten. Es mußte in jedem Fall gewogen werden, und es galt als legitim, daß die Provinzialbankiers ihre größeren Kosten durch andre als die in den Hafenstädten üblichen Wagen einbrachten. Die Feinheit mußte durch Schmiede geprüft werden. Die Zentralregierung verlangte für die anteilsmäßig stark steigenden Silberzahlungen für jeden Barren Angabe des Herkunftorts und der Prüfungsstelle. Das in Schuhform gegossene Silber hatte in jeder Gegend anderes Schrot.

Es ist klar, daß diese Zustände zur Banko-Währung führen mußten. Die Gilden der Bankiers in den Großhandelsorten, deren Wechsel überall honoriert wurden, nahmen die Gründung von solchen in die Hand und erzwangen die Zahlbarkeit aller Handelsschulden in Banko-Währung. Zwar hat es auch im 19. Jahrhundert an Empfehlungen der Wiedereinführung des staatlichen Papiergeldes nicht gefehlt (Denkschrift von 1831).[31] Und die Argumente blieben ganz die alten, wie

[30] Von 500:1 auf 1100:1 Mitte des 19. Jahrhunderts angeblich.
[31] J. Edkins, Chinese Currency, 1890, p. 4.

schon Anfang des 17. Jahrhunderts und im Mittelalter: die industrielle Verwendung von Kupfer gefährde den monetären Umlauf und damit die Preispolitik und überdies liefere die Banko-Währung die Verfügung über das Geld den Händlern aus. Aber es ist damals nicht dazu gekommen. Die Gehälter der Beamten – der mächtigsten Interessenten – waren wesentlich in Silber zahlbar. Breite Schichten von ihnen waren mit den Interessen des Handels an der Nichtintervention der Pekinger Regierung in die Währung solidarisch, weil in ihren Einkommenschancen auf den Handel angewiesen. Jedenfalls aber waren alle Provinzialbeamten einmütig gegen jede Stärkung der Finanzmacht und vor allem: der Finanzkontrolle der Zentralregierung interessiert, wie wir noch sehen werden.

Die Masse der kleinbürgerlichen und kleinbäuerlichen Bevölkerung aber war trotz der stark – aber in den letzten Jahrhunderten im ganzen kontinuierlich und langsam – sinkenden Kaufkraft des Kupfers, zum Teil: wegen dieses Vorgangs, an der Änderung des bestehenden Zustandes nicht oder wenig interessiert. – Die banktechnischen Einzelheiten des chinesischen Zahlungs- und Kreditverkehrs mögen hier außer Betracht bleiben. Es sei nur noch bemerkt: daß der Taël, die pensatorische Rechnungseinheit, in drei hauptsächlichen und einigen nebensächlichen Formen vorkam und die mit einem Bankierstempel versehenen, in Schuhform gegossenen Barren höchst unverläßliches Schrot hatten. Irgendeine oktroyierte Tarifierung der Kupfermünzen bestand jetzt schon lange nicht mehr. Im Innern war die Kupferwährung die einzige effektive. Dagegen war der Silbervorrat, und war namentlich das Tempo seines Wachsens, seit 1516 ein außerordentlich bedeutendes.

Wir stehen nun vor den beiden eigentümlichen Tatsachen: 1. daß die sehr starke Vermehrung des Edelmetallbesitzes zwar unverkennbar eine gewisse Verstärkung der Entwicklung zur Geldwirtschaft herbeigeführt hat, insbesondere in den Finanzen, – daß sie aber nicht mit einer Durchbrechung, sondern mit einer unverkennbaren Steigerung des Traditionalismus Hand in Hand ging, kapitalistische Erscheinungen aber, soviel ersichtlich, in keinem irgendwie greifbaren Maß herbeigeführt hat. Ferner: 2. daß eine kolossale Vermehrung der Bevölkerung (über deren Umfang noch zu sprechen sein wird) eingetreten ist, ebenfalls ohne daß dafür eine kapitalistische Formung der Wirtschaft den Anreiz gegeben oder aber ihrerseits durch sie Impulse erhalten hätte, vielmehr gleichfalls verknüpft mit (mindestens!) stationärer Form der Wirtschaft. Das bedarf der Erklärung.

Im Okzident waren in der Antike und im Mittelalter die Städte, im Mittelalter die Kurie und der entstehende Staat, Träger der Finanzrationalisierung, der Geldwirtschaft und des politisch orientierten Kapitalismus. Von den Klöstern Chinas sahen wir, daß sie geradezu als Schädlinge für die Erhaltung der Metallwährung gefürchtet wurden. Städte, die wie Florenz eine Standardmünze geschaffen und der staatlichen Münzpolitik die Wege gewiesen hätten, gab es in China nicht. Und der Staat scheiterte nicht nur, sahen wir, mit seiner Währungspolitik, sondern: auch mit dem Versuch der Durchführung der Geldwirtschaft.

Bezeichnend waren die bis in die neueste Zeit typischen Bemessungen der Tempel- und vieler sonstiger Pfründen[32] als (vorwiegend) Naturaldeputate. So war denn auch die chinesische Stadt trotz aller Analogien in entscheidenden Punkten etwas anderes als die des Okzidents. Das chinesische Zeichen für *Stadt* bedeutet: *Festung*. Dies galt nun auch für die Antike und das Mittelalter des Okzidents. In China war die Stadt im Altertum Fürstenresidenz[33], und blieb durchweg bis in die Neuzeit in erster Linie Residenz der Vizekönige und sonstigen großen Amtsträger: ein Ort, in dem, wie in den Städten der Antike und etwa in dem Moskau der Leibeigenschaftszeit, vor allen Dingen Renten, teils Grundrenten, teils Amtspfründen und andere direkt oder indirekt politisch bedingte Einkünfte, verausgabt wurden. Daneben waren die Städte natürlich, wie überall, Sitze der Kaufmannschaft und – jedoch in merklich geringerer Exklusivität wie im okzidentalen Mittelalter – des Gewerbes. Marktrecht bestand auch in den Dörfern unter dem Schutz des Dorftempels. Ein durch staatliches Privileg garantiertes städtisches Marktmonopol fehlte.[34]

Der Grundgegensatz der chinesischen, wie aller orientalischen, Städtebildung gegen den Okzident war aber das Fehlen des politischen Sondercharakters der Stadt. Sie war keine *Polis* im antiken Sinne und kannte kein *Stadtrecht* wie das Mittelalter. Denn sie war keine Gemeinde mit eigenen politischen Sonderrechten. Es hat kein Bürgertum im Sinne eines sich selbst equipierenden stadtsässigen Militärstandes gegeben, wie in der okzidentalen Antike. Und es sind nie militärische Eidgenossenschaften wie die *Compagna Communis* in Genua oder andere *conjurationes*, mit feudalen Stadtherren um Autonomie bald kämpfende, bald wieder paktierende, auf die eigene autonome Wehrkraft des Stadtbezirkes gestützte Mächte: Konsuln, Räte, politische Gilden- und Zunftverbände nach Art der Mercadanza entstanden.[35] Revolten der

[32] Die Pfründen der Beamten der Tsin und Han (bei Chavannes in Vol. II App. I seiner Ausgabe von Se Ma Tsien wiedergegeben) waren, in 16 Klassen abgestuft, teils in Geld, teils in Reis angesetzte feste Deputate. Als Zeichen kaiserlicher Ungnade – der z. B. Konfuzius nach Se Ma Tsien's Biographie verfiel – galt die Verweigerung des Naturalanteils am Opferfleisch, das ihnen zukam. Immerhin finden sich im damals chinesischen Turkestan, wie später zu erwähnen, Urkunden mit reiner Geldrechnung.

[33] Erst im 4. Jahrhundert v. Chr. wurde der Holzbau durch Steinbauten ersetzt. Bis dahin wechselten die pallisadierten Residenzen leicht und oft.

[34] Nicht sehr ergiebig für die Kenntnis chinesischen Städtetums ist die Arbeit von L. Gaillard S. J. über Nangking, Var. Sinol. 23 (Schanghai 1903).

[35] Auf die gewaltige Bedeutung der Gilden in China kommen wir weiterhin zu sprechen. Es werden dann auch die Unterschiede gegen den Okzident in ihren Gründen hervortreten, deren Bedeutung dadurch nur noch eklatanter wird, daß die soziale Macht der Gilden in China gegenüber dem einzelnen und auch der Umkreis ihrer ökonomischen Wirksamkeit weit größer waren als jemals im Okzident.

Stadtinsassen gegen die Beamten, welche diese zur Flucht in die Zitadelle zwangen, sind zwar jederzeit an der Tagesordnung gewesen. Immer aber mit dem Ziel der Beseitigung eines konkreten Beamten oder einer konkreten Anordnung, vor allem einer neuen Steuerauflage, nie zur Erringung einer auch nur relativen, fest verbrieften, politischen Stadtfreiheit. Eine solche war in der okzidentalen Form schon deshalb schwer möglich, weil niemals die Bande der Sippe abgestreift wurden. Der zugewanderte Stadtinsasse (vor allem: der begüterte) behielt seine Beziehung zum Stammsitz mit dem Ahnenlande und mit dem Ahnenheiligtum seiner Sippe, also: alle rituell und persönlich wichtigen Beziehungen, in dem Dorf, von wo er stammte. Ähnlich etwa wie der Angehörige des russischen Bauernstandes, auch wenn er als Fabrikarbeiter, Geselle, Händler, Fabrikant, Literat in der Stadt die Stätte seiner dauernden Tätigkeit gefunden hatte, innerhalb seines Mir draußen sein Indigenat (mit den in Rußland daran hängenden Rechten und Pflichten) behielt. Der Ζευζ ερκειοζ des attischen Bürgers und seit Kleisthenes sein Demos oder das *Hantgemal* des Sachsen waren im Okzident Rudimente ähnlicher Zustände.[36] Aber dort war die Stadt eine *Gemeinde,* in der Antike zugleich Kultverband, im Mittelalter Schwurbruderschaft. Davon finden sich in China nur Vorstadien, aber keine Verwirklichung. Der chinesische Stadtgott war nur örtlicher Schutzgeist, nicht aber: ein Verbandsgott, in aller Regel vielmehr: ein kanonisierter Stadtmandarin.[37]

Es fehlte – daran liegt dies – völlig der politische Schwurverband von wehrhaften Stadtinsassen. Es gab in China bis in die Gegenwart Gilden, Hansen, Zünfte, in einigen Fällen auch eine *Stadtgilde,* äußerlich ähnlich der englischen *Gilda mercatoria.* Wir werden sehen, daß die kaiserlichen Beamten mit den verschiedenen Verbänden der Stadtinsassen sehr stark zu rechnen hatten, daß, praktisch angesehen, diese Verbände in überaus weitgehendem Maß, weit intensiver als die kaiserliche Verwaltung, und in vieler Hinsicht auch weit fester als die durchschnittlichen Verbände des Okzidents, die Regulierung des ökonomischen Lebens der Stadt in der Hand hielten. In mancher Hinsicht erinnerte der Zustand chinesischer Städte scheinbar an den der englischen teils in der Zeit der firma burgi teils der Tudorzeit. Nur schon rein äußerlich mit dem nicht gleichgültigen Unterschied: daß auch damals zu einer englischen Stadt stets die *Charter* gehörte, welche die *Freiheiten* verbriefte. Dergleichen aber existierte in China nicht.[38] Im schroffsten Gegensatz zum Okzident, aber in Übereinstimmung mit den indischen Verhältnissen, hatten vielmehr die Städte, als kaiserliche Festungen, im Effekt wesentlich weniger rechtlich garantierte

[36] Auch in China natürlich hatte bei weitem nicht jeder Stadtinsasse den Zusammenhang mit einem Ahnenheiligtum im Stammort bewahrt.

[37] Im offiziellen Pantheon galt als universeller Stadtgott der Reichtumsgott.

[38] Über die chinesische Stadt vgl. Eug. Simon, La cité chinoise (Paris 1885, wenig präzis).

Selbstverwaltung[39] als die Dörfer: die Stadt bestand formell aus *Dorfbezirken* unter je einem besonderen tipao (Ältesten) und gehörte oft mehreren unteren (hsien), in manchen Fällen sogar mehreren oberen (fu) Verwaltungsbezirken mit gänzlich gesonderter staatlicher Verwaltung an[40] – sehr zum Vorteil von Spitzbuben. Es fehlte den Städten schon rein formell die Möglichkeit, Verträge – privatrechtlicher oder politischer Art – zu schließen, Prozesse zu führen, überhaupt korporativ aufzutreten, wie sie die Dörfer – wir werden sehen durch welches Mittel – besaßen. Die auch in Indien (wie in der ganzen Welt) gelegentlich vorkommende faktische Beherrschung einer Stadt durch eine machtvolle Kaufgilde bedeutete dafür keinen Ersatz.

Der Grund liegt in der verschiedenen Herkunft der Städte hier und dort. Die Polis der Antike war – wie stark grundherrlich sie auch unterbaut sein mochte – zuerst als Seehandelsstadt entstanden; China aber war vorwiegend ein Binnengebiet. Soweit auch, rein nautisch betrachtet, der tatsächliche Aktionsradius der chinesischen Dschunken gelegentlich und so entwickelt die nautische Technik (Bussole und Kompaß[41] war, so geringfügig war doch die relative Bedeutung des Seehandels, verglichen mit dem zugehörenden Binnenkörper. Und überdies hatte China seit Jahrhunderten auf eigene Seemacht – die unentbehrliche Grundlage des Aktivhandels – verzichtet und schließlich, im Interesse der Erhaltung der Tradition, die Beziehungen zum Ausland bekanntlich auf einen einzigen Hafen (Kanton) und eine kleine Zahl (13) konzessionierter Firmen beschränkt. Dieses Ende war nicht zufällig. Schon der *Kaiserkanal* wurde, wie jede Karte und auch die erhaltenen Berichte ergeben, geradezu nur gebaut, um den durch Piraterie und vor allem durch die Taifune unsichern Seeweg für die Reissendungen von Süd nach Nord zu vermeiden: Amtliche Berichte führten noch in der Neuzeit aus, daß der Seeweg für den Fiskus solche Verluste mit sich bringe, daß die gewaltigen Kosten des Umbaus des Kanals sich rentieren würden. Die spezifische okzidentale Binnenstadt des Mittelalters andererseits war zwar, wie die chinesische und vorderasiatische, regelmäßig eine Gründung von Fürsten und Feudalherren zur Gewinnung von Geldrenten und Steuern. Aber zugleich wurde die europäische Stadt sehr früh ein hoch privilegierter Verband mit festen Rechten, die planvoll erweitert wurden und erweitert werden konnten, weil der feudale Stadtherr damals die technischen Mittel zur Stadtverwaltung nicht besaß und: die Stadt ein Militärverband

[39] Denn der für die Ruhe eines Orts gegenüber der Regierung verantwortliche Ehrenbeamte (englisch mit *headborough* bezeichnet, vgl. H. A. Giles, China and the Chinese, New York 1912, p. 77) hatte sonst wesentlich nur die Funktion, Petitionen weiterzuleiten und gewisse Notariatsakte vorzunehmen. Er hatte ein (hölzernes) Siegel, galt aber nicht als Beamter und stand unter dem rangletzten Mandarin des Orts. – Auch besondere Munizipalsteuern gab es in den Städten nicht, sondern Schul–, Armen-, Wasser- usw. Abgaben, welche die Regierung ausschrieb.

[40] Peking bestand aus 5 Verwaltungsbezirken.

[41] Freilich wesentlich im Binnenverkehr benützt.

war, der einem Ritterheer die Tore erfolgreich schließen konnte. Die großen vorderasiatischen Städte, etwa Babylon, wurden demgegenüber früh von der Gnade der bürokratischen königlichen Kanalbauverwaltung in ihrer ganzen Existenz abhängig. Trotz der sehr geringen Intensität der chinesischen Zentralverwaltung galt dies auch von der chinesischen Stadt. Auch ihr Gedeihen hing sehr stark nicht von dem ökonomischen und politischen Wagemut ihrer eigenen Bürger, sondern von dem Funktionieren der kaiserlichen Verwaltung, vor allem: der Stromverwaltung, ab.[42] Unsere okzidentale Bürokratie ist jung und teilweise geschult erst an den Erfahrungen der autonomen Stadtstaaten. Das chinesische kaiserliche Beamtentum war sehr alt. Die Stadt war hier – vorwiegend – ein rationales Produkt der Verwaltung, wie schon ihre Form zu zeigen pflegte. Zuerst war die Pallisade oder Mauer da, dann wurde die oft im Verhältnis zum ummauerten Areal unzulängliche Bevölkerung, eventuell zwangsweise[43], herangeholt, und mit der Dynastie wechselte, wie in Ägypten, entweder auch die Hauptstadt selbst oder doch ihr Name. Die schließliche Dauerresidenz Peking war bis in die Neuzeit nur in äußerst geringem Maße ein Handels- und Exportindustrieplatz.

Die – wie wir sehen werden – außerordentlich geringe Intensität der kaiserlichen Verwaltung brachte es zwar, wie schon angedeutet, mit sich, daß tatsächlich die Chinesen in Stadt und Land *sich selbst verwalteten*. Wie die Sippen – deren Rolle öfter zu erörtern sein wird – auf dem Lande, so waren neben ihnen, und für denjenigen, der keiner oder doch keiner alten und starken Sippe angehörte: statt ihrer, in der Stadt die Berufsverbände souveräne Herren über die ganze Existenz ihrer Mitglieder. Nirgends (außer – in anderer Art – in den indischen Kasten) war die unbedingte Abhängigkeit des einzelnen von der Gilde und Zunft (beide wurden terminologisch nicht geschieden) so entwickelt wie in China.[44] Mit Ausnahme der wenigen Monopolgilden seit jeher ohne jegliche offizielle Anerkennung durch die staatliche Regierung, hatten sie tatsächlich oft die absolute Jurisdiktion über ihre Mitglieder sich zuge-

[42] Wie in Ägypten der Pharao die Fronpeitsche als Zeichen des *Regierens* in der Hand hält, so identifiziert auch das chinesische Zeichen für *Regieren* (tsching) dies mit der Führung des Stocks und wird es in der alten Terminologie mit *Regulierung der Gewässer*, der Begriff für *Gesetz* (fa) aber mit *Ablassen des Wassers* identifiziert. (Vgl. Plath, China vor 4000 Jahren, München 1869, S. 125.)

[43] Nach der Überlieferung hat z. B. Schi Hoang Ti einen Synoikismos aus den 120000 (?) reichsten Familien des ganzen Landes nach seiner Hauptstadt oktroyiert. Von Synoikismen reicher Leute nach Peking im Jahre 1403 berichtet die von Kaiser Khian Lung geschriebene Chronik der Ming-Dynastie (Yu tsiau thung kian kang mu, Delamarre, Paris 1865, p. 150).

[44] S. darüber jetzt H. B. Morse, The Guilds of China (London 1909). Ferner aus der älteren Literatur: Macgowan, Chinese Guilds (J. of the N. China Br. of the R. As. Soc. 1888/9) und Hunter, Canton before treaty days 1821–44 (London 1882).

eignet.[45] Ihrer Kontrolle unterlag alles, was ökonomisch für ihre Angehörigen von Bedeutung war: Maß und Gewicht, Währung (Stempelung der Silberbarren)[46], Straßenerhaltung[47], Kontrolle der Kreditgebarung der Mitglieder und: *Konditionenkartell,* würden wir sagen:[48] Feststellung der Lieferungs-[49], Lager- und Zahlungsfristen, der Versicherungssätze und der Zinsraten[50], Unterdrückung fiktiver oder sonst illegaler Geschäfte, Sorge für die ordnungsmäßige Abfindung der Gläubiger bei Geschäftsübertragung[51], Regelung der Geldsortenkurse[52], Bevorschussung von lange lagernden Waren[53], für die Handwerker vor allem: Regulierung und Beschränkung der Lehrlingszahl[54] und eventuell Wahrung des Produktionsgeheimnisses.[55] Einzelne Gilden verfügten über ein Millionenvermögen, angelegt oft in gemeinsamem Grundbesitz, erhoben Steuern von ihren Mitgliedern, Eintrittsgelder

45 Dies galt formell anscheinend besonders von den Hwei-kwan-Gilden der aus anderen Provinzen stammenden (Beamten und) Kaufleute (unseren *Hansen* entsprechend), die zum Schutz gegen die Feindschaft der ortsansässigen Kaufleute (wie gelegentlich in den Präambeln der Statuten angegeben wird) seit jedenfalls dem 14., wahrscheinlich schon dem 8. Jahrhundert entstanden, tatsächlich Eintrittszwang übten (wer Geschäfte machen wollte, mußte bei Lebensgefahr beitreten), Klubhäuser besaßen, Steuern je nach dem Gehalt der Beamten und bei Kaufleuten je nach dem Umsatz erhoben, jede Anrufung der Gerichte gegeneinander straften, für Gräber auf einem besonderen, die Heimatserde ersetzenden, Kirchhof sorgten, die Prozeßkosten in Fällen von Konflikten mit Nichtmitgliedern trugen, und gegenüber den örtlichen Autoritäten die Anrufung der Zentralgewalt (und natürlich: die Bereitstellung der erforderlichen douceurs) besorgten (so z.B. im Jahre 1809 gegen lokale Reisausfuhrverbote remonstrierten). Neben fremdbürtigen Beamten und Kaufleuten finden sich auch Zünfte fremdbürtiger Handwerker; Nadelmacher aus Kiangsu und Taitschou in Wentschou, Goldschlägergilde nur von Leuten aus Ningpo, ebenda. Diese Organisationen sind Rudimente der Stammesgewerbeorganisation. In all diesen Fällen war die absolute Gewalt der Gilde durch die kontinuierlich bedrohte Lage der Mitglieder der Hanse in fremdstämmiger Umgebung ebenso gegeben, wie z. B. die straffe, aber immerhin weit weniger rigorose Disziplin etwa der Hansen in London und Nowgorod. Aber auch die ortseingesessenen Gilden und Zünfte (Kung so) übten durch Ausstoßung, Boykott und Lynchjustiz (Totbeißen eines Zunftmitglieds, welches die Vorschriften über die Höchstzahl der Lehrlingshaltung übertreten hatte, kam im 19. Jahrhundert vor!) eine fast absolute Herrschaft über die einzelnen Mitglieder.

46 Z.B. durch die große *Gesamtgilde* von Niutschwang.

47 Ebendort.

48 Besonders bei den Hwei-kwan-Gilden *(Hansen)* verbreitet.

49 Die Opiumgilde in Wutschou bestimmt, wann das Opium zu Markt kommen darf.

50 So die Bankiersgilden in Ningpo, Schanghai und an anderen Orten für die Zinssätze, die Teegilde in Schanghai für Lagerungs- und Versicherungssätze.

51 So die Drogistengilde in Wentschou.

52 Die Bankiersgilden.

53 So – infolge der vorhin erwähnten Reglementierung der Verkaufssaison – die Opiumgilden.

54 Auch aus der eigenen Familie.

55 Die Gilde der Goldschläger aus Ningpo in Wentschou verbot jede Aufnahme Ortsgebürtiger in die Zunft und jede Lehre ihrer Kunst an sie. Die Herkunft aus der

und Kautionen (für Wohlverhalten) von Neueintretenden, richteten Schauspiele aus und sorgten für das Begräbnis verarmter Genossen.[56]

Zu der Masse der Berufsverbände stand der Zutritt jedem, der das betreffende Gewerbe betrieb, offen (und war, normalerweise, für ihn pflichtmäßig). Aber es fanden sich nicht nur zahlreiche Reste alter, als tatsächlich erbliches Monopol oder geradezu erbliche Geheimkunst betriebener Sippen- und Stammesgewerbe[57], sondern daneben auch Gildemonopole, welche durch die fiskalische oder fremdenfeindliche Politik der Staatsgewalt geschaffen wurden.[58] Und die leiturgische Bedarfsdeckung, zu welcher die chinesische Verwaltung im Mittelalter immer wieder periodisch überzugehen suchte, läßt es möglich erscheinen, daß der Übergang vom interethnisch arbeitsteiligen Sippen- und Stammesgewerbe mit Wanderbetrieb zum ortssässigen, frei zur Lehre zugänglichen Handwerk für manche Gewerbe durch Zwischenstufen zwangsmäßig von oben für Staatslieferungen organisierter und an den Beruf gebundener Gewerbeverbände hindurch sich vollzogen hat. Dies bedingte, daß in einem sehr breiten Teil des Gewerbes Sippen- und Stammesgewerbecharakter erhalten blieb. Unter den Han waren mannigfache gewerbliche Hantierungen noch strikte Familiengeheimnisse, und die Kunst der Herstellung von Fuchou-Lack z.B. starb in der Taiping-Rebellion völlig aus, weil die Sippe, die das Geheimnis hütete, ausgerottet war. Es fehlte im allgemeinen die städtische Monopolisierung des Gewerbes. Zwar die von uns als *Stadtwirtschaft* bezeichnete Art der lokalen Arbeitsteilung zwischen Stadt und Land hatte sich entwikkelt – wie sie es überall tat – und auch einzelne stadtwirtschaftspolitische Maßregeln finden sich. Aber jene Art systematischer Stadtpolitik, welche die zur Herrschaft gelangten Zünfte im Mittelalter – die ja die *Stadtwirtschafts*politik erst wirklich durchzuführen suchten – getrieben haben, ist trotz mancher Ansätze nie zur Vollendung gediehen. Insbesondere hat die öffentliche Gewalt zwar gelegentlich immer wieder zu leiturgischer Bindung gegriffen, nicht aber ein System von Zunftprivilegien geschaffen,

inter-ethnischen, stammesgewerblichen, Produktionsteilung tritt darin besonders deutlich hervor.

[56] Dagegen war sowohl das Unterstützungswesen wie der religiöse Charakter (gemeinsamer Kult) unentwickelter als nach abendländischen Analogien anzunehmen wäre. Wenn die Eintrittsgelder zuweilen an einen Gott (Tempelkasse) gezahlt wurden, so sicherlich (ursprünglich), um sie dem Zugriff der politischen Gewalt zu entziehen. Wenn ein Tempel als Versammlungsraum diente, so regelmäßig nur bei armen Innungen, die sich kein Klubhaus leisten konnten. Die ausgerichteten Schauspiele waren profan (nicht: *mysteria*, wie im Abendland). Die religiösen Fraternitäten (Hwei) entwickelten geringe Intensität religiöser Interessen.

[57] So in dem erwähnten Fall in Ningpo, der zahlreiche Parallelen hat.

[58] So vor allem die Ko-hong-Gilde in Kanton, deren 13 Firmen bis zum Frieden von Nangking den gesamten Außenverkehr monopolisierten: eine der wenigen auf formeller Privilegierung durch die Regierung beruhenden Gilden.

wie es das hohe Mittelalter kannte. Gerade das Fehlen dieser rechtlichen Garantien verwies ja die Berufsverbände in China auf den Weg rücksichtsloser Selbsthilfe in einem Maß, wie sie im Okzident unbekannt blieb. Sie bedingte es auch, daß feste, öffentlich anerkannte, formale und verläßliche Rechtsgrundlagen einer freien, genossenschaftlich regulierten Handels- und Gewerbeverfassung, wie sie der Okzident kannte und wie sie der Entwicklung des Kleinkapitalismus im abendländischen mittelalterlichen Gewerbe zugute kamen, in China fehlten. Daß sie fehlten, hatte seinen Grund in dem Fehlen einer eigenen politisch-militärischen Macht der Städte und Gilden, und diese Tatsache wiederum findet ihre Erklärung in der frühen Entwicklung der Beamten- (und: Offiziers-) Organisation in Heer und Verwaltung.

Für die Entstehung der seit aller sicheren geschichtlichen Erinnerung bestehenden Zentralgewalt und ihres Patrimonialbeamtentums ist in China, wie in Ägypten, die Notwendigkeit der Stromregulierung als Voraussetzung aller rationalen Wirtschaft entscheidend gewesen, wie sehr deutlich z. B. eine Bestimmung in einem bei Mencius erwähnten, ins 7. Jahrhundert vor Chr. verlegten, angeblichen Kartell der Feudalfürsten beweist.[59] Im Gegensatz zu Ägypten und Mesopotamien stand allerdings, wenigstens im nördlichen China, der politischen Keimzelle des Reiches, der Überschwemmungsschutz durch Deiche und der Kanalbau zu Binnenschiffahrtszwecken (vor allem: Fouragetransportzwecken) voran, nicht in gleichem Maß der Kanalbau zum Zweck der Bewässerung, an dem in Mesopotamien die Anbaufähigkeit des Wüstengebietes überhaupt hing. Die Stromregulierungsbeamten und die schon in sehr alten Dokumenten – damals als eine Klasse hinter den *Nährständen* und vor den *Eunuchen* und *Lastträgern* – erwähnte *Polizei* bildeten den Keim der präliterarischen, reinen Patrimonialbürokratie –.

Es fragt sich, inwieweit diese Verhältnisse Konsequenzen nicht nur – wie fraglos ist – politischer, sondern auch religiöser Natur gehabt haben. Der Gott Vorderasiens war nach dem Modell des irdischen Königs geformt. Für den mesopotamischen und ägyptischen Untertan, der den Regen kaum kannte, hing alles Wohl und Wehe, vor allem die Ernte, an dem Tun des Königs und seiner Verwaltung. Der König *schuf* direkt die Ernte. Das war auch in einigen Teilen des südlichen China, wo die Wasserregulierung alles andere an Wichtigkeit überragte, wenigstens entfernt ähnlich, wenn auch nicht annähernd gleich zwingend. Der direkte Übergang von dem Hackbau zur Gartenkultur war allerdings dadurch bedingt. Im nördlichen China stand dagegen, trotz der auch

[59] Die Regulierung der Bewässerung war schon in der Zeit der Entwicklung der Schrift ausgebildet (und vielleicht hing die letztere mit der durch jene bedingten Verwaltung zusammen). *Regieren* (tsching) bedeutet: den Stock in der Hand führen, der alte Ausdruck für *Gesetz* (fa) hängt mit dem Ablassen des Wassers zusammen (Plath, China vor 4000 Jahren, München 1869, S. 125).

hier erheblichen Entwicklung der Bewässerung, die Frage der Naturereignisse, des Regens zumal, für die Ernte weit stärker im Vordergrund. In Vorderasien nun begünstigte die alte zentralisierte bürokratische Verwaltung unzweifelhaft die Möglichkeit der Vorstellung des höchsten Gottes als eines Himmelskönigs, der Welt und Menschen aus dem Nichts *geschaffen* hat und nun als überweltlicher ethischer Herrscher von der Kreatur die Leistung ihrer Pflicht und Schuldigkeit verlangt: – eine Gottesidee, die tatsächlich nur hier in dieser Stärke die Oberhand behalten hat. Sogleich ist jedoch hinzuzufügen: daß sie die Oberhand behielt, ist aus jenen ökonomischen Bedingungen allein nicht ableitbar. Auch in Vorderasien selbst ist der himmlische König ja gerade dort zur höchsten, schließlich – allerdings erst bei Deuterojesaja im Exil – zu einer schlechthin überweltlichen Machtstellung emporgestiegen, wo er, in Palästina im Gegensatz zu den Wüstengebieten, nach seiner Gnade Regen und Sonnenschein als Quelle der Fruchtbarkeit sandte.[60] Es spielten also offenbar andere Momente bei dem Gegensatz der Gotteskonzeptionen mit. Diese lagen zum erheblichen Teil nicht auf wirtschafts-, sondern auf außenpolitischem Gebiet. Wir müssen da etwas weiter ausholen.

Der Gegensatz der vorder- und der ostasiatischen Gottesvorstellungen war keineswegs von jeher in starker Schroffheit vorhanden. Das chinesische Altertum kannte einerseits für jeden Lokalverband einen, aus dem Geist des fruchtbaren Erdbodens (schê) und dem Erntegeist (tsi) zusammengeschmolzenen, bereits als ethisch strafende Gottheit entwickelten, bäuerlichen Doppelgott (sche-tsi), und andererseits die Tempel der Ahnengeister (tsong-miao) als Gegenstand des Sippenkults. Diese Geister zusammen (sche-tsi-tsong-miao) bildeten den Hauptgegenstand der ländlichen Lokalkulte, den zunächst wohl noch naturalistisch, als eine halbmaterielle magische Kraft oder Substanz vorgestellten Heimatsschutzgeist, dessen Stellung etwa jener des (schon früh wesentlich personaler vorgestellten) westasiatischen Lokalgottes entsprach. Mit steigender Fürstenmacht wurde der Geist des Ackerlandes zum Geist des Fürstengebietes. Mit Entwicklung des vornehmen Heldentums entstand offenbar auch in China, wie meist, ein persönlicher Himmelsgott, etwa dem hellenischen Zeus entsprechend, vom Gründer der Tschou-Dynastie zusammen mit dem Lokalgeist in dualistischer Verbindung verehrt. Mit der Entstehung der kaiserlichen Macht, zunächst als oberlehensherrlicher Gewalt über den Fürsten, wurde das Opfer für den Himmel, als dessen *Sohn* der Kaiser galt, dessen Monopol; die Fürsten opferten den Geistern des Landes und der Ahnen, die Hausväter den Ahnengeistern des Geschlechts. Der, wie überall, so auch hier, animistisch-naturalistisch schillernde Charakter der Geister, vor allem des Himmelsgeistes (Schang-ti), der sowohl als der Himmel selbst wie als Himmelskönig vorgestellt werden konnte, wendete sich nun aber in China, gerade bei den mächtigsten und universellsten von ihnen, immer mehr ins Unper-

60 Eben dies hält, wie wir sehen werden, Jahwe den Israeliten vor.

sönliche[61], genau umgekehrt wie in Vorderasien, wo über die animistisch-halbpersönlichen Geister und die Lokalgottheit sich der persönliche, überweltliche Schöpfer und königliche Regent der Welt heraushob. Die Gottesvorstellung der chinesischen Philosophen blieb lange höchst widerspruchsvoll. Für Wang Tschung noch war Gott zwar nicht anthropomorph zu fassen, aber er hatte doch einen *Leib,* eine Art Fluidum scheint es. Andererseits begründete der gleiche Philosoph seine Leugnung der Unsterblichkeit auch wieder mit der völligen *Formlosigkeit* Gottes, zu welcher der Menschengeist – ähnlich der israelitischen *ruach* – nach dem Tode zurückkehre: eine Auffassung, die auch in Inschriften Ausdruck gefunden hat. Immer stärker wurde aber die Nicht-Persönlichkeit gerade der höchsten überirdischen Mächte betont. In der konfuzianischen Philosophie verschwand die Vorstellung eines persönlichen Gottes, die noch im 11. Jahrhundert Vertreter fand, seit dem 12. Jahrhundert, unter dem Einfluß des noch von Kaiser Kang Hi (Verfasser des *Heiligen Ediktes)* als Autorität behandelten Materialisten Tsche Fu Tse. Daß sich diese Entwicklung zur Unpersönlichkeit[62] nicht ohne dauernde Rückstände der Personalkonzeption vollzog, ist später zu erörtern. Gerade im offiziellen Kult aber gewann sie die Oberhand. – Auch im semitischen Orient war zunächst das fruchtbare Land, das Land mit natürlichem Wasser, *Land des Baal* und zugleich dessen Sitz, und auch hier wurde der bäuerliche Baal des Landes im Sinne des ertragbringenden Bodens zum Lokalgott des ortsgebundenen politischen Verbandes: des Heimatlandes. Aber dies Land galt nun dort als *Eigentum* des Gottes, und ein *Himmel,* der, nach chinesischer Art, unpersönlich und doch beseelt, als Konkurrent eines Himmelsherrn hätte auftreten können, wurde nicht konzipiert. Der israelitische Jahwe war zuerst ein bergsässiger Sturm- und Naturkatastrophengott, der in Gewitter und Wolken den Helden zu Hilfe in den Krieg heranzog, der Bundesgott der kriegerisch erobernden Eidgenossenschaft, deren Verband durch Vertrag mit ihm, vermittelt durch seine Priester, unter seinen Schutz gestellt worden war. Dauernd blieb daher die auswärtige Politik seine Domäne, deren Interessenten auch alle größten unter seinen Propheten: diese politischen Publizisten in den Zeiten der ungeheuren

61 Angeblich (s. später) sollte unter der Tschou-Dynastie der (wie auch Legge, Shn-king, Proleg. p. 193 ff. annimmt) persönliche Himmelsgott, neben dem die 6 *Geehrten* standen, durch die unpersönlichen Ausdrücke *Himmel und Erde* kultisch ersetzt sein. Der Geist des Kaisers und seiner Vasallen ging bei guter Führung in den Himmel (von wo er auch warnend, Legge p. 238 erscheinen konnte). Eine Hölle gab es nicht.

62 Wie schwankend diese war, zeigt z. B. eine Fluch-Inschrift des Tsin-Königs gegen den feindlichen Tschu-König aus dem Jahre 312, weil dieser *die Regeln der Sitte verletzt* und einen Vertrag gebrochen habe. Nebeneinander werden zu Zeugen und Rächern angerufen: 1. der Himmel, – 2. der *Herrscher von oben* (also ein persönlicher Himmelsgott), – 3. der Geist eines Flusses (an dem vermutlich der Vertrag geschlossen worden war). (S. die Inschrift in App. III von Vol. II der Ausgabe von Se Ma Tsien durch Chavannes, und Chavannes im Journal Asiatique, Mai/Juni 1893, p. 473 f.)

Angst vor den mächtigen mesopotamischen Raubstaaten, waren. Durch diesen Umstand gewann er seine endgültige Formung: Die auswärtige Politik war seine Tatenbühne mit Krieg und Völkerschicksal in ihren Peripetien. Deshalb war und blieb er zunächst und vor allem der Gott des Außerordentlichen: des Kriegsschicksals, seines Volkes. Da aber dies Volk nicht selbst ein Weltreich schaffen konnte, sondern ein kleiner Staat inmitten der Weltmächte blieb und schließlich ihnen erlag, so konnte er ein *Weltgott* nur als überweltlicher Schicksalslenker werden, vor dessen Augen auch das eigene auserwählte Volk nur kreatürliche Bedeutung hatte, je nach seinem Verhalten bald gesegnet und bald verworfen wurde.

Demgegenüber wurde das chinesische Reich in historischer Zeit trotz aller Kriegszüge doch immer mehr ein befriedetes Weltreich. Zwar der Anfang der chinesischen Kulturentwicklung stand unter rein militaristischen Zeichen. Der schih, später der *Beamte,* ist ursprünglich der *Held.* Die spätere *Studienhalle* (Pi yung kung), in welcher, dem Ritual nach, der Kaiser persönlich die Klassiker auslegte, scheint ursprünglich ein *Männerhaus* (ανδορειν) in dem über fast die ganze Welt bei allen spezifischen Kriegs- und Jagdvölkern verbreiteten Sinn gewesen zu sein, das heißt: der Aufenthaltsort der Bruderschaft, der durch die noch heute erhaltene *Bekappungs*-Zeremonie, zweifellos nach vorausgegangener Erprobung, wehrhaft gemachten Jungmannschaft in der Altersstufe ihrer familienfremden *Kasernierung.* In welchem Maß das typische Altersklassensystem dabei entwickelt war, bleibt fraglich. Daß die Frau ursprünglich die Ackerbestellung allein in der Hand hatte, scheint sich etymologisch wahrscheinlich machen zu lassen: jedenfalls aber nahm sie an den außerhäuslichen Kulten nie teil. Das Männerhaus war offenbar das Haus des (charismatischen) Kriegshäuptlings: Hier vollzogen sich diplomatische Aktionen, wie die Unterwerfung von Feinden, hier wurden die Kriegswaffen verwahrt, hierher die Trophäen (abgeschnittene Ohren) gebracht, im Verband der Jungmannschaft das rhythmische – das heißt: disziplinierte – Bogenschießen geübt, nach dessen Ergebnissen der Fürst sich seine Gefolgen und Amtsträger auswählte (daher die zeremoniale Bedeutung des Bogenschießens bis in die jüngste Zeit). Es ist möglich – wenn auch nicht sicher –, daß auch die Ahnengeister dort Rat spendeten. Trifft dies alles zu, dann würden dem die Nachrichten über die ursprüngliche Mutterfolge entsprechen: *Mutterrecht* scheint primär überall, soviel heut ersichtlich, die Konsequenz der militaristischen Familienfremdheit des Vaters gewesen zu sein.[63] In geschichtlicher Zeit lag das weit zurück. Der individuelle Heldenkampf, auch in China, wie anscheinend über die ganze Erde hin (bis Irland),

63 Zu dem Vorstehenden vgl. die sehr gute (Leipziger) Dissertation von M. *Quistorp* (Schüler Conradys): Männergesellschaft und Altersklassen im alten China (1913). Ob, wie *Conrady* annimmt, Totemismus in China je geherrscht hat, könnte nur der Fachmann entscheiden.

durch die Verwertung des Pferdes, zunächst als Zugtier des Kriegswagens, auf die Höhe gebracht, ließ die infanteristisch orientierten Männerhäuser zerfallen: Der hochtrainierte und kostspielig bewaffnete Einzelheld trat in den Vordergrund. Auch dies *homerische* Zeitalter Chinas lag aber weit zurück und es scheint, daß hier so wenig wie in Ägypten oder Mesopotamien die ritterliche Kriegstechnik je zu einer so individualistischen Sozialverfassung geführt hat, wie im *homerischen* Hellas und im Mittelalter. Die Abhängigkeit von der Stromregulierung und damit von der fürstlichen bürokratischen Eigenregie ist vermutlich das entscheidende Gegengewicht gewesen. Die Stellung von Kriegswagen und Gepanzerten wurde den einzelnen Bezirken auferlegt, ähnlich wie in Indien. Kein persönlicher Kontrakt also, wie beim okzidentalen Lehensverband, sondern die katastermäßig reglementierte Gestellungspflicht war die Grundlage auch des Ritterheeres. Doch immerhin war der *vornehme Mann* Kiün tse, (gentleman), des Konfuzius ursprünglich der waffengeübte Ritter. Aber die Wucht der statischen Tatsachen des Wirtschaftslebens ließ die Kriegsgötter nie zu einem Olymp aufsteigen: Der chinesische Kaiser vollzog den Ritus des Pflügens, er war ein Schutzpatron des Ackerbauers geworden und also längst nicht mehr ein Ritterfürst. Zwar die rein chthonischen Mythologeme[64] haben keine beherrschende Bedeutung erlangt. Aber seit der Herrschaft der Literaten war die zunehmend pazifistische Wendung der Ideologien naturgegeben, – und: umgekehrt, wie wir sehen werden.

Der Himmelsgeist wurde nun – zumal nach der Vernichtung des Feudalismus – im Volksglauben ganz wie die ägyptischen Gottheiten aufgefaßt nach Art einer idealen Beschwerdeinstanz gegen die irdischen Amtsträger, vom Kaiser angefangen bis zum letzten Beamten. Wie in Ägypten (und in nicht ganz so ausgeprägter Art auch in Mesopotamien) aus dieser bürokratischen Vorstellung heraus der Fluch des Bedrückten und Armen besonders gefürchtet war: – wir werden sehen, wie das auf die benachbarte israelitische Ethik zurückwirkte –, so auch in China. Diese Vorstellung und nur sie stand, als eine Art superstitiöser Magna Charta, und zwar als eine schwer gefürchtete Waffe, den Untertanen gegen die Beamten und ebenso gegen alle Privilegierten, auch die Besitzenden, zur Seite: ein ganz spezifisches Merkmal bürokratischer und zugleich pazifistischer Gesinnung.

Die Zeit irgendwelcher wirklicher Volkskriege jedenfalls liegt in China jenseits der historischen Epochen. Freilich war mit der bürokratischen Staatsordnung die kriegerische Epoche Chinas nicht abgebrochen. Sie führte seine Heere nach Hinterindien und bis in die Mitte von Turkestan. Die älteren literarisch-dokumentarischen Quellen rühmen allen andern voran den Kriegshelden. In historischer Zeit ist nach der offiziellen Auffassung allerdings

64 Reste davon findet Quistorp a. a. O. in gewissen bei Laotse rudimentär vorhandenen Mythologemen.

nur einmal ein siegreicher General als solcher vom Heer zum Kaiser proklamiert worden (Wang Mang um Chr. G.); – tatsächlich ist natürlich das gleiche weit öfter geschehen, aber in den rituell gebotenen Formen oder durch rituell anerkannte Eroberung oder Revolte gegen einen rituell inkorrekten Kaiser. In der für die Prägung der geistigen Kultur entscheidenden Zeit zwischen 8. und 3. Jahrhundert vor Chr. war das Reich ein sehr lockerer Verband politischer Herrschaften, welche zwar sämtlich formell die Oberlehensherrlichkeit des politisch ohnmächtig gewordenen Kaisers anerkannten, aber untereinander in Fehde und vor allem im Kampf um die Hausmeierstellung standen. Der Unterschied gegenüber dem Heiligen Römischen Reich des Okzidents bestand vor allem darin, daß der kaiserliche Oberlehensherr zugleich und vor allem – ein in vorgeschichtliche Zeit zurückreichender wichtiger Sachverhalt – nach Art etwa des okzidentalen Papstes in der von Bonifaz VIII. beanspruchten Stellung: der legitime Oberpriester war. Diese unentbehrliche Funktion bedingte seine Erhaltung. Durch sie bildete er ein wesentliches Element des Kulturzusammenhalts der in ihrem Umfang und ihrer Machtstellung stetig wechselnden Teilstaaten. Die (wenigstens theoretische) Gleichheit des Rituals bildete den Kitt jenes Zusammenhalts. Hier wie im okzidentalen Mittelalter bedingte diese religiöse Einheit die rituelle Freizügigkeit der vornehmen Familien zwischen den Teilstaaten: Aus dem Dienst des einen Fürsten trat der vornehme Staatsmann rituell ungehemmt in den Dienst eines anderen über. Die Herstellung des Einheitsreichs seit dem 3. Jahrhundert vor Chr., welche seitdem nur auf kurze Zeiten unterbrochen wurde, befriedeten das Reich – wenigstens dem Prinzip und der Theorie nach – nach innen. *Rechtmäßige* Kriege waren seitdem in seinem Innern nicht mehr möglich. Die Abwehr und Unterwerfung der Barbaren aber war eine rein sicherheitspolizeiliche Aufgabe der Regierung. Der *Himmel* konnte daher hier nicht die Form eines in Krieg, Sieg, Niederlage, Exil und Heimatshoffnung verehrten, in der Irrationalität der außenpolitischen Schicksale des Volks sich offenbarenden Heldengottes annehmen. Dafür waren, wenn man von der Zeit der Mongolenstürme absieht, seit der Errichtung der großen Mauer diese Schicksale im Prinzip nicht mehr wichtig und nicht irrational genug, standen gerade in den Zeiten der ruhigen Entwicklung der religiösen Spekulation nicht greifbar genug, als drohende oder als überstandene Fügungen, als beherrschende Probleme der ganzen Existenz, jederzeit vor Augen, waren vor allem nicht eine Angelegenheit der Volksgenossen. Die Untertanen wechselten nur den Herren bei Thronusurpationen, ebenso wie bei gelungenen Invasionen, und in beiden Fällen bedeutete dies lediglich einen Wechsel des Steuerempfängers, nicht einen Wechsel der sozialen Ordnung.[65]

[65] Daher betont O. Francke nachdrücklich, daß die Mandschuherrschaft nicht als *Fremdherrschaft* empfunden wurde. Immerhin bedarf dies wohl der Einschränkung für Zeiten der revolutionären Erregung: Die Manifeste der Taiping sind ein lebendiges Zeugnis dafür.

Die Jahrtausende alte unerschütterte Ordnung des politischen und sozialen Innenlebens wurde daher hier das, was der göttlichen Obhut anheimfiel und sie offenbarte. Auch der israelitische Gott nahm von den sozialen Innenbeziehungen Notiz: als Anlaß der Bestrafung seines Volkes wegen Abfalls von den von ihm eingesetzten alten Bundesordnungen durch kriegerisches Mißgeschick. Aber diese Verletzungen waren, gegenüber der weit wichtigeren Abgötterei, nur eine Kategorie der Sünde unter anderen. Für die chinesische Himmelsmacht dagegen waren die alten sozialen Ordnungen ein und alles. Als Hüter ihrer Stetigkeit und ungestörten Geltung und als Hort der durch die Herrschaft vernünftiger Normen garantierten Ruhe, nicht als Quelle irrationaler, befürchteter oder erhoffter, Schicksalsperipetien, waltete der Himmel. Solche Peripetien waren Unruhe und Unordnung. Sie waren daher spezifisch dämonischen Ursprungs. Die Garantie der Ruhe und inneren Ordnung leistete am besten eine in ihrer Unpersönlichkeit und gerade durch sie als über alles Irdische spezifisch erhaben qualifizierte Macht, welcher Leidenschaft, und vor allem *Zorn:* das wichtigste Attribut Jahwes, fremd bleiben mußte. Diese politischen Grundlagen des chinesischen Lebens also begünstigten den Sieg derjenigen Elemente des Geisterglaubens, welche zwar überall in aller zum Kult sich entwickelnden Magie vorgeformt waren, aber im Okzident durch die Entfaltung der Heldengötter und, endgültig, eines persönlichen ethischen Welterlösergottes von Plebejerschichten, in der Entwicklung gebrochen wurden. Die eigentlich chthonischen Kulte mit ihrer typischen Orgiastik sind zwar auch in China durch die Ritter- und später die Literatenaristokratie ausgetilgt worden.[66] Es finden sich weder Tänze – der alte Kriegstanz war verschwunden – noch Sexualorgiastik, noch musikalische Orgiastik, noch andere Rauschformen, kaum auch Rückstände vor, und nur ein einziger Ritualakt scheint *sakramentalen* Charakter angenommen zu haben; aber gerade er war ganz unorgiastisch. Der Himmelsgott siegte auch hier: – die Philosophen motivierten dies nach Se Ma Tsien's Konfuzius-Biographie damit: daß die Götter der Berge und Wasserbäche die Welt regieren, weil von den Bergen der Regen kommt. Aber er siegte als Gott der himmlischen Ordnung, nicht der himmlischen (Kriegs-) Heerscharen. Es war die spezifisch chinesische, aus andern Gründen und in anderer Art auch in Indien in der Oberhand gebliebene Wendung der Religiösität, welche an der Unverbrüchlichkeit und Gleichmäßigkeit des die Geister zwingenden magischen Rituals und des für ein Ackerbauvolk grundlegenden Kalenders, beide: die Naturgesetze und die

[66] Mit dem Namen *Genius der Erde* wurde Heu tu, einer der sechs Minister des Kaisers Huang-ti, deifiziert (vgl. Note 215 p. LII des von Michels übersetzten und annotiert herausgegebenen Schih Luh Kuoh Kiang Yuh Tschi: *Histoire géographique des XVI royaumes,* Paris 1891). Danach kann damals schon ein chthonischer Kult kaum bestanden haben, da dann ein solcher Titel blasphemisch gewesen wäre.

Ritualgesetze in Eins setzend und nun an diese Einheit des *Tao*[67] anknüpfend, das Zeitlose, Unabänderliche zur religiös höchsten Macht erhob. Nun wurde statt eines überweltlichen Schöpfergottes ein übergöttliches, unpersönliches, immer sich gleiches, zeitlich ewiges Sein, welches zugleich ein zeitloses Gelten ewiger Ordnungen war, als letztes und höchstes empfunden. Die unpersönliche Himmelsmacht *sprach nicht* zu den Menschen. Sie offenbarte sich ihnen durch die Art des irdischen Regimentes, also in der festen Ordnung der Natur und des Herkommens, das ein Teil der kosmischen Ordnung war, und – wie überall: – durch das, was den Menschen geschah. Gutes Ergehen der Untertanen dokumentierte die himmlische Zufriedenheit, also: das richtige Funktionieren der Ordnungen. Alle schlimmen Ereignisse dagegen waren Symptome einer Störung der providenziellen, himmlisch-irdischen Harmonie durch magische Gewalten. Diese für China durchaus grundlegende optimistische Vorstellung von der kosmischen Harmonie ist aus dem primitiven Geisterglauben allmählich herausgewachsen. Das Ursprüngliche[68] war hier wie anderwärts der Dualismus der guten (nützlichen) und der bösen (schädlichen) Geister, der *Shen* und der *Kwei,* welche das ganze Universum erfüllten und in den Naturereignissen ebenso wie im Handeln und Ergehen der Menschen sich äußerten. Auch die *Seele* des Menschen galt – entsprechend der überall verbreiteten Annahme von einer Mehrheit der beseelenden Kräfte – als zusammengesetzt aus der dem Himmel entstammenden Shen- und der irdischen Kwei-Substanz, welche sich nach dem Tode wieder trennten. Die allen Philosophenschulen gemeinsame Lehre faßte dann die *guten* Geister als das (himmlische und männ-

[67] Denn darin, in dieser Verschmelzung, lag offenbar die Quelle des *Universismus* der *Tao*-Konzeption, die dann (in ganz wesentlich geistvollerer Art als in Babylonien die aus der Leberschau entnommenen Begriffe oder gar als die altägyptischen *metaphysischen* Konzeptionen) zu einem kosmischen System der *Entsprechungen* ausgebaut wurde (alles Nähere über die philosophische Deutung – soweit sie nicht für uns in Abschnitt VII noch in Betracht kommt – muß man in de Groots schönem, zitierten, Buch über *Universismus* nachlesen, welches, rein systematisch angelegt, die Frage der Herkunft nicht erörtert). Es ist aber klar, daß die chronomantische Deutung des Kalendermachens und des Kalenders selbst, ebenso wie die absolute Stereotypierung des Rituals und, mit beidem zusammenhängend, die rationale, von der später zu besprechenden Mystik ausgehende Tao-Philosophie erst sekundär waren. Der älteste Kalender (hia siao tsching, *kleiner Regulator)* scheint am wenigsten mit solchen Theologumena belastet zu sein, deren Entwicklung offenbar erst nach der Kalenderreform Schi Hoang Ti's einsetzte. Das später von der Regierung unter strengster Verfolgung jeder eigenmächtigen Kalendermacherei Privater hergestellte chronomantische Grundbuch: Schi hien schu, als Volksbuch massenhaft nachgedruckt, gibt den *Tagemeistern* (Berufschronomanten den Stoff. Die sehr alte Kalenderbehörde der La schi *(hohen Schriftsteller)* war geschichtlich die Quelle sowohl der Astronomen(Kalender-) wie der Astrologen- (portenta-) behörden, wie der rein exemplarisch und paradigmatisch gedachten Hofannalistik, die ursprünglich mit der Kalendermacherei in Personalunion war. S. u.

[68] Zum Nachstehenden vgl. namentlich de Groot, Rel. of the Ch., insbesondere p. 331., 55 f.

liche) Yang-Prinzip, die *bösen* als das (irdische und weibliche) Yin-Prinzip zusammen, aus deren Verbindung die Welt entstanden sei. Beide Prinzipien waren ewig, wie Himmel und Erde. Dieser konsequente Dualismus war aber hier, wie fast überall, optimistisch abgeschwächt und getragen durch die Identifikation des dem Menschen Heil bringenden magischen Charisma der Zauberer und Helden mit den heilbringenden Shen-Geistern, die der segenspendenden Himmelsmacht, dem Yang, entsprangen. Da nun der charismatisch qualifizierte Mensch offensichtlich Macht über die bösen Dämonen (die Kwei) hatte, und feststand: daß die Himmelsmacht die gütige höchste Leiterin auch des sozialen Kosmos war, so mußten also die Shen-Geister im Menschen und in der Welt in ihrem Funktionieren gestützt werden.[69] Dazu genügte es aber, daß die dämonischen kwei-Geister in Ruhe gehalten wurden: Dann funktionierte die vom Himmel geschützte Ordnung richtig. Denn ohne Zulassung des Himmels waren die Dämonen unschädlich. Die Götter und Geister waren mächtige Wesen. Kein einzelner Gott oder vergötterter Heros oder noch so mächtiger Geist aber war *allwissend* oder *allmächtig.* Die nüchterne Lebensweisheit der Konfuzianer konstatierte im Fall des Unglücks frommer Menschen unbefangen: daß *Gottes Wille oft unstet* sei. Alle diese übermenschlichen Wesen waren zwar stärker als der Mensch, standen aber tief unter der unpersönlichen höchsten Himmelmacht und auch unter einem kaiserlichen Pontifex, der in der Himmelsgnade stand. Nur diese und die ihr ähnlichen unpersönlichen Mächte kamen – im Gefolge dieser Vorstellungen – für die überpersönliche Gemeinschaft als Kultobjekte in Betracht und bestimmten ihr Schicksal.[70] Das Schicksal des einzelnen konnten dagegen die magisch zu beeinflussenden Einzelgeister bestimmen.

Mit diesen verkehrte man ganz urwüchsig auf dem Tauschfuß: soundsoviel rituelle Leistungen für soundsoviel Wohltaten. Zeigte sich dann, daß ein Schutzgeist nicht stark genug war, die Menschen trotz aller Opfer und Tugenden zu schützen, so mußte man ihn wechseln. Denn nur der Geist, der sich als wirk-

69 Mit dieser Motivierung wurde gelegentlich gegen allzu mächtig gewordene Mätressen (Konkubinen) von Kaisern Front gemacht: Weiberherrschaft bedeute Übergewicht des yin über das yang.

70 Im Staatskult spielten allerdings (s. die höchst anschauliche und peinlich genaue Darstellung in de Groots *Universismus)* neben dem Kult 1. des *Himmels,* der jedoch (nach de Groot) beim großen Opferakt als primus inter pares unter den Ahnengeistern des Kaisers erschien, – 2. der Erde *(Kaiserin Erde),* – 3. der kaiserlichen Ahnen, auch die Kulte – 4. des Sche Tsi: Schutzgeistes des Bodens und der Feldfrüchte, – 5. der Sonne und des Mondes, – 6. des Sien Nung, Archegeten der Ackerbaukunst, – 7. des (weiblichen) Archegeten der Seidenzucht (Opfernde: die Kaiserin), – 8. der großen, seit 1722 aber: aller Kaiser der früheren Dynastien (außer: den gewaltsam Gestorbene oder durch erfolgreiche Rebellion – Zeichen mangelnden Charismas – Gestürzten), – 9. Konfuzius und einige Koryphäen seiner Schule, – diese alle (grundsätzlich) durch den Kaiser persönlich. Dazu traten 10. die Regen- und Windgötter (Tien Schen) und die Götter der Berge, Meere, Flüsse (Ti Ke), – 11. der Jupiter als Kalendergott (Geist des großen –

lich machtvoll bewährte, verdiente Verehrung. Ein solcher Wechsel geschah tatsächlich oft, und insbesondere der Kaiser verlieh den Göttern, die sich bewährt hatten, Anerkennung als Objekten der Verehrung, Titel und Rang[71] und setzte sie eventuell wieder ab. Nur das bewährte Charisma eines Geistes legitimierte. Zwar war – wie gleich zu besprechen – der Kaiser für Unglück verantwortlich. Aber auch dem Gott, der durch Los-Orakel oder sonstige Weisungen ein mißglücktes Unternehmen veranlaßt hatte, gereichte dies zur Schande. Noch 1455 hielt ein Kaiser dem Geist des Tsai-Berges offiziell eine strafende Rede. Und in anderen Fällen wurden solchen Geistern Kulte und Opfer gesperrt. Der *Rationalist* unter den großen Kaisern und Einiger des Reichs: Schi-hoang-ti, ließ einen Berg zur Strafe dafür, daß der Geist sich renitent gezeigt und ihm den Zutritt erschwert hatte, kahl schlagen, wie Se Ma Tsien in dessen Biographie erwähnt.

Ihm, dem Kaiser selbst, ging es aber natürlich, getreu dem charismatischen Prinzip der Herrschaft, ganz ebenso. Von dieser eingelebten politischen Realität ging ja diese ganze Konstruktion aus. Auch er mußte sich durch seine charismatischen Qualitäten als vom Himmel zum Herrscher berufen

Jupiter– – Jahres), – 12. der Archeget der Heilkunde zusammen mit dem Frühlingsgott (vielleicht ein Symptom einstiger chthonischer Orgiastik als Quelle der magischen Therapeutik), – 13. der Kriegsgott (der kanonisierte General Kuan ti, 2./3. Jahrhundert n. Chr.), – 14. der Gott der klassischen Studien (Schirmgott gegen Ketzerei), – 13. der (1631 kanonisierte) Nordpolgeist, – 16. der Feuergott Huo Schen, – 17. die Kanonengötter, – 18. die Festungsgötter, – 19. *der heilige Berg des Ostens,* – 20. die Drachen- und Wassergötter oder die Bau-, Ziegelei- und Getreidespeichergötter – 21. die kanonisierten Provinzialbeamten. Diese waren alle (normalerweise) durch die zuständigen Beamten zu bedienen. Man sieht, es war schließlich fast die gesamte äußere Staatsorganisation mit ihren Geistern kanonisiert. Aber die höchsten Opfer wurden offensichtlich unpersönlichen Geistern dargebracht.

[71] Die *Peking Gazette* wimmelt von Anträgen der Beamten auf solche Kanonisierungen, welche auch darin mit den entsprechenden katholischen Prozeduren übereinstimmen, daß das Avancement schrittweise und je nach dem Nachweis weiterer Wunder erfolgte. So wird 1873 auf Bericht des zuständigen Gouverneurs über das Verhalten eines *presiding spirit of the Yellow River* bei Überschwemmungsgefahr zunächst dessen Zulassung zum Kult genehmigt, der Antrag auf Verleihung des Ehrentitels aber in suspenso gelassen bis zum Bericht, ob er sich weitere Verdienste erworben habe. Nachdem 1874 (Peking Gazette vom 17.12.) berichtet worden war, daß die Heranschaffung seines Bildes das Weiterschwellen der drohenden Flut zum Stehen gebracht habe, erhielt er den entsprechenden Titel. Am 13.7.74 (Peking Gazette d. D.) wurde die Anerkennung der Wunderkraft eines Tempels des Drachengotts in Honan beantragt. Am 23.5.78 wurde ein neuer Titel des *Drachen-Geistes* genehmigt (Peking Gazette d. D.). Ebenso beantragten z.B. 1883 (Peking Gazette vom 26. 4.) die zuständigen Beamten, einem bereits kanonisierten verstorbenen früheren Mandarinen des Flußgebiets eine Rangerhöhung zu bewilligen, da sein Geist gesehen worden sei, wie er über den Wassern schwebte und bei höchster Gefahr mit bei der Beschwichtigung der Wasser tätig war. Ähnliche Anträge von in Europa sehr bekannten Beamten (Li Hung Tschang – Peking Gazette 2.12.1878 – u. a.) finden sich sehr häufig. Am 31. XI. 1883 protestierte ein Zensor, als advocatus diaboli, gegen die Kanonisation eines Mandarinen, da dessen Verwaltung keineswegs hervorragend gewesen sei (Peking Gazette d. D.).

bewähren. Das entsprach durchaus den – erbcharismatisch temperierten – genuinen Grundlagen charismatischer Herrschaft. Charisma war überall eine außeralltägliche Kraft (maga, orenda), deren Vorhandensein sich in Zaubermacht und Heldentum offenbarte, bei den Novizen aber durch Erprobung in der magischen Askese festgestellt (je nach der Abwandlung der Vorstellung auch: als *neue Seele* erworben) werden mußte. Die charismatische Qualität war aber (ursprünglich) verlierbar: Der Held oder Magier konnte von seinem Geist oder Gott *verlassen* werden. Nur solange sie sich bewährte: durch immer neue Wunder und immer neue Heldentaten, mindestens aber: dadurch, daß der Magier oder Held nicht sich selbst und seine Gefolgschaft offenkundigen Mißerfolgen aussetzte, erschien ihr Besitz gewährleistet. Heldenstärke galt ursprünglich ja ebenso als magische Qualität wie die im engeren Sinne *magischen* Kräfte: Regenzauber, Krankheitszauber und die außeralltäglichen technischen Künste.[72] Entscheidend für die Kulturentwicklung war wesentlich eins: die Frage, ob das militärische Charisma des Kriegsfürsten und das pazifistische Charisma des (in der Regel: meteorologischen) Zauberers beide in einer Hand lagen oder nicht. Im ersten Fall (dem des *Cäsaropapismus)* aber: welches von beiden primär die Grundlage der Entwicklung der Fürstenmacht wurde. In China nun haben – wie früher schon eingehend dargelegt wurde – grundlegende, für uns aber vorhistorische Schicksale, vermutlich durch die große Bedeutung der Stromregulierung mitbedingt[73], das Kaisertum aus dem magischen Charisma hervorgehen lassen und weltliche und geistliche Autorität in einer Hand, jedoch unter sehr starkem Vorwalten der letzteren, vereinigt. Das magische Charisma des Kaisers mußte sich zwar auch in kriegerischen Erfolgen (oder doch dem Fehlen eklatanter Mißerfolge), vor allem aber in gutem Erntewetter und gutem Stande der inneren Ruhe und Ordnung bewähren. Die persönlichen Qualitäten aber, die er, um charismatisch begnadet zu sein, besitzen mußte, wurden von den Ritualisten und Philosophen ins Rituelle und weiterhin ins Ethische gewendet: Er mußte den rituellen und ethischen Vorschriften der alten klassischen

[72] Eine strenge Scheidung zwischen dem, was *Zauber* war und was nicht, ist für die präanimistische und animistische Vorstellungswelt gar nicht möglich. Auch das Pflügen und jede alltägliche, auf einen Erfolg gerichtete Handlung war ein *Zauber* im Sinn der Inanspruchnahme spezifischer *Kräfte* und – später – *Geister*. Man kann hier nur soziologisch scheiden: Der Besitz außeralltäglicher Qualitäten schied den Zustand der Ekstase vom Alltagszustand und den Berufsmagier vom Alltagsmenschen. *Außeralltäglich* wandelte sich dann, rationalistisch, in *übernatürlich* ab. Der Kunsthandwerker, der die Paramente des Jahwetempels herstellte, war von der *ruach* Jahwes besessen, wie der Medizinmann von der Kraft, die ihn zu seinen Leistungen befähigte.

[73] Aber nicht aus ihr allein erklärlich. Denn sonst hätte auch in Mesopotamien die gleiche Entwicklung eintreten müssen. Man muß sich damit abfinden: daß diese – wie schon G. Jellinek gelegentlich bemerkt hat – zentral wichtige Entwicklung der Beziehungen zwischen imperium und sacerdotium eben oft auf *zufälligen*, für uns verschollenen, historischen Schicksalen beruht.

Schriften entsprechend leben. Der chinesische Monarch blieb so in erster Linie ein Pontifex: der alte *Regenmacher* der magischen Religiosität[74], ins Ethische übersetzt. Da der ethisch rationalisierte *Himmel* eine ewige Ordnung schützte, waren es ethische Tugenden[75] des Monarchen, an denen sein Charisma hing. Er war, wie alle genuin charismatischen Herrscher, ein Monarch von Gottes Gnaden nicht in der bequemen Art moderner Herrscher, welche auf Grund dieses Prädikates beanspruchten, für begangene Torheiten *nur Gott,* und das heißt praktisch: gar nicht, verantwortlich zu sein. Sondern im alten genuinen Sinne der charismatischen Herrschaft. Das hieß nach dem soeben Ausgeführten: er hatte sich als *Sohn des Himmels,* als der von ihm gebilligte Herr, dadurch auszuweisen: daß es dem Volke gut ging. Konnte er das nicht, so fehlte ihm eben das Charisma. Brachen also die Flüsse durch die Deiche, blieb der Regen trotz aller Opfer aus, so war dies, wie ausdrücklich gelehrt wurde, ein Beweis, daß der Kaiser jene charismatischen Qualitäten nicht besaß, welche der Himmel verlangte. Er tat dann – so noch in den letzten Jahrzehnten – öffentlich Buße für seine Sünden. Ein solches öffentliches Sündenbekenntnis verzeichnet die Annalistik schon für die Fürsten des Feudalzeitalters[76] und die Sitte hat bis zuletzt fortbestanden: noch 1832 folgte auf eine solche öffentliche Beichte des Kaisers alsbald der Regen.[77] Wenn auch das nicht half, hatte er Absetzung, in der Vergangenheit wohl Opferung,

[74] Das Ausbleiben von Regen (oder Schnee) führt daher zu den erregtesten Erörterungen und Vorschlägen im Kreise des Hofs und der Ritualbeamten und die Peking Gazette wimmelt in solchen Fällen von Anträgen auf die Ergreifung magischer Abhilfemittel aller Art. So z.B. die gefahrdrohende Dürre des Jahres 1878 (s. besonders: Peking Gazette vom 11. und 24.6.78). Nachdem der Yamen (Kommittee) der Staatsastronomen unter Bezugnahme auf klassische astrologische Autoritäten auf die Färbung der Sonne und des Mondes hingewiesen hatte, wies der Bericht eines Mitglieds der Hanlin-Akademie auf die dadurch entstandene Beunruhigung hin und verlangte, daß dieses Gutachten zwar zur öffentlichen Kenntnis gebracht, der noch jugendliche Kaiser aber vor Eunuchengeschwätz über üble Vorbedeutungen bewahrt und der Palast bewacht werden solle; im übrigen mögen die Kaiserinnen-Regentinnen ihre sittlichen Pflichten erfüllen, dann werde der Regen nicht ausbleiben. Dieser Bericht wurde mit beruhigenden Erklärungen über die Art der Lebensführung der hohen Damen und mit dem Hinweis auf den inzwischen schon eingetretenen Regen publiziert. Ein *Engel-Mädchen* (1469 verstorbene Anachoretin) war vorher im gleichen Jahre wegen häufiger Hilfe in Hungersnot zur Kanonisierung vorgeschlagen (Peking Gazette 14.1.78) und mehrere ähnliche Promotionen vorgenommen worden.

[75] Dieser fundamentale Satz der konfuzianischen Orthodoxie wird in zahlreichen kaiserlichen Edikten und Gutachten oder Anträgen der Hanlinakademie stets erneut betont. So heißt es in dem in der vorigen Note erwähnten und später noch mehrfach heranzuziehenden Gutachten des Hanlin-*Professors: It is the practice of virtue alone that can influence the power of Heaven* ... (vgl. auch die folgenden Anmerkungen).

[76] Tschepe a. a. O., p. 53.

[77] Im Jahre 1899 (Peking Gazette vom 6. 10.) findet sich ein Dekret des (durch den Staatsstreich der Kaiserinwitwe unter deren Kuratel gestellten) Kaisers, in welchem er seine Sünden als wahrscheinlichen Grund der eingetretenen Dürre beklagt und nur hin-

zu gewärtigen. Er war der amtlichen Rüge der Zensoren ausgesetzt[78] wie die Beamten. Vollends ein Monarch, welcher den alten festen sozialen Ordnungen, einem Teil des Kosmos, der als unpersönliche Norm und Harmonie über allem Göttlichen stand, zuwiderhandelte: – der z. B. etwa das absolute göttliche Naturrecht der Ahnenpietät alteriert hätte –, würde damit (nach der immerhin nicht schlechthin gleichgültigen Theorie) gezeigt haben, daß er von seinem Charisma verlassen und unter dämonische Gewalt geraten war. Man durfte ihn töten, denn er war ein Privatmann.[79] Nur war die dafür zuständige Macht natürlich nicht jedermann, sondern es waren das die großen Beamten (etwa so wie bei Calvin die Stände das Widerstandsrecht hatten).[80] Denn auch der Träger der staatlichen Ordnung: das Beamtentum, galt als mitbeteiligt am Charisma[81] und daher in gleichem Sinn als eine

zufügt, daß auch die Prinzen und Minister durch unkorrekten Lebenswandel ihren Teil der Schuld daran auf sich geladen haben. – In gleicher Lage versprachen 1877 die beiden Kaiserinnen-Regentinnen, der Ermahnung eines Zensors: sie sollten in ihrer *reverential attitude* verharren, zu entsprechen, da dies ihr Verhalten bereits zur Verscheuchung der Dürre beigetragen habe.

[78] S. vorige Anm. a. E. – Als im Jahre 1894 ein Zensor die Einmischung der Kaiserinwitwe in die Staatsangelegenheiten als ungehörig kritisiert hatte (s. den Bericht in der Peking Gazette vom 28. 12. 1894), wurde er allerdings abgesetzt und zur Robott an den Poststraßen der Mongolei verbannt, aber nicht weil diese Kritik an sich unzulässig, sondern weil sie *nur auf Hörensagen,* nicht auf Beweise gestützt gewesen sei. Besser hatte sich 1882 ein Mitglied der Akademie auf die Intentionen dieser energischen Frau verstanden, welcher (Peking Gazette vom 19. 8. 82) das Verlangen aussprach: die Kaiserin-Mutter möge sich wieder mehr um die Regierungsgeschäfte kümmern, da der Kaiser noch jung und zart, Arbeit für Mitglieder der Dynastie das beste sei und die Umgebung der Kaiserin sonst ihre Führung zu kritisieren beginnen werde.

[79] Dieser Theorie von der Verantwortlichkeit des Monarchen standen übrigens andere gegenüber, welche die *Rache* gegen den Kaiser als unzulässig erklärten (6. Jahrh. v. Chr.) und demjenigen schwere (magische) Übel in Aussicht stellten, der ein gekröntes Haupt anrühre. (E. H. Parker, Ancient China simplified, London 1908, p. 308.) Die Theorie ebenso wie die ganze, vorwiegend pontifikale Stellung des Kaisers überhaupt, war eben nichts immer Feststehendes gewesen. Ein nur von einem Heer ausgerufener Kaiser fand sich allerdings, als legitimer Monarch, scheinbar nur einmal. Aber die Akklamation der *hundert Familien,* d. h. der großen Lehensträger, war ursprünglich zweifellos, neben der Designation, für jede Thronfolge legale Bedingung.

[80] Diese gesamte charismatische Auffassung vom Fürsten drang überall hin, wo die chinesische Kultur einmal Fuß gefaßt hatte. Nachdem der Nan-Tschao-Fürst die chinesische Herrschaft abgeworfen hat, heißt es von ihm in einer von Chavannes (Journ. As. 9 Ser. 16, 1900, p. 435) publizierten Inschrift: der König habe *eine Kraft, welche das Gleichgewicht und die Harmonie in sich trägt* (dem Tschong yong entlehnt), er habe die Fähigkeit, *zu bedecken und zu ernähren* (wie der Himmel). Als Zeichen seiner Tugend werden *verdienstliche Werke* (Bündnis mit Tibet) erwähnt. Ebenso wie der chinesische Musterkaiser hat er die *alten Familien* herausgesucht und sich mit ihnen umgeben (p. 443), womit das Schu-king zu vergleichen ist.

[81] S. die vorletzte Anmerkung. Weiter unten wird zu erwähnen sein, daß die Mandarinen als Träger magischer Kräfte galten.

Institution heiligen Rechtes, wie der Monarch selbst, mochte auch der einzelne Beamte persönlich, wie bis in die Gegenwart, ad nutum amovibel sein. Auch ihre Eignung war daher charismatisch bedingt: jede Unruhe oder Unordnung sozialer oder kosmisch-meteorologischer Art in ihrem Sprengel bewies: daß sie nicht die Gnade der Geister hatten. Ohne alle Frage nach Gründen mußten sie dann aus dem Amt weichen.

Diese Stellung des Beamtentums war seit einer für uns vorgeschichtlichen Zeit in Entwicklung begriffen. Die alte halb legendäre heilige Ordnung der Tschou-Dynastie, wie sie im Tschou-li überliefert ist, steht bereits auf dem Punkt, wo der urwüchsige Patriarchalismus in den Feudalismus überzugehen beginnt.

Der erbcharismatische Charakter des Lehenswesens – Die Wiederherstellung des bürokratischen Einheitsstaates – Zentralregulierung und lokale Beamte – Öffentliche Lasten: Fronstaat und Steuerstaat – Das Beamtentum und die Steuerpauschalierung

Soviel ersichtlich, war das politische Lehenswesen in China nicht primär mit der Grundherrschaft (im okzidentalen Sinn) als solcher verknüpft. Sondern beide sind, wie in Indien, aus dem *Geschlechterstaat* erwachsen, nachdem die Häuptlingssippen den alten Banden des Männerhauses und seiner Derivate sich entzogen hatten. Die Sippe stellte nach einer Notiz ursprünglich die Kriegswagen und sie war auch die Trägerin der alten ständischen Gliederung. Die an der Schwelle der sicheren geschichtlichen Kunde in einigermaßen deutlichen Umrissen erscheinende wirkliche politische Verfassung war die gradlinige Fortsetzung jener bei allen Eroberungsreichen urwüchsigen Verwaltungsstruktur, wie sie noch den großen Negerreichen des 19. Jahrhunderts eignete: dem *Reich der Mitte,* das heißt: dem direkt vom siegreichen Herrscher, als Hausmacht, durch seine Beamten: persönliche Klienten und Ministerialen, verwalteten *inneren* Gebiet um den Königssitz herum, wurden immer mehr durch Tributärfürsten beherrschte *Außen*-Gebiete angegliedert, in deren Verwaltung der Kaiser: der Herrscher des Reichs der Mitte, soweit, und nur soweit, eingriff, als die Erhaltung seiner Macht und die mit ihr verbundenen Tributinteressen dies unbedingt erheischten und: als er es vermochte. Daher naturgemäß bei zunehmender Entfernung vom Hausmachtgebiet mit abnehmender Stetigkeit und Intensität. Ob die Beherrscher der Außengebiete praktisch absetzbare oder erbliche Dynasten waren, wie oft das in der Theorie des Tschou-li anerkannte Beschwerderecht ihrer Untertanen beim Kaiser praktisch war und zu Eingriffen seiner Verwaltung führte, ob die neben und unter ihnen stehenden Beamten, wie die Theorie wollte, von den Beamten des Kaisers ernannt und entsetzt und praktisch von ihnen abhängig waren, ob also die Zentralverwaltung der drei großen und drei kleinen Räte (kung und ku) praktisch über die Hausmacht hinausgreifen konnte und ob die Wehrkraft der Außenstaaten dem Oberlehensherrn praktisch zur Verfügung stand: Dies waren die jeweils durchaus labil gelösten politischen Probleme. Die politische Feudalisierung, welche sich aus diesem Zustand entwickelte, nahm nun hier die gleiche Wendung, wie wir sie in konsequentester Durchführung in Indien wiederfinden werden: Berücksichtigung bei der Besetzung der abhängigen Stellungen, vom Tributärfürsten bis zu dessen höfischen und Provinzialbeamten, beanspruchten und erreichten nur Sippen schon herrschender politischer Gewalthaber und ihrer Gefolgschaft. Vor allem die kaiserliche Sippe selbst. Ebenso aber die Sippen derjenigen Fürsten, welche sich ihm rechtzeitig unterworfen und im vollen oder teilweisen Besitz ihrer Herrschaft belassen waren.[1] Und endlich die Sippen aller derjenigen, die sich als Helden und Vertrauensleute ausgezeichnet hatten. Das Charisma haftete jedenfalls längst nicht mehr am einzelnen streng persönlich, sondern – wie wir dies als Typus später bei Erörterung der indischen Verhältnisse näher kennen lernen werden – an seiner Sippe. Nicht der durch freie Kommendation in die Vasallität und Investitur erlangte Lehensbesitz schuf den Stand, sondern – im Prinzip wenigstens – umgekehrt: Die Zugehörigkeit zu jenen adligen Sippen qualifizierte, je nach dem herkömmlichen Rang der Familie, zu einem Amtslehen bestimmten Ranges. Minister- und selbst bestimmte Gesandtenposten finden wir im chinesischen feudalen Mittelalter fest in den Händen bestimmter Familien und auch Konfuzius war vornehm, weil er von einer Herrscherfamilie abstammte. Die auch in den Inschriften späterer Zeiten hervortretenden *großen Familien* waren diese charismatischen Sippen, die ihre Stellung ökonomisch vorwiegend aus politisch bedingten Einkünften, daneben aus erblich zusammengehaltenem Grundbesitz bestritten. Der Gegensatz gegen den Okzident war natürlich in mancher Hinsicht relativ, aber in seiner Bedeutsamkeit immerhin nicht gering. Im Okzident war die Erblichkeit der Lehen erst Entwicklungsprodukt. Und vollends die ständische Scheidung der Lehensinhaber, je nachdem sie Gerichtsbann erhalten hatten oder nicht, die Scheidung der beneficia nach der Art des Dienstes, endlich die ständische Scheidung des Ritterstandes von anderen, zuletzt auch vom städtischen Patriziat, vollzog sich innerhalb einer schon fest durch Appropriation des Bodens und (weitgehend) aller möglichen Verkehrserwerbschancen gegliederten Gesellschaft. Die erbcharismatische Stellung der (in vielem noch sehr hypothetischen) *Dynasten* im frühesten deutschen Mittelalter würde den chinesischen Verhältnissen am ehesten entsprechen. Aber in den Kerngebieten des westlichen Feudalismus war unter dem Umsturz der traditionalen Rangordnungen durch die Eroberung und Wanderung offenbar das feste Gefüge der Sippen stark gelockert, und die Kriegsnotwendigkeiten erzwangen gebieterisch die Aufnahme jedes tüchtigen, militärisch geschulten, Mannes in die Ritterschaft, also: die Zulassung jedes ritterlich Lebenden zur Ritterwürde. Erst die weitere Entwicklung führte dann zum Erbcharisma, schließlich zur *Ahnenprobe*. In China war dagegen das Erbcharisma der Sippe – in der für uns zugänglichen Zeit – stets das Primäre (mindestens der Theorie nach[2]; erfolgreiche Parvenus hat es immer gegeben).

[1] Wegen der Macht der Ahnengeister charismatischer Sippen scheint man sich oft geradezu gescheut zu haben, unterworfene Häuptlingsfamilien ganz des Landes zu berauben (E. H. Parker, Ancient China simplified, London 1908, p. 57). Im übrigen erklärt aber auch umgekehrt diese sippencharismatische Bedingtheit der Lehen- und Pfründenchancen die starke Stellung der Ahnengeister, wennschon sie nicht etwa ihre einzige Quelle war.

[2] *Eine Familie schätzt man nach dem Alter, einen Gebrauchsgegenstand nach der Neuheit,* sagt ein Spruch im Schu-king.

Nicht etwa (wie später im Okzident) die Erblichkeit des konkreten Lehens also: – die vielmehr als grober Mißbrauch galt –, sondern der durch den ererbten Sippenrang gegebene Anspruch auf ein Lehen bestimmten Ranges. Daß die Tschou-Dynastie die fünf Adelsgrade *eingerichtet* und dann das Prinzip der Vergebung von Lehen nach dem Adelsrang eingeführt haben soll, ist wohl Legende; daß aber damals die hohen Vasållen (Tschou-Lou, die *Fürsten)* nur aus Nachkommen alter Herrscher ausgelesen wurden, ist glaubhaft.[3] Das entsprach japanischen Frühzuständen und war: *Geschlechterstaat.* Als die Wei (nach dem Sturze der Han-Dynastie) ihre Hauptstadt nach Lo yang verlegten, führten sie nach der Annalistik die *Aristokratie* mit sich. Diese bestand aus ihrer eignen Sippe und aus alten erbcharismatischen Sippen. Ursprünglich also natürlich: Stammeshäuptlingsfamilien. Damals aber schon: Nachkommen von Amtslehen- und Amtspfründeninhabern. Und nun verteilten sie – noch damals! – den *Rang* (und dementsprechend den Anspruch auf Pfründen) je nach dem Amt, das einer der Vorfahren der Familie gehabt hatte (ganz das Prinzip der römischen Nobilität und des russischen Mjestnitschestwo).[4] Ganz ebenso wie in der Teilstaatenzeit die höchsten Ämter fest in den Händen bestimmter Sippen (hohen erbcharismatischen Ranges) sich befanden.[5] Die Entstehung eines eigentlichen *Hofadels* tritt erst in der Zeit Schi hoang Ti's (von 221 vor Chr. an) gleichzeitig mit dem Sturz des Feudalismus auf: damals zuerst wird eine Rangverleihung in der Annalistik erwähnt.[6] Und da gleichzeitig die finanziellen Notwendigkeiten erstmalig den Ämterkauf – also: die Auslese der Beamten nach dem Geldbesitz – erzwangen, verfiel der Erbcharismatismus trotz prinzipieller Aufrechterhaltung der Rangunterschiede. Noch 1399 findet sich die Degradation zum *Plebejer* (ming) erwähnt[7], allerdings damals unter ganz anderen Verhältnissen und in anderem Sinne.[8] In der Feudalzeit entsprach der erbcharismatischen Rangabstufung eine Ordnung der Lehen, nach Beseitigung der Subinfeudation und Übergang zur Beamtenverwaltung: der Pfründen, die bald fest klassifiziert wurden: unter den Tsin und, nach ihrem Muster, den Han, in 16 Klassen von Geld- und Reisrenten fest abgestuft.[9] Das bedeutete schon die volle Beseitigung des Feudalismus. Den Übergang stellte

[3] Vgl. für die Daten: Fr. Hirth, The ancient Hist. of China, New York 1908. Übersetzung der *Bambus*-Annalen von Biot im Journ. Asiat. 3e Série vol. XII p. 537 ff., XIII p. 381 ff. Über die Inschriften der Bronzevasen und die Oden des Schu-king als Quellen der Periode vom 18.-12. Jahrhundert v. Chr. Frank H. Chalfant, Early Chinese Writing, Mem. of the Carnegie Mus. (Pittsburgh) IV. Sept. 1906.

[4] S. dazu Chavannes Journ. As. X, Ser. 14, 1909) p. 33, Note 2.

[5] S. Kun-Yu (Discours des Royaumes) ed. de Harlez Louvain 1895, p. II, V. 110.

[6] S. Se Ma Tsien's Biographie Schi-Hoang-Ti's ed. Chavannes (1897) p. 139.

[7] Yu tsiuan tung kian kong mu (Ming-Annalen) redigiert von Kaiser Kian Lung, übers. v. Delamarre h. a.

[8] Nämlich damals: vom Graduierten, deshalb vor Fronden und Stockhieben Geschützten, zum Fronpflichtigen.

[9] S. Chavannes' Ausgabe von Se Ma Tsien d. II App. I, p. 526, Note 1.

der Zustand dar:[10] daß die Ämter in zwei dem Range nach verschiedene Kategorien geschieden waren: koan nei heu: Landpfründen, und lie heu: Rentenpfründen, die auf die Abgaben bestimmter Ortschaften angewiesen waren. Die ersteren waren die Nachfolger der alten Lehen der reinen Feudalzeit. Diese bedeuteten natürlich praktisch sehr weitgehende herrschaftliche Rechte über die Bauern. Sie bestanden so lange, als nicht das Ritterheer durch das fürstliche, später kaiserliche, aus Bauern ausgehobene und disziplinierte stehende Heer ersetzt war. Äußerliche Ähnlichkeit des alten Feudalismus mit dem okzidentalen bestand also, trotz der innerlichen Unterschiede, in weitgehendem Maße. Insbesondere waren die nicht (ökonomisch und durch Waffenübung) Wehrfähigen natürlich von jeher in China ebenso von allen politischen Rechten entblößt wie überall sonst. Und zwar dies sicher schon vor dem Feudalismus. Daß angeblich der Fürst in der Tschou-Zeit das *Volk* vor Kriegen und bei Kapitalstrafen befragt, das heißt: die wehrhaften Sippen, entsprach den bei Bestand eines Heerbanns allgemein herrschenden Zuständen. Vermutlich ist durch das Aufkommen der Kriegswagen die alte Heeresverfassung gesprengt oder obsolet geworden und der erbcharismatische *Feudalismus* zuerst entstanden, der dann auf die politischen Ämter übergriff. Das älteste schon zitierte Dokument über die Verwaltungsorganisation: das Tschou-Li[11], zeigt bereits ein stark schematisch konstruiertes[12], aber immerhin auf bürokratisch geleiteter Bewässerung, ebenso geleiteten Spezialkulturen (Seide), Rekrutierungslisten, Statistik, Magazinen ruhendes, sehr rational durch Beamte geleitetes Staatswesen, dessen Realität freilich recht problematisch erscheinen muß, da diese Rationalisierung der Verwaltung auf der anderen Seite, nach der Annalistik, erst als Produkt der Konkurrenz der feudalen Teilstaaten auftrat.[13] Immerhin mag man glauben, daß der Feudalzeit eine

[10] Se Ma Tsien's Biographie Schi Hoang Ti's, ed. Chavannes p. 149, Anm.

[11] Übersetzt von Biot: Le Tscheou-li, ou rites des Tscheou, 2 Bde. Paris 1851. Angeblich stammt es aus der Regierung Tschong Wangs, 1115 bis 1079 v. Chr. Es wird nur in seinem Kern für *echt* gehalten.

[12] In den Bezeichnungen des Hausmeiers, Ackerbauministers, Zeremonienmeisters, Kriegsministers, Justizministers, Arbeitsministers als: Minister des Himmels, der Erde, des Frühlings, Sommers, Herbstes, Winters wohl zweifellos Literatenprodukt. Auch die Voraussetzung eines *Budgets,* welches der Himmelsmandarin feststellt, ist sicher unhistorisch.

[13] Se Ma Tsien hat uns die tatsächliche Verwaltungsorganisation der Tsin und Han aufbewahrt (s. dieselbe in T. II der von Chavannes besorgten Ausgabe von Se Ma Tsien App. II). Neben 2 Veziern stand darnach (bis auf Kaiser U) der Tai Wai als Militärchef der Generäle; der Tschong Tscheng als Kanzler und Vorgesetzter der Missi dominici und Provinzialbeamten; der fong tscheng für den Opferkult, zugleich Groß-Astrologe, Groß-Augur, Groß-Arzt und – charakteristischerweise – verantwortlich für Deiche und Kanäle; dann die po sche (Literaten); der lang tschong ling: Palastintendant; der wei wei: Palastgardenchef; der tai pu: Rüstkämmerer; der ting wei: Chef der Justiz; der tien ko: Chef der Vasallen und Barbarenfürsten; der tsong tscheng: Aufseher der kaiserlichen Familie; der tsche su nei sche: Magazinaufseher (und daher Minister für Ackerbau und

patriarchale Epoche nach Art des *Alten Reichs* in Ägypten vorausging.[14] Denn hier wie dort ist an dem sehr hohen Alter der – aus der Königsklientel erwachsenen – Wasser- und Baubürokratie kein Zweifel möglich. Ihre Existenz temperierte von Anfang an den feudalen Charakter der Teilstaatenepoche und lenkte das Denken der Literatenschicht – wie wir sehen werden – immer wieder in die Bahn des verwaltungstechnischen und utilitarischen Bürokratismus. – Aber für mehr als ein halbes Jahrtausend hat jedenfalls der politische Feudalismus geherrscht.

Eine Periode faktisch so gut wie ganz unabhängiger Lehenstaaten füllte die Zeit vom 9.–3. Jahrhundert vor Chr. aus. Von den in Kürze schon oben berührten Zuständen dieses Feudalzeitalters gibt die Annalistik[15] ein immerhin leidlich klares Bild. Der Kaiser war Oberlehensherr; vor ihm stiegen die Vasallen vom Wagen; auf Verleihung durch ihn allein konnten letztlich *rechtmäßige* politische Besitztitel zurückgeführt werden. Er erhielt von den Vasallenfürsten Geschenke, deren Freiwilligkeit ihn mit wachsender Ohnmacht in peinliche Abhängigkeit brachte. Er verlieh fürstlichen Rang in Abstufungen. Die Untervasallen hatten keinen direkten Verkehr mit ihm.[16] Die Entstehung der Lehen aus der Übergabe einer Burg zur Bewachung, die dann zur Verleihung wurde, ist mehrfach (so für die Entstehung des Lehensstaats Tsin) berichtet. Die Lehen waren in der Theorie im Erbfall neu zu muten, und der Kaiser ver-

Handel); der schao fu: Chef des kaiserlichen Haushalts (unter ihm der schang schu, ein Eunuch); der tschong wei: Chef der hauptstädtischen Polizei; der tsiang tso schao fu: Bau-Intendant; der tschong sche: Vorsteher des Hauses der Kaiserin und des Thronfolgers; der nei sche: Präfekt der Hauptstadt; der später mit dem tien ko (s. o.) vereinigte tsehu tsio tschong wei: Kontrolleur der Vasallen. Man sieht, diese Liste weist – sehr im Gegensatz zu den rationalen und deshalb historisch nicht sehr glaubhaften Konstruktionen des Tschou li – alle Irrationalitäten eines aus der häuslichen, rituellen und Militär-Verwaltung durch Hinzutritt von Justiz-, Wasserwirtschafts- und rein politischen Interessen herausgewachsenen Patrimonialbeamtentums auf.

14 *Patriarchal* aber natürlich nicht im sultanistischen Sinn, sondern im Sinn des erbcharismatischen Sippenpatriarchalismus mit überragender Macht eines vielleicht zuerst durch Designation (welche auch die klassischen Bücher an den Anfang stellen), dann erbcharismatisch überlieferten Ritualpontifex.

15 Zugänglich durch (teilweise) Übersetzung sind vor allem die Annalen Se Ma Tsien's (1. Jahrh. vor Chr., hrsg. von Chavannes). Zusammenstellungen der aus den Annalen zu entnehmenden politischen Entwicklung der Feudalstaaten von Tsin, Han, Wei, Tschao und U von P. Tschepe (S. 7) a. a. O. (trotz der unvermeidlichen, oft etwas naiv wirkenden, *christlichen* Betrachtungen brauchbar). Wenn Tschepe ohne Zusatz zitiert ist, sind die Tsin-Annalen gemeint. Dazu die schon mehrfach zitierten *Discours des royaumes*.

16 Dieser politisch höchst wichtige Grundsatz für die fu yung (Untervasallen) erklärt sich am ungezwungensten aus dem Hervorgehen vieler politischer Vasallen aus ursprünglich selbständigen, dann tributär gewordenen Fürsten. Die Gaben der Vasallen selbst an den Kaiser galten – außer der pflichtmäßigen Militärhilfe – als freiwillig und der Kaiser hatte die Pflicht, sie durch Gegengaben zu entgelten. (Vgl. über diese Verhältnisse E. H. Parker, Ancient China simplified, London 1908, p. 144 f.)

lieh sie rechtlich nach Ermessen dem qualifizierten Erben; indessen bei einem Konflikt zwischen der Bestimmung des Vaters und der des Kaisers über die Person des Erben gab, nach Bericht der Annalen, der Kaiser nach. Die Größe der Ritterlehen hat wohl geschwankt. Es findet sich in der Annalistik[17] die Notiz, daß Lehen 10000 bis 50000 Mou (à 5,26 Ar, also 526–2630 Hektar) mit 100–500 Menschen umfassen sollen. An andren Stellen wird die Stellung eines Kriegswagens auf 1000 Menschen[18] als normal gerechnet, nach andren (594 vor Chr.) rechneten 4 Siedlungseinheiten (wohl nicht bestimmter Größe)[19] = 144 Kriegern, wieder andre (später) rechnen bestimmte Deputate von Kriegswagen, Gepanzerten, Pferden und Proviant (Vieh) auf bestimmte – später meist sehr große – Einheiten.[20] Die ganze Art der späteren Steuer-, Fron- und Rekrutierungsumlegung knüpfte offensichtlich an diese Überlieferungen der Feudalzeit an: Auch sie gingen in der älteren Zeit von Wagen- und Ritter-Gestellungen, erst später von der Gestellung der Rekruten für die Armee, Fronarbeitern und Natural-, dann Geldlieferungen aus, wie wir sehen werden.

Gesamtlehen, also Ganerbschaften unter Leitung des Ältesten[21], fanden sich. Die Primogenitur und die Designation des Nachfolgers aus den Söhnen und Anverwandten durch den Herrscher oder durch die höchsten Beamten standen auch im Kaiserhaus nebeneinander. Gelegentlich nahmen die Vasallen die Übergehung des ältesten Sohnes oder des Sohnes der Hauptfrau zugunsten eines jüngeren oder eines Konkubinensohns zum Anlaß der Auflehnung gegen den Kaiser. Später und bis in die letzte Zeit der Monarchie galt, aus rituellen Gründen, die mit den Ahnenopfern zusammenhingen, die Regel: daß der Nachfolger aus einer dem toten Herrscher gegenüber jüngeren Generationsstaffel gewählt werden solle.[22] Politisch waren die oberlehensherrlichen Rechte fast auf ein Nichts zusammengeschrumpft. Das war die Folge davon, daß nur die Grenzvasallen: die Markgrafen, Kriege führten, und also: Militärmächte waren, der Kaiser – wohl eben deshalb – zunehmend nur pazifistischer Hierarch.

Der Kaiser war Oberpontifex mit rituellen Vorrechten: die höchsten Opfer zu

[17] Zitiert bei P. Alb. Tschepe (S. J.), Hist. du Royaume de Tsin, 777–207.

[18] Nämlich auf 1000 Salzkonsumenten im Staat Tsin, der zuerst rationalisiert wurde, nach Hirths Interpretation (in dessen Ancient History of China, New York 1908) einer Stelle bei Kuan Tse.

[19] Denn die Angaben bei E. H. Parker, Ancient China simplified (Lond. 1908) p. 83 scheinen nicht annehmbar.

[20] Davon wird bei Besprechung der Bodenbesteuerung noch die Rede sein.

[21] Es war die rituelle Stellung der jüngeren Söhne zugunsten des Ältesten eine geminderte. Sie galten nicht mehr als *Vasallen,* sondern als Beamte (Ministerialen) und opferten nicht an dem großen alten Ahnenaltar der Familie, sondern an Seitenaltären (s. Se Ma Tsiens Traktat *Riten* Vol. III der Ausgabe von Chavannes).

[22] Dies hatte die Folge, daß in den letzten Jahrzehnten der Monarchie ein Minderjähriger auf den andern als Kaiser folgte und teils ein Verwandter (Prinz Kung), teils Kaiserinnen-Witwen die Regierung führten.

bringen blieb ihm vorbehalten. Ein Krieg gegen ihn seitens eines Vasallen galt in der Theorie als rituell verwerflich und konnte magische Nachteile bringen, – was nicht hinderte, daß er gegebenenfalls dennoch unternommen wurde. Er beanspruchte, wie im römischen Reich der Bischof von Rom, den Vorsitz der Konzilien, so seinerseits für sich oder seinen Legaten den Vorsitz in den von der Annalistik als mehrfach vorgekommen erwähnten Fürstenversammlungen; indessen in der Zeit der Hausmeier- (Protektor-) Macht einzelner großer Vasallen wurde dieser Anspruch mißachtet, (was freilich in den Augen der literarischen Theorie ein ritueller Verstoß war). Solche Fürstenkonzile kamen öfter vor: ein solches von 650 vor Chr. wendete sich z. B. gegen die Entrechtung des wahren Erben, gegen Erbämter, gegen Ämterkumulation, gegen die Todesstrafe bei hohen Beamten, gegen *krumme* Politik, gegen Verkaufsschranken für Getreide und trat für Pietät, Ehrung des Alters und der Talente ein.

Nicht in diesen gelegentlichen Fürstenversammlungen, sondern in der *Kultureinheit* kam die Einheit des Reichs praktisch zum Ausdruck. Und wie im Okzident im Mittelalter, so auch hier war jene Kultureinheit durch drei Elemente repräsentiert: 1. die Einheit der ständischen Rittersitte, 2. die religiöse, das hieß: rituelle Einheit und 3. die Einheit der Literatenklasse. Die rituelle Einheit und die Einheit des Standes der ritterlichen wagenkämpfenden Vasallen, der Barglehensinhaber, äußerte sich in ähnlichen Formen wie im Okzident. Wie dort *Barbar* und *Heide* identisch waren, so galt in China als Merkmal des Barbaren oder Halbbarbaren vor allem die rituelle Unkorrektheit: daß er die Opfer fehlerhaft darbrachte, ließ den Fürsten von Tsin noch weit später als einen Halbbarbaren erscheinen. Ein Krieg gegen einen rituell unkorrekten Fürsten galt als verdienstliches Werk. Auch später ist jede der zahlreichen tatarischen Erobererdynastien Chinas von den Trägern der rituellen Tradition alsbald als *legitim* behandelt worden, wenn sie sich den rituellen Regeln (und damit der Macht der Literatenkaste) korrekt angepaßt hatte. Teils rituellen, teils ritterlich-ständischen Ursprungs waren nun auch diejenigen *völkerrechtlichen* Ansprüche, welche wenigstens die Theorie als Ausdruck der Kultureinheit an das Verhalten der Fürsten stellte. Es findet sich der Versuch, durch eine Fürstenversammlung einen Landfrieden zu vereinbaren. Rituell unkorrekt war nach der Theorie ein Krieg gegen einen in Trauer oder gegen einen in Not befindlichen, namentlich einen durch Hungersnot bedrängten Nachbarfürsten; gegenüber diesem statuierte die Theorie die brüderliche Nothilfepflicht als ein den Geistern wohlgefälliges Werk. Wer seinen Lehensoberen Böses zufügte oder für eine ungerechte Sache focht, gewann keinen Platz im Himmel und Ahnentempel.[23] Die Ansage von Ort und Zeit der Schlacht galt als Rittersitte. Der Kampf mußte irgendwie zur Entscheidung gebracht werden: *Man muß wissen, wer Sieger und Besiegter ist*[24], denn der Kampf war Gottesurteil.

[23] Tschepe a. a. O. p. 54.
[24] Tschepe a. a. O. p. 66.

Die Praxis der Fürstenpolitik sah freilich in der Regel wesentlich anders aus. Sie zeigte einen rücksichtslosen Kampf der großen und kleinen Vasallen gegeneinander; die Untervasallen benutzten jede Gelegenheit sich selbständig zu machen, die großen Fürsten warteten ausschließlich auf jede Chance, die Nachbarn zu überfallen, und die ganze Epoche war ein Zeitalter von – nach den Annalen zu schließen – unerhört blutigen Kriegen. Die Theorie war gleichwohl nicht bedeutungslos, sondern wichtig als Ausdruck der Kultureinheit. Deren Träger wurden: die Literaten, d. h. die Schriftkundigen, deren sich die Fürsten im Interesse der Rationalisierung ihrer Verwaltung im Machtinteresse in ähnlicher Art bedienten, wie die indischen Fürsten der Brahmanen und die okzidentalen Fürsten der christlichen Kleriker. Noch die Oden aus dem 7. Jahrhundert besingen nicht: Weise und Literaten, sondern: Krieger. Der stolze altchinesische Stoizismus und die völlige Ablehnung der *Jenseits*-Interessen war eine Erbschaft dieser militaristischen Epoche. Aber für 753 wird die Ernennung eines offiziellen Hofannalisten (und das hieß auch: Hofastronomen) im Tsin-Staat erwähnt. Die *Bücher* – Ritualbücher und Annalen (Sammlungen von Präzedenzfällen) – der Fürsten begannen, auch als Beuteobjekte, eine Rolle zu spielen[25], und die Bedeutung der Literaten stieg sichtlich. Sie führten die Rechnungen und die diplomatische Korrespondenz der Fürsten, von welcher die Annalistik zahlreiche (vielleicht als Paradigmata redigierte) Beispiele erhalten hat; sie gaben die meist recht *machiavellistischen* Mittel an, auf kriegerischem, diplomatischem Wege die Nachbarfürsten zu überwinden, schmiedeten die Allianzen und sorgten für die Kriegsbereitschaft. Vor allem durch rationale Heeresorganisation, Magazin- und Steuerpolitik: Es ist offenbar, daß sie als Rechnungsführer der Fürsten dazu befähigt waren.[26] Die Fürsten suchten sich gegenseitig in der Wahl der Literaten zu beeinflussen, sie sich abspenstig zu machen, die Literaten ihrerseits korrespondierten miteinander, wechselten den Dienst, führten oft eine Art von Wanderleben[27] von Hof zu Hof, wie etwa okzidentale Kleriker und Laienintellektuelle des ausgehenden Mittelalters. Sie fühlten sich als eine ebenso einheitliche Schicht wie diese.

[25] Die technische Beschaffenheit dieser alten *Bücher* muß hier ganz dahingestellt bleiben. Papier ist erst ein weit späteres (Import-) Produkt. Aber geschrieben und gerechnet wurde längst vorher und zweifellos lange vor Konfuzius. Die später zu erwähnende Annahme v. Rosthorns, daß die Ritual-*Literatur* mündlich überliefert worden und der *Bücherbrand* daher eine Legende sei, scheint von de Groot, der diesen noch in seinem letzten Werk als Tatsache annimmt, nicht anerkannt zu werden.

[26] Die Annalistik (Tschepe a. a. O. p. 133) bewahrt Berechnungen der Militärkraft der einzelnen Teilstaaten anläßlich eines Allianzplans auf. Danach sollte z. B. ein Areal von 1000 Quadrat-Li (1 Li = 537 Meter) 600 Kriegswagen, 5000 Pferde, 50000 Mann (davon 10000 Train, der Rest Kämpfer) haben stellen können. Ein (angeblicher) Lastenreformplan aus dem 12. Jahrh. vor Chr. (vermutlich – nach vorderasiatischen Analogien – einige Jahrhunderte nach der Zeit der Einführung des Kriegswagens) verlangte von der gleichen Fläche 10000 Kriegswagen.

[27] Vgl. Tschepe a. a. O. p. 67.

Die Konkurrenz der Teilstaaten um die politische Macht entband die Rationalisierung der Wirtschaftspolitik der Fürsten.[28] Sie war das Werk jener Literatenschicht. Ein Literat: Yong, gilt als Schöpfer der rationalen inneren Verwaltung, ein anderer, Wei Jan, als Schöpfer der rationalen Heeresverfassung in demjenigen Teilstaat, der später alle anderen überflügelte. Große Volkszahl, vor allem: Reichtum – des Fürsten wie seiner Untertanen – wurde hier wie im Okzident als Machtmittel politisches Ziel.[29] Wie im Okzident, so hatten auch hier die Fürsten und ihre literarisch-rituellen Berater den Kampf vor allem gegen ihre eigenen Untervasallen zu führen, von deren Renitenz ihnen das gleiche Schicksal drohte, welches sie ihren eigenen Lehensherren bereitet hatten. Fürstenkartelle gegen die Subinfeudation, die Festlegung des Grundsatzes durch die Literaten: daß die Erblichkeit einer Beamtenstelle rituell anstößig, daß Nachlässigkeit in der Ausführung der Amtspflicht magische Nachteile (frühen Tod) nach sich ziehe[30], kennzeichnen die Verdrängung der alten Verwaltung durch Vasallen und also: durch die charismatisch qualifizierten großen Familien, zugunsten der Beamtenverwaltung. Schaffung von fürstlichen Leibgarden[31], fürstlich equipierten und verpflegten Heeren mit Offizieren statt der Vasallenaufgebote brachten in Verbindung mit der Steuer- und Magazinpolitik die entsprechende Umwälzung auf militärischem Gebiet. Der ständische Gegensatz der großen charismatisch qualifizierten Sippen: derjenigen, welche dem Fürsten auf ihren Kriegswagen mit ihrem Gefolge in das Feld folgten, gegenüber dem gemeinen Volk, wird in der Annalistik überall als selbstverständlich vorausgesetzt. Es bestanden feste Kleider-Ordnungen[32]; die *großen Familien* suchten durch Ehepolitik[33] ihre Stellung zu sichern und auch die rationalen Ordnungen der Teilstaaten, z.B. diejenigen Yongs im Tsin-Staate, hielten die Ständescheidung fest. *Edle* und Volk werden stets geschieden, – wobei jedoch deutlich hervortritt: daß unter *Volk* freie, nur von der Lehenshierarchie, dem Ritterkampf und der Ritterbildung ausgeschlossene Plebejersippen, nicht etwa: Hörige, zu verstehen sind. Es findet sich[34] eine von den Edlen abweichende politische Stellungnahme des *Volks*. Immerhin wird sich uns später zeigen, daß die Lage der Masse der Bauern prekär war und erst

[28] Die Teilstaatenepoche war eine Zeit sehr starken Patriotismus, besonders in den Grenzstaaten gegen die Barbaren (vor allem: Tsin). Als der Tsin-König in Gefangenschaft geraten war, brachten *2500* Familien durch Subskription die Mittel zur Fortführung des Krieges auf. Der Versuch eines Han-Kaisers im Jahre 112 n. Chr., bei schwerer Finanzlage auf eine solche *Kavaliersanleihe* zu greifen – wie sie bekanntlich noch im leopoldinischen Österreich des 17. Jahrhunderts vorkamen – scheint dagegen einen schwachen Erfolg gehabt zu haben.

[29] Tschepe a. a. O. p. 142.

[30] Beides in dem Vortrag eines Literaten, wiedergegeben bei Tschepe a. a. O. p. 77.

[31] Tschepe a. a. O. p. 61.

[32] Tschepe a. a. O. p. 59.

[33] Tschepe a. a. O. p. 14.

[34] Tschepe p. 38.

die Entwicklung der Patrimonialstaaten hier wie überall die Fürsten mit den nicht privilegierten Schichten gegen den Adel zusammenführte.

Der Kampf der Teilstaaten verringerte deren Zahl zunehmend auf einen immer kleineren Kreis rational verwalteter Einheitsstaaten. Schließlich gelang es im Jahre 221 dem Fürsten von Tsin, nach Verdrängung der nominellen Dynastie und aller andern Vasallen als *erster Kaiser* ganz China dem *Reich der Mitte,* dem Patrimonium des Herrschers, einzuverleiben, d. h. der eigenen Beamtenverwaltung zu unterstellen. Eine echte *Selbstherrschaft,* unter Beseitigung des alten feudalen Kronrats, mit zwei Großwesiren (nach Art der praefecti praetorio), Scheidung der Militär- von den Zivilgouverneuren (nach Art der spätrömischen Institutionen), beide überwacht von fürstlichen Aufsichtsbeamten (nach persischer Art), aus denen später die reisenden *Zensoren* (missi dominici) entwickelt wurden, und streng bürokratische Ordnung mit Avancement nach Verdienst und Gnade bei allgemeiner Zulassung zum Amt traten an die Stelle der alten theokratisch-feudalen Ordnung. Für diese *Demokratisierung* des Beamtentums wirkte dabei nicht nur das überall wirksam gewesene natürliche Bündnis des Selbstherrschers mit den Plebejerschichten gegen die ständisch Vornehmen, sondern auch ein finanzielles Moment: Es ist, wie schon bemerkt, kein Zufall, daß die Annalistik diesem *ersten Kaiser* (Schi Hoang Ti) die erstmalige Praktizierung des Ämterverkaufs zuschreibt. Dieser mußte ja die Folge haben: bemittelte Plebejer in die Staatspfründen zu bringen. Indes der Kampf gegen den Feudalismus war prinzipiell. Alle Verlehnung politischer Macht, auch innerhalb der Sippe des Kaisers, wurde verboten. Die ständische Gliederung blieb zwar unangetastet.[35] Aber mit der Etablierung einer festen Ämterhierarchie, für welche die Vorstufen schon in einigen der Teilstaaten geschaffen worden waren, steigerte sich die Chance des Aufstiegs von Beamten niederer Herkunft. Tatsächlich setzte sich das neue Kaisertum gegen die feudalen Gewalten mit Hilfe plebejischer Mächte durch. Bis dahin war Leuten plebejischer Abkunft der Aufstieg zu politischem Einfluß nur innerhalb der Schicht der Literaten unter besonderen Umständen möglich gewesen. Es finden sich in den Annalen der Teilstaaten seit dem Beginn der Rationalisierung der Verwaltung Beispiele von fürstlichen Vertrauensmännern armer und unedler Abkunft, welche ihre Stellung nur ihrem Wissen verdankten[36], und die Literaten beanspruchten kraft dieser ihrer Fähigkeiten und der Beherrschung der Riten für die höchsten Ämter den Vorzug selbst vor den nächsten Angehörigen der Fürsten.[37] Aber nicht nur war diese Stellung von den großen

[35] *Edle und Volk halten sich in den Schranken ihres Ranges,* sagt der Kaiser in einer in den Annalen überlieferten Inschrift (Tschepe a. a. O., p. 261). In einer andern werden *Edle, Beamte und Volk* unterschieden.

[36] S. die später zu erörternde Stelle bei Tschepe, Hist. du R. de Han, Var. Sinol. 31 p. 43 (für das Wei-Fürstentum im Jahre 407 v. Chr.).

[37] a. a. O. (vorige Anmerkung).

Vasallen nicht unbestritten, sondern in aller Regel fand sich der Literat in einer unoffiziellen Stellung, als eine Art von Minister ohne Portefeuille oder, wenn man will, von *Beichtvater* des Fürsten, und im Kampf mit dem Lehensadel, der hier, wie auch im Okzident, die Heranziehung von Fremden bei der Besetzung der Ämter, welche er selbst zu monopolisieren trachtete, bekämpfte. In den ersten Jahren Schi Hoang Ti's – im Jahre 237, noch vor Einigung des Reichs – findet sich denn auch eine Austreibung der fremdbürtigen Literaten (und Händler) berichtet. Aber die Machtinteressen des Fürsten führten ihn zunächst zum Widerruf dieser Maßregel[38] und sein erster Minister blieb seitdem ein Literat, der sich selbst als Parvenu niederer Abkunft bezeichnet. Nach der Einigung des Reichs aber wendete sich der rationale traditionsfeindliche Absolutismus des Selbstherrschers – wie er auch in seinen Inschriften deutlich zutage tritt[39] – mit Wucht auch gegen die soziale Macht der Bildungsaristokratie der Literaten. Das Altertum sollte nicht über die Gegenwart und seine Interpreten nicht über den Monarchen herrschen: *der Kaiser ist mehr als das Altertum.*[40] In einer gewaltigen Katastrophe suchte er – wenn wir der Überlieferung glauben können – die gesamte klassische Literatur und den Literatenstand selbst zu vernichten. Die heiligen Bücher wurden verbrannt und angeblich 460 Literaten lebendig begraben. Das damit inaugurierte Hereinbrechen des reinen, auf persönliche Günstlinge ohne Rücksicht auf Herkunft oder Bildung sich stützenden, Absolutismus kennzeichnete die Ernennung eines Eunuchen zum Großmeister des Haushalts[41] und zum Lehrer des zweiten Sohnes, den nach dem Tode des Kaisers der Eunuch in Gemeinschaft mit dem Parvenuliteraten gegen den ältesten Sohn und den Kommandierenden des Heeres auf den Thron hob. Die von der Bildungsaristokratie der Literaten fortan durch alle Jahrhunderte des Mittelalters mit wechselndem Erfolg stets bekämpfte Günstlingswirtschaft des reinen orientalischen Sultanismus mit ihrer Verbindung von ständischer Nivellierung und absoluter Autokratie schien nun über China hereinzubrechen. Der Kaiser hatte, als Ausdruck der Stellung, die er beanspruchte, den alten Namen *Volk* (Min)

38 Die Tradition läßt den Literaten Li-se, den seither allmächtigen Minister, die Bedeutung der Literaten (und der Fremdbürtigen, auch der Kaufleute, überhaupt) für die Fürstenmacht in einer Denkschrift darlegen (Tschepe a. a. O. p. 231).

39 Z. B. in der von Se Ma Tsien in seiner Biographie (ed. Chavannes T. V, p. 166) aufbewahrten: alles Handeln gegen die Vernunft sei verwerflich. Zahlreiche andere Inschriften (ebendort wiedergegeben) rühmen die rationale Ordnung, die der Kaiser im Reiche hergestellt habe. – Dieser *Rationalismus* hinderte ihn nicht, nach dem Unsterblichkeitselixir suchen zu lassen.

40 Ausspruch Schi Hoang Ti's, überliefert in seiner Biographie von Se Ma Tsien (ed. Chavannes T. II, p. 162). Übrigens war, – wie später zu besprechen sein wird, – die Meinung der Literatenminister in den Teilstaaten und selbst noch die Meinung Wang An Schi's (11. Jahrhundert nach Chr.) grundsätzlich nicht immer einer ähnlichen Auffassung abgeneigt.

41 Die Eunuchenwirtschaft findet sich, scheint es, erstmalig im 8. Jahrhundert v. Chr.

für die Gemeinfreien beseitigt und den Namen Kien tscheu, *Schwarzköpfe,* sicherlich gleichbedeutend mit: *Untertanen,* an die Stelle gesetzt. Die kolossale Anspannung der Fronlasten[42] für die kaiserlichen Bauten erforderte die rücksichtslose ungefesselte Disposition über die Arbeitskräfte und Steuerkräfte[43] des Landes, nach Art des pharaonischen Reichs. Andererseits wird von dem unter Schi Hoang Ti's Nachfolger allmächtigen Palasteunuchen ausdrücklich berichtet[44], daß er empfohlen habe, die Herrscher sollten sich mit dem *Volk* verbinden und die Ämter ohne Rücksicht auf Stand oder Bildung vergeben; es sei jetzt die Zeit, wo der Säbel herrschen müsse, nicht aber feine Manieren: ganz dem typischen orientalischen Patrimonialismus entsprechend. Der Kaiser wehrte andrerseits den Versuch der Magier[45] ab, ihn – unter dem Vorwand der Erhöhung seines Prestiges – *unsichtbar* zu machen, d.h. wie den Dalai Lama zu internieren und die Verwaltung ganz in die Hände der Beamten zu legen, behielt sich vielmehr die *Selbstherrschaft* im eigentlichsten Sinn vor.

Die gewaltsame Reaktion gegen diesen schroffen Sultanismus kam gleichzeitig teils von seiten der alten Familien, teils von seiten des Literatenstandes, teils von seiten des durch die Schanzarbeit erbitterten Heeres und der durch Rekrutierung, Fronden und Abgaben überlasteten Bauernsippen unter der

42 Die Zahl der an der großen Mauer Frondenden wird auf 300000 (?) angegeben, noch höhere Zahlen finden sich für die Fronlast im ganzen. Zwar ist die große Mauer im Lauf von langen Zeiträumen entstanden (da sie nach der Rechnung von Elisée Reclus mindestens 160 Millionen Kubikmeter aufgemauertes Massiv umfaßt, ließe sich die erforderliche Arbeit wohl abschätzen).

43 Für diese kam namentlich die Heranschaffung des erforderlichen Proviants für die fronenden Soldaten und Sträflinge in Betracht. Die Annalistik berechnete (Tschepe a. a. O. p. 275), daß auf dem Transport bis zur Konsumstätte 18200% Kosten entstanden seien (von je 182 Ladungen sei, infolge des Verzehrs unterwegs, immer nur eine an den Bestimmungsort gelangt, eine natürlich nur für einen Einzelfall vielleicht einmal zutreffende Angabe).

44 Tschepe p. 363 f. Der Eunuch selbst war aus vornehmer, aber vorbestrafter Familie.

45 Von diesem Versuch berichtet die Annalistik, insbesondere Se Ma Tsien in seiner Biographie Schi Hoang Ti's (ed. Chavannes, II, p. 178) einiges. *Meister Lu,* ein Taoist, den er mit dem Aufsuchen des Unsterblichkeitskrauts betraut hatte, scheint der Urheber des Plans gewesen zu sein. Der *echte Mensch,* hieß es, *verberge sich und zeige sich nicht* (eine besondre Art von Anwendung gewisser später zu besprechender Grundsätze Lao tse's). Aber Schi Hoang Ti regierte tatsächlich selbst und es war die Klage der *Weisen* aller Richtungen, daß sie von ihm nicht gebührend vorher befragt würden (p. 179 l. c.). Erst der Nachfolger, Eul schi hoang ti, lebte als *tschen, Verborgener* unter der Obhut seines Günstlings, erteilte aber infolgedessen auch seinerseits den Beamten keine Audienz (p. 266 l. c.): die typische Klage der Konfuzianer, wenn die Taoisten und Eunuchen (beide meist verbündet, worüber später) herrschten. Sein Sturz brachte schon unter dem Gründer der Han-Dynastie die *Gefolgschaft,* d. h. die Feudalherren, wieder ans Ruder, obwohl die gesamte Bürokratie Schi Hoang Ti's bestehen blieb und, vor allem, der Literateneinfluß wieder hergestellt wurde.

Führung von Männern niederer Herkunft.[46] Nicht die vornehmen Schichten aber, sondern ein Parvenu errang den Sieg, stürzte die Dynastie und begründete, während das Reich zunächst wieder in Teilstaaten zerfiel, die Macht der neuen Dynastie, welche das Reich wieder einte. Aber der Erfolg fiel schließlich doch wiederum den Literaten zu, deren rationale Wirtschafts- und Verwaltungspolitik auch diesmal für die Herstellung der Kaisermacht ausschlaggebend und der von ihnen stets bekämpften Günstlings- und Eunuchenverwaltung damals technisch überlegen war. Vor allem wirkte aber das gewaltige Prestige ihrer Ritual- und Präzedenzienkenntnis und ihrer – damals noch eine Art von Geheimkunst bildenden – Schriftkunde entscheidend in dieser Richtung.

Schi Hoang Ti hatte Einheit der Schrift, des Maßes und Gewichtes, der Gesetze und Verwaltungsreglements geschaffen oder doch erstrebt. Er rühmte sich, den Krieg abgeschafft[47] und Frieden und innere Ordnung gestiftet, dies alles durch *Arbeit Tag und Nacht* erreicht zu haben.[48] Von der äußeren Einheitlichkeit blieb nicht alles erhalten. Aber das Wichtigste war die Abschaffung des Feudalsystems und die Durchführung eines Regiments von durch persönliche Eignung qualifizierten Beamten. Als Frevel an der alten theokratischen Ordnung von den Literaten verwünscht, wurden diese patrimonialistischen Neuerungen doch von der Restauration der Han-Dynastie beibehalten und kamen schließlich nur den Literaten zugute.

Rückschläge in den Feudalismus sind auch weit später noch eingetreten. In der Epoche Se Ma Tsien's (2. Jahrhundert vor Chr.), unter den Kaisern Tschu fu yen und U, mußte der neuerstandene Feudalismus abermals niedergeworfen werden, der zuerst aus der Verlehnung von Ämtern an kaiserliche Prinzen wieder entstanden war. Zunächst wurden kaiserliche Ministerresidenten an die Höfe der Vasallen zur Überwachung geschickt, dann die Ernennung aller Beamten an den kaiserlichen Hof gezogen, dann (127 vor Chr.) die Erbteilung der Lehen verfügt, um die Macht der Vasallen zu schwächen, schließlich (unter U) niedrig Geborenen (darunter einem gewesenen Schweinehirten) die bisher vom Adel beanspruchten Hofämter verliehen. Gegen die letzte Maßregel opponierte der Adel heftig, die Literaten aber setzten (124 vor Chr.) durch, daß ihnen die hohen Ämter vorbehalten blieben. Wir werden später sehen, wie in diese für Chinas politische und kulturliche Struktur entscheidenden Kämpfe der Gegensatz der konfuzianischen Literaten gegen den – damals mit den Aristokraten, später mit den Eunuchen verbündeten, literatenfeindlichen und der Volksbildung im Interesse ihrer Magie abgeneigten – Taoismus hineinspiel-

[46] Tschen-tschu, der Führer der Heeresrevolte, war Arbeiter, Liu kang, der Führer der Bauern und Gründer der Han-Dynastie, Feldwächter eines Dorfs. Ein Bund seiner Sippe mit andern Bauernsippen bildete den Kern seiner Macht.
[47] Tschepe p. 259 f. (angebliche Inschrift).
[48] Tschepe p. 267 f.

te. Zum endgültigen Austrag kam der Kampf auch damals nicht. In der Standesethik des Konfuzianismus wirkten feudale Reminiszenzen stark nach. Für Konfuzius selbst darf als unausgesprochene, aber selbstverständliche, Voraussetzung unterstellt werden: daß die klassische Bildung, welche er als entscheidende Voraussetzung der Zugehörigkeit zum Herrenstande verlangte, der Tatsache nach auf die herrschende Schicht der überlieferten *alten Familien* beschränkt sei, zum mindesten der Regel nach. Auch der Ausdruck: Kiün tse, *fürstlicher Mann,* für den konfuzianisch Gebildeten stammt – ursprünglich den *Helden,* aber allerdings schon bei Konfuzius selbst den *Gebildeten* bedeutend – aus der Periode ständischer Herrschaft jener erbcharismatisch zur politischen Gewalt qualifizierten Sippen. Immerhin konnte dem neuen Prinzip des *aufgeklärten* Patrimonialismus: daß das persönliche Verdienst, und nur dieses, zu den Ämtern, einschließlich selbst des Herrscheramts, qualifiziere, die Anerkennung nicht ganz wieder entzogen werden.[49] Die feudalen Bestandteile der sozialen Ordnung traten immer stärker zurück, und in allen wesentlichen Punkten wurde doch der Patrimonialismus[50], wie sich zeigen wird, die für den Geist des Konfuzianismus grundlegende Strukturform. Zentralregierung und lokale Beamte.

Wie bei ausgedehnten patrimonialstaatlichen Gebilden unter unentwickelter Verkehrstechnik durchweg, so blieb auch hier das Maß der Zentralisation der Verwaltung eng begrenzt. Auch nach Durchführung des Beamtenstaates blieb nicht nur der Gegensatz der *inneren,* d. h. im altkaiserlichen Patrimonium angestellten, zu den *äußeren,* den Provinzialbeamten und der Rangunterschied beider bestehen, sondern es blieb – mit Ausnahme einer Anzahl der höchsten Ämter in jeder Provinz – die Ämterpatronage und vor allem, nach stets neuen vergeblichen Zentralisationsversuchen, fast die gesamte Finanzwirtschaft schließlich den einzelnen Provinzen überlassen. Darum ist freilich in allen großen Finanzreformperioden immer erneut gekämpft worden. Wang-An-Schi (11. Jahrhundert), ebenso wie andre Reformer, haben die effektive Durchführung der Finanzeinheit: Ablieferung aller Steuererträge nach Abzug der Kosten der Erhebung und: Reichsbudget, gefordert. Die ungeheuren Transportschwierigkeiten und das Interesse der Provinzialbeamten haben stets wieder Wasser in diesen Wein gegossen. Außer unter ganz ungewöhnlich energischen Herrschern haben die Beamten – wie schon die Zahlen der publizierten Katastrierungen ergaben – ganz regelmäßig sowohl die steuerpflichtige Fläche als die Kopfzahl der Zensiten um ca. 40%

[49] Freilich setzte es sich äußerst langsam und unter fortwährenden Rückschlägen selbst rein theoretisch durch. Wie es in der Praxis stand, davon ist später zu reden.

[50] Es tritt in der Annalistik (vgl. Tschepe p. 67 und oft, auch in den früher zitierten Stellen) sehr deutlich der Gegensatz zu den Vasallen und deren Haß und Verachtung gegen die von Hof zu Hof wandernden Scholaren zutage. Vgl. die Auseinandersetzung Yong's mit den Großen des Hofs des Fürsten Hiao Kong bei Tschepe p. 118.

zu niedrig angegeben.[51] Die lokalen und provinzialen Unkosten mußten ferner natürlich vorabgezogen werden. Dann aber ergab sich für den Zentralfiskus eine höchst schwankende Resteinnahme. Schließlich kapitulierte er: Die Statthalter wurden seit Anfang des 18. Jahrhunderts bis zur Gegenwart, wenigstens der Tatsache nach, ähnlich den persischen Satrapen auf einen in Normalpauschalien festgesetzten, nur theoretisch nach Bedarf variablen, Tribut gesetzt. Davon wird noch zu reden sein. Diese Steuerkontingentierung hatte Folgen für die Machtstellung der Provinzialstatthalter auf allen Gebieten.

Sie präsentierten die meisten Beamten des Bezirkes zur Anstellung. Diese erfolgte zwar durch die Zentralgewalt. Aber schon die kleine Zahl der offiziellen Beamten[52] führt zu dem Schluß: daß unmöglich sie selbst die Verwaltung

[51] Dafür sind insbesondre die von Ma tuan lin wiedergegebenen Gesamteinkunftsziffern der Zentralkasse charakteristisch, deren riesige und völlig unmotivierte Differenzen (besonders im 16. Jahrhundert) von chinesischen Autoren auf diesen Grund zurückgeführt werden (vgl. Biot N. J. Asiat. 3, Ser. 5, 1838 und das. 6, 1838, p. 329). Es ist ja doch klar, was es bedeutet, wenn – nachdem schon 1370: 8,4 Mill. King (= 48 Mill. Ha) steuerbares Land katastriert war – 1502: 4,2 Mill, 1542: 4,3 Mill., 1582 aber wieder: 7 Mill. King (= 39,5 Mill. Ha) gezählt wurden. (1745 sollen – 30 Jahre nach der Steuerkontingentierung – 161,9 Mill. Ha gezählt worden sein.)

[52] Am Ende des Jahrgangs 1879 der *Peking Gazette* ist eine Berechnung der ungefähren Zahl der gleichzeitig lebenden mit dem zweiten (Zivil-) Grade promovierten, also zu den ordentlichen Ämtern voll befähigten Amtsanwärter angestellt, aufgemacht nach dem durchschnittlichen Lebensalter der Promovierten – deren Maximalkontingent für jeden der beiden Grade festgelegt ist – und der Lebenswahrscheinlichkeit: – zu hoch, sofern die Zahl der in höheren Jahren Promovierenden nicht ganz gering ist, zu niedrig, weil zu ihnen die Zahl der aus der Militärkarriere übernommenen – namentlich der Mandschus – und infolge von Kauf der Qualifikation zur Verfügung stehenden Anwärter hinzutritt. Nimmt man aber selbst an, daß die Zahl der gleichzeitig lebenden Anwärter danach statt rund 21200 etwa 30000 betrage, so würde, bei Annahme von 350 Millionen Einwohnern, auf etwa 11–12000 Einwohner nur ein solcher Anwärter kommen. Unterste staatliche Verwaltungsbezirke, denen je ein selbständiger staatlicher Beamter (der Tschih-hsien) vorsteht, gab es aber in den 18 Provinzen einschließlich der Mandschurei nur 1470, also (unter der gleichen Annahme) einen auf etwa 248000 Einwohner; mit Einschluß der höheren *etatsmäßig* vorgesehenen selbständigen Ämter käme etwa ein höheres Amt auf 200000 Einwohner. Rechnete man selbst noch einen Teil der unselbständigen und unständigen Beamten hinzu, so würde sich doch ein Verhältnis ergeben, bei welchem z. B. Deutschland mit nur etwa 1000 Verwaltungs- und richterlichen Beamten von Assessorenrang alles in allem auskommen müßte. – Ganz andere Zahlen ergeben sich, wenn man die chinesische polizeiliche Fortschreibung der Familien- und Einwohnerzahl zugrunde legt. Die Zahlen, welche für 1895/6 aus diesen Materialen Sacharow (Arbeiten der Kaiserl. Russ. Gesandtschaft – einer geistlichen Mission –, übersetzt von Abel und Meckenberg, Berlin 1858) zur Verfügung gestellt wurden, ergaben als allein in dem Bezirk Peking und zwei andern Bezirken beheimatet (also nicht: dort angestellt) an Militär- und Zivilbeamten 1845: rund 26500, 1846 gar: 15866 etatsmäßige und 23700 disponible (zwei schwer miteinander vereinbare Ziffern). Es sind hier aber offenbar nicht nur die mit dem zweiten Grade promovierten, sondern auch die Exspektanten und alle Mandschuoffiziere inbegriffen.

ihrer riesigen Sprengel zu führen in der Lage sein konnten. Bei den schlechthin alles umfassenden Pflichten eines chinesischen Beamten konnte ein Bezirk vom Umfang eines preußischen Kreises, der einen Beamten hatte, selbst von Hunderten solcher nicht sachgemäß verwaltet werden. Das Reich glich einer Konföderation von Satrapien mit pontifikaler Spitze. Die Macht lag formell – auch nur: formell – bei den großen Provinzialbeamten. Die Kaiser ihrerseits aber verwendeten nach der Schaffung der Reichseinheit in ingeniöser Weise die dem Patrimonialismus eigentümlichen Mittel der Erhaltung ihrer persönlichen Gewalt: kurze Amtsfristen: offiziell drei Jahre, nach deren Ablauf der Beamte in eine andere Provinz versetzt werden sollte[53], Verbot der Anstellung eines Beamten in seiner Heimatprovinz, Verbot der Anstellung von Verwandten im gleichen Sprengel, und ein systematisches Spionagesystem in Gestalt der sogenannten *Zensoren.* All dies aber, ohne damit – aus gleich zu erwähnenden Gründen, – sachlich eine präzise Einheitlichkeit der Verwaltung herzustellen. Das Prinzip, in den zentralen Kollegialbehörden den Präsidenten des einen Yamen zugleich als Mitglied anderer Kollegien anderen zu unterstellen, hemmte die Präzision der Verwaltung, ohne die Einheitlichkeit wesentlich zu fördern. Erst recht versagte sie gegenüber den Provinzen. Die einzelnen großen lokalen Verwaltungsbezirke bestritten, sahen wir – mit gelegentlichen Unterbrechungen in Zeiten starker Herrscher – ihre heimischen Ausgaben aus den Steueraufkünften vorab und machten falsche Katasterangaben. Soweit die Provinzen finanziell – als Militär- oder Arsenalstandorte – *passiv* waren, bestand ein verwickeltes System von Anweisungen auf die Einnahmen der Überschußprovinzen und im übrigen kein verläßlicher Etat, weder der Zentrale noch der Provinzen, sondern traditionelle Appropriationen. Klarer Einblick in die Finanzen der Provinzen fehlte der Zentralgewalt, wir werden sehen, mit welchem Resultat. Bis in die letzten Jahrzehnte waren es die Provinzialstatthalter und nicht die Zentralregierung: – die dafür nicht einmal ein Organ besaß –, welche die Verträge mit den fremden Mächten abschlossen. Fast alle wirklich wichtigen Verwaltungsanordnungen gingen formell von den Provinzialstatthaltern, in Wahrheit, wie wir sehen werden, von den ihnen untergeordneten, und zwar den unoffiziellen, Beamten aus. Die Anordnungen der Zentralgewalt wurden daher bis in die Gegenwart von den Unterinstanzen oft mehr als ethisch maßgebliche Vorschläge oder Wünsche, denn als Befehle behandelt, wie dies ja der pontifikalen, charismatischen, Natur des Kaisertums entsprach. Sie stellten auch inhaltlich, wie jeder Blick zeigt, mehr Kritiken der Amtsführung als Anordnungen dar. Der einzelne Beamte persönlich war frei-

[53] Bei einigen der höchsten Beamten wurde das Prinzip aus zwingenden Gründen häufig durchbrochen: Li Hung Tschang z. B. blieb mehrere Jahrzehnte höchster Verwaltungschef in Tschili. Aber im übrigen wurde, abgesehen von der Erlaubnis einer einmaligen Verlängerung um weitere 3 Jahre, das Prinzip bis in die neueste Zeit ziemlich streng durchgeführt.

lich jederzeit frei absetzbar. Aber die reale Macht der Zentralgewalt zog davon keinen Vorteil. Denn das Prinzip: keinen Beamten in seiner Heimatprovinz anzustellen, und der vorschriftsmäßige dreijährige Wechsel von Provinz zu Provinz oder doch von Amt zu Amt, führte zwar dazu, daß diese Beamten der Zentralgewalt gegenüber nicht zu selbständigen Mächten nach Art feudaler Vasallen emporwuchsen, und daß also die äußerliche Einheit des Reichs erhalten blieb. Aber um den Preis: daß diese offiziellen Beamten in ihren Amtssprengeln niemals bodenständig wurden. Der Mandarin, welcher, begleitet von einer ganzen Schar von Sippengenossen, Freunden und persönlichen Klienten, sein Amt in einer ihm unbekannten Provinz antrat, deren Dialekt er in aller Regel nicht verstand, war zunächst schon sprachlich meist auf die Dienste eines Dolmetschers angewiesen. Er kannte ferner das örtliche Recht der Provinz nicht, welches auf zahlreichen Präzedenzfällen beruhte, die er – da sie der Ausdruck heiliger Tradition waren – nicht ohne Gefahr zu verletzen wagen durfte. Und er war deshalb völlig abhängig von den Belehrungen eines unoffiziellen, ebenso wie er selbst literarischen, aber mit den örtlichen Gewohnheiten kraft örtlicher Abstammung genau vertrauten Beraters, einer Art von *Beichtvater*, der als sein *Lehrer* bezeichnet und von ihm mit Respekt, oft mit Devotion, behandelt wurde. Nächstdem war er abhängig von seinen nicht zu den offiziellen, vom Staat bezahlten, dem Fremdbürtigkeitszwang unterliegenden Beamten, sondern zu dem von ihm aus seiner Tasche zu bezahlenden unoffiziellen Beamtenstab gehörigen Gehilfen. Diese wählte er naturgemäß aus der Zahl der aus der Provinz gebürtigen, zum Staatsdienst qualifizierten, aber noch nicht mit einem Amt beliehenen Amtsanwärter, auf deren örtliche Personen- und Sachkunde er sich verlassen konnte, aber auch, in Ermangelung aller eigener Orientiertheit, mußte. Und endlich war er, wenn er einen Gouverneurposten in einer neuen Provinz übernahm, abhängig von der geschulten Sach- und Ortskunde der Chefs der üblichen Ressorts[54] jeder Provinz, welche immerhin einige Jahre

[54] Oft bis zu 6. Aber die offiziellen, wirklich wichtigen Persönlichkeiten waren unter dem *Vizekönig* nur die Gouverneure, Provinzialrichter und Provinzialschatzmeister. Der Schatzmeister war davon der ursprünglich alleinige und höchste Verwaltungsbeamte, der Gouverneur ein schließlich seßhaft gewordener Missus dominicus (früher oft Eunuch). Diese beiden Beamten: für Finanz und Justiz, waren allein vorgesehen, alle andern *Ressorts* unoffiziell. Auch der unterste (hsien =) Beamte, dessen offizieller Name *Hirt* bedeutet, hatte zwei Sekretäre: für Justiz und für Finanzen. Der über ihm stehende Präfekt (des *fu)* hatte immerhin noch übersichtliche oder doch konkret angebbare Funktionen (Wasserwege, Landwirtschaft, Stuterei, Korntransport, Unterbringung der Soldaten, allgemeine Verwaltung im polizeilichen Sinn), galt jedoch wesentlich als Überwachungs- und Durchgangsbehörde für die Korrespondenz nach oben. Die Funktionen des untersten Beamten dagegen waren schlechterdings enzyklopädisch: er war schlechthin für alles da und verantwortlich. Besondere *Taotai's* waren bei den großen Provinzialbehörden für die Salzgabelle, den Wegebau usw. angestellt. Sonderbeamte mit Aufträgen und Kompetenzen ad hoc kamen hier wie in allen Patrimonialstaaten vor. Über den Begriff eines *Juristen* in China (Kenner der Präzedenzien) und die Advokatur s. Alabaster Notes and Commentaries on Chinese Criminal Law (mir jetzt nicht zugänglich gewesen).

Kenntnis der örtlichen Verhältnisse vor ihm voraus hatten. Es ist völlig klar, was die Folge sein mußte: Die wirkliche Macht lag in der Hand jener unoffiziellen, ortsgebürtigen Unterbeamten, welche in ihrer Geschäftsführung zu kontrollieren und zu korrigieren ganz außerhalb der Macht der offiziellen Beamten lag, und ihnen um so weniger möglich war, je höher ihr eigener Rang war. Die Orientiertheit sowohl der von der Zentralverwaltung angestellten Lokal- wie der Zentralbeamten über die lokalen Verhältnisse war daher viel zu labil, um konsequent und rational durchgreifen zu können.

Das weltberühmte und höchst wirksame Mittel des chinesischen Patrimonialismus, eine feudal-ständische Emanzipation der Amtsträger von ihrer Macht zu unterbinden: die Einführung der Examina und die Verleihung der Ämter nach Bildungsqualifikationen, statt nach Geburt und ererbtem Rang, war zwar für den Charakter der chinesischen Verwaltung und Kultur von einschneidendster Bedeutung, wie später zu besprechen sein wird. Aber einen präzis funktionierenden Mechanismus in den Händen der Zentralinstanz vermochte man angesichts jener Verhältnisse dadurch nicht herzustellen. Wir werden aber, wenn wir auf die Beamtenbildung näher zu sprechen kommen, sehen, daß dem auch Hindernisse, die aus der innersten Eigenart der (zum Teil religiös bedingten) Standesethik des Beamtentums folgten, sich in den Weg stellten. Die Patrimonialbürokratie war zwar in China wie im Okzident der feste Kern, an dessen Entfaltung die Bildung des Großstaats anknüpfte. Das Auftreten von Kollegialbehörden und die Entwicklung von *Ressorts* waren dabei hier wie dort die typischen Erscheinungen. Aber der *Geist* der bürokratischen Arbeit war hier und dort – wie wir sehen werden – ein überaus verschiedener. Soweit dieser abweichende *Geist* auf rein soziologischen Momenten beruhte, hing er mit dem System der öffentlichen Lasten zusammen, wie es sich in China in Verbindung mit dem Schwanken der Geldwirtschaft entwickelt hatte.

Der ursprüngliche Zustand war hier wie anderwärts der: daß dem Häuptling bzw. Fürsten ein Ackerlos (Kong tien, dem homerischen τεμενος entsprechend) ausgewiesen und von den Volksgenossen gemeinsam bestellt wurde.[55] Hier liegt der Ursprung der allgemeinen Fronpflicht, die dann in der zwingenden Notwendigkeit der Wasserbauten ihre weitere Stütze fand. Diese *Schaffung* des Landes durch die Strombauverwaltung legte auch den immer wieder auftauchenden und noch jetzt (wie in England) terminologisch erhaltenen Gedanken des Bodenregals des Kaisers nahe, – der aber die Scheidung verpachteter Domänen und besteuerten Privatlandes hier so wenig wie in Ägypten hinderte. Die Steuern andrerseits scheinen sich teils – nach einzelnen Resten in der Terminologie – aus den üblichen Geschenken, teils aus Tributpflichten Unterworfener, teils aus dem Bodenregalanspruch entwickelt zu haben. Staatsland, Steuerpflicht, Fronpflicht standen in

55 Daraus ist auch das *Brunnensystem* mit seinem von 8 Quadraten umgebenen Mittelfeld des Staats erwachsen.

wechselnden Relationen dauernd nebeneinander. Was von ihnen vorwog, richtete sich teils nach dem jeweiligen Grade der – wie wir sahen, aus Valutagründen höchst labilen – Geldwirtschaft des Staats, teils nach dem Grade der Befriedung, teils schließlich nach dem Maß der Verläßlichkeit des Beamtenapparats.

Die ursprüngliche Herkunft des Patrimonialbeamtentums aus der Vorflut- und Kanalisierungsarbeit, also aus dem Bauwesen, die Herkunft der Machtstellung des Monarchen aus den, zunächst im Wasserregulierungsinteresse, unumgänglichen Fronden der Untertanen (wie in Ägypten und Vorderasien), die Herkunft des Einheitsreichs aus dem immer weiter um sich greifenden Interesse an Einheitlichkeit dieser Wasserregulierung für immer größere Gebiete im Zusammenhang mit dem Bedürfnis nach politischer Sicherung des Kulturlandes gegen die Nomadeneinbrüche drücken sich anschaulich darin aus, daß nach der Legende der *heilige* (legendäre) Kaiser Yü die Vorflut und den Kanalbau reguliert, und der erste rein bürokratische Herrscher, der *Schi Hoang Ti,* zugleich als größter Bauherr für Kanäle, Straßen und Festungen und, vor allem, als Erbauer der großen Mauer galt (die in Wahrheit von ihm nur zu einem gewissen Abschluß gebracht wurde). Diese Bauten dienten sämtlich, neben der Bewässerung, fiskalischen, militärischen und Verproviantierungsinteressen, der berühmte Kaiserkanal vom Yangtse zum Hoangho z. B. dem Transport des Reistributs aus dem Süden nach der neuen Hauptstadt (Peking) des Mongolenkhans.[56] 50000 Fronarbeiter waren in einem bestimmten Zeitpunkt nach einem amtlichen Bericht an der Eindeichung eines Flusses beschäftigt, und die Bauzeiten erstreckten sich über viele Jahrhunderte stückweiser Fertigstellung. Als die eigentlich ideale Form der Deckung des öffentlichen Bedarfes galt noch dem Mencius die Fron und nicht die Steuer. Wie in Vorderasien siedelte der König seine Untertanen trotz ihres Widerstandes um, nachdem die Divination den geeigneten Ort für eine neue Hauptstadt bezeichnet hatte. Teils strafweise Deportierte, teils im Wege der Zwangsrekrutierung beschaffte Soldaten bewachten die Deiche und Schleusen und stellten einen Teil der Arbeitskräfte für die Bauten und Rodungen. Schritt für Schritt wurde in den Grenzprovinzen des Westens durch die Arbeitskräfte des Heeres der Wüste Boden abgewonnen.[57] Schwermütige Klagen über die furchtbare Last dieses eintönigen Schicksals, vor allem bei den Fronden an der großen Mauer, finden sich in erhaltenen Gedichten.[58] Die klassische Lehre mußte sehr nachdrücklich gegen die Vergeudung der Untertanenfronden zu privaten fürst-

[56] Er hieß amtlich: *Kanal der Tribut-Transporte* S. darüber P. Dom. Gandar S. J., Le canal impérial. Var. Sinol. Heft 4, Schanghai 1894.

[57] Die Aufzeichnungen und Quittungen darüber sind teilweise in den von Aurel Stein gesammelten Urkunden aus Turkestan (kurz vor und nach Chr.) erhalten. Täglich 3 Schritt schritt stellenweise die Nutzbarmachung des Trockenlandes vor. (Chavannes, Les documents chinois découverts par Aurel Stein dans le sable du Turkestan oriental, Oxford 1913.)

[58] Bei Chavannes p. XI ff. a. a. O. Oft fast lebenslang dauert der Dienst: Die Frauen entbehren der Gatten und es ist besser, die Söhne gar nicht erst aufzuziehen.

lichen Bauzwecken nach ägyptischer Art Front machen, welche auch hier die Begleiterscheinung der Entwicklung einer bürokratischen Organisation der öffentlichen Arbeiten war. Anderseits: sobald das Fronsystem in Verfall geriet, begann nicht nur in den zentralasiatischen Gebieten das Vordringen der Wüste auf Kosten des ihr abgerungenen, heute völlig versandeten Kulturbodens[59], sondern wankte die politische Leistungsfähigkeit des Reichs überhaupt. Über die mangelhafte Bestellung der Krongüter durch die Bauern wird in den Annalen geklagt. Nur Ausnahmepersönlichkeiten vermochten den Fronstaat einheitlich zu organisieren und zu leiten.

Die Fron blieb aber die klassische Form der Staatsbedarfsdeckung. Wie naturalwirtschaftliche (durch Fronden bewirkte) und geldwirtschaftliche (durch Submission bewirkte) Deckung der Staatsbedürfnisse sich praktisch zueinander verhielten, zeigt (für das 17. Jahrhundert) eine Erörterung vor dem Kaiser über die Frage, nach welchem von beiden Systemen gewisse Reparaturen am Kaiserkanal zu bewerkstelligen seien. Man beschloß, die Bauten gegen Geld zu vergeben, da sonst die Reparaturen zehn Jahre in Anspruch genommen hätten.[60] Eine Entlastung der Zivilbevölkerung wurde immer wieder – in Friedenszeiten – durch Heranziehung des Heeres zum Frondienst versucht.[61]

Neben den Militärgestellungen, Fronden und Leiturgien finden sich schon in früher Zeit Steuern. Die Fron auf dem Königsland scheint besonders früh (im 6. Jahrhundert v. Chr.) im Teilstaat Tsin abgeschafft zu sein, dessen Herrscher später (im 3. Jahrhundert v. Chr.) der *erste Kaiser* des Gesamtreiches wurde.

Abgaben haben natürlich schon in weit älterer Zeit existiert. Die Bedürfnisse des kaiserlichen Hofhalts waren, wie fast überall, als spezifische Naturalabgaben auf die einzelnen Gebiete verteilt[62], und dies System ist in Resten bis in die Gegenwart erhalten geblieben. Das Naturalabgabensystem stand mit der

59 Es ist durchaus unsicher, ob dabei, wie meist angenommen wird, klimatische Veränderungen mitbeteiligt waren. Es genügte an sich der Verfall des Fronsystems. Denn in diesen Gebieten konnte der Boden nur dann bestellungsfähig erhalten werden, wenn die Frage der *Kosten* überhaupt nicht auftauchte. Seine eigene Vollexistenz konnte ein Arbeiter nie aus ihm herauswirtschaften, sondern nur die nackte Nahrung, vielleicht selbst diese nur bei bestimmten Kulturen. Der Boden wurde offenbar trotz sicher gewaltiger Zuschüsse urbar erhalten nur im Interesse der Verproviantierung von Garnisonen und Gesandtschaften mit schwer transportfähigen Gütern.

60 P. D. Gandar, S. J. Le canal impérial (Var. Sinol. 4, Schanghai 1894) p. 35.

61 So galt unter den Ming bis 1471 die Vorschrift: daß der Transport des Getreides zur Hauptstadt je zur Hälfte von dem Heere und von der Zivilbevölkerung zu beschaffen sei. In jenem Jahre wurde verfügt: daß das Heer allein diese Fronden zu beschaffen habe. (Yu tsiuan tung kian kang mu, Gesch. der Ming-Dynastie des Kaisers Kian Lung, übers. v. Delamarre, Paris 1863, p. 351.)

62 S. die oben S. 329, Anm., wiedergegebenen Abrechnungen der Zentralregierung aus dem 10., 11. und 14. Jahrhundert. Im ganzen sollen – nach der Annalistik – die Natural-Abgaben je nach der Entfernung von der Hauptstadt so abgestuft gewesen sein, daß z. B. die erste Zone Getreide mit Stroh, die zweite nur Getreide und so jede folgende spe-

Schaffung des patrimonialen Heeres und Beamtentums im engsten Zusammenhang. Denn beide wurden hier wie sonst aus den fürstlichen Magazinen verpflegt, und es entwickelten sich feste Naturalpräbenden. Dennoch war zuweilen auch die Geldwirtschaft des Staats daneben, zum mindesten unter der Han-Dynastie, um den Beginn unserer Zeitrechnung, schon weit vorgeschritten, wie die Urkunden zeigen.[63] Und dies Nebeneinander von gelegentlichen Fronden (für Bauzwecke vor allem, daneben für Kurierdienste und Verkehr), Natural- und Geldabgaben und Gebühren, mit fürstlicher Oikenwirtschaft für gewisse Luxusbedürfnisse[64] des Hofes, hat unter, im allgemeinen, zunehmender Verschiebung nach der Seite der Geldwirtschaft bis in die Gegenwart fortbestanden.

Diese Verschiebung nach der Seite der Geldsteuern hat sich auch und vor allem auf die bis in die allerletzte Zeit weitaus wichtigste Steuer: die Grundsteuer, erstreckt, deren interessante Geschichte hier im einzelnen zu verfolgen nicht die Absicht ist.[65] Wir kommen darauf weiter unten, soweit nötig, bei Erörterung der Agrarverfassung etwas näher zu sprechen. An dieser Stelle genügt es zu sagen, daß auch hier, wie in den Patrimonialstaaten des Okzidents, das gelegentlich stärker differenzierte Steuersystem, weil das nicht in Grund und Boden angelegte Vermögen für die Steuertechnik der extensiven kaiserlichen Verwaltung nicht *sichtbar* blieb, zunehmend in der Richtung der Unifizierung der Steuern durch Verwandlung aller anderen Abgaben in Zuschläge zur Grundsteuer sich entwickelte. Diese Tendenz zur Verflüchtigung alles nicht sichtbaren Besitzes ist vielleicht für die stets erneuten Versuche, den Staatsbedarf tunlichst naturalwirtschaftlich: durch Fronden und Leiturgien, zu decken, mitbestimmend gewesen. Daneben und in Wahrheit wohl in erster Linie auch: die Währungsverhältnisse. Für die Grundsteuer selbst aber galten zwei ebenfalls in extensiv verwalteten Patrimonialstaaten universelle

zifisch hochwertigere, also in höherem Grade arbeitsintensivere, Güter schickte. Das ist durchaus glaubhaft und stimmt mit anderen Nachrichten überein.

63 Vgl. die von Chavannes a. a. O. edierten Funde A. Steins aus der Zeit von 98-137 n. Chr. Der Sold der Offiziere, fraglich: ob auch der Soldaten, wird in Geld gezahlt (Nr. 62), Monturen für letztere wenigstens teilweise für Geld gekauft (Nr. 42). Vollends das (freilich wesentlich spätere) Ausgabejournal eines Buddhatempels (ebenda Nr. 969) zeigt volle Geldwirtschaft: Miete der Handwerker, die im Lohnwerk beschäftigt werden, ebenso alle anderen Ausgaben in Geld. Gegenüber diesem Zustand trat später ein starker Rückschlag ein.

64 Seiden- und Porzellanlieferungen der kaiserlichen Manufakturen an den Hof allein im Jahre 1883 (Peking Gazette vom 23.1., 24.1., 27.1., 30.1., 13.6., 14.6.) für zusammen 405000 Taëls (Selbstkosten!). Dazu traten dann die Naturallieferungen der Provinzen, die mindestens teilweise (Seide, kostbares Papier usw.) für Hofzwecke, daneben (Eisen, Schwefel usw.) für politische Zwecke verwendet wurden. Die Provinz Schansi petitionierte 1883 (Peking Gazette vom 15.12.) vergebens um Zu-Geld-Setzung, da sie die zu liefernden Naturalien (außer Eisen) selbst erst kaufen müsse.

65 S. darüber die noch immer in vielem brauchbare Arbeit von Biot in Nouv. Journ. Asiat. 3 Ser. 6, 1838.

Entwicklungstendenzen: Einmal die zur Umwandlung in Geldabgaben, von welcher auch alle anderen Lasten, insbesondere die Fronden und sonstigen Leiturgien, ergriffen wurden. Ferner aber die Tendenz zur Umwandlung in eine Repartitionssteuer und schließlich in einen fest kontingentierten Tribut, der auf die Provinzen nach festem Maßstabe verteilt wurde. Der ungemein wichtige Vorgang wurde schon einmal kurz berührt. Die Befriedung des Reichs unter der Mandschu-Dynastie gestattete dem Hof den Verzicht auf bewegliche Einkünfte und führte zu dem berühmten, als Quelle der neuen Blüte Chinas im 18. Jahrhundert gepriesenen Edikt von 1713, welches die Grundsteuerpflichtigkeiten der Provinzen – der Absicht nach – in feste Abgaben verwandelte. Wir werden davon gleich zu reden haben. Neben der Grundsteuer spielten namentlich die Salzgabelle, die Bergwerke und erst in letzter Linie die Zölle eine Rolle in den Einkünften der Zentralverwaltung. Auch für sie wurde aber der nach Peking abzuführende Betrag tatsächlich ein traditionell feststehender. Erst die Kriege mit europäischen Mächten und die finanzielle Notlage im Gefolge der Taiping-Revolution (1850-64) ließen die *Likin*-Zölle unter der glänzenden Finanzverwaltung Sir Robert Harts in den Vordergrund der Finanzen des Reichs treten.

Die Befriedung des Reichs im Zusammenhang mit dieser Steuerkontingentierung und ihren Folgen: der Entbehrlichkeit und dem Wegfall der Fronausnutzung, des Paßzwangs und aller Freizügigkeitsschranken, aller Kontrolle über Berufswahl, Hausbesitzverhältnisse und Produktionsrichtung, hat eine gewaltige Vermehrung der Bevölkerung im Gefolge gehabt. Während es scheint, daß die nach den freilich zum Teil äußerst problematischen Katasterziffern sehr stark schwankende Volksdichte Chinas zu Beginn der Mandschu-Herrschaft nicht wesentlich höher war als unter Schi-Hoang-Ti fast 1900 Jahre zuvor, jedenfalls aber die angebliche Volkszahl jahrhundertelang zwischen 50 und 60 Millionen schwankte, wuchs sie von Mitte des 17. bis Ende des 19. Jahrhunderts von 60 auf etwa 350-400 Millionen[66], entfaltete sich der sprichwörtliche chinesische Erwerbstrieb im kleinsten wie im größten und wurden auch sehr bedeutende Einzelvermögen akkumuliert. Was nun aber als etwas höchst Auffallendes an dieser Epoche erscheinen muß, ist: daß trotz

[66] Diese Zahlen sind allerdings höchst wenig vertrauenswürdig. Denn es ist zu bedenken, daß die Beamten der Zeit vor dem Steuerkompromiß von 1713 ein Interesse daran hatten, die Zahl der Steuerpflichtigen (es bestand damals Kopfsteuer!) in den Berichten zu verringern oder stabil zu halten, was seit der Fixierung der Steuerquoten fortfiel (s. u.). Seitdem lag es umgekehrt im Interesse der Beamten, mit großen Volkszahlen zu glänzen. Denn die Volkszahlen interessierten seitdem nur noch die Götter selber, denen sie mitgeteilt wurden, – sie bewiesen also, wo sie hoch waren, das Charisma des betreffenden Beamten. Noch manche Zahlen des 19. Jahrhunderts (z.B. die abnorme Vermehrung der Bevölkerung in der Provinz Se tschuan) sind höchst verdächtig. Immerhin berechnet Dudgeon (Population of China, J. of the Peking Oriental Society III, 3, 1893) die Volkszahl von 14 Provinzen für die 80er Jahre auf 325 Millionen.

dieser erstaunlichen Entwicklung der Volkszahl und ihres materiellen Befindens nicht nur die geistige Eigenart Chinas in eben dieser Zeit gänzlich stabil blieb, sondern auch auf ökonomischem Gebiet, trotz jener scheinbar so überaus günstigen Bedingungen, nicht der geringste Ansatz zu einer modern-kapitalistischen Entwicklung sich findet. Daß ferner auch der einst bedeutende Eigenhandel Chinas nach außen keinerlei Neubelebung erfuhr, sondern nur Passivhandel in einem einzigen, den Europäern unter strenger Kontrolle geöffneten Hafen (Kanton) stattfand. Daß auch von einem von innen, aus eigenem kapitalistischen Interesse der Bevölkerung heraus, entstandenen Streben, diese Schranke zu sprengen, nicht das mindeste (sondern ausschließlich: das Gegenteil) bekannt ist. Und daß überhaupt auf dem Gebiet der Technik, Wirtschaft und Verwaltung auch nicht die geringste, im europäischen Sinn, *fortschrittliche* Entwicklung einsetzte, vollends aber die Steuerkraft des Reichs, wenigstens dem Anschein nach, keinem ernsten Stoß gewachsen war, als die Erfordernisse der Außenpolitik dies gebieterisch erheischt hätten. Wie ist dies alles angesichts jener bei aller Kritik doch nicht zu bezweifelnden ganz ungewöhnlich mächtigen Volkszunahme zu erklären? Das ist unser Zentralproblem.

Es hatte sowohl ökonomische wie geistige Ursachen. Die ersteren, von denen jetzt zunächst zu sprechen ist, waren durchaus staatswirtschaftlicher und also politisch bedingter Natur, teilten aber mit den *geistigen* den Umstand: daß sie aus der Eigenart der führenden Schicht Chinas: des Beamten- und Amtsanwärterstandes (der *Mandarinen),* hervorgingen. Von ihnen ist jetzt zu reden, und zwar zunächst von ihrer materiellen Lage.

Der chinesische Beamte war, sahen wir, zunächst auf Naturalpräbenden aus den königlichen Magazinen angewiesen. Später traten in zunehmendem Maß Geldgehalte an die Stelle. So blieb es. Formell also zahlte die Regierung ihren Beamten Gehalt. Aber einmal zahlte sie nur einem kleinen Bruchteil der wirklich in der Verwaltung tätigen Kräfte aus ihren eigenen Mitteln Gehalt, und dann bildete dies Gehalt nur einen kleinen, oft geradezu einen verschwindenden Teil ihres Einkommens. Der Beamte hätte davon gar nicht leben und noch weniger die ihm amtlich obliegenden Kosten der Verwaltung daraus bestreiten können. Das Verhältnis war vielmehr in Wahrheit stets dies: daß der Beamte, ebenso wie ein Feudalherr oder Satrap, der Zentralregierung (und der Unterbeamte der Provinzialregierung) für die Ablieferung bestimmter Abgabenbeträge haftete, seinerseits aber fast alle Kosten seiner Verwaltung aus den von ihm wirklich erhobenen Abgaben: Steuern und Gebühren, bestritt und den Überschuß für sich behielt. So wenig dies, in voller Konsequenz wenigstens, offiziell anerkanntes Recht war, so zweifellos galt es tatsächlich, und zwar definitiv infolge der seit der Kontingentierung der Regierungseinnahmen bestehenden Verhältnisse.

Die sogenannte Fixierung der Grundsteuer im Jahre 1713 war der Sache nach eine finanzpolitische Kapitulation der Krone vor den Amtspfründnern.

Denn in Wahrheit wurde ja nicht etwa die Steuerpflichtigkeit der Grundstücke in eine feste Grundrente verwandelt (wie z. B. in England), sondern es wurde vielmehr dasjenige, was den Provinzialbeamten von der Zentralverwaltung als Steueraufkommen ihres Bezirks angerechnet wurde: der Betrag also, von welchem sie einen Pauschalquotienten als Tribut an die Krone abzugeben hatten, fixiert und so – auf den Effekt gesehen – nur die Höhe der Besteuerung der Pfründen dieser Satrapen durch die Zentralverwaltung für alle Zeiten festgelegt.[67] Dem genuinen Charakter aller spezifisch patrimonialen Verwaltung entsprechend wurde das Einkommen, welches der Beamte aus der Verwaltung seines Bezirks zog, als seine Pfründe behandelt, die von seinen Privateinkünften nicht wirklich geschieden war.[68] Die Inhaber der Amtspfründen ihrerseits dagegen waren soweit wie möglich davon entfernt, die Grundsteuer (oder irgendwelche andere Pflichtigkeit) der Steuerzahler als in ihrem Gesamtaufkommen pauschaliert zu behandeln. Und es konnte auch praktisch gar keine Rede davon sein, daß die Reichsregierung eine solche Festlegung hätte ernstlich beabsichtigen können. Der Amtsinhaber mußte ja, wiederum dem patrimonialen Prinzip entsprechend, von den ihm zur

[67] Daß dies der Sinn der Maßregel war, geht schon aus der sonst ganz widersinnigen Formulierung hervor: daß fortan eine bestimmte Anzahl von Einheiten in der betreffenden Provinz *steuerpflichtig,* alle übrigen aber *steuerfrei* sein sollten und tatsächlich bei den periodischen Volkszählungen so angeführt wurden. Natürlich waren nicht etwa eine entsprechende Anzahl Einwohner frei von Steuern, sondern: diese Anzahl wurde den Beamten nicht als steuerzahlend angerechnet. Die Unterscheidung der beiden Kategorien bei den Zählungen wurde denn auch bald – 1735 – von den Kaisern als zwecklos aufgegeben.

[68] Alle Projekte direkter Steuern der letzten 30 Jahre scheiterten schon daran, daß sie vor allem Steuern auf die Mandarinenpfründen hätten sein müssen. Die patrimoniale Auffassung der Beamteneinkünfte trat von jeher besonders plastisch in der Wirkung der Totentrauer eines Beamten zutage. Dem uralten Sinn der Trauer entsprechend, wie er in China in deren Familien besonders eindeutig erhalten blieb, diente diese der Abwendung des Zorns und Neides des Totengeistes gegen diejenigen, welche sich nach seinem Tode als Erben seinen Besitz angeeignet haben. Abgesehen also davon, daß ihm ursprünglich bedeutende Bruchteile seiner Habe (einschließlich von Witwen- und anderen Menschenopfern) in den Hades mitgegeben wurden, mußten die Erben geraume Zeit das Totenhaus und die Berührung der Besitztümer meiden und ärmlich gekleidet in einer anderen Hütte wohnen, sich auch des Genusses ihres Besitzes enthalten. Das Amt nun wurde so sehr nur als *Pfründe* und die Pfründe so sehr nur als Privatbesitz des Pfründners gewertet, daß ein trauerpflichtiger Todesfall den Rücktritt vom Amt zur unbedingten Folge hatte. Die fortwährenden massenhaften Vakanzen zahlreicher Ämter, die zeitweise Unverwendbarkeit zahlreicher Beamten, die Aufstauung von durch Trauer amtlos gewordenen Anwärtern waren eine, zumal bei Seuchen, politisch höchst lästige Kalamität. Abwechselnd verboten die Kaiser im Staatsinteresse die allzulange Dauer der Trauer und schärften, in Angst vor den Geistern, sie wieder ein, beides bei Prügelstrafe. Noch Li Hung Tschang wurde beim Tode seiner Mutter vergebens von der Kaiserin in scharfer Form gemahnt, statt des Rücktrittes nur Urlaub zu nehmen (Peking Gazette vom 1.5.1882).

Verfügung stehenden Einnahmen nicht nur alle sachlichen Bedürfnisse der bürgerlichen Verwaltung und Rechtspflege seines Bezirks bestreiten, sondern, und zwar vor allem, auch seinen unoffiziellen – von Kennern selbst für die kleinste Verwaltungseinheit (hsien) auf zwischen 30 und 300 schwankend geschätzten, gar nicht selten aus dem Abhub der Bevölkerung rekrutierten – Beamtenstab, ohne den er, wie wir sahen, in der ihm fremden Provinz die Verwaltung zu führen gar nicht in der Lage war. Seine persönlichen waren von den Verwaltungsausgaben nicht geschieden. Die Zentralverwaltung hatte also keinerlei Übersicht über die wirklichen Bruttoeinkünfte der einzelnen Provinzen und Bezirke, der Provinzialstatthalter keine über diejenigen der Präfekten usw. Auf seiten der Steuerzahlenden andererseits stand nur der eine Grundsatz fest: sich nach Möglichkeit der Erhebung nicht traditionell feststehender Abgaben zu widersetzen, und wir werden sehen, daß und warum sie dies innerhalb weiter Grenzen mit großem Erfolg zu tun in der Lage waren. Indessen abgesehen von der prekären Natur dieses wesentlich von der Machtlage abhängigen Widerstands gegen die trotz allem stets erneut versuchten Übererhebungen hatten die Beamten zwei Mittel, die Einkünfte zu steigern. Einmal die Erhebung eines Zuschlags für die Erhebungskosten (mindestens 10%) und für jegliche Nichtinnehaltung des Termins, mochte diese vom Schuldner freiwillig oder unfreiwillig oder (und oft genug) geradezu absichtlich durch die Beamten herbeigeführt sein. Dann aber und namentlich: die Umwechslung der Naturalsteuer in Geld, der Geldsteuer zuerst in Silber, dann wieder in Kupfer und nochmals in Silber, zu wechselnden Kursen, deren Bestimmung der Steuereinnehmer sich vorbehielt.[69] Vor allen Dingen aber ist zu bedenken, daß jegliche Amtshandlung eines Beamten, nach patrimonialen Grundsätzen, durch *Geschenke* zu entgelten war und gesetzliche Gebührentarife nicht existierten. Mit Einschluß dieser Extraverdienste war die Gesamtbruttoeinnahme des Beamten dazu da, zunächst die sachlichen Unkosten seines Amtes und die diesem obliegenden Verwaltungsaufgaben vorab zu bestreiten. Der Bruchteil, den diese eigentlichen *Staats*-Ausgaben der inneren Verwaltung ausmachten, war aber meist überaus gering. Demnächst und namentlich aber war dies Bruttoeinkommen des auf der untersten Staffel, unmittelbar an der Steuerquelle selbst, stehenden Beamten nun der Fonds, aus welchem die über ihm stehenden Beamten ihre Einnahmen schöpften. Er hatte an seinen Vorgesetzten abzuführen nicht nur den vergleichsweise recht oft nicht großen Betrag, den nach dem überkommenen Kataster beizubringen ihm oblag. Sondern außerdem und vor allem hatte er ihm beim Amtsantritt und sodann in regelmäßigen Fristen *Geschenke* zu machen, so hoch wie nur irgend möglich, um dessen für sein eigenes Schicksal maßgebendes Wohlwollen zu erhalten.[70] Und er hatte dabei dessen unoffizielle Berater und

[69] Einflußreiche Leute zogen daher stets die Zahlung in Naturalien vor und setzten sie durch.

Subalternbeamte, soweit sie von Einfluß auf sein Schicksal sein konnten (bis zum Türhüter herab, wenn er eine Audienz wünschte) mit reichlichen Trinkgeldern zu versehen. Dies setzte sich von Staffel zu Staffel bis zu dem Palasteunuchen fort, der auch von den allerhöchsten Beamten seinen Tribut nahm. Das Verhältnis zwischen offiziell bekanntgegebenem und tatsächlichem Steueraufkommen aus der Grundsteuer allein wird von guten Kennern[71] wie 1:4 geschätzt. Das Kompromiß von 1712/13 zwischen der Zentralregierung und den Provinzialbeamten entsprach in geldwirtschaftlicher Form etwa der naturalwirtschaftlichen Fixierung der Feudalpflichten im Okzident. Mit dem Unterschiede zunächst: daß es sich in China, wie in allen spezifischen Patrimonialstaaten, nicht um Lehen, sondern um Pfründen handelte, und nicht um Militärdienstleistungen sich selbst ausrüstender Ritter, auf deren Heeresdienst der Fürst angewiesen war, sondern um Natural- und, vor allem, Geldtribute der für Patrimonialstaaten typischen Gebühren- und Steuerpfründner, auf deren Verwaltungsleistungen die Zentralgewalt angewiesen war. Und noch ein weiterer wichtiger Unterschied gegenüber dem Okzident lag vor. Dort kannte man die Pfründe, auch die Gebühren- und Steuerpfründe, ja auch. Am frühesten auf kirchlichem, später, nach dem kirchlichen Muster, auf dem Gebiet der Patrimonialstaaten. Aber sie war dann entweder lebenslänglich (außer bei Entsetzung auf Grund eines förmlichen Verfahrens) oder auch erblich appropriiert, wie das Lehen auch, oft sogar durch Kauf übertragbar. Und die Gebühren, Zölle, Steuern, auf denen sie ruhte, waren durch Privileg oder feste Gewohnheit fixiert. In China war, sahen wir, gerade der *etatsmäßige* Beamte frei absetzbar und versetzbar, ja: mußte er in kurzen Fristen versetzt werden. Teils (und vor allem) im Interesse der Erhaltung der politischen Macht der Zentralverwaltung; daneben aber auch – wie gelegentlich hervortritt: – damit auch andere Anwärter die Chance hätten, einmal an die Reihe zu kommen.[72] Das Beamtentum als Ganzes war im Genuß des gewaltigen Pfründeneinkommens gesichert, der einzelne Beamte dagegen gänzlich prekär gestellt und daher, da der Erwerb des Amts (Studien, Kauf, Geschenke und *Gebühren)* ihm gewaltige Kosten gemacht und ihn oft in Schulden gestürzt hatte, genötigt, in der kurzen Amtszeit soviel als möglich aus dem Amt herauszuwirtschaften. Er war infolge des Fehlens fester Taxen und Garantien dazu auch in der Lage.

[70] Es erinnert dies etwa an die Besteuerung der von dem gewählten Haupt der obsiegenden Partei ernannten Beamten durch die Bosses für sich und die Parteikassen in den Vereinigten Staaten, nur daß diese im ganzen fest bestimmt war.

[71] Jamieson, Parker. S. die Berechnungen und Schätzungen des letzteren in *Trade and Administration of the Chinese Empire* p. 85 ff.

[72] Diese Auffassung tritt besonders deutlich in dem in der Peking Gazette vom 11.1.95 abgedruckten Reskript hervor. Es wird getadelt, daß gewisse (Unter-) Beamte die Pfründen länger als 3 Jahre behalten, so daß andere Anwärter nicht *drankommen*.

Daß das Amt dazu da sei, ein Vermögen zu erwerben, verstand sich durchaus von selbst, und nur das Übermaß galt als tadelnswert.[73]

Aber noch andere und weiter reichende Wirkungen gingen auf diesen Zustand zurück. Zunächst: die Machtstellung der Zentralverwaltung gegenüber den Personen der Beamten wurde allerdings durch das System der Versetzungen auf das wirksamste gesichert. Jeder Beamte war infolge dieser fortwährenden Umschichtungen und des steten Wechsels seiner Chancen der Konkurrent jedes anderen um die Pfründe. Ihre Lage war infolge dieser Unmöglichkeit, ihre persönlichen Interessen zu vereinigen, gänzlich prekär nach oben: die ganze autoritäre innere Gebundenheit dieses Beamtentums hing damit zusammen. Zwar gab es unter den Beamten *Parteien.* Zunächst nach Landsmannschaften und, damit zusammenhängend, nach der überkommenen Eigenart der Schulen, die sie erzogen hatten. Der *konservativen* Schule der nördlichen Provinzen stand in den letzten Jahrzehnten die *fortschrittliche* der mittleren Provinzen und die *radikale* der Kantonesen gegenüber; von dem Gegensatz der Anhänger der Erziehung nach der Methode der Sung gegen die der Han innerhalb eines und desselben Yamen sprachen kaiserliche Edikte noch in dieser Zeit. Indessen infolge des Grundsatzes der Fremdbürtigkeit der Beamten und der steten Versetzung von Provinz zu Provinz und weil überdies die Anstellungsbehörde sorgsam auch darauf hielt, die rivalisierenden Schulen und Landsmannschaften in einem und demselben Amtsbezirk und derselben Ämterstaffelung möglichst zu mischen, konnte sich wenigstens auf dieser Basis kein landsmannschaftlicher Partikularismus entwickeln, der die Einheit des Reichs gefährdet hätte: – dieser hatte ganz andere Grundlagen, wie gleich zu erwähnen ist. Auf der anderen Seite war aber die Schwäche der Beamten nach oben mit ihrer schon erörterten ebenso großen Schwäche nach unten erkauft. Und eine noch weit wichtigere Folge der Struktur dieses Pfründentums war der extreme administrative und wirtschaftspolitische Traditionalismus, den sie mit sich führte. Soweit dieser gesinnungsmäßig begründet war, ist später von ihm zu sprechen. Aber er hatte daneben auch höchst *rationale* Gründe.

Jeglicher Eingriff irgendwelcher Art in die überkommene Wirtschafts- und Verwaltungsform griff in unabsehbar viele Sportel- und Pfründeninteressen der ausschlaggebenden Schicht ein. Und da jeder Beamte einmal in die mit Verkürzung der Einnahmechancen bedrohte Stellung versetzt werden konnte, so stand die Beamtenschaft in solchen Fällen wie ein Mann zusammen und obstruierte mindestens ebenso stark wie die Steuerträger gegen den Versuch, Änderungen des Sportel- oder Zoll- oder Steuersystems durchzuführen. Die

[73] Dies geht aus mannigfachen Reskripten hervor. So etwa in der Peking Gazette vom 23.3.1882: ein Beamter in Kanton hat in wenigen Monaten 100000 Taëls mehr als gewöhnlich (NB.!) zusammengebracht. Ein gemieteter Schreiber in Fuh kien konnte sich die Präfektenstelle in Kiangsu kaufen. Zollbeamte hatten Einnahmen von 100-130000 Taëls jährlich.

okzidentale Art der dauernden Appropriation von Zoll-, Geleit-, Brücken- und Wegegeld-, Stapel- und Straßenzwang-, Sportel- und anderen Einnahmechancen machte dagegen die im Spiel befindlichen Interessen übersehbar und ermöglichte es in aller Regel, bestimmte Interessentengruppen zusammenzuschließen und mit Gewalt oder durch Kompromiß oder Privileg die einzelnen Verkehrsobstruktionen abzulösen. Aber davon war in China keine Rede. Diese Einnahmechancen waren ja dort, soweit die Interessen der obersten, ausschlaggebenden, Beamtenschicht in Betracht kamen, nicht individuell appropriiert, sondern: dem Stande dieser versetzbaren Beamten als Ganzem. Geschlossen stand er daher jedem Eingriff entgegen und verfolgte die einzelnen rationalistischen Ideologen, welche nach *Reform* riefen, solidarisch mit tödlichem Haß. Nur eine gewaltsame Revolution, sei es von unten, sei es von oben, hätte hier Wandel schaffen können. Die Beseitigung des Tributtransports auf dem Kaiserkanal mit Kähnen zugunsten des um ein Vielfaches billigeren Dampfertransports zur See, die Änderung der überkommenen Arten der Zollerhebung, Personenbeförderung, Erledigung von Petitionen und Prozessen, alle und jede Neuerungen überhaupt konnten die Sportelinteressen jedes einzelnen, gegenwärtige oder künftig mögliche, gefährden. Wenn man etwa die Reihe der Reformprojekte des Kaisers aus dem Jahre 1898 überblickt und sich klar macht, welche ungeheuren Umwälzungen der Einkommensverhältnisse der Beamten sie bei auch nur teilweiser Durchführung herbeigeführt hätten, so kann man ermessen, welche ungeheuren materiellen Interessen gegen sie engagiert waren und wie völlig aussichtslos sie, in Ermangelung irgendwelcher außerhalb der Interessenten selbst stehenden Organe der Durchführung, sein mußten. In diesem Traditionalismus lag auch die Quelle des *Partikularismus* der Provinzen. Er war in erster Linie Finanzpartikularismus und dadurch bedingt, daß die Pfründen der Provinzialbeamten und ihres unoffiziellen Anhangs durch jede Zentralisierung der Verwaltung auf das schwerste gefährdet werden mußten. Hier lag das absolute Hemmnis einer Rationalisierung der Verwaltung des Reichs vom Zentrum aus, ebenso wie einer einheitlichen Wirtschaftspolitik.

Es war aber ferner – und dies zu erkennen ist prinzipiell wichtig – das allgemeine Schicksal rein patrimonialer Staatsgebilde, wie die Mehrzahl der orientalischen es waren: daß gerade die Durchführung der Geldwirtschaft den Traditionalismus stärkte, statt ihn zu schwächen, wie wir erwarten würden. Deshalb, weil gerade erst sie durch ihre Pfründen jene Erwerbschancen der ausschlaggebenden Schicht schuf, welche nicht nur den *Rentnergeist* im allgemeinen[73] stärkten, sondern die Erhaltung der bestehenden, für den Gewinnertrag der Pfründen ausschlaggebenden wirtschaftlichen Bedingungen zu einem alles

73 Über diesen vgl. z. B. E. H. Parker, China, her history, diplomacy and commerce (London 1901). *Er ist ein 2000-Zentner- (Reis-) Mann* (bezieht jährlich eine Rente dieses Wertbetrages) war die übliche Klassifikation eines wohlhabenden Mannes.

beherrschenden Interesse der daran partizipierenden Schicht machte. Gerade mit Fortschreiten der Geldwirtschaft und gleichmäßig damit zunehmender Verpfründung der Staatseinnahmen sehen wir deshalb in Ägypten, in den Islamstaaten und in China, nach kurzen Zwischenperioden, die nur dauerten, solange die Pfründenappropriation noch nicht vollzogen war, jene Erscheinung eintreten, welche man als *Erstarrung* zu werten pflegt. Es war daher eine allgemeine Folge des orientalischen Patrimonialismus und seiner Geldpfründen: daß regelmäßig nur militärische Eroberungen des Landes oder erfolgreiche Militär- oder religiöse Revolutionen das feste Gehäuse der Pfründnerinteressen sprengten, ganz neue Machtverteilungen und damit neue ökonomische Bedingungen schaffen konnten, jeder Versuch einer Neugestaltung von innen aber an jenen Widerständen scheiterte. Die große historische Ausnahme bildet, wie gesagt, der moderne europäische Okzident. Zunächst deshalb, weil er der Befriedung in einem einheitlichen Reich entbehrte. Wir erinnern uns, daß die gleiche Staatspfründnerschicht, welche im Weltreich die Rationalisierung der Verwaltung hemmte, dereinst in den Teilstaaten ihr mächtigster Förderer gewesen war. Aber der Anreiz war nun fortgefallen. Wie die Konkurrenz um den Markt die Rationalisierung der privatwirtschaftlichen Betriebe erzwang, so erzwang bei uns und in dem China der Teilstaatenzeit die Konkurrenz um die politische Macht die Rationalisierung der staatlichen Wirtschaft und Wirtschaftspolitik. Und wie andererseits in der Privatwirtschaft jede Kartellierung die rationale Kalkulation, die Seele der kapitalistischen Wirtschaft, abschwächt, so ließ das Aufhören der machtpolitischen Konkurrenz der Staaten miteinander die Rationalisierung des Verwaltungsbetriebs, der Finanzwirtschaft und der Wirtschaftspolitik kollabieren. Das Weltreich enthielt dazu keinen Antrieb mehr, wie er einst bei der Konkurrenz der Teilstaaten bestanden hatte. Aber dies war nicht der einzige Grund. Auch in der Epoche der Staatenkonkurrenz war in China die Rationalisierung der Verwaltung und Wirtschaft in engere Schranken gebannt als im Okzident. Deshalb, weil im Okzident – abgesehen von den schon erwähnten Unterschieden der Appropriation – starke, auf eigenen Füßen stehende Mächte vorhanden waren, mit welchen entweder die Fürstenmacht sich verbinden und die traditionellen Schranken zerbrechen konnte, oder welche, unter sehr besonderen Bedingungen, ihrerseits aus eigener militärischer Macht heraus die Bindungen durch die Patrimonialmacht abwerfen konnten, wie die fünf großen, für das Schicksal des Okzidents entscheidenden Revolutionen, die italienische des 12. und 13., die niederländische des 16., die englische des 17., die amerikanische und französische des 18. Jahrhunderts es getan haben. Gab es diese Mächte in China nicht? –

Feudale und Fiskalverfassung – Die Heeresverfassung und der Reformversuch Wang-An-Schi's – Der fiskalische Bauernschutz und seine Ergebnisse für die Agrarverfassung

Die ganz außerordentliche Entwicklung und Intensität des chinesischen Erwerbstriebs schon seit langer Zeit unterliegt nicht dem allergeringsten Zweifel. Seine Vehemenz und – soweit Nicht–Sippengenossen in Betracht kamen – Skrupellosigkeit war, von den Ausnahmen der durch die Monopolgilden im Geschäftsinteresse ethisch stark temperierten Groß- und (besonders) Außenhändler abgesehen, jeder Konkurrenz anderer Völker gewachsen. Der Fleiß und die Arbeitsfähigkeit der Chinesen galt immer als unerreicht. Die Organisationen der Handelsinteressenten in ihren Gilden waren, sahen wir, so machtvoll wie in keinem Lande der Erde, ihre Autonomie faktisch fast unbeschränkt. Bei einer so riesigen Bevölkerungszunahme, wie sie China seit Anfang des 18. Jahrhunderts erlebte, in Verbindung mit stetiger Vermehrung der Edelmetallvorräte, müßte man nach europäischen Begriffen eine sehr günstige Chance für die Entwicklung von Kapitalismus annehmen. Immer wieder gelangen wir zu dem Problem zurück, welches an die Spitze dieser Erörterungen gestellt wurde. Einige Erklärungsgründe für die Tatsache, daß trotzdem die kapitalistische Entwicklung ausblieb, sind vorstehend schon beigebracht. Aber damit können wir uns noch nicht begnügen. – Die auffallendste und im schroffsten Gegensatz gegen den Okzident stehende Erscheinung in der Entwicklung Chinas ist: daß nicht, wie in England, eine (relative) Abnahme, sondern eine ungeheure Zunahme der ländlichen, bäuerlichen Bevölkerung die Epoche seit Beginn des 18. Jahrhunderts kennzeichnet, daß auch nicht, wie im deutschen Osten, landwirtschaftliche Großbetriebe, sondern bäuerliche Parzellenbetriebe zunehmend das Gesicht des Landes bestimmten, daß schließlich, damit zusammenhängend, der Rindviehstand ganz gering, das Schlachten von Rindern selten (eigentlich nur zu Opferzwecken) war, Milchgenuß fehlte und *Fleisch essen* soviel hieß wie *vornehm sein* (weil es Teilnahme am Opferfleischgenuß, der den Beamten zukam, bedeutete). Woher das Alles?

Die Entwicklung der chinesischen Agrarverfassung[1] zu schildern wäre für

[1] Auf die Vorgeschichte, insbesondere das von den Sinologen behauptete ursprüngliche Nomadentum der Chinesen, kann hier unmöglich eingegangen werden. Natürlich haben auch in vorgeschichtlicher Zeit stets neue Einbrüche der innerasiatischen Nomadenvölker immer erneut das Niederungsland unterworfen. Aber nur die Mongolen haben zeitweise ernsthaft Miene gemacht, sich gegen die überlegene Kultur der Ackerbauer als Nomaden zu behaupten (durch Verbot des Bodenanbaus in einem bestimmten Umkreis der Hauptstadt). Den Chinesen ihrerseits aber war – und das spricht deutlicher als alle Überlieferung für die Kontinuität der uralten Hack- und

den Nicht-Sinologen nach dem Stand der ihm zugänglichen Quellen durchaus unmöglich. Sie ist für unseren Zusammenhang auch nur soweit zu berücksichtigen, als sich in der Problematik der chinesischen Agrarpolitik die Eigenart des Staatswesens aussprach. Denn jedenfalls dies ist auf den ersten Blick unverkennbar: daß die tiefgehendsten Wandlungen der Agrarverfassung durch die Umgestaltung der Militär- und Fiskalpolitik der Regierung bedingt wurden. Die chinesische Agrargeschichte zeigt aus eben diesem Grunde ein monotones Hin und Her zwischen verschiedenen gleich möglichen Prinzipien der Besteuerung und der aus ihr folgenden Behandlung des Bodenbesitzes, die mit innerer *Entwicklung* keinerlei Verwandtschaft hat, seitdem der Feudalismus zerschlagen war.

Im Feudalzeitalter waren die Bauern zweifellos, mindestens zum Teil – wennschon keineswegs notwendiger- oder nur wahrscheinlicherweise alle[2] –, Hintersassen der Feudalherren, denen sie Abgaben und zweifellos auch Dienste leisteten. Der von der Annalistik mit kien ping bezeichnete Zustand, daß sich die Bauern infolge kriegerischer Bedrohung und Unsicherheit oder infolge von Steuer- oder Darlehensüberschuldung um die Höfe der besitzenden Schichten *zusammengedrängt,* d.h. sich ihnen als Klienten (tien ke) kommendiert hatten, wurde von der Regierung in aller Regel scharf bekämpft. Man suchte die Immediatsteuerpflicht der Bauern aufrecht zu erhalten, vor allem aber das Aufkommen einer politisch gefährlichen Grundherrenkaste zu hindern. Immerhin bestand unter den Han nach ausdrücklichen Berichten[3] mindestens

Gartenkultur – der Milchgenuß fremd geblieben, und zu den Ritualakten des kaiserlichen Oberpontifex gehörte die Führung des Pflugs als Zeremonie. Demgegenüber dürfte für die Kulturkontinuität die Abstammung eines Teils oder selbst der ganzen alten Herrenschicht von Nomaden doch bedeutungslos sein. Die Existenz des *Männerhauses* (s. o.) hat natürlich nichts mit *Nomadentum* zu tun, sondern bedeutet, daß Krieg und Jagd von diesen Gemeinschaften, die Bodenkultur aber von den Frauen gepflegt wird. Das Fehlen des Milchgenusses ist in China doch offenbar recht alt und widerspricht der *Nomaden*-Hypothese. Großvieh war Arbeitsvieh oder Opfertiere, dem normalen Fleischgenuß diente nur Kleinvieh.
Zur Geschichte der Agrarverfassung im Zusammenhang mit dem Fiskalsystem: N. J. Kochanowskij, Semljewladjenie i semljedjelje w Kitaje (Wladiwostok 1909, in den Iswjestija Wostotschnawo Instituta d. g. isd. 1907/8 tom. XXIII w. 2) und A. J. Iwanoff, Wang-An-Schi i jewo reformy (S. Petersburg 1906). Leider war mir die sonstige russische Literatur nicht zugänglich. (Auch A. M. Fielde, Land Tenure in China, Journal of the China Branch of the R. Asiat. Soc. 1888 vol. 23 p. 110 konnte ich mir – ebenso wie fast alle Publikationen dieser Zeitschrift – zurzeit nicht zugänglich machen.) – Einige andere Literatur weiterhin.

2 Denn es scheint, daß sie zur Zeit Schi Hoang Ti's ein gewisses Maß von Wehrhaftigkeit bewahrt hatten. Auch wenn dies nicht der Fall gewesen sein sollte, war damit nicht notwendig eine *grundherrschaftliche Hörigkeit* gegenüber den Feudalherren in unserem Sinn des Worts gegeben, sondern: politische und durch die Stromregulierung bedingte Unterwerfung unter die Macht der Fürsten nach ägyptisch-vorderasiatischer Art.

3 Wiedergegeben bei Biot a.a.O.

zeitweise der Zustand: daß die Grundherren die Steuer für ihre Kolonen zahlten. Ebenso wie der Militärmonarch Schi Hoang Ti, suchte auch der Militär-*Usurpator* Wang Mang diese Stellung der Grundherren durch Einführung des kaiserlichen Bodenregals zu vernichten, – aber anscheinend vergeblich. Inwieweit es Anfänge einer Fronhofswirtschaft okzidentaler Art gegeben hat, wissen wir nicht. Doch ist es jedenfalls unwahrscheinlich, daß sie – soweit sie nachweisbar sein sollte – als typische Erscheinung anzusehen wäre, und erst recht: daß sie als Folge des Feudalismus zu gelten hätte. Denn die Art der rechtlichen Behandlung der Lehen macht es unsicher, ob sie die Grundlage für eigentliche Grundherrschaften okzidentalen Gepräges darstellen konnten. Die einem Nichtfachmann zugänglichen Quellen lassen auch nichts Sicheres über die Art der Feldgemeinschaft erkennen und es muß zweifelhaft bleiben, ob und eventuell wie sie mit dem Feudalsystem – wie es in typischer Art der Fall zu sein pflegt[4] – im Zusammenhang stand oder vielmehr – wie so oft – fiskalischen Ursprungs war. Dies wäre an sich wohl möglich. Unter der Tang-Dynastie z.B. wurden 624 zu Steuerzwecken die Bauern nach kleinen Verwaltungsbezirken (hiang) gegliedert und innerhalb dieser ihnen bestimmte Besitzeinheiten garantiert und eventuell aus Staatsland zugewiesen.[5] Der Austritt und – in diesem Fall – der Verkauf des Landes war zwar gestattet, setzte aber den Einkauf in eine andere Steuergemeinschaft voraus. Bei dieser nur relativen Geschlossenheit der Grundbesitzerverbände ist es aber ganz unzweifelhaft oft nicht geblieben. Die höchst radikalen Umgruppierungen der Bevölkerung in solidarisch haftende Steuer-, Fron- und Aushebungs-Verbände läßt es als ganz sicher erscheinen, daß die, von der Annalistik auch ausdrücklich erwähnte, Pflicht zur Bodenbestellung (im fiskalischen Interesse) stets erneut als das Primäre, das entsprechende *Recht* auf Land als das daraus Abgeleitete galt. Es scheint nun aber nicht, daß daraus eine, sei es den germanischen, sei es den russischen, sei es den indischen Verhältnissen entsprechende Kommunionwirtschaft der Dörfer entstanden ist. Die Existenz von Dorfallmenden im Sinn der okzidentalen Verhältnisse kann nur als eine Erscheinung der fernen Vergangenheit aus gelegentlichen Andeutungen erschlossen werden. Die kaiserlichen Steuerordnungen machen nämlich nicht das Dorf, sondern die Familie und deren arbeitsfähige (ting) Mitglieder (gerechnet meist vom 15.–56. Jahre) zur Steuereinheit und schlossen, spätestens seit dem 11. Jahrhundert unsrer Zeitrechnung – wahrscheinlich aber schon lange vorher – diese zu jenen künstlichen Haftungsverbänden zusammen. Daß das Dorf gleichwohl einen Verband mit weitestgehender Selbstverwaltung darstellte, wird noch zu besprechen sein.

[4] Vgl. dazu die (nicht in allen Punkten, insbesondere nicht für die Antike, wohl aber in diesem Punkt zutreffenden) Ausführungen von R. Leonhard in Schmollers Jahrbuch (Anzeige des wertvollen, aber freilich etwas einseitigen Buchs von Lacombe, L'évolution de la propriété foncière).

[5] An der Realität ist nicht zu zweifeln, da Japan die Institution übernommen hat. S. später.

Hier interessiert zunächst die angesichts jener scharfen fiskalischen Eingriffe keineswegs selbstverständliche Tatsache, daß ein anderer, ursprünglich vielleicht auf die Vornehmen beschränkter[6], Verband seit einer für uns nicht greifbaren Vorzeit die Gesamtheit der (als vollwertig angesehenen) Landbevölkerung in sich umschloß und durch diese Fiskalmaßregeln nicht zerstört worden ist.

Denn was sich mit Sicherheit erkennen läßt, ist der durch alle Jahrtausende ungebrochen fortbestehende Zusammenhalt der Sippe und die überragende Stellung des Sippenhaupts. Die ältere Grundherrschaft dürfte in China von da aus entstanden sein. Auf die Sippen waren – wie bemerkt – ursprünglich die Militärleistungen und, vermutlich, alle öffentlichen Lasten überhaupt repartiert und das Sippenhaupt haftete folglich – nach allen Analogien und auch nach Rückschlüssen aus den späteren Veränderungen – für die Repartierung und Ableistung. Nach Durchführung der Privateigentumsordnung, d.h. der formellen Appropriation des Bodens (oder: seiner Nutzung) an die Einzelfamilien hören wir gelegentlich, daß das Sippenhaupt in dieser Funktion durch die vermögendsten Grundbesitzer ersetzt wurde (nach der Tradition 1055), daß also der mit der Repartierung der auf dem Boden ruhenden Lasten betraute, deshalb mit Autorität bekleidete und in den Chancen, Besitz zu akkumulieren, bevorzugte *Senior* sich in einen Grundherren und die verarmten Sippengenossen in seine Hintersassen verwandelt haben, – eine Erscheinung, die bekanntlich zahlreiche Parallelen hat.[7] Inwieweit es neben den Sippengenossen – wie überall einer Oberschicht, die ihrerseits das Monopol des Boden- und Sklavenbesitzes zu beanspruchen pflegt[8] – von jeher eine Schicht sippenloser Höriger gegeben hat, ist für den Nichtfachmann nicht entscheidbar. Daß es Hörige gab und daß ihnen ursprünglich ein sehr großer Teil, wohl der weitaus größte, der Bauernschaft angehörte, steht fest. Der Besitz von Hörigen war im 4. Jahrhundert vor Chr. nur den (damals amtsfähigen) Kuan-Familien gestattet; die Hörigen zahlten weder ko (Grundsteuer) noch leisteten sie ju (Fronden), sondern wurden, offenbar, durch ihre Herren versteuert, so weit diese nicht Immunität erworben hatten. Einzelne Familien besaßen nach der Annalistik *bis zu 40* davon, was immerhin auf einen nur bescheidenen Umfang der damaligen Grund- und Leibherrschaften schließen läßt. Sklaverei hat es in China zu allen Zeiten gegeben. Ihre ökonomische Bedeutung aber scheint nur in den Zeiten

6 Dies würde dann als sicher anzusehen sein, wenn Conrady mit seiner These: daß sich Totem-Verbände in China nachweisen lassen, im Recht sein sollte. Denn die Entwicklung der Sippe scheint überall die Form gewesen zu sein, in welcher die entstehende Herrenschicht sich dem (wesenhaft plebejischen) Totem-Verband entzog.

7 Übrigens wurde damals dies *Privileg* der Vermögenden nicht als Vorrecht, sondern vielmehr als Leiturgie empfunden und war auch so gemeint. Man suchte sich der Last durch fiktive Landverkäufe und durch Familienteilungen zu entziehen.

8 Das Recht zum Sklavenbesitz war auch in China ständisch begrenzt.

der Akkumulation großer Geldvermögen durch Handel und Staatslieferungen: als Schuldsklaverei oder Schuldhörigkeit, wirklich erheblich gewesen zu sein, – wovon bald zu reden sein wird.

Die entscheidenden Wandlungen der Agrarverfassung gingen anscheinend stets von der Regierung aus und hingen mit der Regelung der Militär- und Abgabenpflicht zusammen. Von dem *ersten Kaiser* (Schi Hoang Ti) wird berichtet, daß er eine allgemeine Entwaffnung des Landes durchgeführt habe. Zweifellos richtete sich diese in erster Linie gegen die Streitkräfte der von ihm radikal unterdrückten Feudalherren.[9] Gleichzeitig wurde – was in China seitdem sich noch öfter wiederholt hat – das *Privateigentum* durchgeführt. Das heißt: es wurde der Boden den Bauernfamilien (welchen? ist wohl kaum feststellbar) unter Befreiung von den (welchen?) bisherigen Lasten appropriiert und die neuen Staatslasten ihnen unmittelbar auferlegt. Diese Staatslasten waren teils Abgaben, teils Fronden, teils Rekrutengestellungen für das patrimonialfürstliche Heer des Kaisers. Und für die folgende Entwicklung war offensichtlich entscheidend: in welchem relativen Umfang auf die Wehrkraft, in welchem auf die Fronleistungspflicht und in welchem auf die Steuerfähigkeit der Bauern reflektiert war, ob mehr Natural- oder mehr Geldsteuern bestanden, ob – im Zusammenhang damit – das Heer aus zum Dienst gepreßten Untertanen oder aus Söldnern zusammengesetzt war, und schließlich: welche technischen Mittel die Verwaltung schuf, um die Ableistung der – je nachdem verschieden gearteten – Lasten zu sichern.[10] Alle diese Komponenten nun haben gewechselt und die durch die ganze chinesische Literatur sich hinziehenden Gegensätze der Literatenschulen sind zum nicht unerheblichen Teil mit an diesen verwaltungstechnischen Problemen verankert gewesen. Sie haben sich daher namentlich in der Zeit des drohenden Mongolensturms, seit dem

[9] Aber der Verlauf des Aufstandes, der zum Sturz seiner Dynastie führte, scheint zu zeigen, daß bis dahin auch breite Schichten der Bauern noch (wie in Deutschland bis zur Entwaffnung nach dem Bauernkrieg) wehrhaft waren. Denn der Begründer der Han-Dynastie und andere Empörer waren Bauern und stützten sich (mindestens: auch) auf die Wehrkraft ihrer Sippen.

[10] Im Staat Lu (dem konfuzianischen Musterstaat) wurden z. B. in einem Zeitpunkt auf die damalige Katastereinheit (von 64 *tsing)* ausgeschrieben: 1 Kriegswagen, 4 Pferde, 10 Haupt Rindvieh, 3 Gepanzerte, 64 (nicht gepanzerte) Fußsoldaten. Es ist klar, daß diese Matrikel von der Voraussetzung ausging: daß die zu der betreffenden Katastereinheit zusammengeschlossenen Sippen die zu stellenden Militärkräfte ihrerseits durch Soldzahlung beschafften. Das Zurückgreifen auf unmittelbare Zwangsaushebung blieb vermutlich subsidiär. (Die Art, wie ähnliche Zustände sich in Indien zu grundherrlichen Pfründen entwickelt haben, werden wir später kennen lernen.) In andern Fällen ist in China (wie bald zu erörtern) die Heeresgestellung so geregelt gewesen, daß unmittelbar auf die einzelnen Familien gegriffen wurde. Schon jene Ordnung im Staat Lu zeigt aber an Stelle eines Vasallenaufgebots eine Vorstufe patrimonialfürstlicher *Rekrutierung,* also die Beseitigung des Feudalismus als Militärsystem. Europäische Analogien finden sich (Delbrück hat diese Verhältnisse für das Feudalheer Europas sehr glücklich geschildert).

Anfang des 11. Jahrhunderts unserer Ära, besonders stark zugespitzt. Ein zentrales Problem aller damaligen Sozialreformer war immer (ganz ebenso wie bei den Gracchen) die Erhaltung oder Neuschaffung eines gegen die Nordwest-Barbaren hinlänglich schlagkräftigen Heeres und der dafür erforderlichen Finanzmittel, in Geld oder: Naturalleistungen. Das typische, wiederum keineswegs China allein eigentümliche, Mittel zur Sicherung der – in ihrer Art wechselnden – Leistungen der Bauern war die Bildung von solidarisch haftenden Zwangsverbänden (von je 5 oder 10 Familien, die ihrerseits wieder zu Verbänden zusammengeschlossen wurden) und von Leistungsklassen der Bodenbesitzer, je nach dem Besitz verschieden (z. B. in 5 Klassen) abgestuft. Ferner aber immer wieder der Versuch, um die Zahl der prästationsfähigen Bauern zu erhalten und zu vermehren, also: die Besitzakkumulation und die Entstehung von unbebauten oder extensiv bebauten Ländern zu verhindern: Besitzmaxima zu schaffen, das Bodenbesitzrecht an die effektive Bebauung zu knüpfen, Siedlungsland zu erschließen und eventuell Landumteilungen herbeizuführen auf der Basis eines auf die einzelne bäuerliche Arbeitskraft entfallenden durchschnittlichen Bodenbesitzanteils, der also etwa dem russischen *Nadjel* entsprochen hätte.

Die chinesische Steuerverwaltung stand schon durch ihre überaus ungenügend entwickelte Maßtechnik vor erheblichen Schwierigkeiten sowohl bei diesen wie bei allen Kataster-Problemen. Das einzige eigentlich wissenschaftlich *geometrische* Werk[11], im wesentlichen den Hindus entlehnt, scheint erkennen zu lassen, daß nicht nur trigonometrische Vermessungen nach dem Stande der Kenntnisse ausgeschlossen waren, sondern daß auch die Vermessung der einzelnen Ackerstücke kaum die altgermanische, gar nicht aber die wahrlich primitive Technik der römischen Agrimensoren erreichte. Erstaunliche Vermessungsirrtümer – ebenso erstaunlich wie die Rechenfehler der mittelalterlichen Bankiers – scheinen alltäglich gewesen zu sein. Die Maßeinheit: der chinesische *Fuß*, blieb trotz Schi Hoang Ti's Reform offenbar provinziell verschieden, der kaiserliche Fuß (= 320 mm) meist der größte; Schwankungen zwischen 255, 306, 315, 318, 328 mm finden sich. Das grundlegende Landmaß war das mou, in der Theorie ein langer Landstreifen von ursprünglich 100, später 240 x 1 pu = bald 5 bald 6 Fuß, im letzteren Fall also bei Zugrundelegung des Fußes von 306 mm = 5,62 Ar, wovon 100 auf ein king (= 5 Hektar 62 Ar) gingen. Unter den Han galten 12 mou, von denen jedes 1½ schi Reis produzierte, als – russisch ausgedrückt – nötiger *Seelen-Nadjel* für jedes Individuum. Die ältesten Notizen scheinen zu behaupten, daß in der Zeit vor Wen Wang (12. Jahrhundert vor Chr.) 50 mou (zu, damals, 3,24 Ar) auf ein Individuum gerechnet worden seien, wovon damals ein Zehntel, also 5, als Kong tien (Königsland) für den Fiskus bestellt wurden, so daß also für jedes

[11] Suan fa tong tsang S. Biot N. Journ. Asiat. 3 Ser. 5, 1838 (Darstellung auf Grund des Wen hian tong kao).

Individuum ein Besitz von 2,916 Hektar als normal gegolten hätte. Auf diese Notiz ist indessen gar kein Verlaß.[12] Man rechnete noch ein Jahrtausend und mehr später normalerweise immer wieder nicht nach Bodeneinheiten, sondern nach Familien, und klassifizierte eventuell diese – wie schon gesagt – nach der Zahl der zu ihnen gehörigen *ting*, der arbeitsfähigen Individuen.[13] Den Boden aber klassifizierte man in höchst roher Form entweder einfach in *schwarzen* und *roten* Boden, also (dürfen wir wohl als sicher annehmen:) in bewässertes und unbewässertes Land. Das ergab zwei Steuerklassen. Oder nach dem Maße der Brache in 1. bracheloses (also: bewässertes), 2. Dreifelder- und 3. Feldgraswirtschaftsland. Vom ersteren rechnete man – in den ältesten zugänglichen Notizen – 100 Mou (5,62 Hektar), vom zweiten 200 (11,24 Hektar), vom dritten 300 (16,86 Hektar) als Normallandanteil einer Familie. Auch das entspräche einer Einheitssteuer auf die Familie, nicht auf die Bodeneinheit. Die Verschiedenheit der Größe und der Altersgliederung der Familie führte dabei gelegentlich zu dem Gedanken, große Einheiten auf guten, kleinere auf schlechten Boden zu setzen. Inwieweit dies praktisch wurde, ist natürlich sehr fraglich. Umsiedelungen der Bevölkerung hatten zwar immer als leicht anwendbares Mittel der Ausgleichung des Ernährungsstandes und der Steuer- und Fronfähigkeit gegolten. Aber diese Möglichkeit hätte doch schwerlich der ganzen regulären Steuerveranlagung zugrunde gelegt werden können. Oder man schied die Familien nach dem Inventar: spannfähige und nicht spannfähige (5. Jahrhundert nach Chr.). Dieses Personalsteuer- (tsu-) System wechselte aber immer wieder mit reinen Grundsteuer- (tu-) Systemen verschiedener Art ab. Entweder Naturalquotensteuern. So schon nach dem Vorschlag des Ministers Tschang yang (360 vor Chr.), im Staat Tsin in sehr bedeutender Höhe (1/3–1/2 des Rohproduktes angeblich), – was für die Stärke der Herrschergewalt und für die Ohnmacht der Bauern dort spricht. Trotz dieser Höhe aber, nach der Annalistik, mit der Folge, daß die Bebauung des Bodens sich, infolge des Eigeninteresses am Anbau, hob. Später regelmäßig mit weit geringeren Quoten (ein Zehntel bis ein Fünfzehntel) Oder: feste Naturalabgaben je nach Bodengüte. So anscheinend unter Tschang ti (78 vor Chr.) und (anscheinend) wieder im 4. Jahrhundert nach Chr., jedesmal unter einer ziemlich rohen Klassifikation des Bodens. Oder endlich: Geldsteuern. So 766 nach Chr. (15 tsien vom mou). Der unbefriedigende Ertrag nötigte dabei dazu, 780 die Leistung in Naturalien unter Abschätzung des Geldwertes durch die Steuerbehörden zu gestatten, – eine Quelle endloser Mißbräuche. Immer wieder wurde, nachdem die Versuche der staatlichen Geldfinanzwirtschaft immer erneut zusammengebrochen waren, auf diese Experimente zurückgekom-

[12] Man muß immer beachten, daß das erste als leidlich sicher geltende (Chavannes) chronologische Datum der chinesischen Geschichte das Jahr 841 vor Chr. ist.

[13] Bei nicht rein gartenmäßiger Bebauung rechnet man heut: daß eine Familie von 5 Köpfen von 15 Mou (etwa 85 Ar) gerade leben könne, eine für uns noch immer fast unglaubwürdig kleine Zahl.

men und zwar ganz offenbar um militärisch wirklich brauchbare, und das hieß: Soldheere halten zu können. Die Form wechselte. So 930 unter dem Usurpator Heu tung: Die als Steuer erhobenen Naturalien wurden den Steuerpflichtigen *zurückverkauft,* man kann sich denken: mit welchem Ergebnis. Entscheidend war das Fehlen einer verläßlichen Steuerbürokratie, die zuerst 960 von der Sung-Dynastie zu schaffen versucht wurde. Aber die Denkschrift Pao tschi's von 987 schilderte die Massenflucht der Steuerpflichtigen in düsteren Farben und der Versuch Wang An Schi's (1072) unter dem Kaiser Schin Tsong, eine universelle Katastrierung durchzuführen, kam nicht zu Ende: etwa 70% des Landes war bei Ende seines Regiments untarifiert und das Budget von 1077[14] zeigt zwar eine Zunahme der Geldeinnahmen auf Kosten der Naturaleinnahmen, ist aber sehr weit von einem auch nur überwiegenden Geldbudget entfernt. Die Papiergeldwirtschaft hat im 13. Jahrhundert ebenso wie schon die Münzentwertung unter Tschang ti (1. Jahrhundert vor Chr.) immer wieder den Kollaps in die Naturalsteuerwirtschaft zur Folge gehabt, und erst unter den Ming steht neben einer sehr bedeutenden Getreideeinnahme und einer (relativ) mäßigen Seidenmenge ein bedeutender Betrag von Silber. Die Befriedung des Reichs unter den Mandschus – zum Teil eine Folge der Domestikation der Mongolen durch den Buddhismus – hat im Verein mit der Steuerkontingentierung von 1712/13 die Steuer auf einen mäßigen und festen Betrag sinken lassen (etwa $^1/_{10}$ des Produkts in der ersten Hälfte des 19. Jahrhunderts) und die letzten Reste der *Pflicht zum Lande* und der Beaufsichtigung der Bodenbestellung beseitigt. Kaiserliche Edikte der letzten Jahrzehnte verboten die Haftbarmachung der Zehntschaftsobmänner für die Lasten.[15]

Aber in den beiden Jahrtausenden seit Schi Hoang ti waren die Bodenbestellungspflicht aller *ting,* d. h. aller Arbeitsfähigen, und daher auch Fronpflichtigen, und die Fron- und Steuerhaftungsgemeinschaften der Sippen und der aus ihnen gebildeten Zehnschaften, das Bodenbesitzmaximum und das Recht der Umsiedelung immerhin nicht bloße Theorie, sondern gelegentlich recht fühlbare Realitäten gewesen. Soweit die Steuer und die Fronlasten auf die Familien umgelegt wurden[16] – und dies war, sahen wir tatsächlich immer wieder, der Fall, weil die Schaffung eines Bodenkatasters überaus schwierig schien – begünstigte, ja erzwang der Fiskus mit aller Macht Familienteilungen, um die Zahl der Pflichtigen nach Möglichkeit zu erhöhen.

Auf die Entstehung der für China typischen Zwergbetriebe dürfte das von erheblichem Einfluß gewesen sein. Aber sozial angesehen, hatte die Wirkung ihre feste Grenze.

14 S. o. unter I.

15 Peking Gazette vom 14. VI. 83.

16 Beispiele einer japanischen Hausliste nebst Berechnung des danach zustehenden Landanteils bringt Nachod in seiner Darstellung der Geschichte Japans Band III der *Weltgeschichte* von Pflugk-Hartung.

Alle diese Maßregeln hemmten zwar die Entstehung von größeren Betriebseinheiten. Aber sie förderten – dem tatsächlichen Ergebnis nach – das Zusammenhalten der altbäuerlichen Sippen als Träger des Bodeneigentums (oder, soweit ein Bodenregal in Anspruch genommen wurde, des Bodennutzungsrechts): Die Sippen[17] waren die tatsächlichen Kaders für die Haftungsverbände.[18] Alle Versuche, wirkliche Besitzgleichheit im Sinne des Nadjel-Prinzips zu schaffen, scheiterten immer aufs neue an den völlig unzulänglichen Verwaltungsmitteln. Und die letztlich rein fiskalisch motivierten *staatssozialistischen* Experimente des 11. Jahrhunderts und einzelner späterer Herrscher hinterließen offensichtlich nur eine intensive Abneigung gegen alle und jede Intervention der zentralistischen politischen Gewalten, in der sich die lokalen Amtspfründner mit allen Bevölkerungsschichten zusammenfanden. Das entscheidende Verlangen der Zentralregierung (z. B. im 10. Jahrhundert): daß nicht feste Pauschalien, sondern alle Überschüsse der Auflagen (Fronden und Steuern) über den Lokalbedarf zu ihrer Verfügung zu stehen hätten, ist nur durch ungewöhnlich energische Kaiser zeitweise effektiv durchgeführt worden, kollabierte immer wieder und wurde – wie erwähnt – unter den Mandschus schließlich aufgegeben. – Wenigstens einige Seiten dieser fiskalischen Agrarpolitik mögen im Anschluß an das Gesagte noch herausgehoben werden, um das Bild zu vervollständigen.

Eine Sonderstellung innerhalb der Agrarverfassung nahm zunächst die für den Eigenbedarf des Hofs, aber auch für den Außenhandel wichtige Seidenzucht, dann die *nasse* (bewässerte) Reiskultur ein. Die erstere – ein sehr alter Zweig der Gartenkultur und hausgewerblichen Arbeit – wurde in Verbindung mit Obstpflanzungen nach der Annalistik im 5. Jahrhundert unserer Zeitrechnung den bäuerlichen Haushaltungen in bestimmtem Verhältnis zum Landanteil oktroyiert. Die letztere aber dürfte die reale oder doch die ursprüngliche Grundlage des sog. *Brunnen*-Systems sein, welches bei chinesischen Autoren eine Art von Klassizität als eigentlich nationales Landteilungssystem genoß:[19] ein durch Drittelung der Seiten eines Quadrats in 9 Teile zerlegtes Feld, dessen mittelster Teil von den 8 Umliegern für den Fiskus (eventuell: den Grundherren) zu bestellen war. An eine irgendwie universelle Verbreitung ist gar nicht zu denken, – sie stände, abgesehen von der inneren

[17] Dem Sinn der Zehntschaften nach waren diese Verbände von je zehn Sippen. Der wiederholte Versuch, auf die Familie oder die einzelnen statt auf die Sippe zu greifen, hat wohl erst spät Erfolg gehabt.

[18] Wenn russische Schriftsteller in dem Normallandanteil den Nadjel der russischen Obschtschina wiederfinden wollen, so ist nicht außer acht zu lassen: ein Dorfkommunismus folgte aus diesen rein fiskalisch bedingten Maßregeln nur unter den russischen Voraussetzungen: vor allem: Haftung des Dorfverbandes. Und diese scheint nicht bestanden zu haben.

[19] *Brunnen*-System angeblich nach dem Schriftzeichen, welches ein neungeteiltes Quadrat darstellt, – aber doch wohl mindestens auch: weil Bewässerungsgräben und

Unwahrscheinlichkeit, mit den annalistisch feststellbaren Daten über die Schicksale des Bodenrechts im Widerspruch. *Abschaffung* des Brunnensystems (so z. B. unter den Tsin im 4. Jahrhundert n. Chr.) – diese wohl identisch mit Ersatz des Systems des *Königsfeldes* überhaupt durch Abgaben – und (zugestandenermaßen erfolglose) *Wiedereinführung* desselben wechselten ab. Fest steht wohl, daß es nur lokal: zweifellos wesentlich bei Bewässerung von Reisfeldern, bestand, allenfalls von da gelegentlich auf Ackerland übertragen worden ist. Jedenfalls war es historisch nicht die agrarische Grundinstitution Chinas, wie zuweilen früher angenommen wurde, sondern eben nur eine auf die nasse Reiskultur gelegentlich angewendete Form des alten Kong-tien-(Königsland-) Prinzips.

Rechtlich nahmen in allem Wechsel der Agrarverfassung die immer wieder geschaffenen lebenslänglichen, aber den Nachkommen im Fall der Eignung und Übernahme der Pflichten regelmäßig wiederverliehenen Apanagen- und Lehengüter eine Sonderstellung ein. Teils waren sie offensichtlich Pfründen, welche den Unterhalt der Bewidmeten als Krieger decken sollten: daher die Bestimmung, daß der Betreffende mit 60 Jahren ins Altenteil zu gehen habe (wie beim japanischen inkyo). Diese Militärlehen treten – nach Klassen der Krieger abgestuft – besonders seit dem 1. Jahrhundert n. Chr. und in der Zeit vom 7.–9. Jahrhundert auf und haben bis in die Ming-Dynastie ihre Rolle gespielt. Erst die Mandschus haben sie verfallen lassen oder vielmehr durch ihre eigenen *Bannerlehen* ersetzt. Ebenso hat es in den verschiedensten Epochen Dienstland für Beamte (statt der Deputate, besonders bei Verfall des Magazinsystems, der Grundlage der Naturaldeputate) gegeben. Teils waren sie plebejische Kleinlehen, belastet mit Leiturgien aller Art (Wasser-, Wege-, Brückenfronden, ganz wie in der Antike: lex agraria von 111, und mehrfach im Mittelalter). Solche Besitzstände sind noch im 18. Jahrhundert neu begründet worden.[20]

Im übrigen lassen sich, nach der sog. Schaffung des *Privateigentums* (Schi Hoang Ti), die verschiedensten Wandlungen der Bodenverteilung feststellen. Zeiten starker innerer Unruhen sahen, wie erwähnt, stets das Entstehen großer Grundherrschaften, als Folge von freiwilligen Kommendierungen, Vergewaltigungen und Auskauf verarmter und wehrloser Bauern. Der Gedanke einer Maximalgrenze des Besitzes führte natürlich immer wieder zur Fesselung der

-rohre und eine langdauernde Überflutung des eingedämmten Landstücks für den Reisanbau unumgänglich waren. Überall in Asien (so in Java) bedeutete dies höchst durchgreifende Neuerungen der Appropriationsverhältnisse und überall insbesondere fiskalisches Eingreifen, wofür die unentbehrliche Wasserzuleitung die Grundlage gab. Es ist aber gewiß möglich, daß das System, dessen Alter ziemlich hoch eingeschätzt zu werden pflegt, aus ursprünglicher Bestellung des Häuptlingslandes durch die Sippengenossen heraus rationalisiert worden ist.

20 Die mit Kanalleiturgien belasteten Anlieger des Kaiserkanals haben noch in der Taipingrebellion eine erhebliche Rolle gespielt.

Bauern an ihre Scholle oder vielmehr: an die Haftungsverbände. Formell führten diese wesentlich nur fronfiskalisch bedingten Eingriffe unter der östlichen Tsin-Dynastie (nach einigen älteren Anfängen) im 4. Jahrhundert zuerst zur Erklärung des staatlichen Bodenregals. Es ist aus den Nachrichten offensichtlich, daß eine entscheidende Absicht auch dabei die Ermöglichung universeller Fronregulierung war. Der erwähnte Gedanke des gleichen *Seelen*-Anteils (für jeden im Alter von 15–60 Jahren stehenden) mit – in der Theorie! – jährlicher Neuumteilung trat in den Teilreichen des 3. Jahrhunderts, – nachdem das ziemlich rohe System der Kombination von Kopfsteuer (von jeder ting-Seele) und Bodenbesitzsteuer (zunächst einfach: von jedem Hof) zu ganz unbefriedigenden Ergebnissen geführt hatte –, 485 n. Chr. und erneut unter den Tang (7. Jahrh.) auf und wurde (in der Theorie) mehrfach *sozialpolitisch* abgewandelt (Fürsorge für gesondert wohnende Alte, Kriegsverletzte und ähnliche Personenkategorien). Erblicher und nach Art etwa von badischen Allmendäckern wechselnder oder durch Rang bedingter Besitz konnten dabei in verschiedener Weise miteinander verbunden werden. 624 z. B. wurde im Tang-Staat ein bestimmtes Grundmaß als erblicher Besitz für jeden Hof zugelassen und je nach der Seelenzahl ein Landzuschlag gestattet. Von der so geschaffenen Steuereinheit wurden Kornabgaben und Fronden teils kumulativ, teils alternativ erhoben. Anfang des 11. Jahrhunderts wurde der zulässige Bodenbesitz nach dem Rang abgestuft. Bei Landmangel war Übersiedlung gestattet: Es war damals viel Siedlungsland im Norden vorhanden und dies erklärt wohl die wenigstens zeitweise Möglichkeit einer Durchführung. Im Fall der Übersiedlung oder des Landüberschusses über die Norm sollte freihändiger Verkauf, sonst nur im Fall *echter Not* (Fehlen der Mittel zur Beerdigung) nach Vorangebot an die Sippe gestattet sein. Tatsächlich aber herrschte alsbald wieder ein sehr freier Bodenverkehr und mißlang der Versuch, Besitzgleichheit herzustellen, besonders nachdem das neue Steuersystem von 780 das Interesse der Verwaltung an der Militär- und Fronprästationsfähigkeit wieder abgeschwächt hatte. Mit den fiskalischen und militärischen Bedürfnissen hingen eben, wie wir sahen, all diese Maßregeln zusammen. Nach dem Scheitern des Bodenbesitzausgleichs begnügte sich die Verwaltung mit Eingriffen in die Pachtrentenbildung im Interesse des Bauernschutzes. Auch mußte das Verbot, Fronden, besonders Kurier- und Vorspanndienste, für privaten Nutzen zu beanspruchen, mehrfach eingeschärft werden (10. Jahrh.). Die Beamten, welche vom Frondienst befreit waren, nutzten diese Möglichkeit zur Bereicherung und Akkumulation von Boden, weshalb 1022 für sie speziell ein Bodenbesitzmaximum festgesetzt wurde. Der außerordentlich prekäre Charakter des Bodenbesitzes gegenüber allen diesen Eingriffen und die leiturgischen Vorbelastungen des Besitzes hinderten – nach der Annalistik – in hohem Maße jede Bodenmelioration. Der Leiturgiestaat drohte immer wieder finanziell und militärisch zu versagen, und diese Schwierigkeiten waren es, welche für die zahlreichen Bodenreformversuche den Anlaß und die richtunggebenden Interessen schufen. Dafür war der berühmte Reformversuch Wang-An-Shi's im 11. Jahrhundert ein Beispiel, der primär durchaus militärfiskalisch orientiert war. Sehen wir uns seine Bedingtheit etwas an.

Die Entwaffnung des Landes unter Schi Hoang Ti (die Tradition behauptet: die von den Beamten in 36 dazu gebildeten Bezirken gesammelten Waffen seien in Glocken umgeschmolzen worden) sollte dauernde Befriedung des Landes bedeuten (wie der Kaiser in seinen Edikten immer wieder verkündete). Aber die Festungen an der Grenze mußten besetzt werden und daher wurde die Bevölkerung zum Dienst abwechselnd in den Grenzsiedlungen und in der Robott für die kaiserlichen Bauten (je 1 Jahr) gepreßt. Zwar dies Ausmaß blieb rein theoretisch. Die Schaffung des Einheitsreichs ging aber, wie schon erwähnt, mit einer riesigen Anspannung der Fronlasten der Zivilbevölkerung für Bauzwecke Hand in Hand. Dabei war das Heer dennoch wesentlich ein Berufsheer geblieben. Dies Prätorianerheer brachte chronischen Bürgerkrieg. Unter den Han wurde daher der Versuch gemacht, das stehende Berufsheer durch eine gepreßte Armee zu ersetzen (oder doch: zu ergänzen). Jeder 23jährige sollte 1 Jahr im stehenden Heer (Wei Schi, *Herde)* dienen, dann 2 Jahre in der Miliz (zai huang schi); Übungen im Bogenschießen, Reiten, Wagenlenken waren vorgesehen, die mit dem 55. Jahr aufhörten. Die Fronpflicht sollte 1 Monat im Jahr betragen. Stellvertreter zu mieten war gestattet. In welchem Maße aus diesen Plänen, eine riesige Militärmacht zu schaffen, je Wirklichkeit wurde, steht wohl dahin. Jedenfalls war im 6. Jahrhundert n. Chr. die Fronpflicht stark angespannt: offiziell je nach der Ernte theoretisch 1–3 Dekaden im Jahr für je einen Arbeiter auf die Familie. Dazu traten die militärischen Übungen und die auch in der chinesischen Poesie besonders schwer beklagten Grenzerdienste im fernen Westen, welche die Familien für Jahre auseinanderrissen. Die Fronden steigerten sich: bei der oben erwähnten Bodenbesitz-*Reform* der Tang für Nichtsteuerzahler bis zu 5 Dekaden. Für die großen Flußbauten sollen zuweilen über 1 Million Seelen gleichzeitig aufgeboten worden sein. Die formelle allgemeine Wehrpflicht (Milizpflicht) aber blieb offensichtlich toter Buchstabe und hinderte nur die Entstehung eines technisch brauchbaren Heeres. Unter der San-Dynastie bestand die *Garde* als stehende Truppe, neben zwei Formationen örtlicher Truppen und Milizen, die miteinander verschmolzen und verfielen. Die Rekruten für die *Garde* wurden damals gepreßt und (wenigstens in einigen Provinzen) nach vorderasiatischer Art gebrandmarkt (1042). Den Kern des Heeres bildeten aber, wie aus allen zugänglichen Nachrichten hervorgeht, immer wieder nur die Söldner, deren Verläßlichkeit stets fraglich und insbesondere an regelmäßige Soldzahlung gebunden war. Die chronischen Finanznöte zwangen 1049 zu einer Einschränkung des Heeres in einer Zeit beständig drohender Überfälle der nordwestlichen Barbaren. In dieser Lage versuchte Wang-An-Schi durch eine rationale Reform die Mittel für die Aufstellung einer zureichenden und brauchbaren nationalen Armee zu schaffen. Wenn man diesen Reformversuch *staatssozialistisch* genannt hat, so trifft dieser Ausdruck nur etwa im gleichen sehr engen Sinne (wenn auch nicht ganz in gleicher Art) zu, wie für die monopolistische Bank- und Getreidespeicherpolitik der Ptolemäer, die auf einem sehr entwickelten geldwirtschaftlichen Fundament ruhte.

In Wahrheit[21] handelte es sich um den Versuch, durch planmäßige Unterstützung und Regulierung des Anbaus und Monopolisierung und planmäßige Ordnung des Absatzes von Getreide in den Händen der Zentralgewalt, unter gleichzeitigem Ersatz der Fronden und Naturalabgaben durch Geldsteuern (tsian-schu-fa-System) Geldeinnahmen zu schaffen und so die Mittel zu gewinnen, ein diszipliniertes und geschultes, unbedingt zur Verfügung des Kaisers stehendes großes nationales Heer zu schaffen. Der Theorie nach sollte von je 2 Erwachsenen einer zum Heer eingezogen werden können und wurden zu diesem Behufe Volkslisten vorgeschrieben und in Verbindung damit das System der Zehntschaften (bao tsja fa) unter gewählten Ältesten, mit Rügepflicht und schichtweisem Nachtwachtdienst erneuert. Es sollten ferner Waffen (Bogen) von Staats wegen an die zur örtlichen Miliz reihum Eingezogenen verteilt, Pferde vom Staat gekauft, in Nutzung und Pflege der zum Reiterdienst Gemusterten gegeben und jährlich – unter Haftbarkeit des Übernehmers und, eventuell, Zahlung von Prämien – gemustert werden. Die staatliche Magazinverwaltung, bisher durch die Naturalabgaben gespeist und leiturgisch von den Besitzenden versehen: – eine für diese ruinöse Last, die zugleich zu allen denkbaren Erpressungen führte, – sollte fortan in die Hände bezahlter Beamter gelegt, auf geldwirtschaftliche Grundlage gestellt und in den Dienst systematischer Wirtschaftspflege gestellt werden. Die Verwaltung gab Saatgutvorschüsse (Kin Miau: *Grüne Saat),* und Darlehen in natura oder in Geld: gegen 20% Zinsen. Der Landbesitz sollte neu bonitiert und danach, je nach der Klasse, Steuer, Fron (Mo zi) und Seelenanteil bestimmt werden. Statt der in Geld ablösbaren Fronden wollte man aus den Geldsteuererträgen Arbeiter dingen. Neben der Geldsteuerdurchführung war die Monopolisierung des Getreidehandels der seitdem in verschiedenen Formen immer wieder auftauchende Kernpunkt der Reformvorschläge. Die Regierung sollte in der billigen Zeit (Ernte) kaufen, magazinieren und aus diesen Vorräten die erwähnten Darlehen geben, außerdem aber Spekulationsgewinne machen. Die Schaffung eines Fachbeamtentums, insbesondere: geschulter Juristen, sollte die Reform technisch, die jährliche Aufstellung und Vorlage von Budgets durch sämtliche lokale Behörden die Einheit der Finanzverwaltung ökonomisch ermöglichen.

Die (konfuzianischen) Gegner Wang-An-Shi's beanstandeten, neben 1) dem militaristischen Charakter des Systems als solchem, besonders: 2) die für die Autorität der Beamten gefährliche, weil zu Aufständen reizende Volksbewaffnung und 3) die für die Steuerkraft bedenkliche Ausschaltung des Handels,

[21] S. die Denkschrift Wang-An-Schi's bei Iwanoff p. 51 f.

vor allem: 4) den *Kornwucher* des Kaisers: die verzinslichen Saatdarlehen und die Experimente mit der Geldsteuer.[22] – Wang-An-Schi's Reform scheiterte in dem entscheidenden Punkt: der Militärverfassung, völlig, – nach allen Analogien zweifellos: weil der dafür unentbehrliche Verwaltungsstab fehlte und die Geldsteuern bei der ökonomischen Verfassung des Landes nicht prompt einzubringen waren. Die nach seinem Tode (1086) ausgesprochene Kanonisation und Einrichtung von Opfern wurde im 12. Jahrhundert wieder sistiert. Der Kern des Heeres bestand schon Ende des 11. Jahrhunderts wieder aus Soldtruppen. Die Schaffung des Fachbeamtentums wußten die dadurch in ihren Pfründeninteressen bedrohten Literaten: – deren Interessen waren die entscheidende Kraft in dem ganzen Kampf um die Reform! – zu hintertreiben, und auch die Kaiserinnen, deren Eunuchen durch eine solche Neuordnung in ihrem Machtinteresse sich gefährdet sahen, hatten von Anfang an gegen sie Stellung genommen.[23]

Wenn so die Reform Wang An Schi's im entscheidenden Punkt scheiterte, so scheint sie doch insofern tiefe Spuren zurückgelassen zu haben, als das chinesische *Selbstverwaltungssystem,* wie später zu erörtern sein wird, durch diese Rationalisierung der schon mehrfach erörterten Zehner- und Hunderterverbände seine noch heute nachwirkende Form behielt.

Tiefe Eingriffe der Regierung in die Grundbesitzverteilung hat es auch später noch mehrfach gegeben. 1263, im Kampf gegen die Mongolen, enteignete sie allen über eine bestimmte Besitzgrenze *(100 Mou)* hinausgehenden Bodenbesitz gegen Staatsschuldscheine, um Mittel zu beschaffen, und auch die folgenden Zeiten brachten gelegentlich starke Vermehrungen des unmittelbaren Staatsbesitzes durch Konfiskationen (in Tschekiang soll bei Antritt der Ming-Dynastie nur 1/15 des Bodens voller Privatbesitz gewesen sein). Das staatliche Magazinsystem (tsiun-schu) war an sich alt[24] und spielte schon vor Wang-An-Schi's Plänen eine bedeutende Rolle. Seit dem 15. Jahrhundert etwa nahm es die Form an, die ihm dann blieb: der Ankauf im Herbst und Winter, Verkauf im Frühling und Sommer wurde zunehmend eine im Interesse der Erhaltung der inneren Ruhe vorgenommene preisregulierende Maßregel. Ursprünglich war der Ankauf kein freiwilliger, sondern wurde oktroyiert: Der abzuliefernde Quotient der Ernte schwankte normalerweise um etwa 1/2 und wurde dann auf die Steuern verrechnet. Deren Höhe hat stark geschwankt: 1/15–1/10 des Ertrags, also eine sehr niedrige Quote, waren, sahen wir, unter den Han die Normalsätze, wobei immer zu bedenken ist, daß Fronden dazutraten.

[22] Vgl. die beiden Berichte Su Schi's gegen Wang-An-Schi bei Iwanoff a. a. O. p. 167 ff., 190 f. und die Einwände anderer Gegner, darunter Se Ma Huang's, das. 196.

[23] Auf diese, mit der Struktur der inneren Verwaltung zusammenhängenden Punkte kommen wir später zurück.

[24] Es sollen schon im 8. Jahrhundert Magazine auch für Seide und Leinen bestanden haben.

Die Entwicklung der Sätze im einzelnen interessiert hier schon deshalb nicht, weil sie aus eben diesem Grunde gar kein Bild der realen Belastung geben.

Als Resultat der wechselnden Bodenreformbestrebungen fiskalischen Charakters ist jedenfalls zweierlei anzusehen: die Nichtentstehung rationaler landwirtschaftlicher Großbetriebe und die tiefgehende mißtrauische Abneigung der gesamten Landbevölkerung gegen jede Art wie immer gearteten Eingriffs der Regierung in den Bodenbesitz und die Art der Bewirtschaftung: die laissez-faire-Theorien zahlreicher chinesischer Kameralisten erfreuten sich bei der Landbevölkerung zunehmender Popularität. Konsum- und teuerungspolitische Maßregeln blieben selbstverständlich, als unvermeidlich, erhalten. Aber im übrigen fand nur die Bauernschutzpolitik der Regierung, weil gegen kapitalistische Akkumulation: Verwandlung von im Amt, im Handel, in der Steuerpacht akkumuliertem Besitz in Landvermögen gerichtet, Rückhalt an der Bevölkerung. Diese zum Teil schon vorstehend mitbesprochene Gesetzgebung ist durch diese Stimmung überhaupt erst ermöglicht worden und hat sich, aus eben diesem Grunde, sehr tiefe Eingriffe in den Besitzstand der Vermögenden gestatten dürfen. Hervorgegangen aus dem Kampf der autokratischen Regierung mit den Vasallen und den ursprünglich allein voll wehrfähigen vornehmen Sippen, hatte sie sich später stets erneut gegen die kapitalistisch bedingte Neubildung von Grundherrschaften zu wenden.

Die Art der Eingriffe hat dabei stark gewechselt, wie die bisherige Darstellung schon zeigte. In den Annalen wird für den Staat Tsin[25], aus dem der *erste Kaiser* Schi Hoang Ti hervorging, für die Regierung Hiao Kongs (361–338) berichtet, daß der Literat Wei Yang, sein Minister, ihn als die *höchste Weisheit* gelehrt habe die Kunst: *wie man Herr seiner Vasallen wird.* Neben einer Reform der Steuerverfassung, vor allem: Ersatz der Landbestellungsfronden durch die allgemeine Grundsteuer, steht dabei die Zerteilung des Grundbesitzes im Vordergrund: Zwangsteilung der Familienkommunionen, Steuerprämien auf Familiengründung, Fronfreiheit bei intensiver Produktion, Familienregister und Beseitigung der Privatrache: alles typische Mittel des Kampfes gegen die Entstehung und Erhaltung von Grundherrschaften und zugleich Ausdruck des typischen populationistischen Fiskalismus. Die Gesetzgebung hat, sahen wir, geschwankt: Abwechselnd lieferte die Regierung die landlosen Bauern durch Beschränkung der Freizügigkeit den Großgrundbesitzern aus oder ließ doch ihre Kommendierung in Hörigkeit geschehen, und befreite sie wieder. Aber im ganzen überwog die Tendenz zum Bauernschutz entschieden. 485 n. Chr. (unter der Wei-Dynastie) erlaubte sie offenbar aus populationistischen Gründen den Verkauf von überflüssigem Land. Bauernschutz bezweckte 653 n. Chr. das Verbot des Handels in Land und namentlich des Aufkaufs durch Wohlhabende, und 1205 n. Chr. das Verbot, Land zu verkaufen und als

[25] Vgl. die Exzerpte aus den Annalen bei P. Alb. Tschepe (S. J.), Histoire du Royaume de Tsin, 777-207 (Variétés Sinol. 27, bes. p. 118 f.).

Höriger des Käufers auf dem Grundstück sitzen zu bleiben.[26] Die beiden letzten Bestimmungen lassen mit vollster Sicherheit erkennen, daß zur Zeit ihres Erlasses und – wie andere Nachrichten zeigen – sehr lange vorher ein faktisch veräußerliches Privateigentum an Boden bestand. Denn was hier verhindert werden sollte, war jene Entwicklung, welche an zahlreichen Stellen der ganzen Erde, vor allem in der althellenischen Polis, z. B. in Athen, eingetreten ist: daß im Handel oder aus politischen Quellen akkumulierte Geldvermögen Anlage im Grundbesitz suchten, die verschuldeten Bauern auskauften und als Schuldknechte oder hörige Pächter auf den zusammengekauften Parzellen verwendeten. – Doch genug dieser monotonen Wiederholungen, welche ja eine wirkliche *Wirtschaftsgeschichte* doch nicht bieten können. Die entscheidenden Daten (Preise, Löhne usw.) dafür fehlen bisher. Was aus allem hervorgeht, ist der lange Jahrhunderte, man darf sagen: 1½ Jahrtausende lang, höchst prekäre Charakter der Bodenappropriation und die weitgehende, politisch-fiskalisch bedingte, zwischen willkürlichem Eingriff und völligem Gehenlassen schwankende Irrationalität des Bodenbesitzrechts. Eine Rechtskodifikation wurde von den Literaten mit der charakteristischen Begründung abgelehnt: daß das Volk die leitenden Klassen verachten werde, wenn es sein Recht kenne. Unter solchen Urnständen war die Erhaltung der Sippe als Selbsthilfeverband der einzige Ausweg.

Das heutige Immobiliarrecht in China trägt daher neben scheinbar modernen Zügen die Spuren ältester Struktur an sich.[27] Die Katastrierung alles Landes und die – freilich stets wieder an der Obstruktion der Bevölkerung scheiternde – fiskalische Vorschrift, daß jede Verkaufsurkunde der (gebührenpflichtigen) Siegelung (schoei ki) durch die zuständige Staatsbehörde bedürfe und daß der Besitz dieser Erwerbstitel, Katasterauszüge und Quittungen über die Zahlung der Steuern als Eigentumsbeweis gelte, hat die Übertragung des Bodens (durch bloße Urkundenbegebung) überaus erleichtert. Die in jeder Verkaufsurkunde (Mai Ki) enthaltene Klausel: daß der Besitz *infolge eines wirklichen Geldbedarfs für einen legalen Zweck* veräußert werde, ist heute eine leere Formel. Aber sie läßt – im Zusammenhang mit der erwähnten ausdrücklichen Bestimmung von 485 n. Chr. – mit Sicherheit darauf schließen, daß ursprünglich der Verkauf nur bei *echter Not* zulässig war, zumal ein heute ebenfalls rein formelhaftes, früher aber zweifellos obligatorisches Vorangebot an die Verwandten danebensteht, und vollends angesichts der noch heute als *Unsitte* bestehenden Gepflogenheit des Verkäufers und unter Umständen sogar seiner

[26] Dies Verbot scheint tatsächlich die Entwicklung des Kolonats hintangehalten zu haben. Denn noch heut ist die Kleinpacht von (ländlichem) Boden anscheinend nicht sehr häufig.

[27] Die Bannerlehen der Mandschugarnisonen und die erblichen Landpfründen der leiturgiepflichtigen Grenzertruppen, Kanalanlieger, Straßenanlieger usw. bleiben hier billig außer Betracht.

Nachfahren, bei eintretender Not durch tan ki *(billet de géminance)*[28] vom Käufer eine oder mehrere Nachzahlungen als *Almosen* zu verlangen.[29] Der typische Landkäufer war eben hier wie in der alten Polis des Okzidents der reiche Geldbesitzer und Schuldherr, der Bodenbesitz aber war ursprünglich durch Retraktrechte sippengebunden. Die eigentlich nationale Form der Veräußerung war daher auch nicht der unbedingte Verkauf auf ewig, sondern teils der überall als Notgeschäft sich findende Verkauf unter Vorbehalt des Rückkaufs (hsiao mai), die Vererbpachtung (denn die Stellung eines Erbpächters nahm offenbar der tien-mien, der Eigentümer der Oberfläche, im Gegensatz zum tien ti, Eigentümer des Bodens, ein) und die Antichrese (tien-tang) bei ländlichen Grundstücken (die Hypothek, ti-ya, war nur bei städtischem Boden üblich).

Alle anderen Erscheinungen der Agrarverfassung weisen in die gleiche Richtung: den Kampf der alten Sippengebundenheit des Bodens mit der Geldmacht der Bodenaufkäufer und das temperierende, aber doch wesentlich fiskalisch interessierte Eingreifen der patrimonialpolitischen Gewalt. Die offizielle Terminologie schon des Schi-king und der Annalen der Han-Dynastie unterscheidet, ebenso wie das römische Recht, nur Privatbesitz und öffentlichen Besitz: Staatspächter auf dem Königsland, Steuerzahler auf dem Privatland *(Volksland,* mien ti). Von diesem blieb das unteilbare und unveräußerliche Ahnenland (die Grabstätten und das Land für die Unterhaltung der Ahnenopfer) Familieneigentum[30]; in den Rang des Erblassers sukzedierte der älteste Sohn der Hauptfrau und dessen Nachfahren; dagegen das Vermögen einschließlich des Bodens unterlag seit dem Siege des Patrimonialismus rechtlich der Naturalteilung unter alle Kinder, wobei Verfügungen des Erblassers nur als ethisch verpflichtend (als *Fideikommisse* in diesem eigentlichen Sinne des Begriffs) galten. Als Pachtformen fanden sich zuletzt Teilpacht, Natural- und Geldpacht nebeneinander, wobei der Pächter durch Leistung einer *Kaution* Unkündbarkeit erlangen konnte. Die üblichen Schemata von Pachtkontrakten über ländlichen Boden aber[31] zeigen auf das deutlichste, daß der Pächter als ein *Colon* im Sinn des antiken und südeuropäischen Parzellenpachtverhältnisses zu denken war, welcher neben dem Recht auch die Verpflichtung zur Bebauung des Bodens übernahm und in aller Regel dem Verpächter verschuldet blieb. Als typischer Verpächter aber war – ganz entsprechend dem früher Gesagten – ein Bodenmagnat gedacht, der Streubesitz durch

[28] So übersetzt P. Pierre Hoang Notion technique sur la propriété en Chine, Schanghai 1897 (Variétés Sinol. 11) § 20 den Ausdruck.

[29] Und zwar gerichtlich! Der Richter mußte zwar die Klage abweisen, pflegte aber den Käufer zu *ermahnen,* nicht hartherzig zu sein und zu zahlen. Nur einflußreiche Personen konnten sich dem entziehen (Hoang a. a. O.). Siehe weiterhin im Text.

[30] Das Ahnenland wird in der Peking Gazette häufig erwähnt.

[31] Bei Hoang a. a. O., z. B. Appendix XXIII p. 119. Daß Pacht relativ nicht sehr häufig ist, wurde schon erwähnt. Außer dem allgemeinen Verbot des Kolonats von 1205 ist vor allem wohl die Schwierigkeit, die Pacht einzutreiben, dafür maßgebend.

Verpachtung verwertete. Und zwar offenbar besonders oft die Familienkommunion einer Sippe, welche zählreiche Landparzellen ererbt und erkauft hatte, die Erwerbsurkunden dieser Streugrundherrschaft in besonderen Akten und Inventarienbüchern verwahrte und registrierte[32], im Kataster mit einem besonderen Kommunionsnamen[33] wie unter einer Firma für alle Parzellen verzeichnet war:[34] dem gleichen Namen, der in der Familienhalle auf einer Tafel angeschlagen war. Durch ihren Ältesten regierte sie die Kolonen ähnlich, auch dem Ton nach, patriarchalisch, wie ein antiker oder südeuropäischer Grundherr oder ein englischer Squire. Die großen alten Familien sowohl wie die durch Handel und politischen Erwerb reich gewordenen Parvenus hielten, wie überall, so auch hier ihr Vermögen fest in Kommunionen zusammen, um ihre Machtstellung erblich zu sichern. Es ist klar, daß dies die ökonomische Surrogatform für die vom Patrimonialismus gebrochene ständische Vorzugsstellung des alten Adels war.

Das bis in die Gegenwart in teilweise beachtenswertem (z. Z. leider nicht statistisch feststellbaren) Umfang[35] bestehende Bodenmagnatentum war also nur zum Teil alten Datums, und es war ferner offenbar in starkem Umfang Streubesitz. Immerhin bestand es doch noch bis jetzt und vermutlich früher in noch höherem Grade, und mit ihm der in Patrimonialstaaten typische Kolonat. Aber auf die Macht der Grundherren sehr stark temperierend wirkten nun jene

[32] Hoang a. a. O., p. 12, Nr. 31, p. 152, 157f.

[33] Z. B. *Familie des ewigen Friedens.*

[34] Das Schema des Kataster- und Grundbuchsystems wurde in diesem Zusammenhang zuerst durch eine Notiz (von Bumbaillif) in der China Review 1890/1 (Land Tenure in China) aufgeklärt. Die Katastereinheit war ein nach dem zur Zeit der Katasteraufstellung als Sippenhaupt fungierenden Ahnen einer Sippe bezeichneter Sippenbesitz (oder, falls damals schon eine Teilung stattgefunden hatte: die damaligen Teilbesitzstände). Auch bei Besitzteilung oder Besitzwechsel blieb diese ursprüngliche Katasternummer mit ihrer Bezeichnung bestehen und es wurde lediglich vermerkt: von wem (welcher Familie) nunmehr die Steuer bzw. ein Teil der Steuer, und welcher, zu erheben war. 10 (oder ungefähr diese Zahl) Sippenhäupter bildeten eine Zehnschaft, welche noch jetzt nach altem Recht solidarisch für Steuern hafteten und denen die Friedensbürgschaft auferlegt war. Diese Zehnschaft besaß auch Gemeinschaftsland, welches die Häupter abwechselnd bewirtschafteten (oder verpachteten). Jedes Sippenhaupt sammelte die Steuern seiner Sippe ein. Wer bis zum 16. November seine Steuerquittung nicht vorlegen konnte, dem konnte die Zehnschaft seinen Landbesitz entziehen. Konnten die Haushaltungen einer Sippe die Steuer nicht aufbringen, so mußte auf das Ahnenland der Sippe gegriffen werden. Veränderlich waren die Zehnschaften in ihrer Zusammensetzung: Die erwähnte Notiz berichtet von dem Antrag eines Sippenhauptes (bzw. Sippenteilhauptes) in Gemeinschaft mit 9 anderen, sie zu einer neuen Zehnschaft zusammenzufassen. Die Größe der Sippenbesitzstände war sehr verschieden. Eine verschieden große Anzahl von Zehnschaften war zu einer Hundertschaft zusammengefaßt, ebenfalls für bestimmte, ursprünglich militärische und leiturgische, Lasten. Über die Sippen siehe im übrigen weiterhin im Text.

[35] Es wird behauptet, daß einigermaßen zusammenhängende Besitzungen von 300 ha zwar vorkamen, daß jedoch wesentlich darüber hinausgehende zusammenliegende

beiden China eigentümlichen Umstände ein: die bald näher zu besprechende Macht der Sippen auf der einen Seite, die Extensität und Ohnmacht der staatlichen Verwaltung und Justiz auf der anderen Seite. Der Grundherr, der seine Macht rücksichtslos gebrauchen wollte, hätte wenig Chance gehabt, durch eine prompte Justiz sein formales Recht durchgesetzt zu finden, außer wenn er über persönliche Verbindungen verfügte oder durch den immerhin kostspieligen Weg der Bestechung die Machtmittel der Verwaltung für sich in Bewegung setzte. Und auch dann mußte der staatliche Beamte ebensolche Rücksichten bei dem Versuch der Erpressung von Grundrenten für den Grundherren wie bei der Erpressung von Steuern für sich selbst nehmen. Alle Unruhen erregten, als Symptome drohender magischer Übel, die Sorge der Zentralregierung und konnten ihn das Amt kosten. Höchst bezeichnende Gepflogenheiten der Verpächter und Vermieter zeigen, daß diese Lage für sie den Übergang zu intensiver Ausnutzung ihrer Kolonen ausschloß. Die ungeheure Arbeitsintensität[36] der Kleinbetriebe und deren ökonomische Überlegenheit trat in den gewaltigen Bodenpreisen[37] und dem relativ niedrigen Zinssatz des landwirtschaftlichen Kredits[38] greifbar zutage. Irgendwelche anderen technischen Verbesserungen waren bei der weitgehenden Parzellierung fast ausgeschlossen: Die Tradition herrschte, trotz der weitgehenden Geldwirtschaft.

Der patrimonialistischen Bürokratisierung entsprach also auch hier die Tendenz zur sozialen Nivellierung. Die Produktion blieb in der Landwirtschaft, der arbeitsintensiven Technik des Reisbaues entsprechend, fast ausschließlich kleinbäuerlich, im Gewerbe handwerksmäßig. Die Naturalteilung im Erbgang hatte den Grundbesitz auf die Dauer doch ziemlich stark demokratisiert, so sehr auch die Erbengemeinschaft im Einzelfall den Prozeß verlangsamte. Wenige Hektar Land galten als ein erheblicher Besitz, weniger als ein Hektar (15 Mou = 85 Ar) als auskömmlich bei nicht gartenmäßiger Bestellung für 5 Köpfe. Die feudalen Bestandteile der Sozialverfassung waren, wenigstens dem Recht nach, ihres ständischen Charakters entkleidet. Noch in den letzten Jahrzehnten sprachen amtliche Berichte zwar stets von *Notabeln* des Landes als der sozial ausschlaggebenden Schicht. Eine staatlich garantierte Stellung gegenüber den Unterschichten hatte aber diese ländliche *Gentry* der Dorf-

Besitzeinheiten einzelner Grundherren nicht häufig seien. Die mir im letzten Augenblick zu Gesicht kommende (Frankfurter) Dissertation von Wen Hsian Liu (Die Vorteile des ländlichen Grund und Bodens und seine Bewirtschaftung in China, Berlin 1920) bringt auch keine Zahlen.

36 Es fehlte ja, bis auf etwa 13 offizielle Feiertage, jede Art von *Sonntagsruhe.*

37 In den Ebenen mit Gartenkultur vor ca. 1½ Jahrzehnten 3–4000 M. pro ha (wobei die gegenüber dem Okzident um das Vielfache größere Kaufkraft des Geldes in Rechnung zu stellen ist). Rentabilität angeblich dabei ca. 7–9% (richtiger: *Arbeitsertrag* denn mit steigender Bodengüte sank, nach den vorliegenden Angaben, der Prozentsatz dieser *Rente).*

38 8–9%, gegen 12–30% im kleinen und mittleren Handel und Gewerbe.

honoratioren (s. u.) nicht. Sondern dem Recht nach stand über dem Kleinbürger und Kleinbauern unmittelbar der patrimonialbürokratische Mechanismus. Es fehlte dem Recht und im wesentlichen auch der Sache nach die feudale Zwischenschicht des mittelalterlichen Okzidents.

Kapitalistische Abhängigkeitsverhältnisse okzidentalen Charakters andererseits brachte in typischen Formen erst die neueste Zeit unter europäischem Einfluß. Warum?

IV. Soziologische Grundlagen: D. Selbstverwaltung, Recht und Kapitalismus

Fehlen kapitalistischer Abhängigkeitsverhältnisse – Sippenorganisation – Selbstverwaltung des Dorfes – Sippengebundenheit der Wirtschaftsbeziehungen – Patrimoniale Struktur des Rechts

In der Zeit der Konkurrenz der Einzelstaaten um die politische Macht scheint wohl der in Patrimonialstaaten übliche politisch bedingte Kapitalismus der Geldgeber und Lieferanten der Fürsten hier wie überall unter gleichen Umständen erhebliche Bedeutung gehabt und mit hohen Profitraten gearbeitet zu haben. Daneben werden Bergwerke und Handel als Quellen der Vermögensakkumulation angeführt. Unter der Han-Dynastie soll es, in Kupfer gerechnet, Multimillionäre gegeben haben. Aber die politische Vereinheitlichung zum Weltreich hat hier, wie im kaiserlich römischen geeinigten orbis terrarum, offenbar einen Rückgang dieses ganz wesentlich am Staat und seiner Konkurrenz mit anderen Staaten verankerten Kapitalismus zur Folge gehabt. Die Entwicklung des rein marktmäßigen, am freien Tausch orientierten, Kapitalismus andererseits hielt sich in keimhaften Grenzen. Innerhalb des Gewerbes war natürlich überall, auch in den gleich zu besprechenden genossenschaftlichen Unternehmungsformen, hier wie sonst die Überlegenheit des Kaufmanns über den Techniker augenfällig. Sie trat schon in den üblichen Gewinnverteilungsschlüsseln bei Assoziationen deutlich hervor. Und auch die interlokalen Gewerbe brachten offenbar oft erheblichen spekulativen Gewinn. Die alte klassische Hochwertung des Ackerbaues als des eigentlich heiligen Berufs hinderte daher nicht, daß schon im 1. Jahrhundert v. Chr. (ähnlich wie im Talmud) die Gewinnchancen des Gewerbes höher als die der Landwirtschaft und die des Handels am höchsten eingeschätzt wurden.

Aber das bedeutete keinen Ansatz zur Entwicklung eines modernen Kapitalismus. Gerade jene charakteristischen Institutionen, welche schon das in den mittelalterlichen Städten des Okzidents aufblühende Bürgertum entwickelte, fehlten bis in die Gegenwart entweder ganz oder zeigten eine sehr charakteristisch verschiedene Physiognomie. Es fehlten in China die Rechtsformen und auch die soziologischen Unterlagen des kapitalistischen *Betriebs* mit seiner rationalen Versachlichung der Wirtschaft, wie sie in dem Handelsrecht der italienischen Städte schon früh in unverkennbaren Ansätzen vorhanden waren. Was dort in ferner Vergangenheit als Entwicklungsansatz für die Personalkreditentwicklung zurücklag: die Haftung der Sippe für ihre Mitglieder, blieb nur im Steuer- und politischen Kriminalrecht erhalten. Weitere Entwicklungsstufen fehlten. Zwar hatte die auf den Hausgemeinschaften ruhende Assoziation der Erben zu einer Erwerbsgemeinschaft gerade in den besitzenden Schichten eine, jenen okzidentalen Hausassoziationen, aus denen später (wenigstens in Italien) unsre *offene Handelsgesellschaft* hervorging, verwandte Rolle gespielt. Aber mit einem charakteristisch anderen ökonomischen Sinn. Wie stets im Patrimonialstaat, so hatte auch hier der Beamte, als solcher und als Abgabenpächter: – und die Beamten waren der Sache nach solche, – die optimalen Chancen der Vermögensakkumulation.[1] Verabschiedete Beamte legten ihr mehr oder minder legal erworbenes Vermögen in Grundbesitz an. Die Söhne blieben, im Interesse der Erhaltung der Vermögensmacht, als Ganerben in Erbengemeinschaft und brachten die Mittel auf, wieder einige Mitglieder der Familie studieren zu lassen, um ihnen die Möglichkeit zu verschaffen, in die einträglichen Ämter zu gelangen und dadurch wiederum ihre Erbengemeinschaft zu bereichern und ihren Sippengenossen – wie es im weitesten Umfang als selbstverständlich galt – Ämter zu verschaffen. Es hatte sich so auf der Basis der politischen Besitzakkumulation ein, wenn auch labiles, Patriziat und ein Bodenmagnatentum mit Parzellenverpachtung entwickelt, welches weder feudales noch bürgerliches Gepräge trug, sondern auf Chancen rein politischer Ämterausbeutung spekulierte. Es war also, wie in Patrimonialstaaten typisch, nicht vorwiegend rationaler ökonomischer Erwerb, sondern, – neben dem Handel, der gleichfalls zu Anlage von Gelderwerb in Land führte, – vor allem innenpolitischer Beutekapitalismus, der die Vermögens-, insbesondere auch die Boden-Akkumulation beherrschte. Denn ihr Vermögen machten die Beamten, wie wir sahen, u. a. durch Steueragiotage: die willkürliche Festsetzung des Kurses, zu welchem die Pflichtigkeiten in Courant umzurechnen waren. An dieser Krippe mitgefüttert zu werden gaben die Examina Anwartschaft. Sie wurden daher stets erneut unter die Provinzen repartiert, wennschon nur ausnahmsweise fest kontingentiert. Die Einstellung der Examina in einem Bezirk war eine höchst wirksame, weil ökonomisch höchst empfindliche Strafe für die beteiligten Honoratiorenfamilien. Es ist klar, daß diese Art von Erwerbsgemeinschaft der Familie in der gerade entgegengesetzten Richtung wie die Entwicklung rationaler ökonomischer Betriebsgemeinschaften lag. – Vor allem aber war sie überdies streng sippengebunden. Damit kommen wir nun auf die schon wiederholt berührte Bedeutung der Sippenverbände zusammenhängend zu reden.

In China war die im okzidentalen Mittelalter schon so gut wie völlig erloschene Bedeutung der Sippe sowohl für die lokale Verwaltung der kleinsten Einheiten wie für die Art der ökonomischen Assoziation vollkommen erhalten geblieben und hatte sich sogar in einem Maß entwickelt, wie es anderwärts, auch in Indien, unbekannt geblieben ist. Die patrimoniale Regierung von oben

[1] Der *Hoppo* (Zollaufseher und Zollpächter) in Kanton war berühmt wegen seiner riesigen Akkumulationschancen: Die Einkünfte des ersten Jahrs (200000 Taëls) gingen auf das Amtskaufgeld, die des zweiten auf *Geschenke,* die des letzten, dritten, behielt er für sich (Rechnung des *North China Herald).*

her stieß mit den als Gegengewicht gegen sie fest ausgestalteten Organisationen der Sippen von unten her zusammen. Ein sehr bedeutender Bruchteil aller politisch gefährlichen *geheimen Gesellschaften* bestand bis in die Gegenwart aus Sippen.[2] Die Dörfer hießen vielfach nach dem Namen einer Sippe[3], welche in ihnen ausschließlich oder vorwiegend vertreten war. Oder sie waren Sippenkonföderationen. Die alten Grenzsteine zeigen, daß das Land nicht einzelnen, sondern den Sippen zugeteilt war und die Sippenkommunion erhielt diesen Zustand in ziemlich weitem Umfang aufrecht. Aus der an Zahl mächtigsten Sippe wählte man den – oft besoldeten – Dorfvorstand. *Älteste* (der Sippen) standen ihm zur Seite und beanspruchten das Recht der Absetzung. Die einzelne Sippe aber, von der jetzt zunächst zu reden ist, beanspruchte als solche selbständig die Macht, ihr Mitglied zu strafen und setzte dies durch, so wenig die moderne Staatsgewalt es offiziell anerkannte.[4]

Der Zusammenhalt der Sippe und seine Bewahrung – trotz der rücksichtslosen Eingriffe der Patrimonialverwaltung mit ihren mechanisch konstruierten Haftungsverbänden, ihren Umsiedelungen, Bodenumteilungen und Gliederungen der Bevölkerung nach ting: arbeitsfähigen Individuen, – beruhte zweifellos ganz und gar auf der Bedeutung des Ahnenkults als des einzigen nicht durch die cäsaropapistische Regierung und ihre Beamten, sondern durch den Hausvorstand als Hauspriester, unter Assistenz der Familie besorgten, aber unzweifelhaft klassischen und uralten *Volkskults*. Schon im *Männerhaus* der militaristischen Urzeit scheinen die Ahnengeister eine Rolle gespielt zu haben, – was beiläufig bemerkt, mit wirklichem Totemismus schwer vereinbar scheint und auf den Gefolgschaftscharakter und das daraus entwickelte Erbcharisma des Fürsten und der Gefolgen unter der Form des Männerhauses als die älteste als wahrscheinlich zu erschließende Organisationsform hinweisen könnte.[5] Wie dem sei: In historischer Zeit war von jeher der Glaube an die Macht der Ahnengeister, nicht nur der eignen[6], aber vor allem der eignen, an ihre rituell

[2] So der Kern der Taiping-*Rebellen* (1850–64). Noch 1895 wurde der Hang Yi Tang, die Sippe des Stifters der Taiping-Religion, als geheime Gesellschaft verfolgt (Peking Gazette).

[3] Z.B. (Conrady a. a. O.): Tschang hia tsung – *Dorf der Familie Tschang.*

[4] Offiziell anerkannt blieb nur das Gericht der kaiserlichen Sippe über deren Mitglieder und: die Hausgewalt.

[5] Vielleicht bestand beides – *genossenschaftliches und herrschaftliches* Männerhaus – regional nebeneinander, denn es ist andererseits richtig, daß die von Quistorp a. a. O. zusammengetragenen Notizen im ganzen mehr für das erstere sprechen. Immerhin: Der legendäre Kaiser Yau übergibt seinem Nachfolger Schun die Regierung im Ahnentempel. Ein Kaiser bedroht seine Vasallen mit dem Zorn ihrer Ahnengeister. Solche Beispiele, die bei Hirth (Anc. Hist. of China) zusammengestellt sind, ebenso: daß ein Ahnengeist des Kaisers bei Mißregierung erscheint und Rechenschaft fordert und die Rede des Kaisers Pang-kongim Schu-king (Legge p. 238) sprechen für die letztere Annahme. Reste von Totemismus zusammengestellt bei Conrady a. a. O. (nicht wirklich ganz überzeugend, wenn auch gewichtig).

[6] Die schon erwähnte Schonung des letzten Nachfahren einer gestürzten Dynastie führt

und literarisch bezeugte Vermittler-Rolle für Wünsche der Nachfahren beim Himmelsgeist oder -Gott[7], an die unbedingte Notwendigkeit, sie durch Opfer zu befriedigen und günstig zu stimmen, der schlechthin grundlegende Glaube des chinesischen Volks. Die Ahnengeister der Kaiser waren die nahezu gleichgeordnete Gefolgschaft des Himmelsgeistes.[8] Ein Chinese, der keinen männlichen Nachfahren hatte, mußte unbedingt zur Adoption schreiten, und wenn er dies unterließ, so nahm die Familie eine posthume fiktive Adoption für ihn vor[9], – weniger in seinem, als in ihrem eignen Interesse: um Ruhe vor seinem Geist zu haben. Die soziale Wirkung dieser alles beherrschenden Vorstellungen liegt klar zutage. Zunächst die ungeheure Stärkung der patriarchalen Gewalt.[10] Dann aber der Zusammenhalt der Sippe als solcher. In Ägypten, wo der Toten- aber nicht: der Ahnen-Kult alles beherrschte, zerbrach ebenso (aber ganz erheblich früher) wie in Mesopotamien der Zusammenhalt der Sippe unter dem Einfluß der Bürokratisierung und des Fiskalismus. In China erhielt und stärkte er sich und wuchs zu einer den politischen Herrengewalten ebenbürtigen Macht empor.

Im Prinzip jede Sippe hatte (und zwar bis in die Gegenwart hinein) ihre Ahnenhalle[11] im Dorf. Außer den Kultparamenten enthielt sie oft eine Tafel der von der Sippe anerkannten *Moralgesetze.* Denn das Recht, sich selbst Statuten zu geben, war für die Sippe faktisch nie bezweifelt und wirkte nicht nur praeter, sondern – sogar in Ritualfragen – unter Umständen auch contra

auf die Sorge zurück, deren – immerhin, als frühere Kaiser, mächtige – Ahnengeister nicht in Unruhe zu bringen. (Vgl. noch in der Peking Gazette vom 13.4. und 31.7.83: – Beschwerde des Tschang Tuan, des Repräsentanten der Ming-Dynastie, über Bebauung des Ming-Ahnenlandes.) Ebenso die früher erwähnten offiziellen staatlichen Opfer für Geister von ohne Nachkommen Abgeschiedenen und – s. gleich – die Adoptionen.

[7] S. die Rede des Fürsten von Tschou im Schu-king (Legge S. 175) und das Gebet für den kranken Kaiser an die Ahnen (nicht: den Himmel) das. S. 391 ff.

[8] Daß der Himmelsgeist als *primus inter pares* behandelt wird, geht sehr deutlich aus den Belegen hervor, die de Groot (Universismus) dafür gibt. Die *Geister der Ahnen* waren es nach dem in der Peking Gazette vom 29.9.98 publizierten Reskript, welche die (damals) gescheiterten Reformversuche des Kaisers und Kang Yu Wei's verurteilten. – Neben dem eigenen Verdienst sieht der Himmel auch auf das Verdienst der Ahnen (de Groot, The Rel. of the Chin. N. Y. 1910, p. 27, 28). Daher wohl auch die konfuzianische Lehre: daß der Himmel die Sünden einer Dynastie eine Weile mit ansehe und erst bei gänzlicher Degeneration einschreite. Dies war natürlich eine leidlich bequeme *Theodizee.*

[9] Es finden sich Fälle, in denen eine Adoption rückgängig gemacht wird, weil die Totenopfer des natürlichen Vaters gefährdet sind (Peking Gazette vom 26.4.78).

[10] *Vatermord* galt als ein so furchtbares (mit *langsamem Tode* zu bestrafendes) Ereignis, daß der Gouverneur der betreffenden Provinz ebenso abgesetzt wurde, wie bei Naturkatastrophen (Peking Gazette vom 7.8.94). Daß ein Trunkenbold den Großvater erschlug, führte 1895 (Peking Gazette vom 12.7.) zur Bestrafung auch des Vaters, der den Sohn nicht so erzogen habe, daß er *auch die strengsten Strafen des Älteren duldete.*

[11] Eventuell hatten Zweigsippen ihre *Unter-Ahnenhallen.*

legem.[12] Die Sippe stand nach außen solidarisch zusammen. Existierte auch, außerhalb des Kriminalrechts, wie erwähnt, Solidarhaft nicht, so pflegte sie doch, wenn möglich, die Schulden eines Mitglieds zu ordnen. Unter Vorsitz des Ältesten verhängte sie nicht nur Prügel und Exkommunikation – welche bürgerlichen Tod bedeutete – sondern, wie der russische Mir, auch Strafexil. Das oft starke, konsumtive Leihebedürfnis wurde gleichfalls wesentlich innerhalb der Sippe befriedigt, wo die Nothilfe als sittliche Pflicht besitzender Mitglieder galt. Freilich mußte auch einem Nichtmitglied, bei hinlänglich vielen Kotaus, geliehen werden: denn man konnte nicht riskieren, die Rache des Geistes des Verzweifelnden, wenn er Selbstmord beging, auf sich zu ziehen.[13] Und freiwillig scheint niemand leicht zurückgezahlt zu haben, am wenigsten dann, wenn er eine starke Sippe hinter sich wußte. Immerhin: Eine klar geregelte Nothilfepflicht und Kreditbeihilfe war primär nur innerhalb der Sippe gegeben. Die Sippe führte nötigenfalls Fehden nach außen:[14] die rücksichtslose Tapferkeit hier, wo es sich um persönliche Interessen und persönliche Verbundenheit handelte, kontrastierte auf das augenfälligste mit der vielberufenen *Feigheit* der aus gepreßten Rekruten oder aus Söldnern bestehenden Heere der Regierung. Die Sippe sorgte nötigenfalls für Medikamente, Arzt und Begräbnis, versorgte die Alten und Witwen, vor allen Dingen: die Schulen. Die Sippe besaß Eigentum, vor allem: Grundeigentum *(Ahnenland:* schi tien[15] und, bei wohlhabenden Sippen, oft umfangreiches Stiftungsland. Sie verwertete dies durch Verpachtung (meist durch Auktion auf 3 Jahre), Veräußerungen davon galten nur bei Dreiviertelmehrheit für zulässig. Der Ertrag wurde an die Hausväter verteilt. Typisch so: daß alle Männer und alle Witwen eine Einheit, vom 59. Jahr an zwei, vom 69. an drei Einheiten erhielten. Innerhalb der Sippe galt eine Kombination erbcharismatischer und demokratischer Prinzipien. Alle verhei-

[12] Nach klassischem Ritual durfte die Adoption nur innerhalb der Sippe erfolgen. Die Familienstatuten verfügten aber darüber – auch innerhalb des gleichen Dorfes – ganz verschieden. Manche Abrogationen des alten Rituals hatten sich fast allgemein eingebürgert. So daß die Schwiegertochter jetzt nicht mehr nur – wie offiziell vorgeschrieben – um die Schwiegereltern, sondern auch um die eigenen Eltern trauerte. Ebenso, daß jetzt auch um die Mutter, nicht nur – wie offiziell – um den Vater *tiefe* Trauer stattfand.

[13] Deshalb ist die Lesart von A. Merx: μηδενα απελπιζοντες statt μηδεν απελπιζοντες so sehr wahrscheinlich: auch hier Angst vor dem *Schreien* zu Gott und, bei Selbstmord, dem *Geist* des Verzweifelten.

[14] Anlaß dazu boten neben Steuerrepartierungen und Blutrache namentlich die Konflikte, die das Fung Schui: die Geomantik, zwischen Nachbarn hervorrief. Es wird später zu erwähnen sein, daß jeder Bau und, vor allem, jedes neue Grab, den Ahnengeistern schon bestehender Gräber Schaden tun oder die Geister der Felsen, Bäche, Hügel usw. in Erregung setzen konnte. Solche Fehden waren dann oft wegen der auf beiden Seiten im Spiel befindlichen geomantischen Interessen fast unschlichtbar.

[15] In der Peking Gazette z. B. Ankauf von 2000 Mou (à 5,62 ar) für 17000 Taël. Ausdrücklich wird dabei neben den Opfern auch 1. Witwen- und Waisenunterstützung, – 2. Unterhaltung der Schule für die Kinder aus den Renten erwähnt (14.12.83).

rateten Männer hatten gleiches Stimmrecht, die nicht verheirateten Männer nur beratende Stimmen, die Frauen waren, wie vom Erbe (sie hatten nur Mitgiftanspruch), so von den Sippenberatungen ausgeschlossen. Als Verwaltungsausschuß fungierten die Ältesten, nach Erbstämmen, aber: von allen Sippengenossen als Wählern, jährlich gekoren, welche die Einkünfte einzuziehen, den Besitz zu verwerten und den Ertrag zu verteilen, vor allem die Ahnenopfer zu besorgen und Ahnenhallen und Schulen in Ordnung zu halten hatten. Den Wahlvorschlag machten die Abtretenden, und zwar nach der Altersrangfolge; im Fall der Ablehnung wurde der Nächstfolgende präsentiert.

Gemeinsamer Erwerb von Land durch Kauf oder Pacht und Verteilung an die Hausväter war bis in die Gegenwart üblich. Mandarine, Kaufleute oder sonst endgültig vom Land Verziehende wurden abgefunden, erhielten einen Auszug aus dem Familienbuch als Ausweis, blieben der Sippenjurisdiktion unterworfen, konnten aber ihr Anteilsrecht zurückkaufen. Wo noch die alten Verhältnisse herrschten, ging Erbland selten in fremde Hände über. Die Hausspinnerei, -weberei und -schneiderei der Frauen ließ ein selbständiges Textilgewerbe nur in mäßigem Umfang aufkommen, zumal die Frauen auch für den Absatz arbeiteten.[16] Auch die Kopf- und Fußbekleidung waren meist Hausprodukte. Da die Sippe 1) auch Trägerin der für den einzelnen wichtigsten Feste (meist zweimal jährlich für die Ahnen) und Objekt der von den Hausvätern zu schreibenden Familiengeschichte war, da es 2) noch bis in die Gegenwart als Sache der Sippe galt, dem Lehrling und mittellosen Lohnwerker gegen sehr billigen Zins das Kapital darzuleihen, um zum *selbständigen* Handwerker aufzusteigen, da ebenso 3) wovon schon gesprochen ist: die Sippenältesten die jungen Leute auswählten, welche sie für das Studium für qualifiziert hielten und die Vorbereitungs-, Prüfungs- und Amtskauf-Kosten verschafften, – so bedeutete offensichtlich dieser Verband neben einer starken ökonomischen Stütze für die Versorgungsautarkie der Haushaltungen, also: für Beschränkung der Entfaltung des Marktes, sozial: schlechthin das ein und alles für die Existenz seiner Mitglieder, auch die in der Fremde, insbesondre in der Stadt lebenden.[17]

Die *Stadt* war, wie im allgemeinen schon früher angedeutet, eben infolgedessen nie die *Heimat,* sondern eigentlich die typische *Fremde* für die Mehrzahl ihrer Einwohner. Um so mehr als sie sich vom Dorf, von dem nun zu sprechen ist, durch den früher erwähnten Mangel an organisierter Selbstverwaltung unterschied. Man kann, ohne allzugroße Übertreibung, sagen, daß die chinesische Verwaltungsgeschichte ausgefüllt ist von dem stets erneuten Streben der

[16] Zum Vorstehenden s. Eug. Simon, La cité chinoise (Paris 1885) und Leong und Tao, Village and Town Life in China. London, s. a. (1915).

[17] Noch 1899 (Peking Gazette vom 12.10.) wurde eingeschärft, daß nach dem Auslande gehende Leute, die an ihrem Ahnenland noch beteiligt seien, nicht als *unbekannte Fremde* (polizeilich) zu behandeln seien.

kaiserlichen Verwaltung, sich auch außerhalb der Stadtbezirke zur Geltung zu bringen. Abgesehen von Kompromissen in der Steuerleistung aber gelang ihr dies nur auf kurze Zeiten und konnte, bei der ihr eigenen Extensität, dauernd auch nicht gelingen. Diese Extensität: die geringe Zahl der wirklichen Beamten, war bedingt durch die Finanzen (und bedingte ihrerseits wieder deren Lage). Die offizielle kaiserliche Verwaltung blieb, der Sache nach, eine Verwaltung von Stadtbezirken und Stadtunterbezirken. Hier, wo ihr die massiven Blutsverbände der Sippen nicht so wie draußen gegenüberstanden, konnte sie – wenn sie sich mit den Gilden und Zunften verhielt – effektiv wirken. Außerhalb der Stadtmauern hörte ihre Gewalt sehr schnell auf, wirklich effektiv zu sein. Denn neben der an sich schon großen Gewalt der Sippen stand hier auch noch die organisierte Selbstverwaltung des Dorfes als solchen ihr gegenüber. Da auch Bauern zahlreich in den Städten wohnten, diese also meist *Ackerbürgerstädte* waren, so besteht nur der verwaltungstechnische Unterschied: *Stadt* gleich Mandarinensitz ohne Selbstverwaltung, – *Dorf* gleich Ortschaft mit Selbstverwaltung ohne Mandarinen!

Die dorfmäßige Siedlung[18] als solche beruhte in China auf dem Bedürfnis nach Sicherheit, welches die jedes Begriffs von *Polizei* ermangelnde extensive Verwaltung des Reichs niemals hat befriedigen können. Die Dörfer waren meist befestigt, ursprünglich und, wie es scheint, oft noch heute: pallisadiert, wie die alten Städte, häufig aber auch: ummauert. Sie stellten, zur Ablösung der Reih-um-gehenden Wachtpflicht (s. gleich) die besoldeten Wächter an. Von der *Stadt* unterschieden sie sich – zuweilen viele Tausende von Einwohnern zählend – eben dadurch: daß sie selbst diese Funktionen wahrnahmen und dazu, im Gegensatz zur Stadt[19], ihr Organ hatten. Dies war, da ein *Korporations*-Begriff dem chinesischen Recht und vollends den Denkgewohnheiten der Bauern natürlich völlig fehlte: – der Dorftempel[20], der in der Neuzeit meist irgendeinem der populären Götter: dem General Kwan Ti (Kriegsgott), dem Pah Ti (Handelsgott), dem Wan Tschang (Gott der Schulen), dem Lang Wang (Regengott), dem Tuti (einem unklassischen Gott, dem wegen der Conduite des Toten im Jenseits jeder Todesfall notifiziert werden mußte) usw. dediziert zu sein pflegte, – welchem? scheint ziemlich gleichgültig gewesen zu sein. Denn ähnlich wie im klassischen Altertum des Okzidents beschränkte sich die *religiöse* Bedeutung des Tempels[21] auf wenige rituelle Manipulationen und gelegentliche Gebete einzelner und hatte er im übrigen seine Bedeutung nur in profanen sozialen und rechtlichen Vorgängen.

[18] Mit Streubesitz der einzelnen Besitzungen in oft 5–15 Stücken: Folgen der Erbteilungen.

[19] In der nur die Gilden oft sehr weitgehende Funktionen der Selbstverwaltung usurpiert hatten, wie wir sahen.

[20] Auch hierzu ist die zit. Schrift der beiden chinesischen bachelors zu vergleichen (ungleich besser in dem Teil, der das Dorf behandelt: Über die *Stadt* als soziales Gebilde ist eben wenig zu sagen!). Analogien: im germanischen Recht!

[21] Die Dorftempel galten nicht als *taoistische* Kultstätten (s. später unter VII).

Der Tempel hatte, wie die Ahnenhalle, Eigentum, vor allem: Grundeigentum.[22] Aber sehr oft auch Geldbesitz, den er zu nicht immer niedrigen Zinsen[23] auslieh. Der Geldbesitz stammte vor allem aus den traditionellen Marktabgaben: die Marktstände standen von altersher, wie fast überall in der Welt, unter dem Schutz des Lokalgotts. Das Tempelland wurde, wie das Ahnenland, verpachtet, und zwar vorzugsweise an die Besitzlosen des Dorfes, die daraus entspringenden Renten und überhaupt alle Einkünfte des Tempels wurden jährlich ebenfalls an Einnahmepächter vergeben, der nach Abzug der Kosten bleibende Reinertrag verteilt. Die Wahrnehmung der Tempelverwalterstellen war, scheint es, meist eine Leiturgie der Hausväter des Dorfes: sie gingen reihum von Haus zu Haus; das Dorf war dazu in Bezirke von 100–500 Einwohnern geteilt. Neben diesen Verwaltern aber standen die *Honoratioren* des Dorfs: die Sippenältesten und Literaten, mit – nominellen – Remunerationen. Nur sie erkannte die jeder Legalisierung von Korporationen oder Korporationssurogaten abgeneigte politische Regierung als Vertreter des Dorfs an. Sie ihrerseits aber handelten im Namen *des Tempels*. Der *Tempel* schloß durch sie Kontrakte für das Dorf ab. Der *Tempel* hatte Gerichtsbarkeit in Bagatellsachen und usurpierte sehr oft solche in Sachen aller Art, ohne daß die Regierung – außer bei Staatsinteressen – intervenierte. Dies Gericht, nicht die staatliche Gerichtsbehörde, genoß das Vertrauen der Bevölkerung. Der *Tempel* sorgte für Straßen, Kanäle, Verteidigung, polizeiliche Sicherheit, – durch Turnus-Wachtpflicht, die faktisch meist abgelöst wurde, - Verteidigung gegen Räuber oder Nachbardörfer, für Schule, Arzt, Medikamente, Begräbnis, soweit die Sippen dies nicht tun konnten oder wollten. Der Dorftempel enthielt das Waffendepot des Dorfs. Durch den Dorftempel, der in dieser Funktion der *Stadt* fehlte, war das Dorf rechtlich und faktisch als Kommunalkörper aktionsfähig. Vor allem: das Dorf, nicht aber die Stadt, war ein, im Umkreis der Interessen der Dorfbewohner, tatsächlich wehrhafter Verband.

Nicht immer hat sich die Regierung derart auf den laissez-faire-Standpunkt gegenüber dieser inoffiziellen Selbstverwaltung gestellt, wie in der letzten Zeit des alten Regims. Unter den Han versuchte sie z. B. den reinen patrimonialen Absolutismus Schi Hoang Ti's durch geordnete Heranziehung der Gemeindeältesten zu Selbstverwaltungsämtern (san lao) abzubauen und die urwüchsige Selbstverwaltung so zu reglementieren und zu legalisieren.[24] Der Dorfvorsteher

[22] Insbesondere auch für den Tempelpriester. War er von Donatoren gestiftet, so wurden diese mit Ehrentiteln (schan tschu, Meister der Jugend) entlohnt. Die Priester lebten von Kasualien und Getreideabgaben: je mehr Tempel, desto ärmer war daher das Dorf. Nur einer der Tempel aber war der *Dorftempel*.

[23] Es galt als verdienstlich, beim Tempel zu leihen. S. dazu Doolittle, Social Life of the Chinese London 1866 über diesen Punkt.

[24] Neben den Sippenältesten, über deren Existenz aus allen Epochen Daten vorhanden zu sein scheinen, standen damals wechselnd gebildete Unterabteilungen mit ihren, in aller Regel (unter den Han: aus den Fünfzigjährigen) gewählten, Beamten, denen

(Schou saih yen) sollte gewählt und bestätigt werden, unter Garantie der Grundbesitzer für seine gute Aufführung: nur gelegentlich aber ging das wirklich so zu. Und die Regierung ignorierte auch immer wieder das Dorf als Einheit. Denn immer wieder schlugen die reinen fiskalischen Interessen durch. Wang An Schi insbesondere rationalisierte, wie schon in anderm Zusammenhang erwähnt, das System unter diesem Gesichtspunkte. Formal hatten noch heute je 10 Familien, als *pai* zusammengefaßt, ihren Obmann, je 100: jede *chia,* ihr Haupt: po chia, gewöhnlich *tipao* genannt. An jedem Haus sollte in Dorf und Stadt ein Plakat kleben (und klebte auch tatsächlich da, wo die Tradition lebte), welches die Hausnummer, chia, pai, Eigentümer, Namen des Familienhauptes, Geburtsort (Heimatsrecht) der Familie, ihre Glieder und Mieter und deren Beruf, abwesende Glieder (seit wann?), die Pachtrente, Steuerpflicht, Zahl der selbst bewohnten und der vermieteten Räume enthielt. Für die Polizei und Aufsicht auf Verbrecher und Geheimklubs haftete offiziell der po chia. Nicht zu seinen unwichtigsten Aufgaben gehörte die Verantwortlichkeit für die Durchführung der später zu besprechenden kaiserlichen Religionspolizei. – Dieser Selbstverwaltungsbeamte (tipao) sollte die Verbindung zwischen dem obrigkeitlichen und dem Selbstverwaltungs-Regiment herstellen. Er pflegte sich namentlich, wo und solange das System funktionierte, einige Zeit auf dem Büro des hsien-Magistrates aufzuhalten, um ihn zu informieren. Indessen war dies in der neuesten Zeit alles bereits wesentlich formal geworden, das Amt des *tipao* hatte sich vielfach – es scheint nach chinesischen Autoren: der Regel nach – einfach in eine unklassische, deshalb minder bewertete, staatliche Stellung verwandelt. Die Kräfte, mit denen der Staatsapparat eigentlich zu rechnen hatte, waren die eventuell nach Art einer Veme in Funktion tretenden, im Fall von Konflikten gefährlichen Sippenältesten, die hinter der Dorfverwaltung standen.

Dabei darf man sich das Leben des Bauern in einem chinesischen Dorf, allen Anzeichen nach, keineswegs als eine harmonische patriarchale Idylle vorstellen. Nicht nur die Fehden nach außen bedrohten den einzelnen recht oft. Nein: vor allem fungierte die Sippenmacht und auch die Verwaltung des Dorftempels überaus oft in gar keiner Weise genügend, um Besitz: zumal überragenden Besitz, zu schützen. Die, sozusagen, *effektiven* Bauern *(lao schih* genannt) waren dann in sehr typischer Art der Willkür der *Kung kun:,* der *Kulaki*

Sicherheitspolizei, Gemeinbürgschaft mit Rügepflicht, Opferaufsicht, Fronumlage, Steuereinhebung und also: Steuerhaftung, unter Umständen Friedensgerichtsbarkeit und Volksbildungspflege, aber gelegentlich auch Gestellung und Veranstaltung von Übungen der Miliz auferlegt war. Unter den Han bildeten nach der damals getroffenen Neuordnung offiziell 9 X 8 Familien ein *Li,* 10 Li ein *Tin* unter einem gewählten Ältesten, 10 Tin ein *San* unter einem gewählten San-lao, dessen Aufgabe vor allem Volksbildung sein sollte. Dazu traten der Se fu: Steuerkontrolleur und Friedensrichter, und der ju tsi: Polizeikommissär. Der Hauptzweck war militärisch. S. darüber A. J. Iwanoff, Wang-An-Schi i jewo reformy, St. Petersburg 1906.

(Fäuste), wie man in russischer Bauernterminologie sagen würde, einfach ausgeliefert. Und zwar nicht, wie in Rußland, der Herrschaft einer *Dorf-Bourgeoisie* von Wucherern und ihren Interessenverwandten (wie es die dortigen *Kulaki* waren): dagegen hätte sich, sahen wir, leicht göttliche und menschliche Hilfe gefunden. Sondern umgekehrt den von jenem Kung kun organisierten Besitzlosen[25], also der *bjednata (Dorfarmut)* im Sinn der Terminologie des Bolschewismus, der darin seine Anziehungskraft auf China begründet finden dürfte. Gegen diese Organisation war jeder einzelne (oder auch eine Gruppe einzelner) größerer Besitzer oft völlig schutz- und machtlos.[26] Und wenn in den letzten Jahrhunderten größere Besitzungen in China zu den Ausnahmen gehörten, so hat dazu sicher dieser Umstand: eine Art von ethisch und durch die Sippenmacht stark temperiertem naivem *Bauernbolschewismus,* der einfach die Folge mangelnder Garantien des Besitzes durch die Zwangsgewalt des Staates war, das Seinige beigetragen. – Unterhalb des hsien-Bezirks, der immerhin etwa die Größe einer englischen *county* hatte, existierten nur solche autochthon: offiziell: im Ehrenamt, tatsächlich oft: als *Kulaki,* funktionierende Selbstverwaltungsinstanzen. Aber auch neben der offiziellen Verwaltung der Bezirke, bis zur Provinz hinauf, existierten sehr vielfach Personengremien, welche durch jederzeit wiederrufliche, auf 3 Jahre begrenzte, *Delegierung* – tatsächlich: durch anerkanntes oder usurpiertes Charisma – bestellt waren und die Beamten *berieten.*[27] Ihre Struktur soll uns hier nicht interessieren. Mit jenem Gremium einer fest zusammenhaltenden lokalen Honoratiorenschicht innerhalb des Dorfes, die ihm gegenüberstand, mußte man dort bei jedem Versuch etwa einer Erhöhung der traditionellen Abgaben, aber auch bei allen sonstigen Änderungen irgendwelcher Art paktieren, um irgend etwas durchzusetzen. Denn andernfalls war der Beamte hartnäckiger Renitenz ebenso sicher, wie, im gleichen Fall, der Grundherr, Vermieter, Arbeitgeber, überhaupt jeder außerhalb der Sippe stehende *Vorgesetzte.* Wie ein Mann stand die Sippe des sich benachteiligt fühlenden zu ihrem Sippengenossen[28], und ihr geschlossener Widerstand wirkte naturgemäß ungleich nachhaltiger als etwa bei uns ein Streik einer frei gebildeten Gewerkschaft. Schon dadurch wurde jede *Arbeitsdisziplin* und freie Marktauslese der Arbeiterschaft, wie sie modernen Großbetrieben eignet,

[25] Mancherlei darüber bei A. H. Smith, Village life in China (Edinburgh 1899).

[26] Der Kung kun war regelmäßig gymnastisch trainiert, er erstrebte, wie der Camorrist oder Mafiusu, unoffizielle Beziehungen zum Yamen des Hsien-Beamten, der ihm gegenüber ja machtlos war. Es konnte sich ein Dorfangestellter: der Dorfvorstand oder ein Schiedsrichter oder umgekehrt: ein Bettler, zum Kung kun entwickeln; und hoffnungslos wurde die Lage der übrigen Dorfinsassen dann, wenn er literarisch gebildet und womöglich obendrein mit einem Beamten verwandt war.

[27] Sie sind gemeint, wenn die Verfügungen in der Peking Gazette von *Gentry and notables* sprechen, deren Gutachten einzuholen sei.

[28] Vgl. den Bericht in der Peking Gazette vom 14.4.1895 über die Befreiung eines vom Steuerkollektor Festgenommenen durch zwei Sippenverbände.

ebenso durchkreuzt wie jede rationale Verwaltung okzidentaler Art. Gegenüber der literarisch gebildeten Beamtenschaft war das aliterarische Alter also solches das stärkste Gegengewicht. Dem absolut bildungslosen Ältesten seiner Sippe hatte sich innerhalb der durch die Tradition festgelegten Sippenangelegenheiten auch der durch noch so viele Examina gegangene Beamte bedingungslos zu fügen.

Ein praktisch erhebliches Maß von ursurpierter und konzessionierter Selbstverwaltung stand jedenfalls einerseits: in Gestalt der Sippen, andererseits: dieser Organisationen der Armut, der Patrimonialbürokratie gegenüber. Deren Rationalismus befand sich hier gegenüber einer im ganzen und auf die Dauer ihm weit überlegenen, weil stetig und vom engsten persönlichen Verbande gestützt wirkenden, entschlossen traditionalistischen Macht. Jede Neuerung, welcher Art immer, konnte ja überdies bösen Zauber stiften. Sie erschien aber vor allem des Fiskalismus verdächtig und stieß auf scharfen Widerstand. Keinem Bauern würde es je eingefallen sein, dabei an *sachliche* Motive zu glauben, – darin ganz wie die russischen Bauern in Tolstoys *Auferstehung*. Die Sippenältesten waren es auch: – das geht uns hier besonders an –, deren Einfluß für die Annahme oder Verwerfung religiöser Neuerungen meist entscheidend war und, selbstverständlich, fast ausnahmslos in die Wagschale der Tradition fiel, insbesondere wo sie Bedrohung der Ahnenpietät witterten. Einzelmeisterbetrieb in denStädten spezifisch Diese gewaltige Macht der streng patriarchal geleiteten Sippen war in Wahrheit der Träger jener viel beredeten *Demokratie* in China, welche nur der Ausdruck 1. des Fortfalls feudaler Ständebildung, 2. der Extensität der patrimonial-bürokratischen Verwaltung und 3. der Ungebrochenheit und Allgewalt der patriarchalen Sippen andererseits war und mit *moderner* Demokratie gar nichts gemein hatte.

Auf realer oder nachgeahmter persönlicher Versippung ruhten fast alle diejenigen organisatorischen Gebilde ökonomischer Art, welche über den Rahmen der Einzelwirtschaft überhaupt hinausgriffen. Zunächst die Tsung-tse-Gemeinschaft. Die in dieser Form organisierte Sippe besaß neben der Ahnenhalle und dem Unterrichtsgebäude auch Sippenhäuser für Vorräte und Geräte zur Reisverarbeitung, Konservenbereitung, Weberei und andere Hausproduktionen, eventuell mit einem dafür angestellten Verwalter, abgesehen davon, daß sie ihre Mitglieder in Notlagen durch gegenseitige Hilfe und (genossenschaftliche) Betriebsgemeinschaften in gemeinsamen Ergasterien mit oft weitgehender manueller Arbeitsteilung, oft mit durchgeführter Spezialisierung der technischen und kaufmännischen Betriebsführung und mit Verteilung des Gewinns nach Maßgabe teils (und namentlich) der Kapitalanteile, teils der spezifischen (z.B. kaufmännischen oder technischen) Leistungen. Ähnliches hat das hellenistische Altertum und das islamische Mittelalter gekannt. Es scheint, daß solche Ergasterien sich in China namentlich in Saisongewerben zum gemeinsamen Durchhalten durch die absatzlose Zeit fanden, im übrigen natürlich zur Erleichterung der Kreditbeschaffung und zu arbeitsteiliger Produktion. Alle diese Formen der Schaffung größerer Wirtschaftseinheiten hatten, sozial angesehen, einen spezifisch *demokratischen* Charakter. Sie stützten die Existenz des einzelnen gegen die Gefahr der Proletarisierung und kapitalistischen Unterjochung. Rein ökonomisch konnte diese sich allerdings in Gestalt von hohen Einlagen nicht mitarbeitender Kapitalisten und in der Übermacht und den hohen Gewinnanteilen der angestellten Verkäufer einnisten. Das Verlagssystem dagegen, welches bei uns die kapitalistische Unterjochung einleitete, steckte anscheinend bis in die Gegenwart, – in welcher es quantitativ bedeutend namentlich in den Fernabsatzgewerben entwickelt ist, – organisatorisch noch in den verschiedenen Formen rein faktischer Abhängigkeit des Handwerkers vom Händler und war nur in einzelnen Gewerben bis zur Heimarbeit mit eingesprengten Zwischenmeisterwerkstätten und zentralem Verkaufsbüro vorgeschritten. Die – wie wir sahen – außerordentlich geringe Chance, Leistungen Abhängiger überhaupt und zumal in vorgeschriebener Qualität, Quantität und Frist zu erzwingen, war dafür wohl entscheidend. Privatkapitalistische Großmanufakturen sind anscheinend historisch kaum nachweisbar, für Massenartikel auch unwahrscheinlich, da der stetige Markt fehlte. Die Textilindustrie kam gegen das Hausgewerbe schwer auf; nur die Seide hatte ihren Markt, auch Fernmarkt. Aber diesen letzteren okkupierten die Seidenkarawanen des kaiserlichen Oikos. Die Metallindustrie konnte bei der großen Unergiebigkeit der Bergwerke nur bescheidene Dimensionen annehmen. Diese Unergiebigkeit ihrerseits war Folge jener allgemeinen Gründe, von denen teils schon geredet ist, teils noch zu reden sein wird. Für die Teebereitung finden sich bildliche Darstellungen großer arbeitsteiliger Werkstätten, vergleichbar den altägyptischen Bildern ähnlicher Art. Die staatlichen Manufakturen stellten (normalerweise) Luxusartikel her (wie im islamischen Ägypten); die Erweiterung der staatlichen Metallindustrie aus valutarischen Gründen war vorübergehend. Die Zünfte, von denen schon gesprochen wurde, regulierten zwar das Lehrlingswesen. Von besonderen Gesellenverbänden hören wir dagegen nichts. Die Arbeiter schlossen sich nur in Einzelfällen gegen die Meister zu einem Streik zusammen, zeigten aber im übrigen anscheinend kaum Ansätze zur Entwicklung einer eigenen Klasse. Aus ähnlichen Gründen wie, bis vor 30 Jahren, in Rußland. Sie gehörten, soviel bekannt, den Zünften zu gleichem Recht mit an. Richtiger: dem durchaus kleinhandwerklichen, im allgemeinen nicht einmal kleinkapitalistischen Charakter des Gewerbes entsprach es, daß eine monopolistische Schließung der Zunft gegen den Nachwuchs im allgemeinen nicht stattfand. Ebenso hat die immer wieder aufgetauchte und zeitweise anscheinend durchgeführte Absicht leiturgischer Schließung der Berufe, der zur Kastenbildung hätte führen können, letztlich diesen Erfolg nicht gehabt. Die Annalistik spricht namentlich von einem Ende des 6. Jahrhunderts gemachten vergeblichen Versuch dieser Art. Ein Rest magisch *unreiner* Stämme und Berufe war geblieben. Man pflegt[29] neun Arten degradierter *Kasten* zu unterscheiden, teils bestimmte Sklavenarten, teils bestimmte Sklaven- oder Kolonen-Abkömmlinge, teils Bettlerkasten, teils Abkömmlinge früherer Insurgenten, teils Abkömmlinge zugewanderter Barbaren (Gaststämme), teils Musiker und bestimmte an Familienzeremonien beteiligten Akteure, ferner Schauspieler und Gaukler – wie im okzidentalen Mittelalter. Für die unreinen Berufe bestanden, wie unter indischen Verhältnissen, feste, vererbliche und verkäufliche Kundschaften. Konnubium, Kommensalität und Zulassung zu den Graden blieb allen degradierten Kasten versagt. Jedoch war kraft kaiserlicher Erlasse für diejenigen, welche einen unreinen Beruf aufgaben, gerichtliche Rehabilitierung zulässig (und wurde z.B. noch 1894 für einzelne dieser Kasten verfügt). Sklaverei entstand seit Einstellung der Eroberungskriege durch Ergebung oder Verkauf seitens der Eltern oder (strafweise) seitens der Regierung. Der Freigelassene schuldete dem Patron Obödienz – wie im Okzident – und war unfähig, Grade zu erwerben. Die Kontraktarbeiter (Ku kong) schuldeten während des Dienstes Obödienz und entbehrten der Kommensalität mit dem Herren.[30]

Was von solchen kastenartigen Erscheinungen bis in die Gegenwart geblieben war, bildete nur einen kümmerlichen Rest der einstigen ständischen Gliederung, deren praktische Konsequenz vor allem in der Befreiung der privilegierten Stände *(große Familien* – der Ausdruck: *die hundert Familien* für *das Reich* meinte diese Schicht – und Literaten) von der Fronpflicht und Prügelstrafe (die bei ihnen in Geld und Haft umgewandelt wurde) bestand. Degradation zum *Plebejer* war möglich. Die alte, erbcharismatische ständische Gliederung wurde schon früh durch die für fiskalische Zwecke stets erneut vorgenommene Gliederung nach reinen Besitzklassen durchbrochen.

Neben den Sippen, den Gilden und Zünften blühte im neuzeitlichen China – für die Vergangenheit ist für den Außenstehenden[31] sicheres nicht zu ermitteln – die Assoziation in Form des Klubs, hwui, auf allen, auch ökonomischen, kreditgenossenschaftlichen, Gebieten.[32] Dies soll uns im einzelnen hier nicht interessieren. Ziel und Sporn des Ehrgeizes und soziale Legitimation für den, der sie erreichte,

[29] S. Hoang, Mélanges sur l'admin. (Var. sinolog. 21, Schanghai 1902, p. 120 f.)

[30] Die Kolonen und Landarbeiter – ehemals: Heloten der Herrenschicht – gehörten nicht zu dieser Kategorie.

[31] Einige neueste gute Dissertationen darüber blieben mir unzugänglich.

[32] Insbesondere auch in den an griechische ερανοι erinnernden Formen. Entweder so, daß durch eine Kreditgenossenschaft (shê) ein Geldkapital akkumuliert und dann dessen Nutzung verauktioniert oder verlost wird (Smith, Village Life in China, Edinburgh 1859). Oder auch in der Art, daß der Schuldner des von Freunden ihm gegebenen Darlehens der Klub-Präsident wurde, der den Genossen (seinen Gläubigern) auf diese Art seine Schulden ratenweise zurückzuzahlen durch Klub-Ehre angehalten wurde. Doolittle (Social life of the Chinese, London 1866) führt (p. 147 f.) Beispiele solcher Klubs an. Die Empfänger der Rückzahlungsraten wurden oft ausgelost. Es ist das der Kunstersatz für den alten Nachbarschaftskredit und: für den Konkursverwalter.

war jedenfalls in modernen Zeiten die Zugehörigkeit zu einem angesehenen Klub in der chinesischen Nivelliertheit wie in der amerikanischen Demokratie. Ganz ebenso wie das am Laden angeheftete Aufnahmediplom der chinesischen Zunft dem Käufer die Warenqualität garantierte.[33] Die Extensität der patrimonialbürokratischen Verwaltung in Verbindung mit dem Fehlen einer rechtlich gesicherten ständischen Gliederung bedingte auch diese Erscheinungen.

Außer einem verliehenen Titularadel existierten in der Neuzeit – wenn die strenge Scheidung der im Mandschu-Heerbann registrierten Familien, der Ausdruck der seit dem 17. Jahrhundert bestehenden Fremdherrschaft, beiseite gelassen wird – geburtsständische Unterschiede unter Chinesen selbst, sahen wir, nicht mehr. Und nachdem zuerst im 8. Jahrh. die *bürgerlichen* Schichten eine starke Lockerung der polizeistaatlichen Fesselung erlangt hatten, bestand im 19. Jahrhundert, und zwar offenbar seit langer Zeit: Freizügigkeit, obwohl auch diese in offiziellen Edikten nicht anerkannt war. Die Zulassung zur Ansiedelung und zum Grundbesitz in einer andern als der Heimatgemeinde ist sicherlich, wie im Okzident, erst durch den Fiskalismus erzwungen worden. Seit 1794 erwarb man die Ortszugehörigkeit durch Erwerb von Grundbesitz und 20jährige Steuerzahlung und verlor damit die Ortszugehörigkeit in der Heimatgemeinde.[34] Ebenso bestand seit langem – so sehr (1671) das *Heilige Edikt* noch das Bleiben im Beruf empfahl – freie Berufswahl. In der Neuzeit bestand weder Paßzwang noch Schul- oder Militärdienstzwang. Ebenso fehlten Wucher- und ähnliche den Güterverkehr beschränkende Gesetze. Immer wieder muß angesichts all dessen betont werden: Dieser, der freien Entfaltung des bürgerlichen Erwerbs scheinbar höchst förderliche Zustand hat dennoch keine Entwicklung eines Bürgertums okzidentalen Gepräges hervorgebracht. Wie wir sahen, sind nicht einmal diejenigen Formen kapitalistischen Erwerbes zur Vollreife gelangt, welche im Okzident schon das Mittelalter kannte. Es hätte sich, – wieder die alte Frage: aus den erwähnten kleinkapitalistischen Ansätzen, rein ökonomisch angesehen, recht gut ein rein bürgerlicher, gewerblicher Kapitalismus entwickeln können. Eine Reihe von Gründen lernten wir schon kennen. Sie führten fast alle auf die Staatsstruktur zurück.

Politisch stand die patrimoniale Staatsform, vor allem der patrimoniale Charakter der Verwaltung und Rechtsfindung mit ihren typischen Folgen: dem Nebeneinander eines Reiches der unerschütterlichen heiligen Tradition und eines Reiches der absolut freien Willkür und Gnade, hier wie überall der

[33] Oder ein entsprechender Anschlag den Grundsatz: fester Preise *(one price, truly one price* nach Doolittle a. a. O.) – aber im Gegensatz zu den Puritanern ohne alle Garantie der wirklichen Durchführung des Grundsatzes.

[34] Von staatlichem Interesse war diese Frage für die Meldungen zum Examen, da die Zahl der Pfründen nach Provinzen repartiert war. In den offiziellen Listen, z. B. den Heereslisten schon der Han-Zeit, wird dem Namen stets die Orts- und Bezirksangehörigkeit (damals zweifellos durch die Heimat der Sippe bestimmt) zugefügt.

Entwicklung wenigstens des in dieser Hinsicht besonders empfindlichen gewerblichen Kapitalismus im Wege: das rational kalkulierbare Funktionieren der Verwaltung und Rechtspflege, welches ein zum rationalen Betrieb sich entwickelndes Gewerbe bedurfte, fehlte. In China, wie in Indien, wie im islamischen Rechtsgebiet und überhaupt überall, wo nicht rationale Rechtsschaffung und Rechtsfindung gesiegt hatte, galt der Satz: *Willkür bricht Landrecht*. Er konnte aber der Entwicklung kapitalistischer Rechtsinstitute nicht, wie er es im okzidentalen Mittelalter tat, zugute kommen, weil einerseits die korporative Autonomie der Städte als politischer Einheiten und andererseits die privilegienmäßig garantierte und fixierte Festlegung der entscheidenden Rechtsinstitutionen: – die, beide zusammen, im Mittelalter, gerade mit Hilfe dieser Grundsätze, alle dem Kapitalismus gemäßen Rechtsformen geschaffen haben, – fehlte. Das Recht war zwar in weitem Umfang nicht mehr eine von Ewigkeit her geltende und nur – durch magische Mittel – richtig zu *findende* Norm. Denn die kaiserliche Verwaltung war sehr fruchtbar gewesen in der Schaffung massenhaften Statutarrechtes. Und zwar zeichnen sich ihre, Bestimmungen, im Gegensatz etwa zu den patriarchalen Belehrungen und Vermahnungen buddhistischer Monarchen Indiens, – mit denen die ethischen oder verwaltungsmäßigen Anordnungen manche Ähnlichkeit haben –, wenigstens auf dem eigentlichen Rechtsgebiet durch relativ knappe geschäftliche Form, und z.B. auf dem Gebiet des Strafrechtes, wie besonders J. Kohler betont hat, durch ein ziemliches Maß von Sublimierung der Tatbestände (Berücksichtigung der *Gesinnung)* aus. Diese Statuten sind auch (im Ta Tsing Liu Li) systematisch gesammelt. Aber privatrechtliche Bestimmungen gerade über die für den Verkehr in unserem Sinn wichtigsten Gegenstände vermißt man fast völlig (sie erscheinen hie und da indirekt). Wirklich garantierte *Freiheitsrechte* des einzelnen fehlten im Grunde gänzlich. Der Rationalismus des Literatenbeamtentums in den miteinander konkurrierenden Teilstaaten hatte in einem Einzelfall (536 n. Chr. im Staate Tsheng) die Kodifikation des Rechts (auf Metalltafeln) in Angriff genommen. Aber bei der Diskussion dieser Frage innerhalb der Literatenschicht wurde nach der Annalistik[35] mit Erfolg (durch einen Minister des Tsin-Staates) geltend gemacht: *Wenn das Volk lesen kann, wird es seine Oberen verachten.* Das Charisma der gebildeten Patrimonialbürokratie schien in Gefahr, an Prestige zu verlieren, und diese Machtinteressen ließen einen solchen Gedanken seitdem nie wieder aufkommen. Verwaltung und Rechtsfindung waren zwar formal durch den Dualismus der Fiskal- und Justizsekretäre, aber nicht wirklich in der Art ihrer Ausübung getrennt, wie auch – durchaus patrimonial – die Hausdiener des Beamten, die er auf seine Kosten engagierte, die Polizisten und Subalternbeamten für seine Verwaltung hergaben. Der antiformalistische patriarchale Grundzug verleugnete sich nirgends: anstößiger Lebenswandel wurde gestraft auch ohne Spezialbestimmung. Das Entschei-

[35] Vgl. dazu E. H. Parker, Ancient China simplified, London 1908, p. 112 ff.

dende war aber der innerliche Charakter der Rechtsfindung: Nicht formales Recht, sondern materiale Gerechtigkeit erstrebte der ethisch orientierte Patrimonialismus hier wie überall. Eine offizielle Präjudiziensammlung fehlte daher, trotz des Traditionalismus, weil der formalistische Charakter des Rechts abgelehnt wurde und, vor allem, kein Zentralgericht wie in England bestand. Die Präjudizien kannte der lokale *Hirte* des Beamten. Wenn dem Beamten empfohlen wurde: nach bewährten Mustern zu verfahren, so entsprach das äußerlich etwa der Gepflogenheit des Arbeitens nach *Similia* bei unseren Assessoren. Aber was hier Impotenz, war dort höchste Tugend. Die Edikte der Kaiser selbst über Verwaltungsmaßregeln hatten meist jene lehrhafte Form, welche päpstlichen Bullen des Mittelalters eignet, nur ohne deren dennoch meist vorhandenen präzisen rechtlichen Gehalt. Die bekanntesten von ihnen stellten Kodifikationen von ethischen, nicht von rechtlichen Normen dar und zeichneten sich durch literarische Gelehrsamkeit aus. Noch der vorletzte Kaiser gab z.B. die Wiederauffindung des Dekrets eines entfernten Vorfahren in der Peking Gazette kund, dessen Publikation als Lebensnorm er in Aussicht stellte. Die ganze kaiserliche Verwaltung stand – soweit sie orthodox orientiert war – unter dem Einfluß einer dem Wesen nach theokratischen, etwa einer Kongregation der päpstlichen Kurie entsprechenden Literatenbehörde: der sog. *Akademie* (Han-lin-yuan), der Hüterin der reinen (konfuzianischen) Orthodoxie, die uns mehrfach begegnet ist.

Die Justiz blieb demgemäß weitgehend *Kadi-* und eventuell *Kabinet*-Justiz.[36] Das war zwar, den unteren Klassen gegenüber, z. B. auch in der Friedensrichterjustiz Englands der Fall. Aber für die kapitalistisch wichtigen Vermögenstransaktionen bestand dort das unter dem stetigen, schon durch die Rekrutierung der Richter aus den Advokaten garantierten, Einfluß der Interessenten geschaffene, nicht rationale, aber berechenbare und der Vertragsautonomie weitgehenden Spielraum gebende Präjudizienrecht mit der ihm entsprechenden Kautelarjurisprudenz. In der patriarchalen chinesischen Justiz war dagegen für Advokaten im okzidentalen Sinn gar kein Platz. Als Anwälte fungierten für die Sippengenossen etwaige literarisch gebildete Mitglieder; sonst fertigte ein Winkelkonsulent die Schriftsätze. Es war eben die in allen spezifischen Patrimonialstaaten, am meisten in den theokratischen oder ethisch-ritualistischen Patrimonialstaaten orientalischen Gepräges, wiederkehrende Erschei-

[36] Noch in den letzten Jahrzehnten hatten sich kaiserliche Reskripte damit zu befassen, daß die Richter die Prozesse auf Grund von Privatbriefen einflußreicher Persönlichkeiten entschieden (Peking Gazette vom 10.3.94). Die Endlosigkeit der Prozesse war derart, daß kaiserliche Reskripte ungünstige Witterungsverhältnisse nebst der dadurch herbeigeführten Dürre und die Vergeblichkeit der Gebete darauf zurückführten (Peking Gazette vom 9.3.99). Irgendwelche sicheren Rechtsgarantien fehlten völlig. Welchen antagonistischen Parteiintrigen im Beamtentum überdies die Gründung einer Fabrik ausgesetzt war, lassen kaiserliche Reskripte (Peking Gazette vom 4.3.95) zwischen den Zeilen lesen.

nung: daß zwar neben der wichtigsten, aber nicht *kapitalistischen* Quelle der Vermögensakkumulation: der rein politischen Amts- und Steuerpfründe, auch *Kapitalismus:* der Kapitalismus der Staatslieferanten und Steuerpächter, also: politischer Kapitalismus, blühte und unter Umständen wahre Orgien feierte, daß ferner auch der rein ökonomische, d.h. vom *Markt* lebender Kapitalismus des Händlertums sich entwickeln konnte, – daß dagegen der rationale gewerbliche Kapitalismus, der das Spezifische der modernen Entwicklung ausmachte, unter diesem Regime nirgends entstanden ist. Denn die Anlage von Kapital in einem gewerblichen *Betrieb* ist viel zu empfindlich gegen die Irrationalitäten dieser Regierungsformen, und viel zu sehr auf die Möglichkeit angewiesen, das gleichmäßige rationale Funktionieren des staatlichen Apparats nach Art einer Maschine kalkulieren zu können, um unter einer Verwaltung chinesischer Art entstehen zu können. Aber warum blieb diese Verwaltung und Justiz so (kapitalistisch angesehen) irrational? – dies ist die entscheidende Frage. Einige im Spiel befindliche Interessen lernten wir kennen. Aber sie bedürfen der vertieften Erörterung.

Wie die von materialer Individualisierung und Willkür unabhängige Justiz, so fehlten für den Kapitalismus auch politische Vorbedingungen. Es fehlte zwar nicht die Fehde: – im Gegenteil ist die ganze Geschichte Chinas voll von großen oder kleinen Fehden bis zu den massenhaften Kämpfen der einzelnen Dorfverbände und Sippen. Aber es fehlte, seit der Befriedung im Weltreich, der rationale Krieg und, was noch wichtiger war, der diesen ständig vorbereitende bewaffnete Friede mehrerer miteinander konkurrierender selbständiger Staaten gegeneinander und die dadurch bedingten Arten von kapitalistischen Erscheinungen: Kriegsanleihen und Staatslieferungen für Kriegszwecke. Die partikulären Staatsgewalten des Okzidents mußten um das freizügige Kapital konkurrieren, in der Antike (vor dem Weltreich) sowohl wie im Mittelalter und der Neuzeit. Wie im römischen Weltreich, so fiel das auch im chinesischen Einheitsreich fort.[37] Ebenso fehlten diesem die Übersee- und Kolonialbeziehungen. Das bedeutete ein Hemmnis für die Entfaltung auch aller derjenigen Arten von Kapitalismus, welcher im Okzident der Antike und dem Mittelalter mit der Neuzeit gemeinsam war: jener Abarten des Beutekapitalismus, wie sie der mittelländische, mit Seeraub verbundene Überseehandel und der Kolonialkapitalismus darstellten. Dies beruhte zum Teil auf den geographischen Bedingungen eines großen Binnenreichs. Aber zum Teil waren, wie wir sahen, die Schranken der Überseeausdehnung auch umgekehrt Folgeerscheinungen des allgemeinen politischen und ökonomischen Charakters der chinesischen Gesellschaft.

Der rationale Betriebskapitalismus, dessen spezifische Heimat im Okzident

[37] Diesen wichtigen Grund für den Zusammenbruch des (politisch orientierten) Kapitalismus hat inzwischen, soviel ich weiß, nur J. Plenge (auf Grund eigener Gedankengänge) gelegentlich (ich kann die Stelle im Augenblick nicht finden) so erwähnt, daß es fraglos ist, daß er seine Bedeutung weitgehend erkannt hat.

das Gewerbe wurde, war eben außer durch das Fehlen des formal garantierten Rechts und einer rationalen Verwaltung und Rechtspflege und durch die Folgen der Verpfründung auch durch das Fehlen gewisser gesinnungsmäßiger Grundlagen gehemmt worden. Vor allem durch diejenige Stellungnahme, welche im chinesischen *Ethos* ihre Stätte fand, und von der Beamten- und Amtsanwärterschicht getragen wurde. Davon zu reden ist unser eigentliches Thema, zu dem wir nunmehr endlich gelangen.

V. Der Literatenstand

Ritualistischer und verwaltungstechnisch orientierter Charakter des chinesischen Humanismus. Die Wendung zum Pazifismus. – Konfuzius – Entwicklung des Prüfungswesens – Stellung der konfuzianischen Erziehung innerhalb der soziologischen Erziehungstypen – Ständischer Charakter des Literatentums. Feudalen- und Scholaren-Ehre: – Das Gentleman-Ideal – Ansehen der Beamten – Wirtschaftspolitische Ansichten – Politische Gegner des Literatentums: der Sultanismus und die Eunuchen

In China bestimmte seit zwölf Jahrhunderten, weit mehr als der Besitz, die durch Bildung, insbesondere: durch Prüfung, festgestellte Amtsqualifikation den sozialen Rang. China war das Land, welches am exklusivsten, noch weit exklusiver als die Humanistenzeit Europas oder als zuletzt Deutschland, die literarische Bildung zum Maßstab sozialer Schätzung gemacht hatte. Schon im Zeitalter der Teilstaaten reichte die literarisch – das hieß zunächst nur: durch Schriftkenntnis – vorgebildete Amtsanwärterschicht, als Träger der Fortschritte zur rationalen Verwaltung und aller *Intelligenz,* durch die sämtlichen Teilgebilde hindurch und bildete – wie das Brahmanentum in Indien – den entscheidenden Ausdruck der Einheitlichkeit der chinesischen Kultur. Solche Gebiete (auch: Enklaven) welche nicht nach dem Muster der orthodoxen Staatsidee von literarisch geschulten Beamten verwaltet wurden, galten der Staatstheorie als heterodox und barbarisch, ganz ebenso wie die nicht von Brahmanen reglementierten Stammesgebiete innerhalb des Gebietsbereichs des Hinduismus diesem, oder wie die nicht als Polis organisierten Landschaften dem Hellenen dafür galten. Diese zunehmende bürokratische Struktur der politischen Gebilde und seiner Träger hat auch den Charakter der ganzen literarischen Überlieferung geprägt.

Die – mit Unterbrechungen und unter oft heftigen Kämpfen, aber doch stets erneut und stets zunehmend – herrschende Schicht in China sind und waren, endgültig seit reichlich zweitausend Jahren, die Literaten. Sie, und nur sie, redete, 1496 nach der Annalistik zum erstenmal, der Kaiser mit *meine Herren* an.[1] Es ist nun von unermeßlicher Wichtigkeit für die Art der Entwicklung der chinesischen Kultur gewesen, daß diese führende Intellektuellenschicht niemals den Charakter der Kleriker des Christentums oder Islam, auch nicht der jüdischen Rabbinen, auch nicht der indischen Brahmanen oder der altägyptischen Priester oder der ägyptischen oder indischen Schreiber gehabt hat. Sondern daß sie herausgewachsen ist zwar aus ritueller Schulung, doch aber aus einer vornehmen Laienbildung. Die *Literaten* des Feudalzeitalters, damals offiziell: puo tsche, *lebendige Bibliotheken,* genannt, waren zwar vor allem Kenner des Rituals. Aber im Gegensatz zu Indien waren sie weder aus Priesteradels-

[1] Yu tsiuan tung kian kang mu, Gesch. der Ming von Kaiser Khian Lung, h. a. (p. 417).

geschlechtern (wie die Rischi-Sippen des Rigveda), noch aus einer Zauberergilde (wie, wahrscheinlich, die Brahmanen des Atharva-Veda) hervorgegangen, sondern, wenigstens dem Schwerpunkt nach, Abkömmlinge, meist wohl jüngere Söhne, feudaler Familien, welche sich literarische Bildung, vor allem: Schriftkunde, angeeignet hatten und deren soziale Stellung auf dieser Schrift- und Literaturkunde beruhte. Die Schriftkunde konnte sich – wenn auch bei dem chinesischen Schriftsystem nur schwer – auch ein Plebejer aneignen, und dann nahm er an dem Prestige des Schriftgelehrtentums teil: es ist schon in der Feudalzeit die Literatenschicht kein erblicher Stand und nicht exklusiv gewesen, im Gegensatz zu den Brahmanen. Im Gegensatz zur wedischen Bildung, welche bis tief in historische Zeiten auf der Überlieferung von Mund zu Mund beruhte und die schriftliche Fixierung der Tradition, wie alle zunftmäßige Kunst von Berufsmagiern dies zu tun pflegt, geradezu perhorreszierte, reicht die Schriftlichkeit der Ritualbücher, des Kalenders und der Annalistik in China in vorgeschichtliche Zeiten zurück.[2] Schon der ältesten Überlieferung galten die alten Schriften als magische Objekte[3] und die Schriftkundigen als Träger magischen Charismas. Und, wie wir sehen werden, ist dies so geblieben. Aber nicht das Charisma magischer Zauberkraft, sondern die Schrift- und Literaturkenntnis als solche, daneben ursprünglich vielleicht astrologische Kenntnisse, machten ihr Prestige aus. Nicht ihnen oblag es, durch Zauber Privaten zu helfen, etwa: Kranke zu heilen, wie den Magiern. Sondern dafür gab es, wie später zu erwähnen, gesonderte Berufe. Die Bedeutung der Magie war zwar

2 Dies bestreitet zwar eine so bedeutende Autorität wie v. Rosthorn, The Burning of the Books (im Journal of the Peking Oriental Society, Vol. IV, Peking 1898, p. 1 ff.). Er glaubt an mündliche Überlieferung der heiligen Texte bis in die Han-Zeit, also so wie sie im älteren Indien tatsächlich ausschließlich herrschte. Dem Außenstehenden kommt kein Urteil zu, und es darf vielleicht nur das gesagt werden: daß wenigstens die Annalistik nicht auf mündlicher Überlieferung beruhen kann und, wie die Nachrechnung der Sonnenfinsternisse ergibt, bis ins 2. Jahrtausend zurückgeht. Ebensowenig würde damit – wenn man nämlich diese Ansicht des hervorragenden Kenners über die rituelle (und doch wohl: die in poetische Form gebrachte) Literatur hinaus erstrecken würde – sehr vieles, was sonst über die Archive der Fürsten und die Bedeutung der Schrift und der Schriftlichkeit des Verkehrs der Literaten (nach der üblichen Annahme: zuverlässig) berichtet ist, vereinbar sein. Indessen können hier natürlich nur die sinologischen Fachleute das letzte Wort sprechen und eine *Kritik* seitens eines Nichtfachmanns wäre eine Anmaßlichkeit. Das Prinzip der strikt mündlichen Tradition hat fast überall nur für charismatische Offenbarung und charismatische Kommentierung dieser gegolten, nicht für Poesie und Didaktik. Das sehr hohe Alter der Schrift als solcher tritt nicht nur in ihrer bildhaften Form, sondern auch in ihrer Anordnung hervor: die senkrechten, durch Linien geteilten Kolumnen wiesen noch spät auf den Ursprung aus nebeneinandergelegten gekerbten Bambusstock-Scheiben zurück. Die ältesten *Kontrakte* waren Bambuskerbhölzer oder Knotenschnüre; – die Ausfertigung jedes Kontrakts und aller Akten in je 2 Exemplaren gilt wohl mit Recht als Rest davon (Conrady).

3 Dies erklärt auch die Stereotypierung der Schrift in einem entwicklungsgeschichtlich so überaus frühen Stadium und wirkt also noch heute nach.

selbstverständliche Voraussetzung hier wie überall. Aber, soweit dabei Interessen der Gemeinschaft in Frage kamen, lag die Beeinflussung der Geister in den Händen der Vertreter der Gemeinschaft: für die politische Gemeinschaft des Kaisers als Oberpontifex und der Fürsten, für die Familie des Sippenhaupts und Hausvaters. Die Beeinflussung des Gemeinschaftsschicksals, vor allem: der Ernte, erfolgte eben seit sehr alter Zeit durch rationale Mittel: die Wasserregulierung, und daher war die richtige *Ordnung* der Verwaltung von jeher das grundlegende Mittel der Beeinflussung auch der Geisterwelt. Neben Schriftkunde als Mittel der Kenntnis der Tradition war Kalender- und Sternenkunde zur Ermittlung des himmlischen Willens, vor allem: der dies fasti und nefasti nötig, und es scheint, daß die Stellung der Literaten jedenfalls auch aus der Hofastrologenwürde heraus sich entwickelt hat.[4] Diese rituell (und ursprünglich wohl auch horoskopisch) wichtige Ordnung zu erkennen und danach die berufenen politischen Gewalten zu beraten war das, was die Schriftkundigen und nur sie vermochten. Eine Anekdote der Annalen[5] zeigt in plastischer Art die Konsequenzen. Im Feudalstaate der Wei konkurrieren ein bewährter General (U Ki, der angebliche Verfasser des bis heute maßgebenden Leitfadens der rituell richtigen Strategie) und ein Literat um die Stellung als erster Minister. Nachdem der letztere ernannt ist, entsteht zwischen beiden ein heftiger Disput. Der Literat gibt bereitwillig zu: daß er seinerseits weder Kriege zu führen noch ähnliche politische Aufgaben so wie der General zu bewältigen vermöge, bemerkt jedoch dem General, der daraufhin sich für den Qualifizierteren erklärt: es drohe der Dynastie eine Revolution, – worauf der General ohne weiteres zugibt, daß zu deren Verhütung nicht er, sondern der Literat der geeignetere sei. Für die richtige innere Ordnung der Verwaltung und für die charismatisch richtige Lebensführung des Fürsten –, rituell und politisch, – war eben der schriftkundige Kenner der alten Tradition der allein Kompetente. Im schärfsten Gegensatz zu den wesentlich außenpolitisch interessierten jüdischen Propheten waren also die chinesischen, rituell geschulten Literaten-Politiker primär an den Problemen der inneren Verwaltung orientiert, mochten diese auch – wie wir früher sahen – vom Standpunkt ihrer Fürsten aus durchaus im Dienst der Machtpolitik stehen und mochten sie selbst auch, als fürstliche Korrespondenzführer und Kanzler, tief in die Leitung der Diplomatie hineingezogen werden.

Diese stete Orientierung an den Problemen der *richtigen* Staatsverwaltung bedingte einen weitgehenden, praktisch-politischen Rationalismus der Intellektuellenschicht des Feudalzeitalters. Im Gegensatz gegen den strengen Traditio-

[4] Chavannes, Journ. of the Peking Or. Soc. III, T, 1890, p. IV, übersetzt Tai sche ling mit *Großastrologe* statt, wie meist geschieht, mit *Hofannalist*. Die spätere, namentlich aber die neuere Zeit, kennt jedoch die Repräsentanten der Literatenbildung als scharfe Gegner der Astrologen. S. später.
[5] Bei Tschepe, Hist. du R. de Han; Var. Sinol. 31. Schanghai 1910, p. 48.

nalismus der späteren Zeit zeigen uns die Annalen die Literaten gelegentlich als kühne politische Neuerer.[6] Grenzenlos war ihr Bildungsstolz[7] und weitgehend – wenigstens nach der Aufmachung der Annalistik – die Deferenz der Fürsten.[8] Entscheidend für die Eigenart der Literatenschicht war nun ihre intime Beziehung zum Dienst bei patrimonialen Fürsten. Von Anbeginn unserer Kunde an bestand diese. Der Ursprung des Literatentums ist für uns in Dunkel gehüllt. Anscheinend waren sie die chinesischen Auguren und es ist für ihre Stellung der pontifikale, cäsaropapistische Charakter der kaiserlichen Gewalt und der daraus folgende Charakter der Literatur: offizielle Annalen, magisch bewährte Kriegs- und Opfergesänge, Kalender, Ritual- und Zeremonialbücher, das entscheidende Moment gewesen. Sie stützten mit ihrer Wissenschaft jenen kirchlichen Anstaltscharakter des Staats und gingen von ihm als der gegebenen Voraussetzung aus. Sie schufen in ihrer Literatur den *Amts*-Begriff, vor allem das Ethos der *Amtspflicht* und des *öffentlichen Wohls*.[9] Sie sind, wenn der Annalistik einigermaßen getraut werden darf, von Anfang an Gegner des Feudalismus und Anhänger der amtsmäßigen Anstaltsorganisation des Staats gewesen. Ganz begreiflich: weil von ihrem Interessenstandpunkt aus nur der (durch literarische Bildung) persönlich Qualifizierte verwalten sollte.[10] Andererseits nahmen sie für sich in Anspruch, den Fürsten den Weg der militärischen Eigenregie: – eigene

[6] Als im 4. Jahrhundert die Vertreter der feudalen Ordnung, voran die an ihr interessierten fürstlichen Sippen, gegen die beabsichtigte Bürokratisierung im Tsin-Staate einwenden: *durch Erziehung, nicht durch Änderung der Verwaltung hätten die Alten das Volk gebessert* (durchaus im Einklang mit den späteren Theorien der konfuzianischen Orthodoxie), bemerkt der neue Literaten-Minister Yang höchst unkonfuzianisch: *Der gewöhnliche Mensch* lebt *nach der Tradition; die höheren Geister aber* schaffen *sie und für das Außeralltägliche geben die Riten keine Anweisung; das Wohl des Volks ist das höchste Gesetz,* und der Fürst tritt ihm bei (s. die Stellen bei Tschepe Hist. du R. de Tsin, a. a. O. p. 118). Es ist recht wahrscheinlich, daß die konfuzianische Orthodoxie bei der Prägung und Purifikation der Annalistik diese Züge zugunsten des später als korrekt geltenden Traditionalismus sehr stark hinwegretouchiert hat. Andererseits sind natürlich die nachstehend referierten Berichte über die den alten Literaten gezollte erstaunliche Ehrerbietung nicht alle einfach für bare Münze zu nehmen!

[7] Obwohl der Erbprinz von Wei vom Wagen steigt, erhielt er von dem Hofliteraten des Königs, einem Parvenü, auf mehrfach wiederholten Gruß keine Erwiderung. Auf die Frage: *ob die Reichen oder die Armen stolz sein dürften,* erwidert dieser: *die Armen* und motiviert dies damit, daß er jeden Tag bei einem anderen Hof Verwendung finden könne (Tschepe, Hist. du R. de Han a. a. O. p. 43). Darüber, daß der Bruder des Fürsten ihm für den Posten als Minister vorgezogen wird, gerät (s. ebenda) ein Literat in größte Wut.

[8] Der Fürst von Wei hört den Vortrag des Hofliteraten, eines Schülers des Konfuzius, nur stehend an (a. a. O., vorige Anmerkung).

[9] S. die Äußerungen bei Tschepe, H. du R. de Tsin, p. 77.

[10] Die Erblichkeit der Ministerwürde gilt den Literaten als rituell verwerflich (Tschepe a. a. O. p. 77). Als der Fürst von Tschao seinen Minister beauftragt, geeignetes Land als Lehen für mehrere verdiente Literaten ausfindig zu machen, erklärt er auf dreimalige Mahnung dreimal, er habe noch immer keines gefunden das ihrer würdig sei. Darauf endlich versteht der Fürst und macht sie zu Beamten (Tschepe, H. du R. de Han, p. 54/5).

Waffenfabrikation und Festungsbau – gewiesen zu haben, als Mittel: *Herr ihrer Länder* zu werden.[11]

Diese im Kampf des Fürsten mit den feudalen Gewalten entstandene feste Beziehung zum Fürstendienst scheidet die chinesische Literatenschicht sowohl von der althellenischen wie von der altindischen (Kschatriya-) Laienbildung und nähert sie den Brahmanen an, von denen sie sich jedoch durch ihre rituelle Unterordnung unter den cäsaropapistischen Pontifex einerseits, durch das damit und mit der Schriftbildung eng zusammenhängende Fehlen der Kastengliederung andererseits stark unterscheiden. Die Art der Beziehung zum eigentlichen Amt freilich hat gewechselt. In der Zeit der Feudalstaaten konkurrierten die verschiedenen Höfe um die Dienste der Literaten und sie suchten die Gelegenheit, Macht und – nicht zu vergessen – Erwerb[12] zu finden, da, wo sie am günstigsten war. Es bildete sich eine ganze Schicht vagierender *Sophisten* (tsche-sche), den fahrenden Rittern und Gelehrten des Mittelalters im Okzident vergleichbar. Und es fanden sich auch – wie wir sehen werden – prinzipiell amtsfrei bleibende Literaten. Dieser freibewegliche Literatenstand war damals der Träger philosophischer Schulbildungen und Gegensätze, wie in Indien, im hellenischen Altertum und bei den Mönchen und Gelehrten des Mittelalters. Dennoch fühlte sich der Literatenstand als solcher als Einheit, sowohl in seiner Standesehre[13] wie als einziger Träger der einheitlichen chinesischen Kultur. Und für den Stand als Ganzes blieb eben die Beziehung zum Fürstendienst als der normalen oder mindestens normalerweise erstrebten Erwerbsquelle und Betätigungsgelegenheit das ihn von den Philosophen der Antike und wenigstens der Laienbildung Indiens (deren Schwerpunkte außerhalb des Amtes lagen) Unterscheidende. Konfuzius wie Laotse waren Beamte, ehe sie amtlos als Lehrer und Schriftsteller lebten, und wir werden sehen, daß diese Beziehung zum staatlichen *(kirchenstaatlichen)* Amt für die Art der Geistigkeit dieser Schicht grundlegend wichtig blieb. Vor allem: daß diese Orientierung immer wichtiger und ausschließlicher wurde. Im Einheitsstaat hörten die Chancen der Konkurrenz der Fürsten um die Literaten auf. Jetzt konkurrierten umgekehrt diese und ihre Schüler um die vorhandenen Ämter und es konnte nicht ausbleiben, daß dies die Entwicklung einer einheitlichen, dieser Situation angepaßten, orthodoxen Doktrin zur Folge hatte. Sie wurde: der Konfuzianismus. Und mit der wachsenden Verpfründung des chinesischen Staatswesens hörte daher die anfänglich so freie Bewegung des Geistes der Literatenschicht auf. Diese Entwicklung war in jener Zeit schon in vollem Gange, als die Annalistik und die meisten systematischen Schriften der

[11] S. die Stelle über die betr. Frage des Königs von U bei Tschepe, Hist. du R. de U. Var. Sinol. 10, Schanghai 1891.

[12] Daß auch dies der Zweck war, verstand sich von selbst, wie die Annalen erkennen lassen.

[13] Als eine Konkubine eines Fürsten über einen Literaten lacht, streiken seine sämtlichen Literaten, bis sie hingerichtet wird (Tschepe, Hist. du R. de Han, p. 128).

Literaten entstanden, und als die von Schi Hoang Ti ausgerotteten heiligen Bücher *wiedergefunden*[14] wurden und nun, revidiert, retouchiert und kommentiert von den Literaten, kanonische Geltung erlangten.

Daß diese Gesamtentwicklung mit der Befriedung des Reichs eingetreten oder vielmehr: in ihre Konsequenzen getrieben ist, ergibt die Annalistik klar. Überall ist Krieg die Angelegenheit der Jugend gewesen und der Satz: *sexagenarios de ponte* war eine gegen den *Senat* gerichtete Kriegerparole. Die Literaten aber waren die *Alten* oder: vertraten sie. Daß er gesündigt habe, indem er auf die *Jungen* (die Krieger) gehört habe, nicht auf die *Alten*, die zwar keine Kraft, aber Erfahrung haben, wird als paradigmatisches, öffentliches Bekenntnis des Fürsten Mu Kong (von Tsin) in der Annalistik überliefert.[15] In der Tat: das war der entscheidende Punkt bei der Wendung zum Pazifismus und – dadurch – Traditionalismus: an die Stelle des Charisma trat: die Tradition.

Die klassischen, mit dem Namen des im Jahre 478 v. Chr. verstorbenen Kung tse: Konfuzius, als Redaktor verknüpften Schriften lassen in ihren ältesten Teilen noch die Zustände der charismatischen Kriegskönige erkennen. Die Heldenlieder des Hymnenbuches (Schi-king) singen wie die hellenischen und indischen Epen von wagenkämpfenden Königen. Aber in ihrem Gesamtcharakter sind sie schon nicht mehr, wie die homerischen und germanischen Epen, Verkünder individuellen oder überhaupt rein menschlichen Heldentums. Das Heer der Könige hatte schon zur Zeit der jetzigen Redaktion des Schi-king nichts mehr von Gefolgschafts- oder homerischer Aventiuren-Romantik, sondern besaß schon den Charakter einer bürokratisierten Armee mit Disziplin und, vor allem, mit *Offizieren.* Und – was für den Geist entscheidend ist – die Könige siegen schon im Schi-king nicht, weil sie die größeren Helden sind, sondern weil sie vor dem Himmelsgeist sich moralisch im Recht befinden und ihre charismatischen Tugenden die überlegenen, die Feinde aber gottlose Verbrecher sind, welche sich am Wohle ihrer Untertanen durch Bedrückung und Verletzung der alten Sitten versündigt haben und so ihr Charisma verwirkten. Zu moralisierenden Betrachtungen hierüber weit mehr als zu heldenhafter Siegesfreude gibt der Sieg Veranlassung. Im Gegensatz zu den heiligen Schriften fast aller anderen Ethiken fällt ferner sofort das Fehlen jeder irgendwie *anstößigen* Äußerung, jedes auch nur denkbarerweise *unschicklichen* Bildes auf. Hier hat offensichtlich eine ganz systematische Purifikation stattgefunden und diese dürfte wohl die spezifische Leistung des Konfuzius sein. Die pragmatische Umprägung der alten Überlieferung in der Annalistik, wie sie die amtliche Historiographie und die Literaten produzierten, ging über die im Alten Testament, etwa im *Buch der Richter,* vorgenommene priesterliche Paradigmatik offenbar hinaus. Die Chronik, deren Verfasserschaft besonders ausdrücklich dem Konfuzius selbst zugeschrieben

[14] Der Vorgang erinnert an die *Auffindung* des heiligen Gesetzes unter Josiah bei den Juden. Der gleichzeitig lebende große Annalist Se ma tsien erwähnt ihn nicht.
[15] Tschepe S. J., Hist. du R. de Tsin, Var. Sinol. 27, p. 53.

wird, enthält die denkbar dürrste und sachlichste Aufzählung von Kriegszügen und Rebellenbestrafungen, in dieser Hinsicht vergleichbar etwa den assyrischen Keilschriftprotokollen. Wenn Konfuzius wirklich die Meinung ausgesprochen haben sollte: man werde sein Wesen aus diesem Werke besonders deutlich erkennen – wie die Überlieferung sagt –, dann müßte man wohl der Ansicht derjenigen (chinesischen und europäischen) Gelehrten zustimmen, welche dies dahin verstehen: eben diese systematische pragmatische Korrektur der Tatsachen unter dem Gesichtspunkt der *Schicklichkeit,* welche sie dargestellt haben muß (für die Zeitgenossen – denn für uns ist der pragmatische Sinn meist undurchsichtig geworden –)[16], sei das Charakteristische gewesen. Fürsten und Minister der Klassiker handeln und reden als Paradigmata von Regenten, deren ethisches Verhalten der Himmel belohnt. Das Beamtentum und sein Avancement nach Verdienst ist Gegenstand der Verklärung. Es herrscht zwar noch Erblichkeit der Fürstentümer und zum Teil auch der lokalen Ämter als Lehen, aber mindestens für die letzteren wurde dies System von den Klassikern skeptisch betrachtet und galt letztlich als nur provisorisch. Und zwar in der Theorie auch einschließlich der Erblichkeit der Kaiserwürde selbst. Die idealen legendären Kaiser (Yau und Schun) designieren ihre Nachfolger (Schun und Yü) ohne Rücksicht auf Abkunft aus dem Kreise ihrer Minister und über den Kopf ihrer eigenen Söhne lediglich nach ihrem, von den höchsten Hofbeamten bescheinigten, persönlichen Charisma, und ebenso alle ihre Minister, und erst der dritte von ihnen, Yü, designiert nicht seinen ersten Minister (Y), sondern seinen Sohn (Ki).

Eigentliche Heldengesinnung sucht man in den meisten klassischen Schriften (ganz im Gegensatz zu den alten echten Dokumenten und Monumenten) vergebens. Die überlieferte Ansicht des Konfuzius geht dahin: daß Vorsicht der bessere Teil der Tapferkeit sei und ein unangebrachtes Einsetzen seines eigenen Lebens dem Weisen nicht zieme. Die tiefe Befriedung des Landes, zumal seit der Mongolenherrschaft, hat diese Stimmung sehr gesteigert. Das Reich wurde nunmehr ein Reich des Friedens. *Gerechte* Kriege gab es in seinen Grenzen, da es ja als Einheit galt, nach Mencius überhaupt nicht. Die Armee war im Verhältnis zu seinem Umfang schließlich geradezu winzig geworden. Daß die Kaiser nach Loslösung der Literatenschulung vom Zusammenhang mit der ritterlichen Bildung neben den literarischen Staatsprüfungen auch sportliche und literarische Wettkämpfe um Militärdiplome[17] beibehielten – deren Erlangung übrigens seit langem mit der wirklichen Militärkarriere in

[16] Einzelne Verschweigungen (z. B. der Angriff des Staates U gegen seinen eigenen Staat Lu) stehen fest. Aber im übrigen ist angesichts der Dürftigkeit ernstlich die Frage aufgeworfen worden, ob nicht vielmehr der große, stark moralisierende Kommentar zu jenen Annalen als sein Werk zu gelten habe.

[17] Die Kaiserin-Regentin vermerkte noch 1900 den Antrag eines Zensors auf Abschaffung sehr ungnädig. Vgl. die Reskripte über die *orthodoxe Armee* (vom 10.1.99), über die *Besichtigung* während des japanischen Krieges (vom 21.12.94), über

fast keinem Zusammenhang mehr stand[18] –, hatte daran nichts geändert, daß der Militärstand ebenso verachtet blieb wie in England seit zwei Jahrhunderten, und daß ein literarisch Gebildeter mit Offizieren nicht auf gleichem Fuß verkehrte.[19]

Der Mandarinenstand, aus deren Mitte sich alle Klassen der chinesischen Zivilbeamten rekrutierten, war in der Zeit der Einheitsmonarchie eine Schicht diplomierter Pfründenanwärter geworden, deren Amtsqualifikation und Rang nach der Zahl der bestandenen Prüfungen sich richtete. Diese Prüfungen gliederten sich in drei Hauptstufen[20], welche jedoch zufolge der Zwischen-, Wiederholungs- und Vorprüfungen, sowie der zahlreichen Sonderbedingungen um ein vielfaches vermehrt wurden: Es gab allein zehn Arten von Prüflingen ersten Grades. *Wieviel Examina er bestanden habe?*, war die Frage, welche an einen Fremden, dessen Rang unbekannt war, gestellt zu werden pflegte. Nicht: wieviele Ahnen man hatte, bestimmte also – trotz des Ahnenkults – den sozialen Rang. Vielmehr genau umgekehrt: vom eigenen amtlichen Rang hing es ab, ob man einen Ahnentempel (oder, wie die Illiteraten, nur eine Ahnentafel) haben und wieviel Ahnen darin erwähnt werden durften.[21] Selbst

die Bedeutung der Militärgrade (vom 1. und 10.11.98 und aus älterer Zeit z. B. vom 23.5.78) in der Peking Gazette.

18 S. über die Praxis: Etienne Zi S. J., Pratique des Examens Militaires en Chine (Variétés Sinologiques Heft 9). Prüfungsgegenstände waren Bogenschießen, gewisse gymnastische Kraftproben und früher die Herstellung einer Dissertation, seit 1807 aber die Niederschrift eines Abschnitts von 100 Buchstaben aus dem U-King (Kriegstheorie), angeblich aus der Zeit der Tschou-Dynastie. Sehr viele Offiziere erwarben keine Grade, die Mandschus waren davon überhaupt befreit.

19 Ein kaiserliches Reskript (Peking Gazette vom 17.9.94) bemerkt mit Bezug auf eine Beschwerde gegen einen aus dem Offizierstand wegen militärischer Verdienste in die Zivillaufbahn übernommenen Taotai (Präfekten), obwohl dessen Verhalten in der fraglichen Angelegenheit sachlich einwandfrei gefunden wird, dennoch: er habe seine *rauhen Soldatenmanieren* in der Art und Weise seines Betragens gezeigt, *und wir müssen uns fragen, ob er die* kultivierten Manieren *besitzt, welche bei jemandem von seinem Rang und Stellung unumgänglich erscheinen müssen.* Es wird daher empfohlen, daß er wieder eine Militärstellung übernehmen möge. – Die Abschaffung des uralten Bogenschießens und anderer sehr alter Sports als Bestandteile der *militärischen* Ausbildung war durch das in seinen Anfängen wohl noch an das *Männerhaus* anknüpfende Ritual fast unmöglich gemacht. Auf dies bezieht sich denn auch die Kaiserin bei ihrer Ablehnung der Reformanträge.

20 Von den französischen Autoren wird seng yuen siu tsai meist mit *Baccalaureat,* kiu jin mit *Lizenziatur,* tien se mit *Doktorat* bezeichnet. Der unterste Grad gab nur den besten Prüflingen das Anrecht auf ein Studienstipendium. Diese stipendierten Bakkalaureen hießen lin scheng *(Magazinpfründner),* die vom Direktor ausgelesenen und nach Peking geschickten pao kong, die aus ihnen zur Studienanstalt zugelassenen yu kong, dagegen die durch Kauf in den Besitz des Bakkalaureen-Grades gelangten kien scheng.

21 Die charismatischen Qualitäten des Nachkommen bildeten eben einen Beweis für diejenigen seiner Sippe, also der Vorfahren. Schi Hoang Ti hatte s. Z. diese Sitte abgeschafft, da der Sohn nicht über den Vater richten solle. Aber fast jeder neue Dynastiegründer hat seitdem Ränge an seine Ahnen verliehen.

der Rang eines Stadtgottes im Pantheon hing von dem Rang des Mandarinen der Stadt ab.

Der konfuzianischen Zeit (6./5. Jahrh. n. Chr.) war diese Möglichkeit des Aufstiegs zu Beamtenstellen und vollends das Prüfungswesen noch unbekannt. Die *großen Familien* waren, wie es scheint, in den Feudalstaaten zum mindesten in aller Regel im Besitz der Macht. Erst die Han-Dynastie, – selbst durch einen Parvenü begründet, – stellte den Grundsatz der Verleihung der Ämter nach der Tüchtigkeit auf. Und erst die Tang-Dynastie schuf (690 n. Chr.) das Reglement für die Prüfung höchsten Grades. Es darf – wie schon gesagt – als höchstwahrscheinlich gelten, daß die literarische Bildung, vielleicht von Einzelausnahmen abgesehen, zunächst faktisch und vielleicht auch rechtlich, ebenso Monopol der *großen Familien* blieb, wie die vedische Bildung in Indien. Reste davon bestanden bis zuletzt. Die Kaisersippe war zwar nicht von allen Prüfungen, wohl aber von der Prüfung ersten Grades entbunden. Und die Bürgen, welche jeder Prüfungskandidat zu stellen hatte, mußten bis zuletzt auch seine Abstammung aus *guter Familie* bezeugen (was in der Neuzeit nur den Ausschluß der Abkömmlinge von Barbieren, Bütteln, Musikern, Hausdienern, Trägern usw. bedeutete). Aber daneben bestand das Institut der *Mandarinatskandidaten:* Abkömmlinge von Mandarinen genossen bei der Kontingentierung der Maximalzahl der Prüflinge der Provinzen eine Sonder- und Vorzugsstellung. Die Promotionslisten brauchten die offizielle Formel *aus einer Mandarinenfamilie und aus dem Volk*. Die Söhne verdienter Beamter hatten den untersten Grad als Ehrentitel: alles Reste älterer Zustände.

Wirklich voll durchgeführt seit Ende des 7. Jahrhunderts, war das Prüfungswesen eines der Mittel, durch welche der Patrimonialherrscher die Bildung eines ihm gegenüber geschlossenen Standes, der das Recht auf die Amtspfründen nach Art der Lehensleute und Ministerialen monopolisiert hätte, zu hindern wußte. Seine ersten Spuren scheinen sich in dem später alleinherrschend gewordenen Teilstaat Tsin etwa in der Zeit des Konfuzius (und Huang Kong) zu finden: wesentlich nach militärischer Tüchtigkeit bestimmte sich die Auslese. Indessen schon das Li Ki und Tschou Li[22] verlangen ganz rationalistisch: daß die Bezirkschefs ihre Unterbeamten periodisch auf ihre Moral hin prüfen, um sie danach dem Kaiser zum Avancement vorzuschlagen. Im Einheitsstaat der Han begann der Pazifismus die Richtung der Auslese zu bestimmen. Die Macht des Literatenstandes konsolidierte sich ganz gewaltig, seit es ihm (21 n. Chr.) gelungen war, gegen den populären *Usurpator* Wang mang den korrekten Kuang wu auf den Thron zu erheben und zu erhalten. In den später zu besprechenden wütenden Pfründenkämpfen der Folgezeit schloß er sich ständisch zusammen.

Nachdem die noch heut vom Glanz: der eigentliche Schöpfer von Chinas Größe und Kultur gewesen zu sein, umstrahlte Tang-Dynastie die Stellung der

22 Beiläufig: ein ziemlich sicheres Sympton für dessen Jugend!

Literaten erstmalig reglementiert und Kollegien für die Ausbildung eingerichtet (7. Jahrhundert), auch das Han lin yüan, die sog. *Akademie,* zunächst zur Redaktion der Annalen für die Gewinnung von Präzedenzien, und an deren Hand: Kontrolle der Korrektheit des Kaisers, geschaffen hatte, wurden nach den Mongolenstürmen durch die nationale Ming-Dynastie im 14. Jahrhundert die, im wesentlichen, abschließenden Statuten erlassen.[23] In jedem Dorf sollte auf je 25 Familien eine Schule gegründet werden. Da sie nicht subventioniert wurde, blieb dies toter Buchstabe, – oder vielmehr: wir sahen früher, welche Gewalten sich der Schule bemächtigten. Beamte wählten die besten Schüler aus und nahmen sie in bestimmter Zahl in die – in der Hauptsache verfallenen, zum Teil neu entstandenen – Kollegien auf. 1382 wurden für diese *Studenten* Reisrente-Pfründen ausgeworfen, 1393 ihre Zahl bestimmt. Seit 1370 sollten nur Examinierte Amtsanwartschaft haben. Sofort setzte der Kampf der Regionen, besonders von Nord und Süd, ein. Der Süden lieferte schon damals gebildetere, weil aus der umfassenderen Umwelt stammende, Examensanwärter; aber der Norden war militärisch der Grundstein des Reichs. Der Kaiser griff also ein und bestrafte (!) Examinatoren, die einen Südländer als *Primus* placiert hatten. Es entstanden gesonderte Listen für Nord und Süd. Aber es entstand ferner auch sofort: der Kampf um die Amtspatronage. Schon 1387 wurden besondere Examina für Offiziers-Söhne bewilligt. Die Offiziere und Beamten gingen aber weiter und verlangten die Befugnis der Nachfolgerdesignation (also: die Re-Feudalisierung). 1393 wurde dies konzediert, aber schließlich doch nur in der Form: daß die Präsentaten den Vorzug bei Aufnahme in die Kollegien haben und Pfründen für sie reserviert werden sollten: 1465 für drei Söhne, 1482 für einen Sohn. Einkauf in die Kollegien (1453) und Ämter (1454) trat im 15. Jahrhundert bei militärischem Geldbedarf, wie stets, auf, wurde 1492 abgeschafft, 1529 wieder eingeführt. Ebenso kämpften die Ressorts. Das Ressort der Riten examinierte (seit 736)?, das Ressort der Ämter aber stellte an. Boykott der Examinierten durch letzteres und Examensstreiks durch ersteres als Antwort waren nicht ganz selten. Formal war der Ritenminister, material der Ämterminister (Hausmeier) zuletzt der mächtigste Mann in China. Es kamen nun Kaufleute in die Ämter, von denen man sich – sehr zu Unrecht natürlich – erhoffte, daß sie minder *geizig* sein würden.[24] Die Mandschus begünstigten die alten Traditionen, damit die Literaten und – soweit möglich – die *Reinheit* der Ämterbesetzung. Aber nach wie vor bestanden nebeneinander die drei Wege: 1. kaiserliche Gnade für die Söhne der *Fürsten-Familien* (Examensprivilegien), – 2. leichte Prüfung (alle 3–6 Jahre offiziell) für die Unterbeamten durch die höheren mit Patronage dieser, wobei dann das Aufrücken auch in

[23] Vgl. hierzu: Biot, Essai sur l'histoire de l'instruction publique en Chine et de la corporation des Lettres, Paris 1847 (noch immer nützlich).
[24] Klagen bei Ma Tuan Lin, übers. bei Biot p. 481.

die höheren Stellen unvermeidlich stets neu eintrat, – 3. effektive reine Examensqualifikation: der einzige legale Weg.

Seine vom Kaiser ihm zugedachten Funktionen hat das Prüfungswesen in der Hauptsache wirklich erfüllt. Die gelegentlich (1372) dem Kaiser – man kann denken: von woher – als Konsequenz des orthodoxen Tugendcharismas suggerierte Konsequenz: daß man das Examen abschaffen müsse, da nur die Tugend legitimiere und qualifiziere, wurde schnell wieder verlassen. Ganz begreiflich: beide Teile – Kaiser und Graduierte – fanden schließlich doch ihren Vorteil dabei oder glaubten dies doch. Vom Standpunkt des Kaisers aus entsprach das Examen durchaus der Rolle, welche das Mjestnitschestwo des russischen Despotismus – ein im übrigen technisch heterogenes Mittel – für Rußlands Adel gespielt hat. Es hat tatsächlich durch den Konkurrenzkampf der Pfründensuchenden um die Ämter, welcher jeden Zusammenschluß zu einem Amtsadel feudalen Charakters ausschloß, und durch die Offenhaltung des Zutritts zum Pfründenanwärterstand für jedermann, der die Bildungsqualifikation nachwies, seinen Zweck durchaus erfüllt.

Uns interessiert jetzt die Stellung dieses Bildungswesens innerhalb der großen Typen der Erziehung. Eine soziologische Typologie der pädagogischen Zwecke und Mittel kann freilich hier nicht im Vorbeigehen gegeben werden. Einige Bemerkungen darüber sind aber vielleicht am Platze.

Die beiden äußersten historischen Gegenpole auf dem Gebiete der Erziehungszwecke sind: Erweckung von Charisma (Heldenqualitäten oder magischen Gaben) einerseits, – Vermittlung von spezialistischer Fachschulung andererseits. Der erste Typus entspricht der charismatischen, der letzte der rational-bürokratischen (modernen) Struktur der Herrschaft. Beide stehen nicht beziehungs- und übergangslos einander gegenüber. Auch der Kriegsheld oder Magier bedurfte der Fachschulung. Auch dem Fachbeamten pflegt nicht nur Wissen angeschult zu werden. Aber sie sind Gegenpole. Zwischen diesen radikalsten Gegensätzen stehen alle jene Erziehungstypen mitten inne, welche eine bestimmte Art einer, sei es weltlichen oder geistlichen, in jedem Falle aber: einer ständischen, Lebensführung dem Zögling ankultivieren wollen.

Die charismatische Zucht der alten magischen Askese und die Heldenproben, welche Zauberer und Kriegshelden mit dem Knaben vornahmen, wollten dem Novizen zu einer im animistischen Sinne *neuen Seele:* zu einer Wiedergeburt also, verhelfen; in unserer Sprache ausgedrückt: eine Fähigkeit, die als rein persönliche Gnadengabe galt, nur wecken und erproben. Denn ein Charisma kann man nicht lehren oder anerziehen. Es ist im Keim da oder wird durch ein magisches Wiedergeburtswunder eingeflößt, – sonst ist es unerreichbar. Die Facherziehung will die Zöglinge zu praktischer Brauchbarkeit für Verwaltungszwecke: – im Betrieb einer Behörde, eines Kontors, einer Werkstatt, eines wissenschaftlichen oder industriellen Laboratoriums, eines disziplinierten Heeres, – abrichten. Das kann man, sei es auch in verschiedenem Grade, prinzipiell mit einem jeden vornehmen. Die Kultivationspädagogik schließlich will einen, je nach dem Kulturideal der maßgebenden Schicht verschieden gearteten, *Kulturmenschen,* das heißt hier: einen Menschen von bestimmter innerer und äußerer Lebensführung, erziehen. Auch das kann, prinzipiell, mit jedem geschehen. Nur das Ziel ist verschieden. Ist eine ständisch abgesonderte Kriegerschicht der ausschlaggebende Stand, – wie in Japan –, so wird die Erziehung einen die Federfuchserei, wie der japanische Samurai es tat, verachtenden höfisch stilisierten Ritter, im Einzelfalle sehr verschiedenen Gepräges, – ist es eine Priesterschicht, so wird sie einen Schriftgelehrten oder doch einen Intellektuellen, ebenfalls sehr verschiedenen Gepräges, aus dem Zögling zu machen trachten. Die zahlreichen Kombinationen und Zwischenglieder – denn in Wahrheit kommt keiner dieser Typen jemals rein vor – können bei dieser Gelegenheit nicht erörtert werden. Hier kommt es auf die Stellung der chinesischen Erziehung innerhalb dieser Formen an. Die Reste der urwüchsig charismatischen Wiedergeburts-Erziehung; der Milchname, die (früher kurz erörterte) Jünglingsweihe, der Namenswechsel des Bräutigams usw. waren längst zur Formel (nach Art unserer Konfirmation) geworden, neben der von der politischen Gewalt monopolisierten Prüfung der Bildungsqualifikation. Diese aber war, wenn man auf die Bildungsmittel sieht, eine *Kultur*-Qualifikation im Sinne einer allgemeinen Bildung, von einer ähnlichen, aber noch spezifischeren Art, als etwa die überkommene okzidentale humanistische Bildungsqualifikation, welche bei uns, bis vor kurzem fast ausschließlich, den Eintritt in die Laufbahn zu den mit Befehlsgewalt in der bürgerlichen und militärischen Verwaltung ausgerüsteten Ämtern vermittelte, und die dazu heranzuschulenden Zöglinge zugleich auch als sozial zum Stande der *Gebildeten* gehörig abstempelte. Nur ist bei uns – darin liegt der sehr wichtige Unterschied des Okzidents gegen China – neben und zum Teil an Stelle dieser ständischen Bildungsqualifikation, die rationale Fachabrichtung getreten.

Die chinesischen Prüfungen stellten nicht, wie die modernen, rational bürokratischen Prüfungsordnungen unserer Juristen, Mediziner, Techniker usw., eine Fachqualifikation fest. Andererseits aber auch nicht den Besitz eines Charisma, wie die typischen Erprobungen der Magier und Männerbünde. Wir werden freilich bald sehen, welcher Einschränkungen dieser Satz bedarf. Immerhin galt er wenigstens für die Technik der Prüfungen. Diese ermittelten den Besitz literarischer Durchkultivierung und der daraus folgenden, dem vornehmen Manne angemessenen Denkweise. Dies war in weit spezifischerem Grade als bei unseren humanistischen Gymnasien der Fall, deren Zweck man heute meist praktisch: durch die formale Schulung an der Antike, rechtfertigt. Soweit die bei den Prüfungen den Schülern gestellten Aufgaben schließen lassen, hatten diese auf den Unterstufen[25] etwa den Charakter von Aufsatzthemen in einer Prima eines deutschen Gymnasiums oder, vielleicht noch richtiger, der Selekta einer höheren

[25] Themata für diese führt Williams an. Vgl. Zi a. a. O.

deutschen Töchterschule. Alle Stufen sollten Proben der Schreibkunst, der Stilistik, der Beherrschung der klassischen Schriften[26], endlich aber – ähnlich etwa wie bei uns im Religions-, Geschichts- und deutschen Unterricht – Proben einer einigermaßen vorschriftsmäßigen Gesinnung[27] sein. Der einerseits rein weltliche, andererseits aber an die feste Norm der orthodox interpretierten Klassiker gebundene und höchst exklusiv literarische, buchmäßige, Charakter dieser Bildung war dabei das für unsere Zusammenhänge Entscheidende.

In Indien, im Judentum, Christentum und Islam war der literarische Charakter der Bildung Folge davon, daß sie ganz in die Hände der literarisch gebildeten Brahmanen und Rabbinen, oder der berufsmäßig literarisch geschulten Geistlichen und Mönche von Buchreligionen geraten war. Der hellenische vornehme Gebildete dagegen war und blieb in erster Linie Ephebe und Hoplit, solange die Bildung hellenisch – und nicht *hellenistisch* – war. Mit jener Wirkung, die in nichts deutlicher als etwa in der Konversation des Symposion hervortritt: daß sein Sokrates im Felde nie, nach unserer studentischen Terminologie, *gekniffen* hat, ist Platon ersichtlich reichlich so wichtig wie alles andere, was er den Alkibiades sagen läßt. Im Mittelalter gab die ritterlich-militärische und dann die renaissancemäßig-vornehme Salonbildung ein ganz entsprechendes, nur sozial anders geartetes, Gegengewicht gegen die buchmäßige, priesterlich und mönchisch vermittelte Bildung, während im Judentum und in China ein solches Gegengewicht teils ganz, teils so gut wie ganz fehlte. Hymnen, epische Erzählungen, rituelle und Zeremonialkasuistik waren in Indien wie in China der sachliche Gehalt der literarischen Bildungsmittel. In Indien aber unterbaut durch die kosmogonischen und religionsphilosophischen Spekulationen, derengleichen bei den Klassikern und rezipierten Kommentaren in China zwar nicht gänzlich fehlte, letztlich aber doch offenbar seit jeher nur eine sehr nebensächliche Rolle spielte. Statt dessen hatten die chinesischen Autoren rationale sozialethische Systeme entwickelt. Die chinesische Bildungsschicht war eben nie ein autonomer Gelehrtenstand, wie die Brahmanen, sondern eine Schicht von Beamten und Amtsanwärtern.

Die chinesische höhere Bildung hatte nicht immer ihren heutigen Charakter gehabt. Die öffentlichen Lehranstalten (Pan kung) der Feudalfürsten vermittelten, neben Kenntnis der Riten und der Literatur: Tanz- und Waffenkunst. Erst die Befriedung des Reichs im patrimonialen Einheitsstaat und endgültig das reine Amtsprüfungswesen wandelten jene der althelleni-

[26] Dies namentlich bei den Prüfungen der Mittel- *(Lizentiaten-)* Stufe, wo das Thema der Dissertation, oft (vgl. das Beispiel bei Zi a. a. O., p. 144) eine gelehrte, literarhistorische und philologische Analyse des betreffenden klassischen Textes forderte.

[27] Dies namentlich bei der höchsten *(Doktorats-)* Stufe, für welche oft der Kaiser persönlich die Themata stellte und die Klassierung der Absolventen vornahm. Administrative Opportunitätsfragen, mit Vorliebe anknüpfend an eine der *sechs Fragen* des Kaisers Tang (Biot S. 209 Anm. 1), waren dabei übliche Themata (s. ein solches bei Zi a. a. O., p. 209 Anm. 1).

schen wesentlich näher stehende Erziehung in die bis in dies Jahrhundert bestehende um.

Die mittelalterliche Erziehung, wie sie auch das maßgebliche orthodoxe Siao-Hio: *Jugendlehre,* wiedergibt, legte noch erhebliches Gewicht auf Tanz und Musik. Zwar der alte Kriegstanz scheint nur noch in Rudimenten vorhanden, aber im übrigen lernten die Kinder je nach der Altersstufe bestimmte Tänze. Als Zweck wird Bändigung der bösen Leidenschaften hingestellt: wenn ein Kind bei der Erziehung nicht gut tut, soll man es tanzen und singen lassen. Musik bessert den Menschen, Riten und Musik sind die Grundlage der Selbstbeherrschung.[28] Die magische Bedeutung der Musik war dabei das Primäre: Richtige Musik – d. h. die nach den alten Regeln und streng im alten Maß verwendete Musik – hält die Geister im Zaum.[29] – Bogenschießen und Wagenlenken galt noch im Mittelalter als allgemeiner Erziehungsgegenstand vornehmer Kinder.[30] Aber wesentlich war das nur noch Theorie. Die Durchmusterung der Jugendlehre zeigt, daß die häusliche Erziehung – seit dem 7. Lebensjahre streng nach Geschlechtern getrennt – im wesentlichen in der Einprägung eines über alle okzidentalen Begriffe gehenden Zeremoniells, speziell der Pietät und Ehrfurcht gegen die Eltern und alle Vorgesetzten und älteren Personen überhaupt bestand und im übrigen fast nur Regeln der Selbstbeherrschung darbot.

Neben diese häusliche trat nun die Schulerziehung, für welche in jedem Hsien eine Volksschule vorhanden sein sollte. Die höhere Bildung setzte das Bestehen der ersten Zulassungsprüfung voraus.

Vor allem blieb also dieser chinesischen (höheren) Bildung zweierlei eigentümlich. Zunächst: daß sie ebenso, wie anderwärts alle priesterlich geschaffene Bildung, ganz unmilitärisch und rein literarisch war. Dann aber, daß der in wörtlichem Sinne literarische: schriftmäßige Charakter hier ins Extrem gesteigert wurde. Dies scheint zum Teil eine Folge der Eigentümlichkeit der chinesischen Schrift und der aus ihr erwachsenen literarischen Kunst.[31] Da die Schrift in ihrem bildhaften Charakter verharrte und nicht zu einer Buchstabenschrift, wie sie die Handelsvölker des Mittelmeeres geschaffen haben, rationalisiert wurde, so wendete sich das literarische Produkt an Auge und Ohr zugleich, und an das erstere wesentlich mehr als an das letztere. Jedes *Vorlesen* der klassischen Schriften war schon eine Übersetzung aus dem Schriftbild in das (nicht geschriebene) Wort, denn der anschauliche Charakter

28 Siao Hio ed. de Harlez, V, 11, I, 29. 40. Vgl. das Zitat aus Tschu Tse p. 46, das über die Frage der Altersstufen I, 13.
29 A. a. O. I, 25, ferner 2. Einleitung Nr. 5 f.
30 Auch dafür existierten literarische Vorschriften.
31 Es bedarf kaum der Bemerkung, daß das hier über die Sprache und Schrift Gesagte durchaus nur wiedergibt, was so hervorragende Sinologen wie namentlich der verstorbene W. Grube den Nichtkenner lehren, und nicht etwa eigenen Studien entstammt.

zumal der alten Schrift stand dem Gesprochenen dem inneren Wesen nach fern. Die monosyllabische Sprache, welche nicht nur das Laut-, sondern auch das Tongehör in Anspruch nimmt, steht, in ihrer nüchternen Knappheit und ihrem Zwang syntaktischer Logik, im äußersten Gegensatz zu jenem rein anschaulichen Charakter der Schrift. Aber trotz oder vielmehr – wie Grube geistvoll darlegt – zum Teil wegen ihrer, der Struktur nach, stark rationalen Qualitäten hat sie weder der Dichtung, noch dem systematischen Denken, noch der Entfaltung der rednerischen Kunst die Dienste leisten können, welche der hellenische, lateinische, französische, deutsche und russische Sprachbau, jeder in anderer Art, dargeboten hat. Der Schriftzeichenschatz blieb weit reicher als der unvermeidlich fest begrenzte Wortsilbenschatz, und aus der dürftigen, formelhaften Verstandesmäßigkeit dieses flüchteten sich daher alle Phantasie und aller Schwung in die stille Schönheit jenes zurück. Die übliche Dichtungssprache galt der Schrift gegenüber als im Grunde subaltern, nicht das Sprechen, sondern das Schreiben und das die Kunstprodukte des Schreibens rezipierende Lesen als das eigentlich künstlerisch Gewertete und des Gentleman Würdige. Das Reden blieb eigentlich eine Sache des Pöbels. Im schärfsten Gegensatz gegen das Hellenentum, dem die Konversation alles, die Übertragung in den Stil des Dialoges die adäquate Formung jedes Erlebten und Erschauten war, verharrten gerade die feinsten, weit über der charakteristischerweise gerade in der Mongolenzeit blühenden Dramatik gewerteten, Blüten der literarischen Kultur gewissermaßen taubstumm in ihrer seidenen Pracht. Von den namhaften Sozialphilosophen hat Meng Tse (Mencius) sich der Dialogform systematisch bedient. Eben deshalb erscheint er uns leicht als der einzige zu voller *Klarheit* gediehene Repräsentant des Konfuzianismus. Die sehr starke Wirkung der (von Legge) sog. *konfuzianischen Analekten* auf uns beruht ebenfalls darauf, daß die Lehre hier (wie übrigens gelegentlich auch sonst) in die Form von (teilweise wohl authentischen) sentenziösen Antworten des Meisters auf Fragen der Schüler gekleidet, also, für uns, in die Sprachform transponiert ist. Im übrigen enthält die epische Literatur die oft in ihrer lapidaren Wucht höchst eindrucksvollen Anreden der alten Kriegskönige an das Heer und besteht ein Teil der didaktischen Annalistik aus Reden, deren Charakter jedoch eher pontifikalen *Allokutionen* entspricht. Sonst spielt die Rede in der offiziellen Literatur keine Rolle. Ihre Unentwickeltheit wurde, wie wir gleich sehen werden, durch soziale und politische Gründe mitbedingt. Einerseits blieb so trotz der logischen Qualitäten der Sprache das Denken weit stärker im Anschaulichen stecken und erschloß sich die Gewalt des Logos, des Definierens und Räsonierens, dem Chinesen nicht. Andererseits löste diese reine Schriftbildung den Gedanken noch stärker von der Geste, der Ausdrucksbewegung, als dies der literarische Charakter einer Bildung ohnedies zu tun pflegt. Zwei Jahre lang lernte der Schüler etwa 2000 Schriftzeichen lediglich malen, ehe er in ihren Sinn eingeführt wurde. Weiterhin bildete der Stil, die Verskunst und die Bibelfestigkeit in den Klassikern, endlich die zum Ausdruck gebrachte Gesinnung des Prüflings, den Gegenstand der Aufmerksamkeit. Sehr auffällig tritt in der chinesischen Bildung, selbst der Volksschulbildung, das Fehlen einer Schulung im Rechnen hervor. Und zwar obwohl im 6. Jahrhundert v. Chr., also in der Periode der Teilstaaten, der Positionsgedanke entwickelt war[32], die *Rechenhaftigkeit* im Verkehr alle Schichten der Bevölkerung durchdrungen hatte und die Abrechnungen der Verwaltungsstellen ebenso minutiös wie – aus den früher erwähnten Gründen – unübersichtlich waren. Die mittelalterliche Jugendlehre (Siao Hio I, 29) zählt zwar unter den sechs *Künsten* auch das Rechnen auf und zur Zeit der Teilstaaten gab es eine Mathematik, welche angeblich neben Regeldetri und kaufmännischem Rechnen auch Trigonometrie einschloß. Angeblich sei diese Literatur bei der Bücherverbrennung Schi Hoang Ti's bis auf Trümmer verloren gegangen.[33] Jedenfalls ist von der Rechenkunst weiterhin in der Erziehungslehre nirgends mehr auch nur die Rede.[34]

Innerhalb der Erziehung des vornehmen Mandarinentums trat die Schulung im Rechnen im Lauf der Geschichte immer mehr zurück und verschwand schließlich ganz: Die gebildeten Kaufleute lernten es erst im Kontor. Der Mandarin war seit der Reichseinheit und der Erschlaffung der Rationalisierungstendenz in der Staatsverwaltung ein vornehmer Literat, nicht aber ein Mann, der sich mit der σχολη des Rechnens befaßte.

Der weltliche Charakter dieser Bildung stand im Gegensatz gegen andere, ihr sonst verwandte, Erziehungssysteme literarischen Gepräges. Die literarischen Prüfungen waren rein politische Angelegenheit. Der Unterricht erfolgte teils durch private Einzellehre, teils in gestifteten Kollegien mit Lehrkörpern. Doch kein Priester war an ihm beteiligt. Die christlichen Universitäten des Mittelalters entstanden, als eine rationale, weltliche und kirchliche, Rechtslehre und eine rationale (dialektische) Theologie für praktische und für ideelle Zwecke Bedürfnis wurden. Die Universitäten des Islam trieben nach dem Muster der spätrömischen Rechtsschulen und der christlichen Theologie Kasuistik des heiligen Rechts und der Glaubenslehre, die Rabbinen Gesetzesauslegung, die Philosophenschulen der Brahmanen spekulative Philosophie, Ritual und heiliges Recht. Stets bildeten geistliche Standespersonen oder Theologen entweder überhaupt allein den Lehrkörper oder doch dessen Grundstock, an den sich die in den Händen weltlicher Lehrer befindlichen anderen Fächer angliederten. Im

32 J. Edkins, Local Value in Chines. Arithmetical notation, Journ. of the Peking Oriental Society I Nr. 4, p. 161 f. Der chinesische abacus verwendete den (dezimalen) Positionswert. Das verschollene ältere Positionssystem scheint babylonischen Ursprungs zu sein.

33 de Harlez, Siao Hio, p. 42 Anm. 3.

34 Auch Timkovski, Reise durch China (1820/1), deutsch von Schmid (Leipzig 1825), hebt das hervor.

Christentum, Islam, Hinduismus waren Pfründen die Ziele, um derenwillen das Bildungspatent erstrebt wurde. Außerdem natürlich die Qualifikationen zu ritueller oder seelsorgerischer Tätigkeit. Bei den *gratis* arbeitenden alten jüdischen Lehrern (Vorläufern der Rabbinen) nur die Qualifikation zum religiös unentbehrlichen Unterricht der Laien im Gesetz.

Stets aber war die Bildung dabei durch heilige oder kultische Schriften gebunden. Nur die hellenischen Philosophenschulen pflegten eine reine Laienbildung ohne alle Schriftgebundenheit, ohne alle direkten Pfründeninteressen und nur im Interesse der Erziehung hellenischer *Gentlemen* (Kaloikagathoi). Die chinesische Bildung diente Pfründeninteressen und war schriftgebunden, dabei aber reine Laienbildung teils rituell-zeremonialen, teils traditionalistisch-ethischen Gepräges. Weder Mathematik noch Naturwissenschaft, noch Geographie, noch Sprachlehre trieb die Schule. Die Philosophie selbst hatte weder spekulativ-systematischen Charakter, wie die hellenische und, teilweise und in anderem Sinne, die indische und die okzidental-theologische Schulung, noch rational-formalistischen, wie die okzidental-juristische, noch empirisch-kasuistischen, wie die rabbinische, die islamische und, teilweise, die indische. Sie gebar keine Scholastik, da sie nicht, wie der Okzident und vorderasiatische Orient, beide auf hellenistischer Basis, eine fachmäßige Logik betrieb. Dieser Begriff sogar blieb der rein an den praktischen Problemen und Standesinteressen der Patrimonialbürokratie orientierten, schriftgebundenen und undialektischen chinesischen Philosophie schlechterdings fremd. Was es bedeutete, daß dieser Kernproblemkreis aller abendländischen Philosophie ihr unbekannt blieb, tritt in der Art der Denkformen der chinesischen Philosophen, Konfuzius an der Spitze, ungemein deutlich zutage. Bei größter praktischer Nüchternheit verharrten die geistigen Werkzeuge in einer Gestalt, die – gerade bei manchen wirklich geistvollen, dem Konfuzius zugeschriebenen Aussprüchen – in ihrer Gleichnishaftigkeit eher an die Ausdrucksmittel indianischer Häuptlinge als an eine rationale Argumentation erinnert. Das Fehlen des Gebrauchs der Rede als eines rationalen Mittels zur Erzielung politischer und forensischer Wirkungen, wie es historisch zuerst in der hellenischen Polis gepflegt wurde, wie es aber in einem bürokratischen Patrimonialstaat mit nicht formalisierter Justiz gar nicht entwickelt werden konnte, machte sich darin fühlbar. Die chinesische Justiz blieb teils summarische Kabinettsjustiz (der hohen Beamten), teils Aktenjustiz. Es gab kein Plädoyer, sondern nur schriftliche Eingaben und mündliche Einvernahme der Beteiligten. In gleichem Sinn aber wirkte die Übermacht der Gebundenheit an die konventionellen Schicklichkeitsinteressen der Bürokratie, welche die Erörterung *letzter* spekulativer Probleme als praktisch unfruchtbar, unziemlich und für die eigene Position, wegen der Gefahr von Neuerungen, bedenklich ablehnte.

Wenn so die Technik und der sachliche Gehalt der Prüfungen rein weltlichen Charakter hatten und eine Art von *Literatenkultur-Examen* darstellten, so verband doch die volkstümliche Anschauung mit ihnen einen ganz anderen, magisch-charismatischen, Sinn. In den Augen der Massen war der chinesische, erfolgreich geprüfte Kandidat und Beamte keineswegs nur ein durch Kenntnisse qualifizierter Amtsanwärter, sondern ein erprobter Träger magischer Qualitäten, die – wie wir bald sehen werden – dem diplomierten Mandarin ebenso anhafteten wie dem geprüften und ordinierten Priester einer kirchlichen Gnadenanstalt oder dem zünftig erprobten Magier. Und auch die Stellung des mit Erfolg geprüften Kandidaten und Beamten entsprach in wichtigen Punkten derjenigen etwa eines katholischen Kaplans. Die Absolvierung des Unterrichts und der Prüfung bedeutete kein Ende der Unmündigkeit des Zöglings. Der zum *Baccalaureat* Geprüfte unterstand der Disziplin des Schuldirektors und der Examinatoren. Bei schlechter Führung wurde er aus den Listen gestrichen. Er erhielt unter Umständen Schläge in die Hand. Hatte dann der Amtsanwärter die Prüfungen der höheren Grade mit ihrer strengen Klausur glücklich passiert: – in den Klausurzellen der Prüfungslokalitäten waren schwere Erkrankungen, Todesfälle durch Selbstmorde nicht selten und galten, der charismatischen Auffassung der Prüfung als magischer *Erprobung* entsprechend, als Beweis sündhaften Lebenswandels des Betroffenen, – und rückte er dann, je nach der Rangnummer der bestandenen Prüfung und der Patronage, die er besaß, in ein Amt ein, so blieb er auch weiterhin sein Leben lang unter Schulkontrolle. Nicht nur unterstand er, außer der Gewalt seiner Vorgesetzten, der beständigen Aufsicht und Kritik der Zensoren: Ihre Rüge erstreckt sich ja auch auf die rituelle Korrektheit des Himmelssohnes selbst. Und nicht nur war von jeher vorgeschrieben und nach Art der katholischen Sündenbeichte als Verdienst gewertet die Selbstanklage der Beamten.[35] Sondern periodisch, der Regel nach alle drei Jahre, sollte im Reichsanzeiger[36] (wie wir sagen würden) seine durch die amtlichen Erhebungen der Zensoren und Vorgesetzten festgestellte Konduite veröffentlicht werden: das Verzeichnis seiner Verdienste und Fehler; und je nach dem Ausfall dieser öffentlichen Schulzensur wurde er in der Stelle belassen, hinauf oder auch hinab versetzt.[37] Daß für den Ausfall dieser Konduiten regelmäßig

35 Eine solche Selbstanklage eines unachtsam gewesenen Grenzoffiziers (aus der Han-Periode, also lange vor der Einführung der Examina) s. in Nr. 567 der von E. de Chavannes herausgegebenen Dokumente Aurel Steins.

36 Die Anfänge der heutigen *Peking Gazette* gehen auf den zweiten Herrscher der Tang-Dynastie (618-907) zurück.

37 Tatsächlich finden sich in der *Peking Gazette,* besonders oft am Jahresschlusse, aber auch sonst massenhaft, teils unter Bezugnahme auf Berichte von Zensoren, teils der Vorgesetzten, Belobigungen und Beförderungen (oder die Inaussichtstellung solcher) für verdiente Beamten, Degradationen ungenügend qualifizierter zu andern Ämtern *(damit er Erfahrungen sammeln kann,* a. a. O. 31.12.97 und oft), Amtssuspensionen mit Stellung zur Disposition, Ausstoßungen ganz unbrauchbarer und auch die Feststellung, daß tüchtigen Leistungen eines Beamten Fehler gegenüberstehen, die er vor weiterer Beförderung zu bessern habe. Fast immer unter eingehender Begründung. Auch finden sich posthume Prügelstrafdekrete für (offenbar) posthum Degradierte. (Peking Gazette

andere als nur sachliche Momente den Ausschlag gaben, ist eine Sache für sich. Hier kommt es auf den *Geist* an und dieser war der eines lebenslänglichen Pennalismus von Amts wegen.

Alle, auch die nur examinierten, nicht angestellten Literaten waren ständisch privilegiert. Die Literaten erfreuten sich nach Festigung ihrer Stellung bald spezifischer ständischer Privilegien. Die wichtigsten waren: 1. Freiheit von den *sordida munera,* den Fronden, – 2. Freiheit von der Prügelstrafe, – 3. Pfründen (Stipendien). Dies letztere Privileg ist durch die Finanzlage in seiner Tragweite längst ziemlich stark reduziert. Es bestanden zwar für Seng zum *(Baccalaureen)* noch Studienstipendien (10 $ jährlich) unter der Bedingung, alle 3–6 Jahre der Kiu jie- *(Lizentiaten-)* Prüfung sich zu unterziehen. Aber das bedeutete natürlich nichts Entscheidendes. Die Lasten der Ausbildung und: der Karenzzeiten fielen faktisch der Sippe anheim, wie wir sahen, – sie hoffte durch das schließliche Einlaufen ihres Mitgliedes in den Hafen des Amts auf ihre Kosten zu kommen. Die beiden andern waren noch bis zuletzt von Bedeutung. Denn Fronden kamen, wenn auch in sinkendem Ausmaß, immer noch vor. Prügel aber blieben die nationale Strafform. Sie entstammten ihrerseits der fürchterlichen Prügelpädagogik der chinesischen Volksschule, deren Eigenart in folgenden an unser Mittelalter erinnernden, aber doch offenbar noch extremer entwickelten, Zügen bestehen soll:[38] Die Väter (der Sippen oder Dörfer) stellten die *rote Karte* (Schülerliste, Kuan tan) zusammen, engagierten aus den stets in Überangebot vorhanden amtslosen Literaten den Schulmeister auf Zeit, der Ahnentempel (oder andere ungenutzte Räume) war der bevorzugte Schulraum; von früh bis spät ertönte das Unisono-Brüllen der geschriebenen *Linien;* der Schüler war den ganzen Tag in einem Zustande der *Verbiesterung* (das Zeichen dafür – meng – ist: ein Schwein im Kraut). Der Student und Graduierte erhielt noch *Tatzen* (in die Hand, nicht mehr: auf das – nach der Terminologie deutscher Mütter alten Schlages: – *gottgewollte Plätzchen),* die hoch Promovierten waren, solange sie nicht degradiert wurden, ganz frei davon. Die Fronfreiheit findet sich im Mittelalter als ganz feststehend. Immerhin, trotz (und: wegen) dieser Privilegien – die wie gesagt, prekär waren, weil sie durch die nicht seltene Degradation sofort entfielen – war auf diesem Boden: der Prüfungsdiplomierung als Standesqualifikation, der möglichen Degradation, der jugendlichen und der bei Degradierten noch im Alter möglichen und nicht ganz seltenen Prügel, die Entwicklung feudaler Ehrbegriffe ausgeschlossen. Solche hatten einst, in der Vergangenheit, mit gewaltiger Intensität das Leben·beherrscht.

Offenheit und *Loyalität* rühmte die alte Annalistik als Kardinaltugenden.[39] *Mit Ehre zu sterben* war die alte Parole. *Unglücklich sein und nicht*

vom 26.5.95.).

[38] Vgl. dazu A. H. Smith, Village life in China (Edinburg 1899, p. 66 ff.).

[39] S. zum folgenden: Kun Yu (Discours des royaumes, Ann. Nat. des états Chin. de X au V s., ed. de Harlez, London 1895, p. 54. 75. 89. 159. 189 u. ö.).

zu sterben wissen ist feig. So insbesondere ein Offizier, der nicht *bis zum Tode* kämpfte.[40] Selbstmord eines Generals, der eine Schlacht verloren hatte, war eine Tat, die er sich als Privileg rechnete: ihn ihm zu gestatten hieß: auf das Recht der Strafe verzichten und galt daher als nicht unbedenklich.[41] Durch die patriarchale Hiao-Vorstellung waren diese feudalen Begriffe abgewandelt worden: man soll Verleumdungen leiden und unter ihren Folgen in den Tod gehen, wenn es der Ehre des Herrn nutzt; man kann (und soll) überhaupt durch treuen Dienst alle Fehler des Herrn ausgleichen, und das war hiao. Der Kotau vor dem Vater, älteren Bruder, Gläubiger, Beamten, Kaiser war gewiß kein Symptom feudaler Ehre: vor einer Geliebten zu knien wäre dagegen für den korrekten Chinesen ganz perhorresziert gewesen. Alles umgekehrt wie bei Rittern und cortegiani im Okzident.

Die Ehre des Beamten behielt in starkem Maße einen Einschlag von durch Prüfungsleistungen und öffentliche Zensuren der Vorgesetzten geregelter Scholarenehre, auch wenn er die höchsten Prüfungen absolviert hatte. Ganz anders noch als dies für jede Bürokratie (wenigstens auf den unteren Staffeln, und in Württemberg mit seinem berühmten *Note-I-Fischer,* auch in den höchsten Amtsstellungen) ebenfalls in gewissem Sinn galt.

Der eigentümliche Scholarengeist, den das Prüfungswesen züchtete, hing eng mit den Grundvoraussetzungen zusammen, von welchen die orthodoxe (und übrigens auch fast jede heterodoxe) chinesische Lehre ausging. Der Dualismus der Schen und Kwei, der guten und bösen Geister, der himmlischen Yang- gegenüber der irdischen Yin-Substanz auch innerhalb der Seele des einzelnen Menschen, mußte es als einzige Aufgabe der Erziehung, auch der Selbsterziehung, erscheinen lassen: die Yang-Substanz in der Seele des Menschen zur Entfaltung zu bringen.[42] Denn der Mensch, in welchem sie gänzlich die Oberhand über die dämonischen (Kwei-) Mächte, die in ihm ruhen, gewonnen hat, besitzt Macht – nach der alten Vorstellung: magische Macht – über die Geister. Die guten Geister aber sind diejenigen, welche Ordnung und Schönheit, die Harmonie der Welt, schützen. Die Selbstvervollkommnung zu einem Abbild dieser Harmonie ist daher das höchste und einzige Mittel, jene Macht zu erlangen. Der *Kiün-tse,* der *fürstliche Mensch,* einst: der *Held,* war der Literatenzeit

[40] Tschepe, Var. Sinol. 27 p. 38. Er bittet um Bestrafung. Ähnlich in den Dokumenten A. Steins (mehrfach oben zitiert, ed. Chavannes) Nr. 567.

[41] Vgl. aber das Reskript in der Peking Gazette vom 10.4.95, wodurch den Offizieren, die nach der Übergabe von Wei hai wei sich den Tod gaben, posthume Rangerhöhung zuteil wurde (offenbar weil sie die Schuld auf sich nahmen und so eine Kompromittierung des Charisma des Kaisers durch die Schand hinderten).

[42] Indessen gab es wenigstens in einem Distrikt auch einen Tempel des Tai ki, der Urmaterie (Chaos), aus welchem sich die beiden Substanzen erst durch Teilung entwickelt haben sollten. (Schih Luh Kuoh Kiang Yuh Tschi, übers. von Michels p. 39). S. schon oben.

der zu allseitiger Selbstvervollkommnung gelangte Mensch: ein *Kunstwerk* im Sinne eines klassischen, ewig gültigen, seelischen Schönheitskanons, wie ihn die überlieferte Literatur in die Seelen ihrer Schüler pflanzte. Daß andererseits die Geister die *Güte* im Sinn der sozialethischen Tüchtigkeit belohnen, war seit der Han-Zeit spätestens[43] feststehender Glaube der Literaten. Güte, temperiert durch klassische (= kanonische) Schönheit, war daher das Ziel der Selbstvervollkommnung. Kanonisch vollendete schöne Leistungen waren, wie der letzte Maßstab der höchsten Prüfungsqualifikation, so die Sehnsucht jedes Scholaren. Ein vollkommener Literat, das heißt, ein (durch Erringung der höchsten Grade) *gekrönter Dichter* zu werden, war der Jugendehrgeiz Li Hung Tschangs':[44] daß er ein Kalligraph von großer Meisterschaft ist, daß er die Klassiker, vor allem des Konfuzius *Frühling und Herbst* (die früher erwähnten, für unsere Begriffe unendlich dürftigen *Annalen)* wörtlich hersagen kann, blieb sein Stolz und war für seinen Oheim, nachdem er dies erprobt, Anlaß, ihm seine Jugenduntugenden zu verzeihen und ein Amt zu verschaffen. Alle anderen Kenntnisse (Algebra, Astronomie) galten ihm nur als unumgängliche Mittel, *ein großer Poet zu werden.* Die klassische Vollendung des Gedichts, welches er als Gebet im Tempel der Seidenbau-Schutzgöttin im Namen der Kaiserin-Witwe verfaßt hatte, erwarb ihm die Gunst der Herrscherin. Wortspiele, Euphuismen, Anspielungen auf klassische Zitate und eine feine, rein literarische Geistigkeit galt als Ideal der Konversation vornehmer Männer, von der alle aktuelle Politik ausgeschlossen blieb.[45] Daß diese sublimierte, klassisch gebundene *Salon*-Bildung zur Verwaltung großer Gebiete befähigen sollte, mag uns befremdlich erscheinen. Und in der Tat: Mit bloßer Poesie verwaltete man auch in China nicht. Aber der chinesische Amtspfründner bewährte seine Standesqualifikation, sein Charisma, durch die kanonische Richtigkeit seiner literaturgerechten Formen, auf welche deshalb auch im amtlichen Verkehr bedeutendes Gewicht gelegt wurde. Zahlreiche wichtige Kundgebungen der Kaiser, als der Hohenpriester der literarischen Kunst, hatten die Form von Lehrgedichten. Und andererseits hatte der Beamte sein Charisma darin zu bewähren, daß seine Verwaltung *harmonisch,* d.h. ohne Störungen durch unruhige Geister der Natur oder der Menschen, ablief, mochte die wirkliche *Arbeit* auch auf den Schultern von Subalternen ruhen. Belohnend, strafend, scheltend, ermahnend, aufmunternd, belobend stand, sahen wir, über ihm der kaiserliche Pontifex, seine Literatenakademie und sein Zensorenkollegium, dies alles: vor aller Öffentlichkeit.

[43] Nach de Groot.
[44] S. die auszugsweisen Übersetzungen der Gräfin Hagen aus seinen Memoiren (Berlin 1915), p. 27, 29, 33.
[45] S. die formgewandten und geistreichen, wenngleich etwas reichlich seichten, für Europäer bestimmten Aufzeichnungen Tscheng Ki Tong's (China und die Chinesen, deutsch von A. Schultze, Dresden und Leipzig 1896), p. 158. Über chinesische Konversation manche durchaus mit dem Gesagten übereinstimmende Beobachtungen in dem *Reisetagebuch eines Philosophen* des Grafen Keyserling.

Die ganze Verwaltung und die Laufbahn-Schicksale der Beamten mit ihren (angeblichen) Gründen, spielte sich infolge jener Drucklegung der *Personalakten* und der Publikation aller Berichte, Anträge und Gutachten vor der breitesten Öffentlichkeit ab, weit mehr als irgendeine parlamentarisch kontrollierte Verwaltung bei uns, welche auf Wahrung des *Dienstgeheimnisses* das entschiedenste Gewicht legt. Wenigstens der offiziellen Fiktion nach war die amtliche Zeitung eine Art fortlaufender Rechenschaftsbericht des Kaisers vor dem Himmel und den Untertanen: der klassische Ausdruck jener besonderen Art von Verantwortlichkeit, welche aus seiner charismatischen Qualifikation folgte. Wie fragwürdig immer die Realität der offiziellen Begründung und die Vollständigkeit der Wiedergabe sein mochte, – was für die Mitteilungen unserer Bürokratie an unsere Parlamente schließlich doch wohl ganz ebenso gilt, – so war dies Verfahren doch immerhin geeignet, dem Druck der öffentlichen Meinung gegenüber der Amtsführung der Beamten ein ziemlich starkes und oft recht wirksames Ventil zu öffnen.

In China, wie überall, waren es vor allem die unteren, mit der Bevölkerung praktisch in die nächste Berührung gelangenden Stufen der Hierarchie, gegen die sich der allem Patrimonialismus gemeinsame Haß und das Mißtrauen der von ihnen Regierten und deren ebenfalls überall typische, apolitische Vermeidung jeder nicht unbedingt nötigen Berührung mit dem *Staat* wendete. Aber dieser Apolitismus tat der Bedeutung der offiziellen Bildung für die Prägung des Volkscharakters keinen Eintrag.

Die starken Ansprüche an die Ausbildungszeit, – zum Teil durch die Eigenart der chinesischen Schrift, zum Teil durch die des Lernstoffes bedingt, – und die oft sehr lange Wartezeit nötigten diejenigen, welche nicht aus eigenem oder geliehenem oder in der früher erwähnten Art von der Familie erspartem Vermögen leben konnten, vor Abschluß des Bildungsganges in praktische Berufe aller Art, vom Kaufmann bis zum Wunderdoktor, abzuspringen. Sie gelangten dann nicht bis zu den Klassikern selbst, sondern nur bis zum Studium des letzten (sechsten) Lehrbuchs, der durch Alter ehrwürdigen *Jugendlehre* (Siao Hioh)[46], welche wesentlich Extrakte aus Klassikern enthielt. Nur dieser Unterschied des Bildungsniveaus, nicht aber der Bildungsart schied diese Kreise von der Bürokratie. Denn eine andere Bildungsart als die klassische gab es nicht. Der Prozentsatz der durch das Examen fallenden Kandidaten war ganz außerordentlich groß. Der infolge der festen Kontingentierung[47] prozen-

[46] Siao Hioh (übersetzt von de Harlez, Annales du Musée Guimet XV 1889) ist das Werk Tschu Hi's (12. Jahrh. n. Chr.), dessen wesentlichste Leistung die endgültige Kanonisierung des Konfuzianismus in der von ihm systematisierten Form war. (Über ihn: Gall, Le Philosophe Tchou Hi, sa doctrine etc., Variétés sinologiques 6. Shanghai 1894.) Es ist wesentlich ein mit historischen Beispielen arbeitender populärer Kommentar zum Li Ki und war in China jedem Volksschüler geläufig.

[47] Die Zahl der *Lizentiaten* war unter die Provinzen aufgeteilt. Wenn eine Notanleihe ausgeschrieben wurde, kam es vor – noch nach der Taiping-Revolution –, daß den

tual geringe Bruchteil der in den höheren Graden Diplomierten übertraf dennoch an Zahl die verfügbaren Amtspfründen stets um ein Vielfaches. Um diese konkurrierten sie durch persönliche Patronage[48] oder durch eigenes oder entliehenes Kaufgeld: Pfründenverkauf fungierte hier wie in Europa als ein Mittel der Aufbringung von Kapital für Staatszwecke und ersetzte[49] sehr oft die Prüfungsqualifikation. Die Proteste der Reformer gegen den Ämterverkauf haben, wie die zahlreichen Eingaben dieser Art in der Peking Gazette zeigen, bis in die letzten Tage des alten Systems gedauert.

Die kurze, offizielle Amtsfrist der Beamten (drei Jahre) – ganz entsprechend ähnlichen islamischen Einrichtungen – ließ irgendeine intensive rationale Beeinflussung der Wirtschaft durch die staatliche Verwaltung als solche trotz deren theoretischer Allgewalt nur unstet und stoßweise aufkommen. Es ist erstaunlich, mit wie wenig fest angestellten Beamten die Verwaltung auskommen zu können glaubte. Die Ziffern allein schon ergeben zur Evidenz: daß in aller Regel der Gang der Dinge, soweit er nicht staatliche Macht- und Fiskalinteressen berührte, sich selbst überlassen gewesen sein muß und die Mächte der Tradition: Sippen, Dörfer, Gilden und andere Berufsverbände, die normalen Träger der Ordnung blieben. Dennoch und trotz des eben erwähnten starken Apolitismus der Massen war der Einfluß der Anschauungen der Amtsanwärterschicht auch auf die Art der Lebensführung der Mittelstandsschichten sehr bedeutend. Zunächst und vor allem infolge der volkstümlichen magisch-charismatischen Auffassung der durch die Prüfung erprobten Amtsqualifikation. Der Geprüfte hatte durch Leistung der Prüfung erwiesen, daß er in eminentem Maße Träger des *schen* sei. Hohe Mandarinen galten als magisch qualifiziert. Sie selbst konnten immer, – die *Bewährung* des Charisma vorbehalten, – nach dem Tode und schon bei Lebzeiten Gegenstand eines Kults werden. Die überall urwüchsige magische Bedeutung des Schreibwesens und

Provinzen für die Aufbringung bestimmter Minimalsummen höhere Quoten zugesagt wurden. *Doktoranden* wurden bei jeder Prüfung nur zehn promoviert, deren drei erste besonders hohe Schätzung genossen.

48 Die beherrschende Stellung dieser illustriert die Vergleichung zwischen der Provenienz der drei Höchstgraduierten und derjenigen der höchsten Mandarinen bei Zi a. a. O. App. II p. 221, Anm. 1. Abgesehen davon, daß von den 1646–1914 besetzten 748 hohen Beamtenstellen 398 mit Mandschus besetzt wurden, obwohl nur drei von diesen sich unter den Höchstgraduierten (die drei vom Kaiser als Erste placierten Tien sche) befanden, stellte die Provinz Honan 58 = 1/6 aller hohen Beamten, lediglich kraft der Machtstellung der Familie Tseng, während unter den Höchstgraduierten fast 2/3 aus anderen an diesen Ämtern zusammen nur mit 30% beteiligten Provinzen stammten.

49 Zuerst durch die Ming-Kaiser 1453 systematisch. (Aber schon unter Schi Hoang Ti als Finanzmaßregel.) Der unterste Grad kostete ursprünglich 108 Piaster, gleich dem kapitalisierten Wert der Studienpfründen, dann 60 Taëls; nach einer Überschwemmung des Hoangho wurde der Preis zur Erweiterung des Markts behufs ausgiebiger Geldbeschaffung auf 20–30 Taëls herabgesetzt. Seit 1693 wurden auch die Käufer des *Baccalaureats* zu den höheren Prüfungen zugelassen. Eine Taotai-Stellung kostete mit allen Nebenspesen etwa 40000 Taëls.

der Urkunde gab ihren Siegeln und ihrer Handschrift apotropäische und therapeutische Bedeutung, und dies konnte sich bis auf das Prüfungsgerät der Kandidaten erstrecken. Ein vom Kaiser als Erster placierter Prüfling des höchsten Grades galt als Ehre und Vorteil der Provinz[50], aus der er stammte, und jeder, dessen Name nach bestandener Prüfung öffentlich angeschlagen wurde, der hatte *einen Namen im Dorf*. Alle Gilden und anderen Klubs von irgendwelcher Bedeutung bedurften eines Literaten als Sekretärs, und diese und ähnliche Stellen standen denjenigen Promovierten offen, für welche eine Amtspfründe nicht zur Verfügung stand. Die Amtsinhaber und geprüften Amtsanwärter waren kraft ihres magischen Charisma und ihrer Patronagebeziehungen, gerade soweit sie aus Kleinbürgerkreisen stammten, statt der in Indien die gleiche Rolle versehenden Brahmanen *(Gurus)*, die naturgemäßen *Beichtväter* und Berater in allen wichtigen Angelegenheiten für ihre Sippen. Der Amtsinhaber war, wie wir ebenfalls schon sahen, neben dem Staatslieferanten und großen Händler, diejenige Persönlichkeit, welche am meisten Chancen hatte, Besitz zu akkumulieren. Ökonomisch wie persönlich war daher der Einfluß dieser Schicht auch außerhalb der eigenen Sippe, – innerhalb deren ja, wie früher betont, die Autorität des Alters ein starkes Gegengewicht bildete, – für die Bevölkerung annähernd so groß, wie im antiken Ägypten diejenige der Schreiber und Priester zusammengenommen. Ganz unabhängig von der *Würdigkeit* der im Volksdrama oft verspotteten einzelnen Beamten stand dies Prestige der literarischen Bildung als solcher doch bei der Bevölkerung felsenfest, so lange, bis es durch moderne, okzidental geschulte Mitglieder der eigenen Schicht untergraben wurde.

Der soziale Charakter der Bildungsschicht bestimmte nun auch ihre Stellungnahme zur Wirtschaftspolitik. Wie so viele andere typischen Züge patrimonial-bürokratischer Gebilde theokratischer Prägung, trug das Staatswesen seiner eigenen Legende nach schon seit Jahrtausenden den Charakter eines religiös-utilitarischen Wohlfahrtsstaates. Allerdings hatte die reale Staatspolitik die Wirtschaftsgebarung, wenigstens soweit Produktion und Erwerb in Betracht kam, in China ebenso wie im alten Orient, seit schon sehr langen Zeiten im wesentlichen – soweit nicht Neusiedelungen, Meliorationen (durch Bewässerung) und fiskalische oder militärische Interessen im Spiel waren – immer wieder sich selbst überlassen, aus den schon erörterten Gründen. Nur die militärischen und militärfiskalischen Interessen hatten immer aufs neue – wie wir sahen – leiturgische, monopolistische oder steuerlich bedingte, oft recht tiefe, Eingriffe in das Wirtschaftsleben: teils merkantilistische, teils ständische Reglementierung, hervorgerufen. Mit dem Ende des nationalen Militarismus fiel alle derartige planmäßige *Wirtschaftspolitik* dahin. Die Regierung, im

50 Weshalb die Kaiser unter Umständen bei der Placierung darauf Rücksicht nahmen, ob der Kandidat einer Provinz angehörte, welche noch keinen an erster Stelle Placierten aufzuweisen hatte.

Bewußtsein der Schwäche ihres Verwaltungsapparates, begnügte sich nun mit der Sorge für Vorflut und Unterhaltung der Wasserstraßen, welche für die Reisversorgung der führenden Provinzen unentbehrlich waren, im übrigen mit der typischen patrimonialen Teuerungs- und Konsumpolitik. Sie besaß keine Handelspolitik[51] im modernen Sinne: Die Zölle, welche die Mandarinen an den Wasserstraßen errichteten, hatten, soviel bekannt, nur fiskalischen, niemals wirtschaftspolitischen Charakter. Sie verfolgte auch sonst, im ganzen genommen, kaum andere als fiskalische und polizeiliche wirtschaftspolitische Interessen, wenn man von den – bei dem charismatischen Charakter der Herrschaft – stets politisch gefährlichen Notstandszeiten absieht. Der, soviel bekannt, großzügigste Versuch einer einheitlichen Wirtschaftsorganisation: das Staatshandelsmonopol für den ganzen Ernteertrag, wie es im 11. Jahrhundert durch Wang An Schi geplant wurde, sollte neben fiskalischen Gewinnen in erster Linie dem Preisausgleich dienen und war mit einer Bodensteuerreform verknüpft. Der Versuch mißlang. Wie die Wirtschaft daher in weitem Maße sich selbst überlassen blieb, so setzte sich auch die Abneigung gegen *Staatsintervention* in ökonomischen Dingen, vor allem gegen die dem Patrimonialismus überall als Fiskalmaßregel geläufigen Monopolprivilegien[52] als eine dauernde Grundstimmung fest. Allerdings nur als eine neben ganz andern, aus der Überzeugung von der Abhängigkeit alles Wohlergehens der Untertanen von dem Charisma des Herrschers hervorgehenden Vorstellungen, die oft ziemlich unvermittelt daneben standen und die typische Vielregiererei des Patrimonialismus wenigstens als Gelegenheitserscheinung immer erneut erstehen ließen. Und ferner stets mit dem selbstverständlichen Vorbehalt der teuerungs- und nahrungspolitischen Reglementierung des Konsums, wie sie auch die Theorie des Konfuzianismus in zahlreichen Spezialnormen über

[51] Ein ganz gutes Beispiel chinesischer Kameralistik bildet Se Ma Tsien's Traktat (Nr. 8, Kap. XXX in Vol. III von Chavannes Ausgabe) von der Handelsbilanz (ping schoan), zugleich das älteste erhaltene Dokument chinesischer Nationalökonomie. Große Händlerprofite der Teilstaatenzeit, Degradierung der Kaufleute im Einheitsreich, Ausschluß von Ämtern, Gehälterfixierung und danach Fixierung der Grundsteuer, Steuern auf Handel, Forst, Wasser (appropriiert von Großen), Frage der privaten Münzprägung, Gefahr der zu großen Bereicherung Privater (aber: bei Reichtum herrscht – ganz konfuzianisch – Tugend), Transportkosten, Titelkauf, Salz- und Eisenmonopole, Kaufmannsregister, Binnenzölle, Preisstabilisierungspolitik, Kampf gegen Submission an Staatslieferanten (direkte Submission an Handwerker) sind die (für unsre Vorstellung nicht zur *Handelsbilanz* gehörigen Gegenstände: innere Ruhe durch Stabilität, nicht: Außen-Bilanz ist eben der kameralistisch-finanzpolitische Gegenstand.

[52] Das bis 1892 bestehende Monopol der Ko Hong-Kaufleute auf den Handel in dem einzigen den Ausländern geöffneten Hafen von Kanton wurde zum Zweck der Unterbindung jeglichen Verkehrs der Barbaren mit den Chinesen geschaffen; die ungeheuren Gewinne, die es abwarf, machten die beteiligten Amtspfründner jeder freiwilligen Änderung dieses Zustands abhold.

Ausgaben aller Art kennt. Vor allem aber mit der jeder Bürokratie selbstverständlichen Abneigung gegen zu schroffe, rein ökonomisch durch freien Tausch bedingte Differenzierung. Die zunehmende Stabilität der ökonomischen Zustände unter den Bedingungen des ökonomisch im wesentlichen autark gewordenen und sozial gleichartig gegliederten Weltreichs ließ ökonomische Probleme, wie sie die englische Literatur des 17. Jahrhunderts erörterte, gar nicht entstehen. Es fehlte durchaus jene selbstbewußte und politisch von der Regierung nicht zu ignorierende bürgerliche Schicht, an deren Interessen sich die *pamphlets* jener Zeit in England in erster Linie wendeten. Nur *statisch:* wo es der Erhaltung der Tradition und ihrer speziellen Privilegien galt, war die Haltung der Kaufmannsgilden für die Verwaltung eine ernsthaft in Rechnung zu stellende Größe, wie überall unter patrimonial-bürokratischen Verhältnissen. Dynamisch dagegen fiel sie nicht ins Gewicht, weil expansive kapitalistische Interessen von hinlänglicher Stärke nicht (nicht mehr!) existierten, um, wie in England, die Staatsverwaltung in ihren Dienst zwingen zu können. –

Die politische Gesamtstellung der Literaten wird nur verständlich, wenn man sich gegenwärtig hält, gegen welche Mächte sie zu kämpfen hatten. Vorerst sehen wir von den Heterodoxien ab, von denen später (Nr. IV) die Rede sein wird. In der Frühzeit waren ihre Hauptgegner die *großen Familien* der Feudalzeit gewesen, die sich nicht aus ihrer Amtsmonopolstellung hatten drängen lassen wollen. Sie haben sich mit den Bedürfnissen des Patrimonialismus und der Überlegenheit der Schriftkunde abfinden müssen und haben Mittel und Wege gefunden, durch kaiserliche Gnade ihren Söhnen den Weg zu ebnen. Sodann: die kapitalistischen Amtskäufer: die natürliche Folge der ständischen Nivellierung und Geldwirtschaft in den Finanzen. Hier konnte der Kampf nicht dauernd und absolut, sondern nur relativ erfolgreich sein, weil jeder Kriegsbedarf als einziges Finanzierungsmittel der finanzlosen Zentralverwaltung Pfründenverschacherung darbot, auch bis in die jüngste Gegenwart. Sodann: die rationalistischen Interessen der Verwaltung am Fachbeamtentum. Schon 601 unter Wen ti hervorgetreten, feierten sie 1068 unter Wang An Schi in der Not der Verteidigungskriege einen kurzlebigen vollen Triumph. Aber die Tradition siegte abermals und nun endgültig. – Es blieb nur ein dauernder Hauptfeind: der Sultanismus und die ihn stützende Eunuchenwirtschaft:[53] der Einfluß des eben deshalb von den Konfuzianern mit tiefstem Mißtrauen angesehenen Harems. Ohne die Einsicht in diesen Kampf ist die chinesische Geschichte vielfach fast unverständlich.

[53] Nicht nur die offiziellen Ming-Geschichten (nächste Anm.) sondern auch das Tschi li kuo kiang yu tschi (Hist. géogr. des XVI royaumes, ed. Michels, Paris 1891) ist davon voll. So: p. 7: für 1368 Ausschluß des Harems von Staatsgeschäften (auf Antrag der Hanlin-Akademie), 1498 Eingabe der Hanlin anläßlich des Palastbrandes und der (bei Unfällen typischen) Aufforderung, *frei zu sprechen*, gegen den Favorit-Eunuchen (s. nächste Anm.).

Schon unter Schi Hoang Ti begann dieses zwei Jahrtausende dauernde Ringen und setzte sich dann unter allen Dynastien fort. Denn energische Herrscher versuchten natürlich stets erneut, mit Hilfe der Eunuchen und plebejischer Parvenus die Bindung an die ständisch vornehme Bildungsschicht der Literaten abzuschütteln. Zahlreiche Literaten, die gegen diese Form des Absolutismus auftraten, haben ihr Leben für die Macht ihres Standes lassen müssen. Aber auf die Dauer blieben die Literaten immer wieder siegreich.[54] Jede Dürre, Überschwemmung, Sonnenfinsternis, Niederlage und jedes auftretende und bedrohliche Ereignis überhaupt spielte ihnen sofort wieder die Macht in die Hände, da es als Folge des Bruches der Tradition und des Verlassens der klassischen Lebensführung angesehen wurde, deren Hüter die Literaten, vertreten durch Zensoren und *Hanlin-Akademie,* waren. *Freie Aussprache* wurde in allen solchen Fällen gewährt, die Beratung des Thrones erbeten und der Erfolg war dann stets: Abstellung der unklassischen Regierungsform, Tötung oder Verbannung der Eunuchen, Zurückführung der Lebensform in die klassischen Schemata, kurz: Anpassung an die Literaten-Anforderungen. Die Gefahr der Haremswirtschaft war, infolge der Art der Thronfolge, recht groß: unmündiger Kaiser unter Weibervormundschaft waren zeitweise geradezu Regel geworden. Noch die letzte Kaiserin-Regentin: Tsu hsi, hat mit Eunuchen zu regieren gesucht.[55] Welche Rolle bei diesen durch die ganze chinesische Geschichte sich ziehenden Kämpfen die Taoisten und Buddhisten gespielt haben: – warum und inwieweit sie natürliche, inwieweit Konstellations-Koalierte der Eunuchen waren, – ist hier noch nicht zu erörtern. Mehr beiläufig sei bemerkt, daß auch die Astrologie wenigstens dem modernen Konfuzianismus als unklassische Superstition[56] und Konkurrenz gegen die alleinige Bedeutung des Tao-Charisma des Kaisers für

[54] Zahlreiche Beispiele dieses Ringens z. B. im Yu tsiuan tung kian kang mu (Ming-Geschichte des Kaisers Kian Lung, ed. Delamarre). Nehmen wir das 15. Jahrhundert: p. 155 (1404): ein Eunuch an der Spitze der Armee (seitdem öfter, so 1428, p. 223), daher auch, 1409 (p. 168): Eindringen der Palastbeamten in die Verwaltung. 1443 (p. 254): ein Hanlin-Doktor verlangt Abschaffung der Kabinettsregierung und Fronerleichterung, vor allem Beratungen des Kaisers mit den Literaten. Ein Eunuch tötet ihn. 1449 (p. 273): der Favorit-Eunuch wird auf Verlangen der Literaten getötet, – aber 1457 werden ihm Tempel errichtet. – 1471: Die Berater müssen durch den Eunuchen mit dem Kaiser verkehren (p. 374). (Genau das gleiche wird von Hiao Kong (361–328 v. Chr.) berichtet). 1472: Eunuchen als Geheimpolizisten (p. 273) – was 1481 auf Verlangen der Zensoren abgeschafft wird (p. 289). 1488: Herstellung des alten Rituals. (So in zahlreichen Epochen). – Peinlich für die Literaten verlief die Absetzung eines Eunuchen 1418, bei dem man die Liste der ihn bestechenden Literaten fand. Man setzte durch, daß diese sekretiert und für die Absetzung der Bestechenden ein anderer Vorwand gefunden wurde (eod. p. 422).

[55] S. Bland and Backhouse, China unter der Kaiserin-Witwe. Deutsch von Rauch, Berlin 1812, und die berühmte Denkschrift Tao Mo's aus dem Jahr 1901 dagegen.

[56] Als 1441 eine von den Astrologen angesagte Sonnenfinsternis nicht erfolgte, gratulierte die Ritualbehörde, – aber der Kaiser lehnte das ab.

den Gang der Regierung galt, was ursprünglich nicht der Fall war. Hier dürfte die Ressort-Konkurrenz der Hanlin-Akademie gegen das Astrologenkollegium entscheidend mitgespielt haben[57], vielleicht auch die jesuitische Provenienz der astronomischen Meßinstrumente.

Nach der Überzeugung der Konfuzianer brachte das Zutrauen zur Magie, welches die Eunuchen pflegten, alles Unheil. In seiner Denkschrift vom Jahre 1901 wirft Tao Mo der Kaiserin vor, daß im Jahre 1875 durch ihre Schuld der wahre Thronerbe beseitigt sei, trotz Protestes der Zensoren, was der Zensor Wu Ko Tu ihr mit Selbstmord quittiert habe. Männliche Schönheit zeichnet diese hinterlassene Denkschrift an die Regentin und den Brief an seinen Sohn aus.[58] An der reinen und tiefen Überzeugung bleibt nicht der mindeste Zweifel. Auch der Glaube der Kaiserin und zahlreicher Prinzen an die magische Begnadung der Boxer, der ihre ganze Politik allein erklärt, war sicher Eunuchen-Einflüssen zuzuschreiben.[59] Auf dem Totenbett hat die immerhin imposante Frau als ihren Rat hinterlassen: 1. nie wieder ein Weib in China herrschen zu lassen, – 2. die Eunuchen-Wirtschaft für immer abzutun.[60] – Anders als sie – wenn der Bericht zutrifft – zweifellos gedacht, ging dies in Erfüllung. Aber man darf nicht im Zweifel sein: daß für den echten Konfuzianer alles seither Geschehene, vor allem: die *Revolution* und der Sturz der Dynastie, nur eine Bestätigung der Richtigkeit des Glaubens an die Bedeutung des Charisma klassischer Tugend der Dynastie bedeuten kann und im (unwahrscheinlichen aber möglichen) Fall einer konfuzianischen Restauration so verwertet werden würde.

Das konfuzianische, letztlich pazifistische, an innenpolitischer Wohlfahrt orientierte, Literatentum stand natürlich den militärischen Mächten ablehnend oder verständnislos gegenüber. Von der Beziehung zu den Offizieren wurde schon geredet. Die ganze Annalistik ist davon paradigmatisch erfüllt, sahen wir. Proteste dagegen, daß man *Prätorianer* zu Zensoren (und Beamten) mache, finden sich in der Annalistik.[61] Besonders da die Eunuchen als Favorit-Generäle nach Art des Narses beliebt waren, lag diese Gegnerschaft gegen das rein sultanistisch-patrimoniale Heer nahe. Den populären militärischen Usurpator Wang Mang rühmen sich die Literaten gestürzt zu haben: Die Gefahr des Regierens mit Plebejern lag eben bei Diktatoren stets sehr nahe. Nur dieser eine Versuch aber ist bekannt. Dagegen der faktischen, auch rein durch Usurpation (wie die Han) oder Eroberung (Mongolen, Mandschu)

57 S. die (früher zitierte) Denkschrift der Hanlin-Akademie an die Regentinnen von 1878.
58 A. a. O. Kap. IX p. 130 f.
59 S. das Dekret der Kaiserin vom Februar 1901.
60 A. a. O., p. 457.
61 Z. B. Yu tsiuan tung kian kang mu des Kaisers Kian Lung (p. 167, 223) 1409 und 1428. Ein Verbot ähnlicher Art, sich in die Verwaltung zu mischen, an das Militär schon 1388, ebenda h. a..

geschaffenen Gewalt haben sie sich, auch unter Opfern – die Mandschus nahmen 50% der Ämter, ohne Bildungsqualifikation – gefügt, wenn der Herrscher sich seinerseits ihren rituellen und zeremoniellen Anforderungen fügte: Dann stellten sie sich, modern ausgedrückt, *auf den Boden der Tatsachen.*

Konstitutionell konnte – das war die Theorie der Konfuzianer – der Kaiser nur durch diplomierte Literaten als Beamte regieren, *klassisch* nur durch orthodox konfuzianische Beamte. Jede Abweichung davon konnte Unheil und, bei Hartnäckigkeit, Sturz des Kaisers und Untergang der Dynastie bringen. – Welches war nun der materiale Gehalt der orthodoxen Ethik dieses für den Geist der Staatsverwaltung und der herrschenden Schichten maßgebenden Standes?

VI. Die konfuzianische Lebensorientierung

Bürokratie und Hierokratie – Fehlen des Naturrechts und der formalen Rechtslogik – Fehlen naturwissenschaftlichen Denkens – Wesen des Konfuzianismus – Freiheit der Metaphysik und Innerweltlichkeit des Konfuzianismus – Zentralbegriff der „Schicklichkeit“ – Pietät (Hiao) – Wirtschaftsgesinnung und Ablehnung des Fachmenschentums – Gentleman-Ideal – Bedeutung der Klassiker – Geschichtliche Entwicklung der Orthodoxie – Die Pathetik des älteren Konfuzianismus – Pazifistischer Charakter des Konfuzianismus

Wie von der Macht des zunehmend expropriierten Feudalismus und des nie entwickelten Bürgertums, so ist die Patrimonialbürokratie auch von der Konkurrenz einer selbständigen Hierokratie verschont geblieben. Von einer sozial machtvollen Prophetie – sei es vorderasiatischen, iranischen oder indischen Gepräges – ist nicht das Geringste bekannt.[1] Niemals sind im Namen eines überweltlichen Gottes ethische Forderungen durch Propheten gestellt worden. Der ungebrochen gebliebene Charakter der Religiosität schließt ihre Existenz geradezu aus: Die pontifikale, cäsaropapistische, Gewalt hat nur mit Feudalen, nicht mit Propheten, ernstlich zu kämpfen gehabt. Sie schaltete jede an solche auch nur erinnernde Bewegung als heterodoxe Häresie gewaltsam und systematisch aus. Nie ist die chinesische *Seele* durch einen Propheten revolutioniert worden.[2] *Gebete* der Privaten gab es nicht: der rituelle, literarische, Amtsträger und vor allem: der Kaiser sorgten für alles. Nur sie konnten das.

Ein machtvolles Priestertum hat es, soweit geschichtliche Kunde reicht – mit den für den Taoismus zu machenden Vorbehalten – nicht gegeben. Vor allem keine eigene Erlösungslehre, keine eigene Ethik und: keine eigene Erziehung durch autonome religiöse Mächte. Es lebte sich also der intellektualistische Rationalismus einer Beamtenschicht frei aus, der hier wie überall im Innersten die Religionen verachtete, wo er ihrer nicht zur Domestikation benötigte, ihren berufsmäßigen Trägern aber nur dasjenige Maß von offizieller Geltung beließ, welches für jene Domestikationszwecke unerläßlich und der starken traditionsgebundenen Macht der lokalen Sippenverbände gegenüber unausrottbar war. Jede weitere äußere und innere Entwicklung aber wurde radikal abgeschnitten. Staatsangelegenheit waren die Kulte der großen Gottheiten des Himmels und der Erde, verbunden mit einigen vergötterten Heroen und Spezialgeistern.[3] Sie wurden nicht durch Priester, sondern durch die Träger der politischen Gewalt selbst, gepflegt. Staatlich vorgeschriebene *Laienreligion* war allein der Glaube an die Macht der Ahnengeister und ihr Kult. Alle sonstige

1 Über die Anachoreten der älteren Zeit s. bei Nr. VII.
2 Über den Buddhismus s. später (Nr. VII und Band II dieser Aufsätze).
3 S. oben 1.

Volksreligiosität blieb – wie wir sehen werden – im Prinzip ein ganz systemloses Nebeneinander magischer und heroistischer Spezialkulte. Weit entfernt, daß der Rationalismus der Patrimonialbürokratie diesen von ihm innerlich verachteten chaotischen Zustand systematisch umzuformen getrachtet hätte, akzeptierte er ihn vielmehr schlechthin. Denn einerseits mußte auch vom Standpunkt der konfuzianischen Staatsraison aus *dem Volke die Religion erhalten* werden: Ohne Glauben konnte, nach einem Wort des Meisters, die Welt nicht in Ordnung gehalten werden und seine Erhaltung war daher politisch sogar noch wichtiger als die Fürsorge für die Nahrung. Andererseits aber war die kaiserliche Gewalt ihrerseits das höchste religiös geweihte Gebilde. Sie stand in gewissem Sinne über dem Gewimmel der Volksgottheiten. Zwar ruhte die persönliche Stellung des Kaisers, wie wir sahen, ausschließlich auf seinem Charisma als Vollmachtträger *(Sohn)* des Himmels, in dem seine Ahnen weilten. Aber – wie wir gleichfalls schon sahen – auch die Ehrung und Bedeutung der einzelnen Gottheiten war, ganz ebenso wie etwa diejenige des Heiligen eines neapolitanischen Kutschers oder Bootführers, noch gänzlich dem charismatischen Prinzip der Bewährung unterworfen. Gerade dieser charismatische Charakter der Religiosität nun entsprach dem Selbsterhaltungsinteresse des Beamtentums. Denn alles Unheil, welches das Land betraf, desavouierte nun nicht die Beamtenschaft als solche, sondern nur allenfalls den einzelnen Beamten und den einzelnen Kaiser, dessen göttliche Legitimation dann verwirkt erschien. Oder: den Spezialgott. Es war also durch diese besondere Art von irrationaler Verankerung der irdischen Ordnungen das Optimum der Vereinigung von Legitimität der Beamtenmacht mit dem absoluten Minimum von selbständiger, mit dem Beamtentum denkbarerweise konkurrierender Gewalt überweltlicher Mächte und ihrer irdischen Vertretung erzielt. Jede Rationalisierung des Volksglaubens zu einer selbständigen, überweltlich orientierten Religion würde dagegen unentrinnbar eine selbständige Gewalt gegenüber der Beamtenmacht konstituiert haben. Dies *Pragma* machte sich immer wieder, bei jedem Ansatz, einen Stein aus diesem geschichtlich verwachsenen Gebäude zu lösen, in Gestalt entschlossenen Widerstandes der Beamten geltend. Ein besonderes Wort für *Religion* kennt die Sprache nicht. Es gab: 1. *Lehre* (einer Literatenschule). 2. *Riten,* ohne Unterschied: ob sie religiösen oder konventionellen Charakters waren. Der offizielle chinesische Namen für den Konfuzianismus war: *Lehre der Literaten* (ju kiao).

Die Beziehung zum Religiösen, einerlei ob magischen oder kultischen Charakters, blieb dabei ihrem Sinn nach diesseitig gewendet, weit stärker und prinzipieller als dies auch sonst überall und immer die Regel ist. Gerade in den Kulten, welche neben dem eigentlichen Staatskult der großen Geister am meisten begünstigt wurden, spielte die Hoffnung auf Verlängerung des Lebens eine Hauptrolle und es ist möglich, daß der ursprüngliche Sinn aller eigentlichen *Gottes*-Vorstellungen in China geradezu auf dem Glauben ruhte, daß es

Menschen von höchster Vollkommenheit gelungen sei, sich dem Tode zu entziehen und in einem seligen Reich ewig zu leben.[4] Jedenfalls gilt allgemein der Satz: um des eigenen diesseitigen Schicksals willen: für langes Leben, Kinder und Reichtum, in sehr geringem Maße um des Wohlergehens der Ahnen selbst, gar nicht aber um der eigenen *jenseitigen* Schicksale willen verrichtete – in starkem Gegensatz gegen die ägyptische, ganz und gar auf das eigene Jenseitsschicksal abgestellten Totenpflege – der orthodoxe konfuzianische Chinese (anders: der Buddhist) seine Riten. Die, zwar nicht offizielle, aber tatsächlich überwiegende, Ansicht der aufgeklärten Konfuzianer ließ schon seit langem die Seele nach dem Tode überhaupt sich verflüchtigen, in die Luft zerstieben oder sonst untergehen. Diese Lehre wurde durch Wang Tschung's Autorität gestützt, dessen Gottesbegriff, wie gesagt, widerspruchsvoll war: Gott ist nicht anthropomorph vorzustellen, aber doch *Leib* (ein formloses Fluidum), in welches der ihm wesensähnliche Menschengeist beim Tode, der für das Individuum ein *Verlöschen* ist, wieder aufgeht. Das endgültige Schwinden der persönlichen Gottes- und der Unsterblichkeitsidee – durch den Materialisten und Atheisten Tschu Fu Tse im 12. Jahrhundert erreicht –, hinderte nicht, daß nachher orthodoxe Philosophen, die an einen persönlichen Gott glaubten, sich fanden. Aber der offizielle Konfuzianismus, wie er im heiligen Edikt Kaiser Kang Hi's (17. Jahrh.) redet, steht seitdem, wie früher schon erwähnt, auf jenem Standpunkt.

Zum mindesten herrschte bei ihm seit langem allen Jenseitshoffnungen gegenüber eine absolut agnostische, wesentlich negative, Stimmung. Aber auch wo diese Stellungnahme nicht durchgedrungen oder durch die später zu besprechenden taoistischen und buddhistischen Einflüsse überwogen war, blieb doch das Interesse am eigenen Jenseitsschicksal gänzlich untergeordnet dem Interesse an dem möglichen Einfluß der Geister auf das diesseitige Leben.

Es findet sich zwar in China[5] – wie fast überall in patrimonialen Verbänden – die *messianische* Hoffnung auf einen diesseitigen Heiland-Kaiser. Aber nicht: als Hoffnung auf eine absolute Utopie, – wie in Israel.

Da sonst jede Eschatologie und jede Erlösungslehre, überhaupt jedes Greifen nach transzendenten Werten und Schicksalen fehlte, so blieb auch die staatliche Religionspolitik sehr einfach gestaltet. Zum einen Teil war sie Verstaatlichung des Kultbetriebes, zum anderen Gewährenlassen des aus der Vergangenheit überkommenen, für den Privatmann unentbehrlichen privatberuflich ausgeübten Zauberpriestertums.

Der Staatskult war absichtsvoll nüchtern und schlicht: Opfer, rituelles Gebet, Musik und rhythmischer Tanz. Alle orgiastischen Elemente waren

[4] So Chavannes, Vorwort zu seiner Ausgabe von Se Ma tsien's Traktaten über die Fong- und Schang-Opfer (Journ. of the Peking Oriental Society III, 1, 1890).

[5] Auch in der Dichtung Kiu Yung, 3. Jahrh. S. dazu Conrady in den *Hochschulvortr. f. jedermann* XIX, XX, Leipzig 1903.

streng – auch aus der offiziellen, pentatonischen, Musik offenbar absichtsvoll – ausgemerzt. Fast alle Ekstase und Askese, im offiziellen Kult auch: Kontemplation, fehlten[6] und galten als Elemente einer Unordnung und irrationalen Erregung, welche dieser Beamtenrationalismus nicht ertrug und für ebenso gefährlich halten mußte, wie etwa der römische Amtsadel den Dionysoskult. Dem offiziellen Konfuzianismus fehlte natürlich das individuelle Gebet im okzidentalen Sinne des Worts. Er kannte nur Ritualformeln. Der Meister persönlich soll in Krankheit abgelehnt haben, daß für ihn gebetet werde und bekannt haben, daß er selbst es seit langen Jahren nicht getan habe. Gebete der Fürsten und hohen Beamten für das Wohl des politischen Verbandes dagegen sind von jeher und bis in die Gegenwart als wirksam geschätzt worden.

Es fehlte dem Konfuzianismus aus diesen Gründen auch notwendig die Erfahrung von der (ihm übrigens auch ganz gleichgültigen) ungleichen (religiösen) Qualifikation der Menschen und daher jeder Gedanke religiöser Differenzierung eines *Gnadenstandes:* dieser Begriff selbst mußte schon an sich ihm notwendig unbekannt bleiben.

Dem politischen Gegensatz der Patrimonialbürokratie gegen den Feudalismus und jede geburtsständische Gliederung entsprach daher in der klassischen konfuzianischen Lehre auch auf ethischem Gebiet die Voraussetzung der prinzipiellen Gleichheit der Menschen. Diese Vorstellung war, wie wir sahen, nichts urwüchsiges. Die Zeit des Feudalismus ruhte auf der Vorstellung von der charismatischen Verschiedenheit der Sippen der *Edlen* gegenüber dem Volk. Und die Literaten-Herrschaft schuf die schroffe Kluft der Gebildeten gegenüber den Ungebildeten, dem *dummen Volk* (yun min), wie es der Gründer der Ming-Dynastie (14. Jahrh.) nannte. Indessen die offizielle Theorie hielt sich doch nunmehr daran: daß nicht Geburt, sondern die im Prinzip allgemein zugängliche Bildung entscheide. Die *Gleichheit* bedeutete dabei natürlich auch jetzt keine unbedingte Gleichheit aller naturgegebenen Qualitäten. Der eine besaß sehr wohl etwas mehr natürliche Anlage zu dem, was der andere sich erst erarbeiten mußte. Aber wenigstens das, was die niemals nach den Sternen greifende konfuzianische bürokratische Staatsraison und Sozialethik verlangte, war jedem zu erreichen möglich. Und jeder hatte daher, eine gute staatliche Verwaltung vorausgesetzt, im übrigen den Grund seiner äußeren und inneren Erfolge oder Mißerfolge bei sich selbst zu suchen. Der Mensch war an sich gut, das Schlechte kam von außen, durch die Sinne, in ihn hinein, und die Unterschiede der Qualität waren Unterschiede der harmonischen Entwicklung des einzelnen: die charakteristische Konsequenz des Fehlens eines überweltlichen ethischen Gottes; daneben auch: eine Widerspiegelung der ständischen Verhältnisse im Patrimonialstaat. Freilich wollte der Vornehme seinen Namen nach seinem Tode geehrt wissen. Aber: ausschließlich um eigener Tüchtigkeit willen.

[6] Über die Ansätze dazu s. Nr. VII.

Prinzipiell nur die Lebenslage differenzierte den Menschen. Gleiche ökonomische Lage und gleiche Erziehung machte sie einander auch an Charakter wesensgleich. Und zwar war, wie schon vorweg bemerkt sei, materieller Wohlstand, – im denkbar schärfsten Gegensatz gegen die einmütige Ansicht aller christlichen Konfessionen –, ethisch betrachtet, nicht etwa in erster Linie Quelle von Versuchungen (obwohl natürlich solche anerkannt wurden), sondern vielmehr: das wichtigste Mittel zur Beförderung der Moral. Dies aus Gründen, die wir noch kennenlernen werden. Andererseits fehlte jede naturrechtliche Sanktionierung irgendeiner persönlichen Freiheitssphäre des einzelnen. Selbst ein Wort für *Freiheit* war der Sprache fremd. Das ist aus der Eigenart des Patrimonialstaates und aus historischen Reminiszenzen ohne weiteres erklärlich. Das einzige praktisch schließlich – aber nach langen Perioden leiturgischer Negierung der Privatsphäre – mit leidlich sicheren (wie wir sahen, nicht im okzidentalen Sinn garantierten) Schranken umgebene Institut war: der private Sachgüterbesitz. Sonst gab es gesetzlich garantierte Freiheitsrechte nicht. Auch dies *Privateigentum* an Sachgütern war nur faktisch relativ gesichert und genoß nicht den Nimbus jener Heiligkeit, wie sie z. B. in Äußerungen Cromwells gegenüber den Levellern[7] sich findet. Zwar die patrimonialistische Theorie, daß der Kaiser niemandes Gast, der vorgesetzte Beamte nicht Gast der Untergeordneten sein könne, weil ihm von Rechts wegen aller Besitz des Untergebenen zu eigen gehöre, war wesentlich nur noch von zeremonialer Bedeutung. Aber die gelegentlich starken, offenbar vorwiegend fiskalisch bedingten Eingriffe der Amtsgewalt in die Art der Bewirtschaftung und Verteilung des Grundbesitzes hatten unter anderem auch den Nimbus des halb legendären Tsing-tien-Systems mit seinem patrimonial regulierten *Recht auf Land* durch alle Jahrhunderte hindurch lebendig erhalten. Und die in solchen Idealen sich äußernde nahrungspolitische Vorliebe für möglichste Gleichheit der Eigentumsverteilung im Interesse der Erhaltung der sozialen Ruhe paarte sich mit einer staatlichen Magazinpolitik ägyptischer Art im teuerungspolitischen Interesse. Materiale Gerechtigkeit, nicht formales Recht, war auch auf diesem Gebiet das Ideal des Patrimonialismus. Daher blieben Eigentum und Erwerb Probleme einerseits praktischer Zweckmäßigkeit, andererseits sozialethischer Fürsorge für die Ernährung der Massen, nicht aber einer naturrechtlich individualistischen Sozialethik, wie sie in der Neuzeit im Okzident gerade aus der Spannung zwischen formalem Recht und materialer Gerechtigkeit entsprang. Die gebildeten und regierenden Schichten sollten nach ihrer eigenen Ansicht begreiflicherweise eigentlich auch die am meisten Besitzenden sein. Aber das letzte Ziel war doch: möglichst universell verbreiteter Besitz im Interesse der universellen Zufriedenheit.

Göttliches unwandelbares Naturrecht gab es lediglich in Gestalt des in seinen

[7] In den Stenogrammen aus dem Feldlager in dem Clerk papus gelegentlich der (in der Welt erstmaligen!) naturrechtlichen Diskussion des gleichen Wahlrechtes bekannt.

magischen Wirkungen von jeher erprobten heiligen Zeremoniells und der heiligen Pflichten gegen die Geister der Ahnen. Eine naturrechtliche Entwicklung modern okzidentalen Gepräges hätte neben so manchem anderen auch eine Rationalisierung des positiv geltenden Rechtes vorausgesetzt, wie sie der Okzident im römischen Recht besaß. Dies aber war ein Erzeugnis zuerst: autonomen städtischen Geschäftslebens, welches feste Klageschemata erzwang, dann: der Rationalisierung durch die Kunstlehre der juristischen römischen Honoratiorenschicht und schließlich: der oströmischen Bürokratie. In China fehlte ein Juristenstand, weil die Advokatur im okzidentalen Sinn fehlte. Und diese fehlte, weil dem Patrimonialismus des chinesischen Wohlfahrtsstaates mit seiner schwachen Amtsgewalt der Sinn für die formale Entwicklung des weltlichen Rechtes abging. Dem früher Gesagten ist hinzuzufügen: nicht nur galt kraft des Satzes: *Willkür bricht Landrecht* das örtliche Herkommen auch contra legem. Sondern vor allem entschied der chinesische Richter, als typischer Patrimonialrichter, durchaus patriarchal, d.h. soweit die geheiligte Tradition ihm dazu Raum ließ, ausdrücklich nicht nach formalen Regeln: *ohne Ansehen der Person.* Vielmehr weitgehend gerade umgekehrt je nach deren konkreter Qualität, und je nach der konkreten Situation: nach Billigkeit und Angemessenheit des konkreten Resultats. Dieser *salomonischen* Kadi-Justiz fehlte auch ein heiliges Gesetzbuch im Sinne des Islam. Die systematische kaiserliche Gesetzsammlung galt nur soweit als unverbrüchlich, als sie zwingende magische Tradition für sich hatte. Unter solchen Umständen fehlte auch die im Okzident, im Islam und in gewissem Umfange selbst in Indien bestehende Spannung zwischen heiligem und profanem Recht vollkommen. Eine Naturrechts-Lehre im Sinne der Antike (besonders der Stoa) und des Mittelalters hätte gerade jene Spannung philosophischer oder religiöser Postulate gegenüber der *Welt* und eine daraus entspringende *Urstands*-Lehre vorausgesetzt, wie sie offenbar im Konfuzianismus unmöglich erstehen konnte. Denn alle ethischen Zentralbegriffe, welche dafür erforderlich gewesen wären, waren ihm fremd. Davon später.

Unsere moderne okzidentale Rechtsrationalisierung war das Erzeugnis zweier nebeneinander wirkender Mächte. Einmal des kapitalistischen Interesses an streng formalem und daher – in seinem Funktionieren – möglichst wie eine Maschinerie kalkulierbarem Recht und, vor allem, Rechtsgang. Dann: des Beamtenrationalismus der absolutistischen Staatsgewalten mit seinem Interesse an kodifizierter Systematik und Gleichförmigkeit des, von einer rational geschulten und nach interlokal gleichmäßigen Avancementschancen strebenden Bürokratie zu handhabenden, Rechtes. Wo auch nur eine der beiden Mächte fehlte, entstand kein modernes Rechtssystem. Denn der moderne Kapitalismus konnte, wie das angelsächsische Common Law zeigt, recht gut auf dem Boden eines unsystematischen, einer streng rechtslogischen Gliederung entbehrenden, aber: formalen, in der Art des Rechtsdenkens am römischen und kanonischen Recht geschulten und dabei – als Schöpfung einer Anwaltsklasse – die Auto nomie der ökonomisch Mächtigen garantierenden, Rechtes leben. Der rationalistischen Bürokratie andererseits lag formal die kompendiöse Zusammenfassung und, schon im Interesse der Ubiquität der Verwendbarkeit des Beamten, die Rechtsgleichmäßigkeit, vor allem die Überlegenheit der obrigkeitlichen Satzung gegenüber der Unverbrüchlichkeit des Herkommens: der Willkür der Autonomie der lokalen und sozialen Differenzierung des Rechtes, am Herzen. Inhaltlich aber, überall da wo sie allein zu schalten vermochte, nicht sowohl die formale juristische Vollendung der Rechtsnormen; als deren materiale *Gerechtigkeit,* die ja ihrem immanenten Ethos allein entsprechen konnte. Wo ihr nicht ökonomisch mächtige kapitalistische Interessen oder ein sozial mächtiger Juristenstand das Gegengewicht hielten, hat sie das Recht material rationalisiert und systematisiert, die formale, gegen die materiale *Gerechtigkeit* gleichgültige, juristische Technik aber zerstört. Der chinesische Patrimonialismus hatte nun seit der Einheit des Reiches weder mit mächtigen und für ihn nicht zu bändigenden kapitalistischen Interessen, noch mit einem selbständigen Juristenstand zu rechnen. Wohl aber mit der Heiligkeit der Tradition, die allein seine eigene Legitimität verbürgte. Und ebenso mit den Intensitätsgrenzen seiner Verwaltungsorganisation. Daher fehlte nicht nur die Entwicklung einer formalen, Jurisprudenz, sondern ist auch eine systematische materiale Durchrationalisierung des Rechtes nie versucht worden. Die Rechtspflege behielt also im allgemeinen denjenigen Charakter, welcher der theokratischen Wohlfahrtsjustiz zu eignen pflegt.

So fehlte neben der philosophischen und theologischen auch die Entwicklung einer juristischen *Logik.* Auch eine Entfaltung systematischen naturalistischen Denkens blieb aus. Die Naturwissenschaft des Okzidents mit ihrem mathematischen Unterbau ist eine Kombination rationaler, auf dem Boden der antiken Philosophie gewachsener, Denkformen mit dem auf dem Boden der Renaissance, und zwar zuerst nicht auf dem Gebiet der Wissenschaft, sondern auf demjenigen der Kunst, entstandenen technischen *Experiment:* dem spezifisch modernen Element aller naturalistischen Disziplinen. Die *experimentierende* hohe Kunst der Renaissance war ein Kind einer einzigartigen Vermählung von zwei Elementen: des auf handwerksmäßiger Grundlage erwachsenen empirischen Könnens der okzidentalen Künstler und ihres, kulturhistorisch und sozial bedingten, durchaus rationalistischen Ehrgeizes: ihrer Kunst Ewigkeitsbedeutung und sich selbst soziale Geltung dadurch zu gewinnen, daß sie sie zum gleichen Rang wie eine *Wissenschaft* erhöben. Dies letzte gerade war das dem Okzident Spezifische. Hier steckte auch die stärkste Triebfeder der *Rückkehr* zur Antike, so, wie man diese verstand. Neben dem durch Lionardo repräsentierten Typus war namentlich die Musik, vor allem im 16. Jahrhundert mit seinen Experimentier-Klaviaturen (Zarlino), ein Mittelpunkt dieses mit dem charakteristischen künstlerischen *Natur*-Begriff der Renaissance operierenden gewaltigen Ringens. Besondere soziale Bedingungen für die hochgradig agonale Ausgestaltung der Kunstübung waren dabei, ebenso wie im Altertum, mitwirksam. Ökonomische und technische Interessen der nordeuropäischen Wirtschaft, vor allem: Bedürfnisse des Bergbaues, halfen dann den geistesgeschichtlichen Gewalten dabei, das Experiment in die Naturwissenschaft hinüberzutragen. Das Nähere gehört nicht hierher. Der virtuosenhaft verfeinerten chinesischen Kunst fehlte jeder dieser Antriebe zum rationalistischen Ehrgeiz (im Sinne der okzidentalen Renaissance), und der Agon der Herrenschicht mündete innerhalb der Verhältnisse der Patrimonialbürokratie gänzlich in die Pfründner- und literarische Graduierten-Konkurrenz aus, die alles andere erstickte. Die relativ sehr geringe Entwicklung des gewerblichen Kapitalismus ließ überdies auch die für einen Übergang von der empirischen zur rationalen Technik nötigen ökonomischen Prämien in China nicht entstehen.[8] So blieb alles sublimierte Empirie.

Im Ergebnis konnte sich also hier die immanente Stellungnahme einer Beamtenschaft zum Leben, der nichts, keine rationale Wissenschaft, keine rationale Kunstübung, keine rationale Theologie, Jurisprudenz, Medizin, Naturwissenschaft und Technik, keine göttliche und keine ebenbürtige menschliche Autorität Konkurrenz machte, in dem ihr eigentümlichen praktischen Rationalismus ausleben und eine ihr kongruente Ethik schaffen, begrenzt nur durch die Rücksicht auf die Mächte der Tradition in den Sippen und im Geisterglauben. Es trat ihr keines der anderen Elemente spezifisch modernen Rationalismus, welche für die Kultur des Westens konstitutiv waren, zur Seite, weder konkurrierend noch unterstützend. Sie blieb aufgepfropft auf eine Unterlage, welche im Westen schon mit der Entwicklung der antiken Polis im wesentlichen überwunden war. Es kann also die von ihr getragene Kultur annähernd als ein Experiment gelten: welche Wirkung rein von sich aus der praktische Rationalismus der Herrschaft einer Amtspfründnerschaft hat. Das Resultat dieser Lage war: der orthodoxe Konfuzianismus. Die Herrschaft der Orthodoxie war ein Produkt der Einheit des theokratischen Weltreiches mit seiner obrigkeitlichen Reglementierung der Lehre. In der Zeit der wilden Kämpfe der Teilstaaten haben wir, ganz ebenso wie in der Polis-Kultur der okzidentalen Antike, den Kampf und die Beweglichkeit der geistigen Rich-

[8] Neben der Erfindung des Kompasses (der in der Binnenschiffahrt und für die Orientierung von Boten auf den innerasiatischen Landwegen benutzt wurde), des Buchdrucks (für Verwaltungszwecke, infolge der Langsamkeit der schriftlichen Vervielfältigung), des Papiers, Porzellans, der Seide, der Alchemie, Astronomie (für astrologische Staatszwecke benutzt) ist auch das Schießpulver in China erfunden und militärisch im 12. Jahrhundert wahrscheinlich, im 13. sicher verwendet, also jedenfalls ein Jahrhundert vor der beglaubigten Anwendung in den Kriegen der Florentiner. Aber in technisch höchst primitiver Art. Die Befriedung des Reiches regte eben nicht zur Vervollkommnung an. (Über die Erfindungen s. W. A. P. Martin, Chinese discoveries in art and science, Journ. of the Peking Or. Soc. Vol. IV, p. 19 ff.) Die Geschütze des Okzidents wurden, scheint es, anfänglich vornehmlich ihrer vermeintlich magisch bedingten Wirkung wegen gefürchtet und zu importieren gesucht.

tungen. Die chinesische Philosophie in allen ihren Gegensätzen ist in etwa dem gleichen Zeitraum wie die der Antike entwickelt worden. Seit der Konsolidierung der Einheit, etwa mit dem Beginn unsrer Zeitrechnung, ist ein ganz selbständiger Denker nicht mehr aufgetreten. Und nur die Kämpfe der Konfuzianer, Taoisten und Buddhisten und, innerhalb der anerkannten oder zugelassenen konfuzianischen Lehre, die Kämpfe philosophischer und – damit zusammenhängend – verwaltungspolitischer Schulen blieben bestehen, bis die Mandschuherrschaft die konfuzianische Orthodoxie endgültig kanonisierte.

Der Konfuzianismus war, ebenso wie der Buddhismus, nur Ethik *(Tao,* darin[9] entsprechend dem indischen *Dhamma).* Aber er war, im schärfsten Gegensatz zum Buddhismus ausschließlich innerweltliche Laiensittlichkeit. Und in noch schärferem Kontrast zu ihm war er: Anpassung an die Welt, ihre Ordnungen und Konventionen, ja, letztlich eigentlich nur ein ungeheurer Kodex von politischen Maximen und gesellschaftlichen Anstandsregeln für gebildete Weltmänner. Die kosmischen Ordnungen der Welt waren ja fest und unverbrüchlich, und nur ein Sonderfall von ihnen waren die Ordnungen der Gesellschaft. Die kosmischen Ordnungen der großen Geister wollten offensichtlich das Glück der Welt und insbesondere der Menschen. Die Ordnungen der Gesellschaft ebenso. Die *glückliche* Ruhe des Reiches und das Gleichgewicht der Seele sollte und konnte also nur durch Einordnung in jenen in sich harmonischen Kosmos erreicht werden. Gelang diese im Einzelfalle nicht, so war menschlicher Unverstand, und zwar vor allem: ordnungswidrige Leitung des Staats und der Gesellschaft, daran schuld. So wurde etwa in einem Edikt (im 19. Jahrhundert) das Vorherrschen schlechter Winde in einer Provinz darauf zurückgeführt, daß die Bevölkerung gewisse polizeiliche Pflichten (Auslieferung Verdächtiger) versäumt und dadurch die Geister in Unruhe versetzt habe, oder: daß Prozesse verschleppt werden. Die charismatische Auffassung von der Kaisergewalt und der Identität von Ordnung im Kosmos und in der Gesellschaft bedingte diese Grundvoraussetzung. Auf das Verhalten der Menschen, welche für die Leitung der als eine große patrimonial regierte Gemeinschaft gedachten Gesellschaft verantwortlich waren: der Beamten, kam daher alles an. Die bildungslose Masse des Volkes sollte der Monarch als Kinder behandeln. Materielle und ideelle Fürsorge für die Beamtenschaft dagegen und eine gute und achtungsvolle Beziehung zu ihr gehörte zu seinen ersten Pflichten. Der einzelne Privatmann aber diente dem Himmel am besten durch Entwicklung seiner eigenen wahren Natur, die unfehlbar das in jedem Menschen verborgene Gute zum Vorschein bringen werde. Alles war also ein Erziehungsproblem mit dem Ziel der Selbstentwicklung aus der eigenen Anlage heraus. Es gab das *radikal Böse* nicht, – man muß bis in das 3. Jahrhundert vor Chr. zurückgehen, um Philosophen zu finden, welche die heterodoxe Lehre von der ursprünglichen Verderbtheit des Menschen vertra-

[9] Der Ausdruck ist vieldeutig, wie wir noch sehen werden.

ten[10] –, sondern nur: Fehler, und diese als Folge ungenügender Bildung. Die Welt, insbesondere die soziale Welt, war, so wie sie ist, gewiß ebensowenig vollkommen wie die Menschen: – es gab eben die bösen Dämonen neben den guten Geistern, – aber sie war so gut wie sie es eben nach dem jeweiligen Bildungsstande der Menschen und nach der charismatischen Qualität der Herrscher sein konnte. Ihre Ordnungen waren ein Produkt rein natürlicher Entwicklung der Kulturbedürfnisse, der unvermeidlichen Arbeitsteilung und der daraus folgenden Interessenkollisionen. Ökonomische und sexuelle Interessen waren nach der realistischen Auffassung des Meisters die grundlegenden Triebfedern des menschlichen Handelns. Daher waren nicht kreatürliche Verderbtheit und kein *Sündenstand* der Grund auch der, als schlechthin gegeben hingenommenen, Notwendigkeit von Zwangsgewalt und sozialer Unterordnung. Sondern – in sehr realistischer Art – ein schlichter ökonomischer Sachverhalt: die Knappheit der gegebenen Subsistenzmittel im Verhältnis zu den immer weiter vermehrbaren Bedürfnissen, woraus ohne die Zwangsgewalt der Krieg aller gegen alle folgen würde. Die Zwangsordnung als solche, die Besitzdifferenzierung und die ökonomischen Interessenkämpfe waren daher prinzipiell gar keine Probleme.

Der Konfuzianismus war – obwohl die Schule auch eine Kosmogonie entwickelt hat – an sich von jedem metaphysischen Interesse in sehr hohem Grade frei. Nicht minder bescheiden waren die wissenschaftlichen Ansprüche der Schule. Die Entwicklung der Mathematik, einst bis zu trigonometrischen Erkenntnissen vorgeschritten[11], verfiel früh, weil sie nicht gepflegt wurde.[12] Konfuzius selbst hat offenbar von der Präzession der Äquinoktien, die in

[10] Und diese mit der höchst unchristlichen Schlußfolgerung: daß das Gute im Menschen Kunstprodukt der Kultur sei, also im Resultat mit noch emphatischerer Bejahung der *Welt* der *Kultur*, vor allem: der Bedeutung der Erziehung, als selbst die orthodoxe Lehre. Immerhin scheinen sich einige ihr eigene metaphysische Aufstellungen angeben zu lassen (vgl. F. Farjenel im Journ. Asiat. G. Soc. 20, 1902, p. 113 ff.) Ewigkeit der Materie, deren geistiges Prinzip (ai-ki), pantheistisch als Prinzip der Güte gedacht, die Welt hervorbringt, – logisch, wie es scheint, mit wenig Konsequenz seit dem 11. Jahrhundert durch eine orthodoxe Kommentatorenschule vertreten. Im übrigen wird angenommen, daß schon Konfuzius die später von Se Ma Tsien vertretene astrologisch unterbaute Kosmogonie (die 5 Elemente folgen aufeinander in Gestalt der alten Herrscher) geglaubt habe (so Chavannes, Vorrede zu Band I seiner Ausgaben Se Ma Tsien's, Paris 1895, p. CXLIII). Davon später.

[11] Der angeblich im 6. Jahrhundert in der chinesischen Arithmetik bekannte Stellenwert der Zahlen (s. J. Edkins, Local value in Chin. Arithm. Not., Journ. of the Peking Or. Soc. I, Nr. 4, p. 161 f., der seine Kenntnis auf Babylon – ? – zurückführt) bleibt problematisch. Im 19. Jahrhundert benutzte man den Abacus mit Lokalwert der Kugeln, wie schon gesagt.

[12] Immerhin gab es bis in die Gegenwart unter den neun Fächern des fakultativen Zusatzexamens, dem man sich teils zur Erlangung vorzugsweiser Beförderung, teils als Versicherung für den Fall der Degradation unterziehen konnte, auch Mathematik als Prüfungsgegenstand.

Vorderasien längst bekannt war, nichts gewußt.[13] Das Amt des Hofastronomen (d.h. des Kalenderordners, wohl zu scheiden von dem Hofastrologen, der zugleich Annalist und einflußreicher Berater war) ging, als Träger von Geheimwissen, im Erbgang über; aber irgend erhebliche Kenntnisse können kaum entwickelt worden sein, wie der große Erfolg der Jesuiten mit ihren europäischen Instrumenten beweist. Die Naturwissenschaften im ganzen blieben rein empirisch. Von dem alten botanischen (= pharmakologischen) Werk, angeblich eines Kaisers, scheinen nur Zitate erhalten. Den historischen Disziplinen kam die Bedeutung der alten Zeit zugute. Die archäologischen Leistungen scheinen im 10. und 12. Jahrhundert auf der Höhe gestanden zu haben, ebenso wie, bald nachher, die Kunst der Annalistik. Einen Fachjuristenstand zur Besetzung der Ämter zu schaffen, hat Wang-An-Schi vergebens versucht. Für andere als rein antiquarische oder rein praktische Gegenstände interessierte sich jedenfalls gerade der orthodoxe Konfuzianismus nicht. (Die Einschränkung dieser Behauptung ergibt sich aus dem unter Nr. VII Gesagten.)

Seine grundsätzliche Stellung zur Magie war also die: daß er, sowenig wie die Juden, Christen und Puritaner die Realität der Magie bezweifelte (man hat auch in Neu-England Hexen verbrannt). Aber die Magie hatte keine Heilsbedeutung: Das war das Entscheidende. Wie bei den Rabbinen der Satz galt: *Für Israel gelten keine Planeten*, d.h. die astrologische Determiniertheit ist machtlos gegen Jahwes Willen für den Frommen, so im Konfuzianismus der entsprechende: Die Magie ist machtlos gegen die Tugend: Der klassisch Lebende hat die Geister nicht zu fürchten, nur Untugend (Hochstehender) gibt ihnen Macht.

Vollends die Kontemplation des buddhistischen Heiligen und seiner taoistischen Nachahmer lag ihm gänzlich fern. Nicht ohne polemische Spitze gegen den mystischen Taoismus Laotse's läßt die Tradition den Meister es ablehnen, *im Verborgenen zu leben und Wunder zu tun, um dann bei späteren Geschlechtern Nachruhm zu ernten.* Die Stellungnahme zu einigen der großen Weisen der Vergangenheit, welche sich nach der Tradition in die Einsamkeit zurückzogen, mußte dabei freilich etwas gewunden werden: nur aus dem schlecht regierten Staat dürfe man sich zurückziehen. Im übrigen verheißt – die einzige scheinbar auf mystische Grundlagen deutende Wendung – der Meister gelegentlich als Lohn der vollendeten Tugend die Gabe der Kenntnis der Zukunft. Sieht man näher zu, so handelt es sich aber nur um die Fähigkeit, Omina richtig zu deuten, also: nicht hinter den berufsmäßigen Divinationspriestern zurückzubleiben. Die schon erwähnte, in der ganzen Welt verbreitete, einzige *messianische* Hoffnung auf einen künftigen Musterkaiser (dem, nach

[13] So Eitel, China Review XVIII, p. 266. Der babylonische Ursprung der altchinesischen Kultur ist gleichwohl von T. de Lacouperie (Western Origin of the ancient Chin. civil., London 1894) vertreten worden.

Rezeption dieser Märchenfigur, der Phönix vorangehen sollte)[14], war volkstümlichen Ursprungs und wurde vom Konfuzianismus weder verworfen noch angetastet. Denn diesen interessierten lediglich die Dinge dieser Welt, wie sie einmal war.

Der konventionell Gebildete wird die alten Zeremonien mit gebührendem und erbaulichem Anstand mitmachen, ebenso wie er alle seine Handlungen, einschließlich der physischen Gesten und Bewegungen, nach den ständischen Sitten und den Geboten der *Schicklichkeit* – ein konfuzianischer Grundbegriff! – in Höflichkeit und Anmut regelt. Die Quellen verweilen gern bei der Schilderung, wie der Meister, in den vom Standpunkt der Etikette kompliziertesten Situationen, alle Beteiligten dem Range gemäß weltmännisch zu begrüßen und sich dabei in vollendeter Eleganz zu bewegen wußte. Der in sich, in bezug auf die Gesellschaft harmonisch abgestimmte und ausgeglichene *höhere (fürstliche, vornehme)* Mensch – jener in vielen überlieferten Äußerungen des Meisters wiederkehrender Zentralbegriff – benimmt sich in jeder gesellschaftlichen Lage, sei sie hoch oder niedrig, dieser entsprechend, ohne seiner Würde etwas zu vergeben. Ihm eignet beherrschte Gelassenheit, korrekte Contenance, Anmut und Würde im Sinne eines zeremoniell geordneten höfischen Salons. Also, im Gegensatz zu der Leidenschaft und Ostentation des feudalen Kriegers im alten Islam: wache Selbstbeherrschung, Selbstbeobachtung und Reserve, vor allem: Unterdrückung der Leidenschaft, die in jeder Form, auch der der Freude, das Gleichgewicht der Seele und ihre Harmonie, die Wurzel alles Guten, stört. Also die Loslösung nicht, wie im Buddhismus, von allem, aber von allem irrationalen Begehren, nicht, wie im Buddhismus, um der Erlösung von der Welt, sondern um der Einfügung in die Welt willen. Der Gedanke einer Erlösung fehlte der konfuzianischen Ethik natürlich völlig. Weder von der Seelenwanderung noch von jenseitigen Strafen (die beide der Konfuzianismus nicht kannte), noch vom Leben (das er bejahte), noch von der gegebenen sozialen Welt (deren Chancen er durch Selbstbeherrschung klug zu meistern gedachte), noch vom Bösen oder einer Erbsünde (von der er nichts wußte), noch von irgend etwas sonst, außer: von der würdelosen Barbarei der gesellschaftlichen Ungeschliffenheit, begehrte der Konfuzianer *erlöst* zu werden. Und als *Sünde* konnte ihm nur die Verletzung der einen sozialen Grundpflicht gelten: der Pietät.

Denn wie der Feudalismus auf der Ehre, so ruhte der Patrimonialismus auf der Pietät als Kardinaltugend. Auf der ersten ruhte die Verläßlichkeit der Vasallentreue des Lehensmannes, auf der letzteren die Unterordnung des herrschaftlichen Dieners und Beamten. Der Unterschied war freilich kein Gegensatz, sondern mehr eine Akzentverschiebung. Auch der Vasall des Okzidents *kommendierte* sich und hatte, ebenso wie der japanische Lehens-

[14] S. das Schih Luh Kuoh Kiang Yu Tschi, übersetzt von Michels, p. XXI der *Notes* zum Kommentar.

mann, Pietätspflichten. Auch der freie Beamte hat Standesehre, auf welche als Motiv seines Handelns gerechnet wird, in China wie im Okzident und im Gegensatz zum vorderasiatischen und ägyptischen Orient, dessen Beamte aus dem Sklavenstande aufstiegen. Die Beziehung des Offiziers und Beamten zum Monarchen behält eben überall gewisse feudale Züge. Auch heute ist schon der ihm persönlich geleistete Eid ihr Merkmal. Gerade diese Elemente in der Amtsbeziehung pflegen die Monarchen aus dynastischem, die Beamten aus ständischem Interesse zu betonen. Der chinesischen Standesethik haftete die Erinnerung an den Feudalismus noch ziemlich stark an. Die Pietät (hiao) gegen den Lehensherrn wurde neben derjenigen gegen Eltern, Lehrer, Vorgesetzte in der Amtshierarchie und Amtsträger überhaupt aufgezählt, – denn ihnen allen gegenüber war das hiao prinzipiell gleichen Charakters. Der Sache nach war die Lehenstreue auf die Patronagebeziehung innerhalb der Beamtenschaft übertragen. Und der grundlegende Charakter der Treue war patriarchal, nicht feudal. Die schrankenlose Kindespietät gegen die Eltern[15] war, wie immer wieder eingeschärft wurde, die absolut primäre aller Tugenden. Sie ging im Konfliktfalle andern vor.[16] Es wird in einem Ausspruch des Meisters lobend erwähnt, daß ein hoher Beamter die unzweifelhaften Mißbräuche, die sein Vater in der gleichen Stellung geduldet hatte, aus Pietät, um ihn nicht zu desavouieren, weiter duldete, im Gegensatz allerdings zu einer Stelle des Schu-king, wo der Kaiser einem Sohn das Amt des Vaters beläßt, auf daß er dessen Verfehlungen wiedergutmachen könne.[17] Keines Mannes Tun galt dem Meister als erprobt, ehe man gesehen hat, in welcher Art er um seine Eltern trauert. Es ist sehr begreiflich, daß in einem patrimonialen Staat einem Beamten – Konfuzius war zeitweise Minister – die Kindespietät, da sie auf alle Unterordnungsverhältnisse übertragen wird, als diejenige Tugend galt, aus der alle anderen folgen und deren Besitz die Probe und Garantie abgibt für die Erfüllung der wichtigsten

[15] Auch gegen die Mutter. Ein Sohn war (im Jahre 1882) in der Trunkenheit gegen die ihn scheltende Mutter handgreiflich geworden. Diese engagiert einige Männer, läßt den Sohn fesseln und trotz inständiger Bitte aller Beteiligten lebendig begraben. Die Mitbeteiligten wurden wegen formeller Inkorrektheit bestraft, aber sofort begnadigt. Eine Bestrafung der Mutter kommt gar nicht in Frage (Reskript in der Peking Gazette vom 13.3.1882).

[16] Auch dem Gehorsam gegen den Fürsten. Auf Befehl eines Fürsten soll in der Feudalzeit ein Beamter den eigenen Sohn wegen Felonie ergreifen und festnehmen. Er weigert sich und das gleiche tut ein Beamter, der den Vater wegen dieses Ungehorsams festnehmen soll. Der Vater begeht darauf Selbstmord und die Tradition belastet mit der Sünde dieses Verschuldens den Fürsten (Tschepe a. a. O. p. 217).

[17] Vgl. den in der Peking Gazette vom 8.6.96 abgedruckten Bericht über das Ansuchen des Sohnes des im Kriege mit Japan wegen Feigheit zur Zwangsarbeit an den Poststraßen im Westen degradierten Kommandanten von Niutschwang: statt seines durch die Strapazen erkrankten Vaters seinerseits die Strafe übernehmen, oder ihn mit 4000 Taëls auslösen zu dürfen. Der Bericht wird unter Hinweis auf die löbliche Pietät des Antragsstellers an den Kaiser weitergegeben.

Standespflicht der Bürokratie: der unbedingten Disziplin. Die soziologisch grundlegende Wandlung des Heeres vom Heldenkampf zur disziplinierten Truppe liegt in China vor der historischen Zeit. Der Glaube an die Allmacht der Disziplin auf allen Gebieten findet sich in sehr alten Anekdoten und stand schon bei den Zeitgenossen des Konfuzius völlig fest. *Insubordination ist schlimmer als niedrige Gesinnung: deshalb ist Extravaganz* - gemeint ist: prahlerischer Aufwand – schlimmer als Sparsamkeit. Aber – lautet die Kehrseite – Sparsamkeit ihrerseits führt zur *niedrigen,* d.h. plebejischen, im Sinne des Gebildeten unstandesgemäßen, Gesinnung, deshalb ist auch sie nicht positiv zu werten. Man sieht: Die Stellung zum Ökonomischen ist hier, wie bei jeder ständischen Ethik, ein Problem des Konsums, nicht: der Arbeit. Das Wirtschaften zu erlernen lohnt sich für den *höheren* Menschen nicht. Ja es schickt sich eigentlich nicht für ihn. Nicht etwa aus grundsätzlicher Ablehnung des Reichtums als solchen. Im Gegenteil: Ein gut verwalteter Staat ist der, in welchem man sich seiner Armut schämt (in einem schlecht verwalteten seines – im Zweifel im Amt unehrlich erworbenen – Reichtums). Die Vorbehalte galten nur der Sorge um Reichtums-Erwerb. Die ökonomische Literatur war Mandarinen-Literatur. Wie jede Beamtenmoral so lehnte natürlich auch diejenige des Konfuzianismus die eigene Teilnahme des Beamten am Erwerb, direkt wie indirekt, als ethisch bedenklich und standeswidrig ab. Um so eindringlicher, je mehr tatsächlich der Beamte, dessen Bezüge an sich nicht hoch waren, und überdies, wie in der Antike, vorwiegend in Naturalien-Deputaten bestanden, auf Ausbeutung seiner Amtsstellung als solcher angewiesen blieb. Irgendwelche prinzipiell antichrematistische Theorien aber hat diese utilitarische, weder feudal noch asketisch gestimmte, Ethik nicht entwickelt. Im Gegenteil. Der Konfuzianismus hat sehr modern klingende Theorien von Angebot und Nachfrage, Spekulation und Profit hervorgebracht. Die Rentabilität des Geldes (der Zins heißt chinesisch wie griechisch *Kind* des Kapitals) versteht sich im Gegensatz zum Okzident von selbst, und auch von Zinsschranken weiß die Theorie anscheinend nichts (während allerdings kaiserliche Statuten gewisse Arten von *Wucher* verwarfen). Nur sollte der Kapitalist als privater Interessent nicht Beamter werden. Der literarisch Gebildete persönlich bleibe dem Chrematismus fern. Wo soziale Bedenken gegen das Gewinnstreben als solches auftraten, waren sie wesentlich politischer Natur.

Gewinnsucht galt dem Meister als Quelle sozialer Unruhen. Gemeint ist hier ersichtlich die Entstehung des typischen vorkapitalistischen Klassenkonflikts zwischen den Interessen der Aufkäufer und Monopolisten und den Konsumenteninteressen. Der Konfuzianismus war dabei naturgemäß vorwiegend konsumentenpolitisch orientiert. Aber Feindschaft gegen ökonomischen Gewinn lag ganz fern. Dies ist auch in der volkstümlichen Vorstellung nicht anders gewesen. Erpresserische und ungerechte Beamte, besonders Steuer- und andere Subalternbeamte, wurden bitter im Drama gegeißelt. Aber von

Anklagen oder Verhöhnungen gegen Kaufleute und Wucherer scheint (relativ) sehr wenig die Rede zu sein. Die zornige Feindschaft des Konfuzianismus gegen das buddhistische Klosterwesen, welche zu dem Vernichtungsfeldzug des Kaisers Wu-Tsung im Jahre 844 führte, wurde in erster Linie damit begründet, daß die Klöster das Volk von nützlicher Arbeit ablenkten (tatsächlich spielte, sahen wir, *Währungspolitik* dabei eine Rolle). In der gesamten orthodoxen Literatur tritt die Schätzung ökonomischer Aktivität stark hervor. Auch Konfuzius würde nach Reichtum streben, *selbst als Diener mit der Peitsche in der Hand,* – wenn nur der Erfolg dieses Strebens einigermaßen verbürgt wäre. Aber das ist eben nicht der Fall und daraus folgt der einzige, in der Tat sehr wesentliche Vorbehalt gegen Wirtschaftserwerb: Das Gleichgewicht und die Harmonie der Seele wird durch die Risiken des Erwerbs erschüttert. Der Standpunkt des Amtspfründners tritt so in ethischer Verklärung auf. Die amtliche Stellung ist vor allem auch deshalb die einzige eines höheren Menschen würdige, weil sie allein die Vollendung der Persönlichkeit gestattet. Ohne beständiges Einkommen, meint Mencius, vermöge der Gebildete nur schwer, das Volk aber gar nicht eine beständige Gesinnung zu haben. Wirtschaftlicher, ärztlicher, priesterlicher Erwerb ist der *kleine Weg.* Denn – ein mit dem vorigen eng zusammenhängender höchst wichtiger Punkt: – er führt zur fachlichen Spezialisierung. Der vornehme Mensch aber strebt nach Allseitigkeit, die nur die Bildung (im konfuzianischen Sinne) gibt, und die gerade das Amt – charakteristisch für das Fehlen der rationalen Fachspezialisierung im Patrimonialstaat, – vom Manne verlangt. Allerdings finden sich, wie politisch in Wang An Schi's Reformversuch, so auch in der Literatur, Andeutungen, welche die Schaffung von Fachkompetenzen der Beamten nach Art einer modernen Bürokratie empfehlen, statt der traditionellen, unmöglich von einem einzelnen zu beherrschenden Allseitigkeit der Amtsgeschäfte. Aber eben diesen sachlichen Anforderungen, und damit auch der Durchführung einer rationalen Versachlichung der Verwaltung nach Art unserer europäischen Mechanismen, stand das alte Bildungsideal der Chinesen schroff gegenüber. Es mußte dem konfuzianisch gebildeten Amtsanwärter, der aus der alten Tradition herkam, fast unmöglich sein, in einer Fachbildung europäischen Gepräges etwas anderes als Abrichtung zum schmutzigsten Banausentum zu sehen.[18] Hier lag unzweifelhaft ein Teil der wichtigsten Widerstände gegen alle *Reform* im okzidentalen Sinne. Der grundlegende Satz: *Ein Vornehmer ist kein Werkzeug,* bedeutete: Er war Selbstzweck, und nicht, wie das Werkzeug, nur Mittel zu einem spezifizierten nützlichen Gebrauch. Im geraden Gegensatz gegen das sozial orientierte platonische Ideal, welches, auf dem Boden der Polis geschaf-

[18] Das Memorial, welches dem Reskript betreffend Abschaffung der alten *Kultur*-Examina vom 2.9.1905 zugrunde lag, ist ziemlich inhaltsleer und macht wesentlich nur geltend: daß der Eifer für Volks- (Realschul-) Bildung dadurch gehemmt werde, daß jedermann sich auf das Examen als Titel für eine Pfründe verlasse.

fen, von der Überzeugung ausging: daß der Mensch nur, indem er in einer Sache Tüchtiges leiste, zu seiner Bestimmung gelangen könne, und in noch weit stärkerer Spannung zum Berufsbegriff des asketischen Protestantismus stand hier das ständische Vornehmheitsideal des allseitig gebildeten konfuzianischen *Gentleman* (wie schon Dvorak den Ausdruck Kiün tse, *fürstlicher Mann,* übersetzt hat). Diese, auf Allseitigkeit ruhende *Tugend,* d. h. die Selbstvollendung, war mehr als der nur durch Vereinseitigung zu gewinnende Reichtum. Man konnte in der Welt nichts ausrichten, auch in der einflußreichsten Stellung nicht, ohne die aus Bildung entspringende Tugend. Aber freilich auch umgekehrt nichts mit noch so viel Tugend ohne einflußreiche Stellung. Diese, und nicht Erwerb, suchte daher der *höhere* Mensch.

Dies sind in kurzer, meist dem Meister selbst zugeschriebener, Fassung die Grundthesen der Stellung zu Berufsleben und Besitz: der feudalen Freude am Aufwand, wie sie im alten Islam schon in Äußerungen des Propheten selbst hervortritt, ebenso entgegengesetzt wie der buddhistischen Verwerfung alles Hängens an den Weltgütern, der hinduistischen, streng traditionalistischen Berufsethik und der puritanischen Verklärung der innerweltlichen asketischen Erwerbsarbeit im rational spezialisierten Beruf. Mit deren nüchternem Rationalismus besteht, wenn man von diesem Grundgegensatz einmal absieht, im einzelnen mancherlei Verwandtschaft. Die Versuchungen der Schönheit meidet der *fürstliche* Mensch. Denn, sagt der Meister richtig: *Niemand liebt die Tugend wie man ein schönes Weib liebt.*[19] Nach der Überlieferung hatte den Meister aus seiner Stellung beim Fürsten von Lu der eifersüchtige Nachbarfürst dadurch verdrängt, daß er dessen Herrn eine Kollektion schöner Mädchen zum Präsent machte, – an welcher der moralisch übel beratene Fürst mehr Gefallen fand als an den Lehren seines politischen Beichtvaters. Jedenfalls fand dieser persönlich das Weib, als ein durch und durch irrationales Wesen, ebenso schwierig zu behandeln wie die Dienstboten.[20] Herablassung zu ihnen lasse beide die Distanz verlieren, Strenge wiederum mache sie übel gelaunt. Die durch Weltflucht bedingte Frauenscheu des Buddhismus fand daher in der durch rationale Nüchternheit bedingten Nichtachtung der Frau im Konfuzianismus ihr Gegenbild. Die neben der einen legitimen Frau schon im Interesse der Nachkommenerzeugung notwendig zugelassenen Konkubinen grundsätzlich zu verpönen ist selbstverständlich für den Konfuzianismus nie in Frage gekommen: Das schon mehrfach erwähnte Kartell der Feudalfürsten wendete sich nur gegen die Gleichstellung der Konkubinensöhne als Erben, und der Kampf gegen die illegitimen Einflüsse des Harems kleidete sich in das

[19] Se Ma Tsien's Biographie des Konfuzius ed. Chavannes p. 336.
[20] Die *Sinnlichkeit* wird als die Feindin aller Tugend schon in der alten Annalistik als unheilbar angesehen (Kun Yu, Discours des Royaumes, p. 163 als Ausspruch eines Leibarztes über einen kranken Fürsten). Der Konflikt zwischen Liebe und Staatsraison wird glatt zugunsten dieser gelöst: In der Poesie findet sich eine *Tragik* dieser Lage wenigstens einmal behandelt.

Gewand des Kampfes gegen die drohende Übermacht der Yin- (weiblichen) Substanz über die Yang (männliche). Treue in der Freundschaft wird hoch gepriesen. Man bedarf der Freunde. Aber man suche sie sich unter Gleichgestellten aus. Für die niedriger Gestellten habe man freundliches Wohlwollen. Im übrigen aber ging auch hier alle Ethik auf das urwüchsige Austauschprinzip des bäuerlichen Nachbarverbandes zurück: wie Du mir, so ich Dir, – die *Reziprozität,* welche vom Meister gelegentlich einer Anfrage geradezu als Fundament aller Sozialethik hingestellt wird. Die Feindesliebe der radikalen Mystiker (Laotse, Mo Ti) aber wurde, als der gerechten Vergeltung: einem Prinzip der Staatsräson, zuwiderlaufend, entschieden abgelehnt: Gerechtigkeit gegen Feinde, Liebe für Freunde – was solle man diesen noch bieten, wenn man den Feinden Liebe böte? Der vornehme Gentleman des Konfuzianismus war alles in allem ein Mann, der *Wohlwollen* mit *Energie,* und *Wissen* mit *Aufrichtigkeit* verband. Alles aber innerhalb der Grenzen der *Vorsicht,* deren Fehlen dem gemeinen Mann den Weg zur *richtigen Mitte* versperrte. Und vor allem – dies gab dieser Ethik erst ihr spezifisches Gepräge: – innerhalb der Grenzen des gesellschaftlich Schicklichen. Denn erst der Sinn für Schicklichkeit ist es, der den *fürstlichen* Mann zur *Persönlichkeit* im konfuzianischen Sinne formt. An den Geboten der Schicklichkeit hat daher auch die Kardinaltugend der Aufrichtigkeit ihre Schranke. Nicht nur also gingen dieser die Pietätspflichten unbedingt vor (Notlüge aus Pietät), sondern auch die gesellschaftlichen Anstandspflichten, nach des Meisters eigener, durch die Tradition geschilderter Praxis. *Wo wir zu Dritt sind, finde ich meinen Meister,* soll Konfuzius gesagt haben: das hieß: ich füge mich der Mehrheit. Nach dieser *Schicklichkeit* sind auch die klassischen Schriften von ihm ausgelesen. Se Ma Tsien weiß angeblich von 3000 (?) Schi-King-Oden, aus denen Konfuzius 306 ausgewählt habe. –

Keinerlei Vollkommenheit aber konnte anders erreicht werden als durch nie aufhörendes Lernen, und das hieß: durch literarisches Studium. Der *fürstliche* Mensch reflektiert und *studiert* über alle Dinge unausgesetzt und immer erneut. Und in der Tat waren angeblich neunzigjährige Kandidaten bei den offiziellen Staatsprüfungen durchaus keine Seltenheit. Aber dies unausgesetzte Studium war lediglich Aneignung vorhandener Gedanken. Aus der eigenen Brust zu schöpfen und durch bloßes Denken vorwärts zu kommen, versuchte der Meister nach einer ihm zugeschriebenen Mitteilung noch im Alter vergebens, und warf sich daher wieder auf das Lesen, ohne welches nach seiner Ansicht der Geist sozusagen *im Leergang* arbeitete. An Stelle des Satzes: *Begriffe ohne Anschauung sind leer,* stand also hier der Satz: *Denken ohne Lesefrüchte ist steril.* Denn ohne Studium, wird gesagt, vergeudet der Wissensdurst den Geist, macht uns das Wohlwollen dumm, Aufrichtigkeit unvorbedacht, Energie roh, führt Kühnheit zu Insubordination und Charakterfestigkeit zu Extravaganzen. Es wurde dann eben die *rechte Mitte* verfehlt, welche das höchste Gut dieser

Ethik der gesellschaftlichen Anpassung war, innerhalb deren es nur eine wirklich absolute Pflicht gab: die Pietät als Mutter der Disziplin, und nur ein universelles Mittel der Vervollkommnung: die literarische Bildung. Als Regierungsweisheit des Fürsten aber galt: die Auswahl der (im klassischen Sinn) *richtigen* Minister, wie Konfuzius dem Herzog von Ngai gesagt haben soll.

Diese Bildung aber wurde allein vermittelt durch das Studium der alten Klassiker, deren schlechthin kanonische Geltung in der von der Orthodoxie purifizierten Form selbstverständlich wurde. Zwar findet sich gelegentlich eine Äußerung referiert, wonach ein Mann, der für die Probleme der Gegenwart das Altertum befrage, leicht Unheil anrichten könne, – allein dies ist wohl als Ablehnung der alten Feudalzustände zu deuten, schwerlich aber, wie Legge annimmt, im antitraditionalistischen Sinn. Denn der ganze Konfuzianismus wurde rücksichtslose Kanonisierung des Traditionellen. Wirklich antitraditionalistisch war die berühmte, direkt gegen den Konfuzianismus gerichtete, ministerielle Relation Li-Se's, welche die große Katastrophe der Bücherverbrennung nach der Schaffung des bürokratischen Einheitsstaates herbeiführte (213 v. Chr.). Die Literatenzunft, hieß es darin, lobe das Altertum auf Kosten der Gegenwart, sie leite also zur Verachtung der Gesetze des Kaisers an, die sie am Maßstab ihrer Buchautoritäten kritisiere. Nützlich seien – in charakteristischer Umkehrung der konfuzianischen Werte – nur die Bücher über Wirtschaft, Medizin und Divination. Man sieht: Dieser restlos utilitarische Rationalismus des Vernichters des Feudalsystems streifte zugunsten der eigenen Machtstellung die Traditionsgebundenheit ab, welche überall die Schranke des konfuzianischen Rationalismus war. Aber er brachte damit jenen klugen Kompromiß zwischen einerseits den Machtinteressen und andererseits dem Legitimitätsinteresse der herrschenden Schicht ins Schwanken, auf welchem die Staatsräson dieses Systems beruhte. Und es waren daher zweifellos Gründe der eigenen Sicherheit, welche bald darauf die Han-Dynastie veranlaßten, in aller Form auf den Konfuzianismus zurückzugreifen. In der Tat konnte ein in absoluter Machtstellung befindliches und dabei zugleich die offizielle Priesterfunktion monopolisierendes Patrimonialbeamtentum nicht anders als traditionalistisch gesonnen sein in bezug auf eine Literatur, deren Heiligkeit allein die Legitimität der seine eigene Stellung tragenden Ordnung verbürgte. Es mußte seinem Rationalismus an diesem Punkte ebenso Schranken ziehen wie gegenüber dem religiösen Volksglauben, dessen Bestand die Domestikation der Massen und, wie wir sahen, die Grenzen der Kritik am Regierungssystem garantierte. Der einzelne Regent konnte schlecht, also vom Charisma entblößt, sein. Dann war er nicht gottgewollt und ebenso abzusetzen wie der untaugliche Beamte. Das System als solches aber mußte auf der Grundlage der Pietät ruhen, welche mit jeder Erschütterung der Tradition in Gefahr geriet.

Der Konfuzianismus hat aus diesen uns schon bekannten Gründen auch nicht den geringsten Versuch gemacht, den bestehenden religiösen Glauben ethisch zu rationalisieren. Den offiziellen Kultus, der durch den Kaiser und die Beamten erfolgte, und den Ahnenkult des Hausvaters, setzte er als Bestandteil der gegebenen weltlichen Ordnung voraus. Der Monarch des Schu-King faßt seine Entschlüsse nach Konsultierung nicht nur der Großen des Reiches und des *Volkes*, d.h. damals zweifellos: des Heeres, sondern auch zweier überkommener Divinationsmittel, und es wird lediglich kasuistisch erörtert, wie man sich beim Widerspruch dieser Erkenntnisquellen untereinander zu verhalten habe. Die Bedürfnisse des Privatlebens nach seelsorgerischer Beratung und religiöser Orientierung aber verharrten, vornehmlich infolge jener Haltung der Bildungsschicht, auf der Stufe des magischen Animismus und der Funktionsgötterverehrung, ganz wie überall sonst vor dem Eingreifen von Prophetien, die in China nicht aufkamen.

Dieser magische Animismus nun ist vom chinesischen Denken in ein System gebracht, welches de Groot mit dem Namen *Universismus* bezeichnet hat. An seiner Schaffung ist aber nicht der Konfuzianismus allein beteiligt gewesen und wir müssen die, von ihm aus gesehen, heterodoxen Mächte betrachten, die dabei mitwirkten. Zunächst aber machen wir uns kurz deutlich, daß der Konfuzianismus auch von den Literatenlehren zwar die schließlich allein rezipierte, aber nicht die immer allein rezipiert gewesene Lehre war.

Der Konfuzianismus ist durchaus nicht immer die staatlich allein approbierte Philosophie – hung fan (= großer Plan) ist der technische Ausdruck dafür – Chinas gewesen. Auch war Literatentum mit konfuzianischer Orthodoxie, je weiter man zurückgeht, desto weniger identisch. Die Zeit der Teilstaaten kannte die Konkurrenz der Philosophenschulen, die aber auch im Einheitsreich keineswegs verschwand: Er war jeweils auf dem Tiefstand der Kaisermacht besonders scharf. Der Sieg des Konfuzianismus entschied sich erst etwa im 8. Jahrhundert unserer Zeitrechnung. Es liegt hier nun fern, die Geschichte der chinesischen Philosophie zu rekapitulieren. Immerhin sei die Entwicklung zur Orthodoxie in folgenden Daten veranschaulicht:

Die Stellung Lao tse's und seiner Schule bleibt, als ganz abseits stehend, vorerst beiseite (s. Nr. VII). Noch nach Konfuzius finden sich Philosophen wie Yang tschu: ein epikuräischer Fatalist, der im Gegensatz zu den Konfuzianern die Bedeutung der Erziehung ausschaltete, weil die Eigenart eines Menschen sein unabwendbares *Schicksal* sei, und Mo Ti, der weitgehend traditionsfrei war. Vor und in Mencius' Zeit (4. Jahrh. vor Chr.: Tiefstand der Kaisermacht) stand Sun Kung, aktiver Beamter in einem Teilstaat, auf dem antikonfuzianischen Boden der Verderbtheit der Menschennatur, standen die Dialektiker, die Asketen (Tschöu Tschang), die reinen Physiokraten (Hu Hing) mit wirtschaftspolitisch sehr verschiedenen Programmen gegeneinander und noch im 2. Jahrh. nach Chr. stand das Tschung Lun des Tsui Schi auf strikt antipazifistischem Standpunkt: Die Sitten verschlechtern sich in langen Friedenszeiten, führen zu Ausschweifungen und Sinnenlust.[21]

[21] Fr. Kuhn, Abh. der Berl. Ak. 1914, 4.

Alles das waren unklassische Ketzereien, – Mencius bekämpfte die seiner eigenen Zeit. Aber sein Zeitgenosse Hsün Tse, der die Güte des Menschen (konfuzianisch) als Kunstprodukt ansah, aber nicht Gottes, sondern des Menschen selbst: – politisch gewendet: *Gott ist der* Ausdruck *der Herzen des Volkes* – und der absolute Pessimist Yang Tschu, der das Ertragen des Lebens und die Abschüttelung der Todesfurcht für der Weisheit letzten Schluß hielt, standen ihm gegenüber abseits. Daß Gottes Wille *unstet* sei, wurde oft als Grund des Leidens der Frommen hingestellt. Eine Systematik der antagonistischen Literatenschulen seiner Zeit findet sich bei Se Ma Tsien, dessen Vater Taoist gewesen zu sein scheint.[22] Sechs Schulen werden unterschieden: 1. Metaphysiker: die Yin- und Yang-Spekulation, gegründet auf Astronomie, – 2. Mi Tse (Micius und seine Schule): mystisch beeinflußt, für absolute Einfachheit der Lebensführung, auch des Kaisers, auch für die Beerdigungen, – 3. die Schule der Philologen mit Wortinterpretation und Begriffsrealismus (relativ unpolitisch, aus der Sophisten-Zeit überkommen), – 4. die Schule der Gesetze: Vertreter der Abschreckungstheorie (später durch Tsui Schui vertreten, s.o.) – 5. die Taoisten (von ihnen später), – 6. die *Literatenschule:* Konfuzianer, zu denen sich Se Ma Tsien selbst bekennt. Immerhin vertritt auch er den konfuzianischen Standpunkt noch in einer später in mehrfacher Hinsicht unklassisch erscheinenden Art. Er schätzte den bekannten zum Anachoreten gewordenen Kaiser Hoang Ti (taoistische Reminiszenzen.[23] Seine Kosmogonie (5-Elementen-Lehre) ist offenbar astrologischen Ursprungs. Seine Schätzung des Reichtums würden die orthodoxen Konfuzianer wohl mitmachen, auch die Motivierung: daß nur der Reiche die Riten richtig befolge. Aber die Empfehlung auch des Handels als Mittel des Erwerbes war ihnen anstößig.[24] Den Zweifel an der absolut determinierenden *Vorsehung* würden manche von ihnen nicht beanstandet haben: daß tugendhafte Leute vor Hunger starben, war bekannt. Auch die Monumente der Han-Zeit sagen ähnliches.[25] Immerhin

[22] S. Chavannes, Vorrede zu seiner Ausgabe, p. XIII.
[23] Edkins, The place of Hwang Ti in early Taoism, China Rev. XV, p. 233 f.
[24] Hiergegen Pen Piao in der App. II von Chavannes a. a. O. abgedruckten Stelle.
[25] Grabinschrift aus der Han-Zeit (ca. 25 v. Chr.), Journ. As. X Ser. 14, 1909, ed. Chavannes p. 33: Trauerinschrift für den vorzeitigen Tod eines Mannes: *Menschen, die einen untadeligen Wandel führten,* ohne *dafür Lohn zu empfangen, hat es seit dem Altertum gegeben* (Beispiel). *Sein* Andenken *besteht weiter* (cf. Se Ma Tsien). *Er wird seine Nachfahren adeln* (dies die alte, erbcharismatische Auffassung, anders die neue, wie erwähnt). *Er ist in ein kaltes Schattenreich gezogen.*
Grabinschrift v. 405 n. Chr.:
Alles Lebende muß sterben. Der vollendete Mensch hat keine individuellen Merkmale (ist mit dem Tao vereinigt, s. VII, Einfluß Tschang tse's?). Gerühmt wird der Gleichmut gegen Beförderung und Amtsverlust, (p. 36).
Beförderung motiviert mit: *Gradheit, Kindespietät, Totenpietät. Aber im ganzen: Der Himmel kennt keine Gnade, er wurde krank und starb.* – Ein *Gott* wird nie genannt. Die Gesamtgesinnung und –stimmung ist Se Ma Tsien verwandt. Der gewaltsame Optimismus der späteren Zeit fehlt.

war dies nicht unbedenklich. Daß Heroismus *unnütz* sei, entsprach der späteren, auf den Meister zurückgeführten Lehre. Aber daß der gefeierte Name alles sei – wie der Kastrat Se Ma Tsien lehrte –, daß die Tugend als *Selbstzweck* dargestellt wurde, daß andererseits unmittelbar didaktische Wirkungen für Fürsten beabsichtigt wurden, war wieder kaum klassisch. Dagegen stimmte der von Se Ma Tsien virtuos geübte absolute Gleichmut des Tons der Annalistik vorzüglich zu Konfuzius' eigener Praxis. Am meisten orthodox konfuzianisch mutet der Brief an, den Se Ma Tsien, der als politisch verdächtig kastriert[26], dann aber angestellt worden war, dem in Haft befindlichen Freund Jen Ngan schrieb, der sich um seine Hilfe (vergeblich) bewarb:[27]

Ihm real helfen kann (oder: will) er (um selbst nichts zu riskieren) nicht. Aber: die Seele dessen, der den langen Weg angetreten hat[28], könnte Zorn gegen ihn (Se Ma Tsien) behalten (also ihn schädigen), daher will er ihm die Gründe dafür auseinandersetzen. Denn: *Der wertvolle Mensch gibt sich Mühe für den, der ihn zu würdigen weiß* (echt konfuzianisch). Statt des Eingehens auf das Schicksal des Unglücklichen findet sich aber lediglich eine Darlegung des eigenen Unglücks: der Kastration. Wie hat sich der Schreiber darüber hinausgeholfen? Die wichtigsten Punkte, heißt es, seien vier: 1. nicht die eigenen Ahnen entehren, – 2. nicht sich selbst entwürdigen, – 3. nicht die Vernunft und Würde und schließlich: – 4. nicht die *für alle gültigen Regeln* verletzen. Er, der Schreiber, werde die Schande durch sein Buch abwaschen.

Wenn der ganze Brief etwas an Abaelards uns durch ihre kalte Lehrhaftigkeit so verletzenden Briefe an Héloise erinnert (aus, vermutlich, ähnlichen Gründen!), so ist doch diese kühle Temperierung der Beziehung von Mensch zu Mensch echt konfuzianisch. Und wir wollen – wenn unserem Gefühl einiges widerstreben möchte – nicht vergessen: daß auch die am Schluß des vorigen Abschnitts zitierten prachtvollen und stolzen Dokumente solche konfuzianischen Geistes sind. Die von Se Ma Tsien[29] wiedergegebene Inschrift Schi Hoang Ti's, welche Handeln gegen die *Vernunft* als verwerflich bezeichnet, würde von ihm (und den Konfuzianern) so interpretiert werden: daß die Anleitung dafür, wie man vernunftgemäß handeln, nur durch Studium[30] und Wissen erlangt werde. *Wissen* – im Sinne der durch literarische Studien erlangten Kenntnis der Tradition und der klassischen Norm – blieb im Konfuzianismus das letzte Wort, und dadurch schied er sich – wie wir nun sehen müssen – von andern Systemen chinesischer Einstellung zur Welt.

26 Ein für Chinesen furchtbares Unglück wegen des Ahnenkults!
27 S. ihn bei Chavannes Vol. I, App. I, p. CCXXVI f.
28 Unsterblichkeitsglaube wäre unklassisch. Es handelt sich nur um Geisterglauben.
29 p. 166 seiner Biographie Schi Hoang Ti's, ed. Chavannes.
30 Gerühmt in den eben zitierten Inschriften der Han-Zeit.

Die *Vernunft* des Konfuzianismus war ein Rationalismus der Ordnung: *Besser ein Hund und in Frieden als ein Mensch und in der Anarchie leben,* sagt Tscheng Ki Tong.[31]

Und sie war, wie dieser Ausspruch zeigt, eben deshalb essentiell pazifistischen Charakters.[32] Diese Eigenart hat sich historisch stetig gesteigert, bis Kaiser Khian Lung in der Geschichte der Ming-Dynastie den Satz schreiben konnte:[33] *Nur wer* kein *Menschenblut zu vergießen trachtet, kann das Reich zusammenhalten.* Denn *die Wege des Himmels sind wandelbar und nur die* Vernunft *hilft uns.* Das war – während noch Konfuzius selbst Rache für die Tötung von Eltern, älteren Brüdern und Freunden als Mannespflicht gefordert hatte, – das Endprodukt der Entwicklung im Einheitsreich. Pazifistisch, innerweltlich und nur an der Angst vor den Geistern orientiert blieb also diese Ethik.

Es fehlte zwar nicht eine sittliche Qualifikation der Geister. Im Gegenteil: Wir sahen schon, daß, wie in Ägypten, auch in China die irrationale Justiz auf dem spätestens unter der Han-Dynastie entwickelten festen, aus idealisierter Projektion der Bürokratie und des Beschwerderechts in den Himmel erwachsenen Glauben ruhte: daß der Schrei des Bedrückten unfehlbar die Rache der Geister herbeiführe, vor allem gegen jeden, dessen Opfer an Selbstmord, Kummer, Verzweiflung gestorben sei. Auch daß die große, jeden Beamten zur Nachgiebigkeit zwingende, Macht der im Cortège heulenden Massen (Begleiter eines wirklich oder angeblich Bedrückten) – zumal bei der Gefahr, daß die hysterischen Massenemotionen Selbstmorde herbeiführen könnten – auf dem gleichen Glauben beruhte. Gegen einen Mandarinen, der seinen Küchenjungen geschlagen hatte, so daß dieser starb, wurde durch die Menge ein Todesurteil erzwungen (1882):[34] Der Geisterglaube in dieser Funktion war die einzige, aber sehr wirksame offizielle Magna Charta der Massen in China. Die Geister wachten aber auch über den Verträgen aller Art. Sie versagten dabei ihren Schutz erzwungenen oder unsittlichen Kontrakten.[35] Die Legalität als Tugend wurde also auch in concreto, nicht nur als Gesamthabitus, animistisch garantiert. Aber was fehlte, war: die zentrale methodisch lebensorientierende Macht einer Erlösungsreligion. Die Wirkung davon, daß sie fehlte, werden wir weiterhin kennen lernen.

[31] China und die Chinesen, deutsch von A. Schultze (1896), p. 222.

[32] Schon Konfuzius selbst soll sich in militärischen Dingen als unkompetent bezeichnet haben.

[33] Yu tsiuan tung kian kang mu, übers. von Delamarre (Paris 1865), p. 20. Zahlreiche ähnliche Dikta ließen sich zusammentragen.

[34] Giles, China and the Chinese, New York 1912, p. 105.

[35] *Erzwungene Verträge sind kraftlos, da die Geister nicht über sie wachen* schon in ältester Zeit: E. H. Parker, Ancient China simplified, London 1908, p. 99.

VII. Orthodoxie und Heterodoxie (Taoismus)[1]

Lehre und Ritual in China – Das Anachoretentum und Laotse – Tao und Mystik – Praktische Konsequenzen der Mystik – Schulgegensatz der Orthodoxie und Heterodoxie – Die taoistische Makrobiotik – Die taoistische Hierokratie – Allgemeine Stellung des Buddhismus in China – Die rationale Systematisierung der Magie – Ethik des Taoismus – Der traditionalistische Charakter der chinesischen, orthodoxen und heterodoxen Ethik – Sekten und Ketzerverfolgung in China – Die Taiping-Rebellion – Das Ergebnis der Entwicklung

Der offizielle chinesische Staatskult diente, wie überall, nur den Gemeinschaftsinteressen, der Ahnenkult Interessen der Sippe. Rein individuelle Interessen blieben bei beiden außer Spiel. Die zunehmende Verunpersönlichung der großen Naturgeister, die Reduktion ihres Kultes auf das amtliche Ritual, dic Entleerung dieses Rituals von allen emotionalen Elementen, endlich seine Gleichsetzung mit bloßen gesellschaftlichen Konventionen: – Alles das Werk der vornehm gebildeten Intellektuellenschicht, – ließen die typischen religiösen Bedürfnisse der Massen ganz beiseite. Der stolze Verzicht auf das Jenseits[2] und auf individuelle religiöse Heilsgarantien im Diesseits waren nur innerhalb einer vornehmen Intellektuellen-Schicht durchführbar. Daß diese Stellungnahme durch den Einfluß der klassischen Lehre, als einzigen Unterrichtes überhaupt, auch den Nichtmandarinen oktroyiert wurde, konnte jene Lücke nicht ausfüllen. Es ist nicht gut denkbar, daß erst in der Zeit bald nach Konfuzius, wo plötzlich Funktionsgötter aller Art und dann weiterhin vergöttlichte Heroen literarisch zuerst auftauchen, ein Prozeß der Bildung solcher Göttergestalten auch erstmalig begonnen habe. Denn diese Bildungen sind überall sonst gerade früheren Stadien: gewisse typische Funktionsgötter *(Herren)* des Donners, der Winde usw. der Religion der Bauernschaft, vergöttlichte Helden der, damals in China schon vergangenen, Epoche feudalen Heldenkampfes eigen. Nur die starke Spezialisierung und Fixierung der Funktionsgötter, bis hinab zur Abtrittsgöttin, dürfte, wie die gleichartige Spezialisierung der Numina in Rom, erst Produkt des in China unter der Herrschaft der Bürokratie zunehmenden kultischen Konventionalismus gewesen sein. Und nur für die Feststellbarkeit der Persönlichkeit eines historischen Menschen als Gegenstand eines Kultes ist

[1] Vgl. zum Taoismus die Quellen bei de Harlez und Legge. – Allgemein ferner die schon zitierte vorzügliche posthume Schrift von W. Grube, Religion und Kultus der Chinesen. Jetzt vor allem: de Groot's *Universismus.*

[2] Außer den früher zitierten monumentalen Dokumenten auch die Literatur. So wird in der Jugendlehre (Siao Hio, übers. von Harlez a. a. O. V. Buch, Nr. 86) vor den Schwindeleien der Buddhapriester gewarnt, die den Toten jenseitiges Heil verschaffen wollen. Den Toten könne man nicht nützen oder schaden, denn wenn ihr Körper verwest sei, so schwinde auch der Geist.

die Kanonisierung des Konfuzius das erste sichere Beispiel.[3] In der zweideutigen offiziellen Terminologie und mehr noch in bildlichen Darstellungen lassen zahlreiche Züge den Himmelsgott als ein ursprünglich persönlich gedachtes Wesen erkennen: Wir sahen ja, daß erst das 12. Jahrhundert unserer Ära den (materialistisch bedingten) Abschluß der Verunpersönlichung brachte. Für die Massen, welchen zu dem verunpersönlichten höchsten Wesen des Staatskultes der direkte Zutritt in Gebet und Opfer versperrt war, scheint der urwüchsige *Herr des Himmels,* später mit Geburts-, Regierungs-, Einsiedelei- und Himmelfahrtslegenden ausgestattet, immer weitergelebt und im Hauskult verehrt worden zu sein, natürlich von seiten der Träger des amtlichen Himmelskultes ignoriert. Ebenso werden sicher andere der in der Neuzeit bekannten, vom offiziellen Kult ignorierten, vom Konfuzianismus nur unter die Schar der *Geister* gerechneten Volksgottheiten sehr alte Funktionsgötter sein. Dem schwierigen Problem des Verhältnisses des ursprünglichen und späteren Charakters dieser Gottheiten freilich (Frage der Stellung des *Animismus)* und der Art der Auffassung der wundertätigen Naturobjekte und Artefakte (Frage der Stellung des *Fetischismus)* könnte nur ein Fachmann überhaupt näher kommen. Sie hat uns aber hier nicht zu beschäftigen. Uns soll vielmehr der Zwiespalt zwischen der Stellungnahme der Amtskirche und der unklassischen Volksreligion unter dem Gesichtspunkte interessieren: ob die letztere etwa Quelle einer abweichend orientierten Lebensmethodik werden konnte und geworden ist. Dies könnte so scheinen. Denn die Kulte der meisten Volksgottheiten galten, soweit sie nicht buddhistischen Ursprungs waren, als Angelegenheit einer vom Konfuzianismus und der von ihm beherrschten Heilsanstalt immer wieder als Heterodoxie behandelten Richtung, welche, wie die konfuzianisch orientierte Gnadenanstalt selbst, einerseits Kult- (und Zauber-) Praxis, andrerseits aber auch: Lehre, war. Es wird bald von ihr zu reden sein. Zunächst aber scheint es nützlich, das grundsätzliche Verhältnis der alten Volksgötter zur ethischen Lehre des Konfuzianismus uns weiter zu verdeutlichen.

Nehmen wir dazu das uns nächstliegende Beispiel: die Beziehung der hellenischen, schulmäßig philosophischen Sozialethik zu den alten hellenischen Volksgöttern, so ist auch da die prinzipiell allen vornehmen Intellektuellenschichten aller Zeiten gegenüber dem historisch gegebenen massiven Volksglauben gemeinsame Verlegenheitssituation zu beobachten. Der hellenische Staat ließ metaphysischen und sozialethischen Spekulationen freien Raum. Er verlangte nur Innehaltung der überlieferten kultischen Pflichten, deren

[3] Wie in der katholischen Kirche machte die patrimoniale Gnadenanstalt übrigens auch hier den Unterschied: daß der kanonisierte Mensch nur, katholisch ausgedrückt, *Verehrung* und nicht, wie die großen Naturgeister, *Anbetung* genoß; – für die Vorstellung der Massen freilich war dies in diesem wie in ähnlichen Fällen nur eine formale Scheidung.

Vernachlässigung Unheil über die Polis als solche bringen konnte. Die ihrer spezifisch sozialethischen Orientierung nach dem Konfuzianismus entsprechenden griechischen Philosophenschulen ließen, in ihren Hauptvertretern der klassischen Zeit, die Götter der Sache nach ebenso dahingestellt, wie die chinesischen Intellektuellen der konfuzianischen Schule dies taten. Sie machten die nun einmal überkommenen Riten mit, im ganzen ähnlich, wie dies die vornehmen Intellektuellenkreise in China taten und im allgemeinen auch bei uns tun. Aber in einem Punkt bestand ein bedeutsamer Unterschied. Der konfuzianischen Redaktion der klassischen Literatur war es geglückt: – vielleicht war dies, wie schon einmal angedeutet, die wichtigste Leistung des Konfuzius –, nicht nur diese Volksgottheiten selbst, sondern auch alles für ihren eigenen ethischen Konventionalismus Anstößige aus der kanonisierten Literatur pädagogisch auszumerzen. Man braucht nur Platons berühmte Auseinandersetzung mit Homer in der Politeia zu lesen, um zu erkennen: wie gern die Sozialpädagogik der klassischen hellenischen Philosophie das gleiche getan hätte. Auch für Homer war im ethisch rationalen Staat kein Platz. Aber Homer war eine ungeheure und als klassisch geltende Macht in der überkommenen ritterlichen Erziehung. Es war ganz aussichtslos, in der kriegerischen Polis ihn und seine Heldengötter zu einer von Amts wegen und in der Erziehung ignorierten Rolle herabzudrücken, und eine reine Literatenherrschaft auf der Basis einer ethisch purifizierten Literatur (und Musik) aufzurichten, wie dies der Patrimonialismus in China in seinem politischen Interesse, wie wir sahen, durchsetzte. Es konnte ferner, auch als die Domestikation der Polis im befriedeten Weltreich die rein politischen Hemmungen dafür beseitigt hatte, keiner der nebeneinander stehenden Philosophenschulen gelingen, zu ausschließlicher kanonischer Geltung zu gelangen, wie dies der Konfuzianismus für sich in China erreichte. Denn dies ist die Analogie: die Rezeption als allein korrekte Staatsphilosophie – so also, als ob die Cäsaren die Stoa allein toleriert und nur Stoiker in Ämter berufen hätten. Dies war im Okzident um deswillen unmöglich, weil keine Philosophenschule jene Legitimität des absoluten Traditionalismus für sich in dem Sinne in Anspruch nahm und in Anspruch nehmen konnte, wie Konfuzius es für seine Lehre zu tun in der Lage war und höchst absichtsvoll tat. Aus diesem Grunde vermochten sie auch politisch einem Weltherrscher und seinen Beamten nicht das gleiche zu leisten wie die konfuzianische Lehre. Sie alle waren ja, ihrer innersten Eigenart nach, an den Problemen der freien Polis orientiert: *Bürger*-Pflichten, nicht *Untertanen*-Pflichten war ihr Grundthema. Es fehlte die innere Verknüpfung mit altgeheiligten religiösen Pietätsgeboten solcher Art, wie sie in den Dienst des Legitimitätsinteresses eines Patrimonialherrschers hätten gestellt werden können. Und dem Pathos gerade der politisch einflußreichsten von ihnen lag jene absolute Weltanpassung und jene Ablehnung bedenklicher metaphysischer Spekulationen ganz fern, welche den Konfuzianismus den chinesischen Machthabern so dringend empfehlen mußte.

Die Stoa blieb bis auf die Antonine die Lehre der opportunitätsfeindlichen Opposition, und erst das Schwinden dieser nach Tacitus ermöglichte ihre Annahme durch diese Kaiser. Dies war die ideengeschichtlich wohl wichtigste Folge der Eigenart der antiken Polis. So blieb die Spannung der philosophischen Lehre und Sozialethik gegen den volkstümlichen Kult im vorchristlichen Okzident in dem Sinne bestehen: daß der (entsprechend weiterentwickelte) Kult der alten *homerischen* Helden- und Volksgötter die offizielle Institution, die Lehre der Philosophen aber unverbindliche Privatangelegenheit war: – genau umgekehrt wie in China, wo eine kanonische Lehre und von ihr kanonisierte religiöse Staatsriten neben Göttern bestanden, deren Kult eine teils, wie wir sehen werden, nur offiziös gepflegte, teils nur geduldete, teils mit Mißtrauen angesehene Privatangelegenheit blieb. Solche nicht offiziell anerkannten, teilweise verdächtigen, Privatkulte gab es natürlich, neben dem offiziellen Götterkult, auch im antiken Okzident, und ein Teil von ihnen zeichnete sich durch den Besitz einer eigenen Soteriologie und einer durch diese bestimmten Ethik aus, vom Pythagoräismus angefangen bis zu den Erlöserkulten der Kaiserzeit. Das gleiche war bei manchen nicht offiziellen Kulten in China der Fall. Aber während im Okzident die Entwicklung zu jenem welthistorischen Bündnis einer dieser soteriologischen Gemeinschaften: des Christentums, mit der Amtsgewalt führte, welches noch heute nachwirkt, verlief die Entwicklung in China anders. Es konnte einige Zeit scheinen: – wir reden davon später gesondert –, als ob der Buddhismus dort eine ähnliche Rolle spielen sollte, nachdem er von den Kaisern in aller Form rezipiert worden war. Indessen die schon angedeuteten Interessen: der Widerstand der konfuzianischen Bürokratie, merkantilistische und Währungsinteressen und schließlich eine gewaltige Katastrophe, beschränkte ihn auf die Stelle eines (immerhin einflußreichen) geduldeten Kultbetriebes neben anderen. Und vor allem war in China sein Einfluß gerade in dem uns hier besonders interessierenden Punkte: der Wirtschaftsgesinnung, wie wir später sehen werden, relativ gering. Die meisten alten Volksgottheiten aber, vermehrt um eine ganze Schar von Neuschöpfungen, sind in China unter die Patronage einer geduldeten Priesterschaft geraten, welche ihren Ursprung auf eine Philosophengestalt und eine Lehre zurückführen zu dürfen behauptet, deren ursprünglich nicht prinzipiell abweichender Sinn in Gegensatz geriet zu dem des Konfuzianismus und schließlich als durchaus heterodox galt. Wir können einen Blick auf diese Heterodoxie nicht umgehen.

Individuelle mystische oder asketische Heilssuche, wie sie in Indien aus den Schichten der priesterlich nicht gebundenen Laienbildung, zumal des vedisch geschulten oder doch halbgebildeten Adels, hervorquoll, war ein dem (klassischen) Konfuzianismus gänzlich fremdes Interesse. Sie hatte im chinesischen Beamtenrationalismus ganz natürlich ebensowenig eine Stätte, wie sie jemals der Lebensführung irgendeiner Bürokratie entsprochen hat.

Anachoreten[4] hat es, nicht nur nach Tschung Tse[5], sondern auch nach den erhaltenen Bildwerken[6] und nach dem eigenen Zugeständnis der Konfuzianer, in China seit alter Zeit immer gegeben. Es finden sich selbst Notizen, welche zu der Annahme führen könnten: die Helden und Literaten hätten ursprünglich als Altersstadium ein Waldleben in der Einsamkeit geführt. In einer reinen Kriegergesellschaft war in der Tat oft der *Alte,* als wertlos, der Aussetzung preisgegeben, und es ist schon möglich, daß daher diese *Altersklassen* der Anachoreten sich zunächst aus ihnen rekrutierten. Indessen, das sind unsichere Vermutungen: In historischer Zeit war eine Vanaprastha-Existenz der Alten nie, wie in Indien, als normal angesehen. Immerhin: Nur die Zurückziehung von der *Welt* schuf Zeit und Kraft für das Denken, ebenso wie das mystische Fühlen, – Konfuzius ebenso wie sein Widerpart: Lao tse, lebten allein und ohne Amt. Der Unterschied war nur, daß die Mystiker. – Lao tse ebenso wie Tschung Tse – das Amt im Interesse der eigenen Heilssuche ablehnten, Konfuzius es entbehrte. Auch für politisch erfolglose Literaten galt dies Anachoretentum als normale Form des Ausscheidens aus der Politik, statt Selbstmord oder Antrag auf Bestrafung.[7] Ein Teilfürstenbruder, Tschong yong, in U, geht in die Einsiedelei.[8] Und auch von einem erfolgreichen Kaiser: Hwang ti, berichtet Tschung, daß er abdiziert habe und Anachoret geworden sei. Das *Heilsziel* der alten Anachoreten darf man sich nur als 1. makrobiotisch, – 2. magisch orientiert denken: Langes Leben und magische Kräfte waren das Ziel der Meister und der, in kleiner Zahl, bei ihnen weilenden und sie bedienenden Jünger. Aber daran anschließend konnte sich eine *mystische* Einstellung zur Welt und eine auf ihr ruhende Philosophie bilden und hat dies getan.

Der Weise kann nur die aus der Welt, insbesondere weltlichen Würden und Ämtern, ausgeschiedenen Anachoreten etwas lehren, – erhält Kaiser Hwang ti zur Antwort. Sie sind die *Gelehrten die zu Hause sitzen,* d.h. kein Amt annahmen: Der spätere Gegensatz gegen die konfuzianischen Amtsanwärter deutet sich hier schon an. Die *Philosophie* des Anachoretentums ging darüber weit hinaus. Wie aller genuinen Mystik war die absolute Weltindifferenz das selbstverständliche, auch – nicht zu vergessen – das makrobiotisch wichtige Ziel.

[4] Schi = Heilige, tun, jih, jin = Abgesonderte, Sien (Zeichen aus *Mensch* und *Berg)* = Anachoreten.

[5] S. die Darstellung bei de Groot, Universismus, ferner Conrady a. a. O. und die Bemerkungen in Se Ma Tsien's Annalen, ed. Chavannes.

[6] Gemälden, welche die Rischis als struppige Plebejer darzustellen pflegen.

[7] Paradigma in der Annalistik: der Minister Fan ti im Staat Youe. Als sein König eine Stadt verliert, erklärt er, nach alten Regeln Selbstmord begehen zu müssen, unterläßt es aber. Sein enormes, als Minister gesammeltes, Vermögen vermehrt er dann anscheinend noch durch einen glücklichen Krieg mit Tsi, verteilt dies aber dann wirklich an seine Freunde und wird Anachoret, ganz wie noch bis in die Gegenwart manche indische Minister. (S. Tschepe, Hist. du R. de Ou. Var. Sinol. 10, Schanghai 1891, p. 157, 1. Append.)

[8] Tschepe a. a. O. (6. Jahrh. v. Chr.).

Und Lebensverlängerung war, wie gesagt, eine Tendenz des Anachoretentums. Wichtig unter diesem Gesichtspunkt schien nun, nach der primitiven *Metaphysik,* vor allem: sparsames und rationales Umgehen *(Wirtschaften,* möchte man sagen) mit dem offensichtlichen Träger des Lebens: dem Atem. Die physiologisch feststellbare Tatsache, daß Atemregulierung Gehirnzustände spezifischer Art begünstigen kann, führte weiter. Der *Heilige* soll *weder tot noch lebend* sein, sich so verhalten, als lebte er nicht: – *Ich bin ein* dummer *(also: der Weltklugheit entronnener) Mensch,* sagt Laotse zur Erhärtung seiner Heiligkeit, und Tschuang Tse wollte sich nicht (durch ein Amt) *Zügel anlegen* lassen, sondern lieber *wie ein Schwein im schlammigen Graben* existieren. *Sich dem Äther gleichmachen, den Körper abwerfen,* wurde das Ziel. Ob indische Einflüsse auf die ziemlich alte Erscheinung eingewirkt haben, darüber sind die Fachleute verschiedener Ansicht.[9] Spurlos scheinen sie nicht bei dem berühmtesten dieser aus dem Amt geflüchteten Anachoreten, dem, wenn die Tradition recht hat[10], älteren Zeitgenossen des Konfuzius: Laotse.

Er geht uns hier nicht als Philosoph[11] an, sondern in seiner soziologischen Stellung und Wirkung. Der Gegensatz gegen den Konfuzianismus tritt schon in der Terminologie hervor. Den harmonischen Zustand, der dem charismatischen Kaiser eignet, kennzeichnet Tse tse, der Enkel des Konfuzius, im Tschung yung als Gleichgewichtszustand, – in den durch Laotse beeinflußten oder sich als ihm anhängend ausgebenden Schriften heißt er: Leere (hu) oder Nichtssein (wu), erreichbar durch *Wu wei* (Nichtstun) und puh yen (Nichtssagen): ersichtlich typisch mystischen, keineswegs nur chinesischen, Kategorien. Nach konfuzianischer Lehre ist das Li: die Zeremonialregeln und Riten, das Mittel zur Erzeugung des Tschung[12]; – nach der Ansicht der Mystiker waren sie völlig wertlos. Sich so verhalten, als hätte man keine Seele, dadurch die Seele von den Sinnen zu befreien, – das ist die innere Haltung, die allein zur Gewalt des Taoschi (gewissermaßen: Tao-Doktors) führen kann. Leben ist gleich dem Besitz eines *schen,* also Makrobiotik gleich der Pflege des schen, – dies lehrt das dem Laotse zugeschriebene Tao te king[13] ganz in Übereinstimmung mit den Konfuzianern. Nur die Mittel waren eben verschieden, der makrobiotische Ausgangspunkt aber der gleiche.

Die uns schon wiederholt begegnete Grundkategorie: *Tao,* nach der sich später die Heterodoxie als *Taoisten* von den Konfuzianern schied, war beiden

9 Dagegen, für die alte Zeit, neuestens de Groot.

10 Für diese neuestens de Groot.

11 Man darf heut wohl sagen: Mode-Philosoph. Daß L. eine halbmythische Gestalt, das Tao-te-king der massenhaften Interpolation stark verdächtig und erst spät als existierend nachweislich ist, interessiert uns nicht. Wäre er eine erdichtete Gestalt, so bliebe doch der hier allein interessierende Gegensatz der Richtungen Tatsache.

12 Tshung = Gleichgewicht (englisch: „weak“), ein konfuzianischer Grundbegriff, – taoistisch in „Leer“ umgedeutet.

13 § 30. S. de Groot. Religion in China, London 1912.

Schulen, überhaupt: allem chinesischen Denken, dauernd gemeinsam. Ebenso alle alten Götter, – während allerdings der *Taoismus* das Pantheon um zahlreiche, der Orthodoxie als unklassisch geltende Gottheiten, wesentlich durch Apotheose von Menschen: – eine Umbiegung der Makrobiotik, – bereichert hat. Gemeinsam beiden war auch die klassische Literatur, – nur daß bei den Heterodoxen Laotse's Tao te king und die Schriften Tschuangs dazutraten, die von den Konfuzianern als unklassisch abgelehnt wurden. Auch Konfuzius selbst aber hat – worauf de Groot großen Nachdruck legt – die Grundkategorien der Gegner, auch das Wu wei (laissez faire) nicht abgelehnt, und offenbar gelegentlich der Lehre von dem magischen Charisma des im Tao vollendeten Nichtstuenden nahe gestanden. Gehen wir dem Gegensatz etwas weiter nach.

Der Konfuzianismus hatte alle ekstatischen und orgiastischen Reste aus dem Kult beseitigt und lehnte sie, wie der römische Amtsadel, als würdelos ab. Aber die magische Praxis hatte Ekstase und Orgiasmus hier wie überall gekannt. Die Wu (Männer oder Weiber) und Hih (Männer), die alten Medizinmänner und Regenmacher existieren bis in die Gegenwart und finden sich zu allen Zeiten literarisch erwähnt. Bei Tempelfesten waren sie noch zuletzt ekstatisch tätig; ursprünglich nahmen sie die magische *Kraft,* dann den *Geist,* dann den *Gott* in sich auf und wirkten durch ihn. Die Wu und Hih präsentierten sich später (und galten bis zur Gegenwart) als *taoistisch.* Aber im Anfangsstadium war es die nicht orgiastische – von ihnen sicher als würdelos abgelehnte, – sondern umgekehrt: die apathische Ekstase, welche Laotse und seine vornehmen Schüler suchten, wie alle Intellektuellen als Mystiker dies tun. Erst später, – wir werden sehen: wie – einigte sich die Gesamtheit der Magier, sich selbst als „taoistische" Nachfolger Laotse's anzusehen, ihn als ihren Archegeten, weil er eben: Literat war oder dafür galt. In ihrer vollen Diesseitigkeit, ihrer Makrobiotik, waren diese Mystiker eher noch radikaler als die Konfuzianer. Doch worin bestanden die beiderseitigen Zentrallehren und Unterschiede? Die Heterodoxie wird gern als Taoismus bezeichnet.

Tao ist an sich ein orthodox konfuzianischer Begriff: die ewige Ordnung des Kosmos und zugleich dieser Ablauf selbst: eine in aller nicht dialektisch durchgeformten Metaphysik häufige Identifikation.[14] Bei Laotse ist es in Beziehung zur typischen Gottsuche des Mystikers gesetzt: es ist das allein Unveränderliche und deshalb absolut Wertvolle, sowohl Ordnung wie zeugender Realgrund, wie Inbegriff der ewigen Urbilder alles Seins, kurz das göttliche Alleine, dessen Teilhaftigkeit man – ganz wie in aller kontemplativen Mystik – durch absolute Entleerung des eigenen Ich von Weltinteressen und Leidenschaften bis zu völliger Nichttätigkeit (Wu-Wei) sich aneignet. Das konnte nicht nur Konfuzius selbst, sondern auch seine Schule akzeptieren und sie haben das auch getan.

14 Zu allem folgenden vgl. besonders de Groot, der auf den sekundären Charakter der Spaltung den größten Nachdruck legt.

Tao war bei ihm ganz das gleiche wie bei Laotse und ein ebenso geltender Begriff. Aber: Sie waren keine Mystiker. Das Interesse an der gottinnigen, durch Kontemplation zu erreichenden Zuständlichkeit hätte, wie bei der Mystik meist, so bei Laotse zur völligen Entwertung der innerweltlichen Kultur als einer Quelle religiösen Heils führen müssen. Und bis zu einem gewissen Grade traf dies auch zu. Denn das höchste Heil war auch bei Laotse eine seelische Zuständlichkeit, eine unio mystica, nicht aber ein aktiv handelnd sich bewährender Gnadenstand wie bei der Askese des Okzidents. Nach außen hin wirkte diese wie alle Mystik nicht rational, sondern nur psychologisch bedingt: Die universelle akosmistische Liebesgesinnung ist typische Folgeerscheinung der objektlosen Euphorie dieser Mystiker in der apathischen Ekstase, die ihnen charakteristisch, vielleicht durch Laotse geschaffen war. Diese an sich rein psychische Gegebenheit wurde nun auch hier rational ausgedeutet: Himmel und Erde sind als die größten Götter durch die absolute Selbstlosigkeit ihrer Leistungen für den Menschen legitimiert, durch jene bedingungslose Güte, welche nur dem Göttlichen eignet und: – der makrobiotische Einschlag der Lehre: – der Grund, der dem allein ewigen Tao wenigstens angenäherten Dauer dieser Naturmächte ist. Nach diesem Muster richtet sich das eigene Verhalten des Mystikers. Wiederum wird dabei die physiologisch bedingte innere Lage rational gedeutet. Die Erhaltung der eigenen Güte und Demut in der Welt durch ein innerweltliches Inkognitoleben ist ja überall der Inhalt, jene spezifische Gebrochenheit der Weltbeziehung des Mystikers, welche das Handeln, wenn sie es nicht absolut aufhebt, dann doch minimisiert, die einzige mögliche Bewährung seines Gnadenstandes, weil der einzig mögliche Beweis: daß ihm die Welt nichts anhat. Sie sind zugleich, entsprechend der eben erwähnten Theorie Laotses, die beste Gewähr der eigenen Dauer im Erdenleben, ja: vielleicht über das Erdenleben hinaus. Eine eigentliche Unsterblichkeitslehre hat Laotse selbst (oder sein schriftstellerischer Interpret) nicht entwickelt, sie scheint späteres Erzeugnis. Aber der Gedanke der Entrückung in ein ewiges Paradies bei vollendetem Tao ist wohl ziemlich alt. Allein maßgebend war er nicht. Bei Laotse selbst war vielmehr die Minimisierung des Welthandelns wenigstens primär direkte Folge der Art des mystischen Heilsbesitzes. Gewisse Folgerungen aller mystischen Religiosität hat Laotse überhaupt nur angedeutet, nicht vollzogen. Zwar der *Heilige,* den er dem konfuzianischen Ideal des *Gentleman* überordnet, bedarf der Welttugend nicht nur nicht, sie ist ihm vielmehr als Ablenkung vom eigenen Heil im Grunde gefährlich: Die weltliche Tugend und ihre Hochschätzung ist – in der bei Chinesen beliebten paradoxen Formulierung – ein Zeichen, daß die Welt unheilig und gottlos geworden ist. Und auf der niedrigsten Stufe steht ihm eine solche Welt, welche durch die konfuzianische Kardinaltugend des *Li,* der *Schicklichkeit,* zusammengehalten wird. Indessen: Diese Welt ist nun einmal da und es gilt also, sich in sie zu schicken.

Das geht nur durch Relativierungen irgendwelcher Art. Denn die Konsequenz der entschlossenen Weltabwendung, vor allem der grundsätzlichen Ablehnung des im Mandarinenstand lebendigen Ideals des gebildeten Gentleman (Kiün-tse) hat Laotse eben nicht gezogen. Hätte er es getan, so wäre wohl keine Spur seiner Gedanken auf uns gekommen. Er forderte freilich gegenüber der Weltanpassung des Konfuzianismus als der *kleinen* die *große* Tugend, d.h. die absolute Vollkommenheits-Ethik gegenüber der sozial relativierten. Aber diese Forderung konnte letztlich für ihn weder, einerseits, zu asketischen Konsequenzen, noch, andererseits, zu positiven Forderungen in der Sozialethik führen. Teils deshalb nicht, weil die kontemplative Mystik an sich solche Forderungen nicht zu gebären vermag. Aber eben auch deshalb nicht, weil die letzten Folgerungen nicht gezogen wurden. Der persönliche Gegensatz des Konfuzius gegen Laotse war, nach der (in ihrer Realität fraglichen, aber von manchen bedeutenden Fachmännern noch geglaubten) Überlieferung, nur durch gewisse, schon stark relativierte, Konsequenzen der Mystik des letzteren für die politischen Ideale bedingt. Auf der einen Seite der Zug zum Zentralismus des rational von Beamten regierten Wohlfahrtsstaates bei dem rationalistischen Literaten. Auf der andern Seite die möglichste Autonomie und Autarkie der einzelnen Staatsteile als kleiner Gemeinwesen, die eine Stätte schlichter bäuerlicher oder bürgerlicher Tugend bilden könnten und daher die Parole: möglichst wenig Bürokratie, bei dem Mystiker, dessen Selbstvervollkommnung durch staatliche geschäftige Zivilisationspolitik ja unmöglich gefördert werden konnte. *Banne der Herr seinen stolzen Geist, seine vielen Wünsche, sein schmeichelhaftes Wesen, seine ausschweifenden Pläne,* schreibt die Tradition dem Laotse als Mahnung an Konfuzius bei dem berühmten Zusammentreffen beider zu, mit der vom Standpunkt des Mystikers ebenso selbstverständlichen, wie von dem des rationalistischen Sozialethikers unzulänglichen, Begründung: *Dies alles ist ohne Nutzen für deine Person,* d.h. für die Erreichung der *unio mystica* mit dem göttlichen Prinzip des *Tao.* Diese Erlangung der mystischen *Erleuchtung* (ming), auf Grund deren dem Menschen dann alles andere von selbst zufällt, war ein – wenn man aus seinen überlieferten Äußerungen etwas schließen darf – dem Stifter des Konfuzianismus persönlich unzugängliches, außerhalb der Grenzen seiner Begabung liegendes Ziel. Die ihm in den Mund gelegte staunende Äußerung über Laotse als den *Drachen* zeigt das. Der für Laotse grundlegende Begriff der Heiligkeit (sching) spielt im konfuzianischen System keine Rolle. Er ist nicht etwa unbekannt. Er gilt aber dem Konfuzius als kaum jemals, auch von ihm selbst nicht, erreicht und steht daher beziehungslos neben dem konfuzianischen Ideal des Kiün-tse, des *vornehmen* Menschen. Oder er wird gar, wie bei Mencius, im Grunde als ein ins Vollkommene gesteigerter Gentleman angesehen. Dagegen das Schriftzeichen für die Heiligkeit Laotses drückt Demut aus und der Laotsesche Heiligkeitsbegriff liegt, als eine Kategorie der streng individualistischen Selbsterlösung, in seiner Konsequenz in der gerade entgegengesetzten Richtung wie das konfuzianische, am Maßstab der Bildung und Angepaßtheit an die Welt und Gesellschaft, wie sie einmal ist, orientierte Ideal. Aus dem gleichen Grund, aus welchem in aller Regel der okzidentale Mystiker die Theologie als das recht eigentlich von Gott Abführende ablehnt, verwirft Laotse dies hier die Theologie vertretende Schriftgelehrtentum. Und wie gegenüber jeder konsequenten Erlösungsmystik, so ist auch gegenüber der Laotseschen der typische und ganz natürliche Vorwurf von seiten der auf die Beherrschung und Ordnung des realen Lebens gerichteten Sozialethik, im vorliegenden Falle also von seiten des Konfuzianismus, der: jene sei *Egoismus*. In der Tat konnte sie, konsequent durchgeführt, nur das eigene Heil suchen, auf andere nur exemplarisch: durch Beispiel, nicht durch Propaganda oder gar durch soziales Handeln wirken wollen. In voller Konsequenz müßte sie das innerweltliche Handeln als für das Seelenheil irrelevant gänzlich ablehnen. Einige Ansätze zu prinzipiellem Apolitismus finden sich denn auch deutlich genug ausgeprägt. Indessen ist es nun zugleich der charakteristische Zug und die Quelle aller Paradoxien und Schwierigkeiten des Laotseschen Systems, daß es darin Konsequenz nicht besitzt.

Auch Laotse (oder sein Interpret) gehörte der gleichen Schicht an wie Konfuzius, und auch für ihn verstanden sich daher zunächst gewisse Dinge durchaus von selbst, wie für jeden Chinesen. Erstens – in unvermeidlichem Widerspruch mit dem jenseits der Welt liegenden Selbsterlösungszweck – der positive Wert der Regierung. Er folgte vor allem aus dem überall vorausgesetzten charismatischen Beruf des Herrschers: Von seinen Qualitäten hing auch für Laotse letztlich das Wohl der Menschen ab. Nur ergab sich daraus für den Mystiker: daß der Regent persönlich das Charisma des mystisch mit dem Tao Geeinten haben müsse, auf daß diese mystische Erlösung auch ebenso allen Untertanen durch die charismatische Wirkung dieser seiner Qualitäten als Gnadengabe zuteil werde. Während für den nichtmystischen Sozialethiker es genügte, daß der Regent als solcher vom Himmel gebilligt, seine Tugenden als sozialethisch vom Standpunkt der Geister aus zulängliche seien. Nicht minder war die Annahme des gesamten offiziellen Pantheon und ebenso der Geisterglaube beiden, oder wenigstens den Nachfolgern beider, gemeinsam (während allerdings das Tao-te-king anscheinend von Magie weitgehend frei war). Ein an der praktischen Politik orientierter chinesischer Gebildeter durfte dies alles nicht ablehnen. Da ein überweltlicher persönlicher Schöpfergott und Weltregent, der über alles Kreatürliche nach seinem Ermessen schaltete und dem gegenüber alles Kreatürliche unheilig war, der chinesischen Bildung ebenso unvollziehbar blieb, wie – in der Hauptsache – der indischen, so war der Weg zu einer an dem Gegensatz von Gott und Kreatur orientierten asketischen Ethik verschlossen. Daß die gegebene, wesentlich animistische, Religion für den Erlösung suchenden Mystiker letztlich wenig bedeutete, versteht sich von selbst. Daß das gleiche für den konfuzianisch gebildeten Sozialethiker der Fall war, sahen wir und werden es immer wieder sehen. Gemeinsam war beiden aber auch die Überzeugung: daß eine gute Ordnung des irdischen Regiments die Dämonen am sichersten in Ruhe halten werde. In dieser charismatischen Wendung des Dämonenglaubens lag einer der Gründe, welcher radikal apolitische Konsequenzen auch für die Schüler Laotses unmöglich machte. Es ist andererseits verständlich, daß für eine Intellektuellenschicht von Beamten und Amtsanwärtern eines patrimonialen Staates die individualistische Heilssuche und gebrochene Demut des Mystikers als solche, vor allem aber die Forderung charismatischer mystischer Qualifikationen für den Herrscher und die Regierenden ganz unannehmbar war, – ganz ebenso unannehmbar wie für die römische Bischofskirche das Erfordernis des persönlichen pneumatischen Charisma. Und erst recht war selbstverständlich, daß in der politischen Staatspraxis der bürokratische Machtstaat des Rationalisten das Feld behielt. Beides geschah so sehr, daß, – während man immer wieder die Empfindung hat: nur ein Chinese könne den Konfuzianismus im einzelnen richtig interpretieren, – die europäische Wissenschaft einigermaßen einig darüber ist, daß wahrscheinlich keinem korrekten Chinesen die Anschauungen Laotses (oder seines Interpreten) in ihrem ursprünglichen, inneren erlebnismäßigen Zusammenhang heute ganz nacherlebbar sind.

Die ethischen Konsequenzen der Laotseschen Mystik, wie sie bei seinen Nachfolgern, oder denen, die sich als solche ausgaben, hervortraten, mußten vollends dazu beitragen, dem Konfuzianismus das Übergewicht zu sichern. Dazu trug die innere Inkonsequenz der Haltung der Mystiker bei.

Bei Laotse selbst fehlt, wie bei der kontemplativen Mystik meist, jede religiös motivierte aktive Gegensätzlichkeit gegen die Welt: – die kontemplativ bedingte Forderung rationaler Genügsamkeit wird damit motiviert, daß sie das Leben verlängere. Es fehlt aber überhaupt jene Spannung des Göttlichen gegenüber dem Kreatürlichen, wie sie nur durch die Festhaltung eines schlechthin überkreatürlichen, außerweltlichen, persönlichen Weltschöpfers und Weltregenten garantiert worden wäre. Auch ihm war die Güte der Menschennatur selbstverständlicher Ausgangspunkt. Und da die Konsequenz der wirklichen Weltindifferenz oder gar der Weltablehnung nicht, sondern nur die der Minimisierung des Welttuns gezogen wurde, so konnte sich aus dem allem in der innerweltlichen, für die reale Welt, wie sie war, geltenden Sozialethik im Effekt lediglich eine weitere Steigerung des konfuzianischen ökonomischen Utilitarismus ins Hedonische ergeben. Der Mystiker *genießt* Tao. Die andern, die das nicht können oder wollen, mögen genießen, was ihnen zugänglich ist. Darin drückt sich offensichtlich ein ganz prinzipieller Gegensatz zum Konfuzianismus in der Frage der ethischen und religiösen Qualifikation der Menschen aus. Der gemeine, im Gegensatz zum höheren Menschen war auch für den Konfuzianer derjenige, der nur an die leiblichen Bedürfnisse denkt;

aber eben diesen würdelosen Zustand wollte er durch Schaffung von Wohlstand und Erziehung von oben her behoben sehen. Denn die Tugend war an sich jedem zugänglich. Qualitative Grundunterschiede unter den Menschen gab es für ihn nicht, wie wir sahen. Für den mystischen Taoisten dagegen mußte der Unterschied zwischen dem mystisch Erleuchteten und dem Weltmenschen ein solcher der charismatischen Begabung sein. Darin kommt der immanente Heilsaristokratismus und Gnadenpartikularismus aller Mystik: die Erfahrung von der Verschiedenheit der religiösen Qualifikation der Menschen, zum Vorschein. Wer die Erleuchtung nicht hatte, der stand – okzidental ausgedrückt – außerhalb der Gnade. Er mußte und mochte also bleiben wie er war. *Den Bauch der Untertanen möge der Herrscher füllen, nicht ihren Geist, ihre Glieder stark machen, nicht ihren Charakter:* Zu dieser eigentümlichen Konsequenz gelangte die Durchführung des literatenfeindlichen Erleuchtungsaristokratismus bei einem Schriftsteller, der als zur Schule Laotses gehörig zu gelten pflegt. Daß der Staat gut tue, sich auf die Fürsorge für den bloßen Unterhalt der Menschen zu beschränken, war aber eine Ansicht, die sich schon bei Laotse selbst findet, begründet bei ihm durch Abneigung gegen das literarische Wissen, welches an der wahren Erleuchtung ja nur hinderte. Soweit der mystisch erleuchtete Regent nicht durch sein bloßes Dasein direkt charismatisch und exemplarisch wirken konnte, enthielt er sich besser allen Tuns. Man möge doch die Dinge und Menschen gehen lassen, wie sie können und mögen. Zuviel Kenntnisse der Untertanen und zuviel Regieren des Staates seien die eigentlich gefährlichen Übel. Nur absolute Fügsamkeit in die unabänderlichen kosmischen und sozialen Ordnungen führten eben zum *Stillewerden,* zu jener Bändigung der Leidenschaften, welche im übrigen auch in der Heilslehre Laotses durch Musik, andächtige Übung der Zeremonien, Schweigsamkeit und Schulung zur Ataraxie befördert wurde. In Konsequenz dessen stellte schon das dem Laotse zugeschriebene Tao-te-king der – mit den früher gemachten Einschränkungen – in der klassischen konfuzianischen Lehre vorwiegenden Neigung zur patriarchalen Bevormundung der Untertanen das Verlangen nach möglichster Nichtintervention entgegen, da ja doch das Glück des Volkes durch die naturgesetzliche Harmonie des Kosmos am sichersten befördert werde. Nichtinterventionstheorien fanden sich auch auf dem Boden der orthodoxen Lehre, wie wir sahen. Sie ließen sich ja außerordentlich leicht aus dem Gedanken der providentiellen Harmonie, (des Tao), der Welt, welcher schon sehr früh zu Theorien von der Interessenharmonie der Klassen, fast nach Art Bastiats, geführt hatte, herleiten und entsprachen der tatsächlich geringen Intensität und Unstetheit der Verwaltung gegenüber dem Wirtschaftsleben. Die Stellungnahme des heterodoxen Taoismus war darin nur noch konsequenter. Gänzlich fehlte aber natürlich diesem chinesischen, und zwar gerade dem taoistischen, *Manchestertum,* infolge seines kontemplativ-mystischen Unterbaues, die aktive Note der *Berufsethik,* welche nur eine asketisch orientierte Laiensittlichkeit, die aus einer Spannung zwischen Gottes Willen und den Ordnungen der Welt stammt, hätte bieten können. Auch die stark betonte taoistische Tugend der Sparsamkeit trug daher keinen asketischen, sondern wesentlich kontemplativen Charakter (das konkrete Hauptobjekt des Streites mit der Orthodoxie war dabei: das Sparen an den Kosten der Totentrauer). –

Wenn hier mehrfach von *Nachfolgern* und *Schülern* Laotses geredet worden ist, so entspricht übrigens diese Bezeichnung nicht dem Sachverhalt. Eine *Schule* hat Laotse, mag seine persönliche Lehre historisch wie immer ausgesehen haben, wohl nicht hinterlassen. Wohl aber gab es schon geraume Zeit vor Se Ma Tsien Philosophen, die sich auf ihn beriefen, und die Mystik fand noch in weit späterer, historischer, Zeit in China einige bedeutende Vertreter, die wenigstens teilweise sich als *Schüler* Laotses betrachteten. Uns geht hier diese Entwicklung nur in einigen Punkten etwas an.

Den persönlichen Gegensatz zwischen Konfuzius und Laotse schildert die (halblegendäre) Tradition. Aber von einem *Schulgegensatz* konnte noch keine Rede sein, vor allem nicht von einem solchen, der exklusiv diese beiden Gegner entzweit hätte. Es war mehr ein, allerdings scharfer, Unterschied der Naturen, der Lebensführung und der Stellung insbesondere zu praktischen Staatsproblemen (Amt), der da vorlag. Der Schulgegensatz ist offenbar (de Groot) erst durch den Enkel des Konfuzius, Tse tse einerseits, schließlich wohl durch die scharf pointierte Polemik Tschuangs andererseits geprägt worden. Es ist sicher und von den Fachleuten (de Groot vor allem) betont: daß die typisch mystische Verwerfung des rationalen Wissens als Mittel für das (eigene oder allgemeine) Wohl zu wirken, die wichtigste (theoretische) für die Konfuzianer und schon ihren Meister unakzeptable These war. Alles andere wäre tolerabel gewesen. Insbesondere betont de Groot scharf: daß auch dem Konfuzianer der *Quietismus* (Wu Wei) nicht einfach fremd war. Die gemeinsame Herkunft aus dem alten einsamen *Denkertum* sorgte dafür. Aber freilich hatte sich unter dem Druck der politischen Geschäfte der *Sophisten* in der Teilstaatenzeit die alte Haltung gewaltig geändert. Wie sollte man ohne sichere Kenntnis der echten Riten – die nur durch Studium zu gewinnen war – dem Tao sich anpassen, welches die *Alten* als Besitz gehabt hatten? Dahinter stand natürlich der tiefe Gegensatz der mystischen Weltindifferenz dort, der Weltanpassung und des Weltreformwillens hier. Tschuang formulierte den Widerspruch gegen die Konfuzianer, Laotses Formulierungen verschärfend, dahin: 1. Sucht nach *Verstand* heißt: Hang am Äußerlichen, – 2. nach *Vernunft:* Hang am Schall (Worten), – 3. an *Menschenliebe:* Verwirrung der eigenen Tugendübung, – 4. an Pflichterfüllung: Auflehnung gegen die Naturgesetze (die Allmacht des Tao), – 5. an *Li* (Regeln): Hang an Äußerlichkeiten, – 6. Musik: Hang an Unsitte, – 7. an Heiligkeit: Hang an Verkünstelung, – 8. an Wissen: Haarspalterei.[15] Die Punkte 1, 2, 5, 8 dürften die vom Konfuzianismus am stärksten perhorreszier-

[15] de Groot a. a. O.

ten gewesen sein. Denn die vier Kardinalqualitäten des konfuzianischen Menschen waren: schen: Menschenliebe, li: Lebensregeln, I: Freigebigkeit (Pflichten), tschi: Wissen, und von ihnen waren li und tschi die wichtigsten. Ketzerisch und unklassisch (pu king), unrichtig (pu tuan), sittlich bedenklich linkes (falsches) tao (tso Tao) war alles, was davon abwich.

Die Spaltung war seit Tse tse's Angriffen da. Aber erst die Schulentwicklung und die Konkurrenz um Pfründen und Macht schufen die Bitterkeit des Streites. Denn trotz des Wu-wei-Prinzips und der Ämter-Perhorreszierung haben diejenigen späteren Literaten, die sich als *Nachfolger* Laotses fühlten, eine der konfuzianischen Literatenschaft ähnliche Organisation zu schaffen wenigstens gelegentlich versucht. Das Tao te king – von den Konfuzianern nicht als absolut in toto ketzerisch verdammt, aber ebenso wie Tschung tse und Kuan tschong stets als unklassisch abgelehnt, d.h. nicht zu den *heiligen* Schriften gerechnet – ist wenigstens einmal kurze Zeit von den Kaisern unter die von den Kandidaten für das Examen zu studierenden Klassiker eingereiht worden. Die Konfuzianer ihrerseits haben ihre These von der Bedeutung des *Wissens* als Tugend auch des Kaisers: – der, wenn er *Gelehrter* ist, sich *ruhig* verhalten kann, aber nur dann – durch die Anlegung der riesigen offiziellen Enzyklopädien (Ku kin tu schu tsi tsing, 1715 erschienen) betätigt. Die entscheidende Bedeutung des kaiserlichen Charisma, die das Schu king bereits ausdrücklich enthielt, ist von keiner von beiden Parteien angezweifelt worden: nur die Deutung war verschieden.

Nun kam der Entwicklung einer Sonderschule auf dem Boden der Lehre Laotse's aber eine allgemeine Tendenz aller chinesischen *Wertungen* entgegen: die Schätzung des physischen Lebens rein als solchen, also: des langen Lebens und der Glaube, daß also der Tod ein absolutes Übel sei, welches eigentlich für einen wirklich Vollkommenen vermeidbar sein müßte. Denn der wirklich Vollkommene (tschen, tsing, schin) muß ja unverletzlich und magisch begabt sein[16], – worin sollte sich sonst seine Vortrefflichkeit praktisch bewähren?[17] Dieser Schätzungsmaßstab war sehr alt. Sowohl die Schätzung der Schafgarbe – deren Kombinationen in den bekannten Orakel-Linien-Gruppen des I li eine solche Rolle spielen – wie die Schildkröte als Orakeltier erlangten ihre Rolle durch ihre Langlebigkeit. Tugendübung und speziell Studien wirkten nach dem konfuzianischen Glauben makrobiotisch, ebenso Schweigen und Meidung körperlicher Anstrengung ohne absolutes Nichtstun. Vor allem aber wurde die früher erwähnte Atemgymnastik als makrobiotisches Mittel entwickelt. Makrobiotische Pflanzen wurden spezifische Arzneimittel und das Suchen nach dem Lebenselixier systematisch betrieben, – wir sahen, daß Schi Hoang Ti eben deshalb dieser Schule seine Gnade zuwendete. Da Einschränkung der Erregung und stilles Leben nach aller Erfahrung makrobiotisch wirkten, – also: das Wu wei der Anachoreten und

[16] Bei Wan Fei (3. Jahrh. n. Chr.). Vgl. de Groot a. a. O.
[17] Vgl. dazu die früher zitierten Inschriften.

Mystiker, – so schien die These unanfechtbar: Meidung der Leidenschaften war die erste makrobiotische Kardinaltugend. Von da aus ging dann, unter dem Einfluß der gleichfalls beiden Parteien gemeinsamen Dämonenlehre, die Entwicklung weiter. War man einmal mit der Systematisierung der Makrobiotik vorgegangen, so lag es nahe, die Gesamtheit der apotropäischen und therapeutischen Magie zu rationalisieren. Das ist tatsächlich geschehen und die theoretischen Resultate sind im wesentlichen Gemeingut beider Schulen geworden, während allerdings die praktische Verwertung der unklassischen Schule überlassen blieb, da für den Konfuzianer jede Abwendung von dem Dogma, daß die (klassisch orientierte) Tugend schlechthin allmächtig sei, die Einheit der Ethik und, – nicht zu vergessen: – den Einfluß auf den Kaiser gefährdete, der durch den Harem ja ständig im magischen Sinn beeindruckt wurde. Eben diese rein magische Wendung der Laotse'schen Tao-Lehre ermöglichte und provozierte geradezu das Einströmen der Gesamtheit der alten Magier in diese Gemeinschaft. Sie waren im Süden, dem üppigsten Ackerbaugebiet, am zahlreichsten und dort ist denn auch diese Entwicklung vor allem vor sich gegangen.

Die Vereinigung des Lehrers mit den Lernenden, außerhalb der Städte, in der Einsamkeit, war in China ebenso wie in Indien (und im Gegensatz zum Okzident) die Keimzelle der „taoistischen" Klöster. Ist es schon nicht ganz unstreitig, inwieweit bereits Laotse durch indische Muster beeindruckt war (so selbständig er geistig dastand), so läßt sich vollends das gleiche Problem für die taoistische Klosterbildung nicht lösen: Der Taoismus mit seinen Einsiedeleien bereitete dem Buddhismus vermutlich den Weg, die buddhistische Konkurrenz brachte die taoistische Klosterbewegung: – Bewegung zum organisierten Zusammenschluß der Einsiedler, – vermutlich in schnellen Gang. Die Eigenständigkeit des Taoismus scheint am deutlichsten dadurch bewährt, daß nicht nur nicht alle, vielmehr gerade nicht die charakteristischen Funktionäre: die Magier, in Klostergemeinschaften lebten.[18] Der Taoismus war eben hervorgegangen aus der Verschmelzung der weltflüchtigen Intellektuellen-Lehre mit dem innerweltlichen, an sich uralten, Gewerbe der Magier. Die *Tao Schi*, die eigentlichen Praktikanten, lebten in der Welt, verheiratet, betrieben von da aus ihre Kunst als Beruf, veranlaßten die massenhafte Stiftung von Altären für alle möglichen Heiligen: – oft schon nach kurzer Zeit, wegen Nichtbewährung, verlassen –, schufen die große offizielle Sammlung der Vorschriften und Leiturgien im 16. Jahrhundert[19] und betrieben gegebenenfalls: Politik.

Denn, kaum allgemein verbreitet, hatte der Taoismus schon eine feste hierokratische Organisation angenommen. In der Provinz Kiang si hatte eine erbcharismatische Sippe die Fabrikation von Lebenselixieren monopolisiert[20] und

[18] Dies gilt freilich auch für den Mahayana-Buddhismus mit seinen *Bonzen* als Weltklerus. Aber bei ihm ist der sekundäre Charakter der Erscheinung ganz klar, beim Taoismus nicht.

[19] Das Tao Tsang ist m. W. nicht übersetzt und scheint selten zu sein.

[20] S. auch dazu de Groot, nach Ko Hung's Hagiographie.

den Namen Tsien Schi (himmlischer Lehrmeister) sich appropriiert. Ein Nachfahre des Tschang ling, – der als Ratgeber der Han über Atemkunst geschrieben hatte, – stiftete in der unruhigen Zeit der Schwäche der Han-Dynastie eine Organisation, die mit eigenem Verwaltungsstab, Steuern, strenger Disziplin der politischen Gewalt erfolgreich Konkurrenz machte und schließlich, in Se tschuan, wirklich einen autonomen, zunächst allerdings als kamorristische Geheimorganisation existierenden *Kirchenstaat* schuf: das Tai Ping Kiao (Reich des Friedens: ferner Vorläufer des modernen Gebildes, von dem noch zu reden sein wird). Durch einen Apostaten 184 denunziert, von den Han verboten und verfolgt, hielt sich der Kirchenstaat infolge des sogenannten *Aufstandes der gelben Kopftücher* (einer typischen Süd-Organisation gegen den Norden) in einem wilden Religionskrieg (dem ersten seiner Art) gegen die Regierung, bis, 215 n. Chr., der Erbhierarch es klug fand, sich dem General Wei als Tributärfürst zu unterwerfen[21], als welcher er mit hohen Ehren bestätigt und anerkannt wurde. Seine weltliche Gewalt schwand, unter Nachhilfe der Regierung, stark: offiziell wurde er, nach Grubes glücklichem Ausdruck, nur der *Führer der Götter-Konduitenliste,* – nicht der einzige übrigens, – für Kanonisationsfälle. Denn neben Ahnenkult war Menschen-Apotheose die Quelle der mächtig angeschwollenen Zahl *unklassischer, taoistischer,* vom klassischen Kult ignorierter, Götter, deren höchster, Panku, der Himmelskönig, thronend auf dem Jaspisberg des Westens mit seinen Gattinen, der alten persönlichen Gottesvorstellung vom Himmelsherrn entnommen ist.

Die Macht über die Dämonen, die sich die Tao Schi zuschrieben, war die Grundlage ihrer politischen Laufbahn, die nun begann. Denn im Kampf zwischen den Literaten und den ihnen feindlichen Gewalten finden wir fortan die Taoisten stets auf der Gegenpartei. Sie waren zuerst *aristokratisch:* Die bildungslosen Feudalinteressenten brauchten sie als Werkzeuge. Ihre Gegnerschaft gegen die konfuzianischen Riten und Zeremonien[22] und gegen die konfuzianische Ordnungs- und Erziehungswut befähigte sie zu dieser Stellungnahme: *Das Volk soll bildungslos bleiben.* In Se Ma Tsien's Epoche war dies ihre Stellung und erst 124 gelang es den Literaten, ihrer Herr zu werden und durchzusetzen, daß alle Pfründen ihnen reserviert und die Pepiniere der 70 Hofliteraten aus allen Teilen des Reichs rekrutiert wurde.[23] Dann aber, als es mit dem Feudalismus zu Ende war und der Hauptgegner der Literaten der Sultanismus, gestützt auf Eunuchen, Generäle und aliterarische Günstlinge,

[21] Benutzt ist de Groot a. a. O. und die gangbare Literatur, de Groots Vortrag in den Transactions of the 2d Intern. Congr. for the Hist. of Rel. Oxford 1907, Vol. I war mir z. Z. nicht zugänglich. Ebenso nicht: Imbanet-Huart, La légende du premier pape taoiste et l'histoire de la famille pontificale du Tschang (Journ. As. Nov.-Dec. 1884, p. 389).

[22] Über diese Gegnerschaft vgl. Chavannes zu Se Ma Tsien's Traktat *Riten* Vol. III, p. 210, Anm. 1.

[23] Vgl. Chavannes' Vorrede zu Se Ma Tsien. Dieser, ihr Gegner, beklagt ihr stets neues Emporkommen.

wurde, schlugen sich die Taoisten ganz regelmäßig auf deren Seite. Jedes Aufflammen der Eunuchenmacht führte zu politischem Einfluß der Magier. Auch dieser, stets wieder – am entschiedensten unter den pazifistischen Mandschu – mit dem Siege der Literaten endigende, Kampf hat bis in die Regierung der Kaiserin-Witwe gedauert. Und man darf sich keine falschen, an unserem Konfessions-Begriff orientierten, Vorstellungen machen: Auch der konfuzianische Mandarin nahm für gewisse Dienste den Taoisten in Anspruch[24], wie der klassische Hellene den, sonst verachteten, *Propheten* oder (später) Horoskopisten. Eben darauf beruhte die Unausrottbarkeit des Taoismus, daß die siegreichen Konfuzianer selbst sich das Ziel radikaler Ausrottung der Magie überhaupt, und dieser Magie im besonderen, nie stellten, sondern nur: der Monopolisierung der Amtspfründen.

Indessen, nicht einmal dies gelang vollständig. Wir werden später sehen, welche (geomantische) Gründe sehr oft der restlosen Beseitigung einmal existierender Baulichkeiten im Wege standen. Ließ man aber die Klöster bestehen, so mußte man wohl oder übel auch die Insassen gewähren lassen, – was auch für die Buddhisten galt, wie wir sehen werden. Und die Deisidaimonie und Magie aller Literatenschichten scheute auch immer wieder vor der Reizung der *Geister,* auch der unklassischen, zurück. Daher blieben die Taoisten staatlich geduldet, ja, in gewissem Sinn, anerkannt. Die offizielle Stellung der dem Tschang Tien Scha, dem taoistischen Erbhierarchen, untergeordneten Tao Luh Se ist offenbar der von buddhistischen Superioren nachgebildet. An bestimmten Staatstempeln existieren taoistische Staatspriesterstellen, regelmäßig: 1. ein Direktor, 2. ein Hierophant, 3. ein Thaumaturgist (für Dürre und Überschwemmung), 4. einfache Priester.[25] Inschriften mancher unabhängig gewordener Nachbarfürsten zeigen ausgeprägt taoistische Züge.[26] Die absolute Verwerfung des Taoismus durch Kang Hi's heiliges Edikt und alle Mandschu-Herrscher hat daran nichts geändert.

Ehe wir zu dem, von Orthodoxen und Heterodoxen gemeinsam geschaffenen spezifisch chinesischen *Weltbild* zurückkehren, registrieren wir hier, vorgreifend, nur kurz: daß die Stellung des aus Indien, im Interesse der Gewinnung von bequemen schreibkundigen Verwaltungskräften und eines weiteren Mittels der Massendomestikation, importierten Buddhismus, politisch angesehen, sehr ähnlich war.[27]

Der spezifisch an die weibliche Gefühlsseite appellierende, aliterarische,

24 So Jung Lu 1903.

25 Vgl. das W. Fr. Mayersche offizielle Pfründenlexikon des chinesischen Staats: The Chinese Government (Schanghai 1878), p. 70.

26 So die schon zitierten des Nan-Tschao-Königs, ed. Chavannes, Journ. Asiat. 9 Ser. 16, p. 1900.

27 Hergang, Verlauf und Wirkung der Rezeption weiterhin in der Geschichte des Buddhismus. Hier nur gewisse formale Seiten.

Charakter des reformierten (Mahayana-) Buddhismus[28] machte ihn zu einer Lieblingskonfession des Harems. Immer wieder finden wir die Eunuchen als seinen Begünstiger, genau wie beim Taoismus, besonders im 11. Jahrhundert unter den Ming.[29]

Neben dem erwähnten währungspolitischen und dem merkantilistischen Interesse des Konfuzianismus (und, natürlich, der vielfachen Pfründenkonkurrenz) war dessen Gegensatz gegen den Sultanismus, den die Buddhisten stützten, eine der Triebfedern der furchtbaren Verfolgungen. Aber: – sowenig wie den Taoismus hat man den Buddhismus wirklich *ausgerottet,* so scharf sich die Edikte der Kaiser aussprachen und trotz aller an ihn anknüpfenden Geheimgesellschaften *(weißer Lotos).* Neben dem später zu erwähnenden geomantischen Grunde war dafür auch wieder maßgebend: daß es Zeremonien gab, die der Chinese nicht missen wollte und welche nur der Buddhismus bot: Totenmessen insbesondere, und daß der Seelenwanderungsglaube eine der populären Jenseitsvorstellungen geblieben war, nachdem er einmal Fuß gefaßt hatte. Daher finden sich ganz ebenso wie taoistische auch buddhistische anerkannte Pfründen[30], deren Stellung uns hier noch nicht beschäftigen soll. – Denn wir kehren hier zum Taoismus zurück. –

Der aliterarische und antiliterarische Charakter des späteren Taoismus wurde der Grund, weshalb er – was uns hier interessiert – gerade in Kaufmannskreisen starke (nicht: exklusive!) Wurzeln faßte: ein sehr deutliches Paradigma (das wir noch oft kennen lernen werden) dafür: daß die ökonomischen Bedingungen allein nirgends die Art der Religiosität einer Schicht bestimmt haben.[31] Umgekehrt konnte seine Eigenart nicht gleichgültig für die Lebensführung der Kaufleute bleiben. Denn er war eine absolut antirationale und dabei – sagen wir es offen: – höchst subaltern gewordene magische Makrobiotik, Therapeutik und Apotropie geworden. Vorzeitigen Tod zu verhindern – der ihm als Sündenstrafe galt[32], – den (taoistischen, unklassischen) Reichtumsgott und die zahlreichen apotheosierten Beamten- und Funktionsgötter günstig zu stimmen: das versprach er zu leisten. Irgend so etwas wie eine

[28] Darüber an gegebenem Ort. Er war nicht das Ursprüngliche.

[29] S. die Registrierung der Fälle in Kaiser Khien Lung's Yu tsiuan thung kian kong mu. Beispiele: 1451 wurden 50000 Bonzen ordiniert trotz Protestes der Konfuzianer (p. 288 bei Delamarre), 1452 war der maßgebliche Eunuch Buddha-Anhänger (p. 292 das.) und daher Feind *der Beamten* (Konfuzianer), 1481 wurde ein Bonze Großalmosenier (p. 379), der dann 1487 (p. 385) auf Verlangen der Beamten – nach Fallen eines Aërolithen – abgesetzt wurde.

[30] Mayer's Staatspfründebuch a. a. O. Die Auswahl der Sung Luh se (Superior), deren es in jedem Distrikt zwei gibt, erfolgt durch die Lokalbehörden aus den fang sheng (Ältesten) der Klöster; für das Wohlverhalten der Bonzen haften die Superioren.

[31] Wie gegenüber den früheren Aufsätzen über den Puritanismus oft behauptet wurde.

[32] Auch der Orthodoxie. Vgl. Se Ma Tsien, ed. Chavannes, Tome I, p. 196: Nicht *der Himmel sendet von sich aus vorzeitigen Tod. Sondern er richtet sich nach dem Verhalten des Menschen.* Vgl. aber die zu Nr. II a. E. zitierten monumentalen Dokumente.

bürgerliche Ethik aber war bei ihm natürlich am allerwenigsten zu finden. Insofern interessiert er uns hier schlechterdings nicht. Sondern nur in seinen indirekten, negativen, Wirkungen.

Die der Orthodoxie und Heterodoxie gemeinsame Duldung und die dem Taoismus eigene positive Pflege der Magie und der animistischen Vorstellungen haben praktisch den Fortbestand der ungeheuren Macht dieser im chinesischen Leben entschieden. Werfen wir einen Blick auf die Wirkungen. Allgemein läßt sich sagen: Jede Art von Rationalisierung des an sich uralten empirischen Wissens und Könnens in China hat sich in der Richtung des magischen Weltbildes bewegt. Die Astronomie wurde Astrologie, soweit sie nicht Kalenderwissenschaft war. Als solche war sie uralt und stand zunächst im Dienst der Verteilung der Ackerbaugeschäfte auf die Jahreszeiten. Die Technik war primitiv und reichte in keiner Art an die babylonischen Leistungen heran. Mit der Neuredaktion des Kalenders unter dem literatenfeindlichen Schi Hoang Ti begann der Aufstieg der Chronomantik: eine rein nach Analogien und makrokosmischen Vorstellungen vorgenommene Verteilung der Obliegenheiten auf die Monate, auf dies fasti und nefasti (je für konkrete Dinge, nicht: allgemein). Die *Ta Schi (hohe Schriftsteller)* als Kalenderbehörde, ursprünglich mit den Annalisten identisch, sind in die offizielle Abteilung für Astronomie und Astrologie übergegangen. Der chronomantische Betrieb aber – an der Hand der massenhaften Nachdrucke des von der Regierung hergestellten Schi Hien Schan (Kalenders, chronomantischen Grundbuchs) wurde eine Erwerbsquelle der *Tagemeister,* welche bei jeder Wahl eines Tages gefragt werden sollten.

Die Astrologie andererseits stand mit der sehr alten Meteorologie im Zusammenhang. Konjunkturen, Sichtbarkeit der Venus, Art des Leuchtens der Gestirne, Feststellung der Winde, – ursprünglich, wie de Groot[33] annimmt, durch die Bedeutung der Passate bedingt, – dann aber: Erdbeben, Bergrutsche, Aërolithen, monströse Geburten, aber auch Deutung zufälliger Äußerungen von Kindern (als besonders unmittelbarer Medien) und dergleichen magische *Meteorologie* aller Art haben eine ungeheure Literatur entstehen lassen, die ausschließlich der Prüfung dienen: ob die *Geister* in Ordnung sind oder nicht: – worauf, im negativen Fall, das Weitere die Staatsleitung angeht. Die Wu und Hih, uralte meteorologische Magier und Regenzauberer, die dies betrieben, galten als *taoistisch;* – nicht selten waren es hysterische (clairvoyante) Weiber, die diesen Erwerb besonders einträglich betrieben.

Die Arzneilehre und die mit ihr zusammenhängende Pharmakologie, einst achtbare empirische Leistungen aufweisend, wurden völlig animistisch rationalisiert. Es wurde schon erwähnt, daß makrobiotische Pflanzen die Schen-jo-Arzneien lieferten; sie wuchsen in Unmassen, wie die Bäume des Lebens der Hebräer, in dem *Paradies des Westens,* dem Hain der Königin Si wang mu.

33 Universismus p. 343; – das Buch ist hier überall benutzt, wie jeder Leser sieht.

Inwieweit die chinesische Expansion auch durch die Hoffnung nach dessen Entdeckung mitbestimmt wurde (wie Schi Hoang Ti's See-Expedition nach dem Lebenselixier) muß wohl dahingestellt bleiben. Die älteren Zustände kennzeichnet jene (absolut geglaubte) Legende von dem Fürsten, der die Krankheitsgeister in seinen Eingeweiden sich darüber unterhalten hört (!), wie sie sich am besten einnisten (Fieber-Träume animistisch rationalisiert!). Aber das ist noch relativ recht primitiv gegen die weitere Rationalisierung. Elemente, Jahreszeiten, Geschmacksarten, Wetterarten werden mit den 5 (!) menschlichen Organen, dadurch wieder: Makrokosmus mit Mikrokosmus, in Beziehung gesetzt und daran die magische Therapie orientiert. Die alte Atemtechnik mit dem Ziel: den Atem, als Träger des Lebens, im Körper *aufzuspeichern,* wie das Tao te king riet, und dazu: Gymnastik, bestand daneben als Therapie fort. Schon Tang tschuan schu (2. Jahrh. v. Chr.) lehnte die Leidenschaft als Gefährdung der Atemwirkung ab, das (nach de Groot) nachchristliche Su Wen galt als klassisches Lehrbuch der wissenschaftlichen Atemkunstlehre. Dazu traten *Fu* (Pinselstriche der – charismatischen – Mandarinen) als Amulette und dergleichen.

Doch lassen wir diese, de Groot entnommenen, Dinge. Denn ungleich wichtiger ist für uns die gewaltige Entwicklung der Praxis der Geomantik, des Jang Schu oder Fung Schui *(Wind und Wasser).* Zeit für die Bauten aller Art gaben, sahen wir (mit de Groot), die Chronomanten (Schi) an. Aber die Hauptsache kam dann erst: die Formen und Örter. Nach einem Kampf zwischen mehreren geomantischen Schulen siegte[34] im 9. Jahrh. die *Formen*-Schule über die mehr material animistische Gegnerin: die weit größeren Sportelchancen dieser Geomanten dürften dabei entscheidend beteiligt sein. Denn seitdem galt als ausgemacht: daß alle Formen von Bergen, Höhen, Felsen, Flächen, Bäumen, Gräsern, Gewässern geomantisch bedeutsam seien, ein einziger Felsblock durch seine Form ganze Gebiete vor Angriffen übler Dämonen schützen könne, es also nichts, schlechthin gar nichts, Unerhebliches auf diesem Gebiete geben könne, vor allem die geomantisch furchtbar empfindlichen Gräber wahre Pestherde geomantischer Einflüsse seien, daß also für jeden Bau, selbst intern (Wasserrinnen in Wohnungen) geomantische Kontrolle unentbehrlich sei: denn jeder Todesfall beim Nachbar konnte, auf den eigenen Bau zurückgeführt, Rache bedeuten, jede neue Grabanlage alle Grabgeister stören und furchtbares Unheil stiften. Vor allem aber: die Art des Bergwerkbetriebs war stets geeignet, im Fall von Neuerungen die Geister zu erregen; vollends Eisenbahnanlagen, Fabrikanlagen mit Rauch – man kannte und benutzte die Steinkohle in China in vorchristlicher Zeit – hätten ganze Gegenden magisch verpestet. Die magische Stereotypierung der Technik und Ökonomik, verankert an diesem Glauben und an den Sportelinteressen der Geomanten, schloß die Entstehung von Verkehrs- und gewerblichen Betrieben moderner Art als bodenständiges

[34] de Groot a. a. O., S. 373.

Produkt völlig aus. Es bedurfte erst des im Sattel sitzenden Hochkapitalismus und des Engagements gewaltiger Mandarinen-Vermögen in den Eisenbahnkapitalien, um diese ungeheure Barriere zu überrennen und die Wu und Hih, ebenso wie die Chrono- und Geomanten zunehmend unter die *Schwindler* zu verweisen. Aus eigener Kraft konnte das nie geschehen.

Denn es war keine Seltenheit, daß viele Kilometer weite Umwege dauernd gemacht wurden, weil ein Kanal-, Straßen- oder Brückenbau vom geomantischen Standpunkt aus gefährlich war, daß buddhistische, also ketzerische, Klöster wegen des Fung Schui, als geomantische *Verbesserung* der Natur also, gestattet und den Mönchen gegen starken Entgelt die Verpflichtung auferlegt wurde, geomantisch wichtige Zeremonien zu halten. Vollends die Gewinne der Geomanten selbst – und jede Partei zahlte sich einen, wenn es sich um Baustreit und dergleichen handelte – sollen ins Fabelhafte gegangen sein.

So ist über dies alte, schlichte empirische Können der Frühzeit, dessen Reste wir überall finden, und über eine technisch nicht geringe Begabung – wie die *Erfindungen* zeigen, – ein Überbau magisch *rationaler* Wissenschaft gestülpt: Chronometrie, Chronomantik, Geomantik, Meteoromantik, Annalistik, klassische, mantisch bedingte, Staatskunde, Medizin, Ethik. Waren dabei die volkstümliche Stellung und die magischen Erwerbsinteressen, also die Heterodoxie oft praktisch führend, so hat die Literatenkaste ihrerseits sich an dieser Rationalisierung entscheidend beteiligt. Die kosmogonische Spekulation mit der heiligen Fünfzahl: 5 Planeten, 5 Elemente, 5 Organe usw., Makrokosmos und Mikrokosmos in Entsprechung (ganz nach babylonischer Art, aber absolut eigenständig, wie jeder Vergleich zeigt[35], – diese chinesische *universistische* Philosophie und Kosmogonie verwandelte die Welt in einen Zaubergarten. Jedes chinesische Märchen zeigt die Volkstümlichkeit der irrationalen Magie: wilde, durch nichts motivierte dei ex machina durchschwirren die Welt und können alles machen; nur Gegenzauber hilft. Von der ethischen Rationalität des Wunders ist keine Rede.

Dies wurde – um es deutlich zu sagen – nicht nur bestehen gelassen und geduldet, sondern gesteigert durch die Anerkennung des magischen Weltbildes und seine Verankerung an den massenhaften Erwerbschancen, die es den Wu, Hih, Schi aller Art bot. Der Taoismus war nicht nur ebenso traditionalistisch wie der Konfuzianismus, sondern, infolge seiner aliterarischen Irrationalität, weit mehr. Ein eigenes *Ethos* aber kannte er überhaupt nicht: Zauber, nicht Lebensführung, entschieden über das Schicksal. Dies schied ihn, in dem Endstadium seiner Entwicklung, von dem – wie wir sahen – darin gerade umgekehrt orientierten Konfuzianismus, dem die Magie gegen die Tugend als machtlos galt. Aber die eigene Hilflosigkeit gegenüber dem magischen Weltbild hinderte es völlig, daß der Konfuzianismus jemals die grundlegenden, rein

35 Die *panbabylonistische* These wird angesichts des de Grootschen Buches wohl verlassen werden.

magischen Vorstellungen der Taoisten, mochte er sie auch verachten, auszurotten in der inneren Lage gewesen wäre. Jede Antastung der Magie erschien als Gefährdung der eigenen Macht: *Wer wird den Kaiser hindern zu tun was er will, wenn er die omina und portenta nicht mehr glaubt?* – war s. Z. die entscheidende Antwort eines Literaten auf die Anregung: mit diesem Unsinn Schluß zu machen. Der magische Glaube gehörte zu den konstitutionellen Grundlagen der chinesischen Regierungsmachtverteilung.

Aber auch die taoistische Lehre – die von diesen magischen Kruditäten und auch von der *universistischen* Theorie unterschieden werden kann, – wirkte nicht rationaler und bildete kein Gegengewicht. Die Lehre *von den Handlungen und Vergeltungen,* ein Produkt des Mittelalters, galt als taoistisch, und mit dem gleichen Namen pflegte – sahen wir – derjenige magische Betrieb bezeichnet zu werden, welcher nicht von buddhistischen Bonzen ausgeübt wurde, sondern, soweit sichere historische Kunde zurückreicht, in den Händen jener besonderen Priester- oder vielmehr Zaubererklasse plebejischen Charakters und plebejischer Rekrutierung lag. Mit dem Konfuzianismus teilte er, wie nach dem Gesagten zu erwarten, einen Teil auch der nicht rituellen Literatur: so galt angeblich ein Buch *vom geheimen Segen* als gemeinsam. Ebenso, sahen wir, die allgemeinen magischen Voraussetzungen. Nur waren diese eben in der geschilderten Art außerordentlich viel ausschließlicher entwickelt und außerdem, im Gegensatz zum Konfuzianismus mit bestimmten positiven Verheißungen für das Diesseits und Jenseits verknüpft. Denn in diesen bestand ja der Wert der von der vornehmen Intellektuellenschicht mißachteten volkstümlichen Gottheiten für die Massen. Was der Konfuzianismus unterließ, das nahm eben deshalb die plebejische Priesterschaft des Taoismus in Angriff: dem Bedürfnis nach einer gewissen Systematik des Pantheon einerseits, nach Kanonisierung bewährter menschlicher Wohltäter oder Geister andererseits, abzuhelfen. Der Taoismus hat so den von der offiziellen Lehre verunpersönlichten alten persönlichen Himmelsgott als Yü-hoang-schang-ti mit Laotse und einer dritten Figur unbekannter Herkunft zu der Trias der *Drei Reinen* zusammengefaßt, die überall verehrten volkstümlichen 8 Hauptgenien (zum Teil historische Personen) und die sonstigen himmlischen Heerscharen leidlich schematisiert, den Stadtgott (sehr oft einen kanonisierten Mandarinen der Stadt) in seiner Funktion als amtlichen Konduitenlistenführer für das Jenseitsschicksal der Einwohner und also als Herren über Paradies und Hölle gesichert, und die Kultorganisation für ihn und die sonstigen kanonisierten Naturgeister oder Heroen in die Hand genommen, soweit ein solcher dauernd organisierter Kult überhaupt entstand. Meist wurden die Mittel durch Subskription und Turnusdienst der lokalen Interessenten aufgebracht und nur an den großen Festen von Priestern Messen gelesen.

Neben dieser Schaffung eines unoffiziellen, aber geduldeten eigentlichen Kultes ging ferner, bereits seit den Zeiten der frühesten bekannten, sich als

Schüler Laotses bekennenden Schriftsteller jene Esoterik her, welche die mit dem Besitz des Tao Begnadeten als Träger übermenschlicher Kräfte aller Art behandelte und ihnen die Spendung magischen Heils an die Bedürftigen zuschob.

Besteht nach allem Gesagten historisch die Verknüpfung dieses esoterischen Taoismus mit Laotse oder anderen Mystikern wirklich zu Recht, so war diese Entwicklung keineswegs erstaunlich. Denn die Weiterentwicklung der schon an sich unklassischen Kontemplation und vor allem des alten Anachoretentums mußte hier, wie überall da, wo der Weg von dem heilsaristokratischen Charisma des Begnadeten zu einer rationalen Askese nicht gefunden wurde, von der mystisch-pantheistischen Vereinigung mit dem Göttlichen aus direkt zu sakramentaler Magie: zu zauberischer Beeinflussung der Geisterwelt und praktischer Anpassung an die magische Gesetzlichkeit ihres Wirkens führen. Ein anderer Weg vom Heilsaristokratismus des der Erleuchtung Teilhaftigen zu einer Volksreligiosität war kaum möglich, wie schon in der Einleitung dargetan ist.

Anthropolatrische Entwicklungen, wie sie sonst bei ritualistischer Umbiegung als Anpassung der aristokratischen Erleuchtungs-Erlösung an die Massenbedürfnisse eintreten: – der begnadete Magier wird, als Träger von *Yang*-Substanz, Anbetungsobjekt und lebender *Heiland* – hat die chinesische Regierung aus politischen Gründen früher sowenig wie im 19. Jahrh. geduldet. Kultartige Verehrung eines lebenden Charismaträgers – Anbetung und Gebet um gute Ernte – findet sich aus dem 4. Jahrhundert v. Chr. berichtet.[36] Die spätere Praxis der Orthodoxie ließ dies indessen nur für Verstorbene, namentlich für charismatisch bewährte Beamte zu, und suchte sorgsam alle und jede Qualifizierung von lebenden Menschen als Propheten oder Heilande, sobald sie über die unausrottbare Verwendung der Spezialisten bestimmter magischer Techniken hinauszugehen und vollends, sobald sie zu hierokratischen Bildungen zu führen drohte, hintanzuhalten.

Dem Taoismus ist es aber immerhin, sahen wir, wiederholt gelungen, von den Kaisern anerkannt zu werden. Im 11. Jahrhundert wurde sogar ein taoistisches Prüfungswesen nach dem Muster des konfuzianischen, mit 5 Graden, neben den orthodoxen Prüfungen etabliert. In solchen Fällen handelte es sich also darum, taoistisch gebildeten Studenten die Ämter und Pfründen zugänglich zu machen; jedesmal aber erhob sich hiergegen der geschlossene Protest der konfuzianischen Schule, der es denn auch gelang, die Taoisten aus dem Pfründengenuß wieder hinauszuwerfen. Drehte sich so der Streit ökonomisch und sozial um die Frage: wer den Genuß der Steuererträge des Reichs haben sollte, so wirkte sich in diesen Kämpfen doch auch der tiefe innere Gegensatz des Konfuzianismus gegen alle emotionellen Formen der Religiosität und Magie aus. Fast stets waren es, sahen wir, Harem und Eunuchen, die traditionellen

[36] de Groot, Religion, p. 64 f. Die Anbetung lebender Menschen (Mandarinen) wird noch in einem Reskript von 1883 (Peking Gazette vom 18.1.83) für strafbar erklärt.

Feinde der Literaten, durch welche die taoistischen Zauberer den Weg zum Palaste fanden: – bei dem Versuch von 741 wurde ein Eunuch Akademiepräsident. Und stets war es der stolze, maskuline, rationale und nüchterne, darin dem Römertum verwandte, Geist des Konfuzianismus, der sich dagegen sträubte, die hysterische Erregung der Weiber und ihre Zugänglichkeit für Aberglauben und Mirakel, sich in die Leitung der Staatsgeschäfte mischen zu lassen. Der Gegensatz ist in dieser Art bis zuletzt bestehen geblieben. In einem in anderem Zusammenhang zitierten Bericht eines Hanlin-Professors aus dem Jahre 1878 anläßlich der allgemeinen Erregung bei einer großen Dürre wird den beiden regierenden Kaiserinnen nachdrücklich vorgetragen: daß nicht Erregung, sondern ausschließlich und allein ein *gefaßter und unerschütterter Geist,* im übrigen aber die korrekte Erfüllung der rituellen und ethischen Staatspflichten die kosmische Ordnung erhalten und wiederherstellen könne. Der Antragsteller fügt mit deutlicher Spitze echt konfuzianisch hinzu: er beanspruche seinerseits nicht, die Geheimnisse der Dämonen und Geister enthüllen oder aus Zeichen wahrsagen zu können, aber Eunuchen und Gesinde des noch jugendlichen Kaisers sollten sich vor abergläubischem Geschwätz hüten, welches die Gefahr der Heterodoxie mit sich bringe. Er schließt mit der schon früher zitierten Mahnung, die Kaiserinnen sollten durch Übung der Tugend und nicht auf andere Weise der Lage Rechnung tragen. Das in seinem stolzen Freimut eindrucksvolle Denkmal konfuzianischer Gesinnung[37] zeigt zugleich unverkennbare Nachklänge der alten Gegensätze.

Für die Anhänglichkeit von Kreisen der Kaufmannschaft an den Taoismus war, sahen wir, ausschlaggebend: daß ihr Spezialgott des Reichtums, also der Berufsgott der Kaufmannschaft, ein von taoistischer Seite gepflegter Gott war. Der Taoismus hat ja eine ganze Anzahl von solchen Spezialgöttern zu Ehren gebracht. So den als Kriegsgott kanonisierten Heros der kaiserlichen Truppen, Studentengötter, Götter der Gelehrsamkeit und vor allem auch: der Langlebigkeit. Denn hierin lag eben, wie in den eleusinischen Mysterien, auch beim Taoismus der Schwerpunkt: in den Verheißungen von Gesundheit, Reichtum und glücklichem Leben im Diesseits und Jenseits. Die Lehre von den Handlungen und Vergeltungen stellt für alle Handlungen Belohnungen und Strafen durch die Geister in Aussicht, sei es im Diesseits, sei es im Jenseits, sei es an dem Täter selbst, sei es – im Gegensatz zur Seelenwanderungslehre – an seinen Nachkommen. Die Jenseitsversprechungen insbesondere zogen ein großes Publikum an. Da die Lehre, daß das *richtige Leben* des einzelnen für sein Verhalten, das des Fürsten für das Schicksal des Reichs und die kosmische Ordnung entscheidend sei, den Taoisten ebenso selbstverständlich war wie den Konfuzianern, so mußte auch der Taoismus ethische Anforderungen stellen. Aber diese unsystematischen Ansätze zu einer Verknüpfung des Jenseitsschicksals mit einer Ethik blieben ohne Folge. Die nackte Magie, von der kon-

[37] Peking Gazette vom 24.6.1878.

fuzianischen Bildungsschicht nie ernstlich bekämpft, überwucherte immer wieder alles. Eben infolgedessen hat sich die taoistische Lehre in der geschilderten Art zunehmend zu einer sakramentalen Therapie, Alchimie, Makrobiotik und Unsterblichkeitstechnik entwickelt. Der Urheber der Bücherverbrennung, der Feind der Literaten, ist durch die Unsterblichkeitstränke der Taoisten mit ihnen zusammengeführt worden. Seine Expedition nach den Inseln der Unsterblichen im Ostmeer wird in den Annalen verzeichnet. Andere Herrscher mehr durch ihre Versuche, Gold zu machen. Innerhalb der für die Lebensführung der Gebildeten maßgebenden Schicht des literarisch geschulten Beamtentums blieb die ursprüngliche Lehre Laotses in ihrem Sinne unverstanden und in ihren Konsequenzen schroff abgelehnt, die Magie der seinen Namen führenden Priester aber wurde mit duldsamer Verachtung als geeignete Kost für die Massen behandelt.

Darüber, daß der Taoismus sowohl in seiner hierarchischen Organisation, wie seiner Pantheonbildung (namentlich: der Trias der höchsten Götter), wie in seinen Kultformen, wenn nicht alles, so doch vieles, erst dem Buddhismus nachgeahmt hat, herrscht im allgemeinen unter den Sinologen kein Zweifel, wenn auch der Grad der Abhängigkeit bestritten ist.

In seinen Wirkungen war der Taoismus noch wesentlich traditionalistischer als der orthodoxe Konfuzianismus. Dies ist von einer durchaus magisch orientierten Heilstechnik, deren Zauberer ja an der Erhaltung der Tradition und vor allem der überlieferten Deisidaimonie direkt mit ihrer ganzen ökonomischen Existenz interessiert waren, nicht anders zu erwarten. Und es nimmt daher nicht wunder, dem Taoismus die ausdrückliche Formulierung des Grundsatzes: *Führe keine Neuerungen ein,* zugeschrieben zu finden. In jedem Falle führte von hier nicht nur kein Weg zu einer rationalen – sei es inner- oder außerweltlichen – Lebensmethodik, sondern die taoistische Magie mußte eines der ernstlichsten Hindernisse für die Entstehung einer solchen werden. Die eigentlich ethischen Gebote waren im späteren Taoismus – für die Laien – materiell wesentlich die gleichen, wie im Konfuzianismus. Nur daß der Taoist von ihrer Erfüllung persönliche Vorteile, der Konfuzianer mehr das gute Gewissen des Gentleman erwartete. Der Konfuzianer operierte mehr mit dem Gegensatz: *recht – unrecht,* der Taoist, wie jeder Magier, mehr mit *rein – unrein.* Trotz seines Interesses für Unsterblichkeit und jenseitige Strafen und Belohnungen blieb er innerweltlich orientiert wie der Konfuzianer. Der Gründer der taoistischen Hierarchie soll sich das, die Äußerung des Achilleus in der Unterwelt noch überbietende Wort des Philosophen Tschuang-Tse ausdrücklich angeeignet haben: daß *die Schildkröte lieber lebend den Schwanz durch den Kot schleifen als tot in einem Tempel verehrt werden wolle.*

Nachdrücklich ist daran zu erinnern, daß die Magie auch im orthodoxen Konfuzianismus ihren anerkannten Platz behalten hat und ihre traditionalistischen Wirkungen übte. Wenn, wie erwähnt, noch im Jahre 1883 ein Zensor dagegen protestierte, daß die Deicharbeiten am Hoangho nach moderner Technik, also anders als in den Klassikern vorgesehen, vorgenommen würden, so war dabei zweifellos die Befürchtung vor Beunruhigung der Geister ausschlaggebend. Nur die bei den volkstümlichen Magiern vorkommende emotionale und die bei den Taoisten heimische apathische Ekstase, überhaupt alle in diesem psychologischen Sinn *irrationale* Magie und jede Form von Mönchsaskese lehnte der Konfuzianismus durchaus ab.

Hinlänglich starke Motive für eine religiös orientierte, etwa puritanische, Lebensmethodik des einzelnen konnte die chinesische Religiosität also weder in ihrer offiziellen staatskultischen noch in ihrer taoistischen Wendung aus sich heraus setzen. Es fehlte bei beiden Formen jede Spur einer satanischen Macht des Bösen, mit welcher der im chinesischen Sinn fromme Mensch – er sei orthodox oder heterodox – um sein Heil zu ringen hätte. Die genuin konfuzianische Lebensweisheit war *bürgerlich* im Sinne des optimistischen aufgeklärten Beamtenrationalismus mit seinem, jeder Aufklärung leicht beigemengten, superstitiösen Einschlag. *Ständisch* aber war sie als eine Moral des literarischen Intellektuellentums: Bildungsstolz war ihre spezifische Note.

Selbst dem denkbar grenzenlosesten utilitarischen Optimismus und Konventionalismus konnte jedoch die Tatsache nicht entgehen: daß diese beste der möglichen sozialen Ordnungen, innerhalb deren Unglück und Unrecht nur die Folge von Unbildung des einzelnen oder charismatischer Unzulänglichkeit der Regierung – oder, nach taoistischer Lehre, von magisch relevanten Verfehlungen – sein sollten, angesichts der tatsächlichen Verteilung der Glücksgüter und der Unberechenbarkeit des Lebensschicksals doch oft auch mäßigen Ansprüchen nicht genügte. Das ewige Problem der Theodizee mußte auch hier entstehen. Und wenigstens dem Konfuzianer stand ein Jenseits oder eine Seelenwanderung nicht zur Verfügung. Infolgedessen findet sich in leisen Spuren innerhalb der klassischen Schriften die Andeutung einer Art von esoterischen Prädestinationsglaubens. Die Vorstellung hatte einen etwas zwiespältigen Sinn, ganz entsprechend dem Charakter der chinesischen Bürokratie als einer dem Wesen nach dem Kriegsheldentum fernstehenden, ebenso aber auch ständisch von allem rein Bürgerlichen geschiedenen Literatenschicht. Die Konzeption einer Vorsehung fehlte dem Volksglauben, scheint es, gänzlich. Dagegen entwickelte er deutliche Ansätze eines astrologischen Glaubens an die Herrschaft der Gestirne über das Schicksal des einzelnen. Der Esoterik des Konfuzianismus – soweit man von einer solchen sprechen kann – scheint der Vorsehungsglaube nicht schlechthin fremd. Aber – namentlich bei Mencius zeigt sich das – die Vorsehung bezog sich im allgemeinen nicht auf das konkrete Schicksal des einzelnen Menschen, sondern nur auf die Harmonie und den Verlauf der Schicksale der sozialen Gesamtheit als solcher, ganz wie bei allen urwüchsigen Gemeinschaftskulten. Andererseits aber war auch die jedem rein menschlichen Heldentum – welches den Glauben an eine gütige Vorsehung überall stolz abgelehnt hat – spezifische Auffassung der Vorherbestimmung als eines irrationalen Verhängnisses im Sinne etwa der hellenischen *Moira*, einer unpersönlichen Schicksalsmacht also, welche die großen Peripetien im Leben des einzelnen bestimmt, im Konfuzianismus nicht wirklich durchgeführt. Sondern beides stand nebeneinander. Seine eigene Mission und was sie beeinflußte, sah Konfuzius offenbar als positiv providenziell geordnet an. Daneben findet sich nun der Glaube an die irrationale Moira. Und zwar in sehr charakteristischer Wendung. Nur der *höhere Mensch*, so heißt es, weiß überhaupt vom Schicksal. Und ohne Schicksalsglauben, wird hinzugefügt, kann man kein vornehmer Mensch sein. Der Glaube an eine Vorherbestimmung diente also hier, wie auch sonst, dazu, diejenige Art von stoischem Heldentum, welche dem literarischen Intellektualismus allein zugänglich ist: die *Bereitschaft*, etwa im Sinne Montaignes, zu unterbauen, um mit Gleichmut das Unabänderliche hinzunehmen und eben darin die Gesinnung des vornehm gebildeten Kavaliers zu bewähren. Der gemeine Mann jagt, schicksalsfremd oder in Angst vor dem Verhängnis, nach Glück und Gut, oder er steht – und dies schien, nach den Missionarberichten, praktisch die Regel zu sein – dem Schicksalswechsel, wenn auch nicht als einem Kismet, so doch als einem Fatum, resignierend gegenüber. Während der konfuzianische *höhere* Mensch, vom Verhängnis wissend und ihm innerlich gewachsen, in stolzem Gleichmut seiner Persönlichkeit und ihrer Pflege zu leben gelernt hat.[38] Man sieht: Hier wie immer diente dieser, eine restlos rationale innerweltliche Theodizee wenigstens für den einzelnen ablehnende (daher von manchem Philosophen als die Ethik gefährdend verworfene, und innerhalb des Konfuzianismus gegen den sonstigen Rationalismus des Systems in Spannung lebende) Glaube an die Irrationalität der Prädestination, der zu den andern uns schon bekannten irrationalen Bestandteilen des konfuzianischen Rationalismus hinzutritt, als Stütze der Vornehmheit. In einem charakteristisch anderen Sinne als der an einem persönlichen Gott und seiner Allmacht orientierte puritanische Prädestinationsglaube, der zwar gleichfalls die Güte der Vorsehung hart und klar ablehnte, aber dabei dennoch für sich nach dem Jenseits blickte. Das Jenseits aber kümmerte im Konfuzianismus den vornehmen so wenig wie den gemeinen Mann. Das einzige über den Tod hinausreichende Interesse des ersteren war die Ehre seines Namens, für die er den Tod zu leiden bereit sein mußte. Und in der Tat haben konfuzianische Herrscher und Generäle – wenn im hohen Spiel des Krieges und der Menschenschicksale der Himmel gegen sie war – mit Stolz zu sterben gewußt, besser als wir das an ihren christlichen Kollegen bei uns zu erleben hatten. Daß dieses

[38] Bei Religionsgesprächen zwischen Konfuzianern und Buddhisten pflegte die buddhistische Karman-Theodizee besonders nachdrücklich abgelehnt zu werden: Nicht Folge früherer Taten sei die soziale Lage eines Menschen, sondern des Schicksals, welches auch von den Blättern der Bäume die einen auf Teppiche, die andern in den Schmutz wirble.

spezifische Ehrgefühl Kennzeichen des vornehmen Mannes war, und daß es sich wesentlich an eigene Leistungen, nicht an Geburt knüpfte, war wohl das stärkste Motiv hochgespannter Lebensführung, welches der Konfuzianismus überhaupt kannte.[39] Auch darin war diese Lebensführung durchaus ständisch und nicht in unserem okzidentalen Sinne *bürgerlich* orientiert.

Damit ist auch schon gesagt, daß die Bedeutung einer solchen Intellektuellenethik für die breiten Massen ihre Schranken haben mußte. Zunächst waren die lokalen und vor allem die sozialen Unterschiede der Bildung selbst enorme. Die traditionalistische und bis in die Neuzeit stark naturalwirtschaftliche Bedarfsdeckung, aufrechterhalten bei den ärmeren Volkskreisen durch eine nirgends in der Welt erreichte, an das Unglaubwürdige grenzende Virtuosität im Sparen (im konsumtiven Sinne des Worts), war nur möglich bei einer Lebenshaltung, welche jede innerliche Beziehung zu den Gentlemanidealen des Konfuzianismus ausschloß. Nur die Gesten und Formen des äußeren Sichverhaltens der Herrenschicht konnten hier, wie überall, Gegenstand allgemeiner Rezeption sein. Der entscheidende Einfluß der Bildungsschicht auf die Lebensführung der Massen hat sich aller Wahrscheinlichkeit nach vor allem durch einige negative Wirkungen vollzogen: die gänzliche Hemmung des Entstehens einer prophetischen Religiosität einerseits, die weitgehende Austilgung aller orgiastischen Bestandteile der animistischen Religiosität andererseits. Es muß als möglich gelten, daß dadurch wenigstens ein Teil jener Züge mitbedingt ist, welche man zuweilen als chinesische Rassenqualitäten anzusprechen pflegt. Vor allem die kühle Temperierung der konfuzianischen Sozialethik, dann ihre Ablehnung anderer als rein personaler – familialer, scholarer oder kameradschaftlicher – Bande spielten hier mit.

Die Wirkung der Erhaltung dieses Personalismus zeigt vor allem die Sozialethik. Es fehlte in China bis in die Gegenwart das Verpflichtungsgefühl gegenüber *sachlichen* Gemeinschaften, seien sie politischer oder ideeller oder welcher Natur immer.[40] Alle Sozialethik war hier lediglich eine Übertragung organischer Pietätsbeziehungen auf andere, die ihnen gleichartig gedacht wurden. Die Pflichten innerhalb der fünf natürlichen sozialen Beziehungen: zum Herrn, Vater, Ehemann, älteren Bruder (einschließlich des Lehrers) und Freund ent-

[39] Wie leicht freilich dieser Namensstolz auch hier in die nackte Sehnsucht zu leben, einfach um zu leben, umschlagen konnte, zeigt das kürzlich erwähnte Schildkrötengleichnis, dessen Urheber zwar kein reiner Konfuzianer war, aber den Konfuzius mit hoher Verehrung zitiert. Aber nicht dies, sondern die Briefe Se Ma Tsien's und die Denkschriften der Zensoren an die Kaiserin Tsu Hsi, die oben zitiert sind, geben die echte konfuzianische Gesinnung wieder.

[40] Über die einen guten Typus für die Wirkung darstellende *chinesische Kreditvereinigung* (die den, mit entsprechenden Zusätzen, auch für alle Klubs üblichen Namen hwui führt) kommt mir in letzter Stunde die recht gute, von Herkner, Bertkiewicz und Eberstadt beeinflußte Berliner Dissertation von Wu Chang (1917) zu Gesicht. Sie zeigt die primitive, auf rein bäuerliche (und zwar kleinbäuerliche) Verhältnisse und streng

hielten den Inbegriff aller unbedingt bindenden Ethik. Der konfuzianische Grundsatz der Reziprozität, welcher allen außerhalb dieser Beziehungen liegenden natürlichen sachlichen Pflichten zugrunde liegt, enthielt keinerlei pathetisches Element in sich. Alle in der genuinen Sozialethik der Nachbarschaftsverbände überall bodenständigen Pflichten, so namentlich die überall als Zeichen vornehmer Lebensführung geltende, von allen heiligen Sängern gepriesene, von jeder religiösen Ethik rezipierte Gastfreiheits- und Wohltätigkeitspflicht der Besitzenden, hatten unter der Einwirkung der konfuzianischen Rationalisierung und Konventionalisierung der ganzen Lebensführung sehr stark formelhaften Charakter angenommen. So namentlich das *Praktizieren der Tugend* – wie der charakteristische übliche Ausdruck lautete – in Gestalt der Gastlichkeit für Arme am 8. Tage des 12. Monats. Das Almosen – das urwüchsige Kerngebot aller ethischen Religiosität – war ein traditioneller Tribut geworden, dessen Verweigerung gefährlich war. Die christliche Bedeutsamkeit des Almosens hatte dazu geführt, die *Armen*, da ihre Existenz für das Seelenheil der Reichen notwendig war, als einen gottverordneten *Stand* innerhalb der christlichen Gemeinschaft anzusehen. In China hatten sie sich in gut organisierten Gilden zusammengeschlossen, die zu prinzipiellen Feinden zu haben niemand leicht wagte. Daß im übrigen Hilfsbereitschaft dem *Nächsten* gegenüber im allgemeinen nur erwartet wurde, wo ein konkreter persönlicher oder sachlicher Anlaß dazu vorhanden war, dürfte nicht nur in China das

persönliche Bekanntschaft miteinander zugeschnittene Struktur dieser schon früher erwähnten Vergesellschaftungen. Nach ihrer rein persönlichen Vertrauenswürdigkeit ausgelesen, vereinigen sich die Beitragleistenden. Im einfachsten Fall: – es gibt deren drei verschiedene – derart, daß in der *ersten Versammlung* alle übrigen für das *erste Mitglied*, in der zweiten alle (einschließlich des ersten) für das *zweite Mitglied* und so fort, Beiträge und die laufenden Zinsen ihrer inzwischen durch Nutzung des Kapitals etwa aufgelaufenen Schuld zahlen, bis zum *letzten Mitglied*, welches also insgesamt nur seine Beiträge nebst den Zinsen zurückerhält; die Reihenfolge der die Beiträge jeweils erhaltenden Mitglieder wird meist durch das Los bestimmt; wenn es sich um die Sanierung eines Schuldners handelt, ist natürlich dieser *erstes Mitglied*, während zum *letzten Mitglied* sich unter Umständen Mäzenaten anbieten. Die Wirkung ist: daß jeder der vor dem *letzten Mitglied* Plazierten ein – je nach der Plazierung verschieden großes – fremdes Kapital für einige Zeit zur freien Verfügung hat, zu dessen, je nachdem: Rückzahlung oder Ersparung er Beiträge (und: Zinsen) leistet. Die Kreditvereinigung, welche entweder ein gewisses Maß gegenseitiger Beaufsichtigung oder genaue gegenseitige Kenntnis der Wirtschaftsgebarung bedingte, kam offenbar in ihrer Wirkung den Raiffeisen'schen Darlehenskassen ziemlich nahe und ersetzte für die kleinbäuerliche Bevölkerung, mit der die Banken keine Geschäfte machten, z.B. auch den Hypothekenkredit für den Bodenankauf, konnte aber allen denkbaren Zwecken dienen. – Das im Gegensatz zu den früher (zweiter Aufsatz oben) geschilderten Zuständen der Sekten Charakteristische ist, von der Form abgesehen: daß hier 1. der konkrete ökonomische Zweck das Primäre, vielmehr: Ausschließliche, war, und 2. daß in Ermangelung der Qualifikationsprüfung durch die Sekte die Kreditwürdigkeit rein individuell festgestellt werden mußte. Im übrigen aber können diese Kreditvereinigungen in der Tat zur Illustration des Wesens des griechischen *Eranos* dienen.

Normale sein und nur der Landeskenner kann beurteilen, ob tatsächlich, wie gesagt wird, hier ausgeprägter als anderwärts. Da der Volksreligiosität hier noch, wie der magischen Religiosität ursprünglich überall, dauernde leibliche Gebrechen als Folgen irgendeiner rituellen Sünde galten und das Gegengewicht religiöser Mitleidsmotive fehlte, so mag es, so sehr die Ethik (Mencius) den sozialen Wert des Mitleids rühmte, recht wohl sein, daß diese Empfindung nicht eben sehr entwickelt wurde. Jedenfalls nicht auf dem Boden des Konfuzianismus. Selbst die (heterodoxen) Vertreter der Feindesliebe (z. B. Mo ti) begründeten diese wesentlich utilitarisch. –

Die heiligen persönlichen Pflichten der Sozialethik konnten nun untereinander in Konflikt geraten. Dann mußten sie eben relativiert werden. Zwangsteilungen von Familien- und fiskalischen Interessen, Selbstmorde und Weigerungen von Vätern, ihre Söhne (als Hochverräter) zu verhaften, abwechselnd Verordnung von Bambushieben für solche Beamten, die nicht trauerten, und für solche, die zu viel trauerten (also durch Amtsablehnung der Verwaltung Schwierigkeit machten) sind Zeugnisse davon. Aber ein Konflikt der Interessen des eigenen Seelenheils mit den Anforderungen der natürlichen sozialen Ordnungen nach christlicher Art war undenkbar. Ein Gegensatz von *Gott* oder *Natur* gegen *positives Recht* oder *Konvention* oder irgendwelche andere verpflichtende Mächte, und deshalb auch irgendein religiöses oder rationales, mit einer Welt der Sünde oder des Unsinns in Spannung oder Kompromiß lebendes, religiös unterbautes Naturrecht fehlte, außer aus den schon erwähnten, auch aus diesem Grunde selbst in den leisesten Ansätzen, wie jeder Blick auf die Fälle, in welchen die Klassiker gelegentlich von *natürlich* reden, sofort zeigt. Denn dann ist immer der Kosmos der mit sich harmonischen Natur- und Gesellschaftsordnung gemeint. Gewiß erreicht fast kein Mensch die Stufe der unbedingten Vollendung. Aber jeder Mensch ist vollkommen zulänglich, sich innerhalb der sozialen Ordnungen, die ihn daran nicht im mindesten hindern, eine für ihn ausreichende Stufe der Vollkommenheit zu erwerben, indem er die offiziellen sozialen Tugenden: Menschenfreundlichkeit, Rechtlichkeit, Aufrichtigkeit, rituelle Pietät und Wissen, ausübt, je nachdem mehr in aktiver (konfuzianischer) oder mehr in kontemplativer (taoistischer) Färbung. Wenn die soziale Ordnung trotz Erfüllung jener Pflichten nicht zum Heil und zur Zufriedenheit aller führt, dann ist – sahen wir schon wiederholt – der charismatisch ungenügend qualifizierte Herrscher persönlich daran schuld.

Darum gibt es im Konfuzianismus keinen seligen Urstand, sondern, wenigstens nach der klassischen Lehre, als Vorstufe der Kultur nur bildungslose Barbarei (für die man ja in den stets mit Einbruch drohenden wilden Gebirgsstämmen das Beispiel nahe hatte). Auf die Frage, wie man die Besserung der Menschen am schnellsten erreiche, antwortet der Meister im Lapidarstil: man möge sie zuerst bereichern und dann erziehen. Und in der Tat entsprach dem englischen formelhaften *How do you do?* – charakteristisch das ebenso formelhafte *Hast du Reis gegessen?* des Chinesen als Begrüßungsformel. Da Armut und Dummheit die einzigen beiden sozusagen *erbsündlichen* Qualitäten, Erziehung und Wirtschaft aber in der Prägung der Menschen allmächtig waren, so mußte der Konfuzianismus die Möglichkeit eines goldenen Zeitalters nicht in einem unschuldsvollen primitiven Naturstand, sondern vielmehr in einem optimalen Kulturstand erblicken.

Nun wird uns in einer merkwürdigen Stelle der klassischen Schriften einmal ein Zustand geschildert, in welchem die Herrscherwürde nicht erblich, sondern durch Wahl besetzt ist, die Eltern nicht nur die eigenen Kinder als ihre Kinder lieben und umgekehrt, Kinder, Witwen, Alte, Kinderlose, Kranke aus gemeinsamen Mitteln erhalten werden, die Männer ihre Arbeit und die Frauen ihr Heimwesen haben, Güter zwar gespart, aber nicht zu Privatzwecken akkumuliert werden, die Arbeit nicht dem eigenen Vorteile dient, Diebe und Rebellen nicht existieren, alle Türen offen stehen und der Staat kein Machtstaat ist. Dies ist der *große Weg* und sein Resultat die *große Gleichartigkeit* – wogegen die durch Selbstsucht erzeugte empirische Zwangsordnung mit individuellem Erbrecht, Einzelfamilie, kriegerischem Machtstaat und der exklusiven Herrschaft der individuellen Interessen in charakteristischer Terminologie die *kleine Ruhe* genannt wird. Die Schilderung jener anarchistischen Idealgesellschaft fällt derart aus dem Rahmen der empirischen konfuzianischen Gesellschaftslehre heraus und ist speziell mit der Kindespietät als der Grundlage aller konfuzianischen Ethik so unvereinbar, daß die Orthodoxie sie teils auf Textverderbnis zurückführte, teils *taoistische* Heterodoxie darin witterte (wie übrigens auch Legge tut), während begreiflicherweise jetzt die moderne Schule Kang-yu-wei's gerade diesen Ausspruch als Beweis für die konfuzianische Legitimität des sozialistischen Zukunftsideales zu zitieren pflegt. Tatsächlich dürfte auch diese Stelle, ebenso wie manche andere, im Li-ki der Ausdruck für die von de Groot besonders klar vertretene Ansicht sein: daß viele später und jetzt als heterodox oder doch unklassisch und sogar als eine besondere Religion angesehene Lehren sich ursprünglich zur Orthodoxie etwa so verhielten, wie christliche Mystik zur katholischen Kirche und sufistische Mystik zum Islam. Wie jede kirchliche Anstaltsgnade mit der individuellen Heilssuche des Mystikers stets nur künstlich in ein Kompromiß gebracht werden konnte, obwohl andererseits die kirchliche Anstalt selbst die Mystik als solche nicht grundsätzlich verwerfen durfte, so geriet hier die letzte Konsequenz des konfuzianischen Optimismus: die Hoffnung auf Erreichung rein irdischer Vollkommenheit ganz aus eigener ethischer Kraft der Individuen und durch die Macht geordneter Verwaltung, mit der ebenfalls grundlegenden konfuzianischen Anschauung in Spannung: daß die materielle und ethische Wohlfahrt des Volkes und aller einzelnen letztlich bedingt sei nur durch die charismatischen Qualitäten des vom Himmel legitimierten Herrschers und die staatliche Anstaltsfürsorge seiner Beamten. Aber eben diese Lehre führte den Taoismus zu seinen Konsequenzen. Die als heterodox geltende Lehre vom Nichtstun der Regierung als der Quelle alles Heils war ja nur die letzte Konsequenz des ins Mystische umschlagenden orthodox konfuzianischen Optimismus. Nur ihr akosmistisches Vertrauen auf die eigene Qualifikation und die Entwertung der Anstaltsgnade, welche daraus folgte, ließ dabei sofort die Gefahr einer Häresie entstehen. Die Überbietung der innerweltlichen Laiensittlichkeit durch das Aufsuchen besonderer Heilswege war eben hier, wie überall, das prinzipiell der Anstaltsgnade Bedenkliche, – ganz wie im kirchlichen, nicht asketischen Protestantismus. Denn an sich war ja Tao: der *Weg* zur Tugend selbstverständlich, wie wir sahen, auch ein zentraler orthodox konfuzianischer Begriff. Und ebensogut, wie die mehr oder minder konsequenten, den Eingriff des Staates nur im Falle von allzu bedenklichen Exzessen der Reichtumsdifferenzierung vorbehaltenden, oben erwähnten Laissez-faire-Theorien einiger Konfuzianer, konnte sich natürlich die Mystik auf die Bedeutung der gottgewirkten, natürlichen, kosmischen und sozialen *Harmonie* berufen, um das Prinzip des Nichtregierens daraus abzuleiten. Ebenso schwierig und zweifelhaft, wie die Feststellung, ob vom Standpunkt der mittelalterlichen Kirche ein Mystiker noch orthodox sei, war daher für den Konfuzianismus die entsprechende Feststellung für diese Lehren. Es ist also sehr verständlich, wenn de Groot die übliche Behandlung des Taoismus als einer eigentlichen Sonderreligion neben dem Konfuzianismus überhaupt ablehnt, obwohl die Religionsedikte der Kaiser selbst mehrfach und ausdrücklich neben dem Buddhismus den Taoismus als einen nur geduldeten unklassischen Glauben nennen. Der Soziologe hat sich im Gegensatz dazu an die Tatsache der hierokratischen Sonderorganisation zu halten.

Letztlich waren, material, die Scheidungen orthodoxer und heterodoxer Lehren und Praktiken ebenso wie alle entscheidenden Eigentümlichkeiten des Konfuzianismus durch seinen Charakter als einer ständischen Ethik der literarisch geschulten Bürokratie einerseits, andererseits aber durch die Festhaltung der Pietät und speziell der Ahnenverehrung als der politisch unentbehrlichen Grundlage des Patrimonialismus bedingt. Nur wo diese Interessen bedroht schienen, reagierte der Selbsterhaltungsinstinkt der maßgebenden Schicht mit dem Stigma der Heterodoxie.[41]

In der grundlegenden Bedeutung des Ahnenkultes und der innerweltlichen Pietät als der Grundlage der patrimonialen Untertanengesinnung lag nun auch die wichtigste absolute Schranke der praktischen Toleranz des konfuzianischen Staates.[42] Diese zeigte einerseits Verwandtschaft, andererseits auch charakteristische Unterschiede zu dem Verhalten der okzidentalen Antike. Der Staatskult

41 Auch die Pietät freilich konnte zu Konsequenzen führen, welche die politische Gewalt ablehnen mußte. Im Gegensatz zu der merkantilistisch und ständisch motivierten Beschränkung der Luxusausgaben namentlich für Feierzwecke war und ist, entsprechend jener Bedeutung der Pietät als letzten ethischen Maßstabs, der für Trauerausgaben zugelassene Aufwand für unsere Vorstellung ganz ungeheuerlich.

kannte nur die offiziellen großen Geister. Aber auch die taoistischen und buddhistischen Heiligtümer begrüßte der Kaiser gegebenenfalls, nur daß er nicht, wie z. B. selbst vor dem heiligen Konfuzius, den Kotau machte, sondern sich mit einer höflichen Verbeugung begnügte. Geomantische Dienste werden staatlich entlohnt.[43] Das Fung-schui war offiziell anerkannt.[44] Gelegentlich finden sich Unterdrückungen von Exorzisten aus Tibet, – welche die Alten *Wu* nannten, fügt das Dekret hinzu[45], – aber sicher aus rein ordnungspolizeilichen Gründen. Am Kult des taoistischen Stadtgottes nahm der Stadtmandarin offiziell teil und die Kanonisierungen durch den taoistischen Patriarchen bedurften des kaiserlichen Plazet. Weder existierten garantierte Ansprüche auf *Gewissensfreiheit*, noch waren andererseits Verfolgungen wegen rein religiöser Ansichten die Regel, außer wo entweder magische Gründe (ähnlich den hellenischen Religionsprozessen) oder politische Gesichtspunkte sie forderten. Aber diese verlangten immerhin ziemlich Erhebliches. Die kaiserlichen Religionsedikte und selbst ein Schriftsteller wie Mencius machten die Verfolgung der Ketzerei zur Pflicht. Die Mittel und die Intensität, auch der Begriff und das Ausmaß des *Ketzerischen* wechselten. Wie die katholische Kirche die Leugnung der Sakramentsgnade und das römische Reich die Ablehnung des Kaiserkults, so hat der chinesische Staat die nach seinen Maßstäben staatsfeindlichen Häresien teils durch Belehrung (noch im 19. Jahrhundert durch ein eigenes amtlich verbreitetes Lehrgedicht eines Monarchen) bekämpft, teils aber mit Feuer und Schwert verfolgt. Entgegen der Legende von der unbeschränkten Duldsamkeit des chinesischen Staates hat noch das 19. Jahrhundert in fast jedem Jahrzehnt eine Häretikerverfolgung mit allen Mitteln (einschließlich der Zeugentortur) gesehen. Und andererseits war fast jede Rebellion mit einer Häresie intim verknüpft. Der chinesische Staat war, gegenüber etwa dem antiken römischen, insofern in einer besonderen Lage, als er außer den offiziellen Staatskulten und dem obligatorischen Ahnenkult der einzelnen auch, seit der endgültigen Rezeption des Konfuzianismus, eine offiziell allein anerkannte Lehre besaß. Insofern näherte er sich einem *konfessionellen* Staat und stand im Gegensatz zum vorchristlichen antiken Imperium. Das *heilige Edikt* von 1672 gebot daher ausdrücklich (in der siebenten seiner sechzehn Sentenzen) die Ablehnung falscher Lehren. Dabei aber war die orthodoxe Lehre keine dogmatische Religion, sondern eine Philosophie und Lebenskunde. Das Verhältnis war in der Tat ähnlich, wie wenn etwa die römischen Kaiser des 2. Jahrhunderts die stoische Ethik offiziell als allein orthodox und ihre Annahme als Vorbedingung für die Übertragung staatlicher Ämter rezipiert hätten.

Demgegenüber war nun, wie in Indien und auf dem Boden jeder zur mysti-

42 Hierzu die temperamentvolle, zu Nr. I Anm. 1 zitierte Streitschrift von de Groot.

43 Peking Gazette vom 13.1.74.

44 Peking Gazette vom 13.4. und 31.3.83.

45 Peking Gazette vom 2.10.74. S. ferner betr. einen Exorzismus an einem Irrsinnigen das. vom 20.8.78.

schen Erlösung führenden Religiosität überhaupt, die populäre Form der Sektenreligiosität die Spendung von Sakramentsgnade. Wurde der Mystiker zum Propheten, Propagandisten, Patriarchen, Beichtvater, so wurde er damit in Asien unvermeidlich auch zum Mystagogen. Aber das kaiserliche Amtscharisma duldete gerade solche Mächte mit selbständiger Gnadengewalt neben sich so wenig wie die Anstaltsgnade der katholischen Kirche es tun konnte. Es waren dementsprechend fast immer die gleichen Tatbestände, welche den Häretikern in den Motiven der kaiserlichen Ketzeredikte vorgeworfen wurden. Zunächst natürlich die Tatsache, daß nicht konzessionierte neue Götter verehrt wurden. Da aber im Grunde überhaupt das ganze volkstümliche Pantheon, soweit es vom staatskultischen abwich, als unklassisch und barbarisch galt, so war nicht dieser Punkt, sondern es waren die folgenden drei die wirklich entscheidenden:[46]

1. Die Ketzer tun sich, angeblich zur Pflege tugendhaften Lebens, zu nichtkonzessionierten Gesellschaften zusammen, welche Kollekten veranstalten.
2. Sie haben Leiter, teils Inkarnationen, teils Patriarchen, welche ihnen jenseitige Vergeltung predigen und das jenseitige Seelenheil versprechen.
3. Sie beseitigen die Ahnentafeln in ihren Häusern und trennen sich zu mönchischem oder sonst unklassischem Lebenswandel von der Familie ihrer Eltern.

Der erste Punkt verstieß gegen die politische Polizei, welche nichtkonzessionierte Vereine verbot. Tugend sollte der konfuzianische Untertan privatim in den fünf klassischen sozialen Beziehungen üben. Er brauchte dazu keine Sekte, deren bloße Existenz ja das patriarchale Prinzip, auf welchem der Staat ruhte, verletzte. – Der zweite Punkt bedeutete nicht nur offenbaren Volksbetrug: – denn eine jenseitige Vergeltung und ein besonderes Seelenheil gab es ja nicht –, sondern er bedeutete auch ein Verschmähen des (innerweltlichen) Anstaltscharisma des konfuzianischen Staates, innerhalb dessen für das (diesseitige) Seelenheil zu sorgen Sache der Ahnen und im übrigen ausschließlich des vom Himmel dazu legitimierten Kaisers und seiner Beamten war. Jeder derartige Erlösungsglaube und jedes Streben nach Sakramentsgnade bedrohte also die Ahnenpietät sowohl wie das Prestige der Verwaltung. Aus dem gleichen Grunde war schließlich der dritte Vorwurf der entscheidendste von allen. Denn die Ablehnung des Ahnenkults bedeutete die Bedrohung der politischen Kardinaltugend der Pietät, an der die Disziplin in der Amtshierarchie und der Gehorsam der Untertanen hing. Eine Religiosität, welche von dem Glauben an die allentscheidende Macht des kaiserlichen Charisma und der ewigen Ordnung der Pietätsbeziehungen emanzipierte, war prinzipiell unerträglich.

Dazu fügen die Motive der Dekrete je nach Umständen noch merkantilisti-

[46] Nachdrücklich sei bemerkt: daß hier nur die Beziehung des Konfuzianismus und der Amtsgewalt zu den Sekten skizziert wird. Auf diese selbst ist nach Darstellung des Buddhismus zurückzukommen, auf dessen Einfluß alle bedeutendsten mit zurückgehen. (S. die Darstellung in de Groots Sectarianism and relig. persecution in China a. a. O.)

sche und ethische Gründe.[47] Das kontemplative Leben, sowohl die individuelle kontemplative Heilssuche, wie, und namentlich, die Mönchsexistenz, war, mit konfuzianischen Augen gesehen, parasitäre Faulheit. Sie zehrte am Einkommen der erwerbstätigen Bürger, die buddhistischen Männer pflügten nicht (wegen des *Ahimsa:* des Verbotes, lebende Wesen – Würmer und Insekten – zu gefährden) und die Frauen webten nicht; das Mönchtum war überdies oft genug nur Vorwand, sich den Staatsfronden zu entziehen. Selbst Herrscher, welche den Taoisten oder Buddhisten, in der Zeit von deren Macht, den Thron verdankten, wendeten sich zuweilen alsbald gegen sie. Der eigentliche Kern der buddhistischen mönchischen Askese: der Bettel, wurde dem Klerus immer erneut ebenso untersagt wie die Erlösungspredigt außerhalb der Klöster. Diese selbst wurden, nachdem sie konzessionspflichtig geworden waren, zahlenmäßig scharf beschränkt, wie wir sehen werden. Die damit kontrastierende zeitweise entschiedene Begünstigung des Buddhismus beruhte wohl (wie bei den Mongolenkhanen die Einführung des Lamaismus) auf der Hoffnung, diese Lehre der Sanftmut zur Domestikation der Untertanen benutzen zu können. Allein die gewaltige Ausbreitung der Klöster, welche sie im Gefolge hatte, und das Umsichgreifen des Erlösungsinteresses führten schon sehr bald zu scharfer Repression, bis die buddhistische Kirche im 9. Jahrhundert jenen Schlag erhielt, von dem sie sich nie wieder ganz erholt hat. Wenn ein Teil ihrer und ebenso der taoistischen Klöster erhalten und sogar auf den Staatsetat genommen wurde, jedoch unter strengem staatlichen Diplomzwang für jeden Mönch: – nach Art des preußischen Kulturkampfes wurde eine Art von *Kulturexamen* gefordert –, so war dafür, nach de Groots sehr plausibler Annahme, maßgebend wesentlich das Fung-schui: die Unmöglichkeit, einmal konzessionierte Kultstätten ohne vielleicht gefährliche Erregung von Geistern zu beseitigen. Wesentlich dies bedingte jene relative Toleranz, welche die Staatsräson den heterodoxen Kulten zubilligte. Diese Toleranz bedeutete keinerlei positive Schätzung, sondern mehr jene verächtliche *Duldung,* welche jeder weltlichen Bürokratie der Religion gegenüber die natürliche, überall nur durch das Bedürfnis nach Domestikation der Massen temperierte Haltung ist. Der *vornehme* Mensch befolgte diesen wie allen nicht offiziell von Staats wegen verehrten Wesen gegenüber den dem Meister selbst in den Mund gelegten sehr modernen Grundsatz: die Geister durch die bewährten Zeremonien zur Ruhe zu bringen, aber von ihnen *Distanz zu halten.* Und die Praxis der Massen diesen geduldeten heterodoxen Religionen gegenüber hatte nichts mit unserem Begriff der *Konfessionszugehörigkeit* zu tun. Wie der antike Okzidentale je nach Anlaß Apollon oder Dionysos verehrte und der Süditaliener die konkurrierenden Heiligen und Orden, so zollte der Chinese den offiziellen Zeremonien der Reichsreligiosität, den buddhistischen Messen, – die dauernd bis in die höchsten Kreise beliebt waren, – und der taoistischen Mantik ganz die gleiche Beachtung oder Miß-

[47] S. ganze Scharen von solchen bei de Groot a. a. O.

achtung, je nach Bedarf und jeweiliger Bewährung der Wirksamkeit. Für die Begräbnisriten wurden im Pekinger Volksbrauch nebeneinander buddhistische und taoistische Sakramente verwendet, während der klassische Ahnenkult die Grundfärbung abgab. Unsinn war es jedenfalls, die Chinesen als der Konfession nach *buddhistisch* zu zählen, wie früher oft geschah. Nach unserem Maßstab wären eigentlich nur die eingeschriebenen Mönche und Priester *Buddhisten*. Aber nicht die Mönchsform der Heterodoxie allein war das Entscheidende für die Gegnerschaft der Staatsgewalt. Im Gegenteil: als nun der Buddhismus und ebenso der von ihm beeinflußte Taoismus Laiengemeinschaften mit verheirateten Weltpriestern entwickelte, als also eine Art von Konfessions-Religiosität zu entstehen begann, griff die Regierung naturgemäß erst recht scharf ein, stellte die Priester vor die Wahl, sich entweder in die konzessionierten Klöster internieren zu lassen oder in weltliche Berufe zurückzukehren und unterdrückte vor allem die von den Sekten nach indischem Muster aufgenommene Sitte der Unterscheidungszeichen in Bemalung und Tracht in Verbindung mit den besonderen Aufnahmezeremonien und der Stufenleiter der religiösen Würden der Novizen, je nach dem Rang der Mysterien, zu denen sie zugelassen waren. Denn hier entwickelte sich ja die spezifische Seite alles Sektentums: Wert und Würde der *Persönlichkeit* wurden garantiert und legitimiert durch die Zugehörigkeit und Selbstbehauptung innerhalb eines Kreises spezifisch qualifizierter Genossen, nicht durch Blutsband, Stand oder obrigkeitliches Diplom. Gerade diese grundlegende Funktion aller Sektenreligiosität ist jeder Gnadenanstalt, der katholischen Kirche ebenso wie dem cäsaropapistischen Staat, noch weit odiöser als das leicht zu beaufsichtigende Kloster.

Die zeitweilige, politisch bedingte, Förderung des Lamaismus bedeutete geschichtlich wenig, und die Schicksale des recht bedeutenden chinesischen Islam[48] und des chinesischen, eigentümlich verkümmerten und so stark, wie sonst nirgends in der Welt, seines genuinen Charakters entkleideten Judentums, sollen uns hier nicht weiter interessieren. Die islamischen Herren im fernen Westen des Reiches wurden charakteristischerweise in manchen Edikten in der Funktion erwähnt: daß Verbrecher als Sklaven in ihren Besitz verkauft werden sollten.

Die hier nicht weiter zu erörternde Verfolgung der *europäischen Verehrung des Herrn vom Himmel* – wie der amtliche Name des Christentums lautete – bedarf keiner weiteren Motivierung. Auch bei größerem Takt der Missionare wäre sie unvermeidlich eingetreten. Nur kriegerische Gewalt hat hier zu vertragsmäßiger Duldung geführt, sobald einmal die christliche Propaganda in ihrem Sinne erkannt worden war. Die alten Religionsedikte motivierten dem Volk die Duldung der Jesuiten ausdrücklich mit ihren astronomischen Diensten.

[48] Daß der Islam in China gar keine Veränderungen erlitten habe, wie W. Grube gelegentlich meint, scheint etwas zu viel gesagt. Die seit etwa dem 17. Jahrhundert entwickelte eigentümliche Stellung der Imame ist sicher unter dem Einfluß des Beispiels der indisch-ostasiatischen Mystagogen entstanden.

Die Zahl der Sekten (56 Nummern zählt de Groots Liste) war nicht gering und ihre Anhängerschaft groß, insbesondere in Honan, aber auch in andern Provinzen, ständisch besonders oft unter der Dienerschaft der Mandarinen und der Reistributflotte. Der Umstand, daß der orthodoxe (tsching) Konfuzianismus jede Heterodoxie (i tuan) als Versuch der Rebellion behandelte – wie ein Kirchenstaat eben verfährt – hat die meisten von ihnen recht oft dazu getrieben, zur Gewalt zu greifen. Recht viele sind über ein halbes Jahrtausend alt, manche noch älter, trotz aller Verfolgungen.

Daß nicht etwa eine unüberwindliche *natürliche Anlage* es war, welche die Chinesen gehindert hat, Religionsformen von der Eigenart des Okzidents zu produzieren, bewies gerade in der neuesten Zeit der imponierende Erfolg der magiefeindlichen und bilderstürmerischen Prophetie Hang-siu-tschuan's, des Tien Wang *(Himmlischen Königs)* des Taiping[49] -tien-kwo *(Himmlischen Reichs des allgemeinen Friedens,* 1850–64), der weitaus mächtigsten und dabei durchaus hierokratischen politisch-ethischen Rebellion gegen die konfuzianische Verwaltung und Ethik, welche, soviel bekannt, China überhaupt erlebt hat.[50] Der angeblich[51] einer verbauerten adligen Sippe angehörige Stifter, ein schwer epileptischer[52] Ekstatiker, war, wie die byzantinischen Bilderstürmer vom Islam, so seinerseits zu seiner radikal allen Geisterglauben und alle Magie und Idolatrie puritanisch verwerfenden, halb mystisch-ekstatischen, halb asketischen Ethik vielleicht mit durch Einfluß protestantischer Missionen und der Bibel angeregt, in seiner Bildung jedoch konfuzianisch geschult (im Staatsexamen durchgefallen) taoistisch beeinflußt. Zu den kanonischen Büchern der von ihm mit

[49] Der Name ist alt. Wir erinnern uns, daß der Taoistische Kirchenstaat sich ebenso nannte.

[50] Die offiziellen Dokumente des Taiping-Kaisers, vor allem das *Buch der Auslegung des göttlichen Willens, die kaiserliche Erklärung des Tai-Ping, das Buch der religiösen Vorschriften, das Buch der himmlischen Dekrete,* der sog. *Trimetrische Kanon,* die mandschufeindliche Proklamation von 1852, die Zeremonial- und Militärorganisationsstatuten und der neue Kalender sind, nachdem das englische Kriegsschiff *Hermes* sie nach Schanghai gebracht hatte, zuerst von dem Missionar Medhurst in Schanghai mit entsprechend naivem Kommentar in einer Missionszeitschrift publiziert (als Sonderausgabe erschienen unter dem Titel Pamphlets in and by the Chinese Insurgents of Nanking, Schanghai 1853). Die große Rebellion ist oft, insbesondere in fast allen Werken über China, dargestellt, deutsch (gemeinverständlich) von C. Spillmann (Halle 1900). Mißlich ist, daß der beste Kenner der chinesischen Sektengeschichte, de Groot (a. a. O.) es verschmäht hat, auf die Art der Taiping-Rebellion näher einzugehen und die christlichen Einschläge – da sie in den von ihm vorsichtigerweise allein herangezogenen offiziellen Regierungsdokumenten (der Mandschu) nicht sicher verständlich sind, dahingestellt läßt, die Missionarliteratur aber abschätzig beurteilt. Die Darstellung bescheidet sich daher mit nur hypothetischem Wert.

[51] Nachkontrolle der viel bestrittenen Tatsachen ist mir nicht möglich.

[52] Darauf beruht im wesentlichen das Versagen im militärisch entscheidenden Moment, ohne welches fast ohne Zweifel – nach Abschneidung der Zufuhr durch Besetzung des Kaiserkanals und Eroberung Nankings und des ganzen Yangtse-Beckens – das Schicksal

Unterstützung seiner Sippe gestifteten Sekte gehörte die Genesis und das Neue Testament, zu ihren Gebräuchen und Symbolen ein der Taufe nachgeahmtes Wasserbad und statt des Abendmahls – infolge der Alkoholabstinenz – eine Art von Thee-Eucharistie, das modifizierte Vaterunser und der ebenfalls charakteristisch modifizierte Dekalog; daneben aber zitierte er das Schi King und andere klassische Werke in etwas krauser Auswahl der für seine Zwecke geeigneten Stellen, dabei natürlich, wie alle Reformer, vor allem zurückgreifend auf Aussprüche und Ordnungen der Kaiser des legendären Urzeitalters.

Der Gottvater des Christentums[53], daneben Jesus[54] als ihm nicht wesensgleich, aber *heilig,* endlich der Prophet als dessen *jüngerer Bruder,* auf dem der heilige Geist ruht[55], tiefer Abscheu gegen die Heiligen- und Bilderverehrung, ganz besonders auch gegen den Muttergotteskult, Gebete zu festen Stunden, Sabbatruhe Samstags mit zweimaligem Gottesdienst, bestehend aus Bibellesen, Litanei, Predigt, Vorlesen des Dekalogs, Hymnen, Weihnachtsfest, geistliche Schließung der (unlöslichen) Ehe, Zulässigkeit der Polygamie, Verbot der Prostitution bei Todesstrafe und strenge Absonderung der unverehelichten Weiber von den Männern, strenge Abstinenz von Alkohol, Opium, Tabak, Abschaffung des Zopfes und der weiblichen Fußverstümmelung, Opferspenden am Grabe der Toten[56], – diese eigentümliche, an den Eklektizismus Muhammeds erinnernde Mischung christlicher mit konfuzianischen Formen war das Resultat. Wie der orthodoxe Kaiser, so war auch der Tien Wang oberster pontifex, die fünf höchsten Ressortbeamten nächst ihm führten den Titel *König* (des Westens, Ostens, Südens, Nordens und ein fünfter als Assistent), die drei Examensgrade fanden sich, unter Abschaffung des Ämterkaufs, auch im Taiping-Reich, alle Beamten wurden auch dort vom Kaiser ernannt, und auch die Magazinpolitik und die Zwangsrobot war der alten orthodoxen Praxis entnommen, während andererseits in manchen Punkten, so in der strengen Trennung der *äußeren* und *inneren* (wirtschaftlichen, unter Heranziehung

der wiederholt und nahezu vernichtend geschlagenen Pekinger Regierung besiegelt und ein völlig anderer Verlauf der ostasiatischen Geschichte wenigstens nicht ausgeschlossen gewesen wäre.

53 Für Gott findet sich in den offiziellen Dokumenten einmal der Name Jehovah, sonst (nach Zählung der Missionare) am häufigsten (42%) der Name des volkstümlichen Himmelsgottes, nur halb so oft (21%) der konfuzianische Name des Himmelsgeistes, etwas häufiger wiederum der (personalistische) Ausdruck Thin fu oder Thin (33%), weit seltener (4%) Schin (was meist *Geist* bedeutet).

54 Jesus ist verehelicht gedacht, wie der Tien Wang es war. Der Prophet hat in der Vision seine Frau gesehen.

55 Dagegen lehnte er sowohl das Prädikat der *Heiligkeit* wie die Bezeichnung *Vater* für sich ab.

56 Dies besonders war den Missionaren anstößig und stellte in der Tat, obwohl offiziell jede Deutung als eines Opfers an oder für die Ahnengeister abgelehnt wurde: – das Opfer war ein Opfer an Gott und, wie eine christliche Totenmesse, für die Seelen der Ahnengeister –, eine recht wichtige Konzession an die Tradition dar.

weiblicher Leiter geführten) Verwaltung und in der verhältnismäßig *liberalen* Verkehrs-, Straßenbau- und Handelspolitik wichtige Unterschiede bestanden. Der prinzipielle Gegensatz war wohl der gleiche wie zwischen Cromwells Regiment der Heiligen – mit einigen an den alten Islam und an das Täuferregiment in Münster erinnernden Zügen – und dem Laudschen cäsaropapistischen Staat. Der Staat war der Theorie nach das Gemeinwesen eines asketischen kriegerischen Ordens: militärischer Beutekommunismus typischer Form und ein Liebesakosmismus altchristlicher Art in Mischung miteinander, unter Zurückdrängung der nationalistischen Instinkte zugunsten der internationalen religiösen Verbrüderung. Der Beamte sollte nach religiösem Charisma und sittlicher Bewahrung ausgelesen werden, die Verwaltungsbezirke waren einerseits Militärrekrutierungs- und Verproviantierungsbezirke, andererseits Kirchensprengel mit Bethallen, Staatsschulen, Bibliotheken und vom Tien Wang ernannten Geistlichen. Die militärische Disziplin war puritanisch streng wie die Lebensordnung mit ihrer Konfiskation aller Edelmetalle und Kostbarkeiten für die Gemeinschaftskosten.[57] Auch geeignete Frauen wurden in das Heer eingereiht, Renten aus der Gemeinschaftskasse den für Verwaltungszwecke in Anspruch genommenen Familien gezahlt.[58] In der Ethik ist der konfuzianische Schicksalsglaube mit der ins neutestamentliche transponierten Berufstugend[59] in Verbindung gebracht. Ethische *Korrektheit* – statt der zeremoniellen Korrektheit des Konfuzianers – ist *das was den Menschen vom Tier unterscheidet*[60] und auch beim Fürsten kommt auf sie alles an.[61] Im übrigen die konfuzianische *Reziprozität,* nur daß man nicht sagen soll: man wolle den Feind nicht lieben. Mit dieser Ethik ist *das Glück zu erlangen leicht;* obwohl – im Gegensatz zum Konfuzianismus – die Natur des Menschen als von sich aus unfähig gilt, alle Gebote wirklich zu erfüllen:[62] Reue und Gebet sind Mittel der Sündenvergebung. Die militärische Tapferkeit galt als wichtigste und Gott

57 Book of Celestial Decrees a. a. O. *When you have money, you must make it public and not consider it as belonging to one or another.* (Ebenso Kostbarkeiten.)

58 Über die Einzelheiten bestehen in den zugänglichen Berichten starke Widersprüche; namentlich der faktische Umfang des Staatssozialismus bleibt dunkel. Er ist natürlich in starkem Maß als Kriegswirtschaft zu deuten. Ebenso ist große Vorsicht in der Annahme der von de Groot vielleicht zu schroff abgelehnten Angaben der englischen Missionare geboten, die hier notgedrungen benutzt wurden. Denn ihr Eifer sah wohl mehr *Christliches,* als da war.

59 Weil, auch im Geschäftsleben, der Erfolg nicht vom Menschen, sondern vom Schicksal abhängt, soll man dem Gebot der Erfüllung der Berufspflicht ohne Schielen nach dem Erfolg folgen: *Follow your proper avocations and make yourselves easy about the rest (in der Imperial Declaration of the Thae-Ping* a. a. O., unter Berufung auf Konfuzius).

60 A. a. O.

61 *In trade principally regard rectitude. In learning be careful to live by rule* (a. a. O.).

62 Das Book of religious precepts (a. a. O.) beginnt mit dem Bekenntnis, daß niemand in der Welt gelebt habe, ohne gegen die *Befehle des Himmels* zu sündigen.

wohlgefälligste Tugend.[63] Im Gegensatz zu der freundlichen Stellung zum Judentum und protestantischen Christentum wird die taoistische Magie und die buddhistische Idolatrie ebenso scharf verworfen wie der orthodoxe Geisterkult. Während protestantische Missionare des Dissent und der Low Church wiederholt in Taiping-Beth allen Gottesdienste gehalten haben, bestand die Feindschaft der Jesuiten – wegen der Bilderfeindschaft und der scharfen Verwerfung des Muttergotteskults – und der englischen High Church von Anfang an. Die Taiping-Heere waren, kraft der religiös bedingten Disziplin des Glaubenskampfes, den Heeren der orthodoxen Regierung ebenso überlegen wie die Cromwellsche Armee der königlichen. Die Regierung Lord Palmerstons fand es aber aus politischen und merkantilen[64] Gründen zweckmäßig, diesen Kirchenstaat nicht aufkommen und jedenfalls den Vertragshafen Schanghai nicht in seine Hand fallen zu lassen.[65] Mit Hilfe Gordons und der Flotte wurde die Taiping-Macht gebrochen und der Tien Wang, der sich jahrelang in visionären Ekstasen und einer Haremsexistenz[66] im Palast abgeschlossen hatte, endete, nach vierzehnjährigem Bestand des Reichs, sein Leben und das seines Harems in Selbstverbrennung in seiner Residenz Nanking. Noch ein Jahrzehnt später[67] wurden *Rebellen*-Führer gefangen; die Menschenverluste, die finanzielle Schwächung und Verwüstung der beteiligten Provinzen sind noch weit länger nicht voll ausgeglichen worden.

Auch die Taiping-Ethik war nach dem Gesagten ein eigentümliches Mischprodukt chiliastisch-ekstatischer und asketischer Elemente, immerhin mit einem in China wohl sonst niemals so stark hervortretenden Einschlag der letzteren, vor allem aber mit einer in China sonst unbekannten Sprengung der magischen und idolatrischen Gebundenheit und mit Übernehmen des persönlichen gnädigen, universellen, von nationalen Schranken freien Weltgottes, welcher aller chinesischen Religiosität sonst ganz fremd geblieben war. Welche Bahnen der Entwicklung sie im Fall des Sieges weiter eingeschlagen hätte, läßt sich freilich schwerlich sagen. Die unvermeidliche Beibehaltung der Opfer an den Ahnengräbern – ähnlich wie sie auch die jesuitischen Missionen bis zum Einschreiten der Kurie auf die Denunziation der konkurrierenden Orden hin zugelassen hatten – und die Ansätze zur Betonung werkheiliger *Korrektheit,* hätten wahrscheinlich in ritualistische Bahnen zurückgeführt und die zuneh-

63 Trimetrical Canon a. a. O.

64 Seidenzucht und Seidenexport gingen jedoch erst im letzten Kriegsjahr zurück. Vorher stiegen sie ansehnlich.

65 Erst im letzten Augenblick gab, infolge heftiger Angriffe im Parlament, Palmerston Order, die *Mandschu* nicht weiter zu unterstützen, – um auch sie nicht aus der Verlegenheit kommen zu lassen.

66 Polygamie des Tien Wang selbst und der Offiziere bestand im chinesischen Sinn (Konkubinat).

67 Peking Gazette vom 2.10.1874.

mende zeremonielle Regelung aller staatlichen Ordnung[68] hätte wohl auch das Prinzip der Anstaltsgnade wieder zurückgebracht. Immerhin bedeutete die Bewegung in wichtigen Punkten einen Bruch mit der Orthodoxie und bot ungleich mehr Aussicht, eine bodenständige und doch dem Christentum innerlich relativ angenäherte Religion entstehen zu lassen, als die hoffnungslosen Missionsexperimente der okzidentalen Konfessionen. Es könnte recht wohl der letzte Moment für das Entstehen einer solchen Art von Religion in China gewesen sein. –

Der Begriff: *private Gesellschaft,* schon vorher politisch stark verdächtig, war seitdem vollends mit *Hochverrat* weitgehend identisch. Dem zähen Ringen dieses *schweigenden China* stand, zum mindesten in den Städten – weniger, aus verständlichen Gründen, auf dem Lande – die erbarmungslose Verfolgung der Bürokratie äußerlich erfolgreich gegenüber. Der ruhige, korrekt lebende Mann hielt sich von derartigem ängstlich fern. Das hat jenen Zug des *Personalismus* noch verstärkt, von dem früher die Rede war. –

Es ist der konfuzianischen Literatenbürokratie also weitgehend gelungen, durch Gewalt und durch Appell an den Geisterglauben die Sektenbildung auf ein gelegentliches Aufflammen zu beschränken. Überdies aber waren die sämtlichen Sekten, von deren Eigenart nähere Nachrichten vorliegen, absolut heterogen gegenüber den Sektenbewegungen, mit welchen der okzidentale Katholizismus oder der Anglikanismus zu schaffen hatte. Es handelte sich stets um Inkarnationsprophetie oder um Propheten des mystagogischen Typus, welche – oft durch Generationen erblich im Besitz dieser Würde – im Verborgenen lebten, ihren Anhängern im Diesseits und (teilweise) Jenseits Vorteile versprachen, deren Heilsbedingungen aber ausschließlich magisch-sakramentalen oder ritualistischen oder allenfalls kontemplativ-ekstatischen Charakter hatten: rituelle Reinheit, die andächtige Wiederholung stets der gleichen Formeln oder bestimmte kontemplative Übungen waren die regelmäßig wiederkehrenden soteriologischen Mittel. Nie aber, soviel bekannt, rationale Askese.[69] Die genuin heterodox-taoistische Demut: Ablehnung aller feudalen Ostentation, hatte wesentlich kontemplative Motive, wie wir sahen. Ebenso zweifellos die Enthaltung von gewissen Arten des Luxuskonsums (Parfüms, kostbarem Schmuck), welche z. B. die Lung-Hua-Sekte ihren Gläubigen außer den üblichen buddhistischen Sektenregeln auferlegte. Auch da fehlte die Askese, wo die Sekten gewaltsame Bekämpfung ihrer Bedrücker in Aussicht nahmen und des-

68 Das Zelt des Tien Wang hieß *der kleine Himmel.* Die Ablehnung der Heiligkeitsprädikate durch ihn wäre von etwaigen Nachfolgern wohl sicher nicht beachtet worden. Die Zeremonialvorschriften einschließlich der Rangtitulaturen (darunter z. B. für weibliche hohe Beamte der Titel *Eure Keuschheit!)* tragen ganz chinesischen Charakter an sich.

69 Wenn man nicht die Festtage, Meidung von Schmuck usw. dahin rechnen will, die aber Einzelpostulate blieben.

halb, wie eine in neuerer Zeit bekannt gewordene, das Boxen systematisch übten.[70] Die *League of righteous energy,* wie die englische Übersetzung des wirklichen Namens der *Boxer* lautete, erstrebte Unverwundbarkeit durch magisches Training.[71] Denn sie alle waren Derivate und eklektische Verschmelzungen heterodox-taoistischer mit buddhistischer Soteriologie, der sie keinerlei prinzipiell neue Elemente hinzugefügt hatten. Es scheint nicht, daß die Sekten klassenmäßig geschichtet waren. Natürlich war das Mandarinentum am strengsten orthodox konfuzianisch. Aber heterodoxe Taoisten und namentlich Anhänger der wesentlich einen gebetsformelhaften Hauskult pflegenden Lung-Hua-Sekte scheinen gerade unter den besitzenden Klassen, aus denen die Mandarinen doch ebenfalls meist hervorgingen, ziemlich verbreitet gewesen zu sein.

Im übrigen stellten offenbar die Frauen hier, wie in jeder soteriologischen Religiosität, ein starkes Kontingent. Ganz begreiflicherweise, weil ihre religiöse Wertung durch die (heterodoxen und daher unpolitischen) Sekten hier ebenso, wie im Okzident, meist erheblich über dem Niveau ihrer Schätzung im Konfuzianismus stand.

Im Alltagsleben der Massen spielten die vom Taoismus und Buddhismus entnommenen oder beeinflußten Elemente offenbar eine recht bedeutende Rolle. Es wurde einleitend allgemein dargelegt, daß die Heilands- und Erlösungsreligiosität überall ihre dauernde Stelle vornehmlich in den *bürgerlichen* Klassen finden, wo sie an Stelle der Magie zu treten pflegen, welche zunächst die einzige für Not und Leid des einzelnen als solchen zur Verfügung stehende Zuflucht bildet, und daß aus der individuellen Heilssuche beim Magier die rein religiösen Gemeinden der Mystagogen herauszuwachsen pflegen. In China, wo der Staatskult ebenfalls von der Not des einzelnen keine Notiz nahm, ist die Magie niemals durch eine große Erlösungsprophetie oder einheimische Heilandsreligiosität verdrängt worden. Nur eine teils den hellenischen Mysterien, teils der hellenischen Orphik ungefähr entsprechende Unterschicht von Erlösungsreligiosität war entstanden. Sie war zwar stärker als dort, aber rein magischen Charakters geblieben. Der Taoismus war nur Organisation der Magier, der Buddhismus in der Form, wie er importiert wurde, nicht mehr die Erlösungsreligiosität der frühbuddhistischen Zeit Indiens, sondern magische

[70] Diese Sekte (I huo kuen) war schon im Anfang des 19. Jahrhunderts aufgetreten (de Groot, Sectarianism p. 425).

[71] Die Sekte glaubte auch an diese Unverwundbarkeit. Im übrigen reicht das mir zugängliche gesichtete Material zu einer Darstellung nicht aus. Sie wurden nur als Orden, eine *ecclesia militans* gegen die fremden Barbaren konstituiert. Über sie die früher zitierte Denkschrift an die Kaiserin Tsu Hsi, die, ebenso wie die Prinzen, an ihr magisches Charisma geglaubt hatte. Ebenso wie sie – Peking Gazette vom 13.6.78 – an die magischen Qualitäten der Krupp-Kanonen glaubten. Angesichts dieser chinesischen Dokumente wird man in diesem Fall den Zweifel de Groots (Sectarianism p. 430 Anm. a. E.), daß Häretiker wie die *Boxer* von einer *konfuzianischen* Regierung protegiert worden seien, nicht wohl teilen dürfen.

und mystagogische Praxis einer Mönchsorganisation. In beiden Fällen fehlte also, wenigstens für die Laien, das soziologisch Entscheidende: eine religiöse Gemeindebildung. Diese volkstümlichen, in Magie stecken gebliebenen Erlösungsreligiositäten waren daher in aller Regel gänzlich unsozial. Der einzelne als einzelner wendete sich an den taoistischen Magier oder den buddhistischen Bonzen. Nur die buddhistischen Feste bildeten eine Gelegenheitsgemeinschaft und nur die heterodoxen, oft politische Ziele verfolgenden, aber eben deshalb auch politisch verfolgten Sekten Dauergemeinschaften. Es fehlte nicht nur alles, was unserer Seelsorge entspricht, sondern vor allem auch jede Spur von einer *Kirchendisziplin* und also auch jedes Mittel einer religiösen Lebensreglementierung. Statt dessen hat er, wie etwa in den Mithras-Mysterien, Stufen und Grade der Heiligung und des hieratischen Ranges. –

Diese, soziologisch angesehen, verkümmerten Ansätze von Erlösungsreligiosität sind dennoch, sittengeschichtlich betrachtet, von erheblicher Wirkung gewesen. So gut wie alles, was das chinesische Volksleben an religiöser Predigt und individueller Heilssuche, Vergeltungs- und Jenseitsglauben, religiöser Ethik und andächtiger Innigkeit überhaupt aufwies, hat trotz der Verfolgungen, denen er ausgesetzt war, der Buddhismus importiert, wie ja ganz das gleiche auch für Japan gilt. Um freilich überhaupt zu einer *Volksreligion* werden zu können, mußte diese mönchische Intellektuellensoteriologie Indiens die denkbar tiefstgehenden inneren Wandlungen durchmachen. Wir werden sie also zunächst auf ihrem Heimatboden betrachten müssen. Dann wird erst ganz verständlich werden, warum von dieser Mönchskontemplation her Brücken zum rationalen Alltagshandeln nicht geschlagen werden konnten und auch, warum die Rolle, die ihr in China zugestanden wurde, trotz der scheinbaren Analogie so stark von derjenigen abweicht, welche das Christentum in der Spätantike auf sich zu nehmen vermochte.

VIII. Resultat: Konfuzianismus und Puritanismus

Wir stellen das Gesagte vielleicht am zweckmäßigsten derart in den Zusammenhang unserer Gesichtspunkte, daß wir uns das Verhältnis des konfuzianischen Rationalismus – denn dieser Name gebührt ihm – zu dem uns geographisch und historisch nächstliegenden: dem Rationalismus des Protestantismus, verdeutlichen. Für die Stufe der Rationalisierung, welche eine Religion repräsentiert, gibt es vor allem zwei, übrigens miteinander in vielfacher innerer Beziehung stehende Maßstäbe. Einmal der Grad, in welchem sie die Magie abgestreift hat. Dann der Grad systematischer Einheitlichkeit, in welche das Verhältnis von Gott und Welt und demgemäß die eigene ethische Beziehung zur Welt von ihr gebracht worden ist.

In der ersten Hinsicht stellt der asketische Protestantismus in seinen verschiedenen Ausprägungen eine letzte Stufe dar. Seine am meisten charakteristischen Ausprägungen haben der Magie am vollständigsten den Garaus gemacht. Auch in der sublimierten Form der Sakramente und Symbole wurde sie prinzipiell ausgerottet, so sehr, daß der strenge Puritaner selbst die Leichen seiner Lieben formlos verscharren ließ, um nur jeder *Superstition,* und das hieß hier: jedem Vertrauen auf Manipulationen magischen Charakters, die Quelle abzugraben. Die gänzliche Entzauberung der Welt war nur hier in allen Konsequenzen durchgeführt. Das bedeutete nicht etwa die Freiheit von dem, was wir heute als *Aberglauben* zu werten pflegen. Die Hexenprozesse haben auch in Neu-England geblüht. Aber: während der Konfuzianismus die Magie in ihrer positiven Heilsbedeutung unangetastet ließ, war hier alles Magische teuflisch geworden, religiös wertvoll dagegen nur das rational Ethische geblieben: das Handeln nach Gottes Gebot, und auch dies nur aus der gottgeheiligten Gesinnung heraus. Es ist nach der Darstellung wohl völlig klar geworden: daß in dem Zaubergarten vollends der heterodoxen Lehre (Taoismus) unter der Macht der Chronomanten, Geomanten, Hydromanten, Meteoromanten, bei der kruden und abstrusen universistischen Vorstellung vom Weltzusammenhang, beim Fehlen aller naturwissenschaftlichen Kenntnis, welche teils Ursache teils aber auch Folge jener elementaren Gewalten war, bei der Verpfründung, der Stütze der magischen Tradition, an deren Sportelchancen sie interessiert war, eine rationale Wirtschaft und Technik moderner okzidentaler Art einfach ausgeschlossen war. Die Erhaltung dieses Zaubergartens aber gehörte zu den intimsten Tendenzen der konfuzianischen Ethik. Aber innere Gründe traten hinzu und hinderten jede Durchbrechung der konfuzianischen Macht.

Die puritanische Ethik rückte, im stärksten Gegensatz zu der unbefangenen Stellungnahme des Konfuzianismus zu den Dingen der Erde, diese in den Zusammenhang einer gewaltigen und pathetischen Spannung gegenüber der *Welt.* Jede Religion, welche mit rationalen (ethischen) Forderungen der Welt gegenübertritt, gerät ja – wir werden das alsbald noch im einzelnen verfolgen – an irgendeinem Punkt mit deren Irrationalitäten in ein Spannungsverhältnis. Diese Spannungen setzen bei den einzelnen Religionen an sehr verschiedenen Punkten ein und danach ist sowohl die Art wie der Stärkegrad der Spannung verschieden. Dies hängt in starkem Maße von der Art des durch metaphysische Verheißungen gegebenen Erlösungswegs der einzelnen Religion ab. Vor allem: der Grad der religiösen Entwertung der Welt ist dabei mit dem Grade ihrer praktischen Ablehnung nicht identisch.

Diejenige (der Absicht nach) rationale Ethik, welche die Spannung gegen die Welt, sowohl ihre religiöse Entwertung wie ihre praktische Ablehnung, auf ein absolutes Minimum reduzierte, war, wie wir gesehen haben, der Konfuzianismus. Die Welt war die beste der möglichen Welten, die menschliche Natur der Anlage nach ethisch gut und die Menschen untereinander darin, wie in allen Dingen, zwar dem Grade nach verschieden, aber prinzipiell gleich geartet und jedenfalls schrankenlos vervollkommnungsfähig und zulänglich zur Erfüllung des Sittengesetzes. Philosophisch-literarische Bildung an der Hand der alten Klassiker war das universelle Mittel der Selbstvervollkommnung, ungenügende Bildung und als deren hauptsächlichster Grund: ungenügende ökonomische Versorgung, die einzige Quelle aller Untugenden. Solche Untugenden aber, und zwar insbesondere diejenigen der Regierung, waren der wesentliche Grund alles aus der Unruhe der (rein magisch aufgefaßten) Geister entstehenden Unheils. Der rechte Weg zum Heil war die Anpassung an die ewigen übergöttlichen Ordnungen der Welt: das Tao, und also an die aus der kosmischen Harmonie folgenden sozialen Erfordernisse des Zusammenlebens. Vor allem also: pietätvolle Fügsamkeit in die feste Ordnung der weltlichen Gewalten. Für den einzelnen war die Ausgestaltung des eigenen Selbst zu einer allseitig harmonisch ausbalancierten Persönlichkeit, einem Mikrokosmos in diesem Sinne, das entsprechende Ideal. *Anmut und Würde* des konfuzianischen Idealmenschen: des Gentleman, äußerte sich in der Erfüllung der überlieferten Pflichten. Die zeremonielle und rituale Schicklichkeit also in allen Lebenslagen war, als Zentraltugend, Ziel der Selbstvervollkommnung, wache rationale Selbstkontrolle und Unterdrückung aller Erschütterung des Gleichgewichts durch irrationale Leidenschaften, welcher Art immer, das geeignete Mittel, sie zu erreichen. Irgendwelche *Erlösung* aber, außer von der Barbarei der Unbildung, begehrte der Konfuzianer nicht. Was er als Lohn der Tugend erwartete, war im Diesseits langes Leben, Gesundheit und Reichtum, über den Tod hinaus aber die Erhaltung des guten Namens. Es fehlte, genau wie bei den genuinen Hellenen, jede transzendente Verankerung der Ethik, jede Spannung zwischen Geboten eines überweltlichen Gottes und einer kreatürlichen Welt, jede Ausgerichtetheit auf ein jenseitiges Ziel und jede Konzeption eines radikal Bösen. Wer die auf das Durchschnittskönnen der Menschen zugeschnittenen Gebote innehielt, war frei von Sünden. Vergebens suchten christliche Missionare ein Sündengefühl da zu wecken, wo solche Voraussetzungen selbstverständlich waren. Ein gebildeter Chinese würde entschieden ablehnen, dauernd mit *Sünden* behaftet zu sein, wie ja übrigens für jede vornehme Intellektuellenschicht dieser Begriff etwas Peinliches, als würdelos Empfundenes zu haben und durch konventionell oder feudal oder ästhetisch formulierte Abwandlungen (etwa: *unanständig* oder *geschmacklos)* vertreten zu werden pflegt. Gewiß gab es Sünden, aber das waren auf ethischem Gebiet Verstöße gegen die überlieferten Autoritäten: Eltern, Ahnen, Vorgesetzte in der Amtshierarchie, also gegen traditionalistische Gewalten, im übrigen aber magisch bedenkliche Verletzungen der überlieferten Bräuche, des überlieferten Zeremoniells und endlich: der festen gesellschaftlichen Konventionen. Diese alle standen untereinander gleich: *Ich habe gesündigt* entsprach unserem *entschuldigen Sie* bei Verstößen gegen die Konvention. Askese und Kontemplation, Mortifikation und Weltflucht waren innerhalb des Konfuzianismus nicht nur unbekannt, sondern als drohnenhaftes Schmarotzertum verachtet. Jede Form von Gemeinde- und Erlösungsreligiosität war teils direkt verfolgt und ausgerottet, teils in ähnlichem Sinne Privatangelegenheit und gering geschätzt, wie etwa die orphischen Pfaffen bei den vornehmen Hellenen der klassischen Zeit. Die innere Voraussetzung dieser Ethik der unbedingten Weltbejahung und Weltanpassung war der ungebrochene Fortbestand rein magischer Religiosität, von der Stellung des Kaisers angefangen, der mit seiner persönlichen Qualifikation für das Wohlverhalten der Geister, den Eintritt von Regen und guter Erntewitterung verantwortlich war, bis zu dem für die offizielle wie für die Volksreligiosität schlechthin grundlegenden Kult der Ahnengeister, zu der inoffiziellen (taoistischen) magischen Therapie und den sonstigen bestehen gebliebenen Formen animistischen Geisterzwangs, anthropo- und herolatrischen Funktionsgötterglaubens. Mit der gleichen Mischung von Skepsis und gelegentlicher Übermanntheit durch Deisidaimonie wie der gebildete Hellene stand der gebildete Konfuzianer, mit ungebrochener Gläubigkeit stand die in ihrer Lebensführung vom Konfuzianismus beeinflußte Masse der Chinesen innerhalb der magischen Vorstellungen. *Tor, wer nach dort die Augen blinzelnd richtet ...* würde der Konfuzianer mit dem alten Faust in bezug auf das Jenseits sagen, – aber wie dieser die Einschränkung machen müssen: *Könnt' ich Magie von meinem Pfad entfernen ...* Auch die im altchinesischen Sinne gebildetsten hohen Beamten zögerten selten, ein beliebiges stupides Mirakel andächtig zu verehren. Eine Spannung gegen die *Welt* war nie entstanden, weil eine ethische Prophetie eines überweltlichen, ethische Forderungen stellenden Gottes, soweit die Erinnerung zurückreicht, völlig gefehlt hat. Daß die *Geister* sie stellten – Vertragstreue vor allem forderten – war kein Ersatz dafür. Denn stets betraf das die unter ihren Schutz gestellte Einzelpflicht, – Eid oder was es war, – nie die innere Gestaltung der Persönlichkeit als solcher und ihrer Lebensführung. Die führende Intellektuellenschicht: Beamte und Amtsanwärter, hatten die Erhaltung der magischen Tradition und speziell der animistischen Ahnenpietät als ein absolutes Erfordernis der ungestörten Erhaltung der bürokratischen Autoritäten konsequent gestützt und alle Erschütterungen durch Erlösungsreligiosität unterdrückt. Die – neben der taoistischen Divination und Sakramentsgnade – einzige, als pazifistisch und daher ungefährlich zugelassene Erlösungsreligion: die des buddhistischen Mönchtums, wirkte in China praktisch durch Bereicherung der seelischen Spannweite um einige Nuancen stimmungsvoller Innerlichkeit – wie wir sehen werden –, im übrigen aber nur als weitere Quelle magischer Sakramentsgnade und traditionsstärkender Zeremonien.

Damit ist auch schon gesagt, daß die Bedeutung einer solchen Intellektuellenethik für die breiten Massen ihre Schranken haben mußte. Zunächst waren die lokalen, und vor allem die sozialen Unterschiede der Bildung selbst enorme. Die traditionalistische und bis in die Neuzeit stark naturalwirtschaftliche Bedarfsdeckung, aufrechterhalten bei den ärmeren Volkskreisen durch eine nirgends in der Welt erreichte, an das Unglaubwürdige grenzende Virtuosität im Sparen (im konsumtiven Sinne des Worts), war nur möglich bei einer Lebenshaltung, welche jede innerliche Beziehung zu den Gentlemanidealen des Konfuzianismus ausschloß. Nur die Gesten und Formen des äußeren Sichverhaltens der Herrenschicht konnten hier, wie überall, Gegenstand allgemeiner Rezeption sein. Der entscheidende Einfluß der Bildungsschicht auf die Lebensführung der Massen hat sich aller Wahrscheinlichkeit nach vor allem durch einige negative Wirkungen vollzogen: die gänzliche Hemmung des Entstehens einer prophetischen Religiosität einerseits, die weitgehende Austilgung aller orgiastischen Bestandteile der animistischen Religiosität andererseits. Es muß als möglich gelten, daß dadurch wenigstens ein Teil jener Züge mitbedingt ist, welche man zuweilen als chinesische Rassenqualitäten anzusprechen pflegt. Es ließe sich heute sicherlich auch von genauen Kennern hier sowenig wie sonst etwas Bestimmtes darüber aussagen: wie weit der Einfluß des biologischen *Erbgutes* reicht. Für uns ist aber eine, sehr leicht zu machende und von namhaften Sinologen bestätigte, Beobachtung wichtig: daß, je weiter zurück man in der Geschichte geht, desto ähnlicher die Chinesen und ihre Kultur (in den für uns hier wichtigen Zügen) dem erscheinen, was man auch bei uns findet. Sowohl der alte Volksglaube, die alten Anachoreten, die ältesten Lieder des Schi king, die alten Kriegskönige, die Gegensätze der Philosophenschulen, der Feudalismus, als die Ansätze kapitalistischer Entwicklung in der Zeit der Teilstaaten erscheinen uns weit verwandter mit okzidentalen Erscheinungen als die als charakteristisch geltenden Eigenschaften des konfuzianischen Chinesentums. Mit der Möglichkeit ist also zu rechnen: daß viele seiner gern als angeboren angesprochenen Züge Produkte rein historisch bedingter Kultureinflüsse waren.

Für Züge dieser Art ist der Soziologe im wesentlichen auf die sicherlich sehr verschiedenwertige, aber schließlich doch die relativ sichersten Erfahrungen in sich bergende Missionarliteratur angewiesen. Einige stets hervorgehobene Beobachtungen: die auffällige Abwesenheit von *Nerven* in dem spezifischen Sinne des Worts, den der Europäer heute damit verbindet, die grenzenlose Geduld und beherrschte Höflichkeit, die Zähigkeit des Haftens am Gewohnten, die absolute Unempfindlichkeit gegen Monotonie und die pausenlose Arbeitsfähigkeit, die Langsamkeit der Reaktion auf ungewohnte Reize, speziell auch in der intellektuellen Sphäre: dies alles scheint eine in sich gut und verständlich zusammenhängende Einheit darzustellen. Aber sonst stehen scheinbar grelle Kontraste gegeneinander. Die außerordentliche, das übliche Maß übersteigende, als unausrottbares Mißtrauen sich äußernde Scheu vor allem nicht Bekannten und direkt zu Durchschauenden, die Ablehnung oder der Mangel an Bedürfnis nach Kenntnis alles nicht direkt handgreiflich Naheliegenden und Nützlichen kontrastieren scheinbar mit der grenzenlos gutmütigen Leichtgläubigkeit für allen noch so phantastischen magischen Schwindel. Ebenso bildet der, wie es scheint, tatsächlich oft starke Mangel echt sympathetischer Mitempfindung auch für die persönlich Nächststehenden einen scheinbaren Gegensatz zu der großen Zähigkeit des Zusammenhaltes der sozialen Verbände. Die (angeblich typische) lieblose Autoritätslosigkeit der unerwachsenen Kinder würde, wenn wirklich bestehend, scheinbar schwer zu vereinbaren sein mit der absoluten Fügsamkeit und zeremoniösen Pietät der erwachsenen Kinder gegenüber den Eltern. Ebenso scheint die – wie stets erneut behauptet wird – in der Welt nicht ihresgleichen findende Unaufrichtigkeit (z. B. selbst dem eigenen Anwalt gegenüber) schwer zu vereinbaren mit der, relativ betrachtet und mit Ländern feudaler Vergangenheit wie z. B. Japan verglichen, offenbar sehr bemerkenswerten Zuverlässigkeit der Kaufleute im großen Geschäftsverkehr (der Detailhandel freilich scheint davon sehr wenig zu wissen, die *festen Preise* auch unter den Einheimischen selbst meist fiktiv zu sein). Das typische Mißtrauen der Chinesen gegeneinander wird von allen Beobachtern bestätigt und kontrastiert gewaltig gegen das Vertrauen auf die Ehrlichkeit der Glaubensbrüder in den puritanischen Sekten, welches gerade von außerhalb der Gemeinschaft her geteilt wurde. Letzten Endes schließlich kontrastiert aber überhaupt die Einheit und Unerschüttertheit des psychophysischen Habitus gegenüber der oft berichteten Unstetheit aller jener Züge der chinesischen Lebensführung, die nicht – wie allerdings die meisten – von außen her durch feste Normen geregelt sind. Schärfer gesagt: Das Fehlen einer *von Innen heraus,* aus irgendwelchen eigenen zentralen Stellungnahmen, überhaupt regulierten Einheit der Lebensführung bildet den grundlegenden Kontrast zu deren durch zahllose Konventionen hergestellter Gebundenheit. Wie erklärt sich das alles?

Das Fehlen der hysterisierenden Askese und der ihr angenäherten Formen der Religiosität und die – nicht vollständige, aber doch weitgehende – Ausschaltung aller Rauschkulte konnte nicht ohne Einfluß auf die nervöse und seelische Konstitution einer Menschengruppe sein. In bezug auf den Gebrauch der Rauschmittel gehörten die Chinesen seit der Pazifizierung (gegenüber der Bedeutung des Zechens im alten Männerhaus und an den Fürstenhöfen) zu den (relativ) *nüchternen* Völkern. Rausch und orgiastische *Besessenheit* hatten alle charismatische Heiligkeitsschätzung abgestreift und galten nur als Symptome dämonischer Herrschaft. Der Konfuzianismus verwarf den Gebrauch von Spirituosen, außer – als Rudiment – bei den Opfern. Daß tatsächlich der Alkoholrausch auch in China bei den unteren Volksschichten nichts Seltenes war, ändert doch nichts an der relativen Bedeutung des Unterschieds. Das als spezifisch chinesisch geltende Rauschmittel aber: das Opium, wurde erst in moderner Zeit importiert und seine Zulassung ist dem Lande bekanntlich gegen den schärfsten Widerstand der herrschenden Schichten von außen her durch Krieg aufgezwungen worden. Es liegt in seinen Wirkungen überdies in der Richtung der apathischen Ekstase, also in der geraden Verlängerung der Linie des *Wu wei,* nicht aber in der Linie des Heldenrausches oder der Entfesselung aktiver Leidenschaften. Die hellenische Sophrosyne hinderte Platon nicht, im Phaidros alles Große als aus dem schönen Wahnsinn geboren anzusehen. Darin dachte der Rationalismus sowohl des römischen Amtsadels, – welcher *ekstasis* mit *superstitio* übersetzte, – wie der chinesischen Bildungsschicht völlig anders. Die *Ungebrochenheit* sowohl wie das, was als Indolenz empfunden wird, hängt vielleicht bis zu einem gewissen Grade mit diesem gänzlichen Fehlen dionysischer Elemente in der chinesischen Religiosität: – einer Folge bewußter Ernüchterung des Kults durch die Bürokratie, – zusammen. Es gab nichts in ihr und sollte nichts in ihr geben, was die Seele aus dem Gleichgewicht hätte bringen können. Jede überstarke Leidenschaft, besonders auch der Zorn: Tschei, bewirkte bösen Zauber, und bei jedem Leiden fragte man zuerst: welchem Tschei es wohl zuzuschreiben sei. Die Erhaltung der animistischen Magie als einziger, zwar vom Gebildeten verachteter, aber doch durch den Charakter der offiziellen Kulte gestützter Form der Volksreligiosität bedingte die traditionalistische Angst vor jeder Neuerung, die bösen Zauber bringen und die Geister beunruhigen könnte. Sie erklärt die große Leichtgläubigkeit. Die Folge der Erhaltung des magischen Glaubens: daß Krankheit und Unglück Symptome selbstverschuldeten göttlichen Zornes seien, mußte eine gewisse Unterbindung jener sympathetischen Empfindungen begünstigen, welche aus dem Gemeinschaftsgefühl von Erlösungsreligionen dem Leiden gegenüber zu entspringen pflegen und daher in Indien die volkstümliche Ethik von jeher stark beherrschten. Die spezifisch kühle Temperierung der chinesischen Menschenfreundlichkeit, ja selbst der innergentilen Beziehungen, verbunden mit zeremoniöser Korrektheit und egoistischer Angst vor den Geistern, waren das Resultat.

Eine Fundgrube folkloristischer Forschung, wie sie namentlich W. Grubes

Arbeiten ausnutzen, stellen die unermeßlichen zeremoniellen, in ihrer Umständlichkeit und vor allem in der Unverbrüchlichkeit aller Einzelheiten fast beispiellosen Bindungen dar, wie sie die Existenz des Chinesen vom Embryo angefangen bis zum Totenkult umgaben. Davon ist ein Teil ersichtlich magischen, namentlich apotropäischen Ursprungs. Ein anderer fällt dem Taoismus und dem weiterhin noch zu erörternden Volksbuddhismus zur Last, die beide auf dem Gebiet des Alltagslebens der Massen sehr tiefe Spuren hinterlassen haben. Aber es bleibt ein sehr bedeutender Rest rein konventionell-zeremoniellen Charakters. Die zeremoniell vorgeschriebenen Fragen: auf welche die zeremoniell vorgeschriebene Antwort zu geben war, die zeremoniell unumgänglichen Anerbietungen, deren in bestimmter Form zu gebende dankende Ablehnung zeremoniell geregelt war, die Besuche, Geschenke, Achtungs-, Beileids- und Mitfreudekundgebungen zeremoniellen Charakters lassen alles weit hinter sich, was etwa in Spanien innerhalb der (feudal und wohl auch islamisch beeinflußten) altbäuerlichen Tradition sich bis an die Schwelle der Gegenwart erhalten hatte. Und hier, auf dem Gebiet der Geste und des Gesichtes, ist der Ursprung aus dem Konfuzianismus im ganzen als vorwiegend anzunehmen auch da, wo er nicht nachweisbar ist. Nicht immer, wohlverstanden, in der Art des Brauches, aber: In dem *Geist,* in dem er geübt wurde, wirkte sich der Einfluß seines Schicklichkeits-Ideales aus, dessen ästhetisch kühle Temperatur alle aus feudalen Zeiten überkommenen Pflichten, insbesondere die karitativen, zum symbolischen Zeremoniell erstarren ließ. Auf der andern Seite band der Geisterglaube die Sippengenossen um so enger aneinander. Die vielbeklagte Unwahrhaftigkeit war zweifellos zum Teil, – wie auch im antiken Ägypten, – direktes Produkt des patrimonialen Fiskalismus, der überall dazu erzog – denn der Hergang der Steuerbeitreibung in Ägypten und China war sehr ähnlich: Überfall, Prügel, Hilfe der Versippten, Heulen der Bedrängten, Angst der Erpresser und Kompromiß. – Daneben aber sicher auch des ganz ausschließlichen Kults des zeremoniell und konventionell Schicklichen im Konfuzianismus. Aber auf der anderen Seite fehlten die lebendigen feudalen Instinkte, denen aller Handel mit dem Stichwort *Qui trompe-t-on?* gebrandmarkt ist, und es konnte sich daher aus der Pragmatik der Interessenlage des monopolistisch gesicherten und vornehmen, gebildeten Außenhandelsstandes der Ko Hang Gilde jene geschäftliche Zuverlässigkeit entwickeln, welche an ihm gerühmt zu werden pflegt. Sie wäre, wenn dies zutrifft, mehr von außen ankultiviert als von innen heraus entwickelt, wie in der puritanischen Ethik. Dies gilt aber für die ethischen Qualitäten überhaupt.

Eine echte Prophetie schafft eine systematische Orientierung der Lebensführung an einem Wertmaßstab von innen heraus, der gegenüber die *Welt* als das nach der Norm ethisch zu formende Material gilt. Der Konfuzianismus war umgekehrt Anpassung nach außen hin, an die Bedingungen der *Welt.* Ein optimal angepaßter, nur im Maße der Anpassungsbedürftigkeit in seiner Lebensführung rationalisierter Mensch ist aber keine systematische Einheit, sondern eine Kombination nützlicher Einzelqualitäten. Das Fortbestehen der animistischen Vorstellungen von der Mehrheit der Seelen des Einzelnen in der chinesischen Volksreligiosität könnte fast als ein Symbol dieses Tatbestandes gelten. Wo alles Hinausgreifen über die Welt fehlte, mußte auch das Eigengewicht ihr gegenüber mangeln. Domestikation der Massen und gute Haltung des Gentleman konnten dabei entstehen. Aber der Stil, welchen sie der Lebensführung verliehen, mußte durch wesentlich negative Elemente charakterisiert bleiben und konnte jenes Streben zur Einheit von innen heraus, das wir mit dem Begriff *Persönlichkeit* verbinden, nicht entstehen lassen. Das Leben blieb eine Serie von Vorgängen, kein methodisch unter ein transzendentes Ziel gestelltes Ganzes. Der Gegensatz dieser sozialethischen Stellungnahme gegen alle okzidentale religiöse Ethik war unüberbrückbar. Von außen könnten manche patriarchalen Seiten der thomistischen und auch der lutherischen Ethik Ähnlichkeiten mit dem Konfuzianismus aufzuweisen scheinen. Aber dieser Schein ist äußerlich. Denn keine, auch nicht eine mit den Ordnungen der Erde in einen noch so engen Kompromiß verflochtene christliche Ethik konnte die pessimistische Spannung zwischen Welt und überweltlicher Bestimmung des einzelnen mit ihren unvermeidlichen Konsequenzen so von Grund auf beseitigen, wie das konfuzianische System des radikalen Weltoptimismus.

Irgendwelche Spannung zwischen Natur und Gottheit, ethischen Anforderungen und menschlicher Unzulänglichkeit, Sündenbewußtsein und Erlösungsbedürfnis, diesseitigen Taten und jenseitiger Vergeltung, religiöser Pflicht und politisch-sozialen Realitäten fehlte eben dieser Ethik vollständig und daher auch jede Handhabe zur Beeinflussung der Lebensführung durch innere Gewalten, die nicht rein traditionell und konventionell gebunden waren. Die weitaus stärkste, die Lebensführung beeinflussende Macht war die auf dem Geisterglauben ruhende Familienpietät. Sie war es letztlich, welche den immer noch, wie wir sahen, starken Zusammenhalt der Sippenverbände und die früher erwähnte Art der Vergesellschaftung in Genossenschaften, welche als erweiterte Familienbetriebe mit Arbeitsteilung gelten können, ermöglichte und beherrschte. Dieser feste Zusammenhalt war in seiner Art ganz und gar religiös motiviert, und die Stärke der genuin chinesischen Wirtschaftsorganisationen reichte etwa ebensoweit, wie diese durch Pietät regulierten persönlichen Verbände reichten. Im größten Gegensatz gegen die auf Versachlichung der kreatürlichen Aufgaben hinauslaufende puritanische Ethik entfaltete die chinesische Ethik ihre stärksten Motive innerhalb der Kreise der naturgewachsenen (oder diesen angegliederten oder nachgebildeten) Personenverbände. Während die religiöse Pflicht gegen den überweltlichen, jenseitigen Gott im Puritanismus alle Beziehungen zum Mitmenschen: auch und gerade zu dem in den natürlichen Lebensordnungen ihm nahestehenden, nur als Mittel und Ausdruck einer über die organischen Lebensbeziehungen hinausgreifenden Gesinnung schätzte, war umgekehrt die religiöse Pflicht des frommen Chinesen gerade nur auf das Sichauswirken innerhalb der organisch gegebenen persönlichen Beziehungen hingewiesen. Die allgemeine *Menschenliebe* lehnte Mencius mit der Bemerkung ab, daß dadurch Pietät und Gerechtigkeit ausgelöscht werden: weder Vater noch Bruder zu haben sei die Art der Tiere. Inhalt der Pflichten eines konfuzianischen Chinesen war immer und überall Pietät gegen konkrete, lebende oder tote Menschen, die ihm durch die gegebenen Ordnungen nahestanden, niemals gegen einen überweltlichen Gott und also niemals gegen eine heilige *Sache* oder *Idee.* Denn das *Tao* war keines von beiden, sondern einfach die Verkörperung des bindenden traditionalistischen Rituals, und nicht *Handeln,* sondern *Leere* war sein Gebot. Die personalistische Schranke der Versachlichung hat auch für die Wirtschaftsgesinnung ohne allen Zweifel, als eine Schranke der objektivierenden Rationalisierung, erhebliche Bedeutung gehabt, indem sie den einzelnen immer erneut innerlich an seine Sippen- und sippenartig mit ihm verbundenen Genossen, jedenfalls an *Personen,* statt an sachliche Aufgaben *(Betriebe)* zu binden die Tendenz hatte. Gerade sie war, wie die ganze Darstellung ergab, auf das Intimste verknüpft mit der Art der chinesischen Religiosität, mit jener Schranke der Rationalisierung der religiösen Ethik, welche die maßgebende Bildungsschicht im Interesse der Erhaltung der eigenen Stellung festhielt. Es ist von sehr erheblicher ökonomischer Bedeutung, wenn alles Vertrauen, die Grundlage aller Geschäftsbeziehungen, immer auf Verwandtschaft oder verwandtschaftsartige, rein persönliche Beziehungen gegründet blieb, wie dies in China sehr stark geschah. Die große Leistung der ethischen Religionen, vor allem der ethischen und asketischen Sekten des Protestantismus, war die Durchbrechung des Sippenbandes, die Konstituierung der Überlegenheit der Glaubens- und ethischen Lebensführungsgemeinschaft gegenüber der Blutsgemeinschaft, in starkem Maße selbst gegenüber der Familie. Ökonomisch angesehen: die Begründung des geschäftlichen Vertrauens auf ethische Qualitäten der Einzelindividuen, welche in sachlicher Berufsarbeit bewährt waren. Die Folgen des universellen Mißtrauens aller gegen alle, eine Konsequenz der offiziellen Alleinherrschaft der konventionellen Unaufrichtigkeit und der alleinigen Bedeutung der Wahrung des Gesichtes im Konfuzianismus, müssen ökonomisch vermutlich – denn hier gibt es keine Maßmethoden – ziemlich hoch veranschlagt werden.

Der Konfuzianismus und die konfuzianische, den *Reichtum* vergötternde Gesinnung haben wirtschaftspolitische Maßregeln entsprechender Art begünstigen können (wie das auch die weltoffene Renaissance im Okzident, sahen wir, tat). Aber gerade hier kann man die Grenze der Bedeutung der Wirtschaftspolitik gegenüber der Wirtschaftsgesinnung sehen. Materielle Wohlfahrt ist nie und nirgends in Kulturländern mit solcher Emphase als letztes Ziel[1] hingestellt worden. Die wirtschaftspolitischen Anschauungen des

[1] Vgl. dazu neben allem Gesagten auch noch de Groot, The Rel. of the Chin., New York 1910, p. 130.

Konfuzius entsprachen etwa denen der *Kameralisten* bei uns. Den Nutzen des Reichtums, auch des durch Handel erworbenen, betonte der Konfuzianer Se Ma Tsien, der selbst einen Traktat über die *Handelsbilanz* – das älteste Dokument chinesischer Nationalökonomie – geschrieben hat.[2] Die Wirtschaftspolitik war eine Abwechslung von fiskalischen und laissez-faire-Maßregeln, jedenfalls aber nicht der Absicht nach antichrematistisch. *Verachtet* waren die Kaufleute in unserem Mittelalter ebenso und sind es von den Literaten heute ebenso, wie in China. Aber mit Wirtschaftspolitik schafft man keine kapitalistische Wirtschaftsgesinnung. Die Geldverdienste der Händler der Teilstaatenzeit waren politischer Gewinn von Staatslieferanten. Die großen Bergwerksfronden galten der Goldsuche. Kein Mittelglied führte aber vom Konfuzianismus und seiner ganz ebenso fest wie das Christentum verankerten Ethik zu einer bürgerlichen Lebensmethodik hinüber. Auf diese allein kam es aber an. Sie hat der Puritanismus – durchaus gegen seinen Willen – geschaffen. Die Paradoxie der Wirkung gegenüber dem Wollen: – Mensch und Schicksal (Schicksal die Folge seines Handelns gegenüber seiner Absicht) in diesem Sinn: Das kann uns diese nur auf den allerersten oberflächlichen Blick seltsame scheinbare Umkehr des *Natürlichen* lehren.

Den radikal entgegengesetzten Typus einer rationalen Weltbehandlung stellt nun der Puritanismus dar. Das ist, sahen wir früher, kein ganz eindeutiger Begriff. Die *Ecclesia pura* bedeutete praktisch, im eigentlichsten Sinne, vor allem die zu Gottes Ehre von sittlich verworfenen Teilnehmern gereinigte christliche Abendmahlsgemeinschaft, ruhe sie nun auf calvinistischer oder baptistischer Grundlage, und sei sie demgemäß in der Kirchenverfassung mehr synodal oder mehr kongregationalistisch geartet. Im weiteren Sinne aber kann man darunter verstehen die sittlich rigoristischen, christlich-asketischen Laiengemeinschaften überhaupt, mit Einschluß also der von pneumatisch-mystischen Anfängen ausgegangenen täuferischen, mennonitischen, quäkerischen, der asketisch-pietistischen und der methodistischen. Das Eigentümliche dieses Typus gegenüber dem konfuzianischen war nun: daß hier das Gegenteil von Weltflucht: Weltrationalisierung, trotz oder vielmehr gerade in der Form asketischer Weltablehnung, galt. Die Menschen sind, da es in der kreatürlichen Verderbtheit gegenüber Gott keine Unterschiede geben kann, an sich alle gleich verworfen und ethisch absolut unzulänglich, die Welt ein Gefäß der Sünde. Anpassung an ihre eitlen Gepflogenheiten wäre ein Zeichen der Verwerfung, Selbstvervollkommnung im konfuzianischen Sinne ein blasphemisch kreaturvergötterndes Ideal. Der Reichtum und die Hingabe an seinen Genuß wäre die spezifische Versuchung, das Pochen auf menschliche Philosophie und literarische Bildung sündlicher kreatürlicher Hochmut, alles Vertrauen auf magischen Geister- und Gotteszwang nicht nur verächtlicher Aberglaube, sondern dreiste Gotteslästerung. Alles, was an Magie erinnerte, jeder Rest von Ritualismus und

[2] Abgedruckt in der Ausgabe von Chavannes, Vol. III, Kap. XXX. S. o.

Priestergewalt, wurde ausgerottet. Das Quäkertum kannte, der Theorie nach, selbst den bestellten Prediger nicht, die Mehrzahl der asketischen Sekten wenigstens keinen bezahlten Berufsprediger. In den hellen kleinen Vereinigungsräumen der Quäker fehlte jede letzte Spur von religiösen Emblemen.

Die Menschen waren von Natur alle gleich sündhaft, aber ihre religiösen Chancen waren dennoch nicht gleich, sondern höchst ungleich, und zwar nicht nur zeitweilig, sondern definitiv. Entweder direkt kraft grundloser Prädestination (wie bei den Calvinisten, den Partikularbaptisten, den Whitefieldschen Methodisten und den reformierten Pietisten). Oder doch kraft ihrer verschiedenen Qualifikation zu den pneumatischen Geistesgaben. Oder endlich kraft der verschiedenen Intensität und also auch des verschiedenen Erfolgs ihres Strebens, den bei den alten Pietisten entscheidenden Akt der Bekehrung, den *Bußkampf* und *Durchbruch,* oder wie die Wiedergeburt sonst geartet sein mochte, zu erringen. Immer waltete aber in diesen Unterschieden Vorsehung und grundlose, unverdiente, *freie* Gnade eines überweltlichen Gottes. Deshalb war der Prädestinationsglaube zwar nur eine, aber doch die weitaus konsequenteste dogmatische Formung dieser Virtuosenreligiosität. Nur wenige aus der massa perditionis waren berufen, das Heil zu erreichen, einerlei, ob es kraft Prädestination von Ewigkeit her nur ihnen bestimmt war oder zwar allen (nach den Quäkern z. B. auch Nichtchristen) angeboten, aber nur von dem kleinen Haufen, der es zu ergreifen vermag, erreicht wurde. Nach manchen pietistischen Lehren wurde das Heil nur einmal im Leben, nach anderen (den sog. Terministen) einmal zum letztenmal angeboten: – immer mußte jedenfalls der Mensch sich imstande zeigen, es sich anzueignen. Auf Gottes freie Gnade und auf das Jenseitsschicksal war also alles ausgelichtet, das diesseitige Leben entweder ein Jammertal oder doch nur ein Durchgang. Eben deshalb aber fiel auf diese winzige Zeitspanne und das, was in ihr vorging, ein ungeheurer Akzent, im Sinne etwa von Carlyles Wort: *Jahrtausende mußten vergehen, ehe du zum Leben kamst, und andere Jahrtausende warten schweigend, was du mit diesem deinem Leben beginnen wirst.* Nicht etwa weil es möglich wäre, durch rein eigene Leistung ewiges Heil zu erringen. Das war unmöglich. Sondern weil die eigene Berufung zur Erlösung dem einzelnen nur zuteil, und vor allem auch nur erkennbar werden konnte, durch das Bewußtsein von einer zentralen einheitlichen Beziehung dieses seines kurzen Lebens auf den überweltlichen Gott und seinen Willen: in der *Heiligung.* Diese wieder konnte, wie bei aller aktiven Askese, nur in gottgewolltem Tun, einem ethischen Handeln also, auf dem Gottes Segen ruhte, sich bewähren und so dem einzelnen die Heilsgewißheit in der Sicherheit geben, daß er Gottes Werkzeug sei. Die denkbar stärkste innere Prämie wurde dadurch auf eine rationale sittliche Lebensmethodik gesetzt. Nur das Leben nach festen, von einem einheitlichen Zentrum aus geregelten Grundsätzen konnte als gottgewollt gelten. Wenn die unbefangene Hingabe an die Welt unbedingt vom Heil abführte, so war diese kreatürliche Welt und waren die kreatürlichen Menschen doch eben Gottes Schöpfung, an die er bestimmte Anforderungen stellte, die er (calvinistische Vorstellung:) *zu seinem Ruhm* geschaffen und in denen er daher, wie kreatürlich verderbt sie auch seien, seine Ehre verwirklicht sehen wollte, indem die Sünde und nach Möglichkeit auch das Leiden gebändigt und unter ethische Zucht genommen wurden durch rationale Ordnung. Das *Wirken der Werke dessen, der mich gesandt hat, solange es Tag ist* wurde hier zur Pflicht, und diese aufgegebenen Werke waren nicht rituellen, sondern rational-ethischen Charakters.

Der Gegensatz zum Konfuzianismus ist klar. Beide Ethiken hatten ihre irrationale Verankerung: dort die Magie, hier die letztlich unerforschlichen Ratschlüsse eines überweltlichen Gottes. Aber aus der Magie folgte, da die erprobten magischen Mittel und letztlich alle überkommenen Formen der Lebensführung bei Vermeidung des Zorns der Geister unabänderlich waren: die Unverbrüchlichkeit der Tradition. Aus der Beziehung zum überweltlichen Gott und zur kreatürlich verderbten ethisch irrationalen Welt folgte dagegen die absolute Unheiligkeit der Tradition und die absolut unendliche Aufgabe immer erneuter Arbeit an der ethisch rationalen Bewältigung und Beherrschung der gegebenen Welt: die rationale Sachlichkeit des *Fortschritts*. Der Anpassung an die Welt dort stand also hier die Aufgabe ihrer rationalen Umgestaltung gegenüber. Der Konfuzianismus erforderte stetige wache Selbstbeherrschung im Interesse der Erhaltung der Würde des allseitig vervollkommneten perfekten Weltmannes, die puritanische Ethik im Interesse der methodischen Einheit der Eingestelltheit auf den Willen Gottes. Die konfuzianische Ethik beließ die Menschen höchst absichtsvoll in ihren naturgewachsenen oder durch die sozialen Über- und Unterordnungsverhältnisse gegebenen persönlichen Beziehungen. Sie verklärte diese, und nur diese, ethisch und kannte letztlich keine anderen sozialen Pflichten als die durch solche persönlichen Relationen von Mensch zu Mensch, von Fürst zu Diener, vom höheren zum niederen Beamten, von Vater und Bruder zum Sohn und Bruder, vom Lehrer zum Schüler, von Freund zu Freund geschaffenen menschlichen Pietätspflichten. Der puritanischen Ethik dagegen waren eben diese rein persönlichen Beziehungen, – obwohl sie sie natürlich, soweit sie nicht gottwidrig waren, bestehen ließ und ethisch regelte, – dennoch leicht verdächtig, weil sie Kreaturen galten. Die Beziehung zu Gott ging ihnen unter allen Umständen vor. Allzu intensive, kreaturvergötternde, Beziehungen zu Menschen rein als solchen waren unbedingt zu meiden. Denn das Vertrauen auf Menschen, gerade auf die natürlich nächststehenden, würde der Seele gefährlich sein. Ihre eigenen, nächsten Verwandten würde – sahen wir – die calvinistische Herzogin Renata von Este verfluchen, wenn sie sie von Gott (kraft grundloser Prädestination) verworfen wüßte. Daraus folgten praktisch sehr wichtige Unterschiede beider ethischer Konzeptionen, obwohl wir doch beide in ihrer praktischen Wendung als *rationalistisch* bezeichnen werden und obwohl sie beide *utilitarische*

Konsequenzen zogen. Zwar nicht nur aus jener sozialethischen Stellungnahme, – sondern auch aus Eigengesetzlichkeiten der politischen Herrschaftsstruktur –, aber doch sehr wesentlich auch aus jener folgte die Erhaltung der Sippengebundenheit in China, der durchaus an persönliche Beziehungen geknüpfte Charakter der politischen und ökonomischen Organisationsformen, die alle (relativ) in sehr auffallender Art der rationalen Versachlichung und des abstrakten transpersonalen Zweckverbandscharakters entbehrten, von dem Fehlen eigentlicher *Gemeinden,* speziell in den Städten, angefangen bis zum Fehlen ökonomischer Vergesellschaftungs- und Betriebsformen rein sachlich zweckgebundener Art. Aus rein chinesischen Wurzeln sind solche so gut wie gar nicht entstanden.[3] Alles Gemeinschaftshandeln blieb dort durch rein persönliche, vor allem verwandtschaftliche Beziehungen, und daneben durch Berufsverbrüderungen umspannt und bedingt. Während dagegen der Puritanismus alles versachlichte, in rationale *Betriebe* und rein sachlich *geschäftliche* Beziehungen auflöste, rationales Recht und rationale Vereinbarung an die Stelle der in China prinzipiell allmächtigen Tradition, lokalen Gepflogenheit und konkreten persönlichen Beamtengnade setzte.

Noch wichtiger scheint ein anderes. Der weltbejahende Utilitarismus und die Überzeugung von dem ethischen Wert des Reichtums als universellen Mittels allseitiger sittlicher Vollendung in Verbindung mit der ungeheuren Volksdichte haben in China zwar die *Rechenhaftigkeit* und Genügsamkeit zu sonst unerhörter Intensität gesteigert. Um jeden Pfennig wurde gefeilscht und gerechnet und täglich machte der Krämer seinen Kassensturz. Zuverlässige Reisende berichten, daß Geld und Geldinteressen in einem sonst seltenen Maße das Gesprächsthema der Einheimischen unter sich zu bilden schienen. Aber höchst auffallenderweise waren große methodische geschäftliche Konzeptionen rationaler Art, wie sie der moderne Kapitalismus voraussetzte, auf ökonomischem Gebiet wenigstens, aus diesem unendlich intensiven Wirtschaftsgetriebe und dem oft beklagten krassen *Materialismus* heraus nicht entstanden, und sind China überall da fremd geblieben, wo nicht (wie z. B. bei den Kantonesen) fremder Einfluß in der Vergangenheit, oder jetzt der Eindruck des unaufhaltsam vordringenden okzidentalen Kapitalismus sie ihnen lehrte. Aus eigenem sind zwar seinerzeit (wie es scheint speziell so lange die politischen Spaltungen bestanden) die Formen des politisch orientierten Kapitalismus, der Amts- und Notkreditwucher, Großhandelsprofite und auf gewerblichem Gebiet Ergasterien (auch größere Werkstätten), wie sie auch im späten Altertum, in Ägypten und im Islam vorkamen, neuerdings auch die übliche Abhängigkeit vom Verleger und Aufkäufer, auch sie jedoch im allgemeinen ohne die straffe Organisation des *sistema domestico* schon unseres Spätmittelalters, entstanden. Aber trotz des recht intensiven Binnentausch- (und des wenigstens zeitweise ansehnlichen Außenhandels-) Verkehrs kein bürgerlicher Kapitalismus

[3] Über die *Kreditvereinigung* als leisen Ansatz siehe oben.

moderner, nicht einmal spätmittelalterlicher Art: nicht die rationalen Formen des spätmittelalterlichen und vollends des scientistischen, europäischen, kapitalistischen gewerblichen *Betriebs,* nicht eine *Kapital*-Bildung europäischer Art (das chinesische Kapital, welches sich bei modernen Chancen beteiligte, war vorwiegend Mandarinen-, also durch Amtswucher akkumuliertes Kapital), keine rationale Methodik der Betriebsorganisation nach europäischer Art, keine wirklich rationale Organisation des kommerziellen Nachrichtendienstes, kein rationales Geldsystem, nicht einmal eine dem ptolemäischen Ägypten gleichkommende Entwicklung der Geldwirtschaft, nur Ansätze (charakteristische, aber wesentlich in ihrer technischen Unvollkommenheit charakteristische Ansätze) von Rechtsinstitutionen, wie sie unser Firmenrecht, Handelsgesellschaftsrecht, Wechsel- und Wertpapierrecht darstellen, und eine höchst begrenzte Verwendung der zahlreichen[4] technischen Erfindungen für rein ökonomische Zwecke, schließlich kein wirklich technisch vollwertiges kaufmännisches Schrift-, Rechnungs- und Buchführungssystem. Also, trotz des fast völligen Fehlens der Sklaven – einer Folge der Befriedung des Reichs – sehr ähnliche, aber in mancher Hinsicht vom *Geist* des modernen Kapitalismus und seinen Institutionen noch ferner abliegende Zustände, wie sie die mittelländische Antike aufweist. Eine trotz aller Ketzerrichterei im Vergleich mit der Intoleranz mindestens des calvinistischen Puritanismus weitgehende religiöse Duldung, weitgehende Freiheit des Güterverkehrs, Friede, Freizügigkeit, Freiheit der Berufswahl und der Produktionsmethoden, Fehlen aller Perhorreszierung des Krämergeistes: Dies alles hat doch keinen modernen Kapitalismus in China entstehen lassen. Daß *Erwerbstrieb,* hohe, ja exklusive Schätzung des Reichtums und utilitaristischer *Rationalismus* an und für sich noch nichts mit modernem Kapitalismus zu tun haben, kann man also gerade in diesem typischsten Lande des Erwerbes studieren. Erfolg und Mißerfolg schrieb zwar der chinesische kleinere und mittlere Geschäftsmann (und auch der große, der in den alten Traditionen stand) ebenso wie der Puritaner, göttlichen Mächten zu. Der Chinese aber seinem (taoistischen) Reichtumsgott: Sie waren für ihn nicht Symptome eines Gnadenstandes, sondern Folgen magisch oder zeremoniell bedeutsamer Verdienste oder Verstöße und wurden daher durch rituelle *gute Werke* wieder auszugleichen gesucht. Es fehlte ihm die zentral, von innen heraus, religiös bedingte rationale Lebensmethodik des klassischen Puritaners, für den der ökonomische Erfolg nicht letztes Ziel und Selbstzweck, sondern Mittel der Bewährung war. Es fehlte die bewußte Verschlossenheit gegen die

[4] Daß z. B. die Rückständigkeit des Bergbaubetriebs (Grund der Währungskatastrophen), der Nichtgebrauch der Kohle zur Eisenherstellung (trotz angeblicher Kenntnis des Verkokungsprozesses,) die zunehmende Begrenzung der Schiffahrt auf Binnenschiffahrt in traditionalen Formen und Wegen, nicht auf Defekte der technischen oder Erfinderbegabung zurückzuführen sind, ergibt sich aus den Erfindungen der Chinesen zur Sonnenklarheit. Fung Schui, Mantik aller Art, Sportelinteressen: – die Produkte der Magie und der Staatsform, – waren entscheidend.

Einflüsse und Eindrücke der *Welt*, die der Puritaner durch ein bestimmt und einseitig orientiertes rationales Wollen ebenso zu bemeistern trachtete wie sich selbst, und die ihn zur Unterdrückung gerade jener kleinlichen, jede rationale Betriebsmethodik zerstörenden Erwerbsgier anleitete, welche das Tun des chinesischen Kleinkrämers auszeichnete. Jene eigentümliche Verengung und Verdrängung des natürlichen Trieblebens[5], welche die streng willensmäßige ethische Rationalisierung mit sich bringt und welche dem Puritaner anerzogen wurde, war dem Konfuzianer fremd. Bei ihm hatte die Beschneidung der freien Äußerung der urwüchsigen Triebe einen anderen Charakter. Die wache Selbstbeherrschung des Konfuzianers ging darauf aus, die Würde der äußeren Gesten und Manieren, das *Gesicht*, zu wahren. Sie war ästhetischen und dabei wesentlich negativen Charakters: *Haltung* an sich, ohne bestimmten Inhalt, wurde geschätzt und erstrebt. Die ebenso wache Selbstkontrolle des Puritaners richtete sich auf etwas Positives: ein bestimmt qualifiziertes Handeln, und darüber hinaus auf etwas Innerlicheres: die systematische Meisterung der eigenen, als sündenverderbt geltenden inneren Natur, deren Inventar der konsequente Pietist durch eine Art von Buchführung, so wie sie noch ein Epigone wie Benjamin Franklin täglich vornahm, feststellte. Denn der überweltliche allwissende Gott sah auf den zentralen inneren Habitus, die Welt dagegen, an die sich der Konfuzianer anpaßt, nur auf die anmutige Geste. Dem universellen, allen Kredit und alle Geschäftsoperationen hemmenden Mißtrauen, welches der nur auf die äußere *Contenance* bedachte konfuzianische Gentleman gegen andere hatte und gegen sich selbst voraussetzte, stand das Vertrauen, insbesondere auch das ökonomische, auf die bedingungslose und unerschütterliche, weil religiös bedingte Legalität des Glaubensbruders beim Puritaner gegenüber. Dieses Vertrauen war genau ausreichend, seinen tiefen realistischen und durchaus respektlosen Pessimismus in bezug auf die kreatürliche Verderbtheit der Welt und der Menschen, auch und gerade der Höchststehenden, nicht zu einem Hemmnis des für den kapitalistischen Verkehr unentbehrlichen Kredits werden zu lassen, sondern ihn nur zu einer nüchternen, auf die Konstanz der für sachliche Geschäftszwecke nach dem Prinzip: *Honesty is the best policy* unentbehrlichen Motive zählenden, Abwägung des objektiven (äußeren und inneren) Könnens des Gegenparts zu veranlassen. Das Wort des Konfuzianers war schöne und höfliche Gebärde, die ihren Selbstzweck hatte, das Wort des Puritaners sachliche, knappe und absolut verläßliche geschäftliche Mitteilung: *Ja, ja, nein nein, was darüber ist, das ist vom Übel.* Die Sparsamkeit des Konfuzianers, übrigens beim Gentleman durch ständische Schicklichkeit eng begrenzt und, wo sie zum Übermaß wurde, wie bei der mystisch bedingten Demut Laotses und mancher Taoisten, von der Schule bekämpft, war bei dem chinesischen Kleinbürgertum ein Zusammenscharren im Grunde nach Art des Thesaurierens im Bauernstrumpf. Es geschah um der Sicherung der Totenriten und des guten

[5] Darüber sehr gute Bemerkungen in den Schriften von Ludwig Klages.

Namens, daneben um der Ehre und Freude des Besitzes als solchen willen, wie überall bei noch nicht asketisch gebrochener Stellungnahme zum Reichtum. Dem Puritaner dagegen war der Besitz als solcher ebenso Versuchung wie etwa dem Mönch. Sein Erwerb war ebenso ein Nebenerfolg und Symptom des Gelingens seiner Askese wie der der Klöster. Wir haben keine Wahl, sagte (sahen wir) John Wesley, – unter ausdrücklichem Hinweis auf diese bei den puritanischen Denominationen von jeher beobachtete scheinbare Paradoxie von Weltablehnung und Erwerbsvirtuosität –, als den Menschen zu empfehlen: fromm zu sein, und das heißt – als unvermeidliche Folge – reich zu werden, obwohl die Gefährlichkeit des Reichtums für den einzelnen Frommen ebenso wie bei den Klöstern auf der Hand lag.

Beim Konfuzianer war der Reichtum, wie eine vom Stifter überlieferte Äußerung ausdrücklich lehrt, das wichtigste Mittel tugendhaft, d. h. würdig leben und sich der eigenen Vervollkommnung widmen zu können. *Bereichert sie,* war daher die Antwort auf die Frage nach dem Mittel, die Menschen zu bessern. Denn nur dann konnte man *standesgemäß* leben. Beim Puritaner war der Erwerb ungewollte Folge, aber wichtiges Symptom der eigenen Tugend, die Verausgabung des Reichtums für eigene konsumtive Zwecke aber sehr leicht kreaturvergötternde Hingabe an die Welt. Reichtumserwerb würde Konfuzius an sich nicht verschmähen, aber er schien unsicher und konnte daher zur Störung des vornehmen Gleichgewichts der Seele führen und alle eigentliche ökonomische Berufsarbeit war banausisches Fachmenschentum. Der Fachmensch aber war für den Konfuzianer auch durch seinen sozialutilitarischen Wert nicht zu wirklich positiver Würde zu erheben. Denn – dies war das Entscheidende – *der vornehme Mann* (Gentleman) war *kein Werkzeug,* d. h.: Er war in seiner weltangepaßten Selbstvervollkommnung ein letzter Selbstzweck, nicht aber Mittel für sachliche Zwecke welcher Art immer. Dieser Kernsatz der konfuzianischen Ethik lehnte die Fachspezialisierung, die moderne Fachbürokratie und die Fachschulung, vor allem aber die ökonomische Schulung für den Erwerb ab. Einer solchen *kreaturvergötternden* Maxime setzte der Puritanismus gerade umgekehrt die Bewährung an den speziellen sachlichen Zwecken der Welt und des Berufslebens als Aufgabe entgegen. Der Konfuzianer war der Mensch literarischer Bildung und zwar, noch genauer: Buch-Bildung; Schrift-Mensch in der höchsten Ausprägung, ebenso fremd der hellenischen Hochwertung und Durchbildung der Rede und Konversation, wie der, sei es kriegerischen, sei es ökonomischen, Energie des rationalen Handelns. Die Mehrzahl der puritanischen Denominationen (wenn auch nicht alle gleichmäßig stark) lehnten, gegenüber der freilich unumgänglichen Bibelfestigkeit (die Bibel war ja eine Art von bürgerlichem Gesetzbuch und Betriebslehre), die philosophisch-literarische Bildung, die höchste Zierde des Konfuzianers, als eitlen Zeitverderb und als religiös gefährlich ab. Die Scholastik und Dialektik, Aristoteles und was von ihm kam, war ihnen ein Greuel und eine Gefahr, der

z. B. Spener die kartesianische, rational-mathematisch fundierte Philosophie vorzog. Nützliche Realkenntnisse, vor allem empirisch-naturwissenschaftliche und geographische Orientierung, nüchterne Klarheit des realistischen Denkens und Fachwissen als Zweck der Erziehung, sind planmäßig zuerst von puritanischen, speziell in Deutschland von pietistischen Kreisen gepflegt worden. Einerseits als der einzige Weg der Erkenntnis von Gottes Ruhm und Vorsehung in dessen Schöpfung, andererseits aber als Mittel, im Beruf die Welt rational bemeistern und zu Gottes Ehre seine Schuldigkeit tun zu können. Dem Hellenentum und auch dem Wesen der Hochrenaissance standen beide, Konfuzianismus wie Puritanismus, gleich fern, jeder von ihnen aber in anderem Sinne.

Die radikale Konzentration auf gottgewollte Zwecke, der rücksichtslose praktische Rationalismus der asketischen Ethik, die methodische Konzeption sachlicher Betriebsführung, der Abscheu gegen den illegalen politischen, kolonialen, auf dem Buhlen um Fürsten- und Menschengunst ruhenden, Raub, Monopolkapitalismus, im Gegensatz dazu die nüchterne strenge Legalität, die gebändigte rationale Energie des Alltagsbetriebs, die rationalistische Schätzung des technisch besten Weges und der praktischen Solidität und Zweckmäßigkeit statt der traditionalistischen Freude an der überkommenen Fertigkeit und der Schönheit des Produkts beim alten Handwerker, – alle diese unentbehrlichen *ethischen* Qualitäten des spezifisch modernen, kapitalistischen Unternehmers und: die spezifische Arbeitswilligkeit des frommen Arbeiters: – dieser rücksichtslose, religiös systematisierte, in der jeder rationalisierten Askese eigentümlichen Art *in* der Welt und doch nicht *von* der Welt lebende Utilitarismus, hat jene überlegenen rationalen Fähigkeiten und damit jenen *Geist* des Berufsmenschentums schaffen helfen, welche dem Konfuzianismus und seiner weltangepaßten, das bedeutet aber: zwar rational, aber von außen nach innen, nicht, wie beim Puritanismus, von innen nach außen determinierten Lebensführung letztlich verschlossen blieb. Der Gegensatz kann lehren, daß auch bloße Nüchternheit und Sparsamkeit in Verbindung mit *Erwerbstrieb* und Schätzung des Reichtums noch bei weitem nicht *kapitalistischer Geist* im Sinne des spezifisch modernen ökonomischen Berufsmenschentums waren oder ihn entbinden konnten. Der typische Konfuzianer verwendete seine und seiner Familie Ersparnisse, um sich literarisch zu bilden und für die Examina ausbilden zu lassen und dadurch die Grundlage einer ständisch vornehmen Existenz zu haben. Der typische Puritaner verdiente viel, verbrauchte wenig, legte seinen Erwerb, zufolge des asketischen Sparzwangs, wieder werbend als Kapital in rationalen kapitalistischen Betrieben an. *Rationalismus,* dies ist für uns die zweite Lehre, enthielt der Geist beider Ethiken. Aber nur die überweltlich orientierte, puritanische rationale Ethik führte den innerweltlichen ökonomischen Rationalismus in seine Konsequenzen durch, gerade weil ihr an sich nichts ferner lag als eben dies, gerade weil ihr die innerweltliche Arbeit nur Ausdruck des

Strebens nach einem transzendenten Ziel war. Die Welt fiel ihr, der Verheißung gemäß, zu, weil sie *allein nach ihrem Gott und dessen Gerechtigkeit getrachtet* hatte. Denn da liegt der Grundunterschied dieser beiden Arten von *Rationalismus.* Der konfuzianische Rationalismus bedeutete rationale Anpassung an die Welt. Der puritanische Rationalismus: rationale Beherrschung der Welt. Der Puritaner wie der Konfuzianer waren *nüchtern.* Aber die rationale *Nüchternheit* des Puritaners ruhte auf dem Untergrund eines mächtigen Pathos, welches dem Konfuzianer völlig fehlte, des gleichen Pathos, welches das Mönchtum des Okzidents beseelte. Denn die Weltablehnung der okzidentalen Askese war bei ihm mit dem Verlangen nach Weltbeherrschung als ihrer Kehrseite unauflöslich verbunden, weil ihre Forderungen im Namen eines überweltlichen Gottes an den Mönch und, in abgewandelter und gemilderter Form, an die Welt ergingen. Dem konfuzianischen Vornehmheitsideal widerstritt nichts so sehr, als der Gedanke des *Berufs.* Der *fürstliche* Mann war ästhetischer Wert, und daher auch nicht *Werkzeug* eines Gottes. Der echte Christ, der – außer- oder innerweltliche – Asket vollends, wollte gar nichts anderes sein als eben dies. Denn gerade nur darin suchte er seine Würde. Und weil er dies sein wollte, war er ein brauchbares Instrument, die Welt rational umzuwälzen und zu beherrschen.

Der Chinese würde, aller Voraussicht nach, ebenso fähig, vermutlich noch fähiger sein als der Japaner, sich den technisch und ökonomisch im neuzeitlichen Kulturgebiet zur Vollentwicklung gelangten Kapitalismus anzueignen. Es ist offenbar gar nicht daran zu denken, daß er für dessen Anforderungen etwa von Natur aus *nicht begabt* wäre. Aber trotz der mannigfachsten, im Verhältnis zum Okzident das Entstehen des Kapitalismus äußerlich begünstigenden Umstände, ist dieser hier ebensowenig geschaffen worden wie in der okzidentalen und orientalischen Antike oder in Indien und im Bereich des Islam, obwohl in jedem von diesen Gebieten andere, aber ebenfalls: begünstigende, Umstände seiner Entstehung entgegenzukommen schienen. Von den Umständen, welche ihr in China hinderlich sein konnten oder mußten, bestanden viele auch im Okzident, – und zwar gerade in der Zeit der endgültigen Formung des modernen Kapitalismus. So die patrimonialen Züge des Herrschertums und der Bürokratie oder etwa die Zerfahrenheit und Unentwickeltheit der Geldwirtschaft, welche im ptolemäischen Ägypten weit gründlicher durchgeführt war als im 15. und 16. Jahrhundert in Europa. Von den Umständen, welche wir als Hemmnis der kapitalistischen Entwicklung im Okzident anzusehen pflegen, fehlte in China seit Jahrtausenden die feudale und grundherrliche (teilweise auch die zünftige) Gebundenheit und anscheinend auch ein erheblicher Teil der im Okzident typischen güterverkehrshemmenden Monopole aller Art. Diejenigen politischen Zustände, welche seit der altbabylonischen Zeit und der Antike überall den politisch bedingten, der Neuzeit mit der ganzen Vergangenheit gemeinsamen Kapitalismus haben entstehen lassen: Krieg und Kriegsvorbereitung konkurrierender Staaten, hat China in der

Vergangenheit ebenfalls reichlich gekannt. Man hätte glauben können: der spätere Fortfall dieser wesentlich politischen Orientierung der Vermögensakkumulation und Kapitalverwertung würde dem an freiem Tausch orientierten, spezifisch modernen Kapitalismus günstigere Chancen geben, – etwa so, wie in der neuesten Zeit das fast völlige Fehlen der Kriegsorganisation in Nordamerika dort der hochkapitalistischen Entwicklung den freiesten Raum bot. Zum mindesten erklärt die Befriedung des Weltreiches unmittelbar zwar das Fehlen des der okzidentalen Antike (bis zur Kaiserzeit), dem Orient und dem Mittelalter gemeinsamen politischen, nicht aber: des rein ökonomisch orientierten Kapitalismus in China. Es wird kaum abzuweisen sein, daß die grundlegenden Eigentümlichkeiten der *Gesinnung,* in diesem Falle: der praktischen Stellungnahme zur Welt, so gewiß sie ihrerseits in ihrer Entfaltung durch politische und ökonomische Schicksale mitbedingt wurden, doch auch kraft der ihren Eigengesetzlichkeiten zuzurechnenden Wirkungen an jenen Hemmungen stark mitbeteiligt gewesen sind.

ZWISCHENBETRACHTUNG:

THEORIE DER STUFEN UND RICHTUNGEN RELIGIÖSER WELTABLEHNUNG

Sinn einer rationalen Konstruktion der Weltablehnungsmotive – Typologie der Askese und Mystik – Richtungen der Weltablehnung: ökonomische, politische, ästhetische, erotische, intellektuelle Sphäre – Stufen der Weltablehnung – Die drei rationalen Formen der Theodizee

Das Gebiet der indischen Religiosität, in welches wir eintreten wollen, ist im stärksten Kontrast gegen China die Wiege der theoretisch und praktisch weltverneinendsten Formen von religiöser Ethik, welche die Erde hervorgebracht hat. Ebenso ist hier die entsprechende *Technik* am höchsten entwickelt. Das Mönchtum und die typischen Manipulationen der Askese und Kontemplation sind hier nicht nur am frühesten, sondern auch sehr konsequent durchgebildet worden, und diese Rationalisierung hat vielleicht auch historisch von da aus ihren Weg durch die Welt gemacht. Ehe wir uns nun dieser Religiosität zuwenden, ist es wohl zweckmäßig, kurz in einer schematischen und theoretischen Konstruktion uns zu verdeutlichen, aus welchen Motiven heraus und in welchen Richtungen religiöse Ethiken der Weltverneinung überhaupt entstanden und verliefen: welches also ihr möglicher *Sinn* sein konnte.

Das konstruierte Schema hat natürlich nur den Zweck, ein idealtypisches Orientierungsmittel zu sein, nicht aber eine eigene Philosophie zu lehren. Seine gedanklich konstruierten Typen von Konflikten der *Lebensordnungen* besagen lediglich: An diesen Stellen sind diese innerlichen Konflikte möglich und *adäquat,* – nicht aber etwa: Es gibt keinerlei Standpunkt, von dem aus sie als *aufgehoben* gelten könnten. Die einzelnen Wertsphären sind dabei, wie man leicht sieht, in einer rationalen Geschlossenheit herauspräpariert, wie sie in der Realität selten auftreten, aber allerdings: auftreten können und in historisch wichtiger Art aufgetreten sind. Die Konstruktion ermöglicht es, da, wo sich eine historische Erscheinung einem von diesen Sachverhalten in Einzelzügen oder Gesamtcharakter annähert, deren – sozusagen – typologischen Ort durch Ermittlung der Nähe oder des Abstandes vom theoretisch konstruierten Typus festzustellen. Insoweit ist die Konstruktion also lediglich ein technischer Behelf zur Erleichterung der Übersichtlichkeit und Terminologie. Aber daneben könnte sie allerdings unter Umständen noch etwas mehr sein. Auch das Rationale im Sinne der logischen oder teleologischen *Konsequenz* einer intellektuell-theoretischen oder praktisch-ethischen Stellungnahme hat nun einmal (und hatte von jeher) Gewalt über die Menschen, so begrenzt und labil diese Macht auch gegenüber andern Mächten des historischen Lebens überall war und ist. Gerade die der Absicht nach rationalen, von Intellektuellen geschaffenen, religiösen Weltdeutungen und Ethiken aber waren dem Gebot der Konsequenz stark ausgesetzt. So wenig sie sich auch im Einzelfalle der Forderung der *Widerspruchslosigkeit* fügten und so sehr sie rational nicht ableitbare Stellungnahmen in ihre ethischen Postulate einfügen mochten, so ist doch die Wirkung der ratio, speziell: der teleologischen Ableitung der praktischen Postulate, bei ihnen allen irgendwie und oft sehr stark bemerkbar. Wir dürfen auch aus diesem sachlichen Grunde hoffen, durch zweckmäßig konstruierte rationale Typen, also: durch Herauspräparierung der innerlich *konsequentesten* Formen eines aus fest gegebenen Voraussetzungen ableitbaren praktischen Verhaltens die Darstellung der sonst unübersehbaren Mannigfaltigkeit zu erleichtern. Und schließlich und vor allem muß und will ein religionssoziologischer Versuch dieser Art nun einmal zugleich ein Beitrag zur Typologie und Soziologie des Rationalismus selbst sein. Er geht daher von den rationalsten Formen aus, welche die Realität annehmen kann, und sucht zu ermitteln, inwieweit gewisse theoretisch aufstellbare rationale Konsequenzen in der Realität gezogen wurden. Und eventuell: weshalb nicht. –

In den einleitenden und auch manchen späteren Ausführungen wurde schon die große Bedeutung der Konzeption des überweltlichen Schöpfergottes für die religiöse Ethik berührt, insbesondere für die aktiv asketische im Gegensatz zur kontemplativ mystischen, mit der Verunpersönlichung und Immanenz der göttlichen Macht innerlich verwandten, Richtung der Heilssuche. Daß aber diese Zusammengehörigkeit[1] keine unbedingte ist, und daß nicht der überweltliche Gott schon rein als solcher die Richtung der Askese des Okzidents bestimmt hat, ergibt die Überlegung: daß die christliche Trinität mit ihrem gottmenschlichen Heiland und den Heiligen eine im Grunde eher weniger überweltliche Gotteskonzeption darstellte, als der Gott des Judentums, insbesondere des Spätjudentums, oder als der islamische Allah.

Und doch hat das Judentum zwar Mystik, aber so gut wie keine Askese des okzidentalen Typus entwickelt und war im alten Islam die Askese direkt verworfen, während die Eigenart der Derwisch-Religiosität ganz anderen (mystisch-ekstatischen) Quellen entstammte als der Beziehung zum überweltlichen Schöpfergott und auch ihrem inneren Wesen nach der okzidentalen Askese fernstand. Die überweltliche Gotteskonzeption, so wichtig sie war, wirkte mithin offenbar, trotz ihrer Verwandtschaft mit der Sendungsprophetie und der Askese des Handelns, doch nicht allein, sondern nur in Verbindung mit anderen Umständen, vor allem wohl: der Art der religiösen Verheißungen und der dadurch bestimmten Heilswege. Dies wird im einzelnen immer wieder zu erörtern sein. Hier sollen zunächst, zur Klärung der Terminologie, die Ausdrücke *Askese* und *Mystik,* mit denen, als polaren Begriffen, schon vielfach operiert werden mußte, etwas weiter spezialisiert werden.

Als Gegensätze auf dem Gebiete der Weltablehnung wurden schon in den ein-

[1] Auf welche E. Troeltsch wiederholt sehr mit Recht nachdrücklich hingewiesen hat.

leitenden Bemerkungen hingestellt: die aktive Askese: ein gottgewolltes Handeln als Werkzeug Gottes einerseits, andererseits: der kontemplative Heilsbesitz der Mystik, der ein *Haben,* nicht ein Handeln bedeuten will, und bei welchem der einzelne nicht Werkzeug, sondern *Gefäß* des Göttlichen ist, das Handeln in der Welt mithin als Gefährdung der durchaus irrationalen und außerweltlichen Heilszuständlichkeit erscheinen muß. Radikal ist der Gegensatz, wenn auf der einen Seite die Askese des Handelns sich innerhalb der Welt als deren rationale Gestalterin zur Bändigung des kreatürlich Verderbten durch Arbeit im weltlichen *Beruf* auswirkt (innerweltliche Askese), und wenn die Mystik ihrerseits die volle Konsequenz der radikalen Weltflucht zieht (weltflüchtige Kontemplation). Der Gegensatz mildert sich, wenn auf der einen Seite die Askese des Handelns sich auf die Niederhaltung und Überwindung des kreatürlich Verderbten im eigenen Wesen beschränkt, und infolgedessen die Konzentration auf die feststehendermaßen gottgewollten aktiven Erlösungsleistungen bis zur Meidung des Handelns in den Ordnungen der Welt steigert (weltflüchtige Askese), dadurch also dem äußeren Verhalten nach der weltflüchtigen Kontemplation sich annähert. Oder wenn andererseits der kontemplative Mystiker die Konsequenz der Weltflucht nicht zieht, sondern in den Ordnungen der Welt bleibt wie der innerweltliche Asket (innerweltliche Mystik). Der Gegensatz kann in beiden Fällen tatsächlich in der Praxis schwinden und irgendeine Kombination beider Arten der Heilssuche eintreten. Aber er kann auch unter der äußerlich ähnlichen Hülle weiterbestehen bleiben. Für den echten Mystiker bleibt der Grundsatz bestehen: daß die Kreatur schweigen muß, damit Gott sprechen könne. Er *ist* in der Welt und *schickt sich* äußerlich in ihre Ordnungen, aber, um sich: im Gegensatz gegen sie, dadurch seines Gnadenstandes zu versichern, daß er der Versuchung, ihr Treiben wichtig zu nehmen, widersteht. Wie wir bei Laotse sehen konnten, ist eine spezifisch gebrochene Demut, ein Minimisieren des Handelns, eine Art von religiösem Inkognito in der Welt, seine typische Haltung: Er bewährt sich gegen die Welt, gegen sein Handeln in ihr. Während die innerweltliche Askese sich gerade umgekehrt durch Handeln bewährt. Für den innerweltlichen Asketen ist das Verhalten des Mystikers träger Selbstgenuß, für den Mystiker das des (innerweltlich handelnden) Asketen eine mit eitler Selbstgerechtigkeit verbundene Verflechtung in das gottfremde Treiben der Welt. Mit jener *glücklichen Borniertheit,* welche man dem typischen Puritaner zuzuschreiben pflegt, vollstreckt die innerweltliche Askese die in ihrem letzten Sinne ihr verborgenen positiven göttlichen Ratschlüsse, wie sie in den von Gott verfügten rationalen Ordnungen des Kreatürlichen vorliegen, während dem Mystiker gerade nur die Ergreifung jenes letzten, gänzlich irrationalen, Sinnes im mystischen Erlebnis allein heilsbedeutsam ist. Die weltflüchtigen Formen beider Verhaltungsweisen sind durch ähnliche Gegensätze unterscheidbar, deren Erörterung wir der Einzeldarstellung vorbehalten.

Wir wenden uns jetzt den Spannungsverhältnissen zwischen Welt und Religion im Einzelnen zu und knüpfen auch dabei an die Bemerkungen der Einleitung an, um sie etwas anders zu wenden. –

Es wurde gesagt, daß diejenigen Arten von Verhaltungsweisen, welche, zu einer methodischen Lebensführung ausgestaltet, den Keim sowohl der Askese wie der Mystik bildeten, zunächst aus magischen Voraussetzungen erwuchsen. Entweder zur Erweckung charismatischer Qualitäten oder zur Verhütung bösen Zaubers wurden sie ausgeübt. Der erste Fall war natürlich der entwicklungsgeschichtlich wichtigere. Denn hier schon, an der Schwelle ihres Auftretens, zeigte die Askese das Doppelgesicht: Weltabwendung einerseits, Weltbeherrschung kraft der dadurch erlangten magischen Kräfte andererseits. Der Magier war der entwicklungsgeschichtliche Vorläufer des Propheten: des exemplarischen wie des Sendungspropheten und des Heilands. Der Prophet und der Heiland legitimierten sich in aller Regel durch den Besitz eines magischen Charisma. Nur daß dies bei ihnen lediglich Mittel war, der exemplarischen Bedeutung oder der Sendung oder der Heilandsqualität ihrer Persönlichkeit Anerkennung und Nachachtung zu verschaffen. Denn der Inhalt der Prophetie oder des Heilandsgebotes war: Orientierung der Lebensführung an dem Streben nach einem Heilsgut. In diesem Sinne also, mindestens relativ: rationale Systematisierung der Lebensführung. Entweder nur in Einzelpunkten oder im ganzen. Das letztere war die Regel bei allen eigentlichen *Erlösungs*-Religionen, d.h. allen denen, welche ihren Anhängern die Befreiung vom Leiden in Aussicht stellten. Und zwar, je sublimierter, verinnerlichter, prinzipieller das Wesen des Leidens gefaßt wurde, desto mehr. Denn dann galt es, den Anhänger in einen Dauerzustand zu versetzen, welcher ihn gegen das Leiden innerlich gefeit machte. Statt des durch Orgie oder Askese oder Kontemplation akut und außeralltäglich, also: vorübergehend, erlangten heiligen Zustandes sollte ein heiliger und deshalb des Heils versichernder Dauerhabitus der Erlösten erreicht werden: Dies war, abstrakt ausgedrückt, das rationale Ziel der Erlösungsreligion. Entstand nun im Gefolge der Prophetie oder Heilandspropaganda eine religiöse Gemeinschaft, so fiel die Pflege der Lebensreglementierung zuerst in die Hände der charismatisch dazu qualifizierten Nachfolger, Schüler, Jünger des Propheten oder Heilandes. Weiterhin geriet sie unter bestimmten sehr regelmäßig wiederkehrenden Bedingungen, die uns hier noch nicht beschäftigen, in die Hände einer priesterlichen, erblichen oder amtlichen, Hierokratie, – während der Prophet oder Heiland selbst in aller Regel gerade im Gegensatz zu den überkommenen hierokratischen Mächten: Zauberern oder Priestern, stand, deren traditionsgeweihter Würde er ja sein persönliches Charisma entgegenstellte, um ihre Macht zu brechen oder in seinen Dienst zu zwingen.

Prophetische und Heilands-Religionen lebten, wie alles soeben Gesagte als selbstverständlich voraussetzt, in einem großen und entwicklungsgeschichtlich besonders wichtigen Bruchteil der Fälle in einem nicht nur (wie nach der angenommenen Terminologie selbstverständlich ist) akuten, sondern in einem dauernden Spannungsverhältnis zur Welt und ihren Ordnungen. Und zwar, je mehr sie eigentliche Erlösungsreligionen waren, desto mehr. Dies folgte aus dem Sinn der Erlösung und dem Wesen der prophetischen Heilslehre, sobald diese sich, und um so mehr, je prinzipieller sie sich zu einer rationalen und dabei an innerlichen religiösen Heilsgütern als Erlösungsmitteln orientierten Ethik entwickelte. Je mehr sie, heißt das im üblichen Sprachgebrauch, vom Ritualismus hinweg zur *Gesinnungsreligiosität* sublimiert wurde. Und zwar wurde die Spannung von ihrer Seite her um so stärker, je weiter auf der anderen Seite die Rationalisierung und Sublimierung des äußerlichen und innerlichen Besitzes der (im weitesten Sinne) *weltlichen* Güter auch ihrerseits fortschritt. Denn die Rationalisierung und bewußte Sublimierung der Beziehungen des Menschen zu den verschiedenen Sphären äußeren und inneren, religiösen und weltlichen, Güterbesitzes drängte dann dazu: innere Eigengesetzlichkeiten der einzelnen Sphären in ihren Konsequenzen bewußt werden und dadurch in jene Spannungen zueinander geraten zu lassen, welche der urwüchsigen Unbefangenheit der Beziehung zur Außenwelt verborgen blieben. Es ist dies eine ganz allgemeine, für die Religionsgeschichte sehr wichtige Folge der Entwicklung des (inner- und außerweltlichen) Güterbesitzes zum Rationalen und bewußt Erstrebten, durch Wissen Sublimierten. Machen wir uns an einer Reihe dieser Güter die typischen Erscheinungen, die bei sehr verschiedenen religiösen Ethiken irgendwie wiederkehren, klar.

Wenn die Erlösungsprophetie Gemeinschaften auf rein religiöser Grundlage schuf, so war die erste Macht, mit welcher sie in Konflikt geriet, und welche durch sie Entwertung zu befürchten hatte, die naturgegebene Sippengemeinschaft. Wer seinen Hausgenossen, Vater und Mutter, nicht Feind sein kann, der kann kein Jesus-Jünger sein: *Ich bin nicht gekommen, den Frieden zu bringen, sondern das Schwert* heißt es (Matth. 10, 34) in diesem (und, wohlgemerkt: nur in diesem) Zusammenhang. Gewiß reglementierte die weit überwiegende Mehrzahl aller Religionen auch die innerweltlichen Pietätsbande. Aber daß der Heiland, Prophet, Priester, Beichtvater, Bruder im Glauben dem Gläubigen letztlich näher zu stehen habe, als die natürliche Anverwandtschaft und Ehegemeinschaft rein als solche, verstand sich um so mehr von selbst, je weitgreifender und innerlicher das Ziel der Erlösung gefaßt wurde. Unter mindestens relativer Entwertung jener Beziehungen und unter Sprengung der magischen Gebundenheit und Exklusivität der Sippen schuf die Prophetie, vor allem, wo sie zur soteriologischen Gemeindereligiosität wurde, eine neue soziale Gemeinschaft. Innerhalb dieser entwickelte sie nun eine religiöse Brüderlichkeitsethik. Zunächst meist unter einfacher Übernahme der urwüchsigen Grundsätze sozialethischen Verhaltens, welche der *Nachbarschaftsverband:* die Gemeinschaft der Dorf-, Sippen-, Zunft-, Schiffahrts-,

Jagdzugs-, Heereszuges-Genossen, darbot. Diese aber kannten zwei elementare Grundsätze: 1. den Dualismus der Binnen- und Außenmoral, 2. für die Binnenmoral die einfache Reziprozität: *Wie du mir, so ich dir.* Als den ökonomischen Ausfluß dieser Grundsätze aber: das Prinzip der brüderlichen Nothilfepflicht, beschränkt auf die Binnenmoral: entgeltlose Gebrauchsleihe, zinsloses Darlehen, Gastfreiheits- und Unterstützungspflicht des Besitzenden und Vornehmen gegenüber dem Unbemittelten, unentgoltene Bittarbeit auf dem Nachbar- und ebenso auf dem Herrenhof gegen bloßen Unterhalt. Alles nach dem – natürlich nicht rational erwogenen, wohl aber im Gefühl mitschwingenden – Grundsatz: Was heute dir mangelt, kann morgen mir mangeln. Dementsprechend die Beschränkung des Feilschens (bei Tausch und Leihe) und der dauernden Versklavung (z. B. als Folge von Schulden) auf die nur gegenüber dem Ungenossen geltende Außenmoral. Die Gemeindereligiosität übertrug diese alte ökonomische Nachbarschaftsethik auf die Beziehung zum Glaubensbruder. Die Nothilfepflicht der Vornehmen und Reichen für Witwen und Waisen, für den kranken und verarmten Glaubensbruder, das Almosen des Reichen zumal, von dem die heiligen Sänger und Magier ebenso wie die Asketen ökonomisch abhingen, wurden Grundgebote aller ethisch rationalisierten Religionen der Welt. Bei den Erlösungsprophetien im besonderen war nun das allen Bekennern gemeinsame, wirkliche oder stets drohende, äußere oder innere Leiden das konstitutive Prinzip ihrer Gemeinschaftsbeziehung. Je rationaler und gesinnungsethisch sublimierter die Idee der Erlösung gefaßt wurde, desto mehr steigerten sich daher jene aus der Reziprozitätsethik des Nachbarschaftsverbandes erwachsenen Gebote äußerlich und innerlich. Äußerlich bis zum brüderlichen Liebeskommunismus, innerlich aber zur Gesinnung der Caritas, der Liebe zum Leidenden als solchen, der Nächstenliebe, Menschenliebe und schließlich: der Feindesliebe. Die Schranke des Glaubensbandes und schließlich die Tatsache des Hasses erschienen angesichts der Konzeption der Welt als einer Stätte unverdienten Leidens nun als Folgen der gleichen Unvollkommenheiten und Verderbtheiten alles Empirischen, die auch das Leiden verschulden. Rein psychologisch wirkte dabei allgemein in der gleichen Richtung vor allem die eigentümliche Euphorie aller Arten von sublimierter religiöser Ekstase. Von der andächtigen Rührung bis zum Gefühl des unmittelbaren Besitzes der Gemeinschaft mit Gott neigten sie alle zum Ausströmen in einen objektlosen Liebesakosmismus. Die tiefe ruhige Seligkeit aller Helden akosmistischer Güte schmolz deshalb in den Erlösungsreligionen stets mit dem erbarmungsvollen Wissen um die natürliche Unvollkommenheit wie des eigenen, so alles menschlichen Wesens zusammen. Dabei konnte freilich die psychologische Färbung sowohl wie die rationale ethische Deutung dieser inneren Haltung im übrigen sehr verschiedenen Charakter haben. Stets aber lag ihre ethische Anforderung irgendwie in der Richtung einer universalistischen Brüderlichkeit über alle Schranken der sozialen Verbände, oft einschließlich des eigenen Glaubensverbandes, hinweg. Immer stieß diese religiöse Brüderlichkeit, je mehr sie in ihren Konsequenzen durchgeführt wurde, desto härter mit den Ordnungen und Werten der Welt zusammen. Und zwar pflegte – und darauf kommt es hier an – je mehr diese ihrerseits nach ihren Eigengesetzlichkeiten rationalisiert und sublimiert wurden, desto unversöhnlicher dieser Zwiespalt sich geltend zu machen.

Am offensichtlichsten wurde dies in der ökonomischen Sphäre. Alle urwüchsige, sei es magische oder mystagogische Beeinflussung der Geister und Götter im Interesse von Einzelinteressen erstrebte, neben langem Leben, Gesundheit, Ehre, Nachfahren und, eventuell, Besserung des Jenseitsschicksals, den Reichtum als selbstverständliches Ziel, die eleusinischen Mysterien ebenso wie die phönikische und vedische Religion, die chinesische Volksreligion, das alte Judentum, der alte Islam und die Verheißungen für die frommen hinduistischen und buddhistischen Laien. Dagegen die sublimierte Erlösungsreligion und die rationalisierte Wirtschaft gerieten in zunehmende Spannung zueinander. Rationale Wirtschaft ist sachlicher Betrieb. Orientiert ist sie an Geldpreisen, die im Interessenkampf der Menschen untereinander auf dem Markt entstehen. Ohne Schätzung in Geldpreisen, also: ohne jenen Kampf, ist keinerlei Kalkulation möglich. Geld ist das Abstrakteste und *Unpersönlichste,* was es im Menschenleben gibt. Der Kosmos der modernen rationalen kapitalistischen Wirtschaft wurde daher, je mehr er seinen immanenten Eigengesetzlichkeiten folgte, desto unzugänglicher jeglicher denkbaren Beziehung zu einer religiösen Brüderlichkeitsethik. Und zwar nur immer mehr, je rationaler und damit unpersönlicher er wurde. Denn man konnte zwar die persönliche Beziehung zwischen Herren und Sklaven ethisch restlos regulieren, eben weil sie persönlich war. Nicht aber – wenigstens nicht im gleichen Sinn und mit dem gleichen Erfolg – die zwischen den wechselnden Inhabern von Pfandbriefen und den ihnen unbekannten und ebenfalls wechselnden Schuldnern der Hypothekenbank, zwischen denen keinerlei persönliches Band bestand. Versuchte man es doch, so waren die Folgen die, welche wir in China kennen lernten: Hemmung der formalen Rationalität. Denn formale und materiale Rationalität standen hier im Konflikt miteinander. Gerade die Erlösungsreligionen haben daher, – obwohl in ihnen, wie wir sahen, selbst die Tendenz zu einer eigenartigen Verunpersönlichung der Liebe im Sinne des Akosmismus lag, – mit tiefem Mißtrauen die Entfaltung der in einem anderen Sinne ebenfalls unpersönlichen, aber eben dadurch spezifisch brüderlichkeitsfeindlichen ökonomischen Mächte betrachtet. Das katholische *Deo placere non potest* war dauernd für ihre Stellung zum Erwerbsleben charakteristisch, und bei aller rationalen Erlösungsmethodik wurde die Warnung vor dem Haften an Geld und Gut bis zur Perhorreszierung gesteigert. – Die Gebundenheit der religiösen Gemeinschaften selbst, ihrer Propaganda und Selbstbehauptung, an ökonomische Mittel und ihre Akkommodation an die

Kulturbedürfnisse und Alltagsinteressen der Massen zwang sie zu jenen Kompromissen, für welche die Geschichte der Zinsverbote nur ein Beispiel ist. Die Spannung selbst aber war für eine echte Erlösungsethik letztlich kaum überwindlich.

Die religiöse Virtuosenethik hat auf das Spannungsverhältnis am äußerlich radikalsten durch Ablehnung des ökonomischen Güterbesitzes reagiert. Die weltflüchtige Askese durch Verbot des Individualbesitzes des Mönchs, Existenz durchweg von eigner Arbeit, und vor allem auch: entsprechende Einschränkung der Bedürfnisse auf das absolut Unentbehrliche. Die Paradoxie aller rationalen Askese: daß sie den Reichtum, den sie ablehnte, selbst schuf, hat dabei dem Mönchtum aller Zeiten in gleicher Art das Bein gestellt. Überall wurden Tempel und Klöster ihrerseits selbst Stätten rationaler Wirtschaft. – Die weltflüchtige Kontemplation konnte in prinzipieller Wendung nur den Grundsatz aufstellen: daß der besitzlose Mönch, für den die Arbeit ja etwas ihn von der Konzentration auf das kontemplative Heilsgut Abziehendes war, überhaupt nur das genießen dürfe, was ihm von der Natur und den Menschen freiwillig dargeboten werde: Beeren und Wurzeln und freie Almosen. Auch sie machte, durch Schaffung von Bettelsprengeln, ihre Kompromisse (so in Indien). – Der Spannung prinzipiell und innerlich zu entgehen, gab es nur zwei konsequente Wege. Einmal die Paradoxie der puritanischen Berufsethik, welche, als Virtuosenreligiosität, auf den Universalismus der Liebe verzichtete, alles Wirken in der Welt als Dienst in Gottes, in seinem letzten Sinn ganz unverständlichen, aber nun einmal allein erkennbaren positiven Willen und Erprobung des Gnadenstandes rational versachlichte, und damit auch die Versachlichung des mit der ganzen Welt als kreatürlich und verderbt entwerteten ökonomischen Kosmos als gottgewollt und Material der Pflichterfüllung hinnahm. Das war im letzten Grunde der prinzipielle Verzicht auf Erlösung als ein durch Menschen und für jeden Menschen erreichbares Ziel zugunsten der grundlosen, aber stets nur partikulären Gnade. Eine eigentliche *Erlösungsreligion* war dieser Standpunkt der Unbrüderlichkeit in Wahrheit nicht mehr. Für eine solche gab es nur die Übersteigerung der Brüderlichkeit zu jener den Liebesakosmismus des Mystikers ganz rein darstellenden, nach dem Menschen, dem und für welchen sie sich opfert, überhaupt nicht mehr fragenden, an ihm im letzten Grunde kaum noch interessierten *Güte,* die ein für allemal das Hemd gibt, wo der Mantel gefordert wird, an jeden, der ihr zufällig in den Weg kommt, und nur, weil er ihr in den Weg kommt: – eine eigentümliche Weltflucht in Gestalt objektloser Hingabe an jeden Beliebigen, nicht um des Menschen, sondern rein um der Hingabe als solcher, mit Baudelaires Worten: um der *heiligen Prostitution der Seele,* willen. –

Die Spannung gegenüber den politischen Ordnungen der Welt mußte für die konsequente Brüderlichkeitsethik der Erlösungsreligionen ebenso scharf werden. Für die magische und Funktionsgötter-Religiosität bestand das Problem nicht. Der alte Kriegsgott und der Gott, der die Rechtsordnung garantierte, waren Funktionsgötter, welche unbezweifelte Alltagsgüter schützten. Den Lokal-, Stammes- und Reichsgott gingen nur die Interessen seiner Verbände an. Er hatte gegen andere seinesgleichen zu kämpfen wie die Gemeinschaft selbst und gerade im Kampf seine göttliche Macht zu bewähren. Das Problem entstand vielmehr erst mit Sprengung dieser Schranken durch universalistische Religionen, mit dem einheitlichen Welt-Gott also, und in voller Stärke da, wo dieser ein Gott der *Liebe* sein sollte: – für die Erlösungsreligion auf dem Boden der Brüderlichkeitsforderung. Und zwar auch hier, wie bei der ökonomischen Sphäre, je rationaler die politische Ordnung wurde, desto mehr. Sachlich, *ohne Ansehen der Person, sine ira et studio,* ohne Haß und daher ohne Liebe, verrichtet der bürokratische Staatsapparat und der ihm eingegliederte rationale homo politicus, ebenso wie der homo oeconomicus, seine Geschäfte einschließlich der Bestrafung des Unrechtes gerade dann, wenn er sie im idealsten Sinne der rationalen Regeln staatlicher Gewaltordnung erledigt. Auch er ist daher kraft ihrer Verunpersönlichung einer materialen Ethisierung, so sehr der Anschein für das Gegenteil besteht, in wichtigen Punkten weniger zugänglich als die patriarchalen Ordnungen der Vergangenheit, welche auf persönlichen Pietätspflichten und konkreter persönlicher Würdigung des Einzelfalles gerade *unter Ansehung der Person* beruhten. Denn der gesamte Gang der innerpolitischen Funktionen des Staatsapparates in Rechtspflege und Verwaltung reguliert sich trotz aller *Sozialpolitik* letzten Endes unvermeidlich stets wieder an der sachlichen Pragmatik der Staatsräson: an dem absoluten – für jede universalistische Erlösungsreligion letztlich sinnlos erscheinenden – Selbstzweck der Erhaltung (oder Umgestaltung) der inneren und äußeren Gewaltverteilung. Erst recht galt und gilt dies für die Außenpolitik. Der Appell an die nackte Gewaltsamkeit der Zwangsmittel nach außen nicht nur, sondern auch nach innen ist jedem politischen Verband schlechthin wesentlich. Vielmehr: er ist das, was ihn für unsere Terminologie zum politischen Verband erst macht: Der *Staat* ist derjenige Verband, der das Monopol legitimer Gewaltsamkeit in Anspruch nimmt, – anders ist er nicht zu definieren. Dem: *Widerstehet nicht dem Übel mit Gewalt* der Bergpredigt setzt er das: *Du sollst dem Recht auch mit* Gewalt *zum Siege verhelfen, – bei eigener Verantwortung für das Unrecht* entgegen. Wo das fehlte, da fehlte der *Staat:* der pazifistische *Anarchismus* wäre ins Leben getreten. Gewalt und Bedrohung mit Gewalt gebiert aber nach einem unentrinnbaren Pragma alles Handelns unvermeidlich stets erneut Gewaltsamkeit. Die Staatsräson folgt dabei, nach außen wie nach innen, ihren Eigengesetzlichkeiten. Und der Erfolg der Gewalt oder Gewaltandrohung selbst hängt natürlich letztlich von Machtverhältnissen und nicht vom ethischen *Recht* ab, selbst wenn man objektive Kriterien eines solchen überhaupt als auffindbar ansieht. Jedenfalls muß jeder religiösen Rationalisierung bei konsequenter Besinnung die gerade für den rationalen Staat – im Gegensatz zum unbefangenen naturwüchsigen Heldentum – typische Erscheinung des völlig gutgläubigen *Rechthabens* einer jeden der im Gewaltkampf einander gegenübertretenden Gruppen oder Gewalthaber nur als eine Äffung der Ethik und vollends das Hineinziehen Gottes in den politischen Gewaltkampf als ein Unnützlichführen seines Namens gelten, dem gegenüber die gänzliche Ausschaltung alles Ethischen aus dem politischen Räsonnement als das Reinlichere und allein Ehrliche erscheinen kann. Alle Politik muß ihr nur um so brüderlichkeitsfremder gelten, je *sachlicher* und berechnender, je freier von leidenschaftlichem Gefühl, Zorn und Liebe, sie ist.

Die Fremdheit beider Sphären gegeneinander bei voller Rationalisierung jeder von beiden wirkt sich nun aber besonders scharf noch darin aus, daß in entscheidenden Punkten die Politik, im Gegensatz zur Ökonomik, als direkte Konkurrentin der religiösen Ethik aufzutreten vermag. Der Krieg als die realisierte Gewaltandrohung schafft, gerade in den modernen politischen Gemeinschaften, ein Pathos und ein Gemeinschaftsgefühl und löst dabei eine Hingabe und bedingungslose Opfergemeinschaft der Kämpfenden und überdies eine Arbeit des Erbarmens und der alle Schranken der naturgegebenen Verbände sprengenden Liebe zum Bedürftigen als Massenerscheinung aus, welcher die Religionen im allgemeinen nur in Heroengemeinschaften der Brüderlichkeitsethik ähnliches zur Seite zu stellen haben. Und darüber hinaus leistet der Krieg dem Krieger selbst etwas, seiner konkreten Sinnhaftigkeit nach, Einzigartiges: in der Empfindung eines Sinnes und einer Weihe des Todes, die nur ihm eigen ist. Die Gemeinschaft des im Felde stehenden Heeres fühlt sich heute, wie in den Zeiten der Gefolgschaft, als eine Gemeinschaft bis zum Tode: die größte ihrer Art. Und von jenem Sterben, welches gemeines Menschenlos ist und gar nichts weiter, ein Schicksal, welches jeden ereilt, ohne daß je gesagt werden könnte, warum gerade ihn und gerade jetzt, welches ein Ende setzt, wo doch gerade mit steigender Entfaltung und Sublimierung der Kulturgüter ins Unermeßliche hinein stets nur ein Anfang sinnvoll sein zu können scheint: – von diesem lediglich unvermeidlichen Sterben scheidet sich der Tod im Felde dadurch, daß hier, und in dieser Massenhaftigkeit nur hier, der Einzelne zu wissen glauben kann: daß er *für* etwas stirbt. Daß, warum und wofür er den Tod bestehen muß, kann ihm – und außer ihm nur dem, der *im Beruf* umkommt – in aller Regel so zweifellos sein, daß das Problem des *Sinnes* des Todes in jener allgemeinsten Bedeutung, in welchem sich die Erlösungsreligionen mit ihm zu befassen veranlaßt sind, gar keine Voraussetzungen seiner Entstehung findet. Diese Leistung einer Einstellung des Todes in die Reihe der sinnvollen und geweihten Geschehnisse liegt letztlich allen Versuchen, die Eigenwürde des politischen Gewaltsamkeitsverbandes zu stützen, zugrunde. Die Art aber, wie der Tod hier als sinnvoll erfaßt werden kann, liegt nach radikal anderen Richtungen als eine Theodizee des Todes in einer Brüderlichkeitsreligiosität. Dieser muß die Brüderlichkeit der kriegsverbundenen Menschengruppe als bloßer Reflex der technisch raffinierten Brutalität des Kampfes entwertet scheinen und jene innerweltliche Weihe des Kriegstodes als Verklärung des Brudermordes. Und gerade die Außeralltäglichkeit der Kriegsbrüderlichkeit und des Kriegstodes, welche er mit dem heiligen Charisma und dem Erlebnis der Gottesgemeinschaft teilt, steigert die Konkurrenz auf die äußerst mögliche Höhe. – Konsequente Lösungen gibt es auch hier nur einerseits: für den Gnadenpartikularismus der puritanischen Berufsaskese, welcher an feststehende offenbarte Gebote des im übrigen ganz unverständlichen Gottes glaubt und dessen Willen dahin versteht: daß diese Gebote dieser kreatürlichen und deshalb der Gewaltsamkeit und ethischen Barbarei unterworfenen Welt eben auch durch deren eigene Mittel: Gewalt, aufgezwungen werden sollen. Das bedeutet aber dann mindestens Schranken der Brüderlichkeitspflicht im Interesse von Gottes *Sache*. Andererseits: für den radikalen Antipolitismus der mystischen Heilssuche mit ihrer akosmistischen Güte und Brüderlichkeit, welche mit dem Satz: *Widerstehe nicht dem Übel* und mit der in den Augen jeder selbstsicheren weltlichen Heldenethik notwendig ordinären und würdelosen Maxime vom *Hinhalten des andern Backens* dem für alles politische Handeln unentrinnbaren Gewaltsamkeitspragma sich entzieht. Alle anderen Lösungen sind mit Kompromissen oder der echten Brüderlichkeitsethik notwendig unehrlich erscheinenden oder unannehmbaren Voraussetzungen belastet. – Einige dieser Lösungen erwecken als Typen trotzdem ein prinzipielles Interesse.

Jede Organisation der Erlösung in einer universalistischen Gnadenanstalt wird sich für die Seelen aller, oder doch aller ihr anvertrauten, Menschen vor Gott verantwortlich und daher berechtigt und verpflichtet fühlen, auch mit rücksichtsloser Gewalt ihrer Gefährdung durch Irreleitung im Glauben entgegenzutreten und die Ausbreitung der rettenden Gnadenmittel zu fördern. Und auch der Heilsaristokratismus gebiert, wo er, wie im Calvinismus (in anderer Art im Islam), mit dem Gebot seines Gottes belastet ist: zu dessen Ruhm die Welt der Sünde zu bändigen, die Erscheinung des aktiven *Glaubenskämpfers*. Zugleich aber die Scheidung des *heiligen* oder *gerechten*, d.h. zur Vollstreckung von Gottes Gebot, um des Glaubens willen, unternommenen Krieges, der stets in irgendeinem Sinne ein Religionskrieg ist, von allen andern, rein weltlichen und daher tief entwerteten, Kriegsunternehmungen. Den Zwang, an solchen nicht als heilig und Gottes Willen entsprechend feststehenden, nicht vom eignen Gewissen bejahten, Kriegen der politischen Gewalten teilzunehmen, wird er daher – wie das siegreiche Cromwellsche Heer der Heiligen in seiner Stellungnahme gegen den Militärdienstzwang tat – ablehnen, das Söldnertum also dem Zwang zum Kriegsdienst vorziehen. Für den Fall der Vergewaltigung von Gottes Willen durch Menschen, insbesondere des Glaubens wegen, wird er kraft des Satzes: daß man Gott mehr gehorchen müsse als den Menschen, die Konsequenz der aktiven Glaubensrevolution ziehen. – Genau umgekehrt war die Stellungnahme z.B. der lutherischen Anstaltsreligiosität. Unter Ablehnung des Glaubenskrieges und des aktiven Widerstandsrechts gegen weltliche Vergewaltigung des Glaubens, als einer die Erlösung in das Gewaltpragma hineinverflechtenden Eigenmächtigkeit, kannte sie auf diesem Gebiet nur die passive Resistenz, bejahte dagegen die Unbedenklichkeit des Gehorsams gegen die Weltobrigkeit auch da, wo diese weltlichen Krieg befahl, weil sie, und nicht der Einzelne, die Verantwortung trage und weil die ethische Selbständigkeit der Ordnung der weltlichen Gewalt, im Gegensatz zur innerlich universalistischen (katholischen) Heilsanstalt, anerkannt wurde. Jener Einschlag mystischer Religiosität, der dem persönlichen Christentum Luthers eignete, zog hier halbe Konsequenzen. Denn die eigentlich mystische oder pneumatische, religiös charismatische, Heilssuche der religiösen Virtuosen ist naturgemäß überall apolitisch oder antipolitisch gewesen. Sie hat die Selbständigkeit der irdischen Ordnungen zwar bereitwillig anerkannt, aber nur um daraus konsequent auf ihren radikal diabolischen Charakter zu schließen oder, zum mindesten, jenen absoluten Indifferenzstandpunkt zu ihnen einzunehmen, dessen Ausdruck der Satz war: *Gebt dem Kaiser, was des Kaisers ist* (denn: was kommt auf diese Dinge für das Heil an?).

Die eigene Verflochtenheit der religiösen Organisationen in Machtinteressen und Machtkämpfe, der stets unvermeidliche Kollaps auch der höchstgesteigerten Spannungsverhältnisse gegen die Welt in Kompromisse und Relativierungen, die Eignung und der Gebrauch der religiösen Organisationen zur politischen Domestikation der Massen, das Bedürfnis insbesondere nach religiöser Legitimitätsweihe der bestehenden Gewalten bedingten die untereinander überaus verschiedenen empirischen Stellungnahmen der Religionen zum politischen Handeln, welche die Geschichte aufweist. Fast alle waren Formen der Relativierung der religiösen Heilswerte und ihrer ethisch rationalen Eigengesetzlichkeit. Ihr praktisch bedeutendster Typus aber war die organische Sozialethik, welche in mannigfachen Formen verbreitet war und deren Berufskonzeptionen das prinzipiell wichtigste Gegenbild gegen den Berufsgedanken der innerweltlichen Askese bildeten.

Auch sie steht (wo sie religiös unterbaut ist) auf dem Boden der *Brüderlichkeit.* Aber im Gegensatz zum mystischen Liebesakosmismus ist es eine kosmische, rationale, Brüderlichkeitsforderung, die sie beherrscht. Die erfahrungsgemäße Ungleichheit des religiösen Charismas ist der Ausgangspunkt. Eben dies: daß darnach das Heil nur einigen, nicht allen, zugänglich sein soll, ist ihr das Unerträgliche. Ihre Sozialethik sucht daher eben diese Ungleichheit der charismatischen Qualifikationen in Verbindung mit der weltlichen ständischen Gliederung zu einem Kosmos berufsteilig geordneter gottgewollter Leistungen zusammenzubiegen, innerhalb dessen jedem einzelnen und jeder Gruppe nach persönlichem Charisma und schicksalsbedingter sozialer und ökonomischer Lage bestimmte Aufgaben zufallen. In der Regel stehen sie im Dienste der zugleich sozialutilitarisch und providenziell interpretierten Verwirklichung eines bei allem Kompromißcharakter dennoch Gott wohlgefälligen Zustandes, welcher angesichts der Sündenverderbtheit der Welt wenigstens eine relative Bändigung der Sünde und des Leidens und die Bewahrung und Errettung wenigstens möglichst vieler gefährdeter Seelen für das Gottesreich ermöglicht. Die weit pathetischere Theodizee, welche die indische Karmanlehre gerade umgekehrt vom Standpunkt der rein an den Interessen des Individuums orientierten Heilspragmatik aus der organischen Gesellschaftslehre zuteil werden ließ, werden wir bald kennenlernen. Ohne diese sehr besondersartige Verknüpfung bleibt jede organische Gesellschaftsethik für den Standpunkt der radikalen, mystischen, religiösen Brüderlichkeitsethik unvermeidlich eine Akkommodation an die Interessen der weltlich privilegierten Schichten, während ihr, vom Standpunkt der innerweltlichen Askese aus gesehen, der innere Antrieb zu einer ethischen Durchrationalisierung des individuellen Lebens abgeht. Denn es fehlt ihr dann eine Prämie für die rationale methodische Gestaltung des Lebens des einzelnen durch diesen selbst im Interesse des eigenen Heils. Der organischen Heilspragmatik ihrerseits muß dagegen der Heilsaristokratismus der innerweltlichen Askese mit ihrer rationalen Versachlichung der Lebensordnungen als die härteste Form der Lieblosigkeit und Unbrüderlichkeit, derjenige der Mystik aber als sublimiertes, in Wahrheit unbrüderliches Genießen nur des eigenen Charisma gelten, dem der planlose Liebesakosmismus nur egoistisches Mittel eigener Heilssuche wird. Beide verdammen ja die soziale Welt letztlich zur absoluten Sinnlosigkeit oder mindestens Gottes Ziele mit ihr zur vollkommenen Unverständlichkeit. Der Rationalismus der religiösen organischen Gesellschaftslehre erträgt diesen Gedanken nicht und sucht seinerseits die Welt als einen in aller Sündenverderbtheit doch die Spuren des göttlichen Heilsplanes an sich tragenden, also mindestens relativ rationalen Kosmos zu erfassen. Eben diese Relativierung aber ist dem absoluten Charismatismus der Virtuosenreligiosität das eigentlich Verwerfliche und Heilsfremde. –

Wie das ökonomische und das politische rationale Handeln seinen Eigengesetzlichkeiten folgt, so bleibt jedes andere rationale Handeln innerhalb der Welt unentrinnbar an die brüderlichkeitsfremden Bedingungen der Welt, die seine Mittel oder Zwecke sein müssen, gebunden und gerät daher irgendwie in Spannung zur Brüderlichkeitsethik. Es trägt aber eine tiefe Spannung auch in sich selbst. Denn es scheint kein Mittel zum Austrag schon der allerersten Frage zu geben: von woher im einzelnen Fall der ethische Wert eines Handelns bestimmt werden soll: ob vom Erfolg oder von einem – irgendwie ethisch zu bestimmenden – Eigenwert dieses Tuns an sich aus. Ob und inwieweit also die Verantwortung des Handelnden für die Folgen die Mittel heiligen oder umgekehrt der Wert der Gesinnung, welche die Handlung trägt, ihn berechtigen soll, die Verantwortung für die Folgen abzulehnen, sie Gott oder der von Gott zugelassenen Verderbtheit und Torheit der Welt zuzuschieben.

Die gesinnungsethische Sublimierung der religiösen Ethik wird der letzteren Alternative zuneigen: *Der Christ tut recht und stellt den Erfolg Gott anheim.* Damit aber wird bei wirklich konsequenter Durchführung das eigene Handeln gegenüber den Eigengesetzlichkeiten der Welt zur Irrationalität der Wirkung verurteilt.[2] Angesichts dessen kann die Konsequenz einer sublimierten Heilssuche zu einer Steigerung des Akosmismus bis dahin führen, das zweckrationale Handeln schon rein als solches, also alles Handeln unter den Kategorien: Mittel und Zweck, als weltgebunden und gottfremd abzulehnen, wie dies, wie wir sehen werden, in verschiedener Folgerichtigkeit vom biblischen Gleichnis von den Lilien auf dem Felde angefangen bis zu den prinzipielleren Formulierungen, z. B. im Buddhismus geschah.

Die organische Sozialethik ist überall eine eminent konservative, revolutionsfeindliche Macht. Aus der eigentlichen Virtuosenreligiosität dagegen können unter Umständen andere, revolutionäre, Konsequenzen folgen. Dies natürlich nur dann, wenn das Pragma der Gewaltsamkeit: daß sie ihrerseits Gewalt hervorruft und nur Personen und allenfalls Methoden des gewaltsamen Herrschens gewechselt werden, nicht als dauernde Qualität alles Kreatürlichen anerkannt wird. Je nach der Färbung der Virtuosenreligiosität kann aber ihre revolutionäre Wendung prinzipiell zweierlei Formen annehmen. Die eine entspringt der innerweltlichen Askese überall da, wo diese den kreatürlich verderbten empirischen Ordnungen der Welt ein absolutes göttliches *Naturrecht* entgegenzusetzen vermag, dessen Realisierung dann, nach dem in den rationalen Religionen überall in irgendeinem Sinne geltenden Satz: daß man Gott mehr gehorchen müsse als den Menschen, ihr zur religiösen Pflicht wird. Typus: die genuin puritanischen Revolutionen, zu denen sich Gegenstücke auch anderwärts finden. Diese Haltung entspricht durchaus der Pflicht zum Glaubenskrieg. – Anders da, wo, beim Mystiker, sich der psychologisch stets mögliche Umschlag vom Gottbesitz zur Gottbesessenheit vollzieht. Dies ist sinnvoll dann möglich, wenn eschatologische Erwartungen eines unmittelbaren Anbruches des Weltalters der akosmistischen Brüderlichkeit aufflammen, wenn also der Glaube an die Ewigkeit der Spannung zwischen der Welt und dem irrationalen hinterweltlichen Reich der Erlösung ausfällt. Der Mystiker wird dann zum Heiland und Propheten. Aber die Gebote, die er verkündet, haben keinen rationalen Charakter. Sie sind als Produkte seines Charisma Offenbarungen konkreter Art und die radikale Weltablehnung schlägt leicht in radikalen Anomismus um. Die Gebote der Welt gelten nicht für den seiner Gottbesessenheit Versicherten: παντα μοι εξεστιν. Alle Chiliastik bis zu der Täuferrevolution ruht irgendwie auf diesem Untergrund. Die Art seines Handelns ist eben für den kraft seines *Gott-Habens* Erlösten ohne Heilsbedeutung. Wir werden beim indischen djivanmukhti ähnliches finden. –

[2] Im Bhagavadgita, wie wir sehen werden, am konsequentesten theoretisch durchgeführt.

Wenn die religiöse Brüderlichkeitsethik mit den Eigengesetzlichkeiten des zweckrationalen Handelns in der Welt in Spannung lebt, so nicht minder mit jenen innerweltlichen Mächten des Lebens, deren Wesen von Grund aus arationalen oder antirationalen Charakters ist. Vor allem mit der ästhetischen und erotischen Sphäre.

Mit der ersteren steht die magische Religiosität in intimster Beziehung. Idole, Ikonen und andere religiöse Artefakte, magische Stereotypierung ihrer erprobten Formungen als erste Stufe der Überwindung des Naturalismus durch einen fixierten *Stil,* Musik als Mittel der Ekstase oder des Exorzismus oder apotropäischer Magie, Zauberer als heilige Sänger und Tänzer, die magisch erprobten und daher magisch stereotypierten Tonverhältnisse als früheste Vorstufen von Tonalitäten, der magisch und als Mittel der Ekstase erprobte Tanzschritt als eine der Quellen der Rhythmik, Tempel und Kirchen als größte aller Bauten, unter stilbildender Stereotypierung der Bauaufgabe durch ein für allemal feststehende Zwecke und der Bauformen durch magische Erprobtheit, Paramente und Kirchengeräte aller Art als kunstgewerbliche Objekte in Verbindung mit dem durch religiösen Eifer bedingten Reichtum der Tempel und Kirchen: Dies alles machte von jeher die Religion zu einer unerschöpflichen Quelle künstlerischer Entfaltungsmöglichkeiten einerseits, der Stilisierung durch Traditionsbindung andererseits. – Für die religiöse Brüderlichkeitsethik ebenso wie für den apriorischen Rigorismus ist die Kunst als Trägerin magischer Wirkungen nicht nur entwertet, sondern direkt verdächtig. Die Sublimierung der religiösen Ethik und Heilssuche einerseits und die Entfaltung der Eigengesetzlichkeit der Kunst andererseits neigen ja schon auch an sich zur Herausarbeitung eines zunehmenden Spannungsverhältnisses. Alle sublimierte Erlösungsreligiosität blickt allein auf den Sinn, nicht auf die Form, der für das Heil relevanten Dinge und Handlungen. Die Form entwertet sich ihr zum Zufälligen, Kreatürlichen, vom Sinn Ablenkenden. Von seiten der Kunst kann zwar das unbefangene Verhältnis gerade dann ungebrochen bleiben oder sich immer wieder herstellen, solange und so oft das bewußte Interesse des Rezipierenden naiv am Inhalt des Geformten, nicht an der Form rein als solcher haftet, und solange die Leistung des Schaffenden sich entweder als (ursprünglich: magisches) Charisma des *Könnens* oder als ein freies Spiel fühlt. Indessen die Entfaltung des Intellektualismus und die Rationalisierung des Lebens verschieben diese Lage. Die Kunst konstituiert sich nun als ein Kosmos immer bewußter erfaßter selbständiger Eigenwerte. Sie übernimmt die Funktion einer, gleichviel wie gedeuteten, innerweltlichen Erlösung: vom Alltag und, vor allem, auch von dem zunehmenden Druck des theoretischen und praktischen Rationalismus. Mit diesem Anspruch aber tritt sie in direkte Konkurrenz zur Erlösungsreligion. Gegen diese innerweltliche irrationale Erlösung muß sich jede rationale religiöse Ethik wenden als gegen ein Reich des, von ihr aus gesehen, verantwortungslosen Genießens und: geheimer Lieblosigkeit. In der Tat neigt ja die Ablehnung der Verantwortung für ein ethisches Urteil, wie sie intellektualistischen Zeitaltern, infolge teils subjektivistischen Bedürfnisses, teils der Angst vor dem Anschein traditionell-philiströser Befangenheit, zu eignen pflegt, dazu: ethisch gemeinte Werturteile in Geschmacksurteile umzuformen *(geschmacklos* statt: *verwerflich,* deren Inappellabilität die Diskussion ausschließt. Gegenüber der *Allgemeingültigkeit* der ethischen Norm, welche wenigstens insofern Gemeinschaft stiftet, indem sich der einzelne, der einem Tun ethisch ablehnend aber menschlich mitlebend gegenübersteht, sich ihr selbst, um die eigene kreatürliche Bedürftigkeit wissend, mit unterstellt, kann diese Flucht vor der Notwendigkeit rationaler ethischer Stellungnahme sich der Erlösungsreligion sehr wohl als eine tiefste Form unbrüderlicher Gesinnung darstellen. Dem künstlerisch Schaffenden aber wie dem ästhetisch erregten Rezipierenden andererseits wird die ethische Norm als solche leicht als Vergewaltigung des eigentlich Schöpferischen und Persönlichsten erscheinen können. Die irrationalste Form des religiösen Sichverhaltens aber, das mystische Erlebnis, ist in seinem innersten Wesen nicht nur formfremd, unformbar und unaussagbar, sondern formfeindlich, weil es gerade im Gefühl der Sprengung aller Formen das Eingehen in das jenseits jeder Art von Bedingtheit und Formung liegende All-Eine erhoffen zu können glaubt. Ihm kann die unzweifelhafte psychologische Verwandtschaft der künstlerischen mit der religiösen Erschütterung nur ein Symptom des diabolischen Charakters jener bedeuten. Gerade die Musik, die *innerlichste* der Künste, vermag in ihrer reinsten Form: der Instrumentalmusik, als eine durch die Eigengesetzlichkeit eines nicht im Innern lebenden Reiches vorgetäuschte, verantwortungslose Surrogatform des ersten religiösen Erlebens zu erscheinen: Die bekannte Stellungnahme des Tridentiner Konzils dürfte auf diese Empfindung mit zurückgehen. Die Kunst wird dann *Kreaturvergötterung,* konkurrierende Macht und täuschendes Blendwerk, das Bildnis und Gleichnis religiöser Dinge rein als solches Blasphemie.

In der empirischen Realität der Geschichte freilich hat diese psychologische Verwandtschaft immer erneut zu jenen für die Kunstentwicklung bedeutsamen Bündnissen geführt, welche die große Mehrzahl aller Religionen irgendwie eingegangen sind, um so systematischer, je mehr sie universalistische Massenreligionen sein wollten und also auf Massenwirkung und emotionale Propaganda hingewiesen waren. Am sprödesten blieb gegenüber der Kunst, aus dem Pragma des inneren Gegensatzes heraus, alle eigentliche Virtuosenreligiosität, sowohl in ihrer aktiv asketischen wie in ihrer mystischen Wendung, und zwar um so schroffer, je mehr sie entweder die Überweltlichkeit ihres Gottes oder die Außerweltlichkeit der Erlösung betonte. –

Wie zur ästhetischen Sphäre, so steht die religiöse Brüderlichkeitsethik der Erlösungsreligionen auch zu der größten irrationalen Lebensmacht: der geschlechtlichen Liebe, in einem tiefen Spannungsverhältnis. Und zwar auch hier um so schroffer, je sublimierter die Geschlechtlichkeit einerseits, je rücksichtsloser konsequent die Erlösungsethik der Brüderlichkeit andererseits entwickelt wird. Das ursprüngliche Verhältnis war auch hier sehr intim. Der Geschlechtsverkehr war sehr oft Bestandteil der magischen Orgiastik[3], die heilige Prostitution – die mit angeblicher *ursprünglicher Promiskuität* gar nichts zu schaffen hatte – meist ein Rest dieses Zustandes, in dem jede Ekstase als *heilig* galt. Die profane, heterosexuelle wie homosexuelle, Prostitution war uralt und oft ziemlich raffiniert (Züchtung von Tribaden bei sog. Naturvölkern kommt vor). Der Übergang von ihr zur rechtlich geformten Ehe war durch die Existenz von allerhand Zwischenformen flüssig. Die Auffassung der Ehe als einer ökonomischen Angelegenheit zur Sicherung der Frau und des Erbrechtes des Kindes, und daneben als einer wegen der Totenopfer der Nachkommen auch für das Jenseitsschicksal wichtigen Institution zur Gewinnung von Kindern ist vorprophetisch und universell, hat daher mit Askese an sich noch nichts zu tun. Das Geschlechtsleben als solches hatte seine Geister und Götter, wie jede andere Funktion auch. Eine gewisse Spannung trat nur in der ziemlich alten temporären, kultischen, Keuschheit der Priester zutage, bedingt wohl dadurch, daß, von einem streng stereotypierten Ritual eines regulierten Gemeinschaftskultes her angesehen, die Sexualität doch bereits leicht als spezifisch dämonisch beherrscht galt. Aber weiterhin war es dann allerdings nicht zufällig, daß die Prophetien und ebenso die priesterlich kontrollierten Lebensordnungen fast ohne jede bemerkenswerte Ausnahme den Geschlechtsverkehr zugunsten der Ehe reglementiert haben. Der Gegensatz aller rationalen Lebensregulierung gegen die magische Orgiastik und alle Arten irrationaler Rauschformen drückt sich darin aus. Die weitere Steigerung der Spannung wurde dann durch Entwicklungsmomente bedingt, welche auf beiden Seiten lagen. Bei der Sexualität durch ihre Sublimierung zur *Erotik* und damit zu einer – im Gegensatz zu dem nüchternen Naturalismus der Bauern – bewußt gepflegten und dabei außeralltäglichen Sphäre. Außeralltäglich nicht nur und auch nicht notwendig im Sinne des Konventionsfremden. Die Ritterkonvention pflegt ja gerade die Erotik zum Gegenstand der Regelung zu machen. Allerdings charakteristischerweise unter Verhüllung der naturalen und organischen Basis der Geschlechtlichkeit. Die Außeralltäglichkeit lag eben in dieser Hinwegentwicklung vom unbefangenen Naturalismus des Geschlechtlichen. Diese war aber in ihren Gründen und in ihrer Bedeutung einbezogen in die universellen Zusammenhänge der Rationalisierung und Intellektualisierung der Kultur.

Wir vergegenwärtigen uns in wenigen Strichen die Stadien dieser Entwicklung und wählen dabei die Beispiele aus dem Okzident.

[3] Oder ungewollte Folge der orgiastischen Erregung. Die Gründung der Skopzen- (Kastraten-) Sekte in Rußland ging aus dem Streben hervor, dieser als sündlich gewerteten Folge des orgiastischen Tanzes (Radjenie) der Chlüsten zu entrinnen.

Das Heraustreten der Gesamtdaseinsinhalte des Menschen aus dem organischen Kreislauf des bäuerlichen Daseins, die zunehmende Anreicherung des Lebens mit, sei es intellektuellen, sei es sonstigen als überindividuell gewerteten Kulturinhalten wirkte durch die Entfernung der Lebensinhalte von dem nur naturhaft Gegebenen zugleich in der Richtung einer Steigerung der Sonderstellung der Erotik. Sie wurde in die Sphäre des bewußt (im sublimsten Sinne) Genossenen erhoben. Sie erschien dennoch und eben dadurch als eine Pforte zum irrationalsten und dabei realsten Lebenskern gegenüber den Mechanismen der Rationalisierung. Grad und Art, in welchem dabei auf die Erotik als solche ein Wertakzent fiel, war historisch außerordentlich wandelbar. Dem ungebrochenen Empfinden einer Kriegerschaft stand Weiberbesitz und Kampf um Weiber mit dem um Schätze und um Machteroberung annähernd gleich. Beim vorklassischen Hellenentum in der Zeit der Ritterromantik konnte für Archilochos eine erotische Enttäuschung ein Erlebnis von erheblicher und dauernder Tragweite sein und der Raub eines Weibes als Anlaß eines Heldenkrieges ohnegleichen gelten. Und auch die Nachklänge des Mythos kannten die Geschlechtsliebe noch bei den Tragikern als eine echte Schicksalsmacht. Aber im ganzen blieb ein Weib: Sappho, an erotischer Erlebnisfähigkeit von Männern unerreicht. Die klassische hellenische Zeit aber, die Periode des Hoplitenheeres, dachte, wie alle Selbstzeugnisse beweisen, auf diesen Gebieten relativ ungemein nüchtern, eher nüchterner als die chinesische Bildungsschicht. Nicht, daß sie den Todesernst der Geschlechtsliebe gar nicht mehr gekannt hätte. Aber: nicht dies, sondern eher das Gegenteil war das ihr Charakteristische: man erinnere sich – trotz Aspasia – der Rede des Perikles und, vollends, des bekannten Ausspruchs des Demosthenes. Dem exklusiv maskulinen Charakter dieser Epoche der *Demokratie* würde die Behandlung erotischer Erlebnisse, mit Frauen, als *Lebensschicksale* – in unserem Sprachschatz ausgedrückt: – fast schülerhaft sentimental erschienen sein. Der *Kamerad,* der Knabe, war das mit allem Liebeszeremoniell begehrte Objekt gerade im Zentrum der hellenischen Kultur. Der Eros Platons ist infolgedessen, bei aller Herrlichkeit, doch ein stark temperiertes Fühlen: Die Schönheit der bacchantischen Leidenschaft rein als solcher war in diese Beziehung offiziell nicht rezipiert.

Die Möglichkeit einer Problematik und Tragik prinzipieller Art wurde in die erotische Sphäre zunächst durch bestimmte Verantwortlichkeitsansprüche eingeschaltet, welche im Okzident christlicher Provenienz sind. Der Wertakzent der rein erotischen Sensation als solcher aber entfaltete sich dort primär vor allem unter den Kulturbedingungen feudaler Ehrbegriffe. Dadurch nämlich, daß ritterliche Vasallensymbolik in die erotisch sublimierten Sexualbeziehungen hineingetragen wurde. Am allermeisten dann, wenn dabei irgendwelche Kombinationen mit kryptoerotischer Religiosität oder direkt mit Askese eingegangen wurden, wie dies im Mittelalter der Fall war. Die

Ritterminne des christlichen Mittelalters war bekanntlich ein erotischer Vasallendienst nicht gegenüber Mädchen, sondern ausschließlich gegenüber fremden Ehefrauen mit (in der Theorie!) enthaltsamen Liebesnächten und kasuistischem Pflichtenkodex. Es begann damit – darin lag ein schroffer Gegensatz zum Maskulinismus des Hellenentums – die *Bewährung* des Mannes nicht vor seinesgleichen, sondern vor der erotischen Interessiertheit der *Dame*, deren Begriff durch eben diese Funktion erst konstituiert wurde. Eine weitere Steigerung des spezifischen Sensationscharakters der Erotik entwickelte der Übergang von der, – in ihrer übrigens großen Unterschiedenheit, – doch wesentlich maskulin agonalen und insofern der Antike verwandteren, die christliche Ritteraskese abstreifenden Renaissancekonvention etwa noch des Cortegiano und der Shakespeareschen Zeit zum zunehmend unmilitärischen Intellektualismus der Salonkultur. Diese ruhte auf der Überzeugung von der Werte schaffenden Macht der intersexuellen Konversation, für welche die offene oder latente erotische Sensation und die agonale Bewährung des Kavaliers vor der Dame unentbehrliches Anregungsmittel wurde. Seit den lettres Portugaises wurde reale weibliche Liebesproblematik ein spezifisches geistiges Marktobjekt und weibliche Liebeskorrespondenz zur *Literatur*. Die letzte Steigerung des Akzents der erotischen Sphäre vollzog sich auf dem Boden intellektualistischer Kulturen schließlich da, wo sie mit dem unvermeidlich asketischen Einschlag des Berufsmenschentums zusammenstieß. Es konnte unter diesem Spannungsverhältnis zum rationalen Alltag das außeralltäglich gewordene, speziell also das ehefreie, Geschlechtsleben als das einzige Band erscheinen, welches den nunmehr völlig aus dem Kreislauf des alten einfachen organischen Bauerndaseins herausgetretenen Menschen noch mit der Naturquelle alles Lebens verband. Die so entstehende gewaltige Wertbetontheit dieser spezifischen Sensation einer innerweltlichen Erlösung vom Rationalen: eines seligen Triumphes darüber, entsprach in ihrem Radikalismus der unvermeidlich ebenso radikalen Ablehnung durch jede Art von außer- oder überweltlicher Erlösungsethik, für welche der Triumph des Geistes über den Körper gerade hier sich aufgipfeln sollte und der das Geschlechtsleben geradezu den Charakter der einzigen unausrottbaren Verbindung mit dem Animalischen gewinnen konnte. Diese Spannung aber mußte im Falle der systematischen Herauspräparierung der Sexualsphäre zu einer hochwertigen, alles rein Animalische der Beziehung verklärend umdeutenden erotischen Sensation am schärfsten und unvermeidbarsten gerade dann werden, wenn die Erlösungsreligiosität den Charakter der Liebesreligiosität: der Brüderlichkeit und Nächstenliebe, annahm. Gerade deshalb, weil die erotische Beziehung unter den angegebenen Bedingungen den unüberbietbaren Gipfel der Erfüllung der Liebesforderung: den direkten Durchbruch der Seelen von Mensch zu Mensch, zu gewähren scheint. Allem Sachlichen, Rationalen, Allgemeinen so radikal wie möglich entgegengesetzt, gilt die Grenzenlosigkeit der Hingabe hier dem einzigartigen Sinn, welchen dies Einzelwesen in seiner Irrationalität für dieses und nur dieses andere Einzelwesen hat. Dieser Sinn und damit der Wertgehalt der Beziehung selbst aber liegt, von der Erotik aus gesehen, in der Möglichkeit einer Gemeinschaft, welche als volle Einswerdung, als ein Schwinden des *Du* gefühlt wird und so überwältigend ist, daß sie *symbolisch:* – sakramental – gedeutet wird. Gerade darin: in der Unbegründbarkeit und Unausschöpfbarkeit des eigenen, durch kein Mittel kommunikablen, darin dem mystischen *Haben* gleichartigen Erlebnisses, und nicht nur vermöge der Intensität seines Erlebens, sondern der unmittelbar besessenen Realität nach, weiß sich der Liebende in den jedem, rationalen Bemühen ewig unzugänglichen Kern des wahrhaft Lebendigen eingepflanzt, den kalten Skeletthänden rationaler Ordnungen ebenso völlig entronnen wie der Stumpfheit des Alltages. Den (für ihn) objektlosen Erlebnissen des Mystikers steht er, der *das Lebendigste* mit sich verbunden weiß, wie einem fahlen hinterweltlichen Reich gegenüber. Wie die wissende Liebe des reifen Mannes zu der leidenschaftlichen Schwärmerei des jugendlichen Menschen verhält sich der Todesernst dieser Erotik des Intellektualismus zur ritterlichen Minne, der gegenüber sie gerade das Naturhafte der Geschlechtssphäre wieder, aber: bewußt, als leibgewordene Schöpfermacht, bejaht. – Eine konsequente religiöse Brüderlichkeitsethik steht dem allem radikal feindlich gegenüber. Nicht nur macht diese – von ihr aus gesehen – innerirdische Erlösungssensation rein als solche der Hingabe an den überweltlichen Gott oder an eine ethisch rationale göttliche Ordnung oder an die – für sie allein *echte* – mystische Sprengung der Individuation die schärfste überhaupt mögliche Konkurrenz. Sondern gerade gewisse psychologische Verwandtschaftsbeziehungen beider Sphären verschärfen die Spannung. Die höchste Erotik steht mit gewissen sublimierten Formen heroischer Frömmigkeit im Verhältnis gegenseitiger psychologischer und physiologischer Vertretbarkeit. Im Gegensatz zur rationalen aktiven Askese, welche das Geschlechtliche schon um seiner Irrationalität willen ablehnt und von der Erotik als todfeindliche Macht empfunden wird, besteht jenes Vertretbarkeitsverhältnis speziell zur mystischen Gottinnigkeit. Mit der Konsequenz einer jederzeit drohenden tödlich raffinierten Rache des Animalischen oder eines unvermittelten Hinübergleitens aus dem mystischen Gottesreich in das Reich des Allzumenschlichen. Gerade diese psychologische Nähe steigert natürlich die innerliche Sinnfeindschaft. Die erotische Beziehung muß, von jeder religiösen Brüderlichkeitsethik aus angesehen, je sublimierter sie ist nur desto mehr, der Brutalität in ganz spezifisch raffiniertem Maße verhaftet bleiben. Sie gilt ihr unvermeidlich als ein Verhältnis des Kampfes, nicht etwa nur, und nicht einmal vornehmlich, der Eifersucht und des ausschließenden Besitzwillens gegen Dritte, sondern weit mehr der innerlichsten, weil von den Beteiligten selbst niemals bemerkten Vergewaltigung der Seele des minder brutalen Teiles, als ein raffinierter, weil die menschlichste Hingabe vortäuschender

Genuß seiner selbst im anderen. Keine volle erotische Gemeinschaft wird sich selbst anders als durch geheimnisvolle Bestimmung für einander: Schicksal in diesem höchsten Sinn des Wortes, gestiftet und dadurch (in einem gänzlich unethischen Sinn) *legitimiert* wissen. Aber für die Erlösungsreligion ist dies *Schicksal* nichts anderes als der reine Zufall des Entbrennens der Leidenschaft. Die so gestiftete pathologische Besessenheit, Idiosynkrasie und Verschiebung des Augenmaßes und jeder objektiven Gerechtigkeit muß ihr als die vollendetste Verleugnung aller Bruderliebe und Gottesknechtschaft erscheinen. Die sich als *Güte* fühlende Euphorie des glücklich Liebenden mit ihrem freundlichen Bedürfnis, nun auch aller Welt frohe Mienen anzudichten oder in naivem Beglückungseifer anzuzaubern, stößt daher stets (es gehören dahin z.B. die psychologisch konsequentesten Partien in Frühwerken Tolstojs[4] auf den kühlen Spott der genuin religiös fundamentierten radikalen Brüderlichkeitsethik. Denn dieser bleibt gerade die sublimierteste Erotik eine Beziehung, welche, als notwendig im Innersten exklusiv und im denkbar höchsten Sinne subjektiv, absolut inkommunikabel, in allen diesen Hinsichten der Gegenpol aller religiös orientierten Brüderlichkeit sein muß. Ganz abgesehen davon, daß ihr natürlich schon ihr Leidenschaftscharakter als solcher als unwürdiger Verlust der Selbstbeherrschung und der Orientierung, sei es an der rationalen Vernunft gottgewollter Normen, sei es an dem mystischen *Haben* des Göttlichen erscheint, – während für die Erotik die echte *Leidenschaft* rein an sich der Typus der Schönheit und eine Ablehnung ihrer eine Lästerung ist. –

Im Einklang steht der erotische Rausch ebenso aus psychologischen Gründen wie dem Sinne nach nur mit der orgiastischen, außeralltäglichen, aber in einem besonderen Sinne innerweltlichen, Form der Religiosität. Die Anerkennung des Eheschlusses: der *copula carnalis,* als *Sakrament* in der katholischen Kirche ist eine Konzession an dieses Fühlen. Mit der zugleich außerweltlichen und außeralltäglichen Mystik gerät die Erotik, bei schärfster innerer Spannung, vermöge der psychologischen Vertretbarkeit leicht in eine unbewußte und labile Surrogats- oder Zusammengeschmolzenheitsbeziehung, aus welcher dann sehr leicht der Kollaps in das Orgiastische erfolgt. Die innerweltliche rationale Askese (Berufsaskese) kann nur die rational reglementierte Ehe als eine der göttlichen Ordnungen für die durch *Konkupiscenz* hoffnungslos verderbte Kreatur akzeptieren, innerhalb deren es gilt, ihren rationalen Zwecken: Kindererzeugung und -erziehung und gegenseitige Förderung im Gnadenstande, und nur in ihm, nachzuleben. Jegliche Raffinierung zu einer Erotik muß sie als Kreaturvergötterung schlimmster Art ablehnen. Ihrerseits bezieht sie gerade die urwüchsig naturale, bäuerlich unsublimierte Geschlechtlichkeit in

[4] Namentlich in *Krieg und Frieden.* - Im übrigen stehen Nietzsches bekannte Analysen im *Willen zur Macht* der Sache nach damit völlig in Einklang, trotz und gerade wegen des klar erkannten umgekehrten Wertvorzeichens. – Die Stellung der Erlösungsreligiosität ist bei Açvagoscha recht klar festgelegt.

eine rationale Ordnung des Kreatürlichen ein: Alle *Leidenschafts*-Bestandteile aber gelten dann als Residuen des Sündenfalls, bei denen, nach Luther, Gott *durch die Finger sieht,* um Schlimmeres zu verhindern. Die außerweltliche rationale Askese (aktive Mönchsaskese) lehnt auch diese und damit alles Geschlechtliche als eine heilsgefährdende diabolische Macht ab.

Es ist am besten wohl der Quäkerethik (wie sie aus William Penns Briefen an seine Frau spricht) gelungen, über die ziemlich grobe lutherische Deutung des Sinnes der Ehe hinaus zu einer echt menschlichen Interpretation ihrer innerlichen religiösen Werte zu gelangen. Rein innerweltlich angesehen, kann nur die Verknüpfung mit dem Gedanken ethischer Verantwortlichkeit für einander – also einer gegenüber der rein erotischen Sphäre heterogenen Kategorie der Beziehung – dem Empfinden dienen: daß in der Abwandlung des verantwortungsbewußten Liebesgefühls durch alle Nuancen des organischen Lebensganges hindurch: *bis zum Pianissimo des höchsten Alters,* in dem Einander-Gewähren und Einander-schuldig-werden (im Sinne Goethes) etwas Eigenartiges und Höchstes liegen könne. Selten gewährt es das Leben rein; wem es gewährt wird, der spreche von Glück und Gnade des Schicksals, – nicht: von eigenem *Verdienst.* –

Die Ablehnung aller unbefangenen Hingabe an die intensivsten Erlebnisarten des Daseins: künstlerische und erotische, ist zwar an sich nur eine negative Haltung. Allein es liegt auf der Hand, daß sie die Macht steigern konnte, mit welcher Energien in die Bahn rationaler Leistungen einströmten: ethischer sowohl wie auch rein intellektueller.

Aber freilich: am größten und prinzipiellsten wird schließlich die bewußte Spannung der Religiosität gerade zum Reich des denkenden Erkennens. Ungebrochene Einheit gibt es da im Bereich der Magie und des rein magischen Weltbildes, wie wir es in China kennen lernten. Weitgehende gegenseitige Anerkennung ist möglich auch für die rein metaphysische Spekulation. Obwohl diese leicht zur Skepsis zu führen pflegt. Nicht selten betrachtete daher die Religiosität die rein empirische, auch naturwissenschaftliche Forschung als besser mit ihren Interessen vereinbar als die Philosophie. So vor allem der asketische Protestantismus. Wo immer aber rational empirisches Erkennen die Entzauberung der Welt und deren Verwandlung in einen kausalen Mechanismus konsequent vollzogen hat, tritt die Spannung gegen die Ansprüche des ethischen Postulates: daß die Welt ein gottgeordneter, also irgendwie ethisch sinnvoll orientierter Kosmos sei, endgültig hervor. Denn die empirische und vollends die mathematisch orientierte Weltbetrachtung entwickelt prinzipiell die Ablehnung jeder Betrachtungsweise, welche überhaupt nach einem *Sinn* des innerweltlichen Geschehens fragt. Mit jeder Zunahme des Rationalismus der empirischen Wissenschaft wird dadurch die Religion zunehmend aus dem Reich des Rationalen ins Irrationale verdrängt und nun erst: die irrationale oder antirationale überpersönliche Macht schlechthin. Das Maß von

Bewußtheit oder doch von Konsequenz in der Empfindung dieses Gegensatzes ist freilich sehr verschieden. Es scheint nicht undenkbar, – was behauptet wird: – daß Athanasius seine, rational angesehen, schlechthin absurde Formel vielleicht wirklich auch deshalb im Kampf gegen die Mehrzahl der damaligen hellenischen Philosophen durchgesetzt hat, um das ausdrückliche Opfer des Intellekts und eine feste Grenze des rationalen Diskutierens zu erzwingen. Alsbald aber wurde die Trinität selbst rational begründet und diskutiert. Und gerade wegen der unversöhnlich scheinenden Spannung steht die Religion, die prophetische wie die priesterliche, immer wieder in intimen Beziehungen zum rationalen Intellektualismus. Je weniger sie Magie oder bloße kontemplative Mystik und je mehr sie *Lehre* ist, desto mehr besteht für sie das Bedürfnis nach rationaler Apologetik. Von den Zauberern, welche überall die typischen Bewahrer der Mythen und Heldensage wurden, weil sie bei der Erziehung und Schulung der jungen Krieger zum Zwecke der Erweckung der Heldenekstase und Heldenwiedergeburt beteiligt waren, übernahm die Priesterschaft, als allein zur Erhaltung einer perennierenden Tradition fähig, die Schulung der Jugend im Gesetz und oft auch in rein verwaltungstechnischen Kunstlehren, vor allem: in der Schrift und im Rechnen. Je mehr nun die Religion Buchreligion und Lehre wurde, desto literarischer und daher desto mehr ein priesterfreies rationales Laiendenken provozierend wirkte sie. Aus dem Laiendenken aber entstanden immer wieder sowohl die priesterfeindlichen Propheten, wie die ihr religiöses Heil priesterfrei suchenden Mystiker und Sektierer und schließlich die Skeptiker und glaubensfeindlichen Philosophen, gegen die dann wieder eine Rationalisierung der priesterlichen Apologetik reagierte. Die antireligiöse Skepsis als solche war in China, in Ägypten, in den Veden, in der nachexilischen jüdischen Literatur im Prinzip ganz ebenso vertreten wie heute. Es sind fast keine neuen Argumente hinzugetreten. Monopolisierung der Jugenderziehung wurde daher zentrale Machtfrage für die Priesterschaft. Deren Macht konnte mit zunehmender Rationalisierung der politischen Verwaltung steigen. Wie anfänglich sie allein in Ägypten und Babylonien dem Staat die Schreiber lieferte, so noch den mittelalterlichen Fürsten mit beginnender Schriftlichkeit der Verwaltung. Von den großen Systemen der Pädagogik haben nur der Konfuzianismus und die mittelländische Antike, der erstere durch die Macht seiner Staatsbürokratie, die letztere umgekehrt durch das absolute Fehlen bürokratischer Verwaltung, sich dieser Macht der Priesterschaft zu entziehen gewußt und damit auch die Priesterreligion ausgeschaltet. Die Priesterschaft war sonst regelmäßige Trägerin der Schule. Nicht nur diese eigentlichsten Priesterinteressen aber bedingten die immer neue Verbindung der Religion mit dem Intellektualismus, sondern auch die innerliche Nötigung durch den rationalen Charakter der religiösen Ethik und das spezifisch intellektualistische Erlösungsbedürfnis. Im Effekt stand dabei jede Religiosität in ihrem psychologischen und gedanklichen

Unterbau und in ihren praktischen Konsequenzen verschieden zum Intellektualismus, ohne daß doch die Wirkung jener letzten inneren Spannung, welche in der unvermeidlichen Disparatheit der letzten Formungen des Weltbildes liegt, je verschwände. Es gibt durchaus keine ungebrochene, als Lebensmacht wirkende, Religion, welche nicht an irgendeiner Stelle das *credo non quod, sed* quia *absurdum,* – das *Opfer des Intellekts,* – fordern müßte.

Es ist schwerlich nötig und wäre auch nicht möglich, die Stadien dieser Spannung zwischen Religion und intellektuellem Erkennen hier einzeln vorzuführen. Die Erlösungsreligion wehrt sich gegen den Angriff des selbstgenugsamen Intellektes am prinzipiellsten natürlich durch den Anspruch: daß ihr eignes Erkennen in einer anderen Sphäre sich vollziehe und nach Art und Sinn gänzlich heterogen und disparat sei gegenüber dem, was der Intellekt leiste. Nicht ein letztes intellektuelles Wissen über das Seiende oder normativ Geltende, sondern eine letzte Stellungnahme zur Welt kraft unmittelbaren Erfassens ihres *Sinnes* sei das, was sie darbiete. Und sie erschließe ihn nicht mit den Mitteln des Verstandes, sondern kraft des Charisma einer Erleuchtung, welche nur dem zuteil werde, der sich durch die dafür an die Hand gegebene Technik von den irreleitenden Scheinsurrogaten, welche der verworrene Eindruck der sinnlichen Welt und die in Wahrheit für das Heil gleichgültigen und leeren Abstraktionen des Verstandes als Erkenntnis liefern, befreie und so in sich für die Aufnahme der praktisch allein wichtigen Erfassung des Sinnes der Welt und des eigenen Daseins die Stätte zu bereiten wisse. In allen Unternehmungen der Philosophie, jenen letzten Sinn und die ihn erfassende (praktische) Stellungnahme demonstrabel zu machen, ebenso aber in dem Versuch, irgendwelche Intuitionserkenntnisse von prinzipiell anderer Dignität, die aber doch auch das *Sein* der Welt betreffen, zu gewinnen, wird sie nichts als das Bestreben des Intellekts sehen, seiner Eigengesetzlichkeit zu entrinnen. Und vor allem: ein ganz spezifisches Produkt eben jenes Rationalismus, dem der Intellektualismus dadurch so gern entgehen möchte. – Aber freilich wird sie selbst, von ihrer eignen Position aus gesehen, sich gleich unkonsequenter Übergriffe schuldig machen, sobald sie die unangreifbare Inkommunikabilität des mystischen Erlebnisses aufgibt, für welches es, konsequenter Weise, nur Mittel seiner Herbeiführung als Ereignis, nicht aber: der adäquaten Mitteilung und Demonstration geben könnte. Dies zu tun, muß jeder Versuch der Wirkung auf die Welt sie in Gefahr bringen, sobald er den Charakter der Propaganda annimmt. Ebenso aber jeder Versuch einer rationalen Deutung des Weltsinns, der dennoch immer erneut gemacht worden ist. –

Die *Welt* kann, alles in allem, unter verschiedenen Gesichtspunkten mit religiösen Postulaten in Konflikt geraten. Immer ist der betreffende Gesichtspunkt zugleich der wichtigste inhaltliche Richtungspunkt für die Art des Strebens nach Erlösung.

Das bewußt als Inhalt einer Religiosität gepflegte Erlösungsbedürfnis ist stets und überall, nur in sehr verschieden stark festgehaltener Deutlichkeit des

Zusammenhangs, entstanden als Konsequenz des Versuchs einer systematischen praktischen Rationalisierung der Realitäten des Lebens. Anders ausgedrückt: des Anspruchs, – der auf dieser Stufe zur spezifischen Voraussetzung aller Religion wird –, daß der Weltverlauf, wenigstens soweit er die Interessen der Menschen berührt, ein irgendwie sinnvoller Vorgang sei. Dieser Anspruch tauchte, wie wir sahen, naturgemäß zunächst als das landläufige Problem des ungerechten Leidens auf, also als das Postulat eines gerechten Ausgleichs für die ungleiche Verteilung des individuellen Glücks innerhalb der Welt. Er hatte die Tendenz, von da aus stufenweise zu einer immer weiteren Entwertung der Welt fortzuschreiten. Denn je intensiver das rationale Denken jenes Problem des gerechten vergeltenden Ausgleichs aufgriff, desto weniger konnte seine rein innerweltliche Lösung möglich und eine außerweltliche wahrscheinlich oder sinnvoll scheinen. Der Gang der Welt, so wie er tatsächlich ist, kümmerte sich, soweit der Augenschein reichte, um jenes Postulat wenig. Denn nicht nur die ethisch unmotivierte Ungleichheit der Verteilung von Glück und Leid, für die ein Ausgleich denkbar schien, sondern schon die bloße Tatsache der Existenz des Leidens als solchen mußte ja irrational bleiben. Denn dessen universelle Verbreitung konnte ja nur durch das andere, noch irrationalere Problem der Herkunft der Sünde, – die nach der Lehre der Propheten und Priester das Leiden als Strafe oder Zuchtmittel erklären sollte, – ersetzt werden. Eine zum Sündigen geschaffene Welt mußte aber ethisch noch unvollkommener erscheinen als eine zum Leiden verurteilte. Fest stand jedenfalls für das ethische Postulat die absolute Unvollkommenheit dieser Welt. Nur durch diese Unvollkommenheit schien sich ja auch ihre Vergänglichkeit sinnvoll zu rechtfertigen. Allein diese Rechtfertigung konnte geeignet erscheinen, die Welt noch weiter zu entwerten. Denn nicht nur das Wertlose, nicht einmal vornehmlich dies, zeigte sich als vergänglich. Daß aber Tod und Verfall die besten ebenso wie die schlechtesten Menschen und Dinge nivellierend ereilte, konnte als eine Entwertung gerade der höchsten innerweltlichen Güter als solcher erscheinen, sobald einmal die Vorstellung einer ewigen Dauer der Zeit, eines ewigen Gottes und einer ewigen Ordnung überhaupt konzipiert war. Wenn nun demgegenüber Werte, und gerade die am höchsten geschätzten, als *zeitlos* geltend verklärt und daher die Bedeutung ihrer Realisierung in der *Kultur* als von der zeitlichen Dauer der konkreten Realisierungserscheinung unabhängig hingestellt wurden, dann konnte sich die ethische Verwerfung der empirischen Welt wiederum weiter steigern. Denn nun konnte eine Gedankenreihe in den religiösen Horizont treten, welche von weit größerer Bedeutung war als Unvollkommenheit und Vergänglichkeit der Weltgüter im allgemeinen, weil sie geeignet war, gerade die üblicherweise höchstgestellten *Kulturgüter* unter Anklage zu bringen. Ihnen allen haftete ja die Todsünde einer unvermeidlichen spezifischen Schuldbelastetheit an. Sie zeigten sich an Geistes- oder Geschmacks-Charisma gebunden und ihre Pflege schien unvermeidlich Daseinsformen vorauszusetzen, welche der Brüderlichkeitsforderung zuwiderliefen und nur durch Selbsttäuschung sich ihr anpassen ließen. Bildungs- und Geschmackskultur-Schranken sind die innerlichsten und unübersteigbarsten aller ständischen Unterschiede. Religiöse Schuld konnte nun nicht nur als gelegentliches Akzidens, sondern als ein integrierender Bestandteil aller Kultur, alles Handelns in einer Kulturwelt und, schließlich, alles geformten Lebens überhaupt erscheinen. Gerade alles Höchste, was diese Welt an Gütern zu bieten hatte, schien dadurch mit der größten Schuld belastet. Die äußere Ordnung der sozialen Gemeinschaft, je mehr sie zur Kulturgemeinschaft des staatlichen Kosmos wurde, war offensichtlich überall nur mit brutaler, um Gerechtigkeit sich nur nominell und gelegentlich, jedenfalls nur soweit die eigene ratio es zuließ, kümmernder Gewalt aufrechtzuerhalten, die aus sich unvermeidlich immer neue Gewalttaten nach außen und innen und überdies noch unaufrichtige Vorwände für solche erzeugte, also: offene oder, was schlimmer scheinen mußte: pharisäisch verhüllte Lieblosigkeit bedeutete. Der versachlichte ökonomische Kosmos, also gerade die rational höchste Form der für jede innerweltliche Kultur unentbehrlichen materiellen Güterversorgung, war ein Gebilde, dem die Lieblosigkeit von der Wurzel aus anhaftete. Alle Arten des Handelns in der geformten Welt schienen in die gleiche Schuld verstrickt. Verhüllte und sublimierte Brutalität, brüderlichkeitsfeindliche Idiosynkrasie und illusionistische Verschiebung des gerechten Augenmaßes begleiteten unvermeidlich die Geschlechtsliebe, und je machtvoller sie ihre Gewalt entfaltete, desto stärker und zugleich von den Beteiligten selbst unbemerkter oder auch: desto pharisäisch verhüllter. Das rationale Erkennen, an welches ja die ethische Religiosität selbst appelliert hatte, gestaltete, autonom und innerweltlich seinen eigenen Normen folgend, einen Kosmos von Wahrheiten, welcher nicht nur mit den systematischen Postulaten der rationalen religiösen Ethik: daß die Welt als Kosmos ihren Anforderungen genüge oder irgendeinen *Sinn* aufweise, gar nichts mehr zu schaffen hatte, diesen Anspruch vielmehr prinzipiell ablehnen mußte. Der Kosmos der Naturkausalität und der postulierte Kosmos der ethischen Ausgleichskausalität standen in unvereinbarem Gegensatz gegeneinander. Und obwohl die Wissenschaft, die jenen Kosmos schuf, über ihre eigenen letzten Voraussetzungen sicheren Aufschluß nicht geben zu können schien, trat sie im Namen der *intellektuellen Rechtschaffenheit* mit dem Anspruch auf: die einzig mögliche Form der denkenden Weltbetrachtung zu sein. Wie alle Kulturwerte, so schuf dabei auch der Intellekt eine von allen persönlichen ethischen Qualitäten der Menschen unabhängige, also unbrüderliche Aristokratie des rationalen Kulturbesitzes. Nun aber haftete diesem Kulturbesitz, und also: dem für den *innerweltlichen* Menschen Höchsten in dieser Welt, neben seiner ethischen Schuldbelastetheit auch etwas an, was ihn noch viel endgültiger entwerten mußte: die Sinnlosigkeit, wenn man ihn mit seinen eigenen Maßstäben bewertete. Die Sinnlosigkeit der rein innerweltlichen Selbstvervollkommnung zum Kulturmenschen, des letzten Wertes also, auf welchen die *Kultur* reduzierbar schien, folgte für das religiöse Denken ja schon aus der – von eben jenem innerweltlichen Standpunkt aus gesehen – offenbaren Sinnlosigkeit des Todes, welcher, gerade unter den Bedingungen der *Kultur*, der Sinnlosigkeit des Lebens erst den endgültigen Akzent aufzuprägen schien. Der Bauer konnte *lebenssatt* sterben wie Abraham. Der feudale Grundherr und Kriegsheld auch. Denn beide erfüllten einen Kreislauf ihres Seins, über den sie nicht hinausgriffen. Sie konnten so in ihrer Art zu einer innerirdischen Vollendung gelangen, wie sie aus der naiven Eindeutigkeit ihrer Lebensinhalte folgte. Aber der nach Selbstvervollkommnung im Sinne der Aneignung oder Schaffung von *Kulturinhalten* strebende *gebildete* Mensch nicht. Er konnte zwar *lebensmüde*, aber nicht im Sinne der Vollendung eines Kreislaufs *lebenssatt* werden. Denn seine Perfektibilität ging ja prinzipiell ebenso ins Schrankenlose wie diejenige der Kulturgüter. Und je mehr sich die Kulturgüter und Selbstvervollkommnungsziele differenzierten und vervielfältigten, desto geringfügiger wurde der Bruchteil, den der einzelne, passiv als Aufnehmender, aktiv als Mitschöpfer, im Laufe eines endlichen Lebens umspannen konnte. Desto weniger konnte also die Hineingespanntheit in diesen äußeren und inneren Kulturkosmos die Wahrscheinlichkeit bieten: daß ein einzelner die Gesamtkultur, oder daß er das in irgendeinem Sinne *Wesentliche* an ihr, für welches es überdies keinen endgültigen Maßstab gab, in sich aufnehmen könne, und daß also die *Kultur* und das Streben nach ihr irgendeinen innerweltlichen Sinn für ihn haben könne. Gewiß bestand *Kultur* für den einzelnen nicht im Quantum des von ihm an *Kulturgütern* Errafften, sondern in einer geformten Auslese daraus. Aber dafür, daß diese – für ihn – ein sinnvolles Ende gerade mit dem *zufälligen* Zeitpunkt seines Todes erreicht habe, bestand keine Gewähr. Und wenn er sich gar vornehm vom Leben abwendete: – *Ich habe genug, – Es hat mir alles geboten (oder: versagt), was* mir *des Lebens wert war,* – so mußte diese stolze Haltung der Erlösungsreligion als ein blasphemisches Verschmähen der von Gott verordneten Lebenswege und Schicksale erscheinen: Keine Erlösungsreligion billigt positiv den *Freitod,* den nur Philosophien verklärt haben. –

Alle *Kultur* erschien, so angesehen, als ein Heraustreten des Menschen aus dem organisch vorgezeichneten Kreislauf des natürlichen Lebens, und eben deshalb dazu verdammt, mit jedem Schritt weiter eine nur immer vernichtendere Sinnlosigkeit, der Dienst an den Kulturgütern aber, je mehr er zu einer heiligen Aufgabe, einem *Beruf,* gemacht wurde, ein um so sinnloseres Hasten im Dienst wertloser und überdies in sich überall widerspruchsvoller und gegeneinander antagonistischer Ziele zu werden.

Als Stätte der Unvollkommenheit, der Ungerechtigkeit, des Leidens, der Sünde der Vergänglichkeit, der notwendig schuldbelasteten, notwendig mit immer weiterer Entfaltung und Differenzierung immer sinnloser werdenden Kultur: In allen diesen Instanzen mußte so die Welt, rein ethisch angesehen, dem religiösen Postulat eines göttlichen *Sinnes* ihrer Existenz gleich brüchig und entwertet erscheinen. Auf diese Entwertung: eine Folge des Konfliktes zwischen rationalem Anspruch und Wirklichkeit, rationaler Ethik und teils rationalen, teils irrationalen Werten, der mit jeder Herauspräparierung der spezifischen Eigenart jeder in der Welt vorkommenden Sondersphäre immer schroffer und unlösbarer hervorzutreten schien, reagierte das Bedürfnis nach *Erlösung* derart, daß, je systematischer das Denken über den *Sinn* der Welt, je rationalisierter diese selbst in ihrer äußeren Organisation, je sublimierter das bewußte Erleben ihrer irrationalen Inhalte wurde, desto unweltlicher, allem geformten Leben fremder, genau parallel damit, das zu werden begann, was den spezifischen Inhalt des Religiösen ausmachte. Und nicht etwa nur das theoretische Denken, welches die Welt entzauberte, sondern gerade der Versuch der religiösen Ethik, sie praktisch ethisch zu rationalisieren, führte in diese Bahn.

Und schließlich: die spezifisch intellektualistische, mystische Erlösungssuche gegenüber diesen Spannungen fiel auch selbst der Weltherrschaft der Unbrüderlichkeit anheim. Einerseits war ja ihr Charisma nicht jedermann zugänglich. Sie war also, dem Sinne nach, Aristokratismus höchster Potenz: religiöser Heilsaristokratismus. Und inmitten einer rational zur Berufsarbeit organisierten Kultur blieb für die Pflege der akosmistischen Brüderlichkeit selbst – außerhalb der ökonomisch sorgenfreien Schichten – kaum noch Platz: das Leben des Buddha, Jesus, Franziskus zu führen, scheint unter den technischen und sozialen Bedingungen rationaler Kultur rein äußerlich zum Mißerfolg verurteilt. –

Die einzelnen weltablehnenden Erlösungsethiken der Vergangenheit setzten nun jede mit ihrer Weltablehnung an höchst verschiedenen Stellen dieser rein rational konstruierten Skala ein. Neben den zahlreichen konkreten Umständen, von welchen dies abhing, und welche zu ermitteln eine theoretische Kasuistik nicht ausreicht, spielte auch ein rationales Element dabei eine Rolle: die Struktur derjenigen Theodizee, durch welche das metaphysische Bedürfnis: trotz allem in diesen unüberbrückbaren Spannungen einen gemeinsamen Sinn zu finden, auf das Bewußtsein von deren Existenz reagierte. Von den drei in den einleitenden Ausführungen als allein konsequent bezeichneten Arten der Theodizee konnte der Dualismus jenem Bedürfnis nicht unerhebliche Dienste leisten. Das seit ewigen Zeiten und für ewige Zeiten bestehende Neben- und Gegeneinander einer Macht des Lichts, der Wahrheit, Reinheit und Güte und einer Macht der Finsternis, der Lüge, Unreinheit und Bosheit war letztlich nur eine unmittelbare Systematisierung des magischen Pluralismus der Geister mit ihrer Scheidung von guten (nützlichen) und bösen (schädlichen) Geistern, der Vorstufen des Gegensatzes von Göttern und Dämonen. In derjenigen prophetischen Religiosität, welche diese Konzeption am konsequentesten durchführte: dem Zarathustrismus, knüpfte der Dualismus direkt an den magischen Gegensatz von *rein* und *unrein* an, in den alle Tugenden und Laster eingegliedert wurden. Er bedeutet den Verzicht auf die Allmacht eines Gottes, welcher vielmehr an dem Bestehen der widergöttlichen Macht seine Schranke fand. Er ist von den heutigen Bekennern (den Parsen) tatsächlich aufgegeben worden, weil diese Schranke nicht ertragen wurde. Während in ihrer konsequentesten Eschatologie die Welt des Reinen und des Unreinen, aus deren Vermischung die brüchige empirische Welt hervorging, sich für immer wieder in zwei beziehungslose Reiche schied, läßt die modernere Endhoffnung den Gott der Reinheit und Güte ebenso siegen, wie das Christentum den Heiland über den Teufel. Diese inkonsequentere Form des Dualismus ist die volkstümliche über die ganze Erde hin verbreitete Vorstellung von Himmel und Hölle. Sie stellt die Souveränität Gottes über den bösen Geist, der sein Geschöpf ist, wieder her, glaubt dadurch die göttliche Allmacht gerettet, muß dann aber, wohl oder übel, eingestandener- oder verhülltermaßen, etwas von der göttlichen Liebe opfern, der, wenn die Allwissenheit festgehalten wird, die Schaffung einer Macht des radikal Bösen und die Zulassung der Sünde, zumal in Gemeinschaft mit der Ewigkeit der Höllenstrafen an einem eigenen endlichen Geschöpf und für endliche Sünden, schlechterdings nicht entspricht. Konsequent ist alsdann nur ein Verzicht auf die Güte. Diesen vollzog, der Sache nach, in voller Konsequenz der Prädestinationsglaube. Die anerkannte Unmöglichkeit, Gottes Ratschlüsse mit menschlichen Maßstäben messen zu können, bedeutete in liebloser Klarheit den Verzicht auf die Zugänglichkeit eines Sinnes der Welt für menschliches Verstehen, welcher damit auch aller Problematik dieser Art ein Ende machte. Er ist in dieser Konsequenz außerhalb des Kreises eines hochgesteigerten Virtuosentums nicht dauernd ertragen worden. Gerade weil er, – im Gegensatz zum Glauben an die irrationale Macht des *Verhängnisses* –, die Annahme providenzieller, also irgendwie rationaler, Bestimmtheit der Verdammten nicht nur zum Untergang, sondern zum Bösen, dennoch aber die *Strafe*, also die Anwendung einer ethischen Kategorie auf sie, fordert.

Von der Bedeutung des Prädestinationsglaubens ist in dem ersten Aufsatz dieser Sammlung gesprochen. Den zarathustrischen Dualismus behandeln wir später und zwar nur kurz, weil die Zahl seiner Bekenner gering ist. Er könnte hier gänzlich ausfallen, wenn nicht der Einfluß der persischen Endgerichtsvorstellungen, Dämonen- und Engellehre auf das Spätjudentum eine erhebliche historische Bedeutung konstituierte.

Die dritte, durch ihre Konsequenz sowohl wie durch die außerordentliche metaphysiche Leistung: Vereinigung virtuosenhafter Selbsterlösung aus eigener Kraft mit universeller Zugänglichkeit des Heils, strengster Weltablehnung mit organischer Sozialethik, Kontemplation als höchsten Heilswegs mit innerweltlicher Berufsethik, ervorragende Form der Theodizee war der indischen Intellektuellen-Religiosität eigentümlich, welcher wir uns nunmehr zuwenden.

Teil 2

Die Wirtschaftsethik der Weltreligionen II

Hinduismus und Buddhismus

I. Das hinduistische soziale System[1]

Indien und die allgemeine Stellung des Hinduismus – Die Art der Propaganda des Hinduismus – Lehre und Ritus im Hinduismus – Die Stellung des Veda im Hinduismus – Die Stellung der Brahmanen und das Wesen der Kaste im Verhältnis zum „Stamm", zur „Zunft" und zum „Stand" – Die soziale Rangordnung der Kasten im Allgemeinen – Die Stellung der Sippe und die Kasten – Die Hauptgruppen der Kasten – Kastenarten und Kastenspaltungen – Die Kastendisziplin – Die Kasten und der Traditionalismus – Die religiöse Heilsbedeutung der Kastenordnung – Historische Entwicklungsbedingungen der Kasten in Indien

[1] Literatur: Grundlagen für die Kenntnis Indiens und jetzt namentlich auch des Kastensystems sind die Statistiken und vor allem auch die ausgezeichneten soziologischen Arbeiten, welche darüber in den Publikationen des zehnjährigen Zensus von Indien enthalten sind. (Census of India, Reports, stets ein besonderer Generalbericht und dann je ein Report mit Tabellen für jede Presidency außer den reinen Zahlenbänden, – Erscheinungsort: Calcutta). Namentlich der Zensus von 1901 förderte zum ersten Male umfassendes Material für ganz Indien zutage, welches der Zensus von 1911 in wichtigen Punkten ergänzte. Die General- und Provinzialberichte von Risley – dem Verfasser der *Castes and Tribes of Bengal* (Calc. 1891/2) – Blunt, Gait u. a. gehören zum besten, was die soziologische Literatur überhaupt aufzuweisen hat. Ein in seiner Art mustergültiges Nachschlagewerk über Indien ist der Imperial Gazetteer of India, alphabetisch, mit 4 systematischen, die natürlichen, geschichtlichen, ökonomischen, sozialen und Kultur-Verhältnisse Indiens, unter dem Namen: The Indian Empire, behandelnden Einleitungsbänden (New. Ed. Oxford, Clarendon Press, 1908/9). Die Referenten des Zensus setzen sich auch mit den zahlreichen modernen Kasten-Entstehungstheorien von Sénart (Les Castes dans l'Inde, Paris 1896) und Bouglé (Essais sur le régime des castes, Trav. de l'Année sociol., Paris 1908) und dem älteren Werke Nesfields (Brief View of the Caste System of the North Western Provinces and Oudh, Allahabad 1885) u. a. auseinander. Beste moderne Arbeit; Baines: Ethnography in Bühlers Grundriß der Indo-arischen Philologie (Straßburg 1912) mit ausgiebigstem Literaturverzeichnis. Diese Werke, ebenso wie die bekannten großen Arbeiten der hervorragenden deutschen Indologen: A. Weber, Zimmer, H. Oldenberg zur indischen Kulturgeschichte sind nachstehend selbstverständlich überall benutzt, aber nur dann besonders zitiert, wenn ein sachlicher Anlaß vorlag. Zu den besten Arbeiten über die indische Sozialgeschichte gehört R. Ficks *Soziale Gliederung im nordöstlichen Indien zu Buddhas Zeit* (Kiel 1897), ergänzt durch die an geeigneter Stelle zu zitierenden Aufsätze von Washburne Hopkins (namentlich in India Old and New, New York 1911), Caroline Rhys Davids u. a. Zu vergleichen ist aus der historischen Literatur namentlich Vincent A. Smith, Early History of India from b. C. 600 to the Mahomm. Conquest (Oxford 1904). Grant Duff, History of the Mahrattas, London 1911) und etwa die *Rulers of India Series* (Oxford). Gute Abrisse zur Einführung in The Indian Empire. Andere

Indien ist und war, im Gegensatz zu China, ein Land der Dörfer und der denkbar unerschütterlichsten geburtsständischen Gliederung. Aber zugleich ein Land des Handels, nicht nur des Binnen-, sondern gerade auch des Fernhandels, insbesondere nach dem Okzident, wie es scheint seit altbabylonischer Zeit, und des Darlehenswuchers. Es hat in seinen Nordwestteilen unter einem immerhin fühlbaren hellenischen Einfluß gestanden. Im Süden waren früh Juden ansässig. Im Nordwesten wanderten die persischen Zarathustrier ein, eine hier ganz dem Großhandel zugewendete Schicht. Dann kam der

Literatur ist an gegebenen Stellen zitiert. Für die neuere Heeresgeschichte am bequemsten das Buch von P. Horn, Heer- und Kriegswesen der Großmoghuls (Leiden 1894). Für die Wirtschaftsgeschichte sind die benutzten Arbeiten bei den betreffenden Teilen der folgenden Darstellung zitiert. Die überreichlichen monumentalen Quellen enthalten für die Spezialgeschichte massenhaftes, aber bisher nur zum kleinsten Teil zusammenfassend verarbeitetes Material. Die größte Zahl solcher Inschriften, von denen bisher Übersetzungen vorliegen, sind mit dieser und mit sprachlichen und sachlichen Kommentaren fortlaufend herausgegeben, teils in der archäologischen Zeitschrift: *Indian Antiquary* (bisher 45 Quartbände) teils in der nur Epigraphik treibenden Zeitschrift *Epigraphia Indica:* in beiden finden sich ausgezeichnete Einzeluntersuchungen von Hultzsch, Fleet, vor allem auch von Bühler. Leider konnte ich Hultzschs South Indian Inscriptions und das Corpus Inscr. Indic. diesmal nicht einsehen.
Von den unermeßlichen literarischen Quellen liegen in deutschen und englischen Übersetzungen vor die wichtigsten Teile der Veden. Dazu sind für soziologische Zwecke die ausgezeichneten *Vedischen Studien* von Pischel und Geldner, für die Entwicklung des Brahmanentums Bloomfield, The Atharva Veda (Bühlers Grundriß der Indoarischen Philologie, Straßburg 1899), für die religiöse Entwicklung aber H. Oldenberg, Die Religion des Veda zu benutzen. Von den Epen: Teile des Mahabharata (dazu Dahlmann, S. J.: Das Mahabharata als Epos und Rechtsbuch, Berlin 1895) und des Ramayana. Die Sutraliteratur, soweit übersetzt, in den Sacred Books of the East. Auf den (ins Englische übersetzten) sehr wichtigen frühbuddhistischen Legenden, den Jatakas, vornehmlich beruhen die erwähnten Arbeiten von Fick, Mrs. Rhys Davids, W. Hopkins über die Hindu-Gesellschaft dieser Epoche. Sodann: die Rechtsbücher des Apastamba, Manu, Vasishtha, Brihaspati, Baudhâyana (diese in den Sacred Books of the East). Über das indische Recht ist zu vergleichen vor allem das Buch von Jolly in Bühlers Grundriß der Indoarischen Philologie, ferner West und Bühler, Digest of Hindu Law (Bombay 1867/69. Die griechischen Quellen hat Mc. Crindle gesammelt und (in englischer Übersetzung) herausgegeben. Der chinesische Reisebericht Fa Hiens ist von Legge übersetzt. Aus der gewaltigen Masse der eigentlich religiösen Literatur der Brahmana- und Purana-Periode wird das, was übersetzt ist und benutzt wird, zu Abschnitt II zitiert. – Über den Hinduismus als religiöses System existieren zusammenfassende und zur Einführung brauchbare Darstellungen für die Gegenwart vor allem in den eingangs zitierten Zensus-Publikationen, historische in den verschiedenen Sammelquellen über vergleichende Religionswissenschaft und im *Indian Empire.* S. ferner: Barth, Les Relig. de l'Inde, Paris 1879 und Monier Williams, Rel. Thought and life in India p. I, 1891. Andere Werke und die benutzte Einzelliteratur werden zu Abschnitt II zitiert. Die meisten Einzelaufsätze sind im Journal of the Royal Asiatic Society (J. R. A. S.), im Journal Asiatique (J. A.) und in der Zeitschrift der deutschen Morgenländischen Gesellschaft (Z. D. M. G.) enthalten. Die *Gazetteers* der einzelnen Presidencies waren mir leider nicht zugänglich, das Journal of the Asiatic Soc. of Bengal nur teilweise. Über die indische Literatur im ganzen jetzt: Winternitz, Geschichte der indischen Literatur. Leipzig 1908.

Einfluß des Islam und die rationalistische Aufklärung des Großmoghuls Akbar. Unter den Großmoghuls, und auch vorher mehrere Male, war ganz oder fast ganz Indien generationenlang eine politische Einheit. Dazwischen lagen stets wieder lange Perioden der Zersplittertheit in zahlreiche, sich ständig bekriegende politische Herrschaften. Fürstliche Kriegführung, Politik und Finanzwirtschaft waren rational. Sie wurden literarisch, die Politik sogar vollendet *machiavellistisch*, theoretisiert. Der Ritterkampf sowohl wie das disziplinierte und vom Fürsten equipierte Heer haben ihre Zeit gehabt. Die Verwendung der Artillerie hat allerdings nicht, wie gelegentlich behauptet wurde, hier zuerst, aber doch frühzeitig, sich entwickelt. Staatsgläubigertum, Steuerpächtertum, Staatslieferantentum, Verkehrsmonopole usw. waren ganz nach patrimonialer okzidentaler Art entstanden. Die Städteentwicklung näherte sich jahrhundertelang in wichtigen Punkten, wie wir sehen werden, mittelalterlichen okzidentalen Erscheinungen. Das heutige rationale Zahlensystem, die technische Grundlage aller *Rechenhaftigkeit*, ist indischen Ursprungs.[2] Die Inder haben, im Gegensatz zu China, rationale Wissenschaft (darunter Mathematik und Grammatik) gepflegt. Sie haben die Entwicklung zahlreicher philosophischer Schulen und religiöser Sekten von fast allen überhaupt möglichen soziologischen Typen erlebt. Zum großen Teil waren sie auf dem Boden eines penetranten intellektualistischen und dabei systematisch rationalen Bedürfnisses erwachsen, welches sich der allerverschiedensten Lebensgebiete bemächtigte. Die Toleranz gegen religiöse und philosophische Lehrmeinungen war in großen Zeiträumen nahezu absolut, jedenfalls ungleich größer als irgendwo im Okzident vor der allerneusten Zeit. Das indische Recht weist zahlreiche Bildungen auf, welche für kapitalistische Bedürfnisse ebenso brauchbare Ansatzpunkte geboten hätten, wie die entsprechenden Institutionen unserer mittelalterlichen Rechtsentwicklung. Die Autonomie der Händlerschicht in der Rechtsschöpfung war mindestens so groß wie diejenige unseres Mittelalters. Die indischen Handwerkerleistungen und die Spezialisierung der Gewerbe waren sehr hoch entwickelt. Der Erwerbstrieb der Inder aller Schichten hat wahrlich nie zu wünschen übrig gelassen und nirgends bestand so wenig Antichrematismus und so hohe Schätzung des Reichtums. Moderner Kapitalismus ist innerhalb des Indertums aber weder früher noch in den Jahrhunderten englischer Herrschaft entstanden, sondern erst Importprodukt. Er ist als fertiges Artefakt übernommen worden, ohne autochthone Anknüpfungspunkte vorzufinden. Hier soll nun untersucht werden, in welcher Art an diesem Ausbleiben der kapitalistischen Entwicklung (im okzidentalen Sinn) etwa – als ein Moment neben sicher zahlreichen andern – die indische Religiosität beteiligt sein kann. Die nationale Form dieser ist der Hinduismus. *Hindu* ist ein Ausdruck, der erst

[2] Positionszahlensystem seit unbestimmt alter Zeit. Die Null seit 5./6. Jahrh. nach Chr. nachweislich. Gerade Arithmetik und Algebra gelten als autochthon. Für negative Größen der Ausdruck *chulden* (ksaya).

seit der Fremdherrschaft der Mohammedaner für die nicht konvertierten Eingebornen Indiens aufkam. Als *Hinduismus* haben diese selbst ihre religiöse Zugehörigkeit erst in der modernen Literatur zu bezeichnen angefangen. Es ist die offizielle Bezeichnung des englischen Zensus für den Komplex derjenigen Religiosität, für welche in Deutschland auch das Wort *Brahmanismus* üblich war. Dieser Terminus drückt aus, daß eine bestimmte Art von Priestern, die Brahmanen, die Träger der gemeinten Religiosität seien. Bekannt ist, daß die Brahmanen eine *Kaste* waren und sind, und daß die Institution der *Kasten* überhaupt, eine Art besonders exklusiver strenger Geburtsstände also, eine Rolle im indischen sozialen Leben spielten und noch spielen. Und bekannt sind auch die Namen der vier Hauptkasten der klassischen indischen Lehre, wie sie z. B. Manus Rechtsbuch darstellt: der Brahmanen, Kschatriya (Ritter), Vaiçya (Gemeinfreie), Çudra (Knechte).

Alles Nähere pflegt naturgemäß – etwa mit Ausnahme sehr allgemeiner Vorstellungen von einer Herrschaft des Seelenwanderungsglaubens – nicht gewußt zu werden. Diese Vorstellungen sind nicht falsch, sie bedürfen nur der Klärung an Hand der überreichen Quellen und Literatur. Die Tabellen des *Census of India* von 1911 führen in der Spalte *Religion* rund 217½ Millionen Menschen als *Hindu* auf, gleich 69,39% der Bevölkerung. Als Nicht-*Hindu* finden sich, neben den importierten Konfessionen: Muselmanen (66⅔ Millionen = 21,26%), Christen, Juden und Zarathustriern und den *Animisten* (10,29 Millionen = 3,28%) folgende Einträge in Indien selbst heimischer Religionen: *Sikh*[3] (rund 3 Millionen = 0,86%), – *Jaina* (1,2 Millionen = 0,40%) –, *Buddhist* (10,7 Millionen = 3,42%, diese jedoch alle bis auf ⅓ Million in dem seit alters zu fast 9/10 buddhistischen Birma und in den Grenzgebieten von Tibet, also nicht auf klassisch indischem, sondern auf mongoloidem, teils hinterindischem teils zentralasiatischem, Boden). Soweit die Aufnahmen der einzelnen Jahrzehnte vergleichbar sind – was freilich nur mit einigen Vorbehalten zutrifft – ist der Prozentsatz der *Hindus* seit 1881 von 74,32 auf 69,39% gesunken, gegenüber dem Ansteigen des Islam von 19,74 auf 21,22, des Christentums von 0,73 auf 1,24 und endlich der *Animisten* von 2,59 auf 3,28%. Die letzte Zahl und damit ein Teil der Verschiebung beruht neben dem allerdings erheblichen Kinderreichtum dieser kulturlosen animistischen Stämme sicher sehr stark auch auf Unterschieden der Zählung. Ein weiterer kleiner Teil der relativen Abnahme der *Hindus* ist durch Erweiterung des Zensus in Birma vorgetäuscht, welche eine starke Zunahme der gezählten Buddhisten zur Folge hatte. Im übrigen ist der relative Rückgang der Hindus teils durch Unterschiede der Geburtenziffer und der Sterblichkeit bedingt, von denen neben dem relativ niedrigen sozialen Stand und der entsprechend niedrigen Lebenshaltung der Masse der Hindus ein Teil

3 Auf diese politisch sehr wichtige, anfangs pazifistische, später einen kriegerischen Orden bildende, Mischsekte aus Islam und Hinduismus ist in unserm Zusammenhang kein Anlaß besonders einzugehen.

religiöse Gründe hat (Kinderehe, Mädchentötung, Witwenzölibat und dadurch bedingte geringe Kinderzahl und große Frauensterblichkeit der Oberkasten, Schwierigkeiten der Ernährung infolge der Speise-Tabus bei Mißernten in den unteren Schichten). Ein anderer kleiner Teil ist den Einzel-Konversionen zum Islam und zum Christentum, hauptsächlich aus den Unterkasten zur Verbesserung der sozialen Lage, zuzuschreiben. Förmliche Übertritte zum Hinduismus dagegen existieren offiziell nicht. Sie existieren nicht, weil sie wenigstens nach der Theorie des Hinduismus eigentlich unmöglich sind. Dies führt uns sofort zur Betrachtung wichtiger Eigenarten seines Wesens.

Eine *Sekte,* im soziologischen Wortsinn also: ein exklusiver Verein religiöser Virtuosen oder doch religiös spezifisch Qualifizierter, rekrutiert sich durch individuelle Aufnahme nach Feststellung der Qualifikation. Eine *Kirche,* als universalistische Massen-Heilsanstalt, erhebt, wie ein *Staat,* den Anspruch: daß jeder, mindestens jedes Kind eines Mitgliedes, ihr durch Geburt angehöre. Sie fordert zwar Sakramentalhandlungen und eventuell Nachweis der Bekanntschaft mit ihren Heilslehren als Voraussetzung der Mitgliedsrechte, statuiert aber die Verpflichtung, daß jene die aktiven Mitgliedsrechte bedingenden Sakramente oder Handlungen vollzogen werden. Bei ganz konsequenter Durchbildung ihres Typus und wo sie die Macht hat, zwingt sie die Widerstrebenden dazu nach dem Prinzip: *coge intrare.* In diesem Sinn wird man normalerweise in sie hinein *geboren* und die Einzel-Konversion und Aufnahme gilt nur für die Zeit, bis das prinzipielle Ziel: die Einigung aller in der universalen Kirche, erreicht sein wird. Einer strikten Geburtsreligion endlich wie dem Hinduismus gehört man durch die bloße Tatsache der Geburt von Hindu-Eltern an. *Exklusiv* ist sie in dem Sinn: daß man auf anderem Wege eigentlich überhaupt nicht in ihre Gemeinschaft, zum mindesten nicht in deren als religiös vollwertig geltende Kreise, gelangen kann. Der Hinduismus will gar nicht die *Menschheit* umfassen. Wer nicht zum Hindu geboren ist, bleibt, – sein Glaube oder seine Lebenspraxis mögen sein wie immer, – draußen, ein Barbar, dem der Zugang zu den Heilsgütern des Hinduismus, wenigstens dem Prinzip nach, versperrt ist. Es gibt zwar auch *open-door-castes*[4],aber sie sind unrein. Und im Gegensatz zur universalistischen kirchlichen Gnadenanstalt, welche die *Exkommunikation* für gewisse Religionsfrevel zwar kennt, aber nur in dem Sinn, daß der Gebannte der kirchlichen Gnadenmittel verlustig geht, der kirchlichen Strafgewalt aber unterworfen und also der Anstalt Untertan bleibt, ist

[4] Wie fast alle allgemeinen Sätze über Hinduismus, ist eben auch dieser nur relativ richtig. Wenn man von den vereinzelten modernen Auflockerungen der alten Exklusivität zwischen gleichgeordneten höheren Kasten absieht, die der Census Report berichtet, so bleibt doch bestehen; die Rekrutierung mancher der niederen Kasten schließt nicht nur exkommunizierte frühere Mitglieder anderer Kasten ein, sondern ist gelegentlich auch ziemlich wahllos. So rekrutiert sich die unreine Kaste der Bhangi in der Provinz Bombay zum Teil aus outcastes höherer Kasten. Und die Bhangi der *United Provinces* waren ein Beispiel für das Vorkommen der Rekrutierung auch durch Einzel-Eintritt (sie werden

der Hinduismus in dem Sinn, nach Art einer Sekte, *exklusiv*, daß er Religionsfrevel kennt, welche den Ausgestoßenen für immer und von jeder Beziehung zur Gemeinschaft ausschließen. Die Wiederaufnahme von Mitglie-

daher oft, so von Blunt im Census Report 1911, mit den Tschandala, der niedrigsten unreinen Kaste der alten Rechtsbücher, identifiziert). Auch einige andere Kasten gibt es, die Einzelne prinzipiell aufnehmen. Zu den Kasten, welche sich durch Zuwachs von outcastes (und zwar im bedeutenden Umfang) rekrutieren, gehören namentlich die Baishnabs, eine Sektenkaste, in welche ein gut Teil aller gegen die Brahmanenherrschaft sich Auflehnenden noch jetzt einströmt. Noch nicht voll zur *Kaste* hinduisierte *Stämme* und die mit Resten ihrer Stammes-Herkunft belasteten *Stammeskasten* (darüber später) sind oft lax bei der Aufnahme auch Einzelner. Am laxesten die ganz tief stehenden Pariastämme der Matten- und Korb-Flechter. Je strenger hinduisiert nach klassischem Schema aber eine Kaste ist, desto exklusiver ist sie auch und für die eigentlichen alten Hindukasten steht außer Zweifel, daß Einzelaufnahmen durch *Eintritt* unbekannt waren und sind. Ketkar (Hinduism, London, 1911) geht also zu weit, wenn er auf jene Sachlage den Satz aufbaut: es sei im Hinduismus den einzelnen Kasten *überlassen*, ob sie Fremde aufnehmen wollen oder nicht, darüber könne keine Kaste der andern Vorschriften machen. Das letztere trifft formell zu. Wenn aber die Kaste überhaupt einigermaßen nach hinduistischer Art organisiert ist, so würde dem einzeln Eintretenden jede Sippenbeziehung fehlen. Irgendwelche *Regeln* über Vorbedingungen und Art einer solchen Einzel-Aufnahme sind bisher noch nirgends bekannt geworden. Wo sie tatsächlich möglich ist, da ist ein Einzel-Eindringen Fremder in eine Kaste Ausdruck einer noch bestehenden Regellosigkeit, nicht aber einer Regel. Auch bei systematischer Hinduisierung eines Gebiets konnten wenigstens nach der alten Theorie die hinduisierten Barbaren (Mlechcha) nur in die unterste unreine (Tschandala-) Kaste gelangen. Es wird gelegentlich (Manu-bhâshya II, 23) die Frage erörtert, unter welchen Umständen erobertes Barbarenland als Stätte von Opfern geeignet, also rituel *rein* sei und dahin beantwortet: nur dann, wenn der König die vier Kasten dort errichte, die unterworfenen Barbaren aber zu Tschandala mache. Daß die andern Kasten (auch die Çudra-Kasten) nur durch Einwanderung von Hindus der betreffenden Kasten überhaupt an einem Orte entstehen können, versteht sich ersichtlich völlig von selbst (Vgl. Vanamali Chakravanti, Indian Antiq. 41, 1912, p. 76, welcher meint, daß die zahlreichen Tschandala der Südostgebiete von solchen *vorschriftsmäßigen* Eroberungen herrührten.) Es muß jedenfalls der Barbar rein als solcher sozusagen *von der Pike auf* dienen und kann nur im Wege der Seelenwanderung weiter avancieren. Damit ist nicht gesagt, daß der *Barbar* ein für allemal als sozial noch niedriger stehend gelte als die rezipierte unreine Kaste. Das kommt auf Lebenslage und Lebensgewohnheit an. Für die *Central Provinces* berichtet der Report von 1901, daß die außerhalb des Kasten-Systems stehenden Stämme eben deshalb, weil sie nicht *Unterworfene* sind, sich höherer Achtung erfreuen als die niederen Kasten der unreinen Dorfarbeiter. Würden sie als Kasten rezipiert werden, dann unter die reinen Kasten. Es liegt damit offenbar ähnlich, wie mit der relativen sozialen Schätzung von Indianern und Negern in den Vereinigten Staaten. Der letzte Grund der höheren Schätzung der ersteren ist – wenn man der Sache auf den Grund geht: – *They did'n't submit to slavery*. Deshalb besteht mit ihnen für den Gentleman Konnubium und Kommensalität, mit dem Negerabkömmling nie. Ein Nicht-Hindu, also z. B. ein Europäer, findet in Gebieten, in welchen die Kastenordnung ungebrochen besteht, lediglich Angehörige unreiner Kasten als häusliche Dienstboten, während umgekehrt die Hausdiener der rituell reinen Hindukasten ausnahmslos reinen Kasten angehören (und angehören müssen), wie noch zu erörtern sein wird.

dern, welche nach einer Zwangskonversion zum Islam sich zur Wiederaufnahme meldeten, machte eine Brahmanenkaste trotz Vollzug der auferlegten Bußen und Reinigungen wieder rückgängig, nachdem sich herausstellte, daß sie genötigt worden waren, Rindfleisch zu essen: ähnlich etwa wie die heroistischen Sekten des Christentums, zuletzt noch die Montanisten im Gegensatz zur Anstaltskirche, die Teilnahme an dem von den Römern eben deshalb erzwungenen Kaiserkult in den Zeiten der diokletianischen Verfolgung für absolut irreparabel hielten (wegen Matth. 10, 33). Diese ausgestoßenen Brahmanen hätten immerhin in einer jener unreinen Kasten Unterkunft finden können, welche Rindfleischesser sind (soweit Einzelrekrutierung stattfindet). Aber ein Mensch, von dem feststände, daß er wissentlich eine Kuh getötet hätte, wäre in der Hindugemeinschaft absolut unmöglich.[5]

Freilich gab und gibt es eine Propaganda des Hinduismus, in der Vergangenheit im allergrößten und noch jetzt in praktisch beachtlichem Maßstab. Von einem kleinen Bereich Nordindiens aus hat sich im Verlauf von etwa 8 Jahrhunderten gegenüber dem *animistischen* Volksglauben und im Kampf mit hochentwickelten Erlösungsreligionen das heutige *hinduistische* System über mehr als 200 Millionen Menschen durch Mission verbreitet und verbreitet sich von Zensus zu Zensus noch jetzt weiter. In einer Art, die meist ungefähr folgendem Typus entspricht: Die Herrenschicht eines *animistischen* Stammesgebiets beginnt einige spezifisch hinduistische Bräuche nachzuahmen. Also nacheinander etwa: das Meiden des Fleisches, besonders des Rindfleisches und vor allem die Nichtschlachtung der Kuh, die Vermeidung geistiger Getränke und gewisse andere spezifische Reinheitsvorschriften guter Hindukasten; sie gibt ihre etwaigen abweichenden Ehe-Gewohnheiten auf[6] und organisiert sich dafür in exogamen Sippen unter Ablehnung jeglicher Verehelichung ihrer Töchter mit Männern der sozial tiefer stehenden Volksschichten, von deren Berührung und Speisegemeinschaft sie sich zurückzieht, veranlaßt ihre Witwen zum Zölibat, gibt ihre Töchter ungefragt und vor der Pubertät in die Ehe, beginnt ihre Toten, statt sie zu begraben, zu verbrennen und den Ahnen Totenopfer (sraddha) zu veranstalten und tauft ihre einheimischen Gottheiten auf den Namen hinduistischer Götter und Göttinnen um. Schließlich schafft sie ihre Stammespriester ab und bittet irgendwelche

[5] Oder genauer gesagt: die Kasten, welche im begründeten Verdacht stehen, sich an der Praxis der Rindervergiftung zu beteiligen (Gerber-Kasten namentlich), sind der Abscheu jedes Hindu, obwohl sie selbst offiziell korrekte Hindu sind.

[6] Übrigens sind die Brahmanen auch in bezug auf Ehegebräuche oft weitgehend tolerant. Sie haben z. B. bei der Hinduisierung mancher kleinen Gebiete die bestehenden Mutterfolgen ruhig bestehen lassen und auch Kasten, die viel auf sich halten, haben Reste totemistischer Verfassung, wie wir sehen werden. Ebenso steht es mit dem Alkohol und dem Essen von anderem als Rindfleisch. In dieser Hinsicht unterscheiden sich, wie in späteren Abschnitten zu erörtern, auch in vornehmen Kasten oft die Sektenangehörigen – Vishnuiten Çivaiten – stärker voneinander als die Kasten.

Brahmanen, die Versorgung der Riten zu übernehmen und dabei auch sich zu überzeugen und zu bescheinigen, daß sie – die Herrenschicht des Stammes – von altem, nur zeitweise in Vergessenheit geratenem Ritter-(Kschatriya-)Blut seien. Oder aber, unter dafür günstigen Umständen, stellen ihre Stammespriester nach Annahme der Lebensweise der Brahmanen und Aneignung einiger Veda-Kenntnis, die Behauptung auf: sie, die Priester, selbst seien Brahmanen, von der und der Vedaschule und aus der auf den und den Weisen (Rischi) zurückführenden altbekannten Brahmanen-Sippe (Gotra), und es sei nur in Vergessenheit geraten, daß sie vor langen Jahrhunderten aus einer althinduistischen Gegend eingewandert seien. Sie suchen Beziehungen mit anerkannten indischen Brahmanen anzuknüpfen.

Es hält nicht immer leicht, echte Brahmanen zu finden, welche sich auf solche Zumutungen einlassen, und ein Brahmane hoher Kaste würde es weder heute tun noch früher getan haben. Indessen unter den zahlreichen Brahmanenunterkasten fanden und finden sich solche, deren Brahmanen-Qualität zwar anerkannt, die aber, weil sie niedere Kasten, etwa Fleischesser oder Weintrinker, bedienen, als sozial degradiert gelten und zu solchen Diensten bereit waren und sind. Stammbaum und, was auch dazu gehört, eine möglichst in die epischen und vorepischen Zeiten zurückreichende religiöse Ursprungssage für die Herrengeschlechter, welche den Rang als *Radschputen (Königsverwandte,* der heutige Ausdruck für *Kschatriya)* beanspruchen, werden rezipiert oder auch einfach erfunden[7] und beurkundet. Dann werden die noch vorhandenen Irregularitäten der Lebenspraxis beseitigt, eine notdürftige vedische Bildung und als deren Abschluß die Zeremonie der Umgürtung des Epheben mit der heiligen Schnur (Jünglingsweihe) für die Ritter und die als *wiedergeborene* Vollfreie (Vaiçya) anzuerkennenden Schichten eingeführt, die rituellen Rechte und Pflichten der einzelnen Berufsklassen nach hinduistischer Art reglementiert. Dies geschehen, versucht die herrschende Schicht mit den entsprechenden Schichten althinduistischer Gebiete auf gleichem Fuß zu verkehren, womöglich Konnubium und Tischgemeinschaft mit dortigen Radschputen-Sippen, Annahme von in Wasser gekochter Nahrung durch dortige Brahmanen, Zulassung der eigenen Brahmanen durch die altbrahmanischen Schulen und Klöster zu erreichen. Das ist nun äußerst schwierig und scheitert zunächst regelmäßig. Eine Ursprungssage einer solchen neugebackenen Radschputen-Schicht wird, wenn etwa ein Europäer, den sie interessiert hat, einem echten (oder heute für echt gehaltenen) Brahmanen oder Radschputen davon berichtet, mit verständnisvoller stiller Heiterkeit angehört; keinem echten Brahmanen oder Radschputen fällt es ein, die neuen Genossen als sozial gleich zu behandeln. Indessen die Zeit geht hin, und vor allem tun Reichtum: – gewaltige Mitgiften an Radschputen, welche die

[7] Massenhafte gefälschte Stammbäume von Fürsten stellte Fleet in Südindien schon für das 9. Jahrhundert fest. (Ep. Ind. III, S. 171.)

Töchter heiraten, – und andere soziale Machtmittel das Ihre. Irgendwann, heutzutage sogar oft verhältnismäßig schnell, ist die Art des Ursprungs vergessen und die soziale Rezeption vollzogen, wennschon ein gewisser Rest von Deklassierung im Rang dauernd auf den Parvenus zu lasten pflegt.

Dies ist im wesentlichen der Typus, nach welchem sich die extensive Propaganda des Hinduismus in neuen Gebieten seit den Zeiten seiner Vollentwicklung vollzogen hat. Neben ihr her ging eine intensive Propaganda innerhalb seines Herrschaftsgebiets von prinzipiell ganz ähnlicher Art. Überall gab es (und mehrfach gibt es noch heute) innerhalb der hinduistischen Gemeinwesen die soziale Erscheinung der *Gastvölker*. Wir kennen sie in Rudimenten bei uns heut nur noch in den Zigeunern, einem typischen altindischen (nur, im Gegensatz zu andern, gerade außerhalb Indiens wandernden) Gastvolk. In viel erheblicherem Umfang fand sich ähnliches von jeher in Indien. Aber die Erscheinung fand und findet sich dort, – und übrigens nicht nur dort, – keineswegs vornehmlich in dieser Form des absoluten, nirgendwo bodenständigen Wandervolkes. Sondern weit häufiger in der unentwickelteren Gestalt von Stämmen, welche eigene Dorfsiedlungen zwar noch besitzen, aber die Produkte ihres Hausfleißes oder Stammesgewerbes interlokal vertreiben oder sich interlokal periodisch als Ernte- oder andere Gelegenheits-, Reparatur- oder Aushilfsarbeiter verdingen, oder endlich traditionell den interlokalen Handel in bestimmten Produkten monopolisieren. Die Volkszunahme von Barbarenstämmen in den Wald- und Berggebieten einerseits, der zunehmende Arbeitsbedarf der Kulturgebiete mit wachsendem Reichtum andrerseits hatte dort überall zahlreiche niedere oder als religiös unrein geltende Dienste, welche die ortsansässige Bevölkerung zu übernehmen ablehnte, in die Hände von solchen fremdstämmigen Arbeitern gebracht, welche namentlich in größeren Orten in beträchtlicher Zahl dauernd sich aufhielten, aber in ihrem Stammesverband blieben. Endlich und am höchsten entwickelt aber findet sich das Gastgewerbe auch in der Art, – die schon an der Schwelle des dem Lokalverband angehörigen Gewerbes steht: – daß bestimmte hochgelernte Gewerbe sich durchweg in den Händen von Leuten befinden, welche zwar an Ort und Stelle ansässig sind, aber als Ungenossen der Dorfbewohner gelten, nicht im Dorf, sondern draußen, deutsch ausgedrückt: auf der *Wurt,* wohnen, an keinerlei Rechten der Dorfinsassen teilnehmen, vielmehr unter sich einen interlokalen Verband bilden, der für sie verantwortlich ist und sie richtet, von seiten der seßhaften Dorfgenossen aber nur ein Gastrecht, teils unter religiöser, teils unter fürstlicher Garantie, genießen. Alle solche Erscheinungen finden sich auch außerhalb Indiens. Sehr oft (wenn auch nicht immer) auch so, daß diese Gastgewerbetreibenden, weil von Konnubium und Tischgemeinschaft ausgeschlossen, als rituell *unrein* gelten. Wo solche rituellen Schranken einem Gastvolk gegenüber existieren, wollen wir für unsre Zwecke dafür den

Ausdruck *Pariavolk*[8] gebrauchen. Als Pariavolk in diesem spezifischen Sinn des Wortes soll also nicht einfach jeder vom Standpunkt einer lokalen Gemeinschaft aus als *fremd, barbarisch* oder *magisch unrein* geltende Arbeiterstamm gelten, sondern nur dann, wenn er zugleich ganz oder dem Schwerpunkt nach ein Gastvolk ist. Am reinsten entspricht er diesem Typus natürlich dann, wenn er, wie die Zigeuner, und in andrer Art die Juden des Mittelalters, die eigne Bodenständigkeit gänzlich eingebüßt hat, ökonomisch also völlig verflochten ist in die Bedarfsdeckung andrer bodenständiger Völker. Der Übergang von der Gastarbeit eines noch bodenständigen *Stammes* zu einem *Pariavolk* dieses reinsten Typus ist dabei infolge zahlreicher Übergangsstufen natürlich ganz flüssig. Im Gebiet des Hinduismus nun bestand und besteht gegenüber allen nicht in den hinduistischen Verband aufgenommenen Stämmen eine absolute rituelle Schranke. Sie alle sind magisch befleckt. Gewisse seit Jahrtausenden in jedem Dorf vertretene unentbehrliche Gastarbeiter – beispielsweise namentlich alle die, welche mit Viehhäuten, also Leder, zu tun haben – sind trotz ihrer Unentbehrlichkeit absolut unrein. Ihre bloße Anwesenheit verpestet unter Umständen z. B. die Luft eines Raums derart, daß die darin befindliche Speise magisch befleckt wird und bei Vermeidung bösen Zaubers weggeschüttet werden muß.[9] Sie stehen also eigentlich ganz außerhalb des hinduistischen Verbandes. Kein Hindutempel ist ihnen zugänglich. Allein die Macht der Umstände erzwang hier doch eine Menge von Übergangsstufen bis zur vollen Eingliederung in die soziale Ordnung. Zunächst gab und gibt es zahlreiche Abstufungen der Geschiedenheit. Die seit alter Zeit dauernd in jedem Dorf vertretenen religiös unreinen Gastarbeiter waren und sind zwar nicht Mitglieder des Dorfverbandes. Aber deshalb waren und sind sie keineswegs rechtlos. Nicht nur daß ihnen die Dorfgemeinde ein bestimmtes Entgelt für ihre Dienste schuldete und daß ihnen die betreffende Erwerbsgelegenheit monopolistisch reserviert wurde. Auch ihre rituellen Rechte und Pflichten waren und sind reglementiert, und gerade in ihrer Abstufung untereinander sind sie Ausdruck einer positiv bestimmten Rechtsstellung. Und mag auch der Brahmane und andere hohe Kasten ihre Berührung oder schon ihre bloße Gegenwart, ebenfalls in bestimmt abgestufter Art, meiden müssen, so

8 Der Ausdruck wäre, hinduistisch gesprochen, ganz unkorrekt. Die Pulayan- oder Parayan-(*Pariah*-)Kaste Südindiens ist sehr weit davon entfernt, die sozial tiefste Schicht oder gar eine Schicht von *outcastes* darzustellen, wie Abbé Raynal glaubte. Sie haben feste Kasten-Privilegien, obwohl sie allerdings, als alte Weber- (jetzt auch Ackerarbeiter-) Kaste (zuerst im 11. Jahrhundert inschriftlich erwähnt) sozial nicht hoch standen und außerhalb des Dorfbezirks wohnen mußten. Nicht nur die Lederarbeiter- (Chamar-) und Gassenkehrer-Kasten standen tiefer, sondern erst recht Kasten wie die Doms (die meist den *Bodensatz* der Kasten darstellen) und ähnliche. Wir brauchen den Ausdruck *Pariah* hier in Anlehnung an den nun einmal jetzt üblichen europäischen Sinn, ähnlich wie den Ausdruck *Kadi* in *Kadi-Justiz*.

9 Die rituelle Infektion durch einen Mann unreiner Kaste vernichtet bei einem Brahmanen – je nach der Kaste – eventuell die sexuelle Potenz.

sind es doch eben positive religiöse Vorschriften des Hinduismus, welche über die Art dieser Beziehung entscheiden. Vor allem: Eine Verletzung dieser Normen durch einen unreinen Gastarbeiter zieht nicht nur von seiten der Brahmanen oder der Dorfgemeinschaft, sondern unter Umständen auch von seiten der eigenen Gemeinschaft des betreffenden Gastarbeiters selbst Einschreiten und überdies religiöse Übel (diesseitige magische Nachteile und jenseitige Heilsverluste) nach sich. Mindestens für diejenigen unreinen Gastarbeiter und Pariavölker, bei denen solche Normen und Vorstellungen praktisch in Kraft stehen, muß man um deswillen ihre Zugehörigkeit zur hinduistischen Gemeinschaft trotz ihrer wesentlich nur negativen Privilegierung behaupten und hat diese auch seit Jahrhunderten als unzweifelhaft gegolten: sie bilden nicht fremde Barbarenstämme, sondern die *unreinen Kasten* der hinduistischen Klassifikation. Anders bei denjenigen Stämmen, deren Gaststellung zwar traditionsgebunden und geregelt ist, – wie dies ja selbst im Außenhandel mit ganz fremden Fernhändlern nie völlig fehlt, – welche aber keinerlei positiven oder negativen religiösen Rang einnehmen, sondern einfach als unreine Barbaren gelten, weil sie ihrerseits religiöse Pflichten irgendwelcher Art im Sinn des Hinduismus nicht anerkennen, nicht nur eigne Götter haben und, was wichtiger ist, nur eigne Priester in Anspruch nehmen, – was übrigens beides auch bei Hindu-Kasten vorkommt, – sondern die Institutionen des Hinduismus einfach ganz ignorieren. Diese sind so wenig Hindus wie Christen und Muselmanen es sind. Aber auch da gibt es die verschiedensten Übergangszustände, welche den Weg der Hinduisierung ebnen. Ein nicht ganz unerheblicher Teil der *Animisten* des Zensus betrachtet sich selbst als Hindus, wie Blunt im Census Report bemerkt. Wieder andere, die der Zensus als unreine Kasten behandelt, sind unter Umständen geneigt, jede Beziehung zum Hinduismus, vor allem zu den Brahmanen, abzulehnen. Die Vertreter des Hinduismus selbst andrerseits sind heute, im Kampf um die Bedeutung ihrer nationalen Kultur, bestrebt, den Begriff des Hinduismus möglichst weit zu spannen und jeden, der irgendeinen der möglichen *tests* des Hinduismus, wie sie die Zensusbehörden ermitteln, erfüllt, also auch einen Jaina oder Sikh oder *Animisten* als Hindu in Anspruch zu nehmen. Dabei kommt ihnen nun die tatsächlich bei diesen Außenseitern vorhandene Tendenz zur Hinduisierung entgegen. Diese verläuft bei den inmitten des Hinduismus lebenden Gaststämmen etwa nach folgendem Typus: Dauernd im Gasterwerbsverhältnis stehende Angehörige solcher Fremdstämme begannen und beginnen leicht, gewisse Leistungen von Brahmanen in Anspruch zu nehmen, deren sich auch die unreinen Kasten regelmäßig bedienen. Z. B. vor allem: die Stellung des Horoskops für Eheschließungen und ähnliche Familienakte, die sie im übrigen auch weiterhin durch eigene Priester besorgen ließen. Wandten sie sich in ihrem Erwerb den Beschäftigungen hinduistischer, sei es reiner oder (meist) unreiner, Kasten zu, so waren sie genötigt, sich ähnlichen Vorschriften zu fügen, wie sie anderwärts für diese galten, um nicht auf zu scharfen Widerstand zu stoßen. Und je mehr sie sich dem reinen Typus des *Pariavolks* annäherten, d. h. je mehr ihre eigene Bodenständigkeit im geschlossenen Stammesgebiet schwand oder an Bedeutung zurücktrat, desto ausschließlicher abhängig wurde ihre soziale Lage von den Normen, welche ihre hinduistische Umgebung dafür schuf und desto größer zugleich die Chance, daß sie sich in ihrem rituellen Verhalten dieser anpaßten und typische Bräuche von ihr übernahmen, bis sie sich schließlich in allen wesentlichen Punkten in der Lage einer (meist: unreinen) Hindukaste befanden. Der Fortbestand des alten Stammesnamens als Kastenbezeichnung, entweder – bei Pariavölkern mit altem Gewerbe- oder Handelsmonopol – allein, oder, wo sie als eine eigene endogame Kastenabteilung zur alten Hindukaste traten, neben dem normalen Kastennamen, sind dann die letzte Reminiszenz der Rezeption. Die mannigfachsten Übergangszustände der *Hinduisierung,* d.h. der Verwandlung eines *Stammes* in eine *Kaste,* finden sich. Darunter auch Fälle, wo die Rezeption teils nach dem hier für die extensive, teils nach dem für die intensive Propaganda aufgestellten Typus verläuft, oder ein Stamm als Gastvolk in mehrere Kasten rezipiert wird, daneben aber einzelne Teile auch in Form der Stammesorganisation bestehen bleiben.[10] Uns soll diese Kasuistik hier nicht beschäftigen, – sie ergibt jedenfalls, daß die Grenzen des Hinduismus nach außen ziemlich flüssige sind.

Die Propaganda vollzog und vollzieht sich also in Form einer meist sehr langsam vor sich gehenden Aufnahme ganzer Verbände in die hinduistische Gemeinschaft und kann, im Prinzip wenigstens, nicht anders erfolgen, weil der Einzelne nie als Einzelner direkt Glied dieser Gemeinschaft sein kann, sondern stets nur als Glied eines andern Verbandes: einer Kaste. Und stets geht sie so vor sich, daß nach vollzogener Rezeption die Fiktion besteht: der betreffende Verband sei von jeher eine Kaste gewesen, ähnlich etwa, wie ein katholisches Dogma nie neu, wie ein modernes Gesetz, geschaffen, sondern nur, als von jeher geltend, *gefunden* und *definiert* werden kann. Darin äußert sich eben die Qualität des Hinduismus als einer Geburtsreligion.

Welche Motive nun waren und sind es, welche die Rezeption bewirken? Auf

[10] Ein Mischbeispiel sind die Ahir, ein hinduisierter ursprünglicher Schäfer, Hirtenstamm. In der Provinz Bombay haben noch jetzt (1911) manche Kasten eine Ahir- und eine andere Unter-Kaste nebeneinander. So in Khandesch die Brahmanen, die Sonars, die Lohars, die Koli. Es besteht dort, sonst noch jetzt oft kein connubium zwischen Ahir-Zimmerleuten, -Goldschmieden, -Schmieden und den gleichen Berufskasten, die nicht Ahir sind, während andrerseits z. B. zwischen Ahir-Zimmerleuten und Ahir-Schmieden mehrfach, obwohl sie verschiedenen Kasten angehören, dennoch connubium besteht. Diejenigen Ahir ferner, welche Hirten geblieben sind, sind vielfach noch jetzt totemistisch, wie ein Stamm, und nicht nach Sippen, wie eine Kaste, organisiert. Andrerseits sind aber in manchen Kasten die Ahir als Unterkasten ganz verschwunden oder haben nie existiert. (Noch eine Inschrift eines Feudalfürsten aus Iodhpur – Ind. Ant. IX, 272 – erwähnt, daß dieser den Stamm der Ahir aus einem Dorfe gejagt und dort die Kastenordnung etabliert habe.)

seiten der Brahmanen, die dabei als Vermittler beteiligt sind, in erster Linie solche materieller Art: die Erweiterung der Erwerbschancen an Gebühren für ihre Leistungen, von den Gebühren für die Horoskopstellung angefangen bis zu den Pfründen und Opferanteilen der Haus- und Opferpriester. Reiche Stiftungen an Vieh, Geld, Kostbarkeiten und vor allem auch an Land und Landrenten (Pfeffer-Renten) entlohnten insbesondere von jeher den oder die Brahmanen, welche die nötigen *Beweise* für die vornehme Abkunft der hinduisierten Herrenschichten eines in Rezeption begriffenen Gebiets geliefert hatten. Und auf seiten der Rezipierten? Die *Stämme*, zumal ihre herrschenden Schichten, welche zu *Kasten* wurden, nahmen damit, wie wir noch sehen werden, ein Sklavenjoch von rituellen Pflichten auf sich, wie die Welt es kaum zum zweiten Male kennt und opferten Genüsse – so den Alkohol –, welchem überall freiwillig nur sehr schwer entsagt zu werden pflegt. Was also war der Grund? Soweit die Herrenschicht in Betracht kommt, wirkte hier jene Funktion einer anerkannten Religion, welche überall bei einem Bund politisch und sozial herrschender Gewalten mit der Priesterschaft maßgebend war. Die Eingliederung in die hinduistische Gemeinschaft legitimierte die soziale Lage der Herrenschicht religiös. Sie gab, heißt das, den Herrenschichten dieser Barbaren nicht nur einen in der Kulturwelt des Hinduismus anerkannten sozialen Rang, sondern sicherte sie durch die Umwandlung in *Kasten* auch nach unten hin gegen die von ihr beherrschten Klassen, und zwar – wie wir später noch näher sehen werden – in einer so wirksamen Weise, wie dies schlechthin keine andere Religion jemals vermocht hat. Um dieser Leistung willen waren es in der fernen Vergangenheit regelmäßig nicht, wie wir im vorstehenden, entsprechend den Verhältnissen des letzten Jahrhunderts, vorausgesetzt haben, die Adelsschichten allein und oft auch nicht vornehmlich sie, welche die Rezeption des Hinduismus trugen; – es ist aus später zu besprechenden Gründen nicht unwahrscheinlich, daß sie gelegentlich direkte Gegner des Brahmanentums waren, – sondern vor allem: die Könige. Wie die Slawenfürsten des Ostens deutsche Geistliche, Ritter, Kaufleute und Bauern ins Land riefen, so die Könige der östlichen Gangesebene und Südindiens, bis zu den Tamils an der Südspitze hinab, schrift- und verwaltungskundige Brahmanen, um mit ihrer Hilfe ihre Herrschaft in hinduistischer Art patrimonialbürokratisch und ständisch fest zu organisieren und selbst die Weihe eines legitimen Radscha und Maharadscha im Sinn der hinduistischen Dharmaçastras, Brahmanas und Puranas zu empfangen. Die über ganz Indien zerstreut sich findenden Urkunden über Landstiftungen, zuweilen für Dutzende, selbst Hunderte von oft ganz offensichtlich zugewanderten Brahmanen auf einmal, reden dafür eine unzweideutige Sprache. Wirkte so das Legitimitäts-Interesse bei den Herrenschichten, so spielte bei der freiwilligen Annahme hinduistischer Riten durch solche Pariavölker, welche dadurch in die immerhin erniedrigende Lage einer *unreinen Kaste* gerieten, zunächst ein ähnliches Interesse mit. *Unrein* waren sie für ihre hinduistische Umgebung ohnehin und die Innehaltung der daraus vom Standpunkt des Hinduismus folgenden negativen Schranken durch sie zwang ihnen also ihre Lage ohnedies auf. Positiv aber, für die Sicherung ihrer Arbeitsgelegenheit, war es immerhin ein Vorteil, wenn sie als eine legitime, sei es auch noch so negativ privilegierte *Kaste* und nicht als ein bloßes Fremdvolk galten. Und auch die Übernahme gewisser, dem Hinduismus eigentümlicher Organisationen (so z. B. des später zu besprechenden Kasten-*panchayat),* welche gerade bei den niedern Kasten eine gewerkschaftsartige, als legitim geltende, Interessenwahrung nach außen und innen ermöglichte, konnte für sie von praktischer Bedeutung sein. Immerhin würden sich dafür Surrogate wohl haben schaffen lassen. Dagegen darf als ein vielleicht oft nicht unwichtiges Moment für die Hinduisierung solcher Pariavölker, in der Vergangenheit wenigstens, auch die Eigenart der religiösen Hoffnungen angesehen werden, welche, wie wir sehen werden, der Hinduismus gerade den sozial gedrückten Schichten eröffnete. Diese zum Teil erst später zu erörternden Eigentümlichkeiten werden es auch erklären, daß wir verhältnismäßig weit weniger von Widerständen solcher negativ privilegierter Klassen gegen die Hinduisierung hören, als wir bei der in aller Welt unerhörten Schroffheit des Abstandes, den der Hinduismus zwischen den sozialen Schichten aufrichtete, erwarten würden. Gewiß kamen und kommen, wie wir sehen werden, Auflehnungen gegen die hinduistische Ordnung auch aus dem Kreise der unreinen Kasten vor. Von einigen spezifisch proletarischen brahmanenfeindlichen Prophetien wird später (Abschnitt II) zu reden sein. Und es gibt auch heut unter ihnen eine Anzahl, welche jegliche Autorität der Brahmanen ausdrücklich ablehnen. Die offizielle hinduistische Auffassung und ihr folgend die Zählung des Zensus ist in solchen Fällen geneigt, die betreffende Gemeinschaft trotzdem im Zweifel als *Kaste,* gewissermaßen wider ihren Willen, und nicht als reines Gastvolk, zu behandeln, sofern sie in irgendwelchen Hinsichten sich äußerlich wie eine Kaste verhält. Aber nicht daß solche Auflehnungen unzweifelhaft vorkamen, sondern daß sie nicht weit häufiger vorkamen, daß vielmehr die großen historisch wichtigen religiösen Revolutionen gegen die hinduistische Ordnung ganz andern, relativ besonders hoch privilegierten, Schichten entstammten und im wesentlichen auch in ihnen ihre Wurzel behielten, ist offenbar das, wofür eine Erklärung zu fordern ist und später versucht werden soll. Hier können wir vorerst an der annäherungsweise zutreffenden Auffassung festhalten: daß die *innere* Rezeption negativ privilegierter Schichten, Gast- und Pariastämme, in die hinduistische Lebensordnung meist ein Prozeß der Anpassung sozial schwacher Schichten an die gegebene feste Kastenordnung im Sinn der Legitimierung ihrer sozialen und ökonomischen Lage war. Die Bewegung sowohl gegen wie für die Rezeption des Hinduismus für ganze Gebiete dagegen ist regelmäßig von Herrschern oder Herrenschichten ausgegangen und die Rezeption hatte in deren Legitimitätsinteresse ihr unzweifelhaft wichtigstes

Motiv. Die Wirkung war eine ganz gewaltige. Es hat Jahrhunderte gegeben, in welchen in fast allen damaligen indischen Kulturgebieten zwei spezifisch brahmanenfeindliche Erlösungsreligionen: der Jainismus und, in noch stärkerem Maße, der Buddhismus, die wenn auch keineswegs universell herrschenden, so doch offiziell rezipierten Konfessionen waren. Sie sind der Restauration des Hinduismus derart vollständig erlegen, daß die Jainas mit nur noch (1911) 0,40% der Bevölkerung (1891 noch 0,49, 1901: 0,45)[11] vertreten sind, und zwar in stärkerem Maße fast nur in einer Anzahl Städte des westlichen Indien, und daß von der alten nationalen buddhistischen Kirche nur noch in Orissa eine Gemeinschaft von etwa 2000 Personen übrig ist, die sonst in Vorderindien gezählten Buddhisten aber Immigranten sind. Eigentlich blutige Verfolgungen dieser Heterodoxien haben in der Zeit der Wiederaufrichtung des Hinduismus zwar nicht gefehlt, sind aber offenbar für den außerordentlich schnellen Sieg des Hinduismus nicht entscheidend gewesen. Sondern neben einer Reihe andrer begünstigender vorwiegend politischer Umstände gab ganz offenbar grade dies den Ausschlag: daß der Hinduismus jenen Legitimitätsinteressen der herrschenden Schichten in der besondern Art, wie sie sich aus den bald zu besprechenden eigentümlichen sozialen Verhältnissen Indiens ergaben, eine unvergleichliche religiöse Stütze zu bieten in der Lage war, welche – aus ebenfalls später zu erörternden Gründen – jene Erlösungsreligionen nicht zur Verfügung stellen konnten. Dem entspricht eine weitere auffallende Erscheinung.

Das Schwergewicht, welches der hinduistischen Kastenordnung innewohnt, lernten wir bisher in der Ausbreitung des Hinduismus durch Rezeption von *Stämmen* kennen. Ihre Anziehungskraft war aber da, wo sie einmal bestand, und ist selbst jetzt noch so groß, daß sie die Tendenz hat, auch über die religiösen Grenzen des Hinduismus hinaus alles in ihre Formen einzubeziehen, was in soziale Berührung zu ihr tritt. So ist von den ausgeprägt brahmanenfeindlichen, gegen die Kastenordnung als solche und also direkt gegen eine der Grundlagen des Hinduismus gerichteten religiösen Bewegungen die Mehrzahl in aller Form in die Kastenordnung wieder eingemündet. Der Vorgang selbst findet seine einfache Erklärung. Wenn eine prinzipiell kastenfeindliche Sekte bisherige Mitglieder beliebiger hinduistischer Kasten in ihre Gemeinschaft aufnahm und aus ihrem rituellen Pflichtenkreis herausriß, so war die Folge, daß ihre sämtlichen, die Riten ihrer bisherigen Kaste verleugnenden, Proselyten von ihren Kasten exkommuniziert und kastenlos (outcastes) wurden. Die Sekte wurde damit, wenn es ihr nicht gelang, die Existenz der Kastenordnung überhaupt gänzlich auszurotten, sondern nur einen Teil ihrer Glieder loszureißen,

[11] Ob die Abnahme wirklich nur, wie der Census Report von 1911 meint, von der stärkeren Sterblichkeit der Städte herrührt, ist doch fraglich. 1881–91 hatte eine relative Zunahme (0,45 auf 0,49) stattgefunden. Die Jaina der Städte haben im ganzen geringere Sterblichkeit als städtische Hindu.

vom Standpunkte der Kastenordnung aus etwas einem Gast-Volk ähnliches, eine Art von konfessioneller Gast-Gemeinschaft mit einer zunächst problematischen Stellung gegenüber der neben ihr fortbestehenden hinduistischen sozialen Ordnung. Wie sich die hinduistische Umgebung weiterhin zu ihr praktisch verhielt, hing von der Art der Lebensführung ab, die sich innerhalb der neuen Gemeinschaft entwickelte. Ließ sie eine Lebensführung zu, welche der Hinduismus als rituell befleckend ansah (Rindfleischgenuß), so behandelte er sie wie ein Paria-Volk, und, je länger der Zustand dauerte, wie eine unreine Kaste: wir sahen ja, daß der Unterschied fließend ist. Wenn nicht, so konnte auf die Dauer, zumal wenn die neue Sekte wesentlich ritualistischen Charakters war oder – wie fast regelmäßig – sich ritualistisch entwickelte, die rundum von dem festen Rangordnungsgefüge der Kasten umgebene Gemeinschaft ihrerseits sich selbst als nichts wesentlich andres denn als eine Kaste mit besondern rituellen Pflichten fühlen. Sie mußte dann ein Interesse daran haben, ihren sozialen Rang andern Kasten gegenüber zu sichern. Dem stand ein Hindernis nicht entgegen, da es ja auch Hindu-Kasten gab, welche sich der Brahmanen nicht bedienten, sondern eigene Priester hatten. Entweder wurde dann die Sekte im Laufe der Zeit als Ganzes eine einzige anerkannte Kaste (Sekten-Kaste). Oder eine Kaste mit Unterkasten von verschiedenem sozialen Rang. Dies dann, wenn sie in sich stark sozial differenziert war. Oder endlich es vollzog sich eine Entwicklung der Art, wie wir sie bei der Rezeption von Stämmen in die Hindu-Ordnung kennen lernten. Die Oberschichten, Priester, Grundherren, reichen Händler der Sekte suchten ihre Anerkennung als Brahmanen, Kschatriya, Vaiçya und der übrigen plebs als einer oder mehrerer Çudra-Kasten zu erreichen, um so der sozialen und ökonomischen Privilegien der entsprechenden oberen Kasten ihrer hinduistischen Umgebung teilhaftig zu werden. In der Gegenwart macht die alte Sekte der Lingayat diese Entwicklung durch, – ursprünglich, im Mittelalter, eine Art von *protestantischer* besonders schroffer und prinzipieller Reaktion gegen die Brahmanen und die Kastenordnung, welche aber jetzt von Zensus zu Zensus mehr sich dieser Ordnung fügt und nunmehr verlangt hat, daß ihre Angehörigen nach den klassischen vier hinduistischen Kasten gegliedert registriert werden sollten, nachdem sie schon seit geraumer Zeit in einer sehr charakteristischen ständischen Entwicklung[12] begriffen gewesen war. Die Mitglieder der Jaina-Gemeinden, welche heute vielfach mit bestimmten (Händler-)Kasten Konnubium haben, werden von Hinduisten gelegentlich bereits als *Hindu* angesprochen. Der Buddhismus hatte, wie wir sehen werden, die Kastenordnung gar nicht prinzipiell angetastet; aber seine Mönche galten und gelten dem Hinduismus aus später zu erörternden Gründen als spezifische Ketzer und betrachteten sich auch selbst als

[12] Etwa nach Art des heutigen Pedigree-Adels der Mayflower-Pilgerväter in Neuengland galten vor allem die Nachfahren der ersten Konvertiten als eine vornehme und stark privilegierte Unterkaste gegenüber den späteren Proselyten.

Nicht-Hindus. Das hinderte nicht, daß die sich selbst überlassenen buddhistischen Gemeinden an der nordindischen Grenze eine eigentümliche Kastengliederung annahmen, als die Klöster zu Pfründen säkularisiert worden waren. Aber auch der Islam ist in Indien der Hineinziehung in die Tendenz zur Kastenbildung unterlegen. Diese konnte hier an die typische ständische Gliederung des klassischen Islam anknüpfen: privilegiert waren in ihm die (wirklichen oder angeblichen) Nachkommen des Propheten und bestimmte andere, seiner Sippe im religiösen Rang nahestehende Familien (die Sajids und Scherifs). Ebenso, nachdem die wahllose Propaganda aus finanzpolitischen Gründen sistiert und die alte Steuerfreiheit der Alt-Gläubigen den Neu-Konvertierten versagt worden war, jene gegenüber diesen: in Indien also die vorderasiatischen und persischen Immigranten gegenüber den indischen Proselyten. Endlich, dem feudalen Charakter der alten islamischen Gesellschaft entsprechend, die Grundherren-Sippen gegenüber den sippenlosen Bauern und, vor allem, Handwerkern. Diese Scheidungen, mit den entsprechenden Abwandlungen, haben die Art der Entwicklung der islamischen Kasten in Indien bestimmt. Daß daneben zahlreiche Hindu-Kasten islamischen Heiligen neben den Hindugottheiten Verehrung zollen, Mischbildungen wie die *Sikh*-Sekte entstanden und vom indischen Islam auch zahlreiche rituelle Gewohnheiten hinduistischer Provenienz rezipiert wurden, soll uns hier weiter nicht beschäftigen. Uns interessiert nur die Anziehungskraft der hinduistischen Lebensordnung, welche durchweg vor allem durch ihre spezifische Leistung: Legitimierung des sozialen Ranges und, nicht zu vergessen: der mit ihm eventuell verbundenen ökonomischen Vorteile, bedingt war.

Diese zentrale Bedeutung der sozialen Lebensordnung innerhalb des Hinduismus äußert sich nun vor allem in dem gegenseitigen Verhältnis der lehrhaften und der ritualistisch-ethischen Seiten der Religion.

Auch der Hinduismus kennt, wie China, den Dualismus von *Lehre und ritueller Pflicht*. Aber in anderer Wendung. Die hinduistische Terminologie[13] scheidet zunächst *Dharma* von *Mata*. Mata heißt ein Bestandteil einer metaphysischen Heilslehre. Zur christlichen Lehre (Kristi-mata) gehört also z. B. vor allem: daß nur die Menschen, aber auch alle Menschen, eine *Seele* haben, daß ein überweltliches Wesen die Welt und alle Seelen aus dem Nichts geschaffen hat, daß jede Seele nur einmal auf der Erde lebt, daß sie aber dennoch *ewig* ist und später entweder im Himmel oder in der Hölle ihr ewiges Dasein verbringen muß, daß Gott mit einer Jungfrau einen gottmenschlichen Sohn gezeugt hat, dessen Taten und Leistungen für die Menschen heilsbedeutsam sind. Daß die christliche Lehre in bestimmten Punkten konfessionell gespalten ist, erregt dem Hindu keinerlei Befremden. Denn das gleiche ist ihm aus den schroffen Lehr-Gegensätzen seiner Philosophenschulen und Sekten vertraut: es gibt eini-

[13] Vgl. z. B. Shridar V. Ketkar, An Essay on Hinduism. London 1911 *(modernistische* Hindu-Anschauungen und daher nicht ganz tendenzfrei).

ge Vischnu- und Çiva-Sekten unter den Brahmanen, welche gegenseitig den Namen des Gottes der andern niemals auch nur aussprechen. Ebenso stört es den Hindu nicht, daß es einerseits Lehrstücke gibt, deren Nichtannahme als Beweis der Nichtchristlichkeit gilt, – denn einige solche gibt es, wie wir sehen werden, auch im Hinduismus (obwohl manche Hindus dies geradezu leugnen), – und daß es andererseits wieder Lehren gibt, welche innerhalb einer und derselben christlichen Kirche, auch einer Kirche mit so straffer Lehrautorität wie die katholische es ist, umstritten sind und in denen Freiheit der Meinung herrscht, – denn gerade diese Freiheit der Meinung kennt der Hinduismus in denkbar weitestgehendem Maße. So weitgehend, daß der Begriff eines *Dogma* für ihn überhaupt fehlt. Höchst wichtige und vor allem höchst charakteristische, nach Ansicht jedes konfessionellen Christen gerade nur seiner Konfession charakteristische, Lehrstücke könnte ein Hindu einfach akzeptieren, ohne deshalb aufzuhören ein Hindu zu sein. Z. B. die ganze Christologie mit ihrem Beiwerk (welches auf die Entwicklung der vischnuitischen Krischna-Mythologie übrigens anerkanntermaßen tiefgehenden Einfluß gehabt hat). Ebenso etwa die Lehre von der Rechtfertigung durch den Glauben (denn diese Lehre existierte auch innerhalb des Hinduismus und zwar bei der Sekte der Bhagavats schon in weit vorchristlicher Zeit). Es sind andere vom Hindu-Standpunkt aus wichtigere Bestandteile oder richtiger: Voraussetzungen der Christenlehre, welche sie für den Hindu zu einer Barbaren-Lehre (Mlechha-mata) machen, ähnlich wie das Christentum für den Hellenen η των βαρβαρων φιλοσοφια war. Diese Verschiedenheiten würden auch bedingen, daß die Christologie sowohl wie die Rechtfertigungslehre ihren Sinn innerhalb des Hinduismus sehr stark ändern würden. Und vor allen Dingen würden diese Lehren darauf zu verzichten haben, Allgemeingültigkeit für alle Hindus zu beanspruchen. Denn im Hinduismus kann eine Lehre als *orthodox* und dennoch nicht als *verbindlich* gelten, ähnlich wie etwa die Differenzen der Abendmahlslehren der Reformierten und Lutheraner in einer unierten evangelischen Landeskirche. Und zwar betrifft dies nicht etwa Nebenpunkte, sondern gerade die für unsre Vorstellung von einer *Religion* grundlegend wichtigen Fragen. So vor allem die Art des Heilsziels (sadhya) selbst, der Verheißung also, um deren willen allein man doch nach christlichen Begriffen einer *Religion* angehört. Und erst recht die Lehre vom *Heilsweg (marga),* von den Mitteln also, durch welche jenes Heilsziel für den Menschen erreichbar ist. Sehen wir von den diesseitigen Heilsgütern des Hinduismus ab, so stellt er, als Einheit betrachtet, nebeneinander zum mindesten drei einander anscheinend ausschließende jenseitige Heilsziele (nebst Unterarten) zur Wahl. Nämlich 1. Wiedergeburt zu neuem, endlichem und zeitlich begrenztem Leben auf der Erde in ebenso glücklicher oder glücklicherer Lage als es die dermalige ist. Oder, – was für den Hindu im Gegensatz zum Christen unter die gleiche Kategorie gehört: – Wiedergeburt in einem Paradies, a) in der Welt Gottes (salokya) oder b) nahe bei Gott (samipya), c) als selbst zum Gott geworden (sarupya), – mit dem gleichen Vorbehalt, wie eine irdische Wiedergeburt, d. h. also auf begrenzte Zeit und so, daß nachher wieder eine Wiedergeburt auf der Erde folgt, – 2. zeitlich unbegrenzte Aufnahme in die selige Gegenwart eines überirdischen Gottes (Vischnu), also: Unsterblichkeit der individuellen Seele, in einer der Formen; a, b oder c, – 3. Aufhören der individuellen Existenz und a) Aufgehen der Seele im All-Einen (sayujya) oder b) Untergehen im *Nirwana,* wobei das Wesen dieses letzteren Zustandes teils verschieden gedeutet wird, teils dunkel bleibt. Alle drei Arten von Heilszielen sind *orthodox,* wennschon das dritte (genauer: 3 a) das spezifisch brahmanische, z. B. von der vornehmsten Brahmanen-Sekte, den Smartas, vertretene ist und namentlich die Unsterblichkeit (Nr. 2) diesen Kreisen zwar nicht als antihinduistisch, aber doch als spezifisch *unklassisch* gilt, etwa so wie die taoistische Heilslehre dem Konfuzianer oder die pietistische Art der Gnadenaneignung dem klassischen Lutheraner. Zwischen dem ersten und dritten Heilsziel aber hat jedenfalls auch der *klassischste* Hindu die Wahl. Und die Wege, welche zu jedem der drei Heilsziele führen, sind, je nach der Lehre, der er anhängt, überaus verschieden: Askese, Kontemplation, rein ritualistische gute Werke, gute Werke im Sinn der sozialen Leistung, insbesondere: Berufstugend, gottinniger Glaube (bhakti) kommen teils kumulativ teils alternativ (je nach dem Heilsziel), teils exklusiv in Betracht, und es fehlt in der klassischen Literatur (Mahabharata) auch die Ansicht nicht, daß der Einzelne schlechthin diejenige Art von Heilsgut und zwar auf dem Wege und durch den Gott erhalte, zu dem und dessen Heilsgütern und Heilswegen er aufrichtig seine Zuflucht nehme. Also das: *dir geschehe, wie du geglaubt* in des Wortes verwegenster Bedeutung.

So angesehen, scheint es kaum eine Möglichkeit zu geben, religiöse *Toleranz* innerhalb einer und derselben *Religion* noch weiter zu steigern. In Wahrheit wird daraus wohl zu schließen sein: daß eben der Hinduismus etwas anderes als eine *Religion* in unserm Sinn des Wortes sei. Dies ist es denn auch, was uns seine Vertreter (Ketkar u. a.) nachdrücklich versichern. Innerhalb des hinduistischen Begriffsschatzes steht dem okzidentalen Ausdruck *Religion* am nächsten der Begriff *sampradaya.* Darunter versteht der Hindu Gemeinschaften, deren Zugehörigkeit nicht durch Geburt erworben wird – die also in diesem Sinn *open-door-castes* sind –, sondern durch Gemeinsamkeit der religiösen Heilsziele und Heilswege, *Theophratrien,* wie hinduistische Gelehrte sie nennen. Solche *Theophratrien* waren in Indien vor allem der Jainismus und Buddhismus, ebenso einige der revivals der vischnuitischen Heilandsreligiosität und z. B. die früher erwähnte çivaitische Sekte der Lingayats, welche eben deshalb sämtlich als durchaus ketzerisch galten und, soweit sie an diesen Grundlagen festgehalten haben, noch gelten. Und zwar obwohl z. B. der Buddhismus die Existenz und Macht der hinduistischen Götter nicht anficht, die theophratrischen vischnuitischen Sekten aber und die Lingayats je einen der großen Götter der hinduistischen Trias (Brahma – Vischnu – Çiva) verehren. Und obwohl die ihnen eignen Heilsgüter und Heilswege sich von solchen, die auch der orthodoxe Hinduismus kennt, wenigstens von unserm Standpunkt, meist aber auch vom Hindustandpunkt aus, keineswegs grundsätzlich unterscheiden, mindestens entfernt nicht so sehr, als die verschiedenen als orthodox zugelassenen Heilswege es untereinander tun. Alle diese *Theophratrien* nehmen im Gegensatz zum Hinduismus den Einzelnen als Einzelnen in ihre Gemeinschaft auf. Aber dies ist noch nicht der entscheidende Grund. Denn Zugehörigkeit zu einer *Sekte* an sich schließt nicht nur nicht vom Hinduismus aus, sondern ist gerade umgekehrt seit dem Entstehen der spezifisch hinduistischen Religiosität, wie sie die späteren Teile der Epen und die Puranas darstellen, eine völlig normale Erscheinung. Ein eigentlich frommer Hindu ist nicht bloß Hindu, sondern Mitglied einer Hindu-Sekte. Und zwar auch in der Art, daß z. B. der Vater Çivait, der Sohn Vischnuit ist.[14] Was praktisch bedeutet: daß der eine von einem zu einer çivaitischen, der andre von einem zu einer vischnuitischen Sekte gehörigen Directeur de l'âme *(Guru)* unterwiesen, nach vollendetem Unterricht durch Mitteilung der *mantra* (paroleartigen Gebetsformel) der Sekte in diese aufgenommen ist, die Merkmale der Sekte (Stirnbemalung usw.) trägt, ihre Tempel besucht, ausschließlich zu – je nachdem – Vischnu oder Çiva, direkt oder in Gestalt einer seiner Inkarnationen, betet (die betreffenden beiden andern Gestalten der Trias gelten ihm als bloße Erscheinungsformen seines Gottes) und neben den Riten seiner Kaste den Spezialriten der Sekte folgt. Das ist ein durchaus orthodox hinduistisches Verhalten. Die Ketzerei der Theophratrien besteht vielmehr darin, daß sie den Einzelnen – im Gegensatz zu den orthodoxen Sekten – seinen eignen rituellen Pflichten, den Kastenpflichten also, in die er hineingeboren ist, entreißen, sein *Dharma* also ignorieren oder zerstören. Damit verliert er, wenn es sich um wichtige Pflichten handelt, die Kaste, und Kastenverlust bedeutet, da man nur durch die Kaste zur hinduistischen Gemeinschaft gehört, Verlust dieser. Das Dharma, die Ritualpflicht also, ist das Entscheidende: der Hinduismus ist primär Ritualismus, was seine modernen Vertreter so ausdrücken, daß mata (Doktrin) und marga (Heilsziel) wandelbar und *vergänglich,* – gemeint ist: *wahlfrei,* – seien, das Dharma aber *ewig,* – gemeint ist: *unbedingt gültig,* – bestehe. Bei jeder fremden Religion fragt daher der Hindu zunächst nicht nach der *Lehre* (mata), sondern nach dem Dharma. Das *Kristi-Dharma* eines Protestanten besteht für ihn positiv etwa in der Taufe, der Kommunion, dem Kirchgang und der Arbeitsruhe Sonntags und an den andern christlichen Festen, dem Tischgebet. Diese Dinge würden sich alle mit Zugehörigkeit zum Hinduismus guter Kasten vertragen, mit Ausnahme

[14] Dies findet sich schon in den alten inschriftlichen Quellen. So erneuert (706 nach Chr.) ein Maharadscha eine Stiftung seiner Vorfahren und es wird erwähnt, daß einer von diesen ein Anhänger Vischnus, ein anderer Çivas, Enkel und Urenkel aber Verehrer der Bhagavati (= Durga oder Lakschmi) waren.

der Kommunion, welche, unter beiderlei Gestalt gegeben, direkten Alkoholzwang, immer aber Zwang zur Speisegemeinschaft mit Nicht-Kastengenossen bedeutet. Aber schon die negativen Bestandteile des *Kristi-Dharma*, z. B. daß es dem Christen gestattet, Fleisch, insbesondere Rindfleisch zu essen und Schnaps zu trinken, stempeln es zum Dharma unreiner Barbaren (Mlechha-Dharma). Was ist nun der Inhalt des *Dharma* eines Hinduisten? Darauf erhalten wir die Antwort: daß das Dharma je nach der sozialen Lage verschieden und auch insofern nicht absolut abgeschlossen sei, als es der *Entwicklung* unterliege. Gemeint ist zunächst: das Dharma richtet sich nach der Kaste, in welche der Einzelne hineingeboren ist; entstehen durch Spaltung alter neue Kasten, so spezialisiert sich das Dharma. Gemeint ist weiter auch: daß das Dharma durch fortschreitende Erkenntnis weiterentwickelt werden könne. Dies würden konservative Hindukreise nun freilich ohne Einschränkung nur für die ferne Vergangenheit: für jenes Zeitalter prophetischer Geistesgaben anerkennen, welche jede priesterlich reglementierte Religion, auch das Judentum, das Christentum und der Islam, als in der Gegenwart (in Indien: dem Kali-Zeitalter) nicht mehr vorhanden ansehen muß, um sich gegen Neuerungen zu sichern. Aber jedenfalls kann das Dharma in dem Sinn *entwickelt* werden, wie die göttlichen Gebote einer konfessionellen Religion: durch *Findung* bisher unbekannter, aber von jeher geltender, Konsequenzen und Wahrheiten. Vor allem im Wege der Judikatur und bindender Responsen der zuständigen Instanzen, also z. B. für die Brahmanen der Çastris und Pandits (in Brahmanenschulen regulär ausgebildeter Kenner der heiligen Rechte), der brahmanischen Hochschulen, endlich des heiligen Stuhles von Schringeri (für den Süden) oder des Schri Sankaratscharya von Sankeschwar (für den Norden und Nordwesten), brahmanischer Klostersuperioren, deren Stellung etwa derjenigen der irischen Klöster in der Zeit der klostermäßigen Organisation der alten irischen Kirche verglichen werden kann. Für andre Kasten: die Judikatur ihrer Kasten-Organe, welche sich nach Bedarf – früher weit mehr als heute – des Wahrspruches der Brahmanen bedienten. Das Dharma ruht also in erster Linie auf heiliger Tradition: Spruchpraxis und literarisch rational entwickelter Lehre der Brahmanen. Genau wie im Islam, im Judentum und in der alten christlichen Kirche fehlt die *unfehlbare* Lehrautorität irgendeines bestimmten priesterlichen Amtes, schon weil die Brahmanen keine Hierarchie von Beamten darstellen. Das praktisch geltende Dharma der einzelnen Kasten stammt seinem Inhalt nach faktisch zu einem sehr großen Teil aus der fernen Vergangenheit tabuistischer und magischer Normen der Zauberer-Praxis. Seine Geltung als hinduistisches Dharma aber ist zu einem weit größeren und praktisch noch weit wichtigeren Teil, als etwa die heutigen rituellen Gebote der katholischen Kirche, ausschließliches Produkt der Priester und der von ihnen geschaffenen Literatur. Diese hat tiefgreifende Wandlungen geschaffen.

Offiziell zwar hat der Hinduismus in gleicher Art wie die Buchreligionen ein absolut heiliges Buch: die Veden.[15] Zu den wenigen wenigstens im wesentlichen verbindlichen *Glaubens*-Pflichten eines Hindu gehört offiziell: daß er deren Autorität zum mindesten nicht direkt bestreitet. Eine Sekte, die dies tut, – wie die Jainas und Buddhisten, – ist nach der unbezweifelbar überkommenen Auffassung eben deshalb keine Hindu-Sekte. Auch das ist heute nicht durchaus allgemeingültig, aber doch das schlechthin Normale. Aber was bedeutet jene Anerkennung der Veden – dieser Sammlungen von Liedern und Hymnen, rituellen und magischen Formeln sehr verschiedenen Alters – praktisch? Die Veden blieben, auch nachdem sie aus der ursprünglich rein mündlichen Überlieferung der einzelnen, nach ihren Hauptbestandteilen (die der alten Arbeitsteilung der vedischen Priester beim Opfer entsprangen) sich scheidenden Brahmanen-Schulen in die Schriftform überführt worden waren, der Lektüre der Nichtbrahmanen nach der alten korrekten Praxis ganz ebenso wie die Bibel in der katholischen Kirche entzogen und durften von den Brahmanen an Laien nur der höchsten Kasten, und auch diesen nur in bestimmten Partien, gelehrt werden. Dies war nicht nur durch die Monopolisierung der magischen Formeln als Geheimkunst bedingt, welche alle Priester ursprünglich gleichmäßig geübt haben. Sondern es hatte, und zwar gerade nachdem die gefestigte Stellung der Brahmanen diese Rücksicht fortfallen ließ, auch sachlich hier noch zwingendere Gründe als bei der Vulgata. Wenn das Neue Testament Stellen ethischen Gehalts enthielt, welche zunächst durch priesterliche Interpretation relativiert und dabei zum Teil in ihr gerades Gegenteil uminterpretiert werden mußten, um für eine Massenkirche überhaupt und für deren priesterliche Organisation insbesondre anwendbar zu werden, so fiel dieser Gesichtspunkt beim Veda fort. Denn er enthält von eigentlicher *Ethik* im rationalen Sinn des Wortes überhaupt nichts und seine ethische Welt ist einfach die aller Heldenzeitalter, gespiegelt in der Auffassung von Sängern, welche von den Gaben der Könige und Helden abhängig sind und diesen ihre eigene Macht und die der Götter, welche sie magisch zu beeinflussen vermögen, ans Herz zu legen nicht verabsäumen. Daß die Hymnen und vor allem die Gebetsformeln früh als magisch erprobt galten und deshalb hieratisch stereotypiert waren, bewahrte sie vor jener Art von Purifikation, welche die gleichartige altchinesische Literatur durch Konfuzius (und vielleicht andre), die jüdische historische und kosmogonische Literatur durch die Priesterschaft erfahren haben. Die Folge aber ist, daß der Veda von den für den Hinduismus grundlegenden göttlichen und menschlichen Dingen nahezu gar nichts enthält. Die drei großen Götter des Hinduismus kennt er teils nicht einmal der Existenz, teils nicht dem heutigen Namen, keinen aber dem ihm später spezifischen Charakter nach. Seine Götter sind Funktions- und Heldengötter von einem dem homerischen äußer-

[15] Hier sollen darunter nur die Samhita, die Sammlungen der Hymnen, Gebete, Formeln verstanden sein. Im weiteren Sinn wurden zum Veda alle *heiligen* Bücher, d. h. auch die Brahmanas und Upanischaden eines jeden Veda und schließlich auch die Sutra's, gerechnet.

lich ähnlichen Typus, ganz wie die Helden der vedischen Zeit burgsässige, wagenkämpfende Kriegskönige mit Gefolgschaften homerischer Art und mit hier wie dort stark vorwiegend viehzüchtenden Bauern neben sich sind. Die großen vedischen Götter, gerade auch die beiden größten und in ihrem Gegensatz charakteristischsten: Indra, der Gewittergott und als solcher (wie Jahwe) leidenschaftlich handelnder Kriegs- und Heldengott, daher Gott des irrationalen Heldenschicksals, und Varuna, der weise, alles sehende Funktionsgott der ewigen Ordnung, vor allem der Rechtsordnung, sind im Hinduismus praktisch so gut wie von der Bildfläche verschwunden, haben keinen Kult und leben wesentlich von der Gnade vedisch gebildeter Gelehrter ein historisches Leben. Indessen das wäre, bei der Labilität zahlreicher Hindu-Gottheiten und bei der von Max Müller als *Henotheismus* bezeichneten Gepflogenheit schon der alten Sänger, den jeweils angerufenen Gott, um ihn zu gewinnen, als den mächtigsten oder auch als den einzigen Gott zu bezeichnen, noch das wenigste. Aber der Veda schlägt dem Dharma des Hinduismus geradezu ins Gesicht. Wenn die offizielle Anerkennung der Veden dem Christen als eine Art *Formalprinzip* des Hinduismus nach Art der protestantischen Anerkennung der Bibel erscheinen könnte, – immer mit dem zu machenden Vorbehalt, daß sie nicht schlechthin unentbehrlich ist, – so gehört, – mit ebenfalls einigen Vorbehalten, – zu dessen rituellen *Materialprinzipien,* zum universellen hinduistischen Dharma also, wenn irgend etwas, dann die Heiligkeit der Kuh und also das absolute Verbot der Kuhschlachtung. Wer sich daran ausdrücklich nicht bindet, ist kein Hindu.[16] Wer überhaupt Rindfleisch ißt, ist entweder *Barbar* oder Mitglied keiner hohen Kaste. Woher dies im Hinduismus stammt, soll uns hier nicht beschäftigen. Jedenfalls kennt es der Veda nicht nur nicht, sondern die Unbedenklichkeit des Rindfleischgenusses versteht sich für ihn von selbst und von Verpönung der Schlachtung der Kuh weiß er nichts. Die *Modernisten* des Hinduismus erklären dies dadurch, daß das jetzige (Kali-) Zeitalter derart verderbt sei, daß ihm die Freiheit der alten goldenen Zeit in dieser Hinsicht nicht habe belassen werden können. Blicken wir von den rituellen Vorschriften hinweg auf das innere sinnhafte Gefüge des Hinduismus, so fehlen so grundlegend wichtige Vorstellungen wie die Seelenwanderung und die

[16] Die Verehrung der Kuh (und, abgeschwächt, der Rinder überhaupt) ging sowohl in ihren ökonomischen wie rituellen Folgen bis ins Extreme. Noch heut scheitert die rationelle Viehzucht daran, daß die Tiere grundsätzlich nur eines natürlichen Todes sterben dürfen, also noch gefüttert werden, nachdem sie längst keinen Nutzwert mehr haben. (Abhilfe schafft das rituell illegale Vergiften durch verworfene Kasten.) Kuhdung und Kuhurin reinigt alles. Ein korrekter Hindu, der mit einem Europäer gespeist hat, wird noch heute sich (und eventuell seine Wohnung) mit Kuhdung rituell desinfizieren. Kein korrekter Hindu wird an einer urinierenden Kuh vorbeigehen, ohne seine Hand in den Strahl zu halten und sich, wie der Katholik mit Weihwasser, an Stirn, Kleidern usw. damit zu befeuchten. Bei Mißernte wird auf das Heroischste vor allem Futter für die Kuh herausgespart.

auf ihr ruhende später zu besprechende Karman-(Vergeltungs-)Lehre im Veda völlig oder sind nur mit erheblicher Gewaltsamkeit in einige vieldeutige Stellen unbekannten Alters hineinzuinterpretieren. Die vedische Religion kennt nur einen Hades: das Reich des Yama, und einen Götterhimmel, im wesentlichen wie die homerische und germanische Heldenzeit: das *Reich der Väter*. Aber weder den sehr besondersartigen Himmel des Brahma oder die teils dem Christenhimmel, teils dem Olymp ähnlichen Himmel des Vischnu oder Çiva, noch endlich das *Rad* der Wiedergeburten, vom Nirwana ganz zu schweigen. Sie bejaht das Leben und seine Güter nicht nur in dem Sinne wie es die Massen-Religiosität des Hinduismus im Gegensatz zur Virtuosenreligiosität auch später tat, sondern war ganz ebenso diesseitig orientiert wie es ähnliche, aus halb charismatischen, halb feudalen Kriegs- und Beute-Gemeinschaften herausgewachsene Religionen überall tun.

Aus dem Veda also, so viel steht schon jetzt fest, erhalten wir vielleicht über die Vorgeschichte, nicht aber über den Gehalt des Hinduismus, auch nicht der ältesten historisch überhaupt zugänglichen Formen wirklich hinduistischer Religiosität, Aufschluß. Er ist nur ungefähr im gleichen Sinn ein heiliges Buch des Hinduismus wie das Deuteronomium ein solches des Christentums. Anerkennung der Autorität des Veda, wie sie vom Hindu gefordert wird, heißt *fides implicita* in einem noch weit fundamentaleren Sinn als in der katholischen Kirche: – schon weil von keinem *Heiland* berichtet ist, der kraft Offenbarung die neuen Gesetze an die Stelle der alten gesetzt habe. Praktisch aber heißt sie einfach: Anerkennung der Autorität der hinduistischen an den Veda anknüpfenden und sein Weltbild fortinterpretierenden Tradition und der sozialen Rangstellung ihrer Träger, und das sind: die Brahmanen. Im Veda sind auch von ihnen, und vollends von ihrer Stellung im klassischen Hinduismus, nur die ersten Vorstufen der Entwicklung vorhanden, die später eintrat.

Die Stellung der Brahmanen im klassischen Hinduismus und heute läßt sich aber nur im Zusammenhang mit jener schon öfter berührten Institution besprechen, ohne welche der Hinduismus, wie alles bisher Gesagte zeigt, gänzlich unverständlich bleibt: der Kaste. Auch sie kennt – und das ist wohl die schwerwiegendste Lücke – der alte Veda nicht. Das heißt: er kennt die späteren vier Kastennamen an einer einzigen als ganz spät geltenden Stelle, den sachlichen Gehalt der Kastenordnung aber nirgends in dem Sinn, den sie später annahm und welcher erst der dem Hinduismus als solchem charakteristische ist.[17] Die Kaste, das heißt also: die rituellen Pflichten und Rechte, welche sie auferlegt und gibt, und die Stellung der Brahmanen sind die Grundinstitutionen des Hinduismus. Und zwar vor allem: die Kaste. Ohne Kaste gibt es keinen Hindu, während die Stellung zur Autorität des Brahmanen eine höchst verschiedenar-

[17] Die *Magna Charta des Kastensystems* wird von den Fachgelehrten im Purusha Sukta des Rigveda, dem spätesten Produkt der vedischen Periode, gefunden. Über den Atharva-Veda später.

tige sein kann, von unbedingter Unterwerfung, als der Norm, bis zur Bestreitung ihrer Autorität, wie sie sich bei einigen Kasten findet. Aber diese Bestreitung bedeutet praktisch lediglich: daß die Brahmanen als Priester verschmäht und daß ihre Gutachten in rituellen Zweifelsfragen nicht als maßgebend anerkannt, sie niemals um Rat angegangen werden. Das scheint auf den ersten Blick freilich im Widerspruch damit zu stehen, daß *Kasten* und *Brahmanen* im Hinduismus zusammengehören. Ja noch weiter: Wenn jedem Hindu die Kaste absolut wesentlich ist, so ist wenigstens heute nicht umgekehrt auch jede Kaste eine Hindu-Kaste. Es gibt, sahen wir, unter den Mohammedanern Indiens ebenfalls Kasten, übernommen von den Hindus. Es gibt sie auch unter den Buddhisten. Es haben sich selbst die indischen Christen ihrer praktischen Anerkennung nicht ganz entziehen können. Aber nicht nur fehlte diesen Nicht-Hindu-Kasten, wie wir späterhin sehen werden, der ungeheure Akzent, welchen die spezifisch hinduistische Heilslehre auf die Kaste legte. Sondern noch ein Weiteres fehlte ihnen: die höchst charakteristische Bestimmung des sozialen Ranges der Kasten durch die Distanz von anderen hinduistischen Kasten, und damit in letzter Instanz: vom Brahmanen. Denn dies ist das für den Zusammenhang von Hindu-Kasten und Brahmanen entscheidende: eine Hindu-Kaste mag die Brahmanen als Priester, als Lehr- und Ritual-Autorität und in jeder andern Hinsicht noch so sehr ablehnen, – unentrinnbar bleibt für sie die objektive Situation: daß ihre Rangstufe durch die Art der positiven oder negativen Beziehung zum Brahmanen in letzter Instanz bestimmt wird. *Kaste* ist nun aber einmal sehr wesentlich sozialer Rang, und darauf, daß sie vom Brahmanen her bestimmter sozialer Rang ist, beruht mehr als auf irgendwelchen andern Dingen die zentrale Stellung der Brahmanen im Hinduismus. Wir wenden uns, um das zu verstehen, dem Gegenwartszustand der Hindu-Kasten, wie ihn die teilweise ganz vorzüglichen wissenschaftlichen Arbeiten in den Zensus-Berichten wiedergeben, zu und verbinden damit eine kurze Betrachtung der klassischen Kasten-Theorie der alten Rechtsbücher und sonstigen Quellen.

Die hinduistische Kastenordnung ist heut in tiefgehender Erschütterung begriffen. Im Bezirk von Calcutta namentlich, dem alten Haupteinfallstor Europas, sind zahlreiche Normen praktisch außer Kraft getreten. Die Eisenbahnen, Wirtshäuser, Berufsumschichtungen und Arbeitsvereinigungen durch importierte Industrie, Hochschulen usw., haben alle ihr Teil daran. Während die *Londongänger,* d.h. die in Europa Studierten und die mit Europäern frei Verkehrenden noch vor einer Generation outcastes wurden, schwindet dies mehr und mehr. Kasten-Kupees auf der Bahn, nach Art der amerikanischen gesonderten Waggons und Wartesäle für *White* und *Black* in den Südstaaten, haben sich nicht durchführen lassen. Alle Kastenrangverhältnisse sind ins Schwanken geraten und die von den Engländern gezüchtete Intellektuellenschicht, hier wie anderwärts Trägerin des spezifischen Nationalismus, wird diesen langsamen unaufhaltsamen Prozeß noch verstärken. Indessen vorerst steht das Gebäude noch recht fest.

Die Stellung der Brahmanen und das Wesen der Kaste im Verhältnis zum „Stamm",zur „Zunft" und zum „Stand".

Zunächst nun: welches sind die Begriffsmerkmale einer *Kaste?*[18] Fragen wir erst einmal negativ: was ist sie nicht? oder: welche Merkmale anderer, ihr wirklich oder scheinbar verwandter Verbände fehlen ihr? Was scheidet, um damit zu beginnen, eine Kaste von einem Stamm? Ein Stamm hat normalerweise, das soll heißen: solange er nicht gänzlich zum Gast- oder zum Paria-Volk geworden ist, ein festes Stammesgebiet. Das hat eine eigentliche Kaste schlechthin niemals. Die Kastengenossen wohnen zwar auf dem Lande zu einem sehr bedeutenden Bruchteil dorfweise gesondert. Wenigstens pflegt – oder pflegte – in jedem Dorf eine Kaste diejenige zu sein, welcher allein das volle Bodenrecht zustand. Aber sie hat dann abhängige Dorfhandwerker und Arbeiter bei sich. Jedenfalls bildet die Kaste keine lokale Gebietskörperschaft: dies widerstreitet ihrem Wesen. Ein Stamm ist, wenigstens ursprünglich, durch Blutrachepflicht, direkt, oder indirekt durch Vermittlung der Sippe, verbunden. Damit hat eine Kaste niemals etwas zu schaffen. Ein Stamm umfaßt ursprünglich normalerweise viele, oft annähernd alle für die Bedarfsdeckung nötigen und zugleich möglichen Beschäftigungen. Eine Kaste kann, heute wenigstens (und für gewisse Oberkasten schon seit sehr alter Zeit) Leute mit sehr verschiedener Beschäftigung umfassen. Immer aber ist, solange die Kaste ihren Charakter als solche nicht eingebüßt hat, die Art der ohne Kastenverlust zulässigen Beschäftigungen irgendwie ganz fest begrenzt. Sehr oft aber ist *Kaste* und *Beschäftigungsart* auch heute derart fest verbunden, daß eine Änderung dieser mit Spaltung der Kaste verbunden ist. Derartiges gibt es für einen *Stamm* nicht. Ein Stamm umfaßt normalerweise Leute jeden sozialen Ranges. Eine Kaste kann zwar in Unterkasten mit außerordentlich verschiedenem sozialen Rang zerfallen und tut dies heute der fast ausnahmslosen Regel nach: oft in mehrere Hundert. Dann können sich diese Unterkasten zueinander genau oder fast genau so verhalten wie verschiedene Kasten zueinander. Ist dem so, dann sind sie in Wirklichkeit Kasten; der allen gemeinsame Kastenname hat dann nur – oder doch fast nur – historische Bedeutung und dient den degradierten von ihnen als Stütze sozialer Prätension dritten Kasten gegenüber. Kaste ist also ihrem Wesen nach mit sozialem Rang innerhalb einer weiteren Gemeinschaft untrennbar verknüpft. Ein Stamm – das ist entscheidend – ist normalerweise und ursprünglich ein politischer Verband. Entweder, und primär stets, ein selbständiger. Oder ein Teil eines Stammesbundes. Oder eine *Phyle,* d.h. ein durch einen politischen Verband zu politischen Zwecken reglementierter Teil desselben mit bestimmten politischen Aufgaben und Rechten: Stimmrechten,

[18] Der Ausdruck ist portugiesischen Ursprungs. Der alte indische Name war *varna, Farbe.*

Quoten-Anteil an den politischen Ämtern, Turnus- oder Quoten-Pflichten politischer und staatswirtschaftlicher, leiturgischer Art. Eine Kaste ist nie ein politischer Verband, mögen ihr im Einzelfall – wie dies ja auch bei Gilden, Zünften, Sippen und Verbänden ganz beliebiger Art der Fall sein kann – vom politischen Verband Leiturgiepflichten aufgebürdet gewesen sein, wie vielleicht mehrfach im indischen Mittelalter (Bengalen). Sie ist stets und ihrem Wesen nach ein rein sozialer, eventuell ein beruflicher, Teilverband innerhalb einer sozialen Gemeinschaft. Aber nicht notwendig, und auch ganz und gar nicht regelmäßig, Teilverband nur eines einzelnen politischen Verbandes, über dessen Grenzen sie vielmehr sowohl weit hinausgreifen wie hinter ihnen weit zurückbleiben kann. Es gibt Kasten, die über ganz Indien verbreitet sind[19] und andrerseits sind heute alle Unter-Kasten, aber auch die meisten kleinen Kasten nur je in einem kleinen Bezirk vorhanden. Politische Geschiedenheit hat die Kastengliederung der Einzelgebiete oft stark beeinflußt, aber gerade die wichtigsten Kasten blieben interstaatlich. In dem materiellen Inhalt der sozialen Normen pflegt ein Stamm sich von einer Kaste dadurch zu unterscheiden, daß bei ersterem neben der Exogamie der Sippen, die Exogamie des Totems oder der Dörfer stand und eine Endogamie nur unter Umständen für den Stamm als Ganzes, aber keineswegs immer, vorkam. Während die Kaste stets Endogamieregeln zur wesentlichen Grundlage hat. Irgendwelche Speise- und Kommensalitätsregeln sind dem Stamm keineswegs, stets aber der Kaste eigen.

Wir sahen schon, daß, wenn ein Stamm seine Bodenständigkeit verliert und Gast- oder Pariavolk wird, er sich der Kaste bis zur tatsächlichen Ununterscheidbarkeit annähern kann.[20] Welche Unterschiede bestehen bleiben, wird bei Feststellung der positiven Merkmale der Kasten zu erörtern sein. Zunächst entsteht aber die Frage: da die Kaste einerseits, im Gegensatz zum *Stamm,* enge

[19] Von den heutigen Hindukasten (Haupt-Kasten) kann man von etwa 25 sagen, daß sie in den meisten Gegenden Indiens verbreitet sind. Diese umfassen etwa 88 Millionen Hindus (von insgesamt 217 Millionen). Unter ihnen befinden sich, neben den alten Priester-, Krieger- und Händlerkasten: den Brahmanen (14,60 Millionen), Radschputen (9,43 Millionen), Baniya (je nach Einschluß oder Ausschluß auch der abgespaltenen Unterkasten etwa 3 oder nur 1,12 Millionen) und der alten Beamten-(Schreiber-)Kaste der Kayasths (2,17 Millionen), sowohl alte Stammeskasten, wie die Ahirs (9,50 Millionen) und Jats (6,98 Millionen), wie die großen unreinen Berufskasten der Chamar (Lederarbeiter, 11,50 Millionen), die Çudra-Kaste der Teli: Ölpresser (4,21 Millionen), die vornehme gewerbliche Kaste der Goldschmiede (Sonar 1,26 Millionen), die alten Dorfhandwerkerkasten der Kumhar (Töpfer 3,42 Millionen) und Lohar (Schmiede, 2,07 Millionen), die niedere Bauernkaste der Koli (Kuli, von Kul, Clan, also etwa: *Gevatter,* 3,17 Millionen) und andere Einzelkasten verschiedenen Ursprungs. Die große Verschiedenheit der Kastennamen und auch manche Unterschiede des sozialen Ranges von offenbar der Herkunft nach gleichen Kasten in den einzelnen Provinzen machen direkte Vergleiche äußerst schwierig.

[20] Die Banjaris z. B. sind in den *Central Provinces* teilweise als *Kasten,* in Mysore aber als *(animistischer) Stamm* organisiert, bei beidemal gleicher Beschäftigungsart. Ähnliches kommt öfter vor.

Beziehungen zur Beschäftigungsart zu haben pflegt, andrerseits aber zum sozialen Rang, wie verhält sie sich zu Verbänden, welche ihr konstituierendes Prinzip gerade von eben daher empfangen, also einerseits zum Berufsverband (Gilde, Zunft), andrerseits zum *Stand?* Zuerst also: zu den ersteren. *Gilden* von Händlern und als Händler, d. h. mit eignem Verkauf, auftretenden Gewerben und *Zünfte* von Handwerkern hat es in Indien in der Zeit der Städteentwicklung, namentlich im Zeitalter der Entstehung der großen Erlösungsreligionen – und, wie wir sehen werden, nicht ohne Zusammenhang mit diesen – innerhalb der Städte und gelegentlich auch außerhalb ihrer gegeben und Reste davon bestehen noch. Im Zeitalter ihrer Blüte glich die Stellung der Gilden durchaus derjenigen in den Städten des mittelalterlichen Okzidents. Der Verband der Gilden (das Mahajan, wörtlich gleich: *popolo grasso)* stand den Fürsten einerseits, den ökonomisch abhängigen Handwerkern andrerseits etwa ebenso gegenüber wie die großen Literaten- und Händlerzünfte den niederen Handwerkerzünften *(popolo minuto)* des Okzidents. Ebenso gab es Verbände dieser letztern (des *panch).* Und daneben hat vielleicht auch die Leiturgiezunft ägyptischer und spätrömischer Art in den entstehenden Patrimonialstaaten nicht ganz gefehlt. Das Eigentümliche der Entwicklung Indiens war nun aber: daß diese Ansätze zu einer Gilde- und Zunft-Organisation der Städte weder in eine Stadtautonomie okzidentaler Art, noch, nach Entstehung der großen Patrimonialstaaten, in eine der okzidentalen *Territorialwirtschaft* entsprechende, soziale und ökonomische Organisation der Territorien ausmündete, sondern daß das hinduistische Kastensystem, dessen Ansätze sicher vor jene Zeit zurückreichen, alleinherrschend wurde und jene Organisationen teils ganz verdrängte, teils verkümmern ließ, teils hinderte, daß sie überhaupt zu erheblicher Bedeutung gelangten. Dies Kastensystem aber ist seinem *Geist* nach etwas ganz andres als ein System von Gilden und Zünften.

Auch die Gilden und Zünfte des Okzidents pflegten religiöse Interessen. Auch bei ihnen spielte, und zwar im Zusammenhang damit, die Frage des sozialen Rangs eine erhebliche Rolle. Welche Rangordnung z. B. die Zünfte bei Prozessionen einnehmen sollten, war eine Frage, um welche unter Umständen hartnäckiger als um ökonomische Interessen gekämpft wurde. Ferner: in einer *geschlossenen* Zunft, einer solchen also mit fest kontingentierter Zahl der *Nahrungen,* war die Meisterstelle vererblich, und es gab auch gildeartige und aus Gilden hervorgegangene Verbände, deren Mitgliedsrecht Gegenstand des Erbgangs war. In der Spätantike war die Zugehörigkeit zu den leiturgischen Zünften geradezu erbliche Zwangspflicht nach Art einer Schollenfestigkeit. Und endlich gab es auch im mittelalterlichen Okzident *unehrliche,* religiös deklassierte Gewerbe, entsprechend den *unreinen* Kasten Indiens. Aber der grundstürzende Unterschied zwischen Berufsverband und Kaste wird dadurch nicht berührt.

Zunächst: was bei den ersteren teils Ausnahme, teils gelegentliche Konsequenz ist, ist bei der Kaste das eigentlich Grundlegende. So die magische Distanz der

Kasten im Verhältnis zueinander. Zu den Kasten, deren körperliche Berührung rituell befleckt, gehörten 1901 in den *United Provinces* rund 10 Millionen Menschen (von insgesamt rund 40); in der *Madras Presidency* infizierten rund 13 Millionen Menschen (von rund 52) auch ohne direkte Berührung bei Annäherung auf eine bestimmte, verschieden große Distanz hin. Dagegen kennt die Gilde und Zunft des Mittelalters rituelle Schranken zwischen den einzelnen Gilden und Handwerkern überhaupt nicht, abgesehen wie gesagt von der kleinen Schicht der *unehrlichen Leute:* Pariavölkern oder Pariaarbeitern (wie der Abdecker und Henker es waren), die kraft gerade dieser Sonderstellung den indischen unreinen Kasten soziologisch nahe standen. Es gab faktische Schranken des Konnubium zwischen verschieden geachteten Berufen, aber keine rituellen Schranken, wie sie der Kaste absolut wesentlich sind. Und vollends fehlten – innerhalb des Kreises der *ehrlichen* Leute – die rituellen Schranken der Kommensalität, welche zu den Grundlagen der Kastenunterschiede gehörten. Die Erblichkeit der Kaste ferner ist ihr wesentlich. Sie war und ist nicht etwa, wie bei den zu keiner Zeit an Zahl überwiegenden absolut geschlossenen Zünften des Okzidents, erst die Folge der Kontingentierung der monopolisierten Erwerbsgelegenheit auf eine bestimmte Maximalzahl von Nahrungen. Eine solche Kontingentierung gab und gibt es teilweise auch bei indischen Berufskasten. Aber am stärksten nicht in den Städten, sondern in den Dörfern. Und gerade dort steht die Kontingentierung, soweit sie dort bestand und besteht, außer Zusammenhang mit einer *Zunft*-Organisation und bedarf deren auch gar nicht. Denn die typischen indischen Dorfhandwerker waren und sind erbliche Inst- und Deputatleute (ostdeutsch gesprochen) des Dorfes, wie wir sehen werden. Zwar der wichtigste Teil, aber doch nicht alle Kasten garantierten dem einzelnen Mitglied eine bestimmte Nahrung nach Art unserer Meisterstellen. Und durchaus nicht alle Kasten monopolisierten überhaupt einen ganzen Erwerbszweig, wie dies die Zunft wenigstens erstrebte. Die Zunft des Okzidents beruhte, im Mittelalter mindestens, in aller Regel auf freier Wahl des Lehrmeisters und ermöglichte so den Übergang der Kinder in andere Berufe, was gerade bei der Kaste völlig fehlt. Dies ist der grundlegende Unterschied. Während die Abschließung der Zünfte nach außen mit steigender Enge des Nahrungsspielraums sich steigerte, beobachtet man bei den Kasten oft das gerade Umgekehrte: sie können ihre rituell gebotene Lebensführung und also ihren ererbten Erwerb gerade bei günstigem Erwerbsspielraum am leichtesten festhalten. Wichtiger aber ist ein anderer Unterschied.

Die Berufsverbände des okzidentalen Mittelalters standen untereinander oft in heftigem Kampf. Aber daneben zeigten sie die Tendenz zur Verbrüderung untereinander. Die *mercanzia* und der *popolo* in Italien, die *Bürgerschaft* im Norden waren regelmäßig Verbände von Berufsverbänden. Der *capitano del popolo* im Süden und (nicht immer, aber nicht selten auch) der *Bürgermeister* im Norden waren ihrem ursprünglichen spezifischen Sinn nach Häupter eines

Schwurverbandes der Berufsverbände, welcher politische Gewalt in legaler oder illegaler Weise an sich brachte. Ganz gleich ob der rechtlichen Form nach, – in der Sache beruhte die spätere mittelalterliche Stadt in derjenigen politischen Ausformung, welche ihre wichtigsten soziologischen Sondermerkmale enthielt, auf Verbrüderung ihrer erwerbstätigen Bürger, und in aller Regel erfolgte diese in Form der Zunftverbrüderung, ebenso wie andrerseits die antike Polis ihrem innersten spezifischen Wesen nach auf Wehrverbands- und Sippenverbrüderung beruhte. Wohlgemelkt: auf *Verbrüderung*. Denn es war durchaus kein nebensächliches Moment, daß jede Städtegründung des Okzidents, in der Antike wie im Mittelalter, mit der Begründung einer Kultgemeinschaft der Bürger Hand in Hand ging, daß ferner das gemeinsame Mahl der Prytanen, die Trinkstuben der Gilden und Zünfte und ihre gemeinsamen Prozessionen in die Kirche eine solche Rolle in den offiziellen Dokumenten der okzidentalen Städte spielten, und daß die mittelalterlichen Bürger zum mindesten im Abendmahl in feierlichster Form Kommensalität miteinander hatten. Alle Verbrüderung aller Zeiten setzte Speisegemeinschaft voraus. Nicht die wirkliche, alltäglich geübte, aber: ihre rituelle Möglichkeit. Und eben diese schloß die Kastenordnung aus. Volle[21] *Verbrüderung* von Kasten war und ist unmöglich, weil es zu den konstitutiven Prinzipien der Kasten gehörte, daß zum mindesten die volle Kommensalität zwischen verschiedenen Kasten rituell unverbrüchliche Schranken hat.[22] Der bloße Anblick der Mahlzeit eines Brahmanen durch einen Mann niederer Kaste befleckt den ersteren rituell. Als die letzte große Hungersnot[23] die englische Verwaltung veranlaßte, allgemein zugängliche Volksküchen zu eröffnen, ergab freilich die aufgenommene Statistik, daß verarmte Leute sämtlicher Kasten in ihrer Not sie aufgesucht hatten, obwohl natürlich ein solches Essen im Angesicht von Ungenossen rituell streng verpönt ist. Aber die strengen Kasten begnügten sich damals noch nicht mit der Möglichkeit, durch rituelle Buße die magische Befleckung wieder abzuwaschen. Sondern unter Androhung der Exkommunikation gegen die Teilnehmer setzten sie durch, daß Köche hoher Kasten, deren Hände rituell für alle Kasten als rein galten, angestellt, ferner oft auch, daß durch Kreidestriche

[21] Der Gegensatz ist auch hier, wie bei allen soziologischen Erscheinungen, kein absoluter und übergangsloser, wohl aber ein solcher der *wesentlichen* Züge, die historisch ausschlaggebend wurden.

[22] Die zwischenkastlichen vollen Kommensalitäten sind hier wirklich nur Bestätigungen der Regel. Sie betreffen z. B. die Kommensalität zwischen gewissen Radschputen- und Brahmanen-Unterkasten, welche darauf beruht, daß die letzteren von alters her die Familienpriester der ersteren sind. S. Anm. 19.

[23] Eine eigene bengalische niedere Kaste (die Kallars) ist aus Leuten entstanden, welche bei der Hungersnot 1866 die Ritual- und Speisegesetze verletzten und infolgedessen exkommuniziert wurden: innerhalb ihrer scheidet sich wieder die Minderheit, welche erst bei einem Preis von 6 seers für die Rupie, als Unterkaste von denen, welche sich des Frevels schon bei einem Preisverhältnis von 10 seers für die Rupie schuldig gemacht hatten.

um die Tische herum und durch ähnliche Mittel eine Art von symbolischer chambre séparée für jede Kaste geschaffen wurde. Abgesehen davon, daß im Angesicht des Hungertodes die Tragfähigkeit auch starker magischer Mächte versagt, hat eben jede streng ritualistische Religion, wie die indische, jüdische, römische, die Fähigkeit, in solchen äußersten Fällen rituelle Hintertüren zu öffnen. Aber von da bis zur Möglichkeit einer Kommensalität und Verbrüderung, wie sie der Okzident kannte, ist ein sehr weiter Weg. Wir finden zwar in der Zeit der Entstehung der Königtümer, daß der König die verschiedenen Kasten, auch die Çudra, zu sich zur Tafel lädt. Aber sie sitzen, wenigstens nach der klassischen Vorstellung, in getrennten Räumen, und daß eine Kaste, die beansprucht, zu den Vaiçya zu gehören, unter die Çudra gesetzt ist, gibt im Vellala Charita Anlaß zu einem (halb legendären) berühmten Konflikt, von dem später noch die Rede sein muß.

Blicken wir nun einmal nach dem Okzident hinüber. Im Galaterbrief II, 12. 13 f. hält Paulus dem Petrus vor: daß er in Antiochien mit den Unbeschnittenen zusammen gegessen, nachher aber, unter dem Einfluß der Jerusalemiten, sich abgesondert habe: *und mit ihm heuchelten die andern Juden.* Daß der, zumal gerade diesem Apostel gemachte, Vorwurf der Heuchelei nicht ausgemerzt worden ist, zeigt vielleicht ebenso deutlich wie der Vorgang an sich, welch gewaltiger Akzent für die alten Christen auf jenem Ereignis lag. In der Tat: diese Sprengung der rituellen Kommensalitäts-Schranken bedeutete die Sprengung des, weit einschneidender als jedes Zwangs-Ghetto wirkenden, freiwilligen Ghettos: der rituell ihm auferlegten Pariavolks-Lage des Judentums, für die Christen, die Entstehung der von Paulus triumphierend wieder und wieder gefeierten christlichen *Freiheit,* das hieß: der internationalen und interständischen Universalität seiner Mission. Die Abstreifung aller rituellen Geburts-Schranken für die Gemeinschaft der Eucharistie, wie sie in Antiochia vor sich ging, war auch – hingesehen auf die religiösen Vorbedingungen – die Konzeptionsstunde des *Bürgertums* des Okzidents, wenn auch dessen Geburt, in den revolutionären *conjurationes* der mittelalterlichen Städte, erst mehr als ein Jahrtausend später erfolgte. Denn ohne Kommensalität, christlich gesprochen: ohne gemeinsames Abendmahl, war eine Eidbrüderschaft und ein mittelalterliches Stadtbürgertum gar nicht möglich. Die Kastenordnung Indiens bildete dafür ein – zum mindesten aus eigenen Kräften – unübersteigliches Hindernis. Zwischen den Kasten herrscht nicht nur diese ewige rituelle Scheidung[24], sondern, und zwar auch dann, wenn keinerlei ökonomische Interessengegensätze bestehen, in aller Regel tiefste Fremdheit, oft tödliche Eifersucht, in aller Regel aber Feindschaft, weil sie eben, – im Gegensatz zu den

24 Daß ein Nabob von Bankura auf Bitte eines Chandala die Karnakar (Metallarbeiter) Kaste zwingen wollte, mit jenem zu essen, veranlaßte (nach der Ursprungslegende der Mahmudpurias) einen Teil der Kaste zur Flucht nach Mahmudpura und zur Konstitution als eigene Unterkaste mit höheren sozialen Ansprüchen.

okzidentalen Berufsverbänden, – ganz und gar auf *sozialen Rang* eingestellt sind. Welche Rolle auch immer die Etiketten- und Rang-Fragen im Okzident unter den Berufsverbänden gespielt haben (oft eine recht erhebliche), – niemals konnten solche Fragen bis zu jener religiös verankerten Bedeutsamkeit sich steigern, die sie für den Hindu besaßen. Die Konsequenzen des Unterschieds sind auch politisch sehr bedeutend gewesen. Der Verband der indischen Gilden, das Mahajan, war kraft seiner Solidarität eine Macht, mit welcher die Fürsten sehr stark zu rechnen hatten. Man sagte:

Der Fürst muß anerkennen, was die Gilden dem Volk tun, es sei barmherzig oder grausam. Die Gilden erwarben von den Fürsten gegen Gelddarlehen Privilegien, die an unsere mittelalterlichen Verhältnisse erinnern. Die Schreschthi (Ältesten) der Gilden gehörten zu den machtvollsten Honoratioren und rangierten mit dem Kriegs- und Priesteradel ihrer Zeit. In den Gebieten und Zeiträumen, in welchen diese Zustände bestanden, war die Macht der Kasten unentwickelt und durch die brahmanenfeindlichen Erlösungsreligionen teils gehemmt teils erschüttert. Der spätere Umschwung zugunsten der Alleinherrschaft des Kastensystems steigerte nicht nur die Macht der Brahmanen, sondern auch die der Fürsten und brach die Macht der Gilden. Denn die Kasten schlossen jede Solidarität und politisch machtvolle Verbrüderung des Bürgertums und der Gewerbe aus. Beachtete der Fürst die rituellen Traditionen und die darauf fußenden sozialen Prätensionen der für ihn wichtigsten Kasten, so konnte er sie nicht nur – wie es geschah – gegeneinander ausspielen, sondern hatte von ihnen, zumal wenn die Brahmanen auf seiner Seite standen, überhaupt nichts zu fürchten. Es ist demnach schon jetzt nicht schwer zu erraten, welche politischen Interessen ihre Hand im Spiel hatten bei jenem Umschwung zur Alleinherrschaft des Kastenwesens, der die einige Zeit lang, scheinbar dicht an der Schwelle europäischer Städteentwicklung stehende, soziale Struktur Indiens in Bahnen lenkte, die weit abführten von jeder Möglichkeit einer Entwicklung okzidentaler Art. Der grundlegend wichtige Gegensatz der *Kaste* gegenüber der *Zunft* oder *Gilde* oder jedem *Berufsverband* tritt in diesen welthistorischen Unterschieden schlagend zutage.

Wenn nun die Kaste etwas grundsätzlich Heterogenes gegenüber einer *Zunft* oder irgend einer andern Art von bloßem Berufsverband ist, und wenn sie in ihrem Kern mit sozialem Rang zusammenhängt, – wie verhält sie sich zum Stand, der ja darin sein eigentliches Wesen findet? Was ist ein *Stand? Klassen* sind Gruppen von Menschen, deren ökonomische Lage vom Standpunkt bestimmter Interessen gleichartig ist. Besitz oder Nichtbesitz von Sachgütern oder von Arbeitsqualifikationen bestimmter Art konstituieren die *Klassenlage. Stand* ist eine Qualität sozialer Ehre oder Ehrlosigkeit und wird, dem Schwerpunkt nach, durch eine bestimmte Art der Lebensführung sowohl bedingt wie ausgedrückt. Soziale Ehre kann an einer Klassenlage direkt haften und ist meist irgendwie durch die durchschnittliche Klassenlage der

Standesgenossen mit bedingt. Allein dies ist nicht notwendig der Fall. Standeszugehörigkeit beeinflußt andererseits von sich aus die Klassenlage, indem die standesgemäße Lebensführung bestimmte Arten des Besitzes oder der Erwerbsbetätigung bevorzugt und andere ablehnt. Ein Stand kann geschlossen *(Geburtsstand)* oder offen sein.[25] Eine Kaste nun ist insofern unzweifelhaft ein geschlossener Stand, als alle die Pflichten und Schranken, welche die Zugehörigkeit zu einem solchen mit sich führt, auch bei ihr bestehen, und zwar in äußerster Steigerung. Der Okzident kannte rechtlich geschlossene Stände in dem Sinn, daß das Konnubium mit Ungenossen fehlte. Aber in aller Regel nur insoweit: daß eine dennoch eingegangene Ehe eine *Mißehe* mit der Folge war, daß die Kinder der *ärgeren Hand* folgten. Solche ständische Schranken kennt Europa noch für den hohen Adel. Amerika kennt sie zwischen Weißen und Schwarzen (einschließlich aller Mischlinge) in den Südstaaten der Union. Hier aber in dem Sinn, daß die Ehe schlechthin rechtlich unzulässig ist, ganz abgesehen davon, daß sie den sozialen Boykott nach sich ziehen würde. Bei der Hindu-Kaste ist heute die Ehe nicht nur zwischen Kasten, sondern schon zwischen Unterkasten in der Regel durchaus verpönt. Schon in den Rechtsbüchern haben Kastenmischlinge eine niedrigere Kaste als jeder von beiden Eltern und gehören in keinem Fall zu den drei oberen *(wiedergeborenen)* Kasten. In noch früherer Vergangenheit aber und in wichtigen Kasten noch heute bestand ein anderer Zustand. Noch heute findet sich gelegentlich volles Konnubium zwischen Unterkasten der gleichen Kasten sowohl wie, vereinzelt, auch zwischen sozial gleichstehenden Kasten.[26] In der früheren Vergangenheit war dies unzweifelhaft noch häufiger der Fall. Vor allem aber galt ursprünglich offenbar nicht der Ausschluß des Konnubium schlechthin, sondern: die Hypergamie.[27] Die Ehe eines Mädchens höherer mit einem Mann niederer Kaste galt als Verletzung der Standesehre seitens der Familie des Mädchens, nicht dagegen der Besitz einer Frau niederer Kaste, deren Kinder auch nicht als degradiert und nur teilweise und nach einem sicher erst späteren Recht im Erbrecht zurückstehen mußten (wie auch in Israel der Satz, daß *die Kinder der Magd* – und der fremdbürtigen Frau – *nicht in Israel erben sollten* ebenso erst

25 Wenn man als zweite Alternative den *Berufsstand* hinstellt, so ist das unkorrekt. Nie ist der *Beruf*, sondern stets die *Lebensführung* das Entscheidende. Diese kann eine bestimmte Berufs-Leistung (Kriegsdienst z. B.) fordern. Immer aber bleibt die aus den Ansprüchen der Lebensführung folgende Art der Berufsleistung (z. B. ritterliche, nicht söldnermäßige Kriegsdienste) entscheidend.

26 So, nach dem Generalbericht Gaits für 1911 (C. Rep. Vol. I, p. 378) zwischen den gleich vornehmen Kasten der Baidya und Kayasth in Bengalen, den Kanet und Khas im Panjab und vereinzelt zwischen Brahmanen und Radschputen, auch Sonars und Nais mit Kanets. Reich gewordene Mahratha-Bauern können gegen hinlängliche Mitgift Mohratha-Weiber erhalten.

27 Es besteht im Panjab bei den Radschputen vielfach sogar noch so stark, daß selbst Chamar-Mädchen gekauft werden.

späteres Recht war, wie überall sonst). Das Interesse der Männer der zur Polygamie ökonomisch befähigten Oberschichten an deren Legalität blieb eben bestehen, auch nachdem der akute Weibermangel der erobernd eingedrungenen Krieger, welcher überall Ehen mit Mädchen der Unterworfenen erzwingt, nicht mehr bestand. Die Folge aber war, daß die Mädchen der Unterkasten einen großen, je niedriger die Kaste stand, einen um so größeren Heiratsmarkt hatten, die Mädchen der obersten Kasten aber einen auf ihre Kaste beschränkten, der ihnen, infolge der Konkurrenz der Mädchen der Unterkasten, überdies in keiner Art monopolistisch gesichert war. Dies bewirkte, daß die Frau in den Unterkasten infolge der Nachfrage einen hohen Brautpreis einbrachte und infolge der Teuerung der Frauen teilweise Polyandrie entstand[28], in den Oberkasten dagegen der Absatz der Mädchen an einen standesgemäßen Bräutigam schwierig war und, je schwieriger er wurde, desto mehr sein Mißlingen als Schande für Mädchen und Eltern galt. Es mußte nun der Bräutigam von den Eltern durch unerschwingliche Mitgiften erkauft werden und seine Anwerbung (durch Heiratsvermittler) wurde schon in frühester Kindheit ihre wichtigste Sorge, bis es schließlich geradezu als *Sünde* galt, wenn ein Mädchen die Pubertät erreichte, ohne verehelicht zu sein.[29] Neben der Kinderheirat[30] war die Mädchentötung, sonst ein Produkt verengten Nahrungsspielraums armer Bevölkerungen, infolgedessen hier ein Institut

[28] Die Bildung von Ehekartellen zwischen Dörfern oder zwischen besonderen Verbänden: Golis, wie sie sich mehrfach findet, z. B. bei den Vania (Händlern) Kasten in Gujarat, aber auch bei Bauernkasten, ist ein Gegenschlag gegen die Hypergamie der Reichen und Stadtsässigen, welche dem Mittelstand und den Landsässigen die Brautpreise in die Höhe trieb, nicht aber etwa ein *Rest* einer angeblich *primitiven Gruppenehe.* – Wenn es in Indien vorkommt (Census Report 1901 XIII P. I, p. 193), daß das ganze Dorf – mit Einschluß der unreinen Kasten – sich als untereinander *verwandt* auffaßt, der Einheiratende also von Allen als *Schwiegersohn,* die ältere Generation von allen als *Onkel* angeredet wird, so zeigt dies evident, daß dies mit Herkunft aus einer *primitiven Gruppenehe* schlechterdings nichts zu schaffen hat, hier so wenig wie anderwärts.

[29] Das hat z. B. zu so grotesken Konsequenzen geführt, wie die eine gewisse Berühmtheit genießende Heiratspraxis der Kulin-Brahmanen. Diese sind als Bräutigam hoch begehrt und haben ein Geschäft daraus gemacht, auf Verlangen gegen Entgelt in absentia durch Kontrakt Mädchen zu heiraten, die nun der Schande der Jungfernschaft entronnen sind, aber bei ihrer Familie bleiben und den Bräutigam nur zu sehen bekommen, falls geschäftliche oder andre Gründe ihn zufällig in einen Ort führen, wo er eine (oder mehrere) solcher *Ehefrauen* sitzen hat. Dann zeigt er dem Schwiegervater seinen Kontrakt und hat nun bei ihm sein *Absteigequartier* – und den Genuß des Mädchens kostenlos, weil sie als *legitime* Ehefrau gilt, noch dazu.

[30] Diese bedingte 1. in Verbindung mit dem Witwenzölibat – einer Institution, die hier wie sonst neben den Witwenselbstmord trat, der seinerseits der Rittersitte entstammte, dem toten Herrn seinen persönlichen Besitz, insbesondere seine Weiber mitzugeben: – daß in Indien ein Teil der Mädchen schon in den Altersklassen von 5–10 Jahren verwitwet sind (und es lebenslänglich bleiben); 2. bedingte die unreife Verehelichung die hohe Wochenbettsterblichkeit.

gerade der Oberkasten.[31] In alle dem zeigt sich, daß auf dem Gebiet des Konnubium die Kaste die *ständischen* Prinzipien ins Extrem steigerte. Heute ist die Hypergamie als allgemeine Kastenregel nur innerhalb der gleichen Kaste in Geltung und auch da ist sie eine Spezialität der Radschputenkaste und einiger ihr sozial oder dem alten geographischen Stammesgebiet nach nahestehender (so der Bhat, Khattri, Karwar, Gujar, Jat), die Regel aber strikte Endogamie in der Kaste und eine meist nur durch Ehekartelle durchbrochene Endogamie der Unterkaste.

Ähnlich steht es mit der Kommensalität. Ein Stand pflegt keinen gesellschaftlichen Verkehr mit sozial niedriger Stehenden. In den Südstaaten der Union würde jeder soziale Verkehr eines Weißen mit einem Neger den Boykott des ersteren nach sich ziehen. Die *Kaste* bedeutet, vom *Stand* her gesehen, die Steigerung und Transponierung dieser sozialen Abschließung ins Religiöse oder vielmehr ins Magische. Die alten *Tabu*-Begriffe und ihre soziale Wendung, welche in der geographischen Nachbarschaft Indiens besonders verbreitet war, haben dafür wohl Material geliefert. Daneben übernommener totemistischer Ritualismus und endlich die irgendwie überall, nur mit sehr verschiedenem Inhalt und sehr verschiedener Intensität, wirksam gewesenen Vorstellungen von der magischen Unreinheit bestimmter Hantierungen. Die hinduistischen Speiseregeln sind nicht ganz einfacher Natur und betreffen keineswegs nur die Frage, 1. was man und 2. wer zusammen am gleichen Tisch essen darf, – was am strengsten, meist auf Angehörige der gleichen Kaste beschränkt ist, – sondern, und vor allem, die weiteren Fragen: 3. aus wessen Hand man Speise bestimmter Art nehmen kann: wen man, bedeutet dies für vornehme Häuser praktisch vor Allem, als Koch verwenden kann, und 4. wessen bloßer Blick auf das Essen auszuschließen ist. Bei Nr. 3 ist ein Unterschied der Speisen und Getränke, je nachdem es sich um Wasser und in Wasser gekochte Speisen: *kachcha,* oder um *pakka:* in zerlassener Butter gekochte Speisen, handelt: die ersteren sind die weitaus exklusiveren. Mit den Normen der eigentlichen Kommensalität im engeren Sinne berührt sich die Frage: mit wem man zusammen rauchen darf (was ursprünglich aus der gleichen reihum gehenden Pfeife geschah, daher von dem rituellen Reinheitsgrade des Partners abhing). Alle diese Regeln gehören aber in ein und dieselbe Kategorie mit einer viel weiteren Klasse von Normen, die alle ebenso wie sie *ständische* Merkmale des rituellen Kastenranges sind. Wie die soziale Rangstellung aller Kasten davon abhängt, von wem die höchststehenden Kasten, bei Hindukasten in letzter Instanz stets: die Brahmanen, kachcha und pakka nehmen, mit wem sie zusammen speisen

31 Namentlich der Radschputen. Trotz der strengen englischen Gesetze. (von 1829) wurden noch im Jahre 1869 in 22 Dörfern von Radschputana auf 284 Knaben rund 23 Mädchen angetroffen. 1836 hatte sich in manchen Radschputengebieten bei einer Zählung kein einziges lebendes Mädchen von mehr als einem Jahr gefunden (auf 10000 Seelen!).

und rauchen, so ist selbstverständlich ebenso wichtig und damit zusammenhängend die Frage: ob ein Brahmane und eventuell ein Brahmane welcher der (sehr verschieden hoch bewerteten) Unterkasten die religiöse Bedienung der Mitglieder einer Kaste übernimmt. Und wie der Brahmane zwar die letzte Instanz, aber nicht die einzige ist, deren Verhalten in Kommensalitätsfragen den Rang einer Kaste bestimmt, so auch in diesen Fragen. Der Barbier rituell reiner Kaste bedient nur bestimmte Kasten unbedingt. Bei anderen rasiert er zwar und besorgt die *Manicure,* aber nicht die *Pedicure.* Manche bedient er gar nicht. Ebenso andere Lohnwerker, so namentlich der Wäscher. Die Kommensalität pflegt – mit manchen Ausnahmen – mehr an der Kaste, das Konnubium fast stets an der Unterkaste, die Bedienung durch Priester und Lohnwerker meist – aber mit Ausnahmen – an dieser zu haften.

Das Gesagte genügt wohl, um zu zeigen, wie außerordentlich verwickelt die Rangverhältnisse der Kasten sind, zugleich aber auch: wodurch sie sich von einer gewöhnlichen ständischen Ordnung unterscheiden. Es ist in ganz eminentem, sonst nirgends auch nur annähernd erreichtem Maß eine religiös-ritualistisch orientierte, – wenn der Ausdruck *Kirche* nicht (wie wir sahen) unanwendbar auf den Hinduismus wäre, so würde man etwa sagen: eine *kirchenständische* Rangordnung.

Als der Zensus den Versuch unternahm, die – je nach Art der Zählung – 2–3000 oder noch mehr heutigen Hindukasten nach ihrer Rangfolge zu ordnen, ergaben sich in den Präsidentschaften gewisse nach den folgenden Merkmalen unterscheidbare Gruppen von solchen. Als erste: die Brahmanen. Dann folgt eine Reihe von Kasten, welche – mit Recht oder Unrecht – den Anspruch erheben, zu den beiden andern *wiedergeborenen* Kasten der klassischen Lehre, d. h. also zu den Kschatriya und Vaiçya, zu gehören und als Zeichen dafür den *heiligen Gürtel* anlegen zu dürfen, – ein Recht, auf welches sich manche von ihnen erst in neuster Zeit wieder besonnen haben und welches, nach Auffassung der rangältesten Brahmanenkasten, sicher nur einem Teil von ihnen zustehen würde. Soweit es aber einer Kaste zugestanden wird, gilt diese als rituell unbedingt *rein.* Brahmanen hoher Kaste nehmen Speise jeder Art von ihr. Es folgt durchweg eine dritte Gruppe von Kasten, welche den *Satçudra,* den *guten (reinen)* Çudra (clean Sudra) der klassischen Lehre zugerechnet werden. Sie sind in Nord- und Zentralindien jalacharaniya, d. h. Kasten, die einem Brahmanen Wasser geben dürfen, aus deren lota (Wasserkessel) er Wasser nimmt. Nächst ihnen folgen Kasten, deren Wasser in Nord- und Mittelindien ein Brahmane entweder nicht immer (nämlich: je nach seinem eigenen Rang eventuell nicht) oder gar nicht nimmt (jalabyabaharya), die der Barbier hoher Kaste nicht unbedingt bedient (keine Pedicure) und deren Wäsche der Wäscher nicht wäscht, die aber nicht als rituell absolut *unrein* gelten: die gewöhnlichen Çudra der klassischen Lehre. Schließlich Kasten, die als unrein gelten, daher vom Betreten aller Tempel und jeder Bedienung durch Brahmanen und

Barbiere ausgeschlossen sind, außerhalb des Dorfbezirks wohnen müssen und entweder durch Berührung oder in Südindien schon auf Distanz (bis zu 64 Fuß bei den Parayans) infizieren: den Kasten entsprechend, welche die klassische Lehre aus rituell verbotenem Geschlechtsverkehr zwischen Angehörigen verschiedener Kasten hervorgehen läßt. Innerhalb dieser nicht überall, und vor allem bei weitem nicht gleichmäßig, sondern nur mit auffälligen Durchbrechungen, aber doch im großen und Ganzen leidlich durchführbaren Gruppenbildung könnten die weiteren Abstufungen des Ranges der Kasten nur nach einer höchst bunten Vielzahl von Merkmalen vorgenommen werden: Innerhalb der Oberkasten je nach der Korrektheit ihrer Lebenspraxis in bezug auf Sippenorganisation, Endogamie, Kinderheirat, Witwenzölibat, Totenverbrennung, Ahnenopfer, Speise und Getränke, Verkehr mit unreinen Kasten. Innerhalb der unteren Kasten je nach dem Rang der Brahmanen, welche sich zu ihrer Bedienung noch bereit oder nicht mehr bereit finden und je nachdem andere Kasten als die Brahmanen von der betreffenden Kaste Wasser nehmen oder nicht.[32] Maßgebend dafür und daher ein Symptom – aber ein schwankendes Symptom – des Kastenranges ist die Zulassung oder Meidung des Fleisches, zum mindesten des Rindfleischessens. Bei allen Kasten aber ist dafür bestimmend vor allem die Art der Beschäftigung und des Erwerbs, welche die allerweitgehendsten Folgen für Konnubium, Kommensalität und rituelle Rangfolge hat; davon später. Daneben massenhafte Einzelzüge.[33] Eine Rangliste aller indischen Kasten ließ sich natürlich auch so nicht aufstellen. Zunächst schon einfach deshalb nicht, weil der Rang örtlich ganz verschieden, nur ein Teil der Kasten universell verbreitet, ein sehr großer Teil dagegen nur lokal vertreten ist, also untereinander interlokal gar keine feststellbare Rangfolge besitzt. Ferner deshalb nicht, weil innerhalb der einzelnen Kasten, namentlich bei den Oberkasten, aber auch bei manchen Mittelkasten, so gewaltige Rangunterschiede der einzelnen Unterkasten auftreten, daß gar nicht selten einzelne Unterkasten hinter einer sonst niedriger bewerteten andern Kaste stark zurückgestellt werden müßten. Es ergab sich überhaupt die Schwierigkeit: welche Einheit letztlich als *Kaste* angesehen werden solle?

[32] In all diesen Fällen ist es gar nicht selten, daß Kasten niederen Ranges strikter in ihren Anforderungen sind, als solche, die im übrigen als höher stehend gelten. Die außerordentliche Buntheit dieser Rangordnungsregeln verbietet hier jedes nähere Eingehen darauf.

[33] So lehnen die Makishya Kaibarthas die Gemeinschaft mit den Chasi Kaibarthas (in Bengalen) zunehmend ab, weil die letzteren ihre (landwirtschaftlichen) Produkte persönlich auf dem Markt verkaufen, sie selbst aber nicht. Andere Kasten gelten als deklassiert, weil ihre Frauen im Laden am Verkauf beteiligt sind, wie überhaupt die Mitarbeit der Frau in der Wirtschaft als spezifisch plebejisch gilt. Die Sozial- und Arbeitsverfassung der Landwirtschaft wird sehr stark dadurch mitbedingt, daß verschiedene Hantierungen als schlechthin degradierend gelten. Ob jemand Ochsen und Pferde oder andere Zug- und Tragtiere in seinem Erwerb benutzt, welche und wie viele, bestimmt oft der Kastenrang (so die Zahl der verwendeten Ochsen den der Ölpresser).

Innerhalb einer und derselben *Kaste,* d.h. einer Gruppe, welche der hinduistischen Tradition als solche gilt, besteht ja weder notwendigerweise Konnubium: – dies ist vielmehr nur bei einigen wenigen Kasten, und auch da nicht vorbehaltlos, der Fall, – noch immer volle Kommensalität. Die endogame Einheit ist weit überwiegend die *Unterkaste,* von denen einzelne Kasten mehrere Hundert zählen. Diese sind entweder rein lokal (innerhalb eines verschieden großen Bezirks) und daneben oder auch statt dessen nach angeblicher oder wirklicher Herkunft, früherer oder jetziger Art der Berufstätigkeit oder nach andern Unterschieden der Lebensführung abgegrenzte und gesondert bezeichnete Verbände, die sich als Teile der Kaste betrachten und neben dem eigenen den Kastennamen führen, sei es, daß sie durch Spaltung der Kaste oder umgekehrt durch Rezeption in diese oder einfach durch Usurpation ihres Ranges dazu legitimiert sind. Sie allein sind wirklich in der Lebensführung einheitlich reglementiert und – soweit eine Kastenorganisation besteht – organisiert. Die Kaste selbst bezeichnet nicht selten fast nur den sozialen Anspruch, den diese geschlossensten Verbände erheben, ist vielfach, aber nicht immer, ihr Mutterschoß und hat gelegentlich, aber selten, gewisse allen Unterkasten gemeinsame Organisationen, häufiger gewisse, der ganzen Kaste traditionell gemeinsame Lebensführungsmerkmale. Die Einheit der Kaste ist trotzdem in aller Regel eine Realität neben der Unterkaste. Nicht nur werden Ehe und Kommensalität nach außerhalb der Kaste meist noch strenger geahndet, als zwischen Gliedern der Unterkasten der gleichen Kaste, sondern wie die Unterkasten sich leichter neu bilden, so dürften auch die Schranken zwischen ihnen labiler sein, während sie zwischen Gemeinschaften, die einmal als Kasten gelten, außerordentlich zäh festgehalten werden.

Die Rangfolge der Kasten war, von diesen Schwierigkeiten abgesehen, oft deshalb nicht feststellbar, weil sie bestritten und veränderlich war und ist. Der Versuch des Zensus von 1901 ist nicht wiederholt worden, weil die Erregung und Mißstimmung, die er hervorbrachte, außer allem Verhältnis zum Ergebnis standen. Denn er gab das Signal zu einem Wettrennen von Kasten um den sozialen Rang und die Beschaffung von *historischen Beweisen* für diesen, zu Demonstrationen und Protesten aller Art; dies hat eine nicht unbeträchtliche, teilweise lehrreiche, Literatur entstehen lassen. Die Kasten umstrittener Rangstellung suchten den Zensus zu deren Festigung und – wie sich ein Zensus-Referent ausdrückt – die Zensusbehörde als eine Art Heroldsamt auszunutzen. Es tauchten dabei die allererstaunlichsten neuen Rangansprüche auf. So wenn etwa die bengalischen Tschandala, die unterste, angeblich aus Mischlingen von Brahmanen-Frauen mit Çudra-Männern herrührende Kaste, – in Wahrheit ein hinduisiertes bengalisches Gastvolk, – ihren Namen in *Namasudra* umtauften und Abkunft aus reiner Kaste, schließlich aber gar Brahmanenblut, *nachzuweisen* suchten. Aber von solchen Fällen ganz abgesehen, benutzten allerhand frühere Reisläufer- und Räuberstämme, welche seit

Befriedung des Landes ein friedliches Dasein als Landbauerkasten führten, die Gelegenheit, sich als Kschatriyas aufzutun, nicht anerkannte *Brahmanen* (alte Stammespriester) befestigten ihre Ansprüche, alle möglichen mit Handel befaßten Kasten verlangten als Vaiçya anerkannt, animistische Stämme verlangten als Kasten – und als möglichst hohe – registriert, gewisse Sekten suchten – wie schon früher erwähnt – in die Gliederung der Hindugesellschaft wieder eingeordnet zu werden.

Solchen Aufruhr in der Rangfrage, wie ihn der Zensus veranlaßte, hat es in dieser Art früher zwar nicht gegeben. Aber frei von Umwälzungen der Kastenrangordnung war die Vergangenheit keineswegs. Wer entschied nun solche Rangstreitigkeiten? Und, fragen wir im Zusammenhang damit, wer entschied überhaupt in Kastenangelegenheiten, einem Gebiet von Problemen, dessen Umfang wir dabei zugleich kennen lernen wollen? Es wurde im allgemeinen schon gesagt, daß in Fragen der Rangordnung der Theorie nach die Brahmanen noch heute eine entscheidende Autorität genießen. Rangfragen, bei solchen offiziellen Banketten, bei welcher Brahmanen anwesend sein sollten, bedurften von jeher korrekter Entscheidung. Dennoch waren auch früher der Sache nach so wenig wie heute die Brahmanen allein in der Lage, die Probleme zu erledigen. Sondern solche Rangfragen entschied in der Vergangenheit, vor den fremden Eroberungen, so viel bekannt, stets der König oder sein Ritualbeamter, der allerdings entweder selbst ein Brahmane war oder, wenigstens der Regel nach, den Rat der rechtskundigen Brahmanen einholte. Aber es sind Fälle genug bekannt, in welchen indische Könige von sich aus einzelne Kasten in aller Form degradierten, oder Einzelne, auch Brahmanen, aus der Kaste stießen, – was dann von den Betroffenen zwar oft als ein unrechtmäßiger Eingriff in wohlerworbene Rechte empfunden und von degradierten Kasten oft noch nach vielen Jahrhunderten angefochten, von den Brahmanen aber meist hingenommen wurde. Und auch die erstmalige oder die Neuordnung des Kastenranges in ganzen großen Gebieten hat formell und anscheinend auch der Sache nach z. B. in Ost-Bengalen unter der Sena-Dynastie in der Hand des von Brahmanen, die auf seine Aufforderung hin eingewandert waren, beratenen Königs gelegen. Aber das Gleiche galt in weitem Umfang auch für die Entscheidung über einzelne Kastenpflichten. Unter der letzten großen nationalindischen Herrschaft, derjenigen der Mahratten (18./19. Jahrhundert) wurden die Responsen der Brahmanen über solche Fragen dem Peschwa, der selbst aus einer Brahmanenfamilie stammte, vorgelegt, welcher das Exequatur gab und zwar offenbar nach eigener sachlicher Erörterung der Streitpunkte. Daß diese Stütze des weltlichen Armes heute, – mit Ausnahme der noch bestehenden Hindu-Vasallenstaaten, wo Reste davon fortbestehen, – weggefallen ist, wird als ein Grund für die fühlbare Abnahme der Nachachtung angeführt, welche die Entscheidungen der Brahmanen finden. Geistliche und weltliche Gewalt wirkten beide als Interessenten der legitimen Ordnung zusammen. Daß dabei der König eine erhebliche sachliche Macht zu entwickeln vermochte, lag vor allem daran, daß die Brahmanenkaste weder eine hierarchisch gegliederte Priesterschaft noch auch eine organisierte Zauberer-Gilde war, einer einheitlichen Organisation vielmehr durchaus, für uns von jeher, entbehrte. Der König war daher in der Lage, sich die ihm willfährigsten Brahmanen auszusuchen, und erstaunlich ist unter diesen Umständen nicht seine Macht, sondern umgekehrt die gewaltige Machtstellung der Brahmanen und der Kasten überhaupt. Sie war Folge der Unverbrüchlichkeit alles dessen, was als heiliges Recht galt, zur Vermeidung bösen Zaubers. Dem König gegenüber galt in Indien der Grundsatz: *Willkür bricht Landrecht* in Kastenangelegenheiten unbedingt und, – im Gegensatz zu der nur durch die ökonomische Bedeutung der Gilden gestützte Macht dieser, – unter magischer Sanktion. Der königliche Richter hatte durchweg nach den hergebrachten Gewohnheiten der einzelnen Kasten zu entscheiden, hatte Schöffen aus der betreffenden Kaste zuzuziehen, und es gelangten an ihn die Sachen überhaupt nur im Rechtszug von den normalerweise in Kastenangelegenheiten entscheidenden Organen der einzelnen Kasten selbst. Auch heute erledigen die Organe der einzelnen Kaste deren Angelegenheiten, exkommunizieren, erlegen Bußen auf, entscheiden Streitfälle und entwickeln durch ihre Spruchpraxis, im wesentlichen selbständig, die Normen für neu auftauchende Rechtsfragen. Wir werden uns einem Überblick über die Gegenstände der Kastenjurisdiktion, über deren Praxis, damit auch über die Organe der Kasten nicht entziehen dürfen, müssen aber zu diesem Zweck die bisher nur gelegentlich berührte Frage nach den Prinzipien, welche dem Aufbau und der Abgrenzung der untereinander ziemlich verschiedenen Arten von Kasten zugrunde liegen, zusammenhängend zu beantworten suchen.

Vorher ist nur noch eine wichtige Eigenart der indischen Sozialverfassung zu erörtern, welche mit dem Kastensystem in engem Zusammenhang steht. Nicht nur die Ausbildung der Kaste, sondern auch die Steigerung der Bedeutung der Sippe gehört nämlich zu ihren fundamentalen Zügen. Die soziale Ordnung ruhte in viel weiterem Umfang, als dies sonst irgendwo in der Welt der Fall war, auf dem Prinzip des *Gentilcharisma*. Darunter soll hier verstanden werden: daß eine (ursprünglich rein magisch gedachte) außeralltägliche oder doch jedenfalls nicht universell zugängliche persönliche Qualifikation: – ein *Charisma*, – an den Mitgliedern einer Sippe als solchen haftet, nicht nur, wie ursprünglich stets, an einem persönlichen Träger. Wir kennen Reste dieser soziologisch sehr wichtigen Konzeption vor allem in dem erblichen *Gottesgnadentum* unsrer Dynastien; in minderem Maße gehört dahin natürlich jede Legende von der spezifischen *Bluts*-Qualität irgendeines reinen Geburtsadels irgendwelcher Provenienz. Diese Konzeption ist einer der Wege, auf welchem sich die Veralltäglichung des ursprünglich rein aktuellen und persönlichen Charisma vollzieht. Der Kriegskönig und seine Mannen waren ursprünglich, – im Gegensatz zum erblichen Friedenshäuptling, der bei manchen Stämmen auch ein Weib sein konnte, – rein persönlich magisch qualifizierte und durch Erfolge erprobte Helden: nur auf streng persönlichem Charisma ruhte die Autorität des Kriegsführers, ganz ebenso wie des Zauberers. Der Nachfolger nahm ursprünglich ebenfalls kraft rein persönlichen Charismas die Würde in Anspruch. Das unabweisliche Bedürfnis nach Ordnung und Regel in der Frage der Nachfolge ließ nun, als es sich Beachtung erzwang, verschiedene Möglichkeiten. Entweder Designation des qualifizierten Nachfolgers durch den Inhaber der Würde selbst. Oder dessen Ermittlung durch seine Jünger, Mannen oder Amtsträger, woraus sich dann weiterhin mit fortschreitender Reglementierung dieser ursprünglich spezifisch ordnungsfremden Fragen Wahlkollegien jener Amtsträger nach Art der *Kurfürsten* und *Kardinäle* entwickelten. Oder schließlich: es siegte der überall naheliegende Glaube: daß das Charisma eine Qualität sei, die an der Sippe als solcher hafte, daß der oder die Qualifizierten also innerhalb ihrer zu suchen seien, von wo aus sich dann der Übergang zur *Erblichkeit* vollzog, mit welcher jene Konzeption des Gentilcharisma ursprünglich nichts zu schaffen hatte. Je weiter die Gebiete waren, welche der magische Geisterglaube umspannte und je gedanklich konsequenter er gepflegt wurde, desto umfangreicher war auch die Sphäre, welche das Gentilcharisma zu ergreifen vermochte. Nicht nur die heldischen und magisch-kultischen Fähigkeiten, sondern jede Art von Autoritätsstellung und jede Art von besondrer Fähigkeit, künstlerischer nicht nur, sondern auch handwerksmäßiger Art konnte dann als magisch bedingt und an magisches Gentilcharisma geknüpft gelten. Diese Entwicklung ist nun in Indien zu einer das sonst vorkommende Maß weit übersteigenden Durchbildung gelangt. Sie ist nicht gleich allein herrschend geworden, wie wir mehrfach sehen werden, sondern lag im Kampf sowohl mit dem alten genuinen Charismatismus, der nur die höchst persönliche Gabe des Einzelnen gelten ließ, als mit dem *bildungs*-ständischen (kultivationspädagogischen) Vorstellungskreis.

Viele Formalien in Lehrgang und Ausübung des Handwerks trugen noch im indischen Mittelalter weit stärkere Spuren des personalcharismatischen Prinzips als dies überall in den magischen Einschlägen des Noviziates und der *Freisprechung* des Lehrlings zum Gehilfen der Fall war. Aber daß die Berufsgliederung ursprünglich in so starkem Maß eine interethnische und Träger so großer Teile der Gewerbe Pariastämme waren, trug zur Entfaltung der gentilcharismatischen Magik naturgemäß sehr stark bei. – Am allerstärksten aber äußerte sich die Herrschaft des Gentilcharisma auf dem Gebiet der Autoritätstellungen. Das Normale war in Indien überall ihre *Erblichkeit,* d.h. gentilcharismatische Sippengebundenheit. Das Dorf hatte, je weiter zurück um so universeller, seine *erblichen* Vorsteher, die Gilde, Zunft, Kaste ihren *erblichen* Ältesten, – etwas Andres kam normalerweise gar nicht auch nur in Frage. Die Erblichkeit des priesterlichen, königlichen, ritterlichen, Beamten-Charisma ist eine solche Selbstverständlichkeit, daß die bei eigentlichen

Amtsstellungen unter den Patrimonialherrschern eindringende freie Ernennung des Nachfolgers, ganz ebenso wie etwa der freie Wechsel des Priestergeschlechts oder der Handwerker, die eine Familie bedienten, oder die freie Berufswahl, wie sie in den Städten stattfand, nur in Perioden starker Erschütterungen der Tradition oder auf organisatorischem Neuland vor der Festigung der Verhältnisse sich durchsetzten. Wohlgemerkt: als Prinzip sich durchsetzten. Denn im Einzelfall konnte nicht nur eine königliche oder priesterliche Sippe ihr Charisma durch offenkundige Entblößtheit von ihren magischen Qualitäten ebenso verloren haben, wie ein Einzelner. Sondern es konnte auch ein homo novus sich als Träger von Charisma bewähren und dadurch dann auch seine Sippe als charismatisch legitimieren. Im Einzelfall konnte daher jede solche gentilcharismatische Autorität labil sein. Der Nayar-Sheth – dem okzidental-mittelalterlichen *Bürgermeister* entsprechend – des heutigen Ahmadabad, von dem W. Hopkins berichtet, war der jeweilige Älteste der reichsten (Jaina-) Familie der Stadt. Er in Gemeinschaft mit dem ebenfalls erblichen (vischnuitischen) Sheth der Tuchmachergilde waren faktisch maßgebend für die öffentliche Meinung in allen sozialen (rituellen und Etikette-)Fragen der Stadt, die andern (durchweg erblichen) Sheths standen an Einfluß, außerhalb ihrer Gilden und Kasten, hinter jenen zurück. Aber zur Zeit, als Hopkins seine Studien machte, begann ein außerhalb aller Gilden stehender reicher Fabrikant jenen erfolgreich Konkurrenz zu machen. War ein Sohn eines Gilden- oder Zunft- oder Kasten-Ältesten, Priesters, Mystagogen, Kunsthandwerkers offenkundig ungeeignet, so schwand sein Einfluß und floß entweder einem geeigneteren Mitglied der eigenen Sippe oder dem Ältesten (gewöhnlich) der nächstreichsten Sippe zu. Denn zwar nicht jeder Neu-Reichtum, aber großer Reichtum in Verbindung mit persönlichem Charisma legitimierte seinen Besitzer und dessen Sippe, wo immer die ständischen Verhältnisse noch im Fluß waren oder erneut in Fluß gerieten. Wie labil infolgedessen auch immer im Einzelfall die gentilcharismatisch garantierte Autorität sein mochte, so lenkte dennoch der Alltag stets erneut in das Bett der Fügsamkeit gegen die einmal durchgesetzte Stellung einer Sippe als solcher ein. Immer und auf allen Gebieten kam die durchgesetzte Anerkennung des Charisma nicht dem Einzelnen, sondern der Sippe zugute.

Wie die magische Zusammenklammerung der Sippen durch den Geisterglauben in China ökonomisch wirkte, ist früher ausgeführt. Die Wirkung der in China durch das Prüfungswesen des Patrimonialismus gebrochenen gentilcharismatischen Verklärung der Sippe in Indien lag ökonomisch in der gleichen Richtung. Die Kastenorganisation und weitgehende Kastenautonomie und die noch größere, weil rituell ungebundene Gildenautonomie legten die Entwicklung des Handelsrechts praktisch ganz in die Hände der Interessenten selbst. Man sollte bei der außerordentlichen Bedeutung des Handels in Indien glauben, daß daraus ein rationales Handels-, Gesellschafts- und Unternehmungsrecht hätte entstehen können. Sieht man sich aber die mittelalterliche Rechtsliteratur daraufhin an, so erstaunt man über dessen Kargheit. Das Recht und das Beweisverfahren selbst waren teils formalistisch, aber irrational (magisch), teils prinzipiell unformal, weil hierokratisch beeinflußt. Rituell relevante Fragen konnten nur durch Ordal entschieden werden. Bei anderen galten die allgemeinen Moralgesetze, oder die *Lage der Sache,* oder primär die Tradition und suppletorisch etwaige königliche Edikte als Rechtsquellen. Immerhin entwickelte sich wenigstens, im Gegensatz zu China, ein formales Prozeßverfahren mit geregelter Ladung (in jus vocatio, unter den Mahratten Ladung durch den Gerichtsdiener). Die Schuldhaftbarkeit der Erben war zwar vorhanden, aber nach Generationen begrenzt. Vor allem steckte die Schuldexekution, obwohl die Schuldknechtschaft bekannt war, zum Teil noch im magischen Stadium oder in dem eines modifizierten Einlager-Systems. Solidarhaft mehrerer Partner fehlte, wenigstens als Norm. Das Gesellschaftsrecht überhaupt, erst spät und im Anschluß an das Recht religiöser Bruderschaften entwickelt, blieb von der größten Dürftigkeit. Allerhand Korporationen und Gesamtbesitzverhältnisse wurden durcheinander behandelt. Es wird die Gewinnverteilung, nebenbei auch bei Zusammenarbeit mehrerer Handwerker unter einem Obmann: also im Ergasterium, geregelt.[34] Vor allem aber galt der uns aus China bekannte Grundsatz, daß man nur einem persönlich verbundenen Phratriegenossen, Verwandten oder Freund ohne weiteres Kredit geben soll (auch gegen Pfand). Anderen gegenüber galt Schuld nur bei Bürgschaft oder Schuldschein mit Zeugen.[35] Im einzelnen hat die spätere Rechtspraxis freilich den kaufmännischen Verkehrsbedürfnissen befriedigend Rechnung getragen, aber sie schwerlich von sich aus gefördert, und daß trotzdem eine nicht unerhebliche kapitalistische Entwicklung wenigstens zeitweise bestanden hat, – wie schon erwähnt und später noch zu erwähnen, – ist angesichts des Zustands des Rechts wohl wesentlich durch die Macht der Gilden, die mit Boykott und Vergewaltigung ihre Interessen und die Verweisung möglichst aller Fälle vor fachlich orientierte Schiedsrichter durchzusetzen wußten, erklärt. Die Sippengebundenheit des Kredits mußte unter solchen Bedingungen das Normale bleiben.

Aber auch und ganz besonders auf einem andern, außerhalb des Verkehrsrechts liegenden Gebiet hatte die Herrschaft der Gentilcharismatik weitgehende Konsequenzen. Weil uns der Feudalismus des Okzidents vorwiegend als ein System sozialer und ökonomischer Bindungen erscheint, übersehen wir leicht: was es bedeuten wollte, daß das Lehenverhältnis, unter dem Zwang der militärischen Bedürfnisse in der Zeit seiner Entstehung, einen freien Kontrakt zwischen einander Sippenfremden zur Grundlage der Treue-Beziehung zwischen Herren und Vasallen machte, und daß die sich zunehmend als ständische Einheit und schließlich als geschlossener Geburtsstand der Ritterschaft fühlende Gesamtheit der Lehensträger auf diesem Boden der Sippenfremdheit gegen-

[34] Brihaspati (übersetzt von Jolly, S. B. of the East 33) XIV, 28. 29.
[35] Ebenda XIV, 17.

einander erwachsen war, sich nicht als Sippen-, Clan- (Phratrie-) oder Stammesgenossen, sondern lediglich als Standesgenossen wußte. Ganz anders in Indien. Nicht daß die individuelle Beleihung von Gefolgsleuten und Beamten mit Land oder politischen Rechten gefehlt hätte. Sie ist historisch unzweideutig nachweisbar. Aber nicht sie gab dem Herrenstand das Gepräge und nicht auf den Landlehen ruhte die feudale Standesbildung. Sondern, wie Baden-Powell[36] mit Recht betont hat, auf Sippe, *Clan* (Phratrie) und Stamm. Das gentilcharismatische Haupt der Phratrie verteilte das eroberte Land: die Herrenrechte an seine Sippengenossen, die Feldfluren an die einfachen Phratoren. Als einen Kreis von über das Eroberungsgebiet, als dessen Herr der Stamm galt, sich zerstreuenden Phratrien und Herrensippen haben wir uns die Erobererklassen zu denken. Eine *Belehnung* mit Herrenrechten fand durch das Haupt der Phratrie (den Radscha) oder auch durch den Stammeskönig (Maharadscha), wo ein solcher existierte, primär in aller Regel nur an seine Agnaten und zwar in ihrer Eigenschaft als solche, nicht aber kraft einer frei geschaffenen Treuebeziehung, statt. Die Sippengenossen beanspruchten diese Verleihung von ihm als ihr kraft Zugehörigkeit zur Sippe ihnen zustehendes Geburtsrecht. Jede Eroberung schuf in erster Linie neue Amtslehen für die Königssippe und die Unterkönigssippen. Erobern war daher das Dharma des Königs. So gleitend der Unterschied zum Okzident im Einzelfall sein mochte, so hat doch dieser Gegensatz die abweichende Struktur des weltlichen Herrenstandes im alten Indien bestimmt. Mochte in noch so vielen Einzelfällen ein charismatischer Emporkömmling mit seiner frei rekrutierten Gefolgschaft das feste Gefüge der alten Sippen sprengen, – stets wieder lenkte die Entwicklung in die feste Bahn der gentilcharismatischen Organisation in Stämmen, Phratrien, Sippen ein.

Der Gentilcharismatismus ergriff besonders früh die Träger der hierokratischen Macht. Und sie am vollständigsten, weil sie von Anfang an kraft ihres magischen Charismas jenseits der Organisation der Totems (oder totemartigen

[36] In seiner Indian Village Community (1896). Im einzelnen wären manche Ausführungen Baden-Powells vielleicht anfechtbar. – Der irische Ausdruck *Clan* ist vieldeutig. Die typische Gliederung militärisch organisierter Gesamtheiten ist: 1. der *Stamm* als Gemeinschaft von *Phratrien,* d. h. in der hier gebrauchten Terminologie primär stets: Verbänden der militärisch (ursprünglich: magisch) trainierten Wehrmänner, 2. die Sippe als (in der hier gebrauchten Terminologie) die gentilcharismatisch präeminenten agnatischen Abkömmlinge der charismatischen Häuptlinge. Der einfache Wehrmann hatte nicht notwendig eine *Sippe,* sondern gehörte neben seiner Phratrie und, eventuell, militärischen Altersklasse noch einer *Familie* oder einem Totemverband (oder totemartigen Verband) an. Ein Herrengeschlecht dagegen andrerseits hatte keinen Totem oder vielmehr: behielt ihn nicht, sondern emanzipierte sich davon: – je vollständiger die Entwicklung der indischen Herrenstämme zu einer Herrenklasse durchgeführt ist, desto mehr schwinden die Reste der Totems (devaks) und entstehen (oder vielmehr: bleiben) allein die *Sippen.* Eine Verwischung der gentilcharismatischen Unterschiede trat andrerseits dadurch ein, daß die Phratrie sich als Abstammungsgemeinschaft, statt als Wehrverbrüderung, zu fühlen begann, also eine Art *Sippe* wurde.

Verbände) standen. Es hat in Indien Gegenden gegeben, in einem Teil der Eroberungsgebiete bis ins Mittelalter, wo der Kriegsadel nicht aufhörte, den Zauberer als einen ständisch subalternen, sei es auch noch so sehr gefürchteten, Demiurgen anzusehen. Bei den Ariern waren die alten Opferpriester schon in der Zeit der ältesten Veden zu einem vornehmen Priesteradel geworden, dessen einzelne Sippen sich je nach den erblichen Verrichtungen und dem entsprechenden Gentilcharisma in erbliche *Schulen* teilten. Bei der hohen Präeminenz des magischen Gentilcharisma, welches sie beanspruchten, wurden sie und ihre Erben: die Brahmanen, die wichtigsten Träger der Verbreitung dieses Prinzips durch die hinduistische Gesellschaft hindurch.

Wie es nun einerseits klar ist, daß der magische Gentilcharismatismus der Schaffung des festen Gefüges der magischen Kastenfremdheit außerordentlich stark zugute kommen mußte, sie eigentlich schon im Keime in sich enthielt, so mußte andrerseits die Kastenordnung in eminentem Maße der Festigung der Bedeutung der Sippe dienen. Alle Schichten, welche auf Vornehmheit Anspruch machten, waren darauf hingewiesen, sich nach dem Muster der Herrenkasten zu gliedern. Auf den Sippen ruhte die exogame Eheordnung. Und das Prinzip der Erblichkeit der sozialen Lage, rituellen Pflicht, Lebensführung und Berufsstellung mußten dem gentilcharismatischen Prinzip für alle autoritären Stellungen die letzte entscheidende Weihe geben. Wie das Gentilcharisma die Kaste, trug die Kaste wiederum das Charisma der Sippe. Damit wenden wir uns den konkreten Kasten zu.

Die vier Kasten der klassischen Lehre sind von der modernen Wissenschaft lange Zeit als rein literarische Konstruktionen angesehen worden. Das ist jetzt aufgegeben. Schon die bisherigen Erörterungen zeigen: daß dies viel zu weit gegangen wäre. Noch heute bestimmt die übliche Art der Einrangierung der Kasten in die vier alten Klassen die Art der Grußformel des Brahmanen und es ist daher kein Wunder, daß die heutigen Kasten darnach streben, zu einer von ihnen gezählt zu werden. Die Bedeutung der vier alten *Kasten* bestätigen die monumentalen Quellen, in welchen diese sehr oft vorkommen. Freilich bleibt zu beachten, daß die Verfasser der Inschriften durchweg im Bann der literarischen Tradition standen, ebenso die modernen Vertreter jener Kasten, welche heute *Kschatriya*- oder *Vaiçya*-Rang reklamieren. Aber die Natur der Sache bestätigt die Annahme, daß die bestimmten Angaben der Rechtsbücher, die doch in irgendeinem Sinn ein, sei es auch noch so stark idealtypisch umstilisiertes, Spiegelbild von Zuständen ihrer Zeit sein müssen, nicht einfach aus dem Nichts konstruiert sind. Die unteren beiden sogenannten Kasten der Rechtsbücher waren allerdings vielleicht nie Kasten im heutigen Sinn, sondern schon in der klassischen Zeit Rangklassen von Kasten. Ursprünglich aber waren sie wohl ohne Zweifel einfache Stände. *Die Vaiçya und Çudra waren da* – so besagt eine gelegentliche Stelle der Überlieferung – *ehe die Brahmanen und Kschatriya existierten.* Die Vaiçya sind die alten *Gemeinfreien;* über ihnen erheben sich die Adelssippen: teils Kriegsadel, also Häuptlings- und, später, Rittergeschlechter, teils aber Priesteradel, wie er auch anderwärts existierte. Was nach unten zu nicht zu den Gemeinfreien gehörte, war *Helot* (Çudra). Der bei der Gravamayana-Feier vorkommende symbolische Kampf[37] eines Arya mit einem Çudra entspricht gleichbedeutenden Zeremonien in Sparta. In der Tat ist dieser Gegensatz fühlbar schärfer, als der zwischen den beiden andern Oberkasten und den Vaiçya. Dem Brahmanen und dem Kschatriya war eine bestimmte Tätigkeit als Ausfluß ständischer Lebenshaltung vorgeschrieben und vorbehalten: Opfer, Vedastudium, Empfang von Gaben, besonders Landschenkungen und Askese dem Brahmanen, – politische Herrschaft und ritterliches Heldentum dem Kschatriya. Für beide galt das, was der Vaiçya tut: das Führen der Landwirtschaft und der Handel (vor allem auch das Geldgeben auf Zins) nicht als primär standesgemäß. Aber in Zeiten der Not, d. h. erprobter Unmöglichkeit, sich den Unterhalt standesgemäß zu erwerben, war ihnen gestattet, zeitweilig – mit nur wenigen Vorbehalten und Ausnahmen – ökonomisch wie ein Vaiçya zu leben. Dagegen die Lebensführung des Çudra bedeutete: Knechtsdienst.[38] Darunter ist aber in den klassischen Quellen alles Gewerbe verstanden. Daß gewerbliche Tätigkeit in einem noch weit ausgesprocheneren und wörtlicheren Maße, als es ursprünglich überall galt, als ein Fronen im Dienst der andern Kasten aufgefaßt wurde, erklärt sich aus der in Indien typischen Art der Ordnung gerade des alten, urwüchsigen Dorfgewerbes. Wie schon kurz erwähnt, waren alle diejenigen Handwerker, welche die englische Terminologie zum *establishment* zählt[39], in der Tat eine Art von *Instleuten,* jedoch nicht von Knechten Einzelner, sondern: Heloten der Dorfgemeinschaft, die sie für ihre Dienste erblich mit Landparzellen belieh und – regelmäßig – nicht nach Art eines Lohnwerkers mit Lohn für die einzelne beanspruchte Leistung, sondern durch feste Ernteanteile oder Deputate entgalt.

[37] A. Weber, Collektaneen, Ind. Studien X.

[38] Auch der Eintritt in die moderne Armee ist dem korrekten Brahmanen unmöglich, da er dann Vorgesetzten aus niederer Kaste oder von barbarischem Ursprung Gehorsam schulden würde.

[39] Im Dekkan unter den Mahratten fanden sich zwei typische Kategorien solcher Dorfbediensteter; die Baruh Balowtay, darunter die alten typischen Gewerbe: Zimmermann, Schmied, Schuster, Töpfer, Barbier, Wäscher, Barde, Astrolog, Lederarbeiter, Wachmann, Götterbildwäscher, Mullah (in rein hinduistischen Dörfern schlachtet er Schafe für die Opfer), und die Baruh Alowtay, darunter die später entstandenen Handwerke der Gold- und Kupferschmiede, Schmiede, Wasserträger, Dorftorportiers und Boten, Gärtner, Ölpresser und eine Reihe von religiösen Subalternbeamten. Selten waren wirklich alle Stellen besetzt. (S. Grant Duff, Hist. of the Mahrattas London 1912.) Die Art der Zusammensetzung dieser Deputatisten war auch dort nicht in allen Punkten typisch. In der Provinz Bombay gehören zu ihnen auch die Mahars, einst Bauern, dann als Experten der Grenzvermessung zu Deputatisten degradiert und in Außenschlägen angesiedelt (jetzt oft Chauffeurs, trotz des Protestes der Konservativen).

Die Handwerker, welche dieser Gruppe zugehören, waren zwar in den einzelnen Gebieten verschieden, innerhalb jedes Gebiets aber und auch im ganzen in weitgehendem Maße heute noch typisch. – Blicken wir nun auf die heutige Berufsgliederung der Brahmanen und Radschputen, so finden wir, daß auch jetzt noch es äußerst selten ist, daß ein noch so degradiertes Mitglied einer dieser Kasten zu einem dieser alten Handwerke greift. Dagegen ist es überaus häufig, daß ein Radschpute ein *Bauer* ist; oft trifft dies die Mehrzahl der ganzen Kaste. Aber auch heut ist der Radschpute, der den Pflug selbst führt, gegenüber dem Landrentner degradiert, und die Erhöhung der Grundrente infolge des Übersee-Exports hat unter anderem wohl auch deshalb eine ungewöhnlich schnelle Vermehrung des Landrentnertums zur Folge gehabt. Andere Kasten, welche Kschatriya-Rang beanspruchen, pflegen *verbauerten* Radschputen gegenüber gern den Vorrang zu verlangen. Die alte kastenmäßige Ablehnung des Gewerbes durch die Radschputen und die Tradition höfischen Dienstes läßt sie die Übernahme von jeder Art von persönlicher häuslicher Dienstleistung bis zum niedersten, als rituell reingeltenden, Hausdienst vor der Ausübung eines Handwerkes bevorzugen. Und von der andern Seite ist natürlich die Nachfrage nach Angehörigen hoher Kaste für den Hausdienst groß, weil diese Personen rituell rein und befähigt sein müssen, den Herrn und die Herrin physisch zu bedienen, vor allem: ihnen Wasser zu reichen. Der gleiche Umstand bedingt gewisse Monopole der heutigen Brahmanen-Kaste: so vor allem ihre fast ausschließliche Verwendung als Köche in den Häusern hoher Kaste. Im übrigen strömten und strömen die Brahmanen stark in diejenigen Berufe ein, in welchen Schriftkunde und Bildung beansprucht wird, ganz wie die Kleriker unseres Mittelalters, vor allem also: in den Verwaltungsdienst. Im Süden haben die Brahmanen diese monopolistische Stellung; in der Verwaltung bis in die Neuzeit bewahrt.[40] Dies alles stimmt zu dem Bilde der Überlieferung.

Auch wichtige andere Züge des Bildes, welches die Rechtsbücher von der vorschriftsmäßigen Lebensführung der Oberkasten geben, tragen den Stempel der Echtheit und zum Teil hohen Altertums. Wer innerhalb einer fest vorgeschriebenen Altersgrenze den heiligen Gürtel nicht erwirbt, gilt den Rechtsbüchern als degradiert. Und ferner kennen sie typische Altersstufen der Lebensführung. Allerdings waren diese nur bei der höchsten Kaste, den Brahmanen, wirklich durchgeführt. Die Brahmanen sind niemals ein *Stamm* gewesen, obwohl mehr als die Hälfte von ihnen im oberen Gangestal – der Heimat ihrer Machtstellung – und in Bengalen ansässig sind. Sie waren: Zauberer und wurden: eine hierokratische Bildungskaste. Der Brahmane hat einen Lehrgang durchzumachen, der in der klassischen Zeit schon wesentlich nur aus einer Aneignung der heiligen (magischen) Formeln und Ritualhandlungen und mechanischem Auswendiglernen des mündlich überlieferten

[40] Dagegen erschwerte den Brahmanen das Ritual die Beteiligung am ärztlichen Beruf und ihre heutige Beteiligung am Ingenieurberuf ist ebenfalls schwach.

Veda bestand, unter der Leitung eines freigewählten brahmanischen Lehrers, der die klassischen Werke Wort für Wort vorsprach. Diese Art der Vorbildung, äußerlich eine rein literarische Priesterschulung, enthält einzelne Spuren alter magischer Askese, welche die Herkunft des Brahmanen aus dem urwüchsigen Magiertum erkennen lassen. Ihre kastenmäßige Entwicklung ist zwar in ihren allgemeinen Stadien, nicht aber in ihren Gründen klar. Ein geschlossener Geburtsstand war die Priesterschaft der vedischen Zeit offenbar nicht, obwohl die gentilcharismatische Qualität gewisser alter Kultpriestergeschlechter feststand und innerhalb des Volksverbandes neben das rein persönliche Charisma des alten Magiers getreten war. Unter den arbeitsteilig am Kult beteiligten Priestern spielte noch der Hotar, der Feuerpriester, die Hauptrolle. Das Hervortreten des Brahmanen im Verlauf der weiteren Entwicklung scheint nun eine Mehrzahl von Gründen gehabt zu haben. Vielleicht – nach der älteren Annahme – die zunehmende Stereotypierung des Kults und der magischen Formeln, welche den *Zeremonienmeister* des Opfers, eben den Brahmanen, immer mehr zum allein maßgebenden Leiter machten. Hauptsächlich aber wohl die zunehmende Bedeutung des Familienpriesters der Fürsten und Adligen gegenüber den am Gemeindeopfer beteiligten.[41] Das Zurücktreten der Wehrgemeinde hinter dem Fürstentum und seinen Vasallen würde sich, wenn diese heute vertretene Annahme zutrifft, darin ausdrücken. Die Zauberer hätten sich also in die Kreise des alten Kultpriesteradels hineingedrängt und schließlich dessen Erbschaft angetreten. Der Aufstieg der Brahmanen aus der magischen *Hauskaplanschaft* erklärt, daß diese hinduistische Priesterschaft jeder Entwicklung zu einem *Amt* gänzlich fremd blieb. Ihre Stellung bedeutete eben eine Entwicklung aus den in aller Welt verbreiteten zünftigen Organisationen der Magier zu einer erblichen Kaste mit stets steigenden ständischen Ansprüchen. Diese Entwicklung war zugleich ein Sieg des *Wissens* (um die magisch wirksamen Formeln) über das bloß empirische *Können* der alten Priester. Wie dem sei, so steht jedenfalls die steigende Macht der Brahmanen auch im Zusammenhang mit der steigenden Bedeutung des Zaubers auf allen Gebieten des Lebens. Die um den Atharva-Veda, die Sammlung der in spezifischem Sinn magischen Zauberformeln, gruppierte Schule erhob den Anspruch, daß der fürstliche Hauskaplan (purohita) stets aus ihrer Mitte genommen werde, die Astrologie und andere spezifisch brahmanischen Wissensgebiete haben bei ihnen ihre ursprüngliche Stätte.[42] Daß der Sieg der Magie auf allen Gebieten des Lebens kein kampfloser war, dafür finden sich in den Rechtsbüchern Spuren genug. Er vollzog sich mit und durch die aufsteigende Macht der Brahmanen. Der Sieg des Königs im Kriege wie jeder andere Erfolg im Leben hingen nun von erfolgreichem Zauber ab, Mißerfolg verschuldete,

[41] Darüber s. Caland in der Z. f. die Kunde des Morgenlands, XIV (1900), S. 114.
[42] Vgl. Bloomfield, The Atharva Veda, in Bühlers Grundriß.

nächst eigenen rituellen Verstößen des Betroffenen, sein Familienpriester. Da das Wissen der Brahmanen Geheimlehre war, ergab sich die Monopolisierung der Zulassung zur Lehre für die eigene Nachkommenschaft von selbst. Neben die Bildungsqualifikation trat nun Abstammungsqualifikation. Für das daçapaya (einen Teil des Opfers) wurde die Ahnenprobe: 10 Ahnen, die Soma getrunken haben, vermutlich zuerst deshalb notwendig, weil beim Opfer der Verdienste der Ahnen gedacht wurde. Nur in verborgenen Resten blieb die alte Auffassung noch spürbar, wonach die Brahmanenqualität auf persönlichem Charisma ruhte: Der Novize (bramacarin, Brahmanenschüler) war einer immerhin noch ziemlich strengen Lebensreglementierung nach Art der magischen Askese unterworfen. Vor allem sexueller und ökonomischer Askese: er hatte keusch und vom Bettel zu leben. Der Lehrer *macht* den Schüler nach der alten Auffassung auf magische Art zum Brahmanen, ursprünglich unabhängig von dessen Abstammung. Und auch die Veda-Kenntnis als solche, die entscheidende Machtquelle des Voll-Brahmanen, wurde in eigentümlicher Art als charismatische Qualität angesehen: auf den Vorwurf, von einer Çudra-Frau abzustammen, antwortet ein Brahmane dem Gegner mit dem Vorschlag eines Feuerordals darüber, wer von ihnen beiden der Veda-Kundigere sei.[43] Nach Absolvierung der Schulung und Vollziehung der entsprechenden Zeremonien sollte der Brahmane einen Hausstand begründen, grihastha werden. Nunmehr begann er als Brahmane tätig zu sein, – wenn er überhaupt beruflich tätig wurde und nicht Rentner blieb oder einen der zulässigen Notberufe ergriff. Die Brahmanen-Tätigkeit war: Opfer und Unterricht. Sie war, namentlich in ökonomischer Hinsicht, strenger Etikette unterworfen. Und zwar in auffälliger Weise so, daß die Verwertung der eigenen Leistung zur Gewinnung einer festen *Nahrung* nach Art eines *Berufs* ausgeschlossen war. Der Brahmane nahm nur *Geschenke* (dakshina), nicht *Gehalt*. Das Geben der Geschenke bei Inanspruchnahme der Dienste freilich war rituelle Pflicht. Opfer ohne Geschenk brachte bösen Zauber und seine Verweigerung war überdies der Brahmane, kraft seiner magischen Gewalt, in der Lage, durch Fluch oder auch durch absichtliche rituelle Fehler beim Opfer, welche dem Opferherrn Unheil brachten, schwer zu rächen, – wofür eine förmliche *Methodik* entwickelt war. – Die Mindesthöhe der Geschenke war tarifiert und unlauterer Wettbewerb unter Brahmanen verpönt. Es war erlaubt und unter Umständen vorgeschrieben, sich nach der Höhe des beabsichtigten Geschenks vorher zu erkundigen und die furchtbare magische Macht der Brahmanen ermöglichte es ihnen, – nach A. Webers Ausdruck: – *wahre Orgien der Habgier* zu feiern. Der an eine bekannte Stelle im *Faust* (über den Magen der Kirche) erinnernde Grundsatz, daß dem Bauch des Brahmanen nichts schadet, hatte allerdings nur rituelle Bedeutung: ein Brahmane konnte jeden, oder doch fast jeden, Verstoß gegen

[43] Pañcav. 14, 6, 6, zitiert bei A. Weber, Collektaneen über die Kastenverhältnisse der Brahmanen, Ind. Studien X, S. 1 f.

das Speiseritual durch einfache Mittel sühnen.[44] Die sozialen und ökonomischen Privilegien der Brahmanen waren derart, daß sie von keiner Priesterschaft der Welt erreicht wurden. Selbst der Kot eines Brahmanen konnte, als Divinationsmittel, religiös bedeutsam sein. Das Prinzip der *ajucyata:* Verbot der Bedrückung eines Brahmanen, schloß unter anderm ein: daß ein Schiedsrichter einem Brahmanen nie gegenüber einem andern Unrecht geben durfte und die *arca* (Ehrerbietung), die ihm gebührte, war zum mindesten nach den eigenen Ansprüchen ungleich höher als die einem König gebührende. Auf die Eigenart der Brahmanen als eines religiösen Standes wird später (in Abschnitt II) noch einzugehen sein; hier befassen wir uns nur mit den ökonomischen Vorteilen, welche der spezifische Kastenanspruch auf *danam,* Geschenke, mit sich brachte. Neben Geld und geldeswerten Kostbarkeiten sind Rinder und vor allem Land und auf Land- oder Steuer-Einkünfte gegründete Rentenschenkungen die klassische Form des Entgelts seitens vornehmer Herren. Landschenkungen zu empfangen galt – wenigstens nach der brahmanischen Theorie – als Monopol der Brahmanenkaste und war ihr ökonomisch wichtigstes Privileg. Die ungeheure Zahl in schriftlicher Pfründenstiftungen (die Mehrzahl aller erhaltenen indischen Inschriften) beweisen, daß tatsächlich der typische Brahmane voller Kaste im indischen Mittelalter ein erblicher Pfründner war. Die typische, ursprünglich höchste innerweltliche Stellung des Brahmanen aber war von jeher und blieb: purohita, Hauskaplan, eines[45] Fürsten und damit dessen Seelendirektor in allen persönlichen und politischen Angelegenheiten zu sein. Auf dieser Stellung, *dem Brot des Brahmanentums,* wie sie wohl genannt wurde, beruhte vor allem die politische und soziale Machtstellung der Kaste. Ein König ohne purohita ist ebensowenig ein voller König, wie ein Brahmane ohne König ein Brahmane vollen Ranges ist. Auch bis heute beruhte die Stellung des Brahmanen weit mehr auf dieser rituellen Beichtvaterstellung und der Unentbehrlichkeit des Brahmanen bei vielen Familienzeremonien eines vornehmen Haushalts, als auf der, fast völlig fehlenden, Organisation der Kaste als solcher. In ihrer Stellung als Hauspriester haben die Brahmanen den Kasten, die als vornehm gelten wollten, die entsprechenden Ordnungen, z. B. das Sippen- und Ehe-System oktroyiert, nicht durch Beschlüsse irgendwelcher Instanzen ihrer Kaste. Ökonomisch war die Stellung der brahmanischen Hauspriester eine ähnliche wie etwa die unserer *Hausärzte.* Dem Grundsatz, daß man nicht ohne Not den einmal benützten Priester wechseln soll, – nach den alten Quellen wenigstens nicht innerhalb des gleichen Jahres, – entsprach der Schutz der *jajmani* (Kundschafts-) Beziehungen gegen die Konkurrenz anderer Brahmanen durch strenge Etikette, ebenfalls ähnlich wie sie unsere Ärzte, in ihrem Formalismus nicht selten zum Schaden des

[44] Über die Grenzen s. S. 620.

[45] Ein purohita mehrerer Fürsten kommt nach A. Weber, Collektaneen, Ind. Studien, X vor.

Patienten, im ständischen Interesse innezuhalten pflegen. Diese an sich durchaus freiwilligen Kundschaftsbeziehungen vertreten die fehlenden Kirchensprengel einer hierarchisch organisierten Kirche: der Brahmane ist darin in seiner ganzen Stellung dem alten Zauberer und Medizinmann gleichartig geblieben.

Wenn der Brahmane den Sohn seines Sohnes sieht, so soll er aus dem Leben des Haushalters wieder ausscheiden und Waldbewohner werden. Als solcher kann er durch asketische Übungen die Wunderkraft eines Magiers, die Zaubermacht über Götter und Menschen gewinnen und endet so als ein vergotteter *Übermensch*. Auch diese, heute wesentlich theoretische, Kastenpflicht ist ein Rudiment der Altersklassenorganisation der Magier.

Was wenigstens der vornehme Brahmane in aller Regel nicht wurde, war: fester Angestellter einer Gemeinde. Eine *Gemeinde* kennt ja die hinduistische Religion als solche nicht. Aber auch als angestellter Priester einer Hindu-Sekte oder vollends als Priester eines Dorfverbandes kommen Brahmanen hoher Kaste nicht vor.[46] Wir werden später sehen, daß sich das Verhältnis zwischen den Gläubigen der Hindusekten und den Priestern oder Mystagogen in ganz anderer Form regelte und regelt als in der einer okzidentalen Sektengemeinde mit ihren angestellten *ministri*. Kein Brahmane hoher Kaste ist oder war gern *Diener* einer Gemeinde nach Art eines Çudra. Schon die Annahme einer Tempelpriesterstelle konnte ihn unter Umständen stark degradieren. Dies hängt teils mit der sozialen Eigenart des Brahmanentums als einer Zaubererkaste, teils mit der feudalen Struktur der indischen Gesellschaft zusammen, teils aber mit der Stellung, welche die Priester bei den Stämmen und in den Dorfgemeinden vor ihrer Hinduisierung einnahmen. Die mit der Wahrnehmung der Kultfunktionen betrauten Personen gehörten im allgemeinen einfach zum erblichen *establishment* des Dorfes, – wie der Mullah und allerhand andre Tempeldiener noch heute.[47] Die einzelnen Pariastämme, welche allmählich zu Hindukasten wurden. hatten nicht nur massenhafte eigne Gottheiten, sondern auch eigne Priester, die nun zu Kastengottheiten und Kastenpriestern wurden. Mit großer Hartnäckigkeit haben auch Handwerkerkasten, welche mit andren vermischt wohnten, daran festgehalten, unter Ablehnung der Brahmanen sich nur durch Mitglieder ihrer Kaste bedienen zu lassen.[48] Bei Stammeskasten, die in gesonderten Dörfern wohnten, war die

[46] Vischnu-Priestertum von Brahmanen und Dienst, auch niederer Dienst, an Tempeln (z. B. in den gutbezahlten Stellen der Vallabhakhari-Sekte) kommt oft vor (z. B. bei den Gujarat-Yajurvedis), aber nie ohne eine gewisse Degradation.

[47] S. o.

[48] Statt der zahlreichen Beispiele, welche die Census Reports noch für die Gegenwart enthalten, sei auf die Kammalars verwiesen, die gelernten Metall-, Holz- und Steinhandwerker, welche von dem Handwerksgott Visvakarma abzustammen beanspruchen, sich, gerufen von den Königen, weithin nach Birma, Ceylon, Java verbreiteten und den Rang vor den Priestern, auch den zugewanderten Brahmanen, beanspruchten. Sie wurden, offenbar als Träger magischer Kunst, auch von andern Kasten als gurus, geistliche

Festhaltung ihrer überlieferten Priester vollends die Regel. Die Brahmanen gewannen Einfluß auf sie wesentlich durch die Macht ihrer Bildung und zwar speziell ihrer astrologischen Bildung, mit welcher die Dorf- oder Kastenpriester nicht konkurrieren konnten. Diese waren den Brahmanen selbstverständlich gänzlich degradierte Kasten, sofern sie ihre Existenz überhaupt hinnahmen, – welche bei allen unreinen Kasten ihnen freilich selbstverständlich, bei den reinen dagegen anstößig war. Stammespriester, welche die Herrengeschlechter bedienten, setzten andrerseits gelegentlich, wie wir sahen, ihre Anerkennung als Brahmanen durch, wenn auch meist als sozial degradierte Brahmanen. Die sehr starke soziale Differenzierung, welche dadurch und durch die Deklassierung solcher Brahmanen, welche verachtete Kasten bedienten, in die Brahmanenkaste hineingetragen ist, hier zu verfolgen hat für uns keinen Zweck.[49] Ebenso nicht der Kastenrang der zahlreichen zu andern Berufen übergegangenen Brahmanen, heute der Mehrzahl aller. Für uns war nur die enge Verknüpftheit der Sonderstellung der Brahmanen mit ihrer Beziehung zu den Königen und der Ritterkaste, den *Kschatriya,* von Interesse. Dieser Kaste wenden wir uns nun zu. –

Der alte indische Heerkönig der Veden ist primus inter pares unter den *Maghavan,* die etwa den *Edlen* der Phäaken entsprachen. In der klassischen Zeit steht an Stelle dieser Geschlechter die Kaste der *Kschatriya,* die später, der Sache nach, verschwunden ist.

Am frühesten, durch die ältesten Quellen dürftig beleuchteten Anfang der indischen Militärverfassung stehen Burgenkönige homerischer Art mit ihren Sippen und Gefolgschaften (Königsleuten). Das universell verbreitet gewesene charismatische Heldentum nach Art der nordischen Berserker, der israelitischen Moschuahs, der charismatischen *Degen,* charismatischer Kriegshäuptlinge, liegt aber schon damals zurück. Es ist nur in Spuren bis in die epische Zeit erhalten. Vollends die alte universell verbreitete Organisation der Kriegerschaften als Verbrüderungen der Jungmannschaft, die systematische magische Heldenaskese der Knaben, die Stufen des Kriegernoviziats, der Aufnahme des Epheben in die Phratrie der ehelos in gemeinsamer Wirtschaft mit geraubten Mädchen im Männerhause (ανδρειον) lebenden Kriegerschaft, der Rücktritt des ausgedienten *(Landwehr-)* Mannes in die Ehe und den Hausstand, das Altenteil (in Japan: inkyo) des nicht mehr Dienstfähigen sind verschollen. Zwar ist in der starken Bedeutung der Upanayana-Zeremonien (der alten Jünglingsweihe): daß erst von ihrem Vollzug an der Knabe der *wiedergeborenen* Kasten als zu seinem Stande gehörig gilt, vorher aber als Çudra (wie das Weib), die alte charismatische Kriegererprobung und der Grundsatz, daß, wer nicht in den Wehrverband kommt, *Weib,* politisch recht-

Seelenleiter, in Anspruch genommen: *der Kammalar ist der Guru aller Welt.* (Pulney Andy, Journal of Indian Art and Industry, zitiert bei Coomaraswamy, The Indian craftsman, p. 55. S. darüber weiter unten.)

49 Die Census Reports geben darüber zum Teil sehr ausführliche Auskunft.

los, bleibt, in Spuren erhalten. Aber die Zeremonie selbst, in sehr jugendlichem Alter vollzogen, war Rudiment, etwa wie unsre *Konfirmation.*

Die Kschatriya der klassischen Literatur hatten nicht den besonderen Charakter der Ritterschaft unsres Mittelalters. Denn auf Sippen- und Clan-Charisma, nicht auf einer Lehenshierarchie, beruhte ihre soziale Stellung schon ehe die strenge Kastenordnung durchgeführt war, und dabei blieb es. Sie waren und blieben Könige, Unterkönige und, in unterster Schicht, adlige Dorfhonoratioren mit bestimmten ökonomischen Vorrechten.

Dem Kschatriya liegt nach den klassischen Quellen ob, die Bevölkerung politisch und militärisch zu *schützen.* Schützt der König die Untertanen nicht vor Dieben und Räubern, so gilt er als ersatzpflichtig. Nach den Urkunden war auch jedem Beamten, auch dem Steuerpächter, der späteren Königreiche die gleiche Schutz- und eventuelle Ersatzpflicht für einen bestimmten, je nach Größe des Orts verschieden bemessenen Rayon um diesen herum als Grundpflicht auferlegt. Insoweit also stammt diese Kastenpflicht aus dem Leben. Ja sie enthält – wie einige weitere Züge beweisen – sogar die Rudimente ältester Auffassung über die charismatische Stellung des Königtums. Der König, der im Krieg unterliegt, ist nicht nur selbst sündig, sondern außerdem belastet mit den Sünden seiner Untertanen. Der König, welcher falsch Recht spricht, wird magisch mit den Sünden der von ihm absichtlich oder versehentlich in ihrem Recht gekränkten Partei belastet: eine sehr verschärfte Analogie jener Auffassung, welche der *Urteilsschelte* bei uns zugrunde lag. Der König ist ein guter König, dessen Untertanen es gut geht und unter dem keine Hungersnot eintritt: – stets ein Zeichen magischer Verfehlungen oder charismatischer Unzulänglichkeit des Herrschers. Der König tut gegebenenfalls Buße. Den König, der seines Charisma auf solche Art sich dauernd entblößt zeigt, darf und soll man sich vom Halse schaffen. Aus dieser charismatischen Auffassung entwickelte sich dann in den Großkönigstümern des indischen Mittelalters leicht die patriarchale *Wohlfahrts-* und *Schutz*-Theorie. Aber sie trat doch ganz zurück hinter der Umgestaltung des Helden-Charisma in eine ritterliche ständische *Berufspflicht.* Das Dharma des Kschatriya ist in den Quellen der klassischen Zeit und des Mittelalters: der Krieg schlechthin, der in Indien mit Unterbrechungen durch die Universalmonarchien ebenso in Permanenz war, wie zwischen den antiken Poleis. Erst wenn der König alle andern Könige unterworfen hatte, war er zu der Zeremonie des großen Roßopfers legitimiert, welches dem glücklichen Brahmanen, der es zu zelebrieren hatte, 100000 Rinder einbrachte und im übrigen der Schließung des Janustempels in Rom auch der Häufigkeit nach entsprach.[50] Daß ein König jemals nicht darauf sinnen sollte, alle seine Nachbarn mit Gewalt oder Tücke zu unterwerfen, wird von der hinduistischen profanen und religiösen Literatur gar nicht als möglich in Betracht gezogen.[51] Demgemäß galt

[50] Die Zelebrierung ist historisch überliefert.

[51] Als der Schöpfer des Mahrattenreichs ein Jahr keinen Krieg führte, galt dies den Nachbarherrschern als sicheres Zeichen tödlicher Erkrankung.

der Tod im Bett dem militaristischen Ehrenkodex des Kschatriya nicht nur als minderwertig, sondern geradezu als Sünde gegen das Kasten-Dharma. Wenn der Kschatriya seine Kraft abnehmen fühlt, soll er den Tod im Kampfe suchen.

Die Legende läßt die alten Kschatriya zur Rache ihrer Aufsässigkeit gegen die Brahmanen vom Erdboden vertilgt werden. Daran ist sicherlich, ebenso wie an der Legende vom Kampf Viçvamithras gegen Vasischtha, ein Korn von Wahrheit. Die alten Kschatriya etwa der Buddha-Zeit (6. Jahrh. vor Chr.) waren ein hoch gebildeter Stand von Stadt- und Burgadelsgeschlechtern, darin der Ritterschaft des provençalischen frühen Mittelalters vergleichbar. Sie sind später ersetzt durch die Radschputen. Diese, aus Teilen des heutigen Radschputana und des südlichen Oudh stammend, etwa seit dem 8. Jahrhundert zur Herrenstellung aufsteigend und sich als typische Kriegerschicht in den Königtümern weiter verbreitend, waren und sind auch heute stark illiterat. Sie bildeten bereits den Übergang zu den später zahlreichen zuerst als Soldritter oder einfach als Reisläufer in die Dienste der Großkönige[52] getretenen Stämme. Immerhin blieben sie von diesen weitaus der vornehmste und sind auch am vollständigsten nach Art der Kschatriya hinduisiert worden. Die alten Kschatriyageschlechter wetteiferten an Bildung mit den Brahmanen und waren, wie wir sehen werden, Träger brahmanenfeindlicher Erlösungsreligionen (so des Buddhismus). Die Radschputen dagegen hatten sich der Überlegenheit der Brahmanenbildung zu fügen und gehörten, in Gemeinschaft mit dem Patrimonial-Königtum, zu den Trägern der hinduistischen Restauration. Die nur ihnen eigene, im Grunde unklassische Teilung in exogame Unterabteilungen zeigt ihre Herkunft aus einem Soldritterstamm. Kein Stammbaum reicht über das 5. Jahrhundert zurück und 9/10 aller sind in Nordindien, speziell im Nordwesten, ansässig.

Das in Radschputana bis in die Neuzeit herrschend gewesene politische Lehensystem entsprach am meisten den Quellen der klassischen Zeit. Der Radscha hatte das beste Land als Domäne (persisch: Khalsa). Die mit politischen Hoheitsrechten beliehenen Vasallen erhielten ebenfalls Land zugewiesen, hatten Ritterdienste zu leisten, bei Hof zu erscheinen, Investitur zu nehmen, den Herrenfall zu zahlen. Der Radscha hatte 1. das Recht der Ernte-Anteilsbesteuerung und 2. die Verfügung über das Ödland, auf dem er, gegen Beil-Taxe, Holzungsrechte und, gegen Übernahme von Pauschalrenten, Rodungsrechte und erblichen Besitz konzessionierte, 3. die Minen-, Schatzfund- und ähnliche auch sonst üblichen Regale, 4. das Recht auf die Bußen bei Strafen. Alle diese ökonomischen Rechte waren, auch in Bruchteilen, lehnbar. Nur pflegte, in Indien wenigstens, bei der Herrenschicht die Verleihung, entsprechend der Universalität des Prinzips des Gentilcharisma, mindestens primär nur an den Versippten oder den Clangenossen zu erfolgen, nicht aber auf persönlichem Treuverhältnis Sippenfremder zu ruhen. Und sie enthielt in älterer Zeit durch-

[52] Stadtsässige Radschputen kommen inschriftlich im 10. Jahrh. vor. Ep. Ind. III. 169.

weg nicht eine Verleihung grundherrlicher, sondern ökonomischer und persönlicher Rechte politischen Ursprungs. Die Kschatriya waren Königssippen, nicht feudale Grundherren. In den dravidischen Staaten hatte der König in jedem Dorf eine Königshufe (majha), neben der die steuerfreie Priesterstufe (pahoor) stand. Neben und an Stelle des alten Dorfhäuptlings (munda) setzte mit steigender Königsmacht der König seinen *mahta*. Die charismatisch bevorrechtigten (bhuinhar-)Familien, welche diese Dorfhäupter stellten, hatten steuerfreies Land, während die anderen Landlose (khunt) steuerbar geworden waren und nun als *des Königs Land* galten.[53] Dies ist von den Eroberern im wesentlichen übernommen, aber meist feudalisiert worden. Denn auch echt feudale soziale Strukturelemente finden sich im Mittelalter in den meisten Teilen Indiens, am meisten aber im Westen, oft ganz in okzidentaler Art. Die Radschas führten Wappen.[54] Lehen mit der Zeremonie des Schwertschlages kommen vor.[55] Eigentlich grundherrliche Rechte in den Dörfern kannten aber die Rechtsbücher nicht. Diese sind als Produkte nicht der Feudalisierung, sondern der späteren Präbendalisierung der politischen Gewalt entstanden.

Unter den Großkönigen waren die hohen militärischen Kommandostellen vielfach mit Gebietslehen verknüpft, welche Quelle erblicher ökonomischer Rechte wurden.[56] Ebenso hohe Amtsstellen.[57] Unter den großen politischen Lehensträgern überwiegt auch damals die Deszendenz oder Verwandtschaft[58] des Königs. Aber nicht ausschließlich.[59] Die Herrschaftsrechte, des Fürsten wie des Vasallen, galten ziemlich weitgehend als veräußerlich.[60] Fortwährende Fehde herrschte in großen Teilen Indiens. Typisch sind namentlich im Süden die Epitaphien von Dörfern für Ritter, die im Kampf gegen fremde Viehräuber gefallen sind und dafür in den Himmel eingehen.[61] Fragt man, welche Art von Abkunft heute für diejenigen Bestandteile der Radschputenkaste, welche am

[53] S. über die Dravidas: Hewitt. J. R. A. S. 1890 (April).
[54] Darüber s. Ep. Ind. VIII, p. 229.
[55] Ep. Ind. VI, 53, (10 Jahrh.): Der indische Name wird so interpretiert.
[56] Ep. Ind. VI, p. 47 (10. Jahrh.): Nach dem Tod eines Vasallen in der Schlacht wird dessen Stellung als Führer der betreffenden Truppe anderweitig vergeben. Der Beliehene erhält einige Dörfer als ein Lehen von unkultiviertem Ödland, d. h. erblich.
[57] Ep. Ind. VI, 361.
[58] Verleihung von Ibadörfern an den Schwiegersohn des Königs, unter gleichzeitiger Zusammenfassung zu einem politischen Sonderbezirk: Ep. Ind. IV, p. 185 (Tamil-Gebiet, 11. Jahrh.).
[59] Wenigstens ist anzunehmen, daß die massenhafte Landvergebung an Vasallen, die nach Vernichtung des Chola-Reichs in einer aus dem Kriegslager des Siegers datierten Urkunde König Krischnas (10. Jahrh.) als geschehen erwähnt wird, nicht nur an Verwandte ging (Ep. Ind. IV, p. 290).
[60] Teile der Herrschaft eines Fürsten als Mitgift: Ep. Ind. IV p. 350. Verkauf eines Dorfes mit Einschluß der Herrenrechte (?) durch einen Vasallen an einen anderen: Ep. Ind. III p. 307 f. (11. Jahrh.).
[61] Z. B. Ep. Ind. IV, p. 180, V, p. 264.

meisten als Repräsentanten älterer Traditionen gelten können, charakteristisch ist, so kann nur gesagt werden: von Inhabern politischer Macht, einerlei ob Kleinfürsten oder politischen Lehensrittern oder Dienst-Adel oder Grundherrn mit politischen Rechten und Pflichten. Nur mit dem Vorbehalt, daß dieser Adel jedenfalls kein reiner Amts-(Schreiber-) Adel war, sondern ein Stand militärisch-politischer Lehensinhaber eines ziemlich verschiedenen Typus, einschließlich namentlich auch der bald zu besprechenden Militärpfründner. Die Wandlungen der indischen Verfassung und Verwaltung, namentlich der Militärverfassung, sprechen sich darin aus.

Das Heer der Epen sowohl als der ältesten historischen Berichte (Megasthenes und Arrian) befindet sich in einem ähnlichen, aber schon weiter vorgeschrittenen Übergangszustand, wie das homerische Heer. Helden (curah) mit ihrer Gefolgschaft (arugah) sind die Vorfechter, Zweikämpfe nichts Seltenes. Die Führer der Heeresabteilungen sind keine *Strategen* oder *Offiziere,* sondern durch Heldencharisma qualifizierte besonders gute Soldaten. Die Schlacht wird zwar durch eine Aufstellung des Heeres vorbereitet, verläuft aber dann ordnungslos, indem die Helden dahin stürmen, wo sie den persönlich würdigsten Gegner sehen. Der Tod des Führers bedeutet im Epos noch selbstverständlich die Niederlage des Heeres. Neben den Gefolgschaften finden sich aber nicht nur diejenigen Krieger, welche sich nicht selbst mit Waffen und Wagen equipieren können, als Ministerialen des Königs und der Adligen, sondern Soldkrieger, welche im Frieden ihren Lohn vom Fürsten erhalten und sich daran gütlich tun und für deren Witwen, wenn sie fallen, der König sorgt. Nach Arrian stellten die Krieger, welche dem Adel und den Priestern nachgeordnet, von den Bauern aber geschieden waren, ihre Waffen selbst her. Neben die Gliederung nach Phratrien, wie sie Homer kennt, war damals schon die in rein taktische Abteilungen von 10, 100, 1000 getreten; Elefanten und Wagen stehen zur Kavallerie und Infanterie in typischem Zahlenverhältnis. Das Heer wurde dann bald eine von Offizieren befehligte und aus königlichen Magazinen verpflegte und zunehmend auch equipierte, *Armee.* Es enthielt keine Spur eines Heerbanns und kein Ritteraufgebot mehr in sich.

Die Verwaltung des Königs wurde patrimonialbürokratisch. Das heißt: sie zeigte Züge einerseits der reglementierten hierarchischen Ordnung des Beamtentums mit geordneten örtlichen und sachlichen Kompetenzen und Instanzenzug. Andrerseits aber war die Trennung von den Hofämtern nicht vollzogen, waren die Kompetenzen der in verwirrender Fülle auftretenden[62] Beamten offenbar nicht selten flüssig oder unbestimmt oder nicht rational, sondern durch zufällige Umstände abgegrenzt. Ein umfangreiches Schreibwesen hat sich, auf dem Boden der Magazin- und Steuerwirtschaft, schon unter der ersten Großkönigsdynastie, derjenigen der Maurya (4./3. Jahrh. vor Christus)

[62] Darüber s. Rose im Ind. Ant. 36 (1907).

entwickelt, wie die Inschriften zeigen.[63] Die unglaubliche Schreibseligkeit der Verwaltung des buddhistischen Großkönigs Açoka ist in ihrer Grenzenlosigkeit aus seinen massenhaften Edikten genügend bekannt.[64] Die Bezirke des Staatsgebiets blieben aber, wie in patrimonialbürokratischen Gebilden meist, möglichst an Verwandte als Statthalter verliehen. Das Arthasastra *(Staatswissenschaft)* des Kautaliya, in Chanaukyas Redaktion[65], angeblich von einem Minister des Maurya-Großkönigs Chandragupta, ergänzt dieses Bild. Eine umfassende Statistik soll der Verwaltung zugrunde liegen. Alle Einwohner sollen nach Kasten, Sippen, Beruf, Besitz, Einkommen registriert, dem Paßzwang unterworfen und in ihrer ganzen Lebensführung kontrolliert sein. Nächst politischen Umtrieben gilt dabei die Gefährdung ihrer *Arbeitslust* als das fiskalisch gefährlichste Übel; darum sollen auf dem Lande Theater und Musikbanden, überall aber Alkoholhandel und Wirtshäuser beschränkt sein und durch ihre *Spione* soll die königliche Verwaltung in das intimste Privatleben der Untertanen eindringen. Der König treibt Eigenhandel[66] und seine Verwaltung reguliert die Preise vermittelst des Marktzwangs, der hier, entgegen den Zuständen, welche die Jatakas voraussetzen, als Bestandteil einer großköniglichen Fiskalpolitik auftritt. Alle nur denkbaren Steuerquellen sind herangezogen, von der Abgabe der Kurtisanen an, welche der König für die Bedürfnisse der zureisenden Kaufleute hält, bis zu den Geldbußen der Bürger, die er, nach dem Rat des Verfassers, durch Agents provocateurs dazu verleiten soll, sich strafbar zu machen. Die Interessen der Verwaltung beschränkten sich ersichtlich – soweit hinduistische und nicht buddhistische oder andere frommen Sektenkönige in Betracht kommen – im wesentlichen auf zweierlei: die Gestellung der nötigen Mannschaften zum Heer und die Einbringung der Steuern. Beides suchte sich die Verwaltung je länger je mehr, am meisten unter den Moghuls, durch Pauschalierung und Verpfründung zu sichern. Militärpfründen wurden in der Art verliehen, daß der Pfründenempfänger die Gestellung eines bestimmten Kontingents übernahm und dafür mit den entsprechenden Eingängen für Sold, Rationen und sonstige Gebührnisse beliehen wurde. Die Einrichtung gab weiter Anlaß zur Entstehung der jagir-Pfründen, welche in der Form offenbar den alten Tempel- und Brahmanen-Pfründen nachgebildet waren. Der Jagirdar entwickelte sich, namentlich wenn er mit

63 Bühler im Ind. Ant. XXV (1896) p. 261 f.

64 Es ist von der einen Seite (V. A. Smith, Açoka, Oxford 1901 und namentlich Bühler, Ind. Ant. 26, S. 334) behauptet, von andern (S. Levy) bestritten, daß die *Schreiber* unter Açoka erstmalig als beglaubigende Ausfertigungsbeamte für königliche Edikte vorkommen.

65 Die hier in Betracht kommenden Partien sind übersetzt von R. Shamasastry im Ind. Ant. 34 (1905).

66 Ein Handelsmonopol des Radscha blieb bestehen für Safran in Kaschmir, Edelsteine in Südindien, Pferde im Westen. Waffen und feine Gewebe im Osten, Elefanten in ganz Indien.

dem Recht der Verfügung über Ödland beliehen war, leicht zum Grundherrn[67], obwohl der Ursprung seiner Rechte rein politisch-militärischen Charakters war. Die eigentlichen Beamten lebten noch um etwa 1000 nach Chr. wesentlich aus den königlichen Magazinen[68] und das Eindringen der Geldwirtschaft in den Staatshaushalt vollzog sich stoßweise und, wie in Vorderasien, unter Mithilfe des Privatkapitals. Die Steuern sicherte sich der König durch Verpachtung oder Verleihung als Pfründe gegen feste Pauschalabgaben an die Staatskasse. Aus den Steuerpächtern entwickelte sich die Klasse der Zamindari (Bengalen) und Talukdari (namentlich im Oudh) genannten Grundherren. Zu Grundherren im eigentlichen Sinn des Wortes wurden auch sie erst dadurch, daß die englische Verwaltung sie bei der Steuerveranlagung als haftbar für die Steuersumme und deshalb als *Eigentümer* behandelte. Der Herkunft nach sind auch ihre Rechte – wenn man die Liste dessen, was ihnen unter der Moghul-Herrschaft zustand, überblickt – hergeleitet aus der Gepflogenheit namentlich der Moghul-Verwaltung, die Garanten der militärischen und finanziellen Leistungen der Bezirke zugleich als verantwortlich für die sonstige Verwaltung (einschließlich der Rechtspflege), deren Kosten sie vorab zu bestreiten hatten, zu behandeln. Sowohl die Steuerpacht, wie die Vergebung der Gestellung von Truppenkörpern an Unternehmer, denen dann die Finanzierung weitgehend anheimgestellt werden mußte, kannte auch der okzidentale Staat der beginnenden Neuzeit. Nur blieb in den indischen Großkönigtümern die Entwicklung jener Kontrollorgane aus, durch welche die okzidentale Fürstenmacht die Militär- und Finanzverwaltung allmählich wieder in die eigene Hand zurüknahm. Nur die Mahratten haben die staatliche Eigenwirtschaft grundsätzlich wieder durchgeführt und sind gerade dadurch den Moghulreichen verwaltungstechnisch überlegen gewesen. Sie waren eben eine – mindestens dem Wollen nach – nationale Dynastie, während die Fremdherrschaft weit stärker auf die Benutzung von Mittelsmännern angewiesen blieb. Die Mahratten benutzten daher die Brahmanenkaste für alle Verwaltungszwecke, einschließlich der militärischen, während überall sonst die niederen Schreiberkasten den Brahmanen Konkurrenz machten. Besonders der Islam benutzte in der Verwaltung die Schreiberkasten im Gegensatz zu den Brahmanen.

Dieser Gang der indischen Verwaltungsgeschichte nun führte zur Entwicklung massenhafter Pfründen sehr verschiedenen Gepräges, vor allem aber dazu, daß aus den Steuerpächtern und Militärpfründnern, welche die Kosten der Verwaltung ihrer Bezirke, die Garantie für alle militärischen und finanziellen Leistungen zu übernehmen und, wenn sie nur dies taten, fast keine Kontrolle und Einmischung zu gewärtigen hatten, eine Schicht von Grundherren erwuchs, deren Hintersassen faktisch so gut wie gänzlich *mediatisiert* waren.

67 Eigentliche Militärlehen gab es nach Art der römischen Militärgrenzlehen: die *ghahtala*.
68 Rose, Ind. Ant. 36 (1907).

Es ist der indischen Entwicklung eigentümlich, daß unter Umständen eine ganze Serie von Renten, schichtweise übereinander, auf die Steuerpflicht der Bauern gegründet und aus den Bodenerträgen zu zahlen waren. Über dem eigentlichen *Bauer,* d. h. dem effektiven Bebauer des Landes, konnte zunächst ein oder, der Regel nach, eine Gemeinschaft von Landrentnern stehen, welche als Eigentümer des Bodens galten und nach oben für die Steuersumme desselben hafteten. Zwischen diesen und der Staatsgewalt aber stand meist wiederum ein Mittelsmann, der Zamindar oder Talukdar, der entweder nur Rentenanteile (im Nordosten oft 10% der Steuerpauschale[69]) oder weitergehende, eigentlich grundherrliche, Rechte zu beanspruchen hatte. Zuweilen blieb es aber nicht bei diesem einen Mittelsmann, sondern außer dem alten Steuerpächter fand sich noch ein mit Rentenrechten durch *birt* beliehener oder ein Grundherr, dessen Rechte sich daraus herleiteten, daß er das Dorf gegen Übernahme der Pflicht zur Zahlung der Steuer-Rückstände *gekauft* hatte. Dazu konnten schließlich die eventuellen Rentenansprüche des erblichen Dorfvorstehers treten, die ihm eine Art grundherrlichen Charakter verliehen. Die Mahratten-Herrschaft führte seit Anfang des 18. Jahrhunderts diese Quoten-Repartierung der Steuereinkünfte an die einzelnen dem Fiskus, der den Rest behielt, vorangehenden Pfründner systematisch durch und war dabei – ähnlich der Lehenpolitik der Normannen – dafür besorgt, daß möglichst kein Pfründner seine Einkünfte aus nur seinem Amtssprengel, sondern jeder mindestens zum Teil aus fremden Sprengeln bezog.

Der eigentümliche Charakter der sozialen Schichten, welche auf dieser ökonomischen Unterlage ruhten, wurde durch die Herkunft und Eigenart dieser letzten bestimmt. Die okzidentale Seigneurie entwickelte sich, wie die orientalisch-indische, durch Zersetzung der patrimonialstaatlichen Zentralgewalt, dort des Karolingerreichs, hier der Khalifen-[70] oder Maharadscha- und Großmoghul-Macht. Aber im Karolingerreich vollzog sich die Entwicklung auf der Basis stark vorwiegender Naturalwirtschaft und unter Benutzung der letztlich an das Gefolgschaftswesen anknüpfenden Vasallentreue zur Verknüpfung der zwischen König und Gemeinfreie tretenden Herrenschicht mit dem ersteren. Feudalverhältnisse fanden sich, sahen wir, auch in Indien. Aber sie waren dort weder das für die Adels- noch das für die Grundherrschafts-Bildung schließlich Ausschlaggebende. Im Orient überhaupt und so auch in Indien entwickelte sich vielmehr die dort typische Seigneurie aus der Steuerpacht und aus der Militär- und Steuerpfründe eines wesentlich stärker bürokratischen Staatswesens. Deshalb blieb sie dem Wesen nach *Pfründe* und wurde nicht *Lehen:* nicht eine Feudalisierung, sondern eine Präbendalisierung des

[69] Herrührend aus der Kontingentierung des Gewinnes dieser Kategorie von Steuerpächtern auf 10% des Steueraufkommens, wie sie sich ähnlich auch im vorderasiatischen Orient findet.

[70] Für den Islam zu vergleichen: C. H. Beckers späterhin zu zitierende Arbeiten.

Patrimonialstaats vollzog sich, die ihre okzidentalen Analogien – wenn auch solche von unentwickelter Art, – nicht im mittelalterlichen Lehen, sondern im Ämterkauf[71] und den Präbenden etwa des päpstlichen Seicento oder der französischen Noblesse de Robe findet. Neben dem Unterschied der historischen Stufe, aus welcher heraus hier und dort die Entwicklung erfolgte, ist dabei auch der rein militärische Umstand wichtig gewesen, daß die Reiterei in der Zeit des Feudalismus in Europa schlechthin die technisch höchststehende Waffe war, in Indien dagegen trotz erheblicher Zahl an militärischer Bedeutung und Leistungsfähigkeit relativ weit zurückstand, zu Alexanders Zeit ebenso wie in den Moghul-Heeren.

Die Kanzleiformalien des Großmoghul-Staates, soweit sie bekannt sind, nähern sich den aus der türkischen und deren Vorbildern: der Khalifen- und der Sassaniden-Verwaltung, bekannten Typen. Nur drang das Schreibwesen, und zwar schon in der Zeit vor der Fremdherrschaft, infolge der außerordentlichen Rationalisierung des Steuerwesens, noch intensiver bis auf den Boden des politischen Verbandes durch: der Dorfschreiber, welcher überall neben dem Dorfvorsteher stand, war die unterste, aber sehr wichtige Instanz dieser Schreiber-Bürokratie, deren massenhafte Pfründen zwischen Brahmanen und andern, sowohl vornehmen wie Parvenu-Kasten streitig waren. Die Mahratten-Herrschaft kannte wohl am konsequentesten den Dualismus des Deschmukh (Bezirksbeamten) und Patel (Dorfschulzen), die beide Mahratten, und des Deschpandya unt Kulkurnu (Dorfrechner), die daneben standen und meist Brahmanen waren. –

Auch der unklare Inhalt des Kschatriya-Begriffs: – Kleinkönigsfamilien oder Rittertum? – erklärt sich aus der zwischen Zersplitterung in zahllose Kleinkönigstümer – ursprünglich einfach: Häuptlingsschaften – und Zusammenfassung in patrimonial verwalteten Reichen schwankenden politischen Gliederung Indiens. Schon die epische Zeit kennt, sahen wir, einerseits den Heldenkampf, andrerseits die Anfänge der Disziplin eines nicht mehr sich selbst equipierenden, sondern aus königlichen Magazinen equipierten und verpflegten Heeres, wie es zur Zeit der Invasion Alexanders bestand. Der Dualismus von Selbstequipierung und Trennung der Kriegsbetriebsmittel vom Krieger, welcher die größten historischen Gegensätze der Heeresverfassung umschließt, bestand auch später weiter und ist auch unter der Moghul-Herrschaft nicht verschwunden: Stets wurde der sich selbst ausrüstende Ritter sozial anders gewertet als der, welchem der König oder ein Werbeoffizier die Equipierung lieferte. Aber das Reisläufertum aller möglichen halbbarbarischen Stämme und die Belehnung des verdienten Soldritters mit Land- und Herrschaftsrechten müssen seit der Radschputenzeit eine starke Flüssigkeit der ständischen Unterschiede erzeugt haben. Dazu trat nun das Schwanken

[71] Auch die indischen Radschas verkauften Steuer- und andere politische Pfründen aller Art gelegentlich.

der sozialen Struktur der politischen Verbände zwischen feudaler Organisation und Patrimonialismus. Bei der ersteren verwendete eben überall in der Welt der König die vornehmen alten weltlichen oder geistlichen Adelsgeschlechter, bei der letzteren Abkömmlinge niedern Standes als Träger der politischen Gewalt.

Wie groß der Einschlag alten Häuptlings- und Gefolgschaftsadels in den heutigen *Radschputen* noch ist, kann niemand sagen.[72] Sicher nicht stark. Denn in den patrimonialbürokratischen Epochen traten massenhafte aus den Steuerpächter- und Amtspfründner-Schichten durch Landbeleihung zu Grundherren gewordene Elemente nobilitiert in die Rangstellung des alten Adels ein, und auch die Reisläufer und Söldner beanspruchten überaus oft nach einer Reihe von Generationen, als *Kschatriya* zu gelten, wie dies noch heute eine Anzahl von halbhinduisierten Stämmen und von Bauernkasten tun, die einst jene Reisläufer stellten und seit dem Ende des Reisläufertums und der Befriedung Indiens friedlichem Erwerb nachgehen müssen. Andere Stämme, welche in der Vergangenheit erobernd größere Reiche geschaffen hatten, sind nach deren Zerfall und Unterwerfung durch die englische Herrschaft definitiv in eine eigentümliche Mittellage zwischen *Stamm* und *Kaste* geraten.

Zu diesen gehört vor allem der an der nördlichen Westküste heimische Stamm der Mahratten. Der Stammesname (maharatha = großer Krieger) kommt inschriftlich schon vor unserer Zeitrechnung vor. Hiuen Tsang rühmt in seiner Reisebeschreibung ihre ritterliche Kampfweise. Sie fochten jedoch schon damals in Reih und Glied, wenn auch als Rest der Heldenekstase die Berauschung (der Krieger und auch der Elefanten) vor der Schlacht häufig gewesen zu sein scheint. Nachdem unter der Islam-Herrschaft ihre Burglehen und ihre Verwendung als Soldritter fortbestanden hatten, haben sie in Auflehnung gegen die Herrschaft der Großmoghuls im 18. Jahrhundert die letzten auf national hinduistischer Grundlage errichteten Staatenbildungen in Indien hervorgebracht. Der *Adel* (Assal), d.h. die ehemaligen Krieger, beanspruchten Kschatriya-Rang und eine Mischung mit Radschputenfamilien hat offenbar stattgefunden. Das Ritual und die Sippeneinteilung nach hinduistischer Art ist im wesentlichen bei ihnen durchgeführt, gute (Deschaschth-) Brahmanen bedienen sie als Priester, aber den Stammes-Ursprung verraten noch die Reste totemistischer (Devak-) Organisation. Von ihnen sind die Bauern (Kunbi-Marhatten) ständisch abgesondert.

War schon der Adelsrang solcher ritterlicher Fremdstämme nicht unbestritten, so sind vollends die Kschatriya-Ansprüche der reinen Reisläufer-Stämme nie anerkannt worden. So kannte die ständische Ordnung der südindischen Tamils[73] zu Beginn unsrer Zeitrechnung, wo ihre Hinduisierung erst im Beginn

[72] Zu vergleichen R. Hoernle im J. R. A. S. 1905, p. 1 ff.
[73] Darüber s. das vorzügliche Buch von V. Kanakasabhai, The Tamils 1800 years ago, Madras 1904.

stand, außer den (eingewanderten) Brahmanen, welche allein als *wiedergeboren* bezeichnet wurden (weil sie allein den heiligen Gürtel trugen), nächst den Tamil-Priestern (Arivars, Asketen) den grundherrlichen Adel der Ulavars, der *Herrn der Wässer* (von der Bewässerung), aus deren Mitte Könige und politische Vasallen hervorgingen, dann verschiedene Kasten von Viehzüchtern und Handwerkern und erst als fünften Stand die Padaiachia, Soldaten, alle untereinander streng geschieden. Und auch die spätere brahmanische Klassifikation, welche die Händler über die inzwischen stark verbauerten Vellalars (die alten Ulavars) stellte, rangierte natürlich hier so wenig wie sonst die Berufssoldaten, welche in der Menage des Königs standen, in die wiedergeborenen Kasten ein.[74]

Problematisch blieb die Stellung der Amtsträger nicht militärischer Herkunft. Die reinen Steuerpächter, Zamindari, des Moghulreichs rekrutierten sich aus verschiedenen Kasten und haben selbst keinen besonderen Kastenrang gewonnen. Anders zum Teil die älteren Amtspfründner, soweit in diese Stellungen Leute von niederem Rang als Brahmanen oder Radschputen (oder gleichrangierende Kasten) überhaupt gelangten. Dies war, je nach der Art der Verwaltung, in sehr verschiedenem Grade der Fall. Scharf bestritten blieb endlich und ganz naturgemäß der Rangaufstieg der eigentlichen ganz unmilitärischen Schreiber-Bürokratie der Großkönigtümer noch bis in die Gegenwart. Die patrimoniale Herkunft des Beamtentums spricht sich in den Namem Amatya (ursprünglich: *Hausgenossen)* aus. Soviel ersichtlich, haben aber wenigstens national indische Könige persönlich unfreie Beamte, nach vorderasiatischer Art, nicht verwendet.[75] Nur der soziale Rang der Herkunftsklassen der Beamten hat gewechselt. Das alte Monopol des Rittertums auf die Ämter wurde vom Patrimonialismus gebrochen. Daß die Großkönige, schon die Maurya– und dann die Gupta-Dynastie (die erste seit dem 4. Jahrh. vor Chr., die zweite seit dem 4. Jahrh. nach Chr.) das Land durch Beamte aus den Çudra-Kasten regierten, wird in der brahmanischen Literatur mit dem Anbruch der Kali-Epoche in Beziehung gesetzt, entsprach aber dem in der ganzen Welt gleichartigen Wesen des Patrimonialstaats und insbesondere des orientalischen

[74] Alte *Krieger* (in Wahrheit oft: Räuber und Viehdieb-) Stämme waren z.B. die Khati, Besitzer fester Burgen, in Sindh, jetzt, nach der Austreibung, in Ahmadabad ansässig, heute teils Grundherren (Talukdari), teils Bauern. Sie sind Sonnenverehrer, welche Brahmanen als Priester haben und über eine Zentralorganisation verfügen. Die alten unvornehmen Reisläuferstämme sind in ihrer Berufswahl relativ unstabil. Die *Khatris* in Bombay, ursprünglich eine Kriegerkaste mit dem Anspruch auf Kschatriya-Rang und noch heute dem heiligen Gürtel, sind jetzt Baumwollweber geworden. Der alte Räuber Reisläuferstamm der Halepaika ebenda ist nach dem Fall der dravidischen Reiche zur Palmsaft-Destillation übergegangen.

[75] Das Standesgefühl des freien Beamten drückt sich in Formeln aus, wie der, daß der Beamte seine Stellung *nach freundlicher Verständigung mit dem König, seinem Herrn* innehabe (so in der Inschrift Ep. Ind. V, 213 aus dem Reich der westlichen Chalukya-Dynastie: Zeit: 12–13. Jahrh.). – Das Gros des Beamtentums gehörte indessen zur Kategorie der *bhritya,* welche Haremswächter ebenso wie arme Söldner umfaßte.

Patriarchalismus. Sicherlich hatte die alte Kschatriyakaste als ihr spezifisches Monopol die Beleihung mit politischer Gewalt angesehen. Aber sie hat es nicht zu behaupten vermocht und eben dies hat ihre Zersetzung bewirkt. Der Patrimonialstaat brauchte nicht nur Brahmanen, sondern auch schreibkundige Mitglieder anderer Kasten als Beamte. Er vergab seine Pfründen, also die Steuererhebung, an bürgerliche Steuerpächter, die Heeresanwerbung an Condottieri, schuf in Gestalt der Jagirdar, Talukdar, Zamindar Steuerpfründner aller Art, welche politische Gewalt ausübten und band sich dabei an keinen Stand. Um so weniger, als auch die Könige selbst recht oft glückliche Parvenus waren. Monarchen, die sich selbst inschriftlich als Sprößlinge der Füße Brahmans (also als Çudra) bezeichneten, kommen vor. Nach der strengen Theorie nobilitierte ja selbst die Königs-Abstammung einen Çudra nicht: die Rajbansi-Kaste in Bengalen exkommunizierte neuerdings ein Mitglied, weil es seine Tochter einem Mitglied der Koch-Kaste, der Abkömmling eines Radscha war, zur Ehe gegeben hatte.

Allein in aller Regel wirkte das Schwergewicht der politischen Machtstellung übermächtig. Mit den Radschputen und dem Militäradel überhaupt konkurriert daher heute der unmilitärische Amtsadel um den Kastenrang. Vor allem die großen Schreiberkasten. So die reine Bürokratenkaste der Kayasths in Bengalen und z.B. die halbbürokratische Militärpfründnerkaste der Prabhus in Bombay, einer an Zahl heute kleinen, nur dort vorkommenden, Schicht: einst einer Militärklasse, welche mit der Führung der lokalen Verwaltung (Steuererhebung, Urkundenführung und Militärverwaltung) schon seit der Guptaherrschaft beliehen war und später beliehen blieb. In Bengalen gab es landsässige Radschputengeschlechter in nur ganz geringer Anzahl: nur eine der bekannten Familien scheint zweifelsfrei dahin zu gehören; das Gebiet war seit der Sena-Dynastie patrimonialbürokratisch organisiert. Die auch in andern Gebieten als Schreiberkaste auftretenden Kayasth, welche im Vellala Charita (16. Jahrh.) noch als *reine* Çudra galten, beanspruchen jetzt in Bengalen Kschatriya von höherem Rang zu sein als die Radschputen.

Diese literarisch gebildeten Beamtenkasten sind heute beruflich durchaus anders zusammengesetzt als die Radschputen, welche einen besonders hohen Bruchteil von Analphabeten aufweisen und vollends die anderen alten Soldatenkasten. Nur äußerst wenig Radschputen sind in der modernen politischen und privatwirtschaftlichen bürokratischen Verwaltung vertreten, in welcher die Brahmanen und die Schreiberkasten eine hervorragende Rolle spielten. Das gleiche gilt für Anwaltschaft, Presse und die *gelernten* Berufe.[76] Der Kasten-

[76] In der Stadt Calcutta sind 30% der Kayasth clerks; unter den Kommis, Anwälten, Ärzten, Redakteuren, Ingenieuren streiten sich Brahmanen und Kayasths um die erste Stelle. In der Provinz Bombay sind von den Radschputen und Mahratten: 74 bzw. 92% in der Landwirtschaft, dagegen nur 2 bzw. 0,3% in der politischen Verwaltung, 0,8 bzw. 0,02%, in den *learned professions,* prozentual etwa ebensoviel wie von der verachteten Bauernkaste der *Kulis* in Gujarat. Von den Brahmanen und Prabhus sind dort 7 bzw.

rang der Kayasth ist beständig und leidenschaftlich bestritten, namentlich von der alten bengalischen Ärzte-Kaste der Baidya, welche den höheren Rang beanspruchen, weil sie außer der vollen Upanayam-Zeremonie auch im Besitz des Rechts seien, den Veda selbst zu lesen. Die Kayasth ihrerseits werfen den Baidya vor, das Recht zum Tragen des heiligen Gürtels sich erst vor etwa 100 Jahren unter Mithilfe bestochener Brahmanen erschlichen zu haben. Beide Teile dürften historisch im Recht sein. Wenn die Kayasth unzweifelhaft Çudra waren, so kann doch, trotz des hohen Alters der Medizin als Fachwissenschaft in Indien, auch eine Ärzte-Kaste in der früheren Vergangenheit höchstens, wie andre Kasten des alten Gildeverbandes (Mahajan), Vaiçya-Rang gehabt haben. Heute beanspruchen die Baidya-Kaste und die ihr entsprechenden Kasten anderer Gebiete vielfach höheren Rang als die Radschputen, weil es bei diesen nicht unter allen Umständen als deklassierend gelte, selbst die Hand an den Pflug zu legen. Ihre Rangansprüche können die Baidya damit stützen: daß die Sena-Dynastie Bengalens aus ihrer Kaste hervorging.

Alles in allem ist so die Eigenart derjenigen Kasten, welchen heute Kschatriya-Rang, mehr oder minder unbestritten, zugebilligt wird, höchst gemischt und trägt vor allem deutlich die Spuren der geschichtlichen Wandlungen an sich, welche der Hinduismus in politischer Hinsicht seit dem Aufkommen der Schreiberverwaltung durchgemacht hat. Noch problematischer war und ist die Lage der dritten Kaste der klassischen Lehre: der Vaiçya.

In der klassischen Lehre entspricht die Vaiçya-Kaste etwa unserm Stande der *Gemeinfreien.* Sie ist zunächst negativ, nach oben, dadurch charakterisiert, daß sie der rituellen, sozialen und ökonomischen Vorrechte des Priester- und Laien-Adels ermangelt. Nach unten, den Çudra gegenüber, dürfte ihr weitaus wichtigstes, wenn auch nie ausdrücklich erwähntes, Privileg die Anteilnahme am Bodenbesitz gewesen sein, die dem Çudra offenbar verschlossen war. In den Veden wird *Viça* in der Bedeutung von *Leuten, Untertanen* (des Herrschers) gebraucht. Der Vaiçya ist den klassischen Quellen in erster Linie *Bauer.* Aber schon in den Rechtsbüchern gehört außerdem das Darlehen gegen Zins und der Handel zu den für ihn statthaften Erwerbsarten. Für die klassische Zeit ist bemerkenswert, daß ein starker sozialer Unterschied zwischen der Viehwartung und der Führung des Pflugs gemacht wird. Jene, nicht aber diese, ist eine als Noterwerb zulässige Berufsart für einen Brahmanen. Das entspricht sehr alten und weitverbreiteten Anschauungen. Fast überall war Viehwartung Männer-, die primitive Ackerbestellung Frauen- oder Sklaven-Arbeit. Als *Bauer* ist der Vaiçya später und auch heute vollkommen verschollen, derart,

27% in der Verwaltung und 22 bzw. 18% in den *learned professions* (auch aus der Händlerkaste der Lohars sind dort Verwaltung und gelernte Berufe mit 5,8 bzw. 27% stark rekrutiert). Ein Radschpute geht sehr selten, ein Mahratte fast niemals zum Erwerb als shopkeeper über: die Mahratten-Kaste gilt noch heute als Beispiel träger feudaler Prachtliebe.

daß jetzt und schon seit alter historischer Zeit als eigentliche Vaçiya-Tätigkeit der Handel, Vaiçya und *Vanik* (Händler) für identisch galten. Eine Kaste, die Vaiçya-Rang beansprucht, sucht heute nachzuweisen, daß sie Händlerkaste gewesen sei und noch sei. Die Ausschaltung des Bauerntums aus der Gleichordnung mit dem bürgerlichen Besitz und Erwerb ist wohl durch eine Mehrzahl von Momenten bestimmt. Zunächst durch die zunehmende Feudalisierung und, weiterhin, patrimoniale Fiskalisierung und Präbendalisierung der Sozialverfassung. Schon in klassischer Zeit galt der Vaiçya als dazu bestimmt, von den oberen Ständen *aufgezehrt* zu werden. Im Mittelalter interessierte er nur als Steuerträger. Das mittelalterliche Indien ist das Land der Dörfer. Der Umfang eines Königreichs wird, wie gesagt, nach der Zahl der Dörfer, d.h.: der Steuereinheiten, angegeben.[77] Die Grundsteuer war und blieb schlechthin die ausschlaggebende Finanzquelle und das wichtigste Objekt der Verlehnung und Pfründenbildung. Der König heißt in klassischer Zeit *Sechstelnehmer*. Denn die alte traditionelle Grundsteuer von 1/6 der Ernte galt als erträgliche Steuer. In der Wirklichkeit wurde die Steuer so hoch und war – allerdings entgegen der alten Lehrmeinung – so sehr der Steigerung unterworfen, daß sich eine Theorie entwickeln konnte, welche dem König das Bodenmonopol zuschrieb. In den bengalischen und manchen südindischen Eroberungsgebieten entsprach dies annähernd wohl auch der Realität.

Die umfassendsten Untersuchungen der indischen Dorfverfassung werden bekanntlich B. H. Baden-Powell[78] verdankt, der mit den Materialien der britischen Steuerveranlagung arbeitete. Im übrigen werfen die monumentalen und die literarischen Quellen nur ein spärliches Licht auf die Vergangenheit der indischen Bauern. Für die Zeit spätestens seit der Moghul-Herrschaft aber und vielfach schon weit früher ist alles durch die ausschließliche Herrschaft der fiskalischen Interessen bestimmt. Es handelt sich seitdem darum: wer der Träger der Steuerhaftung ist. Wenn jedes einzelne Feld gesondert zur Steuer veranlagt ist und jeder einzelne Bodenbesitzer in einem Dorf für seinen Besitz und nur für diesen haftet, dann ist das Dorf ein Ryotvari- oder Raiyatvari-Dorf.[79] Es fehlt dann ein Grundherr. Dafür ist der alte gentilcharismatische Dorfvorstand (patel), der damals als Beamter der Regierung galt, mit erheblicher Autorität ausgestattet, sammelt die Steuern ein, hat, in Zentral-Indien als eine Art von Erbscholtisei-Lehen, das steuerfreie und erbliche Watan-Land inne, wohnt in einem zentral gelegenen, oft befestigten, Wohnhaus. Eine dem Dorf gehörige *Mark* außerhalb der Feldmark existiert dann heute nicht, sie gehört dem Staat, der allein das Recht der Besiedelung vergeben kann. Anders,

77 Später meist in lakhs, d.h. Renteneinheiten, deren Unterlage die Steuer-Einschätzung war.

78 Vor allem: The Land Systems of India, Oxford 1892 (3 Bände), außerdem das kürzere schon zitierte Kompendium über die Village Community.

79 Von Raiyat, der Untertan, der *Geschützte* (Client).

wenn ein Kreis von Besitzern dem Fiskus als solidarisch haftbar für eine Steuerpauschale (jama) eines Dorfes gegenübersteht. Dann gilt dieser Kreis von Besitzern, der oft, ursprünglich wohl fast immer, ein *panchayat* als Vertretung besitzt, als befugt zu allen Verfügungen über das Dorf und über die zum Dorf gehörige gemeine Mark (das Ödland). Er vergibt die Felder des Dorfes gegen Renten an die Bauern, Dorfhandwerker, Dorfhändler, teilt das Ödland nach Belieben auf, sondert *Sir*-Land (Hofland in eigner Regie) für die einzelnen Beteiligten und nach Ermessen auch für die Gesamtheit aus und verpachtet eventuell das letztere auf Zeit. Es fehlt also der Dorf-patel mit seiner kraft charismatischen Eigenrechts überragenden Stellung; statt seiner kommt unter Umständen ein die Verwaltung führender *Lambardar* als Repräsentant der Gemeinschaft der Interessenten gegenüber dem Fiskus vor. Das Anteilsrecht und ihm entsprechend die Beitragspflicht zur Steuer kann unter die Beteiligten nach Erbquoten (patti) geteilt sein (pattidari-Dörfer) oder nach andern Maßstäben, insbesondere nach der jeweiligen Leistungsfähigkeit der einzelnen Besitzer (bhaiachara-Dörfer). Die pattidari-Dörfer hält Baden-Powell natürlich mit Recht für solche, welche aus einem grundherrlichen Besitz entstanden sind. Zamindari-Dörfer, d. h. solche im Besitz einzelner Grundherren, finden sich vielfach auch heute und schon das früher zitierte Kautaliya Arthaçastra enthält den Rat, jemanden, der sich zur Garantie der Steuerpauschale bereit finde, mit dem Ödland zu beleihen. Da zwar nicht die streng politischen Rechte, wohl aber die ökonomischen Gebührnisse des Radscha teilbar waren, und da die Verleihung von Dörfern an eine Vielzahl von Brahmanen zu bestimmten Quoten (vritti) inschriftlich häufig vorkommt, so ist diese Erklärung gesichert. Auch für die Bhaiachara-Dörfer aber nimmt Baden-Powell die gleiche Entstehungursache an; hier seien nur die Quoten in Vergessenheit geraten. Da aber der Übergang von Raiyatvari-Dörfern in die Form von Bhaiachara-Dörfern, also in solche mit Solidarhaft und Verfügung über die gemeine Mark, im Gefolge der Steuerveranlagung noch jetzt bewußt vorkommt, so ist diese Annahme nicht zwingend.

Abgesehen von der scharfen Scheidung der Typen der modernen Dorfverfassung, die ihm verdankt wird, hat Baden-Powell einleuchtend die Folgen klargelegt, welche die Festhaltung der Sippe und Phratrie (er sagt: Clan) als Grundlage der Landleihe des Herrenstandes in Verbindung mit dem Landüberfluß der Frühzeit für die Dorfverfassung haben mußte. Festhalten wird man von seinen Aufstellungen, nach Analogie anderer asiatischer Gebiete, insbesondere: 1. daß die volle Feldgemeinschaft (der Agrarkommunismus) des Dorfes nicht die primitive Agrarverfassung Indiens, jedenfalls aber nicht die Grundlage der späteren Agrarverfassung war, – daß vielmehr 2. der Stamm (und eventuell seine Unterabteilung, der Phratrieverband) sich als Besitzer des okkupierten Gebiets betrachtete und Angriffe darauf abwehrte – 3. daß die alten indischen Dörfer die *Allmend* und

Allmendrechte im europäischen Sinn als Bestandteile der Bauernhufe nicht, jedenfalls nicht notwendig, kannten (Folge des Landüberflusses und des Fortbestandes der Phratrieverbände) – 4. daß Grundherrlichkeit auf der Grundlage einer der okzidentalen entsprechenden oder ähnlichen Lehensverfassung bei der Entwicklung der indischen Agrarverfassung kaum eine Rolle gespielt, diese vielmehr einerseits durch die Sippen- und Phratrie-(Clan-) Gemeinschaft der Eroberer, andrerseits durch Verleihungen von Steuerpfründen bestimmt wurde, – 5. daß Rodung einerseits, Eroberung andrerseits die ältesten Eigentumstitel an Land waren.

Die heutige, indisch in Südindien als *upri*, amtlich als *occupant* bezeichnete, Schicht der unmittelbaren Landbebauer, also konkret ausgedrückt: der Leute, welche selbst den Pflug führen und jene Pachten zahlen, welche an die Teilhaber der Pattidari- und Bhaiachara-Gemeinschaft geleistet werden, stehen jetzt, nach den englischen Reformgesetzen, im allgemeinen in einem Besitzverhältnis zum Boden, welches am ehesten in der Lage der irischen Pächter seit der Gladstoneschen Agrarreform eine Analogie findet. Daß dies nicht der ursprüngliche Zustand war, ist klar. Die klassische Literatur, namentlich die Rechtsbücher, ebenso aber auch die Jatakas und die gleichzeitigen Schriftsteller[80] kennen weder Grundherrschaft noch die heutige *joint village*. Kauf und Teilpacht von Land, die letztere allerdings nicht von Dorf-Land, kommen vor. Allmend und Gemeindehirte sind in Nordindien bekannt. Vorkaufsrecht der Dorfgenossen, Auswärtigen gegenüber, verstand sich ursprünglich offenbar von selbst. Südindische Dörfer tun sich zusammen, um eine einheitliche neue Gemeinde zu bilden.[81] Dorfausschüsse erhalten Verleihungen des Königs[82] und Dörfer treten auch aktiv als Gesamtheit, z.B. als Schenker, auf, vertreten durch ihre panchs.[83] Es existierte also eine primäre *Dorfgemeinde* auch unabhängig von den Steuerhaftungsverhältnissen[84] und sie mußte existieren, wo immer die

80 Vgl. hierzu: Caroline Rhys Davids, *Notes on the early economic conditions in N. India. J. R. A. S. 1901,* p. 859 f.

81 Tamil-Inschrift Ep. Ind. III, p. 142 ff. aus dem 8. Jahrh.

82 Ep. Ind. IX, p. 91 aus dem 9. Jahrh.

83 So in der großen Inschrift Ep. Ind. II, p. 87 f. (aus dem 1. Jahrh. vor Chr.).

84 Die indische Fluraufteilung konnte nicht diejenige Art von Gemenglage (in Gewannen und Streifen) aufweisen wie die deutsche. Die pattis liegen zwar oft, der Bonitätsunterschiede des Bodens gemäß, über die Flur in Stücken verteilt (Rotation kommt vereinzelt vor), aber im ganzen doch in großen und nicht rechnerisch, der Fläche nach, vergleichbaren Blocks. Die Zahl der Pflüge, die jemand besaß, und des darnach von ihm zu bestellenden Landes war maßgebend. Das Land war zunächst im Überfluß vorhanden und deshalb rechnete man nicht; dagegen war das Wasser für die Bewässerung wirtschaftliches Gut und wer sich hier Übergriffe erlaubt hätte, wäre, wie Baden-Powell hervorhebt, auf Widerstand gestoßen. Neuverteilungen zur Ausgleichung der Nahrung kamen vor. Mit zunehmendem Druck des Fiskalismus aber traten ähnliche Erscheinungen auf, wie sie aus Rußland bekannt sind; das Maß der Steuerbelastung wird zum Maßstab des Rechts (und eventuell der Pflicht), am Boden beteiligt zu sein.

Siedlungen der Eroberer den Unterworfenen geschlossen gegenüberstanden. Starke sekundäre Gemeinschaftsverhältnisse ergaben sich von jeher da, wo Bewässerungsanlagen die Fruchtbarkeit bedingten; die Anteilsrechte am Wasser bestimmten sich zweifellos nach dem Maße des Anteils an den Kosten. Aber gerade die Bewässerungsanlagen konnten die Grundlage starker ökonomischer Differenzierung werden. Zwar geschah die Anlage von Stauteichen nebst Zubehör oft als Stiftung. Aber wohl weit öfter wurden sie von ökonomisch starken Unternehmern, einzelnen oder Verbänden, angelegt, welche dann das Wasser gegen Zins abgaben. Die *Wasserherren* in Südindien stammen daher.

Eine wichtigere Quelle der Entstehung ökonomisch privilegierten Besitzes war das *Watan*-Land[85], die Dienstländereien der Dorfvorsteher, Dorfpriester, Dorfrechner und unter Umständen noch anderer Dorfbediensteter. Sie waren vererblich und wurden später veräußerlich, vor allem aber waren sie entweder steuerfrei oder hatten nur feste Abgaben, nicht die, wenn auch nicht der Theorie, so doch der Sache nach, steigerungsfähigen Ernteanteile der gewöhnlichen Bauernhöfe zu zahlen. Unter der Mahrattenherrschaft suchten die Amtspfründner, mochten im übrigen ihre Einkünfte aus welchen Quellen und Bezirken immer fließen, zum mindesten in ihrem Heimatdorf das Watan-Land in eigner Hand zu haben und zu behalten, und es wurde eine Art Ehrenpunkt für die sozial herrschenden Schichten, dieses Dienstlehen der Familie nicht aus der Hand zu geben. Je stärker die steuerliche Belastung stieg, desto mehr galt Watan als privilegierter Besitz und war daher auch als reine Vermögensanlage gerade von den höchsten sozialen Schichten sehr gesucht. Die Dienstpfründe war auch in Nordindien dem alten Epos gut bekannt. Je nach dem Rang des Amts umfaßte sie Renten von Einzel-Grundstücken bis zu Renten einer ganzen Stadt. Aber die alte Patrimonialmonarchie hatte hier offenbar stärker durchgeführt, – was später die Mahratten im Süden erstrebt, aber nicht voll durchgesetzt haben: – daß daraus kein erbliches Besitzrecht an bestimmten Grundstücken wurde.

Die Sonderqualität des Watan-Landes hing ursprünglich fest mit der ständischen, genauer ausgedrückt: der gentilcharismatischen Qualität der Sippe – Dorfhäuptlingssippe – zusammen, welche es als Dienstland besaß. Ähnliche, mit ständischen Qualitäten der Besitzer zusammenhängende Besitzrechte gab es offenbar in erheblicher Zahl. Zunächst muß schon die Monopolisierung des vollen Bodenbesitzes in den arischen Dörfern zugunsten der Eroberer, unter Ausschluß der Unterworfenen, Quelle solcher Differenzen gewesen sein, von denen sich nicht mehr ermitteln läßt, wie sie sich weiter entwickelt haben. Dagegen finden wir Bestätigungen von Landbesitzrechten *zum Recht der Brahmanenpfründen* und besonders häufig findet sich inschriftlich im indischen Mittelalter eine *bhumichchida* genannte Rechtsform des Bodenbesitzes,

[85] Darüber ausführlich Baden-Powell in dem größeren der zitierten Werke.

welche zweifellos einen vererblichen, einer willkürlichen Erhöhung der Besteuerung nicht unterworfenen Landbesitz bedeutet und diese Qualität von der persönlichen ständischen Stellung der berechtigten Sippe (dem Gentilcharisma) herleitet. Und ganz allgemein findet sich in den von Baden-Powell untersuchten Fällen eines privilegierten Verbandes von Grundrentnern *(joint village)*, daß die Beteiligten kraft ihres durch Zugehörigkeit zu einer gentilcharismatischen (fürstlichen) Sippe begründeten *Geburtsrechts* (mirasi, von Baden-Powell mit *birth right* übersetzt) die Teilhaberschaft beanspruchen. Alles zu festem erblichen Recht und (eventuell) fester Rente besessene Land heißt technisch: *miras*. Die erbliche Standesqualität der Sippe, und später: der Kaste, war es also gewesen, welche primär die Qualität des Besitzes als mirasi bestimmte: es waren jedenfalls durchweg Klassen, die, auch wenn sie selbst wirtschafteten, doch, so lange als irgend möglich, die Hand nicht selbst an den Pflug legten, um nicht rituell deklassiert zu werden, wie es gelegentlich verarmten Radschputen und andern vornehmen Landbesitzern erging. Wenn nun in den Urkunden des indischen Mittelalters *Dorfbewohner* als Zeugen oder als Schenker auftreten, oder wenn neben der königlichen Sippe und den Beamten und stadtsässigen Händlern *Landleute* als ein offenbar nicht deklassierter Stand aufgeführt werden[86], so weiß man nie, ob es sich um Grundrentner oder um eigentliche Bauern oder um ein Mittelding zwischen beiden handelt, und in der Regel dürfte das Erstere das weitaus Wahrscheinlichere sein. Auch für die Gegenwart sind die sonst vorzüglichen Darstellungen der Census Reports über die einzelnen Kasten hier meist sehr undeutlich. Naturgemäß ist der Unterschied jetzt vielfach flüssig. Ihre Stellung als *selbständige* Bauern in unserm deutschen Sinn haben offenbar zwei Schichten von Dorfbewohnern am vollständigsten gewahrt: die Khunbi im Westen und Norden und die Vellalar im Süden. Die ersteren entstammen dem Schwerpunkt nach Gebieten, in welchen die soziale Gliederung auf dem Lande vorwiegend nicht durch finanzielle, sondern durch militärische Differenzierung: Loslösung der Ritter und Berufssoldaten von den Bauern, bedingt war und daher, wie in solchen Fällen stets, wesentlich weniger schroff blieb.[87] Die Vellalar aber sind die früher erwähnte alte Vollfreien- (Grundherrn-) Klasse, welche unter dem Patrimonialismus und der Herrschaft des Soldheeres verbauerte und nach Durchführung des hinduistischen Systems im Kastenrang zurückgesetzt wurde. Diese beiden Kasten stellen die anerkannt besten, vor allem auch geschäftlich tüchtigsten Landwirte Indiens, und namentlich die Khunbis sind offenbar moder-

[86] So in der aus dem 9. Jahrh. stammenden Inschrift Ep. Ind. I, p. 184 neben dem König und den *thakurs* (politische Feudalherren) die *janapada* (vom Übersetzer mit *provincials* wiedergegeben). Nur gelegentlich kommt ein Rayat, aber als offenbar persönlich freier Mann, inschriftlich vor.

[87] So wendete sich eine königliche Verleihungsurkunde aus Udeypur noch im 12. Jahrh. an die Rashtrakutras (Ritter) und Kutunbis als die beiden Klassen der Einwohner einer Ortschaft (Ep. Ind. IV, p. 627).

nen Wirtschaftsmethoden sehr zugänglich, z. B. auch geneigt, ihre Ersparnisse in Fabriken und Wertpapieren anzulegen. Im übrigen gehören zu den sozial relativ hoch rangierenden landwirtschaftlichen Kasten eine Anzahl hinduisierte Stämme, wie die Jat, Gujar, Koch, einige jetzt als Landbesitzer ansässige alte Reisläuferkasten und verstreute Reste von relativ vornehm geltenden nichtadligen Landwirten.

Sonst sind die freien Bauern teils in Zeiten anhaltender Fehden durch Kommendation zu Hintersassen (Pächtern) eines mit der politischen Gewalt im Dorf Beliehenen geworden, gelegentlich auch durch Verschuldung oder einfach durch akute oder chronische Vergewaltigung.[88] Die breite Masse der indischen Bauernschaft aber ist nicht aus solchen Gründen, sondern durch das Finanzsystem der Großkönigtümer zu einem reinen Objekt der Rentenerpressung deklassiert worden. Sie konnten als Mitglieder einer *wiedergeborenen* Kaste nicht in Betracht kommen. Massenhafte mehr oder minder vollkommen hinduisierte Eingeborenenstämme befinden sich unter ihnen und diese unter die *Vaiçya* aufzunehmen hinderten schon rituelle Gründe.[89] Sie wurden im allgemeinen und wo nicht rituelle Unreinheitsgründe bestanden als *reine Çudra* angesehen.[90] In der Art trägt das Kasten-Schicksal der Bauern die Spuren der sozialen Verschiebungen an sich, welche der Fiskalismus des Beamtenstaats nach sich gezogen hatte. Eine Reihe teils ganz allgemeiner, teils spezifisch indischer Bedingungen wirkte zu diesem Schicksal mit. Die soziale Deklassierung der Gemeinfreien im Mittelalter des Okzidents hing bekanntlich mit ihrem Ausscheiden aus dem Kreise der militärisch trainierten und also militärisch vollwertigen Genossen der Wehrgemeinde und dem Aufkommen der ritterlichen Berufskrieger zusammen. Ökonomisch war dies durch die Volkszunahme und die dadurch und durch allgemeine Kulturbedingungen herbeigeführte steigende Intensität des Ackerbaus verursacht, welche die Arbeitskraft des von der Arbeit seiner Familie lebenden freien Mannes zunehmend ökonomisch mit Beschlag belegte und ihn so ökonomisch *unabkömmlich* für militärische Zwecke machte und pazifizierte. Ihre breite Masse mußte überall zunehmend – im Gegensatz zu den taciteischen Freien – selbst die Hand mit an den Pflug legen. Diese letztere Einzelheit deklassierte nun im Okzident, wie sowohl nordische Beispiele wie die römische Cincinnatus-Legende (eine Tendenz-Legende) zeigen, nicht in dem Grade wie dies in Indien wenigstens in historischer Zeit der Fall war. Denn hier traten zu den in der Entwicklung der

88 Darüber Baden-Powell, Land System II, p. 162 ff.

89 Inschriftlich (Ep. Ind. IX, S. 277) rühmt sich ein Feudalfürst aus der Gegend von Jodhpur, daß er die Ahir (s. über diese oben) aus einem Ort gejagt und dort das *Mahajan* etabliert habe, nämlich Brahmanen, prakriti (was der Übersetzer als *Kschatriya* interpretieren möchte) und Vaiçya.

90 Während von den Vellalar jedenfalls das immer feststand, daß sie nicht zu den Çudra gehörten.

Agrarverfassung liegenden Umständen, welche den Bauer als solchen deklassieren mußten, andere soziale Momente. Die Entwicklung der Städte und der bürgerlichen Klassen hat zwar überall in der Welt, im Okzident in der Antike einschließlich der Juden ebenso wie im Mittelalter, den *Pisang* [91] sozial degradiert, weil er die Konventionen der gebildeten städtischen Gesellschaft nicht mitmachte, dann auch, weil er militärisch und ökonomisch mit ihrer Entwicklung nicht Schritt halten konnte. Der Gegensatz von Stadtvolk (paura) und Landvolk (janapada) taucht ebenso in indischen Quellen aller Art auf. Aber dazu traten nun die besonderen indischen Verhältnisse. Denn hier ließ die städtische Entwicklung, wie wir sehen werden, bei den pazifistischen Erlösungsreligionen: Buddhisten und, am schroffsten, Jainisten, das Prinzip des *Ahimsa* entstehen: das Verbot der Tötung irgendwelcher Lebewesen. Damit wurde der Bauer, der den Pflug führte und dabei Würmer und Insekten vernichtete, nun auch rituell und also noch weit tiefer deklassiert, als er es auch im Judentum und (antiken und mittelalterlichen) Christentum war, und wenigstens etwas davon blieb haften, auch nachdem die bürgerlichen Erlösungsreligionen wieder verschwunden oder doch zurückgedrängt waren. Die Viehzucht, soweit sie blutige Verrichtungen einschloß, sank tief. Zahlreiche Spezialkulturen, wie Gemüse, Tabak, Rüben und andere, galten aus untereinander verschiedenen rituellen Gründen als degradierend oder geradezu befleckend. Endlich aber mußte die zunehmende Betonung der literarischen *Bildung* und des *Wissens* als der ständisch und religiös bedeutsamsten Qualifikation an Stelle des magischen Charisma den Bauer am stärksten sozial drücken, eine Erscheinung, die ebenso auch im Judentum und im mittelalterlichen Christentum (z.B. bei Thomas v. Aquin) sich findet.[92]

Während die alte Zeit in der Rangfolge der Berufe die Viehzucht voranstellte, dann den Ackerbau und am tiefsten den, bei Bauernvölkern überall verachteten und verdächtigen Handel, vor allem das Geldleihen, stellte[93], galt später der Handel als sozial weit überlegen.[94] Dies ist eine radikale Umkehrung der Rangordnung der vedischen Zeit, welche den Kaufmann (pani) nur als einen wandernden, in der Regel stammfremden, Tags feilschenden, Nachts stehlenden, seine Reichtümer an geheimen Aufbewahrungsorten zusammentragenden Mann kennt, der gottverhaßt ist, weil er geizig gegen Götter (im Opfern) und Menschen (insbesondere heilige Sänger und Priester) ist und dessen *gottlose*

[91] *Pisang* von *paysan*. Vgl. *paganus* (römisch *Bauer*, später auch: *Civilist*, christlich: *Heide)* und *am haarez* bei den Juden.

[92] Im Christentum ist – was oft nicht beachtet wird – der Bauer als solcher erst zu Ehren und zu seiner heutigen Schätzung gekommen, als die Entwicklung des Rationalismus und der Skepsis in den bürgerlichen Klassen die Kirchen darauf hinwies, ihre Macht auf die traditionalistischen Instinkte der Bauern zu stützen.

[93] Noch Mahabh. XIII, 60, 23 und Manu IX, 327.

[94] Der Viehzucht gegenüber schon deshalb, weil diese Verrichtungen wie die Vornahme der Kastration bedingt.

Schatzkammern eben deshalb im Kontrast zu den Horten des Adels stehen, der die Hände jener Klassen füllt. *Ari*, der Reiche, Mächtige, hat daher eine böse und eine gute Bedeutung, wie Pischel und Geldner (III, p. 72 f.) bemerkt haben. Er ist der gesuchteste, gehaßteste und beneidetste Mann, der Mann, mit dem man sich nicht vertragen kann, fett und hochmütig, besonders wenn er keine oder andere Sänger und Priester bezahlt als den betreffenden. Er soll schenken, immer wieder schenken, und tut er dies, so ist er der Liebling der Götter und Menschen. Aber der Kaufmann tut dies eben nicht. Immerhin kennt schon der Atharvaveda[95] ein Gebet um Vermehrung des Geldes, mit welchem der Kaufmann auf den Markt kommt, um Geld mit Geld zu erwerben, und die aller primitiven Religiosität eigne Verklärung des Reichtums, der – nach dem Rigveda[96] – den Himmel zu erwerben gestattet, gibt selbst den Çudra Einfluß. Denn auch von ihnen nimmt der Priester Geld.

Das Odium des Handels schwand in der Zeit der Städteentwicklung völlig. Geldbesitz und Händlertum, die typischen Vaiçya-Qualifikationen des indischen Mittelalters und noch der Gegenwart, haben aber auch dann in ihrem Kastenrang noch starke Peripetien durchgemacht. Es ist höchst auffallend, daß eine in der Zeit der Gildenmacht und Städteblüte hier (wie im Okzident) so angesehene Kaste wie die Goldschmiede, die noch heute in einzelnen Gebieten geradezu den ersten, fast Brahmanen-Rang einnehmen, in nordindischen Quellen als der Typus einer verworfenen Betrüger-Zunft galten.[97] Ebenso sind einige andre bengalische Händlerkasten, welche in der Zeit der Entstehung der Großkönigtümer als Geldgeber der Fürsten im Zenith der Macht standen, später degradierte Çudra-Kasten und es wird berichtet, daß Konflikte mit den Sena-Königen, vor allem mit Vallala Sena, welcher bei modernen Rangerhöhungsansprüchen von Kasten fast stets das Odium des Umsturzes des alten Kastenranges zu tragen hat, den Anlaß dazu gaben. Gut bezeugt und innerlich glaubhaft schon an sich ist, daß die Aufrichtung der patrimonialbürokratischen Herrschaft auch hier, wie in den Adelskasten, starke Verschiebungen gebracht, und daß die heutige Kastenordnung in Bengalen die Spuren einer Katastrophe, in andern Gebieten einer Verkümmerung oder stagnierenden Entwicklung der Bürgermacht an sich trägt, welche die Grenzlinie zwischen Vaiçya und Çudra vielfach verwischte. Die heutigen Händlerkasten hohen Ranges sind nur zum Teil alte städtische Kaufmannskasten. Zum andern sind sie aus monopolistischen Handelsorganisationen herausgewachsen, welche die patrimoniale Fürstenmacht ins Leben rief. Andrerseits ist bei weitem nicht jede Händlerkaste eine Kaste hohen Ranges. Ein Teil von ihnen sind geradezu unrein und wahrscheinlich aus Paria-Stämmen, welche den betreffenden Handel monopolisierten, erwachsen. Auch hier spiegelt sich die Verwaltungsgeschichte in den Kastenverhältnissen.

95 III, 15. Indra gilt geradezu als Kaufmannsgott.
96 VIII, 13, 5.
97 So z. B. im Arthasastra des Kautaliya in der Fassung Chanaukyas.

Das Eindringen der *Geldwirtschaft* in Indien erfolgte etwa gleichzeitig mit dem Aufstieg des Hellenentums im Handel des Okzidents. Längst vorher bestand Seehandel und Karawanenhandel nach Babylon und, später, Ägypten. Wie in Babylonien die Schaffung von gemünztem Geld, d.h. irgendwie signierten, später geprägten oder gegossenen Metallblöcken bestimmten Gewichts zunächst eine private Angelegenheit der großen Händlerfamilien blieb, deren Prägung Vertrauen genoß, so in Indien.[98] Noch die Herrscher der Maurya-Dynastien, auch Açoka, haben keine Münzen selbst geprägt. Erst der Zufluß hellenistischen und römischen Edelmetalls veranlaßte die Großkönige des ersten nachchristlichen Jahrhunderts dazu, während im Innern des Landes die alten Privatmünzen und Münzsurrogate noch lange im Umlauf blieben. So wenig wie in Babylonien hat in Indien das Fehlen der staatlichen Münzprägung die Entstehung des kapitalistischen Handels und des politischen Kapitalismus gehindert. Etwa vom 7. vorchristlichen Jahrhundert angefangen hat fast ein Jahrtausend lang die kapitalistische Entwicklung sich ausgebreitet. Es taucht der *Markt* auf und wird Mittelpunkt der Verwaltung: die Dörfer ohne Markt (mouza) waren noch unter der Mahrattenherrschaft der kusha, dem Marktflecken (einer Art von Metrokomia im spätantiken Sinn) angegliedert. Die Städte verloren ihren anfänglichen Charakter als lediglich fürstlicher Festungen (pura, nagara). Sie legten sich – namentlich an der See – einen Stadtteil zu, der sich in seiner Gliederung zum alten Fürstensitz und dessen Form so verhielt, wie in Italien der Mercato, der ökonomische Markt: der Platz, wo man verkauft und einkauft, zur Piazza (del campo della signoria), dem Platz, auf welchem das Aufgebot gemustert und Turniere abgehalten werden (am klarsten in der Duplizität der Plätze im Grundriß noch des heutigen Siena vor und hinter dem Palazzo Pubblico erhalten), oder wie die Doppeltheit der Burg (Kasbah) und des Marktes (Bazar) in islamischen Städten.[99] In die Stadt waren die reichen Adligen gezogen, um dort ihre Renten zu verzehren.

[98] Darüber Kennedy J. R. A. S. 1898, p. 281. Kurzer Abriß der indischen Münzgeschichte im Imp. Gazetteer, The Ind. Empire Vol. II, ch. IV, p. 137 f.: Silber, das heutige Währungsmetall Indiens, wurde dort gar nicht, Gold, das Prägungsmetall der Großkönige der ersten Jahrhunderte, nur in geringem Umfang produziert. Die aus dem Handel mit dem Westen herrührenden Edelmetallschätze, von deren Umfang die Beuteziffern der Mohammedaner einen Begriff geben, dienten dort wesentlich der Hortbildung, obwohl es vielleicht nicht zufällig ist, daß eine der Blüte- oder auch: Nachblüte-Periode der Gildenmacht (2 Jahrh. n. Chr.) mit dem starken Geldimport aus dem Römerreich und der Prägung von aurei des römischen Typus zusammenfiel.

[99] So wird die Tamil-Stadt Kaviripaddinam kurz vor unserer Zeitrechnung beschrieben. In der Händlerstadt befinden sich die meisten Warenhäuser und Gewerbe und sind die Yavana (okzidentalen) Kaufleute angesiedelt, in der Königsstadt die Luxusgewerbe, die Brahmanen, Ärzte, Astrologen, Barden, Schauspieler, Musikanten, Blumenstraußmacher Perlenschnurmacher, Grundrentner. Zwischen beiden liegt der Marktplatz. Die Tamil-Könige hielten römische Söldner (vgl. V. Kanakasabhai, The Tamils 1800 years ago, Madras 1904.

Nach einer Chronik sollte nur wer 1 Kror = 100 lakhs (die Einheit, nach welcher die Großpfründen bemessen wurden, entsprechend der Zahl der Dörfer, deren Renten sie enthielten) besaß, in der Stadt wohnen dürfen.[100] Neben die Grundrentner trat nun die Vermögensakkumulation durch Handel.

Die typische Organisation des Karawanenhandels unter Karawanenvorstehern findet sich und die Gilden (çreni, später: gana) der Händler traten an Macht zunehmend neben die Ritterschaft und den Priesteradel. Der König wird von den Gilden finanziell abhängig, er hat nur das Mittel, sie zu entzweien oder zu bestechen. Schon im Epos[101] spricht er nach einer Niederlage seine Besorgnis vor ihnen (außer vor seinen Verwandten und den Priestern) aus. In einzelnen Städten trat an die Spitze der Gilden und als Vertreter der Interessen der Bürgerschaft gegenüber dem König ein gentilcharismatischer Chef, dem die Ältesten der Gilden *(Marktherrn)* als Ratsbehörde zur Seite standen.[102] Die drei vornehmen Stände waren nun: weltlicher und geistlicher Adel und Händler, und diese galten oft als gleichwertig, hatten nicht selten Konnubium untereinander und verkehrten mit dem Fürsten auf gleichem Fuß. Die Kaufleute finanzierten die Kriege der Fürsten und ließen sich von ihnen, einzeln oder als Gilde, Herrschaftsrechte verpfänden oder verleihen. Und wie das *commune,* die Eidverbrüderung der Herrenstände, im Okzident, namentlich in Frankreich, auch auf das Land übergriff, so findet sich Ähnliches auch in Indien.[103] Die Bildungs-Aristrokratie der Priester, der Ritteradel und die bürgerliche Plutokratie konkurrierten miteinander um den sozialen Einfluß, und selbst reiche, d.h. am Handel beteiligte Handwerker verkehrten mit den Fürsten. Zwischen wenigstens einem Teil der Handwerke scheint Freiheit der Berufswahl bestanden zu haben. Es ist die Zeit, in welcher Leute aller Klassen, selbst Çudras, es zum Erwerb der politischen Herrschaft bringen konnten.

Die entstehende patrimoniale Fürstenmacht mit ihrem disziplinierten Heer und ihrem Beamtenstabe empfand die Machtstellung und finanzielle Abhängigkeit von den Gilden zunehmend unangenehm. Wir hören, daß einem bengalischen König ein Vanik (Händler) ein Darlehen für Kriegszwecke mit dem Bemerken verweigerte: das Dharma des Fürsten sei nicht Krieg zu führen, sondern den Frieden und die friedliche Wohlfahrt der Bürger zu schützen. Mit dem Hinzufügen jedoch, daß das Darlehen gleichwohl vielleicht gegeben werden könne, falls der König ein geeignetes Schloß als Pfand zu geben vermöge. Der

[100] Ind. Ant. XIX (1890), p.231f.

[101] III, 249, 16. XII, 54, 20. Vgl. W. Hopkins, The social and military position of the ruling castes in ancient India. J. of the Am. O. S. XIII, p.57ff.

[102] So in Ahmadhabad.

[103] Eine Gilde hat die Verwaltung eines Bezirks in den Händen; Ind. A. XIX, 145 (Inschrift aus dem 7. Jahrh.). Die Mahajanas eines Dorfs mit ihrem Vorstand an der Spitze erhalten eine Steuer aus dem Dorf verliehen für die Anlage einer Zisterne; Ind. Ant. XIX, p.165.

schwere Grimm des Königs, wird dann weiter erzählt, entlud sich bei einem Bankett, als die Händlerkasten sich weigerten, den ihnen vom Hofmarschall angewiesenen Platz inmitten der Çudras anzunehmen und sich protestierend entfernten. Auf die Mitteilung des Beamten vom Geschehenen degradierte der König diese Kasten unter die Çudras. Was an dieser konkreten Erzählung des Vellala Charita[104] Wahres ist, bleibe ganz dahingestellt: typische Spannungen berichtet sie offensichtlich. Der Gegensatz des fürstlichen Beamtentums gegen die Macht der bürgerlichen Plutokraten war naturgegeben und spricht sich auch in jener Verdammung der Goldschmiede, welche teils Träger der alten privaten Münzprägung gewesen sein mochten, teils sicher Darlehnsgeber der Fürsten waren, im Kautaliya Arthasastra aus. Dem Bürgertum wurden nun, neben seiner zweifellosen numerischen Schwäche, gewisse spezifisch indische Umstände im Kampf gegen die patrimoniale Fürstenmacht verhängnisvoll. Zunächst der absolute Pazifismus derjenigen Erlösungsreligionen, welche etwa gleichzeitig – wir werden später sehen, in welchem Sinn vielleicht in Kausalverknüpfung – mit der Entwicklung der Städte sich ausgebreitet hatten: des Jainismus und Buddhismus. Dann aber die, wenn auch noch nicht stark entwickelte, aber doch vorhandene Kastengliederung. Beide standen der Entwicklung der Militärmacht des Bürgertums im Wege, der Pazifismus prinzipiell, die Kasten, indem sie, wie wir sahen, die Entstehung einer Polis oder eines *commune* europäischer Art hemmten. Es konnte daher weder das Hoplitenheer der antiken Polis entstehen, noch das Zunftaufgebot und die Condottierenheere der mittelalterlichen Städte des Okzidents, welche beide die Träger der jeweils höchsten militärischen Technik wurden: das Heer der Florentiner hat zuerst in Europa, soviel bekannt, Feuerwaffen verwendet. Megasthenes kannte die *sich selbst beherrschenden* Städte.[105] Vaiçali war s. Z. eine Freistadt: ein Rat der 5000, d. h. aller derjenigen, welche einen Elefanten stellen konnten, beherrschte sie durch einen uparaya (Vizekönig) als Beamten.[106] Das Epos kannte die königlosen Länder auch, sie galten ihm aber – entsprechend der Interessenlage der vom Königtum ökonomisch und sozial abhängigen Priester – als unklassisch: man soll in ihnen nicht leben.[107] Ansätze von *ständischen* Rechten finden sich. Die alten Versammlungen (Samiti und Sabha) des Volks zwar waren entweder Heeresversammlungen oder aber von Anfang an – wie im Epos – Gerichtsversammlungen, in welchen charismatisch oder durch ihre Ältesten-Stellung qualifizierte Gesetzessprecher das Recht auslegten: ohne diese gilt die Versammlung dem Epos nicht als rechtmäßige Sabha.[108] Im Epos fragen die Könige ihre Verwandten und

[104] Sie ist wiedergegeben in der Schrift von Chaudre Dus; The Vaisya Caste, 1. The Gandhavarniks of Bengal (Calcutta 1903), einem typischen Erzeugnis der durch die versuchte Feststellung der Kastenrangordnung im Zensus von 1901 entstandenen Literatur.
[105] Dazu vgl. Lassen, J. A. III, 727 und 786.
[106] Für alles Folgende vgl. Hopkins im Journal of the Am. O. S. (1890) XIII, p. 57 ff.
[107] XII, 67, 4 ff.
[108] V, 35, 58.

Freunde um Rat; die Edlen, in Wahrheit: die höchsten Beamten, bilden bereits den königlichen Rat. Erhebliche Einschränkungen der königlichen Machtstellung hatten sich aber in Südindien im Mittelalter erhalten: Repräsentativ-Versammlungen mit Rechten nach Art unserer Stände. In den Städten finden sich im Epos Älteste der Stadt[109] und Bürger (paurah[110]) neben den mit zunehmender Schreiberverwaltung als Beamte immer mehr hervortretenden Priestern erwähnt, welche in den späteren Partien des Epos fast allein die Ratgeber des Königs sind. Die Stadt ist nun *ein Ort wo gelehrte Priester sind*[111] etwa so wie die altmittelalterliche civitas ein Bischofssitz war. In der Stadtverwaltung verwendet der König in bestimmter Quote auch Beamte aus der Vaiçya-Kaste, wenn sie *reich*, und aus der Çudra-Kaste, wenn sie *tugendhaft* sind (diese offenbar als Leiturgie- oder Steuer-Kollekteure der Zünfte.[112] Immer aber sind es königliche Beamte, die jetzt verwalten. Es ist, soviel bekannt, nirgends in dauernder und typischer Art eine republikanische Stadtverwaltung okzidentaler Art durchgebildet worden, so weitgehende Vorstufen dafür vorhanden waren. Jedenfalls in der Masse aller indischen Städte blieb stets der König und sein Beamtenstab Herr, so weitgehende Rücksicht sie sich im Einzelfall gegenüber der Macht der Gilden auch auferlegen mochten. Aber diese Macht war und blieb eben in aller Regel eine reine Geldmacht, hatte keine eigene Militärorganisation hinter sich und mußte daher, sobald die Fürstengewalt ihr Interesse darin fand, sich auf Priester und Beamte zu stützen, zusammenbrechen. Die Kapitalmacht war auch hier groß, so oft zahlreiche Kleinfürsten sich um die Unterstützung durch ihre Finanzkraft bewarben: den Großkönigtümern gegenüber konnte sie sich dauernd nicht behaupten, – ein im Kleinen wie im Großen überall sich wiederholender Vorgang. – Dazu trat die innere Überlegenheit der von den Brahmanen und Königen gegen die Gildenmacht ausgespielten Kastenorganisation gegenüber jener. Die Kaste verfügte gegenüber widerspenstigen Mitgliedern über das Mittel der Exkommunikation, und es ist bekannt, welche Rolle die Überlegenheit geistlicher Zwangsmitte wirtschaftshistorisch auch in unserem Mittelalter gespielt hat. Eine Gilde, welche ihren Verfügungen, z. B. über Innehaltung der Konkurrenzschranken unter den Gildeleuten, Nachachtung verschaffen wollte, konnte dies, wenn diese verschiedenen Kasten angehörten, letztlich oft nur, indem sie sich an diese mit der Bitte um Anwendung ihrer Zwangsmittel wendete oder den König anrief.[113] Nach Unterwerfung der Gildenmacht haben die Könige vielfach ihrerseits einzelne Händler als Königskaufleute mit weitgehenden Monopolen im merkantilistischen Interesse ausgestattet und ihnen dabei oft hohen Rang verliehen, ganz wie wir dies in der Neuzeit auch im Okzident

[109] V, 2, 7.
[110] I, 221, 31.
[111] III, 200, 92.
[112] XII, 88, 6-9; 118, 1 ff.
[113] Vgl. Imper. Gazetteer V, p. 101 für Ahmadabad.

kennen. Aber die alte Selbständigkeit der Gilden und ihre Stellung als Vertreter der Bürgerschaft gegen den König war dahin. Sie hat übrigens auch schwerlich überall in Indien bestanden. Unter der Mahrattenherrschaft war zwar der *Markt* Verwaltungszentrum, aber jeder Markt für sich, also waren in den Städten, wenn mehrere Märkte bestanden, die einzelnen Stadtteile mit ihrem Markt ein jeder wie ein ländlicher Marktflecken (kuscha) gesondert organisiert. Von eigentlicher *Selbstverwaltung* okzidentaler Art war keine Rede. Von der alten Stellung der Gilden und privilegierten *königlichen* Kaufleute blieben in einigen Teilen Indiens, so namentlich im Süden, im Mittelalter gewisse soziale Privilegien und auch Monopole bestehen, deren Inhalt im einzelnen nicht bekannt ist, die sich aber allmählich in rein titulare Ehrenvorrechte auflösten.[114]

Die Deklassierung vieler Händlerschichten, das Aufkommen neuer, im monopolistischen System der Patrimonialfürsten verwendeter[115], spiegelt sich noch in der heutigen Stellung der Händlerkasten Indiens. Reste der alten Gildenverfassung und auch des *Mahajan*[116], der Gildenverbrüderung, bestehen in Teilen von Gujarat.[117] Soweit nicht bestimmte Sekten, wie die Jainas, in einer tatsächlich kastenähnlichen Organisation im Besitz des Handels sich erhalten haben – wovon in einem späteren Kapitel zu sprechen ist – bestehen einige dem alten Handelsstand, den Vaniks, angehörige Kasten noch heute im alten Rangverhältnis. Dahin gehören vor allem die Bhaniya, welche überall,

114 Tamil-Könige verleihen die Rechte des Aujuvannam und Manigranam in einer Stadt an fremde Kaufleute (in einem Fall an einen Juden): Ep. Ind. III, p. 67, IV, p. 290 f. Der genaue Inhalt der Rechte scheint nicht feststellbar. Das erste, das *Fünf-Kasten-Recht,* könnte sowohl die Mitgliedschaft in einer Mahajan-Korporation der Handwerker nach nordindischer Art wie ein Handelsmonopol gegenüber den 5 Handwerken bedeuten. Diese 5 *Handwerke* selbst sind wohl zweifellos die von den legendären 3 Söhnen des Handwerkergottes Visvakarma geübten: Eisen-, Holz-, Kupfer- und Messing-, Stein-, Gold- und Silber-Arbeiten, von denen weiter unten noch zu reden sein wird. – Im zweiten Fall werden ausdrücklich gewisse Gewerbe als dem beliehenen unterworfen und er selbst als *Stadtherr* bezeichnet und ein Kommissionär- (Verlags?) -Monopol neben Steuerfreiheit als in seinem Privileg enthalten erwähnt. Im übrigen sind mit diesen Stellungen bestimmte Revenüen und Ehrenrechte: Festkleider Sänften. Schirme, Lampen. Musik usw. verbunden.

115 So die Kaste der Lamanis oder Vanjanis, auch Banjaris genannt, in der Bombay Presidency, ein wandernder Gaststamm, der s. Z. den Salz- und Kornhandel in den Hindustaaten des Westens in Händen hatte und den Armeen folgte (im 16. Jahrh. erwähnt), vielleicht eine der Quellen der heutigen Vania (Bania-) Kaste.

116 Der Name Mahajan = *popolo grasso, big people,* war durchaus nicht auf Gilden beschränkt. Die Inschriften zeigen im Gegenteil, daß er ursprünglich schlechthin *die Vornehmen,* auf dem Lande die Brahmanen und daneben unter Umständen die anderen wiedergeborenen Kasten, bezeichnete. Aber in den Gildenepochen und Gildenstädten war es deren Bezeichnung und in verschiedenen Gegenden namentlich des westlichen und zentralen Nordindiens gibt es noch heut Händler-Unterkasten, welche ihn für sich mit Beschlag belegen.

117 Darüber ist der vorzügliche Aufsatz von W. Hopkins über die Gilden in seinem *India old and new* zu vergleichen.

namentlich aber in Westindien, verbreitet, im Ganzen korrekte Hindus (Vegetarier und Alkoholabstinenten) sind[118] und den heiligen Gürtel tragen, während in Bengalen, dem Gebiet striktester patrimonialbürokratischer Organisation durch die Sena-Könige, gerade die alten Händlerkasten der Gandhabaniks und Subarnabaniks seit jener Zeit im Range tief gesunken sind. Die ökonomisch neu hochkommenden Kasten der Spirituosenhändler sind trotz ihres zum Teil erheblichen Reichtums aus rituellen Gründen fast nirgends auf gleichem Fuß mit den alten Händlerkasten zugelassen. Es kann hier in Einzelheiten nicht darauf eingegangen werden. Das Gesagte zeigt, wie sehr die heutigen Vaiçya-Kasten die Spuren der historischen Schicksale Indiens und seiner politischen Verfassung, insbesondere der Schicksale seines *Bürgertums*, an sich tragen. –

Auf der anderen Seite spielt als ein Rest der alten Feudalzeit in die Gegenwart hinein der meist relativ günstige Kastenrang solcher Berufskasten wie der Barden[119], Astrologen, Genealogisten, Horoskopsteller, die an jedem Fürstenhof und in jeder vornehmen Familie der Vergangenheit – heute für breite Schichten auch der brahmanenfeindlichen Unterkasten – unentbehrlich waren. Sie gehören fast überall zu den Wiedergeborenen und rangieren oft noch vor der Vaiçya-Klasse. Die hohe Rangstellung der schon erwähnten Bildungsaristokratie der Baidya (Ärzte) hängt natürlich ebenfalls mit ihrer Beziehung zu den vornehmen Häusern zusammen.

Der Vaiçya-Rang wurde und wird heute von nicht wenigen Kasten in Anspruch genommen, welche früher Handwerkerkasten waren oder auch noch sind, dann insbesondere, wenn sie eigenen Rohstoff auf Vorrat verarbeiten und ihr Produkt frei verkaufen[120], was ihnen die höfliche Anrede *Vanik* (Händler) einzutragen pflegt. Wir stehen damit an der Grenze des Gebiets, welches die Çudra-Kasten besetzt halten. Diese Kasten waren Träger des indischen Gewerbes.[121]

Unter ihnen heben sich zwei Gruppen hervor. Zunächst eine insofern sozial, das heißt: rituell, degradierte, als Brahmanen von ihnen kein Wasser nehmen, oder, wo – im Süden – dies Merkmal fortfällt, weil jede Kaste nur von Kastengenossen Wasser nimmt, ihnen nicht als Hauspriester dienen. Diese Klasse

[118] Sie haben immerhin ihr Ritual derart geändert, daß es ihnen das dem Hinduismus, wie noch zu besprechen, verdächtige Reisen nach auswärts gestattet. Das Maß der Anpassungsfähigkeit an die modernen Verhältnisse ist bei den Händlerkasten je nach ihren Kastenregeln verschieden, je nachdem sie z. B. Filialen gründen und die Kundschaft bereisen können. Die Bhaniya vor allem sind darin ziemlich ungebunden, daher *moderner* als andere Kasten.

[119] So die weitverbreitete Kaste der Bhats.

[120] Das persönliche Erscheinen auf dem Markt galt dagegen bei guten Kasten als degradierend und führte gelegentlich zur Kastenspaltung.

[121] Zum Nachfolgenden vgl. die kleine, gutes mir unzugängliches Material zitierende, Schrift von Ananda K. Coomaraswamy (D. sc.), The Indian craftsman, Probsthain Ser. London (W. C. 41, Great Russell St.) 1909.

umfaßt, neben sehr verschiedenen Bestandteilen, zunächst und vor allem das alte Dorf-Gewerbe, also die vom vollen Bodenbesitz ausgeschlossenen, auf Gartenland und Deputat oder Lohn gesetzten Handwerker und Arbeiter, welche zur Ergänzung der Hauswirtschaft des Bauern von Anbeginn der Siedlung an unentbehrlich waren. Ihnen gleichgestellt waren und sind die andern auf Deputat gesetzten Gemeindediener[122], zu denen oft auch die Dorfpriester gehörten. Es darf wohl angenommen werden, daß sie den historischen Kern der alten, von Grundbesitz im Dorf ausgeschlossenen Çudra-Klasse bildeten. Ihnen gleichgeordnet sind von interlokalen Gewerben regelmäßig die großen alten Weber-Kasten. Sodann die Schneider, meist die Töpfer[123], Teile des Hausierhandels und die Spirituosenhändler und Ölpresser, endlich zahlreiche Kasten von Landarbeitern und Kleinbauern. Diese Ungenossen des Dorfs bildeten in größern Orten wo sie zahlreich genug waren, zuweilen eine Sondergemeinschaft, mit einem besonderen patel, den das vornehmste Gewerbe, z. B. die Zimmerleute, stellte.[124] Ihnen übergelagert findet sich eine andere, wesentlich weniger degradierte, als *rein* geltende Schicht. Neben einer ganzen Reihe von Bauern-Kasten, die in den einzelnen Gebieten sehr verschiedenen Rang einnehmen und quantitativ die Masse dieser Klasse bilden, findet sich unter ihnen in ziemlich typischer Art eine qualitativ wichtige Kategorie von Kasten: die sogenannte Nabasakh- oder Neun-Teile-Gruppe. Sie bildeten offenbar den Kern der sogenannten Satçudra *(reine* Çudra). Die Berufe dieser Gruppe umfassen städtisches Gewerbe und städtischen Handel: Betel-, Parfüm-, Öl-Verkäufer, Zuckerbäcker, Gärtner, zuweilen Töpfer. Ihnen gleich oder übergeordnet stehen die Gewerbe der Gold- und Silberschmiede, Lack-Arbeiter, Maurer, Zimmerleute, Seidenposamentiere und eine Reihe ähnlicher spezifische Luxus- oder Stadtgewerbe. Andere Kasten gehören kraft zufälliger historischer Umstände dazu.[125] Ebenso gibt es Çudra-Kasten von Hausdienern verschiedener Art, welche als *rein* gelten. Die Ratio dieser Klassifikation war offenbar nicht einheitlich. Zu einem Teil sprachen rein praktische Nötigungen mit. Einen Mann, der ganz persönliche Dienste leisten, die Person des Kunden berühren

122 Die Zusammensetzung dieser Gewerbe war lokal überaus verschieden, wie erneut zu betonen ist.

123 Der Kastenrang der Töpfer ist sehr verschieden, je nachdem sie an der Scheibe arbeiten oder die Form gebrauchen, Ochsen halten oder den stets degradierenden Esel verwenden.

124 Einen solchen Fall zitiert Coomaraswamy a. a. O., S. 4 aus der mir unzugänglichen Schrift von Weddeburn, *The Indian Raiyat as member of the Village Community*, London 1883.

125 Zur Nabasakha-Gruppe gehörten in Bengalen, wo sie 1901 16,4% der Bevölkerung ausmachte, ursprünglich (und machen noch jetzt 84% ihres Bestandes aus) folgende Kasten: 3 Bauernkasten (die Baruis, Malakan und Sadgop), die Schmiede und verwandte Metallarbeiter (Kamar); Töpfer (Kumhar), Barbiere (Napit), Konfektmacher (Mayra), Weber (Tanti), Ölpresser (Teli). Die Stellung der Weber und Ölpresser ist meist, die der Töpfer oft wesentlich niedriger.

und versorgen sollte, wie ein Hausdiener oder Barbier es tut, konnte man nicht gut in eine unreine Kaste verweisen. Zu einem anderen Teil dürfte die Ansicht im Recht sein, daß die erst mit der Entwicklung der Städte entstandenen Handwerker, weil sie nicht Dorfhörige waren, von Anfang an diesen *Knechten* sozial übergeordnet und deshalb auch rituell privilegiert waren.[126] Die am städtischen Detailverkehr teilnehmenden Gewerbe waren in der Tat schon um dieser persönlich unabhängigen ökonomischen Stellung willen in sozial günstiger Lage. Sie waren überdies vielfach in den Gilden der Städtezeit mit organisiert, während Kasten wie die Weber hier ebenso wie im Okzident von den Gilden im Lohnwerk beschäftigt und stark gedrückt waren. Hier wirft also einmal die ökonomische Gliederung der alten Stadtwirtschaft oder vielmehr das, was an Ansätzen zu einer solchen in Indien vorhanden war, ihre Schatten noch in die Gegenwart hinein. Ihre Bedeutung für die Entwicklung der Kasten der Çudra-Klasse muß in jedem Fall groß gewesen sein. In der alten Literatur[127] findet sich die Auffasung vertreten, daß die Städte überhaupt wesentlich Ansiedelungen von Çudras, Gewerbetreibenden, seien. Aber keineswegs nur die Stadtwirtschaft und die spätere Entstehung einzelner Handwerke auf ihrem Boden erklärt den Rangunterschied zwischen den einzelnen Gewerben. Die Rechtsbücher[128] weisen dem Çudra die Pflicht des *Dienens* zu. Nur wenn er keinen Dienst findet, darf er selbständiger Händler oder Gewerbetreibender sein. Wenn irgend etwas überhaupt, dann könnte aus dieser Sentenz nur geschlossen werden, daß den Sklaven und Hörigen großer Herren, soweit sie nicht im eigenen Oikos verwertbar waren, in ähnlicher Art wie im okzidentalen und orientalischen Altertum und Mittelalter und in Rußland bis zur Aufhebung der Leibeigenschaft, von dem Herrn die Erlaubnis gegeben wurde, gegen Abgaben (Apophora, Obrok, Leibzins) selbständig auf eigene Rechnung zu arbeiten. Direkte Beweise dafür scheinen zu fehlen. Immerhin finden sich noch heute Spuren ähnlicher Zustände[129] und die geringe Bedeutung eigentlicher Fron-Sklaverei in der indischen Erwerbswirtschaft stimmt damit gut zusammen. Jedenfalls aber zeigen die Quellen unzweideutig, daß es neben 1. den sicherlich besonders bedeutsamen spezifisch-indischen Dorfhandwerkern und 2. den städtischen Zunfthandwerkern auch 3. die herrschaftlichen Handwerker gab. Alle diese aber scheinen nicht der eigentliche Urtypus zu sein.

Die ökonomische Ordnung des indischen Gewerbes in der Zeit seit dem Epos und bis in das Mittelalter, zum Teil bis in die Neuzeit, kannte vier Arten von Handwerkern: 1. Heloten der einzelnen Dörfer, welche auf deren Wurthen

[126] Über die Scheidung der alten und neuen Klassen von Dorfbediensteten, die ebenfalls mit dieser Entwicklung zusammenhängt, s. oben Anm. 39 S. 612.
[127] Kautaliya Arthasastra, herausgegeben von Shamasastry (Ind. Ant. 34, 1905).
[128] Manu VIII, 413. X, 99, 100.
[129] In Nordwestindien z. B. besteht eine kleine Kaste von *Sklaven,* d. h. Hausarbeitern, welchen wegen mangelnden Bedarfs an Hausarbeit von ihren Herren der freie Erwerb erlaubt worden ist.

gegen festes Deputat oder mit Land angesiedelt waren (Heloten-Handwerk); die Arbeit geschah fast durchweg in strenger Lohnwerksform, d. h. der Kunde hatte alles Material zu liefern. 2. Handwerker, welche in gesonderten Handwerkerdörfern unter eigener Verwaltung angesiedelt waren[130], dort ihre aus eigenen Rohstoffen hergestellten Waren oder Dienste feilhielten oder auch selbst oder durch Händler auswärts vertrieben oder auf die Stör gingen (Stammeshandwerk). 3. Handwerker, welche der König oder ein Fürst oder ein Tempel oder Grundherr auf eignem Land angesiedelt hatte, – als Hörige oder als freie, aber arbeitspflichtige Leute, – und welche seinen Bedarf an Gewerbeartikeln deckten (entweder Oikenhandwerk oder leiturgisches[131] Handwerk, letzteres teilweise kombiniert mit Preiswerk). 4. Unabhängige Handwerker, welche in Städten in bestimmten Straßen angesiedelt waren und ihre Waren als Preiswerker oder ihre Dienste als Lohnwerker auf einem Bazar feilhielten (Bazar-Handwerk). Die letzte Kategorie war wohl zum erheblichen Teil nicht dauernd stadtsässig, sondern ein Ableger der zweiten Kategorie: noch heute wird aus Bombay berichtet, daß der Handwerker oft wieder aus der Stadt in sein Kastendorf zurückzieht, wenn er alt oder hinlänglich wohlhabend geworden sei. Jedenfalls ist sie nichts Primäres. Die dritte Kategorie ist natürlich ebenfalls nichts Primäres. Die Fürsten, namentlich auch die reichen Fürsten der südindischen und ceylonesischen Handelsstädte, haben für den Bau von Palästen und Tempeln Handwerker von weit her kommen lassen und mit Land gegen die Verpflichtung zu Bau- und Kunsthandwerks-Diensten für den Hof angesiedelt. Die Rechtsform ist verschieden und es findet sich, neben diesen rein leiturgischen durch Dienst-Pfründe gelohnten und den Deputat-Handwerkern, auch kontraktlich freie oder tarifierte Lohnarbeit freier zugewanderter Handwerker.[132] Die erste Kategorie: das Heloten-Handwerk, ist recht wahrscheinlich mindestens sehr oft aus der zweiten abgeleitet, indem man Handwerker aus Pariastämmen, die zunächst auf der Stör Dienste geleistet hatten, in das Dorf berief und dort ansiedelte. Wie alt dies Heloten-Handwerk eigentlich ist, läßt sich nicht sagen, da die ältesten Quellen einen deutlichen

[130] Z. B. setzt die große Inschrift Ep. Ind. V, p. 23 f. (Stiftung eines Chalukya-Königs) wohl entschieden voraus, daß die darin mit ihrem Gouda (Dorfvorstand) erscheinende Webergilde ein besonderes Weberdorf bewohnte; neben ihr kommen die Getreideimporteure, Palmsaftdestillateure und Ölpresser des Stiftungsorts und dessen Gouda nebst seiner Sippe vor, und allen werden vom König bestimmte Abgaben zu Gunsten Mahadevas (Çivas) und seiner Gattin auferlegt.

[131] Dahin gehörten seit dem Aufkommen des Patrimonialismus vor allen Dingen die Militärhandwerker (Schiffsbauer und Panzermacher) welche, wie berichtet wird, vielfach nicht für Private arbeiten durften. Auch Schmiede und ähnliche Handwerker wurden besonders streng beaufsichtigt (es sind die Gewerbe, welche im altrömischen Staat die *centuria fabrum* bildeten).

[132] Die Land-Pfründen der ceylonischen Königshandwerker richteten sich in ihrem Umfang nach der Art der Dienste. Es war rechtlich dem Handwerker jederzeitiger Austritt aus dem Dienst unter Verzicht auf die Pfründe gestattet.

Einblick in die Lage der Handwerker nicht gewähren. Doch ist es sehr wahrscheinlich, daß seine Entwicklung der festen Siedelung bald nachfolgte. Die eigentlich primäre Form ist aber aller Wahrscheinlichkeit nach das Stammeshandwerk, der Zustand also, daß ein Stamm oder ein Bruchteil eines solchen vom eigenen Dorf aus zunehmend für den Fernabsatz produzierte, eventuell auch teilweise in die Nähe von Fürstensitzen und Höfen wanderte und dort neue geschlossene Handwerkerdörfer entstehen ließ. Denn von solchen wird uns gerade aus der Nähe derartiger Orte berichtet.

Es scheint nun – und ist auch an sich verständlich –, daß die Königshandwerker, welche wie die Brahmanen auf den Ruf eines Fürsten hin sich einfanden und ansiedeln ließen, im ganzen den vornehmsten Rang unter den Handwerken behaupteten.[133] Namentlich die große Bauten-Epoche, welche nach Einführung des Steinbaus in Indien (3. Jahrh. vor Chr.) einsetzte[134], mußte die Nachfrage nach ihnen, zumal nach den nun ganz neu entstehenden Handwerken der Steinmetzen und Maurer heben und mit deren Stellung auch der ihrer Hilfshandwerker und des Dekorationsgewerbes zugute kommen. Ebenso der dann folgende Edelmetall-Import aus dem Okzident den entsprechenden Handwerken. Ein wichtiges Beispiel sind die Kammalar-Handwerker Südindiens und der nächstliegenden Inseln, der dortigen Rangfolge nach: 1. Eisen-, 2. Holz-, 3. Kupfer- und Bronze-, 4. Stein- und 5. Edelmetall- und Juwelen-Arbeiter, die Fünf-Kasten-Handwerker (Panchvala), wie sie in Mysore genannt wurden.[135] Sie verehrten Visvakarma als Ahnherrn und Berufsgott, hatten – wie schon früher erwähnt – eigene Priester und beanspruchten hohen Rang, gelegentlich sogar brahmanische Abkunft.[136] Das große noch bestehende Kastenschisma des Südens in die Kasten *rechter* und *linker Hand* wurde durch ihre Auflehnung gegen die Brahmanen getragen. Jedenfalls war ihr Rang im allgemeinen[137] höher als derjenige alter Lokalgewerbe wie z.B. der Töpfer und Weber.[138] Doch richtete sich der sozi-

133 Diese Handwerker genossen einen außerordentlich starken persönlichen Schutz. Wer einen Handwerker körperlich schwer schädigte, hatte unter der Maurya-Dynastie Todesstrafe zu gewärtigen. Der gegen andere Gebiete relativ gehobene Rang der Tanti- (Weber-) Kaste in Bengalen ist vielleicht aus ihrer Herkunft aus einem Königshandwerk dort zu erklären.

134 Die alte Stadt Pataliputra hatte bis auf König Açoka (3. Jahrh. vor Chr.) Holzmauern: erst durch ihn erhielt sie Backsteinmauern und Steinhäuser. Auch das indische Großkönigtum schuf seine Bürokratie wenigstens zum Teil als Baubürokratie.

135 Im Epos: Panchkhalsi. Sie haben lange Kommensalität und Berufsaustauschbarkeit bewahrt.

136 Über die Kammalars vgl. Coomarasvamy a.a.O., S. 55/56. In der Provinz Bombay finden sich die gleichen 5 Handwerke: Schmiede, Zimmerer, Kupferschmiede, Steinmetzen, Goldschmiede, als *panchals* zusammengefaßt. Da sie eigene Priester beschäftigten, aber alle vedischen Riten befolgten (Vegetarismus, Alkoholabstinenz) und Brahmanen zu sein prätendierten, wurden sie unter den Mahratten-Peschwas oft verfolgt.

137 In Malabar galten sie, vermutlich weil sie Schismatiker waren, als unrein.

138 Auch durch eine und dieselbe Kaste geht dieser Riß. Die Sutars in Bombay sind als

ale Rang und ebenso die ökonomische Machtlage nach oft sehr individuellen Verhältnissen.[139]

Die literarischen und monumentalen Quellen ergeben den beträchtlichen Umfang dieses fürstlichen Oiken- und leiturgischen Handwerks.[140] Es finden sich nun fast stets fürstliche Beamte und bei den Großkönigen Ministerialkomitees für das Gewerbe, und diese Ämter können nicht wohl etwas anderes als die Beaufsichtigung der Arbeiten dieser Handwerker bezweckt haben.[141] Daß an Stelle der Fronden vielfach Geldleistungen traten[142], entspricht dem Typus der Verwaltungsentwicklung und rückte diese Handwerker dann in eine Reihe mit den lizenz- und steuerpflichtigen anderen Gewerben der königlichen Städte. Die Steuerleistung galt als Entgelt des wohl fast überall den angesiedelten Handwerkern in irgendeinem Umfang gewährten gewerblichen Monopols.[143] Nach der anderen Seite findet sich aber auch innerhalb des fürstlichen Oikos die Entwicklung zum Ergasterion[144], wie es uns aus dem späteren Altertum des Okzidents und namentlich aus Ägypten bekannt ist und im byzantinischen und vorderasiatischen Mittelalter vertreten war. Wenn wir nun königliche Verleihungen von Handwerkern an Tempel oder Brahmanen oder ritterliche Vasallen finden[145], so werden darunter im allgemeinen wohl Oiken-

Dorfzimmerleute Deputatisten des Dorfs. Ihre stadtsässigen Kastengenossen wurden Schiffsbauer, beanspruchten nun *Brahmanen* zu sein und brachen, als dies abgelehnt wurde, unter Ausbildung eigener Priester wenigstens die Kommensalität mit den Dorfzimmerleuten ab.

139 Schon wenn der Dorfgenosse vom Heloten-Handwerker irgendeine Vorrichtung außer der Reihe oder über dessen traditionelle Leistung hinaus forderte, etwa Reparaturen außer der Zeit, mußte er mit ihm besondere Übereinkunft treffen und das Monopol des Handwerkers wirkte dann zu dessen Gunsten. Insbesondere der Dorfschmied scheint in Indien wie anderwärts sehr oft erhebliche Prätensionen erhoben zu haben.

140 Diese Königshandwerker (und die ihnen gleichartigen Tempelhandwerker) waren die Träger der Qualitätsarbeit des indischen Kunsthandwerks. Auf ihrer Pfründe gesichert, konnten sie die *Zeit* erschwingen, kunstgewerbliche Produkte herzustellen. Coomaraswamy erwähnt, ohne nähere Angaben, eine Vase in Delhi, an der drei Generationen einer Königshandwerkerfamilie geschaffen hatten.

141 Was die Griechen und die einheimischen Quellen (Kautaliya Arthasastra) von solchen königlichen *boards of trade* berichten, dürfte dem Wesen nach den Einrichtungen gleichen, welche Robert Knox 1682 für Ceylon berichtet. (An historical relation of the Island Ceilon, mir unzugänglich, exzerpiert bei Coomaraswamy a. a. O., S. 34 ff.).

142 Die Leiturgie der königlichen Goldschmiede, Schmiede, Töpfer usw. war zu festen Sätzen in Gold ablösbar (Coomaraswamy a. a. O., S. 38/39).

143 Die Handwerker waren daher, als nach Beseitigung der Monopole und Handwerkssteuern die Konkurrenz der englischen Fabrikwaren über sie hereinbrach, der Ansicht, die Abschaffung der Steuer habe ihre Existenz untergraben. Coomaraswamy a. a. O.

144 Solche sind für Ceylon in ihrer Organisation geschildert bei Knox (exzerpiert bei Coomarasvamy a. a. O., p. 33 f.) und den pharaonischen, späthellenistischen, byzantinischen und islamischen offenbar sehr ähnlich gewesen.

145 Z. B. Ep. Ind. III, 295 f. (11. Jahrh.) und oft.

oder Leiturgiehandwerker verstanden sein. Ganz auszuschließen ist indessen nie, daß der König. der zunehmend das Obereigentum am Boden und die freie Verfügung über die ökonomischen Leistungen der Untertanen in Anspruch nahm, auch andere, sei es Helotenhandwerker oder sei es selbst Stammeshandwerker, verliehen haben könnte, obwohl es im ganzen nicht gerade wahrscheinlich ist.

Die städtischen Handwerker nahmen in der Zeit der Gildenmacht zum Teil an deren Aufschwung teil. Sie hatten, wo sie innungsmäßig organisiert waren, oft hohe Zunft-Einkaufsgelder (je nach dem Handwerk bis zu mehreren hundert Mark: – in Indien damals ein kleines Vermögen), aus denen sich in den reichen Preiswerker-Innungen die Erblichkeit der Stellen ebenso entwickelte wie bei den Händlergilden, legten Geldbußen auf, regulierten mit diesen Zwangsmitteln die Arbeit (Feiertage, Arbeitszeit) und schufen vor allem Qualitätsgarantien für die Waren. Allein viele Handwerker befanden sich wie gesagt, offenbar in starker Abhängigkeit von den Händlern, die sie verlegten und im übrigen teilte ihre Selbstverwaltung mit der Entwicklung des Patrimonialismus das Schicksal der Gilden gegenüber der nun vordringenden Kastenorganisation und der Macht der königlichen Bürokratie. Königliche Gildemeister finden sich schon früh, und gerade in den Städten, als Fürstensitzen, kontrollierte der König im fiskalischen Interesse die Handwerke sicherlich zunehmend streng. Diese fiskalischen Interessen mögen mit zur Festigung der Kastenordnung beigetragen haben. Selbstverständlich ist anzunehmen, daß zahlreiche Gilden direkt zu Kasten (oder Unterkasten) sich entwickelten oder auch von Anfang an, als Glieder von Pariastämmen, nicht von ihnen geschieden waren.

Die Handwerkskasten, mindestens die Oberkasten unter ihnen, die Kunsthandwerker, hatten ein festes Lehrsystem. Der Vater, Oheim, ältere Bruder, nimmt die Stellung als Lehrherr und, nach Abschluß der Lehre, als Hausherr ein, dem aller Lohnverdienst abzuliefern ist. Lehre bei einem fremden Meister der Kaste kommt vor, sie geht nach strengen traditionellen Normen vor sich und schließt Aufnahme in die Hausgemeinschaft in sich, mit entsprechender Unterwerfung unter den Lehrer. Der Theorie nach sollte der Lehrling dabei nach den Anweisungen des Silpa Çastra, eines Produkts der Priestergelehrsamkeit, über die Grundlagen der Technik angelernt werden. Die Steinmetzen namentlich galten stellenweise infolgedessen als Literatenkaste und führten den Titel acarya *(Lehrer* = magister).[146]

Die technischen Werkzeuge der indischen Handwerker waren im allgemeinen so einfach, daß wenigstens ein beträchtlicher Teil von ihnen vom Handwerker selbst hergestellt werden konnte. Nichtsdestoweniger genossen sie

146 Mit dieser schwankenden Rangstellung ist für den Okzident das bekannte, durch Hasack behandelte Problem der Stellung des *Architekten* in der Zeit des Baues der gothischen Dome in Parallele zu setzen.

in manchen Handwerken Fetisch-artige Verehrung und wurden mehrfach noch bis in die Gegenwart am Dasahra-Fest von der Kaste kultisch verehrt. Neben den sonstigen traditionalistischen Zügen der indischen Kastenordnung war diese Stereotypierung der Werkzeuge (der auf dem Gebiet der bildenden Kunst die Stereotypierung der Modelle und die Ablehnung alles Formens nach der Natur entsprach) eines der stärksten Hemmnisse jeder technischen Entwicklung. Bei manchen Bauhandwerken und namentlich allen mit Kultobjekten befaßten Gewerben hatten überdies auch Teile des technischen Prozesses (z. B. das Malen der Augen des Kultbildes) den Charakter einer magisch relevanten Zeremonie angenommen, die nach bestimmten Regeln zu erfolgen hatte. Über Änderungen der Technik wurde oft ein – meist negativ ausfallendes – Orakel eingeholt, so von den Töpfern einmal das der Göttin Bhagavati.

Wie alt in den einzelnen Gebieten die strenge Kastenabgeschlossenheit der einzelnen Königs- und der Stadthandwerke war, wird sich im einzelnen schwerlich ermitteln lassen. Betrieb mehrerer Handwerke nebeneinander findet sich[147], daneben aber – und zwar als Regel – strenger erblicher Kundschaftsschutz. –

Die unterste Kastenschicht endlich, welche als schlechthin rituell unrein und infizierend galt, umfaßt zunächst eine Anzahl Gewerbe, welche fast überall als verachtet galten, weil sie sich mit physisch schmutzigen Diensten befassen: – so die des Straßenfegers und ähnliche, – ferner eine Anzahl solcher, welche aus zwingenden rituellen Gründen für den Hinduismus unrein sein mußten, wie die der Gerber und Lederarbeiter, und endlich einige Gewerbe, welche in den Händen von wandernden Gastarbeitern lagen. Aber es wäre nun äußerst verkehrt, zu glauben: die drei hier unterschiedenen Schichten der Gewerbe: ursprünglich städtische oder königliche Handwerker, ursprünglich ländliche Dorfhandwerker, ursprüngliche Gastgewerbe, fielen auch nur annähernd vollständig in die drei kastenmäßigen Rahmen der Satçudra, gewöhnlichen Çudra und unreinen Kasten hinein, sofern man nur von den spezifisch rituell bedingten Ausnahmen (wie z. B. den Ledergewerben) absehe. Auch außerhalb der direkt oder indirekt rituell bedingten Durchbrechungen jener Regel bietet dazu die Kastengliederung ein viel zu buntes und irrationales Bild. Sehr zahlreiche Fälle zunächst unerklärlichen Kastenranges sind durchaus nur konkret historisch aufzuklären. Für zahlreiche andere lassen sich allgemeine Gründe angeben, auf denen die Degradation oder Hebung einer Kaste oder Unter-Kaste zu beruhen pflegt. Diese hängen aber mit den Anlässen zusammen, aus denen überhaupt Kasten und Unter-Kasten neu entstehen oder ihren Charakter ändern, und wir kommen damit nach diesem Überblick über die tatsächliche

147 Beispiel: Vereinigung von Holz- mit Stein-und Metall-Arbeit in North Jaipur, nach der von Coomaraswamy a. a. O., S. 56 zitierten Beobachtung von Col. Hendley, Indian Jewellery p. 153.

Kastenrangordnung wieder auf die allgemeinen Verhältnisse zurück.

Die Bearbeiter des englischen Zensus unterscheiden mit Recht zwei Grundtypen von Kasten: *tribal castes* und *professional castes*, Stammes- und Berufs-Kasten. Über die ersteren ist schon früher Einiges gesagt und hier nur hinzuzufügen, daß die Zahl derjenigen Kasten, welche mit überwiegender Wahrscheinlichkeit auf hinduisierte Stämme und Gastvölker dem Ursprung nach historisch zurückgedeutet werden müssen, außerordentlich groß ist. Sie vornehmlich machen das Bild der Kastenrangordnung so überaus irrational. Denn es ist klar, daß ein Stamm, welcher bei der Hinduisierung auf eigenem Bodenbesitz ansässig war, unter sonst gleichen Umständen einen wesentlich höheren Rang behaupten mußte, als ein hinduisierter reiner *Paria*-Stamm, und daß ein Stamm, welcher Reisläufer und Söldner gestellt hatte, darin noch günstiger fuhr. Kenntlich ist eine *Stammeskaste* an der Art des Namens – doch haben nicht wenige Stämme bei der Hinduisierung Berufs-Namen angenommen –, ferner daran, daß (oft) ein gemeinsamer Ahne angegeben wird (bei den echten oberen Kasten pflegen Ahnherrn der Unterkasten zu figurieren), ferner oft an Resten totemistischer Organisation, an dem Festhalten von Stammesgöttern und, vor allem, Stammespriestern als Kastenpriestern, endlich an ausgesprochen örtlicher Rekrutierung aus bestimmten Gebieten. Die beiden letztgenannten Merkmale sind jedoch nur dann wichtig, sofern noch das eine oder andere der sonstigen Kennzeichen vorliegt: denn es gibt auch reine Berufskasten von ziemlich streng örtlicher Rekrutierung und mit eigenen Priestern. Ferner ist die Endogamie bei Stammeskasten oft laxer entwickelt und pflegen sie, je näher sie dem Charakter als *Stamm* noch stehen, desto weniger exklusiv in bezug auf die Eingliederung von Kastenfremden zu sein. Reine Berufskasten sind in all diesen Dingen, im allgemeinen wenigstens, die exklusivsten, ein Beweis, daß die rituelle Kastenexklusivität zwar durch ethnische Fremdheit mitbedingt, aber keineswegs nur deren religiöse Projektion ist. Am deutlichsten ist die Stammeskaste als solche da kenntlich, wo von mehreren Kasten des gleichen Berufs eine oder einige neben dem üblichen Berufskastennamen noch einen Stammesnamen führen. In welchem Umfang die Kasten ursprünglich Stammeskasten waren, ist nicht feststellbar. Gerade die niederen Kasten dürften in sehr großem Umfang aus Gast- und Pariastämmen hervorgegangen sein. Immerhin sicherlich nicht alle. Am relativ wenigsten dürften die oberen Handwerke, besonders die städtischen freien und leiturgischen Handwerke und die alten Händlerkasten diesen Ursprung haben. Sie sind wahrscheinlich meist Produkte ökonomischer Spezialisierung, Besitz- und Arbeits-Differenzierung und nur, daß diese zur *Kasten*-Bildung führte, ist das Spezifische und Erklärungsbedürftige der indischen Entwicklung.

Anders als durch Rezeption von Stämmen in die Kastenordnung kann sich diese nur durch Kastenspaltung modifizieren.

Eine solche Kastenspaltung, welche stets in der Ablehnung des Konnubium und der Kommensalität (ganz oder teilweise) sich ausdrückt, kann zunächst durch Ortswechsel von Kastenmitgliedern erfolgen. Denn dieser macht die Fortgewanderten der Verletzung der rituellen Kastenpflichten verdächtig oder schließt mindestens die Kontrolle der Korrektheit aus.[148] Wie nur der indische Boden und nur soweit als die richtige Kastenordnung auf ihm besteht, rituell heiliger Boden sein kann, so gilt der strengen Observanz selbst innerhalb Indiens der Ortswechsel, der in eine Umwelt anderen Rituals führt, als bedenklich und sogar schon das Reisen als nur in Fällen der Notwendigkeit unbedenklich. Die Binnenwanderung in Indien ist deshalb noch heute wesentlich geringer, als bei den starken Umwälzungen der ökonomischen Verhältnisse an sich zu erwarten wäre. Mehr als neun Zehntel der Bevölkerung wohnen im Distrikt ihrer Geburt und nur die alte Dorf-Exogamie führt regelmäßig zu Umsiedelungen in ein anderes Dorf. Dauernde Übersiedelung von Kastenmitgliedern nach anderen Orten hat sehr regelmäßig die Abspaltung neuer Unterkasten zur Folge, indem die zurückbleibenden Kastenmitglieder die Nachfahren der Fortgewanderten nicht mehr als voll gelten lassen.

Da die Wanderung des hinduistischen Systems sich vom oberen Ganges aus nach Osten zu vollzog, so sind im allgemeinen, unter sonst gleichen Bedingungen, die östlichen Unterkasten einer Kaste geringer angesehen als die westlichen.

Kasten spalten sich ferner, sobald ein Teil der Kastenmitglieder im Gegensatz zu anderen irgendwelche rituelle Vorschriften als fernerhin nicht für sich bindend anerkennt oder umgekehrt rituelle Pflichten neu auf sich nimmt. Beides kann verschiedene Gründe haben, nämlich 1. Sektenzugehörigkeit, welche von bestimmten rituellen Vorschriften entbindet oder neue auferlegt. Der Grund ist nicht allzu häufig. 2. Besitzesdifferenzierung, welche die vermögenden Mitglieder veranlaßt, Ritualpflichten höherer Kasten auf sich zu nehmen, um fortan mit diesen oder jedenfalls höher als bisher zu rangieren. Dafür ist der Abbruch des Konnubium und der Kommensalität mit den bisherigen Kastengenossen Vorbedingung. Es ist heute eine ziemlich häufige Erscheinung, daß bloße Besitzdifferenzierung zum Anlaß genommen wird, die Gemeinschaft zu sprengen. 3. Wechsel der Beschäftigungsart. Nach strenger Observanz kann nicht nur jeder Übergang zu einer anderen als der traditionellen Beschäftigungsart, sondern unter Umständen ein bloßer Wechsel der Arbeitstechnik Grund für die in der Tradition bleibenden werden, die Gemeinschaft als abgebrochen anzusehen. Wenn nun auch in der Praxis diese Folge keineswegs immer eintritt, so ist doch dieser Grund einer der häufigsten und praktisch wichtigsten Anlässe aller Spaltungen. 4. Erschütterung der rituellen Tradition bei einem Teil der Genossen, welche die strenge Observanz zur Aufkündigung der Gemeinschaft veranlaßt.

148 Das Wanderleben der Viehzüchter trug auch dazu bei, ihren Rang zu drücken.

Auch heute können ferner Kasten durch rituell unzulässigen zwischenkastlichen Geschlechtsverkehr entstehen. Nach der klassischen Theorie waren bekanntlich alle unreinen Kasten aus Kastenmischlingen entstanden. Das ist natürlich durchaus unhistorisch. Allein für die Kastenentstehung durch Kastenmischung, also durch Konkubinat, gibt es auch jetzt noch Beispiele. Endlich kommt Spaltung auch einfach als Folge von inneren Streitigkeiten über gleichviel welche Anlässe vor, sofern eine Schlichtung nicht gelingt. Doch gilt dieser Grund als mißbilligenswert und gern werden angebliche rituelle Verstöße des Gegners vorgeschoben.

Die uns am meisten interessierenden Entstehungsgründe neuer Kasten und Unterkasten sind die ökonomischen: Besitzdifferenzierung und Berufswechsel oder Wechsel der Technik. Es darf mit Bestimmtheit angenommen werden, daß die Besitzdifferenzierung – einen legalen Berufswechsel gab es nur in Form der *Notberufe* – früher, unter den nationalen Dynastien, weit weniger häufig diese Folge hatte, als in neuester Zeit. Denn die Macht der Brahmanen, die damals ungleich größer war, setzte sich überall für die Erhaltung der einmal eingelebten Kastenordnung ein. Konnte die Festigkeit der Kastenordnung damals die Entstehung von Besitzdifferenzierung nicht hindern, so um so mehr die Entstehung neuer, vom Kastenstandpunkt beanstandeter Arbeitstechnik und den Berufswechsel. Beides war rituell gefährlich. Es ist selbst heute der Umstand, daß neue Berufe und Techniken eigentlich die Bildung von neuen Kasten oder Unterkasten bedingen, schon rein an sich ein starkes Hemmnis gegen Neuerungen und zugunsten der Tradition, mag auch noch so oft die heute übermächtige Entwicklung des importierten Kapitalismus darüber hinweggehen.

Alle historischen Anzeichen sprechen dafür, daß die eigentliche strenge Kastenordnung auf dem Boden der Berufskasten ihren ursprünglichen Sitz hatte. Zunächst schon die geographische Verteilung zwischen Stammes- und Berufskasten. Ob eine Kaste ursprünglich aus ethnischer Differenz oder aus gentilcharismatischer Berufsdifferenzierung entstanden ist, kann freilich, für ältere Kastenbildungen zumal, nur selten sicher gesagt werden.[149] Immerhin ist soviel ersichtlich, daß auf dem späten Eroberungsgebiet Ostbengalens und im Süden die als ursprüngliche Stammeskasten erkennbaren Kasten an relativer Zahl und Bedeutung gegenüber den Berufskasten ungleich stärker vertreten sind als auf dem klassischen Boden des mittleren Nordindien, wo der nachweisliche oder vermutliche Ursprung aus gentilcharismatischen Berufsklassen ohne ethnische Differenz sich relativ wesentlich stärker vertreten findet als dort.[150] Ferner sind gerade die Berufskasten und insbesondere die des

[149] Eine typische *Berufskaste* ist in Bengalen z.B. die alte Schmiedekaste der Lohars, die zweifellos ethnisch gemischt zusammengesetzt sind.

[150] Vgl. zu all diesen Fragen den ganz vortrefflichen Generalbericht (von Gait) im C. R. 1911, Vol. I, p. 377ff.

Gewerbes – neben den reinen Bauernkasten, bei denen ja diese Erscheinung wesentlich selbstverständlicher erscheint – Träger der strengen Kastensonderung und Tradition. Dies äußert sich heute vornehmlich in dem noch immer sehr starken Festhalten dieser Berufskasten – die darin nur von einigen sehr alten Paria-Stämmen übertroffen werden – an der überlieferten Beschäftigung.[151] Natürlich gibt es nicht wenige Berufskasten, denen die vernichtende Konkurrenz der europäischen und jetzt auch der indischen kapitalistischen Industrie die Fortexistenz im bisherigen Erwerbszweig überhaupt oder doch auf der Grundlage des Handwerks schlechthin unmöglich gemacht hat. Aber wo dies nicht der Fall ist, sind die Prozentsätze der im traditionellen Beruf verbliebenen Angehörigen gewerblicher Kasten in Anbetracht der grundstürzenden Umwälzungen der Wirtschaft doch oft außerordentlich hohe. In die spezifisch modernen Arbeitsgelegenheiten, insbesondere der Großindustrie, sind wenigstens zum überwiegenden Teil nicht die alten gewerblichen Kasten, sondern weit mehr als diese: Zuwanderer vom Lande, deklassierte und Paria-Kasten und deklassierte Mitglieder gewisser höherer Kasten eingeströmt. Das moderne kapitalistische Unternehmertum, soweit es überhaupt indischer Provenienz ist, und die kaufmännischen und höheren Angestellten rekrutieren sich außer aus gewissen alten Händlerkasten offenbar sehr stark – und bei dem Charakter der modernen Kontorarbeit und ihren Bildungsanforderungen ganz begreiflicherweise – auch aus Literatenkasten, welche schon vorher in der Berufswahl vielseitiger waren als die gewerblichen Kasten.[152]

Der Traditionalismus der gewerblichen Kasten ruht ökonomisch nicht nur auf der Abgrenzung der einzelnen Produktionszweige gegeneinander, sondern auch heute noch sehr oft auf der Sicherung der Nahrung der einzelnen Kastenmitglieder vor gegenseitiger Konkurrenz. Absolut geschützt war und ist ja in dieser Hinsicht der zum alten *Dorfstab* gehörige, auf Gartenland und Deputat gesetzte Handwerker. Aber das Prinzip des Kundschaftsschutzes, der Garantie der jajmani-Beziehung, greift weit über sie hinaus und ist noch jetzt in einer ganzen Anzahl gewerblicher Kasten streng durchgeführt. Wir lernten diesen jajmani-Schutz bereits bei den Brahmanen kennen, und die

[151] Im Weichbild der traditionslosen Großstadt Calcutta hatten von den Hindukasten die Wäscher mehr als 80%, die hinduistischen Fischer-, Gassenkehrer-, Korbflechter-, Süßbäcker- und Hausdienerkasten, aber auch eine Goldschmiedekaste, mehr als 50% im traditionellen Beruf stehende Zugehörige, während von den Schreibern (Kayastha) nur 30% *clercs,* von den Brahmanen aber nur 13% Priester, Lehrer, pandits und Köche waren (nach C. R. 1901, Vol. VII, Bericht von Blackwood, p. IV). Von den alten Weberkasten (Tanti) standen – infolge der europäischen Konkurrenz – nur 6% im Beruf.

[152] Zahlen darüber s. weiter unten Anm. 164, S. 663. An der Verwaltung beteiligen sich in der Provinz Bombay die wichtigsten Kasten in folgender Reihenfolge der Intensität: Prabhu (alte Beamtenkaste) 27% der Kastenangehörigen, Mahars (Dorfbeamte) 10%, Brahmanen 7,1%, Lohana (vornehme Händler) 5,8%, Bhatia (Händler) 4,7%, Vania (große alte Händlerkaste) 2,3%, Radschputen 2% derselben, alle anderen Kasten unter 1% ihrer Mitglieder.

Wortbedeutung *(Opfergeber)* zeigt, daß der Begriff in den Verhältnissen dieser Kaste seinen Ursprung hat und etwa mit *persönlicher Sprengel* zu übersetzen wäre. Bei den Brahmanen schützt ihn wesentlich die Etikette des Standes, bei manchen andern Kasten ist er durch die Kastenorganisation garantiert und zwar – wie immer in Indien – erblich (gentilcharismatisch). Der Chamar erhält erblich von bestimmten Familien das gefallene Vieh und liefert ihnen das Leder für den Schuh- und sonstigen Bedarf, während zugleich sein Weib Hebamme des gleichen Kundenkreises ist. Die Bettlerkasten haben bestimmte Bettelbezirke, wie etwa unsere Kaminfeger (nur: erblich), der Nai ist für seine erblichen Kunden Barbier, Manikurist, Pedikurist, Bader und Zahnarzt[153], der Bhangi Gassenkehrer bestimmter Bezirke. Von mancher Kasten – so den Dom (Hausdienern und Bettlern) und Bhangi – wird berichtet[154], daß die Kundschaft veräußerlich geworden und oft Teil der Mitgift ist. Der Einbruch in die fremde Kundschaft gilt, wo die Einrichtung besteht, noch heute als Exkommunikationsgrund.

Die alten gewerblichen Kasten sind aber nicht nur Träger eines strengen Traditionalismus, sondern, im allgemeinen, auch Träger der strengsten rituellen Kasten-Exklusivität. Nirgends ist Endogamie und Ausschluß der Kommensalität strenger durchgeführt als gerade bei ihnen. Und zwar keineswegs nur im Verhältnis der Kasten höheren Ranges zu den niedriger stehenden. Vielmehr meiden die unreinen Kasten untereinander die infizierende Berührung des Ungenossen ganz ebenso streng wie die reinen Kasten es ihnen gegenüber tun, ein Beweis, daß diese gegenseitige Exklusivität vorwiegend nicht soziale, sondern rituelle, in dem alten Gast- und Pariavolks-Charakter zahlreicher dieser Kasten wurzelnde Gründe hat. Gerade unter den alten Gewerbekasten und zum Teil gerade unter dem unreinen Kasten finden sich hinduistisch besonders korrekte Gemeinschaften.

Der hochgradige Kasten-Traditionalismus gerade zahlreicher gewerblicher und darunter gerade auch niederer Kasten ist, außer durch einen wichtigen, später zu erörternden religiösen Grund, bedingt durch die bei ihnen besonders oft sich findende straffe Organisation der Kaste oder – in der Regel – der Unterkaste. Denn diese ist der normale Träger der Organe der Kastendisziplin, von denen nunmehr zu reden ist.

Die Kastenorganisation entspricht der alten Dorfgemeinde mit ihrem

153 Diese letzten beiden Tätigkeiten degradieren rituell.

154 Blunt im C. R. 1911 für die United Provinces und Oudh (altklassischer Hinduboden!), p. 223, woher die obigen Notizen entnommen sind.

155 Mit großem Nachdruck wird heute (z. B. von Mc. Gregor im Census Report 1911 für Bombay, Vol. VII, p. 200) die Existenz eines Dorf-panchayat überhaupt bestritten. Es gebe nur Kasten-panchayats und darunter solche der, normalerweise, in einem Dorf zusammengesiedelten Bauern gleicher Kaste. Es kann sich, soviel aus dem im kontinentalen Europa zugänglichen Material ersichtlich ist, wohl nur um die Frage handeln, ob die in zahlreichen Dörfern unter den Dorfgenossen *(Vollbauern)* bestehenden pan chayats

erblichen Dorfhaupt und ihrem Rat von Sippen- oder Familien-Häuptern.[155] Die Erblichkeit des Dorfhauptes war nie eine absolute, sondern nur gentilcharismatisch. Bei mangelnder Eignung konnte das Dorfhaupt zwar unter Umständen abgesetzt werden, die Wahl des Nachfolgers pflegte sich aber an die gleiche Familie zu halten. Dies gentilcharismatische Prinzip durchzog, sahen wir, alle in Indien vorkommenden Organisationen, vom politischen Gemeinwesen – wo die strenge Primogenitur erst später heiliges Recht geworden ist – bis zur Gilde, deren Vorstand und Älteste (Schreschthi) in aller Regel ebenfalls gentilcharismatisch erblich waren und geblieben sind. So auch in der Kaste mindestens für den Vorsteher: Sar panch, zuweilen – aber nicht immer – noch für die Mitglieder des *panchayat*. Der Umstand, daß alles, was ursprünglich als ökonomische oder amtliche Leistung für die *Gemeinschaft* existierte, im indischen Dorf von jeher erblich angesiedelten Deputatisten oblag, hat wohl zur Übernahme und Erhaltung dieses Zustands, der ja auch anderwärts z. B. im vorderasiatischen Orient in hellenistischer Zeit bei Handwerkern inschriftlich bezeugt ist, beigetragen. Daneben vielleicht eine königliche Beleihung der für die einzelnen Gewerbe und ihre Leistungen verantwortlichen Personen mit ihren Stellen in der Zeit der großen hinduistischen Patrimonialkönigtümer. Aber entscheidend war doch das alte alles beherrschende Prinzip des Gentilcharisma und seine Stützung durch die Brahmanen. Gerade in religiösen Organisationen ist ja, noch mehr als in politischen, der Gedanke der *Wahl* des Oberhauptes in unserem heutigen Sinn nirgends urwüchsig. Was uns als *Wahl* erscheint, war stets pflichtschuldige Anerkennung oder Akklamation eines Trägers des persönlichen oder des Gentilcharisma. Die alte Stellung der *Ältesten* in der reformierten Presbyterialverfassung war noch charismatisch. Die Verfassung unserer *Synodalordnungen* ist dagegen schon dem modernen Repräsentativgedanken entsprungen. So scheinen auch in Indien die jetzt mehrfach vorkommenden *sabha's* (Kasten-Versammlungen aller Mitglieder oder doch aller Familienhäupter), modernen Ursprungs.[156] Die Sprengel der panchayat sind in aller Regel örtlich begrenzte Gebiete. Interlokale Zweckverbände oder Kartelle für die Erledigung bestimmter Geschäfte kommen innerhalb der Kasten vor. Gilden als Teile von Kasten oder als Verbände von Kasten finden sich in Resten, ebenso aber auch Überlebsel von Gilden, welche Kasten-Ungenossen umfaßten. Es gibt, aber nur als Ausnahme, Zentralorganisationen ganzer Kasten, welche als den panchayat übergeordnet gelten.

ihren Ursprung in der Kaste haben oder ob früher einmal die Kasteninstitution der Dorfinstitution irgendwie nachgebildet wurde. Die Existenz eines dem panchayat entsprechenden, Rechtsfälle entscheidenden, Komitees in den Dörfern scheint für die klassische Zeit genügend bezeugt (Manu Samh. XII, 1087).

156 Sie beschließen heute z. B. über die Entsendung von Studenten nach Japan, aber auch über die Änderung wichtiger sozialer Gewohnheiten, z. B. die Aufhebung des Witwenzölibats, ein Gegenstand, der früher durch *Beschlüsse* überhaupt nicht hätte geregelt werden können, sondern nur durch Gutachten der Brahmanen.

Am meisten in Gebieten, welche seit langer Zeit einheitliche politische Reiche gebildet haben, wie umgekehrt die örtliche Kastenzersplitterung da am größten ist, wo die politische Einheit am meisten gefehlt hat.

Welche sachliche Zuständigkeit hat nun das panchayat (oder die ihm entsprechende Instanz)? Das ist sehr verschieden. Für die Gegenwart bilden jedoch keineswegs Berufsfragen den Schwerpunkt: die Kaste (Unter-Kaste) fungiert heute keineswegs der Hauptsache nach als *Zunft* oder *Gewerkverein*. Sondern die Masse des Stoffs bilden rituelle Fragen. Der Zahl nach steht an erster Linie jede Art von Ehebruch oder anderen Verstößen gegen die intersexuelle rituelle Etikette, dann die Büßung und Sühnung anderer ritueller Verstöße der Mitglieder, einschließlich vor allem der Verstöße gegen die Regeln vom Konnubium und Kommensalität oder gegen Reinheits- und Speisegesetze. Diese Aufgabe hat sicherlich von jeher eine sehr große Rolle gespielt, weil die Duldung von magischen Frevlern in der Kaste für deren Gesamtheit bösen Zauber nach sich ziehen konnte. Aber allerdings spielen gerade in einer Anzahl alter und besonders fest in der Tradition stehender mittlerer und insbesondere auch niederer Kasten doch die Berufsfragen eine sehr bedeutende Rolle. Zunächst, und selbstverständlich, alle Fälle des Übergangs eines Mitglieds zu einer rituell degradierenden oder verdächtigen Beschäftigungsart, es handle sich am einen neuen Beruf oder eine neue Technik: je nach Umständen kann dies praktisch sehr weit greifen. Aber auch Fälle, die mit dem Ritual nicht zusammenhängen. Vor allem die Verletzung der jajmani-Rechte durch einen Kastengenossen oder durch Übergriffe von outcastes oder fremden Kasten. Ebenso aber auch die Verletzung sonstiger Kastenrechte durch einen Außenstehenden. Der Umstand, daß gerade alte und besonders traditionalistische Kasten besonders stark in diese ökonomischen Interessen eingreifen, macht es wahrscheinlich, daß diese Seite der Kastenordnung in früheren Zeiten wesentlich universellere Bedeutung hatte. Und daß gerade gewerbliche, und unter diesen viele niederen, Kasten diese Funktion einer Zunft oder – je nachdem – eines Gewerkvereins übernahmen, erklärt sich einerseits aus der typischen Interessenlage des Handwerks und der gelernten Arbeiter, und erklärt andererseits, zu einem Teil wenigstens, die häufig besonders ausgeprägte Kastentreue gerade solcher niederen Kasten. Nichtzahlung von Schulden, Vermögensteilungen und Bagatellprozesse unter Mitgliedern sind heute nicht mehr allzu häufige Gegenstände. Gelegentlich findet sich aber, daß die Kaste Mitglieder zu hindern sucht, gegeneinander Zeugnis abzulegen. Aber die große Mehrzahl der Fragen sind ritueller Art, und zwar finden sich darunter gelegentlich recht wichtige Angelegenheiten. Dies scheint heute in erheblicher Zunahme: die Macht der panchayats und sabhas auf diesem Gebiet ist im Steigen, und es ist in Wahrheit ein charakteristischer Teil der langsam fortschreitenden Emanzipationsbewegung von der Macht der Brahmanen, der sich in diesen scheinbar so archaistischen Geschäften der Kasten äußert. Die Befassung damit bildet das hinduistische Äquivalent für das Streben nach kirchlicher *Gemeinde-Autonomie* im Okzident.

Die Zwangsmittel der Kastenorgane sind Dritten gegenüber der Boykott, den eigenen Genossen gegenüber Geldbußen und Verurteilung zu ritueller Entsühnung, im Fall der Weigerung und schweren Fällen von Verletzungen der Kastennormen Exkommunikation (bahishkara). Sie ist (heute) keine Ausstoßung aus dem Hinduismus, sondern aus der einzelnen Kaste. In ihren Folgen kann sie freilich darüber hinaus wirken, z. B. durch Boykott gegen jeden Dritten, der die Dienste eines exkommunizierten Kastenmitglieds noch in Anspruch nimmt. Die Mehrzahl der panchayats (und der entsprechenden sonstigen Organe) fassen heute ihre Beschlüsse selbständig, ohne Zuziehung der Çastris und Pandits, die als fakultativ gilt. Einige, und zwar auch niedere, Kasten freilich kennen noch heute einen Rechtszug an einen der heiligen Stühle (Klöster in Sankeschwar oder Schringeri). Eine autonome Satzung neuer Rechtsnormen durch eine Kaste kam nach althinduistischen Begriffen nicht in Frage. Heiliges Recht kann überall nur offenbart oder als von jeher bestehend neu *erkannt* werden. Aber das heutige Fehlen einer hinduistischen politischen Zwangsgewalt und die dadurch bedingte Schwächung der Stellung der Brahmanen hat dahin gewirkt, daß tatsächlich gelegentlich Rechtssatzung, korrekterweise unter der Form der Rechtserkenntnis, autonom erfolgt. Wie in den Kastenrang-Usurpationen macht sich auch hier der Wegfall der politischen, patrimonial-kirchenstaatlichen Struktur der alten Königreiche deutlich in der Richtung langsamer Erschütterung der Kastentradition fühlbar.

Bei den Stammeskasten ist, je weniger durchgreifend ihre Hinduisierung ist, desto öfter die typische Kastenorganisation durch Reste der alten Stammesverfassung ersetzt, was uns hier im einzelnen nicht interessieren soll.

Die hohen Kasten endlich, namentlich Brahmanen und Radschputen, entbehren auch in ihren Unterkasten oft jeder einheitlichen Dauerorganisation, und zwar von jeher, soviel bekannt. Es treten, wenn dringende Fälle vorliegen – etwa ein gröblicher Ritualverstoß eines Mitglieds – für den Einzelfall die nach altem Brauch dazu berufenen Häupter der Maths (Klöster) zusammen, oder neuerdings auch Versammlungen der betreffenden Kastenabteilung. Für die Brahmanen ist selbstverständlich, daß die aus ihnen hervorgehenden Çastris und Pandits, die Hochschulen und Maths (Klöster) mit anerkanntem Ruf als Mittelpunkte heiliger Studien und die von alters her anerkannten heiligen Stühle ihre Autorität zu wahren im allgemeinen imstande sind. Aber die alte Konkurrenz der Veda-Schulen, der philosophischen Schulen, Sekten und Asketen-Orden gegeneinander, und die Gegensätze der alten vornehmen Brahmanengeschlechter einerseits gegen die durch Usurpation allmählich zu Brahmanen aufgestiegenen, andererseits gegen die durch Degradation zu Brahmanen niederen Rechts gewordenen Schichten und Unterkasten erzeugen doch tiefe Spannungen und begrenzen nach innen das nach außen, als Standesbewußtsein, starke Solidaritätsgefühl. Bei den Radschputen ersetzte der starke Einfluß der brahmanischen Hauspriester (purohita) für die Erhaltung der rituellen Korrektheit die fehlenden Kastenorgane. Ein Teil der Unterkasten hat immerhin auch bei ihnen starke Organe und ihr Standesgefühl ist im ganzen kräftig. Die starke Vielseitigkeit der Berufstätigkeit beider Kasten, welche sich freilich im ganzen ziemlich streng innerhalb der Schranken des rituell Zulässigen hält, ist, wie die erwähnten Notberufe bei Manu genügend zeigen, schon sehr alt. Daß die reinen Schreiber-Kasten, Produkte des Patrimonialismus der indischen Königreiche, dessen historischer Einfluß in ihnen in die Gegenwart hineinragt, im Gegensatz zu den alten sozialen und feudalen Aristokratien zwar hohe Kastenrangprätensionen, aber ungleich weniger Standesgefühl besitzen – wie ihre heutige Berufsgliederung ergibt – ist leicht verständlich. In den Händlerkasten existieren Reste der alten Gilden, im übrigen ist ihre Organisation heute weit weniger straff als, allem Anschein nach, unter den einheimischen Fürsten, welche die ökonomischen und speziell die städtischen Kasten, aber auch Paria-Völker oft als Träger leiturgischer Pflichten und entsprechender Monopolrechte benutzten. –

Wir können damit diesen trotz aller Länge unvermeidlich höchst unvollständigen Abriß des Kastensystems abschließen und nach seinen Wirkungen auf die Wirtschaft fragen. Da diese wesentlich negativer Art und also mehr zu erschließen als induktiv zu ermitteln sind, können darüber nur wenige Allgemeinheiten gesagt werden. Uns geht hier nur das an, daß diese Ordnung ihrem ganzen Wesen nach durchaus traditionalistisch und antirational wirken mußte. Nur darf man die Gründe dafür nicht an falschen Stellen suchen.

K. Marx hat die eigenartige Stellung des indischen Dorfhandwerkers – seine Angewiesenheit auf feste Deputate statt auf Marktabsatz – als Grund der spezifischen *Stabilität asiatischer Völker* bezeichnet. Mit Recht. Aber es gab neben dem alten Dorfhandwerker den Händler und den Stadthandwerker, diesen als Marktarbeiter oder als ökonomisch abhängig von den Händlergilden wie im Okzident. Zwar ist Indien immer ganz vorwiegend ein Land der Dörfer geblieben. Aber die Anfänge der Städte waren auch im Okzident, im Binnenland zumal, bescheiden, und die Stellung des städtischen Markts war in Indien in vielen Punkten, durch die Fürsten, *merkantilistisch* in ähnlichem Sinn geregelt, wie in den Territorialstaaten der beginnenden Neuzeit. Es ist also, soweit die soziale Gliederung in Betracht kommt, jedenfalls nicht gerade nur die Stellung des Dorfhandwerkers allein, sondern auch die Kastenordnung als Ganzes als Träger der Stabilität anzusehen. Nur darf hier die Wirkung nicht allzu unmittelbar gedacht werden. Man könnte etwa glauben: die rituellen Kastengegensätze hätten die Entstehung von *Großbetrieben* mit Arbeitszerlegung in der gleichen Werkstätte unmöglich gemacht und darin liege ein entscheidendes Moment. Dies ist nicht der Fall. Das Kastenrecht hat sich den Notwendigkeiten der Arbeitsvereinigung in Werkstätten gegenüber ebenso nachgiebig gezeigt wie den Bedürfnissen der Arbeitsvereinigung und des Dienstes im vornehmen Haushalt. Rituell rein, sahen wir, waren alle für die Oberkasten nötigen

Hausbediensteten. Der Grundsatz: *Die Hand des Handwerkers ist in seinem Beruf immer rein*[157] bedeutete eine ähnliche Konzession an die Notwendigkeit, sich von außerhäuslichen Lohnwerkern und Störern Anbringungs-, Reparatur- und andere Arbeiten oder persönliche Dienste leisten lassen zu können. Ebenso aber galt auch die Werkstatt[158] (das Ergasterium) als rein, und einer Miteinanderverwendung verschiedener Kasten im gleichen Arbeitssaal hätte mithin rituell nichts im Wege gestanden, so wenig wie das Zinsverbot im Mittelalter als solches die Entwicklung des Erwerbskapitals, welches gar nicht in Form der Anlage gegen festen Zins auftrat, gehindert hat. Nicht in solchen Einzelschwierigkeiten, welche jedes der großen Religionssysteme in seiner Art der modernen Wirtschaft in den Weg stellte oder zu stellen schien, lag der Kern der Hemmung. Sondern im *Geist* des ganzen Systems. Wenn es in der Neuzeit zwar nicht immer ganz leicht, aber eben doch schließlich möglich gewesen ist, indische Kastenarbeiter in moderne Fabriken einzustellen und vorher schon: die Arbeit auch der indischen Handwerker kapitalistisch in den auch sonst in Kolonialgebieten dafür üblichen Formen auszunützen, nachdem einmal der moderne Kapitalismus als fertige Maschinerie aus Europa importiert werden konnte, so muß es doch als der Gipfel der Unwahrscheinlichkeit erscheinen, daß auf dem Boden des Kastensystems die moderne Organisationsform des gewerblichen Kapitalismus jemals entstanden wäre. Ein Ritualgesetz, bei welchem jeder Berufswechsel, jeder Wechsel der Arbeitstechnik rituelle Degradation zur Folge haben konnte, war sicherlich nicht geeignet, aus sich ökonomische und technische Umwälzungen zu gebären oder ihnen auch nur das erstmalige Aufkeimen in seiner Mitte zu ermöglichen. Der an sich große Traditionalismus des Handwerkers mußte dadurch aufs äußerste gesteigert werden und allen Versuchen des Handelskapitals, vom Boden des Verlags aus die gewerbliche Arbeit zu organisieren, mußte ein wesentlich schärferer Widerstand begegnen als im Okzident. Die Händler selbst blieben in ihrer rituellen Abgeschlossenheit in den Banden des typischen orientalischen Händlertums, welches nirgends aus sich eine moderne kapitalistische Organisation der Arbeit geschaffen hat: so als wenn lauter verschiedene, gegeneinander und gegen Dritte rituell exklusive Gastvölker wie die Juden nebeneinander in einem Wirtschaftsgebiet ihrem Erwerb nachgehen würden. Man hat manche der großen hinduistischen Händlerkasten, so namentlich die Vania, die *Juden Indiens* genannt, und in diesem negativen Sinn auch mit Recht. Sie waren zum Teil Virtuosen skrupellosen Erwerbs, und namentlich manche früher als sozial degradiert geltende oder unreine und deshalb besonders wenig durch (in unserem Sinne) *ethische* Ansprüche an sich selbst belastete Kasten zeigen heute ein

157 Baudhayanas Rechtsbuch I, 5, 9, 1. Ebenso alle öffentlich zum Verkauf gestellten Waren.

158 Bandhayana I, 5, 9, 3. Rituell rein sind Minen und alle Werkstätten mit Ausnahme derjenigen für Alkohol-Destillation.

bedeutendes Tempo der Vermögensakkumulation. Sie konkurrieren darin mit einigen Kasten, die früher die Stellungen der Schreiber, Beamten oder Steuerpächter und ähnliche Chancen des politisch bedingten Erwerbs, wie sie in Patrimonialstaaten typisch sind, monopolisierten. Auch aus den Händlerkasten ist ein Teil der kapitalistischen Unternehmer hervorgegangen. Aber – wie gelegentlich schon bemerkt – nur soweit sie die heute dafür erforderliche *Bildung* sich aneigneten, vermochten sie darin mit den Literatenkasten Schritt zu halten.[159] Die Intensität der Erziehung zum Händlertum ist bei ihnen, soviel die Berichte erkennen lassen, teilweise so stark, daß ihre spezifische *Begabung* dafür keineswegs auf *Anlage* beruhen muß.[160] Daß sie aber aus sich den rationalen Betrieb des modernen Kapitalismus hätten schaffen können, dafür liegt kein Anzeichen vor. Vollends aus den Kreisen des ganz traditionalistischen indischen Gewerbes wäre er zweifellos nie entstanden. Dabei ist aber der hinduistische Handwerker dennoch notorisch überaus arbeitsam; er gilt insbesondere als wesentlich arbeitsamer als der indische Handwerker islamitischen Glaubens. Und auf das Ganze gesehen, entwickelte die hinduistische Kastenorganisation innerhalb der alten Berufskasten vielfach eine sehr hohe Intensität der Arbeit und der Besitz-Akkumulation. Das Erstere mehr im Handwerk und in einzelnen alten landwirtschaftlichen Kasten, von denen übrigens namentlich die Kunbis (z. B. in Südindien) auch an Besitzakkumulation und zwar heute auch in modernen Formen Beträchtliches leisten.

Unter der englischen Verwaltung und direktem starkem Anreiz dazu ist der moderne gewerbliche Kapitalismus, die Fabrik insbesondere, in Indien eingezogen. Aber – vergleichsweise betrachtet – in wie geringem Umfang und mit welchen Erschwerungen! Nach mehreren hundert Jahren englischer Herrschaft gibt es jetzt gegen 980000 Fabrikarbeiter, also etwa 1/3% der Bevölkerung. Dabei ist, und zwar auch in den Fabrikindustrien mit den höchsten Löhnen, die Arbeiterrekrutierung schwer[161]; erst die neuesten Arbeiterschutzakte hat die Fabrikarbeit etwas populärer gemacht. Frauenarbeit findet sich, obwohl es (Textil)-Industrien gibt, wo die Frau das Doppelte leisten kann als der Mann, nur spärlich und aus den allerverachtetsten Kasten. Die indische Fabrik-

[159] Über die Beziehung der indischen Sekten und Erlösungsreligionen zu den Bank- und Handelskreisen Indiens wird später gesprochen.

[160] Über die Schulung zum Handel bei den Baniyas s. den C. R. für Bengalen. Gegen eine Einschätzung der *Naturanlage* spricht ja auch, daß alte Kasten mit starkem Berufswechsel oft in Berufe einströmen, welche in den Anforderungen an die *Naturanlage* psychologisch den denkbar größten Gegensatz zur bisherigen Beschäftigungsart bilden, aber durch die Gemeinsamkeit des Nutzens bestimmter anerzogener Kenntnisse und Fertigkeiten einander nahe stehen. So der früher erwähnte häufige Übergang der alten Feldmesserkasten – deren Glieder naturgemäß die Wege besonders genau kannten – zum Chauffeurberufe und viele ähnliche Beispiele.

[161] Sie muß in Kalkutta vielfach von auswärts erfolgen: in einem Dorf der Umgegend spricht kaum 1/9 die Landessprache, das Bengalisch.

arbeiterschaft zeigt genau jene traditionalistischen Züge, welche ihr in der Frühzeit des Kapitalismus auch in Europa anhafteten.

Die Arbeiter wollen gern schnell etwas Geld verdienen, um sich selbständig zu machen. Erhöhung der Lohnsätze wirkt auf sie nicht im Sinn des Anreizes zu stärkerer Arbeit, oder zu besserer Lebenshaltung, sondern umgekehrt: sie machen dann längere Ferien, weil sie es können oder ihre Frauen behängen sich mit Schmuck. Beliebiges Fortbleiben von der Arbeit versteht sich von selbst und so bald als möglich, zieht sich der Arbeiter mit seinen Spargroschen wieder auf das Heimatdorf zurück.[162] Er ist eben nur *Gelegenheits*-Arbeiter. *Disziplin* im europäischen Sinn ist ihm ein unbekannter Begriff. Trotz eines viermal billigeren Lohnes ist daher die Konkurrenz gegen Europa, da man 2½ mal mehr Arbeiter und weit mehr Aufsicht braucht, nur in der Textilindustrie leicht. Ein Vorteil der Unternehmer ist, daß die Kastengeschiedenheit der Arbeiter bisher jegliche Gewerkschaftsorganisation und jeden eigentlichen *Streik* unmöglich gemacht hat. Zwar – wie wir sahen – die Arbeit in der Werkstatt ist *rein* und erfolgt gemeinsam, (nur gesonderte Wasserbecher am Brunnen sind nötig, mindestens je einer für Hindu und Islamiten, und in Schlafstätten schlafen nur Leute gleicher Kaste zusammen) – aber eine Verbrüderung ist hier (bisher) so wenig möglich gewesen wie eine conjuratio der Bürger.[163]

Leider liegen eingehende Angaben über die Einbeziehung der einzelnen Kasten in den modernen kapitalistischen Erwerb – wenigstens für den fremden Bearbeiter zugänglich – nur in dürftigem Umfang vor.[164]

162 v. Delden a. a. O., S. 96.

163 Vgl. v. Delden a. a. O., S. 114–125.

164 Moderne *gelernte* Arbeit wird in der Stadt Calcutta anscheinend am stärksten aus den Kasten der Kaivartha (alte Stammeskaste von Bauern und Fischern), Kayasth (Schreiber) und Tanti (alte Weberkaste) rekrutiert, die ungelernte sog. Kuli-Arbeit ebenfalls aus den Kasten der Kaivartha und Kayasth, daneben aus den verachteten Kasten der Goala (Milchmänner, alter Pariastamm) und Chamar (die große unreine Lederarbeiterkaste Bengalens). Auch sonst sind dort die aus ihrem traditionellen Verdienst geworfenen untersten Kasten unter der Kuli-Arbeit am stärksten vertreten. Die eigentlichen Fabrikarbeiter stellen wiederum vor allem die vier Kasten der Tanti (Weber), Kaivartha (Bauern und Fischer), Chamar (Lederarbeiter), Kayasth (Schreiber). Dagegen sind z. B. von den Chhatri (angeblich: Kschatriya, in Wahrheit ein alter Reisläuferstamm) 45% Bauern, *peons* und Hausgesinde, fast keiner im Staatsdienst und in der Industrie. In der Textilindustrie der Provinz Bombay sind beteiligt mit 63% ihres Bestands die Weberkasten, mit 11,7% die Bhatia (altes Gastvolk von Händlern), mit 9,8% die Vani (vornehme Händler), mit 3,8% die Radschputen; die Prabhu (Beamte) und Mahan (Dorfbeamte) mit über 1%, der Rest der Kasten darunter. Die Händler und die zuletzt genannten Kasten stellen im wesentlichen die Unternehmer (bzw. was die Radschputen anlangt, *Besitzer)*. Am Handel (mit Ausschluß der Nahrungsgewerbe) beteiligen sich in der Provinz Bombay von den einzelnen Kasten folgende Prozentsätze (des Kastenbestandes): Brahmanen 3,2%, Vania (alte vornehme Händlerkaste) 24,8%, Bhatia (altes Händler-Gastvolk) 7%, Radschputen und Mahrathen praktisch 0, Prabhu (Beamte) 9,3%, Lohana (alte vornehme Händlerkaste im Sindh) 6%, Weber, Koli

Über die Einkommensverhältnisse der Hauptkasten (aus anderen Quellen als Amt, Pension und Wertpapieren, Part IV der Income Tax Act), soweit darüber die Zensus-Superintendenten berichtet haben, macht Gait im Generalbericht zum Zensus von 1911[165] folgende hier interessierende Angaben:

In Bengalen gibt es rund 23000 zur Einkommenssteuer aus Wirtschaftserwerb Veranlagte. Die Mohammedaner, 24 Millionen = 51,7% der Bevölkerung, haben nur 3177 aus diesen Steuerquellen Veranlagte, also etwas über 1/8 aller. Fast ebensoviel hat die eine einzige Kayasth- (Schreiber-) Kaste für sich allein, und zwar teils aus Unternehmungen, teils aus *profession.* Nach ihnen kommen die Brahmanen, von denen 50% der Veranlagten ihr Einkommen aus Unternehmerverdienst beziehen, und, ihnen fast gleichstehend, die Shaha, eine kleine (119000 Köpfe zählende) Unterkaste der Sunri, welche den Spirituosenhandel monopolisierten. Sie stellen prozentual die Höchstzahl der Veranlagten. Außer ihnen hat nur noch die Ölpresser- und Händler-Kaste der Teli über 1000 Veranlagte, alle anderen weniger. Der Bericht findet es überraschend, daß die alten Händlerkasten der Gandhabaniks und Subarnabaniks, nach dem Namen zu schließen ursprünglich Spezerei- und bzw. Edelmetallhändler nur mit je 500 Veranlagten vertreten sind; indessen ist das proportional zur Zahl (je zwischen 100000 und 120000 Köpfe) doch stärker als die Teli-Kaste (1 1/2 Millionen). Daß eine zu den niedrigen Çudra gerechnete Händlerkaste, wie die Shahas (deren Wasser von Brahmanen nicht immer genommen wird) unbedenklicher in der Eingliederung in die modernen Erwerbschancen ist, als die Teli (welche in Bengalen mit der Nabasakh-Gruppe rangieren) und die beiden Kasten der Gandhabaniks und Subarnabaniks, welche, vermutlich mit Recht, früher Vaiçya-Rang eingenommen zu haben beanspruchen, ist durchaus verständlich, freilich auch für den traditionalistischen Geist des echten alten Hinduismus bezeichnend. Die Überlegenheit der Anpassung der dazu überhaupt geeigneten Hindukasten an den rationalen Erwerb gegenüber dem bengalischen Islam tritt deutlich zutage. Diese relative Unterlegenheit des Islam wiederholt sich ebenso in allen anderen Provinzen. Die islamitische Scheikh-Kaste hat hohe Steuerzahler (namentlich im Panjab) wesentlich unter den großen Landrentnern[166], ebenso wie die Radschputen, Babhans (vornehme Landlord- und Getreide-Großhändler-Kaste) und mehrfach auch die Brahmanen und die den Radschputen nahe stehenden Khatri. In Bihar stehen unter den Veranlagten aus kapitalistischem Einkommen die Agarvals (Unterkaste der Kewat, sehr alte

(Kleinbauern), Kunbi (Bauern), Mahar (Dorfbeamte) praktisch 0, Pandhari (Palmsaftdestillateure) 2%. Von den alten Händlerkasten sind erhebliche Bruchteile heut im Nahrungsmittelgewerbe (wohl namentlich im Detailgeschäft) tätig, so 40% der Vania, 61,3% der Bhatia, 22,8% der Lohana, von allen anderen nur wenige und von den vornehmen Kasten praktisch niemand.

165 S.480.

166 Rentner überhaupt waren in der Provinz Bombay unter den Kasten der Brahmanen, Prabhu (Beamte), Mahar (Dorfbeamte), Lohana (Händler) am stärksten vertreten.

Händlerkaste) voran und die Kalvan und Sunri (alte Kasten von Palmsaftdestillateuren) und Teli (Ölpresser) stehen unter den dann Folgenden quantitativ neben den vornehmen Kasten der Brahmanen und Babhans (diese 7 Kasten haben die Hälfte des aus *trade* fließenden steuerbaren Einkommens). Im oberen Gangestal (United Provinces), dem altklassischen Gebiet des Hinduismus, im Panjab und im Süden ist meist die alte Händlerkaste der Baniyas Träger der weitaus größten Einkommen, aus Handel, während im Nordwesten die Khatris – eine alte vornehme, international bekannte Händler- und Schreiber-Kaste, die auch im Grundrenteneinkommen neben den Brahmanen eine bedeutende Rolle spielt, im gewerblichen Einkommen allen voranstehen, die Kayasth aber (im oberen Gangestal) im Verhältnis zu ihrer Zahl überproportional am Einkommen aus *profession* beteiligt sind.

Die Beteiligung des einheimischen – zum Teil ganz gewaltigen – Vermögensbesitzes als *Kapital* in modernen Unternehmungen blieb lange verhältnismäßig gering; in der Jute-Industrie fehlte sie fast ganz. *Schlechte Erfahrungen* nicht nur mit den Unternehmern und Associés, sondern auch mit den Werkmeistern haben es bedingt, daß noch jetzt z.B. in der recht eigentlich indischen, der Jute-Industrie, eigentlich nur die Aufpasser, aber sonst fast niemand, der technische oder kaufmännische Funktionen hat, indischer Abkunft ist (es sind meist Schotten: v. Delden, Die ind. Jute-Industrie 1915, S. 86). – Die Jute-Industrie mit durchschnittlich 3420 Arbeitern auf jeden Betrieb (v. Delden a.a.O., 179) ist die am stärksten zur Großindustrie entwickelte Industrie Indiens.

Die Unterschiede der Intensität des Strebens nach Gelderwerb, vor allem die Begünstigung der vom hinduistischen Standpunkt aus ethisch ungebundeneren Händler (Spirituosen-Händler) und daneben der Literaten, sodann aber die stärkere Neigung des Hindu-Reichtums zu intensiver händlerischer Verwertung gegenüber dem islamitischen tritt deutlich zutage und entspricht der oft berichteten größeren Arbeitsintensität der – dabei traditionalistischeren – hinduistischen Handwerker gegenüber den islamitischen. Beides ist, durch den besondern Sinn mitbedingt, welchen die Erfüllung der Kastenpflichten für den Hinduismus besitzt. Wir müssen uns diesem wichtigen Punkt jetzt zuwenden.

Wir sahen, daß innerhalb des Hinduismus eine ungewöhnlich breite Toleranz in bezug auf die Lehre (mata) besteht, während alles Gewicht auf den rituellen Pflichten (Dharma) liegt. Immerhin hat nun aber, und damit haben wir uns jetzt zu befassen, auch der Hinduismus gewisse *Dogmen,* wenn man darunter solche Glaubenswahrheiten versteht, deren gänzliche Leugnung als *ketzerisch* gilt und, wenn auch nicht einen Einzelnen, so doch eine Gemeinschaft, die sich zu ihnen ausdrücklich bekennt, außerhalb der hinduistischen Gemeinschaft stellen würde. Der Hinduismus kennt zunächst eine Anzahl offizieller Lehrsysteme. Wir werden sie später, bei Besprechung der Erlösungsreligionen der Intellektuellenschichten, kurz kennen lernen. Hier interessiert uns, daß es auch spezifisch heterodoxe philosophische Lehrmeinungen gibt.

Vor allen zwei pflegen angeführt zu werden: die Philosophie der Materialisten und die der Bauddhas (Buddhisten). Was ist an der Lehre der letzteren das spezifisch Heterodoxe? Die Ablehnung der Brahmanen-Autorität findet sich auch bei Hindukasten. Die Zulassung aller Kasten zur Erlösung findet sich auch bei Hindus. Die Rekrutierung der Mönche aus allen Kasten hätte sie zu einer rituell unreinen Sektenkaste machen können. Belastender war die Verwerfung der Veden und des hinduistischen Rituals als für die Erlösung wertlos. Aber die Buddhisten hatten ein eignes Dharma an die Stelle gesetzt, teilweise ein strengeres als das der Brahmanen. Und es wird ihnen eben nicht nur rituelle Kastenlosigkeit, sondern auch ketzerische Lehre vorgeworfen, einerlei ob diese nun der wirkliche Grund war, sie nicht als Hindu anzuerkennen. Worin bestand diese, und was hatte sie mit der Ketzerei der *Materialisten* gemeinsam im Gegensatz zu der Lehre der orthodoxen Schulen? Die Buddhisten leugneten, ebenso wie die Materialisten, die Existenz der *Seele*[167], zum mindestens als einer Einheit des Ich. Das hatte nun bei den Buddhisten – und zwar gerade in dem gleich zu erwähnenden entscheidenden Punkt – eine fast rein theoretische Bedeutung. Aber es scheint doch, daß hier der wichtigste Anstoß (in theoretischer Hinsicht) lag. Denn alle hinduistische Philosophie und Alles, was man, über den reinen Ritualismus hinaus, als *Religion* der Hindus bezeichnen kann, hängt allerdings am Seelenglauben.

Kein Hindu leugnet zwei Grundvoraussetzungen der hinduistischen Religiosität: den Samsara- (Seelenwanderungs-) Glauben und die mit ihm zusammenhängende Karman- (Vergeltungs-) Lehre. Sie, und nur sie, sind wirkliche *dogmatische* Lehrstücke des gesamten Hinduismus, und zwar gerade in der Art ihrer Verknüpfung miteinander zu einer dem Hinduismus ganz allein eigentümlichen Theodizee der bestehenden sozialen, d. h. also: der Kastenordnung.

Der Glaube an die Seelenwanderung (Samsara), direkt erwachsen aus sehr universell verbreiteten Vorstellungen vom Schicksal der Geister nach dem Tode, ist auch anderwärts entstanden. So im hellenischen Altertum. In Indien lag aus Gründen der Fauna und des Nebeneinander verschiedenfarbiger Rassen die Entstehung der Vorstellung nahe. Es ist doch wohl sehr wahrscheinlich, daß das im Ramayana in Südindien auftretende Affenheer ein solches der schwarzen Dravidas ist. Und selbst wenn nicht, so zeigt sich jedenfalls, daß die Affen als den Menschen gleichartig gedacht werden und, daß dieser Gedanke gerade für Südindien, den Sitz von schwarzen Völkern, welche vom Standpunkt des Ariers dem Affen ähnlich sahen, nahe lag. Als *unsterblich* galten die abgeschiedenen Seelen ursprünglich in Indien sowenig wie anderwärts. Die Totenopfer sollten sie zur Ruhe bringen und ihren Neid und Zorn gegen die

167 Wir brauchen hier diesen Ausdruck ganz provisorisch und undifferenziert, also vorläufig ohne Rücksicht darauf, daß die hinduistische Philosophie verschiedene metaphysische Vorstellungen vom Wesen der Seele entwickelt hat.

glücklichen Lebenden beschwichtigen. Der Aufenthalt der *Väter* blieb im ganzen doch problematisch. Ohne Opfer drohte ihnen in den Brahmanas der Hungertod; deshalb galten ja Opfer als das Verdienst schlechthin. Auch den Göttern wurde gelegentlich *langes Leben* gewünscht und zunehmend findet sich die Annahme, daß die Existenz weder der Götter noch der Menschen im Jenseits etwas Ewiges sei.[168] Als sich dann die Spekulation der Brahmanen mit ihrem Schicksal zu befassen begann, entstand allmählich die Lehre vom *Wiedertod,* der den sterbenden Geist oder Gott wieder in ein anderes Dasein führe, – und es lag nahe, dieses wieder auf der Erde zu suchen und damit an *Seelentier*-Vorstellungen, die hier wie sonst bestanden haben werden, anzuknüpfen. Damit waren die Elemente der Lehre gegeben. Die Verknüpfung mit der Lehre von der Vergeltung guter und böser Handlungen durch die mehr oder minder ehrenvolle oder schmachvolle Art der Wiedergeburt ist gleichfalls nicht nur indisch, sondern findet sich ebenfalls z. B. bei den Hellenen. Dem Rationalismus der Brahmanen ist aber zweierlei eigentümlich, was erst die höchst penetrante Bedeutung der so gewendeten Lehre bedingt: 1. die Durchführung des Gedankens, daß jede einzelne ethisch relevante Handlung unabwendbar ihre Wirkung auf das Schicksal des Täters übt, daß also keine solche Wirkung verloren gehen kann: die Lehre vom *Karman;* – 2. die Verknüpfung mit dem sozialen Schicksal des Einzelnen innerhalb der gesellschaftlichen Organisation und dadurch mit der Kastenordnung. Alle (rituellen oder ethischen) Verdienste und Verschuldungen des Einzelnen bilden eine Art von Kontokorrent, dessen Saldo unweigerlich das weitere Schicksal der Seele bei der Wiedergeburt bestimmt, und zwar ganz genau proportional dem Maß des Überschusses der einen oder der anderen Seite des Kontos.[169] *Ewige* Belohnungen oder Strafen kann es also unmöglich geben: sie wären ja absolut unproportional einem endlichen Tun. Im Himmel sowohl wie in der Hölle kann man nur endliche Zeit sein. Und beide spielen überhaupt nur eine Nebenrolle. Der Himmel war wohl ursprünglich nur ein Brahmanen- und ein Kriegerhimmel. Der Hölle aber konnte auch der übelste Sünder durch rein rituelle und äußerst bequeme Mittel: das Aussprechen bestimmter Formeln in der Todesstunde, auch durch andere (sogar unwissentlich und durch den Feind) entgehen. Hingegen gab es schlechthin keinerlei rituelles Mittel und überhaupt keine (innerweltliche) Tat, durch die man sich der Wiedergeburt und dem Wiedertod entziehen konnte. Die universell verbreitete Vorstellung, daß Krankheit, Gebrechen, Armut, kurz alles was im Leben gefürchtet

168 S. Boyer, Journal Asiat. 9. Ser. 18 (1901) und über den *Wiedertod* jetzt vor allem: H. Oldenberg, Die Lehre der Upanischaden und die Anfänge des Buddhismus (Göttingen 1915).

169 Schicksalsglaube, Astrologie, Horoskopie waren in Indien seit langem sehr verbreitet. Aber bei näherem Hinsehen scheint sich zu zeigen, daß das Horoskop die Schicksale wohl anzeigt, daß aber die Konstellation selbst in ihrer guten oder üblen Bedeutung für den Einzelnen durch Karman bestimmt wird.

wurde, Folgen selbstverschuldeter, bewußter oder unbewußter, magisch relevanter Verfehlungen seien, wurde hier zu der Anschauung gesteigert, daß das gesamte Lebensschicksal des Menschen eigenste Tat sei. Und da der Augenschein allzu sehr dagegen sprach, daß die ethische Vergeltung innerhalb jedes einzelnen Lebens im Diesseits sich vollziehe, so lag nach Durchbildung des Seelenwanderungsgedankens die Konzeption sehr nahe und wurde von den Brahmanen, zuerst offenbar als esoterische Lehre, vollzogen, daß Verdienste und Verschuldungen früherer Leben das jetzige, solche des jetzigen Lebens das Schicksal im künftigen Erdenleben bestimmen. Daß der Mensch in der grenzenlosen Abfolge immer neuer Leben und Tode allein durch eigene Handlungen sein Schicksal bestimme, war die konsequenteste Form der Karman-Lehre. Die Quellen, zumal die monumentalen Quellen, zeigen zwar, daß diese Konsequenz nicht immer festgehalten wurde. Die altüberlieferten Totenopfer waren ja, sofern man durch sie das Schicksal des Toten beeinflussen wollte, damit im Widerspruch, und wir finden denn auch, daß, wie im Christentum, Gebete und Opfer verrichtet, Stiftungen gemacht und Bauten aufgeführt wurden, um die Verdienste und damit das Zukunftsschicksal der Ahnen aufzubessern. Allein solche, und ähnliche, Reste einer anderen Auffassung ändern nichts daran, daß der Einzelne sich fortgesetzt vor allem mit der Besserung seines eigenen Wiedergeburtsschicksals befaßte. Gerade das zeigen die Inschriften. Man bringt Opfer und macht Stiftungen, um künftig in einer ebenso guten oder besseren Lebenslage, z. B. mit der gleichen Frau oder den gleichen Kindern, wiedergeboren zu werden; Fürstinnen wünschen zu erreichen, daß sie künftig in einer ähnlich respektabeln Position wieder auf Erden erscheinen. Und hier liegt nun der entscheidende Zusammenhang mit der Kastenordnung. Gerade die Kastenlage des Einzelnen ist nichts Zufälliges: der sozialkritische Gedanke des *Zufalls der Geburt,* wie er dem Schicksalsglauben des traditionalistischen Konfuzianismus mit okzidentalen Sozialreformern gemeinsam ist, fehlt in Indien fast völlig. Der Einzelne wird in der Kaste geboren, welche er sich in einem früheren Leben durch sein Verhalten verdient hat. Der einzelne Hindu ist also tatsächlich, je nachdem, *vorsichtig* oder *unvorsichtig* gewesen in der Wahl, wenn auch vielleicht nicht, wie das deutsche Scherzwort sagt, seiner konkreten *Eltern,* so doch der Kaste, der diese angehörten. Ein korrekt gläubiger Hindu wird im Hinblick auf die klägliche Lage eines zu einer unreinen Kaste Gehörigen nur den Gedanken haben: er hat besonders viele Sünden aus früherer Existenz abzubüßen.[170] Dies aber hat die Kehrseite, daß das Mitglied der unreinen Kaste vor allem auch an die Chance denkt, durch ein kastenrituell exemplarisches Leben seine sozialen Zukunftschancen bei der Wiedergeburt verbessern zu können. In diesem Leben gibt es einen Ausweg aus

170 Dies berichtet denn auch Blunt im Census Report 1911 als eine ihm gegenüber mit Bezug auf die Chamar gemachte Äußerung vornehmer Hindus.

der Kaste, nach oben wenigstens, schlechterdings nicht. Denn der unentrinnbar abrollenden Karman-Kausalität entspricht die Ewigkeit der Welt, des Lebens und vor allem: der Kastenordnung. Keine echt hinduistische Lehre kennt einen *jüngsten Tag*. Es gibt zwar nach weitverbreiteten Lehren Epochen, in denen die Welt, wie bei der germanischen Götterdämmerung, zum Chaos zurückkehrt, aber nur um ihren Kreislauf alsbald wieder zu beginnen. So wenig wie die Menschen sind die Götter *unsterblich*. Ja, nach einzelnen Lehren ist, da ein Mensch durch besonders hohe Tugend auch als ein Gott, z. B. als Indra, wiedergeboren werden kann, dieser eigentlich nur ein Name für wechselnde und fungible Persönlichkeiten. Daß der einzelne fromme Hindu die pathetischen Voraussetzungen dieser die Welt in einen streng rationalen, ethisch determinierten Kosmos umwandelnden Karmanlehre – der konsequentesten Theodizee, welche die Geschichte je hervorgebracht hat – nicht immer in ihrem Gesamtzusammenhang vor Augen zu haben pflegte, ist für die uns interessierende praktische Wirkung ohne Belang. Er blieb hineingebannt in das Gehäuse, welches nur durch diesen ideellen Zusammenhang sinnvoll würde und die Konsequenzen davon belasteten sein Handeln. Wenn das kommunistische Manifest mit den Sätzen schließt: *Sie* (die Proletarier) *haben nichts zu verlieren als ihre Ketten, sie haben eine Welt zu gewinnen* – so galt das gleiche für den frommen Hindu niederer Kaste. Auch er konnte *die Welt,* sogar die Himmelswelt gewinnen, Kschatriya, Brahmane, des Himmels teilhaftig und selbst ein Gott werden, – nur nicht in diesem seinem jetzigen Leben, sondern in dem künftigen Dasein nach der Wiedergeburt, innerhalb der gleichen Ordnungen dieser Welt. Die Ordnung und der Rang der Kasten waren ewig (der Idee nach), wie der Gang der Gestirne und der Unterschied zwischen den Tiergattungen und den Menschenrassen. Sinnlos wäre der Versuch sie umstürzen zu wollen. Die Wiedergeburt konnte ihn zwar hinab in das Leben eines *Wurms im Darm eines Hundes* führen, – aber je nach seinem Verhalten auch hinauf in den Schoß einer Königin und Brahmanentochter. Absolute Vorbedingung aber war in seinem dermaligen Leben die strenge Erfüllung seiner jetzigen Kastenpflichten, die Vermeidung des rituell schwer sündhaften Versuchs, aus seiner Kaste treten zu wollen. Das *bleibe in deinem Beruf,* im Urchristentum eschatologisch motiviert, und die *Berufstreue* überhaupt waren hier an den hinduistischen Wiedergeburts-Verheißungen verankert, so fest, wie keine andere *organische* Gesellschaftsethik es je vermocht hat. Denn im Hinduismus knüpfte sie nicht an sozialethische Lehren von der Sittlichkeit der Berufstreue und des frommen Sichbescheidens an, wie in den patriarchalen Formen des Christentums, sondern an die ganz persönlichen Heilsinteressen des Einzelnen. Sie setzte, neben den Ängsten vor magischen Folgen von Neuerungen[171], auch die denkbar höchste Prämie, welche der Hindu kannte, auf die Kastentreue. Der Handwerker,

[171] Die indischen Jutebauern sind noch heute nicht oder schwer zum Düngen ihres Landes zu bringen, nur weil es *gegen den Brauch* ist. (v. Delden, Studien über die indische Juteindustrie, 1915.)

welcher nach den Vorschriften der Tradition treu arbeitet, im Lohn nicht überfordert, in der Qualität nicht betrügt, wird nach der Heilslehre des Hinduismus – je nach dem Rang seiner gegenwärtigen Kaste – als König, als Edler usw. wiedergeboren. Dagegen gilt der oft zitierte Grundsatz der klassischen Lehre, daß *die Erfüllung der eigenen (*Kasten-*) Pflicht selbst ohne Auszeichnung besser ist als das Erfüllen der Pflicht eines Anderen sei es auch in noch so ausgezeichneter Art: denn darin liegt stets Gefahr.* Vollends die Vernachlässigung eigener Kastenpflichten zugunsten von höheren Prätensionen zieht unfehlbar Nachteile im jetzigen oder künftigen Leben nach sich. Die hinduistische Berufstugend war die traditionalistischste Konzeption der Berufspflicht, die überhaupt denkbar war. Die Kasten mochten mit bitterem Haß fremd nebeneinanderstehen, – denn daß ein jeder sein Schicksal *verdient* hatte, machte das bessere Schicksal des Anderen gewiß nicht erquicklicher für den sozial Benachteiligten: – Umsturzgedanken oder das Streben nach *Fortschritt* waren auf diesem Boden undenkbar, so lange und so weit die Karman-Lehre unerschüttert blieb. Gerade für die niederen Kasten, die durch rituelle Kasten-Korrektheit das Meiste zu gewinnen hatten, war die Versuchung zu Neuerungen am geringsten und ihr noch heute oft besonders strenges Festhalten an der Tradition erklärt sich auch aus der Größe der Verheißungen, die gerade für sie durch eine Abweichung von ihr bedroht wurden. Auf dem Boden dieses an der Karman-Lehre verankerten Kasten-Ritualismus war eine Brechung des Traditionalismus durch Rationalisierung der Wirtschaft eine Unmöglichkeit. Wer aus dieser ewigen Kastenwelt, in welcher die Götter eigentlich auch nur eine, zwar über den Brahmanen, aber – wie wir sehen werden – unter den durch Askese mit magischer Kraft ausgestatteten Zauberern stehende Kaste bildeten, und aus dem unentrinnbaren Kreislauf der Wiedergeburt und des Wiedertodes herauswollte, der mußte aus der Welt selbst heraus in jene Hinterwelt, in welche die hinduistische *Erlösung* führte. Von der Entwicklung dieses indischen Erlösungsglaubens ist später gesondert zu reden. Hier beschäftigt uns vorerst ein anderes Problem.

Wenn es klar ist, daß das für den Hinduismus Spezifische die Verbindung der an sich auch sonst vorkommenden Karman-Theodizee mit der kastenmäßigen sozialen Ordnung ist, so muß gefragt werden: Woher ist diese Kastenordnung, welche sich in dieser Art anderwärts gar nicht oder doch nur in Ansätzen findet, gerade in Indien entstanden? Mit dem Vorbehalt, daß bei der Meinungsverschiedenheit auch der ausgezeichnetsten Fach-Indologen über viele Punkte hier nur Vermutungen möglich sind, läßt sich darüber im Anschluß an frühere Ausführungen das Folgende sagen: Klar ist, daß bloße Berufsschichtung an und für sich eine so schroffe Scheidung nicht aus sich gebären konnte. Daß leiturgische Zunftgliederung sie erstmalig bewirkt hätte, ist nicht erweislich und nicht wahrscheinlich. Und die sehr große Zahl der dem Ursprung nach ethnischen Kasten zeigt, daß zum mindesten Berufsgliederung allein den Zustand nicht erklärt, so stark sie mitgewirkt haben muß. Die Bedeutung ethnischer Momente neben den ständischen und ökonomischen ist außer Zweifel.

Man hat nun, mehr oder minder radikal, die Kastengliederung einfach mit der Rassengliederung gleichsetzen wollen. Der älteste Ausdruck für *Stand* (varna) bedeutet *Farbe.* Die Kasten sind in der Tradition oft nach typischer Hautfarbe geschieden: Brahmanen: weiß, Kschatriya: rot, Vaicya: gelb, Çudra: schwarz. Die anthropometrischen Untersuchungen, namentlich von Risley, haben typische Abstufungen anthropologischer Merkmale je nach der Art der Kasten ergeben. Der Zusammenhang besteht also. Man darf sich nur nicht etwa vorstellen: es sei die Kastenordnung ein *rassenpsychologisches* Produkt, aus geheimnisvollen, im *Blut* liegenden Tendenzen der *indischen Seele* zu erklären. Oder: Die Kaste sei der Ausdruck des Gegensatzes verschiedener Rassentypen oder ein Produkt einer *im Blut* liegenden *Rassen-Abstoßung*[172], oder von *im Blut* liegenden Unterschieden der *Begabung* und Eignung für die einzelnen Kastenberufe. Die Rasse, oder richtiger, die Tatsache des Zusammenstoßens rassenverschiedener und zwar – darauf kommt es soziologisch an – im äußeren Typus auffallend rassenverschiedener Völker in Indien ist für die Entwicklung der Kastenordnung von sehr erheblicher Bedeutung gewesen.[173] Aber man muß sie in richtiger Art in den Kausalzusammenhang einstellen.

Die alte vedische Periode kennt nur den Gegensatz der Arya und der Dasyu. Der Name Arya ist geblieben als Ausdruck für das *Vornehme,* den *Gentleman.* Der Dasyu war der dunkelfarbige Feind der eindringenden Eroberer, in seiner Zivilisation vermutlich ihnen mindestens ebenbürtig, burgensässig, auch politisch organisiert. Wie alle Völker von China bis Irland hat auch der arische Stamm damals seine Epoche wagenkämpfender, burgsässiger Ritter durchgemacht. Diese Ritterschaft heißt technisch *Maghavan, Gabenspender.* Diejenigen, die sie so nennen, sind die heiligen Sänger und Zauberer, die von jenen Gaben abhängen, den Geber preisen, den Kargen verhöhnen und magisch zu schädigen trachten. Diese spielten schon damals, und zwar gerade bei den Ariern, eine gewaltige, mit der Zeit offenbar zunehmende Rolle. *Wir und der Maghavan, unser Maghavan* heißt der Ausdruck von den Rittern, denen sich

172 Solche Vorstellungen treiben auch in der Erörterung der nordamerikanischen Neger-Probleme ihr Wesen. Was die angebliche *natürliche* Antipathie der Rassen gegeneinander anbelangt, so ist – wie mit Recht gesagt wurde – die Existenz mehrerer Millionen von Mischlingen wohl ein ausreichendes Dementi dieser angeblichen *natürlichen* Fremdheit. Die Blutsfremdheit gegenüber den Indianern ist mindestens so groß, wenn nicht größer; jeder Yankee aber sucht Indianerblut in seinem pedigree nachzuweisen und wenn die Häuptlingstochter Pocohontas für die Existenz aller der Amerikaner verantwortlich sein sollte, welche von ihr abstammen möchten, so müßte sie eine Kinderzahl wie August der Starke gehabt haben.

173 Noch im 12. Jahrh. äußerte sich die ethnische Grenze zwischen Ariern und Dravidas am Indravati in der verschiedenen Sprache der Inschriften: Die Verwaltung hielt an der Scheidung fest. Immerhin wird ein Ort mit Volk, *welches von überall her kam,* also ethnisch gemischt, einem Tempel übergeben. (Ep. Ind. IX,313.)

die Zauberer angeschlossen haben. Sie tragen schon damals durch ihren Zauber außerordentlich viel zum militärischen Erfolg bei. Dies steigert sich nun in der Periode der *Brahmanas* und der *Epen* zu ganz unerhörter Höhe.

Ursprünglich ist der Übergang zwischen den Krieger- und den Priester-(Rischi-) Geschlechtern frei. Im Epos aber muß König Viçvamithra Jahrtausende lang Askese üben, bis die Götter, in der Angst vor seiner magischen Macht, ihm die Brahmanenqualität verschaffen. Das Gebet des Brahmanen verschafft dem König den Sieg. Der Brahmane steht turmhoch über dem König. Er ist ein ritueller *Übermensch* nicht nur, sondern er steht an Gewalt gleich den Göttern, und ein König ohne Brahmanen heißt einfach *ungeleitet,* denn die Leitung durch den purohita versteht sich von selbst. Die Realität stand mit diesen Ansprüchen vielfach noch im starken Widerspruch. In den Gebieten, welche die ritterliche Gesellschaft des frühen Mittelalters – der vorbuddhistischen Zeit – erobert hatte, dem heutigen Bihar etwa, dachte die Ritter- (Kschatriya-) Gesellschaft gar nicht daran, die Brahmanen als sozial gleichberechtigt anzuerkennen. Erst die patrimonialen hinduistischen Großkönigreiche stützten sich im Legitimitätsinteresse auf sie und die islamische Eroberung zertrümmerte die politisch-militärische Macht der Kschatriya und stützte so die ihr selbst verhaßte Brahmanenherrschaft, deren Prätensionen, wie sie die klassische Literatur und die Rechtsbücher wiedergaben, nun stereotypiert blieben.

Daß nun diese Priesterherrschaft gerade in die Bahnen der Kastenordnung einlenkte, hatte eine Reihe von Ursachen. Ethnische Gegensätze heften sich an Gegensätze des äußeren Habitus und der äußeren Lebensführung. Der auffallendste Gegensatz der äußeren Erscheinung ist aber nun einmal der Unterschied der Hautfarbe. Er hinderte, obwohl die Eroberer, um überhaupt genügend Frauen zu haben, sich solche aus den Unterworfenen nahmen, doch, daß jemals eine Verschmelzung etwa nach Art der Normannen und Angelsachsen aufkam. In der ganzen Welt setzen vornehme Geschlechter ihre Ehre darein, sich nur Gleichgeordnete als Werber um ihre Töchter gefallen zu lassen, während den Söhnen die Art der Befriedigung ihrer Geschlechtsbedürfnisse überlassen zu bleiben pflegt. Hier, und nicht in irgendwelchen mystischen *Rasseninstinkten* oder unbekannten Unterschieden der *Rassenqualitäten,* liegt der entscheidende Punkt der Einwirkung des Gegensatzes der Hautfarben: ein Konnubium mit den verachteten Unterworfenen kam niemals auf gleichem Fuß zustande. Der Mischling wenigstens aus Geschlechtsgemeinschaft von Töchtern der Oberschicht mit Söhnen der Unterschicht blieb sozial verachtet.

Diese an sich feste, durch magische Scheu befestigte, Schranke mußte das Schwergewicht der Geburtsrechte, das Gentilcharisma, auf allen Gebieten steigern und erhalten. Wir sahen, daß schlechthin alle Stellungen, welche unter der Herrschaft magischen Geisterglaubens an den Besitz magischen Charismas geknüpft zu sein pflegen, vor allem Autoritätsstellungen geistlicher und weltlicher Art, aber auch die Kunst der Handwerker, in Indien alsbald die Tendenz hatten, gentilcharismatisch, schließlich einfach: *erblich* zu werden, so stark, wie diese an sich nicht auf Indien beschränkte Erscheinung nirgends sonst in der Welt auftritt. Darin lag der Keim der Kastenbildung für diese Stellungen und Berufe.

Zur eigentlichen Kastenbildung führte dies in Verbindung mit einer Anzahl äußerer Umstände. Die Okkupation des eroberten Landes erfolgte durch gentilcharismatische Sippen und Phratrien, die sich dorfweise ansiedelten und die unterworfene Bevölkerung nun entweder als Rentenzahler oder als Dorfarbeiter, landwirtschaftliche oder gewerbliche Arbeiter, auf die Außenschläge und Wurthen oder auch in besondere Heloten- und Handwerker-Dörfer verwiesen, bald aber aus den gewerblichen Pariastämmen Arbeiter draußen ansiedelten. Sie selbst behielten das *Recht auf Land* in ähnlicher Art, wie die Spartiaten: als Recht auf Zuteilung eines rententragenden Kleros. Die in dieser äußerlichen Hinsicht bestehende Analogie der Stellung der Heloten im spartiatischen Staat mit der Lage der indischen Dorfhandwerker und unterworfenen Stämme muß man, so groß in anderen Hinsichten die Unterschiede waren, stets im Auge behalten, um die Kastenbildung zu verstehen. Als Gesamtheiten standen die dorfweise gesiedelten Eroberersippen und die Unterworfenen einander gegenüber. Die persönliche Sklaverei verschwand an Bedeutung gegenüber jener wichtigen Erscheinung, daß der Unterworfene (Çudra) zwar Knecht war, aber prinzipiell als Knecht nicht eines Einzelnen, sondern der Gemeinschaft der Wiedergeborenen galt. Die Eroberer fanden ein gewisses, vermutlich ein nicht ganz unerhebliches, Maß gewerblicher Entwicklung bei den unterworfenen Völkerschaften vor. Aber diese gewerbliche Entwicklung und der Absatz der Produkte vollzog sich zunächst durchweg nicht als lokale Berufsgliederung mit dem Markt und der Stadt als Mittelpunkt, sondern gerade umgekehrt durch Übergang aus der Eigenwirtschaft des Hauses zum Absatz auf dem Wege der interlokalen und interethnischen Berufsspezialisierung. Wir kennen das Gleiche in primitiver Form massenhaft, z. B. durch Schilderungen von den Steinen aus Brasilien und anderer Forscher: die einzelnen Stämme, Stammesbruchteile, Dörfer, welche durch Nähe der Rohmaterialien oder der Flüsse und anderer Verkehrsmittel oder durch zufällig erworbene und dann als Geheimkunst erblich weitergepflegte gewerbliche Fertigkeit als Träger der *stammesgewerblichen* Absatzproduktion auftreten, beginnen über immer weitere Gebiete hin die zunehmenden Überschüsse ihres Hausfleißes abzusetzen; ihre spezialistisch geschulten Arbeiter gehen auf die Wanderschaft und siedeln sich weiterhin als Gastarbeiter zeitweise oder schließlich dauernd in fremden Gemeinschaften an. In den allerverschiedensten Erdteilen und Gebieten, – selbstverständlich in sehr erheblichen Spuren auch im antiken wie im mittelalterlichen Okzident, – finden wir diese interethnische Arbeitsteilung. Wenn sie in Indien die Herrschaft behielt, so war daran wohl die schwache Entwicklung der Städte und ihres Marktes schuld. Fürstenburgen und Bauerndörfer blieben Jahrhunderte lang die Absatzstätten. Innerhalb der Dörfer der Eroberer aber erhielt sich, und zwar sicherlich infolge der Gegensätze der Rassen, welche dem Gentilcharismatismus die entscheidende Stütze gab, der Zusammenhalt der Gemeinschaft der Eroberersippen, auch wo diese schließlich gänzlich verbauerten. Und als der patrimonialistische Fiskalismus einsetzte, stärkte er diese Entwicklung. Es war für ihn bequem, einerseits nur mit einem verantwortlichen Steuerträger zu tun zu haben, andererseits die Gesamtheit der am Bodenbesitz vollberechtigten Dorfgenossen für das Steuersoll haftbar zu machen. Er knüpfte an die alten Herrendörfer an, überließ ihnen die Teilung der Feldmark und die Verfügung darüber nach ihrem Belieben und begnügte sich mit der Garantie des Aufkommens der Steuersumme durch solidarische Haftung aller Vollgenossen des Dorfes. Ganz ebenso haben vermutlich – denn erweislich ist das nicht – die unterworfenen Stämme mit spezialisierten Gewerben Pauschaltribute zu zahlen gehabt. Das festigte die überkommene Gewerbeverfassung. Die Städte waren durchweg herrschaftliche Festungen. In und bei ihnen wurden – wie wir sahen – leiturgisch, also meist erblich, an ihren Beruf gebundene Hörige oder solidarisch steuerhaftende Verbände von Gastarbeitern oder Angehörigen der gewerbetreibenden Stämme angesiedelt und fürstlichen Aufsichtsbeamten unterstellt. Die fiskalischen Lizenz- und Akziseinteressen haben zwar, sahen wir, eine Art von städtischer Marktpolitik nach Art des Okzidents hervorgebracht. Und die Entwicklung städtischer Gewerbe und vor allem des städtischen Preiswerks brachte Gilden und Zünfte, schließlich auch Gildenverbände, zum Entstehen. Aber das war eine dünne Schicht inmitten des Meers der dörflichen Deputatisten und des Gastgewerbes und Gasthandels der Stämme. Die gewerbliche Spezialisierung blieb, der Masse nach, in die Bahn der Gastvolksentwicklung gebannt. In den Städten aber hinderte gerade in der breiten Schicht der Gewerbe die rassenmäßige und ethnische Fremdheit der Gasthandwerker gegeneinander die Entwicklung von Verbänden nach Art des okzidentalen popolo. Nirgends, vor allen Dingen, wurde eine Verbrüderung der Stadtbürgerschaft als solche Träger der höchst entwickelten Wehrmacht nach Art der Polis der Antike und der Stadt wenigstens des südeuropäischen Mittelalters im Okzident. Sondern an die Stelle der Ritterschaften traten unmittelbar die fürstlichen Herren. Die Städte und ihr Bürgertum blieben infolge der apolitischen Eigenart der Erlösungsreligionen Indiens in aller Regel in ganz spezifischem Sinn unmilitärisch und religiös pazifistisch.

Mit der Niederwerfung der sozialen Machtstellung der Gilden durch das Fürstentum wurden die Ansätze einer Stadtentwicklung okzidentalen Gepräges vertilgt, Brahmanenmacht und patrimoniale Fürstenmacht im Bunde stützten sich, dem kontinentalen Charakter Indiens entsprechend, auf die ländlichen Organisationen als Heeres- und Steuerquellen. Auf dem Lande aber blieb die Entwicklung der gastvolksmäßigen Arbeitsteilung und des Deputatistentums der alten Dorfhandwerker das Vorherrschende. Die Städte hatten nur eine Vermehrung der Zahl der Gewerbe und die Entstehung reicher Händler- und Preiswerker-Gilden gebracht. Nach dem Muster des jajmani-Prinzips der Brahmanen und der Dorfhandwerker gerieten auch sie in die Bahn der Kontingentierung der Nahrungen und der erblichen Appropriation der Kundschaften. Wiederum war es der überall als selbstverständliches Prinzip bestehende Gentilcharismatismus, der diese Entwicklung stützte. Die fürstlich verliehenen Monopole des interlokalen Handels führten in den gleichen Weg, da auch sie oft an Gasthandelsvölker anknüpfen. Sippen- und Dorfexogamien und Gaststammesendogamien, und der Fortbestand der rituellen und kultischen, niemals durch Kultverbrüderungen von das Land beherrschenden autonomen Städtebürgerschaften gebrochenen Abgesondertheit der Gaststämme gegeneinander gaben den Brahmanen die Möglichkeit, bei der rituellen Reglementierung der sozialen Ordnung die gegebenen Verhältnisse religiös zu stereotypieren. Sie selbst hatten, im Interesse ihrer eigenen zunehmenden, aus der alten Monopolisierung der magischen Qualitäten und magischen Zwangsmittel und der dafür erforderlichen Schulung und Bildung herauswachsenden Machtstellung, ein Interesse daran. Die Fürstenmacht lieferte ihnen die Machtmittel, die heterodoxen Erlösungsreligionen der Stadtbürger sowohl, wie die von den aufstrebenden vornehmen Gilden und Zünften vielfach beibehaltenen oder auch neu geschaffenen nichtbrahmanischen, aber Brahmanenrang beanspruchenden Stammes- und Berufspriester und die als Übergriff empfundene Autonomie dieser Verbände zu unterdrücken.[174] Daß eine Schicht von Zauberern zu einem gentilcharismatischen Stande erwächst, ist ja nichts Indien Eigentümliches. Auch im hellenischen Altertum (Milet) finden wir gelegentlich eine Gilde der heiligen Tänzer inschriftlich als herrschenden Stand. Aber die Universalität der kultischen und rituellen Fremdheit der Gasthandwerker und -Stämme gegeneinander fehlte auf dem Boden der Polis-Verbrüderung. Die rein beruflich und also frei sich rekrutierenden Händler- und Handwerkerberufe blieben in Indien eine Teilerscheinung, darauf angewiesen, sich in ritueller Hinsicht den bei der überwältigenden Mehrheit herrschenden Gepflogenheiten zu fügen. Dies zu tun lag um so näher, als gerade diese rituelle Schließung der Berufsverbände ihnen die Legitimität ihrer *Nahrungs*-Monopole absolut ga-

[174] Wie wichtig diese Seite der Sache war, zeigt sich darin, daß heute die Opposition vornehmer Bürgerkasten gegen die Brahmanen gelegentlich wieder zu den Mitteln greift; 1. die Teilnahme am öffentlichen Tempelkult abzuschaffen und sich auf den Hauskult zu beschränken; dadurch gewinnt der Einzelne die Wahl des ihm genehmen Brahmanen, und es wird das höchst wirksame Machtmittel der Fürsten und Brahmanen: Sperrung des Tempels, also eine Art *Interdikt,* gebrochen; 2. aber und noch radikaler: eigene Priester aus der eigenen Kaste auszubilden und an Stelle der Brahmanen zu verwenden. Ebendahin gehört ganz allgemein 3. die gegen die Autorität der Brahmanen gerichtete Tendenz, die Kastenangelegenheiten, auch rituelle, durch die panchayats oder vollends durch die modernen Kastenversammlungen zu erledigen, statt sich an einen pandit oder ein math (Kloster) um Entscheidung zu wenden.

rantierte. Wie überall im Okzident die Patrimonialbürokratie zunächst die Schließung der Zünfte und Gilden nicht hemmte, sondern förderte und im ersten Stadium ihrer Politik nur die Interlokalität mancher von diesen Verbänden an die Stelle der stadtwirtschaftlichen rein lokalen Monopole setzte, so auch hier. Das zweite Stadium der okzidentalen Fürstenpolitik aber: das Bündnis mit dem Kapital, zur Steigerung der Macht nach außen, kam in Indien seines kontinentalen Charakters und des Überwiegens der beliebig erhöhbaren Grundsteuern wegen nicht in Frage.

Die Fürsten waren in der Zeit der Gildenmacht von den Gilden finanziell, stark abhängig gewesen.

Die unmilitärische Schicht der Stadtbürger war aber nicht in der Lage, der Fürstenmacht zu widerstehen, wo diese, müde jener Abhängigkeit, die sie empörte, an Stelle der kapitalistischen die leiturgisch-steuerliche Deckung der Verwaltungskosten durchführte. Die patrimoniale Fürstenmacht setzte sich mit Hilfe der Brahmanen gegenüber dem in Ansätzen vorhandenen und zeitweilig machtvollen Gildenbürgertum durch. Die religiöse Domestikation der Untertanen leistete die brahmanische Theorie dabei in unübertrefflicherweise. Der Alleinherrschaft der Brahmanen selbst kam dann schließlich auch die hereinbrechende Fremdherrschaft zugute. Ihre wichtigsten Konkurrenten: das Rittertum und die Reste der Gilden in den Städten, wurden von den Eroberern als politisch gefährlich jeder eigenen Macht entkleidet. Die Machtstellung der Brahmanen andererseits wuchs, nachdem die Eroberer sich nach einer Epoche fanatischen Bildersturms und energischer islamischer Propaganda mit dem Fortbestand der hinduistischen Kultur abfanden, wie ja überall unter der Fremdherrschaft die theokratischen Mächte für die Unterworfenen die gegebene Zuflucht, für die fremden Herren aber das gegebene Domestikationsmittel gewesen sind. Die rituell geschiedenen Gast- und Pariastämme wurden nun, mit zunehmender Stabilisierung der ökonomischen Verhältnisse, zunehmend in die sich – aus den früher erwähnten Motiven – zunehmend ausbreitende Kastenordnung eingegliedert, welche so zu jenem universell herrschenden System wurde, das wir in dem Jahrtausend vom 2. Jahrhundert unserer Zeitrechnung bis zum Beginn der islamischen Herrschaft in unaufhaltsamer, durch die Propaganda des Islam verlangsamter, aber doch sich immer weiter fortsetzender, Ausdehnung finden. Als geschlossenes System ist es ein Produkt konsequenten brahmanischen Denkens und hätte ohne den intensiven Einfluß der Brahmanen, als Hauspriester, Respondenten, Beichtväter und Ratgeber in allen Lebenslagen und als ihrer Schreibkunst wegen mit Beginn der bürokratischen Regierung steigend gesuchte fürstliche Beamte wohl niemals die Herrschaft gewonnen. Aber die Bausteine lieferten die alten Zustände Indiens: die interethnische Arbeitsspezialisierung und die Entstehung massenhafter Gast- und Pariavölker, die Organisation des Dorfgewerbes auf der Grundlage des erblichen Deputathandwerks, der Binnenhandel in den Händen von

Gaststämmen, die quantitativ schwache städtische Entwicklung und das Einlenken der Berufsspezialisierung in die Bahnen erblicher Ständescheidung und erblichen Kundschaftschutzes. Nur daneben wirkten wohl auch Ansätze leiturgischer und fiskalischer Berufsbindung durch die Fürsten, stärker aber deren Legitimitäts- und Domestikations-Interesse daran, mit den Brahmanen gemeinsam die nun schon eingelebte heilige Ordnung zu wahren, an deren Festigung. Alle übrigen von diesen einzelnen Entwicklungsmomenten wirkten, als einzelne, auch anderwärts. Nirgends aber trafen sie alle zusammen mit der besonderen Lage Indiens: ein Eroberungsgebiet mit unauslöschbaren, äußerlich schroff in der Hautfarbe hervortretenden, Rassengegensätzen zu sein. Neben der sozialen rief dies auch die magische Ablehnung der Gemeinschaft mit den Fremden weit stärker als irgendwo sonst auf den Plan und trug dazu bei, das Charisma der vornehmen Sippen und die Schranken zwischen den ethnisch fremden unterworfenen Stämmen, Gastvölkern und Pariastämmen und den Herrenschichten auch nach endgültiger Einordnung der ersteren in die lokale Wirtschaftsgemeinschaft unübersteiglich zu machen oder zu erhalten. Individuelle Aufnahme in die Handwerkslehre, in die Tauschgemeinschaft auf dem Markt, in das Bürgerrecht, alle diese Erscheinungen des Westens entwickelten sich entweder gar nicht oder schwanden wieder gegenüber dem Schwergewicht der zuerst ethnischen, dann kastenmäßigen Gebundenheit.

Noch einmal aber: ohne den penetranten, alles beherrschenden Einfluß der Brahmanen würde dies in aller Welt seinesgleichen nicht findende soziale System in seiner Geschlossenheit nicht entstanden oder doch nicht herrschend geworden und geblieben sein. Längst ehe es auch nur den größeren Teil Nordindiens erobert hatte, muß es als Gedankengebilde fertig gewesen sein. Die in ihrer Art geniale Verknüpfung der Kastenlegitimität mit der Karmanlehre und also mit der spezifisch brahmanischen Theodizee ist schlechterdings nur ein Produkt rational ethischen Denkens, nicht irgendwelcher ökonomischer *Bedingungen.* Und erst die Vermählung dieses Gedankenprodukts mit der realen sozialen Ordnung durch die Wiedergeburtsverheißungen gab dieser Ordnung die unwiderstehliche Gewalt über das Denken und Hoffen der in sie eingebetteten Menschen, das feste Schema, nach dem die Stellung der einzelnen beruflichen Gruppen und Pariavölker religiös und sozial geordnet werden konnte. Wo diese Verknüpfung fehlte, da konnte – wie bei dem indischen Islam – die Kastenordnung äußerlich übernommen werden: Sie blieb ein caput mortuum, brauchbar zur Festigung der ständischen Differenzen, Vertretung ökonomischer Interessen durch das mitübernommene panchayat, und vor allem: Anpassung an die zwingenden Einflüsse der Umgebung, aber ohne den *Geist,* der sie auf ihren genuinen religiösen Nährboden beseelte. Weder hätte sie dort entstehen können noch entfaltete sie in gleicher Intensität jene Wirkungen auf die *Berufstugend,* welche den hinduistischen Berufskasten eigentümlich sind. Die Census

Reports[175] ergeben deutlich, daß den islamischen Kasten einige der allerwichtigsten Eigentümlichkeiten des hinduistischen Kastensystems fehlen: Vor allem die rituelle Befleckung durch Kommensalität mit einem Ungenossen mag die Meidung der Kommensalität, wie schließlich doch auch der Ausschluß des geselligen Verkehrs zwischen den sozialen Schichten bei uns, ziemlich streng festgehalten werden. Die rituelle Befleckung muß aber fehlen, weil die religiöse Gleichheit der Bekenner des Propheten vor Allah sie ausschließt. Auch die Endogamie besteht zwar, aber mit weit geringerer Intensität. Die sogenannten islamischen *Kasten* sind wesentlich *Stände,* keine Kasten im vollen Sinn. Und vor allem: die spezifische Verankerung der *Berufstugend* an der Kaste fehlte, ebenso wie die Autorität einer Brahmanenkaste. – Das Prestige der Brahmanen nun, welches hinter dieser Entwicklung stand, ist teils rein magischer Art, teils aber bedingt durch ihre Qualität als einer besonders gearteten, vornehmen Bildungsschicht. Wir müssen auf die Eigenart dieser Bildung und deren Entstehungsbedingungen noch einen Blick werfen. – Dies auch aus einem anderen Grunde.

So sicher und eindeutig das Kastensystem und die Karmanlehre den Einzelnen in einen klaren Pflichtenkreis einbettete und ein so abgerundetes, metaphysisch befriedigendes Bild der Welt sie darbot, so furchtbar konnte diese ethisch rationale Weltordnung empfunden werden, wenn der Einzelne begann, nach dem *Sinn* seines Lebens innerhalb dieses Vergeltungsmechanismus zu fragen. Die Welt und ihre kosmische und soziale Ordnung war ewig und das einzelne Leben nur ein Fall aus einer sich in alle Unendlichkeit der Zeit hinein wiederholenden Reihe von Leben der gleichen Seele und deshalb letztlich etwas unendlich Gleichgültiges. Die indische Vorstellung von Leben und Welt wendete sich gern dem Bild eines ewig um sich selbst rollenden *Rades* von Wiedergeburten zu, – welches sich übrigens, wie Oldenberg bemerkt hat, auch in der hellenischen Philosophie gelegentlich findet. Es ist kein Zufall, daß Indien keinerlei nennenswerte Geschichtsschreibung entwickelt hat. Dazu war der Akzent des Interesses, der auf die jeweilige Gestaltung der politischen und sozialen Verhältnisse fiel, weitaus zu schwach für den Blick des über das Leben und seine Vorgänge Nachsinnenden. Der Glaube an die klimatisch bedingte *Erschlaffung* als Grund der angeblichen indischen Tatenfremdheit ist ganz unbegründet. Kein Land der Erde hat den wildesten Krieg in Permanenz, die rücksichtsloseste Eroberungssucht in voller Ungehemmtheit so ausgiebig gekannt wie Indien.

Aber für jedes denkende Sichbesinnen mußte ein solches zu ewiger Wiederholung bestimmtes Leben leicht als völlig sinnlos und unerträglich erscheinen. Und zwar ist es wichtig, sich klar zu machen, daß nicht in erster Linie das stets neue Leben auf dieser trotz allem doch schönen Erde es war, was gefürchtet wurde, sondern, der stets neue unentrinnbare Tod. Immer wieder wurde die

175 Vgl. z. B. C. R. für Bengalen 1911, Part. 1, § 958, p. 495.

Seele verstrickt in die Interessen des Daseins, mit allen Fasern ihres Herzens gekettet an Dinge und, vor allem, an geliebte Menschen, – und immer erneut sollte sie sinnlos von ihnen losgerissen und durch Wiedergeburt in andere unbekannte Beziehungen verstrickt werden, mit dem gleichen Schicksal vor sich. Dieser *Wiedertod* war, wie zwischen den Zeilen mancher Inschriften und auch der Predigten Buddhas und anderer Erlöser erschütternd zu spüren ist, das, was in Wahrheit gefürchtet wurde. Die allen Erlösungsreligionen des Hinduismus gemeinsame Frage ist: Wie kann man dem *Rad* der Wiedergeburt und damit, vor allem, des stets neuen Sterbens entrinnen? Erlösung vom ewig neuen Tode und deshalb Erlösung vom Leben. Welche Wege der Lebensführung und mit welchen Wirkungen für das Handeln aus dieser Fragestellung geboren wurden, müssen wir nun betrachten.

II. Die orthodoxen und heterodoxen Heilslehren der indischen Intellektuellen

Antiorgiastischer und ritualistischer Charakter der brahmanischen Religiosität: Vergleich mit den hellenischen und konfuzianischen Intellektuellenschichten – Das Dharma und das Fehlen des Naturrechtsproblems – Wissen, Askese und Mystik in Indien – Der Sramana und die brahmanische Askese – Das brahmanische Schrifttum und die Wissenschaft in Indien – Die Heilstechnik (Yoga) und die Entwicklung der Religionsphilosophie – Die orthodoxen Erlösungslehren – Die Heilslehre und die Berufsethik des Bhagavadgita – Die heterodoxe Soteriologie des vornehmen Berufsmönchtums: 1. Der Jainismus – 2. Der alte Buddhismus

Für den Charakter der offiziellen indischen Religiosität war entscheidend, daß ihr Träger, der brahmanische Priesteradel, eine vornehme Bildungsschicht, später geradezu eine Schicht vornehmer Literaten, war. Dies hatte vor allem jene Folge, welche in solchen Fällen immer – z. B. auch beim Konfuzianismus – eintrat, daß die orgiastischen und emotionell-ekstatischen Elemente der alten magischen Riten nicht übernommen wurden und für längere Zeiträume entweder ganz verkümmerten oder als geduldete unoffizielle Volksmagie fortlebten. Reste der alten Orgiastik fanden sich im Veda wie namentlich v. Schröder[1] nachgewiesen hat, in Einzelzügen. Trunkenheit und Tanz Indras und der Schwerttanz der Maruts (Korybanten) entstammen dem Heldenrausch und der Heldenekstase. Auch der große priesterliche Kultakt, das Soma-Opfer, war ursprünglich offenbar eine kultisch temperierte Rausch-Orgie, die vielbesprochenen Dialoglieder des Rigveda vermutlich verblaßte Reste kultischer Dramen.[2] Aber das offizielle Ritual der Veden und alle ihre Lieder und Formeln ruhen auf Opfer- und Gebet, und nicht auf den typischen orgiastischen Mitteln: Tanz, sexuellem oder alkoholischem Rausch, Fleisch-Orgie, welche alle vielmehr sorgsam ausgeschieden und abgelehnt blieben. Rituelle Begattung auf dem Acker als Mittel Fruchtbarkeit zu schaffen, und der Phallos- (Lingam-) Kult mit seinen phallischen Kobolden, den Gandharven, sind in Indien wie sonst uralt. Aber der Rigveda schweigt davon. Er kennt auch das dem kultischen Drama eigene leibhaftige Auftreten der Götter und Dämonen nicht, – zweifellos weil es schon den alten vornehmen priesterlichen Sängern der altvedischen Zeit[3], erst recht aber der brahmanischen Erb-Priesterschaft teils als vulgär, teils aber auch als bedenkliche Konkurrenz gegenüber ihrer eigenen auf Ritualkenntnis ruhenden Zaubermacht erschien. Der alte Fruchtbarkeitsgott

1 Mysterium und Mimus im Rigveda 1908 (s. auch seine Bemerkungen zu Oldenbergs Religion des Veda in der Wiener Zeitschr. z. Kunde des Morgenl. IX).
2 Dies nachzuweisen ist ein Hauptzweck der zitierten Arbeit v. Schröders, welche aber zum Folgenden überhaupt zu vergleichen ist.
3 v. Schröder a. a. O., p. 53.

Rudra mit seinem sexual- und fleisch-orgiastischen Kult, später als Çiva einer der drei großen Hindugötter, einerseits Patron des späteren klassischen Sanskrit-Dramas, andererseits durch den universell verbreiteten Lingam-Kult verehrt, ist im Veda diabolischen Charakters. Vischnu, sein Nebenbuhler in der späteren Trias und ebenfalls ein durch Pantomimen verehrter großer Himmels- und Fruchtbarkeitsgott, Patron der Tanz-Dramen und erotischen Orgien des Krischna-Kultes, ist in den Veden eine Nebenfigur. Den Laien ist beim Opfer der *Kelch entzogen:* nur der Priester trinkt Soma. Aber auch das Fleisch: nur der Priester ißt Opferfleisch. Die im alten wie im modernen asiatischen Volksglauben so überaus wichtigen, weiblichen Gottheiten – Fruchtbarkeitsdämonen mit meist sexual-orgiastischem Kult – schieben die Veden ganz in den Hintergrund. Im Atharva-Veda: – in seiner literarischen Fixierung wesentlich jünger, dem Material nach aber wohl ebenso alt wie die anderen Veden, – tritt allerdings an Stelle des kultischen wieder der magische Charakter der Sprüche und Lieder hervor. Dies hängt zusammen teils mit der Provenienz des Materials: aus dem Kreise der privaten magischen *Seelsorge,* und nicht, wie in den anderen Veden, des für den politischen Verband dargebrachten Opfers. Teils aber auch mit der steigenden Bedeutung des Zaubers überhaupt, seit die alte Wehrgemeinde durch die Fürstenmacht und damit auch der alte Opferpriesteradel durch den fürstlichen Hofzauberer, den purohita, in den Hintergrund gedrängt war.[4] Der Atharvaveda ist im einzelnen nicht ganz so spröde gegenüber den Figuren des Volksglaubens (z. B. den Gandharven) wie etwa der Rigveda. Allein auch bei ihm ist nicht Orgiastik und Ekstase, sondern die rituelle Formel das spezifische magische Mittel. Im Yajurveda ist der priesterliche Zauber das absolut beherrschende Element der Religiosität geworden. Die brahmanische Literatur schritt auf diesem Wege der formalistischen Ritualisierung des Lebens immer weiter fort: Neben den Brahmanen stand, wie in China neben dem staatlichen Amtskult, der Hausvater (grihastha) als Träger wichtiger ritueller Pflichten, welche die Grihya-Sutras eingehend reglementierten und die Dharmasutras (Rechtsbücher) zogen dann die gesamten sozialen Beziehungen des Einzelnen in ihren Bereich. Das ganze Leben wurde so umsponnen von einem Netz ritueller und zeremonieller Vorschriften, deren wirklich erschöpfend korrekte Ausführung zuweilen an die Grenzen des überhaupt Möglichen streifte.

Im Gegensatz zu den Intellektuellen der althellenischen Polis-Kultur, mit denen sie in Vergleich gestellt werden müssen[5], waren eben die Brahmanen (und die von ihnen beeinflußte Intellektuellenschicht) an Magie und Ritual

[4] Diese Stellung ist in Indien alt. Oldenberg (Aus Indien und Iran, 1899, p. 67) erinnert mit Recht an den Gegensatz des Deborah-Liedes (welches den siegreichen Kampf der hebräischen bäuerlichen Eidgenossenschaft mit der städtischen Ritterschaft feiert), wobei Jahwe als Bundesgott voranzieht, gegenüber dem Siegeslied des König Sudas (Rigveda VII, 10), in welchem der Zauber des Priesters alles macht.

kraft ihrer Stellung gebunden. Den alten hellenischen gentilcharismatischen Priesteradel (etwa der Butaden) hatte die militärische Stadtentwicklung alles realen Einflusses entkleidet und er galt nicht als Träger irgendwelcher geistigen Werte (sondern, namentlich die *Eteobutaden*, als Typus junkerlicher Dummheit). Die Brahmanen haben den Zusammenhang mit Opfer und Magie im Dienst der Fürsten stets bewahrt. In all diesen Hinsichten glich die innere Lage und daher auch das Verhalten und die Richtung des Einflusses der Brahmanen denjenigen der Träger der konfuzianischen Kultur. Beide Male war es ein vornehmer Literatenstand, dessen magisches Charisma auf *Wissen* ruhte. Und zwar auf einem Wissen zeremonieller und ritualistischer Art, niedergelegt in einer heiligen Literatur, die verfaßt war in einer den Alltagssprachen fernstehenden heiligen Sprache. Bildungsstolz und die felsenfeste Überzeugung, daß ausschließlich und allein jenes Wissen als Cardinaltugend alles Heil, Unwissenheit als das eigentliche Laster jegliches Unheil bedinge, folgten daraus in beiden Fällen in gleichem Maße. Und ebenso Nationalismus im Sinne der Ablehnung aller irrationalen Formen der Heilssuche. Die Ablehnung der Orgiastik in allen ihren Arten war bei Brahmanen und Mandarinen die gleiche. Und wie den konfuzianischen Literaten die taoistischen Magier, so galten den Brahmanen alle nicht durch die Schule der vedischen Bildung gegangenen Magier, Kultpriester und Heilsucher als unklassisch, verächtlich und im Grunde der Ausrottung wert, – die freilich in beiden Fällen nicht wirklich durchführbar war. Denn wenn es auch den Brahmanen gelang, die Entwicklung einer einheitlichen, organisierten, unklassischen Priesterschaft hintanzuhalten, so doch, wie wir bald sehen werden, um den Preis des Entstehens zahlreicher Mystagogen-Hierarchien teils ganz außerhalb, teils aber auch von innerhalb ihrer eigenen Schicht, und damit eines Zerfalls der Einheitlichkeit der Heilslehre in Sekten-Soteriologien. Dies und eine Reihe damit zusammenhängender andrer wichtiger Unterschiede gegenüber der Chinesischen Entwicklung

[5] Diese Vergleiche mit den parallelen Erscheinungen auf allen Gebieten immer wieder gezogen zu haben ist unter den lebenden Indologen vor allem H. Oldenbergs Verdienst (auch v. Schröder verschmäht es nicht). Bedenken dagegen hat namentlich E. W. Hopkins erhoben. Ob in Einzelheiten mit Recht kann nur der Fachmann entscheiden. Für das Verständnis sind jedenfalls diese Vergleiche ganz unentbehrlich. Der allgemeine geistige Habitus der Intellektuellen ist in China, Indien und Hellas zunächst keineswegs grundverschieden. Wie die Mystik im alten China blühte, so die pythagoreische Esoterik und die Orphik in Hellas. Die Entwertung der Welt als einer Stätte des Leidens und der Vergänglichkeit ist dem hellenischen Pessimismus von Homer bis Bakchylides geläufig, ihre *Schuldhaftigkeit* bei Herakleitos konzipiert, die *Erlösung* von dem *Rad* der Wiedergeburten findet sich in der Grabschrift von Sybaris, die Sterblichkeit der Götter bei Empedokles, die *Erinnerung* an frühere Geburten und die Erlösung durch Erkenntnis als Privileg des Weisen bei Platon. Es sind dies eben Vorstellungen, die jeglicher vornehmen Intellektuellenschicht sehr nahe liegen. Die Unterschiede der Entwicklung sind durch solche der Interessenrichtung und diese durch politische Umstände bestimmt.

hängt aber mit der Verschiedenheit der sozialen Grundstruktur beider Intellektuellenstände zusammen. Beide haben Entwicklungsstadien durchgemacht, die zeitweise erhebliche Ähnlichkeiten aufweisen. Im Endstadium erscheint der Gegensatz äußerlich am schärfsten: dort, bei den Mandarinen, eine Beamten- und Amtsanwärterschicht, hier, bei den Brahmanen, ein Literatenstand von teils fürstlichen Kaplänen, teils konsultierenden, respondierenden und lehrenden Theologen und Juristen, Priestern und Seelenhirten. In beiden Fällen befand sich freilich nur ein Bruchteil des Standes in jenen eigentlich typischen Stellungen. Wie zahlreiche chinesische Literaten ohne Amtspfründe teils in den Büros der Mandarinen, teils als Angestellte von Verbänden aller Art ihr Brot fanden, so fanden Brahmanen seit jeher in den verschiedensten Stellungen, darunter auch hohen weltlichen fürstlichen Vertrauensstellungen Verwendung. Aber wir sahen, daß eine eigentliche *Amtslaufbahn* von Brahmanen nicht nur nichts Typisches, sondern geradezu etwas dem Typus Widerstreitendes war, während sie für den Mandarinen als das allein Menschenwürdige galt. Die typischen Pfründen der vornehmen Brahmanen waren keine Staatsgehälter und patrimonialstaatlichen Amtssportel- und Erpressungschancen, sondern feste Land- und Abgaberenten. Und diese waren nicht, wie die Pfründen der Mandarinen, auf jederzeitigen Widerruf und im Höchstfalle auf kurze Zeit, sondern stets dauernd, – lebenslänglich oder auf einige Generationen oder an einzelne oder Organisationen (Klöster, Schulen) für immer – vergeben. Äußerlich am ähnlichsten sieht sich dagegen die Lage der chinesischen und der indischen Intellektuellenschichten an, wenn man die Zeit der Teilstaaten in China mit dem Zustand Indiens etwa in der Zeit der ältern Jatakas oder wieder in der Epoche der mittelalterlichen Expansion des Brahmanentums vergleicht. Damals waren in Indien die hinduistischen Intellektuellen in starkem Maße eine Schicht von Trägern literarischer und philosophischer Schulung, gewidmet der Spekulation und Diskussion über rituelle, philosophische und wissenschaftliche Fragen. Teils lebten sie in der Zurückgezogenheit grübelnd und Schulen bildend, teils zwischen den Fürsten und Adelshöfen wechselnd und wandernd, sich trotz aller Spaltungen doch als eine letztlich einheitliche Gruppe von Kulturträgern fühlend. Sie waren Berater der einzelnen Fürsten und Adligen in privaten und politischen Fragen, Organisatoren von Staaten auf der Basis der korrekten Lehre. Also ganz ähnlich wie dies in China in der Zeit der Teilstaaten die dortigen Literaten waren. Stets bestand aber ein gewichtiger Unterschied.

Die höchste Brahmanenstellung war in alter Zeit die des Hofkaplans; später und bis zur englischen Herrschaft war der rangälteste konsultierende Jurist: der brahmanische Oberpandit, meist der erste Mann des Landes. Die chinesischen Literaten aller philosophischen Schulen scharten sich um ein als lebendiger Träger der heiligen Tradition geweihtes Oberhaupt: den kaiserlichen Oberpontifex, welcher als solcher, dem von der Literatenschaft vertretenen

Anspruch nach, auch das einzige legitime weltliche Oberhaupt, der Oberlehensherr sämtlicher weltlicher Teilfürsten des chinesischen *Kirchenstaats* war. Etwas dem Entsprechendes gab es in Indien nicht. Die Literatenschicht stand hier in der Epoche der massenhaften Teilstaaten einer Vielheit von Kleinherrschern gegenüber, die keinen legitimen Oberherrn über sich hatten, von dem sie ihre Macht ableiteten. Der Begriff der Legitimität war hier vielmehr lediglich der, daß der einzelne Fürst dann und insoweit als ein *legitimer*, d. h. rituell korrekter Herrscher galt, als er sich in seinem Verhalten, zumal gegenüber den Brahmanen, an die heilige Tradition band. Andernfalls war er *Barbar* ebenso wie ja auch die Feudalfürsten Chinas an dem Maßstab ihrer Korrektheit gegenüber der Literatenlehre gemessen wurden. Kein König Indiens aber, so groß auch – wie wir sahen – seine faktische Macht selbst in rein rituellen Dingen sein mochte, war je als solcher zugleich ein Priester. Und zwar geht dieser Unterschied gegenüber China offenbar in die ältesten auch nur hypothetisch erreichbaren Zeiten der beiderseitigen Geschichte zurück. Schon die altvedische Überlieferung bezeichnet die schwarzhäutigen Gegner der Arier im Gegensatz zu diesen als *priesterlos* (abrahmana). Bei den Ariern steht dagegen von Anfang an neben dem Fürsten selbständig der im Opferritual geschulte Priester. Dagegen weiß die älteste Überlieferung der Chinesen von selbständigen Priestern neben einem rein weltlichen Fürsten nichts. Bei den Indern ist das Fürstentum ersichtlich aus der rein weltlichen Politik, aus den Kriegszügen charismatischer Kriegshäuptlinge, herausgewachsen, in China dagegen, wie wir sahen, aus dem Oberpriestertum. Welche historischen Vorgänge die Entstehung dieses überall höchst wichtigen Gegensatzes der Einheit oder Zweiheit der politischen und priesterlichen höchsten Gewalt in diesem Falle erklären, dafür ist es wohl ausgeschlossen jemals auch nur bis zu hypothetischen Vermutungen zu gelangen. Es findet sich der gleiche Unterschied ja auch bei ganz *primitiven* Völkern und Reichen, und zwar auch in unmittelbarer Nachbarschaft voneinander und bei sonst gleicher Kultur und Rasse. Er ist offenbar oft durch ganz konkrete und in diesem Sinn historisch *zufällige* Umstände ursprünglich herbeigeführt und wirkte dann fort.

Die Folgen dieses Unterschiedes nun waren in jeder Hinsicht höchst bedeutende. Zunächst äußerlich für die soziologische Struktur der beiderseitigen Intellektuellenschichten. In der Zeit der Teilstaaten entstammten die chinesischen Literaten faktisch noch in der Regel den alten gentilcharismatisch qualifizierten *großen* Familien, wennschon das persönliche Charisma der Schriftbildung doch bereits so bedeutend war, daß – wie wir sahen – Parvenus in Ministerstellen zunehmend häufig erschienen. Als nun das kaiserliche Oberpontifikat die Fülle der weltlichen Macht wieder in sich vereinigte, war der Monarch, als Oberpontifex, in der Lage, seinem Machtinteresse entsprechend, die Zulassung zum Amt an die rein persönliche Qualifikation der korrekten Schriftbildung zu binden und dadurch den Patrimonialismus gegenüber dem Feudalsystem endgültig zu sichern: die Literatenschicht wurde nun eine – in vieler Hinsicht, sahen wir, eigenartige – Bürokratenschicht. In Indien war der Gegensatz zwischen Gentilcharisma und persönlichem Charisma noch in historischer Zeit ebenfalls, wie wir sahen, nicht wirklich erledigt. Immer aber war es die gelernte Priesterschaft selbst, deren Ansichten über die Qualifikation des Novizen maßgebend waren. Mit der vollen Angleichung des Brahmanentums an den vedischen Priesteradel entschied sich dann die Frage des Charisma mindestens für die offizielle Lehre. Als die ersten Universalmonarchien entstanden, hatte sich die selbständige Priesterschaft als gentilcharismatische Zunft, d.h. als *Kaste* mit fester Bildungsqualifikation als Voraussetzung des Amtierens, schon so in den sicheren Besitz der geistlichen Autorität gesetzt, daß daran nicht mehr zu rütteln war.

Im Yajur-Veda ist diese erst im Atharva-Veda auftauchende Stellung der Brahmanen voll durchgebildet. *Brahman*, im Rigveda das Gebet, ist jetzt *heilige Macht* und *Heiligkeit*. Die Brahmanas führten das nur weiter aus: *Die Brahmanen, welche den Veda gelernt haben und ihn lehren, sind menschliche Götter*, heißt es.[6] Kein hinduistischer Fürst oder Großkönig konnte eine pontifikale Gewalt beanspruchen und die späteren – islamischen – Fremdherrscher waren erst recht disqualifiziert und auch weit entfernt davon es zu tun. Derjenige Punkt, in welchem dieser Gegensatz der gesellschaftlichen Strukturen der chinesischen und indischen Intellektuellenschicht wichtige Folgen hatte, war *weltanschauungsmäßiger* und praktisch ethischer Natur. Ein theokratischer Patrimonialismus und ein Literatentum von staatlichen Amtsanwärtern waren in China der geeignete Boden für eine rein utilitarische Sozialethik. Der *Wohlfahrtsstaats*-Gedanke mit stark materieller Wendung dieses Wohlfahrtsbegriffs folgte zwar vor allem aus der charismatischen Verantwortlichkeit des Herrschers für das äußere, meteorologisch bedingte Wohlergehen der Untertanen. Daneben aber aus der Stellung der sozialphilosophisch interessierten und dabei bildungsstolzen Literatenschicht gegenüber den bildungsfremden Massen. Die Banausen können ja nichts Andres als materielle Wohlfahrt erstreben, und materielle Versorgung ist auch das beste Mittel der Erhaltung von Ruhe und Ordnung. Schließlich folgte sie auch aus dem Pfründner-Ideal der Bürokratie selbst: dem gesicherten festen Einkommen als der Grundlage der Gentleman-Existenz. Der ständische Gegensatz der Bildung gegen die Unbildung und die Reminiszenzen leiturgischer Bedarfsdeckung führten dabei zu einer gewissen Annäherung an *organische* Gesellschafts- und Staats-Theorien, wie sie naturgemäß jeder politischen Wohlfahrtsanstalt nahe liegen. Aber: der nivellierende chinesische Patrimonialbürokratismus hielt dabei diese ganz unverkennbaren Ansätze in mäßigen Schranken. Nicht etwa die organische Ständegliederung, sondern die patriarchale Familie war das Bild, unter welchem die soziale Schichtung vornehmlich gesehen wurde. Autonome sozia-

[6] Çathapatha Brahmana II, 2, 2, 6.

le Mächte konnte die patriarchale Bürokratie sich gegenüber nicht anerkennen. Die in der Wirklichkeit lebendigen *Organisationen,* vor allem: die Gilden und gildenartigen Verbände und die Sippen, waren, je mächtiger und autonomer sie tatsächlich waren, desto weniger von der Theorie als Grundlage einer organischen Gesellschaftsgliederung verwertbar. Sie blieben für sie vielmehr in ihrer reinen Faktizität einfach abseits liegen. Die typische *Berufs*-Konzeption der organischen Gesellschaftsauffassungen war daher in China nur in Ansätzen vorhanden und blieb vor allem der herrschenden, vornehmen, literarischen Intellektuellenschicht – wie wir sahen – fremd.

Sehr anders in Indien. Hier hatte die selbständig neben den politischen Herrschern stehende Priestermacht mit der ebenso selbstherrlich neben ihr stehenden Welt der politischen Gewalten zu rechnen. Sie erkannte deren Eigengesetzlichkeit an, – einfach weil sie es mußte. Denn das Machtverhältnis zwischen Brahmanen und Kschatriyas war, wie wir sahen, lange Zeit hindurch sehr schwankend. Und auch nachdem die ständische Superiorität der Brahmanen, in der offiziellen Theorie der letzteren wenigstens, feststand, blieb die Gewalt der inzwischen entstandenen Großkönige doch eine selbständige und dem Wesen nach rein weltliche, nicht hierokratische, Macht. Zwar war der Pflichtenkreis der Könige wie der jedes Standes gegenüber der brahmanischen Hierokratie bestimmt durch ihr Dharma, welches Bestandteil des brahmanisch regulierten heiligen Rechts war. Aber dies Dharma war eben bei jedem Stand, und so auch bei den Königen, ein anderes und – mochte es auch, der Theorie nach, nur von den Brahmanen maßgebend zu interpretieren sein – doch nach deren eigenen Maßstäben ein durchaus eigenes und selbständiges, nicht etwa mit dem Dharma der Brahmanen identisches oder aus ihm abgeleitetes.[7] Es gab keine universell gültige, sondern durchaus nur eine ständisch besonderte private und Sozialethik, die wenigen unbedingt allgemeinen rituellen Verbote (vor allem: der Kuhschlachtung), von denen früher geredet wurde, ausgenommen. Die Konsequenzen waren sehr weitreichend. Denn da nicht nur die Kastengliederung der Welt, sondern ebenso die Abstufung göttlicher, menschlicher, tierischer Wesen aller Rangstufen von der Karmanlehre aus dem Prinzip der Vergeltung vorgetaner Werke abgeleitet wurde, so war für sie das Nebeneinanderbestehen von ständischen Ethiken, die untereinander nicht nur verschieden, sondern geradezu einander schroff widerstreitend waren, gar kein Problem. Es konnte – im Prinzip – ein Berufs-Dharma für Prostituierte, Räuber und Diebe ganz ebenso geben wie für Brahmanen und Könige. Und es gab die allerernsthaftesten Ansätze zu diesen äußersten Konsequenzen auch tatsächlich. Der Kampf des Menschen mit dem Menschen in allen seinen Formen war prinzipiell ebensowenig ein Problem, wie sein Kampf mit den Tieren und auch mit den Göttern und wie die

[7] Wenn auch allerdings manche Pflichten der beiden anderen *wiedergeborenen* Kasten in vielen Punkten als Abschwächung der Pflichten der Brahmanenkaste konstruiert wurden.

Existenz des schlechthin Häßlichen, Dummen und des – vom Maßstab des Dharma eines Brahmanen oder sonstigen *Wiedergeborenen* aus gesehen – schlechthin Verwerflichen. Die Menschen waren nicht – wie für den klassischen Konfuzianismus – prinzipiell gleich, sondern wurden zu allen Zeiten ungleich geboren, so ungleich wie Menschen und Tiere. Allerdings hatten sie alle die gleichen Chancen vor sich: Aber nicht in diesem Leben, sondern auf dem Wege der Wiedergeburt konnten sie entweder hinauf bis in den Himmel oder hinab bis in das Tierreich oder die Hölle gelangen. Die Konzeption eines *radikal Bösen* war in dieser Weltordnung überhaupt nicht möglich, denn eine *Sünde schlechthin* konnte es ja nicht geben. Sondern immer nur einen rituellen Verstoß gegen das konkrete, durch die Kastenzugehörigkeit bedingte Dharma. Es gab in dieser in ihrer Abgestuftheit ewigen Welt keinen seligen Urstand und kein seliges Endreich, deshalb auch keine – im Gegensatz zur positiven Sozialordnung – *natürliche* Ordnung der Menschen und Dinge, also auch kein *Naturrecht* irgendwelcher Art. Sondern es gab – für die Theorie zum mindesten – nur heiliges, ständisch gesondertes, aber positives Recht und innerhalb der von ihm – als indifferent – unreglementiert belassenen Gebiete positive Satzungen der Fürsten, Kasten, Gilden, Sippen und Vereinbarungen der Individuen. Die Gesamtheit aller Probleme, welche im Okzident das *Naturrecht* ins Leben riefen, fehlte eben vollständig und prinzipiell. Denn es gab schlechthin eben keinerlei *natürliche* Gleichheit der Menschheit vor irgendeiner Instanz, am allerwenigsten vor irgendeinem überweltlichen *Gott*. Dies ist die negative Seite der Sache. Und diese ist die wichtigste: Sie schloß die Entstehung sozialkritischer und im naturrechtlichen Sinn *rationalistischer* Spekulationen und Abstraktionen vollständig und für immer aus[8] und hinderte das Entstehen irgendwelcher *Menschenrechte*.

[8] Spuren *naturrechtlicher* Gedanken finden sich oft, namentlich in der epischen Literatur, die ja unter anderem auch eine fortwährende innere Auseinandersetzung mit den brahmanenfeindlichen Strömungen der Zeit der Erlösungsreligionen enthält. So namentlich in der Klage der Draupadi im Mahabharata: Die Quelle des *ewigen Rechts*, çaçvata dharma, heißt es, ist versiegt und dieses daher nicht mehr erkennbar. Das positive Recht ist immer zweifelhaft, (of. I, 195, 29), jedenfalls aber wandelbar (XII, 260, 6 ff.). Die Macht regiert die Erde und eine göttliche Gerechtigkeit gibt es nicht. Es handelt sich freilich im gegebenen Fall um Taten schnöden Bruches aller Sitte innerhalb des engsten Sippenkreises.
Im übrigen kommt das Bedürfnis nach einer *Urstands*-Lehre innerhalb der orthodoxen Lehre nur in der Form auf seine Rechnung, daß nach der Lehre des Epos von den 4 Zeitaltern, welche die Welt zwischen jeder Zerstörung und Reabsorption durch die pralaya (Götterdämmerung) durchmacht, jedesmal das erste: das Krita-Zeitalter, am höchsten, das letzte: das Kali-Zeitalter, am tiefsten steht. Die Kastenunterschiede zwar bestehen auch im Krita-Zeitalter, aber jede Kaste tut ihre Pflicht gern und ohne Erwartung von Verdienst und Lohn um ihrer selbst willen. Es gibt auch weder Kauf noch Verkauf. Daher ist die Erlösung allen zugänglich und ein Gott (eka deva) ist der gemeinsame Gott aller Kasten. Im Kali-Zeitalter umgekehrt ist die Kastenordnung umgestürzt und der Eigennutz herrscht – bis die pralaya kommt und Brahma in Schlaf verfällt. Die Lehre ist in dieser Form durch die später zu besprechende Bhagavata-Ethik beeinflußt und spät.

Schon weil ja das Tier und der Gott, wenigstens bei konsequenter Durchführung der Lehre, nur andre, ebenfalls Karman-bedingte Inkarnationen von Seelen waren und es für die Gesamtheit aller dieser Wesen offenbar abstrakt gemeinsame *Rechte* sowenig geben konnte wie gemeinsame *Pflichten.* Es gab nicht einmal den Begriff *Staat* und *Staatsbürger* oder auch *Untertan,* – sondern nur das ständische Dharma: die Rechte und Pflichten des *Königs* und der anderen Kasten, einer jeden in sich und jeder im Verhältnis zu den anderen. Dabei wird dem Kschatriya, als dem Patron des Rayat *(Clienten),* das Dharma der Fürsorge für den *Schutz* der Bevölkerung – immerhin nur wesentlich: des äußeren Sicherheitsschutzes – zugeschrieben und ihm die Pflicht der Sorge für die Rechtspflege und die Redlichkeit des Verkehrs und was damit zusammenhängt, als ethisches Gebot auferlegt. Im übrigen gilt es für den Fürsten wie für andere, aber für ihn im eminenten Sinn, als allererste Pflicht, die Brahmanen zu unterhalten und zu fördern, vor allem ihnen bei ihrer autoritären Regelung der sozialen Ordnung gemäß den heiligen Rechten seinen Arm zu leihen, Angriffe auf ihre Stellung aber nicht zu dulden. Die Bekämpfung von brahmanenfeindlichen Irrlehren ist selbstverständlich verdienstlich und wird verlangt und geleistet. Aber das ändert daran nichts, daß der Stellung des Fürsten und der Politik in eigentümlich penetranter Art ihre Eigengesetzlichkeit gewahrt bleibt. Die chinesische Literatur kennt für die Epoche der Teilfürsten wenigstens in der Theorie – wie einflußlos diese gerade in dieser Hinsicht auch sein mochte – den Begriff *gerechter* und *ungerechter* Kriege und eines *Völkerrechts,* als Ausdruck der chinesischen Kulturgemeinschaft. Der zum Alleinherrscher aufgestiegene kaiserliche Pontifex vollends, der die Weltherrschaft, auch über die Barbaren, beanspruchte, führte nur *gerechte* Kriege. Denn jeder Widerstand gegen ihn war Rebellion. Unterlag er, so galt dies als Symptom dafür, daß ihm das Charisma vom Himmel versagt sei oder er es verwirkt habe. Ähnliches galt nun auch für den indischen Fürsten. Auch wenn er unterlag oder wenn es seinen Untertanen andauernd nicht gut ging, war dies ein Beweis für magische Verfehlungen oder mangelndes Charisma. Der Erfolg des Königs entschied also. Aber das hatte nichts mit seinem *Recht* zu tun. Sondern mit seiner persönlichen Eignung und, vor allem: der Zauberkraft seines Brahmanen. Denn diese, und nicht sein ethisches *Recht,* verschaffte dem König den Sieg, wenn eben der Brahmane sein Handwerk verstand und charismatisch qualifiziert war. Auch in Indien hatte, wie im Okzident, die ritterliche Konvention der epischen Kschatriya-Zeit gewisse Standessitten für die Fehde geschaffen, deren Verletzung als verwerflich und unritterlich galt, wenn auch wohl niemals im indischen Ritterkampf so weitgehende Courtoisie geübt worden ist, wie sie der berühmte Heroldsruf der französischen Ritterschaft an die Gegner vor der Schlacht von Fontenoy repräsentiert: *Messieurs les Anglais, tirez les premiers.* Im ganzen herrschte das Gegenteil. Nicht nur die Menschen, auch die Götter (Krischna) setzen sich im Epos um des Erfolges halber höchst unbekümmert auch über die elementarsten Regeln ritterlichen Kampfes hinweg. Und wie in der hellenischen Polis der klassischen Zeit[9], so galt auch für die Fürsten schon des Epos und der Maurya-Epoche, erst recht aber der späteren Zeit der nakkteste *Macchiavellismus* in jeder Hinsicht als selbstverständlich und ethisch gänzlich unanstößig. Das Problem einer *politischen Ethik* hat die indische Theorie nie beschäftigt und, in Ermangelung einer Universalethik und eines Naturrechts, auch nicht beschäftigen können. Das Dharma des Fürsten[10] ist, Krieg zu führen um des Kriegs und um der Macht rein als solcher willen. Er hatte den Nachbarn durch List, Betrug und alle noch so raffinierten, unritterlichen und heimtückischen Mittel, durch Überfall, wenn er in Not war, durch Anstiftung von Verschwörungen unter seinen Untertanen, Bestechung seiner Vertrauten zu vernichten, die eigenen Untertanen aber durch Spionage, Lockspitzel und ein raffiniertes System von Tücke und Argwohn im Zaum zu halten und fiskalisch nutzbar zu machen. Das Machtpragma und der für unsre Begriffe durchaus *unheilige* Egoismus des Fürsten war hier, gerade von der Theorie, ganz und gar seinen eigenen Gesetzen überlassen, alle theoretische Politik gänzlich amoralische Kunstlehre von den Mitteln, politische Macht zu erlangen und zu erhalten, weit hinausgehend über alles, was wenigstens die Durchschnittspraxis selbst der Signoren der italienischen Frührenaissance in dieser Hinsicht kannte und jeglicher *Ideologie* in unserem Sinn des Wortes gänzlich bar.

Die gleiche Erscheinung wiederholt sich nun für alle profanen Lebensgebiete. Sie befähigte den Hinduismus, im Gegensatz zur Fachmenschenfeindschaft des Konfuzianismus, allen einzelnen Lebens- und Wissensgebieten ihr gesondertes Recht zuteil werden zu lassen und also wirkliche *Fachwissenschaften* zu schaffen. So – neben bedeutenden mathematischen und grammatischen Leistungen – vor allem eine formale Logik als Kunstlehre des rationalen Beweises (hetu, daher hetuvadin, der Logiker). Eine eigene Philosophenschule: Nyaya[11] befaßte sich mit dieser Kunstlehre des Syllogismus und die als orthodox anerkannte Vaiçeshika-Schule[12] gelangte unter Anwendung dieser formalen Hilfsmittel auf dem Gebiet der Kosmologie zum Atomismus. Im hellenischen Altertum wurde die weitere Pflege der Atomistik nach Demokritos und die Entwicklung zu einer modernen Naturwissenschaft

[9] Der Dialog des Athener und Melier bei Thukydides ist das bekannte Beispiel.
[10] Klassische Formulierung dieses *Macchiavellismus* außer im früher zitierten Kautaliya Arthasastra besonders im Yâtrâ des Varâhamihira (übersetzt von H. Kern in Webers Indischen Studien). Yâtrâ oder Yogayatra heißt zunächst die Kunst der Angabe der Vorbedeutungen, die ein in den Krieg ziehender Fürst zu beobachten hat. An diese Wissenschaft schloß sich die *Staatskunde* an, nachdem (cf. a. o. O. I, 3) infolge der Karman-Lehre feststand, daß das Horoskop durch Karman determiniert werde, also keine selbständige Bedeutung habe.
[11] Gestiftet von Gotama.
[12] Gestiftet von Kanada (Übersetzungen von Röer, Z. D. M. G. 21/2).

trotz viel weitergehender mathematischer Unterbauten durch den stark sozial bedingten Einbruch und Sieg des ihr feindlichen, ausschließlich sozialkritischen und sozialethischen Interesses seit Sokrates gehemmt. In Indien wurde umgekehrt durch die sozial verankerte Unerschütterlichkeit gewisser metaphysischer Voraussetzungen alle Philosophie in die Bahnen individuellen Erlösungsstrebens gedrängt.[13] Das wirkte als Schranke sowohl für die Fachwissenschaften wie für die Fragestellungen des Denkens überhaupt. Die konsequent *organische* Gesellschaftslehre des Hinduismus konnte das Dharma jedes *Berufes,* in Ermangelung anderer Maßstäbe, nur den Eigengesetzlichkeiten seiner Technik entnehmen und schuf daher überall nur technische Kunstlehren für Spezialberufe und Sondersphären des Lebens, von der Bautechnik bis zur Logik als Kunstlehre des Beweisens und Disputierens und bis zur Kunstlehre der Erotik.[14] Dagegen keinerlei Prinzipien einer universellen, für das Leben in der Welt im allgemeinen Anforderungen stellenden Ethik. Diejenige Literatur der Inder, welche man mit den philosophischen Ethiken des Abendlandes in Parallele stellen kann, war – oder richtiger: wurde im Verlauf der Entwicklung – vielmehr etwas ganz anderes: eine metaphysisch und kosmologisch unterbaute Kunstlehre von den technischen Mitteln, aus dieser Welt heraus erlöst zu werden. An diesem Punkt verankerte sich letztlich alles philosophische und theologische Interesse in Indien überhaupt. Die Ordnungen des Lebens und sein Karman-Mechanismus waren ewig. Eine religiöse Eschatologie der Welt war hier so wenig möglich wie im Konfuzianismus, sondern nur eine (praktische) Eschatologie des Einzel-Individuums, welches jenem Mechanismus und dem *Rad* der Wiedergeburten zu entrinnen trachten wollte.

Die Tatsache dieser Ideen-Entwicklung sowohl wie ihre Art stehen wiederum im Zusammenhang mit der sozialen Eigenart der indischen Literatenschicht, welche ihr Träger war. Denn wenn die Brahmanen ebenso wie die Mandarinen ihr Standesgefühl aus dem Stolz auf ihr Wissen um die Ordnungen der Welt speisten, so blieb doch der gewaltige Unterschied bestehen, daß die chinesischen Literaten eine politische Amtsbürokratie darstellten, welche mit magischer Technik nichts zu tun hatten, diese verachteten Künste vielmehr den taoistischen Zauberern überließen, während die Brahmanen der Herkunft und dem bleibenden Wesen nach Priester, und das heißt, Magier waren. Darauf

[13] Die dualistische Samkhya-Philosophie lehnte die Atomistik ab, weil durch Unausgedehntes nichts Ausgedehntes hervorgebracht werden könne, in Wahrheit aber deshalb, weil sie – wie später zu erörtern – auch die seelischen Vorgänge zur Materie rechneten. Für die Vedanta-Schule andererseits waren die Vorgänge der empirischen Welt, als der kosmischen Illusion (Maya) zugehörig, ganz uninteressant. Entscheidend aber war, daß die Stellungnahme der Philosophie zu allen Problemen, wie sich immer wieder zeigen wird, ausschließlich durch das Erlösungsinteresse beherrscht wurde.

[14] Über das Raffinement dieser kann man sich leicht aus der betreffenden Literatur, mit der sich Richard Schmidt eingehend befaßt hat, orientieren und wird H. Oldenbergs Urteil bestätigt finden.

beruhte geschichtlich die sehr verschiedene Stellung beider zur Askese und Mystik.

Der Konfuzianismus verschmähte diese je länger je energischer als eine dem Würdegefühl des vornehmen Mannes widerstreitende gänzlich nutzlose und barbarische, vor allem: parasitäre, Gaukelei. In der Epoche des amtsfreien Literatentums zur Zeit der Teilfürsten blühte zwar das Anachoretentum und die Kontemplation der Philosophen, und gänzlich sind diese Beziehungen auch später nicht abgerissen, wie wir sahen. Aber mit der Umwandlung in eine diplomierte Amtspfründnerschicht steigerte sich die Verwerfung jeder solchen, innerweltlich und sozial-utilitarisch angesehen, wertlosen Lebensführung als unklassisch. Reminiszenzen der Mystik geleiteten den Konfuzianismus nur als sein schattenhaftes heterodoxes Gegenbild. Die eigentliche Askese aber starb so gut wie völlig ab. Und endlich die wenig wichtigen orgiastischen Reste in der Volksreligiosität änderten an der prinzipiellen Ausrottung dieser irrationalen Mächte nichts. Dagegen konnte das Brahmanentum die historischen Beziehungen zur alten Magier-Askese, aus der es hervorgewachsen war, nie ganz abstreifen. Der Name des Novizen (bramacharin) ist von der magischen Novizenkeuschheit abgeleitet und die Vorschrift kontemplativen Waldlebens als – sozusagen – *Altenteils*-Existenz (heute meist als Abmilderung der ursprünglichen Sitte, der Tötung der Alten gedeutet) entstammte der gleichen Quelle.[15] Sie sind in den klassischen Quellen auf die beiden andern wiedergeborenen Stände erstreckt[16], aber wohl ursprünglich Bestandteile nur der Magieraskese gewesen. Beide Vorschriften sind heute und wohl schon seit langer Zeit obsolet. Aber ihre Fixierung in der klassischen Literatur blieb bestehen. Und vollends die kontemplative Mystik vom Typus der Gnosis, die Krone klassisch-brahmanischer Lebensführung, stand als Ziel vor jedem Brahmanen voller Bildung, mochte auch die Zahl derer, welche sich ihr wirklich voll zuwendeten, in der mittelalterlichen Vergangenheit oft bereits ähnlich gering sein wie sie es heute durchweg ist. Wir müssen uns der Stellung der brahmanischen Bildung zu Askese und Mystik und, soweit dabei der Zusammenhang es unentbehrlich macht, auch gewissen Vorstellungskreisen der Philosophie, welche in Verbindung damit auf dem Boden jener Bildung gewachsen ist, etwas näher zuwenden. Denn teils auf Grundlage der Konzeptionen, welche hier entstanden, teils im charakteristischen Gegensatz zu ihnen – jedenfalls aber nur in enger Beziehung dazu – konnten die hinduistischen Erlösungsreligionen mit Einschluß des Buddhismus entstehen.

[15] Nämlich der typischen Altersklassengliederung.

[16] Die praktischen Zwecke der Regel waren damals vielleicht im wesentlichen oder doch weit mehr die, den zur Erlösung von der Welt durch Asketenleben drängenden Heilssuchern die Pflicht, erst als *Haushalter* Nachkommen zu erzeugen, einzuschärfen, als die umgekehrte, das Vanaprastha-Leben vorzuschreiben. Denn darum, ob man unmittelbar vom Novizen zum Asketen werden dürfe, drehte sich damals die Diskussion (s. u.).

Die indische Askese war technisch wohl die rational entwickeltste der Welt. Es gibt fast keine asketische Methodik, welche nicht in Indien virtuosenhaft geübt und sehr oft auch zu einer theoretischen Kunstlehre rationalisiert worden wäre, und manche Formen sind nur hier bis in ihre letzten, oft für uns schlechthin grotesken Konsequenzen hineingesteigert worden. Das Kopfabwärtshängen des Urdhamukti-Sadhus und das Lebendig-Begraben (Samadh) sind noch bis ins 19. Jahrhundert geübt worden, die Alchemie bis in die Gegenwart.[17] Der Ursprung der klassischen Askese war hier wie überall die alte Praxis der Magier-Ekstase in deren verschiedenen Funktionen und ihr Zweck dementsprechend ursprünglich durchweg: die Erlangung magischer Kräfte. Der Asket weiß sich im Besitz von Macht über die Götter. Er kann sie zwingen, sie fürchten ihn und müssen seinen Willen tun. Will ein Gott Ausnahmeleistungen vollbringen, so muß auch er Askese üben. So hat das höchste Wesen der älteren Philosophie, um die Welt zu gebären, mächtige asketische Anstrengungen machen müssen. Daß die magische Kraft der Askese (Tapas) als durch eine Art von (hysterischer) Bruthitze bedingt galt (wie der Name zeigt) kam dieser Vorstellung entgegen. Durch hinlängliche Grade außeralltäglicher asketischer Leistungen kann man schlechthin jede Wirkung erzielen. Mit dieser Voraussetzung, wird bekanntlich noch in der klassischen Sanskrit-Dramatik als mit einer Selbstverständlichkeit gearbeitet. Da das Charisma, in eine der magisch relevanten Zuständlichkeiten zu geraten, höchst persönlich und an keinen Stand gebunden war, so rekrutierten sich diese Magier sicherlich auch (und gerade) in den frühesten uns zugänglichen Epochen nicht nur aus einer offiziellen Priester- oder Magier-Kaste, wie die Brahmanen es waren. Vollends deshalb war dies schwer möglich oder wurde immer schwerer möglich, weil und je mehr das Brahmanentum zunehmend ein vornehmer Stand von Ritualkundigen wurde, dessen soziale Ansprüche auf Wissen und vornehmer Bildung beruhten. Je mehr dies der Fall war, desto weniger konnte das Brahmanentum alle Arten magischer Askese umspannen. Der immanente Rationalismus des *Wissens* und der *Bildung* sträubte sich wie überall gegen irrationale, orgiastisch-ekstatische Rausch-Askese und der Stolz eines vornehmen Bildungsstandes gegen die würdelose Zumutung, ekstatische therapeutische Praktiken vollziehen und neuropathische Zustände zur Schau stellen zu sollen. Es mußte also hier unvermeidlich jene schon eingangs erwähnte Entwicklung einsetzen, welche in teilweise ähnliche Bahnen führte, wie wir sie bei der chinesischen Magie fanden. Ein Teil der magischen Praktiken, und zwar die akut-pathologisch- und emotionell-ekstatischen, in diesem Sinn *irrationalen* unter ihnen, wurde als unklassisch und barbarisch entweder ausdrücklich abgelehnt oder doch tatsächlich innerhalb des Standes nicht geübt und

[17] Auch sie in strengem Zusammenhang mit asketischem Leben; der Schüler eines Alchemisten, der eine Geschlechtssünde begeht, wird alsbald verstoßen, denn das magische Charisma haftet am korrekten Leben.

durch die Art seiner Lebenspraxis ausgeschlossen. Dies ist, wie wir sahen, tatsächlich weitgehend geschehen, und insoweit besteht die Parallele zur Entwicklung der chinesischen Literaten. Wesentlich anders aber konnte eine vornehme Intellektuellenschicht den apathischen Formen der Ekstase (den Entwicklungskeimen der *Kontemplation)* und ebenso allen rationalisierbaren Praktiken der Askese gegenüberstehen. Sie waren zwar für ein staatliches Mandarinentum unverwertbar, nicht aber für eine Priesterschaft. Diese konnte sich ihnen gar nicht entziehen. Derjenige Teil der Magier-Askese und -Ekstase nun, den die Brahmanen rezipierten oder, richtiger, beibehielten und beibehalten mußten, weil sie im Unterschied zu den Mandarinen keine politische Amtsanwärterschicht, sondern eine Magierkaste waren, wurde in ihrer Pflege, je mehr sie eine vornehme Literatenschicht wurden, desto systematischer rationalisiert. Dies war eine Leistung, welche die chinesischen Literaten, die nach ihren Traditionen jeder Askese fremd gegenüberstanden, nicht vollbringen konnten, sondern in den Händen der von ihnen geduldeten und verachteten Berufsmagier und der Taoisten verkümmern lassen mußten. Der entscheidende Gegensatz des Ausgangspunktes der beiderseitigen politischen Entwicklung schlug auch hier durch. Die brahmanische Philosophie bewegt sich, in höchst auffallendem Gegensatz gegen die chinesische, durchweg um Probleme, welche in der Art der Fragestellung sowohl wie in der Art der Beantwortung oft unerklärlich wären ohne Berücksichtigung der Tatsache, daß rationalisierte Askese und Ekstase einen grundlegenden Bestandteil jeder korrekt brahmanischen Lebensführung bildeten.

Denn nicht nur das Leben des bramacharin (Novizen) war, mit seiner strengen persönlichen Unterordnung unter die Autorität und häusliche Disziplin des Lehrers[18], dem Keuschheits- und Bettelgebot, durchaus asketisch geregelt. Und nicht nur galt als Ideal der Lebensführung des alternden Brahmanen die Rückkehr in den Wald (als Vanaprastha) und schließlich die Einkehr in ein ewiges Schweigen als Einsiedler (die vierte Asrama) und die Erreichung der Qualifikation als Yati (von der Welt innerlich befreiter Asket)[19], sondern in

[18] Der Gehorsam fand nur eine Grenze, wenn der Lehrer eine Todsünde verlangte oder etwas lehrte, was nicht im Veda stand. Im übrigen ist er fußfällig zu verehren. In seiner Gegenwart darf ein anderer Lehrer nicht verehrt werden. Verboten waren dem Bramacharin: Fleisch, Honig, Wohlgerüche, Spirituosen, Wagenfahren, Untertreten bei Regen, Kämmen, Zähneputzen; geboten: regelmäßiges Baden, das periodische Atem-Anhalten (entsprechend der späteren Yoga-Technik) und die Andacht für die Silbe Om. Der alte Ausdruck für *Studieren* heißt *Keuschheit üben*. Der Upanayana-Zeremonie bei der Aufnahme als Novize entsprach, als Abschluß, das Samavartana-Sakrament. Vgl. K. Glaser Z. D. M. Ges. 66, 1912. S. 16 f.

[19] Zunehmend wird angenommen, daß diese Stufe erst in konkurrierender Nachahmung des buddhistischen Mönchtums eingefügt wurde. Dies dürfte für die offizielle Anordnung unbedingt gelten. Daß die Praxis erst durch den Buddhismus geschaffen sei, muß nach der Ursprungslegende des Buddhismus und an sich unwahrscheinlich erscheinen.

starkem Maße asketisch reglementiert war auch die innerweltliche Lebensführung des klassischen Brahmanen selbst als Grihastha (Haushalter). Neben der Fernhaltung von den plebejischen Formen des Erwerbs, vor allem von Handel und Wucher und der persönlichen Ackerarbeit, stehen zahlreiche Vorschriften, welche sich später bei den weltablehnenden hinduistischen Erlösungsreligionen wiederfinden. Die Einschärfung des Vegetarismus und der Alkoholabstinenz ist offenbar aus der Gegnerschaft gegen die Fleischorgien erwachsen; die sehr strenge Verpönung des Ehebruchs und die Mahnung zur Zähmung des Sexualtriebs überhaupt hatte ähnliche, antiorgiastische Wurzeln. Zorn und Leidenschaft war hier wie in China durch den Glauben an die dämonische und diabolische Herkunft aller Emotionen verpönt. Das Gebot strenger Reinlichkeit, namentlich beim Essen, entstammte magischen Reinheitsregeln. Die Gebote der Wahrhaftigkeit und der Freigebigkeit und das Verbot, sich an fremdem Eigentum zu vergreifen, waren letztlich nur Einschärfungen der universell für die Besitzenden geltenden Grundzüge der alten Nachbarschaftsethik. Man darf natürlich die asketischen Einschläge der Lebensführung der innerweltlich lebenden Brahmanen in historischer Zeit nicht übertreiben. Während die Russen im 17. Jahrhundert bei Einführung der okzidentalen Kunstformen protestierten: ein Heiliger dürfe nicht *dick sein wie ein Deutscher,* verlangte die indische Kunstübung umgekehrt: ein Mahapuruscha müsse dick sein[20], – weil sichtbar guter Nahrungsstand als Zeichen von Reichtum und Vornehmheit galt. – Vor allem durfte überhaupt nie die Schicklichkeit und Eleganz des vornehmen Kavaliers verletzt werden. Die praktische Alltagsethik der Brahmanen ähnelt darin gelegentlich der konfuzianischen. Man soll sagen, was wahr und angenehm ist, nicht was unwahr und angenehm ist, aber möglichst auch nicht, was wahr und unangenehm ist, wird wiederholt in der klassischen Literatur ebenso wie in den Puranas[21] empfohlen. Wie die Brahmanen, so legten alle vornehmen Intellektuellen – auch die Buddhisten sehr ausdrücklich – Gewicht darauf, *Arya* zu sein. Der Ausdruck *Arya* wird bis heut, auch in seinen Zusammensetzungen, etwa im Sinne der Kalokagathie des *Gentleman* gebraucht. Denn schon die epische Zeit kannte den Grundsatz, daß man *Arya* nicht durch Hautfarbe, sondern durch Bildung und nur durch sie sei.[22] Sehr ausgeprägt war bei den Brahmanen die maskuline Ablehnung der Frau, in ähnlichem Sinn wie bei den Konfuzianern, jedoch mit einem Einschlag asketischer Motive, der dort gänzlich fehlte. Das Weib war Trägerin der als würdelos und irrational abgelehnten alten Sexualorgiastik und seine Existenz eine ernstliche Störung in der heilbringenden Meditation. Gäbe es noch einen Trieb von solcher Stärke, wie den Sexualtrieb, so wäre Erlösung unmöglich, soll auch der

[20] Grünwedel, Die buddhist. Kunst in Indien, 2. Aufl. 1900, p. 138. (Mahapuruscha ist der Gott Vischnu).

[21] Vischnu Purana III, 12 a. E.

[22] Ebenso die Rechtsbücher (Gautama X, 67).

Buddha geäußert haben. Aber die Irrationalität der Frauen wird auch später von brahmanischen Schriftstellern scharf betont, – weit stärker sogar als vermutlich in der Zeit der höfischen Salonkultur der Kschatryia. Ein Mann solle seine Frau nicht respektlos behandeln und nicht ungeduldig sein, sagt z. B. das Vischnu-Purana.[23] Aber er solle ihr keine wichtigen Geschäfte anvertrauen und ihr nie ganz trauen. Denn – darüber sind alle indischen Autoren einig – aus *ethischen* Gründen sei keine Frau ihrem Mann treu. Im Stillen beneide jede Matrone die geistreiche Hetäre, – was man den Matronen bei der im Salon privilegierten Lage der Hetären und bei dem Schimmer von Poesie, den die im Gegensatz zu China raffinierte indische Erotik, die Lyrik und auch die Dramatik um sie legten, kaum verdenken konnte.[24] Neben jenen relativ *asketischen* Zügen der geregelten Alltagslebensführung des Brahmanen steht nun die rationale Methodik zur Erringung der außeralltäglichen heiligen Zuständlichkeiten. Zwar gab es eine als orthodox geltende Schule (die von Jaimini gestiftete Mimamsa-Philosophie), welche den zeremoniösen Werkdienst rein als solchen als Heilsweg anerkannte. Allein die klassische brahmanische Lehre ist dies nicht. Für diese kann vielmehr in der klassischen Zeit wohl als grundlegende Anschauung gelten, daß rituelle und andere tugendhafte Werke allein lediglich zur Verbesserung der Wiedergeburtschancen, nicht aber

[23] III, 12.

[24] Die indischen Tänzerinnen, Deva-Dasa (portugiesisch balladeiras, danach französisch bayadères) der mittelalterlichen Zeit sind aus den Hierodulen, der hieratischen – homöopathischen, mimischen oder apotropäischen – Sakti- und Tempelprostitution durch den Priester (und der überall daran anknüpfenden Prostitution durch die Wanderkaufleute) hervorgegangen und noch heute vornehmlich mit dem Çiva-Kult verknüpft. Sie hatten Tempeldienst durch Gesang und Tanz zu leisten und mußten, um das zu können, schriftkundig sein – bis in die neueste Zeit als einzige Frauen Indiens. Bei zahlreichen Tempelfesten, ebenso aber – wie in klassisch-hellenischer Zeit – bei aller vornehmen Geselligkeit, sind sie noch jetzt unentbehrlich, bildeten und bilden Sonderkasten mit eigenem Dharma und besonderem Erb- und Adoptionsrecht und sind zur Tischgemeinschaft mit Männern aller Kasten zugelassen, im Gegensatz zu den, nach universell antiker Art, davon ausgeschlossenen ehrbaren Frauen, für welche auch die Schrift- und Literaturkunde, weil sie zum Dharma der Tempeldirnen gehörte, als schändend galt und teilweise noch gilt. Die Dedikation der Mädchen an den Tempel erfolgte kraft eines Gelübdes oder kraft universeller Sektenpflicht (so bei manchen Çiva-Sekten), auch als Kastenpflicht kommt sie (bei einer Weberkaste eines Orts der Provinz Madras) vereinzelt vor, während im ganzen in Südindien heute wenigstens diese Praxis als unehrenhaft gilt. Engagement und auch Mädchenraub kamen daneben vor. Die gewöhnlichen Dasi im Gegensatz zu den Deva-Dasi waren wandernde Prostituierte niederer Kasten ohne Beziehung zum Tempeldienst. Der Übergang von hier bis zur feingebildeten, dem Typus der Aspasia entsprechenden Hetäre der klassischen Dramatik (Vasantasena) war natürlich wie überall durchaus flüssig. Der letztgenannte Typ gehört ebenso wie die ganz innerhalb der Gesellschaft stehenden feingebildeten Schülerinnen und Propagandistinnen der Philosophen und noch Buddhas (nach Art der Pythagoreerinnen) der alten vornehmen Intellektuellenkultur der vorbuddhistischen und frühbuddhistischen Zeit an und verschwand mit der Herrschaft der Mönchs-Gurus.

zur *Erlösung* führen können. Diese ist stets durch ein außeralltägliches, über die Pflichten in der Welt der Kasten qualitativ hinausgehendes Verhalten bedingt: durch die weltflüchtige Askese oder Kontemplation.

Ihre Entwicklung bedeutete im wesentlichen, wie bei einer Intellektuellenschicht zu erwarten, eine Rationalisierung und Sublimierung der magischen Heilszuständlichkeiten. In drei Richtungen verlief diese: Einmal wurde, statt magischer Geheimkräfte zur Verwendung im Zaubererberuf, zunehmend ein persönlicher Heilszustand: die *Seligkeit* in diesem Sinn des Wortes, erstrebt. Zweitens gewann diese Zuständlichkeit einen bestimmten formalen Charakter, und zwar, wie zu erwarten, denjenigen einer Gnosis, eines heiligen Wissens, wesentlich, wenn auch nicht ganz ausschließlich, auf Grundlage der apathischen Ekstase, welche ja eben am besten dem Standescharakter der Literatenschicht adäquat war. Alle religiöse Heilssuche auf solcher Grundlage mußte in die Form mystischer Gottsuche, mystischen Gottesbesitzes oder endlich mystischer Gemeinschaft mit dem göttlichen ausmünden. Alle drei Formen, vornehmlich aber doch die letztgenannten, sind tatsächlich aufgetreten. Die Vereinigung mit dem Göttlichen trat in den Vordergrund, weil die Entwicklung der brahmanischen Gnosis zunehmend in die Bahnen einer Verunpersönlichung des höchsten göttlichen Wesens einlenkte. Dies geschah teils entsprechend der in aller kontemplativen Mystik liegenden Tendenz zu dieser Konzeption, teils weil das brahmanische Denken am Ritual und dessen Unverbrüchlichkeit verankert war und daher in der ewigen, unabänderlichen, unpersönlichen gesetzlichen Ordnung der Welt, nicht aber in den Peripetien ihrer Schicksale, das Walten des Göttlichen fand. Der ältere Vorläufer Brahmas ist ursprünglich der *Gebetsherr,* der Funktionsgott der magischen Formeln. Mit deren steigender Bedeutung stieg er zum höchsten göttlichen Wesen auf, ebenso wie die irdischen Gebetsherrn, die Brahmanen, zur höchsten ständischen Rangstufe. – Die rationale Ausdeutung der Welt an Hand ihrer naturgesetzmäßigen, sozialen und rituellen Ordnungen war dann die dritte Seite des Rationalisierungsprozesses, den die brahmanische Intellektuellenschicht an dem religiös-magischen Material vollzog. Eine solche Art von Ausdeutung aber mußte zur Entstehung einer in China, wie wir sahen, zwar nicht fehlenden, aber an Bedeutung weit zurücktretenden ontologischen und kosmologischen Spekulation: zur rationalen Begründung der Heilsziele und Heilswege, führen. Tatsächlich hat sie denn auch der indischen Religiosität den Stempel aufgeprägt.

Gerade auf diesem spekulativen Gebiete aber standen die Brahmanen vielleicht nie, jedenfalls nicht dauernd, konkurrenzlos da. Sondern wie neben dem brahmanischen Opfer- und Gebetsformel-Kult die später und bis in die Gegenwart scheinbar neu als Massenerscheinung auftretende, volkstümliche, individuelle ekstatische Magie und die Orgiastik: – die spezifisch unklassischen emotional-irrationalen Formen heiliger Zuständlichkeiten – sicher nie geschwunden waren, so stand neben der vornehmen brahmanischen Heilssuche diejenige der vornehmen Laien. Für die heterodoxen Erlösungsreligionen, vor allem für den Buddhismus, ist es sicher, daß sie ihren Halt gerade in ihrer Frühzeit in den Kreisen der vornehmen Laien hatten. Inwieweit das gleiche für die Entwicklung der klassischen indischen Philosophie gilt, ist unter den Indologen bestritten und schwerlich einwandfrei auszumachen. Man hat Gewicht darauf gelegt, daß die klassische Literatur zweifellos, und keineswegs nur vereinzelt, Fälle zeigt, wo Brahmanen über philosophische Grundfragen von einem weisen König belehrt werden. Und die Beteiligung der alten literarisch feingebildeten Ritterschaft, der klassischen Kschatriya in der Zeit vor dem Aufkommen der Großkönigtümer, an der philosophischen Gedankenarbeit steht außer allem Zweifel. In der Zeit, als die Diskussion der Probleme der indischen Natur- und Religionsphilosophie ihren Höhepunkt erreichte – etwa seit dem 7. Jahrhundert vor unserer Zeitrechnung[25] – gehörte die vornehme Laienbildung sicherlich mit zu ihren wichtigsten Trägern. Nur kann aus allgemeinen Gründen keine Rede davon sein, daß die Brahmanen jemals eine untergeordnete Rolle dabei gespielt hätten.

Die Priestermacht war schon in der vedischen Zeit außerordentlich groß[26] und ist seitdem nicht gesunken, sondern gestiegen. Sie mochte örtlich und periodisch weit zurückgedrängt und zeitweise auf bestimmte Gebiete in Nordindien,während der Herrschaft der Erlösungskonfessionen vielleicht auf Kaschmir, eingeschränkt sein: ihre Tradition ist nie abgerissen. Und vor allem: sie, nicht die wechselnden politischen Bildungen, trug Indiens Kultur. Wie einst – ganz entsprechend dem althellenischen *homerischen* Zeitalter – die Rischi und heiligen Sänger durch die Herrschaftsgebiete der arischen Burgenkönige hindurch die Einheit der religiösen und dichterischen Kultur der Arier getragen hatten, so in der Zeit der Stadt- und burgensässigen Ritterschaft, der Kschatriya, die Brahmanen diejenige des damaligen, örtlich teils verschobenen, teils erweiterten Kulturkreises Nordindiens. Ganz wie im China der Teilfürstenzeit die Literaten.

Den (vermutlich) anfänglichen streng esoterischen Charakter ihres Wissens haben die Brahmanen nicht zu behaupten vermocht, – im Gegenteil haben sie offenbar später die Erziehung der ritterlichen Jugend durch einen Einschlag vedischen Wissens ergänzt und gerade dadurch ihren unverkennbar starken Einfluß auf das Laiendenken gewonnen. Und trotz aller schroffen Gegensätze der Philosophenschulen, welche damals zuerst entstanden, hielten sie die ständische Einheit durch die indischen Einzelstaaten hindurch aufrecht. Wie die hel-

[25] Mithin fast gleichzeitig mit dem Beginn der ersten Blüte auch der hellenischen und chinesischen Philosophien und der israelitischen Prophetie. An eigentliche *Entlehnungen* ist nicht zu denken, (ganz zu geschweigen der gelegentlichen seltsamen Andeutungen Ed. Meyers über gemeinsame kosmisch-biologische Bedingtheit der zeitlichen Koinzidenz dieses Entwicklungsstadiums). Über mögliche babylonische Einflüsse s. später.

[26] Vgl. Oldenberg, Aus Indien und Iran a. a. O.

lenische gymnastisch-musische Bildung – und nur sie – den Hellenen, im Gegensatz zum Barbaren, so machte die vedisch-brahmanische Bildung den *Kulturmenschen* im Sinn der Voraussetzungen der klassischen indischen Literatur. Ein kaiserlicher Oberpontifex, wie er in China als Symbol der Kultureinheit und ebenso im Islam und im christlichen Mittelalter existierte, fehlte in Indien wie bei den Hellenen. Beides waren Kulturgemeinschaften nur kraft sozialer Organisation (der Kaste hier, der Polis dort) und kraft der Erziehung ihrer Intellektuellenschichten, deren Einheit aber in Indien, anders als bei den Hellenen, vornehmlich durch die Brahmanen garantiert wurde. Im übrigen aber standen sicherlich Brahmanen und Laien als Träger der Philosophie nebeneinander, ähnlich wie Mönchs- und Weltgeistlichkeit und, mit Beginn des *Humanismus,* zunehmend auch vornehme Laienkreise im Okzident.

Daß jedenfalls nicht nur, vielleicht nicht einmal vornehmlich, Laienkreise die Zersetzung der alten ungebrochenen brahmanischen Religionsphilosophie förderten, tritt noch im Epos deutlich zutage. Die Skeptiker (tarkavadins), mit welchen sich das Mahabharata als mit gottlosen Schwätzern und gewinnsüchtigen Sophisten befaßt, die ihre brahmanenfeindliche Weisheit im Lande umherziehend verkaufen, – sie entsprechen tatsächlich den hellenischen Sophisten der klassischen Zeit, – waren im wesentlichen asketische Wanderlehrer, die namentlich jener, an sich als orthodox anerkannten, brahmanischen Schule (Nyaya) entstammten, die den Syllogismus und die rationale Logik und dialektische Kunst als Fachlehre pflegte.

So wenig wie das Monopol der Philosophie und Wissenschaft behaupteten die Brahmanen das Monopol der persönlichen mystischen Heilssuche. Daß sie es in Anspruch nahmen, steht fest. Sie taten dies schon deshalb, weil der mystische Heilssucher, zumal der Anachoret, in Indien wie überall als Träger heiligen Charismas selbst Verehrung als Heiliger und Wundertäter genoß und sie diese Machtstellung für sich zu monopolisieren trachten mußten. Bis in die Gegenwart möchte die offizielle Theorie von allen *Sadhu* (Mönchen)[27] nur die Sannyasi, im älteren Wortsinn:[28] die aus der brahmanischen Kaste zum Mönchsleben Übergetretenen, als vollwertige *Sramana* oder *Samana* (Eremiten) anerkennen. Mit größter Schroffheit hielt die orthodoxe Lehre stets erneut dies Monopol der Brahmanen aufrecht. Am schroffsten natürlich gegenüber den unteren Schichten. Im Ramayana findet sich, daß einem Asketen von großer Wunderkraft vom Helden der Kopf abgeschlagen wird, weil er ein Çudra ist und es dennoch gewagt hat, sich diese übermenschlichen Fähigkeiten zuzueignen. Allein gerade diese Stelle zeigt, daß selbst nach der orthodoxen Lehre zur Zeit des Epos der Çudra

[27] Wie sehr viele generelle Namen für Heilige und Asketen ist auch dieser Name heute zur Bezeichnung einer am ehesten den Quäkern vergleichbaren kleinen Sekte Nordindiens geworden.

[28] Denn heute wird dieser Name oft ganz unterschiedslos von allen oder doch von allen çivaitischen indischen Mendikanten gebraucht.

eben doch als an sich fähig galt, die magische Wunderkraft durch Askese zu erringen. Und jener offiziell nie aufgegebene Monopol-Anspruch[29] ist niemals wirklich durchgesetzt worden. Ja, es ist nicht einmal sicher erweislich, ob die Organisation der späteren eigentlichen Klöster (Math) zuerst von brahmanischen Sramana erfolgt ist oder erst in Nachahmung heterodoxer Institutionen eingeführt wurde. Immerhin darf das Erstere als nicht ausgeschlossen gelten, da der brahmanische Einsiedler, wenn er die Qualität als *Yati* (Voll-Asket) erreicht hatte, sicher von jeher 1. als Lehrer und 2. als magischer Nothelfer auftrat, Schüler und Laienverehrer um sich sammelte. Nur ist es fraglich, inwieweit man in der vorbuddhistischen Zeit schon von *Mönchen* und *Klöstern* zu sprechen berechtigt ist. Neben dem Altersasketen kennt die ältere Tradition zwar den Einsiedler und den isolierten Berufsasketen. Ebenso kennt sie sicherlich – denn sonst wäre die Entstehung gewisser Lehren nicht möglich – die *Schule* als eine Gemeinschaft, später *parishad* genannt, welche nach den im Spät-Hinduismus geltenden Regeln 21 geschulte Brahmanen umfassen sollte, in älterer Zeit aber oft auch nur 3–5 umfaßte. Die Gurus noch der epischen Zeit, welche die Knaben der vornehmen Geschlechter unterrichteten, nahmen nach der Tradition nur 5 Schüler.[30] Das dürfte schon damals nicht mehr die Regel gewesen sein; es zeigt aber, wie fern dem Brahmanentum der vorbuddhistischen Zeit noch Massenpropaganda lag. Teils die Einsiedler und Weltgeistlichen mit ihren persönlichen Schülern, teils jene förmlich organisierten Schulen waren Träger der Entwicklung der Spekulation und Wissenschaft. Das spätere *Kloster* (Math) ist als systematisch verbreitete Massenerscheinung erst eine Erscheinung der Zeit der Sektenkonkurrenz und des Berufsmönchtums. Immerhin war der Übergang von der Philosophenschule zum Kloster angesichts der alten Askese der Novizen (Bramacharin) flüssig, wenigstens wenn überhaupt eine cönobitische Form der Lehrtradition gewählt wurde, die wohl sicher alt sein dürfte.

Die durch Stiftung gesicherte Schule oder klosterartige Organisation diente vor allem dazu, den Brahmanen die Möglichkeit zu sichern, ohne Sorge für den Unterhalt ihr Vedawissen sich zu erhalten. Auch wo die Pfründen später, wie oft, appropriiert wurden, blieb daher die (erbliche) Zugehörigkeit zur alten Schule oder Klosterpfründnerschicht oft Voraussetzung der Kasten- oder Unterkastenzugehörigkeit zum Vollbrahmanentum: das heißt zu derjeniger Brahmanenschicht, welche zur Vollziehung der Riten einerseits und – dem entsprechend – zur Annahme von Dakshina (Geschenken und Stiftungen) andrerseits qualifiziert waren. Die anderen galten als Laien und hatten diese wichtigsten Privilegien der Vollkastengenossen nicht.[31]

29 Noch heute lehrt der Brahmane höchster Kaste nur *wiedergeborene* Schüler oder gar nur Brahmanen.
30 Im Epos streiken Schüler eines Brahmanen, der mehr annehmen will (XII, 328, 41).
31 Einige solcher Unterkasten, namentlich die, welche unreine Kasten bedienten, galten geradezu als unrein.

Die Art der späteren normalen Klosterorganisation sowohl wie des Mönchtums[32] überhaupt scheint ebenfalls dafür zu sprechen, daß jene formal ganz freien Schulgemeinschaften von Lehrern mit ihren Schülern nebst demjenigen Laienanhang, welcher durch Unterhaltsgewährung und Geschenke an die Gemeinschaft für sich diesseitige und jenseitige Vorteile zu erwerben suchte, den historischen Ausgangspunkt bildeten. Es fehlte offenbar noch die systematische Organisation in Gemeinschaften mit festen *Regeln.* Die rein persönliche Beziehung bildete die Grundlage des Zusammenhalts, soweit ein solcher bestand. Selbst der alte Buddhismus zeigt ja die Spuren dieser patriarchalen Struktur, wie wir sehen werden. Das Pietätsband, welches einen solchen heiligen Lehrer und Seelsorger, den *Guru* oder *Gosain*[33], mit seinem Schüler und Seelsorge-Klienten verband, war in der hinduistischen Ethik so außerordentlich streng, daß diese Beziehung fast allen religiösen Organisationen zugrunde gelegt werden konnte und mußte. Jeder Guru genoß gegenüber dem Schüler eine Autorität, welche der väterlichen voranging.[34] Er war, wenn er als Sramana lebte, Objekt der Hagiolatrie der Laien. Denn nach unbezweifelter Lehre gab das richtige Wissen magische Macht: Der Fluch des Brahmanen ging in Erfüllung, wenn er die richtige Veda-Kenntnis hatte und ob er sie hatte, dazu war er gegebenenfalls zum Gottesurteil (Feuer-Ordal) bereit. Die heilige Gnosis machte ihn wunderkräftig. Berühmte wundertätige Gurus haben wohl sicher von jeher kraft des Prinzips des Gentilcharisma ihre Würde als Lehrer vererbt oder sie haben ihren Nachfolger designiert, und nur aushilfsweise trat die *Wahl,* d.h. die Feststellung und Akklamation des charismatisch Qualifizierten durch die Jüngerschaft ein. Daß man ausschließlich von einem Guru die rechte Weisheit erfahren könne, stand wenigstens in der Zeit der Upanischaden als ganz selbstverständlich fest. Ein sehr großer Teil aller mit Namen bekannten Stifter philosophischer Schulen und Sekten hat demgemäß hierokratische Dynastien hinterlassen, welche ihre Lehre und Technik der Gnosis oft durch Jahrhunderte weiter pflegten. Soweit die bis heute in Indien überaus zahlreichen, meist kleinen, Klöster und klosterartigen Gemeinschaften in einer organisatorischen Beziehung zueinander standen, war diese meist – charismatischen Prinzipien entsprechend – nach dem Filiationssystem[35] hergestellt, wie bei den Klöstern unseres Mittelalters bis zur Zisterzienserzeit. Das hinduistische Mönchtum hat sich aus wandernden Magiern und Sophisten entwickelt.[36] Es blieb stets der Masse nach wanderndes Bettelmönchtum. Formal stand auch

[32] Der spätere und bis heute typische Name des Mönchs (auch des brahmanischen) ist bhikshu.

[33] *Gosain* bedeutet den, der *seine Sinne beherrscht.* Die erblichen Gurus mancher Sekten führen diesen Titel. Daher ist er heute in gewissen großen Brahmanenfamilien erblich. S. später.

[34] So ausdrücklich Manu II, 233.

[35] Das zeigen schon die Inschriften z.B. Ep. Ind. III, 263 (10. Jahrh.).

[36] Man kann ihm rein äußerlich am ehesten die Kyniker vergleichen.

der gänzliche Austritt aus dem Kloster dem Mönch fast immer grundsätzlich jederzeit frei.[37] Die Disziplin der Superioren (Mathenats) und die Klosterordnungen waren demgemäß oft – aber nicht immer – lax und relativ formlos.[38]

Irgendwelche Arbeitspflichten der Mönche konnte es nach der Natur der hinduistischen – orthodoxen und heterodoxen – Heilswege nicht geben. Kein Mönch *arbeitete*. Die inhaltlichen Gebote[39] für die Lebensführung der Mönche waren – soweit sie nicht, wie das Verbot, zur Regenzeit zu wandern und die Vorschriften über Tonsur und andere Äußerlichkeiten reine Ordnungsvorschriften darstellten – Steigerungen der brahmanischen Alltagsaskese, und zwar teils einfach dem Grade, teils aber auch der Art und dem Sinn nach. Das letztere ist bedingt durch den Zusammenhang mit der brahmanischen Heilslehre, wie sie die Brahmanas und Upanischaden entwickelten. Das Gebot

[37] So noch heute die Sannyasi-Cönobiten in Bengalen, aber auch sonst meist.

[38] Auf der anderen Seite finden sich im Mittelalter auch Klöster mit rücksichtsloser Strenge der Disziplin. So hatte z. B. in einer südindischen Inschrift der dortige Superior das Recht über Leben und Tod der Kloster-Insassen. Im allgemeinen aber waren die älteren hinduistischen Mönche, Wandermönche, die nur zur Regenzeit zeitweilig, dauernd erst im Alter in ihrem Math residieren. Der Mathanat wird aus den ältesten residierenden Chelas *(Schülern)* gewählt oder ist erblich oder die Würde geht einfach im Turnus um. Der Mathanat des in der Filiation ältesten Klosters war Oberhaupt der Filiationsklöster. – Die Urkunden der Stifter von Klöstern lassen zwar zuweilen das Streben nach möglichst straffer Disziplin erkennen, zeigen aber zugleich, daß die Klostergründung hier ebenso wie in Byzanz und die *Vakufs* im islamischen Orient in typischer Art einem charakteristischen durchaus außerhalb der Sphäre des Religiösen liegenden Zwecke diente. Nämlich: durch die einem Zugriff der politischen Gewalt entzogene Rechtsstellung des dem Kloster gestifteten Landes – dessen Konfiskation oder Steuerüberlastung Sakrileg gewesen wäre – auch die Rente, welche der Stifter sich und seiner Familie bei der Stiftung vorzubehalten pflegte, für alle Zeit zu sichern: der Fideikommißstiftung also. (Solche Fälle namentlich bei Champbell Oman, The Mystics, Ascetics and Saints of India, 1903: es werden zwar die Vermögensüberschüsse der *Verwaltungen,* vor allem also der eventuellen Grundbesitz-Renten und der Erträge der täglichen Bettel-Expeditionen, – im Geheimen auch Handelserträge – in Klöster- oder Tempelgründungen angelegt aber der Gründer hat Anteil am Gewinn; das Recht der Bewirtschaftung ist erblich, aber unteilbar, das Recht der Erbfolge durch Statut bestimmt.) Das Mittel ist für patrimonialbürokratische, zumal theokratische, Staatsordnungen mit ungenügenden formalen Privatrechtsgarantien typisch; das Klosterland (meist nicht sehr ausgedehnt; einige hundert Rupien im Jahr waren schon eine gute Rente) war steuerfrei. – Im weiteren Verlauf der Entwicklung trat bei zahlreichen hinduistischen (orthodoxen und heterodoxen) Klöstern (auch den buddhistischen) der typische Verpfründungsprozeß ein: die Mönche verheirateten sich und behielten ihre Stellen erblich bei, so daß sich z. B. bei den (vornehmen) Deschaschth-Brahmanen heute vielfach eine Bhikkschu-(Mönchs-) und eine Laien-Kaste findet, welche sich vor allem dadurch unterscheiden, daß nur die eigentlichen Mönche die Qualifikation zum Priestertum besitzen.

[39] S. dieselben in den Rechtsbüchern, z. B. besonders übersichtlich bei Baudhayana II, 6, 2 ff.

der Keuschheit, der Enthaltung von süßer Nahrung, der Beschränkung auf Essen schon abgetrennter Früchte, der völligen Eigentumslosigkeit, also: Verbot, Gütervorräte zu halten und Leben vom Bettel, – später meist unter Beschränkung auf die Überbleibsel des Essens des Angebettelten, – das Gebot des Wanderns, – später oft mit der Verschärfung, daß man in einem Dorf nur eine Nacht oder auch gar nicht schlafen durfte –, die Beschränkung der Kleidung auf das Notwendigste, dies Alles waren nur Steigerungen der Alltagsaskese. Das bei einigen der späteren Erlösungsreligionen bis ins Extrem gesteigerte, aber anscheinend schon vorher bei den klassischen brahmanischen Asketen, nur in verschieden großer Strenge, auftauchende Gebot des *ahimsa,* der unbedingten Schonung des Lebens jeder Kreatur, war dagegen mehr als nur eine quantitative Verschärfung des antiorgiastischen Vegetarismus und nicht nur eine Konsequenz der Beschränkung des Opferfleischgenusses auf die Priester.[40] Vielmehr spielte hier offenbar die religionsphilosophische Überzeugung von der Einheit alles Lebenden eine maßgebende Rolle, verbunden mit der universellen Ausbreitung der Verehrung und damit der Immunität gerade eines der als unbedingt *rein* geltenden Tiere: des Rindes. Auch die Tiere standen im Bereich von Samsara und Karman. Auch sie hatten je nach ihrer Gattung ihr Dharma und konnten also – in der ihnen eigenen Art – *Frömmigkeit üben.*[41] Und wenn die Art, wie die Selbstbeherrschung: – Imzaumhalten von Augen und Mund – empfohlen wurde, zunächst wesentlich nur disziplinären Charakter hatte, so waren Gebote wie: nichts für die eigene leibliche oder seelische Wohlfahrt zu tun, doch darüber hinaus wieder durch den allgemeinen philosophischen Sinn der Askese als Heilsweg mitbestimmt.

Diese Wendung der klassisch-brahmanischen Askese vom magischen zum soteriologischen Zweck vollzog sich innerhalb der religiösen, an die Vedasammlungen anschließenden Literatur: Der Brahmana, welche das Opfer und Ritual interpretierend behandeln und insbesondre der an sie sich anschließenden Aranyaka, der *im Wald geschaffenen Werke.* Sie sind Produkte der auf dem *Altenteil* in der Waldeinsamkeit lebenden Brahmanen-Kontemplation und ihre spekulativen Teile, die Upanischaden, *Geheimlehren,* enthalten die soteriologisch entscheidenden Teile des brahmanischen Wissens.[42] Dagegen enthält die Sutra-Literatur die Ritualvorschriften für den praktischen Gebrauch: die

40 Denn den Kostenpunkt als dafür als maßgebend anzusehen, wie dies E. W. Hopkins seinerzeit tat, erscheint schon deshalb unhaltbar, weil gerade die niederen Schichten auch später die Fleischorgien beibehalten haben.

41 Diese Grundüberzeugung kam in einer für uns grotesken Art besonders im alten Buddhismus – aber nicht nur bei ihm – zum Ausdruck. Eine Inschrift erzählt, daß der König nach einem Siege seine Elefanten freigegeben habe, die dann *mit Tränen in den Augen* sich beeilten, ihre Genossen im Walde wieder aufzusuchen. Der Bericht des chinesischen Pilgers Hiuen Tsang (aus dem 7. Jahrhundert nach Chr.) erwähnt in Kaschmir Elefanten, *qui pratiquent la loi* (in St. Juliens Übersetzung).

42 Sie sind Iñanakanda: *Gnosis,* im Gegensatz zur Karmakanda, der Ritualkunde.

Srautaçastra das heilige Ritual, die Smartaçastra das Ritual des Alltagslebens (Grihyasutra) und der sozialen Ordnung (Dharmaçastra).[43]

Diese ganze Literatur steht nun der konfuzianischen überaus heterogen gegenüber.

Zunächst in einigen Äußerlichkeiten. Auch die Brahmanen waren in einem spezifischen Sinne *Schriftgelehrte.* Denn auch die hinduistische heilige Literatur, wenigstens die orthodox-brahmanische, ist in einer dem Laien fremden[44] Sakralsprache, dem *Sanskrit* abgefaßt, wie die chinesische. Aber die hinduistische geistige Kultur war wesentlich weniger reine Schriftkultur als die chinesische. Die Brahmanen (und meist auch ihre Konkurrenten) haben außerordentlich lange an dem Grundsatz festgehalten, daß die heilige Lehre nur von Mund zu Mund überliefert werden dürfe. Die spezifische Schriftgebundenheit der chinesischen Geistigkeit erklärt sich, wie wir sahen, aus dem frühen Eindringen der offiziellen höfischen Annalistik und Kalendertätigkeit, schon zu einer Zeit, als die Technik der Schriftzeichen sich noch im Hieroglyphenzustand befand. Ferner aus dem Schriftlichkeitsprinzip der Verwaltung. Dies fehlte in Indien. Das Gerichtsverfahren war mündlich und kontradiktorisch. Die Rede spielte von jeher eine bedeutende Rolle als Interessenvertretungs- und Machtmittel. Durch Zauberei suchte man sich den Sieg im Redekampf zu sichern[45] und alle hinduistische oder unter hinduistischem Einfluß stehende Kultur kennt die Religionsgespräche, Preisredekämpfe und Redekampf-Übungen der Schüler als eine ihrer charakteristischen Einrichtungen. Während das chinesische Schrifttum sich, als hieroglyphisch-kalligraphisches Kunstwerk, an Auge und Ohr zugleich wendet, wendet sich daher die indische sprachliche Komposition vor allem an das (akustische, nicht: visuelle) Gedächtnis. Die alten Rhapsoden waren durch die Vyasas (Kompilatoren) einerseits, die spekulativen Brahmanen andererseits abgelöst worden. Beide wurden später durch Dichter und Rezitatoren, welche die *Kavya*-Formen: Erzählung mit Belehrung verbunden, pflegten, ersetzt: teils Pauranikas und Aithiasikas: Erzähler erbaulich ausgestatteter Mythen für ein wesentlich intellektualistisches bürgerliches Publikum, teils Dharmapatakas, die Rezitatoren der Rechtsbücher, welche wohl an die Stelle der alten Gesetzessprecher traten (und bei Manu und im Epos an der Kommission zur Abgabe von Gutachten für Zweifelsfälle beteiligt sind). Aus diesen Rezitatoren entwickelten sich etwa im 2. nachchristlichen

43 Es kann irreführend wirken, wenn man die Smarta-Literatur als *profan* bezeichnet. Auch ihre Regeln sind heilig und unverbrüchlich, nur wenden sie sich nicht an die Fachgeschultheit der Priester als solche, sondern an die Haushalter und Juristen.

44 Aber nicht – wie angenommen wurde – in einer künstlich geschaffenen *Skaldensprache,* sondern in dem Idiom der alten Priestergeschlechter des Ursprungsgebiets der Literatur. In der vedischen Zeit galt Sanskrit als Sprache der Gebildeten; im Rigveda motiviert ein Prinz seine Sanskritrede damit, daß er *gebildet* sei. Rayson J. R. A. S., 1904, p. 435. Thomas ebenda, pag. 747.

45 Atharva Veda II, 27 (gemeint ist offenbar ein Prozeßgegner).

Jahrhundert die zünftigen brahmanischen Pandits, schon wesentlich eine Schriftgelehrtenklasse. In jedem Falle hat bis tief in das indische Mittelalter die mündliche Überlieferung und Rezitation die Hauptrolle gespielt. Dies hat formal gegenüber der chinesischen heiligen Literatur einige wichtige Folgen gehabt. Alle indische heilige Literatur (einschließlich der buddhistischen) war auf die Möglichkeit leichter Einprägung und jederzeitiger Reproduktion zugeschnitten. Sie bediente sich dafür teils der epigrammatischen Formel, – so in der ältesten philosophischen[46] und Sutra-Literatur –, welche auswendig gelernt und vom Lehrer mit dem Kommentar, dessen sie dringend bedurfte, versehen wurde. Teils der Versform, welche einen großen Teil der nichtphilosophischen Literatur beherrschte. Ferner der Refrains: – endloser wörtlicher Wiederholungen einer Gedanken- oder Vorschriften-Kette mit Modifikation jeweils oft nur eines einzelnen Satzes oder Wortes entsprechend dem Fortgang der Erörterung. Sodann in außerordentlichem Umfang des Zahlenschematismus, oft der Zahlenspielerei: denn anders wird ein europäischer Lehrer diese Art der Verwendung von Zahlen kaum empfinden können. Endlich der, sozusagen: gedankenrhythmischen, auf den europäischen Leser als äußerst pedantisch wirkenden Systematik der Darstellung. Diese, in ihren Anfängen wohl rein mnemotechnisch bedingte, Art der brahmanischen Schriftstellerei hat sich nun im Zusammenhang mit der *organizistischen* Besonderheit des indischen Rationalismus zu einer die ganze Eigenart ihrer für uns wichtigsten Teile bestimmenden Manier gesteigert. Gegenüber dem Zusammenwirken von knapper sachlicher *Rationalität* der Sprachmittel und anschaulichem, ästhetischem Duktus der Bilderschrift in der Art der stets auf die Anmut der epigrammatischen Prägung bedachten, dabei sprachlich nüchtern wirkenden chinesischen Formulierung entstand in Indien in der religiösen und ethischen Literatur ein Wuchern unermeßlichen Schwulsts, das nur dem Interesse systematisch erschöpfender Vollständigkeit diente. Endlose Häufungen von schmückenden Beiwörtern, Vergleichen, Symbolen, Streben nach Steigerung des Eindrucks des Großen und Göttlichen durch Riesenzahlen und wuchernde Phantasmen ermüden den europäischen Leser. Wenn er aus der Welt des Rigveda und dann der volkstümlichen Fabeln, die, im Panchatantra gesammelt, die Quelle fast des gesamten Fabelschatzes der Welt sind, oder selbst aus der weltlichen Kunst-Dramatik und -Lyrik in die Gebiete der religiösen Dichtung und der philosophischen Literatur tritt, wartet seiner ein mühsamer Weg. Die meisten Upanischaden nicht ausgenommen, stößt er in diesem Wuste von ganz unanschaulichem, weil rational gewolltem, symbolistischem Überschwang der Bilder und innerlich dürren Schematismen nur in langen Zwischenräumen auf den frischen Quell einer wirklich – und nicht nur, wie sehr oft, scheinbar – tiefen Einsicht. Während die Hymnen und Gebetsformeln der Veden um ihrer

[46] Nachklänge der Methode besonders in den Sankhya-Aphorismen, die Kapila zugeschrieben wurden.

magischen Erprobtheit willen nicht verändert werden konnten und daher ihre Ursprünglichkeit in der Überlieferung bewahrt haben, ist die alte epische Ritterdichtung, nachdem sich die Brahmanen ihrer angenommen hatten, zu einer unförmlichen ethischen Paradigmatik angeschwollen. Das Mahabharatha ist nach Form und Inhalt ein Lehrbuch der Ethik an Beispielen, keine Dichtung mehr. – Diese Eigenart der spezifischen brahmanischen, aber auch der gleichartigen heterodoxen indischen religiösen und philosophischen Literatur hat nun, obwohl sie als Ganzes an solchen Erkenntnissen, welche auch der europäische Denker als unbedingt *tief* werten wird, sicherlich überreich ist, doch an ihrem Teil auch dazu beigetragen, ihrer Entwicklung innerliche Schranken zu ziehen. Das hellenische Bedürfnis nach absoluter begrifflicher Klarheit ist in der Erkenntnistheorie über die sehr beachtenswerten Ansätze der Logik der Nyaya-Schule nicht hinausgekommen. Und zwar zum Teil eben infolge dieser Ablenkung des rationalen Bemühens in die Bahn des Pseudo-Systematischen, welche durch die alte Traditionstechnik mitbedingt war. Der Sinn für die empirische Tatsache rein und schlicht als solche wurde durch die wesentlich rhetorische Gewöhnung, das Bedeutsame im Übertatsächlichen, Phantastischen zu suchen, unterbunden. Ausgezeichnetes hat dennoch die indische wissenschaftliche Literatur auf dem Gebiet der Algebra und der Grammatik (einschließlich der Deklamationslehre, Dramaturgie und – weniger – der Metrik und Rhetorik) geleistet, Beachtenswertes auf dem Gebiet der Anatomie, der Medizin (mit Ausnahme der Chirurgie, aber mit Einschluß der Tierheilkunde) und Musikwissenschaft (Solfeggieren!). Die Geschichtswissenschaft dagegen fehlt aus den schon früher erwähnten Gründen ganz.[47] Und die indische naturwissenschaftliche Arbeit steht auf vielen Gebieten auf der Höhe etwa unseres 14. Jahrhunderts: Sie ist nicht, wie schon die hellenische, auch nur bis in die Vorhöfe des rationalen Experiments gelangt. Sie hat in allen Disziplinen, auch der für Ritualzwecke gepflegten Astronomie und in der Mathematik außer auf dem Gebiet der Algebra etwas, mit den Maßstäben okzidentaler Wissenschaftlichkeit gemessen, Wesentliches aus Eigenem nur geleistet, wo sie Vorzüge genoß durch das Fehlen gewisser Vorurteile der okzidentalen Religiosität (z.B. des Auferstehungsglaubens gegen die Leichensektion.)[48] Oder wo die Interessen der auf raffinierter Kontrolle des psychophysischen Apparats ruhenden Kontemplationstechnik sie zu Studien anregten, welche dem Okzident, der diese Interessen nicht kannte, fernlagen. Alle Wissenschaft von menschlichem Zusammenleben blieb bei ihr polizeiliche und kameralistische Kunstlehre. Diese kann sich mit den Leistungen der Kameralistik unseres 17. und der ersten Hälfte des 18. Jahrhunderts durchaus messen. Auf naturwissenschaftlichem und eigentlich fachphilosophischem Gebiet hat man dagegen den Eindruck,

[47] Die ersten Historiker Indiens waren die Buddhisten, weil Buddhas Erscheinen eine *historische* Tatsache war.
[48] Über die indische Medizin am bequemsten Jolly in Bühlers Grundriß (1901).

daß die beachtenswerten Entwicklungsansätze irgendwie gehemmt worden sind.[49] Abgesehen davon, daß auch alle diese naturwissenschaftlichen Studien zum erheblichen Teil nur im Dienst rein praktischer: therapeutischer, alchemistischer, kontemplationstechnischer, politischer Zwecke betrieben wurden, und daß der Naturwissenschaft hier wie in China und sonst das mathematische Denken der Hellenen, ihr unvergängliches Erbe an die moderne Wissenschaft, fehlte, ist auch die Gepflogenheit jener rhetorischen und symbolischen Pseudosystematik offenbar eine der Komponenten dieser Gehemmtheit gewesen. Die andere, wichtigere freilich ging von der Interessenrichtung des indi-

49 Einen ungefähren Eindruck erlangt der Nicht-Indologe am ehesten aus dem von Sudhindranatha Vasu in den Sacred Books of the Hindu, Band XIII, übersetzten und Band XVI, 1. unter dem Titel: The positive background of Hindu Sociology (bis jetzt Book I) kommentierten, mit Appendix von Brajendra Nath Seal versehenen Sukraniti. *Sukraniti* wird, ganz charakteristisch, als *organische Sozialwissenschaft* so, wie Comte sich den bekannten Stufenbau der Wissenschaften dachte, aufgefaßt. Und in der Tat mußte diese freilich völlig unwissenschaftliche *organische* Systematik des sogenannten *Positivismus* dem indischen Denken die kongenialste sein. Notiert sei Folgendes: In der Mechanik blieb alles auf dem vorgalileischen Standpunkt. In der Mineralogie blieb die indische Wissenschaft wesentlich der Sieben-Metall-Lehre treu, die auch der Okzident kannte. In der Chemie sind drei praktische Erfindungen: 1. die Schaffung stetiger Pflanzenfarben durch Behandlung mit Alaun, – 2. die Indigotin-Extrakte, – 3. die Stahlmischung, auf welcher die Damaszener-Klingen beruhen, ihr gutzuschreiben (Seal, The Chemical Theories of the ancient Hindu). Im übrigen hat die Tantra-Literatur hier alchemistische, auf dem Gebiet der Medizin aber vor allem anatomische, speziell nervenanatomische Kenntnisse von ganz erheblichem Umfang gezeitigt: Stoffwechsel- (nicht: Blutumlaufs-, nicht: Lungenstoffwechsel-Theorien, die Kenntnis der Lage der Nervenbahnen: Meditation über diese Bahnen sollte nach der Tantristik magische Kräfte geben; das Gehirn (wie bei Galen), nicht mehr (wie bei Aristoteles und ebenso bei den bedeutenden indischen Naturforschern Charaka und Susrutu) das Herz, als Zentralorgan traten den schon vorher bedeutenden osteologischen Kenntnissen zur Seite. Befruchtung und Vererbung (anschließend an die sehr bedeutende kameralistische Pferde- und Elefantenkunde) wurden auch theoretisch (palingenetisch, nicht epigenetisch) erörtert. Das Leben, welches die Materialisten (Charvaka) durch Urzeugung, die Sankhya-Lehre durch Reflex-Aktivität und Resultante der Einzelenergien, das Vedanta aber aus einer besonderen *Lebenskraft* erklärten, gab ebenso Anlaß zur Annahme von *adrista, ungesehenen* und das heißt: *unbekannten* Ursachen wie z. B. der Magnetismus. Und während die Fachwissenschaft der Züchtungspraktiker sich mit der Feststellung der *Unbekanntheit* der Ursachen begnügte, hat die spätere Nyaya- und Vaiçeshika-Schule naturgemäß in diese Erkenntnislücken den ethischen Karman-Determinismus der indischen Theodizee eingeschoben, genau wie bei uns die *Grenzen* der Wissenschaft Raum geben für theologische Konstruktionen. Über die Medizin noch: Thakore Sahib of Gondal, History of Aryan Medical Science, London 1896 und jetzt Hoernle, Studies in the Medicine of ancient India, Oxford 1907 (mir beide nicht zugänglich gewesen). Die Botanik war wesentlich Pharmakologie. – Über die bedeutenden grammatischen Leistungen der Inder, vor allem vgl. Liebichs Panini (Leipzig 1891).

Über die Mathematik und Astronomie s. die Darstellung im Bühler'schen Grundriß (Thibaut, 1899): alles Entscheidende (außer in der Arithmetik und in Algebra) Fortbildung griechischer Einwirkungen (Grad und Zeit freilich sehr bestritten). Auf rein

schen Denkens aus, welches den Tatsächlichkeiten der Welt als solchen im letzten Grunde indifferent gegenüberstand und jenseits ihrer, in der Erlösung von ihr, durch Gnosis, das suchte, was allein not tat. Diese Denkrichtung ist formal bestimmt durch die Techniken der Kontemplation der Intellektuellenschichten. Damit haben wir es nun zu tun.

Wie alle Methodiken der apathischen Ekstase fußten diese sämtlich irgendwie auf jenem theoretischen Grundsatz, den noch die Quäker so formulierten, daß *Gott in der Seele nur spricht, wenn die Kreatur schweigt.* Praktisch lagen ihnen zweifellos alte Erfahrungen der Magier über die Wirkungen autohypnotischer und diesen verwandter psychologischer Techniken und physiologische Erprobungen über die Wirkung der regulierenden Verlangsamung und temporären Stillstellung der Atmung auf die Gehirnfunktionen zugrunde. Jene Gefühlszuständlichkeiten, welche sich bei derartigen Praktiken ergaben, wurden als selige Entrücktheit der Seele und also als heilig gewertet. Sie bildeten die psychologische Grundlage der philosophischen Heilslehren, welche nun die Bedeutung jener Zustände im Rahmen der metaphysischen Spekulationen rational zu begründen unternahmen. Unter den mannigfachen Spielarten der apathisch-ekstatischen Techniken ragt eine schon dadurch hervor, daß sie von einer als orthodox anerkannten Philosophenschule getragen wurde: das Yoga (= Anspannung, Askese). Sie war die Rationalisierung der alten ekstatischen Zaubererpraxis. Es ist hier nicht die Aufgabe, diese vielbesprochene Erscheinung eingehender zu erörtern.[50] Sie galt ursprünglich als spezifische Laienaskese: der Heros Krischna sollte sie dem Vivasvat, dem Stammesgott der Kschatriya-Kaste, dieser sie den alten Weisen des Kriegerstandes mitgeteilt haben. Sie bedarf hier der Erwähnung, weil sie, in verschiedenartig abgewandelter Form, sowohl in den orthodoxen wie in den heterodoxen Heilslehren mehr als irgendeine andere zu Einfluß gelangte und die typischste Form der Intellektuellen-Heilstechnik war. Ob sie wirklich mehr innerhalb oder außerhalb des Brahmanentums ihren Hauptsitz hatte, kann schwerlich entschieden werden. In historischer Zeit war sie jedenfalls weit über dessen Kreise hinaus verbreitet. Sie wurde, wie später zu besprechen, durch die klassische brahma-

indischem Boden wuchs nur Empirie ohne rationalen Beweis (dies das Entscheidende). Der *Beweis* wurde durch Appell an die Anschauung geführt, etwa so wie manche extreme moderne Anhänger des *Anschauungsunterrichtes* die formale logische Schulung des Denkens ausschalten würden, wenn sie siegten.

Über die kameralistisch-politischen Schriften (vor allem Kautalya Arthasastra): Narendranath Law, Studies in ancient Hindu polity, London 1914 (mir ebenfalls unzugänglich). Der *Rationalismus* der Verwaltungstechnik konnte an Raffinement nicht überboten werden. Aber damit wird sie selbst noch nicht rational. Das lehren diese Schriften.

[50] Die literarische Fixierung als *Schuldoktrin* durch Patañjali ist relativ jung. Die Sache selbst ist zum mindesten älter als die Entstehung des Buddhismus. Sie ist dem Namen nach in den alten, den Lehren nach in späteren Upanischaden erwähnt. Vgl. für alles Nähere: Garbe, Sankhya und Yoga, in Bühlers Grundriß 1896.

nische Heilstechnik überholt, und heute werden als *Yogins* eine nicht sehr große, aber ziemlich verbreitete Schicht von Magiern ohne vedische Bildung bezeichnet, welche von den Brahmanen nicht als ihresgleichen anerkannt werden und daher – dem früher erörterten Entwicklungstypus entsprechend – eine eigene Kaste bilden.[51] Die Yoga-Technik stellt in den Mittelpunkt die Atmungsregulierung und die ihr verwandten Mittel apathischer Ekstase, in Verbindung mit Konzentration der bewußt ablaufenden seelischen und geistigen Funktionen auf teils sinnhafte, teils sinnfremde oder mit einem unbestimmten Gefühls- und Andachtscharakter ausgestattete, aber stets durch Selbstbeobachtung kontrollierte Erlebnis-Abläufe bis zur völligen Entleerung des Bewußtseins von allem in rationalen Worten Greifbaren, zur bewußten Herrschaft über die Innervations-Vorgänge von Herz und Lunge und schließlich zur Autohypnose. Die Yoga-Technik ruhte gedanklich auf der Voraussetzung, daß das Erfassen des Göttlichen ein irrationales, durch irrationale Mittel herbeizuführendes seelisches Erlebnis sei, welches mit rational demonstrabler *Erkenntnis* nichts zu tun habe. Der klassische brahmanische Intellektualismus hat diese Auffassung nie ganz geteilt. Für ihn stand *Wissen* als solches im Mittelpunkt aller Heilswege. Zunächst das zünftige Wissen um das Ritual. Für die Erlösungsuchenden Brahmanen aber darüber hinaus die metaphysisch-rationale gnostische Deutung seines kosmologischen Sinns. Die Entwicklung dieser Auffassung ist allmählich aus der Ritualisierung und Sublimierung der heiligen Handlungen heraus eingetreten. Wie in anderen Religionen die richtige (ethische) *Gesinnung* an Stelle des nur äußerlich korrekten Handelns trat, so hier – dem spezifisch brahmanischen Prestige des Wissens und Denkens entsprechend – der richtige *Gedanke.* Es wurden dem amtierenden Brahmanen nun (worauf Oldenberg aufmerksam gemacht hat) bei gewissen Ritualhandlungen geradezu bestimmte Gedanken als Bedingung der magischen Wirksamkeit vorgeschrieben. Richtiges Denken und richtige Erkenntnis galten nun als Quelle magischer Macht. Hier wie sonst behielt dabei diese Erkenntnis nicht den Charakter eines gewöhnlichen verstandesmäßigen Wissens. Das höchste Heil konnte nur eine höhere Erkenntnis, eine Gnosis, wirken.

Das erstrebte Ergebnis der Yoga-Methodik waren in erster Linie magische Zuständlichkeiten und Wunderkräfte. So z. B. die Aufhebung der Schwerkraft: die Fähigkeit zu schweben. Fernerhin: *Allmacht* in dem Sinn, daß vorgestellte Ereignisse unmittelbar, ohne äußeres Handeln, kraft der bloßen magischen Macht des Wollens des Yogin, sich realisieren sollten. Endlich: *Allwissenheit,* d. h. Hellsehen, vor allem über die Gedanken anderer. Die klassisch brahmanische Kontemplation erstrebte dagegen die Seligkeiten des gnostischen Erfassens des Göttlichen.

[51] In Bengalen nehmen die Oberkasten ihr Wasser nicht, sie tragen aber den heiligen Gürtel. Zum Teil sind sie magische Ärzte, zum Teil aber auch hausierende Instrumentenmacher.

Alle intellektualistischen Heilstechniken verfolgten eben einen der beiden Zwecke: Entweder 1. durch *Entleerung* des Bewußtseins, Raum für das Heilige zu schaffen, welches dann mehr oder minder unklar, weil unaussagbar, gefühlt wurde, oder 2. durch eine Verbindung von innerlich isolierenden Techniken mit konzentrierter Meditation zu einem Zustand zu gelangen, der nicht als Fühlen, sondern als gnostisches Wissen empfunden wurde. Der Gegensatz ist kein scharfer. Aber es ist unverkennbar, daß die klassisch-brahmanische Kontemplation, entsprechend dem Nimbus des Wissens, dem zweiten Typus zuneigt. So sehr, daß die Nyaya-Schule geradezu die von ihr gepflegte rationale empirische Erkenntnis als Heilsweg ansehen konnte, was freilich dem klassisch-brahmanischen Typus keineswegs entsprach. Für diesen stand der metaphysische Charakter der Gnosis und daher der Wert mechanischer Meditationstechnik zur Herbeiführung des auf dem Wege empirischer Beweise nie zu gewinnenden *Schauens* als eines seelischen Ereignisses fest. Sie hat daher Yoga-Praktiken nie ganz abgelehnt. In der Tat war ja auch das Yoga in seiner Art eine höchste Form spezifisch intellektualistischer Eroberung des Göttlichen. Denn das von ihm in stufenweiser Steigerung der Konzentration (samadhi) erstrebte Fühlen mußte zunächst eben möglichst bewußt erlebt werden und zu diesem Zweck wurden die Gefühle der *Freundschaft* (zu Gott), des *Mitleids* (mit der Kreatur), der Seligkeit und schließlich der Indifferenz (gegenüber der Welt) planmäßig und rational durch Meditations-Exerzitien innerlich erzeugt. Erst die höchste Stufe ist dann die Katalepsie. Das klassische Yoga lehnte die irrationale Kasteiung: atha Yoga, der reinen Magier-Askese ab. Es war seinerseits eine rationalsystematisierte Form der methodischen Gefühls-Askese, darin etwa den Exerzitien des Ignatius vergleichbar. Es war in dieser Systematik der klassisch-brahmanischen Kontemplation an Rationalisierung wesentlich überlegen, welche ihrerseits wieder hinsichtlich des erstrebten Habitus *(Wissen,* nicht *Gefühl)* rationaler war.

Aber die klassisch-brahmanische Lehre konnte schließlich auch die virtuosenhaften Kasteiungen der weltflüchtigen Anachoreten nie gänzlich als heterodox verwerfen, weil der magische Charakter der Gnosis auch für sie feststand und weil überdies das populäre Prestige des *Tapas* als Mittel des Götterzwanges unerschütterlich war. Nur für den brahmanischen Normalmenschen, sozusagen: den *Weltgeistlichen,* hat sie die temperierten Mittel der Kontemplationstechnik bevorzugt. Wie weit historisch die andächtige Konzentration auf die alte heilige Gebets-Silbe *Om*[52] und die *Meditation* darüber – in Wahrheit: die Entleerung des Bewußtseins durch die mechanische Wiederholung dieses magisch wirksamen Wortes – zurückgeht, ist nicht feststellbar. Sie herrschte in orthodoxen wie heterodoxen Soteriologien Indiens. Und neben diesen Techniken andere mit ähnlichen Zielen. Immer handelte es

[52] Ursprünglich wohl Gemeinde-Responsion, etwa entsprechend, unserem *Amen* später mystisch interpretiert.

sich darum, von der Welt der Sinne, der seelischen Erregungen, Leidenschaften, der Triebe und Strebungen, der nach Mitteln und Zwecken geordneten Erwägungen des Alltagslebens loszukommen, um dadurch die Vorbedingungen zu schaffen für einen Endzustand, der ewige Ruhe bedeutet: die Erlösung (moksha, mukti) von diesem Getriebe, die Vereinigung mit dem Göttlichen. Eine ewige himmlische Existenz nach Art der christlichen paradiesischen Seligkeit konnte für die klassische Soteriologie der Inder nicht als Ziel in Betracht kommen. Zunächst und vor allem wäre ihrem Denken naturgemäß der Gedanke zeitlich *ewiger* Belohnungen und Strafen für Handlungen oder Unterlassungen einer Kreatur in diesem vergänglichen Leben als ein blöder Unsinn, als jeder ethischen Proportionalität und gerechten Vergeltung widersprechend, erschienen. Auch im Himmel konnte man für endliche Verdienste nur endliche Zeit sein.[53] Außerdem aber waren die vedischen und auch die späteren hinduistischen Götter so wenig tugendhaft wie die Menschen, und nur mächtiger als der Alltagsmensch. Das konnte unmöglich der Endzustand für das brahmanische Erlösungsstreben sein. Wirklich gelöst von der Welt war innerhalb des Bereiches des Erlebten die Seele nur im Zustand traumlosen Tiefschlafes. Wo sie dann weilte, – wer konnte das wissen? Jedenfalls war sie dann nicht verflochten in das innerweltliche Getriebe. Also wohl in ihrer außerweltlichen Heimat.

Alle, sei es orthodoxe oder heterodoxe, den Intellektuellenschichten entstammende, Heilstechnik Indiens hat diesen Sinn einer Abwendung vom Alltagsleben, darüber hinaus vom Leben und der Welt überhaupt, mit Einschluß auch des Paradieses und der Götterwelt. Im Paradiese muß man ja, da auch das Leben dort endlich ist, vor dem Augenblick zittern, wo der Überschuß der Verdienste aufgebraucht ist und nun unfehlbar wieder eine irdische Wiedergeburt eintritt.[54] Die Götter sind der magischen Gewalt des richtig angewandten Rituals unterworfen. Sie stehen in diesem Sinn unter, nicht über dem Wissenden, der sie zu zwingen weiß. Sie sind so wenig ewig wie die Menschen, sind leidenschaftlich begehrend und handelnd wie sie, und können also nicht identisch mit jenem Göttlichen sein, zu dem die Exerzitien der Heilstechniker hinstreben. Die brahmanische Erlösung ist in ihren klassischen Formen stets Erlösung von der Welt als solcher schlechthin und unbedingt. Sie unterscheidet sich dadurch von aller chinesischen Haltung zur Welt, einschließlich derjenigen Laotses und der anderen dortigen Mystiker. Dieser äußerste Radikalismus der Weltablehnung ist durch das Weltbild der indischen Religionsphilosophie bestimmt, welches der Sehnsucht nach Erlösung, konsequenterweise, eine andere Wahl als diese gar nicht ließ.

Denn was durch das Erlösungsstreben abgelehnt wurde, war nicht das

[53] Um dogmatisch diesen Punkt sicherzustellen, griff das Mahabharatha zu dem Mittel, für die Zeit des Aufenthalts im Himmel die Erwerbung von Karman auszuschließen: Für die neue Wiedergeburt war nur das frühere Verhalten auf der Erde maßgebend.

[54] Atmapurana XIV, 91–95 bei Gough, The Phil. of the Upanishads.

Leiden oder die Sünde oder die Lieblosigkeit oder Unvollkommenheit der Welt, sondern ihre Vergänglichkeit. Sie haftet an allen wie immer gearteten, sinnlich wahrnehmbaren oder von der Phantasie vorstellbaren irdischen, himmlischen und höllischen Gestalten und Dingen: an der gesamten Welt des Geformten. Die Welt ist ein ewiges, sinnloses *Rad* von Wiedergeburt und Wiedertod, gleichmäßig abrollend in alle Ewigkeiten der Zeiten hinein. Und nur zwei unvergängliche Wesenheiten sind in ihr auffindbar: die ewige Ordnung selbst, und diejenigen Wesen, welche durch die Flucht der Wiedergeburten hindurch als Träger der Wiedergeburt gedacht werden müssen: die Seelen. Um die Struktur und die Beziehung dieser Wesen zur Welt und zum göttlichen Wesen dreht sich die Gesamtheit der hinduistischen Philosophie[55] mit der ausschließlichen Frage: wie die Seelen der Verstrickung in die Karman-Kausalität und dadurch in das Rad der Welt entzogen werden können? Denn daß dies die einzig denkbare Aufgabe einer *Erlösung* sein könne, stand seit der Vollentwicklung der Karman- und Samsara-Lehre schlechthin fest.

Dieser Entwicklungszustand voller innerer Konsequenz ist freilich erst allmählich und keineswegs überall erreicht worden. Wenn Karman und Samsara gemeinsamer Hinduglaube geworden sind, so doch nicht die Unpersönlichkeit des höchsten Göttlichen und die Unerschaffenheit der Welt. Diese letztere wurde freilich selbst da, wo persönliche Weltgötter geglaubt wurden, die Regel. Die späteren Kosmologien – wie sie die Puranas enthalten – lassen meist eine Reihe von Zeitaltern, im Vischnu Purana: Krita, Treta, Dvapara, Kali, unaufhörlich aufeinanderfolgen. Im Kali-Zeitalter verfallen die Kasten, die Çudra und die Häresien kommen hoch, weil Brahma schläft. Vischnu nimmt dann die Form Rudras (Çivas) an und zerstört alle Existenzformen: Die Götterdämmerung bricht an. Dann aber erwacht Brahma in der Form Vischnus, des gnädigen Gottes, und die Welt entsteht aufs neue. Die älteren Kosmologien kennen solche höchsten Götter nicht oder unter anderen Namen und sind mannigfacher, hier nicht interessierender Art. Sehr allmählich hat das unpersönliche Brahman, ursprünglich: die magische Gebetsformel, dann: eine magische Weltpotenz entsprechend der magischen Kraft des Gebets, den älteren persönlichen Vatergott und Weltschöpfer (Prajapati) verdrängt. Dabei aber neigte es immer wieder dazu, selbst die Züge eines persönlichen überweltlichen Gottes – Brahma – anzunehmen, der allerdings nach der klassischen Lehre die Welt nicht mehr aus nichts geschaffen hat, sondern aus dem sie durch Individuationen emaniert ist. Seine Übergöttlichkeit wurde für die Theorie vielleicht dadurch fixiert, daß er als Funktionsgott des

55 Wer sich mit der indischen Philosophie vertraut machen will, muß zu dem etwas unförmlichen, aber mit großer Hingabe geschriebenen Werk von Deussen greifen, dessen große Verdienste unbestritten sind. Die für unsern Zweck wichtigen Zusammenhänge freilich wird man besser in den zitierten Schriften von Garbe und Oldenberg finden. Auch die (Missionars-) Schrift von Dilger (Die Erlösung nach Christentum und Hinduismus) ist nicht unbrauchbar.

Gebets nicht selbst Gegenstand des magischen Zwanges im Gebet sein konnte. Unterhalb der Kreise der philosophisch geschulten brahmanischen Intellektuellenschicht und selbst in ihrer eigenen Mitte erstand aber, wie sich später zeigen wird, stets in irgendeiner Form neu der eigentlich unklassische Glaube an einen höchsten persönlichen gütigen Schöpfergott oberhalb des Gewimmels der Lokal- und Funktions-Gottheiten: – das *Ekantika Dharma* (der *Monotheismus* würden wir sagen) – und vor allem der Glaube an Heilande und paradiesische Erlösung. Speziell die Yoga-Praxis mit ihrer irrationalistischen Askese und dem gefühlsmäßigen Erlebnischarakter ihres Heilsbesitzes hat daher, wenigstens in der Form, welche Patañjali ihr gab, den persönlichen höchsten Gott (Isvara, *Herrscher)* nicht ausgeschaltet. Freilich: streng logisch konnte seine Existenz mit Karman und Samsara kaum vereinbar erscheinen. Es entstand ja nun sofort die Frage nach dem *Sinn* der Schöpfung und Regierung dieser mit Leiden, Qual und Vergänglichkeit belasteten Welt durch einen höchsten Gott. Neben minder konsequenten Lösungen ist diese Frage einmal (in der Maitrayana Upanischad) auch dahin beantwortet worden, daß der höchste Gott sie zum Zeitvertreib für sich, um *die Dinge zu genießen* ins Leben gerufen habe. Der gelegentlich von Nietzsche, aber mit jenem negativ moralistischen Pathos, welches so oft einen peinlichen Rest von bürgerlicher Philistrosität auch in manchen seiner größten Konzeptionen verrät, hingeworfene Gedanke von dem *Artistengott* trat hier als sehr ernsthafte metaphysische Hypothese auf. Er bedeutete den ausdrücklichen Verzicht auf einen *Sinn* der empirischen Welt. Ein mächtiger und zugleich gütiger Gott könne eine solche Welt nicht geschaffen haben: – dessen wäre nur ein Schurke fähig, lehrte in harter Klarheit die Samkhya-Philosophie.[56] Andererseits hätte die von der Orthodoxie angenommene Möglichkeit einer Erlösung von Seelen aus dem Rad der Wiedergeburten hinaus die zeitliche Endlichkeit der Welt, wenigstens des Ablaufs der Wiedergeburten, nach sich ziehen müssen, wenn die Zahl der überhaupt vorhandenen Seelen als endlich angenommen wurde. Tatsächlich wurde denn auch, um dem zu entgehen, von der konsequentesten Lehre[57], die Zahl der Seelen als unendlich angenommen, so daß die Zahl derjenigen, welche zur Seligkeit der Erlösten gelangten, nicht nur, wie auch im Christentum, klein, sondern schlechthin: unendlich klein wurde. Das Pathos dieser Vorstellung mußte jenen religiös-*individualistischen* Zug, der jeder mystischen Heilssuche ihrer Natur nach anhaftet, daß der Einzelne letztlich nur sich selbst helfen kann und will, aufs höchste steigern. Welchen Sinn konnte irgendeine Erlösungs-Mission gegenüber einer zahlenmäßigen Unendlichkeit von Seelen haben? Die religiöse Einsamkeit der Einzelseele ist, außer im Prädestinationsglauben, niemals auf einen solchen Resonanzboden gestellt worden, wie in

[56] S. die bei Garbe, Samkhya-Philosophie, S. 192/3 übersetzten Stellen.
[57] In diesem Fall der Samkhya-Philosophie.

dieser Konsequenz der brahmanischen Lehre, die dabei gerade umgekehrt wie der Gnadenwahlglaube das Schicksal jeder einzelnen Seele gänzlich deren eigenes Werk sein ließ.

Die für die ganze Erlösungstheorie grundlegenden Lehren (Seelenwanderung und ethische Vergeltungskausalität) sind – wie schon erwähnt – gleichfalls erst allmählich entwickelt worden. Die erste findet sich in den Brahmanas noch in sehr unentwickelter Verfassung[58], die letztere überhaupt erst in den Upanischaden. Einmal unter dem Druck des rationalen Bedürfnisses der Theodizee konzipiert, mußten freilich diese Lehren sofort auf den Sinn alles asketischen und kontemplativen Heilsstrebens entscheidend hinüberwirken. Durch sie wurde nicht nur die Vergänglichkeit als der entscheidende Grund der Weltentwertung konstituiert, sondern auch der Gedanke festgelegt, daß die Vielheit der Welt, ihre Formung und Individuation, das entscheidende Merkmal des Abfalls oder der Ferne vom Brahman (und nicht mehr wie einst: dessen Schöpfung) sei. Dadurch gewann das Brahman, bei konsequentem Denken, die Qualität als das unpersönliche Alleine und – da es hinter der Vielheit der Erscheinungen verschwand – doch zugleich Verborgene, der Welt gegenüber Negative. Und auch ethisch entschied sich dadurch endgültig die Qualität und der Sinn der Weltentwertung. Im fundamentalen Gegensatz gegen das Christentum konnten nicht *Sünde* und *Gewissen* die Quellen der Heilssuche sein. Die *Sünde* war im Volksdenken eine Art magisch-dämonischer Stoff, wie Tapas (Askese) auch. Im Rigveda war sie die Übertretung der vom Gott des Rechts geschützten Gebote, über welche namentlich Varuna wachte.[59] In der späteren Literatur tritt der Begriff ganz hinter dem des *Übels* zurück. Nicht das Böse entwertet die Kreatur, sondern die metaphysische Wertlosigkeit der vergänglichen todgeweihten Welt und der Überdruß des Wissenden an ihrem sinnlosen Getriebe.

Je mehr sich die brahmanische Philosophie diesem Standpunkt näherte, desto mehr wurde die zentrale theoretische Frage für sie die nach dem Wesen und Wege der Individuation und ihrer Wiederaufhebung. Die indische Philosophie

[58] Über die ganze Frage neuerdings: Schrader in der Z. D. Morg. G. 64, p. 333 f. Er sucht darzulegen, daß Yajnavalkya noch nicht, wie meist angenommen wird, Samsara, dagegen schon Karman und Erlösung gelehrt habe: er stehe zwischen den Brahmanas und Upanischaden in der Mitte. Die Seelenwanderung hält er für einen *antiklerikalen* Begriff gegenüber der Brahmana-Lehre, wonach das Ritual das Jenseits zweifelhaft (ob dauernd oder zeitweise) gewährt habe. Es muß aber doch wohl angenommen werden, daß die Lehren der Upanischaden, dem Schwergewicht nach, die Ergebnisse der Kontemplation der Vanaprastha-Asketen, als welche sie sich geben, wirklich darstellen. Diese waren dem Ritualdienst entrückt und konnten sehr wohl Träger einer (relativ) ritualfeindlichen Lehre sein.

[59] Seine Späher wachen über den Menschen und seine Satzungen sind unverbrüchlich. Er weiß alles (Atharva-Veda IV, 16, 2) und straft die Sünde. Vgl. v. Schröder, Reden und Aufsätze, S. 17.

ist daher dem Schwergewicht nach eine Theorie von der metaphysischen Struktur der Seele, als der Trägerin der Individuation. Sehr verbreiteten Vorstellungen entsprechend galt ursprünglich der Atem als Stoff des – sozusagen – Immateriellen, *Seelischen* und *Geistigen* im Menschen, und der ursprünglich daran anknüpfende Begriff *Atman* wurde daher zur verborgenen, immateriellen, magischen Einheit des *Selbst* sublimiert. In der Mudeka-Upanischad[60] besteht das innere Selbst noch aus *Atem,* welcher auch in der Khandogya-Upanischad noch allen anderen Organen gegenüber als etwas Besonderes, zum Leben spezifisch Unentbehrliches, dabei aber schon Körperloses gilt. Daneben findet sich in der letzteren schon der Astralkörper eines geistigen Selbst.[61] Und in der Maitrayana-Upanischad[62] heißt es schlechthin: *Was ein Mann denkt, das ist er.* Die Gedanken allein verursachen den Umtrieb der Geburten, wenn sie auf die Welt statt auf das Brahman gerichtet sind. Der Gedanke hat eben magische Kraft: *Mit Kenntnis, Glaube und Upanischad vollbringt man das Opfer wirksamer,* sagen die Upanischaden. Der einfache, aber wichtige Schritt zur Identifikation dieses magischen Trägers des selbstbewußten Einzellebens mit der magischen Weltpotenz, dem Brahman, wurde schon von der Esoterik der älteren Upanischaden vollzogen. Die berühmte Stelle in der Khandogya Upanischad (I, 1, 10), in welcher der Lehrer den Schüler durch das Reich des Lebendigen, vom Samenkorn bis zum Menschen, hindurchführt, ihm immer wieder die innerlich gewendete *feine Essenz* des Lebens, *kraft welcher alles da ist, was ein Selbst hat* (die indische Fassung der *Entelechie)* aufweist, mit dem steten Refrain: *Das ist das Wesen, das ist das Selbst, – und du, o Svetakatu, das bist du (tat tvam asi),* – gehört in der Tat zu den eindrucksvollsten Formulierungen der altbrahmanischen Weisheit. Die enge Beziehung des klassischen brahmanischen Denkens zur Magie hinderte dabei jene sehr naheliegende und in der genannten Stelle nahezu vollzogene Materialisierung der höchsten Weltpotenz zur *Substanz,* welche der hellenischen Philosophie eignete. Das durfte nicht sein: Das Prestige der magischen Kraft stand für das brahmanische Denken fest. Von hier aus wird die schroffe Ablehnung aller materialistischen Spekulationen – welche ja in ähnliche Bahnen geführt hätten – als heterodox leicht verständlich. Andererseits hatte die Rationalisierung der apathischen Ekstase zur Meditation und Kontemplation, wie sie die Selbstkonzentrations- (Yoga-) Technik zuerst konsequent durchführte, jene Fähigkeiten im Indertum geweckt, in welchen es nahezu unerreicht dasteht:[63] das virtuosenhafte intellektualistisch bewußte Erleben eigener seelischer Vorgänge, vor allem: Gefühlslagen. Die Gewöhnung,

60 II, 2.
61 I, 1, 10.
62 VI, 34, 3.
63 Im Okzident waren die christlichen Mystiker und später gewisse Spielarten des Pietismus Träger einer ähnlichen intellektuellen Raffinierung des Seelischen ins bewußt *Erlebte* hinein.

sich bei dem Getriebe und Gedränge des eigenen inneren seelischen Geschehens als interessierten, aber selbst unbeteiligten Zuschauer zu fühlen, welche durch die Yoga-Technik[64] gepflegt wurde, mußte ganz natürlich zu Konzeptionen führen, welche das *Ich* als eine jenseits aller, auch der *geistigen* Vorgänge innerhalb des Bewußtseins, ja auch jenseits desjenigen Organs, welches das Bewußtsein und dessen *Enge* trägt[65], stehende Einheit auffaßte. Ähnlich dem chinesischen Dualismus des Yang und Ying taucht daher in den jüngern Upanischaden als Quelle der Individuation die Zweiheit der Weltpotenzen auf: Das männliche, geistige Prinzip, der *purusha,* ist verstrickt in die Gemeinschaft mit dem weiblichen Prinzip, der Urmaterie, der *prakriti,* in welcher unentfaltet die materiellen und die als materiell gedachten seelischen und geistigen Kräfte der empirischen Welt schlummern, mit Einschluß vor allem auch der drei Grundkräfte der Seele, der drei *Gunas: satva,* die göttliche Helle und Güte, *rajas,* menschliches Streben und Leidenschaft, und *tamas* die bestialische Finsternis[66] und Dummheit. Wie auf deren Wirken dann in fast der ganzen, auch späteren, hinduistischen Literatur in der üblichen schematischen und pedantisch-phantastischen Manier alle denkbaren Arten des inneren Sichverhaltens, als auf Mischungen jener drei Kräfte, zurückgeführt wurden, soll uns hier nicht näher interessieren. Wichtiger war, daß der purusha schon in den Upanischaden als der am Getriebe der Welt und der Seele, welches die prakriti heraufbeschwört, durch keinerlei eigene Aktionen beteiligte Zuschauer erscheint. Aber freilich als ein Zuschauer, der das Leben *erleidet.* So lange wenigstens, als er den Zusammenhang nicht durchschaut und sich in dem irrigen Glauben befindet, er selbst sei es, der handle und um seine Interessen drehe sich dieses ganze seelische Getriebe. Freilich: sobald er einmal zum Wissen gelangt und die prakriti und ihr Treiben als das sieht, was sie ist, – so wird sie sich so verhalten, *wie ein Weib aus guter Familie, welches man nackt erblickt:* Sie wird sich zurückziehen und ihn frei geben für jene ewige unbewegte Ruhe, die seinem Wesen eignet.

Die brahmanische Spekulation fand sich mit diesen Konsequenzen mehreren wichtigen Schwierigkeiten gegenübergestellt, die jeder Mystik überhaupt, namentlich aber jeder gnostischen Mystik anhaften. Aus einer solchen war – das ist die eine Seite – keinerlei Ethik für das Leben innerhalb der Welt abzuleiten. Die Upanischaden enthalten nichts oder fast nichts von dem, was wir Ethik nennen. Und außerdem – das ist die zweite – trat diese Erlösung allein durch gnostisches Wissen in die schärfste Spannung gegen den überlieferten

64 Oder, wenn man deren Entstehung in den ihr eigentümlichen Zusammenhängen später ansetzen will, durch ihre Vorläufer, was praktisch auf das gleiche hinauskommt.

65 In der Samkhya-Philosophie mußte die Endlichkeit des zwischen der materiellen Welt und dem Geist vermittelnden Organs die Enge des Bewußtseins begründen, die auch noch in der Theorie des Buddhismus eine Rolle spielt (als Erklärung dafür, weshalb der allwissende Buddha dennoch noch habe meditieren müssen).

66 Es war allgemein indische Vorstellung, daß die Finsternis etwas im gleichen Sinn Materiales sei, wie das Licht.

Inhalt der heiligen Schriften. Sie entwertete nicht nur die Götterwelt, sondern vor allem auch das Ritual. Wie sich die Orthodoxie half – und auch allein helfen konnte – ist aus dem bisher Gesagten im wesentlichen schon zu entnehmen: durch *organische* Relativierung. Es gibt keine *Ethik* schlechthin, sondern nur ein ständisch und beruflich, nach Kasten also, differenziertes *Dharma.* Zwar hat man nicht auf alle und jede Formulierung allgemeiner Tugendlehren für den Gentleman (Arya) verzichten können und wollen. Namentlich die Rechtsbücher (weniger die Hausritualbücher, die grihyasutras) konnten diese nicht gut entbehren. Aber die Tugenden sind, bald in 8, bald in 10 Nummern vorgetragen, ungemein farblos: Barmherzigkeit, Geduld, Freiheit von Neid, Reinheit, Ruhe, korrektes Leben, Freiheit von Begierde und von Habsucht sind die 8 guten Qualitäten der Seele in Gautamas Rechtsbuch (dem ältesten, vielleicht vorbuddhistischen), und etwas positiver gewendet bei Manu: Zufriedenheit, Geduld, Selbstbeherrschung, nicht stehlen, Reinheit, Herrschaft über Begierde, Frömmigkeit, Wissen, Wahrhaftigkeit und Freiheit von Jähzorn. Oder ganz konkret zusammengefaßt in fünf Geboten für alle Kasten: Kein lebendes Wesen verletzen, die Wahrheit sagen, nicht stehlen, rein leben, die Leidenschaften beherrschen. Ganz ähnliche Gebote gab es als erste Stufe des Yoga. Indessen beseitigt war die Spannung mit solchen Geboten nicht. Die Frage des Werts des vedischen Rituals für den Erlösung suchenden und die Frage der Erlösungschancen des zur Einübung des gnostischen Wissens nicht fähigen Laien bestanden. Es ist namentlich von E. W. Hopkins in verdienstvoller Art gezeigt worden, wie sie sich durch die klassische Literatur hinzog. Die Brahmanen durften zum mindesten dem Laien gegenüber das vedische Ritual, dessen Träger sie selbst waren, nicht entwerten lassen. Für die Hausritualbücher (grihyasutras) ist das Ritual begreiflicherweise das Ein und Alles geblieben. Aber auch für die Rechtsbücher sind die vedischen Gottheiten und die Opfer, die Himmel und Höllen als Belohnungs- und Strafmittel die entscheidenden und meist die letzten Realitäten und der Ahnenkult eine zentrale Angelegenheit. Während in den Upanischaden das Ritual – es handelte sich für sie vor allem um das alte politische Soma-Ritual des ritterlichen Kults – allegorisch umgedeutet wurde, ist davon in den Hausritual- und Rechtsbüchern – für welche alle das Feuer-Ritual am häuslichen Herd im Mittelpunkt stand – keine Rede. Der altbrahmanische Rationalismus hatte über dem Gewimmel der Funktionsgötter einen *Vatergott,* den Prajapati, als Weltregenten postuliert. Nun war in der Esoterik das unpersönliche *Brahman* als Weltpotenz in den Mittelpunkt getreten. Die Schaffung der Figur des *Brahma* als persönlichen höchsten Gottes war dann wohl wesentlich eine Konzession an die Laienbedürfnisse. Aber in den Rechtsbüchern ist die dadurch geschaffene Lage keineswegs einheitlich. Zwar ist Brahma, als höchster Gott und – meist – identisch mit Prajapati, rezipiert. Aber er war schon damals und wurde zunehmend ein *roi fainéant,* wie man mit Recht gesagt hat. Das *Atman* ist, und zwar als Kultobjekt, in den Rechtsbüchern im

Sinn der Philosophie rezipiert, während die Hausrituale sich um diese Konzeption begreiflicherweise wenig bekümmern. Samsara und Karman sind wenigstens in den Rechtsbüchern selbstverständliche Voraussetzung, in den jüngeren übrigens stärker als in den älteren in den Vordergrund tretend. Aber die religiösen Zuchtmittel sind doch: längerer oder kürzerer Aufenthalt in Hölle und Himmel, die Freude und das jenseitige Glück der Ahnen im Fall der Tugend, dagegen ihr jenseitiges Elend im Fall der Übeltaten des Nachkommen[67], – und, wie sich von selbst versteht: im Fall eines durch den Nachkommen verschuldeten Übelergehens die Rache des Ahnengeistes gegen ihn.

Entsprechend der Bedeutung des Ahnenkults und also der Nachkommenschaft für die Grabesruhe und Seligkeit der Vorfahren mußte nun eine besonders heikle Frage sein, ob man ohne Nachkommen gezeugt zu haben, ein Sramana werden dürfe. Denn, wenn man auch selbst der Ahnenopfer für sich nicht mehr zu bedürfen glaubte, so durfte man doch nicht die Vorfahren ohne Versorgung durch Nachkommen lassen. Die Rechtsbücher setzen denn auch im Allgemeinen als selbstverständlich voraus, daß der Einzelne alle Stadien, einschließlich des Haushalter-, also: des Ehe-Stadiums, durchmachen müsse, um jenseitiges Verdienst zu erlangen. Selbst die Vorstellung, daß das *jenseitige* Fortleben oder die *Unsterblichkeit* in gar nichts anderem bestehe, als in dem Fortleben in den eigenen Nachkommen, taucht auf.[68] Es wird bemerkt, daß es Brahmanen gebe, welche lehren, daß ein Asket nicht nötig habe, zuerst Haushalter zu sein, ehe er zum Mönchsleben übergehe. Es wird gelegentlich dagegen und gegen die Bedeutung des *Wissens* überhaupt als höchsten Heilswegs protestiert[69] und der sophistische Wortklauber des Heils für verlustig erklärt[70], ebenso wie der der Weltlust Ergebene. Aber im ganzen wird die Erscheinung eben doch als bestehend akzeptiert. Regeln für die Mönche gegeben, welche denen der heterodoxen (janistischen) Mönche ziemlich ähnlich sind[71], und wenn überhaupt eine Stellungnahme hervortritt, so ist es ungefähr die, daß eben mehrere Wege und auch mehrere Ziele der Heilssuche gegeben seien. Der Mönch strebe nach jenseitigem persönlichen Heil, der in der Welt bleibende ritualistisch korrekte Laie nach diesseitigem Heil für sich, jetzt und in der Wiedergeburt, für seine Vorfahren und für seine Nachkommen.

67 Vasischtha 16, 36.

68 Apastamba 23, v. 8 ff. Auf diese wie die andern hier zitierten Stellen hat Hopkins a. a. O., S. 252 ff. hingewiesen. Die Rechtsbücher s. jetzt in den Übersetzungen in den Sacred Books of the East.

69 Apastamba 10, v. 14-15. Dieses Rechtsbuch, welches die meisten Widersprüche dieser Art gegen die Kontemplationstechnik enthält, ist freilich, wie Bühler (S. B. of the East, Einleitung zur Ausgabe) nachweist, südindischen, also der Heimat der alten Upanischaden Philosophie fremden Ursprungs.

70 Vasischtha 10, 4.

71 Namentlich bei Baudhayana, ein Umstand, auf den wiederum schon Hopkins hingewiesen hat.

Daß es der Heilssuche der Sramana dergestalt gelang, die magische Sippengebundenheit durch den Ahnenkult zu durchbrechen, gehört zu den wichtigsten und außerordentlichsten Erscheinungen und erklärt sich nur aus einem Umstand: aus den von niemand bezweifelten magischen Kräften, welche der Asket besaß. Dies Prestige des sramanistischen magischen Charisma hat in Indien – und dies ist der wichtigste Gegensatz gegen China – die Pietätspflichten gegen die Familie überwogen.

Wie früh diese Entwicklung eingetreten ist und wie stark die Widerstände waren, vermag heute niemand mehr zu sagen. Die Dinge waren wohl durchweg stark im Fluß, und das während der ganzen Brahmana-Periode vermutlich noch andauernde kolonisierende Vordringen in Nordindien, welches die Familienbande lockern mußte, hat vielleicht dazu beigetragen, jene Entwicklung zu ermöglichen. Mit ihr erst war aber die ungehemmte Bildung von brahmanischen Schulen, Asketengemeinschaften, Klöstern überhaupt möglich gemacht und die mystische Heilssuche der Philosophen wirklich ganz freigegeben.

Die philosophische Heilslehre ihrerseits, die sich als Çruti, Offenbarung, von Smriti, dem traditionellen Ritual, geschieden wußte, hat jene Relativierung der Heilswege je nach der Absicht und dem persönlichen Charisma der Heilssucher akzeptiert: Die Götter sind da und sind mächtig. Aber ihre Himmelswelt ist vergänglich. Durch korrektes Ritual kommt der Laie zu ihnen. Ebenso derjenige, der korrekt die Veden studiert, weil seine Geisteskraft zu mehr nicht reicht. Aber wer das Charisma der Gnosis hat, der kann heraus aus dieser Welt der Vergänglichkeiten. Ist Gnosis das höchste soteriologische Mittel, so kann diese doch inhaltlich zweierlei verschiedene Wege gehen. Entweder sie ist Erkenntnis der materiell-seelisch-geistigen Vorgänge der Wirklichkeit als einer, dem ewig unveränderlichen und qualitätslosen Selbst gegenüber, heterogenen, aber wirklich existierenden Welt des qualitativ Gesonderten, Individuellen, ewig Werdenden und Vergehenden, von der das Selbst sich abwendet. Dann ist der Dualismus von erkennendem Selbst und erkannter Materie (einschließlich der sog. *geistigen* Vorgänge) der grundlegende metaphysische Tatbestand. Oder die Erkenntnis ist *Gnosis* in einem weit spezifischeren Sinn: Die Welt der Wirklichkeit, des ewigen Werdens und Vergehens, kann gar nicht *wahr* sein. Sie ist Schein (Maya), ein Trugbild, welches von einem dämonischen Scheinwesen, dem Demiurg (Isvara), der Erkenntnis vorgezaubert wird. Maya also *schafft* recht eigentlich die Welt. Realität hat nicht dieses scheinbare Werden und Vergehen, sondern das in allem scheinbaren Wandel beharrende Sein, natürlich, ein überwirkliches, göttliches Sein, das Brahman. Seine durch die (zur Scheinwelt gehörenden) Erkenntnisorgane entstandene Individuation ist der Einzelgeist. Wird durch Erkenntnis diese kosmische Illusion zerstört, so ist die Befreiung vom Leiden an ihr vollzogen. Der einmal zur Gnosis gelangte Geist bedarf nichts weiter. Und es bedarf nur der geeigneten Hilfsmittel, ihn in jenen

Zustand zu bringen: Die Gnosis ist nicht ein gewöhnliches Wissen, sondern ein *Haben*. Also, – und darin liegt der eigentliche religiöse Unterschied beider Auffassungen, der praktisch wichtiger ist als die formalen erkenntnistheoretischen Gegensätze –: Bei dieser Auffassung von der Trugnatur der Realität kann befreiende Erkenntnis nur durch eine mystische Wiedervereinigung des nur durch seine kosmische Illusion individualisierten Geistes mit dem göttlichen Alleinen, dem Brahman, erfolgen. Während bei der dualistischen Anerkennung der Wahrheit des Wirklichen ein Brahman für den erstrebten Heilserfolg letztlich überflüssig ist und dieser durch systematische Schulung des Erkennens im Sinne der Yoga-Praxis erreicht wird. Die dualistische Lehre befaßt sich daher nicht mit dem Brahman und ist in diesem Sinn *atheistisch:* Die befreite Seele versinkt in ewigen traumlosen Schlaf, aber sie verschwindet nicht. Die monistische Brahman-Lehre könnte *pantheistisch* genannt werden, wenn man die ganz spezifische metaphysische *Überweltlichkeit* des Brahman als des einzig Realen gegenüber dem kosmischen Schein als durch jenen eigentlich dafür recht ungeeigneten Ausdruck mit gedeckt gelten lassen wollte. Die dualistische Lehre von der Realität der Wirklichkeit hat die von Kapila zuerst systematisch begründete Samkhya-Schule gepflegt, die monistische Lehre vom kosmischen Schein ist unter dem Namen des *Vedanta* bekannt. Die Samkhya-Lehre ist vorgeformt schon in den Upanischaden und war ohne Zweifel dereinst und vor der Vedanta-Lehre die klassische Philosophie der indischen Intellektuellenschicht. Das beweisen schon ihre Beziehungen zum Yoga, dessen Technik für ihre Konstruktionen die Vorbedingungen schuf, und daneben der Einfluß, den sie gerade auf die älteren Sektenbildungen und Heterodoxien, darunter auch den Buddhismus, geübt hat. Ferner die Tatsache, daß wichtige Teile des Mahabharata ganz offensichtlich zuerst unter dem Einfluß der Samkhya-Lehre und erst später des Vedanta gearbeitet sind. Endlich auch äußerliche Umstände, wie die Zeit der ältesten systematischen Redaktionen[72] der Lehre, und noch mehr, daß in der täglichen Wasserspende des Brahmanen noch jetzt Kapila und die alten Samkhya-Heiligen es sind, welche angerufen werden. Dagegen ist das Vedanta, niedergelegt[73] in den Brahmasutras des Bâdarayâna, später kommentiert von dem bedeutendsten Philosophen der Schule, Çankara, das klassische System des späteren orthodox-brahmanischen Hinduismus geworden. Dies hat gewiß nichts Erstaunliches. Die stolze Ablehnung jeder Form des Gottesglaubens und die Anerkennung der Realität der Wirklichkeit in der Samkhya-Lehre mußte einer aus Brahmanen und ritterlichen Laien zusammengesetzten

[72] Das älteste erhaltene Werk der Schule, das Samkhya-Karika des Isvarakrishna, hat Bechanarama Tripathi in den Benares Sanskrit Series (Nr. 9, Benares 1883) übersetzt deutsch bei Deussen, Gesch. d. Philos. I, 3. Die Aphorismen (angeblich) des Kapila sind ins Englische übersetzt von Beal.

[73] Offiziell wird als Gründer der Schule *Vyasa* (= der Schaffer der Disposition) genannt, ein Sammelname, der auch für den Redakteur der Mahabharata und den Sammler der Veden angegeben wird.

vornehmen Intellektuellenschicht, wie sie die Zeit vor der Großkönigstumsentwicklung kannte, leichter zusagen als einer reinen Priesterkaste, zumal wenn diese unter dem Schutz patrimonialer Großkönige stand. Für sie war die Existenz und der mystische Zutritt zur göttlichen Macht von zentralem Interesse. Und sie vermochte ihre Lehre auch leichter in Einklang mit den Voraussetzungen der vedischen Literatur zu bringen, – wie dies ja der Name (Vedanta = Ende, Abschluß des Veda) auch als Ziel erkennen läßt. Der Versuchung, die in ihrer Art sehr großartigen Konzeptionen des Vedanta hier näher zu analysieren, muß widerstanden werden, da für unsern Zusammenhang nur die allgemeinsten Grundlagen von Bedeutung sind. Gewarnt werden muß vor der Vorstellung, daß diese Lehren nur rationale Umschreibungen einer *pessimistischen, weltverachtenden* Gefühlslage seien. Derartiges findet sich, wie bei den Hellenen, so auch in der altbrahmanischen und schon der altvedischen Literatur. Aber als wirkliche grundlegende Gefühlslage erst in späten Upanischaden.[74] Die großen indischen Lehrsysteme waren vielmehr rationale Konzeptionen stolzer und in ihrer Art konsequenter Denker. Und der mystische Charakter des Heilsguts, welcher ihre Lehren allerdings stark bestimmte, war die Folge der inneren Lage einer dem Leben als Denker über seinen Sinn, nicht als praktisch handelnd an seinen Aufgaben beteiligt, gegenübergestellten Intellektuellenschicht. Die Gefühls- und Empfindungslage und das *Weltgefühl* war mindestens zum Teil erst Folge, teils des rational erschlossenen Weltbildes, teils aber der durch Kontemplation erstrebten Heilszuständlichkeit. Wenn in einer der Upanischaden[75] als die drei Kardinaltugenden der Inder: Selbstbezähmung, Freigebigkeit und *Mitleid* bezeichnet werden, so ist die an zweiter Stelle genannte ritterlichen, die erste brahmanisch-ständischen Ursprungs, das *Mitleid* aber offenbar das Produkt der bei der apathischen mystischen Ekstase typisch sich einstellenden, liebesakosmistischen Euphorie, welche später im Buddhismus zu universeller ethischer Bedeutung gelangte.

Unter den offiziellen sechs orthodoxen Veda-Schulen[76] waren Samkhya und Vedanta so sehr die vornehmsten, daß die Metaphysik der übrigen hier ganz beiseite bleiben kann. Auch die Lehre der beiden großen Schulen geht uns ja nur insoweit etwas an, als sie die praktische Ethik in einer für unsern Zusammenhang wichtigen Art bestimmte.

[74] Maitrayana Upan. I, 2–4 ff. pflegt dafür angeführt zu werden.

[75] Brihadaranyaka Up., V, 2, eine Stelle, auf welche Winternitz, Gesch. der indischen Literatur, aufmerksam macht, der sich dabei auch über den Mangel ethischen Gehaltes der Upanischaden und ihren Grund ausspricht.

[76] In der üblichen Aufzählung: Jaiminis Mimamsa, Kapilas Samkhya, *Vyasas* Vedanta, Gotamas Nyaya, Kanadas Vaiçeshika, Patañjalis Yoga. Das Vedanta wird dem alten Mimamsa, dem die Veden ritualistisch auslegenden *Purva (frühen) Mimamsa* auch gegenübergestellt als *Uttara (späteres) Mimamsa* (Mimamsa bedeutet schulmäßige Forschung schlechthin). Denn als schlechthin im höchsten Sinn klassisch galten nur die beiden Mimamsa (Purva Mimamsa und Vedanta).

Die *Orthodoxie* aller sechs Schulen äußerte sich darin, daß sie die Autorität der Veden, das heißt – wie früher dargelegt – insbesondere die Verbindlichkeit der in der brahmanischen Literatur entwickelten Ritualpflichten nicht bestritten und die Stellung der Brahmanen nicht anfochten.

Die orthodoxen Philosophenschulen[77] haben stets die Pluralität der Heilswege (marga) anerkannt. Rituelle Werke, Askese, Wissen waren die drei von Anfang an als klassisch anerkannten von ihnen. Nur die beiden letzten aber führten über die Karman-Verkettung hinaus. Und zwar vor allem das Wissen. Dieses Wissen war Gnosis, *Erleuchtung,* für welche die Ausdrücke Bodhi und Buddha gelegentlich vorkommen. Seine magische Bedeutung (namentlich bei den Yogins) lernten wir schon kennen. Seine soteriologische Bedeutung lag darin, daß es die unheilvolle Verknüpfung des Geistes mit der Materie, die *Materialisation* (Upadhi) des Ich, aufzuheben vermochte. Den Zustand völliger Beseitigung aller *materialen Unterlage* (Upadhi) bezeichnete man später als Nirvana[78], ein Habitus, der dann eintritt, wenn alle Verknüpfung mit der Welt gebrochen ist. In der außerbuddhistischen Vorstellung wird es nicht, wie im alten Buddhismus, mit völligem *Verwehen* der Individualität gleichgesetzt, sondern mit dem Ende des Leidens durch Unrast: Es ist nicht ein Verlöschen der Flamme, sondern ein stetiges, rauchloses und nicht flackerndes Brennen, wie es eintritt, wenn aller Wind sich gelegt hat.[79]

Das Nirvana und die ähnlichen durch andere Worte bezeichneten Seligkeitszustände sind nicht notwendig jenseitige in dem Sinn, daß sie erst nach dem Tode des Erlösten eintreten.[80] Ganz im Gegenteil werden sie gerade für das Diesseits, als Resultate der Gnosis, erstrebt. Dem klassischen Sramana verlieh die vollendete Erreichung der Gnosis vor allem eine überaus wichtige Qualität: die hinduistische *certitudo salutis.* Der hinduistischen Metaphysik entsprechend bedeutete dies zweierlei: Einmal den schon gegenwärtigen Genuß der Seligkeit. Vor allem das Vedanta legte auf diese überirdische Wonne des mit dem Brahman Vereinigten das entscheidende Gewicht.[81] Dann aber: die schon diesseitige

77 Im Gegensatz zum Loka Yata, der als heterodox angesehenen Schule der *Materialisten,* welche Charvaka (etwa im 3. Jahrh v. Chr.) begründete. Sie lehnte alle Metaphysik und deshalb die Autorität der Veden ab. Vgl. über sie Hertel, Das Peñchatantra (1914) und Hilltbrandt, Zur Kenntnis der indischen Materialisten (Festschrift für Kühn, 1916).

78 Dazu Oldenberg a. a. O.

79 So z. B. im Mahabharata (VI, 30, 49). Das Bhagavadgita kennt den Zustand in diesem Sinn.

80 Ganz naturgemäß mußte eine Metaphysik, welche das Nichthandeln und Nichtfühlen als Hauptmerkmal der Befreiung vom Irdischen ansah, an den traumlosen Schlaf als die diesem Zustand nächststehende Verfassung anknüpfen. Aller Animismus behandelt den Schlaf als ein Fortwandern der Seele und die Upanischaden behandeln denn auch mehrfach den traumlosen Schlaf und Ekstase in dieser Hinsicht als gleichwertig (Stellen bei Gough, Philosophy of the Upanishades, p. 36).

81 Vgl. z. B. Maitr. Brahm. Up. VI, 34, 9. Das Glück der Seele, welche in dieser Medita-

Befreiung von der Karman-Verkettung. Der durch vollkommenes Wissen erlöste *jivanmukti*[82] war dem ethischen Vergeltungsmechanismus entronnen: *An ihm haftet keine Tat.* Das bedeutete, daß er im hinduistischen Sinn *sündlos* war. *Ihn quält die Frage nicht mehr: Was habe ich für Gutes, was für Übles getan?* Es ist daraus geradezu die für die Mystik charakteristische anomistische Konsequenz gezogen worden, daß das Ritual ihn nicht mehr binde, er über ihm stehe und daß er tun könne was immer[83], ohne seine Seligkeit zu gefährden. Namentlich den metaphysischen Gedankengängen der Samkhya-Schule mußte diese Konsequenz naheliegen, die aber auch von den Vedantisten (z.B. im Taittireya-Upanischad) gezogen wurde.[84] Diese Folgerungen scheinen nun freilich keineswegs restlos anerkannt worden zu sein. Und ganz begreiflicherweise: die Entwertung, welche das Ritual dadurch erfuhr, war eine zu grundstürzende. Aber jene Vorstellungen dürften bei der Entstehung der heterodoxen, ritualfeindlichen Erlösungsreligionen eine überaus wichtige Rolle gespielt haben, wie ja jede Mystik, als Selbsterlösung, wegen eben dieser anomistischen Konsequenzen, den Priesterschaften unvermeidlich gefährlich zu werden pflegt. Tatsächlich fühlten sich die Sramana als die *Wissenden* den Brahmanen als bloßen Ritualtechnikern überlegen, zumal das Prestige ihrer persönlichen, sichtbaren Heiligkeit bei den Laien das weitaus größere war. Dies Spannungsverhältnis innerhalb des brahmanischen und brahmanisch beeinflußten Intellektuellentums lag eben ganz ebenso in der Natur der Sache, wie die Spannung zwischen Weltpriestern, ordinierten Mönchen der anerkannten Orden und Laien-Asketen im Okzident.

Dagegen war die Stellung des religiösen Virtuosentums innerhalb des Hinduismus trotz mancher Ähnlichkeit eine etwas andere als sie innerhalb des katholischen Christentums es war, nachdem das Christentum endgültig den Charakter der kirchlichen Gnadenanstalt angenommen hatte. Zwar findet sich der, logisch gewertet, gegenüber dem Karman-Determinismus unkonsequente Gedanke der opera supererogatoria auch im Hinduismus. Aber zum mindesten fehlt das Anstaltsorgan, welches aus dem Thesaurus dieser Leistungen hätte Gnaden spenden können. Und in aller Regel blieb daher an Stelle jener Konzeption vielmehr die alte einfache unmittelbare Hagiolatrie bestehen: Die

tion reingewaschen ist von aller Unreinheit und in dem Selbst aufgegangen ist, ist unbeschreibbar. Das. 10: *Wasser ist Wasser, Feuer ist Feuer, Äther ist Äther, – man kann nichts Einzelnes darin unterscheiden; so auch bei dem, der im Selbst aufgegangen ist.* Im Epos wiegt nicht in gleichem Maß die Schilderung des Brahman als eines seligen Gefühlshabitus vor, sondern es erscheint mehr als ein intellektuelles Leuchten, etwa wie die Quelle von Platons Gnosis in der Politeia. Sonst wird es auch einfach dem Tiefschlaf verglichen.

82 Der Ausdruck selbst gehört erst der neueren Sprache an, die Sache ist alt.

83 Selbst Vater- und Muttermord. Nur werde er, heißt es, dergleichen zu begehen eben ganz außerstande sein.

84 Vgl. dazu Gough, Philosophy of the Upanishades, p. 66 ff.

Verehrung und Beschenkung des Sramana war ein rituell gutes Werk, welches Verdienst erwarb. Der große Asket wurde Directeur de l'âme (Guru, Gosain). Eine feste Beziehung zu einem Kirchenoberhaupt aber fehlte. Und wenigstens als Grundsatz blieb bestehen, daß der Einzelne ausschließlich durch eigene Leistungen, nicht durch Anstaltsgnade ex opere operato, das Heil erwerben könne, so daß der Sramana für Dritte nur entweder magisch oder exemplarisch heilsbedeutsam wurde. Entsprechend den organisch abgestuften Heilsständen: der Erlösten (jivanmukta), der die Erlösung durch Askese oder Kontemplation außerweltlich Erstrebenden, der rituell korrekten vedisch gebildeten Brahmanen und weiterhin der einfachen Laienstände, wurde naturgemäß versucht, auch die Stufen der außerweltlichen soteriologischen karmanfreien Heilssuche und die innerweltliche Karman-Ethik zueinander in ein organisches Stufenverhältnis zu bringen. In der Samkhya-Soteriologie beispielsweise galten stufenweise, von unten nach oben, als Mittel der Vollkommenheit: 1. Freigebigkeit – entsprechend der alten vedischen Tugend, – 2. Verkehr mit weisen Freunden, – 3. eigenes Studium, – 4. Unterweisung anderer, – endlich 5. Meditation (ûha, Vernunftüberlegung). Wer wirklich nach dem höchsten Ziel strebt, soll unbedingt Ataraxie (virâga) erstreben. Denn Begierde und Kummer machen der Belehrung unzugänglich. Er soll daher den Besitz aufgeben, vor allem aber sich der Gesellschaft mit Menschen entziehen, außer mit solchen, die im Besitz der Erkenntnis sind. Die Erfahrung aller Virtuosenreligiosität über die ungleiche religiöse Qualifikation der Menschen fehlte natürlich schon dem alten Hinduismus nicht. Nach der Samkhya-Lehre ist sie in den Dispositionen des Denkorgans (welches zur prakriti gehört) begründet: aviveka, die *Nicht-Unterscheidung,* ist das je nach Veranlagung verschieden starke Hemmnis der All-Erkenntnis. Indessen durch Konzentration, für welche später die Mittel des Yoga rezipiert wurden, kann man seiner Herr werden. Soziale Leistungen irgendwelcher Art waren dagegen nach reiner Samkhya-Lehre für das Heil wertlos. Sogar die Anerkennung, daß die Erfüllung ritueller Pflichten positiven Heilswert auch für das Erlösungsstreben habe, scheint von dieser Lehre – ihrer Beeinflussung durch das Laiendenken entsprechend – erst spät rezipiert zu sein.

Die Vedanta-Lehre hat dagegen Riten und *Werke,* d. h. die traditionellen sozialen Pflichten stets als wertvoll auch für das Streben nach Erlösung geschätzt. An Stelle des alten, der Unverbrüchlichkeit des Rituals entnommenen Begriffs des *Rita,* der kosmischen Ordnung, welche zugleich Realgrund alles Seins war und also dem chinesischen Tao-Begriff nahe stand, trat in der klassischen und späteren Literatur der Begriff des *Dharma,* des für den Einzelnen verbindlichen *Pfades* des sozial-ethischen Verhaltens, der *Pflicht,* in den Vordergrund, der aber nun seinerseits Neigung zeigte, zugleich *kosmische Ordnung* zu bedeuten. Die Wendung war durch die zunehmende Notwendigkeit, die innerweltlichen, vor allem rituellen, Pflichten der Laien priesterlich zu reglementieren, gegeben. Auch im Vedanta war aber die

Anerkennung der Bedeutung der äußern Pflichten nur so gemeint, daß die korrekte Erfüllung der rituellen, vor allem der Opferpflichten auch die Erlangung des rechten Wissens indirekt ermögliche, nicht, daß sie selbst ein Weg zur Erlösung sei. Nach dem klassischen Vedanta sind sie in jenem indirekten Sinn freilich auch dafür ganz unentbehrlich. Nur wer das Wissen und damit die Seligkeit bereits voll erlangt hatte, dem nutzten nunmehr, auch nach dem Vedanta, die Riten nichts mehr.

Wenn so Alltagspflichten und Heilsweg in ein für die brahmanische Auffassung leidlich befriedigendes organisches Stufenverhältnis zueinander gebracht waren, so konnte doch diese Lösung den Bedürfnissen der gebildeten Laienschaft keineswegs genügen. Vor allem nicht der Ritterschaft. Wenn der Brahmane die Meditation neben seinem rituellen Alltagsberuf, als dessen sinnvolle Steigerung ins Außeralltägliche oder als esoterische Ergänzung betreiben und, vor allem, damit innerlich vereinbar finden konnte, so doch nicht der Krieger. Dessen ständisches Dharma war mit jeder Art von Weltflucht unvereinbar. Er konnte aber nicht gesonnen sein, sich um deswillen als schlechthin religiös minderwertig behandeln zu lassen. Dieses Spannungsverhältnis zwischen Alltags-Dharma und religiösem Heilsstreben hat teils zur Entstehung jener heterodoxen Erlösungsreligionen beigetragen, von welchen später zu reden sein wird, teils aber zu einer weiteren Entwicklung der Soteriologie innerhalb der Orthodoxie. Von dieser ist schon jetzt zu sprechen. Einerseits deshalb, weil ihre Anfänge sicherlich bis in die Zeit vor der Entstehung jener Heterodoxien hinaufreichen[85] oder neben ihnen hergehen. Andererseits aber weil sie noch charakteristische Züge der alten Intellektuellensoteriologie an sich trägt, freilich – in der uns allein überlieferten Form – schon mit Ansätzen der späteren Heilandsreligiosität verbunden. Ihr klassischer literarischer Ort ist freilich erst das (in endgültiger Redaktion etwa aus dem 6. Jahrhundert nach Christus stammende) Mahabharatha und insbesondere eine jener dialogischen philosophischen Einschiebungen, an welchen dieses von Priesterhänden zu einem Kompendium der Ethik umgestaltete Werk so überaus reich ist. Sie sind aber offenbar, wenigstens zum Teil, priesterlich umgearbeitete und angepaßte Reminiszenzen und Niederschläge jener Diskussionen, welche in der hochgebildeten Kschatriya-Gesellschaft der Kleinfürstenzeit über das Problem der Theodizee stattgefunden haben.[86] Wir finden in ihnen einerseits Reste des jedem Kriegsheldentum naheliegenden Glaubens an ein *Verhängnis* und an ein wahlloses Spiel des Schicksals mit dem Menschen[87], welches nur schwer mit der Karman-Lehre

[85] Buddhistische Einflüsse finden sich im Epos erst in ganz späten Partien.

[86] Gerade ein Teil der entscheidenden Züge des Bhagavadgita muß der alten Ritterzeit entstammen, vor allem die *Schicksals-Ethik* des Rittertums.

[87] Namentlich kämpft mit der Vorstellung, daß die Sünde doch letztlich im Menschen selbst liege, die andre, daß die Sünde, eine unvermeidliche Frucht der Taten abgelebter

vereinbar ist. Ferner, namentlich in den Unterredungen König Yudhischthiras mit seinen Helden und mit der Draupadi, Erörterungen über die *Gerechtigkeit* des individuellen Heldenschicksals und über das *Recht* des Krieges. Viele von ihnen zeigen, daß die rein eigengesetzliche *(macchiavellistische)* Auffassung des Fürsten-Dharma erst eine Folgeerscheinung teils der politischen Verhältnisse der späteren Signorie-Epoche, teils der konsequenten brahmanischen Rationalisierung war. Ausführlich und etwa in der Art des Buchs Hiob erörtert im Epos in seinem unverschuldeten Unglücke König Yudhischthira[88] mit seiner Gemahlin das göttliche Weltregiment. Die Frau kommt zu dem Ergebnis, daß der große Gott mit den Menschen nur spiele nach seiner Laune. Und eine wirkliche Lösung wird hier so wenig wie bei Hiob gefunden: Man solle derartiges nicht sagen, denn durch die göttliche Gnade erhalten die Guten Unsterblichkeit und – vor allem – ohne diesen Glauben würde sich das Volk nicht tugendhaft verhalten. Das klingt wesentlich anders, als die Philosophie der Upanischaden, die von einem solchen Weltregiment eines persönlichen Gottes nichts weiß. Es ist Übernahme des alten Göttervaters der Brahmanas, der über den unethischen, vedischen Göttern steht, und diese Übernahme ist teilsweise bedingt durch die in der Zeit der Endredaktion des Epos schon wieder aufgelebte Sektenreligiosität mit ihren persönlichen Göttern. Der persönlich gedachte Brahma ist dabei mit Prajapati identifiziert. Die vedischen Götter sind alle da. Aber sie sind machtlos. Der Held fürchtet sie nicht. Sie können ihm nicht einmal helfen, nur die Stirn kühlen und ihn bewundern. Er selbst ist – z.B. Arjuna – Göttersohn. Aber ihn kümmert auch der Vatergott wenig. Er ist von der Bedeutung des *Verhängnisses* überzeugt, auch wo er äußerlich sich zu der Philosophie der Brahmanen bekennt.[89] Das alte Walhall, der Kriegerhimmel des Indra, ist, scheint es, sein eigentliches Ziel und daher der Tod auf dem Felde der Ehre, der es ihm – hier wie überall – verschafft. Das ist, wird wenigstens an einer Stelle gesagt, besser als Askese und das Land, welches durch sie erreichbar ist. Tugend, Gewinn und Genuß sucht der Mann, und Handeln ist besser als Nichtstun. Da nun aber dennoch auch der Held Askese übt und da die Macht des Asketen und die Bedeutung des heiligen Wissens auch ihm völlig feststeht, so kann diese reine Heldenethik offenbar nur eine Seite der Sache sein. So ist es in der Tat.

Ausführlich wird die Frage des ethischen Sinns des Heldendharma, also des Krieges, abgehandelt in jener hochberühmten in Indien bis in die Gegenwart

Zeiten, wie ein Fatum über dem Menschen schwebe, der Mensch nur das Werkzeug sei, durch welches entweder ein dunkles Verhängnis oder – korrekt – die Verkettung von Karman sich vollstrecke. (Mahabh. XII, 22, 11ff. zu vgl. mit 59, 13ff., ferner IV, 5 und andere Stellen.)

[88] III, 29, 38ff. Gerade dies ist ein als alt geltender Bestandteil des Epos.

[89] So E. W. Hopkins, Rel. of India, p. 417.

zum Repertoire jedes Rezitators gehörigen Episode, die unter dem Namen Bhagavadgita bekannt ist.[90] Äußerlich ist sie ein unmittelbar vor dem blutigen Kampf der miteinander blutsverwandten Gegner stattfindendes Gespräch zwischen dem Helden Arjuna, dem Bedenken über die Rechtmäßigkeit des Tötens so nahestehender Verwandter in der Schlacht kommen, und seinem Wagenlenker Krischna, der sie ihm mit Erfolg ausredet. Krischna gilt aber dabei dem Dichter bereits als menschliche Inkarnation (avatar) des höchsten göttlichen Wesens, des Bhagavat *(Erhabenen)* und wir befinden uns also schon auf dem Boden jener Epiphanien, welche die unklassische volkstümliche Heilandsreligiosität des späteren Hinduismus beherrschen. Immerhin stecken die weiter unten zu besprechenden charakteristischen Gefühlszüge dieser wichtigsten Religiosität des indischen Mittelalters noch in den Anfängen[91] und handelt es sich in den wesentlichsten Punkten doch um ein Erzeugnis der vornehmen Intellektuellenschicht der älteren Zeit. Es wird wohl mit Recht angenommen, daß eine alte Gemeinschaft der Bhagavata-Verehrer Träger der Soteriologie war, welche das Bhagavadgita wiedergibt.[92] Die Samkhya-Lehre liegt, wie Garbe schön nachgewiesen hat, der ursprünglichen Fassung zugrunde. Erst nachträglich hat eine klassizistisch-brahmanische Redaktionstätigkeit korrekt vedantistische Züge hinzugefügt. Nun galt das Gedicht als Ausdruck rezipierter orthodoxer Lehre. Wie die Gestalt Krischnas historisch aufzufassen sei, ist bestritten. Nachdem er gelegentlich (ebenso wie Buddha vor der urkundlichen Feststellung seiner historischen Persönlichkeit) für einen alten Sonnengott gehalten worden war, traten hervorragende Forscher dafür ein, daß er vielmehr der vergottete Stifter der Bhagavata-Religion gewesen sei.[93] Der Nichtfachmann kann das nicht entscheiden. Zwingende Gründe aber gegen die einfachste Annahme, daß die Gestalt der alten epischen Überlieferung entnommen und von einem Teil der Kschatriya als Standesheros verehrt worden sei, scheinen

[90] In fast alle Sprachen der Erde übersetzt. Deutsch mit vorzüglicher Einleitung von Garbe (Leipzig 1901).

[91] Denn nicht die Gefühlsandacht des bhakti (wovon später), sondern der Gedanke der göttlichen Gnade (prasada) ist offenbar das alte und vorbuddhistische am Bhagavadgita. (So auch E. W. Hopkins.)

[92] Darüber jetzt R. G. Bhandakar, Vaisnavism, Saivism and minor religious systems (Bühler's Grundriß, Straßburg 1913).

[93] Kennedy, J. R. A. S., 1908, p. 506 vertritt diese Ansicht noch jetzt. Ebenso Grierson, Ind. Ant. 37, 1908, der ihn Krischna Vasudeva nennt, und annimmt, daß der alte Bhagavata-Gott Vasudeva erst später mit Vischnu identifiziert worden sei. – Macnicol, J. R. A. S., 1913, p. 145) nimmt an, daß Krischna ein alter (gelegentlich in Tiergestalt inkarnierter) Vegetationsgott gewesen sei und daher Pflanzen- statt Tieropfer erhalten habe (Ursprung des Ahimsa?). Er verweist auf die späteren Krischna-Pantomimen, bei welchen Krischna und Gefolge, rot angestrichen (Sommer) gegen den weißen Dämon (den Winter) kämpften (entsprechend dem Kampf von *Xanthos* und *Malanthos* in Griechenland). Die Sekte der Bhagavata-Verehrer gilt als im 4 vorchristl. Jahrhundert bezeugt, ihre Entstehung verlegt Garbe a. a. O. einige Jahrhunderte vor Buddha.

nicht eigentlich vorzuliegen. – Die Heilslehre des Bhagavadgita nun ist in ihren für uns wesentlichen Zügen die folgende:

Auf Arjunas Bedenken dagegen, nahe Verwandte in der Schlacht zu bekämpfen, antwortet Krischna, genau angesehen, mit mehreren, untereinander heterogenen Argumenten. Einmal:[94] Der Tod dieser Feinde sei ohnedies beschlossen und würde auch ohne Arjunas Zutun erfolgen, also: mit dem Verhängnis. Dann:[95] Arjunas Kschatriya-Natur würde ihn auch ohne sein Wollen in den Kampf treiben; er habe darüber gar keine Gewalt. Hier wird die ethische Determiniertheit des Kasten-Dharma zur Kausalität umgedeutet, – eine Konsequenz, welche sonst auch im Samkhya, dem sie als Folgerung aus der rein materiell-mechanischen Natur aller Komponenten des Handelns nahe lag, nicht gezogen zu werden pflegt. Ferner – und dies ist das theoretische Hauptargument: – Was nicht da sei, könne man auch nicht wirklich bekämpfen. Das klingt nach der Vedanta-Illusion. Allein es wird, dem Samkhya gemäß, dahin interpretiert, daß nur der erkennende Geist *sei,* alles Handeln und Kämpfen aber nur an der Materie hafte. Da der Geist zum Zweck der Erlösung ja aus der Verstricktheit in die Händel der Materie befreit werden soll, scheint das Argument schwächer, als es vom Standpunkt der Samkhya-Lehre aus war. Denn danach ist eben das unterscheidende *Wissen* das, worauf es ankommt. Ist der passiv das Leben erleidende Geist einmal darüber zur endgültigen Klarheit gekommen, daß nicht er handelt, sondern daß er nur das Handeln der Materie erleidet, so ist er in dessen Verdienst und Schuld, in den Karman-Mechanismus, nicht mehr verstrickt. Er wird, wie der klassische Yogin, zum Zuschauer seines eigenen Handelns und aller seelischen Vorgänge in seinem eigenen Bewußtsein und dadurch frei von der Welt.[96] Es bleibt aber die Frage, warum denn Arjuna unter diesem Umständen überhaupt kämpfen solle. Das folgt zwar, korrekt hinduistisch, rein positiv aus dem Kasten-Dharma des Kriegers, auf welches ihn Krischna verweist.[97] Dem Krieger ist Kampf – in einer für die epische Zeit noch charakteristischen Wendung sagt Krischna: *gerechter* Krieg – gut: ihn zu meiden bringt Schande; wer im Kampfe fällt, kommt in den Himmel, wer darin siegt, beherrscht die Erde; beides müsse, meint Krischna, dem Krieger gleich gelten. Allein das konnte nicht die letzte Meinung sein. Denn es fragte sich ja gerade, ob und in welchem Sinn das Handeln nach dem Kasten-Dharma, also: eine Tat der Materie, nicht des Erlösung suchenden Geistes, Heilswert haben konnte. In der Antwort darauf erst liegt die religiöse Originalität der Konzeption, welche das Bhagavadgita wiedergibt. Uns ist das Minimisieren der

[94] XI, 32, 33.
[95] XVIII, 59.
[96] XIII, 23: Wer den Geist und die Materie kennt, der wird nicht wiedergeboren, wie auch immer er gelebt habe.
[97] II, 31 ff.

Verflechtung in die Welt, das religiöse *Incognito* des Mystikers bereits begegnet, welches die Folge der ihm eigenen Art von Heilsbesitz ist. Der alte Christ hat seine Güter und Frauen, *als hätte er sie nicht.* Im Bhagavadgita nimmt dies die besondere Färbung an, daß sich der wissende Mensch gerade im Handeln, richtiger: gegen sein eigenes Handeln in der Welt, bewährt, indem er das Gebotene – das ist immer: das durch die Kastenpflichten Gebotene – zwar vollzieht, aber innerlich gänzlich unbeteiligt daran bleibt, handelt, als handelte er nicht. Das ist beim Handeln vor allem dadurch bedingt, daß man es ohne alles und jedes Schielen nach dem Erfolge, ohne Begierde nach seinen Früchten, vollzieht. Denn diese Begierde würde ja Verstrickung in die Welt und also Entstehung von Karman bewirken. Wie der alte Christ *recht tut und den Erfolg Gott anheimstellt,* so tut der Bhagavata-Verehrer das *notwendige Werk*[98], – wir würden sagen: *die Forderung des Tages –, die von der Natur bestimmte Obliegenheit.* Und zwar, – entsprechend der Exklusivität der Kastenpflichten[99], – nur diese und keine andere[100], ohne alle Bekümmertheit um die Folgen und vor allem: um den Erfolg für ihn selbst. Den Werken kann man nicht entsagen, solange man einen Körper (mit Einschluß der von der Samkhya-Lehre materiell gefaßten *geistigen* Funktionen) hat, wohl aber ihren Früchten.[101] Auch Askese und Opfer sind nur bei innerem Verzicht auf ihre Früchte, also nur dann, wenn man sie *um ihrer selbst willen* (wie wir sagen würden) vollzieht, nützlich für die Erlösung.[102] Wer beim Handeln den Hang zu den Früchten der Welt fahren läßt, *läd durch sein Handeln keine Schuld auf sich, weil er seine Handlung nur um des Körpers willen tut und zufrieden ist mit dem, was sich von selbst bietet.*[103] Ein solches Handeln bleibt Karmanfrei. – Es ist verständlich, daß auch das Vedanta diese Lehren der Sache nach zu legitimieren in der Lage war. Von seinem Standpunkt aus ist das Handeln in der Welt des scheinbar Wirklichen ein Weben an den Truggeweben des Maya-Schleiers, hinter welchem sich das göttliche All-Eine verbirgt. Wer den Schleier gelüftet hat und sich mit dem All-Einen eins weiß, der kann an diesem illusionären Handeln ohne allen Schaden an seinem Heil weiter illusionär

[98] Gemeint ist mit diesem Ausdruck Krischnas, wie XVIII, 48 zeigt, die *angeborene,* also die durch Kasten-Dharma zugewiesene Obliegenheit, welche mit der vom göttlichen Schicksal bestimmten identisch ist. (Vgl. III, 8. XVIII, 7, 9, 23.)

[99] Die Kastenpflichten bestehen in vollem Umfange. Kastenmischung z. B. führt (nach I, 41) zur Hölle, und zwar auch für alle Ahnen, da kein ebenbürtiger, also zur Verrichtung des Totenopfers qualifizierter, Nachkomme da ist.

[100] XVIII, 47 steht eine jener klassischen, schon früher herangezogenen Stellen: *Besser ist selbst die mangelhafte Erfüllung der eigenen Pflicht, als die rechte Ausübung der Pflicht eines anderen. Wer die ihm von der Natur bestimmte Obliegenheit erfüllt, gerät nicht in Verschuldung.* Der zweite Satz ist die bhagavatistische Wendung jenes ethischen Grunddogmas des Hinduismus.

[101] XVIII, 11.

[102] XVIII, 5, 6. Andernfalls wirken sie Karman.

[103] IV, 20, 21.

teilnehmen: Das Wissen macht ihn dagegen gefeit, dadurch in Karman verstrickt zu werden, und die Ritualpflichten ergeben die Regeln, durch deren Innehaltung man sich gegen die Gefahr gottwidrigen Handelns schützen kann.

Wenn so diese Weltindifferenz gerade des innerweltlichen Handelns in gewissem Sinn die Krönung der klassischen indischen Intellektuellenethik bietet, so zeigt sich in dem Gedichte selbst der Kampf, unter welchem sie allmählich ihre endgültige Gestalt annahm. Zunächst gegen das altritualistische Brahmanentum: Die Veda-Lehre ist getragen von Begierde nach Glück, sie betrifft die Gunas, die materielle Welt, nach deren Früchten sie strebt.[104] Weiterhin aber blieb Problem die relative Bedeutung des der Heilslehre entsprechenden, das heißt vom Erfolg absehenden und deshalb Karman-freien Handelns in der Welt gegenüber dem klassischen Erlösungsmittel der Kontemplation: die Stellung der innerweltlichen zur weltflüchtigen Mystik also. Ausübung der Werke sei vorzüglicher als das Aufgeben der Werke, heißt es einmal.[105] Und die Herkunft der Bhagavata-Religiosität aus der Kschatriya-Ethik macht es wahrscheinlich, daß diese Rangordnung die ältere ist gegenüber dem definitiven Standpunkt, der gelegentlich umgekehrt die Meditation als Angelegenheit der durch das entsprechende Charisma bevorzugten Heiligen höher stellt, im allgemeinen aber beide Heilswege: das jñanayoga (richtiges Erkennen) und das karmayoya (richtiges Handeln), jedes als dem betreffenden Kasten-Dharma entsprechend, einander gleichordnet. Auch in der vornehmen Laienbildung war eben die Stellung der methodischen Kontemplation als des klassischen Wegs zur Gnosis nicht mehr zu erschüttern. Und die Herkunft aus der vornehmen Intellektuellenschicht verleugnet sich nirgends. So in der absoluten Ablehnung der orgiastischen Ekstase und aller aktiven Askese. Die sinnlose Askese, voll Begier, Leidenschaft und Trotz, ist dem Bhagavadgita dämonischen Charakters[106] und führt ins Verderben. Dagegen ist die intime Beziehung der Bhagavata-Frömmigkeit zum klassischen Yoga ganz offensichtlich, auch dem Samkhya-Dualismus von erkennendem Geist und erkanntem Bewußtseinsinhalt durchaus entsprechend und an zahlreichen Stellen des Gedichts bezeugt. Der Yogin ist mehr als ein Asket und – charakteristisch für die ursprüngliche Stellung zur klassischen brahmanischen Heilslehre – auch mehr als ein Erkennender.[107] Die Yoga-Technik der Atem- und Vorstellungs-Regulierung wird gepriesen.[108] Allgemein hinduistischen Grundsätzen entsprechen die Gebote der Weltindifferenz: der Ablegung von Begierde, Zorn und Habsucht als von den drei Toren zur Hölle[109], die innere Befreiung von der

[104] II, 42.
[105] V, 2.
[106] XVII, 5. Vgl. VI, 16, 17.
[107] VI, 46.
[108] V, 27, 28.
[109] XVI, 21.

Zuneigung zu Haus, Gattin und Kindern[110], die absolute Ataraxie[111] als sicheres Merkmal des Erlösten. Im Gegensatz mindestens zu den klassischen Grundsätzen des Yoga und auch unvedantistisch, vielmehr eine schroffe Samkhya-Formel ist der Satz, daß, wer Geist und Materie kenne, nicht wieder geboren werde, *wie immer er auch gelebt habe.*[112] Diese anomistische Konsequenz, welche wir als letzte Folge der Stellung des Erlösten (jivanmukti) im klassischen Hinduismus schon kennen, wurde nun aber in der Bhagavata-Religiosität zu einem Motiv in Beziehung gesetzt, welches uns bisher noch nicht begegnet ist und auch tatsächlich in der klassischen Lehre einen Fremdkörper bildet.

Gib alle heiligen Werke auf und nimm bei mir allein deine Zuflucht, sagt Krischna gelegentlich.[113] Selbst ein Bösewicht, der ihn, Krischna, richtig liebt, wird selig.[114] Das Sterben mit der Silbe *Om* und in Gedanken an Krischna gibt Sicherheit gegen jenseitiges Verderben.[115] Endlich und namentlich: jene Lehre, daß das innerweltliche Handeln dann nicht heilschädlich, ja positiv heilwirkend sei, wenn es vollzogen werde mit absoluter Weltindifferenz, also mit Bewährung des mystischen Gnadenstandes des geistigen Ich gerade auch gegenüber dem (scheinbar) eigenen, durch Verflechtung in die materielle Welt bedingten äußeren und inneren Tun und Sichverhalten, – diese mit den allgemeinen Voraussetzungen der althinduistischen Erlösungslehre leicht vereinbare Lehre findet sich positiv dahin gewendet: Das Handeln in der Welt ist dann und nur dann heilfördernd, wenn es ohne allen Hang am Erfolg und den Flüchten ausschließlich auf Krischna bezogen wird, nur um seinetwillen und nur in Gedanken an ihn geschieht. Es ist ein Typus der Glaubens-Religiosität, der da vor uns auftaucht. Denn *Glauben* im typischen religiösem Sinn ist nicht ein Fürwahrhalten von Tatsachen und Lehren: – dieses Fürwahrhalten von Dogmen kann nur Frucht und Symptom des eigentlich religiösen Sinns sein –, sondern die religiöse Hingabe, der unbedingte vertrauensvolle Gehorsam an und die Beziehung des ganzen Lebens auf einen Gott oder Heiland. Als ein solcher Heiland zeigt sich hier Krischna. Er übt durch Erlösung derer, welche zu ihm allein ihre Zuflucht nehmen, *Gnade* (prasada). Das ist ein Begriff, der dem altklassischen Hinduismus, bis auf vielleicht schwache Spuren in einigen Upanischads, fehlt, schon weil er den überweltlichen persönlichen Gott voraussetzt und, im Grunde, auch eine Durchbrechung der Karman-Kausalität oder doch mindestens des alten Grundsatzes, daß die Seele ihres eigenen Schicksals alleiniger Schmied ist, bedeutet. Nicht der Gedanke der Gnadenspendung an sich

110 XIII, 9.
111 XIV, 22.
112 XIII, 23.
113 XVIII, 66.
114 IX, 30.
115 XIII, 13.

ist der hinduistischen Religiosität ursprünglich fremd: Der hagiolatrisch angebetete Magier spendete ja Gnaden kraft seines Charismas und die Gnade des überweltlichen persönlichen Gottes oder vergötterten Heros lag mithin als die Transponierung vom Menschlichen ins Göttliche an sich nahe. Wohl aber ist der Gedanke, daß die Erlösung aus der Welt auf diesem Wege zu erlangen sei, eine neue Erscheinung. Dennoch scheint es nicht wohl möglich, die Entstehung dieser Heilands- und Glaubensreligiosität der späteren Zeit, nach Buddha, zuzuschreiben, in welcher sie freilich, wie sich zeigen wird, üppig emporwucherte. Die erste inschriftliche Erwähnung der Bhagavat-Religion scheint[116] sich allerdings erst im 2. vorchristlichen Jahrhundert zu finden.[117] Das Bhagavadgita ist aber bei näherem Zusehen so einheitlich durchtränkt von diesem Glauben und offenbar nur durch die Überzeugung von der Bedeutsamkeit gerade dieses Elements schon in seiner ersten Entstehung verständlich, es gibt sich ferner so sehr als eine esoterische Lehre einer religiösen Virtuosengemeinschaft hoher intellektueller Kultur, daß doch wohl angenommen werden muß, gerade dieses Moment sei der Bhagavata-Religiosität von Anfang an eigentümlich gewesen. Nun ist ja die Unpersönlichkeit des Göttlichen zwar die eigentlich klassische, aber vermutlich selbst in den Intellektuellenschichten, selbst den brahmanischen, niemals ganz konsequent alleinherrschende gewesen. Am wenigsten wohl in den Laienkreisen und besonders in dem in der Entstehungszeit des Buddhismus schon stark entwickelten vornehmen, aber unmilitärischen Stadtbürgertum. Das Mahabharata als Ganzes ist eben in seinen alten Bestandteilen eine eigentümliche Mischung von Zügen alter, stolzer, humanistisch intellektualisierter Ritterethik: – *dies heilige Geheimnis verkünde ich euch: nichts ist edler als Menschentum,* sagt das Epos[118], – mit dem bürgerlichen Anlehnungsbedürfnis an die Gnade eines die Menschengeschicke nach seinem Willen lenkenden Gottes und mit priesterlich-mystischer Weltindifferenz. In der unzweifelhaft der rationalen Intellektuellenreligiosität angehörigen, in ihrer konsequenten Form *atheistischen* Samhkya-Lehre scheint gelegentlich Vischnu als persönlicher Gott eine etwas unklare Rolle zu spielen. Das Yoga hielt stets, aus uns bekannten Gründen, am persönlichen Gott fest.

[116] Nach Bhandakar, Ind. Ant. 41 (1912), S. 13. S. jetzt auch denselben in Bühlers Grundriß Vaishnavism Saivism and minor religious, 1913.

[117] Es ist da von dem Kult des Bhagavat Samkarshana auch Vasudeva (der typische Name für den Krischna-Gott) die Rede. Kurz nachher findet sich, daß ein Grieche, Heliodor, in Taxila sich einen Bhagavata nennt (J. R. A. S. ,1909, S. 1087 ff.). Die drei indischen Kardinaltugenden: dama (Selbstzucht), tyaya (Freigebigkeit), apranada (Bescheidenheit) werden von dem halbgriechischen Konvertiten auf einer Ehreninschrift für Vasudeva angenommen. (Z. D. M. G. 63, S. 587.) – Vorderasiatisch-iranische Einflüsse wären auch bei weit früherer Entstehung der Religiosität nicht ausgeschlossen, aber ihre Annahme ist nicht nötig.

[118] Hopkins hat diese Stelle zum Motto seines hier oft zitierten Werkes (Rel. of India) gewählt.

Von den großen persönlichen Gottheiten des späteren Hinduismus ist jedenfalls außer Vischnu auch Çiva keine Neuschöpfung. Er war nur von dem altvedischen Brahmanentum literarisch, wegen des orgiastischen Charakters der alten Çiva-Kulte, totgeschwiegen. Während später und bis heute gerade die orthodoxesten vornehmen brahmanischen Sekten çivaitisch waren und sind, – nur eben unter Ausmerzung der orgiastischen Elemente aus dem Kult. Daß man zu einem Heiland als zu einer Inkarnation des Göttlichen *seine Zuflucht nimmt,* war ein Begriff, der wenigstens der heterodoxen Intellektuellen-Soteriologie, vor allem der buddhistischen, von Anfang an geläufig und schwerlich von ihr zuerst erfunden war. Schon weil, wie gesagt, die Stellung des magischen Guru von jeher gerade diesen unbedingt autoritären persönlichen Charakter trug. Was der alten klassischen Bhagavata-Religiosität zunächst noch fehlte oder jedenfalls – wenn es in ihr schon existierte – von der vornehmen Literatenschicht nicht rezipiert wurde, war die brünstige Heilandsminne der späteren Krischna-Religiosität. Ähnlich wie etwa die lutherische Orthodoxie die psychologisch gleichartige pietistische Christus-Liebe (Zinzendorf) als unklassische Neuerung ablehnte.

Ihren Charakter als einer Intellektuellen-Religiosität bewährte die Bhagavata-Religiosität auch darin, daß sie die Gnosis und also den Heilsaristokratismus des Wissens zunächst unbedingt beibehielt. Nur der Wissende hat das Heil. Ja sie führte diese Konzeption erst in ihre letzten Konsequenzen durch, indem sie die Heilswege *organisch-ständisch* relativierte. Alle aufrichtig und mit ganzem Herzen beschrittenen Heilswege führen auch zum Ziel. Zu demjenigen nämlich, welches der Heilssucher erstrebt. Die Unwissenden, *die am Werke hängen,* das heißt, die von dem Streben nach den Früchten des Handelns nicht loskommen, zur Weltindifferenz nicht gelangen, soll man dabei lassen. Der Weise zwar handelt in weltindifferenter Erhebung (Yoga), aber er heißt die Werke jener Unwissenden *gut.*[119] Ganz ebenso wie der chinesische Mystiker die Masse bei ihren materiellen Genüssen beläßt und selbst nach dem Tao strebt. Und aus den gleichen Gründen: infolge der jedem religiösen Virtuosen selbstverständlichen Einsicht in die Unterschiede der charismatischen Qualifikation. Die Veda-Kenner, die Soma trinken (die ritualistischen Brahmanen) kommen in den Himmel Indras[120] mit seinen zeitlich endlichen Freuden. Krischna zu erschauen ist freilich weder durch vedisches Wissen, noch durch asketische Bußübung möglich. Und direkt, durch das Streben der Vereinigung mit dem Brahman, zu Krischna zu gelangen – wie die Vedantisten wollen – ist sehr schwer.[121] Die Erlangung jenes endlichen Heils, welches den aufrichtigen Verehrern der Götter winkt, hat Krischna denen verliehen, welche, verlockt

119 III, 26.
120 IX, 30.
121 XII, 3.

durch Begierde, – das heißt, durch Haften an der Schönheit der Welt – nicht imstande sind, ihm selbst so zu nahen.[122]

Das Entscheidende für die Erlösung selbst ist die *Beständigkeit* im Gnadenstande. *Unwandelbar* (aviyabhicârin) zu sein, die certitudo salutis zu haben, ist das, worauf alles ankommt: Dann wird man auch in der Todesstunde Krischnas gedenken und zu ihm kommen. Und diese Gnade verleiht er denen, welche richtig, d.h. nach dem Dharma, handeln ohne Rücksicht auf den Erfolg und ohne persönliches Interesse an ihrem Tun. Man darf, okzidental ausgedrückt, dem eigenen Handeln gegenüber nur die Fichtesche *kalte Billigung* seiner Richtigkeit, am Dharma gemessen, haben. Dann ist man wahrhaft weltindifferent, also weltentronnen und dadurch karmanfrei.

Das jedem Okzidentalen Auffallende an dem Heiland Krischna und das, was ihm von den späteren, durchweg von der Sektentheologie als sündlos hingestellten Heilanden scheidet, ist seine ganz unbezweifelbare und auch unbezweifelte Untugendhaftigkeit. Die allerärgsten und unritterlichsten Verstöße gegen Treu und Glauben gibt er im Mahabharata seinem Schützling ein. Darin zeigt sich wohl zunächst das relativ hohe Alter und die episch-heroische, nicht astrale (sonnengöttliche) Herkunft dieser Figur, deren vom alten Heldenepos geprägte Züge nun einmal nicht fortretouchiert werden konnten. Die Heilslehre fand sich mit der Tatsache dadurch ab, daß sie einerseits die Worte, nicht die Taten, für das allein Wesentliche erklärte, andererseits die Weltindifferenz auch darauf bezog, das nun einmal vom Schicksal (in der orthodoxen Vorstellung letztlich durch Karman) unerforschlich Bestimmte geschieht und es gilt, wenigstens für einen Gott, gleich, auf welchem Wege.

Offensichtlich ist die innerweltliche Ethik des Bhagavadgita *organisch* in einem wohl kaum noch zu überbietenden Sinn: Die indische *Toleranz* ruht auf dieser absoluten Relativierung aller ethischen und soteriologischen Gebote. Sie sind organisch relativiert nicht nur nach der Kastenzugehörigkeit, sondern auch nach dem Heilsziel, welches der Einzelne erstrebt. Und es handelt sich nicht nur um negative Toleranz, sondern: 1. um positive – nur, relative und abgestufte – Schätzung der entgegengesetztesten Maximen des Handelns, 2. um Anerkennung der ethischen Eigengesetzlichkeit, des gleichmäßigen Eigenwerts der einzelnen Lebensgebiete, welcher daraus folgen mußte, daß sie alle gleichmäßig entwertet waren, sobald es sich um die letzten Probleme der Erlösung handelte. Daß diese Universalität des organischen Relativismus nichts nur Theoretisches, sondern tief in das Gefühlsleben eingedrungen, war, lehren die Dokumente, welche der Hinduismus aus der Zeit seiner Herrschaft hinterlassen hat. In der sog. Kanawsa-Vers-Inschrift des Brahmanen Sivagana[123] beispielsweise schenkt dieser zwei Dörfer zum Unterhalt einer von ihm gebauten Eremitage. Er hat durch seine Gebetskraft seinem König geholfen, ungezählter

[122] VII, 21, 23.
[123] Ind. Art. XIX, 1890, S. 61 (aus dem 8. Jahrh. nach Chr.).

Feinde Herr zu werden und sie abzuschlachten: Die Erde dampft in diesen Versen, wie üblich, von Blut. Dann aber *baute er frommen Sinnes dieses Haus, auf welches seine Augen wendend ein Jeder in der Welt von dem Makel des Kali-Zeitalters befreit wird.* Er tat dies, weil er fand, daß das Leben belastet ist mit jeglicher Art von Leid, mit Alter, Trennung und Tod, und daß diese Art der Verwendung der einzige gute, allen Guten in der Welt bekannte Gebrauch des Reichtums sei. *Er baute es,* heißt es in den folgenden Versen weiter, *in der Jahreszeit, in welcher der Wind den Duft der Açoka-Blüten trägt und die Mango-Schößlinge sprießen. Schwärme schwankender Bienen erfüllen alles rundum und mehr als sonst erzählt das Blitzen aus den Augenwinkeln schöner Frauen von ihrer Liebe. Das Zeichen, das Liebe auf ihren runden Busen prägte, enthüllt sich und ihr Leib sprengt das Mieder, wenn sie, verwirrt, auf Schaukeln sitzen Angesicht in Angesicht mit ihrem Geliebten. Lächelnd schlagen sie hastig ihre halbgeschlossenen Augen nieder und nur das Zucken ihrer Brauen verrät die Freude, die in ihrem Herzen lebt. Die Frauen der Wallfahrer aber sehen das Land leuchten von Mango-Bäumen und hören es tönen vom Summen trunkener Bienen. Und ihnen kommen die Tränen.* Es folgt die Aufzählung der Abgaben für Weihrauch und andere Bedürfnisse der Eremitage und ihre Deckung. Man sieht, hier kommt alles, was das Leben enthält, zu seinem Recht. Die wilde Kriegswut des Helden, dann die Sehnsucht nach Erlösung vom immer neuen Trennungsschmerz, aus dem das Leben sich zusammensetzt, die Stätte der Einsamkeit für die Meditation und wieder die strahlende Schönheit des Frühlings und das Glück der Liebe. Dies alles schließlich hineingetaucht in die resignationsgetränkte wehmütige Traumstimmung, welche der Gedanke des Maya-Schleiers erzeugen mußte, in den ja schließlich alles, diese unwirkliche und vergängliche Schönheit ebenso wie das Grausen des Kampfes der Menschen untereinander, verwoben war. Diese hier in einem offiziellen monumentalen Dokument[124] niedergelegte Stellung zur Welt durchzieht letztlich auch die charakteristischen Teile der indischen Literatur. Realität und Magie, Handlung, Räsonnement und Stimmung, geträumte Gnosis und scharf bewußtes Fühlen gehen miteinander und ineinander, weil alle letztlich gleich unwirklich und unwesenhaft bleiben gegenüber dem allein realen göttlichen Wesen. –

Mit diesem auf religiöser Weltentwertung gegründeten Universalismus und organischen Relativismus der *Weltbejahung* befinden wir uns auf dem eigentlichen Boden der klassischen indischen Literatenanschauung, wie sie die

[124] Die Inschrift steht damit keineswegs allein. Auch in einer Stiftungsurkunde (Ep. Ind. I, S. 269 f.), durch welche die Kaufleute und Händler einer Stadt ein Kloster stiften für einen Çiva-Asketen, der *suchend das höchste Licht des Gottes, frei von der Finsternis der Leidenschaft, nie dem Gift sinnlicher Freude unterworfen war,* wird als Vergleich (v. 69-70) das Bild junger schöner Frauen verwendet, welche beim Baden von Liebe zu einem Prinzen ergriffen werden.

Intellektuellenschicht der alten Adels- und Kleinfürsten-Epoche geschaffen hatte. Neben ihr aber gab es zweierlei andere Formen des Religiösen. Zunächst, und zwar von jeher, jene massive volkstümliche Orgiastik, welcher die Intellektuellen die Tür verschlossen hatten, und die sie als ein Pudendum verabscheuten und verachteten oder die sie ignorierten, wie sie es nach Möglichkeit noch bis in die Gegenwart hinein taten. Alkoholische, sexuelle und Fleischorgien, magischer Geisterzwang und persönliche Götter, lebende und apotheosierte Heilande und brünstige kultische Minne zu persönlichen Nothelfern, welche als Fleischwerdung großer erbarmender Götter galten, waren hier zu Hause. Wir sahen, daß die Bhagavata-Religion, obwohl in ihrer Struktur noch innerhalb der vornehmen Schicht heimisch, doch schon weitgehende Konzessionen an den Heilandsglauben der Laien und ihr Bedürfnis nach Gnade und Nothilfe enthielt und werden später sehen, wie unter stark veränderten Machtverhältnissen die herrschende Intellektuellenschicht sich genötigt fand, jene viel weitergehenden Kompromisse mit diesen plebejischen Formen der Frömmigkeit zu schließen, welche die Quelle der spezifisch unklassischen hinduistischen Sekten und namentlich der vorherrschenden Vischnu- und Çiva-Religiosität des Mittelalters und der Neuzeit waren. Vorher aber haben wir uns noch zwei religiösen Erscheinungen zuzuwenden, welche in allem Wesentlichen auf dem Boden der alten Intellektuellenschicht gewachsen waren, aber von dem Brahmanentum als nicht nur unklassisch, sondern als ärgste und verwerflichste Ketzereien bekämpft, verflucht und gehaßt wurden: Einem Tiger zu begegnen, hieß es, sei besser als diesen Ketzern, weil er nur den Leib, sie aber die Seele verderben. Die beiden Glaubensformen sind rein geschichtlich deshalb wichtig, weil es ihnen während mehrerer Jahrhunderte gelang, – dem Buddhismus zeitweise in ganz Indien, dem Jainismus in beträchtlichen Teilen Indiens, als herrschende Konfessionen anerkannt zu werden. Dies war nur vorübergehend. Aber die eine von ihnen, der Buddhismus, entwickelte sich, wenn er auch in Indien – wenigstens in Vorderindien – wieder völlig verschwand, zu einer Weltreligion, deren teilweise die Kultur umwälzender Einfluß von Ceylon und Hinterindien über Tibet bis nach Sibirien reichte und China, Korea und Japan einschloß. Die andere, der Jainismus, blieb im wesentlichen auf das klassische Indien beschränkt und schrumpfte zu einer heute ziffernmäßig kleinen Sekte ein, welche jetzt von den Hindus als zu ihrer Gemeinschaft gehörig reklamiert wird. Sie bietet immerhin aber gerade in unseren Zusammenhängen ein gewisses Interesse dadurch, daß sie eine ganz spezifische Kaufmannssekte ist, so exklusiv und noch exklusiver als die Juden es im Okzident waren. Hier also scheinen wir auf eine dem Hinduismus sonst offensichtlich gänzlich fremde positive Beziehung einer Konfessiom zum ökonomischen Rationalismus zu stoßen. Der Jainismus[125] ist von den beiden Konfessionen, welche in schärfster

125 Aus der neuerdings ziemlich reichen Literatur ist recht schätzenswert: Mrs. Sinclair Stevenson, The Heart of Jainism. Die monumentalen Hauptquellen bietet Guérinots

Konkurrenz miteinander standen und beide in der klassischen Kschatriya-Zeit im 7. und 6. vorchristlichen Jahrhundert entstanden, die ältere und ausschließlicher indische und wir wenden uns auch aus sachlichen Zweckmäßigkeitsgründen der Darstellung ihm zuerst zu.

Wie zahlreiche andere Heilslehrer der klassischen Zeit, so entstammte nach der Überlieferung auch der Stifter der Jaina-Askese, Iñatriputra (Nataputta), genannt Mahavira (gestorben um 600 vor Chr.), dem Kschatriya-Adel. Die ursprüngliche Herkunft der Sekte aus dem alten vornehmen Intellektuellentum drückt sich noch in der Versicherung der rezipierten Biographie[126] aus, daß Arhats (Heilige) stets aus königlichem Geschlecht reiner Abkunft und niemals aus niederen Familien stammten. Auch nicht, wird hinzugesetzt, aus Brahmanenfamilien.[127] Darin drückt sich der von Anfang an schroffe Gegensatz des aus Laienkreisen stammenden Sramana gegen die vedisch-brahmanische Bildung aus. Die Ritualgebote und Lehren der Veden ebenso wie die heilige Sprache werden schroff abgelehnt. Denn sie sind von nicht der geringsten Bedeutung für das Heil, welches vielmehr allein von der Askese des Einzelnen abhängt. In den allgemeinen Voraussetzungen, daß die Erlösung in der Befreiung vom Rade der Wiedergeburten bestehe, und daß sie nur durch Loslösung von dieser Welt der Vergänglichkeit, des innerweltlichen Handelns und des am Handeln haftenden Karman zu erlangen sei, stand die Lehre völlig auf klassischem Boden. Sie akzeptierte – im Gegensatz zum Buddhismus – im wesentlichen die klassische Atman-Lehre[128], ließ aber, ebenso wie die alte Samkhya-Doktrin, das Brahman, die göttliche Weltseele, ganz beiseite. Heterodox war sie vor allem wegen der Ablehnung der Veda-Bildung und des Rituals sowie des Brahmanentums. Denn der absolute Atheismus der Lehre, die Verwerfung jeder höchsten Gottheit und des gesamten hinduistischen Pantheon[129], wäre kein unbedingt zwingender Grund dafür gewesen, da auch die sonstige alte Intellektuellen-Philosophie, vor allem die Samkhya-Lehre dem, wie wir sahen, zuneigte. Freilich verwarf der Jainismus auch alle orthodoxe Philosophie, die Vedanta nicht nur, sondern auch die Samkhya-Doktrin. Dennoch stand er der letzteren nahe in gewissen metaphysischen Voraussetzungen. So namentlich in der Überzeugung vom Wesen der Seele. Alle Seelen

Epigraphia Jaina (Publications de l'École française de l'Extrème Orient X, 1908). Einige der wichtigsten Sutras liegen in den Sacred Books of the East (Gaina Sutras, von Jacobi) übersetzt vor. Andere Literatur ist an gegebener Stelle zitiert.

126 Im Kalpa Sutra, übersetzt in den Sacred Books of the East, p. 17ff.

127 Nach dem Kalpa Sutra (S. 22) wurde Mahaviras Embryo deshalb durch ein Wunder aus dem Leibe seiner brahmanischen Mutter in den einer Kschatriya-Mutter überführt.

128 Die Existenz der Seele wurde scholastisch-ontologisch mittelst des Saptabhangi Nyaya, der Theorie, daß jede Behauptung siebenfach verschieden gemeint sein könne, bewiesen.

129 Der spätere Jainismus hat zahlreiche einzelne Gottheiten des orthodoxen Hinduismus – u. a. die Kindergottheit (Ep. Ind. II, S. 315/6) – übernommen.

– das heißt die eigentlichen, letzten Ich-Substanzen – sind nach ihm dem Wesen nach einander gleich und ewig. Sie und nur sie, nicht eine absolute, göttliche Seele, sind *jiva,* Träger des Lebens. Und zwar sind sie (im scharfen Unterschied gegen die buddhistische Lehre) eine Art von Seelen-Monaden, die unendlicher Weisheit (Gnosis) fähig sind. Die *Seele* ist nicht ein bloß passiv empfangender Geist, wie bei der orthodoxen Bhagavata-Religion, sondern, dem weit stärker ausgeprägten Zusammenhang mit der alten aktiven Selbstvergottungs-Askese entsprechend, ein aktives Lebensprinzip, dem als Gegensatz (ajiva) die Trägheit der Materie gegenübersteht. Der Leib als solcher ist das Übel. Der Zusammenhang mit der Kasteiungs-Magie blieb beim Jainismus, innerhalb der durch seine intellektualistische, also antiorgiastische Herkunft gegebenen qualitativen Schranken, enger als bei irgendeiner anderen Erlösungsreligion Indiens. Dies drückt sich schon darin aus, daß der Jainismus anstatt der gänzlich entthronten Götterwelt die großen Virtuosen der Askese, der Stufenfolge nach, den Arhat, Jina, und als höchsten, den Tirthankara, bei Lebzeiten als Magier und nach dem Tode als exemplarische Nothelfer göttlich verehrte.[130] Von insgesamt 24 Tirthankaras war nach der Legende Parsvanatha (angeblich im 9. vorchristlichen Jahrhundert) der vorletzte, Mahavira aber der letzte. Das *prophetische Zeitalter* ist mit ihnen geschlossen. Nach ihnen hat niemand mehr die Stufe der Allwissenheit und auch nicht mehr die vorletzte Stufe (manahparyaya) erreicht. Denn wie die Qualität der brahmanischen Gnosis sich in Stufen steigert, so stuft sich das jainistische Charisma nach dem Kalpa Sutra[131] ständisch siebenfach ab je nach den Stufen des Wissens, von der Kenntnis der Schriften und heiligen Traditionen zur Stufe der Erleuchtung über die Dinge dieser Welt (Avadhi), der ersten übernatürlichen Wissensstufe, sodann zur Fähigkeit des Schauens (Hellsehens), dann zum Besitz magischer Kräfte und der Fähigkeit der Selbstverwandlung, dann (5. Stufe) zur Kenntnis der Gedanken aller Lebewesen (manahparyaya, der zweiten übernatürlichen Wissensstufe), weiter zur absoluten Vollkommenheit, Allwissenheit (kevala, höchste übernatürliche Wissensstufe) und Freiheit von allen Leiden (6. Stufe) und damit endlich (7. Stufe) zur Gewißheit der *letzten Geburt.* Von der Seele des vollkommen Erlösten sagt daher das Acharanga Sutra[132], daß sie, qualitätlos, körperlos, tonlos, farblos, geschmacklos, gefühllos, ohne Auferstehung, ohne Kontakt mit der Materie, wissend und wahrnehmend *ohne Analogie* (also: bildlos und unmittelbar), ein *unbedingtes* Dasein führen werde. Wer im Leben die rechte intuitive Erkenntnis

130 Diese Exklusivität der Heroolatrie wurde von den Vertretern der Orthodoxie noch in der Spätzeit, welche doch die Inkarnationen orthodoxer Götter kannte, als spezifisch unklassisch und barbarisch empfunden. *Wie kann der Arhat, der nur zufällig zur Erde kam und durch Tugend Glück erhielt, mit Çiva verglichen werden?,* läßt eine Inschrift (Ep. Ind. V, S. 255 aus dem 12./13. Jahrhundert) ein gefeiertes Schulhaupt des 11. Jahrhunderts im Religionsgespräch gegen die Jaina ausrufen.

131 A. a. O., S. 138 ff.

132 I, 5, 6.

erlangt hat, sündigt nicht mehr. Er sieht, wie Mahavira, alle Götter zu seinen Füßen, ist allwissend. Mahaviras (irdischer) End-Zustand, in den der vollendete Asket eingeht, wird auch[133] *Nirvana* (in diesem Fall = dem späteren jivanmukti) genannt. Dieser Zustand des jainistischen Nirvana bedeutet aber – wie Hopkins zutreffend bemerkt hat – im Gegensatz zum buddhistischen nicht Erlösung von der *Existenz* überhaupt, sondern: *Erlösung vom Leibe,* der Quelle aller Sünden und Begierden und aller Begrenztheit der geistigen Kräfte. Man sieht sofort klar die geschichtliche Beziehung zur wunderkräftigen Magie. Daher ist zwar das Wissen auch bei den Jaina das höchste – in Wahrheit: das magische – Mittel der Erlösung, wie bei allen klassischen Soteriologien. Der Weg aber, es zu erlangen, ist neben Studium und Meditation in höherem Grade als bei anderen Literatensekten und ähnlich wie bei den Magiern: die Askese. Sie ist bei ihnen geradezu auf die äußerste Spitze getrieben: Die höchste Heiligkeit erlangt, wer sich zu Tode hungert.[134] Im ganzen aber ist sie gegenüber der alten primitiven Magier-Askese im Sinne der *Weltabkehr* spiritualisiert. *Hauslosigkeit* ist der grundlegende Heilsbegriff. Sie bedeutet Abbruch aller Weltbeziehungen, also vor allem Indifferenz gegen Sinneseindrücke und Vermeidung alles Handelns nach weltlichen Motiven[135], Aufhören überhaupt zu *handeln*[136], zu hoffen und zu wünschen.[137] Ein Mann, der nur noch fühlt und denkt: *Ich bin Ich*[138] ist *hauslos* in diesem Sinn. Er sehnt sich weder nach dem Leben noch nach dem Tod[139], – weil beides *Begierde* wäre, die Karman wecken kann –, hat weder Freunde noch verhält er sich ablehnend zu Handlungen Anderer ihm gegenüber (z. B. zu der üblichen Fußwaschung, die der Fromme am Heiligen vollzieht.)[140] Er handelt nach dem Grundsatz, daß man dem Übel nicht widerstehen solle[141] und daß sich der Gnadenstand des Einzelnen im Leben im Ertragen von Mühsal und Schmerzen zu bewähren habe. Die Jaina waren daher von Anfang an nicht eine Gemeinschaft von einzelnen, im Alter oder temporär sich dem Asketenleben hingebenden Weisen. Und auch nicht einzelne Virtuosen lebenslänglicher Askese. Auch nicht bloß einer Vielheit einzelner Schulen und Klöster. Sondern ein besonderer Orden von *Berufsmönchen.* Sie haben vielleicht zuerst, jedenfalls aber von den älteren vornehmen Intellektuellenkonfessionen

133 Acharanga Sutra II, 15.
134 Fälle sind inschriftlich bezeugt: Ep. Ind. III, S. 198 (12. Jahrh.), ein Heiliger hat sich in Gegenwart der Gemeinde zu Tode gehungert. Ep. Ind. V, 152, ein Prinz aus dem Gangestal, der nach großen Kriegszügen Jaina-Asket wurde (10. Jahrhundert) tut das gleiche.
135 Ach. S., I, 4, 1.
136 I, 2, 2.
137 I, 2, 4.
138 Ebenda I, 6, 2: Gegensatz gegen das Tat tvam asi der Upanischaden.
139 Ebenda I, 7, 8.
140 Ebenda II, 2, 13.
141 Ebenda II, 16.

am erfolgreichsten, die typische zwiespältige Organisation der hinduistischen Sekten, die Mönchsgemeinschaft als Kern, die Laien (upasaka, Verehrer) als Gemeinde unter der geistlichen Herrschaft der Mönche, durchgeführt. Die Aufnahme des Novizen in die Mönchsgemeinschaft erfolgte in der klassischen Zeit unter einem Baum[142] nach Ablegung aller Juwelen und Gewänder als Zeichen des Verzichts auf allen Besitz durch Ausraufen der Haare und Beschmieren des Kopfes und endete mit der Mitteilung der Mantra (magischen und soteriologischen Formel) ins Ohr des Novizen durch den Lehrer.[143] Die Strenge der Weltflucht scheint gewechselt zu haben. Nach der Überlieferung müßte sie zunächst immer weiter gesteigert worden und entweder die absolute Besitzlosigkeit oder die unbedingte Keuschheit – es ist streitig, welche von beiden – erst nachträglich als absolutes Gebot eingeführt worden sein. Indessen da diese nachträgliche Einführung dem Mahavira zugeschrieben wird, im Gegensatz zu den milderen Geboten des vorletzten Tirthankara, ist sie eben mit der Stiftung des Mönchsordens selbst identisch. Eine dauernde Spaltung des Ordens durch Neuerungen entstand zuerst im 1. Jahrh. unserer Zeitrechnung, als ein Teil der Mönche die Forderung absoluter Unbekleidetheit mindestens der heiligen Lehrer durchführten, ein anderer, und zwar die Mehrheit, sie ablehnte.[144] Da die Gymnosophisten in vielen Punkten ihres Rituals die archaistischere Praxis haben, auch von den hellenischen Schriftstellern erwähnt werden – sie disputierten mit den hellenischen Philosophen – und da ihr späterer Name den indischen Quellen ursprünglich allein bekannt gewesen, der Name *Jaina* dagegen jüngeren Ursprungs zu sein scheint, so handelte es sich in diesem Fall wohl um eine Akkommodation der Mehrheit der Mönchsgemeinschaft an die Welt im Interesse der Erleichterung der Propaganda, die denn auch in den folgenden Jahrhunderten die stärksten äußeren Erfolge hatte. Die Gymnosophisten trennten sich mit dem Anspruch, daß nur sie die eigentlichen *Nirgrantha* (Fesselfreien) seien, als *Digambara* (in die Weltweite gekleidet) von dem Rest, den *Swetambara* (Weißgekleideten), und zogen die Konsequenz, die Weiber von der Möglichkeit der Erlösung ganz auszuschließen. Eine weitere Spaltung entstand, als das Beispiel des Islam hier, wie einst in Byzanz, den Kampf gegen die Idole in die Gemeinde trug und eine bilderfeindliche Sekte entstand. Die Swetambara-Sekte umfaßte naturgemäß die Masse der Jaina, die Digambara hat im 19. Jahrhundert die englische Polizei aus der Öffentlichkeit verscheucht.

Die klassischen Jaina-Regeln erlegten dem Mönch, damit er vor jeder Verstrickung in persönliche oder örtliche Beziehungen und Attachements bewahrt werde, die Pflicht ruhelosen Wanderns von Ort zu Ort auf. Eine pein-

142 Auch ein Symptom hohen Alters des Ordens.

143 Wie alt dieser später für alle indischen Sekten typische Brauch ist, dürfte schwerlich feststellbar sein.

144 Das Schisma führte zu einer völligen Trennung auch der kanonischen Literatur beider Teile und zu Sonderkonzilien.

liche Kasuistik regelte die Art seines Bettelns so, daß die völlige Freiwilligkeit des Gebens und die Vermeidung jeden Karman erzeugenden Handelns des Gebers (für welches dann der Mönch verantwortlich gewesen wäre) gesichert schien. Der Mönch soll, um alles *Handeln* zu meiden, tunlichst nur von dem leben, was die Natur freiwillig im Überfluß bietet oder was beim *Haushalter* (Laien) ohne eine darauf gerichtete Absicht überflüssig vorhanden, also insofern der Naturgabe ähnlich ist.[145] Das Gebot der wandernden Heimatlosigkeit trug naturgemäß dazu bei, dem Orden eine gewaltige missionierende Kraft einzuflößen. Die Propaganda wurde überdies geradezu empfohlen.[146] – In völliger Umkehrung des Wandergebots für die Mönche schärft dagegen die Regel für die Laien die Gefährlichkeit des Reisens ein: Denn dadurch geraten sie in Gefahr, unkontrolliert und unwissend wie sie sind, in Sünden zu verfallen. Das uns schon bekannte hinduistische Mißtrauen gegen den Ortswechsel, wenigstens jeden Ortswechsel ohne Begleitung durch kontrollierende Seelsorger, wurde dadurch bei den Jainas auf die Spitze getrieben. Für jegliche Reise mußte der Guru die Erlaubnis und die Instruktionen geben, die Reiseroute und höchste Reisedauer sowie das erlaubte Höchstmaß der Reiseausgaben vorher genau feststellen. Diese Vorschriften sind charakteristisch für die Stellung der Jaina-Laien überhaupt. Sie waren schlechthin unmündig und wurden durch Inspektionsreisen des Klerus und der Sittenwächter unter Kirchenzucht gehalten. Der neben der *rechten Erkenntnis* zweite *Edelstein* des Jaina: die *rechte Einsicht,* bedeutete für den Laien blinde Unterordnung unter die Einsicht des Lehrers. Denn im Gegensatz zu der immerhin weitgehenden *organischen* Relativierung im orthodoxen Hinduismus gibt es in der klassischen Jaina-Soteriologie nur ein absolutes Heilsziel und also nur eine Vollkommenheit, der gegenüber alles Andere nur Halbheit, Provisorium, Unreife und Minderwertigkeit ist. Das Heil wird stufenweise erreicht – nach der verbreitetsten Jaina Lehre nach 8 Wiedergeburten, gerechnet von der Zeit an, zu welcher man auf den rechten Pfad gelangt ist. Auch der Laie also soll täglich eine bestimmte Zeit (48 Minuten) meditieren, muß bestimmte Tage (4 mal monatlich meist) die volle Mönchsexistenz führen und außerdem es auf sich nehmen, bestimmte Tage besonders streng zu leben, das Dorf an ihnen nicht zu verlassen und nur eine Mahlzeit zu sich zu nehmen. Das Laien-Dharma konnte eben nur eine möglichste Annäherung an das Mönchs-Dharma bedeuten wollen. Vor allem also: der Laie soll die ihm obliegenden Pflichten durch besonderes Gelübde auf

145 Massenhafte Einzelvorschriften in allen Jaina Sutras. Nicht nur alle gute Nahrung und Wohnung muß abgelehnt werden (Ach. Sutra I, 7, 2), sondern es muß auch vermieden werden, daß der Haushalter entweder aus Übereifer, (I, 8, 1) oder umgekehrt, weil der Mönch schmutzig ist und stinkt (II, 2, 2), irgend etwas eigens für den Bettelmönch herrichtet: Denn daran haftet Karman. Die *Regeln für Yatis* (Lehrer) schärfen daher auch besonders ein, den Laien nicht zu fragen, ob er dieses oder jenes Objekt habe, denn er könnte es sich im Eifer auf unrechtem Wege verschaffen.
146 Ach. Sutra I, 6, 5.

sich nehmen. Die Jaina-Konfession gewann dadurch den typischen Charakter einer *Sekte,* in die man besonders aufgenommen wurde.

Die Disziplin der Mönche war streng. Der Acharya (Superior) des Klosters[147], meist nach dem Alter, ursprünglich aber nach Charisma vom Vorgänger designiert oder von der Gemeinde bestimmt[148], nahm den Mönchen die Beichte ab und erlegte Buße auf. Der zuständige Klostersuperior[149] kontrollierte das Leben der Laien, welche zu diesem Zweck in Samghas (Diözesen) diese weiter in Ganas (Sprengel) und diese endlich in Gachchas (Gemeinden) geteilt waren. Jede Laxheit eines Acharya rächte sich durch magische Übel, Verlust des Charisma und namentlich Machtlosigkeit gegen die Dämonen.[150]

Dem materiellen Inhalt der Gebote nach stellte die Jaina-Askese, – der dritte Edelstein: die *rechte Praxis,* – an die Spitze aller Regeln das *Ahimsa:* das absolute Verbot der Tötung (himsa) lebender Wesen. Bei den Jaina ist das Ahimsa zuerst wohl unzweifelhaft aus der Ablehnung der, unkonsequenterweise, aus dem alten vedischen Opferritual von den Brahmanen beibehaltenen Fleischopfer entstanden. Neben der scharfen Polemik gegen diese vedische Praxis beweist dies gerade auch die unerhörte Vehemenz, mit der von ihnen dies Gebot des Nichttötens durchgeführt wurde. Der Jaina durfte sich selbst das Leben nehmen und sollte es (nach der Ansicht mancher) tun, wenn er entweder seine heilswidrigen Begierden nicht zu beherrschen vermochte oder umgekehrt das Heil erreicht hatte.[151] Aber er durfte fremdes Leben auch nicht indirekt und unwissentlich antasten. Aus dem ursprünglichen antiorgiastischen Sinn des Vegetaris-

147 Auch alle beständig wandernden Mönche waren, offenbar seit schon langer Zeit, je einem Kloster zugeteilt, welches sie kontrollierte. Die Bodenverleihungen, ohne welche Klöster auch im Jainismus nicht existieren konnten, wurden hier der Form nach als widerrufliche, periodisch ausdrücklich neu zu bestätigende Leihe konstruiert, um die Fiktion der absoluten Freiwilligkeit der Gaben und der Eigentumslosigkeit aufrecht zu erhalten. (Wie die Inschriften ergeben, vollzogen sich die Stiftungen meist so, daß der Stifter einen Tempel baute und das Land für den Lehrer stiftete: Ep. Ind. X, S. 37 aus dem 9. Jahrh.) Dem Rang nach blieb der einsam lebende Sadhu dem Klostermönch gegenüber höher geschätzt. Auch der Upadhaya (Lehrer) stand hinter ihm zurück. Er darf nur die Texte verlesen, der Acharya hatte darüber hinaus das Recht, sie authentisch zu erklären.

148 In einer Jaina-Gemeinde entstand ein Schisma, weil der von einem Suri designierte Nachfolger vor diesem gestorben und nun sein Schüler als solcher kraft Charisma die Nachfolge verlangte, die Gemeinde aber es mit einem anderen hielt (Hoernle, Ind. Ant. XIX, 1890, S. 235 f.).

149 Ein Acharya, der das Haupt einer Gachchha (Gemeinde) oder Sakha (Schule) war, hieß Suri und, wenn er lehrende Jünger um sich hatte, ganî. Listen von Lehrern der einzelnen Gachchhas sind inschriftlich erhalten. S. z. B. Ep. Ind. II, S. 36 ff., III, S. 198 ff.

150 Ein korrekter Acharya heißt Tyagi-Acharya, ein laxer Sithilacharya. In einer Jaina-Chronik (Hoernle a. a. O., S. 238) schlägt eine Göttin (Deva) einen Acharya in einem Augenblick sittlicher Laxheit mit einem Augenübel. Wieder zu Kräften gelangt, bedroht er sie und bekehrt sie zu seiner Upasaka (Laienschwester), worauf sie ihn – nachdem er ihr überdies Süßigkeiten gespendet hat – von seinem Augenübel befreit.

151 Was nach 12 Jahren Askese möglich war.

mus wurde dieses Verbot vielleicht hier zuerst in den Sinnzusammenhang der Einheitlichkeit alles Lebens transponiert. Als der Jainismus in einigen Königreichen offizielle Staatsreligion wurde, mußte eine Akkommodation stattfinden. Zwar lehnen noch heute korrekte Jaina es ab, in Kriminalgerichtshöfen zu sitzen, während sie in der Zivilrechtspflege gut verwendbar sind. Aber für das Militär mußte ein Ventil geschaffen werden, ähnlich wie das alte Christentum es tat. Der König und die Krieger also durften nach der revidierten Lehre *Verteidigungskriege* führen. Die alte Vorschrift wurde nun dahin uminterpretiert, daß sie für Laien nur die Tötung *schwächerer* Wesen, nicht bewaffneter Feinde, ausschließe. In dieser Form ist das Ahimsa der Jaina in die äußersten Konsequenzen getrieben worden. Korrekte Jaina brennen in der dunklen Jahreszeit kein Licht, weil es Motten verbrennen, zünden kein Feuer an, weil es Insekten töten würde, sieben das Wasser, ehe sie es kochen, tragen einen Mund- und Nasenschleier, um das Einatmen von Insekten zu verhindern[152], lassen sorgfältig jede Stelle der Erde, die sie betreten, mit weichen Besen fegen, scheren Kopf und Leib nicht (raufen statt dessen die Haare mit den Wurzeln aus) um nicht Läuse mit der Scheere töten zu müssen[153] und gehen nie durch Wasser, um nicht Insekten darin zu zertreten.[154] Das Ahimsa hatte zur Folge, daß die Jaina am Betrieb aller Gewerbe, bei denen Leben gefährdet wurde, also aller derjenigen, die Feuer verwandten, mit scharfen Instrumenten arbeiteten (Holz- oder Steinarbeit), vom Maurergewerbe und überhaupt von der Mehrzahl aller gewerblichen Berufe sich ausgeschlossen sahen. Gänzlich unmöglich war für sie natürlich der landwirtschaftliche Beruf, vor allem das Pflügen, welches stets das Leben von Würmern und Insekten gefährdete.[155]

Das nächstwichtigste Gebot für Laien war die Begrenzung des Besitzes. Man sollte nicht mehr als das *Nötige* haben. Das Gebrauchsvermögen ist in manchen Jaina-Katechismen auf 26 bestimmte Gegenstände beschränkt.[156] Ebenso

[152] Man wäre versucht, bei dem bekannten Spottwort vom *Mückenseihen,* welches Jesus gegen die jüdischen Literaten anwendet, eine irgendwie in Vorderasien verbreitete Kenntnis dieser indischen Praxis vorauszusetzen. Denn eine entsprechende Vorschrift existierte bei den Juden, soviel bekannt ist, nie.

[153] Die höchste Frömmigkeit ist, sich von Insekten peinigen zu lassen, ohne sie zu verscheuchen. Die großen Tierspitäler der Jaina sind bekannt, am berühmtesten jenes Spital, in welchem (auf Kosten der Stadt) 5000 Ratten unterhalten wurden (J. R. As. Soc. I, 1834, S. 96).

[154] Die Innehaltung dieser rituellen Vorschrift trug angeblich mit zum Niedergang der Jaina bei. Der jainistische König Komarpal von Anhilvara verlor Thron und Leben, weil er seine Armee bei Regenzeit nicht marschieren lassen wollte.

[155] In dieser Hinsicht ist die Lage der Digambara (Gymnosophisten) und Swetambara verschieden. Die ersteren stellen, da ihre Mönchsaskese wesentlich strenger ist, ähnlich den Buddhisten mildere Ansprüche an die Laien, die bei ihnen dem eigentlichen Heil ohnehin fern bleiben. Ein Teil von diesen treibt Ackerbau.

[156] Darunter findet sich freilich als Nr. 21 der Generalposten *das sonst wirklich Nötige.* Bücher z. B. können nur auf Grund dieses Titels besessen werden.

ist der Besitz von Reichtum überhaupt, über das zur Existenz erforderliche Maß hinaus, heilsgefährlich. Man soll den Überschuß an Tempel oder Tier-Spitäler hingeben, um sich Verdienst zu schaffen. Und dies geschah in den wegen ihrer Wohltätigkeits-Anstalten berühmten Jaina-Gemeinden im weitesten Umfang. Wohlgemerkt: der Erwerb von Reichtum an sich war keineswegs verboten, nur das Streben danach, reich zu sein und das Kleben daran, ziemlich ähnlich wie im asketischen Protestantismus des Okzidents. Wie bei diesem, war die *Besitzfreude* (parigraha) das spezifisch Verwerfliche, keineswegs der Besitz oder Erwerb an sich. Und die Ähnlichkeit geht weiter: Das bei den Jaina überaus streng genommene Verbot, Falsches oder Übertriebenes zu sagen und die absolute Redlichkeit im ökonomischen Verkehr, das Verbot jeglicher Täuschung (maya)[157] und jeglichen unredlichen Erwerbs, wozu vor allem jeder Erwerb durch Schmuggel, Bestechung und irgendwelche Arten unsolider Finanzgebarung gehörten (adattu dama) schloß die Sekte einerseits von der typisch orientalischen Beteiligung am *politischen Kapitalismus* (Vermögensakkummulation der Beamten, Steuerpächter, Staatslieferanten) aus und wirkte andererseits – bei ihnen und bei den Parsen – ebenso wie bei den Quäkern im Okzident gemäß der (frühkapitalistischen) Devise: *honesty is the best policy*. Die Redlichkeit der Jaina-Händler war berühmt.[158] Und ebenso ihr Reichtum: es wurde früher behauptet, daß mehr als die Hälfte des Handels Indiens durch ihre Hände gehe.[159] Daß die Jaina – wenigstens die Swetambara-Jaina – fast durchweg Händler wurden, hatte, wie wir dies später ebenso bei den Juden sehen werden, rein rituelle Gründe: Nur der Händler konnte das Ahimsa wirklich streng durchführen. Und auch die besondere Eigenart des Erwerbs war durch rituelle Gründe bestimmt: Die – wie wir sahen – bei ihnen besonders starke Perhorreszierung und Erschwerung des Reisens beschränkte sie auf den Platzhandel, in erster Linie, wiederum wie die Juden, das Bank- und Geldleih-Geschäft. Der aus der Wirtschaftsgeschichte des Puritanismus bekannte *asketische Sparzwang* wirkte auch bei ihnen im Sinn der Verwertung des akkumulierten Besitzes als Erwerbskapital statt als Gebrauchs- oder Rentenvermögen.[160] Daß sie dabei in die Schranken des Handelskapitalismus gebannt blieben und keine Organisation des Gewerbes schufen, hatte – außer in den uns schon bekannten Schranken, welche ihre hinduistische Umgebung mit ihrem Traditionalismus und daneben der patrimoniale Charakter des Königtums dem in den Weg stellte, – wiederum in ihrem rituell bedingten Ausschluß vom Gewerbe und außerdem – wie bei den Juden – ihrer rituellen Isolierung über-

[157] Wer Täuschung verübt, wird als Weib wiedergeboren.

[158] Im übrigen ist die Pflicht, auch im Salon unbedingt die Wahrheit zu sagen, später insofern temperiert worden, als man zwar nichts Unwahres sagen darf, das Wahre aber, wenn es dem andern unangenehm ist, nicht unbedingt sagen muß.

[159] Balfours Cyclopaedia of India, s. v. *Jain*, Vol. II, S. 403, rechte Spalte, Mitte. Das trifft jetzt nicht mehr zu.

[160] Dies ist es, was als lobha (Geiz) verpönt ist.

haupt seinen Grund. Ihre starke Vermögensakkumulation, welcher das Gebot, nicht mehr als das *Nötige* zu behalten (Parigraha viramana vrata) nur eine sehr elastische Schranke setzte[161], wurde, wie bei den Puritanern, durch den streng methodischen Charakter der ihnen vorgeschriebenen Lebensführung begünstigt. Meidung von Rauschmitteln, Fleisch- und Honiggenuß, absolute Meidung jeglicher Unkeuschheit und strenge eheliche Treue, Meidung von ständischem Stolz, von Zorn und allen Leidenschaften sind bei ihnen wie bei allen vornehmen Hindus selbstverständliche Gebote. Nur der Grundsatz, daß jegliche Emotion als solche zur Hölle führt, ist wohl noch strenger durchgeführt. Und weit schärfer als bei andern Hindus wird bei ihnen, auch den Laien, die Warnung vor unbefangener Hingabe an *die Welt* eingeschärft. Man kann die Verflechtung in Karman[162] nur meiden durch strengste methodische Selbstkontrolle und Beherrschtheit, durch Hüten der Zunge und überlegte Vorsicht in allen Lebenslagen. Ihre Sozialethik rechnet zu den Verdiensten die Speisung der Hungrigen und Durstigen, die Bekleidung der Armen, die Schonung und Pflege der Tiere, die Versorgung der Mönche (der eigenen Konfession[163], Lebensrettung anderer und Freundlichkeit gegen sie: man soll von ihnen gut denken, ihr Gefühl nicht verletzen, sie durch eigene hohe Moralität und Höflichkeit zu gewinnen suchen. Aber man soll sich nicht an andere binden. Die fünf großen Gelübde der Mönche enthalten neben Ahimsa, Asatya tyaga (Verbot der Unwahrhaftigkeit), Ashaya vrata (Verbot, etwas zu nehmen, was nicht freiwillig geboten wird), Brahmacharya (Keuschheit), als fünftes: Aparigraha vrata, der Verzicht auf Liebe für irgend jemanden oder irgend etwas. Denn Liebe weckt Begehren und erzeugt Karman. Es fehlt trotz jener rituellen Gebote gänzlich der christliche Begriff der *Nächstenliebe.* Und darüber hinaus sogar etwas, was der *Liebe zu Gott* entspräche. Denn es gibt keine Gnade und Vergebung, keine Reue, welche die Sünde auslöschte, und kein wirksames Gebet.[164] Der wohlerwogene Heilsvorteil, welchen die Tat dem Täter bringt, ist Leitstern des Handelns. *Das Herz des Jainismus ist leer.*

161 Mrs. Sinclair Stevenson (Heart of Jainism) erwähnt das Gelübde eines Jaina aus der jüngsten Vergangenheit: *Nicht mehr als 45000 Rupien* erwerben und den Überschuß verschenken zu wollen – wobei offenbar ganz selbstverständlich war, daß er diesen Betrag zu verdienen keine Schwierigkeiten haben werde.

162 Karman faßte die Jaina-Dogmatik (vgl. das von Jacobi in der Z. D. M. G. 60, 1906 übersetzte Kompendium Umasvatis) als einen materiellen Giftstoff auf, der durch Leidenschaft erzeugt werde. Es korrespondiert das mit der uns hier nicht weiter interessierenden Theorie von den gröberen und feineren Leibern, in welche die Seele gehüllt ist und von denen der feinste sie bei der Seelenwanderung begleitet: Alles ziemlich archaische Vorstellungen, die für das hohe Alter der Sekte sprechen.

163 Der Konfessionalismus der Jaina war darin stets stark ausgeprägt und kontrastierte mit der sonstigen hinduistischen Gepflogenheit, unterschiedslos die Heiligen aller Art zu beschenken.)

164 Vgl. Mrs Sinclair Stevenson a. a. O., S. 292: *Es wäre Sünde, wenn eine Mutter um Erhaltung des Lebens ihres Kindes beten würde.* Denn das wäre Begehren und weckt Karman.

Äußerlich angesehen, kann diese Behauptung für die Jaina ebenso wie für die Puritaner irrtümlich erscheinen. Denn die Solidarität gerade der Mitglieder der Jaina-Gemeinden untereinander ist und war von jeher sehr stark entwickelt. Mit auch darauf beruhte, wie bei vielen amerikanischen Sekten, ihre ökonomische Machtlage, daß die Gemeinde hinter dem Einzelnen stand, und daß er, wenn er den Ort wechselte, alsbald wieder bei seiner Sekten-Gemeinde persönlichen Anschluß hatte. Allerdings aber war diese Solidarität ihrem inneren Wesen nach von der spezifischen altchristlichen *Brüderlichkeit* ziemlich weit entfernt und, ähnlich dem sachlichen Rationalismus der puritanischen Wohlfahrtspflege, mehr ein Ableisten verdienstlicher Werke als Ausfluß eines religiösen Liebesakosmismus, von welchem der Jainismus vielmehr in der Tat nichts weiß.

Trotz ihrer strengen disziplinären Unterordnung unter den Mönchsklerus war von jeher stark im Jainismus der Einfluß der Laien (Çravaka). Ebenso wie die buddhistischen klassischen Schriften wendet sich ihre Literatur ja an sanskritunkundige Kreise in deren Sprache. Die Laien waren es, – hier wie im Buddhismus, – welche in Ermangelung anderer Kultobjekte die Hagiolatrie und die Idolatrie einführten und durch umfassende Bauten und Stiftungen die hieratische Architektur und das hieratische Kunstgewerbe zu außerordentlicher Blüte brachten.[165] Sie konnten dies, weil sie wesentlich den besitzenden Klassen, vornehmlich dem Bürgertum, angehörten. Gildenvorsteher werden schon in der älteren Literatur als Laienvertreter erwähnt, und bis heute sind die Jaina in den westindischen Gilden am stärksten vertreten. Der Laieneinfluß steigt heute wieder und äußert sich namentlich in dem Bestreben, die bisher isolierten Einzelgemeinden über ganz Indien hin zu einer Gemeinschaft zu verknüpfen. Die starke Organisation und Verknüpfung der Laien-Gemeinde mit den Mönchen war aber von jeher vorhanden und bildete für den Jainismus – im Gegensatz zum Buddhismus – das Mittel, die Konkurrenz der brahmanischen Restauration des Mittelalters und die islamische Verfolgung zu überdauern.[166]

Auch die Entstehung der Sekte liegt ja dem ersten Aufkommen der indischen Städte zeitlich nahe. Das bürgerfeindliche Bengalen andererseits hat sie am wenigsten rezipiert. Aber man hat sich vor der Vorstellung zu hüten, daß sie ein *Produkt* des *Bürgertums* gewesen sei. Sie entstammte der Kschatriya-Spekulation und der Laien-Askese. Ihre Lehre: die Anforderungen, welche sie an die Laien stellten, insbesondere aber ihre rituellen Vorschriften waren als Alltagsreligiosität nur für eine Händlerschicht dauernd erträglich. Aber sie erlegte auch einer solchen Schicht, wie wir sahen, höchst lästige Schranken auf, wie sie selbst sie aus ihrem ökonomischen Interesse heraus sich nie geschaffen

165 Wesentliche Teile des buddhistischen hieratischen Bedarfes an Bauten und Paramenten fehlten allerdings den Jaina.

166 Dazu zu vgl. Hörnle, Presid. Adress 1898, Royal Asiatic Soc. of Bengal und Mrs. Stevenson a. a. O.

oder auch nur ertragen hätte. Hochgekommen ist die Sekte wohl zweifellos, wie alle hinduistischen orthodoxen und heterodoxen Gemeinschaften, durch die Gunst von Fürsten. Und es liegt außerordentlich nahe und wird mit Recht auch angenommen[167], daß der Wunsch, sich von der lästigen Macht der Brahmanen zu befreien, für diese Fürsten das wichtigste (politische) Motiv gewesen ist. Die größte Blüte der Jaina-Religion fällt nicht in die Zeit des Aufstiegs des Bürgertums, sondern gerade in die Zeit abnehmender politischer Städte- und Gilden-Macht, etwa vom 3. – 13. Jahrhundert unserer Zeitrechnung, eine Zeit der Blüte auch für ihre Literatur, – wo sie namentlich auf Kosten des Buddhismus Boden gewannen. Entstanden scheint die Sekte in dem Gebiet östlich von Benares zu sein, von wo sie nach Westen und Süden wanderte, während sie in Bengalen und auch in Hindostan schwach blieb. In einigen südindischen und in dem Reich der westlichen Chalukya-Könige war sie zeitweise rezipierte Staatsreligion. Dort im Westen sind auch bis in die Gegenwart die Hauptstätten ihrer Pflege geblieben.

Nach der hinduistischen Restauration entging auch der Jainismus in ziemlich weitem Umfang dem Schicksal der Hinduisierung nicht. In seinen Anfängen hatte er die Kasten ignoriert. Sie haben zu seiner Soteriologie keinerlei auch nur indirekte Beziehung. Eine Verschiebung erfuhr dies schon, als unter dem Einfluß der Laien der Tempel- und Idol-Kult immer größere Dimensionen annahm. Dem genuinen Jaina-Mönch war die Pflege der Tempel und Idole nicht möglich, da sie Karman wirkte. Ihm ziemte neben der Beschäftigung mit seiner Selbsterlösung nur die Stellung als Guru und Lehrer. Die Aufgabe der Pflege der Tempelidole fiel also in die Hände der Laien, und wir finden die eigentümliche Erscheinung, daß der Tempelkult mit Vorliebe in die Hände von Brahmanen[168] gelegt wurde, weil diese für solche Zwecke geschult waren. Die Kastenordnung bemächtigte sich nun der Jaina. In Südindien sind sie vollständig in Kasten gegliedert, während im Norden die hinduistische Auffassung dazu neigt, sie – dem uns bekannten Typus entsprechend – als eine Sektenkaste zu behandeln, was sie stets nachdrücklich ablehnten. In den nordwestindischen Städten aber standen sie noch aus den Zeiten der Gildenmacht her vielfach im Konnubium mit sozial gleichgeordneten, also vor allem Händler-Schichten. Die modernen Vertreter des Hinduismus sind geneigt, sie für diesen zu reklamieren. Die Jaina selbst haben auf eigentliche Propaganda verzichtet. Ihr *Gottesdienst* umfaßt eine Predigt, in der ein *Gott* nicht vorkommt, und Auslegung heiliger Schriften. Ihr Laienglaube scheint[169] im allgemeinen dahin zu neigen, daß es wohl einen Gott gebe, dieser sich aber

167 Namentlich von Hopkins a. a. O.

168 Naturgemäß, wie bei allen Tempel-Brahmanen, solcher von etwas degradiertem Rang.

169 Nach Gesprächen J. Campbell Omans (Mystics, Ascetics and Saints of India 1903) mit jainistischen Kaufleuten.

um die Welt nicht kümmere und sich begnügt habe, zu offenbaren, wie man sich von ihr erlösen könne. Die Zahl der Bekenner geht, wie eingangs gesagt, wenigstens relativ zurück.

Diese eigentümlich schwankende Lage der Sekte lag zum Teil in den uns bekannten hinduistischen Verhältnissen, teils aber auch in ihrer ursprünglichen inneren Eigenart begründet. Ihre ritualistische Stellung war nicht völlig geklärt und konnte es in Ermangelung eines überweltlichen Gottes und einer an seinem Willen verankerten Ethik nicht sein, nachdem sie die Laiengemeinde einerseits fest mit der Mönchsgemeinde verknüpft, andererseits doch als von ihr streng geschieden konstituiert hatte, ohne ihr doch ein festes eigenes Ritual zu geben. Und auch in der Heilslehre selbst lagen Unausgeglichenheiten. Denn sie war widerspruchsvoll insofern, als ihr höchstes Heilsgut ein nur durch Kontemplation zu erlangender geistiger Habitus, ihr spezifischer Heilsweg aber Askese war. Zum mindesten neben der Meditation und Kontemplation und ihr jedenfalls gleichberechtigt standen die radikal asketischen Mittel. Die Magie wurde nie wirklich ganz abgestreift und die ängstliche Kontrolle der ritualistischen und asketischen Korrektheit vertrat die Stelle einer vollkommenen und geschlossenen Durchrationalisierung im Sinne einer innerlich einheitlichen Methodik, sei es einer rein kontemplativen Mystik, sei es einer reinen aktiven Askese. Die Jaina selbst haben sich stets als eine spezifisch asketische Sekte empfunden, und zwar insbesondere im Gegensatz gegen die, von eben diesem Standpunkt aus, von ihnen als *weltlich* geschmähten Anhänger des Buddhismus.

Wie der Jainismus und noch deutlicher als er stellt sich auch der Buddhismus dar als entstanden in der Zeit der Städteentwicklung, des Stadtkönigtums und Stadtadels. Sein Stifter war Siddharta, der Sakya Simha oder Sakya Muni, genannt Gautama[170], der Buddha[171], geboren in Lumbini im heute nepalesischen Gebiet am Fuß des Himalaya. Seine Flucht aus dem Elternhaus in die Einsamkeit, *der große Verzicht* (auf die Welt) gilt den Buddhisten als Stiftungszeit des Buddhismus. Er gehörte der adligen (Kschatriya-) Sippe der Sakya von Kapilavastu an. Gildevorsteher spielen auch in den alten literarischen Dokumenten der Buddhisten ebenso wie der Jainisten und erst recht unter inschriftlich erhaltenem Namen von Donatoren der buddhistischen Klöster eine hervorragende Rolle. Oldenberg macht darauf aufmerksam, wie die ländliche Umgebung, Vieh und Weide für die altbrahmanischen Lehrer und Schulen mindestens der älteren Upanischadenzeit, die Stadt und das Stadtschloß mit seinem auf Elefanten reitenden König aber für die Buddha-Zeit charakteristisch sind und wie die Dialogform die hereingebrochene Stadtkultur

170 Gautama ist der Name des brahmanischen Rischi, von welchem die offenbar seit altem brahmanenfeindliche Sakya-Sippe abzustammen beanspruchte.

171 Die Bezeichnung Buddha, der Erleuchtete, war alt. *Pratibuddha* war ein brahmanischer Mönch, der durch Meditation die Erleuchtung erlangt hatte oder suchte.

widerspiegelt. In den jüngeren Upanischaden ist all dies freilich schon im Werden. Aus dem literarischen Charakter ließe sich hier offenbar ein Altersunterschied nicht leicht ableiten. Schon leichter aus der sachlich naturgemäßen Aufeinander- und Auseinanderfolge der Ideen hier und dort. Der alte Buddhismus weiß, wie die Samkya-Lehre und die Jaina-Sekte, vom Brahman nichts. Im Gegensatz zu beiden lehnt er aber auch das Atman und überhaupt diejenigen *Individualitäts*-Probleme ab, mit welchen die philosophische Schulsoteriologie sich abgemüht hatte. Dies geschieht teilweise in so pointiert gegen diese ganze Problematik gerichteter Art, daß diese letztere schon voll durchgearbeitet gewesen sein muß, ehe sie in solcher Weise als nichtig und wesenlos abgetan werden konnte. Den Charakter als eine ganz spezifische vornehme Intellektuellensoteriologie trägt er an der Stirn geschrieben, ganz abgesehen davon, daß alle Selbstzeugnisse ihn dahin stellen. Die Tradition läßt den Stifter um eine Generation jünger sein als Mahavira, den Stifter des Jaina-Ordens. Die Angabe ist wahrscheinlich, weil nicht wenige buddhistische Überlieferungen die Konkurrenz des neuen Ordens gegen den alten und den Haß der Mitglieder des letzteren gegen die Buddhisten zur Voraussetzung haben. Diesen Haß spiegeln gelegentlich auch jainistische Überlieferungen wider. Er ist außer durch die Konkurrenz an sich auch durch den inneren Gegensatz des buddhistischen Heilsstrebens gegenüber nicht nur dem klassisch brahmanischen, sondern gerade auch dem jainistischen begründet.

Der Jaina-Orden ist eine sehr wesentlich asketische Gemeinschaft in dem spezifischen Sinn, den wir mit *aktiver Askese* hier verbinden. Das Heilsziel ist, wie bei aller indischen Intellektuellensoteriologie, die ewige Ruhe. Aber der Weg ist Weltabkehr und Selbstabtötung durch Kasteiung. Kasteiung aber ist nicht nur mit äußerster Willensanspannung verknüpft, sondern trägt leicht emotionale und unter Umständen geradezu hysterische Konsequenzen im Schoße. Sie führt jedenfalls nicht leicht zu jenem Gefühl der Sicherheit und Ruhe, welches für eine auf Ablösung von dem Treiben und Sichquälen der Welt gerichtete Heilssuche den entscheidenden Gefühlswert haben mußte. Diese *certitudo salutis* aber, der diesseitige Genuß der Ruhe der Erlösten, ist ja, pyschologisch gesehen, die von den indischen Religionen letztlich erstrebte Zuständlichkeit. Der indische Heilsucher will, sahen wir, als *jivanmukti* der Seligkeit des weltentronnenen Lebens schon im Diesseits sich erfreuen. Es ist für die Beurteilung des alten Buddhismus wichtig, im Auge zu behalten, daß seine spezifische Leistung es war diesem und nur diesem Ziele nachgegangen zu sein, unter rücksichtsloser Beseitigung aller Heilsmittel, die mit ihm nichts zu tun hatten. Um deswillen hat er ebenso die asketischen Züge, welche der Jainismus trug, gänzlich ausgemerzt wie alle Spekulationen über irgendwelche Probleme, – diesseitige und jenseitige, soziale und metaphysische –, die nicht mit der Erlangung jenes Zieles zusammenhingen und ihm dienen konnten. Auch an der Begierde nach dem Erkennen haftet der echte Heilssucher nicht.

Über die Eigenart des *primitiven* Buddhismus, – sei es, daß darunter die Lehre des Meisters selbst oder die Praxis der ältesten Gemeinde verstanden werden soll (was für uns gleichgültig ist) – hat gerade die neueste Literatur eine ganze Reihe ausgezeichneter Arbeiten der Indologen aufzuweisen. Eine Einigung ist nicht in allem erzielt. Für unsere Zwecke empfiehlt es sich, zunächst den alten Buddhismus nach den zeitlich ältesten Quellen[172] in den für uns wichtigen Punkten systematisch und also im möglichst geschlossenen Gedankenzusammenhang wiederzugeben, ohne Rücksicht darauf, ob er wirklich gerade in seinem Geburtsstadium diese rationale Geschlossenheit in vollem Umfang gehabt hat, was nur die Fachleute entscheiden können.[173]

Der alte Buddhismus[174] ist in fast allen praktisch entscheidenden Punkten der charakteristische Gegenpol des Konfuzianismus sowohl wie etwa des

[172] Es geschieht dies an Hand der Arbeiten namentlich von H. Oldenberg und Rhys Davids.

[173] Was dabei vor Allem notgedrungen, schon des Raumes wegen, vernachlässigt wird, sind die bei allen indischen Intellektuellenphilosophien sehr wichtigen Beziehungen zur Magie. Eine ganze Anzahl scheinbar soteriologisch-rationaler Grundsätze pflegen bei ihnen, mindestens ursprünglich, durch magische Bedeutsamkeit bedingt zu sein. Andererseits lassen wir auch manche an sich wichtige, rein durch die Macht der Tradition fortwirkende, Einzelzüge beiseite. So ist die Heiligkeit der Kuh, insbesondere die expiatorische Wirkung des Kuhurins auch in der buddhistischen Mönchsregel, und jedenfalls seit ziemlich alter Zeit, selbstverständlich.

[174] Nachdem die für die buddhistische Ethik noch immer höchst wertvollen älteren Arbeiten (von Köppen, Kern und anderen) durch das Studium des Pali-Kanons und die sonstigen, namentlich auch die monumentalen, Zeugnisse, welche die Geschichtlichkeit der Person des Buddha bestätigten, in einem Hauptpunkt erledigt waren, wendete sich die Arbeit vor allem der Verwertung des Quellenmaterials zu. Neben dem älteren grundlegenden Werk von H. Oldenberg (Buddha) geben die Arbeiten von Mr. und Mrs. Rhys Davids die lesbarsten und zugleich konstruktivsten Zusammenfassungen des seitdem errungenen Standpunktes. Daneben von kürzeren Darstellungen: die Schriften von Pischel und von Edv. Lehmann, welche weiteren Kreisen zugänglich sind. Populär auch: Roussel, Le Bouddhisme primitif, Paris 1911 (Bd. I der von Theologen der Dominikaner-Universität Freiburg herausgegebenen *Religions Orientales).* Wissenschaftliche Gesamtdarstellung jetzt von F. Kern in Bühlers Grundriß. Dazu die Darstellungen in den Sammelwerken über vergleichende Religionswissenschaft. Einzelzitate an den betreffenden Stellen. Über die Dogmatik des Buddhismus de la Vallée-Poussin, Bouddhism (Paris 1909). Dazu das ältere Werk von Sénart, Origines Bouddhiques. Von dem Quellenmaterial zum alten Buddhismus liegt der Pali-Kanon (Tripithaka) in englischer Übersetzung in den Sacred Books of the East vor. Die Reden und Gedichte Buddhas (die von der Tradition ihm zugeschriebenen Logia) hat Neumann in hervorragender Art ins Deutsche übertragen. Einen unmittelbaren Eindruck von der Eigenart altbuddhistischen Denkens liefert vielleicht am besten die Lektüre der *Questions of King Milinda* und (schon mahayanistisch umgebogen) Açvagoschas Buddha Tscharita (beide in den Sacred Books of the East). Einzelzitate an den entsprechenden Stellen. Zur Einführung sind ferner sehr zu empfehlen die bescheiden als populäre Schriften auftretenden, aber auf offenbar ausgebreiteter persönlicher Anschauung beruhenden Darstellungen von H. Hackmann in den *Religionsgeschichtlichen Volksbüchern* (Der Buddhismus I., II. und III. Teil, III. Reihe, Heft 4, 5, 7, Tübingen 1906).

Islam. Er ist die spezifisch unpolitische und antipolitische Standesreligion oder richtiger gesagt: religiöse *Kunstlehre* eines wandernden, intellektuell geschulten, Bettelmönchtums. Er ist, wie alle indische Philosophie und Hierurgie, *Erlösungsreligion,* wenn man den Namen *Religion* auf eine Ethik ohne Gott – oder richtiger: mit absoluter Gleichgültigkeit gegen die Frage, ob es *Götter* gibt und wie sie existieren – und ohne Kultus anwenden will. Und zwar ist er, angesehen auf das *wie?* und *wovon?* wie auf das *wozu?* der Erlösung die denkbar radikalste Form des Erlösungsstrebens überhaupt. Seine Erlösung ist ausschließlich des einzelnen Menschen eigenste Tat. Es gibt dafür keine Hilfe bei einem Gott oder Heiland.[175] Vom Buddha selbst kennen wir kein Gebet. Denn es gibt keine religiöse Gnade. Aber es gibt auch keine Prädestination. Ausschließlich des eigenen freien Verhaltens Folge ist ja nach der die Theodizee ersetzenden, vom Buddhismus nicht bezweifelten, Lehre vom Karman: der universellen Kausalität ethischer Vergeltung, das Jenseitsschicksal. Und nicht die *Persönlichkeit,* sondern der Sinn und Wert der einzelnen Tat ist das, wovon die Karman-Lehre ausgeht: Es kann keine einzelne weltgebundene Handlung in der sinnvoll ethisch ablaufenden, aber gänzlich unpersönlichen kosmischen Kausalität verlorengehen. Man könnte glauben, eine Ethik aus diesen Prämissen müsse eine solche aktiven Handelns sein, es sei innerhalb der Welt (wie sie Konfuzianismus und Islam, jeder in seiner Art, besitzen), oder in Form asketischer Übungen, wie bei seinem Hauptkonkurrenten in Indien, dem Jainismus. Allein beides lehnt der alte Buddhismus gleichmäßig ab, weil das *wovon?* und das *wozu?* der von ihm angestrebten Erlösung beides ausschließt. Denn aus jenen allgemeinen Prämissen der Anschauungsweise der indischen soteriologisch interessierten Intelligenz zieht die Lehre des Buddha – wie sie sich schon in der von Rhys Davids geistvoll interpretierten ersten Ansprache nach der *Erleuchtung* äußert – nur die letzte Konsequenz, indem sie die Grundursache aller erlösungsfeindlichen Illusionen in dem Glauben an eine *Seele* überhaupt als einer perennierenden Einheit aufdeckt. Daraus folgert sie die Sinnlosigkeit des Haftens an allen und jeden mit dem *animistischen* Glauben zusammenhängenden Neigungen, Hoffnungen und Wünschen: an allem diesseitigen und, vor allem, auch jenseitigen Leben. Das alles ist ein Haften an vergänglichen Nichtigkeiten. Denn ein *ewiges Leben* wäre für das Denken des Buddhismus eine contradictio in adjecto: *Leben* besteht ja gerade in dem Zusammengeschweißtsein der einzelnen Konfituenzien (Khandas) in die Form der selbstbewußten und wollenden Individualität, deren Wesen ja gerade darin beruht, in dem Sinn restlos vergänglich zu sein. *Zeitlos gültige* Werte irgend eines Individuellen aber anzuerkennen würde dieser – wie jeder indi-

175 Denn die Heilands-Qualität des Buddha selbst war erst sekundäres Entwicklungsprodukt. An seiner zwar übernormalmenschlichen, aber nicht göttlichen, nur exemplarischen Qualität bestand in der ersten Zeit des Ordens offenbar nicht der geringste Zweifel.

schen – Denkweise als eine absurde und lächerliche Vermessenheit, der Gipfel psycholatrischer *Kreaturvergötterung* (um einen puritanischen Begriff zu gebrauchen) erschienen sein. Nicht Erlösung zu einem ewigen Leben also, sondern zur ewigen Todesruhe wird begehrt. Der Grund dieses Erlösungsstrebens ist beim Buddhismus wie bei den Indern überhaupt nicht etwa *Überdruß am Leben,* sondern *Überdruß am Tod.* Das zeigt am deutlichsten schon die Legende von den Erlebnissen, welche der Flucht des Buddha aus dem Elternhaus, von der Seite der jungen Frau und des Kindes, in die Waldeinsamkeit vorausgingen. Was nutzt die Herrlichkeit der Welt und des Lebens, wenn sie unausgesetzt von den drei Übeln der Krankheit, des Alters und des Todes bedroht ist, wenn alle Hingabe an die irdische Schönheit nur den Schmerz, und vor allem, die Sinnlosigkeit der Trennung, einer in einer Unendlichkeit stets neuer Leben immer erneuten Trennung, steigert? Die absolut sinnlose Vergänglichkeit von Schönheit, Glück und Freude in einer ewig bestehenden Welt ist auch hier das, was die Weltgüter endgültig entwertet. Für den wenigstens, der stark und weise ist, – und nur für diesen, erklärt der Buddha wiederholt, sei seine Lehre. Daraus ergibt sich nun die spezifisch erlösungsfeindliche Gewalt. Ein gesinnungsethischer Sündenbegriff ist, wie dem Hinduismus überhaupt, so auch dem Buddhismus nicht kongenial. Gewiß gibt es für den buddhistischen Mönch Sünden, auch Todsünden, welche für immer aus der Gemeinschaft der zu den Zusammenkünften zugelassenen Genossen ausschließen, andere, welche nur Buße erheischen. Aber bei weitem nicht alles, was die Erlösung hindert, ist eine *Sünde.* Nicht sie ist die letztlich erlösungsfeindliche Macht. Nicht das *Böse,* sondern das vergängliche Leben als solches: Die schlechthin sinnlose Unrast alles geformten Daseins überhaupt ist es, wovon Erlösung gesucht wird. Alle *Sittlichkeit* könnte dafür nur Mittel sein und hätte also auch nur Sinn, soweit sie Mittel dafür ist. Das ist sie aber letztlich nicht. Die Leidenschaft rein als solche, auch für das Gute und auch gerade in der Form des edelsten Enthusiasmus, ist, weil jedes *Begehren* ans Leben bindet, das schlechthin erlösungsfeindliche. Der Haß ist das im Grunde nicht in höherem Grade als alle Arten der Liebe zu Menschen und auch die leidenschaftliche aktive Hingabe an Ideale es ebenfalls sind. Unbekannt ist die Nächstenliebe zum mindesten im Sinn der großen christlichen Brüderlichkeitsvirtuosen. *Wie ein mächtiger Wind blies der Gesegnete über die Welt mit dem Wind seiner Liebe, so kühl und süß, ruhig und zart.*[176] Nur diese kühle Temperierung gewährleistet ja die innere Loslösung von allem *Durst* nach Welt und Menschen. Der buddhistische mystische, durch die Euphorie der apathischen Ekstase psychologisch bedingte Liebesakosmismus (maitri, metta), das *unbegrenzte Fühlen* für Menschen und Tiere, so wie die Mutter für ihr Kind, gibt freilich dem Begnadeten magische seelenüberwindende

[176] So in den gleich zu erwähnenden *Fragen des Königs Milinda* (IV, 1, 12).

Macht auch über seine Feinde.[177] Aber er bleibt dabei kühl und distant temperiert.[178] Denn letztlich muß der Einzelne, wie ein berühmtes Gedicht[179] des Meisters sagt, *einsam wandern wie das Nashorn,* – und das heißt auch: dessen harte Haut gegen Gefühle haben. Die *Feindesliebe* vollends ist dem Buddhismus notwendig ganz fremd. Sein Quietismus konnte solche Virtuosenkraft der Selbstüberwindung nicht, sondern nur das gleichmütige Nichthassen des Feindes und das *ruhevolle Gefühl freundlicher Eintracht* (Oldenberg) mit den Gemeinschaftsgenossen ertragen. Auch dies Gefühl ist nicht rein aus mystischer Empfindung geboren, sondern getragen auch durch das egozentrische Wissen, daß die Austilgung auch aller Feindschaftsaffekte der eigenen Erlösung frommt. Die buddhistische Caritas hat den gleichen Charakter der Unpersönlichkeit und Sachlichkeit, wie er sich im Jainismus und, in anderer Art, auch im Puritanismus findet. Die eigene certitudo salutis, nicht das Ergehen des *Nächsten,* steht in Frage.

Die Erlösung entsteht auch im Buddhismus durch *Wissen.* Nicht natürlich im Sinn der erweiterten Kenntnis irdischer oder himmlischer Dinge. Im Gegenteil forderte der alte Buddhismus gerade auf diesem Gebiet das äußerste an Unterdrückung des Wissensstrebens: den bewußten Verzicht auf das Forschen nach dem, was nach dem Tode des Erlösten sein wird, weil die Sorge darum ebenfalls *Begehren: Durst,* ist und dem Heil der Seele nicht frommt. Den Mönch Mâlukya, der wissen will, ob die Welt ewig und unendlich sei und ob Buddha nach dem Tode weiter leben werde, verspottet der Meister: Solche Fragen eines Unerlösten seien gerade so, wie wenn jemand, der todkrank an einer Wunde liege, vom Arzt, ehe er die Wunde behandeln dürfe, zu wissen begehre, wie der Arzt heiße, ob er adlig sei und wer ihm die Wunde zugefügt habe. Das Forschen über das Wesen von Nirvana galt dem korrekten Buddhismus geradezu als Ketzerei. Im Konfuzianismus wird die Spekulation

177 Quest. of K. Milinda IV, 4, 16: Wenn ein Buddhist *die volle Liebe* hat, kann niemand ihm Übles tun. Selbst physisch nicht. Denn diese Liebe ist allbezwingend. Man wird gut tun, diese Vorstellung – mindestens in ihrer primären Fassung – nicht im Sinn etwa des Dostojewskischen Starjez Ssossima oder des Tolstojschen Platon Karatajew zu fassen, obwohl sie gewiß dahin sublimiert werden konnte, sondern zunächst einfach magisch. Der Besitz des ekstatischen Liebesakosmismus ist eine magische Qualität. Kommt also, heißt es, ein Buddhist durch Schwert oder Gift um, so hatte er in diesem Augenblick dieses Charisma nicht.

178 Über das Wesen der Maitri, die auch im Yoga eine Rolle spielte, hat zwischen Pischel und H. Oldenberg (Aus dem alten Indien, 1910) eine Diskussion stattgefunden, bei welcher, wie mir scheint, der letztere im Recht blieb. *Friedvolles Wohlwollen* ist ihr Wesen. Auch in der Rangordnung der Laien-Tugenden wird die Wohltätigkeit, wie Oldenberg hervorhebt, ihr gelegentlich vorangestellt. Für den Mönch aber wird sie überhaupt nur nebenher erwähnt und auch die Lyrik scheint sie nicht im entferntesten ähnlich zu durchtränken, wie bei uns in der bernhardinischen und pietistischen Lyrik. Das *Wissen* ist und bleibt eben der Erlösungsweg.

179 Es findet sich u.a. in Neumanns zitierter Sammlung der *Reden des Gautama Buddha.*

abgelehnt, weil sie der diesseitigen Vollendung des Gentleman nicht frommt und, utilitarisch betrachtet, steril ist. Im Buddhismus, weil sie einen Hang am irdischen verstandesmäßigen Wissen dokumentiert und dies für die jenseitige Vollendung nicht frommt. Sondern das heilbringende *Wissen* ist ausschließlich die praktische Erleuchtung durch die vier großen Wahrheiten über Wesen, Entstehung, Bedingungen und Mittel der Vernichtung des Leidens. Während der alte Christ das Leiden als asketisches Mittel oder als Martyrium eventuell sucht, flieht der Buddhist das Leiden unbedingt. *Leiden* aber ist mit der Tatsache der Vergänglichkeit alles geformten Seins rein als solchen gleichgesetzt. Das aus dem Wesen des Lebens folgende, ebenso aussichtslose wie unvermeidliche Ringen gegen die Vergänglichkeit, der *Kampf um das Dasein* im Sinn des Strebens nach Behauptung der eigenen, von Anfang an doch todgeweihten Existenz, das ist das Wesen des Leidens. Noch späte Sutras der *weltfreundlichen* Mahayana-Schule operieren mit dem Nachweis der völligen Sinnlosigkeit eines unvermeidlich in Alter und Tod abschließenden Lebens. Diese vom Leiden endgültig befreiende Erleuchtung ist allein durch Andacht, durch die kontemplative Versenkung in die einfachen praktischen Lebenswahrheiten zu erlangen. Das *Wissen,* welches jedem Handelnden versagt und nur einem nach Erleuchtung Strebenden möglich ist, ist also zwar praktischer Art. Aber es ist dennoch nicht das *Gewissen,* – welches ja auch Goethe dem Handelnden abspricht und nur *dem Betrachtenden* zugesteht. Denn der Buddhismus kennt einen konsequenten Begriff des *Gewissens* nicht und kann ihn nicht kennen, schon infolge der Karmanlehre und seiner darauf beruhenden Ablehnung des Persönlichkeitsgedankens, die er besonders konsequent, etwa in der Art der Machschen Seelen-Metaphysik, durchgeführt hat. Was ist denn das *Ich,* mit dessen Vernichtung sich die bisherige Erlösungslehre abmüht? – Auf diese Frage hatten die einzelnen orthodoxen und heterodoxen Soteriologen verschiedene Antworten gegeben, von der primitiven, je nachdem mehr materialistischen oder spiritualistischen Anknüpfung an die alte magische Seelenkraft des Atman (im buddhistischen Pali: attan) bis zu der Konstruktion jenes unveränderlich konstanten, aber auch nur rezeptiven, Bewußtseins der Samkhya-Lehre, welche alles Geschehen ohne Ausnahme der Materie, das heißt, der Welt des Veränderlichen, zuwies. Der Buddha kehrte von dieser soteriologisch und psychologisch ihn nicht befriedigenden intellektualistischen Konstruktion zu einer, im Effekt, voluntaristischen zurück. Aber in neuer Wendung. Neben allerhand Resten primitiverer Anschauungen findet sich der sinnhafte Kern der neuen Lehre besonders geistreich in den *Fragen des Königs Milinda.*[180] Die innere Erfahrung zeigt uns überhaupt kein *Ich* und keine *Welt,*

180 Menander, einer der vorderindischen (indoskythischen) Herrscher der frühbuddhistischen Zeit. Die Dialogsammlung ist herausgegeben in den Sacred Books of the East (The Questions of King Milinda, Vol. 35, 36). Inwieweit etwa die aristotelische Entelechielehre eingewirkt haben könnte, ist fraglich. Doch darf eine weitgehende

sondern nur einen Ablauf von allerhand Sensationen, Strebungen und Vorstellungen, welche zusammen die *Wirklichkeit* ausmachen. Die einzelnen Bestandteile, so wie sie erfahren werden, sind in der inneren Realität überhaupt nicht *unterschiedslos* (gemeint ist: *zu einer Einheit)* verbunden. Hat man das *Schmeckende* z.B. *heruntergeschluckt,* so ist es der Substanz nach noch da, – aber nicht mehr als *Schmeckendes.* Und *Salz,* d.h. die salzige Geschmacksqualität, ist nicht sichtbar (III, 3, 6). Ein Bündel von lauter heterogenen Einzelqualitäten[181] also wird wahrgenommen, sowohl als äußere *Dinge,* wie, vor allen Dingen auch, im Wege der Selbstbesinnung, als das, was uns als einheitliche *Individualität* erscheint. Dies der Sinn der Erörterung. Was nun ist es, das die Einheit herstellt? Wiederum wird von den Außendingen ausgegangen. Was ist ein *Wagen?* Offenbar nicht irgend einer seiner einzelnen Bestandteile (Räder usw.). Und ebenso offenbar auch nicht sie alle zusammen, als bloße Summe gedacht. Sondern kraft der Einheit des Sinns aller Einzelteile allein erleben wir das Ganze als *Wagen.* Genau ebenso bei der *Individualität.* Worin besteht diese? In den einzelnen Sensationen gewiß nicht. Auch nicht in allen zusammen. Sondern in der Einheit des Zwecks und Sinns, welche diese beherrscht, wie die sinnvolle Zweckbestimmtheit den Wagen. Worin aber besteht bei der Individualität dieser Zweck und Sinn? In dem einheitlichen Wollen des existierenden Individuums. Und der Inhalt dieses Wollens? Die Erfahrung lehrt, daß alles Wollen der Individuen in hoffnungsloser Vielheit auseinander- und gegeneinanderstrebt und nur in einem einzigen Punkt einig ist: Sie alle wollen existieren. Letztlich wollen sie eben gar nichts anderes als dieses. All ihr Kämpfen und Tun, wie immer sie es vor sich und anderen illusionistisch einkleiden mögen, hat letztlich nur diesen einen einzigen letzten Sinn: den Willen zum Leben. Er, in seiner metaphysischen Sinnlosigkeit, ist es also, der letztlich das Leben zusammenhält. Er ist es, der Karman erzeugt. Ihn gilt es zu vernichten, wenn man dem Karman entrinnen will. Der Wille zum Leben, oder wie der Buddhismus sagt, der *Durst* nach Leben und Handeln, nach Genuß, Freude, vor allem nach Macht, aber auch nach Wissen oder nach was immer es sei, – der ist allein das *principium individuationis.* Er allein macht aus dem Bündel von psychophysischen Vorgängen, welches die *Seele* empirisch ist, ein *Ich.* Nach einer Art von (wie wir sagen würden) *Gesetz der Erhaltung der Individuations-Energie*[182] wirkt er über das Grab hinaus. Dies

Originalität des buddhistischen Denkens darin wohl immerhin angenommen werden, da gerade auf diesen Punkt großes Gewicht gelegt wurde.

181 *Skandhas.* Auch spätere buddhistische Inschriften sprechen von der Seele als von einem *Aggregat* von Bestandteilen (Ep. Ind. IV, S. 134).

182 Genau so suchen – wie ich zufällig sehe – moderne Buddhisten diese Lehre *wissenschaftlich* akzeptabel zu machen. Vgl. Ananda Maitreya (Animism and Law) in den Public. of the Buddhasasana Samagana (Rangoon 2446, S. 16 unten). Newton habe die animistischen Mythologien in der Mechanik, Faraday die ganz entsprechenden Vorurteile (Phlogiston) in der Chemie, Buddha in der Theorie der seelischen Vorgänge beseitigt, die genau so gesetzlich (durch Karman bedingt) ablaufen wie jene. Natürlich

Individuum, das dann stirbt, kann freilich nicht neu erstehen. Auch nicht durch *Seelenwanderung*. Denn eine Seelensubstanz gibt es nicht. Aber der *Durst* läßt, wenn ein *Ich* im Tode zerfällt, sofort ein neues Ich zusammenschießen, belastet mit dem Fluch der unentrinnbaren Karman-Kausalität, die für jedes ethisch relevante Geschehen einen ethischen Ausgleich verlangt.[183] Durst allein hemmt, rein als solcher, die Entstehung der erlösenden, zur göttlichen Ruhe führenden, Erleuchtung. In diesem spezifischen Sinn wird alles Begehren in jener intellektualistischen Wendung, welche in irgendeiner Form alle Erlösungsreligionen Asiens auszeichnet, mit *Unwissenheit* (Avidya) gleichgesetzt. Dummheit ist die erste, Sinnlichkeit und böser Wille sind erst die zweite und dritte der drei Kardinalsünden. Die Erleuchtung aber ist nicht ein freies göttliches Gnadengeschenk, sondern Lohn unausgesetzter meditierender Versenkung in die Wahrheit, zur Ablegung der großen Illusionen, aus denen der Lebensdurst quillt. Wer dadurch jene Erleuchtung erlangt, der genießt – darauf kommt es an – im Diesseits die Seligkeit. Hohe Siegesfreude ist daher der Ton, auf den die Hymnen des alten Buddhismus gestimmt sind. Der *Arhat,* welcher

aber könnten nicht die von den Vorfahren ererbten, letztlich physisch bedingten Dispositionen, sondern nur ein besonderes seelisches Agens (der *Durst)* die Tatsache der Neuentstehung von seelischem Leben selbst erklären. – Die altbuddhistische Formulierung ist, daß das Ich *vijñanasamtana* sei, ein Komplex oder eine Serie von Bewußtseinsvorgängen, während nach der orthodoxen Lehre Vijñana, der Gedanke, weil Sitz der Ich-Individualität, als Einheit galt. (Vgl. de la Vallée-Poussin, Journal Asiat. 9., Ser. 20, 1902).

183 Diese Konsequenz wird u.a. in den *Questions of King Milinda* (III, 5, 7) gelehrt. Das Karman lastet auf der infolge des Handelns und Tuns der untergehenden Individualität entstandenen neuen, die an sich mit jener alten nichts gemein hat, außer daß sie durch den ungelöschten *Durst* jener nach weiterer Existenz gezwungen wurde, ihrerseits sich zu bilden. Die Konstruktion war geboten, weil die Karmanlehre als Grundlage alles Leidens und der Existenz selbst ganz außer Frage stand und es sich nur darum handelte, in deren Rahmen eine befriedigende Konstruktion zu geben. Was denn eigentlich letztlich der Erlösungsbedürftige für ein Interesse daran habe, das Entstehen eines ihm in jeder Hinsicht schlechterdings fremden Wesens nach seinem Tode zu hindern, wurde daher gar nicht gefragt. Schließlich gilt ja aber das gleiche für die, wie alle Dokumente zeigen, so massive Seelenwanderungsfurcht der Inder überhaupt. Wirklich streng ist im Buddhismus jener Standpunkt nicht festgehalten worden. Daß der vor dem Eingehen im Nirvana stehende Erleuchtete allwissend ist und rückwärts die ganze Reihe seiner Wiedergeburten überschaue, ist eine schon ziemlich frühe buddhistische (und nicht nur buddhistische) Lehre. Vor allem aber findet sich in den literarischen und monumentalen Quellen auch der alten (Hinayana-) Buddhisten die Seelenwanderung ganz in hinduistischer Art – eben als eine *Seelenwanderung* – behandelt. – Was die Karman-Lehre anlangt, so sind später die Qu. of King Milinda bemüht, fatalistische Konsequenzen hintanzuhalten. Entsprechend dem Grundsatz, daß die Erörterung unlösbarer metaphysischer Probleme *Durst* und also heilsschädlich sei, wird gelehrt: Niemand wisse, wie weit sich der Einfluß des Karman erstrecke. Jedenfalls sei nicht jegliches Ungemach – etwa ein Splitter im Fuß Buddhas – Folge von Karman. Denn auch die äußere Natur habe ihre eigene Gesetzlichkeit. – Karman scheint sich also wesentlich auf die soteriologischen Interessen der Seele, auf Leben und seelisches Leiden, zu beziehen.

am Ziele der methodischen kontemplativen Ekstase angelangt ist, ist frei von Karman[184] und fühlt sich[185] erfüllt von einem starken und zarten (gegenstands- und also begierdelosen) Liebesempfinden, frei von irdischem Stolz und pharisäischer Selbstgerechtigkeit, aber getragen von unerschütterlichem, die Dauer des Gnadenstandes verbürgendem Selbstvertrauen, frei von Furcht, Sünde und Täuschung, frei von Sehnsucht nach der Welt und – vor allem – nach einem jenseitigen Leben. Er ist dem endlosen Rade der Wiedergeburten innerlich entronnen, dessen Darstellung in buddhistischen Kunstwerken die christliche Hölle vertritt. Man könnte in der Rolle, welche das *Liebesempfinden* in dieser Schilderung des Zustandes des Arhat spielt, einen *feministischen* Zug vermuten. Allein das wäre falsch. Die Erlangung der Erleuchtung ist eine Tat des Geistes und verlangt die Kraft reiner *interesseloser* Kontemplation auf der Basis rationalen Denkens. Das Weib aber ist wenigstens der späteren buddhistischen Doktrin nicht nur ein irrationales, der höchsten Geisteskraft unfähiges Wesen, die spezifische Versuchung für den nach der Erleuchtung Strebenden, – es ist vor allem jener objektlosen mystischen Liebesstimmung gar nicht fähig, welche den Zustand des Arhat psychologisch charakterisiert. Ein Weib wird vielmehr, wo immer sich Gelegenheit bietet, in Sünde verfallen. Und wo sie, trotz der gegebenen Gelegenheit, einmal nicht sündigt, da kommt sicherlich irgendwelchen konventionellen oder anderen egoistischen Erwägungen das Verdienst dafür zu. So die ausdrückliche Auffassung späterer mönchischer Moralisten. Der Meister selbst hat sich anscheinend nicht so geäußert. Im Gegenteil finden wir in der Frühzeit des Buddhismus – wenigstens nach der Legende – in der Umgebung des Meisters selbst ganz ebenso wie in allen Intellektuellen-Sekten der damaligen, in jeder Hinsicht noch weniger konventionell gebundenen, Zeit, Frauen, auch solche die wandernd die Lehre ihrer Meister verkündigten. Die höchst subalterne Stellung des buddhistischen Nonnenordens, der den Mönchen durchaus untergeordnet ist, wird daher Produkt der späteren spezifischen klösterlichen Entwicklung sein.[186] Jene Unbefangenheit des intersexuellen Verkehrs der

[184] Sein Handeln erzeugt als Folge nicht Karman, sondern nur *Kiriya*, welches nicht zur Wiedergeburt führt.

[185] Die Schilderung der psychologischen Qualitäten des Gnadenstandes in den Buddha selbst zugeschriebenen Reden (Neumann, Reden des Gautama Buddha) sprechen (I. Teil, 2. Rede) von *Tiefsinn, Heiterkeit, Lindheit, Innigkeit, Gleichmut* auf Grundlage der Einsicht, von dem Fehlen der Hoffart, aber auch jeder matten Müdigkeit (I. Teil, 8. Rede), von *innerer Meeresstille* und *Einheit des Gemüts* in einer *aus Selbstvertiefung geborenen seligen Heiterkeit* (III. Teil, 6. Rede), in dem durch Arbeit an sich selbst (I. Teil, 2. Rede) erlangten Bewußtsein: *Dies ist das letzte Leben und nimmer gibt's ein Wiedersehn.*

[186] Schon relativ alte Quellen, wie das Tschullavagga, haben allerdings dem Meister selbst die unbedingte Ablehnung der Frauen untergeschoben: Nur den Bitten seiner Tante und Pflegmutter Mahapyapati haben diese es zu danken, daß sie überhaupt in subalterner Art zur Heilssuche zugelassen werden. Indessen mit anderen Quellen ist diese Annahme schwer vereinbar,

Intellektuellenkreise bedeutete aber sicherlich keinerlei *femininen* Charakter der Botschaft des Meisters selbst. Diese verwirft irdischen Stolz und Selbstgerechtigkeit. Aber nicht zugunsten von erbaulicher Selbstdemütigung oder gefühlsmäßiger Menschenliebe im christlichen Sinn. Sondern zugunsten männlicher Klarheit über den Sinn des Lebens und der Fähigkeit, in *intellektueller Rechtschaffenheit* die Konsequenzen daraus zu ziehen. Ein *soziales* Empfinden vollends im Sinn einer Sozialethik, welches mit dem *unendlichen Wert der einzelnen Menschenseele* operiert, mußte einer Erlösungslehre so fern wie möglich liegen, welche in jenem auf die *Seele* gelegten Wertakzent ja gerade lediglich die eine große verderbliche Grundillusion wiederfinden konnte. Auch die spezifische Form des *Altruismus* des Buddhisten, das universelle Mitleid, ist lediglich eine der Stufen, welche das Empfinden durchläuft beim Durchschauen der Sinnlosigkeit des Existenzkampfs aller Individuen im Lebens-Rad, ein Kennzeichen fortschreitender intellektueller Erleuchtung, nicht aber Ausdruck aktiver Brüderlichkeit: Es wird in den Regeln für die Kontemplation ausdrücklich dazu bestimmt, durch den kühlen, stoischen Gleichmut des Wissenden als Endzustand ersetzt zu werden. Natürlich wirkt es höchst sentimental, wenn jener siegreiche buddhistische König (g. Jahrh.) zu Ehren Buddhas seine Elefanten frei läßt, welche nun, wie die zitierte Inschrift besagt (Ind. Ant. XXI, 1802, S. 253) *mit Tränen in den Augen* ihre Genossen in den Wäldern wieder aufsuchen.

Indessen jene Konsequenz aus dem *Ahimsa* ist an sich ein rein formaler Akt, wie die modernen Tierspitäler und Tierpensionen der Klöster. Und *Tränen* waren wenigstens der Frühzeit des alten Buddhismus relativ sehr fremd und flossen in Indien allgemein erst mit der pietistischen (bhakti-) Frömmigkeit reichlicher. –

Für die Charakterisierung des buddhistischen Erlösungstypus in seinen Wirkungen auf das Verhalten nach außen hin ist folgendes entscheidend. Die Versicherung des Gnadenstandes, das Wissen also um die eigene endgültige Erlösung, wird nicht durch Bewährung in irgendwelchem – *innerweltlichen* oder *außerweltlichen* – Handeln, in *Werken* welcher Art immer, sondern im Gegenteil in einer aktivitätsfremden Zuständlichkeit gesucht. Dies ist ausschlaggebend für die gesamte Stellung des *Arhat*-Ideals zur *Welt* des rationalen Handelns: Es gibt von jenem zu diesem keine Brücke. Und ebensowenig zu einem im aktiven Sinn *sozialen* Verhalten. Die Erlösung ist eine absolut individuelle Leistung des Einzelnen aus eigener Kraft.[187] Niemand und insbesonde-

und es ist bei einem Mönchsorden wahrscheinlicher, daß er die (relative) intersexuelle Freiheit der alten vornehmen Kschatriya-*Salons* später wegretouchiert hat, als das Umgekehrte.

[187] *Sucht nicht nach einer Zuflucht bei irgend jemand außer bei euch selbst* heißt es im Mahaparinibhana Sutra (II, 31–35, S. B. of the East XI, S. 35 ff., auch deutsch bei Schulze, Das rollende Rad S. 96 ff., speziell S. 97). – Der Gegensatz des Buddhismus gegen das Christentum ist außer in zahlreichen Stellen von Oldenbergs Schriften, schön herausgearbeitet auch in v. Schröders *Reden und Aufsätzen* (S. 109).

re keine soziale Gemeinschaft kann ihm dabei helfen: Der spezifisch asoziale Charakter aller eigentlichen Mystik ist hier auf das Maximum gesteigert. Eigentlich erscheint es schon als ein Widerspruch, daß der Buddha – dem die Stiftung einer *Kirche* oder auch nur einer *Gemeinde* ganz fern lag und der für sich ausdrücklich die Möglichkeit und die Prätension, eine Ordensgemeinschaft *leiten* zu können, ablehnte, – immerhin doch einen *Orden* ins Leben gerufen hat, – sofern diese Stiftung nicht vielleicht hier, wie im Christentum, vielmehr lediglich eine Schöpfung seiner Schüler war. Nach der Legende hat der Buddha auch die Verkündung seiner Erlösungslehre nicht aus eigenem Antrieb, sondern auf besondere Bitte eines Gottes auf sich genommen. Die alte Ordensgemeinschaft bot den Brüdern in der Tat nur bescheidene Nachhilfen in Gestalt von normgemäßer Lehre und Aufsicht für den Novizen, Erbauung, Beichte und Buße für den Vollmönch. Sie scheint im übrigen vor allem der Fürsorge für die standesgemäße *Wohlanständigkeit* des Verhaltens der Mönche zu dienen, um deren Charisma nicht vor der Welt kompromittieren zu lassen. Im übrigen ist, wie bald zu erörtern, mit der größten Konsequenz und Absichtlichkeit die Organisation dieser sozialen Gemeinschaft und die Gebundenheit des Einzelnen an sie *minimisiert*.

Daß die Erlösung selbst nur der Weltflucht in Aussicht gestellt wurde, entsprach an sich den indischen Gepflogenheiten, folgte aber beim Buddhismus aus dem ganz speziellen Charakter der Erlösungslehre. Denn eine Erlösung aus dem endlosen Kampf des individuell Geformten um seine stets gleich hoffnungslos verlorene Existenz zum Eingehen in die Unvergänglichkeit der Ruhe war ja nur durch die Abwendung von allem und jedem mit der Welt der Vergänglichkeit und des Kampfes um die Existenz verbindenden *Durste* erreichbar. Sie konnte selbstverständlich ausschließlich dem *hauslosen* (pabbajita, d.h. dem wirtschaftslosen) Stande, nach der Gemeindelehre nur den wandernden Jüngern (später Mönche, Bhikkshu genannt) zugänglich sein. Die Stände der *Hausbewohner* waren dagegen für die Gemeindelehre, – ähnlich etwa wie die tolerierten Ungläubigen im Islam, – im Grunde ausschließlich dazu da, den Buddhajünger, der den Gnadenstand zu erwerben trachtet, bis zu seiner Erreichung durch Almosen zu sustentieren. Heimatlos wandernd, besitzlos, arbeitslos, sexuell und gegenüber Alkohol, Gesang und Tanz absolut enthaltsam, streng vegetarisch, unter Meidung von Gewürzen, Salz und Honig, vom schweigenden Bettel von Tür zu Tür lebend, im übrigen der Kontemplation hingegeben, sucht er die Erlösung vom Daseinsdurst. Die materielle Unterstützung des Erlösungsuchenden und nur sie war letztlich die höchste Verdienstlichkeit und Ehre, die dem *Upâsaka (Verehrer* Laien)[188] zugänglich ist. Die Zurückweisung seiner Almosen durch Umkehrung der Betteltöpfe war die einzige Strafe, die ihm von den Mönchen drohte. Upâsaka aber war jeder, der sich als solcher betätigte. Eine offizielle Anerkennung gab es dafür ursprünglich gar nicht. Später wurde die Erklärung, seine Zuflucht zum Buddha

188 Der Ausdruck ist technisch und findet sich in offiziellen Inschriften (z.B. J. R. A. S., 1912, S. 119 und oft).

und zu der Gemeinde (der Mönche) zu nehmen, als genügend behandelt. Während für die Mönche ganz eindeutige Sittenregeln bestehen, beschränkt sich der Stifter für die frommen Verehrer auf wenige empfehlende, und erst später allmählich zu einer Art von Laienethik ausgebaute Ratschläge. *Consilia evangelica* gab es hier also nicht für die opera supererogatoria der Begnadeten, wie im Christentum, sondern gerade umgekehrt als Unzulänglichkeitsethik der Schwachen, welche die volle Erlösung nicht suchen wollen. Sie entsprachen in ihrem ursprünglichen Inhalt ungefähr dem Dekalog, jedoch mit umfassenderem, auf alle Verletzung lebender Wesen erstreckten, Sinn des Tötungsverbots (Ahimsa) und des Gebots der unbedingten Wahrhaftigkeit (im Dekalog bekanntlich nur für das Gerichtszeugnis verlangt), und mit ausdrücklicher Verpönung der Trunkenheit. Für die getreue Innehaltung dieser Gebote der Laiensittlichkeit (insbesondere der 5 Kardinalverbote: nicht töten, nicht stehlen, nicht ehebrechen, nicht lügen, nicht sich berauschen) werden dem frommen Laien innerweltliche Güter: Reichtum, ein guter Name, gute Gesellschaft, Tod ohne Angst und die Besserung seiner Wiedergeburtschancen in Aussicht gestellt. Günstigenfalls also, die Wiedergeburt in jenem ebenfalls vergänglichen Götterparadies, welches der zum Eingang in Nirvana Erlöste verschmäht, welches aber dem Weltkind besser zusagen mochte als jener vom Buddha in seiner näheren Bestimmtheit vielleicht problematisch gelassene, von der älteren Lehre aber zweifellos mit absoluter Vernichtung gleichgesetzte Zustand.[189] Der alte Buddhismus des Pali-Kanons war also lediglich ständische Ethik, oder richtiger: Kunstlehre, eines kontemplativen Mönchtums. Der Laie *(Hausbewohner)* kann nur die *niedere Gerechtigkeit* (Adi-brahma-chariya) üben, nicht, wie der *Ehrwürdige* (arhat) die entscheidenden Erlösungswerke. – Es ist nun freilich sehr fraglich, ob die Lehre Buddhas von Anfang an als eine *Mönchs*-Religion gedacht war. Oder vielmehr: es ist so gut wie ganz sicher, daß sie dies keineswegs war. Es ist eine offenbar alte Tradition, daß der Buddha bei Lebzeiten zahlreiche Laien, die nicht in einem Orden lebten, zum Nirvana habe gelangen lassen. Und es wird auch in den Fragen des Königs Milinda noch gelehrt, daß ein Laie Nirvana wenigstens, wie ein gelobtes Land, von Angesicht zu Angesicht erschauen könne. Dabei wird auch die Frage erörtert, wie jemals

189 Daß für den alten Buddhismus Nirwana wenigstens nach dem Tode wirklich gleich *Verwehen, Auslöschen* der Flamme, und nicht gleich einem traumlosen Schlaf (wie meist im Hinduismus) oder gleich einem Zustand unbekannter und unaussprechbarer Seligkeit war, dafür sprechen hinlängliche Anzeichen. Noch in den Milinda-Fragen, welche (IV, 8, 69) Nirwana zweideutig als einen Zustand schildern, dessen Kühle den Lebensdurst stille, eine Arznei, grenzenlos wie der Ozean, welche Alter und Tod ende, eine Quelle der Schönheit und Heiligkeit, ewig, glanzvoll, die Vollendung aller Wünsche, wird doch (IV, 1, 12f.) betont: Die Verehrung der Reliquien Buddhas bedeute nicht, daß Buddha sie entgegennehme. Er sei mit jeglicher Spur aus dem Dasein ausgelöscht und man verehre sie vielmehr zur Anfachung des eigenen Feuers. Freilich ist die Brücke vom Nichtsein zum Übersein in aller Mystik leicht geschlagen.

Erlösung von Laien durch Buddha möglich gewesen sei und warum der Buddha dessenungeachtet doch einen Mönchsorden gestiftet habe.[190]

Die Gemeinde Buddhas war naturgemäß zunächst die Gefolgschaft eines Mystagogen, jedenfalls mehr eine soteriologische Schule als ein Orden. Die Diskussionen der Fachleute[191] machen wahrscheinlich, – was schon an sich naheliegt –, daß nach Buddhas Tode die nächsten Schüler zunächst, gegenüber ihren Anhängern, eine ähnliche Stellung eingenommen haben, wie Buddha zu ihnen selbst: Sie waren ihre spirituellen Väter, in der üblichen indischen Terminologie: Guru, und maßgebende Interpreten seiner Lehre. Auf dem Konzil von Vaiçali, welches zum Schisma führte, hatte man einen hundertjährigen Schüler des Ananda, des Lieblingsschülers des Meisters, herbeigeholt: den *Vater der Gemeinschaft.* Formelle Bestimmungen darüber, wer in den später, zur Schlichtung von Lehr- und Disziplinstreitigkeiten, gelegentlich berufenen *Konzilien,* den universellen Versammlungen der Gemeinschaft, zu sitzen das Recht habe, fehlten zweifellos und von einer *Abstimmung* in unserem Sinn war keine Rede. Autorität entschied. Das Charisma der Arhatschaft, des sündlosen und daher mit magischen Kräften ausgestatteten Erlösten, war das entscheidende Merkmal. Freilich aber hatte schon einer der vom Buddha selbst zugelassenen Schüler[192] ein Schisma verschuldet. Irgendwelche *Regeln* hatte der Buddha wohl sicher von Fall zu Fall gegeben. Es wird gesagt, daß diese nun, nach seinem Tode, der unpersönliche *Herr* der Gemeinde sein sollten. Unsicher ist nur, ob eine systematische Ordensregel, wie das spätere Pratimokscha es war, schon von ihm selbst stammte. Die unvermeidliche Disziplin erzwang dann festere Formen. Und ein Orden wurde die Gemeinschaft, weil wichtige Teile der Lehre als Geheimlehre überliefert wurden[193], wie in den meisten alten Soteriologien Indiens. Es war ein Zugehörigkeitsmerkmal erwünscht. Schon bald nach Buddha muß der Orden mit Kopfschur und gelber Tracht konstituiert gewesen sein und nur in der relativ immerhin lockeren Organisation erhielt sich die Spur des einstigen freien Gemeinschaftscharakters der alten Laien-

[190] Q. of. K. Milinda Buch VI. Der Orden, wird geantwortet, fördere die Tugend und alle, die Buddha als Laien zur Erlösung habe gelangen lassen, seien wenigstens in einem früheren Leben Mönche gewesen.

[191] Minayeff, H. Oldenberg, de la Vallée Poussin. S. darüber abschliessend den letztgenannten in Ind. Ant. 37 (1908), S. 1 ff.

[192] S. über ihn Q. of K. Milinda IV, 1, 2 ff.

[193] Daß dies mindestens zeitweise der Fall war, ergibt sich aus Q. of K. Milinda IV, 4, 6 (Vgl. IV, 3, 4.). Daß es nicht das Ursprüngliche war, zeigt sich darin, daß in Ceylon auch die Laien die Vinaya-Texte lasen. Auch die Aufzählung der Klassen, welche nicht zur Einsicht gelangen können, selbst wenn sie korrekt leben (IV, 8, 54): Tiere, Kinder unter 7 Jahren, Häretiker, Vater- und Muttermörder, Mörder von Arhats, Schismatiker, Apostaten, Eunuchen, Hermaphroditen, nicht rehabilitierte Todsünder usw. schließt eigentlich aus, daß von jeher nur Mönchen die Erlösung zugänglich gewesen wäre.

Jüngerschaft. Es stand sehr bald fest, daß man zur vollen Einsicht[194] und zur Arahat-Würde niemals gelangen konnte, ohne förmlich Mönch geworden zu sein.[195]

Eine rationale Wirtschaftsethik konnte eine derartige Ordensreligion nicht entwickeln. Sie ist, wie schon jetzt bemerkt sein mag, auch später nicht daraus entwickelt worden, als der alte Buddhismus schon auf dem Wege war, im *Mahayana (großen Schiff,* zum andern Ufer: der Erlösung, nämlich) im Gegensatz zum rein mönchischen *Konventikel*-Buddhismus: Hinayana *(kleines Schiff)* eine Laienreligion zu entwickeln. So werden im Lalitavistara dem frommen und gebildeten Laien (ârya) zwar Ratschläge gegeben, wie er in seinem Berufe (mâgra) vorwärts kommen könnte, aber in äußerst – und (wegen der Ablehnung der Werkheiligkeit) wohl absichtsvoll – unbestimmter Form. Es fehlen dabei *asketische* Regeln. In dem Dekalog der hinduistischen Yoga-Sutra gehört zu den sozialethischen und also allgemeinverbindlichen Lebensregeln (den 5 *yamas)* auch Geringschätzung von Reichtum und Geschenken, zu den soteriologischen individual-ethischen Regeln der höheren, geistlichen Ethik (den 5 niyamas) Genügsamkeit und ethische Strenge. Der übliche spätere buddhistische *Dekalog* (daçaçila) erwähnt dagegen von jener asketisch negativen Beziehung zum Reichtum nichts, sondern beschränkt die 5 allgemein geltenden Verbote auf: Töten, Stehlen, Unzucht, Lüge und Alkoholgenuß, während den Aspiranten des geistlichen Standes außerdem das Essen außerhalb der erlaubten Zeit (einmal täglich), die Teilnahme an weltlichen Vergnügungen, Putz- und Schmuckgebrauch, weiche Betten und Annahme von Geldgeschenken absolut verboten sind. Die späteren buddhistischen Suttas, welche sich eingehender mit der Moral befassen (oft werden die betreffenden Lehren, statt dem Buddha selbst, dessen Schüler Ananda in den Mund gelegt), suchen allerdings die Laienmoral als eine *Vorstufe* der höheren, geistlichen Ethik zu behandeln. Innerhalb der stufenweise von der *niederen* zur *höheren* Moral aufsteigenden Sittenlehre wird die Verschmähung von Putz und die Enthaltung von der Teilnahme an Schauspielen und Wettkämpfen für die *höhere* Moralstufe empfohlen. Aber diese *höhere* Moral führt – das ist das Entscheidende – nicht zu zunehmend rationaler Askese (außerweltlicher oder innerweltlicher) und positiver Lebensmethodik. Denn jede *Werkheiligkeit* (kriyavada, karmavada) ist und bleibt verketzert. Sondern gerade umgekehrt tritt die aktive *Tugend* im

194 Q. of K. Milinda IV, 1, 28 ergibt deutlich, daß nur ein Mönch Schismatiker werden konnte, weil nur ein solcher die Lehre ganz kannte.

195 Q. of K. Milinda a. a. O. (eventuell also, ohne es in einem früheren Leben einmal gewesen zu sein). Ein Laie, der die Arhat-Würde erreicht, kann (nach IV, 3, 4) nur entweder am gleichen Tage sterben oder Mönch werden. Auch der unwürdigste Mönch empfängt von dem würdigsten Laien Verehrung deshalb, weil nur der Mönch Träger der Tradition der Ordensregel ist. Am Anfang des Kapitels werden die Kschatriya verherrlicht. Das alles deutet auf die Umwandlung einer ursprünglichen Laiengemeinschaft in einen Mönchsorden.

Handeln immer stärker zurück gegenüber der *çila,* der Ethik des Nicht-Handelns zum Zweck der Abstreifung von *rajas (Antrieb)* zugunsten der reinen Kontemplation. In den Schriften der orthodoxen *südlichen* (Hinayâna-) Buddhisten wird dem Meister selbst ausdrücklich das Anerkenntnis in den Mund gelegt, daß seine Ethik *dualistisch* sei, sowohl Quietismus als Werktätigkeit lehre. Aber die Art der angegebenen Lösung des Widerspruchs: Quietismus in bezug auf schlechtes, Werktätigkeit in bezug auf gutes Wollen, ist geistliche Sophistik. In Wahrheit klafft der Widerspruch zwischen Ethik des Handelns und Kunstregeln der Kontemplation unlösbar und nur die letztere gibt die Erlösung. Die buddhistische Mönchsethik ist eben nicht, wie die spätere christliche, ein auf besondere Gnadengaben gestütztes rational-ethisches Überbieten des in den sozialen Ordnungen verlaufenden, *innerweltlichen* ethischen Handelns, sondern sie verläuft nach der gerade entgegengesetzten, prinzipiell asozialen Richtung. Und deshalb ist ein wirklicher Ausgleich zwischen Welt- und Mönchsethik im Wege der *ständischen* Relativierung, wie sie Bhagavata-Glaube und Katholizismus unternehmen konnten, niemals auch nur soweit gelungen wie dort. Die auf Laien zugeschnittene spätere Soteriologie konnte schon deshalb nicht den Weg einer innerweltlichen, puritanischen Askese, sondern nur den einer sakramentalen, hagiolatrischen, idolatrischen oder logolatrischen Ritualreligiosität einschlagen. Immer blieb jedenfalls der Satz bestehen: *Wer schöne Taten verrichten will, werde kein Mönch.* Im alten Buddhismus vollends fehlte auch fast jeder Ansatz einer methodischen Laiensittlichkeit. Der Laie soll bei der Annahme versprechen, Mord, Unreinheit, Lüge und Trunk zu meiden. Wie alt diese Gebote sind, ist indessen nicht ganz sicher. Gewisse Gewerbe galten früh aus religiösen Gründen für den Upâsaka als unstatthaft: Waffen-, Gift- und Alkoholhandel (ähnliche wie gewisse mit heidnischen Kulten zusammenhängende Gewerbe in der alten Christenheit), der im ganzen Hinduismus als bedenklich geltende Karawanenhandel überhaupt, der (für die Sexualmoral gefährliche) Sklavenhandel und das Schlächtergewerbe (als Verletzung des Ahimsa). Von diesen Gewerben also waren wenigstens korrekte Laien ausgeschlossen. Aber die spezifische Verwerflichkeit der Ackerbauarbeit für den Mönch (wiederum wegen des Ahimsa: der Perhorreszierung der beim Pflügen und Hacken unvermeidlichen Verletzung irgendwelcher lebender Wesen, die ja im Kreislauf der Wiedergeburten mit dem Menschen vergemeinschaftet sind) hinderte diesen keineswegs, Ackerbauprodukte als Almosen anzunehmen: Sie hat die Laienwirtschaft überhaupt nicht beeinflußt. Ebensowenig hatte die äußerst scharfe Ablehnung jedes Geldbesitzes für die Mönche Bedeutung für die Laiensittlichkeit. Irgendein individualsittlicher oder sozialethischer Protest gegen Reichtumserwerb oder Luxusverbrauch findet sich, soweit die Weltsittlichkeit in Betracht kommt, im ältesten Buddhismus nicht. Auch nicht in jener Art von Empfehlung der Geringschätzung der Eitelkeit der Welt, also auch von Reichtum und Putz, wie sie die zitierten spätern Suttas enthalten. Denn nicht ein Unrecht sondern eine Versuchung, dem *Durst* zu verfallen, sind jene Dinge. Im Gegenteil wurde ja der Reichtum als solcher, wie wir sahen, als eine Frucht der Laiensittlichkeit verheißen, und die *Unterweisung des Sigâla* verpflichtet die Eltern ausdrücklich, ihren Kindern ein Erbteil zu hinterlassen. Irgendeine religiöse Prämie auf ein bestimmtes ökonomisches Verhalten fehlt auch sonst in jeder Richtung völlig. Es fehlte zunächst auch jedes Mittel der Kontrolle der Laiensittlichkeit. Die einzige ursprüngliche schon erwähnte Strafe der *Umkehrung des Almosentopfs* war nicht für Laster, sondern ausschließlich für Verletzung der Achtung gegen die Mönchsgemeinde in Aussicht gestellt. Gerade die ältesten, vielleicht auf den Stifter selbst zurückgehenden Regeln haben ganz ausschließlich diesen Sinn. Es gab ursprünglich für die Laien weder Beichte noch Kirchenzucht, weder Laienbrüder noch Tertiarier.

Die buddhistische Mönchssittlichkeit ihrerseits aber kennt nicht nur die Arbeit nicht, sondern auch von den sonst üblichen asketischen Mitteln nur Nachhilfen, gerichtet auf Vertiefung der Kontemplation, Erbauung, Sicherung der wachen Selbstkontrolle durch Beichte und Ermahnung des Schülers durch den Lehrer, des an Anciennität jüngeren durch ältere Mönche. Jede Form einer rationalen Askese lehnt der Buddhismus ab. Wie nicht jede rationale Askese *Weltflucht* ist, so ist auch nicht jede *Weltflucht* rationale Askese: – davon kann man sich an diesem Beispiel überzeugen. – Weil für den Buddhismus der *Durst* nach einem Jenseits ganz ebenso ein Haften an der Welt ist, wie der Durst nach dem Diesseits, so steht auch mit der Hingabe an das diesseitige Glück die asketische werkheilige Selbstabtötung um eines jenseitigen Glücks willen auf gleicher Stufe. Beiden gegenüber betritt der Buddha den *mittleren Pfad*. Der große Wendepunkt in seinem Leben war, nach der darin wohl sicher zuverlässigen Überlieferung, das Aufgeben der in der indischen soteriologischen Methodik hoch ausgebildeten Versuche, durch Unterernährung und andere physiologischen Mittel den Leib zugunsten der Erlangung eines ekstatischen Charisma abzutöten. Darin steht also der Buddhismus entwicklungsgeschichtlich der jesuitischen Ablehnung der Mittel der alten Mönchskasteiung nahe.[196] Gerade

[196] Viererlei Lebensführungen gibt es, lehrt ein Wort des Meisters: Die erste bereitet gegenwärtiges Wohl und führt zum künftigen Wehe; sinnliche Lust. Die zweite bereitet gegenwärtiges Wehe und führt zum künftigen Wehe; die sinnlose Kasteiung. Diese zwei, also auch die irrationale Askese, führen nach dem Tode *abwärts*. Gegenwärtiges Wehe, künftiges Wohl bereitet die dritte dem, der – seiner nun einmal so geartet natürlichen Anlage nach – ein heiliges Leben nur *mit Mühe* führen kann: er gelangt in den Himmel. Gegenwärtiges und künftiges Wohl bietet die vierte dem, der so veranlagt ist, daß er zu heftigem Begehren nicht neigt und die *innere Meeresstille* leicht erreicht. Er gewinnt Nirwana (5. Teil, 5. Rede bei Neumann, Reden des Gautama Buddha.) Ganz in jesuitischer Art wird die Ablehnung der irrationalen Kasteiungen motiviert in Açvagoshas Buddha Tscharita (Sacred B. of the East 49) VII, 98/9: Sie stört die Möglichkeit der Selbstbeherrschung und schwächt die Kräfte des Körpers, deren man bedarf, um die Erlösung erarbeiten zu können.

diese Neuerung in seiner Lebensführung wurde, ebenfalls nach alter Überlieferung, von seinen asketischen Genossen ebenso als Bruch der allerelementarsten Voraussetzungen der Erlösung empfunden wie Jesu anomistisches Verhalten von den Pharisäern. Es trug ihm zunächst offene Mißachtung und Zweifel an seinen Gnadengaben gerade in jenen Kreisen ein. Der unauslöschliche Haß der auf extreme asketische Abtötung und Werkheiligkeit abgestellten jainistischen Mönche setzte an eben diesem Punkt ein. Die buddhistische Erlösung ist, wenn man – wie wir es hier tun wollen – *Askese* als rationale Lebensmethodik faßt, prinzipiell antiasketisch. Gewiß schreibt sie einen bestimmten Weg vor, auf dem allein man zur Erleuchtung kommen kann. Aber dieser Weg ist weder ein verstandesmäßiges Einsehen der – an sich ja unendlich einfachen – Lehrsätze, auf denen sie metaphysisch ruht, noch ein allmähliches Training zu immer höherer sittlicher Vervollkommnung. Die Befreiung ist, wie wir sahen, ein durch methodische Kontemplation nur vorzubereitender plötzlicher *Sprung* in die Zuständlichkeiten der Stufen der Erleuchtung. Das Wesen dieses Sprunges ist, daß er den Menschen in seinem innersten praktischen Habitus in Einklang setzt mit seinen theoretischen Einsichten und ihm dadurch die buddhistische *perseverantia gratiae* und *certitudo salutis:* die Sicherheit, von dem *Lebensdurst* definitiv und ohne Rückfall erlöst zu sein, in diesem Sinn also: *Heiligkeit,* verleiht. Dies war, wie alle Überlieferungen zeigen, das Gnadenstandsbewußtsein des Buddha selbst. Alle Vorschriften des Buddha sind solche für die praktische Erreichung dieses Gnadenstandes, also gewissermaßen propädeutische Novizenvorschriften. – Alle seine eigenen als wahrscheinlich authentisch anzusehenden Äußerungen, speziell auch über den *edlen achtfältigen Pfad,* enthalten nur allgemeine Angaben über die rechte Erlösungsgesinnung. Und es ist ganz wohl möglich, daß der Buddha, ebenso wie Jesus, für den Stand der erreichten Gnadenperseveranz (um es christlich auszudrücken) direkt anomistische Konsequenzen gezogen hat. Die Gegner (einschließlich der modernen konfessionellen christlichen Kritiker) haben ihm ja sein *Wohlleben* immer wieder vorgehalten, und nach der Überlieferung ist er an verdorbenem Schweinefleisch gestorben. Wie dem nun sei, jedenfalls beschränkt sich die buddhistische *Methodik* auf die Anweisungen für Sicherung des Erfolges der Kontemplation und liegt methodisches Handeln, es sei um diesseitiger oder jenseitiger Ziele willen, für den Buddhismus in der Richtung nicht der Erlösung, sondern des *Weltdurstes,* von dem er ja gerade Erlösung bringen will. – Es ist vielleicht zweckmäßig, die altbuddhistische Soteriologie hier abschließend in rationaler Form so zusammenzufassen, wie dies von modernen europäisch geschulten Buddhisten geschieht.[197]

[197] Allan MacGregor, als Konvertit und Mönch Ananda Maitreya genannt, The four noble Truths, Public. of the Buddhasana Samayana Nr. 3 (Rangoon 2446 der buddh. Ära, 1903). Es interessiert nicht so sehr, ob die primitive Form des Buddhismus hier

Die Grundlage dafür ist die berühmte Predigt des Buddha in Benares über die vier heiligen Wahrheiten. Die vier heiligen Wahrheiten beziehen sich auf 1. Leiden, 2. den Grund des Leidens, 3. das Ende des Leidens und schließlich, als Mittel dazu, 4. den edlen achtfältigen Pfad. – 1. Das Leiden haftet an der Vergänglichkeit als solcher und diese an der Individuation. Alle Herrlichkeit des Lebens ist nicht nur vergänglich, sondern ruht auf Kampf mit anderem Leben und entsteht nur auf dessen Kosten. – 2. Der Grund alles Lebens und damit alles Leidens ist der sinnlose *Durst* (trishna) nach Leben, nach Erhaltung der Individualität, selbst über den Tod hinaus in einem *ewigen* Leben. Der Glaube an die *Seele,* und an deren Dauer ist nur die Folge dieses unstillbaren Durstes mit all den Sinnlosigkeiten, die er mit sich bringt. Sie ist auch die Quelle des Glaubens an einen *Gott,* der unsere Gebete erhört. – 3. Das Ende des Lebensdurstes ist das Ende jenes Leidens an der Vergänglichkeit und am Leben. Der Weg dazu aber ist – 4. der edle achtfältige Pfad. Seine Stufen sind: Sammadikhi – *rechte Einsicht* – nämlich die zunächst verstandesmäßige, dann aber das ganze Leben durchdringende Einsicht darein, daß alle Konstituenzien des Lebens von Natur mit den Prädikaten des Leidens, der Vergänglichkeit und des Fehlens jeglichen *ewigen* Kerns (nach Art des brahmanischen Atman, der *Seele)* behaftet sind. – Die zweite Stufe ist Sammasankappa, *rechtes Wollen,* der erbarmungsvoll wissende Verzicht auf den Genuß des Lebens, der ja überall nur auf Kosten anderer Lebender möglich ist. – Die dritte Stufe ist Sammavaca, *rechte Rede,* die Vermeidung unwahrhaften und lieblosen Redens durch Beherrschung der eigenen leidenschaftlichen Natur. – Die vierte Stufe ist Sammakammanta, *rechte Lebensführung,* die Ausschaltung alles Unreinen und vor allem auch alles Schielens nach Erfolgen und Früchten des eigenen rechten Tuns, aus dem Handeln. Wer dies voll erreicht hat, der gewinnt die fünfte Stufe, welche, christlich gesprochen, die certitudo salutis gibt: die nicht mehr verlierbare Heiligkeit des Lebens: Samma ajivo. Die gewaltige Anspannung aller seiner Kräfte im Dienst des heiligen Zieles geben ihm eine seelische Macht des heiligen Wollens, welches weit hinausgeht über das für andere Erreichbare: Sammavayano, die rechte *Willensmacht,* die sechste Stufe. Wachend nicht nur, sondern auch schlafend hat er sich jetzt in der Gewalt, er weiß wer er ist und war. Und dieser innere Habitus des heiligen Wissens führt ihn zur siebenten Stufe der Vollendung: Sammasati, auf welcher er anderen als heiligen Gedanken und Gefühlen nicht mehr zugänglich ist. Und dadurch, durch diese schon jenseits des normalen Bewußtseins liegende Fähigkeit wird er innerlich an die *todentronnenen Gestade* Nirwanas getragen: in die rechte Konzentration, Sammasamadhi, die letzte und höchste Stufe.

historisch ganz richtig wiedergegeben ist, als daß die Hinayana-Lehre heute diese Interpretation der alten Schriften, welche an sich möglich ist, als orthodox gelten läßt.

Auch in dieser schon stark modernisierten[198] und also abgeblaßten Form gibt die Heilslehre doch noch einen Begriff von der praktisch wesentlichsten Eigenart des Buddhismus: der gänzlichen Ausrottung jeder Art von innerweltlicher Motivation im Handeln, sei sie nun irrationaler, leidenschaftlicher oder rationaler, zweckbewußter Art. Denn ein jegliches rationales Handeln *(Handeln mit einem Ziel)* wird dem Prinzip getreu ausdrücklich verworfen. Es fehlt also der im okzidentalen Mönchtum zunehmend entwickelte, für dessen Eigenart so wichtige Zug zur rationalen Methodik der Lebensführung auf allen Gebieten außer in der rein geistigen Systematisierung des konzentrierten Meditierens und der reinen Kontemplation. Diese ihrerseits ist freilich zunehmend bis zu dem in Indien auch sonst gepflegten Raffinement fortgebildet worden. Die spätere Entwicklung nahm aus der Yoga-Technik, welche dem Meister selbst wohl sicher bekannt war, zahlreiche Nachhilfen auf: Von der Atemregelung bis zu den Stufenfolgen der Versenkung des Denkens durch den Kursus der vierzig Karmasthanas wurden alle Mittel methodisch rationalisiert zur sukzessiven Erreichung der vier Rangstufen der Erlösung.

Die höchste Stufe erlangt nach der Lehre wenigstens der Gemeinde, sahen wir, nur der Mönch. Der fromme Laie aber war sogar von den einzigen kultusartigen Veranstaltungen dieser ursprünglich notwendig gänzlich kultlosen Frömmigkeit, den Halbmonatsversammlungen und der Uposâtha-Feier, – es sind im wesentlichen rein disziplinäre Beichtversammlungen der Mönche, – ausgeschlossen. Ihm blieb also nichts als die Verehrung der Mönche persönlich und der Reliquien durch Stiftung von Vihâras (Unterkunftshäusern, in alter Zeit noch ohne Klostercharakter), Bau von Stupas mit den daran sich zunehmend anschließenden Kunstobjekten, an die sich dann bald, als zunächst einzig mögliche Form der Laienfrömmigkeit, eigentlicher Reliquienkult anschloß. Gerade die absolute Außerweltlichkeit und Kultlosigkeit der Mönchsfrömmigkeit und das Fehlen jeder planmäßigen Beeinflussung der Lebensführung der Laien, – ein sehr wichtiger Gegensatz des alten Buddhismus gegenüber dem Jainismus, – mußte daher mit Notwendigkeit die Frömmigkeit der Laien in die Richtung der Hagiolatrie und Idolatrie drängen, wie sie die Mehrzahl der späteren Mahayana-Sekten gepflegt hat. Der alte Buddhismus war zwar Zauberkünsten durchaus abgeneigt. Aber er hatte die Existenz der *Geister* (devata) nie bezweifelt, und daraus entwickelte sich sehr bald der Geisterzwang und die Kunst der Geomantik.[199] Wie leicht andererseits der

[198] Die Modernisierung der Meditationstechnik (Kammasthâna) liegt namentlich in der Verwischung des – mit den Maßstäben der modernen Medizin gemessen – immerhin noch stark *pathologischen* Charakters der entscheidenden Heilszuständlichkeiten im alten Buddhismus. Die Visionstechnik der 10 Kasinas knüpfte an die Tatsache des Nachbilds bei geschlossenen Augen an, und die 4 Stadien der eigentlichen Ekstase führten schon in der zweiten Stufe zu einem künstlich erzeugten *torpor*, der dann, bei Aufhören der Ekstase, einer als *vollendete Heiterkeit* empfundenen Euphorie und als höchstem Stadium einem absoluten Indifferenzgefühl Platz machte.

Umschlag von der mäzenatisch von Fall zu Fall versorgten Jüngergemeinschaft zum stiftungsmäßig mit Baugrund und Baulichkeiten, dauernden Renten, Grundbesitz, Sklaven, Hörigen ausgestatteten Klosterleben, im Ergebnis also: zur klösterlichen Grundherrlichkeit erfolgte, zeigt schon die Geschichte des alten Buddhismus in Indien und den Nachbarländern und vollends die durchweg auf Klostergrundherrschaft ruhende Form, zu welcher, wie noch zu erzählen sein wird, der Buddhismus in Ceylon und Tibet gelangte. Als Gegenmittel gegen diese in der Tat fast unvermeidliche Entwicklung hat der alte Buddhismus neben dem Verbot des Besitzes, – welches aber zum mindesten für die Kleidervorräte, für welche eigene Verwalter von Anfang an vorkamen, durchbrochen war, – das Gebot des Wanderns der Mönche und die Ablehnung jeder hierarchischen oder parochialen, überhaupt jeder bindenden Organisation aufrecht erhalten. Die Diözesen (Sima), für welche die Halbmonats- und Uposâtha-Feiern vom jeweils Ältesten für die zufällig darin sich aufhaltenden Mönche angesetzt werden, waren keine exklusiven Sprengel. Eine Residenzpflicht oder Zugehörigkeit zu einem bestimmten Kloster gibt es ursprünglich nicht. Bei den Versammlungen gilt nur der Vorrang des Alters (als Voll-Mönch, nicht des Lebensalters). Alle *Beamte* sind nur technische Hilfskräfte ohne imperium. Und die später verschwundenen sogenannten *Patriarchen* oder *Väter* der alten buddhistischen Kirche waren anscheinend ausschließlich durch Anciennität und Charisma qualifizierte Arhats in einem seiner alten Tradition entsprechend charismatisch geachteten Kloster. Über ihre Stellung scheint im übrigen Sicheres nicht bekannt zu sein. Da überdies die Aufnahme in den Orden, nach vorgängigem Noviziat: Lehre bei einem Mönch als Directeur de l'âme und förmliche Zulassung auf Ansuchen und Empfehlung des Lehrers, keinerlei dauernde Bindung enthielt, auch der Austritt jederzeit frei stand und jedem, dessen Kraft nicht ausreiche, empfohlen wurde[200], – so verharrte der Buddhismus, alles in allem, infolge dieser absichtlichen, konsequent durchgeführten Minimisierung der Bindung und Reglementierung, in einer Strukturlosigkeit, welche die Einheitlichkeit der Gemeinschaft von Anfang an aufs schwerste gefährden mußte und auch tatsächlich sehr bald zu Häresien und Sektenbildungen geführt hat. Das einzige Gegenmittel dagegen, die Berufung von Konzilien, versagte bald und ist offensichtlich nur durch Unterstützung der weltlichen Gewalt möglich geblieben. Es macht den Eindruck, daß selbst die wenigen schließlich geschaffenen Elemente einer Organisation und Disziplin, also einer Ordensstiftung, ebenso auch die Fixierung der Lehre, erst nach dem Tode des Stifters, entgegen seinen eigenen Absichten entstanden. Es

199 Vatthuwijja, dem chinesischen Fungschui entsprechend.

200 Auch große Lehrer des späteren orthodoxen Buddhismus haben nach der Tradition, sogar wiederholt, von der Macht der *Lüste* überwältigt, den Austritt aus der Gemeinde vollzogen und sich, nachdem den Leidenschaften ihr Recht geworden war, wieder aufnehmen lassen. Ein Beispiel in J-Tsings Reisebeschreibung. 34, Nr. 7. Diese Laxheit war allerdings zweifellos Verfallsprodukt und dem alten Buddhismus fremd.

steht aus der Tradition fest, daß Ananda sein Lieblingsjünger, also der *Johannes* des primitiven Buddhismus war. Ebenso sicher aber ist den, sei es auch sonst noch so wenig brauchbaren, Traditionen über das *erste Konzil* (nach seinem Tode) zu entnehmen, daß Ananda von den anderen Jüngern nicht nur bei Seite geschoben, sondern als nicht sündenfrei zur Buße gezwungen wurde, und daß andere die Gemeindeleitung in die Hand nahmen, – ebenso wie in der urchristlichen Gemeinde. Die primitive Mönchsgemeinschaft wollte offenbar weder die spirituelle Sukzession noch überhaupt die Aristokratie des Charisma in ihrer Mitte aufkommen lassen. Sie betonte deshalb das Anciennitätsprinzip der (voll erlösten und also sündlosen) Arhats und außerdem ein gewisses Mindestmaß von fixierter Ordnung, während Ananda vermutlich als Vertreter des ganz organisationsfreien charismatischen Prädikantentums galt. Nur nach der Zahl der *Was*, die er hat, das heißt, der seit dem Eintritt in das Kloster verflossenen jährlichen Eintrittsjahreszeiten (also Jahre), richtete sich bis in die Gegenwart der Rang der im übrigen untereinander streng gleichgestellten Mönche in orthodoxen birmanischen Klöstern: Nach zehn Was (Jahren) wird der Mönch ein Vollmönch. Das ist sicher sehr alte Tradition. –

Die orthodoxe Lehre der Gemeinde, wie sie noch mehr als ein Jahrtausend später im Hinayana-Buddhismus fortlebte, kannte außer der Anciennität nur ein ganz unbedingt und allerdings höchst wirksam bindendes Strukturelement: die Beziehung zwischen Lehrer (Upadhyaya) und Schüler. Der Novize hat die strengen Pietätsregeln des indischen Bramacharin gegenüber seinem Guru einzuhalten. Auch der rezipierte Mönch durfte noch zu J-tsings Zeit (7. Jahrhundert nach Chr.) erst fünf Jahre, nachdem er den Inhalt des Vianya-Kanons nach Ansicht des Lehrers vollständig innehatte, sich überhaupt vom Lehrer entfernen. Er bedurfte auch dann noch für alle und jede Handlung der vorherigen Genehmigung des letzteren, dem er keine für sein Heil wichtige Regung vorenthalten durfte. Erst zehn Jahre nach der vollen Aneignung des Vinaya hörte diese Bevormundung auf. Wer aber den Kanon sich vorher gänzlich anzueignen nicht fähig war, blieb lebenslänglich unter jener absoluten Vormundschaft. Gerade die Hinayana-Orthodoxie scheint an dieser Pietätsbeziehung besonders streng festgehalten zu haben.

Die Anhängerschaft des alten Buddhismus in Indien selbst, welche die spätere Entwicklung der Klöster zur Grundherrschaft und der Erlösungslehre zu einer Laiensoteriologie perhorreszierte, rekrutierte sich, vom Stifter selbst angefangen, aus großen Adelsgeschlechtern und reichen Bürgern, zwar nicht ausschließlich, aber vorwiegend. Auch Brahmanen scheinen sich zu finden; aber es waren Vertreter der vornehmen Laienbildung der weltlichen Honoratiorenschichten, welche die Mehrzahl seiner Jünger stellten.[201] Ansätze zur

[201] Das ergeben die literarischen Quellen und Legenden. Es wird auf die Zugehörigkeit besonders vornehmer Leute ein erhebliches Gewicht gelegt. Aber sozial exklusiv war der Buddhismus jedenfalls insoweit nie, als die Laien in Betracht kamen. In späterer Zeit

Entwicklung von Standeskonventionen liegen dem entsprechend weit zurück. Schon die vorgeschriebene Form des Bettelns war dem Würdegefühl und guten Geschmack eines wohlerzogenen Intellektuellen angepaßt. Niemals waren die Jünger Buddhas eine Horde kulturloser Bettler. Nicht nur die Kleidung war von Anfang an im Gegensatz zu anderen Sekten anständig reguliert und auch Gegenstand planmäßiger Vorsorge. Sondern die Anziehungskraft des Buddhismus besonders auf die oberen Schichten erklärt sich zum Teil wenigstens gerade durch seine sorgsame Rücksichtnahme auf Wohlanständigkeit. Das Prâtimokkha der südlichen Buddhisten enthält eine Fülle rein konventioneller Anstandsregeln für die Mönche im Verkehr untereinander und mit der *Welt,* bis herunter zum Verbot des Schmatzens beim Essen. – Dem entsprach die innere Eigenart der Lehre.

Ganz ungeheuer und grundlegend ist – wie man schon mehrfach bemerkt hat (namentlich Oldenberg) – der Unterschied der Predigt des Buddha, von der man aus der Tradition immerhin eine ungefähre Vorstellung zu gewinnen in der Lage ist, von derjenigen etwa von Jesus einerseits, Muhammed andererseits. Die typische Wirkungsform des Buddha ist der sokratische Dialog, durch welchen der Gegner im Wege eines wohlüberlegten Raisonnements ad absurdum geführt und zur Unterwerfung gezwungen wird. Weder das kurze Gleichnis oder die ironische Abfertigung oder gar die pathetische Bußpredigt des galiläischen Propheten, noch die auf Visionen ruhenden Ansprachen des arabischen heiligen Heerführers finden irgenwelche Parallelen in jenen rein auf den Intellekt, die ruhige, sachliche, mit keiner inneren Erregung beteiligte Erwägung wirkenden, souveränen, stets systematisch-dialektisch den Gegenstand erschöpfenden Vorträgen und Gesprächen, welche die eigentlichste Form des Wirkens des Buddha gewesen zu sein scheinen. Es war schlechterdings unmöglich – und man kann sich davon leicht überzeugen – ohne ein recht erhebliches Maß von Schulung im spezifisch hinduistischen Denken ihnen zu folgen, obwohl der Buddha, und zwar für einen hinduistischen Denker mit Recht, versicherte, daß seine Lehre so einfach sei, daß jedes Kind sie zu verstehen vermöge. Denn jedenfalls galt dies nur für ein Kind aus einer, im althinduistischen Sinn, *sehr guten Kinderstube.*

Der Buddhismus ist vollends mit keinerlei *sozialer* Bewegung verknüpft oder parallel gegangen, hat auch nicht das mindeste *sozialpolitische* Ziel aufgestellt.

finden sich in den buddhistischen Inschriften (z. B. der von Bühler in der Ep. Ind. II, S. 91 ff. zitierten Sañci-Inschrift) alle Stände vertreten; Adlige und Bauern eines Dorfes, Gildekaufleute (Sheth), einfache Händler (Vani), königliche Schreiber, Berufsschreiber, königliche Werkstattvorsteher (Avesani), Soldaten (Asavarika), Werkleute (Kamika). Jedoch wiegen Kaufleute und Händler vor. In einer älteren, aus dem 2. oder 1. vorchristl. Jahrh. stammenden Inschrift (Ind. Antiq. XXI, 1890, S. 227) finden sich 1 Soldat, 1 Steinmetz, 1 *Haushalter* (Grihaspati) und zahlreiche geistliche Personen als Donatoren.

Die Ignorierung der ständischen Gliederung war nichts Neues. In den Gegenden der Entstehung des Buddhismus – Magadha und den benachbarten nordindischen Gebieten – war die Macht des Brahmanentums relativ schwach. Die vier alten *Stände* waren zweifellos längst im Zerfall – vor allem waren die freien Bauern (Vaiçya) eine Fiktion geworden. Den Quellen der buddhistischen Zeit galten die Kaufleute als die typischen Vaiçya, und der religiöse Abschluß von *Kasten* gegeneinander, insbesondere die Gliederung der Çudras in Berufskasten, stand, wie es scheint, mindestens in diesen Teilen Indiens teilweise erst in den Anfängen und ist dort erst vom späteren Hinduismus in alle Konsequenzen durchgeführt worden. Die individuelle Heilssuche der *Sramana*, deren asketische Leistungen in der religiösen Schätzung längst den zünftigen vedisch gebildeten Priestern gleichgeachtet wurden, bestand als eine weit verbreitete Erscheinung. Die Nichtachtung der Unterschiede der Stände durch den Buddhismus bedeutete also keine soziale Revolution, – soweit sie überhaupt Realität war, wie es allerdings scheint. Daß Angehörige der niedrigsten Schichten sich unter den Anhängern des ältesten Buddhismus befunden hätten, ist nicht überliefert und sehr unwahrscheinlich. Denn gerade die Sramana überhaupt entstammten ja von jeher weit überwiegend jenen Kreisen vornehmer Laienbildung, die sich besonders stark aus dem stadtsässigen Kschatriyapatriziat rekrutierten, etwa so wie bei uns die Humanisten. Es scheint im Gegenteil ziemlich sicher, daß der ursprüngliche Buddhismus genau wie der alte Jainismus zunächst an der Überzeugung festhielt, daß ein zur vollen Gnosis Befähigter nur in der Brahmanen- und Kschatryia-Kaste geboren werden könne. Auch der Buddha selbst wurde von der Legende sehr bald von einem Landadelssprößling, der er historisch war, zu einem Königssohn erhoben. Das reiche Stadtpatriziat, aber auch zahlreiche Brahmanen gibt die Tradition als Proselyten seiner ersten Predigten an. Die vornehme Intellektuellenschicht, an welche sich Buddhas Lehre wendete, – die ja wie Oldenberg sich ausdrückt keineswegs für *Arme im Geiste* bestimmt sein konnte, – fühlte sich wie wir schon sahen, innerhalb der damaligen indischen Kleinstaaterei in starkem Maße als eine durch alle jene zufälligen und wechselnden politischen Bildungen, welche das Pathos einer solchen Klasse unmöglich dauernd für sich beschlagnahmen konnten, hindurchgreifende Einheit, ähnlich der Intellektuellenschicht unseres Mittelalters. Die buddhistische Lehre selbst ist innerhalb eines Gebiets von damals relativ bedeutender adeliger und bürgerlicher Reichtumsentwicklung entstanden. Eine in dem Maß wie im späteren Hinduismus oder auch wie nach den Ansprüchen der älteren Brahmanen herrschende Priesterschaft, welche dies Patriziertum hätte hindern können, sein Leben so zu führen, wie es ihm selbst behagte, und nach Belieben zu glauben oder nicht zu glauben was es wollte, war damals dort nicht vorhanden, und die weltlichen Gewalten konnten keinerlei Anlaß finden, gegen eine absolut unpolitische Bewegung, wie es deren schon massenhaft gab, Einwände zu erheben. Im übrigen ist die Regel Buddhas, welcher der Tradition als Schützling des Königs Bimbisara, der ihn verehrte, galt, darauf bedacht, alle Bedenken der weltlichen Gewalt zu umgehen: Soldaten, Sklaven, Schuldverhaftete oder Verbrecher fanden in dem Orden keinerlei Aufnahme. Ein *Kampf* gegen die Brahmanen, wie etwa bei Christus gegen die Pharisäer und Schriftgelehrten, ist in Buddhas Predigt nicht zu spüren. Er läßt die Götter ebenso wie die Bedeutung der Kasten dahingestellt. Er besteht nach der Tradition, auf nachdrückliches Befragen eines Brahmanen, nur darauf, daß nicht die Geburt, sondern das rechte Tun den Brahmanen zum wahren Brahmanen mache. Ebenso findet sich kein eigentlicher Kampf gegen das Opfer, wie er den Jaina eigentümlich war. Es hat nur für das Ziel, dem der Starke und Weise nachgeht, keinen Wert.

Als Ganzes ist der alte Buddhismus Erzeugnis nicht etwa negativ, sondern vielmehr stark positiv privilegierter Schichten. Allerdings kann keinem Zweifel unterliegen, daß ein antihierokratischer Zug, die Entwertung des brahmanischen Ritualwissens und der brahmanischen Philosophie es war, welches den Fürsten und dem Patriziat die Lehre sympathisch machten. Daß gegen die Brahmanenhierokratie die auf die Dauer noch stärkere hierokratische Macht der Bettelmönche eingetauscht würde, war eine Erfahrung, die erst den späteren Geschlechtern aufging. Die Überzeugung von einer spezifischen Heiligkeit der Wandermönche und Asketen war längst Gemeingut aller sozialen Schichten in Indien, ebenso wie übrigens sehr vieler anderen Zeiten und Völker. Die Ordensregel schrieb zwar gewiß nicht absichtslos ausdrücklich vor, daß der Mönch auf dem Bettelgang unterschiedslos an die Türen der Armen und der Reichen klopfen solle. Innerhalb der Welt aber die soziale Ordnung zu ändern hat weder der alte noch der spätere Buddhismus versucht. Die Welt war für den Mönch indifferent. Nicht wie im alten Christentum deshalb, weil die eschatologische Erwartung sie dazu stempelte. Sondern umgekehrt, weil es keinerlei eschatologische Erwartung und – wenigstens nach der späteren Lehre – auch keine Erlösung für den gab, der nicht Mönch werden wollte, und andererseits für den Mönch kein Menschenschicksal, welches seine eigene Erlösungschance irgendwie hätte beeinflussen können. Die Art der Erlösung, welche dem Bettelmönch versprochen wurde, war sicherlich nicht nach dem Geschmack sozial gedrückter Schichten, die vielmehr einen Entgelt im Jenseits oder aber zukünftige Diesseits-Hoffnungen verlangt hätten. Die Laiensittlichkeit aber trug den Charakter einer äußerst farblosen *bürgerlichen* Ethik und ihre diesseitigen Prämien: Reichtum und ein ehrenvoller Name, ebenfalls. Ein religiöses *Naturrecht* höriger Bauern oder zünftiger Handwerker gar hätte anders ausgesehen. Und daß eine in diesen Schichten als Heimat wurzelnde Erlösungsreligion oder überhaupt eine spezifische Laienreligiosität der unteren Schichten einen gründlich anderen Charakter gehabt hätte, bewies die bald zu erzählende Entwicklung der Folgezeit.

Die Propaganda durch Lehre gehört als spezifische Lebensform dem rastlos wandernden Buddha ganz persönlich an. Ob sie ursprünglich für die Mönche als eigentliche *Pflicht* angesehen wurde, mag dahingestellt bleiben und ist eher unwahrscheinlich. Die ausdrückliche Pflicht der Mission knüpft als solche vielmehr wohl erst an die Wandlung des Erlösungsideals in den späteren Jahrhunderten an.

Der Buddhismus wurde aber eine der größten Missionsreligionen der Erde. Das muß wundernehmen. Denn rein rational gesehen ist kein Motiv zu entdecken, welches ihn dazu hätte bestimmen können. Was sollte einen nur seine eigene Erlösung suchenden und dafür ganz und gar auf sich selbst allein angewiesenen Mönch veranlassen, sich um das Seelenheil anderer zu kümmern und die Mission zu betreiben? Zumal gerade dem Mystiker, vollends unter dem Einfluß der Karman-Lehre mit ihrer Determiniertheit der Erlösungschancen durch Karman und durch die von da aus bedingten Unterschiede der Qualifikation, ein solches Unternehmen doch höchst unfruchtbar erscheinen mußte. Lange schwankt in der Legende der Buddha, ob er auf Brahmas Bitte den Menschen die Erlösungslehre verkünden sollte. Schließlich bestimmt ihn dazu der Umstand, daß neben den nach ihrer Qualifikation zum Heil und den zum Unheil bestimmten er doch eine große Zahl Menschen sieht, deren Qualifikation nicht eindeutig ist, und deren Heilsschicksal also durch Heilsverkündigung beeinflußt werden kann. Indessen dies war nur eine dogmatische Deutung. Wo aber lagen die realen praktischen Antriebe? Zunächst vermutlich in jenem rational nicht weiter deutbaren, psychologisch (vielleicht physiologisch) bedingten Tatbestand, den wir kennen: Den großen Virtuosen der mystischen Frömmigkeit eignet zumeist jener erbarmensvolle Liebesakosmismus, der fast überall die psychologische Form des mystischen Heilsbesitzes, die eigentümliche Euphorie des gottinnigen Stillgewordenseins, begleitet. Er hat die Mehrzahl von ihnen, den rationalen Konsequenzen der mystischen Heilssuche entgegen, auf den Weg der Seelenrettung getrieben. Indessen dies Motiv, welches ganz offensichtlich auch in der buddhistischen Mitleidsethik sich äußert, bestand auch bei anderen indischen Mystikern. Daneben wirkte die Gepflogenheit wandernden Disputierens, welches, wie allen indischen Soteriologen der alten Intellektuellenschicht, so auch, in charakteristischer Art, dem Buddha eignete. Indessen auch dies war eine allgemeine Erscheinung aller Soteriologien seiner Zeit. Entscheidend war für den Erfolg der Propaganda bei den Jaina wie bei den Buddhisten: das Auftreten von *Berufsmönchen* in der Form von Gemeinschaften. Das entscheidende Motiv aber für den Betrieb der Propaganda lag natürlich in den materiellen Interessen der Mönche an der Vermehrung der Nahrunggeber: der Upasaka. Auch dieses Interesse zwar war den konkurrierenden Mönchsverbänden, namentlich den Jaina, mit den Buddhisten gemeinsam. Aber hier kamen dem Buddhismus in der Zeit seiner Expansion einige Umstände zugute, welche auf der anderen Seite, praktisch angesehen, eine Schwäche darstellten, die ihm später, in Indien selbst wenigstens, gegenüber der Konkurrenz der orthodoxen Berufsmönche zum Unheil ausschlagen sollte. Einerseits die überaus geringen Ansprüche, welche er an die Laien stellte. Andererseits das vollkommene Fehlen einer festen Organisation der Mönchsgemeinschaft und damit auch fixierter Pfründeninteressen der Mönche selbst. Für jede Konfession kommt die Krisis ihrer missionierenden Expansion in dem Augenblick, wenn der typische Prozeß der *Verpfründung* an ihr vollendet ist. Das heißt, wenn ihre Organisation so weit vorgeschritten ist, daß ihre Einkünfte einerseits, ihre Heilsdarbietungen andererseits in festen Sprengeln nach Art einer *Kundschaft* oder *Rente* für ihre berufsmäßigen Heilsvermittler (Priester, Prediger, Mönche) fest verteilt sind. Dann überwiegt unvermeidlich das monopolistische Interesse der Inhaber jener *Kundschaften* und Präbenden über das gemeinsame Interesse an der Gewinnung von Neuland. Die Gemeinschaft erschwert dann die Aufnahme von Novizen, um die *Nahrungen* der schon vorhandenen Sprengelinhaber nicht zu gefährden. Sie interessiert sich zwar für die Fernhaltung von Konkurrenz auf ihrem Nahrungsgebiet, aber ihre Pfründner sind keine geeigneten Propagandisten für die Mission auf Fremdgebieten. In der einen oder anderen Form läßt sich dieser Vorgang bei den meisten einstmals missionierenden Konfessionen verfolgen. Beim Buddhismus nun schloß die alte überaus *akosmistische* Organisation (oder: Organisationslosigkeit) in Verbindung mit der Ablehnung jeder Ordnung der Laienbeziehungen die Verpfründung zunächst direkt aus.

Und gerade der den Asketen älterer Observanz so ärgerliche rein parasitäre Charakter der buddhistischen Nahrungssuche, der Anschluß an die damals aufblühenden Städte und an die größeren Ortschaften überhaupt, verbunden mit dem sehr geringen Maß von Bindung sowohl der Mönche wie der Laien, die sie ernährten, an rituelle Regeln, war ein, äußerlich wenigstens, anfänglich sehr bedeutender Vorteil. Wir sahen, daß der alte Buddhismus, von der fest gegebenen Verschiedenheit der Qualifikation für die Erlösung als einer Grundtatsache ausgehend, den Laien fast keinerlei Verpflichtung auferlegte als eben: den Unterhalt der Mönche zu bestreiten, daß er ursprünglich keine Abgaben an die Gemeinschaft, – aus welchen sehr schnell Präbenden der Mönche hätten werden und die Kontingentierung ihrer Zahl hätte hervorgehen müssen, – kannte, sondern nur Geschenke an den einzelnen Mönch. Erst allmählich trat darin eine Änderung im Sinne der gewöhnlichen Klosterorganisation ein. Die Avasika, die nicht nur während der Regenzeit, sondern dauernd im Kloster residierenden, nicht mehr wandernden Mönche, sind zweifellos, ebenso wie die festere Abgrenzung der Kirchspiele, (sima) erst ein schon auf dem Weg zur Klostergrundherrschaft liegendes Entwicklungsprodukt. Diesen residierenden Mönchen lag neben der Meditation das Studium der Sutras und ferner wissenschaftliche Arbeit ob. Der alte Buddhismus schätzte dagegen wie andere so auch die wissenschaftliche Arbeit nicht. Und vollends die Entstehung einer Literatur als Studienobjekt war bei der ursprünglich rein mündlichen Überlieferung unzweifelhaft erst sekundär. Solange dieser alte Zustand dauerte, mußte er zu einer Überschwemmung des Landes mit missionierenden Jüngern und Mönchen führen und hat dies getan.

Dennoch hätte der Buddhismus mindestens seinen internationalen Eroberungszug wohl nicht antreten können ohne die historische Zufälligkeit, daß einer der ersten Großkönige, die fast das ganze indische Kulturgebiet beherrschten, sein leidenschaftlicher Anhänger wurde, wie bald zu berichten sein wird.

III. Die asiatische Sekten- und Heilandsreligiosität

Allgemeine Gründe der Umwandlung des alten Buddhismus – König Açoka – Der Mahayanismus – Die Mission: 1. Ceylon und Hinterindien – 2. China – 3. Korea – 4. Japan – 5. Innerasien: Der Lamaismus – Die orthodoxe Restauration in Indien. Allgemeiner Charakter – Civaismus und lingam-Kult – Vischnuismus und Bhakti-Frömmigkeit – Die Sekten und die Gurus – Allgemeiner Charakter der asiatischen Religiosität

Der alte Buddhismus war, wenn nicht die zeitlich letzte, so doch jedenfalls die rücksichtslos konsequenteste der hinduistischen vornehmen Intellektuellensoteriologien[1] und insofern deren *Vollendung.* Äußerlich ist er die einzige Erlösungsreligion gewesen, welche wenigstens auf einige Zeit einmal, unter der Maurya-Dynastie, in ganz Indien offiziell herrschende Konfession war. Freilich nicht dauernd. Seine innere Konsequenz und darum auch seine äußere Schwäche lag darin, daß er auch in seinem praktischen Verhalten die Erlösung auf diejenigen beschränkte, welche wirklich den Weg zu Ende gingen und Mönche wurden, daß er sich im Grunde um die andern, die Laien, kaum kümmerte. Denn den Vorschriften, welche er für diese schuf, sieht man es an, daß sie Akkommodationen ohne innerlich einheitlichen Gesichtspunkt waren. Und vor allem fehlte äußerlich das, was der Jainismus geschaffen hatte: eine Gemeindeorganisation der Laien. Selbst die Mönchsorganisation war ja, sahen wir, auf das Allerunentbehrlichste beschränkt. Dies Fehlen der Laienorganisation hat geschichtlich die Folge gehabt, daß der Buddhismus in seinem Heimatland gänzlich verschwunden ist. Er hielt trotz aller Akkommodation, die wir kennen lernen werden, dennoch die Konkurrenz derjenigen orthodoxen und heterodoxen hinduistischen Sekten nicht aus, welche es verstanden, die Laienschaft in feste Beziehungen zu ihrer Leitung zu setzen. Und ebenso erwies er sich widerstandsunfähig gegenüber äußerer Gewalt, vor allem gegenüber dem Islam. Die muhammedanische Eroberung suchte neben einer furchtbaren Zerstörung der Idole aller hinduistischen Religionen naturgemäß vor allem die führenden Schichten der Unterworfenen zu treffen: den Adel – soweit er sich nicht konvertieren ließ – und die Mönche, die er mit Recht als die eigentlichen Träger des organisierten religiösen Gemeinschaftslebens ansah. Schon an sich lag ja, wie wir später sehen werden, die Antipathie gegen Mönchsaskese von Anbeginn an in seinem Wesen. Die *geschorenen Brahmanen,* die Mönche und zwar vor allem die buddhistischen Mönche, waren es daher zuerst, die er rücksichtslos abschlachtete. Im Buddhismus aber konzentrierte sich in den Klöstern

[1] Daß er aber eine solche vornehme Intellektuellensoteriologie war, ist der Grund aller der Abgründe, die zwischen ihm und dem alten Christentum lagen. Denn für dieses war, wie wir sehen werden, gerade der Gegensatz gegen jedes vornehme Intellektuellentum das grundlegend Wichtige.

und der Mönchsgemeinde die Existenz der Konfession überhaupt. Waren diese vernichtet, so war es mit der Gemeinschaft zu Ende, und tatsächlich haben auch nur Spuren ihrer Existenz den islamischen Einbruch überlebt. So gründlich war die Vernichtung, daß selbst die Lage der heiligen Stätten, vor allem Lumbini, des *indischen Bethlehem,* völlig vergessen wurde, bis europäische Ausgrabung sie wieder aufdeckte. Allein schon lange vor dieser äußeren Katastrophe war die einstige Herrschaft des Buddhismus in Indien durch die Konkurrenz anderer Soteriologien gebrochen worden. Und vor allem: im vergeblichen Konkurrenzkampf mit ihnen hatte er selbst seine innere Struktur tiefgreifend verändert. Das hat ihm die Behauptung der Herrschaft in Indien nicht ermöglicht, wohl aber ist er wesentlich in dieser veränderten Gestalt eine *Weltreligion* außerhalb Indiens geworden.

Das treibende Moment der Umwandlung war, neben der unvermeidlichen Akkommodation an die Bedingungen der Existenz in der Welt, das Interesse der Laienschaft. Und zwar einer Laienschaft von wesentlich anderem Gepräge als die vornehmen Kschatriya- und Schreschthi-Familien in der Zeit seiner Entstehung. Der Aufstieg des Buddhismus wie des Jainismus vollzog sich zunächst auf den Schultern des Stadtadels und vor allem des bürgerlichen Patriziats. Die Ablehnung des Priesterwissens und der unerträglichen zeremoniösen Lebensreglementierung, der Ersatz der unverständlichen toten Sanskritsprache durch die Volksmundart, die religiöse Entwertung der Kastengebundenheit für das Konnubium und den geselligen Verkehr, verbunden mit der Verdrängung der Schlüsselgewalt der unheiligen Weltpriesterschaft durch eine Schicht von Heilssuchern, welche wirklich Ernst machten mit dem heiligen Leben, – dies alles waren Züge, welche der Laienbildung überhaupt, vor allem aber den patrizischen bürgerlichen Schichten der Zeit der ersten großen Städteblüte weit entgegenkommen mußten. Die Kastenschranken lockerten sich damals wenigstens für den Zutritt zum religiösen Heil. Nur die brahmanische Vedanta-Schule hielt streng an dem Grundsatz fest, daß nur der Angehörige einer wiedergeborenen Kaste die Erlösung erlangen könne. Die Samkhya-Schule trug kein Bedenken, auch den Çudra als erlösungsfähig anzusehen und der Buddhismus ignorierte die Kastenangehörigkeit wenigstens bei der Zulassung zum Mönchsorden gänzlich, so großes Gewicht er auf gute Manieren und also – der Erziehung nach – gute Familie legte, und so nachdrücklich er die Herkunft der Mehrzahl seiner Anhänger aus ständisch vornehmen Kreisen betonte.

Nun aber entstand, bald nach dem Alexanderzuge, der die ersten, freilich sehr flüchtigen, Berührungen Nordindiens mit dem Hellenentum brachte, zum erstenmal – soviel bekannt – ein indisches Großkönigtum unter der Dynastie der Maurya. Das stehende Heer und die Offiziere, das königliche Beamtentum und seine massenhaften Schreiberbüros, die königlichen Steuerpächter und die königliche Polizei wurden nun die herrschenden Mächte. Der Stadtpatriziat wurde als Darlehensgeber, Übernehmer von Lieferungen und Leistungen benutzt, aber allmählich zurückgedrängt, die Gewerbe als Träger von Leiturgien und Abgaben zu den neuen Mächten in Beziehung gesetzt. Der Patrimonialismus der Großkönige trat an die Stelle des alten Kleinkönigtums. Damit wandelte sich unvermeidlich die Lage sowohl des Adels wie des bürgerlichen Patriziats. Die brahmanische Tradition schreibt der Maurya-Dynastie niedrigen Ursprung zu, und mindestens im Beamtentum und Offizierkorps mußte ein Patrimonialfürst geneigt sein, den Unterschichten Gelegenheit zum Emporkommen zu geben. Das stimmte zunächst vortrefflich mit der Ignorierung der Ständeschranken durch die buddhistische Erlösungsreligion zusammen und tatsächlich trat derjenige Großkönig der Maurya-Dynastie, dem es zum erstenmal gelang, das ganze Kulturgebiet Indiens zu einem Einheitsreich zu vereinigen, Açoka, zum Buddhismus über, zuerst als Laie, dann sogar formell als Mitglied des Ordens.

Die wenigstens relative Nivellierung der politischen Macht der vornehmen Stände, namentlich aber der an sich wahrscheinliche und auch ganz offensichtliche Fortfall der alten Kschatriya-Schicht mit ihren zahllosen kleinen Burgen, der selbständigen Mittelpunkte einer vornehmen ritterlichen Bildung, mußte nun aber tiefgehende Folgen für die sozialen Bedingungen der miteinander konkurrierenden Religionen haben. Der *Laie,* um dessen Seele sie miteinander rangen, war nicht ausschließlich mehr der adlig Gebildete, sondern, der Höfling, der schriftkundige Beamte, daneben aber der Kleinbürger und Bauer. Fürsten, Priester und Mönche in gleicher Art mußten darauf bedacht sein, ihren religiösen Bedürfnissen entgegenzukommen, die politischen Machthaber, um die Massen zu domestizieren, die Träger der Religion, um an ihnen Stützen ihrer geistlichen Macht und eine Quelle von Pfründen und Kasualien-Einkünften zu haben. Es begann eine plebejische – richtiger: auf die Befriedigung plebejischer religiöser Bedürfnisse eingestellte – Epoche der orthodox indischen Soteriologie. Man kann sie etwa mit der Gegenreformationszeit und den ihr folgenden Epochen im Okzident, die ja gleichfalls mit der Bildung der patrimonialen Großstaaten zusammenfiel, vergleichen. Immerhin mit einem gewichtigen Unterschied. In Europa zog die feste hierarchische Organisation der katholischen Kirche, zunächst in dem emotionalen Charakter ihrer Propaganda-Agitation, dann in der zur Kaplanokratie bürokratisierten Struktur ihrer Verfassung, die Konsequenzen. In Indien dagegen war eine weit kompliziertere Anpassung durch eine nur als Stand oder als lockerer Verband von Klöstern zusammengeschlossene, aber sonst unorganisierte, Hierokratie zu vollziehen.

Die höfische Gesellschaft vermißte am alten Buddhismus einerseits die vornehme Schriftbildung und Gelegenheit zu künstlerischer Formung, andererseits Mittel für die Domestikation der Massen.

Der Kleinbürger und Bauer konnte ja mit den Produkten der Soteriologie der vornehmen Bildungsschicht nichts anfangen. Am wenigsten mit der altbuddhistischen Soteriologie. Er dachte nicht daran, Nirwana zu begehren, ebensowenig wie die Vereinigung mit dem Brahman. Und vor allem: er hatte auch gar nicht die Mittel in der Hand, zu diesen Heilszielen zu gelangen. Denn dafür war Muße für die Meditation erforderlich, um die Gnosis zu erlangen. Diese Muße hatte er nicht und sah sich in aller Regel nicht veranlaßt, sie sich durch ein Leben als Büßer im Walde zu verschaffen. Nun hatten sowohl die orthodoxe wie die heterodoxe Soteriologie dafür in gewissem Grade vorgesorgt: Die orthodoxe durch die Heilsverheißungen des Kastenritualismus, die heterodoxe durch eine sekundäre Laiensittlichkeit, für welche ebenfalls Prämien in diesem und jenem Leben versprochen waren. Allein das alles war doch wesentlich negativen und vor allem: wesentlich ritualistischen Charakters. Es befriedigte in gar keiner Art das eigentlich religiöse Bedürfnis nach emotionalem Erleben des Überweltlichen und nach Nothilfe in äußerer und innerer Bedrängnis. Jenes ungebrochene emotionale Bedürfnis insbesondere war und ist aber überall für den psychologischen Charakter der Religion bei den Massen das ausschlaggebende im Gegensatz zu dem rationalen Charakter aller Intellektuellensoteriologie.

Für die emotionale Massenreligiosität nun hat es in aller Welt nur zwei typische Möglichkeiten der Soteriologie gegeben: die Magie oder den Heiland. Oder beide zusammen: der lebende Heiland als Magier und Helfer in physischer und psychischer Not, der tote vergottete Heiland als Nothelfer, Fürsprech und überirdischer Gegenstand inbrünstiger Andacht und emotional-ekstatischer Wiedererweckung im Erlebnis des Gottbesitzes oder der Gottbesessenheit. Den Weg der Anpassung an diese spezifisch plebejischen religiösen Bedürfnisse ist fast die gesamte indische Soteriologie gegangen. Das ist der grundlegende Tatbestand für das Verständnis der Entwicklung, die nun zu skizzieren ist.

Der alte Buddhismus war auch in der Beziehung zu den Laien zum mindesten relativ – vielleicht sogar absolut – magiefeindlich gewesen. Denn das strenge, mit der Strafe der Todsünde belegte, Gebot an die Mönche (viertes Mönchs-Gelübde), sich nicht übermenschlicher Fähigkeiten zu rühmen, mußte, selbst wenn man seine prinzipielle Tragweite noch so einschränkend interpretiert, die Bedeutung der Mönche als magischer Nothelfer und Therapeuten ausschließen oder doch entwerten. Ebenso war der alte Buddhismus mindestens relativ bilderfeindlich gewesen. Das Verbot des Buddha, ihn bildlich darzustellen, ist zuverlässig überliefert und viele genuin altbuddhistische Reformatoren haben einen gewissen relativen Puritanismus, etwa vom Charakter des zisterziensischen, in die Kirchenkunst hineingetragen, sehr oft – wiederum wie bei den Zisterziensern – nicht zu deren künstlerischem Schaden. Der alte Buddhismus war endlich schlechthin apolitisch gewesen; eine innere Beziehung zu politischen Gewalten war von ihm aus eigentlich kaum auffindbar. In diesem letzten Punkt trat zuerst Wandel ein.

Der alte Buddhismus erreichte in Indien seine Akme unter der Regierung des Maurya-Großkönigs Açoka, des ersten Monarchen, der nach ägyptischer, assyrischer und achämenidischer Weise seine Taten und Anordnungen in zahlreichen Felsen-, Höhlen- und Säulen-Inschriften[2] zu verewigen bemüht war. Daß dem König die Möglichkeit gegeben wurde, zunächst Novize, dann offizielles Ordensmitglied zu sein[3] und doch König zu bleiben, zeigt eine weitgehende Akkommodation des Ordens, so sehr auch der König selbst[4] betont, wie schwer es sei, diese Welt und die künftige zu gewinnen. Denn immerhin galt der Monarch nicht als gewöhnlicher Mönch, sondern nahm eine eigentümliche Sonderstellung ein. Es entstand damit erstmalig im Buddhismus ein Ansatz einer politischen Theorie: Die Gewalt des Weltmonarchen (tschakravati) muß die notwendig von allem Welthandeln abführende geistliche Gewalt des Buddha ergänzen. Er ist Patron der Kirche etwa in dem Sinn, wie die byzantinischen Monarchen dies in Anspruch nahmen. Seine Edikte zeigen auch sonst die eigentümlichen Konsequenzen einer Halb-Theokratie. Die erste Konversion des Königs erfolgte nach der blutigen Unterwerfung des Kalinga-Reiches. Der König erklärt[5], daß er die Schlächterei, die dabei unvermeidlich gewesen sei und bei welcher zahlreiche fromme Leute umgekommen seien, bereue, daß es fortan nicht zum Dharma seiner Nachfahren gehören werde, durch das Schwert zu erobern, sondern durch und für die Macht des wahren Glaubens, daß aber wichtiger als selbst diese friedlichen Eroberungen ihm das Heil der Seele, die nächste Welt, sei. Mit dieser religiös-pazifistischen Fortwendung von dem überkommenen Königs-Dharma ging, wie es nicht anders sein konnte, die Entwicklung zu einem patriarchalen ethischen und karitativen Wohlfahrtsstaats-Ideal Hand in Hand. Der König, dem die Sorge für Land und Volk obliegt[6], muß für die öffentliche Wohlfahrt arbeiten, damit die Untertanen *glücklich* sind und *den Himmel gewinnen*. Zu jeder Tageszeit solle ihm rapportiert werden dürfen, denn Eile tue in seinen Geschäften not.[7] Er selbst wendet sich einem exemplarischen Leben zu, entsagt dem Krieg und den Jagdzügen, welche bis dahin, wie überall, mit dem Kriegsdienst propädeutisch verknüpft gewesen waren bzw. im Frieden dessen Stelle vertreten hatten. Er will statt dessen[8] auf seinen Fahrten Propaganda der Frömmigkeit treiben.[9] Er

2 Außer in den großen Sammlungen findet man die wichtigsten auch in V. A. Smiths Açoka (Oxford 1901) zusammengestellt.
3 Dies erklärt der üblicherweise als *Kleines Felsen-Edict I* gezählte Erlaß ausdrücklich; der König sei 2½ Jahre Laienschüler gewesen und jetzt im 6. Jahr im Orden.
4 In dem als *Säulen-Edict I* gezählten Erlaß.
5 In dem als Großes Felsen-Edikt Nr. XIII gezählten Erlaß.
6 Großes Felsen-Edikt Nr. VIII.
7 Großes Felsen-Edikt Nr. VI.
8 Großes Felsen-Edikt Nr. IV; *statt der Kriegstrommel soll die Frömmigkeitstrommel gerührt werden.*
9 Großes Felsen-Edikt Nr. VIII.

verbietet, dem Ahimsa entsprechend, das Schlachten in der Hauptstadt Pataliputra und die mit Fleischorgien verknüpften Feste (samaja), verkündet auch, daß in der königlichen Küche fortan kein Vieh mehr geschlachtet werde.[10] Hospitäler für Menschen und Vieh nebst den erforderlichen Apotheken sollen gestiftet, frucht- und schattengebende Bäume an den Straßen gepflanzt[11], Rasthäuser für Menschen und Tiere an ihnen angelegt und Almosen verteilt werden.[12] Ungerechte Tortur und Gefangensetzung sollen aufhören.[13] Die wichtigste Eigentümlichkeit war dabei die aus der altbuddhistischen Ablehnung der Gewaltsamkeit folgende *Toleranz.* Der König erklärt, daß alle seine Untertanen, gleichviel welchen Glaubens, seine *Kinder* seien und – mit Wendungen, die an das Bhagavadgita erinnern – daß es nur auf die Ehrlichkeit der Frömmigkeit und auf den Ernst, mit welchen die praktischen Folgerungen aus ihren Lehren gezogen werden, ankomme. Das Zeremoniell und die äußeren Riten seien wenig nütze.[14] Mit solchen Dingen würde, besonders von den Weibern, auf welche der König sehr schlecht zu sprechen ist[15], sehr viel Unfug getrieben und – gedacht ist wohl an Sexualorgien – geradezu sittlich verderbliche Praxis geübt. Der König aber hält nicht viel von Geschenken und äußerer Ehrfurcht vor der Religion, sondern nur davon, daß *das Wesen der Sache* durchgeführt werde.[16] Er ehrt alle Sekten und alle Stände, Reiche und Arme, Brahmanen, Asketen, Jaina, Ajivika (vischnuitische Asketen-Sekte) und andere ebenso wie die Buddhisten, wenn nur ein jeder seiner Sekte mit wirklicher Aufrichtigkeit anhängt.[17] Und tatsächlich hat er ihnen allen Stiftungen gemacht. Insbesondere wird zum mindesten in den früheren Edikten die Ehrfurcht vor den Brahmanen eingeschärft. Die Sekten sollen sich der gegenseitigen Herabsetzung enthalten, die unter allen Umständen ein Unrecht ist[18] und sich gleichmäßig der Pflege des ethischen Gehalts ihrer Lehren zuwenden. Dieser scheint offenbar dem König in allen Glaubensbekenntnissen wesentlich der gleiche zu sein, obwohl er im Dharma des Buddha am vollkommensten enthalten ist. Er faßt diesen allgemein verbindlichen Inhalt als *Frömmigkeitsgesetz* zusammen und zählt ihn wiederholt dahin auf: 1. Gehorsam gegen die Eltern (und das Alter als solches)[19], – 2. Freigebigkeit gegen Freunde, Verwandte, Brahmanen, Asketen, – 3. Respekt vor dem Leben,

10 Großes Felsen-Edikt X, Nr. I.
11 Großes Felsen-Edikt Nr. II.
12 Säulen-Edikt Nr. VII.
13 Kalinga-Felsen-Edikt.
14 Großes Felsen-Edikt Nr. IX.
15 Ebenda.
16 Großes Felsen-Edikt Nr. XII.
17 Säulen-Edikte Nr. VI und VII.
18 Großes Felsen-Edikt Nr. XII.
19 Dies ist im Säulen-Edikt Nr. VII und im Großen Felsen-Edikt Nr. V besonders erwähnt.

– 4. Vermeidung von Heftigkeit und Exzessen aller Art.[20] Nicht jeder kann das ganze Gesetz erfüllen, jede Sekte aber kann die Herrschaft über die Sinne, Reinheit des Herzens, Dankbarkeit und Treue pflegen und verbreiten.[21] Eine jede gute Handlung trägt in der nächsten Welt ihre Früchte, oft schon in dieser.[22] Zur Kontrolle und Durchführung schuf der König eigene Beamte, die meist sogenannten *Zensoren* (dhammaraharatra). Ihnen unterstand zunächst, scheint es, die Aufsicht über die königlichen und prinzlichen Harems.[23] Weiterhin aber sollten die Provinzialbeamten alle fünf Jahre längstens in allen Bezirken Versammlungen von Leuten halten, welche *mild und geduldig sind und das Leben achten.*[24] Durch diese (und sicherlich durch sonstige Revisionen der Zensoren) sollte das Pietätsgesetz propagiert werden. Durch die Zensoren sollte der Lebenswandel der Frauen, ferner Verstöße gegen Pietät und gegen die vom König anbefohlene Frömmigkeit gerügt werden.[25] Der Klerus[26] soll durch Unterricht der Getreuen im Gesetz helfen. Also eine Art von karolingischem missatischem System und Rügegericht, nur ohne alle formalistische Grundlage, was dem Ganzen einen Anklang an die Cromwellschen *Tryers* und seinen Staat der Heiligen überhaupt verleiht.

Der König muß mit diesem ethischen Synkretismus auf fühlbare Widerstände gestoßen sein. Gegen politische Auflehnung blieb das bisherige Kriminalrecht in seiner vollen Grausamkeit in Wirksamkeit, und die von ihm vorgeschriebene dreitägige Frist vor jeder Hinrichtung, damit der Verbrecher durch Meditation wenigstens die Seele retten könne[27], wird kaum als Milderung empfunden worden sein. Ein Edikt klagt, daß der König diejenigen, die er für wahr gehalten, als untreu erfunden habe.[28] Und es scheint auch erkennbar, von welcher Seite der Widerstand ausging. Der König sagt in einem anderen Edikt:[29] Kein Ruhm tauge etwas, der nicht durch Frömmigkeit gewonnen sei, zu der man nur durch vollständigen Verzicht auf die Güter der Welt gelange: dieser aber sei für Hochgestellte sehr schwer. Und im Rupnath-Edikt[30] hält es der König für nötig, besonders zu betonen, daß nicht nur die Großen, sondern auch der kleine Mann durch Verzicht auf die Welt das himmlische Heil

[20] Großes Felsen-Edikt Nr. III.
[21] Großes Felsen-Edikt Nr. VII.
[22] Großes Felsen-Edikt Nr. IX.
[23] Großes Felsen-Edikt Nr. V.
[24] Kalinga-Felsen-Edikt.
[25] Großes Felsen-Edikte Nr. V, XII.
[26] So scheint *parisa* übersetzt werden zu müssen.
[27] Säulen-Edikt Nr. IV.
[28] Kleines Felsen-Edikt Nr. I. Allerdings ist fraglich, ob es sich hier um Menschen oder Götter handelt und die Rupnath-Version würde wohl die Übersetzung: *die Götter, die er (der König) für wahr gehalten habe, erwiesen sich als falsch,* bedingen. Indessen liegt der Gegensatz des Königs gegen die Herrenschichten in der Sache selbst.
[29] Großes Felsen-Edikt Nr. X.
[30] Kleines Felsen-Edikt Nr. I, Rupnath-Version.

erlangen könne. Daß der König diese für die Herrenschichten peinlichen Feststellungen als Konsequenzen aus dem Buddhismus ansah, zeigt das Rupnath-Edikt selbst durch seine Datierung: Es ist diejenige Urkunde, durch deren Datum[31] der Zeitpunkt der Weltflucht Buddhas geschichtlich festgelegt ist. Hier wird also allerdings der Buddhismus höchst absichtsvoll als eine spezifisch nivellierende und in diesem Sinn *demokratische* Religiosität behandelt, zumal im Zusammenhang mit der ganz geringschätzigen Behandlung des Rituals, also auch des Kastenrituals. Mindestens jener absichtsvolle Gegensatz gegen die Herrenschichten fehlte dem alten Buddhismus durchaus. Er lag nur als Möglichkeit in seiner Entwertung der weltlichen Ordnungen überhaupt. Und die Möglichkeit ist nicht ganz von der Hand zu weisen, daß gerade die Verbindung mit dem Patrimonial-Königtum diese inneren Möglichkeiten im Buddhismus erst entbunden oder, wenn dies nicht, dann doch verstärkt hat. Denn für das Patrimonial-Königtum schien er offenbar gerade als Mittel der Massen-Domestikation wertvoll.

Der Eifer des Königs für den Buddhismus scheint allmählich zugenommen zu haben; er fühlte sich auch selbst in ähnlicher Art als Herr und Patron der buddhistischen, wie die byzantinischen Monarchen der christlichen Kirche. Im sogenannten Sanchi-Edikt wendet er sich gegen Schismatiker in der Gemeinschaft (samgha) und schreibt vor, daß sie nicht gelbe, sondern weiße Kleider tragen sollen: *Denn die samgha soll einig sein.*

Die formell größte Neuerung aber, welche höchstwahrscheinlich auf diesen vermutlich zuerst zur systematischen Schreiberverwaltung übergegangenen König und auf das unter ihm gehaltene Kirchenkonzil (angeblich das dritte) zurückgeht, war die schriftliche Fixierung der bis dahin, 2½ Jahrhunderte lang, nur mündlich überlieferten Tradition. Der chinesische Pilger Fa-Hien, vom Kaiser ausgeschickt, um authentische Abschriften der heiligen Bücher zu besorgen, fand in ganz Indien nur in den Klöstern von Pataliputra (dem Sitz des Königs und – angeblich – des Konzils) und in Ceylon Niederschriften, sonst nur mündliche Tradition. Es ist klar, was die Niederschrift für die Wahrung der Einheit der Kirche, ebenso aber, was sie für die Mission bedeutete. In einem Literatenland wie China konnte der Buddhismus nur als eine Buchreligion überhaupt Fuß fassen. Und tatsächlich geht die Inszenierung oder wenigstens die programmatische Verkündigung der buddhistischen Weltmission auf Açoka zurück. Mit Feuereifer warf er sich gerade darauf. Durch ihn erhielt der Buddhismus den ersten großen Anstoß, eine internationale Weltreligion zu werden. Zunächst sollten die wilden Stämme bekehrt werden.[32] Aber dann machte sich der König daran, durch Gesandtschaften an fremde Mächte, vor allem auch an die hellenistischen Großmächte des Westens bis Alexandria, die reine Lehre in aller Welt bekannt zu machen, und eine vom König gestützte

[31] 256 Jahre nach der Weltentsagung.
[32] Kalinga-Felsen-Edikt.

Mission wendete sich den ceylonesischen und hinterindischen Gebieten zu. Einerlei welches der unmittelbare Erfolg war, – und er war zunächst nur in Ceylon und nach Norden zu bedeutend –, so hat jedenfalls die große internationale Expansion des Buddhismus in Asien damals ihren ideellen Anfang genommen. Er ist offizielle Konfession in Ceylon, Birma, Annam, Siam und andern hinterindischen Staaten und Korea, in umgewandelter Form später in Tibet geworden und geblieben und hat geraume Zeit sowohl China wie Japan religiös beherrscht. Um freilich zu dieser Rolle berufen zu sein, mußte die alte Intellektuellensoteriologie tiefgreifende Umwandlungen durchmachen. Zunächst war schon dies eine vollkommen neue Situation für den Orden, daß ein weltlicher Herrscher als solcher Rechte innerhalb ihrer Angelegenheiten in seine Hand nahm. Diese Rechte und ihre Einwirkung waren nicht unbedeutend. Insbesondere die später klassischen Gebiete des alten, orthodoxen (Hinayana-) Buddhismus geben von der eigenartigen Theokratie der buddhistischen Monarchen eine deutliche Vorstellung. Durchweg ernennt oder (mindestens) bestätigt der König einen *Patriarchen* der buddhistischen Landeskirche (in Siam Sankharat, in Birma Thatanabaing genannt, stets einen Abt eines charismatisch ausgezeichneten Klosters.) Es ist – freilich entgegen der Tradition – immerhin möglich, daß diese Würde zuerst unter Açoka aufkam; denn vorher scheint einfach die Anciennität (des Klosters und innerhalb dieses des Mönchs) entscheidend gewesen zu sein. Der König verleiht ferner (so in Siam) ausgezeichneten Mönchen Titel: Dies ist offenbar aus der Stellung des Königs-Kaplans hervorgegangen.[33] Er revidiert die Klöster auch durch weltliche Beamte auf ihre Disziplin hin und zieht Mönche, die sich gegen diese vergehen, zur Verantwortung. Er hat also eine offizielle Stellung mindestens in der Kirchendisziplin. Daß der König selbst das Mönchsgewand nimmt, kommt vor. Allein er läßt sich alsdann von seinem Guru von der vollen Innehaltung der Gelübde dispensieren: Eben dies ist vielleicht (obwohl kein Zeugnis vorliegt) gleichfalls eine Schöpfung Açokas oder seiner Nachfolger. Es diente dazu, ihm den kirchlichen Mönchsrang zu sichern. Es hat dazu geführt, daß in den orthodoxen (hinayanistischen) Gebieten überhaupt der zeitweise Eintritt in die Mönchsgemeinschaft als vornehme Sitte und Teil der Erziehung jüngerer Leute galt, und daß die zeitweise oder teilweise Erfüllung von Mönchspflichten seitens der Laien ein spezifisch verdienstliches, die Wiedergeburtschancen förderndes Werk wurde. Dadurch wurde eine gewisse äußere Annäherung der Laien-Frömmigkeit an die mönchische Heilssuche herbeigeführt.[34] Viel weittragendere Folgen hätte die im Anschluß an die Klostererziehung der

[33] Der Titel heißt in Siam: *Lehrer des Königs.*

[34] Es wurde im allgemeinen außer den Grundgeboten: nicht töten, nicht stehlen, nicht ehebrechen, nicht lügen, nicht Alkohol trinken, noch die Meidung von Tanz, Gesang und Theater, von Salben und Parfüms und eine gewisse Nahrungsreglementierung verlangt. Als besonders verdienstlich galt gutwillige, völlige Keuschheit. – Der früher zitierte Laien-Dekalog dürfte dieser Laienethik entspringen.

Vornehmen und in deren Nachahmung für die Massen der Laien geschaffene Volksschulerziehung durch die Mönche haben können, wenn sie rationalen Charakter gehabt hätte. Denn wenigstens in Birma war die Volksschulerziehung nahezu universell. Sie umfaßte dort und in Ceylon, ihrem Zweck entsprechend, Lesen und Schreiben (in der Landes- und in der Sakralsprache) und religiöse Unterweisung (aber z.B. kein Rechnen, da dies ja religiös nutzlos war). Es ist wiederum nicht unwahrscheinlich, daß Açokas Eifer auch für die *innere Mission* zuerst den Anstoß zu dieser dem Altbuddhismus zunächst keineswegs naheliegenden Arbeit an den Laien gegeben hat. Zum erstenmal im Gebiet hinduistischer Kultur trat die Idee des *Wohlfahrtsstaats,* des *allgemeinen Besten* (von dessen Förderung Açoka als von der Pflicht des Königs redet), auf. *Wohlfahrt* wurde aber dabei teils geistlich, als Förderung der Heilschancen, teils karitativ verstanden, nicht aber rational ökonomisch. Die gewaltigen Bewässerungsbauten der Ceyloneser Könige andererseits waren wie die nordindischen (schon Tschandraguptas) durchaus fiskalisch, auf Vermehrung der Steuerzahler und der Steuerkraft, orientiert, nicht wohlfahrtspolitisch. Indessen mit diesen theokratischen Konsequenzen waren die Umwandlungen des altbuddhistischen Mönchtums nicht erschöpft. Die alte Mönchsgemeinschaft mußte, zunächst schon infolge des Gewichts der Massen, welche ihr zuströmten, ihren streng weltflüchtigen Charakter mildern und weitgehende Konzessionen machen an die Leistungsfähigkeit des Durchschnittsmönchs und auch an die Erfordernisse der Existenz von Klöstern, welche nicht Stätten der Heilssuche vornehmer Denker, sondern Zentren religiöser Mission und Kultur sein sollten. Im übrigen aber mußte den Bedürfnissen der Laien, welche im alten Buddhismus dessen Natur nach eine wesentlich zufällige Rolle spielen, entgegengekommen, also die Soteriologie in der Richtung der magischen und der Heilandsreligiosität umgebogen werden. Die erste der beiden Tendenzen tritt uns in den Quellen zuerst deutlich zutage.

Ein Edikt Açokas spricht von *Schismatikern* innerhalb der Samgha. Die mahayanistische Tradition[35] läßt das große Schisma zuerst auf dem Konzil (Sanghiti) von Vaiçali (angeblich dem zweiten) zum Ausbruch kommen, welches angeblich 100 Jahre nach Buddhas Tode, vielleicht[36] aber erst unter

35 Tchullavaggha XII.

36 Die Gründe, welche L. de Milloué (Annales du Musée Guimet, Bibl. de Vulgarisation, Conférence v. 18. XII., 1904) dafür geltend macht, daß der inschriftlich und auch sonst nicht nachweisbare König Kalaçoka (der schwarze Açoka) mit dem bekannten buddhistischen Monarchen und daher auch das unter diesem König angesetzte Konzil von Pataliputra (242 v. Chr.) mit dem Konzil von Vaiçali identisch ist, haben manches für sich. Die Schwierigkeiten liegen in der Tradition. Nach der Mahayana-Tradition müßte der Verlauf des Konzils von Vaçiali ein anderer gewesen sein als nach den Hinayana-Berichten. Das wäre nicht verwunderlich. Aber es sind die Fragen, welche dem Konzil von Pataliputra unter Açoka vorlagen, überliefert und sie sind nicht nur disziplinärer Natur.

Açoka und auf seine Veranlassung stattfand. Unabhängig von der historischen Korrektheit der Einzelheiten ist der Grund der ältesten Spaltung sowohl nach der Tradition wie nach der Natur der Sache selbst im wesentlichen klar. Die berühmten *10 Thesen* der Vajji Mönche, über welche eine Einigung nicht stattfand, waren durchweg disziplinärer, nicht dogmatischer Natur. Neben einigen Einzelheiten der klösterlichen Lebensführung, die sämtlich auf Erleichterung der Disziplin hinzielten, aber wesentlich formales Interesse haben und einer organisatorischen Frage, die mit den Präludien des Schisma zusammenhing[37], gab es einen fundamental wichtigen Punkt. Genau den gleichen, an welchem sich seinerzeit die Scheidung der Konventualen und Observanten im Franziskanerorden vollzog: den ökonomischen. Die Anordnungen des Stifters verboten jeglichen Geldbesitz, also auch die Annahme von Geldspenden. Als nun – erzählt die Tradition – einer der strengen Observanz infolgedessen Geldspenden zurückwies, erklärte dies die Mehrheit für eine Beleidigung der Laien. Die ihm gewährte Gelegenheit zur öffentlichen Abbitte benutzte er, um sein Recht zu vertreten, worauf er, *weil er ohne Auftrag der Gemeinde gepredigt habe,* gebüßt wurde. Im übrigen soll nach hinayanistischer Tradition das Konzil die altorthodoxe Lehre bestätigt haben. Eine Einigung fand jedenfalls nicht statt.

Neben die disziplinären traten aber sehr bald auch dogmatische Kontroversen. Und zwar zunächst im Zusammenhang mit der Lehre von der diesseitigen Erlösung. Es ist überliefert, daß dem unter Açoka abgehaltenen Konzil vom Vorsitzenden drei Fragen vorgelegt worden seien, nämlich 1. ob ein Arhat aus der Gnade fallen könne, – 2. ob die Existenz (der Welt) real sei, – 3. ob Samadhi (die Gnosis) auf dem Wege des fortgesetzten Denkens zu erreichen sei. Die erste Frage hatte eine gewichtige ethische Seite: Der Anomismus (das auch von Paulus bekämpfte παντα μοι εξεδτιν) wäre Folge der Bejahung. Die beiden anderen hingen mit der Heilslehre zusammen. Sie zeigen vor allen Dingen deutlich das Eindringen der Spekulation, – entsprechend dem Eindringen des Hellenismus in die alte Christenheit. Der Mahimsashasaka-Schule stand schon damals die Sarvastivada-Schule gegenüber, welcher der Vorsitzende des Konzils beitrat und welche das Eindringen der Spekulation abzudämmen suchte. Vergeblich. Die späteren Konzilien befaßten sich mit Dogmatik, wurden von der jeweiligen Minderheit als tendenziös zusammengesetzt nicht anerkannt und das Schisma war damit in aller Form da. Geographisch verteilten sich die Parteien im Laufe der Zeit im wesentlichen so, daß die altbuddhistische, strenge Observanz (Hinayana) schließlich in Südindien, die laxere Richtung (Mahayana, das *große Schiff,* d. h. die Universalkirche) seit 1. Jahrh. nach Chr.[38] im Norden vorherrschte.

[37] Nämlich, ob in der Diözese mehrere Upasatha-Versammlungen zulässig seien.
[38] Nicht jedoch dauernd, z. B. offenbar nicht in der Zeit von J-tsings Reise nach Indien (7. Jahrhundert).

Die Überlieferung macht es wahrscheinlich, daß die Laien entweder von Anfang an oder doch später auf seiten der laxeren, ursprünglich Mahasamghika (große Gemeinde) genannten Richtung, des Mahayana, und im Gegensatz zu den Sthaviras, den *Ältesten:* erprobten charismatischen Arhats, standen. Denn als Spezialität der Mahasamghika ist die Mitwirkung der Laien auf den Konzilien überliefert.[39] Es handelt sich natürlich nicht um die *unteren* Klassen – von denen überhaupt als aktiv treibendem Element nie die Rede ist und sein konnte – sondern gerade um Herrenschichten. Auch vornehme Damen sollen sich als Parteigängerinnen der Mahayana-Schule hervorgetan haben. Dies ist ebenso begreiflich wie die Parteinahme der Kurie im 14. Jahrhundert für die Konventualen und gegen die strenge Observanz der Franziskaner. Die Abhängigkeit der Mönche von den Herrenschichten war um so größer, je weniger *weltablehnend* sie waren. Die fast schrankenlose klerikale Herrschaft der Hinayana-Orthodoxie in Ceylon und Birma über die Laien, gegen welche die weltliche Gewalt der Herrscher oft vollkommen ohnmächtig war, hatte – wie die bald zu erwähnenden Berichte der chinesischen Pilger zeigen – auch in Nordindien unter der Vorherrschaft des Altbuddhismus vielfach bestanden. Der gleiche Kampf zwischen der Laiengewalt und dem Mönchtum, der im byzantinischen Reich jahrhundertelang bestand, ist auch in Indien geführt worden, nur in anderen Formen. Für die weltliche Gewalt bestand das Interesse, die Mönche als Domestikationsmittel der Massen zu gebrauchen. Denn wenn auch die *Massen* nie die aktiven Träger der buddhistischen Religiosität waren, so haben sie doch selbstverständlich, als Objekt der Beherrschung durch die Mittel des religiösen Glaubens, hier wie bei allen religiösen Stellungnahmen der Herrenschichten eine ganz entscheidende Rolle gespielt. Im Wege der Hagiolatrie aber haben die buddhistischen Mönche vielfach auch die Massen stark an sich gefesselt.

Zu diesem politischen Grund trat der immer stärkere Einfluß der schulmäßigen brahmanischen Spekulation und ihrer Begriffe auf das buddhistische Denken. Noch die Schilderungen J-tsings aus dem 7. Jahrhundert[40] lassen erkennen, daß man an die brahmanische Tradition zunächst vor allem im lehrtechnischen Interesse anknüpfte. Die Technik der Erlernung der Veden gilt ihm als unerreicht zur formalen Schulung des Geistes, vor allem für das Behalten der eigenen Argumente, aber auch der des Gegners. Das Literateninteresse verlangte eben die Pflege der Wissenschaft und die 5 Vidya: Grammatik (wie stets die wichtigste), Medizin, Logik, Philosophie und auch bereits die von den literarischen Künstler- und Techniker-Kreisen verlangte theoretische Pflege der *schönen Künste* (Silpasthanavidya) tauchten auf – selbst in der Hinayana-Schule – und mußten sich wohl oder übel der alten brahmanischen Sprache

[39] Der Name wird schon von Hiuen Tsang davon abgeleitet. (Bei S. Julien, Hist. de Hiuen-Tsang, p. 159.)
[40] Ch. 34 der Übersetzung von Takakusu bei Nr. 9.

bedienen. Klosterschulen für Laien und Kinderfibeln entstanden. Daß in dieser ganzen Entwicklung, vor allem aber im Mahayana, die vornehmen Schichten in besonderem Maße die Führung hatten, wird nicht nur durch das ausdrückliche Anerkenntnis der Kastengliederung[41], welche vorher ignoriert worden war, hinlänglich dargetan, sondern auch durch den äußerlichen Umstand, daß jene Schule im Gegensatz zu den alten Hinayana-Buddhisten die später zu besprechende von Kaschmir ausgehende Renaissance des Sanskrit mitmachte: ihre heiligen Schriften wurden in der alten Gelehrtensprache abgefaßt, der Pali-Kanon blieb im Besitz der südlichen Buddhisten. Die heilige Literatur schied sich nun allmählich ebenso vollständig, wie zwischen den beiden Jaina-Sekten. Denn in jeder Hinsicht wuchs der Gegensatz der Schulen sehr bald über die anfänglichen disziplinären Anlässe hinaus. Das Bild, welches man in der Reiseschilderung Fa Hiens erhält (um 400 nach Chr.)[42], – der, selbst Mahayanist, doch zwei Jahre in Ceylon, dem Hort der Orthodoxie, verweilte, – ist noch ein relativ friedliches. Weithin nach Turkestan hat sich die Lehre verbreitet. Ganz entsprechend den Edikten Açokas halten die dortigen[43] Könige die fünfjährliche Versammlung ab. In Nagrak (bei Jelladabad) ist der König jeden Morgen im Gottesdienst. Ähnlich in Takshasila. Ein Jahrhundert spätere Nachrichten[44] zeigen, daß die Könige im Pandjab teilweise noch im 6. Jahrhundert als strenge Vegetarier lebten, und keine Todesstrafen verhängten. Für die Gegend von Mathura berichtet Fa Hien[45], daß die Beamten des Königs feste Einnahmen haben, keine Schollenfestigkeit, niedrige Steuern und nicht das im indischen Patrimonialgroßstaat übliche System der Kopf- und Steuerlisten bestand, alle Kreaturen geschont, kein Fleisch gegessen, keine Schweinehaltung und kein Viehhandel geduldet, keine geistigen Getränke und nur von der (unreinen) Tschandala-Kaste Zwiebeln und Knoblauch genossen wurden, auch die Todesstrafe fehlte. Açokas Reich war längst zerfallen. Aber relativ pazifistische Kleinkönigreiche herrschten in Nordindien vor. In Oudiana (zwischen Kaschmir und Kabul) dominierte die hinayanistische Schule. Ebenso in Kanauj. In der in Ruinen liegenden Hauptstadt Açokas, Pataliputra (Patna), waren Klöster beider Schulen vorhanden und in der Gegend von Farakhabad duldeten sie einander am gleichen Aufenthaltsort.[46] In der Gegend von

[41] Ein Bodhisattva, lehrte schon das Lalita Vistara, kann nicht nur nicht bei Barbaren- und Grenzvölkern (sondern nur auf dem heiligen Boden Indiens), sondern auch nur in einer vornehmen Kaste (Brahmanen oder Kschatriya) geboren werden, nicht im niederen Volk. Die älteren Mahayana-Sutras (übersetzt im Band 49 der Sacred B. of the East) behandeln es auch als selbstverständlich, daß nur ein *Sohn aus guter Familie* die Erlösung erlangen könne.

[42] Ausgabe von S. Beal (Travels of Fah Hien the Chinese, London 1869).

[43] Im Königreich *Kie-che* a.a.O., ch. V, p. 15. a.a.O., p. 188.

[44] Sung Yun bei St. Julien

[45] A.a.O. (Beal), p. 537.

[46] A.a.O., p. 67.

Mathura, von deren politischen Verhältnissen soeben berichtet wurde, herrschte die Mahayana-Schule, aber nicht ausschließlich. Buddhistische Brahmanen werden als Gurus der Könige der Gegend von Pataliputra erwähnt.[47] Bei Sung Yun wird sogar gesagt, daß, während ein Erobererkönig in Gandhara seinerseits den Buddha verachte, das Volk *der Brahmanenkaste angehöre* und großen Respekt vor dem Gesetz des Buddha habe.[48] Der Buddhismus war nach wie vor eine Lehre der vornehmen Intellektuellen. Es interessierte alle diese Pilger, ganz ebenso wie den über 2 Jahrhunderte später nach Indien pilgernden Hiuen-Tsang, lediglich das Verhalten der Könige und ihrer Hofbeamten. Im übrigen aber hat sich in der Zeit Hiuen-Tsangs (628 und folgende Jahre) sichtlich manches geändert. Zunächst der Gegensatz der Mahayana-Schulen gegen die hinayanistische Orthodoxie. Ein Hinayanist wird von schwerer Krankheit befallen, weil er Mahayana geschmäht hat.[49] Es ist überhaupt eigentlich nur vom Mahayana die Rede und Hiuen Tsang hält es auch nicht für nötig, nach Ceylon zu gehen. Dazu: gesteigertes Eindringen spezifisch brahmanischer Elemente in die zunehmend vorherrschende Mahayana-Lehre. Indien heißt bei Hiuen-Tsang das *Reich der Brahmanen* (To-lo-man). Statuen von Brahma und Indra stehen in Heiligtümern des Gangestales neben dem Standbild Buddhas.[50] Die Veden (Wei ho) werden zwar als *subalterne* (d.h. laienhafte) Lektüre[51] bezeichnet, aber eben doch gelesen. Der König von Kosala verehrt den Buddha, daneben aber in brahmanischen Tempeln die hinduistischen Devas.[52] Wenn es auch noch Könige gibt (Ciladitya), welche alljährlich das große Konzil des Buddhistenklerus einberufen[53], so ist dies doch offenbar nicht die Regel. Zunehmende Schärfe der Schulgegensätze, Zurückdrängung des Hinayana in Nordindien, aber auch Rückgang des Buddhismus überhaupt ist der Eindruck.

Für die Verschärfung des Gegensatzes zwischen Mahayana und Hinayana waren die alten disziplinären Unterschiede damals nicht mehr maßgebend.

Auch im Hinayana wurde das alte Geldbesitz-Verbot der strengen Observanz mit den gleichen Mitteln umgangen, wie bei den Franziskanern. Laienvertreter empfingen das Geld und verwalteten es für die Mönche, und selbst in der alten orthodoxen Kirche Ceylons herrschte schließlich der Klingelbeutelbetrieb. Klostergrundherrschaften und dauernde, nicht, wie ursprünglich, auf die Regenzeit beschränkte Klosterseßhaftigkeit der Mönche bestanden hier wie dort, im allergrößten Umfang zeitweise – wie noch zu erörtern – gerade in Ceylon, dem Sitz der strengen Observanz. Gegensätze und Anpassungsbedürfnisse anderer, religiöser, Art haben vielmehr in der

47 A.a.O., p.103f.
48 A.a.O., p.197.
49 Bei St. Julien, p.109.
50 Ebenda p.111.
51 *Livres vulgaires* übersetzt St. Julien.
52 Ebenda p.185.
53 Ebenda p.205.

Mahayana-Kirche die weitere Fortentwicklung von der alten Soteriologie bestimmt. In erster Linie die religiösen Laieninteressen, welche aus propagandistischen Gründen zu berücksichtigen waren. Die Laien begehrten Nirwana nicht und konnten mit einem nur exemplarischen Propheten der Selbsterlösung wie Buddha nichts anfangen. Sondern sie verlangten nach Nothelfern für das diesseitige Leben und nach dem Paradies für das jenseitige. Es setzte daher im Mahayana jener Prozeß ein, welchen man gewöhnlich als die Ersetzung des Pratyeka-Buddha- und Arhat- (Selbsterlösungs-) durch das Bodhisattva-(Heilands-) Ideal bezeichnet. Während die Hinayana-Schule ihre Anhänger in Çravakas (Laien), Pratyeka-Buddhas (Selbsterlöser) und Arhats (Erlöste) als religiöse Stände teilte, wurde das Bodhisattva-Ideal der Mahayana-Sekte eigentümlich und gemeinsam. Es setzte eine innere Umwandlung der Erlösungstheorie voraus. In der Frühzeit des Buddhismus wurde der Streit zwischen den *Ältesten* (Sthaviras), d.h. den charismatischen Trägern der Gemeindetradition und den *Mahasamghika,* den schulmäßig spekulativen Denkern: den Intellektuellen, geführt, wie wir sahen. Von den Fragen der Disziplin und der praktischen Ethik griff er auf spekulative Fragen über: die *sattva*-Probleme, die Fragen nach der *Natur* des Erlösungszustandes und folglich zunächst über die Person des Erlösers. Die alte Schule hielt an seiner Menschlichkeit fest. Die Mahayanisten entwickelten die *Trikaya*-Theorie: die Lehre von dem übernatürlichen Wesen des Buddha. Er hat drei Erscheinungsformen: Einmal die Nirmana Kaya, den *Verwandlungsleib,* in welchem er auf Erden wandelte. Dann die Sambhoga Kaya, den, etwa dem *Heiligen Geist* entsprechenden, alldurchdringenden Ätherleib, der die Gemeinde bildet, endlich die Dharma Kaya, von der später zu reden ist.

Auf diesem Wege vollzog sich zunächst an Buddha selbst der typische hinduistische Vergottungsprozeß. Damit verband sich nun die hinduistische Inkarnationsapotheose. Der Buddha war eine in einer Serie von Wiedergeburten stets erneut zur Erde steigende Verkörperung der (unpersönlichen) göttlichen Gnade, für welche vielfach auch ein ewig dauernder Träger: ein Adibuddha, als existierend gedacht wurde. Von da war der Weg nicht weit, den Buddha zu einem Typus: dem Repräsentanten des zur vollen Erlösung gelangten und dadurch vergotteten Heiligen zu machen, der in beliebig vielen Exemplaren erschienen sein und noch erscheinen konnte: *Selbstvergottung,* der alte indische Sinn der Askese und Kontemplation und damit: der lebende Heiland waren in den Glauben eingeführt. Der lebende Heiland aber ist der Bodhisattva. Formell war der Bodhisattva mit dem Buddha zunächst durch die Wiedergeburts- und die aus der hinduistischen Philosophie übernommene Weltepochentheorie verknüpft. Die Welt ist ewig, verläuft aber – wie früher erwähnt – in immer neuen endlichen Epochen. Es gab nun in jeder Weltepoche einen, im ganzen also unendlich viele Buddhas. Der historische Gautama Buddha der jetzigen Epoche hat 550 Wiedergeburten vor dem Eingang nach Nirwana durchgemacht. Bei der vorletzten Geburt hat der bei der nächsten zum Buddha sich durchringende heilige Arhat die Stufe des Bodhisattva *(dessen Wesen: sattva, Erleuchtung: bohdi, ist)* erreicht und weilt im Tuschita-Himmel, in welchem daher jetzt schon der künftige Buddha, Maitreya, sich als Bodhisattva aufhält. Aus dem Tuschita-Himmel hat sich auch der historische Gautama Buddha durch wunderbare Inkarnation im Leib seiner Mutter Maya zur letzten Erdenfahrt begeben, um vor dem Eingang im Nirwana den Menschen seine Lehre zu bringen. Es ist klar, daß mit seinem *Verwehen* das Interesse sich dem kommenden Heiland, dem Bodhisattva, zuwenden mußte. Ebenso ist klar, daß in jenem an sich einfachen und rationalen Schema des Tuschita-Himmels und der Vielheit der Buddhas und Bodhisattvas die geeigneten Anknüpfungspunkte für eine Pantheonbildung, Wiedergeburtsmythologien und Mirakel aller Art gegeben waren. Uns sollen diese zu fabelhaftem Umfang geschwollenen Mythologeme hier nicht beschäftigen, sondern ihre ethisch-soteriologische Seite. Ein Bodhisattva war, wie wir sahen, nach dem ganz korrekten Begriff ein zur *Vollendung* gelangter Heiliger, der bei der nächsten Wiedergeburt ein Buddha werden und nach Nirwana gelangen kann. Daß dies nun nicht geschieht, daß er vielmehr ein Bodhisattva bleibt, galt als ein Akt der Gnade, den er vollzieht, um als Nothelfer der Gläubigen wirken zu können. Er wurde infolgedessen das eigentliche Objekt der mahayanistischen Hagiolatrie und es ist klar, wie weitgehend diese Wandlung den Heilsinteressen der Laien entgegenkam.

Aktive Güte (paramita) und Gnade (prasada) sind die Attribute des Bodhisattva. Er ist nicht nur zu seiner Selbsterlösung, sondern zugleich und vor allem um des Menschen willen da. Der Buddha war nicht nur ein Pratyekabuddha, sondern auch ein Sammasambuddha, drückt die mahayanistische Terminologie dies aus. Er vermöchte gar nicht den Entschluß zu fassen, aus dieser Welt des Leidens sich in einsamer Selbsterlösung zu retten, solange noch andere da sind, die leiden. Upâya (die Pflicht, eigentlich, in charakteristisch zeremoniöser Terminologie: *Schicklichkeit)* hindert ihn daran. Die in der Mahayana-Schule entstandene spekulative Trinitätslehre erleichterte dies: Nur in der ersten seiner Existenzformen, der Nirwana Kaya, ist er in das Nirwana eingegangen. Der Unterschied der buddhistischen gegen die christliche Trinität ist charakteristisch: Der Buddha wird Mensch, wie die zweite Figur der christlichen Trinität, um die Menschen zu erlösen. Er erlöst sie aber nicht durch Leiden, sondern durch die bloße Tatsache, daß auch er nun vergänglich ist und als Ziel nur das Nirwana vor sich hat. Und er erlöst sie exemplarisch, nicht als stellvertretendes Opfer für ihre Sünden. Denn nicht die Sünde, sondern die Vergänglichkeit ist das Übel.

Alle diese Beispiele zeigen die dritte Richtung jenes Anpassungsprozesses, welche die Mahayana-Entwicklung bedeutete. Neben der Anpassung an die ökonomischen Existenzbedingungen in der Welt und an die Bedürfnisse der Laien nach einem Nothelfer war es die Anpassung an das theologisch-spekulative Bedürfnis der brahmanisch geschulten Intellektuellenschicht. Die einfache

Ablehnung alles Spekulierens über Dinge, welche zum Heil nichts nütze sind, wie der Buddha sie konsequent geübt hatte, konnte nicht aufrecht erhalten werden. Eine ganze religionsphilosophische Literatur entstand, bediente sich zunehmend ausschließlich wieder der Gelehrtensprache (des *Sanskrit),* schuf Universitäten, Disputationen, Religionsgespräche und zeitigte vor allen Dingen eine ziemlich komplizierte Metaphysik, in welcher alle alten Kontroversen der klassischen indischen Philosophie wieder auflebten. Damit aber war der Riß zwischen den wissenden Theologen und Philosophen und den nur als exoterische Mitläufer gewerteten Illiteraten ganz in brahmanischer Art in den Buddhismus getragen. Nicht die persönliche Gnosis, sondern das geschulte Buchwissen war wieder die herrschende Macht in der Gemeinschaft. Wie in den Literatenkreisen Chinas Indien nur als *Land der Brahmanen* gewertet wurde, so war der Standpunkt der Mahayana-Literaten in Indien unter Hiuen-Tsang der, daß China ein Barbaren- (Mlechcha-) Land sei – deshalb eben sei ja der Buddha auf Indiens Kulturboden inkarniert worden und nicht dort oder anderswo –, und Hiuen-Tsangs charakteristischer Gegenbeweis ging davon aus, daß auch in China die Alten und Weisen die ersten seien, die Wissenschaft, einschließlich der Astronomie, blühe und die Macht der Musik bekannt sei.[54] Dieser Begriff war ganz auf brahmanische – sagen wir: auf asiatische oder vielleicht sogar: auf antike – Intellektuellentheologie zugeschnitten. Es waren altbrahmanische Begriffe, und zwar nunmehr auch vedantistische, vor allem der für das Vedanta zentrale Begriff *Maya* (kosmische Illusion), nur in Umdeutungen, welche der Theologie des Mahayana-Buddhismus zugrunde gelegt wurden. Es ist eben kein Zufall, daß der Mahayana-Buddhismus sich in Nordindien in unmittelbarer Nachbarschaft mit den alten Zentren brahmanischer Philosophie und Soteriologie zunehmend entwickelte, während die orthodoxe Hinayana-Lehre sich schließlich, nach mancherlei Schwankungen, auf dem Missionsgebiet im Süden: Ceylon, Birma, Siam, behauptete, – ähnlich wie den Hort gegen die Einbrüche des Hellenismus in die alte christliche Kirche stets, auf allen Konzilien, Rom und der Westen bot, während im Orient die Nachbarschaft der hellenistischen Philosophie die dogmatische Spekulation entfesselte.

Reminiszenzen der Samkhya-Lehre finden sich vielleicht in der Mahayana-Theorie von der Alaya-vijñana, der streng allem nicht Geistigen entgegengesetzten Seele. Und hier stoßen wir auf einen fundamentalen Gegensatz gegen den alten Buddhismus. Denn eben die Ablehnung des *Seelen*-Begriffes hatte ja grade zu seinen wesentlichsten Eigentümlichkeiten gehört. Aber diese Vorstellung war sicherlich alsbald wieder verlassen worden. Wie die *Seelenwanderung* des Buddhismus die brahmanische wurde und nicht die der alten reinen Lehre blieb, so die göttliche Potenz. Sie ist – wie im Vedanta – eine Allseele und die extreme Spiritualisierung der als Emanation gedachten Welt

[54] Bei St. Julien, Hiuen-Tsang, p. 230 f.

streift dicht an die Maya-Lehre, die auch gelegentlich ausdrücklich auftaucht: Es ist alles nur subjektiver Schein und das höchste Wissen löst ihn auf. An das Bhagavadgita endlich erinnert die nun wieder beginnende organische Relativierung der Ethik. Der Bodhisattva erscheint, wie Krischna, stets erneut auf der Erde und kann – der *Trikaya*-Doktrin entsprechend – ganz nach den jeweiligen ethischen Bedürfnissen der Welt in jeder Form und jedem Beruf, je nach Bedarf, auftreten. Nicht nur als Mensch, auch als Tier, – zur Erlösung der in Tiere verschlagenen Seelen, – und wenn als Mensch, dann in jedem rituell anständigen Beruf. Also vor allem auch als Krieger. Nur wird er seiner Natur nach nur in einen *gerechten* und guten Krieg gehen, in diesen aber unbedenklich. Es ist diese Theorie praktisch wohl die weitestgehende Anpassung an die Bedürfnisse der *Welt*.

Theoretisch hatten diese Akkommodationen die Einführung irgendeines überweltlichen, göttlichen Wesens zur Vorbedingung, und wir sehen ja auch, daß schon in der Vergottung Buddhas selbst eine solche vollzogen wurde. Allein Buddha war im Nirwana für immer der Welt entschwunden und konnte nicht selbst oder gar allein die höchste Weltgottheit darstellen. Und dem einmal kanonisch festgelegten Ausgangspunkt der Lehre entsprechend konnte der Weltgott auch kein persönlicher Welt-Gott nach Art Vischnus oder Çivas sein. Die absolute Endlosigkeit und Übernatürlichkeit des Göttlichen wurde ergänzt durch seine streng unpersönlichen Prädikate: Bhutatathata[55], das *So-Sein* und durch die Entgegensetzung des Açunya (des *Leeren,* des *Nichtrealen)* als des spezifisch Heiligen, gegenüber dem Çunya (dem *Vollen, Realen),* ganz nach Art okzidentaler, mystischer Versuche und auch der Upanischaden, den Gottbesitz zu beschreiben. Das letztlich unaussagbare Göttliche zeigte dabei naturgemäß, entsprechend dem *Triratna* des alten Buddhismus, in welchem sich ja das *Dharma* als göttliche Potenz fand[56], Neigung, Züge des chinesischen *Tao* anzunehmen, Ordnung und Realgrund der Welt zu werden, ewige Norm und ewiges Sein in Eins zu setzen. Jenseits des schroffen Dualismus von ewigem Sein und durch ewige (Karman-) Normen geordneter absoluter Vergänglichkeit der Erscheinungswelt mußte das Absolute gefunden werden. Die Unverbrüchlichkeit des Karman war dabei die Stelle, an der allein es für eine hinduistische

[55] Da es absolut unmöglich wäre, im Rahmen dieser Darstellung eine Analyse der Theologie der (zu J-tsings Zeit) nach der Mindestzählung 18 buddhistischen Schulen und ihrer Verzweigungen zu geben, wurde nach mancherlei Erwägungen der Weg gewählt, den auch asiatische buddhistische *Modernisten* einschlagen, eine von den Extremen der bestehenden Gegensätze etwa gleichweit abliegende Schultheologie in einer möglichst rationalen Form vorzutragen. Wie jeder Kenner der Literatur leicht sehen kann, ist nachstehend in der Form der Darstellung vielfach Anschluß gesucht an das besonders gut, aber *westlichen* Bedürfnissen angepaßt, geschriebene Buch von Suzuki, Outlines of Mahayana Buddhism, London 1907.

[56] Im Christentum ist der seiner Natur nach leicht unpersönlich gedachte *Heilige Geist* in der Trinität eine entsprechende Konzeption.

Metaphysik greifbar werden konnte. Das mystische Erlebnis aber enthielt hier wie überall nicht *Norm,* sondern im Gegenteil ein gefühltes *Sein* in sich. Das höchste Göttliche des Mahayana-Buddhismus, das *Dharmakaya* war, wegen dieses rational nie überbrückbaren, aber ganz unvermeidbaren Gegensatzes, nicht nur, wie selbstverständlich, jenseits jeder *Worte* sondern die Beziehung zu ihm enthielt auch rational heterogene Prädikate in sich. Daß *Karuna,* höchste Liebe und *Bodhi,* höchste Gnosis, sich in der Beziehung des Heiligen zum Göttlichen vereinen, ist nur aus psychologischen Qualitäten der mystischen Ekstase erklärlich. Wenn also nun *Nirwana,* – ein Zustand, der jetzt in eine abgeleitete, sekundäre Stellung rückte –, zugleich negativ: Zerstörung allen Begehrens und, positiv: All-Liebe wurde, blieb nach wie vor Avidya, die Dummheit, die Quelle allen Übels. Dies ist aus der streng intellektualistischen Herkunft dieser Soteriologie erklärlich. Das Mahayana ist so wieder eine letztlich esoterische Erlösungslehre für die Gnostiker, nicht für die Laien. Der praktisch so überaus wichtige Grundsatz der Lehre des Buddha, daß die Spekulation über unlösbare Probleme vom Übel und heilsschädlich sei, ist in charakteristischer Art aufgegeben. Er wirkte nur darin nach, daß nach der orthodoxen Mahayana-Lehre das letzte große kosmische Rätsel, die Frage, wie denn nun eigentlich die große Wurzel allen Übels, die *Avidya* (Dummheit, Stumpfheit oder kosmische Illusion) in die Welt habe kommen können, für menschliches Wissen unlösbar blieb und ebenso wie das *Warum?* der spezifischen Qualitäten des Bhutatathata nur der letzten und höchsten, in Worten nicht kommunikablen, Gnosis eines Bodhisattva sich erschloß.

Die erlösende Gnosis aber trägt selbst die eigentümlichen dualistischen Züge einer Kombination praktischen Liebesfühlens und beherrschter Konzentration des Denkens. Sie verläuft nach der orthodoxen Mahayana-Lehre durch fortwährende exercitia spiritualia aufsteigend in den zehn Stadien der warmen Liebe (pramudita), der Reinigung des Herzens (vimalâ), der Klarheit der kosmischen Einsicht (prabakhari), des Strebens nach Vollendung (arcismati), der Meditation über das Wesen des Tathagata (sudurjaya), über die Art der Weltemanationen (abhimuki), der Erzeugung der Weltfremdheit trotz des innerweltlichen Tuns (durangama, das *Gehen in die Ferne:* – der inneren Haltung des Bhagavata, die wir kennen, nahe verwandt), der Erringung der vollen Gelassenheit als einer zur Natur gewordenen unbewußten und mühelos geübten persönlichen Qualität (achala), der vollen Gnosis der transzendenten Wahrheiten (sadhumati), und endlich des Hinschwindens in die *Wolken des Dharma* (Dharmamegha): der Allwissenheit. Man bemerkt leicht die Kreuzung gnostischer und praktisch liebesakosmistischer Elemente. Die Nirwana-Konzeption der Mahayana-Schule trägt gleichfalls die Spuren dieser Kreuzung. Unterschieden wurden, neben dem absoluten Aufgehen im Dharmakaya mit dem Tode, welches jetzt, in vedantistischer Art, das gänzliche Erlöschen ersetzte, zunächst zwei Arten von diesseitigem Nirwana: 1. das Upadhiçesa Nirwana, die Freiheit von Leidenschaft, welche aber noch nicht von Samsara befreit ist, weil die intellektualistische Gnosis fehlt: – das überall charakteristische rationale Element im Buddhismus[57], – 2. das Anupadhiçesa Nirwana: das Upadhi-(Materialisations-) freie Nirwana, welches, durch volle Gnosis, ein von Samsara befreiter diesseitiger Seligkeitszustand des Jivanmukti ist. Aber das für die Mahayana-Schule Charakteristische ist, daß der Begriff des innerweltlichen Nirwana auch damit nicht ausgeschöpft ist, sondern neben der weltflüchtigen Mystik gibt es 3. die innerweltliche Mystik, das weltindifferente, sich gerade innerhalb der Welt und gegen sie bewährende Leben in der Welt und ihren Hantierungen, innerlich welt- und todentronnen, welches Geburt, Tod, Wiedergeburt und Wiedertod, Leben und Handeln mit all seinen Scheinfreuden und Scheinleiden hinnimmt als die ewigen Formen des Seins und sich gerade darin, in seiner weltindifferenten Heilsgewißheit behauptet. Als Wissen und Fühlen der absoluten Nichtigkeit dieser Vorgänge gegenüber dem zeitlosen Wert der bewußten Einheit mit dem Dharmakaya und dadurch mit aller Kreatur, die mit akosmistischer erbarmender Liebe umfaßt wird, ist es die buddhistische Wendung der im Bhagavadgita, wie wir sahen, gelehrten Form der innerweltlichen Weltindifferenz. Spuren dieses Standpunkts reichen weit zurück[58], und es ist begreiflich, daß gerade er gegenwärtig als der *eigentlich* mahyanistische vertreten wird[59], weil er das Bodhisattva-Ideal im Sinn einer sehr modernen Mystik zu interpretieren gestattet.

Jedenfalls scheint etwa im 5. Jahrhundert unserer Zeitrechnung Vasubandus *Weckung des Bodhicitta* schon ins Chinesische übersetzt gewesen zu sein und die entscheidenden Lehren für diese Wendung des Bodhisattva-Ideals zu enthalten. Das *Bodhicitta*[60] ist die in jedem Menschenherzen schlummernde Fähigkeit *wissender Liebe,* welche, geweckt, pranidhâna weckt: den unerschütterbaren Willen, heißt das, durch die ganze Folge der eigenen Wiedergeburten hindurch zum Heil der Brüder als Tathagata (Heiland) zu wirken. Der Bodhisattva, welcher diese Qualität erlangt hat, gewinnt dadurch die Fähigkeit, nicht nur sein eigenes Heil zu erzeugen, sondern – worauf es ihm ankommt – einen Thesauros von Verdienst anzuhäufen, aus welchem er Gnade spenden kann. Er ist also in diesem Sinn souverän gegenüber der ehernen Macht der Karman-Vergeltung.

Damit war theoretisch die Grundlage für das gewonnen, was man für die religiösen Bedürfnisse der aliterarischen Laienschichten benötigte und was der alte Buddhismus nicht hatte bieten können: lebende Heilande (Tathagatas und Bodhisattvas) und die Möglichkeit der Spendung von Gnade. Selbstverständlich zunächst von magischer, diesseitiger, und erst daneben von jensei-

57 Sehr nachdrücklich hervorgehoben von Suzuki a. a. O., S. 344.

58 Wenigstens dies dürften die Quellenzitate Suzukis dartun, so äußerst fraglich der Grad der Verbreitung solcher Auffassungen in älterer Zeit ist.

59 So von Suzuki.

60 Etwa gleich Gnosis-Liebesherz.

tiger, auf die Wiedergeburt und das Jenseitsschicksal bezüglicher Gnade. Denn wenn hier die spiritualistische Form der Mahayana-Lehre, wie sie die nordindischen Philosophenschulen erzeugten, wiedergegeben worden ist, so liegt es doch auf der Hand, daß in der Praxis des religiösen Lebens alsbald die überall gewohnten Laienvorstellungen die Oberhand gewannen. Nagarjuna, der im ersten nachchristlichen Jahrhundert lebende erste Begründer der Mahayana-Lehre, hat in seinem Prajnaparamiha (Ans Jenseits-Ufer gelangtes Wissen) zwar die *Leere* als spezifische Existenzform (sattva) des Erlösten gelehrt. Neben einer als *Mittelweg* (Madhyamika)[61] bezeichneten Kombination von allen Mitteln der Selbstentäußerung (darunter vor allem: Almosen und Todesbereitschaft für den leidenden Nächsten), galt ihm die anhaltende Meditation und Erkenntnis (prajna) als letztes und höchstes Mittel der Heilsgewinnung. Aber schon ihm hat der Wissende magische Gewalt. Mit dem Bannwort (dharani) und der mystischen Fingerstellung zwingt er Menschen und Naturgeister. Mit der Lehre Vasubandhus vollends, vier Jahrhunderte später, wurde neben dem hinduistischen Pantheon die volkstümliche Tantra-Magie, die Erringung des ekstatischen samadhi-Zustandes, der Wunderkraft (siddhi) verleiht, eingeführt. Damit schloß die Entwicklung ab: Vasubandhu galt als letzter Bodhisattva.

Eine rationale innerweltliche Lebensführung war auch auf der Basis dieser philosophisch vornehmen spiritualistischen Soteriologie des Mahayana nicht zu begründen. Der Ausbau der alten Laienethik geht über die Empfehlung der landläufigen Tugenden und der speziell hinduistisch-buddhistischen Ritualgebote nicht heraus und es lohnt wenigstens hier für unsere Zwecke nicht, sie im einzelnen zu analysieren. Denn die Obedienz gegenüber den durch übermenschliche wundertätige Leistungen qualifizierten Bodhisattvas und die Magie wurden selbstverständlich der beherrschende Zug. Magische Therapeutik, apotropäische und magisch-homöopathische Ekstatik, Idolatrie und Hagiolatrie, das ganze Heer der Götter, Engel und Dämonen zogen in den Mahayana-Buddhismus ein. Vor allem: Himmel, Hölle und Messias.[62] Im siebenten Himmel droben thront, jenseits vom *Durst* (nach Leben)[63] und von *Name und Form* (Individualität)[64] der Bodhisattva Maitreya, der künftige Heiland, der Träger des spezifisch buddhistischen messianischen Glaubens.[65]

61 Nämlich zwischen der alten klassischen Lehre der Sarvastavida, welche die Realität der Außenwelt (nach Art der Samkya-Schule) behauptete und vedantistisch beeinflußten Schulen, welche sich der Lehre von der kosmischen Illusion näherten.

62 Die ersteren beiden waren ja nie beseitigt. Aber sie spielten für das Interesse des alten Buddhismus gar keine Rolle.

63 Dieser herrscht noch in den untersten Himmeln, wo z.B. vedische Gottheiten und die durch Karman zeitweise in den Himmel versetzten Seelen leben.

64 Diese herrschen noch in den höheren Himmeln, die von buddhistischen Heiligen bewohnt werden.

65 Die mahayanistische Literatur zeichnet sich durch ein üppiges Schwelgen in gehäuften Wonnen, Wundern und Heiligen aus. So namentlich schon die ziemlich alte mahay-

Und ebenso stehen die Schrecknisse der Hölle zur Verfügung. Und endlich wurde ein Teil der mahayanistischen Stufen für die Erlösung in eine förmliche Heils-Karriere verwandelt: Unterhalb des Arhat selbst gab es drei Stufen deren höchste die Wiedergeburt im Himmel als Arhat, deren nächst niedere die Wiedergeburt als Arhat nach noch einem Tode und deren niederste die Wiedergeburt als Arhat nach noch 7 Toden gewährleistete.[66]

Der Mahayanismus ist es auch gewesen, der zuerst durch formelhafte Gebetsandacht, schließlich durch die Technik der Gebetsmühlen und in den Wind gehängten oder an das Idol gespuckten Gebetspapiere das absolute Höchstmaß von Mechanisierung des Kults erreicht und mit der Verwandlung der ganzen Welt in einen ungeheuren magischen Zaubergarten verbunden hat. Nicht übersehen werden dürfen dabei jene Züge von Innigkeit und karitativem Erbarmen mit aller Kreatur, welche der Buddhismus, und in Asien nur er, wohin immer er kam, in das volkstümliche Empfinden hineingetragen hat. Darin ähnelte seine Wirkung derjenigen der Bettelmönche des Okzidents. Sie treten auch und gerade in den Tugenden der Mahayana-Religiosität typisch zutage. Aber sie sind keineswegs ihr im Gegensatz zur Hinayana-Schule eigentümlich.

Gänzlich dagegen fehlt jeder Ansatz zur Erzeugung einer rationalen Lebensmethodik der Laien im Mahayana. Weit entfernt, eine solche rationale Laienreligiosität erzeugt zu haben, hat der Mahayana-Buddhismus eine esoterische, dem Wesen nach brahmanische, Intellektuellen-Mystik mit grober Magie, Idolatrie und Hagiolatrie oder Gebetsformelandacht der Laien verknüpft.[67] Die Hinayana-Schule hat ihren Ursprung aus einer vornehmen Laien-

anistische Buddha-Legende des Lalita Vistara (übersetzt von Lefmann), wo – gegenüber der relativ noch schlichten Schilderung bei Açvagosha – in der denkbar unkünstlerischsten, aber spezifisch mystisch-magischen Art die Wunder gehäuft und in einer Art in Juwelen, Lichtstrahlen, Lotos und allen Arten von Pflanzen und Parfüms gewühlt wird, welche an die Dekadentenliteratur nach Art von Wilde (Dorian Gray) und Huysmans erinnert. In Wahrheit ist es mystische Kryptoerotik, die da wirksam wird. Die Schilderung der Schönheit der Theotokos im Lalita Vistara und die Vorschriften der Amithaba-Meditation im Amitayur-Dhyana-Sutra geben Gelegenheit zu glühender erotischer Inbrunst, immer mit Heranziehung von Geschmeide, Blumen und schwüler Schönheit aller Art.

[66] Die Lehre ist für die Entstehung gewisser wichtiger Vorstellungen im Lamaismus (der Lehre von den Khubilganen) wohl nicht ohne Einfluß gewesen. Davon später.

[67] Die ethischen Anforderungen, welche ein für die Mahayana-Mission in China und Japan wichtiges Werk wie das Amitayur-Dhyana-Sutra (S. B. of the East, vol. 49) stellt, sind bescheiden und nach Bedarf abgestuft. Zwar wer übel tut und überdies dumm ist, fällt äußerstenfalls in die Hölle, vor der ihn jedoch die Anrufung des Buddha Amitayur rettet. Wer übel tut, aber wenigsten nicht schlecht von der Mahayana-Lehre spricht, ist schon günstiger daran. Wer sich zu seiner Familie gut verhält und Wohlwollen ausübt, noch besser. Wiederum besser, wer die rituellen Verbote innehält und sich zu gegebener Zeit kasteit. Eine höhere Seligkeit erlangt, wer an die richtige Lehre (Karman-Determinismus) glaubt, nicht schlecht von der Mahayana-Doktrin spricht und nach den

Soteriologie wenigstens insofern nicht verleugnet, als sie eine Art von systematischer klösterlicher Laien-Erziehung entwickelte, die freilich bald konventionell entartete. Die Söhne guter Familien pflegten – vermutlich seit Açokas Eintritt in den Orden – und pflegen in korrekt hinayanistischen Ländern noch jetzt einige Zeit – freilich jetzt zuweilen nur vier Tage, also wesentlich symbolisch – im Kloster das Leben eines Bhikkshu zu führen. Aber auch eigentliche Klosterschulen für Laienbedürfnisse nach Art der Volksschulen waren bei der Hinayana-Schule eine vermutlich seit Açoka bestehende Erscheinung. Dergleichen ist vom Mahayana-Buddhismus, wenigstens als systematisch gepflegte Einrichtung, nur bei einzelnen Sekten in Japan überliefert. Es ist doch wohl anzunehmen, daß der klerikale Eifer König Açokas der Hinayana-Schule diesen Zug zur *inneren Mission* dauernd aufgeprägt hat.

So sehr die eigentliche Heilslehre des Buddhismus vornehme Intellektuellensoteriologie war, so ist doch nicht zu leugnen, daß seine Gleichgültigkeit gegen die Kasten auch praktische Konsequenzen gehabt hat: Von einigen seiner alten Schulen ist ausdrücklich überliefert, daß sie von Çudra gestiftet seien.[68] Und in der mit der Entstehungszeit gleichzeitigen Epoche der Gildenmacht ist zweifellos auch ein literarisches Bildungsbedürfnis der bürgerlichen Schichten vorhanden gewesen. Der Unterricht war freilich, soviel bekannt, keine Schule rationalen Denkens und Lebens, sondern wohl von jeher lediglich auf Verbreitung der nötigsten religiösen Kenntnisse gerichtet: Immerhin konnte dazu gerade bei der Hinayana-Schule, deren Schriften in der Volksmundart abgefaßt waren, unter Umständen das Lesen gehören.

Eine unmittelbare Stiftung des Hinayanismus, – vielleicht richtiger: der vorschismatischen altbuddhistischen Orthodoxie, ist die singhalesische (ceylonesische) Kirche.[69] Wenige Jahrhunderte erst waren seit der arischen Eroberung (345) verflossen, als (angeblich) Malinda, ein Sohn Açokas, dort als Missionar auftrat. Trotz häufiger Rückschläge, wiederholter Eroberungen durch

höchsten Qualitäten strebt. Noch günstiger gestaltet sich das Schicksal dessen, der den Sinn der Mahayana-Lehre im Kopf hat und nicht schlecht von ihr spricht. In das reine Land – das westliche Paradies der spätbuddhistischen Religiosität – wird gelangen, wer entweder die Meditation pflegt oder die Sutras der Mahayana-Schule studiert oder endlich das *Liebesherz* der reinen Lehre besitzt (s. die Stufen der Vollendung a. a. O., § 22-30).

[68] Von den Schulen der Grenzländer Nordindiens in der Zeit der chinesischen Pilgerfahrten galten die Samatya und Mahasthavira als von Çudras gestiftet. Beide waren Unterabteilungen der Vaibachia, welche die alte Kirche darstellten. (Außerhalb ihrer standen nicht nur die Madhyamika-Schule Nagarjunas, sondern auch die Sutrantika (Ritualisten) und Yogachara.)

[69] Das s. Z. grundlegende Werk über Ceylon von Tennant (5. Auflage 1860) war mir z. Z. leider nicht zugänglich. In Kerns Geschichte des Buddhismus findet man die Klostergeschichte dargestellt. Über die Organisation der Klöster unterrichtet der amtliche Bericht von Bowles Daly (Final Report on the Buddhist Temporalities Ordinance 1894). Im übrigen ist Spence Hardys Eastern Monachism grundlegend.

Malabaren und besonders die südindischen Tamils und einmal auch durch die Chinesen, hat sich die Herrschaft der buddhistischen Klosterhierarchie doch auf die Dauer behauptet. Gestützt wurde sie durch das auf einem großartigen Bewässerungssystem, welches Ceylon zur Kornkammer Südasiens machte, und der dazu erforderlichen Bürokratie ruhende Königtum, und diesem wieder diente sie zur Domestikation der Bevölkerung. Sehr große Landschenkungen und die Einschärfung der Autorität der Klosterhierarchie füllen fast die ganze epigraphische[70] und chronistische[71] Hinterlassenschaft der Zeit der ceylonesischen Herrscher. Der entscheidende Zug des ceylonesischen Buddhismus waren die Klostergrundherrschaften, welche etwa ein Drittel des Landes umfaßten. Durch ihre Einrichtung wurde es vor allem ermöglicht, dem kanonischen Verbot des Geldbesitzes wenigstens formell nachzukommen. Der in den charakteristischen alten vornehmen Formen geübte tägliche Bettelgang war demgegenüber offenbar praktisch zum rituellen Akt geworden. Denn der gesamte Bedarf des Klosters und des für die Laien eingerichteten Kults und Tempelunterhalts war in einer an die Einrichtung altkarolingischer Fisci und Klostergrundherrschaften etwa nach Art des Kapitulare de villis erinnernden, sie aber an konsequenter Durchführung der Naturalwirtschaft weit übertreffenden Art auf die als Erbpächter auf den verliehenen Landlosen sitzenden Bauern in spezifischen Abgaben von Nahrungsmitteln und gewerblichen Produkten aller Art so umgelegt, daß ein Ankauf von irgendwelchen Bedarfsartikeln nicht erforderlich war (oder doch nicht erforderlich sein sollte). Die Belastung der Erbpächter war dabei so leicht, daß auch die englische Herrschaft nach eingehender Untersuchung von einer Ablösung, und zwar in Übereinstimmung mit den Erbpächtern selbst, zunächst absah. Anpassungen im einzelnen sind selbstverständlich immer wieder vorgekommen. Im ganzen haben die Darstellungen sowohl früherer wie moderner Reisender aber das Bild bestätigt, daß das Leben der Mönche in den Klöstern, vor allem ihre Behausung (pansala) ein bescheidenes, bescheidener als etwa in einer italienischen Certosa, war und sich an die wesentlichen Vorschriften des Pratimokkha band; ihre berüchtigte Habgier war im wesentlichen auf Vermehrung der Güter des Ordens als solchen gerichtet. Die Laienfrömmigkeit war, soweit sie überhaupt als buddhistisch zu gelten hatte, dem Schwerpunkt nach Reliquienkult (vor allem der Kult des Zahns des Buddha) und Hagiolatrie, ganz entsprechend der Natur der Beziehungen des Buddhismus zu den Laien. Der Einfluß des Klerus auf die Laien, als deren Gurus, Exorzisten, Therapeuten[72] sie fungierten, muß jedenfalls politisch recht bedeutend gewesen sein, soweit nicht hinduistische (heterodoxe) Kasten, wie die Kammalars (Königshandwerker) sich ihm entzo-

[70] Mir sind leider vorläufig die Übersetzungen Gregorys nicht zugänglich gewesen.
[71] Namentlich das Mahavamsa.
[72] Wie in Tibet, so wurde auch in Ceylon die apotropäische und exorzistische Spruchpraxis systematisch gelehrt.

gen. Nirgends, außer in Birma, dürfte die Durchführung der buddhistischen Laienregeln so weitgehend sich den theoretischen Anforderungen genähert haben wie hier. Allein diese Regeln für Laien stellten eben an die Laien ganz geringe und wesentlich formalistische Ansprüche. Der Lese- und Schreib-Unterricht, das Anhören der Predigt, die zeitweise Askese, die Mantristik und die Konsultation der Mönche als Magier erschöpften den buddhistischen Inhalt des Lebens. In der Praxis beherrscht der Dämonenglaube das Leben der Laien und es bestanden heterodoxe Magier (besonders Exorzisten für Krankheiten). Die Mönchsgemeinschaft selbst hat freilich stets als Hüterin der reinen Tradition und der kanonischen Schriften in hohen Ehren gestanden.

Hinterindien gilt meist als rein hinayanistisches Missionsgebiet. Das ist nicht unbedingt zutreffend. Die verschiedenen politischen Gebilde, welche durch wechselnde Eroberungen dort entstanden, sind sowohl hinduistischer (brahmanischer), als hinayanistischer, als – offenbar – auch mahayanistischer Einwirkung ausgesetzt gewesen. Brahmanen, vedische Bildung und wenigstens Ansätze zur Kastenbildung (Handwerkerkasten) fanden sich. Wohl nur die Nähe von Ceylon als Missionszentrum hat bewirkt, daß schließlich in der Tat die Hinayana-Schule das Feld behauptete, nachdem vor allem die mongoloiden Erobererfürsten, deren Vorstoß im Mittelalter die bis zur europäischen Okkupation herrschende politische Machtverteilung der Einzelstaaten bestimmte, sich ihr angeschlossen hatten. Indessen schwankte auch dann, wie die Inschriften zeigen, alles immer wieder. Das Bedürfnis nach Domestikation der Untertanen und nach rationaler Schriftverwaltung war der regelmäßige Anlaß für die Könige, Schriftgelehrte ins Land zu rufen, je nachdem brahmanische, mahayanistische oder – zuletzt – hinayanistische. Samsara und Karman wurden sehr bald allgemein selbstverständliche Voraussetzungen auch im Volksglauben. Im übrigen aber findet sich lange Zeit nebeneinander brahmanische und buddhistische Bildung. Im 8. Jahrhundert werden in einer buddhistischen Inschrift in Siam Brahmanen erwähnt und noch im 16. Jahrhundert unterstützt ein König *die buddhistische und die brahmanische Religion*[73], obwohl inzwischen der ceylonesische Buddhismus in aller Form Staatsreligion geworden war.[74] Gurus und Acharyas (Lehrer) erwähnt ein königliches Edikt aus dem 10. Jahrhundert[75], große Schenkungen von Sklaven und Terrain an Klöster finden sich zu verschiedenen Zeiten. Aber erst seit dem 15. und 16. Jahrhundert ist wirklich eindeutig, daß es sich um buddhistische und zwar hinayanistische Klöster handelt.[76] Wie es inzwischen stand, zeigt eine große

73 S. beide Inschriften bei Furneau, Le Siam ancien (Annales du Musée Guimet 27, p. 129 bzw. 187).

74 S. die später noch zu erwähnende Inschrift a. a. O., S. 233 (13. Jahrhundert).

75 A. a. O., S. 141.

76 A. a. O., S. 144 (15. Jahrhundert) ist ein Mahasangharaya (Kongregationsvorstand), S. 153 (16. Jahrhundert) das korrekte Tri ratna: *Buddha, Dharma, Sangha* inschriftlich erwähnt.

siamesische Königsinschrift des 14. Jahrhunderts ziemlich deutlich.[77] Der König bezeichnet sich als Kenner der Veden. Er sehnt sich, wie er sagt, nach dem Himmel Indras, aber er strebt auch nach Nirwana als dem Ende der Seelenwanderung. Daher stiftet und baut er – dies letztere durch seine eigenen Handwerker – gewaltig. Aber die Hauptobjekte der Bautätigkeit sind trotz des buddhistischen Charakters der Inschrift zwei Statuen und Tempel der großen Hindugötter Çiva (Paramesvara) und Vischnu. Der König schickt dann, um seinen Verdiensten die Krone aufzusetzen, nach Ceylon und läßt durch einen dortigen Weisen den ersten Tripitaka-Kanon importieren. Er erklärt dabei, auf den Himmel Indras und Brahmas zu verzichten und ein Buddha werden zu wollen, der allen seinen Untertanen die Wohltat der Erlösung von der Welt bringe.[78] Er tritt persönlich in den Orden ein, – zweifellos um nun als Pontifex die Kirche und demgemäß durch sie die Untertanen zu leiten. Es geschahen aber nach dem Bericht der Inschrift im Gefolge seiner übermäßigen Frömmigkeit so gefährliche Wunder, daß die Großen des Reichs ihn baten, aus dem Orden wieder auszutreten und das Reich als Laie zu regieren, was er mit Zustimmung des genannten Seelenhirten auch tat. – Man sieht, es handelt sich ganz wesentlich um Erwägungen machtpolitischer Art und bei dem Eintritt in den Orden um die übliche hinayanistische Rezeption und Dispensation.

Korrekt hinayanistisch war wohl von jeher die Klosterorganisation und ist es auch geblieben. Der nach dem Noviziat (Shin) ales u pyin-sin rezipierte Mönch wird nach etwa zehnjähriger Bewährung, während deren er lediglich als Pfründner im Kloster den geistlichen Übungen obliegt, Vollmönch, Bonze, birmanisch: pon-gyi *(Großer Ruhm)* und hat nun die Qualifikation zur Seelsorge als Guru. Inschriften schon des 13. Jahrhunderts aus Siam zeigen, daß dieser Grundsatz der Abstufung der Würde und Titulatur des Mönchs nach der Anciennität schon damals ganz ebenso korrekt, dem altbuddhistischen Prinzip entsprechend, bestand. Die Mönche wurden danach in Siam mit den Titulaturen Guru, Thera, endlich Mahathera ausgezeichnet und waren teils Cönobiten, teils Eremiten. Ihre Funktion war aber immer dieselbe: Gurus, geistliche Berater, der Laien und Lehrer des heiligen Wissens zu sein. Ein Ober-Guru, Sankharat (Lehrer) genannt, stand damals, vom König ernannt, über ihnen als Kirchenpatriarch.[79] Der König nahm hier, wie einst Açoka, die Stellung als weltlicher Patron, membrum eminens (Tschakravati) der Kirche, in Anspruch. Der König behielt aber im übrigen den alten Kult der Berggeister

[77] A. a. O., S. 171. Auch sie liegt nach der großen Inschrift des 13. Jahrhunderts, welche die Einführung der Schrift und des korrekten Buddhismus berichtet (S. 233).

[78] Ein anderer König, der den Heiligen-Titel (Shri) führt (S. 214 a. a. O.), hat den Wunsch, als Lohn für seine Verdienste als Bhodisattva wiedergeboren zu werden. Sei ihm aber dies versagt, dann als frommer und vollkommener Mensch und frei von Körperkrankheit.

[79] S. die großen Inschriften König Rama-Komhengs aus dem Ende des 13. Jahrhunderts bei Furneau, a. a. O., p. 133 f. v. 85, 109).

ausdrücklich bei, weil seine Unterlassung gefährlich für das Wohl der Untertanen sei.[80] Das Königtum hatte die buddhistischen Weisen vor allen Dingen auch herbeigerufen, um eine nationale Schrift zu erfinden[81], zweifellos weil sie im Verwaltungsinteresse erwünscht war. Es zeigt sich in den Monumenten deutlich, daß speziell das siamesische Königtum zur Zeit der Rezeption (oder Wiederrezeption) in kriegerischer Expansion nach allen Seiten und im Kampf mit chinesischen Expansionsversuchen begriffen[82], zum stehenden Heer und zur bürokratischen Verwaltung überging, *Kabinettsjustiz* übte[83] und die Macht der – vermutlich feudalen – Notablen[84] zu brechen trachtete. Hierzu hatte der unter dem Patronat des Monarchen stehende hinayanistische Klosterbuddhismus zu helfen und hat dies zweifellos auch mit Erfolg getan. Die Bedeutung der alten Sippenzusammenhänge wurde durch die Macht der Hierokratie stark entwertet. In großen Teilen Hinterindiens fand offenbar die Macht des Königtums an ihnen keine Schranke mehr, wie sonst in Asien. Um so mehr dafür an der Macht der Mönche. Denn die Gewalt der Mönchspriesterschaft über die Bevölkerung war unter den buddhistischen Herrschern fast absolut auch in politischen Dingen. Namentlich die ziemlich straffe (äußere) Disziplin ermöglichte das, die in den Händen des Abts (Sayah) lag. Ein wegen Übertretung eines der vier großen Gebote oder Ungehorsam exkommunizierter Mönch war schlechthin boykottiert und konnte nicht existieren. Auch die Obedienz der Laien gegen die Mönche war grenzenlos. Diese geistliche Schicht war – namentlich in Birma – der eigentliche Träger der einheimischen Kultur und sie war daher einer der heftigsten Gegner europäischer Herrschaft, die ihre Stellung bedrohte. Jeder junge Laie aus guter Familie in Birma wurde und wird zeitweise – wie bei uns die Tochter in eine Pension –, in ein Kloster geschickt, lebt dort kurze Zeit (1 Tag bis 1 Monat) als Mönch und erhält nun einen neuen Namen: Die *Wiedergeburt* der alten magischen Askese ist auf diese rein rituelle Klosterinternierung übergegangen. – Im Laienleben ist aber die Herrschaft der Nal (Geister) ungebrochen. Jeder Haushalt hat seinen *Nal* (Schutzdämon); im übrigen entsprechen sie den *deva* der Hindus. Der König geht nach dem Tode noch immer in das *Geisterdorf* (Nal-Ya-tsan-thee).

Ökonomisch dürfte die Herrschaft des Hinayanismus in Hinterindien das ungeheure Übergewicht des traditionalistischen Ackerbaus und die, mit Vorderindien verglichen, sichtliche Unterlegenheit der technischen und gewerblichen Entwicklung mit veranlaßt haben. Stätten rationaler Arbeit waren die buddhistischen so wenig wie irgendwelche asiatischen Klöster. Dabei entwertete der Hinayanismus immerhin in stärkerem Maß als der Mahayanismus das

[80] Ebenda V. 78.
[81] Ebenda V. 106.
[82] S. den Eingang der genannten Inschrift. Die Eroberungen des Königs an deren Schluß.
[83] A.a.O., V. 32.
[84] Ebenda S.26: Man soll direkt an den König, nicht an die Notablen gehen.

Kasten-Dharma oder ließ es – wo er auf Neuland eingeführt wurde – gar nicht erst entstehen. Damit fielen alle im Kastenwesen liegenden Antriebe zur (traditionalistischen) *Berufstreue* fort. Denn das bloße theoretische Lob des berufstreuen Arbeiters, wie es auch die unter hinayanistischem Einfluß stehende süd- und hinterindische Literatur kannte, entbehrte jenes starken psychologischen Antriebs, den, wie wir sahen, die Kastenheilsordnung enthielt. Dies scheint in der Wirkung des Buddhismus z. B. in Birma direkt spürbar zu sein. Die hinayanische Klostererziehung in Birma hat zwar ein Maß von Elementarbildung erzeugt, welches prozentual für indische und überhaupt für asiatische Verhältnisse sehr groß, qualitativ freilich, an europäischen Maßstäben gemessen, sehr bescheiden ist (s. darüber den Census Report von 1911. Vol. IX, ch. VIII), entsprechend dem rein religiösen Zweck der Schulung. Der Grad der lokalen Vorherrschaft des Buddhismus ist immerhin entscheidend für den Grad des Alphabetentums. Für moderne intensive Arbeit jedoch (Baumwollentkörnen, Ölraffinerie) haben Hindus niederer Kasten importiert werden müssen (ebenda ch. XI, XII): – ein Beweis sowohl für das starke Training zur Arbeit, welches die in Birma selbst fehlenden Kasten dargeboten haben, wie andererseits freilich auch dafür, daß das Kastenregime aus eigener Kraft moderne Arbeitsformen nicht erzeugt. Siam ist fast reines Agrarland geblieben, trotz nicht ungünstiger Vorbedingungen für gewerbliche Entwicklung. In ganz Hinterindien schwand ferner mit der Eliminierung des Brahmanentums und der Kasten durch die Einführung des Buddhismus als Staatsreligion (14. Jahrhundert) die alte Kunsttradition der kastenmäßig-geschulten Königshandwerker, und die durch buddhistische Einflüsse angeregte Kunstübung hat wirklich Gleichwertiges nicht zu erzeugen vermocht, so erheblich immerhin auch ihre Leistungen waren.[85] Der korrekt hinayanistische Buddhismus konnte eben seiner inneren Natur nach nicht wohl anders als gegnerisch oder allenfalls duldend zum Gewerbe stehen. Nur die fast ausschließlich auf diesen Weg der Erwerbung von Verdienst verwiesenen Laienbedürfnisse haben auch im Hinayanismus die für den Buddhismus typische religiöse Kunst entstehen lassen und erhalten. Die religiösen Interessen der korrekt buddhistischen Laien sind in Birma, wie sonst, vor allem den Wiedergeburtschancen zugewendet, wie die monumentalen Quellen der Neuzeit[86] zeigen. Die Königin-Mutter bittet, stets als eine hohe Persönlichkeit mit guten Qualitäten und gläubig wiedergeboren zu werden. Wenn der künftige Buddha Maitreya kommt, möchte sie mit ihm ins Nirwana gehen.[87] Der Wiedergeburt in schlechter Familie wünscht jemand zu entgehen.[88] Es wird gewünscht, stets als reicher Mann und

[85] Vgl. L. Furneau, a. a. O., S. 57.

[86] Vgl. die Inschriften, welche Aymonier im Journal Asiat. 9., Ser. 14., 1899, S. 493 ff. und besonders ebenda 15., 1900, S. 146 ff., publiziert hat (aus dem 15. bis 17. Jahrhundert). Einige der Beispiele wurden schon oben verwertet.

[87] A. a. O., S. 16 f.

[88] A. a. O., S. 164.

Anhänger des Buddha wiedergeboren zu werden, schließlich Allwissenheit zu erlangen und dann ins Nirwana zu gelangen.[89] Jemand möchte jedesmal mit seiner jetzigen Familie zusammen (Eltern, Brüdern, Kindern) wiedergeboren werden.[90] Ein anderer wünscht in einem künftigen Leben eine bestimmte Frau als seine Frau zu besitzen.[91] Mönche möchten, falls sie als Laien wiedergeboren werden müßten, hübsche Frauen haben.[92] Daneben sollen gute Werke auf Tote, insbesondere solche, die in der Hölle sind[93], übertragen werden: – die bekannte spätbuddhistische, aber auch im Hinduismus vorkommende Durchbrechung der Karmanlehre. –

Die eigentlich große Missionsreligion Asiens war nicht die Hinayana-, sondern die Mahayana-Kirche.

Auch der Mahayana-Buddhismus, gewann, wie seinerzeit die Hinayana Schule, seine missionierende Tendenz[94] zuerst durch einen König: Kanischka von Kaschmir und Nordwesthindustan, kurz nach Beginn unserer Zeitrechnung. Unter ihm ist das angeblich dritte und letzte der kanonischen Konzilien welche der Mahayana-Buddhismus anerkennt, in einer Stadt in Kaschmir gehalten worden. Offenbar zuerst durch die Macht dieses Königs wurde der Mahayanismus im Norden Indiens, wo einst Açoka das orthodoxe Konzil abgehalten hatte, verbreitet und schließlich vorherrschend und der Hinayanismus eine *südliche* Richtung. Der dazu führende Prozeß war freilich schon im Gange und die Entwicklung der esoterischen Mahavana-Soteriologie hatte schon lange vorher begonnen. Açvagosha schrieb seine allerdings noch maßvoll, mahayanistischen Werke mindestens 1 Jahrhundert vor dem Konzil. Nagarjuna gilt als die treibende Kraft des Konzils selbst. Die anderen von den Mahayanisten als Autoritäten zitierten Philosophen lebten fast sämtlich in den nächsten Jahrhunderten nach dem Konzil, keiner nach dem ersten Jahrtausend unserer Zeitrechnung. Die Hauptexpan-

[89] A. a. O., S. 153.
[90] A. a. O., S. 154.
[91] A. a. O., S. 170.
[92] A. a. O., S. 150.
[93] A. a. O., S. 151.
[94] Es ist allerdings eigentlich ungenau, den Mahayanismus allein als Träger der Mission nach Ostasien anzusehen. China lernte heilige Schriften des Buddhismus zuerst in der Form kennen, welche sie in der Schule der Sarvastivadas, einer Sekte der alten (hinayanistischen) Vaibachika-Lehre angenommen hatten, und gerade die älteren, teilweise den Seeweg benutzenden Pilgerfahrten machten wenig Unterschied zwischen Mahayana und Hinayana. Aber der Umstand, daß Nordindien zunehmend mahayanistisch wurde und infolgedessen die später nach China von dort allein, über Land, importierten Werke in Sanskrit geschriebene Mahayana-Schriften waren, rechtfertigt doch die übliche Behauptung. China war eben inzwischen reiner Kontinentalstaat geworden. Andererseits ist die Vorherrschaft der Hinayana-Schule in Hinterindien nichts Ursprüngliches. Im Gegenteil war hier meist die Mahayana-Mission die ältere, und erst spätere Revivals gaben Anlaß, an die Tradition der altorthodoxen und nächstgelegenen Kirche, der Ceyloneser, anzuknüpfen.

sionsepoche des Mahayanismus liegt in der Zeit bis zum 7. Jahrhundert. Allein schon seit dem 5. Jahrhundert begann der Stern des Buddhismus in Indien langsam zu erbleichen. Zu den Gründen gehörte außer den schon angeführten Momenten vielleicht auch jener Verpfründungs-Prozeß, welcher für alle Religionen irgendwann einzutreten pflegt und den gerade die Mahayana-Schule fördern konnte. Gnadenspendende seßhafte Hierokraten, also Pfründner, traten an die Stelle der wandernden Bettelmönche. Es scheint auch, daß der spätere Buddhismus ebenso wie der Jainismus sich für den eigentlichen Tempeldienst sehr vielfach mit Vorliebe rituell geschulter Brahmanen, welche ihm anhingen, bedienten. Denn diese spielen in zahlreichen Legenden eine bei der ursprünglichen Brahmanenfeindschaft zunächst überraschende Rolle und kommen auch in buddhistischen Inschriften vor. So dürfte sich auch in Indien ziemlich bald eine verheiratete, die Kloster-Pfründen erblich appropriierende buddhistische Weltpriesterschaft entwickelt haben. Wenigstens zeigt Nepal und das nordindische Randgebiet deutlich diese Entwicklung noch heute. Sobald eine straffe, für Missionszwecke eingerichtete Organisation konkurrierend auftrat, mußte außer der äußeren auch die innere Schwäche des Buddhismus, das Fehlen einer so fest umrissenen Laien-Ethik, wie der brahmanische Kastenritualismus und auch die jainistische Gemeindeorganisation sie darboten, hervortreten. Die Reiseberichte der chinesischen Pilger, zeitlich miteinander verglichen, lassen deutlich den inneren Verfall der jeder hierarchischen oder ständischen Einheit entbehrenden buddhistischen Organisation erkennen. Die Renaissance des Hinduismus fand offenbar ein leicht zu bestellendes Feld und hat, wie erwähnt, heute in Vorderindien fast jede Spur der alten buddhistischen Kirche ausgerottet. Ehe wir uns aber diesem neuen Aufstieg des orthodoxen Brahmanentums zuwenden, ist in Kürze der, erst seit König Kanischkas Zeit mit gewaltigem Erfolg betriebenen Expansion des Mahayanismus über Indien hinaus zu gedenken, welche ihn zu einer *Weltreligion* hat werden lassen. Die großen Expansionsgebiete des Mahayana-Buddhismus sind China, Korea und Japan.

Der Mahayana-Buddhismus hat dabei – im allgemeinen – politisch insofern mit anderen Verhältnissen zu rechnen gehabt wie die Hinayana-Schule, als er in jenen Kulturländern, die er missionierend wenigstens teilweise eroberte, auf Dynastien stieß, die entweder mit einer unbuddhistischen Literatenschicht (China und Korea) oder mit einem unbuddhistischen Staatskult (Japan) fest verwachsen waren und daran festhielten.[95] Hier nahm also die weltliche Gewalt im allgemeinen mehr die Stelle einer *Religionspolizei* als eines *Schutzpatronats* gegenüber der Kirche auf sich. Die theokratische Klerikalisierung war infolgedessen weit geringer.

[95] Der Hof des Kaisers in Kyoto z. B. war korrekt shintoistisch. Der rein weltliche Shogun in Yedo aber konnte nie die Stellung eines *tschakravati* einnehmen, wie Açoka, da er ausdrücklich den Kaiser als die sozial höhere Macht anerkannte.

Über die Schicksale des Buddhismus in China mußte im anderen Zusammenhang schon einiges gesagt werden, was hier zu ergänzen ist. Er wurde nach einigen vergeblichen Missionsversuchen zuerst importiert unter der Herrschaft und auf Veranlassung des Kaisers Mingti kurz nach Beginn unserer Zeitrechnung durch Mönchsmissionare, faßte aber erst etwa im 4. Jahrhundert Wurzel, was sich durch das häufigere Auftreten eigener chinesischer Mönche äußert. Er ist dann im 5., 6. und 7. Jahrhundert durch zahlreiche Pilgerfahrten und Gesandtschaften, amtliche Übersetzungen buddhistischer Schriften, Eintritt einzelner Kaiser in den Mönchsorden, schließlich – 526 unter Kaiser Wuti – Übersiedelung des *Patriarchen* Bodhidharma aus Indien nach Nanking und weiter nach Honanfu offiziell in Staatspflege genommen worden. Mit dem 8. und endgültig mit dem 9. Jahrhundert wurde durch die gewaltigen von den Konfuzianern angeregten Kirchenverfolgungen, von denen ebenfalls schon gesprochen ist, die Blüte des Ordens in China gebrochen, ohne doch ihn dauernd ganz vernichten zu können. Das Verhalten der chinesischen Regierung war vielmehr von Anfang an und ist auch nach den großen Verfolgungen bis zum heiligen Edikt Kang His beständig schwankend gewesen. Die entschiedensten Gegner waren selbstverständlich die konfuzianischen Literaten. Ihren Einwänden, daß Pflicht, und nicht die Furcht vor der jenseitigen Strafe oder die Hoffnung auf jenseitige Belohnung, die Quelle der Tugend zu sein habe, und daß Frömmigkeit um der Vergebung der Sünden willen kein Ausdruck echter Pietät sei, Nirwana als Ideal aber das Nichtstun idealisiere, – setzten die Apologeten des Buddhismus den Hinweis entgegen, daß der Konfuzianismus nur das Diesseits, allenfalls das Glück der Nachfahren berücksichtige, nicht aber die jenseitige Zukunft. Sie wiesen auf Himmel und Hölle als allein wirksame Zuchtmittel für den Menschen zur Tugend hin.[96] Namentlich dieses Argument dürfte auf die Kaiser Eindruck gemacht haben. Daneben der Glaube an die magische Macht auch der buddhistischen Literaten. Denn als vornehme Literatenlehre kam die buddhistische Religion zuerst nach China. Die Erlaubnis Mönch zu werden wurde zuerst in einem Teilstaat der Zeit des großen Interregnums 335 nach Chr. erteilt. Die Idole wurden 423 im Sang- und 426 im Wei-Königreich zerstört, 451 wieder zugelassen. Um 400 suchte der Kaiser Yao hing durch Aussendung eines Heeres sich einen literarisch voll qualifizierten Priester zu beschaffen und gleichzeitig ging Fa Hien in amtlichem Auftrag nach Indien, Übersetzungen zu beschaffen. Nachdem ein Kaiser der Ling-Dynastie geradezu Mönch geworden war, drang mit der Übersiedelung des Patriarchen

[96] Die Diskussionen und Argumente sind namentlich aus den Annalen der Sung-Dynastie von Edkins zusammengestellt. Mit großer Konsequenz hat die konfuzianische Annalistik jede Nachgiebigkeit gegen die Buddhisten als verächtliche und feige Schwäche und Furcht vor dem Tode gebrandmarkt. Dies tut namentlich auch die von dem Mandschukaiser Kuangti geschriebene Geschichte der Ming-Dynastie bei jeder Gelegenheit.

nach China neben der Disziplin auch die eigentliche Mystik des indischen Buddhismus ein. 515 noch war Todesstrafe auf den Betrieb magischer Künste gesetzt. Indessen hinderte dies nicht, daß die Magie hier, wie überall, überwucherte. Seitdem hat die Politik der Regierung geschwankt zwischen Beförderung oder Duldung und Schließung aller Klöster, der Kontingentierung der Mönchszahl, dem Zwang für den Überschuß zum Wiedereintritt in den weltlichen Beruf (714), der Konfiskation der Tempelschätze für Münzzwecke (955). Sie adoptierte unter der Ming-Dynastie vorwiegend das schon vorher die Regel bildende System der Duldung unter Einschränkung des Bodenbesitzes, Begrenzung der Klöster und der Zahl der Mönche und Kontrolle der Aufnahme durch staatliche Prüfung. Kang His *heiliges Edikt* schließlich verbot (Ende des 17. Jahrhunderts) den weiteren Bodenerwerb gänzlich und verwarf die buddhistische Lehre als unklassisch. Dabei ist es geblieben.

Innerlich hatte der Buddhismus in China vor allem die Wandlung zu einer reinen Buchreligion, entsprechend dem Schriftgelehrten-Charakter der ganzen chinesischen Kultur, durchzumachen. Die Disputationen und Religionsgespräche, welche Indien eigentümlich waren, verschwanden, die chinesische Regierung hätte sie nicht gestattet, und der Natur des chinesischen Schrifttums widersprachen sie durchaus. Immun blieb ferner der chinesische Buddhismus, – ebenfalls entsprechend der streng antiorgiastischen Religionspolizei des chinesischen Beamtentums, – gegen jedes Eindringen der Sakti-Religiosität, welche den indischen Mahayanismus immerhin nicht ganz unberührt gelassen hatte.

Der chinesische Buddhismus[97] ist von Anfang an reine Klosterkirche ohne Wandermönche gewesen. Das buddhistische Kloster – im Gegensatz zum konfuzianischen Tempel (Miao) und den taoistischen Heiligtümern (Kuan) mit *Si* bezeichnet – enthielt auch den Tempel mit den Bildern des ursprünglichen und der 5 sekundären Buddhas (Fo), 5 Bodhisattvas (Pu sa), die Arhats und Patriarchen und eine ganze Schar aus der Volksshagiolatrie der Chinesen rezipierter Schutzgötter (darunter auch der als Kriegsgott apotheosierte früher genannte Kuanti). Chinesisch ist dabei vor allem das Auftreten eines weiblichen Bodhisattva: Kwan Yin, der Schutzherrin der Caritas. Und zwar scheint diese Figur ihren weiblichen Charakter erst im Laufe der Zeit empfangen zu haben[98], wahrscheinlich unter dem Einfluß der Konkurrenz der Sekten, welche – wie apolitische Konfessionen meist – auf weiblichen Zulauf reflektierten. Die Gestalt ist Gegenbild der okzidentalen Muttergottes als Nothelferin und war die einzige Konzession, die der Sakti-Frömmigkeit in China gemacht wurde. Die Klöster waren ursprünglich offenbar nach dem typisch hinduistischen Filiationssystem gegliedert. Nachdem aber die chinesische Regierung ihrerseits besondere Beamte für die Aufsicht über die Klöster und die Handhabung der

[97] Vgl. dazu auch: R. F. Johnston, Buddhist China, London 1913.
[98] Immerhin ruft schon der Pilger Fa-Hien (um 400) in Seenot die Kwanyin an.

Disziplin eingesetzt hatte, bestand später eine von dieser Hierarchie gesonderte Organisation nicht. Auch die Ansätze des Patriarchentums haben sich nach der großen Verfolgung nicht weiter entwickelt, zweifellos aus politischen Gründen. Es blieb aber die Gemeinschaft der Klöster dadurch erhalten, daß jeder Mönch das Recht auf die Gastlichkeit in jedem Kloster hatte. Im übrigen blieb nur das charismatische Prestige einzelner Klöster als altbekannter Stätten ritueller Korrektheit bestehen.

Ganz nach indischer Art spalteten sich die Klöster nach Schulen. Und zwar offenbar wesentlich entsprechend den Wellen von Mahayana-Revivals, welche unter dem Einfluß großer Lehrer von Indien aus über das Missionsgebiet hingingen. Beim ersten Import und selbst noch zur Zeit der Übersiedelung des Patriarchen Bodhidharma war die Mahayana-Doktrin noch nicht in ihren späteren Konsequenzen (durch Nagarjuna und Vasubandhu) ausgearbeitet. Die älteste Schule, das Tschan sung, hat infolgedessen noch einen stark hinayanistischen Charakter in der Art der Heilssuche. Die alte Meditation (dhyana), das Suchen nach *Entleerung* des Bewußtseins, die Ablehnung aller äußeren Kultmittel blieb ihr in starkem Maße eigentümlich. Sie galt – wohl schon wegen der Verwandtschaft mit der Wu-wei-Lehre – lange als die vornehmste und war geraume Zeit die größte der chinesischen Buddhasekten. Die früher dargestellten mahayanistischen Lehren Nagarjunas und Vasubandhus haben in den Sekten der Hsien-schon-tsung und Tsi-jen-tsung ihre Vertreter gefunden. Die Phantastik des Schwelgens in überirdischen Herrlichkeiten bei der ersten, der Liebesakosmismus des durch die achtfache Stufenfolge der Konzentration vollendeten Bodhisattva bei der anderen sind hier übernommen. Die zweitgenannte Sekte ist demgemäß in starkem Maße die Trägerin der spezifisch buddhistischen Karität in China geworden.

Von den sonstigen Sekten hat die Tien-tai-tsung wohl die größte literarische Popularität erlangt durch Übertragung und Kommentierung des mahayanistischen Saddharma pundarika:[99] Sie war dem Wesen nach eklektische Mischung der hinayanistischen Meditation mit Ritus und Idolatrie. Die Lutsung-Sekte war demgegenüber die am strengsten (im Sinn des Vinaya pitaka) ritualistische, die Tsching-tu-tsang-Sekte dagegen die den Laienbedürfnissen am weitesten entgegenkommende. Die Verherrlichung des Paradieses im Westen unter Leitung des Buddha Amithaba und der Kwan-yin, vermutlich auch die Rezeption dieser Figur überhaupt, war ihr Werk.

Der chinesische Buddhismus hat teilweise versucht, durch Rezeption der großen Heiligen der beiden andren Systeme, eine Einheitsreligion (San chiao i ti) herzustellen. Im 16. Jahrhundert finden sich Buddha, Laotse und Konfuzius auf Monumenten vereinigt und Ähnliches soll schon viele Jahrhunderte früher sich nachweisen lassen. Indessen zum mindesten der offizielle Konfuzianismus hat diese Versuche abgelehnt und den Buddhismus stets mit den gleichen Augen

[99] Übersetzt in den S. B. of the East XXI von Kern (The Lotus of the True Law).

angesehen, wie der antik römische Amtsadel die orientalischen *Superstitionen.*

Der Charakter des späteren chinesischen Buddha-Mönchtums wurde ganz wesentlich bestimmt durch seinen zunehmend plebejischen Charakter. Ein Mann von Rang und aus guter Familie wird heute nicht in ein Mönchskloster eintreten. Dies dürfte schon seit dem Jahrhundert der großen Verfolgung, endgültig jedenfalls seit dem heiligen Edikt Kang-his so gewesen sein. Die Mönche rekrutieren sich aus aliterarischen Schichten, namentlich aus den Bauern und Kleinbürgern. Dies hat zunächst zu einer durchaus ritualistischen Ausgestaltung des Mönchslebens selbst geführt. Verstöße des Mönchs gegen das Zeremoniell und die Disziplin scheinen – wie dies ja dem Charakter des chinesischen Formalismus entspricht – oft ziemlich streng geahndet, in unserem Sinn des Wortes *sittliche* Verfehlungen verhältnismäßig leichter genommen zu werden. Hasard, Trunk, Opium, Weiber spielten – angeblich – in manchen Klöstern eine beträchtliche Rolle. Von irgendwelchen Ansätzen zu einer systematischen ethischen Rationalisierung der Lebensführung der Laien konnte gar keine Rede sein. Klosterschulen für Laien existierten, wenigstens als verbreitete Erscheinung, wenig, und die literarische Bildung, welche der Novize, ehe er zum Mönch und dann zum Anwärter auf die Bodhisattva-Würde aufsteigt, hat sehr wenig rationalen Charakter. Der Schwerpunkt des Mönchslebens liegt in dreierlei. Zunächst im täglichen Kultus, einem Vorlesen heiliger Schriften, herausgewachsen aus der alten Uposatha-Feier. Ferner in der einsamen oder, charakteristischer, gemeinsamen Entleerungs-Meditation, der sitzenden und der in China als Spezialität gepflegten, laufenden.[100] Endlich in asketischen Virtuosenleistungen, welche der Mahayanismus der alten hinduistischen Volksaskese der Magier entlehnt hat. Die höhere Weihe alter Mönche, zum Bhodisattva-Anwärter, war mit einer Brandmarkung verbunden. Und als Virtuosenleistung kam und kommt[101] es vor, daß ein Mönch sich entweder einzelne Körperteile verbrennen läßt oder sich in einen Holzverschlag in der vorgeschriebenen Haltung eines Betenden niedersetzt und die um ihn zur Selbstverbrennung aufgehäuften Brennstoffe selbst entzündet; oder endlich, daß er sich lebenslänglich einmauern läßt. Derartige Virtuosen werden nach dem Tode große Heilige des Klosters.

Die zuweilen recht bedeutenden, von einer Schar von Beamten verwalteten buddhistischen Klöster in China waren, alles in allem, Stätten teils irrationaler Askese, teils irrationaler Meditation, nicht aber Pflegestätten rationaler Erziehung. Der in ganz China gewaltige und magisch gedeutete Nimbus des Literatentums fehlte ihnen je länger je vollständiger, obwohl (zum Teil weil) gerade sie, im Interesse der Propaganda, Hauptstätten des Buchdrucks waren,

100 Umlaufen eines Tisches mit Kultobjekten auf ein gegebenes Zeichen mit zunehmender Schnelligkeit und eventuell unter Geißelantrieb.

101 Nach Hackmann S. 23., a. a. O., aus persönlicher Anschauung gegen de Groot a. a. O., S. 227.

der sich wesentlich auf erbauliche Schriften und magisch wichtige Tafeln erstreckte. Die Chinesen wendeten sich an buddhistische Gottheiten, tote oder auch lebende buddhistische Heilige als Nothelfer in Krankheit oder bei anderem Mißgeschick, die Totenmessen wurden auch von hochgestellten Kreisen geschätzt und das primitive Losorakel in den Sanktuarien spielte bei den Massen eine nicht unerhebliche Rolle. Aber das war alles. Die Mönche haben dem Laienglauben die verschiedensten Konzessionen machen müssen, unter anderem auch durch Anbringung korrekter Ahnentafeln und Darbringung von Ahnenopfern für tote Mönche. Auch ist die chinesische Pagode, die aus Indien in alle hinduistisch beeinflußten Gebiete mit den nötigen Modifikationen übernommene Form des Tempels, in China durch Verbindung mit der Fung-Schui-Lehre aus einer buddhistischen Kultstätte zu einem apotropäischen Mittel gegen die Luft- und Wasser-Dämonen geworden, welches zu diesem Behuf an geeigneten, von den Magiern ermittelten Stellen aufgeführt wird. Die starke Bedeutung der Zeremonien buddhistischer Provenienz im Volksbrauch wurde schon früher erwähnt. Der ethische Vergeltungsglaube ist durch den (älteren) Taoismus und den Buddhismus in die Massen getragen worden und hat zweifellos stärkend auf die Innehaltung der alten nachbarschaftsethischen und der speziellen Pietätsgebote der chinesischen Volksethik gewirkt. Darüber hinaus ist, wie ebenfalls schon erwähnt, wohl fast alles, was an Innigkeit, karitativem Empfinden für Mensch und Tier und stimmungshafter Sinnigkeit in China überhaupt zu finden ist, irgendwie durch die massenhaft übersetzte und bekannt gewordene buddhistische Legendenliteratur erzeugt. Aber einen beherrschenden Einfluß auf die Lebensführung hat der Buddhismus nicht gewonnen.

Er hat dies in Korea[102] in offenbar noch geringerem Umfang getan. Die koreanische Sozialordnung war ein verblaßtes Abbild der chinesischen. Kaufmannsgilden (Pusang) und Handwerkerzünfte existierten wie in China. Der Feudalismus war auch dort durch das Mandarinentum ersetzt. Sowohl die Beamtenanstellung und das Avancement nach sukzessiven literarischen Prüfungen wie die Propaganda des Buddhismus als Domestikationsmittel waren in Korea das Werk der mongolischen Dynastie in Peking. Der schon vor der mongolischen Unterwerfung, seit dem 6. Jahrhundert, von China aus missionierende Buddhismus erstieg daher nach dem 10., besonders aber im 13. Jahrhundert die Hochblüte seiner Macht. Die Mönchsklöster haben gelegentlich als Zentren der Organisation kriegerischer Orden gedient. Denn das buddhistische Mönchtum hatte in Korea ganz die gleichen Gegner wie in China: die Literaten. Sie hatten zwar hier nicht das Prestige erlangt, wie in China. Denn sie hatten einerseits – wie dort – mit den Eunuchen, andererseits mit den (zuletzt sechs) *Generälen* der Armee, d.h. den Condottieren, welche die

102 Über Korea s. neben der gangbaren Literatur die Reiseschilderung von Chaillé-Long-Bey in den Annales du Musée Guimet Band 26.

Anwerbung der Armee in Entreprise nahmen, zu ringen. Die Rente, welche die längst ganz unkriegerische Soldatenstellung eintrug, wurde sehr begehrt und die Zugehörigkeit zur Armee Gegenstand des Kaufes. Die Armee-Chefs standen fast gleichberechtigt neben dem Monarchen, mit dem sie die Einkünfte teilten. In religiöser Hinsicht scheint die urwüchsige Magie der Berufszauberer, vor allem die ekstatische, in starkem Maße von Frauen (Mudang) betriebene Magie des therapeutischen und apotropäischen Tanzes, nahezu beziehungslos neben den nur durch die einstige Protektion der Herrscher hochgekommenen buddhistischen Klöstern gestanden zu haben. Ein zweifellos von den Konkurrenten der Mönche geschürter Aufstand brach schließlich die Macht der Kirche und damit alle Ansätze einer eigenen Kultur in Korea. Die neuerlich berichtete Initiative der japanischen Regierung in der Gründung von großen Klöstern scheint auf den ersten Blick in Widerspruch mit der im japanischen Inland antibuddhistischen Politik. Indessen dürfte dabei der Gedanke der pazifistischen Domestikation des unterworfenen Landes durch diese Religion des Friedens ebenso mitspielen, wie bei der Unterstützung der alten offiziellen Riten im eigenen Lande der Wunsch, den kriegerischen Geist zu stützen.

In Japan[103] war, wie in Korea, aller Intellektualismus chinesischen Ursprungs. Der Konfuzianismus scheint auf die Prägung des japanischen Gentleman-Ideals seinerzeit einen nicht ganz unbeträchtlichen Einfluß gehabt zu haben, freilich gekreuzt durch die bald zu besprechenden heterogenen Bedingungen des japanischen Ständewesens. Der chinesische Soldatengott ist in Japan rezipiert. Daneben sind auch unmittelbar hinduistische Importe spürbar. Aber im ganzen hat sich das ältere Japan der Vermittlung Chinas für alle Kulturrezeptionen bedient. So war auch der in den ersten Jahrzehnten des 6. Jahrhunderts dort auftretende Buddhismus[104] auf dem Wege der koreanischen, dann, etwa seit dem 8. Jahrhundert, der direkt chinesischen Mission importiert und zunächst wesentlich chinesischer Buddhismus. Wie ursprünglich die gesamte japanische höfische Literatur, so war auch seine heilige Literatur lange Zeit an die chinesische Sprache gebunden. Die wirkliche Rezeption erfolgte hier wie überall sonst auf Initiative der Regierung und aus

103 Die beiden deutschen Schriftsteller, welche aus eigener Anschauung in genauer Kenntnis der japanischen Sprache die Entwicklung der geistigen und materiellen Kultur Japans am zuverlässigsten geschildert haben, sind (für die erstere) K. Florenz und (mehr für die letztere) K. Rathgen. Das verdienstvolle Buch von Nachod fußt auf Übersetzungen, namentlich der alten Kojiki- und Nihongi-*Annalen* (erstere von Chamberlain ins Englische, letztere von Florenz ins Deutsche übertragen), die für japanische Kulturgeschichte grundlegend, aber für unsere speziellen Zwecke nicht wesentlich sind. Einige Einzelzitate weiterhin. Von den Rechtsquellen hat Otto Rudorff im Supplementheft zu Band V der Mitteil. der D. Ges. f. Natur- und Völkerkunde Ostasiens (1889) die großen bekannten Tokugava-Edikte publiziert.

104 Sehr schöne Skizze von Florenz in der *Kultur der Gegenwart*. Recht lesenswert, weil auch auf Selbstanschauung ruhend, ist die populäre Darstellung von Hackmann in den Religionsgeschichtl. Volksbüchern (III. Reihe, 7. Heft).

den typischen Gründen. Der vielgefeierte Regent, Prinz Shotoku-Taishi, der sie durchführte, bezweckte damit sicherlich vor allem die Domestikation und Disziplinierung der Untertanen. Ferner die Verwendung der schriftkundigen buddhistischen Priester im Beamtendienst, den sie bis Ende des 18. Jahrhunderts oft monopolisierten. Endlich auch die weitere Anreicherung Japans mit chinesischer Kultur, der er, einer der ersten *Literaten* Japans, ergeben war. Die zahlreichen Frauen, welche in der nächsten Folgezeit auf dem Thron saßen, waren sämtlich leidenschaftliche Anhängerinnen der sich an das Gefühlsleben wendenden neuen Religiosität.

Wenn der japanische Buddhismus und die japanische Religion überhaupt, trotz des sehr bedeutenden Interesses, welches sie an sich bietet, hier nebenher und in kurzer Skizze erledigt werden, so deshalb[105], weil die für unsere Zusammenhänge wichtigen Eigentümlichkeiten des *Geistes* der japanischen Lebensführung durch einen gänzlich anderen Umstand als durch religiöse Momente erzeugt worden sind. Nämlich: durch den feudalen Charakter der politischen und sozialen Struktur. Nachdem Japan zeitweise eine auf streng durchgeführtes Gentilcharisma gegründete soziale Verfassung gehabt und einen sehr reinen Typus des *Geschlechterstaats* dargestellt hatte, gingen die Herrscher, wesentlich um die unelastische Stereotypierung dieser Sozialordnung zu überwinden, zur Verlehnung der politischen Ämter über, und es entwickelte sich jene soziale Ordnung, welche das mittelalterliche Japan bis an die Schwelle der Gegenwart beherrscht hat.

Der Feudalismus war es hier, welcher die Erdrosselung des Außenhandels (durch Beschränkung auf Passivhandel in einem Vertragshafen) und die Hemmung der Entwicklung irgendwelcher im europäischen Sinn *bürgerlicher* Schichten herbeiführte. Der Begriff der *Stadt* als eines Trägers autonomer Rechte fehlte in Japan völlig. Es gab große und kleine Ortschaften mit Dorf- und Stadtviertelvorständen. Die Städte waren aber weder königliche Festungen – nur zwei machten eine Ausnahme – noch die typischen Sitze der fürstlichen Verwaltung, wie dies in China der Fall war. Es war im Gegensatz zu China rechtlich zufällig, ob ein Vasallenfürst in einer *Stadt* oder auf einer ländlichen Burg seinen Sitz hatte. Es fehlte der bürokratische Apparat der chinesischen Verwaltung, die von Amt zu Amt versetzte Mandarinenschicht, ihr Prüfungswesen und die patriarchale Theokratie mit ihrer Wohlfahrtsstaatstheorie überhaupt. Das theokratische Oberhaupt saß seit der Tokugava-Herrschaft endgültig in hierokratischer Klausur in Kyoto. Der primus inter pares der Kronvasallen, der Shogun (Kronmarschall und Chef der Vasallen, also Hausmeier) war der unmittelbare Herr innerhalb seines Hausmacht-

[105] Neben dem entscheidenden, im Text erwähnten sachlichen Umstand, übrigens auch deswegen, weil das für die Beurteilung stets ausschlaggebende epigraphische Material mir in Übersetzungen nicht zugänglich war. Leider haben mir auch die Transactions der Asiatic Society of Japan, welche offenbar sehr wertvolle Arbeiten enthalten, nicht vorgelegen.

gebietes und führte die Kontrolle der Verwaltung der Vasallenfürsten. In der Lehenshierarchie[106] bestand vor allem ein Schnitt zwischen den als Landesfürsten mit voller Regierungsgewalt ausgestatteten, ebenso wie der Shogun als Vasallen des Kaisers selbst geltenden Daimyo einerseits, und den Vasallen und Ministerialen dieser Landesfürsten (einschließlich des Shogun): den Samurai der verschiedenen Rangklassen, unter denen im Rang voranstanden die zu Pferde dienenden Ritter. Die zu Fuße dienenden Mannen (Kasi) waren einfache Ministerialen, die oft ein Büroamt versahen. Die Samurai waren, als allein zum Waffentragen berechtigt und lehensfähig, von den Bauern und den nach feudaler Art im Rang noch hinter diesen stehenden Kaufleuten und Handwerkern streng geschieden. Sie waren freie Leute. Das erbliche Lehen (han) war ihrerseits kündbar und wurde durch Felonie oder schwere Mißverwaltung kraft Richterspruchs des Lehenshofs verwirkt. Auch auf Versetzung in ein niederes Lehen konnte dabei erkannt werden. Dies und vor allem die zur Bestimmung der Zahl der zu stellenden Kombattanten vorgenommene Katastrierung der Lehen nach der Höhe ihrer traditionell schuldigen Reisrente (der *Kokudaka)*, welche auch den Rang ihrer Inhaber bestimmte, stellt das japanische Lehen in die Nachbarschaft jener typisch asiatischen Militär-Pfründen, die wir namentlich in Indien fanden.[107] Jedoch blieb die persönliche Treue- und Heerfolgepflicht (neben traditionellen Ehrengeschenken) das Entscheidende. Der Standpunkt der Bestimmung des Ranges nach der Höhe der Reisrente, nach welcher sogar entschieden werden sollte, ob jemand zu den Daimyo zu zählen sei oder nicht, ist natürlich die auch sonst gelegentlich eingetretene gerade Umkehrung des ursprünglichen gentilcharismatischen Standpunkts, wonach der überlieferte Rang der Sippe den Anspruch auf den zu verleihenden Amtsrang und die damit traditionell verbundenen Machtbefugnisse verlieh.[108] Die Kanzlei (bakuhu) des Shogun kontrollierte[109] die Verwaltung der Daimyo und ihre Politik und politisch wichtigen Privathandlungen (z. B. ihre Eheschließungen, die konsensbedürftig waren), die Daimyo

[106] Dafür eine gute zusammenfassende Darstellung von M. Courant (Les Clans japonais sous les Tokugava) in den Annales du Musée Guimet (Bibliothèque de Vulgarisation, T. XV, 1904).

[107] Tatsächlich gab es neben den Landlehen (hado) auch die einfache Rentenpfründe, angewiesen entweder (als tsyga-Lehen) auf die Einkünfte eines Bezirkes, oder (als hyomono) auf die herrschaftliche Kammer.

[108] Dies drückte sich sehr deutlich, auch noch unter der Tokugava -Herrschaft, in dem Anspruch bestimmter Familien auf die kündbaren hohen Beamten- (Karo-) Posten aus. Ebenso bestimmte sich im Heere die Kommandogewalt, die einem Offizier gegeben werden konnte, nach seiner Kokudaka. Nur ein Mann aus einer Samurai-Familie konnte ferner mit dem Blutbann belehnt werden.

[109] Namentlich auch, indem er die angestellten Minister (Karo) der Kronvasallen direkt zur Verantwortung zog, – während andererseits der persönliche Charakter der Lehenshierarchie sich darin ausdrückte, daß die direkte Beziehung der Untervasallen zum Oberlehensherrn nicht bestand.

diejenige ihrer Lehensträger. Der alternde oder durch Richterspruch dienstunfähig erklärte Lehensmann hatte ins Altenteil (inkyo) zu gehen. Der Nachfolger hatte die Investitur einzuholen; das gleiche galt für den *Herrenfall.* Das Lehen war unveräußerlich und nur auf Zeit antichretisch verpfändbar. Als Bestandteile der fürstlichen Oiken existierten Handelsmonopole und gewisse luxusgewerbliche Ergasterien. Bedeutende Gilden existierten im Vertragshafen Nagasaki, Berufsverbände wohl überall. Irgendeine als politische Macht beachtliche Schicht, welche Träger einer *bürgerlichen* Entwicklung im okzidentalen Sinn hätte sein können, bestand aber nicht, und der durch die Reglementierung des Außenhandels aufrechterhaltene hochgradig statische Zustand der Wirtschaft ließ auch eine kapitalistische Dynamik nicht entstehen. Politischer Kapitalismus: Staatslieferanten- und Staatsgläubiger- oder Steuerpächter-Schichten fehlten fast ganz, da die finanzpolitischen Voraussetzungen fehlten. Denn der Heeresbedarf wurde im wesentlichen durch feudale Selbstequipierung und Aufgebot der Vasallen und Ministerialen, also ohne Trennung des Kriegers von den Kriegsbetriebsmitteln, gedeckt, und die lange Friedensära unter den Shogunen der Tokugava-Dynastie ließ überdies keine Gelegenheit, zu rationaler Kriegführung entstehen. Nur die Privatfehde blühte, wie in unserem Mittelalter. Die Unterklasse der Vasallen und Ministerialen: die Samurai und Kasi, stellte die für Japan typische Schicht. Der hochgespannte, rein feudale, Ehrbegriff und die Vasallentreue waren die zentralen Empfindungen, um die sich zum mindesten in der literarischen Theorie letztlich alles drehte. In der Praxis war die Reisrente die typische Form der materiellen Versorgung dieser Klasse.

Politisch rechtlos war nicht nur der Kaufmann und Handwerker, sondern auch die breite Schicht der Bauern (no), welche dazu da waren, die Steuern für den Herrn aufzubringen und bei welchen, wenigstens zum Teil, das Prinzip der Neuumteilung – im Zusammenhang mit der Steuerpflicht – bestand. Der Abschluß der Dörfer gegen Außengeborene war, da der Pflicht zum Lande auch hier das Recht auf Land entsprach, streng: Der midzunomi (der *Wassertrinker,* d. h. der Fremdbürtige, der kein Recht auf Land hatte) war im Dorf rechtlos. Das Gemeinbürgschaftssystem (Gonungumi, je 5 Sippen) war durchgeführt, die Würde des Dorfvorstandes gentilcharismatisch erblich. Über ihm stand der Daikwan, ein Samurai, der mit dem Gerichtsbann beliehen war.

Bei wichtigen Angelegenheiten berief jeder Fürst das Plenum der Lehensmannen zusammen. Solche Versammlungen der Samurai waren es, welche in einigen der Teilfürstentümer in der großen Krisis der 60er Jahre des vorigen Jahrhunderts den Übergang zur modernen Form des Heeres und die Richtung jener Politik überhaupt bestimmt haben, die zum Sturz des Shogunates führte. Der weitere Verlauf der Restauration führte dann zur Einführung der bürokratischen an Stelle der Lehensverwaltung nicht nur im Heer, sondern auch im Staatsdienst und zur Ablösung der Lehensrechte. Diese verwandelte breite Schichten der Samurai-Klasse in einen kleinen Rentner-Mittelstand, teilweise geradezu in Besitzlose. Der hohe Ehrbegriff der alten Feudalzeit war, unter der Einwirkung des Reisrentepfründenwesens, schon vorher in der Richtung der Rentnergesinnung temperiert worden. Irgendeine Beziehung zu einer Ethik des bürgerlichen Erwerbs hätte aber von da her aus eigener Kraft nicht hergestellt werden können. Wenn europäische Geschäftsleute in der Zeit nach der Restauration oft die *niedrige Geschäftsmoral* der japanischen im Gegensatz zu den großen chinesischen Händlern beklagt haben, so würde sich die Tatsache – soweit sie eine solche gewesen sein sollte – leicht aus der allgemeinen feudalen Einschätzung des Handels als einer Form der gegenseitigen Übervorteilung, wie sie Bismarcks *Qui trompe-t-on?* wiedergibt, erklären.

Der Gegensatz gegen China, mit dessen feudaler Teilstaatenperiode sich der Zustand des feudalen Japan am meisten berührte, lag vor allem darin, daß in Japan nicht eine unmilitärische Literatenschicht, sondern eine Berufskriegerschicht sozial am stärksten ins Gewicht fiel. Rittersitte und Ritterbildung wie im Mittelalter des Okzidents, nicht Prüfungsdiplom und Scholarenbildung wie in China, innerweltliche Bildung wie in der okzidentalen Antike, nicht Erlösungsphilosophie wie in Indien bestimmte das praktische Verhalten.

Eine Bevölkerung, in welcher eine Schicht vom Typus der Samurai die ausschlaggebende Rolle spielte, konnte – von allen andern Umständen (dem Abschluß nach außen vor allem) abgesehen – aus Eigenem nicht zu einer rationalen Wirtschaftsethik gelangen. Immerhin bot das kündbare, feste kontraktliche Rechtsbeziehungen schaffende Lehensverhältnis eine weit günstigere Basis für *Individualismus* im okzidentalen Sinn des Worts dar, als etwa die chinesische Theokratie. Japan konnte den Kapitalismus als Artefakt von außen relativ leicht übernehmen, wenn auch nicht seinen Geist aus sich schaffen. Ebensowenig konnte es aus sich heraus die Entstehung einer mystischen Intellektuellensoteriologie und die Herrschaft von Gurus nach indischer Art erzeugen. Der feudale Standesstolz der Samurai mußte vielmehr gegen diese absolute Obedienz gegen klerikale Leitung revoltieren. So geschah es auch.

Funktionsgeister- und darunter auch Phalloskulte – so sorgsam auch der prüde moderne Rationalismus heute die Spuren der letzteren verwischt –, Amulette und ähnliche magische apotropäische und homöopathische Prozeduren und, als Hauptbestandteil der Religiosität, der Kult der Ahnengeister – der eigenen Ahnen und derjenigen apotheosierter Heroen – als der Mächte, vor welchen der Vornehme sich für sein Leben verantwortlich fühlte, bildeten zur Zeit der Rezeption des Buddhismus in Japan die herrschende Religiosität. Der offizielle Kult trug durchaus den Typus vornehmen Ritualismus einer Ritterschicht: Rezitation von Hymnen und Speiseopfer waren seine wesentlichen Bestandteile. Die Orgiastik und Ekstatik hatte zweifellos das

Standeswürdegefühl der Ritterschaft eliminiert, der kultische Tanz war nur in Resten erhalten. Rituelle Unreinheit – darunter neben Gebrechen auch solche durch Blutschuld und Inzest –, nicht aber ethische *Sünde,* schloß von der Teilnahme am Kult (ähnlich wie von den eleusinischen Mysterien) aus. Sehr strenge Reinheitsvorschriften aller Art ersetzten daher die fehlende religiöse *Ethik.* Jegliche Art von jenseitiger Vergeltung fehlte: Die Toten wohnten, wie bei den Hellenen, im Hades. Der Souverän, abstammend vom Sonnengeist, war, wie in China, Oberpriester. Ordale und Orakel fungierten bei politischen Entschlüssen ähnlich wie überall. Von der Masse der Götter sind auch heute die große Mehrzahl apotheosierte Heroen und Wohltäter. Die Priesterstellen in den zahlreichen schmucklosen Tempeln waren und sind meist erblich in den Sippen der in acht Rangklassen geteilten staatlichen *Gottesbeamten.* Rangverleihungen an bewährte Götter kamen wie in China vor und ebenso stand die Rangordnung der Tempel fest. Neben dem offiziellen Tempelkult stand der Privatkult im Hause. Die alte Form des Kults der eigenen Ahnengeister wurde später fast ganz durch die buddhistische Totenmesse verdrängt. Hier wie überall hatte der Buddhismus in der Lehre von der Jenseitsvergeltung und dem jenseitigen Heil seine Domäne, während die erst im Gegensatz zu dieser fremden Lehre als *Shinto* (Kult der Landesgötter, der Kami) bezeichnete alte Religiosität allen Kult, auch der Ahnengeister, nur in den Dienst eigener Diesseits-Interessen stellte.

Der Buddhismus hielt unter höfischer Protektion zunächst als eine vornehme Literaten-Soteriologie seinen Einzug. Der Mahayanismus hat dann auch hier die verschiedenen Möglichkeiten, die in ihm lagen, durch Schul- und Sektenbildung[110] sehr bald aus sich entwickelt. Was er im Gegensatz zu all jenen dem Wesen nach animistischen und magischen, jeglicher unmittelbar ethischen Anforderungen entbehrenden, Kulten brachte, war, seiner Natur entsprechend, eine – relativ – rationale religiöse Lebensreglementierung, außerweltliche Heilsziele und Heilswege und eine Anreicherung des Gefühlsgehalts. Alles was über den feudalen Ehrbegriff hinaus an Sublimierung des Trieb- und Empfindungslebens in Japan entwickelt wurde, ist unbestritten sein Werk gewesen. Die kühle Temperierung der indischen Intellektuellensoteriologie hat er auch hier beibehalten, und sie verschmolz offenbar mit dem in Japan wieder ganz ins Feudale zurücktransponierten konfuzianischen Gebot der *Haltung* und *Schicklichkeit* zu jenem auf Würde der Geste und höfliche Distanz gestimmten Gentleman-Ideal, als dessen Repräsentanten, gegenüber der ungebrochenen Derbheit oder gefühlsseligen Distanzlosigkeit des Europäers, sich gebildete Japaner zu fühlen pflegen. Wie stark sein Anteil daran im einzelnen ist, vermöchte nur fachmännische Analyse zu sagen. Immerhin zeigt der japanische Buddhismus trotz der Übernahme der meisten Sekten aus China einige nur ihm eigene Entwicklungsrichtungen.

[110] Über diese s. Haas in der Zeitschrift für Missionskunde und Religionswissenschaft, 1905.

Von den buddhistischen Sekten (shu), deren Anzahl die üblichen Aufzählungen gern auf runde Ziffern zu bringen suchen[111], interessieren hier nur einige. Von den bis in die Gegenwart bestehenden größeren Sekten ist die Schingon die älteste (gestiftet im 9. Jahrhundert). In ihr ist die Gebetsformel (die hinduistische Mantra) zugleich magische Zauberformel und esoterisch gedeutetes mystisches Mittel der Einigung mit dem Göttlichen.[112] Die Jodo-shu[113] (gestiftet gegen Ende des 12. Jahrhunderts) verheißt nach chinesischer mahayanistischer Art das westliche Paradies (indisch: Sakhavati) und empfiehlt als Mittel dazu die formelhafte, inbrünstig gläubige Anrufung des Amida, des in ganz Ostasien populärsten Schülers des Buddha, der hier zu den fünf höchsten Göttern (Buddhas) gehört. Wichtiger als beide waren die etwas später als die Jodo-shu gestiftete Zen- und die Schin-Sekte.

Die Zen-Sekte, aus drei selbständigen Zweigen bestehend, pflegte eine vornehmlich in mystisch gedeuteten Exerzitien bestehende, die Schin-Sekte umgekehrt eine von allen solchen Virtuosenleistungen freie innerweltliche Andachts- und Glaubens-Religiosität. Die religiösen Übungen der Zen-Sekte standen dem alten hinduistischen Typus der buddhistischen Kschatriya-Religiosität verhältnismäßig am nächsten. Dementsprechend waren ihre Zweige auch lange Zeit die von dem Samurai-Stande bevorzugten vornehmen, daher an Tempeln besonders reichen Formen des japanischen Buddhismus. Wie der alte Buddhismus verwarf sie alles Buchwissen und legte den entscheidenden Nachdruck auf die Disziplinierung des Geistes und die Erringung der Indifferenz gegen die Außenwelt, vor allem auch den eigenen Körper. Für das Zen-Mönchtum war der Sinn dieses Trainings, die Befreiung von der Welt durch kontemplative Vereinigung mit dem Göttlichen. Die Laien, vor allem die Berufskrieger, schätzten die Übungen als Mittel der Abhärtung und Disziplinierung für ihren Beruf, und es wird, auch von berufenen Japanern, behauptet, daß die Sektendisziplin zur militärischen

111 Es pflegen davon 10 aufgezählt zu werden, die dabei mitgezählten kleinen Sekten wechseln jedoch.

112 Zu ihren Büchern pflegt das Vagrakhedika gerechnet zu werden (S. B. of the East, Vol. 49). *Dharma* und *Samgñas,* ersteres hier als ειδοζ, Form, Individualität, gedeutet, letzteres: *Name,* die Bezeichnung für *Begriff,* sind die Stichworte der Argumentation. Es gibt keinen *Hund,* sondern nur *diesen* Hund. Da also die Begriffe nur Abstraktionen sind, die Dinge *Namen,* so ist alles nur Schein. Nur die Seele hat Realität und nur die Bodhisattvas kennen die Wirklichkeiten. In der Scheinwelt des empirischen Daseins aber hat eben deshalb das Wort magische Kraft.

113 Zu ihren heiligen Büchern gehören das große und das kleine Sukhavati-Vyuha (in den Sacred B. of the East Vol. 49). Das westliche Paradies wird in den glühendsten Farben geschildert. Absolute Voraussetzung ist aber *Glaube.* Nach dem großen Sukhavati-Vyuha (§ 41) kommt kein Zweifler ins Paradies, selbst zweifelnde Bhodisattvas(!) schädigen ihre Seligkeit. Das kleine Sukhavati-Vyuha lehnt ausdrücklich (§ 10) die Werkgerechtigkeit als Weg zur Seligkeit ab. Nur gläubiges Gebet zu Amitâya, tagelang vor dem Tod und bis zum Tode, sichern die Seligkeit.

Verwertbarkeit der Japaner durch Züchtung einer Stimmung der Nichtachtung des Lebens als solchen erheblich beigetragen habe.[114]

Im scharfen Gegensatz zu den Zen-Sekten kann die Anfang des 13. Jahrhunderts gestiftete Schin-Sekte wenigstens insofern dem okzidentalen Protestantismus verglichen werden, als sie alle Werkheiligkeit ablehnte zugunsten der alleinigen Bedeutung der gläubigen Hingabe an den Buddha Amida. Sie gleicht darin der bald zu besprechenden bhakti-Religiosität Indiens, die aus dem Krischna-Kult herauswuchs, unterscheidet sich jedoch von diesem durch die allen aus der alten hinduistischen Intellektuellen-Soteriologie hervorgegangenen Religiositäten eigene Ablehnung jeglicher orgiastisch-ekstatischen Elemente. Amida ist Nothelfer, das Vertrauen auf ihn das allein heilbringende innere Verhalten. Als einzige buddhistische Sekte hat sie daher nicht nur den Priesterzölibat, sondern überhaupt das Mönchtum beseitigt. Die busso (von den Portugiesen in *Bonze* korrumpiert) verheiratete, nur im Amt eine Sondertracht tragende Priester, deren Lebensführung im übrigen mit derjenigen der Laien übereinstimmt, sind, während sie bei den anderen buddhistischen Sekten innerhalb und außerhalb Japans ein Produkt des Verfalls der Disziplin waren, hier vielleicht zuerst als absichtsvoll gewollte Erscheinung aufgetreten. Predigt, Schule, Belehrung, volkstümliche Literatur wurden, in vielem ähnlich der abendländisch-lutherischen Art, entwickelt, und die in *bürgerlichen* Kreisen überaus zahlreiche Sekte gehörte zu denjenigen Schichten, welche der Aufnahme abendländischer Kulturelemente am freundlichsten gegenüberstanden. Eine rationale innerweltliche Askese hat sie jedoch ebensowenig und aus den gleichen Gründen nicht entwickelt wie das Luthertum. Sie war eine Heilandsreligiosität, welche den feudal gebändigten, soteriologischen und emotionalen Gefühlsbedürfnissen des Mittelstandes entgegenkam, ohne doch die orgiastische, ekstatische und magische Wendung der alten hinduistischen volkstümlichen oder auch nur die starke Gefühls-Inbrunst der späteren hinduistischen Frömmigkeit oder unseres Pietismus zu akzeptieren. Ihre Temperierung war, scheint es, mehr auf *Stimmung*, als auf *Gefühl* in unserem Sinn angelegt, wie sie denn das Produkt vornehmer Priester gewesen war.

Die Nitchiren-Sekte endlich, Mitte des 13. Jahrhunderts gestiftet, war eine mönchische Gegenreformations-Bewegung, eine Rückkehr zu Gautama dem wahren Buddha, der als weltdurchdringende magische Kraft der Erleuchtung gefaßt wurde, unter schroffer Verwerfung des Heilandes Amida als eines falschen Götzen. Sie suchte die typische mahayanistische Verbindung von kontemplativer Mystik der Mönche mit Gebetsformelmagie und ritueller Werkheiligkeit *(hoben)* der Laien wiederherzustellen. Die der Mehrzahl aller

114 Der Protektor des nach der Verfolgung durch Ota Nobunaga restaurierten Buddhismus freilich, der Tokugawa-Schogun Yieyasu, scheint für seine Soldaten wesentlich die Hoffnung auf das buddhistische Paradies als Heldenhimmel geschätzt zu haben.

Sekten, mit Ausnahme der Schin, eigene Beschränkung der Laien auf teilweise höchst irrationale, fromme Gelegenheitsleistungen liegt weit ab von jeder Erziehung zu einer rationalen Lebensmethodik. Tatsächlich haben diese Formen des Buddhismus unter den Laien nur eine gewisse allgemeine Stimmung der Weltindifferenz, der Überzeugung von der Nichtigkeit des Vergänglichen, der Welt mit Einschluß des Lebens selbst, erzeugt und im übrigen die Lehre von der Vergeltung (Ingwa, annähernd dem *Karman* entsprechend) und die rituelle Magie als Mittel, sich ihr zu entziehen, verbreitet. Die äußere Organisation des Mönchtums unterschied sich zunächst nicht von anderen Missionsgebieten. Die scharfe Konkurrenz der Sekten untereinander, welche von den einzelnen Vasallenfürsten und Adelsparteien protegiert, politisch benutzt und gegeneinander ausgespielt wurden, haben jedoch bei dem durch und durch feudalen Charakter des Landes, namentlich wohl so lange die Mönche, wenigstens die Äbte, sich aus den Adelsschichten rekrutierten, den Mönchsgemeinschaften in Japan nicht selten den Charakter kriegerischer Gemeinschaften von Glaubenskämpfern, von mönchischen Ritterorden, gegeben. Sie kämpften zugleich für die eigene Machtstellung innerhalb der Bevölkerung. Zuerst im 11. Jahrhundert wurde von einem Abt, dessen Beispiel andere folgten, ein Heer von disziplinierten Mönchssoldaten (tonsei) gebildet. Im 14. Jahrhundert stand diese Entwicklung auf dem Höhepunkt. Mit Ausnahme einiger Zweige der Zen-Sekte war die Gesamtheit des Mönchtums militarisiert, demgemäß die Klöster meist erblich verpfründet und das Zölibat verfallen. Der Wiederhersteller der politischen Gewalt, der Kronfeldherr Ota Nobunaga, setzte dieser Macht der ecclesia militans Schranken. Eine ungeheure Schlächterei brach die politisch-militärische Macht der buddhistischen Orden für immer, und ihr Besieger trug kein Bedenken, die Hilfe des Christentums, vor allem der Jesuitenmissionare, zu diesem Behuf in Anspruch zu nehmen. Die christliche Mission hat daher seit dem Jahre 1549, wo sie mit dem heiligen Franz Xavier einsetzte, nicht unerhebliche Erfolge erzielt. Der Regierungsantritt der Tokugawa-Schogune machte dem ein Ende. Man wollte nicht den buddhistischen Klerikalismus gegen die Herrschaft eines von auswärts her geleiteten Klerus vertauschen, und die Angehörigen jener Hausmeier-Dynastie waren und sind bis zuletzt persönlich Anhänger des Buddhismus, speziell der ritualistischen Jodo-Sekte, geblieben. Das Religionsedikt von 1614 und die anschließende Christenverfolgung machten dem Bestande der japanischen Christenmission ein Ende. Der Klerikalismus in Japan war damit überhaupt gebrochen. Die buddhistische Kirche wurde restauriert und erstmalig systematisch organisiert. Aber ganz und gar von Staats wegen. Wie in der Spätantike nur durch das Kaiseropfer, so konnte man unter den Tokugawa nur durch Einschreibung bei einem japanischen Tempel den Nachweis liefern, kein Christ zu sein. Nach chinesischer Art durfte, seit dem Tokugawa Yiemitsu, kein Priester amtieren, ohne eine Prüfung abgelegt zu haben. Das Auftreten als

Prediger und die Vorsteherschaft der Tempel war, anknüpfend an das buddhistische Anciennitätsprinzip, an bestimmte lange Fristen mönchischen Lebens geknüpft. Das Filiationsprinzip beherrschte die Rangordnung und die hierarchischen Rechte der Klöster und ihrer Superioren. Die Mönchsdisziplin, Zölibat und Vegetarismus, wurde – ohne dauernden Erfolg – staatlich für die Priester eingeschärft. Die Zahl der buddhistischen Klöster und Tempel vermehrte sich zwar in kolossaler Weise, aber die soziale Macht der Mönche sank. Die Käuflichkeit der Priesterämter scheint weitverbreitet gewesen zu sein.

Was die Volksreligiosität anlangt, so näherte sie sich den allgemein asiatischen und antiken Zuständen insofern, als shintoistische, konfuzianische, taoistische, buddhistische Gottheiten und Nothelfer je nach Funktion und Gelegenheit angerufen wurden. Eine förmliche Verbindung der shintoistischen mit der buddhistischen Religion wurde unter höfischer Protektion unternommen. An sich nicht uninteressant, trägt sie doch für unsere Zusammenhänge nichts Wesentliches bei. Die vornehmen Schichten wendeten sich in starkem Maße der konfuzianischen Ethik zu. Das hatte soziale Gründe. Eine stärkere innere Umwandlung des buddhistischen Mönchtums vollzog sich nämlich im Lauf der Jahrhunderte insofern, als, wohl unter dem Druck der Propaganda-Konkurrenz der Sekten, die Rekrutierung der Mönche zunehmend demokratischer wurde und sie schließlich, nach der staatlichen Verfolgung und Reglementierung, wie in China vornehmlich den aliterarischen Unterschichten angehörten. Sie pflegten im allgemeinen nur das für den praktischen Betrieb des Kults Erforderliche sich in den Klosterschulen anzueignen.[115] Damit sank auch sozial das Prestige des Mönchtums und des Buddhismus überhaupt bedeutend und es ist dies – neben politischen Gründen – wohl auch einer der Gründe gewesen, welche bei der Restauration der legitimen Dynastie das *disestablishment* des Buddhismus (1868) und die systematische Restauration des Shintoismus als Staatsreligion bedingten. Entscheidend war freilich, daß einmal dieser dem Buddhismus gegenüber als *nationale* Kultform galt, dann aber die Legitimität des Kaisers garantierte. Die Tatsache der Sonnenabstammung der legitimen Dynastie und also die übermenschliche Qualität des Kaisers gehören auch im japanischen Verfassungsstaat zu denjenigen Grundvoraussetzungen, die wenigstens der korrekte Japaner nicht bezweifeln oder über welche er seinen Zweifel jedenfalls nicht äußern darf.

Der Konfuzianismus, der, wie bemerkt, in den vornehmen Schichten zahlreiche Anhänger besaß, konnte die gleiche Leistung der Legitimierung der Dynastie nicht vollbringen, da für ihn der chinesische Kaiser der Weltmonarch und Oberpontifex war. Aber er hatte in Japan auch nicht, wie in China, den

115 Während dagegen das Amitayur Dhyana Sutra (§ 27) und z. B. auch das in Japan vielgelesene Vagrakhedika *(Diamantschneider)*, das Buch der Schin-Gon-Sekte) von dem *Sohn aus guter Familie* als dem für die Erlösung allein in Betracht kommenden spricht.

Rückhalt einer akademisch organisierten, durch das Prüfungswesen und vor allem durch die Verpfründung der Staatsämter politisch und ökonomisch fest organisierten einheitlich interessierten Schicht, sondern war eine literarische Liebhaberei einzelner Kreise. Dem Buddhismus andererseits fehlte hier jener sehr starke Rückhalt, den er ebenso wie die hinduistischen Sekten in anderen asiatischen Gebieten hatte: der charismatische Guru als magischer Nothelfer. Die Entwicklung dieses Instituts ist zweifellos aus politischen Gründen von der japanischen Regierung – wie von der chinesischen – gehemmt worden und über relativ bescheidene Anfänge im allgemeinen nicht hinausgekommen. So fehlte in Japan eine Schicht von jenem magisch-soteriologischen Heilandsprestige, wie es die Literaten in China, die Gurus der Sekten in den indischen Gebieten genossen. Als daher die Heeres- und verwaltungstechnische Revolution unter dem Druck des Gefühls äußerer Bedrohung die feudale Militär- und Ämter-Organisation umstürzte, war sie in der, rein politisch angesehen, angenehmen Lage, tabula rasa oder wenigstens keine magisch oder soteriologisch festgewurzelte Macht des religiösen Traditionalismus sich gegenüber zu finden, welche ihren Absichten auf dem Gebiet der ökonomischen Lebensführung in den Weg getreten wäre.

Ganz andere Formen als beim Vordringen im hinterindischen und ostasiatischen Missionsgebiet hat der Buddhismus bei der von Nordindien aus nordwärts gerichteten Mission erzeugt. Zwar in der Nähe seines Ursprungsgebiets, in Nepal[116], ist er einfach dem typischen Verpfründungsprozeß und daneben der Durchsetzung mit der tantrischen Magie und ihren blutigen Opfern unterlegen, hatte außerdem mit der hinduistischen Propaganda der Çivaiten zu konkurrieren und ist, in mahayanistisch-nordindischer Art, mit dem Kastensystem des Hinduismus verschmolzen. Von den drei Hauptklassen der Bevölkerung galten die Banhar (Priester) und die Udas (Gewerbetreibende) als orthodox, der Rest der Bevölkerung als heterodox, weil tantristisch. Die Banhars wohnten in Klöstern, jedoch ohne Zölibat, die Pfründen waren erblich. Ihre höchste Klasse waren die Priester (Gubhaju), zu denen man nur durch Ordination nach Prüfung gehörte. Wer nicht ordiniert war, gehörte den einfachen *Bhikkshu* an, welche zwar als Laienhelfer bei gewissen Zeremonien dienten, im übrigen aber Gewerbe, namentlich Goldschmiederei, trieben. Es folgten, immer noch zur ersten Klasse gehörig, 7 weitere Abteilungen, darunter Silberschmiede, Zimmerleute, Gießer, Kupfer- und Eisenarbeiter (offenbar alte Königshandwerker). Auch ordinierte Mönche wurden nach 4 Tagen Weihe vom Guru von den Gelübden dispensiert. Die Udas-Klasse zerfiel in sieben Unterklassen, deren vornehmste Kaufleute, der Rest Handwerker waren. Unter den Banhars bestand Konnubium und Kommensalität, mit den Udas nicht, von den Udas-Handwerkern nahm der Banhar kein Wasser. Die untere Volksschicht brauchte, je nachdem, buddhistische oder brahmanische Priester als Nothelfer.

[116] S. darüber den Census Report von Bengalen von 1901.

Buddha war mit Çiva und Vischnu zu einer Trias vereinigt. Daneben wurden alle hinduistischen Gottheiten angerufen und es bestand der alte Schlangenkult fort. Hier ist also in Fortsetzung der Entwicklung, welche die Berichte der chinesischen Pilger in den Anfängen zeigen, das Wesen des Buddhismus durch die Einbeziehung in die Kastenorganisation und durch die Verpfründung völlig verlorengegangen. Anders in Zentralasien, wohin über Nepal sehr alte Handelsbeziehungen bestanden, insbesondere in Tibet. Hier entstand, im schroffen Gegensatz gegen die Organisationslosigkeit jener Gebiete, eine Hierarchie von solcher Einheitlichkeit, daß man die Religion ihrer Träger, der Lama-Mönche, geradezu als ein gesondertes Religionssystem, Lamaismus, zu bezeichnen sich gewöhnt hat.[117] Hinduistische und wohl auch buddhistische Wandermönche müssen als Nothelfer schon früh nach Inner- und Nordasien gelangt sein; der magische Ausdruck *Schamane* für die magisch-ekstatischen Exorzisten ist eine ostturkestanische Abwandlung des indischen Sramana (Pali: Samana). Die eigentlich buddhistische Mission in diesen Gebieten hat etwa mit dem 7. Jahrhundert unserer Zeitrechnung begonnen, und wurde im 8. Jahrhundert offiziell begründet. Wie üblich derart, daß ein König im Verwaltungsinteresse (zum Import der Schriftkunde) und zur Domestikation der Untertanen einen Heiligen aus dem benachbarten indischen Gebiet (in diesem Fall aus Udayana, welches Kaschmir benachbart ist) als Guru importierte.[118] Der Missionar war ein Vertreter der rein tantristischen (magischen) Mahayana-Richtung: Alchemie, Zaubertränke und die übliche mahayanistische Formel-Magie scheinen bei ihm nebeneinander herzugehen. Die Mission hat nach ihm, mit zahlreichen Rückschlägen und Kämpfen der konkurrierenden Sekten, nicht mehr geruht, und es sind zeitweise das östliche Persien und große Teile von Turkestan vom mahayanistischen Buddhismus gewonnen worden, bis die islamische Reaktion der westlichen Mongolen-Khane diese Missionen wieder vernichtete. Das Mongolenweltreich war es aber andererseits, dem die Konstituierung der heiligen Kirche Tibets, der Trägerin des *Lamaismus,* verdankt wurde.

Lama, der *Erhabene, Heilige,* hieß zunächst der Superior (Khan po) eines Klosters, später, höflichkeitshalber, jeder voll ordinierte Mönch. Die buddhistische Klostergründung ging anfangs ganz den üblichen Weg. Die Machtstellung einiger der Klostersuperioren steigerte sich aber im Gebiet von Tibet dadurch, daß die größeren politischen Gebilde – dem Charakter des Landes als Weidegebiet entsprechend – wieder in kleine Stammesfürstentümer zerfielen,

[117] Über den Lamaismus ist noch immer Köppens Religion des Buddha (Berlin 1857/8, im 2. Band) lesenswert. Die heute weitaus bedeutendste Autorität ist Grünwedel (s. seine Darstellung in der *Kultur der Gegenwart* I, 3, 1 und die später zu zitierende Schrift). Im übrigen ist die russische Literatur grundlegend, war mir aber nicht zugänglich.
[118] Der Name dieses *aus dem Lotos geborenen* (Padmasambhava) *großen Lehrer,* wie er amtlich genannt wurde, ist nicht bekannt.

und nun, wie im Okzident in der Völkerwanderungszeit die Bischöfe, so hier die Klostersuperioren die einzig rational organisierte Macht in der Hand hielten. Die Erziehung der Superioren war demgemäß geistlich sowohl wie weltlich.[119] Die Klöster waren längst reine Pfründnerstätten geworden, die *Mönche* beweibt und also eine erbliche Kaste. Wie in Indien, war auch in Tibet wenigstens in einigen Klöstern, vor allem auch im Kloster Saskya, nahe den höchsten Höhen des Himalaya, die Superioratswürde selbst gentilcharismatisch erblich. Die Lamas von Saskya knüpften zuerst im 12. Jahrhundert Beziehungen zu der Dynastie Djingiz Khans an und im 13. Jahrhundert gelang ihnen die Bekehrung des Mongolenkaisers Kublai Khan, des Eroberers Chinas, welcher nun der weltliche Patron (tschakravati) der Kirche wurde. Wiederum war das Bedürfnis nach Erfindung einer Schrift für die Mongolen, also ein politisches Verwaltungsinteresse, offenbar entscheidend.

Daneben das Interesse an der Domestikation der schwer zu regierenden innerasiatischen Bevölkerung. Den Lamas des Saskya-Klosters wurde zu diesem Behuf (und weil sie Träger der Schriftkunde, also für die Verwaltung unentbehrlich waren) theokratische, politische Macht eingeräumt. Diese Domestikation der bis dahin ausschließlich von Krieg und Raub lebenden Mongolenstämme gelang tatsächlich und hat welthistorisch wichtige Folgen gehabt. Denn die nun beginnende Bekehrung der Mongolen zum lamaistischen Buddhismus hat den bis dahin unausgesetzt nach Ost und West vorstoßenden Kriegszügen der Steppe ein Ziel gesetzt, sie pazifiziert und damit die uralte Quelle aller *Völkerwanderungen* – deren letzte Timurs Vorstoß im 14. Jahrhundert war – endgültig verstopft. Mit dem Zusammenbruch der Mongolenherrschaft in China im 14. Jahrhundert verfiel zunächst auch die Theokratie der tibetanischen Lamas. Die chinesische nationale Ming-Dynastie trug Bedenken, einem Einzelkloster die Alleinherrschaft zu lassen und spielte konsequent mehrere charismatische Lamas gegeneinander aus. Ein Zeitalter blutiger Klosterfehden brach an, die orgiastischekstatische (Sakti-) Seite des magischen Mahayanismus trat wieder in den Vordergrund, bis in dem neuen Propheten Tson-ka-pa, dem größten Heiligen des lamaistischen Buddhismus, ein Kirchenreformator großen Stils entstand, der im Einverständnis mit dem chinesischen Kaiser die Klosterdisziplin wieder herstellte, und, nachdem ihm im Religionsgespräch der Lama des Saskya-Klosters unterlegen war, der mit der gelben Mütze ausgezeichneten und daher meist sogenannten *gelben* Kirche, der *Tugendsekte* (D Ge-lugs-pa) die Suprematie sicherte. Disziplinär bedeutete die neue Lehre Herstellung des Zölibats und Entwertung der tantristischen ekstatischen Magie, deren Ausübung den Mönchen der Tugendsekte verboten wurde. Sie blieb, durch ein Abkommen, den mit roten Mützen versehenen und

119 Grünwedel, Mythologie des Buddhismus in Tibet und der Mongolei (Führer durch die lamaistische Sammlung des Fürsten Uchtomski), Leipzig 1900. Das Buch gibt die bei weitem beste Entwicklungsgeschichte des Lamaismus und ist hier überall benutzt.

– ähnlich wie der Taoismus vom Konfuzianismus – als Mönche niederen Rangs geduldeten Anhängern der alten Lehre überlassen. Es verschob sich der Schwerpunkt der Mönchsfrömmigkeit auf Meditation und Gebetsformel, ihrer Tätigkeit auf Predigt und Mission durch Disputation, für welche sie in Klosterschulen ausgebildet wurden: eine Quelle der Neuerweckung wissenschaftlicher Studien in den Klöstern. – Für die charakteristisch lamaistische Hierarchie der Klosterorganisation aber war die Verbindung einer besonderen Form der universell hinduistischen und insbesondere auch mahayanistischen Inkarnationslehre, in ihrer lamaistischen Fassung, mit dem Charisma gewisser berühmter Klöster der gelben Kirche wichtig, welche sich in der Generation nach Tsong-kapa deshalb vollzog, weil an Stelle der Erblichkeit der Superioren nun eine andere Art der Nachfolgerbestimmung treten mußte. Diese war aber nur ein Sonderfall einer allgemeingültigen Vorstellungsweise. Wesen und Bedeutung der lamaistischen Inkarnationslehre sind an sich einfach.[120] Sie setzt allerdings, darin in striktestem Gegensatz gegen alle altbuddhistische Philosophie, voraus, daß die charismatischen Qualitäten eines Heiligen bei ihrer Wiedergeburt auf den Träger derselben verstärkt übergehen, zieht damit aber letztlich nur die Konsequenz aus dem Umstand, daß die mahayanistische Theorie vom Wesen des Buddha dessen frühere Geburten bis zur vorletzten, der Bodhisattva-Geburt, als an Heiligkeit ansteigende Vorstufen seiner letzten Geburt (als Buddha) behandelte. Die früher erwähnte Heilsstufen-Lehre des Mahayanismus, welche ganz allgemein den Grad der Heiligkeit nach der Zahl der Tode bestimmte, die der Heilige vor der Erreichung der Arhat-Würde noch vor sich hatte, war lediglich eine Konsequenz daraus. Dies wurde nun konsequent durchgeführt; für jeden Lama, der als Asket, Zauberer, Lehrer, Ansehen und Beliebtheit genossen hatte, wurde nach seinem Tode die Wiedergeburt: der *Khubilgan,* gesucht und in irgendeinem Kinde gefunden und auferzogen. Jede folgende Khubilgan-Geburt des ursprünglichen Heiligen aber hatte und hat, normalerweise, steigendes Heiligkeitsprestige. Also wird andererseits auch nach rückwärts erforscht, wessen Wiedergeburt denn der ursprüngliche Träger des Charisma gewesen sei: stets irgendein Missionar, Zauberer oder Weiser der altbuddhistischen Zeit. Jeder Khubilgan ist Nothelfer kraft magischen Charisma. Ein Kloster, welches einen anerkannten Khubilgan in seinen Mauern besitzt oder gar mehrere darin zu versammeln verstanden hat, ist gewaltiger Einnahmen sicher, und die Lamas sind daher stets auf der Jagd nach der Entdeckung neuer Khubilgane. Diese Heiligkeitstheorie nun liegt auch der lamaistischen Hierarchie zugrunde.

Die Superioren der charismatisch hochqualifizierten Klöster sind Inkarnationen großer Bodhisattvas, die nach dem Tode des jeweiligen Trägers

120 Das Folgende im wesentlichen nach Posdnjejews Otscherki byta buddijstkich monastyriei budijstkawo duchowenstwaw Mongolii (mir nicht zugänglich gewesen, die entscheidenden Punkte aber in zahlreichen übersetzten Zitaten bei Grünwedel a. a. O.).

sich neu in einem Kinde nach 7 mal 7 Tagen inkarnieren und also – etwa nach Art der Suche nach dem Apis-Stier – nun nach bestimmten Orakeln und Merkmalen aufgefunden werden müssen. Die beiden höchsten derartigen Inkarnationen waren und sind der Superior des jetzt größten Lama-Klosters, der Potala bei Lhasa, der Gryal ba, später gemäß dem ihm vom Mongolenkhan nach der Neueinrichtung der lamaistischen Kirche in der Mongolei im 16. Jahrhundert verliehenen Titel meist *Dalai-Lama* genannt, und der Superior des gewöhnlich als Teeshoo loombo bezeichneten Klosters, der Pan-c'en rin-poce, zuweilen nach seinem Kloster als *Taschi Lama* bezeichnet, der erstere eine Inkarnation des Bodhisattva Padmapani, also Buddhas selbst, der letztere des Amithaba.

Der Theorie nach liegt in den Händen des Dalai-Lama mehr die Disziplin, in denjenigen des Taschi-Lama – entsprechend der spezifischen Bedeutung Amithabas als Gegenstand inbrünstiger mystischer Glaubensandacht – mehr die exemplarische Leitung des religiösen Lebens. Die politische Bedeutung des Dalai-Lama ist die weitaus größere, aber dem Taschi-Lama ist geweissagt, daß er nach dem Untergang der Machtstellung des ersteren die Religion wiederherstellen werde. Die Inkarnation des Dalai Lama wird in Klausur erzogen, mit 7 Jahren als Mönch aufgenommen und in strenger Askese bis zur Volljährigkeit weitergebildet. Gegenüber der göttlichen Würde namentlich des Dalai Lama, aber auch der anderen in ähnlicher Art inkarnierten höchsten lamaistischen Charisma-Träger, gaben der chinesischen Regierung die erforderlichen politischen Garantien: 1. die Mehrheit der untereinander zwar ungleichwertigen, aber doch konkurrierenden Inkarnationen, vor allem des Dalai-Lama und Taschi-Lama, 2. die Residenzpflicht einer Anzahl der höchsten Lamas (jetzt nur noch eines) in Peking, 3. die bei Inkarnationen übliche hieratische Klausur des Dalai Lama, verbunden mit der Führung der weltlichen Verwaltung durch einen Hausmaier, den sie einsetzte, 4. die Pflicht gewisser hoher Inkarnationen, beim Hofe in Peking zu erscheinen und aller, das Exequatur von dort zu empfangen.[121] Die Neubekehrung und lamaistische Organisation der Mongolen erfolgte im 16. Jahrhundert und es residieren seitdem dort als Stellvertreter das Dalai-Lama mehrerer Inkarnationen großer Heiliger, von denen die bedeutendste der Maidari Hutuktu, jetzt in Urga, ist. Bei der größeren Schwierigkeit, die Mongolei in Botmäßigkeit zu halten, ist jedoch seit der Niederwerfung der Dsungaren durch China von der chinesischen Regierung für die Inkarnationen dieses Hierarchen vorgeschrieben worden, daß sie nur in Tibet, nicht in der Mongolei selbst, stattfinden und gesucht werden dürfen. Die endgültige Einteilung der Rangklassen der Lamas, entsprechend den Rangklassen des mongolischen Adels, geschah ebenfalls bei der Neubekehrung des Mongolenkhans durch diesen.

[121] Diese Pflicht kommt für den Dalai-Lama praktisch in Wegfall, soweit das weit einfachere Verfahren geübt wurde, den Dalai-Lama gar nicht erst volljährig werden, sondern vorher vergiften zu lassen, wie es z. B. 1874 geschah.

Die Rekrutierung der Lama Klöster[122] – deren jedes normalerweise zwischen 200 und 1500 Lamas enthält, die größten mehr – erfolgt in starkem Maße (wie übrigens diejenige auch vieler buddhistischer Klöster in China) durch Hingabe von Kindern, teilweise durch deren Verkauf, an das Kloster. In Tibet sorgt die feste Begrenzung des Nahrungsspielraums dafür, daß hinlängliche Nachfrage nach Klosterunterkunft besteht.[123] Immerhin ist bei der hohen Machtstellung der Lamaklöster der Zufluß auch aus besitzenden Schichten nicht unbeträchtlich und Mönche dieser Provenienz bringen oft ein erhebliches Privatvermögen mit. Es ist selbstverständlich, aber anscheinend in den Lamaklöstern besonders stark ausgebildet, daß der Tatsache nach eine stark plutokratische Gliederung der Lamas besteht:[124] Die mittellosen Mönche arbeiten für die besitzenden und bedienen sie, im übrigen pflegen sie Korbflechterei und ähnliche Gewerbe, sammeln Pferdemist zur Düngung und treiben Handel.[125] Keuschheit als Pflicht verlangt nur die orthodox-gelbe Kirche, Fleisch- und Alkoholgenuß gestattet auch sie. Der Unterricht wird auch in kleineren Klöstern noch jetzt gepflegt und zwar in 4 Fakultäten: 1. der theologischen Fakultät, der wichtigsten, die zugleich die Leitung des Klosters hat[126], weil sie die Weihen erteilt, 2. der medizinischen (empirische Kräuterkunde für den mönchischen Hausarzt), 3. Tsing Ko (Ritual), die altklassische Lehre, hier im wesentlichen in die Beibringung der Kenntnis der Regeln für Totenmessen abgewandelt[127], 4. Tsu pa (Mystik), Schulung in der Tantra-Askese für schamanistische Zwecke.[128] Im Unterricht spielen, ganz dem alten Charakter aller indischen Erziehung entsprechend, noch heut Preisdisputationen (um eine Monatspfründe) eine Rolle.[129] Die Weihen bringen den Studenten (dapa) vom Novizen (getsul) zum Gelong (Vollmönch) und durch weitere Stufen (zusammen 5) bis zum Khan po hinauf, der in der alten literarischen Hierarchie die höchste Stufe des niederen Klerus darstellte und als

122 Über die Potala von Lhasa liegt jetzt das große Werk von Perceval Landon, Lhasa (London 1905) vor, verfaßt auf Grund der Feststellungen der englischen Expedition. Gutes Anschauungsmaterial für normale Klöster bringt die Reiseschilderung Filchners über das Kloster Kumbum am oberen Hoangho (Wissenschaftliche Ergebnisse der Expedition Filchner I, 1906).

123 Filchner gibt an, daß etwa jeder dritte Sohn Lama wird und werden muß.

124 Hackmann berichtet, daß die Aufnahmen allzu vornehmer Novizen gelegentlich bei den Mönchen, die deren soziale Übermacht fürchten, auf Widerstand stoßen.

125 Namentlich der sog. *heilige Tauschhandel* der Lamas ist bekannt, ein Kettenhandel, bei dem, entsprechend der Obödienz der Laien, jedesmal ein wertvolleres Objekt eingetauscht wird, etwa: gegen einen Seidenschleier ein Schaf, gegen dies ein Pferd usw., eine Art von umgekehrtem *Hans im Glück* (vgl. Filchner a. a. O.).

126 Den Unterricht leitet ein Hutuktu. Die Fakultätsbeamten wechseln alle 1–3 Jahre, jede Fakultät hat 3.

127 Filchner fand in Kumbum dafür 15 Studenten.

128 Filchner fand in Kumbum dafür 300 Studenten; das Geschäft ist sehr ertragreich.

129 Die Themata sind oft von mehr als *talmudischer* Skurrilität (Filchner a. a. O.).

Klostersuperior die Disziplin (Macht über Tod und Leben) hatte. Der Rang des höheren Klerus, vom Khubilgan angefangen (darüber die Hutuktus, schließlich der Dalailama und Pon c'en) sind nicht durch Weihen zu erlangen, sondern nur durch Wiedergeburt. Die Mönche haben gegen den Islam als Glaubenskämpfer mit Bravour gefochten und sind vielfach auch heute – im Gegensatz zu den Laien – wehrhaft. Im Übrigen ist die Zeit der Lamas weit stärker als in irgend welchen anderen buddhistischen Klöstern durch gemeinsamen Kult ausgefüllt.

Eine Darstellung des lamaistischen Pantheon hätte für unsere speziellen Zusammenhänge keinen Wert.[130] Es ist ein modifiziertes Mahayana-Pantheon unter noch stärkerer Anreicherung durch nichtbuddhistische, vedische, hinduistische (namentlich çivaitische) und durch lokale tibetanische Götter und Dämonen und insbesondere auch unter Heranziehung der altindischen, volkstümlichen, weiblichen (Sakti-) Gottheiten, wie sie der später kurz zu besprechende magische Tantrismus geformt hatte: Auch den Buddhas werden hier göttliche Gattinnen beigeordnet, – teilweise die gleichen, welche im späteren Hinduismus dem Vischnu beigegeben wurden. Der intellektualistische Mönchscharakter aller buddhistischen Religiosität hat immerhin auch hier die orgiastisch-ekstatischen, namentlich sexualorgiastischen, Züge des Tantrismus stark temperiert, wie wir das im Hinduismus schon sahen und noch weiter sehen werden. Dagegen ist die praktische Religiosität, vor allem die Laienreligiosität, reine Hagiolatrie, vor allem Anbetung der Lamas selbst[131], magische Therapeutik und Divination ohne alle ethische Rationalisierung der Lebensführung der Laien. Neben ihren Fronleistungen und Abgaben für die Klöster kommen die Laien nur als Wallfahrer und Spender von Gaben in Betracht.

Die Heilssuche der Lamas selbst trägt buddhistische und also hinduistische Züge insofern, als der höchste Heilsweg auch hier in methodisch geregelter Meditation besteht. Praktisch ist sie fast reiner Ritualismus, speziell Tantrismus und Mantrismus geworden und die Mechanisierung des Gebetsformelkults durch Gebetsmühlen und Gebetslappen, daneben durch Rosenkränze und ähnliche Mittel ist erst im Lamaismus zu ihrer vollen Konsequenz entwickelt worden.

Der jeweilige Grad der ethischen Klosterdisziplin hängt sehr wesentlich von der Ordnung der politischen Verhältnisse ab und ist meist sehr gering.[132] Die Bauten, wie das Berg-Kloster Potala bei Lhasa, die Existenz der – heute verfallenen – Wissenschaft selbst in Klöstern zweiten Ranges und die Entstehung einer immerhin umfangreichen religiösen Literatur, sowie noch mehr einer Aufspeicherung von Kunstwerken zum Teil ersten Ranges in diesen Weide- und

[130] Bei weitem die beste Einführung gibt von deutschen Arbeiten auch hier Grünwedels mehrfach zitierte Arbeit.

[131] Von diesen selbst glaubt Filchner nicht, daß auch nur einer an seine eigenen magischen Kräfte glaube.

[132] Filchner a. a. O.

Wüstengebieten, in meist 5000 Meter Höhe über dem Meer auf einem 8 Monate des Jahres gefrorenen Boden und mit einer reinen Nomaden-Bevölkerung ist unter allen Umständen eine eindrucksvolle Leistung, die nur der hierarchisch straff organisierte, lamaistische Kloster-Buddhismus mit seiner schrankenlosen Macht über die Laien vollbringen konnte. Die alte chinesische militärische Fronorganisation einerseits, die lamaistische mönchische Asketen-Organisation mit ihren frondenden, steuernden und spendenden Untertanen andererseits erzeugten hier Kultur auf Gebieten, welche vom kapitalistischen Rentabilitätsstandpunkt aus teils zur allerextensivsten ewigen Weide, teils geradezu zur Wüste, jedenfalls aber nicht zum Standort von großen Bauten und künstlerischer Produktion bestimmt sein würden, und die mit dem Verfall jener Organisationen auch vermutlich dem von jeher über ihnen schwebenden Schicksal ewiger Versandung entgegengehen werden. –

Wir kehren wieder nach Vorderindien zurück.[133] – Dort ist der Buddhismus in allen seinen Formen im Lauf des ersten Jahrtausends unserer Zeitrechnung schrittweise zurückgedrängt und schließlich fast völlig ausgerottet worden. In Südindien hatte er zunächst dem Jainismus zu weichen. Dies dürfte, wie früher ausgeführt, mit der überlegenen Gemeindeorganisation dieser Konfession zusammenhängen. Aber auch der Jainismus schrumpfte in seinem Verbreitungsgebiet zusammen, schließlich bis auf die Städte Westindiens, in denen er noch heute fortlebt. Das Feld behauptete der Hinduismus mit den Brahmanen an der Spitze. Es scheint fast, daß dessen Restauration ebenfalls von Kaschmir, dem klassischen Lande der magischen Wissenschaft des Atharva-Veda ebenso wie der Mahayana-Lehre, ausgegangen ist. Es weist schon der Verlauf der sprachlichen Sanskrit-Renaissance – welche freilich keineswegs einfach mit der brahmanischen Renaissance parallel ging – auf dieses Ursprungsland.[134] Aber in Wirklichkeit war das Brahmanentum, wie wir sahen, niemals verschwunden. Die Brahmanen sind nur selten durch die heterodoxen Erlösungskonfessionen

[133] Zur indischen Sektenreligiosität von neueren Werken vor allem E. W. Hopkins, The Religions of India. Boston, London 1895. Von modernen hinduistischen Werken namentlich Jogendra Nath Bhattacharya (präsidierender Pandit), Hindu Castes and Sects, Calcutta 1896 (extrem sektenfeindlich). Kurze Skizze: M. Philipps, The evolution of Hinduism, Madras 1903. Von älteren Werken: Barth a.a.O. und die verdienstvollen Schriften von Wilson.

[134] Darüber zu vgl. O. Franke, Pali und Sanskrit (Straßburg 1902). Das Pali, die Sprache der Altbuddhisten, des singhaleser Kanons, der Edikte Açokas und im 3. Jahrh. vor Chr. anscheinend überhaupt der gebildeten *Arier* Nordindiens, stammt nach Franke vom vedischen Sanskrit und hat seinen Ursprung in Ujjain, dem Gebiet, wo Açoka als Prinz Statthalter war und Geburtsland seiner Frau. Franke sucht nachzuweisen, daß der Ursprung der Verbreitung des sekundären, nur als Literatensprache fungierenden Sanskrit Kaschmir und der Himalaya gewesen sei, von wo es dann in die Königsinschriften, die literarischen und monumentalen Denkmälern der Mahayanisten, Jainas und Brahmanen, zunächst der Gegend von Mathura (des Landes am Ganges und Jamuna) etwa seit 1. Jh. v. Chr. vorgedrungen und dann weiter nach Süden und Osten aus politischen Gründen mit dem Brahmanentum importiert worden sei. Sylvain Lévy

wirklich ganz verdrängt worden. Dies hatte schon rein äußere Gründe. Der Jaina-Tirthankara und der buddhistische Arhat verrichteten keinerlei Riten. Die Laien aber verlangten nach Kult und also auch nach festen Trägern eines solchen. Das konnten, wo jenem Bedürfnisse nachgegeben wurde, im allgemeinen nur entweder Mönche – die aber dadurch ihrer Meditationsspflicht und der Aufgabe des Lehrens entzogen worden wären – oder geschulte Brahmanen sein, welche sich der heterodoxen Soteriologie fügten, ihrerseits aber die Riten für die Laien versahen und also die Tempelpfründen sich aneigneten. Brahmanen fungierten daher häufig als Tempelpriester der Jaina, wie wir sahen, und auch in manchen buddhistischen Gemeinschaften finden sich Brahmanen in dieser Funktion. Die Kastenordnung ferner hatte sich zwar gelockert, und große Teile ihres heutigen Verbreitungsgebiets hat sie erst seit der Restauration gewonnen. Aber wirklich verschwunden war sie in ihrem alten nordindischen Herrschaftsgebiet nie. Der Buddhismus insbesondere ignorierte sie zwar, focht sie aber an sich nicht an. Es gibt keine Epoche indischer literarischer oder monumentaler Denkmäler, in der sie nicht als in irgendeinem praktisch belangreichen Umfang bestehend vorausgesetzt würde. Aber wir sahen, wie die Macht der Gilden in den Städten zu überwiegen begann. Und namentlich unter buddhistischem Einfluß hatte sich ein wirkliches *Staatsideal:* das des Wohlfahrtsstaats, entwickelt. Zu den Dingen, welche bei dem früher erwähnten berühmten, im Vellala-Charita geschilderten Konflikt mit König Vellala Sena ein bengalischer Händler dem König, der ein Kriegsdarlehen begehrte, entgegenhielt, gehörte auch die durchaus heterodoxe Behauptung: das Dharma des Königs bestehe nicht im Kriegführen, sondern in der Fürsorge für die Wohlfahrt der Untertanen.[135] Diesen schüchternen Anfängen eines von der Kastengliederung absehenden Staatsbürger-Begriffs entsprachen ähnlich schüchterne Anfänge von Urstandslehren, welche dann auf den ganz unhinduistischen Gedanken einer ursprünglichen Gleichheit und pazifistischen goldenen Freiheit der Menschen führten. Die erstarkende Fürstenmacht suchte sich zugleich von den Fesseln der buddhistischen plebejischen Hierokratie, – wie sie in Ceylon und Birma und auch in nordindischen Staaten entwickelt war, wie

(Journal As. 1902, 1, p. 96 ff., übersetzt mit Bemerkungen von Burgeß Ind. Antiq. 33, p. 163 ff.) weist darauf hin, daß barbarische Eindringlings-Dynastien, vor allem die (religiös indifferenten) Kschatrapas, im Gegensatz z. B. zu den brahmanischorthodoxen Satakarnis (welche im Prakrit dichteten und edizierten) das Sanskrit pflegten, bis dann unter der (brahmanische Gottheiten anbetenden, aber konfessionell toleranten) Gupta-Dynastie im 4. Jahrhundert Sanskrit in Nordindien die universelle Literatensprache wurde. Sei dem wie ihm wolle, so bleibt es höchst wahrscheinlich, daß die magische Bedeutung der alten heiligen Sprachen, welche gelegentlich auch von Buddhisten betont wurde, bei ihrer Rezeption jene erhebliche Rolle gespielt hat, die auch Levy annimmt.

135 Es findet sich, daß hinduistische Fürsten sich rühmen, niemals getötet zu haben, *außer im Kriege,* also: in ihrem Beruf. Der orthodox-indische Dualismus ist dabei aber nicht der zwischen *politischer* und *privater Ethik,* sondern nur ein Spezialfall der allgemeinen Spezialisation des Dharma je nach den Sphären des Handelns.

wir sahen, – und von der Plutokratie des Bürgertums der Städte zu befreien. Sie zog das Bündnis mit der brahmanischen Intellektuellenschicht und die Kastengliederung dem altbuddhistischen Mönchtum und den Gilden vor und vollzog so die Parteinahme zuerst für den Mahayanismus, dann für das rein rituelle orthodoxe Brahmanentum. Durchweg ist es – wie die monumentalen Quellen zeigen – die Macht der Könige gewesen, welche die Restauration der Neu-Orthodoxie entschied.[136] Die brahmanische Hierokratie hatte diesem Prozeß, der sich in klassischer Form anscheinend besonders in Bengalen unter der Sena-Dynastie vollzog, durch äußere und innere Neuorientierung vorgearbeitet. Die Brahmanen waren ja, sahen wir, niemals verschwunden. Aber sie waren in die subalterne Lage ritueller Tempelpriester herabgedrückt, soweit sie nicht die buddhistische Mönchsregel auf sich genommen hatten. Es sind immerhin, seit Açokas Zeit etwa 4 Jahrhunderte, in denen geradezu keine, und noch zwei weitere Jahrhunderte, bis gegen 300 nach Chr., in denen nur selten Stiftungen zugunsten von Brahmanen inschriftlich vorkommen. Für die Brahmanen, als adlige Weltpriesterschaft, kam es vor allem darauf an, sich von dieser subalternen Lage gegenüber der Mönchskongregation zu befreien, die immerhin auch im Mahayanismus bestehen blieb, so sehr er den brahmanischen Traditionen entgegengekommen war. Denn er war, vom brahmanischen Standpunkt aus gesehen, dennoch ein Fremdkörper im sozialen System des Hinduismus.

Die Restauration bestand in der Ausrottung der Heterodoxien der Intellektuellen-Soteriologie einerseits, in der Stereotypierung des Kastenritualismus, wie sie namentlich die Rechtsbücher der ersten Jahrhunderte unserer Zeitrechnung vollzogen, andererseits, schließlich und namentlich aber in der Propaganda der im altklassischen Indien, vor der Epoche der Großkönigreiche, noch nicht in unseren Gesichtskreis tretenden Hindu-Sekten. Und zwar durch die gleichen Mittel, welchen die heterodoxen Gemeinschaften ihre Erfolge verdankten: ein organisiertes Berufsmönchtum.[137] Diese Sekten sind es, mit denen wir uns hier zu befassen haben. Auch ihr Aufschwung bedeutete eine Abwendung von den soteriologischen Interessen der alten, mit der Kschatriya-

[136] Der Konfirmation eines Königssohns (Mahadagaputra) als Vischnu-Sekten-Mitglied wird aus Anlaß einer Stiftung gedacht. Ep. Ind. IV, p. 96 f.

[137] Der erbitterte Kampf, dessen Hergang hier nicht zu schildern ist und übrigens mit dem vorhandenen dokumentarischen Material auch nur höchst unvollständig geschildert werden könnte, hat in den Monumenten zahlreiche Spuren hinterlassen. Er wurde nicht nur zwischen Buddhisten, Jainisten und orthodoxen Sekten, sondern auch zwischen diesen und zwischen den einzelnen Brahmanenschulen geführt. Einige Beispiele müssen genügen.

Die Zerstörung von Jaina-Tempeln durch Çivaiten, welche an seiner Stelle das Linga aufrichten, ist Ep. Ind. V, p. 285 erwähnt.

Kaufleute und Händler einer Stadt stiften (Ep. Ind. I, p. 269) ein Kloster für Çiva-Asketen und Ep. Ind. I, p. 338 wird die Gründung einer Schule mit Landausstattung für die Verbreitung der brahmanischen Weisheit erwähnt Der betreffende Brahmane ist *ein-*

Zeit versunkenen Intellektuellenschichten und eine Pflege jener Religiosität, wie sie den plebejischen, das heißt: aliterarischen Schichten adäquat war, mit welchen das Brahmanentum nun als Klienten zu rechnen hatte: Den *Radschputen* schied ja vom alten Kschatrya sein Analphabetentum.

Literarisch äußerte sich die brahmanische Restauration theoretisch in den Endredaktionen der Epen, praktisch aber, als Mission, in dem Aufkommen der Purana-Literatur. Die Schlußredaktionen der Epen sind das Erzeugnis vornehmer brahmanischer Redaktoren. Anders die Puranas. Es waren nicht mehr die alten gelehrten vornehmen Brahmanen-Geschlechter, welche diese Gattung komponierten. Alte Bardendichtungen, scheint es[138], lieferten den Stoff. Er wurde von den Tempelpriestern und wandernden Mönchen, von denen bald zu reden sein wird, beschafft und eklektisch zurechtgemacht und enthielt die Heilslehren der eigent-

zigartig in der Samkhya-Doktrin, ein *unabhängiger Denker in der Tantristik, kennt die Veden,* ist bewandert in Mechanik, Künsten, Musik und Poetik und im Vaiçeshika-System. Der große Revival des Çivaismus unter der westlichen Chalukya-Dynastie wird ausführlich geschildert in Inschriften aus dem 12–13. Jahrhundert (Ep. Ind. V, p. 213ff.). Einem vom Großvater her erblichen Çivapriester, Samasvara, wird nachgesagt, daß er Selbstbeherrschung, Meditation, unbewegliche Ekstase, Schweigen, Gebetsmurmeln, tiefe Kontemplation verstehe, einen guten Charakter und tiefe Devotion für Paramesvara (Çiva) habe. Während die meisten Leute nur entweder Logik, oder Rhetorik, oder Dramatik, oder Poetik, oder Grammatik allein verstehen, beherrscht Samasvara sie alle. Er beherrscht das Nyaya- und das Samkhya-System. Es werden an der Klosterschule gelehrt: Nyaya, Vaiçeshika, Mimamsa, Samkhya und – erstaunlicherweise – auch Bauddha (buddhistische Philosophie), ebenso die Puranas. Also eine universelle *interkonfessionelle* Bildungsanstalt. Ebenda p. 227 werden aber Disputationen mit Feinden erwähnt, und es findet sich ein Stifter einer Çiva-Sekte, von dem es heißt, daß er *ein Unterseefeuer im Ozean des Buddhismus,* ein *Donnerschlag im Gebirge des Mimamsa* sei, daß er die großen Bäume der Lokayatas umgehauen, die große Schlange des Samkhya erschlagen, die Axt an die Wurzel der Bäume der Advaita- (Vedanta-) Philosophen gelegt, die Jainas vernichtet, dagegen die Nayagikas geschützt und sich als ein Vischnu in der Unterscheidung, ein Çiva in der Klarstellung der Dinge bewährt habe. – Ebenda p. 255 wird eine heftige Disputation mit den Jaina erwähnt, außerdem aber taucht der Gründer der Lingayat-Sekte Basava Ep. Ind. V, p. 23 und a. a. O., p. 239 seine Sekte in heftiger Gegnerschaft gegen alle andern, besonders die Jaina, auf.

Ep. Ind. IV, p. 17 wird der vischnuitische Sektenstifter Ramanuja als der Vertreter der *echten Dravida-Lehre* genannt, *der den Trotz derer bricht, welche die Lehre von der Illusion vertreten* (der Vedantisten).

Von Fürsten veranstaltete Religionsgespräche finden sich auch sonst in zahlreichen Inschriften. Ein wichtiges Mittel der Propaganda waren die seit etwa dem 7. Jahrhundert in der südindischen (Tamil-) Literatur in großer Zahl auftretenden, zum Teil nach dem Urteil der Kenner hervorragend schönen heiligen Hymnen der Bhakti-Religiosität. Die heiligen Sänger und Lehrer, welche die Höfe besuchten, waren fast stets die Träger der Bekehrung. Mit der Entziehung der königlichen Gunst brach namentlich der Buddhismus, aber auch der in der Gemeindeorganisation stärkere Jainismus meist in kurzer Zeit, in Südindien fast überall seit etwa dem 9. Jahrhundert, geräuschlos zusammen. Beide waren eben in der Wurzel Intellektuellensoteriologien.

[138] So Winternitz S. 448.

lichen Sekten, während die Epen, vor allem das Mahabharatha, noch eine Art von interkonfessioneller ethischer Paradigmatik sein wollten und als solche auch von allen großen Sekten anerkannt geblieben sind. Sieht man zunächst von den eigentlichen Sektengöttern und den spezifischen Heilsgütern der Sektenreligiosität ab, so findet man schon in den Epen die Arten des offiziell rezipierten Zaubers und der animistischen Züge stark erweitert. Sympathischer und symbolischer Zauber, der an Fetischismus streift, Geister der heiligen Flüsse (vor allem des Ganges), Teiche und Berge, der ganz ungeheuer angeschwollene Wortformel- und Fingergestenzauber, nach Einführung der Schriftlichkeit der Tradition auch der Schriftzauber, stehen neben der alten Verehrung der vedischen Götter, vermehrt um die verschiedensten vergöttlichten und als Geister aufgefaßten Abstraktionen. Verehrung der Ahnen, der Priester und der Kuh stehen nebeneinander, wie Hopkins anschaulich gezeigt hat und wie die heutige Folklore es als fortbestehend feststellt. Dazu aber treten seit der Entwicklung des Großkönigtums die charakteristischen patriarchalen Züge, welche jede patrimonialbürokratische Monarchie bei den Untertanen fördert. Der König ist schon in den jüngeren Bestandteilen des Epos eine Art irdischer Gott für sein Volk, trotz aller ungeheuren Machtsteigerung der Brahmanen auch seinerseits etwas durchaus Anderes und wesentlich Größeres als in den alten Brahmanenschriften. Die patriarchale Stellung der Eltern, nach deren Tode des ältesten Sohns, wird überaus stark betont. Zweifellos vor allem durch diese Lehren empfahl sich der Neu-Brahmanismus der Königsgewalt als Stütze. Denn eben darin war der Buddhismus trotz allen Entgegenkommens doch durchweg weniger patriarchal orientiert. Daß die patriarchale Gewalt trotzdem nicht chinesische Züge annehmen konnte, dafür war letztlich nur die, trotz allem auch bei der Orthodoxie bestehen bleibende, Spaltung der höchsten Gewalt und vor allem die mächtige Stellung der Asketen und Gurus, von welchen bald zu reden sein wird, verantwortlich.

Vermehrt wurden auch die Heilsgüter. Neben dem Heldenhimmel Indras und dem höheren universellen Himmel Brahmas sowie endlich der Absorption in die Einheit mit dem Brahman steht im Epos auch noch der alte Volksglaube, daß die Seelen guter Menschen in Sterne verwandelt werden. Also ein buntes Durcheinander, dem nun die spezifisch sektiererischen, hinduistischen Züge hinzutraten. Sie sind teils enthalten in den spätesten Einschiebungen in das Mahabharatha, durch welche die Brahmanen offenbar eine Art von Gleichgewicht und Ausgleich der Sekten herbeizuführen strebten, teils und vor allem in den Puranas, welche reine Sektenkatechismen sind.

Wie die lehrhaft umgearbeiteten Teile der Epen, welche in ihrer spätesten Redaktion schon durchaus auf dem Wege zu dieser Literaturgattung liegen, so sind auch die Puranas, vor allem das Bhagavata Purana, noch jetzt Gegenstand der Rezitation vor dem breiten Hindu-Publikum. Welches nun waren inhaltlich die neuen Elemente? Es sind einerseits zwei an sich alte, aber wenigstens innerhalb der offiziellen Intellektuellenlehre erst jetzt zu Einfluß gelangende und zwar persönliche[139] Götter: Vischnu und Çiva[140], andererseits einige neue Heilsgüter und schließlich die Umgestaltungen der hierarchischen Organisation, welche die Sektenbewegung des mittelalterlichen und neuzeitlichen Hinduismus charakterisieren. Wir sprechen zunächst von den Heilsgütern.

Die alte vornehme Intellektuellensoteriologie hatte, wie wir sahen, alle orgiastisch-ekstatischen und gefühlsmäßigen, ebenso die damit zusammenhängenden magischen Bestandteile des urwüchsigen Volksglaubens abgelehnt und ignoriert. Sie bestanden als eine verachtete Unterschicht von Volksreligiosität unterhalb des brahmanischen Ritualismus und der Heilssuche auf dem Wege der brahmanischen Gnosis, gepflegt zweifellos, wie überall, von einer Schicht schamanenartiger Zauberer. Aber die Brahmanen konnten sich im Interesse ihrer Machtstellung dem Einfluß dieser Magie und dem Bedürfnis ihrer Rationalisierung nicht dauernd ganz entziehen, wie sie ja schon im Atharva-Veda dem unklassischen Zauber Konzessionen gemacht hatten. In der Tantra-Magie hielt schließlich auch die Volksekstatik ihren Einzug in die brahmanische Literatur, innerhalb deren die Tantra-Schriften von manchen als der *fünfte Veda* angesehen wurden. Dies deshalb, weil in Indien wie im Okzident die systematische Rationalisierung der magischen Künste, namentlich der Alchemie und der Nervenphysiologie zu ekstatischen Zwecken, zu den Vorstufen rationaler, empirischer Wissenschaft gehörte: Das hatte einige hier nicht näher zu verfolgende Nebenwirkungen.[141] Die Tantra-Magie war ihrem ursprünglichen Wesen nach orgiastische Ekstase, hervorgerufen durch gemeinsamen Genuß der in der späteren Terminologie, *heiliger Kreis* (purua bhishaka) genannten *fünf Mukara,* der fünf Dinge mit *M* als Anfangsbuchstaben: Madiya: Alkohol, Mamsa: Fleisch, Matsya: Fisch, Maithura: Sexualverkehr, Mudra: heilige Fingergesten (vermutlich ursprünglich Pantomimen). Allen an Bedeutung voran stand die mit Alkohol verbundene Sexualorgie[142] und demnächst das blutige Opfer nebst anschließendem Mahl. Ziel der Orgie war zweifellos ekstatische Selbstvergottung zu magischen Zwecken. Der in den Gottbesitz Gelangte, der Bhairava oder Vira, hatte magische Kräfte. Er wurde vereinigt mit der weiblichen Schöpfermacht, der Sakti, welche später, unter den Namen Lakschmi, Durga, Devi, Kali, Syana u. a. erscheinend, durch ein nacktes mit Fleisch und Wein gespeistes Weib (Bhairavi oder Nayika) repräsentiert

139 Dies darf freilich nur mit Vorbehalt gesagt werden. Für die Intellektuellen blieb ganz überwiegend entweder ein noch hinter diesen höchsten Göttern stehender unpersönlicher göttlicher Urgrund bestehen, oder aber sie selbst wurden als halbunpersönliche Mächte gedeutet.

140 Da Buddhisten und Jainisten der alten Zeit nicht selten vischnuitische und çivaitische Namen haben, so schließt Bühler wohl mit Recht auf das Alter der Kulte jener Götter.

141 Über die wissenschaftlichen Wirkungen der Tantra-Literatur s. oben S. 706.

142 *Weib und Wein sind das fünffache Mukara und nehmen alle Sünden fort* sagt ein Spruch der Orgiastiker.

wurde. In gleichviel wie gearteter Form sind diese Kulte selbst sicher uralt. Wie überall, war auch hier die Orgie als Form der Heilssuche bei den Unterschichten, insbesondere also den Dravidas, besonders lange erhalten geblieben, daher gerade in Südindien, wo die brahmanische Kastenordnung erst spät durchgeführt wurde. Während des Jagannatha-Festes in Pari aßen dort bis an die Schwelle der Gegenwart noch alle Kasten zusammen. Niedere Kasten, wie die Parayans und die höherstehenden Vellalar in Südindien hatten vielfach noch Eigentumsrecht an berühmten Tempeln der alten orgiastisch verehrten Gottheiten und zahlreiche Reste aus der Zeit, wo auch die oberen Kasten diese verehrten, hatten sich erhalten. Es ist selbst der sehr energischen Sittenpolizei der Engländer nur schwer gelungen, der Sexualorgie Herr zu werden und sie wenigstens aus der Öffentlichkeit ganz zu verscheuchen.

Das Symbol der alten Fruchtbarkeits-Geister, mit welchen die Sexualorgie als Homöopathie in Beziehung gesetzt wurde, war hier wie überall in der Welt der Phallos (lingam, eigentlich die Kombination des männlichen und des weiblichen Geschlechtsteils). Es fehlt denn auch über ganz Indien hin in fast keinem Dorf. Die Veden verspotten den Kult als eine üble Sitte der Unterworfenen. Uns soll hier diese Orgiastik um ihrer selbst willen nicht weiter interessieren.[143] Wichtig ist für uns nur ihre zweifellos uralte und ununterbrochene Existenz, weil alle erheblicheren hinduistischen Sekten ohne Ausnahme in ihrer psychologischen Eigenart aus einer oft freilich weitgehenden Sublimierung dieser universell verbreiteten orgiastischen Heilssuche durch brahmanische oder außerbrahmanische Mystagogen entstanden sind. In Südindien läßt sich der Prozeß dieser Verschmelzung noch in seinen Rückständen erkennen, weil er nur unvollständig gelungen ist. Ein Teil der Unterkasten und die zugewanderten Königshandwerker widersetzten sich dort der Reglementierung durch die Brahmanen und so entstand das noch fortbestehende Schisma der Valan-gai (Dakshinacharas) und Idan-gai (Vamacharas), der Kasten *rechter* und *linker* Hand: Die letzteren blieben bei ihren eigenen Priestern und ihrer alten Orgiastik, die ersteren fügten sich der brahmanischen Ordnung.[144] Der Kult dieser als orthodox brahmanisch geltenden Kasten *rechter Hand* ist seines orgiastischen Charakters entkleidet, insbesondere also auch des blutigen Opfers; statt dessen wird Reis gespendet.

143 Das Mißliche an den englischen Darstellungen ist, daß die Autoren fast stets in der üblichen puritanischen prüden Entrüstung über diese *abominabot practices* perorieren, statt die Vorgänge sachlich so darzustellen, daß man ein Bild des Sinnes gewinnen kann. (Oder sie leugnen die Existenz einfach ab, wie z. B. die Cyclopaedia of India es in vielen ihrer Artikel tut und wie es übrigens auch von gebildeten Hindus gern geschieht.)

144 Die Kasten *linker Hand* umfassen vor allem die früher erwähnten Panchsala (fünf Gewerbe) der Königshandwerker: Schmiede, Zimmerleute, Kupferschmiede, Steinmetzen, Goldschmiede, dann die Beri-Sethi, offenbar alte Gildenkaufleute, ferner die Devangada: Weber, Ganigar: Ölpresser, Gollur: Träger, Palayan (Pariah): früher Weber, jetzt Landwirte, Beda: Vogelsteller, und Madiga: Gerber und Schuster.
Die brahmanischen Kasten *rechter Hand* umfassen außer den aus Nordindien zugewan-

Die alten weiblichen Fruchtbarkeitsgeister wurden bei der Verschmelzung zunächst zu Gattinnen brahmanischer Gottheiten erhoben. Als geeignete Göttergestalt bot sich dafür der alte, in den Veden aus bekannten Gründen weit zurückgestellte, Fruchtbarkeitsgott[145] Çiva (der vedische Rudra) dar. Daneben stand auch Vischnu, als Sonnen- und Fruchtbarkeitsgott, zur Verfügung. Die weiblichen Fruchtbarkeits-Dämonen wurden einem der drei orthodoxen Götter zugeordnet oder vielmehr: untergeordnet. So z.B. Lakschmi dem Vischnu, Parvati dem Çiva, Sarasvati (als Patronin der schönen Künste und der Schrift) dem Brahma. Andere Göttinnen folgten nach. Die alten Sagen, die vielfach an hellenische Mythen erinnern und sicher Ausdeutungen der apotropäischen oder, umgekehrt, homöopathischen, orgiastischen Ritualien waren, wurden rezipiert: Massenhafte Götter und vor allem Göttinnen, von denen die alte Literatur nichts weiß, tauchen jetzt als *orthodox* auf. Der Prozeß durchzog ganz Indien und die Puranas sind die Stätte, in welcher er literarisch zum Ausdruck kam. Philosophisch durchaus eklektisch, hatten sie lediglich die Aufgabe, die Sektenlehren kosmologisch zu unterbauen und auszudeuten. Die treibenden Motive des Brahmanentums bei diesem Rezeptions- und Akkommodationsprozeß waren zum Teil wohl grob materielle: Die massenhaften Pfründen und Kasualien, welche winkten, wenn man sich dem Dienst dieser nun einmal unausrottbaren volkstümlichen Gottheiten widmete. Daneben auch der Zwang der Konkurrenz gegen die mächtigen Erlösungs-Konfessionen der Jaina und Buddhisten, welche nur durch Anpassung an die volkstümlichen Traditionen aus dem Sattel gehoben werden konnten. Die formellen Methoden der Rezeption waren gegeben: Der volkstümliche Dämon oder Gott wurde mit einem der dafür geeigneten hinduistischen Götter direkt identifiziert oder – wenn es sich um Tierkulte handelte – als Inkarnation eines solchen behandelt. Für diese Zwecke kamen eben wesentlich die Fruchtbarkeitsgötter, Çiva und Vischnu, in Betracht, welche ja selbst auf eine orgiastische Vergangenheit ihrer Kulte zurückblickten. Der Kult aber wurde möglichst im Sinn des orthodoxen Vegetarismus, der Alkohol- und Sexual-Abstinenz temperiert. Wir gehen auf

derten Angehörigen der Banija (Großhändler), Komati (Detaillisten), Gujarati (Bankiers aus Gujarat), Kumhar (Töpfer), Rangajeva (Färber und Kattundrucker), Naindu (Barbiere), Jotiphana (Ölpresser mit einem Ochsen) und den Okhalaya (einer Landwirtskaste) auch die niederen Kasten der Kurubar (Schäfer), Agasa (Wäscher), Besta (Fischer und Schirmträger), Padma Sharagava (Weber), Upparava (Deichbauer), Chitragara (Maler) und die als ein Teil der Palayan-Kaste angesprochenen Wallia. Im letzten Fall geht der Riß also mitten durch die Kaste (Paria) hindurch. Ihn mit dem Buddhismus, (dem angeblich die Kasten linker Hand angehangen haben sollen) in Zusammenhang zu bringen ist kein Grund. Die Kasten linker Hand haben einfach die Brahmanen als Priester (statt ihrer eigenen Schamanen) nicht akzeptiert und ihre alte orgiastische Kultpraxis nicht oder jedenfalls nicht zur Zeit des Eintritts des Schisma aufgegeben (heut gilt sie als unterdrückt).

145 Die Vereinigung des phallischen Fruchtbarkeitskults mit den Riten, welche der Beschwichtigung des ursprünglich vorwiegend als Krankheitsdämon auftretenden Rudra dienten, scheint schon vor dem Mahabaratha vollzogen zu sein.

keinerlei Einzelheiten dieses Anpassungsprozesses ein, welchen das Brahmanentum mit der Volksreligiosität vornahm, lassen auch den noch immer verbreiteten Kult des Schlangengeistes und des Sonnengeistes[146] ganz beiseite und halten uns nur an die für uns wichtigen Erscheinungen.

Die verschiedenen Formen der als unklassisch, aber dennoch orthodox brahmanisch rezipierten Verehrung weiblicher Fruchtbarkeitsgottheiten pflegen als Sakta-Sekten bezeichnet zu werden. Wichtige Teile der tantrischen, magischen, esoterischen Literatur, deren Bedeutung für den Buddhismus wir kennen lernten, bildeten ihren literarischen Ausdruck. Ihren religionsphilosophischen Anknüpfungspunkt suchten diejenigen Brahmanen, welche die Tantrik rationalisierten und sich dabei zum Dienst der populären Sakti-Göttinnen herbeiließen, in den Lehren der Samkhya-Philosophen von der Prakriti und des Vedanta von der Maya, die sie monistisch als Urmaterie oder dualistisch als weibliches Prinzip im Gegensatz zum männlichen, durch Brahma als Weltschöpfer repräsentierten, ausdeuteten. Diese Religionsphilosophie ist so durchaus sekundären Charakters, daß wir hier ganz von ihr absehen können, obwohl sie, wie wir sahen, auf die exakten Wissenschaften anregend gewirkt hat. Die intellektualistische Spiritualisierung der Orgie führte zur meditierenden Verehrung heiliger Kreise (statt des weiblichen Sexualorgans.) Der bürgerliche Sakta-Kult ging oft dazu über, daß die Anbetung eines nackten Weibes als Vertreterin der Göttin Kultakt wurde. Mit der im Volkskult daran anknüpfenden Alkohol- und Sexualorgie verband sich oft das spezifisch saktische Blutopfer, die puja – ursprünglich und bis an die Schwelle der Neuzeit: ein Menschenopfer – und eine Fleischorgie. Solche gänzlich von jeder Rationalisierung der Lebensführung abliegenden Kulte hatten namentlich im östlichen Nordindien (Bihar und Bengalen) Anhang auch unter dem Mittelstand: So war die Kayasth-(Schreiber-) Kaste bis vor nicht langer Zeit zum erheblichen Teil tantristisch. Die vornehmeren Schichten des Brahmanentums blieben dieser Akkommodation stets fern, obwohl auch sie mit den volkstümlichen Kulten Beziehungen suchen mußten. Es finden sich die verschiedensten Stadien von der kryptoerotischen Sublimierung bis zur asketischen Umkehrung der Sexualorgiastik.

Es gelang den Brahmanen tatsächlich und vor allem, die alte Phallos-(Lingam- oder Linga-) Verehrung ihres alkohol- und sexualorgiastischen Charakters zu entkleiden und in einen rein ritualistischen Tempelkult zu verwandeln, der – wie schon bemerkt – zu den verbreitetsten Indiens gehörte.[147] Dieser als orthodox anerkannte Kult empfahl sich nun den Massen durch seine nicht zu unterbietende Billigkeit: Wasser und Blumen genügen für die normalen Zeremonien. Die brahmanische Theorie hat den Geist, welcher das Linga

[146] Im brahmanischen Ritual war die Anrufung der Sonne (Surya im Rigveda) enthalten. Exklusive Sonnenverehrer (Saura) entstanden wohl erst unter dem Einfluß eingewanderter Mithra-Priester etwa seit Beginn unserer Ära.

[147] Es dürften noch jetzt mindestens 80 Millionen Hindu nur Lingam-Verehrer sein.

als Fetisch bewohnte oder – nach der sublimierten Auffassung – dessen Symbol dieses war, durchweg mit Çiva identifiziert. Vielleicht schon im Mahabharata wurde diese Rezeption vollzogen: In charakteristischem Gegensatz zu der alten Sexualorgiastik freut es dort den großen Gott, wenn das lingam keusch bleibt.[148] Die Tantra-Literatur bestand umgekehrt, ihrem orgiastischen Ursprung entsprechend, zum erheblichen Teil aus Dialogen Çivas mit seiner Braut. Çiva wurde unter der Wirkung von Kompromissen beider Strömungen der eigentlich *orthodoxe* Gott des mittelalterlichen Brahmanentums. Der Çivaismus in diesem ganz allgemeinen Sinn umspannt also die größten Gegensätze und ist in keinem Sinn etwas Einheitliches.

Als der erste große Polemiker gegen die buddhistische Heterodoxie wird der Brahmane- und Mimamsa-Lehrer Kumarila Bhatta, genannt Bhattacharya, im 7. Jahrh. unserer Zeitrechnung erwähnt. Der erste groß angelegte und dauernd wirksam gebliebene Versuch aber, die Renaissance des Brahmanentums im Sinn einer Verbindung der alten philosophischen Tradition der Intellektuellensoteriologie mit den Propaganda-Bedürfnissen zu verknüpfen, ging von dem (wahrscheinlich) malabarischen Halbblut-Brahmanen und gelehrten Kommentator der klassischen Vedanta-Schriften Sankara, genannt Sankaracharya[149] aus, der im 8. oder 9. Jahrhundert lebte und angeblich in dem jugendlichen Alter von 32 Jahren (in Wahrheit erst: 32 Jahre nach Beginn seiner Reformtätigkeit) starb. Er zuerst scheint in die eigentlich damit unvereinbare Vedanta-Lehre den persönlichen höchsten – und im Grunde: einzigen – Gott Brahma-Para-Brahma systematisch wieder eingeführt zu haben. Alle anderen göttlichen Wesen sind Erscheinungsformen Brahmas, er selbst freilich, obwohl Regent der Welt, nicht ihr letzter Urgrund, der – im hinduistischen System unvermeidlich – überpersönlich und unerforschlich bleiben mußte. In jeder hinduistischen Hagiologie steht Sankara an der Spitze, alle orthodox çivaitischen Sekten betrachten ihn als Lehrer, manche als eine Inkarnation Çivas. Die vornehmste Brahmanenschule Indiens, die Smarta (von Smriti, Tradition), besonders im Süden mit der hochberühmten Klosterschule in Shringeri, im Norden vornehmlich mit der Klosterschule in Sankeshwar als Mittelpunkt seßhaft, hält sich am strengsten an seine Lehre. Seit seinem Wirken hat jede neue brahmanische Reformbewegung einen persönlichen Gott als Weltregenten anerkennen müssen, und die synkretistische Orthodoxie hat dann Brahma mit den beiden Volksgöttern Çiva und Vischnu zur klassischen Hindu-Trias vereinigt. Brahma selbst blieb freilich, seinem Ursprung aus den Konstruktionen der Philosophenschulen entsprechend, eine wesentlich theoretische Figur und den beiden andern Gottheiten der Sache nach geradezu subordiniert. Kult wird ihm selbst nur in einem einzigen Tempel von vornehmen

[148] Mazumdar (J. R. A. S., 1907, S. 337) nimmt im Gegensatz zu Rhys Davids allerdings an, daß alle Stellen des Mahabaratha, welche den Kult erwähnen, Interpolationen seien.
[149] Über ihn s. Kashinath Trimbuk Telang im Ind. Antiq., Vol. V.

Brahmanen gewidmet; im übrigen tritt er ganz hinter Çiva und Vischnu zurück, welche dem orthodoxen Synkretismus als seine Erscheinungsform gelten, während die lebendige Sektenreligiosität umgekehrt entweder Çiva oder Vischnu als den höchsten und eigentlichen, im Grunde den einzigen Gott betrachtet. Die eigentlich klassische, neubrahmanische Soteriologie geht fast durchweg auf den Namen Çivas. Wichtiger aber als Sankaracharyas naturgemäß eklektische Lehre war seine praktische Wirksamkeit: im wesentlichen eine Klosterreform großen Stils, die mit bewußter Absichtlichkeit zum Kampf gegen die heterodoxen, buddhistischen und jainistischen Mönchsorden geschaffen wurde. Der von der offiziellen Tradition in 10 Schulen geteilte Mönchsorden, den er ins Leben rief, führt seinen Namen: *Dandi,* vom Wanderstabe. Nach der strengen Observanz sollte nur ein familienloser (eltern-, weib- und kinderloser) Brahmane in den Orden aufgenommen werden dürfen. Den Bettelmönch scheiden daher die Puranas vom alten klassischen Waldeinsiedler (Vanaprastha und Asrama). Er hatte das Dharma, in der Wanderzeit nicht über eine Nacht in einem Dorf zu sein:[150] *Atit,* der *unerwartete Gast,* ist ein alter Name für den Wandermönch. Die Regeln für die ethische Lebensführung knüpften durchaus an die überlieferten Vorschriften der brahmanischen Soteriologie an: Wache *Selbstbeherrschung* also Beherrschung von Wort, Körper und Seele im Handeln und Denken ist die Grundlage hier wie dort. Neu war – wie bei den Jesuiten im Okzident – der spezifisch auf Mission und Seelsorge abgestellte Zweck. Zu diesem Behuf wurde das Verbot der Annahme von Geld – wohl nach buddhistischem Vorbild – eingeschärft, gleichzeitig aber für jedes der 4 großen Klöster, die Sankara persönlich stiftete, ein *Novizen-* (Bramacharin-) Orden gegründet, dessen Mitglieder nicht selbständig betteln, sondern nur als *dienende Brüder* die Dandi begleiten sollten und eventuell auch Geld für sie in Empfang nehmen durften: Die in anderer Form auch bei europäischen Bettelorden vorkommende Art der formalistischen Umgehung des undurchführbaren Verbots. Nach zwölfjähriger Mönchszeit können die Dandi und Sanyasi zur Würde von *Para Hamsa* befördert werden, welche klostersässig sind, vorwiegend Literaten-Obliegenheiten haben und an deren Spitze ein *Swami* genannter Superior steht. Der Mönch erlebt durch die rituelle Aufnahme in den Orden eine Wiedergeburt, und zwar als irdischer Gott. Nur die dergestalt vergotteten Vollmönche waren ursprünglich als Gurus der Laien zugelassen. Die Gewalt der Mönche über diese war von jeher sehr bedeutend, namentlich diejenige der Klostersuperioren. Der Superior des Klosters in Shringeri, der mächtigste, konnte bis in die Gegenwart durch Exkommunikation in ganz Südindien jeden Çivaiten aus der Gemeinschaft der Gläubigen ausschließen. Jeder Mönch und auch jeder korrekte Laie, der einer Sekte angehörte, hatte seinen Gurus. Dessen Sitz war für ihn selbst, sozusagen, sein geistiger Wohnsitz. Nur nach dem Sitz dieses Guru und weiterhin nach dessen spiritueller Deszendenz von anderen Gurus

[150] So: Vischnu Purana III, 9 f.

kann die Sektenzugehörigkeit eindeutig identifiziert werden, bei den korrekten Sankariten also durch die Frage nach ihrer *tirtha* (Pilgerstätte, – wie etwa Mekka für die Islamiten, – in diesem Fall der Sitz des Klosters oder des Gurus), ebenso bei anderen, z. B. bei den späteren chaitanitischen Sektenangehörigen durch die Frage nach dem Sripat (dem Sitz des *Sri,* des Gurus, den der Einzelne verehrt).

Der literarisch gebildete Wandermönch sollte nach Sankaras Absicht durch Religionsgespräche die Gegner vernichten, und der klostersässige als Guru die Seelsorge der Gläubigen übernehmen. Dabei aber sollten beide in der Hand der geistlichen Leiter der von Sankaracharya gestifteten Schule bleiben. Die äußere Organisation der Klöster und des Tempeldienstes fand in der Zeit der einheimischen Herrscher teils durch königliche Stiftungen[151], oft aber auch so statt, daß der Fürst die formelle freiwillige und private Stiftung bestätigte und mit bestimmten Zwangsrechten ausstattete, welche ihre äußere Existenz und ihr Monopol sicherstellten.[152] Es findet sich aber in den monumentalen Quellen schon vor unserer Zeitrechnung, für Tempel wenigstens, die heute in Indien wie in China übliche Gründung durch Subskription[153] und Schaffung eines Treuhänder-Komitees (goshti), welches die Verwaltung führt und sich meist selbst ergänzt. Die geistliche Leitung, in Klöstern meist und zuweilen in Tempeln auch die Wirtschaftsführung, lag in den Händen des vom geistlichen Stifter angestellten Superiors.[154] Die Schulen Sankaracharyas scheinen dauernd, um der Geschlossenheit des Mönchtums willen, auf das Zölibat der Gurus den stärksten Nachdruck gelegt zu haben. Die als klassisch geltenden 3 von den ersten 10 Mönchsschulen haben an dem Grundsatz, daß der Seelsorger ehelos sein müsse, festgehalten. Dies ist indessen bei den übrigen nicht mehr die Regel. Die sankaritischen, rituell geweihten Grihasthas sind heute Gurus von Laien wie früher die Klostermönche, und nur darin ist der

151 Dies war die durch eine Unzahl inschriftlicher Dokumente belegte Regel bei allen Klöstern und Hochschulen.

152 Beispiel (für einen Tempel): die im Ind. Antiq. (XX, 1891, p. 289) abgedruckte Inschrift (aus dem 8. Jahrhundert etwa), worin ein (vischnuitischer) Tamil-König ein *Abkommen* mit den *Patronen* (Stiftern) eines Tempels bestätigt und dabei verfügt, daß bei Strafe der Vermögenskonfiskation jeder Stifter dem Gottesdienst beizuwohnen hat und keinem anderen Gottesdienst beiwohnen darf: also eine Zwangseinpfarrung. Bei Strafe müssen ordnungsmäßig gebildete Priester zugezogen werden.

153 Ältestes Beispiel (für einen buddhistischen Tempel): in der Inschrift Ep. Ind. II, p. 87 f. aus etwa dem 3. Jahrh. vor Chr.: Es wird ein Komitee (Bodhagothi) für die Buddha-Kult-Verwaltung geschaffen. – Für einen hinduistischen Tempel aus dem 9. Jahrhundert nach Chr.: Ep. Ind. I, p. 184: Pferdehändler aus verschiedenen Gegenden tun sich zusammen und erlegen sich eine Umlage auf, deren Ertrag nach Quoten unter verschiedene Heiligtümer verteilt werden soll. Die Verwaltung führt ein panchayat von goshthikas, die aus angesehenen Einwohnern gewählt werden und dessen Vorsteher (desi) die Vertretung nach außen in der Hand hat.

154 So in der çivaitischen Inschrift eines Kanauj-Königs aus dem 10. Jahrhundert Ep. Ind. III, p. 263.

Unterschied praktisch geblieben, daß sie niemals als purohita (Hauskaplan) oder überhaupt als Priester fungieren, selbst ihre eigenen purohitas und Brahmanen außerhalb des Ordens wählen. Vegetarismus und Alkoholabstinenz herrscht in korrekt sankaritischen Kreisen. Ebenso vedische (Sanskrit-) Bildung und der Grundsatz, nur wiedergeborene Kasten in die Sekten aufzunehmen, nur Brahmanen in den Orden. Dies blieb freilich nicht durchweg erhalten. Gerade die heute als *Sanyasi* bezeichneten Mönche sind oft illiterat, gestatten auch Mitgliedern nicht wiedergeborener Kasten den Eintritt, nehmen Geld und treiben eine empirische (übrigens nicht unwirksame) Therapeutik, die sie als Geheimlehre fortpflanzen.

Jeder Brahmane hoher Kaste hat heute einen lingam-Fetisch im Hause. Aber es ist dem çivaitischen Revival aus eigner Kraft die Durchdringung der Bevölkerung mit seiner orthodoxen Heilslehre und die Ausrottung der Heterodoxien nirgends gelungen. Für das 12. Jahrhundert nimmt Nagendra Nath Vasu[155] für Bengalen eine Schichtung der Religionen an, die etwa so aussah, daß neben den 800 eingewanderten orthodoxen Brahmanenfamilien die Hinayana-Schule westlich des Ganges herrschte, im übrigen der Mahayanismus in den oberen Kreisen der Mönche und Laien, Yogismus und einige buddhistische und hagiolatrische Sekten in den Mittelklassen, die rein buddhistische Ritualistik und Hagiolatrie in den untersten Schichten, der Tantrismus aber in allen Klassen verbreitet war. Erst die Eingriffe der Könige, namentlich Vellala Senas, haben hier die brahmanische Orthodoxie zur Herrschaft gebracht.

Mit dem Spätbuddhismus teilte der Çivaismus die Eigentümlichkeit, die obersten Intellektuellenschichten einerseits, die Unterschicht andererseits anzuziehen. Denn wie der Buddhismus neben der Erlösungslehre der Intellektuellen den Tantrismus und Mantrismus als höchst bequeme Ritualistik für die Masse rezipiert hatte, so der Çiva-Kult neben der altklassischen brahmanischen Tradition, die er auf dem Wege über das Epos aufnahm, die phallische und apotropäische Ekstatik und Magie. Der Çivaismus entwickelte daraus eine eigene schulmäßige Askese (Charya), welche namentlich in der im Mahabaratha erwähnten Pasupata-Schule einen dem Ursprung entsprechend, hochgradig irrationalen Charakter annahm: Das Irrereden und andre paranoide Zustände galten als höchste Heilszuständlichkeiten, welche sowohl die Zerstörung des Leidens wie magische Wunderkräfte verbürgten.[156]

Namentlich die aus der Epik allgemein bekannte Kasteiungs-Askese hat der Çivaismus zu einer Massenerscheinung gemacht, indem seine Sekten sie vielfach auch für die Laien durchführte. Mitte April jedes Jahres melden sich massenhaft die korrekten çivaitischen Laien niederer Kaste bei ihrem Guru und unterziehen sich eine Woche lang den heiligen Übungen der allerverschieden-

155 Modern Buddhism.

156 Dazu, wie überhaupt zu vielen vorstehenden Bemerkungen vgl. R. G. Bhandakar, Vaishnavism, Saivism and minor religious Systems in Bühlers Grundriß Straßburg 1913.

sten Art, an denen hier nur interessiert, daß sie durchweg – im Gegensatz zur Yoga-Kontemplation – völlig irrationaler Art sind, oft rein nervöse Virtuosenleistungen darstellen. Neben den meist schreckhaften Geistern und dem furchtbaren Gott selbst, der als gewaltiger Virtuose der Magie sowohl wie als dürstend nach Opferblut vorgestellt wird, spielte kultisch der allmählich vom Ursprung des Symbols sich gänzlich loslösende phallische lingam-Fetisch die Hauptrolle bei den Massen.

Die vornehme Smarta-Schule rechnet sich als die Fortsetzerin der alten Tradition, weil sie das vedantistische Heilsziel: Selbstvernichtung durch Vereinigung mit dem Göttlichen, und den vedantistischen Heilsweg: Kontemplation und Gnosis, am reinsten festgehalten hat. Die althinduistische Lehre von den drei Gunas: satva, rajas, tamas, lebt bei ihnen weiter. Ebenso die Unpersönlichkeit des göttlichen Geistes, der in den drei Formen: Sein, Wissen, Seligkeit, lebt, im übrigen unprädizierbar ist, wenn er will, sich – innerhalb der Maya-Welt der kosmischen Illusionen – als persönlicher Gott manifestiert und als individueller Geist *bewußt* (Viraj) werden kann. Der *wache* Geisteszustand des individuell Seelischen ist der Tiefstand der Göttlichkeit, traumlose Entrücktheit die höchste, weil dem Heilsziel nächste.

Mit dieser Lehre hat der populäre lingam-Kult natürlich kaum die geringste Beziehung. Für den einfachen Lingam-Verehrer war überhaupt nicht Çiva, sondern der lingam-Fetisch und allenfalls die alte, männliche oder meist weibliche, stark animistisch aufgefaßte Lokalgottheit, die ihn bewohnte, das Objekt des Kults. Dabei liefen die alten, dem Çivakult und namentlich dem alten Sakti-Kult der als seine Gattin angesehene Göttin Durga ursprünglich eigenen, Fleischorgien und blutigen Opfer als eine unklassische Art von Volkskulten weiter. Sexual- und Blutorgie wurden zuweilen in sadistischer Art miteinander Verschmolzen. Daneben stand nun die individuelle çivaitische Heilssuche scheinbar beziehungslos. Denn sie war besonders oft in sehr starkem Maße asketischen Charakters im Sinne höchst virtuosenhafter Kasteiung. Çiva selbst erscheint in der Literatur als starker Asket und bei der Rezeption der volkstümlichen Heilssuche durch die Brahmanen sind gerade die schroffsten und für uns abstoßendsten Formen der Mönchsaskese als çivaitisch rezipiert worden, zweifellos, weil das alte Prestige des durch Kasteiung zu erlangenden Charisma als Mittel der Konkurrenz gegen die Heterodoxie geschätzt wurde. Ein Umschlag von extremer und pathologischer Kasteiung zu pathologischer Orgie war aber im populären Çivaismus offenbar seit alters in teilweise furchtbarer Form heimisch, und auch das Menschenopfer hat bis in die neueste Zeit nicht ganz gefehlt.[157] Gemeinsam war schließlich aller eigentlich çivaitischen

157 Zu den Çivaiten gehörten daher (soweit sie Hindu waren) auch jene Räubersekten, welche der Kali, einer der Göttinnen Çivas, außer Anteilen an der Beute auch Menschenopfer darbrachten. Darunter gab es solche, welche – wie die Thugs – das Blutvergießen aus rituellen Gründen verwarfen und daher die Opfer stets erdrosselten

Religiosität im allgemeinen eine gewisse Kälte der Temperierung in der Gefühlsbeziehung zum Gott. Çiva war kein Gott der Liebe und Gnade, und seine Verehrung nahm daher entweder ritualistische oder asketische oder kontemplative Formen an, soweit sie nicht Bestandteile aus der heterodoxen Orgiastik beibehielt. Gerade jene Qualitäten hatten ja diesen Gott der kühlen Gedanklichkeit der brahmanischen Intellektuellen-Soteriologie besonders akzeptabel gemacht. Für sie hatte die theoretische Schwierigkeit ja nur darin bestanden, daß er eben ein persönlicher Gott war und mit den Attributen eines solchen ausgerüstet werden mußte. Dafür hatte Sankaracharya das Bindeglied geschaffen.

Praktisch schwierig freilich blieb die Einfügung des ganz unklassischen Lingam-Kultes in das klassische Ritual, welches davon nichts wußte. Das größte çivaitische Fest, am 27. Februar, ist noch jetzt reine Anbetung des an diesem Tag in Milch gebadeten und dekorierten lingam. Der ganze *Geist* dieses Kultes stand aber so im Widerspruch mit den Traditionen der Intellektuellen-Soteriologie und auch mit dem klassischen vedischen Ritual, daß die Gefahr eines Bruchs hier stets bestand, der dann auch jene Zwiespältigkeit orgiastischer und asketischer Orientiertheit, wie sie der Çivaismus umschloß, zutage treten lassen mußte. Er erfolgte im großen Maßstabe vor allem in der Häresie Basavas, des Gründers der Lingayat-Sekte, der, nach allgemeiner Ansicht, bigottesten aller hinduistischen religiösen Gemeinschaften. Der Stifter, ein südwestindischer çivaitischer Brahmane (12. Jahrhundert), geriet mit der Hierarchie in Konflikt, weil er das vedische Ritual bei Anlegung der heiligen Schnur, welches Sonnenanbetung einschloß, als ketzerisch ablehnen zu müssen glaubte und wurde dann Hofbrahmane und Premierminister eines kanaresischen Königs. Seine Anhängerschaft war und blieb im kanaresischen Gebiet am stärksten, verbreitete sich aber weit über Südindien. Die Ablehnung des vedischen Rituals hatte bei Basava Lossage von den Brahmanen und Sprengung der Kastenordnung zur Folge. Die religiöse Gleichwertigkeit aller Menschen, auch der Frauen, wurde gepredigt. Die rationalen, antiorgiastischen, Züge des Çivaismus erstarkten. Teile der Sekte galten früher auch in sexueller Hinsicht für *puritanisch*. Doch scheint dies nicht streng festgehalten worden zu sein. Um so strenger waren und sind sie in anderen rituellen Hinsichten. Sie lehnten nicht nur den Fleischgenuß ab, sondern weigerten und weigern sich noch in irgendeiner Art am Fleisch- und Viehhandel oder an der Viehproduktion teilzunehmen oder Kriegsdienste zu tun. Sie verwarfen nicht nur die Tantras, sondern gehörten, wenigstens in ihren Anfängen, zu den

(Hopkins a.a.O., p.493 Anm. 1, p.494 Anm. 1 nach Berichten britischer Offiziere aus den 30er Jahren. Über die sadistischen Durga-Orgien s. das. p.491 Anm. 2 und p.492 Anm. 2). Die häufige Art der Darstellung Çivas und der çivaitischen Göttinnen, eine Mischung von Obszönität und wilder Blutgier im Ausdruck, hängt mit dieser Art der Orgiastik zusammen.

wenigen Sekten, welche die Samsara-Lehre bezweifelten. Die Heilssuche der Intellektuellen bestand in der Meditation über das in der Theorie zum Symbol der verschiedenen übernatürlichen Potenzen Çivas spiritualisierte lingam bis zu vollkommener Weltindifferenz, dem höchsten Stande der Gnade (prasada). Die volkstümliche Soteriologie[158] aber war rein magischer und sakramentaler Art. Der Guru vollzog an dem Eintretenden je nach der Stufe der Vervollkommnung die acht (ashtavarna-) Sakramente, welche allein die Rechte des Vollmitglieds gaben. Sie waren in der Doktrin strikt *monotheistisch,* anerkannten nur Çiva und verwarfen das brahmanisch-hinduistische Pantheon und die Trias der höchsten Götter. Aber sie verehrten Çiva wesentlich in magisch-ritueller Form. Sie trugen das lingam als Amulett (Jangama-lingam): Der Verlust dieses Objekts galt als schwerstes heilsgefährdendes Unglück. Neben der Verehrung dieses Amuletts und des Tempel-Phallos (des Sthavara lingam, d.h. standfesten, nicht tragbaren, lingam) kannten sie die Andacht zu heiligen Worten und Silben (Om). Ihre Priesterschaft, die Jangama, waren teils wandernde und Klöstern zugeteilte Asketen, teils Lingam-Tempelpriester; die letzteren gehörten zuweilen zum *establishment* von Lingayat-Dörfern.[159] Im übrigen fungierten sie als Gurus der Laien. Die Obedienz gegen den Guru war bei den Lingayat sehr streng, wohl am strengsten von allen indischen Sekten, namentlich bei den rituell und ethisch, auch sexualethisch und in der Alkoholabstinenz strengsten Observanten, den Visesha Bhakta. Zu dem auch sonst üblichen Trinken des Fußwaschwassers und ähnlichen hagiolatrischen Praktiken trat hier hinzu, daß selbst die Götterbilder vor dem Guru geneigt wurden, um seine Götterüberlegenheit zu symbolisieren. Diese haben auch an der alten Kastenlosigkeit am strengsten festgehalten. Dagegen wurde schon früher erwähnt, daß im übrigen die Lingayat dem allgemeinen Schicksal der Sekten, durch die Gewalt der Umstände in die Kastenordnung wieder hineingedrängt zu werden, nicht entgangen sind. Zuerst entwickelte sich die Aristokratie der Sippen der Altgläubigen gegenüber den später Konvertierten. Nur jenen blieben die 8 Sakramente voll zugänglich. Dann begann die ständische Differenzierung nach dem Beruf, der ja auch bei den Lingayat rituell in verschiedenem Grade unbedenklich war. Schließlich, sahen wir, gliederten sich die Sekten einfach nach den traditionellen Kasten.[160] Namentlich die Samanya, die *gewöhnlichen* Lingayat (im

[158] Das Basava Purana, die Grundschrift dafür, ist m. W. nicht übersetzt. Leider war mir auch die sonstige Spezialliteratur über die Sekte nicht zugänglich.

[159] Der Gegensatz der Sekte gegen die Brahmanen war so schroff, daß eine Dorfschaft das Graben eines Dorfbrunnens ablehnte, weil dadurch ein Brahmane veranlaßt werden könnte, dort Wohnung zu nehmen (da er dadurch rituell reines Wasser zur Verfügung gehabt hätte).

[160] Die Oberkaste nennt sich Vira-Saiva-Brahmana. Die Priester und Händler (aus der Baniya-Kaste) bilden den ersten Stand, Handwerker und Ölpresser folgen, schließlich

Gegensatz zu den pietistischen Observanten) haben sich in dieser Hinsicht leicht akkommodiert. Alles in allem hat der rationalistische Zug, der sich in dem Purismus der Sekte äußert, die massive Hagiolatrie und traditionalistische Ritualistik ihrer vorwiegend bäuerlichen Anhängerschaft nicht brechen können. –

Einen vom genuinen Çivaismus – trotz aller gegenseitigen Beeinflussungen und Übergänge – merklich verschiedenen Typus zeigt die zweite große Religiosität (oder Gruppe von solchen) der hinduistischen Renaissance: der Vischnuismus. Der orthodoxe brahmanische Çivaismus kastrierte die Orgiastik ritualistisch zum lingam-Kult, übernahm daneben die alte klassische Vedanta-Soteriologie unter Einfügung des persönlichen Weltregenten in das System und fand so in seinen innerlich höchst heterogenen verschiedenen Formen Anhänger einerseits unter dem vornehmen Brahmanentum als Neu-Orthodoxie, andererseits unter den Massen der Bauern als dörflicher Tempelkult. In Wahrheit freilich blieben die von der Orthodoxie nicht anerkannten Blut-, Alkohol- und Sexualorgien die Domäne des im wirklichen Volkskult lebenden Çiva. Der Vischnuismus dagegen temperierte die Orgiastik zur brünstigen Andacht und zwar vornehmlich in der Form der Heilandsminne. Die blutigen Opfer des alten Çivaismus und die radikale Kasteiungs-Virtuosität waren ihm fremd, denn Vischnu war als alter Sonnengott eine Vegetationsgottheit mit unblutigem Kult, dagegen mit sexueller (Fruchtbarkeits-) Orgiastik. Durch die bei Sonnenkulten stets naheliegende Verbindung mit inkarnierten Erlösergestalten wurde er die Form spezifischer Heilandsreligiosität, welche Indien hervorgebracht hat und fand demgemäß, wie es scheint, seinen Boden vornehmlich in den mittleren, bürgerlichen, Schichten der indischen Gesellschaft. Jener Umschwung zur Innigkeit und zum Genrehaften, den man in der italienischen Plastik etwa zwischen Pisano Vater und Sohn beobachten kann und der mit der Expansion des Bettelmönchtums Hand in Hand geht, kann damit am ehesten verglichen werden, außerdem natürlich, die gefühlsmäßig ähnlichen Erscheinungen in der Gegenreformation und im Pietismus. In Indien war vor allem der Krischnakult der Boden, auf welchem diese Entwicklung sich vollzog. Der Vischnuismus wurde die Religion der *Avatars*, der zur Erde niedersteigenden Inkarnationen des höchsten Gottes. Krischna war nicht die einzige: 10, dann 20, dann 22, dann immer mehr, wurden erfunden. Aber ebenbürtig neben Krischna trat nur eine zweite wichtige und höchst populäre Inkarnation Vischnus: Rama, ein – vielleicht historischer – siegreicher König, der Held des zweiten großen indischen Epos, des Ramayana. Er wird gelegentlich als Bruder Krischnas bezeichnet, gelegentlich (im Mahabaratha) sogar als eine von dessen Erscheinungsformen und war in drei verschiedenen Figuren, die alle als Inkarnationen des gleichen Helden galten,

die unreinen Kasten. Konnubium zwischen den Kasten besteht längst nicht mehr, vielmehr sind die Unterkasten endogam.

Nothelfer und Heiland. Im Gegensatz zu dem in seinen Taten durchaus unethischen Krischna ist er weit mehr moralisierend ausgestaltet. Die Beziehung zum alten Kult der Sonne: Surya, ist bei ihm weit stärker festgehalten als bei Krischna. Es scheint demgemäß, daß die Vegetationsfeste und unblutigen Opfer, welche dem Vischnuismus im Gegensatz wenigstens zur alten çivaitischen Fleischorgie charakteristisch waren, aus seinem Kult stammen. Andererseits traten jene sexualorgiastischen Bestandteile, welche im Krischna-Vischnuitentum in sublimierter Form stets fortgelebt haben, in den Rama-Kulten anscheinend mehr zurück. Auch das Ramayana gab Anlaß zu philosophischer Spekulation. Rama ist daher ein vorwiegend ritualistisch durch Gebetsformeln angerufener universeller Nothelfer teils der philosophisch Gebildeten, teils umgekehrt der gänzlich bildungslosen breiteren Massen geworden. Die eigentliche pietistische Heilandsfrömmigkeit des aliterarischen aber wohlhabenden Mittelstandes hat sich dagegen, scheint es, von Anfang an stärker an die erotische oder kryptoerotische Krischna-Verehrung angegliedert.

Es wurde ausgeführt, wie in der Bhagavata-Religiosität der *Glaube,* die persönliche innere Vertrauensbeziehung zum Heiland, in den Vordergrund trat. Die weitere Entwicklung fügte einerseits den überweltlichen persönlichen Gott hinzu: Vischnu, den alten, in den Veden weit zurücktretenden Sonnen- und Fruchtbarkeitsgott, mit welchem die alte Gottheit der Bhagavats identifiziert wurde, und als dessen wichtigste Inkarnation der mythische Heiland Krischna galt.[161] Die Hauptsache aber war die neue Qualität der Frömmigkeit, welche schon in den späteren Einschiebungen des Mahabharata entwickelt ist. Heiliges Wissen und Gnosis, rituelle und soziale Pflichterfüllung, Askese und Yoga-Meditation sind alle nicht die entscheidenden Mittel zur Seligkeit. Diese wird gewonnen durch Bhakti: die leidenschaftlich gottinnige innere Hingabe an den Heiland und seine Gnade.

Es ist möglich, daß diese Andachtsfrömmigkeit schon in früher Zeit einer besondern von den Bhagavats verschiedenen Sekte, den Bhaktas, eigentümlich war. Schon in den letzten Redaktionen des Epos ist sie aber mit der Gnadenlehre jener verbunden. Die orgiastische, und zwar sexualorgiastische, Herkunft der bhakti-Ekstase steht jedenfalls schon deshalb außer Zweifel, weil die Sexualorgien der Krischna-Verehrer auch nach der brahmanischen Sublimierung zur gottinnigen Andacht und bis in die Neuzeit daneben fortbestanden. Die Mahaprasada-Eucharistie, bei welcher alle Kasten gemeinsam beim Opfermahl saßen, war – ebenso wie die früher erwähnte Jaganath-Orgie der südindischen Kasten linker Hand – ein offenbarer Rest alter vorbrahmanischer Riten, und sie findet sich bei fast allen eigentlichen bhakti-Sekten.[162] Von

161 Diese Identifikation war zur Zeit des Megasthenes (3. Jahrh. vor Chr.) offenbar schon vollzogen.

162 Grierson, I. R. As. Soc. 1907, p. 311. Die Ansicht, daß derartiges sekundär, womöglich unter dem Einfluß der Nestorianer (wie behauptet wurde) habe entstehen können, bedarf keiner Widerlegung.

den sehr handgreiflichen Resten der Sexualorgiastik bei den vischnuitischen Sekten wird noch die Rede sein. Insbesondere von Chaitanyas später zu erwähnendem populärem Revival des bhakti ist bekannt, daß es unter anderem der allergröbsten Sexualorgiastik der Massen den Boden abgraben wollte, dabei aber selbst sexualorgiastischen Charakters war. Vor allem liefert die psychologische Qualität des bhakti selbst den Beweis. Denn die vorgeschriebene Stufenfolge soll über drei (oder vier) andere Gefühlszuständlichkeiten schließlich zu einer inneren Gefühlsbeziehung zum Heiland führen[163], welche derjenigen gleicht, die eine erotisch Liebende dem Geliebten widmet. An die Stelle der realen Sexualorgiastik trat also der kryptoerotische Genuß in der Phantasie. Zu diesem Zweck wurde die derbe, alte, erotische Krischna-Mythologie mit zunehmend kryptoerotischen Zügen angereichert. Die Jugendabenteuer des Helden, der nach der Legende ein Hirte (Govinda) war, mit den Hirtinnen (Gopis) standen von jeher im Mittelpunkt der Krischna-Mythen und wohl auch des Krischna-Mimus. Das im Abendland zuerst durch Rückerts Übersetzung bekanntgewordene Gitagovinda war eine glühend erotische, poetische Darstellung dieser Abenteuer. Aber es ist außer Zweifel, daß für gewisse, später hinzugekommene Züge auch die Innigkeit einiger christlichen Legenden – der bethlehemitischen Jugendgeschichten vor allem – zur Sublimierung und Anreicherung dieser Heilandserotik herangezogen wurde.[164] Zur Intellektuellen-Soteriologie der alten Bhagavata-Religiosität verhielt sich *Bhakti* etwa wie der Pietismus, namentlich der Zinzendorfsche Pietismus, zur Wittenberger Orthodoxie im 17. und 18. Jahrhundert. An Stelle des maskulinen gläubigen *Vertrauens* ist ein feminines Gefühlsverhältnis zum Heiland getreten. Gegen die certitudo salutis, welche diese Heilszuständlichkeit gab, traten nun alle anderen Heilswege zurück. Sowohl die Advaita-Erlösung der Vedantisten, wie die Mimamsa-Werkgerechtigkeit, wie vollends das kühle Wissen der Samkhya-Erlösung kam für den Bhakti-Praktikanten nicht in Betracht. Alle rituellen oder sonstigen Heilsleistungen der hinduistischen Frömmigkeit hatten nicht nur, wie bei jeder spezifischen Glaubensreligiosität, nur dann Wert, wenn sie ausschließlich und allein auf den erlösenden Gott oder Heiland bezogen waren, – dies hatte schon die Bhagavata-Religion gelehrt, – sondern sie waren wichtig letztlich nur als technische Hilfsmittel für die Erzeugung des allein entscheidenden Heilszustandes. In diesem Sinn kann allerdings schlechthin alles als Mittel dienen, wenn die rechte Andacht dabei ist. Die Theologie dieser Gnadenreligiosität geriet in die gleichen Diskussionen, wie sie der Okzident gekannt hat. Der Theorie von der gratia irresistibilis, die so erlöst, wie die

[163] In den Chaitanya-Sekten ist die Stufenfolge der Verdienstlichkeit: 1. Santi (Meditation) – 2. dasya (aktiver Gottesdienst) – 3. sakhya (Gefühl wie für einen persönlichen Freund) – 4. vatsalya (Gefühl wie für einen Vater), endlich: – 5. madhurya (Gefühl wie das des Mädchens für ihren Geliebten, – ein spezifisch femininer Habitus also).

[164] Das Christentum ist im 6. Jahrhundert in Südindien, im 7. Jahrhundert in Nordindien zweifelsfrei nachweisbar.

Katze, die ihr Junges im Mund davonträgt, stand die andere von der gratia cooperativa gegenüber, welche die Gnade so wirken ließ, wie die Affenmutter, deren Junges sich an ihren Hals klammert.[165] Immer wurde das *Opfer des Intellekts* gefordert: Man soll *an den Geboten des Veda nicht deuteln mit menschlicher Vernunft.* Die *Werke* aber sind nur wertvoll, wenn sie - entsprechend der Lehre des Bhagavatgita – *uninteressiert* (niskama) sind. *Interessierte* (sakama) Werke wirken Karman, die *uninteressierten* dagegen Bhakti.[166] Nach der sublimierten Bhakti-Theorie[167] bewährt sich das echte Bhakti, die Gottesliebe, letztlich in der Abwesenheit unreiner Gedanken und Triebe, vor allem: Zorn, Neid, Begierde. Diese innere Reinheit gibt die certitudo salutis. Diese Konsequenzen mußten da gezogen werden, wo man statt der akuten ekstatischen Vereinigung mit dem Gott oder Heiland den dauernden heiligen Zustand erstrebte; vor allem also in den Intellektuellenschichten.[168] Neben Karma-Marga, den Heilsweg der ritualistischen Brahmanen, und Iñana-Marga, den Heilsweg der kontemplativen Brahmanen, und neben das Yoga-Marga, den Heilsweg der (zunehmend) aliterarischen Ekstatik, trat so Bhakti-Marga als ein selbständiges Heilsmittel. Indessen den am meisten sublimierten und ethisch rationalisierten Formen standen und stehen andere gegenüber, welche den Bhakti-Zustand wesentlich massiver faßten. Denn *Bhakti* wurde eine Form der Seligkeit, welche in allen Schichten des vischnuitischen Hinduismus – und teilweise auch darüber hinaus[169] – verbreitet war und ist heute vielleicht von

165 Hierzu Grierson, I. R. A. S., 1908, p. 337 f. Grierson hat auch das moderne theologische Werk des Pratapa Simha (von 1866) übersetzt (I. R. A. S., p. 1908). Griersons Annahme (I. R. A. S., 1911, p. 800,) daß Bhakti zuerst in Südindien gepredigt worden sei, ist bestritten und nicht glaubhaft.

166 Das verwendete Gleichnis ist: Ein gemieteter Arbeiter (der um Lohn dient) hat den Schaden, den er verrichtet, zu ersetzen, Schaden dagegen, den ein im Eigentum des Herrn stehender Haussklave anrichtet, trägt der Herr. (Die Evangelien wenden ein ähnliches Gleichnis an, wenn sie von den Werkgerechten sagen, *sie haben ihren Lohn dahin.)*

167 S. dieselbe z. B. in den Aphorismen Sandilyas I. R. A., S. 1907, P. 330.

168 Eine Vaischnawa-Inschrift aus dem 13. Jahrhundert (Ep. Ind. VII, p. 198) sagt: *Ich habe kein Verlangen nach Verdienst, noch nach Häufen von Reichtum, und gar nicht nach Sinnenlust. Was kommen soll, o Gott, laß es kommen entsprechend den vorgetanen Handlungen. Darum allein bitte ich dich: auch in jedem künftigen Leben laß mich von unverminderter Verehrung zu deinen Lotosfüßen beseelt sein.* Also: der Besitz der andachtsvollen Gottinnigkeit als Selbstzweck. Zugleich zeigt die Inschrift jene inaktive Gestimmtheit des Lebens, die jeder reinen Glaubensreligiosität (auch dem Luthertum) eigen ist.

169 Denn wenigstens in Südindien hat auch der Çivaismus Bhakti auf das intensivste gepflegt und ist der Hauptsitz einer stark asketisch gewendeten, auf dieser Grundlage stehenden, Frömmigkeit gewesen. Hier wurde Çiva ein Gott, zu dem man nur durch Gnade, nicht durch Verdienst, gelangen kann und nicht das vedantistische Aufgehen in ihm, sondern das Weilen bei ihm galt als Erlösung. Die Konkurrenz gegen Vischnu war daher hier besonders schroff. (Vgl. Senathi Raja auf dem 6. Orientalisten-Kongreß 1883, Bd. III, S. 291).

den nicht rein ritualistischen Arten der Heilssuche in Indien die verbreiteste überhaupt, obwohl von der klassischen brahmanischen Tradition jede ihrer Formen nur als ein unklassischer Heilsweg geduldet war und ist. Als eine gefühlsmäßige Heilandsreligiosität wurde es ganz naturgemäß die bevorzugte Form der Heilssuche der aliterarischen Mittelstandsschichten. Fast alle hinduistischen Reformer vischnuitischer Provenienz haben in irgendeiner Art an der kryptoerotischen Sublimierung[170] oder umgekehrt Popularisierung der Bhakti-Heilssuche und an ihrer Kombination mit dem alten vedischen Ritualismus gearbeitet.[171] In Südindien schieden sich die berufsmäßigen Lehrer von Bhakti, die Alvar, von den Lehrern des Disputierens, den Acharya. Aus den letzteren gingen naturgemäß die am wenigsten *pietistisch*-gefühlsmäßig orientierten Reformer hervor.

Dahin gehören vor allem die beiden bedeutendsten vischnuitischen von Bhakti, die Alvar, von den Lehrern des Disputierens, aus Sektenstifter auf dem Boden des Rama-Kults: Ramanuja (12. Jahrhundert) und Ramananda (14. Jahrhundert), beide Brahmanen, die ein Wanderleben als Lehrer führten und ganz in der Art Sankaracharyas sich der Organisation und Instruktion von Mendikanten-Mönchen als des Mittels zur Massenpropaganda ihrer Heilslehren und zur Festhaltung der Anhänger bedienten. Ramanuja soll persönlich 74 (oder gar 80) Gurus als seine von ihm eingesetzten Jünger und Seelendirektoren hinterlassen haben und es scheint, daß die Festigkeit seiner Organisation wesentlich darauf beruhte, daß diese erbliche Hierarchen waren. Neben die Dandis und Sanayasins – Namen, welcher fortan für die çivaitischen Bettelmönche gebraucht wurden, – traten die Vairaghis, wie (meist) ihre vischnuitischen Konkurrenten bezeichnet wurden.[172] In der Doktrin wich Ramanuja von dem vedantistischen System Sankaras, welches hinter den letztlich zur Maya-Welt gehörigen persönlichen Gott das unerforschliche attributlose Brahman setzte, insofern ab, als diese Welt keine kosmische Illusion, sondern der Leib und die Offenbarung des Göttlichen, der persönliche Gott (Parabrahma) eine Realität und ein Weltregent, nicht ein Teil der Maya-Welt ist, substanziell verschieden sowohl vom Seelischen (chit) als vom Unbeseelten (achit). Maya und unpersönliches Göttliche gelten als Produkte *liebloser* Lehre.

170 Die vischnuitischen Tempel-Fresken gelten als minder phantastisch-grausig, aber als ebenso eindeutig und gelegentlich kraß obszön wie die çivaitischen.

171 Als ein Beispiel solcher Arbeiten kann etwa das Vischnu-Purana (englisch herausgegeben von Wilson 1864) gelten.

172 Der Name (namentlich in der Form Baishnab) ist teilweise zum Namen kleiner durch Verpfründung und Säkularisation entstandener Kasten geworden ebenso wie derjenige der Yogins. Die Strenge der Askese war im allgemeinen bei den vischnuitischen Mönchen geringer als bei den çivaitischen – ganz entsprechend dem Charakter der Religiosität. Die Bairagi-Mönche (Bairagi = von der Welt frei) Ramanandas namentlich, welche allen Kasten ohne Unterschied den heiligen Gürtel bei der Konfirmation gaben, hatten später meist geduldete Nonnen-Konkubinen und lebten in ihren oft großen und reichen Klöstern oft ziemlich weltlich.

Demgemäß wird als Heilsgut Unsterblichkeit, nicht Aufgehen im Göttlichen, verheißen. Die einflußreichste seiner Sekten hieß deshalb *Dualisten* (Dwaitawadi), weil sie die substanzielle Verschiedenheit Gottes von der Seelensubstanz lehrten und daraus die Unmöglichkeit des Aufgehens in Gott (des vedantistischen Nirwana) schlossen. Die im Anschluß an das Bhagavadgita entwickelte philosophische Spekulation war bei den Intellektuellenschichten der ramanitischen Vischnu-Sekten stärker entwickelt als bei den krischnaitischen. Namentlich der Kampf zwischen den Vadagala, den Anhängern der gratia cooperativa, die zugleich Sanskrit-gebildete Mönche hatten, und den Tengala, den Anhängern der gratia irresistibilis, deren Mönche Tamil als heilige Sprache hatten, tobte sehr heftig. Die letztgenannte Schule neigte zu stärkerer Indifferenz gegenüber den Kastenunterschieden. Nach der genuinen Lehre Ramanujas war die Erlangung des echten *Bhakti* an *upasana,* die altklassische Meditation, also vedische Bildung, geknüpft, mithin dem Çudra nicht unmittelbar zugänglich. Er konnte nur durch *piapatti,* unbedingte Hingabe an Gott aus dem Gefühl vollkommener Hilflosigkeit heraus, Heil erlangen und bedurfte dazu unbedingt der Leitung des vedisch gebildeten Gurus als Mittlers. Dabei ist in den Unterschichten, die sie heranzogen, infolge des Fehlens der Gefühlsmomente reiner Gebetsformelritualismus mit allerhand Tierkulten (so dem des heiligen Affen aus dem Epos) kombiniert worden. Die Konkurrenz gegen die Çivaiten war, namentlich unter Ramanuja, zeitweise sehr scharf und bitter, gegenseitige Verfolgungen und Austreibungen, Religionsgespräche, konkurrierende Klosterstiftungen oder Klosterreformen im Sinn der Beseitigung der Gegner finden sich in beträchtlicher Zahl. Die Disziplin der vischnuitischen Gurus war teilweise abweichend und im ganzen weniger asketisch als diejenige der çivaitischen. Namentlich hat der Vischnuismus in stärkerem Maße an das jedem Hindu geläufige Prinzip des Erbcharisma angeknüpft und also von Anfang an die Gurus meist als erbliche Hierarchen eingesetzt. Die persönliche Guru-Gewalt war überhaupt in den vischnuitischen Sekten besonders stark, im ganzen stärker als in den çivaitischen entwickelt. Es entsprach dies dem Charakter der vischnuitischen Religiosität, welche einerseits Hingabe an Autoritäten forderte[173], andererseits die stete Anregung zu pietistischen *revivals* in sich schloß. Die erbliche Guru-Gewalt erscheint in großem Maßstab zuerst in der Sekte Ramanujas, dessen Guru-Familien noch jetzt zum Teil (in Conjeveram) existieren. Inhaltlich richteten sich Ramanujas Reformen vor allem gegen den Phallos- (lingam-) Kult. An Stelle dieses in seinen Augen unklassischen Fetischismus traten daher andere Formen der Sublimierung der Orgiastik, namentlich die oft als Arkan-Disziplin gehandhabten Kultmahle. Namentlich aber kamen, entsprechend dem Heilands-Charakter der ramaistischen Frömmigkeit, die eine Anrufung der Nothelfer enthaltenden

[173]Jedoch ist im südindischen Bhakti-Çivaismus die Priestergewalt verhältnismäßig gering. (Senathi Raja a. a. O.)

Gebetsformeln als Andachtsmittel hoch: So namentlich bei den Ramats, den Sekten Ramanandas, die sich neben andern Einzelheiten auch hierdurch von der Observanz Ramanujas unterschieden. Die *mantra,* die aus wenigen Worten oder aus einer sinnlosen Silbe bestehende Anrufungsformel, gewann dadurch eine gelegentlich alles andere überwuchernde Bedeutung. Krischna und alte Reste der Sexualorgiastik waren hier am vollständigsten zugunsten Ramas und dieser ihm eigenen Andacht in Worten eliminiert. Der Rama-Kult ist im allgemeinen sexuell rein, die weibliche Gottheit die treue Gattin, im Gegensatz zum Krischna-Kult mit seiner orgiastischen Erotik und der Beschäftigung mit Krischnas Geliebten.

Andrerseits aber fand sich, in der Mission Ramanandas, als Prinzip zuerst eine sozial wichtige Neuerung: die Durchbrechung der Kasten. Nicht in der sozialen Alltags-Organisation und im Alltags-Ritual: hier haben, mit den weiterhin angegebenen Ausnahmen, alle Sekten die Kastenschranken nicht angetastet. Wohl aber in der Zulassung der Unterkasten zur Guru-Stellung. Die alten wandernden und lehrenden Philosophen, Sophisten und Heilskünder der Kschatriya-Epoche, sahen wir, waren zum sehr erheblichen Teil vornehme Laien gewesen, sehr oft solche, welche erst im Alter oder auch nur zeitweise das Leben des Asketen und Wanderlehrers erwählten. Die Heterodoxie, namentlich der Buddhismus, hatte prinzipiell die Kastenzugehörigkeit bei der Aufnahme in den Orden ignoriert und den *Berufsmönch* geschaffen. Die brahmanische Restauration übernahm diesen zwar, hatte aber für die Aufnahme in die Philosophenschulen und Klöster und für die Zulassung als Guru wieder Brahmanenkaste gefordert und die çivaitischen Sekten, wenigstens die offiziell anerkannten, waren im ganzen dabei geblieben. Zuerst Ramananda wich ausdrücklich ab. Dabei spielte freilich wohl auch der Umstand eine Rolle, daß die islamische Fremdherrschaft inzwischen über Indien hereingebrochen war. Sie hat, wie früher ausgeführt, durch Vernichtung oder Konversion oder politische Entrechtung des weltlichen Adels die Stellung der nun allein die alte einheimische Tradition tragenden geistlichen Mächte einschließlich der Brahmanen im ganzen eher gestärkt, so sehr sie sie bekämpfte. Aber die äußerlichen Machtmittel der Brahmanen fielen doch fort und die Sektenstifter sahen sich noch mehr als bisher darauf hingewiesen, Anschluß an die Massen zu suchen. Während alle erheblichen hinduistischen Sektenstifter bis zu Ramananda einschließlich Brahmanen waren und, soviel bekannt, nur Brahmanen als Schüler und Gurus annahmen, brach Ramananda mit diesem Grundsatz. Unter seinen unmittelbaren Schülern fanden sich – der Tradition nach – neben einem Rajputen: Pipa, und einem Jat: Dhuana, ein Weber: Kabir, und sogar ein Chamar (Lederarbeiter): Rai Das. Wichtiger aber als diese schließlich auch bisher nicht gänzlich fehlende Durchsetzung des Medikantentums mit nicht-brahmanischen Elementen war die Erscheinung, daß sich nunmehr auch Sekten entwickelten, die entweder in aller Form oder doch der Sache nach ganz auf dem Boden ständisch oder beruflich gesonderter aliterarischer Schichten standen. Daß die Smarttas im wesentlichen eine reine Brahmanensekte waren, hing mit ihrem Charakter als *Schule* zusammen. Von den Sekten, welche auf Ramananda zurückgehen, scheint gerade die seinen Namen führende, (die Ramanandi) in charakteristischer Reaktion gegen die *demokratische* Tendenz seiner Reform, später den Zutritt auf die vornehmen Schichten, die Brahmanen und die als Kschatriya klassifizierten Kasten, beschränkt zu haben. Die angesehenste ramaistische Mendikanten-Schicht, die Achari, sind sogar nur aus Brahmanen rekrutiert. Sie sind rein ritualistisch. Die Rai Das Panthi andererseits aber, die von seinem Schüler, dem Chamar Rai Das gestiftete Sekte, haben entsprechend ihrer sozialen Lage aus der Bhakti-Frömmigkeit den sozialen karitativen Liebes-Akosmismus und aus der Gegnerschaft gegen die Brahmanen die Ablehnung der Priestergewalt und der Idolatrie entwickelt. Entsprechend der sozialen Lage dieser verachteten Berufskaste ist Traditionalismus und ein Sichschicken in die unabänderliche Ordnung der Welt die Grundstimmung der ziemlich zahlreichen Sekte.[174] Die Konsequenz des Quietismus haben die Maluk Dasis gezogen, während die Dadu Panthi, eine von einem Baumwollwäscher im 17. Jahrhundert gegründete Ramanandische Sekte, aus den Lehren des Bhagavadgita streng deterministische Konsequenzen zogen. Weder Himmel noch Hölle soll man absichtsvoll suchen, da alles vorbestimmt ist, und nur die Fähigkeit spiritueller Liebe zu Rama, die Unterdrückung der Begierden, der Illusionen und des Stolzes gewährleisten den Gnadenstand und werden gepflegt. Neben Bettelmönchen (Virakta) mit strenger Besitzlosigkeit haben sie eine Schicht, welche den indischen Rajas Söldner (Naga) stellen und eine dritte (Bhistu Dhari), welche den bürgerlichen Berufen nachgeht. Ihr Kult beschränkt sich fast gänzlich auf die formelhafte Anrufung Ramas. Die von Ramanandas Schüler Kabir gegründete, namentlich unter den Weberkasten weit verbreitete Sekte der Kabir Panthi endlich leitete aus der Ablehnung der brahmanischen Autorität und aller Hindu-Gottheiten und – Rituale eine streng pazifistische, an das Quäkertum erinnernde und asketische Heilssuche ab: Schonung alles Lebens, Vermeidung der Lüge, Meidung aller Weltlust. Hier wie im Okzident scheint das Textilhandwerk mit seiner Hausgebundenheit und Gelegenheit zum Grübeln diese fast ganz rituallose Religiosität gefördert zu haben. Der hinduistischen Provenienz aber entsprach es, daß sie nicht aktiv asketischen Charakter annahm, sondern die andächtige Verehrung des Gründers als Nothelfer und den unbedingten Gehorsam gegen die Gurus zur Kardinaltugend machte. Eine *innerweltliche* autonome Lebensmethodik okzidentalen Charakters war daher auch hier nicht möglich.

Einem Teil dieser Sekten war gradezu Verachtung der wirtschaftlichen Arbeit gemeinsam. Natürlich vor Allem den spezifisch militaristischen.

[174] Der Sache nach bestand ihre Religiosität bald wesentlich aus Dämonenglauben und *Bhakti* als magischem Mittel. Ihre heiligen Bücher waren aus den Puranas kompiliert.

Die Mendikanten und Asketen der neohinduistischen Religiosität haben nämlich auch jene Erscheinung gezeitigt, welche sich in Asien vor allen bei den japanischen Buddhisten, am konsequentesten aber bei den islamischen Derwischen entfaltet hat: den mönchischen Glaubenskämpfer, ein Produkt der Sekten-Konkurrenz und der Fremdherrschaft des Islam und dann der Engländer. Sehr viele Hindu-Sekten entwickelten den Typus des *Naga,* des nackt, aber bewaffnet, den Glauben propagierenden, unter scharfer Kontrolle eines Guru oder Gosain stehenden Asketen. Ihrer Kastenzugehörigkeit nach waren sie teils *demokratisch,* teils, wie die Nagas der Dasu Panthi-Sekte, exklusiv auf *wiedergeborene* Kasten beschränkt. Sie haben den Engländern stark zu schaffen gemacht, aber auch untereinander blutige Fehden ausgefochten. So fand 1790, unter Hindu-Herrschaft, eine Schlacht zwischen den çivaitischen Nagas, welche die Vairaghis von der großen Messe von Hardwar ausschlossen, und diesen letzteren, die 18000 Tote auf dem Felde gelassen haben sollen, statt. Ebenso griffen sie wiederholt englische Truppen an. Zum Teil entwickelten sie sich zu Räuberbanden, die von Kontributionen der Bevölkerung lebten, oder zu Berufssöldnern.[175] Das bedeutendste Beispiel dieser Entwicklung von Glaubenskämpfer-Orden waren die Sikh *(Schüler,* des Sektenstifters und der ihm nachfolgenden Gurus nämlich), welche zeitweilig, bis zur Unterwerfung 1845, Souveränität über den Panjab ausübten und dort einen in seiner Art großartigen reinen Kriegerstaat geschaffen hatten. Ihre an sich sehr interessante Entwicklung soll hier nicht verfolgt werden.

Für uns wichtiger sind vielmehr einige andere auf dem Boden der vischnuitischen Heilandsreligion stehende Sektenbildungen, vor allem diejenigen des Vallabha und einige auf Schüler Chaitanyas zurückgehende. Alle waren Renaissancen der Orgiastik gegen die brahmanische Alleinherrschaft der Kontemplation als Heilsmittel. Beide zeigen, wie die Abwendung vom brahmanischen Ritualismus und der weltflüchtigen Kontemplation hier nicht zur aktiven innerweltlichen Askese, sondern zum Aufflammen irrationaler Heilssuche führte. Und zwar trotz der Einführung des überweltlichen Gottes.

Die zu Anfang des 16. Jahrhunderts von dem Brahmanen Vallabha begründete Sekte der Vallabhachari oder Maharadscha oder Rudra Samperadaya ist wenigstens dem Schwerpunkt nach noch heute eine Händler- und Bankiers-Sekte, vornehmlich Nordwestindiens, aber verbreitet über das ganze Land. Sie pflegt den Krischna-Kult, sucht aber das Heil, in Opposition gegen die intellektualistische Tradition, nicht in Askese oder Kontemplation, sondern in raffiniert sublimierten Krischna-Orgien, neben einem strengen Zeremonialismus. Der Stifter lehrte, daß nicht Entbehrung, Einsamkeit, Schmutz, Verachtung der

[175] So in ausgeprägtem Maße die Nagar, welche die Masse der Çudra-Bevölkerung von Malabar umfaßten, Söldner des Königs und daneben – kraft eines systematischen Beurlaubungsverfahrens – Bauern waren. Ihr Bildungsstand war relativ hoch, sie waren (meist) Vegetarier und Verehrer Krischnas und Ramas.

Schönheit, sondern umgekehrt die richtige Anwendung der Herrlichkeiten, Genüsse und Schönheiten der Erde die Mittel seien, den Gott würdig zu verehren und die Gemeinschaft mit ihm zu erlangen (die pushui marga, etwa: Diner-Heilslehre). Daneben steigerte er die Bedeutung des Guru gewaltig durch die Vorschrift, daß nur in dessen Hause gewisse wichtigste Zeremonien in gültiger Art möglich seien. Ein achtmaliger Besuch täglich war unter Umständen nötig. Er selbst hinterließ seinen Sohn Vittala Nath als Leiter, dessen Söhne die Dynastie der Gurus in mehreren Branchen fortsetzten. Die vornehmsten sind die Nachkommen Gokula Naths, die Gokulastha Gosains. Der Tempel Steri Nath Dwar in Ajmer ist das Zentralheiligtum der Sekte, zu dem jeder Gläubige einmal im Leben wallfahrten soll (offenbar eine Nachahmung der Mekka-Pilgerschaft). Die Macht der Gurus über die Laien ist groß: Ein Skandalprozeß von 1862 in Bombay brachte an den Tag, daß sie gegenüber den weiblichen Gemeindemitgliedern gelegentlich das jus primae noctis praktizierten, und daß die heilige Begattung dabei nach altem orgiastischen Brauch in Gegenwart von Gemeindegenossen sich vollzog.[176] Die Fleisch- und Alkohol-Orgien wurden zu kulinarisch erlesenen Diners sublimiert und entsprechend die Sexualorgien. Es ist selbstverständlich, daß die Plutokratie, die reichen hinduistischen Händlerkasten, vor allem die Baniya, an dieser Art von Gottesdienst Geschmack fanden und finden. Ein außerordentlich großer Teil von ihnen gehört dieser sozial ziemlich exklusiven Sekte an.[177] Es zeigt sich hier schlagend, daß asketische Religiosität ganz und gar nicht, wie immer wieder behauptet wird, aus dem immanenten *Wesen* des bürgerlichen Kapitalismus und seiner beruflichen Vertreter folgt, – im Gegenteil. Die Baniyas, *die Juden Indiens,* stellen ja[178] das Hauptkontingent dieses ausgesprochen antiasketischen, teils hedonischen, teils zeremonialen Kults. Die Heilsziele und Heilswege sind abgestuft. Dem Bhakti-Prinzip entsprechend kommt es auf *pusti,* die Gnade, allein an. Das auf deren Erlangung gerichtete *pustibhakti* kann bloße innerweltliche rituelle Werkgerechtigkeit (pravaha-pustibhakti) sein, oder dauernde Devotion im Dienst des Gottes (maryada-p.), welcher zu *sayujya* führt, oder Erlangung des heilsbringenden *Wissens* aus eigener Kraft (pusti-p.), oder endlich es kann die Erlösung durch reine Gnade dem inbrünstig Gläubigen gegeben werden (suddha-p.): Dann erlangt man das Paradies und ewige Wonne bei Krischna. Ethisch rational ist keiner dieser Heilswege.

So wenig der *Geist* dieses Kults der brahmanischen Tradition entspricht, so haben sich doch relativ vornehme Brahmanen, wie die Derschaschth, ange-

[176] Die Gosains dieser Kaufmanns-Sekte zeichnen sich durch Reellität insofern aus, als sie feste Tarife für ihre Darbietungen haben, z.B. etwa für die Erlaubnis, das Badewasser des Guru zu trinken 17 Rupien, für das Privileg, *being closeted with him in the same room:* 50–100 Rupien (Jogendra Nath Battacharya a.a.O., p.457).

[177] Zugelassen sind im Prinzip alle Kasten außer den Schustern, Schneidern, Wäschern und einer niederen Barbierkaste. Faktisch sind nur reiche Leute, wesentlich Banya dabei.

[178] Insbesondre die Gujarati und Rastogi Banya.

sichts der überaus fetten Pfründen, welche die Stellen an den Tempeln der Sekte darstellen, zu deren Übernahme bereit finden lassen. Die eigentlichen spirituellen Patriarchen der Gemeinden, die Gosains, sind zwar verehelicht, aber dem allgemeinen Typus entsprechend zu fortwährenden Inspektionsreisen in ihren Sprengeln verpflichtet. Da sie selbst meist große Geschäftsleute sind, so gestattet dieses ambulante Leben ihnen die Anknüpfung und Abwicklung von Geschäftsverbindungen. Die feste interlokale Organisation dieser Sekte überhaupt ist dasjenige Moment, welches unmittelbar den geschäftlichen Operationen ihrer Mitglieder zugute kommt. Nächst den Parsi und den Jaina, aber aus gänzlich anderen Gründen als diese, umfassen sie die größte Zahl ganz großer hinduistischer Geschäftsleute.

Der Ausschluß der Unterkasten aus der Vallabhachari-Sekte, außerdem aber der große Aufwand, den ihre pushui-marga erforderte, gab der von Swami Narayand gestifteten, ganz wesentlich moralistischen, Sekte die Möglichkeit, ihnen in den untern, aber auch in den Mittelstandsschichten neuerdings erheblich Abbruch zu tun.

Genau entgegengesetzt den Vallabhacharis entwickelte sich andererseits die Krischna-Orgiastik im östlichen Nordindien in einer Anzahl von Sekten, welche ihren Ursprung auf den zu Anfang des 16. Jahrhunderts lebenden Brahmanen Chaitanya zurückführen. Er selbst, anscheinend ein epileptoider Ekstatiker, lehrte die Identität von Krischna mit Parmaturu, dem unerschaffenen Weltgeist, der sich unaufhörlich in zahllosen endlichen Erscheinungen manifestiert. Sein großes neues Zugmittel war Sankirtan, die große Sing-Prozession, die namentlich in den Großstädten zu einem Volksfest ersten Ranges wurde. Pantomimische oder dramatische Tänze traten dazu. Vegetarismus und Alkoholabstinenz hielten wenigstens die oberen Schichten, zu denen namentlich die Kayasth (Schreiber) und die Satsudra (rituell reine Gewerbe), in Orissa z.B. aber auch die alte Brauerkaste (jetzt meist Kaufleute) bedeutende Kontingente stellten, aufrecht. Das Prinzip der erblichen Guruschaft bestand auch bei dieser Reformsekte. Sie ist die populärste, welche wenigstens Nordindien, vor allem Bengalen, kennt. Im Gegensatz zur Tantristik fehlt ihr eben jegliche Esoterik, im Gegensatz zu den vornehmen Intellektuellenschichten aller Bedarf nach heiligem Wissen (kein Sanskrit!). Die Bhakti-Andacht kann jeder ohne Hilfe praktizieren. In der Massenreligiosität herrscht krasse Sexualorgiastik. Die Zugehörigen der aus den unteren Kasten rekrutierten chaitanitischen Sekten bilden die ziffermäßig bedeutendste Schicht von Vischnuiten (in Bengalen 10-11 Millionen) und pflegen sämtlich die orgiastische Anrufung Krischnas (Hari, Hari, Krischna) und Ramas, daneben aber – wenigstens die meisten von ihnen – die Sexualorgie als Hauptmittel der Selbstvergottung, als welche namentlich die Baul sie verabsolutierten. Den Sahaya galt, bei der Sexualorgie, jeder Mann als Krischna, jedes Weib als Radha (seine Favoritin), die Spashta Dayaka hatten intersexuelle Klöster als

Stätten der Sexualorgie. In minder ausgeprägter Form finden sich Reste der Krischna-Orgien auch sonst. In einer Anzahl von Kulten, welche noch heute als allgemeine Volksfeste in fast ganz Indien, und zwar nicht nur von vischnuitischen Sekten, gefeiert werden, bildet neben Krischna selbst namentlich Radha, deren Liebesleben mit ihm im 10. Buch des Bhagavata Purana – entsprechend dem *Hohen Lied* im Alten Testament – als Symbol der gegenseitigen mystischen Liebe der göttlichen und menschlichen Seele erzählt ist, den Mittelpunkt. Sie werden mit Gesang, Tanz, Mimus, Konfetti und Rudimenten sexualorgiastischer Freiheiten begangen.

Konsequenzen im Sinne einer Bewertung rein innerweltlichen Handels als Heilswegs haben anscheinend nur einige verschwindend kleine vischnuitische Gemeinschaften gezogen. Am ersten könnte dies bei den von H. H. Wilson[179] erwähnten Madhava sein, Anhängern der vom Brahmanen (und Minister des Königs Vijayanagar) Madhava, Abt von Shringeri im 13. oder 14. Jahrhundert begründeten Lehre. Er war[180] Vischnuit, Gegner des Vedanta und Anhänger der unklassischen ramaistischen Dwaita- (dualistischen) Doktrin. Auch bei ihm ist natürlich Dualismus nicht der Gegensatz zwischen *Gut* und *Böse* oder zwischen *Gott* und *Kreatur,* sondern zwischen vergänglichem Leben und ewigem Sein. Allein nicht das ewige Sein ist das – für das Streben der Menschen wenigstens – Reale, sondern gerade umgekehrt: das Leben. Es ist ewig und unentrinnbar. Eine Absorption in das formal ewige *Sein* im Sinn der brahmanischen Lehre, namentlich des Vedanta, gibt es für den Menschen nicht. Damit fallen alle Voraussetzungen der brahmanischen Soteriologie. Innerhalb dieses Lebens hat der Mensch sich sein Heil zu schaffen. Eine Selbstvergottung ist unerreichbar, ein Aufgehen in der Einheit mit dem Göttlichen unmöglich, da der ewige Gott absolut überweltlich und übermenschlich ist. Yoga und alle Exerzitien der Intellektuellen-Soteriologien sind sinnlos. Der Gott spendet seine Gnade dem richtig Handelnden. Damit scheint die Bahn für eine Ethik des aktiven innerweltlichen Handelns im Sinn des Okzidents frei. Indessen gilt auch hier Meditation als der höchste Heilsweg und *interesseloses* Handeln als allein sündlos. Es blieben eben die allgemeinen Voraussetzungen der hinduistischen Theodizee, Samsara und Karman, bestehen. Überdies auch die absolute Autorität des mit dem heiligen (vedischen) Wissen ausgerüsteten Seelsorgers über den Gläubigen. Ja das Charisma der qualifizierten Gurus ist gerade in dieser Lehre aufs äußerste gesteigert und als ein persönlicher, an qualifizierte Reflektanten verpfändbarer und verkäuflicher Besitz behandelt worden.[181] Die unbedingte Hingabe an den Guru gilt

[179] Rel. Sects of the Hindus, London 1861. Es standen mir die Quellen nicht zur Verfügung.

[180] S. über ihn Balfours Cyclopaedia of India Vol. II, p. 766.

[181] Geographisch verbreiten sich – um auch dies zu erwähnen – die vischnuitischen – im Verhältnis zu den universell verbreiteten çivaitischen – Sekten so, daß die Anhänger

als für die Laien-Erlösung unumgänglich: lediglich von ihm, nicht aus Büchern, hat man Kenntnisse zu erwerben.

Die Stellung des Gurus gegenüber dem Gläubigen war überhaupt derjenige Zug, welcher in den weitaus meisten seit der brahmanischen Restauration entstandenen hinduistischen Gemeinschaften beherrschend hervortrat. Vorgebildet war diese Stellung ja in der absoluten Autorität des vom Schüler (bramacharin) fußfällig zu verehrenden Lehrmeisters (guru) in den Veden. Indessen damals eben nur für den internen Schulbetrieb. Diese alten vedisch gebildeten Gurus, von denen noch die Rechtsbücher sprechen, welche als Hauskapläne von Königen und Adligen und als Hauslehrer ihrer Söhne die vornehme Bildung der Kschatriya-Zeit vermittelten, waren aber seit den Kirchenreformen des Neo-Brahmanismus durch eine oft wesentlich plebejischere, minder literarische Mystagogen- und Seelsorgerschicht ersetzt, obwohl gerade darin Sankaracharya hatte reformieren wollen. Denn dies: die Schaffung geschulter und klösterlich organisierter wandernder Mendikanten einerseits und die universelle Durchführung der Guru-Verfassung waren ganz offenbar – neben der Verbindung mit den Höfen – die Mittel, durch welche die Brahmanen siegten. Ganz ähnlich wie die Gegenreformationskirche durch Steigerung der Intensität der Beichte und Ordensgründung ihre geistliche Herrschaft über die Massen neu aufrichtete, brachen diese Mittel die Konkurrenz der Jaina und Buddhisten. Zunächst wenigstens waren die überwiegende Mehrzahl der Mendikanten und Gurus Brahmanen oder doch ganz in deren Hand. Im wesentlichen ist es auch heute so. Die teilweise fürstlichen Einkünfte, welche die Gurus gerade der Massensekten bezogen, mußten das Widerstreben der Brahmanen gegen die Übernahme solcher Stellungen stark vermindern. Nicht die neuen Lehren, sondern die Universalität der Guru-Autorität war also das Kennzeichen des restaurierten Hinduismus. Er war – ganz abgesehen von den Krischna- und Rama-Kulten, die er sich einverleibte – *Heilands*-Religiosität noch in einem andren sehr besonderen Sinn. Er bot den Massen den leibhaftigen, lebenden Heiland, den Nothelfer, Berater, magischen Therapeuten und vor allem: das Anbetungsobjekt, in Gestalt des, sei es durch Nachfolgerdesignation, sei es erblich, seine Würde übertragenden Guru oder Gosain. Alle Sektenstifter wurden vergöttlicht und ihre Nachfahren wurden und sind Gegenstand der Anbetung. Die Guruschaft galt jetzt als die typische Stellung des Brahmanen. Der Brahmane ist als Guru lebender Gott (Thakur). Kein korrekter Çudra wird versäumen, Wasser zu

Ramanujas und Madhavas besonders im Dekkan, die anderen besonders in Vorderindien und zwar die Vallabhas insbesondere im Westen, die Chaitanyas in Bengalen, die eigentlichen *Ramas*, die Ramanandi-Sekten also, in Nordindien im allgemeinen verbreitet sind. Diese geographische Verteilung ist, soviel ersichtlich, wesentlich durch politische Umstände bedingt gewesen. Die relativ schwächere Vertretung der vischnuitischen Sekten im Süden hat ihren Grund darin, daß der Peschwa (s. o. I, S. 662) im Mahrattenreich ein Çivait war.

trinken, in welches ein Brahmane seine Zehe getaucht hat, oder sich Bissen von den Überbleibseln auf seinem Teller zu verschaffen. Der Genuß der Exkremente des Guru im Gayatri-Kriya-Sakrament (angeblich bei der Satnami-Sekte, einer Kschatriya-Gründung in Nordindien, sogar noch vor kurzem im Gebrauch) war nur ein äußerster Fall. Der in einem Gebiet leitende Guru ersetzte den Bischof der abendländischen, Kirche, visitierte in Begleitung seines Gefolges seinen – traditionellen oder auch ausdrücklich gesicherten – Sprengel, exkommunizierte im Fall grober Sünden, erteilte die Absolution gegen Buße, erhob die Abgaben von den Gläubigen und war in allem und jedem Betracht die entscheidende beratende und beichtväterliche Autorität. Jeder Sekten-Gläubige hatte seinen Guru, der ihm den religiösen Unterricht erteilte, ihn dann durch Mitteilung der Mantra (Gebetsformel) und Bezeichnung mit den Sektenmerkmalen durch Brandmarkung oder Bemalung in die Sekte aufgenommen hatte und an den er sich in allen Lebenslagen um Rat wendete. Bei den Krischna-Sekten wurden die Kinder mit 6–7 Jahren dem Guru zugeführt und ihnen der Rosenkranz umgelegt. Mit 12 bis 13 Jahren erfolgte die der Konfirmation entsprechende (samupana-) Zeremonie, für welche die alte Form der Umgürtung mit der heiligen Schnur (die Samavartana-Zeremonie) den Ritus abgab: Dem Sinne nach aber war sie die Weihe des eigenen Leibes an Krischna. Ökonomisch, sahen wir, wurden die Guru-Sprengel teilweise als persönliches Eigentum der Gurus betrachtet, nicht nur – wie meist – vererbt, sondern auch veräußert, wie die *jajmani* eines Handwerkers. Religiös ersetzte die Verehrung des Guru gerade bei den Massen oft alle andere Heilandsreligiosität: Der lebende Heiland oder Gott inmitten der Gläubigen ersparte alle transzendenten Anbetungsobjekte. Das praktische Maß der Guru-Autorität in Dingen der Alltagslebensführung war und ist bei den einzelnen Sekten zwar verschieden, aber sehr begreiflicherweise gerade bei den spezifisch plebejischen Sekten meist ganz besonders groß. Daß die Institution auch heterodoxen Mystagogen die Chance bot, sich als Seelenleiter aufzutun und Anhänger um sich zu sammeln, – namentlich seit die Stütze der Regierung den Brahmanen fehlte –, mußten die hinduistischen Reformatoren mit in den Kauf nehmen. Im ganzen bedeutete diese Plebejisierung der brahmanischen Lehrer eine ganz ungeheure Stärkung ihrer Macht. In den Tagen der islamischen Fremdherrschaft und Verfolgung zumal waren die Gurus für die Massen der Hindu ebenso die feste Stütze in aller inneren und folglich auch äußeren Not, wie die Bischöfe der katholischen Kirche in der Zeit der Völkerwanderung und schon vorher.

Mit dieser plebejisierenden Entwicklung hängen jene starken Verschiebungen in der Stellung und Gliederung des Brahmanentums zusammen, welche sich seit der Restauration vollzogen haben.[182] Der vornehme Brahmane der

182 Die entscheidenden Tatsachen findet man am bequemsten bei Jogendea Nath Bhattacharya a. a. O.

Frühzeit war Hauskaplan eines Königs (purohita) oder eines Adligen, wie dies sich namentlich im Rajputana erhalten hat. An Würde gleich stand der Purohita-Stellung die des selbständigen Lehrers von Abkömmlingen von Brahmanen und, demnächst, von Adligen, der durch *dakshina* entgolten wurde. Dakshina durfte und darf ein Brahmane hoher Kaste nur von vornehmen Kasten nehmen.[183] Andrerseits beanspruchten das Monopol des Nehmens von Dakshina von den vornehmen Kasten die nach ihrem Kastenrang vornehmen und vedisch gebildeten (Vaidika-) Brahmanen (daher Dakshinacharas genannt). Die mittelalterliche Entwicklung brachte, wie wir sahen, die großen Pfründenstiftungen der Fürsten und Adligen für ritualkundige Brahmanen, deren rituelle Dienste, Schrift- und Verwaltungskunde und Lehrkräfte dadurch für den Bedarf des Fürsten und seines Adels sichergestellt wurden. Auch die Fähigkeit, solche Lehen für rituelle und Unterrichts-Dienste zu empfangen, wurde natürlich von den Vaidika-Brahmanen vollen Kastenrangs monopolisiert. Oft war sie den als bhikkschu lebenden vorbehalten, welche jedoch nicht selten trotz Beibehaltung dieser Bezeichnung später – wie bei den Buddhisten die *Bonzen* – zu einem Weltklerus ohne Zölibat wurden, den eben nur die Abstammung und vedische Schulung von den Laukika oder Grihastha genannten Laien-Brahmanen unterschied, die an der Pfründenfähigkeit nicht teilnahmen. Unter diesen Laien-Brahmanen waren die vornehmsten diejenigen, welche weltliche Lehen für Leistungen im Verwaltungsdienst empfingen, wie z. B. die Bhuinhar-Brahmanen (von Bhum, Landlehen) in Bihar und Benares, anderwärts ähnliche Schichten. Degradiert waren, wie früher erwähnt alle Tempelpriester (in Bengalen: Madhya genannt). Teils deshalb, weil ihre subalternen Manipulationen keine vedische Schulung voraussetzten, die ihnen denn auch meist fehlte, teils aber auch, weil sie von Gaben unvornehmer, oft unreiner Kasten, oder von solchen von fremden Pilgern unsicherer Reinheit lebten.[184] Innerhalb der Vollbrahmanen nahmen eine hohe, nach ihren eigenen Ansprüchen die höchste, Rangstellung ein die Pandits: respondierende Sakraljuristen und Richter, deren höchster in der Zeit vor der Fremdherrschaft oft für den ersten Mann des Landes galt. Die Stellung hat sich in der Restaurationsperiode, und zwar anscheinend wie so viele andere hinduistische Institutionen von Kaschmir her, entwickelt. Mit ihnen konkurrierten an Macht die Superioren der großen charismatischen Klöster, deren *Srimukh* (Dekret, dem *Fetwa* des islamischen Mufti entsprechend) für die Anhänger der betreffenden Lehre in verbindlicher Art Ritualfragen[185] entscheidet,

183 Äußerste Grenze sind für Brahmanen, die nicht als völlig degradiert angesehen werden wollen, die *Satçudra*-Kasten, deren Gaben unter Umständen – in Bengalen, wenn sie hinlänglich groß sind! – genommen werden dürfen. Stets aber sind die *Açudra pratigahi*, die nie vom Çudra nehmenden, die vornehmsten und verachten die *Çudra yajaka*.

184 So die überaus reichen Priester gewisser berühmter Wallfahrtsheiligtümer in Benares.

185 So entschied ein Srimukh des Abts von Shringeri über die Zugehörigkeit einer bestimmten Gruppe Mysorescher Brahmanen zur Kaste.

– aber eben nur innerhalb der betreffenden, freilich unter Umständen eine Mehrzahl von Sekten[186] umfassenden, Lehrgemeinschaft.

Bei allen diesen althistorischen brahmanischen Machtstellungen war der Besitz des heiligen Wissens diejenige Qualität, welche das Monopol auf die geistlichen Pfründen der verschiedenen Arten verlieh, bildete das profanjuristische Wissen und die Literatenqualität als solche diejenige Eigenschaft, welche auf die weltlichen Stellungen Anspruch gab.

So stehen unter den studierten Bikkshu-Dershashths in Maharashthra neben den Vaidika die Çastri (Juristen), welche dort untereinander und mit den Jotishi (Astrologen), Baidya (Medizinern), Puranika (Rezitatoren der Purana) im Range gleich stehen. Nächst dem heraldischen Rang[187] entscheidet der damit oft, aber nicht immer, zusammenfallende[188] traditionelle Grad der Veda- und Sanskrit-Schulung über die soziale Schätzung. Demnächst der Grad esoterischen, namentlich also tantristischen *Wissens*, einer wichtigen Machtquelle namentlich çivaitischer Brahmanen. Die Yoga-Schulung gibt dagegen heute z.B. in Südindien (Telinga), wo sie sich bei Brahmanen (Niyogin) häufig findet, ebenso wie sonst keine Qualifikation für Pfründen.[189] Ganz einheitlich ist die Scheidung von geistlichen und Laien-Brahmanen nicht.[190] Die Qualität der kultischen Prozeduren wirkt auf den Rang je nach deren ritueller Unbedenklichkeit: In Bengalen, Orissa, Mithila und im Panjab sind gerade vornehme Brahmanen Saktis, jedoch durchweg in der gemäßigten Form, welche zwar die Teilnahme an blutigen Opfern, nicht aber am Alkohol-und Tabak-Genuß einschließt. Die *extremen*, d.h. Alkoholgenießenden, Sakti-Brahmanen z.B. in Sindh und Maharashtra gelten als niederen Ranges. Daß in Südindien die vornehmen dravidischen (Dravira-) Brahmanen fast alle Çivaiten sind, hat rein historische Gründe; in Rajputana sind gerade die vischnuitischen Srimali besonders vornehm (weil rein arisch). Degradierend wirken nur diejenigen Formen des Vischnuismus, welche den Sanskrit aufgegeben haben oder welche dakshina von niederen Kasten nehmen, was beides meist zusammentrifft. So namentlich die Stellung als chaitanitischer Guru trotz Alkoholabstinenz.[191]

186 Shringeri z.B. alle orthodox çivaitischen in Südindien, für welche das Kloster auch die Exkommunikationsgewalt in Anspruch nimmt.

187 So der Zugehörigkeit zu den Sapta Sati, den 7 vor König Adisaur (9. Jahrh.) in Bengalen eingewanderten Sippen, oder den *Panch Gaur*, den vornehmsten 3 aller nordindischen Sippen.

188 Bei den hochadligen Kulin-Brahmanen in Orissa z.B., die aus den ausschließlich von Vaidika bewohnten 16 shashan-Dörfern (alten Königsstiftungen) stammen, gilt die Sanskritbildung als mittelmäßig.

189 Dagegen können dort diese als *Niyogin* von den Vaidika geschiedenen Brahmanen Priester sein.

190 In Nordindien können vielfach auch *weltliche* Brahmanen, als Gurus, dakshina empfangen (stets handelt es sich um Brahmanen niederen Ranges).

191 Die alte bengalische Brauerkaste (jetzt meist Kaufleute) war abstinent und chaitanitisch.

Zwar in Orissa stehen die chaitanitischen (Adhikari-) Brahmanen an Rang zwischen den Vaidika- und den Laien-Brahmanen – unter denen es dort eine rituell befleckende Unterkaste (die Mathan) gibt – in der Mitte. Aber in aller Regel ist der Brahmane als chaitanitischer Guru degradiert, sowohl weil ihm das vedische und Sanskrit-Wissen, wie die tantristische Esoterik entbehrlich ist und fehlt, als weil er (meist) dakshina von allen (oder doch fast allen) Kasten nimmt. Diese populären vischnuitischen (hauptsächlich auf Ramananda und Chaitanya zurückgehenden) Sekten verschoben nun die Stellung der Brahmanen auf das nachhaltigste. Zunächst, indem sie jenes an sich schon geringe Maß einheitlicher Organisation, welches für den orthodoxen Çivaismus die Arbeit namentlich Sarkaracharyas geschaffen hatte, für den Vischnuismus völlig sprengten. In Nordindien fehlt schon dem dort schwächeren Çivaismus ein solches geistliches Oberhaupt, wie für Südindien der Abt von Shringeri, neben ihm einige andere Klöster, immerhin sind; denn die Machtstellung von Sankeshwar scheint auf einige vornehme Brahmanen-Kasten beschränkt zu sein. Der Vischnuismus, namentlich der chaitanitische Massenvischnuismus, entbehrt dessen völlig. Jede einmal anerkannte Guru-Dynastie bildet eine (meist) erbliche hierokratische Gemeinschaft für sich. Neben diese zunehmende Sekten-Zersplitterung trat die Änderung der Art der Machtmittel. Vedisches Ritualwissen, tantristische und saktistische Esoterik als Grundlage der charismatischen Machtstellung fielen bei den *demokratisch* orientierten Sekten fort. Emotionale konfessionelle Agitation und Konkurrenz in der Öffentlichkeit mit ihren spezifisch plebejischen Mitteln der Werbung und Kollekte: neben Prozessionen und Volksfesten auch kollektierende Wanderkarren und ähnliche Veranstaltungen, traten an die Stelle. Die Zunahme der Zahl der Kleinbürger und proletaroiden Massen und die Zunahme des Reichtums der bürgerlichen Schichten in den Städten steigerten die Erwerbschancen der an sie sich wendenden Guru-Demagogie. Die tiefe Verachtung der vornehmen Brahmanen gegen diese Konkurrenz konnte ihnen die bittere Erfahrung nicht ersparen, daß aus ihren eigenen Kreisen die Neigung zum Überlaufen vom Lager der Tantristik und sonstigen Esoterik zum Vischnuitentum wuchs. Die Autorität der Pandits, ebenso wie die Benutzung der vornehmen gebildeten sankaritischen und anderen als vollklassisch geltenden Brahmanen als Gurus nahm mindestens relativ ab zugunsten der mindestens relativ aliterarisch (d. h. nicht Sanskritgebildeten) Hierarchen der Masse.[192] Gerade die durch die englische Herrschaft allmählich propagierte kapitalistische Entwicklung hat – mit ihrer Schaffung ganz neuer Quellen der Vermögensakkumulation und des ökonomischen Aufstiegs – diese Umwälzung stark gefördert. Die alte Anrede *Thakur, Gott,* für den Brahmanen ist nicht nur abge-

192 Das Ressentiment darüber spricht deutlich genug aus dem zitierten Buch J. N. Bhattacharyas, eines Ober-Pandit, loyalen Anhängers der englischen Herrschaft und der Kastenordnung und Verächters der plebejischen Gurus.

braucht, sondern überdies auch entwertet dadurch, daß heute nur der Guru der plebejischen Sekten es ist, der ernstlich und wirklich wie ein Gott verehrt wird.

Diese Entwicklung hat überall da, wo die neohinduistischen Heilsmittel sich mit den buddhistischen verbunden haben, – was besonders intensiv bei der (namentlich in Java verbreiteten) yogistisch und mantristisch beeinflußten Mantrayana-Schule der Fall ist, – auch diese ergriffen: die Autorität des hinayanistischen Gurus war in den Missionsgebieten ohnehin schon groß und die unbedingte Obedienz gegen ihn wurde nun zum absoluten Erlösungsmittel gesteigert.[193]

Diese göttliche oder gottähnliche Stellung des Gurus ist gerade auch bei denjenigen hinduistischen Sekten, welche alle Idolatrie und alle andern irrationalen, ekstatischen, orgiastischen oder rituellen Kultmittel radikal beseitigten, sehr oft am allerstärksten entwickelt, wie wir sahen. Anbetung des lebenden Heilands war also das letzte Wort der hinduistischen Religionsentwicklung.

Der Unterschied gegenüber der katholischen Anstaltskirche war bei dieser Organisation, äußerlich angesehen: Einmal, daß Mönche und charismatische oder erbliche Mystagogen die ausschließlichen Träger waren, dann: ihre formale Freiwilligkeit. Ganz wie in China vollzog sich die Entstehung der nicht vom Fürsten für die offiziellen Opfer oder für Brahmanenschulen gestifteten Tempel regelmäßig im Wege der Subskription und der Bildung eines Komitees, welches die äußere Ordnung und die Führung der Wirtschaft in die Hand nahm. Unter den hinduistischen Fürsten war diese Art der Stiftung neuer Kulte schwerlich die vorwiegende. Unter der fremdgläubigen Fremdherrschaft aber wurde sie die fast ausschließliche äußere Form der Propaganda der Sektenkulte und diese gerieten dadurch in stärkstem Maß unter die Herrschaft der bürgerlich erwerbenden Schichten und gewannen nun auch ökonomisch erst die Möglichkeit, sich vom offiziellen orthodoxen Brahmanentum zu emanzipieren oder dies zu zwingen, sich ihnen zu akkommodieren. Die Inschriften zeigen, daß diese Organisationsform seit langen Jahrhunderten bis heute typisch die gleiche geblieben ist. Ebenso typisch die gleiche blieb die spirituelle Herrschaft der Gurus. Auch die politische Macht dieses Klerus war selbstverständlich groß. Der Mendikanten bedienten sich die Könige als Spione (ein solcher Asket spielt in der Frühgeschichte von Bombay eine typische Rolle), der Brahmanen überhaupt als ihrer Beamten und Berater. Festzustellen ist, daß offenbar die äußersten Konsequenzen der Guru-Verehrung erst in den letzten 5–6 Jahrhunderten gezogen worden sind. Und das ist begreiflich. Sowohl die

[193] S. dazu J. S. Speyer, Z. D. M. Z. 67 (1913), S. 347 über die Edition des Sang Hyang Kamehâyânikam von I. Katz (Kon. Inst. v. d. Taal-, Land- en Volkenkunde v. Ned. Indie (1910). Die buddhistische Ethik ist bis auf Rudimente (statt der Mönchskeuschheit z. B. Verbot der Begattung in der Nähe heiliger Objekte!) verschwunden. Wer prajña (die höchste Weisheit) durch puja (Verehrung Buddhas), Yoga, Meditation über die mantra und unbedingten Gehorsam gegen den Guru erlangt hat, dem ist kein Genuß verboten (Strophe 37 des Gedichts.)

Könige wie die brahmanische Weltpriesterschaft hatten ein Interesse daran die Gewalt der Mystagogen und Magier, des Mönchtums überhaupt, nicht ins Übermaß anwachsen zu lassen. Sie haben die Macht der Sektenhäupter, auch wo sie sich ihrer zur Domestikation der Massen bedienten, sich nicht über den Kopf wachsen lassen. Erst die islamitische Fremdherrschaft, welche die politische Macht der vornehmen Hindukasten brach, gab der Entwicklung der Guru-Gewalt freie Bahn und ließ sie zu ihrer grotesken Höhe anwachsen. Diese Entwicklung der Guru-Gewalt zur Menschenvergottung kann lehren, welche gewaltige Bedeutung im Okzident die Entwicklung der Papstgewalt gehabt hat. Sie hat zunächst die Mönchskirchen des Missionsgebietes, die irische und ihre Ausläufer vor allem, unterworfen, indem sie sie zugleich legitimierte: Sie nahm die Ordensgründungen der Mönche in ihre straffe amtliche Disziplin. Nicht der persönliche überweltliche Gott, den die Hindugläubigkeit gerade der Sekten ja auch kannte, sondern das Erbteil des antiken Rom: Die bischöfliche Amtskirche, hat die in Indien eingetretene Entwicklung des Mönchtums zur Menschenanbetung verhindert. Nicht, wohlgemerkt, die starke hierarchische Macht des Papsttums als solche – denn auch der Dalai Lama ist und die großen Klostersuperioren der Sekten Indiens waren höchst machtvolle Hierarchen. Sondern der rationale Amts-Charakter der Verwaltung war das Entscheidende und gegenüber dem persönlichen oder Erbcharisma der Gurus Unterscheidende. Davon wird später zu sprechen sein. –

Zu der ritualistischen und traditionalistischen inneren Gebundenheit durch die Kastenordnung und deren Verankerung an der Samsara- und Karman-Lehre, – an welcher keine irgend in Betracht kommende Sekte gerüttelt hat[194], – trat also noch die religiöse Anthropolatrie der hinduistischen Laien gegenüber dem naturgemäß streng traditionalistischen charismatischen Klerus der Gurus hinzu, um jede Rationalisierung der Lebensführung von innen heraus zu hindern. Es war ganz offensichtlich gar nicht daran zu denken, daß eine durch solche inneren Mächte beherrschte Gemeinschaft jemals aus ihrer Mitte das hätte gebären können, was wir hier unter *Geist des Kapitalismus* verstehen. Selbst die Übernahme des ökonomisch und technisch fertigen Gebildes als Artefakt, so wie sie die Japaner vollzogen haben, stieß offenbar und ganz begreiflicherweise hier, trotz der englischen Herrschaft, auf ganz bedeutende und offenbar größere Schwierigkeiten als in Japan. Wenn heute die Durchdringung der indischen Gesellschaft mit kapitalistischen Interessen schon eine so tiefgehende ist, daß sie wohl nicht mehr auszurotten wäre, so konnten vor wenigen Jahrzehnten noch hervorragende englische Kenner des Landes mit

194 Den sehr starken Schicksals-Glauben bezeugt neben ausführlichen Legenden, welche die Unentrinnbarkeit des Verhängnisses zum Thema haben, auch die Spruchweisheit (bei Liebich, Sanskrit-Lehrbuch, Leipzig 1905, z. B. S. 274/5, Nr. 87, 80, 93). Allein Karman: die vorgetanen Werke aus dem früheren Leben, bestimmen eindeutig das Verhängnis, welches dann über Menschen sowohl wie Göttern steht (ebenda Nr. 88, 93, 96, 101).

guten Gründen die Überzeugung vertreten, daß beim Wegfall der dünnen europäischen Herrenschicht und der von ihr erzwungenen pax Britannica unter den auf Tod und Leben verfeindeten Kasten, Konfessionen und Stämmen die ganze alte feudale Räuber-Romantik des indischen Mittelalters wieder ungebrochen ins Leben treten würde.

Machen wir uns noch einmal klar, welche *geistigen* Elemente, außer der Kastengebundenheit und der Guru-Herrschaft über die Massen, den ökonomisch und sozial traditionalistischen Zug im Hinduismus begründeten. Neben der autoritativen Gebundenheit war es innerhalb der Intellektuellenschicht vor allem das Dogma von der Unabänderlichkeit der Weltordnung, welches allen orthodoxen und heterodoxen hinduistischen Denkrichtungen gemeinsam war. Die Weltentwertung, welche jede Erlösungsreligion mit sich führt, konnte hier nur absolute Weltflucht werden, ihr höchstes Mittel nicht aktive Askese des Handelns, sondern mystische Kontemplation. Das Prestige dieses Heilsweges als des höchsten von allen ist durch keine der massenhaften und untereinander so verschiedenen ethischen Lehren wirklich gebrochen worden. Immer blieb die Außeralltäglichkeit und Irrationalität der Heilsmittel bestehen. Entweder waren sie orgiastischer Natur und lenkten also ganz unmittelbar in antirationale, jeder Lebensmethodik feindliche Bahnen ein. Oder sie waren zwar rational in der Methodik, aber irrational im Ziel. Die *Berufs*-Erfüllung aber, welche z. B. in höchster Konsequenz das Baghavadgita forderte, war *organischen*[195] und das heißt: streng traditionalistischen, Charakters und dabei mystisch gebrochen: Ein Handeln in der Welt, aber doch nicht von der Welt. Schlechthin keinem Hindu wäre es eingefallen, in dem Erfolg seiner ökonomischen Berufstreue das Zeichen seines Gnadenstandes zu erblicken oder – was wichtiger ist – die rationale Umgestaltung der Welt nach sachlichen Prinzipien als eine Vollstreckung göttlichen Willens zu werten und zu unternehmen.

Dabei will nun immer berücksichtigt sein, wie dünn die Schicht der eigentlich intellektualistischen und überhaupt der an *Erlösung* in irgendeinem rationalen Sinn interessierten Schichten in Indien war und ist. Von *Erlösung* (moksha, mukhti) weiß die Masse, zum mindesten der heutigen Hindu, nichts. Sie kennt

[195] Dabei ist es in der Sektenreligiosität durchaus geblieben, wie namentlich die Spruchweisheit zeigt. Unter den bei Liebich a.a.O. bequem in Übersetzung zugänglichen Worten seien hervorgehoben: S. 281, Nr. 14: entweder Liebe – oder der Wald (Askese). Ein verlorenes Leben hat geführt, wer weder Gedanken für Çiva gehabt, noch der Liebe gelebt hat (S. 299, Nr. 11), wer weder Wissenschaft, noch Reichtumserwerb, noch Pietät, noch Erotik gepflegt hat (S. 305, Nr. 47), wer weder Wissen, noch Kriegsruhm, noch schöne Mädchen besessen hat (S. 313, Nr. 87, dies in der Form besonders schön) und es werden dabei (S. 319 Schlußvers der Sammlung und in den anderen Stellen) diese verschiedenen Werte im Ganzen meist koordiniert. Auch die Götter: Çiva, Brahman und Vischnu als *Sklaven* des Liebesgottes: S. 278, Nr. 1; andererseits: Çiva als Feind der Weiber (S. 283, Nr. 83) und des Liebesgottes (S. 302, Nr. 28) oder als dessen *Züchtiger* (S. 313, Nr. 90). Das Alles entspricht der früher schon aus einigen Monumenten illustrierten, organisch-relativistischen Grundlage aller indischen Ethik.

kaum den Ausdruck, jedenfalls nicht die Bedeutung. Ähnlich dürfte es, kurze Perioden ausgenommen, immer gewesen sein. Ganz massive rein diesseitige Heilsinteressen, grobe Magie, daneben aber die Verbesserung der Wiedergeburtschancen sind und waren das, was sie erstrebte. Auch das Sektentum ergreift wenigstens heute nicht die wirklichen *Massen*. Nimmt man als Maßstab die ausdrückliche Aufnahme in eine Sekte (durch Mantra-Erteilung und Bemalung oder Brandmarkung) nach vorhergehender Unterweisung, so werden wohl schwerlich mehr als 5% der Bevölkerung, wahrscheinlich aber weniger, Vischnuiten, Çivaiten, Jaina und Buddhisten sein. Zwar hat man[196] die Theorie aufgestellt und geistreich verteidigt: Jeder nicht heterodoxe Hindu sei, ohne es selbst zu wissen, entweder Çaiva oder Vaishnava, d.h. er strebe entweder – im ersten Fall – nach Absorption im Alleinen oder – im letzteren – nach ewigem Leben, und dies zeige sich in seinem Verhalten in der Todesstunde, in der Art der Formel zur Anrufung des Nothelfers (Mantra), die er dann gebrauche. Indessen abgesehen davon, daß es eine solche besondere Mantra für die Todesstunde wirklich allgemein überhaupt gar nicht gibt und daß es auch çivaitisches Unsterblichkeitsstreben gab, so sind die üblichen und gebräuchlichen Formeln (vor allem Anrufungen Ramas[197] so nichtssagend, daß daraus irgendeine Beziehung zu einem Gott und dessen spezieller Gemeinschaft durchaus nicht geschlossen werden kann. Die Masse der Hindu kennt Çiva und Vischnu zuweilen nicht einmal dem Namen nach[198]; er versteht unter *Erlösung* (mukhti) allenfalls eine günstige Wiedergeburt, und gerade diese ist, der alten hinduistischen Soteriologie entsprechend, nach seiner Ansicht lediglich sein eigenes Werk, nicht das des Gottes. Von seinem lokalen Dorfgott erwartet er die Spendung von Regen und Sonnenschein, vom Familiengott, dem Mailar Linga oder Kedar Linga (Fetisch), Hilfe in sonstigen Alltagsnöten. Von irgendeiner *konfessionellen* Erziehung durch die Gurus, deren er sich als Berater bedient, kann gar keine Rede sein, da der Guru ja neben rituellen Formeln nur die für die Masse der Laien ganz unverständliche brahmanische Theologie gelernt hat: Hier eben zeigt sich die Kluft der Intellektuellen-Religiosität gegenüber dem Alltagsbedarf der Massen. Die Zurechnung zu einer Sekte hängt vom brahmanischen Guru ab, der allein davon etwas versteht. Die Masse bindet sich in keiner Art an eine Konfession. Sondern wie der antike Hellene Apollon und Dionysos je nach der Gelegenheit verehrte, der Chinese buddhistischen Messen, taoistischer Magie und konfuzianischen Tempelkulten andächtig beiwohnt, so behandelt der nicht in Sekten besonders rezipierte einfache Hindu die Kulte und Gottheiten. Und zwar nicht nur die als orthodox geltenden.

196 So der verdienstvolle Indologe Grierson. S. darüber und dagegen die Ausführungen von Blunt im Census Report (United Provinces) von 1911.

197 Etwa: Ram, Ram, satya Ram (vischnuitisch).

198 Wird in diesem Fall überhaupt ein *höchster* Gott verehrt, dann der alte Paramesvara.

Nicht nur jainistische und buddhistische, sondern auch islamische und christliche Heilige (so der heilige Franz Xavier, der erste Jesuitenmissionar) erfreuen sich an ihren Festen seines Zuspruchs. Die Sekten und ihre Heilandsreligiosität waren und sind eine Angelegenheit der – meist – von Intellektuellen beratenen Mittelstände, die Erlösung durch die Kraft der Kontemplation eine solche der Intellektuellenschichten. Woraus freilich, wie die Darstellung wohl ergeben hat, nicht etwa folgt, daß die Eigenart der Intellektuellenreligion und ihrer Verheißungen nicht die allernachhaltigsten indirekten Wirkungen auf die Lebensführung der Massen geübt habe. Dies war vielmehr in hohem Maße der Fall. Aber dem Effekt nach wirkte dieser Einfluß niemals im Sinn innerweltlicher methodischer Rationalisierung der Lebensführung der Massen, sondern meist gerade umgekehrt. Reichtum und insbesondere Geld genießen eine fast überschwengliche Schätzung[199] in der indischen Spruchweisheit. Aber neben der Alternative: Selbstgenießen oder Verschenken steht als dritte nur: der Verlust.[200] Statt eines Antriebs zur rationalen ökonomischen Vermögensakkumulation und Kapitalverwertung schuf der Hinduismus irrationale Akkumulationschancen für Magier und Seelenhirten und Pfründen für Mystagogen und ritualistisch oder soteriologisch orientierte Intellektuellenschichten.[201]

Wesentlich eine Angelegenheit der Intellektuellenschicht, und zwar in diesem Fall der modernen durch europäischen Einfluß gezüchteten oder doch von daher beeindruckten Intellektuellenschicht, sind auch die modernen *Reform*-Bewegungen innerhalb des Hinduismus, die bei uns viel erörterte Gemeinschaft *Brahmo Somaj* und die vielleicht noch wichtigere andre *Arya Somaj*. Ihre Geschichte gehört in unsre Zusammenhänge so wenig wie die Darstellung der durch die anglo-indische Universitätsbildung gezüchteten, politischen und journalistischen Träger des allmählich in diesem Lande der Zerklüftung in zahllose, einander bitter feindliche Kasten-, Sekten-, Sprach- und Rassen-

[199] Vgl. z.B. die Stellen bei Liebich, a.a.O., S.265, Nr. 40, 41.

[200] Ebenda Nr. 43.

[201] Die für Indien spezifische Form der Akkumulation großer Vermögen illustriert am besten jener Glückspilz von Vaidika, der im 13. Jahrhundert von einem Rajah, auf dessen Hausdach ein toter Geier gefallen war, nach Kotalihapur berufen wurde, um die schlimmen Folgen dieser ominösen Verunreinigung rituell zu beseitigen. Außer immensen Gebühren für die kostspieligen Zeremonien selbst wurde er zum Dank dergestalt mit Landlehen und Zamindari-Stellungen ausgestattet, daß die Familie bis in die neueste Zeit zu den reichsten in Bengalen zählte.
Handel wird gelegentlich im Panchatantra (s. die Stelle bei Liebich a.a.O., S.99) den anderen Arten des Gelderwerbs (nämlich: Betteln, Königsdienst, Ackerbau, Wissen, Wucher) vorangestellt. Als Arten des Handelsbetriebs werden aber dabei neben Spezereihandel, Depositengeschäft, Geschäftsführung einer Gesellschaft, Handel mit Fremden, Gütertransport aufgeführt: Gewinn durch Angabe falscher Preise und durch Gebrauch falscher Maße und Gewichte und dabei alle diese Arten einander gleichgestellt: ein starker Gegensatz gegen sowohl die puritanische wie die jainistische Ethik.

gruppen aufkommenden, modernen indischen Nationalbewußtseins im okzidentalen Sinn des Wortes: – einer Erscheinung, welche dem hier zu schildernden bodenständigen Indertum notwendig fremd war. Denn sie wächst nur auf dem Boden einheitlicher bürgerlicher Klassen in Verbindung mit einer auf sie eingestellten nationalen Literatur und – vor allem – Presse und setzt im allgemeinen eine irgendwie einheitliche (äußere) Lebensführung voraus. Von alle dem besaß das Indien des historischen Hinduismus das gerade Gegenteil. –

Blicken wir nach diesem, gegenüber dem unerhörten Reichtum der Gestaltungen, überaus oberflächlichen Rundgang durch die asiatische Kulturwelt zurück, so wird sich etwa Folgendes sagen lassen:

Für Asien als Ganzes hat China etwa die Rolle Frankreichs im modernen Okzident gespielt. Aller weltmännische *Schliff* stammt von dort, von Tibet bis Japan und Hinterindien. Dagegen ist Indien etwa die Bedeutung des antiken Hellenentums zugefallen. Es gibt wenig über praktische Interessen hinausgehendes Denken in Asien, dessen Quelle nicht letztlich dort zu suchen wäre. Vor allem haben für ganz Asien die indischen, orthodoxen und heterodoxen Erlösungsreligionen annähernd die Rolle des Christentums in Anspruch genommen. Mit dem einen großen Unterschied, daß abgesehen von lokalen und meist auch vorübergehenden Ausnahmen keine von ihnen dauernd zur alleinherrschenden Konfession in dem Sinn erhoben worden ist, wie dies bei uns im Mittelalter und bis nach dem westfälischen Frieden der Fall war. Asien war und blieb, im Prinzip, das Land der freien Konkurrenz der Religionen, der *Toleranz* im Sinne etwa der Spätantike. Das heißt also: unter Vorbehalt der Schranken der Staatsräson, – die schließlich ja, nicht zu vergessen, auch bei uns heute als Grenzen aller religiösen Duldung fortbestehen, nur mit anderer Wirkungsrichtung. Wo diese politischen Interessen irgendwie in Frage kamen, hat es auch in Asien an Religionsverfolgungen größten Stiles nicht gefehlt. Am stärksten in China, aber auch in Japan und Teilen von Indien. Wie in Athen in der Zeit des Sokrates, so konnte ferner auch in Asien jederzeit die Deisidaimonie ein Opfer fordern. Und endlich haben Religionskriege der Sekten und militarisierten Mönchsorden auch in Asien, bis in das 19. Jahrhundert, ihre Rolle gespielt. Aber im ganzen bemerken wir sonst jenes Nebeneinander von Kulten, Schulen, Sekten, Orden aller Art, welches auch der okzidentalen Antike eignete. Dabei waren freilich jene konkurrierenden Richtungen in den Augen der jeweiligen Mehrheit der herrschenden Schichten und oft auch der politischen Mächte keineswegs gleichwertig. Es gab orthodoxe und heterodoxe und unter den orthodoxen mehr oder minder klassische Schulen, Orden und Sekten. Vor allem – und das ist für uns besonders wichtig – schieden sie sich auch sozial voneinander. Einerseits (und zum kleineren Teil) je nach den Schichten, in denen sie heimisch waren. Andererseits aber (und hauptsächlich) je nach Art des Heils, das sie den verschiedenen Schichten ihrer Anhänger spendeten. Die erste Erscheinung fand sich teils so, daß einer, jede

Erlösungsreligiosität schroff ablehnenden, sozialen Oberschicht volkstümliche Soteriologien in den Massen gegenüberstanden: Den Typus dafür gab China ab. Teils so, daß verschiedene soziale Schichten verschiedene Formen der Soteriologie pflegten. Diese Erscheinung ist dann in den meisten Fällen, nämlich in allen denen, wo sie nicht zu sozial geschichteten Sekten führte, mit der zweiten identisch: Die gleiche Religion spendet verschiedene Arten von Heilsgütern und nach diesen ist die Nachfrage in den verschiedenen sozialen Schichten verschieden stark. Mit ganz wenigen Ausnahmen kannten die asiatischen Soteriologien Verheißungen, die nur den exemplarisch, meist mönchisch Lebenden zugänglich waren, und andre, die für die Laien galten. Fast ausnahmslos alle Soteriologien indischen Ursprungs haben diesen Typus. Die Gründe beider Erscheinungen waren gleichartige. Vor allem zwei untereinander eng verknüpfte. Einmal die Kluft, welche den literarisch *Gebildeten* von der aliterarischen Masse der Banausen abhob. Dann die damit zusammenhängende, allen Philosophien und Soteriologien Asiens schließlich gemeinsame Voraussetzung, daß Wissen, sei es literarisches Wissen oder mystische Gnosis, letztlich der eine absolute Weg zum höchsten Heil im Diesseits und Jenseits sei. Ein Wissen, wohlgemerkt, nicht von den Dingen dieser Welt, vom Alltag der Natur und des sozialen Lebens und den Gesetzen, die beide beherrschen. Sondern ein philosophisches Wissen vom *Sinn* der Welt und des Lebens. Ein solches Wissen kann mit den Mitteln empirischer okzidentaler Wissenschaft selbstverständlich nie ersetzt werden und soll auch von ihr, ihrem eigensten Zweck nach, gar nicht erstrebt werden. Es liegt jenseits ihrer. Asien, und das heißt wiederum, Indien, ist das typische Land des intellektuellen Ringens einzig und allein nach *Weltanschauung* in diesem eigentlichen Sinn des Worts: nach einem *Sinn* des Lebens in der Welt. Es kann hier versichert werden – und angesichts der Unvollständigkeit der Darstellung muß es bei dieser nicht voll bewiesenen Versicherung freilich sein Bewenden haben, daß es auf dem Gebiet des Denkens über den *Sinn* der Welt und des Lebens durchaus nichts gibt, was nicht, in irgendeiner Form, in Asien schon gedacht worden wäre. Jenes, nach der Natur seines eigenen Sinnes unvermeidlich und in aller Regel auch tatsächlich den Charakter der Gnosis an sich tragende Wissen, welches das asiatische Denken erstrebte, galt, aller genuin asiatischen und das heißt, indischen, Soteriologie als der einzige Weg zum höchsten Heil, zugleich aber als der einzige Weg zum richtigen Handeln. Nirgends ist daher der allem Intellektualismus naheliegende Satz so selbstverständlich gewesen, daß die Tugend *lehrbar* sei, und daß das richtige Erkennen richtiges Handeln zur ganz unfehlbaren Folge habe. Selbst in den volkstümlichen Legenden z. B. des Mahayanismus, welche für die bildende Kunst etwa die Rolle unserer biblischen Geschichten spielten, ist es überall die ganz selbstverständliche Voraussetzung.[202] Nur Wissen gibt – je nachdem – ethische oder magische Macht über sich selbst oder über andere. Durchweg ist jene

[202] Siehe etwa die schon früher zitierten Mahasutasomajataka in der Übersetzung von Grünwedel, Buddhist. Studien, V. d. Kgl. M. f. Völkerk. Berlin V, S. 37 f.

Lehre und dies *Erkennen* des zu Wissenden nicht ein rationales Darbieten und Erlernen empirisch-wissenschaftlicher Kenntnisse, welche die rationale Beherrschung der Natur und der Menschen ermöglichen, wie im Okzident. Sondern es ist das Mittel mystischer und magischer Herrschaft über sich und die Welt: Gnosis. Sie will durch ein intensivstes Training des Körpers und Geistes, entweder durch die Askese, oder, und zwar regelmäßig, durch angestrengte methodisch geregelte Meditation errungen werden. Daß das Wissen, der Sache nach, mystischen Charakters blieb, hatte zwei wichtige Folgen. Einmal den Heilsaristokratismus der Soteriologie. Denn die Fähigkeit mystischer Gnosis ist ein Charisma und bei weitem nicht jedem zugänglich. Dann aber und damit zusammenhängend den asozialen und apolitischen Charakter. Die mystische Erkenntnis ist nicht, mindestens nicht adäquat und rational, kommunikabel. Die asiatische Soteriologie führt den das höchste Heil Suchenden stets in ein hinterweltliches Reich rational ungeformten und eben wegen dieser Ungeformtheit göttlichen Schauens, Habens, Besitzens, Besessenseins von einer Seligkeit, die nicht von dieser Welt ist und doch in diesem Leben durch die Gnosis errungen werden kann und soll. Sie wird bei allen höchsten Formen des asiatischen mystischen Schauens als *Leere* – von der Welt und dem was sie bewegt nämlich – erlebt. Dies entspricht ja dem normalen Sinncharakter der Mystik durchaus, ist nur in Asien in seine letzten Konsequenzen gesteigert. Die Entwertung der Welt und ihres Treibens ist schon rein psychologisch die unvermeidliche Folge dieses, an sich rational nicht weiter deutbaren, Sinngehalts des mystischen Heilsbesitzes. Rational ausgedeutet wird dieser mystisch erlebte Heilszustand als der Gegensatz der Ruhe zur Unrast. Die erste ist das Göttliche, die letzte das spezifisch Kreatürliche, daher letztlich entweder geradezu Scheinhafte, oder doch soteriologisch Wertlose, zeitlich-räumlich Gebundene und Vergängliche. Ihre rationalste und deshalb in Asien fast universell zur Herrschaft gelangte Ausdeutung erfuhr diese erlebnismäßig bedingte innere Stellungnahme zur Welt durch die indische Samsara- und Karman-Lehre. Dadurch gewann die soteriologisch entwertete Welt des realen Lebens einen relativen rationalen Sinn. In ihr herrscht – nach den rational höchstentwickelten Vorstellungen – das Gesetz des Determinismus. In der äußeren Natur, nach der namentlich in Japan entwickelten mahayanistischen Lehre, die strenge Kausalität in unserem Sinn. In den Schicksalen der Seele der ethische Vergeltungsdeterminismus des Karman. Aus ihnen gibt es kein Entrinnen außer in der Flucht, durch die Mittel der Gnosis, in jenes hinterweltliche Reich, mag das Schicksal der Seele dabei nun einfach als ein *Verwehen* oder als ein Zustand ewiger individueller Ruhe nach Art des traumlosen Schlafes, oder als ein Zustand ewiger, ruhiger Gefühlsseligkeit im Anschauen des Göttlichen, oder als ein Aufgehen im göttlichen Alleinen gefaßt werden. Die Vorstellung jedenfalls, daß vergängliche Taten eines vergänglichen Wesens auf dieser Erde *ewige* Strafen oder Belohnungen im *Jenseits* zur Folge haben könnten, und zwar kraft Verfügung eines zugleich allmächtigen und gütigen Gottes, ist allem genuin asiatischen Denken absurd und geistig subaltern erschienen und wird ihm immer so erscheinen. Damit fiel aber der gewaltige Akzent, welchen, wie schon einmal gesagt, die okzidentale Jenseitslehre soteriologisch auf die kurze Spanne dieses Lebens setzte, hinweg. Die Weltindifferenz war die gegebene Haltung, mochte sie nun die Form der äußerlichen Weltflucht annehmen oder die des zwar innerweltlichen, aber dabei weltindifferenten Handelns: einer Bewährung also gegen die Welt und das eigene Tun, nicht in und durch beides. Ob das höchste Göttliche persönlich oder, wie naturgemäß in der Regel, unpersönlich vorgestellt war, machte – und dies ist für uns nicht ohne Wichtigkeit – einen graduellen, nicht einen prinzipiellen Unterschied und selbst die selten, aber doch gelegentlich, vorkommende Überweltlichkeit eines persönlichen Gottes war nicht durchschlagend. Entscheidend war die Natur des erstrebten Heilsguts. Diese aber wurde letztlich determiniert dadurch, daß eine dem Denken über den Sinn der Welt um seiner selbst willen nachgehende Literatenschicht der Träger der Soteriologie war.

Dieser Intellektuellensoteriologie nun fanden sich die praktisch im Leben handelnden Schichten Asiens gegenübergestellt. Eine innere Verbindung der Leistung in der Welt mit der außerweltlichen Soteriologie war nicht möglich. Die einzige innerlich ganz konsequente Form war die Kastensoteriologie des vedantistischen Brahmanentums in Indien. Seine Berufskonzeption mußte politisch, sozial und ökonomisch extrem traditionalistisch wirken. Aber sie ist die einzige logisch ganz geschlossene Form der *organischen* Heils- und Gesellschaftslehre, welche je entstanden ist.

Die vornehmen Laienschichten haben die ihrer inneren Lage entsprechende Haltung gegenüber der Soteriologie eingenommen. Soweit sie selbst ständisch vornehme Schichten waren, gab es mehrere Möglichkeiten. Entweder sie waren eine literarisch gebildete weltliche Ritterschaft, welche einer selbständigen literarisch geschulten Priesterschaft gegenüberstand, wie die alten Kschatriya in Indien und die höfische Ritterschaft Japans. Dann haben sie teils sich an der Schaffung der priesterfreien Soteriologien beteiligt, wie namentlich in Indien, teils sich zu allem Religiösen skeptisch gestellt, wie ein Teil der altindischen vornehmen Laien und erhebliche Teile der japanischen vornehmen Intelligenz. Soweit sie im letzteren Fall Anlaß hatten, trotz ihrer Skepsis sich mit den religiösen Gebräuchen abzufinden, haben sie sie regelmäßig rein rituell und formalistisch behandelt. So geschah es mit Teilen der altjapanischen und der altindischen vornehmen Bildungsschicht. Oder sie waren Beamte und Offiziere, wie in Indien. Dann trat lediglich diese letztgenannte Haltung ein. Ihre eigene Lebensführung wurde in all diesen bisher besprochenen Fällen von der Priesterschaft, wenn diese dazu die Macht hatte – was in Indien der Fall war –, rituell ihren Eigengesetzlichkeiten entsprechend geordnet. In Japan war die Priesterschaft nach ihrer Niederwerfung durch die Shogune nicht mehr mächtig genug, um die Lebensführung der Ritterschicht mehr als rein äußerlich zu reglementieren. Oder, im Gegensatz zu dem bisher besprochenen Fall: es waren die vornehmen Laien nicht nur weltliche Beamte, Amtspfründner und -anwärter in einer Patrimonialbürokratie, sondern zugleich Träger des Staatskultes ohne Konkurrenz einer machtvollen Priesterschaft. Dann haben sie eine eigene streng zeremoniöse, rein innerweltlich orientierte Lebensführung entwickelt und auch das Ritual als ständisches Zeremoniell behandelt, wie dies der Konfuzianismus in China für dessen (relativ) demokratisch rekrutierte Literatenschicht tat. In Japan fehlte der von der Macht der Priester relativ freien vornehmen weltlichen Bildungsschicht, trotz der auch dort den politischen Herren als solchen obliegenden rituellen Pflichten, der chinesische patrimonialistische Beamten- und Amtsanwärter-Charakter: Sie waren ritterliche Adlige und Höflinge. Infolgedessen fehlte ihnen das pennalistische und Scholaren-Element des Konfuzianismus. Sie waren eine zur Rezeption und zum Synkretismus von allerhand Bildungselementen von überall her besonders stark disponierten Schicht von *Gebildeten* schlechthin, im innersten Kern aber fest am feudalen Ehrbegriff verankert.

Die Lage des aliterarischen *Mittelstandes* in Asien, der Kaufleute und der zu den Mittelstandsschichten gehörigen Teile des Handwerks, war infolge der Eigenart der asiatischen Soteriologie eine eigentümlich von okzidentalen Verhältnissen abweichende. Ihre obersten Schichten haben die rationale Durchbildung der Intellektuellen-Soteriologien teilweise mitgetragen, namentlich soweit diese negativ die Ablehnung des Ritualismus und Buchwissens, positiv die alleinige Bedeutung des persönlichen Erlösungsstrebens propagierten. Allein der doch schließlich gnostische und mystische Charakter dieser Soteriologien bot keine Grundlage für eine Entwicklung der ihnen adäquaten, methodisch rationalen, innerweltlichen Lebersführung dar. Sie sind daher, soweit ihre Religiosität unter dem Einfluß der Erlösungslehren sublimiert wurde, Träger der Heilandsreligiosität in ihren verschiedenen Formen geworden. Auch hier wirkte aber der penetrant gnostische und mystische Charakter aller asiatischen Intellektuellensoteriologie und die innere Verwandtschaft von Gottinnigkeit, Gottesbesitz und Gottesbesessenheit, von Mystiker und Magier entscheidend ein. Überall in Asien, wo sie nicht, wie in China und Japan, gewaltsam niedergehalten wurde, nahm die Heilandsreligiosität die Form der Hagiolatrie an und zwar der Hagiolatrie lebender Heilande: der Gurus und der ihnen gleichartigen, sei es mehr mystagogischen, sei es mehr magischen Gnadenspender. Dies gab der Religiosität des aliterarischen Mittelstandes das entscheidende Gepräge. Die oft absolut schrankenlose Gewalt dieser, meist erblichen, Charismaträger ist nur in China und Japan, aus politischen Gründen und mit Gewalt, ziemlich weitgehend gebrochen worden, in China zugunsten der Obedienz gegenüber der politischen Literatenschicht, in Japan zugunsten einer Schwächung des Prestiges aller klerikalen und magischen Mächte überhaupt. Sonst ist es in Asien überall jene charismatische Schicht gewesen, welche die praktische Lebensführung der Massen bestimmte und ihnen magisches Heil spendete: Die Hingabe an den *lebenden Heiland* war der charakteristische Typus der asiatischen Frömmigkeit. Neben der Ungebrochenheit der Magie überhaupt und der Gewalt der Sippe war diese Ungebrochenheit des Charisma in seiner ältesten Auffassung als einer rein magischen Gewalt, der typische Zug der asiatischen sozialen Ordnung. Es ist den vornehmen politischen oder hierokratischen Literatenschichten zwar im allgemeinen gelungen, die massive Orgiastik zur Heilandsminne, Andacht oder zur hagiolatrischen Formalistik und Ritualistik zu sublimieren oder zu denaturieren, – übrigens mit verschieden vollständigem Erfolg, am meisten in China, Japan, Tibet, dem buddhistischen Hinterindien, am wenigsten in Vorderindien. Aber die Herrschaft der Magie zu brechen hat sie nur gelegentlich und nur mit kurzfristigem Erfolg überhaupt beabsichtigt und versucht. Nicht das *Wunder,* sondern der *Zauber* blieb daher die Kernsubstanz der Massenreligiosität, vor allem der Bauern und der Arbeiterschaft, aber auch des Mittelstands. Beides – Wunder und Zauber – ist dem Sinn nach zweierlei. Man kann sich davon leicht beim Vergleich etwa okzidentaler und asiatischer Legenden überzeugen. Beide können einander sehr ähnlich sehen und namentlich die altbuddhistischen und die chinesisch überarbeiteten Legenden stehen den okzidentalen zuweilen auch innerlich nahe. Aber der beiderseitige Durchschnitt zeigt den Gegensatz. Das *Wunder* wird seinem Sinn nach stets als Akt einer irgendwie rationalen Weltlenkung, einer göttlichen Gnadenspendung, angesehen werden und pflegt daher innerlich motivierter zu sein als der *Zauber,* der seinem Sinn nach dadurch entsteht, daß die ganze Welt von magischen Potenzen irrationaler Wirkungsart erfüllt ist und daß diese in charismatisch qualifizierten, aber nach ihrer eigenen freien Willkür handelnden Wesen, Menschen oder Übermenschen, durch asketische oder kontemplative Leistungen aufgespeichert sind. Das Rosenwunder der heiligen Elisabeth erscheint uns sinnvoll. Die Universalität des Zaubers dagegen durchbricht jeden Sinnzusammenhang der Geschehnisse. Man kann gerade in den typischen durchschnittlichen asiatischen Legenden, etwa der Mahayanisten, diesen innerweltlichen Deus ex machina in der scheinbar unverständlichsten Art mit dem ganz entgegengesetzten, ebenso tief unkünstlerischen, weil rationalistischen Bedürfnis, irgendwelche ganz gleichgültigen Einzelheiten des legendenhaften Geschehnisses möglichst nüchtern historisch zu motivieren, ineinandergreifen sehen. So ist denn der alte Schatz der indischen Märchen, Fabeln und Legenden, die geschichtliche Quelle der Fabelliteratur der ganzen Welt, durch diese Religiosität der zaubernden Heilande später in eine Art von Kunstliteratur absolut unkünstlerischen Charakters umgestaltet worden, deren Bedeutung für ihr Lesepublikum etwa der Emotion durch die populären Ritterromane, gegen welche Cervantes zu Felde zog, entspricht.

Dieser höchst antirationalen Welt des universellen Zaubers gehörte nun auch der ökonomische Alltag an, und aus ihr führte daher kein Weg zu einer rationalen innerweltlichen Lebensführung. Zauber nicht nur als therapeutisches Mittel, als Mittel, Geburten und insbesondere männliche Geburten zu erzielen, das Bestehen von Examina oder die Erringung aller nur denkbaren innerirdischen Güter zu sichern, Zauber gegen den Feind, den erotischen oder ökonomischen Konkurrenten, Zauber für den Redner zum Gewinn des Prozesses, Geisterzauber des Gläubigers zur Zwangsvollstreckung gegen den Schuldner, Zauber zur Einwirkung auf den Reichtumsgott für das Gelingen von Unternehmungen, – all das entweder in der ganz groben Form der Zwangsmagie oder in der verfeinerten der Gewinnung eines Funktionsgottes oder Dämons durch Geschenke, – mit solchen Mitteln bewältigte die breite Masse der aliterarischen und selbst der literarischen Asiaten ihren Alltag. Eine rationale praktische Ethik und Lebensmethodik, welche aus diesem Zaubergarten allen Lebens innerhalb der *Welt* herausgeführt hätte, gab es nicht. Gewiß gab es den Gegensatz des Göttlichen und der *Welt,* welcher im Abendlande, geschichtlich die Konstituierung derjenigen einheitlichen Systematisierung der Lebensführung bedingte, die üblicherweise als *ethische Persönlichkeit* bezeichnet wird. Allein in Asien war der Gegensatz nirgends[203] ein solcher des ethischen Gottes gegen eine Macht der *Sünde,* des radikal Bösen, welche durch aktives Handeln im Leben zu überwinden wäre. Sondern entweder die ekstatische Gottbesessenheit, durch orgiastische Mittel zu gewinnen, im Gegensatz zum Alltag, in welchem das Göttliche nicht als lebendige Macht gefühlt wird. Also: eine Steigerung der Mächte der Irrationalität, welche die Rationalisierung der innerweltlichen Lebensführung geradezu hemmte. Oder der apathisch-ekstatische Gottbesitz der Gnosis im Gegensatz zum Alltag als der Stätte vergänglichen und sinnlosen Treibens. Also: ebenfalls eine außeralltägliche und zwar passive, dabei vom Standpunkt innerweltlicher Ethik aus irrationale, weil mystische, Zuständlichkeit, die vom rationalen Handeln in der Welt abführte. Wo die innerweltliche Ethik *fachmenschlich* systematisiert war, wie mit großer Konsequenz und mit praktisch hinlänglich wirksamen soteriologischen Prämien für das entsprechende Verhalten in der hinduistischen innerweltlichen Kastenethik, – da war sie zugleich traditionalistisch und ritualistisch absolut stereotypiert. Wo dies nicht der Fall war, tauchten zwar Ansätze *organischer Gesellschaftstheorien* auf, aber ohne psychologisch wirksame Prämien für das entsprechende praktische Handeln; und eine konsequente und psychologisch wirksame Systematisierung fehlte. Der Laie, dem die Gnosis und also das höch-

[203] Nur in diesem Sinn darf man Percival Lowells (The soul of the Far East, Boston and New York 1888) geistreich durchgeführte These von der *Unpersönlichkeit* als dem Grundzug des Ostasiaten verstehen wollen. – Was übrigens sein Dogma von der *Monotonie* des asiatischen Lebens anlangt, so muß sie, zumal von einem Amerikaner ausgesprochen, sicher das begründete Erstaunen aller Ostasiaten hervorrufen. Über das eigentliche Kernland der *Monotonie* wird ein Bürger der Vereinigten Staaten wohl James Bryce als klassischen Zeugen gelten lassen müssen.

ste Heil versagt ist oder der sie für sich ablehnt, handelt ritualistisch und traditionalistisch und geht so seinen Alltagsinteressen nach. Die schrankenlose Erwerbsgier des Asiaten im Großen und im Kleinen ist in aller Welt als unerreicht berüchtigt und im allgemeinen wohl mit Recht. Aber sie ist eben *Erwerbstrieb,* dem mit allen Mitteln der List und unter Zuhilfenahme des Universalmittels: Magie nachgegangen wird. Es fehlte gerade das für die Ökonomik des Okzidents Entscheidende: Die Brechung und rationale Versachlichung dieses Triebcharakters des Erwerbsstrebens und seine Eingliederung in ein System rationaler innerweltlicher Ethik des Handelns, wie es die *innerweltliche Askese* des Protestantismus im Abendland, wenige innerlich verwandte Vorläufer fortsetzend, vollbracht hat. Dafür fehlten in der asiatischen religiösen Entwicklung die Voraussetzungen. Wie sollte sie auf dem Boden einer Religiosität entstehen, die auch dem Laien das Leben als Bhagat, als heiliger Asket, nicht nur als Altersziel, sondern sogar die zeitweise Existenz als Wanderbettler während arbeitsloser Zeiten seines Lebens überhaupt – und nicht ohne Erfolg[204] – als religiös verdienstlich anempfahl? –

Im Okzident ist das Entstehen der rationalen innerweltlichen Ethik an das Auftreten von Denkern und Propheten geknüpft, die, wie wir sehen werden, auf dem Boden politischer Probleme eines sozialen Gebildes erwuchsen, welches der asiatischen Kultur fremd war, des politischen Bürgerstandes der Stadt, ohne die weder das Judentum noch das Christentum noch die Entwicklung des hellenischen Denkens vorstellbar sind. Die Entstehung der *Stadt* in diesem Sinn aber war in Asien teils durch die erhaltene Ungebrochenheit der Sippenmacht, teils durch die Kastenfremdheit gehemmt.

Die Interessen des asiatischen Intellektuellentums, soweit sie über den Alltag hinausgingen, lagen meist in anderer als in politischer Richtung. Selbst der politische Intellektuelle, der Konfuzianer, war mehr ästhetisch kultivierter Schriftgelehrter und allenfalls Konversations- (also in diesem Sinn: Salon-) Mensch als Politiker. Politik und Verwaltung war nur seine Pfründnernahrung, die er im übrigen praktisch durch subalterne Helfer besorgen ließ. Der orthodoxe oder heterodoxe, hinduistische und buddhistische Gebildete dagegen fand seine wahre Interessensphäre ganz außerhalb der Dinge dieser Welt: in der Suche nach dem mystischen, zeitlosen Heil der Seele und dem Entrinnen aus dem sinnlosen Mechanismus des *Rades* des Daseins. Um darin ungestört zu sein, mied der hinduistische, um die Feinheit der ästhetischen Geste sich nicht vergröbern zu lassen, mied der konfuzianische Gentleman die nähere Gemeinschaft mit dem westländischen Barbaren. Es schied ihn von diesem die nach seinem Eindruck strotzende, aber ungebändigte und unsublimierte Ungehemmtheit der Leidenschaften und der Mangel an Scheu, mit welchem ihm gestattet wurde, sich in Lebensführung,

[204] In Indien kam namentlich im April das zeitweise Leben vom Wanderbettel bei Mitgliedern der unteren Kasten als rituelle Leistung vor.

Geste, Ausdruck zu entblößen: die in diesem Sinne fehlende Herrschaft über sich selbst. Nur hatte die spezifisch asiatische *Beherrschung* seiner selbst wiederum ihr eigentümliche Züge, welche vom Okzidentalen im ganzen als rein *negativ* gewertet werden mußten. Denn auf welchen Mittelpunkt war jene stets wache Selbstbeherrschung, welche alle asiatischen Lebensmethodiken ohne alle Ausnahme dem Intellektuellen, Gebildeten, Heilssucher vorschrieben, letztlich gerichtet? Was war der letzte Inhalt jener konzentriert angespannten *Meditation* oder jenes lebenslangen literarischen Studiums, welche sie, wenigstens wo sie den Charakter des Vollendungs-Strebens annahmen, als höchstes Gut gegen jene Störungen von außen gewahrt wissen wollten? Das taoistische Wu wei, die hinduistische *Entleerung* von Weltbeziehungen und Weltsorgen, und die konfuzianische *Distanz* von den Geistern und der Befassung mit fruchtlosen Problemen lagen darin auf der gleichen Linie. Das okzidentale Ideal der aktiv handelnden, dabei aber auf ein, sei es jenseitig religiöses, sei es innerweltliches, Zentrum bezogenen *Persönlichkeit* würden alle asiatischen höchstentwickelten Intellektuellensoteriologien entweder als in sich letztlich widerspruchsvoll oder als banausisch fachmäßig vereinseitigt, oder als barbarische Lebensgier ablehnen. Wo es nicht die Schönheit der traditionellen und durch das Raffinement des Salons sublimierten Geste rein als solche ist, wie im Konfuzianismus, da ist es das hinterweltliche Reich der Erlösung vom Vergänglichen, wohin alle höchsten Interessen weisen und von wo aus die *Persönlichkeit* ihre Würde empfängt. In den höchsten, nicht nur den orthodox buddhistischen, Konzeptionen heißt dies *Nirwana.* Zwar nicht sprachlich, wohl aber sachlich, wäre es ganz unbedenklich, dies, wie es populär oft geschah, mit *Nichts* zu übersetzen. Denn unter dem Aspekt der *Welt* und von ihr aus gesehen, wollte es ja in der Tat nichts anderes sein. Freilich: vom Standpunkt der Heilslehre aus ist der Heilszustand meist anders und sehr positiv zu prädizieren. Aber es darf schließlich doch nicht vergessen werden, daß das Streben des typisch asiatischen Heiligen auf *Entleerung* ging, und daß jener positive Heilszustand der unaussagbaren todentronnenen diesseitigen Seligkeit als positives Komplement des Gelingens zunächst nur erwartet wurde. Aber nicht immer auch erreicht. Im Gegenteil: ihn wirklich, als Besitz des Göttlichen, haben zu können, war das hohe Charisma der Begnadeten. Wie stand es aber mit dem großen Haufen, der ihn nicht erreichte? Nun, bei ihnen war eben in einem eigentümlichen Sinn *das Ziel Nichts, die Bewegung Alles:* – eine Bewegung in der Richtung der *Entleerung.*

Der Asiate, gerade der ganz- oder halbintellektuelle Asiate macht dem Okzidentalen leicht den Eindruck des *Rätselhaften* und *Geheimnisvollen.* Man sucht dem vermuteten Geheimnis durch *Psychologie* beizukommen. Ohne nun natürlich irgendwie zu leugnen, daß psychische und physische Unterschiede der

Disposition bestehen:[205] – Übrigens sicher nicht größere, als zwischen Hindus und Mongolen, die dennoch beide der gleichen Soteriologie zugänglich gewesen sind, – muß doch betont werden, daß dies nicht der primäre Weg zum Verständnis ist. Durch Erziehung eingeprägte und durch die objektive Lage aufgezwungene Interessenrichtungen, nicht *Gefühlsgehalte,* sind das zunächst Greifbare. Das für den Okzidentalen vornehmlich Irrationale am Verhalten des Asiaten war und ist durch zeremonielle und rituelle Gepflogenheiten bedingt, deren *Sinn* er nicht versteht, – wie übrigens, bei uns ebenso wie in Asien, der ursprüngliche Sinn solcher Sitten dem, der in ihnen aufgewachsen ist, selbst oft nicht mehr klar zu sein pflegt. Darüber hinaus pflegt die reservierte würdevolle Contenance und das höchst bedeutsam erscheinende Schweigen des asiatischen Intellektuellen die okzidentale Neugier zu foltern. Bezüglich dessen aber, was letztlich hinter diesem Schweigen an Inhalten steht, wird es vielleicht oft gut sein, sich eines naheliegenden Vorurteils zu entschlagen. Wir stehen vor dem Kosmos der Natur und meinen, sie müsse doch, sei es dem sie analysierenden Denker, sei es dem auf ihr Gesamtbild schauenden und von ihrer Schönheit ergriffenen Betrachter, irgendein *letztes Wort* über ihren *Sinn* zu sagen haben. Das Fatale ist – wie schon W. Dilthey gelegentlich bemerkt hat –, daß eben die *Natur* ein solches *letztes Wort* entweder nicht zu verraten hat oder dazu sich nicht in der Lage sieht. Ähnlich steht es recht oft mit dem Glauben, daß, wer geschmackvoll schweigt, wohl viel zu verschweigen haben müsse. Das ist aber nicht der Fall, beim Asiaten so wenig wie sonst, so gewiß es wahr ist, daß die soteriologischen Produkte der asiatischen Literatur die meisten auf diesem eigenartigen Gebiet auftauchenden Probleme weit rücksichtsloser durchgearbeitet haben, als dies der Okzident getan hat. –

Das Ausbleiben des ökonomischen Rationalismus und der rationalen Lebensmethodik überhaupt in Asien ist, soweit dabei andere als geistesgeschichtliche Ursachen mitspielen, vorwiegend bedingt durch den kontinentalen Charakter der sozialen Gebilde, wie ihn die geographische Struktur hervorbrachte. Die okzidentalen Kulturherde haben sich durchweg an Stätten des Außen- oder Durchgangshandels gebildet: Babylon, das Nildelta, die antike Polis und selbst die israelitische Eidgenossenschaft an den Karawanenstraßen Syriens. Anders in Asien.

Die asiatischen Völker haben sich überwiegend auf den Standpunkt des Ausschlusses oder der äußersten Beschränkung des Fremdhandels gestellt. So, bis zur gewaltsamen Öffnung, China, Japan, Korea, noch jetzt Tibet, in wesentlich minderem, aber doch fühlbarem Maße auch die meisten indischen Gebiete. Bedingt war die Einschränkung des Fremdhandels in China und Korea

[205] Namentlich würde für unsere Zusammenhänge rassenneurologisch die vermutlich sehr starke Hysterisierbarkeit und Authypnotisierbarkeit der Inder in Betracht kommen. Fraglich bliebe, wie weit ein etwa feststellbarer Unterschied der Disposition durch die im Keim wohl bei fast allen *Naturvölkern* zu findende, hier aber zur Kunst entwickelten Technik neuropathischer Ekstasen erst erworben ist.

durch den Prozeß der Verpfründung, welche automatisch zur traditionalistischen Stabilität der Wirtschaft führte. Jede Verschiebung konnte Einnahme-Interessen eines Mandarinen gefährden. In Japan wirkte das Interesse des Feudalismus an der Stabilisierung der Wirtschaft ähnlich. Ferner – und dies galt ebenso für Tibet – wirkten dahin rituelle Gründe; das Betreten heiliger Stätten durch Fremde beunruhigte die Geister und konnte magische Übel zur Folge haben; die Reiseschilderungen lassen (namentlich für Korea) erkennen, wie die Bevölkerung beim Erscheinen von Europäern an den heiligen Stätten von wahnsinniger Angst vor dessen Folgen ergriffen zu werden pflegte. In Indien – dem Gebiet geringster Abgeschlossenheit – haben doch die zunehmend wirksame rituelle Verdächtigkeit des Reisens, zumal im rituell unreinen Barbarengebiete, gegen den Aktivhandel, politische Bedenken für möglichste Einschränkung der Fremdenzulassung gewirkt. Politische Bedenken waren in allen übrigen, besonders aber den ostasiatischen Gebieten, auch der letzte entscheidende Grund, weshalb die politischen Gewalten der rituellen Fremdenfurcht freie Bahn ließen. Hat nun diese strenge Klausur der einheimischen Kultur so etwas wie ein *Nationalgefühl* entstehen lassen? Die Frage muß verneint werden. Die Eigenart der asiatischen Intellektuellenschichten hat im wesentlichen verhindert, daß *nationale* politische Gebilde auch nur von der Art entstanden, wie sie immerhin schon seit der Spätzeit des Mittelalters im Okzident sich entwickelten, – wenn auch die volle Konzeption der Idee der Nation auch bei uns erst von den modernen okzidentalen Intellektuellenschichten entfaltet worden ist. Den asiatischen Kulturgebieten fehlte (im wesentlichen) die Sprachgemeinschaft. Die Kultursprache war eine Sakralsprache oder eine Sprache der Literaten: Sanskrit im Gebiet des vornehmen Indertums, die chinesische Mandarinensprache in China, Korea, Japan. Teils entsprechen diese Sprachen in ihrer Stellung dem Lateinischen des Mittelalters, teils dem Hellenischen der orientalischen Spätantike oder dem Arabischen der islamischen Welt, teils dem Kirchenslavischen und Hebräischen in den betreffenden Kulturgebieten. Im mahayanistischen Kulturgebiet ist es dabei geblieben. Im Gebiet des Hinayanismus (Birma, Ceylon, Siam), welcher grundsätzlich das Volksidiom als Missionssprache kannte, war die Guru-Theokratie eine so absolute, daß von irgendwelchen weltlich-politischen Gemeinschaftsbildungen der Intellektuellenschicht, die hier aus Mönchen gebildet wurde, keine Rede war. Nur in Japan hatte die feudale Entwicklung Ansätze eines wirklich *nationalen* Gemeinschaftsbewußtseins mit sich gebracht, wenn auch vornehmlich auf ständisch-ritterlicher Grundlage. In China aber war die Kluft, welche die konfuzianische ästhetische Schriftkultur von allem Volkstümlichen trennte, so ungeheuer, daß hier lediglich eine bildungsständische Gemeinschaft der Literatenschicht bestand und das Bewußtsein einer Gemeinsamkeit im übrigen nur soweit reichte, wie ihr unmittelbarer, freilich nicht geringer Einfluß: Das Imperium war, sahen wir, im Grunde genommen ein Bundesstaat der Provinzen, zu einer

Einheit verschmolzen nur durch den obrigkeitlichen, periodischen Austausch der überall in ihren Amtsbezirken landfremden hohen Mandarinen. Immerhin war in China doch, wie in Japan, eine den rein politischen Interessen zugewendete und dabei literarische Schicht vorhanden. Eben diese fehlte aber in ganz Asien, wohin immer die spezifisch indische Soteriologie ihren Fuß setzte, – außer wo sie, wie in Tibet, als Klostergrundherrenschicht über der Masse schwebte, eben deshalb aber *nationale* Beziehungen zu ihr nicht hatte. Die asiatischen Bildungsschichten blieben mit ihren eigensten Interessen ganz *unter sich.*

Wo immer eine Intellektuellenschicht den *Sinn* der Welt und des eigenen Lebens denkend zu ergründen und, – nach dem Mißerfolg dieser unmittelbar rationalistischen Bemühung –, erlebnismäßig zu erfassen und dies Erleben dann, indirekt rationalistisch, ins Bewußtsein zu erheben trachtet, wird sie der Weg irgendwie in die stillen hinterweltlichen Gefilde indischer unformbarer Mystik führen. Und wo andererseits ein Stand von Intellektuellen, unter Verzicht auf jenes weltentfliehende Bemühen, statt dessen bewußt und absichtsvoll in der Anmut und Würde der schönen Geste das höchste mögliche Ziel innerweltlicher Vollendung findet, da gelangt sie irgendwie zum konfuzianischen Vornehmheitsideal. Aus diesen beiden, sich kreuzenden und ineinander schiebenden Komponenten ist aber ein wesentlicher Teil aller asiatischen Intellektuellenkultur zusammengesetzt. Der Gedanke, durch schlichtes Handeln gemäß der *Forderung des Tages* jene Beziehung zur realen Welt zu gewinnen, welche allem spezifisch okzidentalen Sinn von *Persönlichkeit* zugrunde liegt, bleibt ihr ebenso fern wie der rein sachliche Rationalismus des Westens, der die Welt praktisch durch Aufdecken ihrer eigenen unpersönlichen Gesetzlichkeiten zu meistern trachtet.[206] Durch die strenge zeremoniöse und hieratische Stilisierung ihrer Lebensführung ist sie zwar davor bewahrt, nach moderner okzidentaler Art den Versuch zu machen, durch die Jagd nach dem, was gerade und nur diesem Einzelnen, im Gegensatz zu allen anderen, eigentümlich sei, sich selbst am Schopfe aus dem Sumpf zu ziehen und zu einer *Persönlichkeit* zu machen, – ein Bemühen, ebenso fruchtlos wie der Versuch der planvollen Erfindung einer eigenen künstlerischen Form, die *Stil* sein will. Aber jene teils rein mystischen teils rein innerweltlich-ästhetischen Ziele ihrer Selbstdisziplin konnten allerdings nicht anders als durch Entleerung von den realen Mächten des Lebens verfolgt werden und lagen den Interessen der prak-

206 Nicht daß gewisse (nicht alle) chinesischen Erfindungen im Dienst der Kunst und nicht der Ökonomik verwertet wurden, ist, wie wiederum Percival Lowell meint, das Charakteristische. Das Experiment wurde auch bei uns aus der Kunst geboren und ihr gehörte, nächst den auch in Asien wichtigen kriegstechnischen und therapeutischen Zwecken, die Mehrzahl der *Erfindungen* ursprünglich an. Aber daß die Kunst *rationalisiert* wurde und daß dann das Experiment von ihrem Boden aus auf den der Wissenschaft überging, war das für den Okzident Entscheidende. Nicht die *Unpersönlichkeit,* sondern die – rational gewertet – *Unsachlichkeit* ist das, was im Osten den von uns sogenannten *Fortschritt* zum fachmenschlich Rationalen hemmte.

tisch handelnden *Massen* fern, welche sie daher in der Ungebrochenheit magischer Gebundenheit beließen. Die soziale Welt klaffte auseinander in die Schicht der Wissenden und Gebildeten und in die der bildungslosen plebejischen Massen. Den Vornehmen blieben die sachlichen inneren Ordnungen der realen Welt, der Natur wie der Kunst, der Ethik wie der Ökonomik, verborgen, weil sie ihnen jeden Interesses bar schienen. Ihre Lebensführung orientierte sich, im Streben nach einem Außeralltäglichen, an dem Beispiel ihrer durchweg dem Schwerpunkt nach exemplarischen Propheten oder Weisen. Den Plebejern aber erschien keine ethische, ihren Alltag rational formende, Sendungsprophetie. Das Auftreten dieser aber im Okzident, vor allem in Vorderasien, mit den weittragenden Folgen, die sich daran knüpften, war durch höchst eigenartige geschichtliche Konstellationen bedingt, ohne welche, trotz allen Unterschieds der Naturbedingungen, die Entwicklung dort leicht in Bahnen hätte einmünden können, welche denen Asiens, vor allem Indiens, ähnlich verlaufen wären.

Teil 3

Die Wirtschaftsethik der Weltreligionen III

Das antike Judentum[1]

I. Die israelitische Eidgenossenschaft und Jahwe

Vorbemerkung: das soziologische Problem der jüdischen Religionsgeschichte – Allgemeingeschichtliche und klimatische Bedingungen – Die Beduinen – Die Städte und die gibborim – Die israelitischen Bauern – Die gerim und die Erzväterethik – Das Sozialrecht der israelitischen Rechtssammlungen – Die Berith – Der Jahwebund und seine Organe – Heiliger Krieg, Beschneidung, Nasiräer und Nebijim – Rezeption und Charakter des Bundeskriegsgottes – Die nicht jahwistischen Kulte – Der Sabbat – Baal und Jahwe. Die Idole und die Lade – Opfer und Sühne. Die Leviten und die Thora – Die Entfaltung des Priestertums und das Kultmonopol von Jerusalem – Der Kampf des Jahwismus gegen die Orgiastik – Die israelitischen Intellektuellen und die Nachbarkulturen – Magie und Ethik – Mythologema und Eschatologien – Die vorexilische Ethik in ihren Beziehungen zu der Ethik der Nachbarkulturen

Das eigentümliche religionsgeschichtlich-soziologische Problem des Judentums läßt sich weitaus am besten aus der Vergleichung mit der indischen

[1] Die Religion Israels und des Judentums ist Gegenstand einer Literatur, deren wirkliche Beherrschung mehr als die Arbeit eines Menschenlebens erfordert. Vor allem auch, weil sie qualitativ überaus hoch steht. Für die altisraelitische Religion ist dabei die moderne protestantische Forschung, insbesondere die deutsche, anerkanntermaßen führend gewesen und bis heute geblieben. Für das talmudische Judentum ist die bedeutende Überlegenheit der jüdischen Forschung im ganzen nicht zweifelhaft. Wenn hier eine Darstellung der für unsere Problemstellung wichtigen Seiten der Entwicklung versucht wird, so müssen die Hoffnungen, dabei selbst irgend etwas Wesentliches zur Förderung der Erörterung beitragen zu können, von vornherein auf ein äußerst bescheidenes Maß herabgestimmt werden. Allein abgesehen davon, daß sich an der Hand des Quellenmaterials hie und da auch jetzt vielleicht noch manche Tatsachen in der Art der Betonung anders einordnen lassen, als es zu geschehen pflegt, ist naturgemäß auch die Fragestellung in einigen Punkten eine etwas andere als, berechtigterweise, bei den alttestamentlichen Forschern. Eine wirkliche Schädigung hat bisher die rein historische Betrachtung hier, wie überall, wo das gleiche der Fall ist, nur durch das Hineintragen von Werturteilen in die rein objektive Analyse erlitten. Fragen wie die: ob die mosaische Gotteskonzeption oder die mosaische Ethik (gesetzt, wir könnten ihre Inhalte eindeutig feststellen) *höher* stehen als die der Umwelt, kann jedenfalls eine rein empirische, historische oder soziologische, Disziplin nicht beantworten. Sie sind nur von gegebenen religiösen Prämissen aus überhaupt aufzuwerfen. Ein nicht ganz unerheblicher Teil auch der rein empirischen Arbeit an den Problemen der israelitischen Religionsgeschichte aber ist in der Methode der Behandlung dadurch stark beeinflußt. Die Frage kann natürlich so gestellt werden: ob bestimmte israelitische Konzeptionen 1. gemessen an

den sonst in der Entwicklung der Religionen zu findenden Stufenfolgen mehr oder weniger altertümlich *(primitiv)*, oder 2. mehr oder weniger intellektualisiert und (im Sinn des Abstreifens magischer Vorstellungen) rationalisiert, oder 3. mehr oder weniger einheitlich systematisiert, oder 4. mehr oder weniger gesinnungsethisch gewendet (sublimiert) erscheinen als die entsprechenden Konzeptionen der Umwelt. Es können die Anforderungen, welche z. B. die dekalogische Ethik stellt, mit denen andrer entsprechender Gebilde verglichen und, soweit beide im einzelnen unmittelbar parallel laufen, festgestellt werden, welche Anforderungen dort fehlen, die anderwärts gestellt sind und umgekehrt. Ebenso kann die Gotteskonzeption und die Art der religiösen Beziehung zum Gott auf den Grad des Universalismus, der Abstreifung anthropomorpher Züge usw. bei der ersteren, der Vereinheitlichung und gesinnungsmäßigen Wendung bei der letzteren geprüft werden. Dabei ergibt sich z. B. leicht, daß die israelitische Gotteskonzeption weniger universalistisch und anthropomorpher ist als die ältere indische und daß die dekalogische Ethik in wichtigen Anforderungen nicht nur gegenüber der indischen (vor allem der jainistischen) und zarathustrischen, sondern auch gegenüber der ägyptischen, bescheidener ist, daß ferner gewisse zentrale Probleme (z. B. die der Theodizee) in der israelitischen, gerade der prophetischen, Religiosität nur in einer relativ höchst *primitiven* Form auftreten. Aber mit schlechthin unbestrittenem Recht würde sich ein gläubiger Jude (oder Christ) dagegen entschieden verwahren; daß damit auch nur das allergeringste über den religiösen *Wert* jener Konzeptionen ausgemacht sei. Jede rein empirische Arbeit behandelt selbstverständlich die Tatsachen und Urkunden der israelitisch-jüdisch-christlichen Religionsentwicklung ganz genau so wie die irgendeiner anderen, sucht die Urkunden zu interpretieren und die Tatsachen zu erklären nach schlechthin den gleichen Grundsätzen wie jene andern, weiß daher von *Wundern* und *Offenbarungen* hier so wenig etwas wie dort. Aber im einen wie im anderen Fall ist es gleich ausgeschlossen, daß sie irgend jemandem verwehren wollte oder auch nur könnte, die Tatsachen, welche sie empirisch, so weit dies nach Lage der Quellen möglich ist, zu erklären sucht, als *Offenbarungen* zu bewerten.

Alle alttestamentliche Arbeit fußt heute, auch wo sie noch so weit von ihm abweicht, auf den großartigen Arbeiten J. Wellhausens (den *Prolegomena zur Geschichte Israels, der Israelitischen und jüdischen Geschichte* und von den andern Arbeiten vor allem der *Komposition des Hexateuch)*, der seinerseits die seit de Wette, Vatke, Graf nie wieder verlassenen, von Dillmann, Reuß u. a. fortgeführten Methoden zu höchster systematischer Vollendung brachte und virtuos handhabte. Seine zentrale Vorstellung von der Art der Entwicklung der jüdischen Religion dürfte wohl mit dem Ausdruck *immanent evolutionistisch* am ehesten zu kennzeichnen sein. Die eigenen, inneren Entwicklungstendenzen der Jahwereligion bestimmen, wenn auch natürlich unter dem Einfluß der allgemeinen Schicksale des Volks, den Gang der Entwicklung. Die auffallende Leidenschaftlichkeit, mit welcher er sich gegen die glänzende Arbeit Ed. Meyers (Die Entstehung des Judentums. Halle 1806) wehrte, obwohl dieser Schriftsteller ihm in hohem Maße gerecht geworden ist, erklärt sich aus dieser letztlich doch wohl religiös bedingten Prämisse. Denn die Arbeit Ed. Meyers stellt wie bei einem Universalhistoriker der Antike zu erwarten, das konkrete historische Schicksal und Ereignis (in diesem Fall: eine bestimmte politische Maßregel der persischen Politik) in den Vordergrund der kausalen Zurechnung und bevorzugt also eine, in diesem Sinn, *epigenetische* Erklärung. Für die zwischen beiden erörterte Frage dürfte heute Ed. Meyer nach der so gut wie allseitigen Meinung im Recht geblieben sein. Eine *evolutionistische* Behandlung der israelitischen Religionsgeschichte kann namentlich dann leicht auf den Boden von Voraussetzungen treten, welche die unbefangene Erkenntnis trüben, wenn sie – was übrigens gerade bei Wellhausen nicht zutraf – die Ergebnisse der modernen

Ethnographie und vergleichenden Religionswissenschaft für die konkrete Religionsentwicklung Israels dogmatisiert also annimmt: jene magischen und *animistischen* Vorstellungen, welche fast über die ganze Welt hin bei *primitiven* Völkern beobachtet werden, müßten auch in der Religionsentwicklung Israels am Anfang stehen und erst in deren weiterem Verlaufe den *höheren* religiösen Konzeptionen Platz gemacht haben. Die Schriften von Robertson Smith (deutsch: *Die Religion der Semiten)* und die zum Teil glänzenden Arbeiten sowohl alttestamentlicher wie anderer Gelehrter haben zwar zweifellos, wie übrigens zu erwarten, namentlich innerhalb der rituellen Gebote und der Mythen und Legenden Israels auf Schritt und Tritt die Analogien mit zahlreichen sonst beobachteten magischen und animistischen Vorstellungen dargetan. (Daß man freilich auch Beweise für *Totemismus* in Israel hat finden wollen, darüber hat sich Ed. Meyer mit Recht lustig gemacht.) Allein darüber wurde zuweilen vergessen, daß Israel zwar als eine bäuerliche Eidgenossenschaft sein geschichtliches Dasein begann, aber (ähnlich etwa der Schweiz) inmitten einer Umwelt mit längst entwickelter Schriftkultur, Städteorganisation, See- und Karawanenhandel, Beamtenstaaten, Priesterwissen, astronomischen Beobachtungen und kosmologischen Spekulationen. Dem ethnographischen Evolutionismus trat daher der kulturgeschichtliche Universalismus vor allem der assyriologischen Gelehrten in radikalster Form der sog. *Panbabylonisten,* entgegen. Die Vertreter dieser Geschichtsauffassung, Gelehrte vom Range Schraders (vor allem: Die Keilinschriften und das Alte Testament, neue Auflagen von H. Winckler) und H. Wincklers (vor allem: Geschichte Israels in Einzeldarstellungen, 2 Bde.) und der noch radikalere Jensen, in vorsichtigerer Art gelegentlich auch der weit maßvollere aber immerhin das *Prinzip* dieser Betrachtung wahrende A. Jeremias (außer dem *Handbuch der altoriental. Geisteskultur,* 1913 vor allem: *Das Alte Testament im Lichte des alten Orients* 2. A. 1916) gingen hier sehr weit. Es hat an Versuchen nicht gefehlt, die Mehrzahl z. B. aller Pentateuch-Erzählungen als astraltheologischen Ursprungs nachzuweisen oder etwa die Propheten zu Parteigängern einer internationalen vorderasiatischen Priesterpartei zu stempeln.

Die Vorträge und Aufsätze von Fr. Delitsch trugen dann den sog. *Babel-Bibel-Streit* in breite Kreise. Von ernsthaften Forschern dürfte nun heute wohl kaum noch, wie es zeitweise geschah, versucht werden, die israelitische Religion aus babylonischen Astralkulten und babylonischem priesterlichem Geheimwissen abzuleiten. (Von ägyptologischer Seite wäre als eine extreme Parallele solcher Exzesse etwa die, wie mir scheint, gründlich verfehlte Schrift von D. Völter, Ägypten und die Bibel, Leiden 1903, zu nennen, mit welcher die sehr vorsichtigen Arbeiten W. Max Müllers, vor allem *Asien und Europa* und die später teilweise zu zitierende Spezialliteratur zu vergleichen sind.) Wenn in der nachfolgenden Darstellung auch von den als unbezweifelbar anzuerkennenden Ergebnissen der *panbabylonistischen* Arbeiten wenig die Rede ist, so keineswegs aus Geringachtung, sondern lediglich deshalb, weil für uns die praktische Ethik Israels im Vordergrunde steht und für das Verständnis dieser jene kulturhistorisch wichtigen Beziehungen, welche die Panbabylonisten interessieren, wie sich zeigen wird, nicht die ausschlaggebenden sind. Die Wirkung ihrer Thesen auf die Forschung war aber eine sehr bedeutende. Durch sie wurde die israelitische Religion zu einer Abwandlung der benachbarten Kulturreligionen gestempelt. Das mußte auf die Fragestellungen der Alttestamentler zurückwirken. Da sich starke Einwirkungen vor allem babylonischer, aber auch ägyptischer Kultur auf Palästina unmöglich in Abrede stellen lassen, hatte die alttestamentliche Forschung, unter der Führung namentlich Gunkels, inzwischen schon ihrerseits an dem Entwicklungsschema Wellhausens erhebliche Korrekturen vorgenommen. Die Tatsachen der Durchsetzung der israelitischen Religiosität mit magischem und animistischem Vorstellungsmaterial einerseits, die Zusammenhänge mit den benachbarten großen Kulturkreisen andererseits traten nun deutlicher hervor, und die Arbeit konzentrierte sich auf die in Wahrheit entscheidende Frage: worin denn nun die schließlich doch unbezweifelbare Eigenart der israelitischen Religionsentwicklung gegenüber jenen teils allgemein verbreiteten, teils durch konkrete Kulturzusammenhänge bedingten Gemeinsamkeiten beruhe und weiter: wodurch diese historische Eigenart bedingt sei. Aber alsbald begann wieder die Verflechtung mit den durch eigne religiöse Stellungnahme bedingten Wertungen. Die *Einzigkeit* wurde bei einem Teil der Forscher alsbald wieder zum einzigartigen Wert, und der Nachweis galt z.B. etwa einer These wie der, daß schon die Leistung des Mose eine an religiösem und sittlichem Wertgehalt alle Gebilde der Umwelt *überragende* Schöpfung gewesen sei (Beispiele dieses Typus dürften am besten manche Arbeiten des übrigens sehr verdienten Baentsch darbieten, denen namentlich Budde entgegengetreten ist). Wenn so die Forschung im einzelnen gelegentlich durch Wertungen von der rein historisch-empirischen Feststellung des Tatbestandes abgelenkt wurde, so sind die Ergebnisse der glänzenden Arbeit der Alttestamentler für die Kritik der Überlieferung doch derart gewesen, daß auch die konservativsten Gelehrten sich ihnen nicht mehr haben entziehen können. Die Schwierigkeit einwandfreier positiver Feststellungen liegt namentlich in den für einen Nichtphilologen in aller Regel nicht nachprüfbaren Kontroversen über den oft gerade in den wichtigsten Partien verderbten oder in unbekannten Zeiten interpolierten und emendierten Text der Quellen. Oft hängt die Entscheidung auch an dem größeren oder geringeren Radikalismus des Zweifels an der Authentizität jener Nachrichten, an deren Verfälschung irgendein Interesse der priesterlichen Redaktoren sich knüpfen konnte. Der Nichtfachmann wird im ganzen gut tun, alle jene Nachrichten, für die nicht entweder nach der übereinstimmenden Ansicht der maßgebenden philologischen Fachleute aus sprachlichen oder aber nach ihrem eigenen Inhalt aus zwingenden sachlichen Gründen eine Verfälschung anzunehmen ist, zunächst einmal hypothetisch daraufhin anzusehen: ob sie nicht trotz allem als Mittel historischen Verständnisses brauchbar sind. Das Maß von in diesem Sinn *konservativer* Behandlung der Quellen ist bei den einzelnen alttestamentlichen Forschern ein sehr verschiedenes, neuerdings aber in Reaktion gegen extreme Skepsis in einem vielfach wohl schon etwas zu weitgehenden Steigen begriffen. Auf einem ganz extrem konservativen Standpunkt steht z. B. das übrigens ganz ausgezeichnete ausführlichste Werk von Kittel, Geschichte des Volkes Israels (2 Bde. in 2 Auflage 1909 bzw. 1912). Von anderen modernen Darstellungen sei zur Einführung etwa die kurzgefaßte *Geschichte des Volkes Israel* von H. Guthe (2. Aufl. 1904), der gute Abriß von Valeton in Chantepie de la Saussaye's Lehrbuch der vergl. Rel. Gesch. (1897) und das die außenpolitische Entwicklung sehr übersichtlich gliedernde Werk von C. F. Lehmann-Haupt: *Israel. Seine Entwicklung im Rahmen der Weltgeschichte* (Tübingen 1911) genannt. Neben dem Werk von Kayser-Marti wird man die Religionsgeschichte von Smend dankbar benützen. Für die wissenschaftliche Forschung auf dem Gebiet der ältern israelitischen Geschichte besonders unentbehrlich ist aber bei aller Kritik Ed. Meyers Schrift (mit Einlagen von Luther): Die Israeliten und ihre Nachbarstämme (Halle 1906). Für die inneren und Kulturverhältnisse ist neben den Kompendien der hebräischen Archäologie von Benzinger (1893) und Nowack (1894) auch die Schrift von Frants Buhl (Die sozialen Verhältnisse der Israeliten) brauchbar. Zur Religionsgeschichte ist neben B. Stades im einzelnen oft anfechtbarer, aber überaus gehaltvoller und gedrängter *Biblischer Theologie des A. Test.* (I, 1905, II, von Bertholet, 1911) beachtenswert, weil ebenfalls sehr präzis formuliert, das posthume Werk von E. Kautzsch (Die bibl. Theologie des A. T. 1911). Zur Religionsvergleichung die von Greßmann in Verbindung mit Ungnad und Ranke herausgegebene Sammlung: Altorientalische Texte und Bilder zum Alten Testament, 1909 (war mir während der

Kastenordnung verstehen. Denn was waren, soziologisch angesehen, die Juden? Ein Pariavolk. Das heißt, wie wir aus Indien wissen: ein rituell, formell oder faktisch, von der sozialen Umwelt geschiedenes Gastvolk. Alle wesentlichen Züge seines Verhaltens zur Umwelt, vor allem seine längst vor der Zwangsinternierung bestehende freiwillige Ghettoexistenz und die Art des Dualismus von Binnen- und Außenmoral lassen sich daraus ableiten. Die Unterschiede gegenüber indischen Pariastämmen liegen beim Judentum in folgenden drei wichtigen Umständen: 1. Das Judentum war (oder vielmehr wurde) ein Pariavolk in einer kastenlosen Umwelt. – 2. Die Heilsverheißungen, an welchen die rituelle Besonderung des Judentums verankert war, waren durchaus andere als diejenigen der indischen Kasten. Für die indischen Pariakasten galt, sahen wir, als Prämie rituell korrekten, d.h. kastengerechten, Verhaltens der Aufstieg innerhalb der als ewig und unabänderlich gedachten Kastenordnung der Welt im Wege der Wiedergeburt. Die Erhaltung der Kastenordnung wie sie war und das Verbleiben nicht nur des Einzelnen in der Kaste, sondern der Kaste als solcher in ihrer Stellung zu den anderen Kasten: Dieses eminent sozialkonservative Verhalten war Vorbedingung alles Heils; denn die Welt war ewig und hatte keine Geschichte. Für den Juden war die Verheißung die gerade entgegengesetzte: Die Sozialordnung der Welt war in das Gegenteil dessen verkehrt, was für die Zukunft verheißen war und sollte künftig wieder umgestürzt werden, so, daß dem Judentum seine Stellung als Herrenvolk der Erde wieder zufallen würde. Die Welt war weder ewig noch unabänderlich, sondern sie war erschaffen und ihre gegenwärtigen Ordnungen waren ein Produkt des Tuns der Menschen, vor allem: der Juden, und der Reaktion ihres Gottes darauf: ein geschichtliches Erzeugnis also, bestimmt, dem eigentlich gottgewollten Zustand wieder Platz zu machen. Das ganze Verhalten der antiken Juden zum Leben wurde durch diese Vorstellung einer künftigen gottgeleiteten politischen und Sozialrevolution bestimmt. Und zwar – 3: in einer ganz bestimmten Richtung. Denn die rituelle Korrektheit und die dadurch bedingte Abgesondertheit von der sozialen Umwelt war nur eine Seite der ihnen auferleg-

Durchsicht des Manuskripts leider nicht zugänglich). Von den zahlreichen Kommentaren zum A. T. ist für den Nichtfachmann der von K. Marti in Verbindung mit Benzinger, Bertholet, Budde, Duhm, Holzinger, Wildeboer herausgegebene besonders angenehm zu benutzen. Sehr verdienstlich und zum Teil ganz ausgezeichnet ist die auch auf weitere Kreise berechnete, (daher teilweise etwas zu freie, vor allem auch nicht vollständige, nach Quellenschriften, Gegenständen und chronologisch gegliederte) moderne kommentierte Übersetzung der *Schriften des A. T.* von Greßmann, Gunkel, Haller, H. Schmidt, Stärk, Volz (1911–14, noch in Fortsetzung begriffen). – Einzelzitate anderer Arbeiten nachstehend an den betreffenden Stellen. Die Literatur, und zwar auch die qualitativ erstklassige Literatur ist derart umfangreich, daß im allgemeinen nur da zitiert ist, wo ein besonderer sachlicher Grund dazu vorlag. Es schien mir in diesem Fall die Gefahr nicht groß, daß durch eine Unterlassung der Anschein erweckt würde, als beanspruchte ich, hier *neue* Tatsachen und Auffassungen vorzutragen. Davon ist keine Rede. In gewissem Umfang neu sind einige der soziologischen Fragestellungen, unter denen die Dinge behandelt werden.

ten Gebote. Daneben stand eine in hohem Grade rationale, das heißt von Magie sowohl wie von allen Formen irrationaler Heilssuche freie religiöse Ethik des innerweltlichen Handelns, innerlich weltenfern stehend allen Heilswegen der asiatischen Erlösungsreligionen. Diese Ethik liegt in weitgehendem Maße noch der heutigen europäischen und vorderasiatischen religiösen Ethik zugrunde. Und darauf beruht das Interesse der Weltgeschichte am Judentum.

Die weltgeschichtliche Tragweite der jüdischen religiösen Entwicklung ist begründet vor allem durch die Schöpfung des Alten Testamentes. Denn zu den wichtigsten geistigen Leistungen der paulinischen Mission gehört es, daß sie dies heilige Buch der Juden als ein heiliges Buch des Christentums in diese Religion hinüberrettete und dabei doch alle jene Züge der darin eingeschärften Ethik als nicht mehr verbindlich, weil durch den christlichen Heiland außer Kraft gesetzt, ausschied, welche gerade die charakteristische Sonderstellung der Juden: ihre Pariavolkslage, rituell verankerten. Man braucht sich, um die Tragweite dieser Tat zu ermessen, nur vorzustellen, was ohne sie eingetreten wäre. Ohne die Übernahme des Alten Testamentes als heiligen Buches hätte es auf dem Boden des Hellenismus zwar pneumatische Sekten und Mysteriengemeinschaften mit dem Kult des Kyrios Christos gegeben, aber nimmermehr eine christliche Kirche und eine christliche Alltagsethik. Denn dafür fehlte dann jede Grundlage. Ohne die Emanzipation von den rituellen, die kastenartige Absonderung der Juden begründenden Vorschriften der Thora aber wäre die christliche Gemeinde ganz ebenso wie etwa die Essener und Therapeuten eine kleine Sekte des jüdischen Pariavolks geblieben. Aber gerade in dem Kern der aus dem selbstgeschaffenen Ghetto befreienden Heilslehre des Christentums knüpfte die paulinische Mission an eine jüdische, wennschon halbverschüttete Lehre an, welche aus der religiösen Erfahrung des Exilsvolks stammte. Denn ohne die höchst besondersartigen Verheißungen des unbekannten großen Schriftstellers der Exilszeit, der die prophetische Theodizee des Leidens Jes. 40-55 verfaßt hat, insbesondere die Lehre vom lehrenden und schuldlos freiwillig als Sühnopfer leidenden und sterbenden Knecht Jahwes, wäre trotz der späteren Menschensohn-Esoterik die Entwicklung der christlichen Lehre vom Opfertod des göttlichen Heilands in ihrer Sonderart gegenüber andern äußerlich ähnlichen Mysterienlehren nicht denkbar gewesen. Auf der anderen Seite ist aber das Judentum ausgesprochenermaßen Anreger und teilweise Vorbild der Verkündigung Muhammeds geworden. Wir befinden uns also bei Betrachtung seiner Entwicklungsbedingungen, ganz abgesehen von der Bedeutung des jüdischen Pariavolks selbst innerhalb der Wirtschaft des europäischen Mittelalters und der Neuzeit vor allem aus diesen Gründen der universalhistorischen Wirkung seiner Religion an einem Angelpunkt der ganzen Kulturentwicklung des Okzidents und vorderasiatischen Orients. An geschichtlicher Bedeutung kann ihm nur die Entwicklung der hellenischen Geisteskultur und, für Westeuropa, des römischen Rechts und der auf dem römischen Amtsbegriff fußenden römischen Kirche, dann weiterhin der mittelalterlich-ständischen Ordnung und schließlich der sie sprengenden, aber ihre Institutionen fortbildenden Einflüsse, auf religiösem Gebiet, also des Protestantismus, gleichgeordnet werden.

Das Problem ist also: Wie sind die Juden zu einem Pariavolk mit dieser höchst spezifischen Eigenart geworden? –

Das syrisch-palästinische Bergland war abwechselnd mesopotamischen und ägyptischen Einflüssen ausgesetzt. Die ersteren waren durch die Stammesgemeinschaft der in alter Zeit in Syrien ebenso wie in Mesopotamien herrschenden Amoriter, dann durch den politischen Aufstieg der babylonischen Macht Ende des 3. Jahrtausends und dauernd durch den Einfluß der kommerziellen Bedeutung Babylons, als des Entstehungsgebiets der frühkapitalistischen Geschäftsformen, bedingt. Die ägyptischen Einflüsse beruhten zunächst auf den Handelsbeziehungen schon des alten Reichs zur phönizischen Küste, auf dem ägyptischen Bergbau auf der Sinaihalbinsel und auf der geographischen Nähe als solcher. Eine dauernde und feste politische Unterwerfung war in der Zeit vor dem 17. Jahrhundert v. Chr. von keinem jener beiden großen Kulturzentren her möglich, weil die damalige militärische und administrative Technik eine solche ausschloß. Das Pferd fehlte zwar wenigstens in Mesopotamien nicht gänzlich, aber es war noch nicht zum Instrument einer eigenen Militärtechnik geworden. Das geschah erst in jenen Völkerwanderungen, welche in Ägypten die Hyksosherrschaft, in Mesopotamien die kassitische Herrschaft begründeten. Nunmehr erst entstand die Wagenkampftechnik und damit Möglichkeit und Anreiz zu großen Eroberungsexpeditionen in ferne Gebiete. Palästina wurde zuerst von Ägypten her als Beuteobjekt gesucht. Mit der Befreiung von den Hyksos – unter deren Herrschern anscheinend der Name Jakob zum erstenmal auftaucht – begnügte sich die 18. Dynastie nicht, sondern drang erobernd bis an den Euphrat vor. Ihre Statthalter und Vasallen blieben in Palästina, auch als die Tendenz zur Expansion aus innerpolitischen Gründen erlahmte. Die Dynastie der Ramessiden mußte den Kampf um Palästina schon deshalb wieder aufnehmen, weil inzwischen das starke kleinasiatische Reich der Hethiter nach Süden vorgedrungen war und Ägypten bedrohte. Durch ein Kompromiß unter Ramses II. wurde Syrien geteilt, Palästina blieb in ägyptischer Hand und war es nominell bis nach dem Ende der Ramessiden, also während eines großen Teils der israelitischen sog. Richterzeit. Tatsächlich sank aber die Macht sowohl des ägyptischen wie des hethitischen Reichs vor allem aus innerpolitischen Gründen so stark, daß Syrien und Palästina vom 13. Jahrhundert an mehrere Jahrhunderte im wesentlichen sich selbst überlassen blieben, bis, seit dem 9. Jahrhundert, die inzwischen neugeschaffene Militärmacht der Assyrer, seit dem 7. die der Babylonier und, nach einem ersten Vorstoß im 10. Jahrhundert, im 7. Jahrhundert auch die ägyptische Macht wieder eingriffen und vom letzten Drittel des 8. Jahrhunderts an die Selbständigkeit des Gebietes Stück für Stück an die assyrischen, teilweise und zeitweise an die ägyptischen, definitiv dann an die babylonischen Großkönige verloren ging, deren Erbe die Perserherrschaft antrat. Nur in jener Zwischenzeit, welche einen weitgehenden allgemeinen Rückgang aller internationalen politischen und kommerziellen Beziehungen bedeutete und im Zusammenhang damit in Griechenland die sog. dorische Wanderung sah, konnte auch Palästina sich unabhängig von fremden Großmächten entwickeln. Die Phönikerstädte und die in jener Zeit der Schwäche Ägyptens von der See her einwandernden Philister von der einen, die Beduinenstämme der Wüste von der anderen Seite, dann im 10. und 9. Jahrhundert das damaskenische Reich der Aramäer, waren Palästinas stärkste Nachbarn. Gegen die letztgenannte Macht rief der israelitische König die Assyrer ins Land. In jene Zwischenperiode fällt, wenn nicht die Entstehung, so doch die militärische Höhe des israelitischen Bundes, des Reichs Davids und dann der Königreiche Israel und Juda.

Wenn die politische Macht der großen Kulturstaaten am Euphrat und Nil damals gering war, so hat man sich doch sehr zu hüten, diese Epoche in Palästina sich als primitiv und barbarisch vorzustellen. Nicht nur blieben diplomatische und auch kommerzielle Beziehungen, wenn auch erschwert, bestehen, sondern auch der geistige Einfluß der Kulturgebiete dauerte fort. Durch Sprache und Schrift war Palästina dauernd, auch während der ägyptischen Herrschaft, dem geographisch entfernteren Euphratgebiet verbunden geblieben, und tatsächlich ist dessen Einfluß vor allem im Rechtsleben, aber ebenso in Mythen und kosmischen Vorstellungen unverkennbar. Ägyptens Einfluß auf die Kultur Palästinas scheint, rein äußerlich, angesichts der geographischen Nähe auffallend gering. Dies hatte seinen Grund zunächst in der inneren Eigenart der ägyptischen Kultur, deren Trägern, Tempel- und Amts-Pfründnern, jeder Proselytismus fernlag. Starke Beeinflussung der palästinischen geistigen Entwicklung durch Ägypten ist in manchen für uns wichtigen Punkten dennoch wahrscheinlich. Aber sie erfolgte teils auf dem Umweg über Phönizien, teils blieb sie mehr ein nicht ganz leicht zu fassender und meist wesentlich negativer Entwicklungsreiz. Denn jene scheinbar geringe direkte Beeinflussung folgte außer aus sprachlichen Gründen auch aus den tiefgehenden Unterschieden der natürlichen Lebensbedingungen und der auf ihnen ruhenden sozialen Ordnung. Der aus der Notwendigkeit der Bewässerungsregulierung und aus den königlichen Bauten erwachsene ägyptische Fronstaat stand den Existenzformen der Bewohner Palästinas als etwas tief Fremdartiges, ein Diensthaus, das sie als eisernen Ofen verabscheuten, gegenüber. Und die Ägypter ihrerseits betrachteten alle nicht an dem göttlichen Geschenk der Nilüberschwemmungen und der königlichen Schreiberverwaltung teilnehmenden Nachbarn als Barbaren. Die religiös einflußreichen Schichten in Palästina aber lehnten vor allem die wichtigste Grundlage der ägyptischen Priestermacht: den Totenkult, als eine schauerliche Entwertung ihrer eigenen, in der bei nicht hierokratisch reglementierten

Völkern typischen Art, durchaus innerweltlich gerichteten Interessen ebenso ab, wie sich die ägyptische Dynastie selbst unter Amenophis IV. zeitweilig, aber gegenüber der schon fest verankerten Macht der Priester vergeblich, ihnen zu entziehen suchte. Der Gegensatz gegen Ägypten war letztlich in den natürlichen und sozialen Unterschieden begründet; obwohl auch innerhalb Palästinas die Lebensbedingungen und sozialen Verhältnisse recht verschiedene waren.

Palästina birgt erhebliche klimatisch bedingte Gegensätze der Wirtschaftsmöglichkeiten.[2] In den Ebenen namentlich des mittleren und Nordgebiets war neben Getreideanbau mit Rindviehzucht schon bei Beginn unserer Nachrichten auch Obst-, Feigen-, Wein- und Ölbau heimisch. In den Oasen der angrenzenden Wüste und auf dem Gebiet der Palmenstadt Jericho auch Dattelzucht. Bewässerung aus den starken Quellen, in den palästinischen Ebenen. Regen machte den Anbau möglich. Die sterile Wüste im Süden und Osten war und ist nicht nur den Bauern, sondern ebenso den Hirten ein Ort des Schreckens und der Sitz der Dämonen. Nur die vom periodischen Regen bestrichenen Randgebiete, die Steppen, waren und sind als Kamel- oder Kleinviehweide und daneben in günstigen Jahren zum nomadisierenden Gelegenheitsanbau von Getreide brauchbar. Allerhand Übergänge bis zur Möglichkeit regelmäßigen seßhaften Anbaus fanden und finden sich.[3] Insbesondere war und ist die Art der Weiden verschieden. Zuweilen lassen sie sich als örtlich festbegrenzte Weidebezirke von einer Ansiedelung aus entweder nur für Kleinvieh oder daneben auch für Großvieh benutzen. Häufiger aber müssen gemäß dem jährlichen Wechsel zwischen winterlicher Regenperiode und sommerlicher regenloser Zeit die Weiden gewechselt werden.[4] Entweder derart, daß Sommer- und Winterdörfer, die letzteren oben an den Berghängen liegend, von den Viehzüchtern abwechselnd benutzt werden und leerstehen –, was übrigens auch bei Ackerbauern auf weit auseinanderliegenden Feldern mit Verschiedenheit der Vegetationsperiode vorkommt. Oder aber so, daß die Weidereviere der verschiedenen Jahreszeiten so weit auseinanderliegen oder in ihren Erträgen so wechseln, daß feste Ansiedelungen gar nicht möglich sind. Die Kleinviehzüchter, denn nur sie kommen in diesem Fall in Frage, leben dann nach Art der Kamelhirten der Wüste in Zelten und treiben im periodischen

2 Über die Naturbedingungen Palästinas sind neben den allgemeinen Werken über Palästinakunde die zahlreichen Aufsätze in der *Zeitschrift* und den *Mitteilungen und Nachrichten des Deutschen Palästinavereins* zu vergleichen. Über das antike Klima (Talmudzeit) H. Klein Z. D. P. V. 37 (1914), S. 127. ff.

3 Im Josua-Buch (15, 19) gibt Kaleb, der Hebron zugeteilt erhalten hat, seiner Tochter als Mitgift *Mittagsland* (erez ha negeb) und fügt auf ihre Bitte *Quellen oben und unten* hinzu. – Das anbaufähige Land im Gegensatz zur Steppe heißt *sadeh*.

4 S. dazu namentlich die Beobachtungen Schumachers in seinem Reisebericht aus dem Ostjordanland, abgedr. in den Mitt. u. N. d. D. P. V 1904 ff.

Weidewechsel ihre Herden über weite Entfernungen teils mehr von Ost nach West, teils mehr von Nord nach Süd, wie sich dies in Süditalien, Spanien, der Balkanhalbinsel und Nordafrika ganz ebenso findet.[5] Beim Weidewechsel pflegt je nach Möglichkeit die Naturweide mit Brachweide und Stoppelweide auf den abgeernteten Feldern kombiniert zu werden. Oder so, daß mit Zeiten der Dorfsässigkeit Zeiten des Nomadisierens oder der auswärtigen Arbeitssuche abwechseln: dorfsässige Bauern im Gebirge Juda wohnen teilweise die Hälfte des Jahres in Zelten. Die Grade der vollen hausgesessenen Bodenständigkeit einerseits, des Zeltnomadentums andererseits sind also durch alle denkbaren Übergänge miteinander verbunden und labil. Wie in der Antike sind noch in der Gegenwart Übergänge sowohl vom Nomadentum zum Ackerbau infolge Zunahme der Bevölkerung und damit des Brotbedarfs, wie auch das gerade umgekehrte: Übergang vom Fellachentum zum Nomadentum infolge von Versandung, vorgekommen. Mit Ausnahme des immerhin eng begrenzten, aus Quellen bewässerten Landes hängt eben das ganze Schicksal des Jahres von dem Maß und der Verteilung des Regens ab.[6] Von diesem gibt es zweierlei Art. Den einen bringt der Scirocco von Süden in oft ungeheuer starken Gewittern mit Wolkenbrüchen. Ein starker Blitz bedeutet den Fellachen und Beduinen starken Regen. Kommt kein Regen, so ist heute wie in der Antike Gott in der Ferne und dies gilt heute wie damals als Folge von Sünden, besonders solchen der Schechs.[7] Für die Ackerbaukrume namentlich des Ostjordanlandes oft verhängnisvoll, füllt dieser Platzregen in der Steppe die Zisternen und ist also namentlich den Kamelzüchtern der Wüste erwünscht, für die deshalb der regenspendende Gott ein jähzorniger Gott des Wettersturms war und blieb. Für die Dattelpalmen und die Baumvegetation überhaupt ist dieser starke Regen nicht nachteilig, bei nicht allzu großem Übermaß nützlich. Den milden Landregen dagegen, bei welchem die Ackerkrume und die Bergweiden gedeihen, bringt jener Südwest- und Westwind, den Elia auf dem Karmel vom Meer her erwartete. Für den Ackerbauer ist also jener Regen der erwünschteste, bei welchem der regenspendende Gott nicht im Gewitter oder Sturm – die auch ihm freilich oft vorangehen –, sondern in stillem, sanftem Sausen naht.

Im eigentlichen Palästina ist die Wüste Juda, die Abflachung des Berglands vom Toten Meer, von jeher wie heute ein Gebiet fast ohne feste Siedlung. Innerhalb des mittel- und nordisraelitischen Berglandes dagegen fällt im Winter (November bis März) so viel Regen wie in Mitteleuropa im ganzen

5 Darüber jetzt die vortreffliche Arbeit von R. Leonhard: Die Transhumanz im Mittelmeergebiet (in d. Festschr. für L. Brentano, München 1916).

6 Beste meteorologische Beobachtungen jetzt von F. Exner Z. D. P. V. 33 (1910), S. 107 ff.

7 Fellachensprichwörter und Gebete, gesammelt von Dr. Cana'an, Z. D. P. V. 36 (1913), S. 285, 291

Jahresdurchschnitt. Daher ist in guten Jahren, d.h. wenn starke Frühregen (in der Antike oft schon vom Laubhüttenfest an) und Spätregen (bis Mai) eingetreten sind, gute Getreideernte in den Tälern und starker Blumen- und Graswuchs an den Berghängen zu erwarten, während allerdings beim Ausbleiben der Früh- und Spätregen die absolute Dürre des Sommers, die alles Gras verdorren läßt, sich über mehr als zwei Drittel des Jahres erstrecken kann und dann vor allem die Schafhirten auf auswärtigen Zukauf von Getreide in der Antike aus Ägypten, oder auf Fortwanderung angewiesen waren. Die Existenz namentlich dieser Hirten ist also meteorologisch prekär, und nur in guten Jahren war Palästina für sie ein Land wo Milch und Honig – es ist offenbar Dattelhonig, den die Beduinen schon in der Thutmose-Zeit kannten, vielleicht auch Feigenhonig und daneben Honig von wilden Bienen gemeint – fließen.[8]

Die naturgegebenen Kontraste der Wirtschaftsbedingungen haben von jeher in Gegensätzen der ökonomischen und sozialen Struktur sich ausgedrückt.

Am einen Ende der Skala standen und stehen die Wüsten-Beduinen. Der eigentliche bedu, der sich auch innerhalb Nordarabiens streng vom seßhaften Araber unterscheidet, verachtete von jeher den Ackerbau, verschmähte Haus und befestigte Orte, lebte von Kamelmilch und Datteln, kannte keinen Wein, bedurfte und duldete keine Art von staatlicher Organisation. Wie neben ande-

[8] Über die Frage, ob das Land Kanaan diese Bezeichnung verdient haben kann und was sie bedeutet, herrscht Streit. S. darüber aus der letzten Zeit z.B. Kraus Z. D. P. V. 32, S. 151, der das *Fließen* nach seiner Interpretation talmudischer Quellen buchstäblich, als Zusammenlaufenlassen von Ziegenmilch mit Frachthonig aus Datteln, Feigen, Trauben verstehen wollte. Dagegen Simonson ebenda 33, S. 44, der mit Recht es als bildlich gemeint ansieht. Ebenso Dalman M. u. N. D. P. V. 1905 S. 27: *Kuchen so süß wie Honig,* im Anschluß an die heutige Interpretation der palästinischen Juden. Dalman hält Palästina für von jeher vieharm. Hiergegen (die m. W. beste Abhandlung) L. Bauer (ebenda S. 65), der auf den Milchreichtum noch in der Gegenwart hinweist (Butter und Milch die wichtigsten Nahrungsmittel) und den Honig auf Traubenhonig deutet, welch letztere Annahme aber Dalman (ebenda 1906 S. 81) als für das Altertum irrig nachweist: damals sei Dattelhonig die wichtigste Honigart gewesen. Häusler (Z. D. P. V. 35, 1912 S. 186) zweifelt, ob der Reichtum an Honig immer bestanden habe. Allein auch in den Amarnabriefen (Nr. 55 von Knudtzons Ausgabe) findet sich Honig als Deputat einer ägyptischen Garnison. Der Honig, welchen der flüchtige Ägypter Sinuhe in der Zeit Sesostris I. neben Feigen-, Öl- und Weinanbau als im Retenuland reichlich vorhanden erwähnt, war vielleicht ebenfalls Dattelhonig. Das Manna schmeckt (Ex 3, 13) wie Brot mit Honig. Wenn Palästina nach der Verwüstung durch die Assyrer wieder wie die Steppe sein wird, wo statt der Weinstöcke Dornen und Hecken stehen, dann werden die übrig gebliebenen Frommen Rahm und Honig essen, wie einstmals, verkündet Jesaja (7, 22. 23). Deshalb wird auch das Heilandskind Immanuel Rahm und Honig essen (7, 15). Das erinnert an die Nahrung des Zeusknaben auf Kreta: Rahm und Honig. Deshalb wird die rein eschatologische Deutung des Ausdrucks als Götterspeise von Greßmann (Die israelit. Eschatologie S. 207 f., s. auch die das. unten angeführte Literatur) bevorzugt. Immerhin ist die Götterspeise eben doch wohl die ideale Menschenspeise der Reichen in einem Steppengebiet.

ren namentlich Wellhausen[9] es für die epische Zeit der Araber geschildert hat, ist neben dem Muchtar, dem Haupt der Familie (d.h. der Zeltgemeinschaft) das Sippenhaupt, der Schech, die einzige normalerweise perennierende Autorität. Zur Sippe zählt der Komplex von Zeltgemeinschaften, welche sich, gleichviel ob mit Recht, von einem Ahn abstammend wissen und deren Zelte deshalb benachbart stehen. Sie ist der durch strenge Blutrachepflicht am festesten zusammengekittete Verband. Gemeinschaften mehrerer Sippen bilden sich durch Gemeinsamkeit des Wanderns und Lagerns zu gegenseitigem Schutz. Der dadurch entstehende Stamm umfaßt selten mehr als einige tausend Seelen. Ein ständiges Oberhaupt hat er nur, wenn ein Mann sich durch kriegerische Leistungen oder schiedsrichterliche Weisheit so ausgezeichnet hat, daß er kraft seines Charisma als Sayid anerkannt wird. Sein Prestige kann dann als Erbcharisma auf die jeweiligen Schechs seiner Sippe übergehen, namentlich wenn diese vermögend ist. Auch der Sayid ist aber nur primus inter pares. Im Palaver des Stammes (bei kleinen Stämmen oft allabendlich) führt er den Vorsitz, gibt, wo sich die Meinungen die Waage halten, den Ausschlag, bestimmt Aufbruchszeit und Lagerungsort. Es fehlt ihm aber ebenso wie den Schechs jede Zwangsgewalt. Sein Beispiel und Schiedsspruch werden von den Sippen befolgt, solange sich sein Charisma bewährt. Auch alle Teilnahme an Kriegszügen ist freiwillig und wird nur durch Spott und Beschämung indirekt erzwungen. Die einzelne Sippe begibt sich nach Belieben auf Abenteuer. Ebenso gibt sie Fremden eigenmächtig ihren Schutz. Beides kann, das erstere durch Repressalien, das letztere durch Rache bei Verletzung des Gastrechts, auf die Gemeinschaft zurückwirken. Diese selbst greift aber nur ausnahmsweise ein. Denn jeder Verband, der über die Sippe hinausgeht, bleibt höchst labil. Die Einzelsippen schließen sich nach Gelegenheit anderweit an und trennen sich vom bisherigen Stamm. Und der Unterschied zwischen einem schwachen Stamm und einer zahlreichen Sippe ist flüssig. Allerdings kann die politische Zusammenfassung eines Stammes auch bei den Beduinen unter Umständen zu einem relativ festen Gebilde werden. Dann nämlich, wenn es einem charismatischen Fürsten gelingt, sich und seiner Sippe eine dauernde militärische Herrenstellung zu schaffen. Das ist indessen nach der Natur der Sache nur dann möglich, wenn der Kriegsfürst entweder aus den intensiv angebauten Oasen Bodenrenten und Tribute oder aus den Zöllen und Geleitgeldern der Karawanen feste Einnahmen erlangt hat mittelst deren er eine persönliche Gefolgschaft in seinen Felsenburgen unterhalten kann.[10] Sonst sind alle Machtstellungen einzelner sehr labil. Alle Notablen haben letzlich nur Pflichten

9 *Ein Gemeinwesen ohne Obrigkeit,* Göttinger Kaiser-Geburtstagsrede 1900.

10 So macht ein Retenenuschech im Lande östlich von Byblos (dort scheint nach den neueren Annahmen der Schauplatz zu suchen zu sein), der Gebiete mit Wein-, Öl- und Feigenanbau beherrscht, den flüchtigen Ägypter Sinube zu seinem Beamten und belehnt ihn mit Land.

und werden nur durch soziale Ehre, allenfalls durch einen gewissen Vorzug bei der Beurteilung, entgolten. Trotzdem kann die soziale Ungleichheit durch Besitz und Erbcharisma unter den Sippen eine erhebliche sein. Andererseits besteht aber die strenge Pflicht der brüderlichen Nothilfe, zunächst innerhalb der Sippe, unter Umständen aber auch innerhalb des Stammes. Der Nichtbruder dagegen ist rechtlos, wenn er nicht durch Speisegemeinschaft in den Schutzverband aufgenommen ist. Die Weidegebiete, welche die lockere und labile Stammesgemeinschaft in Anspruch nimmt und schützt, werden aus gegenseitiger Furcht vor Rache innegehalten, wechseln aber je nach Machtlage, die namentlich im Kampf um das wichtigste Objekt: die Brunnen, zum Austrag kommt. Appropriiertes Bodeneigentum gibt es nicht. Krieg und Raub, vor allem Straßenraub, den gelegentlich auszuüben als Ehrensache gilt, stempeln den typischen beduinischen Ehrbegriff. Berühmte Abstammung, eigene Tapferkeit, Freigebigkeit sind die drei Dinge, die am Mann gerühmt werden. Rücksicht auf den Adel seiner Familie und die soziale Ehre seines guten Namens galten dem vorislamischen Araber als die ausschlaggebenden Motive alles Handelns.

Ökonomisch gilt der heutige Beduine als phantasieloser Traditionalist[11] und dabei als friedlichem Erwerb abgeneigt. Das wird insofern nur bedingt generalisiert werden dürfen, als hohe Zwischenhandels- und Geleitgelderverdienste die an die Karawanenstraßen der Wüste angrenzenden Stämme zu Interessenten an diesem Handel zu machen pflegten, wo immer er bestand. Die hohe Heiligkeit des Gastrechts beruht zum Teil auch auf diesem Interesse am Wanderhandel. Wie auf dem Meere Seehandel und Piraterie, so gehörte in der Wüste Zwischenhandel und Straßenraub zusammen, denn das Kamel ist das vorzüglichste aller tierischen Transportmittel.[12] Der fremde Händler wurde und wird beraubt, soweit nicht entweder eine fremde Macht die Straßen durch Garnisonen militärisch deckt oder die Kaufleute feste Schutzabkommen mit den die Straßen beherrschenden Stämmen selbst besitzen.

Von eigentlichem Beduinenrecht zeigen nun die altisraelitischen Rechtssammlungen nichts und der Tradition ist der Beduine der Todfeind Israels. Ewige Fehde herrscht zwischen Jahwe und Amalek. Der mit dem Kainszeichen, der Stammestätowierung, versehene Ahn des Keniterstammes, Kain, ist als Mörder von Gott zur Unstetheit verflucht und nur die furchtbare Härte der Blutrache ist sein Privileg. Auch sonst fehlen beduinische Anklänge in der israelitischen Sitte fast ganz. Nur eine wichtige Spur ist da: das Bestreichen der Türpfosten mit Blut, als Abwehr der Dämonen, ist in Arabien verbreitet. Auf militärischem Gebiet könnte jene meist als rein utopisch-theologische Konstruktion der Prophetenzeit gedeutete Vorschrift des Deuteronomium, daß

11 J. Hell, Beiträge zur Kunde des Orients V. S. 161 ff. (auch zum Vorhergehenden).
12 *Ismaelitische,* also: beduinische Händler kaufen den Joseph seinen Brüdern ab. Gen. 37, 25.

aus dem Heeresaufgebot alle diejenigen, welche sich zu feig fühlen, ausgeschieden oder heimgeschickt werden sollen, wohl mit der absoluten Freiwilligkeit der Beteiligung an Beduinenkriegsfahrten in historische Verbindung gebracht werden. Indessen ist dafür nicht eine Übernahme von den Beduinen, sondern es sind wohl Reminiszenzen an die den später zu besprechenden Viehzüchterstämmen eigenen Gewohnheiten, die allerdings den beduinischen entsprechen, die Quelle. –

Am anderen Ende der Skala stand und steht die Stadt (gir). Wir müssen sie etwas näher zu analysieren suchen. Ihre Vorläufer waren unzweifelhaft auch in Palästina einerseits Burgen kriegerischer Häuptlinge für sich und ihre persönliche Gefolgschaft, andererseits Zufluchtsstätten für Vieh und Menschen in bedrohten, besonders in den der Wüste benachbarten Gebieten. Von beiden berichtet unsere Tradition nichts Ausführliches.[13] Die Stadt, die sie kennt, konnte ökonomisch und politisch angesehen, etwas sehr Verschiedenes darstellen. Entweder nur eine kleine befestigte Ackerbürgergemeinde mit Markt. Dann war sie nur graduell vom Bauerndorf verschieden. Bei voller Entwicklung war sie dagegen in der ganzen orientalischen Antike nicht nur Marktort, sondern vor allem Festung und als solche Sitz des Wehrverbandes, des Lokalgottes und seiner Priester und des je nachdem monarchischen oder oligarchischen politischen Machtträgers. Dies entspricht ganz offenbar den Analogien der mittelländischen Polis.

Die syrisch-palästinensischen Städte zeigen in der Tat in ihrer politischen Verfassung ein Entwicklungsstadium, welches der althellenischen Geschlechterpolis nah steht. Schon in vorisraelitischer Zeit waren die phönikischen Seestädte und die Städte der Philister als Vollstädte organisiert. Für die Zeit Thutmoses III. ergeben die ägyptischen Quellen das Bestehen zahlreicher Stadtstaaten in Palästina, darunter bereits solcher, die auch in der kanaanäischen Zeit Israels weiterbestanden (so: Lakisch).[14] In der Tell-el-Amarna-Korrespondenz erscheint unter Amenophis IV (Echnaton) neben den Vasallenkönigen und Statthaltern des Pharao mit ihren Garnisonen, Magazinen und Arsenalen in den größeren Städten, am deutlichsten in Tyros und Byblos, eine stadtsässige Schicht, welche das Stadthaus (bitu) in der Gewalt hat und eine eigene der ägyptischen Herrschaft oft feindliche Politik treibt.[15] Sie muß

[13] Von zahlreichen Burgen des Königs Hiskia, die er gebrochen habe, berichtet in seinen Inschriften Sanherib. Von Burgen Hiskias erzählt auch die Chronistik, ebenso von zahlreichen Grenzburgen Rehabeams. Die Garnisonen werden Burglehen gehabt haben. Von den Städten der Amarnabriefe waren ein Teil offensichtlich nur derartige Burgen. Burgen besaßen auch die charismatischen Häuptlinge, so David und in der Frühzeit Abimelech.

[14] Vgl. W. Max Müller Jew. Quart. R. N. S. 4 (1913/4), S. 65.

[15] Das bitu von Tyrus wird (Knudtzon Nr. 89) von dem bitu des vom Pharao eingesetzten Regenten unterschieden. Der Pharao wird vom Briefschreiber darauf aufmerksam gemacht, daß nicht der Regent, an den er sich immer wende, sondern jene Kreise,

offenbar, gleichviel welches ihre sonstige Eigenart war, ein wehrhaftes Patriziat dargestellt haben.[16] Ihr Verhältnis zu den Vasallenfürsten und Statthaltern des Pharao war offensichtlich schon ähnlich wie später das der stadtsässigen israelitischen Sippen zu solchen Militärfürsten, wie etwa Abimelech, Gideons Sohn, einer war. Und auch in einer anderen Hinsicht sind offenbare Gleichheiten der vorisraelitischen mit der israelitischen und sogar noch der spätjüdischen Zeit festzustellen. Noch in den talmudischen Quellen werden mehrere Kategorien von Ortschaften unterschieden, und zwar derart, daß zu jeder befestigten Hauptstadt eine Anzahl Landstädte und zu beiden wieder Dörfer als politische Dependenzen gehören. Der gleiche oder ähnliche Zustand wird aber bereits in den Amarnabriefen[17] und dann ebenso in dem aus der Königszeit stammenden

die das Stadthaus beherrschen, für die Politik von Tyros maßgebend seien. Der Regent wird später erschlagen.

16 Wenn (Knudtzon Nr. 129) *Große* einer Stadt erwähnt werden, so bleibt es fraglich, ob Beamte oder patrizische Sippenälteste gemeint sind, aber jedenfalls beeinflußt die stadtsässige Bevölkerung die Politik. Die Leute von Dunip erbitten (Nr. 50) vom König einen bestimmten Mann als Statthalter. Ihrem Statthalter, einem Kanaanäer, sperrt, in Gemeinschaft mit dessen abtrünnigem Bruder, die stadtsässige Bevölkerung von Byblos die Tore. Anderwärts macht sie gemeinsame Sache mit den im Lande vordringenden Feinden: den Regenten droht der Tod. Die Stadt geht verloren, wenn die ägyptische Garnison infolge Ausbleibens der Lebensmitteldeputate oder Verweigerung der Fron auf den Dienstlehen der Statthalter und Soldaten abzieht oder etwa ihrerseits revoltiert. So glaube ich die Nr. 117, 37, Nr. 138, Nr. 77, 36, Nr. 81, 33, Nr. 74, Nr. 125 und öfter berührten Verhältnisse verstehen zu müssen, in teilweiser Abweichung von O. Webers vortrefflicher Interpretation in Bd. II der von Knudtzon besorgten Ausgabe. Daß es sich bei den wegen Lebensmittelmangel abziehenden Leuten um *Bauern* handle, scheint mir ganz unwahrscheinlich. Zwar ist der gebrauchte Ausdruck der gleiche, der in Mesopotamien den *Colonen* (im Gegensatz zum vollfreien Patrizier) bezeichnet. Aber die μαχιμοι des Pharao waren eben der Masse nach mit sehr kleinen Lehen *(Infanteristenlehen)* beliehene Leute und die *huubschtschi* der Urkunden sind doch wohl damit leiturgisch bewidmete Militärpfründner, wie sie sich in Vorderasien und Ägypten typisch finden. Das Feld, d. h. das Lehen, des Statthalters ist in Nr. 74 infolge von Verweigerung der Fronden unbestellt geblieben und deshalb leidet er Not. Ebenso geht es der Garnison und deshalb fällt sie ab. Die Garnisonen sind an Zahl offenbar sehr klein: 50 und weniger Mann Besatzung fordern die Statthalter gelegentlich neu an. Klein sind die Verhältnisse überhaupt: ein Rindertribut des Fürsten von Megiddo beträgt 30 Stück. Unwahrscheinlich ist es, daß unter den Leuten, welche (Nr. 118, 36) die Stadt den Feinden ausliefern, die Bauern zu verstehen seien: wie sollten gerade sie das machen? Stadtsässige Leute sind es, die in Byblos und sonst den Abfall bewerkstelligen. Ich kann auch darin O. Weber (a.a.O., S. 1178) nicht beitreten, daß in Tyros und anderen Städten die Aristokratie ägyptisch, der Demos aber der ägyptischen Herrschaft feindlich gewesen sei. Ein machtvoller Demos hat damals selbst in den größeren Städten schwerlich bestanden. Es waren doch wohl die Patrizier, d. h. stadtsässige am Handel beteiligte reiche Sippen, welchen die Leiturgien und Steuern der ägyptischen Herrschaft lästig waren. Erhebliche Geldzahlungen kommen in den Urkunden vor.

17 Knudtzon Nr. 290: eine Landstadt im Gebiet von Jerusalem ist abgefallen. Nr. 288 wird erwähnt, daß der Vizekönig von Jerusalem früher Schiffe auf dem Meer gehalten habe. Auf welchem? Meines Erachtens auf dem Schilfmeer im Süden. (Der Abfall von

Josuabuch[18] (Jos. 15, 45-47; 17, 11; 13, 23, 28; vgl. Jud. 11, 27 und Num. 21, 25. 32) vorausgesetzt. Er hat also offenbar während der ganzen Dauer der für uns überblickbaren Geschichte überall da bestanden, wo die städtische Organisation des Wehrverbandes politisch und ökonomisch zur Vollentwicklung gelangte. Die abhängigen Orte waren dann in der Lage von Periökenortschaften, d.h. politisch rechtlos. Die Herrensippen waren oder galten als stadtsässig. In Jeremias Heimatsort Anathot gibt es nur kleine Leute, die kein Verständnis für seine Prophetie haben (Jer. 5, 4), also geht er in die Stadt Jerusalem, wo die Großen sind, in der Hoffnung auf besseren Erfolg. Aller politische Einfluß liegt in der Hand dieser Großen der Hauptstadt. Daß unter Zedekia auf Nebukadnezars Befehl zeitweise andere als sie die Gewalt, vor allem die Ämter, innehaben, gilt als eine Anomalie, deren Möglichkeit Jesaja als Strafgericht bei fortdauernder Verworfenheit der Großen, zugleich aber als ein furchtbares Übel für das Gemeinwesen in Aussicht stellte. Aber die Leute von Anathot galten weder als Metöken, noch als Sonderstand, sondern als Israeliten, die nur nicht zu den Großen gehörten.[19] Hier ist also der Typus der herrschenden Geschlechter-Polis ganz in frühantiker Art: mit politisch rechtlosen, aber doch als Freie geltenden Periöken-Orten entwickelt.

Die Bedeutung der Sippen-Organisation blieb auch in den Städten grundlegend. Aber neben ihre ausschließliche Bedeutung für die soziale Organisation bei den Beduinenstämmen tritt in der Stadt die Beteiligung am Grundbesitz als Grundlage der Rechte und überwiegt schließlich jene. Die Gliederung pflegte im israelitischen Altertum eine solche nach Vaterhäusern (beth aboth): Hausgemeinschaften also, zu sein, welche als Unterteile der Sippe (mischpacha) galten, die ihrerseits Teile des Stammes (schebat) waren. Aber, wie wir sahen: Die Tradition des Josuabuchs läßt den Stamm bereits in Städte und Dörfer,

Seir in Edom wird erwähnt.) Die Karawanenstraßen nach dem Schilfmeer haben die Jerusalem beherrschenden Fürsten stets in die Hand zu bekommen versucht. Die Herrschaft der Stadt erstreckte sich also weit in die Wüste.

18 Außer Jos. 13, 45-47 werden nur Dörfer (zerim), nicht außerdem noch Städte, als Dependenzen von Städten aufgeführt. Indessen wo von *Töchtern* die Rede ist, ist sicher eine Dependenzstadt gemeint, nicht ein Dorf. Vgl. über den ganzen Sachverhalt Sulzberger, Polity of the ancient Hebrews, Jewish Quarterly Review N. Ser. (1912/13) p. 17. Für die viehzüchtenden Ostjordanstämme (Ruben) ist charakteristisch, daß stets von *Geschlechtern, Städten und Töchtern* geredet wird. Hier war zur Zeit der Redaktion diese Organisation noch nicht voll durchgeführt.

19 Es scheint mir die einzige Lücke in Eduard Meyers (sowohl in: *Die Israeliten und ihre Nachbarstämme* wie in *Entstehung des Judentums)* vorzüglichen Ausführungen, daß diese durch die ganze Frühantike bis zur *Demokratie* sich hinziehende Scheidung nicht betont ist. Nicht alle freien Grundbesitzer waren in den antiken Staaten, zumal den Stadtstaaten, Aktivbürger oder gar politisch gleichberechtigt, sondern nur die ökonomisch voll wehrfähigen; das waren in Israel die gibbore chail. Es gab in den voll entwickelten israelitischen Stadtstaaten sicherlich auch freie israelitische Grundbesitzer, die zu diesen nicht gehörten und daher wie die hellenischen Periöken und die römische Plebs außerhalb der Vollbürgerschaft standen.

statt in Sippen und Familien, zerfallen. Ob jeder Israelit einer Sippe angehörte, könnte nach anderen Analogien fraglich sein. Die Quellen nehmen es an: jeder freie Israelit ist wehrfähig. Aber innerhalb der Wehrfähigen entstand eine zunehmende Differenzierung. In der Tradition werden gelegentlich (in Gibeon Jos. 10, 2) ausdrücklich alle Bürger (anaschim, anderwärts, z.B. Jos. 9, 3 josebim) einer Stadt mit den gibborim, den Kriegern (Rittern) identifiziert. Aber das ist nicht die Regel. Unter den gibborim werden vielmehr regelmäßig die bne chail, die Söhne von Besitz, d.h. die Besitzer von Erbland verstanden und gibbore chail genannt, zum Unterschiede[20] von den gewöhnlichen Mannen ('am), deren militärisch ausgebildeter Teil später (Jos. 8, 11; 10, 7; 2 Kön. 25, 4) Kriegsmannen ('am hamilchamah) genannt wird. Ein gibbor chail heißt Boas im Ruthbuche. Die für die Aufbringung des assyrischen Tributs von König Menahem mit einer Zwangsumlage von je 50 Sekel belegten größten Besitzer werden ebenso genannt (2. Kön. 15, 20, die von Ed. Meyer s. Z. mit Recht herangezogene wichtigste Stelle), und ebenso werden zuweilen scheinbar ganz allgemein alle Kriegsleute bezeichnet. Aber ein ben chail ist ebensowenig wie im spanischen, wörtlich gleichbedeutenden Ausdruck, Hidalgo jeder Besitzer von irgendwelchem Land. Sondern bne chail sind die ökonomisch kraft ihres ererbten Besitzes zur vollwertigen Selbstequipierung fähigen, also die ökonomisch voll wehrfähigen und wehrpflichtigen, deshalb politisch vollberechtigten Sippen. Bei diesen Sippen war überall und in allen Zeiten, wo kostspielige Bewaffnung und Ausbildung militärisch ausschlaggebend war, die politische Macht.[21]

20 *'Am* und *gibborim* nebeneinander finden sich in der ziemlich verderbten Stelle des Deboraliedes (Jud. 5, 13). Wenn man Kittel's Lesart annimmt und am Schluß kaggibborim liest, wie Greßmann vorschlägt, ergibt sich ein klarer Sinn, der aber voraussetzt, daß 'am und gibborim zweierlei sind, letztere *Ritter,* erstere die israelitischen Bauern (cf. dafür Vers 11 und 14), die *wie Ritter* gekämpft haben, aber es eben nicht sind. Dagegen scheint die Stadt Meros (nach Vers 23) die Verpflichtung gehabt zu haben, dem Bunde mit Rittern (gibborim) zu Hilfe zu kommen Und es ist charakteristisch, daß das Siegeslied zwar diese Stadt, aber nicht die doch ebenso wie sie bundesbrüchigen bäuerlichen Stämme verflucht und also des Banns und der Vernichtung im heiligen Krieg für wert hält. Ganz regelmäßig ist gibbor, wie in Gen. 6 oder in den Listen der Paladine Davids, der ritterliche Recke. Farblos ist der namentlich im Josuabuch, aber auch in den Königsbüchern heimische Ausdruck 'am hamilchamah, *Kriegsvolk.* Jos. 10, 7 wird es neben *gibbore chail* gebraucht. Als zweierlei dürften gibbor und 'am hamilchamah wohl Jes. 3, 3 nebeneinander auftreten. Als die ansche chail erscheinen aber die gibborim Jes. 6. 22, und daß keineswegs alle Kriegsleute schon als solche gibborim sind, zeigt Jer. 5, 16, wo von dem zur Strafe Judas herbeikommenden fremden kriegerischen Volk gesagt ist, sie seien alle *gibborim,* d.h. in diesem Fall: trainierte Krieger. – Wie überaus kostspielig die Rüstung eines gibbor in der Zeit der Entstehung des Samuelbuchs war, zeigt die Goliath-Erzählung. Er bedarf eines Schildträgers, wie er auch für Saul erwähnt wird.

21 Daß die *40000* in Israel (Jud. 5, 8) als gibbore chail gegolten hätten, wie Ed. Meyer annimmt, erscheint ausgeschlossen. Im Deboralied werden gibborim gerade dort nicht, sondern bei der Stadt Meros erwähnt.

Auch wo, wie in der frühen Antike sehr oft, ein erbcharismatischer Stadtfürst (nasi) an der Spitze der Stadt stand, hatte er die Gewalt als primus inter pares mit den Ältesten (sekenim) dieser Sippen zu teilen. Außerdem aber mit den Familienhäuptern (roschi beth aboth) seiner eigenen Sippe. Die Macht dieser konnte so groß und zugleich das Übergewicht der Fürstensippe über alle anderen Sippen der Stadt und deren Älteste so bedeutend sein, daß die Stadt als eine Oligarchie der Familienhäupter der Fürstensippe erschien, wie wir dies in der israelitischen Geschichte sehr regelmäßig finden. Die Verhältnisse waren aber wohl verschieden. Sichem wird in den Genesiserzählungen durch eine reiche Sippe, die bne Chamor, beherrscht, deren Haupt den Titel Nasi (Fürst) führt und Vater Sichems heißt (Jud. 8, 28). Für wichtige Angelegenheiten, z.B. für die Aufnahme Fremder in den Bürger- und Bodenrechtsverband bedarf dieses Stadthaupt der Zustimmung der Mannen (anaschim) Sichems. Neben diese alte Herrensippe trat nach dem Midianiterkrieg als übermächtige Konkurrentin die Sippe Gideons, welche dann in der Revolte gegen Abimelech wieder durch die Sippe Chamors verdrängt wurde. Die Sippen waren, wie in frühhellenischer Zeit, oft interlokal angesessen: zuweilen hatte eine Sippe die Vormacht in mehreren, namentlich kleineren Städten. So hatte in Gilead die Sippe Jairs die Macht über eine ganze Gruppe von Zeltdörfern, die später gelegentlich auch Städte genannt werden. Die reale Macht lag in aller Regel in den Händen der Ältesten (sekenim). Diese erscheinen in allen denjenigen Teilen der Überlieferung, welche auf dem Boden der Stadtverfassung stehen, also vor allem im deuteronomischen Gesetz, als eine im Tor, d.h. auf dem Marktplatz am Tor der Stadt sitzende, Gericht haltende und die Verwaltung regelnde ständige Behörde, die Sikne ha gir, deren Existenz im Josuabuch für kanaanäische ebenso wie israelitische Städte vorausgesetzt wird. Für die Stadt Jesreel werden neben den Ältesten Edle (chorim) erwähnt. Anderwärts tauchen neben den Ältesten die Häupter der Vaterhäuser (roschi beth aboth) auf, die man auch in der Spätzeit (Esra) als Repräsentanten der Städte neben den sekenim und den, damals offenbar mit diesen identischen, anders bezeichneten Stadtvorstehern findet. Im ersten Fall scheint es sich also um einen charismatischen Dauervorzug eines oder mehrerer Geschlechter zu handeln, welche die Stadtmagistratur stellen, im letzteren um die Familienhäupter aller wehrhaften Sippen der Stadt. Auch in den älteren Traditionen finden sich solche Unterschiede. Inwieweit diesen terminologischen Verschiedenheiten wirklich verschiedene politische Organisationen entsprachen, ist aber nicht überliefert und nicht ersichtlich. Die charismatische Honoratiorenstellung einer Sippe hing natürlich vor allem von ihrer militärischen Macht und, was damit zusammenhing, von ihrem Reichtum ab. Die Stellung dieser grundgesessenen städtischen Sippen entsprach wohl etwa derjenigen Oligarchie, welche aus der Darstellung Snouck Hurgronjes für Mekka bekannt ist. Die gibbore chail, die besitzenden Kriegshelden, entsprechen den römischen adsidui. Auch die philistäische Ritterschaft bestand aus trainierten Kriegern. Ein Krieger von Jugend auf wird Goliath genannt: das setzt Besitz voraus. Die altisraelitischen politischen Machthaber der bergsässigen Stämme werden dagegen gelegentlich Stabträger genannt, wie die homerischen Fürsten auch.

Beim Vergleich der israelitischen mit den vorisraelitischen und mit den mesopotamischen Verhältnissen fällt auf, daß an Stelle des einen Stadtkönigs der Amarnazeit und noch der späten Ramessidenepoche und des einen Ortsältesten der babylonischen Urkunden in Israel niemals nur ein Ältester, sondern stets deren mehrere genannt werden:[22] ein ebenso sicheres Zeichen der Geschlechterherrschaft wie die Mehrheit der Suffeten und der Konsuln.

Anders gestaltete sich die Lage, wenn ein charismatischer Kriegsfürst durch Werbung einer persönlichen Gefolgschaft oder einer besoldeten, oft fremdbürtigen, jedenfalls nur von ihm abhängigen Leibgarde, durch Rekrutierung ihm persönlich ergebener Beamter (sarim) aus jenen Gefolgsleuten oder auch aus Sklaven, Freigelassenen, politisch rechtlosen Unterklassen, es dahin brachte, sich als Stadtherr von der Aristokratie der Ältesten unabhängig zu machen. Stützte er seine Herrschaft gänzlich auf diese Machtquellen, so entstand jene Form des Fürstentums, welche die königsfeindliche Auffassung später mit dem Begriff Königtum verband. Der alte legitime erbcharismatische Fürst war für sie ein Mann, der auf dem Esel reitet: auf diesem Reittier der vorsalomonischen Zeit soll nach ihrer Ansicht daher auch der messianische Fürst der Zukunft dereinst wiederkommen. Ein König dagegen ist ihr ein Mann, der Rosse und Kriegswagen hält nach Art des Pharao. Mit seinem Hort, seinen Magazinen, seinen Eunuchen und vor allem mit der in seiner Menage befindlichen Garde beherrscht er von seinen Burgen aus die Stadt und die abhängige Landschaft, setzt seine Vögte über sie, gibt seinen Gefolgsleuten, Offizieren und Beamten Lehen, vor allem wohl Burglehen – wie sie vermutlich die Leute von der Burg (millo) in Sichem hatten (Jud. 9, 6. 20), legt Fronden auf und erweitert dadurch den Ertrag seines eigenen Grundbesitzes. In Sichem hat König Abimelech seinen Burgvogt sitzen (Jud. 9, 26-30), dem die alte erbcharismatische Autorität der bne Chamor hat weichen müssen. Die altisraelitische Tradition sieht solche persönliche Militärherrschaft eines einzelnen als Tyrannis an. Das Gleichnis von der Herrschaft des Dornbuschs und der Fluch, daß Feuer vom König Abimelech auf die Patrizier von Sichem und ebenso von diesen auf jenen ausgehen möge, kennzeichnet den Gegensatz zwischen charismatischer Tyrannis und erbcharismatischem Patriziat. Der Tyrann stützt sich eben, wie in Athen Peisistratos, auf geworbene arme Leute (rekim) und das sind Taugenichtse (phi-

[22] Der Gegensatz ist nicht absolut. Im babylonischen Sintflutmythos werden Volk und *Älteste* einer Stadt vorausgesetzt (Übersetzung bei Gunkel, Schöpfung und Chaos S. 424 Zeile 33) und andererseits heißt Chamor der *Vater* Sichems, freilich wohl nur als Geschlechtseponymos. Ein einzelner Ältester schon in den alten Texten aus Ur: N. d. Genouillac, Textes jurid. d. l'ep. d'Ur. Rev. d'Assyr. 8 (1911) p. 2.

chasim Jud. 9, 4): – wir werden von ihrer sozialen Herkunft noch zu sprechen haben. Der Übergang zwischen Fürstentum und Stadtkönigtum war aber in Wahrheit natürlich durchaus flüssig. Denn in der ganzen israelitischen Antike blieben die großen grundsässigen Sippen und ihre Ältesten in aller Regel ein auch von dem mächtigsten König auf die Dauer nicht zu ignorierendes Element. Wie es für die ältere Zeit die seltene Ausnahme ist, wenn von einem Hurensohn, also einem Emporkömmling (Jephta) als charismatischem Führer berichtet wird, so in der Königszeit bei den Beamten der Könige. Im Nordreiche finden sich freilich mehrere Könige ohne Vatersnamen, also ohne Abkunft aus vollwertiger Sippe; Omri trägt überhaupt keinen israelitischen Namen. Das priesterliche Königsrecht im Deuteronomium hält es daher für nötig, israelitische Blutsreinheit als Vorbedingung der Königswürde einzuschärfen. Überall aber hat der König mit den gibbore chail, den voll wehrfähigen Grundbesitzern und den Honoratioren-Vertretern: den Sekenim der großen Sippen, zu rechnen, welche für die Redaktoren der echten politischen Tradition auch im Deuteronomium (Deut. Kap. 21, 22, 25 im Gegensatz zu den theologisch beeinflußten Stellen 16, 18 und 17, 8. 9) die allein legitimen Vertreter des Volkes sind. Die Machtlage schwankte. Ein König kann es unter Umständen wagen, im Notfall die gibbore chail zu besteuern, wie Menahem für den assyrischen Tribut tat. Und es ist allerdings auch zu beobachten[23], daß, im Gegensatz zu allen anderen Epochen, die Stadtältesten in der Zeit zwischen Salomo und Josia in den Quellen stärker zurücktreten; ja es ist möglich, daß sie in ihrer richterlichen Stellung wenigstens in den Residenzen, die ja königliche Festungen waren, ganz durch die Vögte und Beamten der Könige verdrängt wurden und nur in den Landgebieten ihre alte Stellung behielten, wie dies in fast allen Monarchien Asiens der Fall war. Allein sobald die Machtstellung des Königtums (z.B. infolge einer Revolution, wie unter Jehu) sank, vollends aber nach dem gänzlichen Wegfall des Königstums in nachexilischer Zeit, treten alsbald die Ältesten in den Städten wieder in der alten Machtstellung auf. Was aber noch wichtiger war: Nur ganz ausnahmsweise spielten Königssklaven und Eunuchen in der Wahrnehmung amtlicher Funktionen eine Rolle. Fremdbürtige oder aus niedrigem Stand emporgestiegene Gefolgsleute, Offiziere und Beamte finden sich allerdings. Am meisten in den Anfängen des Aufstiegs eines neuen Fürsten. Vielleicht von der Zeit Davids und Salomos abgesehen, sind aber in normalen Zeiten die wichtigen Ämter wenigstens im judäischen Stadtkönigtum ganz überwiegend in den Händen alter einheimischer reicher Geschlechter. Einem solchen gehörte z.B. auch Davids Feldhauptmann Joab an, und die Überlieferung (2. Sam. 3, 39) läßt erkennen, daß gegenüber seiner

23 Hierüber und über die Ältesten überhaupt die gute Leipziger Dissertation von Seesemann, Die Ältesten im A. T. (1891). Auf den Gegensatz innerhalb des Deuteronomium hat zuerst Puukko in der später zu zitierenden Schrift über dies Rechtsbuch S. 237 hingewiesen.

mächtigen Sippe König David nicht in der Lage war, eine Bestrafung gegen ihn zu wagen und deshalb seine Rache auf dem Totenbett Salomo anempfahl. Der Haß der vornehmen Geschlechter Jerusalems spricht aus dem Orakel Jesaias (22, 13) gegen den landfremden Hausmeier Sebea. Normalerweise hat kein König gegen den Willen der Geschlechter dauernd regieren können. Die Sarim von Jerusalem und von Juda, von denen Jeremia (34, 19) spricht, gelten ihm zugleich, wie der Zusammenhang ergibt, als Vertreter der reichsten Familien des Landes.

Wenn so die vollentwickelte altisraelitische Stadt ein Verband der ökonomisch wehrfähigen erbcharismatischen Sippen war, ganz ebenso wie die frühhellenische und die frühmittelalterliche, so war dieser Verband auch hier ebenso wie dort labil in seiner Zusammensetzung. Sippen wurden in der vorköniglichen Zeit neu zu vollem Recht in die Stadt aufgenommen (Jud. 9, 26), andere ausgetrieben, Blutrache und Fehden zwischen den Stadtsippen und Bündnisse einzelner von ihnen nach außen waren offenbar nichts Seltenes. Die Einzelsippe gewährte auch hier Fremden ein, freilich nach der Tradition oft prekäres, Gastrecht.

Politisch entspricht dieser Zustand etwa dem, was für die hellenische Geschlechterstadt und für Rom in der Zeit der Aufnahme der gens Claudia in den Bürgerverband gegolten haben muß. Nur war der Zusammenhalt eher noch lockerer. Ein förmlicher Synoikismos ist erst die Stadtgründung Esras und Nehemias mit ihrer festen Verteilung der Leiturgien auf die zur Einsiedelung in die Stadt sich verpflichtenden Sippen. Wie dagegen die städtischen Lasten, auch die Heereslast, der Frühzeit verteilt waren, wissen wir nicht. Im Verhältnis zu den umfassenderen politischen Verbänden: Stamm, Bund, war die Stadt offenbar einem Aufgebotskontingent – wie es scheint einem Vielfachen der taktischen Einheit von 50 Mann[24], oft einer Tausendschaft – gleichgesetzt.[25] Über die sonstigen Beziehungen zwischen Stammverband und Stadt lassen uns die Quellen völlig im Dunkeln.[26] Der Stamm war hier vermutlich eine Angelegenheit jener ökonomisch wehrhaften Sippen, die ihm traditionell angehörten. Die vollfreien Plebejer dagegen gehörten wohl lediglich dem Ort ihrer Ansiedelung an: darauf läßt die formelle Behandlung der plebs beim Synoikismos nach dem Exil schließen. Die Wandlung der Militärtechnik muß da mitgesprochen haben. Jedenfalls beruhte in den philistäischen und kanaanäischen Stadtverbänden auf dem Aufgebot der eisernen Kriegswagen der Rittersippen die militärische und politische Herrschaft des Patriziats über das

24 *Fünfzigern* gleich *Mustern* Exod. 13, 18; Jud. 7, 11; Jos. 1, 14; 4, 12 (vgl. Ed. Meyer a. a. O.)

25 Tausendschaften Orten gleichgesetzt: Jud. 6 (für Ophra).

26 Über schebatim, mischpachoth und alaphim s. Sulzberger, The polity of the ancient Hebrews, Jewish Q.R.N., S.3 (1912/3), p.1f. mit manchen anfechtbaren Aufstellungen.

umliegende Land und seine Bewohner und ebenso zweifellos in den israelitischen Städten.

Nicht nur politisch, sondern, wie in der althellenischen und altitalischen Polis, auch ökonomisch beherrschten die stadtsässigen Patriziersippen das flache Land. Sie lebten von den Renten ihres ländlichen Grundbesitzes, den sie durch fronende oder zinsende Sklaven oder Hörige oder durch Colonen (Natural- oder Teilpächter), die in typisch-antiker Art besonders stark aus Schuldsklaven rekrutiert waren, bewirtschafteten und durch Bewucherung der freien Bauern ständig vermehrten. Die antike Klassenschichtung: der stadtsässige Patriziat als Gläubiger, die Bauern draußen als Schuldner, bestand also auch in den israelitischen Städten. Die Mittel zur Bewucherung des platten Landes bezogen die stadtsässigen Sippen auch dort teilweise zweifellos durch direkte oder indirekte Einkünfte aus Handelsgewinnen. Denn Palästina war in geschichtlicher Zeit, soweit wir zurückblicken können, ein Durchgangsland für den Handel zwischen Ägypten, den Orontes- und Euphratgebieten, dem Roten und dem Mittelmeer. Im Deboralied tritt die Bedeutung der Karawanenstraßen für die Wirtschaft stark hervor, daß sie still liegen und die Reisenden auf krummen Pfaden schleichen müssen, wird als Folge des Konflikts zwischen dem kanaanäischen Patriziat und der Eidgenossenschaft ebenso stark hervorgehoben wie das Feiern der Bauern auf dem Felde. Sehr wesentlich um die Herrschaft über diese Straßen handelte es sich auch bei den Versuchen der Städte, das Bergland zu unterwerfen, und sicher sehr wesentlich auch um der Vorteile willen, die dieser Handel bot, und nicht nur wegen der Teilnahme an der politischen Herrenstellung, wurde die Stadtsässigkeit hier wie in der ganzen Frühantike von den mächtigen Sippen gesucht. Entweder sie selbst beteiligten sich sei es am Platzhandel oder, an der Küste, am Seehandel oder, im Binnenland, am Karawanenhandel, namentlich wohl in der Form der Kommenda oder ähnlicher Rechtsformen von Kapitalvorschüssen, wie sie das in Israel genau bekannte altbabylonische Recht darbot. Oder sie hatten Stapel- und Umschlags- oder Geleitrechte oder erhoben Abgaben. Wir wissen das nicht näher. Jedenfalls aber lieferten diese Einkünfte wohl wesentliche Teile der Mittel sowohl zur Landakkumulation und persönlichen Schuldversklavung der bewucherten Bauern als zur eigenen militärischen Equipierung und Ausbildung. Das alles sind die typischen Erscheinungen der frühantiken Polis. Für sie blieb hier wie überall entscheidend, daß sie Trägerin der damals höchstentwickelten militärischen Technik war. Denn der stadtsässige Patriziat war in Palästina Träger des von der Mitte des 2. Jahrtausends an sich über die ganze Erde, von China bis Irland verbreitenden ritterlichen Wagenkampfs, dessen Kosten, bei Selbstequipierung, nur die vermögendsten Sippen aus eigenen Mitteln ökonomisch gewachsen waren. Dem was wir von der Polis der Mittelmeergebiete kennen, entspricht es denn auch, daß die Bauern des besten, des rentenfähigen Bodens, es vornehmlich waren, deren Landbesitz dem

Akkumulationsstreben in patrizischen Händen am meisten ausgesetzt und militärisch am wenigsten zum Widerstand in der Lage war. Wie in Attika die fruchtbare Pedia der Sitz der patrizischen Grundherrschaften war, so auch in Palästina die Ebenen. Und wie in Attika die Diakrioi an den militärisch für die Ritterschaft am schwersten zugänglichen Berghängen, auf dem rentelosen Boden, sitzen, so auch in Israel die freien Bauern und Hirtensippen, die auch ihrerseits abgabepflichtig zu machen der Stadtpatriziat mit wechselndem Erfolge versucht. –

Von diesen freien, in der Frühzeit Israels offenbar zum größten Teil außerhalb aller städtischen Verbände lebenden Bauern und ihrer sozialen und politischen Organisation erfahren wir nun in den Quellen gar nichts. Diese Erscheinung ist an sich typisch. Ebenso wie man infolge des Fehlens ausführlichen Quellenmaterials über die freien Bauern für die römische Frühzeit geglaubt hat, es habe außer den Patriziern nur Klienten und für die römische Spätzeit, es habe nur Großgrundbesitzer und Sklaven, für Ägypten, es habe nur Beamte und unfreie Arbeiter oder Bauern auf Königsland gegeben, und wie man für Sparta unwillkürlich mit der Vorstellung belastet ist, als habe es nur Spartiaten und Heloten gegeben, so stehen die freien Bauern des alten Israels im tiefen Schatten des Schweigens der Quellen, aus denen eigentlich fast nichts als eben ihre Existenz und ursprüngliche Machtstellung zu entnehmen ist. Diese ist freilich aus dem Deboralied, welches den siegreichen Kampf des israelitischen Bauernstandes unter Debora und Barak gegen den kanaanäischen Städtebund unter Siseras Führung besingt, ganz unzweifelhaft ersichtlich. Ihre Lebensverhältnisse aber sind sehr dunkel.

Ganz unbekannt ist vor allem die Art ihrer politischen Organisation. Die untereinander verschiedenen alten Bezeichnungen für ihre Führer, z. B. im Deboralied, sagen uns über die innere Struktur der politischen Verbände nichts. Ebenso nicht über Art und Maß der sozialen Differenzierung, welche offenbar auch unter den Bauern des Gebirges bestand. Die militärische Gliederung nach Tausendschaften scheint schon bei ihnen heimisch gewesen zu sein[27] – die runde Zahl von 40 000 Waffenfähigen im ganzen Israel, welche im Deboralied genannt wird, legt das nahe. Aber alles weitere ist unbekannt. Ebenso steht es mit den ökonomischen Verhältnissen. Von Feldgemeinschaft finden sich sichere Spuren nicht. Man hat einige Stellen darauf gedeutet und zum Vergleich die heutigen Verhältnisse herangezogen, wo die vermutlich aus Abgabepächtern

[27] Die *Tausendschaften* scheinen auch bei den Edomitern und im Ostjordanland heimisch zu sein. Gideon spricht von seiner *Tausendschaft,* dagegen Abimelech und Saul von ihrer Mischpacha (Ed. Meyer). Allein die Gideon-Tradition ist notorisch stark überarbeitet und die Militärverfassung des charismatischen Königreichs der Edomiter würde nichts Sicheres für die ursprünglich charakteristische Organisation der Nomaden und Halbnomaden beweisen. Ed. Meyer selbst bringt ja die Tausendschaft mit dem Kleros (chelek) in Verbindung welcher der Stadtsässigkeit eigen ist.

hervorgegangenen Grundherren in einigen Gebieten Palästinas gelegentlich Landzuteilungen vornehmen. Allein dies sind poltisch bedingte Verhältnisse orientalischer Sultansherrschaft, die nichts für die bäuerliche Frühzeit Israels ergeben. Wenn von Jeremia berichtet wird, daß er sich auf das Land begeben habe, um seinen Anteil unter seinen Leuten ('am) zu empfangen (Jer. 37, 12), so ist diese allein wichtige, aber in ihrer Deutung unsichere, von den dafür angeführten Stellen wohl dahin zu verstehen, daß die großen Sippen unter Umständen über Landbesitz verfügten, sei es über dauernd gemeinsamen Sippenbesitz, der periodisch umgeteilt wurde, sei es über erbloses Land eines Genossen. Jedenfalls war Jeremia kein Bauer. Die Stelle bei Micha (2, 5), welche den Anteil der Frauen in der Gemeinde (Rahel) als chelob bezeichnet, zeigt nur, daß die Anteile erst bei der Siedlung mit dem Strick zugemessen wurden, beweist aber nichts für periodische Umteilungen. Ob das Sabbatjahr irgendwie mit einer feldgemeinschaftlichen Vergangenheit zusammenhängen könnte, ist später zu erörtern, bleibt aber, wie vorweg bemerkt sei, mehr als fraglich. Im übrigen läßt sich die Lage der freien Bauern nur indirekt erschließen. Daß der altisraelitische Bund in stärkstem Maße gerade ein Bauernbund war, zeigt das Deboralied, welches die Bauern den kanaanäischen Rittern des Städtebundes entgegenstellt und rühmt, daß sie wie gibborim gekämpft haben. Daß der Bund in historischer Zeit niemals nur Bauernbund war, steht ebenfalls fest. In den Heeren der späteren Königszeit ist von Bauern keine Rede mehr oder mindestens sind diese nicht Träger der Wehrkraft. Schon die Wahrscheinlichkeit spricht dafür, daß ökonomische und militärtechnische Verschiebungen hier die gleiche Rolle gespielt haben wie überall sonst. Der Übergang zur kostspieligeren Rüstung schaltet, bei Geltung des Prinzips der Selbstequipierung des Heeres, die ökonomisch dazu nicht fähigen kleineren Grundbesitzer überall aus dem voll wehrfähigen Heeresverbande aus, zumal ihre ökonomische Unabkömmlichkeit schon an sich wesentlich geringer ist als die der Grundherrn, die von Renten leben. Die Heraushebung der gibbore chail aus der Masse der freien Krieger, der 'am, beruht zweifellos auf diesem Umstand, und es ist anzunehmen, wenn auch im einzelnen nicht greifbar, daß der Bruchteil, welchen die Schicht der ökonomisch wehrfähigen und deshalb politisch vollberechtigten Krieger in Israel bildete, sich mit zunehmender Kostspieligkeit der Rüstung zunehmend verminderte. In der nachexilisch redigierten Chronistik werden zwar die gibborim und bne Chail gelegentlich mit allen Männern identifiziert, welche Schild und Schwert führen und den Bogen spannen[28], oder auch einfach mit Bogenschützen.[29] Allein die Chronistik ist (in politischer Hinsicht) für die fromme Plebs eingenommen und deutet ihr Material entsprechend. Nach der älteren Überlieferung führten die gibborim als Waffe die Lanze, waren (vor allem) gepanzert und offenbar Wagenkämpfer,

[28] So für die ostjordanischen damals längst verschwundenen Stämme 1. Chron. 6, 18.
[29] So für Benjamin 1. Chron. 9, 40.

im Gegensatz zu dem bäuerlichen Fußvolk, dessen Bewaffung zwar, nach dem Deboralied (Jud. 5, 8), ebenfalls aus Schild und Lanze, zuweilen aber nur aus Schleudern bestand, sicher aber stets wesentlich leichter war und dem namentlich der Panzer fehlte.[30] Die Krieger des (damals) bäuerlichen Stammes der Benjaminiten werden im Richterbuch Schwertträger genannt (20, 35). Neben die Kosten der ritterlichen Rüstung trat aber bei dem Vollkrieger die Notwendigkeit, für die Zwecke der kriegerischen Einschulung ökonomisch abkömmlich zu sein. Im Okzident haben diese Umstände zu einer entsprechenden Ständebildung geführt. In Israel ist die Entwicklung endgültig in eine ähnliche Bahn geraten, nachdem die großen kanaanäischen Städte der Eidgenossenschaft eingegliedert waren. Zwar von einem wirklichen weltlichen Adel als besonderem Stande ist zu keiner Zeit in den Quellen die Rede. Die vollberechtigten Sippen standen einander gleich: der König konnte offenbar jede freie Israelitin heiraten. Allein nicht alle freien Sippen sind politisch gleichgestellt. Denn natürlich bestanden durch die ökonomische Wehrfähigkeit, welche Vorbedingung aller politischen Rechte war, und durch die auf Erbcharisma einzelner gaufürstlicher Sippen ruhenden politischen und sozialen Vormachtstellungen starke Unterschiede. Die Bedeutung einer Sippe in der vorköniglichen Zeit bezeichnet die Tradition stets durch die Anzahl der auf Eseln reitenden Angehörigen, die sie zählt. Für die Zeit des zweiten Königsbuchs ist die Verwendung des Ausdrucks ‘am haarez für die außer den Königen, Priestern und Beamten vorhandenen politisch ins Gewicht fallenden Leute typisch. Gelegentlich bedeutet der Ausdruck einfach das Volk des ganzen Landes, nicht das Landvolk allein. Aber in manchen Stellen steht es offenbar anders.[31] Es handelt sich um Leute, von denen eine Anzahl (anscheinend

30 David ist des Panzers ungewohnt, dagegen Goliath ein gepanzerter Ritter.

31 Im Gegensatz zu Klamroth's (Die jüdischen Exulanten in Babylonien, Beitr. z. W. v. A. T. 10, 1912, Exkurs S. 99 f.) Annahme kann ich nicht glauben, daß ‘am haarez ursprünglich nur entweder den *Ortsangesessenen* oder den *Untertanen,* und zwar teils *in verächtlichem Sinn,* teils jedenfalls im Gegensatz gegen König, Hierarchie und Aristokratie bezeichnet habe, also: den *Pöbel.* Richtig ist, daß außer den Priestern der König (und die Fürsten) und die Beamten und Offiziere von ihnen unterschieden werden. Sie sind die *Mannen,* und zwar die landgesessenen, ursprünglich wehrhaften Mannen. Aber zu ihnen werden offenbar vor allem auch die landsässigen Vollsippen gezählt, der *Landadel* also, wenn man den Ausdruck verwenden will. Denn das – und nicht beliebige führerlose *Bauern* – sind die Leute, die (Esra 4, 4) den Bau in Jerusalem hindern und die Esra 3,3 als ‘ammê haarezoth, als Mannen der verschiedenen Landgebiete, erwähnt werden. Die vorexilische und exilische Bedeutung ist allerdings bei der ungenauen Ausdrucksweise der Quellen nicht leicht sicher festzustellen. Im Munde des Pharao in dem vermutlich spätem Zusatz zur jahwistischen Darstellung des Auszugs aus Ägypten (Ex. 5, 5) heißt der Ausdruck einfach: *das Volk* (Israel). Sonst ist in der älteren Literatur der Sitz des Ausdruckes teils das 2. Königsbuchs, teils Jeremia und Hesekiel. Bei diesen beiden Propheten ist die Stellung zum ‘am haarez ausgeprägt unfreundlich. Eine eherne Mauer soll Jeremia (1, 18) gegen König, Beamte, Priester und ‘am haarez sein wenn sie gegen ihn sich wenden sollten, lautet die Zusage Jahwes bei

aber nicht viele) damals durch einen besonderen königlichen Offizier militärisch ausgebildet werden: Nebukadnezar findet 60 solche in Jerusalem und führt sie mit fort. Sie sind Gegner der späteren Propheten, Gegner der von Jeremia empfohlenen Unterwerfung unter Babel und später Gegner der zurückkehrenden Exulantengemeinde Jerusalems. Ganz ebenso empören sich die bne chail und deren Führer, die sare ha chailim (2. Kön. 25, 23) gegen den der Prophetenpartei entnommenen Statthalter Nebukadnezars, Gedalja, und erschlagen ihn. Mit den in Jerusalem zurückgelassenen einfachen Ackersleuten (2. Kön. 25, 12) sind die fortgeführten ʻam haarez (das. V. 19) nicht identisch. Sie dürften vielmehr zur Partei jener sare ha chailim gehört haben. Wo der Ausdruck Plebs bedeuten soll, wird dies durch einen besonderen Zusatz kenntlich gemacht (2. Kön. 24, 14). Es steht, angesichts jener Nachricht von der militärischen Ausbildung von ʻam haarez, zur Wahl: anzunehmen, daß der König damals zwangsweise aus der politisch rechtlosen Plebs Leute aushob und drillen ließ, daß also diese plebejische Schicht mit jenem Namen bezeichnet wurde. Aber ihre Beteiligung an Königsakklamationen und Contrerevolutionen spricht nicht dafür. Sondern man wird in ihnen dem Schwerpunkt nach die nationale, aber den damaligen jahwistischen Puritanern, den Gegnern der ländlichen Kulte, feindliche

seiner Berufung. Bei Hesekiel (22, 29) schindet der ʻam haarez den *Armen* (ebjon) und den ger; er wird also als ein Mann von sozialer Macht vorgestellt. 2. Kön. 25, 19 wird ein Offizier Zedekias erwähnt, der ʻam haarez zu drillen hat und 60 von diesen finden die Babylonier in der Stadt und führen sie mit nach Babylon ab. Unmittelbar vorher, bei der Belagerung Jerusalems, heißt es (2. Kön. 25, 3), daß der ʻam haarez nichts mehr zu essen gehabt habe – wie von der Garnison der Amarnabriefe – und anschließend daran (25, 20), daß die ʻam hamilchamah, die Kriegsleute, aus der Stadt geflohen seien. Man fühlt sich versucht, in den ʻam haarez die vom Lande her ausgehobene und ausgebildete freie Kriegsmannschaft gegenüber den in königlicher Menage befindlichen Kriegsleuten (Söldnern vor allem) zu finden. Dies bleibt freilich unsicher. Aber an der berith unter Zedekia wegen Freilassung der Schuldsklaven war nach dem Bericht Jer. 34, 19 neben Fürsten, Beamten, Priestern auch *der ganze ʻam haarez* beteiligt, es scheint also doch unter ihnen Schuldsklavenhalter gegeben zu haben, wie die Hesekiel-Stelle nahelegt. *Der ganze ʻam haarez* jubelt dem König Joas zu (2. Kön. 11, 14), bricht die Baal-Altäre ab, der ʻam haarez erschlägt Amons Mörder (des. 21, 24) und setzt nach Josias Tod den Joahas zum König ein (23, 30). Die Sühnopferordnung ordnet nacheinander das Sühnopfer für die ganze Gemeinde, einen Fürsten, endlich einen ʻam haarez (Lev. 4, 27). Mithin ist der Sprachgebrauch zweifellos sehr unpräzis. Oft wird es in der Tat nur *Volk* heißen sollen. Aber keinesfalls ist ʻam haarez ursprünglich der *Untertan* oder der Pöbel im Gegensatz zum Vornehmen oder gar der *törichte Bauer*. Die unwissenden Bauern heißen bei Jeremia (5, 4) dallim und bei Jesaja (2, 9) heißt der Bauer *adam* im Gegensatz zum *isch* dem *Mann* im Sinn von isch hamil chamah dem *Kriegsmann*. Sondern es sind Voll-Israeliten, offenbar die wesentlich landsässigen alten Heerbannpflichtigen (von denen die Grundbesitzer der Städte nicht geschieden werden). Der Theorie galten sie nach wie vor als die Träger der Wehrmacht und daher der politischen Rechte. In dem Rückschlag gegen die vermutlich jahwistische Revolte gegen Amon sind sie offenbar Interessenten der ländlichen Kultstätten.

Squirearchie mit ihrem bäuerlichen Anhang zu sehen haben, als welche sie nach dem Exil auftreten.

Die volle Wehrhaftigkeit und also: politische Macht lag aber in vorexilischer Zeit in erster Linie bei den stadtsässigen Sippen. Die prophetischen Quellen reden von den Großen im Gegensatz zum Volk in so typischer Art, daß mit jenem Ausdruck ein zwar offenbar nicht rechtlich geschlossener, aber doch faktisch begrenzter Kreis gemeint sein muß. Die vorexilischen Geschlechtsregister, welche bei Jerem. (24, 30) wenigstens für Jerusalem vorausgesetzt zu sein scheinen, haben offenbar nur die Sippen dieses Kreises umfaßt und dienten bei den weltlichen Sippen zweifellos der Evidenthaltung der als gibborim Heerespflichtigen: Chail, Vermögen, heißt außerdem auch Heer und (kriegerische) Tüchtigkeit. Die Großen des prophetischen Zeitalters sind also ebenfalls jene Sippen, die in Waffen geübte, voll gepanzerte und ausgerüstete Krieger stellten, und demgemäß auch die Politik des Staates entschieden, weil sie Gerichte und Ämter in der Hand hatten. Offenbar ist mit zunehmendem Ausscheiden der Bauern aus dem Heer auch die Sippenverfassung bei ihnen verfallen. Denn dadurch erklärt sich am ehesten, daß beim Synoikismos Esras so zahlreiche nicht mit einem Geschlecht, sondern nach der bloßen Ortsgebürtigkeit aufgeführten Leute auftauchen: die Geschlechtsregister umfaßten eben nur die voll wehrfähigen Sippen, römisch gesprochen: die classis. – Der nicht zu diesen vollwertigen Sippen gehörige freie Mann gilt nun manchen angesehenen Forschern (so Ed. Meyer) als identisch mit dem ger oder toschab der Quellen: dem Beisassen, Metöken.[32]

Allein gerade dies ist äußerst unwahrscheinlich. Denn der nach Ausmaß seines Besitzes nicht als Ritter wehrfähige israelitische Bauer des Deboraheeres und des Heerbanns Sauls kann schwerlich jene rituelle Sonderstellung eingenommen haben, welche den gerim in älterer Zeit eignete (Fehlen der Beschneidung!). Und wo immer von kleinen Leuten im Gegensatz zu den Großen die Rede ist (so bei den Propheten, vor allem bei Jeremia) sind ja gerade sie die von den Großen bedrückten israelitischen Brüder und gelten als

[32] So pflegen die Ausdrücke übersetzt zu werden. E. Meyer hat für toschab die Übersetzung *Klient* vorgeschlagen. Aber Klient setzt ein Verhältnis zu einem einzelnen Herrn voraus und das ist in den Quellen für toschab nicht sicher nachweisbar. In den Rechtsbüchern heißt, scheint es, gerade der Klient des einzelnen Hauses *ger* (Ex. 23. 12). Abraham wird mehrfach ger we toschab genannt, ohne als Klient eines Einzelnen gedacht zu sein. Der toschab eines Priesters soll ebensowenig wie sein Arbeiter Heiliges essen (Lev. 22, 10): in dieser Ritualbestimmung läge an sich eine Deutung auf einen Klienten nahe. Allein es scheint sich gerade um einen nicht Haushörigen zu handeln wie es der *sakhir,* ein freier Tagelöhner im Gegensatz zum ‚ebed' dem Knecht, auch ist, der mit dem toschab, hier wohl: dem Inquilin, zusammen genannt wird. Lev. 25, 47 ist toschab, hier mit dem ger zusammen genannt, der reichgewordene freie Metöke. Was der ursprüngliche rechtliche Sinn jedes der beiden in den Quellen oft kumulativ gebrauchten Ausdrücke war, scheint nicht mehr feststellbar.

Träger korrekter Lebensführung und Frömmigkeit. Der ökonomisch nicht voll wehrfähige israelitische freie Bauer wird vielmehr im wesentlichen jene Stellung eingenommen haben, die wir im ganzen Altertum den Agroikoi, Perioikoi und Plebeji zugewiesen sehen und die wir bei Hesiod ziemlich deutlich erkennen können. Persönlich frei, entbehrt er der aktiven politischen Rechte, vor allem der Teilnahme am Richteramt, sei es rechtlich, sei es faktisch. Darauf eben beruhte für die Patrizier die Möglichkeit jener Bewucherung und Schuld-Versklavung, der Rechtsbeugung und Vergewaltigung des bäuerlichen Demos, worüber die Klagen durch die gesamte alttestamentliche Literatur gehen. Diese ökonomische Klassenschichtung ist Israel mit den Städten der ganzen Frühantike gemeinsam. Die Schuldsklaven insbesondere sind eine typische Erscheinung. Sie finden sich in der Tradition als Gefolgschaft und Reisläufer bei allen charismatischen Führern, von Jephtha (Jud. 11, 3), Saul (Sam. 13, 6: den Philistern versklavte Hebräer), vor allem David 1. Sam. 22, 2) angefangen bis zu Judas Makkabäus (1. Makk. 3, 9). Einst der Kern des Heerbanns der israelitischen Eidgenossenschaft im Kampf gegen den kanaanäischen wagenkämpfenden Stadtpatriziat, wurde der freie Bauer so mit zunehmender Stadtsässigkeit der großen israelitischen Sippen und Übergang zur Wagenkampftechnik nun zunehmend der Plebejer innerhalb des eigenen Volks.

Der Metöke, ger oder toschab, war dagegen etwas ganz anderes. Seine Lage muß aus vor- und nachexilischen Quellen kombiniert erschlossen werden.

In der Lage der gerim befanden sich vor allen Dingen große Teile der Handwerker und Kaufleute. Dies war in den Städten ganz ebenso der Fall wie draußen bei den Beduinen der Wüste. Innerhalb der Stammesverbände der letzteren war, nach den arabischen Verhältnissen zu schließen, für sie als Genossen überhaupt kein Platz. Gerade die für den Beduinen wichtigsten Handwerker, die Schmiede, haben bei ihnen fast immer die Stellung entweder geradezu rituell unreiner, oder (und meist) wenigstens vom Konnubium und gewöhnlich auch von der Kommensalität ausgeschlossener Gasthandwerker gehabt. Sie bilden eine Pariakaste, die nur traditionellen, meist: religiösen, Schutz genießt. Ebenso die gleichfalls bei den Beduinen unentbehrlichen Barden und Musikanten. Ganz entsprechend ist in der Genesis (4,21.22) Kain der Stammvater der Schmiede und Musikanten und zugleich (4, 17) der erste Städtegründer. Danach darf man annehmen, daß für die Zeit der Entstehung dieses Stammbaums diese Handwerker auch in Palästina, ähnlich wie in Indien, als Gastvolk außerhalb nicht nur der gibborim, sondern außerhalb der israelitischen Bruderschaft überhaupt, standen. Daneben finden wir freilich die Auffassung bestimmter hochqualifizierter Handwerke als freier charismatischer Künste. Der Geist Jahwes fährt (Ex. 31, 3 f.) in Bezaleel. Sohn Uris, Enkel Hurs, vom Stamme Juda, also: in einen Vollfreien, und lehrt ihn in Edelmetall, Stein und Holz zu arbeiten. Neben ihm tritt ein anderer Vollfreier vom Stamme Dan als Gehilfe auf. Sie liefern Kultparamente. Wir erinnern uns der rituell bevorrechteten Stellung der Kammalarhandwerker in Indien, welche die gleichen Künste ausübten. Und die Ähnlichkeit geht weiter. Die Kammalar sind in Südindien privilegierte, von außen her importierte Königshandwerker. Dan ist nach der Tradition im Gebiet von Sidon angesiedelt und 1. Kön. 7, 14 wird von dem Werkmeister des salomonischen Tempelbaues, Hiram, berichtet, daß er ein Tyrier, nach Bericht der Tradition aber von einer naphtalitischen Mutter, also ein Halbblutmann gewesen sei, den Salomon an seinen Hof berief. Wir dürfen annehmen, daß die für Königsbauten und militärische Bedürfnisse wichtigen Gewerbe überhaupt als Königshandwerke organisiert waren. In der nachexilischen Chronistik werden Byssosweber, Töpfer und Zimmerleute als stammfremde, vielleicht als Königshandwerker der vorexilischen Zeit angeführt, wie in anderem Zusammenhang zu erörtern sein wird. Bei der Zerstörung Jerusalems führte Nebukadnezar außer den wehrhaften Geschlechtern auch die Handwerker, vor allem wohl die Königshandwerker, aus der Stadt fort. Bei der Rückkehr aus dem Exil und der Neukonstituierung des Gemeinwesens unter Esra und Nehemia finden sich die Goldschmiede, Krämer und Salbenhändler außerhalb der alten Geschlechtsverbände als Gilden organisiert. Sie wurden damals zwar ihrer Stammfremdheit entkleidet und in den jüdischen konfessionellen Gemeindeverband aufgenommen. Aber noch in der Zeit des Sirachiden und vermutlich noch weit später galten die Handwerker im Gegensatz zu den altisraelitischen Geschlechtern als politisch amtsunfähig. Sie bildeten also jetzt einen spezifisch städtischen Demos. Diese plebejische Schicht umfaßte aber damals, im nachexilischen Stadtstaat, nicht nur Handwerker und Händler. Sondern, wie Eduard Meyer überzeugend nachgewiesen hat, außerdem 1. die zahlreichen in der Liste der unter Kyros zurückgekehrten nicht nach der Sippe, sondern als Männer (anaschim) aus einem bestimmten Ort des Bezirks Jerusalem, also als plebejische Ortsangehörige einer von der Hauptstadt abhängigen Landstadt aufgeführten Personen und ebenso 2. die ohne eine solche Ortsangabe mit dem Ausdruck Söhne des zurückgesetzten Weibes (bne has senua) gezählten mehreren tausend Leute, welche Michaelis und Eduard Meyer sicher mit Recht als plebejische Ortsangehörige der Stadtgemeinde Jerusalem selbst ansehen. Beides sind offenbar israelitische, in den alten Geschlechtsregistern der gibborim nicht enthalten gewesene Plebejer. Die Angehörigen dieser Schicht, einerlei ob sie in früherer Zeit als israelitische Plebejer oder (wie die meisten Handwerker) als Metöken gegolten hatten, wurden also nun, nach Eduard Meyers einleuchtend begründeter Annahme, wenn sie das Gesetz auf sich nahmen, mit den ihnen zugewiesenen Landanteilen wie ein nach dem Heimatsort benanntes Geschlecht organisiert und so in die neuen Bürgerregister eingetragen. Die alten Geschlechtsregister wurden zwar dem Synoikismos, als welcher die Neukonstituierung Jerusalems vollzogen wurde, zugrunde gelegt: als eine Quotenvertretung der alten Geschlechter galten die mit Häusern in der Hauptstadt sich ansiedelnden Familien. Aber diese

Reminiszenzen an die alte Geschlechterverfassung sind später verschwunden, offenbar weil ihr militärischer Zweck in dem vorerst ganz unmilitärischen Clientelstadtstaat fortgefallen war. Die offizielle Vorstellung der nachexilischen Chronistik (1. Chron. 10, 2) kennt neben dem vollfreien Israeliten nur kultisch bedingte, positiv (wie die Priester und Leviten) oder negativ (wie die Nethinim) privilegierte Geburtsstände, aber keinen weltlichen. Selbst die bei der Rückkehr noch als existierend aufgezählte Davididensippe ist später verschollen, denn die Stammbäume der Vorfahren von Jesus in den Evangelien sind Fabrikate um der alten Verheißungen willen. Die theoretisch fortbestehende Gliederung nach Sippen und die anfänglich noch vorhandene leiturgische Gliederung (von der bald zu reden ist) traten an Bedeutung völlig zurück hinter der rein persönlichen Zugehörigkeit zum kahal oder cheber hajjehudim, dem jüdischen konfessionellen Verbande, und diese wurde nunmehr entweder durch jüdische Abstammung und Übernahme der Ritualpflichten oder durch persönliche Aufnahme erworben. Zwischen diesen beiden Kategorien: den Altjuden und den Neujuden, bestanden nur noch einzelne Reste ständischer Unterschiede (vor allem im Konnubium mit den Priestern). Sonst standen sie gleich. Nur die ständische Sonderstellung der Priestergeschlechter blieb also bestehen und ist später gesondert zu erörtern. Daß jetzt ebenso wie die, sei es grundsässigen, sei es Kleinpacht-Bauern, auch alle Handwerker, wenn sie sich zu Jahwe bekannten, zwar amtsunfähig blieben, aber als Volljuden angesehen wurden, bedeutete die Entstehung eines städtischen Demos im Sinne der typischen Ständescheidung. Vor dem Exil bestand er nicht, weil damals das Prinzip der rituellen Stammfremdheit diese Ständescheidung beherrschte. Aber auch nach dem Exil sind die Plebejer nie als ein wirklicher Demos im technischen Sinn der antiken klassischen Polisverfassung konstituiert worden. Und ebenso nicht als ein popolo, eine Bürgerschaft, im Sinne des Mittelalters. Weder, wie in der Antike, eine Versammlung nach Demoi oder Tribus oder ähnlichen lokalen Abteilungen des politischen Wehr- und Stimmverbandes aller ansässigen Bürger, noch, wie im Mittelalter, eine Schwurbrüderschaft und Vertretung der Bürger nach Zünften trat jemals, soviel bekannt, ins Leben.[33] Dazu fehlten eben auch jetzt die politischen Vorbedingungen: die Militärorganisation des

[33] Man hat freilich geglaubt, in den jüdischen 'am haarez eine Art von althebräischem Parlament sehen zu können. Dafür wird (von Sulzberger und besonders von Sloush, *Representative government among the Hebrews and Pheniciens,* Jew. Quart. R. N. S. 4 (1913) P. 302 ff.) die Analogie der 'am Zor, 'am Zidon und 'am Karthachdeschoth auf tyrischen, sidonischen und karthagischen Münzen angeführt und die nach dem Beginn der Herrschaft der 'am rechnenden Ären. Die am sind in diesen Fällen Familienhäupter, wohl zweifellos aber Vertreter nur der stadtsässigen patrizischen Sippen. Wie in Jerusalem nach Nehem. 10 die Unterzeichner des religiösen Bundes, bildeten sie anscheinend eine geschlossene Zahl, was dafür spricht, daß es sich um einen oligarchischen Wehrverband handelt, wie er in hellenischen Städten vor der Zeit der Demokratie ebenfalls vorkommt.

antiken Hopliten- oder des mittelalterlichen Bürgerheeres, welche die Grundlage der politischen Macht der okzidentalen Plebejer wurde.

Die faktische soziale und ökonomische Situation war, trotz jener Änderung der Rechtslage, auch nach dem Exil im Prinzip der vorexilischen ähnlich. Die reichen Landbesitzer residierten meist in Jerusalem und verzehrten dort ihre Renten. Zwar gab es auch jetzt mächtige Geschlechter, die nicht in Jerusalem selbst ansässig waren. Auch sie aber galten normalerweise als in einer Stadt eingebürgert. Das Geschlecht der Hasmonäer heißt, obwohl ihr Mausoleum auf einem Berge nahe dem Meeresgestade aufragte, doch das vornehmste in der Stadt Modin (1. Makk. 2, 17). Die nicht in Jerusalem zusammengesiedelten vornehmen weltlichen Sippen waren in aller Regel Gegner der rituell korrekten Judengemeinde, wovon die frommen Hasmonäer, für die priesterliche Abstammung in Anspruch genommen wird, eben eine Ausnahme machten.[34] Und die ökonomisch und politisch mächtigen Geschlechter innerhalb der Städte, namentlich auch innerhalb Jerusalems, bedrückten damals die Plebejer ganz ebenso durch Wucher und Beugung des Rechts wie dereinst jene Großen gegen welche die vorexilischen Propheten sich gewendet hatten. Furchtbar hallen namentlich die Klagen und das Rachegeschrei der Psalmisten gegen diese Reichen oder, wie sie bezeichnend genannt werden, Fetten, die also auch im Namen ganz dem popolo grasso der mittelalterlichen italienischen Terminologie entsprachen. Und wie nach der Tradition einst schon um Abimelech und dann um David, so scharen sich jetzt um Judas Makkabäus die Unterdrückten, und zwar vor allem: die Schuldsklaven, als seine Gefolgschaft und schlachten mit ihm die Gottlosen, das sind, wie in den Psalmen stets: die Fetten, in allen Städten Judas ab (1. Makk. 3, 9). Die ökonomische Grundlage der Ständegliederung war also sehr konstant. Das wichtige Neue war dabei nur, daß im Verlauf der nachexilischen Entwicklung der städtische Demos, das Kleinbürgertum, in steigendem Maße als eigentlicher Träger der Frömmigkeit, als Gemeinde der Chasidim, hervortritt und zunehmend eine schließlich, mit dem Aufkommen der Pharisäerpartei, geradezu ausschlaggebende Rolle spielte, obwohl formell offenbar seine politischen Rechte kaum geändert waren. Beides: faktische Bedeutung und formelle Rechtlosigkeit des Demos, hing mit der später zu erörternden theokratischen Eigenart des spätjüdischen Stadtstaates zusammen. Diese konfessionelle Grundlage des Gemeindeverbandes bedingte es auch, daß die alten Ausdrücke für den Metöken nunmehr, wo die alte Stammfremdheit der Gasthandwerker gegenüber den Israeliten fortgefallen war, ihren alten Sinn verloren und einen ganz neuen, spä-

34 Rituell betrachtet verhalten sich freilich die hasmonäischen Heroen von Anfang an ziemlich inkorrekt. Im Gegensatz zu dem frommen Volk, welches (1. Makk. 2, 29) in die Wüste flieht und sich am Sabbat abschlachten läßt (Vers 38), beschließt Matthatias mit seiner Gefolgschaft, auch am Sabbat zu kämpfen (Vers 41). Sehr schnell nach der Befreiung galten die Hasmonäer den eigentlich Frommen als verwerfliche Hellenisten.

ter zu besprechenden gewannen (den des Proselyten). Hier interessiert uns vorerst noch weiter der alte, vorexilische Sinn. Denn trotz Konstanz der ökonomischen Grundlage war die rechtliche Position des Demos in der vorexilischen Zeit eine sehr abweichende gewesen.

Der vorexilische Metöke (ger) ist von dem gänzlich Landfremden, dem nokri, durchaus geschieden. Der letztere ist rechtlos. Der ger ist zwar stammfremd, aber rechtlich geschützt. Ein Stammfremder konnte aber auf zwei Arten zu einem Schutzverhältnis gelangen. Entweder er wurde als Schutzgenosse eines einzelnen Hausvaters behandelt. Dann stand er in dessen rein persönlichem Schutz, welchen ja auch der ganz fremde nokri, etwa ein durchreisender Gast, genießen konnte. Der Schutz gegen die Willkür der Stammesgenossen des Schutzherrn war aber dann nur eine Frage der Macht dieses letzteren. Nur das Mißfallen des Gottes oder die Rache seiner Stammesgenossen konnte ihn, wenn diese versagte, schützen: das Schicksal der göttlichen Gäste Loths in Sodom und des Leviten in Gibea zeigen die Lage. Als in diesem Sinne rechtlos galt aber in einem israelitischen Stamm auch ein in einem anderen israelitischen Stamm zugelassener Metöke, wie wiederum das Beispiel des Leviten in der Erzählung von der Schandtat von Gibea zeigt. Ebenso geht daraus hervor, daß auch der vollberechtigte Angehörige eines israelitischen Stammes, der sich bei einem anderen Stamm niedergelassen hat, auch bei einem als nahe verwandt geltenden wie Benjamin gegenüber Ephraim, dort stets nur als Metöke, nicht als Genosse galt. Er war fähig, ein Haus zu erwerben, wie der Ephraimit jener Erzählung in Gibea, der als Hausvater bezeichnet wird. Ob auch sonstigen Grundbesitz, ist nicht ersichtlich und für die Frühzeit nicht wahrscheinlich, wenn auch nicht unmöglich, für später aber sicher: von zwei Erzvätern, die als gerim galten, wird es berichtet. (Es fragte sich ja nur, welcher Verband: Sippe oder Ortsverband oder Stamm, darüber zu befinden hatte, und welche sonstigen Rechte mit dem Grunderwerb verknüpft waren).[35] Die wohl aus der Zeit vor dem Exil stammende Norm Lev. 25, 35 verfügt, daß ein verarmter, d. h. grundbesitzlos gewordener Israelit als ger gehalten werden solle: danach war jedenfalls – und ganz begreiflicherweise – Grundbesitzlosigkeit eines der normalen Merkmale des ger, wenn es auch vielleicht nicht universell galt. Welches aber auch seine Stellung in dieser Hinsicht war, ein Beisasse, der nicht nur unter dem privaten Schutz eines einzelnen und dem religiösen des Gastrechts steht, sondern dessen Rechtslage von dem politischen Verband als solchem geregelt und geschützt wurde, war was die Quellen regelmäßig unter ger meinen. Dies Rechtsverhältnis wird bezeichnet mit dem Ausdruck ger ascher bisch'arecha der alten Rechtssammlungen: der Metöke in deinen Toren,

[35] Es könnte dies, soweit Bauernland und nicht die, vielleicht bestehenden, Kriegerlose in Betracht kamen, recht gut als eine interne Angelegenheit des einzelnen Dorfs gegolten haben. Man erinnere sich, daß auch Hesiods Familie stammfremd nach Böotien kam, dennoch aber der Dichter dort Grundbesitzer – technisch: ein *Periöke* – wurde.

d. h. der zum Rechtssprengel der Stadt als solcher gehörige, zu ihr in einem geregelten Schutzverhältnis stehende Metöke.[36] Weder also steht er nur in einem bloßen individuellen vorübergehenden Gastschutzverhältnis, wie es auch der nokri genießen kann, noch auch andererseits in einem persönlichen dauernden Klientelverhältnis zu einem einzelnen Herrn. Er scheint den Quellen als gerichtsstandsfähig zu gelten, denn vor seiner Bedrückung wird gewarnt: vielleicht bedurfte er eines Gerichtspatrons. Die nachdrückliche Vorschrift des heiligen Rechts, daß für den Israeliten und den ger das gleiche Recht in allem zu gelten habe, macht den Eindruck einer Neuerung: Die konfessionelle Assimilation der gerim war im Gange, ja einige ihrer Kategorien gehörten, wie wir sehen werden, zu den Hauptträgern des Jahwismus. Ursprünglich konnten aber in der Rechtsstellung eines ger in diesem Sinn sich genau ebensogut Nichtisraeliten befinden wie Israeliten aus einem anderen Stamme. Das erstere war die Regel: Für den ger galten die rituellen Vorschriften der vollfreien Israeliten ursprünglich nicht. Diese umfaßten zwar den ganzen Hausstand, aber auch ausschließlich diesen durch Hausgemeinschaft und häusliches Kultmahl verbundenen Personenkreis. Nur die Sabbatruhe galt in der Zeit der ältesten vorliegenden Redaktion der Rechtsbücher auch für den ger, vermutlich zur Verhütung der Konkurrenz ihrer Arbeit gegen die des Israeliten.[37] Nicht aber, nach dem älteren Recht, die Beschneidung – die für ihn fakultativ war (Ex. 12, 48) –, welcher dagegen zur Zeit dieser Satzung bereits jeder Sklave unterzogen werden sollte. Deshalb konnte der Sklave am Passahmahl teilnehmen. Dieser Zustand muß sich freilich schon lange vor dem Exil erheblich geändert haben. Denn wenn die Priestergesetzgebung (Lev. 17, 10; Num. 9, 14; 15, 15.16) den Grundsatz aufstellte, daß für Israeliten und Metöken in allem das gleiche Recht und die gleichen Ritualpflichten gelten sollten, so war dies zweifellos die Folge davon, daß inzwischen zahlreiche beschnittene und rituell korrekt lebende gerim entstanden waren, und wir werden sehen, daß und wodurch dies geschah. Der Sklave scheint dagegen nach vordeuteronomischem Recht nicht der Sabbatruhepflicht unterlegen zu haben (2. Kön. 4,22: die Erzählung stammt aus den Prophetenlegenden der Zeit der Jehu-Dynastie).

Die rechtlichen und sittlichen Gebote der heiligen Schriften sprechen nun von dem ger regelmäßig wie von einem isolierten Individuum. Das entspricht aber,

[36] Die Stellung des hier noch nicht mit in die Erörterung einbezogenen Priesterstamms Levi in den *Levitenstädten* der Tradition zeigt am besten, wie sich die Tradition die normale Lage eines Metöken vorstellte.

[37] Nach der Art der Begründung des Sabbatgebots in Nehemias Zeit, bei welcher die Unterbindung des Wochenmarktverkehrs die Hauptsache ist, war die Bestimmung damals zweifellos im Interesse der Israeliten (gegen unlautere Konkurrenz der Nichtjuden) und nicht der Fremden selbst erlassen. Ähnlich schon Amos und Jeremia. In älterer Zeit, wo die Ruhe der Ackerarbeit der allein entscheidende Sinn war, konnte dies freilich anders sein.

wie die Tradition erkennen läßt, nicht einmal den Verhältnissen des vollentwickelten Stadtstaates und keinesfalls denen der Frühzeit. Hier sind die als gerim politisch nicht zu den israelitischen Stämmen gerechneten Bevölkerungsteile ebenso wie die politisch nicht vollberechtigten Israeliten (Bauern) stets als in Verbänden organisiert gedacht. Die letzteren in Dörfern, die gerim teils in Ortsverbänden, teils ohne solche in Sippen und Stämmen. Ganz ebenso bleibt ja auch die Stammesverfassung bestehen, wenn ein israelitischer Stamm sich einem fremden politischen Verband einordnen muß. Zwar, daß die Daniten im Deboralied auf phönizischen Schiffen dienen, beweist dafür nichts, da es sich hier wohl nur um individuelle Verdingung Einzelner als Lohnarbeiter handelt. Aber der Stamm Issachar wird im Jakobsegen ganz allgemein ein Fronknecht genannt. Die Issachariten waren also offenbar als solche einem herrschenden fremden Stadtstaat politisch unfrei angegliedert, hatten aber ihre Stammesorganisation behalten. Ebenso kennt anderseits die Tradition die kanaanäischen Gibeoniten als leiturgiepflichtige aber autonome Unterworfene Israels, kraft eines mit ihnen von den Heeresvorständen bei der Einwanderung geschlossenen Bundes. Dies Verhältnis ist wohl zu scheiden von der ständischen Lage, in welcher sich nach dem Bericht über die Neukonstituierung von Jerusalem unter Esra und Nehemia die Torhüter, Sänger und Tempeldiener (nethinim) und außerdem die Knechte Salomos befanden. Denn diese waren erbliche, sippenmäßig gegliederte leiturgiepflichtige Gruppen von Juden, nicht aber gerim. Die bne Korah, deren Vorvater als Rebell gegen die Priester schon in der Mosestradition eine Rolle spielt, und die bne Asaph, beide Träger von Psalmenkunst, waren derartige Sängersippen, die einmal gerim gewesen, jetzt aber Volljuden geworden waren. Anders die altisraelitischen gerim. Im Gegensatz zu den nach Geschlecht und Stamm bezeichneten vollfrei israelitischen charismatischen Künstlern des Stiftshüttenberichts einerseits und dem ohne Sippenbezeichnung genannten fremdbürtigen Königshandwerker des Tempelbauberichts andererseits galten, wie wir sahen, der Genesis die Eisenarbeiter und Musiker als den Israeliten stammfremde Sippen mit einem Eponymos. Ebenso galten von den vermutlich leiturgischen Königshandwerkern jedenfalls die Byssosweber[38] und Töpfer[39], wohl auch die Zimmerleute[40] als gerim. Als solche galten auch die

[38] 1 Chron. 4, 21: *Haus der Byssosarbeit.* Sie sind in Sippen gegliedert und gelten, neben anderen, als Nachfahren eines Sohnes Judas, charakteristischerweise aber ohne eigenen Eponymos. Die Abstammung von Juda dürfte also nachexilische Fiktion sein.

[39] 1. Chron. 4, 22.23: Joas und Saraph, die in Moab Familienhäupter (baalim) waren und *nach alten Berichten Lachem bewohnten. Sie waren Töpfer und wohnten in umzäunten Gärten beim König für dessen Arbeit.* Sie hatten also Dienstlehen.

[40] Joab, Serujas Sohn, heißt 1. Chron. 4, 14 *Vater des Tals der Zimmerleute,* eines Stadtteils von Jerusalem. Die Zimmerleute scheinen also als Kolonen auf seinem Grundbesitze zu sitzen. Oder aber (und wahrscheinlicher) er gilt als ihr Patron und hat diese Patronage als königliche Pfründe. Bei ihnen fehlt die Angabe über gentilizische Gliederung.

bald zu besprechenden Hirten, die im Stammbaum (Gen. 4, 20) neben den Eisenarbeitern und Musikern als Nachfahren Kains aufgezählt werden: Kain, der soeben noch in der Brudermordslegende (Gen. 4, 2) im Gegensatz zu dem Hirten Abel als Bauer, dann, nach der Verfluchung, als Beduine behandelt wird (4, 12), ist in diesem Stammbaum offensichtlich ganz allgemein der Vater aller typischen Gaststämme innerhalb Israels, sein Bruder Seth aber der Stammvater des seßhaften weinbauenden Israel, welches Noah vertritt. In der noachischen Dreiteilung der Stämme gilt Kanaan als ein unfreier Stamm, der einerseits dem Sem, dem Stammvater der kontinentalen Herrenvölker einschließlich der Hebräer, andererseits dem Japhet, dem Stammvater der nördlichen und westlichen Küsten- und Inselvölker fronpflichtig ist. Japhet seinerseits aber wohnt in den Hütten Sems, ist also zweifellos als freier Metöke und vermutlich als Kaufmann gedacht. Die Sage wird in einer Zeit scharfer Gegensätze gegen die Reste der Kanaanäer und freundlicher Beziehungen zu den Phönikern entstanden sein. Eine allgemeine Zinspflicht sämtlicher noch im Lande sitzenden Kanaanäer führt die Tradition (1. Kön. 9, 20) auf Salomo zurück.[41] Es scheint danach verschiedene Arten von gerim gegeben zu haben; freie und fronpflichtige, über deren Rechtsstellung im einzelnen nichts auszusagen ist.[42] Wie auch immer aber die tatsächlichen Verhältnisse gewesen sein mögen, deren Ausdruck oder Reminiszenz alle diese Konstruktionen der Tradition waren, so bleibt jedenfalls sicher, daß die gerim nicht zu den, sei es als gibborim sei es als ʻam hamilchama, heerbannpflichtigen bne Jisraël gerechnet und daß sie vorgestellt wurden als stammfremd und als o r g a n i s i e r t, teils als bodensässige Klientelstämme, teils aber als nicht bodensässige Gaststämme und Gastsippen. Ursprünglich waren sie rituell von den Israeliten geschieden und dadurch wenigstens von einem ebenbürtigen connubium ausgeschlossen, wie die Erzählung von Sichem und Dina lehrt. – Die Erscheinung rituell geschiedener Gaststämme kennen wir ja eingehend aus Indien. Diesem Typus des eigener Bodenständigkeit entbehrenden Gaststamms fügen sich nun auch die beiden für uns wichtigsten und am besten in der Überlieferung erkennbaren Beispiele von gerim: die Kleinvieh züchtenden Hirten und die levitischen Priester. Beide teilen miteinander in der Tradition die Eigentümlichkeit, am Grundbesitz des politisch vollberechtigten Wehrverbandes nicht beteiligt zu sein. Beide hatten aber wie alle

[41] Die Tradition ist höchst fragwürdig. Die Notiz in Vers 22, daß er im Gegensatz zu den Kanaanäern alle Israeliten nur als Kriegsleute (ansche hamilchamah) und Offiziere oder Beamte verwendet habe, ist tendenziös im Interesse der israelitischen Plebejer. Die Fronpflicht auch der gemeinfreien Untertanen ergibt sich klar aus 1. Kön. 5, 12, wo die Israeliten 30 000 Arbeiter zu stellen haben. Jene Notiz zeigt aber allerdings, daß damals der nichtwehrfähige und nicht am freien Grundbesitz beteiligte Mann ein für allemal kein Israelit, sondern ein ger war.

[42] Nach 1 Chron. 23, 1 hätte David aus sämtlichen gerim des Landes Steinmetzen für den Tempelbau ausgehoben. Wahrscheinlich waren umgekehrt die Steinmetzen Königshandwerker und eben deshalb gerim.

gerim ein festes Rechtsverhältnis zu der ansässigen Bevölkerung. Beiden waren in den Stammesgebieten Israels keine Ackerländereien, wohl aber Wohngrundstücke – meist zwar: vor den Toren – und Weiderechte für ihr Vieh angewiesen. Aus religionsgeschichtlichen Gründen werden wir gerade diese beiden Kategorien noch näher betrachten müssen. Die Hirten, weil die Tradition ihnen die Erzväter zuweist, und weil sie für die Prägung der prophetischen Jahwereligion eine beträchtliche historische Rolle gespielt haben. Die Leviten aber als Träger des Jahwekults. –

Über welches Gebiet die oben geschilderte städtische Organisation sich jeweils erstreckte, hing von der politischen Machtlage und zwar insbesondere davon ab, in welchen Gebieten die Beduinen im Zaun gehalten werden konnten. Daher war sie in der römischen Kaiserzeit tief in die Wüstengebiete vorgedrungen, um durch die islamische Invasion wenigstens im Ostjordanland, welches, im Gegensatz zum Westgebiet, von den bedu okkupiert wurde, wieder vernichtet zu werden. Der Ansturm der Beduinen gegen die städtisch organisierten Gemeinschaften durchzieht die ganze palästinische Geschichte. In den Amarnabriefen erscheinen die mit dem Ideogramm Sa Gaz, dessen Aussprache bisher nicht ermittelt ist, bezeichneten Krieger teils, und in der Regel, als Feinde, mit denen die ägyptischen Vasallen und Statthalter zu kämpfen haben, teils aber auch als Reisläufer im Dienst von Vasallen.[43] Die Korrespondenz Hammurapis kennt die Sa Gaz als Nomaden an der Westgrenze Mesopotamiens, wo sie unter einem königlichen Vogt stehen. Die in Syrien und Nordpalästina einbrechenden Sa Gaz verbrennen die eroberten Städte.[44] Oder aber sie veranlassen die ansässige Bevölkerung dazu, den ägyptischen Vasallen zu erschlagen, mit ihnen gemeinsame Sache zu machen und wie Sa Gaz zu sein.[45] Oder sie erobern die Städte, ohne sie zu zerstören, setzen sich also offenbar als Fronherrn des platten Landes an die Stelle der bisherigen ägyptischen Vasallen und Parteigänger. Fraglich bleibt nun aber in all diesen Fällen: ob diese Sa Gaz[46] wirklich Beduinen, also Kamelzüchter aus dem Wüstengebiet waren oder vielleicht etwas ganz anderes.

Zwischen der bodenständigen Bevölkerung, also dem Stadtpatriziat und den seßhaften, teils freien, teils fron- oder zins- oder pachtpflichtigen Bauern, welche Korn, Früchte und Wein ziehen und Rinder halten, einerseits und andererseits den freien kamelzüchtenden Beduinen in der Mitte steht nämlich noch eine für alle Länder der Mittelmeergebiete bis in die Neuzeit charakteristische Schicht: die halbnomadischen Kleinvieh-, d.h. Schaf- und Ziegenzüchter.[47] Die

[43] Knudtzon Nr. 196.
[44] Knudtzon Nr. 185.
[45] Knudtzon Nr. 74.
[46] Die Zugehörigkeit der Chabiru zu den Sa Gaz ist nach dem Bhogaz köi-Fund nicht mehr fraglich.
[47] Über die Bedeutung der *Schafnomaden* für den Jahwekult s. jetzt Luther bei Ed. Meyer (Die Israeliten u. ihre Nachbarst.) S. 120 f.

Lebensform dieser Schicht ist im Mittelmeergebiet überall bestimmt durch die Notwendigkeit und, für Kleinvieh im Gegensatz zu Rindern, auch leichte Ausführbarkeit des Weidewechsels auf weite Entfernungen hin: über die Abruzzen hinweg nach Apulien, oder quer durch halb Spanien, und ähnlich weit in Nordafrika und dem Balkan. Diese in Spanien sogenannte Transhumanz[48] bedingt zweierlei: einmal gemeinsame periodische Wanderung und daher, im Gegensatz zu dem formlosen Zusammenschluß der Beduinen, eine nach innen etwas fester geregelte Gemeinschaft. Dann aber, nach außen, eine fest geregelte Beziehung zu den Grundbesitzern der betroffenen Gebiete. Sowohl die Stoppel- und Brachweiderechte wie die Wanderungswege müssen fest vereinbart sein, wenn nicht die ohnehin oft gewaltsamen Beziehungen zu dauernden Fehden führen sollen. Denn überall haben diese Hirten die Neigung, die ihnen zustehenden Wege- und Weiderechte zu überschreiten, ihre Herden vorzeitig in die Felder einbrechen oder die an den Wanderstraßen liegenden Äcker verwüsten zu lassen, wie dies Jeremia (12, 10) von seinem Weinberg und Acker erzählt.[49] Das Bestehen und die erhebliche Bedeutung dieses Wanderhirtentums ist für alle Epochen Palästinas historisch sicher. Heute findet es sich auch bei Kamelzüchtern, die aus dem Ostjordanland ihre Herden auf Stoppel und Brache in Galiläa treiben. Das war aber nicht das Typische. Die klassischen Repräsentanten der Kleinviehzüchter in der früheren palästinischen Antike waren die Rechabiten, eine Genossenschaft, welche fast durch das ganze Land nordsüdlich gewandert sein muß. Denn sie waren Keniter, und dieser Stamm grenzte einerseits an die Amalekiter der südlichen Wüste, mit denen er gelegentlich verbündet war, andererseits findet man ihn, im Deboralied, im Norden. Das eigentliche Weidegebiet der Rechabiten lag zu Jeremias Zeit offenbar im judäischen Gebirge, von wo sie bei Kriegsgefahr ihre Herden in den Mauerring von Jerusalem brachten. 2½ Jahrhunderte vorher, bei der Revolution Jehus im Nordreich, wirkten sie dort entscheidend mit. Sie waren Kleinviehzüchter. Wie die Beduinen verschmähten sie Häuser und feste Siedlung, verpönten den festen Ackerbau und tranken keinen Wein (Jer. 35). Dies galt ihnen als durch den Stifter des Verbandes, den Jahwepropheten Jonadab ben Rechab, auferlegtes göttliches Gebot. Ähnlich weit wie sie wanderten andere Kleinviehzüchterverbände. Der alte, später verschollene Stamm Simeon hatte nach der Tradition einerseits kontraktliche Verhandlungen über Weiderechte im Gebiet von Sichem angeknüpft, andererseits galten in der Tradition südliche Teile der Wüste Juda als sein Sitz. Neben dem reinen Typus, wie ihn die Rechabiten darstellten, gab es natürlich zahlreiche Übergangs-

[48] Sie ist neuestens von R. Leonhard (die Transhumanz im Mittelmeergebiet, in der Festschrift für Brentano) in verdienstvoller Art erstmalig zusammenfassend behandelt worden.

[49] Auch Jer. 6, 3 werden die Feinde, deren Kommen prophezeit wird, mit Hirten verglichen, die ihre Zelte rundum aufschlagen und sich Weideplätze aussuchen.

formen. Irgendwelchen nach Maß und Stätte mehr oder minder unsteten Ackerbau für den Eigenbedarf pflegen auch Wanderhirten oft zu treiben.[50] Der Übergang zu den seßhaften Bauern war daher flüssig. Nur konnte bei ihnen die Bodenappropriation, da das Land in erster Linie Weidegebiet war, keine vollständige sein und der Schwerpunkt ihres Besitzes lag im Viehstand. Die langsamere Beweglichkeit des Kleinviehs hemmte ihre Bewegungsfreiheit im Vergleich mit den Beduinen, deren Räubereien sie daher ausgesetzt waren. Gegen diese waren sie also die naturgemäßen Bundesgenossen der verstärkt in gleicher Lage befindlichen ansässigen Bauern: es bestand ewige Feindschaft zwischen Jahwe und Amalek. Kain, der tätowierte Beduine, gilt, dem Hirten Abel gegenüber, als verflucht zur ewigen Unrast. Aber daneben finden sich gelegentlich auch Bündnisse von Viehzüchtern (den Kenitern) mit Beduinen und wurde die Verwandtschaft mit den Edomitern stark empfunden. Naturgemäß war der Übergang vom Beduinentum zur halbnomadischen Viehzüchterei besonders flüssig, und Kombinationen der verschiedenen Arten von Vieh kamen vor, bei den Erzvätern sowohl wie z. B. bei Hiob, der als Besitzer von Schafen, Eseln, Rindern und Kamelen, als haussässig und weintrinkend vorgestellt wird. Die Abkommen des Kain, der zunächst als Wüstenbeduine gilt, die Keniter[51], sind in historischer Zeit ein als ganz besonders gottesfürchtig geltender Viehzüchterstamm, wie die Genealogie der Genesis zum Ausdruck bringt. Die Midianiter haben in der Zeit Gideons offenbar nicht nur Kamele als Vieh. Ebenso sicher die Edomiter und zweifellos auch schon jener Schech, bei welchem der flüchtige Ägypter Sinuhe in der Zeit des Sesostris gastliche Aufnahme fand. – Ähnlich flüssig war die Grenze nach der andern Seite.

Die Beziehungen der Kleinviehzüchter zu der ackerbauenden ländlichen und ebenso zu der stadtsässigen Bevölkerung beruhten normalerweise auf kontraktlich festgestellten Weide- und Wegerechten: sie waren gerim. Diese Beziehungen konnten sehr leicht zu einer vollen Einbürgerung ihrer ökonomisch leistungsfähigsten Sippen in die Städte führen, sei es durch Vertrag, sei es nach gewaltsamen Konflikten. Die Daniten hatten nach der Tradition lange kein festes Gebiet in Israel (Jud. 18, 1), d. h. sie waren Wanderhirten auf judäischem Gebiet, bis sie sich der Stadt Lajisch auf bis dahin sidonischem Gebiet bemächtigten.

Die Wanderhirten unterlagen nun aber ganz allgemein bestimmten Entwicklungstendenzen. Epochen des Friedens, zunehmender Bevölkerung und Besitzanhäufung bedeuteten stets: Einschränkung der Weidereviere zugunsten zunehmender Benutzung als Ackerland und nötigten damit zu steigender Intensität der Ausnutzung der verbleibenden Weidereviere selbst. Beides führte in aller Regel zu steigender Bindung der Hirten an festere und kleinere Weidebezirke und dadurch wieder unvermeidlich zu einer Verkleinerung ihrer

[50] Der ostjordanische Held Jerubbaal-Gideon drischt Weizen: Jud. 6, 11.
[51] Für diese zu Unrecht gelegentlich bestrittene Identität: Num. 24, 21.22.

sozialen Einheiten. Diese waren dementsprechend labil. Die normale soziale Organisation der Kleinviehzüchter ähnelte derjenigen der Beduinen: die Großfamilie als Wirtschaftsgemeinschaft, die Sippe als Garantin der persönlichen Sicherheit durch Blutrachepflicht, der Stamm, ein Verband von Sippen, als Träger der militärischen Sicherung der Weidereviere. Diese Verbände waren, infolge jener Umstände, beiden Kleinviehzüchtern nicht notwendig dauerhafter als bei den Beduinen. Grade bei jenen scheint die Stammesbildung besonders oft nur durch charismatische Führer geschaffen zu sein: so wahrscheinlich der später verschwundene Stamm Machir, ebenso vielleicht Manasse und doch wohl auch der Stamm der bne Jemini, alles Stämme, die vom Gebirge Ephraim aus sich in die Bergweidegebiete nach Osten und Süden vorschoben. Es fehlt diesen Häuptlingen aber normalerweise an einer stabilen Machtgrundlage. Ein Stamm, der aus reinen Kleinviehzüchtern zusammengesetzt ist, ist daher durch die Natur der Lebensbedingungen eher stärkeren Chancen des Zerfalls ausgesetzt als eine Beduinengemeinschaft es wenigstens in dem Fall ist, daß sie entweder in der Beherrschung von Oasen oder von Karawanenstraßen einen Rückhalt für die ökonomische Stabilität ihres Stammesfürstentums findet. Ein Beispiel für die Labilität und den rein charismatischen Charakter des Kriegsfürstentums bei reinen Viehzüchterstämmen ist die Vorstellung der Tradition von der Stellung Jephthas, eines ostjordanischen Kriegshelden, dem von den Ältesten des Stammes Gilead anfänglich nur die Würde eines kazir, eines Kriegsführers, dem germanischen Herzog entsprechend, für die Dauer des Befreiungskrieges gegen die Ammoniter angeboten wird (Jud. 11, 6). Er lehnt das ab und das Heer (ha'am, die Mannen) überträgt ihm nun auf Antrag der Ältesten die lebenslängliche, aber nicht erbliche, Würde eines rosch (Häuptlings, Fürsten, Obersten, Jud. 11, 11). Eben dahin gehören die zahlreichen ephemeren Richter (schofetim) der israelitischen Frühzeit, teils nur charismatische Kriegsführer, teils vielleicht auch mit dem Charisma richterlicher Weisheit begnadet. Ihre Macht blieb rein persönlich. Der ostjordanische Held Jerubbaal-Gideon, welcher mit einer rein freiwilligen Gefolgschaft in den Midianiterkrieg zieht, lehnt nach der Tradition die ihm von einigen in Israel angebotene erbliche Herrschaft ab (Jud. 8, 23) und begnügt sich mit seinem Beuteanteil, aus dem er eine religiöse Stiftung macht (welche, ist anzunehmen, ihm und seinen Nachfahren Erträgnisse von Wallfahrten abwerfen sollte). Dauerhafte politische Bildungen fanden sich meist gerade auf den Zwischengebieten zwischen dem eigentlichen Wüstenbeduinentum und den palästinischen Bergweiden im Osten und Süden. So das Königtum der Moabiter in Ahabs Zeiten, welches Inschriften hinterlassen hat, ebenso das der Ammoniter schon in der Jephthazeit, namentlich aber das in steten Beziehungen zu Juda stehende, durch eine Reihe von zehn aufeinander folgenden Herrschern vertretene Königtum der Edomiter vor der Unterwerfung durch David. Daß diese edomitischen Könige offenbar nicht erblich aufeinander folgen, scheint den rein persönlich charismatischen Charakter ihrer Herrscherstellung anzudeuten. Bei Kleinviehzüchtern waren dagegen rein politische Bildungen sehr labil. Bedrohung durch Beduinen oder umgekehrt die Chance kriegerischer Erweiterung der Weidereviere führten zu festerem Zusammenschluß im größeren Verband unter einem Kriegshäuptling. Umgekehrt bedeutete in friedlichen Zeiten die vorhin bezeichnete Entwicklungstendenz: Abspaltung einzelner Sippen und Zerfall der Stämme. Schon im Bericht über die Deboraschlacht finden wir den Mann der Heldin Jael, einen Keniter, als einen Viehzüchter erwähnt, der sich von seinem Stamm gesondert und kraft Freundschaftsvertrags seine Zelte als ger auf dem Gebiete eines kanaanäischen Stadtkönigs aufgeschlagen hat.[52] Die alten Stämme Simeon und Levi sind schon zur Zeit der Zusammenstellung des Jakobsegens zerteilt und zerstreut, im noch späteren Mosessegen (Deut. 33) wird Simeon gar nicht mehr und Levi nur noch als eine Berufspriesterschaft erwähnt. Einzelne simeonitische Geschlechter kennt die nachexilische Chronistik (1. Chron. 5, 41.42) als unter den Edomitern in Seir ansässig, der Rest hat seinen Anteil in Juda empfangen, d. h. ist in diesem Stamm aufgegangen. Der Stamm Ruben, einst der Hegemon des Bundes, ist im Jakobsegen seiner Macht entkleidet, im Mosessegen wird darum gebetet, daß er nicht ganz verschwinde, später ist er verschollen. Vom Josephstamm spalten sich Viehzüchtersippen ab: im Deboralied steht ein nachher verschollener Stamm Machir, später ein in sich wiederum geteilter Stamm Manasse neben Ephraim. Die Vernichtung der Stämme Simeon und Levi wird mit einem Verrat und gewaltsamen Konflikt gegen die Sichemiten in Zusammenhang gebracht. In der Tat kann ein kriegerischer Verlust des Viehbesitzes, ebenso aber auch dessen Dezimierung durch Viehseuchen, einen reinen Viehzüchterstamm plötzlich zur Auflösung oder Verknechtung bei den besitzenden Nachbarn bringen. Aber schon die bloße Tatsache des Drucks der zunehmenden Seßhaftigkeit gegen die Weidereviere wirkte ebendahin. Der allmähliche Übergang vom Halbbeduinentum zur Kleinviehzucht, dann zur Seßhaftigkeit und weiter zur Stadtsässigkeit unter der Wirkung dieses Drucks spiegelt sich sowohl in den Sagen wie in der historischen Tradition. Abraham hält in der Sage außer Schafen auch Kamele und trinkt keinen Wein, sondern bewirtet die drei Männer der göttlichen Epiphanie mit Milch. Er wandert als kontraktlich weideberechtigter ger zwischen verschiedenen Orten und erst am Ende seines Lebens läßt ihn die Sage in Hebron nach langer Verhandlung ein Erbbegräbnis erwerben (Gen. 23, 16). Isaak zeltet kraft Kontrakts auf dem Gebiet von Gerar und gräbt dort Brunnen, muß aber wiederholt seinen Sitz wechseln. Jakob gilt zwar, im Gegensatz zu dem Bauern Esau, wesentlich als in Zelten wohnender Viehzüchter, wird aber als ger in Sichem seßhaft und kauft Land (Gen. 33, 19). Am Schluß seines Lebens gilt es als List, daß er sich beim

[52] Jud. 4, 17. Der zweite Halbvers kann freilich, wie mehrfach angenommen wird, Einschiebung sein, beweist dann aber eben für die Zustände zur Zeit seiner Entstehung.

Pharao als reinen Kleinviehzüchter einführt, um so als rituell gemiedener ger ohne Vermischung mit den Ägyptern leben zu können. Er betreibt Ackerbau und bedarf Getreide zur Nahrung. Allen Erzvätern wird Rinderbesitz zugeschrieben. Joseph vollends reguliert als Wesir Ägyptens die dortige Grundsteuer.

In der politischen Organisation und auch militärisch bedeuten diese Verschiebungen tiefgreifende Wandlungen.

In der historischen Tradition finden sich für die einzelnen israelitischen Stämme alle Übergänge vom Halbbeduinentum zur halbnomadischen Kleinviehzucht und von beiden durch das Mittelstadium des Gelegenheits-Ackerbaus (Gen. 26, 12 bei Isaak) sowohl zur Ansässigkeit als städtische Herrensippen, wie zum seßhaften Ackerbau sowohl als freie wie als fronpflichtige Bauern.[53] Abgeschlossen tritt dann die weitgehende universelle Wandlung zur

[53] Dan hatte nach der Tradition (Jud. 18, 1) lange Zeit keinen festen Wohnsitz im Lande. Im Deboralied verdingen sich die Daniten den Phönikern als Ruderknechte. Die Tradition nennt diesen Stamm mehrfach nur „Sippe". Dem Jakobsegen ist er ein Räuberstamm, der *wie eine Schlange auf den Karawanenstraßen liegt und das Pferd in die Ferse beißt,* dem Mosessegen ein *aufspringender Löwe in Basan,* also im Hauran. Wahrscheinlich zur Zeit des ersten Vordringens der Philister, wohl schon vor der Deboraschlacht, haben die Daniten ihre damaligen Zeltstätten, das *Lager Dans* im Gebirge Juda, mit ihren militärischen Kräften (nach der Tradition 600 Mann) nicht behaupten können – vermutlich waren die Philister, gegen welche der danitische Held Simson focht, die Gegner, doch sind die betreffenden Örtlichkeiten später in judäischem Besitz –; sie wanderten daher nach Norden und ließen sich nach Einnahme und Ausmordung der sidonischen Bergstadt Lajis in dieser nieder. Auf diese nach ihm benannte Stadtgemeinde ist Dan später beschränkt und als Stamm nur noch fiktiv. Daß die Stadt Dan als religiös besonders korrekt galt, macht es wahrscheinlich, daß die Tradition über das Wanderleben die Wahrheit berichtet. Denn religiöse Korrektheit setzt sie für alle alten Hirtenstämme voraus. Aus einem zweiten Spruch im Jakobsegen hat man wohl mit Recht geschlossen, daß Dan zeitweilig seiner politischen Selbständigkeit beraubt gewesen sei. Ausdrücklich berichtet das gleiche der Jakobsegen von dem im Mosessegen als ein in Zelten wohnender Stamm nur kurz erwähnten Issachar als Folge des Übergangs zur Seßhaftigkeit: *Als er sah, wie schön die Ruhe und wie lieblich das Land sei, beugte er seinen Rücken zum Tragen und wurde ein Fronknecht,* also zweifellos: ein seßhafter Bauer: Issachar saß wenigstens teilweise in der fruchtbaren Ebene Jesreel. Der Stamm Naphthali heißt im Jakobssegen *eine flüchtige Hindin,* war also wohl ein Halbbeduinenstamm (wenn nicht ein bloßes Wortspiel mit dem Namen getrieben sein sollte). Nach dem Deboralied hat er seine Sitze auf den Bergen, während der Mosessegen ihn als von Jahwe gesegnet am Meeresstrande seßhaft und im Besitz einer Stadt (Merom) erwähnt. Der gleichfalls an der Meeresküste sitzende Stamm Asser, dessen durch Ölbau gewonnener Reichtum sprichwörtlich war, scheint im Jakobsegen einem phönikischen Stadtkönig für den Tafelbedarf zinsbar zu sein. Im Mosessegen werden dagegen seine Festungen (Riegel von Erz und Eisen) und sein starkes Heer gerühmt. Der Stamm Sebulon muß in der Zeit zwischen der Entstehung des betreffenden Spruchs im Jakobsegen und des Deboraliedes seinen Wohnsitz gewechselt haben (im Mosessegen Vers 18 scheint die Lesung verfälscht). Im Jakobsegen sitzt er am Meer und *lehnt sich an Sidon,* d. h. doch wohl: ist von den Sidoniern abhängig, während er im Deboralied

Stadtsässigkeit hervor in der politischen Geographie Palästinas, wie sie im Buche Josua gegeben wird. Wie Josua selbst hier mit einer Stadt als Lehen für seine Dienste entgolten wird (Jos. 19, 50), so werden alle Stämme, selbst Juda, als Inhaber von Städten mit Dörfern als Dependenzen behandelt (cf. Jos. Kap. 15), in deren Bezirke das ganze Land eingeteilt erscheint. Selbst für die Zeit, der diese Stelle vermutlich entstammt, traf dies wohl nur theoretisch zu. Denn die judäischen Südstämme sind politisch noch in historischer Zeit nach Art der Beduinen vornehmlich sippenmäßig, die Nordstämme dagegen außerdem (und für die Verwaltung offenbar: vor allem) nach Art der mesopotamischen Staaten in Tausendschaften und Fünfzigerschaften gegliedert. Die Tausendschaftskontingente, als die Aufgebots-Einheiten, konnten an sich natürlich auch auf die Viehzüchterstämme übertragen werden. Man konnte einen einzelnen Stamm oder Stammesteil einer oder mehreren Tausendschaften gleichsetzen und ihm selbst die Art des Aufgebots überlassen. Dies erfolgte dann wohl in verschiedener Art. Das Deboralied bezeichnet die Führer der Stammeskontingente mit sehr verschiedenen Ausdrücken, die doch wohl auf sehr verschiedene militärische Struktur schließen lassen. Die Königsherrschaft wird naturgemäß nach Einheitlichkeit gestrebt haben. Wie Fünfzigern später der allgemeine technische Ausdruck für Ausheben und Aufbieten wurde, so werden in der Tradition die Obersten der Tausendschaften und Fünfzigerschaften ganz allgemein als Leute angesehen, die auch im Frieden in ihren Aushebungsdistrikten Jurisdiktion haben. Dies ist indessen zweifellos erst Produkt der Königszeit und galt wohl selbst damals nicht allgemein und dauernd. Bei den viehzüchtenden, gentilizisch gegliederten Ostjordanstämmen, und ebenso beim Stamm Juda bestanden vermutlich andere Verhältnisse: als Friedensbeamte wenigstens kennen sie, scheint es, jene Offiziere nicht, sondern nur ihre Ältesten.

Der nach Fünfziger- und Tausendschaften gegliederte Bundesheerbann ist überhaupt nicht die einzige und jedenfalls nicht die älteste Art der Militärorganisation, welche die Quellen kennen. Zwei andere Arten finden sich. Für den zwischen den Nordstämmen und Juda sitzenden Stamm Benjamin läßt der Bericht (Jud. 21, 21f.) über die Vorgänge nach dem Kampf wegen des Gibeafrevels, – eine ätiologische Sage für die bei den Benjaminiten offenbar bekannt gewesene Raubehe, – es recht wahrscheinlich erscheinen, daß dieser Räuberstamm ursprünglich eine straffe familienlose Organisation der Jungmannschaft nach Art des Männerhauses besessen hat: vermutlich eben hierauf wird seine trotz des kleinen Gebiets zeitweise große Machtstellung beruht haben. Andererseits wurde bereits erwähnt, daß die eigentlichen

ein kriegerischer Bergstamm ist. Der Stamm Benjamin ist im Jakobsegen ein Räuberstamm: *ein reißender Wolf, der morgens Raub frißt und abends Raub austeilt.* Im Mosessegen ist er zu Ruhe und Frieden gelangt. Der Stamm Gad scheint später (zu Mesas und Ahabs Zeit) ein moabitischer Stamm gewesen zu sein. Sein Name war wohl der eines alten Glücksgottes.

Viehzüchterstämme in der Regel die gleiche Stellung zum Kriege eingenommen haben, welche sich bei den Beduinen typisch findet: absolute Freiwilligkeit der Teilnahme, also reiner Charismatismus. Diesen behandelt nun das Deuteronomium als die eigentlich klassische Art. Die Tradition läßt Gideon sein Aufgebot zweimal sichten: zunächst darf nach Hause gehen, wer feige ist. Dann aber wird auch noch jeder ausgeschieden, der an einer Furth in seinem Durst die Heldenwürde vergessen und wie ein Hund das Wasser geleckt hat (Jud. 7, 5).[54] Ersteres ist ein Paradigma für die, dem später zu erörternden, tendenziösen nomadischen Ideal entsprechende, Konstruktion des Deuteronomiums (Kapitel 20), wonach nicht nur die Jungverheirateten und diejenigen, welche einen Hof oder ein Feld oder einen Weinberg neu angelegt haben, sondern jeder der sich fürchtet, daheimbleiben soll: denn – das ist die theologische Begründung – das Vertrauen auf Jahwe allein genügt für den Sieg. Beim Aufgebot des Judas Makkabäus findet sich das Paradigma wiederholt. Daß diese Vorschriften, wie Schwally angenommen hat, nicht theologischer Konstruktion, sondern alten magischen Vorstellungen entstammten, scheint nicht sicher. Dagegen werden wir später in der freiwilligen Weihe zum Glaubenskämpfer (Nasir) Formen der religiösen Heeresbildung kennen lernen, an welche diese Vorstellungen anknüpfen konnten. Aber der Ursprung lag doch wohl in Beduinengepflogenheiten.

Praktisch angesehen war ein Krieg in diesen Formen ein reiner Gefolgschaftskrieg. In der Tat hatten fast alle Kämpfe der israelitischen Richterzeit diesen Charakter. Im Grunde nur für drei Fälle: den Deborakrieg, die (wohl legendäre) Bundesexekution gegen Benjamin und den Befreiungskrieg Sauls ist in der Tradition das Gesamtaufgebot des Bundesheerbanns bestimmt überliefert. Alle diese drei Fälle gehören zum Typus des später zu besprechenden heiligen Krieges. Der gottgefällige König der Priestertradition ist zwar David. Aber die Art wie er seine Stellung gewinnt und seine ersten Kriege führt, ist in der israelitischen Geschichte das letzte, zugleich schon in eine neue Zeit hinüberführende, Beispiel des Gefolgschaftskrieges und des charismatischen Fürstentums.

Den Dualismus von Bauern und Hirten zeigt auch die Tradition über die ersten Könige. Saul gilt ihr als Bauer, David als Hirt. Saul läßt sie mit dem Aufgebot des nationalen Heerbanns, David mit Freischaarenkampf die Befreiung beginnen. Gewisse Unterschiede in der Struktur der Herrschaft beider sind trotz des tendenziösen Charakters der jetzigen Tradition wohl noch erkennbar. Saul hatte als Grundlage seiner Macht die eigene Sippe und die Kriegsmannschaft des Stammes Benjamin hinter sich. Mit Benjaminiten besetzte er die wichtigsten Ämter. Immerhin finden sich unter seinen Kriegern fremdstämmige Helden als persönliche Gefolgsleute. David stützte sich (1. Sam. 22, 1 ff.) zunächst auf rein persönliche Gefolgschaft und diese setzte sich nach der

[54] In der heutigen Lesung teilweise verkehrt.

Tradition zusammen: 1. aus seiner Sippe, 2. aus Bedrängten, und zwar vor allem aus Schuldsklaven, katilinarischen Existenzen also, und 3. ausgeworbenen kretischen und philistäischen Söldnern (Krethi und Plethi 1. Sam. 30, 5 und öfter). Neben diesen Elementen tritt nun aber bei David weit stärker als schon bei Saul und den Sauliden hervor: 4. die Gefolgschaft seiner eigentlichen persönlichen Genossen, jener Kreis von Paladinen und Rittern, welche die Königstradition im einzelnen bei Namen kennt und deren Taten sie aufzählt. Es sind das zunächst Angehörige judäischer, z. T. sehr mächtiger Sippen (Joab). Neben diese traten, durch Übertritt von Paladinen Sauls (Abner) auch nichtjudäische und ferner auch eine Anzahl nichtisraelitischer Ritter: eine stattliche Zahl rein persönlicher Hetairoi. Der Stamm Juda als solcher, zur Zeit von Davids Abfall von den Philistern noch diesen Untertan, stellte sich erst später geschlossen hinter David. Der Anschluß des Nordlandes an David aber erfolgte erst nach Ausrottung der Sippe Sauls, und zwar kraft eines besonderen Vertrages (berith) zwischen ihm und den Ältesten der Stämme. Ein Vertrag, ein Bund also, begründete hier, und zwar erstmalig, die nationale Einheit aller späteren zwölf Stämme Israels unter einem Nationalkönig. Erst durch einen solchen Vertrag also, das ist der Standpunkt der Tradition, wird ein charismatischer Heerführer zum legitimen, nunmehr zum Heerbannaufgebot berechtigten Monarchen: Fürstengefolgschaft und fürstliche Soldtruppen stehen gegenüber dem legitimen Volksheer des durch berith eingesetzten Königs. Dies inmitten der judäischen Viehzüchter zunächst mit Hilfe einer persönlichen Gefolgschaft und der Macht der großen judäischen Sippen begründete, davididische Königtum wurde nun aber von Anfang an seit der Einnahme Jerusalems zum Stadtkönigtum. Nachdem in den Revolten unter den Sauliden, dann unter Absalon, Adonia, Jerobeam der alte Gegensatz der Bauernstämme gegen die Stadtherrschaft sich erhoben und schließlich das Reich gesprengt hatte, verfiel das Nordreich mit der Gründung von Schomrom (Samaria) unter den Omriden ganz dem gleichen Schicksal, an dem die Revolte Jehus im Erfolg nichts änderte. Das Südreich aber war seit dem Abfall der Nordstämme schon fast ebenso identisch mit dem Weichbild von Jerusalem wie die theokratische Polis nach dem Exil.

Diese politische Entwicklung war es hauptsächlich, welche neben der mindestens relativ sehr starken Verminderung der Zahl der halbnomadischen Kleinviehzüchter auch den Zerfall ihrer Stämme durch Verkleinerung der Weidereviere herbeiführte. Die für uns wichtigste Folge war dabei die Entmilitarisierung der Hirten. Ihre zersplitterten Sippen waren nunmehr sowohl gegenüber den seßhaften Bauern wie, erst recht, gegenüber dem wehrhaften Stadtpatriziat die schwächeren und nur geduldeten. Den Abraham betrachtet die uns vorliegende Form als politisch rechtlosen Metöken der Hethiter in Hebron und anderer Städte, in deren Gebiet er weilt, in Salem als Zehntpflichtigen des dortigen Priesterkönigs. Jakob wohnt nach seinem Ankauf in Sichem, wie alle gerim, vor den Toren der Stadt (Gen. 33, 18). Zur Zeit dieser

Redaktion war sicherlich die Mehrzahl der noch vorhandenen Kleinviehzüchter auch tatsächlich in dieser Lage. Dennoch gelten der Tradition die Erzväter, ebenso wie später Hiob, als schwer reiche Männer. Höchstwahrscheinlich traf aber auch dies für die Viehzüchter der späteren Zeit im allgemeinen nicht mehr zu. Denn für Wanderviehzüchter besteht im allgemeinen die Chance zu verarmen, und jedenfalls die Rechabiten sind dem Jeremia keine Großherdenbesitzer, sondern kleine Leute, ebenso wie der Judäer Amos von Thekoa es war, der von Sykomorenfrüchten und seinem Vieh lebte. Im ganzen Mittelmeerbecken war dies überall ähnlich, mit Ausnahme vereinzelter und dann freilich unter Umständen sehr großer Herdenmagnaten.

Diese Tatsachen sind zunächst vielleicht wichtig für die Frage, an welche ökonomischen Kategorien die Rechtsquellen, Propheten und Psalmisten denken, wenn sie von den Armen (ebjonim) sprechen, wie dies so außerordentlich oft geschieht. Erst in nachexilischer Zeit kann darunter ein städtischer Demos: Kleinhändler, Handwerker, freie Kontraktarbeiter verstanden (oder doch: mitverstanden) sein. In vorexilischer Zeit gehören dahin offensichtlich vor allem die vom Patriziat bewucherten Bauern des platten Landes. Aber außer ihnen, vielleicht stärker als dies in den Quellen hervortritt, auch Kleinviehzüchter. Es wäre nun an sich nicht unmöglich, daß eine Anzahl von sozialethischen Vorschriften im Interesse der Armen, welche namentlich in spätjüdischer Zeit, in der rabbinischen Kasuistik, umfangreich abgehandelt werden, mit dieser Situation ursprünglich zusammenhingen. Einmal das Nachleserecht und das später sogen. Recht der Armenecke. Die israelitische Karität schreibt vor, die Nachlese der Stoppeln auf dem Acker zu unterlassen und diesen nicht bis auf die letzte Ähre abzuernten, sondern für die Bedürftigen etwas stehen zu lassen. In der älteren Fassung, welche das Deuteronomium (24, 19) bewahrt, sollen vergessene Garben nicht nachträglich geholt, sondern den gerim, Witwen und Waisen gelassen werden. Die jüngere Fassung (Lev. 19, 9 f.) ritualisiert in der für die priesterliche Redaktion typischen Art dies dahin, daß Äcker und Weinberge absichtlich nicht voll abgelesen und daß an den Enden für gerim und Arme etwas stehenbleiben solle. Die ältere Fassung der Vorschrift ist superstitiöser Herkunft: die numina des Ackerbodens verlangen ihren Anteil an dessen Früchten und daher gehört, was liegen blieb, ihnen. Aber die offenbar spätere Wendung zugunsten der Armen läßt fragen, was unter diesen ursprünglich verstanden war. An dem locus classicus für die Praxis, im Buch Ruth, ist es eine von einem Israeliten geheiratete, dann verwitwete Stammfremde, der die Stoppellese zugute kommt. Sie tat, das war wohl der ursprüngliche Sinn, unerkannt Arbeit auf dem Acker des mit ihr verschwägerten gibbor Boas. Also scheinen die Kolonen und Landarbeiter des Patriziats in erster Linie gemeint gewesen zu sein.[55] Es ist aber wenigstens denkbar, daß auch das typische

[55] Vgl. zur Frage jetzt: v. Gall Die Entstehung der humanitären Forderungen des Gesetzes, Zf. Altt. Wiss. 30 (1910) S. 91 f., der den (an sich unzweifelhaften) supersti-

Verbrüderungsverhältnis mit den als Metöken auf die Stoppelweide und Nachlese angewiesenen grundbesitzlosen Kleinviehzüchtern der typische praktische Anwendungsfall der Vorschrift gewesen sei, wie sie auch in Arabien, wo sie noch jetzt weit verbreitet ist, den grundbesitzlosen Klassen zugute kommt. Und die Frage muß wenigstens aufgeworfen werden, ob irgendwelche Zusammenhänge mit solchen Kleinviehzüchterrechten auch für eine vielbesprochene, spezifisch israelitische sozialethische Vorschrift: das religiöse Brachjahr (Sabbatjahr) für den palästinischen Boden bestehen könnten. In der jetzigen Fassung der Bestimmung besagt diese, daß alle sieben Jahre Äcker, Baumpflanzungen und Weinberge völlig unbestellt gelassen werden, die freiwachsenden Früchte den Armen und eventuell den wilden Tieren zugutekommen sollen. In dieser schroffen Form findet sich die Vorschrift in der im allgemeinen ältesten Rechts- und Sittengesetzsammlung, dem sogen. Bundesbuch (Ex. 23, 10.11). Die Vorschrift ist, was wohl zu beachten ist, keine Rechtsinstitution und steht auch rein äußerlich nicht in demjenigen Teil der Sammlung, welcher in leidlicher systematischer Ordnung präzise juristisch angegebene Tatbestände regelt, sondern unter den offensichtlich der religiösen Paränese entstammenden Bestimmungen. Sie ist eine sittliche Vorschrift, kein rechtliches Gebot. Als Institution hat sie aber im Spätjudentum zweifellos nicht nur theoretisch gegolten, sondern praktische Folgen gehabt, wie sowohl die zahlreichen Responsen der Rabbinen über das Verhalten gegenüber dem verbotswidrig gebauten Getreide wie auch andere Nachrichten deutlich zeigen, und sie hat noch für die gegenwärtigen zionistischen Siedlungsversuche in Palästina eine Rolle gespielt.[56] Die späteste Sammlung, das Priestergesetz, enthält (Lev. 25, 4-7) die Vorschrift mit ausführlichem Kommentar in der Form, daß man auf dem Land nicht arbeiten, sondern die freiwachsenden Früchte nur Speise sein lassen solle für den Besitzer, seinen Knecht ('ebed), Tagelöhner (sakir), Metöken (toschab) und Gäste und, wird hinzugesetzt, für das Vieh und die Tiere seines Landes. Der Sinn ist hier also ein etwas anderer als im Bundesbuch: Die im persönlichen Schutzverhältnis des Besitzers stehenden Personen sind diejenigen, denen die Bestimmung zugute kommen soll. Das würde die Deutung zulassen, daß es sich ursprünglich um ein Pacht- und Fron-Erlaßjahr zugunsten der Kolonen gehandelt habe. Damit würde die Art, wie die Schwurverpflichtung der Gemeinde der Zurückgekehrten unter Esra das siebente Jahr erwähnt, gut zusammenstimmen: wir wollen das siebente Jahreseinkommen fallen lassen (Neh. 10, 31). Die aus der Königszeit, zwar interpoliert, aber im ganzen doch in leidlicher Redak-

ösen Ursprung ausschließlich betont. Die Frage ist aber: warum blieb die sonst in Kulturländern verschwundene Bestimmung hier erhalten?

[56] Die Rabbinen von Jerusalem hatten sich für die Geltung des Gebots ausgesprochen. Das gleiche hatten, wenn ich mich recht erinnere, deutsche Instanzen getan. Dagegen sollen die ostjüdischen Rabbinen die Besiedlung des Landes für so gottwohlgefällig erklärt haben, daß von der alten Vorschrift dispensiert werden könne.

tion überlieferte, deuteronomische Sammlung endlich kennt – und dies ist bei dem Charakter gerade dieses Gesetzbuchs als eines Kompendiums der religiösen Ethik wichtig – das Sabbatjahr des Ackers überhaupt nicht, sondern eine ganz andere Institution: den siebenjährigen Schulderlaß. Die Wahrscheinlichkeit einer Interpolation des Sabbatjahrs im Bundesbuch aus dem Priestergesetz liegt daher überaus nahe angesichts der Unwahrscheinlichkeit einer wirklichen Durchführung der dort gegebenen Bestimmungen bei den vorexilischen Ackerbauern. Wenn sie trotzdem auf alte Gepflogenheiten zurückgehen sollten, könnte entweder eine Institution aus dem intermittierenden Ackerbau der Wanderhirten, also ein Rest alter zeitlicher Grenzen der Bodenappropriation: Feldgemeinschaft in diesem Sinn, zugrunde gelegen haben. Oder aber irgendeine typische Bestimmung über die Art der Brachweiderechte der Wanderhirten auf dem Lande der seßhaften Sippen. – Zweifellos ist freilich die Mitwirkung theologischer Konsequenzmacherei unter Einwirkung der Schulderlaßbestimmung des Deuteronomiums und der allgemeinen Steigerung des Sabbatgedankens in der Exilszeit. Damals wahrscheinlich ist von der babylonischen Exilsgemeinde diese wie andere Institutionen des Spätjudentums ritualisiert und dann in das Bundesbuch interpoliert worden. Alles in allem bleibt die Rolle des Wanderhirtentums für diese Vorschriften problematisch.

Wichtiger als diese sehr unsicher bleibenden Möglichkeiten einer ökonomischen Deutung solcher einzelnen sozialethischen Institutionen ist aber für unseren Zusammenhang die allgemeine Auffassung, welche die volkstümliche Tradition der Königszeit von der Lage der Kleinviehzüchter hatte und welche in ihrer Auffassung der Erzväter zum Ausdruck kommt. Diese Auffassung ist ihrerseits eine Konsequenz charakteristischer Verhältnisse und ist für das Judentum folgenreich geworden. Die Erzväterlegende behandelt die Patriarchen als ganz spezifisch pazifistische Erscheinungen.[57] Ihr Gott ist ein Gott der Friedfertigen (Gen. 13, 14f.). Sie treten als isolierte Hausväter auf. Von politischen Verbänden unter ihnen weiß sie nichts. Sie sind geduldete Metöken. Ihre Lage ist die von Hirten, welche familienweise durch friedlichen Kontrakt sich von der ansässigen Bevölkerung Weidereviere sichern und nötigenfalls, wie Abraham und Loth, friedlich unter sich verteilen. Es fehlt ihnen jeglicher Zug von persönlichem Heldentum. Eine Mischung von vertrauensvoll gottergebener Demut und Gutmütigkeit mit einer von ihrem Gott unterstützten geriebenen Verschlagenheit kennzeichnet sie. Die Erzähler rechnen darauf, daß ihr Publikum es selbstverständlich findet, wenn die Erzväter lieber ihre begehrens-

57 Über die Erzväterlegenden jetzt (zum Teil gegen Ed. Meyer) Greßmann, Sage und Geschichte in den Patriarchensagen Z. f. Altt. Wiss. 30 (1910) S. 91f., der die meisten unter die Kategorie *Märchen* rückt, was angesichts der alten Kultorte, mit denen sie verbunden und an denen sie lokalisiert sind, wohl zu weit geht. Aber mit Recht tritt er der Meinung entgegen, daß die Namen notwendig entweder Heroen- oder Stammesnamen sein müßten.

wert schönen Weiber für ihre Schwestern ausgeben und dem jeweiligen Schutzherrn preisgeben[58], es Gott anheimstellend, sie aus dessen Harem durch Plagen gegen den Besitzer wieder zu befreien, als daß sie für ihre Frauenehre eintreten. Es erscheint ihnen direkt löblich, daß sie, um die Heiligkeit des Gastrechts nicht verletzen zu müssen, ihre eigenen Töchter statt der Gäste preiszugeben bereit sind. Ihre Verkehrsethik ist fragwürdig. Ein ergötzliches Spiel der Übervorteilung herrscht jahrelang zwischen Jakob und seinem Schwiegervater, sowohl beim Feilschen um die begehrten Weiber, wie bei dem vom Schwiegersohn durch Knechtdienst erworbenen Vieh. Heimlich geht schließlich der Stammvater Israels dem schwiegerväterlichen Dienstherrn durch unter Mitnahme von dessen Hausgötzen, damit dieser seinen Weg nicht verrate. Sogar die Etymologie seines Namens wird diesen Qualitäten angepaßt und es scheint, daß Jakobstrug eine zur Zeit der Propheten sprichwörtliche Wendung war. Vollends unanstößig erscheint es der Sage, daß ihr ausdrücklich als frommer Hirt geschilderter Held seinem hungrig heimkommenden, im Gegensatz zu ihm als unbedachter Bauer[59] und Jäger geschilderten Bruder[60] die Erstgeburt um etwas Speise abfeilscht, ihn dann um den väterlichen Segen mit Hilfe der Mutter betrügt, später vor dem Zusammentreffen mit ihm ein höchst jämmerliches Angstgebet an seinen Gott richtet (Gen. 32, 10 f.), durch List und für einen Kriegshelden würdelose Erniedrigung sich der gefürchteten Rache entzieht. Spröde Tugend in Verbindung mit einer rührsamen Großmut gegen die Brüder, die ihn aus Neid töten wollen und in die Sklaverei verkaufen, weil er im Traum sich als ihren Herrn gefühlt hat, ist die Eigenschaft ihres bevorzugten Helden Joseph. Seine fiskalischen Fähigkeiten in der Ausnutzung der Notlage der Untertanen des Pharao qualifizieren ihn zu dessen Wesir, was nicht hindert, daß er seine Familie veranlaßt, seinem Herrn halbwahre Auskünfte über ihren Beruf zu geben. Auch die Seeräuber- und Kauffahrerethik des vielgewandten Odysseus und sein in Notlagen oft maßloses Jammern zur Helferin Athena liegt ja für uns oft außerhalb des Bereichs der Heldenwürde. Aber Dinge wie die zuerst angeführten werden von ihm doch nicht berichtet. Es sind das Züge von Pariavolksethik, deren Einfluß auf die Außenmoral der Juden in der Zeit ihrer Zerstreuung als internationales Gastvolk nicht unterschätzt werden dürfen, und die mit dem sehr ausgeprägten gläubigen Gehorsam zusammen erst das Gesamtbild der von der Tradition verklärten inneren Haltung dieser Schicht geben. Diese aber ist eben unzweifelhaft eine Schicht von, als machtlose Metöken, zwischen wehrhaften Bürgern sitzenden Kleinviehzüchtern.

58 Dreimal: Gen. 12, 13; 20, 2; 26, 7.

59 Denn so ist doch wohl *isch sadeh (Mann des Ackerfeldes* Gen. 25, 27) zu übersetzen und nicht, wie heut mehrfach: *Der Mann, der sich auf der Steppe* (was sadeh nicht bedeutet) *herumtreibt.*

60 Wie Abel dem Bauern Kain so wird der sanfte Jakob dem rauhen Bauern Esau gegenübergestellt als *frommer Hirt, der in den Zelten blieb.* Und wie Kain andererseits zum Beduinen wird, so ist Esau andererseits ein gieriger Jäger.

Die moderne Analyse, welche die religionsgeschichtliche Wichtigkeit gerade dieser Schicht zunehmend betont hat, neigt nun dazu, diesen pazifistischen Charakter der Halbnomaden als etwas ihnen naturnotwendig Eigenes anzusehen. Aber das trifft entschieden nicht zu.[61] Er ist vielmehr erst Folge jener wehrlosen Zersplitterung der Kleinviehzüchter, welche bei zunehmender Seßhaftigkeit eintritt. Er fehlt durchaus, wo immer sie in machtvollen politischen Verbänden organisiert sind. Die Erzväter haben im Bewußtsein der Israeliten keineswegs immer ihre in der jetzigen Redaktion der Thora niedergelegte Stellung eingenommen. Insbesondere Abraham und Isaak kennt die ältere vorexilische Prophetie als Personen nicht. Amos kennt die Erzväter Isaak, Jakob, Joseph nur als Volksnamen. (7, 9.16; 3, 13.6, 8; 7, 2; 5, 6.15). Abraham der mit Jakob bei Micha als Empfänger der Verheißungen Jahwes erscheint (7, 20) tritt erst bei Hesekiel (33, 24) als der volkstümliche, erste, legitime Inhaber des Landes Kanaan auf. Die theologischen Literatenkreise, speziell der sog. Elohist und die deuteronomische Schule, scheinen den jetzt in der Redaktion auf ihnen liegenden Akzent geschaffen zu haben. Ihr Charakter hat dabei offensichtlich starke Wandlungen erfahren, welche eben mit jener sozialen Deklassierung und Entmilitarisierung der Hirten zusammenhängen. In der durch die Altersfolge der Stammväter ausgedrückten alten Rangfolge der Stämme stehen Ruben, Simeon, Levi und Juda voran, lauter wesentlich halbnomadische, zugleich aber höchst kriegerische und als gewaltsam bekannte Stämme, von denen die ersten drei später zersplittert waren, Juda nach gewaltsamer Erlangung der Hegemonie stadtköniglich organisiert wurde. Solche starken Viehzüchterstämme waren keineswegs in der Lage geduldeter Metöken. Die kriegerische Tradition kennt sie als Herren des Landes und die von ihnen abhängigen Städte entweder als leiturgiepflichtige Schutzverwandte, wie Gibeon, oder als heeresfolgepflichtig, wie im Deboralied die Stadt Meros. Ähnliches kennt aber auch die Erzväterlegende: Isaak wird der Stadt Gerar, deren Metöke er ist, mit zunehmendem Reichtum und steigender Klientel zu übermächtig (Gen. 26, 14.16). Auch Jakob ist in der ursprünglichen Tradition

61 Man mißverstehe das folgende nicht. Die Entstehung der einzelnen heutigen Erzvätererzählungen selbst wird wohl mit Recht in ein hohes Alter hinaufgerückt. Manches spricht dafür, daß sie teils unter der Herrschaft der Cheta in den Steppen zwischen Syrien und Mesopotamien, teils unter ägyptischer Herrschaft in den südjudäischen Steppen entstanden. Zu jeder Zeit gab es natürlich Viehzüchter in der spezifisch ohnmächtigen und pazifistischen Lage, welche sie voraussetzen. Aber das Entscheidende: ihre Beziehung auf die Stammväter des Jahwebundes Israels, ist unbedingt spät, weil ganz und gar unvereinbar mit den – gerade wenn man an die *Eroberung* Kanaans durch Israel glaubt – als althistorisch vorauszusetzenden Vorgängen. Manche Erzväter-Erzählungen machen unhistorische Voraussetzungen, so die Kamelschenkung des Pharao an Abraham, da das Kamel damals in Ägypten noch nicht bekannt war. Stammväter des gesamten Israel konnten die Erzväter erst nach der Einigung des Reichs, also nach David, werden. Vor allem scheint der ursprünglich lokale Charakter der Vätersagen durch ihre Verknüpfung mit je einer bestimmten Kultstätte gesichert.

ein starker Held, der einen Gott im nächtlichen Ringkampf bezwingt. Das von ihm nach seinem Segen an Joseph (Gen. 48, 22) mit Pfeil und Bogen erworbene Stück Land hinterläßt er dem führenden Stamm als Vorzugserbe: es ist Sichem, der spätere Mittelpunkt Ephraims. Die später rezipierte pazifistische Tradition (Gen. 33, 19) aber läßt ihn dies Grundstück charakteristischerweise nicht erobern, sondern friedlich kaufen.[62] Das vielbesprochene 14. Kapitel der Genesis[63] endlich kennt Abraham als kriegerischen Helden, der mit mehreren hundert Klienten ins Feld zieht und den verbündeten Königen Mesopotamiens, Hammurapi eingeschlossen, die von ihnen im Kampf mit den kanaanäischen Stadtkönigen gemachte Beute siegreich wieder abjagt. Sehr klar tritt der Gegensatz von Kriegerehrgefühl und utilitarischem Hirtenpazifismus in der entgegengesetzten Stellungnahme des friedfertigen Erzvaters Jakob einerseits, seiner kriegerischen Söhne Simeon und Levi andererseits, zur Schändung der Dina durch Sichem zutage (Gen. 34, 30.31). Die in solchen Fragmenten erhaltenen ganz andersartigen Züge sind offenbar erst unter den Verhältnissen der späteren Zeit völlig zurückgetreten hinter jener pazifistischen Haltung, welche den nunmehr bestehenden Umständen entsprach.[64] Für die unter solchen Umständen entstandene oder rezipierte pazifistische Tradition erst ist Jakob deshalb fromm, weil er in den Zelten bleibt und ebenso Abel der gute friedliche Hirt und sein Mörder Kain einerseits der seßhafte gewaltsame Ackerbauer, dessen fleischloses Opfer der Gott verschmäht hat, andererseits der zur Unstetheit verfluchte Beduine und endlich der Städtebauer: Das sind die drei typischen Gegner der nunmehrigen machtlosen zwischen sie eingekeilten Kleinviehzüchter.[65]

62 Die spätjüdische Tradition freilich glaubt in einem Dorf bei Samaria mit dem *Jakobsbrunnen* das Gen. 48, 22 gemeinte Grundstück zu erkennen (Ev. Joh. 4, 5). Die jetzige Redaktion der Überlieferung weiß jedenfalls von Landeroberungen Jakobs überhaupt nichts zu berichten. Dieser Zug wurde also getilgt.

63 Das in seiner heutigen Fassung sehr späte Kapitel trägt alte Reminiszenzen zu einer historischen Fabel zusammen. Daß es aber geradezu ein in Babylon zu hochpolitisch-legitimistischen Zwecken fabrizierter Staatsroman sei (so Asmussen Z. f. A. W. 34, 1914) erscheint mir allzu unwahrscheinlich. Archivstudien zur Eruierung der Namensform elamitischer Könige konnten die Israeliten der Exilszeit nicht wohl machen. Und die Namensform Kudur (Kedor) Laomer ist echt.

64 Über die Erzväter und die Einwanderungsfrage jetzt auch: Weinheimer in der Z. D. M. G. 1912 (nicht alle Aufstellungen scheinen annehmbar, beachtenswert aber, was über die Stufenfolge der drei Erzväter vom *Nomaden* Abraham bis zum *Bauer* Jakob gesagt ist).

65 Luther (bei Ed. Meyer, Die Israeliten und ihre Nachbarstämme) nimmt an, daß erst der Jahwist die ursprünglich als ansässige Ackerbauern geschilderten Erzväter absichtlich zu Halbnomaden gemacht habe, dem von Budde sog. nomadischen Ideal der Prophetenzeit zuliebe. Ausgeschlossen ist auch eine solche Wandlung an sich gewiß nicht. Unwahrscheinlich ist sie aber deshalb, weil doch viele charakteristische Züge der Erzählungen, namentlich ihre Ethik, offensichtlich inmitten von noch sehr unbefangenen Hirten entstanden sind. Der Ackerbau Isaaks in Gerar ist als *nomadisierender*

Gegen das Stadtpatriziat und gegen die Beduinen standen aber beide Gruppen: Bauern und Hirten, im gleichen Gegensatz und es entwickelte sich den erstgenannten beiden Gruppen gegenüber daher eine Interessengemeinschaft zwischen ihnen. Die Amarnatafeln ebenso wie das Deboralied, der Spruch des Jakobsegens über Ephraim und die Tradition über Gideon, Jephtha und Samuel geben diese Interessenlage in jeweils verschiedener Art wieder und auch die Epoche noch der beiden ersten Könige zeigt diese Situation in ihren politischen Konsequenzen.

Starke Unterschiede der Zusammensetzung zwischen den einzelnen Stämmen bestanden. Asser und Dan scheinen die am frühesten stadtsässigen, Ephraim und die Stämme Issachar, Sebulon, Naphthali scheinen die am stärksten mit ansässigen eigentlichen Bauern durchsetzten Stämme gewesen zu sein. Sie waren daher vor allem durch die phönikischen, philistäischen und kanaanäischen Stadtpatriziate in ihrer ökonomischen und politischen Unabhängigkeit bedroht, die Issachar früh aufgab. Die viehzüchtenden Ostjordanstämme dagegen wurden vor allem durch die Streifzüge der Beduinen der Wüste, der Midianiter und Amalekiter, gefährdet, deren Angriffe sie zwangen, sich wie in Gideons Zeit in Höhlen zu bergen. Von den Westjordanstämmen hatte wesentlich Ephraim unter diesen Pfeilschützen zeitweise zu leiden. Noch die Kriege der Bauernaufgebote Sauls gehen zur einen Hälfte gegen die amalekitischen Beduinen. Erst die Herrschaft Davids stellte durch Unterwerfung Edoms und durch die damit gesicherte Herrschaft über die Karawanenstraße bis zum Roten Meer für geraume Zeit das Übergewicht der Ansässigen über die Wüstenstämme her. An dieser Pazifizierung der Wüste waren nun Stadtpatriziat, Bauern und Hirten im ganzen gleichmäßig interessiert. Im übrigen aber bestand ein oft scharfer Interessengegensatz. Zunächst zwischen Bauern und Viehzüchtern. Es werden zwischen den israelitischen Viehzüchterstämmen östlich des Jordan und den Ephraimiten gewaltsame Konflikte erwähnt. Die Tradition berichtet namentlich von einem Krieg Ephraims gegen den siegreichen Gideon (Jud. 8, 1f.) und einem Vergleich, der diese Gegensätze aus dem Wege räumen sollte. Die Abzweigung der Stämme Machir und Manasse über den Jordan nach Osten, der Streit Ephraims über die Vormacht zuerst mit Gilead, dann mit Manasse, den die Sage vom Segen Jakobs über Ephraim und Manasse wiedergibt, ebenso die Abzweigung des jüngeren Bruders Benjamin nach Süden zu, und dann der von der späteren Legende aufgegriffene Kampf Ephraims mit dem Räuberstamm Benjamin stellen teils Vorstöße der Bauern in die am leichtesten anbaufähigen Teile des von Viehzüchtern bewohnten Berglandes dar, teils Rückstöße und Raubzüge der Viehzüchterstämme gegen das Bauerngebiet. Die Kämpfe Judas gegen Benjamin und ebenso schon weit

Anbau geschildert. Das vielbesprochene Vorkommen der Namen der Erzväter Abraham und Joseph in ägyptischen Inschriften scheint ziemlich zweifelhaft: W. M. Müller, M. D. V. A. G. 1907, 1, S. 11 u. 23.

früher die territoriale Ausdehnung Judas auf vorher benjaminitisches und danitisches Gebiet waren Vorstöße dieses neu entstehenden Viehzüchterstammes gegen die altisraelitischen Stämme im Norden. Dieser Gegensatz zwischen Bauern und Viehzüchtern kommt in der ganzen frühisraelitischen Tradition zum Ausdruck. Auch in der politischen Haltung der Stämme nach außen.

Der Feind, gegen welchen sich gemeinsam die bereits seßhaften, vor allem: die bergsässigen Bauern und die halbnomadischen Hirten, wenigstens des Westjordanlandes, zu wehren hatten, war das wehrhafte Patriziat der Städte in den fruchtbaren Ebenen und an der Küste. Männliche und weibliche Sklaven, Fronden und Abgaben, nach dem Deboralied namentlich schönes Hausgewebe, suchen die stadtsässigen Patrizier im Kriege zu gewinnen. Daneben, wie schon früher bemerkt, die eigene Kontrolle über die Karawanenstraßen. Neben der Beherrschung dieser Straßen und dem Gewinn, den sie brachte, erstrebten die freien Bauern und Hirten der Berge die Sicherung ihrer Fron- und Abgabenfreiheit gegenüber dem Stadtpatriziat, und suchten womöglich ihrerseits die Städte zu nehmen, teils um sie zu zerstören, teils um sich selbst als Herrenschicht darin festzusetzen. Es entspricht dieser Gegensatz, soweit solche Vergleiche Sinn haben, im Wesen den Kämpfen der an der Gotthardstraße sitzenden Schweizer Urkantone gegen Zürich, der Samniten gegen Rom, der Aitoler gegen die hellenischen Städtebünde und die Makedonenkönige. Mit geringer Ungenauigkeit kann man sagen: es kämpfte dabei das Bergvolk gegen die Ebene. Dieser naturgegebene Gegensatz nahm erst in der Zeit des judäischen Königtums ein Ende. Vorher beherrscht er die ganze Geschichte Palästinas von Anfang unserer Kunde an. Schon in der Amarnazeit bedrohen die Feinde, Sa Gaz und Chabiri, von den Bergen her die Städte in den Ebenen. In der Tradition über die Kämpfe um den Besitz Kanaans sind es die mit eisernen Wagen versehenen Städte, welche die Israeliten nicht nehmen können. Alle israelitischen Helden der sog. Richterzeit sind Angehörige landsässiger Sippen, die auf Eseln, den Reittieren der Berge, nicht auf Pferden reiten und deren Reichtum und Macht, wie wir sahen, nach der Zahl der auf Eseln berittenen Sippengenossen geschätzt wurde. Noch Sauls Residenz war ein Dorf in einem Bergtal und noch Davids Heerführer Joab weiß mit den Beutepferden nichts anzufangen und läßt ihnen die Fesseln lähmen. Aber das Maß des Gegensatzes gegen die Städte war bei Bauern und Viehzüchtern verschieden. Die Hauptinteressenten des Kampfs gegen das Städtepatriziat waren die ansässigen Bauern, die der Fronknechtschaft am meisten ausgesetzt waren. Der Deborakrieg verläuft wesentlich als ein Bauernkrieg. Daß das untrainierte Fußvolk der Berge doch wie Ritter (gibborim) gefochten und gesiegt hat, ist es, was ihm im Liede zum höchsten Ruhm gerechnet wird. Einerseits die viehzüchtenden, nicht bäuerlichen, Ostjordanstämme Ruben und Gilead, welche dieser Kampf nicht interessierte, andererseits die Bundesstadt Meros, vor allem aber charakteristischerweise der an der Küste früh stadtsässig gewordene Stamm

Asser und der ebenfalls, auf sidonischem Gebiet, stadtsässige Stamm Dan blieben dem Kampfe fern. Auch gegen die Philistäer haben die nordisraelitischen Bauern und die Hirten des Berglands Juda erst spät gemeinsame Sache gemacht, die letzteren blieben dem Kampf zunächst ganz fern und den Philistern treu. Der Ritterschaft der Philister stellt die Tradition daher in Saul den benjaminitischen Bauern, welcher vom Pfluge weg König wird, und dann erst ihren Liebling, den nur mit der Schleuder bewaffneten judäischen Hirten David als typische Vertreter der beiden Kategorien von Israeliten gegenüber. In Wahrheit freilich war David anfänglich ein bergsässiger Gefolgschaftshäuptling des üblichen katilinarischen Charakters und Lehensmann der Philister, von denen er sich erst unabhängig machte, als er Stadtfürst von Jerusalem wurde: Der Kampf eines seiner Recken mit Goliath fand erst statt, als er schon König war.

Die Schaffung einer einheitlichen Militärmonarchie mit einem Aufgebot wagenkämpfender Ritter entschied dann das Schicksal des Heerbanns der freien Bauern und Hirten Israels. Die benjaminitische Herrschaft blieb wesentlich ländliche Stammeshegemonie, obwohl immerhin schon Saul nach der Tradition sich eine persönliche Gefolgschaft, teilweise von Stammfremden, hielt. Aber der Esel war noch für Saul das charakteristische Tier. Gegen Davids Stadtkönigtum erhoben sich stets erneut die altbäuerlichen nordisraelitischen Gebiete. Unter Salomo wurde dann die königliche Kriegsmacht mit Rossen und Wagen organisiert, die er (wenn die Lesung nicht verderbt ist) aus dem ihm durch Heirat verbundenen Ägypten bezog. Sofort setzte – wie später näher zu besprechen ist – die Opposition ein, welche bis in die Rabbinenzeit hinein Salomos Beurteilung zu einer höchst zwiespältigen gemacht hat. Nach seinem Tode erhoben sich gegen sein Stadtkönigtum die noch nicht städtisch organisierten Stämme, um nach wenigen Generationen mit der Gründung von Schomrom (Samaria) ebenfalls in ein, wiederholt von landsässigen Usurpatoren bedrohtes, Stadtkönigtum mit den in der Tradition und in den assyrischen Inschriften erwähnten zahlreichen Kriegswagen der Omridendynastie auszumünden. Die bisher wesentlich nebeneinander gelagerten sozialen Gebilde: Viehzüchterstämme, Bauernstämme, Städte werden nun in Eins geschmolzen, die Hauptstadt und die in ihr ansässigen Herrensippen politisch ausschlaggebend. In der Zeit vor Salomo lag dagegen der eigentliche Kern des alten Bundes in den an Zahl zunehmend überwiegenden Bauern des Berglandes einerseits und den an relativer Bedeutung langsam abnehmenden Viehzüchtern der Steppengebiete andererseits, zu welchen einzelne Marktflecken und Landstädte in den Bergflußtälern und an den Paßstraßen, erst sekundär aber und allmählich zunehmend auch starke Festungsstädte hinzutraten. Eine starke Zunahme der Viehzüchter einerseits, der stadtsässigen Bevölkerung andererseits muß der Hinzutritt des großen judäischen Gebiets unter David gebracht haben. Politisch und sozial kam er nur der Macht des Patriziats zugute, welches nun ausschlaggebend wurde. Aber innerhalb der plebejischen Schichten bestand der alte innere Gegensatz der seßhaften Bauern, die im Norden überwogen, zu den Kleinviehzüchtern, die im Süden vorherrschten, weiter und hat, wie wir sehen werden, auch für die religiöse Entwicklung Folgen gehabt. Allein zunehmend war an Stelle der alten Gliederung Israels in wehrhafte bäuerliche Grundeigentümer- oder Hirtensippen einerseits, schutzverwandte Gastsippen von Handwerkern, Tagelöhnern, Musikern andererseits die ganz andere getreten: auf der einen Seite stadtsässiger grundherrlicher Patriziat als Träger der ritterlichen Kriegerschulung, auf der anderen verschuldete oder ganz landlos gewordene, also proletarisierte, Israeliten und zum Jahwe-Ritual bekehrte Metöken, welche nun eine, rein mit den Augen der Priester angesehen, einheitliche Schicht von Armen gegenüber dem Patriziat bildeten. Sie waren keine sozial oder ökonomisch einheitliche Schicht, sondern umfassen alle nicht zu den wehrhaften Sippen Gehörigen.

Diese sehr komplexe und überdies sehr wechselvolle, aber allmählich sich in der Richtung der Beherrschung des flachen Landes durch das Stadtpatriziat verschiebende soziale Zusammensetzung der Israeliten spiegelt sich nun in eigentümlicher Art in den Rechtssammlungen wieder, die uns aus vorexilischer Zeit erhalten sind. Mehr in einzelnen Symptomen und in dem Geist: der Art der Stellungnahme zu den typischen Gegensätzen, äußert sich die soziale Umwelt, als in der formellen Eigenart und dem Inhalt der Sammlungen. Denn in diesen zeigt sich der maßgebende Einfluß des Umstands, daß Palästina von Anfang an ein von lebhaftem Handel durchzogenes, mit Städten ziemlich stark durchsetztes, dem Einfluß der großen Kulturländer mit alter ökonomischer Entwicklung stark ausgesetztes Gebiet war. Der Gegensatz von verschuldeten Bauern gegen stadtsässige Gläubiger war von Anfang an vorhanden. Dies zeigt sich schon in der unter dem Namen Bundesbuch (Ex. 21, 21-22, 20) bekannten alten Zusammenstellung unbekannten, aber sicher über die erste Königszeit hinausgehenden Alters, – einer systematisch geordneten Darstellung vorwiegend rechtlichen Inhalts mit Anhängen vorwiegend paränetisch-verkehrssittlichen Charakters.[66] Beduinenrecht findet sich darin ebensowenig wie an anderen Stellen der uns erhaltenen Satzungen. Weder Brunnenrechte noch das Kamel oder die Dattelpalme kommen als Rechtsobjekte vor. Die Zisternen spielen im Bundesbuch (Ex. 21, 33) nur insofern eine Rolle, als Vieh durch Hineinfallen verunglücken kann. Aber das Recht des Bundesbuchs ist auch kein solches von Halbnomaden oder überhaupt von vorwiegenden Viehzüchtern. Das Vieh kommt zwar häufig vor als ein Hauptobjekt beweglichen Vermögens. Aber: vor allem das Rindvieh, erst hinter ihm die Schafe. Archaistisch ist es gewiß, daß der stößige Ochse selbst als verantwortlich gesteinigt wird.[67] Aber es handelt sich dabei ganz offensichtlich um Viehbesitz von Bauern und um Schutz von Bauern gegen das Vieh anderer. Schädigung von Äckern und

[66] Darüber die bekannte Schrift von Baentsch über das Bundesbuch, und die gemeinverständliche Darstellung von Adalbert Merx in den *Religionsgeschichtl. Volksbüchern.*
[67] Reste ähnlicher Auffassung finden sich in der altrömischen actio de paupere.

Weinbergen durch Vieh wird geregelt (22, 5), aber als Besitzer des schädigenden Viehs wird ein ansässiger Landbesitzer, nicht ein Halbnomade, vorausgesetzt. Das Pferd kommt nicht vor. Rinder und Schafe stellen den Viehstand dar. Die Interessen der in Dörfern und Städten seßhaften Ackerbauern kümmern das Recht fast allein. Es wird vom Einbruch in Häuser gehandelt (22, 7) und die Haftbarkeit des Hauswirts gegenüber dem Mieter geregelt (22, 8). Auch formell ist das Recht durchaus nicht primitiv. Denn der Grundsatz der Talion, der auch in Babylon bestand und keineswegs ein an sich primitives Prinzip ist, wird im Bundesbuch (21, 22ff.)[68] nur für den Fall der Schädigung bei einer offenen Rauferei aufgestellt, dagegen, was oft übersehen wird, nicht für Körperverletzungen anderer Art oder gar grundsätzlich für alle Verbrechen. Die Blutrache besteht, daneben aber schon ein ziemlich entwickeltes Wergeld- und Bußesystem und zum Teil auch ein eigentliches Kriminalrecht mit Unterscheidung von Mord und Totschlag, von Verschulden und Zufall. Ebenso leidlich rationale Prinzipien der Risikoverteilung. All dies repräsentiert ganz wesentlich vorgeschrittenere Stadien, als etwa dasjenige der lex Salica. Daß es sich um eine von Babylonien sehr stark beeinflußte Kultur handelt und daß auch das Recht selbst von dort her bestimmend beeinflußt war, zeigt sich nicht nur in den zweifellosen Parallelen in Hammurapis Gesetz[69], sondern vor allem in der entwickelten Geldwirtschaft.[70] Neben der Naturalleihe (22, 14) und der Viehkommenda (22, 10) steht das Gelddarlehen (22, 25) und das Gelddepot (22, 7). Die Leistung der Wergelder und Bußen erfolgte in Geld. Das Faustpfand, der Sklavenkauf, insbesondere der Verkauf eigener Kinder (21, 1f.) und zweifellos auch der eigenen Person[71] in die Schuldknechtschaft bestehen. Auch die als Teil der Paränese an die eigentlichen Rechtssatzungen angehängte Festordnung (23, 14f.) ist durchaus die eines seßhaften Ackerbauvolkes. Das später universell rezipierte große Fest der Schafzüchter: das Passah, findet gar keine Erwähnung. Vielmehr findet sich allein das später mit dem Passah verbundene Fest der ungesäuerten Brote, also ein Bauernfest. Und auch die übrigen Feste schließen sich an Ackerarbeit und Ernte an.

68 Anders in den späteren Rechtssammlungen, bei charakteristischen Abweichungen.

69 Die Art der Formulierung der Talion (Hammurapi § 196), der Gefährdung einer Schwangeren (§ 210), vor allem aber die Behandlung stößiger Rinder (§ 251) ist bei Hammurapi so ähnlich, daß ein Zufall ausgeschlossen ist. (Auch die Behandlung der von der kinderlosen Ehefrau dem Manne beigelegten Kebse (§ 145) stimmt genau mit der Hagar-Erzählung.)

70 Nur ist gegen Baentsch zu berichtigen, daß von geprägtem Geld im Bundesbuch keine Rede ist. Das Geld wird natürlich dargewogen. Aber, daß das kein *primitiver* Zustand ist (wie Procksch meint), daran sollte, abgesehen von der alten, schon lange vor der eigenen Münzprägung Handelsverträge mit Übersee abschließenden Handelsstadt Rom, der Umstand erinnern, daß z. B. eine Handelsstadt wie Karthago die Münze erst mit dem Übergang zum ausländisch rekrutierten Soldheer annahm. Die ganze Handelsexpansion der Phöniker geschah ohne Münze.

71 Denn dies ist 21, 1f. gemeint, sonst könnte die Bestimmung ja durch Weiterverkauf umgangen werden.

Besonders charakteristisch für den Geist der Sammlung ist nun das Prozeß-, Sklaven- und Metökenrecht. Diese Teile des Rechtsbuchs und seiner paränetischen Anhänge sind am ehesten zu vergleichen mit den von hellenischen Aisymneten und den römischen Dezemvirn zur Ausgleichung der Kämpfe zwischen dem Patriziat und der Plebs, ähnlich aber von den mesopotamischen Herrschern, welche priesterlich beeinflußte Wohlfahrtspolitik trieben, über die gleichen Punkte gegebenen Gesetzen. Die weitestgehenden Bestimmungen gehören allerdings der Paränese an. Es sollen keine Geschenke genommen werden (23, 8), es sollen weder (23, 6) die Rechte des Armen (ebjon) zugunsten des angesehenen Mannes noch – und dies wird vorangestellt – das geltende Recht (23, 2) den Wünschen der Menge entsprechend gebeugt werden. Dies letztere war offenbar nur möglich, wenn die Menge (rab) eine an den Ämtern nicht beteiligte, aber zu den Vollfreien gehörige Plebs war. Der Metöke (ger) soll nicht geschunden (22, 21), noch (im Prozeß) ungerecht behandelt werden (23, 9). Der Sabbath, der ja für reine Viehzüchter keinen rechten ökonomischen Sinn gehabt hätte, wird ausdrücklich als ein Tag des Ausruhens für das Arbeitsvieh, die Sklaven (Söhne der Magd)[72] und Metöken motiviert (23, 12). Es muß angenommen werden, daß unter diesen Metöken hier außerhalb des Stadtverbandes stehende Kolonen als Bearbeiter der Felder gedacht sind. Von dem in seiner jetzigen Fassung entweder interpolierten oder in seinem Sinn entstellten Sabbatjahr war schon die Rede.[73] Am radikalsten ist aber das Schuld- und das Sklavenrecht, welches mit dem Schuldrecht unmittelbar zusammenhängt. Denn der Sklave gilt in erster Linie als Schuldsklave, sei es daß er sich selbst oder daß ihn seine Eltern in der Not verkauft (römisch: in mancipium gegeben) haben. Zwar die paränetische Pfändungsschranke (Verbot der Pfändung der Kleidung: 22, 26) geht in der israelitischen Sammlung nicht soweit, wie bei Hammurapi (Verbot der Pfändung des Arbeitsviehs). Dagegen ist das in der Paränese enthaltene sehr folgenreiche Verbot, beim Leihen an einen armen Volksgenossen diesen zu Schaden zu bringen und Zins (neschech)[74] von ihm zu nehmen (22, 25) – die Quelle der Scheidung von Binnen- und Außenethik im Judentum – dem baby-

[72] Juristisch sehr korrekt formuliert, da das Recht an der Mutter entscheidet.

[73] Die Bestimmungen über das Sabbatjahr in ihrer jetzigen Fassung sprechen im Gegensatz zu denen über den Sabbattag wesentlich abstrakter von armen Stammesgenossen (ebjonej'am, – 'am ist in den älteren Quellen der Ausdruck für die wehrhafte Mannschaft), denen die Früchte zugutekommen sollen. Dies und die doktrinäre Bestimmung, daß eventuell das Wild die Früchte fressen soll, macht spätere theologische Konstruktion wahrscheinlich.

[74] Der später häufige Ausdruck *ribbith* für Zins ist offenbar erst aus Babylonien übernommen worden. Dort war er aus der Begriffsphäre *Steuer* oder *Untertanentribut* in die privatrechtliche Sphäre eingedrungen, vermutlich, weil der ursprüngliche privatrechtliche Zins auch hier in der Regel kein fester Zins war, sondern ein Anteil an der Ernte oder am Gewinn. Lev. 25, 36-37 kommt *marbit* für *Wucher* vor.

lonischen Recht ganz fremd. Es entstammt primär der alten Brüderlichkeitsethik des Nachbarschaftsverbandes mit seiner Pflicht zinsloser Nothilfe. Die sehr allgemeine unpräsize Fassung schließt es aus, daß die Vorschrift dem praktischen Rechtsleben entstammte. Sie war ein religiöses Gebot und bildet die paränetische Ergänzung für diejenigen rechtlichen Vorschriften, welche, als für die Tendenz der ganzen Sammlung besonders wichtig, an die Spitze aller ihrer Satzungen gestellt sind. Nämlich (21, 2f.): 1. ein hebräischer Knecht, ein Schuldsklave also, muß nach 6 Dienstjahren freigelassen werden, es sei denn, daß er ein Weib aus dem Hausstand des Herrn genommen hat und, um sie zu behalten, freiwillig in dessen dauernder Knechtschaft zu bleiben wünscht, was dann durch eine religiöse Zeremonie (Ohrdurchlöcherung vor dem Hausgötzen) bezeugt werden muß. Ferner: 2. eine hebräische Schuldsklavin wird frei, wenn der Herr sie nicht entweder zu seinem Weibe oder zum Weib seines Sohnes macht, und wenn er sie im ersteren Fall gegenüber später genommenen Frauen in Nahrung, Kleidung oder Sexualverkehr zurücksetzt. Diese durchaus präzisen Vorschriften waren zweifellos altes praktisches Recht. Die ersterwähnte Bestimmung hat auch das Gesetzbuch Hammurapis mit sogar noch kürzerer Frist (3 Jahre) für den Fall, daß nicht Selbstverkauf, sondern Verkauf der Ehefrau oder der Kinder durch den Hausvater für dessen Schulden vorliegt. Einen Verkauf der Ehefrau kennt das israelitische Recht überhaupt nicht. In ihm treten gegenüber dem babylonischen Recht Bestimmungen zum Schutz der Person des Sklaven dazu: schwere Körperverletzung durch den Herrn begründet (21, 26.27) den Anspruch auf Freilassung, Totschlag (21, 20) Kriminalstrafe, wenn der Tod sofort eintritt, während anderen Falls der Grundsatz gilt, daß der Herr ja nur sein eigenes Betriebskapital geschädigt hat und der Sklave rechtlos ist (21, 21). In Hammurapis Gesetz (116) finden sich Schutzbestimmungen dagegen, daß der Gläubiger den Schuldknecht – auch hier stets als Sohn oder Knecht des Schuldners gedacht – durch Entbehrungen oder Mißhandlungen sterben läßt.

Alles in allem trägt diese Rechtssammlung den Stempel von Verhältnissen an sich, welche zwar weit engere und dürftigere, im Rahmen von Kleinstädten sich bewegende ökonomische Zustände darstellen als diejenigen der altbabylonischen Gesetzgebung, nicht aber prinzipiell von diesen verschiedene. Wichtige Gegensätze finden sich. Der Hirt der babylonischen Gesetze ist ein angestellter Hirte des Königs oder ein privater Dienstmann großer Herdenbesitzer (wie Jakob in der Legende bei Laban), derjenige des Bundesbuchs ist ein Bauer. Individualbesitz an Land wird (22, 5) als selbstverständlich vorausgesetzt, im übrigen freilich über das Bodenrecht nicht gehandelt. Der Bauer ist in Babylonien im allgemeinen Kolon, Schuldknecht, Sklave, Pächter, besonders oft Teilpächter eines stadtsässigen großen Grundherrn. Kolonen gab es in Palästina auch. Aber das Gesetz interessiert sich für sie nicht: sie sind gerim. Der Grundbesitzer des Bundesbuchs ist dagegen ein mit einigen Knechten,

Mägden und eventuell auch mit Schuldsklaven oder politisch rechtlosen Kolonen wirtschaftender, sein Land nicht, wie sehr häufig der babylonische Grundherr, durch Administratoren, sondern persönlich verwaltender Ackerbürger oder mittelgroßer Landwirt. Es fehlt ferner der Großhändler und große Gelddarleiher Babylons. Die Kaufleute sind wohl teils als Fremde, teils als Metöken zu denken; das Rechtsbuch erwähnt sie nicht. Alle diese Verhältnisse dürften von denen der Zeit des Deboraliedes vor allem insofern prinzipiell abweichen, als die freien Bauern jetzt Plebejer unterhalb der sich entwickelnden stadtsässigen Patriziate geworden sind. Eben auf den dadurch hervorgerufenen Gegensätzen innerhalb Israels hat zweifellos das Bedürfnis nach dieser Kodifikation beruht. Die Zustände der ostjordanischen und der zur Zeit dieser Rechtssammlung vielleicht noch gar nicht zu Israel gezählten Südstämme bleiben völlig außer Betracht. Die Rechtssammlung könnte sehr wohl auf ephraimitischem Boden, etwa in Sichem, entstanden sein. Der Ausdruck Nasi für den Fürsten, den zu beschimpfen verboten wird (22, 27) – die einzige politische Paränese –, paßt ebenso wie der Gebrauch von Elohim für die Gottheit eben dahin und die ganzen Zustände in die Zeit etwa bei Beginn der Königsherrschaft.

Nicht unwesentlich verschobene Verhältnisse setzt die aus der Zeit, als das Reich Juda in Wahrheit schon nahezu mit der Polis Jerusalem nebst den von ihr politisch abhängigen Kleinstädten und Dörfern identisch war, stammende Umarbeitung des Bundesbuchs voraus, welche in das deuteronomische Lehrbuch aufgenommen ist (besonders 12-26). Inwieweit diese aus mindestens zwei verschiedenen Bestandteilen (12-19 und 20-25) zusammengesetzte Sammlung dem unter Josia (621) von den Priestern aufgefundenen und dann durch den König auf ihre Veranlassung als verbindlich oktroyierten angeblichen mosaischen Sefer hattorah von Anfang an zugehört hat, kann hier dahingestellt bleiben.[75] Wiedergabe und Amendierung praktisch geltenden Rechts, theologische Lehrhaftigkeit und sittlicher Utopismus sind in diesen Satzungen die gleiche Verbindung eingegangen, wie in den meisten überlieferten derartigen Sammlungen Israels überhaupt. Aber es ist doch die Beziehung zur realen Umwelt eines lebendigen Rechts fühlbarer als in den späteren rein priesterlichen Sammlungen der Exilszeit. Nach wie vor spielt der Viehbesitz (Rinder und Schafe) eine bedeutende Rolle und werden weder Kamele noch Pferde – welche letztere vielmehr nur als Kriegspferde des Königs in Betracht kommen – als Gegenstand des Privatverkehrs erwähnt. Reichtum ist zwar in erster Linie

[75] Darüber s. aus der neuesten Literatur namentlich A. F. Puukko, Das Deuteronomium (Beitr. z. W. v. A. T.), welcher gerade diese Partien davon ausschließen möchte. Ich halte diese Annahme für einen Teil der Rechtssatzungen, nämlich für das sehr charakteristische Königsrecht, aus politischen Gründen für derart unwahrscheinlich (s. später), daß mir auch für andere Bestandteile dieses Abschnittes die Zugehörigkeit zu Josias Sefer hattorah sehr wahrscheinlich erscheint. Wellhausen (Komposition des Hexateuch S. 189 f.) hatte geradezu Kap. 12-26 als das Urdeuteronomium angesehen.

Überfluß an Getreide, Most, Öl, Feigen, Granatäpfeln, Honig, Vieh (Deut. 7, 13; 8, 8) aber auch (8, 13) an Silber und Gold. Der Erzbergbau im Lande wird als einer von dessen Vorzügen erwähnt (8, 9). Die Brunnen bedeuten in den Bergen von Juda zwar viel (6, 11), aber als wichtiger, auch für die Beziehung zum Gott bedeutsamer, Unterschied gegenüber Ägypten wird erwähnt, daß man dort das Land besäen und selbst bewässern müsse, wie einen Gemüsegarten (11, 10), während auf den Bergen und Auen Palästinas der von Gott gesendete Regen die Ernte gebe (11, 11). Die gestiegene Bedeutung des Grundeigentums tritt in dem schweren Fluch gegen Grenzverrückung (27, 11 vgl. 19, 14) hervor, die Abschwächung sowohl der alten patriarchalen Stellung des Hausvaters wie der alten Geschlossenheit und Solidarhaftung der Sippen nach außen in dem Verbot der Antastung des Vorzugserbteils des ältesten Sohns (21, 16) einerseits und der Beseitigung der Strafhaftung der Familienglieder füreinander andererseits (24, 16). In diesem Punkt ist das Rechtsbuch ziemlich modern, die Praxis selbst wird in einer (wohl deuteronomistischen) Tradition übrigens schon König Amazia zugeschrieben (2. Kön. 14, 6). Die Blutrache besteht nach wie vor (19, 6), aber das Prozeßrecht einschließlich des Beweisrechts ist, namentlich durch das (noch in unserem kanonistischen Kriminalprozeß nachwirkende) Gebot des Zweizeugenbeweises verhältnismäßig weitgehend rationalisiert.

Das ethische Brüderlichkeitsgebot, welches im Bundesbuch und den angehängten paränetischen Ermahnungen mehrfach in etwas allgemeinen (dabei meist gerade in den der Interpolation am meisten verdächtigen) Stellen behandelt wird, ist zu weitgehenden sozialen Schutzbestimmungen für Witwen, Waisen, Knechte, Arbeiter, Metöken, Kranken fortentwickelt, von denen noch in anderem Zusammenhang unten zu reden ist. Der Fluch gegen das Geschenknehmen der Richter (27, 25), gegen das Beugen des Rechts der soeben genannten schutzbedürftigen Personen (27, 19) und das Verbot jeder Art von Bedrückung gegen sie (24, 17) steht neben dem Fluch gegen die Irreleitung von Blinden (27, 18) und der Wiederholung des älteren Gebots, das verlaufene Vieh des Nächsten ihm zurückzustellen (22, 1.3). Von der Witwe darf gar nicht (24, 17), von den Armen nur beschränkt Pfand genommen werden (24, 10.12). Den Knecht darf man nicht schinden (23, 17) und – eine sehr weitgehende Bestimmung: – einen Arbeiter, der seinen Herrn verläßt, diesem nicht wieder ausliefern (23, 16). Dem Arbeiter, auch dem Metöken als Arbeiter, ist der Lohn am selben Tage zu zahlen (24, 15.16). Die steigende Bedeutung freier Tagelöhner tritt in all diesen Bestimmungen hervor. Der Sabbat gilt auch jetzt (5, 14) als Ruhetag im Interesse der Bauern selbst. Es werde, heißt es, zwar immer Arme im Volk geben (15, 11), aber es sollte eigentlich keine israelitischen Bettler geben (15, 4): auf diesem Grundsatz beruhen die sozialen Bestimmungen, denen fast sämtlich eine ziemlich geringe Präzision und also die Herkunft aus religiöser Paränese nicht: geltendem Recht eignet.

Das Brachjahr für den Acker kennt die Sammlung, wie früher bemerkt, nicht: ein sehr starker Beweis für dessen nachträgliche Interpolation im Bundesbuch, auf welchem ja das Deuteronomium sonst fußt. Dagegen wird, und zwar im Interesse der Witwen und Waisen und der Metöken, die Nachlese auf dem Acker, im Wein- und Ölgarten untersagt (24, 19f.) und gestattet, von den Früchten des Ackers und Weinbergs eines anderen seinen Hunger zu stillen (23, 25.26). Beides sind Reste alten Nachbarschaftsrechts zwischen Grundherren und Fronpflichtigen, vielleicht auch ein Reflex der üblichen Beziehung zwischen ansässig gewordenen Bauern und nichtansässigen Kleinviehzüchtern.

Schon das Vorstehende zeigt, daß das Pfand- und Schuldrecht das eigentliche Gebiet auch dieses Sozialrechts ist, noch weit mehr als schon im Bundesbuch. Statt des Brachjahrs für den Acker kennt das Deuteronomium ein jenem noch unbekanntes radikales Schuldrecht. Über die wiederholt eingeschärfte, schon dem Bundesbuch bekannte sechsjährige Zeitgrenze der Schuldknechtschaft hebräischer Schuldner (15, 12) hinaus statuiert es die Pflicht, den entlassenen Schuldknecht, da er ja Mehrwert erarbeitet habe, mit einem Zehrpfennig in Naturalien auszustatten. Vor allem aber die Kassierung aller Schulden eines Volksgenossen – im Gegensatz zum Fremdbürtigen – im Erlaßjahr (schnath schmitta, genauer: schmitta kesafim). Während nun aber für das Sabbatjahr (schmitta karka oth) in spätisraelitischer Zeit Beweise praktischer Geltung vorliegen, ist trotz der sehr nachdrücklichen Drohungen des Gesetzes gegen alle Umgehungen und trotz der Einschärfung im Schwurbund unter Nehemia (Neh. 10, 32) schon früh, endgültig durch Hillel, eine Form (der sog. Prosbul) gefunden worden, welche gestattete, die Erlaßjahrbestimmung kontraktlich außer Wirksamkeit zu setzen. Nie findet sich eine sichere Spur ihrer Anwendung. Sie war paränetischen Ursprungs und blieb utopisch. Aber auch die nicht paränetisch, sondern gesetzlich gebotene Freilassung der Schuldsklaven, die das Bundesbuch ebenso wie das babylonische Recht kannte, ist nicht einmal unter Zedekia innegehalten worden, trotzdem in der politischen Not damals (Jer. 34, 8f.) ein besonderer feierlicher Beschluß (berith), dies zu tun, gefaßt war (dessen Bruch Jeremia zu den schwersten Unheildrohungen veranlaßte). Es ist also fraglich, ob und welche Tragweite die Vorschriften des Schuldrechts, insbesondere des Erlaßjahrs, ursprünglich gehabt haben, und es scheint nicht unwahrscheinlich, daß hier eine gelegentliche Maßregel der Schuldentlastung zugrundelag, die dann von den theologischen Redaktoren institutionell festgelegt und mit dem in der Exilszeit steigend wichtig gewordenen Sabbatgedanken in Beziehung gesetzt worden ist. Denn der Sache nach handelt es sich um eine Seisachthie, wie wir sie aus den antiken Mittelmeerstädten kennen und wie sie ja auch jener Beschluß unter Zedekia darstellte. Daß mit wachsender Geldbesitz-Akkumulation durch den Handel das stadtsässige Patriziat und die von ihm bewucherte Bauernschaft als typische Klassengegensätze galten, beweist im Deuteronomium besonders deutlich die unmittelbar an jenes Gebot des Erlaßjahres anschließende berühmte Verheißung (15,6): Du wirst vielen Völkern leihen und wirst von niemand borgen, mit dem gleichbedeutenden Zusatz: Du wirst über viele Völker herrschen und über dich wird niemand herrschen. Daß das allsiebenjährige allgemeine Erlaßjahr selbst und diese im Zusammenhang damit stehende Stelle theologische Interpolationen der Exilszeit sind, wird durch das Vorhandensein eines Doppelgängers in der jetzigen Redaktion höchst wahrscheinlich. Nach Wiederholung der Verheißung (28, 12) wird hier die genau entsprechende Drohung (28, 43.44) für den Fall des Abfalls von Jahwe ausgesprochen: Der ger bei dir wird über dich steigen und oben sein, du aber wirst heruntersteigen und immer unten sein, er wird dir leihen, du wirst borgen, er wird das Haupt, du wirst der Schwanz sein, – Ankündigungen, die wir dem Sinne nach bei den Propheten wiederfinden werden. Diese – wegen der Art der Erwähnung des ger – offenbar vorexilischen Stellen bestätigen aber zugleich auf das deutlichste, daß jener Klassengegensatz zugrunde lag. Der mittelalterliche und moderne Geld- und Pfandwucher der Juden, diese Karikatur, in welcher sich jene Verheißung erfüllt hat, war mit der Heilsverheißung wahrlich nicht gemeint. Nein, die Verheißung sollte bedeuten: Israel wird, in Jerusalem seßhaft, das Patriziat der Welt sein, die anderen Völker aber in der Lage politisch untertäniger und verschuldeter Bauern draußen vor den Toren, genau so wie in jeder typischen Polis der gesamten Frühantike, von der numerisch-akkadischen Zeit angefangen, das Verhältnis zwischen den Stadtbürgern und dem Lande war. Noch in talmudischer Zeit wird dabei die ebenfalls für die ganze Antike typische Lage vorausgesetzt, daß der verschuldete Bauer, der seinen Erbbesitz dem Gläubiger hat überlassen müssen, als Pächter, also als Kolone, auf dem früher ihm selbst gehörigen Acker sitzt. So soll aber das Verhältnis der israelitischen Stammesbrüder untereinander nicht sein dürfen: das ist der Sinn des sozialen Schuldrechts und der zugehörigen Paränese. Daß der Kaufmann ursprünglich stets, und auch damals noch oft, ein Metöke war, zeigt die Art des Auftretens des ger in der deuteronomischen Unheilandrohung. Aber so tief hatte doch schon die Entwicklung zur Stadtsässigkeit der Israeliten selbst gewirkt, daß jetzt die Klassenlage des Stadtpatriziats als ihre selbstverständliche Zukunftsverheißung auftritt.[76] Israelitische, im Ausland (Damaskus) ansässige Kaufleute, werden erstmalig in dem Vertrag Ahabs mit Benhadad (1. Kön. 21, 34) erwähnt. In den israelitischen Städten selbst sind sie natürlich erst recht schon längst dagewesen. Auch heute bildet der Getreidehandel in Palästina die Quelle schwerer Bewucherung der Fellachen. – Daß es sich im Deuteronomium durchaus um städtische Verhältnisse handelt, zeigt auch der sonstige Inhalt des Gesetzes. Bestimmungen über die Sicherung des Hausdachs durch eine Brüstung, damit niemand herabfällt (22, 8), Asylstädte für den Totschläger (19,3), die Gerichtsstätte in den Toren (16,8), das Gebot rechten Maßes und

[76] Eine Stadt der Gerechtigkeit soll Israel nach Jesajas Verheißung (1, 26) werden.

Gewichts (25, 14.15) gehören alle dahin. Den armen Bruder darf man nicht bewuchern (23, 20), man soll ihm bereitwillig leihen (15, 8): ein Bestandteil des alten Nothilfegebots der typischen Nachbarschaftsethik. Dieser arme Bruder ist aber hier im Zweifel immer ein Mann in einer Stadt (15, 7), d.h. zweifellos ein in einem Stadtbezirk (der jetzt als selbstverständliche politische Einheit gilt) und wohl in aller Regel als Kleinbauer, ansässiger Israelit.

Die jetzigen Rechtsnormen des Deuteronomium dürften zwar aus der vorexilischen Zeit des Stadtkönigtums stammen, sind aber sicherlich im Exil von Theologen überarbeitet worden. Vermutlich ähnliches, nur mit ganz wesentlicher Verstärkung des Anteils der Arbeit der Exilstheologen gilt von dem sog. Heiligkeitsgesetz.[77] Die in dieser Sammlung und ebenso in der ganz im Exil entstandenen sog. Priestergesetzgebung[78], welche die Masse des Stoffs des heutigen 3. und 4. und Teile des 2. Buches Mose schuf, enthaltenen sozialen Vorschriften sind teils ihrem Alter, teils der Realität ihrer Geltung nach problematisch. Theologische Konsequenzmacherei schuf sie, unter Anknüpfung an Reminiszenzen aus der Vergangenheit, für ein Jahwe heiliges Volk, ein Volk von Metöken Jahwes auf dem diesem gehörigen heiligen Boden, auf welchen man von ihm zurückgeführt zu werden hoffte. Wir begegnen neben dem Wucherverbot und der vermutlich hier zuerst in ihre jetzige Form gebrachten und von da aus in das Bundesbuch interpolierten Sabbatjahrsbestimmung zunächst einer weiteren Abwandlung der Schuldhaftnormen. Einen israelitischen Schuldhäftling soll man (Lev. 25, 39.46) nicht wie einen Leibeigenen, sondern wie einen freien Tagelöhner halten, für welchen (19, 13) die deuteronomische Bestimmung über die Lohnzahlung wiederholt wird. Als Leibeigene darf ein Israelit nur Heiden oder Metöken besitzen (Lev. 25, 44.45), denn alle Israeliten sind Leibeigene Gottes (Lev. 25,42). Hat sich ein Israelit einem Metöken verkaufen müssen, so soll ihn seine Sippe oder er sich selbst jederzeit auslösen dürfen (25, 48). Alle iraelitischen Schuldhäftlinge aber sollen jedenfalls alle siebenmal sieben Jahre, im sog. Halljahr, frei werden. In diesem unter Posaunenschall auszurufenden Freijahr soll aber auch jedes Grundstück, welches – es wird als selbstverständlich angenommen (vgl. Lev. 25, 25): aus Not – verkauft worden ist, wieder frei an den Verkäufer zurückfallen (25, 13f.), falls nicht der nächste Sippenbruder es schon vorher einlöst (25, 25), wozu er jederzeit das Recht hat. Denn ein Verkauf von Land auf ewige Zeiten soll nicht zulässig sein, da das Land Gottes Eigentum, die Israeliten aber darauf nur

[77] Dieser Name für die Sammlung Lev. 17-26 rührt bekanntlich von Klostermann her. Vorexilisch ist sie, weil ihr Grundstock anscheinend Priester und Leviten nicht scheidet, nachexilisch überarbeitet aber deshalb, weil (Lev. 21) der Hohepriester (mit gesonderten kultischen Reinheitspflichten) existiert und mehrfach eine kleine Kultgemeinde vorausgesetzt wird (s. dazu aus neuerer Zeit: Puukko, Das Deuteronomium S. 49).

[78] Die Priesterschrift zeigt ganz unverkennbare Beziehungen zu Hesekiel. Da aber die Aaroniden, nicht die Zadokiden (s. später) es sind, die sie auf den Schild hebt, ist sie sicherlich jünger, dem Esra näherstehend, als die Prophetie Hesekiels.

Gottes Metöken sind: auch ein Beweis, daß als Kennzeichen der Metöken das mangelnde Bodenrecht galt. Nur Häuser innerhalb einer ummauerten Stadt dürfen für ewig verkauft werden und sind nur innerhalb eines Jahres einlösbar (25, 29). Eine weitgehende Kasuistik regelt die bis zum Halljahr anzurechnenden Jahresraten. – Es steht fest, daß das Halljahr selbst eine nie praktisch gewordene theologische Konstruktion der Exilszeit war, und die Art der Motivierung der anderen Vorschriften läßt für sie das gleiche vermuten. Aber es fragt sich immerhin, ob nicht dennoch im lebenden Recht Anknüpfungspunkte vorhanden gewesen waren. Zunächst läßt die Erzählung von der Schuldsklavenfreilassung unter Zedekia (Jer. 34, 8f.) in Verbindung mit der bei Trito-Jesaja (61, 2) vorkommenden Prophezeiung von einem Gnadenjahr (schnath razon) Jahwes erkennen, daß die öffentliche Verkündigung eines Freilassungsjahrs für alle Schuldversklavten offenbar nicht nur in jenem Einzelfall, unter Zedekia, stattgefunden hatte, sondern ein typischer Vorgang war, vermutlich in Kriegsnot, wo man aller Wehrhaften benötigte und wo ähnliches auch bei den Hellenen vorkam. Dann aber könnte auch in dem Rückfall des Bodenbesitzes an die Sippe eine Reminiszenz alten Rechts stecken. Denn es muß auffallen, daß innerhalb der Rechtssammlungen nur an dieser Stelle von Kauf und Verkauf von Grund und Boden die Rede ist, von welchem sowohl das Bundesbuch wie das Deuteronomium schweigen. Es fragt sich also, ob und unter welchen Voraussetzungen eine dauernde Veräußerung von Boden in Altisrael zulässig war. Im babylonischen Recht ist der alte Retraktanspruch der Sippe erst allmählich überwunden worden. Aus Jeremias Orakeln wissen wir, daß im Fall der Absicht einer Veräußerung von Erbland ein Vorangebot an einen Sippengenossen mindestens durch die Sitte vorgeschrieben und daß es für den Berechtigten eine ungern abgelehnte Anstandspflicht war, den Acker zu erwerben, damit er nicht an Fremde falle. Der Himmel möge verhüten, daß er seinen Erbacker verkaufe, erwidert in der Tradition auch Naboth dem König Ahab auf dessen Kaufangebot. Das zeigt, daß zur Zeit dieser Redaktion der Geschichte der Verkauf ohne Befragung der Sippe zwar an sich als rechtlich möglich galt, – wie dies übrigens die zahlreichen gegen die Bodenakkumulation der Reichen eifernden Stellen der Propheten beweisen, – daß er aber für das Erbland durch die Sitte mißbilligt wurde. Das Priestergesetz ist, abgesehen von einer schon erwähnten Stelle des Deuteronomium, auch die einzige Rechtsquelle, welche das Bodenerbrecht erörtert. Indirekt spielte dieses freilich eine Rolle bei der alten Institution der sog. Leviratsehe. Denn das Recht und die Pflicht, die kinderlose Witwe des Bruders zu heiraten, um ihm Samen zu erwecken, brachte Recht und Pflicht zur Übernahme eines Landbesitzes mit sich, welcher im Falle der Ablehnung durch den nächststehenden an denjenigen entfernteren Anwärter fiel, der sich der Ehepflicht unterzog. Oder vielmehr, nach der Art der Auffassung der Tradition (Ruth 4, 1 f.) gerade umgekehrt: Wer aus der Sippe das Land des kinderlos Verstorbenen haben wollte, mußte die Witwe heiraten. Aus der gesamten Tradition geht hervor, daß mindestens in der Zeit der Redaktion der Erzväterlegende es als üblich galt, daß der Hausvater vor dem Tode oder wenn er sich (wie dies bei dem Sirachiden erwähnt wird) auf das Altenteil zurückzog, mit ziemlich weitgehender Freiheit die Verteilung seines Besitzes unter die Kinder regelte und dabei offenbar durch feierlichen Segen und Fluch seinen Verfügungen Nachdruck verlieh. Daß als Erben des Landes hier wie in allen militärischen Verbänden der Antike nur die Söhne in Betracht kamen, verstand sich von selbst. Das Deuteronomium suchte, wie erwähnt, den ältesten Sohn zu schützen gegen Antastung seines Vorzugsanteils durch den Vater, der ja sehr leicht unter dem Einfluß einer Lieblingsfrau die Kinder ungerecht behandeln konnte, wie sich das in ägyptischen Erzählungen findet. Das Priestergesetz führte die Bindung weiter. Es statuiert die Erbfähigkeit der Töchter am Grund und Boden hinter den Söhnen (Num. 27, 8-10) und bestimmt im Zusammenhang damit, daß solche Erbtöchter, damit das Land nicht dem Stamm entfremdet werde, nur innerhalb des Stammes heiraten sollen. Diejenigen Mädchen, zu deren Gunsten nach der Legende Moses die Bestimmung erläßt, heiraten daraufhin Vettern, also Sippengenossen. Stamm und Sippe werden nicht immer scharf geschieden und es liegt nahe anzunehmen, daß hier die Sippe und nicht der Stamm gemeint war. Denn wenigstens nach altem Recht scheint, wie wir sahen, der Ungenosse des Stammes überhaupt als ger und also als unfähig zum Bodenerwerb gegolten zu haben.[79]

Allerdings wäre es möglich, daß außer der alten Sippengebundenheit auch noch andere Gewalten in die Gestaltung des Grundbesitzes eingegriffen haben und wir in diesen Bestimmungen Reste davon vor uns sehen.[80] Wir finden in den hellenischen Städten den Kleros teils durch Sippenansprüche, teils durch militärische Veräußerungsbeschränkungen gebunden. Das althellenische Erbtochterrecht entstammte, wenn nicht allein, so jedenfalls auch militärischen Interessen. Dem hellenischen Ausdruck für Kleros entsprach aber, wie Ed. Meyer mit Recht bemerkt, der israelitische für Landlos: Chelek, der die Nebenbedeutung Beuteanteil hat, also keineswegs agrarkommunistischen oder sippenmäßigen, sondern militärischen Ursprungs ist:[81] Wo immer die Heeresmacht auf der Selbstequipierung der freien Grundbesitzer ruhte, war der

[79] Nach Ruth 4, 3 beerbten zur Zeit der Redaktion dieser Legende auch Mütter ihre kinderlosen Söhne. Die ganze Erzählung ist freilich juristisch unpräzis.

[80] Sulzberger a.a.O. ist, so viel ich sehe, der Einzige, der ähnliche Zusammenhänge vermutet. Nur hat er meines Erachtens eine ganz unwahrscheinliche Vorstellung von der Macht des israelitischen Bundes nach Innen, der doch nur intermittierend reagierte und gar keine Organe besaß.

[81] Gerade die Derivate des Zeitworts nachal, welches *erben, zum Besitz erhalten* und dessen Hiphil *zum Erben machen, das Erbe austeilen, in Besitz geben* bedeutet, werden vom kanaanäischen Lande gebraucht; das *Erbe* sowohl wie das *Besitztum* heißen nachalah.

Landbesitz Funktion der Wehrhaftigkeit. Ebenso hatte der bei der Leviratsehe und den verwandten Institutionen maßgebende Wunsch, den Namen der Sippe in Israel zu erhalten, neben später zu besprechenden religiösen wohl auch militärische Grundlagen: das Geschlechtsregister der ökonomisch wehrfähigen Sippen war Grundlage des Aufgebots. Aus dem Deboralied scheint hervorzugehen, daß der Sollbestand des Bundesheerbanns (40 000) in runden Tausendschaftsziffern festgelegt war – wie dies der späteren Rolle der Tausendschaften als der Normalkontingente entspricht – und aus der Nachricht über das Aufgebot gegen den Stamm Benjamin ergibt sich, daß man in Quoten dieses Sollbestandes: in diesem Falle z. B. (Jud. 20, 10): einen von zehn, aufbot. Da die Tausendschaften zweifellos auf die einzelnen Bundesglieder fest verteilt waren, so hatte schon deshalb der kontingentpflichtige Stamm, neben dem eigenen Interesse an seiner Wehrkraft, auch ein durch diese Bundeskriegsverfassung bedingtes Interesse an der Erhaltung der Kriegerlose. Es ist also immerhin möglich, daß er zu ähnlichen Maßregeln griff, wie die hellenischen Städte, bei welchen es bekanntlich nicht leicht auszumachen ist, welche von den in Resten überlieferten Bindungen des Kleros alten Sippenrechten und welche vielmehr Interessen des Militärverbandes entsprangen. Die verschiedenen Institutionen, deren teils rudimentäre, teils theologisch entstellte Reste uns in den Quellen entgegentreten, von den für uns ganz unkenntlichen Sabbatjahrs- und den Seisachthiebestimmungen angefangen bis zum Levirat und Erbtöchterrecht, dem Vorzugsanteil des Ältesten (als des Kleros-Erben) und den Resten des Sippenretrakts bei Erbgütern, könnten dann in solchen militaristisch bedingten Eingriffen eine ihrer Quellen gehabt haben. Ebendahin würde es dann gehören, daß in Ermangelung von Leibeserben nach der Abraham-Geschichte (Gen. 15, 2.3) der Großknecht (in diesem Fall sogar ein aus Damaskus stammender Kaufsklave) in das Erbe einrückt, daß ein Erbe für den Kleros da ist, nicht: wer es ist, daran ist diese Auffassung interessiert. Andererseits: Wer verarmt ist, d.h. wer seinen Grundbesitz in der Not hat aufgeben müssen, verliert die Qualität als Voll-Israelit und soll – nach dem Heiligkeitsgesetz (Lev. 25, 35) – wie ein ger gehalten werden. Durch alle diese verschiedenen Institutionen sollte verhütet werden, daß eine Sippe aus der Schicht der ökonomisch voll Wehrfähigen in die Masse der zur Aufbringung der Kosten der Equipierung nicht Fähigen (römisch gesprochen: der proletarii, Nachkömmlinge) oder gar der ganz Grundbesitzlosen (gerim) hinabsank. Wir werden später, bei Besprechung des Nasiräats, noch auf einige mit solchen Möglichkeiten im Zusammenhang stehende andere Hypothesen zu sprechen kommen. Doch bleibt dies alles unsicher. Auch könnte es jedenfalls schwerlich universell gegolten haben. Schon deshalb, weil die eben erwähnte Bundeskriegsverfassung des Deboraliedes und der historischen Literatur für Nordisrael ja nicht unbedingt notwendig zu solchen Einrichtungen führen mußten. Denn die Aufbringung des Kontingents war vermutlich innere

Angelegenheit des einzelnen Stammes und dieser konnte darin vielleicht verschieden verfahren.

Dem Gesamteindruck nach bedeutet die Abfolge dieser Rechtssammlungen eine steigende Theologisierung des Rechts.[82] Ehe wir die Quelle und die Eigenart dieses Prozesses näher verfolgen, müssen wir die äußeren Formen, in welcher diese Theokratisierung der israelitischen Sozialordnung sich vollzog und die Gewalten, welche sie beförderten, kennen lernen. Eine Eigentümlichkeit der israelitischen Sozialordnung spricht sich schon in dem Namen des ältesten Rechtsbuchs aus: Sefer ha berith, Bundesbuch. Der wichtige Begriff der berith ist es, der uns daran interessiert.[83]

Ein Schwurbund von Gegnern der ägyptischen Herrschaft findet sich schon in den Amarnabriefen erwähnt.[84] Auch der Name Chabiru für die Feinde der ägyptischen Statthalter in den Amarnatafeln, den man mit Ibri (Hebräer) identifizieren wollte, wird, angesichts gewisser sprachlicher Schwierigkeiten, neuerdings zuweilen mit dem jüdischen Ausdruck Chaber-Genosse, zusammengebracht, der in nachexilischer Zeit den rituell korrekten Volljuden ebenso wie Cheber: Genossenschaft, auf den Münzen der Makkabäer[85] die volljüdische Gemeinschaft bezeichnet und der auch in der älteren Tradition gelegentlich (z.B. Jud. 20, 11) verwendet wird für die Bundesarmee (a. a. O. in einem heiligen Krieg wegen Religionsfrevels).[86] Die Ableitung von Chabiru aus diesem Wort bleibt freilich unwahrscheinlich.[87]

Daß die verschiedensten unter göttlichen Schutz gestellten Verbrüderungen die israelitische Geschichte durchziehen, wäre an sich nichts ihr Spezifisches.

[82] Höchst merkwürdigerweise hat noch ein so verdienter Forscher wie Procksch den Versuch gemacht, wenigstens für das Deuteronomium im Verhältnis zum Bundesbuch das gerade Gegenteil zu verfechten (Die Elohimquelle S. 263 ff.).

[83] Darüber die in vielem von Nachstehendem abweichende Arbeit von Kraetzschmar, Die Bundesvorstellung im A. T. Marburg 1896 (war mir während des Abschlusses dieser Arbeit nicht zugänglich). Stade, der das erst späte Hervortreten der Bundesvorstellung behauptet, will letztlich nur sagen, daß die berith des Mose nicht die Form einer Gesetzgebung gehabt habe, was sicherlich zutrifft. Aber die beherrschende Bedeutung des berith-Gedankens wird sich stets erneut zeigen.

[84] Knudtzon Nr. 67.

[85] Die Münzumschrift der makkabäischen Priesterfürsten heißt: *kohen ha gedol w cheber hajjehudim: Hoher Priester und Genossenschaft der Juden.*

[86] Im Krieg gegen Benjamin wegen des Frevels von Gibea. Sonst kommt das Wort namentlich bei Jesaia (47, 9.12) für die Genossenschaften der Zauberer und der Räuber, bei Hosea (6, 9) für die Genossenschaft der Priester, Prov. 21, 9 und 25, 24 für die Hausgemeinschaft, in den Psalmen (119) für den Glaubensbruder vor. Das Wort wurde damals etwa gleichbedeutend gebraucht mit dem in der alten Tradition benutzten Ausdruck für Freund, Nächster: *rea'*, welches charakteristischerweise von ra'ah, *weiden,* Piel: re'ah, *zum Gefährten nehmen,* gebildet ist, also doch wohl von der Lagergemeinschaft der Beduinen oder Viehzüchtersippen abgeleitet ist.

[87] S. jetzt die Ausführungen von Böhl (Kanaanäer und Hebräer, Beitr. z. Wiss. v. A. T. 9. Lpz. 1911) S. 85. Die Identifikation mit 'Ibrim scheint danach doch möglich und

Jedes politische Bündnis, aber auch fast jeder privatrechtliche Vertrag pflegte ja in der Antike eidlich, d. h. durch Selbstverfluchung bekräftigt zu werden. Sondern das Eigenartige ist zunächst die überaus weite Erstreckung der religiösen berith als der wirklichen (oder konstruierten) Grundlage der verschiedensten rechtlichen und sittlichen Beziehungen. Vor allem war Israel selbst als politisches Gemeinwesen eine Eidgenossenschaft. Ein Israelit, auch ein Angehöriger eines anderen Stammes, der zu den Angeredeten nur im Verhältnis eines ger steht, redet Israeliten daher als Brüder (achim) an, etwa so, wie jeder Schweizer Redner bei offiziellen Gelegenheiten zu Schweizer Landsleuten als Eidgenossen zu reden hat. Und wie David nach der offiziellen Tradition durch berith legitimer König wird, so läßt diese auch mit seinem Enkel Rehabeam die Ältesten der Nordstämme über seine Anerkennung nach Art einer Wahlkapitulation verhandeln. Aber auch die Einbürgerung von Viehzüchtersippen in eine kanaanäische Stadt, oder umgekehrt die Angliederung etwa der Gibeoniten als fronpflichtiger Gemeinde an Israel erfolgt stets durch eine, berith genannte, Schwurverbrüderung. Alle gerim, auch die Erzväter, befinden sich in ihrer Rechtslage durch berith.[88] Die Schwurverbrüderungen läßt die Tradition rituell unter Herstellung der Speisegemeinschaft der sich Verbrüdernden vor sich gehen (Gen. 26, 30 vgl. mit Jos. 9, 14). Die von Mose im

wahrscheinlich. Jedenfalls fehlt aber der Begriff des *Glaubensbruders* der vorisraelitischen Zeit nicht, wie ein später zu erwähnender Brief eines Kanaanäers aus dem 15. Jahrhundert zeigt. In der Anrede an den Mitisraeliten wird aber nicht der Ausdruck chaber, sondern anscheinend stets *ach* (Bruder) gebraucht.

[88] Abraham ist durch berith ein ger in Beerseba (Gen. 21, 31.34): Isaak schließt einen Schwurbund mit Abimelech von Gerar (Gen. 26, 28). Abimelech erscheint dabei trotz der v. 31 betonten Beiderseitigkeit der Verpflichtung ganz ebenso allein als derjenige, welcher die berith *macht* (26,8) wie später Jahwe gegenüber Israel, weil in beiden Fällen der andere Teil der schwächere, minderberechtigte ist (Israel ger Jahwes!). Ebenso Israel gegenüber Gibeon (Jos. 9, 6ff.). Kraft Vertrages zeltet in der Deboratradition der Mann der Jael als ger auf kanaanäischem Königsgebiet. König Asa sendet kraft berith dem Benhadad Tribut (1. Kön. 15,19); Ahab und der von ihm gefangene Benhadad schließen eine berith (1. Kön. 20,34) wie Jonathan mit David (1. Sam. 18, 3; 20, 8); David mit Abner (2. Sam. 3,12); Jabes erbittet eine solche von Nachas (1. Sam. 11,1). In allen diesen Fällen handelt es sich wie zwischen Jahwe und Israel um ein *foedus iniquum* zwischen Ungleichstehenden; dagegen ist die berith zwischen Jakob und Laban ein *foedus aequum* (Gen. 31,44). Das Völkerrecht, welches Tyros getragen hat, heißt (Amos I. 4) *Bruderbund* (berith achim). Schon aus diesen Beispielen folgt aber unter allen Umständen, daß berith mit vollem Recht durch *Bund* übersetzt wird und Kautzsch (Bibl. Theologie des A. T. S. 60) durchaus im Unrecht ist, wenn er diesen für die ganze altisraelitische Religion absolut zentralen Sinn leugnet. David wird 2. Sam. 5, 3 genau im gleichen Sinn durch berith mit den Ältesten König von Israel wie früher Jahwe dessen Gott. Daß die Septuaginta berith mit διαϑνκν, nicht mit συνϑνκν, übersetzt, entspricht der Auffassung ihrer Zeit, nicht der althistorischen. Der Gotteskonzeption der priesterlichen Redaktion *(P)*, wie sie z. B. bei der Darstellung von Gottes Verheißung an Noah, Abraham, Pinehas (Num. 25, 12) zum Ausdruck kommt, entspricht allerdings die Auffassung von berith als einer einseitigen, nur durch besondere Feierlichkeit und

göttlichen Auftrag verkündete Rechtssammlung wird (Ex. 24, 7) Buch des Bundes (sefer ha berith) genannt[89] und ebenso heißen auch jene religiösen Vorschriften, welche er nach göttlichem Geheiß auf zwei Tafeln schreibt (Ex. 34, 28) Worte des Bundes (dibre ha berith). Ebenso wird der deuteronomische sefer hattorah, das Buch der Lehre, als welches es zunächst (2. Kön. 22) auftritt, in dem anschließenden Bericht über seine Annahme als Gesetz unter Josia (2. Kön. 23,2) Buch des Bundes, sein Inhalt Worte des Bundes genannt. Im Josuabuch ist eine Tradition aufbewahrt, wonach Josua nach vollendeter Eroberung des Landes einen Bund (berith) mit dem Volke gemacht und den Inhalt in das Buch der Thora Gottes niedergeschrieben habe. An welche der verschiedenen Rechtssammlungen der Referent dabei gedacht hat, ist nicht feststellbar. Dagegen ist (Jud. 9,4) überliefert, daß in Sichem zu Abimelechs Zeit ein Haus eines Bundesbaal (Baal berith) bestand, dessen Tempelschatz zugleich als Schatz der Stadt benutzt wurde. Und die deuteronomische Tradition (Hauptstelle: Deut. 27,14f.)[90] kennt eine feierliche Zeremonie, welche angeblich erstmals bei Eroberung des Landes, nach der späteren Vorstellung unter Assistenz von Vertretern von sechs Stämmen auf dem Berge Garizim, von sechs anderen auf dem Berge Ebal (zwischen denen Sichem liegt)

äußere Zeichen verbürgten privilegartigen Zusage Gottes (Gen. 9, 10). (Vgl. dazu u. A. Holzingers Genesis-Kommentar S. 129 f., vor allem aber die sehr eingehenden Untersuchungen des Sprachgebrauchs von Valeton Z. f. A. T. W. XII. X (1892), S. 1 f. 224) Für die Eschatologie gab es auch einen berith mit dem Tiere (Hor. 2, 18). Im Sinn von *Privileg* steht berith Num. 18, 19, im Sinn von *Vorschrift (Salzberith)* Lev. 2, 13. Das Sinaigesetz nennt P niemals *berith,* während bei J der Horebbund und die berith auf den Gefilden Moabs typische bilaterale foedera sind. Den *ewigen Bund* (berith golam) hat Israel (nach Jesaja 24, 5) gebrochen. Der Ausdruck *karah berith* entspricht, wie oft bemerkt ist, durchaus dem *foedus icere, δρκια τεμνειν* der Römer und Hellenen. Bei Nehemia ist der Sprachgebrauch verblaßt und wird (Neh. 10, 1) amanah statt berith gebraucht.

89 Es bleibt freilich für das Bundesbuch sowohl wie für diese Bundesworte fraglich, auf welchen Bestandteil der Sammlungen sich die Ausdrücke der ältesten Tradition bezogen. Die a. a. O. jetzt Bundesbuch genannte früher besprochene Rechtssammlung wird in ihrem eigenen Text, in welchem das Wort *Bund* gar nicht vorkommt, niemals so bezeichnet, während dagegen die rituellen Vorschriften Ex. 34 sich ausdrücklich als berith einführen und auch durch die Zweiseitigkeit der Versprechungen dem Charakter eines Bundes besser entsprechen als jene anderen Sammlungen, die im wesentlichen einseitige Vorschriften (mischpatim) enthalten. Die *Worte des Bundes* Ex. 34, 25 identifiziert der vermutlich spätere Zusatz: *Die zehn Worte* mit dem Dekalog. Aber ursprünglich bezog sich der Ausdruck offenbar auf die soeben erwähnten unmittelbar vorhergehenden rituellen Vorschriften (s. zu der ganzen Frage Baentsch a. a. O.).

90 Das betreffende Kapitel (27) des Deuteronomium gilt allerdings für eine junge Kompilation und Einschiebung. Aber das ursprüngliche Material dafür kann unmöglich jungen Ursprungs sein. Die starken Widersprüche des Berichts und die Repräsentation der 12 Stämme durch je einen Mann kommen wohl auf Rechnung des Redaktors, ebenso der unklare Wechsel des Standorts (auf dem Ebal oder unten im Tal bei Sichem). Das Fragment gilt wohl mit Recht als elohistischen Ursprungs.

vollzogen wurde. Die (vier bis fünf) Varianten der Erzählung ergeben folgendes Bild. Gegen den Garizirn hin oder auf ihm wird durch die Priester für diejenigen, welche die heiligen Gebote halten, ein feierlicher Segen gesprochen, gegen den Ebal hin oder auf ihm ein feierlicher Fluch gegen die, welche sie verletzen. Von diesen Geboten wird dabei (Deut. 27, 2 f.) erwähnt, daß sie auf getünchten Steinen aufgezeichnet seien (was beweist, daß jedenfalls bereits nicht mehr die Keilschrift herrschte; im übrigen ist das Alter freilich problematisch). Auf die Zeremonie wird in der Tradition an noch mehreren Stellen Bezug genommen (Deut. 11, 26 f.; Jos. 8, 30 f.; 23, 1 f.). Im Wesen der Sache wird sie wohl trotz der späten (deuteronomistischen) Überlieferung schon in älterer Zeit so oder ähnlich bestanden haben, weil die dabei erwähnten Kultstätten auf den Bergen gerade diesem Redaktor wenig sympathisch sein mußten, zumal dort nach den Überlieferungen Malsteine (ein von den Puritanern verworfener Brauch) und die alten Orakelterebinthen (ebenfalls bedenklich) standen, die Gebeine Josephs (Grabkult) lagen und sogar (nach einem anscheinend babylonischen Ritus) Götterbilder vergraben waren. Die überlieferte Fluchformel (Deut. 27, 15 f.), der sog. sexuelle Dekalog, zählt zwölf bestimmte Sünden auf: Idolatrie, Fluch gegen die Eltern, Grenzverrückung, Irreführung eines Blinden, Beugen des Rechts der Metöken, Waisen und Witwen, sexuelle Sünden (Inzest und Bestialität), Mord (= heimlicher Todschlag), Bestechlichkeit des Richters. Wenn auch das Alter unsicher bleibt, so besteht angesichts ihres Zusammenhangs mit den Vorschriften des Bundesbuchs doch die größte Wahrscheinlichkeit, daß der Bundesbaal derjenige Funktionsgott war, welcher auf Grund der offenbar regelmäßig wiederholten Verfluchungen diese vom Volk feierlich auf sich genommenen Satzungen schützte.[91] Sein Kult aber gilt einer allerdings stark verunstalteten Tradition als eingeführt in Sichem im Anschluß an eine Auseinandersetzung und Verständigung Gideons und der Ostjordanstämme mit Ephraim während des Midianiterkriegs (Jud. 8, 1.33); der Bundesbaal war also doch wohl der Garant eines jener Bundesschlüsse, durch welche Israel neu konstituiert wurde.

In immer wiederholten rituellen Bundesschlüssen sehen wir sich nun auch in historischer Zeit die innerpolitische Geschichte Israels bewegen: Die Her-

[91] Die Schwierigkeit, daß der Bundesbaal einen Tempel hat, die Zeremonie aber anscheinend vom Hain (oder Gottesbaum) More ausgeht, ist wohl nicht unüberwindlich. Der Zusammenhang mit dem Kult in Hainen und auf Bergen spricht für das Alter und die Bedeutsamkeit der Zeremonie, welche, obwohl sie zur Zeit des Deuteronomium nur noch Reminiszenz sein konnte, doch von dessen allen jenen Kulten feindlichen Redaktoren nicht fortretuschiert worden ist. Möglich ist, daß ihr Sinn sich inzwischen dem Geist des Deuteronomium entsprechend gewandelt hatte: Ursprünglich wohl eine feierliche Dämonenverfluchung in Verbindung mit Anrufung des Gottessegens, dürfte sie für die Auffassung der damaligen Zeit die feierliche Abwälzung der religiösen Solidarhaftung des Volkes für die Sünder auf diese allein durch ihre feierliche Verfluchung bezweckt haben.

stellung des reinen Jahwekults in Jerusalem unter Joas und später die Annahme des deuteronomischen Gesetzes unter Josia erfolgen nach der Tradition durch berith[92], ganz ebenso der Beschluß unter Zedekia, die Schuldsklaven dem Gesetz gemäß freizulassen (Jer. 34, 8 f.), und dann wiederum die feierliche Annahme der Gemeindeordnung unter Nehemia, bei welcher, wie bei jener Fluchzeremonie, eine Anzahl besonders wichtiger Satzungen herausgegriffen und der inzwischen üblich gewordenen Beurkundungspraxis entsprechend von den synoikisierten Geschlechtshäuptern feierlich untersiegelt wurden (Neh. 10). Das für unsere Zusammenhänge Entscheidende war nun aber dabei dies: gerade die älteren, vorexilischen, von diesen Fällen von Recht schaffender berith des Gesamtvolks Israel und für dieses als solches sind, in deutlichem Gegensatz zu den berith-Schlüssen unter einzelnen oder mit Metöken nicht nur Kontrakte und Verbrüderungen der beteiligten Parteien untereinander, welche unter den Schutz des Gottes als Zeugen und Rächers von Meineid gestellt werden. Sondern sie galten gerade der alten, vor allem der durch den sog. Jahwisten vertretenen, Auffassung als Bundesschließungen mit dem Gott selbst, der also bei der Rache des Bundesbruchs seine eigenen verletzten Vertragsrechte, nicht nur die seinem Schutz empfohlenen Ansprüche der Vertragstreuen Partei vertritt.[93] Diese sehr wichtige Konzeption hat die Entwicklung der israelitischen Religiosität überaus stark beeinflußt. Auf die Verletzung der ihm persönlich, als Vertragsschließenden, durch Eid angelobten Vertragstreue gründet der Gott der Propheten seine furchtbaren Unheilsdrohungen, wie er andererseits selbst an die Zusagen gemahnt wird, die er den Vorfahren durch Eid (so zuerst Micha 7, 20) angelobt hat. Die ganze Beziehung schon der legendären Vorväter Israels zu Gott hatte sich für die spätere durch die Exilspriester bestimmte Auffassung von Anbeginn an in immer neuen Bundesschließungen realisiert: in dem Bunde mit Noah, dem mit Abraham, Isaak, Jakob und schließlich dem Sinaibund. Zwar hatte sich inzwischen die anthropomorphe Auffassung von einem zweiseitigen Pakt mit dem veränderten Gottesbegriff in die einer göttlichen, nur durch besondere Zusage verbürgten Verfügung abgeschwächt, aber auch die Zukunftshoffnung des Jeremia geht letztlich dahin, daß Jahwe künftig mit seinem Volk abermals einen Bund, aber unter gnädigeren Bedingungen als mit den Vätern, abschließen werde. – Woher stammt nun diese Besonderheit der israelitischen Konzeption? Einige allgemeine politische Sachverhalte und ein besonderes religionsgeschichtliches Ereignis trafen zusammen, um sie entstehen zu lassen.

92 Allerdings hier durch eine berith vor Jahwe, nicht durch eine berith mit Jahwe. Dies erklärt sich zwanglos aus der Fiktion, daß es sich nur um erneute Verpflichtung des einen Vertragsteils: des Volkes, auf den alten Bund mit dem Gott, den es nicht gehalten habe, handelte.

93 Der einseitige Treuschwur des Volkes unter Nehemia wird nicht berith genannt, sondern amanah (Neh. 10, 1).

Die Bedeutung des Bundes-Begriffs für Israel an sich hat ihren Grund darin, daß die alte Sozialverfassung Israels zum sehr wesentlichen Teil auf einer durch Kontrakt regulierten Dauerbeziehung grundbesitzender Kriegersippen mit Gaststämmen als rechtlich geschützten Metöken: Wanderhirten und Gasthandwerkern, Kaufleuten und Priestern, beruhte. Ein ganzes Gewirr solcher Verbrüderungen, sahen wir, beherrschte die soziale und ökonomische Gliederung. Daß aber der Bund mit dem Gott Jahwe selbst eine für Israels Selbstbeurteilung seiner Gesamtstellung unter den Völkern grundlegende Konzeption wurde, hing mit folgenden weiteren Umständen zusammen.

Oben wurde die in den Lebensbedingungen begründete besonders große Labilität aller politischen Verbände bei den Beduinen und Viehzüchtern: die Neigung aller dieser Stammesorganisationen, sich bald in Sippen zu zersplittern, bald anderweit neu zusammenzuballen, besprochen. Das Schicksal der Stämme Ruben, Simeon, Levi, Machir einerseits, Juda andererseits bietet die Beispiele. Mit dieser Unbeständigkeit kontrastiert nun auffallend die außerordentliche Stabilität eines bestimmten Verbandstypus, der sich gerade bei diesen nicht vollseßhaften Schichten findet: des religiösen Ordens oder ordensartigen Kultverbandes. Als tragfähige Basis für politische und militärische Organisationen auf lange Sicht scheint geradezu nur ein derartiger religiöser Verband geeignet gewesen zu sein. Ein solcher waren die Rechabiten: Durch Jahrhunderte, von Jehus Zeiten bis auf Jeremia, sehen wir sie fortbestehen und religionspolitisch wirken, in der Nehemiachronik wird ein Rechabit erwähnt, im Mittelalter noch will Benjamin von Tudela sie unter einem Nasi in der babylonischen Wüste getroffen haben, und andere Reisende glaubten ihre Spuren gar im 19. Jahrhundert bei Mekka zu finden. Wesentlich religiös scheint auch der streng jahwistische Keniterstamm, dem die Rechabiten angehörten, zusammengeschlossen gewesen zu sein. Denn es ist durch Stade mindestens höchst wahrscheinlich gemacht, daß das Kainszeichen, d. h. die kenitische[94] Stammestätowierung, nicht nur Stammesmarke, sondern, und zwar natürlich primär, Kultgemeinschaftszeichen war:[95] die indischen Sektenabzeichen würden die Analogie darstellen. Das großartigste Beispiel eines ordensartigen Verbandes von prinzipiell ganz der gleichen Art war auf dem gleichen Boden natürlich: der Islam und die ihm angehörigen kriegerischen Orden, welche zahlreiche und zwar die besonders dauerhaften islamischen Staatsgründungen geschaffen haben. – Der Tatbestand war dabei nun nicht etwa der, daß die Lebensbedingungen der Beduinen und Halbnomaden eine Ordensgründung aus sich heraus erzeugt hätten, etwa als ideologische Exponenten ihrer ökono-

[94] Wie alt die Jahwefrömmigkeit bei den Kenitern ist, steht dahin. König (Z. D. M. G. 69, 1915) macht darauf aufmerksam, daß der erste, sicher bezeugte kenitische Jahwe-Name der des Jonadab b. Rechab ist. Dieser Prophet spielte also vielleicht dort die Rolle des Mose.

[95] Das Kainszeichen. Z. f. A.T. W. 14 (1894), S. 250f.

mischen Existenzbedingungen. Diese Art materialistischer Geschichtskonstruktion ist hier wie sonst gleich unzutreffend. Vielmehr: wenn eine solche Gründung erfolgte, so hatte sie, unter den Lebensbedingungen dieser Schichten, die weitaus stärksten Chancen, im Auslesekampf die übrigen, labileren, politischen Gebilde zu überdauern. Ob sie aber entstand, das hing von ganz konkreten religionshistorischen und oft von höchstpersönlichen Umständen und Schicksalen ab. War dann die religiöse Verbrüderung in ihrer Leistungsfähigkeit als politisches und ökonomisches Machtmittel einmal bewährt und erkannt, dann trug dies naturgemäß zu ihrer Ausbreitung mächtig bei. Muhammeds sowohl wie Jonadab ben Rechab's Verkündigungen sind nicht als Produkte populationistischer oder ökonomischer Bedingungen zu erklären, so sehr ihr Inhalt durch solche mitbestimmt wurde. Sondern sie waren Ausdrücke persönlicher Erlebnisse und Absichten. Aber die geistigen und sozialen Mittel, deren sie sich bedienten, und ferner die Tatsache des großen Erfolgs gerade dieses Typus von Schöpfungen sind allerdings aus jenen Lebensbedingungen zu verstehen. Ebenso für Altisrael.

Wie die Rechabiten ihre Bedeutung dem Zusammenschluß als Orden, so verdankte vielleicht Juda seinen Zusammenschluß als Stamm zu einem machtvollen politischen Gebilde einer Verbrüderung durch einen besonderen Jahwebund. Der Stamm tritt erst spät in der Geschichte auf. Das Deboralied kennt ihn nicht. Die Quellen bezeichnen ihn, in der für Viehzüchter typischen Art, gelegentlich auch als: Sippe. Er war zur Zeit des Mosessegens in politischer Bedrängnis, zur Zeit Sauls ein Tributärstamm der Philister. Der Jakobsegen dagegen kennt ihn als Hegemon in Israel und zugleich als Weinbauer, während in der aus Viehzüchterkreisen stammenden Erzväterlegende Abraham, obwohl in dem weinberühmten judäischen Hebron ansässig, seinen himmlischen Gästen keinen Wein vorsetzt. Der Stamm hatte also – wenn er auch schwerlich, wie Guthe annimmt, erst durch David entstand – doch unter ihm sein Gebiet erweitert und war, offenbar unter Vermengung mit Kanaanäern, seßhaft geworden. Die nach den offiziellen Aufzählungen und Genealogien später zum Stamm Juda gerechneten Sippen sind zum Teil wohl kanaanäischen, zum Teil offenkundig beduinischen Ursprungs: so die zeitweise mit Amalek verbündeten Keniter. Der Stamm Simeon ist teils in Juda aufgegangen, teils unter den Edomitern ansässig geworden. Die früheste Erwähnung eines Leviten bezeichnet diesen als einen Judäer: offenbar wurde auch der Stamm Levi dem Schwerpunkt nach von Juda aufgesogen. Die noch unter Saul bestehende Sonderstellung des Stammes dauerte in anderer Form auch unter den Davididen an: Unter Salomo gehörte sein Gebiet wenigstens zum größten Teil nicht zu den Provinzen des Reichs, sondern war königliche Hausmacht. Seinen endgültigen Umfang hatte er jedenfalls erst durch das Kriegsfürstentum Davids erhalten und vermutlich im Zusammenhang mit der Übernahme des reinen Jahwekults. Schon die ihm, wie es scheint und wie namentlich Luther annimmt, als Besonderheit eignende bedeutende Stellung der Priester bei der Urteilsfindung (durch Prozeßorakel) legt die Annahme einer spezifisch religiösen Verbrüderung als Grundlage seines so festen Stammeszusammenhalts nahe. Er wäre dann aus Fragmenten verschiedener ethnischer Herkunft durch Gemeinschaft des Kults und der Priester zusammengefügt worden. Diese Annahme wird dann ganz besonders wahrscheinlich, wenn der Name Jehuda als ein Derivat von Jahwe anzusehen sein sollte.

Was schließlich die israelitische Eidgenossenschaft selbst anlangt, so war sie nach eindeutiger Überlieferung ein Kriegsbund unter und mit Jahwe als dem Kriegsgott des Bundes, Garant seiner sozialen Ordnungen und Schöpfer des materiellen Gedeihens der Eidgenossen, insbesondere des dafür nötigen Regens. Der Name Israel, sei es, daß er unmittelbar das Volk des kämpfenden Gottes benennen sollte, sei es daß er (unwahrscheinlicherweise) ursprünglich Jesorel zu sprechen war und also den Gott bedeutete, auf den man vertraut, bringt das zum Ausdruck. Ein Stammesname war Israel jedenfalls nicht, sondern der Name eines Verbandes, und zwar: eines kultischen Bundes.[96] Zur Bezeichnung eines Eponymos hat erst die theologische Bearbeitung der Legenden vom Heros Jakob den Namen Israel gemacht: daher der schattenhafte Charakter dieser Personifikation. – Wir müssen die Struktur des Bundes etwas näher betrachten.

Sein Umfang hat gewechselt. Als Verband muß Israel in Palästina schon zur Zeit des Königs Merneptah, des angeblichen Pharao des Auszugs, existiert haben, denn es wird damals in einer bekannten Inschrift[97] erwähnt, daß die Angriffe des königlichen Heeres seine Mannschaften und seinen Besitz dezimiert hätten. In der Art der Erwähnung tritt hervor, daß Israel, im Gegensatz zu den kleinen und größeren Stadtstaaten, als ein nicht stadtsässiger Verband galt. Im Deborakrieg bilden, wie wir sahen, die Bauern, die zu Fuß, und deren Fürsten, die auf weißen Eseln in das Feld ziehen, den Kern des gegen die wagenfahrenden Ritter der Stadtkönige kämpfenden Heeres. Das Deboralied kennt als Bundesglieder außer den am Krieg teilnehmenden Bergstämmen Ephraim und dessen beiden Absplitterungen Machir und Benjamin, sowie Sebulon, Naphtali und Issachar, noch: die seßhaften Stämme Asser und Dan nahe dem Meer und andererseits: die Viehzüchterstämme Ruben und Gilead östlich des Jordan, die sich aber der Bundeshilfe entziehen; gesondert nennt es die Stadt Meros als bundbrüchig. Die beiden Segensammlungen kennen dann die übliche Zwölfzahl der Stämme: Machir ist durch Manasse, Gilead durch Gad ersetzt, Juda und Simeon sind hinzugetreten, und je nachdem Levi mitgezählt oder wie im Mosessegen als Priesterstamm besonders gerechnet wird, sind Ephraim und Manasse als zwei Stämme oder gemeinsam als das Haus Joseph gezählt. In der Zeit des Deboraliedes galten aber zweifellos weder Juda noch Simeon noch

96 Den Namen *Israel* erhält Jakob im Mythos nach seiner berith mit Gott (Gen. 35, 10).
97 Spiegelberg in den Ber. der Berl. Ak. d. Wiss. 1896. Steindorf in der Z. f. A. T. W. 16.

Levi als zugehörige Stämme. Damals und später galt Ephraim oder Joseph unzweifelhaft als Kernstamm des Bundes, wie seine Voranstellung im Liede, seine Abstammung von der Lieblingsfrau Jakobs und seine Kennzeichnung als dessen Lieblingssohn (bzw. -enkel) beweisen. Der Stamm erinnert sich im Deboralied seiner Kämpfe mit den Beduinen und auch im Jakobsegen ist von diesen Pfeilschützen als seinen Gegnern die Rede. Gerade für ihn wird im Mosessegen ausdrücklich und sicher auf Grund alter Tradition eine Beziehung zu der mosaischen Dornbuschepiphanie erwähnt. Gerade er also war zweifellos an den Ereignissen, welche zur Rezeption Jahwes als des Kriegsgottes Israels führten, beteiligt. Der in der Tradition am frühesten einen Jahwenamen tragende Heerführer des Bundes, Josua, ist Ephraimit und in dessen Gebiet begraben. So wird denn auch Jahwe, der von Seir in Edom im Wettersturm heranzieht und die Kanaanäer vernichtet, als Kriegsgott des unter Ephraims Hegemonie stehenden Bundes im Deboralied gepriesen. Zu Ephraims Gebiet gehörte von Kultstätten Jahwes vor allem Sichem mit dem Bundesbaal. Doch scheint es, daß die eigentliche Kultstätte außerhalb der Stadt lag, welche der Tradition als lange kanaanäisch galt. Offenbar ist Ephraim bis zur Schaffung der nordisraelitischen Residenz Schomron (Samaria) mit am meisten ein Verband bergsässiger freier Großbauern geblieben, auf deren Wehrkraft Israels Macht dereinst so sehr beruhte, daß der Stammesname später sehr regelmäßig schlechthin für das ganze Nordreich gebraucht wurde. Aber eine alte Reminiszenz muß Ruben, Simeon, Levi, welche in den Segensammlungen vorangestellt werden und von der älteren Schwester Lea abstammen, als Kern des Bundes gekannt haben. Juda dagegen taucht überhaupt erst in verhältnismäßig späten Segensprüchen auf und gewinnt seine Stellung erst seit David. Dem Feldherrn Sauls, Abner, galten die Judäer noch als Hundsköpfe.

Dieser in seinem Bestand labile israelitische Bund verfügte bis zur Königszeit, soviel ersichtlich, über dauernde politische Organe überhaupt nicht. Die Stämme stehen in gelegentlicher Fehde miteinander. Das religiöse Völkerrecht, welches z. B. das Umhacken der Fruchtbäume untersagte, galt, wenn es überhaupt in alte Zeit zurückgeht, vermutlich gerade für solche Fehden innerhalb des Verbandes. Die Bundesglieder versagen im Deboralied teilweise die Bundeshilfe. Gelegentlich, aber nicht immer, führt das zur Verfluchung und zum heiligen Krieg gegen den Eidbrüchigen. Ein gemeinsames Indigenat besteht nicht. Ein solches hatte anscheinend nur der Stamm. Schwere Verletzung des Metökenrechtes, welches jeder Israelit in jedem anderen Stamm genoß, rächte allerdings unter Umständen der Bund. Irgendein einheitliches Gericht oder eine einheitliche Verwaltungsbehörde irgendwelcher Art bestand aber offenbar in Friedenszeiten nicht. Die Bundeseinheit äußerte sich darin, daß ein von Jahwe beglaubigter Kriegsheld oder Kriegsprophet regelmäßig Autorität auch über die Grenzen seines Stammes hinaus beanspruchte. Zu ihm kam man von weither, um Rechtshändel schlichten zu lassen oder Belehrung über kultische und sittliche Pflichten zu suchen. Derartiges wird von Debora (Jud. 4, 5) berichtet, und die heute vorliegende Redaktion der Tradition hat sämtliche charismatische Kriegshelden der alten Bundeszeit zu Schofetim: Richtern, Israels gemacht, welche in ununterbrochener Reihe aufeinander gefolgt wären, in ganz Israel richterliche Autorität genossen hätten und deren letzter, Samuel, während seines Amts alljährlich Bethel, Gilgal und Mizpa bereist habe (1. Sam. 7, 15.16), um Recht zu sprechen und dann, nach Erwählung des Königs, sein Amt wie ein römischer oder hellenischer Polis-Beamter auf Grund eines öffentlichen Rechenschaftsberichts und der Aufforderung, etwaige Klagen gegen ihn jetzt vorzubringen, nach empfangener Decharge feierlich niedergelegt habe (1. Sam. 12). Die Tradition über Samuel ist ohne Frage eine deuteronomistische königsfeindliche Konstruktion, welche das Verhalten des idealen, Jahwe wohlgefälligen Fürsten paradigmatisch im Gegensatz zu den Königen der Gegenwart vorführt. Wie aber steht es mit der prinzipiellen Stellung der Schofetim? Während Stade die Ansicht vertritt[98], daß die spätere Tradition ganz einfach die alten Kriegshelden Jahwes nachträglich zu friedlichen Richtern gestempelt habe, hat Klostermann in geistreicher Art die Richter Israels mit den Gesetzessprechern (lögsögumadr) der nordischen, vor allem der isländischen Praxis: den Trägern der mündlichen Rechtsüberlieferung und Vorläufern der schriftlichen Rechtsfixierung, in Parallele gestellt.[99] Er sucht auf diese Art namentlich die Entstehung und literarische Eigenart der vor-exilischen Rechtsbücher zu erklären, welche eben aus den öffentlichen Rechtsbelehrungen dieser Gesetzessprecher entstanden seien. Die namentlich von Puukko eingehend bekämpfte Hypothese enthält nach zahlreichen rechtssoziologischen Analogien einen gewissen Wahrheitswert. Überall entwickelt sich das Recht zunächst durch Rechtsorakel, Weistümer, Responsen charismatisch qualifizierter Träger der Rechtsweisheit. Aber nicht überall nehmen diese die sehr spezifische Stellung der nordischen Gesetzessprecher ein, deren Amt – denn das war es – mit der Organisation der germanischen Gerichtsgemeinde eng zusammenhing. Die von der jetzigen Redaktion der Tradition sogenannten Richter hatten offenbar ein untereinander sehr verschiedenes Gepräge, waren aber im allgemeinen weit davon entfernt, die eigentlichen Träger der Rechtsweisheit zu sein. Die normale Rechtsweisung legt die Tradition in die Hände der sekenim (Ältesten). Das Ordal andererseits und das reguläre Prozeßorakel war Sache der Priester und das letztere wurde, wie später zu erwähnen, in älterer Zeit durch rein mechanische Mittel (Los) erzielt. Im übrigen aber erwähnt die Tradition sehr verschiedene Bezeichnungen von

[98] Stade, Bibl. Theologie des A. T. (1905), S. 285f.

[99] Klostermann, Der Pentateuch (1907). Eingehend kritisiert von Puukko. Das Deuteronomium S. 176–202. K. sucht durch seine Hypothese den eigentümlichen schriftstellerischen Charakter des Deuteronomium verständlich zu machen. Es sei ein öffentlicher paränetischer Gesetzesvortrag gewesen. Der Vergleich der *Auffindungs*-Geschichte mit den *Gesetzen* Numas ist kaum sehr fruchtbar zu nennen.

Honoratioren, welche innerhalb der einzelnen Stämme traditionelle Autorität genossen. Für eine charismatisch geübte Rechtsweisung konnte also nur neben all diesen Quellen der Rechtsfindung Raum sein. Die Gestalten der Schofetim nun, welche die heutige Fassung des sog. Richterbuchs uns vorführt, sind sehr verschiedener Art. Sieht man von denjenigen ab, von denen nur ihre Existenz berichtet ist (Jair, Ebzon, Elon, Abdon), so gilt Simson als ein rein individuell seine Fehden ausfechtender Held, Ehud ebenso, nur mit dem Unterschied, daß er den Bedrücker Israels erschlägt, Othniel, Samgar, Barak, Gideon, Jephtha und wohl auch Thola als erfolgreiche Heerführer Israels, in Wahrheit offenbar: ihrer eignen und benachbarter Stämme. Nur von einem Teil von ihnen wird, und zwar nur ganz allgemein bemerkt, daß sie Israel im Frieden gerichtet hätten. Aller Schwerpunkt liegt vielmehr in ihrer Leistung als Heilande, das heißt: Retter aus schwerer Kriegsnot. Daneben erscheint in einer als heiliger Krieg vorgestellten Bundesexekution (Jud. 20, 28) ein Priester aus dem Elidengeschlecht (Pinchas) als Orakelgeber des Heeres. Reiner Priester ist Eli. Seine Söhne werden als Priester, aber zugleich als berufene Führer des Heerbanns gegen die Philister vorgestellt. Diese letztgenannten Traditionen über die Eliden sind äußerst verdächtig und spät, die Tradition über Samuel aber, der bald als Nabi, bald als Seher, bald als Prediger (1. Sam. 4, 1), bald als Nasir, bald als Priester, bald endlich als Heerführer behandelt wird, ist schlechthin unbrauchbar. Die Zeit, in der diese Darstellungen redigiert wurden, wußte von den wirklichen Verhältnissen der Bundeszeit ersichtlich nichts Sicheres mehr. Die zuverlässigste Quelle: das Deboralied, zeigt die Prophetin neben dem führenden naphtalitischen Kriegshelden Barak, der als Führer des Heerbanns eine ganze Anzahl mit ihm verbündeter Honoratioren der andern Stämme neben sich hat. Nur von Debora und von Samuel weiß die Tradition ausdrücklich zu berichten, daß sie regelmäßig Recht gesprochen hätten, d. h. auf Verlangen Prozeßorakel gaben. Das gleiche berichtet die heutige Redaktion des Hexateuch von Mose. Von ihm und von Josua, außerdem nur von Samuel in einem sicher legendären Fall: der Feststellung der Königsprärogative nach Sauls Wahl, wird die Schöpfung objektiver dauernd geltender Rechtsnormen und ihre schriftliche Fixierung berichtet. Für ein kontinuierlich funktionierendes Gesetzessprechen nach nordgermanischer Analogie ist bei den Schofetim jedenfalls kein Raum. Politische Orakel, nicht Prozeßorakel, gaben die Propheten von der Art der Debora, und politisch-militärische Entschließungen, nicht Rechtssprüche oder Weistümer, waren die spezifische Tätigkeit der charismatischen Schofetim. Dabei ist durchaus wahrscheinlich, daß beide: bewährte Propheten ebenso wie bewährte Kriegshelden, auch im Frieden für die Schlichtung von Streitigkeiten in Anspruch genommen wurden und daß die weltlichen Kriegshelden diese, wie überall, als Herrenrecht ihrerseits in die Hand nahmen, wenn sie dazu gelangt waren, ihre Herrschaft soweit zu befestigen, wie etwa Abimelech. Aber selbst die ersten Könige galten noch nicht in erster Linie als Träger oder gar Schöpfer von Recht, sondern als Kriegsführer. Bei David setzt die Tradition (2. Sam. 14, 2 f.) voraus, daß der König sich in eine Blutfehde gegebenenfalls einmischt. Aber erst Salomo hat offenbar die Rechtspflege systematisch in die Hand genommen (1. Kön. 3, 16 f.): unter ihm ist von einer von ihm erbauten Gerichtshalle die Rede (1. Kön. 7, 7) Vermutlich wegen dieser Neuerung galt er der Nachwelt als Quelle richterlicher Weisheit. Aber von einer amtlichen Fürsorge für die Einheitlichkeit des Rechtes hören wir auch bei den Königen zunächst nichts und noch unter Ahab kann der Hof zwar eine Rechtsbeugung durch Beeinflussung der Richter herbeiführen[100], aber nicht der König erscheint als Richter. Erst bei Jeremia (21, 12) erscheint der König als vormittags zu Gericht sitzend. Aber das Gericht über den Propheten selbst (Jer. 26) besteht aus Beamten (Sarim) und Ältesten (Sekenim) mit den Mannen ('am) als Gerichtsumstand (kahal ha 'am).

Die Tradition könnte sich nicht so verhalten, wenn die Rechtsschöpfung den Schofetim und ihren Nachfolgern in der Macht: den Königen, als Hauptattribut eigen und die Quelle der jetzt vorliegenden Rechtssammlungen gewesen wäre. Die erwähnten, vereinzelten unklaren Angaben der Tradition sind ersichtlich spätere Eintragungen einer Zeit, welche – wie wir sehen werden – das gute alte Recht und den idealen pazifistischen Fürsten der verderbten Gegenwart gegenüberstellte. Auch die Rechtssammlungen selbst müßten anders aussehen, wenn sie einer für Israel ursprünglich einheitlichen regelmäßigen amtlichen Rechtsweisung entsprungen wären. Dann müßte auch ihre wirklich dauernde praktische Geltung zweifellos sein. Gerade das Gegenteil ist aber zum mindesten für das Schuldsklavenrecht, also den praktisch wichtigsten Teil des ganzen Sozialrechts, wie wir sahen, sicher.

Das Recht konnte sich in Israel entwickeln einmal durch die Rechtspraxis von Dingstätten, wie in aller Welt. Ein einmal ergangener Rechtsspruch galt als Präzedens, von dem ungern abgewichen wurde. Chuk[101] scheint der alte typische Ausdruck für die durch Präzedenzfall entstandene verbindliche Sitte und Rechtsgewohnheit gewesen zu sein (Jud. 11, 39). Der nach der so entstandenen Sitte Rechtsweisungen gebende Führer (im Deboralied auch Kriegsführer) hieß in Altisrael chokek.[102] In den späten Quellen werden gelegentlich synonym damit Thora, Gedah, Mischpat gebraucht. Indessen Thora war in der präzisen Sprache Orakel und seelsorgerische Belehrung durch die Leviten, wie wir sehen werden, Gedah, wie weiterhin festzustellen ist, eine durch Beschluß der Heeresversammlung anerkannte Anordnung. Endlich mischpat war sowohl

[100] Auch Micha (7, 3) eifert dagegen, daß der Richter nach Willkür der Fürsten urteile.

[101] Chuk (und Chukah) bedeutet außer traditionellem Recht und traditioneller Sitte auch: Naturgesetz (im Hiobbuch und bei Jeremia). Die priesterliche Sprache besonders in Lev. und Num. braucht es für die göttliche Ordnung, oft mit Adjektiven im Sinn von *ewig, unabänderlich*. Chuk und thora wird bei Amos (2, 4) und Jesaja (24, 5) zusammen genannt.

[102] Der Chokek macht falsche Urteile (Chuk): Jer. 10, 1.

Urteil wie Rechtsnorm, also der am entschiedendsten rein juristische dieser Ausdrücke. Soweit es sich um Normen handelt, scheint er besonders gern für rational formuliertes Recht gebraucht zu werden[103], im Gegensatz zu chuk. Die auf babylonischem Einfluß beruhenden Bundesbuchnormen sind mischpat, nicht chuk.[104] Aber beide Rechtsquellen hatten gemeinsam, daß sie nur schon geltendes oder als geltend vorausgesetztes oder fingiertes Recht anwendeten oder feststellten. Für die bewußte Neuschaffung von Recht kam in Israel zunächst das mündliche Orakel (debar Jahweh oder debar Elohim) in Betracht. In die kategorische Form eines solchen Gebotes: Du sollst ... kleiden auch die Theologen der späteren Zeit ihre sozialethischen Anweisungen. Die zweite Form der bewußten Neuschöpfung, Israel eigentümlich, war die feierliche berith, stets: nach vorangegangenem Orakel. Sie wurde natürlich nur in besonders wichtigen Fällen, dann aber sowohl für einmalige Maßregeln: so die Sklavenfreilassung unter Zedekia, wie für die Anerkennung dauernd geltender Normen verwendet: so kam sie nach der Tradition bei Annahme des deuteronomischen Gesetzbuchs in Anwendung. Dem Inhalt nach heute durch höchst widerspruchsvolle Interpolationen entstellt, ist dessen vermutlich echter Kern keinenfalls Produkt einer öffentlichen Gesetzessprechertätigkeit oder überhaupt von Rechtskundigen. Sondern, wie auch die Tradition erkennen läßt, Erzeugnis interner Arbeit einer spezifischen Theologen-Schule, deren Charakter hier vorerst noch unerörtert bleibt. Wieviel von den aus der Rechtsüberlieferung entnommenen Mischpatim, welche es (cap. 12-26) enthält, dem publizierten Kompendium ursprünglich angehörten, ist nicht sicher auszumachen. Jedenfalls aber sind sie auf stadtstaatlichem Boden gewachsen, mit Theologumena durchsetzt und eine stark theologisch geartete Fortbildung der im Bundesbuch vorliegenden Rechtsnormen. Auch die Mischpatim des Bundesbuchs aber könnten nur zum kleinsten Teil gemeines Recht des alten Israel darstellen, passen für Viehzüchtergemeinschaften überhaupt nicht, sind auch keineswegs spezifisch bäuerliches Recht, sondern – nach Abzug der vermutlich interpolierten Theologumena – ein Kompromiß von Interessen, welcher die Entwicklung der typischen antiken Klassengegensätze voraussetzt. Formell ist die Struktur die, daß einem, wie Baentsch und Holzinger mit Recht darlegen, ganz leidlich systematisch geordneten Kodex von Mischpatim (Ex. 21, 1-22, 16) systemlos Einzel-debarim angehängt sind, die teils rechtlichen, teils sittlichen, teils kultischen Charakters sind. Materiell ist für die Mischpatim der, in hohe Vergangenheit zurückreichende, babylonische Einfluß zweifellos. Die formale juristische Technik und Präzision ist bei den rein pro-

[103] In der vorexilischen prophetischen Sprache ist diese Bedeutung leidlich rein festgehalten (Amos 6, 11 und später oft).

[104] Gelegentlich findet sich neben mischpat und chuk auch *mischmereth* (Gen. 26, 5). Das Wort bezeichnet ursprünglich *Geschäft* im Sinn von: zugewiesene Arbeit und *Ordnung*, entstammt also bürokratischen Vorstellungen.

fanen Mischpatim nicht gering, bei den debarim teilweise äußerst mangelhaft. Die Redaktion der juristischen Bestandteile muß also in den Händen erfahrener Rechtspraktiker gelegen haben, und diese können – da der König und seine Beamten nicht in Betracht kommen – wohl nur in den Kreisen der an der Rechtsfindung beteiligten sekenim, einer wichtigen und zur Rechtsbelehrung viel besuchten Gerichtsstätte Nordisraels gesucht werden, wie etwa Sichem es war. Der Inhalt dieser eigentlichen Rechtsnormen – im Gegensatz zu der angehängten und eingefügten Paränese – entstammt jedenfalls nicht priesterlicher Rechtsfindung. Inwieweit der im Deuteronomium erhobene Anspruch der Priester: an der Rechtsfindung beteiligt und für zweifelhafte Fälle ausschlaggebend zu sein, in vorexilischer Zeit geltendem Recht entsprach, ist durchaus fraglich. In der Königszeit muß im allgemeinen eher mit einem Zurücktreten der Bedeutung der alten Prozeßorakel gerechnet werden, wie sie auch für Babylonien zu beobachten ist.[105] Der deuteronomische Anspruch entspricht dem, was in Ägypten zur Zeit der Herrschaft der Amon-Priester geltendes Recht war. Die offensichtliche Beteiligung der Reflexion über die Gottwohlgefälligkeit und Billigkeit des als gelten sollend dargestellten Rechts und die Beifügung der debarim bestätigen, daß es sich beim Deuteronomium um ein Rechtsbuch, also eine private und formell unmaßgebliche, aber nach Art des Sachsenspiegels oder der Sammlung des Manu populär gewordene Arbeit handelte, welche unter dem Einfluß theologisch interessierter Kreise entstand und durch Zusätze erweitert wurde. – Eine gemeinsame, formell maßgebliche Rechtsweisungsstätte Israels gab es in der alten Bundeszeit nach alledem nicht. Sondern nur die intermittierende, verschieden weit reichende Macht der charismatischen Kriegshelden, das Ansehen bewährter Orakelgeber und alter Kultstätten des Bundeskriegsgottes (vor allem: Silo), endlich vielleicht (aber unsicher) auch einige periodische amphiktyonische Ritualakte, wie möglicherweise jene sichemitische Segens- und Fluchzeremonie und die mehrfach (Jud. 21,19 und 1.Sam. 1,3) erwähnten jährlichen Jahwefeste in Silo. Formell wurde der Bund aktuell nur in Zeiten eines Bundeskriegs. Dann allerdings übte die gedah, wie vornehmlich die ganze Heeresversammlung ganz Israels genannt wird, Justiz gegen Frevler am Kriegsrecht oder an den rituellen und sozialen Geboten Jahwes. Wie der Ausdruck gedah für Anordnung zeigt, konnten durch sie auch generelle Verfügungen getroffen werden. In beiden Fällen beteiligte sich das Heer selbst wohl, wie meist in solchen Fällen, durch Akklamation zu den Vorschlägen der vom Herzog aus den Ältesten der Kontingente bestimmten Kriegsobersten, welche vielleicht den gelegentlich vorkommenden Titel Älteste in Israel führten. Diese werden ihrerseits vorher ein Orakel eingeholt haben.

105 Die altbabylonische Ziviljustiz hatte sich aus der Tempeljustiz entwickelt. Darüber und über die Mitwirkung der Priester in neubabylonischer Zeit E. Cuq, Essay sur l'organis. judic. de la Chaldée, Rev. d'Assyr. 7 (1910).

Über die Verteilung der Beute, namentlich über die Teilnahme der Nichtkombattanten daran, bestanden angeblich (nach Num. 31, 27) feste Grundsätze, die jedoch in der Erzählung von Davids Beuteverteilung (1. Sam. 30, 26) als eine von diesem eingeführte Neuerung erscheinen. Der Casus foederis eines Bundeskrieges, dessen Heerführer und das Ziel des Krieges wurden durchweg charismatisch und prophetisch durch Erweckungen und Orakel Jahwes als des Kriegsherrn des Bundes bestimmt. Als eigentlicher Herzog eines Bundeskriegs galt Jahwe selbst. Ihm persönlich, nicht nur den Eidgenossen, haben die Eidbrüchigen die Hilfe versagt und verfallen daher, wie Jabes, der Ausrottung. Ein Bundeskrieg war daher ein heiliger Krieg[106] oder er konnte es doch jederzeit werden, und wurde in Zeiten der Not sicher immer dazu erklärt. Die gedah, das versammelte Heer, heißt im Deboralied (Jud. 5, 11) und beim heiligen Krieg gegen Benjamin (Jud. 20) ganz einfach die Mannen Gottes (‘am Jahwe bzw. ‘am haelohim). Das hatte zunächst rituelle Folgen. In der Philisterzeit wurde nach der Samueltradition das tragbare Feldheiligtum: die Lade Jahwes, in das Heerlager gebracht und nach einem in der Priestertradition erhaltenen Spruch der Gott rituell ersucht: sich, sei es aus ihr als seinem Behältnis, sei es von ihr als seinem Thronsitz, zu erheben und dem Heer voranzuziehen, nach dem Kampf ebenso: wieder Platz zu nehmen. Auch das Ephod, später ein priesterliches Bekleidungsstück, erscheint gelegentlich (1. Sam. 14, 3; 23, 6.9; 30, 7) im Lager. Durch Verfluchung der Feinde, Orakel und Gelübde vor der Schlacht, Segenzauber während der Schlacht wurde gesucht, Jahwes Eingreifen zu sichern. Zu den Mitteln hierfür gehörten mindestens in Zeiten großer Kriegsnot auch Menschenopfer, wie sie zuletzt noch König Manasse gebracht hat. Aber auch abgesehen von jenen besonderen Gelübden, die sich in der ganzen Welt verbreitet finden, mußte im heiligen Kriege das Heer die vorgeschriebene Askese üben: vor allem Fasten und sexuelle Abstinenz. David und seine Gefolgschaft durften, nach Annahme der Tradition, vom heiligen Brot essen, wenn sie sich, als Krieger, sexuell enthalten hatten. Vergebens läßt David, als sich Folgen seines Ehebruchs mit Bathseba zeigen, deren Mann Uria aus dem Felde kommen, damit er selbst mit seiner Frau Umgang pflege und so die Spur verloren gehe: Uria enthält sich, der militärischen Disziplin gehorchend, des Umgangs. Der Bruch der Askese, speziell des Fastens, durch einen einzelnen bedroht alle mit dem Zorn Jahwes und bedingt daher den Tod des Übertreters: nur durch Opferung eines Ersatzmannes wendet das Heer diesen von Sauls Sohn Jonathan ab.

Mit der Vorbereitung zum Einbruch in Kanaan unter Josua wird von einer Tradition auch die universelle Beschneidung in Zusammenhang gebracht. Sie war den Israeliten mit den umwohnenden Völkern, mit Ausnahme der von Übersee eingewanderten Philister, vor allem aber mit den Ägyptern gemeinsam,

106 Über die mit diesem Umstand zusammenhängenden Einzelerscheinungen hat in ausgezeichneter Art Schwally, Semit. Kriegsaltertümer, I (Der heilige Krieg im alten Israel, Leipzig 1901) gehandelt.

von denen sie sie, nach Herodot, Syrien und Phönizien angenommen hatten. Sie ist der einzige vielleicht von Ägypten übernommene Bestandteil des israelitischen Ritus. Ihr ursprünglicher Sinn ist bekanntlich Gegenstand ungeschlichteten Streits. Vielleicht galt sie in Ägypten anfänglich nicht universell, sondern für die Vornehmen[107] und würde dann entweder mit der Jünglingsweihe der Krieger oder mit der priesterlichen Novizenweihe im Zusammenhang stehen. Ihr Vollzug im Kindesalter ist sicher erst Produkt späterer Zeit. Auch an Ismael vollzieht Abraham sie im 13. Jahre.[108] Die ätiologische Sage von Moses und Zippora im Exodus zeigt andererseits, daß sie jedenfalls auch als gegen dämonische Einflüsse beim geschlechtlichen Verkehr gerichtet galt. Inwieweit die in der rabbinischen Tradition sich öfter findende Beziehung zu der Verheißung reichlicher Nachkommenschaft alt ist, steht durchaus dahin. Dagegen zeigt sich, daß in der friedlichen nachexilischen Zeit ihre Unentbehrlichkeit für Proselyten wenigstens nicht absolut feststand. In älterer vorexilischer Zeit waren, was wohl zu beachten ist, die nicht wehrpflichtigen gerim – und das war die gesamte nicht bodenständige Bevölkerung des Landes – auch der Beschneidung nicht unterworfen. Dies könnte als ein Hauptargument für deren Herkunft aus der Kriegeraskese sprechen, welche das Wahrscheinlichste bleibt. Andererseits aber soll jedes Mitglied des Hausstandes, nach einer Bestimmung von allerdings unbestimmtem Alter[109] auch der Sklave, beschnitten werden, und dies gilt (Ex. 12, 48) als Voraussetzung der Teilnahme am häuslichen Passahmahl. Die Spuren der Herkunft bleiben also etwas vieldeutig. Daraus, daß der Unbeschnittene ('arel) später in einen besonderen Hades gelangt (Hes. 31, 18; 32, 18) ist auch nichts Sicheres zu entnehmen.[110] Jedenfalls galt der fremde Unbeschnittene in spezifischem Sinn als ritueller Barbar und Vorhäute der Feinde wie in Ägypten nach Art der indianischen Skalpe als Trophäen. Das weitaus Wahrscheinlichste ist alles in allem, daß sie ursprünglich mit der Kriegeraskese und Jünglingsweihe der Jungmannschaft irgendwie zusammenhängt: Ob außerdem etwa mit irgendwelcher dabei im Ursprungsland üblicher phallischen Orgiastik, bleibt wohl für immer im

[107] Doch ist gerade neuerdings Gunkel mit starken Gründen gegen Reitzenstein für die Universalität der Beschneidung in Ägypten eingetreten (Archiv f. Pap. Forschung II, 1 S. 13 f). Die späte Notiz des Origenes, wonach die Priester die Hieroglyphen nur an Beschnittene hätten lehren dürfen, ist wohl nicht verwertbar. Die Notiz Jos. 5, 8 ergibt vielmehr klar, daß dem Verfasser die Beschneidung eine Angelegenheit des Heeres war: um dem Hohn der Ägypter zu entgehen, habe Josua sie vollzogen.

[108] Die Beschneidung wurde in Ägypten nach den Denkmälern nicht im Kindes-, sondern im Knabenalter vorgenommen.

[109] Die Sklavenbeschneidung war sicherlich eine Neuerung, was auch in der späten Erzählung vom Bunde mit Abraham (Gen. 17, 12) deutlich erkennbar ist.

[110] Ohne Motivierung, als Bundeszeichen und als im Kindesalter vorzunehmen, wird die Beschneidung von den pazifistischen Erzväterlegenden durch einfachen Befehl Gottes an Abraham eingeführt.

Dunkeln.[111] Hygienisch rationalistische Deutungen, wie sie noch immer vorkommen, sind jedenfalls hier wie meist ganz besonders unwahrscheinlich.

Neben die Maßregeln zur Heiligung des Heeres trat nun im heiligen Krieg das rituelle Tabu für die Beute: deren Weihung an den Kriegsgott des Bundes, der Cherem, der zur Zeit der nachexilischen Umwandlung in eine befriedete konfessionelle Gemeinde als Exkommunikation inkorrekt lebender Gemeindegenossen fortlebte. Reste privater Tabuierung scheinen sich auch in Israel zu finden. Die Tabuierung und Opferung der ganzen oder eines Teils der lebenden und toten Beute an den Gott aber war sehr universell verbreitet und namentlich in Ägypten bekannt, wo der König kraft ritueller Pflicht die Gefangenen abschlachtete. Die Feinde galten hier wie dort als Gottlose: von ritterlichem Empfinden findet sich in keinem von beiden Fällen eine Spur. Der Cherem im Kriege konnte verschieden weit gehen, und jedenfalls zeigen die Regeln über die Beuteteilung, daß die Tabuierung der gesamten Beute: Männer, Weiber, Kinder, Vieh, Häuser, Hausrat nicht die Regel war. Zum Teil wurden nur die erwachsenen Männer: Alles was an die Wand pißt, oder wohl auch nur die Fürsten und Honoratioren, als Opfer geschlachtet. Außerhalb des heiligen Krieges unterschied, wie der Islam, so auch das altisraelitische Kriegsrecht zwischen Feinden, die sich freiwillig unterwarfen und solchen, die im Kampf verharrten und beließ den ersteren das Leben (Deut. 20, 11). Danach ist auch gehandelt worden, und zwar innerhalb sowohl wie außerhalb des kanaanäischen Gebiets. Erst die prophetisch beeinflußte Theorie von der spezifischen Heiligkeit des von Gott verheißenen Landes, wie sie in Elias Zeit zuerst hervortritt, verlangte die absolute Reinigung dieses Gebiets von Götzendienern (Deut. 7, 2.3). Und nur die Theorie der Kriegsprophetie, dann des Exils und die Entwicklung des Judentums zur Konfession neigte sich dem fanatischen Grundsatz zu, daß man den Landesfeind schlechthin auszurotten habe.[112] Abgesehen davon, daß bei weitem nicht alle Kriege, sondern nur die des Bundes als solchem, und vielleicht auch sie nicht immer, als heilige Kriege galten, zeigt der Gegensatz im Verhalten Sauls gegen die Anforderungen, welche die Tradition dem Samuel in den Mund legt, die relative Jugend der letzten Konsequenzen des Cherem. Diese wurden nun aber mit rücksichtloser Schärfe auch in der Gestaltung der

[111] Die Möglichkeit, daß das Passah ursprünglich eine Fleischorgie beduinischer Krieger gewesen sei, ist zu unsicher, um für die Deutung in Betracht zu kommen. Natürlich wäre es an sich wohl denkbar, daß die Umwandlung in ein häusliches Fest erst Folge der früher geschilderten Zersplitterung der Stämme der Viehzüchter mit steigender Siedelung gewesen sei. (Ähnlich E. Meyer, Die Israeliten pp. S. 38 f.) Aber die Bestreichung der Pfosten mit Blut und das Verbot des Blutgenusses scheinen zu zeigen, daß die Fleischorgiastik schon in älterer Zeit beseitigt war, wenn sie bestand.

[112] Ein Widerspruch gegen die humanen fremdenrechtlichen Bestimmungen der älteren Rechtssammlung ist dies natürlich nicht, denn diese betreffen den ger, nicht aber den ganz Landfremden. Jene rituell geschiedenen Metöken sollte es aber eben jetzt gar nicht mehr geben.

Überlieferung durchgeführt und dieses wesentlich theoretische blutige Kriegsrecht brachte jene eigentümliche Verbindung einer fast wollüstigen Grausamkeitsphantasie mit den Geboten der Milde gegen die Schwachen und Metöken hervor, welche manchen Partien der heiligen Schriften ihr Gepräge gibt.

In Verbindung mit der allgemeinen Kriegeraskese kennt die israelitische Kriegsführung auch die Erscheinungen der Kriegerekstase in ihren beiden auch sonst verbreiteten Formen. Entweder als Gemeinschaftsekstase, wie sie der Kriegstanz und die Fleisch- oder Alkoholorgie der Krieger erzeugen. Davon finden sich einige Spuren in der Tradition, deren deutlichste das den Philistern unheimliche Kriegsgeschrei (Teru'ah 1. Sam. 4, 5) der Israeliten nach dem Eintreffen der Lade Jahwes im Kriegslager ist (vermutlich doch: ein Kriegstanz um diese) und das gelegentlich (1. Sam. 14, 32) erwähnte Essen rohen Fleischs und Bluts (entgegen also dem normalen Ritual) nach der siegreichen Schlacht. Oder als individuelle charismatische Heldenekstase, wie sie sich sehr universell verbreitet bei den Helden vom Typus des Tydeus oder Cuchulinn oder der Amok-Läufer und in typischer Art vor allem bei den nordischen Berserkern findet, deren Ekstase sie in einem Rausch von tollwutartigem Blutdurst sich in die Mitte der Feinde stürzen und halb besinnungslos abschlachten läßt, was um sie ist.[113] Ein typischer Berserker dieser Art ist der Simson der Sage, einerlei ob er seinem Ursprung nach, wie der Name (Schamasch) nahelegt, aus einem Sonnenmythos stammt. Wenn der Geist Jahwes über ihn kommt, so zerreißt er Löwen, steckt Felder in Brand, reißt Häuser ein, schlägt mit beliebigen Werkzeugen beliebige Massen von Menschen tot und verübt andere Akte wilder Kriegswut. Er steht sicher als Vertreter eines Typus in der Tradition. Zwischen dem als ekstatischer Berserker auftretenden Einzelhelden und der nur akuten Gemeinschaftsekstase des Kriegstanzes in der Mitte steht das asketische Training einer berufsmäßigen Kriegerschaft zur Kriegsekstase. Eine solche ist in Rudimenten wohl in den Nasiräern zu finden, den Abgesonderten[114], ursprünglich wohl sicher asketisch geschulten Kriegsekstatikern, welche – das einzig sicher Überlieferte – ihr Haar ungeschoren ließen und sich des Alkohols, ursprünglich wohl auch des Sexualverkehrs, enthielten.[115] Auch Simson galt als solcher und ging in der ursprünglichen Legende wohl deshalb zugrunde, weil er sich zum Bruch des sexuellen Tabus hatte verführen lassen. Die Nasiräer

113 Man unterhielt in Konstantinopel noch in später Zeit einige dieser nordischen Wilden, etwa so, wie man früher Kriegselefanten hielt. Die Frage, ob die Kriegsekstase bei den Berserkern planvoll durch Vergiftung herbeigeführt worden sei, wird jetzt meist verneint.

114 Der Talmud zeigt, daß Nasiroth und Perischot (wovon *Pharisäer)* damals dem Begriff nach identisch waren.

115 Daß Unterlassung der Haarschur und Alkoholabstinenz zwei verschiedene Arten von Kriegeraskese repräsentiert hätten, wie teilweise (Kautzsch) angenommen wird, scheint nicht sicher.

als Kern des Heeres finden sich in dem zweifellos alten Segensspruch des Mosessegens über Joseph (Deut. 33,16), und das langwallende Haar (?) der Mannen ('am), die sich zum Kriege weihten (hithnadeb), erscheint im Anfang des Deboraliedes. In der späteren pazifistischen Entwicklung ist der Nasiräat zu einer Kasteiungsaskese kraft Gelübdes mit rituell exemplarischer Lebensführung, vor allen mit Enthaltung von Verunreinigung, geworden, – was er ursprünglich sicher nicht war, denn der Simson der Sage rührt Aas (des Löwen) an, gilt aber als Nasir. Das überlieferte Nasiräer-Ritual (Num. 6) hat schon diesen Charakter. Ursprünglich war, neben der magischen Vorbereitung für die Ekstase, wohl gerade die Erhaltung der physischen Vollkraft der Zweck jener Vorschriften. Graf Baudissins Hypothese, daß der in den Rechtsbüchern durch eine Ablösungsgebühr ersetzte alte Anspruch Jahwes auf alle menschliche Erstgeburt ursprünglich die Verpflichtung der Eidgenossen bedeutet habe, ihm den Ältesten als nasiräischen Berufskrieger zu weihen, – womit man dann noch die Vorschrift des doppelten Erbanteils für den Ältesten, um ihn ökonomisch abkömmlich zu machen, kombinieren könnte, – bleibt eine ansprechende, aber nicht sicher zu beweisende Vermutung, für welche vor allem der enge Zusammenhang zwischen den Nasiräern und Erstgeborenen im Mosessegen für Joseph (Deut. 33, 16. 17) sprechen könnte. Jedenfalls macht es die Erwähnung der Nasiräer in beiden Segenssprüchen über Joseph wahrscheinlich, daß in diesem Stamm zur Zeit dieser Sprüche ein Kern von jahwistischen Glaubenskämpfern, eine Art jahwistischer Kriegsorden also (wenn man den Ausdruck zulassen will), der Träger der Kampfkraft gewesen ist. Näheres zu wissen ist unmöglich. Ebenso können wir nur sehr undeutlich die Beziehungen des alten Nasiräats zu einer andern aus der Zeit des alten Bauernheerbanns herrührenden Erscheinung erkennen: den Nebijim.[116] Beide hatten enge Berührungen. Samuel wird in der Tradition von den Eltern in einer Art zum Jahwedienst geweiht, die dem Nasiräat entspricht und gilt einer allerdings fragwürdigen Überlieferung als Kriegsheld gegen die Philister. Andererseits aber gilt er auch als Nabi und Haupt einer Nebijim-Schule. Der Nasir, der Kriegsekstatiker stand, wie immer man diese Tradition bewertet, in jedem Fall dem Nabi, dem magischen Ekstatiker, nahe. Daß Nasir und Nabi ineinander übergehen, entspricht auch durchaus dem sonst bekannten Wesen von Glaubenskämpferorganisationen.

Die Nebijim sind in keiner Art eine Israel oder Vorderasien allein eigentümliche Erscheinung. Daß weder in Ägypten (vor der Ptolemäerzeit) noch in Mesopotamien die Existenz ähnlicher Formen der Ekstase bezeugt ist, sondern

[116] Für die Etymologie pflegt man das arabische naba': verkünden und den babylonischen Nabu, den Schreiber und Künder der Beschlüsse des Götterrats, heranzuziehen. Vgl. die Bedeutung des Berges *Nebo*, dessen Name wohl mit Nabu zusammenhängt. Mose sowohl wie Elia werden auf ihm bzw. in seiner Nachbarschaft von Jahwe fortgerafft. Über die Prophetien der Zeit vor den Schriftpropheten jetzt zu vgl. Sellin, Der alttestamentliche Prophetismus, Leipz. 1912, S. 197 ff. und G. Hölscher, Die Propheten (1914). Vgl. Absch. II.

nur für Phönizien, hat sicherlich seinen Grund lediglich in der Diskreditierung der orgiastischen Kulte und der bürokratischen Reglementierung und Verpfründung der Mantik schon in der Frühzeit der Großkönigtümer, wie in China. Propheten heißen in Ägypten einfach die Inhaber bestimmter Arten von Tempelpfründen. In Israel aber wie in Phönizien und Hellas blieb, wie in Indien, die prophetische Ekstase infolge des Fehlens der Bürokratisierung eine lebendige Macht, und in Israel insbesondere stand sie in der Zeit der Befreiungskriege als Massenekstase in Verbindung mit der nationalen Bewegung. Die israelitischen Nebijim unterschieden sich im Wesen offenbar nicht von den schulmäßigen Berufsekstatikern, die wir über die ganze Erde hin verbreitet finden. Ihre Rekrutierung erfolgte nach persönlichem Charisma und war, wie die geringschätzige Behandlung durch die spätere Tradition erkennen läßt, stark plebejisch. Sie tätowierten sich offenbar (1. Kön. 20, 41), ähnlich den indischen Mendikanten, an der Stirn und trugen eine Tracht, zu welcher vor allem eine besondere Art von Mantel gehörte, durch dessen magisch wirkendes Überwerfen, scheint es, das Schulhaupt (der Vater) seine Jünger oder Nachfolger designierte. Sie trieben gemeinsam ihre Übungen in besonderen Behausungen, anscheinend zuweilen auf Bergen (so dem Karmel); doch werden auch in einigen israelitischen Orten (Gibea, Rama, Gilgal, Bethel, Jericho) Nebijim erwähnt. Dauernde Askese oder Familienlosigkeit werden für sie nicht überliefert (2. Kön. 4, 1). Musik und Tanz gehörten hier wie sonst zu den Mitteln der Erzeugung der Ekstase (2. Kön. 3, 15). Die Nebijim des phönikischen Baal, welche unter der Omriden-Dynastie in Nordisrael Eingang fanden, verwendeten einen Hinktanz um den Altar mit orgiastischer Selbstverwundung als Regenzauber. Selbstverwundung und auch (1. Kön. 20, 35 f.) gegenseitige Verwundung gehörten neben der Erzeugung kataleptischer Zustände und Irrereden auch zu den Praktiken der Jahwe-Nebijim, ohne daß wir über die Einzelheiten Genaueres wüßten. Der Zweck war der Erwerb magischer Kräfte. Die Mirakel, welche (2. Kön. 4, 1 f.; 4, 8 f.: 4, 18 f.; 4, 38 f.; 4, 42 f.; 6. 1 f.; 8, 1 f.) von dem letzten Meister der Zunft, Elisa, erzählt werden, tragen durchaus das typische Gepräge der berufsmäßigen Zauberei, wie sie in indischen und andern Magierlegenden sich finden. Und wie alle solche ekstatischen Zauberer wurden – wie jene Zaubergeschichten (und die von Elia überlieferten) erkennen lassen – Nebijim teils als Medizinmänner, teils als Regenzauberer in Anspruch genommen, teils aber traten sie wie die indischen Naga und die ihnen am ehesten vergleichbaren Derwische, als Feldkapläne und wohl auch direkt als Glaubenskämpfer in Aktion. Als Kriegspropheten traten die Jahwe-Nebijim in Nordisrael beim Beginn der Nationalkriege auf, vor allem in den Befreiungskämpfen gegen die unbeschnittenen Philister, die ja recht eigentlich Religionskriege waren. Aber wohl damals nicht zum erstenmal, sondern in allen eigentlichen Befreiungskriegen – deren erster der Deborakrieg war – ist offenbar auch die ekstatische Prophetie hervorgetreten. Sie hatte zunächst nichts mit irgendeiner Weissagung zu tun (das Orakel war ja zu Gideons Zeit reines Losorakel), sondern ihr Werk war, wie bei Debora, der Mutter Israels: Aufruf zum Glaubenskampf, Verheißung des Sieges und ekstatischer Siegeszauber. Daß freilich diese ekstatische Kriegsprophetie einzelner mit der späteren schulmäßigen Nabi-Ekstase in direkter Verbindung stand, ist nicht sicher erweislich: das Deboralied und das Richterbuch kennt die letztere nicht.

Aber Beziehungen bestanden wohl sicher. Denn die Kriegsekstase war keineswegs auf die individuelle Ekstase der charismatischen Berserker und Kriegspropheten der früheren und die Massenekstase der Derwischbanden der späteren Zeit des bäuerlichen Heeres beschränkt. Sondern es finden sich überall die Verbindungsglieder. Nicht nur wird von den charismatischen Kriegsführern der sogen. Richterzeit sicher ein erheblicher Teil, wenn nicht alle, den Charakter von Kriegsekstatikern gehabt haben, sondern vor allem auch von dem ersten König Israels ist dies ausdrücklich überliefert. Und zwar im Zusammenhang mit Beziehungen zu den Nebijim. Nach einer Tradition, die den Sachverhalt nicht mehr verstand, gerät Saul angeblich zufällig nach seiner den Geist Jahwes vermittelnden Salbung unmittelbar vor seinem öffentlichen Auftreten als König in eine Gesellschaft von Nebijim hinein und wird selbst von der Nabi-Ekstase erfaßt (1. Sam. 10). Aber auch später noch während seines Kampfs gegen David, erfaßt ihn (1.Sam. 19,24) bei einem wiederum angeblich zufälligen Besuch in Samuels Nabischulen, die Ekstase, so daß er nackt umhergeht, irre redet und einen ganzen Tag in Ohnmacht ist. In einem von Jahwe gesandten heiligen Wutanfall zerstückt er bei der Nachricht von den Kapitulationsverhandlungen von Jabes den Ochsen und ruft ganz Israel unter religiösem Fluch gegen die Säumigen zum Befreiungskampf auf. Seine Anfälle von Wut gegen David wertete die davididische Tradition als Folge eines bösen, aber ebenfalls von Jahwe stammenden Geistes. Er war offenbar ein kriegerischer Ekstatiker wie Muhammed. Aber ebenso wie Saul weilt auch David in Samuels Nabiwohnungen. Er tanzt vor der Bundeslade, als sie im Triumph eingebracht wird. Wie die Beziehung im einzelnen ausgesehen hat, ist aus solchen Nachrichten nicht mehr feststellbar, aber sie bestand.

Wie die Ekstasen Sauls, so wird aber von der späteren Tradition auch dieser ekstatische Akt Davids halb schonend entschuldigt. Ihr erschienen diese Züge als unköniglich. Michal, Davids Weib, spricht es ausdrücklich aus, daß ein König sich nicht benehmen dürfe wie ein Plebejer, und der Spruch: Wie kommt Saul unter die Nebijim? Wer ist ihr (der Nebijim) Vater? drückt das genau Entsprechende aus: die Verachtung dieser würdelosen Plebs. Einerseits die noch zu erörternde veränderte Stellung der literarisch gebildeten Schichten der späteren Königszeit zu den alten Ekstatikern spricht dabei mit. Andererseits die inzwischen veränderte Stellung dieser Derwische infolge der seit Davids Stadtresidenz, endgültig aber seit Salomo, durchaus veränderten Struktur des Königtums. Vor seiner Etablierung als Stadtkönig war David ein charismatischer Fürst im alten Sinn, den der Erfolg allein als Gottesgesalbten legitimierte. Als daher die Amalekiter die Herden und Weiber seiner Gefolgschaft geraubt haben, gerät er in Gefahr, von dieser kurzerhand als dafür verantwortlich erschlagen zu werden. Anders wurde das mit der endgültigen Begründung der erbcharismatischen stadtsässigen Monarchie und der Änderung der Heeresverfassung, welche auf diese folgte. Salomo importierte Rosse und Wagen aus Ägypten und schuf damit das Ritterheer. Die königliche Menage bestand mindestens für die Leibtruppen und einen Teil, wenn nicht alle, Wagenkämpfer (1.Kön.10,26), die unter Salomo als in besondern Wagenstädten untergebracht auftreten. Seitdem vermutlich heißt in der Redaktion der Tradition das Heer, z. B. das Wagenheer des Pharao, einfach dessen Vermögen (chail), der königliche Oberst darüber der sar chailim. Dazu traten leiturgiepflichtige Königshandwerker und Untertanenfronden für die Festungs-, Palast- und Tempelbauten und auch für die Bestellung des sich ausdehnenden Königslandes, königliche Beamte mit Pfründen und Landlehen als Offiziere und wenigstens in den Residenzen auch als Richter, ein königlicher Drillmeister für die Heeresmannschaft, ein Kronschatz als Machtmittel und für Spenden an die Getreuen, zu seiner Speisung Eigenhandel des Königs auf dem Roten Meer und Abgaben der unterworfenen Fremdgebiete, aber auch regelmäßige Naturalabgaben der in 12 Bezirke eingeteilten Untertanen zur monatlich reihumgehenden Versorgung der königlichen Tafel, schließlich auch Arbeitsfronden nach ägyptischer Art. Ein regulärer Harem, Verschwägerungen, Bündnisse mit den Herrschern der großen Mächte, vor allem Ägyptens und Phöniziens, um Weltpolitik treiben zu können, im Gefolge davon Import fremder Kulte, teils nur in der Form von Hofkapellen für die fremden Prinzessinnen, teils aber auch durch Einfügung der fremden Götter in die eigenen Kulte, waren die sofort eintretenden Konsequenzen der Königsmacht. Das Königtum gewann so die bei den großen Kriegsmächten des Orients typischen Züge. Die königlichen Schreiber, der Kanzler, der Majordomus, der Rentmeister und der typisch ägyptische Rangtitel Freund des Königs (re'eh hamelech) treten auf. Auch weltliche Stellen sind mit Priestern oder Priestersöhnen, als den Schreibkundigen, besetzt (1. Kön. 4, 1 f.) und das bedeutete hier, wie überall, eine Steigerung der Macht der schulmäßig gebildeten Priester an Stelle der charismatischen Ekstatiker. Aber dazu trat noch anderes. Aus der lockeren Eidgenossenschaft von Bauern, Hirtensippen und kleinen Bergstädten versuchte durch alle jene Mittel Salomo ein straff organisiertes politisches Gebilde zu schaffen. Zwölf geographische königliche Verwaltungsbezirke traten an die Stelle der durch den Jahwebund vereinigten Stämme: diese wurden jetzt Phylen, wie sie in allen antiken Stadtstaaten für die Repartierung der Staatslasten bestanden. Der größte Teil des Herrenstammes Juda scheint als Hausmacht eximiert gewesen zu sein, wie in den meisten monarchischen Staatenbildungen. Im übrigen knüpfte die Gliederung wohl meist an die Grenzen der alten

Stämme an. Die Teilung Josephs in Ephraim und die beiden Manasse hängt vielleicht damit zusammen. Die Stereotypierung der 12 Stämme Israels erhielt wohl erst dadurch ihren Abschluß. Der wiederholte Abfall der Nordstämme änderte nach der Gründung von Samaria gar nichts daran, daß beide Reiche seitdem diesen Charakter behielten. Damit aber, und vor allem mit dem steigenden Gewicht des Wagenkämpferheeres mußten der alte ekstatische Heldencharismatismus ebenso wie der alte Bundesheerbann an Bedeutung schwinden. Das stehende Heer: die königlichen Leibgarden und Soldtruppen, gewannen auf Kosten des alten bäuerlichen Aufgebots zunehmende Bedeutung. Die alten Gibborim waren wohl nur die panhopliefähige classis (römisch gesprochen) des Eidgenossenheeres gewesen. Mit der nunmehr steigenden Kostspieligkeit der Ausrüstung aber wurden sie eine Ritterschaft, zu deren Gunsten der Heerbann der Gemeinfreien zunehmend zurücktrat. Die Grundlage der königlichen Heeresmacht bildeten in zunehmendem Umfang die Magazine und Arsenale, welche namentlich für Hiskia (2. Chron. 32, 28) erwähnt werden. Damit trat jene Entmilitarisierung der bäuerlichen Schichten ein, von der schon gesprochen wurde. Der durch die Stadtentwicklung eingetretene Zustand verhielt sich an sich zu dem der alten israelitischen Eidgenossenschaft etwa so wie die Hegemonie der Großmächtigen Herren von Bern zu dem ursprünglichen Bauernbund der Schweizer Urkantone. Wesentlich verschärfend aber trat dabei in Israel hinzu die Herrschaft des Fronkönigtums. Man wußte sehr gut, daß der alte Bund und sein Heer sozial anders ausgesehen hatten und als etwas Neues wurden die Steuern und Königsfronden der freien Israeliten bitter empfunden.

Die alten Vorkämpfer der Freiheit, die Nebijim, wurden von der eingetretenen Änderung stark betroffen. Sie waren die geistlichen Lenker der alten Bauernaufgebote gewesen. Mirjam, Debora, nach der späteren (fragwürdigen) Tradition auch Samuel, die alten Berserker-Helden und die Banden der Derwische galten der populären Erinnerung als die vom Geist des Bundeskriegsgotts ergriffenen Träger der echten frommen Heldengesinnung. Der Feind waren die wagenkämpfenden Ritter gewesen – ägyptische, kanaanäische und philistäische –, gegen welche Jahwe durch die Erweckung der Helden- und Prophetenekstase dem Bauernheer den Sieg verliehen hatte. Jetzt aber wurde das Heer der eigenen Könige selbst ein Aufgebot geschulter wagenkämpfender Ritter und fremdstämmiger Söldlinge, in welchen für die Nebijim und Nasiräer kein Platz mehr war. Auch die Nabi-Ekstase und die Nasiräer-Askese wurden also – dies war ein religionsgeschichtlich sehr wichtiger Zug dieser innerpolitischen Entwicklung – entmilitarisiert. Wir sahen schon, wie der Degout der höfischen Gesellschaft gegen Davids ekstatischen Tanz der Michal in den Mund gelegt wurde. Einen Verrückten nennt ein Offizier Jehus jenen Nabi, der von dem Haupt der Jahwe-Nebijim, Elisa, geschickt wurde, um dem Feldherrn die Salbung zum Gegenkönig anzubieten. Bei dieser von den Rechabiten unterstützten jahwistischen Revolte

Jehus gegen die Omridendynastie traten unter der Führung des Elisa auch die von ihm geführten ekstatischen Nebijim noch einmal als politischer Faktor hervor. Es fällt aber auf, daß in den Berichten über die Nebijim Elisas die ekstatischen Erscheinungen wesentlich temperierter erscheinen als in der Saul- und Samuel-Tradition: nicht vagierende, dionysisch rasende Banden, sondern durch Musik zur Ekstase angeregte seßhafte Schulen sind ihre Träger. Und es ist überhaupt das letzte Mal, daß wir in dieser Art von ihnen als einem politischen Faktor hören. Die nächste Erwähnung ist eine negative: der Prophet Amos verwahrt sich unter Jerobeam II. dagegen, ein Nabi zu sein. Damit war offenbar gemeint: ein berufsmäßig geschulter Ekstatiker, der daraus ein Gewerbe macht. Denn an anderen Stellen braucht auch Amos den Namen Nabi als Ehrentitel. Aber immer wieder kehrt bei den Schriftpropheten die Klage über die Lügenhaftigkeit und Verderbnis der Nebijim. Damit sind stets Berufsekstatiker gemeint.

Daß die berufsmäßige Nabi-Ekstase nur teilweise politisch orientiert, im übrigen aber ein einfacher Erwerb als Magier war, geht aus den Quellen deutlich hervor. Einen nationalisraelitischen Charakter hatten offenbar diese freien Nebijim nicht. Sie stellen ihre Dienste unter Umständen auch Nichtisraeliten zur Verfügung. Elisa geht nach Damaskus und der Feind Ahabs, König Benhadad, läßt ihn konsultieren. Auch seinem am Aussatz erkrankten Feldhauptmann gibt er ein magisches Heilmittel an, durch welches dieser zum Jahwe-Verehrer bekehrt wird. Er verkündet dem Feldherren des Damaskenerkönigs, Hasael, dem späteren Todfeinde Israels, seine Bestimmung zur Krone des Aramäerreichs. Ebenso steht er auch dem eigenen König auf Verlangen als ekstatischer Zauberer im Moabiterkrieg zur Verfügung. Aber in festem Dienst steht er nicht: er gilt der Tradition als Leiter einer Gemeinschaft freier Nebijim. Die im Königsdienst stehenden Nebijim waren in Phönizien alt. König Ahab hatte Baal-Nebijim seiner phönikischen Frau in seinen Diensten, aber, da er seine Kinder jahwistisch benannte, sicher auch Jahwe-Nebijim. Beide in der von jeher in Syrien typischen Art: als Pfründner, die an der königlichen Tafel lebten. Offenbar gab es aber damals schon eine Kategorie von Nebijim, welche jede Verwertung des ekstatischen Charisma zu irgendwelchen Erwerbszwecken perhorreszierte. Dieser Standpunkt wird, mit fraglichem Recht, dem Elisa zugeschrieben: Er schlägt den Schüler, der Entgelt nimmt, mit Aussatz. Das entspricht dem, was wir bei den Intellektuellenschichten auch anderer Länder, bis zu den hellenischen Philosophen, als Gebot der Standesehre wiederfinden und diesen Anschauungen entsprang auch die Ablehnung des Nabi-Titels durch Amos. Sowohl jene berufsmäßigen Königsnebijim wie auch diese Schicht von freien Nebijim aber, welche sich als Hüter der reinen Jahwe-Tradition fühlten, sahen sich, da ihre unmittelbar militärische Bedeutung als Glaubenskämpfer seit der Wagenkampftechnik fortfiel und nur, für die ersteren, eine Art magische Feldkaplanschaft blieb, jetzt darauf hingewiesen, vor allem die andere, solchen Ekstatikern eigene Gabe zu pflegen: die ekstatische Weissagung.

Die Beziehung der Nabi-Ekstase zur Weissagung ist zweifellos alt, wie schon der Zusammenhang des (nicht hebräischen) Wortes Nabi mit dem Namen des babylonischen Orakelgotts nahelegt. Daß die phönizischen Stadtkönige schon der Ramessidenzeit sich Ekstatiker als Propheten hielten und nach deren Weisungen ebenso handelten, wie die mesopotamischen Könige nach den Orakeln der Tempelpriester, zeigt die Reisebeschreibung des ägyptischen Schreibers und Abgesandten des Amonpriesters Wen Amon, aus der Zeit etwa des Deboraliedes, für Byblos. Einer der Propheten des Königs gibt in der Ekstase ein Orakel, welches die gute Behandlung des Gastes empfiehlt und danach wird gehandelt. Die alten charismatischen Kriegsfürsten Israels hatten entweder ihrerseits den Gott direkt um ein Omen gebeten oder ihre Entscheidung an ein bestimmtes Zeichen geknüpft: so, nach der Tradition, Gideon dreimal nacheinander. Oder sie waren von einem ekstatischen Nabi zum Krieg aufgerufen worden, wie vor allem Barak von Debora. Zum erstenmal von Saul wird in der historischen Tradition berichtet, daß er einen Seher (Roeh), der zugleich Nabi war (Samuel), von sich aus um ein Orakel und um magisch wirksamen Segen für das eigene und Fluch gegen das feindliche Heer bat. Die gleichen Leistungen schrieb dann die Legende für die Vorzeit dem ebenfalls als ein, politischen Zauber bewirkender, Roeh und zwar, wie die etwas unklaren Andeutungen (Num. 24, 1) beweisen, als Ekstatiker, aufgefaßten Moabiter oder Midianiter Bilcam zu. Er wird von der Legende eingeführt als herbeigeholt durch den feindlichen König und von Jahwe wider seinen Willen gezwungen, Israel zu segnen. Indessen das entstammt späteren Vorstellungen vom Wesen der prophetischen Berufung. Bileams Segenssprüche für Israel und Unheilsdrohungen gegen Amalek, Kain, Edom entsprechen den überall typischen Heilsprophetien.

Da die historische Situation, welche sie voraussetzen, derjenigen der Zeit der ersten Könige entspricht, darf man in den ihn zugeschriebenen Sprüchen die ersten sicheren Repräsentanten einer Heilsprophetie für Gesamtisrael sehen. Für den Zusammenhang der Figur Bileams mit der gerade für Nordisrael typischen Art von Ekstatik sprechen dabei die Vorwürfe, welche ihm später (Num. 31, 16; 25, 1) gemacht wurden. Über diesen Heilsspruch zeitlich rückwärts führen einige der Segenssprüche in den Sammlungen dieser. So vor allem der für den Stamm Joseph im Jakobsegen (Gen. 49, 22 f.), in älterer Fassung im Mosessegen (Deut. 33, 13 f.). Aber er scheidet sich dadurch von jenem Bileamspruch, daß er offenbar nicht den Zweck magischer Beeinflussung bestimmter politischer Ereignisse hatte. Er war keine Heilsprophetie, sondern vermutlich ein bei Stammesfesten von Barden vorgetragenes Preislied auf das schöne, fruchtbare Land des Stammes, verbunden mit dem Erflehen des Segens des Dornbuschbewohnenden Jahwe für die tapferen Nasiräer und Erstgeborenen des

Stammes. Ähnlich fleht der zweifellos spätere Mosesspruch über Juda (Ex. 33, 7) den Segen auf diesen Stamm herab, der als von Feinden bedrängt, aber zum Hegemon des Bundes designiert gilt. Er scheint indessen wesentlich literarischen Charakters zu sein. Die andern Stammsprüche sind teils allgemeine Preislieder auf den Landbesitz oder das Heer des Stammes, oder umgekehrt Tadel- und Spottverse oder, wie bei Ruben, Simeon, Levi, nachträgliche Rechtfertigungen ihres Untergangs, sämtlich aber ohne eigentlich prophetischen Charakter. Ein anderes Gepräge trägt nur der Spruch für Juda im Jakobsegen (Gen. 49, 9f.). Er enthält neben dem Lobe des weingesegneten jüdischen Landes die Zusicherung, daß dieser Stamm das Szepter behalten und daß aus ihm der große Held Israels kommen werde. Der Spruch ist ganz offenbar ein Produkt der großen Machtentfaltung Davids und zweifellos eine vaticinatio ex eventu. Aber er hat die Art der Heilsweissagung in der Form einer Königsprophetie und ist das zeitlich vermutlich älteste erhaltene Produkt dieser Art in Israel. An allen orientalischen Höfen, namentlich auch im benachbarten Ägypten, war diese Art von höfischer Heilsprophetie bekannt und sie ist seit David von den israelitischen Königspropheten gepflegt worden. Im Judaspruch gilt das Heil noch dem Stamme des Königs als dem Hegemon. Bei den typischen Königsprophetien galt er dem Könige. Für diesen handelte es sich dabei vor allem darum, den Fortbestand seiner Dynastie durch ein unzweideutiges und zugleich wirkungskräftiges Orakel zu sichern. Daß ein solches dem David persönlich von Jahwe gegeben worden sei, ist die Form, in welcher die älteste überlieferte Heilsprophetie (2. Sam. 23, 1f.) der Davididendynastie auftritt. Hier legt der Königsprophet seinen Spruch zugunsten der Dynastie deren erstem König selbst in den Mund, den die Tradition als einen von Jahwes Geist ergriffenen Ekstatiker auf dem Thron behandelt. Eine dem Salomo und seinem Tempel freundliche spätere Tradition, wohl die gleiche, welche seine zweifelhafte Legitimität zu stützen suchte, indem sie den sonst in der vorprophetischen Überlieferung als freien Seher geltenden Nathan zu einem in die Hof- und Priester-Intrigen nach Davids Tod eingreifenden höfischen Parteigänger machte legt dagegen diesem Propheten ein entsprechendes Heilsorakel für Salomo und den ewigen Bestand des davididischen Throns in Verbindung mit dem Tempelbau in den Mund (2. Sam 7, 8f.). Dürfte dem Orakel ein hohes Alter zugeschrieben werden, so wäre es die früheste erhaltene Heilsprophetie des späten Typus. Von den späteren Königen Israels berichtet die Tradition namentlich für Ahab die Benutzung seiner offenbar ziemlich zahlreichen höfischen Nebijim als Orakelgeber und, was stets damit identisch ist, als Spender magisch wirkender Glücksverheißungen. Unter der streng jahwistischen Dynastie Jehus wird dann zum erstenmal der Fall berichtet (2. Kön. 14, 25), daß ein Orakel des Jona, des Sohnes des Amittai von Gath in Galiläa, welches – zweifellos während des schweren Kriegs gegen die Aramäer – einen König vorausgesagt habe, der die Grenze des davididischen Reichs wieder herstellen werde, durch die Kriegstaten Jerobeams II. erfüllt und daß dieser also der geweissagte König gewesen sei. Hier tritt also die Weissagung vom Retterkönig nicht nur – wie bei dem Judaspruch im Jakobsegen – als literarische Form, sondern als wirkliches Orakel auf. Zweifellos handelt es sich auch hier um einen königlichen Heilspropheten. Ihre dauernde Verwendung in beiden Teilreichen steht auch anderweit fest und ist durch die scharfen Worte der späteren unabhängigen Schriftpropheten gegen die Lügenpropheten der Könige genügend bezeugt. –

Wie man aus dem Gesagten sieht, scheidet die heutige Fassung der Tradition nicht mehr zwischen Nabi und Roeh. Sie behauptet vielmehr gelegentlich ausdrücklich, daß letzteres der ältere Name für den ersteren gewesen sei – wobei sie unter Nabi den späten Schriftpropheten versteht. – Allein das trifft zweifellos nicht zu. Alle jene heillose Unklarheit, in welcher heute Figuren wie Bileam, Samuel, Nathan, auch noch Elia, vor uns stehen, schreibt sich nicht nur daher, daß in der Tat hier wie überall die Übergänge der Typen flüssig waren, sondern aus der tendenziösen Ausmerzung und Verwischung der alten Gegensätze. Was der typische Roeh ursprünglich war zeigt der Bericht über das zitierte Heilsorakel des Nathan: ein Mann, der auf Grund von Traumdeutungen Orakel gab, entweder also eigene oder (wie Joseph in der novellistischen Tradition) fremde Träume erfolgreich deutete oder – und das war die Hauptsache – in der apathischen Ekstase Hellgesichte hatte. Was ihn vom alten Nabi unterscheidet, ist vor allem die Nichtverwendung der diesem typischen orgiastischen Rauschmittel und also auch: der Massenekstase. Er erhält seine Gesichte einsam und wird von seinen Kunden zum Zweck der Befragung aufgesucht. Nicht immer – z.B. dem Nathan nicht –, aber in aller Regel traute man ihm magische Kräfte zu. Es scheint, daß für einen solchen zugleich mit magischen Kräften ausgerüsteten Roeh der Name Gottesmann (isch haelohim) gebräuchlich war. Samuels Stellung in der historischen Tradition erklärt sich vielleicht ursprünglich daraus, daß er zuerst in der Zeit der Befreiungskämpfe die seitdem als klassisch zugelassenen Formen der Jahwe-Offenbarung: Traum und hellseherische Entrückungsvision, für politische Orakel gepflegt hatte. Nathan und Gad (2. Sam. 24, 11) unter David, Ahia von Silo unter Salomo und Jerobeam (1. Kön. 15, 19), Jehu der Sohn Hananis unter Baesa scheinen diesem Typus angehört zu haben. Später sind sie daher mit den Nebijim – freien oder Königspropheten – in einen Topf geworfen worden. Die Erteilung politischer Orakel war aber offenbar nicht die ursprüngliche und wohl dauernd nicht die hauptsächliche Tätigkeit der Seher gewesen. Und andererseits waren die offiziellen Orakel der angestellten Jahwepriester, politische und prozessuale, nicht Traum- oder Visions-, sondern Losorakel.

Auch die Roeh-Ekstase war zunächst privater Erwerb. Die Tradition berichtet noch, wie Alltagsfragen aller Art, z.B. nach dem Verbleib von Eselinnen, vor den Seher gebracht und die kraft Hellgesichts abgegebenen Orakel durch

Geschenk entgolten werden (1. Sam. 9, 6.7). Allerdings: der späteren Tradition ist der Gottesmann und Seher vor allem ein Mann, der den Willen des Bundesgottes den maßgebenden Autoritäten: den Ältesten, oder dem König oder einem von ihm zum charismatischen Kriegsfürsten zu erweckenden Helden, verkündet. So verfahren schon Samuel und Nathan. Allein hier hat die prophetisch beeinflußte jetzige Redaktion vor allem der deuteronomischen, den Samuel auf den Schild hebenden Schule offenbar dem wirklichen Seher der alten Zeit eine ganz andere, von ihm verschiedene Figur substituiert. Alle bisher behandelten Typen gehören nämlich dem Gebiet der seßhaften bäuerlichen Stämme des Nordens an. Das ist kein Zufall, wie sich später zeigen wird. Die Viehzüchterstämme und der ihnen genuine Jahwismus kannten dagegen – und ebenfalls nicht zufällig – andere Arten, in welchen die Gottheit ihren Willen kund tut. Die älteste ist die Epiphanie. Sie findet sich bei allen Erzvätern, in der historischen Tradition zunächst in der legendären Versammlung des Volks in Bochim (Jud. 2, 1), zuletzt aber bei Gideon. Aus Jahwe selbst ist dabei schon ein göttlicher Bote geworden. Denn der spätern Tradition hat nur Mose Jahwe von Angesicht zu Angesicht gesehen. Immer aber handelt es sich darum, daß derjenige, welchem die Epiphanie zuteil wird, die leibhaftige Stimme Jahwes oder seines Boten hört, nicht ein bloßes Traumgesicht empfängt. Das ist also wiederum ein anderer Prophetentypus.[117] Seine Vertreter behaupten, den Träumern von Träumen, deren Gesichte unsicher und unkontrollierbar seien, überlegen zu sein. Das in ihren Augen entscheidende Merkmal bleibt auch in der späteren Zeit der klassischen Prophetie das gleiche: persönlich muß man mit Jahwe verkehrt, in der Ratversammlung des Gottes gewesen sein und die Stimme des Herrn selbst gehört haben, wenn das Orakel gelten soll. Dem dadurch beeinflußten Zweige der Tradition galten demgemäß die Traumorakel als unklassisch und trügerisch und die bloß Träume deutenden Seher als verdächtig. Mochte auch die Traumdeutung, trotz des rücksichtslosen Kampfs namentlich Jeremias dagegen, noch in späterer, nachexilischer Zeit (Joel 3, 1; Daniel 2, 1 f.) Prestige unter babylonischem Einfluß wiedergewinnen und jedenfalls nie gänzlich abgelehnt werden, so war doch, wenigstens in vorexilischer Zeit, die Entstehung einer priesterlichen Traumdeutungslehre nach Art der mesopotamischen Traumbücher nicht möglich. Kombinationen von Sehen und Hören kommen vor: Amos wird von seinem Gegnern Choseh genannt und

117 Vision und Audition sind natürlich nicht streng geschieden, sondern in verschiedener Art verknüpft. Von Hosea als erstem wird stets nur gesagt. daß das *Wort Jahwes* (debar Jahwe) zu ihm kam. Amos berichtet von allerhand Bildern, die ihm dann durch Jahwe gedeutet werden (1, 1; 7, 1.4. 7; 9, 1). Ähnlich gelegentlich noch bei Jeremia und, etwas anders, bei Hesekiel. Jesaja dagegen sieht nicht Bilder, die zu deuten sind, sondern er sieht und hört das, was er verkünden soll; oder er sieht Gottes Herrlichkeit und empfängt dann seine Befehle. Jedenfalls aber überwog die Bedeutung der Audition. Als *Seher* heißt der Prophet choseh (die Derivate von chasah bedeuten später: *Nachtgesicht)*. Näheres Abschnitt II.

seine Eingebungen sind Verbindungen von Gesichten mit auditiven Deutungen dieser durch Jahwe. Aber es sind reale Wachgesichte. Das Übergewicht des Hörens ist auch bei ihm bestimmend für den Typus.

Das Temperament eines auditiven, nicht durch Traumvision in der apathischen Ekstase, sondern emotional durch Stimmenhören inspirierten Propheten, ist naturgemäß ein weit erregteres und aktiveres als das eines Traumvisionärs. Daher offenbar kam der Name Nabi auch für diese Orakelgeber auf. Ihr Typus prägte nun die Tradition. Ihr ist seitdem der Gottesmann vor allem ein Mann, der den Willen des Bundesgottes teils, wie die Nebijah Hulda unter Josia oder wie Jeremia unter Zedekia auf Befragen, teils aber und zunehmend gerade ungefragt den politischen Machthabern kündet, mag ihnen das Orakel erfreulich sein oder nicht, ja gerade dann, wenn es ihnen unerfreulich ist. Samuel gilt der Tradition als der erste, dessen Prestige ihm dies zu tun erlaubte, und die spätere Anschauung legte auf die Möglichkeit, daß ein amtloser und nicht zu den Priestergeschlechtern gehörender Mann von diesem prophetischen Geist Jahwes ergriffen sein könne – was offenbar gelegentlich von den Interessenten angefochten wurde – solches Gewicht, daß sie dafür in Eldad und Modad (Num. 11, 29) ein eigenes mosaisches Paradigma schuf. In der legendenumwobenen Figur des Elia erreichte dieser Typus seinen Höhepunkt und bog zugleich schon teilweise in den neuen des späteren (Schrift-) Propheten um, der sich von dem alten Gottesmann dadurch unterscheidet, daß seine Orakel mindestens teilweise sich an die Adresse der politisch interessierten Öffentlichkeit des Publikums wendet, nicht nur an die verfassungsmäßigen Gewalten – je nachdem: König oder Älteste – allein. Elia, der durch die tendenziöse Tradition der Nebijim wenigstens indirekt mit der Nabischule Elisas – die noch ganz den traditionellen Charakter trägt – in Beziehung gebracht wird, ist die erste spezifisch klerikale Gestalt der israelitischen Geschichte. Zu einem Magier vom Typus des Elisa hat ihn erst die Legende und die – sogar in der Tradition als Streberei hervortretende – Absicht dieses Epigonen der alten Nebijim gemacht, sich als seinen Nachfolger hinstellen zu können. Im Gegenteil war das Eindrucksvolle seines Auftretens offenbar gerade darin begründet, daß er kein anderes Mittel als die einfache Anrufung Jahwes im Gebet, im Gegensatz zu dem ekstatischen Zauber der Baals-Nebijim, verwendete. Elisa ist nicht zufällig, wie wir sehen werden, der Tradition ein seßhafter Bauer, während Elia aus Thisbe jenseits des Jordans, also aus dem Steppengebiet stammt und ein Wanderleben über das ganze Gebiet der Jahweverehrung hin bis zum Horeb führt, von der Königin des Nordreichs mit dem Tode bedroht, während Elisa als Kriegsmagier Ahabs fungiert. Elia empfängt seine Befehle von Jahwe in der Einsamkeit und verkündet sie persönlich, als Bote seines Gottes, so, wie dies die jahwistische Anschauung seiner Zeit den Epiphanien der Engel Jahwes zuzuschreiben pflegte. Darauf und auf der bis dahin unerhörten Rücksichtslosigkeit seines Auftretens gegenüber den politischen Machthabern beruhte sein beispielloses

Prestige. Historisch aber ist er wichtig als der erste historisch leidlich sicher greifbare Unheilsprophet und darin der Vorläufer jener Reihe großartiger Gestalten, die für unsern heutigen literarischen Bestand mit Amos beginnt und mit Hesekiel ein Ende nimmt. Sie wurden die geistigen Träger der Opposition gegen das Königtum und alle die von ihm (wirklich oder angeblich) verschuldeten Neuerungen, von den perhorreszierten fremden und kanaanäischen Kulten angefangen bis zum sozialen Druck gegen die einstigen Träger des Bundesheerbanns. Wie bei den apathisch-ekstatischen Traumsehern, so ist auch bei ihnen das entscheidende Unterscheidungsmerkmal gegenüber den orgiastisch-massenekstatischen Nebijim: die Einsamkeit. Psychologisch freilich, wie schon angedeutet und später zu erörtern, aus gänzlich andern Gründen. Soziologisch aber zunächst deshalb, weil Unheilprophetie sich nicht, wie Heilsprophetie, berufsmäßig lehren läßt, weil sie ferner nicht erwerbsmäßig verwertbar ist: denn ein böses Omen – und das war jedes Unheilorakel – kaufte man nicht, und weil endlich alle sozialen Gewalten und Gemeinschaften dem Unheilpropheten aus dem Wege gehen oder ihn geradezu als Verderber des Volks und aller guten Omina verfemen. Die Einsamkeit sowohl wie die hier zuerst zum Grundsatz erhobene Ablehnung des Erwerbs durch Orakel[118] seitens der Unheilpropheten war also in den Verhältnissen begründet und nur teilweise freiwillig. Sie bedingte es aber, daß in ihnen die großen Ideologen des Jahwismus erstanden, die gar keine Rücksichten kannten und ebendadurch jene gewaltigen Wirkungen erzielten, die ihnen beschieden waren. Den Elia bezeichnet König Ahab als Unheilmenschen und Volksverderber. Er hat in der Tat auch seelisch schon ganz den Typus der späten Propheten. Als einen von Jahwes zornigem Geist Besessenen der leidenschaftlichsten Art, der nach dem siegreichen Gottesurteil gegen die konkurrierenden Baalspriester vom Karmel hochgeschürzt vor dem Königswagen her bis in die Residenz hinabrennt, aber auch als Glaubenshelden, der mit seinem Gott wie Mose ringt und schilt und von ihm einer Epiphanie gewürdigt wird, die der des Mose zunächstkommt, als den letzten großen Magier und den einzigen unter den von Jahwe in den Himmel Entrückten, dem die jetzige Redaktion diese Ehre gegönnt hat, kennt ihn die Tradition, und so hat diese Figur die Phantasie der Gläubigen mit Wiederkunfts-Erwartungen bis in die späteste Zeit beschäftigt. Gleichzeitig mit dieser von der Legende ins Übermenschliche gesteigerten Gestalt findet sich aber in der Tradition eine rein geschichtliche Figur, welche, von allen solchen übernatürlichen Zügen befreit, in einem entscheidenden Punkt ebenfalls bereits dem Typus der späteren Propheten entspricht und auch von den Redaktoren der Tradition als einer ihrer Prototypen behandelt wird: Micha der Sohn des

118 Micha (3, 5) wettert gegen jene Propheten, welche Heil weissagen, wenn man sie bezahlt und Unheil bei schlechtem Entgelt (wobei immer zu beachten ist, daß die Orakel als Omina mit magischen Folgen galten). Ebenso (3, 11) gegen das Geldnehmen der Propheten überhaupt.

Jimla, der vor dem Feldzug den Hunderten von Heilspropheten im Dienste Ahabs mit einer Unheilsweissagung entgegentritt, die dann in Erfüllung geht (1. Kön. 22, 8 f.). Dies: die politische Unheilsandrohung, die zugleich magisch als böses Omen gewertet wurde, schien, wie schon den Zeitgenossen des Elia (1. Kön. 21, 20), so auch denen des Micha und Jeremia (Jer. 26, 18) das charakteristische Merkmal einer besonderen Art von Prophetie. Sie war politisch gefährlich. Aber es schien auch gefährlich, den von Jahwe ergriffenen Unheilskünder anzutasten. Das Merkmal wurde nun auch rückwärts in die halb legendären Gestalten der früheren Seher der Vorzeit hineinprojiziert und dadurch der (angebliche) Moabiter Bileam zu einem den Israeliten Elisa zu einem dem Hasael wider ihren Willen Heil weissagenden Propheten gemacht.

Das erste Auftreten der unabhängigen politisch orientierten Seher, deren Nachfolger diese Propheten wurden, fällt nicht zufällig ziemlich genau mit jener großen Wandlung zusammen, welche unter David und Salomo das Königtum für die politische und dadurch auch für die soziale Struktur Israels mit sich brachte. Die Frage des Tempelbaues, Thronfolgefragen, private Sünden des Monarchen, Kult und die allerverschiedensten politischen und persönlichen Entschließungen – bei Elia zuerst auch eine soziale Ungerechtigkeit des Königs – sind Gegenstände ihrer Orakel und ihrer meist unerbetenen, oft außerordentlich scharfen Kritik. Diese Kritik aber legt in der Tradition ein für allemal einen Maßstab zugrunde: das gute alte Recht des altisraelitischen Bundes, so, wie die Träger der Kritik es verstanden. Die Umwandlung des Staates in einen Leiturgiestaat, in ein ägyptisches Diensthaus im Zusammenhang mit dem Wagenkampf und der Weltpolitik, ist ihnen die Quelle alles Übels. Der ganze bürokratische Apparat ist ägyptischer Greuel, Volkszählungen ziehen, selbst wenn Jahwe selbst dazu – zur Strafe für Sünden – die Anregung gegeben hat, eine Pest nach sich. Das entsprach der volkstümlichen Auffassung. Die israelitischen Bauern wußten, daß sie einst für Fronfreiheit gegen die Ritter gekämpft hatten. Jetzt spürten sie die politische und ökonomische Übermacht des Königs und der Patrizier und ihre eigene zunehmende Schuldverknechtung. Die vom König unabhängigen Seher und Propheten, die Erben der Volkstümlichkeit der nun außer Betrieb gesetzten kriegerischen Nebijim, verklären daher die Zeit, wo Jahwe selbst als Herzog dem Bauernheer voranzog und der auf dem Esel reitende Fürst sich nicht auf Rosse und Wagen und auf Bündnisse verließ, sondern ausschließlich auf den Bundeskriegsgott und seine Hilfe. Von hier aus kam zuerst die hohe Wertung des Glaubens an Jahwes Verheißungen in die israelitische Religiosität hinein. Der Name Jahwe Zebaoth, Jahwe der Heerscharen[119], welcher dem Pentateuch und dem

[119] Den viel umstrittenen Begriff deutet Wellhausen und nach ihm Hehn (Die biblische und die babylon. Gottesidee) relativ universalistisch: Jahwe ist Herr aller jener Geister, die in der Welt sind. Indessen ist doch die Beziehung zu kriegerischen *Scharen* ganz unverkennbar.

Richterbuch fremd ist, wurde nun erst die von den Sehern und später, nach ihrem Beispiel, von den Schriftpropheten, vor allem (aber nicht: nur) den Unheilpropheten fast ausschließlich gebrauchte Gottesbezeichnung. Die Zebaoth waren dabei zwar zunächst die himmlischen Diener Jahwes, vor allem das schon im Deboralied mitkämpfende Sternengeisterheer (Zebah) und die Engel. In der weltlichen Tradition aber bedeutet Zebaoth, wie Kautzsch mit Recht hervorhebt, an allen jenen (26) Stellen, wo das Wort ohne Verbindung mit dem Gottesnamen vorkommt, stets den alten Heerbann Israels. Dessen Gott war in den Augen dieser Kreise Jahwe, und an diesen ist daher zweifellos bei jenem prophetischen Gottestitel mindestens mitgedacht. Und zwar finden sich solche Stellen auch in der jüngeren Tradition aus einer in der wirklichen Politik pazifistischen Zeit. Es handelt sich eben um eine nachträgliche ideale und tendenziöse Konstruktion der eidgenössischen Vergangenheit Israels. Die jahwistische Unheilsprophetie brauchte den Ausdruck nicht nur, weil die Prophetie der alten, guten Zeit Kriegsprophetie gewesen war, und nicht nur um zum Ausdruck zu bringen, daß Jahwe allein der legitime Heerkönig Israels sei (was zuerst Jes. 6,5 vgl. 24,21 behauptet wird). Sondern auch deshalb, weil die alten Verheißungen des Gottes, wie wir sehen werden, neben dem materiellen vor allem gerade das kriegerische Heil Israels zum Gegenstand gehabt hatten und sie davon sich nicht lossagen konnte und wollte. Neben die pazifistische Gestaltung der Erzvätersagen, welche im Kreise der entmilitarisierten Kleinviehzüchter ihre Heimat hatte, und neben die Verklärung des alten Sozialrechts, vor allem des sozialen Schuldrechts des Jahwebundes, an welchem die entmilitarisierten Plebejer hingen, trat so die spezifisch glaubenskämpferische Legende der tatsächlich ebenfalls entmilitarisierten, nur noch in ihrer Phantasie mit Jahwe gemeinsam kämpfenden Propheten, die jetzt statt kriegerischer Derwische und ekstatischer Therapeuten und Regenmacher als eine Schicht literarisch gebildeter politischer Ideologen auftraten. Nach einer gelegentlichen Bemerkung des Amos (2,11f.) scheint es, daß die königliche Bürokratie die unbequemen demokratischen Glaubenskämpfer, die Nasiräer und freien Nebijim, ganz bewußt bekämpft hat. Dies ist, nach allen Analogien von anderswoher, an sich höchst wahrscheinlich und wird es noch mehr dadurch, daß in Zeiten starker Regierungen auch die Prophetie schwieg. Aber in Zeiten sinkender Macht und äußerer Bedrohung regten sich alsbald die alten demokratischen Erinnerungen. Die utopische Phantasie ihrer Träger sättigte sich um so mehr mit blutigen Bildern kriegerischer Heldentaten Jahwes, je unmilitärischer sie selbst inzwischen geworden waren, – ganz so, wie wir ja auch heute in allen Ländern das Höchstmaß von Kriegsdurst bei jenen Literaten-Schichten erleben, welche vom Schützengraben am weitesten entfernt und ihrer Natur nach am wenigsten kriegerisch geartet sind. – Der eigentliche Stein des Anstoßes für diese Literaten mußte nun die Politik des Königstums sein, welche alle jene Umgestaltungen der alten Heeres- und Sozialordnung herbeigeführt hatte. In diesem Gegensatz gegen die politischen und sozialen Umformungen fanden alle: die rechabitischen und anderen von Jahwepriestern geleiteten Hirten, die Bauern, die exemplarisch frommen Jahweverehrer, sich im Zeichen der Verklärung der guten alten Zeit der reinen Jahwefrömmigkeit und des freien Jahwebundes zusammen. Die äußere und innere Unabhängigkeit dieser Kritik gegenüber dem König war durch das Fehlen eines hierokratischen Charakters des Königtums begünstigt. Der israelitische König hatte keine priesterliche Würde. Zwar Ansätze dazu finden sich, wenn David das Ephod trägt. Aber im übrigen war der König zwar in der Lage, die Priester der von ihm sustentierten Heiligtümer anzustellen und zu entlassen[120], ja sie wie seine Beamten zu behandeln, ebenso wie große Grundherren (Micha) dies an ihren Kapellen taten. Er konnte opfern, wie ursprünglich jeder Israelit. Aber er hatte nicht die Qualifikation, Orakel zu geben, Weihe und Sühne zu spenden. Dies war dem charismatisch Qualifizierten: dem Propheten und später dem geschulten Leviten, vorbehalten. Das relative Zurücktreten der Bedeutung des Gemeinschaftsopfers in der Tradition der Jahwereligion, bedingt durch das ursprüngliche Fehlen einer perennierenden Bundesautorität und den Charakter der Beziehung Jahwes zur Eidgenossenschaft, kam der Selbständigkeit der hierokratischen Machtstellung der freien Nebijim (ebenso wie später der Thoralehrer) gegenüber dem König zugute.

Die spätere Tradition legt daher dem Samuel, den sie zugleich als Roeh und Nabi und als Vertreter des alten Rechts verklärt, die Schilderung des Inhalts des ihr verhaßten neuen Königsrechts in den Mund. Weil das Volk trotz aller Warnung darauf bestand, sich einen König zu küren, sollte Samuel es schriftlich (1 Sam. 10, 25), also, dem alles beherrschenden Gedanken der berith entsprechend, nach Art einer Verfassungsurkunde im Archiv niedergelegt haben (1 Sam. 8, 11): Der König wird Hauptleute über Tausend und Fünfzig ernennen. Er wird die Söhne der Israeliten für die Bedienung seiner Kriegswagen pressen, andere zum Dienst als Waffenschmiede und Wagenbauer, ihre Töchter zum Salbenbereiten, Kochen und Backen (für seine Tafel und den Heeresbedarf). Er wird Felder, Wein- und Ölgärten als Lehen für seine Beamten verlangen, Ackerbestellungs- und Erntefronden, namentlich Zwangsdienst von Knechten, Mägden, Rindern und Eseln für sein Königsland und seinen sonstigen Bedarf, den Zehnten von Wein, Feld und Kleinvieh für die Bezahlung seiner Offiziere und Soldaten. Die freien Israeliten werden seine Knechte (d. h. Untertanen statt Eidgenossen) sein.[121] Gegen diesen Zustand wendete sich die politische Tendenzlegende und redigierte die Überlieferung um. Während z. B. die echte Tradition

120 Amos 7, 10.13: Gegen den Propheten klagt der Priester von Bethel beim König Jerobeam wegen Erregung von Aufruhr an der Kultstätte und weist jenen dann aus *des Königs Heiligtum (mikdasch) und Haus (beth).*

121 *Im Zorn* hat (Hosea 13, 11) Jahwe Israel den König (es handelt sich allerdings hier um die illegitimen Usurpatoren in Nordisrael) gegeben.

(2 Sam. 21, 19) weiß, daß einer der Ritter Davids, Elhanan der Bethlehemiter, den Gathiter Goliath erschlagen hat, läßt die Tendenzlegende ihn von dem unbekannten und ungepanzerten Hirtenknaben David mit einem Stein nach Bauernart getötet werden. Massenhafte Züge ähnlicher Art sind teils aus der echten Tradition ausgelesen unter Unterdrückung anderer, teils neu erfunden. Der Vorliebe dieser Tradition für das alte Bauernheer verdanken wir vermutlich die Erhaltung gerade des Deboraliedes aus den alten Liedersammlungen, andererseits aber auch die Art, wie die Eroberung Kanaans und die Kriege der Richterzeit legendär umgestaltet worden sind. Vor allem aber kommt auf ihre Rechnung die Verklärung der brüderlichen Gleichheit und Schlichtheit der Eidgenossen in der Wüstenzeit, dieses von Budde sehr glücklich sogenannte nomadische Ideal. Daher waltet diese Tendenz ganz offensichtlich auch bei der Auslese der uns aus den alten Rechtssammlungen allein aufbewahrten, früher besprochenen sozialrechtlichen Bestimmungen und bei deren vermutlich ziemlich weitgehender Interpolation mit utopischen Theologumenen.

Aus der gleichen Tendenz heraus verlangten die Vertreter der alten Tradition: der König solle nicht, um Rosse und Wagen zu halten, in das ägyptische Diensthaus zurückkehren (Deut. 17, 16). Glanz und Pracht des salomonischen Hofs und Tempels verwarfen sie zugunsten der alten Bauernfreiheit und des alten schmucklosen Kults auf einem Erdaltar. Allein angesichts der bedeutenden Interessen, welche mit dem glänzenden königlichen Tempelkult verknüpft waren, standen diese Forderungen selbst in den Kreisen der frommen Jahwisten nicht ohne Gegner da. Die Stellungnahme zu Salomos grundstürzenden Neuerungen und zum Königtum überhaupt ist demgemäß in den Quellen uneinheitlich. Ein Teil der Tradition weiß, daß in der königlosen Zeit Unordnung und Willkür herrschte und entschuldigt alles, was vom späteren rituell und ethisch korrekten Standpunkt aus als Frevel galt, damit, daß damals kein König in Israel war und deshalb jeder tat, was ihm gut schien, (Jud. 17, 16; 21, 25, ähnlich: 18, 1; 19, 1). Die gewaltige Machtstellung vor allem Davids, aber auch Salomos als des Erbauers des Tempels, wirkte naturgemäß in der Richtung der Verklärung gerade dieser Könige auf Kosten sowohl des Bauernfürsten Saul wie der späteren Teilkönige. In der Zeit großer kriegerischer Erfolge in den Befreiungskriegen und gleich nachher war eben das Prestige des Königtums gewaltig.[122] Der König empfing durch die Salbung den Geist Jahwes, er hatte noch keinerlei dauernd wirksam konkurrierende klerikale Priestermacht neben sich, opferte dem Gott persönlich im Priestergewand (nach der Tradition tat dies David) und schaltete über Priesterstellen und Kultorte fast so frei wie manche mesopotamischen Großkönige. Der König gilt daher dieser Tradition als Messias: Gesalbter (ha maschiah) Jahwes, wie nach dem Exil der Hohepriester. Die bei der normalen Thronfolge anscheinend nicht

[122] Vgl. dazu K. Budde, Die Schätzung des Königstums im A. T. (Marb. Ak. Reden Nr. 8, Marburg 1903).

erforderliche, aber bei der prophetischen Legitimierung von Usurpatoren (David, Jehu, danach vermutlich: Saul in der einen der drei Traditionen) vorkommende Salbung, wahrscheinlich einem alten Brauch einheimischer Stadtfürsten (vielleicht Jerusalems) entnommen, gewann eine rituelle Bedeutung).[123] – Aber ein anderer Zweig der Tradition stand unter dem Eindruck der späteren Abnahme der Macht des Landes und des aufsteigenden Prestiges der Propheten. Er weiß daher, daß, ehe Israel sich einen König setzte, der Bundesgott selbst und er allein und unmittelbar der Herrscher gewesen war, daß dieser keines solchen Amts-, Steuer- und Fron-Apparats bedurft hatte wie die jetzigen Könige vielmehr seinem Volke durch die Seher und Helden der Vorzeit seinen Willen jeweils offenbart und ihm, wenn es seinen Geboten gehorchte, stets erneut geholfen hatte. – Stärker noch als im Südreiche, wo die Nähe Jerusalems wirkte, scheint diese Stimmung bei den ephraimitischen Bauern geherrscht zu haben. Von den Propheten gab zuerst Hosea ihr Ausdruck. Das Prestige der davidischen Dynastie, der einzigen dauernd sich auf ihrem Thron behauptenden, direkt durch die Forderung der Abschaffung des Königstums anzutasten war im Südreiche kaum möglich. Daher ging dort das Programm auf Beseitigung der Neuerungen, welche das Königtum gebracht hatte. Auf politischem Gebiet vor allem: des Militarismus mit seinen Rossen und Wagen, dem Kronschatz, des Harems der fremden Prinzessinnen und ihrer Kulte und der königlichen Günstlinge als Beamter, der Bau- und Ackerfronden der Untertanen. Der König soll, verlangt das Deuteronomium, die hochmütigen Sultansallüren der Großkönige abtun und wieder ein charismatischer primus inter pares werden, ohne viele Rosse und Wagen, – also ein auf dem Esel reitender weiser Richter und Schirmer der einfachen Leute. Dann wird der alte Bundesgott Jahwe, wie einst mit dem Bauernheer, auch gegen noch so übermächtig scheinende Feinde, mit ihm sein, wenn er nur – was Vorbedingung für alles andere ist – den Prätentionen der Weltpolitik, die an all jenen Neuerungen schuld war, entsagt. Wir werden sehen, wie sich priesterliche Machtinteressen und Theologen-Ideologien in diesem Programm zusammenfanden, welches tatsächlich unter Josia wenige Jahrzehnte vor dem Untergang Jerusalems das deuteronomische Gesetz durchzuführen versuchte.

Das Königturn war in Israel kein patrimoniales Wohlfahrtskönigtum, sondern mit der Macht der gibborim verbündet. Die Vertreter der alten Tradition wendeten sich daher gegen beide zugleich. Mit großer Wucht tritt diese Strömung in den Orakeln der vorexilischen Schriftpropheten hervor. Über ihre politische Stellung und Bedeutung im ganzen ist später zusammenhängend zu

123 Dagegen ist Schwallys Ableitung des Worts nadib für *Fürst, Edler* von dem Sichweihen zum Krieg sehr fraglich. Nadib heißt der Fürst doch offenbar hier wie überall als *Gebender, Gabenspender;* nur das Hithpael könnte ja wie im Deboralied (Jud. 5, 1) die Bedeutung *sich hingeben* haben (so auch, nach einer fragwürdigen Lesart, an einer anderen Stelle – Jud. 5, 9 – des Deboraliedes).

reden. Hier kommt es auf die Vorwürfe an, welche sie der populären Kritik an den sozialpolitischen Zuständen entnahmen. Das Geschenke nehmen, die Bestechung, die Rechtsbeugung stehen an der Spitze (Amos 2, 6. Jesaja 1, 23; 5, 3), durch welche Recht in Galle verwandelt wird (Amos 6, 12), Blutgeld wird genommen (Amos 5, 12), unschuldiges Blut vergossen (Jesaja 1, 15; 7, 6; 22, 3) das Volk geschunden (Micha 3, 2-3) die Rechtsprechung zum Vorteil der Gottlosen und zum Nachteil der Armen, Witwen und Waisen (Jesaja 10, 2) und der Gerechten (Amos 5, 12) verkehrt, statt Recht Gewaltsamkeit (Jeremia 7, 6; 22, 3) und Schinderei geübt (Jesaja 5, 7), Acker an Acker und Haus an Haus wird gereiht (Jesaja 5, 8; Micha 2, 1.2), die Armen (Amos 8, 4), insbesondere die Armen im Tor (Amos 5, 12), d.h. die von den Stadtpatriziaten beherrschte Landbevölkerung unterdrückt, Korn in großen Lasten von ihnen genommen (Amos 5, 11), die Weiber und Kinder vom Hof getrieben (Micha 2, 9), Unrecht an den Dürftigen verübt (Amos 4, 1), von dem Ertrag ihrer – entgegen dem Pfändungsverbot – gepfändeten Kleider schlemmen die Reichen (Amos 2, 8). Hochmütig sind die Reichen (Amos 6, 4f.; vgl. Jesaja 3, 16), die gibborim saufen (Jesaja 5, 22; vgl. 5, 11), und das Kardinallaster ist der Geiz (Amos 9, 1, so auch nach dem Exil Habakuk 3, 9). Es sind die in aller Welt, vor allem aber doch im Okzident, in der vorkapitalistischen – antiken, frühmittelalterlichen – Epoche, von den plebejischen Schichten je nachdem gegen die höfischen Beamten oder gegen patrizische Stadtgeschlechter erhobenen Vorwürfe, deren Mundstück z.B. im hellenischen Altertum Hesiod ist. In Israel waren, wie wir sahen, Königtum und reiche ökonomisch wehrhafte Sippen in enger Verbindung, die Beamten der Könige meist den Patriziern entnommen. Diese typischen sozialen Gegensätze treten in der Prophetie mit großer Deutlichkeit zutage.

Stets und überall aber beruft sich diese stadtadels- und königsfeindliche Tradition auf den alten Bund, den einst Jahwe durch Mose mit Israel im Gegensatz zu allen anderen Völkern geschlossen habe und auf das ganz einzigartige historische Ereignis, welches dieser ebenfalls einzigartigen Bundesschließung zugrundeliege. Und in der Tat: das für Israel besondersartige Verhältnis: der Bundesschluß nicht nur unter der Garantie des Gottes, sondern mit dem Gott selbst als Gegenpartei, war ganz offenbar wirklich das Produkt jenes konkreten Geschehnisses, auf welches einmütig die gesamte israelitische Tradition diesen Vorgang zurückführt. Allen Propheten gilt als Wahrzeichen einerseits der Macht des Gottes und der unbedingten Verläßlichkeit seiner Verheißungen und andererseits der dauernden Dankesschuld Israels gegen ihn die Befreiung von der ägyptischen Fronpflicht durch die wunderbare Vernichtung eines ägyptischen Heeres im Schilfmeer. Und zwar war das besondersartige des Vorganges, daß dies Wunder bewirkt wurde durch einen in Israel bis dahin fremden Gott, der nun daraufhin mit feierlicher berith unter Einrichtung des Jahwekultes durch Mose als Bundesgott rezipiert wurde. Diese

Rezeption erfolgte aber auf Grund beiderseitiger Versprechungen, welche durch den Propheten Mose nach beiden Seiten hin vermittelt wurden. Die Versprechungen des Volkes begründeten seine besondere, dauernde Verpflichtung gegenüber dem Gott, und die als Gegengabe gebotenen Versprechungen des Gottes machten ihn in einem so eminenten Sinne, wie keinen in der Weltgeschichte sonst irgendwo bekannten Gott, zu einem Gott der Verheißung für Israel. Dies ist die unzweideutige Auffassung der Tradition. Es ist die ganz offenbare Voraussetzung des nirgends sonst in der Umwelt sich findenden, dagegen schon im Deboralied vorausgesetzten Begriffs des Abfalls von Jahwe als eines spezifisch verderblichen Frevels.[124] Und es ist vor allem die unentbehrliche gedankliche Grundlage für die nirgendwo sonst erreichte Bedeutung der Prophetie und der Heilsweissagungen. Zwar Reichtum, langes Leben, zahlreiche Nachkommen und ein guter Name war von jeher überall in der Welt das, was Priester und Mystagogen dem Verehrer ihres Gottes versprachen und was die Könige sich von ihren Hofpropheten verheißen ließen. Und ebenso verstand es sich überall von selbst, daß der Kriegsgott des Stammes oder der Gott des Königs mit ihm gegen die Feinde sein werde. So auch in Israel. Daß er zahlreiche Nachkommen haben werde, so daß das Volk werden solle wie Sand am Meer, Sieg über alle Feinde, Regen, reiche Ernten und sicheren Besitz, endlich, daß der Name der legendären Ahnherren und der des gesegneten Volkes selbst ein Segenswort sein werde, – dies erhoffte man von dem angenommenen mächtigen Bundesgott. Aber weil das Verhältnis zu ihm auf einer berith beruhte, gewann diese Hoffnung eine äußerst feste Grundlage und galt als auf ausdrücklicher Verheißung: einem Schwur des Gottes, beruhend. Die Verheißungen sind ursprünglich nicht als an besondere Bedingungen geknüpft vorgestellt, und ihre ältesten Formulierungen in der Tradition machen sie auch nicht von irgendwelchem besonderen, etwa einem spezifisch sittlichen, Verhalten Israels abhängig. Sondern sie sind – selbstverständlich – nur an die eine Bedingung geknüpft, daß Jahwe eben Israels Gott ist und von ihm als solcher behandelt wird: dann wird Jahwe mit ihm gehen durch dick und dünn. Darauf allein kam es an und dies allein war es, was die militaristischen Träger des Geistes Jahwes, die Nasiräer und Nebijim, die Glaubenskämpfer, wußten und (wie schon das Deboralied tut) dem Heerbann einprägten. Die den antiken Religionen sonst ganz fremde Vorstellung von der Abgötterei als eines Frevels gewann dadurch ihre penetrante Bedeutung. – Sein eigener Eidschwur und schlechterdings gar nichts anderes ist es – so schärft noch das Deuteronomium (7, 7) ein –, was Jahwe veranlaßt, Israel vor allen anderen Völkern zu bevorzugen, nicht etwa dessen sittlich höherer Wert. Immerhin: dies entsprach schon der volkstüm-

124 Mit Recht macht Hehn (Die biblische und die babylon. Gottesidee) S. 272 darauf aufmerksam, daß dieser Begriff schon als solcher auf dem Boden keiner andern Religion Vorderasiens wiederkehrt. Er ist eben nur aus dem alten berith-Verhältnis überhaupt erklärlich.

lichen Anschauung nicht. Diese wußte – wie bei jedem Volk – daß andere Völker den Israeliten ungleichwertig waren und also auch dem Gott dafür gelten mußten. Und zwar beruhte, wie überall, die Ungleichwertigkeit darauf, daß sie andere Lebensgewohnheiten hatten, Dinge taten, die man nie getan hat in Israel. Da nun Jahwe durch die berith Vertragspartner der rituellen und sozialen Ordnungen des Bundes war, so war der Grund der Minderwertigkeit der anderen für Jahwe eben der, daß sie seine Ordnungen nicht kannten oder jedenfalls nicht hielten. Dieser negative Grund der Unterscheidung, die Jahwe macht, tritt denn auch, vereint mit jener Auffassung im Deuteronomium auf. Aber die Auffassung der religiös Interessierten war schon damals weiter gegangen. In der ganzen Welt schützen die Götter der sozialen Ordnung diese, ahnden ihre Verletzung, belohnen ihre Innehaltung. Die Auffassung der Beziehung zum Bundesgott als berith mußte dies in spezifisch gesteigerter Art glauben, sobald man Anlaß hatte, sich die Frage nach dem Grunde des Verhaltens des Gottes vorzulegen. Dieser Anlaß entstand mit dem Rückgang der politischen Machtstellung Israels. Man kann deutlich bemerken, daß die Erinnerung an Mose und den Bund und auch die Bedeutung des Bundes-Gedankens überhaupt zeitweise, nämlich unter dem Einfluß der blendenden Machtstellung des Königstums, zurückgetreten war, späterhin aber, kurz vor der Exilszeit und während der Redaktion der Priestertradition im Exil, einen neuen Höhepunkt erreicht: die ganz natürliche Folge des Sinkens des Prestiges der politischen Gewalten und der Frage nach dem Grunde des Verfalls. Das alte Recht des Bundes und die Bedeutung der Innehaltung von Jahwes Geboten als der Bedingung seiner Gnade trat nun mit großer Gewalt hervor und prägte die Zukunftshoffnungen: Sie sind jetzt an die Voraussetzung des Gehorsams gegen die alten Gebote geknüpft, und die Bundes-Vorstellung wurde so, in einer Art wie bei keinem anderen Volk, die spezifische Dynamik der ethischen Konzeptionen der Priesterlehre und Prophetie. Die Vorstellung daß die religiöse Beziehung Israels zu Jahwe durch den Begriff eines mit ihm selbst eingegangenen Bundes erschöpfend gekennzeichnet sei, fanden die Schriftpropheten als festes Material vor. Die den Propheten charakteristischen Unheildrohungen gegen Israel fehlen in den als genuin jahwistisch und elohistisch angesehenen Traditionen freilich noch. Auch die vermutlich älteste der großen, ausdrücklichen göttlichen Heilsverheißungen an Abraham (Gen. 15, 18-21): die Zusage der Herrschaft über das Land Kanaan (nach einem Zusatz: von der Grenze Ägyptens bis an den Euphrat!) gehört erst der von Wellhausen so genannten jehovistischen Redaktion, also der prophetischen Zeit, an. Auch sie geschieht durch förmliche rituelle berith Gottes mit dem Erzvater. Der göttliche Schwur ist dabei die Folge des bedingungslosen Glaubens des letzteren an den Gott, welchen dieser ihm zur Gerechtigkeit rechnet. Das ist nun schon eine ersichtlich sekundäre, weil sehr abstrakte Fassung. Sie entspricht der von der exilischen Redaktion überlieferten Form (Gen. 12, 2 f.). Aber die Vorstellung von der Bedeutung des Gehorsams rein als solchem selbst muß unbedingt wesentlich älter sein. Denn z. B. die Geschichte von der Opferung Isaaks als Paradigma des echten bedingungslosen Glaubens scheint vorprophetisch (elohistisch) redigiert, wenn auch die ausdrückliche Erneuerung der Schwurzusage des Gottes aus diesem Anlaß als späterer Zusatz gilt. Die Formulierung des Inhalts der berith in der Form einer Verheißung als Lohn für Gehorsam also ist in unsern Redaktionen später. Aber so fest stand schon bei Beginn der Ära der Schriftpropheten die Konzeption der berith selbst, daß gleich einer der Ersten: Hosea, den religiösen Sinn der Beziehung zum Gott nach Art einer Ehe, jeden Verstoß gegen die Verpflichtungen Israels als Ehebruch gegen Jahwe auffassen konnte. Und nichts spricht deutlicher für die bis in die späteste Zeit dauernde völlige Selbstverständlichkeit dieser uralten Grundlage, als daß die zum Teil höchst ausgelassenen Liebeslieder der als Hohes Lied in den heutigen Kanon aufgenommenen Sammlung für eine freilich schon stark pietistisch-sentimental empfindende Nachwelt die Bedeutung als ein adäquater Ausdruck des Verhältnisses Jahwes zu seinem Volk erlangen konnten. Eifersucht (kin'ah) Jahwes gegen die anderen Götter war daher eine seiner am festesten stehenden Eigenschaften bei allen Propheten von Hosea bis Hesekiel.[125]

Daß Jahwe ein durch die mosaische Kultordnung für den israelitischen Kriegsbund neu rezipierter Gott war[126], sagt die gerade in diesem Fall ältere der beiden Großen Quellensammlungen, der sog. Elohist, sehr unzweideutig. Eine unerwartete Epiphanie des Gottes, nach der ältesten auch im Segensspruch für Ephraim erhaltenen Überlieferung in der Lohe eines Dornbuschs in der Wüste nahe dem Horeb, offenbart ihn dem als israelitischer Hirte in midianitischen Diensten aufgefaßten Mose. Der Gott, von ihm nach seinem Namen gefragt, antwortet ausweichend, nach der Redaktion der Tradition mit dem etymologischen Wortspiel: Ich bin der ich bin, nennt aber dabei den anscheinend nicht israelitischen Namen Jahwe.[127] Der Gott der Erzväter, mit dem er

125 Darüber Küchler, Z. f. A. T. Wiss. 28 (1908) S. 42 f., der zugleich nachweist, wie seit der Zerstörung Jersualems dieser *Eifer* sich bei Hesekiel nicht mehr gegen andere Götter und also gegen Israel, wenn es diesen dient, sondern nunmehr gegen die Feinde Israels kehrt.

126 Dies ist namentlich von Budde nachdrücklich betont worden (Das nomadische Ideal im alten Testament, Preuß. Jahrb. Bd. 85, 1896 und *Die altisraelitische Religion).*

127 Die Etymologie des Tetragrammaton Jhwh ist ebenso bestritten geblieben wie die Frage, ob es aus Jah (in Eigennamen vorkommend) und Jahu (oder Jao, – dem Namen, welchen die jüdische Gemeinde in Elefantine im 6. Jahrhundert braucht und der auch in theophoren Eigennamen erscheint) zu Jahwe ergänzt wurde oder ob umgekehrt Jahu und Jah Kurzformen des letzteren Namens waren. S. über diese Fragen und die masoretische Vokalisation außer der gangbaren Literatur auch J. H. Levy in der Jewish Quart Rev. XV. p. 97. Die Abteilung von dem babylonischen Ea (A. H. Krone ebenda p. 559) erscheint phantastisch. Daß die Namen auf ja in den Amarnatafeln oder die ähnlichen Bestandteile babylonischer Namen mit Jahwe zu tun haben sollten, ist im ganzen recht unwahrscheinlich. (Vgl. jedoch Marti in den Theol. St. u. Kr. 82, 1908, S. 321, und W.

später identifiziert wurde, führt in dieser älteren Quelle den Jahwenamen noch nicht, sondern nur den El-Namen in verschiedenen Zusammensetzungen, deren höchst bewertete in der späteren Tradition der Priester El Schaddaj wurde: – ebenfalls ein etymologisch wohl nicht israelitisches Wort: Mose ebenso wie Pinchas sind ägyptische Namen, seine kuschitische Frau wird in einer Tradition dem Mose von Mirjam und Aaron vorgerückt: Reminiszenzen alter Zwiste zwischen Priestergeschlechtern, in denen jedoch wohl eine Kenntnis davon fortlebt, daß auch später noch Jahwe und seine Priester als ganz oder halb Landfremde galten. Die ägyptischen Namen beweisen natürlich in einer Zeit ägyptischer Vorherrschaft in Palästina und der Sinaiwüste so wenig etwas für ägyptische Herkunft des Bundesstifters oder vollends seines Gottes, wie babylonische oder hellenische Namen bei Juden der Spätzeit über deren Abkunft etwas aussagen. Immerhin fehlt Mose im Gegensatz zu Josua ursprünglich die (erst spät und künstlich konstruierte) israelitische Abstammungsbezeichnung und ist der levitische Ursprung der auf ihn am wahrscheinlichsten zurückgehenden (elidischen) Priestersippe ebenfalls erst spätere Konstruktion. Wie dem sei, jedenfalls zeigt die alte Überlieferung deutlich, daß der Gott schon außerhalb Israels verehrt worden war, als er rezipiert wurde. Offenbar waren es die an Israel südlich angrenzenden Beduinen- und Oasen-Stämme, unter denen er organisierte Verehrung genossen hatte. Auf Bergen war von Anfang an sein Sitz, die Oase Kades aber in der Sinaiwüste galt der ältesten Tradition als sein eigentlicher Kultort, wo das Grab der Prophetin Mirjam gezeigt wurde und wo vermutlich entscheidende Akte der Konstituierung Israels sich abspielten. Am Haderwasser von Kades (Deut. 33, 8), d.h. am Quell jener Oase, an welchem seine Priester Prozeßorakel erteilten, war der für den Ursprung der Leviten wichtigste Ort seiner organisierten Verehrung. Sein Priester[128] Jethro, in der Tradition Schwiegervater und Berater des Mose, galt als Midianiter. Ebenso galt die legendenverdunkelte Gestalt des Bileam, der in seinem Namen weissagt, als fremder, teils moabitischer, teils ammonitischer, nach der richtigen Deutung aber wohl edomitischer oder midianitischer Seher, den die Israeliten später im Kriege erschlagen. Wie nun mit dem Vorgang in Kades die feste Ansässigkeit des Gottes auf dem Sinai und der von einer jüngeren Tradition dorthin verlegte Bundesschluß zu vereinigen ist, bleibt hier dahingestellt. Die Edomiter sind früh erobernd gegen die ägyptische Grenze zu vorgedrungen und Edom, insbesondere das Waldgebirge Seir der Wohnsitz Esaus (Gen. 32, 3), des älteren Bruders Jakobs, wo später auch Geschlechter des früh verschollenen Stammes Simeon ansässig waren (1. Chron. 5, 41.42), galt noch Jeremia und Obadja als alter Sitz der Jahweweisheit. Das levitische Geschlecht der

Max Müller, Asien und Europa S. 312/3.) Den Namen mit Hehn (Bibl. und babyl. Gottesidee) für ein Theologumenon des Mose zu halten *(er ist gegenwärtig)* scheint nicht möglich, da Jahwe nicht nur in Israel verehrt wurde.

[128] Jethro opfert dem Jahwe als sein Priester und Aaron und die Ältesten Israels halten Tischgemeinschaft mit ihm.

Korachiten (Ex. 6, 21) scheint (Gen. 36, 5) ursprünglich auf Esau, also edomitische Abstammung, zurückzugehen. Aus Seir zieht Jahwe im Deboralied zum Kampf heran und von dorther hört noch der Dichter des schönen, unter die Jesajaorakel geratenen Wächterlieds aus der Exilszeit, trotz der damaligen bitteren Feindschaft gegen Edom, den Ruf: Wie lang noch die Nacht? Die Keniter, später besonders eifrige Jahweverehrer, gehörten ursprünglich nicht einmal zum Stamme Juda, geschweige denn zu Israel, für welches ja Kain sowohl in der Totschlaglegende wie in dem einen der alten Bileam-Sprüche ein Verfluchter war. Daß der Sinai, später dem Horeb gleichgesetzt, ein Vulkan an der nordwestarabischen Küste nahe dem Schilfmeer östlich gegenüber der heute sog. Sinaihalbinsel war, begegnet manchem Zweifel. Niemals aber hat jedenfalls auch nur die Sage behauptet, daß er je zum Gebiet Israels gehört habe. Ebensowenig Kades. Und ebenso sicher galt Jahwe der alten Tradition weder als der ursprüngliche Gott Israels, noch als Gott nur Israels, noch als ein in Israel residierender Gott. Erst der späteren Schlußredaktion des Hexateuch, welche Jahwe zum Weltgott macht, ist es selbstverständlich, daß auch die Erzväter keinen anderen Gott als ihn verehrt haben. Der alten Tradition ist er noch in der Jephthalegende ein Gott neben anderen, nur ein besonders mächtiger und erhabener. Und ferner ist er zwar der Gott Israels und für Jephtha mein Gott, so wie Kamos der Gott des Ammoniterkönigs ist, aber doch in einem sehr besonderen Sinne. Er war – und das blieb eine folgenreiche Vorstellung – ein Gott aus der Ferne, von seinem entlegenen, dem Himmel nahen Bergessitz aus waltend und gegebenenfalls persönlich in die Geschehnisse eingreifend. Diese Ferne gab ihm von vornherein eine besondere Majestät. Zwar eine der alten Überlieferungen wußte, daß auf dem Sinai die Ältesten selbst mit ihm zur Tafel gesessen hatten. Aber die überwiegende Ansicht der späteren Zeit war des Glaubens, daß von allen Menschen nur Mose ihn von Angesicht zu Angesicht gesehen (Num. 12, 6 f.) und daß danach selbst dessen Antlitz in so übernatürlichem Glanz geleuchtet habe, daß er es vor dem Volk bedecken mußte: – dies letzte vielleicht eine Reminiszenz an die alten Teraphim-Masken, von denen noch zu reden sein wird. Und die eigentliche Meinung (Ex. 33, 20) ging dahin, daß auch Mose ihn auf seine Bitte nur von rückwärts habe an sich vorbeiziehen sehen können, weil jedermann, der sein Antlitz erblickte, des Todes sei. – Nicht ein altvertrauter Orts- oder Stammesgott, sondern eine fremde und geheimnisvolle Gestalt war es, welche der israelitischen Eidgenossenschaft die Weihe gab.

Die Vernichtung jenes ägyptischen Heeres, auf welche das gewaltige Prestige dieses Gottes von der Tradition zurückgeführt wird, geschah offenbar durch eine nach plötzlicher Ebbe ebenso plötzlich eintretende Sturmflut des Schilfmeers östlich der Sinaihalbinsel, ziemlich wahrscheinlich – wie die Erscheinung der Feuer- und Wolkensäule und die Feuerglut auf dem Berge andeuten – im Zusammenhang mit vulkanischen Erscheinungen irgendwelcher Art. Sowohl diese Schilfmeerkatastrophe wie der ägyptische Aufenthalt Israels sind mehrfach bezweifelt worden. Aber daß Viehzüchter der Steppe bei Dürre oder Bedrohung Schutz als Metöken im ägyptischen Grenzlande suchten, war nach den ägyptischen Quellen nichts Ungewöhnliches; ganz selbstverständlich war dann ihre gelegentliche Heranziehung zu Fronden durch die Könige und ebenso naheliegend, daß sie sich der Fronbelastung bei gegebener Gelegenheit entzogen. Da jene Grenzfestungen, an deren Bau die Israeliten mitgewirkt haben wollen, unter Ramses II. gebaut zu sein scheinen, Israel aber unter dessen Nachfolger Merneptah bereits in Palästina als Feind erwähnt wird, bleibt freilich die Chronologie der Einwanderung und des Auszugs besonders dann sehr schwierig, wenn man die weit früher, unter Amenophis III. und IV., als Feinde in Palästina auftretenden Chabiru identifiziert mit den Ibrim, den Jenseitigen, d.h. wohl den Ostjordanischen, als welche die Israeliten und andere mit ihnen als verwandt geltende Stämme[129] in der Tradition vom Standpunkt der Fremden aus, im eigenen Munde der Israeliten aber, außer bei dem als Wanderhirte gedachten Abraham, welcher stets der Hebräer heißt, nur einmal im Bundesbuch[130] und sonst fast nur im Verkehr mit Fremden bezeichnet werden.[131] Es ist wohl als sicher anzunehmen, daß die später zum israelitischen Bunde zusammengetretenen Stämme in verschiedenen Wellen über das westjordanische Land hereingebrochen sind, und daß auch die Zusammensetzung des Bundes selbst, wie schon früher sich als wahrscheinlich zeigte, gewechselt hat und Kanaanäer einerseits, frühere Beduinenstämme andererseits mit einbezogen worden sind. Daß an dem ägyptischen Aufenthalt nicht alle späteren Stämme Israels oder deren Vorfahren mitbeteiligt waren, ist wohl ebenfalls sicher. Den viel später sich bildenden Stamm Juda läßt die verläßlichste, weil natürlichste, Tradition von Süden her, nicht von Osten, in seine Wohnsitze eindringen. Ob, wie die Phöniker angeblich – aber schwerlich wirklich – vom per-

129 Die Identität von Sa Gaz und Chabiru nehmen nach Wincklers Fund in Bhögazköi (M. d. D. O. G. 35, 25) jetzt die meisten Forscher, so Böhl (Hebräer und Kanaanäer) als erwiesen an. Immerhin ist es schwerlich Zufall, daß die Chabiru offenbar von Südosten, die Sa Gaz von Norden und Nordosten her angreifen und nur die letzteren in Mesopotamien genannt werden.

130 Dort wird der Schuldsklave als *hebräischer Knecht* bezeichnet (Ex. 21,2, ebenso im Seisachthiebeschluß Zedekias Jer. 34, 9-14 und Deut. 15, 12). Der Ausdruck stand hier vielleicht in Erinnerung an den Sprachgebrauch alter Seisachthie-Verträge des Stadtadels mit den Bauern im Gegensatz zum nicht *hebräischen,* das hieße in diesem Fall stadtsässigen, Patrizier. Auf ähnlichen Gründen könnte die an sich auffällige Unterscheidung der bei den Philistern verknechteten Stammesgenossen als *Hebräer* von *Israel* 1. Sam. 14,21 beruhen.

131 'Eber ist Stammvater auch der Stämme in Arabien bis nach Yemen: Gen. 10, 21. 24f. (jahwistisch). Die in ältere Zeit als die Priesterredaktion zurückgehenden Fälle der Verwendung von 'Ibrim in der Genesis (Kap. 38f.) und ebenso beim Auszug (Ex. 1, 15f.; 2, 6f.) und im Samuelbuch (4, 6f.; 13, 3.19; 14, 11; 29, 3) betreffen stets Beziehungen zu Ägyptern oder Philistern (dazu Böhl a.a.O., S.67). Auffällig ist, daß Num. 24, 22 (Bileamspruch) *Eber* mit *Assur* zusammen Unheil prophezeit wird.

sischen Meerbusen her und ein Teil der Sa-Gaz-Nomaden vermutlich von der Grenze Mesopotamiens zuwanderten, so auch ein hinter der Abraham- (oder Abram-) Tradition sich bergender Bestandteil der Israeliten schon früher, etwa in der Amarnazeit, aus der mesopotamischen Steppe zugewandert ist, bleibt dunkel. Es scheint aber nicht unmöglich. Der Name (Abiram) ist in Babylon häufig. Zwar enthält die dem Abraham zugeschriebene Religiosität keine erkennbaren babylonischen Züge. Indessen die Kedor-Laomer-Tradition ist doch eine auffällige Eigentümlichkeit. Auch andere Züge der Tradition lassen mehrere Wellen der Überflutung des Landes vermuten. Als Kern des altisraelitischen Bundes aber, wie ihn das Deboralied kennt, galt den Segenspruchsammlungen und der priesterlichen Tradition jedenfalls der von Mose zum Zweck der Eroberung und Behauptung des Westjordanlandes gestiftete Bund mit dem Gott, der das Schilfmeerwunder gewirkt hatte. An der Geschichtlichkeit der Person des Mose[132] zu zweifeln, liegt kein Grund vor.[133] Es handelt sich nur darum, welche Eigenart seiner Leistung zuzusprechen ist.

Eine wirklich sichere Feststellung des Herganges erscheint historisch schlechthin unmöglich. Die Vorstellung, daß ein Gesetzbuch (etwa das Bundesbuch) oder ein Katalog ethischer Pflichten (etwa der Dekalog) den Gegenstand der berith gebildet habe, ist ganz unhistorisch und pragmatisch gedacht, von andern unübersteiglichen Schwierigkeiten abgesehen. Die Übernahme der an den Orten seiner bisherigen Verehrung geltenden, der Umwelt

[132] Über Mose s. Volz, Mose (Tübingen 1907) und Greßmann, Mose und seine Zeit (Göttingen 1913). Gegen seine Deutung als *Medizinmann* König Z. D. M. G. 67 (1913) S. 660f.

[133] Abgesehen von der inneren Unwahrscheinlichkeit der Erfindung gerade dieser in der Tradition rein menschlichen Gestalt an sich wird die Geschichtlichkeit durch manche höchst auffälligen Züge der Überlieferung, welche auf unverstandene Reste alter Gegensätze schließen lassen, nur wahrscheinlicher. Der Name (Musi) findet sich unter levitischen Geschlechtern wieder (Ex. 6, 19; Num. 26, 58 u. öfter). Von Kindern des Mose weiß eine alte Tradition (Ex. 2, 22; 4, 20) und die danitische Priesterschaft wurde von ihm genealogisch abgeleitet. Aber die gesamte spätere, priesterlich redigierte Genealogie kennt Nachfahren des Mose gar nicht. Nach Ex. 18, 2 f. hat Mose seine Kinder mit seinem Weibe zu Jethro gesandt, der sie ihm dann in die Wüste nachbringt. 1. Chron. 7, 1.16.17 bzw. 3 werden aber die Ex. 2, 22 als Kinder des Mose genannten Gersom und Eleasar als Kinder des Levi bzw. Aaron gerechnet (Eleasar ebenso schon Num. 26, 1 und dann öfter). Um Mose zum absolut reinen Leviten zu stempeln wird seinem Vater Amram (Ex. 6, 20f.) dessen Nichte Jochebed zum Weibe gegeben. (Die Verwirrung in den Levitenstammbäumen zeigt sich besonders deutlich Num. 26, 57 verglichen mit 58.) Moses kuschitische Frau wird ihm vorgerückt. Die Zadokiden und Aaroniden hatten eben ein Interesse daran, daß ein auf Mose zurückgehendes blutreines Levitengeschlecht nicht existierte. Ägyptische Namen, wie Mose selbst einer ist, finden sich bei ihrem Hauptkonkurrenten, dem Elidengeschlecht (Pinehas). In der ganzen historischen Tradition und bei den Propheten sowohl wie der prophetisch stilisierten Chronistik spielt Mose freilich eine ganz auffallend geringe Rolle, was vielleicht mit der ursprünglichen Beziehung nur der nordisraelitischen Stämme (Ephraim) zur Dornbusch-Epiphanie zusammenhängt.

entsprechend offenbar überaus einfachen Riten (bildloser Kult, vielleicht Beschneidung, sicher aber: Losorakel) und gewisse allereinfachste, für einen erobernden Heerbann von Steppennomaden geeignete soziale Brüderlichkeits-Ordnungen, schließlich: das Prestige der Kriegsprophetie als solcher, sind die aus rein sachlichen Gründen und nach allen, auch den islamischen Analogien wahrscheinlichsten Inhalte der Verbrüderung, die ja vielleicht nicht die erste ihrer Art war. Die besondere Schärfe, mit welcher der Gott Mord an Volksgenossen und Verletzung des Gastrechts perhorresziert und das strenge Beute-Tabu passen ebenfalls in diese Provenienz. Wir werden ohne zu große Unvorsichtigkeit annehmen dürfen, daß dies etwa die (ausdrücklich oder der Sache nach) durch die berith übernommenen Verpflichtungen Israels waren. Sie enthalten an sich keinerlei Bestandteile, die nicht unter ähnlichen Verhältnissen auch sonst geschichtlich vorkämen. Und Jahwe? Er war und blieb immer ein Gott der Erlösung und Verheißung. Aber das Wichtige war: sowohl Erlösung und Verheißung betrafen aktuelle politische, nicht innerliche, Dinge. Erlösung von der Knechtschaft der Ägypter, nicht von einer brüchigen, sinnlosen Welt, Verheißung der Herrschaft über Kanaan, das man erobern wollte, und ein glückliches Dasein dort, nicht Verheißung transzendenter Güter, bot der Gott. Gerade dieser primitive ungebrochene Naturalismus und gerade jene auf primitive materielle und soziale Kulturverhältnisse zurückgehende rituelle Eigenart wurden das Wichtige. Und gerade in der alsbald nach der Einwanderung beginnenden Verbindung mit den überall verbreiteten Elementen einer rationalen und geistig differenzierten Kultur. Denn ganz universell ist jene Erscheinung, daß Kulturrezeptionen im allgemeinen gerade da ganz neue und eigenartige Gebilde erzeugen, wo sie Gelegenheit haben und genötigt sind, sich mit Vorstellungsreihen zu verschmelzen, welche ihrerseits noch unsublimiert und nicht durch priesterliche, amtliche oder literarische Prägung stereotypiert sind und also die Anpassung der alten rationalisierten Gebilde an ganz neue und relativ einfache Bedingungen erzwingen.

Die israelitischen, lediglich auf die mosaische Stiftung zurückgehenden Konzeptionen stellten die in Kanaan verbreiteten orientalischen Bildungselemente vor diese Notwendigkeit. Durch welche eigenen Qualitäten aber geschah das? Zunächst also: welche Züge eignen dem, nach der Tradition, von Mose für den (gleichviel wie beschaffenen) israelitischen Bund neu eingeführten Gott und dessen Beziehung zu Israel?

Jahwe zeigt in der alten Tradition verschiedene charakteristische Qualitäten. Die hochgradigen anthropomorphen Züge[134], welche er gerade in den älteren und namentlich den aus dem Süden stammenden Teilen der Tradition (des sog. Jahwisten) trägt, teilt er mit den althellenischen und anderen Göttern kriegerischer Völker. Nicht überall und vielleicht nicht von Anfang an, aber offenbar

[134] Die verschiedensten Körperteile Jahwes: Augen, Ohren, Nase, Lippen, Hand, Arm, Herz, Atem werden teils genannt, teils als vorhanden vorausgesetzt.

sehr früh und dann sehr regelmäßig haftet ihm aber ein Zug an, der in dieser Stärke sich nicht oft findet, daß seine Nähe, unter Umständen selbst die Nähe der von seinem Geist (ruach) befallenen Gottesmänner unheimlich und gefährlich, sein Anblick, wie wir sahen, tödlich ist. Der für Jahwe in besonders hohem Grade spezifische Begriff der Heiligkeit besagt, wie, anschließend an Graf Baudissins Untersuchungen, jetzt allgemein angenommen wird, ursprünglich ausschließlich oder wesentlich diese aus der Gefahr jeder Berührung und jedes Erblickens des Gottes folgende Unnahbarkeit und Abgesondertheit von allen nicht eigens für das Ertragen seiner Nähe rituell qualifizierten Menschen sowohl wie auch Gegenständen. Diese wichtige Qualität hängt offenbar zum Teil mit der später zu besprechenden alten Bildlosigkeit seines Kults, zunächst aber mit seiner jetzt zu besprechenden Natur und der Art seiner Manifestationen zusammen. Er ähnelt dem indischen Indra, denn wie dieser ist er, für Israel wenigstens, zunächst und vor allem Kriegsgott. Einen Kriegsmann (isch hamilchamah) nennt ihn eine Variante eines alten Berichts (Ex. 18,25). Nach Blut, dem Blut der Feinde, der Ungehorsamen, der Opfer lechzt er. Über alle Maßen gewaltig ist seine Leidenschaft. In seinem Grimm verzehrt er die Feinde mit Feuer oder läßt sie von der Erde verschlingen, stürzt sie, wie die Wagen der Ägypter nach dem alten Doppelzeiler des Mirjamreigens, ins Meer oder läßt ihre Wagen wie die der Kanaanäer in der Deboraschlacht im regengeschwollenen Bach stecken bleiben, so daß die israelitischen Bauern sie ebenso abschlachten konnten, wie dies der lateinischen Ritterschaft in Griechenland einmal in der späten Kreuzzugszeit widerfuhr. Noch bei den Propheten ist die Furchtbarkeit seines Zorns und seiner Kriegsmacht der hervorstechende Zug. Großartig wie sein Zorn ist aber auch seine Gnade. Denn sein leidenschaftliches Herz ist wandelbar. Ihn reut es, den Menschen Gutes getan zu haben, wenn sie es ihm schlecht vergelten, und dann wieder gereut ihn sein übergroßer Zorn. Die späte rabbinische Tradition läßt ihn selbst beten (!), daß seine eigene Barmherzigkeit über seinen Zorn die Oberhand behalten möge. Im Wettersturm zieht er persönlich dem Heerbann zu Hilfe. Und seinen Freunden hilft er, wie Athene dem Odysseus, unbedenklich auch in List und Trug. Aber man ist nie sicher, durch irgendein unwissentliches Versehen seinen Grimm zu reizen oder von einem göttlichen Numen aus dem Kreise seiner Geister ganz unerwartet und unmotiviert überfallen und mit Vernichtung bedroht zu werden. Der Geist, die ruach, Jahwes, ist in vorprophetischer Zeit weder eine ethische Potenz noch ein religiöser Dauerhabitus, sondern eine akute dämonisch-übermenschliche Kraft verschiedenen, sehr oft und vorzugsweise aber furchtbaren Charakters. Die wilden charismatischen Kriegshelden der israelitischen Stämme, Berserker wie Simson, Nasiräer und ekstatische Nebijim, wissen sich von dieser Kraft erfaßt und fühlen sich als seine Gefolgen. Alle Kriegspropheten und -prophetinnen treten in Jahwes Namen auf; auch die Träger eines anderen theophoren (Baals-) Namens wie Jerubbaal nehmen als Kriegsfürsten einen neuen Namen (Gideon) an.

Zum Kriegsgott eignete sich Jahwe ebenso wie Indra um deswillen, weil er wie dieser ursprünglich ein Gott der großen Naturkatastrophen war. Erdbeben (1. Sam. 14, 15; Jes. 2, 12 f.; 46, 7), vulkanische Erscheinungen (Gen. 19, 24; Ex. 19, 11; Psalm 46, 7) unterirdisches (Jes. 30, 27) und himmlisches Feuer, der Wüstenwind von Süden und Südosten (Sach. 9, 14) und die Gewitter sind die Begleiterscheinungen seines Auftretens, die Blitze wie bei Indra seine Pfeile (Ps. 18, 15) noch bei den Propheten und Psalmisten. Zum Umkreise der Naturkatastrophen gehörte für Palästina auch die Insekten-, vor allem die Heuschreckenplage, welche der Südostwind ins Land brachte. Mit Heuschrecken plagt daher der Gott die Feinde seines Volks und Schwärme von Hornissen sendet er vor ihm her, die Feinde zu verwirren, Massen von Schlangen zur Bestrafung des eigenen Volkes. Endlich: die Seuchen (Hos. 13, 14). Mit Pest schlägt der Gott die Ägypter, ebenso die Philister und andere, die sich an seiner heiligen Lade vergreifen (1. Sam. 4, 8; 6, 6. 19). Der Schlangenstab seiner Priester im Tempel von Jerusalem deutet wohl auf diese einstige Bedeutung als Pestgott hin. Denn als Herr der Krankheit konnte er sie auch abwehren und war ihr Arzt, wie überall im gleichen Fall. Alle furchtbaren und schicksalhaften Naturerscheinungen also waren die Domäne des Gottes: er vereinigte die Züge Indras mit denen Rudras. Neben jenem Charakter kriegerischer und naturmythischer Wildheit zeigt er freundlichere Züge schon in der alten Tradition als Herr des Regens. Nachdrücklich weist er sein Volk darauf hin, daß in Israel nicht wie in Ägypten der Ackerertrag durch die Bewässerung bedingt werde – also, heißt das, ein Produkt der bürokratischen Verwaltung des irdischen Königs und der eigenen Arbeit des Bauern sei –, sondern durch den von ihm, Jahwe, nach seiner freien Gnade gespendeten Regen. Die starken Gewitterregen, wie sie namentlich dem an die Wüste angrenzenden Steppengebiet eigneten, waren sein Werk. Der Regen verknüpfte ihn von Anfang an mit dem Einzelnen und seinen ökonomischen Interessen und erleichterte das später immer mehr hervortretende Eindringen der Züge eines gütigen Natur- und Himmelsgottes in sein Bild. Vor allem unter dem Einfluß der in den umliegenden Kulturländern und auch in Palästina selbst verbreiteten Konzeptionen höchster Himmelsgötter trat diese Sublimierung und Rationalisierung des Bildes des Gottes zu einem weisen Weltenlenker ein. Daneben war auch der, wie wir sehen werden, bei den israelitischen Intellektuellen sich entwickelnde Vorsehungsglauben mitbestimmend. Aber nie verschwanden aus seinem Bilde die von dem alten Jahwe stammenden Züge des furchtbaren Katastrophengottes. In all jenen Mythologemen und mythologisch beeinflußten Bildern, deren Benutzung der Sprache der Propheten ihre unvergleichliche Großartigkeit verleiht, spielen diese Züge die entscheidende Rolle. In erster Linie solche Machtbeweise, nicht Beweise weiser Ordnung, sind, bis tief in die exilische und nachexilische Zeit, die von Jahwe gelenkten Naturvorgänge. Der Zusammenhang der bis in die Zeit nach dem Exil stets festgehaltenen Qualitäten Jahwes als eines Gottes der furchtbaren Naturkatastrophen, nicht der ewigen Naturordnung war, außer in der allgemeinen Verwandtschaft jener Vorgänge mit dem Kriege, eben rein historisch dadurch begründet, daß der Gott sich dieser seiner Macht, zuerst gegen die Ägypter, dann, in der Deboraschlacht, gegen die Kanaanäer und ebenso später gegen Israels Feinde in der Schlacht bedient hatte. Der Gottesschrecken (cherdath Elohim, 1. Sam. 14,15): die durch Natureingriffe, namentlich Erdbeben (a.a.O.) und schwere Gewitter (Deboraschlacht) erregte Panik der Feinde wurde ihm zugeschrieben und eine solche, vulkanisch bedingte, Panik (der Ägypter) hatte zur Rezeption des Gottes geführt. Das blieb unvergessen.

Praktisch wichtig war nun aber vor allem, daß Jahwe wenigstens für das alte Israel trotz dieses Charakters auch ein sozialer Verbandsgott wurde und blieb. Auch das in besonderem Sinn. Er war, wie wir annehmen müssen: seit Mose, der Bundesgott des israelitischen Bundes und, dem Zweck des Bundes entsprechend, vor allem der Bundeskriegsgott. Aber dies war er in sehr eigener Art. Durch einen Bundesvertrag ist er dazu geworden. Und dieser Vertrag mußte außer unter den Bundesgliedern auch mit ihm selbst abgeschlossen werden deshalb, weil er nicht ein inmitten des Volkes residierender oder schon bekannter, sondern ein bisher fremder Gott war und ein Gott aus der Ferne blieb. Dies war das Entscheidende der Beziehungen. Jahwe war ein Wahlgott. Durch berith mit ihm hat sich ihn das Bundesvolk erwählt, ganz ebenso wie es sich später durch berith seinen König einsetzte. Und umgekehrt hat er dieses Volk aus allen anderen nach freiem Entschluß erwählt. Das hält er dem Volk durch die priesterliche Thora und die prophetischen Orakel später immer wieder vor: Aus freier Gnade hat er dies und kein anderes Volk sich als sein Volk ausersehen, ihm Verheißungen gegeben wie keinem andern und dafür seine Versprechungen entgegengenommen. Und daher war nun überall, wo das Bundesvolk als solches eine berith machte, er, der Gott, der ideelle Gegenpartner. Alle Verletzungen der heiligen Satzungen waren also nicht nur Verstöße gegen Ordnungen, die er garantiert, wie dies andere Götter auch tun, sondern Verletzungen der feierlichsten Vertragsverpflichtungen gegen ihn selbst. Ihm persönlich, nicht nur dem Bunde, verweigert die Heerfolge, wer dem Bundesaufgebot nicht folgt: Er ist Jahwe nicht zu Hilfe gezogen. Das Bundesheer wird Mannen Gottes (‚am haelohim) genannt (Jud. 20,1f.).

Auf diese Art wurde er aber außer zum Bundeskriegsgott auch zum Vertragspartner des durch berith festgestellten Bundesrechts, vor allem der sozialrechtlichen Ordnungen. Da der Bund als solcher ein Verband von Stämmen zunächst ohne alle staatliche Organisation war, konnten ja neue Satzungen, gleichviel ob kultischer oder rechtlicher Art, im Prinzip gar nicht anders als durch neue Vereinbarung (berith) auf Grund eines Orakels entstehen, ganz ebenso wie der ursprüngliche Bund. Alle diese Satzungen standen damit auf der gleichen Grundlage wie das alte Vertragsverhältnis, welches zwischen ihm und dem Volk bestand. Insofern war gerade in der Zeit vor dem Königtum die berith staatsrechtlich durchaus nichts nur Theoretisches. Ebenso aber auch nicht für die religiöse Vorstellung. Bei Jeremia (2, 5) fragt Jahwe: welches Unrecht denn die Väter an ihm erfunden hätten? Und andrerseits mahnt ihn Jeremia (14, 21): seinen Bund mit Israel nicht zu brechen.

Weder konnte dieser als Vertragspartner geltende Bundesgott in Israel als ein bloßer Funktionsgott irgendwelcher Naturvorgänge oder sozialen Einrichtungen angesehen werden. Noch war er ein Lokalgott in dem Sinn, wie die orientalischen Städte einen solchen überall kannten. Auch nicht ein bloßer Gott des Landes. Sondern die Personengemeinschaft des israelitischen Bundesheeres mußte bei jener Auffassung als sein mit ihm durch die Bundesgemeinschaft verbundenes Volk gelten. Dies war die eigentlich klassische Auffassung der Tradition. Die Übertragung der Heiligkeit auf den politischen Landbesitz als das Heilige Land ist erst eine spätere, vermutlich durch heterogene, teils dem Baalkult, teils der Lokalisierung Jahwes als Gott der Königsresidenz entstammende Gottesvorstellungen vermittelte Konzeption, die sich in der Königszeit für David in einer Tradition unsicheren Alters, dann im Nordreich bei Elisas Bekehrung des Naeman zuerst bezeugt findet.

Jahwe schützt als Garant der Bundesordnungen Sitte und Brauch. Das, was in Israel unerhört ist, ist auch ihm ein Greuel. Er war aber seinem ursprünglichen Charakter entsprechend Garant des Bundesrechts und der Sitte nicht in dem Sinne wie Varuna oder ähnliche Götter es waren: Hüter der schon an sich vorhandenen Heiligkeit der unabänderlichen Ordnung: des Rechts oder einer an festen Maßstäben zu messenden Gerechtigkeit. Nein, durch positive berith mit ihm war dies positive Recht für Israel geschaffen; es war nicht immer dagewesen und es konnte sein, daß es durch neue Offenbarung und neue berith mit dem Gott wieder geändert wurde. Nicht erst Paulus, sondern, wenn auch nur gelegentlich, schon einzelne Propheten (Jeremia, Hesekiel) glaubten, daß der Gott manche Satzungen dem Volk als ein hartes Joch oder zur Strafe auferlegt habe, ganz ebenso wie – nach dem volkstümlichen Mythos – dem Adam die Arbeitsmühsal und den Tod. Das Recht war nicht ein ewiges Tao oder Dharma, sondern eine positive göttliche Satzung, über deren Innehaltung Jahwe eiferte. Zwar hat der ethische Rationalismus der deuteronomischen Schule später gelegentlich (Deut. 4, 2) das Gesetz Gottes als ewig bezeichnet und die ursprüngliche sittliche Vollkommenheit (Deut. 4, 8) der gerechten Ordnungen des Gottes gerühmt, wie sie kein anderes Volk besitze. Allein diese gelegentlichen paränetischen Argumentationen enthalten nicht die aus dem berith-Charakter des Rechts unvermeidlich sich ergebende typische Stellungnahme. Die Verfügungen des Gottes stehen in seiner Hand und sind an sich wandelbar. Er kann sich durch berith an sie binden, aber das ist dann Ergebnis seines freien

Willensentschlusses. Ewige Ordnungen kennt denn auch erst die priesterliche Redaktion und zwar sind dies fast durchweg kultische oder auf die Rechte der erst in der Exilszeit zum Kultmonopol aufgestiegenen Aaroniden bezügliche Normen, welche, gerade weil sie Neuerungen waren, pathetisch mit diesem Ausdruck (chukath golam) belegt wurden (Ex. 27, 21; Lev. 3, 17; 16, 31; 23, 14.31.41; Deut. 12, 1 betreffen kultische, Lev. 7, 37; 24, 3; Num. 18, 23 priesterrechtliche Ordnungen aus der Exilszeit; 1. Gen. 9, 14: berith golam die theologischen Konstruktionen des noachischen Bundes). Die einzige weltliche ewige Ordnung: die Bestimmung, daß für ewige Zeiten Israel und die gerim die gleichen Rechte haben sollen, ist ebenfalls eine von den Priestern geschaffene Neuerung der Exilszeit. Man kann solche Novellen geradezu an der Verwendung des Ausdrucks ewig erkennen. Niemals wird in der alten Literatur Israels behauptet, daß diese und keine andere Sozialordnung an sich die ewig unabänderlich kraft ihrer inneren Vollkommenheit geltende sei und deshalb von Jahwe gehütet werde. Es ist im höchsten Grade bezeichnend, daß der Gott, als er dem Hiob auf dessen Verlangen, ihm Rede zu stehen über die Ungerechtigkeit der Ordnung des Menschendaseins, im Wettersturm erscheint, mit keinem Wort die Weisheit seiner Ordnung der menschlichen Beziehungen vertritt, wie sie etwa dem Konfuzianer selbstverständlich war, sondern ganz und gar nur seine souveräne Macht und Größe in den Naturereignissen. Bis in die Zeiten der Entstehung der altchristlichen Naturrechtslehre hinein ist diese historisch bedingte Eigenart des Gottes folgenreich gewesen.

Von Anfang an lagen gewisse Züge einer über Israel hinausgreifenden Stellung und in diesem Sinn eines gewissen Universalismus in der Konzeption Jahwes, richtiger: in der eigenartigen Beziehung, in der sich, aus rein historischen Gründen, der israelitische Bund zu diesem Gott befand. Man hat sich neuerdings darüber gestritten, ob Monolatrie (exklusive Verehrung nur eines von den mehreren Göttern), Henotheismus (aktuelle Behandlung des gerade angerufenen Gottes als des einzig mächtigen) oder Monotheismus (prinzipielle Einzigkeit) die alte Jahwevorstellung beherrscht haben. In dieser Art ist wohl schon die Frage falsch gestellt. Die Anschauung hat nicht nur gewechselt, sondern war zur selben Zeit je nach den sozialen Kreisen ganz verschieden. Für den Krieger war es klar, daß der Gott, den er anruft, sein Gott sei und folglich der Gott der Feinde ein anderer: so behandelt das Richterbuch (11, 24) in der Jephtha-Erzählung, das Königsbuch (2. Kön. 3,27) in der Erzählung vom Moabiterkrieg die Götter Jahwe und Kamos.[135] Für den König und die stadtsässigen, vor allem die Tempelpriester- und Patrizier-Schichten, aber auch für den städtischen Massenglauben war es klar, daß der Gott im Tempel der Stadt lokalisiert sei, daß anderwärts also andere Götter seien, daß der eigene Gott mit der Existenz der Stadt stehe und falle, daß, wer aus der Stadt (oder dem zugehörigen Lande) gehen müsse, dem eigenen Gott nicht dienen könne, sondern frem-

[135] Es scheint, daß auch Kamos ein mehreren Stämmen gemeinsamer Gott gewesen ist.

den Göttern dienen müsse (so David: 1. Sam. 26, 19), daß dagegen, wer aus fremdem Land kommt, dem einheimischen Gott zu dienen gut tue, weil dieser sich sonst rächen könnte (so Jahwe an den assyrischen Kolonisten in Samaria, 2. Kön. 17, 25.26). Dies ist Produkt stadtsässiger Kultur. Für den Israeliten einer Tempelstadt, zumal Jerusalems, war Jahwe im Tempel ansässig. Für eine solche Lokalisierung bot seit alters die Lade Jahwes naturgemäßen Anlaß. Das überlieferte Ritual zeigt, daß die Krieger im Felde sich ihn als auf diesem Lagerheiligtum anwesend vorstellten. Ganz anders war naturgemäß der Standpunkt der halbnomadischen Viehzüchterstämme. Der von ihnen beeinflußten Tradition versteht es sich von selbst, daß der Gott auch im fremden Land mit dem Israeliten ist (Gen. 28, 20). Sie wissen recht gut, daß Jahwe auch von nichtisraelitischen Stämmen verehrt wird und ihre Legenden setzen daher das gleiche als selbstverständlich nicht nur von Laban (Gen. 24, 50; 31, 49), immerhin einem Verwandten. sondern auch für Abimelech von Gerar (Gen. 20, 11; 21, 23) voraus. In der Joseph-Novelle (Gen. 41, 39) ist sogar jene Auffassung spürbar, die bei handeltreibenden Weltvölkern, wie den Hellenen und den späteren Römern, typisch war: die naive Identifikation bestimmter fremder Götter mit den eigenen, wie sie im nachexilischen Judentum sich für den Gott des Nebukadnezar (bei Daniel) und des Perserkönigs findet. Im ganzen aber war diese Vorstellungsweise dem älteren Israel fremd, weil Jahwe durch berith sein Gott geworden war. Das schloß, nach der ursprünglichen Vorstellung, zum mindesten aus, daß er im gleichen Sinn wie für Israel auch der ganz persönliche Schutzgott fremder Könige sei, wie etwa Marduk und Ahuramazda es waren. Die beruflichen Jahwepropheten der alten Zeit, die Nebijim und Seher, waren offenbar weder von der Einzigkeit noch auch davon überzeugt, daß gerade nur in Israel ihr Gott zu Hause sei. Sie hatten zum Teil internationale Kundschaft und die Elia-Tradition setzt wenigstens an einer Stelle (1. Kön. 17, 9) voraus, daß auch die Witwe in Sidon Gebote Jahwes von diesem empfange. Im übrigen war ihr Gott zwar nicht der einzige, aber natürlich der stärkste von allen, die andern letztlich Nichtse. Das konnte auch die alte jahwistische Kriegertradition (Jos. 2, 9) akzeptieren. Ihr kam es vor allem auf die Sonderstellung Israels kraft der berith an. Für sie stand fest: Mochten auch andere Jahwe verehren, Israel stand doch in seiner besonderen Hut. Jahwe war ihr nicht der Feind fremder Völker: – dieser Anschauung hat sich erst der nationale Fanatismus der königlichen Heilspropheten und der konfessionelle Fanatismus der Priester nach dem Exil gelegentlich genähert. Aber, wie wir später sehen werden: auf Israel allein kam es ihm an, wie dies ja von jedem Lokalgott oder Lokalheiligen und jeder lokalisierten Madonna aller Zeiten auch erwartet wurde, – nur daß bei Jahwe eben die im Resultat ähnliche Vorstellung ursprünglich nicht von der Lokalisierung, sondern gerade von einem (relativen) Universalismus und der partikulären berith mit Israel ausging. Die verschiedenen Auffassungen aber standen nebeneinander und ihre logische Gegensätzlichkeit wurde, wie üblich, nicht empfunden. Jedenfalls hat man sich zu hüten, die partikularistischere Gottesauffassung für die notwendig ältere zu halten. In gewissem Umfang und Sinn trifft das Gegenteil zu, und bei Jahwe war dies unvermeidlich so. In der rhythmischen alten Gottesrede Ex. 19, 5 nennt Jahwe sich, ehe er den Inhalt des zu schließenden Bundes verkündet, der Israel zu seinem Eigentum machen soll, geradezu den Herren der ganzen Welt. Auch diese Auffassung fand sich also schon in vorprophetischer Zeit gelegentlich neben den anderen. Universalistisch in diesem Sinn treten ja auch die Götter anderer Völker auf. Vor allem die Großkönigsgötter der Hauptstädte der Weltreiche. In Ägypten hat Amon unter der Priesterherrschaft der späteren Ramessidenzeit universelle Macht der Heilsspendung in Anspruch genommen.[136] Ähnliches werden die Berater und Hofpropheten israelitischer Könige in Erinnerung an das Davidsreich von Jahwe verkündet haben.[137] Aber historisch ruhte der besondersartige (relative) Universalismus Jahwes nicht auf dieser Grundlage. Sondern: auf der Tatsache seiner Rezeption. Jahwe hatte eben in einem anderen Sinn als andere Götter bereits bestanden und seine Macht bewährt, ehe Israel ihm opferte. Das hatte gewichtige kultische Konsequenzen. Mochten auch Opfer als ihm angenehm, folglich als geeignete Mittel gelten, seine Gunst zu gewinnen, – schwerlich konnte doch die sonst so häufige Vorstellung aufkommen, daß der Gott in seiner Existenz davon abhängig sei, daß sie ihm dargebracht würden.[138] Er thronte in der Ferne auf seiner Bergeshöhe und bedurfte ihrer nicht, wenn er sie auch gern genoß. Dazu kam nun aber, was wohl zu beachten ist, in der Zeit vor dem Königtum in Friedenszeiten das Fehlen jeglicher politischen oder hierokratischen Instanz, die im Namen des Bundes hätte Opfer darbringen können: wir wissen von solchen gar nichts und ihre Existenz scheint ausgeschlossen. Das Opfer also konnte schlechterdings, gerade in alter Zeit, in der Beziehung zu Jahwe nicht jene Bedeutung gewinnen, wie anderwärts. Insofern waren also die Propheten später ganz im Recht, nicht nur für die Wüstenzeit, sondern für den israelitischen Bund überhaupt, wenn sie betonten: damals habe man Gott nicht durch Opfer gedient. Da die spezifische Form, durch welche das Bundesvolk immer wieder mit ihm in Berührung trat, die berith war, so lag es nahe, die Erfüllung der

[136] Wen Amon (Breastead Records IV, S. 80) trägt dem König von Byblos vor, daß die Pharaonen (deren Silbersendungen der König von Byblos vermißt) nicht das haben leisten könne, was der Gott Amon zu leisten vermöge (der eben deshalb keinen materiellen Geschenke schicke), nämlich: Leben und Gesundheit zu verleihen (was freilich mit dem Hofstil des Alten Reiches nicht harmoniert). Auch der König von Byblos *gehöre* dem Amon, dem zu gehorchen für jedermann Heil bringe.

[137] Über die Unterschiede der Göttergestalten der Umwelt, insbesondere Mesopotamiens, von Jahwe, ausgezeichnet: Hehn, Die biblische und die babylonische Gottesidee Leipzig, 1913.

[138] In Ägypten bedürfen die Götter im Gegensatz dazu der Nahrung durch das Opfer der Menschen (v. Bissing, Sitz. b. der Münchener Ak. d. W. Phil.-hist. Kl. 1911 Nr. 6), ganz ebenso wie die Totenseelen.

durch berith mit ihm geheiligten Gebote für mindestens so wichtig oder eigentlich für wichtiger zu halten, als die von den einzelnen nach Gelegenheit und später von den Königen und Tempelpriestern dargebrachten Opfer, wie dies denn von einem Teil der reinen Jahweverehrer auch immer erneut geschah.[139] Es hat in der späteren Königszeit immer in Israel eine Partei gegeben – und ihr haben gerade die gewaltigsten Schriftpropheten, wie Amos und Jeremia zugehört –, welche die Erinnerung an diesen Zustand wach erhielt und alle und jede Opfer als Jahwe letztlich gänzlich gleichgültig hinstellte. Begreiflicherweise hingen gerade die am wenigsten an festen Kultstätten seßhaften, also die Kleinviehzüchterschichten, am meisten dieser Auffassung an. Genaue Innehaltung der ihm spezifischen Riten und im übrigen Gehorsam gegen seine Offenbarungen war augenscheinlich das, was der gewaltige himmlische Kriegsfürst in Wahrheit verlangte: diese folgenreiche Auffassung ist – wiederum politisch bedingt – zweifellos von Anfang an in Israel gerade bei den eifrigsten Hütern der alten Tradition lebendig geblieben. Mochten die ursprünglich von ihm dem Kriegerbunde auferlegten ethischen Gebote noch so primitiv und barbarisch gewesen sein (was heute nicht mehr sicher auszumachen ist), – in jenem Sinn war er doch eben unvermeidlich weit mehr als andere Götter ein ganz spezifisch auf die Erfüllung bestimmter Gebote: ritueller und sozial-ethischer Alltags-Normen, eifernder Gott. Wohlgemerkt: nicht ein Gott, der eine ewig gültige Ethik schätzte oder selbst an ethischen Maßstäben gemessen würde. Das stellte sich erst allmählich als Produkt des Intellektuellenrationalismus ein. Nein, er verfuhr wie ein König, in Zorn und Leidenschaft, wenn die ihm kraft berith geschuldeten Pflichten nicht erfüllt werden. Es handelte sich um Pflichten, wie sie der erkorene Herr vom Untergebenen verlangt, um ganz positive Verpflichtungen, über deren absoluten ethischen Wert man zunächst nicht grübelte und nicht zu grübeln hatte. Das was in Israel nicht erhört war und das positiv durch berith Festgestellte war der Inhalt des Gesollten. Aber auf dessen Erfüllung hielt der Gott mindestens soviel, nach einer schon früh verbreiteten Ansicht sogar mehr, als auf Opferdienst. Schon Traditionen von hohem Alter zeigen ihn in gewaltigem Zorn nicht nur wegen ritueller, sondern auch wegen ethischer Frevel. Und als selbstverständlich wird vorausgesetzt, daß der heilige Krieg des Bundes wegen schwerer Verstöße gegen ethische Pflichten – wegen solcher Dinge, die in Israel nicht gesehen worden waren (Jud. 19, 30) – über Bundesglieder verhängt werden konnte. Der Grund aber für ein Einschreiten des Bundes aus solchen Gründen, also für eine spezifisch stark ethische Orientierung des altisraelitischen Bundesrechts, lag in der religiösen Solidarhaft der Bundesglieder für die Frevel aller einzelnen. Diese überaus

[139] Zu allen diesen Zusammenhängen vgl. besonders Buddes Vortragszyklus über die altisraelitische Religion, der wohl am schärfsten die Bedingtheit des ethischen Charakters der Religion Israels durch den Charakter des Gottes als eines Wahlgottes gesehen und betont hat.

wichtige und folgenreiche Voraussetzung einer Haftung der Gesamtheit für jeden in ihrer Mitte wissentlich oder unwissentlich geduldeten Frevler war, wie dem Repressalienrecht aller internationalen Beziehungen bis heute, so dem religiösen Glauben eines Volkes selbstverständlich, welches wie Israel seinem Gott als ein Verband freier Volksgenossen gegenüberstand. Während die Haftung des einzelnen für die Sünden seiner Vorfahren und Nächstversippten sich in babylonischen Hymnen findet, war jene Solidarhaft des ganzen Volkes für alle einzelnen – die Voraussetzung aller prophetischen Unheilsverkündigungen – in einem rein bürokratischen Staat naturgemäß gedanklich nicht entwickelt. Die politische Struktur spielte also auch hier eine entscheidende Rolle. Wie die Volksgenossen füreinander, so haften die Nachfahren bis in entfernte Glieder für Frevel der Vorfahren. Das war bei der Blutrache ganz ebenso und also nichts Auffallendes. Und mit Abschwächung der Blutrache änderte sich das: die deuteronomische Spekulation sah in beiden Arten der Haftung für fremdes Verschulden: für den Genossen wie für die Voreltern, eine Härte, ohne doch die Anschauung wirklich beseitigen zu können. Für Israel war sie eine Folge des berith-Verhältnisses mit dem Gott selbst.

Die Qualität des Gottes als eines durch besonderen Vertragsakt angenommenen Bundeskriegsgotts und Garanten des Bundesrechts erklärt auch noch eine Eigentümlichkeit von großer Tragweite: Er war und blieb, bei allem Anthropomorphismus, unbeweibt und daher kinderlos. Auch die bne Elohim des sechsten Genesiskapitels waren keine bne Jahwe. Eine weibliche Ergänzung konnte bei der Eigenart seiner Stellung gar nicht in Frage kommen. Sie fehlte ihm ebenso, wie sie auch sonst gelegentlich gewissen Funktionsgöttern, welche soziale Ordnungen garantieren, (Varuna, Apollon) und importierten Göttern (Dionysos) aus ganz ähnlichen Gründen fehlte. Bei Jahwe aber trug dieser Umstand sicher sehr wesentlich dazu bei, ihn von Anfang an als etwas, anderen Göttergestalten gegenüber, Besondersartiges, Weltferneres erscheinen zu lassen; vor allem hemmte er – wie wir sehen werden – echte Mythenbildung, die immer Theogonie ist. Auch diese sehr wichtige Eigentümlichkeit war also vermutlich durch jene politische Besonderheit der Entstehung seines Kults bedingt.

Solche Züge von Präeminenz des Bundesgotts begründeten aber, wie wir schon sahen, keineswegs notwendig einen Anspruch auf Exklusivität seiner Geltung. Wie es nach außen den Göttern anderer Völker gegenüber stand, davon war schon die Rede: Jephtha behandelt die Existenz und Macht des ammonitischen und später auch moabitischen Gottes Kamos als ganz selbstverständlich. Noch unter Ahab ist die Auffassung keine andere: der Moabiterkönig vermag durch das Opfer seines eigenen Sohnes den Kamos so zu stärken, daß sein Grimm gegen Israel und dessen Gott die Oberhand gewinnt. Aber – worauf es hier ankommt – auch nach innen bestand der Tatsache nach die Exklusivität nicht. Hinsichtlich der Halbbeduinen der Steppe ist es allerdings sehr wahrscheinlich, daß der große Kriegsgott des Bundes für sie von Anfang an der einzige in Betracht kommende Gott war. Diese Monolatrie erklärt sich sehr einfach daraus, daß bei ihnen differenzierte Kultur, welche Funktionsgötter erzeugt, nicht bestand und daß die politische Gemeinschaft bei ihnen schlechterdings nichts als nur den kriegerischen Schutz der Weidereviere und der Eroberungen nach außen zu besorgen hatte. Vermutlich von Anfang an sind daher gerade diese halbnomadischen Stämme, vor allem die Südstämme, die Vertreter der Einzigkeit Jahwes im Sinn der Monolatrie gewesen. Und von da aus ist diese Auffassung auf die berufsmäßigen Vertreter derjenigen Funktion übergegangen, welche Jahwe von Anfang an eigentümlich war: die Kriegspropheten. Das älteste Dokument, in welchem die Verehrung neuer Götter durch Israel tadelnd erwähnt wird, ist das Deboralied (Jud. 5, 8). Alle Kriege gegen die Patriziate der Städte, der kanaanäischen wie der philistäischen, sind in Jahwes Namen geführt worden, und bei solchen Gelegenheiten tauchte begreiflicherweise jedesmal die Auffassung auf, daß eine Bundespflicht der Israeliten die ausschließliche Verehrung des Gottes sei, der ihnen im Kriege zu helfen verheißen hatte. Alle nicht weltlichen, sondern prophetischen – männlichen oder weiblichen – Führer in den Befreiungskriegen waren Feinde aller anderen Götter oder wurden es im Kriege. Aber im übrigen ist für die seßhaften Israeliten nichts sicherer, als daß sie noch andere Götter außer Jahwe hatten. Und zwar zunächst ganz legaler Weise. Der Besitz anderer Götter bedeutete ja lediglich den Bestand anderer, dem Jahwe nicht gewidmeter Kulte, und daß es solche, auch abgesehen von den importierten auswärtigen Numina, gab, hat auch die priesterliche Redaktion der heiligen Schriften nicht verwischen können.[140]

Zunächst berichtet die Tradition von Sippenkulten und Hausheiligtümern. David entschuldigt sich beim Opferfest des Saul mit einem Kultfest seiner Sippe, von welchem die Kultordnungen Jahwes nichts wissen. Nicht nur Laban ferner, sondern (nach den Bestimmungen des Bundesbuchs über die Erbversklavungszeremonie und nach der Erzählung über die Flucht Davids aus seinem Hause) jeder vollversippte Israelit hatte ursprünglich eine heilige Stätte im Haus und einen Hausgötzen. Was diese Teraphim letztlich gewesen sind, ob sie vielleicht identisch waren mit Masken oder Puppen, welche das Sippen- oder Familienhaupt beim orgiastischen Mimus zu tragen hatte, ist nach Lage der Quellen vielleicht nicht sicher auszumachen und soll hier nicht erörtert werden. Wohl aber beweist die Art, wie sie aus den emendierten Redaktionen verschwinden, daß sie nichts mit einem (ganz unwahrscheinlichen) häuslichen Jahwekult zu schaffen hatten, so wenig wie vermutlich jene Sippenfeste. Im einzelnen freilich bleibt alles unsicher.

Auf recht problematischem Boden befindet man sich ebenso auch bei der

140 Gegen die sehr prononcierte Ansicht von Eerdmans (in den Alttest. Studien), wonach manche Teile des A. T. Jahwe überhaupt nicht kennen und spezifisch polytheistisch seien, s. Steuernagel in der Theol. Rundschau 1908, S. 232f.

wichtigen Frage, ob und welche Art von Totenkult in Altisrael geherrscht hat und inwieweit dessen späteres vollkommenes Fehlen mit dem Zurücktreten der sozialen und kultischen Bedeutung der Sippen zusammenhängt.

Die geistvollen Konstruktionen eines ursprünglichen Ahnenkults in Israel von Stade und Schwally haben der eindringenden Kritik namentlich Grüneisens nicht standhalten können. Allerdings scheint die Totenseele in der altpalästinensischen Magie einmal eine sehr beachtete Potenz gewesen zu sein. Aber in der späteren Zeit ist gerade sie eine sehr problematische Figur. Daß die Seele nichts notwendig Einheitliches ist, teilt die israelitische Auffassung mit sehr vielen anderen, auch mit jener ägyptischen Vorstellung, welche zum mindesten dem König eine Mehrheit von Seelen zuschreibt. Aber die schon in früher Zeit die ägyptische Spekulation beherrschende einheitliche Konzeption des Kai ist in Israel nicht übernommen und scheint auch keinen Einfluß geübt zu haben. Die spätere, auf Verschmelzung verschiedenartiger, älterer eigener und einiger vermutlich übernommener Vorstellungen zurückgehende Auffassung unterschied am Menschen dreierlei: 1. den Körper (basar), 2. die im Blut sitzende[141] Seele (nefesch) als Trägerin der normalen Affekte, der Individuation (wie wir sagen würden) und aller gewöhnlichen Lebenserscheinungen überhaupt und 3. den Geist, den Lebensodem (ruach). Ruach ist dabei ein von Jahwe dem Menschen eingeblasener göttlicher Windhauch, durch dessen Vorhandensein aus dem ganz kraftlosen oder nur vegetativ beseelten Körper erst ein lebendiger Mensch wird: von den vier Winden her läßt Jahwe durch ein Zauberwort des Hesekiel in dessen Vision den Odem kommen, der die über Israels Boden verstreuten Totengebeine wiederbelebt. Außerdem und vor allem aber ist nun ruach jene besondere göttliche Kraft, welche, der mana und orenda entsprechend, als Charisma überalltäglicher Leistung im Helden, Propheten, Künstler und umgekehrt als dämonische Besessenheit in schweren Affekten und außeralltäglichen Zuständlichkeiten sich äußert. Nefesch und ruach sind in den Quellen nicht immer scharf geschieden. Es scheint, daß der in der späten Redaktion der Schöpfungsgeschichten (Gen. 1) sich findende Dualismus von lebendigem Gottesodem (dem Wehen der Gottheit) und totem Chaos von phönikischen Vorstellungen her durch Vermittlung der Intellektuellenspekulation rezipiert worden ist und die Konzeption eines Dualismus ruach-basar ermöglicht hat. Dieser kam den feindlichen Tendenzen der Priester gegenüber dem Totenkult entgegen. Nach der späteren Vorstellung kehrt nämlich die ruach, als substantiell den Winden gleich, mit dem letzten Atemzug zum Odem des Himmels zurück, geht mithin als Individualität unter, und ein Totenreich der Individualseelen fällt damit ganz fort. Das entsprach dem alten Volksglauben keineswegs. Die ursprüngliche Vorstellung über das Schicksal der nefesch ist zwar nicht immer ganz klar, ging aber offenbar dahin, daß sie fortbestehe. Einmal, bei Jeremia, findet sich

[141] Im Herzen sitzt der Verstand, in den Nieren die Affekte.

die auch in Altägypten ursprüngliche Annahme, daß die Seele im Grabe weile. Dabei handelt es sich aber um eine Heroine (Rahel) und der Grund jener Vorstellung war zweifellos, daß in diesem Fall ein alter Grabkult existierte. Dagegen ein Ahnenhimmel der Sippengenossen scheint nicht nachweisbar. Sippengräber finden sich für einzelne vornehme Geschlechter, noch in der Spätzeit z. B. für die Makkabäer und, nach der Tradition der Priester, für die Erzväter. Nur bei seßhaften Stämmen waren solche möglich. Der vermutlich alte Ausdruck: zu seinen Vätern versammelt werden bedeutete jedenfalls eher: Versammlung zu den gemeinsam beerdigten Sippengenossen als: in einen besonderen Ahnenhimmel, zumal er mit dem anderen Ausdruck: zu seinen Leuten ('am) versammelt werden abwechselt, der sowohl Sippengenossen wie Kriegskameraden bedeuten kann. Auch ein Kriegerhimmel ist geschichtlich nicht nachweisbar. Besonders von ihm begnadete religiöse Helden raffte Jahwe, nach der volkstümlichen Vorstellung, hinweg: Sie existieren weiter unter seinen himmlischen Heerscharen, d. h. (wie in Ägypten nach einer Vorstellung) im leuchtenden Sternenheer oder vielleicht auch in seinem himmlischen Rat, während die korrekte Ansicht wohl die war, daß er sie in seinen Armen sanft verlöschen lasse, wie den Mose. Die nephesch aller anderen aber führt ein Schattendasein im Hades, der Scheol. Aus dieser ist nicht, wie in Ägypten, ein Ort seliger Existenz der Begnadeten ausgeschieden oder eine Chance der Wiedergeburt eröffnet. Schlaff (rephaim), wie bei den Hellenen, sind vielmehr alle Totengespenster. Allerdings deshalb nicht ungefährlich. Die Steinigung eines von einem bösen oder einem mit dem cherem belegten Geist besessenen Menschen oder Tieres hatte zweifellos den Zweck, seiner unruhigen Totenseele den Weg so gründlich zu verschütten, daß sie nicht umgehen konnte. Während in Ägypten aus ähnlichen Anfängen die Lehre vom Kai entwickelt wurde[142], ist die israelitische Vorstellung von der Seele durchaus widerspruchsvoll geblieben. Das strenge rituelle Verbot des Blutgenusses wird von der späteren, deuteronomischen und priesterlichen, Auffassung gelegentlich damit begründet, daß man die Seele auch eines Tiers nicht essen dürfe: das gibt bösen Zauber und vielleicht Besessenheit. Aber eine Lehre von den Schicksalen der Tier- und Menschenseelen hat sich nicht entwickelt. Im Hades lebte die nephesch nur als schattenhaftes Abbild des Lebenden, weil sie weder Blut noch Odem hatte. Man erfährt dort nach der Vorstellung auch der Psalmisten nichts von Jahwes Taten und kann ihn nicht preisen: Das Gedenken ist erloschen. Wie Achilleus wünscht man vor diesem Schicksal so lange als möglich bewahrt zu werden und empfindet diese Existenz nicht als ein jenseitiges Fortleben. Vollends weiß man nichts von jenseitiger Vergeltung, wie sie das aus den chthonischen Kulten entwickelte Totengericht in Ägypten,

142 In Ägypten ist Kai die *Lebenskraft,* also *Seele* und zugleich die Nahrung, deren die Seele bedarf, um zu existieren. Sie entspricht der nephesch insofern, als sie es ist, die in das Totenreich geht. (v. Bissing, Sitzb. der Münch. Ak. d. W. Phil-hist. Kl. 1911 Nr. 6.).

die Grundlage der dortigen priesterlichen Beeinflussung der Ethik, darstellte. Spärliche Anfänge einer Tartaroskonstruktion für Übeltäter finden sich bei späteren Propheten zwar; sind aber ebensowenig weiter ausgebaut worden, wie bei den Hellenen und Babyloniern. Der verschwommene Charakter all dieser Vorstellungen erklärt sich am einfachsten daraus, daß Scheol sowohl wie nefesch alte Bestandteile des Heeres- und Volksglaubens waren und daß die Träger des Jahwismus beides gleichermaßen beiseite ließen, ihrerseits dagegen mit dem anfänglich wohl aus der animistischen Wiedergeburtsvorstellung der Kriegeraskese entnommenen, dann mit dem göttlichen Weltodem, dem Winde Jahwes, in Beziehung gesetzten Begriff der ruach operierten[143] und kein Fortleben einer Seele in einem Jenseits kennen wollten.[144] Sondern was fortlebte und fortleben sollte, war bei ihnen etwas ganz anderes: der gute Name[145] des Helden bestand unter den Kameraden und Nachfahren weiter. Die Hochschätzung des Namens ist eine typische Beduinenwertung, wie wir sahen. Aber sie herrschte auch in Ägypten. Wie dort, so bestand auch in Israel die Vorstellung, daß jeder Name etwas, wie dem Ding, so der Person Wesenhaftes, irgendwie Reales sei. Daß Jahwe den Namen des Frevlers aus seinem Buch austilgen werde, ist Ausdruck für die ihm angedrohte Vernichtung für immer (Ex. 32, 32.33 f). Die Bedeutung des persönlichen Charisma und des Kriegsheldenruhms in Verbindung mit der herrschenden Sippengliederung und Benennung der vornehmen Sippen nach dem Ahnen als Eponymos wirkte wohl dahin, diese Vorstellung zu verstärken. Der Name eines Menschen, den der Gott im Leben sichtbar gesegnet hat, kann zu einem Segenswort werden, welches noch späte Geschlechter als solches gebrauchen. Daß dies seinem Namen geschehen solle, ist die höchste Verheißung, welche Abraham von Jahwe erhält. Denn in der einzigen alten (jahwistischen) Redaktion des später (Gen. 18, 18; 22, 18; 26, 4; 28, 14) umgestalteten Wortes (Gen. 12, 2.3) lautet dies dahin, daß Abrahams Name ein Segenswort werden und daß künftig einmal alle Geschlechter auf Erden sich mit seinem Namen segnen sollen. Das bedeutete an sich nur, daß er selbst und die Seinen ein weltbekannt gesegnetes Leben führen werden. Irgendeine messianische Deutung lag ganz fern. Um dieses Werts des Namens willen, damit der Name in Israel nicht ausgetilgt werde, ersehnte man große Nachkommenschaft (Deut. 25, 6.7.10; Ruth. 4, 5.10; 1. Sam. 14, 22; 2. Sam. 14, 7).[146] Nicht aber, wie ander-

143 Jedoch schwört Jahwe bei seiner *nephesch*.

144 Aus einer Vermischung der beiden dichotomischen Vorstellungen wäre also die spätere Trichotomie entstanden. Auch Kautzsch, der sich entschieden gegen die Trichotomie wendet, muß doch im Wesen der Sache ihre spätere Existenz zugeben.

145 Giesebrecht, Die alttestam. Schätzung des Gottesnamens und ihre religionsgesch. Grundlagen, Königsberg 1901.

146 Wenn Hiob seine Zuversicht darauf setzt, daß *sein Bluträcher lebe,* so meint er damit, daß Jahwe seinen durch die Verdächtigungen der Freunde angetasteten guten Namen wieder herstellen werde. Den Eunuchen, deren Zulassung zur Gemeinde – ent-

wärts, um der Totenopfer willen.[147] Zwar existierten solche. Aber daß die Opfer für das Geschick des Toten oder für das des Opfernden selbst besonders wichtig seien, ist wenigstens in den uns zugänglichen Quellen nirgends angedeutet.[148] Dies Schweigen hängt wenigstens ursprünglich nicht, wie man wohl glauben könnte, mit einem bewußten Kampf der Priester gegen eine bereits bestehende am Ahnenkult verankerte Macht der Sippen zusammen. Zwar für die spätere Zeit ist der Gegensatz der Wirkungsrichtung von Priesterreligion und Sippenmacht, wie sich mehrfach zeigen wird, unzweifelhaft. Aber er blieb auch dann wesentlich latent und ist jedenfalls nicht der Ausgangspunkt der vollkommen fremden Stellung des Jahwismus gegenüber allem Totenkult gewesen. Denn Sippenmacht und Totenkult gehen zwar oft, aber nicht notwendig und immer zusammen. In Ägypten hat der so intensiv wie nirgends sonst gepflegte Totenkult keineswegs zur Bildung von magisch oder kultisch gebundenen Sippenverbänden geführt[149], die dort vielmehr so vollständig wie fast nirgends sonst fehlten, weil die Patrimonialbürokratie des Fronstaates die Bedeutung der Sippen bereits gebrochen hatte, ehe der Totenkult seine alles

gegen dem älteren, auf dem Gegensatz gegen die Königseunuchen beruhenden Verbot – Tritojesaja (56, 4.5) ausspricht, stellt er *einen besseren Namen,* als durch Söhne und Töchter, in Aussicht, wenn sie die göttlichen Gebote erfüllen.

147 Auch in Ägypten ist es der Name, der fortleben muß, nicht die Nachkommenschaft des Toten als solche. Der Kult liegt bei den Vermögenden nicht den Nachfahren, sondern den mit Pfründen bewidmeten Totenpriestern ob. Die Fortexistenz des Namens aber bedingt die Fortexistenz der Seele im Jenseits. Gerade diese nahe Verwandtschaft der Auffassung von der Bedeutung des Namens in Israel mit der in Ägypten beleuchtet das Tendenziöse der Ablehnung aller Jenseitserwartungen und Totenkulte nur um so stärker. – Dem Mißbrauch des Namens Jahwes entspricht die Strafe (Erblindung), welche Ptah nach einer Inschrift (im Brit. Mus.) wegen Mißbrauchs seines Namens verhängt hat. (Erman, Sitz. b. der Berl. Ak. d. Wiss. Phil.-hist. Kl. 1911, p. 1098f.)

148 Ed. Meyers oft ausgesprochene Ansicht, daß die Totenopfer nicht um der Macht der Toten willen gebracht werden, sondern umgekehrt die Ohnmacht der Toten zur Voraussetzung haben, die ohne sie nicht bestehen können, ist einseitig. Es ist z.B. im allgemeinen ganz richtig, daß sowohl Götter wie Totenseelen der Opfer bedürfen (wie die homerischen Schatten im Hades des Blutes). Aber für Ägypten ergeben die Inschriften schon des Alten Reichs die Macht der Toten. Der Tote stellt dem, der sein Heil verletzt, Rache, dem, der ihm Gebete und Opfer bringt, Fürsprache bei dem großen Gott oder anderen Segen in Aussicht. Und der ganze chinesische Ahnenkult, vor allem gerade die in ihrem Sinn ganz vergessenen Trauerbräuche dort, haben die Macht der Totenseele zur Voraussetzung. Das Machtverhältnis ist also gegenseitig: Der Tote bedarf der Opfer, aber er hat, wie die Götter, auch die Macht, sie oder ihr Unterlassen zu vergelten. Durchaus zutreffend ist nur, daß der *Ahnenkult* als solcher keine universelle Durchgangsstufe der Religion ist. Schon deshalb, weil – wie Ägypten zeigt – Totenkult und Ahnenkult in keiner Art notwendig zusammenfallen.

149 Schon die Toten des Alten Reichs wenden sich in den Grabaufschriften nicht an die Nachfahren, sondern an jedermann, der ihrem Grabe naht, um Gebete und Opfer und versprechen jedem, der ihnen willfährig ist, Fürsprache. Der Totendienst aber wird durch Priesterpfründen gesichert, nicht durch religiöse Pflicht der Nachfahren.

überragende letzte Ausgestaltung erhielt. Die stark entwickelte alte israelitische Sippengliederung andererseits hat doch keinen wirklichen Ahnenkult chinesischen oder indischen und auch keinen Totenkult ägyptischen Gepräges entstehen lassen. Gewiß hatte er sich aus der hauspriesterlichen Stellung des Familienhauptes und den Sippenkulten leicht entwickeln können, und wenn er entstanden wäre, so würde er die Macht und das rituelle Prestige der Sippen außerordentlich gesteigert und dadurch der Ausbreitung des reinen Jahweglaubens ernstliche Widerstände bereitet haben. Die Gastvölkerorganisation hätte dann vielleicht zur Kastenbildung führen können. Insofern war es allerdings von nicht geringer Bedeutung, daß der Jahweglauben offenbar von Anfang an der Entstehung eines Toten- oder Ahnenkults ablehnend gegenüberstand.[150] Denn die typischen Ansätze zur Entstellung solcher Kulte scheinen bestanden zu haben. Sicher feststellbar ist ein Kult von wirklichen oder angeblichen Stammesheroen zwar nicht, aber die Erwähnung von Gräbern einiger von ihnen macht Kulte wahrscheinlich, die dann von der späteren Priesterredaktion sehr geflissentlich umgedeutet wurden. Mehr als die hohe Wertung der Leichenpietät im (apokryphen) Tobit-Buch, die vielleicht persisch beeinflußt ist, zeigen die Erwähnung der Totenopfer und Trauerbräuche im Deuteronomium (26, 14) und die Reste der Totenorakel, daß der Weg zum Totenkult begangen war. Und noch weit mehr als all diese Spuren spricht dafür gerade die ganz offensichtlich bewußte schroffe Ablehnung aller dieser Ansätze durch die Jahwereligion, welche ihnen die Entwicklung abschnitt. Denn diese Gegnerschaft hat einen augenfällig tendenziösen Charakter. Nicht etwa die Unreinheit alles Toten und alles auch nur indirekt zum Grabe in Beziehung Stehenden, wie etwa des Trauerbrots, ist dafür entscheidend. Denn unrein, d.h. Quelle magischer Befleckung, war der Tote und was ihn anging, auch da, wo er Gegenstand eines Kults war, z.B. in Ägypten. Daß dem Jahwepriester jede Beteiligung an der Totentrauer außer für die allernächsten Angehörigen unbedingt untersagt war, geht aber immerhin über das hinaus, was dadurch bedingt wäre. Ebenso die absolute rituelle Unreinheit aller Vorräte, von denen auch nur Teile für Totenopfer verwendet oder bei Totenmahlen gegessen waren: es war geradezu Gegenstand des negativen Sündenbekenntnisses, welches der Einzelne, wenn er vor Jahwe erschien, abzulegen hatte, daß das zu Opfernde in dieser Hinsicht rituell rein sei (Deut. 26, 14). Nicht minder die Perhorreszierung der Totenorakel. Denn sie erfolgte nicht etwa, wie bei manchen anderen verbotenen Orakelpraktiken, weil sie trügerisch wären, sondern obwohl sie, wie ja das Beispiel der Beschwörung

150 Die Ablehnung der ägyptischen Totenkulte folgte keineswegs schon an sich aus der Stammfremdheit und der Verschiedenheit der Lebensverhältnisse. Die ebenfalls stammfremden libyschen Beduinen hatten das gesamte Totenzeremoniell der Ägypter übernommen (s. Breastead, Records IV, 669, 726 ff.). Ebenso wie libysche sind aber auch semitische Beduinen-Schêchs sehr oft in Ägypten und auch am Hof zu finden. Auch Syrer mit ägyptisch theophoren Namen kamen dort vor.

Samuels zeigt, wirksam waren und die Wahrheit enthüllten. Nein: Sie waren eine Konkurrenz gegen die von den Jahwepriestern gehandhabten Orakelformen und entstammten Kulten, welche für diese offenbar eine gefährliche Rivalität bedeuteten. Neben einheimischen chthonischen Kulten war vor allen Dingen gerade der ägyptische Totenkult in der unmittelbaren Nachbarschaft offenbar ein Feind, gegen welchen die Verpönung alles Totendienstes sich richtete.[151] Die in Palästina zahlreich gefundenen Skarabäen dienten bekanntlich als magischer Schutz für den Toten vor dem Totenrichter und machen es sehr wahrscheinlich, daß die ägyptische Art des Totenkults nicht unbekannt war. Nichts beweist aber deutlicher das tiefe Unbehagen, mit welchem die Jahwereligion aus diesem überall spürbaren Gegensatz gegen die ägyptische Esoterik und chthonische Mysterien heraus allen Angelegenheiten des Jenseits gegenüberstand, als das unvermittelte Abbrechen aller scheinbar unvermeidlich dorthin führenden Gedankengänge[152] in der ganzen alttestamentlichen Literatur mit Einschluß sämtlicher Propheten, Psalmisten und Legendendichter. Den Propheten (Jes.28,15) bedeutet ein politisches Bündnis mit Ägypten den Bund mit Scheol, das heißt mit den Totengöttern: das erklärt mit ihre hartnäckige Feindschaft gerade gegen diese Anlehnung.

Bei all dem hat man nun aber doch den Eindruck, daß der in Babylon esoterisch bestehende, durch Astralmythen bedingte Auferstehungsglaube, der plötzlich im Danielbuch als fertige Vorstellung hervortritt und nach der Makkabäerzeit (pharisäischer) Volksglaube wird, auch in vorexilischer Zeit nicht etwa unbekannt war.[153] Die offizielle babylonische Religion weiß freilich von solchem Glauben ebensowenig etwas wie die israelitische. Der Tod ist ihr ein unvermeidbares Übel alles Menschentums. Denn die Lebenspflanze ist unter der Obhut böser Dämonen tief verborgen in der Unterwelt, die auch dort ein reines Schattenreich ist. Und nur vereinzelte Sterbliche sind, wie in Israel, durch Göttergnade in ein seliges Dasein entrückt. Aber in Israel ist nicht nur ein Ignorieren, sondern Ablehnung zu spüren. Das ganze Gebiet des Totenreichs und des Schicksals der Seele blieb der offiziellen priesterlichen und prophetischen Religion unheimlich. Bis auf die Zeit der Pharisäer, welche darin Wandel schufen, operieren ihre Repräsentanten, gerade die größten unter ihnen, niemals mit dem in der ägyptischen und der zarathustrischen Religion

151 Das ausdrückliche Verbot der Selbstverwundung bei der Totentrauer (Lev. 19, 18) freilich ist gegen Ekstatik und ekstatische Magie gerichtet (s. u.). Die Technik der Einbalsamierung aber war in Israel bekannt: Gen. 50, 2.3.

152 So in der Vision Hesekiels von den Totengebeinen, deren Wiederbelebung durch Zauberwort ausschließlich als ein Machtbeweis Jahwes gewertet wird. Auch dem ʻEbed Jahwe Deuterojesajas ist nur ein ruhmvolles Zukunftsleben in Aussicht gestellt, wobei aber diese zwischen eschatologischer Persönlichkeit und Personifikation gleitende Gestalt offenbar in der zweiten Qualität in Betracht kommt.

153 Über die ganze Frage Beer in der schönen Abhandlung über den biblischen Hades (Theol. Abh. für H. Holtzmann 1902).

heimischen Gedanken einer jenseitigen Vergeltung. Die Pietät gegen die lebenden Eltern wird hoch gerühmt und ihr Bruch streng verpönt, aber von einem Jenseitsschicksal noch so glänzender Ahnen ist niemals die Rede, obwohl doch die Vergeltung und der gerechte Ausgleich das war, was die Jahwegläubigen von ihrem Gott erhofften und obwohl die Solidarität der Sippe mit ihrer Haftung der Nachfahren für die Sünden der Väter feststand. In späterer Zeit haben, wie wir sehen werden, die Verheißungen der Propheten durch ihre Eigenart diese Ablehnung aller individuellen Jenseitsvergeltung zugunsten der kollektiven diesseitigen Hoffnungen mit bedingt. In der Frühzeit aber ist diese für die Rechtssammlungen wie die Geschichtsschreiber gleichmäßig charakteristische Ablehnung jeder Jenseitsspekulation, zumal in der Nachbarschaft des sehr genau bekannten Ägypten, doch wohl kein Zufall. Freilich: Der nächste und unmittelbarste Gegner waren vermutlich die orgiastischen Kulte der chthonischen kanaanäischen Numina. Die Aufzählung der verpönten Trauerbräuche (Einritzen von Wunden, Kahlscheren des Haupts und Ähnliches) bei den Propheten (Amos, Jesaja, Micha) und in der Thora (Lev. 19, 28; Deut. 14, 1) zeigt auch keine spezifisch ägyptischen, sondern allgemein chthonische Züge. Und motiviert ist das Verbot (Deut. 14, 2) durch die Beziehung zu Jahwe, also: kultisch. Jahwe hat eben, so viel bekannt, nie und nirgends Züge eines chthonischen Gottes an sich getragen. Immer residiert er auf den Bergen oder im Tempel, nie in der Erde. Niemals wird Scheel, der Hades, als von ihm geschaffen hingestellt: es ist die einzige unter allen Stätten des Weltalls, von der dies nicht behauptet wird. Niemals ist er der Gott der Toten oder eines Totenreichs. Die Kulte der chthonischen und der Totengötter haben eben überall sehr spezifische Eigentümlichkeiten, von denen sich keinerlei Spur im Jahwekult nachweisen läßt. Ebensowenig ist er jemals ein Vegetationsgott oder Gestirngott gewesen: – Gottheiten, deren Kulte die Auferstehungshoffnungen zu erzeugen pflegen. Dieser kultische Gegensatz war unzweifelhaft für die Stellungnahme der Jahwepriester und Thoralehrer der entscheidende. Aber mit Totenkulten verbundene Auferstehungsvorstellungen waren wohl auch in Palästina nicht unbekannt. Nur die Jahwepriesterschaft hatte mit ihnen nichts zu tun und wollte mit ihnen auch nichts zu tun haben, weil ihre eigenen rituellen Gepflogenheiten mit siderischen ebenso wie mit chthonischen Kulten unvereinbar waren. Und neben dem äußeren Gegensatz gegen Totenpriester und Totenorakeldeuter war wohl auch die Befürchtung, bei jeden Konzessionen an irgendwelchen Jenseitsspekulationen durch Kulte von der unermeßlichen Popularität des ägyptischen Osiriskults, sei es durch diesen selbst oder eine an ihn anknüpfende Esoterik von Auferstehungsmysterien, überrannt oder zurückgedrängt zu werden, für ihr Verhalten maßgebend. Zustatten kam ihnen bei der Ablehnung aller Toten- und Ahnenkulte wohl auch, daß die durch die Struktur der ägyptischen Sozialordnung gegebene Verklärung der buchmäßig fixierten Weisheit der Ahnen als solcher für das alte Israel nicht in Betracht kam. Ebenso, daß eine eigentliche Adelsentwicklung mit individueller Ahnenverehrung ausblieb. Denn so wenig ein schon entwickelter Ahnenkult Anlaß der Feindschaft der Jahwepriester gegen die Trauerbräuche war, so zeigt doch die Zusammenstellung des Verbotes der Trauerkasteiung durch Körpereinschnitte mit der Tätowierung (Lev. 19, 28): zweifellos einer Tätowierung mit dem vom Stammesvater überkommenen Sippen- und Stammeszeichen, daß die Gegnerschaft im praktischen Effekt auch der kultischen Bedeutung der Sippen als solcher galt. Der Kampf der reinen Jahwegläubigen gegen die Entstehung von Kultverbänden der Sippen hinderte seinerseits auch wieder die Entstehung eines Ahnenkults, für den Sippenverbände ja die Stätte abgegeben hätten. Die Sippenfeste sind denn auch später durchaus verschwunden.

Dagegen hatte sich der Jahwekult zunächst damit abzufinden gehabt, daß im Ackerbaugebiet Palästinas die üblichen Götter der Ackerbauer: siderische und typische Vegetationsgötterkulte, fortbestanden. Neben den schon vorhandenen oder importierten phönizischen Kulten (vor allem: Moloch und Astarte) und mesopotamischen Gottheiten (Tammuz, der Mondgott Sin), die niemals von den Jahwepriestern anerkannt wurden, scheint durch die Legende von Jephthas Tochter der Bestand von jährlichen Klageriten um den Tod einer alten weiblichen Vegetationsgottheit bezeugt zu sein. Diese fremden Götter haben aber auf die Gestaltung der Jahwereligion keine entscheidende Bedeutung gehabt und interessieren hier nicht. Denn ihr Einfluß wirkte zwar in massenhaften Einzelheiten, aber nicht in den für die grundlegenden Formen der Lebensführung entscheidenden Riten nach. Mit einer Ausnahme. Die überaus wichtige Institution des Sabbat[154] hängt mit dem Schabattutage des auch in Babylon herrschenden Mondkults offensichtlich zusammen. Wie die Etymologie des hebräischen Worts für schwören: sich besiebenen zeigt, ist die in Babylonien eingebürgerte Heiligkeit der Siebenzahl und wohl auch der Siebengötterschaft auch in Palästina alt. Aber die beiderseitige Geltung des Sabbats beruht schwerlich auf eigentlicher Übernahme, sondern wohl auf gemeinsamer Überlieferung. Schon bei den frühesten Erwähnungen des Sabbats treten die Unterschiede hervor. In Mesopotamien war der Schabattutag streng an den Mondumlauf: Neumond, Vollmond, später die durch 7 teilbaren Tage des Monats und den 7 x 7. Tag, gebunden. In Israel ging der jeweilig siebente Tag als Feiertag unbekümmert um die Mondphasen durchlaufend weiter, obwohl die Heiligkeit des Neumonds auch dort alt war[155] und anscheinend auch für die einstige Heiligkeit des Vollmonds sich Spuren finden. Vielleicht hat der Name

[154] Über den Sabbat vgl. jetzt besonders die sehr präzise Abhandlung von G. Beer, Einleitung in die Übersetzung des Mischna-Traktats *Schabbath* (in den Ausgew. Mischnatraktaten, herausgeg. v. P. Fiebig, Nr. 5, Tübingen 1908), S. 10f. Ferner: Hehn, Siebenzahl und Sabbat bei den Babyl. u. im. A. T. (Leipz. Semit. Stud. II, 5, 1907).

[155] Neumonde und Sabbate galten den frühern Propheten als Festtage Jahwes.

Sabbat ursprünglich Vollmondtag bedeutet, wie Beer annimmt, und ist erst später auf den siebenten Tag (Ex. 23, 12; 34, 21) übertragen worden. Gemeinsam war mit Babylonien nur die Verwendung der Siebenzahl, verschieden die Art, wie sie geschah. In Mesopotamien ferner war der Schabattu in historischer Zeit ein Bußtag. In Israel war der siebente Tag zunächst offenbar ganz und gar ein fröhlicher Tag der Arbeitsruhe, an welchem man andere Dinge als die übliche Berufsarbeit besorgte; namentlich auch die Gottesmänner aufsuchte (2. Kge. 4, 23). Wie vor allem noch die Nehemiachronik (13, 15) zeigt, war er aber auch der Tag für die Bauern, zur Stadt, zum Markt und zur Kirmeß zu fahren[156], ebenso wie die römischen Nundinae und wie der eine Tag der, in manchen Gemüseländern herrschenden, kürzeren 5 Tage-Woche dort. Die Anklage des Propheten Amos (8, 1) gegen diejenigen Getreideverkäufer, denen der Sabbat, als Geschäftsstörung, zu lang ist, zeigt, daß schon damals die Arbeitsruhe wenigstens für die (wie der Zusammenhang ergibt: stadtsässigen, berufsmäßigen) Händler durchgeführt wurde. Schon die Rücksicht auf die sonst eintretende Begünstigung der Konkurrenz der Gerim hatte dies nötig gemacht (vgl. ganz analog: Neh. 13, 16f.). Sklaven und Vieh scheinen nach der aus der Zeit der Jehu-Dynastie stammenden Prophetenlegende (1. Kön. 4, 22) damals noch nicht, sondern erst in der deuteronomischen Zeit einbegriffen worden zu sein. Wohl erst damals wurde der karitative Zweck in den Mittelpunkt gerückt. Seine letzte Steigerung zu dem, neben der Beschneidung, wichtigsten Merkmal Israels und einer absoluten und dabei rein rituellen Enthaltungspflicht von aller über das rituell vorgeschriebene Maß hinausgehenden Tätigkeit erhielt er erst in der Exilszeit durch das Streben der Priester nach absolut unübersteiglichen konfessionellen Unterscheidungspflichten Israels. Er wurde nun – da die bloße Tatsache der Beschnittenheit ja keine Gewähr der wahrhaft gottgefälligen Lebensführung bot – zu einem der wiederholt und immer pathetischer eingeschärften rituellen Hauptgebote Israels und stand an Bedeutung neben dem Verbot des Mordes, der Idolatrie und des Blutgenusses. Nun erhielt er durch die Redaktion des Sechstagewerksmythos einen kosmischen Hintergrund. Der priesterlichen Auffassung dieser Zeit galt die Verletzung der Sabbatruhe als todeswürdiger Frevel (Ex. 31, 14 f.). Der Ursprung aber ist sicherlich nicht bei den Viehzüchtern der Wüste oder Steppe – wo er praktisch undurchführbar oder ohne Bedeutung ist und die Mondphasen wenig wichtig sind – sondern in einem Ackerbaugebiet zu suchen, wobei dann die Frage, ob es sich bei der Siebenzahl um Planetenrechnung oder Vierteilung des Mondumlaufs handelte, sicher mit Recht zunehmend zugunsten

156 Meinholds Gedanke (zuletzt: Z. f. A. T. Wiss. 29, 1909), daß der Sabbat erst im Exil zum Wochentag geworden sei, erscheint deshalb nicht annehmbar. Gerade die in Palästina Gebliebenen kannten offenbar den festen Wochensabbat als Markttag. Aus eben diesem Grunde kann ich auch Beer's Annahme, daß der Sabbat gerade und erst im Exil in Babylon zum durchlaufenden Wochentag geworden sei, nicht teilen.

der letzteren Annahme beantwortet wird.[157] Daß aber der Feiertag in Israel im Gegensatz zu Babylonien durchlaufend wurde (oder: blieb), erklärt sich einfach aus dem stärkeren Vorwiegen der am lokalen Stadtmarkt orientierten bäuerlichen Wirtschaftsinteressen und Gepflogenheiten in Palästina, dagegen des vornehmen astronomischen Priesterwissens bei den Babyloniern. Hier war die astronomische Korrektheit rituell wesentlich, bei den Israeliten dagegen war in der Zeit der Fixierung der Sabbatgewohnheiten das Interesse der Bauern und Kleinstädter an regelmäßiger Wiederkehr des Markttages ausschlaggebend. Endgültig hat sich das Durchlaufen des Sabbats wohl mit der Erstarkung der Marktwirtschaft durchgesetzt: das spezifische Stadtstaatgesetz, das Deuteronomium, erwähnt die alten Mondfeste nicht mehr. Siderische Korrektheit vermochten die Israeliten aus eigener Kraft doch nicht zu erreichen: Man muß sich erinnern, welche Pein eine korrekte Feststellung mancher an sich einfacher astronomischer Tatbestände noch den Rabbinen der Spätzeit gemacht hat.

Ließ sich der Sabbatritus leicht aus dem Zusammenhang mit dem Mondkult lösen und der Jahwereligion einfügen, ja sogar zu einem ihrer rituellen Hauptgebote machen, so bereiteten auf die Dauer um so größere Schwierigkeiten andere Kulte der Ackerbauer, welche die Israeliten des Jahwebundes durch Beitritt ansässiger Stämme und eigenen Übergang zur Seßhaftigkeit in ihrer Mitte teils vorfanden, teils übernahmen. Wie in den Amarnatafeln die Götter der Chabiru ilani genannt werden, so heißen die Gottheiten der Kanaanäer und der nördlichen ansässigen Israeliten Elohim, ein Name, der hie und da vielleicht auch für israelitische Götter noch als Plural verstanden wurde – das Attribut wird öfters in den Plural gesetzt –, in der gegenwärtigen Redaktion aber, wenn von israelitischer Religion die Rede ist, durchweg als eine Einzahl gedacht ist. Davon scheint allerdings gerade eine Stelle im Bundesbuch (Ex. 22, 8) eine Ausnahme zu machen und ebenso scheinen die grammatischen Verhältnisse bei den Anreden Abrahams an die göttliche Epiphanie der drei Männer es wahrscheinlich zu machen, daß die Einzahl der Anrede eine polytheistische Auffassung als Quelle nicht ausschloß. Der Plural als Bezeichnung eines präeminenten und zugleich abstrakten in der Ferne des Himmels thronenden höchsten Wesens war gerade im benachbarten Phönizien, aber anscheinend auch in Palästina verbreitet[158] und im späteren Sprachgebrauche Babyloniens ist der

[157] Budde weist immerhin auf Amos 5, 26 hin (assyrische Namen des Saturn). Gegen den Glauben an die große Bedeutung des Mondkults (Sinai-Name, Namen der Frauen Abrahams) für die Jahwereligion jetzt König, Z. D. M. G. 69 (1915) S. 280f.

[158] Baumgärtel, Elohim außerhalb des Pentateuch (Beitr. z. Wiss. v. A. T. 19, 1914) weist nach, daß Elohim als Gottesname vom Richterbuch zu den Samuel- und weiter zu den Königsbüchern an Häufigkeit abnimmt, im zweiten und dritten Psalmen-Komplex und im Koheleth-Buch durchweg, bei den Propheten fast nie gebraucht wird und daß die offenbar sprichwörtlichen Wendungen mit *Elohim* altkanaanäisches Sprachgut sind. Der Gebrauch in späten Schriften hat natürlich in der Scheu vor dem Tetragrammaton seine Ursache.

Plural ilani ebenso wie Elohim in Israel Bezeichnung der Gottheit. Trotzdem bleibt wahrscheinlich, daß eine Pantheonbildung irgendwelcher Art dem Ausdruck ursprünglich zugrundelag. Aber namentlich Hehn hat glaublich gemacht, daß schon die Einwanderung der Israeliten die Bezeichnung als Kollektivum für die Gottheit oder den höchsten Gott vorfand. Für die Jahweverehrer stand naturgemäß die Suprematie des Bundesgottes Jahwe fest. Er war ihnen Elohim, weil er ihre Gottheit schlechthin war.[159] Dies fand in der Stellung des höchsten Himmelsgottes in Babylonien und den von dort beeinflußten Gebieten eine Parallele, und der Brief des Kanaanäers Achijam bezeichnet (13. Jahrh.) den höchsten Gott als Bel ilanu, Herr der Götter. Mit solchen höchsten Himmelsgöttern wurde Jahwe naturgemäß besonders leicht verschmolzen. Er heißt noch in relativ späten Stellen ein Gott der Götter. Die Erinnerung daran, daß dies einst ihm gegenüber selbständige Götter waren, lebt außer in zornigen Bemerkungen des Jesaja gegen die Elim auch in den Namen einiger von ihnen und der offensichtlich nachträglichen Identifikation mit Jahwe fort. Den höchsten Gott, El eljon – nach andern Nachrichten wohl ein phönizischer Name für den Himmelsgott an der Spitze des Pantheon – läßt eine freilich in der jetzigen Redaktion späte Tradition zu Abrahams Zeit in Jerusalem (?) durch den Priesterkönig Malkisedek verehrt werden, und den gleichen Ausdruck wendet Abraham dann für Jahwe an.[160] Die alte Bezeichnung El Schaddaj, nach Delitzsch mit Shadu: (babyl.) Berg, zusammenhängend, bezeichnet das gleiche.[161] Andere himmlische Wesen galten der späteren Auffassung als ihm untergeordnete Boten und Helfer. Aber ursprünglich waren sie sicherlich auch ihrerseits Götter, wie wiederum die überaus schwankende Behandlung der drei Gestalten der Epiphanie bei Abraham im Hain Mamre und ebenso die bei göttlichen Ratschlüssen in der Genesis sich öfter findende Selbstbezeichnung wir zu zeigen scheint. Die Kinder der Elohim finden in dem verstümmelten alten Titanenmythos (Gen. 6) Gefallen an den Töchtern der Menschen und zeugen mit ihnen die Nephilim (Nuni. 4, 13), die Giganten (der großen Sternbilder), von denen die Enaksöhne (Num. ebenda), und jene Ritter (gibborim) der verschollenen kanaanäischen Urzeit abstammten, gegen welche die Ahnen zu kämpfen hatten und welche nach dem ursprünglichen Zusammenhang der Himmelsgott in der Sintflut vernichtete. Das Sternenheer, sahen wir, war im Deboralied in Nordisrael der Kern jener himmlischen Gefolgschaft von der Jahwe auch später in den prophetischen

159 Hehn a.a.O. (etwas abweichend und meines Erachtens nicht ganz unbedenklich formuliert).

160 Späte Quellen, so der Sirachide und gelegentlich die Psalmen und das Danielbuch, kennen – wohl mit Rücksicht auf eine Proselyten-Umwelt – wieder den *höchsten* Gott. (Hehn a.a.O.)

161 Bei Hiob (5, 17; 8, 5) wird es mit παντοκρατωρ übersetzt. Die Priester-Rezension der Genesis verwendet es zum Zweck der Identifikation der alten ephraimitischen El-Kulte mit dem späteren Jahwekult.

Visionen umgeben ist. Numina, welche mit Jahwe nicht identisch scheinen, lauern den Helden auf und eine solche Gottheit wird von Jakob im Ringkampf bezwungen. Direkte Einwirkungen der Echnatonschen Sonnenreligion auf die Jahwereligion sind sehr unwahrscheinlich, schon weil die ohnehin unsichere Propaganda in Palästina[162] sicher wenig intensiv war und weit zurücklag. Die nordisraelitische abstrakte Gottesbezeichnung El[163] entspricht dagegen der babylonischen und die Verehrung des höchsten Gottes auf dem Garizim und anderen Bergeshöhen dem babylonischen Versuch, durch Verehrung auf riesigen Terrassentürmen dem Himmelsgott so nahe wie möglich zu sein.

Fast alle diese vorderasiatischen Götter hatten astralen und meist zugleich vegetativen Charakter und waren einander sehr ähnlich.[164] Wie überall war bei ihnen die Entwicklung zur Personalität erst allmählich eingetreten: ursprünglich war der Sternengeist von dem Stern selbst nicht zu trennen[165] und erst Funktionsgötter der Kultur, wie z.B. der babylonische Schreibergott Nabu, waren von Anfang an ganz persönlich aufgefaßt. Aber eine gewisse Neigung zum Zurückgleiten ins Unpersönliche blieb an den meisten haften; gerade die höchsten Himmelsgötter (so Anu in Babel) waren überall abstrakt und dem Volkskult fremd. Überall bestand die Neigung zum Synkretismus und zur Erhebung des Sonnengottes zum höchsten, in den Augen der Intellektuellen im Grunde einzigen Gott. Davon finden sich aber in Palästina nur dürftige Spuren, wenn schon die Elohim-Abstraktion immerhin auf diesem Wege gelegen hatte.

Die wichtigste mit Jahwe wirklich konkurrierende Gotteskonzeption war vielmehr kanaanäischen, stark phönizisch beeinflußten Ursprungs und gehörte einem Typus an, welcher in der entwickelteren babylonischen Religion schon

162 Daß der König (Echnaton) *seinen Namen für ewig auf das Land (Jerusalem) gelegt hat* (Amarnatafeln), bedeutet nicht, wie geglaubt worden ist, daß dort solarer Monotheismus bestand, sondern: politische Herrschaft.

163 Greßmann (Z. A. T. W. 30, 1910, S. 1 f.). vertritt die Ansicht, daß die *Elim* die Götter der halbnomadischen Stämme im Gegensatz zu den Baalimden Göttern der ansässigen Ackerbauern, gewesen seien. Dafür spricht in der Tat sehr vieles. Zunächst, daß der Name *Baal* in den ganzen Erzvätergeschichten, überhaupt in der Genesis, nie vorkommt. Dann die Natur der Sache, welche Baal als *Herrn* des Ackerbodens erscheinen läßt, und die zweifellose Beziehung zu den Baalen der Küstenstädte, vor allem Phöniziens, während El nach Osten weist, wo die Nomadenstämme zwischen Mesopotamien und Syrien hin- und herwechselten. Die Bezeichnung der Chabiri-Götter als *ilani* läßt sich dagegen eher für das Gegenteil anführen: der Name muß darnach den ansässigen Bewohnern ebenfalls bekannt gewesen sein. Und ebenso ist *El eljon* doch wohl ein Gott eines Kulturvolks. In jedem Fall aber scheint die These fachmännischer Erwägung wert, da sie der Konstruktion des Priesterkodex über die vormosaische Gottesverehrung bei den Erzvätern (El schaddaj) ihr Recht geben würde.

164 Luther bei Ed. Meyer (Die Israeliten usw.) nimmt an, daß zu Davids Zeit die Baal-Kulte kanaanäische Bauernkulte (also wohl orgiastischen Charakters) waren, die El-Kulte an Bäumen und Hainen hafteten, der Jahwekult in Gibeon (?) und Silo Kult des Kriegsgottes war.

165 So Hehn a. a. O. in Übereinstimmung mit Dhomme, La relig. babyl. et assyr.

stark umgeformt war. Es ist der Baal-Typus. Der ursprüngliche oder richtiger: der zur Zeit der Okkupation herrschende Sachverhalt war der, daß ein besonderer Gott der Herr über bestimmte Dinge oder Vorgänge der Natur oder des sozialen Lebens war, so wie sich das in primitiver Form über die ganze Erde verbreitet bei Naturvölkern findet und so wie etwa der indische Gebetsherr oder die altchinesische Landesgottheit es auch war. Dinge oder Vorgänge gehören dem betreffenden Baal sowie einem Menschen ein Stück Land oder Vieh oder ein von ihm monopolisierter Beruf gehört. Daraus entstehen vor allem zwei Kategorien von Göttern. Einmal Funktionsgötter, wie vielleicht der baal berith einer war, der Bundesherr, der für Bundesschlüsse kompetent war, sie schützte und ihre Verletzung rächte. Oder der baal zebul von Ekron, der Herr der Pest verbreitenden Fliegen. Oder der Herr der Träume oder des Zorns usw. – Andererseits: Götter, denen der fruchttragende Boden gehört: die Lokalgötter in diesem spezifischen Sinn. Während der israelitische Bundesgott Jahwe ein Gott der personalen Volksgemeinschaft war, ähnlich dem Bel des assyrischen Kriegervolkes, aber noch mehr nach Art eines Heerkönigs geartet, war der palästinische Baal eines Orts der Herr des Landes und all seiner Erträgnisse nach Art eines patrimonialen Grundherrn, ähnlicher dem babylonischen Bel, dem Herrn der fruchtbaren Erde. Wir werden später die große rituelle Bedeutung dieses chthonischen Charakters wenn auch sicher nicht aller, so doch der praktisch wichtigsten Baal-Kulte kennen lernen. Dem Baal gebühren die Erstlinge aller Früchte vom Boden, Vieh, Menschen, die von diesem Lande leben: – was die Priester auf Jahwe übertragen haben, dem das ursprünglich unbekannt war. Das religiöse Motiv der früher erwähnten Pflicht, das Land nicht ganz abzuernten (Lev. 19, 9 und 23, 22) ist wie die Motivierung: Ich bin Jahwe euer Gott beweist, aus jenem Vorstellungskreis entnommen. Jene nicht unbedingt gegensätzliche, aber doch abweichend gerichtete Vorstellung: Gott der Personalgemeinde einerseits, des Ortsverbands andererseits, Himmelsgott dort, Erdgott hier, lag zwischen den Konzeptionen von Jahwe und Baal. Im kanaanäischen Lande ist die zweite, aus der Stadtsässigkeit und patrizischen Grundherrlichkeit unmittelbar folgende, Vorstellung sicher sehr alt. Jede Stadt hatte ihre eigenen Lokalgötter dieses Gepräges. In der Amarnazeit klagen die Statthalter dem König, daß die Stadtgottheiten, durch deren Huld der Pharao Herr der Stadt sei, die Stadt verlassen haben und deshalb diese den Feinden verfalle. Die Israeliten scheinen einer ganzen Anzahl von Göttern mit Sondernamen, so dem unter einem Stierbild verehrten Hadad, den Baal-Namen beigelegt zu haben, ebenso dem unter der Omriden-Dynastie importierten phönizischen Milk oder Melkart. Jedenfalls war die wichtigste mit Jahwe konkurrierende, weil funktionell sehr universelle Gestalt der Baal des Orts, der Eigentümer des Landes in wirtschaftlichem und politischem Sinn. Bei friedlicher oder gewaltsamer Angliederung von Städten an Israel verblieben diese Baale natürlich im Besitze der Stadt und ihrer Heiligtümer. Nach der ursprünglichen Vorstellung tat das dem großen Bundeskriegsgott keinen Abbruch. Irgendwie freilich mußte seine Stellung zu ihnen mit seinem steigenden Prestige reguliert werden. Er konnte entweder als Himmelsgott an die Spitze eines Pantheon treten, und derartiges scheint in der Elohimbenennung nachzuklingen. Er geriet dann freilich in Gefahr, wie alle solche höchsten Himmelsgötter zu verblassen, wo immer er keine dauernde Kultstätte für Alltagsbedürfnisse hatte. Die Baale blieben dann Herren der lebendigen Kulte. Oder er wurde einfach mit den Baalen identifiziert oder in der Verehrung irgendwie mit ihnen verbunden. Bis in die Zeit nach dem Exil ist Jahwe sogar mit ganz fremden Göttern zusammen in einem und demselben Tempel von Juden mit der größten Unbefangenheit verehrt worden[166]. Bei einer Kombination mit dem Lokalgott Baal mußte dann in Zeiten friedlichen Gedeihens naturgemäß mehr der Baal, in Zeiten großer Kriegsnot mehr der Jahwe in der Mischgottheit (oder in der kombinierten Verehrung) hervortreten.[167] Das ist tatsächlich geschehen und erklärt die Erscheinung, daß die später gegen Baal eifernden puritanischen Jahwepropheten gerade in Zeiten friedlichen Gedeihens den schwersten Stand hatten, daß dagegen jeder Nationalkrieg und jede fremde Bedrückung und Bedrohung sofort Jahwe, dem alten Gott der Schilfmeerkatastrophe, zugute kam. Für große Zeiträume darf aber ein friedliches Nebeneinander mit sehr starkem, aber nicht als Gegnerschaft gegen Jahwe aufgefaßtem Hervortreten der Baale angenommen werden. Auch bei gefeierten Helden Nordisraels finden sich Namen mit Baal: So namentlich Jerub-Baal, der dann als Kriegsheld Jahwes ganz charakteristischerweise einen neuen Namen (Gideon) erhielt; ähnlich noch Söhne des gut jahwistischen Königs Saul, deren Namen die spätere Tradition charakteristisch verändert hat.

Infolge der häufigen Identifikation mit lokalen oder funktionellen Baalen nahm der Jahwekult auch deren kultische Attribute an. Vor allem: die Kultbilder. Der ursprüngliche israelitische Bundeskult ist nach Ausweis der Tradition und auch der Ausgrabungen mit höchster Wahrscheinlichkeit als bildlos anzusehen und war offenbar in dieser Form übernommen worden. Dies war freilich gewiß nicht das Produkt irgendeiner spekulativen Höhe der alten Gottesvorstellung. Sondern gerade umgekehrt eine Folge primitiver Kultmittel, welche, bei der hohen Heiligkeit des alten Bundeskriegsrituals, besonders früh und definitiv stereotypiert wurden. Der Gott blieb einfach

[166] Dies war in Syene nach den Papyri in der dortigen, nach den vielen ephraimitischen Namen zu schließen, aus Nordisrael stammenden Gemeinde (Bacher J. Q. R. XIX, 1907, S. 441) der Fall. (Näheres darüber bei Margolis J. Q. R. N. S. 2 (1911/12) S. 435: die Opfergaben werden unter Jasu, einen Gott und eine Göttin verteilt.

[167] Für die Ausländer scheint bei dem durch berith festgelegten nationalen Charakter Jahwes Baal in der Mischgottheit die Hauptrolle gespielt zu haben. In Ägypten findet er sich, wie W. Max Müller nachweist, als kriegerischer auf Bergen wohnender fremder Gott rezipiert, also mit Zügen, die sicherlich nicht seinem Bild, sondern dem Jahwes entstammen.

deshalb bildlos, weil er es in der Zeit seiner Rezeption infolge des materiellen Kulturstandes der Gegend, in welcher er rezipiert wurde, noch war. Aus dem gleichen Grund schreiben die ältesten Rechtsbücher einen einfachen Altar aus Erde und unbehauenen Steinen vor, wie er damals dort gebräuchlich war. Die Erhaltung dieser Bildlosigkeit auch in Zeiten entwickelter Kunstübung ist durchaus nichts dem Jahwekult Spezifisches. Sie ist vielfach, z.B. bei manchen frühhellenischen und altkretischen Kulten nachweisbar und findet sich auch bei den, ebenso wie Israel, von Babylon her beeinflußten Iraniern. Entscheidend für ihre Erhaltung an einigen der wichtigsten Kultstätten waren zweifellos die dortigen althergebrachten und um dieses Alters willen besonders heilig gehaltenen Kultformen, welche die Rezeption von Ikonen erschwerten: die Scheu vor bösem Zauber im Fall der Änderung. Der israelitischen Entwicklung spezifisch oder wenigstens in annähernd ähnlicher Art nur noch der von ihr beeinflußten islamischen und teilweise der zarathustrischen ähnlich war nur die Penetranz der Wirkung. Anderwärts beschränkte sich die Verpönung der Bilder auf einige Kultorte oder auf die betreffenden Götter und ließ der Kunstübung im übrigen innerhalb wie außerhalb der religiösen Sphäre freien Raum. In Israel wurde Jahwe zum einzigen Gott und haben die Vertreter des bildlosen Kults nicht nur, gleichzeitig mit Steigerung dieser Ansprüche Jahwes auf Monolatrie, die Verpönung der Bilder Jahwes, sondern die Verwerfung aller bilderartigen Paramente vertreten und diesen Standpunkt schließlich bis zu einem Grade gesteigert, welcher aller Ausübung bildender Kunst sich nahezu prinzipiell feindselig gegenüberstellte, wie dies das zweite Gebot in seiner endgültigen Formulierung tat. Das ist für die Unterdrückung der Kunstübung und des Kunstsinns im späteren Judentum von größter Tragweite gewesen. Diese letzte ganz radikale theologische Konsequenzmacherei war indessen erst ein Produkt des priesterlichen Strebens nach absolut wirksamen rituellen Unterscheidungsgeboten. Sie findet sich in den älteren Quellen, wo ja sogar zweifelhaft ist, ob der jahwistische Puritanismus nur Gußbilder, die Produkte städtischer Kultur, oder auch (oder: gerade) Schnitzbilder oder alle Bilder verpöne – die drei Dekaloge befinden sich da untereinander im Widerspruch – und wo die Kunstfertigkeit der Paramentenhandwerker als göttliches Charisma galt, noch in keiner Art. Sie wuchs erst im Verlauf des überaus heftigen Kampfs, den die Vertreter des alten bildlosen Kults gegen die auf dem Kulturboden Kanaans entstandenen Jahwebilder und anderen Kultparamente zu führen hatten, zu dieser Schärfe empor. Die Art dieser Paramente ist durch die spätere Tradition stark verwischt. Insbesondere nimmt das Ephod[168] eine unbestimmte Stellung ein. Wie bei den Teraphim ist bei ihm nicht sicher auszumachen, was es ursprünglich war. Der gelegentlich behauptete phallische Charakter[169] ist schwerlich

[168] Unter den neueren Bearbeitungen vgl. Sellin in der Nöldeke-Festschrift (1906).
[169] Foote, Journ. of Bibl. Lit. 21, 1902.

erweislich. Manche Nachrichten könnten annehmen lassen: ein Bild, andere: ein Umhang mit Tasche für die Orakeltafeln, noch andere: ein Bekleidungsstück. Eine Änderung des Sinnes unter dem Einfluß der späteren Auffassung des bildlosen Kults ist sehr möglich. War es anfänglich ein bildartiges Parament, so ist es dem ursprünglichen Kult Jahwes vermutlich fremd gewesen. Die Nachricht, welche am meisten diese Deutung nahelegt, ist nordisraelitisch. Ob das Stiftszelt Jahwes mehr als eine spätere theoretische Konstruktion war, kann hier dahingestellt bleiben. Denn weit wichtiger, und ein spezifisches Parament des bildlosen Jahwekultes, war die tragbare Lade Jahwes.

Ob diese Lade, wie namentlich Ed. Meyer annahm, ursprünglich ein Fetischkasten und also ägyptischen Ursprungs oder ob sie, wie M. Dibelius[170] wahrscheinlicher gemacht hat, ursprünglich ein kastenförmig aussehender Himmelthron und also vorisraelitisch-palästinischen Ursprungs war, ob sie, wenn dennoch ein Kasten, ursprünglich einen heiligen Stein, vielleicht mit Runen, enthielt oder – wie das Schwally nach Analogie eines islamischen Feldheiligtums (des Machmal) annimmt – von Anfang an ein leerer Kasten war, in welchen man den Gott gebannt hatte, wird wohl nie sicher auszumachen sein. Jedenfalls hat aber Dibelius es aus den ältesten Nachrichten (Num. 10, 35.36 in Verbindung mit 1. Sam. 1, 10 und 4, 4 und dem Bilde des Jeremia 3, 16) höchst wahrscheinlich gemacht, daß sie in der Zeit der Befreiungskriege gegen die Philister ein kerubengeschmückter Sitz sein sollte, auf welchem Jahwe unsichtbar thronte und den man in Kriegsnot auf einem Wagen in das Lager fuhr. Jahwe wurde dann vor der Schlacht durch eine rhythmische Anrufung aufgefordert, sich gegen die Feinde zu erheben, nach dem Siege ebenso, wieder Platz zu nehmen (Num. 10, 35.36). In der (späten) Samuellegende erscheint Jahwe als in oder wohl auf der Lade im Heiligtum lokalisiert. Das ist vielleicht Produkt späterer Auffassung aus der Zeit der vollen Seßhaftigkeit, – obwohl das Nebeneinanderstehen logisch unvereinbarer Vorstellungen vom Gott an sich häufig ist. Der Glaube, daß Jahwe im Krieg auf der Lade unsichtbar throne, war mit der Ansicht, welche z. B. das Deboralied von seinem Herbeistürmen vom Sitz auf dem Waldgebirge Seir hatte, nicht gleichartig, aber vielleicht nicht absolut unvereinbar. Es ist jedenfalls wohl kein Zufall, daß die Perser, – wie die Israeliten ein bergsässiges Nachbarvolk wagenkämpfender Ebenenvölker – nach Herodot (7, 40) ebenfalls ihren unsichtbaren Gott Ahuramazda auf einem Wagen mit in den Krieg führten.[171] Man wollte ursprünglich wohl den wagenfahrenden Kriegskönigen und Idolen der Feinde den wagenfahrenden Himmelskönig entgegenstellen. Leere Götterthrone sind

170 Die Lade Jahwes (Forsch. z. Rel. u. Lit. des A. T. J. Gött. 1906). Über den bildlosen Kult auf Kreta A. f. Rel.-W. VII S. 117f.

171 Auch die höchsten babylonischen Götter wurden anscheinend nicht in Idolform auf ihren Thron gesetzt, sondern, statt ihrer Symbole (so Anu, Enlil).

von Reichel mehrfach, auch im hellenischen Gebiet, nachgewiesen. Ein Gott, dessen von alters überkommener Kult bildlos war, mußte eben ein – normalerweise – unsichtbarer sein und eben aus dieser Unsichtbarkeit seine spezifische Dignität und Unheimlichkeit speisen. Auch hier war die rein historisch gegebene Form des Kults des Bundesgottes der Anlaß für jene Spiritualisierung des Gottes, die durch eben jene Qualitäten nicht nur ermöglicht, sondern sehr nahegelegt wurde. Die Lade ist in der Tradition an Silo und das alte elidische Priestergeschlecht dort gebunden, also nordisraelitisch. Ebenso ist sie sehr intim mit der Qualität Jahwes als Kriegsgottes und Herren der Heerscharen (Zebaoth) verknüpft. Indessen weiß das Deboralied und die Kriegsgeschichte vor der Philisterzeit nichts von ihr, und auch damals ist ihr Auftreten ephemer, so daß Zeit, Anlaß und Umfang ihrer ursprünglichen Anerkennung als jahwistischen Kultparaments und Kriegswahrzeichen unsicher bleiben. Zur Bundeslade, also dem Behältnis der Gesetzestafeln, hat sie erst die deuteronomistische Theologie gemacht, welcher die an die Lade anknüpfende, den Gott in ihr oder auf ihr lokalisierende Gottesauffassung nicht mehr zusagte. Jedenfalls war die leere Lade und ihre Bedeutung ein Symptom und wohl auch ein Anlaß jener relativen Spiritualisierung dieser anthropomorphen Gottesvorstellung, wie sie durch die Tatsache der Bildlosigkeit des Kults unmittelbar bedingt wurde. Der Sitz des Bundesgottes auf dem Waldgebirge Seir war selbstverständlich ganz ohne Bilder und Tempel, von denen keine Spur bekannt ist. – Die Hiskia-Annalistik ergibt, daß ein Schlangenstab, die sogenannte eherne Schlange, zu den – im Gegensatz zu den salomonischen Prachtgeräten – auf Mose zurückgeführten und, weil unverstanden und ätiologisch legendär gedeutet, offenbar wirklich alten Paramenten des späteren jerusalemitischen Kults gehört hat. Mose wird in der Tradition auch als therapeutischer Wundertäter behandelt, insbesondere als Retter aus einer Pestnot. Das würde dazu gut stimmen, daß zu Jahwes spezifischen Kampfmitteln gegen seine Feinde auch die Seuchen gehörten. Nach einer angesichts der ätiologischen Sage naheliegenden, aber natürlich nicht erweislichen Annahme wäre der Schlangenstab[172] ein Emblem solcher Jahwepriester gewesen, die Medizinmänner waren und später verschwunden sind. – Damit sind aber die eigentlich alten jahwistischen Paramente erschöpft.

Als nun mit der intimen Vermengung Jahwes und Baals der Bilderdienst des Kulturlandes in den nordisraelitischen Jahwekult eindrang, wurde Jahwe namentlich als Stier, also wohl als der Fruchtbarkeitsgott der Ackerbauer, dargestellt. König Jerobeam, der einen Jahwenamen trägt und einen Jahwepropheten auf seiner Seite hatte, wurde es zum Verdienst angerechnet[173], daß

[172] Auch der phönikische Arztgott Eschmun hat ein Schlangensymbol.

[173] Der angebliche Zorn des Propheten Ahia (1. Kön. 14) darüber ist spätere Legende. Den wirklichen Grund der Gegnerschaft der Leviten zeigt 1. Kön. 12, 31 sehr klar: die Anstellung von Plebejern als Priester.

er, zum Zweck der Emanzipation von Jerusalem, an einigen nordisraelitischen Kultorten Jahwes vergoldete Stierbilder aufrichtete, eines davon in Dan, einer als besonders korrekt geltenden, von einem angeblich von Mose abstammenden Priestergeschlecht geleiteten Kultstätte. Von den nordisraelitischen Propheten unter den Omriden, Elia und Elisa: rücksichtslosen Gegnern der unter phönikischem Einfluß sich stark entwickelnden Baalkulte, ist nicht die geringste Einwendung gegen den offenkundig bestehenden Gebrauch solcher Jahwebilder berichtet. Aber allerdings kann es kaum zweifelhalt sein, daß von dem damals eröffneten Kampf gegen die durch auswärtige Prinzessinnen und Bündnisse importierten fremden Kulte, die sämtlich Idolkulte waren, der Kampf gegen die Idole als solche auch innerhalb des Jahwismus seinen Ausgang nahm. Er konnte anknüpfen an jene im Lande bestehenden Kultstätten, an welchen Jahwe ebenso wie zweifellos an den alten außerisraelitischen Kultorten der Wüste, bildlos verehrt wurde. Die Priester dieser Kultstätten mußten geneigt sein, allein diese Form als korrekt anzusehen und konnten die mit steigender äußerer Bedrängnis steigende Sorge um die Korrektheit des Jahwekultes in der Form, wie sie in der Zeit der alten Siege Israels gewesen war, für sich mobil machen. Wo die Lade Jahwes das allerheiligste Kultobjekt bildete, und das war bis auf David in Silo, kann von jeher nur bildloser Dienst bestanden haben. Daß in Jerusalem seit der Überführung der Lade dorthin der Dienst zunächst ganz bildlos war, ist ebenfalls kein Grund zu bezweifeln. Die Tradition läßt aber erkennen, daß die heilige Lade vor der Gründung der Kultstätte in Jerusalem durch David längere Zeit halb vergessen in einem Privathaus gestanden hatte, nachdem die Philister sie in der Schlacht genommen und vermutlich Silo zerstört hatten. Es hatte daher wahrscheinlich einen ersten entscheidenden Wendepunkt zugunsten der Machtstellung des bildlosen Jahwekults bedeutet, als David durch Überführung gerade dieses Wahrzeichens der bildlosen Verehrung des Bundeskriegsgotts diese zur Kultform der Königsresidenz machte. Ihm hatte vermutlich der Bund mit den elidischen, aus Silo vertriebenen, Priestern von Anfang an die Stütze gegen den zwar jahwistischen, aber nordisraelitisch, an der kombinierten Jahwe-Baal-Verehrung, orientierten Saul gegeben. Dafür richtete dieser unter jenen Priestern ein berüchtigtes Blutbad an, welches ihm die Tradition mit einem noch in der heute vorliegenden Fassung nachwirkenden Haß vergolten hat. Der Süden wurde nun das Zentrum des Glaubens an die alleinige Korrektheit der bildlosen Verehrung. Der salomonische Tempel bedeutete zwar schon an sich einen Rückschlag gegenüber diesem puritanischen Kult. Nicht nur trug er, wie es scheint, einen Weihespruch, der auf Sonnenverehrung, wie sie bei vielen Dynastien über die Erde hin als Königskult verbreitet war, schließen läßt: – später wird auch ein Sonnenwagen mit Rossen erwähnt –, sondern er verstieß auch offensichtlich gegen die alte Vorschrift, Jahwe auf einem einfachen Erdaltar ohne behauene Steine zu verehren. Der späteren Forderung absoluter Meidung ikonenartiger Paramente hat er zweifellos in vielen Einzelheiten nicht entsprochen. Der Sturz des Elidenpriesters Abjathar hängt wohl mit jenen Neuerungen des an Ägypten und Phönizien orientierten Fronkönigtums zusammen. Aber damals standen offenbar nicht sie im Mittelpunkt des Interesses. Der eigentliche Kampf dagegen begann erst weit später. Als längst die allerverschiedensten Paramente als Anklänge an auswärtige Kulte verdächtig geworden waren, ist doch eine prinzipielle Opposition gegen alle Bilder noch nicht bemerkbar. Sie begann in der Zeit des Hosea und erreichte ihren ersten Erfolg in der Zeit des Hiskia. Damals schon machte sie nicht einmal vor dem auf Mose zurückgeführten alten Parament des Schlangenstabes Halt, welches von diesem König zertrümmert wurde. Es wirkte die zunehmende politische Sorge um die Abwendung aller denkbaren Gründe des Zornes des alten, einst bildlos verehrten Kriegsgottes der Überlieferung zusammen mit dem inzwischen sublimierten Gottesbegriff der Intellektuellen-Kreise, denen gerade die Unsichtbarkeit und Bildlosigkeit des Gottes für ihre Konzeptionen wertvoll war und die nun das Menschenwerk der Handwerker in den fremden Idolkulten mit seiner majestätischen Übermenschlichkeit kontrastierten und verspotteten. Der Baalkult wurde nun als Quelle des Eindringens dieses Greuels in den Jahwekult verfolgt. Aber die zunehmende Schärfe dieses Kampfs gegen den Baalkult hing außerdem allerdings zusammen mit sehr tiefgehenden inneren Eigentümlichkeiten der Gottesverehrung, welche mit dem altkanaanäischen Baalkult untrennbar verknüpft, der genuinen jahwistischen Religiosität aber schlechthin gegensätzlich war. Wir müssen zum Verständnis dessen etwas weiter ausholen und uns zunächst mit den Trägern des Kultbetriebs: den Priestern, befassen.

Es ist mit hinlänglicher Sicherheit bezeugt, daß die israelitische Frühzeit keinen von Bundes wegen allgemein anerkannten Priesterstand[174] hatte, vor allem keinen, der ein Monopol des Opfers im Namen des Bundes als solchen für den Bundesgott gehabt hätte. Der Beziehung des israelitischen Bundes zu Jahwe mußte ja die spätere Bedeutung des Opfers notwendig fehlen. Denn vor dem Königtum gab es wie schon gesagt gar keine Bundesinstanz, welche zur regelmäßigen Darbringung von Opfern in Friedenszeiten kompetent gewesen wäre. Nur im Kriege war eine Einheit des Bundes vorhanden, und dann war nach der Tradition die teilweise oder auch vollständige Tabulierung der Beute das spezifische rituelle Mittel, dem Gott das Seinige zu geben. Diese Maßregel interessierte den Gott ja auch weit stärker am Siege Israels als ein vorheriges Opfer. Natürlich wurden Jahwe wie allen Göttern wohl von jeher Opfergaben dargebracht, um sein Wohlwollen zu gewinnen. In Kriegszeiten auch von Bundes wegen, in Friedenszeiten aber von den einzelnen je nach Anlaß. Nach der

[174] Grundlegend Graf Baudissins Gesch. des alttest. Priestertums (Leipzig 1889). Manche Annahmen, vor allem die zeitliche Priorität des Priesterkodex vor dem Deuteronomium, sind heut aufgegeben.

Theorie der Tradition war jede Mahlzeit, jedenfalls jede Fleischmahlzeit, in dem allerdings sehr weiten Sinne ein Opfermahl, daß der Gott daran durch Spenden seinen Anteil zu erhalten hatte. Vor der Schlacht, und sonst nach Bedarf an den alten Kultstätten, opferten ihm die Fürsten und ebenso gegebenenfalls die Sippenhäupter. Nur die Blutbesprengung des Altars scheint eine zuverlässige Tradition dem Mose, also: Berufspriestern, vorzubehalten. Aber ob diese Kultform außerhalb Silos verbreitet und wie alt sie war, steht nicht fest. Die spätere priesterliche Theorie stellt freilich schon Sauls Opfer ohne Zuziehung Samuels (den sie dabei zum Priester stempelt) paradigmatisch als einen ihm zum Verderben gereichenden Eingriff in die Priesterbefugnisse hin. Dem geltenden Recht entsprach dies aber noch viel später keineswegs. David trägt im Samuelbuch Priestertracht und spricht den Segen. Unter König Ussia spielt sich in der priesterlich bearbeiteten Königstradition der gleiche Konflikt wie angeblich zwischen Saul und Samuel ab.[175] Als sicher ist freilich anzunehmen, daß Fürsten und große Grundherren sich rituell geschulte Priester hielten. Aber sie wählten diese ursprünglich gänzlich frei. In der älteren, später vom Chronisten ausgemerzten Tradition macht David zwei seiner Söhne zu Priestern.[176] Das Entsprechende tut im Richterbuch ein großer Grundbesitzer im Norden, Micha, nach einer Tradition, von der in anderem Zusammenhang bald zu reden sein wird. Die Heiligtümer, welche in dieser Art von Fürsten und Privaten ausgestattet waren, galten als ihr Privatbesitz. Sie hatten darin das Hausrecht: so die nordisraelitischen Könige in Jerobeams Stiftung in Bethel (Amos 7, 13); was sie befehlen, führt der von ihnen angestellte Priester, ihr Beamter, aus, und zwar nach der Tradition, z. B. in Jerusalem auch Altarbauten nach fremdem Muster (2. Kön. 16, 10). Eine Gesamtorganisation der Opferpriesterschaft fehlte schon infolge der Konkurrenz der Opferstätten, bei welcher im Nordreich begreiflicherweise die privaten Eigenkirchen gegenüber den königlichen Stiftungen nicht in dem Maß im Nachteil waren wie in dem zentralisierten jüdischen Stadtstaat. Der Oberpriester führte den Namen: der Priester (ha kohen); spät erst findet sich in Jerusalem (2. Kön. 25, 18) der Titel Hauptpriester (kohen ha rosch); das Vorkommen des nachexilischen Titels Hoherpriester (kohen ha gedol) ist unsicher (2. Kön. 22, 4.8 und 23, 4 ist als Glosse verdächtig, vgl. 2. Kön. 11, 9 f., wo für den gleichen Oberpriester Jojada[177] der Titel ha kohen steht). In jedem Fall aber werden die Kultpriester der Königstempel als königliche Beamte aufgezählt (2. Sam. 8, 16 f., 20, 23 f.), begleiten den König ins Feld und haben mit der einen Ausnahme des Jojada unter Athalja in vordeuteronomischer Zeit

175 Ussias Opfer behandelt auch erst der (nachexilische) Chronist (2. Chron. 16 ff.) als schwere Sünde.

176 2. Sam. 8, 18. Ebenda 20, 26 wird ein Jairit als sein Erzkaplan neben den Priestern Zadok und Abjathar erwähnt. Die nachexilische Chronistik tilgte dann die Söhne Davids.

177 Vgl. Struck, Das alttest. Oberpriestertum, Theol. St. u. Kr. 81 (1908), S. 1 f.

keine irgendwie bemerkenswerte selbständige politische Rolle gespielt. Am allerwenigsten galten sie als Häupter einer religiösen Gemeinde. Eine solche gab es nicht. Der Heerbann war in alter Zeit die Gemeinde, auch in religiösen Dingen, später die Landsgemeinde der Vollisraeliten. Das über Jeremia urteilende Gericht besteht aus den königlichen Sarim und den Sekenim, deren Rolle bei der Urteilsfällung fraglich bleibt. Die 'am (Mannen) bilden den Umstand dieser Gerichtsgemeinde (kahal), die Priester sind die Ankläger, sitzen aber nicht im Gericht. Der König (Josia), nicht der Oberpriester (Hilkia) beruft die Gemeinde zusammen, auch wo es sich um eine religiöse berith handelt. Wie es mit dem alten Priesterkönigtum in Jerusalem stand, von welchem die zweifelhafte Tradition Gen. 14 wissen will und in wessen Interesse diese Überlieferung repristiniert wurde, bleibe dahingestellt. Jedenfalls war der alten Tradition der Fürst auch zum Opfern für seinen Verband legitimiert und rituell qualifiziert. Ebenso sicher gab es nun aber von jeher alte, von weither aufgesuchte Kultstätten, an welchen ganz ausschließlich die dortigen erbcharismatisch qualifizierten Priestergeschlechter nach alten Regeln sowohl für Fürsten wie für Private besonders feierliche Zeremonien leiteten. So vor allem das Geschlecht der Eliden an der den Propheten (Jeremia) als besonders alt und rein jahwistisch geltenden Kultstätte in Silo. Über die dortige sicherlich alte Opferpraxis scheint die Tradition zu ergeben, daß die Kunden im Zusammenhang mit individuellen Gebeten um Erfüllung bestimmter Wünsche Fleischopfer darbrachten, daß davon der Priester seinen Anteil nahm, daß aber außerdem auch Opfermahle mit Trunkenheit der Teilnehmer nichts Seltenes waren. Die Bedeutung der Opfermahle hat uns später zu beschäftigen und der sehr komplizierten Geschichte des altisraelitischen Opfers überhaupt soll nicht nachgegangen werden.[178] Hier halten wir uns zunächst an die Opfergaben und sehen, daß diese in Israel wie überall zunächst als geeignete Mittel galten, der bittenden Anrufung des Gottes Nachdruck zu verleihen. Die ältesten Kultordnungen, wie sie die kultischen Anhänge des Bundesbuchs erhalten haben, schrieben nur allgemein vor, daß der Israelit dreimal jährlich vor Jahwe erscheinen solle und zwar nicht mit leeren Händen. Andere sicher alte Bestimmungen gibt es nicht, und wie weit die praktische Bedeutung dieses Gebots reichte, ist nicht feststellbar.

Die Bedeutung des Gabe-Opfers verschob sich zunächst quantitativ mit zunehmendem Prestige des Bundes-Kriegsgotts, wie sie die Expansion mit sich brachte, und vor allem mit Errichtung des Königtums. Die Davididen und im Norden Jerobeam richteten königliche Kultstätten mit regelmäßigen Opfern ein.

Weit wichtiger aber wurde die Verschiebung des Sinnes des Gabe-Opfers, welche mit zunehmender Verdüsterung der politischen Lage des Landes im weiteren Verlauf der Königsherrschaft eintrat. Denn die Frage mußte nun entste-

[178] Kurzer (aber nicht unbestreitbarer) Abriß bei Stade.

hen: woher denn diese ungünstige Entwicklung der politischen und militärischen Lage Israels komme? Die Antwort konnte nur lauten: der Zorn Gottes lastet auf dem Volke. Der israelitische Sündebegriff knüpft, wie die alten mesit von chatah, verfehlen abgeleiteten Worte zeigen, an rein objektive Tatbestände an. Ein Verstoß, offenbar zunächst und vor allem ein ritueller Verstoß, erregt den Zorn des Gottes. Furcht vor rituellen Fehlern und ihren Folgen war daher hier wie überall das älteste Motiv, Sühne zu suchen. Aber: Jahwe war auch Vertragspartner der berith mit Israel, und das alte auf Kameradschaftlichkeit und brüderlicher Nothilfe aufgebaute Sozialrecht galt daher als ihm gegenüber verpflichtend. Der Sündenbegriff mußte sich daher früh auch auf inhaltlich ethische, zunächst: die sozialethischen Gebote erstrecken. Vor allem die jahwistische Kritik an den durch die Stadtsässigkeit bedingten sozialen Verschiebungen und an der Haltung des Königtums hat den Begriff der Sünde hier, wie unter ähnlichen Verhältnissen auch anderwärts, z. B. in der sumerischen Inschrift Urukaginas, über das rituelle Gebiet hinaus auf das sozialethische erweitert. Der gewaltige Kriegsgott knüpfte – das schien offenbar – seine Gnade an die Befolgung seiner durch berith feierlich angenommenen Gebote, neben den rituellen Vorschriften[179] besonders an die Innehaltung des von ihm garantierten alten Bundesrechts. Bei Mißerfolgen und politischer Bedrängnis wurde naturgemäß die Feststellung: welcher sozial relevante Frevel wohl den Zorn des Gottes erregt haben und wie man ihn beschwichtigen könne, eine immer allgemeiner erörterte Frage. Schwere Bedrängnis wurde aber seit dem 9. Jahrhundert die chronische Lage der beiden Königreiche. Mit alledem trat die Bedeutung des Opfers als eines Mittels, Schuld zu sühnen, wie die Quellen deutlich erkennen lassen, immer mehr in den Vordergrund bis zu schließlich überragender Wichtigkeit. Von den vermutlich sehr mannigfaltigen Arten der Sühnopfer der einzelnen Kultstätten sind zwei, chattat und ascham, wohl durch rein zufällige Umstände später allein kanonisch geworden.[180] Damit aber stei-

[179] Es ist aber durchaus fraglich, ob außer der Beschneidung und den Vorschriften für die Krieger (insbesondere die Nasiräer) irgendwelche allgemein gültigen Riten bestanden.

[180] Chattat und ascham, die in der jetzigen Redaktion in schlechthin unentwirrbarer Art ineinandergreifen und doch als zweierlei behandelt werden, sind als feststehende gemeinisraelitische Institution erst bei Hesekiel erwähnt. Vorher ist weder 1. Sam. 3, 14 (wo von Sebach- und Mincha-Opfern als Sühnemitteln die Rede ist), noch Deut. 12, wo ausführlich von Opfern gesprochen wird, die Rede von ihnen. Das letztere zeigt sehr deutlich, daß die beiden Opferarten nicht dem Jerusalemiter Tempelkult entstammen. Daraus aber zu schließen, daß sie sich überhaupt erst in der Exilszeit oder kurz vorher entwickelt hatten, wie hie und da geschieht (u. a. von Benzinger), wäre sicher falsch. Hesekiel mag der Erste sein, der sie als gemeinisraelitische Opfer ansah. Aber der Begriff ascham findet sich schon in der Samueltradition (Buße der Philister). Die beiden Opferarten gehörten eben (sozusagen) der levitischen *Privatpraxis* an, für die sich das Deuteronomium nicht weiter interessierte. Nach den Vorschriften des Priestergesetzes wäre chattat die umfassendere der beiden Opferarten.

gerte sich die Notwendigkeit, ritual- und rechtskundige Jahwepriester zur Erforschung des Willens des Gottes und der zu sühnenden Verfehlungen angehen zu können. Die mit steigender Rationalisierung des Lebens überall, auch in Mesopotamien, sich steigernde Nachfrage nach Mitteln der Sündenfeststellung und Sündenabbüßung gewann unter dem Druck des politischen Schicksals Israels dort besondere Wucht. Mit der wachsenden Bedeutung des Sühnopfers und der Belehrung über Jahwes Willen wuchs also die Nachfrage nach Trägern des Wissens von Jahwe und seinen Geboten. Denn es war ja nicht in erster Linie die Darbringung des Opfers selbst, so wichtig dessen Korrektheit sein mochte, sondern vor allem die Erforschung des göttlichen Willens und der vorgekommenen Verstöße dagegen dasjenige, was man begehren mußte. Sowohl die politischen und lokalen Verbände wie die einzelnen als solche kamen in diese Lage. Angelegenheiten des politischen Verbandes als solchen waren vor allem die Beeinflussung des Kriegsglücks und die Erzeugung von reichlichem Regen. Beides steht bei den Verheißungen Jahwes für Gehorsam und rechtes Verhalten nebeneinander. Dazu trat für den einzelnen die Nothilfe in persönlicher Bedrängnis aller Art. Mose ebenso wie noch Elia tun in der Tradition sowohl politische, vor allem Kriegs-, Regen- und Speisewunder, wie private Heilungswunder, erforschen den Willen Gottes und die Verstöße dagegen. Dies letztere war und wurde immer mehr die eigentliche Leistung der beruflichen Träger des Jahwismus.

Die Quellen zeigen nun, daß für die Erforschung des göttlichen Willens zunächst fast alle Arten von Mitteln, welche die Kulturwelt ringsum kannte, auch in Palästina vorkamen. Aber nicht alle galten der israelitischen Tradition als gleich legitim. Die vom Standpunkt der strengen Jahwereligion später (Num. 12. 6) als korrekt geltenden Formen waren nur drei: 1. Verkündigung durch Jahwe an einen in seiner Vollmacht redenden wahren Seher und Propheten: woran man einen wahren vom falschen Propheten unterschied, bleibt für später zu erörtern; 2. für gewisse Fälle: das Losorakel der berufsmäßigen Orakelpriester mit Hilfe der Orakeltafeln (urim und thummim) und vielleicht ursprünglich auch des Pfeilorakels; 3. endlich auch, aber mit zunehmenden Vorbehalten dagegen, die Traumvision. Alle anderen Formen von Erforschung sei es der Zukunft, sei es prozeßwichtiger oder sonst erheblicher Tatsachen oder endlich und namentlich der Willensmeinung des Gottes galten einer zunehmend siegreichen Anschauung als fluchenswerte, unter Umständen todeswürdige Magie oder einfach als Schwindel. Nur für einige wenige Fälle, insbesondere für Erprobung der ehelichen Treue einer Frau, hielt sich das Ordal bis in die deuteronomische Zeit. Das Losorakel, dessen alte Heiligkeit ganz ebenso wie Jahwes Bildlosigkeit durchaus auf seiner der Kulturlosigkeit der Steppe entsprechenden Einfachheit beruhte, hat bis in die späte vorexilische Zeit bestanden, aber gegenüber der Befragung von Sehern, Propheten und anderen Wissenden in abnehmender Bedeutung. Die Exilstradition läßt es durch den Verlust der Lostafeln untergegangen sein. Ebenso haben, trotz der

Verpönung, die Totenorakel und alle andere Formen der Divination natürlich fortbestanden. Aber ganz ersichtlich mit abnehmender Bedeutung. An sich war ja die Zunahme der Befragung von Sehern, Propheten und Ritualkundigen auf Kosten sowohl der Losform wie anderer irrationaler Entscheidungsformen eine ganz naturgemäße Folge der zunehmenden Kompliziertheit der zu stellenden Fragen, welche immer weniger mit einem einfachen Ja oder Nein oder durch einfaches Los beantwortet werden konnten. Aber dazu trat für den genuinen Jahwismus der andre, in der Besonderheit der Beziehung zu Jahwe liegende Grund: wenn Jahwe zürnte und der Nation oder dem einzelnen nicht half, so mußte daran eine Verletzung der berith mit ihm die Schuld tragen. Hier mußte also die Fragestellung sowohl der amtlichen Instanzen wie der einzelnen einsetzen: Welches seiner Gebote war übertreten worden? Darauf konnten irrationale Divinationsmittel keine Antwort geben, sondern nur die Kenntnis der Gebote selbst und die Gewissenserforschung. So drängte der in den genuin jahwistischen Kreisen lebendige Gedanke der berith alle Erforschung göttlichen Willens in die Bahn einer mindestens relativ rationalen Fragestellung und rationaler Mittel ihrer Beantwortung. Mit großer Schärfe wendete sich daher die unter dem Einfluß der Intellektuellenschichten stehende priesterliche Paränese gegen die Wahrsager, Vogelschauer, Tagewähler, Zeichendeuter, Totenbeschwörer als gegen charakteristische heidnische Arten der Gottesbefragung.[181] Die Schriftpropheten und die ihnen nahestehenden streng jahwistischen Kreise haben dann, wie wir sehen werden, auch die Verläßlichkeit der Traumwahrsagerei angegriffen, was teils mit der spezifischen Berufsqualifikation dieser Propheten, teils mit ihrer Auffassung von Jahwes Eigenart und Absichten zusammenhing. Der vor ihrer Zeit geführte Kampf gegen die irrationalen Formen der Divination und Magie hatte natürlich neben den angegebenen rationalen auch einfach zufällige historische Gründe in dem Ausgang des Konkurrenzkampfs der verschiedenen Priester- und Wahrsagerkategorien gegeneinander und in demjenigen technischen Zustand, in welchem sich die Orakelkunst bei den Trägern der siegreichen Form damals befand. Überall, in China, Indien und in den alten sumerischen Stadtstaaten, finden wir ja den Zauberer als den verketzerten und illegitimen Konkurrenten der aus oft sehr zufälligen Konstellationen heraus rezipierten legitimen Priesterschaft, und diese Verpönung betrifft dann auch seine Praktiken. Das Losorakel war an sich gewiß nicht rationaler als die babylonische Leberschau: nur freilich gab es keinen Anknüpfungspunkt für kosmische Spekulationen wie diese. Daß gerade die erwähnten Arten der Willenserforschung rezipiert wurden, war freilich auch insofern nicht nur zufällig, als sie bedingt war durch Ausscheidung aller mit chthonischen Kulten und der ihnen eigenen Art der Ekstatik zusammenhängenden Praktiken.[182] Wir werden diese Seite des Gegensatzes bald kennenlernen.

181 Deut. 18, 10.11.14; Lev. 19, 21.26.28; Num. 23, 23.

182 Die Bemerkung Lev. 20, 6 zeigt, daß der Gegensatz gegen die ekstatische Magie (s. u.) auch hier hineinspielte.

Von der etwas schwankenden Rolle der alten Seher war bereits die Rede. Sie sind später ganz verschwunden. Aber da der alte Jahwismus des Kriegsbundes zwar die Kriegsekstatiker und emotionalen Kriegspropheten und ebenso die Befragung der apathisch-ekstatischen Seher gekannt hatte, nicht aber einen amtlichen Bundeskult, so ist es – und das war wichtig – den Priestern nicht möglich gewesen, nun den Anspruch darauf zu erheben, ihrerseits das Monopol der Orakelkunst in Händen zu haben. Sie haben von Anfang an, zweifellos ungern genug, zugestehen müssen, daß die Prophetengabe auch außerhalb ihres Kreises möglich und verbreitet sei. Die Spannung blieb trotzdem bestehen, zum mindesten für alle diejenigen Propheten, welche nicht, wie die Priester der großen Residenzen selbst, im Königsdienst standen. Daß der Kult königlicher Kult war, diskreditierte das Opfer als solches in den Augen der zum Königtum skeptisch stehenden Kreise. Die Priester mußten sich damit begnügen, alle diejenigen Praktiken auszurotten, welche Gegenstand eines eigentlich zunftmäßigen und kultartigen Betriebes waren und dadurch mit ihnen in unmittelbare Konkurrenz traten. Den regelmäßigen Betrieb des Jahwekults und aller mit ihm zusammenhängenden Praktiken suchten sie für sich zu monopolisieren. Wer aber waren sie selbst?

Wie die Priester an den Kultstätten der alten Zeit eigentlich geartet waren, ist nicht sicher zu ermitteln. Das alte Priestergeschlecht der Eliden von Silo wurde durch David nach Jerusalem verpflanzt, durch Salomo degradiert. Ein Mann, den erst die spätere Tradition mit einem von ihrem Standpunkt aus korrekten Stammbaum versehen hat, der aber in der alten Überlieferung nicht einmal ein israelitisches Patronymikon trägt: Zadok, wurde leitender Priester in Jerusalem. Das Königtum schaltete sowohl über die Besetzung dieser Priesterstellen wie über die ökonomische Versorgung der Priester offenbar nach Ermessen, nahm auch zunächst noch das Recht eigenen Opferns in Anspruch. Noch unter Joas hat der König eine Neuordnung der Pfründenversorgung der Jerusalemiter Priester unter Staatskontrolle vorgenommen. Dies alles änderte sich formell erst mit der deuteronomischen Reform in den letzten Zeiten des Reiches Juda. Die Priesterschaft von Jerusalem fühlte sich damals stark genug, die Zehentrechte und sonstigen Abgabeansprüche des Gottes, welche das Vorrecht einiger Kultstätten, vielleicht – nach der Malkisedek-Tradition zu schließen – gerade Jerusalems, auf beschränktem Gebiet gewesen sein mochten, als universell für den ganzen Umkreis Israels, damals also: des judäischen Reiches, gültig hinzustellen und, wie wir sehen werden, gleichzeitig eine ungeheure Steigerung ihres eigenen Kultmonopols in Anspruch zu nehmen. Eine gewaltige Zunahme des Prestiges der Priesterschaft mußte dem vorangegangen sein. Diejenige Jahwepriesterschaft nun, welche dem deuteronomischen Gesetzbuch als von jeher allein legitim gilt, wird in diesem Kompendium als die levitischen Priester bezeichnet.

Der Name Levi hat keine hebräische Etymologie.[183] Es ist möglich, daß Leviten auch außerhalb Israels im Dienste des minäischen Stammesgottes Wadd tätig waren.[184] Wie alt die Verbreitung dieser gelernten Priester eigentlich ist, steht nicht fest.[185] Sicher scheint nur, daß sie ursprünglich in Nordisrael wenig heimisch waren, sich dorthin durch Einzeleinwanderung verbreitet hatten und jedenfalls von Jerobeams Dynastie, vermutlich aber noch später, mindestens nicht als einzig legitime Jahwepriesterschaft anerkannt waren. Schlechthin alle Anzeichen weisen auf einen südlichen Ursprung, in der Steppe am Wüstenrand, in der Oase von Kades und in Seir. Einer ziemlich alten Tradition sind die Leviten zuerst die ganz persönliche Gefolgschaft des Mose[186], die er gegen widerspenstige und ungehorsame Gegner aufruft und welche in einem Blutbad unter den eigenen Nächstversippten seine Autorität sichert. Diese Tradition, ebenso aber auch der Mosessegen ergeben nach Eduard Meyers einleuchtender Interpretation, daß jedenfalls dieser Zweig der Überlieferung sie nicht als Erbkaste kannte: im Gegenteil mußte man nach dem Mosessegen Vater und Bruder verleugnen, um Levit zu sein. Sie waren für diese Auffassung also ein gelernter Berufsstand. Daß sie später gentilizisch gegliedert und als erbcharismatisch qualifizierter Stamm auftreten, würde nichts dagegen beweisen: Diese Entwicklung findet man außerhalb wie innerhalb Israels immer wieder. Indessen andere Teile der Tradition kennen einen nicht priesterlichen wehrhaften Stamm Levi[187] als politischen Genossen der Stämme Israels, insbesondere der Stämme Simeon und Juda, und der Jakobsegen weiß nichts davon, daß gerade er ein Priesterstand sei oder daß es überhaupt levitische Priester gebe. Vielmehr erzählen die Quellen von seinen militärischen Gewalttaten gemeinsam mit Simeon, und der Jakobsegen weissagt Levi die Zerstreuung wegen eines Frevels, Männer haben sie getötet und den Stier verstümmelt. Sie sollen in Jakob und in Israel zerstreut werden, wie Simeon. Mose gehörte der späteren Priestertradition zum Stamme Levi als Mitglied. Vielleicht galt er der älteren, später tendenziös ausgemerzten, Tradition als Stammvater oder wenigstens als Archeget derjenigen Sippen des Stammes Levi, welche Leviten im rituellen Sinne waren oder wurden. Denn unbedingt muß es zur Zeit

183 Schneider, Die Entwicklung der Jahwereligion und der Mosessegen (Leipzig Semit. Stud. V, 1. 1909) glaubt *Levi* von der *Schlange* herleiten zu können, beruft sich auch auf Adonijas Zug zum Schlangenstein und auf den Namen eines Vorfahren von David.

184 So Ed. Meyer. Vgl. die Inschrift bei D. H. Müller, Denkschr. d. Kais. Ak. d. Wiss. Wien, Phil.-hist. Kl. 37 (1888).

185 Der Jakobsegen kennt keine levitischen Priester. Erst der Mosessegen kennt die Leviten und zwar als Thoralehrer und Priester. (Vgl. Ed. Meyer, Die Israeliten usw. S. 82 f.)

186 Isch chasidecha, *Mann deines Getreuen,* des Mose, im Mosessegen (Deut. 33, 8) für Levit.

187 Vielleicht auch die Inschrift der Ramessidenzeit, die einen *Lui-el* als Stammesnamen zu kennen scheint.

des Jakobsegen Glieder eines Stammes Levi gegeben haben, welche nicht Leviten im späteren Sinne waren. Es steht nun zur Wahl, entweder anzunehmen, daß die Glieder eines durch politische Katastrophen oder ökonomische Wandlungen zerstreuten Stammes Levi sich ganz oder teilweise der Pflege des Jahweopfers und Jahweorakels zugewendet und Jahwepriester geworden seien.[188] Oder, daß umgekehrt einmal aus dem zuerst auf persönlicher Einschulung ruhenden, dann erbcharismatischen Berufsstand der im Süden, interethnisch, verbreiteten Leviten Laiensippen, solche also, bei denen die rituelle Schulung und Tradition erloschen war, als ein Stamm angesehen wurden oder wirklich als ein solcher sich konstituiert und mit Simeon verbunden haben, später aber ebenso wie dieser Stamm zerfallen seien. Bei den Brahmanen in Indien finden wir ja wie bei den Leviten den Kampf der personalcharismatischen und berufsständischen mit der erbcharismatischen und geburtsständischen Qualifikation. Auch bei ihnen war und ist bei weitem nicht jeder geburtsständische Brahmane rituell zu den Privilegien der Brahmanen: Opfer, Vedalehre, Pfründen, qualifiziert. Sondern nur der, welcher das rituell vorgeschriebene Leben geführt und nach richtiger Lehre die Weihe empfangen hat. Auch in Indien gibt es ganze Dörfer, die nur von damit belehnten Brahmanen, die zum Teil die Vedaschulung ganz oder fast ganz aufgegeben haben, bewohnt sind. Die Möglichkeit besteht also, daß es auch bei den Leviten ähnliches gegeben hat. Die Art, wie im Deuteronomium die Ausdrücke Leviten und Priester kombiniert werden könnte den Gedanken nahelegen, daß es auch damals nicht geschulte und nicht rituell reine, also zum Praktizieren nicht qualifizierte Levitenabkömmlinge gegeben hat, die nicht Priester waren (bzw. sein konnten). Es ist diese Annahme sogar praktisch fast nicht abzuweisen. Denkbar wäre dann, daß das Zerstreutleben dieser auch damals zu keinem von den anderen Stämmen zu zählenden Laien-Leviten der Tradition den Anlaß dazu gab, sie mit Simeon gemeinsam in den Sichem-Frevel zu verstricken.

In deuteronomischer Zeit waren die levitischen Priester erbcharismatisch in Sippen gegliedert und ständisch abgesondert, beanspruchten das Monopol bestimmter Orakelformen, der Priesterlehre und der Priesterstellen. Dies mit Erfolg wenigstens im Süden. Im Norden findet sich die Erwähnung levitischer Priester nur zweimal im Richterbuch (Kap. 17f. für Dan und Ephraim); zur Zeit der Redaktion dieser Partie unsicheren Alters scheinen die Leviten noch ein Berufsstand, kein Geburtstand gewesen zu sein. Als solcher erscheinen sie dagegen in den von der priesterlichen Tradition beeinflußten Darstellungen der Wüsten- und Eroberungsgeschichte und im Deuteronomium. Diese Tradition behandelt die Leviten schlechthin als die geschulten erblichen Jahwepriester. Dabei haben die einzelnen Leviten privaten Besitz, auch Haus- und Grund-

188 Ed. Meyer (Die Israeliten usw.) hält es für sicher, daß der *Stamm Levi* in Meriba (dem *Prozeßwasser)* ansässig war (also eine Art von Pandit-Geschlechtern indischer Art darstellte).

besitz aller Art. Zugewiesen ist ihnen das Monopol der Vollziehung des Opfers, soweit ein Priester mitwirkt, ferner das ausschließliche Recht des Losorakels und der Lehre und die für alles dieses zu leistenden Abgaben und Kasualien, in der Theorie der jetzigen Redaktion des Deuteronomiums ferner: das Zehntrecht von allem Ertrag des Bodens.

Der älteren Tradition sind die Leviten rechtlich gerim.[189] Ja sie sind geradezu der vollendetste Typus des Gaststammes innerhalb der israelitischen Gemeinschaft. Sie haben diese Stellung in der jetzigen Redaktion am reinsten bewahrt. Wir finden in der Erzählung vom Frevel von Gibea einen Leviten als Metöken der Ephraimiten. Zweifellos lebte er von Kasualien. Die Leviten standen außerhalb des Verbandes der Kriegshufenbesitzer. Sie entbehrten der Wehrpflicht (Num. 1, 49; 2, 33) und ihr Dienst galt, wie die Bezeichnung: ʻebed zeigt, als Metökenleiturgie gegenüber der politischen Gemeinde. Ihre Rechtsstellung wurde zunehmend fest geregelt und ihre innere Gliederung nach Vaterhäusern (Ex. 6, 25; Num. 3, 14f.) entspricht sowohl der Art, wie ein indischer Gaststamm, wie derjenigen, wie die damaligen israelitischen Stämme gegliedert waren. Die Vorschrift eines Zweiges der Tradition (Num. 35, 2f.) über die ihnen zuzuweisenden Levitenstädte[190] muß nicht notwendig fiktiv sein, sondern kann darauf beruhen, daß in manchen Städten ihr Unterhalt durch Zuweisung von Hausgrundstücken und Weideland neben Anteil an den Steuererträgen bestimmter Ortschaften gesichert war, wie sich ähnliches ja auch für Fürsten (Josua) findet und wie es auch manchen indischen Analogien entspricht. Nach einer anderen freilich noch fragwürdigeren Tradition (Lev. 25, 32 f.), welche von Feldgrundstücken der Leviten spricht, wären diese ganz unveräußerlich – wohl deshalb, weil leiturgisch belastet – und auch ihre Häuser nicht, wie bei andern Israeliten, frei für immer verkäuflich gewesen.[191] Man wird jedenfalls wohl örtlich recht verschiedene Arten ihrer Ausstattung annehmen dürfen.[192]

Die Analogie mit den Brahmanen geht in manchen Punkten noch weiter. Jene Lage der Leviten als Gaststamm mit fest geregelter Stellung war nicht die einzige und vermutlich nicht die ursprüngliche Form ihrer Beziehung zu Israel. Die Tradition berichtet, wie schon erwähnt, von Fürsten und Grundherren, daß sie entweder, wie dies bei Jerobeam mißbilligt wird (1. Kern. 12, 31), niedrig Geborene, teils aber ihre eigenen Söhne oder Verwandten als Priester an ihren Hauskapellen (Eigenkirchen im Stutzschen Sinn) anstellten. Das letztere erzählt eine alte danitische Tradition auch von dem Grundherren Micha in Nordisrael.

189 Genau so, wie übrigens jeder Israelit in dem Gebiet eines anderen israelitischen Stammes.

190 Zu ihnen gehören auch die Asylstädte.

191 Ihr Vieh wird (Num. 3, 41.45) als *Vieh Jahwes* bezeichnet.

192 Sie wohnen (Jos. 14, 1) wie alle gerim, in den *Vorstädten* (migraschim). Anteil am Acker erhalten sie nicht: den behält z. B. in Hebron Kaleb für sich.

Von diesem wird nun aber weiter berichtet, wie er sich später mit einem aus Juda zuziehenden Leviten in Beziehung setzt, diesen mit dem Dienst an seinem Heiligtum betraut und zu seinem Vater (dem indischen Guru entsprechend) macht, schließlich aber: wie die auf der Wanderung nach Norden begriffenen Daniten das Bild aus dem Heiligtum und den Leviten mitnehmen und ihm die erbliche Priesterschaft am Tempel der neugegründeten Stadt im Sidoniergebiet übertragen bis auf diesen Tag. Dies entspricht genau der Art der Ausbreitung der Brahmanen in Indien. Ebenso sind die späteren levitischen Hofkapläne die Parallele des brahmanischen Purohita. Man sieht hier deutlich, welche Motive zur Ausbreitung der Leviten führten: offenbar ihre überlegene rituelle Schulung für den Opferdienst, vor allem aber für die Seelsorge, d. h. die Beratung über die Mittel, Jahwe günstig zu stimmen und seinen Zorn abzuwenden. Die Fürsten und Grundherren stellen sie an nicht nur um ihres persönlichen Bedarfs nach solcher Beratung willen, sondern zweifellos auch um ihres Prestiges als Herren der Kultstätten und um der Einkünfte willen, welche der Ruf eines von einem geschulten Priester versorgten Heiligtums seinem Besitzer abwarf: Wir sahen ja, wie Gideon seinen Beuteanteil zur Errichtung einer Kapelle mit einem Bild verwendete. Daß Gemeinden als solche sie beriefen und ausstatteten, wird später – wie bei den Daniten – auch vorgekommen sein. Daneben stand ihre freie Erwerbstätigkeit. Auf diese Art hatten die Leviten im Wege allmählicher Ausbreitung ihr in deuteronomischer Zeit innerhalb des judäischen Gebietes im wesentlichen anerkanntes Monopol erlangt. Das Deuteronomium setzt voraus, daß in jedem Ort ein Levit sitzt und von den Opfern leben will. Ohne Widerstand ist diese Ausbreitung nicht erfolgt, wie der Fluch des Mosessegens gegen ihre Hasser (Deut. 33, 11) zeigt. Es gab, wie in der Tradition die Revolte der später als degradierte Leviten erscheinenden Korachiten in Verbindung mit Abkömmlingen Rubens gegen die Vormacht der Priesterschaft in der priesterlichen Redaktion beweist, eine machtvolle Schicht innerhalb Israels, welche sich erinnerte, daß von einer solchen klerikalen Vormacht, insbesondere von einem Opfer- und Orakelmonopol einer erblichen Kaste, ursprünglich nichts bekannt gewesen war. Jahwe hatte durch Propheten und Seher seinen Willen offenbart. Es scheint, daß gerade der alte Hegemon des Bundes, der Steppenstamm Ruben, auf diesem Standpunkt gestanden hat. Seine Zerstreuung wäre dann vielleicht dem Fehlen einer fest organisierten Priesterschicht mit zuzuschreiben, deren Existenz Judas Stärke bedingte. Die Schulung der levitischen Orakelgeber und wohl vor allem die zunehmend hinter ihnen stehende Macht des Königtums haben diese Anfechtungen zum Schweigen gebracht. Für die Zeit vor dem Untergange Nordisraels bleibt es trotzdem durchaus problematisch, welches Maß von Machtstellung die Leviten und ihre Orakel dort im Konkurrenzkampf eingenommen haben.

Rituell scheinen sich die Leviten von Anfang an, wie die Brahmanen, durch Innehaltung bestimmter Reinheitsvorschriften von den Laien geschieden zu haben. Hier interessiert davon lediglich die besonders strenge Meidung der Berührung mit Toten und allem, was mit Gräberkult zu tun hat: Offenbar war diese Priesterschaft die Hauptträgerin des Gegensatzes gegen den benachbarten ägyptischen Totenkult. Über die spezifischen Leistungen der Leviten in der Zeit ihrer universellen Anerkennung gibt der Mosessegen (Deut. 33, 8 f.) eindeutig Auskunft. Gar nicht erwähnt ist darin eine therapeutische Funktion der Leviten, obwohl Mose selbst therapeutische Magie zugeschrieben wird, wie wir sahen, und der Schlangenstab vielleicht ein Rest einstiger magischer Therapeutik war. Noch später ist den Priestern die Feststellung des Aussatzes zugewiesen. Aber im übrigen hören wir von Therapie der Leviten gar nichts und der Aussätzige gehörte später vor ihr Forum wesentlich als rituell unrein. (Wie es mit der ärztlichen Kunst in Altisrael stand, ist völlig unbekannt. Die Empfehlung des Arztes und der Apotheke durch den Sirachiden spiegelt Verhältnisse der hellenistischen Zeit wider.) Es ist also anzunehmen, daß eine eigentliche magische Therapie in historischer Zeit nicht mehr in ihren Händen lag. Der Kranke gehörte nur in ihre Seelsorge, von der später zu reden ist. Irrationale therapeutische Mittel scheinen sie nicht angewendet zu haben. Vorangestellt ist im Mosessegen (V. 8) die Erinnerung an das Losorakel des Haderwassers (der Prozeßorakelquelle) von Kadesch, dann kommt (V. 10) die Pflicht der Belehrung über mischpatim und thora, dann erst, zuletzt: Räucherwerk und Vollopfer. Mose hat (nach V. 8) dem Jahwe das Orakel im Ringen entwunden: gemeint ist dabei das Prozeßorakel. Das levitenfreundliche deuteronomische Gesetz ermahnt dazu, Prozeßsachen vor Jahwe zu bringen, und die Überlieferung läßt Mose, außer in besondern Fällen als Magier, den ganzen Tag durch Prozeßgeschäfte in Anspruch genommen sein, bis er sie auf Jethros Rat den Sarim der Königszeit überträgt, die als ihm untergeordnet vorgestellt werden. Aus Laien und Priestern gemischte Gerichte schlägt noch eine späte Tradition vor (Deut. 17, 8; 19, 17). Diese Angaben sind Spuren einer sich auch sonst findenden Spannung zwischen weltlicher und hierokratischer Rechtsfindung. In Babylon hatte die Generation vor Hammurapi die Priester zugunsten der Laien aus den Gerichten ausgeschaltet und auf die bloß technische Vollziehung von Orakeln in dem von Laienrichtern instruiertem Prozeß beschränkt. Der Kodex Hammurapi erwähnt das für den Verdacht der Zauberei und des Ehebruchs der Frau. In Israel ist das Orakel in den Rechtssprüchen auf den zweiten dieser Fälle beschränkt. Laienrichter: die Ältesten oder die königlichen Beamten, entschieden wenigstens in Nordisrael allein die Prozesse. Im Süden muß, wie schon früher angedeutet, nach der Bedeutung von Kadesch und der Prozeßorakeltätigkeit im Mosessegen, die Stellung der Priester im Prozeß allem Anschein nach weit bedeutender gewesen sein. Daß die Priester dort, wie gelegentlich angenommen wird, jemals wirklich als ordentliche Richter fungiert haben, ist, wie gesagt, nicht erweislich. Wohl aber als Schiedsrichter und Orakelstätte, an die sich Parteien und Richter mit Rückfragen wenden. Ihre stärkere Position im Süden ist an sich leicht erklärlich. Wie die politischen Verbände der halbnomadischen Stämme nur als religiöse Bünde stabil zu bleiben pflegten, so hatte bei ihnen auch – gegenüber der an persönliches Prestige gebundenen Macht des Schechs – nur das priesterliche Orakel eine wirklich überindividuell zwingende Gewalt. In den mischpatim des aus Nordisrael stammenden Bundesbuches, kenntlich an der abstrakten hypothetischen Formulierung des Tatbestandes mit wenn ..., haben wir, wie früher erwähnt, den Niederschlag einer alten, durch babylonische Vorbilder beeinflußten Laienjurisprudenz. Nur gelegentlich kleiden sich rein profane Gebote in die Form der debarim: du sollst oder du sollst nicht. Nicht ausschließlich also, aber doch stark vorwiegend ist diese Form jedoch jenen Geboten und Verboten eigen, welche rituellen oder religiös-ethischen Charakters sind und zweifellos nicht auf profane Juristen, sondern entweder auf Orakel von Propheten oder auf priesterlich gelehrte Gebote zurückgehen. Wir werden über die Art der Entstehung dieser letzteren, also der nicht prophetischen, sondern priesterlichen Vorschriften, noch zu reden haben. Jedenfalls sind daran die Leviten, denen der Mosessegen die Pflicht des Unterrichts des Volkes sowohl in den Rechten (Mischpatim) als in den Thoroth zuspricht, beteiligt. Die an sich profanen Mischpatim (von schafat: richten) waren vom jahwistischen Standpunkt aus religiös erheblich, weil und soweit sie als Teile der berith mit Jahwe galten. Die Chukim, die (rituellen) Traditionen zu lehren wird den Leviten (10, 11) aufgetragen.

Der levitische Lehrer hatte jedenfalls im Prinzip nur mit dem zu tun, was rituell für die Lebensführung geboten war. Aber die Scheidung von jus und fas ist hier noch weniger als bei anderen hierokratisch beeinflußten Sozialordnungen durchgeführt worden. In der praktischen Tätigkeit der Leviten hatte in der Zeit des Mosessegens das Losorakel gerade in Rechtsstreitigkeiten (wie der Name Meribath ergibt) in Tätigkeit zu treten. Und nachdem die Thora rationale religiöse Unterweisung geworden war, wurde der Unterschied erst recht flüssig. Denn darüber: was als Bestandteil der von Jahwe garantierten alten Bundesordnungen anzusehen sei, entschieden ja die Leviten nach der Thora. Ursprünglich aber heißt Thora nicht, wie gelegentlich noch immer übersetzt wird, Gesetz, sondern: Lehre. Freilich knüpft der Begriff ebenfalls an das alte Losorakel der Leviten an.[193] In den Quellen bezieht er sich jetzt in aller Regel auf die Gesamtheit der von Priestern zu lehrenden Bestimmungen. Im Mosessegen, wo Thora von Mischpat unterschieden ist, bedeutet sie aber offenbar speziell die rituellen und ethischen, vor allem aber auch: sozialethischen, jedenfalls: nicht die rechtlichen Gebote des Bundesgottes. Mag nun der im Mosessegen (erst hinter Vers 9 und getrennt von Vers 8) etwas nachklappende Vers (10) über die Thora nachträglich hineingekommen sein, so lehrt er doch (im Zusammenhalt mit Vers 8 und der sonstigen Tradition) deutlich, auf

[193] Der Name *Thora* wird von *Loswerfen* abgeleitet. So Ed. Meyer (Die Israeliten usw.) S. 95 f.

welchen Leistungen die Ausbreitung und Macht der Leviten beruhte: auf der Beantwortung nicht prozessualer Anfragen ihrer Kundschaft. Orakelgeben war zwar von Anfang an die spezifische Form ihrer Leistung auch hier. Aber für den Privatbedarf hätten das rein mechanische Loswerfen auch rituell Ungeschulte erlernen können, und wir sehen in der Tat aus den Gideon- und Jonathan-Geschichten, daß Omina und Pfeilorakel zur Ermittlung des Willens Jahwes sowohl wie zur Tatsachenfeststellung auch von Nichtleviten benutzt wurden. Die rituelle Korrektheit des Verfahrens bei der Befragung Jahwes war das Entscheidende. Auf diese rituelle Korrektheit mußten vor allem amtliche Instanzen, richterliche und politische, bei Anfragen unbedingtes Gewicht legen, und für sie blieb daher das levitische Losorakel dauernd wichtig. Was aber die Privatkundschaft anlangt, so konnte ihren Bedürfnissen diese primitive Form, bei aller offiziellen Anerkennung ihres Prestiges (noch in Esras Zeit, als sie längst nicht mehr bestand) unmöglich auf die Dauer genügen. Die sozialen Verhältnisse und dadurch die zu stellenden Fragen komplizierten sich. Wir sahen, wie in der aus der Zeit der Blüte der Kultstätte in Dan stammenden Tradition (Jud. 17) der Grundherr Micha den zuwandernden Leviten, angeblich einen Abkömmling des Moses, zu seinem Vater macht, d.h. ihm neben dem Bildkult vor allem die Spendung von Belehrung über seine, des Stifters, Pflichten gegen Jahwe überträgt (wie in Indien dem brahmanischen Beichtvater). Ebenso war schon von der stets zunehmenden Bedeutung der Chattat- und Ascham-Opfer neben den alten Gabeopfern (Bittopfern) die Rede. Diese steigende Bedeutung des Bedürfnisses nach Sündensühne ging mit der zugunsten der rationalen Beantwortung gestellter Fragen abnehmenden Bedeutung der mechanischen Losorakel zusammen. Eben an das Orakelgeben für Private schloß sich naturgemäß diese zunehmend rationale Belehrung an. Flüssig war die Beziehung zur Prophetie und zum Kultpriestertum. Zwar scheidet Jeremia klar zwischen der Thora, die Sache der Priester, und dem dabar Gottes, welches Sache der Prophetie sei. Aber die Bedeutung von Thora als Orakel (und also insofern gleichbedeutend mit debar Jahwe) findet sich bei Jesaja. (1, 10 und 8, 16.20), und einmal (8, 16) wird so eine den Jüngern versiegelt übergebene Orakelrolle des Propheten bezeichnet. Thora-Lehrer (Thosfê hattora: Leute, die mit der Thora umgehen) nennt auch Jeremia (2, 8) neben den Priestern, den Kohanim: wohl den Kultpriestern des Jerusalemitertempels.

Jedenfalls aber gewannen die Leviten ihr Prestige nicht durch Schulung zum Opferkult für die Gemeinschaft, sondern durch die Schulung im rein rationalen Wissen von Jahwes Geboten, den rituellen Mitteln, Verstöße dagegen – durch chakat, ascham, Fasten oder andere Mittel – wiedergutzumachen und dadurch bevorstehendes Unheil abzuwehren, schon eingetretenes rückgängig zu machen. Das interessierte zwar König und Gemeinschaft auch. Aber vor allem doch die Privatkundschaft. Mit zunehmender politischer Bedrängnis Israels nahm grade dies Bedürfnis universell zu. Ihm durch Belehrung der

Kundschaft abzuhelfen: das wurde nun ausschließlich der Sinn der levitischen Thora. Sie wird gegen Lohn gegeben (Micha 3, 11). Dem Leviten wird die Sünde gebeichtet (Num. 5, 6) und er versöhnt dann den Schuldigen mit Jahwe (Lev. 4, 20.31; 5, 10; 6, 7): das ist seine für die Privatkundschaft wichtigste Leistung. Mit dem Zurücktreten der alten dem bäuerlichen Heerbann angehörigen ekstatisch-irrationalen Kriegspropheten und Nebijim parallel geht dieser Aufstieg der – mag man sich zunächst die Inhalte so primitiv vorstellen wie man will – doch jedenfalls relativ rationalen, weil lehrhaften Beeinflussung durch die Leviten.

In die Bahn rationaler Methodik wurde die levitische Thora auch durch die technische Eigenart ihres Orakelmittels gedrängt. Gegenüber der Eingeweideschau, der Beobachtung des Vogelfluges oder anderer Verhaltungsweisen von Tieren, vollends aber gegenüber jeder Art von ekstatischer Mantik war schon das primitive Auslosen der Antwort auf konkrete Fragen mit Ja oder Nein mit dem absoluten Minimum von Esoterik, emotionaler oder mystischer Irrationalität belastet. Es gab keinen Anlaß zur Entstehung solcher Theoreme, wie sie uns die babylonische Omina-Literatur darbietet. Vielmehr erzwang es etwas ganz anderes: damit durch einfaches Losen der Tatbestand und der konkrete Wille des Gottes festgestellt werden könne, mußte die Frage richtiggestellt sein. Darauf also kam alles an und der Levit mußte sich mithin eine rationale Methodik aneignen, die Probleme, die dem Gott vorgelegt wurden, auf einen mit Ja oder Nein beantwortbaren Ausdruck zu bringen. Zunehmend aber mußten auch Fragen auftauchen, die mit den Mitteln des Loses und mit Ja oder Nein überhaupt nicht direkt erledigt werden konnten. Ehe sie vor den Gott gebracht wurden, mußten komplizierte Vorfragen erledigt sein, und in sehr vielen Fällen war nach dieser Erledigung gar nichts mehr übrig, was der Ermittlung durch das Losorakel bedürftig gewesen wäre. War insbesondere durch Befragung festgestellt: um welche Sünde des Kunden es sich handelte, so stand die Art der Sühne traditionell fest. Nur wo die Person des Sünders fraglich war, mußte, wie die Achan-Erzählung paradigmatisch zeigt, das Losorakel helfen. Gerade für die privaten Bedürfnisse aber trat es an Bedeutung unvermeidlich immer mehr zurück zugunsten der rationalen Sünden-Kasuistik, bis der theologische Rationalismus des Deuteronomium (18, 9-15) das Losen der Sache nach überhaupt diskreditierte, es mindestens gar nicht erwähnte, und für die Fälle, in denen es bisher üblich und unvermeidlich gewesen war: – wo nämlich die Traditionen der Thoralehrer versagten –, die Befragung der Propheten als einziges Mittel übrig ließ.

Das Prestige der levitischen Thora hat Wandlungen durchgemacht. Beginnend, wenn den betreffenden Erinnerungen irgend zu trauen ist, schon in der Zeit des alten Bundes, steigerte es sich unvermeidlich mit dem Eintritt der judäischen Südstämme in den Verband, wurde dann vielleicht durch die Trennung der Reiche wieder geschwächt, stieg aber wieder mit sinkendem

Prestige der nördlichen Könige und wurde im Südreich zunehmend alleinherrschend. In Ägypten war das Sühnopfer, wie es scheint, nicht bekannt. Magier standen hier an der Stelle, welche die Leviten in Israel einnahmen. Gelegenheit und Anlaß zu rationaler Belehrung über die ethischen Pflichten scheint, jedenfalls in späterer Zeit, wesentlich der Totenkult der Osirispriester, der volkstümlichste von allen, geboten zu haben. Dagegen findet sich die Sühne der Sünde durch Opfer in Mesopotamien, vor allem aus Anlaß von Krankheit, die als Folge göttlichen Zorns galt. Der Sünder hatte unter Leitung des Priesters die alten (zum Teil vorbabylonischen) Bußpsalmen zu rezitieren, um die rituelle Unreinheit (assyrisch: mamitu) von sich abzuwälzen. Aber der Charakter des Vorgangs war auch hier, wie in Ägypten, magisch, nicht ethisch-paränetisch. Und das für Babylonien zwar von Hesekiel (21, 26) erwähnte, aber aus der Priestertechnik, soviel bisher bekannt, längst verschwundene Losorakel war hier nicht durch rationale Thora, sondern durch Sammlung und Systematisierung der Omina und eine priesterliche Fachlehre ihrer Deutung ersetzt, welche uns in einer höchst monströsen Literatur erhalten ist.[194] Wir werden später erörtern auf welchen Gründen dieser wichtige Unterschied der Entwicklung beruhte.

Die Leviten paßten sich bei ihrer Verbreitung den vorhandenen Zuständen an. Wie das Beispiel des Micha zeigt, hatten die älteren Leviten sich dem Idolkult des Nordreichs unbedenklich gefügt; vermutlich gehörten sie dort zu den Trägern der Vorstellung, daß die Idole eben Jahwe-Idole seien. Aber ihr nach der Tradition unzweifelhafter Ursprung aus dem Süden ließ, als der Bilderstreit begann, den Nachschub sicherlich mit steigendem Gewicht in die Waagschale der Bilderfeinde fallen. Sehr wahrscheinlich ist ein Teil der später, wie bald zu erörtern, zu priesteramtsunfähigen Leviten und Tempeldienern degradierten Leviten aus idolatrischen Levitengeschlechtern hervorgegangen, wofür die Entwicklung des Brahmanentums in Indien ja ebenfalls Analogie bieten würde.

Wie bei den Brahmanen, so lag bei den levitischen Priestern die eigentliche Quelle ihres Prestiges im Wissen von den maßgeblichen Vorschriften Jahwes. Nur eben – bei der aus politischen Gründen weit geringeren Bedeutung und größeren Jugend des Kults und dem Fehlen eines heiligen Buches vom Charakter des Veda – im Wissen von positiven rituellen und ethischen Geboten und der Art, wie man durch deren Befolgung den Gott günstig stimmt oder seinen durch Verstöße dagegen erregten Zorn besänftigt. Es war so, als ob es in Indien nur grihyasutras und darmacastras und überhaupt an rituellen Geboten nur ganz wenige einfache Vorschriften gegeben hätte. Darin lag der überaus große Unterschied gegenüber den Brahmanen. Und dann: in dem Fehlen jeder Esoterik im indischen Sinn. Weder ein magisches oder ein Mystagogen-Wissen,

194 S. dazu Ungnad, Die Deutung der Zukunft bei den Babyloniern und Assyrern, Leipzig 1909.

noch ein Buchwissen, noch astrologisches, therapeutisches oder anderes Geheimwissen brachte diese von Süden her langsam das Land überflutende Welle. Mystagogie konnte sich nur auf dem Boden der Nabi-Ekstase entwickeln und hat sich auch daraus, wie wir aus den Elisa-Mirakeln sehen, entwickelt. Daß die Gottesmänner, Gegenstände scheuer Furcht und gläubiger Verehrung, als magische Nothelfer nicht nur, sondern auch als Fürbitter bei Jahwe eintreten und Sündenvergebung erwirken, ist, von Gen. 20, 7 angefangen, massenhaft in der Tradition bezeugt. Aber es hat sich daraus nicht, wie in Indien, eine anthropolatrische Verehrung lebender Heilande entwickelt. Die levitische Thora hat das verhindert. Diese Männer des Südens und ihre rechabitischen und andern Verbündeten wußten nur, daß das alte gute Recht der Jahwe-Eidgenossenschaft durch berith Jahwes mit dem israelitischen Heerbann nach Verkündigung durch Mose dereinst festgestellt war, und daß jede Verletzung dieser Satzungen Jahwes Zorn hervorrufen müsse. Neben dem, wie das Deuteronomium zeigt, schlichten Ernst ihrer Opferpraxis standen bei ihnen die damals noch einfachen Ritualgebote und die rationale Lehre der privaten und Sozialethik. –

Die Leviten werden sich, wie die Brahmanen, mancherlei alte örtliche Priesterschaften assimiliert haben. Andererseits kann es keinem Zweifel unterliegen, daß heftige Kämpfe der Priestergeschlechter der einzelnen Kultstätten stattgefunden haben. Priester, die sich an verworfenen Kulten beteiligten, wurden deklassiert.[195] Das ursprüngliche Verhältnis der von Süden zuwandernden Leviten zu den altansässigen Kultpriestergeschlechtern ist problematisch. Das alte Priestergeschlecht der Eliden in Silo, welches nach dem in ihm vorkommenden ägyptischen Namen (Pinchas) am wahrscheinlichsten auf Mose zurückgeht, wird zwar später als ein Levitengeschlecht behandelt. Ebenso das danitische Priestergeschlecht. Aber ursprünglich scheinen die Eliden nicht als Leviten zu gelten, und vollends undeutlich bleiben die ursprünglichen Verhältnisse zu den beiden großen Priestergeschlechtern, welche, das eine in der deuteronomischen und frühexilischen, das andere in der nachexilischen Zeit, die entscheidende Rolle spielen: den Zadokiden und den Aaroniden. Die späteren levitischen Stammbäume beider sind natürlich gefälscht. Die Zadokiden waren seit Salomo das führende jerusalemitische Königspriestergeschlecht. Dem Deuteronomium galten sie als levitisch; sie müssen also – ein Beweis für das damals schon als althistorisch feststehende Prestige der Leviten – bereits vorher mit diesen sich zu verschmelzen für klug gehalten haben. Am problematischsten bleibt dagegen die ursprüngliche Stellung der Aaroniden und der Figur Aarons selbst.[196] In den ältesten vordeuteronomischen Nachrichten (Ex. 24, 1. 9; 18, 12) scheint Aaron als der vornehmste der Älte-

[195] So die vermutlich aus den orgiastischen Kulten stammenden *Sänger* und *Nethinim* der nachexilischen Zeit.

[196] Über Aaron vgl. Westphal, Aaron und die Aaroniden, Z. f. A.-T. W 26 (1906).

sten Israels zu gelten, also nicht als ein Priester. In den späteren, insbesondere den exilischen, Redaktionen ist er Priester und steigt fortwährend, zuerst zum Sprecher des Mose, der schwerer Zunge ist, dann zum Bruder der Prophetin Mirjam, dann zum Bruder, und zwar zum älteren Bruder, des Mose selbst. Und schließlich kommt es in der spätesten Redaktion vor, daß er auch allein und direkt Offenbarungen über seine und seines Geschlechts Rechte erhält (Lev. 10, 8; Num. 18, 1.9.20).[197] Die Zadokiden wurden nun als ein Teil der Aaroniden behandelt. Dem Mose wird mit erstaunlicher Dreistigkeit seine in der alten Tradition vorkommende Nachkommenschaft, zu der sich außer dem Priestergeschlecht der Eliden vor allem das in Dan rechnete, fortkonfisziert und dem Aaron zugeschrieben. Da die jahwistische Renzension Aaron gar nicht gekannt zu haben scheint und er mit dem Stierdienst in Verbindung gebracht wird, so hat man auf nordisraelitischen Ursprung geschlossen. Da die aaronidische Rezension der Abrahamsage (Gen. 17) sich Gott dem Abraham als El Schaddaj vorstellen läßt, so ist es möglich, daß die Aaroniden ein altes El-Priestergeschlecht waren und deshalb auf diese Feststellung der Identität ihres Gottes mit dem im Exil zum einzigen Weltgott erhobenen Jahwe Gewicht legten. Die Notiz im letzten Verse des Josuabuchs könnte Beziehungen zu Benjamin vermuten lassen, dem in der spätern Redaktion der Jakoblegende so stark bevorzugten Lieblingssohn. Indessen bleibt das alles unsicher.

Die heftigen Kämpfe unter den Priestergeschlechtern spiegelt die Tradition neben zahlreichen Retuschierungen der Fassung auch in den gegenseitigen Fluchsprüchen wider. Dem vermutlich alten überschwenglichen Segensspruch für Pinchas, den Ahn des elidischen Priestergeschlechts in Silo, steht nach dem Sturz der Eliden unter Salomo die im Samuelbuch verzeichnete Unheilsdrohung gegen dies Geschlecht gegenüber. Gegner der Priesterautorität, wie die Korachiten, werden von der Erde verschlungen: später sind sie degradierte Sängersippen. Auch der Widerstand nicht nur der puritanisch gesinnten jahwistischen Priesterschaft, sondern vor allem der Interessenten der alten Kultorte im Norden gegen den salomonischen Tempelbau und gegen das dadurch gegebene Übergewicht dieser Kultstätte muß, wie die Spuren in der umredigierten Tradition ergeben, sehr stark gewesen sein. Und sicherlich ist der Abfall des Nordreiches sehr wesentlich mitbedingt gewesen durch diese Gegensätze der Priesterschaften und ihrer Kultregeln, wie Jerobeams Maßregeln zugunsten von Dan und Bethel, vor allem aber deren Motivierung durch den König ergeben. Am deutlichsten zeigt sich aber die Schärfe der Gegensätze darin, daß in den gegenseitigen Tendenzlegenden auch die Stammväter des Jahwekults nicht geschont werden. Gegen Mose selbst schreibt die Legende der aaronidischen Priester dem Aaron und der Prophetin Mirjam

[197] Schneider a.a.O. will die Aaroniden von der Bundeslade ableiten, was an sich nahe läge. Aber sie sind nirgends, wie er annimmt, mit Silo verknüpft.

schwere Vorwürfe zu, vor allem seine Mischehe. Die Tradition weiß, daß seine Nichtbeteiligung am Einmarsch in das gelobte Land Folge seiner Sünde war. Andererseits wird aber Mirjam dafür nach der mosaischen Legende vom Aussatz geschlagen. Ganz schwankend ist vor allem die Stellung Aarons selbst, dem neben sonstigen Irrungen vor allem die Beteiligung am Stierdienst – ein in der Zeit der Endredaktion dieser Tradition todeswürdiges Verbrechen – vorgeworfen wird, dem aber dennoch in der Tradition nichts Übles dafür widerfährt.

Dieser Kampf der Priesterschaften untereinander mußte sich verstärken, als die Jerusalemiter Priesterschaft (damals: die Zadokiden) nach der politischen Vernichtung des Nordreiches die letzte Konsequenz zog und den, gegenüber der klaren alten Tradition ganz unerhörten, Anspruch aufstellte, daß fortan nur in Jerusalem ein Tempel und eine rituell vollwertige Opferstätte bestehen solle, die alte Verehrung Jahwes auf Höhen und unter Bäumen und an den alten ländlichen und provinzialen Kultstätten in Bethel, Dan, Sichem und an anderen Orten aufzuhören habe. Die Forderung war wohl nicht absolut neu, sondern entstand vermutlich gleich nach dem Untergang des Nordreichs. Denn es scheint, daß schon Hiskia in der schweren Kriegsnot gegen Sanherib einen Anlauf zu ihrer Verwirklichung genommen hatte. Aber der Widerstand der ideellen und materiellen Interessenten der ländlichen Kultstätten: der Bauern und Grundherren, war damals wohl zu stark. Unter Manasse, der seinerseits als assyrischer Vasall mesopotamischen Sterndienst in Jerusalem pflegte, war keine Rede mehr davon. Sein gleichgesinnter Nachfolger Amon wurde, vermutlich auf Anstiften der jahwistischen Partei, durch eine Militärrevolte, ähnlich wie seinerzeit die Omriden im Nordreich, beseitigt. Die Stärke der Widerstände gegen die Priesterforderung zeigte sich aber damals darin, daß die hier erstmalig unter dem später oft wiederkehrenden Parteinamen ʻamme ha arez, Landleute, auftretenden Interessenten der ländlichen Kultstätten die Revolution niederwarfen. Aber es gelang den mit vornehmen, den jahwistischen Parteien befreundeten Adelssippen verbündeten Priestern, auf den unmündigen Josia Einfluß zu gewinnen und als die große Koalition gegen das assyrische Reich, die ihm den Untergang brachte, sich vorbereitete, tauchte die Forderung erneut auf. Sie war die Kernforderung des deuteronomischen Gesetzbuchs, eines literarischen Produkts der um die Jerusalemiter Priesterschaft gruppierten Intellektuellenschicht. Man ließ es durch Angestellte des Tempels in diesem auffinden. Die utopische Hoffnung, durch Erfüllung der in diesem, angeblich den echten alten mosaischen sefer hattorah repräsentierenden Fund enthaltenen Gebote Jahwes Hilfe gegen den durch Palästina marschierenden Pharao Necho zu erlangen, war es offenbar, die König Josia veranlaßte, das Volk in feierlicher berith auf dies Gesetz zu verpflichten, die alten Kultstätten zu zerstören und durch Totengebeine rituell zu verunreinigen (621). Die Niederlage und der Tod des Königs in der Schlacht bei Meggiddo machte indessen allen diesen Hoffnungen ein Ende und war überhaupt ein furchtbarer

Schlag für die levitische Jahwe-Partei. Der augenscheinliche Anspruch des Kompendiums, an die Stelle aller anderen Rechtssammlungen zu treten, war damit zunächst dahingefallen. Aber als ideale Forderung der damals allein fest organisierten Jerusalemiter Priesterschaft blieb er bestehen. In kluger Weise hatten seine Redaktoren mit jenem Monopolanspruch andere, ihrer eigenen Machtstellung zugute kommende, zugleich aber sehr populäre Forderungen verbunden. Zunächst den alten Protest gegen das salomonische Fronkönigtum. Nie war vergessen worden, daß auch die an Prestige höchststehende, davididische Dynastie durch berith der Ältesten den Thron erlangt hatte und daß der alte israelitische Führer ein auf dem Esel reitender charismatischer Volksfürst ohne Kriegswagenpark, Hort, Harem, Fronden, Steuern und ohne weltpolitische Allüren gewesen war. Das sollte nun im Ernst wieder hergestellt werden. Die Entscheidung über die Würdigkeit der Könige sollte das alte Losorakel der Priester geben, der König an das deuteronomische mosaische Gesetz, das er täglich lesen sollte, gebunden sein. Entsprechende Berichte über die Art, wie Saul von Samuel zum König kreiert worden sei, wurden nun den alten Überlieferungen eingefügt, ebenso die Legende vom Sieg des Hirtenknaben David über Goliath an Stelle der echten Tradition. In der Umredaktion der Königstradition erhielt nun jeder König seine Zensur je nach seiner Stellung zum Idol- und Höhendienst. Aus ähnlichen Gründen war das alte Sozialrecht des Bundesbuchs entsprechend umgestaltet in das neue Kompendium aufgenommen worden. Da der babylonische Lehensherr des Zedekia ein Interesse an der Schwächung der Königsgewalt hatte, so ist durchaus glaubhaft, daß unter diesem Fürsten einige Zeit mit diesen Forderungen wirklich Ernst gemacht wurde.

Die Exilszeit überkam, neben den erst teilweise und unvollkommen vereinheitlichten anderen Sammlungen von Legenden und Traditionen, dies Kompendium als die einzige ganz in sich geschlossene Theologie. Die praktisch weittragendste Forderung des deuteronomischen Gesetzes war von Anfang an das Kultmonopol Jerusalems und seiner Priesterschaft. Zugleich freilich diejenige, welche die erheblichsten Schwierigkeiten schuf. Von dem Widerstand der nicht jerusalemitischen Laieninteressenten ganz abgesehen, – was sollte aus jenen Leviten und andern Priestern werden, die bisher an den andern Kultstätten amtiert hatten? Das später sehr stark interpolierte deuteronomische Gesetz enthält darüber in der jetzigen Redaktion zwei widersprechende Bestimmungen. Einerseits die Mahnung an alle Israeliten, die Leviten in ihren Toren nicht ohne Nahrung zu lassen: diese sollten also Rentner ohne Kultrecht werden und mit den Priestern nur das Recht der Lehre des Gesetzes teilen. Andererseits die Bestimmung, daß diese Priester nach Jerusalem übersiedeln und am dortigen Kult teilnehmen könnten: – eine jedenfalls nicht von den Priestern selbst in das Gesetz gebrachte Bestimmung, deren Ausführung denn auch, als damit Ernst gemacht wurde, die Jerusalemiter Priesterschaft nicht zuließ. Darüber kam das Exil und das hieß: die Fortführung aller Priestergeschlechter. Im zwingenden Interesse der gesamten Priesterschaft lag es nun, sich zu vertragen. Noch Hesekiel hatte das Monopol der Jerusalemiter Zadokiden vertreten und von ihnen der deuteronomischen Theorie entsprechend die Leviten als Priester zweiten Grades, ohne Opferrecht, geschieden. Aber das Monopol der Zadokiden war offenbar nicht durchzusetzen. Das schließliche Kompromiß in der Perserzeit, für dessen Inhalt wahrscheinlich auch das Maß des höfischen Einflusses der einzelnen Geschlechter maßgebend war, hat offenbar der schriftgelehrte Priester Esra gefunden, indem er die Zadokiden als einen Teil der Aaroniden behandelte und diesen allen die Qualifikation zum Opferdienst an der alleinigen Kultstätte Jerusalem gab, alle anderen als levitisch anerkannten Geschlechter zu ihnen unterstellten reihum dienenden Subalternbeamten des Kults degradierte, gewisse andere zu leiturgischen Tempelsklaven (Nethinim) Sängern und Türhütern. Die Dreiteilung der Hierokratie: Priester, Leviten, Nethinim und, nachdem diese letzteren verschwunden waren: Priester und Leviten, die noch in den Evangelien besteht, entstammt dieser Regulierung. Das Mittel, sie annehmbar zu machen, war die Ordnung der materiellen Verhältnisse: Die universelle Zehentpflicht des ganzen heiligen Bodens wurde durchgeführt und der Ertrag dieser und einiger hier nicht interessierender anderer Gefälle unter die beteiligten hierokratischen Interessenten verteilt. Die besonderen Verhältnisse einerseits der Exilsgemeinde, andererseits die später zu erwähnende Art der politischen Beziehungen zum Perserhof, welche für die Neuregelung maßgebend waren, bedingten diese Art der Erledigung der alten Kämpfe, welche durch massenhafte Interpolation der alten Satzungen und Traditionen und durch die Neukodifikation der Bestimmungen des von Esra durch feierliche Verpflichtung der synoikisierten Gemeinde auferlegten sogenannten Priesterkodex legitimiert wurde. Uns sollen hier die Einzelheiten dieser äußeren Regulierung nicht näher angehen. Wir kehren vielmehr nochmals in die vorexilische Zeit zurück und betrachten die inneren Konsequenzen und die Triebkräfte der eigenartigen Entwicklung.

Die Kultmonopolisierung in Jerusalem hatte zunächst eine sehr wichtige Konsequenz: die Profanierung der bis dahin wenigstens theoretisch als Opferung und Opfermahl geltenden häuslichen Schlachtungen und Fleischmahlzeiten. Diesen Charakter verloren sie jetzt, wo nur in Jerusalem Opfer stattfinden konnten, vollständig. Und nur der Vorbehalt, daß wenigstens die nicht zu entfernt wohnenden Abgabepflichtigen ihre Opfergabe in der heiligen Stadt selbst als Opfermahl verzehren sollten – den anderen wurde Umwechselung in Geld gestattet – blieb, in zunächst problematischer Bedeutung, bestehen. Jene Profanierung aller privaten Mahle war, nach der Ablehnung des Totenkults, der letzte Schlag, welchen der Jahwismus der Möglichkeit einer sakralen Bedeutung der Sippe versetzte: Es konnte fortan keine vom Sippenhaupt geleiteten Kultmahle mehr geben. Denn das

Passahmahl war längst kein Sippenmahl mehr, sondern ein häusliches Familienfest. Das schnelle Schwinden der Bedeutung der Sippen in nachexilischer Zeit hängt wohl auch damit zusammen. Als eine absichtsvoll gegen die Sippen gerichtete Maßregel ist jene Bestimmung, welche diesen Erfolg haben mußte, freilich wohl kaum gedacht gewesen: Sie war ein Nebenerfolg der Kultmonopolisierung, wie schon die Halbheit der für das Verzehren der Abgaben geschaffenen Bestimmungen zeigt. Die Bedeutung der Kultmahle als solche war vielmehr schon in vorexilischer Zeit langsam aber nachdrücklich ihres einstigen Sinns entkleidet worden. Ihrem einstigen Sinn und dem mit dem Vordringen der Leviten eng zusammenhängenden Prozeß seiner Änderung müssen wir uns jetzt zuwenden. Denn hier liegen sehr tiefgehende Eigentümlichkeiten der puritanischen Jahwereligion, welche die Stellungnahme ihrer Vertreter zu den andern Kulten erst verständlich machen.

Es ist Ed. Meyers Verdienst, auf einen charakteristischen Gegensatz des Ritus bei der israelitischen berith aufmerksam gemacht zu haben, der zwischen der Hauptkultstätte Nordisraels, Sichem, einerseits und Jerusalem andererseits bestand. Der Bund in Sichem hatte nach dem Josuabuch den Charakter eines Kultmahls, also einer Speisegemeinschaft: einer Koinonia, mit dem Gott, so wie sie auch in einer alten nordisraelitischen Erzählung vom Sinaibunde berichtet wird, wo die siebzig Ältesten ebenso an Jahwes Tafel Gäste sind, wie umgekehrt er zum Opfermahl der Kultgenossen zu Gaste kommt. Sehr anders ist der überlieferte Ritus in Juda, der besonders eingehend für die berith unter Zedekia berichtet und von der Legende auch für Gottes berith mit Abraham als geltend vorausgesetzt wird. Das Opfertier wird zerstückt und zwischen den Stücken gehen die sich verpflichtenden: König, Priester und, je nachdem, Sippenälteste oder Mannen (ʿam) sämtlich hindurch. In jener Legende tut dies Jahwe nächtlicherweile. Eine sakramentale Koinonia mit dem Gott fand hier also nicht statt. Die Zerstückelung eines Opfertiers findet sich nun in einer anderen Zeremonie wieder. Der Held oder Prophet, der Israel zum heiligen Kriege gegen Fremdvölker oder frevelnde Eidgenossen aufrufen will, zerstückt ein Tier und sendet die Stücke im Lande umher. Das gilt als Mahnung an die Pflicht, Jahwe Heerfolge zu leisten. Diese Form wird nur zweimal, aber gerade für Nordstämme: Ephraim und Benjamin, berichtet. Nimmt man irgendeine Beziehung zu der judäischen Form der berith an, was immerhin nahe liegt, so könnte also diese Form auch im Norden nicht unbekannt gewesen sein. Dann wäre wohl anzunehmen, daß die bei der festangesessenen Bevölkerung von Sichem übliche Koinonia die altkanaanäische Form der Herstellung einer Beziehung zum friedlichen Gott, dagegen bei den minder fest seßhaften Bauern und Hirten der Berge jene andere dem Bundeskriegsgott Jahwe eigene der Kriegsverbrüderung dienende Form ursprünglich heimisch gewesen sei. Dafür spricht eine erhebliche Wahrscheinlichkeit auch deshalb, weil diese Zerstückung des Opfertiers doch wohl als ein rituelles Rudiment der alten orgiastischen Zerreißung des

Opfertiers – bei den afrikanischen Beduinen: eines Hammels – anzusprechen ist, wie sie sich namentlich bei Gebirgs- und Steppenvölkern findet, und wie sie bei den Iraniern erst durch Zarathustra, vielleicht unter dem Einfluß mesopotamischer Bildung, ausgerottet worden zu sein scheint. Man wird in der Annahme kaum fehl gehen, daß auch bei den judäischen Stämmen ein planvoller Kampf gegen die ursprüngliche, z.B. auch im Dionysoskult sich findende, Fleischorgie diese beseitigt hat. Vielleicht bedeutet das spätere rituelle Verbot des Blutgenusses eine Etappe auf diesem Wege, und dann würde die an sich späte Motivierung, daß man die Seele des Tiers nicht essen dürfe, doch Spuren des einstigen animistischen Sinnes aufbewahren. Denn, wie wir gelegentlich sahen: für das Heer im Kriege galt jenes Verbot anscheinend ursprünglich nicht. Es wäre die Entwicklung dann so zu denken; daß der Blutgenuß, der ursprünglich nur in normalen Zeiten, außerhalb der dem Kriegsgott vorbehaltenen Fleischorgie, untersagt war, später, unter dem Einfluß des uns bekannten Entmilitarisierungsprozesses und der Beseitigung der Orgien, als ein für allemal verboten gegolten hätte. Doch kann dies nur als unsichere Hypothese gelten. In der Überlieferung findet sich schließlich (Ex. 24, 6.8) noch eine dritte Form der Eingehung einer berith: die Besprengung der Jahwegemeinde mit Opferblut, mit welchem zugleich auch der Altar besprengt wurde. Sie setzt Mitwirkung des Priesters voraus, denn nur er kann jenen Akt vornehmen. Da sie in die sehr alte Erzählung vom gemeinsamen Mahl Jahwes mit den Ältesten eingeflochten ist: – diese Tischgemeinschaft ist hier Folge der geschlossenen berith, nicht ihrerseits Stiftung der religiösen Koinonia –, so mag auch sie alt und in diesem Fall südlichen Ursprungs sein. Auch dies ist unsicher. Für uns ist lediglich wichtig, daß den Südstämmen eine Zeremonie, welche eine sakramentale Koinonia mit dem Gott herstellte, in historischer Zeit unbekannt war. Denn damit kommen wir zu einem wichtigen Punkt, der den entscheidenden Gegensatz des südlichen reinen Jahwismus gegen die nordisraelitische Verschmelzung mit Baal- und verwandten Ackerbaukulten bedingte und zu dessen äußeren Zeichen jener an sich mehr formale Gegensatz der berith gehört.

Die Baalkulte, wie die meisten alten Ackerbaukulte, waren und blieben bis zuletzt orgiastisch und zwar insbesondere alkohol- und sexualorgiastisch. Die rituelle Begattung auf dem Acker als homöopathischer Fruchtbarkeitszauber, die alkoholische und orchestische Orgie mit der unvermeidlich sich anschließenden Sexualpromiskuität, abgemildert später zu Opfermahl, Singtanz und Hierodulenprostitution, sind mit voller Sicherheit als ursprüngliche Bestandteile auch der israelitischen Ackerbaukulte nachzuweisen. Die Reste liegen zutage. Der Tanz um das goldene Kalb, gegen welchen nach der Tradition Mose, die Hurerei, gegen welche die Propheten eifern, die kultischen Reigen, von denen überall die Spuren vorhanden sind, die in den Rechtssammlungen, in den Legenden (Tamar) und bei den Propheten ausdrücklich bezeugte Existenz der Hierodulen (Kedeschen) ergeben den sexualorgiastischen

Charakter der alten fröhlichen Baalskulte. Dieser geht auch aus den ausdrücklichen Angaben der Quellen hervor. Die weibliche Gefährtin, die Baalat, fehlte den Baalen so wenig wie den indischen Fruchtbarkeitsgöttern. Sie war mit Astarte und diese mit der babylonischen Istar, der Gottheit der Sexualsphäre, identisch. Von den Baalkulten her drang bei der Vermischung mit Jahwe die Sexualorgiastik auch in die Jahwekulte ein. Die Existenz von Hierodulen auch am Tempel von Jerusalem ist bezeugt.

Gegen diesen orgiastischen, den alkohol- und insbesondere den sexualorgiastischen Charakter der Baalkulte und der durch sie beeinflußten Religiosität richtete sich nun der leidenschaftliche Kampf der Vertreter des reinen Jahwismus. Der Kampf der Rechabiten gegen den Wein war keine bloße Konservierung alter Steppengewohnheiten, sondern vor allem Kampf gegen die Alkoholorgiastik der seßhaften Bevölkerung. Vor allem aber die Stellungnahme des jahwistischen Rituals und der jahwistischen Ethik zum Sexualleben sind Zeugen dieses tiefgehenden Gegensatzes. Den Baalen dienen heißt ein für allemal ihnen nachhuren. Die ganze Reglementierung der Sexualsphäre hat von dem Kampf dagegen ihren im Judentum dauernd nachwirkenden Charakter erhalten. Die religiöse Verpönung der Verletzung einer fremden Ehe als todeswürdigen Frevels entspricht freilich lediglich dem, was in allen prophetisch und priesterlich reglementierten Religionen wiederkehrt und ist nur besonders streng in der Art der Strafe. Die Auffassung der Ehe als eines Mittels zur Erzeugung von Kindern und zur ökonomischen Sicherung ihrer Mutter enthält natürlich erst recht nichts spezifisch Israelitisches, sondern war universell verbreitet. Ebenso ist der ausgeprägte Naturalismus in der Art der Auffassung der Sexualvorgänge in keiner Art nur Israel eigentümlich. Die kultischen und kriegerasketischen Keuschheitsregeln, Tabuierungen und Unreinheitsvorschriften für Menstruierende usw. waren in freilich sehr verschiedener Art ebenfalls sehr weit verbreitet und lediglich Ausdruck der Betrachtung der Sexualsphäre als eines spezifisch dämonisch beherrschten Gebiets, wie sie überall gerade durch den Eindruck der Sexualorgiastik den Trägern rationaler Kulte und Religiositäten nahegelegt war. Aber der Grad und die Art, wie sich das israelitische Ritual und die israelitischen Legenden, gerade soweit sie spezifisch jahwistisch beeinflußt sind, mit dieser Sphäre befassen, zeigt allerdings einen sehr radikalen Grenzfall dieser Auffassung, der sich schlechterdings nur aus dem tendenziösen Gegensatz gegen die Baalorgiastik erklärt, ganz ähnlich wie wir die Ablehnung jeglicher Jenseitsspekulationen vermutungsweise auf eine Tendenz gegen den ägyptischen Totenkult zurückführen mußten. Auf dem Gebiet des Sexuellen tritt diese Tendenz gegen die orgiastische Schamlosigkeit, als deren Träger die Kanaanäer verachtet und verflucht werden, vor allem in der schroffen Perhorreszierung jeglicher physischen Entblößung hervor. Die bloße Tatsache einer solchen oder das bloße begehrliche Anblicken eines Verwandten wird (Lev. 20, 10) als Inzest und todeswürdiges Verbrechen behandelt, und der

Stammvater der Kanaanäer gilt der Genesis als der Urheber all jener Schamlosigkeit, welche die Verfluchung dieses Volks zu ewiger Knechtschaft verschuldet haben soll. Andererseits wird auch (Lev. Kap. 18) jeder Inzest, jedes Anrühren des väterlichen Harems, aber auch jede andere unerlaubte Geschlechtsverbindung unter dem Bilde einer physischen Entblößung bezeichnet. Die Zulassung von Stufen am Altar war im alten Ritual ganz verboten (Ex. 20, 26), weil sonst eine Entblößung gegenüber jenen Stufen, die schon zum ideellen Sitz Jahwes gehörten, stattfinden konnte. Daß sie nackt sind, ist bei den ersten Menschen das allererste, was ihr, nach dem Genuß vom Baum der Erkenntnis erwachtes, Unterscheidungsvermögen für das, was gut und böse ist, dokumentiert. Die gleiche Anschauung und Tendenz geht durch alle hierher gehörigen Bestimmungen und Kasuistiken hindurch. Die Sünde Onans ist perhorresziert. Nach der jetzigen Tradition allerdings als Verbrechen gegen die Pflicht, dem Bruder Nachkommenschaft zu erwecken. Ursprünglich aber war ihre ausdrückliche Verwerfung wohl bedingt durch die Gegnerschaft der Jahwisten gegen gewisse Molochorgien (Lev. 20, 2), bei denen männlicher Samen geopfert wurde. Alle Arten verpönten, weil orgiastischen oder inzestuösen oder widernatürlichen Geschlechtsverkehrs fallen – zwar nicht allein sie, aber sie doch in allererster Linie – unter den spezifisch jahwistischen Begriff der Narrheit (Gen. 34, 7; Deut. 22, 21) und dies Wort bezeichnete in der Sprache noch der spätesten Tradition und selbst noch der Evangelien das äußerste, was gegen einen Israeliten gesagt werden konnte. Alle spezifisch israelitischen, hier nicht ins einzelne zu verfolgenden Reglementierungen der Sexualvorgänge haben daher nicht ethischen, sondern rituellen Charakter. Die materielle Sexualethik Altisraels war nicht strenger als andere priesterliche Reglementierungen. Der Ehebruch des Dekalogs war Verletzung der Ehe eines fremden Mannes, nicht Bruch der eigenen Ehe. Den Geschlechtsverkehr des Mannes außerhalb der Ehe zu verpönen hat erst die spätere nachexilische Zeit begonnen und zwar – ganz ebenso wie die Konfuzianer und die ägyptische Spruchweisheit z.B. Ptahoteps – zuerst nur unter Gesichtspunkten der Lebensklugheit. Ein Ausdruck für Keuschheit im ethischen Sinn des Worts fehlt der alten Sprache Israels. Erst unter persischem Einfluß, wie wir sehen werden, ging die Reglementierung weiter und auch zunächst nur in unkanonischen Schriften (Tobit). Nach altisraelitischer Auffassung dagegen konnte die Verführung eines Mädchens ohne vorherigen Kontrakt mit ihrer Sippe zwar deren Rache hervorrufen, wie der Fall der Dina zeigt; die Rechtssammlungen schreiben aber als Sühne nur die Heirat, d. h. den Erwerb des Mädchens durch Zahlung des Kaufpreises vor, ähnlich wie die angelsächsischen Gesetze den Fall als eine Art von Sachbeschädigung behandeln. Die Antipathie gegen das, was als sexuell schamlos galt, hat auch nichts mit einer besondern Reinheit der Sitten etwa der Beduinen zu schaffen. Gerade den Arabern der Wüste wirft Jeremia (3, 2) vor, daß sie Hurerei an der Straße treiben, d.h. – wie das Verhalten der Tamar zeigt

– an den Stellen, wo sich die käuflichen Dirnen aufzuhalten pflegten, darunter auch die Hierodulen der Tempel, welche die Propheten mit allen anderen Resten der Sexualorgiastik verwerfen. Nur die homöopathische sexuelle Orgie war den Beduinen im Gegensatz zu den Ackerbaukulten rituell fremd.

Der spezifisch rituelle, nicht primär ethische Charakter der ganzen Sexualkasuistik nun, der sich auch später immerhin weitgehend erhalten hat, gibt ihr, weil er zwar nicht der Art, aber dem Grade und der tendenziösen Penetranz nach sich nur hier findet, eine eigenartige Note. Die Verbindung der alten naturalistischen Unbefangenheit in der Behandlung und Erörterung der Sexualvorgänge an sich, verbunden mit dieser ganz und gar rituellen Angst vor der rein physischen Entblößung hat mit jener besonderen Art von Würdegefühl, welches sich mit unsren durch feudale oder bürgerliche Konvention hindurchgegangenen Schamgefühlsreaktionen zu verknüpfen pflegt, gar keine Beziehung. Sie erscheint der durch feudale, bürgerliche und christliche Vorstellungen beeinflußten modernen Schamempfindung leicht wie eine Karikatur eines echten Schamgefühls in dem uns geläufigen Sinn. Die Quelle jener Besonderheit liegt aber historisch ganz und gar in dem schroffen Gegensatz gegen die Orgiastik der nordisraelitischen Ackerbauer, wie sie die Priesterschaft pflegte. Der Islam kennt ja ähnliches und ist in allen Gebieten seiner Verbreitung wegen seiner Antipathie gegen die Nacktheit Träger der Entwicklung der Textilindustrie oder doch eines Marktes für sie geworden. –

Diese Gegnerschaft gegen die Orgiastik und orgiastische Ekstatik bestimmte nun auch die Stellungnahme des Südens zu den aus beiden hervorgegangenen ekstatischen Virtuosen. Die alten massenekstatischen Nebijim waren unbestreitbar eine wesentlich nordisraelitische, teils aus phönikischen, teils aus kanaanäischen Baalskulten hervorgegangene Erscheinung. Noch Sacharja nimmt (13, 5) als selbstverständlich an, daß die falschen Propheten Ackerbauer seien und daß ihre angeblichen Selbstverwundungen von den Nägeln von Dirnen herrührten. In aller Welt haben sich ja die dem orgiastischen Massenkult dienenden charismatischen Ekstatiker zu Zünften oder Schulen zusammengeschlossen. Die Nabischulen des Elisa und schon der früheren Zeiten entsprachen nur dieser allgemeinen Erscheinung. Die Orgiastik, aus welcher die Nabiekstatik stammte, war, sahen wir, vor allem homöopathische Fruchtbarkeitsorgiastik. Etwas Derartiges kannten die Nomaden und Halbnomaden nicht. Wenn sie wirklich einmal die Fleischorgie gekannt haben, dann als Bestandteil der Kriegerekstatik. Zwar das älteste Israel, gerade auch Nordisrael, kannte die nasiräische Kriegeraskese und die Kriegerekstase der Berserker. Ebenso waren die alten massenekstatischen Nebijim, wie wir sahen, wenigstens zum Teil auch Kriegspropheten. Aber dreierlei zeigt sich: einmal, daß für die nasiräischen Kriegsekstatiker im Gegensatz zur kultischen Orgiastik der Baale gerade die Alkoholabstinenz vorgeschrieben war. Dann, daß die klassische Kriegsprophetie der Zeit Debora's, im Gegensatz zu den

Nebijim Einzelprophetie war. Endlich fällt auf, daß das Deboralied von anderen Göttern spricht, denen sich Israel hingegeben habe. Es können damit schlechterdings nur die Landesgötter, also die Baale, gemeint sein. Jahrhunderte später sehen wir wiederum die Einzelprophetie des Elia im Kampf gegen die gleichartigen anderen Götter und die orgiastische Massenekstatik. Der Prophet, den Jehu auf seinem Wagen mitführt, ist ein Rechabit, also Gegner der Alkoholorgiastik. Immer wieder geht dieser Kampf vorwiegend von Männern aus, welche entweder dem Süden oder doch vorwiegend den Viehzüchterverbänden entstammen. Der typische Einzelprophet Elia, der Todfeind der Baalekstatik, stammt aus Gilead und ist ein typischer Wandernomade. Elisa, der Massenekstatiker, war nach der Tradition ein Bauer. Gleich der erste wiederum geraume Zeit später gegen die Kultpraxis des Nordens auftretende Prophet, Amos, ist ein Hirt aus Thekoa. Daraus folgt: Aus dem Norden kamen unter dem Einfluß der kanaanäischen Orgiastik und Ekstatik die massenekstatischen Nebijim und die irrationalen und emotionalen Formen der Magie, aus dem Süden, welcher die Ackerbauorgiastik nicht kannte, die rationale levitische Thora und die rationale ethische Sendungsprophetie, die da weiß, daß diese Schamlosigkeiten Jahwe ein Greuel sind und daß Kult und Opfer überhaupt dem alten Bundesgott gar nichts bedeuten gegenüber der Erfüllung seiner alten Gebote. Der Zwiespalt zog sich also offenbar latent durch die ganze israelitische Geschichte von der Einwanderung angefangen. Er nahm akute Formen an mit Zunahme des rationalen Charakters der Gedankenwelt jener beiden Mächte, welche der Orgie feindlich waren: der Leviten und der Unheilspropheten. Diese war wenigstens zu einem Teil Folge der Zunahme der literarischen Intellektuellenkultur als solcher. Daher haben wir uns die Art klarzumachen, wie die miteinander teils latent, teils offen ringenden elementaren Grundlagen jener untereinander grundverschiedenen Religiositäten innerhalb der altisraelitischen Literaten sich auswirkten. –

Die literarische Produktion des vorexilischen Israel war offenbar so reichhaltig und vielgestaltig wie irgendeine Literatur der Welt. Neben den teils nach Kriegerart glühend sinnlichen, teils höfisch schwülen, teils ländlich anmutigen Minneliedern, die am fröhlichen Königshof von Thirza und wohl schon vorher vorgetragen, später bis in die Zeit persischen Einflusses hinein abgewandelt und als Hohes Lied gesammelt wurden, und neben einigen überaus schwungvollen Königspreisliedern, welche die Psalmensammlung enthält, sind innerhalb und außerhalb dieser auch eine Anzahl religiöser Hymnen erhalten, welche das Walten des großen Himmelsgottes in der Natur nach babylonischer Art in nirgends überbotener Vollendung verherrlichen. Weltliche sowohl wie religiöse Barden müssen also, und zwar als eine Schicht oberhalb der Träger der rein volkstümlichen Dichtung, mindestens in der Königszeit existiert haben. Denn es handelt sich um ausgesprochene Kunstdichtung. Und das Deboralied, ein vorzüglich gelungenes Gelegenheitsgedicht, halb religiöses Siegeslied, halb politisches Spottgedicht gegen die alten Feinde in den Städten und gegen säumige Bundesgenossen, zeigt ein noch weit höheres Alter dieser Gattung. Die jedenfalls – nach dem in Wen Amons Reisebeschreibung bezeugten Papyrus – Import nach Byblos – in das Ende des zweiten Jahrtausends zurückgehende, wenn auch dokumentarisch erst durch den moabitischen Mesastein (9. Jahrhundert) belegte Buchstabenschrift war das bei weitem am leichtesten erlernbare von allen Verständigungsmitteln der ganzen damaligen Welt. Erfunden ist es wohl sicher im Dienste geschäftlicher Interessen der Kaufleute und also vermutlich in Phönikien. Diese Schrift erleichterte aber das Entstehen einer eigentlichen, zum Lesen bestimmten Literatur in Israel und zugleich die Verbreitung der Schreib- und Lesekunst dort ganz außerordentlich. Zunächst freilich kam sie den Kanzleien der Könige zugute. Die Würde des Mazkir (meist als Kanzler übersetzt, wohl zugleich Reichsannalist und Erinnerer des Königs) und die Soferim am Hofe Davids und beider Königreiche zeigen, daß jedenfalls seit David, vielleicht, wie eine erhaltene Liste (1. Sam. 14, 49 f.) nahelegt, in den Anfängen schon seit Saul, die Schriftlichkeit der Verwaltung bestand. Für Salomos Fronstaat war ein Stand schriftkundiger, offenbar nicht selten aus den Priestern, aber auch aus gebildeten weltlichen Sippen rekrutierter, Beamter unentbehrlich. Auf offizielle Königsannalen wird in den späteren pragmatisch umredigierten Königsgeschichten immer wieder Bezug genommen und ebenso existierte wohl eine jerusalemitische Tempelannalistik. Es muß ferner, mit Kittel, angenommen werden, daß schon die ersten Redaktionen der Geschichten von Davids Königtum von einem zwar zu den königlichen Archiven zugelassenen, dabei aber doch unabhängig nach seiner eigenen Ansicht über die Dinge schreibenden Erzähler verfaßt sind.

Die große Freiheit der Überlieferung gegenüber dem doch immerhin zeitweise machtvollen Königstum überhaupt hängt zusammen einerseits mit der starken Stellung, welche, wie wir sahen, im Gegensatz zu den meisten anderen monarchischen Staatsbildungen des Orients, die wehrhaften großen Sippen in Israel sich bewahrt hatten. Andererseits mit der Bedeutung der dem Königtum innerlich unabhängig und sehr kritisch gegenüberstehenden, aber von ihm um des Prestiges des alten Bundeskriegsgottes willen nicht zu ignorierenden Gruppen der Träger seines Geistes: der Seher und der berufsmäßigen Jahwelehrer.

Aus den Kreisen der schulmäßig organisierten Nebijim des Nordens stammen die in das Königsbuch hineingenommenen Mirakelerzählungen. Aber ein Teil der Elia-Berichte und ebenso die doch wohl vordeuteronomische erste Redaktion der Erzählungen von den Sehern der Vorzeit, Samuel vor allem, zeigen, daß es Kreise gab, welche sich nicht nur dem höfischen, sondern ebenso dem schulmäßig organisierten prophetischen Einfluß völlig entzogen und daneben andere, die zwar Beziehungen zum Hof, aber auch zu dem gegenüber dem Königtum kritischen Jahwismus unterhielten und diesen systematisch unterstützten. Dies konnten nur begüterte und politisch einflußreiche fromme Laien sein. Wir finden denn auch in der Zeit des Jeremia vornehme Sippen, aus denen stets erneut Hofbeamte hervorgehen, die aber offenbar zugleich durch Generationen hindurch Protektoren der dem Hof und den Priestern gegenüber rücksichtslos kritischen großen Jahwepropheten waren. Derartiges mußte sich einstellen, sobald einmal das Prestige des Königtums durch äußere Mißerfolge ins Wanken geriet. Diese unabhängigen Laienkreise und die von ihnen geschützten reinen Jahweverehrer sind es nun offenbar gewesen, welche sich schon früh der Sammlung der noch vorhandenen alten Überlieferungen über die vorkönigliche Zeit angenommen haben. Die gelegentlich zitierten alten Liedersammlungen: das Buch der Kriege Jahwes und das Buch vom Braven lagen wohl schon seit der ersten Königszeit gesammelt vor. Vermutlich Laien haben sich der Sichtung der volkstümlichen, im Sinne des Jahwismus verwertbaren, nicht rein militaristischen Dichtungen zugewendet. Die alten Legenden, Märchen, Gleichnisse und Sprüche haben zweifellos zunächst in den Händen eines Standes volkstümlicher wandernder Sänger und Erzähler gelegen, die auf der ganzen Erde bei bäuerlichen und halbnomadischen Bevölkerungen sich finden. Die alte Tradition weiß allerdings nur von einem Gastvolk der Musikanten, der Abkömmlinge Jubals. Aber die Erzähler haben nicht gefehlt: die älteren Erzväterlegenden machen unbedingt den Eindruck dieser Herkunft. Dagegen hat beispielsweise die umfangreiche Josephgeschichte in der jetzigen Form bereits den Charakter einer von einem gebildeten Dichter für jahwistische Gebildete kunstvoll geformten erbaulichen Novelle, ist also Kunstdichtung. Es bestanden also Zwischenglieder und vor allem wohl direkt Beziehungen zwischen literarisch gebildeten und dabei politisch und religionspolitisch interessierten unabhängigen Laienkreisen und den Trägern der volkstümlichen Spruch- und Legendendichtung. Diese ergeben sich auch aus dem Charakter einiger erhaltener Erzeugnisse der Maschal- (Gleichnis-) Gattung. An plastischer Phantasie steht ein Maschal wie das Dornbuschgleichnis der Abimelechgeschichte oder das dem Nathan in den Mund gelegte Gleichnis vom Schaf des Armen den am besten gelungenen Gleichnissen der Evangelien ebenbürtig zur Seite. Sie unterscheiden sich in dieser Hinsicht auffällig von dem typischen späteren rabbinischen Maschal[198], der fast stets ein Erzeugnis des Buchdenkens ist, daher meist nur in der Groteske unmittelbar plastisch wirkt.[199] Der Unterschied ist etwa so, wie zwischen den Gleichnissen von Jesus und denen des Paulus, der sich bekanntlich gelegentlich, (wo er landwirtschaftliche Gleichnisse wagt) charakteristisch im Bilde vergreift.[200]

Zur Zeit des Jeremia finden sich zuerst (18, 18) Spuren jener Art der

198 Beispiele davon hat z. B. Fiebig (Altjüd. Gleichnisse und Gleichnisse Jesu, Tübingen 1904) gesammelt.

199 Hiervon sind gerade manche der älteren, der palästinensischen Tannaiten-Epoche angehörende, am meisten ausgenommen, namentlich einzelne im Traktat Pirke 'aboth. Überhaupt ist das Urteil natürlich nur relativ gemeint.

200 Röm. 11, 17 das völlig falsche Gleichnis vom Okulieren!

Beratung in praktischen utilitarischen Alltagsproblemen durch Gebildete, wie sie die späteren Chokma- (Weisheits-) Lehrer und ihre Literaturprodukte bieten. Aber diese Art Beziehung des Literatentums zu plebejischen Interessen trat offenbar in vorexilischer Zeit noch weit zurück hinter dem damals alles beherrschenden politischen und damit untrennbar verknüpften religiösen und religiös unterbauten sozialpolitischen Interesse. Die beiden vorhin zitierten Gleichnisse sind dafür Beispiele. Sie sind ersichtlich weit davon entfernt, naive Produkte rein künstlerischer Art zu sein, sondern stehen im Dienst königsfeindlicher jahwistischer Tendenzen. Die ganze, nach den Zitaten und Resten zu schließen, überaus reiche und vielgestaltige vorexilische Volksdichtung und Literatur wurde so unter religionspolitischen Gesichtspunkten verarbeitet. Wenn aus ihr nur das und nur in der Form erhalten ist, was und wie es Aufnahme in den jetzigen Kanon fand, so ist dies das Resultat einer höchst penetranten geistigen Arbeit jahwistisch interessierter Intellektuellenschichten. Zum Teil vollzog sich diese erst in der exilischen, zu einem wesentlichen Teil aber bereits in der vorexilischen und zwar teilweise schon in einer noch vor dem Auftreten der Schriftpropheten liegenden Zeit. Die Leistung dieser Zusammenarbeitung, mag sie uns heute in vielen Punkten, auf die zum Teil schon Goethe hinwies, literarisch unbefriedigt lassen, war dennoch sehr bedeutend, wenn man ihre Schwierigkeiten bedenkt. Zwischen den literarischen Produkten der vorexilischen Zeit sowohl wie zwischen ihren Trägern bestanden nach Tendenz und Gesinnung scharfe Gegensätze. Zunächst standen in dieser Hinsicht die Erzeugnisse der königlichen Heilsprophetie, des nationalen Bardentums und der nationalen Geschichtserzählung mit den Zweigen der vom Königtum zurückgedrängten Schichten der Jahwegläubigen in unversöhntem Gegensatz. In den im Hohenlied gesammelten Resten der alten erotischen Dichtung und ebenso in den nicht zahlreichen erhaltenen alten Königspsalmen weht eine völlig andere Luft als in den literarischen Produkten der jahwistischen Intellektuellen. Die Religiosität der Könige stand natürlich, wo sie sich ungeschminkt äußert, auch in allen Nachbargebieten mit der Volksfrömmigkeit in starkem Kontrast. Zu essen bis er satt ist, zu trinken bis er berauscht ist, Gesundheit, langes Leben, Herzens- und Sinnenfreude, den Nachkommen ewige Herrschaft, jeden Tag Freude und hohen Nilstand begehrt Ramses IV im Gebet von Osiris als Gegenleistung gegen das, was er ihm gegeben hat. Lebensgenuß und lange glückliche Regierung ist ganz ebenso auch das Gebet aller babylonischen Könige bis auf Nebukadnezar. Anders dürfte es auch in Israel nicht gewesen sein. Wenn die heutige Tradition dem Salomo das früher erwähnte fromme Gebet in den Mund legt, so entsprachen dem die ebenfalls oft sehr frommen Inschriften Nebukadnezars und anderer Großkönige: hier wie dort handelt es sich um Priesterprodukte. Die unglaubliche Prahlsucht der ägyptischen ebenso wie der mesopotamischen Großkönige wird sicher auch den Königen Israels in der Zeit ihrer Macht geeignet haben und stand hier wie dort in schroffstem Widerspruch mit dem Bedürfnis der Plebejer nach einem gnädigen Fürsprecher und Nothelfer und mit Jahwes von jeher besonders schwerem Zorn gegen die Hybris der Menschen. – Jahwe war niemals ein Gott der Dynastie, wie Assur, Marduk oder Nebo, sondern von alters her ein Gott der israelitischen Eidgenossen. Aber immerhin hatten die Dynastien sich seinen Kult zu eigen gemacht und die Könige jahwistische Barden und Heilspropheten in ihrem Dienst. Und neben den Jahwetraditionen liefen die mannigfachsten ätiologischen Kultsagen einheimischer Götter und Heroen und zahlreiche entweder aus Ägypten und Mesopotamien, direkt oder über Phönikien, importierte oder mit diesen Gebieten seit alters gemeinsame Mythen und Vorstellungen um, an deren einfache Ausmerzung nicht zu denken war. Die Aufgabe der Zusammenarbeitung war schwer. Aber auch die Produkte der eigentlichen Intellektuellenkultur in Palästina müssen eine bedeutende Rolle gespielt haben. Es fragt sich, wie sie sich zu denen der benachbarten Kulturgebiete verhielten.

Die nominelle ägyptische Herrschaft bestand bis fast gegen Ende der Richterzeit. Allerdings haben nach den Amarnabriefen die Pharaonen die religiöse Eigenart des Landes nicht angetastet und eine effektive politische Macht nach Ramses II nur selten noch entfaltet. Aber die Möglichkeit geistigen Verkehrs bestand wie in alter Zeit. In der Zeit des Sesostris kannte man bei den halbbeduinischen Herren der Gebiete östlich von Byblos einen lebenden ägyptischen Weisen dem Renommee nach, oder der Erzähler der Sinuhegeschichte durfte diese Möglichkeit wenigstens voraussetzen. In der Zeit völligen Verfalls der Ramessidenherrschaft (um 1100) weiß allerdings der Stadtkönig von Byblos nichts von dem ägyptischen Amon und seiner von dessen Abgesandten Wen Amon geschilderten Macht.[201] Wohl aber scheinen seine Hofpropheten etwas davon gewußt zu haben: daher erklärt sich vermutlich das Orakel eines von ihnen zugunsten jenes Boten. Jedenfalls aber war man, infolge des Karawanenverkehrs, in Südpalästina gut orientiert über Ägypten. Nicht nur übernahm Salomo die Kriegswagentechnik und offenbar teilweise auch die Art der Tempelanlage (das Allerheiligste)[202] nach ägyptischen Mustern, sondern vor allem die Josephnovelle zeigt eine immerhin genaue Kenntnis ägyptischer Zustände und deutet überdies (einerlei ob mit Grund) Beziehungen zu der Tempelpriesterschaft von Heliopolis an, der Hauptstätte ägyptischer Weisheit. Daß alle Lehre und Kunst von Ägypten nach Phönikien gekommen sei, erkennt der König von Byblos dem Wen Amon gegenüber an.[203] Eine der Traditionen über Mose macht auch ihn zum Träger ägyptischer Weisheit. Die Beschneidung wäre nach der Josua-Tradition unmittelbar, nicht über Phönizien, von Ägypten

201 Der Reisebericht Wen Amons ist jetzt in Breasteads Records IV 563 ff. bequem zugänglich.

202 Auch das ägyptische Allerheiligste ist dunkel und darf nur vom König, wie später in Israel nur vom gesalbten Hohenpriester, betreten werden.

203 Reisebericht, Breastead a. a. O. 579.

her übernommen. In vielen Einzelheiten, die teils nicht interessieren, teils seinerzeit erwähnt wurden, finden sich weitere Spuren. König Merneptah erwähnt Kriege, die sein Heer in Palästina gegen Israel geführt habe. Daß aber die Beziehungen keineswegs immer unfreundliche waren, geht daraus hervor, daß neben den stammverwandten Edomitern später ausdrücklich die Ägypter als qualifiziert zur Aufnahme in die israelitische Gemeinde bezeichnet werden, obwohl die Tradition, nicht ganz korrekt, voraussetzt, daß die Erzväter in ihrer Eigenschaft als Viehzüchter in Ägypten als unrein gegolten hätten.[204] Die palästinischen Ausgrabungen haben, wie schon erwähnt, massenhafte Skarabäen, die für Ägypten ebenso charakteristisch sind wie das Kreuz für das Christentum (wie Erman sich ausdrückt) zutage gefördert. – Angesichts alles dessen ist es nun eine der auffälligsten Tatsachen, daß in der gesamten Tradition diese ägyptische Herrschaft absolut totgeschwiegen wird und daß spezifisch ägyptische Einschläge gerade in den älteren Grundlagen der israelitischen Religiosität so gut wie ganz fehlen, während später solche, wie wir sehen werden, vielleicht sich geltend machten. Jenes Schweigen hat Eduard Meyer nur mit der Jugend der israelitischen Tradition erklären zu können geglaubt. Allein diese bewahrt sonst gelegentlich Züge von hohem Alter auf, wie z. B. die verschollenen Beziehungen nach Mesopotamien hin. Das Schweigen über die politische Herrschaft ist wohl dadurch zu erklären, daß vom Standpunkt schon der Chabiru und der Sa Gaz in der Amarnazeit die Herrschaft des Pharao gar nicht praktisch in die Erscheinung trat, da sie ja lediglich mit seinen Vasallenfürsten zu tun hatten. Die wenigen Razzias abgerechnet, war dies später erst recht so. Die sonstige Fremdheit aber gegenüber der ägyptischen Kultur erklärt sich ausschließlich, aber auch ausreichend, aus ganz bewußter Ablehnung durch die Träger des Jahwismus. Abgelehnt wurde der ägyptische Fronstaat, dessen entscheidende Züge ja gerade das waren, dessen Übernahme durch das einheimische Königtum den entmilitarisierten Schichten am tiefsten verhaßt war. Abgelehnt wurde ebenso der charakteristischste Teil der ägyptischen Frömmigkeit: der Totenkult. Neben der radikalen Diesseitigkeit des alten Bundeskriegsgotts mit seiner rein innerweltlichen Orientiertheit war dafür, wie wir sahen, der Umstand maßgebend, daß Jahwe zwar zu verschiedenen Zeiten verschiedenartige Züge vereinigte, aber jedenfalls niemals ein chthonischer Gott gewesen war, sondern zu diesen Gottheiten und der spezifischen Art ihrer Kulte stets im schärfsten Gegensatz stand. Dazu trat nun, daß das Verständnis der ägyptischen Sakralschrift und die ägyptische Priesterbildung überhaupt Fremden unzugänglich war. Die ägyptischen Weisheitslehrer (Ptahotep) empfehlen zwar, wie das Deuteronomium, den Volksunterricht, aber ausdrücklich

204 Die rituelle Fremdheit der Ägypter gegenüber den Hellenen beruhte nach Herodot darauf, daß diese Kuhfleisch aßen und es deshalb für Ägypter unmöglich war, sie zu küssen oder ihre Eßgeräte zu benutzen. Dies, nicht die Viehzüchterqualität als solche, könnte der Vorstellung des Berichts Gen. 43, 32 zugrunde liegen.

mit Ausschluß der eigentlich priesterlichen Geheimlehre, von der die israelitischen Lehrer denn auch weder etwas wußten, noch vermutlich etwas hätten wissen wollen. Ebenso stand es auf ägyptischer Seite. Besiegte Feinde mußten, wie überall, den siegreichen Göttern Ägyptens Ehre erweisen. Aber dadurch wurden sie nicht Ägypter. Tempel ägyptischer Götter gab es nach den Inschriften in Syrien, und unter den Ramessiden auch solche syrischer Götter in Ägypten. Aber an dem grundlegenden, durch die soziale Eigenart der ägyptischen Schreiberkultur fest gegebenen Verhältnis änderte das nichts. Eine Eingliederung in die ägyptische Erziehung und Weisheit war nur für den einzelnen als einzelner möglich und bedeutete ein völliges Aufgeben der eigenen geistigen Selbständigkeit. Sie wäre für das Volksganze überdies von der Annahme der verhaßten Schreiberbürokratie untrennbar gewesen. Auch wurde der ägyptische Tierdienst, den die Priester in Ägypten erst ziemlich spät und im Interesse der hierokratischen Beherrschung der Massen systematisiert hatten, von der jahwistischen Religiosität, nach der nur einmaligen Erwähnung bei Hesekiel (8, 10) zu schließen, als ein besonders würdeloser Greuel verworfen. Er entsprach den Beziehungen freier Viehzüchter zu ihrem Vieh in keiner Art und war auch der überkommenen Eigenart Jahwes besonders fremd. Diese Ablehnung aller entscheidenden Züge der ägyptischen Kultur beweist uns nun immerhin das eine, daß wir das Vorhandensein selbständiger und bewußter geistiger Träger der Jahwereligion in Palästina und ebenso in den Oasen von Edom und Midian, wie sie die Tradition bezeugt, als eine historische Tatsache vorauszusetzen haben. Denn während sowohl lybische wie asiatische Beduinen gleichmäßig in fortwährendem Verkehr mit Ägypten standen, Palästina aber lange Zeit von Ägypten aus direkt beherrscht wurde, haben zwar die ersteren[205], nicht aber die letzteren, jedenfalls nicht die Jahweverehrer unter ihnen, irgendwelche Züge der ägyptischen Religion übernommen. Die eigentliche Priesterlehre und vollends die schon im dritten Jahrtausend entwickelte spekulative Theologie der Ägypter – ursprünglich eine höchst naturalistische, später eine pantheistische Spekulation[206] – blieben denn auch den levitischen Jahwisten gänzlich fremd. Dagegen in der volkstümlichen Frömmigkeit und religiösen Ethik werden wir weiterhin erhebliche Verwandtschaftsspuren finden.

Verwickelter ist die Beziehung zur mesopotamischen Geisteskultur. Einst, in der Amarnazeit, hatte die Keilschrift und die babylonische Diplomaten- und Handelssprache ganz Vorderasien beherrscht und wurde von gebildeten Ägyptern verstanden. Die Vorstellung von den Sternengeistern und ihrem Eingreifen in irdische Geschehnisse war, wie das Deboralied lehrt, auch in Israel heimisch. Und sogar der Schreibergott Nebo hatte anscheinend eine Kultstätte, und zahlreiche Einzelheiten aller Art sprechen von alten geistigen Gemeinsamkeiten und

[205] Wie wir sahen, sogar den Totenkult.
[206] Erman, Sitzungsber. der Berl. Ak. d. Wiss. Phil.-hist. Kl. 1911, p. 1109.

Rezeptionen. Vor allem waren Maß und Gewicht, auch Münzgewicht, ferner aber das Recht und wichtige Teile der kosmogonischen Mythen gemeinsam. Die Enge der Beziehung scheint sich freilich verschoben zu haben, als die in der homerischen Zeit bestehende Handelssuprematie der Phöniker aufkam. Die alten in den ägyptischen Inschriften auftauchenden Seehandels-, Seeräuber- und Reisläufervölker des Mittelmeers traten damals, wenigstens relativ, zugunsten der phönikischen Meerbeherrschung zurück: große Völkerwanderungen waren dabei mitbeteiligt. Die phönikische Buchstabenschrift verdrängte damals in Palästina die Keilschrift, und die Bedeutung der babylonischen Sprache nahm langsam zugunsten der aramäischen ab. Winckler stellt zwar fest daß noch im 9. und selbst bis in das 7. Jahrhundert die babylonische Sprache in Syrien gut gekannt worden ist. Ihre endgültige Bedeutung als universelle Diplomatensprache Vorderasiens hat die aramäische Sprache erst in der Perserzeit erlangt. Immerhin trat Babylon für längere Zeit in den Hintergrund. Phönikische Königshandwerker arbeiteten an Salomos Tempel. Phönikische Sklavenhändler begleiteten die israelitischen Heere zur Verwertung der Gefangenen. Die Kulte der phönikischen Baale, des Moloch und der Astarte wanderten ein. Die Kosmogonien, die in Palästina umliefen, trugen, nach Ansicht der Fachleute, wesentlich phönikisches Gepräge. Einzelne israelitische Stämme gerieten in phönikische Botmäßigkeit, andere schickten Arbeitskräfte in phönikische Häfen. Königsnebijim phönikischer Art wurden in Nordisrael gehalten.

Die phönikischen Kulte hat erst Elia und die Revolution Jehus vernichtet. Die alten ekstatischen Nebijim wurden von den Puritanern verworfen. Die phönikischen Menschenopfer und die gnostisch raffinierten onanistischen Molochopfer verpönten die Verbote des Deuteronomium und des Heiligkeitsgesetzes.

Mit dem Neuaufstieg der mesopotamischen Großmächte steigerte sich deren Einfluß wieder. Zeitweise ist in Jerusalem von den tributär gewordenen Königen (namentlich Manasse) das babylonische Himmelsheer: die Gestirne also, angebetet worden. Mesopotamien galt in den umlaufenden Paradies- und Sintfluterzählungen seit alters und auch jetzt wieder als Mittelpunkt der Welt, die großen Terassentempel dort waren als Versuche, dem Himmelsgott nahezukommen, bekannt. Die Einzelheiten interessieren hier nicht. Denn die Hauptsache steht fest: Eine Rezeption der Priesterweisheit fand nicht statt. Schon die babylonische (sumerische) Sakralsprache vieler wichtiger Stücke schloß eine unmittelbare Übernahme dieser durch die israelitischen Priester aus. Wir wissen aber überhaupt gar nichts davon, daß man in Palästina jemals Bestandteile der babylonischen heiligen Literatur zu Kultzwecken benutzt hätte. Erst viel später, in der Zeit der Abfassung der Psalmen, zeigen sich Anklänge an einzelne Hymnendichtungen Babyloniens. Vor allem: gerade die für die Gestaltung der Religion entscheidenden kultischen und theologischen

Grundlagen der phönikischen sowohl wie der babylonischen Religion wurden von der jahwistischen Religiosität nicht nur nicht übernommen, sondern ganz bewußt abgelehnt. Insbesondere wurden der babylonische Gestirndienst und die Astrologie nicht rezipiert, also der Grundpfeiler dessen, was man neuerdings (A. Jeremias) als babylonische Weltanschauung bezeichnet hat. Man kannte oder verstand die eigentliche Geheimlehre der babylonischen Priester vom Makrokosmos und Mikrokosmos in Palästina vermutlich ebensowenig wie die der ägyptischen, mögen auch Spekulationen und Manipulationen mit heiligen Zahlen und Weltperioden in noch so viel Einzelheiten eine Rolle in der jetzt vorliegenden Redaktion der Überlieferung spielen, übrigens vielleicht erst infolge exilischer und nachexilischer Überarbeitung.

Gerade eine Grundlehre: den astrologischen Determinismus, hat man aber ersichtlich recht gut verstanden und eben deshalb ganz bewußt abgelehnt. Denn was sollte die levitische Thora oder das Orakel der Propheten nutzen, wenn das Schicksal des einzelnen in den Sternen geschrieben stand? Mit ihren seelsorgerischen und auch mit ihren Machtinteressen war dieser Determinismus, der nur für die Gnosis von Erlösungskonventikeln Raum ließ, ganz und gar unvereinbar. Man verwarf also diese Lehren, welche dem massiv politischen jahwistischen Gottesbegriff widerstrebten. Schon Jesaja (24, 23) und ebenso Jeremia (10, 2), von dem man eine besonders nahe Beziehung zur babylonischen Priesterschaft voraussetzen müßte, versichern Israel, daß vor Jahwes Macht die Gewalt der Sterne dahinschwinden werde. In der Exilszeit verhöhnt, in Babylon selbst, Deuterojesaja nicht nur die babylonischen Magier im allgemeinen, sondern vor allem auch (47, 13) ihre astronomische Wissenschaft und Astrologie. Auch in nachexilischer und rabbinischer Zeit bestand der Satz: In Israel gelten keine Planeten. Nicht, daß der Einfluß der Gestirne auf die Vorgänge der Erde bezweifelt worden wäre. Das tun auch die Propheten nicht. Ebensowenig wie die Priester die Realität der Totenorakel und also der damit verbundenen Jenseitsvorstellungen bezweifelten. Im Exil hat man offenbar gelegentlich babylonische Astrologen konsultiert, und noch ein Rabbine wird im Privatberuf als Astrologe bezeichnet. Der astrologische Glaube an sich bestand ja über die ganze Erde hin, von China bis Rom und in die okzidentale Neuzeit. Man glaubte an die Sterne auch in Israel. Aber das Entscheidende war: wie in China noch in den letzten Jahrzehnten eine Eingabe des Hanlinpräsidenten den regierenden Kaiserinnen vorhielt: nicht die Gestirnkonstellation, sondern die (konfuzianische) Tugend des Herrschers bestimme die Geschicke des Landes, und wie in Indien Karman das Schicksal einschließlich des Horoskops bestimmt, so sind auch in Israel nicht die Sternengeister die Herren der Menschenschicksale. In rabbinischer Zeit drückte sich das in dem charakteristischen Glauben aus, den der Talmud ausspricht, daß zwar alle anderen Völker der astrologischen Heimarmene verknechtet seien, Israel aber, kraft seiner Erwählung durch seinen Gott, nicht. In vorexilischer Zeit waren die Sternengeister die Zebah und wie alle Zebaoth Diener des Gottes Israels. Er allein war der Lenker aller Geschicke: darauf kam es an und das schloß gerade die entscheidenden Grundlagen der babylonischen Bildung von der Übernahme aus. In der Exilszeit finden wir demgemäß in Babylon die Juden zwar in allen möglichen, zum Teil sehr angesehenen Lebensstellungen, aber mit der charakteristischen Ausnahme des Schreiberberufs. Das konnte keinerlei sprachliche Gründe haben, denn die aramäische Volkssprache hatten die Israeliten gelernt, und die Aneignung der offiziellen babylonischen Sprache würde ihnen keine Schwierigkeiten gemacht haben. Wir finden ja auch in der späteren Tradition vorausgesetzt, daß Juden in allerhand Hofämtern und als Eunuchen der babylonischen Könige und ihrer Nachfahren, der Perserkönige, zu Einfluß gelangten. Der Ausschluß vom Schreiberberuf hatte also zweifellos andere und zwar vermutlich kultische Gründe: die Unmöglichkeit, diese durch Priester vermittelte Bildung sich ohne Verstoß gegen die Gebote der jahwistischen Religiosität anzueignen. Verwandt blieb die israelitische der babylonischen und ebenso der phönikischen offiziellen Religiosität im Gegensatz zur ägyptischen in einem wichtigen Punkt: der Ignorierung des Jenseits und der sich daran anknüpfenden Spekulationen. Aber die spezifisch babylonischen Gotteskonzeptionen: der Synkretismus, das Götter-Pantheon, die henotheistische Absorption von Göttergestalten durch die jeweils als Hauptgott angesehene Gestalt als deren Erscheinungsformen, die immer wieder überragende Stellung des Sonnengotts blieben der israelitischen Gotteskonzeption ebenso fremd wie die andersartigen, aber im Resultat vielfach ähnlichen ägyptischen Konzeptionen. Wo sich in Babylonien monotheistische Tendenzen zeigen, sind sie wesentlich entweder solar oder politisch-dynastisch bedingt, meist aber beides, ähnlich wie es die Reform des Echnaton in Ägypten war. Jahwe aber war nun einmal weder ein Sonnengott noch ein Gott der Dynastie, sondern ein eidgenössischer Bundesgott. Die in Babylonien starke Tendenz ferner, von den chthonischen und Vegetationskulten aus die Götter des den Menschen, Tieren, Pflanzen gemeinsamen Lebens und der Fruchtbarkeit zu Nothelfergottheiten, insbesondere Istar zur barmherzigen Fürsprecherin zu machen, mußte dem Jahwismus fremd bleiben. Jahwe selbst und allein ist der Heiland. Nergal, der ähnlich wie ursprünglich Jahwe ein Gott gewisser furchtbarer Volksgeißeln, vor allem auch der Seuchen war, stand ihm als Gott des Totenreichs fremd gegenüber und die in theophoren Eigennamen auch in Kanaan hervortretende Verehrung Adads, der als Gott des Sturms und Kriegs mit Jahwe Verwandtschaft zeigte, hat auf dessen Konzeption keinen ersichtlichen Einfluß ausgeübt. Eine den babylonischen Priestern gleichartige Bildungsschicht gab es in Israel, eine den israelitischen Thoralehrern gleichartige Bildungsschicht gab es in Babylonien nicht. Die unter allen Umständen, bei noch so vielen Einzelanklängen, feststehende Ablehnung gerade der imponierendsten Produkte der babylonischen Gestirnkunde zeigt wiederum deutlich die große

Selbständigkeit der intellektuellen Kultur in Palästina gegenüber den Nachbarländern.

Wir haben uns also sehr zu hüten, uns Palästina als ein zu irgendeiner historischen Zeit von eigenen Bildungsschichten entblößtes Gebiet vorzustellen, in welchem nur barbarische Magie und ganz primitive religiöse Vorstellungen geherrscht hätten. In einem Briefe eines Kanaanäers aus etwa dem 15. Jahrhundert an einen Fürsten wird die Gnade des Herrn der Götter für diesen gewärtigt, denn er, der Fürst, sei ein Bruder, welcher Liebe im Herzen trage, also doch wohl: ein Glaubensgenosse. Und der Absender fährt fast im Missionarstil fort, die Bedeutung der Gnade dessen, der über seinem Haupt und auch über den Städten sei, für den Erfolg des Königs zu betonen. Derartige Konzeptionen lagen den Hirten und Bauern des altisraelitischen Heerbanns gewiß fern. Aber für die bedeutenderen Städte sprechen alle Anzeichen gegen die Annahme ihres völligen Schwindens. Um so erfolgreich, wie es geschah, die religiösen Konzeptionen großer Kulturgebiete, deren Einfluß in allen anderen Sphären ganz offensichtlich ist, ablehnen und eigene, davon charakteristisch abweichende Konzeptionen schaffen zu können, mußte eine eigene Bildungsschicht vorhanden sein, welche die in der Umwelt vorhandenen alten Orakel und Verheißungen selbständig aufnahm und rational verarbeitete. Das konnten weder die ekstatischen Nebijim, deren Schulüberlieferung nur Mirakelerzählungen von der Art der Elisageschichten produzierte, noch die höfischen Kreise, welche jene verachteten, noch endlich die Hirten und Bauern und ihre Kriegspropheten sein. Zwar hat man keinen Grund, sich das israelitische Landvolk als besonders stumpf vorzustellen, wie gelegentlich[207] geschieht. Stumpf wird der Bauer überall erst, wo er in einen ihm fremdartig gegenüberstehenden bürokratischen oder leiturgischen Großstaatmechanismus eingespannt oder grundherrlicher Verknechtung preisgegeben ist, wie in Ägypten, Mesopotamien, den hellenistischen und dem spätrömischen Staatswesen. Im Gegensatz dazu war der vorexilische israelitische Plebejer zuerst wirklich, später seiner Erinnerung und seinem Anspruch nach, ein freier wehrhafter Eidgenosse, der die Ritterschaft der Kulturgebiete besiegt hatte. Aus sich selbst hätte er freilich die rationalen Konzeptionen der alttestamentlichen Schriften nie zu schaffen vermocht. Das mußten andere für ihn tun. Aber für die meisten von ihnen war er aufnahmefähig. Und gerade in dem Aufeinanderwirken einer begeisterten Intellektuellenschicht mit diesem Publikum von Schichten, welche durch die Entwicklung der Königszeit entmilitarisiert und sozial deklassiert waren, liegt eines der Geheimnisse der Entfaltung des Jahwismus. Kaum je sind ganz neue religiöse Konzeptionen in den jeweiligen Mittelpunkten rationaler Kulturen entstanden. Nicht in Babylon, Athen, Alexandria, Rom, Paris, London, Köln, Hamburg, Wien, sondern in dem Jerusalem der vorexilischen, dem Galiläa der spätjüdischen Zeit, in der spätrömischen Provinz Afrika, in

[207] Z. B. von Klamroth, a. a. O.

Assisi, in Wittenberg, Zürich, Genf und in den Außengebieten der holländisch-niederdeutschen und englischen Kulturzonen, wie Friesland und Neu-England, sind rationale prophetische oder reformatorische Neubildungen zuerst konzipiert worden. Aber freilich nie ohne den Einfluß und Eindruck einer benachbarten rationalen Kultur. Der Grund ist überall ein und derselbe: Um neue Konzeptionen religiöser Art zu ermöglichen, darf der Mensch noch nicht verlernt haben, mit eigenen Fragen den Geschehnissen der Welt gegenüberzutreten. Dazu hat gerade der abseits von den großen Kulturzentren lebende Mensch dann Anlaß, wenn der Einfluß jener ihn in seinen zentralen Interessen zu berühren oder zu bedrohen beginnt. Der einmal inmitten kulturgesättigter Gebiete lebende, in ihre Technik verflochtene Mensch stellt solche Fragen ebensowenig an die Umwelt, wie etwa das Kind, welches täglich auf der elektrischen Bahn zu fahren gewohnt ist, von selbst auf die Frage verfallen würde: wie diese es eigentlich anfängt, in Bewegung gesetzt werden zu können. Die Fähigkeit des Erstaunens über den Gang der Welt ist Voraussetzung der Möglichkeit des Fragens nach ihrem Sinn. Jene Erlebnisse nun, welche die Israeliten vor dem Exil gemeinsam hatten und die ihnen Anlaß zu solchen Fragestellungen gaben, waren: die großen Befreiungskriege und die Entstehung des Königtums, die Entstehung des Fronstaats und der stadtsässigen Kultur, die Bedrohung durch die Großmächte, namentlich aber: der Zusammenbruch des Nordreichs und das jedermann sichtbar vor Augen stehende gleiche Schicksal des Südreichs als des letzten Restes unvergessener Herrlichkeit. Dann das Exil. Die Freiheitskriege schufen das Prestige Jahwes als Kriegsgott. Die soziale Deklassierung und Entmilitarisierung der Träger des alten Jahweheerbanns schufen die jahwistische Geschichtslegende. Die ganz großen Fragen der Theodizee aber warf erst der drohende Zusammenbruch des Reiches auf.

Der zweiten Epoche gehört nun offenbar im wesentlichen jene geistige Arbeit an, welche die beiden großen, später zusammengearbeiteten Redaktionen des Hexateuch schuf, Erzeugnisse zweier religiöser Literatengruppen, die heute nach der Art des verwendeten Gottesnamens als jahwistische und elohistische unterschieden zu werden pflegen.[208] Diese Sammler und Schriftsteller standen augenscheinlich selbständig neben den ursprünglichen Bearbeitern der rein historischen Traditionen und Legenden in den Richter- und Königsbüchern. Denn alle Versuche, die Scheidung der beiden Schulen auch in diesen Schriftwerken durchzuführen, scheinen mißglückt zu sein. Der Bildungsgrad beider Sammler oder Sammlerschulen muß als erheblich gelten, weil sie zahl-

[208] Über die Verteilung des Stoffes des Hexateuch auf die beiden Sammlungen und auf spätere (deuteronomische, priesterliche, sonstige) Einschübe haben seit de Wette Generationen von Forschern gearbeitet. Die grundlegenden Resultate sind unter der großen Mehrheit der Forscher nicht bestritten, soviel Einzelpunkte zweifelhaft bleiben. Nur die Versuche, die großen Sammlungen immer weiter in Schichten zu zerlegen, haben als Rückschlag den aussichtslos scheinenden Versuch gezeitigt, auch die gesicherten Resultate wieder anzufechten.

reiche Namenetymologien und ätiologische Erzählungen bringen, welche entschieden geistreich und meist keinesfalls volkstümlichen Ursprungs sind. Der letzten Epoche gehört die Jerusalemiter deuteronomische Schule an, der Exilzeit und teilweise der Zeit nachher die im engeren Sinn priesterliche Ergänzung und Überarbeitung der vorhergehenden Epochen, wenn auch deren Anfänge in die Zeit vor dem Exil zurückreichen werden.

Die jahwistische und die elohistische[209] Sammlung stehen noch nicht unter dem schweren Theodizeeproblem, welches durch den Niedergang der nationalen Staatswesen aufgeworfen werden mußte. Ihr Monotheismus ist naiver Monotheismus. Ebenso fehlt ihnen noch die Kenntnis des Kampfs der aufsteigenden Priestergewalt mit der prophetischen, gegen den Opferdienst indifferenten Bewegung. Ebenso wissen sie noch nichts von dem späteren Abscheu gegen die alten ländlichen Kultstätten und gegen die Kultparamente und Bilder. Dagegen sind diese Sammlungen, von denen die eine bis in Salomos Zeit, die andere bis mindestens ins 8. Jahrhundert hinaufreichen, beeinflußt von der sozialen Problematik, welche das Königtum hervorgebracht hat. Daher bilden in beiden die Erzväterlegenden – mit denen der Elohist überhaupt erst beginnt – einen wichtigen Teil der Darstellung und beide befassen sich dann ausführlich mit dem Auszug aus Ägypten und der Eroberung Kanaans unter Mose und Josua, mit den kultischen, sittlichen und rechtlichen Geboten, welche Jahwe damals dem Volk auferlegt hat. An Alter des Materials dürfte, wie in den Segensammlungen, bald die eine bald die andere in frühere Zeiten hinaufreichen. Ob das Bundesbuch und der ethische Dekalog einen ursprünglichen Bestandteil der elohistischen Sammlung, der kultische Dekalog der jahwistischen Sammlung gebildet haben, ist in keiner Art sicher, auch für die Charakteristik sachlich nicht wichtig. Denn beide Sammler wirken durch die Art ihrer Erzählung an sich ethisch paradigmatisch und bezwecken dies auch, so wenig es ihnen gelungen ist, die oft recht unethischen Bestandteile der alten Sagen auszumerzen. Für die Zeit seit Abraham haben beide Sammlungen annähernd das gleiche Material verwendet. Einen eigentlichen Gegensatz der Tendenz zwischen ihnen zu konstruieren wäre irreführend. Beide verklären, der Stimmung ihres Publikums entsprechend, die Zeit der Entstehung des Volks. Ebenso läßt sich eine größere Volkstümlichkeit von keiner von beiden oder, wenn man will, bald von dieser bald von jener behaupten. Schwerlich absichtslos lassen sie beide die damals volkstümlichen Verheißungen: – Israel zum gro-

209 Über das Verhältnis beider jetzt sehr schön die Schrift von Procksch, Die Elohimquelle (Übersetzung und Erläuterung) Leipzig 1906. Procksch nimmt einen gewissen Einfluß des Elia auf die Redaktion an und sucht (p. 197) in geistreicher Art namentlich den Gebrauch des Elohim-Namens von daher (Absicht, die Einzigkeit des Werts zu betonen) zu erklären. Über die wichtige, aber für den Nichtfachmann ganz unentscheidbare Frage eines ursprünglich rhythmischen Charakters der Erzählung s. Sievers, Abh. der Kgl. Sächs. G. d. Wiss. XXI-XXIII (1901, 1904, 1906), mit dem Procksch S. 210 f. sich auseinandersetzt.

ßen Volk zu machen, seine Freunde zu segnen, die Feinde zu verfluchen und einen Namen zu hinterlassen, mit dem sich noch in später Zeit alle anderen Geschlechter der Welt segnen werden, – nicht etwa einem König oder dessen Ahnen, sondern den alten legendären Stammvätern des Volks gegeben sein. Vielleicht ist diese Auffassung der alten Legendenhelden als Stammväter Gesamt-Israels eine der Leistungen dieser Schriftsteller. Die ihnen gegebenen Verheißungen aber sind bei ihnen noch unbedingte, an keine Leistung geknüpfte Zusagen der Freundschaft des Gottes für Israel durch dick und dünn, was der späteren prophetischen Anschauung ganz ebenso stracks zuwiderlief, wie dies die Heilsprophetien der Königsnebijim taten. Ferner spielt die Verklärung des Mose weder in der politischen noch in der hymnischen noch in der prophetischen Literatur, noch natürlich in der späteren priesterlichen Redaktion, welche ihm nach Möglichkeit den Priester Aaron unterschob, eine solche Rolle wie bei ihnen. Und doch erweisen das Deboralied und die später in das Deuteronomium eingefügte Segensspruchsammlung sein volkstümliches Prestige als unbedingt und alt, nicht erst nachträglich konstruiert. Alte populäre, dem Königtum schwerlich bequeme, Traditionen setzten also diese Sammler fort. Und zwar jede von beiden Schulen in einer etwas abweichenden Art. Beiden sind die Erzväter friedliche Hirten. Aber die elohistische Sammlung betont stärker ihre Stellung als gerim der ansässigen mit ihnen durch berith verbrüderten Bevölkerung, während anderseits die offenbar stärker levitisch beeinflußte jahwistische Erzählung (in der Geschichte von Isaaks Brautwerbung) bereits die Abneigung gegen die Mischehen mit den Kanaanäern kennt. Daß die Ackerarbeit Folge eines göttlichen Fluchs sei, ist wesentlich die Ansicht des Jahwisten. Ihm ist das Paradies ein bewässerter und bepflanzter Fruchtgarten nach Art einer Steppenoase. Der Elohist, der den Mosessegen aufgenommen hat, scheint etwas von einem Anspruch des Stammes Joseph auf die Königswürde zu wissen, während beim Jahwisten im Jakobsegen Juda statt Ruben und Joseph Träger der Verheißung ist. Diese und ähnliche spezifische Züge machen die von namhaften Forschern vertretene Annahme wahrscheinlich, daß im ganzen die elohistische Redaktion mehr nördlich, die jahwistische mehr südlich beeinflußt ist, während dem Alter nach bald die eine bald die andere, im großen Durchschnitt wohl eher die jahwistische Sammlung als die etwas ältere gelten darf. Auch daß der Elohist den Abraham und überhaupt alle religiösen Heroen als Nebijim, die Helden aus Joseph als Nasiräer aufzufassen geneigt ist, zeugt für seine im ganzen nördliche Herkunft. Ebenso, daß in der elohistischen Redaktion die Einsetzung der Ältesten in Israel ätiologisch begründet wird, während für die jahwistische Mose, also: die levitischen Priester, die Rechtsfinder sind, wie es im Süden vermutlich mindestens dem Anspruch nach weitgehend der Fall war. Puritanische Einflüsse sind beim Jahwisten leicht zu finden. Wenn in der jahwistischen Sündenfallerzählung die Schlange eine so hervorragende Rolle spielt, so dürfen wir uns erinnern, daß den ägyptischen Magiern in der Auszugserzählung ähnliche Stäbe zugeschrieben werden wie der mosaische Schlangenstab im Tempel von Jerusalem, und daß dieser Schlangenstab des Mose von der elohistischen Redaktion der Wüstengeschichte mit magischer Therapie in Zusammenhang gebracht wird. Hat es also je, wie teilweise angenommen wird, einen Schlangenkult und levitische Medizinmänner gegeben, so dürfte die schroffe Ablehnung durch die jahwistische puritanische Tradition, welche unter Hiskia zur Zertrümmerung des Idols führte, sich hier darin äußern, daß nun gerade die Schlange und ihre an sich unbezweifelte Weisheit als Quelle alles Bösen hingestellt wurde. Ob dabei, wie teilweise angenommen wird, auch die häufige Qualität der Schlange als Gottestier für das Totenreich mitspielte, scheint nicht sicher auszumachen.

Der Unterschied der Provenienz scheint sich auch in der Behandlung der Gotteskonzeption auszudrücken. Zwar für beide Sammlungen stand als Ausgangspunkt absolut fest die Qualität des Gottes als eines persönlichen die Geschicke der Menschen in der Welt durch sein Eingreifen bestimmenden, aber mit Israel seit Mose durch berith und Eidschwur verbundenen und dessen Satzungen garantierenden Herrn. Daran war nicht zu rütteln. Der Jahwe des Mose und der alten Kriegspropheten war eben niemals jener ganz primitive Unhold, zu dem man ihn im Interesse einer geradlinigen Entwicklung gelegentlich hat stempeln wollen. Andererseits konnte er nicht zu einer unpersönlichen Weltpotenz verflüchtigt werden wie in China und Indien. Gewisse universalistische Züge trägt er, aus den früher erörterten Gründen, bei beiden Sammlern. Nur in verschiedener Art. Die jahwistische Auffassung stellt ihn, wie man oft bemerkt hat, in zuweilen sehr drastisch anthropomorpher Form dar. Von den grandiosen aber abstrakten Konstruktionen der Exilspriester, wonach Jahwes über dem Chaos brütender Geist durch ein Zauberwort das Licht aufblitzen läßt und dann weiter Tag für Tag durch sein bloßes Gebot eins nach dem andern aus dem Nichts entsteht (Gen. 1), ist keine Rede. Jahwe hat (Gen. 2) auf der bis dahin wüsten und dürren Erde zuerst Wasser quellen lassen, dann den Menschen aus Erde geformt, durch Einblasen seines Odems belebt und dann erst Pflanzen und Tiere entstehen lassen. Diese stellt er nun dem Menschen vor und überläßt ihm das nach Auffassung seiner Zeit und (ägyptischen) Umwelt höchst wichtige Geschäft: sie zu benennen. Es will ihm zuerst nicht gelingen, eine dem Menschen zusagende Gesellschaft für diesen zu bieten, bis er aus einer Rippe das Weib erschafft, welches der Mensch sofort als seines Wesens erkennt. In der Abendkühle spaziert dieser Gott in seinem Garten Eden, in den er auch den Menschen hineinsetzt, wie ein Schêch einer Oase. Er verhört ihn persönlich, als er verbotswidrig an seine Bäume gegangen ist und jagt ihn zur Strafe mit einem Fluch hinaus. Er muß aber dabei den Menschen, der sich versteckt hat, erst suchen und rufen. Ebenso muß er, um den Riesenbau in Babylon zu sehen, erst dorthin niederfahren. Hat er etwas zu befehlen oder zu verheißen, so erscheint er den Menschen persönlich. Noch den Mose hat er, im Widerspruch mit der späteren Tradition, sein Angesicht wirklich schauen lassen, auch mit den Ältesten Israels zusammen auf dem Sinai getafelt. Es ist also ein Gott der leibhaftigen Epiphanien, ganz und gar nach menschlichen Motiven handelnd, aber doch ein Gott, der die ganze Erde gemacht hat und auch in Babylon, dem Mittelpunkt der Welt, seine Macht äußert.

Diese anthropomorphe Leibhaftigkeit nun war der elohistischen, bei aller Volkstümlichkeit darin doch weit mehr unter den alten im Norden stärker gebliebenen Kultureinflüssen stehenden Auffassung offenbar peinlich. Ihr ist der Gott Israels der höchste Himmelsgott, der nicht auf Erden unter den Menschen wandelt. Sie läßt in der jetzigen Redaktion diese Urgeschichte ganz beiseite und beginnt mit den Erzväterlegenden, wobei dahingestellt bleiben muß, ob dies ursprünglich so war oder ob vielleicht die spätere Zusammenarbeitung hier elohistische Auffassungen nicht übernehmen wollte, welche mit der Gottesvorstellung ihrer Zeit sich nicht mehr vertrugen. Jedenfalls läßt die elohistische Redaktion die göttlichen Befehle und Verheißungen mit Vorliebe entweder im Traum, oder durch einen Ruf vom Himmel oder endlich durch einen Boten (malak) oder Engel des Gottes erfolgen. Vereinzelt (Gen. 15, 6) kommt dies auch beim Jahwisten vor. Die Konzeption der Gottesboten ist alt. Das nordisraelitische Deboralied kennt ihn bei der Verfluchung von Meros. Der Elohist verwandelt aber alle überlieferten Theophanien in ein Auftreten solcher Mittelwesen. Das ist ein offenbares Theologumenon. Ihm traten in den späteren Redaktionen der Sammlungen andere, an sich vielleicht alten Vorstellungen entnommen, zur Seite. So die unpersönliche Herrlichkeit (kabod) des Gottes. Sie wird namentlich dazu benutzt, die bei der seßhaften, namentlich der stadtsässigen, Bevölkerung übliche Vorstellung von der Lokalisierung des Gottes am Kultort, namentlich im Tempel, mit der Konzeption des fernen großen Himmelsgotts zu versöhnen. Nicht er selbst, sondern seine kabod hat sich in Gestalt einer strahlenden Wolke an der Kultstätte niedergelassen (Ex. 40,34f.). Oder es stellt sich eine andere unpersönliche Macht, das Antlitz (phanim), das Wort (dabar), der Geist (ruach), besonders oft aber nach ägyptischer Art der Name (scham) Gottes als wirkend ein. Die schwerlich feststellbare Herkunft all dieser Theologumena soll uns hier nicht interessieren, nur von dem zuletzt genannten ist bald noch näher zu reden.

Solchen Spiritualisierungstendenzen kamen nun die alten Erzväterlegenden insofern entgegen, als in ihnen wie in allen solchen theologisch nicht verarbeiteten volkstümlichen Erzählungen vornehmlich die Menschen handelten, und nicht, wie in der jahwistischen Urgeschichte, der Gott. Zwar einige besonders alte, weil ursprünglich polytheistische, Epiphanien mußten beibehalten werden. Aber der Erzvätergott wurde im allgemeinen ein Gott mit geheimnisvollen Zügen, den man nur indirekt, in allerhand Fügungen des Schicksals, erkennt. Ein erbaulicher, zuweilen rührsamer Zug, wie ihn namentlich die künstlerisch ausgeführte religiöse Novellistik zu erzeugen pflegt, tritt öfter, am deutlichsten in der Josephgeschichte und in der Erzählung von der Opferung Isaaks hervor. Diese Art der Pragmatik war Quelle desjenigen Rationalismus, der zum Vorsehungsglauben führte. Andererseits zeigen jene Theologumena doch auch eine gewisse Neigung zur Entwicklung unpersönlicher göttlicher Potenzen: Vorstellungen, welche gerade mit der orgiastisch-ekstatischen Eigenart der nordisraelitischen Gottbesessenheit ebenso wie überall sonst in innerer Verwandtschaft standen.

Aber eben diese theologische Tendenz wurde später offenbar bewußt wieder verlassen. Nur jenes der steigenden Majestät des Gottes dienliche und die allzu grob anthropomorphen Theophanien vermeidende, alte Theologumenon vom Gottesboten ist dauernd beibehalten, die andern vor dem Exil nur rudimentär entwickelt. Der Grund war offenbar rein praktisch. Die levitische Priesterthora: Die Beratung der von Mißgeschick, also von Gottes Zorn, Verfolgten hatte an Bedeutung gewonnen und der Kampf der puritanischen Jahwisten des Südens gegen die orgiastische Gottesgemeinschaft und Gottbesessenheit des Nordens eingesetzt. Das Interesse an rationaler Belehrung über die Absichten und Befehle des Gottes, über kultische und ethische Sünden vor allem und die Abwehr von deren Folgen, hatte sich entwickelt und dies Theodizee-Bedürfnis mußte umso mehr an Bedeutung steigen, je bedenklicher sich die politische Lage des Volkes gestaltete. Diesem plebejischen Bedürfnisse aber kam der leibhaftige massive, dereinst mit den Menschen persönlich verhandelnde Gott der jahwistischen Redaktion weit besser entgegen als die sublimiertere Auffassung der elohistischen Schule. Man bedurfte der verständlichen Motivierung der göttlichen Ratschlüsse und dazu der Möglichkeit, sich auf persönliche leibhaftige Äußerungen von ihm zu berufen. Die vorexilischen Propheten erhalten ihre Befehle und Orakel nicht durch Boten, sondern unmittelbar, obwohl sie im übrigen durch die elohistische Auffassung oft ganz offensichtlich besonders stark beeinflußt sind: – Folge des nordisraelitischen Schauplatzes des ersten, stark nachwirkenden, Auftretens der Prophetie. Bei der Zusammenarbeitung der alten Sammlungen durch die, nach Wellhausens Vorgang, heute meist als jehovistisch bezeichnete Redaktion tritt deshalb der alte Gott der Väter und des Bundes wieder sehr oft persönlich auf. Und nunmehr, dem rationalen Bedürfnis der Intellektuellen entsprechend, vor allem: redend (Gen. 13,14f.) oder mit seinen Propheten argumentierend. Oder es werden geradezu seine internen Erwägungen wörtlich vorgeführt (Gen. 16, 17f.). Dafür bot schon die ältere jahwistische Darstellung jener Überlegungen, welche Jahwe zur Bestrafung des Sündenfalls und zur Zerstörung des babylonischen Terrassenturms veranlaßt hatten, das Vorbild. Aber die Art der Motive ändert sich. In der primitiven Vorstellung, die noch bei dem Jahwisten nachwirkt, waren wie in allen alten Mythen egoistische Interessen, vor allem die Eifersucht des Gottes gegen die ihn bedrohende Hybris: die zunehmende

Weisheit und Macht der Menschen, für seine Entschlüsse maßgebend. In den späteren Redaktionen dagegen ist wohlwollende Fürsorge für die Menschen das entscheidende Motiv. In der Schlußredaktion der Erzählung vom Wüstenzug erwägt z. B. der Gott die verschiedenen Möglichkeiten des Verhaltens der Israeliten, zu deren Standhaftigkeit er geringes Zutrauen hat, je nach dem Weg, den er sie führt, und entschließt sich danach lediglich in ihrem Interesse. Das Charakteristische bleibt, daß überall nach rein menschlich verständlichen Motiven des Gottes gefragt und danach die Darstellung gestaltet wird.

Deutlich ist auch sonst zu sehen, wie das intellektualistische Streben nach Sublimierung der Gotteskonzeption mit den Interessen der praktischen Seelsorge im Streit lag. Die alten Sagen ließen in unbefangener Weise Jahwe sich seine Entschlüsse und Handlungen gereuen. Schon ziemlich früh schien dem Rationalismus der Schriftsteller zweifelhaft, ob dies der Majestät eines großen Gottes angemessen sei. Bileam wird daher der Spruch in den Mund gelegt, daß Gott nicht ein Mensch sei, den etwas gereuen könne, und dies wurde dann öfter wiederholt (Num. 13, 19; 1. Sam. 15, 29). Allein das praktische Bedürfnis der levitischen Paränese stand der Durchführung dieser Sublimierung im Wege. Wenn die einmal gefaßten Entschlüsse des Gottes endgültig feststanden, dann waren ja Gebet, Gewissenserforschung und Sühne nutzlos. Es war dann die gleiche fatalistische, für die Seelsorgerinteressen der Thoralehrer verderbliche Konsequenz zu befürchten, die man an der astrologischen Determiniertheit der Schicksale scheute. Immer wieder läßt daher die spätere Redaktion der Mosegeschichten den Propheten den Zorn Jahwes durch seine Fürbitte besänftigen. Jahwe ändert seinen Entschluß, entweder auf Fürbitte oder auf Reue und Buße hin. Das gleiche läßt die Nathan-Tradition dem David und die Elia-Tradition dem Ahab widerfahren, als sie Buße tun. Dieser anthropomorphe und daher verständliche Gott kam eben damals geradeso wie heute den praktischen Notwendigkeiten der Massen-Seelsorge besser entgegen. Das deuteronomische Kompendium fand den Ausweg, daß Jahwe im voraus sein Verhalten von dem Handeln der Menschen abhängig macht: Seht, ich lege euch heute Segen und Fluch vor, – wählt.

Ähnlich und aus ähnlichen Gründen zwiespältig blieb die Stellungnahme in anderen Problemen, vor allem in der letzten Frage: der Theodizee. Die alte Grundlage der Beziehung Jahwes zu seinem Volk war die berith. Der Eidschwur Jahwes, mit diesem Volk als mit dem seinigen sein zu wollen, schien aber durch das stete Unheil, welches politisch teils drohte, teils hereinbrach, in Frage gestellt zu sein. Der Jahwist hilft sich gelegentlich, in der ziemlich spät übernommenen Sintflutsage, damit, daß ein für allemal alles Tun der Menschen böse von Jugend auf sei. Danach hatten die Menschen schlechthin alles Üble verdient. Aber da Jahwe trotz allem nun einmal den lieblichen Geruch des Opfers nicht entbehren mag, beschließt er gerade um der Unvermeidlichkeit ihres üblen Tuns halber in Zukunft wenigstens nicht mehr in einer Sintflut die ganze Welt zu verderben (Gen. 8, 21): – übrigens ein Anklang an den Schluß der babylonischen Sintflutsage, wie noch zu erwähnen sein wird. Jene pessimistische Beurteilung der Menschen stammte wohl aus der Beichtpraxis der südlichen Thoralehrer. Sie war nicht die allgemein rezipierte, welche in Israel stets den Menschen als schwach, aber nicht als konstitutionell verderbt ansah. (Nur die Unheils-Prophetie der Endzeit Israels neigte wieder dazu.) Daß vor Jahwe niemand unschuldig sei, war eine weit adäquatere Formulierung (Ex. 34, 7) und dies Argument entsprach offensichtlich auch den praktischen Bedürfnissen der Seelsorge gegenüber schuldlos Leidenden. Indessen damit war das Problem des speziellen Unheils Israels, welches doch immerhin Jahwes Volk war, nicht gelöst. Das gegebene Mittel hierfür war natürlich der Hinweis darauf: Jahwe habe seine alten Verheißungen selbstverständlich an die Bedingung geknüpft, daß das Volk seinen rituellen und ethischen Verpflichtungen nachkomme, und das sei nicht geschehen. Tatsächlich wurden denn auch allmählich alle alten Verheißungen aus ursprünglich unbedingten Versprechungen Jahwes in bedingte Zusagen für den Fall des Wohlverhaltens umstilisiert. Auch das entstammte zweifellos den praktischen Bedürfnissen nach einer rationalen Theodizee und war vor allem, wie wir sehen werden, eine Grundthese der Prophetie. Indessen erhoben sich Schwierigkeiten: Die alte Vorstellung der Solidarhaftung der Gemeinschaft für das Tun aller einzelnen und der Nachfahren für das der Vorväter, wie es dem Bluträcher und dem politischen Feind gegenüber bestand, war in einer freien Eidgenossenschaft ursprünglich eine Selbstverständlichkeit und auch pragmatisch sehr brauchbar.[210] Dagegen war aber die Frage zu fürchten: Was nutzte dem einzelnen die Erfüllung der Gebote Jahwes, wenn das Tun anderer ihn dennoch schuldlos in Unheil verstrickte? Für die Sünden der Mitlebenden gab es das Auskunftsmittel, die Sünder durch Cherem dem Gott zu weihen und zu steinigen. Das geschah denn auch ganz ebenso, wie man etwa einen alten Frevel gegen eine Metökengemeinde durch Auslieferung der Frevler oder ihrer Angehörigen von sich abwendete, was unter David mit der Familie Sauls an Gibeon geschehen sein soll. Die sichemitische Fluch- und Segenszeremonie hat wenigstens in späterer Zeit wohl ebenfalls dem Zweck gedient: die Haftung der Gemeinschaft durch Abladung des Fluchs auf die Person der Sünder von ihr abzuwälzen. Die Todesstrafe gegen den Mörder wurde ausdrücklich als Reinigung des Landes von der Solidarhaft für die Schuld gegen Jahwe aufgefaßt, für Fälle, wo der Mörder nicht auffindbar war, besondere Sühne-Zeremonien geschaffen. Indessen für die Sünden der Vorfahren gab es dies Mittel nicht. Hier galt das bittere, von Hesekiel zitierte Volkssprichwort: Die Väter haben Herlinge gegessen und den Söhnen sind davon die Zähne stumpf geworden. Auch da drohten also fatalistische, den

[210] Vgl. über die Entwicklung der Vorstellung namentlich Löhr, Sozialismus und Individualismus im A. T. (Beiheft 10 zur Z. f. A. T. W. 1906) Die Schrift ist gut, nur der Titel vielleicht etwas irreführend.

Seelsorgeinteressen abträgliche Konsequenzen. Deshalb offenbar entschloß sich, wie früher erwähnt, die deuteronomische Schule unter dem Einfluß der levitischen Thoralehrer dazu, die Haftung der Nachfahren für die Väter überhaupt ganz abzulehnen, für die Rechtspraxis ebenso wie in der ethischen Verantwortlichkeit. Jedoch die Schwierigkeit war, daß man den Gedanken der Vergeltung für Sünden der Vorfahren schließlich doch zum Zweck der Theodizee nicht entbehren konnte, da es keine Jenseitsvergeltung gab und die Beobachtung immer wieder zu lehren schien, daß der einzelne eben nicht nach Verhältnis seiner Sünden und Guttaten gestraft und belohnt wurde. Vor allem für die politische Theodizee war die Annahme unentbehrlich und wurde es wohl namentlich nach der bitteren Erfahrung der Schlacht von Megiddo. Die Propheten haben denn auch stets mit der Solidarhaftung der Gemeinschaft und der Nachfahren für die Väter gearbeitet. Der Solidarhaftsgedanke ist daher niemals wirklich definitiv aufgegeben worden. Unmittelbar nebeneinander stehen noch in der priesterlichen Redaktion (Num. 14, 18) die Versicherung von Gottes Gnade und Barmherzigkeit und von seiner Rache bis ins dritte und vierte Glied. Die Zwiespältigkeit entstammte dem Gegensatz der Bedürfnisse der pragmatischen politischen Prophetie gegen die Interessen der priesterlichen Seelsorge und den Rationalismus der Bildungsschicht. Gemeinsam aber war allen als Resultat: Der Gott sollte ein Gott der gerechten Vergeltung sein, und diese Qualität wurde namentlich von der deuteronomischen Schule auf das nachdrücklichste betont.

Die Gebote des Gottes selbst sowohl wie die Sühne für Verstöße wurden dabei zunehmend gesinnungsethisch sublimiert. Der unbedingte Gehorsam als solcher und das unbedingte Vertrauen auf seine, wie es immer wieder scheinen konnte, problematischen Verheißungen, nicht aber die äußere Art des Tuns waren das, worauf es dem himmlischen Herrscher ankam. Der Gedanke selbst findet sich schon in der jahwistischen Erzählung von Abrahams Berufung zur Übersiedlung nach Kanaan und der Verheißung eines Sohnes: blindlings folgt Abraham jener und daß er dieser blindlings glaubt, wird ihm von Gott zur Gerechtigkeit gerechnet (Gen. 15, 6). Daß der Gedanke zuerst in einer Erzvätersage sich findet, ist nicht zufällig. Denn innerhalb der pazifistischen Halbnomaden fand sich zweifellos eine der Stützen jener Partei, welche dem durch die Könige und ihre Priester eingerichteten Opferkult die These entgegenstellte, daß der alte Bundesgott überhaupt nicht am Opfern, sondern allein am Gehorsam gegen seine Gebote Gefallen finde, vor allem aber, daß die Gemeinde selbst heilig sei und also der Priester nicht bedürfe. Rückhalt fand dieser priesterfeindliche Glaube natürlich in der alten Kriegeraskese und Kriegerekstase, überhaupt in den Zuständen der alten Zeit, welche ein beamtetes und vollends erbliches Bundespriestertum nicht gekannt hatte. Aber ohne Zweifel lag er auch den intellektuellen Schichten nahe. Und schließlich darf es als sehr wahrscheinlich gelten, daß der Orden der Rechabiten, an welchem der Gegner der

Priester von Jerusalem, Jeremia, ein solches Gefallen fand, einer seiner Träger war. Auch alle diejenigen Leviten, welche nicht an Kultstätten angestellt waren, sondern lediglich durch Seelsorge und Thoralehre ihr Auskommen fanden, konnten sich ihn zu eigen machen. Ihm entsprach der andere Gedanke, daß nicht in den vom Sünder zur Sühne gebrachten Opfern und in ähnlichen Handlungen, sondern in der bußfertigen Gesinnung als solcher die für Jahwe entscheidende Genugtuung liege, welcher wohl in den gleichen Intellektuellenkreisen heimisch war und von den Redaktoren der Tradition den alten Sehern (zuerst dem Nathan) in den Mund gelegt wurde. Ein anderer Teil der Leviten freilich, namentlich die der deuteronomischen Schule zugehörigen, war mit den Interessen des Kults und Opfers zu eng verknüpft, um solche Konsequenzen ziehen zu können. Gerade die jahwistische, im ganzen mehr südliche und von Leviten beeinflußte Redaktion hat die rein kultischen Gebote (den sog. kultischen Dekalog) in sich aufgenommen. Aber jener Gedanke selbst blieb, vor allem in der Prophetie, lebendig, solange die Priester mit dem Königtum verbunden waren. Auch die spätere priesterliche Redaktion hat seine Spuren nicht ausmerzen können. Sie hat zwar in den Mosegeschichten das Strafgericht Jahwes über die korachitischen Leviten an eben jene ketzerische Behauptung von der Heiligkeit der Gemeinde und der Entbehrlichkeit der Priester geknüpft, aber sie hat nicht hindern können, daß sie in der Niederschrift der Orakel der mächtigsten Prophetengestalten in höchst wuchtiger Form fortlebte.

Eine spezifisch plebejische Wendung nahm diese Gesinnungsethik des gehorsamen Gottvertrauens nun durch die Ausgestaltung, welche der alten mythologischen Vorstellung vom Neid und Haß des Gottes gegen die Hybris der Menschen in der Paränese der Thoralehrer gegeben wurde. Wenn ägyptische Weise Gehorsam, Schweigen und Mangel an Selbstüberhebung als gottwohlgefällige Tugenden rühmen, so war die bürokratische Subordination die Quelle. In Israel war es der plebejische Charakter der Kundschaft. Der Stolz und Hochmut, das Pochen auf die eigene Kraft, wie es die Könige und ihre Kriegshelden repräsentieren, war dem Gott jener Plebejer, mit deren Beratung und Seelsorge sich die Thoralehrer und die Kreise, aus welchen die Propheten hervorgingen, zu befassen hatten, verhaßt und der eigentliche Frevel. Mißfällig waren Jahwe die Erotik (nach Amos) und das fröhliche Zechen (nach Jesaja) der Gibborim. Dem Propheten Zephanja (3, 12) steht fest, daß nur das arme Volk das wirkliche, alles Gott anheimstellende Vertrauen zu ihm habe und deshalb seinerzeit allein von ihm mit dem Untergang verschont werde. Das Mißfallen Jahwes an den Großen schienen ja die Mißerfolge dieser hochmütigen Kaste gegen die auswärtigen Feinde, im Gegensatz gegen die Zeit des alten Bauernheers, zu beweisen. Das unbedingte demütige Vertrauen nur auf ihn allein konnte vielleicht den alten Bundesgott veranlassen, wieder wie dereinst unbedingt mit seinem Volke zu sein. Damit stehen wir wieder, wie schon wiederholt, vor einem Grundmotiv der utopischen politischen Ethik der

Propheten und des darin von ihnen beeinflußten Deuteronomiums. Davon wird besonders zu reden sein. Hier machen wir uns nur noch einige der Umstände deutlich, auf welchen in Israel die formellen Eigentümlichkeiten der ganzen Beziehung der Menschen zum Gott beruhten, vor allem: der gewaltige Akzent dieser rationalen Gesinnungsethik.

Es war vor allem das Fehlen der sonst üblichen Machtstellung der Magie oder vielmehr – da die Magie in Israel so wenig wie irgendwo jemals aus der Praxis der Massen wirklich ganz verschwunden ist – ihre systematische Bekämpfung durch die Thoralehrer, welche für ihr Schicksal innerhalb der alttestamentlichen Frömmigkeit ausschlaggebend gewesen ist. In Israel gab es Magier aller Art. Aber die maßgebenden jahwistischen Kreise, vor allem die Leviten, waren keine Magier, sondern: Träger von Wissen. Das waren nun, sahen wir, die Brahmanen auch. Aber das Wissen war in Israel ein von dem ihrigen grundverschiedenes. Als in der jahwistischen Paradieserzählung die Schlange dem Weib anrät, vom Baum der Erkenntnis zu essen, stellt sie den Menschen in Aussicht, daß sich ihnen die Augen auftun und sie sein werden wie Gott selbst ist. Und sie hat nicht etwa die Unwahrheit gesagt. Denn nachdem Jahwe den Menschen und die Schlange verflucht hat, fügt er hinzu: Der Mensch ist geworden wie unsereiner, also: wie ein Gott, – durch das Wissen, – und er jagt ihn aus dem Garten, damit er nicht noch von dem Baum des Lebens nehme und esse und unsterblich werde. Also der Besitz zweier Dinge: Unsterblichkeit und Wissen macht zum Gott. Welches Wissen aber? An beiden erwähnten Stellen heißt es: die Erkenntnis davon, was gut und böse ist. Dies also ist das Wissen, welches nach der Vorstellung dieses vorprophetischen Schriftstellers Gott gleich macht. Freilich, daß es ein rational ethisches und nicht ein rein rituelles oder esoterisches Wissen war, verstand sich auch danach nicht von selbst. Auch in Ägypten wird der von der priesterlichen Schriftbildung entblößte Plebejer als ein Mann bezeichnet, der nicht weiß, was gut und böse ist. Und in der Paradieserzählung ist die rein rituell bedingte Verpönung der Nacktheit, und nicht ein rational ethisches Wissen das, was der Mensch, soviel wir sehen, durch das Essen vom Baum der Erkenntnis erfährt. Aber schon Micha, zu Hiskias Zeit, betont (6, 8), daß dem Menschen, also: jedem Menschen, gesagt sei, was gut ist: das Halten der göttlichen Gebote, Liebe zu üben, und vor Gott demütig zu sein. Es handelt sich also nicht um esoterisches und auch nicht um bloß rituelles Wissen, sondern um durchaus exoterisch gelehrte Ethik und Karität. Die Pflege gerade dieser Art von Belehrung war das der levitischen Thora eigentümliche und wir sahen, daß die besondersartige Beziehung zu Jahwe als dem persönlichen Partner der berith mit der Eidgenossenschaft zuerst diesen starken Akzent auf das Halten seiner Gebote gelegt hatte. Darin lag die Vorzugsrolle des Gehorsams und der Ethik gegenüber den bei der Struktur des Bundes notwendig so gut wie ganz fehlenden kultischen und den vermutlich in älterer Zeit nur in wenigen einfachen Regeln entwickelten rein rituellen Geboten. Bei der Solidarhaftung der Gemeinschaft Jahwe gegenüber für die Verfehlungen aller einzelnen war diese ethische Problematik ein eminentes Interesse jedes einzelnen Volksgenossen[211], vor allem aber: der an den Schicksalen des Landes interessierten Intellektuellen. Von da aus hat diese Vorstellung von dem Wesen des göttlichen Wissens die Kreise der zunehmend entmilitarisierten jahwistischen Plebejer und aller jener Intellektuellen, die am guten alten Recht hingen, zu beherrschen begonnen. Seine Bedeutung nahm stetig zu. Das göttliche Charisma hatte die alte Zeit nur als Kriegsekstase und Kriegsprophetie gekannt. Beide waren verfallen. Die Tendenz, Mose zu einem Magier zu machen, dessen Zauber nach Art des indischen Hofbrahmanen den Sieg entschied, hat, wie die Ansätze in der Tradition zeigen, bestanden. Aber dergleichen gab es jetzt nicht mehr. Einen Propheten, dem Jahwe von Angesicht zu Angesicht erschienen wäre, hatte er seither nicht erweckt. Denn die Zeiten waren andere geworden. Die Kriegsorakel des Elisa sind der letzte in der Tradition zu findende Nachklang dieser Art von magischer politischer Prophetie. Die Leviten, die einzigen kontinuierlichen perennierenden Träger des Jahweglaubens, fühlten sich, kraft der Art ihrer sozial wichtigsten Funktionen, als Träger des Wissens davon, durch welche Sünden man sich Unheil zuziehe und wie man sie wieder gutmachen könne. Wenn wirklich der Name jide'oni, der (Lev. 20, 27; 2. Kge. 23, 24) die Orakelgeister bezeichnet, welche gewisse Magier bewohnen, soviel wie kleines Wissen bedeuten sollte, so würde dies den spezifischen magiefeindlichen Wissensstolz der Vertreter des Jahwismus kennzeichnen. Die israelitischen Schriftpropheten haben allerdings gelegentlich auch Königen Rat erteilt, ebenso wie Hofpropheten und Magier. Aber stets im Sinn der levitischen Thora: Gehorsam gegen Jahwe und unbedingtes Vertrauen auf ihn. Keiner von ihnen hat dem Lande durch Zauber zu helfen gesucht.

Selbstverständlich gab es Anläufe zur Entwicklung magischen Gotteszwangs auch innerhalb der rein jahwistischen Kreise von jeher und vielleicht bis in ziemlich späte vorexilische Zeit. Neben anderen, mehr nebensächlichen Spuren ist namentlich die, sehr universell verbreitete, Zauberkraft des Gottesnamens, der Glaube also, daß der Gott, wenn man seinen Namen kenne und richtig anrufe, gehorchen werde, ganz offenbar in der Entwicklung begriffen gewesen. Nicht ohne Grund weicht Jahwe bei der Dornbuscherscheinung der Nennung seines Namens zunächst aus, und ebenso jenes Numen, mit dem Jakob ringt. Als später Mose als Gunst von Jahwe begehrt, ihn von Angesicht zu schauen, weist dieser ihn an, seinen Namen zu nennen. Dieser also zwang ihn. Die weitverbreitete Vorstellung war, wie wir schon sahen, namentlich in Ägypten heimisch. Der Name Jahwes ist auch ebenso das Symbol seiner Macht, wie der

[211] Andeutungen über die Bedeutung des, wie er sich ausdrückt, *demokratischen* Charakters Israels für die Eigenart der israelitischen Ethik finde ich namentlich bei Hehn a. a. O., S. 348.

Name des Pharao für diesen. Wie der König in den Amarnabriefen seinen Namen auf Jerusalem gelegt hat, so ist Jahwes Name über Israel (Deut. 28, 10; Jer. 14, 9) oder: über Jerusalem (Jer. 25, 29) oder: über einen Propheten (Jer. 15, 16) ausgerufen, wohnt in Jerusalem, wo ihm ein Haus gebaut ist, kommt von fern (Jes. 30, 27), ist nahe (Psalm 75, 2) und Jahwe wirkt durch ihn (Psalm 30, 27) zugunsten aller, die seinen Namen lieben (Psalm 5, 12; 69, 37; 119, 32). Teilweise handelt es sich um das schon erwähnte Theologumenon, um Jahwes anthropomorphe persönliche Anwesenheit auszuschalten. Aber teilweise handelt es sich auch um jene gerade in Ägypten herrschende Vorstellung vom Wesen des Namens und es ist schwerlich Zufall, daß fast alle charakteristischen Stellen dieser Art deuteronomistisch sind, also der Zeit entstammen, welche überhaupt die größte Verwandtschaft mit ägyptischen Frömmigkeitsformen zeigt. Die spezifische Heiligkeit des Gottesnamens, wie sie auch in Ägypten galt, wo einerseits Isis dem Ra durch Kenntnis seines Geheimnamens seine Macht entreißt, andererseits Ptah den Mißbrauch seines Namens rächt, stieg auch in Israel, wo das sonst vielfach verbreitete Tabu des Gottesnamens ursprünglich nicht galt. Der späteren Auffassung galt der Versuch, durch das Mittel der Namensnennung den majestätischen Gott zu zwingen, als schwerer Frevel, den er rächen werde. Die noch während der prophetischen Epoche herrschende Unbefangenheit im Gebrauch des Namens wich jener spezifischen Scheu, für welche Ansätze schon früh vorhanden gewesen sein müssen. Das in unbekannte Zeit zurückgehende dekalogische Verbot des Namensmißbrauchs meint zweifellos den Versuch, magischen Gotteszwang auszuüben. Die Ablehnung dürfte auch hier auf bewußten Gegensatz gegen Ägypten und vielleicht wiederum gerade gegen den Totenkult zurückgehen. Denn nirgends ist die Bedeutung der Gottesnamen in Ägypten so zentral wie im 125. Kapitel des Totenbuchs, wo ihr richtiger Gebrauch das Schicksal der Seele entscheidet. An jeder Pforte des Hades verlangt der betreffende Gott von dem Toten, daß er seinen Namen wisse, ehe er ihn passieren läßt. Schwerlich sind einerseits die Anklänge, andererseits die schroffe Ablehnung ganz zufällig.

Die Verwerfung der Magie bedeutete praktisch vor allem, daß sie nicht, wie anderwärts, von den Priestern zwecks Domestikation der Massen systematisiert wurde. In Babylonien vollzog sich ihre Systematisierung unter dem Druck des Theodizee-Bedürfnisses, war also rationalen Ursprungs. Die Erfahrung, daß auch der Schuldlose leidet, schien mit dem Vertrauen auf die Götter nur dann vereinbar, wenn nicht sie, sondern Dämonen und böse Geister die Urheber des Übels waren: Die Theodizee lenkte damit in die Bahn eines latenten und halben Dualismus ein.[212] Davon konnte in Israel keine Rede sein. Daß auch alles Übel von Jahwe stamme, war eine der Grundthesen schon des ersten Propheten (Amos). Der Entwicklung der magischen Dämonenabwehr stand daher in Israel,

212 Über den Dämonenglauben als Produkt eines Theodizeebedürfnisses hat J. Morgenstern M. d. V. A. Ges. 1905, 3 einige Andeutungen gemacht.

wo alles Übel Strafe oder Verfügung des mächtigen Gottes war, die Entwicklung der rein ethischen Priesterthora und Sündenbeichte als des eigentlichen Machtmittels der levitischen Priester gegenüber. Dies wirkte durch das ganze Gebiet der religiösen Entwicklung Israels hindurch. Zunächst: wo bei den asiatischen Religionen der Zauber steht, da steht bei den Israeliten: das Wunder. Der Magier, der Heiland, der Gott Asiens zaubert, der Gott Israels dagegen tut auf Anrufung und Fürbitte Wunder. Über den tiefgehenden Gegensatz wurde schon früher gesprochen. Das Wunder ist, gegenüber dem Zauber, das rationalere Gebilde. Die Welt des Inders blieb ein irrationaler Zaubergarten. Ansätze einer gleichartigen Entwicklung sind in Israel in den Mirakeln der Elisageschichten zu finden, deren Irrationalität durchaus auf gleicher Stufe mit den asiatischen Zaubereien steht. Diese Vorstellungsart hätte sehr leicht die Oberhand gewinnen können. Es war offenbar immer wieder der Kampf gegen alle orgiastische Ekstatik, welche es bedingte, daß in den genuinen jahwistischen Legenden, etwa in den Erzvätergeschichten, aber auch der Mose- und Samueltradition, überhaupt in den alttestamentlichen Schriften so stark wie sonst in keinem heiligen Buch, nicht der Zauber, sondern das aus sinnvollen, verständlichen Absichten und Reaktionen des Gottes entspringende Wunder herrscht und daß selbst dieses gerade in vielen alten Partien, am meisten den Erzväterlegenden, relativ sparsam verwendet wird. Dies Fehlen des Zaubers vor allem drängte alle Fragen nach dem Grunde des Geschehens, der Schicksale und Fügungen, in die Bahnen des Vorsehungsglaubens: der Vorstellung also von einem geheimnisvoll und doch letztlich verständlich die Welt und insbesondere die Geschicke seines Volkes lenkenden Gottes: Ihr gedachtet es schlimm zu machen, aber Gott hat es gut gemacht, wie die elohistische Kunstdichtung der Josephlegende es ihren Helden prägnant formulieren läßt. Gottes Wille behält hier ebenso das Feld gegenüber menschlichen Versuchen, ihm zu entrinnen, wie in indischen Erzählungen das Schicksal über alle Kniffe, ihm ein Schnippchen zu schlagen, triumphiert. Aber: nicht Karman wie dort, sondern eine rationale Vorsehung des persönlichen Gottes bestimmt in Israel dieses Schicksal.

Diesem, bei aller Leidenschaftlichkeit seines Grimmes, dennoch im letzten Grunde rational und planmäßig handelnden Gott der Intellektuellen war nun zweierlei eigentümlich. Zunächst: Er war, wie schon angedeutet, ein Gott von Plebejern. Das darf nicht mißverstanden werden. Jahwe in dieser Gestalt war nicht etwa der Gott der Volksfrömmigkeit, und kam vollends nicht den Bedürfnissen der Massen entgegen. Vielmehr war er gerade in seiner schließlich siegreichen Konzeption stets ein Gott, den eine Schicht teils von Propheten (Kriegspropheten, später Thorapropheten) und Thoralehrern dem Volk zu oktroyieren suchte. Oft gegen Widerstand. Denn die genuinen Bedürfnisse der Massen gehen überall auf Nothilfe durch Magie oder Heilande und so war es auch in Israel. Und ebenso sind auch weder die Ideale noch die Idealisten der Jahwefrömmigkeit etwa dem Kreise der armen Leute als solcher entnommen.

Der ökonomisch gut situierte und dabei fromme Israelit ist vor dem Exil der Held nicht nur der gesamten echten Königstradition, sondern auch der alten Bruchstücke der Überlieferungen aus der Richterzeit. Und auch für die fromme Legende waren die Erzväter schwer reiche Leute. Reichtum sollte ja nach den alten Verheißungen hier wie überall der Lohn der Frömmigkeit sein. Die literarisch gebildeten Träger des Jahwewissens selbst waren aller Wahrscheinlichkeit nach zumeist Angehörige vornehmer Sippen. Aber: nicht nur zeigt gleich der Beginn der Prophetenzeit (Amos), daß dies bei weitem nicht immer der Fall war. Sondern vor allem: die Kreise, deren puritanisch echte, der Orgiastik, Idolatrie und Magie abholde Frömmigkeit die Literaten züchten zu können hofften und tatsächlich erfolgreich züchteten, waren in sehr starkem Maße Plebejerschichten mindestens in dem Sinn, daß sie nicht am Besitz der politischen Macht partizipierten und nicht Träger des Militär- und Fronstaats der Könige und der sozialen Machtstellung des Patriziats waren. Das äußert sich deutlich in der Redaktion der Tradition. Nirgends, außer in Resten in den Königsgeschichten, kommt adeliges Heldentum zu Worte. Sondern fast durchweg ist es der friedlich fromme Bauer oder Hirt, der verklärt wird und an dessen Anschauungskreis die Art der Darstellung und Darlegung angepaßt ist. Keine Rede freilich von demagogischem Buhlen um die Masse. Zugunsten des großen Haufens soll der Richter das Recht so wenig beugen wie zugunsten des Vornehmen, verlangte, wie in Ägypten, die levitische Paränese, und für Sauls Unstern wird u.a. auch verantwortlich gemacht, daß er sich dem törichten Volk gefügt habe. Vielmehr: Das Wissen von Jahwes Geboten entscheidet über den Wert und die Autorität des einzelnen. Aber das nomadische Ideal nach Art der Rechabiten und die Erinnerung an den bäuerlichen Heerbann beherrschte die Ideale auch der Bildungsschicht. Daß nur die Erfüllung der Gebote des Himmels das Schicksal des Staates und Volkes gewährleiste, war zwar die Grundüberzeugung der Konfuzianer ganz ebenso wie der radikalen Jahwisten. Aber dort war es eine vornehme, ästhetisch kultivierte literarische Pfründnerschicht, deren Tugenden entschieden, hier aber galt die Verklärung zunehmend den Tugenden eines idealen israelitischen Plebejers in Land und Stadt. Zunehmend mit dem Vorstellungskreis dieser ihrer Kundenschicht rechnete die levitische Paränese. Das Besondersartige aber war dabei, daß hier und nur hier plebejische Schichten Träger einer rationalen religiösen Ethik wurden.

Das Zweite, ebenfalls höchst Wichtige aber war: Jahwe blieb ein Gott der Geschichte, und zwar insbesondere: der politisch-militärischen Geschichte. Das unterscheidet ihn von allen asiatischen Göttern und hatte seinen Grund in dem Ursprung seiner Beziehungen zu Israel. Für seine getreuesten Verehrer blieb er immer der eidgenössische Bundeskriegsgott. Mochte er außerdem der Regengott sein und mochte ihn die Spekulation Nordisraels zum Himmelskönig steigern, für die eigentlich jahwistische, namentlich auch die prophetische Frömmigkeit blieb er der Gott politischer Schicksale. Kein Gott also, mit dem man mystische Vereinigung durch Kontemplation suchen konnte, sondern ein übermenschlicher und doch verständlicher persönlicher Herr, dem man zu gehorchen hatte. Er hatte seine positiven Gebote gegeben, daran hatte man sich zu halten. Man konnte seine Heilsabsichten, die Gründe seines Zorns und die Bedingungen seiner Gnade erforschen, wie bei einem großen König. Aber darüber hinaus gab es: nichts. Die Entwicklung einer Spekulation über den Sinn der Welt nach indischer Art war auf dem Boden dieser Voraussetzung vollständig ausgeschlossen. Aus untereinander verschiedenen Gründen ist sie auch bei den Ägyptern und Babyloniern nicht über gewisse sehr enge Grenzen hinausgegangen. Im alten Israel war für sie schlechthin kein Boden.

Wenn so nach der einen Richtung die Rationalisierung des Weltbildes in feste Schranken gebannt blieb und gerade dadurch durchführbar wurde, so setzte auf der anderen Seite die Eigenart Jahwes auch seiner Mythologisierung feste Grenzen. Jahwes Gestalt war wie die jedes Gottes mit Mythologemen behaftet. Die grandiosesten Bilder der Propheten und Psalmisten von der Art seines Handelns und seiner Epiphanien entstammen ganz zweifellos sehr altem und verbreitetem Mythenschatz. Die in Babylonien und zweifellos auch schon im vorisraelitischen Kanaan verbreiteten Vorstellungen vom Urdrachen, von den Ungeheuern und Giganten, mit welchem der die jetzige Welt hervorbringende Gott zu ringen hat, lebten außerhalb der priesterlich redigierten Kosmogonie in Gestalten wie Leviathan, Behemoth, Rahab fort, innerhalb ihrer aber in der Benennung des chaotischen Urgewässers mit dem gleichen Namen, den der babylonische Urdrache trägt (Tehom: Tiamat). Der bewässerte Gottesgarten Eden, die Behandlung des Urmenschen als Ackerbauer, die großen Weltflüsse, das armenische Gebirge in der jetzigen Redaktion der Urgeschichte zeigen, daß alle diese Mythen nicht ursprünglich in der Steppe oder im palästinischen Bergland zu Hause waren. Der patriarchale Pflanzer des Gottesgartens paßt mit dem Rudiment der Gigantomachie im 6. Kapitel der Genesis schlecht zusammen. Und die von der spätesten priesterlichen Redaktion rezipierte Vorstellung von dem über den Wassern brütenden Gotteshauch gehört wiederum einer andersgearteten Vorstellungsreihe an. Die ältere jahwistische Kosmogonie läßt Jahwe die Welt nicht aus dem Nichts erschaffen. Aber immerhin: Was auf der Erde entsteht, bringt er allein hervor. Diese von Peisker[213] glücklich als naiver Monotheismus bezeichnete Vorstellung hat mit Einzigkeit und Universalismus des Gottes nichts zu tun. Denn in fast allen Kosmogonien schafft ein Gott die Welt, und an die anderen wird nicht gedacht. Charakteristisch aber ist, daß der in Versen gedichteten babylonischen Ursage hier ein schlichter Prosabericht gegenübersteht, ebenso wie die mythologischen Bilder der Propheten und erst recht der Priester im Laufe der Zeit zunehmend abstrakt und immer weniger plastisch sich gestalten:

[213] Die Beziehungen der Nichtisraeliten zu Jahwe nach der Anschauung der altisraelitischen Quellenschriften (Beih. z. Z. f. A. T. Wiss. XV, 1907).

die typische Folge der Verarbeitung mythischer Vorstellungen durch theologischen Rationalismus. Das Endprodukt: der unerreicht majestätische, aber ganz unplastische Schöpfungsbericht im jetzigen ersten Kapitel der Genesis ist eine typische Priesterleistung, entstanden in der Exilszeit im bewußten Gegensatz gegen die babylonische Umwelt. Alle Phantasmen der babylonischen Ursage, die Spaltung des Drachens vor allem, sind fortgeläutert, dieser selbst in ein Urgewässer entpersönlicht. Und die Schöpfung erfolgt durch das bloße Wort des Gottes, welches das Licht aufblitzen und die Gewässer sich teilen läßt, so wie ja sein Wort es ist, welches aus dem Munde der Lehrer an die Menschen ergeht. Erst damals vielleicht sind aus dem unvermittelt daneben bestehen gebliebenen älteren Berichte die theogonischen und gigantomachischen Reste fast ganz ausgemerzt worden. Denn hier war die entscheidende Grenze für die Mythenbildung des Jahwismus. Jahwe vertrug wohl einzelne Mythologeme, aber er vertrug gerade die eigentliche Krönung aller großen Mythensysteme: die Theogonie, auf die Dauer nicht. Innerhalb Israels, welches ihn von außen rezipiert hatte, war der Boden für theogonische Jahwemythen schon deshalb nicht günstig, weil er ein unbeweibter, bildlos verehrter Gott blieb, für den ein die künstlerische oder dichterische Phantasie anregender, aus Orgiastik und mimischem Dämonenzauber geborner Kult – die normale Quelle aller Mythensysteme – nicht bestand, und der nüchterne Opferkult überhaupt nicht das für die Beziehung zum Gott Wichtigste war.

Denn neben jenen persönlichen Zügen brachte auch seine Stellung als Garant der sozialrechtlichen Ordnung ihn in Gegensatz zu den in Kanaan ebenso wie in ganz Vorderasien umlaufenden Göttermythologien. Er unterschied sich dadurch auch von den großen Universalgöttern der Religionen der Kulturgebiete. Das Wirkungsfeld dieser mit Einschluß des Echnaton'schen Sonnengottes war in erster Linie: die Natur. Die politischen Schicksale pflegte der Lokalgott der Residenz, die sozialen Ordnungen ein oder mehrere Funktionsgötter und erst sekundär der große Himmelsgott zu garantieren. Auch Jahwe war nun, und zwar zweifellos gerade ursprünglich, ein Naturgott. Aber ein Gott bestimmter Naturkatastrophen, welche der levitischen Paränese als Ausdruck seines Grimms gegen Ungehorsam galten. Diese Verknüpfung seines Verhaltens mit dem größeren oder geringeren Gehorsam der einzelnen stand in Israel mit steigender Bedeutung der Thora immer fester. Damit aber waren alle Naturmythologeme einer nüchtern rationalen Orientierung des göttlichen Handelns untergeordnet. Die für die israelitische Bildungsschicht unvermeidliche Rezeption universalistischer kosmologischer Mythen in die Jahwevorstellung mußte infolgedessen für die Gestalt, welche diese Mythen dabei annahmen, weitgehende Folgen haben: sie wurden ethisch gewendet. Andererseits aber ist ein Einfluß der Mythenrezeption auf die Art der Gotteskonzeption und auf die Soteriologie nur in sehr geringem Grade zu finden, in geringerem jedenfalls, als man erwarten könnte.

Die durchaus sekundäre Bedeutung der kosmogonischen und anthropogonischen Mythen für die jahwistische Religiosität tritt wohl in nichts deutlicher hervor, als in dem Fehlen fast jeglicher Anspielung auf den für unsere heutige Vorstellung so grundlegenden Mythos vom Sündenfall des ersten Menschenpaares. Ein soteriologisch irgendwie bedeutsames, für Jahwes Verhalten zu Israel oder zu den Menschen überhaupt entscheidendes Ereignis ist er in der ganzen alttestamentlichen Literatur nicht geworden. Es finden sich nur ganz vereinzelte und zwar nur paradigmatische Anspielungen (Hosea 6, 7). Für die Heilslehre grundlegend wurde Adams Fall erst durch bestimmte Spekulationen des alten Christentums, und zwar auf Grund von Vorstellungen, welche ihre Herkunft aus der orientalischen Gnosis nicht verleugnen, aber der genuinen israelitischen Religiosität fernlagen. Adams und Evas Fall ist allerdings ätiologischer Mythos für den Tod, die Mühsal der Arbeit und des Gebärens und die Feindschaft mit der Schlange, – später: mit allen Tieren. Aber darin erschöpft sich seine Bedeutung. Wenn die Rabbinen später die Verehrung des goldenen Kalbes als ungleich schwereren Frevel ansehen als den Ungehorsam Adams: – weil dort eine berith gebrochen wurde, hier aber nicht –, so entspricht das durchaus der alten uns bekannten Grundlage der Stellung Jahwes zu Israel, welche der Mythos unerschüttert ließ. Zwar faßt schon Hosea (a. a. O.) auch Adams Frevel als Bruch einer berith auf. Aber eine folgenreiche Konzeption wurde dies für die israelitische Religiosität nicht. Umgekehrt war dagegen die Beeinflussung des Mythos durch die Eigenart Jahwes grundstürzend. Wo der schon in den Amarnatafeln als Übungsstück für Schreiber enthaltene babylonische Mythos vom Urmenschen Adapa diesen die Unsterblichkeit durch Befolgung eines falschen Ratschlags eines anderen Gottes verscherzen läßt und ihn übrigens als von vornherein unrein und deshalb für Anus Himmel disqualifiziert behandelt, gestaltet die israelitische Konzeption daraus das höchst eindrucksvolle Paradigma von den Folgen des Ungehorsams.

Diese Wendung ist unzweifelhaft eine Leistung der levitischen Thora, die dann erst in der Schlußredaktion der Urgeschichte endgültig rezipiert ist. Denn bei Hesekiel (28, 13ff.) und im Hiobbuch (15, 7) zeigt sich noch die Spur einer ganz anderen Auffassung, welche in dem Urmenschen eine Gestalt voll Weisheit und Schönheit sah, die in dem (nach babylonischer Art) edelsteingeschmückten Gottesgarten auf dem auch den Psalmen bekannten, der Berggottnatur Jahwes entsprechenden wunderbaren Gottesberg wie ein Cherub ohne Makel lebte, aber durch seine Hybris in Schuld verstrickt und von Jahwe herabgestürzt wurde. Hier war also der Urmensch keineswegs der reine Tor des jahwistischen Paradiesmythos. Da Hesekiel zweimal Noah, Hiob und Daniel (14, 14.20) als drei weise und fromme Leute der alten Zeit, Daniel sogar (28, 3) als allwissend schildert, so war offenbar hier die aller Priestertradition naheliegende Verklärung der übermenschlichen Weisheit der Altvordern in der Entwicklung begriffen, welche dann später von den nachexilischen Chokmalehrern in ganz anderer Art wieder aufgenommen wurde. Den eigentlichen Thoralehrern blieb sie fremd. Bei der Sintflutsage, dem nach Annahme der Fachleute am spätesten rezipierten Mythos, kam das babylonische Vorbild dem ethischen Bedürfnis insofern entgegen, als ein auch in den Erzväterlegenden vorkommendes Motiv wenigstens gestreift war. Die Götter machen dem Enlil, der die Sintflut losgelassen hat, zum Vorwurf, daß er alle Menschen ohne Unterschied, ob sie gesündigt haben oder nicht, habe vertilgen wollen: nur Ea's heimlicher Rat hatte dem babylonischen Gegenbild des Noah die Rettung ermöglicht. Bei der Rezeption der Sintflutsage war nun die charakteristische Änderung die, daß Jahwe die Sintflut nicht wieder zu schicken beschließt, weil aller Menschen Trachten von Jugend auf verderbt ist; ihm liegt eben an dem Bestand und Schicksal der Menschen um deren selbst willen. Es ist wiederum nicht die Tatsache einer ungewöhnlich erhabenen Sittlichkeit, die man den Israeliten zugeschrieben hat, welche die Erklärung dieser charakteristischen Änderungen bedingte. Die alte israelitische Ethik war derb und schlicht. Es war der Umstand, daß hier die Seelsorge an den plebejischen Schichten infolge der historisch gegebenen Eigenart Jahwes und seiner Beziehung zu Israel ethischen und nicht magischen Charakter hatte, daß Mythen sie daher nur in paradigmatischer Funktion interessierten. Göttliche rational bedingte Wunder, Macht-, Straf- und Belohnungs-Erweise bedurfte sie für ihre Zwecke, nicht Zauber- und Heldengeschichten.

Eine für die spätere Entwicklung folgenreiche Konzeption, die in Verbindung mit den kosmogonischen Mythen aufgenommen wurde, war das durch ethische Schuld verscherzte Paradies und der in ihm herrschende Stand des Friedens und der Unschuld. Die äußerliche Form des Paradieses hat offenbar gewechselt. Die Konzeption des Gottesberges im Exil (bei Hesekiel 28, 11 ff., 31, 8.9.16; 36, 35) hatte offenbar den Zweck, Jahwe von der Lokalisation in Jerusalem zu befreien und seine Stellung als Universalgott zu festigen. Von den Thoralehrern war die alte jahwistische Auffassung rezipiert. Ein eigentlicher Paradies-Mythos ist bisher in Babylonien nicht nachgewiesen, obwohl ein göttlicher Zauberpark mit Edelsteinbäumen und auch ein von Göttern gegrabener Kanal sich finden. Mythen von einem Urstand des Friedens mit den Tieren sind von Usener[214] als ziemlich verbreitet nachgewiesen und existierten anscheinend auch in Babylonien (Gilgamesch-Epos), wo, wie es scheint, ebenso wie in der Genesis das Weib die Schuld an dem Verlust trug. Der Mythos von einem durch Gott gepflanzten und bewässerten friedlichen Garten und dem aus ihm zur Mühsal des Bodenanbaus und Kampf mit Schlangen hinausgestoßenen Menschen ist auch an sich am wahrscheinlichsten in einem Lande wie Mesopotamien entstanden; wie alt er in Kanaan ist, läßt sich nicht sagen. Den Ursprung aus einem Gartenbauland legt auch die noch jetzt hindurchschimmernde Vorstellung nahe, daß die Menschen ursprünglich, solange der Frieden

214 Relig.-gesch. Unters. Bonn 1899, S. 210f.

mit den Tieren bestand, von vegetarischer Kost gelebt hätten: auch dafür finden sich im Gilgamesch-Epos gewisse Andeutungen. Einen Stand der unwissenden Unschuld scheint aber keine für die Übertragung in Betracht kommende Religion zu kennen[215], und vor allem in der besonderen Wendung der Unwissenheit als Unkenntnis von der Unzulässigkeit des Nackten ist der Einschlag der rituellen Besonderheit des Jahwismus sofort ersichtlich. Die zentrale Bedeutung des berith-Gedankens legte die Israel eigentümliche Vorstellung nahe, daß die friedliche Beziehung der Urmenschen zu den Tieren auf einer berith Jahwes mit den Tieren beruht habe und daß Jahwe in Zukunft eine solche berith erneut machen könne und werde: Ein Gedanke, der schon bei den ersten Propheten (Hosea 2, 18; Jesaja 11, 1) auftritt. Und hier lag eben das Wichtige der Vorstellung. Hatte man die selige friedliche Urzeit einmal verscherzt, so konnte sie vielleicht bei entsprechendem Verhalten künftig wiederkehren; und es scheint nicht zweifelhaft, daß diese eschatologische Vorstellung, mit der die Propheten arbeiten, bereits vor ihnen verbreitet war. Dieser Endzustand wird wie Eden sein (Jes. 51, 3), Frieden unter den Menschen wird herrschen, die Schwerter wird man in Pflugscharen umschmieden (Jes. 2, 4) und Bogen, Schwert und Krieg wird vom Lande fern bleiben (Hos. 2, 18), die Erde wird durch Himmelsgnade Korn, Most und Öl in Fülle hervorbringen (Hos. 2, 22). Das sind Heilshoffnungen spezifisch pazifistischer unmilitärischer Bauern.

Diese Friedenserwartungen waren nicht die einzige Form eschatologischer Hoffnungen, welche auf die vorprophetische Zeit zurückgehen, sondern neben ihnen standen, entsprechend der Verschiedenheit der sozial bedingten Interessenlage, andere. Die volkstümliche Zukunftshoffnung der Krieger sah anders aus. Schon bei den ersten Propheten (Amos) finden wir die Erwartung eines Tages Jahwes (jom Jahwe), der nach der bis dahin gangbaren Vorstellung ein Tag großen Heils für Israel ist. Was war sein ursprünglicher Sinn? Jahwe war ein Kriegsgott und folglich war es ein siegreicher Schlachttag, so wie einst der jom Midian (Jes. 9, 3), der Tag des Sieges Gideons also, gewesen war. Die alten Losorakel gaben ja dem Kriegshelden, wie wir bei Gideon und öfter sehen, Tag und Stunde, zu welcher Jahwe die Feinde in Israels Hände geben werde, genau an: daher wohl die Vorstellungsweise. Und die Mittel des alten Katastrophengottes waren bekannt: der Gottesschreck, durch Erdbeben oder Wetterkatastrophen. Der Tag Jahwes war also ein Tag des Schreckens (jorn mehumah, Jes. 22, 5), aber in den Augen der Krieger natürlich: für die Feinde Israels, nicht für Israel (Amos 5, 18-20). Daneben scheint eine andere, pazifistischere, Vorstellung ihn als ein Tag fröhlichen Opfermahls angesehen zu haben (Zeph. 1, 7), zu dem Jahwe die Seinen zu Gaste lud.

[215] Für den babylonischen Mythos vom Urmenschen ist Adapa keineswegs im Stande der Unschuld, sondern ein unreiner Mensch, dessen Eindringen in Anu's Himmel bedenklich ist (v. 57 der Übersetzung bei Gunkel a. a. O.). Sonst sind, wie schon bemerkt, die Urmenschen meist Träger hoher gottverliehener Weisheit.

Diese je nachdem mehr pazifistischen oder mehr kriegerischen Zukunftshoffnungen verbanden sich nun mit den Verheißungen der königlichen Heilsprophetie. Vor allem Greßmann[216] hat darauf aufmerksam gemacht, daß an den benachbarten Großkönigshöfen ein ziemlich fester Hofstil für solche bestand. Jeder König wird von den heilsprophetischen Barden als Bringer einer Segenszeit gepriesen: Kranke werden gesund, Hungernde satt, die Nackten gekleidet, die Gefangenen amnestiert (so für Assurbanipal), den Armen ihr Recht verschafft (so oft in babylonischen Königsinschriften, in Israel: Psalm 72). Der König selbst ist von dem Gott (in Babylon: Marduk) erwählt (so David von Jahwe 2. Sam. 6, 21), zu seinem Priester gemacht (so Psalm 110), oder er ist von ihm adoptiert (so der König Israels Psalm 2, 7) oder geradezu gezeugt (ebenda). Daß er dies ist, sein Charisma also, hat der König durch das dem Volk widerfahrende Heil zu bewähren (wie in China und überall bei genuin charismatischer Auffassung). Um ihm seine göttliche Abstammung zu beglaubigen, wird schon in früher mesopotamischer Zeit, für den Sumerer Gudea, für Sargon, den Gründer der babylonischen Macht, dann in der Spätzeit Assyriens für Assurnasirpal, dem König nachgesagt, daß sein Vater oder daß auch seine Mutter unbekannt sei, daß er in der Verborgenheit oder auf den Bergen, also von einem Gott, gezeugt worden sei. Namentlich – aber nicht nur – Usurpatoren greifen zu diesem Mittel der Legitimierung. Auch diese Vorstellung scheint in Israel bekannt gewesen zu sein, denn Jesaja bedient sich ihrer, als er dem glaubenslosen König Ahas den bald erscheinenden, ja vielleicht schon jetzt geborenen Heilskönig, den Immanuel, entgegenhält, der ganz diese Züge trägt. Je nach der mehr militaristischen oder pazifistischen Schicht ist dann der Heilskönig ein Monarch, der auf Rossen und Wagen kommt (Jer. 17, 25; 22, 4) oder ein auf dem Esel reitender Fürst nach Art des altisraelitischen charismatischen Helden der Bundeszeit (Sach. 9, 9f.) und ein Friedensfürst, wie der jesajanische Immanuel. Im Judäerreich wurde naturgemäß aus dem Davididenstamm, daher aus Bethlehem, dieser Gesalbte (ha maschiah, das heißt einfach: der König) erwartet, der ein Heiland (moschua') sein wird, als welcher Jerobeam II. von seiner Zeit aufgefaßt wurde. Die Besonderheit dieser Hoffnungen in Israel ist politisch bedingt. Während die starke, unvordenklich alte Stellung des Königtums in den großen Kulturgebieten dort die soteriologischen Hoffnungen wesentlich an den lebenden König knüpfte[217] und nur ganz ausnahmsweise – wie unter Bokchoris – eigentlich messianische Heilserwartungen sich finden, lag dies in Israel anders. Zwar mit der erstarkenden Stellung des Priestertums war auch in Ägypten der König (so unter der

216 In der vorzüglichen Abhandlung: Der Ursprung der israelitisch-jüdischen Eschatologie (Forsch. z. Rel. und Lit. des A. und N. T. 6. Göttingen 1905. Zur Kritik: Sellin, Der alttest. Prophetismus, Leipzig 1912, S. 105ff.).

217 Der Pharao (Ramses II.) als Fürsprecher zur Erwirkung von Regen: Breastead Records II, 426 (sogar für das Land der Cheta!).

21. Dynastie) nur der von Ammon anerkannte und legitimierte Herr, nicht mehr, wie wenigstens nach der offiziellen Auffassung des Alten Reichs, selbst lebender Gott; und in Mesopotamien war es in historischer Zeit stets so. Aber in Israel trat, zumal im Nordreich mit seinen steten Militärrevolten und Usurpationen, das Königtum als Heilsbringer stark gegen andere Erwartungen zurück. Für Hosea gibt es einen legitimen König überhaupt nicht, – was der Zeitlage entsprach. Und auch sonst stand der offiziellen königlichen Heilsprophetie und Zukunftsweissagung die Hoffnung gegenüber, daß entweder Jahwe selbst dereinst das Regiment in die Hand nehmen, die fremden Götter vernichten (Jes. 10, 3.4) und die Welt neu gestalten werde[218], oder daß er einen übermenschlichen Wundertäter schicken werde, dies zu bewerkstelligen. Dieser wird dann alle fremden Bedränger, aber nicht nur sie, sondern auch die Übeltäter im eigenen Lande vernichten: Zu dieser spezifisch ethisch gewendeten Hoffnung verdichtete sich, unter dem Einfluß der besondersartigen Beziehung Jahwes zu seinem Volk kraft der berith, die Hoffnung in Israel und nur dort. Es finden sich von einer derartigen Wendung anderwärts keine Spuren und sie konnte auch, unter der Herrschaft der Magie als universellen Heilsmittels, sich anderwärts nicht entwickeln. Daraus folgte aber, daß das Kommen des Tages Jahwes Unheil auch über die Sünder im eigenen Volk bringen werde. Nur ein Rest:[219] schearith, wird vor Jahwes Zorn bestehen: Mit diesem für alle Propheten grundlegend wichtigen Rest-Gedanken arbeitet gleich der erste von ihnen, Amos, als mit einer festen Vorstellung, und Jesaja nannte einen seiner Söhne Schear jaschub (Rest bekehrt sich). Natürlich: ein sittlich qualifizierter Rest, – so daß die eschatologischen Naturmythologien der Umwelt auch hier ethisch gewendet wurden. Von den beiden möglichen Vorstellungen über die Person des eschatologischen Helden war die im allgemeinen in den jahwistischen Kreisen herrschende offenbar, daß Jahwe selbst seine Sache gegen seine Feinde führen werde. Die andere, daß ein eschatologischer Held in seinem Auftrag handeln werde, führte entweder in die Bahnen der königlichen Heilsprophetie – wie meist in Jerusalem, wo die Davididen Träger dieser Hoffnung waren – oder sie führte zu esoterischen Mythologemen. Der Retter wurde dann eine überirdische Gestalt. Wie ein Stern geht er auf im Bileamspruch (Num. 24, 17). Er ist ein Vater für ewig (in der freilich zweifelhaften üblichen Lesart der Stelle Jes. 9, 5). Sein Ursprung ist in den unvordenklichen Tagen der Vorzeit (Mich. 5, 1). Diese dunkeln Andeutungen, die in

[218] Dies, daß Jahwe dereinst Herr der Welt werden solle, nicht, daß er – wie Schön a.a.O. es deutet – es jetzt schon sei, ist die alte Hoffnung auch des Schilfmeerliedes Ex. 15. Auch ist nicht, wie Sellin annimmt, ein *Gericht* Jahwes, sondern das Entbrennen seines Zorns das, was erwartet wird. Der Gedanke eines eigentlichen *Weltgerichts* ist zum mindesten nie wirklich ausgeführt, und wo er anklingt, ist es Jahwe, der – als Partner der berith – einen Prozeß hat mit den Einwohnern des Landes: er ist Partei, nicht: Richter (so bei Hosea und im Deuteronomium).

[219] Über diese Konzeption s. Dittmann, Theol. St. u. Kr. 87 (1914) S. 603f.

dem Gottesknecht des Deuterojesaja im Exil ihre Fortbildung erfuhren, sind nirgends näher ausgeführt. In den bisher aus der Umwelt Israels vorliegenden Dokumenten finden sich keine unmittelbaren Analogien; die Einwirkung iranischer Vorstellungen ist äußerst fraglich, und es handelt sich bei Yima und den anderen in Betracht kommenden Gestalten der älteren iranischen Religion auch nicht um eschatalogische Heilsbringer. Da die entscheidende Stelle (Micha a.a.O.) das Davididengeschlecht als Träger der Heilshoffnung hinstellt und die Vorstellung eines Fortraffens großer Gotteshelden in Jahwes Himmel in Israel nicht fehlte (Henoch, Elia), so ist dort wohl an die Wiederkehr Davids selbst gedacht. Das der israelitischen Erwartung Eigentümliche ist dabei die steigende Intensität, mit welcher, sei es das Paradies, sei es der Heilskönig, das erste aus der Vergangenheit, das zweite aus der Gegenwart, in die Zukunft projiziert wurden. Das geschah nicht nur in Israel. Aber mit derartiger und zwar offenbar stetig zunehmender Wucht ist diese Erwartung nirgends in den Mittelpunkt der Religiosität getreten. Die alte berith Jahwes mit Israel, seine Verheißung in Verbindung mit der Kritik der elenden Gegenwart ermöglichte das; aber nur die Wucht der Prophetie machte Israel in diesem einzigartigen Maße zu einem Volk der Erwartung und des Harrens (Gen. 49, 18).

Die Vorstellung endlich, daß die erwartete Zukunftskatastrophe Heil und Unheil und zwar zuerst Heil, dann Unheil, bringen werde, findet sich wenigstens in einigen Ansätzen im ägyptischen Glauben bezeugt. Man pflegt sie, ohne (bisher) genügenden Beweis[220], als ein festes Schema der Zukunftserwartung anzusehen, dessen Übernahme durch die Propheten den charakteristischen Zug ihrer Verkündigung konstituiert habe. Tatsächlich beherrscht das Schema wenigstens einen erheblichen Teil der vorexilischen Prophetie, ohne übrigens rein an sich deren spezifische Eigenart irgendwie erschöpfend zu cha-

220 Die ägyptischen Unheils- und Heilsprophetien finden sich erörtert von J. Krall in der Festgabe für Büdinger (ein sprechendes Lamm prophezeit vor einem gewissen Psenchor unter König Bokchoris zuerst ein vom Nordosten über Ägypten hereinbrechendes Unheil, dann eine Glückszeit und stirbt dann), von Wessely (Neue griechische Zauberpapyri in den Denkschr. d. Kön. Ak. d. Wiss. Phil.-hist. Kl. 42) und ergänzend und abschließend von Wilcken (Hermes 40: die sog. *Prophezeiung des Töpfers,* Unheil von Osten und die Zerstörung von – anscheinend – Alexandria, vielleicht nach einem älteren Muster). Ed. Meyer (Sitz.-Ber. der Ak. d. Wiss. 31, 1905) nahm u.a. auf Grund eines von Lange kommentierten Papyrus, an, daß die Prophezeiung eines Heilskönigs auch für Ägypten nachgewiesen sei. Indessen die neue Lesung von Gardiner zeigt, daß in diesem Fall ebenso wie beim Pap. Golenischeff, der ähnlich gedeutet wurde, dies nicht zutrifft, sondern im einen Falle ein Gott, im anderen ein lebender König gemeint ist. Die von Herodot erwähnte Prophezeiung an Mykerinos und die von Manetho erwähnte Amenophis-Prophezeiung (E. Meyer a.a.O., S. 651) sind nicht hinlänglich authentisch überliefert. Alles beweist nur, daß Unheils- und Heils- Prophetie auch in Ägypten existierten, ergibt aber bisher nichts genügend bestimmtes für die behauptete Übernahme eines in Ägypten bestehenden festen *Schemas* durch die israelitische Prophetie. S. Abschnitt II.

rakterisieren. Die Herkunft aus kultischen Eigentümlichkeiten der chthonischen und gewisser siderischer Götter läge, wenn dies Schema tatsächlich als solches existiert hätte, nahe: Nacht und Winter brechen erst vollends herein, ehe die Gottheiten der Sonne und der Vegetation ihre Kraft wieder entfalten können. Inwieweit dabei die weithin über die Welt und so auch in der Nachbarschaft verbreiteten Vorstellungen von dem Leiden eines Gottes oder Heros, ehe er zur Gewalt gelangt, herstammend aus den Kultmythen der siderischen und Vegetationsgötter, auch in die volkstümliche israelitische Vorstellung übergegangen waren, muß dahingestellt bleiben. Daß Israel namentlich jene Kindheitsmythen, wie sie sich daran anzuknüpfen pflegten, kannte, zeigt die Geschichte von der Jugend des Mose. Die vorexilische Prophetie hat mit diesen volkstümlichen Konzeptionen, sie in ihrer Art abwandelnd, gearbeitet. Die Priesterschaft und die theologischen Intellektuellen überhaupt haben, soviel ersichtlich, sie gemieden und statt dessen die nüchterneren Verheißungen materiellen Wohlstandes, starker und geehrter Nachkommenschaft und eines großen, als Segenswort gebrauchten Namens verwertet. Vermutlich mieden sie die volkstümliche Eschatologie wegen ihres Zusammenhangs mit fremden astralen, chthonischen oder Toten-Kulten. Wo eine Verheißung einer Zukunftspersönlichkeit auftritt, ist es bei ihr nicht ein König, sondern ein Prophet wie Mose (Deut. 18, 15.19). Die Hoffnung, daß Jahwe selbst in der Zukunft die Herrschaft wieder in die Hand nehmen werde, wie er sie – nach der zuerst in der prophetischen Zeit auftauchenden Vorstellung der Samuel-Legende – einst vor der Errichtung des Königtums gehabt habe, gehört wohl im wesentlichen erst der Exilszeit an, wo (bei Deuterojesaja) der Heilands-Titel auf Jahwe angewendet wird.

Wir werden die Art, wie die Prophetie diese Zukunftserwartungen verwertet hat, gesondert zu besprechen haben. Vorher aber werden wir zweckmäßigerweise die Leistung ihrer Konkurrentin in der Prägung des Judentums erörtern: der vorexilischen Thoralehre. Denn nicht die Prophetie schuf den materiellen Inhalt der jüdischen Ethik, so wichtig ihre Konzeptionen für deren Geltung wurden. Sie setzte vielmehr gerade den Inhalt der Gebote als bekannt voraus, und man würde aus den Propheten allein niemals auch nur annähernd vollständig die ethischen Anforderungen Jahwes an den einzelnen entnehmen können. Diese Anforderungen waren eben von einer ganz anderen Seite her geprägt: durch die levitische Thora. Resultat ihrer Arbeit waren auch diejenigen Gebilde, welche wir heute als besonders bedeutsame Schöpfungen der israelitischen Ethik anzusehen pflegen: die Dekaloge (eigentlich: der eine, ethische, Dekalog[221] Ex. 20, 2f.; Deut. 5, 6f. und die beiden Dodekaloge Ex. 34, 14f. und Deut. 27, 18f.). Man hat immer wieder versucht, für diese Sammlungen ein besonders hohes Alter, womöglich mosaischen Ursprung, wahrscheinlich zu machen. Vor allem mit dem Argument, daß das Einfache an der

[221] Über den Dekalog s. Matthes Z. f. A. T. Wiss. 24, S. 17.

Spitze der Entwicklung gestanden haben müsse. Das ist schon an sich auf diesem Gebiet nicht immer richtig. Unser ethischer Dekalog insbesondere (Ex. 20, 2–17; Deut. 5, 6–18) erweist die (relative) Jugend seiner Geltung als gemeinverbindliche Norm schon durch das Schnitzbilderverbot, welches dem gemeinisraelitischen Brauch der älteren Zeit nicht entspricht. Ferner auch dadurch, daß er vom Haus des Nächsten und vom Gerichtszeugnis spricht, also feste Häuser und Prozeßverfahren mit Zeugenverhör voraussetzt. Weiter durch die sonst in vorexilischer Zeit nirgends so stark hervortretende Scheu vor dem Mißbrauch des Jahwenamens. Endlich durch die abstrakte Fassung des 10. Gebots: Laß dich nicht gelüsten, selbst wenn der gesinnungsethische Sinn des Worts erst später an die Stelle des ursprünglichen massiveren (betrügerisch manipulieren) getreten sein sollte. Nebenbei steht auch das allgemeine Verbot des Tötens mit dem Blutracherecht in Widerspruch. Andererseits enthält der ethische Dekalog keineswegs alle gerade dem alten Israel fundamental charakteristischen Vorschriften: jede Erwähnung der Beschneidung fehlt und von den rituellen Speisegeboten ist keine Rede. Abgesehen von der starken Betonung des Sabbat könnte der ethische Dekalog daher geradezu den Eindruck einer von Intellektuellen geschaffenen Formel einer interkonfessionellen Ethik machen: und er hat ja auch dem Christentum stets erneut als ethisches Orientierungsmittel gedient. Das ist weder bei den früher erwähnten Verfluchungsformeln der Sichemer Zeremonie (Deut. 27, 14-26), die man als sexuellen Dekalog zu bezeichnen pflegt, noch bei dem einzigen in jahwistischer Fassung erhaltenen Gebotenverzeichnis, den im Text als Wort des Bundes (debar ha berith) bezeichneten Vorschriften Ex. 34, 14-26 (dem sog. kultischen Dekalog) der Fall. In dem ersteren werden bei den sozialen Schutzvorschriften die für Israel charakteristischen gerim neben den Witwen und Waisen genannt. In dem letzteren aber wird neben der Vorschrift der Monolatrie (Verbot des Anbetens eines anderen El) und der Gußbilder das Verbot der Teilnahme an den kanaanäischen Opfern und jeder berith mit Kanaanäern überhaupt sehr nachdrücklich eingeschärft, woran sich dann Vorschriften über die Sabbatruhe und die Feste, die jährlich dreimaligen Wallfahrten zur Kultstätte, die Erstlingsabgaben an Jahwe, – alle in ziemlich allgemeinen Ausdrücken gehalten, – und schließlich drei sehr spezialisierte und unzweifelhaft sehr alte rituelle Speisebestimmungen, darunter eine über das Passah, schließen. Da in diesem kultischen Dekalog Ackerbaufeste und Passah beide vorkommen, Fälle von berith mit Kanaanäern mindestens bis Salomo existierten, andererseits das (übrigens in diesem Dekalog nicht unbedingt verbotene[222] connubium mit ihnen, wie die Legende von der Brautwerbung für Isaak wahrscheinlich macht,

[222] Es wird nur als für die Treue gegen Jahwe gefährlich hingestellt. Allerdings scheint die Fassung zu zeigen, daß gleichgeordnetes connubium nur bestand, wo ein berith geschaffen war, was anderen, z. B. römischen Verhältnissen entspräche und auch mit den Voraussetzungen der Dina-Geschichte stimmen würde.

bei den jahwistischen Viehzüchtern am frühesten Bedenken erregt hat, so kann diese Komposition in ihrer jetzigen Form nicht übermäßig alt sein. Für den sog. sexuellen Dekalog gilt insofern das gleiche, als er voraussetzt, daß die Aufstellung von Schnitz- oder Gußbildern, die Jahwe ein Greuel sind, nur noch insgeheim erfolge, – was bis in die späte Königszeit selbst in Juda nicht der Fall war. Die zweifellose (relative) Jugend des jetzigen Inhalts würde nun das Alter von dekalogartigen Gebotsammlungen in Israel nicht ausschließen. Aber schon die Unterschiede der jetzigen Dekaloge, denen allen gerade die zweifellos jüngsten Bestimmungen (Bildverbot) gemeinsam sind, machen die ursprüngliche Form problematisch und dazu tritt die Erwägung, daß jedenfalls solche katechismusartigen paränetischen Gebilde, wie der Dekalog Ex. 20 eines ist, nach den indischen Analogien zu schließen, nie am Anfang einer Entwicklung zu stehen pflegen, sondern relativ späte Produkte lehrhafter Absichten sind. Wir finden denn auch in der vorexilischen Literatur, vor allem der prophetischen, keine sichere Spur davon, daß den Dekalogen irgendwelche spezifische Würde und Bedeutung zugeschrieben wäre, ja daß sie überhaupt als allgemein bekannt vorausgesetzt[223] worden wären. Möglich scheint, daß der ethische Dekalog in

223 Vergleicht man die Ethik speziell des ethischen Dekalogs mit der Ethik der vorexilischen Propheten, so fällt auf, daß diese niemals eine Anspielung auf die besondere Dignität dieser Zusammenstellung machen, wie es zu erwarten wäre, wenn sie schon damals gegenüber anderen Normen durch das Prestige des Ursprungs von Mose selbst ausgezeichnet gewesen wäre. Zunächst fällt es den Propheten der vorexilischen Zeit in keiner Weise ein, ihrerseits mit dem Namen Jahwes sparsam umzugehen. Indessen dies konnte als ihr Vorrecht in ihrer Eigenschaft als Propheten angesehen werden. Allein auch sonst finden wir, daß die Tugend- und Sünden-Aufzählungen der Propheten mit den dekalogischen im Ganzen nicht viel gemein haben. Sehen wir von den Vorschriften der spezifischen sozialpolitischen Paränese ab, die bei den Propheten besonders stark in den Vordergrund treten, wie wir später sehen werden, und die im Dekalog gar keine Stelle finden, so ist der Kampf gegen die *anderen Götter* und gegen die Bilder freilich die eigentlichste Domäne der Prophetie. Anklänge an die Formulierungen des dekalogischen *1. Gebotes* finden sich am ehesten bei Hosea (12, 10; 13, 4). Aber im übrigen werden bei Amos Geiz (9, 1) als Kardinallaster, daneben Kornfeilschen (8, 5, am Sabbat) falsche Waage (8, 5) und Betrug gegen Arme (8, 5), ferner Unzucht (2, 7: Schlafen von Vater und Sohn bei der gleichen Dirne) gegeißelt. Die erstgenannten Laster gehören offensichtlich mit der prophetischen Sozialethik zusammen, das letzte mit dem Gegensatz gegen das Hierodulenwesen. Zur Ethik des Dekalogs hat kein von diesen Propheten besonders hervorgehobenes Laster eine charakteristische Beziehung. Bei Hosea werden (4, 2) Gotteslästerung, Lügen, Morden, Stehlen, Ehebrechen als verbreitete Sünden aufgezählt. Das sind Dekalogsünden. Es fehlt außer dem Sabbat und der Elternpietät das 10. Gebot, und das *Lügen* ist im Dekalog bekanntlich nur vor Gericht verboten. Immerhin aber ist dies bis auf Jeremia die stärkste Annäherung eines prophetischen an den dekalogischen Sündenkatalog. Sollte Hosea den Dekalog – was unsicher bleibt – tatsächlich gekannt haben, so wäre das vielleicht ein Hinweis auf dessen Ursprung im nordisraelitischen Gebiet: Hosea nennt das Wissen von jenen göttlichen Geboten: Kenntnis (dagath) von *Elohim*. Immerhin bleibt alles ganz unsicher. Bei Micha (6, 10-12) werden falsches Gewicht und Maß und unrechtes Gut erwähnt, was alles

der Zeit Hoseas in Nordisrael schon bekannt war. Sicher ist auch das in keiner Weise. Allein in jedem Fall ist die angebliche Sonderstellung der drei Dekaloge, von der alle jene Ansichten ausgehen, ganz unbegründet. Ganz offensichtlich gilt das für den kultischen und den sexuellen Dekalog. Die Zusammenstellung der Sexualgebote Lev. 18, die Sammlung kultischer, ethischer, ritueller und karitativer Satzungen Lev. 19: die umfassendste, auch die Gebote unseres ethischen Dekalogs einschließende Sammlung von allen, endlich auch die Sammlung Lev. 20, rituelle und sexualethische Vorschriften enthaltend, sind, wie der Augenschein lehrt, schlechthin gleichartig mit dem kultischen und sexuellen Dekaloge, und mindestens Lev. 19 geht auf eine Sammlung zurück, die ihrem ursprünglichen, wenn auch überarbeiteten Bestand nach keineswegs jünger sein muß, als irgendeiner der Dekaloge. Die Frage des Alters hängt aber mit der anderen zusammen: welchen Ursprung denn diese Sammlungen vermutlich gehabt haben?

Hervorragende Forscher haben geglaubt, sie als alte Bestandteile kultischer Liturgien auffassen zu sollen. Die Analogien sprechen aber entschieden gegen diesen Ursprung. Uns sind aus Ägypten und Babylonien Sündenkataloge erhalten, welche schon öfter mit den israelitischen Sammlungen in Parallele gestellt worden sind. Woher stammen nun diese? Nicht aus dem Kultus, sondern aus

zum Dekalog nicht in charakteristischer Beziehung steht. In den echten Jesajaorakeln und bei Zephanja ist keine zum Dekalog in Beziehung zu setzende Reihe von Sünden aufgeführt. Von eigentlich privaten Lastern erwähnt Jesaja das im Dekalog ganz fehlende Saufen (5, 11), alle anderen Stellen sprechen wesentlich Klagen aus, die sich gegen das ungerechte Treiben der Vornehmen richten. Eine Anspielung auf das zehnte Gebot könnte vielleicht bei Micha (2, 2) gefunden werden, doch ist das Aneinanderreihen von Äckern durch Wucher eine allgemeine sozialethische Klage der Propheten gegen die Reichen. Erst bei Jeremia findet sich wieder die Mehrzahl der Dekalogsünden: Raub und Diebstahl, Mord, Meineid (7, 9), Ehebruch (5, 8), Betrug gegen den Freund (9, 4), Sabbatverletzung (17, 22), also hier zuerst der Sache nach alle dekalogischen Sünden außer dem Mißbrauch des göttlichen Namens und dem 10. Gebot. Aber irgendeine Bezugnahme auf die besondere Heiligkeit gerade des Dekalogs oder auf seine so charakteristischen Formulierungen oder auch nur auf die Existenz einer solchen Sammlung läßt sich weder bei ihm noch bei anderen Propheten erkennen. Es sei denn, daß man wiederum bei Micha (6, 8) eine sehr allgemein gehaltene Betonung der Bedeutung des Haltens der Mischpatim darauf beziehen wollte; was aber schon formell unzulässig erscheint, da die Dekaloge debarim, nicht mischpatim sind. Dagegen findet sich namentlich bei Jeremia eine gegenüber dem Dekalog viel weiter gehende gesinnungsethische Sublimierung und Systematisierung der sittlichen Gesamthaltung, von der später zu reden sein wird. Und schon bei Micha treten gesinnungsethische Ansprüche auf, wie, neben der *Demut* vor Gott, die Übung von *Liebe* (6, 8), welche der Dekalog gar nicht kennt. Alles in allem: Die Prophetie weiß nichts von einem *mosaischen* Dekalog, vielleicht überhaupt von keinem solchen. Das alles scheint die hier vertretene Annahme von der relativen Jugend und dem rein pädagogischen Zweck des ethischen Dekalogs zu bestätigen. Andrerseits geht die Herabrückung in nachexilische Zeit nicht nur (wie selbstverständlich) für den sexuellen und kultischen Dekalog zu weit, sondern auch für den ethischen.

der Seelsorge der Magier und Priester. Der von Krankheit oder Unglück Verfolgte, der beim Priester Rat sucht; wie er den Zorn des Gottes beschwichtigen solle, wird von diesem nach Sünden abgefragt, die er etwa begangen haben könnte. Dafür haben die Priester zweifellos früh feste Schemata entwickelt. Für Babylon ist ein erhaltener Sündenkatalog ganz unmittelbar ein solches Schema und das gleiche ist zweifellos der Ursprung des Sündenkatalogs des ägyptischen Totenbuchs, welcher die Sünden angibt, nach welchen die 42 Totenrichter im Hades den Toten befragen werden.

Wir sahen, daß die Thora der Leviten genau in dieser Richtung lag. Sündenbeichte und gegebenenfalls Erstattung unrechten Guts an den Geschädigten mit 20% Zuschlag schreibt die Priestergesetzgebung ausdrücklich vor (Num. 12, 6), sicherlich auf Grund alten Brauchs. Die überlieferten Vorschriften über die levitischen Schuld- und Sühnopfer zeigen auch die Gelegenheit, bei welcher gerade diese Beichte des Opfernden vorgenommen wurde: ein privates Opfer, nicht: ein Kultakt. Mit steigender Bedrängnis von außen und dadurch steigendem Druck des allgemeinen Sündengefühls steigerte sich die Bedeutung gerade dieser Tätigkeit der Leviten. Die Erklärung, welche nach dem Deuteronomium (26, 13 f.) in jedem dritten Jahre der Israelit bei Opferung des Zehnten an Leviten, gerim, Witwen und Waisen abzugeben hat, daß er diese Ablieferung richtig besorgt, keines der Gebote Jahwes übertreten und insbesondere nichts von dem Abgelieferten in Unreinheit oder Totentrauer gegessen oder einem Toten geopfert habe, hat genau die Form der ägyptischen Sündenreinheitserklärung. Man braucht aber einen zum Abfragen bestimmten Sündenkatalog nur in positive Vorschriften umzukehren und man hat eine Liste göttlicher Gebote, wie sie insbesondere auch die Dekaloge darstellen. Daher stammen sie und alle ähnlichen Sammlungen. Nicht aus dem gemeinsamen Kult, an dem ja die von Unglück Geschlagenen, als von Gottes Zorn verfolgt, gar nicht teilnehmen durften, sondern vielmehr aus der Beichtpraxis der Leviten gegenüber den Mühseligen und Beladenen. Mit ihnen als Kunden hatte sich der Levit in der Praxis fortwährend zu befassen: Daher die Vorliebe der Thora für diese gedrückten Schichten und der Zorn gegen die Hochmütigen, die sich nicht geneigt zeigen, sich vor Gott, d.h. vor dem Leviten, zu demütigen (und: ihn für die Versöhnung mit Jahwe zu entgelten).

Indirekt war freilich auch die Gemeinschaft an der Sündenbeichte interessiert. Deshalb: weil sie solidarisch haftete. Das Erscheinen vor Jahwe, welches der kultische Dekalog für alle Israeliten anordnet, hatte vielleicht den Zweck, eine präventive Abfragung der Erscheinenden nach Sünden zu ermöglichen, damit sie und die Gemeinschaft vor dem Zorn Jahwes bewahrt blieben. Jedenfalls aber sollte es die priesterliche Machtstellung sichern. Die sichemitische Zeremonie verfluchte namens der Gemeinschaft diejenigen, welche eine (durch den Leviten ungesühnte!) Sünde auf sich hatten, auf daß nicht die Gemeinschaft unter Jahwes Zorn leide: Diesen Zweck und die Sündenverfluchung selbst haben vermutlich erst die levitischen Thoralehrer in den ursprünglich wohl für die einfache Dämonenverfluchung bestimmten Ritus nachträglich hineingebracht. Dem gleichen Zweck: Reinhaltung der Gemeinschaft von Sünden, um den Zorn des Gottes von ihr fernzuhalten, diente ja nach der Auffassung der levitischen Priester auch die von ihnen als Pflicht und Recht in Anspruch genommene Aufgabe der Belehrung des Volks über die Thora überhaupt. Die deuteronomische Vorschrift, die Thora alle sieben Jahre öffentlich verlesen zu lassen, ist ebenso jung wie die Konstruktion des Erlaßjahrs, mit dem sie (Deut. 31, 11. 12) verbunden ist; schon daß auch die gerim sie hören sollen, zeigt das. Das Interesse der Gemeinde an der Sündenbeichte und Sündenkatalogisierung stieg eben mit den steigenden Zeichen göttlichen Zorns.

Die Abweichungen der Sammlungen und auch das seltsame Nebeneinanderstehen der im Wesen dem gleichen Zweck dienenden Schuldopfer und Sühnopfer (Chattat und Ascham) in der jetzigen Redaktion erklären sich daraus, daß eben keine einheitliche Organisation, sondern zahlreiche bekannte Amtssitze von Leviten und bis zum Siege Jerusalems auch zahlreiche levitische Opferstätten nebeneinanderstanden. (Ein solcher alter Sitz levitischer Weisheit, an den man sich mit Fragen wandte, wird 2. Sam. 20, 28 erwähnt.)

Jedenfalls aber: die drei sogenannten Dekaloge dürfen nicht anders angesehen werden als die andern ähnlichen Sammlungen. Daß man ihnen auch in der wissenschaftlichen Betrachtung bei uns jene Sonderstellung einräumte, hatte außer in der späten Legende von der Bundeslade als dem Aufbewahrungsort von zwei die Gebote enthaltenden Steintafeln, offenbar auch in der Hoffnung seinen Grund: Auf diese Art etwas greifen zu können, was an inhaltlichen Geboten auf Mose zurückgeführt werden könnte. Aber diese Hoffnung ist doch wohl ganz vergeblich. Die Rezeption Jahwes als Bundesgott und des levitischen Orakels sind die beiden Leistungen, welche mit gutem Grund auf Mose zurückgeführt werden dürfen. Das ist nicht wenig: Aus der Eigenart des Bundesgotts und der Leviten folgte – unter Mitwirkung bestimmter historischer Verkettungen – später alles andere. Aber die durch jene Hoffnung bedingte Sonderstellung der Dekaloge ist aufzugeben. Wenn die mosaische berith über die aus der Rezeption ohne weiteres folgenden rein rituellen Verpflichtungen hinaus inhaltliche Gebote enthalten haben sollte, dann sicher nur solche, welche der Erhaltung des Friedens innerhalb des Heerbanns dienten, über die Rache vergossenen Blutes und vielleicht sozialpolitische Schutzbestimmungen für verarmende wehrhafte Sippen. Was aber die inhaltliche Ethik anlangt, so zeigen die Quellen, daß im alten Israel zunächst, wie überall, die Sitte der letzte Maßstab des Sittlichen war. Nie findet eine Bezugnahme auf Gebote statt. Nebalah, Ruchlosigkeit, war das, was in Israel unerhört war. Erst die levitische Thora begann für die Zwecke der Sündenbeichte Einzelgebote zu formulieren und zu katalogisieren. Der ethische Dekalog (Ex. 20) nimmt unter ihnen allerdings eine von andern ähnlichen Sammlungen kaum irgendwo erreichte

Sonderstellung ein. Aber nicht weil er mosaisch wäre. Das ist er am allerwenigsten. Sondern weil er wahrscheinlich den Versuch darstellt, eine summarische Jugendlehre für die Heranwachsenden – deren Unterricht über Gottes Willen ja (Ex. 13, 8. 14 und öfter) vorgeschrieben war – zu bieten, ebenso wie die indischen Dekaloge dem Laien- (und außerdem dem Novizen-) Unterricht dienten. Der Wucht, Plastik und Präzision seiner Formulierung, nicht der Sublimierung oder Höhe seiner ethischen Ansprüche (die tatsächlich recht bescheiden sind) verdankt er seine Stellung. Seine wichtigsten Eigenarten aber, vor allem seine Aussonderung aus der Verbindung mit rituellen Vorschriften einerseits, sozialpolitischen andererseits, verdankt er zweifellos der Adresse, an die er sich wendete: Es sind weder die politischen Gewalten, noch sind es die Angehörigen einer Bildungsschicht, die er belehren will, sondern der Nachwuchs des breiten bürgerlichen und bäuerlichen Mittelstandes, des Volkes. Deshalb enthält er nur das, was alle Altersklassen im Alltagsleben beobachten sollen, nicht mehr. Die zehn Gebote dienen ja auch bei uns wesentlich dem Zweck der elementaren Jugend- und vor allem: Volks-Belehrung. Weit entfernt also, daß der Gemeinschaftskult, womöglich der Tempelkult, die Quelle der zahlreichen debarim und Thorasammlungen, darunter auch der Dekaloge, gewesen wäre, entsprangen sie der levitischen Seelsorge und dem Lehrbetrieb, für welchen wir alsbald im Exil in Babylon das Lehrhaus antreffen, also: dem historischen Vorläufer der späteren Synagoge, der mit Kult ursprünglich gar nichts zu schaffen hatte.

Wie die Brahmanen ursprünglich aus der rituellen und magischen Seelsorge für die einzelnen, so sind die levitischen Thoralehrer nicht aus Funktionen im Gemeinschaftskult, sondern gerade aus der rituellen und ethischen Seelsorge vor allem für die einzelnen (einschließlich des Fürsten) zu ihrer Machtstellung und kulturhistorischen Bedeutung aufgestiegen und ihre Beteiligung im Kult war vielleicht überhaupt erst sekundär, jedenfalls aber nicht die Hauptsache. Gerade das Fehlen einer Kult-Zentralisation und eines amtlichen Organs für einen Bundeskult im alten Jahwebunde gab sowohl den alten Propheten und Sehern, wie den Leviten ihr starkes Gewicht. Mit diesem Gewicht hatten die eigentlichen Kultpriester auch in der Königszeit schon deshalb zu rechnen, weil breite Kreise der im Besitz der Rechtsüberlieferung befindlichen Laien den Leviten starken Rückhalt gewährten. Und zwar sind es anscheinend gerade manche vornehmen Sippen gewesen, deren Angehörige im königlichen Dienst standen und dadurch im Gegensatz zu den Sippen der alten Sekenim zu einer rationalen Betrachtung des Rechts nach Art der levitischen Paränese neigten, die innere Opposition gegen die sultanistischen Anwandlungen der Könige aber mit den levistisch-jahwistischen Kreisen einerseits, den Sekenim andererseits teilten. Die Prophetin Hulda war Frau eines solchen Beamten. Die gleiche Provenienz tritt in einer deuteronomischen Sammlung ziemlich deutlich hervor, für welche Schofetim, offenbar: Laienrichter anderer Art als die Sekenim, mit den Leviten gemeinsam Träger der Rechtsprechung sind, während die alte Tradition durchweg die Sekenim als die eigentlich legitimen Vertreter des Volkes behandelt.

Ursprünglich als Losorakelgeber, dann als Seelsorger und dadurch rationale Thoralehrer, hatten die Leviten ihre Machtstellung erlangt. Eine strenge Trennung von jus und fas war mit ihrer zunehmenden Bedeutung und der steigenden Berücksichtigung ihrer Anschauungen durch die jahwistisch interessierten Laien nicht aufrechtzuerhalten. Die alte nie vergessene Bedeutung der debarim Jahwe für alle wichtigen Entschließungen kam ihrem Einfluß auch auf die Rechtsanschauungen zugute. Die Theologisierung des Rechts einerseits, die Rationalisierung der religiösen Ethik andererseits waren die Folge dieser Zusammenarbeit jahwistisch frommer Laien mit ethisch reflektierenden Priestern. Das wichtigste Produkt dieser Zusammenarbeit, entstanden unter dem beherrschenden Einfluß der Jerusalemiter Priesterschaft nach dem Zusammenbruch des Nordreichs, war nun: das Deuteronomium. Es ist uns schon begegnet 1. als Redaktion der Mischpatim, 2. als Kompendium der jahwistischen gegen den salomonischen Fronstaat und die Weltpolitik gerichteten Forderungen nach Beschränkung der Königsgewalt, 3. als Kompendium der kultischen Monopolansprüche der Priester von Jerusalem. Diesen kultischen Monopolansprüchen trat nun 4. der Monopolanspruch auf die Thora zur Seite. Der Israelit soll (Deut. 17, 10) nach dem handeln, was an der von Jahwe bestimmten Kultstätte in Jerusalem gelehrt wird. Kultpriester als solche pflegen im allgemeinen nicht Träger rational ethischer Lehre zu sein, sondern sind in aller Regel rein ritualistisch orientiert. So war es auch in der Zeit des zweiten Tempels. Damals war das große Beth Din in der Quaderkammer des Tempels von Jerusalem – dessen Stellung und Bedeutung Büchler in glänzenden Untersuchungen aufgedeckt hat – die Zentralinstanz für die Entscheidung aller rituellen Fragen der Lebensführung und zugleich zur Abgabe von Gutachten über Fragen des fas auf Anfrage der weltlichen Gerichte zuständig. Daß eine formal organisierte und anerkannte einheitliche Instanz dieser Art in vorexilischer Zeit in Jerusalem bestanden hätte, ist nicht überliefert. Aber die gebildetste Großstadt-Priesterschaft des Landes wahrte durch jene Bestimmung den Anspruch, maßgeblich den Willen Jahwes für die Gerichte, Thoralehrer und Privaten interpretieren zu können.

Das Deuteronomium wollte ein Kompendium der levitischen Lehre, das maßgebliche Sefer hattorah, sein. Später wird uns seine Beziehung zu der Verkündigung der Propheten zu beschäftigen haben. Hier geht uns jetzt sein Gehalt an levitischer Paränese und an theologischer Rationalisierung der Ethik an. Die nur von orientalistischen Fachmännern zu entscheidende Frage, ob etwa das unter Josia angenommene Kompendium, wie Puukko im Gegensatz zu Wellhausen glaubt, ursprünglich nur aus diesen paränetischen Teilen und den auf die Kult- (und wohl auch: Thora-) Konzentration und die damit zusammenhängenden Verhältnisse bezüglichen Bestimmungen bestand, die übrigen aber, also nicht nur die unmittelbar prophetischen, zum Teil sicher erst exilischen oder nachexilischen, sondern auch die Mischpatim und das Königsrecht erst später damit verschmolzen worden sind, kann hier dahin gestellt bleiben. Denn auf jeden Fall entstammten auch in diesem Fall sowohl das Königsrecht wie auch die Bearbeitung der Mischpatim dem gleichen oder einem nahe verwandten Theologenkreis und verfolgten die gleiche Tendenz. Die eigentlich paränetischen Partieen des Deuteronomium sind das Werk eines Einzelnen, offenbar eines Thoralehrers aus dem Kreise der Tempelpriesterschaft von Jerusalem. Aber die Art der Auffindung und die dabei genannten Personen gestatten den Schluß, daß das Ganze ein gut vorbereiteter Akt einer bereits um eine entsprechende Anschauung gescharten Partei war.

Höre Israel, Jahwe ist unser Gott, Jahwe allein, – der Anfangssatz des heutigen jüdischen Morgengebets, steht an der Spitze der Paränese. Er ist ein eifersüchtiger Gott (Deut. 6, 15), aber er ist treu (7, 9), er hat den Bund mit Israel, welches er erwählt hat (7, 6), beschworen (7, 12) und hält ihn durch tausend Geschlechter; er liebt sein Volk (7, 11) und wenn er es Mühsal und Not erdulden ließ, so hat er das getan, um die Echtheit seiner Gesinnung zu erproben (8, 2. 3). Denn er knüpft seine Liebe und Gnade daran, daß seine Gebote gehalten werden (7, 13); wenn nicht, so wird er den Sünder und zwar ihn selbst, ohne Aufschub (auf andere Generationen) strafen (7, 10). Vor allem aber haßt er den Hochmut und das Selbstvertrauen (8, 14), besonders das Vertrauen auf die eigene Stärke (8, 17), welches zumal dann leicht eintreten kann, wenn Israel reich geworden ist (8, 12. 13). Und ebenso die Selbstgerechtigkeit (9, 4); denn er hat Israel nicht erwählt und bevorzugt um seiner Tugenden willen. Diese hat es gar nicht, es ist das geringste der Völker (Deut. 7, 7. 8), – eine höchst nachdrückliche Ablehnung alles kriegerischen nationalen Heldenstolzes. Sondern er erwählte es wegen der Laster der anderen Völker (9, 5. 6), worunter zweifellos vor allem die Sexualorgiastik (23, 18) und andere Landessitten Kanaans (12, 30) verstanden sind. Nach solchen Sitten des Landes soll man nicht, in der Meinung, dies den Göttern des Landes schuldig zu sein, leben, sondern nach Jahwes Geboten allein. Alle Magie und Zeichendeutung jeder Art (18, 10. 11), alle Menschenopfer (18, 10), aber auch alle Bundesschließungen (7, 2) und das connubium (7, 3) mit den Kanaanäern sind wegen der Gefahr des Abfalls streng verboten: Alle Feinde sind ein für allemal dem Cherem verfallen. Jeden, der zum Abfall von Jahwe verleitet und sei es ein Prophet (13, 6) oder der eigene Bruder oder Sohn, muß man mit eigener Hand den Steinigungstod erleiden lassen (13, 7). Was die Beziehung des Frommen zu Jahwe anlangt, so soll man ihn fürchten, verehren, nur bei ihm schwören (6,13), vor allem aber: ihn lieben (7, 9) und seinen Verheißungen unbedingt vertrauen: Jahwe hat die Macht, Israel seine Zusagen zu halten auch noch so viel stärkeren Völkern gegenüber (7, 17. 18) und das Wunder des Manna in der Wüste hat gezeigt, daß der

Mensch nicht von Brot allein lebt, sondern von allem, was Jahwe geschaffen hat (8, 3). Die Macht des Gottes wird ins Riesenhafte, Monotheistische, gesteigert: Er ist allein der Gott des Himmels und der Erde und kein anderer (4, 39); Himmel und Erde und alles gehört ihm (10, 14), er allein und kein anderer ist Gott (4, 35) heißt es in vielleicht erst im Exil entstandenen Zusätzen. Aber dieser Wundermacht wird er sich für Israel nur dann bedienen, wenn es ihm gehorcht und seine Gebote hält. Dann – diese Bestandteile der später im Exil stark erweiterten Verheißungen und Flüche (Kap. 28) werden als ursprünglich gelten dürfen – wird materielles Wohlergehen aller Art eintreten, die Feinde wird Jahwe, wenn sie kommen, niederstrecken, dem Lande Regen geben und Israel zum Gläubiger anderer Völker, zum Patriziat also, machen; entgegengesetztenfalls wird er in allem das gerade Umgekehrte tun.

Es ist viel und in meist steriler, weil konfessionell-apologetischer Art darüber gestritten worden, ob Furcht das für Israel im Gegensatz zu andern Religionen maßgebende Motiv sittlichen Handelns gewesen sei.[224] Nun lehrt jede realistische Beobachtung, daß dieses Motiv für Massenreligionen – im Gegensatz zu Virtuosenreligionen – überall in der Welt (neben dem qualitativ ähnlichen Motiv der Hoffnung auf diesseitige oder jenseitige Belohnung) seine beherrschende Rolle gespielt hat. Wie die levitischen Thoralehrer durch das Sündensühneverfahren, so hat die abendländische Kirche durch die Bußordnungen und nicht durch die Predigt der Liebe die Domestikation der Massen in die Wege geleitet. Der Predigt der Gottes- und Nächstenliebe in der christlichen Kirche stehen genau gleichartige und genau gleich ernst gemeinte israelitische (vor allem: rabbinische) Lehren gegenüber. Zutreffend ist nur eins: Der ritualistische Charakter einer Religiosität bedingt natürlich, je stärker er vorherrscht, desto mehr, daß die Besorgnis vor rein formalen, für die moderne Vorstellung gesinnungsethisch irrelevanten, Verstößen die religiöse Beziehung färbt. Und zutreffend ist ferner, daß die Entwicklung der vorexilischen Ethik sehr stark unter dem Druck der Angst, man ist fast versucht zu sagen: der Kriegspsychose, angesichts der furchtbaren Raubkriege der großen Eroberungsreiche sich vollzog.[225] Davon wird später zu reden sein. Die Überzeugung, daß nur ein Gotteswunder, nicht Menschenkraft, retten könne, war die Grundstimmung des deuteronomistischen Kreises.

Die utopistischen Kriegsregeln des Deuteronomium und sein Königsrecht stimmen zu diesen prinzipiellen Grundlagen auf das beste. Auch in Ägypten wird in dem Gedicht des Pentaur gesagt, daß Ammon allein den Sieg bewirke und nicht eine Million Soldaten. Aber gehandelt wurde danach nicht. Auch die Priestermacht in Ägypten entspricht den Anforderungen der Priester von

[224] Vgl. für die vorexilische Zeit darüber jetzt die in ihrer Art gute Abhandlung von Schultz in den Theol. Stud. u. Krit. 63 (1896).
[225] Dennoch ist eine solche Sündenangst wie etwa bei Alphons v. Liguori oder bei manchen Pietisten in Israel sowohl wie im Judentum nirgends auffindbar.

Jerusalem. Aber in Israel mußten diese Züge ganz wesentlich penetranter wirken. Sie alle beruhten auf dem Prestige Jahwes, der allein, ohne Zutun Israels, alles zum besten lenken kann und lenkt, wenn man ihm nur vertraut. Dies an den Ammonglauben erinnernde, aber weit stärker durchgeführte Prestige Jahwes war in Jerusalem offenbar durch die, Jesajas Verheißung gemäß, unter Hiskia wider alle Wahrscheinlichkeit eingetretene Errettung aus der Belagerung durch Sanherib erzeugt. Die Heils- und Unheilsdrohungen entstammen zum Teil den von der Heils- und Unheilsprophetie geprägten Schemata. Aber nur zum Teil: die Verheißung über das Geldleihen ist spezifisch bürgerlich-jerusalemitisch. Die strenge Monolatrie war eine damals schon alte jahwistische Forderung und das nach Innen gewendete Korrelat des Monopols der jerusalemitischen Priester nach außen. Der dem Wesen nach schon streng konfessionelle Abschluß nach außen entsprach teils Priester-Interessen, teils der Frömmigkeit einer stadtbürgerlichen, aber hierokratisch von Thoralehrern geleiteten Intellektuellenschicht. Dem Abschluß gegen die Fremden (nakhri) entsprach nach Innen die religiöse und sozialethische Gleichstellung der frommen und rituell korrekten gerim mit den Israeliten, das Produkt der Entmilitarisierung der Plebejer: Jeremia stellte ja zur gleichen Zeit die Rechabiten, also typische gerim, den Israeliten als Träger exemplarischer Gottwohlgefälligkeit hin. Plebejisch ist nicht nur die völlige Fremdheit gegenüber allen realen politisch-militärischen Bedürfnissen und jeglicher Heldengesinnung, sondern die ganze Art der gesinnungsethischen Beziehung zum Gott: Demut, Gehorsam, vertrauensvolle Hingabe – daher das Verbot, Gott zu versuchen, d.h. Wunder von ihm als Zeichen seiner Macht zu verlangen (Deut. 6, 16: es wird auf den Vorgang in Massa exemplifiziert, vgl. Ex. 17, 2. 7) – vor allem eine pietistisch anmutende Liebe zu ihm, die vorher nur etwa bei Hosea (wenigstens nur bei ihm vorher sicher datierbar) als Grundstimmung bezeugt ist. Fromme Stimmung und eine gelegentlich in der Paränese pathetische, aber doch von aller radikalen und gottbesessenen Leidenschaft freie, gesinnungsethische Sublimierung der inneren Hingabe an den Gott kennzeichnen die Gesamthaltung. Durch die großen Propheten ist dieses Kompendium zwar, wie schon das hier Gesagte ergibt, in seinen grundlegenden utopistischen Voraussetzungen ganz entscheidend bedingt, aber es ist keinenfalls ihr Werk, wie wir später bei Betrachtung jener leicht sehen werden. Dagegen wird von den Fachleuten angenommen – was an sich wahrscheinlich ist –, daß der Redakteur des Deuteronomium die jahwistischen und elohistischen Sammlungen gekannt und namentlich die letzteren gelegentlich benutzt hat.

Der Abschluß der deuteronomischen Arbeit liegt wohl zeitlich nahe der (von Wellhausen sogenannten jehowistischen) Zusammenarbeitung der jahwistischen und elohistischen Redaktion der alten Erzväter-Legenden und levitischen Mose-Traditionen. Es sind zahlreiche an die im Deuteronomium vertretene Religiosität unmittelbar erinnernde Einträge in diesen – später durch priesterliche Ergänzung, Interpolation und teilweise Überarbeitung veränderten – Redaktionen zu finden, und der Jehovist hat vor allem die großen Verheißungen an die Vorväter teils neu eingefügt, teils ergänzt. Gemeinsam mit dem Deuteronomium ist ihm dabei das Absehen vom Königtum: Nicht dem Könige, sondern dem frommen Volk wird, in Anknüpfung an die alten, Bileam zugeschriebenen Segenssprüche aus der Zeit vor dem salomonischen Fronkönigtum, das Heil (an die Adresse seiner legendären Stammväter) verheißen. Theologisch interessierte fromme Laienkreise in Gemeinschaft mit Leviten dürften die Stätten sein, aus denen beide Arbeiten hervorgingen, nur daß beim Deuteronomium die unmittelbare Beteiligung der Priester weit stärker gewesen ist, weil es sich hier um ein durch priesterliche Interessen bestimmtes, allerdings aber auf der Thora der Leviten ruhendes, paränetisches Werk handelt.

In religiöser Hinsicht eignet der Paränese des Deuteronomium die starke Betonung des Vergeltungsgedankens und Vorsehungsglaubens, die erbauliche, weiche, karitative, oft miserabilistische Gestaltung der inneren Beziehung Gottes zu den Menschen und umgekehrt, und der durchweg plebejische Charakter der ganzen demütig ergebenen Frömmigkeit. Es sind das Züge, die in ausgeprägtem Maße auch der ägyptischen Volksfrömmigkeit des Neuen Reichs eignen und schon im Alten Reich Anknüpfungsquellen finden. Schon dort liebt, nach Ptahoteps Weisheitslehren, Gott vor allem: den Gehorsam. Die Denksteine von Handwerkern aus der Zeit der Ramessiden fügen hinzu, daß er unbestechlich ist, Kleinen wie Großen seine Macht zeigt, daß Ammon aber vor allem den Armen hört, wenn er zu ihm schreit, daß er auch von ferne – wie Jahwe – herbeikommt zu helfen, mit der süßen Luft des Nordwinds, der dort ebenso ersehnt wurde, wie das stille sanfte Sausen des West in Palästina, daß man auf ihn hoffen und ihn lieben solle, daß er seinen Zorn nicht den ganzen Tag über dauern lassen werde. Der Mensch ist, wie in der israelitischen Thora, nicht erbsündlich verderbt, aber töricht von Natur, er kennt gut und böse nicht. Gebet und Gelübde – die gleichen Mittel wie in Israel – stimmen ihn gnädig, vor allem aber: recht tun. Denn der Vergeltungsgedanke hat in der Frömmigkeit des Neuen Reichs offenbar stark zugenommen und Krankheit ist natürlich auch hier die übliche Form göttlicher Strafe. Man sieht, diese ganz persönliche Frömmigkeit ist wesensgleich der überall in der Welt in plebejischen Klassen verbreiteten. Sie hat in Indien zur Heilands-Religiosität geführt. In Ägypten ist es der Pharao, durch dessen Fürsprache und Mittlerschaft man Heil erhofft, aber: wesentlich politisches Heil oder Segen, die Heilsgüter, für welche der politische Verband überall sorgt. Das private Ergehen des einzelnen galt zwar ebenfalls als vom Charisma des Pharao abhängig. Aber: die Bürokratie stand zwischen ihm und den Massen. Und die persönliche Religiosität der Pharaonen war die typische rein materielle do ut des-Moral: Das hatte mit jener plebejischen Frömmigkeit gar keine Beziehung. Und unvermittelt neben ihr stand die grobe Magie der Priester, an welche sich der

Nothilfsbedürftige wendete. Eine ethische Belehrung der Massen lag eben nicht nur den auf ihre theologische Esoterik stolzen ägyptischen Priestern fern, sondern auch ihre materiellen Interessen verwiesen sie auf das viel einträglichere Geschäft des Verkaufs von Totenbuchrollen und Skarabäen. Es existierte also in Ägypten zwar eine plebejische Frömmigkeit ganz gleichartigen Gepräges wie im vorexilischen Israel und bei den fortwährenden direkten Beziehungen sind Einflüsse von dort nach hier keineswegs unwahrscheinlich, wennschon natürlich nicht strikt nachweisbar. Aber sie wurde niemals Gegenstand einer systematischen Rationalisierung sei es prophetischer sei es priesterlicher Art. Und ganz ähnlich stand es in Babylonien. Die alten Bußpsalmen der stadtbürgerlichen Zeit Mesopotamiens, aus der Bibliothek Assurbanipals und anderen Quellen bekannt, stehen an Stimmungsgehalt der israelitischen Psalmenfrömmigkeit überaus nahe, ja gelegentlich drängt sich der Gedanke einer Beeinflussung unmittelbar auf. Die Frömmigkeit des Nebukadnezar und der ersten Perserkönige stand ebenfalls der israelitischen nahe und dies war den Propheten ihrer Zeit auch bekannt, die nicht ohne Grund sie als Knechte Gottes bezeichnen. Aber auch dort fehlt die systematische Rationalisierung zu einer Alltagsethik der Massen. Es fehlte außer der rationalen Thoralehre eben zwar nicht die Prophetie überhaupt, aber: die spezifisch israelitische Art der Prophetie. Daß sie fehlte und nur in Israel bestand, hatte (s. u.) in rein politischen Umständen seinen Grund.

Wenn so die Thoralehrer im Mittelpunkt der Entwicklung der religiösen Ethik standen, so erübrigt ein kurzer Blick auf deren materiale Anforderungen, um noch die Frage aufzuwerfen, ob sie etwa den Inhalt ihrer ethischen Lehren von anderswoher übernommen haben und wie er sich überhaupt zu der politischen Ethik anderer Kulturgebiete verhält.

Zur Würdigung der inhaltlichen Eigenart der altisraelitischen Ethik, wie sie in den Dekalogen, aber natürlich ganz ebenso und zum Teil noch deutlicher in den sonstigen ethischen Debarim sich äußert, interessiert im ganzen mehr als die vielfachen, aber im allgemeinen rein ethisch nicht sehr ertragreichen, jedenfalls darin kaum über das überall Selbstverständliche hinausgehenden Parallelen mit babylonischen Sündenregistern[226] die Vergleichung mit der

[226] Von den babylonischen Sündenlisten ist die von Zimmern (Beitr. 1) edierte, auch von Sellin a. a. O., S. 225 angezogene die der dekalogischen Ethik am meisten verwandte. Verachtung der Eltern und Beleidigung der älteren Schwester, Ehebruch, Töten, Betreten des Hauses des Nächsten, Fortnahme des Kleides des Nächsten stehen dekalogischen Sünden am nächsten. Grenzverrückung, Festhaltung oder Nichtbefreiung Eingekerkerter (zweifellos: Schuldhäftlinge), lose und unflätige Reden, Lüge und Unaufrichtigkeit gehören zu den zwar nicht im Dekalog, aber doch in der levitischen Paränese verpönten Untugenden, während die Verschuldung von Streit unter Eltern und Kindern oder unter Geschwistern und das Unrecht, *im Kleinen zu geben, im Großen zu verweigern,* keine direkten Parallelen finden. Daß damit rein rituelle Fehler auf eine Stufe gestellt werden, entspricht dem *kultischen* und dem *sexuellen* Dekalog Israels. Auffällige Parallelen der beiderseitigen Ethik finden sich im übrigen, soviel bisher

ägyptischen Sündenliste des 125. Kapitels des Totenbuchs.[227] Sie lag schon vor der Entstehung des israelitischen Bundes fertig vor und gab zweifellos die Anforderungen der Priester so wieder, wie sie auch bei Gelegenheit der Sündenabfragung an die Kundschaft gestellt wurden. Der Unterschied gegenüber den Anforderungen des ethischen Dekalogs ist im einzelnen zuweilen erheblich; aber andererseits finden sich starke Anklänge. Dem dekalogischen Verbot des Mißbrauchs des göttlichen Namens entspricht dort die Versicherung, nie einen Gott beschworen, d. h. durch Magie gezwungen zu haben (B. 30). Gegenüber dem keine anderen Götter haben (ursprünglich: keinen anderen Göttern opfern) ist die ägyptische Forderung: Gott nicht im Herzen zu verachten (B. 34) infolge der stärkeren pantheistischen Wendung der ägyptischen Frömmigkeit stärker ins Gesinnungsmäßige gewendet. Die deuteronomische Forderung: Gott zu lieben, ist in den ägyptischen Katalogen in dieser allgemeinen Form nicht ausdrücklich vertreten. Daß dagegen Gott den Gehorsam liebt, weiß schon Ptahotep (Pap. Prisse). (Dieser Gehorsam und das Schweigen sind dort stark politisch orientiert. Die ägyptische Forderung der Untertanenloyalität (B. 22, 27 und Kap. 17, l. 3. 48, Kap. 140) fehlt im ethischen Dekalog ganz und ist auch außerhalb seiner auf das Gebot, dem Fürsten des eigenen Volkes nicht zu fluchen, reduziert (Ex. 22, 27, vgl. 2. Sam. 16, 9 und Jes. 8, 21).[228] Die dekalogische Elternpietät und ebenso die vom Deuteronomium unter Androhung der Steinigung eingeschärfte Pflicht des Gehorsams gegen die Eltern (Deut. 22, 6. 7) bezieht sich wohl sicher ebenso wie die vielen Bestimmungen der babylonischen Rechtsliteratur gegen pietätlose Kinder auf Respekt gegen die alten, vor allem die im Altenteil sitzenden Eltern, mit denen sich noch der Sirachide befaßt. Diesem dekalogischen und deuteronomischen Pietätsgebot gegen die Eltern und den in Urkunden häufigen babylonischen schweren Strafdrohungen gegen den Sohn, der zu Vater oder Mutter sich

erkennbar, nicht. Insbesondere scheint es, daß der babylonischen (im Gegensatz zur ägyptischen und levitischen) Paränese die Betonung der *Nächstenliebe* gefehlt hat: vermutlich eine Folge der weit stärkeren Entwicklung des kaufmännischen Geschäftslebens in der Großstadt Babylon. Ebenso fehlt (wiederum im Gegensatz zu Ägypten) die gesinnungsethische Sublimierung: die Bekämpfung des *Gelüstens* wie im 10. Gebot. In Ägypten ist die stärkere Betonung der *Gesinnung* vermutlich durch die besondere Bedeutung, welche dem *Herzen,* als dem Träger des Wissens von eigenen Sünden, im Totengericht beigelegt wurde, zuerst veranlaßt worden.

227 Es ist hier nach der Übersetzung von Pierret (Le Livre des Morts, Paris 1882) zitiert. Dabei sind mit *E* die Einleitung, mit *S* der Schluß, mit *A* und *B* die beiden je 21 Bekenntnisse umfassenden Hälften des 125. Kapitels bezeichnet.

228 Dagegen galt wenigstens der deuteronomischen Tradition (1. Sam. 24; 26, 9; 31, 4; 7. Sam 1, 14) der Mord des Königs, auch des von Jahwe schon verworfenen Königs, wegen der magischen Bedeutung der Salbung als schwerer Frevel, – offenbar im bewußten Gegensatz gegen die Usurpationen und Blutbäder im Nordreich, die, obwohl doch Jehu gerade mit Hilfe und auf Anstiftung der Jahwepartei die erste derartige Schlächterei verübt hatte, auch Hosea scharf mißbilligt.

unehrerbietig äußert, steht im Totenbuch nur (B. 27) die Erklärung gegenüber, gegen den Vater keine Übeltat begangen zu haben. Im übrigen freilich schärfte die Priester- und Schreiberethik der Ägypter die Ehrung des Alters, der Lehren der Eltern und der Tradition unablässig ein, wie denn auch in Israel geboten wird, vor einem grauen Haupt aufzustehen (Lev. 19, 32). Dem Verbot des Tötens im Dekalog entspricht im Totenbuch die Versicherung, nicht getötet und nicht zum Mord angestiftet zu haben (E 7, A 18). Dem Schinden der Armen und der gerim (Ex. 23, 9) steht im ägyptischen Katalog das Verbot jeder Gewalttat (A 14) und der Anstiftung von Schaden (A 20) gegenüber. Zahlreiche Grabinschriften ägyptischer Monarchen und Beamten rühmen, daß der Tote die Armen nicht bedrückt habe. Das dekalogische Verbot des Ehebruchs, die Verpönung des Inzests auch in der Form bloßen begehrlichen Anblickens einer Verwandten und die Verbote der Onanie finden eine Analogie in dem Verbot aller Arten von Unzucht (Ehebruch, Hurerei, Onanie A 25. 26, B 15. 16). Das Verbot des Stehlens und das zehnte Gebot des ethischen Dekalogs ist im Totenbuch in dem Verbot des Stehlens (A 17) oder irgendeiner Aneignung von fremdem Gut (A 23) ausgedrückt. Das Verbot des falschen Zeugnisses wird durch das Verbot jeder Art von Lüge (E 7, A 22) und Illoyalität (A 30) überboten. Die Ablenkung eines Kanals (E 10) findet ihre Parallele in dem israelitischen Fluch gegen die Grenzverrückung, das Verbot falscher Waage (E 9) gehört auch der levitischen Paränese an. Das an der Spitze von allen anderen stehende ägyptische Bekenntnis, dem Nächsten nichts Böses getan (E 4) und die noch weiter gehende Versicherung, niemanden Herzensqual verursacht (A 10) und niemanden weinen gemacht (A 24), niemanden erschreckt (B 18) zu haben, hat ihre Parallele in Israel in der mehr formalen allgemeinen Vorschrift, dem Nächsten nicht unrecht zu tun (Lev. 19, 13), die an karitativer Sublimierung hinter den ägyptischen Vorschriften zurückbleibt. Das allgemeine Gebot der Nächstenliebe ist bekanntlich in Israel mit dem Verbot, Rache gegen den Volksgenossen nachzutragen, identisch, welches auch im Totenbuch (A 27) sich findet. Dagegen fehlen im ägyptischen Katalog solche positiven Vorschriften, wie die Vorsorge für das verirrte Vieh des Nächsten (Deut. 22, 1-4) – es wird an einer Stelle nur Zurechtweisung des verirrten Menschen gelobt – und vollends fehlt das Gebot (Ex. 23, 4–5) der Zurückführung des verirrten Viehs des Feindes dort ganz. In der bekannten ägyptischen Unterhaltung der Katze mit dem Schakal wird vielmehr die Vergeltung von Bösem mit Gutem kritisiert. Gänzlich fehlen andererseits natürlich im Dekalog sowohl wie in der altisraelitischen Ethik überhaupt die aus den Schicklichkeitskonventionen der ägyptischen Schreiber entnommenenen Regeln, welche zum Teil in das Gebiet des guten Geschmacks, zum Teil aber auch in das einer sehr sublimierten Ethik fallen. Dahin gehören z. B. das Verbot der ägyptischen Schreiberethik (Ptahotep), den Gegner durch Überlegenheit im Disputieren zu beschämen und die auch im Totenbuch wiedergegebenen Verbote, sich überhaupt in Worten gehen zu lassen, zu übertreiben, in Erregung zu geraten und heftig zu werden, vorschnell zu urteilen, zu prahlen, gegen die Wahrheit taub zu bleiben (B 25. 29, A 34. 33, B 18. 23, 21. 19). Derartiges taucht erst im nachexilischen Judentum auf, als die Träger der jüdischen Lehre selbst Soferim und weiterhin gelehrte Rabbinen geworden waren.

Auf dem Gebiet der eigentlichen Wirtschaftsethik war die ägyptische Moral ausgezeichnet durch eine sehr starke Bewertung der beruflichen Pflichttreue und Pünktlichkeit bei der Arbeit: die ganz natürliche Konsequenz der auf leiturgisch gegliederter und bürokratisch geleiteter Arbeit ruhenden halb staatssozialistischen Wirtschaft. Ähnliche Züge, wenn schon weit weniger deutlich, finden sich auch in Babylonien, wo es anscheinend zeitweise üblich war, die Prinzen praktisch die Bauarbeiten auch manuell lernen zu lassen. Darin spricht sich die zentrale Bedeutung der königlichen Bauten aus. In Ägypten tritt ein starker Berufsstolz von Kunsthandwerkern (namentlich Kunststeinmetzen) schon in der Zeit des alten Reichs hervor, so wie ja auch in Israel Jahwe die Kunsthandwerker der mosaischen Tempelparamente mit seinem Geist ausgerüstet hat. Die große Labilität des ägyptischen Reichtums, das (namentlich im Neuen Reich) sehr häufige Aufsteigen von Plebejern in der Bürokratie ließ hier schon früh die Vornehmheitsvorstellungen des grundherrlichen Amtsadels zurücktreten, und so wurde die wirtschaftliche Aktivität schon von Ptahotep als alleiniges Mittel, den Reichtum zu erhalten, gepriesen. Aber der bürokratische Charakter des politischen Verbandes und der strenge Traditionalismus der Religion setzten der Tragweite dieser Auffassung enge Grenzen. Das Standesgefühl der Schreiberklasse, wie es sich in der Ramessidenzeit in einer höhnischen Satire auf alle anderen Berufe, militärische wie wirtschaftliche, äußerte, verachtete alle illiterate Tätigkeit als elendes Banausentum. Während eine scharfe Scheidung persönlicher Freiheit und Unfreiheit fehlte, war die Schranke zwischen Literaten und Illiteraten sehr schroff. Wer Vornehmer (sar) war, darüber entschied die Erziehung allein. Und die absolute hierarchische Subordination der Bürokratie bestimmte das Lebensideal. Ma, die Loyalität, welche zugleich Schicklichkeit, Rechtlichkeit und Pflichttreue war, – ein etwas modifiziertes Gegenbild der chinesischen Bürokratentugend, des Li, – bildete den Inbegriff aller Vortrefflichkeit. Die Nachahmung des Vorgesetzten, die unbedingte Aneignung seiner Ansichten, die strenge Innehaltung der Rangordnung, auch in der Lage der Gräber in der Nekropole, waren Pflichten des loyalen Untertans. Sein Leben lang sich zu bücken galt als des Menschen Schicksal. Die Berufskonzeption blieb demgemäß streng traditionalistisch. Den Arbeiter außerhalb seines gewohnten Berufs zu beschäftigen war verboten. Andererseits war der urkundlich bezeugte Streik der Arbeiter in der Nekropole von Theben nicht sozial bedingt, sondern erstrebte nur die Lieferung der gewohnten Gebührnisse, das tägliche Brot im Sinn des christlichen Vaterunser.

In Israel findet sich in der Zeit vor dem Sirachiden eine so starke ethische

Einschätzung der Arbeitstreue wie in Ägypten nicht. Die bürokratische Organisation fehlte eben und der Begriff der ma hatte hier keine Stätte, am wenigsten in der religiösen Ethik, welche ja den bürokratischen Fronstaat als das ägyptische Diensthaus verabscheute. Von der Schätzung ökonomischer Aktivität als einer Tugend spüren wir nichts. Geiz ist im Gegenteil das eigentlichste Laster. Darin zeigt sich, daß hier die Feinde des Frommen die städtischen Patrizier sind. Irgendwelche innerweltliche Askese vollends fehlte dort wie hier. Wenn in Ägypten vor den Frauen gewarnt wird, weil ein kurzer Augenblick des Genusses durch schweres Unheil bezahlt werde, so ist das eine Regel der Lebensklugheit nach Art der konfuzianischen Ethik und findet in der nachexilischen Zeit Analogien in der jüdischen Literatur. Aber im übrigen blieb in Ägypten und Mesopotamien Lebensgenuß, temperiert durch Lebensklugheit, letztlich das Ziel alles Strebens. Davon unterschied sich die israelitische Gesinnung vor allem durch die mehr, als sich dies auch anderwärts, namentlich in Babylonien, beobachten läßt, zunehmende, stark durch die politischen Schicksale mitbedingte Sündenfurcht- und Bußstimmung. Der Grad der gesinnungsethischen Sublimierung war ähnlich der ägyptischen, und im ganzen, wenigstens in der Massenpraxis, wesentlich feiner ausgebildet als in der im praktischen Leben stets wieder magisch behandelten und dadurch gebrochenen babylonischen Sündenkonzeption.[229]

In einer wichtigen Hinsicht stand die israelitische Ethik, bei allen Anklängen im einzelnen, im Gegensatz zur ägyptischen und ebenso zur mesopotamischen: in der relativ weitgehenden rationalen Systematisierung. Denn dafür allerdings kann schon die bloße Existenz des ethischen Dekalogs und anderer ähnlicher Gebilde im Gegensatz zu den ganz unsystematischen Sündenregistern in Ägypten und Babylon als ein Merkmal angesehen werden. Aus keinem dieser beiden Kulturgebiete ist ferner irgend etwas überliefert, was einer systematischen religiös-ethischen Paränese von der Art des Deuteronomium gleich käme oder auch nur ähnlich wäre. Soweit bekannt, gab es neben lehrhafter Lebensweisheit und dem esoterischen Totenbuch in Ägypten, und neben Sammlungen magisch wirksamer Hymnen und Formeln, welche auch ethische Bestandteile enthalten, in Babylonien keine einheitlich zusammengefaßte, religiös fundamentierte Ethik, wie sie schon im vorexilischen Israel existierte. Dort war sie das Produkt der durch zahlreiche Generationen fortgesetzten ethischen Thora der Leviten und, wie noch auseinanderzusetzen: der Prophetie. Die Prophetie wirkte nicht sowohl auf den Inhalt – den sie vielmehr als gegeben hinnahm – als auf die Herstellung der systematischen Einheitlichkeit durch Beziehung des Gesamtlebens des Volks und aller einzelnen auf die Innehaltung von Jahwes

229 Über die Konzeption der Sünde und ihre Entwicklung in der babylonischen Religiosität Schollmeyer, Sumerisch-babylonische Hymnen und Gebete an Samas (Stud. z. G. u. Kr. d. Alt. Erg.-Bd., Paderborn 1912) J. Morgenstern, The doctrine of sin in the Bab. Rel. (M. d. V. A. Ges., Berlin 1905, 3).

positiven Geboten. Sie eliminierte ferner die Vorherrschaft des Rituellen zugunsten des Ethischen. Die levitische Thora ihrerseits prägte dabei den Inhalt der ethischen Gebote. Beide gemeinsam aber gaben der Ethik den zugleich plebejischen und rational systematischen Charakter. –

Ein charakteristischer Bestandteil der altisraelitischen Ethik, der ihr mit andern gemeinsam ist, bedarf noch eines etwas näheren Eingehens. Die oben besprochenen ethischen Vorschriften zeigen zum Teil jenes sehr ausgeprägt karitative Gepräge, wie es der heute vorliegenden Redaktion der Thora überhaupt eignet. Dahin gehören vor allem die zahlreichen Bestimmungen zugunsten der Armen, Metöken, Witwen, Waisen, wie sie schon in den älteren Sammlungen, namentlich aber im Deuteronomium sich finden, dessen Gott ein unbestechlicher, die Person nicht ansehender Richter ist, welcher jenen Schwachen ihr Recht schafft (Deut. 10, 16). Die Schuldknechtschaftsbestimmungen des formalen Rechts wurden, wie wir sahen, von der Paränese durch weitgehende Bestimmungen über Lohnzahlung, Schulderlaß, Pfändungsschranken und allgemeine Karitätsbestimmungen ergänzt. Den Armen die Hand aufzutun (Deut. 15, 11), dem Elenden, Armen, Beraubten (Jerem. 22, 16), dem Unterdrückten (Jes. 1, 17) zu helfen, sind wohl die allgemeinsten Formulierungen dieser Pflichten, in deren Umkreis auch die früher besprochenen Nachlese- und Brachjahrsbestimmungen eingegliedert erscheinen. Die Quellen lassen die stetig zunehmende Bedeutung dieser Bestandteile der Paränese mit steigender hierokratischer Beeinflussung der ursprünglich keineswegs besonders sentimentalen israelitischen Ethik erkennen. Woher stammt dieser Zug?

Die beiden klassischen Gebiete der Entwicklung der Karität waren: Indien einerseits, Ägypten andererseits. In Indien waren vor allem Jainismus und Buddhismus die Träger. Ganz allgemein aber das durch den Samsaraglauben wesentlich verstärkte Gefühl der Einheit alles Lebendigen. Wir sahen nun, daß die indische Karität, wie sie auch in den Dekalogen der Buddhisten Ausdruck fand, sehr bald ein formales und fast rein rituelles Wesen annahm. In Ägypten war die Karität sehr stark durch die bürokratische Struktur des Staates und der Wirtschaft mitbedingt. Die Könige des Alten und Neuen und die Feudalfürsten des Mittleren Reichs waren Fronherren und als solche interessiert an Schonung der Arbeitskraft von Mensch und Tier, die sie gegen die achtlose Roheit der Beamten zu schützen suchten. Deutlich tritt in den ägyptischen Quellen hervor, wie stark dies bei der Entwicklung des Armenschutzes mitsprach.[230] Die Beamten, welche dem König für den ökonomischen und populationistischen Zustand des Landes verantwortlich und außerdem der jederzeit und wie es scheint unmittelbar an den König zulässigen Beschwerde der Untertanen ausgesetzt waren, rühmen sich in den Inschriften schon des Alten Reichs, daß sie

230 Z. B. Breastead, Records III, 51: Verbot, einen Armen, der dem König Frondienste leisten muß, inzwischen um seine Existenz zu bringen (19. Dynastie).

in Hungersnot geholfen, niemandem seine Felder fortgenommen, nicht die Untergebenen anderer Beamter mißbraucht, niemals einen Streit unredlich geschlichtet, niemandem seine Tochter fortgenommen oder vergewaltigt, kein Eigentum verletzt, die Witwen nicht bedrückt, oder, daß sie den Hungrigen gespeist, den Nackten gekleidet, Leute, die kein Boot hatten, über den Strom gesetzt, die Ställe ihrer Untergebenen mit Vieh gefüllt haben.[231] Überall sieht man, daß es sich dabei um die Bevölkerung des dem Beamten vom Pharao anvertrauten Verwaltungsbezirks handelt. Ganz allgemein drücken die Beamten sich auch so aus, daß sie niemals jemanden etwas Böses zugefügt, vielmehr getan hätten, was allen gefiel. Verdacht und Verpönung des Geschenknehmens der Richter ist bei den ägyptischen religiösen Dichtern und Moralisten fast so allgemein wie bei den israelitischen Propheten. Die Angst vor dem König, der ja schließlich – wie der Zar in Rußland – weit fort war, wurde dabei ergänzt durch die Angst vor Beschwerden bei einer anderen Instanz: den Göttern. Niemand, sagt ein Monarch aus der Zeit der fünften Dynastie, habe er geschädigt, so daß er sich beim Stadtgott beklagt hätte. Der Fluch des Armen wurde gefürchtet, unmittelbar wegen des möglichen Eingreifens des Gottes, mittelbar wegen der Gefährdung des für die ägyptische Vorstellung so überaus wichtigen guten Namens bei der Nachwelt. Der Glaube an die magische Wirksamkeit eines auf wirkliches Unrecht gegründeten Fluchs war in Vorderasien offenbar allgemein: Dieses demokratische Machtmittel stand also auch dem Letzten und Ärmsten zu Gebote. Die ägyptischen Beamten verfehlen daher nicht zu betonen, daß das Volk sie liebte, weil sie taten, was ihm gefiel. Zwar irgendeine Verantwortung der Großen gegenüber dem Volk ist der ägyptischen Vorstellung womöglich noch fremder, als der israelitischen. Aber ein Mann wird wie Gott sein, wenn seine Arbeiter ihm Vertrauen schenken. Denjenigen dagegen, der wie ein Krokodil gegen sie verfährt, trifft der Fluch. Die vornehme Schreiberethik des Ptahotep betont daher, daß die Übung der Karität vergolten werde durch die Beständigkeit der eigenen Stellung (ursprünglich wohl: von Pharao, dann: von Gott). Die Denksteine der kleinen Leute (Handwerker) des 13. und 12. Jahrhunderts selbst aber getrösten sich der Hoffnung, daß Ammon auf die Stimme des betrübten Armen (im Gegensatz zum frechen großen Mann, Krieger, Beamten) zu hören pflege. Denn Gott leitet und schützt alle seine Geschöpfe, auch Fische und Vögel.[232]

Ganz ebenso wie die Beamten verhalten sich die Könige. Nicht nur die ägyptischen, sondern ebenso alle dem vorderasiatischen Kulturkreis angehörigen. Und zwar schon seit der frühesten monumental zugänglichen Zeit. Neben

231 Breastead, Records 1, 239. 240. 281. 328 f., 459. 523 (durchweg aus dem alten Reich, von der 1. Dynastie angefangen).

232 Dokumente der ägyptischen Volksfrömmigkeit der Ramessidenzeit bei Erman, Sitz.-Ber. d. Berl. Ak. d. W., Phil-hist. Kl. 11, 1086 f. Über den zunehmenden Vergeltungsglauben im Neuen Reich: Poertner, Die ägyptischen Totenstelen als Zeugen des sozialen und religiösen Lebens ihrer Zeit (Stud. z. G. u. Kr. d. Alt. 4, 3, Paderborn 1911).

allerhand Freveln gegen göttliches Eigentum und die Staatsordnung ist es die harte Bedrückung der ökonomisch Schwachen, welche nach Urukagina seinen Vorgängern Gottes Zorn zugezogen hat und seine eigene Usurpation legitimiert. In diesem Fall eines Stadtkönigtums waren es die Härten des Übergangs zur Geldwirtschaft: Verschuldung und Versklavung, die, wie in Israel, gemeint sind. Die Usurpatoren regieren, wie wir bei Abimelech sahen, überall mit dem Demos gegen die großen Sippen. In Ägypten und den späteren mesopotamischen Großkönigtümern ist es die übliche patrimonial-bürokratische Wohlfahrtsstaatslegende, welche den Charakter der formelhaft gewordenen Königskarität prägt. Ramses IV. rühmt sich, keine Waise und keinen Armen geschädigt und niemanden seinen Erbbesitz genommen zu haben. Nebukadnezar spricht sich ähnlich aus. Kyros vermutet, daß die übermäßige Belastung des babylonischen Volks durch Nabunahid Gottes Zorn über diesen König verursacht habe und Darius in der Behistun-Inschrift stellt sich ganz ebenso auf den Boden königlicher Wohlfahrts- und Schutzpolitik für die Schwachen. Diese war also Gemeingut aller orientalischen Patrimonialstaaten, wie der meisten derartigen Monarchien überhaupt. In unmittelbarer Nachbarschaft Israels und hier wohl unter ägyptischem Einfluß zeigt eine phönikische Königsinschrift (die älteste phönikische Inschrift, welche bisher existiert) ganz die gleichen Züge.[233] Von da werden den Schreibern der Könige Israels vermutlich diese schließlich wohl überall formelhaft erstarrten, aber deshalb doch nicht notwendig wirkungslosen Maximen zugetragen worden sein.

Diese aus der patrimonialen Wohlfahrtspolitik und ihrer Projektion in das himmlische Weltregiment erwachsene Karitätsethik wurde in Ägypten anscheinend zuerst von den kleinen Patrimonialfürsten und Feudalherren des Mittleren Reichs aus den von jeher vorhandenen Ansätzen heraus ganz bewußt entwickelt, und dann später von den Schreibern, Priestern und priesterlich beeinflußten Moralisten, dem allgemeinen Typus der hierokratischen Sozialpolitik entsprechend, systematisiert. An der Spitze aller näher spezialisierten Versicherungen, welche im 125. Kapitel des Totenbuchs der Tote im Saal der Wahrheit abzugeben hat, steht die Erklärung: Niemand über sein festgesetztes Maß zur Arbeit genötigt zu haben (E 5). Die Herkunft aus der Fronstaatsverwaltung ist offenbar. Dann folgen die Versicherungen: niemand in Furcht, Armut, Leiden, Unglück, Hunger, Trauer gebracht, nicht die Mißhandlung eines Sklaven durch seinen Herrn verursacht (E 6), keinem Säugling die Milch verkürzt, das Vieh nicht mißhandelt (E 9) und keinem Kranken Böses getan zu haben (B 26). Am Schluß des ganzen Bekenntnisses aber (B 38) findet sich die Versicherung: Gott durch die eigene Karität (mer) sich verbunden, dem Hungrigen Brot, dem Durstigen Wasser, dem Nackten Kleider, dem, der des Kahns ermangelte, einen solchen gegeben zu haben. In Verbindung mit dem

233 Über die Inschrift Kalumus s. Littmann, Sitz.-Ber. d. Berl. Ak. Phil.-hist. Kl. vom 16. XI. 11 (S. 976 f.).

schon erwähnten ethischen Verbot, einem anderen Schmerz zuzufügen, oder Angst einzujagen, dem Nächsten überhaupt Böses zu tun und mit der in der ägyptischen Ethik auftauchenden, aber allerdings bestrittenen, Vorschrift, auch dem Feinde Gutes zu erzeigen, bedeuten diese Gebote rein inhaltlich angesehen, eine weitgehende Vorwegnahme der Karität der christlichen Evangelien.

Die altisraelitische Karität ist in ihrer Entwicklung vermutlich, sei es direkt, sei es auf dem Wege über Phönizien, von Ägypten her beeinflußt worden. Am stärksten in deuteronomischer Zeit. Daß Jahwe den Schwachen als solchen (die Frau gegen den Mann, die Kebse gegen die Frau, den verstoßenen Sohn) schützt, ist allerdings eine Überzeugung schon der vordeuteronomischen Epoche (Gen. 16, 5. 7; 21, 14; 1. Sam. 24, 13). Sie findet sich beim Jahwisten wie beim Elohisten und hatte religiös die gleiche Grundlage wie die ägyptische: Der Arme und Bedrückte schreit zu Jahwe (Deut. 24, 15) und dieser als der himmlische König kann dann Rache an dem Bedrücker nehmen. Die in der israelitischen Exilsethik herrschend gewordene Vorstellung, daß das Erdulden des Drucks das richtige, weil die Rache des Gottes am sichersten herbeiführende Verhalten sei, fand damals in der sozialen Ohnmacht der bedrückten Klassen ihren Grund, geht aber wohl auf die alte Bedeutung des bei den Nachfahren gesegneten Namens zurück. Denn es wird, entsprechend der Wirkung des Fluches, umgekehrt der Segen des Armen, gegen den man sich den Karitätsgeboten entsprechend verhält, von Jahwe zur Gerechtigkeit gerechnet (Deut. 24, 13). Die Paränese der Leviten, die von ihnen beeinflußte Sichemitische Fluchformel und die dem Bundesbuch angehängten Debarim, dann das Deuteronomium und die Priestergesetzgebung entwickelten die Karität immer systematischer weiter. In den materiellen Anforderungen weicht die israelitische Karität, bei zahlreichen augenfälligen und schwerlich zufälligen Ähnlichkeiten, vor allem in der allgemeinen Temperierung ab. Nicht eine priesterlich beeinflußte Patrimonialbürokratie, sondern eine priesterlich beeinflußte Gemeinschaft freier Sippen von Bauern und Hirten war ihr Träger, mochte vielleicht auch die Wohlfahrtsstaats-Ethik frommer Könige nach ausländischem Beispiel sie zuerst im Munde geführt haben. Natürlich kommen auch in Israel Bedrückungen durch die königlichen Beamten nach ägyptischer Art vor. Und auch – was offiziell in Ägypten unmöglich ist – durch den König selbst. Dagegen lassen die Priester in ihrer paradigmatischen Redaktion Jahwe durch das von den Propheten verkündete Unheil reagieren. Aber in erster Linie war doch die Bedrückung nicht durch eine Bürokratie, sondern durch ein städtisches Patriziat das zu bekämpfende Übel und die Verhältnisse waren weit einfacher. Die gesinnungsethische Sublimierung der Karität geht daher in der vorexilischen Ethik nur teilweise so weit wie in Ägypten, während andererseits die Einzelvorschriften mehr dem patriarchalen Hausgemeinschaft- und Nachbarschaftscharakter der Beziehungen entsprechen, als die Abstraktionen der ägyptischen Schreiber. Erst die pazifistisch und städtisch gewordene Epoche der Thora unmittelbar vor und im Exil brachte die Abstraktionen des Heiligkeitsgesetzes. So das Verbot: statt offener Aussprache Haß und Rachgier gegen den Nächsten, d. h. (Lev. 19, 18) gegen die Kinder des eigenen Volks (und, nach 19, 34, auch den ger) im Herzen zu tragen und in Verbindung damit den prinzipiellen Satz: Du sollst deinen Nächsten lieben wie dich selbst (Lev. 19, 18). Diese Verpönung der Rachgier könnte als Rückschlag der levitischen Paränese gegen die den (politischen) Rachedurst stark fördernden Verheißungen mancher Propheten erscheinen. Die Vorschrift der Nächstenliebe gegen die Volksgenossen zeigt indessen schon durch den einschärfenden Zusatz: Denn ich bin der Herr, daß es sich auch hier um die häufig wiederholte Vorschrift handelte: die Rache Gott anheimzustellen, dessen Sache sie sei (Deut. 32, 35) und der sie, wie man hoffen durfte, dann um so gründlicher vollbringen werde. Dieses Gottanheimstellen der Rache, welches also keine eigentlich ethische Bedeutung hat, ist ganz aus dem Empfindungskreis plebejischer und zwar politisch ohnmächtiger Schichten geboren. Als Paradigma für die dadurch um so befriedigender gestaltete Rache wurde offenbar die Geschichte von David und Nabal (1. Sam. 25, 24. 29) komponiert. Für die Thoralehrer war der Vorbehalt der Rache für Gott die naturgemäße ethische Parallele der Beseitigung der Blutrache auf rechtlichem Gebiete und das positive Gebot der Liebe des Nächsten eine Übertragung der Grundsätze der alten Sippenbrüderlichkeit auf den Glaubensbruder. Erst die rabbinische Deutung hat aus ihr die positive Vorschrift gemacht, daß man den Nächsten auch rein innerlich nicht hassen und mit Rachewünschen verfolgen dürfe, ohne doch in der Praxis selbst des eignen Empfindens damit vollen Erfolg zu haben.[234]

Neben den Schutz der Armen tritt auch in der israelitischen – wie gelegentlich in der ägyptischen – Karität der Schutz der mit Krankheiten und vor allem der mit Gebrechen Behafteten. Man soll ihnen nicht fluchen und Blinden nichts in den Weg legen oder sie irreführen (Lev. 19, 14). Einem Verirrten den Weg zu weisen und Kranken nichts Böses zu tun schrieb auch die ägyptische Karität vor, die sich sonst mit jenen Bresthaften nicht näher befaßte. Die Abwehr von Gebrechen, Krankheit und ähnlichem Elend pflegte die Heilsprophetie der Großkönige dem regierenden Monarchen zuzurechnen. Darin bewährte er sein Charisma. Der eigentümliche Spruch für David (2. Sam. 5, 68) bei der Einnahme von Jerusalem hängt wohl mit der gleichen Vorstellung von der Wundermacht des Regiments eines charismatisch qualifizierten Herrschers zusammen. In der levitischen Thora ist der Grund des Bresthaftenschutzes aber darin zu finden, daß sie zu den vornehmlichsten Beichtkindern der Leviten gehörten und die Erfahrung von ihrer Frömmigkeit zu häufig war, um die alte

234 Auch R. Chanina, den Büchler (Der galiläische Amhaarez S. 14, Anm.) gegen protestantische Forscher polemisch als Muster jüdischer Sittlichkeit vorführt, starb in eine Thorarolle gewickelt, weil er so der Rache Gottes an seinen Peinigern sicherer zu sein glaubte.

magische Vorstellung, daß der Kranke persönlich ein wegen Frevel Gottverhaßter sei, unbedingt aufrechtzuerhalten. Er konnte für die Sünden seiner Vorfahren leiden müssen und bei Tauben und Blinden vermochte die Annahme, daß sie unter einem geheimnisvollen göttlichen Walten stehen, leicht die Vorstellung erzeugen, daß sie auch über Kräfte verfügen, die anderen abgehen, wie dies die weite Verbreitung der Schätzung der Blinden erkennen läßt. Ihre Verletzung schien jedenfalls geeignet, den Zorn des Gottes zu reizen.

Endlich finden sich im Deuteronomium eine Anzahl Tierschutzbestimmungen wie die zum Schutz der Vogelmutter (22, 6. 7) und das berühmte Verbot (25, 4), dem dreschenden Ochsen das Maul zu verbinden, – während auf den römischen Plantagen die Sklaven am Mühlstein einen Maulkorb trugen. Die Wertung des Sabbats als eines Ruhetags auch für das Vieh und des Sabbatjahrs als Gelegenheit für die Tiere, sich frei zu nähren, tritt hinzu. Inwieweit diese Theologumena wesentlich mit dem in ganz Vorderasien verbreiteten Glauben vom einstmaligen und für künftig wiedererhofften Paradiesesfrieden zwischen Mensch und Tier oder etwa auch mit irgendeinem vielleicht aus Ackerbaukulten örtlich erwachsenen alten rituellen Vegetarismus zusammenhängen oder einfach als Konsequenz des Liebesgebots entstanden sind, lassen die israelitischen Quellen unerkennbar. Bileams sprechender Esel ist einfach ein volkstümliches Fabeltier, wie es sich sonst auch findet (so in dem prophetischen Lamm unter Bokchoris in Ägypten). In Ägypten beruhte das Verbot der Mißhandlung des Viehs ursprünglich wohl auf dem Interesse des Königs an seiner Arbeitsfähigkeit. Bei Ramses II. findet sich das charakteristische Versprechen an die Pferde, welche ihn aus der Schlacht von Kadesch gerettet hatten, daß sie fortan im Palast in seiner Gegenwart gefüttert werden sollen, ganz ebenso wie er seinen Arbeitern die richtige Leistung ihrer Gebührnisse verspricht: ein Ausfluß der typischen Beziehung des Reiters oder Stallherren zu seinen Tieren. Der priesterlich systematisierte, volkstümliche Tierkult und die Fähigkeit der Totenseelen, in Tiergestalten einzugehen, war wohl nicht Quelle der tierfreundlichen Gesinnung, aber diese Konzeptionen beförderten naturgemäß die Tierkarität. In Israel ist die Sabbatruhe für das Vieh, wie für die Sklaven, wie ihr Fehlen in der Legende 2. Kön. 4, 23 ergibt, erst Produkt der spätköniglichen, vermutlich der deuteronomischen Zeit. Die Tierfreundlichkeit überhaupt war möglicherweise wenigstens in ihrer allgemeinen Richtung ägyptisch beeinflußt.

Alles in allem ist eine Beeinflussung der israelitischen Ethik und Karität in der späten vorexilischen Zeit durch das Beispiel der großen Kulturgebiete in vielen Einzelheiten nicht nur nicht ausgeschlossen, sondern namentlich von Ägypten her, direkt und auf dem Wege über Phönikien, recht wahrscheinlich. Die entscheidenden Züge dieser Art von Karität haben sich freilich auch ohne Entlehnung überall da herausgebildet, wo eine hinlängliche Stärke der priesterlichen Interessen an ihren mit Gebrechen oder Unglück behafteten Kunden eine Rationalisierung der Fürsorge für die Schwachen als solche bedingte. Immerhin hat die israelitische Thora die Gebote auch da, wo die Annahme einer Beeinflussung naheliegt, selbständig abgewandelt.

Weit wichtiger als alle Einzelabweichungen ist aber der schon betonte prinzipielle Sachverhalt: die Abwesenheit magischer Surrogate für die Erfüllung der Gebote. Die ägyptische Priesterlehre beispielsweise mochte ethische oder karitative Gebote aufstellen, welches Inhalts immer, – was konnte sie ihnen für Nachdruck geben, wenn es ganz einfache magische Mittel gab, um den Toten zu befähigen, im entscheidenden Augenblick vor dem Totenrichter seine Sünden zu verhehlen? Und das war der Fall. Der Bitte an das eigene Herz im Totenbuch (Kap. 30, L. 1), nicht gegen den Toten zu zeugen, wurde später durch Mitgabe eines geweihten Skarabäus Nachdruck gegeben, welcher das Herz befähigte, der Zaubergewalt der Totenrichter zu widerstehen und die Sünden zu verschweigen. Die Götter wurden also überlistet. Nicht ebenso kraß lag es in Babylon. Immerhin war auch dort in neubabylonischer Zeit Magie aller Art das spezifische und populäre Einwirkungsmittel auf die unsichtbaren Gewalten. Mit zunehmender Rationalisierung der Kultur hatte zwar die Sündenstimmung seinerzeit auch in Mesopotamien namentlich unter der pazifistischen bürgerlichen Bevölkerung zugenommen. Aber die stimmungsvollen sumerischen und altbabylonischen Bußpsalmen sind später als rein magische Formeln und oft ohne Rücksicht auf den Sinngehalt verwendet worden, nachdem an die Stelle der großen Götter im Volksglauben die bösen Geister als Urheber des Übels getreten waren. Im alten Jahwismus dagegen fehlte diese Art von Magie und war schon deshalb die Bedeutung der einmal als verbindlich geltenden ethischen Gebote notwendig wesentlich realer. Dies hatte außer in der andersartigen Wendung des Theodizeeproblems wiederum in dem uns schon oft begegneten Umstand seinen Grund, daß in Israel als in einem Verband freier Volksgenossen, welche aus der berith solidarisch für die Innehaltung der Gebote des Bundesgottes hafteten, alle Einzelnen die Rache zu fürchten hatten, wenn sie die Verletzungen seiner Gebote in ihrer Mitte duldeten. Ausstoßung des mit dem Gott unversöhnten Sünders, Bannung und Steinigung waren daher die Mittel, mit welchen hier gegen die Sünde reagiert wurde. Die Vollstreckung der Todesstrafe ohne Gnade war an gewissen schweren Sündern Pflicht, weil das einzige Mittel der Entsühnung der Gemeinschaft als solcher. Dies Motiv fiel in bürokratischen Monarchien und vollends bei Vorhandensein von Berufsmagiern gänzlich fort. Es findet seine Analogie an der Haftung der altchristlichen und der puritanischen Abendmahlsgemeinde für die Entfernung jedes offensichtlich Verworfenen vom Tisch des Herrn im Gegensatz zum Katholizismus, Anglikanismus und Luthertum. Die spezifisch ethische Wendung der Levitenthora mußte unter dem stetigen Druck dieses Interesses immer stärkeren Rückhalt gewinnen. Die Stellung der Leviten selbst aber entstammte ihrem Verhältnis zu ihrer Privatkundschaft. Zu alledem hatte die Stiftung der alten berith durch Mose und die Übernahme der Orakelfunktion den ersten Anstoß gegeben. Insofern also gilt Mose tatsächlich mit Recht als Urheber dieser wichtigen ethischen Entwicklung. Andererseits aber wäre die Entfaltung der israelitischen Religiosität zu dem gegen alle Zersetzung von außen her widerstandsfähigen Gebilde, als welches sie durch die Geschichte gegangen ist, unmöglich gewesen ohne das Eingreifen jener schon mehrfach gestreiften eigenartigsten und folgenschwersten Erscheinung, die sie hervorgebracht hat: der Prophetie. Ihr müssen wir uns jetzt zuwenden.

II. Die Entstehung des jüdischen Pariavolkes

Die vorexilische Prophetie. Politische Orientierung der vorexilischen Prophetie – Psychologische und soziologische Eigenart der Schriftpropheten – Ethik und Theodizee der Propheten – Eschatologie und Propheten – Die Entwicklung der rituellen Absonderung und der Dualismus der Innen- und Außenmoral – Das Exil. Hesekiel und Deuterojesaja – Die Priester und die konfessionelle Restauration nach dem Exil

Nach jener Pause in der Eroberungspolitik der Großstaaten, welche das Entstehen des israelitischen Bundes ermöglichte, begannen seit dem 9. Jahrhundert die mesopotamischen Großkönige und später auch Ägypten ihre Expansionspolitik von neuem. Syrien wurde nun einer der Schauplätze bisher unerhörter kriegerischer Ereignisse. Eine so furchtbare Kriegsführung, wie namentlich die der Assyrerkönige, war in diesen Dimensionen noch nie erlebt worden. Die Keilinschriften dampfen von Blut. Der König berichtet im Ton trockener Protokolle von den Mauern eroberter Städte, die er mit abgezogenen Menschenhäuten überspannt habe. Die wahnsinnige Angst vor diesen erbarmungslosen Eroberern spricht aus der erhaltenen israelitischen Literatur der Zeit, vor allem auch aus den Orakeln der klassischen Prophetie, welche mit steigender Verdüsterung des politischen Horizonts ihren typischen Charakter annahm.

Die vorexilischen Propheten[1] von Amos bis Jeremia und Hesekiel waren, mit den Augen der außenstehenden Zeitgenossen angesehen, vor allem: p o l i t i s c h e D e m a g o g e n und, gelegentlich, Pamphletisten.[2] Das kann zwar sehr mißverstanden werden. Richtig verstanden aber ist es eine unentbehrliche Erkenntnis.

[1] Aus der neuesten Literatur, vor allem das, bei einzelnen anfechtbaren Aufstellungen, sehr verdienstvolle Werk von G. Hölscher, Die Propheten 1914, welches die ganze Vorgeschichte mit Verwertung moderner psychologischer Erfahrung bietet. – Für die einzelnen Propheten die modernen Kommentare.

Über die ekstatischen Zuständlichkeiten der Propheten glänzend wie immer: H. Gunkel, Die geheimen Erfahrungen der Propheten (Vortrag, *Suchen der Zeit* I, 1903), im Auszug in den *Schriften des A. T.* II, 2, der Übersetzungen und z.T. vortreffliche Einzelkommentare von H. Schmidt bringt (Amos und Hosea in II. 1), nebst einer zur Einführung sehr geeigneten Analyse der literarischen Eigenart. Aus der sonstigen Literatur: Giesebrecht, Die Berufsbegabung der alttest. Propheten, Göttingen 1897. Cornill, Der israelit. Prophetismus (6. Aufl. Straßburg 1906). Sellin, Der alttest. Prophetismus Leipzig 1912). Weitere Literatur am gegebenen Ort. Über das *Ethos* alttest. Propheten vieles Zutreffende bei Troeltsch im *Logos* Bd. VI, S. 17, wo der utopische Charakter der *Politik* mit Recht stärker betont ist als sonst. – Hier wird auf alle Einzelanalyse verzichtet.

[2] So Jesajas Pamphlet gegen Sebna (22, 15 f.) mit dem Postskript gegen den in der ersten Redaktion lobend erwähnten Eljakim. Ebenso Jeremias schriftlicher Fluch gegen Semaja.

Es bedeutet zunächst: Sie sprachen. Schriftstellernde Propheten kennt erst das Exil. Und zwar sprachen sie öffentlich zum Publikum. Ferner heißt es: Sie hätten weder ohne die Weltpolitik der die Heimat bedrohenden Großmächte – von der die Mehrzahl ihrer eindrucksvollsten Orakel handeln –, noch auch andererseits auf dem eigenen Boden dieser Großmächte selbst entstehen können. Und dies hatte eben seinen Grund darin, daß auf deren Boden eine Demagogie unmöglich war. Gewiß läßt auch der assyrische, babylonische, persische Großkönig, wie jeder antike und wie auch der israelitische Herr, sich durch Orakel in seinen politischen Entschlüssen bestimmen oder doch den Zeitpunkt und die Einzelheiten seiner Maßregeln dadurch festlegen. Der babylonische König z. B. fragt vor jeder Ernennung eines hohen Beamten bei den Orakelpriestern nach dessen Qualifikation. Indessen: das war eine höfische Angelegenheit. Nicht auf den Gassen und nicht zum Volk sprach dort der politische Prophet. Dafür waren weder die politischen Vorbedingungen gegeben noch wäre es gestattet worden. Es liegen Anzeichen vor und es entspricht den Verhältnissen der bürokratischen Staaten, daß die öffentliche Prophetie dort ausdrücklich verboten war. Insbesondere galt dies für die jüdische Exilzeit, wo scharfe Repressionen durch Andeutungen der Quellen wahrscheinlich gemacht werden. Eine im Sinn der klassischen Zeit politische Prophetie ist in Vorderasien und Ägypten wenigstens bisher ganz unbekannt. Anders in Israel und vor allem im Stadtstaat Jerusalem.

Die alte politische Prophetie der Bundeszeit hatte sich an die Gesamtheit der Eidgenossen gewendet. Sie war aber eine Gelegenheitserscheinung. Eine feste gemeinsame Orakelstätte wie Dodona oder Delphoi hatte die Eidgenossenschaft nicht gekannt. Das priesterliche Losorakel, die einzige als klassisch geltende Form der Befragung des Gottes, war technisch primitiv. Mit der Königsherrschaft fiel die freie Kriegsprophetie dahin, und schwand das Bundesorakel an Bedeutung gegenüber den Hofpropheten. Erst mit dem Steigen der äußeren Gefährdung des Landes und der Königsmacht entfaltete sich die freie Prophetie. Elia war dem König und seinen Propheten nach der Tradition öffentlich entgegengetreten; aber er hatte landflüchtig werden müssen. Ebenso noch Amos unter Jerobeam II. Unter starken oder durch Anlehnung an eine Großmacht gesicherten Regierungen, z.B. in Juda unter Manasse, schwieg noch nach Jesajas Auftreten die Prophetie oder vielmehr: wurde sie zum Schweigen gebracht. Mit sinkendem Prestige der Könige und steigender Bedrohung des Landes stieg ihre Bedeutung wieder. Zugleich rückte der Schauplatz ihres Wirkens immer mehr nach Jerusalem. Von den ersten Propheten trat Amos an der Kultstätte in Bethel auf, Hosea im Nordreich. Schon für Jesaja ist aber Weideland und Öde identisch (5, 17; 17, 2. 22f.): er ist ganz und gar Jerusalemiter. Der Ort seines Auftretens scheint mit Vorliebe der öffentliche Tempelhof gewesen zu sein. Dem Jeremia endlich befiehlt Jahwe: Gehe auf die Gassen von Jerusalem und rede öffentlich. In Zeiten der Not kommt es vor, daß ein König, wie Zedekia, heimlich um ein Gotteswort zum Propheten sendet. Aber in aller

Regel tritt der Prophet auch dem König und seiner Familie öffentlich, persönlich auf der Straße oder durch öffentlich gesprochenes oder – ausnahmsweise – einem Jünger diktiertes[3] und dann verbreitetes Wort gegenüber. Es kommt vor, daß einzelne oder auch Deputationen der Ältesten vom Propheten Orakel erbitten und erhalten (auch von Jeremia: 21, 2f.; 37, 3; 38, 14; 42, 1f.). Ersichtlich weit häufiger aber, daß er von sich aus, d.h. unter einer spontanen Eingebung, auf dem Markt zum Publikum spricht oder auch zu den Ältesten am Tor. Denn der Prophet deutet zwar auch das Schicksal einzelner. Aber in aller Regel nur das von politisch wichtigen Personen. Und weit überwiegend befaßt er sich mit dem Schicksal des Staates und Volkes. Und zwar immer in der Form emotionaler Invektiven gegen die Machthaber. Der Demagoge taucht hier zum erstenmal geschichtlich beglaubigt auf, etwa in der gleichen Zeit, wo die homerischen Gesänge die Figur des Thersites prägten. Aber in der frühhellenischen Polis verläuft die Versammlung der Notablen, bei der das Volk in aller Regel höchstens zuhört und durch Akklamation mitwirkt, wie dies in Ithaka geschildert wird, in geordneter Rede und Gegenrede und wird das Wort durch Überreichung des Stabes erteilt. Der Demagoge der perikleischen Zeit andererseits ist ein weltlicher, den Demos durch seinen persönlichen Einfluß leitender Politiker, welcher in der staatlich geordneten souveränen Eklesia spricht. Die homerische Zeit kennt die Befragung des Sehers inmitten der Versammlung der Ritterschaft. Später ist das verfallen. Gestalten wie Tyrtäos und die solonische dichterische Kriegsdemagogie zur Eroberung von Salamis erinnern wohl am ehesten an die alte freie politische Prophetie der israelitischen Eidgenossenschaft. Aber die Gestalt des Tyrtäos ist mit der Entwicklung des disziplinierten spartanischen Hoplitenheeres verwachsen, und Solon war bei aller Frömmigkeit ein rein weltlicher Politiker mit lichtem und klarem, das Wissen von der Unsicherheit des Menschenloses mit dem sicheren Glauben an den Wert des eigenen Volkes verbindenden, im Innersten rationalistischen Geiste und dem Temperament des Predigers vornehmer und dabei frommer Sitte. Weit eher ist die orphische Religiosität und Prophetie der israelitischen verwandt. Mit diesen plebejischen Theologen suchte die plebejerfreundliche Tyrannis, vor allem die der Peisistratiden, Verbindung. Ebenso gelegentlich die Politik der Perser in der Zeit der Unterwerfungsversuche. Chresmologen, wandernde Orakelgeber, und weissagende Mystagogen aller Art durchzogen im 6. und in der ersten Zeit des 5. Jahrhunderts Griechenland, von Privaten sowohl wie von Politikern, namentlich Exulanten, gegen Lohn konsultiert. Dagegen ist nichts davon bekannt, daß jemand eine religiöse Demagogie nach Art der israelitischen Propheten in die Politik der hellenischen Staaten eingegriffen hätte. Pythagoras und seine Sekte, deren politischer Einfluß sehr beträchtlich war, wirkten als Seelendirektoren des unteritalischen Stadtadels, nicht als Propheten

3 Daß das vorkam, zeigt die Einsiegelung eines Orakels des Jesaja durch seine Jünger (8, 16) und das schriftliche Fluchorakel des Jeremia gegen Babel (51, 59f.)

der Gasse. Die vornehmen Weisheitslehrer von der Art des Thales verkündeten nicht nur Sonnenfinsternisse und spendeten Klugheitsregeln, sondern griffen sämtlich in die Politik ihrer Städte ein, teilweise in leitender Stellung. Aber ihnen fehlte die Ekstatikerqualität. Ebenso Platon und der Akademie deren – letztlich utopische – Staatsethik auf die Entwicklung des Schicksals (und Zerfalls) des syrakusanischen Reiches von großem Einfluß war. Die ekstatische politische Prophetie aber blieb hierokratisch organisiert in den offiziellen Orakelstätten, welche auf die offiziellen Fragen der Bürgerschaften in geschmeidigen Versen Antwort gaben. Die feste militärische Ordnung der Städte lehnte die freie emotionale Prophetie ab. – Dagegen führt in Jerusalem eine rein religiöse Demagogie das Wort, deren Orakel finstere Geschicke der Zukunft blitzartig aus düsterer Schwüle aufleuchten lassen, welche autoritär auftritt und jede geordnete Verhandlung meidet. Der Prophet war formell reiner Privatmann. Aber um deswillen war er natürlich keineswegs eine den offiziellen politischen Gewalten gleichgültige Figur.

Vornehme, im Königsdienst stehende Bürger sind es, die Jeremias gesammelte Orakel vor den Staatsrat und den König bringen; denn jedes solche Orakel war ein staatlich wichtiges Vorkommnis. Nicht etwa nur, weil es die Stimmung der Masse beeinflußte. Sondern auch, weil es ganz unmittelbar magisch, als Bannwort, böses oder gutes Omen den Gang der Ereignisse beeinflussen konnte. Angstvoll, zornig oder gleichgültig, je nach der Lage, stehen die Gewalthaber diesen mächtigen Demagogen gegenüber. Bald suchen sie sie in ihren Dienst zu ziehen, bald handeln sie wie König Jojakim, der, in seinem Wintersöller sitzend, mit ostensibler Gelassenheit Blatt für Blatt jener gesammelten Unheilsorakel, welche die Hofbeamten ihm vorlesen, ins Herdfeuer wirft, bald schreiten sie gegen sie ein. Unter starken Regierungen war die Prophetie verboten, wie unter Jerobeam II. die Klage des Amos darüber zeigt. Wenn dieser Prophet Gottes Zorn über Israel verkündigt, weil man das Prophezeien zu unterdrücken versuche, so war das etwa das gleiche, wie wenn ein moderner Demagoge Preßfreiheit verlangt. Tatsächlich war auch das Prophetenwort nicht auf mündliche Mitteilung beschränkt. Bei Jeremia tritt es als offener Brief auf. Oder Freunde und Jünger des Propheten zeichnen das gesprochene Wort auf und es wird zur politischen Flugschrift. Später, oder gelegentlich (wie ebenfalls bei Jeremia) schon gleichzeitig, werden diese Blätter gesammelt und revidiert: die früheste unmittelbar aktuelle politische Pamphletliteratur, die wir kennen.

Diesem Charakter und der ganzen Situation entspricht nun auch die Form und Tonart der vorexilischen Propheten. Alles ist auf aktuelle demagogische Wirkung, in aller Regel von Mund zu Mund, berechnet. Die Gegner der Propheten werden bei Micha redend eingeführt. Sie werden ganz persönlich bekämpft und an den Pranger gestellt, und wir hören sehr oft von tätlichen Konflikten. Alle Maßlosigkeit und die rasendste Leidenschaft der

Parteikämpfe etwa in Athen oder Florenz wird erreicht und zuweilen überboten durch das, was wir in den Zornreden und Orakelflugblättern besonders des Jeremia an Flüchen, Drohungen, persönlichen Invektiven, Verzweiflung, Zorn und Rachedurst finden. Unsauberer persönlicher Lebenswandel wird den Gegenpropheten in einem Brief Jeremias an die nach Babylon Fortgeführten nachgeredet (29, 23). Dem Gegenpropheten Chananja bringt Jeremias Fluchweissagung den Tod. Wenn Jahwe seine Drohworte gegen das eigene Volk, die doch er ihm in den Mund gelegt hatte, trotz allen Frevels unerfüllt läßt, so gerät er in Wut und verlangt angesichts des Spottes der Feinde, von seinem Gott, daß er den angekündigten Tag des Unheils nun auch kommen lasse (17, 18), daß er ihn räche an seinen Verfolgern (15, 15), daß er die Schuld der Gegner gegen ihn ohne Sühne bestehen lasse (18, 23), d. h.: künftig um so furchtbarer seinerseits rächen möge. Er scheint oft förmlich zu schwelgen in der Vorstellung von der Entsetzlichkeit des von ihm angekündigten, sicher kommenden Unheils des eigenen Volks. Aber allerdings auf der andern Seite – und das ist ein Unterschied gegen die Parteidemagogen in Athen und Florenz –: Nachdem das Unheil bei Megiddo und später, nachdem die jahrzehntelang angekündigte Katastrophe über Jerusalem hereingebrochen ist, keine Spur von Triumph darüber, daß die Vorhersage recht behalten habe. Und auch nicht wie vorher dumpfe Verzweiflung. Sondern neben schwerer Trauer die Eröffnung von Hoffnung auf Gottes Gnade und bessere Zeiten. Und bei allem wilden Zorn über die Verstocktheit der Hörer läßt er sich durch Jahwes Stimme mahnen, nicht durch unedle Worte das Recht zu verwirken, Jahwes Mund zu sein: Er solle edle Worte reden, dann werde Jahwe die Herzen der Menschen ihm zuwenden (15, 19). Zwar ungebändigt durch priesterliche oder ständische Konventionen und gänzlich untemperiert durch irgendwelche, sei es asketische oder kontemplative, Selbstdisziplin entlädt sich die glühende Leidenschaft der Propheten und öffnen sich in ihnen alle Abgründe des Menschenherzens. Und dennoch, trotz aller dieser Menschlichkeiten, von denen diese Titanen des heiligen Fluchens wahrlich nicht frei waren, ist es dennoch nicht die eigene Person, sondern die Sache Jahwes, des leidenschaftlichen Gottes, die über all dem wilden Toben souverän gebietet. – Der Leidenschaft des Angriffs entsprach die Reaktion der Angegriffenen. Zahlreiche Verse, namentlich wieder des Jeremia, die gelegentlich wie Ausgeburten von Verfolgungswahn anmuten, schildern, wie die Feinde bald zischeln, bald lachen, bald drohen und höhnen. Und das entsprach den Tatsachen. Auf offener Straße treten die Gegner den Propheten entgegen, beschimpfen sie und schlagen sie ins Gesicht. König Jojakim läßt sich den Unheilspropheten Uria von Ägypten ausliefern und hinrichten, und wenn Jeremia, der wiederholt in Haft genommen und mit dem Tode bedroht wurde, dem entging, dann wesentlich aus Angst vor seiner Zaubermacht. Stets aber schwebt Leben und Ehre der Propheten in Gefahr und lauert die

Gegenpartei darauf, sie durch Gewalt, List und Spott, Gegenzauber und Gegenprophetie zu vernichten. Vor allem auch durch Gegenprophetie. Nachdem Jeremia acht Tage lang mit einem Jochbalken auf den Schultern umhergegangen ist, um die Unabwendbarkeit der Unterwerfung unter Nebukadnezar handgreiflich zu machen, tritt ihm Chananja entgegen, ergreift und zerbricht das Joch, um das böse Omen zu zerstören, vor allem Volk. Worauf Jeremia zunächst betroffen davongeht, dann aber mit einem eisernen Joch wieder erscheint, höhnisch fordernd, daß der Gegner auch an ihm seine Kraft bewähre und ihm den baldigen Tod verkündend. Diese Propheten sind mitten hineingerissen in einen Strudel von Parteigegensätzen und Interessenkonflikten. Und zwar vor allem: in betreff der auswärtigen Politik. Das konnte nicht anders sein. Um Sein oder Nichtsein des nationalen Staatswesens gegenüber dem Gegensatz der assyrischen Weltmacht auf der einen, der ägyptischen auf der andern Seite handelt es sich. Partei mußte ergriffen werden und niemand, der öffentlich wirkte, kam um die Frage herum: für wen? so wenig wie Jesus die Frage erspart blieb ob es recht sei, den Römerzins zu zahlen? Ob die Propheten wollten oder nicht, sie wirkten tatsächlich im Sinne jeweils einer der sich wütend bekämpfenden innerpolitischen Koterien, welche zugleich jede Träger einer bestimmten Außenpolitik waren, und galten daher als deren Parteigenossen. Nebukadnezar hat nach dem zweiten Fall Jerusalems in seinem Verhalten zu Jeremia dem Rechnung getragen, daß der Prophet im Sinn der Lehenstreue seines Königs gewirkt hatte. Wenn wir die Sippe Saphans durch mehrere Generationen die Propheten[4] und die deuteronomische Bewegung stützen sehen, so mag dabei recht wohl auch außenpolitisches Parteiinteresse beteiligt gewesen sein. Zu glauben aber, daß politische Parteigängerschaft bei den Propheten selbst: etwa für Assyrien bei Jesaja oder für Babylon bei Jeremia bestimmend für den Inhalt der Orakel gewesen sei, durch welche sie von Bündnissen gegen jene Großmächte abrieten, wäre ein schwerer Irrtum. Unter Sanherib hat derselbe Jesaja[5], der vorher in Assur das Werkzeug Jahwes sah, sich im Gegensatz zu der Verzagtheit des Königs und der Großen rücksichtslos gegen den Großkönig und gegen die Kapitulation gewendet. Wie er anfangs die Assyrer als Vollstrecker wohlverdienter Strafe beinahe begrüßte, so verflucht er später dies gottlose, übermütige, unmenschlich grausame, nur auf Macht und Vernichtung anderer ausgehende Königsgeschlecht und Volk und weissagt ihm den Untergang, den dann später, als er eintrat, die Propheten jubelnd begrüßten. Und Jeremia hat zwar unablässig die Unterwerfung unter die Macht

[4] S. für Jeremia: 26, 24; 29, 3; 36, 11; 40, 6.

[5] S. über Jesajas politische Stellung insbesondere: Küchler, Die Stellung des Propheten Jesaja zur Politik seiner Zeit (Tübingen 1906). Bemerkungen darüber auch bei Procksch, Geschichtsbetrachtung und Geschichtsüberlieferung bei den vorexil. Propheten (Leipzig 1902).

Nebukadnezars gepredigt bis zu einem Verhalten, welches wir heute Landesverrat nennen würden: Denn was ist es anders, wenn er (21, 9) beim Anmarsch des Feindes denen, die überlaufen und sich ergeben werden, Gnade und Leben in Aussicht stellt und den andern Verderben? Aber derselbe Jeremia, welcher Nebukadnezar noch in seinem letzten Orakel (aus Ägypten) gelegentlich den Knecht Gottes nennt (43, 10), den der Vertreter des Königs nach der Einnahme Jerusalems beschenkt und nach Babylon lädt, hatte dem Reisemarschall des Königs Zedekia für die Fahrt nach Babylon ein Blatt mit einem prophetischen Fluch über diese Stadt mitgegeben, unter der Anweisung, es dort laut zu lesen und dann in den Euphrat zu werfen (Jer. 51, 59 ff.), um durch diesen Zauber die verhaßte Stadt dem Untergang zu weihen. Es zeigt sich in alledem, daß die Propheten zwar der Art ihres Wirkens nach objektiv politische, und zwar vor allem weltpolitische, Demagogen und Publizisten waren, aber subjektiv nicht politische Parteigänger. Sie waren überhaupt nicht primär an politischen Interessen orientiert. Niemals hat die Prophetie etwas über einen besten Staat ausgesagt (von Hesekiels hierokratischer Konstruktion in der Exilszeit abgesehen), niemals vollends versucht, wie die philosophischen Aisymneten und vollends die Akademie, sozialethisch orientierte politische Ideale durch Beratung von Machthabern in die Realität umsetzen zu helfen. Der Staat und sein Treiben interessierten sie nicht um seiner selbst willen. Vollends war ihre Fragestellung nicht die der Hellenen, wie man ein guter Bürger werde? Sondern sie war, wie wir sehen werden, ganz und gar religiös, an der Erfüllung von Jahwes Geboten, orientiert. Was gewiß nicht ausschließt, daß wenigstens Jeremia auch die realen Machtverhältnisse seiner Zeit vielleicht bewußt richtiger einschätzte als die Heilspropheten. Nur war nicht dies für seine Haltung entscheidend. Denn diese realen Machtverhältnisse waren eben nur durch Jahwes Willen so gestaltet. Er konnte sie ändern. Jesajas Mahnung zum Ausharren gegen die Angriffe Sanheribs schlug jeder realpolitischen Wahrscheinlichkeit ins Gesicht, und wenn man ernstlich behauptet hat, er habe – vor dem König selbst! – Nachricht von den Umständen gehabt, die Sanherib zum Abzug veranlaßten, so ist dieser Rationalismus in der Tat jenen Versuchen gleichwertig, welche das Wunder bei der Hochzeit zu Kana aus der Verwendung von Likören erklärten, die Jesus heimlich mitgebracht habe.

Ganz unglaubhaft bleiben vollends die von manchen Panbabylonisten nicht ohne Geist aufgespürten Beziehungen der Jahwepropheten zu innerpolitischen Parteien – einer Priester- und Bürger-Partei – der Weltreiche, vor allem der mesopotamischen. Natürlich ist kein Zweifel, daß die jeweiligen außenpolitischen Beziehungen, auch die Parteigängerschaften, fast stets religiöse Rückwirkungen im Innern hatten. Die Parteigänger Ägyptens pflegten ägyptische, die Assyriens Babylons und Phöniziens die dortigen Kulte und im Fall einer politischen Allianz war die Verehrung der betreffenden Götter eine fast unentbehrliche Bekräftigung, die ein Großkönig bei aller sonstigen Toleranz als Zeichen politischer Obödienz vermutlich geradezu forderte. Und ferner sprechen hinlängliche Angaben dafür, daß beispielsweise Nebukadnezar nicht abgeneigt war, sowohl nach der ersten wie nach der zweiten Einnahme Jerusalems und der Wegführung der ägyptisch gesinnten Partei den Einfluß der Jahweverehrer ähnlich als Stütze seiner Herrschaft zu benützen, wie später Kyros und Dareios es taten. Auch die Politik Nechos nach der Schlacht bei Megiddo scheint schon ähnliche Wege haben gehen zu wollen[6], ohne dadurch die Propheten für Ägypten zu gewinnen. Als erster Ansatz zu dieser von der altassyrischen abweichenden wichtigen Maxime: mit Hilfe der einheimischen Priester zu herrschen, darf wohl das überlieferte Entgegenkommen der Assyrer gegenüber den religiösen Bedürfnissen von Samaria nach der Zerstörung (2. Kön. 17,27f.) gelten. Mit dieser Wendung der Religionspolitik der Großstaaten verlor die Fremdherrschaft für die Propheten viel von ihren religiösen Schrecken und es liegt nahe, daß dies die Stellungnahme vor allem des Jeremia mit beeinflußt hat. Aber die ursächliche Bedeutung solcher Momente ist bei ihnen allen ganz offenbar nicht zu vergleichen mit der Tragweite, welche solche kirchenpolitischen Erwägungen vermutlich bei dem Verhalten der hellenischen Orakel, vor allem: des delphischen Apollon, den Persern gegenüber gehabt haben. Auch hier war die Überzeugung, daß das Verhängnis mit den Persern sei, seit dem wundergleichen Aufstieg des Kyros und Dareios die Grundvoraussetzung der Haltung der Orakel. Aber die schmeichelhafte Devotion des Königs und des Mardonios und die ausgiebigen Geschenke, die sie darbrachten, in Verbindung mit der berechtigten Erwartung, daß im Falle des Sieges die Perser auch hier mit Hilfe der Priester die Domestikation der entwaffneten Bürgerschaften bewerkstelligen würden, waren doch höchst substanzielle Stützen dieser Stellungnahme. Diese materiellen Erwägungen fielen bei den Propheten völlig fort. Jeremia entzog sich der Einladung nach Babylon, und von seiner zutreffenden Einschätzung der Machtlage bis zum Bestehen einer internationalen Parteigängerschaft der Priester und Bürger einerseits, des Militäradels andererseits, an welche manche Panbabylonisten glauben, ist denn doch ein sehr weiter Weg. Derartiges ist völlig unglaubhaft, und wir werden sehen, daß die Stellungnahme zu den auswärtigen Bündnissen überhaupt und insbesondere die sehr beständige Abneigung der Propheten gegen das ägyptische Bündnis durch rein religiöse Motive gegeben war.

Ebensowenig wie in der auswärtigen war die Stellungnahme der Propheten in der inneren Politik, so prononciert sie hervortraten, primär politisch oder sozialpolitisch motiviert. – Die Propheten sind ihrer ständischen Herkunft nach uneinheitlich. Es ist gar keine Rede davon, daß sie vorwiegend proletarischen

[6] Dafür spricht, daß dem von ihm eingesetzten König ein theophorer (Jahwe-) Name gegeben wurde.

oder auch nur negativ privilegierten[7] oder bildungslosen Schichten entstammten. Erst recht nicht wurde ihre sozialethische Stellungnahme durch ihre persönliche Abstammung bestimmt. Denn sie war durchaus einheitlich trotz sehr verschiedener sozialer Herkunft. Durchweg vertraten sie leidenschaftlich die sozialethischen Karitätsgebote der levitischen Paränese zugunsten der kleinen Leute und schleuderten ihre zornigen Flüche mit Vorliebe gegen die Großen und Reichen. Aber Jesaja, der dies unter den älteren Propheten mit am heftigsten tat, war ein Abkömmling aus vornehmer Sippe, vornehmen Priestern eng befreundet, verkehrte mit dem König als Berater und Arzt und war ohne Zweifel in seiner Zeit eine der angesehensten Persönlichkeiten der Stadt. Zephanja war ein Davidide und Urenkel des Hiskia, Hesekiel ein vornehmer Jerusalemiter Priester: Diese Propheten waren also begüterte Jerusalemiten. Micha und Jeremia stammten der eine aus einer Kleinstadt, der andere aus einem Dorfe, Jeremia aus einer landpriesterlichen Sippe, die mit Grundbesitz angesessen war, vielleicht dem alten Elidenhause.[8] Er kaufte verarmten Verwandten Land ab. Nur Amos war ein kleiner Viehzüchter: Er nennt sich einen Hirten, der von Sykomorenfrüchten (der Nahrung der Armen) gelebt habe, und stammte aus einer Kleinstadt Judas, war dabei aber ersichtlich sorgfältig gebildet. Gerade er kennt z. B. den babylonischen Tiamat-Mythos. Aber wie Jesaja, bei allen schweren Fluchworten gegen die Großen, doch die Herrschaft des ungebildeten zuchtlosen Demos als den ärgsten aller Flüche verkündet, so ist auch Jeremia trotz seiner immerhin demokratischeren Herkunft und bei einer noch schärferen Tonart gegen die Frevel des Hofs und der Großen ganz ebenso scharf gegen die plebejischen Minister Zedekias. Auch er hält es für selbstverständlich, daß kleine Leute nichts von religiösen Pflichten verstehen. Von den Großen dagegen könnte man das verlangen und eben deshalb waren sie des Fluches wert. Ein persönliches Moment könnte bei diesem Propheten vielleicht bei der besonders scharfen Gegnerschaft gegen die Jerusalemiter Priester dann mitspielen, wenn er wirklich von dem einst zugunsten des Zadok von Salomo nach Anathot verbannten Priester Abjathar abstammen würde. Aber auch das spielt gegenüber den sachlichen Gründen höchstens eine verschärfende Rolle. Jedenfalls aber war kein Prophet Träger demokratischer Ideale. Das Volk bedarf in ihren Augen der Leitung und auf die Qualitäten der Leitenden kommt daher alles an (Jes. 1, 26; Jer. 5, 5). Kein Prophet verkündet vollends irgend ein religiöses Naturrecht und noch weniger gar ein Revolutions- oder Selbsthilferecht der von den Großen gequälten Massen. In etwas derartigem würden sie zweifellos den Gipfel der Gottlosigkeit

[7] Dies ist namentlich für Amos (z. B. von Winckler) behauptet worden. Mit Recht dagegen: Küchler a. a. O.

[8] Für diese natürlich unbeweisbare Annahme spricht die Art, wie er wiederholt Silo als die erste Stätte der reinen Jahwe-Verehrung erwähnt und die Zerstörung Jerusalems mit der zweifellos halb vergessenen, Jahrhunderte zurückliegenden, Verwüstung von Silo vergleicht.

erblickt haben. Sie desavouieren ihre gewaltsameren Vorläufer: Jehus Revolution, ein Werk der Elisaschule und der Rechabiten, verwarf Hosea mit den schärfsten Flüchen und kündete Jahwes Rache dafür an. Kein Prophet war –, mit der charakteristischen Ausnahme der theologischen Idealkonstruktion eines Zukunftsstaats bei Hesekiel in der Exilszeit – Verkünder sozialpolitischer Programme. Sondern, was sie an positiven sozialethischen Forderungen mehr voraussetzen als ihrerseits aufstellen, entspricht der levitischen Paränese, deren Existenz und Kenntnis bei allen als selbstverständlich behandelt ist. Die Propheten sind also nicht ihrerseits Träger demokratischer sozialer Ideale, sondern die politische Situation: die Existenz einer starken politisch-sozialen Opposition gegen das Fronkönigtum und die gibborim, gab ihrer primär religiös bedingten Verkündigung den Resonanzboden und wirkte auch auf den Inhalt ihrer Vorstellungswelt ein. Dies aber geschah durch Vermittlung derjenigen Intellektuellenschichten, welche die Erinnerung an die alten Traditionen der vorsalomonischen Zeit pflegten und ihnen sozial nahestanden.

Ständisch einte die Propheten ein wichtiges Prinzip: die Unentgeltlichkeit ihrer Orakel. Sie schied sie von den Königspropheten, die von ihnen als Landverderber verflucht werden und von allem Erwerbsbetrieb nach Art der alten Seher oder Traumdeuter, die sie verachten und verwerfen. Die vollkommene innere Unabhängigkeit der Propheten war dabei nicht so sehr die Folge, als vielmehr eine der wichtigsten Ursachen jener Praxis. Sie kündeten vorwiegend Unheil und niemand konnte wissen, ob er bei einer Anfrage nicht wie König Zedekia eine Unheilsweissagung empfing, und damit ein böses Omen. Ein solches bezahlt man nicht und einem solchen setzt man sich auch nicht aus. Vornehmlich ungebeten und von sich aus getrieben, selten auf Anfrage, schleudern daher die Propheten ihre oft furchtbaren Orakel der Hörerschaft entgegen. Aber als ständisches Prinzip entspricht jene Praxis der Unentgeltlichkeit der gleichartigen Praxis gerade vornehmer Intellektuellenschichten; religionssoziologisch wichtige Ausnahmen davon waren die spätere Übernahme dieses Prinzips durch die plebejischen Intellektuellenschichten der Rabbinen, und von da: der christlichen Apostel. – Auch ihre Gemeinde, soweit man den Ausdruck gebrauchen kann (worüber später), fanden die Propheten keineswegs nur oder vorwiegend im Demos. Im Gegenteil: wenn sie überhaupt einen persönlichen Anhalt hatten, so waren einzelne vornehme fromme Häuser in Jerusalem die Patrone, zuweilen durch mehrere Generationen. Bei Jeremia die gleiche Sippe, welche auch bei der Auffindung des Deuteronomium beteiligt war. Unter den Sekenim, als den Hütern der frommen Traditionen und vor allem: des überlieferten Respekts vor der Prophetie, fanden sie am ehesten Rückhalt. So Jeremia bei seinem Kapitalprozeß, ebenso Hesekiel, den die Ältesten im Exil konsultieren. Niemals: bei den Bauern. Zwar alle Propheten eifern gegen die Schuldversklavung, die Pfändung der Kleidung, überhaupt die Verletzung der Karitätsgebote, welche den kleinen Leuten zugute kamen. In Jeremias letzter Zukunftshoffnung sind Bauern und Hirten die Träger der Frömmigkeit. Aber in dieser Art ist das auch nur bei ihm der Fall. Und auch zu seiner Anhängerschaft gehörten die Bauern so wenig wie die ländliche Squirearchie, im Gegenteil war der am haarez je länger je mehr Gegner der Propheten, speziell auch des von seiner eigenen Sippe bekämpften Jeremia, weil sie als strenge Jahwisten gegen die ländliche Orgiastik der Ackerbaukulte und die damit am stärksten befleckten, also die ländlichen, vor allem: die Baalkultstätten, eiferten, an denen die Landbevölkerung aus ökonomischen sowohl wie aus idealen Gründen hing. – Nie fanden sie Rückhalt beim König. Denn sie waren Träger der jahwistischen, gegen das mit realpolitisch notwendigen Konzessionen an fremde Kulte mit Trunk und Völlerei, mit den salomonischen fronstaatlichen Neuerungen belastete Königtum sich wendenden, Tradition. Bei keinem Propheten spielt Salomo die geringste Rolle. Stets ist, wenn überhaupt ein König erwähnt wird, David der fromme Herrscher. Die Könige des Nordreichs gelten dem Hosea als illegitime, weil ohne Jahwes Willen zum Thron gelangte Usurpataron. Amos nennt die Nasiräer und Nebijim unter den Institutionen Jahwes, aber nicht: den König. Zwar die Legitimität der Davididen hat kein Prophet angefochten. Aber der Respekt auch vor dieser Dynastie, so wie sie war, war nur ein bedingter. Jesajas Immanuel-Prophetie war doch wohl die Verkündigung eines gottgesendeten Ursurpators. Und doch war bei ihm am meisten Davids Zeitalter der Höhepunkt der nationalen Geschichte. Vollends die Rücksichtslosigkeit der Angriffe gegen das Verhalten der einzelnen zeitgenössischen Könige stieg. Solche rasenden Ausbrüche des Zorns und der Verachtung wie bei Jeremia gegen Jojakim, der wie ein Esel verscharrt (22, 19), und gegen die offenbar am Astartekult beteiligte Königin-Mutter: der die Röcke über den Kopf gezogen werden sollen, daß jeder ihre Schande sehen möge (13, 18ff.) finden sich nicht oft. Aber schon Jesaja ruft sein Wehe über das Land, dessen König ein Kind ist und von Weibern geleitet wird und dem Herangewachsenen trat er persönlich schroff entgegen. Von Elia hat die prophetische Tradition absichtlich gerade seine Konflikte mit Ahab aufbewahrt. Die Könige vergalten diese Abneigung. Nur in unsicheren Zeiten lassen sie sie gewähren, fühlen sie sich aber sicher, so greifen sie, wie Manasse zu blutiger Verfolgung. Den Zorn der Propheten gegen die Könige erregte, neben der politisch bedingten Pflege fremder oder unkorrekter Kulte, vor allem die in ihren Mitteln und Voraussetzungen unheilige Weltpolitik als solche. Insbesondere: das Bündnis mit Ägypten. Obwohl flüchtige Jahwepropheten, wie Uria, in Ägypten Zuflucht fanden, obwohl ferner die ägyptische Herrschaft sicherlich die weit sanftere und religiös ganz unpropagandistische war, warfen sich die Propheten gerade gegen dieses Bündnis am stärksten in Harnisch. Der Grund tritt bei Jesaja (28, 18) hervor: Es ist der Bund mit Scheol, d.h.: mit den chthonischen Göttern des Totenreichs, den sie verabscheuen.[9] Man sieht, sie stehen darin vollkommen auf dem Boden der priesterlichen Tradition, und ihre politische Haltung

[9] Daß an einer andern Stelle unter den Göttern, die Jahwe vernichten wird, geradezu Osiris genannt sei, ist eine Konjektur Duhms.

ist auch in solchen Einzelzügen durchaus religiös und nicht realpolitisch bedingt. Wie gegen den König, so eifern die Propheten auch gegen die Großen: vor allem die Sarim und Gibborim. Sie verfluchen neben der Ungerechtigkeit ihres Gerichts vor allem ihre unfromme Lebensweise und Völlerei. Aber es ist deutlich zu erkennen, daß der Gegensatz von solchen Einzellastern unabhängig war. Der König und die politisch-militärischen Kreise konnten mit den rein utopisch orientierten Mahnungen und Ratschlägen der Propheten schlechterdings nichts anfangen. Wenn schon die hellenischen Staaten des 6. und 5. Jahrhunderts zwar die Orakel regelmäßig konsultierten, aber – obwohl diese dort durchweg politisch orientiert waren – gerade in den Zeiten großer Entscheidungen, wie z. B. über den Perserkrieg, schließlich nicht befolgten, so war dies den Königen von Juda überhaupt in aller Regel politisch unmöglich. Und das Würdegefühl der dem prophetischen Glauben hier wie überall gleich fernstehenden Ritterschaft zumal mußte die Würdelosigkeit der Ratschläge Jeremias gegenüber Babylon ohne weiteres ablehnen. Ihr waren diese auf der Gasse schreienden Ekstatiker an sich verächtlich. Offensichtlich ist andererseits, daß die von den Intelligenzschichten genährte populäre Opposition gegen die vornehme Kriegerschaft und den Patriziat der Königszeit als solche bei der Haltung der Propheten mitspielte. Der Geiz ist das vornehmste aller Laster, d. h.: die Bewucherung der Armen. Und für die königliche Armee interessieren sich diese Propheten nicht. Ihr Zukunftsreich ist ein Friedensreich: Dabei waren sie keineswegs an sich so etwas wie kleinjüdische Pazifisten. Die Herrschaft über Edom und über jene Völker, über welche Jahwes Name genannt ist, wurde Juda von Amos (9, 12) verheißen. Und die alten populären Weltherrschaftshoffnungen brachen immer wieder durch. Aber zunehmend geht die Ansicht dahin, ausschließlich durch ein Gotteswunder, wie einst am Schilfmeer, nicht aber durch eigene Militärmacht werden die politischen Ansprüche Israels verwirklicht werden. Am allerwenigsten aber durch politische Bündnisse. Gegen diese richtet sich der Zorn der Propheten immer aufs neue. Der Grund der Gegnerschaft ist wiederum ein religiöser. Es ist keineswegs nur die Gefahr fremder Kulte. Sondern daß Israel in der berith mit Jahwe steht, dem niemand Konkurrenz machen darf, keinesfalls das Vertrauen auf menschliche Hilfe: das ist gottloser Unglaube, der Jahwe erzürnt. Wenn Jahwe das Volk, wie Jeremia sah, zur Unterwerfung unter Nebukadnezar bestimmt hatte, so hatte man sich dem zu fügen. Bündnisse zum Schutz gegen die Großkönige waren Frevel, solange sie Vollstrecker seines Willens waren. Waren sie es nicht und wollte er also Israel helfen, so half er allein, lehrte Jesaja, der aus diesem Grund wohl als erster unermüdlich gegen ausnahmslos jedes im Werk befindliche Bündnis eiferte. Man sieht: alles, sowohl in der außenpolitischen wie in der innenpolitischen Haltung, war rein religiös motiviert, nichts realpolitisch. Religiös bedingt war schließlich auch die Beziehung zu den Priestern.

Kein Prophet vor Hesekiel nennt die Priester mit positiver Bewertung. Amos kennt, wie schon gesagt, nur Nasiräer und Nebijim als Jahwes Werkzeuge, nennt aber die Priester nicht. Und schon die bloße Existenz dieser Art von freier Prophetie ist für die Zeit ihres Emporkommens ein klares Symptom von Schwäche der Priestergewalt. Wäre die Stellung der Priester schon die gleiche gewesen wie in Ägypten oder auch nur wie in Babylon oder wie in Jerusalem nach dem Exil, so wäre die freie Prophetie zweifellos, als gefährlichste Konkurrentin, von ihnen erstickt worden. Aber das war infolge des ursprünglichen Fehlens einer zentralen Kultstätte und eines offiziellen Opfers in der Bundeszeit und bei dem feststehenden Prestige der alten Königspropheten und Seher und dann des Elia und der Elisaschule nicht möglich. Mächtige Sippen frommer Laien standen hinter den Propheten und die Priester mußten sie daher gewähren lassen, so schroff die Gegensätze oft aufeinanderstießen. Keineswegs durchgängig war dies freilich der Fall. Jesaja stand mit Priestern von Jerusalem in enger Verbindung, Hesekiel war durchaus priesterlich orientiert. Andererseits finden wir aber die denkbar schärfsten persönlichen Konflikte mit den Kultpriestern gleich zuerst bei Amos in Bethel und noch zuletzt bei Jeremia in Jerusalem. Der Prozeß des letzteren (Jer. 26) mutet fast wie ein Vorspiel zu dem an, was 600 Jahre später am gleichen Ort geschah, und die Überlieferung der Vorgänge hat vielleicht in der Tat irgendwie darauf nachgewirkt. Jeremia wurde auf den Tod angeklagt, weil er dem Tempel das Schicksal des von den Philistern dereinst zerstörten Heiligtums in Silo geweissagt hatte. Er wurde vor das Gericht der Beamten und Ältesten geschleppt, und die Priester und Heilspropheten fungierten als seine Ankläger. Aber der Unterschied der Zeiten zeigte sich im Resultate: Jeremia wurde auf Veranlassung der Ältesten trotz der Anklage der Priester freigesprochen mit der Begründung, daß der Präzedenzfall des Micha vorliege, der unter Hiskia ähnliches geweissagt habe.[10] Der Vorgang ergibt immerhin, daß Weissagungen gegen den Tempel selbst selten waren. Und vor allem enthielten auch derartige Orakel ja letztlich keine Anzweiflung seiner Legitimität. Zwar tröstete Jeremia sich und andere später über den Verlust der heiligen Lade unter Nebukadnezar leicht. Aber immerhin behandelt jene Weissagung den Tempelsturz doch als an sich ein Unheil, welches nur bedingt als Sündenstrafe für den Fall fehlender Bekehrung, in Aussicht gestellt wurde (26, 13). In der Tat hat kein Prophet den Tempel geradezu bekämpft. Amos, der das Opfer in Bethel und Gilgal geradezu ein Freveln nennt (4, 4; 5, 5), meint damit vermutlich zunächst nur die bei allen Vertretern der Hirtenfrömmigkeit tief verhaßten Kultformen der Ackerbauer. Das Volk soll da nicht hingehen, sondern Jahwe suchen (das.), und als Sitz Jahwes kennt Amos den Zion, wie Hosea Juda als einzig unbefleckte Stätte Jahwes. Jesajas Zuversicht auf die Uneinnehmbarkeit Jerusalems in seinen Spätorakeln war zweifellos auf den Tempel gegründet. In einer Tempelvision hatte er ja in seiner Jugend den himmlischen Hofstaat gesehen. Für Micha blieb trotz seines Unheilsorakels der Zion in Zukunft die Stätte der reinen Thora und Prophetie Jahwes. Nur gegen

[10] In der jetzigen Fassung bei Micha (1, 55) stimmt das nicht ganz.

die Unreinheit auch des dortigen Kults: vor allem die Befleckung durch Hierodulen, eiferten die Propheten. Noch bei Hosea erschöpft sich fast die ganze Kraft des Propheten im Kampf gegen die Baalkulte, der dann die vorexilische Prophetie durchzieht. Aber allerdings eifern sie nirgends für den korrekten Priesterkult. Jeremia hat das Deuteronomium, also die Zentralisierung des Kults im Tempel von Jerusalem, offenbar anfänglich begrüßt (11, 3), um freilich später (8, 8) es als Produkt des Lügengriffels der Schreiber zu bezeichnen, weil seine Urheber an dem falschen Gottesdienst festhalten (8, 5) und das Prophetenwort verwerfen (8, 9). Was damit gemeint ist, ergibt eine andere Stelle (7, 4. 11 ff.) klar: Der Tempel an sich ist nutzlos und wird das Schicksal Silos erleiden, wenn nicht das Entscheidende, die Wandlung in der Lebensführung, erfolgt. Neben einzelnem sozialethischem Unrecht wird hier vor allem das Vertrauen auf unnötige Lügenworte (der Zionspriester) hervorgehoben (7, 8). Dies letzte war eben das allein Entscheidende: der Ungehorsam gerade der Priester gegen jene göttlichen Gebote, welche der Prophet als unmittelbar von Jahwe eingegeben verkündet. Und außerdem ihre persönliche Sündhaftigkeit. In typischer Art erkennt so der persönliche Charismatiker das Amts-Charisma nicht als Qualifikation zum Lehren an, wenn der lehrende Priester persönlich unwürdig ist. Für die, am Kult nicht beteiligten, Propheten war naturgemäß die Lehre des göttlichen Wortes (dabar), wie sie es vernahmen, das religiös allein Wichtige und also auch an der Tätigkeit der Priester die Lehre (thora), nicht der Kult (Jer. 8, 6; 18, 18), auch in Jerusalem (Micha 4, 2). Ebenso war ihnen naturgemäß beim Volk nur der Gehorsam gegen die debarim und die thora wichtig und nicht das Opfer. Und ebenso nicht jene rituellen Gebote, welche später im Exil zu so ausschlaggebender Bedeutung gelangten: Sabbat und Beschneidung. Des Sabbat des ungehorsamen Volks ist Jahwe schon bei Amos – einem Hirten! – satt[11], und der äußeren Beschneidung setzt Jeremia (9, 24 f.) die Beschneidung der Vorhaut des Herzens als allein wesentlich entgegen. Nicht eine Ablehnung, wohl aber eine starke Entwertung aller Riten ist daraus herauszuhören. Die Propheten haben auch hier die aus der Thora erwachsenen Konzeptionen der Intellektuellen akzeptiert: Jahwe war, wenigstens dem Postulat nach, ein Gott gerechter ethischer Vergeltung und das (diesseitige) Glück des Einzelnen – von dem Jesaja 3, 10 die Rede ist – galt ihnen ebenso als unmittelbare Frucht der Werke, wie das des Volks: Diese massive ethische Werkgerechtigkeit stand, bei den älteren Propheten wenigstens, dem ebenso massiven Ritualismus der Priester gegenüber. Der Gegensatz gegen die priesterliche Bewertung des Opfers insbesondere steigerte sich, namentlich bei Amos und Jeremia, bis zu völliger Entwertung. Opfern ist von Jahwe nicht befohlen und daher nutzlos (Jer. 6, 20; 7, 21). In der Wüste habe man nicht geopfert, argumentiert schon Amos (5, 5). Wenn das Volk ungehorsam ist, seine

[11] Daß Jer. 17, 19 f. nicht von Jeremia stammt, ist mit Recht allgemein angenommen worden.

Hände voll Blut sind, dann sind Jahwe alle seine Opfer und Fasten ein Greuel, lehrte auch Jesaja (1, 11f.). Daß in solchen Worten keine bedingungslose Verwerfung von Kult und Opfer liege, ist bei Jesajas Beziehung zur Priesterschaft und seiner Schätzung der Tempelburg als sicher anzunehmen und gilt daher wohl auch für die anderen Propheten. Immerhin ist die Haltung zum Opfer in den Orakeln kalt bis zur Feindseligkeit. Es klingt eben in alledem in der Prophetie das nomadische Ideal, infolge der Verklärung dieser königlosen Vergangenheit durch die Literatentradition, stark an. Zwar ist selbst der Hirte Amos, da er Juda Weinreichtum verheißt (9, 13), ebensowenig ein Rechabit gewesen wie Jeremia, der einzige Prophet, der mit dem Orden in persönliche Beziehung trat und dessen Frömmigkeit Israel als exemplarisch vorhielt, selbst aber noch im Alter einen Acker kaufte. Aber verglichen mit der üppigen und deshalb hochmütigen und Jahwe ungehorsamen Gegenwart blieb doch die Wüstenzeit auch den Propheten die eigentlich fromme Epoche. Zur Steppe wird Israel in der Endzeit, durch die Verwüstung, wieder werden, und der Heilskönig sowohl wie die Übriggebliebenen essen die Steppennahrung: Honig und Rahm.

Man hat die Haltung der Propheten, alles in allem, oft als Kulturfeindschaft bezeichnet. Das darf nicht als persönliche Kulturlosigkeit verstanden werden. Sie sind vielmehr nur auf dem großen Resonanzboden der weltpolitischen Bühne ihrer Zeit und ebenso nur im Zusammenhang mit einem weitverbreiteten Kulturraffinement und einer starken Bildungsschicht denkbar, wenn auch andererseits, aus den erörterten politischen Gründen, nur im Rahmen eines Kleinstaates, ähnlich wie etwa Zwingli nur in einem Kanton. Sie alle waren schriftkundig und offenbar im ganzen zutreffend orientiert über die Eigenart der ägyptischen und mesopotamischen Kultur, insbesondere auch die Gestirnkunde, wie denn die Art des Gebrauches der heiligen Zahlen, z. B. der 70 bei Jeremia, auf eine mehr als nur ungefähre Bekanntschaft wohl schließen läßt. Jedenfalls aber ist kein Zug überliefert, der auf irgendwelche Ansätze von Weltflucht oder Kulturablehnung im indischen Sinne schließen ließe. Die Propheten kennen außer der Thora auch die chokma oder 'ezah (Jer. 18, 18) der Lebensklugheitslehrer (chakamim). Aber freilich dürfte andererseits ihre Bildungsstufe mehr den Orphikern und Volkspropheten in Hellas als den vornehmen Weisen von der Art des Thales entsprochen haben. Nicht nur allen ästhetischen und allen Werten vornehmer Lebensführung überhaupt, sondern auch aller weltlichen Weisheit stehen sie mit ganz fremden Augen gegenüber. Auch diese Haltung wurde zwar gestützt durch die traditionelle antichrematistische, dem Hof, den Beamten, den gibborim und den Priestern abgeneigte Haltung der puritanisch Frommen ihrer Umwelt. Innerlich bedingt aber war sie rein religiös durch die Art, wie sie ihre Erlebnisse verarbeiteten. Diesen müssen wir uns jetzt zuwenden.

Psychologisch angesehen waren von den Propheten der vorexilischen Zeit die große Mehrzahl – nach den Selbstzeugnissen jedenfalls: Hosea, Jesaja,

Jeremia, Hesekiel – zweifellos, und man kann ohne allzugroße Unvorsichtigkeit sagen: nach sicherer Vermutung alle, wenn auch in sehr verschiedenem Grade und Sinn, Ekstatiker. Schon ihre persönliche Lebensführung, soweit wir davon etwas hören, war die von Sonderlingen. Jeremia bleibt auf Jahwes Befehl, weil das Unheil bevorsteht, ledig. Hosea scheint auf Jahwes Befehl tatsächlich, vielleicht wiederholt, eine Dirne geheiratet zu haben. Jesaja verkehrt auf Jahwes Befehl (8, 3) mit einer Prophetin, deren Kind er dann den vorher ihm vorgeschriebenen Namen gibt. Seltsame symbolische Namen der Prophetenkinder spielen überhaupt eine große Rolle. Pathologische Zuständlichkeiten und pathologische Handlungen verschiedenster Art begleiten ihre Ekstase oder gehen ihr voran. Es ist nicht zweifelhaft, daß gerade diese Zuständlichkeiten ursprünglich als wichtigste Beglaubigung des prophetischen Charisma galten und daß sie sich also auch, wenn schon in milderer Form, dann fanden, wenn uns von solchen nichts überliefert ist. Indessen berichtet ein Teil der Propheten ausdrücklich von ihnen. Jahwes Hand lastet schwer auf ihnen. Der Geist packt sie. Hesekiel (6, 11; 21, 19) klatscht in die Hände, schlägt sich die Seiten und stampft den Boden. Jeremia (23, 9) wird wie ein Trunkener und schlottert an allen Gliedern. Das Gesicht der Propheten verzerrt sich, wenn der Geist über sie kommt, der Atem versagt, sie stürzen zuweilen betäubt, zeitweilig des Sehens und der Sprache beraubt, zu Boden, winden sich in Krämpfen (Jes. 21). Sieben Tage lang dauerte bei Hesekiel (3, 15) eine Lähmung nach einem seiner Gesichte. Die Propheten vollziehen seltsame, als ominös bedeutsam gedachte, Handlungen. Hesekiel baut sich wie ein Kind aus Ziegelsteinen und einer eisernen Pfanne ein Belagerungsspiel. Jeremia zerschmettert öffentlich einen Krug, vergräbt einen Gürtel und gräbt ihn verfault wieder aus, läuft mit einem Joch auf dem Nacken umher, andere Propheten mit eisernen Hörnern oder, wie Jesaja während längerer Zeit, nackt. Wieder andere, so noch Sacharja, bringen sich Wunden bei, noch anderen wird eingegeben, ekelhafte Nahrung zu sich zu nehmen, wie dem Hesekiel. Ihre Verkündigungen schreien sie (karah) bald laut in die Welt: teils in unverständlichen Worten, teils in Verwünschungen, Drohungen, Segnungen. Manchem läuft dabei der Geifer aus dem Munde (hittif, geifern = prophezeien), bald murmeln sie oder stammeln. Visuelle und auditive Halluzinationen, aber auch abnorme Geschmacks- und Gemeingefühlsensationen verschiedenster Art berichten sie von sich (Hes. 3, 2). Sie fühlen sich schwebend (Hes. 8, 3 und öfter) und durch die Luft getragen, haben Hellgesichte von örtlich fernen Ereignissen, wie angeblich Hesekiel in Babylon zur Stunde des Sturzes Jerusalems, oder von zeitlich entfernten kommenden Dingen, wie Jeremia (38, 22) von Zedekias Schicksal. Sie schmecken fremdartige Speisen. Vor allem: sie hören Töne (Hes. 3, 12 f.; Jes. 4, 19), Stimmen (Jes. 40, 3 f.) um sich, einzelne sowohl wie Dialoge, besonders oft aber: an sie selbst gerichtete Worte und Befehle. Sie sehen halluzinatorisch blendenden Lichtglanz und in ihm Gestalten übermenschlicher Art: die Herrlichkeit des Himmels (so

Jes. 6, auch Amos 9, 1). Oder sie sehen real beliebige gleichgültige Gegenstände: einen Fruchtkorb, ein Bleilot, und plötzlich wird ihnen, meist durch eine Stimme, deutlich, daß diese gewaltige Schicksalsschlüsse Jahwes bedeuten (so namentlich Amos). Oder sie machen, wie namentlich Hesekiel, authypnotische Zustände durch. Zwangshandlungen und vor allem Zwangsreden treten auf. Jeremia fühlt sich gespalten in ein doppeltes Ich. Er fleht seinen Gott an, ihm zu erlassen, daß er spreche. Er will nicht, er muß reden, was er als ihm eingegeben und nicht aus sich selbst kommend fühlt, ja was er reden zu müssen als furchtbares Geschick empfindet (Jer. 17, 16). Spricht er nicht, so erleidet er furchtbare Qualen, Gluthitze erfaßt ihn, und er kann den schweren Druck nicht ohne Entlastung ertragen. Wer diesen Zustand nicht kennt und nicht aus solchem Zwang, sondern aus eigenem Herzen redet, der ist ihm überhaupt kein Prophet. Eine solche ekstatische Orakelprophetie ist für Ägypten und Mesopotamien und auch für das vorislamische Arabien bisher nicht nachweisbar, sondern in der Nachbarschaft Israels nur (als Königsprophetie wie in Israel) in Phönizien und, unter strenger priesterlicher Kontrolle und Deutung, an den Orakelstätten der Hellenen. Nirgends aber ist eine freie Demagogie von weissagenden Ekstatikern von der Art der israelitischen Propheten überliefert. Zweifellos nicht deshalb, weil die betreffenden Zuständlichkeiten nicht existiert hätten. Sondern deshalb nicht, weil in den bürokratischen Königreichen wie bei den Römern die Religionspolizei eingegriffen hätte, bei den Hellenen aber diese Zuständlichkeiten in historischer Zeit nicht mehr als heilig, sondern als Krankheiten und würdelos galten und nur die traditionellen priesterlich reglementierten Orakel allgemein anerkannt waren. In Ägypten taucht die ekstatische Prophetie erst in der Ptolemäerzeit, in Arabien in Muhammeds Zeit auf.

Die untereinander teilweise charakteristisch verschiedenen Zuständlichkeiten der Propheten physiologisch, psychologisch und eventuell pathologisch zu klassifizieren und zu deuten, soweit dies möglich sein sollte – die bisherigen, namentlich an Hesekiel gemachten, Versuche überzeugen nicht –, wäre hier nicht der Ort. Es böte auch, wenigstens für uns, kein entscheidendes Interesse. Wie in der ganzen Antike, so galten auch in Israel psychopathische Zustände als heilig. Berührung mit Irrsinnigen wirkte noch in rabbinischer Zeit Tabu. Der königliche Aufseher über die Propheten wird (Jer. 29, 24 f.) Aufseher über Wahnsinnige und Propheten genannt, und ebenso läßt die Tradition schon den Offizier Jehus beim Anblick des Prophetenschülers, der diesem die Königssalbung anbieten sollte, fragen: was dieser Irrsinnige wolle? Indessen nicht dies geht uns hier an, sondern etwas ganz anderes. Zunächst der emotionale Charakter der prophetischen Ekstase als solcher, der sie von allen indischen Formen der apathischen Ekstase scheidet. Wir sahen schon früher (Abschnitt I), daß der vorwiegend auditive Charakter der klassischen Prophetie, im Gegensatz zu der wesentlich visuellen apathischen Ekstase der alten Seher, zunächst rein historisch bedingt war in dem Gegensatz der südlichen, jahwistischen Vorstellung von der Art, wie Jahwe sich offenbart, gegenüber dem Norden. Die leibhaftige Stimme des Gottes trat an die Stelle der alten leibhaftigen Epiphanie, welche der Norden mit seiner andersartigen Gottesvorstellung theoretisch verwarf und welche der psychischen Qualität der nordischen, aus der Orgiastik zur apathischen Ekstase sublimierten Frömmigkeit nicht entsprach. Jene zunehmend ausschließliche Anerkennung des auditiven Charakters der Eingebung als des allein die Echtheit gewährleistenden Merkmals hing mit der Zunahme der aktuellen politischen Erregtheit der Hörer zusammen, welcher der emotionale Charakter der Prophetie entsprach. Eine fernere wichtige Eigentümlichkeit liegt in der Tatsache, daß die Propheten selbst diese ihre außeralltäglichen Zuständlichkeiten, Gesichte, Zwangsreden und Zwangshandlungen sinnhaft deuten. Und zwar trotz ihrer offenbar großen psychologischen Verschiedenheit immer in einer und derselben Richtung. Schon das Deuten an sich ist, so nahe es uns heute zu liegen scheint, ganz und gar nicht selbstverständlich; denn es setzt zunächst voraus, daß die ekstatische Zuständlichkeit nicht schon an sich als persönlicher Heilsbesitz und nur als solcher gewertet wird, sondern daß ihr ein ganz anderer Sinn zugeschrieben wird: der Sinn einer Sendung. Und dies manifestiert sich noch stärker in der Einheit der Deutung. Machen wir uns das etwas näher im einzelnen klar.

Nur zum Teil sprechen die Propheten unmittelbar in der Ekstase (Jes. 21, 17; Jer. 4, 19 f.). Meist aber über ihre Erlebnisse in der Ekstase: Jahwe sprach zu mir ist der übliche Orakelanfang. Da gibt es mancherlei Abstufungen: Einerseits Hesekiel, der, obwohl ein echter und zwar anscheinend ein schwer pathologischer Ekstatiker, aus manchen seiner Visionen ganze Abhandlungen herauspreßt. Andererseits zahlreiche kurze Verse der vorexilischen Propheten, die unmittelbar im höchsten Affekt und anscheinend in der Ekstase selbst den Adressaten ins Gesicht geschleudert werden. Die höchste ekstatische Aktualität erreichen im allgemeinen solche Ausrufe, zu welchen der Prophet ungefragt[12], rein unter dem Druck der Eingebung Jahwes, in besonders gefahrvoller Lage des Landes oder unter einem besonders erschütternden Eindruck von Sünde hingerissen wird. Ihnen stehen als Gegensatz jene bei den klassischen Propheten verhältnismäßig seltenen Fälle gegenüber, in welchen er vorher gefragt worden ist. Nur selten scheint er dann die Antwort alsbald gegeben zu haben. Sondern wie Muhammed grübelte er über den Fall im Gebet, Jeremia einmal zehn Tage, bis der ekstatische Anfall eintrat (Jer. 42). Aber auch dann wird das Gesehene oder Gehörte offenbar in der Regel nicht alsbald hinausgeschleudert unter die harrenden Hörer. Denn es ist oft dunkel und vieldeutig. Der Prophet grübelt dann im Gebet über den Sinn. Erst wenn er die Deutung hat, dann spricht er. Er redet teils in der Form der Gottesrede: Jahwe spricht

[12] Bei Hesekiel (8, 1) tritt allerdings die Ekstase einmal in Anwesenheit der ihn konsultierenden Ältesten auf.

unmittelbar in der ersten Person, teils in der Form eines Berichtes über seine Worte. Die Menschenrede überwiegt bei Jesaja und Micha, die Gottesrede bei Amos, Hosea, Jeremia, Hesekiel. Endlich das Deuten von Begebenheiten, auch des eigenen Alltagslebens. als bedeutsamer Zeichen Jahwes liegt allen Propheten überhaupt nahe (vgl. besonders Jer. Kap. 32). – Wenn nun aber irgend etwas, dann sehen wir dies den typischen Aussprüchen der vorexilischen Propheten ganz allgemein an, daß sie in ungeheurer Emotion gesprochen oder, wie es einmal von Jesaja (5, 1) heißt, gesungen worden sind. Gewiß finden sich einzelne Verse, die vielleicht geflissentlich undeutlich gehalten sind, wie das bekannte Kroisosorakel des delphischen Apollon, und ebenso einzelne verstandesmäßige Ausarbeitungen, wie bei Hesekiel. Aber die Regel ist das nicht. Man glaubt ferner wohl mit Recht die bewußte Innehaltung bestimmter Stilregeln der prophetischen Dichtung zu erkennen. (Von den in Betracht kommenden sei etwa erwähnt: das regelmäßige Nichtnennen des Namens des Gemeinten, außer wo ihm geflucht werden soll.) Indessen ändert das an dem aktuell-emotionalen Charakter der Prophetie nichts. Allerdings setzte die Gotteskonzeption dem Inhalt des Erlebens Schranken. Die Leibhaftigkeit der Stimme Jahwes bei den Propheten ist der Ausdruck davon, daß einerseits der Prophet sich unbedingt des Gottes voll fühlte, andererseits die Art der traditionellen Majestät Jahwes ein wirkliches Eingehen des Gottes in die Kreatur ausschloß und daß daher der damit nächstverwandte Ausdruck gewählt wurde.[13] Jedenfalls aber reichen alle uns bekannten hellenischen Orakelsprüche, die stets auf Bestellung geliefert wurden, in ihrer temperierten Formvollendung nicht von fern an die Macht der Emotion in den spontanen prophetischen Versen des Amos, Nahum, Jesaja, Zephanja, Jeremia heran. Selbst in der teilweise verstümmelten Überlieferung wird die an sich große Macht der Rhythmik noch überboten durch die Glut der geschauten Bilder, die immer konkret, anschaulich, gedrungen, schlagend, erschöpfend, oft von ganz unerhörter Herrlichkeit und Furchtbarkeit, zu dem Grandiosesten gehören, was in dieser Hinsicht die Weltdichtung hervorgebracht hat und nur da unplastisch werden, wo die persönlichen Großtaten des unsichtbaren Gottes für Israel in phantastischen aber unbestimmten Zukunftsbildern aus der vagen Vision herausgestaltet werden mußten. Woher stammt nun diese Emotion, wenn doch in mindestens vielen Fällen die eigentlich ekstatische pathologische Erregung schon zurücklag und abgeklungen war? Nun, sie stammt eben nicht aus dem Pathos dieser psychopathischen Zuständlichkeiten als solcher, sondern aus der stürmischen Gewißheit der gelungenen Erfassung des Sinnes dessen, was der Prophet erlebt hatte: daher, deutlicher ausgedrückt, daß der Prophet eben nicht wie ein

[13] Mit Recht macht übrigens Sellin a. a. O., S. 227 darauf aufmerksam, daß die Art, in welcher das göttliche Wort an den Propheten gelangt, in aller Regel gar nicht näher angegeben wird. Das Entscheidende war eben, die für die Propheten evidente und also gelungene Deutung seiner Absichten.

gewöhnlicher pathologischer Ekstatiker, ein Gesicht gehabt, Träume geträumt oder rätselhafte Stimmen gehört hatte; sondern, daß er darüber klar geworden war, ja es durch leibliche göttliche Stimme gehört zu haben versichert war, was Jahwe mit diesem Wachträumen oder Gesicht oder dieser ekstatischen Erregung gemeint und ihm in verständlichen Worten zu sagen befohlen hatte. Das ungeheure Pathos, in dem er spricht, ist in manchen Fällen eine sozusagen postekstatische Erregung von wiederum halbekstatischem Charakter, hervorgerufen durch die Gewißheit, wirklich selbst – wie die Propheten es ausdrücken – in Jahwes Ratsversammlung gestanden zu haben, sein Mundstück zu sein, zu sprechen was er zu ihnen gesprochen hatte oder was er sozusagen durch sie hindurchsprach. Der typische Prophet befindet sich anscheinend in einem steten Zustand der Spannung und des dumpfen Brütens, in welchem ihm selbst die unscheinbarsten Dinge des Alltags zu beängstigenden Rätseln zu werden vermochten, weil sie irgend etwas bedeuten konnten. Eine ekstatische Vision war gar nicht nötig, ihn in diese Spannung zu versetzen. Wenn sie sich löste – und sie löste sich durch das Aufblitzen der Deutung, die sich als ein Hören der göttlichen Stimme einstellte –, dann brach das Prophetenwort hervor. Pythia und deutender priesterlicher Dichter waren hier nicht getrennt: der israelitische Prophet war beides in einer Person, das erklärt den ungeheuren Schwung. Dazu treten nun noch zwei weitere wichtige Umstände.

Einmal, daß diese Zuständlichkeiten der Propheten weder – wie z. B. auch die Ekstase der Pythia – an die Anwendung der überlieferten Rauschmittel der Nebijim, noch überhaupt an irgendeine äußere Masseneinwirkung, eine ekstatische Gemeinschaft also, geknüpft waren. Nichts von alledem findet sich bei den klassischen Propheten unserer Schriftensammlung. Sie suchten die Ekstase nicht. Sie kam ihnen. Von keinem von ihnen hören wir ferner, daß er durch Handauflegung oder irgendwelche Zeremonien in eine Prophetengilde aufgenommen worden sei oder überhaupt einer Gemeinschaft, gleichviel welcher Art, angehört habe. Stets geht vielmehr die Berufung direkt von Jahwe an ihn, und die Klassiker unter ihnen erzählen uns ihre Berufungsvision oder -audition. Keiner von ihnen benutzt irgendwelche Rauschmittel, die sie vielmehr bei jeder Gelegenheit als Götzendienst verfluchen. Auch vom Fasten – welches die Tradition einmal von Mose berichtet (Ex. 34, 28) – hören wir bei vorexilischen Propheten als von einem Mittel zur Ekstase nichts. Die emotionelle Ekstase tritt daher – und das vor allem sei hier festgestellt – bei ihnen auch nicht so auf, wie später innerhalb der altchristlichen Gemeinde (und deren möglichen Vorgängern). Im apostolischen Zeitalter kam der Geist nicht oder doch in aller Regel und in den von der Gemeinde als typisch bewerteten Formen nicht über den einsamen Einzelnen, sondern über die gläubige Versammlung oder in ihr auf einen oder einige ihrer Teilnehmer. Auf die Gemeinde wird der Geist ausgegossen, wenn das Evangelium verkündet wird. In ihrer Mitte, nicht in einsamer Kammer, entwickelt sich das Zungenreden und die anderen Gaben des

Geistes, auch die damalige Prophetie. Sie alle waren, in aller Regel wenigstens, offenbar Folgen der Massenwirkung oder richtiger des Massenzusammenseins, zeigten sich an dies Zusammensein als, mindestens normale, Vorbedingung gebunden.[14] Die ganze kulturhistorisch so unendlich wichtige religiöse Schätzung der Gemeinde als solcher, als der Trägerin des Geistes, im Urchristentum hatte ja diesen Grund, daß eben sie, das Zusammensein der Brüder, vorzugsweise diese heiligen Zuständlichkeiten produzierte. Gänzlich anders die alten Propheten. Gerade in der Einsamkeit kommt der prophetische Geist über sie. Und nicht selten treibt er sie zunächst in die Einsamkeit, auf das Feld oder in die Wüste, wie das noch Johannes und Jesus geschah. Wenn aber die Sendung den Propheten auf die Gasse, unter die Menge jagt, dann ist dies wiederum erst Folge der Deutung, die er seinem Erlebnis gibt. Nicht aber, wohl gemerkt, ist dies Auftreten in der Öffentlichkeit dadurch motiviert, daß der Prophet nur oder doch gerade dort, unter der Einwirkung der Massensuggestion, des heiligen Erlebnisses fähig wäre. Die Propheten wissen sich nicht, wie die alten Christen, als Glieder einer pneumatischen Gemeinschaft, die sie trägt. Im Gegenteil. Unverstanden und gehaßt von der Masse der Hörer wissen sie sich, niemals von ihnen getragen und gehegt als von gleichgestimmten Genossen, wie die Apostel in der alten christlichen Gemeinde. Nicht ein einziges Mal sprechen daher die Propheten von ihren Hörern oder Adressaten als von ihren Brüdern, was die christlichen Apostel immer tun. Sondern das ganze Pathos innerer Einsamkeit liegt über ihrer gerade in der vorexilischen Prophetie überwiegend harten und bitteren – oder wenn, wie bei Hosea, weichen, dann wehmütigen – Stimmung. Nicht Schwärme von Ekstatikern, sondern ein oder einige (Jes. 8, 16) treue Schüler teilen ihren einsamen Rausch und ihre ebenso einsame Qual. Regelmäßig sind sie es offenbar gewesen, die ihre Gesichte aufzeichneten, oder sie ließen sich vom Propheten deren Deutung in die Feder diktieren, wie Baruch, der Sohn des Neria, für Jeremia es tat. Gegebenenfalls sammeln sie sie zum Zweck der Überreichung an die, welche sie angehen. Wenn aber der vorexilische Prophet unter die Menge tritt und zu reden anhebt, so hat er in aller Regel das Gefühl, vor Menschen zu stehen, welche von Dämonen zum Bösen, zur Baalorgiastik oder zur Idolatrie oder zur sozialen oder ethischen Sünde oder zur schlimmsten politischen Torheit, zum Widerstande gegen Jahwes Ratschlüsse, verlockt sind, jedenfalls aber: vor Todfeinden oder vor solchen, denen sein Gott furchtbares Unheil zugedacht hat. Die eigene Sippe haßt ihn (Jer. 11, 19. 21; 12, 6) und gegen sein Heimatdorf schleudert Jeremia den Fluch (11, 22. 23). Aus einsamem Ringen mit seinen Gesichten kommt der Unheilsprophet, und in die Einsamkeit seines Hauses kehrt er, mit Grausen und

[14] Das *Zungenreden* durchweg, aber auch die (damals Gegenwarts-) *Prophetie.* Ähnlich wieder bei den Täufern und Quäkern des 16. und 17. Jahrhunderts, heute am ausgeprägtesten in amerikanischen Negerkirchen (auch der Negerbourgeoisie, z. B. in Washington, wo ich es erlebte).

Furcht betrachtet, immer ungeliebt, oft verhöhnt, verspottet, bedroht, bespien, ins Gesicht geschlagen, wieder zurück. Die heiligen Zuständlichkeiten dieser Propheten sind, in diesem Sinn, durchaus endogen[15] und wurden auch so, und nicht als Produkte einer emotionalen aktuellen Massenwirkung, von ihnen und den Hörern empfunden: nicht irgendeine Wirkung von außen her, sondern die eigene gottgesendete Zuständlichkeit versetzt die Propheten in den ekstatischen Habitus. Und die überkommene hohe Schätzung der Ekstase als an sich heilig tritt gerade im prophetischen Zeitalter sichtbar immer weiter zurück. Prophetie und Gegenprophetie standen ja gegeneinander auf der Gasse, beide durch Ekstase in gleicher Art legitimiert, einander gegenseitig verfluchend. Wo war da, mußte jedermann fragen, Jahwes Wahrheit? Das Ergebnis war: die Echtheit der Propheten erkennt man nicht an der Ekstase als solcher. Diese sank damit, der Sache nach, wenigstens in der Verkündigung, an Bedeutung. Es ist nur ausnahmsweise und nur als Mittel zum Zweck davon die Rede, was der Prophet in ihr an eigenen Gefühlslagen erlebt. Denn darauf kam – im Gegensatz zu Indien – gar nichts an. Es verbürgt die Echtheit nicht. Nur da? Hören der leibhaftigen Stimme Jahwes, des unsichtbaren Gottes, gab dem Propheten selbst die Gewähr, daß er sein Werkzeug sei. Deshalb wird darauf der ungeheure Nachdruck gelegt. Darauf, nicht auf die Art seiner heiligen Zuständlichkeiten, beruft er sich. Die Propheten scharten daher keine Gemeinde um sich, innerhalb deren Massen-Ekstasen oder massenbedingte Ekstasen oder überhaupt ekstatische Erweckungen als Heilsweg gepflegt worden wären. Davon ist für die klassische Jahweprophetie nicht das geringste bekannt. Die Art ihrer Verkündigung widerspricht dem. An keiner Stelle wird der Erwerb oder Besitz eines ekstatischen Zustandes oder der Fähigkeit, Jahwes Stimme zu vernehmen, wie der Prophet selbst sie hatte, auch für die Adressaten seiner Verkündigung als Bedingung hingestellt, wie in den altchristlichen Quellen der Besitz des Pneuma. Das prophetische Charisma ist vielmehr das schwere, oft als qualvoll empfundene Amt des Propheten und niemands sonst. Niemals ist es ihr Ziel, wie das der frühchristlichen Prophetie, den Geist über die Hörer kommen zu lassen. Im Gegenteil: das prophetische Charisma ist ihr Privileg. Und zwar ist es ein freies göttliches Gnadengeschenk ohne alle persönliche Qualifikation. In den Berichten über die Art ihrer Berufungsekstase wird diese erste Ekstase, die den Propheten zum Propheten macht, niemals als Frucht von Askese oder Kontemplation oder etwa von sittlichen Leistungen, Büßübungen oder anderen Verdiensten hingestellt. Ausnahmslos ist sie, dem endogenen Charakter des Zustandes entsprechend, gerade umgekehrt ein plötzliches unmotiviertes Geschehen. Jahwe ruft den Amos von der Herde fort. Oder ein Engel Jahwes berührt mit glühender Kohle oder Jahwe selbst mit dem Finger den Mund des

[15] Es muß natürlich stets der Vorbehalt gemacht werden, daß alle Gegensätze durch Übergänge verbunden sind und auch bei den Christen Ähnliches sich findet. Vor allem sind auch dort die Einzelnen der psychische *Ansteckungsherd*.

Jesaja und Jeremia und weiht sie dadurch. Teils sträuben sie sich, wie Jeremia, angstvoll gegen die mit diesem Charisma auf sie gelegte Pflicht, teils bieten sie sich, wie Jesaja, freudig dem Gott, der nach einem Propheten sucht, an. Und im Gegensatz zu indischen, ebenso zu den hellenischen Propheten von der Art des Pythagoras und der Orphiker, aber auch noch den rechabitischen Puritanern, denkt auch kein israelitischer Prophet daran, einen die Alltagssittlichkeit rituell oder asketisch überbietenden Heilsweg zu ergreifen. Nichts von alledem. Hier zeigte sich die ungeheure Tragweite einmal der berith-Konzeption, durch welche eindeutig feststand, was Jahwe von seinem Volke verlangte, in Verbindung mit der levitischen Thora, welche diese seine Forderungen allgemeingültig festgestellt hatte. Der Umstand, daß die Thora nicht aus dem persönlichen Heilsstreben einer vornehmen literarischen Schicht von Denkern, sondern aus der Sündenbeicht- und Sühne-Praxis praktischer Seelsorger hervorgegangen war, trug hier seine Früchte: Ohne Berücksichtigung dieses Umstandes bleibt die ganze Entwicklung völlig unverständlich. Auch in der Qualifikation der Prophetie selbst äußerte sich das. Die Ekstase als solche legitimierte nicht mehr, wie wir sahen. Sondern allein das Hören der Stimme Jahwes. Aber was gewährleistete den Hörern, daß der Prophet wirklich, wie er behauptete, Jahwes Stimme vernommen hatte? Darauf gab es teils zeitgeschichtlich, teils religiös und ethisch bedingte Antworten. Zeitgeschichtlich und durch Jahwes Unheilsnatur bedingt war es, daß Jeremia (23, 29) den überkommenen Gegensatz gegen die königliche Heilsprophetie als Merkmal hinstellte. Das erklärt sich aus dem sozialen Kampf gegen das Fronkönigtum und die gibborim. Der echte Prophet kündet diesen verworfenen Großen kein Heil. Ethisch bedingt aber war: die Bindung an die Gebote Jahwes, wie sie jedermann bekannt waren (23, 22): Nur der Prophet, der das Volk zur Sittlichkeit anhält und die Sünden (durch Unheildrohung) straft, ist kein Lügenprophet. Allgemein bekannt aber waren die Gebote Jahwes wiederum; durch die Thora. Diese ist so immer wieder die freilich selten ausdrücklich bezeichnete, weil ganz selbstverständliche, Voraussetzung der gesamten Prophetie. – Auch die hellenischen Weisheitslehrer des 6. Jahrhunderts verkünden die unbedingte Verbindlichkeit des Sittengesetzes, und zwar in der Sache selbst eines sehr ähnlichen wie das der Propheten war, – wie die Sozialethik der hellenischen Aisymneten-Gesetzgebungen derjenigen des Bundesbuchs innerlich, wie wir sahen, verwandt ist. Aber der Unterschied war, daß in Hellas, wie in Indien, die eigentlich religiösen Heilskünder und Propheten das Heil an spezielle Voraussetzungen rituellen oder asketischen Charakters knüpften, überhaupt: Bringer von Heil, vor allem: von jenseitigem Heil, waren. Im geraden Gegensatz dazu kündeten die israelitischen Propheten Unheil, und zwar diesseitiges Unheil und zwar wegen Sünden gegen das allgemein, für jeden Israeliten, gültige Gesetz ihres Gottes. Indem die Innehaltung dieser Alltagssittlichkeit als Spezialpflicht Israels kraft der beschworenen berith galt, wirkte das ganze gewaltige Pathos eschatologischer Drohungen und Verheißungen auf die Innehaltung dieser schlichten Gebote, die jedermann zu halten imstande war und die nach der Ansicht der Propheten auch die Nichtisraeliten in der Endzeit halten würden. Die große historische Paradoxie war also, daß so die spätere offizielle Alltagsethik des christlichen Abendlandes, deren Inhalt sich von der in althellenischer sowohl wie in hellenistischer Zeit geltenden Lehre und Lebenspraxis des Alltags nur im Sexuellen unterschied, hier zum Gegenstand der ethischen Sonderpflicht eines von seinem Gott, dem mächtigsten von allen, erwählten Volkes gemacht und mit utopischen Prämien und Strafen eingeschärft wurde. Auf das sittlich richtige Handeln, und zwar das Handeln gemäß der Alltagssittlichkeit, kam für das besondere, Israel in Aussicht gestellte Heil alles an. So trivial und selbstverständlich das scheinen könnte – nur hier ist es zur Grundlage religiöser Verkündigung gemacht worden und sehr besondere Bedingungen führten dazu. –

Kraft ihrer Berufung nehmen die Propheten spezifische Qualitäten in Anspruch. Verhältnismäßig selten und nur bei einem dieser vorexilischen Propheten (Hosea 9, 10; Jesaja 30, 1; Micha 3, 8) wird der Ausdruck Geist (ruach) Jahwes auf ihren spezifischen inneren Besitz angewendet, obwohl gelegentlich (Hos. 9, 7) der Ausdruck Geistmensch (isch haruach) von einem Schriftpropheten vorkommt. Erst bei Hesekiel, dann bei Deuterojesaja und den nachexilischen Propheten tritt der Ausdruck häufig auf. Es scheint, daß der Gegensatz gegen die berufsmäßigen Nebijim die älteren Propheten veranlaßte, ihn nicht oder selten zu brauchen. Außerdem der Umstand, daß eben die ruach im Sprachgebrauch wesentlich die irrationalen und aktuell ekstatischen Zustände bezeichnete, die Propheten aber ihre spezifische Würde gerade in dem habituellen Besitz des bewußten klaren und kommunikablen Verständnisses von Jahwes Absichten fanden. Erst bei Hesekiel ist die ruach wieder eine geheimnisvolle göttliche Kraft, die zu mißachten ebenso frevelhaft ist, wie in den Evangelien, und erst im Exil (Deuterojes. 40, 13; 42, 1; 48, 16) wird der Geist eine transzendente und schließlich (Gen. 1, 2) eine kosmische Größe, für welche Tritojesaja zuerst den Ausdruck heiliger Geist (59, 21; 63, 14) braucht. Aber wenn das prophetische Charisma vor allem die Fähigkeit rationalen Verstehens Jahwes bedeutet, so enthält es doch auch ganz andere, irrationale Qualitäten. Zunächst: magische Kräfte. Jesaja, der allein von allen Schriftpropheten auch als ärztlicher Ratgeber bei einer Krankheit des Königs Hiskia erwähnt wird, fordert in einer politisch schwierigen Lage den König Ahas auf, von ihm die Beglaubigung für sein politisches Orakel durch ein Wunder zu verlangen, und als der König ausweicht und er daraufhin die berühmten Worte von dem jungen Weibe spricht, das schon jetzt schwanger sei mit dem Heilsfürsten Immanuel, da ist dies, wie die Situation ergibt, nicht nur eine Weissagung, sondern eine das verheißene Heil bewirkende Verkündigung eines Entschlusses Jahwes, welcher Folge des Unglaubens des Königs ist. Die

Propheten haben die Macht, durch ihr Wort zu töten (Hos. 6, 5; Jer. 28, 16). Jeremia gibt einem Boten eine Fluchformel über Babel mit, deren Verlesung und Versenkung im Euphrat das geweissagte Unheil bewirken soll. Stets aber ist es nicht irgendeine sympathetische oder andere zauberische Manipulation, sondern das einfache (gesprochene oder geschriebene) Wort, welches das Wunder bewirkt. Und vor allem tritt diese magische Gewalt, die im Selbstbewußtsein von Jesus so wichtig war, in den Selbstzeugnissen der Propheten völlig zurück. Sie erwähnen sie nie als Beweis ihrer göttlichen Legitimation und nehmen sie überhaupt nicht eigentlich für sich persönlich in Anspruch. Gewiß: Jeremia weiß sich (1, 10) von Jahwe über alle Völker gesetzt, um sie zu verderben oder ihnen den Taumelbecher zu reichen (25, 15 f.). Aber immer wieder lenkt dieses Selbstgefühl in das Bewußtsein um, nichts als Werkzeug zu sein. Nicht ihr eigener Wille, sondern der ihnen durch leibhaftige Stimme mitgeteilte Entschluß Jahwes, sein Wort, ist es (Jer. 23, 29), welches das Geweissagte bewirken wird. Die Kenntnis dieser Entschlüsse und der Wundermacht Jahwes und ihres Wirkens ist es allein, die sie für sich in Anspruch nehmen. Nichts tut Jahwe, versichert Amos, ohne es seinen Propheten zuvor zu offenbaren, das ist die Quelle ihres Selbstbewußtseins. In gewissem Umfange nehmen die Propheten allerdings auch in Anspruch, Jahwes Entschlüsse beeinflussen zu können. Gleich bei Amos kommt es vor, daß der Prophet als Fürbitter auftritt, so wie die Tradition dies dem Mose und auch dem Abraham zuschreibt. Aber nicht immer ist Jahwe zu erbitten. Es kommt vor, daß er erklärt, selbst wenn Mose oder Samuel vor ihn treten, seinen Entschluß nicht ändern zu wollen. Und niemals rechnete der Prophet auch nur mit der Möglichkeit, seinerseits Jahwe durch Zauber bezwingen zu können. Das wäre im Gegenteil diesem furchtbaren Gott gegenüber ein tödlicher Frevel. Ebensowenig wird der Prophet jemals auch nur seinem eigenen Ausspruch nach zum Heiland oder auch nur zum exemplarischen religiösen Virtuosen. Niemals nimmt er hagiolatrische Verehrung für sich in Anspruch. Niemals Sündlosigkeit. Die ethischen Ansprüche, die er an sich stellte, waren nicht verschieden von denen, welche an alle gestellt wurden. Freilich erscheint als sicheres Merkmal der Lügenpropheten, neben dem Fehlen sittlicher Ermahnung des Volkes und der Unheildrohungen, auch ihre eigene Unbekehrtheit und ihr Ungehorsam gegen die göttlichen Gebote: ein dauernd sehr wichtiges und für den Charakter der Religiosität folgenreiches Qualifikationsmerkmal. Aber daß er selbst sittlich nie fehle, behauptet z. B. Jeremia keineswegs. Daß er auf Veranlassung Zedekias den Parteigängern Ägyptens die Unwahrheit sagt (38, 28), um den König nicht bloßzustellen, entspricht der Erzväterethik – und übrigens dem Umstand, daß Jahwe selbst den Lügengeist in seine Dienste nimmt –: Die Wahrheitspflicht der altisraelitischen (auch der dekalogischen) sowohl wie der homerischen Ethik ist nicht so unbedingt wie die der indischen und steht auch hinter den Anforderungen z. B. des Siraciden zurück. Aber es zeigt jedenfalls, daß der Prophet, der als solcher auf unbedingten Glauben Anspruch macht, sein Amt und sein persönliches Verhalten scheidet. Die für manche Propheten typischen furchtbaren Maßlosigkeiten von Haß und Zorn gegen die Gegner würde die Thora schwerlich gebilligt haben. Zwar die Wirkung seiner Worte auf die Herzen des Volkes scheint Jahwe gelegentlich an die Bedingung zu knüpfen, daß der Prophet Gott wohlgefällige edle Worte rede. Aber im übrigen weiß Jeremia sich unrein und schwach. Kein Prophet hat nach seiner Selbstbeurteilung etwas Eigenes an Heilsbesitz, er ist stets nur Mittel der Verkündung göttlicher Gebote. Immer bleibt er nur Werkzeug und Knecht seines jeweiligen Auftrags. Nie sonst ist der Typus der Sendungsprophetie so rein ausgeprägt gewesen. Auch nicht in der altchristlichen Gemeinde. Keiner der Propheten gehörte einem esoterischen Verein an, wie später die Apokalyptiker. Und keiner der Propheten hat daran gedacht, eine Gemeinde zu stiften. Daß dafür jede Voraussetzung, insbesondere die Schaffung einer neuen kultischen Gemeinschaft, wie sie der Kult des Kyrios Christos bot, fehlte und bei dem Vorstellungskreis der Propheten fehlen mußte, ist ein soziologisch entscheidender Unterschied gegen die altchristliche Prophetie. Die Propheten stehen inmitten einer politischen Volksgemeinschaft, deren Schicksale sie interessieren. Und sie sind rein ethisch, nicht kultisch interessiert, im Gegensatz zu den christlichen Missionaren, welche vor allem das Abendmahl als Vermittlung der Gnade brachten. An diesem Punkte zeigt sich in der Tat ein den spätantiken Mysteriengemeinschaften entstammender Einschlag des alten Christentums, der den Propheten völlig fremd war. Dies alles hängt nun wieder mit der Eigenart der israelitischen Beziehungen zu dem Gott zusammen, in dessen Namen die Propheten reden, und mit dem Sinn ihrer Verkündigung. Beide aber lieferte ihnen eben jene religiöse Vorstellungswelt, welche durch die israelitischen Intellektuellen, vor allem durch die levitische Thora, vorbereitet war. Sie haben, soviel erkennbar, weder eine neue Gotteskonzeption noch neue Heilsmittel noch auch nur neue Gebote verkündet, zum mindesten keine verkünden wollen. Sowohl ihr Gott wird als jedermann bekannt vorausgesetzt wie ebenso, daß dem Menschen gesagt ist, was ihm frommt (Micha 9). Nämlich: jene Gebote Gottes zu halten, die er aus der Thora kennt. Thora Gottes nennt Jesaja auch seine eigene Verkündigung (30, 9). Auf die Übertretung dieser schon bekannten Gebote nehmen die Propheten durchweg Bezug.

Ebenso aber lieferte ihnen die Umwelt die im Mittelpunkt ihrer Verkündigung stehenden Probleme. Die Kriegsangst des Volkes brandete mit der Frage nach den Gründen des göttlichen Zornes, nach den Mitteln ihn gnädig zu stimmen, nach den nationalen Zukunftshoffnungen überhaupt, an sie heran. Panik, Wut und Rachedurst gegen die Feinde, Angst vor Tod, Verstümmelung, Verwüstung, Exil (schon bei Amos), Versklavung. und die Frage, ob Widerstand oder Unterwerfung oder Bündnis mit Ägypten oder Assur oder Babel das Richtige sei, bewegten die Bevölkerung, wirkten auf die Prophetie zurück. Bis ins Innerste ihrer Vorstellungswelt wirkte diese allgemeine Erregung auch dann, wenn sie aus eigenem Antrieb an die Öffentlichkeit traten.

Auf die Frage nach dem Warum des Unheils war die Antwort von Anfang an: Es war Jahwes, des eigenen Gottes Wille so. So einfach das scheint, war es doch alles andere als selbstverständlich. Denn so viel Einzelzüge von Universalismus die Konzeption dieses Gottes auch, wenigstens in der Vorstellung der Intellektuellen, schon in sich aufgenommen hatte, so hätte der volkstümlichen Ansicht doch die Annahme eher entsprochen, entweder, daß die fremden Götter zurzeit aus irgendwelchen Gründen die stärkeren seien, oder, daß Jahwe seinem Volk nicht helfen wolle. Aber über dies letzte ging die prophetische Verkündung hinaus und behauptete, daß er selbst, absichtlich, das Unheil über sein Volk bringe. Geschieht der Stadt ein Unglück und Jahwe täte es nicht, fragt Amos (3, 6). Darüber, ob solche göttlichen Entschlüsse aktuell bedingt seien, wie die meisten Orakel voraussetzen, oder ob von den Tagen der Vorzeit her das Verhängnis von Jahwe bereitet sei, wie Jesaja (37, 26) behauptete, wurde je nach den Umständen, vor allem: je nachdem mehr der erzürnte Bundesgott oder mehr der erhabene Weltmonarch im Vordergrund der Vorstellungswelt lebte, verschieden geurteilt. Aber in beiden Fällen war jene für die volkstümliche Ansicht furchtbare Behauptung des Amos aus den besonderen geschichtlichen Grundlagen des Jahwismus erwachsen. Das Entscheidende war dabei: Jahwe war von jeher, woran Amos (6, 6f.) sehr ausführlich erinnert, vor allem ein Gott der Naturkatastrophen, welcher Pest und furchtbares Unheil aller Art über die, welchen er zürnte, senden konnte und oft gesendet hatte. Vor allem kriegerisches Unheil hatte er wieder und wieder über die Feinde gesandt und Israel daraus errettet, oft aber erst, nachdem er es lange Zeit solches Unheil hatte erdulden lassen. Deshalb, und nur deshalb, wurden die Propheten Politiker. Das politische Unheil, und nur dies, stand jetzt drohend vor der Tür, eben das, was in Jesajas eigentliche Wirkungssphäre fiel. Seine Bedeutung, die anfänglich noch hinter den erwarteten kosmischen Naturkatastrophen zurücktrat, nahm in der Unheilweissagung stetig zu. Jahwe und keinem anderen Gott mußte es zugeschrieben werden. Er war aber andererseits der Gott, welcher Israel allein aus allen Geschlechtern der Erde erwählt hatte. Eben darum, läßt Amos (3, 2) ihn mit gewollter Paradoxie sagen, suche ich an euch heim alle eure Schuld. Israel allein stand eben in der berith zu ihm, deren Bruch Hosea, der vielleicht zuerst den Gegensatz des Gottesvolkes gegen die unreinen Völker festgelegt hat (9, 1f.), dem Ehebruch verglich. Seinen Vorvätern hatte er bestimmte Verheißungen gemacht und einen Schwur geleistet. Diese Verheißungen hatte er gehalten und in Krieg und Frieden unermeßlichen Segen über das Volk gebracht. Er wird von den Propheten gemahnt, seinen Bund nicht zu brechen und er seinerseits fragt (Jer. 2, 5), welches Unrecht – gemeint ist: welches bundeswidrige Verhalten – denn die Vorväter Israels an ihm, Jahwe, gefunden hätten? Aber die Erfüllung der Verheißungen war an die

Bedingung geknüpft, nicht nur daß sie ihm allein als ihrem einzigen Gott die Vertragstreue hielten und nicht anderen Kulten sich zuwendeten, sondern auch und zwar bei den meisten Propheten (Amos, Micha, Jeremia, aber auch Jesaja) vor allem: an die Innehaltung jener Gebote, die er ihnen auferlegt hatte. Und zwar hauptsächlich der nur ihnen auferlegten. Es gibt nämlich schon nach Amos Unrecht, welches Jahwe als Weltmonarch auch an anderen, namentlich den Israel benachbarten, Völkern ahndet. Dazu gehört (Amos 1, 3ff.) die Verletzung einer Art von religiösen Völkerrechts, dessen Geltung unter den palästinischen Völkern vorausgesetzt wird. Natürlich vor allem Verletzungen gegenüber Israel: die barbarische Verwüstung Gileads durch die Damaskener, der Raub und Verkauf von Gefangenen an die Edomiter durch Gaza und Tyros, die Mitleidlosigkeit der Edomiter im Kriege, Aufschlitzen schwangerer Frauen durch die Ammoniter. Darin liegt nichts Besonderes. Aber Jahwe ahndet auch Unrecht dritter Völker gegenüber Dritten: so die Verbrennung einer edomitischen Königsleiche durch Moabiter. Darin äußert sich wohl die als Stammverwandtschaft gedeutete Kulturgemeinschaft der palästinischen Völker. Vielleicht auch: völkerrechtliche Verbindungen. Den Edomitern wird ihr Unrecht als Verletzung der Bruder-Beziehung zu Israel, Tyros geradezu als Mißachtung eines Bruderbundes, vermutlich also einer beschworenen kriegsvölkerrechtlichen Abmachung über die Gefangenenbehandlung vorgehalten; es scheint möglich, daß auch mit anderen Nachbarvölkern ähnliche Abkommen bestanden, welche die Rache Jahwes motivierten. Die rein ethische Wendung vollzog sich mit der universalistischen Steigerung der Gotteskonzeption. Gegenüber den mesopotamischen Großkönigen gilt bei Jesaja deren maßlos grausame Kriegführung an sich als Grund für Jahwes Zorn. Dann aber die Hybris dieser Weltmonarchen, die Jahwes Eifersucht erregen mußte.

Im Gegensatz dazu wird nun nach Amos Israel selbst wegen aller Schuld gestraft. Es zieht sich seinen Grimm zu vor allem durch Verletzung der Gerechtigkeit, das hieß aber: der ihm eigentümlichen sozialen Institutionen. Bei den meisten Propheten gelten dafür jene Brüderlichkeitsgebote, welche die levitische Paränese im Anschluß an die alten Rechtssammlungen entwickelt hat. Bei Amos stehen (2, 6f.) charakteristisch nebeneinander zunächst: die Verleitung der Nasiräer zum Bruch ihrer rituellen Pflichten und die Unterdrückung der Nebijim einerseits und andererseits der Bruch der Gebote des Bundesbuchs über die Behandlung israelitischer Schuldgefangener und über die Pfändung der Kleidung: Bestandteile der alten Kriegs- und Sozialverfassung also, deren Garant in den Zeiten der Eidgenossenschaft Jahwe war. Die besondere Stellung Jahwes zu Israel als Vertragspartner der Eidgenossenschaft tritt darin besonders klar hervor. In den Orakeln anderer Propheten wird neben den groben (im wesentlichen den dekalogischen) Privatsünden vor allem die Unbrüderlichkeit in allen ihren Formen, besonders aber, wie in der gesamten vorderasiatisch-ägyptischen Karitätsethik, als Unterdrückung der Armen im

Gericht und durch Bewucherung herangezogen. In allen diesen Motivierungen von Jahwes Zorn aber, schon in den gewollten Paradoxien bei Amos, zeigt sich die Wirkung intensiver Intellektuellenkultur. Sozialethische Motivierungen göttlicher Strafen finden sich auch anderwärts. Die Patrimonialbürokratie der Großkönigreiche hatte überall in der Nachbarschaft das patriarchale und karitative Wohlfahrtsstaatsideal entstehen lassen und überall war dort der Glaube verbreitet, daß gerade der Fluch des Armen gegen den Bedrücker besonders unheilbringend sei, die, offenbar durch phönizische Vermittlung, auch in Israel sich fand: Könige des Zweistromlandes werfen besiegten Gegnern inschriftlich vor, daß sie soziales Unrecht an den Untertanen verübt haben (so schon Urukagina und noch Kyros). Und vollends in den chinesischen Quellen findet sich beim Dynastiewechsel oder bei Eroberungen eines Teilstaates durch einen anderen Herrscher sehr häufig der Hinweis auf vorschriftswidrige Behandlung der Untertanen und unklassischen Lebenswandel. In allen solchen Fällen ist diese Motivierung Produkt priesterlicher oder ritualistischer Intellektuellenschichten in bürokratisierten Staaten. Das Besondere bei Israel war zunächst nur, daß eben diese karitativen Ansprüche an die herrschenden Schichten, vor allem die königlichen Beamten, übernommen wurden, welche überall sonst der Entwicklung eines nationalen bürokratischen Apparates und einer entsprechenden Bildungsschicht zu folgen pflegen[16], während eben diese, patrimonialkönigliche, Entwicklung als solche zugunsten des alten Gaufürstenideals von den Frommen israelitischen Intellektuellen abgelehnt wurde. Und ferner, daß die Motivierung in den Unheildrohungen von Propheten sich findet und daß sie nicht nur den Herrscher persönlich, sondern das aus der berith solidarisch für die Sünden der Könige und Großen haftende Volk als solches mit Strafe bedroht. Dies hing eben mit der Besonderheit der politischen und religiösen Konstitution Israels zusammen. –

Auch im übrigen finden wir bei den Propheten die Geistesarbeit der israelitischen Rechtsprechung und Weisheitslehre. Die Propheten nennen nebeneinander: chuk die (wie wir sahen) durch Rechtsorakel der Chokekim festgestellte alte Gewohnheit, und thora, die rationale levitische Lehre (Amos 2, 4; Jes. 24, 5), endlich mischpat, das in Urteilssprüchen (Jes. 16, 5) und Satzungen der sarim und sekenim ausgesprochene Recht als die, neben ihren eigenen Orakeln: den debarim Jahwe, maßgeblichen Quellen der Sittlichkeit. Bei allem gelegentlich scharfen Gegensatz gegen die Richter, vor allem die sarim, die chokekim und auch die Thoralehrer, die das Wort nutzlos nur im Munde führen, wird die Verbindlichkeit dieser Normen nicht angefochten und auch die chokma, die Lebensklugheit der Weisheitslehrer, nicht prinzipiell verworfen. Allerdings ist

[16] Denn die Karitätsgebote der Thora waren selbstverständlich nicht mehr aus der bäuerlichen Nachbarschaftsethik als solcher, welche von solcher Sentimentalität wie alle Bauernethik weit entfernt war, sublimiert. Sie gehörten der Ideologie des vorderasiatisch-ägyptischen Königtums und seiner Literaten: Priester und Schreiber, an.

die Stellung verschieden. Kein Prophet erhebt zwar, sahen wir, den Anspruch, neue Gebote zu verkünden, wie Jesus es gelegentlich mit Nachdruck tat: Es steht geschrieben, ich aber sage euch. Sondern die Verfälschung des längst offenbaren wahren Willens Jahwes durch den Lügengriffel der Schreiber und die Trugsprüche, welche die Chokekim zum Nachteil der Armen geben (Jes. 10, 1 f.), sind das Sündhafte, ebenso wie die immer wieder gebrandmarkten ungerechten Urteile der bestochenen Richter. Gelegentlich freilich findet sich aus der Souveränität des von Jahwe in seinen Rat gezogenen Propheten völlige Ablehnung des Werts der Chokma sowohl wie der Gebote (Mizwat), welche die Lehrer nur im Munde führen (Jes. 29, 13. 14). Indessen diese bei Jeremia noch gesteigerte Skepsis gegen die Lehrer persönlich änderte nichts daran, daß eben doch die positiven Gebote der levitischen Thora und die der Propheten in der Sache identisch waren.

Die Bedeutung der Thora für die Prophetie geht aber über die Darbietung des materiellen Inhalts der Gebote hinaus. Die prophetische Grundvorstellung, daß Jahwe um sittlicher, insbesondere sozialethischer Verfehlungen willen furchtbare Übel verhänge, hatte ja in der Beicht- und Sühnepraxis der Leviten und deren Entwicklung durch ihre sittlich-rationale Paränese ihre ursprüngliche Stätte. Auch die Übertragung des Gedankens von der Rache des Gottes gegen Sünden und Verfehlungen einzelner auf solche des Volkes als einer Einheit ist, gleichviel wie alt das in der jetzigen Redaktion niedergelegte priesterliche Sühneritual für ganze Gemeinden sein mag, doch unbedingt vorprophetisch. Denn diese wichtige Vorstellung folgte aus dem niemals vergessenen Charakter Israels als eines aus der berith solidarisch haftenden Verbandes freier Volksgenossen. Die Orakel des Amos setzen diese Unheilstheodizee voraus. Aber wie jede Theodizee ist auch diese wohl zunächst geistiger Besitz nur von Intellektuellenschichten gewesen. Daß sie von einem Visionär wie Amos der Öffentlichkeit in dieser ungeheuren Wucht aktuell, als Grund jetzt bevorstehenden Unheils, verkündet wurde, war vermutlich das noch nicht Dagewesene, was den gewaltigen Eindruck erklärt, der in der Aufbewahrung der Orakel dieses Propheten als des ersten von allen sich ausspricht. Außerdem natürlich das Eintreffen des Unheils, welches ja in einer Zeit politischer und wirtschaftlicher Blüte unter der Herrschaft Jerobeams II. geweissagt war. Denn wenn oben betont wurde, daß die Stellung der klassischen Prophetie bedingt war durch die sinkende Macht und steigende Bedrohung der beiden Königreiche, so darf das nicht mißverstanden werden. Nicht etwa das Auftreten von Unheilspropheten als solches war dadurch hervorgerufen. Als ein Unheilsprophet gegen den König trat schon Elia auf, und auch Unheilsprophetien gegen das Volk hat es vielleicht schon vor Amos gegeben. Die Unheilsvisionen der Propheten, waren an sich endogen bedingt. Jeder Blick in ihre Schriften lehrt ja, daß wir es mit Persönlichkeiten zu tun haben, deren harte, bittere und leidenschaftlich düstere Temperierung in den meisten von ihnen selber, ohne Rücksicht auf die

Augenblickslage, vorgebildet war. Sie sehen die Welt voll Unheil gerade im vollen Sonnenglanz scheinbaren Glücks. Assur wird bei Amos nicht mit Namen genannt: Der Feind heißt es, und jenseits von Damaskus soll das geweissagte Exil liegen. Das war deutlich genug. Als Grund aber, das Unheil gerade von daher kommen zu sehen, führt der Prophet die Verehrung mesopotamischer Gottheiten an (5, 27). Nicht die Weltlage, sondern die Verderbnis rund um sie her begründet ihre düsteren Ahnungen, die auch bei Jesaja gerade in der Zeit nach Sanheribs Abzug sich, im Gegensatz zu seiner Siegeszuversicht vorher, wieder einstellten (22, 14). Das wirklich hereinbrechende Unglück scheint die Propheten eher innerlich zu entlasten: Die Verderbnis, die sie um sich herum erblickten, schien eben dann endlich ihre Sühne zu finden und damit getilgt zu werden. Es bleibt freilich mehr als fraglich, wieweit man deshalb von einem spezifischen Persönlichkeitstypus der Propheten im Sinne einer eindeutigen Prädisposition zu jener Gefühlslage sprechen darf. Denn selbst die verstümmelten Reste ihrer Orakel lassen uns die Grundverschiedenheit ihrer Temperierung erkennen: die stürmische, heiße, ungebrochene Leidenschaft des Amos, die Weichheit und Wärme der werbenden Liebe des Hosea, den stählern vornehmen und selbstsicheren Schwung und die starke und tiefe Begeisterung des Jesaja, die weiche, schwer unter depressiven Gefühlslagen und Zwangsvorstellungen leidende, aber durch den Zwang der Berufung zu verzweifeltem Heroismus zusammengeraffte Seele Jeremias, den ekstatisch aufgeregten, aber innerlich kalten Intellektualismus Hesekiels – alle diese Gegensätze lassen sich greifen und ändern doch an dem Charakter ihrer Unheilsprophetie nichts. Vor allem beweisend ist ein Umstand: Mit dem endgültigen Tempelsturz ist die Unheilsprophetie alsbald zu Ende und die Tröstung und Heilsweissagung beginnt. Die Unheilsweissagung war also Produkt tiefen Abscheus vor dem Greuel des Abfalls von Jahwe und seinen Geboten und furchtbarer Angst vor den Folgen, des felsenfesten Glaubens an Jahwes Verheißungen und der verzweifelten Überzeugung, daß das Volk sie verscherzt habe oder zu verscherzen im Begriff stehe. Mit welchem Grade von Wahrscheinlichkeit aber das furchtbare Unheil bevorstehe, darüber hat die Ansicht auch ein und desselben Unheilspropheten offenbar gewechselt. Bald, namentlich bei Amos und Jeremia, gelegentlich auch beim jugendlichen Jesaja, schien jede Hoffnung eitel. Bald gab es Möglichkeiten, Wahrscheinlichkeiten, ja Sicherheiten der Rettung oder doch – und das ist die Regel – der Wiederkehr besserer Zeiten nach dem Unheil. Kein Prophet hat diese Hoffnung dauernd absolut bestritten. Und er hätte es ja, wollte er sich irgend eine Wirkung auf seine Hörer versprechen, auch nicht bestreiten können. Diese Wirkung aber war den Propheten trotz des endogenen Charakters ihrer Ekstase nicht einfach gleichgültig. Sie fühlten sich als Wächter und Prüfer von Jahwe bestellt. Nur der galt Jeremia als echter Prophet, welcher die Sünden des Volks geißelt und – im Zusammenhang damit – Unheil kündet. Dann aber durfte das Unheil nicht absolut und endgültig sein, sondern bedingt durch die Sünde. Die Propheten, schon Jesaja, noch mehr aber Jeremia, schwanken in ihrer Haltung. Wo sie pädagogisch wirken wollen, ist Jahwe ein Gott, der sich seine Entschlüsse reuen läßt. Wo sie unter dem unmittelbaren Eindruck der Verderbnis reden, erscheint alles umsonst und hoffnungslos. Wie schwer die praktischen seelsorgerisch-pädagogischen Bedenken vor allem der Thoralehrer wogen, zeigt gegenüber der bei Jesaja anklingenden Vorstellung einer Prädestination der Unheilsschicksale die offenbar den Intellektuellenkreisen entstammende paradigmatische Erzählung von Jona, deren eigentliches Thema ja ist, die Unwandelbarkeit der prophetischen Unheilsverkündung auszuschließen und vielmehr die Wandelbarkeit der Entschlüsse Jahwes zu rechtfertigen. Solche Erwägungen, welche für die in der Seelsorge bestehenden Thoralehrer und noch mehr für die priesterlichen Redaktoren maßgebend sein konnten, haben die ihren Gesichten hingegebenen Ekstatiker selbst freilich nicht ausdrücklich angestellt. Unbegründet scheint es andererseits, aus diesem Grunde anzunehmen, die Heilsverheißungen seien den Propheten überhaupt erst von der priesterlichen Redaktion in den Mund gelegt worden. Denn man erkennt deutlich die bei Amos nur einmal (5, 15), bei Hosea mehrere Male, und noch weit häufiger bei Jesaja und, trotz seines Pessimismus, am stärksten und ganz prinzipiell bei Jeremia (7, 23) sich einstellende pädagogische Absicht. Gegen jene Annahme der Interpolation spricht überdies das Vorhandensem ganz bestimmter Heilskategorien, wie des sich rechtzeitig bekehrenden Rests schon bei den ersten Propheten (Amos). Vielmehr die traditionelle Hoffnung der Paränese und der eigene, immer wieder auftauchende Gedanke, daß das Unheil unmöglich das Ende von Jahwes Plänen mit Israel sein könne, ließ das Heil, sei es auch in unbestimmter Art und nur für jenen Rest, der sich bekehrt immer neu erstehen, und die pädagogische Absicht half dabei zunehmend, mochte auch im Einzelfall die Beklemmung nichts als düsteres Schicksal geschaut haben. Eine eindeutige psychische Determiniertheit zur politischen Hypochondrie als Quelle ihrer Stellungnahme ist jedenfalls schwerlich anzunehmen.

Wenn die Unheilsprophetie in starkem Maße aus der eigenen durch Veranlagung und aktuelle Eindrücke bedingten psychischen Disposition der Propheten abzuleiten ist, so steht doch nicht weniger fest, daß es ganz und gar die geschichtlichen Schicksale Israels waren, welche dieser Verkündigung ihre Stellung in der Religionsentwicklung verschafften. Nicht nur in dem Sinne, daß uns die Tradition naturgemäß gerade Orakel solcher Propheten aufbewahrt hat, welche eingetroffen waren oder eingetroffen zu sein schienen oder deren Eintreffen noch erwartet werden konnte. Sondern das zunehmend unerschütterliche Prestige der Prophetie überhaupt beruhte auf jenen wenigen, aber für die Zeitgenossen ungeheuer eindrucksvollen Fällen, in denen sie durch den Erfolg unerwartet Recht behielten. Dahin gehörten zunächst die Unheilsorakel des Amos über das damals mächtige Nordreich. Dann die Unheilsorakel des

Hosea über die Jehudynastie und über Samaria. Dann die Heilsorakel des Jesaja für Jerusalem bei der Belagerung durch Sanherib. Aller Wahrscheinlichkeit zum Trotz mahnte er mit nachtwandlerischer Sicherheit zum Ausharren. Und wenn schließlich der Enderfolg wohl eine verhüllte Unterwerfung des Königs war: – daß die Belagerung Jerusalems nicht zu einer Kapitulation führte, scheint sicher, da Sanherib in seinem Bericht darüber dies selber nicht behauptet. Dann und vor allem die Bestätigung der furchtbaren Unheilsorakel des jungen Jesaja, des Micha, vor allem aber des Jeremia und Hesekiel durch die Einnahme und Zerstörung Jerusalems. Endlich die vorhergesagte Heimkehr aus dem Exil. Seitdem war die Autorität der Prophetie, welche nach der schweren Enttäuschung der Schlacht von Megiddo augenscheinlich gelitten hatte, unerschütterlich. Daß die überwiegende Mehrzahl sogar der in die uns erhaltene Sammlung aufgenommenen Orakel nicht eingetroffen war, wurde völlig vergessen. Denn demgegenüber war es für die Prophetie von Nutzen, daß die Wandelbarkeit der Entschlüsse Jahwes von Anfang an, schon bei Amos, sehr nachdrücklich festgehalten war und die Anhänger der Prophetie sich hinter sie zurückziehen konnten, wie ja die Bußpraxis der Leviten diese Wandelbarkeit gleichfalls voraussetzte, indem die Sündenvergebung die Abwehr des drohenden Unheils verbürgte. Auch bei den Propheten wurde deshalb Jahwe – so sehr und in so gesteigertem Maße er bei ihnen ein Gott des Zornes und der Rache blieb und so schroff er im Einzelfall an seinem Zorne festhielt – doch immer wieder ein Gott der Gnade und Vergebung. Daß er dies war, unterschied ihn nach der prophetischen Ansicht von allen anderen Göttern. Ein weicher Zug geht durch derartige Gnadenprophetien, die sich namentlich bei Hosea und Jeremia, aber auch in manchen Orakeln des Jesaja finden. Jahwe wirbt um die Treue Israels wie ein Liebender um die der Geliebten.

Aber im ganzen mußten Jahwes Züge, auch da wo diese gnädige Seite betont wurde, sich bei den Propheten doch ungleich majestätischer gestalten als in den literarischen Produkten aus den Kreisen der Thoralehrer, wie sie etwa das Deuteronomium repräsentierte. Ein Gott, der die großen Weltkönige als Mittel zur Bestrafung israelitischer Sünden zur Verfügung hatte und mit ihnen nach Belieben schaltete, mußte an Universalismus und Erhabenheit zu einer ganz anderen Höhe emporsteigen als der alte Bundesgott Israels und der bürgerliche Gnadenspender der Leviten. Die Propheten bevorzugen sämtlich in zweifellos beabsichtigter Anknüpfung an das alte heroische Zeitalter den Namen Jahwe Zebaoth, also die Bezeichnung des Bundeskriegsgottes. Aber mit ihm verschmolzen jetzt die Züge eines ganz großen Himmels- und Weltgottes. Der Hofhalt der Großkönige, die ja für Israel eine ähnliche Rolle spielten wie der persische Basileus, obwohl auch er der Landesfeind war, für die Hellenen etwa in Xenophons Kyrupädie, gab das Bild des himmlischen Hofstaates, in dem nicht mehr der alte Kriegsfürst seine Gefolgsleute, die Göttersöhne, um sich hatte, sondern eine Schar dienstbarer Himmelsgeister, welche sogar in der

Tracht babylonischen und ägyptischen Mustern entnommen waren. Sieben Geister, den sieben Planeten entsprechend, umstanden seinen Thron, darunter einer mit der Schreibfeder und in Linnen gekleidet, dem Schreibergott entsprechend. Seine Späher reiten auf Rossen in den Farben der vier babylonischen Windgötter, durchstreifen die Welt und erstatten Bericht. Auf einem Wagen mit Keruben, offenbar babylonischen hieratischen Figuren gleichend, fährt der Himmelskönig in überirdischem Glanz daher. Gewiß kommt es trotzdem noch vor, daß er die Naturgeister zu Zeugen anruft gegen das vertragsbrüchige Israel, wie in einem Prozeß. Aber in der Regel ist er der souveräne Herr über die ganze Welt der Kreaturen. Die milde Gnadenfülle die ihm gelegentlich zur Verfügung steht, hindert nicht, daß er auch wieder, wie die weltlichen Könige, gänzlich amoralische Züge an sich trägt. Wie die indischen Patrimonialkönige ihre agents provocateurs, so sendet er seinen Lügengeist, um seine Feinde zu verblenden. Die eigenen Propheten graut es gelegentlich vor ihm. Jesaja nennt seinen Ratschluß gegen Assur, das er doch selbst als Werkzeug berufen, barbarisch. Hesekiel (20, 25), welcher an gleichartigen Vernichtungsplänen Jahwes gegen die von ihm selbst herbeigerufenen Feinde Israels gar keinen Anstoß nimmt, glaubte doch auch, daß er dereinst Gesetze zum Verderben des eigenen Volkes gegeben habe. Daß er ungehorsamen israelitischen Königen absichtlich falsche Ratschläge sendet, war der Tradition selbstverständlich. Nur Hosea (11, 9) hat an solchen Zügen Anstoß genommen und, wenn die freilich zwischen Wellhausen und andern bestrittene Lesart richtig ist, Jahwe sagen lassen: Er handle nicht nach Leidenschaft, weil er heilig sei und kein Verderber. Aber auch den Jesaja brachte die Erfahrung, daß das klare Prophetenwort von Israel dennoch verworfen und unbeachtet bleibe, zu der Überzeugung, daß Jahwe selbst es nicht anders wolle, daß er das Volk geradezu verstocke, um es zu verderben. Diese auch in der neutestamentlichen Verkündigung und später im Calvinismus wichtig gewordene Vorstellung nahm hier ihren Anfang. Von dem hellenischen Weltgott, etwa des Xenophanes, blieb Jahwe durch solche aktuell-leidenschaftliche Züge weit geschieden. Er blieb also, alles in allem, ein furchtbarer Gott. Oft scheint letzter Zweck seines Tuns lediglich die Verherrlichung der eigenen Majestät über alle Kreaturen. Das teilte er eben mit den irdischen Weltmonarchen. Daher bleibt sein Gesamtbild schwankend. Ein und derselbe Prophet sah ihn bald in übermenschlicher heiliger Reinheit und dann wieder als den alten Kriegsgott mit dem wandelbaren Herzen. Wenn er dadurch hochgradig anthropomorphe Züge behielt, so wagen doch gerade die am stärksten erlebenden Propheten nicht mehr, wie die alten jahwistischen Erzähler, ihren Visionen der himmlischen Herrlichkeit allzu konkrete Züge zu verleihen, wenigstens soweit der von alters her unsichtbare Gott persönlich in Betracht kommt. Was sie sehen, ist wie ein Thron, aber doch kein wirklicher Thron: Auch Jesaja erblickt nur den herabwallenden Königsmantel, nicht den Gott selbst.

Der Aufenthalt Jahwes blieb ebenso mehrdeutig wie sein Wesen. Daß er Himmel und Erde geschaffen und den Sternbildern ihre Stätte gewiesen hatte, wie schon Amos sagt, hinderte nicht, daß er, nach demselben Propheten, vom Zion her brüllte. Jesaja hatte seine Vision der göttlichen Herrlichkeit als Tempelvision. Diese Lokalisierung hätte das Prestige Jahwes beim Untergang des Tempels gefährden müssen. Ungezählte Heiligtümer sah man von den Eroberern verwüstet und ihre Idole fortgeschleppt, ohne daß deren Götter sich zu wehren vermochten. Sollte das Jahwe auch widerfahren? Die Propheten schwankten. Jesaja war in manchen späten Orakeln, nach dem Abzug Sanheribs, im Gegensatz zu seinen früheren Drohungen felsenfest überzeugt, daß Jerusalem als Sitz Jahwes niemals fallen könne. Aber nachdem Amos und Hosea den Untergang des Nordreichs als von Jahwe selbst beabsichtigt vorhergesagt hatten, wurde, wie schon in Jesajas Frühorakeln, seit Micha und endgültig seit Jeremia auch der Untergang Jerusalems selbst ein im Rat Jahwes beschlossenes Schicksal, dessen schließlicher Eintritt also an dem Prestige des Gottes nun nichts änderte, es vielmehr steigerte. Die eigenen Götter der siegreichen Großkönige konnten nicht die Urheber dieser Katastrophe sein. Sie waren besudelt mit den Greueln des Hierodulenwesens und Idoldienstes oder gar mit dem verächtlichen Tierdienst der Ägypter. Alle solche Götter anderer Völker konnten daher höchstens Dämonen sein und wurden Jahwe gegenüber zu Nichtsen. Seit Hosea setzte die Verwerfung und Verspottung des Idolkultes ein und wurde in zunehmender Konsequenz von den Intellektuellen auf die Überlegung gestützt, daß das Idol Menschenwerk und deshalb ohne religiöse Bedeutung, am allerwenigsten aber der Sitz eines Gottes sei. Daß die anderen Götter überhaupt nicht existierten, ist indessen nicht einmal in der Exilszeit von Deuterojesaja behauptet worden. Immerhin stieg Jahwe der Sache nach durch die Unheilstheodizee der Propheten zum Range des einzigen für den Weltlauf entscheidenden Gottes empor. Besonders wichtig war nun dabei: Einmal, daß er die alten Züge des furchtbaren Katastrophengottes behielt. Dann: die Anlehnung der Unheiltheodizee an die Sündenbeicht-Praxis der levitischen Thora. Und schließlich: die mit beidem zusammenhängende Wendung des Berithgedankens bei Amos, welche ihn selbst zum Urheber alles Unheils machte. Denn die Folge von alledem war eben, daß in der prophetischen Auffassung nie irgendwelche neben Jahwe existierende und ihm gegenüber irgendwie selbständige oder ihm feindliche Dämonen die Übel über den Einzelnen und über Israel sendeten, sondern er allein alle Einzelheiten des Weltlaufs bestimmte: Wie wir sahen, war dieser Monismus die wichtigste Voraussetzung der ganzen Prophetie. Der überall in der Welt volkstümliche Dämonenglaube drang wenigstens in die Intellektuellenreligiosität erst des späten nachexilischen Judentums ein, in vollem Umfang erst unter persischen dualistischen Einflüssen. Den Propheten war der babylonische Dämonenglaube sicher nicht unbekannt. Aber er blieb für ihre Konzeptionen ebenso unbedeutsam wie die astrologischen, mythologischen und esoterischen Lehren ihrer Umwelt. Daß Jahwe der Gott eines politischen Verbandes, der alten Eidgenossenschaft, gewesen und für die puritanische Auffassung geblieben war, erhielt ihm andererseits jenen durch allen kosmischen und historischen Universalismus, den er annahm, unvertilgbaren Zug: ein Gott des Handelns, nicht: der ewigen Ordnung, zu sein. Aus dieser Qualität folgte der entscheidende Charakter der religiösen Beziehung.

Schon die unmittelbaren Erlebnisse der Propheten selbst werden durch die für sie feststehenden Qualitäten des Gottes geformt. Immer kreist ihre Phantasie um das Bild eines himmlischen Königs von furchtbarer Majestät. Dies betrifft zunächst ihre visuellen Erlebnisse. Die Rolle des Visionären war, sehen wir, bei den einzelnen Propheten verschieden. Am größten bei dem ältesten Propheten, Amos, der daher auch Seher (choseh) genannt wird. Aber auch bei den anderen Propheten, vor allem Jesaja und Hesekiel, fehlt sie nicht. Und die Propheten sehen auch anderes als nur die himmlische Herrlichkeit. Sie erblicken hellseherisch in der Ferne ein anrückendes Heer auf einer Paßhöhe oder von Babylonien aus den Tod eines mit Namen genannten Mannes im Tempel von Jerusalem. Oder der Prophet wird von einem aus Feuerglanz bestehenden Wesen an den Haaren von dort nach hier entrückt. Immer aber handelt es sich dabei um ein unmittelbares Eingreifen jenes göttlichen königlichen Machthabers, dessen er inne wird. Oder wenn der Prophet einen Mandelzweig oder einen Korb mit Obst sieht, so hat das etwas zu bedeuten und ist als Symbol von Gott geformt. Bald sind es Träume, besonders oft aber ist es ein Wachträumen, in welchem diese Visionen den Propheten bedrängen. Aber solche visuellen Erlebnisse werden, wie in anderem Zusammenhang schon erörtert, bei dem Propheten bei weitem und in höchst charakteristischer Art an Bedeutung überragt von den Gehörserlebnissen. Der Prophet hört entweder eine Stimme, die zu ihm spricht, ihm Befehle und Aufträge gibt, etwas zu sagen, unter Umständen auch: etwas zu tun oder, wie wir bei Jeremia sahen, eine Stimme spricht aus ihm, er mag wollen oder nicht. Das Überragen dieser Gehörserlebnisse über die Visionen war, wie schon einmal betont, kein Zufall. Es hing zunächst mit der überlieferten Unsichtbarkeit des Gottes zusammen, die es ausschloß, daß über ihn selbst und seine Erscheinung etwas ausgesagt werden konnte. Aber es war auch Folge der für die Propheten allein möglichen Art, einer Beziehung zu diesem Gott inne zu werden. An keiner Stelle findet sich bei den Propheten jene mystische Entleerung von allem Sinnlichen und Geformten, welche die apathische Ekstase Indiens einleitet, nirgends auch jene stille beseligende Euphorie des Gottbesitzes, selten der Ausdruck gottinniger Andacht und niemals des für den Mystiker typischen erbarmend-mitleidvollen Brüderlichkeitsgefühls mit allem Kreatürlichen. In einer erbarmungslosen Welt des Krieges lebt, herrscht, redet, handelt ihr Gott und tief unselig ist das Zeitalter, in welches sich die Propheten hineingestellt wissen. Vor allem aber:

unselig im tiefsten Innern sind gerade manche der Propheten selbst. Nicht alle und nicht immer, aber oft gerade in den Augenblicken größter Gottesnähe. Von den vorexilischen Propheten hat Hosea den Zustand der Ergriffenheit vom Geiste Jahwes als beglückenden Besitz, Amos das Bewußtsein, in alle seine Pläne eingeweiht zu werden, als Stütze stolzer Selbstgewißheit empfunden. Jesaja drängt sich zu der Ehre der Prophetie. Aber schon er empfindet sie angesichts mancher furchtbaren Verkündungen des Gottes und der Härte seiner Entschlüsse gelegentlich als ein schweres Amt. Jeremia vollends bedeutet sein Prophetenamt eine unerträgliche Last. Nie jedenfalls ist die Nähe Jahwes ein seliges Innewohnen des Göttlichen, vielmehr immer Pflicht und Gebot, meist jagende stürmische Forderung. Wie ein Mädchen vom Mann oder wie der unterlegene Ringer fühlt sich Jeremia von Jahwe vergewaltigt. Auch dieser religionsgeschichtlich wichtige Tatbestand, grundverschieden von aller indischen und chinesischen Prophetie, ergab sich nur zum Teil aus psychischen Vorbedingungen, zum andern aber aus der Deutung, welche der jüdische Prophetismus seinen Erlebnissen zu geben gezwungen war. Gezwungen durch die Art des Glaubens, in den er hineingebannt war und der, als unerschütterliches Apriori vor allen ihren Erlebnissen stehend, die Auslese derjenigen Zuständlichkeiten bestimmte, welche als echt prophetische gelten durften. Die beispiellose Wucht sowohl wie die feste innere Schranke dieser Prophetie fanden darin ihre Begründung. Die Propheten konnten infolge jenes Apriori nicht Mystiker sein. Ihr Gott war – bis auf Deuterojesaja – durchaus menschlich verständlich und mußte es sein. Denn: er war ein Herrscher, von dem man zu wissen begehrte, wie seine Gnade zu erlangen sei.

Nirgends und niemals wird von den Propheten oder (soviel wir wissen) ihrem Publikum die Frage nach einem Sinn der Welt und insbesondere des Lebens, nach einem rechtfertigenden Grunde seiner brüchigen, leid- und schuldbehafteten Vergänglichkeit und seiner Widersprüche auch nur aufgeworfen, wie sie in Indien aller heiligen Erkenntnis den entscheidenden Antrieb gab. Und was damit zusammenhängt: Nie und nirgends ist es das Bedürfnis nach Rettung, Erlösung, Vollendung der eigenen Seele aus und gegenüber dieser unvollkommenen Welt, was den Propheten oder sein Publikum zum Gott treibt. Niemals vollends fühlt sich der Prophet durch sein Erlebnis vergottet, mit dem Göttlichen vereinigt, entrückt der Qual und Sinnlosigkeit des Daseins, wie dies dem indischen Erlösten widerfährt und für ihn den eigentlichen Sinn religiösen Erlebens darstellt. Niemals weiß er sich dem Leiden oder auch nur der Knechtschaft unter der Sünde entronnen. Nirgends ist Raum für eine unio mystica oder gar für die innere seelische Meeresstille des buddhistischen Arhat. All dergleichen gab es nicht und vollends eine metaphysische Gnosis und Weltdeutung kam gar nicht in Betracht. Denn das Wesen Jahwes enthielt nichts Übersinnliches in der Bedeutung von etwas jenseits von Verstehen und Begreifen Liegendem. Seine Motive waren menschlichem Verständnis nicht entrückt. Im Gegenteil war gerade das Verstehen der Entschlüsse Jahwes aus berechtigten Motiven die Aufgabe des Propheten ebenso wie die des Thoralehrers. Jahwe war ja sogar bereit, vor dem Gericht der Welt das Recht seiner Sache zu vertreten. Höchst einfach und offenbar erschöpfend wird bei Jesaja (28, 23-29) die Art seines Weltregimentes in einem der bäuerlichen Wirtschaft entnommenen Gleichnis dargestellt; das genügte als Theodizee ebenso vollständig wie in den ganz ähnlichen Gleichnissen von Jesus, die in dieser Hinsicht von durchaus ähnlichen Voraussetzungen ausgehen. Eben diesen rationalen Charakter sowohl des Weltgeschehens selbst, welches weder durch blinden Zufall noch durch magische Zauberkräfte bestimmt ist, sondern verständliche Gründe hat, wie auch der Prophetie selbst, daß ihre Orakel im Gegensatz zur gnostischen Esoterik verständlich waren für jedermann, empfanden die Juden auch später als das ihren Propheten Spezifische. Von prinzipieller Unerforschlichkeit konnte keine Rede sein, so gewiß Jahwes Horizont unvergleichlich war mit demjenigen der Kreatur. Diese prinzipielle Verständlichkeit der göttlichen Ratschlüsse war es, welche jede Frage nach einem Sinn der Welt, der noch hinter ihm gelegen hätte, ebenso ausschloß wie seine majestätische Herrscherpersönlichkeit jeden Gedanken an mystische Gottesgemeinschaft als Qualität der religiösen Beziehung zu ihm. Etwas derartiges oder vollends die Selbstvergottung konnte kein echter Jahweprophet und keine Kreatur überhaupt in Anspruch zu nehmen wagen. Der Prophet konnte nie zum dauernden inneren Frieden mit Gott kommen: das schloß dessen Natur aus. Er konnte nur seinen inneren Druck entladen. Die positive, euphorische Wendung seiner Gefühlslage aber mußte er in die Zukunft projizieren, als Verheißung. Das bestimmte die Auslese der prophetischen Temperamente. Es besteht gar kein Grund zu der Annahme, daß auf palästinischem Boden apathisch-mystische Zuständlichkeiten indischen Gepräges etwa nicht auch gefühlt worden seien. Es läßt sich nicht einmal mit Bestimmtheit sagen, ob nicht Propheten wie Hosea und vielleicht auch noch andere ihrerseits derartigen Zuständlichkeiten zugänglich gewesen wären. Aber ebenso wie emotionale Ekstasen des israelitischen Typus in Indien sich vermutlich entweder einer leidenschaftlichen Kasteiungsaskese zugewendet hätten oder ihre Träger, wenn sie als Demagogen aufgetreten wären, nicht als Heilige, sondern als Barbaren gegolten und keine Wirkung geübt hätten, – so mußte es umgekehrt den apathisch-ekstatischen Zuständlichkeiten in Israel gehen. Sie wurden von der Jahwereligion nicht als religiöser Heilsbesitz gedeutet und wurden daher nicht, wie in Indien, Gegenstand schulmäßiger Züchtung. Vollends anomistische Konsequenzen des ekstatischen Gottbesitzes wurden scharf abgelehnt. Ein Lügenprophet ist nach Jeremia jeder, der das Gesetz Jahwes mißachtet und das Volk nicht zu ihm hinzuführen trachtet.

Wenn so das mystische Haben eines außerweltlichen Göttlichen abgelehnt wurde zugunsten des aktiven Handelns im Dienst des überweltlichen, aber prinzipiell verständlichen Gottes, so ebenfalls die Spekulation über den Seinsgrund der Welt zugunsten der schlichten Hingabe an die positiven göttlichen Gebote. Irgend eine philosophische Theodizee wurde gar nicht zum Bedürfnis, und wo sich dies Problem, an welchem in Indien immer erneut gearbeitet wurde, doch meldete, wurde es mit den denkbar einfachsten Mitteln erledigt. Über den Auszug aus Ägypten zurück reicht das Denken der vorexilischen Propheten bis auf Hesekiel nicht. Nicht nur die Erzväter spielen – im Gegensatz zum Deuteronomium – eine sehr bescheidene Gelegenheitsrolle, sondern noch der Urmensch des Hesekiel (28, 17) weist auf eine ganz andere Abwandlung des Adam-Mythos als die später rezipierte ist. Die Legende vom goldenen Kalb ist Hosea offenbar nicht bekannt: Bei ihm spielt der Frevel mit dem Baal-Peor die entsprechende Rolle. Immer nur auf das Motiv des Bundesschlusses Jahwes mit Israel als mit einem Verband, dessen Glieder solidarisch füreinander und auch für die Taten der Ahnen haften, nicht aber auf erbsündliche Qualitäten der Menschen, auch nicht etwa auf Adams Sündenfall, wird Jahwes Zorn zurückgeführt. Der Mensch erscheint als durchaus zulänglich, Jahwes Gebote zu erfüllen, wenn er es auch leider selten wirklich dauernd tut und deshalb des Erbarmens Jahwes immer erneut bedarf. Auch handelt es sich den Propheten überhaupt nicht in erster Lienie um die Frage der sittlichen Qualifikation der Einzelnen, sondern um die Folgen, welche das gottwidrige Tun der berufenen Vertreter des Volks, der Fürsten, Priester, Propheten, Ältesten, Patrizier und erst in zweiter Linie auch das aller anderen Volksgenossen über die Gesamtheit bringen konnte und mußte. Zuerst bei Hesekiel (Kap. 14 u. 18) wird das Problem ausdrücklich aufgeworfen: warum eigentlich die Gerechten mit den Ungerechten leiden müßten und wo dafür ein Ausgleich sei. Bei Jeremia (31, 29) wird nur für das Zukunftsreich in Aussicht gestellt, daß ein jeder nur für seine Missetat zu büßen haben werde und man nicht mehr sagen werde: Die Väter haben Herlinge gegessen und den Kindern sind davon die Zähne stumpf geworden. Das Deuteronomium hatte, wie wir sahen, mit dem Grundsatz der Solidarhaft gebrochen. Es ist charakteristisch für die Eigenart der gänzlich an den Schicksalen der Volksgesamtheit, nicht des Einzelnen, orientierten Prophetie, daß sie gerade in diesem Punkt konservativer blieb. Allerdings: für das Endheil wird von Anfang an, schon bei Amos, erwartet, daß der fromme Rest vom Unheil verschont und am Heil beteiligt werde. Und auch jene Frage der Theodizee wird bei Hesekiel dahin beantwortet oder eigentlich nicht beantwortet, daß Jahwe die Gerechten am Tage des Unheils verschone, diejenigen, welche nicht gewuchert, welche Pfandgut wiedererstattet, Wohltätigkeit geübt haben, belohnen werde, und daß alle die, welche sich rechtzeitig bekehren werden, nicht sterben sollen. Aber das sündige Volk soll um einiger noch so frommer Menschen willen nicht errettet werden (14, 18). Die Hoffnung war lediglich, dem Rest von Jakob, der ihm treu bleiben würde, würde Gott, wenn die Zeit der Rache vergangen wäre, eine bessere Zeit kommen lassen. Aber inzwischen galt für die Prophetie in der Beziehung zu Jahwe wie bei Blutrache, Fehde und Krieg, daß der Einzelne für das einzustehen hatte, was seine Stammes- und Sippengenossen taten oder die Vorfahren getan und ungesühnt gelassen hatten. Verfehlungen gegen die Bundespflicht waren wieder und wieder geschehen und auch in der Gegenwart leicht nachzuweisen. Folglich war der Gott schlechthin immer im Recht und irgendwelche Probleme einer Theodizee gab es nicht. Am allerwenigsten schließlich führten sie zu Jenseitserwartungen. Der Vorstellung, daß das eschatologische Ereignis ein Gericht sei, klingt an, ist aber nirgends ausgeführt:[17] Es genügt der Zorn des Gottes, um alles zu motivieren. Das Schattenreich des Hades galt allen vorexilischen Propheten ganz ebenso wie den Babyloniern als unvermeidlicher Aufenthalt aller Toten, die Jahwe nicht, wie einige große Helden, zu sich genommen hatte. Das Sterben als solches galt als Übel, das vorzeitige, gewaltsame unerwartete Sterben als Zeichen göttlichen Zornes. Scheol sperrt den Rachen auf bei Jesaja (5, 14) und die Rettung vor Scheol, von der Hosea (13, 14) spricht, ist nicht etwa Rettung vor einer Hölle, sondern einfach vor dem physischen Tode. Der prophetische Horizont blieb darin wie der offizielle babylonische völlig diesseitig, sehr im Gegensatz zu den hellenischen Mysterien und der orphischen Religion, welche durchweg mit Jenseitsverheißungen arbeiteten. Sie kümmerte eben das individuelle Heil, die israelitische Prophetie dagegen, obwohl sie an die Seelsorge der Leviten anknüpfte, nur das Schicksal des Volkes als eines Ganzen: Immer erneut zeigt sich darin ihre politische Orientierung. Auch die babylonischen und sonstigen Hadesfahrtmythen ließ die Prophetie ganz beiseite. Sie hatten ja mit dem Zukunftsschicksal der frommen Gemeinde nichts zu schaffen und paßten nicht in den Jahwe-Glauben hinein. Erst in einem fälschlich dem Jesaja zugeschriebenen Gedicht der Exilszeit finden sich Spuren von Unterscheidungen im Schicksal der Toten im Hades, zweifellos unter dem Einfluß spätbabylonischer Vorstellungen. Und auch da noch behält der Hades ganz den homerischen Charakter: Alle, auch die großen Könige, sind kraftlose Schatten, nur werden bestimmten großen Verbrechern besondere Strafen zuteil (Jes. 14, 9f., 19 f.). Ganz konkret und positiv, rein diesseitig, waren Jahwes Gebote, ebenso konkret und ebenso rein diesseitig seine alten Verheißungen. Nur aktuelle Probleme konkreten innerweltlichen Handelns konnten auftauchen und Antwort fordern. Alle andere Problematik blieb ausgeschaltet. Man muß sich die dadurch bedingte ungeheure seelische Kräfteökonomie ganz klarmachen, um die Tragweite dieses Sachverhaltes zu ermessen. Wie etwa für Bismarck die Ausscheidung alles metaphysischen Grübelns und statt dessen der Psalter auf seinem Nachttisch eine der Vorbedingungen seines durch Philosopheme ungebrochenen Handelns war, so wirkte für die Juden und die von ihnen beeinflußten religiösen Gemeinschaften diese niemals wieder ganz niedergebrochene Barrikade gegen das Grübeln über den Sinn des Kosmos. Handeln nach Gottes Gebot, nicht Erkenntnis des Sinns der Welt frommte dem Menschen.

[17] Vgl. Sellin a.a.O., S. 125.

Ihre spezifische Eigenart empfängt eine Ethik nun nicht durch die Besonderheit ihrer Gebote – die israelitische Alltagsethik war derjenigen anderer Völker nicht unähnlich –, sondern durch die zentrale religiöse Gesinnung, welche hinter ihr steht. Auf deren Prägung war die israelitische Prophetie von sehr starkem Einfluß.

Die entscheidende religiöse Forderung der Propheten war nicht die Innehaltung einzelner Vorschriften, so wichtig diese an sich war und so sehr sich der echte Prophet als Sittenwächter fühlte und noch bei Jesaja (3, 10) gelegentlich die massivste Werkgerechtigkeit das Wort führt. Sondern: der Glaube. Nicht in irgendwie gleichem Maß: die Liebe. Diese war allerdings bei dem nordisraelitisch orientierten Hosea (3, 1) das religiöse Grundverhältnis zwischen dem Gott und seinem Volk und auch bei anderen Propheten, vor allem bei Jeremia (2, 1 f.) ist in stimmungsvoller Lyrik die in der Vorzeit bestehende bräutliche Liebesbeziehung Jahwes zu Israel geschildert. Aber das ist nicht das Vorwaltende und vor allem ist niemals eine Liebesgemeinschaft mit Gott die spezifische heilige Zuständlichkeit. Den Grund kennen wir schon.

Die Forderung des Glaubens nun ist innerhalb Israels vermutlich von den Propheten, und zwar von Jesaja (7, 9), zuerst mit diesem ungeheuren Nachdruck erhoben worden. Das stimmt zu der Art der prophetischen Eingebung und zu deren Deutung. Die göttliche Stimme ist es, die sie hören, und diese verlangt zunächst schlechthin nichts anderes von ihnen selbst und durch sie vom Volk, als: Glauben. Der Prophet mußte ja Glauben für sich selbst fordern und dieser hatte den ihm aufgetragenen Verkündigungen seines Gottes zu gelten. Der Glaube, den die jüdischen Propheten verlangten, war daher nicht jenes innere Verhalten, welches Luther und die Reformatoren darunter verstanden. Er bedeutete wirklich nur das bedingungslose Vertrauen darauf, daß Jahwe schlechthin alles vermöge, daß seine Worte ernst gemeint seien und aller äußeren Unwahrscheinlichkeit zum Trotz in Erfüllung gehen werden. Diese Überzeugung ist gerade von den größten Propheten, vor allem Jesaja und Hesekiel, zur Grundtatsache ihrer Stellungnahme gemacht worden. Gehorsam und vor allem Demut sind die daraus folgenden Tugenden und auf beide, namentlich aber auf die Demut, die strenge Meidung nicht nur der Hybris im hellenischen Sinn, sondern letztlich jedes Vertrauens auf die eigene Leistung und allen Selbstruhms legte Jahwe ganz besonders Gewicht, eine für die spätere Entwicklung der jüdischen Frömmigkeit folgenreiche Vorstellung. Die alte, die Lebensklugheit der homerischen und noch der solonischen und herodotischen Zeit durchziehende Furcht vor dem Neid der Götter durch allzugroßes Glück und ihrer Rache gegen stolzes Selbstvertrauen blieb dort in der Wirkung in den Schranken einer klugen und herben Ansicht vom Menschenlos. Die Zumutung einer Demut im Sinn der Propheten wäre der Heldenwürde anstößig gewesen und ein eigentlicher Vorsehungsglauben mit seiner Forderung, Gott allein die Ehre zu geben und dem unterwürfigen Sichfügen in seine Ratschlüsse konnte nur in der Nachbarschaft von Weltmonarchien, nicht in Freistaaten die Herrschaft gewinnen. Bei den Propheten aber ist diese Note absolut herrschend geworden. Die Großkönige scheitern und ihre Reiche gehen zugrunde, weil sie sich selbst, nicht Jahwe, die Ehre ihrer Siege geben. Und die Großen im eigenen Lande treiben es zu ihrem Verderben nicht anders. Wer dagegen in Demut und völligem Gehorsam vor Jahwe wandelt, mit dem ist er, und der hat schlechthin nichts zu fürchten. Das war nun auch die Grundlage der prophetischen Politik. Die Propheten waren Demagogen, aber alles andere als Realpolitiker oder politische Parteimänner überhaupt. Damit kommen wir auf das zurück, was eingangs gesagt war.

Die politische Stellungnahme der Propheten war rein religiös, durch die Beziehung Jahwes zu Israel motiviert, politisch angesehen aber durchaus utopischen Charakters. Jahwe allein wird alles nach seinen Absichten lenken. Und diese Absichten sind angesichts des Verhaltens seines Volkes für die nächste Zukunft drohend und furchtbar. Die Großkönige und ihre Heere sind, wie wir sahen, sein Werkzeug. Insofern ist ihr Tun gottgewollt und Jesaja findet den Willen Jahwes, sie, die er doch selbst gerufen, zu vernichten, barbarisch. Für Jeremia ist Nebukadnezar Gottes Knecht und im spätnachexilischen Danielbuch wird er infolge dieser Bezeichnung zu einem zu Jahwe Bekehrten.

In der Art dieser Konzeptionen und vor allem: in ihrer Rezeption durch die israelitische Frömmigkeit tritt wieder die Sonderstellung Israels hervor. Unheilsorakel hat dem eigenen Volk in einer ganz ähnlichen Lage, beim Bevorstehen des Perserangriffes, auch der delphische Apollon gegeben, den Rat, zu fliehen bis an die Enden der Erde. Aber das war verhängtes Schicksal, nicht Folge von religiöser Schuld. Indessen auch die Vorstellung, daß ein erzürnter Gott, auch der eigene Verbandsgott, Unglück, insbesondere auch kriegerisches Unglück, über das eigene Volk kommen läßt, ist in der ganzen Antike weitverbreitet und findet sich namentlich auch in der frühhellenischen Poesie. Und auch die weit spezifischere Vorstellung, daß ein universeller Gott zur Strafe für Schuld des Volkes die Feinde gegen die Stadt heranführt und diese dadurch entweder dem Untergang nahe bringt oder wirklich untergehen läßt, ist nicht der israelitischen Prophetie eigentümlich. Sie findet sich bei Platon, im Kritiasfragment und im Timaios, – Schriften, die wohl unter dem furchtbaren Eindruck des Sturzes der Macht Athens nach Aigospotamoi standen. Und auch hier gelten ähnliche Untugenden wie dort: Chrematismus und Hybris, als Gründe des göttlichen Einschreitens. Aber diese theologischen Konstruktionen eines philosophischen Schulhaupts blieben ohne alle religionsgeschichtliche Wirkung. Die Gassen von Jerusalem und der Hain des Akademos waren sehr verschiedene Verkündigungsstätten, dem vornehmen Denker und politischen Pädagogen der gebildeten Jugend Athens und – gelegentlich – syrakusischer Tyrannen oder Reformatoren lag die wilde Demagogie der Propheten ganz fern, und die geordnete athenische Ekklesia mit ihrer rational geordneten

Beratung wäre bei aller Deisidaimonie und emotionalen Erregbarkeit doch keine Stätte ekstatischer Orakel gewesen. Vor allem aber fehlte durchaus die spezifisch-israelitische Konzeption sowohl der Katastrophen-Natur Jahwes wie der speziellen berith des Volkes mit dem Gott, welche erst der ganzen Vorstellung die pathetische Resonanz einer Bestrafung des Bruchs eines Vertrags mit diesem furchtbaren Gott selbst gab. Eine so beträchtliche Rolle daher Orakel ebenso wie Omina in der hellenischen Antike bei einzelnen politischen Entschlüssen gespielt haben, so hat sich doch eine solche prophetische Theodizee daraus nicht entwickelt, wie sie die Schriftpropheten von Anfang an der Deutung ihrer Unheilsgeschichte zugrunde legten. Zwar ist das Sehen des Unheils nicht die Folge dieser Art der Deutung. Wie Jeremia sich von Jahwe bezeugen läßt, daß er den Tag des Unheils für Juda nicht gerufen, sondern verkündet habe, was ihm, zu seiner Qual, befohlen war, so sträubt sich, sahen wir, Jesaja innerlich gegen gewisse Unheilsdrohungen gegen Assur. Aber die Deutung des einmal geschehenen Unheils für Israel verläuft dann in den Bahnen, welche die Konzeptionen der israelitischen Intellektuellen und vor allem der Thoralehrer auf Grund der alten berith-Vorstellung gewiesen hatten.

Für Israel galten die Gebote der Paränese. Gegen andere Völker schreitet Jahwe dann ein, wenn seine Majestät frech angetastet wird. Die bekannten Fluchsprüche Jesajas gegen Assyrien sind nach ihrer Begründung ausschließlich dadurch motiviert, daß der nähere Eindruck von dem Verhalten dieser Könige es dem Propheten unmöglich erscheinen ließ, daß Jahwe dies dauernd gewähren lasse. Irgendwelche realpolitischen Erwägungen waren also bei dem scheinbaren Wechsel der Stellung des Propheten zu Assur nicht im Spiel. Und was Jerusalem anlangt, so wechselte seine Stellung gleichfalls aus rein religiösen Gründen. Die verderbte Stadt schien anfangs dem Untergang geweiht. Die Jahwefrömmigkeit Hiskias brachte ihn zu der Ansicht, daß Jerusalem niemals fallen werde. Trotz der Bestärkung dieser Ansicht durch den Abzug Sanheribs führte ihn dann der Eindruck der unverändert fortbestehenden Frevel zuletzt wieder zum Pessimismus: Das werde nun niemals verziehen werden. Ebenso ist bei den anderen Propheten stets das jeweilige religiöse Verhalten der maßgebenden Schichten das für sie Entscheidende. Zuweilen scheint es fast bei jedem von ihnen, daß sie an allem Heil verzweifelten. Bei Amos, Jesaja und Jeremia muß dies zeitweilig auch so gewesen sein. Aber endgültig hat das bei keinem vorgehalten. – Utopisch aber, wie ihre Politik, war auch ihre Zukunftserwartung, die erst als alles beherrschender Hintergrund die ganze Gedankenwelt der Propheten innerlich zusammenhält.

Die Phantasie der Propheten ist gesättigt mit kommenden kriegerischen und teilweise kosmischen Schrecknissen. Dennoch aber, vielmehr: eben deshalb, träumen sie alle von einem kommenden Friedensreich. Schon bei Hosea, dann ebenso bei Jesaja und Zephanja nimmt dies Zukunftsreich die üblichen babylonisch-vorderasiatischen paradiesischen Züge an. Daß freilich die astronomische babylonische Lehre von der durch die Präzession der Nachtgleichen bedingten periodischen Weltumwälzung sich bei den Propheten finde, ist mit Unrecht behauptet worden.[18] Die damit keineswegs notwendig zusammenhängenden, irgendwie fast in der ganzen Welt verbreiteten, in der Antike noch in Vergils vierter Ekloge in der typischen Form des nach der eisernen Zeit wiederkehrenden goldenen Zeitalters verbreiteten Urstandsvorstellungen und Zukunftshoffnungen sind es, die hier den besonderen Voraussetzungen der Beziehung Israels zu Jahwe angepaßt werden. Eine neue berith mit Israel, aber auch mit dessen Feinden und sogar mit den wilden Tieren wird Jahwe aufrichten. Die pazifistische Hoffnung kehrt seitdem, abwechselnd mit Erwartungen der Rache an den Feinden, immer wieder. Der wunderbare eschatologische Königsknabe Immanuel, der Honig und Rahm ißt, ist bei Jesaja ein Friedensfürst, der bis an die Enden der Erde waltet. Daß der Tod wieder verschwinden wird, hat kein Prophet zu versprechen gewagt. Aber (Tritojesaja 65, 20) ein jeder soll seine Jahre erfüllen. Indes neben solchen Konzeptionen, welche offenbar durch Übertragung volkstümlicher Urstandsmythen in die Intellektuellen-Spekulationen vorbereitet waren, stehen die massiven Zukunftserwartungen der Bürger und Bauern. Vor allem: äußeres Wohlergehen aller Art. Daneben aber: Rache an den Feinden. Wenn diese vollstreckt ist, dann werden Rosse und Wagen und aller Apparat des Königtums, sein Prunk und die Paläste seiner Beamten dahinsinken und verschwinden und ein Heilsfürst nach der Art der alten Gaufürsten auf einem Esel reitend in Jerusalem einziehen. Dann wird der Militärapparat überflüssig und aus den Schwertern werden Pflüge geschmiedet.

Wie verhält sich nun diese bald mehr bürgerlich, bald paradiesisch vorgestellte Heilszeit zu der von allen vorexilischen Propheten verkündeten Unheilsdrohung? Man hat vielfach geglaubt, ein einheitliches Schema: erst furchtbares Unheil, dann überschwengliches Heil, als durchgehenden Typus der Weissagung feststellen zu können und angenommen, daß dieser Typus aus Äygpten übernommen worden sei. Die Existenz eines solchen einheitlichen Schemas für Ägypten scheint durch die bisher dafür beigebrachten Beispiele – im Grunde: nur zwei – nicht hinlänglich gesichert. Auch würde die Einwirkung der zweifellos auch in Palästina verbreiteten Vegetations- und Astralkulte mit ihren in Peripetien verlaufenden Mythologemen wohl ebenso naheliegen (so besonders Jes. 21, 4 f.) Denn bei ihnen galt allgemein, daß es erst völlig Nacht oder völlig Winter geworden sein muß, ehe die Sonne oder der Frühling wiederkehrt. Daß dies die Phantasie über den eigentlichen Kultkreis hinaus beeinflussen konnte, ist zweifellos, wenn es auch nicht sicher ist, ob eine Einwirkung auf die Propheten von da aus stattgefunden hat. Denn zunächst läßt sich das

18 Am ehesten könnte der *große* Tag Jahwes bei Zeph. 1, 14 an die großen Welttage erinnern. Aber es zeigt sich sofort, daß davon keine Rede ist. Vor dem Exil ist von alledem nur sehr allgemeine Kunde nach Israel gedrungen.

angebliche Schema nicht allgemein in der Prophetie nachweisen. Gerade bei den älteren Propheten sind die Orakel, welche ihm entsprechen, keineswegs die Regel. Bei Amos findet sich von einer Peripetie nur ein Beispiel (9, 14). Sonst nur die Hoffnung, daß vielleicht, aber nicht sicher, der Rest, der sich bekehrt, durch Jahwes Gnade erhalten bleiben werde und nur die Sünder sterben (6, 15; 9, 8. 10), während die meisten seiner Orakel nur Unheilsdrohungen enthalten. Bei Hosea scheint das Schicksal des Nordreichs und dasjenige Judas verschieden. Bei Jesaja finden sich Unheilsorakel ohne Heilsweissagung und steht die Heilsweissagung vom Immanuelknaben außer Zusammenhang mit einem Unheilsorakel. Eine eigentliche Peripetie vom Unheil zum Heil findet sich bei ihm vor allem in einem Orakel (21, 4f.), wo Jerusalem im Hades versinkt, dann aber gerettet wird. Und dies erinnert allerdings an kultische Mythologeme. Ebenso findet sich aber bei fast allen Propheten der von jenem Schema ganz abweichende deuteronomische Typus der Alternative: entweder Heil oder Unheil, je nach dem Verhalten des Volkes, ziemlich oft (Amos 5, 4-6; Jes. 1, 19. 20: vordeuteronomisch, Jer. Kap. 7 und 18, Hes. Kap. 18: nachdeuteronomisch). Allgemein richtig ist nur, daß kein Prophet ausschließlich Unheilsorakel verkündet hat. Weiter, daß in einigen Fällen die Heilsweissagung mit der Unheilsdrohung als Peripetie nach der Befriedigung von Jahwes Zorn und als Lohn für den frommen Rest verknüpft ist, daß ferner das Unheil in vielen Orakeln als ganz unabwendbar und unter allen Umständen hereinbrechend erscheint, wie ein längst verhängtes Schicksal, und daß endlich, wenn man die Gesamtheit der Orakel eines Propheten überblickt, allerdings der Eindruck entstehen muß, daß beides, Unheil wie Heil, und natürlich zuerst das erstere, unweigerlich kommen werde. Die Unabwendbarkeit des Unheils erscheint als Folge der Sünden schon der Vorväter, die grundlos den Bund brachen (Jer. 2, 5). Aber diese fatalistische Vorstellung ist bei der Mehrzahl der Propheten ebensowenig festgehalten wie bei den Thoralehrern. Der Weg der Umkehr und Abwendung des Unheils steht offen, wenn schon ihn nur ein Rest beschreiten wird. Eine Einheitlichkeit im Sinne eines Schemas besteht, wenn man die einzelnen Orakel vergleicht, nicht einmal bei einem und demselben Propheten. Sondern je nach dem Sündenstand und der Weltlage wechselt das, was geweissagt wird. Die Prophetie kennt die hellenische Moira und die hellenistische Heimarmene nicht, sondern Jahwe, dessen Entschlüsse wechseln je nach dem Verhalten der Menschen. Im wesentlichen Gemeingut waren nur die beiden Vorstellungen: einmal, daß jener Tag, der Tag Jahwes, den sich die volkstümliche Hoffnung als einen Tag des Schreckens und Unheils, vor allem kriegerischen Unheils, für die Feinde, für Israel aber als einen Tag des Lichts vorstellte, auch ein Tag des Unheils für das eigene Volk, jedenfalls für die Sünder in ihm, sein werde. Nach der Art, wie Amos dies verkündet, scheint es, daß diese wichtige Konzeption tatsächlich sein geistiges Eigentum war. Zwar blieb die Deutung als eines Tages des Heils für Israel weiter bestehen. Aber die

Annahme, daß zugleich oder vorher ein schweres Unheil als Sündenstrafe kommen werde, blieb Gemeingut der Prophetie. Ebenso die Konzeption des Restes, dem das Heil gespendet werde, wie er schon bei Amos sich findet, bei Jesaja aber, der seinen Sohn danach benannte, klar entwickelt ist. Da nun diese beiden Vorstellungen zusammen das Schema: Unheil für das Volk (oder für die Sünder), Heil für den Rest, ergeben, so stellt eine Peripetie vom Unheil zum Heil oder eine Kombination beider in der Tat den Typus dar, zu welchem die prophetische Verheißung immer wieder gravitiert. Dies lag indessen schwerlich in einem übernommenen Schema, sondern einfach in der Natur der Sache selbst, sobald einmal der Charakter des Tages Jahwes als (wenigstens: auch) eines Unglückstages angenommen wurde. Denn da eine schlechthin hoffnungslose Unheilsdrohung keinen pädagogischen Sinn zugelassen hätte, mußte sich dann der Typus der Peripetie zum mindesten bei der Auslese durch die Sammler durchsetzen. Für die Propheten selbst ist freilich von der Annahme primär pädagogischer Zwecke bei den Unheilsdrohungen im allgemeinen abzusehen. Sie kündeten, was sie schauten und hörten. Eigentliche Bußprediger in jenem Sinne des Wortes, wie sie in der Zeit der Evangelien und im Mittelalter auftraten, waren sie nicht. Der Ruf nach Buße und Einkehr fehlte bei ihnen natürlich nicht. Im Gegenteil gehörte die Sündenanklage ja nach Jeremia geradezu zu den Merkmalen des echten Propheten: Dieser wichtige Grundsatz scheidet sie von allen Mystagogen. Am leidenschaftlichsten erhob ihn gleich anfangs Hosea und ebenso findet er sich bei Jeremia (Kap. 7). Aber als unmittelbarer Inhalt der großen Visionen und Auditionen wird allerdings in aller Regel einfach wiedergegeben, was Jahwe an Unheil und Heil bereits beschlossen hat und eventuell, warum, und dem Volke hart und klar, ohne alle Vermahnung, zugemutet, sich dem zu fügen, was es oder die Vorfahren verschuldet haben.[19] Die eigentlichen paränetischen Schelt- und Bußreden und Mahnungen der Propheten selbst werden dagegen in der Regel nicht als debarim Jahwes, sondern als eigene Reden der Propheten, die in seinem Auftrag erfolgen, eingeführt. Jedenfalls war das Schema, Unheil, dann Heil, durch die Natur der Sache gegeben und ist auch ohne Annahme einer Übernahme verständlich.

Die ungeheure Leidenschaft der prophetischen Anklage, Drohung und der meist in ganz allgemeinen Wendungen sich bewegenden Mahnung im Unterschied zu der im Deuteronomium mehr erbaulichen, in der älteren Paränese wuchtigen, aber sachlichen und die Anforderungen spezialisiert aufzählenden Thora ist nicht nur bedingt durch Temperamentsunterschiede. Sondern vor allem ist umgekehrt die Temperierung ihrerseits bedingt durch die Aktualität der Zukunftserwartungen der Propheten. Nur selten erscheint das erwartete Unheil oder Heil in eine weitere Zukunft gerückt. Meist kann es jederzeit her-

[19] Bei Amos (mit Ausnahme einer Stelle) und selbst an einer Stelle Hoseas (5, 4) tritt das Unheil als unabwendbar auf, offensichtlich, weil der Inhalt der Vision dahin ging. Ähnlich mehrfach bei Jesaja und wieder ganz überwiegend bei Jeremia.

einbrechen. In aller Regel aber steht es mit Wahrscheinlichkeit oder Sicherheit ganz unmittelbar vor der Tür. Schon sieht Jesaja das junge Weib schwanger, das den eschatologischen Königsknaben gebiert. Jeder einzelne Heereszug der mesopotamischen Herrscher, namentlich aber Ereignisse wie der Skytheneinbruch, konnten das Heranziehen jenes Feindes vom Norden – vermutlich einer Gestalt der populär-mythologischen Erwartung – bedeuten oder einleiten, den namentlich Jeremia als Bringer des Endes kommen sah, und die furchtbaren Schicksalsperipetien der im Kampf begriffenen Staaten erhielten diese Erwartung lebendig. Gerade dieser aktuelle Charakter der Endhoffnung war aber das für die praktisch-ethische Bedeutung der Prophetie absolut Entscheidende. Eschatologische Erwartungen und Hoffnungen waren volkstümlich offenbar überall rund umher verbreitet. Aber ihre vage Unbestimmtheit ließ, wie stets in ähnlichen Fällen, das praktische Verhalten so gut wie vollkommen unberührt. Die Märchenerzähler oder der Mummenschanz bei Kultspielen, allenfalls der intellektuelle Gnostiker in seinem esoterischen Konventikel, wußte damit zeitlich oder personal eng begrenzte Wirkungen zu erzielen. Nirgends waren oder wirkten diese Erwartungen als etwas unmittelbar Aktuelles, bei der ganzen Lebensführung in Rechnung zu Stellendes. Aktuelle Erwartungen erregte die Prophetie der königlichen Heilspropheten oder auch der, wie bei den Hellenen, wandernden Chresmologen. Aber es waren im ersten Fall enge höfische Kreise, im anderen die einzelnen Privaten, welche sie, mehr oder minder, in Rechnung stellten. Hier aber, infolge der politischen Struktur und Lage Israels, wußte – wie Jeremias Kapitalprozeß zeigt, – zum mindesten in den Kreisen der Ältesten jedermann noch nach 100 Jahren von einem Unheilsorakel, wie dem des Micha, und die ganze Bevölkerung geriet in Bewegung, wenn ein Prophet mit auffallenden Drohungen auftrat. Denn das geweissagte Unheil war ganz aktuell, griff jedermann an die Existenz und nötigte jedermann zu fragen, was zu seiner Abwendung geschehen könne. Und dann: eine durch die auffallendste Bestätigung einiger unvergessener Unheilsorakel legitimierte Prophetie stand dahinter, ihrerseits gestützt durch die starke alte Opposition gegen das Königtum. Nirgends sonst war eine derart aktuelle Erwartung durch eine rücksichtslose öffentliche Demagogie vertreten und zugleich in Verbindung gebracht mit der altüberlieferten Vorstellung von der berith Jahwes mit Israel.

Für die wahrhaft jahwegläubigen Kreise mußte naturgemäß gerade diese Aktualität der Enderwartung entscheidend sein. Wir kennen aus dem Mittelalter und der Reformationszeit, ebenso aus der alten Christengemeinde, die gewaltige Wirkung solcher Erwartungen. Auch in Israel sind sie für die Lebensführung jener Kreise offenbar völlig ausschlaggebend gewesen. Aus ihnen allein erklärt sich letztlich die utopistische Weltindifferenz der Propheten. Wenn sie von allen Bündnissen abmahnen, wenn sie sich immer wieder gegen das eitle, hoffärtige Treiben dieser Welt wenden, wenn Jeremia ledig bleibt, so hat das bei ihnen denselben Grund wie die Mahnung bei Jesus: Gebet dem Kaiser was des Kaisers ist, oder wie die Mahnungen des Paulus, daß ein jeder in seinem Beruf bleibe und daß man ledig oder verheiratet bleiben möge, wie man sei, und die Weiber habe als hätte man sie nicht. All diese Dinge der Gegenwart sind ja vollkommen gleichgültig, denn das Ende steht unmittelbar bevor. Wie in der frühchristlichen Gemeinde, so prägte auch bei den Propheten und ihrem Anhang diese Aktualität der Enderwartung die ganze innere Haltung und war das, was ihrer Verkündigung die Macht über die Hörer gab. Und trotz des Zögerns des Heilstages fand jeder neue Prophet den gleichen leidenschaftlichen – wenn auch vor dem Exil auf engere Kreise beschränkten – Glauben wieder, ein volles Jahrtausend lang bis zum Untergang Bar Kochbas. Es waren auch hier gerade die Unwirklichkeiten, welche wirkten, deren Spuren sich am tiefsten in die Religion eingruben und welche ihre Macht über das Leben begründeten. Sie allein gaben dem Leben, was es erträglich machte: Hoffnung. Vor allem der völlige Verzicht auf alle Jenseitshoffnungen und auf jede Art von wirklicher Theodizee – trotz des steten Fragens nach den Gründen des Unheils und des Postulats eines gerechten Ausgleichs – konnte am leichtesten in einer Zeit ertragen werden, wo jeder Lebende erwarten mußte, das eschatologische Ereignis noch selbst zu erleben. In einer Stimmung steten Harrens lebten diese leidenschaftlichsten Menschen, welche Israel hervorgebracht hat. Unmittelbar nach dem Hereinbruch des Unheils erwartete man ja das Heil. Nichts zeigt dies deutlicher als Jeremias Verhalten beim bevorstehenden Sturz der Stadt: Der Ankauf eines Ackers, weil doch bald die erhofften neuen Zeiten kommen werden, und die Mahnung an die Exilierten, sich auf dem Weg Zeichen zu machen, um den Rückweg zu finden.

Das erwartete Heil selbst wurde allmählich sublimiert. Die nebeneinanderstehenden Endhoffnungen, teils chiliastische Erwartungen eines im kosmischen Sinn paradiesischen Endzustandes bei Hosea und Jesaja, teils die ganz massive bürgerlich materielle deuteronomische Hoffnung: Israel werde das Jerusalemiter Patriziervolk sein, die anderen Völker die schuldverknechteten und zinsenden Bauern, traten beide zunehmend zurück, um erst in nachexilischer Zeit wieder aufzutreten, die erste bei Joël, die zweite bei Tritojesaja (61, 5. 6). Neben der politischen Erwartung eines militärischen Siegs und einer äußeren Herrschaft Israels über die Völker, wie sie namentlich bei Micha (4, 13) sich findet, und neben den alten bäuerlichen Verheißungen reicher Ernten und äußeren Wohlstands (bei Amos) standen bei den Propheten die weit idealeren pazifistischen Zukunftshoffnungen: ein Friedensreich mit der Tempelburg als Mittelpunkt (Jesaja), als einziger Sitz der Thora, der Weisheit und Lehre für alle Völker (Micha). Die schon bei Hosea (2, 21) sich findende Hoffnung, daß Jahwe dereinst in einer neuen berith mit Israel ihm Gnade, Erbarmen und Erkenntnis verbürgen werde, vertiefte sich bei Jeremia (31, 33.34) und Hesekiel (Kap. 36) gesinnungsethisch: Jahwe wird eine gnädigere berith, als es der alte harte Bund mit seinen schweren Gesetzen war, mit seinem Volk schließen. Das steinerne Herz wird er ihnen nehmen und ihnen ein Herz von Fleisch und Blut geben, einen neuen Geist in sie legen und bewirken, daß sie von sich aus Gutes tun. Ich lege mein Gesetz in sie hinein, in ihr Herz schreibe ich es. Dann brauchen sie nicht mehr einander zu lehren, denn sie kennen Jahwe. Und solange die kosmischen Ordnungen bestehen, werden sie dann nicht aufhören, sein Volk zu sein. Daß die Tatsache der Sünde an sich ein Problem der Theodizee sein kann, klingt hier wenigstens von fern an. Das Ganze aber ist eine hochgradige ethische Sublimierung der einst, in einem dem Amos (freilich mit fraglichem Recht) zugeschriebenen Gedicht, entwickelten Hoffnungen (9, 11). Die Idee dieses auf reiner Gesinnung ruhenden neuen Bundes ist noch für die Entwicklung des Christentums von Bedeutung gewesen. Die Sünde selbst, deren Fortnahme durch Jahwe erhofft wird, ist auch ihrerseits sehr verinnerlicht, als eine einheitliche, gottfeindliche Gesinnung aufgefaßt, die Beschneidung der Vorhaut des Herzens ist bei Jeremia das Entscheidende, nicht irgendwelche Äußerlichkeiten. Auch das ist bekannten evangelischen Aussprüchen sehr ähnlich. Nicht mehr nur eine soziale, sondern eine rein religiöse Utopie ist hier geschaut. Bei Jeremia gestalteten sich gleichen Schrittes mit dieser Verinnerlichung und Sublimierung der Zukunftserwartungen die äußerlichen Hoffnungen ungemein bescheiden. Während das Deuteronomium den Stadtstaat und die patrizische Stellung der Frommen voraussetzte und die Prophetie im übrigen, wo sie auf diese Hoffnungen zu sprechen kommt, die Juden wenigstens als das geistige Herrenvolk der Erde, als deren Lehrer und Führer sieht, ist bei Jeremia auch das verschwunden. Der Zion wird bei ihm nur einmal (31, 6) als Sitz der Jahweverehrung erwähnt. Zwar kennt auch er das Herrenvolksideal in seiner sublimierten Form. Aber er wird mit dem Alter genügsamer. Fromme Hirten und Bauern sind es (31, 24), welche Jahwe künftig segnen wird, und daß man überhaupt künftig einmal wieder im Lande säen und ernten werde, damit bescheidet er sich. Eine Art von Glück im Winkel drohte die großen eschatologischen Weltherrschafts-Erwartungen zu verdrängen: Wir befinden uns im vollen Elend der hereingebrochenen Verwüstung und die Prophetie Jeremias endet am Schluß seines Lebens im Verzicht. Fügung in dies von Jahwe verhängte Schicksal, Verbleiben im Lande, Gehorsam gegen den babylonischen König und dann gegen dessen Statthalter empfiehlt er und warnt vor der Flucht nach Ägypten. Und während er zuerst die baldige Wiederkehr der Exilierten erwartet hatte, riet er ihnen späterhin, sich in den neuen Wohnsitzen häuslich einzurichten. Nach der Ermordung Gedaljas und seiner eigenen Verschleppung nach Ägypten stand er offenbar am Ende seiner Hoffnungen, wie das erschütternde, tiefresignierte Testament an seinen getreuen Jünger Baruch bezeugt: Siehe ich bringe Unheil über alles Fleisch, raunt Jahwe, dir gebe ich dein Leben zur Beute allerorten, wohin du gehst. Nach spätjüdischer Tradition sei er in Ägypten gesteinigt worden. – Diese völlig pessimistische und nichts als fügsame Haltung hätte nun freilich unmöglich die Unterlage für eine Aufrechterhaltung der Gemeinschaft unter den Exilsverhältnissen bieten können. Schon wegen jenes Rates an die Exilierten, sich in Babel einzurichten, geriet er sofort in heftigen Konflikt mit dem Gegenpropheten Semaja, wie die gereizte Korrespondenz nach Babylon zeigt. Vor allem die Aktualität der Rückkehrhoffnung wurde in schroffem Gegensatz zu ihm von Hesekiel, dem hervorragendsten mit in das Exil verschleppten Propheten, aufrechterhalten. – In der Tat war sie unumgänglich nötig, um die Gemeinde überhaupt zusammenzuhalten. Die für die mächtige Wirkung der Propheten ausschlaggebenden Endhoffnungen waren selbstverständlich nicht die sublimierten, sondern die neben ihnen bei allen Propheten fortbestehenden massiven Formen. Eschatologische Vorstellungen, die nicht aktuell den Anbruch des jüngsten Tages und der Auferstehung in Aussicht stellen, haben nach aller Erfahrung ebenso selten starke Wirkungen erzielt wie irgendwelche weit in die Zukunft hinausgeschobenen rein irdische Heilshoffnungen. Gerade daß hier der Tag Jahwes als ein Ereignis verkündet wurde, das jeder noch jetzt zu erleben hoffen oder befürchten durfte und daß höchst massive diesseitige Umwälzungen in Aussicht standen, war das Entscheidende.

Der verschiedenen Gestaltung der Endhoffnungen entsprach auch die verschiedene Formung der Vorstellung von der heilbringenden Persönlichkeit. Bei Amos fehlt eine solche überhaupt, der ganze Nachdruck lag auf dem zu rettenden Rest des Volks. Aber bei den anderen Propheten sättigten sich die Heilserwartungen mit Bildern eines Retters, wie sie die Tradition in den alten Bundeshelden, den Schofetim, den Heilanden, gekannt hatte, und verband damit die eschatologischen Vorstellungen, welche die Umwelt darbot. Freilich boten diese letztlich das nicht, was man hätte brauchen können. Denn von den Möglichkeiten der Gestalt dieses rettenden Heilandes schieden für die prophetische Vorstellung sowohl die Inkarnation wie die physische göttliche Zeugung und die eigentliche Apotheose aus, da sie alle mit Jahwes überlieferter Eigenart nicht vereinbar waren. Daß einem fremden König (Kyros) die Heilandsrolle zufallen werde, ist erst eine Vorstellung der Exilszeit (Deuterojesaja). Die Rettergestalt mußte in Israel mit dem Tage Jahwes in Beziehung gesetzt werden, also mit einem ganz konkreten eschatologischen Ereignis, dessen Natur, sahen wir, aus der überlieferten Eigenart des Katastrophengottes folgte. Eine in diesem besonderen Sinn eschatalogische Retterkönigsgestalt aber kannten die Kulturreligionen und Kulte der Umwelt (und übrigens auch die iranische Religion) nicht. Ihnen konnten wohl am ehesten Spekulationen von einem präexistenten Heiland, astralen (im Bileamspruch Num. 24, 17) oder urmenschlichen Charakters (am deutlichsten wohl Hiob 15, 7f., Anklänge vielleicht Jes. 9, 5, Micha 5, 1, Hes. 28, 17) entnommen werden. Aber wenn auch solche Kultlegenden oder auch Intellektuellenspekulationen in geheimnisvollen Andeutungen der Propheten gelegentlich anklingen, so hat doch keiner von ihnen den Entschluß gefunden, sich auf den Boden derartiger, notwendig zur Mysterien-Esoterik führenden Vorstellungen zu stellen, schon aus Sorge, daß dadurch Jahwes alleiniger Majestät Abbruch geschehe. Die Gestalt mußte kreatürlichen Charakter bewahren. So blieb entweder die in der Umwelt, soviel bekannt nicht verbreitete, aber aus der Heilskönigprophetie sehr leicht ableitbare Barbarossahoffnung, in Israel also: die Wiederkehr Davids. Oder das Erscheinen eines neuen israelitischen Retterkönigs, entweder als Sproß aus dem Davididenstamm oder als ein Wunderkind mit den, namentlich in Mesopotamien und zwar bei lebenden Königen (namentlich: bei Ursurpatoren) sich findenden Zügen einer irgendwie übernatürlichen, also vor allem: vaterlosen, Zeugung. Alle diese Möglichkeiten finden sich, die erste bei fast allen Propheten, die letzte namentlich bei Jesaja in der Weissagung des Immanuelkindes, des Sohnes des jungen Weibes. Die Legitimität der Davididen hat kein Prophet, auch nicht die im Nordreich auftretenden, Amos und Hosea, angezweifelt. Der Zion ist für Amos Jahwes Sitz, für Hosea ist Juda von den Sünden Israels unbefleckt, vor allem auch von der Schande der Ursurpatoren. Er scheint an einen Untergang Judas überhaupt nicht geglaubt zu haben. Auch bei Jesaja scheint der Rest ursprünglich Juda gewesen zu sein. Für Micha kommt der Heilskönig aus dem Heimatsitz der Davididensippe, Bethel Ephrat. Bei Jesaja ist es allerdings wahrscheinlich, daß die Figur des Heilsknaben Immanuel eine Absage an die ungläubige Königsfamilie bedeutete[20] und bei Jeremia und Hesekiel treten die Hoffnungen auf die alte Königsdynastie stark zurück. Neben Davididen findet sich bei Hesekiel (21, 32) auch die Hoffnung auf jemand, der das Recht hat, das ich (Jahwe) ihm gebe. Königsfeindlich aber sind die Verheißungen der Propheten nur im Sinn der volkstümlichen, von den Intellektuellen gestützten, Opposition: Der Heilsfürst ist nicht ausdrücklich ein Kriegskönig, der seinerseits Israels Rache an den Feinden vollzieht, obwohl natürlich auch diese Vorstellung gelegentlich existiert. Die Regel ist aber, daß Jahwe selbst die Strafe vollstreckt. Daß die Gestalt des Retters die Züge eines Propheten und Lehrers annahm, war zwar schon in der vorexilischen Zeit vorbereitet durch die starke Betonung der Thora als dessen, was in der Endzeit Zion der Welt zu bieten habe und durch die deuteronomische Weissagung, daß Jahwe Israel einen Propheten von der Art des Mose erwecken werde. Die Prophetie hat seit Hosea (12, 11) den Mose, neben ihm seit Jeremia (15, 1) und dem Deuteronomium den Samuel zu Archegeten des eigenen Berufs gestempelt. Der wesentlich rein religiöse Charakter, der diesen Gestalten, im Gegensatz zu den Herrschern und Heerführern gewahrt werden konnte: – sie sind Berater

20 Merkwürdigerweise glaubt auch Hölscher (S. 229, Anm. 1), es könne sich nicht um eine eschatologische, sondern um eine reale und bekannte Figur (eventuell: Jesajas eigenes Weib und Sohn!) handeln, weil sonst mit dem Wunderzeichen ja *nichts bewiesen* sei: Allein es soll gar nichts *bewiesen* werden, sondern die Folge der Ungläubigkeit des Ahas ist die visionär, aber als aktuelle Erwartung geschaute Begebenheit: seine Verwerfung zugunsten der Heilsknaben.

und Mahner, nicht Volksführer – ließ beide dazu geeignet erscheinen. Ihnen gesellte sich ganz naturgemäß die sagenumsponnene Gestalt des Elia bei, von dem als Erstem bekannt war, daß er als Unheilsprophet im späteren Sinn dem König entgegengetreten war. Aber die traditionelle Vorstellung vom Tage Jahwes als einer politischen und Naturkatastrophe erschwerte es, an die Stelle des volkstümlichen Retterkönigs eine rein geistliche Figur zu schieben. Die eigentlich eschatologische Konzeption eines rettenden Lehrers gehört daher erst der Exilszeit an, und erst in der Spätzeit hat die Hoffnung auf die Wiederkehr des Elia, des königsfeindlichen Magiers, jene Popularität gewonnen, welche aus dem Neuen Testament bekannt ist. Bei den Propheten spielt die Spekulation über die Art dieser eschatologischen Gestalt ersichtlich eine ganz geringe Rolle. Die Hauptsache ist bei ihnen: die durch ein ungeheures Tun Jahwes selbst herbeigeführte baldige gewaltige Umwälzung. Dadurch unterscheiden sie sich vom Deuteronomium, welches allerhand Segens- und Unsegens-Weissagungen nach Sittenprediger-Art paränetisch aneinanderreiht. Das menschliche Tun bei jener Umwälzung ist ihnen letzlich uninteressant; die Vorstellungen darüber wechseln. Das absolute Wunder ist der Angelpunkt aller prophetischen Erwartung, ohne welchen sie ihre spezifische Pathetik verlieren würde. Wirklich ganz klar oder auch nur beständig wurde deshalb das Bild der Messiasgestalt meist nicht einmal bei einem und demselben vorexilischen Propheten. Auch die Rolle, welche solche Weissagungen bei den einzelnen spielten, blieb verschieden und sank auf einen Tiefpunkt bei Jeremia, bei welchem wieder, wie bei Amos, der ganze Nachdruck auf dem bekehrten Rest des Volkes als solchem liegt und sich nur eine eigentlich messianische Weissagung findet. Ähnlich steht es bei seinem Zeitgenossen Hesekiel. Das Prestige der Davididendynastie war tief in den Schatten getreten. Wir befinden uns eben schon auf dem Wege jener tiefgreifenden Umgestaltung, welche aus dem Volk Israel die Gemeinschaft der Juden machte. Juda tritt als Träger der Verheißungen schon seit dem Verfall des Nordreichs, bei Hosea, dann aber bei den späteren Propheten zunehmend hervor, wennschon die Hoffnung auf die Wiedervereinigung des ganzen Volkes in der Endzeit nicht aufgegeben wurde.

Ehe wir dieser Entwicklung zum Judentum nachgehen, ist nur noch kurz die Frage zu berühren, welchen Einfluß die vorexilischen Propheten im Verhältnis zu den anderen treibenden Kräften in der Entwicklung der Ethik gehabt haben. Alle inhaltlichen Gebote übernahmen sie ja, wie wir sahen, aus der Thora der Leviten. Die Vorstellung von Jahwes berith mit Israel und die wesentlichen Züge der ihnen spezifischen Gotteskonzeption fanden sie ebenfalls vor. Soziale Schichten, welche dem Königtum und der materiellen und ästhetischen Kultur der Vornehmen ähnlich gegenüberstanden wie sie, hat es schon vorher gegeben. Und auch außerhalb der rechabitischen Kreise ist die skeptische Stellung zum Opfer höchst wahrscheinlich immer vorhanden gewesen. Die Frage ist, ob das als Stütze der Ethik dienende mächtige Pragma des göttlichen Unheil- und

Heilsplanes einerseits, die weitgehende gesinnungsethische Sublimierung der Sünde und des gottwohlgefälligen Sichverhaltens andererseits den Propheten allein zuzuschreiben sind oder als Erzeugnisse vorprophetischer Intellektuellenkultur anzusprechen sind. Da spricht nun alle innere Wahrscheinlichkeit dafür, daß die Entwicklung dieser Konzeptionen aus einer Zusammenarbeit der Propheten mit der allmählichen Rationalisierung der levitischen Thora und dem Denken frommer gebildeter Laienkreise erwachsen ist. Schon die zunehmende Koinzidenz der prophetischen Sündenregister mit den dekalogischen Geboten spricht dafür. Die Propheten selbst waren, am Maßstab ihrer Zeit gemessen, gebildete Männer und standen im freundlichen Verkehr, wennschon gelegentlich in Spannung, zu jenen Kreisen, welche in die deuteronomische Schule ausmündeten. Die systematische ethische Kasuistik wird bei den Thoralehrern, die Führung und Paroleausgabe bei der gesinnungsethischen Sublimierung und Zusammenraffung aber bei den prophetischen Eingebungen gelegen haben. Man braucht nur die erbauliche und bürgerliche Vorstellungs- und Darstellungsweise des Deuteronomisten mit Jesajas Orakeln zu vergleichen, um die Vorstellung abzuweisen (die ernsthaft aufgetaucht ist), daß er dies paränetische Werk selbst verfaßt und eingesiegelt seinen Jüngern übergeben habe. Das ist einfach undenkbar und die Alternative: Segen oder Fluch je nach Verhalten, entsprach der Volkspädagogik der Thoralehre ebenso, wie sie den Visionen kommenden Unheils gerade bei diesem und den späteren Propheten fremd ist. Entscheidend für den Gegensatz war hier die ungeheure Aktualität der furchtbaren Erwartungen der durch und durch an den politischen Katastrophen orientierten Propheten, im Gegensatz zu der einerseits die individuelle Vergeltung der Sünden und der Frömmigkeit ihrer Kundschaft: der Einzelnen, andererseits in der Zukunft liegende und dabei ziemlich hausbackene Hoffnungen und Befürchtungen für das Bürgertum im vermahnenden Ton ausmalender Sittenpredigt des Deuteronomium. Dennoch ist das Deuteronomium natürlich nicht ohne die Prophetie denkbar. Denn auf den Propheten der Zukunft hofft ja gerade dies Werk. Und die naiven Kriegsregeln des Deuteronomium sind ganz in prophetischer Art rein utopistisch und nur aus der Übernahme der bei den Propheten unmittelbar erlebnismäßigen Glaubenskonzeption zu erklären. Nur ist alles ins Alltägliche und Stimmungshafte transponiert. Ebenso ist – was hier nicht verfolgt werden kann – die gesamte jetzige Redaktion der Tradition und Thora, soweit sie als vorexilisch angesehen werden darf, prophetisch, wenn auch in sehr verschiedener Intensität, beeinflußt, wennschon zweifellos von ihrerseits nicht prophetischen Redaktoren ausgestaltet. Vor allem aber: ohne das gewaltige Prestige dieser in allem Volk bekannten und gefürchteten Demagogen wäre die Autorität der, von jeder reinvolkstümlichen ebenso wie von einer rein kultpriesterlichen Auffassung der Beziehung Israels zu seinem Gott gleich fernen, Konzeption Jahwes als des Jerusalem zerstörenden und wieder aufbauenden Weltgottes schwerlich jemals durchgedrungen. Es ist völlig undenkbar, daß ohne die erschütternden Erfahrungen einer Bestätigung der in aller Öffentlichkeit gesprochenen, noch nach hundert Jahren im Gedächtnis haftenden (Jer. 26, 18) prophetischen Unheilsworte der Glaube des Volkes durch die furchtbaren politischen Schicksale nicht nur nicht zerbrochen, sondern in einer einzigartigen und ganz unerhörten historischen Paradoxie gerade erst definitiv gefestigt worden wäre. Der ganze innere Aufbau des Alten Testaments ist ohne die Orientierung an den Orakeln der Propheten undenkbar, und indem dieses heilige Buch der Juden auch ein solches der Christen wurde und die ganze Deutung der Sendung des Nazareners vor allem durch die alten Verheißungen an Israel bestimmt wurde, reicht der Schatten dieser Riesengestalten durch die Jahrtausende bis in die Gegenwart hinein. Ohne die großartigen Deutungen von Jahwes Absichten und die felsenfeste Zuversicht auf seine Verheißungen trotz alledem, ja gerade wegen alles dessen, was er, der unheimlichen Vorhersage gemäß, über sein Volk verhängte, wäre andererseits auch niemals jene innerisraelitische Entwicklung denkbar gewesen, welche allein einen Fortbestand der Jahwegemeinschaft nach der Zerstörung Jerusalems ermöglichte: vom politischen zum konfessionellen Verband. Vor allem wieder die gewaltige emotionale Aktualität der eschatologischen Erwartung entschied hier alles. Gerade ihrer bedurfte man im Exil am unbedingtesten. Mit der bloßen Thora und deren erbaulichen Ermahnungen und Vertröstungen der deuteronomischen Intellektuellen wäre nichts getan gewesen. Rachedurst und Hoffnung waren die naturgemäßen Triebfedern alles Handelns der Gläubigen und nur die Prophetie, die jedem die Hoffnung gab, die Befriedigung dieser leidenschaftlichen Erwartungen noch selbst zu erleben, konnte hier den religiösen Zusammenhalt der politisch zertrümmerten Gemeinschaft geben. Und gerade daß die Propheten keinerlei Handhabe für die Bildung einer neuen religiösen Gemeinschaft geboten hatten, daß lediglich die ethische und zwar: gesinnungsethische, Sublimierung der überlieferten Religion den unmittelbar praktisch-ethischen Inhalt ihrer eschatologischen Verkündigung bildete, machte es möglich, daß der neue konfessionelle Verband, indem er sich rituell einkapselte, sich als unmittelbare Fortsetzung der alten rituellen Volksgemeinschaft fühlte, was dem Christentum nicht dauernd möglich war. –

Die Leistung der Prophetie wirkte zusammen mit den überkommenen rituellen Gewohnheiten Israels, um das hervorzubringen, was dem Judentum seine Pariastellung in der Welt eintrug. Die israelitische Ethik insbesondere erhielt ihr dafür entscheidendes Gepräge durch den exklusiven Charakter, welchen ihr die Entwicklung der Priesterthora gab. Auch die ägyptische Ethik war exklusiv insofern, als sie, wie alle antiken Ethiken, den Nichtlandsmann selbstverständlich ignorierte. Ein Ausschluß des Konnubium mit Fremden scheint bei den Ägyptern allerdings nicht bestanden zu haben, auch keine allgemeine rituelle Unreinheit dieser. Dagegen scheinen die Ägypter, im Gegensatz zu Israel, die Berührung des

Mundes und Geschirrs solcher Völker, welche Kuhfleisch aßen, ähnlich den Indern gemieden zu haben. In Israel fehlte ursprünglich jede rituelle Absonderung von Fremden und gewann die im wesentlichen dem allgemeinen Typus entsprechende Exklusivität ihre besondere Note erst durch ihre Verbindung mit der Entwicklung zum konfessionellen Verband. Diese Umgestaltung der israelitischen Gemeinschaft begann allerdings unter dem Einfluß der Thora und der Prophetie schon vor dem Exil. Sie äußerte sich zunächst in der zunehmenden Einbeziehung der Metöken (gerim) in ihre rituelle Ordnung. Ursprünglich hatte der ger, wie wir sahen, damit nichts zu tun. Die Beschneidung war eine nicht nur israelitische Institution, innerhalb Israels aber obligatorisch nur für die Wehrmacht, der Sabbat ein vermutlich über den Kreis der Vollisraeliten und vielleicht über den Kreis der Jahweverehrer hinaus verbreiteter Ruhetag, der allmählich zum Rang eines paränetischen Grundgebots aufgestiegen war. Daß der ger sich beschneiden lassen und dann am Passahmahl teilnehmen durfte (Ex. 12, 48), war zweifellos bereits eine durch die pazifistische Umformung der jahwistisch frommen Kreise bedingte Neuerung. Daraus wurde nun (Num. 9, 14) eine Pflicht des ger. Wohl schon vorher war auch den gerim der Blutgenuß (Lev. 17, 10) und das Molochopfer (Lev. 20, 2) bei Todesstrafe verboten und vor allem die Sabbatruhe auferlegt worden. Die deuteronomische und endgültig die exilische Priesterlehre (Num. 9, 14; 15, 15. 16) machte dann allen rituellen Unterschieden zwischen Vollisraeliten und gerim ein Ende: Ein Recht sollte für sie und die Israeliten gelten für ewige Zeiten. (Danach der offensichtlich nachträgliche Zusatz Ex. 12, 49.) Nach Deut. 29, 11 gehören die gerim mit zum Bunde mit Jahwe und dies wird im Josuabuch (8, 33) sogar in die sichemitische Fluch- und Segenszeremonie eingefügt (die späte Vorschrift Deut. 31, 12 bestimmt daher ausdrücklich, daß die Thora auch für sie öffentlich vorgelesen werden soll), das Interesse der Priester an der Kundschaft der gerim, unter denen sich so exemplarische Fromme wie die jahwistischen Viehzüchter befanden, – während die Vornehmen in der Erzählung von dem Aufruhr der Korachiten mit diesen zusammen als Priestergegner figurieren –, in Verbindung mit der Entmilitarisierung der israelitischen Bauern und Ackerbürger waren die treibenden Kräfte dabei. Die politisch rechtlosen oder minderberechtigten Schichten waren hier, wie auch sonst oft, ein zunehmend wichtiges Arbeitsfeld der Leviten, und im Exil: der Priester. Wohl erst aus der Exilszeit stammen die in die jetzige Redaktion des Deuteronomium (23, 8) aufgenommenen Vorschriften über die Aufnahme ganz Fremder, zunächst der Ägypter und Edomiter, in die volle rituelle Gemeinschaft. An Stelle des alten Verbandes der ansässigen Krieger mit den durch berith angegliederten Gaststämmen der gerim trat nun zunehmend ein rein ritualistischer Verband, und zwar ein – wenigstens ideeller – Gebietsverband mit Jerusalem als postulierter Hauptstadt.

In der Frage der Zukunftsgestaltung der Jahwegemeinde war anfänglich die Stellungnahme keine einheitliche. Bald nach der ersten Fortführung empfahl

Jeremia den Exulanten, sich in Babylon heimisch zu machen. Nach der Zerstörung Jerusalems trat er andererseits dafür ein, daß die im Lande Gelassenen dort bleiben sollten. Es wäre dann ein ländliches Gemeinwesen mit Mizpah als Mittelpunkt unter babylonischer Hoheit entstanden. Mit der größten Schärfe wendete sich aber hiergegen Hesekiel (nach der vermutlich richtigen Deutung von 33, 25). Jerusalem war ihm, dem Priester, die einzig legale Kultstätte, und ohne das Festhalten an den Verheißungen für den Zion gab es keine Zukunftshoffnung. Praktisch hatte er damit unzweifelhaft recht. Das Gebot der rituellen Einheitlichkeit des Volkes einschließlich der gerim wurde nun in Verbindung gebracht mit der schon in der Zeit des Amos behaupteten, spezifischen, rituellen Reinheit des Landes, welches Jahwe Israel gegeben habe, im Gegensatz zu andern Ländern. Der zunehmende konfessionelle Eifer der Exilspriester verlangte daher theoretisch, daß darin rituell Unreine als dauernd Ansässige nicht geduldet werden sollten. Fast in dem Augenblick also, wo Israel seine reale Gebietsgrundlage verlor, wurde so für das sich nunmehr entwickelnde, international ansässige Gastvolk der ideale Wert der politischen Gebietsgrundlage endgültig rituell festgelegt: Nur in Jerusalem durfte geopfert werden und im Gebiet Israels sollten nur rituell Reine dauernd ansässig sein. Alle rituell reinen Verehrer Jahwes aber, gleichviel ob Israeliten oder gerim oder Neukonvertiten, waren nun konfessionell gleichwertig.

Die rein religiöse, auf den prophetischen Verheißungen ruhende Natur der Gemeinschaft bedingte nun, daß diese konfessionelle Absonderung nach außen an Stelle der politischen trat und sich wesentlich verschärfte. Wir verfolgen dies zunächst an der Entwicklung der materialen Ethik. Die Pflichten des Israeliten waren selbstverständlich von Anfang an, wie ursprünglich bei allen Völkern der Erde, verschieden, je nachdem es sich um einen Stammesbruder oder einen Stammfremden handelte. Die Erzväterethik behandelte Überlistung und Täuschung auch der ethnisch nächststehenden Stammfremden, wie der Edomiter (Esau) oder der Nomaden des Ostens (Laban) als unanstößig. Jahwe befiehlt Mose, den Pharao zu belügen (Ex. 3, 18; 4, 23; 5, 1) und hilft den Israeliten, sich durch Unterschlagung beim Auszug in den Besitz ägyptischen Guts zu setzen. Auch innerhalb Israels selbst bestand, wie wir sahen, die Stammesscheidung mit ähnlichen Konsequenzen. Der ger war rechtlich im Rahmen der mit seiner Gemeinschaft bestehenden berith, ethisch nur durch die levitische Paränese geschützt. Aber irgendwelche Fremdenfeindschaft fehlte der älteren Zeit. Unter den gerim befanden sich, wie die Tradition weiß, auch kanaanäische Gemeinden (Paradigma: Gibeon). Erst der gegen die kanaanäische Sexualorgiastik gerichtete jahwistische Puritanismus einerseits, Salomos nationales Königreich andererseits verschärften zunächst den Gegensatz gegen die Kanaanäer einschließlich der kanaanäischen gerim. Alle Kanaanäer galten der exilischen Anschauung als Feinde und von Jahwe wegen sexueller Schamlosigkeit zur Knechtschaft, späterhin, wegen der Heiligkeit des Landes und damit sie Israel nicht zum Abfall verführen (Ex. 23, 23f.; 34, 15), zur Ausrottung bestimmt. Eine berith mit ihnen war nach dieser Auffassung unzulässig, es sei denn, wie die Sichem-Tradition vorbehält, daß sie durch Beschneidung in die rituelle Gemeinschaft eintreten: angesichts der wohl zweifellosen Herrschaft der Beschneidung unter den Kanaanäern, wie schon bemerkt, eine späte Eintragung. Denn die Beziehung Israels zu den Nichtisraeliten war in der älteren Zeit umgekehrt durchaus politisch bedingt gewesen, auch in kultischer und ritueller Hinsicht. Weder bestand ursprünglich Ausschluß der Kommensalität, noch – was damit zusammenhing – Inkompatibilität fremder Opfer. Die Speisegemeinschaft mit den Gibeoniten war freilich, wie der Wortlaut der Stelle ergibt, kein Opfermahl, sondern einfache Kommensalität als Folge der berith. Aber immerhin: die Israeliten nahmen bei einer rituellen Gelegenheit fremde Speise. Die Erzählung von der Mahlzeit Josephs und seiner Brüder und der Ägypter (Gen. 34, 32) zeigt, daß die Ablehnung der Kommensalität mit Fremden durch die Ägypter zur Zeit der Entstehung dieser Tradition als deren Besonderheit im Gegensatz zu Israel galt. Die unter dem Einfluß des jahwistischen Puritanismus zunehmend sich verschärfenden Verbote der gemeinsamen Opfermahlzeit mit Fremden (Ex. 34, 16; Num. 25, 1f.) wären schwerlich nötig gewesen, wenn nicht auch solche ursprünglich wie in aller Welt, so auch bei den Israeliten vorgekommen wären. Fraglich mag bleiben, ob der mit Opfern verbundene Vertrag von Jakob und Laban (Gen. 31, 53f.) dem Elohisten (der den Laban als Diener anderer Götter behandelt) als eine solche gegolten hatte. Aber noch in den Elisageschichten findet sich bezeugt, daß ein Jahweverehrer, der in fremden Diensten steht, wie Naeman, nach damaliger Anschauung am Kult des Gottes seines Königs teilnehmen durfte, zweifellos weil dies ein politischer Akt war: eine Ansicht, welche der späteren konfessionellen jüdischen Auffassung, die gegenüber der Zumutung des Königs- und Kaiserkults das Martyrium wählte, ein Greuel gewesen wäre. Die volle Konsequenz aus der strengen Monolatrie, wie sie durch die berith bedingt war, ist eben erst in der Zeit der Konfessionalisierung gezogen worden.

Auch Konnubium findet sich unbedenklich erwähnt. Eine Gefangene, und zwar dem Zusammenhang nach eine gefangene Kanaanäerin, darf man zum Weibe nehmen. Daß sie als Konkubine galt und daß der Grundsatz aufgestellt wurde: der Sohn der Magd soll in Israel nicht erben, war hier wie überall erst Entwicklungsprodukt einer Epoche, in welcher die begüterten Sippen ihre Töchter bei der Heirat mit einer Ausstattung versahen und daher für deren Kinder das Monopol der Legitimität beanspruchten. Vielleicht von hier aus begannen zuerst die Bedenken gegen das Konnubium mit Ungenossen, die dann in der Zeit der Prinzessinnen-Heiraten bei den Frommen sich aus konfessionellen Gründen schnell steigerten. Erst die Exilszeit aber schritt zu wirklichen Mischeheverboten. Noch der Stammbaum Davids weist ja nach der Ruth-Erzählung eine Fremde auf.

Die innerliche Beziehung zu den Nichtisraeliten spiegelt sich am deutlichsten in der Entwicklung der Stellung Jahwes zu ihnen.[21] Für diese aber waren zunächst rein politische Motive maßgebend. Sie sind ihm an sich gleichgültig. Wenn Krieg mit ihnen ausbricht, steht er natürlich auf Israels Seite. Aber die Fremden sind ihm, auch wenn sie andere Götter verehren, nicht als solche verhaßt. Wenn sie im Krieg Israel Hilfe leihen oder ihm sonst nützen (Hobab als Führer durch die Wüste Num. 10), vollends wenn sie ihr Volk an Israel verraten (Rahab und der Spion in Lu. 5, Jos. 2, Jer. 1), so erhalten sie das Privileg, als gerim in Israel zu wohnen. Daß fremde Völker um ihrer selbst willen bekämpft werden müßten, davon ist keine Rede. Im Gegenteil: Jahwe mißbilligt ganz offensichtlich ihre politisch unkluge und vor allem: verräterische Schädigung (wie bei Sichem) und der pazifistische Erzvätergott hat offensichtlich Freude an Abrahams Güte gegen Lot bei der friedlichen Landesteilung (Gen. 13) und erhört Abrahams Fürbitte für Abimelech. Die Güte Fremder gegen Israel mit Bösem zu vergelten erscheint gelegentlich als Jahwe nicht wohlgefällig. Nie wird im Namen Jahwes in der alten Überlieferung anderen Völkern ihre Verehrung ihrer eigenen Götter vorgeworfen; die Legitimität der andern Götter für sie wird andererseits nur ausnahmsweise (in der Jephtha-Erzählung und in der ursprünglichen Fassung der Erzählung vom Sohnesopfer des Königs von Moab) anerkannt. Das alles sind allgemein übliche Stellungnahmen, leicht modifiziert nur durch das besondere berith-Verhältnis Jahwes zu Israel. Aber Jahwe hat nach der Erzväterlegende (Gen. 27, 40) auch Edom, einem alten Sitz seiner Verehrung, eine Verheißung, wenn auch eine bescheidenere, gegeben, ebenso dem offenbar gleichfalls als der Jahweverehrung zuneigend angesehenen Ismael.

Eine universalistische Rationalisierung dieser Vorstellungen begann mit dem theologischen Theodizee-Bedürfnis, welches aus der berith mit Jahwe dessen Recht, Israel im Falle des Ungehorsams zu züchtigen, ableitete, um die politische Bedrohung und die Niederlagen zu erklären. Jahwe bleibt nach wie vor indifferent gegen die anderen Völker. Aber er benutzt sie als Gottesgeißel (Peisker) gegen das ungehorsame Israel, um, sobald sein Volk sich wieder gebessert hat, sie wieder durch Israel niederschlagen zu lassen. So in typischer Art in der Pragmatik des jetzigen Richterbuches. Auf Israel, und nur auf Israel, kommt es Jahwe an, die andern sind nur Mittel zum Zweck. – Allein, damit sie das sein konnten, mußte Jahwe die Macht haben, sie zu seinen Zwecken nach Belieben zu gebrauchen. Er mußte also mindestens teilweise auch ihr Geschick bestimmen. Er tat das durchaus nicht nur zu ihrem Nachteil. Die Begrenzung der Wohnsitze Israels, die sein Werk ist, geschah zwar nicht im Interesse der andern Völker, aber sie kam doch ihnen zugute. Offenbar der Ausdruck des damals gerade bestehenden friedlichen Zustandes mit Moab und Edom sind

[21] Vgl. dazu die gute Arbeit von Peisker. Über die im einzelnen nicht weiter feststellbare Bedeutung des palästinischen Kriegsvölkerrechtsbundes ist schon oben gesprochen.

die deuteronomischen Erklärungen, daß er, Jahwe, den Kindern Esaus Seir und den Kindern Lots Moab zu bewohnen gegeben habe (Deut. 2, 4. 9) und das darauf begründete Verbot, sie mit Krieg zu überziehen. Seine Verfügungen über die Fremden wurden denen über Israel in vieler Hinsicht immer ähnlicher. In der priesterlichen Redaktion der Auszugslegende ist es Jahwe, der Pharaos Herz verstockt (Ex. 7, 2), – was dem deuteronomischen Vorstellungskreis entspricht –, um seine Macht umsomehr verherrlichen zu können. Subjektiv zwar kennen die Fremden – so der Pharao – Jahwe nicht (Deut. 5, 2, elohistisch), aber der Glaube, daß Jahwe es sei, welcher die Philister und Aramäer aus der Ferne herbeigeführt habe, muß doch schon über die ersten Propheten zurückgehen, da diese ihn voraussetzen. Erst mit dem zunehmenden Universalismus der Gotteskonzeption wurde die Sonderstellung Israels durch Jahwe jene Paradoxie, die nun zu motivieren versucht wurde durch erneute Betonung der alten berith-Konzeption (jetzt in der Form einer einseitigen, durch Gehorsam bedingten göttlichen Zusage aus grundloser Liebe oder wegen des ihm wohlgefälligen unbedingten Vertrauens der Vorfahren oder wegen der – kultischen – Greuel der anderen Völker). Aus einer historisch bedingten sozialen Form des politischen Verbandes wurde die berith also nun ein theologisches Konstruktionsmittel. Jetzt erst, wo Jahwe immer mehr der göttliche Souverän des Himmels und der Erde und aller Völker geworden war, wurde Israel das von ihm auserwählte Volk. Auf diese Auserwähltheit wurden nun die besonderen rituellen und ethischen Pflichten und Rechte der Israeliten, wie wir bei Amos sehen, begründet. Der an sich überall urwüchsige Dualismus der Binnen- und Außen-Moral erhielt jetzt für die Jahwegemeinde diesen pathetischen Unterbau.

Auf ökonomischem Gebiet war er am augenfälligsten und ausdrücklichsten im Wucherverbot, demnächst in den sozialen Schutz-und Brüderlichkeits-Bestimmungen der karitativen Paränese heimisch. Denn es verwarf ursprünglich nur (Ev. 22, 25) die Ausbeutung des armen – zweifellos (cf. Jer. 25, 36) des verarmten Bruders und bezog sich nur auf die Vollisraeliten ('am). Ausdrücklich gestattete das Deuteronomium den Wucher am Konfessions-Fremden (nakhri). Ursprünglich war es, wie die hierher gehörigen deuteronomischen Verheißungen und die parallelgehenden Unheilsdrohungen (von denen letztere statt des nakhri noch den ger nennen) zeigen, der Wucher am ger. Wucher bleibt zwar Wucher. Aber, so ist Deut. 23, 20 zu verstehen, auch diesen Wucher wird Jahwe, wie alle anderen Unternehmungen des Israeliten, durch Erfolg segnen, wenn er nur an seinem Bruder nicht wuchert. Ebenso sind alle anderen sozialethischen Bestimmungen: Sabbatjahr, Armenecke, Nachlese, auf die gerim und die ebjonim des eigenen Volkes beschränkt. Der Nächste ist immer der Volks- oder jetzt der Konfessionsgenosse. Nicht minder gilt dies für die gesinnungsethische Paränese: Gegen den Angehörigen des eigenen Volkes soll man keinen Haß im Herzen tragen, sondern ihn lieben wie sich selbst, der

Feind, dessen Vieh man nicht irregehen lassen soll (Ex. 23, 4), ist nicht ein Landfremder im politischen Sinn, sondern, wie Deut. 22, 1 zeigt, der Volksgenosse, mit dem man verfeindet ist. Wohlwollendes und rechtliches Verhalten eines Israeliten gegen einen Fremden kann zwar den guten Ruf Israels vermehren und daher Jahwe wohlgefällig sein. Aber die sittlichen Gebote der Paränese sind nur auf die Brüder beschränkt. Das Gastrecht blieb wie vor alters heilig. Aber sonst wurden nur schwere Greuel gegen Fremde, die Israels guten Ruf gefährden, auch von Jahwe mißbilligt.

Die Scheidung von ökonomischer Binnen- und Außenethik ist für die religiöse Wertung der Wirtschaftsgebarung dauernd bedeutsam geblieben. Niemals konnte, in dem Sinne, wie im Puritanismus, die auf dem Boden der formalen Legalität stehende rationale Erwerbswirtschaft religiös positiv bewertet werden, und das ist auch tatsächlich nicht geschehen. Das hinderte der Dualismus der Wirtschaftsethik, welcher bestimmte, dem Glaubensbruder gegenüber streng verpönte Arten des Verhaltens dem Nichtbruder gegenüber zu Adiaphora stempelte. Dies war das Entscheidende. Es hat den jüdischen Theoretikern der Ethik Schwierigkeiten bereitet, wenn Maimonides der Ansicht zuneigte, daß das Zinsennehmen vom Fremden geradezu religiös geboten sei, so ist das – neben der zeitgeschichtlichen Lage der Juden – zweifellos durch die Abneigung gegen die für jede formalistische Ethik gefährliche Zulassung von solchen Adiaphora mitbedingt. Die spätjüdische Ethik hat den Wucher im Sinn einer rücksichtslosen Ausbeutung auch gegenüber Nichtjuden mißbilligt. Aber gegenüber den massiven Worten der Thora und der inzwischen eingetretenen sozialen Lage mußte der Erfolg prekär sein, und jedenfalls blieb der Dualismus in der Zinsfrage bestehen. Theoretische Schwierigkeiten ethischer Denker sind natürlich Nebensache. Praktisch aber bedeutete dieser die ganze Ethik durchziehende Dualismus, daß jener spezifische Gedanke der religiösen Bewährung durch rationale innerweltliche Askese fortfiel, der dem Puritanismus eignet. Denn dieser konnte nicht auf etwas an sich Verwerflichem, nur gewissen Kategorien von Personen gegenüber Erlaubtem, fußen. Die ganze religiöse Berufs-Konzeption des asketischen Protestantismus fiel damit von vornherein fort, und daran konnte die überaus hohe (aber: traditionalistische) Schätzung der treuen Arbeit im Beruf, die wir (bei Jesus Sirach) finden werden, nichts ändern. Der Unterschied liegt deutlich zutage. Die Rabbinen haben zwar, zumal in der Zeit der Proselyten-Propaganda, höchst nachdrücklich ein rechtliches und ehrbares Verhalten der Juden gegenüber den Wirtsvölkern eingeschärft, wie wir sehen werden. In diesem Punkt unterscheidet sich die talmudische Lehre in nichts von den ethischen Prinzipien anderer Glaubensgemeinschaften. Insbesondere hat das antike Christentum (Clemens von Alexandrien) bezüglich der Wirtschaftsethik dem gleichen Dualismus zugeneigt, den das alttestamentliche Wucherrecht bannte. Der puritanische Glaubenskämpfer stand dem Glaubensfremden mit dem gleichen – teilweise durch die alttestamentliche

Stimmung gespeisten – Abscheu gegenüber wie die Priestergesetzgebung Israels dem Kanaanäer, und daß vollends ein nicht glaubensverwandter König ein Knecht Gottes sein könne, wie dies die israelitische Prophetie z. B. von Nebukadnezar und Kyros ausdrücklich sagt, wäre keinem Puritaner je in den Mund gekommen. Aber auf dem Gebiet der Wirtschaftsethik tritt in den Kundgebungen der christlichen Sektierer etwa des 17. und 18. Jahrhunderts (vor allem der Baptisten und Quäker) der Stolz insbesondere darauf zutage, daß sie gerade im wirtschaftlichen Verkehr mit den Gottlosen Legalität, Ehrlichkeit, Billigkeit an die Stelle von Fälschen, Übervorteilung, Unverläßlichkeit gesetzt haben, daß sie das System der festen Preise durchgeführt haben, daß ihre Kunden, selbst wenn sie nur ihre Kinder schicken, doch stets reelle Ware gegen reellen Preis erhalten, daß die Depots und Kredite bei ihnen sicher stehen, daß eben deshalb sie, ihre Handelsläden, ihre Banken, ihre Gewerbetreibenden von den Gottlosen als Kunden vor allen Andren bevorzugt werden, kurz, daß ihr überlegenes, religiös bedingtes Wirtschaftsethos ihnen die Überlegenheit über die Konkurrenz der Gottlosen nach dem Prinzip verschaffe: honesty is the best policy. Ganz wie man es in den Vereinigten Staaten noch bis in die letzten Jahrzehnte im Mittelstand als Realität erleben konnte. Und ähnlich wie es für die Jaina und Parsen in Indien zutraf: – nur daß hier die rituelle Gebundenheit den Konsequenzen für die Rationalisierung des Wirtschaftsbetriebs feste Schranken setzte. So wenig wie ein korrekter Jaina oder ein Parse würde ein frommer Puritaner jemals sich in den Dienst des kolonialen Kapitalismus, des Staatslieferanten-, Steuer- und Zollpächter- oder Staatsmonopol-Kapitalismus gestellt haben. Diese spezifischen Formen des antiken, des außereuropäischen und des vor der modernen bürgerlichen Entwicklung liegenden Kapitalismus waren ihm ethisch verwerfliche und Gott mißfällige Arten roher Geldakkumulation. – Ganz anders die jüdische Wirtschaftsethik. Zunächst konnte es unmöglich ohne Wirkung bleiben, daß die Ethik gerade der Erzväter gegenüber den Ungenossen doch einen sehr penetranten Einschlag der Maxime: Qui trompe-t-on? enthielt. Jedenfalls fehlte jedes soteriologische Motiv zur ethischen Rationalisierung der ökonomischen Außenbeziehungen: jede religiöse Prämie darauf. Das hatte für die Art der ökonomischen Betätigung der Juden weitreichende Folgen. Gerade in den vom Puritanismus perhorreszierten Formen des Staats- und Raub-Kapitalismus war – neben reinem Geldwucher und Handel – der jüdische Paria-Kapitalismus seit der Antike ebenso zu Hause wie etwa derjenige der hinduistischen Händlerkasten. Das galt in beiden Fällen als ethisch prinzipiell unbedenklich. Zwar wer als Zollpächter gottloser eigener Fürsten oder gar fremder Mächte das eigene Volk auswucherte, war tief verworfen und galt den Rabbinen als unrein. Aber dem fremden Volk gegenüber war – von seiten der Moralisten natürlich mit dem Vorbehalt, daß eigentlicher Betrug überall verwerflich sei – diese Art des Vermögenserwerbs ein ethisches Adiaphoron. Niemals aber konnte deshalb ökonomischer Erwerb, eine Stätte religiöser Bewährung werden. Wenn Gott die Seinen durch ökonomischen Erfolg segnete, so nicht um ihrer ökonomischen Bewährung willen, sondern weil der fromme Jude außerhalb dieser Erwerbstätigkeit gottgefällig gelebt hat (so schon in der deuteronomischen Wucherlehre). Denn – wie wir später sehen werden – das Gebiet der Bewährung der Frömmigkeit in der Lebensführung liegt beim Juden auf einem durchaus anderen Gebiet als dem einer rationalen Bewältigung der Welt, insbesondere der Wirtschaft. Welche Bestandteile der religiös bedingten Lebensführung die Juden befähigten, eine Rolle in der Entwicklung, unsrer Wirtschaft zu spielen, wird später erörtert werden. Jedenfalls haben jene orientalischen, südeuropäischen und osteuropäischen Gebiete, in denen sie am längsten und meisten heimisch waren, weder in der Antike noch im Mittelalter noch in der Neuzeit die dem modernen Kapitalismus spezifischen Züge entwickelt. – Ihr wirklicher Anteil an der Entwicklung des Okzidents beruhte höchst wesentlich auf dem Gastvolkcharakter, den die selbstgewollte Absonderung ihnen aufprägte. Diese Gastvolksstellung nun wurde durch die rituelle Abschließung begründet, welche, in der deuteronomischen Zeit wie wir sahen, verbreitet, in der Exilszeit und durch die Gesetzgebung des Esra und Nehemia durchgeführt wurde.

Der Untergang des nationalen Staatswesens und das Exil bedeutete für Nordisrael und für Juda verschiedenerlei. In Samaria hatten die Assyrerkönige im Austausch für die fortgeführten Krieger mesopotamische Kolonisten angesiedelt, die, wie die Überlieferung erkennen läßt, sehr schnell den Göttern des Landes, also den Formen des dortigen Jahwedienstes, sich anbequemten, angeblich durch schreckhafte Mirakel Jahwes dazu veranlaßt. Jerusalem hatte Nebukadnezar offenbar – da er es gern als Stützpunkt gegen Ägypten benützt hätte – sehr widerwillig nach längerer Überlegung, dann aber gründlich, zerstört und in wiederholter Deportation die stadtsässigen Patrizier- und Beamtenfamilien, also den Hofadel, die geschulten Krieger und Königshandwerker, die Hierarchie und wohl auch landsässige Honoratioren fortgeführt. Es blieben wesentlich Kleinbauern im Lande und es fand – da Babylonien längst nicht mehr über eine starke Bauernbevölkerung verfügte – keine Besiedelung mit mesopotamischen oder anderen Kolonisten statt.[22] Das Schicksal der Exilierten in Babylonien scheint gewechselt zu haben. Sicher ist, daß große Teile von ihnen – wenn auch schwerlich alle – zwar in der Nähe der Hauptstadt, aber ländlich angesiedelt wurden und zwar zweifellos so, daß sie,

22 Mit Recht betont bei Klamroth, Die jüdischen Exulanten in Babylonien (Beitr. z. Wiss. v. A. T. 10, Leipzig 1912). Die wertvolle Schrift ist weiterhin wiederholt benützt. Ihre einzige schwache Seite ist vielleicht, daß sie zuweilen noch mehr Angaben über die tatsächlichen Verhältnisse der Exilsgemeinde in Prophetenstellen zu finden sucht, als ihnen entnommen werden kann und daß sie die Schilderungen vom Elend der Exulanten allzuwörtlich glaubt.

wie wir dies von jeher in den Inschriften der mesopotamischen Großkönige finden, einen Kanal zu graben (oder wieder herzurichten) hatten, also in eignen Orten zusammenwohnten und dem König von dem so gewonnenen Land Steuern, nach Bedarf aber auch Fronden leisteten. Die Fronden werden von den Propheten (Jes. 47, 6; Jer. 5, 19; 28, 14; Klagel. 1, 1; 5, 5) erwähnt. Über Mangel, in einem Fall geradezu über Hunger, wird geklagt (Jes. 51, 14). Eine Zunahme des Drucks unter König Nabunahi im Gegensatz zu der Behandlung unter Evil-Merodach, wie sie Klamroth als wahrscheinlich ansieht, wäre nicht erstaunlich, da aus den Inschriften des Kyros hervorgeht, daß jener König die Fronlasten auch für das eigene Volk gesteigert hat. Einzelne Einkerkerungen, die nach prophetischen Stellen wahrscheinlich sind, haben wohl in Renitenz und diese in der Wirksamkeit von Heilspropheten (Jer. 29, 21) ihren Grund, wie sie wenigstens bis zum Sturz Jerusalems unter Zedekia vorgekommen sind. Immerhin kann der Druck in der Regel rein objektiv nicht schwer gewesen sein, da schon Jeremias Brief an die Häupter der Exilsgemeinde voraussetzt, daß die Exulanten Erwerbsfreiheit besaßen und in der Lage waren, sich in Babylonien im wesentlichen nach Belieben einzurichten. In zunehmendem Maße finden wir denn auch die Exilierten in der Hauptstadt selbst und zwar in den von der pennsylvanischen Expedition gefundenen und herausgegebenen Muraschu-Dokumenten in den verschiedensten Berufsstellungen, mit einziger Ausnahme der durch Teilnahme an der babylonischen Schreiber-Erziehung (welche offenbar den Juden ebenso wie andern Nichtbabyloniern verschlossen blieb) bedingten rein politischen Amtsstellungen.[23] Die Zahl der jüdischen Namen in Babylon nimmt besonders seit der Perserzeit, zu und man findet nun Juden als Landbesitzer, Rentenkollektoren, Angestellte babylonischer und persischer Notablen. Endlich und zweifellos zunehmend: im Handel und insbesondere im Geldverkehr, der ja in Babylonien zuerst, schon in Hammurapis Zeit, den Typus des Geldmannes hatte entstehen lassen. Die geringe ethnische und, nach der Annahme des aramäischen Volksidioms durch die Exulanten, sprachliche Unterschiedenheit haben von Anfang an gehindert, daß wie in Ägypten Verfolgungen oder eine ghettoartige Existenz, wie sie die gleichzeitigen Assuan Papyri zeigen, sich entwickelten. Die Gemeinde blühte zunehmend. Nächst den Persern scheint sie von allen Fremdvölkern die erheblichste Rolle zu spielen. Die Vermögensverhältnisse eines erheblichen Teiles der Exulanten haben sich, wie die bedeutenden Tempelbauspenden bei der Rückkehr beweisen, sehr günstig entwickelt und die Zahl gerade der Reichen, welche es vorzogen, in Babylon zurückzubleiben, um ihren Besitz nicht zu verlieren, war nicht gering. Das war freilich unter der Perserherrschaft, welche ausgesprochen judenfreundlich war und jüdische Eunuchen, wie Nehemia, als persönliche Vertrauensleute des Königs sah. Aber eine systematische Bedrückung gerade

[23] Vgl. S. Daiches, The Jews in Babyl. in the time of Ezra and Nehemia acc. to Bab. inscr. (Publ. Jev. Con. No. 2, London 1910).

der Exilierten durch die babylonische Regierung ist durchaus unwahrscheinlich. Von religiöser Intoleranz ist nichts zu ermitteln, und so sehr gegebenenfalls die Großkönige darauf hielten, daß ihren Göttern von den Besiegten Ehrfurcht erzeigt wurde, so schritten sie, wie alle antiken Machthaber, doch nur ein, wo die Staatsräson es verlangte. Dabei fehlte nun allen diesen orientalischen Monarchien ein eigentlicher Herrscherkult von der Art des späteren römischen Kaiserkults, denn der Herrscher verlangte zwar die Proskynese und unbedingte Obödienz, stand aber doch unter den Göttern. Dieser Umstand erleichterte die Toleranz. Dennoch war der Haß gegen Babel sehr stark wie die jubelnden Unheilsprophetien Deuterojesajas beim Herannahen des Perserkrieges zeigen. Es zeigt sich, daß die Exilsgemeinde im Lauf des Exils fest zusammenwuchs. Dies aber war die Leistung vor allem der Priester, deren Masse erst mit der letzten Deportation bei der Zerstörung Jerusalems fortgeführt wurde: Vorher hatte Nebukadnezar offenbar gehofft, an ihnen eine Stütze zu haben.

Autorität hatten unter den Exilierten zunächst die Ältesten, welche in Jeremias Brief (Jer. 29, 1) an der Spitze und vor den Priestern und Propheten genannt werden. Offiziell blieben sie vielleicht dauernd die der babylonischen Regierung gegenüber verantwortlichen Vertreter. Zwar hatte König Evil-Merodach den vorletzten judäischen König Jojachin nach langer Gefangenschaft begnadigt und an seine Hoftafel gezogen. Die Davididen als die Königssippe werden damit in der Exulantengemeinde einen Ehrenvorrang gewonnen haben. Aber zunächst schwerlich mehr. Tatsächlich traten vielmehr – neben einigen Propheten, von denen später die Rede sein wird – zunehmend die Priester in den Vordergrund. Aus ähnlichen Gründen, wie in der Völkerwanderungszeit die Macht der Bischöfe stieg. Man erkennt ihre starke Bedeutung schon in der ersten Zeit im Hesekiel-Buche. Hesekiel war priesterlicher Abkunft. Sein Plan eines israelitischen Zukunftsstaates zeigt die Diskreditierung der Königsmacht. Der Fürst (Nasi) ist im Grunde nur ein Kirchenpatron für die theokratisch gebildete Gemeinde. Der Hohepriester des Tempels von Jerusalem tritt bei ihm zuerst als zentrale Gestalt der künftigen hierokratischen Ordnung hervor. Die utopischen und zugleich schematischen Einzelvorschläge seines Projektes interessieren uns hier nicht. Praktisch bedeutsam wurde davon neben der Figur des Hohepriesters vor allem die hier zuerst durchgeführte ständische Scheidung der Kultpriester, der Kohanim, von den übrigen, nicht zum Opferkult qualifizierten Leviten. Aber eben da lagen naturgemäß die Schwierigkeiten: Bei Hesekiel spielen noch die Jerusalemer Zadokiden als die alleinigen Kohanim die ausschlaggebende Rolle. Auf dieser Grundlage war eine Einigung der verschiedenen Priestergeschlechter nicht möglich. Erst der weitere Verlauf der Entwicklung muß den Ausgleich mit den nicht zadokidischen Priestern, den Aaroniden, gebracht haben. Mit Beginn der Perserherrschaft gewannen die Priester die unbedingte Führung. Dies hing mit der ganz konsequent befolgten Politik der Perserkönige zusammen, welche überall die Hierokratie in den Sattel setzten, um sie als Domestikationsmittel der abhängigen Völker zu benutzen. Schon Kyros bezeugte zwar einerseits den babylonischen Göttern seine Ehrfurcht, rühmt sich aber andererseits, alle jene Götter, welche die Babylonier depossediert und deren Bilder und Schätze sie nach Babel zusammengeschleppt hatten, wieder an ihrer alten Wohnstätte installiert zu haben. Demgemäß gestattete er auch den Israeliten die Heimkehr. Immerhin war er in seiner Benutzung der Priester noch nicht so konsequent wie Darius. Die persische Politik hatte sich zunächst auf die legitime Davididendynastie zu stützen gesucht. Nacheinander finden sich zwei Davididen, Scheschbazar und Serubbabel, als Nasi der Zurückgekehrten. Aber vermutlich weil die Stellung der Davididensippe sich in den Wirren des falschen Smerdes als politisch bedenklich erwiesen hatte, mußte davon abgegangen werden. Dem Serubbabel war damals von dem Propheten Haggai die alsbaldige Herstellung der Krone Davids geweissagt worden. Ob Serubbabel einen entsprechenden Versuch gemacht hat, ist ungewiß. Er ist aber seitdem verschwunden und seine Sippe kam für die Perser nicht mehr in Frage. Ganz allgemein und prinzipiell ging die Politik des Darius von dem Bündnis mit den nationalen Priesterschaften aus. Für Ägypten ist dokumentarisch die Herstellung der alten Priesterschulen durch ihn bezeugt. Die kirchenartige Organisation der ägyptischen Religion mit ihren Synoden und ihrer nationalen Machtstellung datiert erst von daher. Für kleinasiatische Apollonkulte findet sich Ähnliches. Für Alt-Hellas steht fest, daß die Perser sowohl das delphische Orakel wie allerhand plebejische Propheten auf ihrer Seite hatten, und daß der Ausfall der Schlachten von Marathon, Salamis und Plataä es war, der die priesterfreie hellenische Kultur davor bewahrte, der orphischen Seelenwanderungslehre oder anderen Mystagogien und der Beherrschung durch eine Hierokratie unter persischer Protektion ausgeliefert zu werden. Ganz entsprechend und mit durchschlagendem Erfolg orientierte sich seit ihm, und noch konsequenter seit Artaxerxes, die persische Politik gegenüber den israelitischen Priestern. Die Priester hatten kein Interesse an einer Herstellung der Königsmacht der Davididen, sondern zogen es vor, nötigenfalls unter fremdstämmigen und deshalb der Gemeinde fernstehenden Statthaltern selbst die für alle sozialen und innerpolitischen Verhältnisse ausschlaggebende Macht zu sein. Dem Interesse der persischen Politik kam dies entgegen. Die Schaffung der vor dem Exil völlig unbekannten Figur des Hohenpriesters als eines, durch gesteigerte Reinheitsanforderungen, Privileg des Betretens des Allerheiligsten im Tempel und ausschließliche Qualifikation zum Vollzug bestimmter Riten ausgezeichneten, Repräsentanten der Hierokratie war das Produkt der gemeinsamen Arbeit der priesterlich beeinflußten Exilsprophetie und der priesterlichen Redaktion und Interpolation der Ritualgebote. Die priesterliche Redaktion der Mischpatim und der Thora erwähnt den Fürsten (Nasi) nur im Verbot, ihm zu fluchen und sieht im übrigen von ihm vollständig ab. Dies alles entsprach durchaus den Anforderungen der persischen Politik. Die Priester hatten aber auch im übrigen der Verständigung mit dem persischen Königtum, wie sie unter Artaxerxes stattfand, sehr konsequent vorgearbeitet. Zunächst durch eine eifrige Registrierung der als vollwertig anzuerkennenden Sippen der Priester und der nunmehr von ihnen geschiedenen nicht priesteramtsfähigen Leviten und Kultdiener und ebenso der Gemeindegenossen. Damals sind jene umfassenden, zum Teil der älteren Tradition offenkundig widersprechenden Geschlechtsregister fabriziert worden, welche einen so bedeutenden Bruchteil der jetzigen priesterlichen Redaktion der Tradition ausmachen und für die Zukunft als einzige Beglaubigung der rituellen Qualifikation gelten sollten. Die weitere Arbeit bestand in der Festlegung und schriftlichen Fixierung sowohl der Kultordnung wie der rituellen Gebote für die Lebensführung und in einer entsprechenden Überarbeitung der gesamten, bis dahin schriftlich vorliegenden geschichtlichen Überlieferung und levitischen Thora. Sie erhielt damals, im 5. Jahrhundert, in der Hauptsache ihre jetzige Gestalt. Nachdem diese Vorarbeiten geleistet waren, gelang es den Priestern durch ihre höfischen Beziehungen unter Artaxerxes, durchzusetzen, 1. daß ein jüdischer Eunuche und Günstling des Königs, Nehemia, mit der Vollmacht eines Statthalters das Gemeinwesen in Jerusalem neu organisierte und durch Ummauerung der Stadt und Synoikismos seinen Bestand sicherte –, 2. daß ein Priester, Esra, das von den Priestern der Exilsgemeinde in Babylon ausgearbeitete Gesetz kraft königlicher Autorität als für dies Gemeinwesen verbindlich verkündete und die Vertreter der Gemeinde durch feierliche Urkunde darauf verpflichtete. Uns interessiert hier an diesen Vorgängen zunächst vornehmlich die Durchführung der rituellen Absonderung der Gemeinde. Sie wurde im Exil vollzogen, nachdem das annähernd vollständige Aufgehen der von Assyrien deportierten Nordisraeliten in der aufnahmebereiten Umwelt die Priester und Thoralehrer darüber belehrt hatte, welche entscheidende Bedeutung für ihre eigenen Interessen die Errichtung solcher rituellen Schutzwälle haben mußte.

Das absolute Verbot der Mischehen war der praktisch wichtigste Punkt. Endgültig wurde es von Esra unter Zuhilfenahme sehr theatralischer Mittel durchgesetzt und sofort mit voller Rücksichtslosigkeit auch die Lösung der bestehenden Mischehen erzwungen. Wie wenig es bis dahin bestand, zeigt sich außer bei den älteren Quellen (Gen. 34, 38; Jud. 3, 1; Deut. 21, 10) und in dem Mischblut der Davididen (Ruth!) darin, daß von den in Israel Ansässigen neben angesehenen Geschlechtern und nicht wenigen Priestern und Leviten die hohepriesterliche Familie an dem Frevel beteiligt war (Esra 10, 18 f.). In der priesterlichen Redaktion hat dieser Kampf gegen das Konnubium sich in einer ganzen Reihe von Theologumena niedergeschlagen. So in der Verpönung der Vermischung von verschiedenerlei Samen auf dem Acker, von verschiedenerlei Gespinnst beim Weben und von Bastardtieren. Daß diese Verbote wenigstens teilweise an alte Superstitionen unbekannter Herkunft anknüpften, ist nicht unmöglich. Im allgemeinen aber ist weit wahrscheinlicher, daß sie allesamt späte Theologumena formalistischer Priester aus Anlaß der Perhorreszierung der Vermischung mit Nichtjuden sind. Denn z. B. die anstandslose Benützung des Maulesels steht für die vorexilische Zeit fest. Nächst dem Konnubium kommt für den kastenartigen Abschluß nach außen die Kommensalität in Betracht. Wir sahen, daß sie auch mit rituell Fremden anstandslos geübt wurde, natürlich aber, wie überall, nur innerhalb des Kreises der entweder durch berith dauernd Verbundenen oder durch Gastrecht zeitweilig Verbündeten. Bei der gesonderten Mahlzeit der Ägypter und der Hebräer in der Joseph-Geschichte wird die Ablehnung der Kommensalität den Anschauungen der Ägypter im Gegensatz zu den Israeliten zugeschoben. Erst der außerordentliche Nachdruck, den die Priestergesetzgebung auf die Speisegesetze legte, schuf praktisch fühlbare Schwierigkeiten.

Weder im kultischen Dekalog – der doch eine höchst spezialisierte, später folgenreich erweiterte Speisevorschrift (das Böckchen nicht in der Milch der Mutter zu kochen) enthält –, noch in anderen sicher vorexilischen Satzungen sind die später hauptsächlich charakteristischen, sonstigen israelitischen Speiseverbote enthalten oder erwähnt, nämlich außer dem Verbot zahlreicher, zum Teil sehr wichtiger Tiere (Lev. 11), 1. das Verbot des Hüftnervs, welches in seiner späteren Spezialisierung fast jeden Genuß von Fleisch der Hinterviertel ausschloß; 2. das Verbot des Fettes (Lev. 3, 17; 7, 23. 25), welches später, interpretierend auf Vierfüßler beschränkt, die Israeliten zum Gänsefettverbrauch zwang; 3. das Blutverbot, welches zum Aussalzen und Auswässern des Fleisches nötigte; 4. das Verbot des Gefallenen und Zerrissenen, welches (in Gemeinschaft mit Nr. 3) die rituelle Regulierung des Schlachtens bedingte. Einige von ihnen (z. B. Lev. 3, 17) charakterisieren sich schon durch die Form als Novellen der Priestergesetzgebung. Der Genuß von Eselfleisch wird 2. Kön. 6, 25 vorausgesetzt. Das Verbot des Gefallenen und Zerrissenen wird bei Hesekiel (4, 14 vgl. mit 44, 31) nur für die Priester als geltend vorausgesetzt und bei Tritojesaja (66, 3) nur das Opfern von Saublut als Greuel angeführt. Teils als allgemeine Tabuierungen, teils als Opfertabuierungen zugunsten des Gottes[24], teils als priesterliche Reinheitstabuierungen müssen einige ihrer Bestandteile, vermutlich das Bedenken gegen Schweine- und Hasenfleisch und das in der Samueltradition (1. Sam. 14, 33 f.) erwähnte Verbot des Blutgenusses, in alte Zeit zurückreichen. Die ätiologische Sage, ein im allgemeinen sicheres Kennzeichen hohen Alters, findet sich nur für die Gepflogenheit, den Hüftnerv nicht zu essen, eine metaphysische, also relativ späte, Deutung (aus dem Seelenglauben) für das Blutverbot; das in der Spätzeit des Judentums auf jede Art von gemeinsamem Kochen von Fleisch und Milch

[24] Jud. 13, 4 scheint zu ergeben, daß das Verbot, *Unreine* zu essen, ursprünglich für Laien nur kraft Gelübdes verpflichtend war.

erstreckte Verbot des Kochens junger Böcke in der Muttermilch im sog. kultischen Dekalog scheint einem örtlichen Tabu des Sichemitischen Kultes zu entstammen und steht ohne Motivierung als positive Satzung da. Die Untersagung des Genusses gefallenen oder zerrissenen Viehs kann mit Opfervorschriften zusammenhängen. Für die Verbote bestimmter Arten von Tieren findet sich nirgends eine ätiologische Legende. An ihrer Stelle steht vielmehr eine Art von naturwissenschaftlicher Distinktion, die sicher nicht alt, sondern Produkt priesterlicher Schematisierung ist, sich in sehr ähnlicher, teilweise gleicher Art bei Manu (V, § 11 ff.) findet und vermutlich den Kreis der verpönten Fleischarten stark erweitert hat. Den einzelnen Verboten in ihren Entstehungsgründen nachgehen zu wollen, bleibt vermutlich ganz vergebliche Mühe. Daß das Schwein in Palästina, auch herdenweise, gehalten wurde, steht noch für die Zeit der Evangelien fest. Die Borsten galten auch später nicht als unrein, sondern nur der Genuß des Fleisches. Erst die talmudische Zeit sah den Kleinviehzüchter, aber jeden, auch den Ziegenzüchter, einst den Träger des frommen Jahwismus, als unrein an, aber nicht wegen des Schweinefleischgenusses, sondern wegen seiner levitisch unreinen Lebensführung. Das wahrscheinlichste wäre an sich, daß ebenso wie bei dem kirchlichen Verbot des Pferdefleisches in Germanien auch hier Verpönung der Opfermahlzeiten fremder Kulte zugrunde lag. Das ziemlich weit – auch in Indien und Ägypten verbreitete – Verbot kann aber auch von auswärts übernommen sein.

Einschneidender als diese Ablehnung einer Reihe von immerhin sonst recht stark beliebten Fleischgerichten mußten das Verbot des Blutgenusses und die zunehmende Ängstlichkeit der Meidung allen nicht wirklich durch Schlachtung ums Leben gekommenen Viehs auf die Möglichkeit der Kommensabilität wirken, sobald daraus die Notwendigkeit einer rituell kontrollierten und geregelten besonderen Methode des Schlachtens (schachat) aller Tiere abgeleitet wurde, wie es in der nachexilischen Zeit geschah. Alles nicht korrekt geschlachtete Vieh galt nun als Aas (nebelah), auch dann, wenn die Inkorrektheit etwa auf einer Scharte im Messer (weil dann gerissen worden war) oder auf anderen Versehen des Schächters beruhte, dessen Kunst erst in langer Übung zu lernen war. In der Notwendigkeit, einen rituell korrekten Schächter in der Nähe zu haben, beruhte die Schwierigkeit für korrekte Juden, isoliert oder in kleinen Gemeinden zu wohnen, welche in den Vereinigten Staaten noch bis in die Gegenwart die Zusammendrängung der rituell orthodoxen Juden in den großen Städten beförderte (während die Reformjuden in der Lage waren, dem sehr einträglichen Geschäft der isolierten Bewucherung der Neger auf dem Lande nachzugehen). Die kasuistische Ausgestaltung dieses Speise- und Schlachtungsrituals gehört erst der antiken Spätzeit an, geht aber allerdings in allen Grundlagen auf die exilische Priesterlehre zurück. – Die Kommensalität wurde durch diese Ritualisierung der Speisegewohnheiten sehr erschwert. Ein wirkliches Kommensalitätsverbot hat das offizielle Judentum niemals gekannt. Die

Mahnung des (apokryphen) Jubiläenbuches (22, 16), sich von den Heiden zu trennen und nicht mit ihnen zu essen, ist ebensowenig rezipiert worden wie jemals eine allgemeine Unreinheit der Häuser der Heiden oder ihrer persönlichen Berührung statuiert worden ist. Nur für den Juden, der eine Kulthandlung vornehmen wollte, galt in späterer Zeit das Gebot strengster Absonderung von allem Heidnischen (Joh. 18, 28). Immerhin bestätigen die Berichte der hellenischen und römischen Schriftsteller, daß korrekte Juden gegen jede Kommensalität mit Nichtjuden naturgemäß erhebliche Bedenken trugen; der Vorwurf des odium generis humani geht zweifellos in erster Linie darauf zurück.[25]

Als eines der wichtigsten rituellen Unterscheidungsgebote trat in der Exilszeit die strikte Sabbatheiligung in den Vordergrund, einmal weil sie, im Gegensatz zur bloßen Tatsache des Beschnittenseins, ein sicheres und jedermann sichtbares Merkmal dafür abgab, daß der Betreffende tatsächlich seine Zugehörigkeit zur Gemeinde ernst nehme, dann weil die kultischen Feste an die Kultstätte Jerusalem gebunden waren und der Sabbat die einzige von allem kultischen Apparat unabhängige Feier darstellte. Die Sabbatruhe erschwerte die Zusammenarbeit in der Werkstatt mit Ungenossen natürlich sehr erheblich und trug dadurch und durch seine große Auffälligkeit tatsächlich in sehr starkem Maße zur Absonderung bei. In Gestalt des majestätischen Schöpfungsberichts der priesterlichen Redaktion erhielt der Sabbat vermöge des göttlichen Sechstagewerkes nun auch seinen höchst eindrucksvollen ätiologischen Mythos. Die Ritualisierung des Sabbats äußerte sich in umfassenden Einschüben in den Text des Dekalogs. Das aus dem Jahwisten stammende Gebot der Unterbrechung der Feldarbeit (Ex. 34, 21) und die elohistische allgemeine Vorschrift der Arbeitsruhe (Ex. 23, 12) wurde nun erst zur Untersagung jeglicher Beschäftigung, zum Verbot des Verlassens der Wohnung (Ex. 16, 29). – später durch die Begrenzung des Sabbatwegs mit mancherlei Möglichkeiten der Umgehung gemildert –, des Feueranzündens (Ex. 35, 3), so daß schon am Freitag gekocht werden mußte – für die Lampe durch Umgehungsmöglichkeiten gemildert –, des Lastentragens und Begrabens von Lasttieren, des Gehens zu Markt, des Abschlusses irgendwelcher Geschäfte, des Kämpfens und der lauten Rede (Jer. 17, 19; Tritojes. 58, 13; Neh. 10, 32; 13, 15 ff.). Die Ableistung von Kriegsdienst wurde in seleukidischer Zeit wesentlich wegen des Sabbats und der Speiseverbote für unmöglich erklärt: Die endgültige Entmilitarisierung der frommen Juden, außer für Fälle des Glaubenskriegs, wo nach makkabäischer Ansicht der Zweck die Mittel heiligte, war dadurch besiegelt.

[25] Korrekte Juden trugen infolge der Speisegesetze zwar im allgemeinen kein Bedenken, Nichtjuden bei sich Gastfreundschaft zu gewähren, lehnten aber die Gastfreundschaft der Heiden und Christen ihrerseits ab. Hiergegen eifern die fränkischen Synoden als gegen eine Erniedrigung der Christen und schärfen ihrerseits den Christen Ablehnung der jüdischen Gastfreundschaft ein.

Ansätze zur Schaffung einer besonderen Tracht, wie sie in ähnlicher Art später die tefillin für die exemplarisch Frommen darstellten, finden sich, sind aber, wenigstens zunächst, offenbar nicht weiter entwickelt worden.

Die im Spätjudentum ebenso wie im frühen Christentum praktisch wichtigen Bedenken gegen jede Beteiligung an Arbeiten, welche auch nur indirekt heidnischem Opferkult zugute kamen, und gegen jeden sozialen Verkehr, welcher die Gefahr einer indirekten Beteiligung an solchen Kulthandlungen bedeuten konnte, sind erst von den Rabbinen entwickelt worden. Aber die Grundlagen lieferten Prophetie und Thora. Und hier, in der Ablehnung der Gemeinschaft bei irgendeinem Opfermahl, lag das für die politische Parialage der Juden Entscheidende, in der Antike Einzigartige. An diesen Absonderungstendenzen ist das Charakteristische, daß ihr Träger die babylonische Exilsgemeinde und die von ihr aus maßgebend beeinflußten Organisatoren der Gemeinschaft der Zurückgekehrten in Palästina war. Im Gegensatz zu der – nach den vorwiegenden Namen zu schließen – offenbar stark nordisraelitischen, daher die nordisraelitische synkretistische Tradition fortsetzenden ägyptischen Exulantengemeinde war die babylonische Gemeinde judäischen und – wie auch die zahlreichen Namensneuschöpfungen der Exilszeit in Babylon zeigen, die alle auf jah, nicht auf el, gebildet sind – streng jahwistischen Ursprungs. Vor allem aber hatte sie die Kontinuität der prophetischen Tradition in ihrer Mitte, im Gegensatz zu Ägypten, wohin die jüdischen Gegner der Prophetie sich gewendet und Jeremia gewaltsam verschleppt hatten, und dessen politisches Bündnis von der Prophetie stets besonders scharf abgelehnt worden war. Wenn man die im ganzen meist viel günstigere Lage der babylonischen gegenüber den ägyptischen Exulanten, vor allem die weit geringere Ablehnung durch die Umgebung, erwägt und demgegenüber die Tatsache, daß dennoch die babylonischen und nicht die ägyptischen Juden die Führung bei der Schaffung der entscheidenden rituellen Schranken nach außen und der Gemeindeorganisation nach innen hatten, ebenso wie sie später die Träger der Talmudbildung waren, so kann man daran die ganz überragende Bedeutung der Prophetie und der von ihr getragenen Hoffnungen für die Bildung und Erhaltung des Judentums ermessen. Priester gab es natürlich auch in den ägyptischen Gemeinden. Aber die prophetisch beeinflußte Priesterschaft in Babylon, welche die deuteronomische Tradition lebendig in ihrer Mitte pflegte, war allein der Kern der Fortbildung. In Palästina stützte die bürgerliche Bevölkerung im Gegensatz sowohl zu den reichen landsässigen Sippen wie zu den reichen Priestern die puritanische Tradition. Die folgenreichen sozialen Gegensätze der nachexilischen Zeit zeigten sich gleich im Anfang. Gegner der Zurückgekehrten waren von Anfang an die Samaritaner. Die nach der Tradition (2. Kön. 17, 24) aus mesopotamischen und aramäischen Städten eingesiedelte, mit den einheimischen Israeliten verschmolzene Bevölkerung verehrte unter Leitung nordisraelitischer Priester Jahwe, aber vielfach in

Gemeinschaft mit anderen Gottheiten. Ihre einflußreichsten Schichten waren einerseits die an den Hofhalt des Statthalters, der stets in Samaria geblieben ist, sich anschließenden Beamten und anderen Interessenten, andererseits die reichen Sippen des platten Landes und der Landstädte, welche an den Landkulten interessiert waren. Als, wie es scheint erst unter Darius, der Tempelbau in Jerusalem begann, erboten sie sich zur Mitarbeit, wurden aber von Serubbabel, wie Rothstein[26] wahrscheinlich gemacht hat, infolge eines Orakels des Haggai (2, 10 f.) abgewiesen (Esra 4, 3) und setzten daraufhin die Sistierung des Tempelbaus durch. Ihre Feindseligkeit gegen die Jerusalemiten bestand weiter und insbesondere hinderten sie jeden Versuch, die Stadt zu befestigen. Die Widersacher, vor welchen die Jerusalemiten beständig in Angst lebten (Esra 3, 3), wurden ammê haarezoth genannt. Die Verhältnisse unter Nehemia zeigen aber, daß von den besitzenden Schichten der Stadt Jerusalem und des umliegenden Landgebietes selbst, sowohl Laien wie Priestern und Beamten, ein erheblicher Teil, vor allem die hohepriesterliche Familie selbst, mit den Gegnern des babylonischen Puritanismus verschwägert und teils im Einverständnis teils in ihrer Stellung schwankend war (Neh. 5, 1; 6, 17f.). So ist es auch geblieben. Noch in hellenistischer Zeit (wie es nach Josephus scheint) ist ein Bruder des Hohenpriesters mit einem Samaritaner Statthalter verschwägert und dorthin übersiedelt.[27] Nur die königlichen Vollmachten, welche Esra und Nehemia besaßen, veranlaßten offenbar die Vornehmen, sich überhaupt zu fügen. Am Bau der Mauer beteiligen sich zwar die plebejischen Thekoiten, aber die Großen (adirim) der Stadt Thekoa nicht (Neh. 3, 5). Auch die besitzenden Schichten der Jerusalemiten wuchern den Kleinbesitz genau so aus wie vor dem Exil, so daß ein scharfer Konflikt entsteht (Neh. 5, 7). Nehemia seinerseits stützt sich neben einer Eskorte auf seine offenbar sehr großen persönlichen Geldmittel und wohl auch diejenigen der babylonischen Exulanten, im übrigen aber auf die Massen. Um die Wohlhabenden Jerusalems zum Schulderlaß zu zwingen, beruft er (Neh. 5, 7) eine große Gemeinde (kahal hagedolah). Ebenso beruft Esra (10, 8) zur Erzwingung der Lösung der Mischehen die Exulantengemeinde (kahal hagolah) und zwar unter Androhung geistlicher Strafen: der Ausstoßung aus der Gemeinde der golah und des cherem gegen den Besitz des Nichterscheinenden. Ob der cherem in diesem Fall nur Tabuierung, also Boykott, oder effektive Zerstörung bedeutete, muß dahingestellt bleiben: Die Fehde blühte im Lande, wie die Darstellung Nehemias zeigt. In den Esra-Annalen (6, 21) findet sich die Bezeichnung Nibdalim (die sich Absondernden) für die Gemeinde der rituell korrekten Exulanten und derjenigen, die sich ihnen anschlossen. Diese Gemeindebildung selbst aber war zweifellos erst das Werk des Nehemia.

[26] Juden und Samaritaner (Beitr. z. W. v. A. T. 3, Leipzig 1908). Zu Jeremias Zeit (41, 5) kamen Leute aus Sichem und Samaria zur Teilnahme am Tempelopfer.
[27] Der Vorgang hat sich jedoch vielleicht schon in nehemianischer Zeit abgespielt.

Formell lief die Leistung des Nehemia hinaus auf zweierlei: 1. Synoikismos der Geschlechter und eines ausgelosten Teiles des Landvolkes in der nun befestigten Stadt Jerusalem. Ferner 2. Bildung einer Gemeinde, welche bestimmte Minimalverpflichtungen durch eine von Nehemia, den Vertretern der Priester, Leviten und den Häuptern (raschim) des Volks (ha ʻam) unterschriebene und untersiegelte Schwurverbrüderung auf sich nahm. Nämlich (Neh. 10): 1. Aufhebung des Konnubium mit den amme haarezoth, 2. Boykott allen Marktverkehrs am Sabbath, 3. Erlaß jedes siebenten Jahreseinkommens und aller Schuldforderungen in dem betreffenden Jahr, 4. Kopfsteuer von 1/3 Schekel jährlich für Tempelbedarf, 5. Holzlieferungen für den Tempelbedarf, 6. Erstlinge bzw. Erstlings-Ablösung gemäß dem Priestergesetz, 7. Naturalienlieferungen an die Tempelpriester und Levitenzehnt, 8. Unterhaltung des Tempels selbst. Der Bericht des Chronisten läßt diese Verbrüderung an die Oktroyierung des mosaischen Gesetzes, d.h. der exilspriesterlichen Redaktion der Kult- und Ritualvorschriften sich anschließen. Aber trotz der gerade in diesem Gesetz vorgesehenen bedeutenden kultischen Stellung des Hohenpriesters ist dieser auch an diesem Akt gänzlich unbeteiligt, wie seine Unterschrift auch nicht unter den Garanten der Gemeindebildung des Nehemia erscheint. Die eigentümliche Zwitterstellung der Neugründung tritt in alledem zutage und bestand fast im ganzen Verlauf der weiteren jüdischen Geschichte fort. Einerseits handelte es sich um eine formal freiwillige religiöse Gemeindebildung. Andererseits beanspruchte diese Gemeinschaft der exemplarisch Korrekten letztlich allein die Erbin der sakralen und deshalb auch der politischen Stellung Israels zu sein. Indes die wirklichen politischen Vollmachten ruhten stets in den Händen entweder des persischen Satrapen und später des hellenistischen Statthalters und ihrer Beamten, oder eines Spezialbevollmächtigten des Königs, wie Nehemia es der Sache nach war. Ebenso beruhte auch die Stellung des Esra formell allein auf der vom persischen König ihm verliehenen Autorität. Ob der vom Chronisten wiedergegebene schriftliche Auftrag des Königs, das Gesetz des Gottes des Himmels durchzuführen (Esra 7, 23) und dazu nötigenfalls Gewalt anzuwenden (das 26), wirklich authentisch ist, mag dahingestellt bleiben; aber seine Stellung gegenüber dem Hohepriester ist ohne eine weitgehende königliche Vollmacht nicht denkbar. Irgendwelche weltliche Gewalt, insbesondere Gerichtsgewalt, ist den Funktionären der neuen Gemeinde vom König offenbar nicht verliehen worden. Der in Samaria residierende Statthalter scheint die Gerichtsbarkeit, jüdische lokale Bezirksbeamte die örtliche Verwaltung gehabt zu haben, als Nehemia in Jerusalem eintraf. Darin und in den Abgabepflichten an den König ist offenbar keine dauernde Änderung eingetreten. Nur die Priester, Leviten und Tempeldiener befreit der (angebliche) Brief des Königs von der Besteuerung. Aber von einem eigenen Regierungsrecht der Gemeinde hören wir nichts. Ebenso sind die Priester- und Levitenzehnten wirklich zwangsweise wohl nur in jenen Zwischenepochen erhoben worden, in welchen ein rituell korrekter jüdischer Fürst regierte und soweit seine Macht reichte. Religiöse Zwangsmittel: der Bann im Nehemiabund, später die rituelle Deklassierung der nicht Verzehntenden als ʿAm haarez mußten den Eingang garantieren. Die Unklarheit dieser Lage, die Quelle stets neuer Konflikte, spricht sich in den Dokumenten deutlich aus. Die Judenschaft war ein rein religiöser Gemeindeverband: Auch die Abgaben, die sie sich auferlegte, scheinen formell freiwillig übernommen zu sein. Der Brief der oberägyptischen Juden aus dem Jahre 408/7 mit der Bitte um Verwendung für den Wiederaufbau ihres Jahwetempels ist sowohl an den Statthalter in Samarien wie an den Statthalter in Jerusalem gerichtet, nachdem sie vorher dieserhalb bereits – ohne Antwort zu erhalten – an den Hohenpriester und die Priester in Jerusalem, seine Kollegen geschrieben hatten. Offenbar war ihnen nicht ganz klar, wer eigentlich die zuständige Instanz sei. Daß sie von den Jerusalemiter Priestern keine Antwort erhielten, ist übrigens nicht erstaunlich.

Denn die jüdische Gemeindebildung bedeutete die rituelle Trennung von den Samaritanern und allen nicht formell in die Gemeinde aufgenommenen israelitischen oder halbisraelitischen Landesbewohnern. Vor allem von den Samaritanern, obwohl diese die gesamte Thora in der Redaktion der Exilspriester annahmen und aaronidische Priester hatten. Das Kultmonopol Jerusalems war hier der entscheidende Differenzpunkt. Auf dieses Kultmonopol hin hatten die babylonischen Exulanten charakteristischerweise entscheidendes Gewicht gelegt. Nur von ihrer Seite geschah dies. Die ägyptische Exulantengemeinde hat, wie die Urkunden aus Elephantine zeigen, sich einen eigenen Tempel geschaffen und noch der in den Wirren der makkabäischen Parteikämpfe nach Ägypten entwichene Hohepriester Onias hat keine Bedenken getragen, dort einen Tempel zu bauen. Der ein ganzes Jahrtausend währende überragende Einfluß der babylonischen Exulanten tritt in nichts deutlicher hervor, als darin, daß schließlich doch sie ihr von Anfang an festgehaltenes Prinzip durchsetzten. Daß die leitenden Priestergeschlechter und die vornehmen prophetisch beeinflußten Kreise, welche das Deuteronomium geschaffen hatten, dorthin exportiert waren und die Kontinuität der Tradition verbürgten, war dafür wichtiger als die überragende ökonomische Stellung der babylonischen Exulanten, welcher diejenige der alexandrinischen Gemeinde später mindestens ebenbürtig war. Dazu aber traten die ethnischen, insbesondere die sprachlichen Verhältnisse: Die babylonischen Juden blieben auf dem Boden der aramäischen Umgangssprache in voller Gemeinschaft mit dem Mutterlande, die Juden in den hellenistischen Gebieten nicht – was noch in dem Schicksal der christlichen Mission bei den beiderseitigen Proselyten charakteristisch nachwirkte. Soteriologisch wurde die Etablierung des Opfermonopols Jerusalems in Verbindung mit der Diasporaexistenz der Juden insofern eminent wichtig, als jetzt das Opfer erstmalig exklusiv den Charakter des Gemeindeopfers annahm. Dem täglichen Opferdienst in Jerusalem stand gegenüber, daß der Einzelne nunmehr überhaupt aufhörte zu opfern, chakat und ascham mindestens für den Diasporajuden nur in der Theorie fortbestanden: Der Einzelne zahlte eine feste Abgabe nach Jerusalem, statt selbst zu opfern. Praktisch aber bot der Sieg dieser babylonischen Auffassung für die internationale Verbreitung des Judentums die größten Vorteile. Daß der Kult in Jerusalem ordnungsmäßig stattfand, war, als von Jahwe geboten, für die Diasporajuden wesentlich. Aber als Gastvolk in fremdem Lande gewannen sie natürlich ungemein an Bewegungsfreiheit, wenn sie nicht mit der Pflicht eigener Tempelbauten im fremden Land belastet waren.

Dem Prinzip gemäß lehnte die Gola jeden andern Tempel als illegal ab. Fortan verschärfte sich der Gegensatz gegen die Samaritaner immer weiter. Wir finden schon in der Zeit der Ptolemäer Juden und Samaritaner in Ägypten in bitterer Konkurrenz miteinander. Das Schicksal der Samaritaner soll uns hier weiter nicht bekümmern. Sie haben religionsgeschichtlich das immerhin wichtige negative Interesse, daß man an ihrem Schicksal im Vergleich zu dem der Juden studieren kann, was der nur an der Thora orientierten Religion der israelitischen Priester fehlte, um Weltreligion zu werden. Die bne Jisrael, wie sie sich nannten, blieben rein ritualistisch. Es fehlte ihnen 1. die Anknüpfung an das judäische Prophetentum, welches sie ablehnten: Ihre Messiashoffnung blieb daher eine Hoffnung auf einen innerweltlichen Fürsten, den ta'eb (Wiederkehrenden), ohne das ungeheure Pathos der prophetischen Theodizee und sozialrevolutionären Zukunftshoffnung. Es fehlte ihnen 2. trotz der Existenz von Synagogen die Fortbildung des Gesetzes durch jene plebejische Schicht volkstümlicher Autoritäten, welche die Rabbinen repräsentierten und ihr Produkt: die Mischna. Deren Bedeutung werden wir später kennen lernen. Das Pharisäertum, aus dessen Geist der Talmud geboren ist, haben sie nicht entwickelt, die Auferstehungshoffnung lehnten sie ab, auch darin der sadduzäischen Partei in Jerusalem verwandt, mit der sie auch die freundlichere Beziehung zum Hellenismus teilten. Es fehlte also, kann man sagen, die konfessionelle Entwicklung, die an dem Inhalt der prophetischen und rabbinischen Soteriologie und an dem eigentümlichen pharisäischen Rationalismus verankert war. Sie haben noch im Mittelalter revivals erlebt (14. Jahrhundert) und noch im 17. Jahrhundert im Orient verbreitete Kolonien (bis nach Indien) gehabt, aber eine nationale religiöse Ethik, die den Okzident hätte gewinnen können, nicht entwickelt. Nur als jetzt sehr kleine Sekte (und notorisch als die ärgsten Gauner des Orients, deren Fälschungen auch ernste Gelehrte zum Opfer gefallen sind), existieren sie bis heute.

Als Resultat der Entwicklung ist festzustellen, daß die Juden, wie die Gemeinschaft von nun an auch offiziell heißt, eine rituell abgesonderte konfessionelle Gemeinde geworden waren, die sich durch Geburt und durch Aufnahme von Proselyten rekrutierte. Denn parallel der rituellen Absonderung geht die Begünstigung des Eintritts von Proselyten. Der eigentliche Prophet des Proselytismus ist Tritojesaja (Jes. 56, 3. 6). Während der Priesterkodex nur von der Gleichstellung des ger mit den altbürtigen Israeliten spricht, den Fremden (nechar) aber ausdrücklich vom Passah ausschließt (Ex. 12, 43), ruft Tritojesaja den Fremden (nechar), der, vor allen Dingen, den Sabbat und überdies die anderen Gebote Jahwes hält, zur Teilnahme am Bunde und damit am Heil Israels. Proselyten sind anscheinend schon in der ersten Exilszeit gemacht worden. Das mußte sich in der Perserzeit, als die Juden zu Hofämtern aufstiegen, noch steigern. Die Geschichte von Elisa und Naeman scheint als Paradigma für eine vermutlich damals zugelassene (später als Rückschlag gegen den römischen und hellenistischen Herrscherkult streng verpönte) sehr laxe Praxis in bezug auf die Haltung gegenüber den fremden Reichsgöttern seitens der jüdischen Höflinge in die Redaktion der Königsgeschichten aufgenommen zu sein. Vielleicht gerade auf Nehemia persönlich ist die Zulassung der früher ausgeschlossenen Eunuchen bei Tritojesaja zugeschnitten. Die nachexilische Zeit hat dann den allgemeinen Grundsatz in die Thora gebracht, daß Fremdsippen durch Übernahme der Pflichten des Gesetzes nach drei Generationen den Altjuden völlig gleichgestellt sind und nur das Konnubium mit Priestern nicht haben. Man wendete, wie später zu erörtern sein wird, die alten Grundsätze von der Behandlung der gerim auf diejenigen Fremden an, die ohne Übernahme der vollen Gesetzespflichten sich als Freunde zur Gemeinde hielten. Innerhalb der Juden selbst kennt der Chronist nur die Stände der Kohanim (Priester), das heißt: der Aaroniden-Abkömmlinge, der Leviten und der später verschwundenen, kastenartig deklassierten, Nethinim (Tempeldiener nebst den sonstigen Kategorien des niederen Tempeldiensts). Die bevorrechtigten Stände standen aber mit allen andern Altjuden in vollem Konnubium und voller Kommensalität; sie waren ursprünglich nur durch verhältnismäßig einfache spezifische Reinheitspflichten belastet, die beim Hohenpriester noch weiter gesteigert waren. Wie sich nun einerseits sozial die vornehmen Priestergeschlechter von den gewöhnlichen Aaroniden differenzierten und wie andererseits rituell der Begriff des 'Am haarez, nach dem Exil zunächst identisch mit der außerhalb des kahal hagolah, der durch Verpflichtung auf das Ritual gebildeten Gemeinde, stehenden Landesbewohner, vor allem den Samaritanern, sich weiterhin wandelte, ist später zu besprechen. Jedenfalls waren die Juden durch die von der babylonischen Exulantengemeinde herbeigeführte Oktroyierung des Ritualgesetzes und die Bildung der Golah-Gemeinde ein Pariavolk mit einem Kultmittelpunkt und einer Zentralgemeinde in Jerusalem und mit internationalen Filialgemeinden geworden.

Ihre folgenreichste soziale Besonderheit bestand von Anfang an darin, daß eine wirklich ganz korrekte Innehaltung des Rituals für die Bauern ganz außerordentlich erschwert war. Nicht nur weil der Sabbat, das Sabbatjahr, die Speisevorschriften an sich für ländliche Verhältnisse schwer einzuhalten waren. Sondern vor allem: weil mit zunehmender kasuistischer Entwicklung der für das Verhalten maßgeblichen Gebote eben die Lehre im Ritual zum Erfordernis korrekten Lebens werden mußte. Die Priesterthora aber reichte naturgemäß in die Landorte nur wenig hinein. Die Innehaltung der später, wie wir sehen werden, von den exemplarisch Frommen immer weiter propagierten eigentlichen levitischen Reinheitsgebote vollends war für die Bauern, im Gegensatz zur Stadtbevölkerung, überhaupt so gut wie ausgeschlossen. Dieser Erschwerung stand für die Bauern kein Gewinn an Anziehungskraft gegenüber. Der Festkalender der Exilspriester, den Esra oktroyierte, hatte alle alten Feste ihrer früheren Beziehung zu dem Ablauf der ländlichen Arbeit und Ernte beraubt. Vollends die unter Fremdvölkern lebenden Juden konnten nicht leicht in ländlichen Orten ein rituell irgendwie korrektes Dasein führen. Der Schwerpunkt des Judentums mußte sich zunehmend in der Richtung verschieben, daß sie ein stadtsässiges Pariavolk wurden – wie es ja auch geschehen ist.

Niemals aber würde sich eine zunehmend bürgerliche Glaubensgemeinschaft in diese Parialage freiwillig begeben und für die Teilnahme an ihr mit weltumspannendem Erfolg Proselyten gewonnen haben ohne die Verheißungen der Prophetie. Die unerhörte Paradoxie, daß einem Gott, der sein erwähltes Volk nicht nur nicht gegen die Feinde schützt, sondern in Schmach und Verknechtung stürzen läßt und selbst stürzt, nur um so inbrünstiger angehangen wurde, findet in der Geschichte sonst kein Beispiel und ist nur aus dem gewaltigen Prestige der prophetischen Verkündigung erklärlich. Dies Prestige beruhte, wie wir sahen, rein äußerlich auf dem Eintreffen bestimmter Weissagungen der Propheten, oder richtiger darauf, daß bestimmte Ereignisse als deren Erfüllung gedeutet wurden. Man kann die Festigung dieses Prestiges gerade inmitten der Exilsgemeinde in Babylon deutlich erkennen. Während die ägyptische Partei den Jeremia gewaltsam mitschleppt und trotz der furchtbaren Erfüllung seiner Orakel, vielleicht eben dieserhalb, haßt – angeblich hat sie ihn gesteinigt –, schlägt in Babylon Hesekiel gegenüber, den man anfänglich als Narren verspottet hatte, mit der niederschmetternden Nachricht vom Fall Jerusalems die Stimmung völlig um. Wer nicht endgültig verzweifelte, hielt sich hinfort an ihn als Berater und Tröster und suchte seinen Rat. Und während die Samaritaner begreiflicherweise eine Prophetie, welche dem alten Reich von Samaria dauernd nur Unheil verkündet und sich weiterhin nur für Jerusalem interessiert hatte, ablehnten, gewann die Prophetie innerhalb der Exilsgemeinde ihre endgültige Stellung durch die Erfüllung jener Heilsweissagungen, welche die Heimkehr aus dem Exil verkündeten, an welche man sich während der Exilszeit in Babylon klammerte und als deren Erfüllung man die Errichtung der Gola-Gemeinde in Jerusalem ansah. Diese Gemeinde erschien als jener Rest, dessen Errettung seit Amos und vor allem seit Jesaja verheißen war und dessen Zukunft im Exil den Gegenstand der nunmehr zur Heilsweissagung umschlagenden Prophetie gebildet hatte. Unmittelbar nach dem Sturz Jerusalems, der vollen Erfüllung der furchtbaren Drohungen Jahwes, vollzog sich dieser Umschlag zur Heilsprophetie bei Jeremia und vor allem bei

Hesekiel. Und wenn bei dem weichen Melancholiker Jeremia warmherzige Tröstung und eine sich selbst bescheidende Hoffnung darauf, daß noch einmal friedlicher Ackerbau im Heimatlande möglich sein werde, im Grunde den ganzen Inhalt der Zukunftserwartung ausmachte, so schwelgte der Ekstatiker Hesekiel in Träumen von einer furchtbaren Endkatastrophe der Feinde, unerhörten Wundern und einer glorreichen Zukunft. Unmittelbare Drohungen gegen Babel, wie sie bis zum Sturz Jerusalems von ekstatischen Heilspropheten noch verkündet worden waren und das scharfe Einschreiten der Regierung und die Mahnungen Jeremias zur Geduld und Fügsamkeit hervorgerufen hatten, konnte er[28] nicht wagen. Die Perser waren noch nicht aufgetaucht. Er bewegte sich daher in dunklen Andeutungen seiner Hoffnungen. Unheilsorakel gegen die schadenfrohen Nachbarn: Tyros, Sidon, Ammon, Moab, Edom, die Philisterstädte und gegen das als unverläßlicher Bundesgenosse erprobte Ägypten schaffen Raum für die Hoffnung auf Herstellung Israels durch die Macht Jahwes allein. Die Drohungen gegen Ägypten verwenden mythische Motive einer Weltkatastrophe. Gog, wie es scheint, ein, an die Person eines innerkleinasiatischen Fürsten (von Tubal und Mesech: 38, 2) anknüpfend, phantastisch zu einem Gebieter des Nordlandes, der alten Quelle aller Völkerwanderungen, gesteigerter Barbarenkönig, führt dereinst alle wilden Völker gegen das hergestellte heilige Volk Jahwes und in einem fürchterlichen Gemetzel, bei dem den Israeliten fast nur die Aufgabe der Aufräumung des zu einem einzigen Leichenfelde verunreinigten heiligen Landes verbleibt, bereitet Jahwe ihm und damit allen Feinden Israels, die er selbst herbeigerufen hat, den Untergang (Kap. 38 und 39). Und was dann? Ursprünglich hatte Hesekiel an die Wiederkunft Davids oder eines Davididen gedacht (34, 23). Aber das unbelehrbare Verhalten des Königsgeschlechtes und die Erkenntnis, daß nur die Priestergewalt die Gemeinde zusammenhalten könne, wandelte seine Ideale. Er selbst war Zadokide und so formte sich seine endgültige Hoffnung, nach fünfundzwanzigjähriger Gefangenschaft, zu jener rational geordneten Theokratie, von der oben gesprochen wurde. Die Königshoffnung ist begraben. Aber reiche innerweltliche Wohlfahrt und – wie schon bei Jeremia – ein neuer ewiger Bund mit dem Volk, dem Jahwe ein neues lebendiges Herz geben wird von Fleisch und Blut statt des steinernen Herzens, das sie ins Verderben führte (36, 26. 27), ein hoher Ehrenplatz vor allen Völkern zur Ehre von Jahwes Namen sind den treu Gebliebenen sicher. Die wilden ekstatischen Visionen und Auditionen seiner Frühzeit sind abgeklungen, in breit ausgesponnenem Bilde malt Hesekiel die Zukunftsverfassung und münzt seine Gesichte kunstvoll und pedantisch zu einer intellektuell ausgedachten Utopie um (Kap. 40ff.): Er ist der erste im eigentümlichen Sinn schriftstellernde Prophet.[29]

[28] Über Hesekiel vgl. Herrmann, Ezechielstudien, Berlin 1908.

[29] Denn da das Zukunftsgericht den späteren kirchenpolitischen Projekten der Exilspriester und deren Ausführung durch Esra und Nehemia nicht entspricht, so ist kei-

Aber Hesekiel war, wie schon erwähnt, nicht nur Schriftsteller, sondern als Priester auch seelsorgerlicher und – sozusagen – religionspolitischer Berater sowohl der einzelnen Exulanten wie der im Exil maßgebenden Vertreter der Gläubigen: der Ältesten. Als ein Wächter des Volkes erscheint er sich selbst. Und in den Erfahrungen dieser Seelsorge mußte auch ihm das Problem der Schuld an dem über Israel verhängten Unheil, vor allem der Kollektivschuld und Solidarhaftung, welches die Thoralehre beschäftigt hatte, besonders nahe treten. Man bemerkt deutlich, wie er dazu Stellung sucht. In der Qual seiner pathologischen Lähmungen fühlt er sich (4, 5) gelegentlich als bestimmt, die alte Kollektivschuld des Volkes abzubüßen. Im wilden Zorn seiner Unheilsorakel andererseits beschuldigt er wie seine Vorgänger oft die Gesamtheit des Volkes der hoffnungslosen Verworfenheit und kündet scheinbar den allgemeinen endgültigen Untergang an. Aber das war ihm selbst unerträglich und angesichts des mindestens zum Teil unverschuldeten Leidens der Exulanten im Gegensatz zu der politischen Unbelehrbarkeit und dem ökonomischen Eigennutz der in Jerusalem Gebliebenen ist ihm im Gegensatz zu diesen allein die Gola Träger aller Hoffnung und künftigen Heiles (11, 16), während die Daheimgebliebenen alles Unheil verschuldet haben. Aber nach dem Sturz Jerusalems fiel auch das für die Bedürfnisse der Theodizee fort, so sehr diese Überzeugung seither das religiöse Selbstbewußtsein der Exilsgemeinde als solcher gestützt und bestimmt hat. Innerhalb der Exilierten bestand und verschärfte sich die ökonomische Differenzierung und wuchs auf der einen Seite die Neigung der Gutsituierten zu Indifferenz und Anpassung, auf der andern Seite das Ressentiment der frommen Armen empor. Unerträglich und nicht aufrecht zu erhalten war der Gedanke, auch jetzt noch kollektiv für Sünden der Väter in abgelebten Zeiten büßen zu sollen. Das Bedürfnis nach einer Prämie für die Treue gegen Jahwe wurde gebieterisch, und entschlossen brach nun auch Hesekiel, wie vorher schon die Deuteronomistenschule, mit dem alten Solidarhaftsgedanken (Kap. 18 und 33), und zugleich mit der, vermutlich durch die Eindrücke des babylonischen Sternenglaubens nahegelegten Vorstellung, daß Jahwe unerbittlich vergelte, daß unsere Sünden auf uns seien wie ein Schicksal, eine Ansicht, die für die Seelsorge nachteilige fatalistische oder zur Magie oder Mystagogie führende Konsequenzen haben mußte. Es gibt überhaupt keine unentrinnbare Schuldbelastung des Einzelnen, sei es durch eigene Sünden oder durch die Erbschuld der Väter. Jahwe vergibt dem Einzelnen nach seinem Wandel: Wer gerecht ist, die Mischpatim und Karitätsgebote Jahwes und sein chukkot hält, der wird leben; die aufrichtige Bekehrung löscht auch schwere Schuld aus. Die seitdem herrschende Bußestimmung der Gola wurde

nerlei Grund für die Annahme, daß diese Partien spätere Zusätze seien, wie oft angenommen wird. Der Umschlag von halb pathologischer und eschatologischer Apokalyptik des Ekstatikers zum intellektualistischen Ausklügeln eines Zukunftsstaatsprojektes ist durchaus nichts Singuläres.

dadurch religiös unterbaut und zugleich jener Unterschied der allein zum Heil berufenen demütigen Frommen im Gegensatz zu der Frivolität der Reichen und Mächtigen vorbereitet, welcher später, vor allem in den Psalmen, die jüdische Religiosität stempelte. Aber das Bedürfnis, die Gemeinde durch Unterscheidungszeichen fest in der Hand der Priester zu halten, zu denen Hesekiel selbst gehörte, wendete bei ihm die positiven Anforderungen an das Verhalten durchaus nach der kultischen und ritualistischen Seite, wie früher ausgeführt wurde. So stehen Gesinnungsethik – das schöne Bild von der Umwandlung des steinernen Herzens in ein Herz von Fleisch und Blut – und priesterlicher Formalismus scheinbar unvermittelt nebeneinander: erstere ein Vermächtnis der alten, insbesondere der jeremianischen Prophetie und auch Erzeugnis des eigenen religiösen Erlebens, letzterer der Niederschlag der praktischen Interessen des Priesters.

Bei den Propheten der ersten nachexilischen Zeit steht es ähnlich. Haggai und Sacharja, die Heilspropheten der kurzen Periode der Hoffnung unter Serubbabel, sind noch einmal rein national, am Königtum und Tempel, orientiert. Die Nachtgesichte Sacharjas, eines gebildeten Priesters, sind eine Kunstkomposition: Die Planetengeister in den 7 Augen (3, 9), der Ankläger und die Engel im Himmel zeigen babylonische Einflüsse, das Zitieren der alten Propheten (1, 6) als Autoritäten und der Engel Jahwes als Träger der göttlichen Befehle, statt der unmittelbaren Eingebung, den schriftstellerisch abgeleiteten Charakter und die Scheu vor der alten naturalistischen Leibhaftigkeit, in der Sache selbst dreht sich alles um den Tempelbau, nach dessen Vollendung das Heil eintreten wird. Umgekehrt findet sich auffallenderweise in den Orakeln Tritojesajas (66, 1 f.) eine Ablehnung des Tempels, da der Himmel selbst Jahwes Tempel sei, eine modifizierte Erinnerung an die relative Indifferenz gegen den Kult bei der alten Prophetie, und ebenso die alte starke Betonung der sozialen und humanitären Pflichten (58, 1 f.) als wichtiger als alles Fasten. Die Abgötterei und die fremden Kulte sind wie vor dem Exil die entscheidenden Frevel. Andererseits liegt gerade bei diesem Propheten starker Nachdruck auf der Erfüllung der äußeren rituellen Lebensordnungen, welche jetzt das einzige Zeichen der Zugehörigkeit zur Gemeinde waren. Noch einmal entlud sich bei ihm die Hoffnung auf den Tag Jahwes (66, 12 f.) als den Tag der Tröstung für Israel, des Unheils für die Feinde, und furchtbarer Rachedurst gegen die Feinde lebt in dem großartigen Bilde des wie ein Winzer vom Blut der Edomiter geröteten, über die Berge daherschreitenden Gottes (63, 1 f.). Ebenso findet sich bei Joel (2, 20) der jetzt schon schematisch auftretende Feind von Norden und ein phantastisch ausgemaltes Völkergericht (4, 1 f.). Aber im ganzen hat sich die Verschiebung vollzogen, welche durch die Lage der kleinbürgerlichen Gemeinde gegenüber dem feindlichen oder indifferenten Patriziat bedingt war: Die Frommen im Gegensatz zu den Gottlosen sind bei Tritojesaja ebenso wie bei den andern Propheten der Zeit, so Maleachi (3, 18), die Träger der Heilserwartungen und Gott ist ein Gott der Demütigen (Tritojes. 57, 15). Der Zukunftskönig reitet bei Deuterosacharja (9, 9 f.) auf einem Esel, weil er ein Fürst der Demütigen und Armen ist. Die Gerechtigkeit durch den Glauben bei Habakuk (2, 4) entspricht den jesajanischen Konzeptionen, ohne dessen aktuelle utopistische Großartigkeit zu erreichen. Denn alles ist ins Kleinbürgerliche transponiert. Eine schwere Heuschreckenplage gibt Joel (2, 12) Anlaß zu einer eigenartig konzipierten Bußpredigt, die aber doch lediglich auf Fasten, Opfer, einen Buß- und Bettag hinausläuft, während Maleachi die Mischehen für den Zorn Jahwes verantwortlich macht. Zwar liebt Jahwe sein Volk (Mal. 1, 1), aber der Fromme erwartet Lohn (Tritojes. 58, 6. 9) und bei Maleachi (1, 1 f.) ist der persische Gedanke einer Buchführung des Gottes über die Taten der Menschen übernommen. Andererseits findet sich bei Deuterosacharja (11, 4 f.) scheinbar eine Übernahme der Theorie von den vier Weltreichen. Bei Joel dagegen die alte schon vorprophetische utopische Hoffnung auf einen paradiesischen Endzustand sehr realistisch in einem Gemälde üppigen Wohlstandes nach Art der alten volkstümlichen Erwartungen. Eine eigentümliche Mischung von Literatenbildung mit zuweilen eindrucksvoller religiöser Wärme, andererseits aber: Anpassung an die hausbackenen Sitten und Bedürfnisse der bürgerlichen Angehörigen einer im ganzen in friedlichen und behaglichen, freilich kleinen Verhältnissen lebenden Gemeinde beherrscht große Teile dieser Spätlingsprophetie. Ausdrücklich bezeugt ist öffentliches politisches Auftreten von Propheten für die Zeit Nehemias, der mit den Heilspropheten seiner Zeit harte Kämpfe hatte. Aber viele Orakel und prophetische Lieder dieser Epoche tragen rein literarischen Charakter wie schon in der Exilszeit seit der späteren Periode Hesekiels und wie zahlreiche Psalmen, von denen es oft rein zufällig ist, daß sie nicht zu den Prophetenliedern gezählt werden (und umgekehrt). Damit ist nicht etwa gesagt, daß sie ohne Bedeutung für die religiöse Entwicklung gewesen wären, wennschon nicht immer für die ihrer eigenen Zeit.

Die literarische Exilsprophetie hatte vor allem die radikalste und man kann sagen, die einzig wirklich ernsthafte Theodizee geschaffen, welche das antike Judentum überhaupt hervorgebracht hat. Sie ist zugleich eine Apotheose des Leidens, des Elends, der Armut, der Erniedrigung und Häßlichkeit, wie sie in dieser Konsequenz nicht einmal in der neutestamentlichen Verkündigung wieder erreicht worden ist. Der heute als Deuterojesaja bezeichnete Schriftsteller (Jesaja 40-55)[30], welcher diese Konzeption schuf, schrieb anonym offenbar mit

[30] Während die Entstehung dieser Kapitel des jetzigen Jesajabuchs in der Exilszeit völlig feststeht und auch die Nichtidentität ihres Verfassers mit der der nachfolgenden Stücke (Tritojesaja) zunehmend anerkannt ist, bleibt die Frage, ob die dem Deuterojesaja zugerechneten Kapitel einem Verfasser zuzuschreiben sind oder die sog. ‘ebed-Jahwe-Lieder einem anderen, bestritten und sind jene Lieder vom *Gottesknecht* selbst nach wie vor eine crux interpretum. Aus der Literatur sei außer auf Duhms Jesaja-Kommentar auf Sellins Schrift: Die Rätsel des deuterojesajanischen Buchs (1908), von anderen Arbeiten auf Greßmanns Erörterung in seiner früher zitierten *Eschatologie*

Rücksicht auf die babylonische Zensur[31], welche er wegen seiner überaus leidenschaftlichen Hoffnungen auf die von ihm (zu Unrecht) erwartete Zerstörung Babels durch Kyros allerdings zu fürchten hatte.

Die Stellung zur Armut und zum Leiden überhaupt hat in der israelitischen Religiosität verschiedene Stadien durchlaufen und zwar nicht derart, daß das ältere durch das jüngere je voll verdrängt worden wäre. Die ursprüngliche Annahme war hier wie überall, daß der vermögende, gesunde, angesehene Mann in des Gottes voller Gnade steht. Die Erzväter sowohl wie Boas, Hiob und andere Frommen sind reiche Leute. Vermögensverfall Krankheit, Elend

(1905) und Laues Artikel in den Theologischen Studien und Kritiken (1904) sowie Giesebrechts Arbeit: Der Knecht Jahwes des Deuterojesaja (1902) verwiesen, namentlich aber auf Rothsteins sehr eingehende Besprechung der älteren Darlegungen Sellins (im ersten Band von dessen Studien zur Enstehungsgeschichte der jüdischen Gemeinde nach dem babylonischen Exil, 1901) in den Theologischen Studien und Kritiken, 1902, I, S. 282. Aus der neuesten Literatur besonders: Staerk in den Beitr. z. Wiss. v. A. T. 14 (1912), der zwischen den vier Liedern Jes. 42, 1 f., 49, 1 f., 50, 4 f., 52, 13 f. und den sonstigen Gottesknechtsliedern, in welchen der ʿebed zweifellos das Volk Israel sei, scheidet. In jenen vier Liedern sei er eine individuelle Figur und zwar in den drei ersten teils eine heroische, teils eine Märtyrergestalt, vorgestellt als ein präexistenter universeller Erretter, in Wahrheit eine Übertragung der Davididenhoffnung auf das Prophetentum. Die Kritik an Sellin wirkt vielfach überzeugend. Dennoch bleiben dessen Aufstellungen in wichtigen Punkten dauernd wertvoll. Sellin ist der Hauptvertreter der Jojachin-Hypothese und zugleich der Einheitlichkeit des deuterojesajanischen Buches. Von dieser Einheitlichkeit der Verfasserschaft des unter dem begeisternden Eindruck der Hoffnungen auf Kyros vermutlich stückweise entstandenen und dann zusammengefaßten Buchs legt der Inhalt ein bei unbefangener und unvoreingenommener Lektüre steigend empfundenes Zeugnis ab. Dagegen scheint die Deutung auf Jojachin schwer annehmbar, namentlich weil es sich um einen Mann mit Thora-Lehrgabe, also einen Propheten, nicht einen König handelt. Das Buch macht den Eindruck der religiösen Kunstdichtung eines geistig sehr hochstehenden enthusiastischen Denkers, der für einen kleinen Kreis ähnlich Gestimmter schrieb. Es ist daher die Annahme statthaft, daß das Schwanken zwischen individueller und kollektiver Deutbarkeit absichtsvolle Kunstform dieser prophetischen Theodizee ist. Der für uns entscheidende Kernpunkt der Hypothese Sellins liegt aber darin, daß die bei der Entstehung auf ein Individuum (Jojachin) bezogenen Lieder nach dessen Tod vom Verfasser selbst auf das Volk Israel übertragen worden und deshalb in den Zusammenhang mit den erst damals, unter dem Eindruck des Anrückens des Kyros, entstandenen Stücken verarbeitet worden seien. Damit akzeptiert Sellin im Resultat die Behauptung, daß Deuterojesaja bei der Schlußredaktion jedenfalls nicht mehr Jojachin, sondern das Volk Israel bzw. dessen frommen Kern als den Träger der ursprünglich auf den König bezogenen Qualitäten ansah. Nur philologische Fachleute können das entscheidende Wort über die geistreiche Konstruktion sprechen. In jedem Fall war auch dann die Absicht des Verfassers bei der Schlußredaktion die hier vorausgesetzte Mehrdeutigkeit.

31 Merkwürdigerweise hat sich außer Duhm neuestens auch Hölscher (wegen Jes. 52, 11 und 43, 14) für außerbabylonische Provenienz ausgesprochen und auf Ägypten (insbesondere Syene wegen 49, 12) geraten. Allein dies scheint schon wegen des aktuellen Interesses an Kyros nicht annehmbar, ganz abgesehen von dem starken Interesse an rein babylonischen Dingen.

galten als Zeichen göttlichen Zornes. Hiobs Freunden ist das selbstverständlich, und auch die Propheten drohen dieses Schicksal als Strafgericht an. Wir sahen aber, wie sich die Stellung zu den sozialen Schichten mit dem Übergang zur stadtsässigen Kultur verschob, als der wehrhafte israelitische Bauer und Hirt ein zunehmend pazifistischer Perioke und von Schuldknechtschaft bedrohter Armer (ebjon) geworden war, an Stelle der Kriegspropheten fromme Seher, an Stelle der patriarchalen ländlichen Fürsten dagegen der König, die Fronherrschaft, die Ritter und patrizischen Gläubiger und Grundrentner getreten waren und als ferner die Karitätsethik der benachbarten Königtümer die Paränese der Thoralehrer beeinflußt hatte. Die Lebensführung der Reichen und Vornehmen war ersichtlich weder kultisch noch ethisch einwandfrei. Ihr Prestige sank überdies durch Abnahme der Machtstellung des Staates. Schon bei Zephanja findet sich die Armut des beim Strafgericht übrigbleibenden Volks mit seiner Frömmigkeit in Beziehung gebracht. Aber der Standpunkt der vorexilischen Ethik war sonst eine solche positive Schätzung der Armen als der Frommen nicht. Der Arme, Kranke, Bresthafte, die Waisen, Witwen, Metöken, Lohnarbeiter waren Objekte der pflichtmäßigen Karität, nicht aber selbst Träger höherer Sittlichkeit oder einer spezifischen religiösen Würde. Die Herrschaft der Plebejer galt als Strafgericht. Immerhin wurde unter dem Einfluß der levitischen Paränese Jahwe zunehmend als ein Gott angesehen, der den Elenden und Bedrückten zu ihrem Recht verhilft, ohne daß natürlich dabei irgend etwas wie ein naturrechtlicher Gleichheitsanspruch anklänge. Aber allerdings wurde bei der prophetischen und deuteronomischen Konzeption Jahwes als eines Gottes, der vor allem die Hoffart haßt, die spezifisch plebejische Tugend der Demut zunehmend ausschließlich geschätzt. Von diesen Vorstellungen aus und auf Grund der von ihm konsequent zu Ende geführten universalistischen Gotteskonzeption zog nun im Elend des Exils Deuterojesaja die Linien zu Ende. Bei ihm ist der Reiche als solcher an einer Stelle (53, 9, freilich unsicherer Lesart) derart mit dem Gottlosen identifiziert, daß von dem Gottesknecht einfach gesagt wird, er sei (trotz seiner Gerechtigkeit) wie ein Reicher gestorben. Gerade die Frommen des Exils sind oft von den Feinden bedrängte und mißhandelte Leute. Dafür schuf Deuterojesaja, da die Begründung durch die Taten der Vorfahren nicht mehr akzeptiert wurde, eine neue Theodizee. Jahwe ist ihm Weltgott. Die Existenz der anderen Götter wird nicht unbedingt geleugnet, aber Jahwe wird sie vor seinen Stuhl fordern und ihre angemaßte Würde zunichte machen. Jahwe allein ist der Weltschöpfer und Lenker der Universalgeschichte, deren Gang sich nach seinen verborgenen Absichten vollzieht. Das schmähliche Schicksal Israels aber ist eines und zwar das wichtigste der Mittel zur Verwirklichung weltweiser Heilspläne. Zunächst für Israel selbst ist es Läuterungsmittel (Jes. 48, 10). Nicht wie man Silber abscheidet, läutert Jahwe seine Getreuen, sondern im Ofen des Elends macht er es zu seinem auserwählten Volk. Aber: nicht nur um Israels selbst willen, wie in der gesamten sonstigen Prophetie, sondern auch um der anderen Völker willen. Dies Thema ist ausgeführt in den viel erörterten Liedern vom Gottesknecht ('ebed Jahwe). Die eigentümliche Konzeption dieser Figur schwankt wenigstens in der Fassung, welche der Text endgültig erhielt, offensichtlich zwischen einer Einzelgestalt und einer Personifikation des Volkes Israel oder vielmehr: seines frömmsten Kerns. Man hat für jene Einzelfigur neben mancherlei unannehmbaren Persönlichkeiten an den in jugendlichem Alter nach Babel geführten und nach langjähriger Kerkerhaft begnadigten und an die königliche Tafel gezogenen König Jojachin gedacht, mit dessen Befreiung aus der Gefangenschaft das Königbuch abschließt. Indessen, wenn man nicht die einzelnen Lieder auf ganz verschiedene Träger der Gottesknechtsqualität beziehen will, so ist weder diese, noch irgendeine andere Annahme wirklich zwingend und kann auch die Frage, ob Einzelperson oder Kollektivpersonifikation, nicht einheitlich beantwortet werden. Schicksale und Leiden, die seinem Publikum allbekannt und alltäglich waren, vor allem die durchbohrten Knöchel der Gefangenen, scheint der Verfasser mit Zügen einer eschatologischen Gestalt ungewisser Herkunft verknüpft zu haben und es ist offenbar absichtsvolle Kunstform, wenn er zwischen jenem persönlichen Träger des Leidensschicksals und dem leidenden Kollektivum derart hin- und hergleitet, daß selbst im Einzelfall zuweilen schwer zu sagen ist, welche Deutungsmöglichkeit vorschwebte. Israel ist der Knecht Jahwes, heißt es (49, 3) und schon vorher (48, 20) wird gesagt, daß Jahwe seinen Knecht Jakob erlöst habe. Aber unmittelbar nach der ersten Stelle ist (49, 5. 6) der Knecht Jahwes dazu berufen, Jakob zu bekehren und die Stämme Israels wieder aufzurichten. Denn Jahwe hat ihm die Zunge eines Jüngers gegeben, um zu den Ermüdeten zur rechten Zeit zu reden (50, 4), und auch weiterhin wird (53, 11, in freilich unsicherer Lesung) seine Erkenntnis als Quelle des Heils hingestellt. So pflegte von Propheten oder Thoralehrern gesprochen zu werden, und man wird daher in dem Gottesknecht eine Personifikation der Prophetie zu finden geneigt sein. Dies um so mehr, als die Weissagung des Schriftstellers, der die Magie und Astronomie der babylonischen Weisen kennt und ablehnt, weiter dahin geht, daß der Gottesknecht zum Licht für die Heiden bestimmt sei und zum Heil bis an das Ende der Welt (49, 6.). Daß es das gewaltige Selbstgefühl der Prophetie ist, welche sich angesichts der bevorstehenden Erfüllung der alten Verheißungen durch Kyros hier als übernationale Universalmacht fühlt, dafür sprechen auch andere Stellen und die Natur der Sache selbst. Unleugbar klingen andererseits manche Stellen so, als handle es sich um einen Herrscher, nicht einen Propheten. Aber ein Hierokrat und Volksführer war der Archetypos der Prophetie, Mose, auch gewesen, und gerade die Exilszeit hatte die Figur des weisen Priesterfürsten Melchisedek wieder hervorgesucht. Dem Gottesuniversalismus entsprach die Weltmission. Wenn auch Deuterojesaja selbst sich mit ihr nicht im einzelnen befaßt, so ist es doch nicht zufällig, daß der spätere

Zusammensteller des jetzigen Jesajabuchs unmittelbar an seine Schrift die jenes nachexilischen anonymen Schriftstellers (Tritojesaja) angeschlossen hat, des energischsten Vertreters der religiösen Weltpropaganda und der religiösen Gleichwertigkeit aller Proselyten, wenn sie sich Jahwes Ordnungen fügen. (Jes. 56, 6. 7.) Aufgabe und Ehre der Weltmission ist in der Tat schon bei Deuterojesaja ideell begründet und er ist zugleich unter den Heilspropheten derjenige, welcher verhältnismäßig am wenigsten von einer sozialen Überordnung der Juden über die anderen Völker als Heilsziel redet oder Rache an den Feinden verheißt, wie fast alle anderen es tun, auch Tritojesaja wieder (60, 10. 14. 15), der die Untertänigkeit der Heiden als Ausgleich für die lange Schande Israels in Aussicht stellt. Auch Deuterojesaja verkündet zwar ausführlich das Strafgericht über Babel (Kap. 47), Erniedrigung und Vergeltung gegen die Feinde Israels (49, 23. 26 und sonst). Aber dies ist nicht der Kern seiner Heilsweissagung. Auch bei ihm hat Gott sein Angesicht vor Israel verborgen wegen der Gottlosigkeit der Väter und er ermahnt, den Herrn zu suchen, sich zu bekehren und gottlose Wege und Gedanken zu meiden (55, 6. 7). Aber diese Wertung des Elends als Strafe für Sünden, wie ebenso jene bei diesem Propheten nur gelegentlich angedeuteten Mahnungen zur Buße treten weit zurück hinter einer ganz anderen und positiven soteriologischen Bedeutung des Leidens als solchen. Und zwar gerade, im schärfsten Gegensatz zur vorexilischen Prophetie: des unschuldigen Leidens. Auch da wieder schwankt die Ausdrucksweise so, daß bald Israel oder die Prophetie als Träger dieses heilsbedeutsamen Leidens gedacht erscheint, bald eine eschatologische Einzelgestalt. Die Leute, welche Gerechtigkeit und Lehre (Thora) kennen, werden ermahnt, die Schmähungen und Drohungen der Welt nicht zu fürchten (51, 7), und in der ersten Person rühmt der Prophet, daß er, dem der Herr die Gabe der Lehre gegeben hat (50, 4), seinen Rücken den Schlagenden und sein Gesicht den Raufern geboten und sein Antlitz nicht vor Schmach und Speichel verborgen, sondern zum Kieselstein gemacht habe (50, 6. 7), da er ja wußte, daß der Herr mit ihm sei und ihn nicht zuschanden werden lasse. Hier scheint also unter dem Gottesknecht offenbar die Prophetie als solche verstanden zu sein. Aber in den weiteren Liedern wird die Gestalt wieder ausgesprochen persönlich und soteriologisch gewendet. Viele entsetzen sich über den Knecht Jahwes, weil er häßlicher ist als andere (52, 14, von manchen Gelehrten als Glosse angesehen). Er ist der allerverachtetste, von allen Menschen verlassenste, voll Schmerzen und Leiden, einer, vor dem man sein Antlitz verbirgt, weil man ihn für nichts rechnet (53, 3. 4) und weil man ihn für einen von Gott zur Strafe Gezeichneten und Geschlagenen hält. Wir hielten ihn dafür, heißt es, – so daß hier, je nachdem, das verachtete Israel oder dessen vom eigenen Volk verschmähte Propheten personifiziert sein könnte. Daß der Gottesknecht (53, 13) für die Übeltäter bittet, ist kein für die Stellung der Prophetie neuer Gedanke. (Jer. 15, 1; Hes. 14, 14.) Daß er sein Leben hingibt, um der Vielen Sünden zu tragen, könnte allenfalls, wenn auch mit großen Schwierigkeiten, noch an der Grenze dessen stehen, was auch von altisraelitischen Gottesmännern, wie Mose, geglaubt wurde, der sein eigenes Leben darbietet, wenn seinem Volke nicht vergeben werden sollte (Ex. 32, 32). Stellvertretendes Sühnopfer war an sich ein auch in Altisrael heimischer Gedanke. Schon für Hesekiels ekstatische Krampfzustände findet sich einmal (4, 5) die Vorstellung, daß der Prophet die vielen Jahre von Schandtaten Israels durch ebensoviele Tage der Lähmung abbüßen müsse für sein Volk, welches den Heiden zum Spott dahingegeben sei (5, 15). Bei Deuterojesaja wird aber der volle Nachdruck darauf gelegt (53, 12), daß der Gottesknecht um seines Leidens willen zu den Sündern gezählt und bei den Gottlosen verscharrt wurde, obwohl er nicht zu ihnen gehörte. Dadurch eben trug er die Sünde vieler, daß er um unserer Sünden willen durchbohrt und geplagt war, daß Jahwe die Strafe auf ihn legte (53, 5. 6) und seine heilbringende Leistung wird darin gefunden, daß er bei den Martern seinen Mund nicht auftat, wie ein Lamm, das zur Schlachtbank geführt wird und seine Seele, d. h. sein Leben zum Schuldopfer hingab (53, 7. 10). Nicht daß er geopfert wurde oder sich opferte, sondern daß er seinerseits noch dazu als Sünder und unter Gottes Zorn stehend galt, ist dabei, wie später bei Hiob, das Höchstmaß des Leidens. Von den einmal durch Deuterojesaja aufgenommenen Gedankenzusammenhängen aus sind diese Konzeptionen nichts derart Heterogenes, daß die Annahme von Vorstellungen fremder Provenienz irgendwie zwingend wäre. Sie erscheinen an sich nur als konsequente Zusammenfassung und rationale Umdeutung schon vorhandener Ansätze. Die rein äußerlichen Schilderungen, namentlich die Durchbohrung, legen an sich nur nahe, an einen jüdischen Märtyrertypus zu denken. Aber gewiß kann es nicht als unmöglich gelten, daß eine eschatologische Gestalt einer Volksmythologie mit vorgeschwebt hat, welche, wenn es sich so verhielte, ihrerseits einem der verbreiteten Kulte, sei es des Tammuz (wie vielfach angenommen wird), sei es eines anderen sterbenden Gottes, etwa des im Zusammenhang mit dem gleichen Bilde vom Durchstochenen bei Deuterosacharja (12, 10) erwähnten Hadad Rimon von Megiddo entstammen würde. Aber wenn wirklich eine solche Übernahme oder Beeinflussung vorliegen sollte, was durchaus zweifelhaft bleibt, so wäre die grundstürzende Umprägung des Sinnes nur um so eindrucksvoller. Jede Beziehung zu Sünden einer Gemeinschaft und zu dem soteriologischen Zweck, sie zu sühnen, fehlte ja diesen sterbenden Göttern. Ganz anders hier. Der aus mythologisch konstruierten kosmischen oder theogonischen Gründen sterbende Gott oder Gottessohn ist, dem Wesen des Jahwismus entsprechend, ein als Schuldopfer sich selbst darbringender Gottesknecht geworden. Der Erlöser ist nicht der sterbende Gottesknecht, sondern Jahwe selbst (54, 8), der nun, den Verheißungen anderer Propheten entsprechend, mit seinem Volk einen Friedensbund schließt ewiger als die Berge (54, 10), die Gnade Davids erneuernd (55, 3). Das schuldlose Martyrium des Gottesknechts ist für Jahwe das Mittel, dies tun zu können.

Darin liegt das für die überlieferten Vorstellungen in der Tat Fremdartige. Warum bedarf es dieses Mittels? Nicht sind meine Gedanken euere Gedanken, noch meine Wege euere Wege (55, 8). Also wohl: ein nur dem Kreise der Eingeweihten verständliches Mysterium, was wiederum für die Beeinflussung der Phantasie des Propheten durch irgendeinen eschatologischen Mythos spricht.[32] Allein, wie man oft hervorgehoben hat: Die ethische Wendung dieser Soteriologie fehlte allen bisher bekannten Mythologemen von sterbenden oder auferstehenden Vegetations- oder anderen Göttern und Helden. Sie alle pflegten vollkommen unethisch zu sein. Diese Wendung war also, soviel ersichtlich, geistiges Eigentum des Propheten. Ihre Art und Weise will aber richtig gesehen werden. Sie liegt nicht oder doch nur ganz nebenher in der, gemäß prophetischer Tradition, auch von Deuterojesaja erwähnten Funktion des Leidens als Strafe früherer Sünden. Vielmehr wird, je mehr die Gottesknechtsgestalt in den Vordergrund tritt, desto nachdrücklicher betont, daß sein Leiden unverdient war. In der Tat waren ja doch die anderen Völker und die Gottlosen gewiß nicht besser als das leidende auserwählte Volk Jahwes. Auch auf den Bruch der alten berith legt gerade dieser Prophet weniger Gewicht als andere. Er knüpft dagegen, was bei den früheren Propheten seltener geschah, an die Verheißungen für Abraham (51, 2) und Jakob an. Aber auch das ist peripherisch. Nicht die Verheißungen und nicht die berith, sondern die Frage der Theodizee des Leidens Israels unter ganz universellen Gesichtspunkten eines weisen göttlichen Weltregiments ist ihm Problem. Was ist unter solchen Fragestellungen nun für ihn der Sinn seiner Verklärung des Leidens, der Häßlichkeit und des Mißachtetseins? Es ist selbstverständlich nicht Zufall, sondern Absicht, daß der Prophet die eschatologische Person immer wieder in eine Personifikation Israels oder der Prophetie hinübergleiten läßt und umgekehrt, und daß infolgedessen Israel bald als Träger, bald als Objekt der Erlösung erscheint. Der Sinn des Ganzen ist eben: die Verklärung der Pariavolkslage und des geduldigen Ausharrens in ihr. Dadurch wird der Gottesknecht und das Volk, dessen Archetypos er ist, zum Heilsbringer der Welt. Mochte jener also als persönlicher Heiland gedacht sein, so war er es eben doch nur dadurch, daß er die Parialage des Exilsvolks freiwillig auf sich nahm und das Elend, die Häßlichkeit, das Martyrium klaglos und widerstandslos duldete. Alle Elemente der utopischen evangelischen Predigt: widersteht nicht dem Übel mit Gewalt, sind hier vorhanden. Die Pariavolkslage als solche und ihr gehorsames Erdulden wird dadurch zur höchsten Staffel der religiösen Würde und Ehre vor Gott erhoben, daß sie den Sinn einer welthistorischen Mission empfängt. Diese

[32] Die *Berufung vom Mutterleibe an* (49, 1) entspricht babylonischer Königsterminologie einerseits, der providentiellen Berufung Jeremias im Mutterleib (Jer. 1, 5) andererseits. In der Diktion des Schriftstellers hat Sellin (a. a. O., S. 101 ff.) starke Anklänge an babylonische Hymnen und Klagelieder überzeugend nachgewiesen (vgl. übrigens schon Kittel Z. f. A. T. W. 1898: Cyrus und Deuterojesaja).

enthusiastische Verklärung des Leidens, als des Mittels, der Welt zum Heil zu dienen, ist dem Propheten offenbar die letzte und in ihrer Art höchste Steigerung der Verheißung an Abraham, daß sein Name dereinst ein Segenswort für alle Völker werden soll.

Die spezifisch miserabilistische Ethik des Nichtwiderstandes lebte in der Bergpredigt wieder auf, und die Konzeption vom Opfertod des schuldlos gemarterten Gottesknechts half die Christologie entbinden.[33] Freilich nicht diese Konzeption allein, sondern in Verbindung mit der späteren Apokalyptik: der Menschensohnlehre[34] des Danielbuchs und anderen Mythologemen. Aber immerhin, das Kreuzeswort: Mein Gott, mein Gott, warum hast du mich verlassen, bildet den Anfang des 22. Psalms, der von Anfang bis zu Ende Deuterojesajas Miserabilismus und Gottesknechtsprophezeiung verarbeitet.[35] Wenn tatsächlich nicht erst der christliche Gemeindeglaube, sondern Jesus

33 Die Perikope vom Gottesknecht ist besonders stark bei den Synoptikern und in der Apostelgeschichte, demnächst im Römer- und ersten Korintherbriefe, aber auch bei Johannes benutzt. 1. Kor. 15, 3 ergibt, daß die Vorstellung von dem als Sühnopfer sterbenden Heiland dem Paulus schon durch Tradition vorlag. Die Bezugnahme auf die prophetische Verkündigung findet sich als von Jesus ausgesprochen Matth. 26, 24 (= Jes. 53, 7. 8). Daß Jesus der Erwählte (Luc. 9, 35 = Jes. 53, 12), das Wohlgefallen Gottes (Matth. 3, 17 = Jes. 42, 1), sündlos (Joh. 8, 46 = Jes. 53, 5), das Lamm Gottes (Joh. 1, 29. 36 = Jes. 53, 4 f.), das Licht der Völker (Joh. 1, 5 = Jes. 42, 6 f.), berufen, die Mühseligen zu erquicken (Matth. 11, 28 = Jes. 55, 1 f.), in Niedrigkeit gelebt habe (Phil. 2, 7 = Jes. 53, 2. 3), Verkennung (Act. 8, 32 f. = Jes. 53, 7. 8), Anklage (Math. 26, 63) und Mißhandlung (Matth. 27, 26) schweigend wie ein Lamm geduldet, Fürbitte für die Frevler eingelegt (Luc. 23, 34 = Jes. 53, 5 f.), als Lösegeld für die Sünden anderer gestorben (Matth. 20, 28 = Jes. 53, 10 f.) sei, dadurch Sündenvergebung erwirkt habe (Luc. 24, 47 = Jes. 53, 5 f.) und von Gott verherrlicht worden sei (Joh. 13, 31; 14, 13; Act. 3, 13 = Jes. 49, 5; 55, 5), wird in oft wörtlicher Parallele mit Deuterojesaja ausgeführt. Besonders charakteristisch ist Röm. 4, 25 (= Jes. 53, 12), wo Paulus die gänzlich mißverständliche Übersetzung der LXX zugrunde legt. Auch die Rolle der Apostel wird übrigens gelegentlich (Act. 13, 47 = Jes. 49, 6) mit deuterojesajanischen Bildern bezeichnet. Alle Stellen sind sehr bequem zusammengestellt bei E. Huhn, Die messianischen Weissagungen des israelitisch-jüdischen Volks II (1900).

34 Sehr oft wird statt des *Gottesknechts* einfach der *Menschensohn* eingesetzt, was den Weg der Übernahme (Mysterien) kennzeichnet.

35 Vers 17, wo von den *Händen und Füßen* geredet wird, ist in der Lesart verderbt. Es kann also fraglich sein, ob dort von Einschnürong oder Durchbohrung der Knöchel wie bei einem Gefangenen die Rede ist. Aber schon die Übersetzung der LXX scheint zu beweisen, daß es der Fall war. Und das gleiche zeigen die folgenden Verse, wo von der Verteilung der Gewänder und dem Loswerfen darüber gesprochen ist. Die christliche Gemeinde aber muß, vielleicht infolge der LXX, jenen Vers unbedingt auf eine Kreuzigung bezogen haben, denn die ganze Darstellung der Evangelien ist offensichtlich durch Psalm 22 beeinflußt. Danach ist es doch recht wahrscheinlich, daß der *Durchbohrte* des Deuterojesaja hier vorgeschwebt hat, jedenfalls aber, daß die übliche Auffassung Psalm 22 so deutete, wie denn die christliche Gemeinde auch sonst die Gottesknechtslieder und diesen Psalm promiscue als Weissagungen auf Christus benutzt und die Darstellung der Passion danach geformt hat.

selbst diesen Vers auf sich angewendet haben sollte, dann würde dies nicht etwa, wie jenes Kreuzeswort merkwürdigerweise oft gedeutet worden ist, auf einen Tiefstand der Verzweiflung und Enttäuschung, sondern gerade umgekehrt mit Sicherheit auf ein im Sinn Deuterojesajas messianisches Selbstgefühl und die am Schluß des Psalms ausgedrückten Hoffnungen bei ihm schließen lassen.

Dagegen innerhalb der jüdischen kanonischen Literatur ist dieser Psalm das einzige vollinhaltlich an Deuterojesajas Soteriologie orientierte Erzeugnis, während allerdings einzelne Zitate und Anklänge an ihn in den Psalmen sich mehrfach finden. Zwar die deuterojesajanische Stimmung, das Wurmgefühl (41, 14) und die positive Wertung der Selbsterniedrigung und Häßlichkeit hat weithin im Judentum nachgewirkt, wie sie später im Christentum bis in den Pietismus hinein ihre Folgen gehabt hat. Dagegen ist die Konzeption des leidenden und für die Sünden anderer als schuldloses Opfer freiwillig sterbenden Gottesknechts im Judentum zunächst gänzlich verschollen, und zwar offenbar sofort. Das erklärt sich aus den Ereignissen. Nach Deuterojesajas Meinung sollte die Erlösung und also der Lohn des leidenden Gehorsams unmittelbar bevorstehen. Er sah (45, 1) den Gesalbten des Weltgottes, Kyros, vor den Toren Babels, das er vernichten werde. Aber Babel blieb stehen und Kyros verhielt sich wie sein legitimer König. Freilich: die Rückkehr aus dem Exil fand statt. Aber die Verhältnisse gestalteten sich nicht so, daß man sie als Zustand der Erlösung empfunden hätte. Und es war ja auch an sich unmöglich, daß diese Theodizee eines theologischen Denkers Gemeingut eines Gemeindeglaubens wurde, so wenig wie dies den Erlösungskonzeptionen indischer Intellektueller widerfuhr. Zwar der zu Unrecht durchstochene und am Ende der Tage belohnte Gerechte als Bild für Israel findet sich bei Deuterosacharja und in den Psalmen. Im Danielbuch (11, 33 und 12, 3) und vor allem in dem apokryphen Weisheitsbuch ist Deuterojesaja ausgiebig benutzt. Dem Stande der Verfasser entsprechend sind dort die Weissagungen vom Leiden und der dann wieder eintretenden Erhöhung des Gottesknechts auf die Thoralehrer oder das gerechte Volk Israel bezogen worden. Aber die Benutzung ist ganz unvollständig und vor allem findet sich für die Annahme eines durch sein freiwilliges und klagloses Leiden die Sünden des Volkes Israel oder gar der ganzen Welt sühnenden Dulders kein Anhalt. Hiob weiß von der deuterojesajanischen Art von Theodizee des Leidens und von dessen Gottwohlgefälligkeit nicht das mindeste und vollends die naive Messiashoffnung des Volksglaubens hat niemals daran angeknüpft. Das gleiche gilt von der frührabbinischen Literatur. Sie kannte wohl einen im Krieg fallenden, aber nicht einen als Heiland leidenden Messias. Erst im Talmud (b. Sanh. 98 b) findet sich eine solche Gestalt und erst seit etwa dem 3. Jahrhundert n. Chr. scheint die Lehre vom leidenden Messias und von der Verdienstlichkeit des Leidens rein als solchen unter schwerem Druck wieder in den Vordergrund zu treten.[36] Bis dahin blieb nur der namentlich durch

[36] Hierzu Dalmann, Der leidende und sterbende Messias der Synagoge im ersten nachchristlichen Jahrhundert (Schriften des Inst. Jud. IV, Berlin 1888). Das stellvertretende

einige Psalmen vermittelte und verstärkte Stimmungsgehalt jener, wie sich aus den wiederholten Zitaten ergibt, wohlbekannten deuterojesajanischen Stellungnahme zum klaglosen Leiden das, was nachhaltig wirkte. Das duldende und harrende Pathos der Parialage und die fremden Augen, mit denen die Juden durch die Welt gingen, hatten an diesem außerordentlichen Buch ihre stärkste innerliche Stütze, bis dieses Produkt der Exilszeit in dem werdenden Christusglauben als stärkstes Ferment wirkte.

Daß die Propheten der Exilszeit und ebenso ein beträchtlicher Teil der nachexilischen, religiöse Schriftsteller und nicht mehr aktuelle religionspolitische Demagogen waren und nach den Zeitbedingungen sein konnten, hat auf die Stilform nicht nur, sondern auch auf die Auffassung vom prophetischen Charisma seine Konsequenzen gehabt. Die ältere Prophetie spricht im allgemeinen[37] nicht, wie die Terminologie der alten nordisraelitischen Ekstatiker, von einer Innewohnung des Geistes (ruach) Jahwes im Propheten. Wir sahen, daß ihr diese Vorstellung fernlag. Leibhaftig redet des Gottes Stimme zu ihnen, oder aus ihnen, gewissermaßen durch sie als Instrumente hindurch, die sich seinen Reden nicht widersetzen können, und wo der Gott selbst ein Geist genannt wird, geschieht dies, um seine weite Distanz vom Menschen zu kennzeichnen. Die Hand Jahwes packt den Propheten unmittelbar, er redet, wie Jesaja, die Thora Gottes. Das zwar nicht allein Vorherrschende, aber doch Charakteristische bei ihnen allen ist also ein freilich durch bestimmte Vorstellungen von den Beziehungen zwischen Gott und Menschen in seiner Ausdeutung bestimmter und in seinen Äußerungen gebändigter aktuell und sehr emotional ekstatischer Habitus. Darin trat mit dem Wegfall der politischen Aktualität Wandel ein. Schon in den Spätorakeln Hesekiels ist alle ursprüngliche Wildheit von ihm abgefallen. Bei Deuterojesaja ist von emotionaler Ekstase nichts zu spüren. Bei Tritojesaja (61, 1) ist der prophetische Geist des Herrn Jahwe (ruach adonai Jahwe) als ein dauernder Habitus über dem Propheten und treibt ihn, zu lehren. Aktuelle emotionelle Zustände finden sich immer wieder dann, wenn politische Entschließungen der unmittelbaren Gegenwart zu beeinflussen waren oder der Rachedurst gegen die politischen Feinde sich entlud, wie bei der Winzervision Tritojesajas. Aber selbst die aktuelle Heilsprophetie der Serubbabelzeit unterscheidet sich im prophetischen Habitus von der vorexilischen Prophetie. Nachtgesichte, d. h. Traumvisionen, welche diese abgelehnt oder doch als minderwertig angesehen hatte, treten wieder in den Vordergrund wie bei den alten Sehern: Sacharja war eben ein Priester und kein Demagoge. Und der Geist, der bei Haggai, dann bei Joel und Deuterojesaja wieder eine Rolle spielt, ist teils ein Theologumenon zur Vermeidung der alten, jetzt peinlich empfundenen Leibhaftigkeitsvorstellungen, teils aber eine prophetische

Leiden an sich war dagegen der rabbinischen Zeit ein durchaus geläufiger Gedanke (4. Makk. 6, 29; 17, 22).

37 Bei Hosea ist der Prophet der *Mann des Geistes*.

Zukunftshoffnung geworden. Vor allem: Träger dieses Geistes ist die Gemeinde. Die (vielleicht aus Überarbeitung stammende) Erklärung Jahwes bei Hesekiel (39, 29), daß er auf das Haus Israel seinen Geist ergossen habe und deshalb in Zukunft nach dem Kommen des Heils nicht mehr von ihm abwenden werde, ist bei Deuterojesaja (44, 3) in eine Zukunftsverheißung, seinen Geist, das heißt (wie 42, 1 angibt): den Geist der Prophetie, auf den Samen Israels ergießen zu wollen, verwandelt. Das gesamte Volk im Lande ist Träger des Geistes. Wenn Tritojesaja (63, 10. 11) von der Verletzung des in der mosaischen Zeit von Jahwe unter das Volk gegebenen heiligen Geistes durch dessen Missetaten spricht und schon bei Haggai (2, 6) die Wiederkehr des Geistes Jahwes, unter Bezugnahme auf Jahwes Versprechen beim Auszug verheißen wird, so ist nach dem Wortlaut wohl nicht an das Ergriffenwerden der 70 Ältesten vom ekstatischen Prophetengeist (Num. 11, 25) gedacht, sondern an die spezifische Heiligkeit des bundestreuen Volks (Ex. 19, 5) als Dauerhabitus. Aber allerdings hatte die priesterfeindliche (korachitische) Theorie der vorexilischen Zeit die gleichmäßige Heiligkeit und charismatische Qualifikation aller Gemeindeglieder, nicht nur der Priester, daraus abgeleitet.

Bei den Propheten der nachexilischen Spätzeit, Joel (3, 1) und Deuterosacharja (12, 10) nimmt dann auch die Geisteskonzeption wieder wesentlich andere Formen an. Deuterosacharja zwar stellt der Gemeinde, den Bürgern (joscheb) von Jerusalem und den Davididen an ihrer Spitze, nur den Geist des Gebets für den Tag Jahwes in Aussicht. Aber dieser soll sich manifestieren in der leidenschaftlichen, nach Art der Vegetationskulte gearteten Klage um den Durchbohrten, offenbar wieder jene deuterojesajanische eschatologische Gestalt des frommen Gottesknechts und Märtyrers, also: in ekstatischen Bußeausbrüchen. Bei Joel aber ist es der alte ekstatische emotionale Prophetengeist, der vor Beginn jenes Tages Jahwes, an dem nur die, welche Jahwes Namen anrufen, gerettet werden, über alle Gemeindeglieder, ihre Söhne, Töchter, Knechte und Mägde ergossen werden, Träume bei den Ältesten, Visionen bei der Jungmannschaft hervorrufen und die Kinder weissagen lassen soll. Hier ist zweifellos auf die alten Traditionen über die Laienekstase zurückgegriffen und die Endhoffnung also an die Wiederkehr des Universalismus der Prophetengabe geknüpft. Die Konzeption ist für die Entwicklung des Christentums wichtig geworden. Unter Berufung auf diese ausführlich zitierte Stelle wird (Art. 2, 16ff.) über das Pfingstwunder berichtet. Auf dieses Wunder legte offenbar nur um ihretwillen, weil danach das Bevorstehen des (christlich verstandenen) Tages des Herren, wie Joel es angekündigt hatte, sicher schien, die christliche Mission so großes Gewicht. Für die urchristliche Frömmigkeit war durch diese und nur diese Stelle in der jüdischen prophetischen Literatur der Geist als eine ekstatische Massenerscheinung, wie sie für die christliche Gemeinde, im stärksten Gegensatz zur vorexilischen Prophetie, charakteristisch war, legitimiert.

Innerhalb der jüdischen Entwicklung zeigen solche Stellen nur, daß der genuine Geist der alten Prophetie im Schwinden war. Er schwand nicht etwa kraft einer immanenten psychischen Gesetzlichkeit geheimnisvoller Art. Sondern er schwand, weil die Polizei der Priestermacht innerhalb der jüdischen Gemeinde der ekstatischen Prophetie ganz ebenso Herr wurde wie das bischöfliche und Presbyter-Amt der pneumatischen Prophetie in der altchristlichen Gemeinde. Das ekstatische prophetische Charisma hat auch weiterhin im Judentum existiert. Die Visionen, welche Daniel und Henoch zugeschrieben werden, sind ekstatischen Charakters und ebenso zahlreiche Erlebnisse anderer Apokalyptiker, wenn auch der psychische Tatbestand sowohl, wie die Sinndeutung, gegenüber der alten Prophetie stark verschoben sind und vor allem die schriftstellerische Kunstform stark über das aktuelle emotionale Erleben die Oberhand gewinnt. Aber von all diesen späteren Schriften hat nur das Danielbuch sich offizielle Anerkennung und später Aufnahme in den Kanon zu erzwingen gewußt. Alle anderen wurden toleriert, galten aber als unklassische Privatarbeiten oder geradezu als heterodox. Der Betrieb dieses Sehertums wurde damit Angelegenheit von Sekten und Mysteriengemeinschaften. Ebenso gab es aktuelle religionspolitische Prophetie bis in die Endzeit des zweiten Tempels. Der populären Meinung stand die Göttlichkeit der Prophetengabe fest und alle Propheten hatten Zulauf. Aber die Priester standen zu ihnen stets im Gegensatz. Der priesterlichen Reform Esras und Nehemias standen die Vertreter der politischen Prophetie feindlich gegenüber. Von den Orakeln solcher Propheten ist nichts erhalten: Die Priester rezipierten nur, was sich der priesterlichen Gemeindeordnung einfügte. Eine gewisse Diskreditierung des prophetischen Charisma war dadurch erleichtert, daß die Orakel einander widersprachen. Schon der Gegensatz der Orakel des Jesaja und Micha, Jesaja und Jeremia, Jeremia und Hesekiel hatte den Glauben erschüttern müssen, daß jede prophetische Ekstase als solche die Gewähr in sich trage, Trägerin göttlicher Verkündigung zu sein. Woran sollte man nun die Echtheit der Prophetie erkennen? Die Wundermacht hatten erfahrungsgemäß auch falsche Propheten besessen (Deut. 13, 3). Seit dem Deuteronomisten (18, 22) antwortete man auf jene Frage: am Eintreffen der Weissagung. Indessen das war für die Zeit bis dies sich entschied, also gerade für die Zeit auf die es ankam, kein Kriterium. Daher hatte Jeremia (23, 22) als zweites Merkmal angegeben, daß der Prophet nur dann echt sei, wenn er die Sünder korrigiere, also die Gemeinde an Jahwe und sein Gesetz binde, sonst sei er ein Lügenprophet – was wiederum in der zunehmenden Rolle des ethischen Kriteriums in der altchristlichen Gemeinde seine Parallele findet. Der festgefügte Respekt vor der Arbeitsleistung der levitischen Thora trug hier seine Früchte in der jüdischen wie später die Rezeption des Alten Testaments in der christlichen Gemeinde. Innerhalb der nachexilischen Gemeinde gelang es den Priestern, das Prestige der alten Nabi-Ekstase völlig zu brechen. Das Resultat liegt vor in Deuterosacharjas Verhöhnung der Propheten als der Träger des Geistes der Unreinheit (13, 1 ff.). Mit den Götzen werden am Tage Jahwes auch die Propheten aus dem Lande getrieben. Wer sich als solcher gebärdet, den werden seine Eltern als Betrüger entlarven und erstechen, er wird sich seiner Traumgesichte schämen, kein Haarkleid (Prophetenmantel) mehr anziehen, zugestehen, daß er ein Bauer ist und daß seine angeblichen Stigmata von den Nägeln von Huren herrühren. In der Form dieser schnöden Selbstverspottung der Prophetie zwang die priesterliche Redaktion diese gefährliche Konkurrentin, sich selbst das Leben zu nehmen. Wie in der christlichen Amtskirche, so galt fortan auch im offiziellen Judentum das prophetische Zeitalter als geschlossen, der prophetische Geist als erloschen: die überall bei voller Entfaltung der priesterlichen Hierokratie zu deren Sicherung gegen religiöse Neuerer eintretende Entwicklung. Der zuerst bei Tritojesaja in einer der nachdrücklichsten prophetischen Bußpredigten (63, 10. 11) auftretende Ausdruck ruach ha kodesch (in der LXX πνευμα το αγιον, heiliger Geist) wird in einem tief pessimistischen Bußpsalm (51, 13) wieder wie dort als ein Habitus des in Jahwes Gnade Stehenden aufgefaßt. Die Taube, das Symbol des verfolgten Israel (Psalm 74, 19), wird von den Rabbinen zugleich als Trägerin dieses Habitus gebraucht, der von dem christlichen emotionalen Pneuma innerlich ebenso tief verschieden ist, wie von dem alten Prophetengeist, den nach der späteren Lehre seit Maleachi niemand mehr erlangt hat. Auch jetzt noch kann zwar, wenn Gott es will, eine geheimnisvolle himmlische Stimme (bath kol) als lauter Ruf oder leises Flüstern gehört werden. Aber sie zu hören ist keine Prophetengabe. Denn sie ertönt Sündern je nach den Umständen ebenso wie Gerechten und Lehrern, in der Art wie auch im Neuen Testament, Unheil oder Glück und Größe kündend oder zur Bekehrung rufend. Sie zu hören ist kein Vorzugsbesitz Einzelner; man kann sie gar nicht besitzen oder von ihr besessen werden, wie einst die Propheten von Jahwes Geist. Sie zu vernehmen ist (Yoma 9 b) zwar eine Gnadengabe für Israel, aber eine mindere als der alte Prophetengeist.

Der zunehmende bürgerliche Rationalismus des in die (relativ) befriedete Welt zuerst des Perserreichs, dann des Hellenismus eingebetteten Volks hatte den Priestern diese Erstickung der Prophetie ermöglicht. Daneben die schriftliche Fixierung der maßgebenden Tradition und die dadurch bedingte Änderung der Lehre und Sittendisziplin. Als die politischen Ereignisse der Makkabäerzeit wieder das Auftreten von Leitern des Demos gegen die vornehme Priesterschaft und die hellenistische Indifferenz der Reichen und Gebildeten herbeiführte, hatten diese Demagogen daher ein gänzlich anderes Gepräge als die Propheten der Vergangenheit.

Die Gestaltung der Frömmigkeit in der nunmehr vom prophetischen Charisma entblößten jüdischen Gemeinschaft wurde abermals sehr wesentlich mitbestimmt durch jene soziale Gliederung, welche die Nehemia-Berichte erkennen lassen. Die Frommen, die chasidim, wie sie namentlich in der frühmakkabäischen Zeit, die ʻanawim, wie sie daneben in den Psalmen genannt wurden, die Hauptträger der nun beginnenden Entwicklung der jüdischen Religiosität, sind vornehmlich (wenn auch gewiß nicht ausschließlich) ein städtischer Demos von Ackerbürgern, Handwerkern, Händlern und stehen in der typisch antiken Art in oft äußerst schroffem Gegensatz zu den begüterten stadt- und landsässigen Geschlechtern, weltlichen sowohl wie priesterlichen. Das war an sich nichts Neues. Neu war nur der Grad und die Art, in welcher dieser Kampf sich jetzt äußerte. Schuld daran trug der wesentlich städtische Charakter des Demos. In der vorexilischen Prophetie noch lediglich Objekt der von den prophetischen und levitischen, insbesondere deuteronomistischen Kreisen gepredigten Karität, beginnen die Frommen jetzt ihrerseits sich auszusprechen und als Jahwes erwähltes Volk im Gegensatz zu ihren Gegnern zu fühlen. Die Stätte, an welcher in unseren Quellen ihre religiöse Stimmung am deutlichsten zum Ausdruck kommt, ist: der Psalter.

Nachtrag

Die Pharisäer

Der Pharisäismus als Sektenreligiosität – Die Rabbinen – Lehre und Ethik des pharisäischen Judentums – Der Essenismus, sein Verhältnis zur Lehre Jesu – Zunehmende rituelle Absonderung der Juden – Proselytismus in der Diaspora – Propaganda der christlichen Apostel

Seit der Makkabäerzeit vollzog sich jene überaus wichtige Umwandlung im Judentum, welche ihm schließlich den endgültigen Charakter aufprägte: die Entwicklung des Pharisäismus. Ihre Vorläufer reichen in die nationale Erhebung der Makkabäerzeit selbst zurück. Das zunächst im Mittelpunkt Stehende war die Reaktion gegen den Hellenismus[1], dem die oberen Schichten verfielen. Die Psalmen erwähnen die *Chasidim* als die *Frommen,* als diejenigen, heißt das, welche am Brauch der Väter festhielten. Sie waren die Anhänger des Judas Makkabäus, die einerseits – entgegen der ganz strengen Auslegung des Gesetzes – auch am Sabbat fochten, andrerseits besonders nachdrücklich die alte Gesetzestreue betonten. Es scheint irrig, in ihnen, den *Heiligen der alten Zeit* (Chasidim-ha-Rischonim), wie sie der Talmud nennt, eine besonders organisierte Sekte zu vermuten, obwohl einige Stellen[2] dies nahelegten; sondern die συναγωγη Ασιδαιων der Makkabäerbücher ist wohl einfach der kahal chasidim der Psalmen, die Versammlung des frommen, antihellenistisch gesinnten Volks, welches die Bewegung stützte.[3] Neben den *Zad 'kim* gedenken noch die 18 Segenssprüche der *Chasidim,* was allein schon gegen ihren Sektencharakter spricht. Gewisse Eigentümlichkeiten: So die Gepflogenheit, vor dem rituellen Gebet sich eine Stunde meditierend zu sammeln, werden ihnen immerhin zugeschrieben. Die Bewegung starb ab[4] als sich die Makkabäerherrschaft, notgedrungen, den Bedürfnissen eines weltlichen Kleinstaats akkommodierte und ausgeprägte Züge eines hellenistischen Kleinkönigtums annahm. Die Erkenntnis, daß dies politisch unvermeidlich sei, hat bei den Frommen damals geradezu die Überzeugung entstehen lassen, daß die Fremdherrschaft einem angeblich jüdischen, daher das nationale Prestige genießenden, aber unvermeidlich dem strengen Gesetz untreuen Judenkönig vorzuziehen sei, wie sie noch in der von den Frommen an Augustus nach Herodes Tode gerichteten Bitte, nicht den Archelaos zum Herrscher zu machen, zum Ausdruck kam. An Stelle der chassidischen trat seit jener Zeit die *pharisäische* Bewegung.[5]

[1] Die schwere Gefahr der Hellenisierung meint wohl Psalm 12, 2.
[2] S. Makkab. 7, 12.
[3] Einerlei ob ihre direkt militärische Leistung vielleicht, wie Wellhausen annimmt, gering war.
[4] Man rechnet ihr Ende gewöhnlich mit Joshua Katnuta.
[5] Über sie jetzt: Elbogen, Die Relig. Ansch. der Pharisäer, Berlin 1904.

Peruscha (Plural peruschim, aramäisch perixhaya, darnach das hellenische Φαρτσαιοτ) heißt jemand, der sich *fernhält,* – von unreinen Personen und Sachen natürlich. Dies war der Sinn auch der alten Chasidim-Bewegung. Aber die Pharisäer geben der Bewegung die Form eines Ordens, einer *Bruderschaft,* chaburah, in den nur aufgenommen wurde, wer sich vor drei Mitgliedern förmlich zur strengsten levitischen Reinheit verpflichtete. Nicht jeder freilich, der als *Pharisäer* tatsächlich lebte, trat auch, als chaber, in den Orden. Aber der Orden bildete den Kern der Bewegung. In allen Städten, wo Juden lebten, hatte er seine Verzweigungen. Seine Mitglieder beanspruchten, weil sie in der gleichen Reinheit lebten, die gleiche persönliche Heiligkeit für sich wie die korrekt lebenden und eine höhere als die unkorrekt lebenden Priester. Das Charisma des Priesters als solchen wurde entwertet zugunsten der persönlichen durch den Lebenswandel bewährten religiösen Qualifikation. Diese Wandlung ist naturgemäß erst allmählich eingetreten. Noch im 2. Jahrhundert, zur Zeit der Abfassung des Buchs der Jubiläen, waren die Gelehrten und Lehrer die religiösen Führer des Bürgertums, zum mindesten in aller Regel noch Angehörige priesterlicher und levitischer Geschlechter. Die gegenüber den nationalen und religiösen Erwerbungen der Frommen schwankende und oft anstößige, weil unvermeidlich zu politischen Kompromissen genötigte und geneigte Haltung der Aristokratie änderte diese Lage allmählich gründlich.

Das für das Judentum Entscheidende an der Bruderschaftsbewegung war: Nicht nur von den Hellenen, sondern auch und gerade von den nicht heilig lebenden Juden sonderten sie sich ab. Es entstand der Gegensatz der pharisäischen *Heiligen* gegenüber den 'am ha-arez[6], den *Landleuten,* den *Unwissenden,* die das Gesetz nicht kennen und nicht halten. Der Gegensatz wurde auf das äußerste gesteigert, bis an die Grenze der rituellen Kastenabsonderung. Der chaber muß sich verpflichten, einen Priester oder Leviten, der kein rituell rein lebender Jude, also ein 'am ha-arez ist, nicht in Anspruch zu nehmen, keine Tischgemeinschaft mit Heiden oder mit 'am ha-arez zu halten, Connubium und Assoziation mit ihnen zu meiden und überhaupt den Verkehr mit ihnen aufs äußerste einzuschränken. In dieser Schärfe war das eine Neuerung. Wohl nicht überall, aber selbstverständlich sehr oft war die Entstehung furchtbaren Hasses zwischen den Chaberim und dem 'am ha-arez die Folge: Die zornsprühenden Reden von Jesus von Nazareth gegen die Pharisäer geben davon Zeugnis genug. Hier also haben wir: die Sekte. Und zwar die interlokale Sekte, die Sekte, welche dem chaber, der in einen fremden Ort kam, mit Empfehlungsbriefen seiner Bruderschaft versehen, sofort Heimatsrecht in einer Gemeinschaft Gleichgesinnter verschaffte, die deshalb zu seinen Gunsten sozial (und, ungewollt, aber tatsächlich: auch ökonomisch) genau so wirkte, wie Sekten

[6] Der Name 'am ha-arez ist seit der Redaktion der Bücher Esra (IX, 1) und Nehemia (X, 31) technisch. Als eine religiös minderwertige *Masse* aber entstanden sie im Gegensatz zunächst zu den Chasidim, dann den Pharisäern, seit der Makkabäerzeit.

überall (am stärksten in den Gebieten der puritanischen und täuferischen Sekten der Neuzeit) gewirkt haben. Von den Pharisäern hat Paulus die Technik der Propaganda und der Schöpfung einer unzerstörbaren Gemeinschaft gelernt. Der gewaltige Aufschwung der jüdischen Diaspora seit der Makkabäerzeit und die völlige Unerschütterlichkeit ihres Bestandes durch die fremde Umwelt, von der sie sich absonderten, war zu einem sehr wesentlichen Teile das Erzeugnis ihrer Bruderschaftsbewegung. Ihre historische Bedeutung gerade für die Diaspora und für die Prägung der jüdischen Eigenart wird noch klarer, wenn wir die praktischen Leistungen der Pharisäer betrachten.

Der Gegner der Pharisäer war die jüdische Bluts-Aristokratie der großen patrizischen Geschlechter und vor allem: der Priesteradel der Zadokiden *(Sadduzäer)* und alles, was mittelbar an ihm hing. Gewiß nicht der Form und äußeren Haltung nach: auf das strengste hält gerade der fromme Pharisäer darauf, daß alles dem Priestergesetz entsprechend richtig verzehntet wurde. Aber der Sache nach. Schon durch die Forderung, daß der Priester im pharisäischen Sinn korrekt lebe, um Verwendung zu finden. Dazu traten nun die von den Pharisäern teils als Bruderschaft offiziell, teils unter dem Druck ihres Einflusses geschaffenen Gemeindeinstitutionen. Denn die *Gemeinde* wird jetzt Träger der Religion, nicht mehr das Erbcharisma der Priester und Leviten. Abgesehen von einer Reihe kleiner ritueller Differenzen trat dies in folgenden Neubildungen am deutlichsten hervor. Die Bruderschaften hielten ihre Eucharistien *(Liebesmahl)*, ganz ähnlichen Charakters und sicherlich vorbildlich für die späteren christlichen Institutionen gleicher Art. Auch die Segnungen der Mahlzeit bestanden schon ganz ähnlich. Die Pharisäer schufen ferner die sehr populäre Wasser-Prozession – ähnlich wie die Prozession der charitonitischen Gurus in Indien. Sie schufen vor allem: die Synagoge, die bald zu besprechende zentrale Institution des Spätjudentums, welche dem Diaspora-Juden den priesterlichen Kult ersetzte, und den höheren und niederen Unterricht im Gesetz, der für die Prägung des Judentums grundlegend wurde. Langsam aber tiefgreifend änderten sie ferner den Sinn des Sabbat und der Feste. An Stelle des priesterlichen Tempelfests trat – ganz wie wir dies auch als Symptom der Emanzipation von den Brahmanen in Indien bemerkten – das häusliche oder synagogale Fest und damit eine unvermeidliche Entwertung des Opfers und des Priestertums, schon ehe der zweite Tempel fiel. Vor allem: man geht jetzt zum gesetzeskundigen Lehrer, nicht mehr zum Priester, wenn man in äußerer oder innerer Not oder im Zweifel über rituelle Pflichten ist. Die Entscheidungen der im pharisäischen Sinn gebildeten Soferim galten dem Juden als Gesetz, – Tod als Folge ihrer Übertretung. Aber dafür nimmt der Sofer auch das Recht in Anspruch, von Gesetz und Gelübden gegebenenfalls dispensieren zu können, eine begreiflicherweise höchst populäre Funktion. Und die Art, wie gerade der pharisäisch geschulte Sofer seine Entscheidungen gab, akkommodierte sich – bei aller Strenge der rituellen Reinheitsforderung – ganz wesentlich dem Interesse der bürgerlichen Schichten.

Insbesondre der Kleinbürger, in denen die Bruderschaften hier wie stets vornehmlich wurzelten. Die philosophische Spekulation wurde naturgemäß als gefährlich und vor allem als hellenistisch, abgelehnt. Man soll nicht über die Gründe der Ritualvorschriften grübeln, sondern sie einfach erfüllen: *Die Furcht vor der Sünde geht über die Weisheit.* Aber dieser Verwerfung des philosophischen Rationalismus ging ein praktisch-ethischer Rationalismus von jenem Typus zur Seite, wie ihn Kleinbürgerschichten zu entwickeln pflegen. Praktische Alltagsbedürfnisse und der *gesunde Menschenverstand* beherrschen die Art der Erörterung und Austragung von Kontroversen. Und diese waren gerade in der für die Prägung des Judentums entscheidenden Zeit: in den je zwei Jahrhunderten vor und nach Beginn unserer Zeitrechnung in überaus geringem Umfang *dogmatischen* Charakters (so daß die Existenz und selbst die Möglichkeit und religiöse Zulässigkeit einer jüdischen Dogmatik bisher prinzipiell strittig blieb), vielmehr durch und durch auf die Fragen des Alltags ausgerichtet. Wie die Propheten im Talmud wegen ihrer *Verständlichkeit* für jedermann hoch gewertet werden, so ist auch alle Talmud-Lehre unmittelbar verständlich, dem bürgerlichen Durchschnittsdenken angepaßt und in diesem Sinn *rational.* Überall haftete die sadduzäische Praxis am Buchstaben: z. B. an der wörtlichen Erfüllung des Talion: *Auge für Auge;* die pharisäische Praxis, wie sie etwa R. Simon ben Jochai repräsentierte, ging dagegen auf die *ratio* der Vorschriften ein und schaltete sinnwidrige Vorschriften aus oder deutete sie um (es wurde z.B. statt der Talion Buße nach Einigung zugelassen). Die pharisäische Praxis kam den ökonomischen Interessen der Frommen – die an ihnen als den Vertretern verinnerlichter Frömmigkeit hingen – entgegen: Namentlich die Übernahme der Ketubah-Verschreibung und anderer ehegüterrechtlicher Schutzmaßregeln scheint ihr Werk gewesen zu sein. Der ethische Rationalismus zeigt sich in der Behandlung der Tradition. Das *Buch der Jubiläen,* eine spezifisch pharisäische Leistung[7], retouchierte die gesamte Schöpfungs- und Erzväter-Geschichte im Sinn der Ausmerzung des Anstößigen. Auf der andern Seite aber paßte man sich dem überall in der Welt urwüchsigen Geisterglauben an. Die durch persische Einflüsse mitbestimmte gemeinorientalische Angelo- und Dämonologie, wie sie auch das antike Spätjudentum kennt, wurde ganz wesentlich unter pharisäischem Einfluß und durchaus entgegen den vornehmen Bildungsschichten akzeptiert. Neben der Akkommodation an gegebenen Massenglauben auch aus *rationalen* Gründen: der höchste Gott wurde dadurch von der Verantwortung für die Brüchigkeit und Unvollkommenheit der Welt wenigstens teilweise entlastet. Die Steigerung des Vorsehungsglaubens[8] und die

[7] Geschrieben Ende des 2. Jahrhunderts v. Chr. Charles, The Book of Jubilees, London 1902.

[8] Stets freilich hat wenigstens die orthodoxe heidnische Prädestination die behirah, die ethische Willensfreiheit: Wahlfreiheit zwischen Heil oder Verderben, unangetastet gelassen. Man hat es gelegentlich vorgezogen, Gottes Allwissenheit als eine nur bedingte vorzustellen, als daran zu rütteln.

starke Betonung der *Gnade* Gottes entstammt ähnlichen Motiven in andrer Wendung und entspricht den überall verbreiteten religiösen Tendenzen plebejischer Schichten. Der bürgerliche Charakter der die Religiosität vornehmlich tragenden Schichten erklärt auch die bedeutende Verstärkung, welche die Heilands- und Jenseitserwartungen unter dem Einfluß der Pharisäer erfuhren: Die messianische Hoffnung und der Glaube an Auferstehung der Toten zu einem bessern Leben wurden durchaus von Pharisäern getragen, und mindestens der letztere wurde von den vornehmen Sadduzäern unbedingt und entschieden abgelehnt.

Auf der andern Seite waren freilich die pharisäischen Ansprüche an den frommen Juden sehr bedeutende. Das *himmlische Königreich* sollte verbreitet werden, das *Joch*[9] dieses Königreichs (ol malkas schamajim) oder das *Joch der Gebote* (ol hamizwoth) mußte auf sich nehmen, wer daran teilhaben wollte. Das ist nur durch ein strenges Training möglich, wie es die pharisäischen Rabbinen in den Lehrinstitutionen des Spätjudentums anstrebten. *Heiligkeit* des Lebens wird verlangt. Rein um Gottes willen, nicht um Lohn und Vorteil, sollen seine Gebote gehalten werden. Vor allem aber: jene Gesetze, welche der strengen Scheidung der Frommen von den Heiden und *Auch-Juden* dienten. Beschneidung und Sabbatruhe galten nun um dieses ihres Sondercharakters willen, zur Unterscheidung von den andren als absolut zentrale Gebote und der Sabbat wurde, was die Schwere der Beurteilung seiner Verletzung anlangt, offenbar ganz wesentlich verschärft.

Und es ist auch klar und für unsere Zusammenhänge wichtig: in welcher Richtung. Das Pharisäertum war seinem Schwerpunkt nach bürgerlich-städtischen Charakters. Keine Rede davon, daß dies in persönlicher Hinsicht exklusiv der Fall gewesen wäre. Im Gegenteil: eine ganz erhebliche Anzahl der bedeutendsten talmudischen Rabbinen waren Grundbesitzer. Aber die Art der Heiligkeit, welche sie pflegten, und das Gewicht, welches auf die (hebräische, also: zunehmend fremdsprachliche) Bildung gelegt wurde, – wie wir noch sehen werden – und zwar nicht nur bei den Autoritäten, sondern bei jedermann, schloß es zunehmend aus, daß der Schwerpunkt ihrer Anhänger unter den Bauern gefunden werden konnte. Es ist kein Zufall, daß ‘am ha-arez, der Nicht-Pharisäer, eben ursprünglich der *Landmann* ist, daß auch die jüdischen Kleinstädte mindestens nicht führend sein konnten: *Was kann von Nazareth Gutes kommen?* Die chabarah, der pharisäische Orden, war ja ein Ersatz des bäuerlichen Nachbarverbands für nicht mehr bodenständige Stadtinsassen und als solcher deren äußeren und inneren Interessen adäquat. Die Umgestaltung des Judentums zu einem interlokalen wesentlich stadtsässigen, jedenfalls dem Schwerpunkt nach nicht bodensässigen Gastvolk ist ganz wesentlich unter pharisäischer Führung erfolgt.

Die im ganzen, doch sehr starke Verschiebung der jüdischen Religiosität

[9] So heißt es auch im täglichen Gebet, der *Schoma*.

haben die Pharisäer nur zum Teil kraft der Beherrschung der traditionellen Gewalten vollzogen. Unter Johannes Hyrkanus waren sie eine mächtige Partei, Salome Alexandra (78-69) lieferte ihnen den Sanhedrin aus, Aristobulos stieß sie wieder hinaus, während Herodes sich gut mit ihnen zu stellen suchte. Ihre endgültige Herrschaft begann mit dem Sturz des Tempels: Nunmehr wurde alles Judentum pharisäisch, die Sadduzäer eine heterodoxe Sekte. Aber schon vorher hatte Umgestaltung der religiösen Autorität begonnen, welche für ihre Herrschaft entscheidend war. Die Geburtsaristokratie hatte der *Bildungs*-Aristokratie zu weichen: Nachkommen von Proselyten sind oft die allerbesten Köpfe der Pharisäer gewesen. Vor allem aber ist der Machtaufstieg der Rabbinen ein Produkt der pharisäisch-bürgerlichen Entwicklung des Judentums. Die Rabbinen waren in den entscheidenden Zeiten der Entwicklung des Judentums, eine Schicht, wie sie nur im Christentum der ersten Zeit und in den christlichen Sekten sich – immerhin nur sehr entfernt ähnlich – wiederfinden.

Die Rabbinen sind nicht etwa eine *pharisäische Institution:* Sie haben mit der Bruderschaft formell nicht das mindeste zu tun. Aber sie hängen im Anfangsstadium ihrer Entwicklung auf das Engste mit jener Bewegung zusammen; die hervorragenden Lehrer der Epoche, in welcher die Mischnah entstand, waren, wenn nicht der Form, doch ihren Ansichten nach Pharisäer und der *Geist* des Pharisäismus bestimmte ihre Lehre. Vorweg zu bemerken ist, daß der Name *Rabbi* (von Rab, groß, also Rabbi = *Mein Meister),* soweit jüdische Quellen reichen, erst nach dem Tempelsturz[10] zum festen Titel wurde.[11] Vorher war *Sofer,* Schriftkundiger, eine Bezeichnung mit festem, sachlichem Inhalt, der *Lehrer* aber die Respektsperson. Es wird gleichwohl unbedenklich sein, den Ausdruck schon für die Zeit vor dem Untergang Jerusalems für die schriftgelehrten Autoritäten der Gemeinde zu brauchen, da die Anrede höchst wahrscheinlich zwar nicht nur, aber sicher auch und vor allem ihnen schon damals gegeben wurde. Was sind nun die *Rabbinen* in diesem Sinn?

Eine formelle Legitimation als *Rabbi* gab es erst seit der Entstehung des Patriarchats, d.h. also nach dem Tempelsturz: Die Rabbinen bedurften damals der förmlichen Ordination, und die Entstehung der mesopotamischen und palästinensischen Akademien schuf einen festen Bildungsgang. Von alledem war vorher keine Rede. Eine offizielle Legitimation der *Rabbinen* als solcher fehlte, soviel bekannt, durchaus. Die Tradition der durch Schriftkunde und rezipierte Schriftauslegung ausgezeichneten und anerkannten Soferim war das einzige Merkmal: Ihre persönlichen Schüler und wiederum deren Schüler galten als in erster Reihe qualifiziert. Die Persönlichkeiten, deren Aussprüche der Talmud zitiert, sind durchaus nicht nur Soferim oder geschulte Rabbinen: Im Gegenteil, mit einer gewissen Absichtlichkeit legt die Überlieferung gelegentlich gerade besonders feine Interpretationen der Thora und der

[10] Zuerst für Gamaliel den Älteren.
[11] Jüdischerseits wird deshalb Matth. XXIII, 7, 8 als *Anachronismus* erklärt.

Pflichtenlehre etwa dem Eseltreiber eines Rabbinen (Jonatham) in den Mund und läßt geschulte Rabbinen bei einem als fromm und daher weise bekannten Feldarbeiter (wie Abba Chilkijat) sich Rats erholen. Immerhin aber wird dies doch als etwas besondres angesehen. Es beweist, daß die Scheidung keine scharfe war, aber jener Eseltreiber wird doch ausdrücklich als ein *Unwissender* von dem Rabbinen unterschieden. Er ist kein Rabbi. Die Verhältnisse welche die Evangelien voraussetzen, zeigen ebenfalls, daß damals wenigstens eine nach außen fest geschlossene Organisation nicht bestand, sondern konsultiert wurde, wer sich tatsächlich durch das Charisma der Gesetzeskenntnis und Auslegungskunst legitimierte. Es wurde offenbar nur negativ, durch Repression, eingeschritten – sei es von den Priestern, sei es durch Selbsthilfe (Lynchjustiz) der Massen unter Führung von einzelnen oder (und wohl meist) der Pharisäergemeinde – wenn die Art der Auslegung anstößig war und eine hinlänglich starke Gegnerschaft fand. Die evangelischen Erzählungen zeigen, wie stark die Rücksicht auf die Popularität eines Lehrers war. Die offiziellen Instanzen scheuen vor dem Einschreiten selbst gegen offenkundige Irrlehre zurück, wenn *das Volk* an der Person des Lehrers hängt.[12] Die rein durch Schulung und daneben Schule gestützte, formell charismatische Autorität der rabbinischen Lehrer findet ihre Analogien in zahlreichen ähnlichen Erscheinungen, von den römischen respondierenden Juristen (vor der Zeit der Konzessionspflichtigkeit) bis zu den indischen Gurus. Indessen bestehen wichtige Unterschiede und diesen, also den besonderen Eigentümlichkeiten der Rabbinen, haben wir uns nun zuzuwenden.

Sie waren zunächst eine, dem Schwerpunkt nach, plebejische Intellektuellenschicht. Nicht, daß unter ihnen vornehme und wohlhabende Männer überhaupt gefehlt hätten. Allein jeder Blick in die Personalien der im Talmud als Autoritäten oder als exemplarisch angeführten Rabbinen (und andern Gewährsmänner) zeigt, daß in weitestem Umfang der Plebejer, bis zum Tagelöhner auf dem Felde herunter, das Wort führt und daß unter den Rabbinen selbst die Besitzenden und Vornehmen sich in geringer Minderheit befinden. Daran besteht für die Zeit der Komposition des Talmud und vorher keinerlei Zweifel. *Plebejer* waren nun zahlreiche Mystagogen und Sektenleiter anderer Religionen auch, wie wir sahen. Aber von ihnen unterschieden sich die (alten) Rabbinen vor allem dadurch, daß sie ihre Funktion als Berater und rituelle Rechtsfinder nebenamtlich, neben ihrem weltlichen Beruf, versahen. Das war kein Zufall, sondern Folge des strengen Verbots, das Gesetz gegen Entgelt zu lehren (und auszulegen).[13] Dies Verbot – welches wiederum in dem paulini-

[12] Im allgemeinen war dies freilich nur dann der Fall, wenn der Betreffende nicht nur Lehrer, sondern ein durch Wundermacht qualifizierter *Prophet* war.

[13] Auch bei indischen Gurus kam und kommt es gar nicht selten vor, daß sie im Hauptberufe etwa Händler oder Grundbesitzer und Rentner sind – aber für die jüdi-

schen: *Wer nicht arbeitet, soll auch nicht essen,* nur seine Fortsetzung fand, schloß erstens ihre Entwicklung zu Mystagogen indischen Gepräges völlig aus und gibt zweitens auch in immerhin wichtigen Punkten die Erklärung für manche Eigenart ihrer Lehre. Man hat die Berufsstellungen führender Rabbinen oft zusammengestellt. Wie begreiflich, finden sich zahlreiche Landbesitzer darunter. Sicherlich meist Landrentner, denn diese hatten die Muße, sich ganz dem Studium hinzugeben. Es fällt aber auf, daß gerade unter den bedeutendsten älteren Autoritäten des Talmud – also in der Zeit vor dem Tempelsturz – sich neben einigen – nicht sehr vielen – Kaufleuten vor allem gerade Handwerker: Schmiede, Sandalenmacher, Zimmerleute, Schuhmacher, Gerber, Baumeister, Wasserfahrer, Weinprober, Holzschläger finden und daß u.a. gerade die beiden ersten berühmten Schulstifter und scharfen Kontroversisten, Hillel d. Ä. und Shammai, Handwerker waren. Das sind also Leute genau derselben sozialen Schicht, der Paulus und die in seinen Briefen erwähnten Persönlichkeiten angehörten. Richtig ist, daß das jüdische Gemeinderecht der Talmudzeit den Rabbinen[14] Erleichterungen gewährt: Freiheit von Steuern und von den meisten (nicht allen) Fronden und das Recht des Vorverkaufs seiner Produkte auf dem Markt vor andern.[15] Indessen ganz abgesehen von der Frage, ob diese Privilegien schon in der Zeit des zweiten Tempels bestanden, so galt es auch später für durchaus in der Ordnung, daß der Rabbi seinen Unterhalt durch Arbeit verdiene. Ein Drittel des Tags soll er arbeiten, den Rest studieren, oder er arbeitet im Sommer und studiert im Winter. Auch gab es später mancherlei Arten der Umgehung: Es wurde gestattet, sich wenigstens bei richterlicher Tätigkeit, *Zeitversäumnis* (Lucrum cessans) ersetzen zu lassen und Geschenke werden naturgemäß immer vorgekommen sein. Immerhin leisteten bis zum 14. Jahrhundert etwa die jüdischen Rabbinen alle ihnen obliegenden Arbeiten im Prinzip ohne Entgelt, ursprünglich aber im *Nebenberuf. Besser ist Geldverdienst durch eigner Hände Arbeit, als der Reichtum des Rash galut* – des Kirchenhaupts! – *der von anderer Geld lebt,* galt für die alten Rabbinen als Maxime. Erwerbstätige und zwar zum immerhin erheblichen Teil dem Handwerk angehörige Leute also sind es, welche wir hier als geistige Träger einer Religiosität finden. Wir stoßen – von den wenigen Ansätzen im mittelalterlichen Indien abgesehen – hier zum erstenmal auf dieses Phänomen. Orientieren wir uns über seine Tragweite durch einen Vergleich mit anderen Schichten.

schen Rabbinen der älteren Zeit war es notwendig, ihren Unterhalt aus andern Quellen als dem *geistlichen* Beruf zu suchen, während der indische Guru in aller Regel mindestens auch, meist vorwiegend, von den Sporteln und Spenden lebte, die seine geistliche Funktion ihm eintrug. Dem Guru entsprach darin im (östlichen) Judentum nicht der Rabbi, sondern der neuchassidische charismatische Mystagoge, von dem später die Rede sein wird.

[14] Im Talmud heißt das: den ordinierten Rabbinen.

[15] B. B. 22 a.

Die Rabbinen[16] waren zunächst und vor allem: keine Magier oder Mystagogen. Dadurch unterschieden sie sich grundsätzlich von der großen Masse der indischen und ostasiatischen plebejischen Seelenhirten aller Art. Sie wirkten durch Belehrung in Wort und Schrift, diese durch Zauber, und ihre Autorität ruhte auf Kenntnis und intellektueller Schulung, nicht auf magischem Charisma. Dies war zunächst Folge der Stellung, welche die Magie überhaupt im nachprophetischen Judentum einnahm. In ihm ist die Vorstellung, daß man durch Zauber die Gottheit zwingen könne, radikal ausgerottet. Die prophetische Gotteskonzeption schloß diese Vorstellung ein für allemal aus. Die Magie in diesem ursprünglichen Sinn gilt dem Talmud daher als unbedingt verwerflich und gotteslästerlich. Als bedenklich oder verdächtig galt letztlich jede Form des Zaubers überhaupt. Freilich mit starken Einschränkungen. In den beiden Formen des Exorzismus und der Krankenheilung durch Wortzauber bestand die Magie weiter und wurde teils faktisch geduldet, teils geradezu als legitim angesehen: Hier handelte es sich nicht um Zwang gegen Gott, sondern gegen die Dämonen, und diese spielten gerade im Pharisäismus eine anerkannte Rolle, wie wir sahen. Allein ihr Betrieb gehörte nicht zu den irgendwie normalen Geschäften der Rabbinen. Das Charisma des Wunders im übrigen aber leugnete das Judentum, auch das pharisäische Judentum, zwar keineswegs. Die Evangelien lassen wiederholt die Juden, und ausdrücklich auch die Schriftgelehrten und Pharisäer, ein *Zeichen* von Jesus verlangen. Aber die Wundermacht haftet an dem Propheten, der sich dadurch als von Gott gesendet legitimiert, wenn er nämlich diese Gabe wirklich von Gott hat, und nicht von den Dämonen. Mit dem Prophetismus aber lebt das schriftgelehrte Rabbinentum in sehr naturgemäßem Spannungsverhältnis, welches jeder ritualistisch an einem Gesetzbuch orientierten Schicht von Wissenden gegenüber dem prophetischen Charisma eignet. Zwar wurde die Möglichkeit des Aufstehens von Propheten nicht geleugnet, – wenigstens ursprünglich nicht. Umso dringender wird vor falschen Propheten gewarnt. Entscheidend dafür war, daß die jüdische Prophetie ein für allemal daran gebunden war, Sendungsprophetie zu sein, im Auftrag des überweltlichen Gottes, nicht aber kraft eigner Göttlichkeit oder Gottbesessenheit zu verkünden. Ein solcher Prophet ist der, der *ohne Auftrag* redet und lehrt. Woran aber erkennt man das? Welches ist das Merkmal für Falschheit oder Wahrheit eines Propheten? Dafür war vor allem Jeremias (23, 9 ff.) in der rabbinischen Deutung maßgebend. Nicht nur ist der Prophet selbstverständlich unwahr, der falsche Götter lehrt oder dessen Prophezeiungen nicht eintreffen.[17] Sondern jeder Prophet ist an das Gesetz und Gottes Gebote gebunden und wer davon abtrünnig zu machen

[16] Gemeint sind, wo nichts andres gesagt ist, hier stets a priori: die Rabbinen der Epoche, mit der wir es hier zu tun haben, der Zeit, welche das Material für die Talmud-Komposition geliefert hat.
[17] Deut. 13, 2-3; 18, 20 f.

sucht, ist ein falscher Prophet. Vor allem also: nur wer das Volk von seinen Sünden bekehrt, kann wirklich von Gott gesendet sein. Denn nicht Visionen und Träume, sondern die Hingabe an die klar im Gesetz niedergelegten Befehle Gottes gibt den Beweis für die Wahrheit des Propheten: dafür, daß er kein *Träumer* ist. Die Visionen und Träume hatte schon die alte priesterliche Tradition diskreditiert, weil sich zeigte, daß es auch (und gerade) Visionen gegeben hatte, die das Volk zum orgiastischen Baalsdienst bekehrt hatten. Ebenso aber konnten Wunder im Namen von Dämonen getan werden. Und deshalb ist die bloße Wundermacht keine Bewährung des echten prophetischen Charisma. Und selbst wenn der Prophet in seiner Lehre die Zeichen der göttlichen Sendung an sich zu tragen schien, gab das Charisma der Wundermacht rein als solches noch keine endgültige Gewähr dafür, daß dem wirklich so sei: Auf Grund der bloßen Wundermacht kann auch den korrekt lehrenden Propheten nur allenfalls die Macht des Dispenses vom Gesetz im Einzelfall zugestanden werden – wie sie auch die Rabbinen in Anspruch nahmen – nicht mehr. – Für uns interessiert hier wesentlich, daß die Festhaltung der korrekten gesetzlichen Ethik und der Kampf gegen die Sünde die letzten unbedingten Maßstäbe waren, an denen die Echtheit einer Prophetie gemessen wurde.

Die Rabbinen leiteten ihre Autorität auch nicht aus in ihren Kreisen gepflegten Geheimnissen ab. Wenn eine ganze Reihe kosmologischer, mythischer, magischer Anschauungen und Praktiken der babylonischen, vielleicht auch hie und da der ägyptischen Priester, mehr oder weniger umgebildet oder nicht, übernommen wurden – namentlich für rituelle Kalenderzwecke –, so doch gerade der entscheidende höchste und esoterische Gehalt der babylonischen Priesterweisheit nicht: weder die Sternenkunde, Astronomie und Astrologie, noch die Divination (Leber- oder Vogelschau). Die letztere war ausdrücklich verboten[18], obschon sie gewiß in der Bevölkerung dennoch vorkam. Auch findet sich einmal als talmudischer Beruf ein Astrologe, und das Horoskop wird gelegentlich hier wie in aller Welt gestellt worden sein. Aber die Rabbinenlehre verbot ausdrücklich die Befragung der Chaldäer: *für Israel gibt es keine Propheten.* Die jüdische Priesterschaft hatte auch diese Konkurrenten mit Erfolg eliminiert und die alte rabbinische Anschauung lehnte diese heidnische Wissenschaft und vor allem den astrologischen Determinismus wenigstens in der alttalmudischen Zeit als Verletzung der Majestät und Entschlußfreiheit Gottes entschieden ab, verfügte auch, bei der sozialen Lage der Rabbinen, gar nicht über die wissenschaftlichen Traditionen und Hilfsmittel, sie zu pflegen.

Wenn die Rabbinen keine Magier, Propheten, esoterische Philosophen, Astrologen oder Auguren waren, so auch nicht Träger einer esoterischen Heilslehre, einer Gnosis. Nicht nur die besondere Form der vorderasiatischen Gnosis mit ihrem Demiurgen und ihrem Anomismus war geradezu verboten und verworfen, sondern wenigstens in der klassisch-talmudischen Zeit alle Gnosis überhaupt.

[18] Deut. XVIII, 11.

Wiederum war es die Entwertung des Gesetzes und des ethisch korrekten Handelns durch die gnostisch-mystische Heilssuche, was dafür entscheidend war. Nicht nur die in vornehmen Intellektuellenschichten typischen Formen der Mystik, sondern jede rein mystische Heilssuche galt als bedenklich, als ein *Träumen,* das die Gefahr der dämonischen Irreleitung in sich trägt. Vollends galt dies für die ekstatische Gottbesessenheit, dem alten Kampf der Propheten gegen die Orgiastik entsprechend. Wie die *Verständlichkeit* der Propheten dem Talmud zu den Merkmalen ihrer Bewertung gehört, so lehnt die rabbinische Auslegung stillschweigend aber ganz konsequent alle irrationalen und enthusiastischen Mittel, zu Gott zu gelangen, ab. Dies ist nicht etwa als eine Folge der *Klassenlage* zu erklären: Denn massenhafte Mystagogen im Orient und Okzident haben ihr Publikum gerade im Kleinbürgertum gehabt, dessen Prädisposition für die Stellungnahme zur mystisch-ekstatischen Religiosität überall durchaus vieldeutig gewesen ist. Sondern es war Folge des historisch gegebenen Charakters der jüdischen Tradition, wie er durch Priestergesetz einerseits, durch die Prophetie andererseits fixiert worden war. Für denjenigen Juden jedenfalls, der den Zusammenhang mit dem Gesetz nicht aufgeben wollte, also für den Pharisäer. Nicht nur führte das pflichtmäßige, anhaltende Studium des Gesetzes rein an sich ihn, negativ, kraft des ethisch rationalen Gehalts der Thora und Propheten, von den irrationalen Formen der Heilssuche ab. Sondern die heiligen Schriften gaben ihm auch einen Ersatz für das Fehlende, wenn er es als solches empfand. Die gewaltige Pathetik der großen Propheten, die begeisternde Gewalt und der Enthusiasmus der nationalen Geschichtsschreibung, der schlichte aber leidenschaftliche Ernst der Schöpfungs- und Menschheits-Mythen, der starke Stimmungsgehalt der Psalmen, der Hiob- und andren Legenden und der Spruchweisheit bildete einen Rahmen für religiöses Innenleben fast aller erdenklichen Gefühlslagen, wie er in dieser Art nicht zum zweiten Male gefunden werden konnte. Das Einzigartige bestand dabei weniger in dem materiellen *Erlebnis*-Gehalt rein an sich, für dessen Einzelbestandteile sich zweifellos in den verschiedensten heiligen Schriften über die ganze Erde hin irgendwelche Probleme finden lassen. Sondern einmal in der Zusammendrängung dieses Gehaltes auf einen derart knappen Raum, dann aber und namentlich in dem volkstümlichen Charakter und der absoluten Verständlichkeit der heiligen Texte für jedermann. Nicht daß babylonische, mythische und kosmologische Motive in die biblischen Erzählungen übernommen sind, ist das Wichtige. Sondern, daß sie dabei aus dem Priesterlichen in das Volkstümliche zurücktransponiert worden waren. Es war die unmittelbar verständliche und zugleich hochpathetische prophetische Gotteskonzeption, welche auch dieses Moment, die *spezifische Verständlichkeit* der erzählten Hergänge nicht nur, sondern vor allem: der *Moral,* die aus den Geschichten folgte, für jedermann, auch für jedes Kind, bedingten.[19] Verständ-

[19] Wo diese Selbstverständlichkeit, wie etwa bei dem Hiob-Problem und sonst gelegentlich, vielleicht in Wahrheit nicht vorhanden war, da schien es wenigstens so.

lich waren dem hellenischen Kinde (und sind es jedem Kinde) die homerischen Helden, dem indischen Kinde die erzählenden Teile des Mahabharata. Aber der ethische Gehalt des Bhagavagita wird keinem, auch keinem indischen Kinde verständlich sein und die echte Erlösungslehre des Buddha auch nicht. Auch nicht deren Kosmologie und Anthropologie, die Produkte intensiven Denkens sind. Hingegen ist der *Rationalismus,* vor allem der moralistische, aber auch der pragmatisch-kosmologische, der aus den jüdischen heiligen Schriften spricht, so unmittelbar populär und gerade in den entscheidenden Teilen auf kindliches Verständnis zugeschnitten, wie kein andres heiliges Buch auf der Welt, vielleicht die Geschichten von Jesus von Nazareth ausgenommen.[20] Von allen kosmogonischen und anthropologischen Mythologemen ist eben das Pragma des überweltlichen, teils wie ein Vater, teils wie ein bald gnädiger, bald ungnädiger König die Geschicke der Welt leitenden, sein Volk zwar liebenden aber doch, wenn es ungehorsam ist hart strafenden, aber durch Gebet, Demut und sittliches Wohlverhalten wieder zu gewinnenden Einheitsgottes diejenige Konstruktion, welche alle Geschehnisse der Welt und des Lebens in einer Art rational verständlich macht, wie sie der unbefangenen, nicht durch philosophische Spekulation sublimierten Auffassung der Massen und der Kinder entspricht. Diese rationale Verständlichkeit aber, welche die in der Gemeinde durch Lehre, Predigt, Lektüre allgemein bekannte religiöse Heilspragmatik der Mythen, Hymnen und Propheten auszeichnete, zwang auch das rabbinische Denken in ihre Bahnen. Ein esoterischer gnostischer Heilsaristokratismus konnte wenigstens primär auf diesem Boden nicht leicht wachsen, oder wenn er danach entstand, nicht leicht um sich greifen. Entstehen aber konnte eine Esoterik am ehesten im Anschluß an jene teils an sich dunkeln, teils in ihrem ursprünglichen Sinnzusammenhang vergessenen Visionen der Propheten, welche dem von Gott aus der Gnade gestoßenen Volk eine bessere Zukunft verhießen. Tatsächlich haben denn auch hier die Spekulationen religionsphilosophischer Art angeknüpft. Von ihnen wird später die Rede sein. Zweierlei aber gehört schon in unsern Zusammenhang. Zunächst: die eigentlich spekulativen Eschatologien, wie sie in Anknüpfung an die Daniel- und Henoch-Literatur und durch Übernahme von Heilands-Spekulationen persischen und babylonischen Ursprungs entstanden, die Lehren vom *Menschensohn,* vom Matathron und ähnliche, blieben dem Kreise der eigentlich pharisäischen Rabbinen im allgemeinen zwar bekannt, doch aber in ihm fremd. Sie sind – gewiß nicht nur, aber offenbar in besonders starkem Maße – gerade in Konventikeln der ʻAm ha-arez gepflegt worden, und auch Jesus oder die Seinen entnahmen ihre Menschensohn-Vorstellungen zweifellos dorther und nicht aus der pharisäischen und rabbinischen Lehre. Für diese blieb der Messias ein für die Zukunft verheißener irdischer König der Juden, der sein Volk mit Hilfe des wiederversöhnten Gottes zur alten Herrlichkeit erhöhen und seine Feinde ihm entweder vernichten oder – wie in den Psalmen – ihm als Knechte unterwerfen

20 Oder: die chinesische Jugendlehre, aber diese aus absolut andren Gründen.

oder endlich zum Glauben Israels bekehren werde. Oder in Verbindung mit der Auferstehung: der König, in dessen Reich die auferstandenen Frommen ein neues und reines Leben führen werden. Ferner aber: alle diese zum Gegenstand metaphysischer und also leicht zur Esoterik leitender Spekulationen geeigneten Hoffnungen waren eben: Hoffnungen, Erwartungen für die Zukunft. Klar ist, daß diese Erwartungen eine gewaltige Pathetik in die Frömmigkeit des Juden tragen konnten und mußten, so oft sich die Gedanken auf sie richteten: In der Existenz solcher *End*-Erwartungen überhaupt liegt einer der Grundunterschiede gegenüber aller indischen Heilandsreligiosität. Schien vollends, angesichts ungewöhnlicher Zeichen und Umwälzungen oder unter der Einwirkung eschatalogischer Propheten ihre Erfüllung nahe, so konnten sie Quellen des mächtigsten, unter Umständen wildesten Enthusiasmus werden und sind es gewesen. Aber im Alltagsdasein oder wenn durch die Umstände der Blick von ihnen fortgelenkt war, reduzierte sich ihre Wirkung unvermeidlich auf eine stimmungshafte, die Ordnung der Welt, das eigne Volk und den Frommen selbst zugleich als unzulänglich anklagende und auch wieder mit sich und dem Geschick versöhnende, Sehnsucht nach einer Erlösung von Leid und Not, welche dem *glaubensreligiösen* Charakter der jüdischen Religiosität zugute kam. So war es namentlich in der talmudischen Zeit nach dem Tempelsturz unter Hadrian, als die messianischen Hoffnungen in weite Ferne rückten. Auf das praktische Handeln konnte nur die Frage Einfluß üben, welches Verhalten der Menschen denn die Anwartschaft auf ein baldiges Kommen des Erlösers und auf die eigne Teilnahme am Reich der Auferstandenen gewähren oder steigern könne. Darauf aber antwortete die rabbinische Lehre in Anlehnung an die priesterliche Paradigmatik der heiligen Geschichten und an die Propheten naturgemäß wiederum mit dem Hinweis auf das Gesetz, dessen Bedeutsamkeit dadurch pathetisch gesteigert wurde. Die Sünde der Gemeinde, ihrer amtlichen Autoritäten als solcher (der Abfall von Gott vor Allem) war in den Augen der Rabbinen zweifellos auch deshalb die schwerste aller Sünden, weil sie das Kommen des Messias für weitere Zeiten verscherzte und also alle Frommen mit um ihre Hoffnung betrog. Andererseits waren die universalistischen Verheißungen der Thora und der Propheten, wonach alle Völker zu Gott und Israel gebracht werden sollen, sicherlich einer der entscheidenden Antriebe für den Proselytismus, wie noch zu erwähnen sein wird. Aber für den einzelnen kam nur das Gesetz und seine Erfüllung in Betracht. Einen andern Heilsweg gab es überhaupt nicht. Der vorgezeichnete Weg aber war jedem zugänglich. Denn wie dem intellektualistisch-mystischen Heilsaristokratismus, so standen die Rabbinen auch der Askese im letzten Grunde ablehnend gegenüber.

Gänzlich fern lag dem ältern ebenso wie dem pharisäischen Judentum der ethische Dualismus von *Geist* und *Materie* oder von *Geist* und *Leib* oder von *Geist* und *Fleisch* oder von göttlicher Reinheit und Verderbtheit der *Welt,* wie ihn der hellenistische Intellektualismus herausgearbeitet, der Neuplatonismus bis zu dem Gedanken gesteigert hatte, daß der Leib *Kerker* der Seele, ein Pudendum, sei, und wie einzelne Kreise hellenistisch-jüdischer Intellektueller (Philo) ihn von da übernommen hatten und dann das Christentum des Paulus zur Grundkonzeption seines ethischen Weltbildes machte. Nichts von alledem ist dem pharisäisch-talmudischen Judentum bekannt. Gewiß: Gott ist Schöpfer und Herr der Welt und der Menschen, die Menschen sind seine Geschöpfe, nicht seine Sprößlinge oder Emanationen. Er hat sie, auch das auserwählte Volk, geschaffen, nicht gezeugt. Das folgt für das prophetische Judentum aus dem Universalismus und den gewaltigen Machtattributen, die ihm im Zusammenhang damit zugeschrieben werden, um seine absolute Souveränität auch gegenüber dem eigenen Volke betonen zu können: Er ist der Gott der Weltgeschichte. Aber auf diesem *Dualismus*, den man als charakteristisch jüdisch oder jeweils *semitisch* im Gegensatz zu jenen andern Konzeptionen hat hinstellen wollen, ruht für die praktische Ethik ein entscheidender Akzent nur insofern, als jede Theodizee dadurch entbehrlich gemacht, die absolute Ohnmacht des Menschen gegen Gott, vor allem im Sinn des absoluten Ausschlusses magischen Gotteszwangs, festgestellt und der religiöse *Glaube* die spezifische Färbung des kindlichen *Gehorsams* gegen den Weltmonarchen annehmen mußte. Das war gewiß wichtig genug. Aber *Weltablehnung* oder *Weltentwertung* folgte daraus in gar keiner Weise.

Der jüdische Gott ist ein patriarchaler Monarch als gnädiger *Vater* seiner Kinder erweist er sich, die ja nach seinem Ebenbild geschaffen sind. Die Welt ist nicht schlecht, sondern gut, wie die Schöpfungsgeschichte zeigt. Der Mensch ist schwach, wie ein Kind, und daher wankelmütig in seinem Willen und der Sünde, das heißt: dem Ungehorsam gegen den väterlichen Schöpfer, zugänglich. Nicht nur der einzelne ist es, sondern – worauf das Gewicht liegt – gerade auch die Gesamtheit, das Volk. Und dadurch verscherzt sowohl der einzelne, wie auch das Volk als Ganzes sich dann seine Liebe und Gnade, für sich und die Nachfahren, oft für lange Zeit und in manchen Hinsichten dauernd. So haben Adam und Eva durch Ungehorsam für alle ihre Nachfahren den Tod, die Schmerzen der Geburt, die Unterwerfung der Frau unter den Mann und die Notwendigkeit und Mühsal der Arbeit verschuldet. Aber gerade die rabbinische Anschauung war geneigt, den Abfall des Volks, die Verehrung des goldenen Kalbes und der Baalim, welche den Sturz des jüdischen Volks verschuldet hatten, weit schwerer zu beurteilen als Adams Fall. Es fehlt, so hart das ungehorsame Volk gescholten wird, durchaus der Gedanke der *Erbsünde* oder der kreatürlichen Verderbtheit oder der Verworfenheit des Sinnlichen. Und vollends ganz fern liegt der Gedanke, daß die Abkehr von der Welt Voraussetzung des religiösen Heils sei. Das Verbot der *Bildnisse und Gleichnisse* war gewiß eine höchst wichtige Quelle der negativen Beziehung des Judentums zur künstlerischen Sinnenkultur. Aber es war ebenso wie die Scheu vor dem Aussprechen des Namens Jehovas magischen und idolfeindlichen Ursprungs und dann in den Zusammenhang der Vorstellungen von Gottes Majestät und Allgegenwart in seiner Schöpfung hineingestellt und wurde vom Pharisäismus vor allem auch als Unterscheidungsmerkmal gegenüber den idolatrischen Fremdvölkern als bedeutsam empfunden. Nicht aber war es seinerseits Ausfluß von *Sinnenfeindschaft* oder Weltabkehr.

Fern liegt auch dem pharisäischen Judentum die Verwerfung des Reichtums oder der Gedanke, daß er gefährlich und sein unbefangener Genuß heilsgefährlich sei. Für gewisse priesterliche Funktionen galt Reichtum geradezu als Vorbedingung. Im übrigen hatten die Propheten und Psalmen die unbrüderliche Ausnutzung der ökonomischen Macht als Sprengung der alten, durch Jahwes Gebote geheiligten Nachbarschaftsethik und Brüderlichkeit der Volksgenossen schwer gegeißelt. Darin folgte ihnen die pharisäische Kleinbürgerethik selbstverständlich nach. Die alten Bestimmungen gegen den Wucher und zugunsten der Schuldner und Sklaven und die priesterlichen Konstruktionen der Sabbatjahrswoche und des Schulderlasses im Jubeljahr wurden nun kasuistisch ausgestaltet; wie wir noch sehen werden. Aber es fehlt gerade jeder Ansatz zu einer ökonomisch geordneten Methodik innerweltlicher Askese. Ebenso aber zu einer Sexualaskese. Es wird zwar gelegentlich für den Rabbi die Frage erörtert, ob er nicht besser unverehelicht bleibe, um sich ganz ungestört dem Studium widmen zu können. Aber das hat mit *Askese* nichts zu schaffen, so bemerkenswert es ist, daß die für das Heil der Gemeindegenossen wichtige Arbeitspflicht hier das alte Gebot der Erzeugung von Nachkommen zu erschüttern die Kraft hatte. Aber sonst ist, von den innerhalb wie außerhalb des Judentums bekannten kultischen und magischen Reinheitspflichten nichts von Bedenken gegen den Sexualverkehr und gegen die Freude am Genuß der Weiber zu bemerken. Die unbefangene Weltoffenheit, daß dem altisraelitischen Krieger Zeit gelassen werden soll, *sich seines Weibes zu erfreuen,* würde auch für den talmudischen Juden gelten. Der rücksichtslose Kampf gegen die *Hurerei:* – daß neben Mord und Idolatrie dies als die dritte größte Sünde gilt – stammt aus dem alten priesterlichen Kampf gegen die Baal-Orgiastik, und die strenge Einschränkung des Geschlechtsverkehrs auf die legitime Ehe entspricht durchaus den indischen (und sonstigen) Geboten gleicher Art, der scharfe Kampf gegen jede Form von Onanie (einschließlich des onanismus matrimonialis) dem biblischen Fluch dagegen, der durch den scharfen Kampf gegen die onanistische Moloch-Orgiastik[21] bedingt war. Die außerordentlich nachdrückliche Anempfehlung früher Ehe – es galt jeder als Sünder, der sie über ein bestimmtes Alter verschob – entspringt (wie bei Luther) der Überzeugung, des ungebrochen sinnlichen Volks, daß sonst Sünde unvermeidlich sei. Die Sexualvorgänge verharren in unbefangener Naturalistik. Die alte Perhorreszierung der Entblößung und aller Nacktheit – erwachsen wohl aus dem Kampf gegen die Orgiastik und vielleicht verschärft durch den Gegensatz gegen das

[21] Lev. XVIII, 2. 3.

hellenische Gymnasion – geht mit höchst unverhülltem Sprechen und (später) Reglementieren über das Sexualverhalten im Interesse teils der levitischen Reinheit, teils der Hygiene Hand in Hand; beide Erscheinungen kennt bekanntlich auch der Islam und andre auf *Reinheit* abgestellte ritualistische Religionen. Es geht teilweise weiter als katholische Beichtspiegel und Beichtstuhlpraxis und wirkt peinlich und oft widerlich für unser modernes erotisches Empfinden und ein feudal oder vornehm bildungsständisches Würdegefühl, wie es dem Judentum ebenso wie der katholischen Kaplanokratie freilich fremd war. Alkohol- und Fleischabstinenz, wie sie für den korrekten Hindu galt und gerade von den vornehmen Schichten praktiziert wurde, ist für den Rabbinen und frommen Laien im Judentum unbekannt: Die alte von den Priestern und Propheten bekämpfte Baal-Orgiastik war eben offenbar dem Schwerpunkt nach sexuelle, also Fruchtbarkeits- und nicht alkoholische Rausch-Orgiastik.

Wie das Weib und der Wein des Menschen Herz erfreut, so der Reichtum und alle rituell erlaubten Genüsse dieser Welt, und die Grundstimmung der altrabbinischen Haltung zur Welt drückt im ganzen wohl das talmudische Wort aus, daß das Paradies dem gehört, *der seinen Gefährten lachen macht.* Eine prinzipiell asketisch bedingte Lebensmethodik aber dürfen wir jedenfalls unter keinen Umständen auf dem Boden des pharisäischen Judentums suchen. Es verlangte strengen Ritualismus, wie die indische offizielle Religiosität und war im übrigen eine im Vertrauen auf Gott und seine Verheißungen und in der Furcht vor der Sünde als Ungehorsam gegen ihn und vor dessen Folgen lebende Glaubensreligiosität, aber es bedeutete sicherlich nicht eine asketische Lebensführung. In einem Punkt freilich ähnelt es in der Art seiner Lebensführung den rationalen asketischen Prinzipien: in dem Gebot wacher Selbstkontrolle und unbedingter Selbstbeherrschung. Die Notwendigkeit der ersteren war die unvermeidliche Folge der fortwährenden Messung der Korrektheit der eigenen Lebensführung am Gesetz mit seiner außerordentlichen Vielzahl der rituellen Gebote und, namentlich, Verbote, auf die zu achten war: 613 Vorschriften zählte man als von Moses gegeben und die rabbinische Kasuistik vervielfältigte sie noch. Das Zweite hing zum Teil damit, zum Teil mit dem alten Gegensatz gegen die Orgiastik zusammen. Während der altisraelitische Jehovah ein Gott leidenschaftlichen Zornes war, mehr als irgendein anderer, galt den Rabbinen, wie in China, jede Erregung als dämonischen Ursprungs und heilsgefährlich, also als Sünde. Sehr im Gegensatz gegen die vielfach, wie wir sahen, vom leidenschaftlichen Zorn und Haß oder von scharfem Ressentiment gegen die Gottlosen, denen es gut geht, getränkte Psalmenreligiosität oder das Racheschwelgen der Phantasie im Buch Esther und auch gegen den ebionitischen Reichtumshaß des Lukas-Evangeliums, wie er sich etwa im Gebet der Maria ausspricht, waltet eine, zum mindesten äußerlich, sehr andere Haltung im Talmud vor. Jene religiöse Rationalisierung des Rachebedürfnisses an den Feinden oder Glücklichen, welche die eigene Rache gegen das Unrecht zurückstellt, weil Gott sie dann um so gründlicher, es sei hier oder im Jenseits, vollstrecken wird oder jene noch weitere Sublimierung, die dem Feinde schrankenlos verzeiht, um ihn vor andern oder und vor allem vor sich selbst beschämen und verachten zu können, ist im Talmud nicht nur bekannt, sondern wurde von den Rabbinen scharf in ihrem Wesen erkannt und abgelehnt. Denn nichts ist so eindrucksvoll betont, als das Gebot: Andere nicht *beschämen* zu wollen.

Zunächst innerhalb der Pietätsbeziehungen der Familie: die Beschämung der Eltern, die sich dem Kinde gegenüber ins Unrecht setzen, vermieden zu haben wird als schönste Pietätsleistung gepriesen. Aber das gleiche gilt auch gegenüber dem, der Unrecht zufügt, vor allem im Verlauf von Streit und Diskussion. Die hoffnungslose Niederwerfung des Judentums durch den Tempelsturz gab offenbar der rabbinischen Ethik Anlaß, sich mit diesen Problemen des Ressentiments verdrängter und sublimierter Rache gesinnungsethisch zu befassen. Das durch Reflexion ungebrochenere alte Christentum hat die Tatbestände weit weniger durchreflektiert und zeigt daher bekanntlich manche Proben ziemlich unverhüllter Ressentimentsethik, die im talmudischen Judentum bekämpft wurde.

Aber allerdings beweist der Kampf der Rabbinen gegen die religiöse Verinnerlichung der Rache, ethisch eindrucksvoll und ein Beweis sehr starker Sublimierung des ethischen Fühlens wie er ist, wohl wesentlich, daß eben auch ihnen nicht verborgen blieb, einen wie starken Faktor das zur Ohnmacht verurteilte Rachebedürfnis im antiken Spätjudentum tatsächlich bedeutete. – Die wache Selbstkontrolle des Juden war wie dies Beispiel zeigt, schon im Altertum überaus stark entwickelt. Aber jedenfalls nicht auf der Basis einer asketischen Lebensmethodik.

Gewiß finden sich innerhalb des Judentums asketische Institutionen. Von den kultischen Abstinenz- und Reinheits-Vorschriften für die Priester abgesehen, vor allem das vorgeschriebene rituelle Fasten zu bestimmten Zeiten. Aber dies ist durchaus kultisch; vor allem als Mittel der Versöhnung von Gottes Zorn motiviert. Ganz ebenso das Fasten des einzelnen. So sehr war dieser Zweck die Regel, daß jeder der fastete, ohne weiteres als Sünder galt. Hier hätte unzweifelhaft eine asketische Lebensführung Anknüpfungspunkte gefunden: Der Gedanke und die Predigt von der Notwendigkeit der Buße ist ja dem antiken Judentum spezifisch und ein sehr wichtiger Ausfluß seiner Gotteskonzeption. Ein Büßerleben zu führen war gerade mit zunehmender Entwertung des Priesteropfers ein dem einzelnen naheliegendes Heilsmittel. Als solche großen Büßer sind denn zweifellos auch jene wenigen großen Faster anzusehen, welche die jüdische Religionsgeschichte aufweist (eigentlich beglaubigt nur: R. Zaina). Gelübde wie das alte Nasiräat bestanden als Mittel, Gottes Wohlgefallen zu erregen oder seinen Zorn abzuwenden, auch in der Praxis weiter: Auch Paulus hat – vermutlich als Mittel gegen seine epileptischen Anfechtungen – bekanntlich ein Gelübde (auf Zeit) abgelegt und abgeleistet, als er schon Christ war. Zu einer asketischen Sektenbildung aber kam es erst auf ähnlicher Grundlage weit später, bei den *Trauernden um Zion,* den Koräern, die uns hier nicht näher interessieren. Was dagegen auf dem Boden des pharisäischen Judentums wie *Askese* aussieht, entstammt in Wahrheit lediglich dem für den Pharisäismus entscheidenden Streben nach levitischer Reinheit. Dies Streben konnte verschieden radikal gepflegt werden. Innerhalb des normalen Pharisäismus führte es zu jener Steigerung der Exklusivität nach außen und der systematischen Pflege ritueller Korrektheit, welche wir besprochen haben, und welche ein Ausscheiden aus der Welt des ökonomischen und sozialen Alltags nicht erforderten. Aber das Prinzip konnte natürlich auch bis zu einer grundsätzlichen Überbietung der innerweltlichen Sittlichkeit getrieben werden. Auf dieser Grundlage beruht die charakteristischste Erscheinung des Essenismus, welcher in diesem Sinn lediglich eine radikale Pharisäersekte darstellt. Ihr jedenfalls ins 2. vorchristliche Jahrhundert zurückreichendes Alter und ihr möglicher Zusammenhang mit den Rechabiten ist zweifelhaft, und ebenso sind manche wichtige Fragen ihrer Lehre nur ganz hypothetisch lösbar. Immerhin läßt sich das Streben nach absoluter levitischer Reinheit, äußerlich und gesinnungsmäßig, deutlich als ein Grundelement erkennen. Auch die Essener waren, wie die weitere pharisäische Bruderschaft es war, ein Orden. Aber mit weit strengern Eintrittsbedingungen, vor allem: feierlichem Gelübde, Noviziat und mehrjähriger Probezeit. Auch die Organisation des Ordens war weit straffer und mönchsartig: Der Vorsteher (Mishmer) der Einzelgemeinde am Ort ist unbedingte Autorität, die Exkommunikation liegt in den Händen eines Rats von 100 Vollmitgliedern. Das Apostolat diente bei den Essenern wie bei der offiziellen jüdischen Gemeinschaft vermutlich vorwiegend den Kollekten für die Ordenskasse. Daß die Apostel stets zu zweit – wie die altchristlichen – wanderten, hatte wohl den Zweck gegenseitiger Kontrolle der rituellen Korrektheit.

Die Essener schlossen sich gegen die minder Reinen durch Ausschluß, nicht nur des connubium und der Kommensalität, sondern jeder Berührung überhaupt, ab. Auch sie lehnten nicht korrekt lebende Priester ab und bei ihnen scheint daraus nicht nur eine Entwertung, sondern ein stark wirkendes Mißtrauen gegen die Priester überhaupt hervorgegangen zu sein, was sicherlich durch die bald zu erwähnende Sonderstellung gegenüber dem Opfer mitbedingt war. Rituell drückt sich das radikale Reinheitsstreben neben dem starken Akzent, der auf der Novizentaufe und auf den fortwährend, bei allen denkbaren Gelegenheiten, wiederholten Reinheitsbädern lag, zunächst in größerer Striktheit der spezifisch pharisäischen Gebote aus. Die Angst vor ritueller Befleckung und alle Reinheitsvorschriften waren ins Extreme gesteigert. Alles Studium außer im Gesetz und über die biblische Kosmologie, galt als gefährlich, weil heidnisch, alles rein weltliche Vergnügen als verwerflich und zu meiden. Der Sabbat war bei den Essenern nicht ein Tag der Freude, wie bei den normalen Pharisäern, sondern absoluter Ruhetag: Die Begattung beschränkte der Essener auf den Mittwoch, angeblich, damit das Kind nicht am Sabbat zur Welt komme. Die Trachtvorschriften (zizit) galten unbedingt. Dem Gebet am Morgen ging eine vorgeschriebene Zeit der Kontemplation voraus. Nicht nur Tötung, sondern jede Verletzung des Nächsten, auch aus Achtlosigkeit, galt als schwere Selbstbefleckung. Das Gebot, nicht zu stehlen, wurde dahin gesteigert, auch nicht durch irgendwelchen Gewinn – dessen Rechtmäßigkeit stets problematisch schien – sein Gewissen zu belasten. Die Essener mieden daher den Handel ebenso wie den Krieg, verwarfen den Geld- und Sklavenbesitz und schränkten den zulässigen Besitz überhaupt auf das für den Eigenbedarf Unentbehrliche und durch Bodenbau und eigene gewerbliche Handarbeit zu gewinnende ein. Sie steigerten dementsprechend die alten sozialen Brüderlichkeitsgebote konsequent bis zum vollen ökonomischen Liebesakosmismus. Nicht nur die agape, das Liebesmahl, zu welchem die Besitzenden die Mittel lieferten, wird erwähnt, sondern auch von gemeinsamen Häusern und Magazinen und einem gemeinsamen *Schatz* berichtet Philo: Vermutlich wurden die Überschüsse über den Eigenbedarf dort niedergelegt, um der sehr hoch ausgebildeten Armenunterstützung zu dienen. Ob dagegen wirklich voller Kommunismus bestand und ob auch nur jene Einrichtungen bei ihnen überall in voller Ausbildung bestanden haben, ist wohl unsicher. Denn die Essener lebten zwar vorwiegend in Palästina, aber offenbar keineswegs immer cönobitisch seßhaft. Im Gegenteil war neben der Armenunterstützung auch die Aufnahme- und Unterstützungspflicht für zureisende Brüder (also doch wohl: Handwerksburschen) eine ihrer Grundinstitutionen und vornehmlich diesen Zwecken diente wohl die gemeinsame Kasse.

Zorn und alle Leidenschaften galten, als dämonisch infizierte Zuständlichkeiten, bei den Essenern für noch gefährlicher, als bei den normalen Pharisäern, und im Zusammenhang damit vermutlich wurde als radikales Gegenmittel ausdrücklich dem Frommen das Gebet für diejenigen, welche ihm Unrecht getan haben: die *Feindesliebe,* eingeschärft. Die Heiligung des göttlichen Namens führte bei ihnen nicht nur zur Verwerfung des Eides, sondern es schloß sich daran die Entwicklung einer wirklichen Geheimlehre und Arkandisziplin an. Diese erforderte rituelle Keuschheit für denjenigen, welcher der in Aussicht gestellten Charismen teilhaftig werden wollte. Daher die strenge sexuelle Kontinenz und eine starke, übrigens, soweit sie bis zur gänzlichen Verwerfung sich steigerte, in ihren eigenen Kreisen nicht unbestrittene Abneigung gegen die Ehe, – die ja, wie wir sahen, auch für den pharisäischen Rabbi nach manchen Auffassungen für unerwünscht galt. In jenen Gnadengaben der Geheimlehre nun und dem Streben nach ihnen scheint das eigentliche Motiv der besonderen essenischen Lebensführung gefunden werden zu müssen. Denn an diesem Punkte liegt ein gegenüber dem Pharisäismus und dem Judentum überhaupt deutlich als Fremdkörper erkennbares Element. Die Geheimlehre war, nach

Josephus, in besondern, sorgfältig geheim gehaltenen heiligen Schriften aufgezeichnet und bei der Aufnahme als Vollmitglied hatte der einzelne sich eidlich zu verpflichten, Dritten gegenüber zu schweigen, den Ordensbrüdern gegenüber aber offen zu sein. Der Inhalt der Geheimlehre scheint in allegorischer Umdeutung der heiligen Erzählungen, in einem sehr ausgeprägten Vorsehungsglauben, in einer noch mehr als sonst ausgeprägten Angelologie, in einzelnen Sonnenkultakten – dem auffallendsten Fremdbestandteil – und in der an Stelle des pharisäischen Auferstehungsglaubens gesetzten Unsterblichkeitsverheißung mit Himmel und Hölle bestanden zu haben. Rituell ist die Ablehnung der Tieropfer ihnen eigentümlich: Sie schlossen sich damit vom Tempelkult aus, hielten aber die Beziehung zum Tempel durch Geschenksendungen aufrecht. Das Charisma aber, welches die Arkandisziplin gewähren sollte, war allem Anschein nach die Gabe der Prophezeiung, die Josephus ihnen zuschreibt und die wohl mit ihrem Vorsehungsglauben im Zusammenhang steht. Daneben wird ihre Therapeutik, namentlich ihre Kenntnis der Kräfte von Mineralien und Wurzeln gerühmt. Ihre Religiosität war sehr wesentlich Gebetsreligiosität mit offenbar sehr intensiver Devotionsandacht.

Es leuchtet sofort ein, daß diese Bestandteile der essenischen Lehre und Praxis, welche nicht mehr eine Steigerung und Überbietung des pharisäischen Reinheits-Ritualismus waren, auch nicht dem Judentum entstammten. Die Angelologie, auch die pharisäische, war ja persischen Ursprungs. Ebendahin weist wohl der ziemlich schroffe Dualismus in der Lehre von Leib und Seele, – obwohl hier auch hellenistische Einflüsse denkbar sind. Ganz dem persischen (oder persisch-babylonischen) Einfluß gehört die Sonnenverehrung an, welche – im Gegensatz zu jener – geradezu unjüdisch anmutet und deren Duldung durch das korrekte Judentum zunächst befremdlich erscheint. Die Neigung zur Ehelosigkeit, die Ordensgrade und die Ablehnung des Tieropfers könnte indischen Einflüssen – durch irgendwelche Vermittlung – entstammen, aber auch, wie die Waschungen und Sakramente, dem hellenistisch-orientalischen Mysterienwesen; wie ja die Schaffung der Geheimlehre als solche eben daher stammen dürfte. In der Tat: der essenische Orden bedeutet eine Vermählung von sakramenteller Mysterienreligiosität mit dem levitischen Reinheitsritualismus. Von den üblichen vorderasiatischen Heilandsmysterien unterschied ihn das Fehlen eines persönlichen Heilandes als Kultgegenstand: Die stark gepflegte messianische Hoffnung war auch bei den Essenern durchaus Zukunftshoffnung, wie im pharisäischen Judentum. Danach hätte die Sekte bei konsequenter Beurteilung als heterodox angesehen werden müssen. Indessen darum kam das Judentum infolge seines ritualistischen Charakters herum, ähnlich wie in solchen Fällen der Hinduismus. Weil die Gemeinschaft mit dem Tempel aufrechterhalten wurde und weil die vom Pharisäismus über alles geschätzte mosaische Gesetzestreue gewahrt, ja besonders und im pharisäischen Sinn peinlich gewahrt blieb, sah die jüdische Gemeinde über die offenkundig heterodoxen Einschläge hinweg und duldete die Sekte wie eine durch indifferente Sondergelübde und Sonderlehre spezialisierte jüdische Genossenschaft, in der Art, wie sie es infolge ähnlicher Voraussetzungen der jerusalemitischen Tempel- und Gesetzestreuen judenchristlichen Nazaräer-Gemeinde gegenüber so lange hielt, als dies möglich war.

Die Grenze zwischen dem Pharisäismus und den Essenern war aber allerdings auch in bezug wenigstens auf die Lebensführung fließend. Zwar eine geschlossene genossenschaftliche Organisation dieser Art mit Verpönung des Erwerbs ist auf dem Boden des normalen Pharisäismus sonst in jener Zeit nicht bekannt – im Gegenteil galten den Evangelien die Pharisäer als Vertreter des *Geizes*. Aber zahlreiche Einzelerscheinungen, die in der Richtung der gleichen Gesinnung lagen, fanden sich. Zunächst: der Liebesakosmismus. Als *Hascheina* (die *Geheimen)* bezeichnete man wohlhabende Leute, welche grundsätzlich und in großem Maßstabe im geheimen Gaben für Arme hergeben, die diese ebenso im geheimen und ohne daß ihre Person bekannt wurde, in Empfang nehmen; und zwar nicht nur gelegentlich und unorganisiert, sondern aus einer dafür geschaffenen gemeinsamen Kasse. Es scheint nach dem Talmud, daß solche in fast allen Städten bestanden. Das rabbinische Gebot, *Niemanden* zu beschämen und der später von Jesus eingeschärfte Grundsatz, daß *die linke Hand nicht wissen solle, was die rechte tue,* weil nur dann die Gabe himmlischen Lohn verdiene, der sonst vorweggenommen werde, – dieser auch für moderne gemeinjüdische Wohltätigkeit, im Gegensatz z. B. zur puritanischen, aber auch zur normal christlichen, charakteristische Zug der talmudischen Caritas spricht sich darin aus.

Dem Streben nach absoluter Reinheit entsprang die Fernhaltung von allem und jedem weltlichen *Vergnügen,* wie sie der *Kadash (Heilige)* nach Art der Essener übte und auch Eremiten *barnaim (Bauer,* von Eremitagen nämlich) finden sich vereinzelt. Diese Erscheinungen von wirklicher Weltablehnung stehen indessen dem normalen Pharisäismus ebenso fremd gegenüber wie die entsprechenden essenischen Regeln und sind wohl auch ihrerseits durch unjüdische Einflüsse zu erklären. Rituell finden sich gewisse Anklänge an die altchassidische und die essenische Praxis bei den *Watikim,* welche das Morgengebet formell streng und zwar so regelten, daß sein Ende mit dem Sonnenaufgang zusammenfiel – und was dergleichen Einzelerscheinungen mehr sind. Das pharisäische Judentum war eben trotz aller rituellen Korrektheit und strengen Absonderung von den Heiden den verschiedensten Invasionen heterogener Ritualistik (zum Beispiel: Sonnenkult-Ritualistik) ausgesetzt. Und wenn auch die Entwicklung einer eigentlichen Geheimlehre gerade dem Pharisäismus durchaus fremd war, so konnte er doch die Verbreitung apokalyptischer eschatologischer Messias-Erwartungen und Prophezeiungen unmöglich hindern, welche der Sache nach ähnlich wirkten und von dem die Luft voll war, wie am deutlichsten die Umwelt zeigt, in welcher sich die evangelischen Geschichten und Mythen abspielen.

Die Organisation, religiöse Lebensführung und Ethik der Essener sind oft, und namentlich von jüdischer Seite, mit der urchristlichen Praxis in Beziehung gesetzt worden. Die Essener kennen wie die Christen die Taufe, das Liebesmahl (Agape), den akosmistischen Liebeskommunismus, die Armenunterstützung, das Apostolat (jedoch im jüdischen Sinn des Begriffs) die Aversion gegen die Ehe (für die Vollkommenen), die Charismen, vor allem die Prophetie, als erstrebte Heilszuständlichkeit.[22] Ihre Ethik war, wie die altchristliche, streng pazifistisch, empfiehlt die Feindesliebe, schätzt die Heilshoffungen der Armen hoch, der Reichen ungünstig ein, ebenso wie die ebionitischen Bestandteile der Evangelien es tun. Dazu traten die der urchristlichen verwandten Bestandteile der gemeinpharisäischen Ethik, denen gegenüber sie ebenso wie die urchristliche in vielen Punkten eine Steigerung bedeutet. Allein der Charakter dieser Steigerung ist hier und dort sehr verschieden. Denn gerade in bezug auf rituelle (levitische) Reinheit lenkt schon Jesus selbst in seiner Verkündigung in ganz andere Bahnen. Das monumental wirkende Herrenwort, daß nicht das, was in den Mund geht, unrein macht, sondern das, was aus dem Munde geht und aus einem unreinen Herzen kommt, bedeutete, daß die gesinnungsethische Sublimierung, nicht die ritualistische Überbietung der jüdischen Reinheitsgesetze das für ihn Entscheidende war, und der angstvollen Abschließung der Essener gegen die rituell Unreinen steht seine sicher bezeugte Unbesorgtheit vor dem Verkehr und der Tischgemeinschaft mit ihnen gegenüber. – Die auf beiden Seiten zu findenden ethischen Konzeptionen waren aber in den mannigfachsten Formen im Entstehungsgebiet beider Gemeinschaften verbreitet und die gleichartigen Institutionen teils schon dem pharisäischen chabarah, teils, wie anzunehmen ist, mannigfachen Kultgemeinschaften gemeinsam. Vor allem: sowohl die Epiphanie eines gegenwärtigen persönlichen Heilandes und sein Kult, wie die gewaltige dem Urchristentum spezifische Bedeutung des *Geistes* (πνευμα) blieb den Essenern, soviel bekannt, fremd.

Das Pneuma, als Charisma und Merkmal der Bewährung eines exemplarischen Gnadenstandes, war zwar dem Judentum und auch der Lehre des Pharisäismus, kein fremder Begriff. Der *Geist Jahwes,* der als Berserker-Charisma über den Helden (Simson) und König, als wilder Zorn über Saul, vor allem aber als Charisma der Vision und prophetischen Verkündigung, eventuell: des Wunders, über den Seher, Propheten, Wundertäter kommt, dessen der Hohepriester bedarf, um das Volk gültig entsühnen zu können, der von ihm weicht (Pinehas) und den König oder Helden verläßt, wenn er sündigt, ist auch in jedem Lehrer mächtig: Wie der Prophet durch den Geist sieht und hört, so lehrt auch der Lehrer durch ihn. Im Talmud heißt er Ruach-ha-kodesch, in der Septuaginta-Übersetzung von Psalm 51, 11 und Jesaja 63, 10. 11 (πνευμα το αγιον), sein dämonischer Widerpart ist die Lehre des *unreinen Geistes,* in den

22 Auch der Ausdruck εκκλησια wird für ihre Gemeindeversammlungen gebraucht.

Evangelien von den Schriftgelehrten der Geist des Beelzebub, des *Obersten der Teufel* genannt. Die Rabbinen brauchen, aus Scheu vor dem Gottesnamen, statt des Namens *heiliger Geist* oft den Namen *shekina.* Es entstand die Doktrin, daß der *göttliche Geist,* der am Beginn der Schöpfung auf den *Wassern* schwebte, vom Schöpfer am ersten Tage geschaffen worden sei. Die Taube, das Symbol des verfolgten Israel, wird auch im Talmud gelegentlich als seine Überbringerin behandelt.

Auch in der talmudischen Literatur begegnet die Vorstellung, daß der heilige Geist für die Menschen als *Synegor,* d.h. als *Paraklet* [23], Fürsprecher, Helfer für die Menschen bei Gott eintrete. Aber die Lehre von der Geschlossenheit des prophetischen Zeitalters ließ die Annahme entstehen, daß der heilige Geist seit Maleachi aus der Welt verschwunden sei. Man kann ihn nicht mehr erlangen, sondern nur den *bat kol,* den Geist, den der Rabbine zum richtigen Auslegen des göttlichen Gesetzes bedarf. Andererseits hatte Joel[24] die Reinheit und Heiligkeit der Erwählten nach dem Kommen des Messias so gefaßt, daß dann der Heilige Geist allen mitgeteilt werde, die Söhne und Töchter weissagen, die Ältesten Träume und die Jünglinge Visionen haben und auch über Knechte und Mägde der Geist ausgegossen werden solle. Das Wiedererwachen des Heiligen Geistes in allen Menschen galt danach als Zeichen dafür, daß der Messias gekommen sei und das Anbrechen des Gottesreichs bevorstehe. Diese Vorstellung ist für die altchristliche Konzeption des Pfingstwunders maßgebend gewesen. Den *Geist* in diesem spezifischen Sinn einer irrationalen göttlichen Prophetengabe konnten die Rabbinen weder für sich beanspruchen noch vollends als Merkmal des Gnadenstandes der Gemeindeglieder ansprechen.

So hoch daher die Autorität des rabbinischen Lehrers stand – niemals konnte er daran denken, die Stellung eines pneumatischen *Übermenschen* in Anspruch zu nehmen. Stets stützte sich seine Autorität auf das in der Thora und den Propheten schriftlich fixierte Wort. Jede Entwicklung in der Richtung der Anbetung des Seelenhirten, nach Art der Guru-Anbetung in Indien, in Asien und im Christentum schied völlig aus. Auch sie war durch die jüdische Gotteskonzeption ausgeschlossen, welche jede Kreaturvergötterung als heidnischen Greuel zu verwerfen zwang. Aber auch als Gegenstand einer Heiligen- oder Mystagogen-Verehrung nach Art der christlichen oder asiatischen Erscheinungen dieser Art kam der Rabbi nicht in Betracht. Er versieht einen religiösen Beruf, nicht aber spendet er Gnade: Dies zu tun war ursprünglich, in begrenztem Umfang, das Charisma des Priesters und blieb den durch keramitische Abstammung qualifizierten Kohanin insofern – allerdings wesentlich formelhaft – erhalten, als nur sie die Qualifikation hatten den *Priestersegen* zu sprechen. Erst die chassidische Bewegung in Osteuropa schuf in dem zakken, dem Virtuosen der chassidischen Mystik, eine Gestalt, die dem asiatischen

[23] Philo braucht den Ausdruck für den *Logos,* der den Hohenpriester stützt.
[24] III., V., 1. 2.

Nothelfer- und Mystagogen-Typus entsprach, dessen Ansprüche eben deshalb aber auch im schärfsten Gegensatz gegen die Autorität des Rabbinen standen und von diesem als Ketzerei verworfen wurden. Der jüdische Rabbi spendete weder Sakramentsheil, noch war er ein charismatischer Nothelfer. Sein religiöser Sonderbesitz war das *Wissen*. Dies allerdings war ungemein hoch gewertet: An Ehre geht er den Bejahrteren und selbst den Eltern vor: *Wissen geht über alles*. Seine Bedeutung als persönliche Autorität lag vor allem im Beispiel, das er gab: in seiner exemplarischen Lebensführung. Deren Merkmal aber war lediglich die strenge Orientierung am göttlichen Wort.

Auch in seiner pflichtmäßigen Arbeitssphäre war er ein Diener des *Worts*. Aber kein *Prediger*, sondern ein *Lehrer*. Er lehrte im geschlossenen Schülerkreise das Gesetz, nicht aber bearbeitete er öffentlich durch Predigt die Gemeinde. Zwar lehrt er auch in der Synagoge. Aber im antiken Judentum, soviel bekannt, öffentlich nur an Sabbaten unmittelbar vor den großen Festen und an den Kallaben-Tagen. Zweck war auch dann: Belehrung der frommen Gemeinde über die Ritualpflichten in jenen Zeiten ebenso wie er im übrigen dem einzelnen in Zweifelsfällen als Berater über seine Ritualpflichten zur Seite stand. Denn dies: die Responsentätigkeit nach Art der römischen Juristen, daneben schiedsrichterliche und, für die dazu in den *Bel Din* berufenen Rabbinen, auch eigentlich richterliche Tätigkeit, bildete – neben der systematischen Bildung der Schüler im Gesetz – den Schwerpunkt seiner Berufsarbeit. Die öffentliche religiös-ethische Predigt an den Sabbatnachmittagen war dagegen in der Antike des Judentums ganz unorganisiert. Soweit sie aber stattfand – und das dürfte in erheblichem Maß der Fall gewesen sein – lag sie damals ebenso wie später in den Händen ganz anderer Persönlichkeiten, als der eigentlichen ortsansäßigen Rabbinen: Der *Magyr*, der rabbinisch geschulte Wanderlehrer der späteren Zeit ist sicher eine sehr alte Erscheinung. Als wandernder Sophist, Gast der bemittelten Gemeindeglieder bereist er die Gemeinden, sicher genau so wie Paulus, der durchweg in den Synagogen predigte, es tat. Gewiß, nicht nur wandernde Redner traten auf. Sondern die sehr weitgehende Lehr- und Predigtfreiheit gestattete jedem, der sich für qualifiziert hielt und der Gemeinde dafür galt, zu predigen. Auch die *Schriftgelehrten* taten es, die das Evangelium eigentlich rituell voraussetzen. Aber offenbar nicht als normale Berufspflicht. Aufgaben lagen andrerseits dem Rabbi nur ob, soweit sie nicht priesterlicher Art, sondern eben rein technisch-rituell zu ordnende Angelegenheiten waren: im antiken Judentum vor allem die Ausrichtung des rituellen Bades (mikweh) und shehitah, das rituelle Schlachten *(Schächten)*, welches er zu beaufsichtigen, unter Umständen selbst zu vollziehen hatte. Allein die autoritative Interpretation des Gesetzes war und blieb in allem die Hauptsache.

Die technische Eigenart dieser Gesetzesinterpretation nun entsprach der sozial bedingten Eigenart der Schicht, welche ihr wichtigster Träger war: des

Kleinbürgertums, dem die Rabbinen der alten Zeit selbst zum sehr großen Teil angehörten. Es wurde schon hervorgehoben, daß der *gesunde Menschenverstand* und jener praktisch-ethische Rationalismus, welcher bürgerlichen Schichten als innere Haltung überall naheliegt, von starkem Einfluß auf die Art der rabbinischen Behandlung des Gesetzes war: Die *ratio* der Bestimmungen statt ihres Buchstabens einerseits, die zwingenden Bedürfnisse des Alltagslebens, vor allem der Wirtschaft, andererseits kamen so zur Geltung. Dagegen fehlte völlig die Möglichkeit eigentlich *konstruktiven* rationalen Denkens: – des eigentlich *juristischen* Denkens also, wie es die römischen respondierenden Juristen und nur sie betätigt haben, – was praktisch bedeutet: die Fähigkeit zur rationalen Begriffsbildung. Die Rabbinen waren kein rein weltlicher und vor allem kein vornehmer Juristenstand wie die römischen Respondenten, sondern plebejische religiöse Rituallehrer. Die innerliche Bindung an das positive göttliche Gebot war nicht nur an sich strenger als es die Bindung des Juristen an das positive Recht je sein kann, sondern die typischen Formen und Schranken jedes kleinbürgerlichen Rationalismus traten hinzu. Wortdeutung und anschauliche Analogie an Stelle von begrifflicher Analyse, konkrete Kasuistik statt Abstraktion und Synthese. Die immerhin weitgehend an praktisch rationalen Bedürfnissen aber durchaus am konkreten Einzelfall orientierte Spruchpraxis der älteren Rabbinen erfuhr zwar eine Art von *theoretischer* Ausweitung, als nach dem Tempelsturz die großen Rabbinenschulen in Mesopotamien und Palästina zu organisierten Mittelpunkten der Spruchpraxis wurden und dies bis nach der Karolingerzeit für die ganze Kulturwelt blieben. Zugleich wurde die Rabbinenwürde an die Ordination (Handauflegung) durch den Patriarchen oder seine legitimierten Vertreter gebunden und ein regulärer akademischer Studiengang mit Kolleghörern, Fragen und Diskussionen an den und mit dem Lehrer, Studienpfründen und Internat vorgeschrieben. Die Sonderorganisation der pharisäischen Bruderschaft war offenbar verschwunden: *chaber* heißt später ein Mann, der besonders eifrig im Gesetz studiert: Der typisch spätjüdische Honoratiore, und *perushim* findet sich als Bezeichnung für Studenten. Der *Geist* des Pharisäismus war alleinherrschend im Judentum. Aber nicht mehr als Geist einer aktiven Bruderschaft, sondern als Geist des Schriftstudiums schlechthin: Selbst Gott *studiert* nach gelegentlich auftauchenden Vorstellungen das zeitlos geltende Gesetz, um sich danach zu richten, etwa so wie der indische Weltschöpfer Askese übt, um die Welt schaffen zu können. Nunmehr konnte ein vom konkreten Einzelfall losgelöstes systematisches Denken sich entwickeln. Allein für dessen Besonderheit war teils die Gebundenheit an die Tradition der alten Rabbinen, teils aber die eigne soziologische Struktur maßgebend.

Der pharisäische Reinheits-Ritualismus führte zunächst zu einer Steigerung der rituellen Schranken, sowohl nach Außen wie nach Innen. Auch und grade nach Innen: Die essenische Gemeinschaft schloß sich aus Furcht vor Befleckung von Connubium, Kommensalität und jeglicher nahen Berührung mit dem Rest der Juden ab, und es ist fraglich, ob sie das einzige Konventikel dieser Art war. Die pharisäische Bruderschaft schloß sich ganz ebenso gegenüber den ʻam haarez ab[25], das jerusalemitische und von Jerusalem priesterlich beeinflußte Judentum gegenüber dem samaritanischen und allen andern Resten der alten lokalkultischen nicht prophetisch und nicht von jerusalemitischer Priesterschaft beeinflußten Jahweglaubens, nachdem die Samaritaner vom Opfer in Jerusalem, welches sie zu pflegen nicht abgeneigt waren, förmlich ausgeschlossen worden waren. So entstand eine feste und, weil rituell bedingt, eine kastenmäßige Gliederung der alten Jahwegläubigen. Daneben bestanden im Innern die erblichen Privilegien der Priester- und Levitengeschlechter fort, und sie waren zwar nicht dem völligen Ausschluß des Connubium mit andren jüdischen Sippen, wohl aber dem Gebot der Hypergamie unterworfen. Dazu trat nun die rituelle Ablehnung, teils Perhorreszierung, teils Mißbilligung bestimmter Gewerbe als religiös ständebildendes Element. Als verachtet und verachtenswert gelten neben Esels- und Kameltreibern und Töpferwarenhändlern auch Frachtführer zu Lande und zur See und Lagerhaushalter, sie alle zweifellos deshalb, weil ein rituell reines Leben für sie unmöglich schien, die erstgenannten Kategorien natürlich auch, weil sie ursprünglich fremdstämmige Gastarbeiter waren. Dazu traten die mit dem deuteronomischen Fluch belegten Berufe der Zauberer und Wahrsager aller Art. Aber als mißbilligenswert für den rituell Reinen galten auch Gewerbe wie Hausierer, Barbiere, Bader, Tierärzte, gewisse Steinarbeiter, ferner Gerber, Melker, Wollkämmer, Weber und Goldschmiede. Als Grund wird für manche dieser Gewerbe angeführt, daß sie den Ausübenden in eine stets verdächtige Berührung mit Weibern bringe, im übrigen aber war offenbar neben traditionellen sozialen Wertungen auch hier das allgemeine Mißtrauen in die Möglichkeit, den Beruf mit ritueller Korrektheit zu vereinigen, maßgebend, daneben wohl die Abkunft mancher von ihnen von Eingewanderten (so wohl der Goldschmiede). Ein Hoherpriester darf nicht aus einer Familie genommen werden, welche sich ihnen ergeben hat. Aber außerhalb des pharisäischen Ordens scheinen sie jedenfalls nicht alle oder nicht während der ganzen talmudischen Zeit gestanden zu haben: Zum mindesten ein Gerber findet sich unter den bekannteren Rabbinen (R. Jose) und,

[25] Das Lukas-Evangelium läßt in auffallender Art zu wiederholten Malen (VII, 36. 39; XI, 38 ff.; XIV, 1) Jesus bei einem Pharisäer (beim letztenmal sogar: einem Obersten der Pharisäer – gemeint ist, wie die Parallelstelle zeigt, ein *Oberster der Schule –)* essen, wo die beiden älteren Evangelien davon nichts wissen. Da Lukas auch in der Apostelgeschichte die Bekehrung von *Pharisäern* hervorhebt und die Tischgemeinschaft des Petrus mit dem Hellenen Antiochias für Paulus so wichtig war, so könnte dies Tendenz sein. Wirklich strenge Pharisäer würden einem ʻam ha-arez oder unkorrekt Lebenden (Joh. 8, 48 nennen die Juden Jesus einen *Samariter)* die Kommensalität verweigert haben.

wie schon früher bemerkt, sogar ein Astrolog. Besondere Synagogen für einige der alten Königshandwerke: Kupferschmiede und Kassierer, finden sich in der talmudischen Literatur erwähnt: Getrenntes Sitzen nach Gewerben in der gemeinsamen Synagoge war häufig. Die Berufe gerade der Königshandwerker (daneben auch anderer) waren faktisch weitgehend erbliche Sippenberufe und die Handwerker selbst vom König importierte Fremdstämmige, was ihre Sonderstellung wohl erklärt. Unter den mißbilligten Gewerben finden sich solche, welche später, im Mittelalter, in starkem Maß von Juden betrieben wurden, und eine wirklich kastenmäßige Absonderung zeigt die Ablehnung jener Berufe auch im antiken Judentum nicht. Immerhin zeigt die innere Struktur des spätantiken Judentums wichtige Züge einer solchen.

Vor allem aber nach Außen nahm das Judentum zunehmend den Typus zunächst des rituell abgesonderten Gastvolks (Pariavolkes) an. Und zwar freiwillig von sich aus, nicht etwa unter dem Zwang äußerer Ablehnung. Die allgemeine Verbreitung des *Antisemitismus* in der Antike ist eine Tatsache. Ebenso aber auch, daß diese erst allmählich wachsende Ablehnung der Juden genau gleichen Schritt hielt mit der zunehmend strengen Ablehnung der Gemeinschaft mit Nichtjuden durch die Juden selbst. Die antike Ablehnung gegen die Juden war weit davon entfernt, *rassenmäßige* Antipathie zu sein: Der gewaltige Umfang des Proselytismus, von dem bald die Rede sein wird, ist hinlänglicher Beweis dagegen. Vielmehr war das ablehnende Verhalten der Juden selbst das schlechthin Entscheidende für die beiderseitigen Beziehungen. Abweichende und absurd scheinende Riten kannte die Antike in reichstem Maße: Dort lag der Grund gewiß nicht. Die prononcierte Asebie gegen die Götter der Polis, deren Gastrecht sie genossen, mußte freilich als gottlos und beleidigend empfunden werden. Aber auch das entschied nicht. Der *Menschenhaß* der Juden war, wenn man auf den Kern sieht, der immer wieder letzte und entscheidende Vorwurf: die prinzipielle Ablehnung von Connubium, Kommensalität und jeder Art von Verbrüderung oder näherer Gemeinschaft irgendwelcher Art. Selbst auf geschäftlichem Gebiet verbunden – was auch nicht zu unterschätzen ist – mit dem durch die Chabarah dargebotenen überaus starken Rückhalt jedes pharisäischen Juden an der Bruderschaft – einem Moment, dessen ökonomische Wirkung der Aufmerksamkeit der heidnischen Konkurrenz nicht entgangen sein kann. Die soziale Isolierung der Juden, dieses *Ghetto* im innerlichsten Sinn des Worts, war primär durchaus selbstgewählt und selbstgewollt und zwar in stetig steigendem Maße. Zunächst unter dem Einfluß der Soferim. Dann unter demjenigen der Pharisäer. Die ersteren bemühten sich – prinzipiell – um Erhaltung der Glaubensreinheit der Juden, wie wir sahen. Ganz anders: die Pharisäer. Sie vertraten zunächst und vor allem eine (ritualistische) Lehre: eine Konfession, nicht – wenigstens nicht in erster Linie – eine Nationalität. Und mit der rücksichtslosen Absonderung gegen die rituell Unreinen ging bei ihnen Hand in Hand die leidenschaftlichste Arbeit an der

Propaganda der eigenen Gemeinschaft nach außen, die Proselytenmacherei: *Ihr Heuchler, die ihr über Land und Meer fahret, um einen Proselyten zu machen!* ruft Jesus ihnen zu (Math. 23, 15). In der Tat galt es gerade den eifrigsten Pharisäern als Gott wohlgefällig, womöglich jedes Jahr einen Proselyten zu machen: Die jüdische Propaganda ging dem Schwerpunkt nach, ebenso wie die altchristliche der nachapostolischen Zeit, durch freiwillige Privattätigkeit vor sich, nicht durch die amtlichen Autoritäten. Die Stellung dieser letzteren und auch die Stellung der offiziellen Literatur war wechselnd. Die alte Tradition des Gesetzes (Exodus XII, 48) trug noch die Spuren der Zeit, wo die Jahwe-Religion der Eidgenossenschaft durch den Eintritt von Nachbarstämmen und von Sippen der *Ger,* der inmitten Israels wohnenden Schutzverwandten: Metöken und Klienten in den Vollbürgerverband, sich ausbreitete. Es war die Rechtsstellung der Metöken geregelt und (a.a.O.) auch festgestellt, welche rituellen Befugnisse sie nur durch Beschneidung erwerben konnten. Die Prophetie (Jesaja XIV, 1) weissagte von den Fremdlingen, die zu dem in seinem Landbesitz restituierten Israel kamen und dem *Hause Jakobs anhängen* würden. Diese Stelle, in Verbindung mit der Verheißung an Abraham und den zahlreichen Hinweisen, welche das Kommen aller Völker der Erde zu Israel und zur Verehrung seines Gottes in Aussicht stellten, schienen die Propaganda als gottwohlgefällig zu erweisen, ja vielleicht gerade als ein Mittel, die Zeit für das Kommen des Messias vorzubereiten. Immerhin waren aber die Ansichten auch in der heiligen Literatur geteilt. Die Ruth- und Jonaslegenden waren dem Proselytismus entschieden günstig, eine so gewichtige Autorität wie Esra aber abgeneigt: Die von ihm vorgenommene gentilizische Gliederung sowohl der Priesterschaft wie der neukonstituierten Polis Jerusalem standen zum mindesten dem Eintritt Einzelner in den Verband im Wege, und Esra legte für die erstrebte Absonderung des heiligen Volkes auf die Blutsreinheit als solche entscheidendes Gewicht.

Das alles lag für das pharisäische Kleinbürgertum durchaus anders und senkte bei seinen Repräsentanten, zumal draußen in der Diaspora, die Wagschale wieder zugunsten der Propaganda. Einen Heiden unter die *shekinah* (das *Haus Gottes)* zu bringen, galt der Mehrzahl der Lehrer als unbedingt verdienstlich. Bald so sehr, daß unter Benutzung des alten Metökenbegriffs auch eine solche Propaganda als wertvoll galt, welche von der Zumutung der alsbaldigen vollen Übernahme aller Ritualpflichten, vor allem der Beschneidung, durch die Proselyten gegebenenfalls Abstand nahm und die vorläufige Angliederung als bloße *Freunde,* Halbjuden betrieb. Denn die Zumutung der Beschneidung war für die Propaganda unter erwachsenen Männern begreiflicherweise ein sehr ernstes Hindernis: Die Zahl der Frauen war auch deshalb unter den Voll-Proselyten weit größer als die der Männer. Drei[26] Stufen der Angliederung wurden unterschieden: 1. Der *Ger-ha-toshab,* der *Freund,* der

[26] Nicht nur zwei.

Halb-Konvertit, der den monotheistischen Gottesglauben und die jüdische Ethik (des Dekalogs) annahm, das jüdische Ritual aber nicht: Sein rituelles Verhalten blieb ganz unkontrolliert und er hatte formelle Beziehungen zur Gemeinde nicht; – 2. Der *ger-ha-sha'ar (Proselyt des Thors),* der Theorie nach der alte Metöke unter jüdischer Gerichtsbarkeit: Er legte vor drei Mitgliedern der Bruderschaft das Gelübde ab, keine Idole zu verehren, die 7 noachischen Gebote, der Sabbat, das Schweine-Tabu und das rituelle Fasten sind für ihn verbindlich, nicht aber die Beschneidung, sie sind Passivglieder der Gemeinde mit begrenzten Rechten der Teilnahme an Festen und an den Feiern in der Synagoge; – endlich 3. Der ger-ha-zadek oder ger-haberit *(Proselyt der Gerechtigkeit),* der nach Beschneidung und Übernahme der Ritualpflichten in die volle Gemeinschaft aufgenommen ist: Seine Nachkommen werden danach erst in der dritten Generation vollberechtigte Juden.

Die Erwartung bei dieser Praxis ging dahin, daß der ger-ha-toshab und erst recht der ger-ha-sha'ar, mochte er selbst die Beschneidung scheuen, doch sich entschließen werde, seine Kinder beschneiden und also zu Voll-Juden werden zu lassen, und sie trog gewiß in sehr vielen Fällen nicht. Denn jene Praxis kam den Interessen der Umwelt, vor allem der Hellenen, sehr entgegen. Was diese am Judentum anzog, war selbstverständlich nicht sein Ritual: Dies hätte, dem ganzen Charakter der hellenistischen Religiosität entsprechend, nur dann der Fall sein können, wenn es sakramentale oder magische Erlösungsmittel und Verheißungen nach Art der Mysterien: irrationale Heilswege und Heilszuständlichkeiten also dargeboten hätte, und gerade dies war beim Judentum nicht der Fall. Sondern die Anziehungskraft ging von der überaus groß und majestätisch wirkenden Gotteskonzeption, der radikalen Beseitigung der als unwahrhaftig empfundenen Götter- und Idol-Kulte, und vor allem von der als rein und kraftvoll wirkenden jüdischen Ethik, daneben auch von den schlichten und klaren Zukunftsverheißungen aus: von rationalen Bestandteilen also. Elemente, welche daran, an der Reinheit der Ethik und der Macht des Gottesbegriffs ihr religiöses Genüge fanden, zog das Judentum an sich. Die feste Ordnung des Lebens rein als solche, wie sie das Ritual darbot, war eine mächtige Anziehungskraft und mußte besonders stark in Zeiten wirken, welche nach dem Zusammenbruch der national hellenischen Staaten die überkommene feste militärische Ordnung des Lebens des Bürgers in der Polis und durch diese verfallen sah. Das Zeitalter des intellektuellen Rationalismus, mit seiner zunehmenden *bürgerlichen* Rationalisierung der hellenischen Religiosität, in den letzten Jahrhunderten der römischen Republik vor allem, war auch die große Epoche des jüdischen Proselytismus. Wer nach Eigenart oder Schicksal zu irrationaler, mystischer Heilssuche disponiert war, wird ihm fern geblieben sein, und das Zeitalter zunehmenden Suchens nach irrationalen Heilszuständlichkeiten kam nicht ihm, sondern den Mysterienreligionen und dem Christentum zugute. Das jüdische Vollritual wird vermutlich für sich oder für seine Kinder am häufigsten von Personen in den Schichten angenommen worden sein, welche am Anschluß an die pharisäische Bruderschaftsorganisation ein Interesse hatten: unter den Kleinbürgern, namentlich den Handwerkern und Kleinhändlern; soviel sich erkennen läßt, war dies in der Tat so. Obwohl der jüdische Glaube *religio licita* war, ging der Voll-Konvertit doch nach römischem Amtsrechte des *jus bonorum* verlustig und das jüdische Gesetz machte ihn amtsunfähig, weil er nach ihm am Staatskult nicht teilnehmen durfte. Die jüdische Diaspora ihrerseits aber hatte ein starkes Interesse nicht nur an der Vermehrung ihrer Mitglieder, sondern auch an der Gewinnung von *Freunden* außerhalb ihrer selbst zumal in einflußreichen und amtsfähigen Kreisen; die Art der Lösung des Problems war deshalb auch, von ihr aus gesehen, durchaus zweckmäßig. Praktisch bedeutete sie ein Kompromiß zwischen Konfessionalität und Gentilizität. Der Geborene und seit drei Generationen korrekte Jude war in der Gemeinschaft ständisch bevorrechtigt vor den Konvertiten und ihren Kindern und Enkeln. Außerhalb der Gemeinschaft standen, etwa so wie die *Laien* gegenüber den bhikkshus in Indien, die nicht beschnittenen aber durch Gelübde verpflichteten Proselyten und die bloßen *Freunde*. Bedingungslos verbindlich war das Ritual für die geborenen Juden und die beschnittenen Konvertiten, teilweise für die durch Gelübde verpflichteten Proselyten, gar nicht für die *Freunde*. Aber gelegentlich finden sich noch wesentlich liberalere Ansichten. Es wurde geradezu bezweifelt, ob die für das jüdische Volk angeordnete Beschneidung wirklich auch für Nicht-Geburtsjuden unumgänglich zur Konversion sei und nicht ein rituelles Reinigungsbad (also: Taufe) genüge. Mischehen mit (unbeschnittenen) Proselyten scheinen durch rabbinische Responsen gelegentlich legitimiert worden zu sein. Diese Ansichten standen allerdings isoliert.

Der praktisch herrschende Zustand spricht sich deutlich in den Kämpfen aus, welche die paulinische Mission in der alten Christengemeinde sowohl wie im Judentum entfesselte. Die neutestamentlichen Erzählungen, welche darin den Stempel voller Glaubwürdigkeit in den entscheidenden Punkten tragen, zeigen, daß nicht etwa – wie noch immer vielfach geglaubt wird – der Beginn der Mission unter Heiden (und unbeschnittenen Proselyten) es war, was Konflikt und Sturm hervorrief. Die Leiter der jerusalemitischen, streng auf dem Boden des Rituals und des Tempelkults stehenden Gemeinden hatten sich hier durchaus auf den Boden der Tatsachen einerseits und der traditionellen Behandlung unbeschnittener Proselyten andrerseits gestellt. Sie hatten eine Minimalethik für diese aufgestellt und durch zwei Sendboten nach Antiochia an die Missionsgemeinde geschickt:[27] Sie sollen sich von Idolatrie, Blut, Ersticktem und Hurerei fernhalten, dagegen sonst an das Ritual nicht gebunden sein. Tun sie das, so sind sie, wie das genannte Schriftstück sie nennt: *Brüder aus den Heiden*. Das war auch vom pharisäischen Standpunkt aus durchaus unanstößig. Nun aber gelangte die Nachricht nach Jerusalem, daß Paulus auch unter Volljuden missioniere und auch diese zum Abfall von der Innehaltung des Rituals verleite. Darüber stellen ihn, unter

[27] Act. 15, 23 ff.

Bezugnahme auf jenen Brief, Jakobus und die Ältesten namens der Gemeinde in Jerusalem zur Rede[28] und verlangen, daß er gegenüber diesem Verdacht die übliche Reinigungsprobe im Tempel unter Zuziehung von 4 kraft Gelübdes Bußpflichtigen vollziehe, der er sich auch fügt. Die zahlreich aus der Diaspora anwesenden Juden aber, welche seiner im Tempel ansichtig werden, suchen ihn zu lynchen, weil er 1. gegen das Gesetz und den Tempelkult agitiere, also Apostasie vom Gesetz (unter Juden!) predige, und weil er 2. einen Unbeschnittenen (Trophimus) in den Tempel gebracht habe (was Lukas bestreitet)[29]; der darüber entstandene Aufruhr gibt Anlaß zu seiner Verhaftung. Die Mission unter Heiden oder unbeschnittenen Proselyten wird ihm nicht vorgeworfen, von Jakobus und den Ältesten vielmehr ausdrücklich belobt.[30] Fast ausnahmslos predigt Paulus in den Synagogen, und es ist klar und oft hervorgehoben, daß die Masse der unbeschnittenen Proselyten es war, welche die Kerntruppen seiner Missionsgemeinden bildeten. Das Judentum hat in ihnen der christlichen Mission die Stätte bereitet. Für die christliche Mission waren freilich mit dem Proselyten-Kompromiß der Jerusalemiter die Schwierigkeiten auch rein äußerlich nicht erschöpft. Beide Teile, die Jerusalemiter Ältesten sowohl wie Paulus, lavierten und taten unsichere Schritte. Die Frage der Kommensalität mit unbeschnittenen Proselyten war zwischen Petrus und Paulus in Antiochia scheinbar im Sinn der Bejahung erledigt, dann aber, unter dem Einfluß des Jakobus war Petrus wieder zurückgewichen.[31] Paulus seinerseits aber beschnitt, im Gegensatz zu seinem Verhalten im Fall des Titus[32], den Timotheus[33], um ihm die Kommensalität kleinasiatischer Juden zu verschaffen. Die Jerusalemiten sind erst Schritt für Schritt und nur teilweise, Petrus offenbar nach dem Tode des Jakobus, auf den Standpunkt des Paulus übergetreten. Die gesetzestreu gebliebene alte ebionitische Gemeinde Palästinas dagegen behandelte Paulus als Apostaten. Der entscheidende Grund, welcher das Entgegenkommen der Führer der Jerusalemiten erzwang, war, wie die Quellen ergaben[34], die Erfahrung, daß die Konvertiten aus dem Heidentum vom Geist ebenso und mit den gleichen Erscheinungen befallen wurden, wie die jüdischen Christen.

[28] Act. 21, 21 ff.

[29] Act. 21, 28. 29. Nur die Stelle Act. 22, 21 nimmt scheinbar einen etwas andern Standpunkt ein (Entrüstung der Menge darüber, daß er sich als Heiland zu den Heiden gesendet bezeichnet), aber es ist offensichtlich, daß, wenn irgendeine Version, dann die Darstellung der Stellungnahme des Jakobus und die Motivierung des Lynchversuchs authentisch ist. Im übrigen konnten naturgemäß die Juden auch über das Abspenstigmachen ihrer unbeschnittenen Proselyten gewiß nicht erfreut sein. Aber ein Angriff auf das Gesetz war darin an sich nicht zu finden.

[30] Act. 21, 20.

[31] Gal. II, 11 ff.

[32] Gal. II, 3.

[33] Act. 16, 3. Timotheos hatte freilich eine jüdische Mutter, während sein Vater Grieche war: eod. v. 1.

[34] Act. 10, 45–47.

Deshalb konnte ihnen, nach Ansicht des Petrus, bei dessen Predigt in Cäsarea sich dies ereignete, die Taufe und Gleichstellung nicht verweigert werden. Unabhängig vom historischen Wert der Einzelheiten ist die Grundtatsache sicher richtig und beleuchtet scharf die große Wandlung: Im Judentum würde der prophetische Geist durch Messung seiner Verkündigung am Gesetz kontrolliert und danach abgelehnt oder angenommen worden sein. Für das alte Christentum waren der Geist und seine Zeichen und Gaben ihrerseits Maßstäbe für den erforderlichen Umfang der Bindung an das jüdische Ritual. Zugleich aber ist wohl klar, daß dieser *Geist*, das Pneuma von wesentlich anderer Dynamik war als der ruach-ha-kodesch des korrekten Judentums.

Die Konkurrenz des Judentums und Christentums um die Proselytenmission erhielt ihren Abschluß seit dem ersten und endgültig dem zweiten Tempelsturz unter Hadrian, nachdem besonders in dem letzten Kriege zahlreiche Proselyten an den Juden Verrat geübt hatten. Niemals waren innerhalb der jüdischen Gemeinden Bedenken gegen das Proselytenmachen ganz verstummt. Jetzt gewannen sie zunehmend die Oberhand.

Die Aufnahmebedingungen für Proselyten wurden geregelt und die Annahme an die Zustimmung eines vollbesetzten Rabbinenhofs gebunden. Die Ansicht tauchte auf, daß die Proselyten *für Israel so lästig wie der Aussatz* seien. Die Zahl der Konversionen nahm unter dem Druck der judenfeindlichen Stimmung ab. Die Kaiser schritten ein: Da die Konversion amtsunfähig machte, konnte sie nicht geduldet werden. Dio Cassius berichtet von scharfen Gesetzen schon unter Domitian. Die Beschneidung von Nichtjuden wurde verboten und der Kastration gleichgestellt. Nicht nur die Vollkonversion, sondern ebenso und vielleicht noch mehr die Halbkonversion nahm schnell ab: Schon im 3. Jahrhundert scheinen die ger-toshab selten gewesen zu sein und später galt die Annahme, ihre Existenz sei nur schriftgemäß gewesen, so lange Israel als Staat bestanden habe. Unter den christlichen Kaisern wurde selbstverständlich die Propaganda (398 n. Chr.) ebenso wie das Halten christlicher Sklaven, welches diese der Versuchung, Proselyten zu machen, aussetzte, unbedingt untersagt. Die Verbotsgesetze Domitians dürften sicherlich der christlichen Propaganda zugute gekommen sein, die überall das Erbe des Judentums antrat. Die sehr starke Verschärfung der Beziehungen zwischen Judentum und Christentum, wie sie schon die, je nach dem Alter, verschiedene Stellungnahme der Evangelien[35], vollends aber die spätere Literatur zeigt, ist zuerst wesentlich von jüdischer Seite herbeigeführt worden. Die Juden, als religio licita, benutz-

35 Namentlich im Johannes-Evangelium. Nicht nur sind dort die *Schriftgelehrten* und *Pharisäer* als Gegner von Jesus sehr oft durch die *Juden* schlechthin ersetzt, sondern vor allem ist das Maß, in welchem die Juden ihn verfolgen, aufs Äußerste gegenüber den andern Evangelien gesteigert: Sie trachten ihm bei Johannes fast unausgesetzt nach dem Leben, was bei den Synoptikern nicht in gleichem Maß der Fall ist. (Schon bei Lukas sind in mehreren Fällen, z.B. VIII, 7; XI, 15, die *Pharisäer* als die Gegner von Johannes und Jesus durch *das Volk* oder *Etliche* ersetzt.)

ten die prekäre Lage der nicht durch die ihnen gegebenen Privilegien gegen die Kaiserkultpflicht gedeckten Christen, um durch Denunziationen die Staatsgewalt gegen sie in Bewegung zu setzen. Sie galten daher den Christen als die Urheber der Verfolgung. Die von beiden Seiten aufgerichtete Schranke wurde nun unübersteiglich: Die Zahl der jüdischen Konvertiten zum Christentum ist sehr schnell gesunken und war praktisch etwa seit dem 4. Jahrhundert gleich Null, vor allem innerhalb der breiten Schichten des Kleinbürgertums, schon ehe die Finanzinteressen der Fürsten im Mittelalter diesen die Konservierung der Juden wünschenswert erscheinen ließ. Das Ziel der Judenbekehrung ist vom Christentum sehr oft, in aller Regel aber nur mit dem Munde verkündet worden, und jedenfalls blieben die Versuche der Mission ebenso wie die Zwangsbekehrungen zu allen Zeiten und überall gleich erfolglos. Die Verheißungen der Propheten, Abscheu und Verachtung gegen die christliche Vielgötterei, vor allem aber die, durch eine beispiellos intensive Erziehung der Jugend in einer rituell ganz fest geordneten Lebensführung geschaffene, überaus feste, Tradition und die Macht der fest geordneten sozialen Gemeinschaften, der Familie und der Gemeinde, die der Apostat verlor, ohne gleichwertigen und sicheren Anschluß an die Christengemeinden in Aussicht zu haben, dies alles ließ und läßt die jüdische Gemeinschaft in ihrer selbstgewählten Lage als Pariavolk verharren, solange und soweit der Geist des jüdischen Gesetzes, und das heißt: der Geist der Pharisäer und spätantiken Rabbinen ungebrochen weiterbestand und weiterbesteht.

Nachwort

Max Weber gehört zu den Begründern der Soziologie als Wissenschaft. Er gilt als der bedeutendste deutsche Sozialwissenschaftler. Seine Arbeiten zu Religion, Wirtschaft, Geschichte, Recht, Politik und Kultur zählen zum Kanon dieser Wissenschaft und werden nach wie vor kontrovers diskutiert. Er beeinflusste in entscheidendem Maße das intellektuelle Leben des 20. Jahrhunderts.

Weber erblickte am 21.4.1864 in Erfurt das Licht der Welt. Ab 1882 studierte er Rechtswissenschaft, Geschichte und Nationalökonomie in Heidelberg, Berlin und Göttingen. Sein Studium schloss er 1889 in Berlin mit der Dissertation „Entwicklung des Solidarhaftprinzips und des Sondervermögens der offenen Handelsgesellschaft aus den Haushalts- und Gewerbegemeinschaften in den italienischen Städten" ab. 1892 habilitierte er sich ebenfalls in Berlin mit der Arbeit „Die römische Agrargeschichte in ihrer Bedeutung für das Staats- und Privatrecht". Danach lehrte er dort als Privatdozent Römisches Recht und Handelsrecht. 1893 wurde Weber auf eine außerordentliche Professur für Handelsrecht und deutsches Recht in Berlin, im selben Jahr auf eine ordentliche Professur für Nationalökonomie in Freiburg i. Br. berufen. 1896 erhielt er eine Professur für Nationalökonomie und Finanzwissenschaften an der Heidelberger Universität. Er entfaltete eine große Wirkung auf das wissenschaftliche und kulturelle Leben Heidelbergs. Sein Haus wurde zu einer wichtigen Begegnungsstätte der Intellektuellen. Ab 1897 litt Weber an einer schweren Nervenkrankheit, die unter anderem durch Überarbeitung verursacht wurde. Er wurde mehrmals von seiner Lehrtätigkeit befreit. Als sich seine psychische Lage rapide verschlechterte, gab er seine Heidelberger Professur auf. Nachdem er sich wieder erholte, arbeitete er als Privatgelehrter. Weber war maßgeblich an der Verbreitung der Sozialwissenschaft beteiligt; 1904 wurde er Redakteur des „Archivs für Sozialwissenschaften und Sozialpolitik", 1908 Mitherausgeber des Handbuchs „Grundriss der Sozialökonomie", 1909 gründete er die „Deutsche Gesellschaft für Soziologie" in Berlin. 1910 organisierte er in Frankfurt am Main den ersten „Soziologentag". Darüber hinaus engagierte er sich sozial und politisch, u.a. im „Verein für Sozialpolitik" und in der „Deutschen Demokratischen Partei". Während des Ersten Weltkrieges leistete Weber Dienst bei der Reserve-Lazarettkommission in Heidelberg als Disziplinaroffizier. 1919 erhielt er eine Professur für Gesellschaftswissenschaft, Wirtschaftsgeschichte und Nationalökonomie in München. Er starb dort am 14.5.1920 an einer Lungenentzündung. Sie wurde durch die damals in Europa grassierende „Spanische Grippe" verursacht.

Webers „Gesammelte Aufsätze zur Religionssoziologie" ist neben „Wirtschaft und Gesellschaft" sein wichtigstes und bekanntestes Werk. Es gilt als ein „Klassiker der Soziologie". Beide Werke sollen sich – so Webers Intention – gegenseitig ergänzen. Die einzelnen Beiträge stellen Glanzleistungen der soziologischen Reflexion dar. Sie sind von besonderer Wichtigkeit für die

Grundlegung der soziologischen Methodologie.

Seit 1904 publizierte Weber religionssoziologische Aufsätze in verschiedenen Zeitschriften. Bis kurz vor seinem Tod überarbeitete er sie für eine separate Buchveröffentlichung. Sie wurden erst nach seinem Tod von seiner Witwe Marianne Weber und dem Theologen Karl Zeller 1920 unter dem Titel „Gesammelte Aufsätze zur Religionssoziologie" herausgegeben.

Weber behandelt in den „Aufsätzen" nicht nur Religionen im engeren Sinne, sondern auch Entstehung, Entwicklung und Funktionsweise der gesamten Gesellschaft. Er untersucht den Einfluss der großen Religionen, die er auch „Weltreligionen" nennt (Christentum, Konfuzianismus, Taoismus, Hinduismus, Buddhismus und Judentum), auf Wirtschaft, Geschichte, Politik, Recht und Kultur.

Weber behandelt hauptsächlich die religiösen (also ideellen) Bedingungen der Entstehung verschiedener Wirtschaftsformen, insbesondere des *Kapitalismus*. Dies steht in einem entgegengesetzten (oder vielleicht in einem ergänzenden?) Verhältnis zur materialistischen, genauer: marxistischen Betrachtungsweise, in der der Einfluss materieller Faktoren (z.B. Produktionsformen- und mittel) auf die Ideen bzw. das Denken des Menschen untersucht wird. Jede Religion ist mit einer spezifischen Ethik/Lebensführung und einer spezifischen Wirtschaftsform verbunden.

Die „Aufsätze" enthalten das berühmte Werk „Die protestantische Ethik und der ‚Geist' des Kapitalismus". Weber geht darin von der Beobachtung aus, dass *Protestanten* besonders *erfolgreich* im Wirtschaftsleben sind. Es besteht offensichtlich ein Zusammenhang, „eine innere Verwandtschaft", zwischen der im Protestantismus, insbesondere im Kalvinismus, herrschenden Ethik/Lebensführung und der kapitalistischen Wirtschaftsform, wobei Weber den modernen, westeuropäisch-amerikanischen Kapitalismus meint.

Im Protestantismus wird den Menschen eine „eigentümliche Ethik", ein Ethos vermittelt, dessen Leitgedanke die *Berufspflicht* ist. Der Beruf ist nicht bloß ein Mittel zum Zweck des Überlebens bzw. des guten Lebens, vielmehr wird er zum Selbstzweck, zum Medium der Sinnstiftung und der Selbstbewährung. Der Beruf wird zur *Berufung*. Die Pflichterfüllung wird im Protestantismus zum höchsten sittlichen Inhalt.

Zur protestantischen (rationalen) Lebensführung gehört die *innerweltliche Askese*. Sie zeichnet sich einerseits durch die Einschränkung der Bedürfnisse und des Konsums sowie „Sparzwang", andererseits durch das Streben nach „Bewährung des Glaubens im weltlichen Berufsleben" aus.

Ein weiteres, zentrales Merkmal der protestantischen Lebensführung ist das *Erwerbs-* und *Gewinnstreben*. Der Gütererwerb und das Streben nach Gewinn werden nicht mehr wie im Mittelalter als Übel, sondern als gottgewollt betrachtet. Zwar findet man das Erwerbs- und Gewinnstreben in allen Kulturländern, im modernen Kapitalismus strebt man aber nach „immer *erneutem* Gewinn: nach *Rentabilität*".

Weber stellt fest, dass sich der Kapitalismus im Laufe der Geschichte von seinem religiösen Ursprung immer mehr emanzipiert hat. Die Suche nach einem

Gottesreich wurde in „nüchterne Berufstugend" umgewandelt, die Hoffnung auf ein Jenseits durch eine auf Nützlichkeit ausgerichtete Diesseitigkeit ersetzt. Erst aufgrund dieser Emanzipation konnte sich der Kapitalismus voll entfalten und die Form annehmen, die uns noch heute bekannt ist.

Der Kapitalismus wurde zur „schicksalsvollsten Macht unseres modernen Lebens". Zu seinen wichtigsten Merkmalen gehören: die betriebswirtschaftliche Organisation von formell freier Arbeit, die an den Chancen auf dem Gütermarkt orientierte Planung, die Trennung von Haushalt und Betrieb, die die Gründung von familienunabhängigen Betrieben zur Folge hatte, und die auf Berechnung basierende Buchführung.

Weber stellt die Entwicklung des Kapitalismus in einen größeren Kontext. Sie ist als ein Teilprozess des umfassenderen *Rationalisierungsprozesses* zu betrachten. Die neuzeitliche Rationalität zeichnet sich durch Berechenbarkeit und Kalkulierbarkeit aus. Sie findet ihren Ausdruck in den *empirischen Wissenschaften*, die auf Mathematik, Beobachtung und Experiment basieren, und in der auf naturwissenschaftlicher Forschung beruhenden *Technik*. Ferner äußert sie sich in der Organisation des positiven *Rechts* und der auf Bürokratie gestützten *Verwaltung*. Zur „rationalen Lebensführung" eines Menschen zählt die permanente Kontrolle des eigenen Lebens, hauptsächlich das Abwägen von Zielen, Mitteln und Umständen des eigenen Handelns.

Die Rationalisierung des Lebens in all seinen Bereichen führt letztlich zur „Entzauberung der Welt", d.h. zur Loslösung von mythischen und religiösen Inhalten, insbesondere von Lebenssinn und Lebensorientierung gebenden Inhalten. Der Prozess der Entzauberung der Welt ist in der westlichen Kultur sehr weit fortgeschritten.

In weiteren Teilen der „Aufsätze" behandelt Weber die *Wirtschaftsethik* außereuropäischer Weltreligionen. Dabei zeigt er auf, dass in den von diesen Religionen geprägten Ländern bzw. Gesellschaften der Kapitalismus in seiner modernen westlichen Form nicht entstehen konnte.

Im *Konfuzianismus* und im *Taoismus*, also in den religiösen Ordnungen, die in China entstanden sind, herrschte eine magische Religiosität, die die Ausbildung des Kapitalismus – trotz günstiger geographischer und klimatischer Bedingungen und trotz eines stark ausgeprägten Materialismus – verhinderte. Darüber hinaus hat sich dort keine rationale Lebensführung im oben genannten Sinne herausgebildet. Zur konfuzianischen Lebenshaltung gehörte die Anpassung an die Welt, zur protestantischen deren Beherrschung.

Der *Hinduismus*, die Religion Indiens, ist Weber zufolge *traditionalistisch* ausgerichtet. Das Kastensystem, die Herrschaft der Gurus und der Gedanke der Unveränderlichkeit der Weltordnung verunmöglichten das Aufkommen des Kapitalismus in seiner okzidentalen Gestalt. *Weltflucht*, die in mystischer Meditation ihren Ausdruck fand, nicht Weltbejahung, ist das Mittel der Lebensbewältigung im Hinduismus.

Webers „Aufsätze" enden mit einer Analyse der Wirtschaftsform des *antiken*

Judentums. Das Erwerbsstreben war in Palästina kein Zeichen religiöser Bewährung. Gott segnet Menschen dann, wenn sie außerhalb der Erwerbstätigkeit nach seinen Geboten leben. Die Lehren der Propheten konnten nicht für Erwerbszwecke verwertet werden. Die Rabbiner, eine „plebejische Bildungsschicht", forderten die „korrekte Erfüllung des Gesetzes als des einzigen Heilswegs" und verhinderten damit die Entstehung einer vorwiegend ökonomisch motivierten Lebensführung.

Weber sah eine wesentliche Differenz zwischen dem Judentum und der protestantisch geprägten Kultur des Westens. Dabei hat sich ihm zufolge der „Charakter des Judentums" seit der Antike bis in die Moderne kaum geändert. Der protestantischen Ethik/Lebenshaltung steht die „Pariavolksethik" der Juden, dem okzidentalen Kapitalismus der „jüdische Pariakapitalismus" gegenüber. Aus der Konstruktion einer solchen Differenz bzw. Entgegensetzung auf antisemitische Tendenzen in Webers Denken zu schließen, wäre verfehlt. Weber wandte sich *gegen* den *Antisemitismus.* Gleichwohl lassen sich in seinen Ansichten, insbesondere in den Ansichten über das politische Geschehen seiner Zeit, Klischees gegenüber dem Judentum erkennen. Als *nationalkonservativer* Denker attackierte er – vor allem in der Zeit des Ersten Weltkriegs und unmittelbar nach ihm – Linksrevolutionäre, Anarchisten und Pazifisten, unter denen relativ viele Juden waren. In diesem Zusammenhang sah Weber eine Verwandtschaft zwischen der *linksrevolutionären Gesinnung*, die auf einen Umsturz der bestehenden Gesellschaftsordnung und auf eine Erlösung von der Unterdrückung im Diesseits ausgerichtet ist, und der *jüdischen Religiosität*, d.h. der Religiosität eines Pariavolkes, das von der sozialen Umwelt abgesondert ist und nach einer Erlösung von seiner prekären Lage strebt.

Webers „Aufsätze" gehören zu den bedeutendsten, einflussreichsten und umstrittensten Studien in der Soziologie. Sie sind angesichts der in der Gegenwart beobachteten Renaissance des Monotheismus, insbesondere des Islam, von immenser Aktualität (leider versäumte es Weber, den Islam genauer zu untersuchen). Es wäre interessant zu fragen, wie diese „Rückkehr des Religiösen" mit Webers These von der Rationalisierung der Welt, speziell: von der Entzauberung der Welt, zu vereinbaren ist.

Die „Aufsätze" werfen eine Fülle von Fragen, Problemen und Themen auf, die heute noch kontrovers diskutiert werden. Es stellt sich z.B. die Frage, welchen Einfluss Religionen auf die Entwicklung von Gesellschaften heute noch haben. Zweitens kann gefragt werden, ob und wie nicht-christliche Religionen dem von Weber beschriebenen Rationalisierungsprozess in der Gegenwart unterworfen sind. Drittens ist die Frage lohnenswert, ob es außerhalb Europas und Amerikas Äquivalente zur protestantischen Ethik gibt (siehe die „Arbeitsmoral der Japaner").

Dr. Alexander Ulfig, Frankfurt am Main, September 2005

dern, kompromisslos und packend, mit Zorn und Leidenschaft, scheute keine Aktualisierung und kein Verdikt. ‚Mangel an Ruhe und Würde' beklagten konservative Zeitgenossen, und genau deswegen altert das Werk kaum" (Berliner Zeitung). Von ihr können „Leser bis heute unendlich viel lernen und erfahren" (Süddeutsche Zeitung). Theodor Mommsen „Römische Geschichte". Unveränderter Nachdruck der Ausgabe von 1854-1885 in moderner Schrift. 3 Bände. 10 Karten. 2.767 Seiten. Leinen. Nur bei uns. 20 €. Nummer 102 601.

„Seite um Seite faszinierendste Theorie-Literatur." FR

OSKAR NEGT &
ALEXANDER KLUGE
Der unterschätzte Mensch. 2 Bände.

Nicht sich von der Macht der anderen und auch nicht von der eigenen Ohnmacht dumm machen lassen", ist das Leitmotiv, das auf jeder Seite des theoretischen Werks von Oskar Negt und Alexander Kluge wiederkehrt. Die Philosophie des A. & O. erscheint bei Zweitausendeins als zweibändige Gesamtausgabe ihrer gemeinsam verfassten Arbeiten.

Band 1 und 2 enthalten: 1. Suchbegriffe (Erstausgabe): 26 erstmalig als Buch publizierte Gespräche. 2. Öffentlichkeit und Erfahrung: der seit zehn Jahren vergriffene Klassiker. 3. Die Maßverhältnisse des Politischen: vollständig umgearbeitete, erweiterte und aktualisierte Ausgabe. 4. Geschichte und Eigensinn: ungekürzte Originalausgabe. Über 600 Bilder. 2.264 Seiten. Fadenheftung. Zwei Leinenbände im Schuber. Nur bei uns. Nur 50 €. Nummer 200 123.

Ein „intimer Einblick in die geistigen Wanderungen des Jahrhundertgenies." Taz

LUDWIG WITTGENSTEIN
The Big Typescript

Sein „Tractatus logico-philosophicus" schien die philosophischen Probleme „im Wesentlichen endgültig gelöst" (Wittgenstein) zu haben. Doch dann machte Wittgenstein Notizen für ein „zweites Buch", das die, so Wittgenstein, „schweren Irrtümer" seines Frühwerkes korrigieren sollte. Vieles davon vernichtete er, doch in seinem Nachlass fanden sich noch immer ca. 20.000 beschriebene Blätter.

Das „Big Typescript" ist seit dem „Tractatus" von 1922 und einer Unterbrechung seiner philosophischen Tätigkeit Wittgensteins erster Versuch, seine neueren Gedanken in einem Buch zusammenzufassen. Es „stellt nicht weniger als eine erste Summe der philosophischen Reflexionen dar, die Wittgenstein seit 1929, also nach seiner Rückkehr nach Cambridge und der Wiederaufnahme des Philosophierens, angestellt hatte. Es enthält die Umarbeitungen und Neuordnungen des Materials, das zuvor in zehn Manuskriptbänden ... notiert worden war" (Neue Zürcher Zeitung). „‚The Big Typescript' ist deswegen bedeutsam, weil in ihm die enge Verbindung von mathematisch-logischer und sprachphilosophischer Reflexion in Wittgensteins Denken geradezu exemplarisch vorgeführt wird" (Börsenblatt). Der komplette Text der Originalausgabe (deutscher Text) jetzt broschiert und fadengeheftet mit allen 546 Seiten als Sonderedition im Format 16,5x24 cm. Nur bei uns. Statt 155,94 € in seitengleicher Paperbackausgabe nur 9,95 €. Nummer 100 451.